Beck'sches
Handbuch der GmbH

Beck'sches Handbuch der GmbH

Gesellschaftsrecht – Steuerrecht

2., vollständig überarbeitete und erweiterte Auflage

Herausgegeben von

Dr. Welf Müller
Rechtsanwalt, Wirtschaftsprüfer
und Steuerberater in Frankfurt a. M.

Dr. Burkhard Hense
Rechtsanwalt, Wirtschaftsprüfer
und Steuerberater in Frankfurt a. M.

Bearbeitet von

Björn Ahrenkiel, Rechtsanwalt und Steuerberater in Düsseldorf; *Dr. Michael Axhausen,* Rechtsanwalt, Wirtschaftsprüfer und Steuerberater in Hamburg; *Dr. Klaus Bigge,* Wirtschaftsprüfer und Steuerberater in Essen; *Dr. Bernd Erle,* Rechtsanwalt, Wirtschaftsprüfer und Steuerberater in Frankfurt a. M.; *Dr. Klaus K. Fischer,* LL.M. Attorney-at-Law (New York), Rechtsanwalt in Frankfurt a. M.; *Ralf Gandenberger,* Rechtsanwalt und Steuerberater in Frankfurt a. M.; *Dr. Burkhard Hense,* Rechtsanwalt, Wirtschaftsprüfer und Steuerberater in Frankfurt a. M.; *Burckhard Jung,* Rechtsanwalt in Frankfurt a. M.; *Andreas Langseder,* Rechtsanwalt, Wirtschaftsprüfer und Steuerberater in München; *Dr. Welf Müller,* Rechtsanwalt, Wirtschaftsprüfer und Steuerberater in Frankfurt a. M.; *Dr. Manfred Orth,* Rechtsanwalt, Wirtschaftsprüfer und Steuerberater in Frankfurt a. M.; *Dr. Georg Rosenbach,* Rechtsanwalt, Wirtschaftsprüfer und Steuerberater in Düsseldorf; *Dr. Volker Schacht,* Rechtsanwalt und Steuerberater in Köln; *Dr. Karl-Heinz Schmiegelt,* Rechtsanwalt, Fachanwalt für Steuerrecht und Notar in Frankfurt a. M.; *Helmut Schwaiger,* Rechtsanwalt, Wirtschaftsprüfer und Steuerberater in München; *Roger Zätzsch,* Rechtsanwalt, Steuerberater und Notar in Frankfurt a. M.

C. H. BECK'SCHE VERLAGSBUCHHANDLUNG
MÜNCHEN 1999

Zitierweise: Beck GmbH-HB/Autor § 1 Rz. 1

Die Deutsche Bibliothek – CIP-Einheitsaufnahme

Beck'sches Handbuch der GmbH ; Gesellschaftsrecht –
Steuerrecht / hrsg. von Welf Müller ; Burkhard Hense.
Bearb. von Björn Ahrenkiel ... – München : Beck, 1999
  ISBN 3 406 43971-3
NE: Müller, Welf [Hrsg.]; Ahrenkiel, Björn

ISBN 3 406 43971 3

© C. H. Beck'sche Verlagsbuchhandlung (Oscar Beck), München 1999
Druck der C. H. Beck'schen Buchdruckerei, Nördlingen
Gedruckt auf säurefreiem Papier
Hergestellt aus chlorfrei gebleichtem Zellstoff

Vorwort zur 2. Auflage

Die erste Auflage unseres Werkes hat eine freundliche Aufnahme gefunden. Dies hat uns gezeigt, daß das Konzept des Werkes als eine integrierte gesellschafts- und steuerrechtliche Darstellung aller GmbH-relevanten Themen richtig ist.

Das GmbH-Recht steht nicht still und noch viel weniger tut dies das Steuerrecht, wie nicht zuletzt das Steuerentlastungsgesetz 1999/2000/2002 gezeigt hat.

Im Gesellschaftsrecht waren u.a. das Umwandlungsbereinigungsrecht, das Kapitalaufnahmeerleichterungsgesetz, das Gesetz zur Kontrolle und Transparenz im Unternehmensbereich, das Euroeinführungsgesetz und das Handelsrechtsreformgesetz zu berücksichtigen, die alle auch Änderungen und Ergänzungen des GmbH-Rechts gebracht haben. Zum Steuerrecht verbietet sich für den Umfang eines Vorworts die Aufzählung der relevanten Änderungen innerhalb der letzten viereinhalb Jahre. Eine Herausforderung an die Autoren war aber die kurzfristige Einarbeitung des sogenannten Steuerentlastungsgesetzes 1999/2000/2002. Unbeantwortet bleibt die Frage, ob dieses Ereignis mehr die Nerven der Lektoren oder die der Autoren belastet hat. Einzuarbeiten waren natürlich auch eine Reihe wichtiger Erlasse und Schreiben der Finanzverwaltung: Erwähnt werden soll nur beispielshalber das Schreiben zum Umwandlungssteuergesetz 1995, das nach langer und ungewisser Vorlaufzeit endlich Anfang 1998 veröffentlicht wurde.

An Zielsetzung und Adressatenkreis des Werkes hat sich nichts geändert. Wie im Vorwort zur ersten Auflage schon getan, möchten wir alle Benutzer auch dieses Mal bitten und auffordern, uns Kritik und Verbesserungsvorschläge wissen zu lassen.

Unser Dank geht wiederum an die Autoren: Der rasche Wechsel unserer Rechtswirklichkeit hat zur Folge, daß der Arbeitsaufwand einer zweiten Auflage nur unwesentlich geringer ist als bei einer Erstauflage. Unser Dank gilt weiterhin Herrn Rechtsanwalt Burckhard Jung für seine über den eigenen Autorenbeitrag hinausgehende Unterstützung. Für den verständigen und geduldigen Beistand, aber auch den nachhaltigen Druck, ohne den ein solches Werk nicht rechtzeitig herauskommen kann, danken wir den Herren Albert Buchholz und Hans Josef Hunold, die uns im Beck-Verlag beispielhaft betreut haben.

Frankfurt am Main, im April 1999   Die Herausgeber

Vorwort zur 1. Auflage

Wenn man sich in juristischen Bibliotheken und Fachbuchhandlungen nach GmbH-Werken umsieht, drängt sich der Eindruck auf, als gäbe es bereits genügend (Hand)Bücher über die GmbH. Das ist nicht weiter erstaunlich, wurde die Rechtsform der GmbH doch – ohne rechtes Vorbild in der deutschen Rechtsgeschichte – bereits 1892 geschaffen und erfreut sich seither großer Beliebtheit. Gelehrte, Praktiker, Berater und Richter hatten deswegen in den letzten 100 Jahren hinreichend Anlaß und Gelegenheit, die vielfältigen Aspekte der GmbH, die sich zudem im Laufe der Zeit ständig veränderten und verlagerten, aufzugreifen, in allen Facetten zu untersuchen und für die dabei entstehenden Fragen und Probleme Lösungen anzubieten.

Gleichwohl ist das Recht der GmbH nie zur Ruhe gekommen und bis heute in Bewegung geblieben. Nicht zuletzt diese Entwicklung hat uns den Mut gegeben, ein neues Handbuch der GmbH in Angriff zu nehmen und hiermit vorzulegen. Die Bezeichnung „neu" scheint uns deshalb gerechtfertigt zu sein, weil wir versucht haben, mit dem „Beck'schen Handbuch der GmbH" eine integrierte *gesellschafts- und steuerrechtliche* Darstellung aller GmbH-relevanten Themen herauszubringen. Denn die Erfahrung in der Praxis hat gezeigt, daß sich insbesondere bei der GmbH gesellschaftsrechtliche und steuerrechtliche Aspekte nicht voneinander trennen lassen, ja, daß das eine das andere bedingt. Recht und Steuerrecht der GmbH werden deshalb hier gezielt aufgenommen und in ihrem gegenseitigen Verständnis erläutert.

Mit dieser doppelten Ausrichtung begleiten wir die GmbH von der „Wiege bis zur Bahre" – ausgehend von der Gründung, der die Wahl dieser Rechtsform vorausgeht, bis hin zu ihrer freiwilligen oder unfreiwilligen Auflösung. Für alle wichtigen Maßnahmen, Ereignisse und Probleme, die sich im Leben einer GmbH ergeben können, wollen wir damit praktikable Lösungen in gesellschafts- und steuerrechtlicher Hinsicht anbieten.

Den „Mut" zu diesem neuen Handbuch schöpfen wir aber noch aus einem ganz aktuellen Umstand. Dieses Handbuch erscheint in einem Moment, in dem die Wahl der Rechtsform – gerade die der GmbH – nicht mehr „für die Ewigkeit" getroffen werden muß. Das neue Umwandlungsrecht – kombiniert mit dem neuen Umwandlungssteuerrecht – bietet auch und gerade der GmbH weitaus mehr Möglichkeiten als bisher, sich verändernden Umständen anzupassen. Neben vereinfachten Verfahren zur Zusammenfassung und Konzentration *(Verschmelzung)* gibt es jetzt auch den actus contrarius, die *Spaltung.* Vor allem aber ist hier der *Formwechsel* zu nennen, denn anders als früher ist jetzt der Weg aus der GmbH in die Personengesellschaft ohne Aufdeckung der stillen Reserven möglich, was – auf den ersten Blick vielleicht überraschend – künftig auch den Schritt in die GmbH, statt z. B. in die GmbH & Co. KG, erleichtern wird. Das Kapitel „Umwandlungen" stellt deshalb einen Schwerpunkt dieses Handbuches dar.

Der gesellschafts- und steuerrechtlichen Zielsetzung wurde auch bei der Autorenauswahl bewußt Rechnung getragen. Die Verfasser dieses Handbu-

Vorwort zur 1. Auflage

ches (Rechtsanwälte, Wirtschaftsprüfer und Steuerberater) stammen – von wenigen Ausnahmen abgesehen – aus großen Wirtschaftsprüfungsgesellschaften und haben die Erfahrungen, die sie dort über lange Jahre sammeln konnten, in dieses Werk einfließen lassen. Das „Beck'sche Handbuch der GmbH" richtet sich deshalb nicht so sehr an den spezialisierten Gesellschaftsrechtler oder den spezialisierten Steuerrechtler. Im Vordergrund stehen vielmehr die kaufmännisch vorgebildeten Geschäftsführer und/oder Gesellschafter der GmbH sowie insbesondere deren Berater, und hier vor allem die Kollegen aus dem Kreis der Steuerberater, Wirtschaftsprüfer und unternehmensberatenden Rechtsanwälte.

Wir danken allen Autoren für ihren persönlichen und arbeitsintensiven Einsatz, ohne den das Gelingen dieses Werks nicht möglich gewesen wäre. Unser ganz besonderer Dank gilt Herrn Rechtsanwalt Burckhard Jung für seine über den eigenen Autorenbeitrag hinausgehende vielfältige Unterstützung bei der Herausgabe dieses Handbuches. Dank schulden wir schließlich auch dem Lektor des Beck-Verlags, Herrn Albert Buchholz, für seine engagierte und geduldige Begleitung des Werks.

Wir hoffen und wünschen, mit diesem gesellschafts- und steuerrechtlichen GmbH-Handbuch eine wohlwollende und kritische Aufnahme zu finden. Da es jedoch nichts gibt, das nicht besser (nicht nur anders) gemacht werden kann, möchten wir alle Benutzer unseres Handbuches bitten und auffordern, mit uns in diesen „Verbesserungswettstreit" einzutreten.

Frankfurt, im Mai 1995   *Die Herausgeber*

Inhaltsübersicht

Detaillierte Inhaltsverzeichnisse befinden sich vor dem jeweiligen Paragraphen.

Abkürzungsverzeichnis... XI

§ 1	Rechtsformwahl..	1
§ 2	Gründung und Kapitalaufbringung.........................	23
§ 3	Der Gesellschafter...	85
§ 4	Die Beschlußfassung der Gesellschafter	129
§ 5	Der Geschäftsführer	197
§ 6	Der Aufsichtsrat/Beirat	257
§ 7	Finanzierung durch Gesellschafter	299
§ 8	Kapitalerhaltung	379
§ 9	Rechnungslegung..	513
§ 10	Ergebnisermittlung und Ergebnisverwendung	577
§ 11	Die Besteuerung von Ergebnis und Vermögen	665
§ 12	Der Geschäftsanteil im Rechtsverkehr	781
§ 13	Das Ausscheiden der GmbH	859
§ 14	Umwandlung..	911
§ 15	Die GmbH in der Krise	1105
§ 16	Auflösung und Liquidation	1129
§ 17	Die GmbH im Konzern...................................	1167

Stichwortverzeichnis... 1247

Abkürzungsverzeichnis

Verzeichnis der Abkürzungen und der abgekürzt zitierten Literatur

aA	anderer Ansicht
aaO	am angegebenen Ort
ABl.EG	Amtsblatt der Europäischen Gemeinschaften
Abs	Absatz
Abschn	Abschnitt
ADS	Adler/Düring/Schmaltz u. a., Rechnungslegung und Prüfung der Aktiengesellschaft, 6. Aufl., Stuttgart
aE	am Ende
aF	alte Fassung
AfA	Absetzung für Abnutzung
AG	Aktiengesellschaft; auch Zeitschrift „Die Aktiengesellschaft"; mit Ortsbezeichnung Amtsgericht
AIG	Auslandsinvestitionsgesetz
AK/HK	Anschaffungskosten/Herstellungskosten
AK Schmalenbach	Arbeitskreis „Externe Unternehmensrechnung" der Schmalenbach-Gesellschaft – Deutsche Gesellschaft für Betriebswirtschaft e. V., Aufstellung von Konzernabschlüssen, ZfbF Sonderheft 21/1987
AktG	Aktiengesetz
aM	anderer Meinung
Anh	Anhang
Anm	Anmerkung (Zitierweise für sämtliche anderen Werke)
AntBewVO	Verordnung zur gesonderten Feststellung des gemeinen Wertes nichtnotierter Anteile an Kapitalgesellschaften (Anteilsbewertungsverordnung) vom 19. 7. 1977
AO	Abgabenordnung
ApothG	Apothekengesetz
AR	Aufsichtsrat
Art	Artikel
AStG	Gesetz über die Besteuerung bei Auslandsbeziehungen (Außensteuergesetz)
Aufl	Auflage
AuslInvestmG	Gesetz über den Vertrieb ausländischer Investmentanteile und über die Besteuerung der Erträge aus ausländischen Investmentanteilen (Auslandsinvestmentgesetz)
AuslInvG	Gesetz über steuerliche Maßnahmen bei Auslandsinvestitionen der deutschen Wirtschaft (Auslandsinvestitionsgesetz)
AWV	Arbeitsgemeinschaft für Wirtschaftliche Verwaltung
Az	Aktenzeichen

Abkürzungen

BAG	Bundesarbeitsgericht
BAK	Bundesaufsichtsamt für das Kreditwesen
Balser	Balser/Bokelmann/Piorreck/Dostmann/Kauffmann, Umwandlung, Verschmelzung, Vermögensübertragung, Freiburg 1990
Bank-BiRiLiG ...	Gesetz zur Durchführung der Richtlinie des Rates der Europäischen Gemeinschaften über den Jahresabschluß und den konsolidierten Abschluß von Banken und anderen Finanzinstituten (Bankbilanzrichtlinie-Gesetz)
BAnz	Bundesanzeiger
Baranowski	K. H. Baranowski, Die Besteuerung von Auslandsbeziehungen, 2. Aufl. 1996
Baumbach/Hopt, HGB	Baumbach/Hopt, Handelsgesetzbuch, 29. Aufl. 1995
Baumbach/Hueck, AktG	Baumbach/Hueck, Aktiengesetz, 13. Aufl., München 1968
Baumbach/Hueck/ Bearbeiter	Baumbach/Hueck, GmbH-Gesetz, München, 16. Aufl. 1996
BayOLG	Bayerisches Oberstes Landesgericht
BB	Der Betriebs-Berater (Zeitschrift)
BBankG	Gesetz über die Deutsche Bundesbank
BBK	Buchhaltungsbriefe, Zeitschrift für Buchführung, Bilanz und Kostenrechnung
Bd.	Band
BdF	Bundesminister der Finanzen
BDI	Bundesverband der Deutschen Industrie
BdJ	Bundesminister der Justiz
BeckBil-Komm./ *Bearbeiter*	Beck'scher Bilanzkommentar, München, 3. Aufl. 1995
Beck HdR/ *Bearbeiter*	Castan/Heymann/Müller/Ordelheide/Scheffler (Hrsg.), Beck'sches Handbuch der Rechnungslegung, München 1996
Beck StB-Handbuch/*Bearbeiter*	Beck'sches Steuerberater-Handbuch 1998/99
Begr.	Begründung
Begr. *Kropff*	Textausgabe des Aktiengesetzes 1965 mit Begründungen und Berichten, Düsseldorf 1965
Bem.	Bemerkungen
Ber.	Bericht
Ber. *Helmrich*	Bericht der Abg. Helmrich u. a. zum Entwurf des Rechtsausschusses zum Bilanzrichtlinien-Gesetz
BerlinFG	Berlinförderungsgesetz
Betr., betr.	Betreff, betrifft
BetrAV	betriebliche Altersversorgung; auch Mitteilungsblatt der Arbeitsgemeinschaft für betriebliche Altersversorgung

Abkürzungen

BetrAVG	Gesetz zur Verbesserung der betrieblichen Altersversorgung (= Betriebsrentengesetz)
BetrVG	Betriebsverfassungsgesetz
BewDV	Durchführungsverordnung zum Bewertungsgesetz
BewG	Bewertungsgesetz
BezG	Bezirksgericht
BFH	Bundesfinanzhof
BFHE	Sammlung der Entscheidungen des Bundesfinanzhofs, hrsg. von den Mitgliedern des Bundesfinanzhofs
BFH/NV	Sammlung amtlich nicht veröffentlichter Entscheidungen des Bundesfinanzhofs
BFinBl.	Amtsblatt des Bundesfinanzministeriums
BFuP	Betriebswirtschaftliche Forschung und Praxis (Zeitschrift)
BGB	Bürgerliches Gesetzbuch
BGBl	Bundesgesetzblatt
BGH	Bundesgerichtshof
BGHZ	Amtliche Sammlung von Entscheidungen des Bundesgerichtshofs in Zivilsachen
Biener/Berneke	Bilanzrichtlinien-Gesetz (Textausgabe mit Materialien), Düsseldorf 1986
Binz	Binz, Die GmbH & Co., München, 8. Aufl. 1992
BiRiLiG	Bilanzrichtlinien-Gesetz
Blümich/Bearbeiter	Blümich, Kommentar zu EStG, KStG, GewStG und Nebengesetze (Loseblatt)
BMF	Bundesminister(ium) der Finanzen
BMJ	Bundesminister(ium) der Justiz
BMWi	Bundesminister(ium) für Wirtschaft
BoHdR	Hofbauer/Kupsch, Bonner Handbuch der Rechnungslegung (Loseblatt)
Boruttau/ Egly/Sigloch	Boruttau/Egly/Sigloch, Grunderwerbsteuergesetz, München, 14. Aufl. 1997
BPg	siehe StBp
BPO	Betriebsprüfungsordnung
BR	Bundesrat
BR-Drs	Bundesrats-Drucksache
BReg	Bundesregierung
BSG	Bundessozialgericht
BStBl.	Bundessteuerblatt
BT	Bundestag
BT-Drs	Bundestags-Drucksache
Buchst.	Buchstabe
BVerfG	Bundesverfassungsgericht
BVerfGE	Amtliche Sammlung von Entscheidungen des BVerfG
BVerwG	Bundesverwaltungsgericht
BVerwGE	Entscheidungen des Bundesverwaltungsgerichts
bzgl.	bezüglich
bzw.	beziehungsweise

Abkürzungen

DB .... Der Betrieb (Zeitschrift)
DBA .... Doppelbesteuerungsabkommen
DDR-IG .... DDR-Investitionsgesetz
Dehmer .... Dehmer, Umwandlungsrecht/Umwandlungssteuerrecht, München, 2. Aufl. 1996
ders. .... derselbe
dh. .... das heißt
Diss. .... Dissertation
DJZ .... Deutsche Juristenzeitung
DM .... Deutsche Mark
DMBilG .... D-Markbilanzgesetz 1990 (Gesetz über die Eröffnungsbilanz in Deutscher Mark und die Kapitalneufestsetzung)
DNotZ .... Deutsche Notarzeitung
Dötsch/Eversberg/ Jost/Witt .... Dötsch/Eversberg/Jost/Witt, Die Körperschaftsteuer (Loseblatt)
DR .... Deutsches Recht
Drs. .... Drucksache
DStBl. .... Deutsches Steuerblatt
DStJG, Bd. .... Deutsche Steuerjuristische Gesellschaft, Band
DStPr. .... Deutsche Steuerpraxis (Zeitschrift)
DStR .... Deutsches Steuerrecht (Zeitschrift)
DStZ .... Deutsche Steuerzeitung
DSWR .... Datenverarbeitung in Steuer, Wirtschaft und Recht (Zeitschrift)
DV, DVO .... Durchführungsverordnung
DVR .... Deutsche Verkehrsteuer-Rundschau
DZWir .... Deutsche Zeitschrift für Wirtschafts- und Insolvenzrecht

EAV .... Ergebnisabführungsvertrag
Eder/Tillmann/ Bd. .... Eder/Tillmann, GmbH-Handbuch in 4 Ordnern, 1996
EFG .... Entscheidungen der Finanzgerichte
eG .... Genossenschaft
EG .... Europäische Gemeinschaft
EGBGB .... Einführungsgesetz zum Bürgerlichen Gesetzbuch
EGHGB .... Einführungsgesetz zum Handelsgesetzbuch
EG-Richtl. .... Richtlinie der Europäischen Gemeinschaft
einschl. .... einschließlich
EK .... Eigenkapital
Emmerich/Sonnenschein .... Emmerich/Sonnenschein, Konzernrecht, München, 6. Aufl. 1997
entspr. .... entsprechend
ErbSt .... Erbschaftsteuer
ErbStG .... Erbschaftsteuer- und Schenkungsteuergesetz
ErbStRG .... Erbschaftsteuer-Reformgesetz
ErfVO .... Erfinderverordnung

Abkürzungsverzeichnis **Abkürzungen**

Erman/Bearbeiter..	Erman, Handkommentar zum Bürgerlichen Gesetzbuch, 9. Aufl. 1993
EStDV	Einkommensteuer-Durchführungsverordnung
EStG	Einkommensteuergesetz
EStR	Einkommensteuer-Richtlinien
EuroEG	Gesetz zur Einführung des Euro vom 9. 6. 98 (BGBl. I 98, 1242)
etc.	et cetera
EU	Europäische Union
EuGH	Europäischer Gerichtshof
EuroEG	Gesetz zur Einführung des Euro vom 9. 6. 1998 (BGBl. I 98, 1242)
evtl.	eventuell
EWG	Europäische Wirtschaftsgemeinschaft
EWIR	Entscheidungen zum Wirtschaftsrecht (Entscheidungssammlung)
f., ff.	folgend, folgende
FA, FÄ	Finanzamt, Finanzämter
FG	Finanzgericht
FGG	Gesetz über die freiwillige Gerichtsbarkeit
FG/IdW	Fachgutachten des Instituts der Wirtschaftsprüfer in Deutschland e. V.
FGO	Finanzgerichtsordnung
FinAussch.	Finanzausschuß
FinMin-NW	Finanzminister Nordrhein-Westfalen
Fin.Verw.	Finanzverwaltung
FKHE	Fitting/Kaiser/Heither/Engels, Betriebsverfassungsgesetz, München, 18. Aufl. 1996
FKPG	Gesetz zur Umsetzung des Föderalen Konsolidierungsprogramms vom 23. 6. 1993
Fn.	Fußnote
FN	Fachnachrichten des Instituts der Wirtschaftsprüfer in Deutschland e. V. (internes Mitteilungsblatt)
FördergebietsG.	Fördergebietsgesetz
FR	Finanz-Rundschau (Zeitschrift)
Frotscher/Maas	Frotscher/Maas, Kommentar zum Körperschaftsteuergesetz (Loseblatt)
FS	Festschrift
FS Döllerer	Handels- und Steuerrecht, Festschrift für Georg Döllerer, hrsg. von Knobbe-Keuk/Klein/Moxter, Düsseldorf 1988
FS Goerdeler	Bilanz- und Konzernrecht – Festschrift für Reinhard Goerdeler, hrsg. von Hans Hauermann, Düsseldorf 1987
FS Ludwig Schmidt	Ertragsbesteuerung. Zurechnung–Ermittlung–Gestaltung. Festschrift für Ludwig Schmidt zum 65. Geburtstag, hrsg. von Arndt Raupach und Adalbert Uelner, München 1993

Abkürzungen

Abkürzungsverzeichnis

FS Stimpel	Festschrift für Walter Stimpel zum 68. Geburtstag, hrsg. von Marcus Lutter, Hans-Joachim Mertens und Peter Ulmer
FS v. Wysocki	Der Wirtschaftsprüfer im Schnittpunkt nationaler und internationaler Entwicklungen, Festschrift für Klaus v. Wysocki, hrsg. von Gerhard Gross, Düsseldorf 1985
FVG	Finanzverwaltungsgesetz
Gail/Goutier/ Grützner	Gail/Goutier/Grützner u. a., Körperschaftsteuergesetz, Kommentar (Loseblatt), Herne ab 1979
GAV	Gewinnabführungsvertrag
GBl.	Gesetzblatt
GBO	Grundbuchordnung
GbR	Gesellschaft bürgerlichen Rechts
gem.	gemäß
GenG	Gesetz betreffend die Erwerbs- und Wirtschaftsgenossenschaften (Genossenschaftsgesetz)
Geßler/Hefermehl/ Bearbeiter	Geßler/Hefermehl, Aktiengesetz, Kommentar in 6 Bänden, München 1974 ff.
GesVollstO	VO über die Gesamtvollstreckung (jetzt Gesamtvollstreckungsordnung) vom 6. Juni 1990 (GBl. I S. 285) der Fassung des Einigungsvertrages, BGBl. 1990 II S. 885, 1153
GewSt	Gewerbesteuer
GewStDV	Gewerbesteuer-Durchführungsverordnung
GewStG	Gewerbesteuergesetz
GewStR	Gewerbesteuer-Richtlinien
GG	Grundgesetz
ggf.	gegebenenfalls
ggü.	gegenüber
GKG	Gerichtskostengesetz
Glade/Steinfeld	Glade/Steinfeld, Umwandlungssteuergesetz, Kommentar, 4. Aufl. 1996
Glanegger/ Güroff	Glanegger/Güroff, Gewerbesteuergesetz, München, 3. Aufl. 1994
GmbH	Gesellschaft mit beschränkter Haftung
GmbHÄndG	GmbH-Änderungsgesetz
GmbHG	Gesetz betreffend die GmbH
GmbH-Handbuch	Centrale für GmbH Dr. Otto Schmidt (Hrsg.), GmbH-Handbuch (Loseblatt; GmbH-Handbuch/Verfasser)
GmbHR	GmbH-Rundschau (Zeitschrift)
GoB	Grundsätze ordnungsmäßiger Buchführung
Gottwald/ Bearbeiter	Gottwald (Hrsg.), Insolvenzrechts-Handbuch, München 1990 mit Nachtrag 1993

Abkürzungsverzeichnis **Abkürzungen**

Goutier/Knopf/ Tulloch/Bearbeiter .	Goutier/Knopf/Tulloch, Kommentar zum Umwandlungsrecht, Köln 1996
grds.	grundsätzlich
GrESt	Grunderwerbsteuer
GrEStG	Grunderwerbsteuergesetz
Großkomm. AktG	Barz u. a., Großkommentar zum Aktiengesetz, 3. Aufl. Berlin/New York 1973/1975
Großkomm. HGB	Brüggemann u. a., Großkommentar zum Handelsgesetzbuch Berlin/New York, 3. Aufl. 1967/1982 (4. Aufl. ab 1982)
GrS	Großer Senat
GuV-Rechnung ..	Gewinn- und Verlustrechnung
GVBl., GVOBl. . . .	Gesetz- und Verordnungsblatt
GVG	Gerichtsverfassungsgesetz
GWB	Gesetz gegen Wettbewerbsbeschränkungen
Hachenburg/ Bearbeiter	Hachenburg, Gesetz betreffend die Gesellschaften mit beschränkter Haftung, Kommentar in 3 Bänden, 1990/1992
Häuselmann	Häuselmann/Rümker/Westermann, Die Finanzierung der GmbH durch ihre Gesellschafter, Frankfurt 1992
HdJ/*Bearbeiter* ...	Wysocki/Schulze-Osterloh (Hrsg.), Handbuch des Jahresabschlusses (Loseblatt)
HdR	Handbuch der Rechnungslegung (siehe Küting/Weber)
HdU	Handbuch der Unternehmensbesteuerung, hrsg. vom IdW, 2. Aufl. 1994
Helmrich, BiRiLiG	Bilanzrichtlinien-Gesetzestexte, Stellungnahmen, Protokolle, zusgest. und bearb. von Herbert Helmrich, München 1986
Heymann	Heymann, HGB, Band 3, 2. Aufl. 1995 ff.
HFR	Höchstrichterliche Finanzrechtsprechung
HGB	Handelsgesetzbuch
HGBE	Entwurf eines Dritten Buchs des Handelsgesetzbuchs
HGrG	Gesetz über die Grundsätze des Haushaltsrechts des Bundes und der Länder (Haushaltsgrundsätzegesetz)
HHR/*Bearbeiter* ..	Herrmann/Heuer/Raupach, Einkommensteuer- und Körperschaftsteuergesetz mit Nebengesetzen (Loseblatt)
HHS	Hübschmann/Hepp/Spitaler, Kommentar zur Abgabenordnung und Finanzgerichtsordnung (Loseblatt)
hL	herrschende Lehre
hM	herrschende Meinung
Hofbauer/Kupsch ..	Hofbauer/Kupsch, Bonner Handbuch der Rechnungslegung (Loseblatt)

Abkürzungen

HR .... Handelsregister
hrsg., Hrsg. .... herausgegeben, Herausgeber
Hs. .... Halbsatz
HURB .... Handwörterbuch unbestimmter Rechtsbegriffe im Bilanzrecht des HGB, hrsg. von Leffson/Rückle/Großfeld, Köln 1986
HWB .... Handwörterbuch der Betriebswirtschaft
HWR .... Kosiol/Chemilewicz/Schweitzer (Hrsg.), Handwörterbuch des Rechnungswesens, 2. Aufl., Stuttgart 1981
HWRev .... Coenenberg/v. Wysocki (Hrsg.), Handwörterbuch der Revision, Stuttgart, 2. Aufl. 1992

idF .... in der Fassung
idR .... in der Regel
idS .... in diesem Sinne
IdW .... Institut der Wirtschaftsprüfer
IDW-FAMA .... Stellungnahmen des Fachausschusses für morderne Abrechnungssysteme des IDW
IDW-FAR .... Stellungnahmen des Fachausschusses Recht des IDW
IDW-HFA .... Stellungnahmen des Hauptfachausschusses des IDW
IDW-SABI .... Stellungnahmen des Sonderausschusses des IDW; Bilanzrichtlinien-Gesetz des IDW
i.L .... in Liquidation
incl. .... inklusive
INF .... Die Information über Steuer und Wirtschaft (Zeitschrift)
insb. .... insbesondere
InsO .... Insolvenzordnung
InstFSt .... Institut Finanzen und Steuern
Intertax .... Europäische Steuer-Zeitung
InvZulG 1991 .... Investitionszulagengesetz 1991
iSd. (e.) .... in Sinne des (eines)
IStR .... Internationales Steuerrecht (Zeitschrift)
iSv. .... im Sinne von
iVm. .... in Verbindung mit
IWB .... Internationale Wirtschaftsbriefe
iwS .... im weiteren Sinne

Jacobs .... O. H. Jacobs, Internationale Unternehmensbesteuerung, 3. Aufl. 1995
Jauernig .... Jauernig u. a., Bürgerliches Gesetzbuch, München, 8. Aufl. 1997
JbFfSt .... Jahrbuch der Fachanwälte für Steuerrecht
JbDStJG .... Jahrbuch der Deutschen Steuerjuristischen Gesellschaft e. V.
Jg. .... Jahrgang
JR .... Juristische Rundschau
JW .... Juristische Wochenschrift (Zeitschrift)
JZ .... Juristenzeitung

Abkürzungen

KAGG	Gesetz über Kapitalanlagegesellschaften
Kallmeyer/ Bearbeiter	Kommentar zum Umwandlungsgesetz, Köln 1997
KapErhG	Gesetz über die Kapitalerhöhung aus Gesellschaftsmitteln und über die Verschmelzung von Gesellschaften mit beschränkter Haftung (Kapitalerhöhungsgesetz)
KapErhStG	Gesetz über steuerrechtliche Maßnahmen bei Erhöhung des Nennkapitals aus Gesellschaftsmitteln (Kapitalerhöhungs-Steuergesetz)
KapESt	Kapitalertragsteuer
Keidel/Kuntze/ Winkler	Keidel/Kuntze/Winkler, Freiwillige Gerichtsbarkeit; Teil A: FGG, 13. Aufl. 1992; Teil B: BeurkG, 13. Aufl. 1997, München
KG	Kammergericht; Kommanditgesellschaft
KGaA	Kommanditgesellschaft auf Aktien
Kirchhof/Söhn	Kirchhof/Söhn (Hrsg.), Einkommensteuergesetz, Kommentar in 12 Ordnern (Loseblatt)
Kj.	Kalenderjahr
Klein/Flockermann/Kühr	Klein/Flockermann/Kühr, Handbuch des Einkommensteuerrechts (Loseblatt)
Knobbe-Keuk	Knobbe-Keuk, Bilanz und Unternehmenssteuerrecht, 9. Aufl. 1993
Kölner Komm	Kölner Kommentar zum Aktiengesetz, Herausgeber Zöllner, Köln/Berlin/Bonn/München ab 1971
KÖSDI	Kölner Steuerdialog (Zeitschrift)
KO	Konkursordnung
KonTraG	Gesetz zur Kontrolle und Transparenz im Unternehmensbereich vom 27. 4. 98 (BGBl. I 98, 786)
KoStO	Kostenordnung
KSt	Körperschaftsteuer
KStDV	Körperschaftsteuer-Durchführungsverordnung
KStG	Körperschaftsteuergesetz
KStR	Körperschaftsteuer-Richtlinien
KStZ	Kommunale Steuer-Zeitschrift
KTS	Zeitschrift für Konkurs-, Treuhand- und Schiedsgerichtswesen
Küting/Weber	Küting/Weber, Handbuch der Rechnungslegung, 4. Aufl. 1995/1998
Küting/Weber- Konzern	Küting/Weber (Hrsg.), Handbuch der Konzernrechnungslegung, 2. Aufl. 1996
KVSt	Kapitalverkehrsteuer
KVStG	Kapitalverkehrsteuergesetz
KWG	Kreditwesengesetz

Abkürzungen

Lademann / Bearbeiter............	Lademann, Kommentar zum Körperschaftsteuergesetz (Loseblatt)
Lademann / Söffing / Brockhoff......	Lademann/Söffing/Brockhoff, Kommentar zum Einkommensteuergesetz (Loseblatt)
LB	Lehrbuch
Lenski / Steinberg ...	Lenski/Steinberg, Kommentar zum Gewerbesteuergesetz (Loseblatt)
lfd.	laufende
LG	Landgericht
Littmann / Bearbeiter............	Littmann/Bitz/Hellwig, Kommentar zum Einkommensteuergesetz (Loseblatt)
LöschG	Löschungsgesetz
LSt	Lohnsteuer
LStDV	Lohnsteuer-Durchführungsverordnung
LStR	Lohnsteuer-Richtlinien
LSW	Lexikon des Steuer- und Wittschaftsrechts
lt.	laut
Lutter / Bearbeiter UmwG	Lutter, Kommentar zum Umwandlungsgesetz, Köln 1996
Lutter / Hommelhoff..................	Lutter/Hommelhoff, GmbH-Gesetz, Kommentar, 13. Aufl. 1991, 14. Aufl. 1995
maW	mit anderen Worten
MDR	Monatsschrift für Deutsches Recht
mE	meines Erachtens
Meincke	Meincke, Erbschaftsteuer- und Schenkungsteuergesetz, München, 11. Aufl. 1997
Meyer-Landrut	Meyer-Landrut/Miller/Niehus, Kommentar zum GmbH-Gesetz, 1987
MinBl.	Ministerialblatt
Mio.	Million/en
MitBestG	Gesetz über die Mitbestimmung der Arbeitnehmer (Mitbestimmungsgesetz)
Moench	Moench, Erbschaft- und Schenkungsteuer (Loseblatt–Kommentar)
MünchHdb. GesR/Bd./ *Bearbeiter*............	Münchener Handbuch des Gesellschaftsrechts in 4 Bänden: Band 1 BGB-Gesellschaft/OHG/Partnerschaftsgesellschaft/Partenreederei/EWIV, 1995; Band 2 Kommanditgesellschaft/Stille Gesellschaft, 1991; Band 3 Gesellschaft mit beschränkter Haftung, 1996; Band 4 Aktiengesellschaft, 2. Aufl. 1998

Münch-Vertragshdb. Bd./Bearbeiter	Münchener Vertragshandbuch in 4 Bänden: Band 1 Gesellschaftsrecht, 4. Aufl. 1996; Band 2 Handels- und Wirtschaftsrecht, 4. Aufl. 1997; Band 3 Wirtschaftsrecht, 1997; Band 4 Bürgerliches Recht, 1997
mwN	mit weiteren Nachweisen
nF	neue Fassung
Niehus/Scholz	Rechnungslegung und Prüfung der GmbH nach neuem Recht, Kommentar zum GmbH-Gesetz von Meyer-Landrut/Miller/Niehus, Berlin, New York 1987
NJW	Neue Juristische Wochenschrift (Zeitschrift)
Nr., Nrn.	Nummer, Nummern
NWB/F	Neue Wirtschaftsbriefe/Fach
nv	nicht veröffentlicht
OFD	Oberfinanzdirektion
og.	oben genannt(e)
OHG	Offene Handelsgesellschaft
OLG	Oberlandesgericht
OLGE	Die Rechtsprechung des Oberlandesgerichts in Zivilsachen
Palandt/Bearbeiter	Palandt, Bürgerliches Gesetzbuch, München, 57. Aufl. 1998
PartGG	Gesetz betr. die Partnerschaftsgesellschaften
Petzoldt	Petzoldt, Erbschaftsteuer- und Schenkungsteuergesetz, Kommentar, 2. Aufl. 1986
PublG	Gesetz über die Rechnungslegung von bestimmten Unternehmen und Konzernen (Publizitätsgesetz)
RA	Rechtsanwalt
Raiser	T. Raiser, Recht der Kapitalgesellschaften, München, 2. Aufl. 1992
RAO	Reichsabgabenordnung
RAussch	Rechtsausschuß
rd.	rund
RefE InsO	Referentenentwurf zum Gesetz zur Reform des Insolvenzrechts
RegE	Regierungsentwurf
RFH	Reichsfinanzhof
RFHE	Entscheidungen des Reichsfinanzhofs
RG	Reichsgericht
RGBl.	Reichsgesetzblatt
RGZ	Amtliche Sammlung von Entscheidungen des Reichsgesetzes in Zivilsachen

Abkürzungen

Abkürzungsverzeichnis

RiW	Recht der internationalen Wirtschaftspraxis (Zeitschrift)
rkr.	rechtskräftig
Rössler/Troll	Rössler/Troll, Bewertungsgesetz und Vermögensteuergesetz, München, 18. Aufl. 1997
Roth/Bearbeiter	G. Roth/Altmeppen, Kommentar zum GmbHG, München, 3. Aufl 1997
Rowedder/Bearbeiter	Rowedder/Fuhrmann/Koppensteiner, Gesetz betr. die Gesellschaften mit beschränkter Haftung (GmbHG), Kommentar, München, 3. Aufl. 1997
Rspr	Rechtsprechung
RStBl.	Reichssteuerblatt
RWP	Rechts- und Wirtschaftspraxis, Blattei-Handbuch (Zeitschrift)
Rz.	Randziffer (Zitierweise innerhalb des Werkes)
s.	siehe
S.	Seite
s. a.	siehe auch
SBV	Sonderbetriebsvermögen
Schlegelberger/Bearbeiter	Schlegelberger, Handelsgesetzbuch, Kommentar in 6 Bänden, bearb. v. Geßler/Hefermehl/Hildebrandt/Schröder/Martens/Schmidt, 5. Aufl. ab 1973
Schmidt/Bearbeiter	L. Schmidt, Kommentar zum Einkommensteuergesetz, München, 17. Aufl. 1998
Schmidt, GesR	K. Schmidt, Gesellschaftsrecht, 3. Aufl. 1997
Scholz/Bearbeiter	F. Scholz, Kommentar zum GmbH-Gesetz, 8. Aufl. 1992/1995
s. o.	siehe oben
Soergel/Bearbeiter	Soergel/Siebert, Bürgerliches Gesetzbuch mit Einführungsgesetz und Nebengesetzen, Kommentar in 10 Bänden, 12. Aufl. 1987 ff.
sog.	sogenannte(r/s)
SolZ	Solidaritätszuschlag
SolZG	Solidaritätszuschlaggesetz
Sp.	Spalte
SpTrUG	Gesetz über die Spaltung der von der Treuhandanstalt verwalteten Unternehmen (Spaltungsgesetz)
StÄndG	Steueränderungsgesetz
StandOG	Standortsicherungsgesetz
StAnpG	Sreueranpassungsgesetz
Staudinger/Bearbeiter	J. v. Staudinger's Kommentar zum Bürgerlichen Gesetzbuch in ca. 41 Bänden, 12. Aufl. 1978 ff.
StB	Der Steuerberater (Zeitschrift)
Stbg	Die Steuerberatung (Zeitschrift)
StbJb	Steuerberater-Jahrbuch

Abkürzungen

StBp	Steuerliche Betriebsprüfung (Zeitschrift)
StEK	Steuererlasse in Karteiform, hrsg. von Felix
StEntlG 1999/ 2000/2002	Steuerentlastungsgesetz 1999/2000/2002 vom 24. 3. 99 (BGBl. I 99, 402)
StGB	Strafgesetzbuch
StKongRep	Steuerberater-Kongreß-Report
StMBG	Mißbrauchs- und Steuerbereinigungsgesetz v. 10. 12. 1993
StQ	Die Quintessenz des steuerlichen Schrifttums
str.	strittig
Streck	Streck, Kommentar zum Körperschaftsteuergesetz, München, 5. Aufl. 1997
StRefG	Steuerreformgesetz
StuW	Steuer und Wirtschaft (Zeitschrift)
Sudhoff	Sudhoff, Der Gesellschaftsvertrag der GmbH, 8. Aufl. 1992
TDM	Tausend Deutsche Mark
Tipke/Kruse	Tipke/Kruse, Abgabenordnung/Finanzgerichtsordnung, Kommentar in 3 Ordnern (Loseblatt), München
Tipke/Lang	Tipke/Lang, Steuerrecht, 14. Aufl. 1994
Troll	Troll, Erbschaftsteuer- und Schenkungsteuergesetz (Loseblatt)
ua.	unter anderem; und andere
uä.	und ähnliches
uam.	und anderes mehr
uE	unseres Erachtens
UmwBerGE	Entwurf eines Gesetzes zur Bereinigung des Umwandlungsrechts (UmBerG)
UmwG	Umwandlungsgesetz
UmwStErl. 1	Schreiben betr. Gesetz über steuerliche Maßnahmen bei Änderung der Unternehmensform (UmwStG 1977) vom 15. April 1986 (BStBl. I S. 164)
UmwStErl. 2	Schreiben betr. Gesetz über steuerliche Maßnahmen bei Änderung der Unternehmensform (UmwStG 1977) vom 16. Juni 1978 (BStBl. I S. 235)
UmwStErl. 1998.	Schreiben betr. UmwStG vom 25. 3. 98 (BStBl. I 98, 268)
UmwStG	Umwandlungssteuergesetz
UR	Umsatzsteuer-Rundschau (Zeitschrift)
UStDV	Umsatzsteuer-Durchführungsverordnung
UStG	Umsatzsteuergesetz
UStR	Umsatzsteuer-Richtlinien
usw.	und so weiter
uU	unter Umständen
v.	vom (von)
vEK	verwendbares Eigenkapital
vBP	vereidigte(r) Buchprüfer
VermBG	Vermögensbildungsgesetz

Abkürzungen

vGA .... verdeckte Gewinnausschüttung
vgl. .... vergleiche
vH .... vom Hundert
VO .... Verordnung
Vogel .... K. Vogel, Doppelbesteuerungsabkommen, München, 3. Aufl. 1996
VRG .... Vorruhestandsgesetz
VStG .... Vermögensteuergesetz
VStR .... Vermögensteuer-Richtlinien
VwGO .... Verwaltungsgerichtsordnung
vT .... von Tausend
VZ .... Veranlagungszeitraum

WIB .... Wirtschaftsrechtliche Beratung (Zeitschrift)
Widmann/Mayer.. Widmann/Mayer, Umwandlungsrecht, in 6 Ordnern (Loseblatt)
Wj. .... Wirtschaftsjahr
WM .... Zeitschrift für Wirtschaft und Bankrecht – Wertpapiermitteilungen
WP .... Wirtschaftsprüfer
WPg .... Die Wirtschaftsprüfung (Zeitschrift)
WPH .... Wirtschaftsprüfer-Handbuch
WPK-Mitt. .... Mitteilungsblatt der Wirtschaftsprüferkammer Düsseldorf

zB .... zum Beispiel
ZfB .... Zeitschrift für Betriebswirtschaft
ZfbF .... Zeitschrift für betriebswirtschaftliche Forschung
ZG .... Zollgesetz
ZGR .... Zeitschrift für Unternehmens- und Gesellschaftsrecht
ZHR .... Zeitschrift für das gesamte Handels- und Wirtschaftsrecht
Ziff. .... Ziffer
ZIP .... Zeitschrift für Wirtschaftsrecht und Insolvenzpraxis
ZPO .... Zivilprozeßordnung
ZRFG .... Zonenrandförderungsgesetz
zT .... zum Teil
zZ .... zur Zeit

§ 1 Rechtsformwahl

Bearbeiter: Dr. Bernd Erle

Übersicht

	Rz.
A. Einleitung	1–2
B. Bedeutung der Rechtsformwahl und Vorgehensweise	3–10
C. Bedingungen und Vergleichskriterien	
I. Alternativen bei der Rechtsformwahl	11–12
II. Auswahlkriterien	13–15
III. GmbH im Vergleich	16–67
1. Mindesteinlage und Haftung	16–21
2. Finanzierung	22–30
a) Eigenfinanzierung	22–29
aa) Beteiligungsfinanzierung	22–25
bb) Selbstfinanzierung	26–29
b) Fremdfinanzierung	30
3. Leitung und Überwachung	31–35
a) Selbst- oder Fremdorganschaft	31
b) Weisungsrecht	32
c) Informationsrecht	33, 34
d) Aufsichtsrat	35
4. Mitbestimmung	36–39
5. Rechnungslegung, Prüfung und Publizität	40–44
6. Gründungs- und Organisationsaufwand	45
7. Besteuerung	46–62
a) Laufende Besteuerung	47–57
b) Besteuerung bei Anteilsübertragung und Liquidation	58–62
8. Konzernbildung	63–67
D. Gesamtwertung	68

A. Einleitung

Die GmbH ist der am häufigsten vorkommende und damit der erfolgreichste 1
Gesellschaftstyp des deutschen Rechts. Gründe hierfür sind die Möglichkeit
der Haftungsbeschränkung bei hoher Flexibilität der gesellschaftsrechtlichen
Organisation. Die GmbH ist **juristische Person** mit **personalistischer Prägung**. Als Kapitalgesellschaft bietet sie die Haftungsbeschränkung für die
Gesellschafter um den Preis strenger Regeln für die Kapitalaufbringung und
Kapitalerhaltung sowie – mit Ausnahme kleiner Gesellschaften – der externen

§ 1 2, 3   Rechtsformwahl

Prüfung der Rechnungslegung und für alle der Publizitätspflicht (vgl. Rz. 43).[1] Eine Auswirkung dieser zentralen Fragen des GmbH-Rechts ist zB die Rspr. der letzten Jahre zum Eigenkapitalersatz und zur Konzernhaftung. Die personalistische Prägung wird in unterschiedlichster Form deutlich: die GmbH ist keine anonyme Gesellschaft, jährlich ist eine Liste der Gesellschafter zum HR einzureichen (§ 40 GmbHG); der Gesellschafterwechsel ist der Gesellschaft anzuzeigen (§ 16 Abs. 1 GmbHG); die Anteile sind nur erschwert handelbar, da die Übertragung notariell zu beurkunden ist (§ 15 Abs. 3 GmbHG); die Gesellschafterversammlung ist weisungsbefugt gegenüber der Geschäftsführung (§ 37 GmbHG); jeder Gesellschafter hat ein uneingeschränktes und uneinschränkbares Informationsrecht über die Angelegenheiten der Gesellschaft und ein entsprechendes Recht zur Einsicht der Bücher und Schriften (§§ 51 a, 51 b GmbHG). Bezeichnend für die starke Bindung der Gesellschafter untereinander ist die solidarische Haftung für die Kapitalaufbringung und -erhaltung (§§ 21 ff., 31 Abs. 3 GmbHG). Neben diese personalistischen Elemente tritt ein hohes Maß an organisatorischer **Flexibilität**. Der Gesellschaftsvertrag der GmbH kann in hohem Maße an die besonderen Verhältnisse der Gesellschafter und des Unternehmens angepaßt werden; die Mindestorganisation der GmbH ist einfach, so sind etwa nur zwei Organe zwingend vorgeschrieben. Dies sind wesentliche Gründe für die Beliebtheit der GmbH auch bei gesellschaftsrechtlichen Mischgestaltungen wie der GmbH & Co. KG, GmbH & Stille, der Betriebsaufspaltung und als Konzern-Tochtergesellschaft. Ein erheblicher Teil der GmbHs ist daher konzerniert.

2   Die GmbH unterliegt der KSt, sie ist gem. § 2 Abs. 2 Satz 1 GewStG Gewerbebetrieb kraft Rechtsform und damit stets gewerbesteuerpflichtig. **Steuerlich** gilt für die GmbH als juristische Person das **Trennungsprinzip**. Gewinne der Gesellschaft unterliegen bei den Gesellschaftern erst dann der ESt, wenn sie ausgeschüttet werden. In der Zwischenzeit sind sie bei der Kapitalgesellschaft gem. § 23 Abs. 1 KStG idF des **StEntlG 1999/2000/2002** (s. BT-Drs. 14/442, S. 108) mit KSt von zZ idR 40% belastet. Die Belastung mit ESt bei den Gesellschaftern läßt sich einerseits im Wege der **Ausschüttungsplanung** unter Berücksichtigung anderer Einkünfte und des Progressionseffektes steuern. Andererseits können Verluste der Gesellschaft nur im Wege des Verlustrücktrags und -vortrags mit Gewinnen der Gesellschaft, nicht mit Gewinnen oder anderen Einkünften der Gesellschafter, verrechnet werden (§ 10 d EStG). Ein sofortiger **Verlustausgleich** mit anderen Einkünften der Gesellschafter ist nur bei körperschaftsteuerlicher Organschaft möglich.

B. Bedeutung der Rechtsformwahl und Vorgehensweise

3   Das Gesellschaftsrecht läßt – abgesehen von Ausnahmefällen (zB bei Hypothekenbanken gem. § 2 HypBankG und bei Kapitalanlagegesellschaften gem. § 1 Abs. 3 Satz 1 KAGG) – die Wahl zwischen unterschiedlichen Unternehmensrechtsformen zu. Das Entscheidungsproblem „Rechtsformwahl" stellt sich zunächst **bei der Gründung**. Die Frage nach der optimalen Rechtsform

---

[1] *Erle* Der Bestätigungsvermerk des Abschlußprüfers, 1990, S. 61.

B. Bedeutung der Rechtsformwahl und Vorgehensweise

ist aber auch noch danach von Bedeutung, weil sich die für die Rechtsformentscheidung maßgeblichen internen und externen Bedingungen im Laufe der Zeit verändern können. Es empfiehlt sich daher, in regelmäßigen Zeitintervallen zu prüfen, ob die gewählte Rechtsform noch die bestmögliche Alternative darstellt.

Unter **internen Bedingungen** sind dabei die Verhältnisse des Unternehmens und der daran beteiligten Personen zu verstehen. Beispielsweise beeinflußt die Frage der Finanzierung unternehmerischer Expansionspläne oder die Planung der Unternehmernachfolge die Entscheidung über die Rechtsform ebenso wie die Anzahl der Gesellschafter, die sich im Laufe der Zeit zB durch Erbgänge und Übertragung erheblich verändern kann. **Externe Bedingungen** sind solche, die von der Umwelt des Unternehmens gesetzt werden. Dabei ist in erster Linie an die gesetzlichen Vorschriften zu denken, die mit den einzelnen Rechtsformalternativen verknüpft sind. Die Rechtsformalternativen unterscheiden sich zB hinsichtlich der gesetzlichen Regelungen über Haftung, Mitbestimmung, Publizität und Besteuerung. Externe Bedingungen werden außerdem von Marktpartnern gesetzt, zB wenn der GmbH aufgrund der Haftungsbeschränkung eine geringere Kreditwürdigkeit beigemessen wird.

Mit der Wahl der Rechtsform wird ein Teil der Rechtsbeziehungen einerseits innerhalb des Unternehmens und andererseits zwischen dem Unternehmen und seiner Umwelt bestimmt. Dabei können die Rechtsbeziehungen bei einer bestimmten Rechtsform insb. auch der GmbH im Rahmen der bestehenden **Vertragsfreiheit** den individuellen Verhältnissen angepaßt werden. Durch vertragliche Gestaltungen lassen sich daher die Rechtsformen bei bestimmten Merkmalen einander angleichen. Die Bedeutung solcher gestaltbarer Merkmale ist bei der Rechtsformentscheidung damit erheblich geringer. Merkmale, die sich nicht durch vertragliche Regelungen angleichen lassen, sind vor allem der Gründungsaufwand, die Beschränkung der Haftung, die Mitbestimmung, die Besteuerung sowie die Prüfungs- und Publizitätspflicht. Durch Mischformen lassen sich die Vorteile verschiedener Gesellschaftstypen kombinieren.

Die Wahl der Rechtsform beeinflußt die **Rentabilität** und damit den Wert des Unternehmens. Von besonderer Bedeutung ist hier die unterschiedliche steuerliche Belastung der einzelnen Rechtsformalternativen, da das Steuerrecht nicht rechtsformneutral ist.[2] Unterschiede bestehen auch hinsichtlich des Organisationsaufwands, zB bei den Kosten der Gründung sowie der Erfüllung von Prüfungs- und Publizitätspflichten.

Bei der Entscheidung über die Rechtsform empfiehlt es sich, stufenweise vorzugehen.[3] Zunächst sollten die **Ziele** des (bereits bestehenden oder noch zu gründenden) Unternehmens für den Planungszeitraum festgelegt werden. Dabei ist die Länge des Planungszeitraums in Abhängigkeit von der voraussichtlichen (erfahrungsgemäßen) Beständigkeit der die zu treffende Rechtsformwahl determinierenden internen und externen Bedingungen zu bemessen. Bereits im Rahmen der Rechtsformwahl für ein noch zu gründendes

---

[2] Vgl. *Jacobs* Unternehmensbesteuerung und Rechtsform, 2. Aufl. 1998; *Herzig/Schiffers* StuW 1994, S. 103 ff.

[3] Vgl. zur systematischen Entscheidungsfindung *Monz* Methodische Entscheidungshilfen zur Rechtsformwahlberatung, 1985.

Unternehmen muß also wie später im Rahmen der regelmäßigen Überprüfung der gewählten Rechtsform (s. oben Rz. 3) berücksichtigt werden, daß die Entscheidung für oder gegen eine bestimmte Rechtsform keine Entscheidung für die (unternehmerische) Ewigkeit ist. So würde es zB im Hinblick auf den die Rechtsformwahl determinierenden externen Faktor „Unternehmenssteuerrecht" keinen Sinn machen, seinen Überlegungen einen Planungszeitraum zugrunde zu legen, der mehr als ein Jahr umfaßt. Als Unternehmensziele, die innerhalb des so bestimmten Planungszeitraumes zu erreichen sind, können zB Umsatzgrößen für bestimmte Produkte und damit zusammenhängende Finanzierungsvorhaben definiert werden.

8 Bei bestehenden Unternehmen ist zur Bestimmung der optimalen Rechtsform (als einer Überprüfung der bestehenden Rechtsform) außerdem eine konkrete Beschreibung der **aktuellen Unternehmenssituation** zB in finanzieller Hinsicht (Eigenkapitalmangel?) und personeller Hinsicht (bevorstehender Generationswechsel?) erforderlich. Damit werden die unternehmens- und gesellschafterbezogenen Bedingungen, die bei der Rechtsformwahl zu beachten sind, erfaßt.

9 Die eine Unternehmensrechtsform kennzeichnenden **Merkmale** (zB Haftung, Leitung und Überwachung) dienen bei der Rechtsformwahl als Entscheidungskriterien. Um eine Entscheidung treffen zu können, müssen die Rechtsformalternativen anhand der **Entscheidungskriterien** auf ihren Beitrag zur Erfüllung der festgelegten Ziele unter den gegebenen Bedingungen überprüft werden. Bei der letztlich zu treffenden Entscheidung messen die Entscheidungsträger den einzelnen Entscheidungskriterien bewußt oder unbewußt ein bestimmtes Gewicht bei. So wird zB häufig der Beschränkung der Haftung unter größtmöglicher Vermeidung von Publizitätspflichten entscheidende Bedeutung beigemessen.

10 Zur systematischen Entscheidungsfindung bei der Rechtsformwahl können betriebswirtschaftliche **Entscheidungsmodelle** (wie etwa Scoring-Modelle[4] bzw. die Nutzwertanalyse[5]) beitragen. Optimalität im mathematischen Sinne läßt sich damit nicht erreichen, weil nur wenige Faktoren exakt quantifizierbar sind.

C. Bedingungen und Vergleichskriterien

I. Alternativen bei der Rechtsformwahl

11 Die Rechtsformwahl erfolgt aus einer begrenzten Anzahl zur Verfügung stehender Rechtsformen (numerus clausus der Rechtsformen).[6] Die Anzahl

---

[4] Vgl. *Rose* Betriebswirtschaftliche Überlegungen zur Unternehmensrechtsformwahl, in: FS Meilike, 1985, S. 119 f.; *Rose/Glorius* Unternehmensformen und -verbindungen, 1992, S. 126 f.

[5] Vgl. *Steiner* Konstitutive Entscheidungen, in: Vahlens Kompendium der Betriebswirtschaftslehre, 2. Aufl., 1989, Band 1, S. 117 f.

[6] *K. Schmidt* GesR § 5 II 1, S. 102.

C. Bedingungen und Vergleichskriterien 12, 13 § 1

der zur Wahl stehenden Rechtsformen kann sich jedoch ändern; so hat der Gesetzgeber die Bergrechtliche Gewerkschaft beseitigt und die EWiV und Partnerschaftsgesellschaft eingeführt. Dem Grunde nach besteht im Privatrecht die Wahl zwischen dem Einzelunternehmen, der Personengesellschaft (BGB-Gesellschaft als Grundtyp; OHG; KG; Stille Gesellschaft und Partenreederei) und der Kapitalgesellschaft (AG; KGaA und GmbH), die auch miteinander kombiniert werden können (zB Kapitalgesellschaft & Co. KG; Kapitalgesellschaft & Stille; Betriebsaufspaltung und Unterbeteiligung). Daneben gibt es ua. die Genossenschaft, den Versicherungsverein auf Gegenseitigkeit und die Stiftung. Öffentliche Betriebe können zudem noch in nicht-privatrechtlichen Formen (zB Regiebetrieb, Eigenbetrieb, Körperschaft des öffentlichen Rechts, Anstalt) organisiert werden. Im weiteren wird bei den Vergleichen hauptsächlich auf die OHG, die GmbH & Co. KG und die (kleine) AG[7] abgestellt.[8]

Die **Alternativen** können aufgrund von Umständen, die bei den Eigen- 12 tümern liegen oder Art und Umfang der Geschäftstätigkeit betreffen, von vornherein **beschränkt** sein. So kommen für eine natürliche Person als einzigen Eigentümer die Rechtsformen der GbR, OHG, KG und der Stillen Gesellschaft mit einem Einzelunternehmen nicht in Frage; es gibt eben keine Einmann-OHG. Dagegen sind die AG, GmbH, GmbH & Co. KG und GmbH & Still auch als Einmann-Gesellschaften zulässig. OHG und KG (einschl. GmbH & Co. KG) setzen den Betrieb eines Handelsgewerbes oder die Eintragung der Firma in das HR voraus (§§ 105, 161 iVm. §§ 1, 2 HGB). Andernfalls liegt eine GbR vor. Freiberufler können sich idR nicht in Form der OHG oder KG zusammenschließen. Ausnahmen gelten zB für Apotheken (auch OHG; § 8 ApothG), Wirtschaftsprüfungs- und Steuerberatungsgesellschaften (auch OHG und KG; §§ 27 WPO, 49 StBerG). Mit der Partnerschaftsgesellschaft wurde eine Rechtsform geschaffen, die nur Angehörigen freier Berufe zugänglich ist. Versicherungen können nur als Versicherungsverein auf Gegenseitigkeit oder als AG (§ 7 Abs. 1 VAG), Kreditinstitute nur als Handelsgesellschaften, nicht als einzelkaufmännisches Unternehmen (§ 2 a KWG), betrieben werden.[9]

II. Auswahlkriterien

Die Frage nach der optimalen Rechtsform für ein Unternehmen läßt sich 13 nur anhand der **individuellen Verhältnisse** beantworten. Es sind daher die gegenwärtigen Bedingungen im Unternehmen hinsichtlich der wirtschaftlichen Situation und der Herrschaftsverhältnisse festzustellen. Ferner ist eine Prognose über die Entwicklung dieser Bedingungen innerhalb des Planungszeitraums zu empfehlen, damit zu erwartende Veränderungen einbezogen werden können.

---

[7] Zur kleinen AG vgl. *Seibert/Köster/Kiem* Die kleine AG, 3. Aufl. 1996; *Kindler* NJW 1994, 3041; *Planck* GmbHR 1994, 501; *Priester* BB 1996, 333.
[8] Vgl. zur KGaA *Claussen* GmbHR 1996, 73.
[9] Zu weiteren Fällen von Rechtsformzwang vgl. *Baumbach/Hopt* Einl. v. § 105 Anm. 5.

14 Die **Herrschaftsverhältnisse** innerhalb des Unternehmens werden beeinflußt von der Gesellschafterstruktur, dh. von der Anzahl der beteiligten Gesellschafter, deren Beteiligungsquoten, deren Beziehungen zueinander und deren Interessenlagen. Sofern in Familienunternehmen Gesellschafterstämme vorhanden sind, ist von Bedeutung, welche Bindungen innerhalb des einzelnen Gesellschafterstammes bestehen und welches Verhältnis die Gesellschafterstämme untereinander haben.[10] Die Zahl und Zusammensetzung der aktiv tätigen Gesellschafter und die Interessenlagen der nicht tätigen Gesellschafter sind vor allem für die Gestaltung der Leitung und Überwachung wichtig. Von besonderer Bedeutung ist die Frage der **Gesellschafternachfolge**[11] für den Fall des Ausscheidens oder Ablebens von tätigen Gesellschaftern. Die Rechtsform muß für eine individuelle und vorausschauend zu planende Regelung der Unternehmernachfolge geeignet sein.

15 Für die Rechtsformwahl ist zudem die wirtschaftliche Situation des Unternehmens, der Unternehmer und die Art der Unternehmung von Bedeutung. Dazu ist es erforderlich, die für die Rechtsformentscheidung bedeutsamen Merkmale des Unternehmens und seine Stellung im Markt zu untersuchen. Wichtige Entscheidungskriterien, die bei der Rechtsformwahl bedacht werden müssen, sind:[12]
– Finanzierung (Zugang zum Kapitalmarkt, Bonität)
– Haftung (persönlich und unbeschränkt, persönlich aber beschränkt, nur mit Stamm- oder Grundkapital)
– Leitung und Überwachung (Selbst- oder Drittorganschaft, zwingender AR)
– Mitbestimmung
– Rechnungslegung, Prüfung und Publizität
– Gründungs- und Organisationsaufwand (zB Kosten der Gründung und Publizität)
– Besteuerung
– Gestaltungsfreiheit für die Organisation und Umwandlungsmöglichkeit.

Welche Relevanz die einzelnen Vergleichskriterien für die Entscheidungsträger haben, ist letztlich von deren individuellen Präferenzen abhängig. Die steuerlichen Aspekte sind häufig das wesentliche Motiv für die Rechtsformwahl bei Gründung oder für eine Umwandlung, obwohl vor dieser einseitigen Ausrichtung regelmäßig gewarnt wird. Dabei werden häufig wichtige andere Aspekte, zB die Komplexität der Konstruktion, vernachlässigt.

III. GmbH im Vergleich

1. Mindesteinlage und Haftung

16 Die GmbH hat ein **Mindeststammkapital** von DM 50 000 (§ 5 Abs. 1 GmbHG), die AG ein Mindestgrundkapital von DM 100 000 (§ 7 AktG). Für

---

[10] Vgl. speziell zur Familiengesellschaft *Hennerkes/May* DB 1988, 483; *Zartmann/ Lethin* Familienunternehmen, passim.

[11] Zum Einfluß der Erbschaftsteuer (nach altem Recht) auf die Rechtsformwahl vgl. *Rödder* DB 1993, 2137.

[12] Vgl. *Baumbach/Hopt* Einf. v. § 105 Anm. 7.

C. Bedingungen und Vergleichskriterien 17–20 § 1

Personengesellschaften gibt es kein Mindestkapital. Bei der GmbH & Co. KG oder AG & Co. KG gelten für die Komplementär-Kapitalgesellschaft die allg. Regelungen über das Mindestkapital, im übrigen gilt das Recht der Personengesellschaft.

Für Verbindlichkeiten der eingetragenen **GmbH** haftet nach § 13 Abs. 2 GmbHG nur ihr Vermögen, nicht das der Gesellschafter. Das GmbHG sieht dafür eine strenge solidarische Haftung der Gesellschafter gegenüber der GmbH für die Aufbringung des Stammkapitals vor (vgl. § 2 Rz. 127), einschließlich der Haftung für die Werthaltigkeit von Sacheinlagen nach § 9 GmbHG und dessen Erhaltung (vgl. § 8 Rz. 45 ff.; insb. Haftung für die Rückzahlung das Stammkapital mindernder Zahlungen nach § 31 Abs. 1, 2 GmbHG), zur Haftung bei kapitalersetzenden Darlehen vgl. § 8 Rz. 200 ff. Auch bei der AG haben die Gesellschafter die Haftungsbeschränkung um den Preis einer gegenüber dem GmbH-Recht noch strengeren Kapitalbindung (vgl. § 57 AktG), aber ohne die solidarische Haftung für die Kapitalaufbringung und Erhaltung. Demgegenüber besteht eine unbeschränkte gesamtschuldnerische persönliche Haftung der OHG-Gesellschafter. Bei der GmbH & Co. KG haftet die GmbH als Komplementär zwar unbeschränkt, die GmbH-Gesellschafter indes nur wie jeder andere GmbH-Gesellschafter, nicht dagegen wie Komplementäre oder Kommanditisten. 17

Der **Haftungsdurchgriff** auf die Gesellschafter der GmbH wurde in der Vergangenheit auf die (seltenen) Fälle der Vermögensvermischung und des Mißbrauchs des Rechtsinstituts der juristischen Person beschränkt.[13] In den letzten Jahren hat jedoch der BGH in seiner Rechtsprechung zum **„qualifizierten faktischen Konzern"**[14] die Haftungsbeschränkung in praktisch bedeutsamen Fällen aufgehoben. Danach haftet der eine GmbH beherrschend unternehmerisch tätige Gesellschafter (der auch eine natürliche Person sein kann) entsprechend §§ 302, 303 AktG, wenn er im Konzerninteresse die Leitungsmacht zum Nachteil der GmbH ausübt, ohne daß sich der insgesamt zugefügte Nachteil durch Einzelausgleichsmaßnahmen kompensieren ließe.[15] Die Haftung setzt Verschulden voraus, da sie Folge der allg. Treuepflicht ist. Das Verschulden wird vermutet. Die Beweislast liegt beim Kläger, wenngleich ihm hinsichtlich seiner Substantiierungslast Erleichterungen eingeräumt werden können (dazu § 17 Rz. 174). 18

Die Kommanditisten einer **GmbH & Co. KG** haften für Verbindlichkeiten der KG nur insoweit, als sie bis zu ihrer jeweiligen Haftsumme Einlagen noch nicht geleistet oder Schulden der Gesellschaft noch nicht bezahlt haben (§§ 171 ff. HGB). Die Rückzahlung von Einlagen ist zulässig, führt aber zur persönlichen Haftung des Kommanditisten, soweit seine Haftsumme unterschritten wird (§ 172 Abs. 4 HGB). Die Regeln der §§ 32 a, 32 b GmbHG über kapitalersetzende Gesellschafterdarlehen (dazu § 8 Rz. 200 ff.) gelten nach § 172 a HGB sinngemäß auch für die GmbH & Co. KG. 19

Das BAG hat die zum qualifiziert faktischen GmbH-Konzern entwickelten Grundsätze auf einen **faktischen Personengesellschaftskonzern** mit einer 20

---

[13] Vgl. *Lutter/Hommelhoff* § 13 Anm. 11 ff.
[14] Vgl. *Lutter/Hommelhoff* § 13 Anm. 16 ff.
[15] Vgl. etwa zuletzt OLG Frankfurt v. 30. 4. 1997, AG 1998, 193.

abhängigen GmbH & Co. KG entsprechend angewendet.¹⁶ Danach kann auch der Gesellschafter einer Komplementär-GmbH zum Ausgleich von bei der KG entstandenen Verlusten verpflichtet sein.

21 Die **Haftungsbeschränkung,** dh. der Ausschluß der Haftung natürlicher Personen als Gesellschafter für Verbindlichkeiten der Gesellschaft wird demnach im Ergebnis mit der GmbH & Co. KG ebenso erreicht bzw. verfehlt wie mit der GmbH. Im Personengesellschaftskonzern muß mit einer Konzernhaftung zumindest dann wie im GmbH-Konzern gerechnet werden, wenn die abhängige GmbH & Co. KG in ihrer gesellschaftsvertraglichen Struktur einer Kapitalgesellschaft vergleichbar ist.¹⁷

2. Finanzierung

a) Eigenfinanzierung

22 aa) **Beteiligungsfinanzierung.** Die Möglichkeiten der **Beteiligungsfinanzierung,** dh. der Finanzierung durch neue Anteilseigner, sind bei GmbH, OHG und GmbH & Co. KG begrenzt, weil die Anteile nicht an einer Börse gehandelt werden können. Als neue Eigentümer kommen regelmäßig **nur unternehmerische Investoren** und nicht reine Kapitalanleger in Frage. Als Mittler zwischen reinen Kapitalanlegern und Unternehmen ohne Zugang zur Börse treten Kapitalbeteiligungsgesellschaften auf, die ihre Beteiligungen bevorzugt in der Form der stillen Gesellschaft halten. Im Zugang zur Börse besteht der entscheidende Vorteil der AG, der allerdings nicht im Umfang genutzt wird, wie zB in den USA. Die sog. kleine AG ist der GmbH in der Organisationsstruktur angeglichen. So kann die Hauptversammlung durch eingeschriebenen Brief einberufen werden, eine notarielle Niederschrift über die Hauptversammlung ist regelmäßig entbehrlich usw. Diese Erleichterungen gelten aber nur, wenn die Aktionäre bekannt sind (so bei der Einberufung) oder wenn die Gesellschaft nicht börsennotiert ist (so bei der Frage der Beurkundung der Hauptversammlung). Die kleine AG bietet daher keinen Vorteil für den Zugang zum Kapitalmarkt.

23 Ein gewisser Vorteil der GmbH bei der Beteiligungsfinanzierung ist darin zu sehen, daß es bei der GmbH nur eine Kategorie von Gesellschaftern gibt. Die **Beteiligungsverhältnisse** lassen sich deshalb einfacher und übersichtlicher gestalten als bei dem Nebeneinander von Kommanditistenstellung und Stellung als Gesellschafter der Komplementär-GmbH bei der GmbH & Co. KG.

24 Andererseits wird auch die Auffassung vertreten, die GmbH & Co. KG verfüge über erleichterte Möglichkeiten der Kapitalbeschaffung, weil die Stellung als Kommanditist mit stark eingeschränkten **Einflußmöglichkeiten** auf die Geschäftsführung und minderen Informationsrechten für reine Kapitalanleger besonders geeignet sei.¹⁸ Hieran ist richtig, daß bei der GmbH & Co.

---

¹⁶ Vgl. BAG v. 15. 1. 1991, GmbHR 1991, 413; im Ergebnis zustimmend *Limmer* GmbHR 1992, 265; BAG v. 1. 8. 1995, NJW 1996, 149; ktitisch *Bitter/Bitter* BB 1996, 2158; vgl. auch *K. Schmidt* GesR § 43 III, S. 1288.

¹⁷ Vgl. *Limmer* GmbHR 1992, 270 ff.

¹⁸ Vgl. *Baumbach/Hopt* Anh. § 177 a Anm. 72.

C. Bedingungen und Vergleichskriterien 25–28 § 1

KG im Gegensatz zur GmbH im Normalstatut die Gesellschafterkompetenzen ungleich verteilt sind. Diese Möglichkeit wird besonders bei Publikumsgesellschaften mit einer Vielzahl anonymer Kapitalanleger genutzt, deren Interesse meist vorrangig auf die Erlangung von Steuervorteilen gerichtet ist. Professionelle Anleger werden aber gerade bei wenig fungiblen Beteiligungen auf Informations- und Einflußrechte besonderen Wert legen, so daß die Einschränkung von Informations- und Mitwirkungsrechten die Kapitalbeschaffung von solchen Anlegern eher erschwert.

Die Attraktivität eines Unternehmens für neue Eigentümer steigt mit der **Fungibilität** der Anteile, die bei der GmbH eher größer als bei der GmbH & Co. KG ist. GmbH-Anteile können auf Dritte übertragen werden, ohne daß es dazu wie bei der GmbH & Co. KG einer Änderung des Gesellschaftsvertrags bedarf. 25

bb) Selbstfinanzierung. Eine Selbstfinanzierung ist bei der GmbH durch Einbehaltung von Gewinnen (offene Selbstfinanzierung), durch einfachen Gesellschafterbeschluß (§ 29 GmbHG) und durch die Bildung stiller Reserven im Rahmen der GoB (stille Selbstfinanzierung) möglich. Die AG bietet dem Vorstand zusammen mit dem Aufsichtsrat weitergehende Möglichkeiten der Selbstfinanzierung, ohne auf die Aktionärsinteressen Rücksicht nehmen zu müssen (§ 58 AktG), indem vorab 50% des Jahresüberschusses in die Gewinnrücklagen eingestellt werden können (§ 58 Abs. 2 AktG). Hinzu kommt die Pflicht zur Bildung einer gesetzlichen Rücklage (§ 150 AktG). 26

Bei der GmbH & Co. KG hängen die Möglichkeiten der offenen Selbstfinanzierung von den **Entnahmeregelungen im Gesellschaftsvertrag** ab. Inwieweit die einzelnen Kommanditisten von ihrem Entnahmerecht Gebrauch machen, bleibt ihnen überlassen. Das Ausmaß der offenen Selbstfinanzierung ist bei der GmbH & Co. KG daher durch das Verhalten jedes einzelnen Kommanditisten und nicht einfach durch Gesellschafterbeschluß wie bei der GmbH bestimmt. Bei der OHG bestehen zur Gewinnverteilung detaillierte gesetzliche Regelungen (§§ 120–122 HGB), die in der Praxis häufig vertraglich modifiziert werden. 27

Einbehaltene Gewinne können bei der GmbH einer geringeren **Steuerbelastung** unterworfen sein als bei der GmbH & Co. KG. Thesaurierte Gewinne von Kapitalgesellschaften unterliegen seit dem VZ 1999 nach § 23 Abs. 1 KStG idF des **StEntlG 1999/2000/2002** einer regelmäßigen Körperschaftsteuerbelastung von 40%. Demgegenüber sind Gewinne von Personengesellschaften als gewerbliche Einkünfte iSv §§ 32a, 32c EStG idF des StEntlG 1999/2000/2002 seit dem VZ 1999 mit einem Höchststeuersatz von 45% belastet.[19] Der Höchststeuersatz von 45% gilt für den Teilbetrag der gewerblichen Einkünfte iSv. § 32c EStG vom zu versteuernden Einkommen, der bei Ledigen/Verheirateten DM 93 744/DM 187 488 übersteigt. Ist der persönliche Spitzensteuersatz des GmbH-Gesellschafters oder des Aktionärs niedriger als zZ 40%, kann sich das Schütt-aus-Hol-zurück-Verfahren anbieten, um die Steuerbelastung auf die Rücklagen zu reduzieren. 28

---

[19] Vgl. *Kroschel/Löbl/Wellisch* DB 1998, 2394; *Kruhl* BB 1999, 180. Ab VZ 2000 soll der Höchststeuersatz für gewerbliche Einkünfte auf 43% abgesenkt werden; dazu *Kroschel/Löbl/Wellisch, Kruhl* aaO sowie *Winkeljohann/Pickardt* BB 1999, 240.

29 Die OHG und GmbH & Co. KG verfügen grundsätzlich über weitergehende Möglichkeiten der **Bildung stiller Reserven** als die GmbH und AG, weil Kapitalgesellschaften Abschreibungen „im Rahmen vernünftiger kaufmännischer Beurteilung" (§ 253 Abs. 4 HGB) nach § 279 Abs. 1 Satz 1 HGB untersagt sind. Dieser Unterschied ist jedoch praktisch nur von geringer Bedeutung, weil die Ermessensabschreibungen nach § 253 Abs. 4 HGB steuerlich nicht anerkannt werden und nur selten eine von der Handelsbilanz abweichende Steuerbilanz aufgestellt wird. Zu dem nur für Kapitalgesellschaften geltenden Wertaufholungsgebot nach § 280 HGB vgl. § 10 Rz. 51 ff.

b) Fremdfinanzierung

30 Die Fremdfinanzierung durch **Gesellschafterdarlehen** wird bei der GmbH und der AG, sofern die Darlehen wie unter fremden Dritten gestaltet sind, auch steuerlich anerkannt, so daß die Zinsen und das Kapital zu einer Minderung der Gewerbesteuerbelastung führen. Für nicht zur Anrechnung der KSt berechtigte Anteilseigner bestehen aus steuerlicher Sicht die Grenzen für die Gesellschafterfremdfinanzierung nach § 8 a KStG. Bei der OHG und der GmbH & Co. KG werden Zinsen auf Gesellschafterdarlehen dagegen nach § 15 Abs. 1 Satz 1 Nr. 2 EStG wie Vorabgewinne behandelt. Die Ersparnis bei der Gewerbesteuer wird jedoch dadurch gemindert oder überkompensiert, daß Zinsen für Gesellschafterdarlehen an eine Kapitalgesellschaft dem regulären Einkommensteuersatz von in der Spitze 53%[20] unterliegen, während auf Gesellschafterzinsen von Personengesellschaften die Tarifbegrenzung nach § 32c EStG idF des **StEntlG 1999/2000/2002** von in der Spitze 45%[21] anzuweden ist (s. dazu Rz. 47 ff.). Bei der Fremdfinanzierung durch Dritte hat die Personenhandelsgesellschaft mit unbeschränkt haftenden natürlichen Personen häufig eine bessere **Bonität** als eine Kapitalgesellschaft, die weniger darauf beruht, daß das Privatvermögen der Gesellschafter dem Haftungszugriff unterliegt und damit eine größere Haftungsmasse vorhanden wäre, als dem damit verbundenen existenziellen Druck auf die Gesellschafter. Bei jungen Unternehmen in der Rechtsform der Kapitalgesellschaft wird eine Haftungsabschottung bei langfristiger Fremdfinanzierung regelmäßig kaum durchsetzbar sei, da die Darlehnsgeber persönliche Sicherheiten der Gesellschafter verlangen.

3. Leitung und Überwachung

a) Selbst- oder Fremdorganschaft

31 Die Unternehmensführung bei der GmbH erfolgt durch einen oder mehrere Geschäftsführer, die nicht Gesellschafter zu sein brauchen (§ 6 GmbHG), bei der AG durch den Vorstand (§ 76 AktG). In der GmbH & Co. KG nimmt die Komplementär-GmbH die Geschäftsführung und Vertretung durch ihre Geschäftsführer wahr. Diese Rechtsformen erlauben also die **Fremdorgan-**

---

[20] Ab VZ 2000: 51%, ab VZ 2002: 48,5%; s. dazu *Kroschel/Löbl/Wellisch* DB 1998, 2393 f.; *Winkeljohann/Pickhardt* BB 1999, 240.
[21] Ab VZ 2000: 43%; s. dazu *Kroschel/Löbl/Wellisch* DB 1998, 2394; *Winkeljohann/Pickhardt* aaO.

C. Bedingungen und Vergleichskriterien   32–34 § 1

schaft, die benötigt wird, wenn keine zur Unternehmensführung befähigten oder bereiten Gesellschafter (mehr) vorhanden sind. Demgegenüber führen in der OHG die Gesellschafter die Geschäfte der Gesellschaft (§ 114 HGB) und vertreten die Gesellschaft nach außen (§ 125 HGB). Dieser Aspekt ist für die Nachfolgeplanung von Bedeutung.

b) Weisungsrecht

Die Gesellschafterversammlung der GmbH hat gegenüber den Geschäfts- 32
führern ein umfassendes **Weisungsrecht** (§§ 45, 46 Nr. 5 und 6, 37 GmbHG; dazu § 5 Rz. 136). Aufgrund der starken Stellung der Gesellschafter eignet sich die GmbH besonders zur Konzernbildung. In der GmbH & Co. KG haben die Kommanditisten, die zugleich Gesellschafter der Komplementär-GmbH sind, dieses Weisungsrecht über die Stellung als GmbH-Gesellschafter. Nur-Kommanditisten haben lediglich nach § 164 HGB ein Widerspruchsrecht gegen außergewöhnliche Geschäftsführungsmaßnahmen. Dadurch ist es etwa im Rahmen von Nachfolgeregelungen bei der GmbH & Co. KG möglich, Nachkommen mit unterschiedlichen Einflußmöglichkeiten auf die Geschäftsführung auszustatten. Für die Unternehmernachfolge geeignete Kinder bekommen die Stellung als Kommanditist und Gesellschafter-Geschäftsführer der Komplementär-GmbH. Kinder, die nur einen geringen Einfluß auf die Geschäftsführung ausüben sollen, werden lediglich Kommanditisten. Der Vorstand der AG leitet demgegenüber die Gesellschaft in eigener Verantwortung (§ 76 AktG); weder Aufsichtsrat noch Hauptversammlung sind weisungsbefugt. Lediglich in der Satzung oder durch Aufsichtsratsbeschluß können zustimmungspflichtige Geschäfte festgelegt werden (§ 111 Abs. 4 Satz 2 AktG). Diese Regelung wird grundsätzlich nur im Innenverhältnis wirksam. Sie gibt dem Aufsichtsrat eine Verweigerungs-, aber keine Initiativmöglichkeit.

c) Informationsrecht

Den Gesellschaftern einer GmbH ist in § 51 a GmbHG ein weitreichendes 33
Informationsrecht eingeräumt, das über die Rechte der Aktionäre (§ 131 AktG) hinausgeht. Die Geschäftsführer haben jedem Gesellschafter auf Verlangen unverzüglich Auskunft über die Angelegenheiten der Gesellschaft zu geben und Einsicht in die Bücher und Schriften zu gewähren. Auskunft und Einsicht dürfen nur verweigert werden, wenn die Gefahr besteht, daß sie zu gesellschaftsfremden Zwecken verwendet werden und der Gesellschaft dadurch ein erheblicher Nachteil zugefügt wird; die Verweigerung bedarf eines Gesellschafterbeschlusses (dazu § 3 Rz. 63).

Der OHG-Gesellschafter hat ein unbeschränktes (§ 118 Abs. 1 HGB), aber 34
mit seiner Zustimmung nach Maßgabe von § 118 Abs. 2 HGB beschränkbares Informationsrecht. In der GmbH & Co. KG haben Kommanditisten, die zugleich Gesellschafter der Komplementär-GmbH sind, das Informationsrecht aus § 51 a GmbHG auch hinsichtlich der Angelegenheiten der KG.[22] Nur-

---

[22] Vgl. OLG Hamm v. 6. 2. 1985, DB 1986, 580; OLG Düsseldorf v. 2. 3. 1990, WM 1990, 1823.

§ 1 35, 36

Kommanditisten können nach dem Gesetz lediglich die abschriftliche Mitteilung des Jahresabschlusses verlangen und dessen Richtigkeit unter Einsicht der Bücher und Papiere prüfen (§ 166 Abs. 1 HGB) und sonstige Aufklärungen (zB über bestimmte Geschäfte) nur bei Vorliegen wichtiger Gründe aufgrund Gerichtsbeschlusses erlangen (§ 166 Abs. 3 HGB).[23] Die hL billigte jedoch dem Nur-Kommanditisten über den Wortlaut des § 166 HGB hinaus ein allgemeines Informationsrecht zu, das sich auf alle Angelegenheiten erstreckt, deren Kenntnis für die sachgemäße Wahrnehmung seiner konkreten Mitgliedschaftsrechte notwendig ist.[24] Das gesetzliche Informationsrecht (Bilanzprüfungsrecht) nach § 166 Abs. 1 HGB wurde in der Vergangenheit überwiegend für weitgehend einschränkbar gehalten.[25] Im Vordringen begriffen ist jedoch die Auffassung, daß Einschränkungen dem Informationsbedürfnis des Kommanditisten nicht widersprechen dürfen.[26] Das vergleichsweise schwach ausgeprägte Informationsrecht der Nur-Kommanditisten spricht für die GmbH & Co. KG, wenn bestimmte Gesellschafter (zB bei Publikumsgesellschaften oder in Familiengesellschaften) auf Distanz zum Unternehmen gehalten werden sollen.

d) Aufsichtsrat

35 Ein **fakultativer Aufsichtsrat** (Beirat, Verwaltungsrat, Gesellschafterausschuß) kann sowohl bei der GmbH als auch bei der GmbH & Co. KG eingerichtet werden (§ 52 GmbHG). Bei beiden Rechtsformen können die Kompetenzen eines fakultativen Aufsichtsrates im Gesellschaftsvertrag frei den jeweiligen Bedürfnissen angepaßt werden.[27] Eine gem. § 1 Abs. 3 Satz 1 KAGG in der Rechtsform der GmbH betriebene Kapitalanlagegesellschaft hat einen obligatorischen Aufsichtsrat (§ 3 KAGG). In der AG ist der Aufsichtsrat ebenfalls zwingend. Zur Bedeutung der Mitbestimmung bei der Aufsichtsratsbildung vgl. Rz. 37 ff.

4. Mitbestimmung

36 Die **GmbH** und die nach dem 10. 8. 1994 eingetragene **AG**[28] unterliegen der drittelparitätischen Mitbestimmung gem. § 77 **BetrVG 1952** bereits dann, wenn sie **mehr als 500 Arbeitnehmer** beschäftigen. Die AG, die vor dem 10. 8. 1994 eingetragen wurde, ist unabhängig von der Arbeitnehmerzahl mitbestimmungspflichtig. Sie muß einen Aufsichtsrat bilden, der zu

---

[23] Vgl. *Baumbach/Hopt* § 166 Anm. 18.
[24] Vgl. Großkomm. HGB/*Schilling* § 166 Anm. 2; *Schlegelberger/Martens* § 166 Anm. 18; *Goerdeler* in FS Kellermann (1991), S. 80.
[25] Vgl. etwa BayOLG v. 27. 10. 1988, DB 1988, 2504; Großkomm. HGB/*Schilling* § 166 Anm. 16, wonach fraglich sei, ob sich die Auffassung, § 166 (Abs. 1) HGB sei nachgiebiges Recht, uneingeschränkt aufrechterhalten läßt.
[26] Vgl. *Baumbach/Hopt* § 166 Anm. 18; *K. Schmidt* GesR § 53 III 3 d; vgl. auch BGH v. 11. 7. 1988, DB 1988, 2090.
[27] Zur Rechtslage bei der GmbH vgl. § 6 Anm. 2; zum Beirat der GmbH & Co. KG vgl. *Hölters* DB 1980, 2225.
[28] Vgl. zum Gesetz für kleine Aktiengesellschaften und zur Deregulierung des Aktienrechts *Kindler* NJW 1994, 3041, 3045 f.

C. Bedingungen und Vergleichskriterien   37–41 § 1

einem Drittel aus Arbeitnehmervertretern besteht (§ 76 Abs. 1 BetrVG 1952). Die Arbeitnehmer eines von der GmbH abhängigen Konzernunternehmens gelten als Arbeitnehmer der GmbH, wenn zwischen den Unternehmen ein Beherrschungsvertrag besteht (§ 77 a BetrVG 1952). Die Kompetenzen des mitbestimmten Aufsichtsrats ergeben sich gem. § 77 Abs. 1 Satz 2 BetrVG 1952 aus der Verweisung auf eine Reihe von aktienrechtlichen Bestimmungen. Die Bestellung und Abberufung der Geschäftsführer der GmbH gehört nicht zu den Rechten des Aufsichtsrates nach BetrVG 1952.

Eine GmbH oder AG, die zum Bergbau oder zur Eisen und Stahl erzeugenden Industrie gehört und idR **mehr als 1000 Arbeitnehmer** beschäftigt, fällt unter die **Montanmitbestimmung**. 37

Hat die GmbH idR **mehr als 2000 Arbeitnehmer,** muß sie nach §§ 1 Abs. 1, 6 Abs. 1 **MitBestG** einen Aufsichtsrat bilden, der zur Hälfte aus Arbeitnehmervertretern besteht (§ 7 Abs. 1 MitBestG). Die Arbeitnehmer von Konzernunternehmen (§ 18 Abs. 1 AktG) gelten nach § 5 Abs. 1 MitBestG als Arbeitnehmer der herrschenden GmbH. 38

Die OHG mit bis zu 2000 Arbeitnehmern unterliegt grundsätzlich nicht der Mitbestimmung. Ab 2000 Arbeitnehmer ist das MitBestG anwendbar. Bei der **GmbH & Co. KG** unterliegt die KG als solche nicht der Mitbestimmung. Jedoch werden die Arbeitnehmer der KG nach § 4 Abs. 1 MitBestG der Komplementär-GmbH zugerechnet, wenn in der KG und in der Komplementär-GmbH kongruente Mehrheitsverhältnisse bestehen. Weitere Voraussetzung ist, daß die Komplementär-GmbH keinen eigenen Geschäftsbetrieb mit mehr als 500 Arbeitnehmern hat. Dies läßt sich insbesondere bei Familiengesellschaften dadurch vermeiden, daß nur eine Minderheit von Kommanditisten zugleich auch GmbH-Gesellschafter ist, was auch schon aus anderen Gründen gewünscht sein kann. Eine GmbH & Co. KG unterliegt der Mitbestimmung also mit bis zu 2000 Arbeitnehmern generell nicht und mit mehr als 2000 Arbeitnehmern (der paritätischen Mitbestimmung) nur, wenn sich kongruente Mehrheitsverhältnisse in KG und GmbH nicht vermeiden lassen.[29] 39

5. Rechnungslegung, Prüfung und Publizität

Hinsichtlich der **Aufstellung des Jahresabschlusses** (§§ 238 ff., 264 ff. HGB) werden an die GmbH und AG derzeit noch höhere Anforderungen als an die GmbH & Co. KG gestellt, was die Rechtsformwahl aber nicht beeinflussen dürfte. 40

Gewichtiger ist, daß eine GmbH zur **Aufstellung eines Konzernabschlusses** verpflichtet ist, wenn sie die einheitliche Leitung über Beteiligungsunternehmen (im In- und Ausland) ausübt oder ihr bestimmte Mehrheits- oder Beherrschungsrechte an Tochterunternehmen zustehen (§ 290 HGB; dazu § 9 Rz. 114) und der Konzern die Größenmerkmale nach § 293 HGB überschreitet. Dagegen ist die GmbH & Co. KG derzeit idR nur nach dem PublG zur Konzernrechnungslegung verpflichtet, das in § 11 eine wesentlich großzügigere größenabhängige Erleichterungen gewährt. Obwohl die Auf- 41

---

[29] Vgl. *Binz* § 16 Anm. 2 ff.

stellung eines Konzernabschlusses auch ohne Pflicht in aller Regel nützlich ist und von den Banken häufig verlangt wird, kann die bei der GmbH sehr viel eher einsetzende Aufstellungspflicht schon wegen der aufgrund der Pflichtprüfung höheren Anforderungen an die Qualität des Konzernabschlusses eine Belastung darstellen.

42 Der **Prüfungspflicht** unterliegen hinsichtlich des Jahresabschlusses alle mittelgroßen und großen GmbHs und hinsichtlich des Konzernabschlusses alle zur Aufstellung eines solchen verpflichteten GmbHs (§ 316 Abs. 1, 2 HGB; dazu § 9 Rz. 150 ff.). Eine GmbH & Co. KG ist dagegen derzeit mit ihrem Jahresabschluß nur dann prüfungspflichtig, wenn die Größenmerkmale nach § 1 PublG überschritten sind (§ 6 Abs. 1 PublG). Mit einem pflichtmäßig aufzustellenden Konzernabschluß ist sie generell prüfungspflichtig (§ 14 Abs. 1 PublG). Die Prüfungspflicht vermag die Rechtsformwahl nur dann zu beeinflussen, wenn die GmbH den Jahres- und ggf. Konzernabschluß nicht ohnehin freiwillig prüfen läßt.

43 Dagegen spielt die Pflicht zur **Offenlegung** des Jahres- und ggf. eines Konzernabschlusses bei der Rechtsformwahl häufig eine wichtigere Rolle. Jede GmbH ist zur Offenlegung ihres Jahresabschlusses verpflichtet, wobei der Umfang der offenzulegenden Unterlagen und deren Bestandteile sowie die Art der Offenlegung größenabhängig gestaffelt sind (vgl. § 9 Rz. 210 ff.). Die Offenlegungspflicht umfaßt außerdem einen pflichtmäßig aufzustellenden Konzernabschluß. Bei der GmbH & Co. KG unterliegt nur die Komplementär-GmbH der Publizitätspflicht. Im Normalfall enthält der Jahresabschluß der Komplementär-GmbH allerdings keine sensiblen Angaben. Im übrigen ist die GmbH & Co. KG derzeit nur dann zur Offenlegung ihres Jahres- und ggf. Konzernabschlusses verpflichtet, wenn sie unter das PublG fällt (§§ 9, 15 PublG). Die vor der erstmaligen Anwendung des Bilanzrichtlinien-Gesetzes häufig geradezu als Grund für die „Flucht aus der GmbH" angesehenen Publizitätspflichten haben sich indes in der Praxis nicht als so schwerwiegend erwiesen. Dies mag auch daran liegen, daß die Publizitätspflichten aufgrund der wenig einschneidenden Sanktionen (dazu § 9 Rz. 215 ff.) von einem Großteil der GmbH nicht erfüllt werden.

44 Die vom EG-Ministerrat am 8. November 1990 verabschiedete sog. **GmbH & Co.-Richtlinie** erweitert den Anwendungsbereich der 4. und der 7. EG-Richtlinie über den Jahresabschluß bzw. den Konzernabschluß insb. auf GmbH & Co. KGs. Dadurch werden GmbH & Co. KGs hinsichtlich Rechnungslegung (einschl. Konzernrechnungslegung), Prüfung und Publizität den Kapitalgesellschaften weitgehend gleichgestellt. Die GmbH & Co.-Richtlinie wäre bis zum 1. Januar 1993 ins nationale Recht zu transformieren gewesen und ist erstmals auf Jahres- und Konzernabschlüsse für nach dem 31. Dezember 1994 beginnende Geschäftsjahre anzuwenden. Die Umsetzung ist aber bisher unterblieben. Beachtenswert sind die Befreiungsmöglichkeiten (zB Übertragung der Aufstellungs-, Prüfungs- und Offenlegungspflicht auf den Komplementär, auch wenn dieser seinen Sitz im Ausland hat) und die Regelungslücken (zB ist die Stiftung & Co. KG nicht erfaßt).[30]

---

[30] Vgl. *Biener* WPg 1993, 709.

C. Bedingungen und Vergleichskriterien   45–48   § 1

6. Gründungs- und Organisationsaufwand

Bei Kapitalgesellschaften sind Organisationsakte stärker formalisiert und 45
bedürfen regelmäßig der notariellen Beurkundung. Das gilt insbesondere für
die Gründung und Änderung des Gesellschaftsvertrages. Bei der GmbH ist
zudem für die Anteilsübertragung ein in notarieller Form geschlossener Vertrag notwendig. Bei der AG ist die Hauptversammlung zu beurkunden; ausgenommen sind nur kleine AG's, dh. solche, bei denen keine Beschlüsse
gefaßt werden, für die das Gesetz eine Dreiviertel- oder größere Mehrheit
bestimmt und bei der die Aktien der Gesellschaft nicht an einer Börse zum
Handel zugelassen sind (§ 130 Abs. 1 Satz 3 AktG). Die Personengesellschaften sind insoweit weniger förmlich (flexibler) und daher kostengünstiger.

7. Besteuerung

Die Ergebnisse und das Vermögen von Unternehmen in den Rechtsformen 46
der GmbH und der Personenhandelsgesellschaft einschließlich der GmbH &
Co. KG werden unterschiedlich besteuert. Die Steuerbelastungsdifferenz kann
im Einzelfall ganz unterschiedlich ausfallen, je nachdem welche Einzelsachverhalte mit unterschiedlichen Steuerfolgen gegeben sind.[31] Hinsichtlich der
Besteuerung gibt es keine generelle Vorteilhaftigkeit der einen oder der anderen Rechtsform. Durch die Senkung des Thesaurierungssteuersatzes in den
letzten Jahren hat die Kapitalgesellschaft aber an Attraktivität gewonnen.

a) Laufende Besteuerung

Das körperschaftsteuerliche Anrechnungsverfahren (dazu § 11 Rz. 458 ff.) 47
gewährleistet, daß von Kapitalgesellschaften ausgeschüttete Gewinne idR wie
die Gewinne von Personengesellschaften nach den individuellen Verhältnissen
der Gesellschafter mit Einkommensteuer belastet sind. Dagegen unterliegen
einbehaltene Gewinne bei der GmbH ab VZ 1999 einer Körperschaftsteuerbelastung von zZ 40% (§ 23 Abs. 1 KStG idF des **StEntlG 1999/2000/
2002**), während bei der GmbH & Co. KG die Gewinnanteile im Jahr der
Gewinnerzielung bei den Kommanditisten der Einkommensteuer unterliegen.
Der Einkommensteuer-Spitzensatz für gewerbliche Einkünfte iSv. § 32 c
EStG idF des **StEntlG 1999/2000/2002** von 45% gilt ab einem Teilbetrag
dieser Einkünfte am zu versteuernden Einkommen bei Ledigen/Verheirateten
von DM 93 744/DM 187 488. Ein Nachteil der GmbH im Falle einer
progressionsbedingt unter 40% liegenden Spitzenbelastung der Gesellschafter
läßt sich durch Ausschüttung und Wiedereinlage (Schütt-aus-Hol-zurück-
Verfahren; dazu § 10 Rz. 78 ff.) beheben.

Leistungsvergütungen der GmbH an ihre Gesellschafter (Geschäftsfüh- 48
rergehälter, Darlehens- und Mietzinsen) mindern, sofern sie keine verdeckten
Gewinnausschüttungen darstellen (dazu § 10 Rz. 193 ff.), das körperschaft-

---

[31] Zur steuerorientierten Rechtsformwahl vgl. *Herzig/Kessler* GmbHR 1992, 232;
zur steuerorientierten Wahl der Rechtsform nach dem Standortsicherungsgesetz vgl.
Herzig/Kessler DStR 1994, 219, 261; *Herzig/Schiffers* StuW 1994, 103; *Flick* DB 1994,
64; *Robisch* DStR 1993, 1379; *Schultz* DB 1993, 2193.

steuerliche Einkommen der GmbH und sind bei den Gesellschaftern als Einkünfte aus nichtselbständiger Arbeit, aus Kapitalvermögen oder aus Vermietung und Verpachtung zu versteuern. Bei der Personenhandelsgesellschaft gehören Leistungsvergütungen nach § 15 Abs. 1 Satz 1 Nr. 2 EStG zu den Einkünften aus Gewerbebetrieb. Leistungsvergütungen sind solche für Tätigkeiten, Darlehen und Nutzungsüberlassung. Sie mindern grds. den Gewinn der Gesellschaft, werden aber beim Gesellschafter (Mitunternehmer) in dessen Sonderbilanz erfaßt und gehören damit zu seinen Einkünften aus Gewerbebetrieb.[32]

49 Besteuerungsunterschiede ergeben sich aus unterschiedlichen Einkommensteuersätzen für gewerbliche Einkünfte iSv. § 32 c EStG (Leistungsvergütungen der Personengesellschaft) und für übrige Einkünfte (Leistungsvergütungen der GmbH) sowie bei der Gewerbesteuer.

50 Zuführungen zu **Pensionsrückstellungen** für Gesellschafter-Geschäftsführer mindern bei der GmbH die Körperschaft- und Gewerbeertragsteuer. Bei Personengesellschaften ist umstritten, ob Pensionsrückstellungen für Gesellschafter-Geschäftsführer auch mit steuerlicher Wirkung gebildet werden können[33] oder der Aufwand für die Bildung der Rückstellungen den begünstigten Gesellschaftern als Sonderbetriebseinnahme zugerechnet werden muß[34] bzw. als nichtabzugsfähige Betriebsausgabe zu behandeln ist.[35] Der BFH hat für die GmbH & Co. KG entschieden, daß in Höhe des Aufwands für die Bildung einer Pensionsrückstellung bei der Komplementär-GmbH entweder in der Sonderbilanz des betreffenden Kommanditisten-Geschäftsführers oder anteilig in den Sonderbilanzen aller Kommanditisten korrespondierend eine Sondervergütung anzusetzen ist.[36] Die GmbH und Co. KG ist somit einmal hinsichtlich der Gewerbesteuer im Nachteil und zum anderen dadurch, daß bei ihr der Zuführungsaufwand sofort der Einkommen- und Kirchensteuer unterliegt, während bei der GmbH der Gesellschafter erst die späteren Pensionszahlungen zu versteuern hat. Als Vergütung und damit als Einkunft aus Gewerbebetrieb gilt die lfde. Pensionszahlung nach Eintritt des Versorgungsfalls bei der Personengesellschaft ohnehin (§ 15 Abs. 1 Satz 2 EStG).[37]

51 Aufsichtsratvergütungen sind bei der GmbH zur Hälfte **nichtabziehbare Betriebsausgaben** (§ 10 Nr. 4 KStG), so daß die andere Hälfte einmal der Körperschaftsteuer und ein zweites Mal der Einkommensteuer beim Empfänger unterliegt. Bei der GmbH und Co. KG[38] werden entsprechende Vergütungen dagegen nur beim Empfänger besteuert.

52 Ein weiterer Nachteil der GmbH besteht in der **„Nachversteuerung" steuerfreier und steuerermäßigter Einnahmen** im Falle der Ausschüttung. Hat eine GmbH zB Einnahmen aus gewährten Investitionszulagen und

---

[32] Vgl. *Schmidt/Schmidt* § 15 Anm. 580 ff.
[33] So insb. *Sieveking* DB 1987, 1267; *Flume* FS Döllerer S. 133 für Minderheitsgesellschafter; zum Meinungsstand *Schmidt/Schmidt* § 15 Anm. 585 ff.
[34] So insb. *Bordewin* FR 1990, 526; *Schmidt/Schmidt* § 15 Anm. 586.
[35] So insb. *Weber-Grellet* DB 1988, 625.
[36] BFH v. 16. 12. 1992, BStBl. II 1993, 792; vgl. auch R 41 Abs. 8 EStR.
[37] *Schmidt/Schmidt* § 15 Anm. 585.
[38] Vorausgesetzt, daß der Aufsichtsrat (Beirat o.ä.) nicht bei der Komplementär-GmbH eingerichtet ist.

C. Bedingungen und Vergleichskriterien

kommt es zur Ausschüttung der entsprechenden EK 0-Beträge, so geht die Steuerbefreiung durch die Herstellung der Ausschüttungsbelastung von 30% bei der GmbH und der Belastung bei den Gesellschaftern mit der Differenz zum vollen Einkommensteuersatz verloren.[39] Die Ausschüttungsbelastung ist nicht herzustellen, wenn steuerfreie ausländische Einkünfte (insb. Betriebsstätteneinkünfte und Schachteldividenden) als verwendet gelten (§ 40 Nr. 1 KStG; dazu § 11 Rz. 50 ff.). Handelt es sich beim Gesellschafter um eine unbeschränkt steuerpflichtige Körperschaft, bleiben die ausländischen Einkünfte auch auf Gesellschafterebene steuerfrei (§ 8 b Abs. 1 KStG). Bei natürlichen Personen kommt es hingegen zur Besteuerung. Diese Nachversteuerung macht die Vermeidung der Doppelbesteuerung ausländischer Einkünfte mit in- und ausländischen Ertragsteuern zunichte. Wenn dagegen eine Personengesellschaft ausländische Betriebsstätten (nicht Anteile an Kapitalgesellschaften) unterhält, wird die Doppelbesteuerung bei inländischen Gesellschaftern (natürliche Personen) vermieden.

Andererseits bleiben Gewinnausschüttungen aus einer ausländischen Kapitalgesellschaft nach § 8 b Abs. 5 KStG idR im Inland nur dann steuerfrei, wenn die Anteile an der Auslandsgesellschaft von einer deutschen Kapitalgesellschaft gehalten werden und die Beteiligung mindestens 10% ausmacht (**internationales Schachtelprivileg).** Anteile an ausländischen Kapitalgesellschaften werden also besser in einer GmbH gehalten, wenngleich bei Weiterausschüttung an die Gesellschafter die oben beschriebene Nachversteuerung eintreten kann.

Die Gesellschafter einer Personenhandelsgesellschaft können nach Maßgabe von § 10 d Abs. 1 EStG Verluste des Unternehmens in den Grenzen von § 15 a EStG im Wege des **Verlustrücktrags** mit positiven Einkünften verrechnen. Ab VZ 1999 gewährt § 10 d Abs. 1 EStG idF des **StEntlG 1999/ 2000/2002** nur noch einen stark eingeschränkten Verlustrücktrag. Negative Einkünfte dürfen bis zu einem Betrag von 2 Mio. DM (bis VZ 1998: 10 Mio. DM) von den positiven Einkünften des unmittelbar vorangegangenen VZ (bis VZ 1998: erster und zweiter vorangegangener VZ) abgezogen werden. Ab VZ 2001 gilt als Verlustrücktragsgrenze ein Betrag von 1 Mio. DM (vgl. § 52 Abs. 25 Satz 2 EStG idF des StEntlG 1999/2000/2002). Die Grenze von 2 bzw. 1 Mio. DM für den Verlustrücktrag gilt bei Personenhandelsgesellschaften für jeden Gesellschafter. Dagegen können Verluste einer GmbH nur innerhalb der GmbH (Ausnahme: Organschaft) zurückgetragen und im übrigen betragsmäßig und zeitlich unbegrenzt vorgetragen werden. Weitere Verlustverrechnungsmöglichkeiten sind nur möglich, wenn sich Gesellschafter zugleich als stille Gesellschafter mit Verlustbeteiligung an der GmbH beteiligen oder eine Organschaft mit Ergebnisabführungsvertrag gebildet wird, wobei letzteres den Verlust der Haftungsbeschränkung zur Folge hat. Soweit die Beteiligung oder die gewählte Gestaltung als Verlustzuweisungsgesellschaft oder ähnliches Modell unter den durch das StEntlG 1999/2000/2002 eingeführten § 2 b EStG fällt, kommt ein Verlustabzug nach § 10 d EStG nicht in Betracht (vgl. § 2 b Satz 2 EStG). Dies ist ua. dann der Fall, wenn nach dem Betriebskonzept der Gesellschaft oder des ähnlichen Modells die Nachsteuerrendite mehr als das

---

[39] Vgl. *Dötsch* in *Dötsch/Eversberg/Jost/Witt* § 27 KStG Anm. 92 mwN.

§ 1 55–58　　　　　　　　　　　　　　　　　　　　Rechtsformwahl

Doppelte der Vorsteuerrendite beträgt und die Betriebsführung der Gesellschaft überwiegend auf diesem Umstand beruht (vgl. § 2 b Satz 3 EStG).

55　Die Möglichkeit des sofortigen Ausgleiches von Verlusten aus einer GmbH & Co. KG wird mit der sofortigen endgültigen Besteuerung von Gewinnen auf der Gesellschafterebene erkauft. Dagegen lassen sich Gewinne einer GmbH bei ihr „parken" und dann ausschütten, wenn sie bei den Gesellschaftern etwa wegen niedriger Einkünfte bzw. Verlusten aus anderen Einkunftsquellen einer niedrigeren Einkommensteuer unterliegen (**Ausschüttungsplanung**). Wird die Liquidität im Unternehmen benötigt, kann das Schütt-aus-Hol-zurück-Verfahren (dazu § 10 Rz. 78 ff.) angewendet werden.

56　Die Thesaurierung von Gewinnen kann auch dann vorteilhaft sein, wenn die GmbH-Anteile später an einen Erwerber veräußert werden, der die thesaurierten Gewinne einschließlich der Körperschaftsteuerreserven im Kaufpreis abgilt, weil er sie in Verbindung mit einer ausschüttungsbedingten Teilwertabschreibung auf die Beteiligung steuerfrei an sich ausschütten kann. Zu beachten sind aber in diesem Zusammenhang §§ 50 c EStG, 8 b Abs. 6 KStG, 26 Abs. 8 KStG und 8 Nr. 10 GewStG. Bleibt der entsprechend höhere Veräußerungsgewinn steuerfrei oder unterliegt er nur dem halben Steuersatz (dazu § 12 Rz. 106), ist der **Gewinnverkauf** erheblich günstiger als die vorherige Ausschüttung.

57　Bei der **Beteiligung ausländischer Gesellschafter** läßt sich keine generelle Aussage über die Vorteilhaftigkeit der GmbH oder der Personenhandelsgesellschaft machen, weil es hier auch auf die Besteuerung der Gesellschafter im Ausland ankommt.

b) Besteuerung bei Anteilsübertragung und Liquidation

58　Bei der **Anteilsveräußerung** können sich GmbH-Gesellschafter erheblich besser stellen als Gesellschafter einer Personenhandelsgesellschaft. Gewinne aus der Veräußerung von GmbH-Anteilen, die im Privatvermögen gehalten wurden, sind nur dann steuerpflichtig, wenn die Spekulationsfrist von einem Jahr unterschritten ist (§ 23 Abs. 1 Nr. 2 EStG idF des StEntlG 1999/2000/2002) oder eine wesentliche Beteiligung iSv. § 17 Abs. 1 EStG vorliegt. Voraussetzung dafür ist insb., daß der Gesellschafter innerhalb der letzten fünf Jahre zu irgendeinem Zeitpunkt zu mindestens 10% beteiligt war (vgl. § 17 Abs. 1 Satz 4 EStG idF des StEntlG 1999/2000/2002). Bis einschließlich 31. 7. 97 unterlagen steuerpflichtige Veräußerungsgewinne iSv. § 17 Abs. 1 EStG nach Abzug des Freibetrages gem. § 17 Abs. 3 EStG bis zur Höhe von 30 Mio. DM dem halben Steuersatz (§§ 34 Abs. 1 Satz 2 aF, Abs. 2 Nr. 1 EStG). Für den VZ 1998 gilt § 34 Abs. 1 EStG idF des Gesetzes zur Fortsetzung der Unternehmenssteuerreform v. 29. 10. 1997 (BGBl. I 97, 2590). Danach unterliegt dem halben Steuersatz der Teil der außerordentlichen Einkünfte iSv. § 34 Abs. 2 EStG, der 15 Mio. DM nicht übersteigt (§ 34 Abs. 1 Satz 2 EStG idF des Gesetzes v. 29. 10. 1997).[40] Ab VZ 1999 gilt § 34 EStG idF des **StEntlG 1999/2000/2002** (vgl. § 52 Abs. 47 Satz 2 EStG idF des StEntlG 1999/2000/2002).[41] Auf unwiderruflichen Antrag des Steuerpflichti-

---

[40] Vgl. *Rödder* DStR 1999, 182.
[41] Das Gesetz zur Fortsetzung der Unternehmenssteuerreform sah ab VZ 2001 eine Absenkung des dem halben Steuersatz unterliegenden Teils der außerordentlichen Ein-

C. Bedingungen und Vergleichskriterien 59–61 § 1

gen wird die Einkommensteuer auf außerordentliche Einkünfte, zu denen gem. § 34 Abs. 2 Nr. 1 EStG auch Veräußerungsgewinne iSv. § 17 Abs. 1 EStG zählen, nach Maßgabe von § 34 Abs. 1 Sätze 2 bis 4 EStG berechnet (vgl. § 34 Abs. 1 Satz 1 EStG). Danach beträgt die für außerordentliche Einkünfte anzusetzende Einkommensteuer das Fünffache des Unterschiedsbetrags zwischen der Einkommensteuer für das um diese Einkünfte verminderte zu versteuernde Einkommen (verbleibendes zu versteuerndes Einkommen) und der Einkommensteuer für das verbleibende zu versteuernde Einkommen zuzüglich eines Fünftels dieser Einkünfte (vgl. § 34 Abs. 1 Satz 2 EStG). Die Neuregelung wirkt im Vergleich zum bisherigen Recht steuerverschärfend.[42] Gehörten die GmbH-Anteile zum Betriebsvermögen eines gewerblichen Einzelunternehmers oder einer gewerblichen Mitunternehmerschaft, sind Veräußerungsgewinne normal zu versteuern, wenn die Beteiligung nicht das gesamte Nennkapital umfaßte. Umfaßte die Beteiligung dagegen das gesamte Nennkapital der GmbH, kommt nach § 34 Abs. 2 Nr. 1 iVm. § 16 Abs. 1 Nr. 1 EStG auf Antrag des Steuerpflichtigen die Regelung in § 34 Abs. 1 Sätze 2 bis 4 EStG zur Anwendung.

Gewinne aus der Veräußerung von Anteilen an einer GmbH & Co. KG 59 sind stets steuerpflichtig (§ 16 Abs. 1 Nr. 2 EStG). Auf Antrag des Steuerpflichtigen gilt wiederum die Progressionsmilderung in § 34 Abs. 1 Sätze 2 bis 4 EStG.

Beim **Erwerb von Anteilen** ist die Personenhandelsgesellschaft regelmäßig 60 günstiger, weil der Erwerber den Teil des Kaufpreises, der den Buchwert der Beteiligung übersteigt, in einer Ergänzungsbilanz aktivieren und in den Folgejahren abschreiben kann. Beim Erwerb von GmbH-Anteilen kann der Mehrkaufpreis für anteilige stille Reserven und einen anteiligen Firmenwert nur abgeschrieben werden, wenn die Anteile im Betriebsvermögen gehalten werden und eine Teilwertabschreibung der GmbH-Anteile begründet werden kann. Der Vorteil aus der teilweisen Abschreibbarkeit des Kaufpreises für Anteile an Personengesellschaften kann sich in der Höhe des Kaufpreises niederschlagen.[43]

Bei der **Vererbung oder Schenkung** von Anteilen ist die GmbH regel- 61 mäßig ungünstiger als die Personenhandelsgesellschaft.[44] Erbschaftsteuerlicher Wert von Anteilen an einer Personenhandelsgesellschaft ist der Anteil am Einheitswert des Betriebsvermögens der Gesellschaft. Bei GmbH-Anteilen ergibt sich der Anteilswert nach dem Stuttgarter Verfahren, wenn er nicht aus zeitnahen Verkäufen abgeleitet werden kann. Der Wert nach dem Stuttgarter Verfahren ist idR höher als der Einheitswert des Betriebsvermögens (dazu § 11 Rz. 329), weil beim Einheitswert anders als beim Stuttgarter Verfahren keine Ertragsaussichten bewertet werden. Der Übergang von Betriebsvermögen nach dem 31. 12. 1993 im Rahmen der vorweggenommenen Erbfolge bzw. des Erwerbs von Todes wegen ist durch die Gewährung eines Freibetrags

---

künfte auf 10 Mio. DM vor; vgl. dazu § 52 Abs. 24a Nr. 2 idF des Gesetzes v. 29. 10. 1997 sowie *Rödder* aaO.

[42] Vgl. *Rödder* DStR 1999, 182. Siehe auch *Kroschel/Wellisch* BB 1998, 2550; *Richter* DStR 1998, 1950; *Henning/Hundsdoerfer/Schult* DStR 1999, 131.

[43] Zur Auswirkung der Firmenwertabschreibung auf den Unternehmenswert vgl. etwa *Breidenbach* DB 1989, 136.

[44] Vgl. *Rödder* DB 1993, 2137.

von 500 000 DM und eines Bewertungsabschlages von 40% begünstigt (§ 13a Abs. 1 Satz 1, Abs. 2 ErbStG). Für GmbH-Anteile gilt dieser Freibetrag und Bewertungsabschlag seit 1996 auch, wenn der Erblasser oder Schenker am Nennkapital mindestens zu 25% unmittelbar beteiligt war. Der Übergang des Betriebsvermögens und der privilegierten GmbH-Anteile wird stets nach Steuerklasse I besteuert (§ 19a Abs. 4 Satz 2 ErbStG). Nachteilig im Erbfall ist, daß eigenkapitalersetzende Gesellschafterdarlehen bei der GmbH mit dem Nominalwert anzusetzen und nicht wie die Anteile begünstigt sind.

62 Benachteiligt ist die GmbH auch aufgrund einer unterschiedlichen Besteuerung des **Liquidationsgewinns**. Bei Kapitalgesellschaften sind verteilte Liquidationsgewinne wie normale Gewinnausschüttungen ins Anrechnungsverfahren einzubeziehen. Bei der Personenhandelsgesellschaft besteht die Möglichkeit der Progressionsmilderung nach § 34 Abs. 1 Sätze 2 bis 4, Abs. 2 Nr. 1 iVm. § 16 Abs. 3 EStG. Hinzu kommt die Befreiung der Liquidationsgewinne von der Gewerbeertragsteuer bei der Personenhandelsgesellschaft, nicht aber bei der GmbH (Abschn. 22 Abs. 1, 3 GewStR), zu den Einzelheiten vgl. § 16 Rz. 81.

8. Konzernbildung

63 Unter einem **Konzern** versteht man gem. § 18 Abs. 1 AktG die Zusammenfassung rechtlich selbständiger Unternehmen unter einheitlicher Leitung (dazu § 17 Rz. 5). Hauptsächliche **Vorgänge,** die zur Entstehung von Konzernen führen, sind:[45]
– Ausgliederung vorhandener Geschäfts- oder Funktionsbereiche;
– Beibehaltung der rechtlichen Selbständigkeit erworbener Unternehmen;
– Übertragung neuer Geschäftsfelder auf rechtlich selbständige Unternehmen.

64 Die betriebswirtschaftlichen, rechtlichen und steuerlichen **Gründe** für solche Maßnahmen können vielfältiger Natur sein.[46] Folgende Gesichtspunkte kommen häufiger zum Tragen:
– Eigentümerstruktur (zB Beteiligung Dritter an Geschäftsbereichen, Kooperationen);
– Marketingziele (zB Tätigkeit in wesentlich unterschiedlichen Marktsegmenten, Beibehaltung eines eingeführten Firmennamens erworbener Unternehmen);
– Motivation leitender Mitarbeiter (etwa aufgrund der Stellung als Geschäftsführer in Tochterunternehmen);
– Selbstfinanzierung („Rücklagenbildung im Konzern");
– Haftungsrisiken (zB Produkthaftung) (vgl. hierzu § 17 Rz. 27 ff.);
– Bilanzpolitik (insb. Zulässigkeit der Aktivierung von immateriellen Anlagewerten nur bei entgeltlichem Erwerb von Dritten, wozu auch verbundene Unternehmen gezählt werden; bewußtes Herbeiführen der Verlustrealisation aufgrund eingeschränkter steuerlicher Teilwertabschreibung);[47]

---

[45] Vgl. *Theisen* Der Konzern, 1991, S. 133 ff.
[46] Vgl. auch *Scheffler* Konzernmanagement, 1992, S. 3 ff.
[47] Vgl. *ADS* § 248 Anm. 15; zur Kritik vgl. *Nonnenmacher* DStR 1993, 1234 mwN.

D. Gesamtwertung 65–68 § 1

– Publizitätspflichten (größenabhängige Erleichterungen für Einzelabschlüsse; dazu § 9 Rz. 210);
– Steuervorteile (zB Gewerbesteuerminderung aufgrund von Tätigkeitsvergütungen von Tochter-GmbHs an Gesellschafter einer Mutter-GmbH & Co. KG, Inanspruchnahme des internationalen Schachtelprivilegs durch eine zwischen Mutter-Personengesellschaft und ausländische (Enkel-)Kapitalgesellschaft geschaltete GmbH).

Das **GmbH-Konzernrecht** ist durch Analogien zum AktG (insb. §§ 15 bis 21 AktG) und durch Richterrecht geprägt. Das **Konzernrecht der Personengesellschaft** beruht ebenfalls auf Analogien zum AktG (insb. §§ 15 bis 18) und im übrigen auf individuellen Bestimmungen in den Gesellschaftsverträgen der abhängigen Personengesellschaften.[48] 65

Im Aktienrecht werden Vertragskonzerne und faktische Konzerne unterschieden. **Vertragskonzerne** werden durch Beherrschungsverträge (§ 291 Abs. 1 AktG) begründet. Konzerne ohne solche Verträge bezeichnet man als **faktische Konzerne**. Faktische Konzerne werden nochmals in einfache und qualifizierte faktische Konzerne unterschieden. Nur im einfachen faktischen GmbH-Konzern ist die Obergesellschaft nicht zum Ausgleich von Verlusten bei der abhängigen GmbH verpflichtet. Ob ein qualifizierter faktischer Konzern vorliegt, hängt vom Ausmaß der Einflußnahme der Obergesellschaft auf die Geschäftsführung der abhängigen GmbH ab (dazu § 17 Rz. 140 ff.). 66

Die **Rechtsform der GmbH** eignet sich für abhängige Unternehmen sowohl im Vertragskonzern (vgl. § 17 Rz. 14 ff.) als auch im einfachen und qualifizierten faktischen Konzern. Dagegen ist umstritten, ob Beherrschungsverträge mit Personengesellschaften als abhängiges Unternehmen geschlossen werden dürfen.[49] Die Unterstellung von Personengesellschaften in einem faktischen Konzern erfordert die Zustimmung aller Gesellschafter (Konzernierungsbeschluß).[50] 67

D. Gesamtwertung

Im Vergleich mit anderen Organisationsformen ist die GmbH in vielen Bereichen außerordentlich attraktiv. Auch die gesetzlichen Änderungen, namentlich im Steuerrecht, haben diese Vorteile noch erhöht. Die Schaffung der sog. kleinen AG hat die Vorteile bei der Organisation gegenüber der AG gemindert aber im Ergebnis nicht entscheidend zuungunsten der GmbH beeinflußt. Die GmbH ist noch immer zu Recht die am häufigsten gewählte Rechtsform. 68

---

[48] Vgl. *Emmerich/Sonnenschein* Konzernrecht, 6. Aufl., 1997, S. 430; *Kleindiek* Strukturvielfalt im Personengesellschaftskonzern, 1992.
[49] Vgl. *Emmerich/Sonnenschein* aaO S. 439 ff. mwN.
[50] Vgl. *Emmerich/Sonnenschein* aaO S. 437.

§ 2 Gründung und Kapitalaufbringung

Bearbeiter: Helmut Schwaiger

Übersicht

Rz.

A. Der Weg in die GmbH
- I. Grundlagen 1–4
  1. Ausgangssituationen auf dem Weg in die GmbH 1
  2. Gründung – Errichtung – Entstehung 2
  3. Ablauf der Gründung 3, 4
- II. Stadien der GmbH-Gründung 5–29
  1. Vorgründungsstadium 6–13
     a) Arten der Vorgründungsgesellschaft 7, 8
     b) Gesellschaftsrechtliche Einordnung 9, 10
     c) Steuerliche Einordnung 11, 12
     d) Rechnungslegung 13
  2. Gründungsstadium 14–26
     a) Gesellschaftsrechtliche Einordnung 15–18
     b) Steuerliche Einordnung 19–23
     c) Rechnungslegung 24–26
  3. Eingetragene GmbH 27–29
     a) Rechtliche Wirkungen der Eintragung 28
     b) Steuerliche Wirkungen der Eintragung 29
- III. Persönliche Haftungsrisiken bei der Gründung 30–39
  1. Haftung während des Vorgründungsstadiums 31, 32
  2. Haftung während des Gründungsstadiums 33–36
     a) Gründerhaftung 34
     b) Handelndenhaftung 35, 36
  3. Haftung ab Eintragung 37–39
     a) Differenzhaftung 37
     b) Vorbelastungs- oder Unterbilanzhaftung 38, 39

B. Abschluß des Gesellschaftsvertrags
- I. Vertragschließende 40–45
  1. Anzahl der Gründer 40
  2. Taugliche Gründer 41–45
     a) Natürliche Personen 42, 43
     b) Juristische Personen 44
     c) Gesamthandsgemeinschaften 45
- II. Gesellschaftsvertrag 46–48
  1. Feststellung 46
  2. Rechtsnatur 47, 48
- III. Inhalt des Gesellschaftsvertrags 49–68
  1. Satzungsbestandteile 49, 50
  2. Notwendiger Inhalt des Gesellschaftsvertrags 51–61
     a) Firma der Gesellschaft 52–58

	Rz.
b) Sitz der Gesellschaft	59
c) Gegenstand des Unternehmens	60, 61
3. Formbedürftiger fakultativer Inhalt	62
4. Sonstiger fakultativer Inhalt	63, 64
5. Ausgestaltung von Gesellschaftsverträgen	65–68
a) Satzungsautonomie und Typenvielfalt	65–67
b) Allgemeine Gestaltungshinweise	68
IV. Formvorschriften	69–74
1. Notarielle Beurkundung	70–72
a) Gründungsprotokoll	70
b) Umfang der Beurkundung	71
c) Auslandsbeurkundung	72
2. Unterzeichnung sämtlicher Gesellschafter	73, 74
a) Eigenhändige Unterzeichnung	73
b) Vollmacht und Vertretung	74

C. Bestellung der Geschäftsführer

I. Funktion der Geschäftsführung im Gründungsstadium	75, 76
II. Bestellung der Gründungsgeschäftsführer	77–79
1. Bestellung im Gesellschaftsvertrag	78
2. Bestellung durch Beschluß	79

D. Leistung der Stammeinlagen

I. Kapitalaufbringung	80–82
1. Bestandteil des Gründungsvorgangs	80
2. Schaffung der Kapitalbasis	81, 82
II. Stammkapital und Stammeinlagen	83–89
1. Inhalt des Gesellschaftsvertrags	83
2. Stammkapital	84–86
a) Stammkapital und Gesellschaftsvermögen	85
b) Funktion des Stammkapitals	86
3. Stammeinlagen	87–89
a) Übereinstimmung des Gesamtbetrags der Stammeinlagen mit Stammkapital	87
b) Einheitlichkeit der Beteiligung	88
c) Verknüpfung von Stammeinlage und Geschäftsanteil	89
III. Leistung der Stammeinlagen	90–104
1. Einlageformen	90–94
a) Bareinlage	91
b) Sacheinlage	92
c) Mischeinlage	93
d) Gemischte Sacheinlage	94
2. Mindestbeträge und ausstehende Einlagen	95–99
a) Mindestbetrag des Stammkapitals	96
b) Mindestbetrag und Stückelung der Stammeinlagen	97
c) Ausstehende Einlagen	98, 99
3. Leistungen zur endgültigen freien Verfügung	100
4. Steuerwirkungen der Einlageleistung	101, 102
a) Steuerfolgen bei der GmbH	101
b) Steuerfolgen beim Gesellschafter	102

Übersicht § 2

	Rz.
5. Bilanzieller Ausweis der Einlageleistung	103, 104
a) Eröffnungsbilanz	103
b) Ausstehende Einlagen	104
IV. Besonderheiten bei Sacheinlagen	105–115
1. Festsetzung im Gesellschaftsvertrag	106
2. Sacheinlagegegenstände	107
3. Wert der Sacheinlagen	108
4. Sachgründungsbericht	109
5. Verschleierte Sacheinlage	110–115
a) Grundkonstellation und Erscheinungsformen	110
b) Tatbestand	111
c) Rechtsfolgen	112
d) Heilungsmöglichkeit	113, 114
e) Steuerfolgen	115
V. Reale Kapitalaufbringung	116–130
1. Sicherstellung der Kapitalaufbringung	116
2. Kapitalaufbringungsschutz	117–121
a) Befreiung von der Einlageverpflichtung	118
b) Aufrechnung gegen Einlageverpflichtung	119
c) Zurückbehaltungsrecht an Sacheinlagen	120
d) Einhaltung der Sacheinlagevorschriften	121
3. Rechtsfolgen versäumter Zahlungen auf Stammeinlagen	122–127
a) Verzugszinsen (§ 20 GmbHG)	123
b) Ausschluß säumiger Gesellschafter (§ 21 GmbHG)	124
c) Haftung des Rechtsvorgängers (§ 22 GmbHG)	125
d) Verwertung des Geschäftsanteils (§ 23 GmbHG)	126
e) Ausfallhaftung (§ 24 GmbHG)	127
4. Sondervorteile und Gründungsaufwand	128–130
a) Sondervorteile	129
b) Gründungsaufwand	130

E. Anmeldung und registergerichtliches Verfahren

I. Abschluß des Gründungsvorgangs	131, 132
II. Voraussetzungen und Inhalt der Anmeldung	133–139
1. Voraussetzungen	133
2. Inhalt	134–139
a) Der Anmeldung beizufügende Unterlagen	134, 135
b) Versicherungen der Geschäftsführer	136, 137
c) Angabe der Vertretungsbefugnis	138
d) Zeichnung der Unterschriften	139
III. Sanktionen bei fehlerhafter Anmeldung	140–143
1. Verfahrensmängel	140
2. Gründungshaftung	141
3. Bankenhaftung	142
4. Strafandrohung	143
IV. Registergerichtliches Verfahren	144–146
1. Prüfungspflicht des Registerrichters	144
2. Handelsregistereintragung und Bekanntmachungen	145, 146

F. Die Einmanngründung

	Rz.
I. Wege zur Einmann-GmbH	147
II. Die Errichtungserklärung	148
III. Rechtsnatur der Einmann-Gründungsorganisation	149
IV. Die Kapitalaufbringung	150, 151

A. Der Weg in die GmbH

I. Grundlagen

1. Ausgangssituationen auf dem Weg in die GmbH

1   Folgende Alternativen sind zu unterscheiden:[1]
– **GmbH-Gründung mit Unternehmensgründung**
    Es wird ein völlig neuer Rechtsträger für eine neue unternehmerische Tätigkeit geschaffen (Neugründung).
– **GmbH-Gründung ohne Unternehmensgründung**
    Ein schon vorhandenes Unternehmen wird in die Rechtsform der GmbH überführt (Umwandlung). Zu Einzelheiten vgl. § 14 Rz. 55 ff.
– **Unternehmensgründung ohne GmbH-Gründung**
    Eine bereits existente inaktive GmbH wird Trägerin eines neuen Unternehmens (Mantelverwendung).[2] Dabei kann es sich sowohl um eine ursprünglich aktive GmbH handeln, die ihre frühere Tätigkeit eingestellt hat, als auch um eine lediglich als Mantel gegründete GmbH, die ihrer Tätigkeit erst zugeführt werden soll. Die Mantelverwendung stellt einen möglichen Ersatz für eine Neugründung dar, um zeitaufwendige Gründungsformalitäten und damit zusammenhängende Haftungsrisiken (vgl. Rz. 30 ff.) zu vermeiden. Eine mißbräuchliche Umgehung des Gläubigerschutzes soll dabei jedoch durch entsprechende Anwendung der Gründungsvorschriften verhindert werden (vgl. Rz. 61).[3] Die Nutzung steuerlicher Verlustvorträge einer erfolglosen Gesellschaft als ehedem häufigstes Motiv für die Mantelverwendung ist seit Einführung des § 8 Abs. 4 KStG[4] nur noch unter eingeschränkten Voraussetzungen möglich (vgl. § 11 Rz. 149).

Auf den drei genannten Grundalternativen bauen jeweils eine Reihe von Unterarten mit diversen Variationsmöglichkeiten auf (siehe Schaubild auf S. 27). Im Mittelpunkt zur Entstehung der GmbH steht nachfolgend die **Neugründung**, deren Verfahren zudem Bestandteil einer Reihe von Umwandlungsvorgängen (zB Formwechsel, § 197 UmwG; Verschmelzung durch Neugründung, §§ 56 ff. UmwG) ist.

---

[1] Vgl. *K. Schmidt* GesR § 34 I 2.
[2] *Priester* DB 83, 2291; *K. Schmidt* GesR § 4 III.
[3] *Hachenburg/Ulmer* § 3 Anm. 39; *Roth/Altmeppen* § 3 Anm. 18.
[4] Vgl. StRefG 1990 v. 25. 7. 1988, BGBl I 88, 1093.

A. Der Weg in die GmbH 2, 3 § 2

2. Gründung – Errichtung – Entstehung

Der Gesetzeswortlaut spricht in § 1 GmbHG und in der Abschnittsüberschrift (§§ 1–12 GmbHG) lediglich von der „Errichtung der Gesellschaft". Diese Ausdrucksweise beinhaltet aber den Gesamtvorgang der Gründung. Die Unterscheidung des AktG zwischen den Begriffen „Errichtung" und „Entstehung" kennt das zeitlich ältere GmbHG noch nicht. Wie in § 29 AktG ist im GmbH-Recht jedoch auch der Oberbegriff „Gründung" für den Gesamtvorgang einschließlich „Entstehung" und die „Errichtung" für den Abschluß des Gesellschaftsvertrags mit Übernahme der Stammeinlage gebräuchlich.[5] Mit der Errichtung existiert also nur die Vorgesellschaft (vgl. nachfolgend Rz. 14 ff.) und noch nicht die GmbH.

2

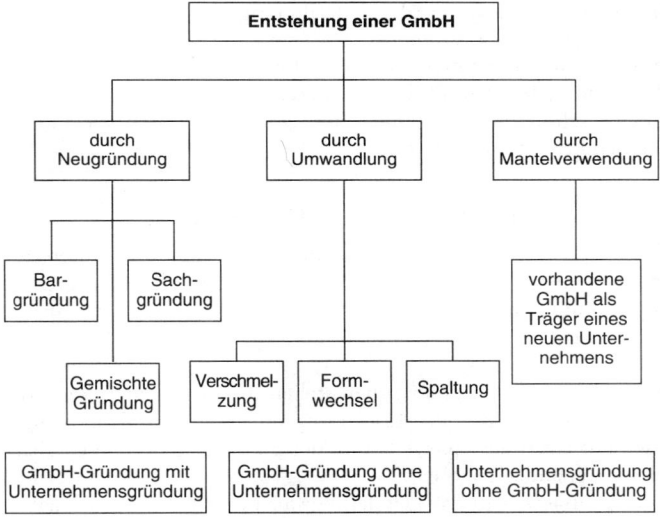

3. Ablauf der Gründung

Als juristische Person entsteht die GmbH mit der Eintragung in das Handelsregister (§ 11 Abs. 1 GmbHG). Die GmbH gelangt dabei nicht uno actu zur Entstehung. Bis es zu dieser Eintragung kommt, sind eine Reihe von unterschiedlichen gesetzlich geregelten Voraussetzungen zu erfüllen. Rechtstechnisch gesprochen ist das in den §§ 1–11 GmbHG kodifizierte **System von Normativbestimmungen** zu durchlaufen.[6] Ohne hier bereits auf die einzelnen noch darzustellenden Details des gesetzlich ausgestalteten Gründungsverfahrens näher einzugehen, vollzieht sich die Entstehung der GmbH im Regelfall über folgende Stufen:

3

---

[5] *Baumbach/Hueck/Hueck* § 1 Anm. 2; *Lutter/Hommelhoff* § 1 Anm. 1.
[6] *Hachenburg/Ulmer* § 11 Anm. 5; *K. Schmidt* GesR § 34 II 2.

§ 2 4, 5 Gründung und Kapitalaufbringung

- Eine oder mehrere Personen beschließen die Gründung,
- Abschluß eines Gesellschaftsvertrags mit Regelung des notwendigen Inhalts: die Firma und der Sitz der Gesellschaft, der Gegenstand des Unternehmens, der Betrag des Stammkapitals, der Betrag der von jedem Gesellschafter darauf zu leistenden Einlage (Stammeinlage),
- Notarielle Beurkundung des Gesellschaftsvertrags,
- Bestellung eines oder mehrerer Geschäftsführer,
- Einforderung der Stammeinlagen durch die Geschäftsführung und deren Leistung durch die Gesellschafter,
- Anmeldung der Gesellschaft beim Gericht zur Eintragung in das Handelsregister unter Beifügung der notwendigen Unterlagen,
- Prüfung der Unterlagen durch das Registergericht,
- Eintragung in das Handelsregister,
- Veröffentlichungen der Eintragung.

4   **Ziele**[7] des gesetzlich ausgestalteten Gründungsvorgangs sind,
- für Rechtsklarheit zu sorgen,
- unseriöse Gründungen möglichst zu verhindern,
- die Einzahlung des Stammkapitals sicherzustellen und
- Gläubiger schon vor Eintragung der Gesellschaft in das Handelsregister hinreichend zu schützen.

II. Stadien der GmbH-Gründung

5   In zeitlicher Hinsicht ist der genannte Ablauf in drei unterschiedliche Stadien einzuteilen:
- Vorgründungsstadium,
- Gründungsstadium,
- eingetragene GmbH.

Zäsuren zwischen den drei Stadien stellen die klar nach außen dokumentierten konstitutiven Akte der Errichtung mit der notariellen Beurkundung des Gesellschaftsvertrags einerseits und die Eintragung der Gesellschaft in das Handelsregister andererseits dar.

Vor der Eintragung in das Handelsregister besteht die GmbH „als solche" nicht, § 11 Abs. 1 GmbHG. Diese negative Gesetzesformulierung besagt lediglich, daß vor Eintragung zwar noch keine „fertige" GmbH, aber trotzdem bereits ein rechtlich relevantes Vorstadium existiert. Es wird jedoch keine Aussage darüber getroffen, nach welchen Regeln dieses Vorstadium zu beurteilen ist. Die Beantwortung der damit zusammenhängenden Fragen bleibt daher ausschließlich der Rspr. und Literatur überlassen. Nach ehemals sehr verwirrender und widersprüchlicher Terminologie[8] im Gesellschafts- und Steuerrecht hat sich der Sprachgebrauch nunmehr dahingehend vereinheitlicht,[9] daß die werdende GmbH bezeichnet wird als
- **Vorgründungsgesellschaft** bis zur Errichtung,
- **Vorgesellschaft** zwischen Errichtung und Eintragung.

---

[7] *Raiser* § 26 Anm. 1.
[8] Vgl. *Schuhmann* GmbHR 81, 196 mwN.
[9] BGH v. 7. 5. 1984, DB 84, 1716; BFH v. 8. 11. 1989, BB 90, 193.

A. Der Weg in die GmbH 6–9 § 2

1. Vorgründungsstadium

Jeder Errichtung der Gesellschaft geht notwendig ein Vorgründungsstadium voraus, in dem zumindest die Willensbildung erfolgt, eine GmbH errichten zu wollen. Meist binden sich die künftigen GmbH-Gründer (vgl. zur Einmann-Gründung Rz. 149) während der Planungsphase und während der Verhandlungen noch nicht vertraglich. Zwischen ihnen besteht keine Vorgründungsgesellschaft sondern lediglich ein **vorvertragliches Vertrauensverhältnis**, das die Gesellschafter zur gegenseitigen Rücksichtnahme verpflichtet.[10] **6**

a) Arten der Vorgründungsgesellschaft

Schließen sich aber die Gründer vor Errichtung der Gesellschaft vertraglich zusammen, was häufig konkludent durch gemeinschaftlich vorgenommene rechtsgeschäftliche Maßnahmen zur Vorbereitung und Verfolgung des gemeinsamen Zweckes der Gründung der GmbH und des Betreibens dieser Gesellschaft geschieht, entsteht eine sog. **Vorgründungsgesellschaft im weiteren Sinn**[11] auf vertraglicher Grundlage. Diese ist regelmäßig Gesellschaft bürgerlichen Rechts (GbR). Aus diesem Rechtsverhältnis ergeben sich jedoch keine rechtlich bindenden Verpflichtungen der künftigen Gründer zur Errichtung der GmbH, also keine Ansprüche auf Erfüllung oder auch nur auf Schadensersatz wegen Nichterfüllung. Unter dem Gesichtspunkt des Vertrauensschutzes drohen bei dessen Verletzung allerdings Ansprüche aus culpa in contrahendo (Verschulden bei Vertragsschluß).[12] **7**

Wollen sich die künftigen Gründer wirksam zur Gründung der GmbH verpflichten, müssen sie einen Vorvertrag schließen. Dieser hat bereits hinreichend bestimmt alle wesentlichen Regelungen des künftigen Gesellschaftsvertrages festzuschreiben, insb. über das Stammkapital und die Stammeinlagen, und bedarf zur Gewähr der materiellen Richtigkeit der notariellen Form des § 2 GmbHG.[13] Durch den Abschluß eines derartigen Vorvertrages entsteht eine **Vorgründungsgesellschaft im engeren Sinn**[14] in der Rechtsform der GbR mit dem alleinigen gemeinsamen Zweck, eine GmbH zu errichten und zu betreiben. Auf dieser Grundlage kann auf Abschluß des GmbH-Vertrags geklagt werden. Zweifelhaft bleibt jedoch, wie ein derartiger Anspruch vollstreckt werden soll.[15] **8**

b) Gesellschaftsrechtliche Einordnung

Vorgründungsstadium und Vorgründungsgesellschaft (im weiteren wie im engeren Sinn) enden mit der Errichtung der GmbH oder mit Aufgabe des Zweckes, eine GmbH errichten zu wollen. Dabei geht die Vorgründungs- **9**

---

[10] *Scholz/K. Schmidt* § 11 Anm. 7 f.
[11] BGH v. 7. 10. 1991, DB 91, 2588 zur Unterscheidung zwischen Vorgründungsgesellschaft „im weiteren Sinn" und „im engeren Sinn".
[12] BGH v. 21. 9. 1987, DB 88, 223; *Scholz/K. Schmidt* § 11 Anm. 8.
[13] *Scholz/K. Schmidt* § 11 Anm. 11, 12.
[14] Vgl. Fn. 11.
[15] *Lutter/Hommelhoff* § 2 Anm. 21; *Scholz/Emmerich* § 2 Anm. 81.

gesellschaft mit Abschluß des GmbH-Gesellschaftsvertrages nicht etwa in der damit entstehenden Vorgesellschaft auf, sondern endet wegen Zweckerreichung gem. § 726 BGB.[16] Etwa vorhandenes Vermögen kann nur durch Einzelübertragungsakte auf die Vorgesellschaft oder auf die spätere GmbH übertragen werden, was auch konkludent (zB durch Buchungsvorgänge) geschehen kann,[17] sofern nicht ausnahmsweise eine bestimmte Form eingehalten werden muß.[18] Zu Haftungsfragen während des Vorgründungsstadiums vgl. Rz. 31 f.

10 In der Praxis kommt es bisweilen vor, daß die künftigen Gründer bereits vor Errichtung der GmbH damit beginnen, die für diese vorgesehenen Geschäfte zu betreiben. Vielfach geschieht dies unter der Bezeichnung „GmbH in Gründung". Hier stellt sich die Frage, ob die dann vorliegende Vorgründungsgesellschaft Trägerin dieser unternehmerischen Betätigungen ist, oder ob neben die Vorgründungsgesellschaft, deren Zweck sich auf die Errichtung der GmbH beschränkt, eine weitere besondere Personengesellschaft (GbR oder OHG) tritt.[19] Nach überwiegender Auffassung vollzieht sich auch eine solche unternehmerische Betätigung innerhalb der Vorgründungsgesellschaft selbst.[20] Betreibt die Vorgründungsgesellschaft dabei ein Handelsgewerbe iSd. § 1 Abs. 2 HGB, ist sie eine OHG.[21]

c) Steuerliche Einordnung

11 Eine Vorgründungsgesellschaft (im engeren und weiteren Sinn) ist für die Besteuerung nur dann relevant, wenn sie sich bereits unternehmerisch betätigt. Eine derartige Vorgründungsgesellschaft als GbR (oder OHG) und die spätere GmbH sind mangels rechtlicher Identität stets zwei **unterschiedliche Steuersubjekte**.[22] Zwischen beiden findet daher ertragsteuerlich (ESt, KSt, GewErtrSt) keine zusammengefaßte Ergebnisermittlung und bei der Einheitsbewertung keine Wert- oder Zurechnungsfortschreibung statt.

12 Als Personengesellschaft ist die Vorgründungsgesellschaft selbst weder einkommen- noch vermögensteuerpflichtig (zur VSt ab 1997 vgl. § 11 Rz. 300). Ihr **Gewinn** (aus Gewerbebetrieb, selbständiger Tätigkeit etc.) und der **Einheitswert** ihres Betriebsvermögens wird einheitlich und gesondert festgestellt, den Gesellschaftern anteilig zugerechnet und von diesen individuell versteuert. Unmittelbares Steuersubjekt ist die Vorgründungsgesellschaft dagegen für die an den **Betrieb des Unternehmens** anknüpfenden Steuern. Sofern die Vorgründungsgesellschaft als **Mitunternehmerschaft** ein Gewerbe betreibt, unterliegt sie damit der GewSt.

Ebenso ist die Vorgründungsgesellschaft umsatzsteuerlich **Unternehmer**, wenn sie nachhaltig zur Erzielung von Einnahmen im Rahmen von Leistungsaustauschverhältnissen tätig wird. Beschränkt sich die Tätigkeit allerdings

---

[16] *K. Schmidt* GesR § 34 III 2.
[17] OLG Hamm v. 24. 1. 1992, GmbHR 93, 105.
[18] BGH v. 7. 10. 1991, DStR 91, 1465.
[19] *K. Schmidt* GmbHR 82, 6 (Mitunternehmerschaft im Vorgründungsstadium).
[20] *Priester* GmbHR 95, 481.
[21] *Hachenburg/Ulmer* § 2 Anm. 50.
[22] *Wrede* Besteuerung der GmbH, 1992, Anm. J 7, 8.

A. Der Weg in die GmbH   13–15 § 2

lediglich auf die GmbH-Gründung und werden darüber hinaus keine nachhaltigen Leistungen gegen Entgelt ausgeführt, ist die Unternehmereigenschaft grds. zu verneinen und der Vorsteuerabzug zu versagen.[23]

Bei Fortsetzung der von der Vorgründungsgesellschaft begonnenen geschäftlichen Tätigkeit mit deren sachlichen Mitteln haften die Vorgesellschaft bzw. die spätere GmbH unter den Voraussetzungen des § 75 AO als Betriebsübernehmer für die damit zusammenhängenden Steuerschulden. Das sind neben der GewSt und der USt auch die nicht ordnungsgemäß abgeführten LSt-Beträge.[24]

d) Rechnungslegung

Die Pflicht und der Umfang zur Rechnungslegung bestimmt sich bei der Vorgründungsgesellschaft nach allg. Regeln für das jeweils vorhandene Rechtssubjekt (GbR, OHG). Sofern bereits eine Geschäftstätigkeit aufgenommen wurde und Kaufmannseigenschaft nach §§ 1, 2 und 6 Abs. 1 HGB vorliegt, sind die für alle Kaufleute zu beachtenden Bestimmungen zu Buchführung, Inventar und Jahresabschluß in den §§ 238–263 HGB maßgebend. Die ergänzenden Vorschriften für Kapitalgesellschaften in den §§ 264 ff. HGB finden dagegen auf die Vorgründungsgesellschaft noch keine Anwendung. Ergänzend gelten daneben jedoch die allg. steuerlichen Rechnungslegungsvorschriften in §§ 140–148 AO (Buchführungs- und Aufzeichnungspflichten), §§ 4–7 EStG (Gewinnermittlung) und § 22 UStG (umsatzsteuerliche Aufzeichnungspflichten). 13

2. Gründungsstadium

Mit formgültigem Abschluß des Gesellschaftsvertrags entsteht die Vorgesellschaft und die GmbH ist errichtet. Im Gegensatz zur Vorgründungsgesellschaft (vgl. Rz. 6 ff.) ist die Vorgesellschaft ein für die Gründung der späteren GmbH zwingend notwendiges Durchgangsstadium, das mit dem Abschluß des Gesellschaftsvertrags beginnt und mit der Eintragung in das Handelsregister endet. 14

a) Gesellschaftsrechtliche Einordnung

Auszugehen ist bei der Vorgesellschaft von einer **Personenvereinigung eigener Art,** die sich dem gesetzlichen Typenkatalog von Gesellschaftsformen entzieht.[25] Ihr prägendes Merkmal liegt gerade darin, daß sie auf eine künftige juristische Person hin ausgerichtet ist.[26] Da noch keine juristische Person besteht, aber bereits Einlagen entgegengenommen werden, handelt es sich bei der Mehrmann-Vorgesellschaft um ein körperschaftlich strukturiertes, **gesamthänderisches Sondervermögen**[27] (vgl. zur Einmann-GmbH Rz. 149). 15

---

[23] OFD Frankfurt, Rundvfg. v. 17. 10. 1995, BB 95, 2629; OFD Erfurt, Vfg. v. 21. 7. 1997, DStR 97, 1810.
[24] *Tillmann* GmbH-Hdb. III, Anm. 319.
[25] BGH v. 20. 6. 1983, DB 83, 1970 (notwendige Vorstufe zur juristischen Person); aA *K. Schmidt* GesR § 11 IV 2 b (körperschaftlich verfaßte werdende juristische Person).
[26] *Roth* ZGR 84, 597 (600).
[27] HM, zB *Hachenburg/Ulmer* § 11 Anm. 45; aA *Scholz/K. Schmidt* § 11 Anm. 28 (vollwertiger Rechtsträger).

16 Bis auf die noch fehlende Rechtsfähigkeit entspricht die Vorgesellschaft ihrem Wesen nach bereits der künftigen GmbH, mit der sie nach überwiegender Meinung identisch ist.[28] Danach liegt nur ein einziges Gebilde vor, das lediglich seinen Status wechselt. Sämtliche Rechte und Pflichten der Vorgesellschaft sind mit Eintragung, der bloß bestätigende Wirkung beigemessen wird, automatisch solche der GmbH. Die Identität von Vorgesellschaft und GmbH bewirkt eine Kontinuität der Rechtsverhältnisse über den Eintragungszeitpunkt hinaus.[29] Der Rechtsträger bleibt derselbe, nur seine Gestalt ändert sich.

17 Auf dieser Basis sind neben den gesetzlichen Gründungsregeln bereits der Gesellschaftsvertrag und die GmbH-Vorschriften für die Vorgesellschaft anzuwenden, soweit diese nicht gerade die Rechtsfähigkeit voraussetzen oder mit dem Gründungsstadium unvereinbar sind wie zB bei Veränderungen im Bestand der Gründungsgesellschafter (vgl. Rz. 71).[30] Obwohl die volle Rechtsfähigkeit wegen §§ 11 Abs. 1, 13 Abs. 1 GmbHG ausdrücklich der juristischen Person vorbehalten bleibt, ist die Vorgesellschaft schon weitestgehend Trägerin von Rechten und Pflichten. Ihr primärer Zweck ist jedoch auf ihre Eintragung in das Handelsregister als GmbH gerichtet. Entsprechend erstreckt sich der Umfang der **Geschäftsführungsbefugnis** und der **Vertretungsmacht** der Geschäftsführer in dieser Phase lediglich auf die gründungsnotwendigen Geschäfte.[31] Andererseits darf die Vorgesellschaft aber bereits die von der GmbH angestrebte geschäftliche Tätigkeit aufnehmen (vgl. Rz. 38 f. zur Aufgabe des Vorbelastungsverbots). Dies erfordert allerdings das **Einverständnis der Gesellschafter**, das ohne besondere Formalien wie ausdrückliche Beschlußfassung durch die Gesellschafterversammlung auch konkludent erteilt werden kann und zB bei Einbringung eines Handelsgeschäfts im Wege der Sacheinlage als stillschweigend erteilt gilt.[32]

Die Vorgesellschaft führt den Firmennamen[33] der künftigen GmbH mit dem Zusatz „in Gründung" oder „iG". Auch Gründer und Gesellschafter einer anderen Gesellschaft (meist als Komplementär einer GmbH & Co. KG)[34] und Partei eines Umwandlungsverfahrens kann sie sein.[35] In gerichtlichen Verfahren führt die Verselbständigung der Vorgesellschaft dazu, daß sie sowohl aktiv als auch passiv parteifähig ist.[36] Dies gilt auch für die eigene Handelsregisteranmeldung, solange die Eintragung nicht rechtskräftig abgelehnt wurde.[37]

---

[28] *Lutter/Hommelhoff* § 11 Anm. 2.
[29] Vgl. *Weimar* GmbHR 88, 289 (291).
[30] *Baumbach/Hueck/Hueck* § 11 Anm. 6.
[31] *Baumbach/Hueck/Hueck* § 11 Anm. 18; aA *Scholz/K. Schmidt* § 11 Anm. 63 f.; *Beuthien* NJW 97, 565.
[32] BGH v. 15. 6. 1978, DB 78, 1634.
[33] BGH v. 29. 10. 1992, GmbHR 93, 103 zum Namens- und Firmenschutz der Vorgesellschaft.
[34] *Lutter/Hommelhoff* § 11 Anm. 5.
[35] *Schwedhelm* Anm. 1209, 977.
[36] BGH v. 24. 10. 1988, DB 88, 2623; BGH v. 16. 3. 1992, DB 92, 1228 (passiv parteifähig); BGH v. 28. 11. 1997, DB 98, 302 (aktiv parteifähig).
[37] OLG Köln v. 27. 2. 1997, GmbHR 97, 601.

A. Der Weg in die GmbH 18–21 § 2

Falls keine Eintragung beantragt, diese abgelehnt oder zurückgenommen **18** wird, kann die „**unechte**" **Vorgesellschaft** als GbR oder OHG fortbestehen oder aufgelöst und abgewickelt werden[38] (zur Einmann-Vorgesellschaft vgl. Rz. 149). Liquidatoren sind dann in Anwendung des Rechts der Personengesellschaften nicht die Geschäftsführer sondern die Gesellschafter.[39] Das Recht der Vorgesellschaft findet keine Anwendung mehr.

b) Steuerliche Einordnung

Die Vorgesellschaft ist auch nach der steuerlichen Rspr. gem. der **Einheits- 19 theorie** kein von der künftigen GmbH zu trennendes Gebilde, sondern nur eine andere Erscheinungsform.[40] Als werdende juristische Person ist sie damit denselben steuerlichen Regeln unterworfen wie eine „fertige" GmbH. Die Handelsregistereintragung während des Wirtschaftsjahrs bewirkt keine Aufspaltung in zwei separate Veranlagungszeiträume. Dagegen bleiben bei einer **unechten Vorgesellschaft,** wenn also letztlich keine GmbH entsteht, die Gründer persönlich steuerpflichtig[41]. Verfahrensmäßig wird eine rückwirkende Änderungsmöglichkeit dadurch sichergestellt, daß die Steuerbescheide für die Vorgesellschaft unter Vorbehalt bzw. vorläufig ergehen.

Ertragsteuerlich ist die Vorgesellschaft ohne weitere Voraussetzungen ab **20** notarieller Beurkundung des Gesellschaftsvertrags wie eine juristische Person körperschaftsteuerpflichtig[42] mit der Folge, daß
– ihr verwendbares Eigenkapital zu gliedern ist,
– sie nach Abschluß eines Ergebnisabführungsvertrags Organträger oder Organgesellschaft sein kann,
– offene oder verdeckte Gewinnausschüttungen die entsprechenden Steuerfolgen auslösen,
– zwischen ihr und der nachfolgenden GmbH eine einheitliche, zusammengefaßte Ergebnisermittlung stattfindet.
  Eine freiwillige, vertragliche Rückbeziehung der Gründung und der Steuerpflicht als Körperschaft analog § 20 Abs. 8 UmwStG für Umwandlungsfälle auf einen Zeitpunkt bereits vor Beurkundung des Gesellschaftsvertrags ist unzulässig.[43]

Anders als die GmbH ab Eintragung unterliegt die Vorgesellschaft nicht **21** bereits kraft Rechtsform der GewSt. Zusätzlich erforderlich ist die Aufnahme einer nach außen in Erscheinung tretenden geschäftlichen Tätigkeit.[44] Die bloße Verwaltung und verzinsliche Anlage des eingezahlten Stammkapitals genügt dafür nicht. Liegt jedoch GewSt-pflicht vor, sind Entgelte für Schul-

---

[38] *Baumbach/Hueck/Hueck* § 11 Anm. 28; *Lutter/Hommelhoff* § 11 Anm. 9.
[39] OLG Dresden v. 14. 7. 1998, DStR 98, 1182.
[40] Ständige BFH-Rspr.; zB BFH v. 16. 5. 1952, BStBl. III 52, 172; BFH v. 14. 10. 1992, BStBl. II 93, 352.
[41] *Crezelius* DStR 87, 743 (750) (rückwirkender Wegfall der KSt-Pflicht problematisch).
[42] BFH v. 13. 12. 1989, BStBl. II 90, 468; aA BFH v. 16. 5. 52, BStBl. III 52, 172 (Aufnahme einer nach außen gerichteten Tätigkeit).
[43] BFH v. 20. 10. 1982, BStBl. II 83, 247.
[44] BFH v. 18. 7. 1990, BB 91, 53.

den, die wirtschaftlich mit der Gründung des Betriebs zusammenhängen, als Dauerschuldzinsen dem Gewerbeertrag zur Hälfte hinzuzurechnen.

22 Die **Substanzbesteuerung** (GewKapSt, VSt; beachte hierzu § 11 Rz. 300 ff.) knüpft bei der Vorgesellschaft an den für das Betriebsvermögen von Kapitalgesellschaften festzustellenden Einheitswert an. Auf den Beginn des nach Abschluß des Gesellschaftsvertrags folgenden Kalenderjahrs ist der Einheitswert für das Betriebsvermögen der neu entstandenen Gesellschaft festzustellen und zwar unabhängig davon, ob bereits die Handelsregistereintragung erfolgt ist. Ein Einheitswert der Vorgesellschaft wirkt für die GmbH fort. Als praktische Konsequenz, daß der Einheitswert erst auf den Beginn des nachfolgenden Kalenderjahres festgestellt wird, hatte die werdende GmbH bereits bisher im Jahr der Gründung keine Substanzsteuern zu entrichten.

23 Die **Umsatzsteuerpflicht** tritt ein, sobald die Vorgesellschaft künftige Umsätze vorbereitet. Mit der späteren GmbH ist sie als „ein" Unternehmer zu behandeln.[45] Bei der **Grunderwerbsteuer** werden Vorgesellschaft und GmbH ebenfalls als dasselbe Rechtsgebilde angesehen. Der Übergang eines in die Vorgesellschaft eingebrachten Grundstücks auf die eingetragene GmbH löst nicht erneut Grunderwerbsteuer aus, sondern nur der Erwerb durch die Vorgesellschaft. Im übrigen vgl. zu den Steuerfolgen durch Leistung der Stammeinlagen Rz. 101 f.

c) Rechnungslegung

24 Bei der Vorgesellschaft müssen die für Kapitalgesellschaften in der Rechtsform einer GmbH bestimmten Rechnungslegungsvorschriften beachtet werden. Ab wann die dementsprechende Rechnungslegungspflicht beginnt, ist allerdings strittig.[46] Gestützt auf die Einheitstheorie, nach der Vorgesellschaft und spätere GmbH nur ein rechtliches Gebilde ist, sprechen die überwiegenden Argumente für den Abschluß des Gesellschaftsvertrags als maßgeblichen Zeitpunkt.[47] Während sich die tatsächliche Geschäftsaufnahme häufig kontinuierlich vollzieht, ist das Datum der notariellen Beurkundung eindeutig fixiert und nach außen dokumentiert.

25 Bei Neugründungen besteht **Prüfungspflicht** des Jahresabschlusses bereits zum ersten Abschlußstichtag, wenn die Größenmerkmale für kleine Kapitalgesellschaften überschritten sind (§ 267 Abs. 4 Satz 2 HGB).[48]

26 Für Zwecke der handelsrechtlichen oder steuerlichen **Ergebnisermittlung** wird die Rechnungslegung der Vorgesellschaft durch die Eintragung der GmbH nicht unterbrochen, sondern einfach weitergeführt. Insoweit ist ein Zwischenabschluß auf den Zeitpunkt der Handelsregistereintragung nicht erforderlich (vgl. aber zur Vorbelastungs- und Unterbilanzhaftung unten Rz. 39). Sofern die Vorgesellschaft nicht über den Bilanzstichtag hinaus andauert und daher keinen eigenen Jahresabschluß aufzustellen hat, sind die

---

[45] *Brönner/Bareis* Besteuerung der Gesellschaften, VI Anm. 35, will auch Vorgründungsgesellschaft in Identität des „Unternehmers" einbeziehen.
[46] *Baumbach/Hueck* § 41 Anm. 18; *Joswig* DStR 96, 1907.
[47] Beck Bil.-Komm./*Budde/Kunz* § 238 HGB, Anm. 23.
[48] Beck Bil.-Komm./*Budde/Karig* § 267 HGB, Anm. 23.

A. Der Weg in die GmbH   27–29 § 2

Ergebnisse der Vorgesellschaft stets gleichzeitig auch Bestandteil des Jahresüberschusses oder -fehlbetrags der späteren GmbH.

3. Eingetragene GmbH

Mit Eintragung ins Handelsregister entsteht die GmbH „als solche" in ihrer endgültigen Gestalt als juristische Person. Die Vorgesellschaft als bloße Vorstufe endet. Deren Organe und Gesellschafter nehmen diese Stellung nunmehr bei der GmbH ein. 27

a) Rechtliche Wirkungen der Eintragung

Mit Eintragung werden während des Gründungsverfahrens evtl. unterlaufene Fehler hinsichtlich der Einhaltung von Formvorschriften, des Satzungsinhalts, der Erbringung der Stammeinlagen und der Anmeldung weitestgehend geheilt. Nur bei Vorliegen der in § 75 GmbHG genannten Nichtigkeitsgründe (fehlende Festsetzung des Stammkapitals oder fehlende bzw. nichtige Bestimmung des Unternehmensgegenstands) tritt als Folge der Eintragung keine Heilung ein (vgl. aber Rz. 51).[49] 28

Unabhängig von der Art der ausgeübten Tätigkeit gilt die GmbH stets als Handelsgesellschaft und damit kraft Rechtsform als Kaufmann gem. § 6 Abs. 1 HGB. Als **juristische Person** besitzt sie ab Eintragung volle Rechtsfähigkeit, § 13 Abs. 1 GmbHG. Grenzen resultieren nur aus vorgegebenen Unterschieden ggü. natürlichen Personen. Im Vergleich zu diesen ist sie nur eingeschränkt grundrechtsfähig und hat auch nur beschränkte Persönlichkeitsrechte.[50] Andererseits ist die GmbH jedoch mehr als ein bloßer personenrechtlicher oder gesamthänderischer Zusammenschluß ihrer Mitglieder wie etwa eine OHG. Dieser stehen zwar auch selbständig und von den Gesellschaftern unabhängig eigene Rechte und Pflichten zu. Im Gegensatz zur OHG hat die GmbH aber noch eigene **Rechtspersönlichkeit**.[51] Ihr Bestand ist folglich losgelöst von dem der Gesellschafter.

b) Steuerliche Wirkungen der Eintragung

Die Vorgesellschaft und die GmbH sind dasselbe Rechtsgebilde lediglich in unterschiedlichen Entwicklungsstadien. Es gelten daher die bereits oben bei der Vorgesellschaft (vgl. Rz. 19 ff.) dargestellten Besteuerungsgrundsätze. Die Eintragung ist danach für den Beginn der Gewerbesteuerpflicht der maßgebliche Zeitpunkt, wenn die Vorgesellschaft noch keine nach außen in Erscheinung tretende geschäftliche Tätigkeit ausgeübt hat. Mit der Eintragung beginnt jedenfalls **kraft Rechtsform** und unabhängig von der Art der konkreten Tätigkeit die Gewerbesteuerpflicht gem. § 2 Abs. 2 Satz 1 GewStG.[52] 29

---

[49] MünchHdb. GesR Bd. 3/*Heinrich* § 12 Anm. 1ff.
[50] *Hachenburg/Ulmer* § 13 Anm. 10 ff.
[51] *Hachenburg/Ulmer* § 13 Anm. 2.
[52] BFH v. 22. 8. 1990, BB 91, 675.

III. Persönliche Haftungsrisiken bei der Gründung

30 Nach § 13 Abs. 2 GmbHG haftet den Gläubigern der GmbH das Gesellschaftsvermögen und – abgesehen von Sonderfällen der Durchgriffshaftung (vgl. zB beim qualifizierten faktischen Konzern § 17 Rz. 170 ff.) – nicht das Vermögen der Gesellschafter. Dieses persönliche Haftungsprivileg tritt jedoch prinzipiell erst durch die Eintragung der GmbH und ihre Entstehung als juristische Person ein. Ab diesem Zeitpunkt greift das **Trennungsprinzip** (vgl. § 1 Rz. 18), wonach die Vermögenssphären der GmbH und ihrer Gesellschafter strikt auseinanderzuhalten sind. Bis dahin ist allerdings vorweg das Vorgründungs- und Gründungsstadium zu durchlaufen. Wenn wegen Geschäftsaufnahme und anderer Vorbereitungshandlungen bereits vor Eintragung Verbindlichkeiten eingegangen werden, stellt sich die Frage, ob und inwieweit von den Gläubigern neben der werdenden Gesellschaft auch die Gründer und die während der Gründungsphase Handelnden in Anspruch genommen werden können.

Diese persönlichen Haftungsrisiken wirken dabei um so überraschender, als für sie nur eine äußerst bruchstückhafte gesetzliche Regelung (Handelndenhaftung nach § 11 Abs. 2 GmbH;[53] vgl. unten Rz. 35 f.) existiert und die Gründer durch die Wahl der GmbH als Rechtsform bewußt ihren finanziellen Einsatz auf die vertragliche Einlagenpflicht beschränken wollen.[54] Zudem mangelt es den Gründern und Handelnden weitgehend an Möglichkeiten, die Dauer des amtlichen Eintragungsverfahrens zu beeinflussen. Die Notwendigkeit einer persönlichen Haftung ergibt sich jedoch daraus, daß im Namen einer noch nicht eingetragenen und deshalb noch nicht auf Einhaltung der Kapitalaufbringungsbestimmungen geprüften Gesellschaft Verpflichtungen eingegangen werden. Da nicht einmal sicher ist, ob es überhaupt jemals zu einer Eintragung kommen wird, braucht der Rechtsverkehr einen adäquaten Schutz.[55]

1. Haftung während des Vorgründungsstadiums

31 Bei einer **wirksam vertretenen Vorgründungsgesellschaft** wird diese selbst verpflichtet. Für sie als GbR oder OHG haften jedoch letztendlich die Gesellschafter unbeschränkt und persönlich.[56] Dies gilt nach den Grundsätzen des **unternehmensbezogenen Vertreterhandelns** auch dann, wenn fälschlicherweise bereits im Namen der „GmbH", der „Vorgesellschaft" oder „GmbH in Gründung" gehandelt wird.[57] Die Falschbezeichnung oder das Fehlen eines Rechtsformzusatzes sind unerheblich. Die Vorgründungsgesellschaft wird durch das Handeln ihrer geschäftsführenden Personen verpflichtet. Die nachfolgende Errichtung oder Eintragung der GmbH beseitigt die Haftung nicht. Haftungsbeschränkungen oder -freistellungen durch die spätere

---

[53] Vgl. Überblick zu Haftungsrisiken bei der GmbH-Gründung bei *Lutter* JuS 98, 1073.
[54] *Roth* ZGR 84, 597 (599).
[55] *K. Schmidt* GesR § 34 III 4.
[56] *Kort* DStR 91, 1317.
[57] BGH v. 8. 7. 1996, DB 96, 1915.

A. Der Weg in die GmbH

GmbH sind allerdings möglich, und zwar sowohl zeitlich (zB bis zur Eintragung) als auch betragsmäßig (zB auf das Stammkapital). Dies bedarf aber einer Vereinbarung mit den Gläubigern und ist im Streitfall von den betroffenen Gesellschaftern zu beweisen. Das bloße Auftreten als „GmbH" oder „GmbH iG" genügt nicht.[58]

Dagegen kann **vollmachtloses Handeln** weder die Vorgründungsgesell- 32 schaft noch die spätere GmbH verpflichten. Der angebliche Vertreter haftet den Vertragspartnern nach § 179 BGB persönlich als Vertreter ohne Vertretungsmacht, sofern nicht ausnahmsweise die spätere GmbH die für sie geschlossenen Verträge genehmigt. Die Handelndenhaftung (vgl. Rz. 35 f.) gem. § 11 Abs. 2 GmbHG als Haftungsgrundlage für rechtsgeschäftliches Handeln im Namen der GmbH vor deren Eintragung gilt noch nicht für die Vorgründungsgesellschaft.[59]

2. Haftung während des Gründungsstadiums

Rechtsgeschäftliche wie auch gesetzliche Verbindlichkeiten, die durch vor- 33 zeitige Geschäftsaufnahme für die Vorgesellschaft zwischen Errichtung und Eintragung der GmbH eingegangen wurden, sind primär aus deren **Gesellschaftsvermögen** zu tilgen.[60] Nehmen die Geschäftsführer dagegen ohne Zustimmung der Gesellschafter die Geschäfte vorzeitig auf, so handeln sie als Vertreter ohne Vertretungsmacht. Weder die Vorgesellschaft noch die spätere GmbH wird hieraus verpflichtet (vgl. Handelndenhaftung, Rz. 35).

a) Gründerhaftung

Ob für wirksam begründete Verbindlichkeiten nach Erschöpfung des Ver- 34 mögens der Vorgesellschaft auch die Gründer persönlich haften, war lange Zeit völlig strittig.[61] Dabei ging es zum einen um die Frage, ob die Gründer der Vorgesellschaft für in der Gründungsphase entstandene Verbindlichkeiten überhaupt haften und ggf., ob sie **beschränkt oder unbeschränkt** haften. Das Spektrum unterschiedlicher Auffassungen reichte von einer völligen Ablehnung[62] über vermittelnde Meinungen[63] bis hin zu einer unbeschränkten Gründerhaftung.[64] Zum anderen war auch ungeklärt, ob sich Gläubiger der Vorgesellschaft bei Bestehen einer Haftung direkt an deren Gesellschafter halten können **(Außenhaftung)** oder ob sie allein auf das Gesellschaftsvermögen der Vorgesellschaft angewiesen sind, zu dem allerdings auch die Ansprüche gegen die Gesellschafter auf Verlustdeckung gehören **(Innenhaftung)**.

Der BGH hat sein bisheriges Konzept[65] einer während der Gründungsphase lediglich auf den Betrag der ausstehenden Einlage beschränkten Außenhaftung (vergleichbar mit der Situation eines Kommanditisten gem. § 171 HGB)

---

[58] BGH v. 9. 3. 1998, GmbHG 98, 633; *K. Schmidt* GmbHR 98, 613.
[59] BGH v. 7. 5. 1984, NJW 84, 2164.
[60] *Baumbach/Hueck/Hueck* § 11 Anm. 21.
[61] Vgl. *Gummert* MüHb GesR III, § 16 Anm. 44–98.
[62] ZB *Lutter/Hommelhoff* § 11 Anm. 7.
[63] ZB *Baumbach/Hueck/Hueck* § 11 Anm. 22.
[64] ZB *K. Schmidt* GesR § 34 III 3.
[65] ZB BGH v. 20. 6. 1983, DB 83, 1970.

Schwaiger

nunmehr aufgegeben und durch das Modell einer **unbeschränkten Innenhaftung** ersetzt.[66] Ausnahmen vom Grundsatz der Innenhaftung hält der BGH dann für geboten, falls eine Inanspruchnahme offensichtlich aussichtslos oder unzumutbar ist. Bespielsfälle dafür sind, wenn die Vorgesellschaft vermögenslos ist,[67] es sich um eine Einmann-GmbH handelt oder wenn weitere Gläubiger nicht vorhanden sind. Das BSG[68] und das BAG[69] haben ihre divergierenden Auffassungen ebenso aufgegeben und sich dieser Änderung angeschlossen, die vermutlich als hM von der Literatur übernommen werden dürfte.[70] Ziel der gewandelten höchstrichterlichen Rspr. ist eine einheitliche, systemgerechte Gründerhaftung. Danach soll der Ausschluß der persönlichen Haftung nach § 13 Abs. 2 GmbHG ausdrücklich erst für die eingetragene GmbH gelten. Eine persönliche Haftungsbeschränkung bedürfte der Vereinbarung mit den Gläubigern. Die bloße Firmierung als „GmbH" oder „GmbH iG" genügt regelmäßig nicht. Ebenso wie ab Eintragung (vgl. Rz. 39) soll den Gläubigern der Vorgesellschaft auch schon vorher ein unbeschränktes Haftungssubstrat in Form einer **Verlustdeckungshaftung** zur Verfügung stehen.[71] Sämtliche Vermögensminderungen während der Gründungsphase sind unter dem Gesichtspunkt des Haftungsgleichlaufs oder der Haftungskontinuität unabhängig davon ausgleichspflichtig, ob es schließlich zur Eintragung kommt.

Insb., wenn keine Eintragung erfolgt, führt dies zu einer Haftungsverschärfung für die Gesellschafter, von denen jeder quotal entspr. der von ihm übernommenen Stammeinlage für nicht vom Gesellschaftsvermögen gedeckte Verluste zu haften hat. Im Innenverhältnis zwischen den Gesellschaftern gilt zudem § 24 GmbHG (vgl. Rz. 127). Die geänderte Rspr. überwindet einige Schwachpunkte des bisherigen Haftungskonzepts. So entfällt beispielsweise der Interessengegensatz zwischen Gesellschaftern und Geschäftsführern. Während die Geschäftsführer gerade die Eintragung benötigen, um sich von der drohenden Handelndenhaftung (vgl. Rz. 35 f.) zu befreien, konnten sich die Gesellschafter bisher ihrer persönlichen Inanspruchnahme ganz oder teilweise entziehen, wenn es nicht zur Eintragung kam. Des weiteren ist die Unterscheidung nicht mehr von Bedeutung, ob die Eintragungsabsicht von Anfang an fehlte oder aber später wegfiel.[72] Auch bei unverzüglicher Einstellung der geschäftlichen Tätigkeit nach Wegfall der Eintragungsabsicht können sich die Gesellschafter nicht mehr von ihrer persönlichen unbeschränkten Haftung befreien.[73]

---

[66] BGH v. 27. 1. 1997, DB 97, 867 und Vorlagebeschluß BGH v. 4. 3. 1996, DB 96, 822.
[67] Vgl. zB BAG v. 22. 1. 1997, ZIP 97, 1544; LAG Köln v. 21. 3. 1997, GmbHR 97, 1148; BAG v. 27. 5. 1997, ZIP 97, 2199; BFH v. 7. 4. 1998, NJW 98, 2926.
[68] BSG v. 28. 2. 1986, ZIP 86, 645 (unbeschränkte Außenhaftung bei gesetzlichen Verbindlichkeiten).
[69] BAG v. 23. 8. 1995, DB 96, 380 (auf ausstehende Einlage beschränkte Außenhaftung).
[70] *Ulmer* ZIP 96, 733; *Gummert* DStR 97, 1007; *K Schmidt*, ZIP 97, 671 (aber Bedenken gegen Aufgabe Außenhaftung); ebenso *Altmeppen* NJW 97, 3272; *Wilhelm* DstR 98, 457; *K Michalski/Barth* NZG 97, 525.
[71] *Stimpel* in FS Fleck S. 358 ff., 361 ff.; *Hachenburg/Ulmer* § 11 Anm. 95.
[72] *Baumbach/Hueck/Hueck* § 11 Anm. 28 ff.
[73] So noch BGH v. 15. 12. 1975, DB 76, 619; BGH v. 15. 6. 1978, DB 78, 1634.

b) Handelndenhaftung

Soweit vor Eintragung der Gesellschaft in deren Namen rechtsgeschäftlich 35 oder durch rechtsgeschäftsähnliches (zB zu Ansprüchen aus ungerechtfertigter Bereicherung gem. § 812 BGB führendes) Handeln[74] Verpflichtungen eingegangen werden oder entstehen, haften die Handelnden außenstehenden Dritten ggü. persönlich und „solidarisch" (gesamtschuldnerisch; § 11 Abs. 2 GmbHG). Mitgesellschafter fallen somit nicht in den Schutzumfang dieser Norm.[75] Dasselbe gilt auch für Kommanditisten einer Vor-GmbH & Co. KG.[76] Seit Wegfall des Vorbelastungsverbots hat sich der Zweck des § 11 Abs. 2 GmbHG von der ursprünglichen Straf- und Sicherungsfunktion mit Anerkennung der Verlustdeckungshaftung (vgl. Rz. 34) nunmehr dahingehend gewandelt, einen Ausgleich für das Fehlen der größeren Sicherheit zu bieten, die durch den Eintragungsvorgang mit den entsprechenden zwingenden Schutzvorschriften gewährleistet wird.[77] Gleichzeitig engte sich der Handelndenbegriff auf die tatsächlichen oder zumindest faktischen Geschäftsführer ein, die verantwortlich über Geschäftsabschlüsse entscheiden. Lediglich der Geschäftsaufnahme zustimmende Gründer gelten daher nicht (mehr) als Handelnde.[78]

Vertretungsmacht oder Verschulden der Handelnden sowie die Kenntnis 36 der Gläubiger sind irrelevant. Bei fehlender Vertretungsmacht verdrängt § 11 Abs. 2 GmbHG als Spezialvorschrift § 179 BGB.[79] Inhalt und Umfang der Haftung bestimmen sich so, daß die Gläubiger weder schlechter noch besser als bei einem Vertragsschluß mit einer eingetragenen GmbH gestellt sind.[80] Das bedeutet, daß sich der einzelne geschäftsführende Gesellschafter nicht auf die Höhe seiner persönlichen Stammeinlage berufen kann. Stattdessen haftet er wie jeder Fremdgeschäftsführer für jedes einzelne Geschäft in Höhe des Mindeststammkapitals.[81] Die Handelndenhaftung ist durch Vereinbarung mit den Gläubigern abdingbar und im Innenverhältnis erhält ein in Anspruch genommener Handelnder nach allg. Regeln ein Rückgriffsrecht gegen die (Vor-)Gesellschaft bzw. gegen evtl. haftungsverpflichtete Gründer.[82]

3. Haftung ab Eintragung

a) Differenzhaftung

Prinzipiell entfällt mit Eintragung der GmbH die Haftung der Gesellschafter 37 und der Handelnden. Verbindlichkeiten sind dem Trennungsprinzip entsprechend nur noch aus dem Gesellschaftsvermögen zu tilgen (§ 13 Abs. 2

---

[74] OLG Karlsruhe v. 11. 12. 1997, ZIP 98, 958.
[75] LAG Berlin v. 3. 6. 1996, GmbHR 96, 686.
[76] KG Berlin v. 13. 7. 1995, GmbHR 96, 56.
[77] *Lutter/Hommelhoff* § 11 Anm. 17.
[78] *Hachenburg/Ulmer* § 11 Anm. 99, 105 f.
[79] MüKomm./*Schramm* § 179 BGB, Anm. 11; aA *Beuthien* GmbHR 96, 561.
[80] *Lutter/Hommelhoff* § 11 Anm. 20.
[81] LG Hamburg v. 29. 2. 1996, GmbHR 96, 763.
[82] *Baumbach/Hueck/Hueck* § 11 Anm. 49 a.

GmbHG). Die Eintragung wirkt jedoch bloß in dem Umfang haftungsbefreiend, in dem zum Eintragungszeitpunkt[83] ein ungeschmälertes Gesellschaftsvermögen (Stammkapital minus zulässiger Gründungsaufwand) besteht. Andernfalls droht den Gründern für Altschulden aus der Zeit der Vorgesellschaft im Verhältnis ihrer Geschäftsanteile auch nach Eintragung noch eine persönliche, verschuldensunabhängige Inanspruchnahme durch die GmbH in Höhe des gesamten bestehenden Fehlbetrags.[84] Der Anspruch unterliegt den strengen Regeln der realen Kapitalaufbringung (insb. Ausfallhaftung; § 24 GmbHG; vgl. Rz. 127) und ist durch die Geschäftsführung zugunsten der GmbH (Innenhaftung) geltend zu machen. In der Praxis geschieht dies allerdings regelmäßig erst bei Insolvenz durch den Konkursverwalter. Der Anspruch entsteht automatisch mit der Eintragung und bedarf keines Einforderungsbeschlusses der Gesellschafter gem. § 46 Nr. 2 GmbHG. Dieser das Recht der Kapitalgesellschaften prägende **Unversehrtheitsgrundsatz** ist modellhaft gesetzlich nur in § 9 Abs. 1 GmbHG als (spezielle) Differenzhaftung für Sacheinlagen geregelt (vgl. Rz. 108). Danach hat der Gesellschafter, wenn der Wert seiner Sacheinlage bei Anmeldung nicht den Betrag der dafür übernommenen Stammeinlage erreicht, den Fehlbetrag in Geld zu leisten. Der Anspruch verjährt abweichend von normalen Einlageleistungen nicht in 30 Jahren sondern bereits fünf Jahre nach Eintragung der GmbH in das Handelsregister (§ 9 Abs. 2 GmbHG).

b) Vorbelastungs- oder Unterbilanzhaftung

38   Mit Aufgabe des Vorbelastungsverbots,[85] wonach bis zur Eintragung nur gründungsnotwendige Tätigkeiten gestattet waren, und der dadurch eröffneten Möglichkeit der werdenden GmbH, sich nahezu ohne Beschränkungen am wirtschaftlichen Verkehr zu beteiligen, hat die Differenzhaftung ihre Hauptbedeutung bei Geschäftsaufnahme vor Eintragung erlangt. Aus Gründen der terminologischen Unterscheidbarkeit[86] sollte in diesem Fall jedoch statt von (allg.) Differenzhaftung besser von Vorbelastungs- oder Unterbilanzhaftung gesprochen werden.

39   Rechte und Pflichten aus vorzeitiger Geschäftsaufnahme stehen mit Eintragung automatisch der juristischen Person zu. Ein effektiver Kapitalaufbringungsschutz erfordert daher, daß exakt zu diesem Zeitpunkt[87] eine volle wertmäßige Deckung des gezeichneten Kapitals vorliegt. Führt das Handeln der Vorgesellschaft per Saldo dagegen dazu, daß das Nettovermögen zu Fortführungswerten (bei negativer Fortbestehensprognose zu Veräußerungswerten)[88] einschl. zulässigem Gründungsaufwand den Stammkapitalbetrag unterschrei-

---

[83] HM zB *Hachenburg/Ulmer* § 11 Anm. 81, 89; aA *Scholz/K. Schmidt* § 11 Anm. 122, 126.
[84] *Baumbach/Hueck/Hueck* § 11 Anm. 59.
[85] BGH v. 9. 3. 1981, DB 81, 1032.
[86] *Baumbach/Hueck/Hueck* § 11 Anm. 57; *K. Schmidt* ZHR 156 (1992), 93 zur weiteren Abgrenzung der Begriffe, wonach sich Unterbilanzhaftung auf eintragungsreife Anmeldung und Vorbelastungshaftung auf Eintragungsstichtag bezieht.
[87] HM zB *Hachenburg/Ulmer* § 11 Anm. 81, 89; aA *Scholz/K. Schmidt* § 11 Anm. 122, 126 (eintragungsreife Anmeldung).
[88] BGH v. 29. 9. 1997, ZIP 97, 2008.

tet, haften die Gesellschafter der GmbH ggü. unbeschränkt nach dem Verhältnis ihrer Geschäftsanteile auf die gesamte eingetretene Differenz. Beträge, die vom einzelnen Gesellschafter nicht zu erlangen sind, werden quotal von den übrigen Gesellschaftern eingefordert (vgl. Rz. 127 zur Ausfallhaftung). In Zweifelsfällen ist zur Feststellung eines eventuellen Haftungsanpruchs eine eigene Vorbelastungsbilanz aufzustellen (vgl. § 9 Rz. 44) und der sich ergebende Fehlbetrag als Forderung gegen die Gesellschafter zu aktivieren. Stille Reserven sind hierbei zu berücksichtigen, da es sich um eine Vermögensbilanz handelt und nicht um einen Jahresabschluß.[89] Die Vorbelastungs- oder Unterbilanzhaftung verjährt analog § 9 Abs. 2 GmbHG fünf Jahre nach Eintragung.[90]

B. Abschluß des Gesellschaftsvertrags

I. Vertragschließende

1. Anzahl der Gründer

Eine GmbH wird errichtet, indem **eine oder mehrere** Personen einen notariell beurkundeten Gesellschaftsvertrag schließen. Die Mindestzahl von zwei Gründern ist nicht mehr erforderlich, (vgl. dazu Rz. 147 ff.). Die folgenden Ausführungen unterstellen jeweils den herkömmlichen Fall der Mehrmann-Gründung. 40

2. Taugliche Gründer

Wer alles Gründer sein kann, bestimmt das Gesetz nicht. Sofern der Gesellschaftsvertrag keine Ausschlußtatbestände vorsieht, ist der Kreis denkbar weit zu ziehen. Die Eignung als Gesellschafter – unmittelbar oder als Hintermann eines Treuhänders bzw. als Strohmann[91] – ist im Gründungsstadium ebenso zu beurteilen, wie nach Entstehung der GmbH.[92] Tauglich sind damit: 41

a) Natürliche Personen

Einschränkungen hinsichtlich Stand, Alter, Staatsangehörigkeit, Wohnsitz, Vorstrafen etc. bestehen generell keine. Erforderlich und genügend für die Beteiligung an einer GmbH ist nur die Rechtsfähigkeit. Natürliche Personen können daher grds. unbeschränkt Gründer und Gesellschafter sein. **Nicht voll Geschäftsfähige** bedürfen der Mitwirkung des gesetzlichen Vertreters nach allg. Vorschriften (§§ 104 ff. BGB). Dieser wiederum benötigt die vormundschaftsgerichtliche Genehmigung und sofern er selbst oder nahe Ange- 42

---

[89] *Hachenburg/Ulmer* § 11 Anm. 89; *Baumbach/Hueck/Schulze-Osterloh* § 41 Anm. 44.
[90] BGH v. 24. 10. 1988, DB 89, 217.
[91] *Scholz/Emmerich* § 2 Anm. 54 ff.
[92] *Baumbach/Hueck/Hueck* § 1 Anm. 23.

hörige mitgründen, ist zusätzlich ein Ergänzungspfleger zu bestellen. Entsprechendes trifft für Betreute unter Einwilligungsvorbehalt zu, die auf die Mitwirkung ihres Betreuers angewiesen sind.[93]

43 Für **Ausländer** gelten keine Besonderheiten. Vorschriften des Ausländer-, Außenwirtschafts- und Devisenrechts berühren die Wirksamkeit der Beitrittserklärung üblicherweise nicht. Bei Gesellschaftsgründungen durch Ausländer allerdings, deren Aufenthaltserlaubnis keine inländische Erwerbstätigkeit zuläßt, kann ausnahmsweise der Gesellschaftszweck wegen Umgehung eines gesetzlichen Verbots in der Praxis unzulässig sein. Dies ist dann der Fall, wenn die Einschaltung einer GmbH ausschließlich oder primär nur den Zweck hat, die persönlich verbotene inländische Erwerbstätigkeit zu ermöglichen.[94]

b) Juristische Personen

44 In- und ausländische juristische Personen sind ohne Einschränkung taugliche Gründer, gleichgültig ob es sich um solche des privaten oder öffentlichen Rechts handelt. Der gesetzliche oder satzungsmäßige Wirkungskreis schließt dies für letztere jedoch teilweise aus.[95] Kapitalgesellschaften können sich bereits vor ihrer eigenen Eintragung und auch noch während ihrer Liquidation (zB zum Erhalt der Firma) an einer GmbH-Gründung beteiligen. Für die geplante Europäische Aktiengesellschaft[96] sind insoweit keine Besonderheiten zu erwarten.

c) Gesamthandsgemeinschaften

45 Neben den stets als tauglichen Gründer erachteten Personenhandelsgesellschaften OHG und KG wird diese Fähigkeit nunmehr allen BGB-Gesamthandsgemeinschaften (GbR,[97] eheliche Gütergemeinschaft, Erbengemeinschaft und auch nicht-rechtsfähiger Verein) zuerkannt. Ihren Mitgliedern steht es damit frei, ob **jeder einzeln** oder **alle gemeinsam** einen Geschäftsanteil bei Gründung erwerben sollen.[98] Bei einem gemeinsam durch die GbR gehaltenen Geschäftsanteil sind dennoch alle Gesellschafter der GbR namentlich in der Satzung zu bezeichnen.[99] Entsprechendes wie für Personenhandelsgesellschaften gilt für die der OHG angenäherte Partnerschaftsgesellschaft für Angehörige freier Berufe sowie für die Europäische Wirtschaftliche Interessenvereinigung (EWIV), während für ausländische Gesamthandsgemeinschaften eine allg. Gleichstellung mit inländischen nicht erfolgt.

---

[93] *Lutter/Hommelhoff* § 2 Anm. 4; MünchHdb. GesR Bd. 3/*Heinrich* § 5 Anm. 24–26.
[94] *Baumbach/Hueck/Hueck* § 1 Anm. 16; *Scholz/Emmerich* § 2 Anm. 41 a.
[95] *Rowedder/Rittner* § 2 Anm. 17; *Baumbach/Hueck/Hueck* § 1 Anm. 29.
[96] VO-Vorschlag v. 25. 8. 89, AG 90, 111.
[97] BGH v. 3. 11. 1980, DB 81, 466.
[98] *Scholz/Emmerich* § 2 Anm. 50 ff.
[99] OLG Hamm v. 18. 12. 95, DB 96, 321.

II. Gesellschaftsvertrag

1. Feststellung

Der Gesellschaftsvertrag,[100] in der Praxis meist **Satzung**[101] genannt, bildet **46** die organisatorische Basis („Verfassung") für die Entstehung und Existenz der GmbH bis hin zu ihrer vollständigen Beendigung. Die **Feststellung des Gesellschaftsvertrags** beinhaltet zunächst die Einigung der Gründer,
– eine GmbH zu errichten,
– dieser beizutreten und
– die bedungenen Einlagen zu leisten.

Es handelt sich jeweils um bedingungsfeindliche Rechtsgeschäfte, bei denen eintretende Mängel je nach dem Zeitpunkt ihrer Geltendmachung einem sich stetig verstärkenden Bestandsschutz begegnen. Die reguläre Nichtigkeit von Anfang an gilt nur, bis die Vorgesellschaft durch Einlageleistung in Vollzug gesetzt ist. Danach sind die Grundsätze der **fehlerhaften Gesellschaft** mit der Folge anzuwenden, daß nur noch die Liquidation der Vorgesellschaft verlangt werden kann[102] (vgl. aber zur Einmann-GmbH Rz. 149). Im Gegensatz zur eingetragenen GmbH erfordert dies jedoch keine Auflösungsklage nach § 61 GmbHG (vgl. § 16 Rz. 10 ff.) und die Liquidatoren sollen in diesem Stadium statt der Geschäftsführer die Gesellschafter selbst sein (vgl. § 16 Rz. 30). Die Grundsätze der fehlerhaften Gesellschaft sind jedoch bei besonders schwerwiegenden Verstößen unanwendbar. So ist selbst nach erfolgter Handelsregistereintragung die Beteiligung eines Minderjährigen als Gründer wegen seines vorrangigen Schutzes schwebend unwirksam.[103]

2. Rechtsnatur

Als **Vertrag eigener Art** besitzt der Gesellschaftsvertrag stets eine **47 Doppelnatur**.[104] Zum einen ist er typischer **Schuldvertrag** aufgrund übereinstimmender Willenserklärungen der Gründer über die Errichtung der GmbH. Dementsprechend ist der Gesellschaftsvertrag nach allg. Rechtsgeschäftsregeln (§§ 104 ff. BGB) zu behandeln und auszulegen (§§ 133, 157 BGB). Dabei gelten die auf gegenseitige Verträge zugeschnittenen Normen (§§ 320–327 BGB) jedoch nur modifiziert. Ab Entstehung der GmbH tritt diese schuldrechtliche Komponente deutlich in den Hintergrund und ist nur noch für diejenigen gesellschaftsvertraglichen Bestimmungen bedeutsam, die ebenso außerhalb des Gesellschaftsvertrags getroffen hätten werden können (zB Bestellung der Gründungsgeschäftsführer; vgl. Rz. 63).

---

[100] Gesetzliche Terminologie in §§ 2, 3 GmbHG und Abschnittsüberschrift vor §§ 53 ff. GmbHG.
[101] *Baumbach/Hueck/Hueck* GmbHG § 2 Anm. 3.
[102] *Lutter/Hommelhoff* § 2 Anm. 18–20; *Hachenburg/Ulmer* § 2 Anm. 94 ff.; *Raiser* § 26 Anm. 93–96; *Goette* DStR 96, 266.
[103] BGH v. 21. 1. 1980, DB 80, 1885.
[104] *Hachenburg/Ulmer* § 2 Anm. 5; *Lutter/Hommelhoff* § 2 Anm. 10.

48 Zum anderen ist der Gesellschaftsvertrag ab Entstehung der GmbH insb. ein **Organisationsvertrag**,[105] der Verfahrensregeln (Aufgabenverteilungen, Reglementierungen, Verzahnungen von Befugnissen etc.) für die mitgliedschaftlichen Rechte und Pflichten der Gesellschafter zur GmbH sowie der Gesellschafter untereinander enthält. Er bindet auch künftige Gesellschafter und wendet sich generell an einen unbestimmten Personenkreis. Die Auslegung dieser körperschaftlichen Bestimmungen erfolgt wie bei Gesetzen nach objektiven Maßstäben und stützt sich nur auf den Wortlaut und Sinnzusammenhang.[106] Der Gesellschaftsvertrag ist insoweit durch die Revisionsinstanz gerichtlich überprüfbar.[107] Keine Rolle spielen Intentionen und interne Abreden der Gründer, sofern sie nicht aus beim Handelsregister eingereichten Unterlagen ersichtlich sind.[108]

III. Inhalt des Gesellschaftsvertrags

1. Satzungsbestandteile

49 Für die **Organisation** der GmbH und die Festlegung von Rechten und Pflichten zwischen ihr und den Gesellschaftern wesentliche Bestimmungen bedürfen zwingend satzungsmäßiger Vereinbarung. Abreden der Gründer

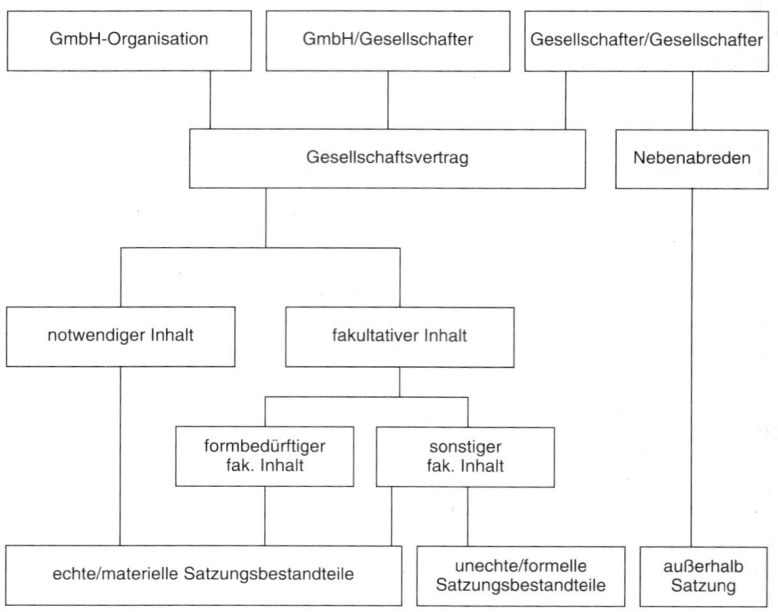

---

[105] *Scholz/Emmerich* § 2 Anm. 6 f.; *K. Schmidt* GesR, § 5 I 1.
[106] *Hachenburg/Ulmer* Einl. Anm. 25; *Lutter/Hommelhoff* § 2 Anm. 11.
[107] BGH v. 24. 1. 1974, DB 74, 621; BGH v. 11. 10. 1993, DB 93, 2423.
[108] *Baumbach/Hueck/Hueck* § 2 Anm. 27.

B. Abschluß des Gesellschaftsvertrags

dagegen, die nur ihr internes Verhältnis und bloß die gegenwärtigen Gesellschafter betreffen, können wahlweise im Gesellschaftsvertrag oder als Nebenabreden außerhalb getroffen werden (siehe Schaubild auf S. 42).
Nur echte Satzungsbestandteile genießen dabei **verstärkten Bestands-** 50 **schutz.**[109] Dh. beispielsweise, daß Willensmängel bei unechten Satzungsbestandteilen nicht nach den Regeln der fehlerhaften Gesellschaft (vgl. Rz. 46) behandelt werden. Ferner ist die Einhaltung der Vorschriften über Satzungsänderungen (vgl. § 4 Rz. 135 ff.) nur bei echten Satzungsbestandteilen erforderlich.

2. Notwendiger Inhalt des Gesellschaftsvertrags

Als Mindestinhalt jeder GmbH-Satzung ist in § 3 Abs. 1 Nr. 1–4 GmbHG 51 vorgeschrieben:
- die Firma der Gesellschaft   Nr. 1 (Rz. 52 ff.)
- der Sitz der Gesellschaft   Nr. 1 (Rz. 59)
- der Gegenstand des Unternehmens   Nr. 2 (Rz. 60 f.)
- der Betrag des Stammkapitals   Nr. 3 (Rz. 83 ff.)
- die Beträge der einzelnen Stammeinlagen Nr. 4 (Rz. 83 ff.)
- die Namen der Gründungsgesellschafter   Nr. 4 (Rz. 83 ff.)

Der Mindestinhalt muß in einer Urkunde (**einheitliches Vertragswerk**) zusammengefaßt sein und sich unmittelbar aus dieser ergeben. Bloße Verweisungen auf andere Dokumente genügen nicht. Treffen Gründer zu einem der genannten sechs Punkte keine Aussage, liegt ein ungültiger Gesellschaftsvertrag und damit ein Eintragungshindernis vor (vgl. Rz. 144). Mängel nach Nr. 2 und Nr. 3 begründen sogar noch nach Eintragung eine **Nichtigkeitsklage** gem. § 75 GmbHG. Der fehlende bzw. – bei einer verdeckten Mantelgründung – der fiktive Unternehmensgegenstand kann durch **einstimmigen Beschluß** jedoch nachgeholt werden (§ 76 GmbHG), während die Nichtfestsetzung des Stammkapitals unheilbar ist. Mängel zu Nr. 1 und Nr. 2 sind durch Satzungsänderungen (vgl. § 4 Rz. 136–158) nachträglich zu beheben.[110]

a) Firma der Gesellschaft

Entgegen dem umgangssprachlichen Wortgebrauch ist die „Firma" nicht 52 das ganze Unternehmen samt Belegschaft, sondern der **Name,** unter dem die GmbH als Kaufmann geschäftlich tätig ist und umfassenden Bezeichnungsschutz genießt.[111] Anders als ein Einzelunternehmer darf sie nur eine einheitliche Firma (**Firmeneinheit**) führen, auch wenn mehrere verschiedene Handelszweige betrieben werden. Zulässig ist es jedoch, in dieser Firma mehrere Handelszweige (zB Im- und Export, Groß- und Einzelhandel etc.) zu nennen. Außerdem dürfen örtlich von der Hauptniederlassung getrennte Geschäftsstellen der GmbH eine eigene abweichende Firmenbezeichnung führen. Erforderlich ist dann allerdings die Aufnahme dieser Firma der

---
[109] *Scholz/Emmerich* § 3 Anm. 62 ff.
[110] *Baumbach/Hueck/Hueck* § 3 Anm. 24 f.
[111] *Baumbach/Hueck/Hueck* § 4 Anm. 4; *Lutter/Hommelhoff* § 4 Anm. 19.

Schwaiger

Zweigniederlassung in der Satzung und ein klarstellender Zusatz, der die Zugehörigkeit zur GmbH eindeutig erkennen läßt.[112]
Für die Firmenbildung bei einer GmbH sind im übrigen ohne Einschränkung die allg. handelsrechtlichen Grundsätze der §§ 17–37 a HGB anzuwenden, die zudem nunmehr durch das HRefG liberalisiert und rechtsformübergreifend vereinheitlicht wurden.[113] Die wichtigsten sind:
– **Firmenklarheit** und **Firmenwahrheit** (§ 18 Abs. 2 HGB)

53 Die Firma muß einerseits zur Kennzeichnung der GmbH geeignet sein und Unterscheidungskraft besitzen. Andererseits darf sie keine Angaben enthalten, die ersichtlich über die für die angesprochenen Verkehrskreise wesentlichen geschäftlichen Verhältnisse irreführen. So ist etwa die Endung „... AG" als Firmenbestandteil einer GmbH unzulässig.[114]

– **Firmenbeständigkeit** (§§ 22 ff. HGB)

54 Wird ein existierendes Handelsgeschäft in die Rechtsform einer GmbH überführt, darf der bisherige Firmenlenkern **unverändert**[115] (evtl. mit Nachfolgezusatz) übernommen werden. Gleiches gilt, wenn ein erworbenes Handelsgeschäft als Zweigniederlassung mit einer von der GmbH abweichenden Firma weiterbetrieben wird (vgl. Rz. 52). Das mit der Firmenfortführung eintretende Haftungsrisiko für Altschulden, § 25 Abs. 1 HGB, ist durch Handelsregistereintragung und Bekanntmachung ausschließbar.[116]

– **Firmenausschließlichkeit** (§ 30 HGB)

55 Jede Firma muß individualisierbar sein und sich von allen am selben Ort bestehenden Firmen deutlich unterscheiden.

56 Hinsichtlich des **Firmenkerns** trifft das GmbHG über die allg. handelsrechtlichen Regelungen hinaus keine Aussage mehr. Deshalb besteht innerhalb eines relativ großzügigen Spielraums generell die Wahl zwischen einer Sach-, Personen- und neuerdings auch einer Phantasiefirma. Ferner können diese zu einer gemischten Firma (zB Personen- und Sachfirma) kombiniert werden. Für die Zulässigkeit einer **gemischten Firma** reicht aus, daß wahlweise eine der unterschiedlichen Firmierungen den gestellten Anforderungen genügt und die Verbindung insgesamt nicht irreführend ist.[117]

57 Für den Firmenkern gilt:
Die **Sachfirma**,[118] die stets eines individualisierbaren Zusatzes[119] bedarf, ist dem in der Satzung formulierten Gegenstand des Unternehmens (vgl. Rz. 60) zu entlehnen. Dieser bietet den wichtigsten Ansatzpunkt für eine zulässige Firmierung.

Die **Personenfirma** hat die Namen (Familiennamen mit oder ohne Vornamen bei natürlichen Personen, volle Bezeichnung ohne Rechtsformzusatz bei juristischen Personen) eines oder mehrerer Gründer zu enthalten. Sofern hierbei Gesellschafter ungenannt bleiben, ist eine entsprechende

---

[112] MünchHdb. GesR Bd. 3/*Heinrich* § 11 Anm. 3.
[113] *Bokelmann* GmbHG 98, 57.
[114] BGH v. 25. 10. 1956, DB 56, 1006.
[115] *Baumbach/Hueck/Hueck* § 4 Anm. 36.
[116] BGH v. 20. 12. 1992, DStR 92, 919.
[117] *Baumbach/Hueck/Hueck* § 4 Anm. 33.
[118] Vgl. allg. *Ammon* DStR 94, 325.
[119] OLG Oldenburg v. 1. 12. 1989, DB 90, 519.

B. Abschluß des Gesellschaftsvertrags 58, 59 § 2

Anfügung (& Co., & Cie, Gebrüder etc.) erforderlich. Der bisher gebräuchliche Zusatz „und Partner" samt allen denkbaren Abwandlungen davon ist gem. § 11 Satz 1 PartGG ab 1. 7. 97 für die Rechtsform der Partnerfirma reserviert. Scheidet ein in einer Personengesellschaft genannter Gesellschafter aus der GmbH später aus, darf sein Name (entgegen § 24 Abs. 2 HGB für Personengesellschaften) grds. über die Dauer seiner Zugehörigkeit hinaus verwendet werden.[120]

Entgegen bisherigem Recht ist nun auch eine **Phantasiefirma** zulässig, soweit sie nur hinreichend unterscheidungskräftig ist, um Namensfunktion für das Unternehmen zu erfüllen. Eine rein aus Zahlen (123-GmbH) oder sonstigen nicht alphabetischen Zeichen gebildete Firma bewegt sich mangels Namensfunktion außerhalb der Grenzen der Zulässigkeit.[121]

Einzige gesetzliche Vorgabe für die Firmierung einer GmbH ist nach § 4 GmbHG nur noch, daß an die als Firma gewählte Bezeichnung der **Rechtsformzusatz** „Gesellschaft mit beschränkter Haftung" angefügt sein muß. Statt der ausgeschriebenen Form genügen auch allg. verständliche Abkürzungen („GmbH") oder Mischformen (zB „...gesellschaft mbH"). Zweck des Rechtsformzusatzes ist, Geschäftspartnern die Tatsache der beschränkten Haftung bei Verhandlungen und Vertragsabschlüssen zu offenbaren. Wird ohne „GmbH" gezeichnet (eine lediglich mündliche Verhandlung genügt nicht), führt dies zur persönlichen Haftung des Handelnden kraft Rechtsscheins. Dieser spezielle Vertrauenstatbestand des § 4 GmbHG geht § 15 Abs. 2 HGB vor, wonach Dritte ansonsten in das Handelsregister eingetragene und bekanntgemachte Tatsachen gegen sich gelten lassen müssen.[122] **58**

b) Sitz der Gesellschaft

Anzugeben ist eine bestimmte Gemeinde innerhalb Deutschlands.[123] Für die Zulässigkeit eines Doppelsitzes in Berlin besteht seit Wiedervereinigung kein Bedürfnis mehr.[124] Weitere Geschäftsstellen der GmbH an anderen Orten sind nur Zweigniederlassungen (§§ 13 ff. HGB). Die Wahl des Sitzes und damit des zuständigen Handelsregisters und des allg. Gerichtsstands der GmbH (§ 17 ZPO) war bisher grds. frei.[125] Gem. § 4a Abs. 2 GmbHG hat der Gesellschaftsvertrag ab 1. 1. 1999 in Anlehnung an die geltende Rechtslage für Aktiengesellschaften (vgl. § 5 AktG) idR den Ort als Sitz zu bestimmen, an dem die GmbH einen **Betrieb** hat oder an dem sich die **Geschäftsleitung** befindet oder die **Verwaltung** geführt wird. Lediglich postalische Erreichbarkeit genügt dagegen nicht mehr.[126] Ausreichen soll bereits, daß diese tatsächlichen Anknüpfungspunkte dem wirtschaftlichen Einzugsbereich einer als Sitz festgelegten naheliegenden Großstadt zuordenbar sind.[127] **59**

---

[120] BGH v. 20. 4. 1972, DB 72, 1431.
[121] *Kögel* BB 98, 1645.
[122] BGH v. 8. 7. 1996, DB 96, 1915.
[123] *Debatin* GmbHR 91, 164 zur grenzüberschreitenden Sitzverlegung.
[124] *Scholz/Emmerich* § 3 Anm. 7; *Baumbach/Hueck* § 3 Anm. 7; aA *Notthoff* WiB 96, 773.
[125] OLG Schleswig-Holstein v. 6. 1. 1994, GmbHR 94, 557.
[126] *Kögel* GmbHR 98, 1108.
[127] OLG Zweibrücken v. 19. 11. 1990, DB 91, 1663.

c) Gegenstand des Unternehmens

60 Der „Gegenstand des Unternehmens" überschneidet sich mit der umfassenderen Bezeichnung „Zweck der Gesellschaft", ist mit dieser jedoch nicht gleichbedeutend.[128] Eine Abgrenzung beider Begriffe wird insb. relevant, wenn einerseits der Unternehmensgegenstand mit satzungsändernder Mehrheit bzw. andererseits der Gesellschaftszweck einstimmig entspr. § 33 BGB geändert werden soll (vgl. § 4 Rz. 152).

Der **Gesellschaftszweck** gem. § 1 GmbHG betrifft die internen Beziehungen zwischen den Gesellschaftern und braucht deshalb in der Satzung auch nicht ausdrücklich genannt zu sein. Er verwirklicht sich durch das gemeinsame Anstreben eines abstrakten Zieles (meist Gewinnerzielung). Zulässig ist dabei jeder Zweck, der weder gegen gesetzliche Verbote (§ 134 BGB) noch gegen die guten Sitten (§ 138 BGB) verstößt. Gesetzliche Beschränkungen für eine Betätigung in der Rechtsform der GmbH existieren nur wenige. Diese beziehen sich vornehmlich auf bestimmte Bank- und Versicherungsgeschäfte sowie auf den Betrieb von Apotheken und auf das Versteigerungsgewerbe.[129] Die bisherigen standesrechtlichen Hindernisse für die Ausübung freier Berufe als GmbH (insb. durch Ärzte, Zahnärzte,[130] Rechtsanwälte)[131] werden von der Rspr. aus verfassungsrechtlichen Gründen (Art. 12 GG; Freiheit der Berufsausübung) zunehmend beseitigt. Diese Entwicklung wirkt gegen die Akzeptanz der speziell für den Zusammenschluß von Freiberuflern geschaffenen Partnerschaftsgesellschaft.

Der **Unternehmensgegenstand** gem. § 3 Abs. 1 Nr. 2 GmbHG bezeichnet die konkreten Mittel (zB das Herstellen von Möbeln), das vom Gesellschaftszweck vorgegebene Ziel zu realisieren. Dementsprechend fixiert er den Bereich und die Art der Beteiligung am Geschäftsverkehr, wobei im Gründungsstadium die bloße Absicht der Verwirklichung in angemessener Zeit genügt.[132] Die satzungsmäßige Festlegung beabsichtigt, **nach innen** die Gesellschafter gegen Überschreitung des zulässigen Handlungsbereichs durch die Geschäftsführer zu schützen und den Tätigkeitsschwerpunkt **nach außen** in groben Zügen erkennbar zu machen.[133] Aus der Beschreibung des Unternehmensgegenstands muß der Registerrichter eventuelle Genehmigungserfordernisse erkennen können (vgl. Rz. 135). Daraus folgt die Notwendigkeit einer aussagekräftigen Individualisierung der gestellten Aufgabe (Handel, Produktion, Vertrieb, Dienstleistung etc.) und einer geschäftszweigmäßigen Einordnung.[134] Bloße Leerformeln wie „Produktion und Vertrieb von Waren aller Art" genügen nicht.[135]

61 Ein besonderes Problem stellt sich bei **Mantel- oder Vorratsgründungen**[136] von GmbH, deren künftige Aktivitäten noch nicht bekannt sind.

---

[128] *Hachenburg/Ulmer* § 1 Anm. 5 ff. zum Meinungsstand.
[129] *Hachenburg/Ulmer* § 1 Anm. 5 ff.
[130] BGH v. 25. 11. 1993, DB 94, 468.
[131] BayOLG v. 24. 11. 1994, NJW 95, 199.
[132] *Baumbach/Hueck* GmbHG § 4 Anm. 8.
[133] *Lutter/Hommelhoff* § 3 Anm. 8.
[134] *Scholz/Emmerich* § 3 Anm. 13 ff.
[135] BayOLG v. 1. 8. 1994, DB 94, 1972.
[136] *Kraft* DStR 93, 101.

B. Abschluß des Gesellschaftsvertrags 62, 63 § 2

Zumindest eine **offene** Vorratsgründung ist zulässig, wenn sich der Unternehmensgegenstand ausdrücklich auf die Verwaltung eigenen Vermögens beschränkt.[137] Lediglich fiktive Angaben eines Unternehmensgegenstands (**versteckte** Vorratsgründung), der überhaupt nicht verwirklicht werden soll, sind als Scheingeschäft nach § 117 BGB nichtig. Nach Zulassung der offenen Mantelgründung durch die Rspr. fehlt für eine verdeckte Mantelgründung jedes praktische Bedürfnis. Wird die auf Vorrat gegründete GmbH später einer geschäftlichen Tätigkeit zugeführt, handelt es sich wirtschaftlich um eine Neugründung, auf die zum Schutz des Rechtsverkehrs die Gründungsvorschriften entspr. anwendbar sind.[138] Dies gilt allerdings nicht für die Handelndenhaftung der Geschäftsführer gem. § 11 Abs. 2 GmbHG (vgl. Rz. 35 f.).[139]

3. Formbedürftiger fakultativer Inhalt

Hierbei bleibt es in der freien Entscheidung der Gründer, ob sie die 62 entsprechenden Regelungen treffen wollen. Sofern dies der Fall ist und eine Verpflichtung in der Weise an den Geschäftsanteil gebunden werden soll, daß sie auch künftige Gesellschafter trifft, hat es in der Satzung zu geschehen, um rechtsgültig zu sein. Gemeinsam ist den über das ganze Gesetz verteilten oder aus allg. Grundsätzen folgenden Bestimmungen,[140] daß sie auf dem Gesellschaftsverhältnis ruhende **Rechte und Pflichten zwischen GmbH und Gesellschaftern** zum Inhalt haben, die von den Gesellschaftern zusätzlich, ergänzend oder ausfüllend zur gesetzlichen Normierung geregelt werden können.[141] Am wichtigsten sind:

- zeitliche Beschränkung des Unternehmens § 3 Abs. 2 GmbHG
- Nebenleistungspflichten § 3 Abs. 2 GmbHG
- Sacheinlagevereinbarungen § 5 Abs. 4 GmbHG
- Erschwernisse für Anteilsabtretungen § 15 Abs. 5 GmbHG
- Nachschußpflicht § 26 Abs. 1 GmbHG
- Ergebnisverwendung § 29 GmbHG
- Einziehung von Geschäftsanteilen § 34 Abs. 1 GmbHG
- Sondervorteile und Gründungsaufwand analog § 26 Abs. 2 AktG
- Befreiung Gesellschafter vom Wettbewerbsverbot.[142]

4. Sonstiger fakultativer Inhalt

Die Gesellschafter können weitere Bestimmungen in die Satzung aufneh- 63 men, die ebenso durch Beschluß wirksam regelbar wären. Zu diesem sonstigen fakultativen Inhalt zählen **schuldrechtliche Abreden** der Gesellschafter (zB Stimmrechtsvereinbarungen) und **interne Organisationsbestimmun-**

---

[137] BGH v. 16. 3. 1992, DB 92, 1228; *Lutter/Hommelhoff* § 3 Anm. 10 (Entscheidung für AG auch auf GmbH anwendbar).
[138] BGH v. 16. 3. 1992, DB 92, 1228; *Priester* DB 83, 2291 (2295 ff.); aA *Bärwaldt/Schabacker* GmbHR 98, 1005 und *Banerjea* GmbHR 98, 814.
[139] OLG Brandenburg v. 19. 8. 1998, GmbHR 98, 1031.
[140] *Lutter/Hommelhoff* § 3 Anm. 18.
[141] *Hachenburg/Ulmer* § 3 Anm. 52.
[142] Vgl. allg. *Armbrüster* ZIP 97, 1269 (1275).

Schwaiger

gen (zB Geschäftsordnung für Geschäftsführer). Maßgeblich dafür, ob im Einzelfall **unechte oder echte Satzungsbestandteile** vorliegen, ist der durch Auslegung zu ermittelnde Parteiwille. Die Aufnahme in der Satzung spricht im Zweifel für echte Satzungsbestandteile.[143] Im Interesse einer klaren Regelung sollte daher nur das in die Satzung aufgenommen werden, was nach dem Willen der Gründer tatsächlich Satzungscharakter haben soll.

64 Ergänzend zu den notwendigen und den fakultativen formbedürftigen Bestimmungen (vgl. Rz. 51 ff.) enthalten Satzungen häufig Regelungen zu:[144]
– Geschäftsjahr (insb. abweichendes) und Jahresabschluß
– Geschäftsführung und Vertretung
– Gesellschafterrechte und -pflichten
– Gesellschafterversammlung und -beschlüsse
– Verfügungs- und Vererbungsbeschränkungen
– Austritt und Ausschluß von Gesellschaftern
– Einziehung von Geschäftsanteilen
– Bewertung und Abfindung
– Beirat und Aufsichtsrat
– Leistungsverkehr mit Gesellschaftern, Satzungs- (oder Steuer-)klauseln[145]
– Bekanntmachungen
– Schiedsgerichtsvereinbarung
– Schlußbestimmungen, salvatorische Klausel

5. Ausgestaltung von Gesellschaftsverträgen

a) Satzungsautonomie und Typenvielfalt

65 Im GmbH-Recht besteht – anders als nach § 23 Abs. 5 AktG bei der AG – **keine formelle Satzungsstrenge.**[146] Änderungen und Ergänzungen durch die Satzung bedürfen daher keiner ausdrücklichen Ermächtigung im Gesetz. Sofern nicht ausnahmsweise zwingende gesetzliche Regelungen (zB Erhaltung des Stammkapitals, §§ 30 f. GmbHG) oder unverzichtbare körperschaftliche Prinzipien (zB gesellschaftsrechtliche Treuepflicht und Minderheitenschutz) entgegenstehen, darf die eingeräumte Freiheit zur Gestaltung der Mitgliedschaft umfassend genutzt werden, § 45 Abs. 1 GmbHG. Das vom Gesetzgeber schemenhaft vorgegebene Normalstatut mit seinen dispositiven Verwaltungsrechten und Organzuständigkeiten in §§ 46–51 GmbHG gilt nur, wenn die Gesellschafter es nicht modifizieren.[147]

66 Da die Satzung leicht an unterschiedlichste individuelle Gegebenheiten und Bedürfnisse anzupassen ist, erweist sich die Rechtsform GmbH als überaus elastisch und ermöglicht eine außergewöhnliche **Typenvielfalt** (vgl. Rz. 67). Die Bandbreite reicht von einer rein kapitalistischen bis hin zu einer perso-

---

[143] *Lutter/Hommelhoff* § 3 Anm. 49.
[144] Vgl. zB *Reichert* Der GmbH-Vertrag, 2. Aufl., 1994; *Priester,* Die Gestaltung von GmbH-Verträgen, 5. Aufl. 1996.
[145] Neutralisierung vGa durch Erstattungsanspruch; vgl. aber BFH v. 24. 11. 1992, BStBl. II 93, 296; BFH v. 29. 5. 1996, BStBl. II 97, 92.
[146] *K. Schmidt* GesR § 34 II 2.
[147] *Lutter/Hommelhoff* § 45 Anm. 3; *Baumbach/Hueck/Zöllner* § 45 Anm. 6.

B. Abschluß des Gesellschaftsvertrags   67, 68   § 2

nalistischen Struktur, die sogar wesentlich effektiver als bei einer OHG oder KG sein kann.[148] So bedingt beispielsweise das Kriterium **„Gesellschafterkreis"** völlig unterschiedliche Gestaltungserfordernisse, die in der Satzung zu berücksichtigen sind. Grundsätzliche Tendenzen des Regelungsbedarfs sollen anhand der nachfolgenden Gegensatzpaare angedeutet werden:

Gegensatzpaare	Regelungsbedarf gering/hoch
Einmann/Mehrmann	Organisationsumfang
juristische/natürliche Personen	Personenbezug
Minderheit/Mehrheit	Einflußrechte (umgekehrt Schutzrechte)
Gesellschafter-/Fremdgeschäftsführer	Kontrollbedürfnisse

In der Vertragspraxis sind vor allem folgende Fallgruppen von Gesellschaftstypen von Bedeutung:[149]   **67**
- **Einmann-GmbH** mit Mindestregelung,[150]
- **„Normal-GmbH"** ohne Mehrheitsgesellschafter,[151]
- **„Normal-GmbH"** mit Mehrheitsgesellschafter und **Minderheitenschutzbestimmungen,**[152]
- GmbH mit gleichgewichtetem Gesellschaftereinfluß – **Pattsituation, Joint Venture,**[153]
- **Familien-GmbH** mit Gewährung von Sonderrechten und Sicherung des Gesellschafterbestandes,[154]
- **Großunternehmen-GmbH** mit Regelung der Mitbestimmung,[155]
- **Komplementär-GmbH** für GmbH & Co. KG,[156]
- **Betriebs-GmbH** einer Betriebsaufspaltung,[157]
- GmbH-Gründung durch **Spaltung** (Auf- und Abspaltung, Ausgliederung),[158]
- **Konzern-GmbH** (Organmutter oder -tochter, Holding-GmbH).[159]

b) Allgemeine Gestaltungshinweise

Die Vertragsgestaltung hat sich ausnahmslos am Einzelfall zu orientieren.[160]   **68**
Der Rückgriff auf Formularmuster ist sehr nützlich, dient aber im Sinne einer Checkliste nur zur Überprüfung der Vollständigkeit und als Maßstab für mögliche Inhalte. Die spezifischen Gegebenheiten der konkreten Situation bedürfen darüber hinaus einer für die betreffende Gesellschaft „maßgeschnei-

---

[148] *Langenfeld* Vertragsgestaltung, 1991, Anm. 461.
[149] MünchHdb. GesR Bd. 3/*Mayer* § 20 Anm. 4.
[150] MünchVertragshdb. Bd. 1/*Heidenhain/Meister* Form IV, 11.
[151] Vgl. Fn. 150, Form IV, 2.
[152] Vgl. Fn. 150, Form IV, 23.
[153] Vgl. Fn. 150, Form IV, 27.
[154] Vgl. Fn. 150, Form IV, 24.
[155] Vgl. Fn. 150, Form IV, 26.
[156] MünchVertragshdb. Bd. 1/*Riegger* Form III, 7.
[157] *Fuhrmann/Kallmeyer* in GmbH-Hdb. V Anm. Vor M 34.
[158] *Widmann/Mayer* UmwR Teil C Anm. 1–323.
[159] *Fuhrmann/Kallmeyer* in GmbH-Hdb. V Anm. M 37.
[160] MünchHdb. GesR Bd. 3/*Mayer* § 20 Anm. 2.

derten" Regelung. Unabhängig vom konkreten Inhalt soll der Gesellschaftsvertrag dabei stets
- praktikabel sein (keine unüberwindbaren Hindernisse),
- wirtschaftlich vernünftig sein (keine kostspieligen Formalitäten),
- Pattsituationen vermeiden helfen,
- künftige Entwicklungen antizipieren,
- steuerliche Nachteile ausschließen.

IV. Formvorschriften

69 Nach § 2 Abs. 1 GmbHG bedarf der Gesellschaftsvertrag notarieller Beurkundung und ist von sämtlichen Gründern zu unterzeichnen. Bezweckt wird damit zum einen die **Gewähr der materiellen Richtigkeit** durch die in § 17 BeurkG vorgeschriebene Prüfungspflicht des Notars, daneben die Klarstellung der Grundlagen der GmbH für die Öffentlichkeit (**Funktion der Rechtssicherheit**) und schließlich sollen sich die Gründer der Bedeutung und Tragweite ihres Vorhabens aufgrund notarieller Belehrung bewußt sein (**Warnfunktion**).[161]

1. Notarielle Beurkundung

a) Gründungsprotokoll

70 Notarielle Beurkundung[162] erfordert, daß die Gründer ihren Willen vor dem Notar erklären, eine GmbH zu errichten und dieser hierüber eine Niederschrift aufnimmt. Das Gründungsprotokoll ist meist nur ein „Mantel". Es enthält die Beitrittserklärungen der Gesellschafter, die Bestellung der ersten Geschäftsführer (vgl. Rz. 77 ff.) sowie die Angabe ihrer Vertretungsbefugnis und verweist im übrigen auf den als Anlage beigefügten Gesellschaftsvertrag.

b) Umfang der Beurkundung

71 Beurkundungspflichtig ist der gesamte Inhalt des Gesellschaftsvertrags, der vollständig in einem einzigen in sich geschlossenen Schriftstück enthalten sein muß. Formlos möglich sind dagegen bloße Nebenabreden der Gründer, die nur diese persönlich binden (vgl. Rz. 63). Vertragsänderungen und Ergänzungen sowie Gesellschafterwechsel vor Handelsregistereintragung sind nochmals und in vollem Umfang zu beurkunden.[163] Lediglich beim Tod eines Gründers geht dessen Stellung, obwohl noch keine übertragbaren Geschäftsanteile bestehen, auf die Erben ohne erneuten Vertragsschluß über.[164] Zur Vermeidung der nochmaligen Beurkundung der Satzung bei einem Gesellschafterwechsel vor Handelsregistereintragung kann eine Verfügung über einen künftigen Geschäftsanteil geschlossen werden. Insoweit handelt es sich um keine Sat-

---

[161] *Hachenburg/Ulmer* § 2 Anm. 11; *Scholz/Emmerich* § 2 Anm. 13.
[162] *Reimann* DStR 91, 154.
[163] *Lutter/Hommelhoff* § 2 Anm. 12.
[164] *Crezelius* DStR 87, 743 (745).

B. Abschluß des Gesellschaftsvertrags   72–74 § 2

zungsänderung im Gründungsstadium sondern um eine Vereinbarung zwischen Veräußerer und Erwerber (vgl. § 12 Rz. 35).[165]

c) Auslandsbeurkundung

Organisationsrechtliche Vorgänge, welche die Verfassung einer Gesellschaft 72 betreffen und eintragungspflichtig sind, unterliegen dem **Wirkungsstatut** nach Art. 11 Abs. 1 Satz 1 EGBGB.[166] Danach genügt eine geringere ausländische **Ortsform** nicht. Eine GmbH-Gründung mit Vertragsschluß im Ausland bedarf deshalb auch dort der notariellen Beurkundung, die jedoch hinsichtlich
– Vorbildung der ausländischen Beurkundungsperson und
– deren Stellung im Rechtsleben und
– des Beurkundungsverfahrens gem. deutschen Grundsätzen
der Amtshandlung eines deutschen Notars **gleichwertig** sein muß.[167] Dies dürfte insb. bei Beurkundungen in Österreich und in bestimmten Kantonen der Schweiz (Zürich, Zug, Basel etc.) der Fall sein.[168] Zulässig ist außerdem die Beurkundung durch einen dazu befugten deutschen **Konsularbeamten** im Ausland (§ 10 Konsulargesetz).

2. Unterzeichnung sämtlicher Gesellschafter

a) Eigenhändige Unterzeichnung

Jeder Gründer hat vor einem Notar das Gründungsprotokoll zu unterzeich- 73 nen. Nicht erforderlich ist dabei eine gemeinsame Verhandlung mit gleichzeitiger Anwesenheit der Beteiligten beim Notar bzw. eine einheitliche Urkunde. Vertragsinhalt und Unterschriften können auf mehrere Schriftstücke verteilt sein und von verschiedenen Notaren aufgenommen werden. Verlangt wird lediglich, daß durch Bezugnahme und Beifügung als Anlage am Ende ein zusammengehöriges Vertragswerk entsteht und die Unterzeichnung jedes Gesellschafters jeweils den vollen Text deckt. Erst mit Beurkundung der letzten Unterschrift ist der Vertrag formgültig geschlossen (**Einheitsgründung**).[169] Unzulässig ist dagegen eine **Stufengründung**, bei der nur einige der Beteiligten den Vertrag schließen und die anderen nachträglich beitreten, um zunächst offen gehaltene Geschäftsanteile zu zeichnen.[170]

b) Vollmacht und Vertretung

Die zeitlich gestreckte Beurkundung erweist sich meist als zu umständlich. 74 Üblicher sind daher Gründungsvollmachten bzw. die spätere Genehmigung vollmachtlosen Vertreterhandelns. Das setzt abweichend von der allg. bürger-

---

[165] BGH v. 12. 7. 1956, DB 56, 793.
[166] *Schervier* NJW 92, 593.
[167] BGH v. 24. 11. 1980, DB 81, 983.
[168] Str.; vgl. *Goette* DStR 96, 709 (712 f.), der eine eventuelle Rspr.-Änderung andeutet; aA *Reuter* BB 98, 116 (für Zulässigkeit).
[169] *Baumbach/Hueck/Hueck* § 2 Anm. 11.
[170] *Hachenburg/Ulmer* § 2 Anm. 15.

lichrechtlichen Formvorschrift über die Erteilung der Zustimmung (§ 182 Abs. 2 BGB) aber ebenfalls eine notariell beurkundete oder zumindest beglaubigte Vollmacht voraus (§ 2 Abs. 2 GmbHG). Ausschließlich zuständig dafür sind im Inland Notare und im Ausland zusätzlich deutsche Konsularbeamte und für Beglaubigungen teilweise auch Behörden und Gerichte.[171] Ist die Vollmacht in fremder Sprache abgefaßt, muß sie grds. übersetzt werden.

Inhaltlich hat die Vollmacht das Errichtungsgeschäft zu umfassen, ohne daß eine Spezialvollmacht nötig wäre. Eine Prokura oder Generalvollmacht genügt.[172] Vollmachtserteilung für einen Mitgründer oder gemeinsame Bevollmächtigung eines Vertreters durch mehrere Gründer enthält konkludent die Gestattung des Selbstkontrahierens nach § 181 BGB.[173] Unter § 2 Abs. 2 GmbHG fällt nur die rechtsgeschäftlich erteilte Vertretungsmacht (§ 166 Abs. 2 Satz 1 BGB), während gesetzliche und organschaftliche Vertreter sowie Testamentsvollstrecker ihre Befugnisse in geeigneter Form (Bestellungsurkunden, Registerauszüge etc.) nachzuweisen haben.[174]

Da sowohl die Beurkundung des Gesellschaftsvertrags als auch die Beurkundung/Beglaubigung der Gründungsvollmacht persönliche Anwesenheit vor dem Notar erfordert, sucht die Praxis insb. für ausländische GmbH-Gründer nach Erleichterungen. Eine Möglichkeit besteht darin, daß treuhänderisch eingeschaltete ortsansässige Personen (natürliche oder juristische) die GmbH gründen. Anschließend übertragen diese die Geschäftsanteile gem. § 15 GmbHG auf den ausländischen Auftraggeber. Abweichend von § 2 Abs. 2 GmbHG ist die Bevollmächtigung für die Anteilsabtretung formlos zulässig (vgl. § 12 Rz. 60 f.) und erfordert keine persönliche Anwesenheit.[175] Gleiches gilt für Satzungsänderungen wegen Umfirmierung.

C. Bestellung der Geschäftsführer

I. Funktion der Geschäftsführung im Gründungsstadium

75 Zusätzlich zur Feststellung der Satzung als ersten Akt auf dem Weg in die GmbH muß mindestens eine Person (abweichend bei § 33 MitBestG und bei Satzungsregelung) zum Geschäftsführer bestellt werden, damit die Vorgesellschaft handlungsfähig ist. Anstelle der Gründer obliegt der Geschäftsführung schon zu diesem Zeitpunkt die ausschließliche und unmittelbare Vertretung der Gesellschaft im Rechtsverkehr. Die Gründungsgeschäftsführer trifft im **Außenverhältnis** insb. die Mitwirkungspflicht, die Eintragung der GmbH herbeizuführen. Dazu zählen:

---

[171] MünchVertragshdb. Bd. 1/*Heidenheim/Meister* Form IV Nr. 5 mit Hinweisen zu Überbeglaubigung, Legalisation und Apostille.
[172] Siehe aber OLG Zweibrücken v. 12. 4. 1990, GmbHR 90, 400.
[173] *Baumbach/Hueck/Hueck* § 2 Anm. 17.
[174] *Baumbach/Hueck/Hueck* § 2 Anm. 20.
[175] *Depping* DStR 95, 572.

C. Bestellung der Geschäftsführer

- Entgegennahme der satzungsgemäß oder durch Gesellschafterbeschluß (§ 46 Nr. 2 GmbHG) eingeforderten Stammeinlagen,
- Anmeldung der Gesellschaft zum Handelsregister,
- Anmeldung der Geschäftsführer,
- Abgabe der bei Anmeldung geforderten Versicherungen.

Im **Innenverhältnis** sind die laufenden Geschäftsführungsmaßnahmen für die Vorgesellschaft, die sich mit Einwilligung der Gesellschafter (vgl. Rz. 17) bereits wirtschaftlich betätigen kann, zu ergreifen. Zur Funktion der Geschäftsführung vgl. im übrigen § 5 Rz. 130 ff. **76**

II. Bestellung der Gründungsgeschäftsführer

Durch den körperschaftlichen Akt der Bestellung werden die Gründungsgeschäftsführer zum Gesellschaftsorgan. Wegen der daraus resultierenden Pflichten und Haftungsrisiken ist die Bestellung ein **zweiseitiges Rechtsgeschäft** (Prokuraerteilung dagegen nur einseitig), das zum einen der Erklärung ggü. dem künftigen Geschäftsführer und zum anderen der Annahme durch ihn bedarf.[176] Zwei unterschiedliche Verfahren sind denkbar: **77**

1. Bestellung im Gesellschaftsvertrag

Die Namensnennung im Gesellschaftsvertrag hat idR. nicht echten Satzungscharakter. Dementsprechend ist die gesellschaftsvertragliche Bestellung sämtlicher Gründer zu Geschäftsführern nicht als Anspruch künftiger Gesellschafter auf Geschäftsführung auszulegen (§ 6 Abs. 4 GmbHG). Ausnahmsweise kann die Bestellung aber auch durch eindeutige Regelung mit **Satzungskraft** ausgestattet oder noch weitergehend als **unentziehbares Sonderrecht** festgeschrieben werden.[177] Dem Berechtigten darf dieses dann nur durch satzungsändernden Beschluß mit seiner Zustimmung oder aus wichtigem Grund entzogen werden (§ 35 BGB analog). **78**

2. Bestellung durch Beschluß

Meist erfolgt die Bestellung durch Beschluß des dazu berufenen Gesellschaftsorgans (vgl. § 5 Rz. 8 f.). Dies empfiehlt sich als praktikableres und flexibleres Verfahren immer, wenn kein satzungsmäßiges Sonderrecht gewollt ist. Bei späteren Änderungen in der Geschäftsführung büßt der Text des Gesellschaftsvertrags insoweit seine Aktualität nicht ein, da die Bestellung nur im Gründungsprotokoll enthalten ist. Obwohl die Feststellung der Satzung Einstimmigkeit erfordert, ist für die Bestellung der Gründungsgeschäftsführer einfache Mehrheit (bei mitbestimmter GmbH nach § 31 Abs. 2 MitbestG zwei Drittel) ausreichend.[178] **79**

---

[176] *Baumbach/Hueck/Hueck* § 6 Anm. 13.
[177] *Scholz/U. Schneider* § 6 Anm. 30, der zwischen großem und kleinem Sonderrecht unterscheidet.
[178] *Scholz/U. Schneider* § 6 Anm. 36.

D. Leistung der Stammeinlagen

I. Kapitalaufbringung

1. Bestandteil des Gründungsvorgangs

80 Die vordringliche Aufgabe der Gründungsgeschäftsführer besteht darin, für eine gesellschaftsvertraglich ordnungsgemäße Kapitalaufbringung zu sorgen. Erst nachdem die Mindestbeträge der Stammeinlagen (vgl. Rz. 97 ff.) bewirkt sind und den Geschäftsführern endgültig zur freien Verfügung stehen, darf die Gesellschaft zur Eintragung ins Handelsregister angemeldet werden (§ 8 Abs. 2 Satz 1 GmbHG). Im Gegenzug werden für die Einlageleistungen Gesellschaftsrechte gewährt.[179]

2. Schaffung der Kapitalbasis

81 Unter Kapitalaufbringung im weitesten Sinne ist jede zur Erreichung des Gesellschaftszwecks der GmbH beitragende Ausstattung mit finanziellen Mitteln zu verstehen. Die Kapitalaufbringung braucht sich daher bereits in der Gründungsphase nicht allein auf das Stammkapital zu beschränken. Auch alle anderen Möglichkeiten zur Finanzierung der GmbH mit Eigen- oder Fremdkapital (vgl. § 7 Rz. 1 ff.) können ergänzend zum stets notwendigen Stammkapital von den Gesellschaftern genutzt werden. Obwohl ökonomisch höchst sinnvoll, besteht keine gesetzliche Verpflichtung, den Umfang der Kapitalaufbringung durch Stammkapital oder allgemeiner in Form von Eigenkapital an den wirtschaftlichen Bedürfnissen der Gesellschaft zu messen und an das zu erwartende Geschäftsvolumen anzupassen.[180] Ausnahmen gelten insoweit für die Erlaubnis des Geschäftsbetriebs bei Kreditinstituten und Kapitalanlagegesellschaften.[181]

82 Über die gesetzlichen Mindestbeträge (im Regelfall Stammkapital DM 50 000/Euro 25 000 und Bareinlage wenigstens die Hälfte des Mindeststammkapitals; vgl. Rz. 95 ff.) hinaus bleibt die Entscheidung über Art und Umfang der Kapitalausstattung dem freien Ermessen der Gesellschafter überlassen. Bestimmte, zB aufgrund von Investitionsrechnungen als vernünftig und angemessen ermittelte Finanzierungsrelationen sind nicht erzwingbar.[182] Selbst eine krasse Unterkapitalisierung mit unverhältnismäßig geringer Eigenkapitalausstattung im Hinblick auf den beabsichtigten Geschäftsumfang wirkt sich idR daher nicht als Eintragungshindernis aus.[183] Der Grundsatz der **Freiheit der Finanzierungsentscheidung** erfährt über die gesetzlichen Mindestbeträge

---

[179] Im Unterschied zur verdeckten Einlage, für die keine Gegenleistung erfolgt; vgl. § 7 Rz. 132.
[180] *Priester* in FS 100 Jahre GmbH-Gesetz, S. 160.
[181] §§ 10 Abs. 1, 33 Abs. 1 KWG: „angemessenes haftendes Eigenkapital"; § 2 Abs. 2 KAGG: „ausreichendes Nennkapital" bei Kapitalanlagegesellschaften.
[182] *Baumbach/Hueck/Hueck* § 32 a Anm. 2.
[183] *Baumbach/Hueck/Hueck* § 9 c Anm. 4; *K. Schmidt* GesR § 34 II 3 b einschränkend für Fälle „offensichtlicher" Unterkapitalisierung.

D. Leistung der Stammeinlagen   83–85 § 2

beim Stammkapital und bei den Stammeinlagen hinaus keine Einschränkungen. Steuerlich droht jedoch bei unzureichender Eigenkapitalausstattung und Fremdfinanzierung durch nicht anrechnungsberechtigte Gesellschafter unter den Voraussetzungen des § 8 a KStG (vgl. § 7 Rz. 290 ff.) die Nichtabzugsfähigkeit von Schuldzinsen. Im Insolvenzfall schließlich führt zu geringes Eigenkapital dazu, daß Gesellschafterdarlehen wegen eigenkapitalersetzendem Charakter nicht mehr zurückgefordert werden können (vgl. § 8 Rz. 239 ff.). Ausnahmsweise kann bei von vorneherein völlig unzureichender Eigenkapitalausstattung ein Anwendungsfall einer vorsätzlich sittenwidrigen Gläubigerschädigung gem. § 826 BGB gegeben sein.[184] Zum Teil wird auch ein Haftungsdurchgriff wegen materieller Unterkapitalisierung auf das Privatvermögen der Gesellschafter diskutiert.[185]

II. Stammkapital und Stammeinlagen

1. Inhalt des Gesellschaftsvertrags

Die Stammkapitalziffer, die einzelnen zu leistenden Stammeinlagen und die **83** Namen der einlagepflichtigen Gründungsgesellschafter zählen zum notwendigen Inhalt des Gesellschaftsvertrags (vgl. Rz. 51). Sämtliche Beträge sind dabei in DM/Euro[186] anzugeben (§ 5 Abs. 1, 3 Satz 2 GmbHG; vgl. Rz. 51). Die Aufnahme der Stammeinlagen im Gesellschaftsvertrag und die namentliche Zuordnung stellt inhaltlich die **Übernahmeerklärung** dar. Sie begründet die Einzahlungspflicht des Gesellschafters und ist für seine Beteiligung an der Gründung unerläßlich. Bei späteren Neufassungen der Satzung kann die Namensnennung entfallen, da die Übernahmeerklärung kein materieller sondern lediglich ein formeller Satzungsbestandteil (vgl. Rz. 50) ist. Dies gilt auch dann, wenn die Stammeinlagen noch nicht voll eingezahlt sind.[187]

2. Stammkapital

Die Aufbringung des Stammkapitals ist für die Entstehung der GmbH als **84** juristische Person mit rechtlich verselbständigtem Vermögen von zentraler Bedeutung.

a) Stammkapital und Gesellschaftsvermögen

Das Wort „Stammkapital" wird in zahlreichen Vorschriften (zB in §§ 3, 5, **85** 7, 10, 30, 42, 43 a, 49, 55 ff., 75) des GmbHG gebraucht. Eine Definition erfolgt dabei nur mittelbar in § 42 Abs. 1 GmbHG, wonach Stammkapital in der Bilanz als „gezeichnetes Kapital" auszuweisen ist. In § 272 Abs. 1 Satz 1

---

[184] BGH v. 1. 7. 1991, DB 91, 1765.
[185] *Lutter/Hommelhoff* § 13 Anm. 12–14; ablehnend BGH v. 4. 5. 1977, DB 77, 1246.
[186] Zum Übergang von DM auf Euro vgl. EuroEG v. 9. 6. 1998 und Rz. 96 (bis 31. 12. 1998 nur DM; ab 1. 1. 1999 bis 31. 12. 2001 wahlweise DM oder Euro; ab 1. 1. 2002 nur Euro).
[187] BayOLG v. 13. 11. 1996, BB 97, 7; *Lutter/Hommelhoff* § 3 Anm. 16; aA *Scholz/Emmerich* § 3 Anm. 32 f.

HGB wird „gezeichnetes Kapital" als Kapital definiert, auf das die Haftung der Gesellschafter für die Verbindlichkeiten der Kapitalgesellschaft ggü. Gläubigern beschränkt ist. Diese Umschreibung ist allerdings unpräzise und steht im Widerspruch zu § 13 Abs. 2 GmbHG, der die Haftung der GmbH auf das Gesellschaftsvermögen beschränkt. Betragsmäßig stimmen Stammkapital und Gesellschaftsvermögen im Gründungszeitpunkt meist überein (Ausnahme bei Leistung eines Agios). Während die Stammkapitalziffer, abgesehen von späteren Kapitalerhöhungen bzw. -herabsetzungen gleich bleibt, paßt sich das Gesellschaftsvermögen der laufenden Ergebnisentwicklung der GmbH an und verändert sich somit fortwährend. Die Abweichung zwischen Stammkapital und Gesellschaftsvermögen kann sowohl zugunsten als auch zulasten der Gesellschaftsgläubiger lauten. Gemeint ist mit „Haftung der Gesellschafter für Gesellschaftsverbindlichkeiten" in § 272 Abs. 1 Satz 1 HGB daher, daß die Gesellschafter das Stammkapital als gezeichnetes Kapital in das Gesellschaftsvermögen einbringen müssen, um sich von ihren Einlageverpflichtungen ggü. der Gesellschaft zu befreien, und daß sich ihr finanzielles Risiko grds. auf diesen Einsatz beschränkt.

b) Funktion des Stammkapitals

86 Zur Verlagerung der persönlichen Haftung auf das Gesellschaftsvermögen haben die Gesellschafter durch die Übernahmeerklärung das Stammkapital zu zeichnen und die bedungenen Einlagen der GmbH zur freien Verfügung zu stellen. Die ordnungsgemäße Kapitalaufbringung (und -erhaltung; vgl. hierzu § 8 Rz. 1 ff.) einerseits und die Haftungsbeschränkung andererseits bedingen einander. Plastisch ausgedrückt dient die Aufbringung des Stammkapitals als „Eintrittskarte zur Gesellschaft mit Haftungsprivileg".[188] Dabei wirkt das Stammkapital als **Haftungs- und Garantiefonds**, der öffentlich verlautbart wird (§ 10 GmbHG) und auf dessen ordnungsgemäße Aufbringung sich der Rechtsverkehr verlassen können soll. Intern schützt das Stammkapital wie ein Puffer den Bestand der GmbH vor Überschuldung insb. bei Anlaufverlusten.[189] Extern verschafft es den Gesellschaftsgläubigern Aussicht auf Befriedigung. Dementsprechend bildet die Stammkapitalziffer den Anknüpfungspunkt und den Maßstab für eine Reihe formeller und materieller Regelungsmechanismen, um die Aufbringung (vgl. §§ 7 Abs. 2 und 3, 9, 19–24 GmbHG) und Erhaltung (vgl. §§ 30, 31 GmbHG) des Stammkapitals sicherzustellen und letztendlich den Unternehmensbestand zu gewährleisten (vgl. auch § 4 Rz. 13).

3. Stammeinlagen

a) Übereinstimmung des Gesamtbetrags der Stammeinlagen mit Stammkapital

87 Jeder Gesellschafter muß mit seiner Beitrittserklärung eine Stammeinlage und damit die Verpflichtung zu einer Leistung an die GmbH übernehmen. Bei Gründung stimmt die Summe der einzelnen Einlagen stets mit der

---

[188] *Wiedemann* GesR I, S. 565.
[189] *Lutter/Hommelhoff* § 5 Anm. 5.

D. Leistung der Stammeinlagen

Stammkapitalziffer überein (§ 5 Abs. 3 Satz 3 GmbHG). Die gezeichneten Stammeinlagen haben das gesamte Stammkapital abzudecken. Eine Stufengründung (vgl. Rz. 73)[190] mit der Möglichkeit, Anteile auf Vorrat zu schaffen, besteht nicht. Die den Nominalbetrag der Stammeinlagen übersteigende Einzahlung (Agio) ist nicht als Stammkapital auszuweisen, sondern in die Kapitalrücklage einzustellen.

b) Einheitlichkeit der Beteiligung

Kein Gesellschafter kann bei Errichtung der Gesellschaft mehrere Stammeinlagen übernehmen (§ 5 Abs. 2 GmbHG). Die Anzahl der Gründer entspricht damit der Anzahl der Stammeinlagen. Eine weitergehende Aufteilung in zahlreiche gleiche Anteile (vgl. Aktien) ist durch die **personalistische Struktur** der GmbH ausgeschlossen. Einheitlichkeit der Beteiligung bedeutet jedoch nicht gleichmäßige Quoten „nach Köpfen", sondern gestattet ausdrücklich verschieden hohe Stammeinlagen (§ 5 Abs. 2 Satz 1 GmbHG). Nach der Gründung – zB bei einer Kapitalerhöhung (vgl. § 7 Rz. 26) oder bei einem Hinzuerwerb eines Geschäftsanteils – entfällt die Beschränkung auf nur eine Stammeinlage je Gesellschafter.

c) Verknüpfung von Stammeinlage und Geschäftsanteil

In Höhe der übernommenen Stammeinlage steht jedem Gründer ein Geschäftsanteil an der GmbH zu (§ 14 GmbHG). Beide Begriffe werden häufig synonym verwendet. Eine Grenzlinie läßt sich jedoch insoweit ziehen, als die Stammeinlage die **Einlageverpflichtung** und dadurch den Anteil am Stammkapital bestimmt, während der Geschäftsanteil die **Mitgliedschaft** meint. Hierunter ist die Gesamtheit der aus der Gesellschafterstellung fließenden Rechte und Pflichten zu verstehen. Gegenstand des Rechtsverkehrs sind Geschäftsanteile (vgl. § 12 Rz. 1 ff.).

III. Leistung der Stammeinlagen

1. Einlageformen

Für die Aufbringung des Stammkapitals bieten sich den Gründern mehrere Möglichkeiten, die sie einvernehmlich nach freiem Ermessen im Gesellschaftsvertrag regeln können. Gleichzeitig haben sie auch zu bestimmen, ob zusätzlich zur Stammeinlage eine Nebenleistung gem. § 3 Abs. 2 GmbHG wie zB ein Aufgeld (Agio) erbracht werden muß. Zwar sind Stammkapital und Stammeinlage im Gesellschaftsvertrag stets als feste DM/Euro-Beträge[191] anzugeben, doch kann die konkrete Einlagepflicht (vgl. Rz. 107 zu den tauglichen Sacheinlagegegenständen) außer auf Geldleistungen auch auf die Einbringung von Sachen oder auf beliebige Kombinationen aus beiden gerichtet sein. Die nachfolgende Übersicht zeigt die grundsätzlichen Varianten auf:

---

[190] *Raiser* § 26 Anm. 5.
[191] Vgl. Fn. 186 zum Übergang auf den Euro und Rz. 96.

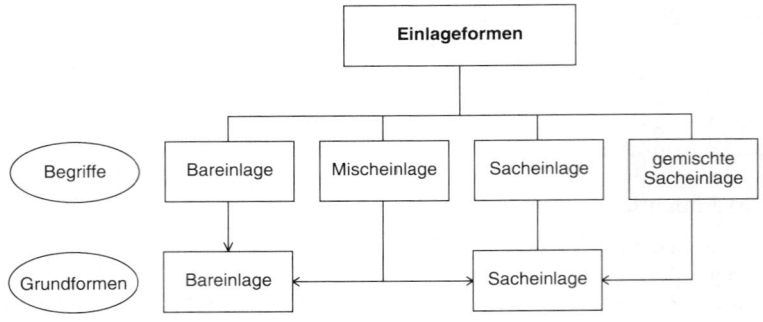

a) Bareinlage

91 Bareinlagen sind in „**Geld**" zu erbringen. Zugelassen sind damit analog § 54 Abs. 3 AktG nur Barzahlungen in inländischer Währung,[192] bestätigte Bundesbankschecks (innerhalb Vorlegungsfrist; § 23 Abs. 3 BBankG) und die Gutschrift auf einem inländischen Bankkonto.[193] Devisen sind daher vorweg noch in DM[194] umzutauschen und erfüllungshalber geleistete Wechsel und Schecks bedürfen der endgültigen und vorbehaltlosen Gutschrift. Sofern in der Satzung nicht ausdrücklich abweichend bestimmt, befreien nur Bareinlagen von der Einlageschuld (§§ 5 Abs. 4, 19 Abs. 5 GmbHG; vgl. zur verschleierten Sacheinlage Rz. 110 ff.). Bei minderwertigen oder gescheiterten Sacheinlagen besteht zudem subsidiär die Verpflichtung, den ausstehenden Differenzbetrag in bar zu erbringen (§ 9 Abs. 1 GmbHG). Ebenso wandelt sich eine unwirksame Sacheinlagevereinbarung in eine Verpflichtung zur Barleistung um.[195]

b) Sacheinlage

92 Dazu zählen alle nicht durch Geld zu bewirkenden Einlagen. Der Begriff umfaßt sowohl das unmittelbare Einbringen von Vermögensgegenständen (Sacheinlage im engeren Sinn) als auch mittelbar deren Übernahme durch die GmbH vom Gesellschafter gegen Anrechnung der Vergütung auf die Einlageverpflichtung (**Sachübernahme**; § 19 Abs. 5 GmbHG). Ggü. der Bareinlage stellt eine wirksam festgesetzte Sacheinlage lediglich eine besondere Erfüllungsvereinbarung für eine an sich existierende Geldleistungspflicht dar. Wegen Einzelheiten zu Sacheinlagen vgl. Rz. 105 ff.

c) Mischeinlage

93 Die Mischeinlage ist zu einem Teil Bar- und zum anderen Sacheinlage. Es müssen daher für den jeweiligen Betrag die entsprechenden Regelungen erfüllt sein. Im übrigen gelten keine Besonderheiten.

---

[192] Vgl. Fn. 186 zum Übergang auf den Euro und Rz. 96.
[193] *Lutter/Hommelhoff* § 7 Anm. 10.
[194] Vgl. Fn. 186 zum Übergang auf den Euro und Rz. 96.
[195] BGH v. 17. 2. 1997, GmbHR 97, 545.

D. Leistung der Stammeinlagen

d) Gemischte Sacheinlage

Die gemischte Sacheinlage liegt vor, wenn der Wert der geleisteten Sacheinlage den Betrag der geschuldeten Stammeinlage übersteigt. Der Wert der einzubringenden Gegenstände wird dann nicht ausschließlich auf die Einlageverpflichtung verrechnet, sondern dem Sacheinleger teilweise auf andere Art gutgebracht.[196] Dies geschieht dadurch, daß zusätzlich zur Stammeinlage ein Darlehensanspruch oder die Übernahme von Schulden des Einbringers durch die Gesellschaft gewährt wird. Häufigster Anwendungsfall ist die Einbringung eines Unternehmens oder eines Teilbetriebs.

2. Mindestbeträge und ausstehende Einlagen

Im Spannungsverhältnis zwischen der Freiheit der Finanzierungsentscheidung und dem mit der Kapitalaufbringung bezweckten Gläubiger- und Bestandsschutz sind Mindestbeträge festgelegt. Diese gewährleisten zwar nicht unbedingt eine hinreichende Eigenkapitalausstattung, wirken aber als „Seriositätsschwelle" für beabsichtigte GmbH-Gründungen.[197]

a) Mindestbetrag des Stammkapitals

Das Mindeststammkapital beträgt DM 50 000 bzw. Euro 25 000 (vgl. § 5 Abs. 1 GmbHG idF vor und nach dem EuroEG). Die **Übergangsregelungen** von DM auf Euro in § 86 GmbHG sehen dabei für bestehende Gesellschaften und für GmbH-Gründungen im zeitlichen Ablauf folgende Alternativen vor:[198]
– Eintragung der Gesellschaft vor 1. 1. 1999 (sog. **Altgesellschaften I**) nur DM,
– Anmeldung vor 31. 12. 1998 und Eintragung spätestens am 31. 12. 2001 **(Altgesellschaften II)** nur DM,
– Anmeldung nach 31. 12. 1998 und Eintragung spätestens am 31. 12. 2001 **(Neugesellschaften I)** wahlweise DM oder Euro, wobei hinsichtlich Mindestbetrag, Teilbarkeit etc. auch ein auf DM lautendes Stammkapital den gesetzlichen Euro-Beträgen entsprechen muß und daher „krumme" DM-Beträge ergibt (zB Euro 25 000 = DM 48 895,75),
– Eintragungen nach dem 31. 12. 2001 **(Neugesellschaften II)** nur Euro.

Während der Übergansperiode vom 1. 1. 1999 bis 31. 12. 2001 steht es sämtlichen Altgesellschaften frei, ihr Stammkapital im Rahmen einer vereinfachten Satzungsänderung durch **Umrechnung** in Euro auszudrücken. Dies führt allerdings zu „krummen" Euro-Beträgen und zur Beibehaltung der für DM bisher geltenden Mindest- und Stückelungsbeträge. Eine materielle Umstellung auf „gerade" Euro-Beträge erfolgt damit noch nicht. Für Neugesellschaften I dagegen, deren Stammkapital wahlweise auf einen „krummen" DM-Betrag lautet, erschöpft sich der Übergang auf Euro in einen bloßen Umrechnungsvorgang, da die gesetzlichen Mindest- und Stückelungsbeträge für Euro bereits eingehalten sind. Dieser Übergang ist für Neugesellschaften I auch noch nach dem 31. 12. 2001 zulässig.

---

[196] *Hachenburg/Ulmer* § 5 Anm. 105 ff.
[197] *K. Schmidt* GesR § 18 II 4.
[198] Einteilung gem. *U. Schneider* NJW 98, 3158.

Trotz Wegfalls der nationalen Währugseinheiten ab 1. 1. 2002 dürfen Altgesellschaften ihr auf DM lautendes Stammkapital über diesen Zeitpunkt hinaus beliebig lang beibehalten. Es besteht kein unmittelbarer Zwang zur Umstellung auf die gesetzlichen Euro-Beträge. Das Gesetz sieht lediglich eine auf Änderung des Stammkapitals beschränkte Registersperre vor. Derartige Satzungsänderungen sind nur noch dann eintragungsfähig, wenn gleichzeitig eine Umstellung auf Euro einschließlich der damit einhergehenden Anpassungen des Kapitals durch **Glättung** der sich ergebenden Rundungs- und Differenbeträge erfolgt. Für diese „materielle" Umstellung des Stammkapitals gelten die üblichen Regeln für Satzungsänderungen und nicht die für eine bloße Umrechnung anwendbaren Vereinfachungen.[199]

Vom Mindestbetrag des Stammkapitals gem. § 5 Abs. 1 GmbHG zu unterscheiden sind die sondergesetzlich für die Erteilung einer Betriebserlaubnis einzuhaltenden Bedingungen, die teilweise ein deutlich höheres Stammkapital fordern. Dies ist insb. für das Kreditgewerbe der Fall.[200]

b) Mindestbetrag und Stückelung der Stammeinlagen

97 Jede Stammeinlage lautet bei Gründung wenigstens auf DM 500/Euro 100 und muß durch 100 bzw. 50, falls Stammkapital auf Euro lautet, ohne Rest teilbar sein, § 5 Abs. 1 GmbHG (vor und nach EuroEG). Zur Zeitfolge des Übergangs von DM auf Euro vgl. Rz. 96. Bei Kapitalerhöhungen aus Gesellschaftsmitteln können davon abweichende geringere Stückelungsbeträge entstehen (vgl. § 7 Rz. 61).

c) Ausstehende Einlagen

98 Während Sacheinlagen vor Anmeldung der Gesellschaft stets voll zu erbringen sind (vgl. Rz. 132), genügt bei Bareinlagen die Einzahlung eines Viertels (relativer Mindestbetrag). Ein satzungsmäßig vereinbartes Aufgeld bleibt hierbei außer Betracht.[201] Die Summe aus Bar- und Sacheinlagen muß sich insgesamt auf wenigstens DM 25 000[202] bzw. die Hälfte des Mindeststammkapitals belaufen (absoluter Mindestbetrag). Rechnerisch ergibt sich für ein auf DM lautendes Stammkapital:

Vereinbarte Stammeinlagen	Beispiel 1 (DM)	Beispiel 2 (DM)
Sacheinlage	10 000	20 000
Bareinlage	40 000	30 000
Mindestbetrag	50 000	50 000
Sacheinlage voll (§ 7 Abs. 3 GmbHG)	10 000	20 000
Bareinlage 1/4 (§ 7 Abs. 2 S. 1 GmbHG)	+ 10 000	+ 7 500
	20 000	27 500
Zusätzliche Bareinlage (§ 7 Abs. 2 S. 2 GmbHG)	5 000	0
	25 000	27 500

---

[199] *Kallmeyer* GmbHR 98, 963; *Geyrhalter* BB 98, 905.
[200] Vgl. § 2 Abs. 2 Satz 2 KAGG: DM 500 000 für Investmentgesellschaften.
[201] *Lutter/Hommelhoff* § 7 Anm. 4; *Hachenburg/Ulmer* § 7 Anm. 23.
[202] DM 50 000 bei Wirtschaftsprüfungs-GmbH; § 28 Abs. 6 WPO.

D. Leistung der Stammeinlagen 99, 100 § 2

Bis zur Eintragung der Gesellschaft in das Handelsregister über die geforder- **99**
ten Mindestbeträge hinaus vor Fälligkeit erbrachte **freiwillige Mehrleistungen** führen insoweit zum Erlöschen der Einlageschuld.[203] Im Hinblick auf die Vorbelastungs- oder Unterbilanzhaftung (vgl. Rz. 39) besteht kein Grund mehr für eine unterschiedliche Behandlung von Mindest- und Resteinlagebetrag, dem früher nur dann Tilgungswirkung zukam, soweit dieser noch unverbraucht im Eintragungszeitpunkt zur Verfügung stand.[204]

Wirtschaflich sind ausstehende Einlagen Forderungen der GmbH gegen ihre Gesellschafter und – deren Solvenz vorausgesetzt – damit leicht realisierbare Liquiditätsreserven. Die **Fälligkeit** der ausstehenden Einlagen ergibt sich entweder aufgrund einer entsprechenden Satzungsbestimmung oder idR durch einfachen Einforderungsbeschluß der Gesellschafter (§ 46 Nr. 2 GmbHG). Bei Auflösung der GmbH bzw. bei deren Insolvenz bedarf der Liquidator oder der Konkursverwalter wegen des meist dringenden Geldbedarfs keines vorherigen Einforderungsbeschlusses.[205] Zu den Rechtsfolgen bei versäumter Zahlung der Einlageschuld vgl. Rz. 122 ff. und zur Pflicht der Sicherungsbestellung bei der Einmann-GmbH Rz. 150.

Steuerlich kann trotz Unverzinslichkeit der ausstehenden Einlagen vor Einforderung mangels Fälligkeit grds. keine vGa zugunsten des Gesellschafters angenommen werden.[206]

3. Leistungen zur endgültigen freien Verfügung

Stammeinlagen (bei Bareinlagen die Mindestbeträge; vgl. Rz. 98) müssen **100**
in die **endgültige freie Verfügung der Geschäftsführer** gelangen (§§ 7 Abs. 2, 8 Abs. 2 GmbHG).[207] Der Gegenstand der Einlage ist dafür völlig aus dem Herrschaftsbereich der Gesellschafter auszusondern und muß der GmbH ohne Beschränkung und Vorbehalt zufließen. Die **Beweislast** für die Ordnungsmäßigkeit der Einlagenleistung obliegt dem Gesellschafter[208] und Zahlungen ohne eindeutige Zweckbestimmung (ausstehende Einlage oder Darlehensverbindlichkeit) haben im Zweifelsfall keine Erfüllungswirkung.[209] Die endgültige freie Verfügung kann auch dann gegeben sein, wenn im Einvernehmen mit der Geschäftsführung die Einlage statt an die Gesellschaft erfüllungshalber und mittelbar an Gesellschaftsgläubiger (vgl. zur Einlage auf ein debitorisches Bankkonto § 7 Rz. 34) geleistet wird.[210] Die Zulässigkeit derartiger **Verwendungsabsprachen** steht jedoch unter dem Vorbehalt, daß die Einlage weder direkt noch indirekt an den Einleger zurückfließen darf (vgl. zur verschleierten Sacheinlage Rz. 110 ff.).[211] Ferner ist zwischen Mindest- und Resteinlage zu unterscheiden. Entgegen § 362 Abs. 2 BGB ist der **Mindesteinlagebetrag** analog § 54 Abs. 3 AktG zwingend unmittelbar an

---

[203] BGH v. 24. 10. 1988, DB 89, 217.
[204] So noch BGH v. 9. 3. 1981, DB 81, 1032.
[205] BGH v. 10. 5. 1982, DB 82, 1865.
[206] *Lange* Verdeckte Gewinnausschüttung, 5. Aufl., Anm. 572 ff.
[207] BGH v. 13. 7. 1992, DB 92, 2026.
[208] BGH v. 22. 6. 1992, DB 92, 1972.
[209] OLG Oldenburg v. 10. 10. 1996, GmbHR 97, 69.
[210] Str.; vgl. *Ulmer* GmbHR 93, 189; *Hüffer* ZGR 93, 474.
[211] BGH v. 18. 2. 1991, DB 91, 1060.

die Gesellschaft zur freien Verfügung der Geschäftsführer zu erbringen.[212] Demgegenüber können **Resteinlagen** bei Bestehen einer vollwertigen, fälligen und liquiden Forderung eines Gesellschaftsgläubigers abredegemäß auch wirksam an diesen geleistet werden.

4. Steuerwirkungen der Einlageleistung

a) Steuerfolgen bei der GmbH

101 Der Empfang der Stammeinlagen und eines eventuellen Aufgeldes stellt einen **ertragsteuerneutralen** (KSt, GewErtrSt) Vorgang dar. Das vEK wird nur dann vermehrt, wenn über den Nennbetrag der Einlage hinaus ein Aufgeld (Agio) geleistet wird und in das EK04 fließt (§ 29 Abs. 2 Satz 2 KStG). Ab dem nächsten auf die Einlage folgenden Bewertungsstichtag umfaßt der Einheitswert die geleisteten Einlagen und löste früher möglicherweise **Substanzsteuern** (VSt, GewKapSt)[213] aus. **Verkehrsteuern** (USt, GrESt) sind ggf. bei entsprechenden Sacheinlagen zu beachten, wobei eine Geschäftsveräußerung im ganzen seit 1. 1. 1994 nicht mehr umsatzsteuerbar ist (§ 1 Abs. 1 a UStG).

b) Steuerfolgen beim Gesellschafter

102 Während **Bareinlagen** unmittelbar stets zu keinerlei Steuern führen, ist dies bei **Sacheinlagen** nicht ausgeschlossen. Die Einbringung von Sachwerten gegen Erhalt von GmbH-Anteilen gilt als **tauschähnlicher Vorgang** und bedeutet für den Gesellschafter ein Veräußerungsgeschäft.[214] Die denkbaren Steuerkonsequenzen hieraus sind nachfolgend dargestellt (siehe Schaubild S. 63).

5. Bilanzieller Ausweis der Einlageleistung

a) Eröffnungsbilanz

103 Die Einlageleistung aus der Übernahme der Stammeinlagen durch die Gründer ist im Regelfall der erste buchungspflichtige Geschäftsvorfall nach Abschluß des Gesellschaftsvertrags. Die Stammeinlageleistungen sind daher Grundlage für die zu Beginn des Handelsgewerbes aufzustellende Eröffnungsbilanz, auf welche die für die Jahresbilanz geltenden Vorschriften entspr. anzuwenden sind (§ 242 Abs. 1 HGB; vgl. § 9 Rz. 41). Nach § 42 Abs. 1 GmbHG ist das Stammkapital auf der Passivseite der Bilanz als **gezeichnetes Kapital** auszuweisen und zum Nennbetrag anzusetzen (§ 283 HGB). Dabei ist gezeichnetes Kapital nur der Betrag des Stammkapitals, der am Bilanzstichtag im Handelsregister eingetragen ist. Kapitalveränderungen bleiben bis zur

---

[212] BGH v. 13. 7. 1992, DB 92, 2126 (zur AG).
[213] Vgl. § 11 Rz. 300 ff. (VSt wird ab 1997 nicht mehr erhoben; GewKapSt ist ab 1998 abgeschafft).
[214] *Wrede* Besteuerung der GmbH, 1992, Anm. J 20 f.

D. Leistung der Stammeinlagen

Steuerfolgen von Sacheinlagen beim Gesellschafter:

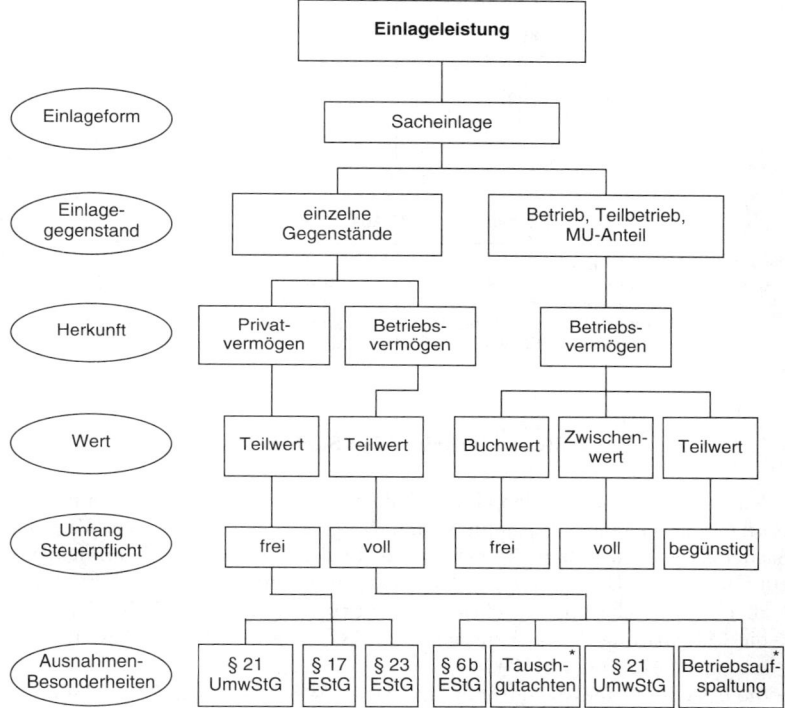

* Durch StEntlG 1999/2000/2002 mit Wirkung ab VZ 1999 gestrichen.

Eintragung unberücksichtigt. Dieser Grundsatz führt bei Vorziehen des Eröffnungsbilanzstichtags auf den Errichtungszeitpunkt dazu, daß formell die geleisteten Einlagen noch nicht als Stammkapital sondern unter der Bezeichnung „Zur Durchführung der Gründung gezeichnetes Kapital" auszuweisen sind.[215]

b) Ausstehende Einlagen

Trotz nicht voll eingezahlter Bareinlagen ist das gezeichnete Kapital auf der Passivseite ungekürzt auszuweisen. Daneben sind ausstehende Einlagen und davon eingeforderte Teile als Korrekturposten gesondert anzugeben. Das Bilanzgliederungsschema sieht dafür die nachfolgend in Kontenform dargestellten Alternativen und Varianten wahlweise vor:

---

[215] Förschle/Kropp in Budde/Förschle, Sonderbilanzen, 1999, Anm. E 231.

Alternative 1 (§ 272 Abs. 1 Satz 2 HGB)

Variante 1:		A. Eigenkapital	
A. Ausstehende Einlagen auf das gezeichnete Kapital	25	I. Gezeichnetes Kapital	100
– davon eingefordert	(10)		
Variante 2:			
A. Ausstehende Einlagen auf das gezeichnete Kapital			
– eingefordert	10		
– nicht eingefordert	15		
	25		

Alternative 2 (§ 272 Abs. 1 Satz 3 HGB)

B. Umlaufvermögen		A. Eigenkapital	
II. Forderungen und sonstige Vermögensgegenstände		I. Gezeichnetes Kapital	100
4. Eingefordertes noch nicht eingezahltes Kapital	10	abzgl. nicht eingeforderte ausstehende Einlagen	15
		Eingefordertes Kapital	85

IV. Besonderheiten bei Sacheinlagen

105 Sacheinlagen sind von den Gesellschaftern zu bewerten. Dadurch entstehen Risiken für Gesellschaftsgläubiger und Mitgesellschafter, daß der Wert der Sacheinlage hinter dem Betrag der dafür übernommenen Stammeinlage zurückbleibt.[216] Diesen potentiellen Gefahren versucht das Gesetz durch ein Geflecht von Sicherungsvorschriften vorzubeugen und ordnet deshalb an:
– die Offenbarung der Sacheinlagen (vgl. §§ 5 Abs. 4 Satz 1, 8 Abs. 1 Nr. 4 und 5, 10 Abs. 3 GmbHG);
– die Erstellung eines Sachgründungsberichts (§ 5 Abs. 4 Satz 2 GmbHG);
– die vollständige Leistung der Sacheinlage vor Anmeldung zum Handelsregister (§ 7 Abs. 3 GmbHG);
– die Differenzhaftung des Einlegers bei nicht vollwertiger Sacheinlage (§ 9 GmbHG);
– die Versagung der Eintragung bei überbewerteten Sacheinlagen (§ 9 c Abs. 1 Satz 2 GmbHG).

1. Festsetzung im Gesellschaftsvertrag

106 Stammeinlagen beziehen sich regelmäßig auf Geldleistungen, sofern nicht ausdrücklich Sacheinlagen vereinbart sind (§§ 5 Abs. 4, 19 Abs. 5 GmbHG). Dabei ist zwischen der **Verpflichtung zur Sacheinlage** und dem ihrer Erfüllung dienenden **Vollzugsgeschäft** zu unterscheiden. Lediglich die Verpflichtung zur Sacheinlage gehört zwingend in die Beitrittserklärung. Die Festsetzung im Gesellschaftsvertrag ist dann wegen der ggf. drohenden Differenzhaftung (vgl. oben Rz. 37) für mindestens fünf Jahre beizubehalten.[217] Die Vollzugsakte (zB Einigung und Übergabe nach § 929 BGB bei bewegli-

---

[216] *Baumbach/Hueck/Hueck* § 5 Anm. 15.
[217] *Hachenburg/Ulmer* § 5 Anm. 114.

D. Leistung der Stammeinlagen

chen Gegenständen) können dagegen als selbständige Verfügungsgeschäfte sowohl im Gesellschaftsvertrag (zB sinnvoll bei beurkundungspflichtigen Grundstückseinlagen) als auch außerhalb geregelt werden.

2. Sacheinlagegegenstände

Die Eignung anstelle eines Geldbetrags als Kapitalgrundlage zur Aufnahme des Geschäftsbetriebs und zur Gläubigerbefriedigung zu dienen **(funktionale Äquivalenz)** grenzt zulässige von unzulässigen Sacheinlagen ab.[218] Die früher ausschlaggebenden formalen Kriterien **Bilanzfähigkeit** und **Übertragbarkeit** gelten als nicht mehr ausreichend trennscharf, obwohl ihnen nach wie vor wichtige Indizwirkung zukommt.[219] Einlagetauglich ist damit jeder Vermögensgegenstand mit gegenwärtig erfaßbarem wirtschaftlichen Wert, der der Gesellschaft zur freien Verfügung gestellt werden kann und wie Geld zur Bildung der Kapitalbasis führt. Im einzelnen zählen dazu:
– **Sachen:** bewegliche oder unbewegliche körperliche Gegenstände unabhängig davon, ob ins Eigentum übertragen oder zur dauerhaften Nutzung überlassen;
– **Rechte:** Immaterialgüter- und Mitgliedschaftsrechte (zB Aktien, GmbH-Anteile), öffentlichrechtliche Konzessionen;
– **Forderungen:** gegen Dritte, gegen Gesellschaft selbst oder Befreiung der Gesellschaft von Forderungen Dritter; Verpflichtung zu eigenen oder fremden Dienstleistungen ist nicht einlagefähig (§ 27 Abs. 2 AktG);
– **Sach- und Rechtsgesamtheiten:** insb. Handelsgeschäfte, Teilbetriebe etc. einschließlich Kundenstamm, Know-How, Goodwill.

3. Wert der Sacheinlagen

Da Gegenstände, Rechte etc. anders als Geld keinen eindeutigen, für jedermann zweifelsfrei feststellbaren Wert besitzen, stellt ihre Bewertung seit jeher das Hauptproblem bei Sacheinlagen dar. Der zutreffend ermittelte Wert bildet die **Höchstgrenze** für die auszugebenden Stammeinlagen. Der Ansatz eines niedrigeren Betrags ohne offenen Agioausweis steht dagegen im Belieben der Gesellschafter.[220] Unabhängig von deren subjektiver Einschätzung ist für alle eingebrachten Gegenstände stets der **objektive Zeitwert** unter Berücksichtigung der konkreten Zweckbestimmung und Verwendungsmöglichkeit in der GmbH Bewertungsmaßstab. Dieser entspricht beim einer dauerhaften Nutzung dienenden **Anlagevermögen** dem **Wiederbeschaffungspreis** und beim sich kurzfristiger umschlagenden **Umlaufvermögen** dem **Einzelveräußerungspreis** vermindert um noch anfallende Kosten.

Komplexe Bewertungsprobleme ergeben sich bei Einbringung lebender **Unternehmen,** deren Bestand an Aktiven und Passiven sich laufend verändert. Notwendig ist dabei die Festsetzung eines Stichtags für den Übergang des Unternehmens mit Aufstellen einer darauf bezogenen speziellen

---

[218] *Hachenburg/Ulmer* § 5 Anm. 31.
[219] *Hachenburg/Ulmer* § 5 Anm. 30–37; *Baumbach/Hueck/Hueck* § 5 Anm. 23.
[220] *Baumbach/Hueck/Hueck* § 5 Anm. 33; *Hachenburg/Ulmer* § 5 Anm. 67; aA *Döllerer* BB 86, 1857 (1860).

Schwaiger

Einbringungsbilanz.[221] Als solche kann auch rückwirkend die letzte Jahresbilanz dienen, wenn die Einbringung innerhalb von acht Monaten (vgl. § 20 Abs. 8 UmwStG) nach dem Bilanzstichtag stattfindet und das Unternehmen vereinbarungsgemäß in der Zwischenzeit als für Rechnung der Vorgesellschaft geführt gilt.

Maßgebender Zeitpunkt für die Beurteilung der Vollwertigkeit der Einlageleistung und die drohende **Differenzhaftung für Sacheinlagen** ist die Handelsregisteranmeldung (§ 9 GmbHG). Der Sacheinleger hat zu diesem Zeitpunkt den Fehlbetrag in Geld zu leisten. Wertminderungen danach bis zur Eintragung verbleiben jedoch über die Vorbelastungs- oder Unterbilanzhaftung in seinem Risikobereich (vgl. Rz. 37 ff.).

4. Sachgründungsbericht

109 Als Teil der gesetzlichen Vorkehrungen zur Sicherung der Kapitalaufbringung haben die Gesellschafter in einem von der Satzung getrennten, nicht zu beurkundenden Bericht die für die Angemessenheit der Leistung der Sacheinlagen wertbestimmenden Eigenschaften darzulegen (§ 5 Abs. 4 Satz 2 GmbHG). Diese Pflicht trifft sämtliche zu diesem Zeitpunkt vorhandenen Gründer, auch soweit sie selbst Bareinlagen leisten. Sie haben persönlich zu unterzeichnen und unterliegen bei Falschangaben der Strafandrohung des § 82 Abs. 1 Nr. 2 GmbHG (vgl. Rz. 143). Zwingende inhaltliche Erfordernisse bestehen nur für die Einbringung von Unternehmen, bei denen die beiden letzten Jahresergebnisse anzugeben sind. Vollständige Jahresabschlüsse oder Prüfungsberichte sind von Gesetzes wegen nicht notwendig, dürften idR jedoch zweckmäßig sein.

5. Verschleierte Sacheinlage

a) Grundkonstellation und Erscheinungsformen

110 Angesichts der Erschwernisse und Risiken (vgl. Rz. 105) bei Sacheinlagen wird häufig versucht, diese zu vermeiden. Leistet zB ein Gesellschafter TDM 100 Einlage in bar und erwirbt die GmbH dafür von ihm eine Maschine, wäre der vom Gesetz bezweckte auf Publizität und Wertdeckungskontrolle zielende Sachgründungsschutz dem Wortlaut nach sehr einfach umgangen. Die eigentlich als Gesamtvorgang gewollte Sachgründung spaltet sich formal auf in eine Bareinlage und ein vorgeschaltetes oder sich anschließendes Umsatzgeschäft. Hieraus erklären sich die Bezeichnungen „verschleierte" oder „verdeckte" **Sacheinlage.**[222]

Die praktizierten Konstellationen[223] reichen dabei vom einfachen Hin- und Herzahlen über Aufrechnungen mit Ansprüchen aus Gegengeschäften bis hin zur geschickt inszenierten Einschaltung Dritter oder von Konzernunterneh-

---

[221] *Schacht* in *Budde/Förschle*, Sonderbilanzen, 1999, Anm. G 17 ff.
[222] BGH v. 19. 4. 1982, DB 82, 1313 (*Holzmüller*), „verschleierte" Sacheinlage; BGH v. 15. 1. 1990, DB 90, 311 (IBH/*Lemmerz*), „verdeckte" Sacheinlage; vgl. auch *Hüffer* § 27 AktG, Anm. 11.
[223] *Hachenburg/Ulmer* § 5 Anm. 148 ff.

D. Leistung der Stammeinlagen

men. Mit Hilfe dieser Rechtsfigur versuchen Registergerichte (vgl. Rz. 144), die Rspr. und auch die hM in der Literatur solche Umgehungsgeschäfte wirksam zu verhindern. Bedenken bestehen allerdings, ob die Lehre von der verschleierten Sacheinlage mit der 2. gesellschaftsrechtlichen EG-Richtl. und deren Umsetzung in anderen europäischen Staaten vereinbar ist.[224]

b) Tatbestand

Verschleierte Sacheinlagen setzen einen **zeitlichen und sachlichen Zusammenhang** zwischen der Erfüllung der Geldeinlagepflicht und einem Umsatzgeschäft voraus. Liegen zwischen beiden Ereignissen nicht mehr als sechs Monate, ist der Zusammenhang in zeitlicher Hinsicht zu bejahen.[225] Der sachliche Zusammenhang ist insb. dann erfüllt, wenn es um Gegenstände geht, die dem Einlegenden schon bei der Begründung seiner Einlageverpflichtung zur Verfügung standen oder bei denen das vereinbarte Entgelt der verrechneten Einlageverpflichtung nahekommt.

Erforderlich ist ferner eine den wirtschaftlichen Erfolg einer Sacheinlage umfassende **Abrede** zwischen dem Einlageschuldner und den Mitgesellschaftern bzw. Geschäftsführern.[226] Diese wird vermutet, wenn objektiv ein enger zeitlicher und sachlicher Zusammenhang vorliegt.[227] Besteht dagegen nachweisbar eine derartige Abrede, führt dies selbst dann zu den Rechtsfolgen einer verschleierten Sacheinlage, wenn der zeitliche Zusammenhang von sechs Monaten überschritten ist.[228] Positive Kenntnis oder eine **Umgehungsabsicht**[229] der Gesellschafter hinsichtlich der Sacheinlagevorschriften oder ein **Nachteil** der Gesellschaft sind dagegen nicht erforderlich.

c) Rechtsfolgen

Liegen zeitlich und sachlich die Voraussetzungen einer verschleierten Sacheinlage vor, führt dies zu einer **Beweislastumkehr** für den Einlegenden.[230] Er hat darzulegen, daß es sich entgegen dem objektiven Anschein um ein **normales Umsatzgeschäft** im Rahmen des laufenden Geschäftsverkehrs der Gesellschaft handelt. Scheitert der Beweis, ist der strikte Umgehungsschutz der Sacheinlagevorschriften analog § 19 Abs. 5 GmbHG anzuwenden. Das bedeutet, daß der Registerrichter die Eintragung der GmbH ablehnt (§ 9c Abs. 1 Satz 1 GmbHG). Erfolgt dagegen die Eintragung, so befreit weder die eingebrachte Sachleistung anstelle der geschuldeten Bareinlage noch die Aufrechnung des Gegenanspruchs des Gesellschafters mit der Einlageforderung von der Einlageverpflichtung. Erfüllungswirkung tritt nur ganz ausnahmsweise und nur zugunsten der Gesellschaft ein, wenn die Geldeinlageforderung gegen den Gesellschafter ansonsten uneinbringlich ist. Im praktisch bedeutsameren umgekehrten Fall, nämlich beim Konkurs der Gesellschaft, ist die Einlage

---

[224] Vgl. *Einsele* NJW 96, 2681.
[225] BGH v. 4. 3. 1996, DB 96, 876.
[226] *Joost* ZIP 90, 549 (558 ff.).
[227] BGH v. 21. 2. 1994, DB 94, 1025.
[228] BGH v. 4. 3. 1996, DB 96, 876.
[229] *Hüffer* § 27 AktG Anm. 15.
[230] *Hachenburg/Ulmer* § 5 Anm. 147 a.

nochmals in bar zu leisten, während dem Gesellschafter ein meist wertloser bereicherungsrechtlicher Rückgabeanspruch des eingebrachten Vermögensgegenstands gem. § 812 Abs. 1 Satz 1 BGB zusteht. Zudem beträgt die Verjährungsfrist für Einlageansprüche wegen verschleierter Sacheinlage gem. § 195 BGB 30 Jahre.[231] Eine Verkürzung der Verjährung wie beim Differenzhaftungsanspruch gem. § 9 Abs. 2 GmbHG auf fünf Jahre[232] (vgl. Rz. 37) lehnt die Rspr. mangels vergleichbarer tatsächlicher Voraussetzungen und aus Gläubigerschutzgründen ab.

Das Risiko, bei verschleierten Sacheinlagen die Einlage nochmals bar leisten zu müssen, droht dabei nicht nur dem Einleger selbst, sondern auch den Mitgesellschaftern (vgl. Ausfallhaftung, Rz. 127) und späteren Anteilserwerbern (vgl. § 12 Rz. 66).[233] Wegen unrichtiger Angaben bei Anmeldung der Gesellschaft zur Eintragung in das Handelsregister setzen sich die Geschäftsführer und Gründer zudem der Gründungshaftung nach § 9 a Abs. 1 GmbHG aus (vgl. Rz. 141) und können sich sogar wegen Gründungsschwindels nach § 82 Abs. 1 Nr. 1 GmbHG strafbar machen (vgl. Rz. 143). Unabhängig davon besteht für Banken eine Gewährleistungspflicht analog § 37 Abs. 1 Satz 4 AktG, wenn sie bei einer verschleierten Sacheinlage unzutreffenderweise den Eingang einer Bareinlage zur freien Verfügung der Geschäftsführer bestätigt haben (vgl. Rz. 142).

d) Heilungsmöglichkeit

113 Als Konsequenz dieser gravierenden Rechtsfolgen[234] besteht ein dringendes Bedürfnis aller Betroffenen, eine nachträgliche Reparatur der verschleierten Sacheinlage zuzulassen. Von der Literatur[235] ist dies schon lange anerkannt und wird nunmehr auch vom BGH für zulässig erachtet.[236] Über den entschiedenen Einzelfall einer Kapitalerhöhung hinaus gelten diese Prinzipien auch bei Kapitalaufbringung im Rahmen einer Gründung. Aus der Reihe bisher vorgeschlagener Heilungsverfahren hat sich der BGH für die auch in der Literatur präferierte **Umwidmung** der Bar- in eine Sacheinlage entschieden.

Für die Heilung einer verschleierten Sacheinlage sind dabei folgende Schritte notwendig:
– die nachträgliche Änderung der Einlagendeckung von der Bar- zur Sacheinlage durch einen mit satzungsändernder Mehrheit gefaßten Gesellschafterbeschluß;
– dieser muß den Einleger und den Einlagegegenstand, der anstelle der Barleistung erbracht wird, genau bezeichnen;
– ferner ist von allen Geschäftsführern und den betroffenen Gesellschaftern ein Bericht über die Änderung der Einlagendeckung zu erstellen und zu unterzeichnen;

---

[231] BGH v. 13. 4. 1992, DB 92, 1512.
[232] So zB *Joost* ZIP 90, 549 (561); *Priester* DB 90, 1753 (1760 f.).
[233] Vgl. *Groß* GmbHR 96, 721 (722).
[234] *Lutter* in FS Stiefel, S. 505 (517).
[235] ZB *Priester* DB 90, 1753; *Kiethe/Imbeck* DStR 94, 209; *Volhard* ZGR 95, 287.
[236] BGH v. 4. 3. 1996, DB 96, 872.

D. Leistung der Stammeinlagen

- die Vollwertigkeit der Sacheinlage muß durch eine von einem Wirtschaftsprüfer testierte Bilanz für einen Bewertungsstichtag unmittelbar vor Anmeldung der Einlagendeckung nachgewiesen werden;
- der Anmeldung beim Handelsregister sind neben dem Gesellschafterbeschluß der Änderungsbericht, die testierte Bilanz und ggf. der Sacheinlage zugrundeliegende Ausführungsverträge beizufügen;
- die Geschäftsführer haben die Vollwertigkeit der Sacheinlage und deren Übertragung zur freien Verfügung zu versichern.

Die Zulassung einer Heilung von – möglicherweise unerkannt vorgenommenen – verschleierten Sacheinlagen durch den BGH ist einerseits ein Fortschritt. Andererseits darf aber nicht übersehen werden, daß der vorgezeichnete Heilungsweg nur bei **Werthaltigkeit** des einzubringenden Bereicherungsanspruchs im Zeitpunkt der Anmeldung der Sacheinlage zum Erfolg führt. Für die eigentlich kritischen Fälle bei Konkurs der GmbH bzw. bei Leistung abnutzbarer Sacheinlagen gehen zwischenzeitlich eingetretene Wertverluste voll zulasten des Einlegers.[237] **114**

e) Steuerfolgen

Steuerlich bedeutsam ist, daß auf verschleierte Sacheinlagen die §§ 20, 21 UmwStG nicht anwendbar sind.[238] Als Gegenleistung für die Einbringung eines Betriebs etc. erhält der Gesellschafter nämlich keine **neuen Anteile** an der GmbH. Statt einbringungsgeborener Anteile erwirbt er lediglich eine Forderung gegen die Gesellschaft mit der Konsequenz, daß die Einlage nicht ohne Aufdeckung stiller Reserven erfolgen kann.[239] **115**

V. Reale Kapitalaufbringung

1. Sicherstellung der Kapitalaufbringung

Die Bestimmungen zu Stammkapital, Stammeinlagen und Mindestbeträgen stellen die Kapitalaufbringung **formell** sicher. Durch die gesellschaftsvertraglichen Festsetzungen werden die notwendigen Angaben für die registergerichtliche Prüfung geschaffen. Ergänzend dazu muß auch **materiell** gewährleistet sein, daß das gezeichnete Kapital tatsächlich **vollwertig** aufgebracht wird. Durch den Grundsatz der realen (effektiven, vollwertigen) Kapitalaufbringung sind Unterpari-Emissionen und Dispositionen zugunsten der Einleger ausgeschlossen, da sonst die GmbH mit einer Unterbilanz „ins Leben treten" würde. Für den Gesellschafter und im Falle einer Strohmanngründung auch für den Hintermann[240] entscheidet sich dabei, ob und in welcher Höhe seine Leistungen an die Gesellschaft ihn von der Einlagepflicht befreit haben. Kritischer Maßstab ist, daß **116**

---

[237] *Groß* GmbHR 96, 721 (725); *Bayer* ZIP 98, 1985 (1991 ff.).
[238] BFH v. 1. 7. 1992, BStBl II 93, 131.
[239] Vgl. OFD Köln v. 3. 5. 1990, DStR 90, 358; aA *Widmann/Mayer* Anm. 6917; zu den Steuerfolgen der Heilung einer verschleierten Sacheinlage allg. *Tillmann* DB 97, 2509.
[240] BGH v. 13. 4. 1992, GmbHR 92, 525.

es sich bei Stammeinlagen nicht um irgendwelche Forderungen handelt, sondern um **Garantiekapital** mit dem vorrangigen Ziel des Gläubigerschutzes.

2. Kapitalaufbringungsschutz

117 Wegen seiner überragenden Bedeutung hat der Grundsatz der realen Kapitalaufbringung **zwingenden Charakter** und gilt für Bar- wie Sacheinlagen, bei Gründung ebenso wie bei Kapitalerhöhung und sowohl vor als auch nach Handelsregistereintragung. Gesetzesgrundlage bildet § 19 Abs. 2 bis 5 GmbHG mit einer nicht abschließenden Aufzählung bedenklicher Sachverhalte. Folgende Regelungsbereiche (zur nachträglichen Anteilsvereinigung vgl. Rz. 151) sind zu nennen:

a) Befreiung von der Einlageverpflichtung

118 Kein Gesellschafter kann von seiner Einlagepflicht befreit werden (§ 19 Abs. 2 Satz 1 GmbHG). Darunter fallen Erlaß, Stundung und alle anderen Rechtsgeschäfte, welche die Kapitalbasis verringern. Keine Erfüllung bewirken auch Zahlungen mit Mitteln, die die Gesellschaft zur Verfügung stellt,[241] oder aus Darlehen, für welche die Gesellschaft mithaftet.[242]

b) Aufrechnung gegen Einlageverpflichtung

119 Unzulässig ist die einseitige Aufrechnungserklärung des Gesellschafters gegen seine Einlageverpflichtung (§ 19 Abs. 2 Satz 2 GmbHG). Verhindert werden soll damit der Austausch von gesetzlich intensiv gesicherten Einlagen gegen „weniger gute" Gesellschafterforderungen. Eine einseitige Aufrechnung seitens und zum Vorteil der Gesellschaft ist ausnahmsweise erlaubt, etwa wenn die Einlage ansonsten wegen drohender Uneinbringlichkeit gefährdet ist, während die Gesellschafterforderung **fällig, liquide** und **vollwertig** ist.[243]

c) Zurückbehaltungsrecht an Sacheinlagen

120 Wegen Forderungen, die sich nicht unmittelbar auf den Gegenstand der Sacheinlage beziehen, kann kein Zurückbehaltungsrecht geltend gemacht werden (§ 19 Abs. 2 Satz 3 GmbHG). Mit Ausnahme eines fälligen **Verwendungsersatzanspruchs** zB nach §§ 273 Abs. 2, 1000 BGB besteht damit kein Zurückbehaltungsrecht.[244]

d) Einhaltung der Sacheinlagevorschriften

121 Der Austausch einer vereinbarten Bareinlage gegen eine Sacheinlage oder einer festgesetzten Sachleistung gegen eine andere läßt die Einlagepflicht nicht erlöschen (§ 19 Abs. 5 GmbHG). Praxisrelevant sind hierbei besonders Umgehungsgeschäfte, bei denen eine Sacheinlage durch eine Bareinlage verdeckt wird (vgl. verschleierte Sacheinlage Rz. 110 ff.).

---

[241] OLG Hamm v. 17. 6. 1992, DB 92, 2131.
[242] BGH v. 30. 6. 1958; DB 58, 835.
[243] *Scholz/U. Schneider* § 19 Anm. 71 ff.
[244] *Scholz/U. Schneider* § 19 Anm. 86 ff.

D. Leistung der Stammeinlagen

3. Rechtsfolgen versäumter Zahlungen auf Stammeinlagen

Die §§ 20–24 GmbHG stellen das Instrumentarium für die Behandlung **122** säumiger Einlageschuldner zur Verfügung, die weder zum satzungsmäßig festgesetzten noch zum durch Einforderungsbeschluß der Gesellschafter gem. § 46 Nr. 2 GmbHG bestimmten Zeitpunkt geleistet haben. Liquidatoren und Konkursverwalter bedürfen dafür keines vorherigen Einforderungsbeschlusses.[245] Mit Ausnahme der Verzinsung sind diese Rechtsfolgen alle zwingend und lassen keine Erleichterungen zu (§ 25 GmbHG). Da Sacheinlagen schon vor Handelsregisteranmeldung voll zu leisten sind, beziehen sich die folgenden Sanktionen nur auf **Bareinlagepflichten** einschl. Geldteil einer Mischeinlage und Differenzbetrag bei fehlgeschlagenen oder minderwertigen Sacheinlagen.

a) Verzugszinsen (§ 20 GmbHG)

Für nicht rechtzeitig bezahlte Beträge auf eingeforderte Stammeinlagen **123** sind Verzugszinsen iHv. 4% (§§ 246, 288 BGB) zu entrichten, sofern die Satzung nicht Abweichendes bestimmt.[246] Da der Einzahlungsanspruch nicht auf einem beiderseitigen Handelsgeschäft beruht, ist der kaufmännische Zinssatz iHv. 5% nicht anwendbar. Insoweit ist die Regelung nicht vergleichbar mit derjenigen der AG gem. § 63 Abs. 2 Satz 1 AktG.

b) Ausschluß säumiger Gesellschafter (§ 21 GmbHG)

Nach erfolgloser Zahlungsaufforderung können säumige Gesellschafter aus- **124** geschlossen werden **(Kaduzierung)** und damit ihren Geschäftsanteil samt bereits geleisteter Teilzahlungen zugunsten der GmbH verlieren. Wegen der dann noch rückständigen Beträge auf die Stammeinlage bleiben sie aber der Gesellschaft „verhaftet" mit dem Risiko einer möglichen Ausfallhaftung (vgl. Rz. 127). Zum weiteren Verfahren vgl. § 13 Rz. 113 und zum Zusammenspiel mit der Kaduzierung bei beschränkter Nachschußpflicht vgl. § 7 Rz. 87.

Die Kaduzierung ist ein formstreng ausgestaltetes Verfahren und ähnelt der zwangsweisen Einziehung des Geschäftsanteils (§ 34 GmbHG). Von dieser unterscheidet sie sich aber hinsichtlich des Zwecks (Ausschluß eines Gesellschafters statt Aufbringung des Stammkapitals) und der Rechtsfolgen (Abfindungsanspruch statt weiterhin bestehender Zahlungspflicht).[247]

c) Haftung des Rechtsvorgängers (§ 22 GmbHG)

Die Rechtsvorgänger eines ausgeschlossenen Gesellschafters können nach **125** erfolgloser Kaduzierung in Anspruch genommen werden. Sie haften sukzessive in umgekehrter Reihenfolge ihres Erwerbs (Staffelregreß) und beschränkt auf die innerhalb von fünf Jahren seit Anmeldung des Anteilsübergangs auf

---

[245] BGH v. 10. 5. 82, DB 82, 1865.
[246] HM; nach *Scholz/Winter* § 20 Anm. 17 und *Lutter/Hommelhoff* § 20 Anm. 6 zwingend.
[247] *Goette* DStR 97, 924 (930 f.).

den Rechtsnachfolger eingeforderten Einlagen. Gegen Zahlung des rückständigen Betrags erwirbt der Rechtsvorgänger den Geschäftsanteil.

d) Verwertung des Geschäftsanteils (§ 23 GmbHG)

126 Existieren keine Rechtsvorgänger oder ist auch von diesen nichts zu erlangen, so kann die GmbH den Geschäftsanteil öffentlich versteigern oder mit Zustimmung des ausgeschlossenen Gesellschafters anderweitig veräußern. Wird ein Mehrerlös erzielt, so steht er der GmbH zu, während bei einem Mindererlös der Ausgeschlossene und nicht der Erwerber weiterhin haftet.

e) Ausfallhaftung (§ 24 GmbHG)

127 Ist eine eingeforderte Stammeinlage weder vom säumigen Gesellschafter noch von dessen Rechtsvorgängern noch durch Zwangsverwertung zu erlangen (ein aussichtsloser Verkauf braucht nicht versucht zu werden), so haben subsidiär die Mitgesellschafter den Fehlbetrag nach dem Verhältnis ihrer Geschäftsanteile aufzubringen. Beträge, die von einzelnen Gesellschaftern nicht zu erlangen sind, werden nach dem bezeichneten Verhältnis auf die übrigen verteilt. Dies führt im Ergebnis dazu, daß jeder Gesellschafter (zB auch nachträglich ausscheidende oder vorher eingetretene Gesellschafter) im Zeitpunkt der Fälligkeit der Stammeinlage riskiert, für die gesamten nicht geleisteten Einlagen aller Mitgesellschafter in Anspruch genommen zu werden.[248]

4. Sondervorteile und Gründungsaufwand

128 Im scheinbaren Widerspruch zur realen Kapitalaufbringung kann das Anfangsvermögen der GmbH durch Sondervorteile und Gründungsaufwand zulässigerweise verringert werden. Einem allg. Rechtsgedanken entspr. (vgl. § 26 Abs. 2 AktG) setzt das jedoch die art- und betragsmäßige **Offenbarung** dieser **Vorbelastungen** im Gesellschaftsvertrag voraus, die mindestens fünf Jahre lang beizubehalten ist.[249] Ohne Satzungsermächtigung dürfen Sondervorteile und Gründungsaufwand nicht von der GmbH getragen werden.[250] Geschieht dies beim Gründungsaufwand dennoch, sind die Gesellschafter schadensersatzpflichtig, wenn sie nicht nachweisen können, daß sie weder vorsätzlich noch grob fahrlässig gehandelt haben, § 9 a Abs. 2 und 3 GmbHG. Steuerlich liegt eine **verdeckte Gewinnausschüttung** vor.[251] Zur eventuellen strafrechtlichen Sanktion vgl. Rz. 143.

a) Sondervorteile

129 Sondervorteile sind Rechte, die Gesellschaftern aus Anlaß der Gründung (oder eines späteren Beitritts) ohne gleichwertige Gegenleistung eingeräumt

---

[248] BGH v. 13. 5. 1996, DB 96, 1616.
[249] Baumbach/Hueck/Hueck § 5 Anm. 55, 49.
[250] BGH v. 20. 2. 1989, DB 89, 971.
[251] BFH v. 13. 9. 1989, BStBl. II 90, 24; BFH v. 29. 5. 1996, GmbHR 96, 779; aA FG Niedersachsen v. 26. 3. 1996, EFG 96, 1005 (keine vGA, da GmbH gesetzlicher Erstattungsanspruch zusteht).

D. Leistung der Stammeinlagen

werden. Anders als die für jeden Inhaber der Anteile besonders ausgestatteten Vorzugsanteile (zB mit höherem Dividendenanspruch) beschränken sich Sondervorteile auf den Gründungs- oder Beitrittszeitpunkt und auf die konkrete Person. Motiv für die Gewährung von Sondervorteilen ist das Interesse der Mitgesellschafter, den Begünstigten zum Beitritt zu bewegen. Zu diesem Zweck werden idR **Vermögensrechte** (Umsatzprovisionen, Belieferungs- und Verkaufsrechte etc.) eingeräumt. Außerdem können als Sondervorteile auch **Kontroll- und Herrschaftsrechte** (Benennungs- und Entsendungsrechte für Gesellschaftsorgane, bessere Auskunfts- und Einsichtsrechte etc.) gewährt werden, die jedoch die reale Kapitalaufbringung nicht beeinträchtigen.

b) Gründungsaufwand

Dazu zählen die notwendigen Kosten bei Gründung der Gesellschaft. Dies sind insb. Notar- und Gerichtsgebühren, die betragsmäßig entspr. dem Geschäftswert laut Kostentabelle zuzüglich tatsächlichem Aufwand (etwa für Bekanntmachungen) abgerechnet werden. Nur sofern die Kostentragung durch die GmbH mit **Angabe eines Höchstbetrags** in der Satzung geregelt ist, liegen abzugsfähige Betriebsausgaben vor.[252] Eine Aktivierung des Gründungsaufwands als Bilanzierungshilfe unter „Aufwendungen für Ingangsetzung des Geschäftsbetriebs" scheidet dagegen aus (vgl. § 10 Rz. 10 ff.). Neben diesen gesetzlich bestimmten notwendigen Kosten bei Gründung, wofür die GmbH ohnehin Haftungsschuldner ist, fällt unter den in der Satzung offenzulegenden Gründungsaufwand auch der sog. **Gründerlohn**. Dabei handelt es sich um die angemessene vertragliche Vergütung für Gründer oder Dritte (Rechtsanwalt, Steuerberater, Wirtschaftsprüfer etc.). Als satzungsmäßige niedergelegter Gesamtbetrag des Gründungsaufwands werden von den Registergerichten idR bis zu 10% der Stammkapitalziffer[253] als notwendig und angemessen ohne weitere Nachweise anerkannt.

Die Gebühren für den Notar und das Registergericht sollen am Beispiel einer Mehrmanngründung mit Mindeststammkapital von DM 50 000 in bar mit einem Geschäftsführer demonstriert werden:

– Notargebühren	KostO §§	Betrag DM
Beurkundung Gesellschaftsvertrag	36 Abs. 2	320
Geschäftsführerbestellung	47	320
Handelsregisteranmeldung	38	80
Geschäftsführerbelehrung	147	19
Gesellschafterliste	147	26
Schreibgebühren, Auslagen etc.	div.	54
		819
16% USt		131
		950

---

[252] *Piltz* DStR 91, 1650; *Urban* FR 92, 569.; *Walther* GmbHR 97, 201 (zur neueren FG-Rspr.).
[253] *Jürgenmeyer/Maier* BB 96, 2135 (2138) (bei Stammkapital DM 50 000 ein Gründungsaufwand zwischen DM 4000 und DM 6000).

Vertragsentwürfe des Notars (halbe Gebühr) sind durch die spätere Beurkundungsgebühr abgegolten. Die Beurkundung des Gesellschaftervertrags bestimmt sich nach dem Geschäftswert.[254] Bei Einbringung eines Unternehmens entspricht dieser der Aktivseite der Bilanz ohne Abzug von Verbindlichkeiten (§ 18 Abs. 3 KostO). Maximal wird die Gebühr für einen Geschäftswert von DM 10 Mio. angesetzt (§ 39 Abs. 4 KostO). Bei Einmanngründungen wird die Hälfte der Gebühr für die Beurkundung erhoben (vgl. Rz. 148).

– Registergericht	KostO §§	Betrag DM
Handelsregistereintragung	79	160
Bekanntmachung Bundesanzeiger	137	150
Bekanntmachung Amtsblatt	137	450
		760

Die Bekanntmachungskosten sind lediglich geschätzt. Sie werden berechnet nach dem Umfang des bekanntgemachten Textes und gem. dem Verbreitungsgebiet der Tageszeitung, die zum registergerichtlichen Amtsblatt bestimmt ist.

E. Anmeldung und registergerichtliches Verfahren

I. Abschluß des Gründungsvorgangs

131 Nach Feststellung der Satzung, Geschäftsführerbestellung und Kapitalaufbringung ist weitere Voraussetzung auf dem Weg der werdenden GmbH zur juristischen Person die von einem Notar beglaubigte Anmeldung (§ 12 Abs. 1 HGB iVm. §§ 39 f. Beurkundungsgesetz) der Gesellschaft zur Eintragung ins Handelsregister (§ 7 GmbHG).[255] Eine Eintragung von Amts wegen ohne Anmeldung erfolgt nicht; andererseits besteht keine gesetzliche Pflicht der Gründer bzw. Geschäftsführer, die Eintragung herbeizuführen. Das weitere Betreiben der Eintragung kann nicht durch Sanktionen (Zwangsgeld) erzwungen werden (§ 79 Abs. 2 GmbHG),[256] weil die Eintragung konstitutive Wirkung hat und ihre Herbeiführung im Belieben der Gesellschafter liegen soll (jedoch Risiko der Verlustdeckungshaftung und der Handelndenhaftung noch bis zur Eintragung; vgl. Rz. 34 f.).

132 Verantwortlich für die Anmeldung sind **sämtliche** (auch stellvertretende) zu diesem Zeitpunkt bestellten **Geschäftsführer** (§ 78 GmbHG). Für sie handelt es sich dabei um einen **vertretungsfeindlichen, höchstpersönlichen Akt**,[257] dessen inhaltliche Richtigkeit ausdrücklich zu versichern ist und bei dem Falschangaben Schadensersatzansprüche auslösen können und strafbedroht sind. Sachlich und örtlich ausschließlich zuständig ist das nach dem

---

[254] Beurkundungsgebühr für Geschäftswerte zwischen DM 100 000 und DM 10 Mio. beträgt DM 220 plus 3‰ des Geschäftswerts; vgl. Anlage zu § 32 KostO.
[255] *Ammon* DStR 93, 1025.
[256] *Roth/Altmeppen* § 7 Anm. 3.
[257] *Scholz/Winter* § 7 Anm. 10.

E. Anmeldung und registergerichtliches Verfahren 133–135 § 2

Sitz (vgl. Rz. 59) der Gesellschaft bestimmte Registergericht als Abteilung des Amtsgerichts.

II. Voraussetzungen und Inhalt der Anmeldung

1. Voraussetzungen

Die Anmeldung darf erst erfolgen, wenn die **Mindestleistungen** auf die 133 Stammeinlagen erbracht sind und **endgültig zur freien Verfügung** der Geschäftsführer stehen (vgl. Rz. 100). Erforderlich ist im einzelnen:
– Einzahlung der Bareinlagen je zu ein Viertel (§ 7 Abs. 2 Satz 1 GmbHG),
– Gesamtbetrag der Bar- und Sacheinlagen wenigstens die Hälfte der Mindeststammeinlage (§ 7 Abs. 2 Satz 2 GmbHG),
– Sacheinlagen vollständig bewirkt (§ 7 Abs. 3 GmbHG).

2. Inhalt

a) Der Anmeldung beizufügende Unterlagen

Die inhaltlichen Anforderungen einer wirksamen Anmeldung sind enume- 134 rativ aufgezählt. Hierzu gehören – soweit im konkreten Fall zutreffend – nach § 8 Abs. 1 GmbHG:

– Gesellschaftsvertrag	Nr. 1
– Gründungsvollmachten	Nr. 1
– Legitimation der Geschäftsführer[258]	Nr. 2
– Liste der Gesellschafter	Nr. 3
– Verträge über Sacheinlagen	Nr. 4
– Sachgründungsbericht	Nr. 4
– Wertnachweis bei Sacheinlagen	Nr. 5
– staatliche Genehmigungsurkunden	Nr. 6

Bei einem **erlaubnispflichtigen Unternehmensgegenstand**[259] ist die 135 Genehmigungsurkunde der zuständigen Behörde beizufügen, deren Entscheidung für das Registergericht bindend ist. Die Genehmigung muß der (Vor-)Gesellschaft selbst erteilt werden, bzw. wenn auf persönliche Eigenschaften oder Qualifikationen (zB Zuverlässigkeit nach § 35 GewO) abgestellt wird, einem Vertretungsberechtigten (Geschäftsführer oder Prokurist). In ähnlicher Weise ist auch bei einer **Handwerks-GmbH** und ihrer nach den §§ 1 und 7 Handwerksordnung erforderlichen Eintragung in die Handwerksrolle zu verfahren. Die Eintragung in die Handwerksrolle entspricht einer erforderlichen Genehmigung.[260]

---

[258] Für Legitimation eines bereits gebildeten Aufsichtsrats vgl. § 52 Abs. 2 GmbHG iVm. § 37 Abs. 4 Satz 3 AktG.
[259] ZB § 32 KWG (Bankgeschäfte), § 34 c GewO (Baubetreuung), § 3 Einzelhandelsgesetz etc. vgl. *Lutter/Hommelhoff* § 8 Anm. 7; *Scholz/Winter* § 8 Anm. 16.
[260] BGH v. 9. 11. 1987, DB 88, 644.

Schwaiger

b) Versicherungen der Geschäftsführer

136 Die Geschäftsführer haben nach § 8 Abs. 2 Satz 1 GmbHG in der Anmeldung die Versicherung abzugeben, daß die in § 7 Abs. 2 und 3 GmbHG bezeichneten Leistungen auf die Stammeinlagen ordnungsmäßig bewirkt sind und der Leistungsgegenstand sich endgültig in der freien Verfügung der Geschäftsführer befindet (vgl. Rz. 133). Ist das Anfangskapital der Gesellschaft durch Schulden bereits vorbelastet, ist die Versicherung dementsprechend zu ergänzen (zB Vertragsart, Gläubiger, Schuldbetrag), um dem Registergericht eine sachgerechte Prüfung zu ermöglichen.[261]

137 Ferner haben die Geschäftsführer nach § 8 Abs. 3 GmbHG das **Nichtvorliegen persönlicher Ausschlußgründe** ausdrücklich zu erklären, indem sie versichern, daß
– keine Verurteilung wegen einer weniger als fünf Jahre zurückliegenden Konkursstraftat nach §§ 283–283 d StGB vorliegt,
– keine gerichtlichen oder behördlichen Berufs- oder Gewerbeverbote bestehen,
– über eine diesbezügliche ggü. dem Registergericht existierende unbeschränkte Auskunftspflicht belehrt wurde.[262]

Die Aufzählung ist enumerativ zu verstehen.[263] Es findet also keine sinngemäße Erstreckung auf andere wirtschaftliche Straftatbestände wie zB Betrug oder auf entsprechende ausländische Konkursdelikte statt.[264] Jede der geforderten drei Angaben ist dabei explizit zu bejahen. Eine lediglich pauschale Versicherung, daß insgesamt keine Ausschlußgründe vorliegen oder die Tätigkeit auf dem Gebiet der Gesellschaft nicht durch Gericht oder Verwaltungsbehörde untersagt sei, reicht nicht aus.[265]

c) Angabe der Vertretungsbefugnis

138 Selbst, wenn keine Abweichung vom gesetzlichen Leitbild der Gesamtvertretung gem. § 35 Abs. 2 Satz 2 GmbHG besteht, ist nach § 8 Abs. 4 GmbHG die Vertretungsbefugnis stets **generell** entspr. der Satzung **und konkret** für jeden Geschäftsführer anzugeben. Ein Verweis auf den Gesellschaftsvertrag oder den Bestellungsbeschluß genügt dabei nicht. Vielmehr muß ausdrücklich **Einzel- oder gemeinschaftliche Vertretung** und deren konkrete Ausgestaltung genannt sein. Hierunter fällt auch die Befreiung eines Geschäftsführers vom Selbstkontrahierungsverbot nach § 181 BGB.

d) Zeichnung der Unterschriften

139 Die Geschäftsführer haben gem. § 8 Abs. 5 GmbHG ihre Unterschrift zur Aufbewahrung beim Handelsregister so zu leisten, wie sie üblicherweise unterschreiben. Einer Zeichnung des Firmennamens neben der persönlichen

---

[261] BayObLG v. 1. 10. 1991, DB 91, 2536.
[262] Führungszeugnis genügt nicht, da dieses zur Erleichterung der Resozialisierung nicht sämtliche Vorstrafen enthalten muß; vgl. §§ 53 Abs. 2 iVm. 45 ff. Bundeszentralregistergesetz.
[263] BayOLG v. 18. 7. 1991, DB 91, 1976.
[264] *Roth/Altmeppen* § 6 Anm. 6; aA *Scholz/Schneider* § 6 Anm. 20.
[265] OLG Düsseldorf v. 7. 10. 1996, BB 97, 7.

Unterschrift bedarf es nicht.[266] Es steht den Geschäftsführern frei, mit oder ohne Vornamen bzw. mit vollem oder abgekürztem Doppelnamen[267] zu unterschreiben. Jedoch genügen nicht bloße Hand- oder Namenszeichen.

III. Sanktionen bei fehlerhafter Anmeldung

1. Verfahrensmängel

Formale Verstöße beim Anmeldeverfahren (insb. gegen Zuständigkeitsbestimmungen) bilden ein **Eintragungshindernis**. Wird trotz mangelhafter Anmeldung versehentlich eingetragen, entsteht die GmbH wirksam. Nur schwerwiegende Mängel, wie zB die Anmeldung durch Nichtgeschäftsführer, können ausnahmsweise zur Nichtigkeit und Amtslöschung führen (§ 142 FGG analog).[268]

2. Gründungshaftung

Der GmbH steht ab Eintragung Ersatz für alle aufgrund falscher Angaben bei Gründung entstandenen Schäden zu (§ 9a Abs. 1 GmbHG). Hauptanwendungsfall sind dabei unrichtige oder unvollständige Anmeldungen, obwohl der Anspruch **alle Falschangaben während des gesamten Gründungsverfahrens** und **nicht nur** solche ggü. **dem Registergericht** betrifft (zB Täuschung eines Gutachters bei Sacheinlagebewertung).[269] Von wem die Angaben stammen, ist nicht entscheidend. Auch Angaben durch Außenstehende (zB Berater) begründen eine Haftung, wenn sie am Gründungsverfahren mit Kenntnis zumindest eines Verantwortlichen (Gründer oder Geschäftsführer) mitwirken.[270] Haftungsverpflichtet als Gesamtschuldner sind die Geschäftsführer, die Gründungsgesellschafter (auch die bis zur Eintragung nachträglich der Vorgesellschaft beitretenden Gesellschafter) sowie deren Hintermänner (Treugeber), für deren Rechnung die Gesellschafter Stammeinlagen übernommen haben. Dadurch soll eine Umgehung der Gründungshaftung durch Einschaltung mittelloser Strohmänner verhindert werden (§ 9a Abs. 4 GmbHG). Auch derjenige, der sich die Vorteile einer gesetzlich beschränkten Haftung durch Gründung einer GmbH zunutze macht, muß ebenso wie ein Gesellschafter behandelt werden.[271]

Voraussetzung der deliktsähnlich ausgestalteten Gründungshaftung ist **Verschulden**, das bis zum Nachweis des Gegenteils vermutet wird (§ 9a Abs. 3 GmbHG). Der in Anspruch Genommene muß nachweisen, daß er den Mangel der Angabe weder kannte (kein Vorsatz) noch kennen mußte (keine grobe Fahrlässigkeit). Formell erfordert die Geltendmachung des Anspruchs einen Gesellschafterbeschluß (§ 46 Nr. 8 GmbHG). Der betroffene Gesellschafter ist dabei von seinem Stimmrecht ausgeschlossen (§ 47 Abs. 4 Satz 2 GmbHG). Im Konkurs der Gesellschaft entscheidet der Konkursverwalter alleine. Ebenso ist die Geltendmachung durch einen Pfändungsgläubiger nicht von einem Gesell-

---

[266] *Hachenburg/Ulmer* § 8 Anm. 37.
[267] OLG Frankfurt/Main v. 15. 7. 1985, GmbHR 86, 47.
[268] *Baumbach/Hueck/Hueck* § 7 Anm. 3a.
[269] *Baumbach/Hueck/Hueck* § 9a Anm. 11.
[270] *Scholz/Winter* § 9a Anm. 7.
[271] BGH v. 13. 4. 1992, DB 92, 1621.

schafterbeschluß abhängig.²⁷² Der Anspruch auf Gründungshaftung ist unverzichtbar und verjährt fünf Jahre nach Eintragung (§ 9 b GmbHG).

3. Bankenhaftung

142 Eine Bestätigung der Bank iSd. § 37 Abs. 1 Sätze 2 und 3 AktG des Inhalts, daß bei einer Bareinlage die Einzahlung endgültig zur freien Verfügung der Geschäftsführer steht, ist im GmbH-Recht gesetzlich nicht gefordert. Wird dennoch zum Nachweis der Einzahlung eine derartige Bankbestätigung²⁷³ vorgelegt, muß diese jedoch zutreffend sein. Im Falle der Unrichtigkeit treten für die Bank die Haftungsfolgen gem. § 37 Abs. 1 Satz 4 AktG ggü. der GmbH ein.²⁷⁴ Damit besteht gegen die Bank ein eigenständiger, verschuldensunabhängiger **Gewährleistungsanspruch**, der nach fünf Jahren analog § 51 AktG verjährt. Die Bank hat die Gesellschaft so zu stellen, als wäre die Bestätigung zutreffend gewesen.²⁷⁵ Eine Leistungsverweigerung durch Verweis auf die Mithaftung oder das Mitverschulden anderer für die fehlerhafte Anmeldung haftender Personen ist der Bank nicht möglich.

4. Strafandrohung

143 Als **Gründungsschwindel** sind nach § 82 Abs. 1 Nr. 1 GmbHG mit bis zu drei Jahren Freiheitsstrafe oder Geldstrafe falsche Angaben bedroht, die Geschäftsführer oder Gesellschafter bei Anmeldung der GmbH zum Zweck der Eintragung in das Handelsregister zumindest bedingt vorsätzlich machen über:
– die Übernahme der Stammeinlagen,
– die Leistung der Einlagen (bei Einmann-GmbH vgl. Rz. 151),
– die Verwendung eingezahlter Beträge,
– Sondervorteile,
– Gründungsaufwand,
– Sacheinlagen.

Dasselbe gilt für Geschäftsführer bei **unrichtiger Versicherung** ggü. dem Registergericht über das Nichtvorliegen einer Konkursstraftat oder eines Berufsverbots (§ 82 Abs. 1 Nr. 4 GmbHG; vgl. Rz. 137).

IV. Registergerichtliches Verfahren

1. Prüfungspflicht des Registerrichters

144 Die Aufgabe des Registerrichters besteht darin, die **ordnungsgemäße Errichtung und Anmeldung** der GmbH sicherzustellen und bei Mängeln ggf. die Eintragung abzulehnen (§ 9 c Abs. 1 GmbHG). Eine Ablehnung kann dabei seit 1. 7. 1998 durch das HRefG nicht mehr jeder beliebige Mangel des Gesellschaftsvertrags zur Folge haben, sondern nur noch ein Verstoß iSv. § 9 c Abs. 2 GmbHG

---

²⁷² *Scholz/Winter* § 9 a Anm. 5.
²⁷³ Bankbestätigung der Einzahlung ohne Versicherung der freien Verfügbarkeit genügt nicht; vgl. BGH v. 16. 12. 1996, DB 97, 468.
²⁷⁴ BGH v. 18. 2. 1991, DB 91, 1060.
²⁷⁵ *Lutter/Hommelhoff* § 9 a Anm. 7 f.; *Hüffer* § 37 AktG, Anm. 5.

E. Anmeldung und registergerichtliches Verfahren   145   § 2

– gegen **zwingende gesetzliche Bestimmungen,** insb. gegen den Mindestinhalt der Satzung (vgl. Rz. 51 ff.) bzw. hinsichtlich eintragungspflichtiger oder bekanntzumachender Tatsachen,
– gegen **Gläubigerschutzbestimmungen** (insb. Kapitalaufbringung)[276] oder sonstige Interessen der Öffentlichkeit (vgl. Rz. 80 ff.),
– mit **Nichtigkeitsfolge** für den Gesellschaftsvertrag.

Diese Beschränkung auf konkretisierte Ablehnungsgründe erspart eine Durchsicht des gesamten Inhalts des Gesellschaftsvertrags auf etwaige Unklarheiten und innere Widersprüche und dient dabei der Verfahrensbeschleunigung. Aspekte der Zweckmäßigkeit, Angemessenheit oder wirtschaftlichen Vernunft bleiben – wie schon bisher – außer Betracht, wenn nach den Gesamtumständen nicht ausnahmsweise feststeht, daß die Gesellschaftsgründung auf eine sittenwidrige Gläubigerschädigung angelegt ist.[277] Wegen des **Amtsermittlungsgrundsatzes** gem. § 12 FGG verläßt sich das Registergericht nicht nur auf die Anmeldeunterlagen, sondern hat nach pflichtgemäßem Ermessen weitere Nachforschungen anzustellen. Wird dabei zB bekannt, daß zwischen Anmeldung und Eintragung erhebliche **Vorbelastungen** eingetreten sind und ergibt sich, daß die dadurch begründeten Ansprüche der GmbH gegen die Gesellschafter nicht durchsetzbar sind, so ist die Eintragung abzulehnen.[278] Die Vorlage von Bankbestätigungen für Einlagezahlungen nach aktienrechtlichem Vorbild hat sich jedoch auf begründete Einzelfälle zu beschränken[279] (vgl. Rz. 142). Regelmäßig wird dagegen eine Stellungnahme der Organe des Handelsstandes (IHK, Handwerkskammer) hinsichtlich der Zulässigkeit der gewählten Firma eingeholt (§ 23 Handelsregisterverfügung).

Im Falle von Beanstandungen hat der Registerrichter bei behebbaren Mängeln der Errichtung oder Anmeldung sowie zur Aufklärung begründeter Zweifel zusätzliche Unterlagen und Nachweise durch Zwischenverfügung unter Fristsetzung anzufordern (§ 26 Satz 2 Handelsregisterverfügung). Bei nicht behebbaren Mängeln erfolgt eine begründete Zurückweisung des Anmeldeantrags. Hiergegen steht der Vorgesellschaft, vertreten durch ihre Geschäftsführer,[280] das Recht einer nicht fristgebundenen Beschwerde vor dem Landgericht zu (§ 19 FGG). Gegen dessen ablehnende Entscheidung ist weitere Beschwerde – beschränkt auf die Rüge eines Gesetzesverstoßes – zum Oberlandesgericht[281] zulässig (§ 27 FGG).

2. Handelsregistereintragung und Bekanntmachungen

Nach unbeanstandeter Prüfung ist die GmbH in das Handelsregister in Abteilung B einzutragen und entsteht „als solche" (§ 11 Abs. 1 GmbHG).[282]

---
[276] *Spiegelberger/Walz* GmbHR 98, 761.
[277] *Scholz/Winter* § 9 c Anm. 31; *Lutter/Hommelhoff* § 9 c Anm. 12.
[278] BayObLG v. 1. 10. 1991, GmbHR 92, 108.
[279] BGH v. 18. 2. 1991, DB 91, 1060.
[280] Str., ob sämtliche Geschäftsführer (vgl. *Scholz/Winter* § 9 c Anm. 36) oder in vertretungsberechtigter Zahl; so zB BGH v. 16. 3. 1992, DB 92, 1228.
[281] In Bayern das BayOLG, in Berlin das Kammergericht.
[282] *Bokelmann* DStR 91, 945.

§ 2 146, 147   Gründung und Kapitalaufbringung

Eintragungsinhalt sind die in § 10 Abs. 1 GmbHG abschließend genannten Grundinformationen über die Gesellschaft und zwar:
- Firma
- Sitz
- Unternehmensgegenstand[283]
- Höhe des Stammkapitals
- Abschlußdatum des Gesellschaftsvertrags
- Namen der Geschäftsführer
- Vertretungsbefugnis der Geschäftsführer

146 Der Inhalt des Handelsregisters genießt **öffentlichen Glauben** mit Vermutung der Richtigkeit (§ 15 HGB). Sämtliche Unterlagen sind ohne Nachweis eines berechtigten Interesses von jedermann beim Registergericht einsehbar (§ 9 Abs. 1 HGB). Außerdem sind Handelsregistereintragungen den Anmeldenden bekanntzugeben (§ 130 Abs. 2 FGG) und gem. §§ 10, 11 HGB im Bundesanzeiger und in den Amtsblättern des Registergerichts zu publizieren.

Darüber hinaus sind ggf. gem. § 10 Abs. 2, 3 GmbHG zu veröffentlichen:
- Dauer der Gesellschaft bei zeitlicher Befristung (vgl. Rz. 62)
- bei Sachgründung der Gegenstand der Sacheinlage und die dafür übernommene Stammeinlage,
- besondere Satzungsregelungen zu Bekanntmachungen der Gesellschaft (zB Gesellschaftsblätter),
- die Namen der Mitglieder eines bereits gebildeten Aufsichtsrats gem. § 52 Abs. 2 GmbHG iVm. § 40 Abs. 1 Nr. 4 AktG.

F. Die Einmanngründung

Ggü. der detailliert dargestellten Mehrmanngründung bestehen nur wenige Besonderheiten:

I. Wege zur Einmann-GmbH

147 Mit der GmbH-Novelle 1980[284] wurde die bis dahin heftig umstrittene Einmanngründung[285] einer GmbH in Form der **Errichtung durch eine einzige Person** (§§ 1ff. GmbHG) bzw. durch **Umwandlung eines einzelkaufmännischen Unternehmens** (§§ 56a ff. UmwG (alt); vgl. jetzt §§ 152ff. UmwG) zugelassen. Damit kam der deutsche Gesetzgeber der entsprechenden späteren Anordnung gem. Art. 2 der 12. EG-Richtl. zuvor.[286] Ausschlaggebend für eine Einmanngründung ist dabei weniger die Anzahl der an der Gründung beteiligten Personen. Wesentlich ist vielmehr, daß das gesamte Stammkapital in Form einer einzigen Stammeinlage übernommen

---

[283] LG München v. 4. 2. 1991, GmbHR 91, 270 zur Pflicht der ungekürzten Eintragung.
[284] GmbH-Novelle v. 4. 7. 1980, BGBl. I 80, 836.
[285] *U. John* S. 1 f.; *K. Schmidt* GesR § 40 I 1
[286] EG-Richtl. 89/667/EWG v. 21. 12. 1989, BGBl. I 91, 2206.

F. Die Einmanngründung 148, 149 § 2

wird. Dies kann auch durch eine Personenmehrheit in gesamthänderischer Gebundenheit geschehen.[287]

Die vor 1980 übliche Hilfskonstruktion zu einer Einmann-GmbH mittels **Strohmanngründungen**[288] hat ihre praktische Bedeutung eingebüßt. Dabei bediente man sich eines Treuhänders als Gründungshelfer, der im eigenen Namen, aber nach Weisung und für Rechnung des Auftraggebers an der Gründung mitwirkte, um anschließend seinen Geschäftsanteil auf diesen zu übertragen. Strohmanngründungen sind mit der GmbH-Novelle 1980 ausdrücklich gesetzlich anerkannt worden (vgl. § 9 a Abs. 4 GmbHG) und daher weiterhin möglich. Sie stellen, da die Gesellschaftsgründung ernstlich gewollt ist, weder ein nichtiges Scheingeschäft nach § 117 BGB noch eine unerlaubte Gesetzesumgehung dar.[289]

II. Die Errichtungserklärung

Entgegen der terminologisch widersprüchlichen Bezeichnung **Gesellschaftsvertrag**, die auch bei der Einmann-GmbH verwendet wird, liegt rechtsdogmatisch eine Errichtungserklärung des Gründers vor. Es handelt sich um ein einseitiges, nicht empfangsbedürftiges Rechtsgeschäft,[290] das denselben Formerfordernissen wie der Gesellschaftsvertrag zu genügen hat.[291] Kostenrechtlich besteht insoweit ein Unterschied als der Notar nur eine volle Gebühr nach § 36 Abs. 1 KostO (und nicht zwei volle Gebühren) für die Beurkundung erhält (vgl. Rz. 130). 148

III. Rechtsnatur der Einmann-Gründungsorganisation

Fraglich ist insb., inwieweit für die Mehrmanngründung entwickelte Prinzipien übernommen werden können. Eine der **Vorgründungsgesellschaft** entsprechende Organisation existiert dabei eindeutig nicht.[292] Dagegen ist strittig, ob und in welcher Form eine Einmann-**Vorgesellschaft** besteht. Teilweise wird dies völlig verneint,[293] während andere zumindest ein **unselbständiges Sondervermögen des Gründers** annehmen,[294] in das aus dem Gründervermögen heraus Einlagen geleistet werden. Im Hinblick auf die gesetzliche Zulassung der Einmanngründung scheint es schließlich am konsequentesten, eine vom Gründer getrennte Einmann-Vorgesellschaft als **werdende juristische Person** und damit als selbständigen Träger von Rechten und Pflichten anzuerkennen.[295] 149

---

[287] *Baumbach/Hueck/Hueck* § 1 Anm. 48; MünchHdb. GesR Bd. 3/*Heinrich* § 10 Anm. 2.
[288] *Hachenburg/Ulmer* § 2 Anm. 59 ff.; *Raiser* § 26 Anm. 10–12.
[289] *K. Schmidt* GesR § 40 II 1.
[290] *U. John* S. 20; *Baumbach/Hueck/Hueck* § 2 Anm. 7.
[291] *Hachenburg/Ulmer* § 2 Anm. 1.
[292] *U. John* S. 20.
[293] *Hüffer* ZHR 145 (1981), 521.
[294] *Ulmer/Ihrig* GmbHR 88, 373.
[295] *U. John* S. 11 f., 35 ff.; *Scholz/K. Schmidt* § 11 Anm. 147.

Im Unterschied zur Mehrmanngründung **erlischt** die Einmann-Vorgesellschaft **liquidationslos**, wenn die Eintragungsabsicht aufgegeben wird oder die Gründung scheitert.[296] Die in das Sondervermögen eingebrachten Vermögensgegenstände stehen dem Gründer ohne besonderen Rechtsakt wieder persönlich zu.[297] Außerdem haften die Gründer neben der Einmann-Vorgesellschaft bis zur Eintragung mit Rücksicht auf die ggü. der Mehrmann-Vorgesellschaft schwächere Gläubigerposition stets unbeschränkt,[298] soweit bereits eine unternehmerische Tätigkeit aufgenommen wurde. Diese Rechtsfolge galt bereits, als noch nicht die Verlustdeckungshaftung (vgl. Rz. 34) sondern die beschränkte Gründerhaftung hM war. Fraglich bleibt lediglich, ob diese unbeschränkte Haftung abweichend vom Regelfall als Außenhaftung ausgestaltet ist und die Gläubiger direkt auf das Vermögen des Gesellschafters zugreifen können.

IV. Die Kapitalaufbringung

150 Zum Ausgleich der personell schmäleren Haftungsbasis und der erhöhten Gefahr, daß Stammkapital zum Nachteil der Gläubiger nicht real aufgebracht wird, hat der Einmanngründer wegen fehlender Ausfallhaftung (vgl. Rz. 127) für ausstehende Einlagen eine **Sicherung** zu **bestellen** (§ 7 Abs. 2 Satz 3 GmbHG). Die Anforderungen dafür sind nicht definiert, wobei jedenfalls gesetzliche Sicherheiten (§§ 232 ff. BGB) und diesen wirtschaftlich gleichwertige Absicherungen (zB selbstschuldnerische Bürgschaft, Schuldmitübernahme etc.) genügen.[299] Sog. „Patronatserklärungen" sind dagegen nur ausreichend, wenn sie „hart" und damit rechtlich durchsetzbar sind.

151 Bei Anmeldung der Einmann-GmbH zum Handelsregister ist die schadensersatz- und strafbewehrte **Einzahlungsversicherung** (vgl. Rz. 136) der Geschäftsführer dahingehend zu ergänzen, daß für ausstehende Einlagen die erforderliche Sicherung bestellt ist (§ 8 Abs. 2 Satz 2 GmbHG). Durch Mehrmanngründungen und anschließendes Ausscheiden aller Gesellschafter bis auf einen soll diese Gläubigerschutzbestimmung nicht umgangen werden (§ 19 Abs. 4 GmbHG). Wie bei jeder Veränderung des Gesellschafterbestandes haben die Geschäftsführer stets unverzüglich nach Anteilsvereinigung aller Geschäftsanteile eine Gesellschafterliste gem. § 40 Abs. 1 GmbHG beim Handelsregister einzureichen. Zumindest bei **Anteilsvereinigung** innerhalb des besonders insolvenzgefährdeten Zeitraums von **drei Jahren** nach Eintragung hat der Alleingesellschafter dann binnen drei Monaten wahlweise die Stammeinlage voll einzuzahlen, Sicherung für ausstehende Einlagen zu bestellen oder Mitgesellschafter aufzunehmen. Bei Nichterfüllung dieser Verpflichtung droht das Amtsauflösungsverfahren des Registergerichts (§ 144 b FGG).[300]

---

[296] BayObLG v. 18. 3. 87, DB 87, 1248.
[297] *Scholz/K. Schmidt* § 11 Anm. 148.
[298] *Baumbach/Hueck/Hueck* § 11 Anm. 40; *Scholz/Emmerich* § 1 Anm. 48.
[299] *Baumbach/Hueck/Hueck* § 7 Anm. 8.
[300] BayOLG v. 10. 7. 1986, DB 86, 1971.

§ 3 Der Gesellschafter

Bearbeiter: Dr. Karl-Heinz Schmiegelt

Übersicht

	Rz.
Vorbemerkung	1
A. Die Stellung der Gesellschafter in der GmbH	
I. Die Gesellschafter als oberstes Gesellschaftsorgan	2–5
II. Delegation von Gesellschafterkompetenzen	6–14
III. Besondere Gesellschaftereigenschaften	15–20
B. Allgemeine Verhaltensgrundsätze	
I. Treuepflicht	22–36
II. Gleichbehandlungsgrundsatz	37–44
C. Die Gesellschafterrechte	
I. Inhaber der Gesellschafterrechte	45
II. Gesellschafterrechte als Vermögens- und Verwaltungsrechte	46–48
III. Gesellschafterrechte und Drittrechte von Gesellschaftern	49, 50
IV. Begründung, Änderung und Aufhebung allgemeiner Gesellschafterrechte	51–53
V. Gesellschaftersonderrechte	54–60
VI. Einzelne Gesellschafterrechte	61–123
1. Informationsrechte	63–96
a) Informationsrecht gemäß § 51 a GmbHG	63–89
b) Informationsrecht zu Beschlußgegenständen	90–94
c) Informationsrecht gegenüber Mitgesellschaftern	95, 96
2. Allgemeines Prüfungs- und Überwachungsrecht gegenüber der Geschäftsführung	97–102
3. Geltendmachung von Ersatzansprüchen der Gesellschaft gemäß § 46 Ziff. 8 Alt. 1 GmbHG	103–110
4. Vertretung der Gesellschaft in Prozessen mit Geschäftsführern gemäß § 46 Ziff. 8 Alt. 2 GmbHG	111–118
5. Klagebefugnis einzelner Gesellschafter zugunsten der Gesellschaft	119–123
D. Die Gesellschafterpflichten	
I. Schutzfunktion der allgemeinen Gesellschafterpflichten	124
II. Adressaten der allgemeinen Gesellschafterpflichten	125
III. Einzelne Gesellschafterpflichten	126–138
1. Wettbewerbsverbot	129–135
2. Geheimhaltungspflicht	136–138
IV. Gesellschaftsvertragliche Gesellschafterpflichten	139–155

Vorbemerkung

1 Der das GmbH-Recht bestimmende Grundsatz, wonach für die Ausgestaltung der internen Verhältnisse der Gesellschaft weitgehend Gestaltungsfreiheit gilt,[1] findet auch auf die Zuständigkeiten der Gesellschafter und deren Rechte und Pflichten Anwendung. Diese den Gesellschafter betreffende **Gestaltungsfreiheit** ist um so bedeutsamer, als zwischen den GmbH-Gesellschaftern häufig eine enge personen- und sachbezogene Verbundenheit besteht und die Gesellschafter grds. – anders als die Aktionäre – aufgrund ihres Weisungsrechts gegenüber den Geschäftsführern unmittelbar Einfluß auf die Führung der Gesellschaft nehmen können. In der Praxis wird häufig von der den Gesellschafter betreffenden Gestaltungsfreiheit zu wenig Gebrauch gemacht; statt dessen wird auf Formularverträge zurückgegriffen, die zwangsläufig die individuellen Vorstellungen der Gesellschafter nicht im einzelnen berücksichtigen können. Bei späteren Auseinandersetzungen besteht dann die Gefahr, daß sich von den Gesellschaftern ursprünglich übereinstimmend gewollte Rechte und Pflichten nicht durchsetzen lassen, weil hierfür der Gesellschaftsvertrag und die allgemein gefaßten Bestimmungen des GmbHG keine ausreichende Rechtsgrundlage bieten.

A. Die Stellung der Gesellschafter in der GmbH

I. Die Gesellschafter als oberstes Gesellschaftsorgan

2 Die Gesellschaftsform der GmbH überläßt den Gesellschaftern die Kompetenz zur Bestimmung ihrer – im Grundsatz allumfassenden – Zuständigkeit („Kompetenz-Kompetenz").[2] Die Gesamtheit der Gesellschafter ist somit das oberste Organ in der Gesellschaft.[3]

3 Während bei der AG die **Kompetenzverteilung** zwischen den Aktionären, dem Vorstand und dem Aufsichtsrat kraft Gesetzes zwingend vorgeschrieben ist, überläßt das GmbHG die Ausgestaltung der Funktionsverteilung zwischen den Gesellschaftern und der Geschäftsführung weitestgehend der Gesellschafterautonomie.

4 Lediglich die organschaftliche Vertretung der GmbH im Außenverhältnis ist im Interesse der Rechtssicherheit zwingend den Geschäftsführern zugeordnet. Im übrigen ist es den Gesellschaftern möglich, abweichend von den insoweit nicht zwingenden Bestimmungen des GmbHG, umfassenden Einfluß auf die Geschäftsführung zu nehmen. Außer im Fall eines obligatorischen Aufsichtsrates können sie nicht nur jederzeit Geschäftsführer bestellen und – mit nur sehr wenigen rechtlichen Beschränkungen[4] – abberufen. Sie entscheiden auch über den Inhalt der Geschäftsführungstätigkeit. Dies ist zB als generelle Regelung in der Weise möglich, daß im Gesellschaftsvertrag festgelegt wird,

---

[1] *Hachenburg/Ulmer* Einleitung Anm. 21.
[2] *Hachenburg/Hüffer* § 45 Anm. 3.
[3] *Scholz/Schmidt* § 45 Anm. 5.
[4] Vgl. im einzelnen § 5 Rz. 94 ff., 98.

A. Die Stellung der Gesellschafter in der GmbH

welche Geschäftsführungsmaßnahmen der vorherigen Zustimmung der Gesellschafter bedürfen; neben oder anstelle derartiger gesellschaftsvertraglicher Bestimmungen können die Gesellschafter im Einzelfall ihren Einfluß auf die Geschäftsführung durch ihr die Geschäftsführer bindendes Weisungsrecht ausüben.[5]

Von der den Gesellschaftern in ihrer Gesamtheit zustehenden dominierenden Organstellung, die von den Gesellschaftern im Wege der Beschlußfassung ausgeübt wird, ist die Frage zu unterscheiden, inwieweit der einzelne Gesellschafter bzw. Gesellschaftergruppen Einfluß auf die Gesellschaft nehmen können. Hierzu differenziert das GmbHG, indem es die Befugnisse entweder dem einzelnen Gesellschafter ohne Rücksicht auf den Umfang seiner Beteiligung oder Gesellschafterminderheiten, die zusammen mindestens eine bestimmte Beteiligungsquote halten müssen, oder der Gesamtheit der Gesellschafter als Beschlußgremium zuordnet.

II. Delegation von Gesellschafterkompetenzen

Ebenso wie die Gesellschafter im Rahmen ihrer Gestaltungsfreiheit ihre Zuständigkeit entgegen den abdingbaren Bestimmungen des GmbHG erweitern können, ist es ihnen möglich, ihren Kompetenzbereich durch Delegation zu beschränken.

Gegenüber der Geschäftsführung kann dies etwa dadurch geschehen, daß im Gesellschaftsvertrag die Geschäftsführer ganz oder teilweise von Weisungen der Gesellschafter freigestellt werden oder daß bestimmte Rechtsgeschäfte ausschließlich der Entscheidung der Geschäftsführer vorbehalten werden. Eine solche Stärkung der Geschäftsführung kann im Einzelfall sinnvoll sein, wenn zB die Geschäftsanteile im Erbweg auf Personen übergehen, denen die fachliche Qualifikation und/oder die Bereitschaft zu aktiver Mitwirkung in der Gesellschaft fehlt.

Eine Delegation von Gesellschafterkompetenzen ist auch in der Weise möglich, daß einzelnen Gesellschaftern oder Gesellschaftergruppen anstelle der Gesellschaftergesamtheit bestimmte Rechte eingeräumt werden, zB die Befugnis, einen oder mehrere Geschäftsführer zu bestimmen. Möglich ist weiter die Einsetzung eines Gesellschafterausschusses für die Wahrnehmung von Zuständigkeiten, die ansonsten der Gesamtheit der Gesellschafter obliegen.[6]

Kompetenzen der Gesellschafter können auch auf gesellschaftsfremde Dritte übertragen werden. Als Kompetenzträger kommen neben Einzelpersonen auch Gremien wie ein fakultativer Aufsichtsrat, ein Beirat oder ein „Schiedsgericht"[7] in Betracht.[8]

Die Delegation von Gesellschafterkompetenzen ist durch konkurrierende oder verdrängende Zuständigkeitsregelungen im Gesellschaftsvertrag möglich; bei den ersteren kann der neue Kompetenzträger neben den Gesellschaftern entscheiden, bei den letzteren entscheidet er anstelle der Gesellschafter. Liegt

---

[5] Vgl. im einzelnen § 5 Rz. 134 ff., 141 ff.
[6] *Rowedder/Koppensteiner* § 45 Anm. 7.
[7] BGH v. 25. 2. 1965, BGHZ 43, 261 ff.
[8] *Rowedder/Koppensteiner* § 45 Anm. 7.

eine **konkurrierende Zuständigkeit** vor, so können die Gesellschafter eine Entscheidung des neuen Kompetenzträgers zwar nicht aufheben, wohl aber durch entgegengesetztes Verhalten im Ergebnis wieder rückgängig machen. Liegt eine **verdrängende Zuständigkeit** vor, so können die Gesellschafter diese Zuständigkeit durch Änderung des Gesellschaftsvertrages – aber auch nur dadurch – wieder beseitigen.[9]

11 Auch bei der Delegation von Kompetenzen bleiben die Gesellschafter subsidiär zuständig, und zwar unabhängig davon, ob es sich um eine konkurrierende oder verdrängende Zuständigkeitsregelung handelt. Ist der anstelle der Gesellschafter berufene Kompetenzträger handlungsunfähig, so liegt die Zuständigkeit wieder bei den Gesellschaftern. Hierfür genügt es allerdings nicht, wenn die personelle Besetzung des neuen Kompetenzträgers lediglich behebbare Schwierigkeiten macht. Vorrang hat stets die Durchführung der gesellschaftsvertraglich vereinbarten Zuständigkeitsregelung.[10]

12 Sind die Zuständigkeiten der Gesellschafter delegiert, so unterliegen die neuen Kompetenzträger denselben Treue- und Sorgfaltspflichten wie die Gesellschafter.[11]

13 Die vorstehend dargestellten Möglichkeiten der Übertragung von Gesellschafterzuständigkeiten dürfen nicht dazu führen, daß die Stellung der Gesellschaftergesamtheit als oberstes Gesellschaftsorgan in ihrem Kern oder auf Dauer in Frage gestellt wird.[12] Kraft zwingenden Rechts muß den Gesellschaftern ein Kernbereich an Kompetenzen verbleiben; dies gilt insb. für die Überwachung der Geschäftsführung – zumindest neben einem hierfür zuständigen anderen Organ –, für Satzungsänderungen (einschließlich Kapitalerhöhungen und Kapitalherabsetzungen), für die Einforderung von Nachschüssen und für strukturändernde Beschlüsse (Umwandlung, Verschmelzung, Auflösung).[13] Weiter ist davon auszugehen, daß Geschäftsführungsmaßnahmen, die in schwerwiegender Weise in die wirtschaftlichen Grundlagen der GmbH eingreifen wie zB die Veräußerung der wesentlichen Teile des Gesellschaftsvermögens oder eine grundlegende Änderung der Unternehmensaktivitäten, zwingend der Zustimmung durch die Gesellschafter bedürfen.[14]

14 Von der Übertragung von Gesellschafterzuständigkeiten ist die Möglichkeit zu unterscheiden, daß die Gesellschafter im Einzelfall eine ihnen obliegende Aufgabe nicht selbst wahrnehmen, sondern durch von ihnen bestimmte andere Personen erfüllen lassen. Dies ist zB der Fall bei einer von den

---

[9] *Scholz/Schmidt* § 45 Anm. 9.
[10] *Scholz/Schmidt* § 45 Anm. 11.
[11] *Hachenburg/Schilling* § 45 Anm. 14.
[12] *Lutter/Hommelhoff* § 45 Anm. 6.
[13] Im einzelnen ist der Umfang des Kernbereichs der Gesellschafterzuständigkeiten str.; vgl. *Rowedder/Koppensteiner* § 45 Anm. 9; *Hachenburg/Hüffer* § 45 Anm. 21; *Scholz/Schmidt* § 45 Anm. 10.
[14] Vgl. BGH v. 25. 2. 1982, BGHZ 83, 122 ff., *„Holzmüller-Entscheidung";* BGH v. 25. 2. 1991, NJW 1991, 1681 ff.: „Ein Gesellschafter darf eine langjährig praktizierte Geschäftspolitik (nahezu ausschließliche Zusammenarbeit mit einem bestimmten anderen Unternehmen) nicht ändern, ohne die Zustimmung der Gesellschafterversammlung einzuholen"; LG Berlin v. 14. 8. 1991, WM 1992, 22 ff.

Gesellschaftern beschlossenen Sonderprüfung der Geschäftsführung. Hierbei handelt es sich lediglich um eine bestimmte Art der Aufgabenerledigung durch die Gesellschafter, die damit nicht ihre eigene Zuständigkeit aufgeben.[15]

III. Besondere Gesellschaftereigenschaften

Die weitgehende Gestaltungsfreiheit des GmbH-Rechts gibt die Möglichkeit, durch entsprechende Bestimmungen im Gesellschaftsvertrag nur Personen, die bestimmte Qualifikationsmerkmale erfüllen, als Gesellschafter zuzulassen; als solche Gesellschaftereigenschaften kommen beispielsweise in Betracht: Berufliche Qualifikation, Familienzugehörigkeit, Mindestalter, Staatsangehörigkeit, Ausschluß juristischer Personen etc.[16] 15

In der Praxis empfiehlt es sich, bereits bei Gründung der Gesellschaft stets sorgfältig zu prüfen, ob es nicht sinnvoll ist, mit Rücksicht auf die personen- und/oder sachbezogene Verbundenheit der Gesellschafter besondere Qualifikationserfordernisse in den Gesellschaftsvertrag aufzunehmen. Unterbleibt eine entsprechende gesellschaftsvertragliche Regelung, so wird es in der Zukunft meist schwierig sein, den Eintritt oder den Verbleib von Gesellschaftern, die bestimmten persönlichen Qualifikationsmerkmalen nicht bzw. nicht mehr entsprechen, zu verhindern. 16

Erfüllt ein Gesellschafter bereits bei Gründung der Gesellschaft nicht die gesellschaftsvertraglich vorgesehene Qualifikation und war dies den anderen Gesellschaftern bei Abschluß des Gesellschaftsvertrages bekannt, so können diese sich später nicht auf die fehlenden Eigenschaften des betreffenden Gesellschafters berufen. Sind die anderen Gesellschafter jedoch getäuscht worden oder haben sie sich über die Qualifikation ihres Mitgesellschafters geirrt, so kann jeder Gesellschafter seine Beitrittserklärung zur Gesellschaft ggf. wegen Irrtums bzw. wegen Täuschung nach §§ 119, 123 BGB anfechten, solange die Gesellschaft noch nicht in Vollzug gesetzt und noch nicht im HR eingetragen ist. Wenn die Gesellschaft vor ihrer Eintragung bereits in Vollzug gesetzt worden ist, kommt anstelle einer Anfechtung die Auflösung der Vorgesellschaft aus wichtigem Grund in Betracht.[17] Nach Eintragung im HR besteht die Möglichkeit der Ausschließung des betreffenden Gesellschafters oder der Auflösung der Gesellschaft nach § 61 GmbHG.[18] 17

Für den Fall, daß ein Gesellschafter während seiner Zugehörigkeit zur Gesellschaft die gesellschaftsvertraglichen **Qualifikationsmerkmale** verliert, sollte im Gesellschaftsvertrag die Möglichkeit der Einziehung des Geschäftsanteils nach § 34 Abs. 2 GmbHG oder der Übertragung des Geschäftsanteils auf Mitgesellschafter, die Gesellschaft selbst oder dritte Personen vorgesehen werden. Anderenfalls kommt nur eine Ausschließung des Gesellschafters aus wichtigem Grund in Betracht.[19] 18

---

[15] *Rowedder/Koppensteiner* § 45 Anm. 10.
[16] *Hachenburg/Ulmer* § 2 Anm. 85; *Baumbach/Hueck/Hueck* § 1 Anm. 37; *Rowedder/Rittner/Schmidt-Leithoff* § 2 Anm. 21.
[17] *Hachenburg/Ulmer* § 2 Anm. 85.
[18] *Hachenburg/Ulmer* aaO; *Rowedder/Rittner/Schmidt-Leithoff* § 2 Anm. 22.
[19] *Hachenburg/Ulmer* § 2 Anm. 85.

19 Um den Eintritt von Gesellschaftern, die die Qualifikationsmerkmale nicht erfüllen, durch Erwerb von Geschäftsanteilen zu verhindern, kann im Gesellschaftsvertrag gem. § 15 Abs. 5 GmbHG vereinbart werden, daß Geschäftsanteile nur an Personen abtretbar sind, die über die betreffenden Eigenschaften verfügen. Erfüllt dann ein Bewerber diese Qualifikation nicht, so ist die Abtretung des Geschäftsanteils an ihn unwirksam. Die übrigen Gesellschafter können in diesem Fall den Erwerb eines Geschäftsanteils trotz fehlender Qualifikation des Erwerbers durch Mehrheitsbeschluß nur zulassen, wenn der Gesellschaftsvertrag dies erlaubt; anderenfalls vermag auch das Einverständnis der übrigen Gesellschafter die Unzulässigkeit der Abtretung nicht zu beseitigen.[20] Bei dem Erwerb durch einen Treuhänder müssen idR die besonderen Qualifikationsmerkmale sowohl in dessen Person als auch bei dem Treugeber vorliegen.[21]

20 Da sich die Vererblichkeit von Geschäftsanteilen gem. § 15 Abs. 1 GmbHG nicht durch gesellschaftsvertragliche Bestimmungen ausschließen oder beschränken läßt, kann zwar der Eintritt eines Erben, der die gesellschaftsvertraglichen Qualifikationsmerkmale nicht erfüllt, in die Gesellschaft nicht verhindert werden; vermieden werden kann jedoch der weitere Verbleib dieses Erben. Dies ist in der Weise möglich, daß im Gesellschaftsvertrag vereinbart wird, daß der Erbe den Geschäftsanteil an Mitgesellschafter, die Gesellschaft selbst oder dritte Personen übertragen muß oder daß der Geschäftsanteil von der Gesellschaft eingezogen werden kann.[22]

B. Allgemeine Verhaltensgrundsätze

21 Die auf Erreichung eines gemeinsamen Gesellschaftszwecks angelegte – regelmäßig langfristige – Verbundenheit der Gesellschafter bedingt, daß das Verhalten der Gesellschafter besonderen Beschränkungen unterliegt, die über die allgemeinen zivilrechtlichen Grundsätze von **Treu und Glauben** (§ 242 BGB) und das Gebot der **guten Sitten** (§§ 138, 826 BGB) hinausgehen. Die sich hieraus für die Gesellschafter – und zwar als Einzelgesellschafter, als Gesellschaftergruppen und als Gesamtgremium – ergebenden Verhaltenspflichten werden konkretisiert durch die Treuepflicht und den Gleichbehandlungsgrundsatz.

I. Treuepflicht

22 Die gesellschaftsrechtliche **Treuepflicht** dient dem Schutz sowohl der Gesellschaft als auch des einzelnen Gesellschafters. Sie beinhaltet zum einen das Gebot an die Gesellschafter, sich gegenüber der Gesellschaft loyal zu verhalten, ihre Zwecke aktiv zu fördern und Schaden von ihr abzuhalten; zum anderen verpflichtet die Treuepflicht die Gesellschafter untereinander zur Rücksichtnahme auf die mitgliedschaftlichen Interessen der Mitgesellschafter.[23] Inhalt

---

[20] *Scholz/Winter* § 15 Anm. 86.
[21] *Baumbach/Hueck/Hueck* § 1 Anm. 42.
[22] *Baumbach/Hueck/Hueck* § 15 Anm. 12 und 13.
[23] *Hachenburg/Raiser* § 14 Anm. 52; *Baumbach/Hueck/Hueck* § 13 Anm. 22; *Rowedder/Rowedder* § 13 Anm. 12; grundlegend BGH v. 5. 6. 1975, BGHZ 65, 16 ff. (18, 19) „ITT-Entscheidung"; allgemein zur Treuepflicht vgl. *Winter* „Mitgliedschaftliche Treuebindungen im GmbH-Recht" und *Reiser* „Die Treuepflichten im GmbH-Recht als Beispiel der Rechtsfortbildung", ZHR Band 151, 422 ff.; zur Treuepflicht bei

B. Allgemeine Verhaltensgrundsätze

und Umfang der Treuepflicht, die grds. bereits im Gründungsstadium beginnt und auch für die Liquidationsgesellschaft gilt, werden wesentlich bestimmt durch die Struktur der Gesellschaft.[24] In einer **personalistischen,** auf die Personen der Gesellschafter ausgerichteten GmbH ist die Treuepflicht stärker ausgeprägt als in einer **kapitalistisch** strukturierten, vorwiegend dem Vermögensanlageinteresse der Gesellschafter dienenden Gesellschaft.

Bei der Konkretisierung der Treuepflicht im Einzelfall sind die Eigeninteressen der handelnden Gesellschafter und die Interessen der Gesellschaft sowie die mitgliedschaftlichen Interessen der anderen Gesellschafter gegeneinander abzuwägen.[25] Stets sind die Grundsätze der **Erforderlichkeit** und der **Verhältnismäßigkeit** zu beachten. Die Ausübung von Gesellschafterrechten ist treuwidrig, soweit sie nicht geeignet ist oder nicht erforderlich ist, um die berechtigten Interessen des Gesellschafters zu wahren, insb. soweit hierfür ein milderes Mittel genügt; durch die Wahrung von Gesellschafterrechten dürfen weder die Gesellschaft noch die Mitgesellschafter übermäßig, dh. außer Verhältnis zu dem angestrebten Erfolg, belastet werden.[26]

Durch die Treuepflicht können einerseits die Erfüllung von Mitgliedspflichten, die Ausübung von Gesellschafterrechten, sonstigen Befugnissen und tatsächlichen Einflußmöglichkeiten der Gesellschafter inhaltlich konkretisiert und andererseits zusätzliche Handlungs- und Unterlassungspflichten begründet werden.[27]

Soweit die Treuepflicht die Gesellschafter untereinander verpflichtet,[28] begründet sie die Pflicht zur Rücksichtnahme lediglich auf die mitgliedschaftlichen Interessen der anderen Gesellschafter; die sonstigen persönlichen Interessen der Mitgesellschafter werden über die Treuepflicht nicht geschützt.[29] Die Treuepflicht kann die Mehrheitsmacht zugunsten der Minderheitsgesellschafter einschränken und ist damit die Grundlage des Minderheitenschutzes, soweit dieser über die gesetzlich zwingenden Minderheitenrechte des GmbHG hinausgeht.[30] Sie ist demgemäß auch – neben dem Gläubigerschutz – ein Ansatz für ein eigenständiges GmbH-Konzernrecht.[31]

Da die sich aus der Treuepflicht ergebenden Verhaltensgebote nur jeweils im Einzelfall konkretisiert werden können, lassen sich aus den hierzu ergangenen gerichtlichen Entscheidungen kaum allgemein anwendbare Richtlinien ableiten. Den folgenden Beispielen aus der Rspr. können deshalb lediglich Tendenzen entnommen werden:

Ein Gesellschafter handelt treuwidrig, wenn er durch sein Verhalten die gesellschaftsrechtliche Verbundenheit der Gesellschafter zerstört; er kann dann

---

Beschlußfassungen im besonderen vgl. *Vorwerk/Wimmers* „Treubindung des Mehrheitsgesellschafters oder der Gesellschaftermehrheit bei Beschlußfassung in der GmbH-Gesellschafterversammlung", GmbHR 1998, 717 ff.

[24] *Hachenburg/Raiser* § 14 Anm. 53.
[25] *Hachenburg/Raiser* § 14 Anm. 55.
[26] *Hachenburg/Raiser* § 14 Anm. 55.
[27] *Baumbach/Hueck/Hueck* § 13 Anm. 24.
[28] S. o. Fn. 23.
[29] *Baumbach/Hueck/Hueck* § 13 Anm. 22.
[30] *Baumbach/Hueck/Hueck* § 13 Anm. 25.
[31] *Baumbach/Hueck/Hueck* § 13 Anm. 26; vgl. hierzu im einzelnen § 17.

aus der Gesellschaft ausgeschlossen werden, sofern kein anderer gangbarer Weg zur Beseitigung dieses Mißstandes besteht.[32] Verletzt bei einer Zwei-Mann-GmbH auch der andere Gesellschafter seine Treuepflicht, so sind die beiderseitigen Verfehlungen gegeneinander abzuwägen;[33] der Treueverstoß eines Gesellschafters einer GmbH mit Stadtentwicklung und Bausanierung als ursprünglichem Unternehmensgegenstand, der darin liegt, daß er die übrigen beiden Gesellschafter nicht über die von ihm vorgenommene Benennung der Mitglieder einer Bauherrengemeinschaft als Käufer eines Grundstücks im Rahmen eines von der Gesellschaft betreuten Projekts unterrichtet, verliert erheblich an Gewicht, wenn die mit den Stimmen der beiden übrigen Gesellschafter beschlossene Erweiterung des Gesellschaftszwecks auf Immobilienerwerb und -vermittlung für nichtig erklärt wurde und die Gesellschaft derartige Geschäfte deshalb nicht betreiben durfte, andere Beeinträchtigungen der Gesellschaft nicht erkennbar sind und der einzige Nachteil für die übrigen Gesellschafter darin liegt, keinen Einfluß auf die Zusammensetzung der Bauherrengemeinschaft mit dem Ziel, sich selbst an dieser zu beteiligen, mehr nehmen zu können. Ein mit 90% beteiligter Mehrheitsgesellschafter kann gegen seine Treuepflicht verstoßen, wenn er die Auflösung der Gesellschaft beschließt, um im Zuge der Liquidation das Unternehmen zu erwerben und dann allein weiterführen zu können.[34] Die Klage eines Gesellschafters auf Auflösung der Gesellschaft aus wichtigem Grund gem. § 61 GmbHG ist treuwidrig und damit abzuweisen, wenn statt dessen der Ausschluß eines Gesellschafters gerechtfertigt ist, weil die Interessen der Gesellschafter an der Fortführung der Gesellschaft vorgehen.[35] Eine Auflösungsklage ist auch dann abzuweisen, wenn dem klagenden Gesellschafter ein Angebot zur Übernahme seines Geschäftsanteils zum vollen Verkehrswert gemacht wird.[36] Aufgrund seiner Treuepflicht kann ein Gesellschafter verpflichtet sein, der zu erhebenden Ausschlußklage gegen einen anderen Gesellschafter zuzustimmen, wenn der Ausschluß zur weiteren Verfolgung des Gesellschaftszwecks erforderlich ist.[37] Ebenso haben alle Gesellschafter der Abberufung eines Geschäftsführers zuzustimmen, in dessen Person wichtige Gründe vorliegen, die sein Verbleiben in der Organstellung für die Gesellschaft unzumutbar machen.[38]

28 Die Treuepflicht kann von einem Gesellschafter verlangen, einer Beschlußvorlage in der Gesellschafterversammlung oder sogar einer Änderung des Gesellschaftsvertrages zuzustimmen, wenn dies ausnahmsweise zur Anpassung der Gesellschaft an veränderte Umstände dringend geboten ist, um den Ge-

---

[32] *Hachenburg/Raiser* § 14 Anm. 57; BGH v. 1. 4. 1953, BGHZ 9, 1957; BGH v. 17. 2. 1955, BGHZ 16, 317.

[33] *Hachenburg/Raiser* aaO; BGH v. 17. 2. 1955, BGHZ 16, 317; BGH v. 13. 2. 1995, NJW 1995, 1358 f. = WM 1995, 752 ff.

[34] *Hachenburg/Raiser* aaO; BGH v. 1. 2. 1938, BGHZ 103, 184 ff.; BGH v. 28. 1. 1980, BGHZ 76, 352.

[35] *Hachenburg/Raiser* aaO; BGH v. 23. 2. 1981, BGHZ 80, 346.

[36] *Hachenburg/Raiser* aaO; BGH v. 15. 4. 1985, NJW 1985, Seite 1901.

[37] *Hachenburg/Raiser* § 14 Anm. 58; BGH v. 10. 6. 1965, BGHZ 44, 40 und BGH v. 28. 4. 1975, BGHZ 64, 253.

[38] BGH v. 19. 11. 1990, WM 1991, 97 ff.

sellschaftszweck verständig weiterverfolgen zu können.[39] Aufgrund der Treuepflicht kann ein Gesellschafter auch verpflichtet sein, einer infolge der GmbH-Novelle von 1980 erforderlich gewordenen Kapitalerhöhung zuzustimmen, soweit ihm dadurch keine Nachteile erwachsen oder ihm die Zustimmung angesichts der Gewinne, die er aus der Gesellschaft bezieht, ohne wirtschaftliche Opfer möglich ist.[40] Er darf seine Mitwirkung an einer solchen Kapitalerhöhung regelmäßig auch dann nicht von der Erfüllung damit innerlich nicht zusammenhängender Forderungen gegen die Gesellschaft oder Mitgesellschafter abhängig machen, wenn diese Forderungen möglicherweise berechtigt sind; diese Ansprüche sind vielmehr auf dem dafür vorgesehenen rechtlichen Weg geltend zu machen.[41] Aufgrund der gesellschaftsrechtlichen Treuepflicht kann ein Gesellschafter auch verpflichtet sein, das gesellschaftsschädigende Verhalten seines Ehepartners zu unterbinden, der ihm zur Vermeidung der Vollstreckung in den Geschäftsanteil diesen übertragen hat, wenn der ursprüngliche Gesellschafter auch nach der Anteilsabtretung die Gesellschafterbefugnisse faktisch weiterhin ausübt, indem er zB in sämtlichen Gesellschafterversammlungen den Anteilserwerber vertritt.[42]

29 Andererseits verstößt ein Gesellschafter nicht gegen die Treuepflicht, wenn er durch seine Stimmabgabe die Umwandlung einer GmbH in eine AG verhindert, soweit er damit keine persönlichen Vorteile verfolgt, sondern sich nur gegen den Versuch wehrt, die Minderheit zu entmachten.[43]

30 Ein Mehrheitsgesellschafter handelt treuwidrig, wenn er gegen die Interessen der Gesellschafterminderheit die Geschäftsführung zu Leistungen der Gesellschaft veranlaßt, denen keine gleichwertigen Gegenleistungen gegenüberstehen.[44] Es kann auch gegen die Treuepflicht verstoßen, wenn ein Gesellschafter seinen Anspruch auf Gewinnausschüttung oder auf Rückzahlung eines Gesellschafterdarlehens durchsetzt, obwohl dadurch die Gesellschaft in eine Liquiditätskrise gerät.[45] Gleiches gilt, wenn ein Mehrheitsgesellschafter gegen den Willen der Mitgesellschafter einen Abschlußprüfer ohne sachlich gerechtfertigten Grund durch einen anderen ersetzen will.[46]

31 Wenn Gesellschafter der Gesellschaft nicht im mitgliedschaftlichen Bereich, sondern wie unbeteiligte Dritte – zB als Käufer oder Auftraggeber – gegenüberstehen, sind sie grds. frei, ihre eigenen Interessen zu verfolgen;[47] nur in Ausnahmefällen gebietet die Treuepflicht dem Gesellschafter im Rahmen derartiger Drittbeziehungen die Rücksichtnahme auf die Interessen der Gesellschaft.[48]

32 Die Rechtsfolgen der Treuepflichtverletzung bestimmen sich nach der Art des treuwidrigen Verhaltens. Wird die Treuepflicht durch einen Gesellschaf-

---

[39] *Hachenburg/Raiser* § 14 Anm. 58; BGH v. 25. 9. 1986, BGHZ 98, 276.
[40] *Hachenburg/Raiser* § 14 Anm. 58; BGH v. 25. 9. 1986, BGHZ 98, 276.
[41] BGH v. 23. 3. 1987, II ZR, 244/6 in WM 1987, 841 ff.
[42] OLG München, v. 3. 11. 1993 (rechtskräftig), GmbHR 1994, 406 ff.
[43] *Hachenburg/Raiser* aaO; BGH v. 9. 6. 1954, BGHZ 14, 25 ff. (38).
[44] *Hachenburg/Raiser* § 14 Anm. 59; BGH v. 5. 6. 1975, BGHZ 65, 15 ff.
[45] *Hachenburg/Raiser* § 14 Anm. 60; OLG Koblenz v. 5. 4. 1984, WM 1984, 1051.
[46] BGH v. 23. 9. 1991, GmbHR 1991, 568.
[47] BGH v. 27. 6. 1988, NJW 1989, 166.
[48] BGH v. 27. 6. 1988, aaO.

terbeschluß verletzt, so kann dieser Beschluß von den Gesellschaftern angefochten werden;[49] demgegenüber sind treuwidrige Handlungen anderer Art idR unwirksam und damit von Anfang an unbeachtlich.[50]

33 Verlangt die Treuepflicht ein bestimmtes Verhalten, zB die Zustimmung zu einem Gesellschafterbeschluß, so kann der sich weigernde Gesellschafter auf Vornahme der Handlung verklagt werden; entspr. kann eine Unterlassungsklage bei treuwidrigem Verhalten eines Gesellschafters in Betracht kommen. Klagebefugt sind je nach Inhalt des treuwidrigen Verhaltens die Gesellschaft oder die Gesellschafter.[51]

34 Die ständige Verletzung der Treuepflicht oder auch eine einmalige sehr schwerwiegende Treuepflichtverletzung durch einen Gesellschafter kann – soweit im Gesellschaftsvertrag zugelassen – die Einziehung des Geschäftsanteils, ansonsten den Ausschluß des Gesellschafters aus wichtigem Grund, die Entziehung bestimmter Rechte des treuwidrigen Gesellschafters oder im äußersten Fall die Klage auf Auflösung der Gesellschaft rechtfertigen.[52]

35 Bei schuldhafter Verletzung der Treuepflicht kann ein Schadensersatzanspruch der Gesellschaft und der Gesellschafter auf Leistung an die Gesellschaft[53] oder an ein Konzernunternehmen, wenn dort der Schaden eingetreten ist,[54] bestehen. Hat ein Gesellschafter durch das treuwidrige Verhalten eines Mitgesellschafters über die Schädigung der Gesellschaft hinaus einen eigenen Schaden erlitten, so kann er von dem treuwidrigen Gesellschafter insoweit Ersatzleistung an sich selbst verlangen.[55]

36 Schadensersatzansprüche wegen treuwidrigen Verhaltens setzen ein schuldhaftes Verhalten des handelnden Gesellschafters voraus; hierbei ist streitig, ob im Einzelfall als Schuldmaßstab die Sorgfalt eines ordentlichen Kaufmanns – was bei Geschäftsführungsangelegenheiten wohl zu bejahen ist[56] – gilt oder ob die allgemeine zivilrechtliche Schulddefinition des § 276 BGB, die von leichter Fahrlässigkeit bis zum Vorsatz reicht, oder die Beschränkung auf grobe Fahrlässigkeit und Vorsatz gem. § 708 BGB zugrunde zu legen ist, wonach ein Gesellschafter nur für die Sorgfalt einzustehen hat, die er in eigenen Angelegenheiten anzuwenden pflegt.[57]

II. Gleichbehandlungsgrundsatz

37 Die Gesellschafter sind aufgrund der **Vertragsfreiheit** – abgesehen von den wenigen zwingenden Vorschriften – in der Gestaltung ihrer Rechte und

---

[49] BGH v. 23. 9. 1991, GmbHR 1991, 568.
[50] *Baumbach/Hueck/Hueck* § 13 Anm. 31; *Scholz/Winter* § 14 Anm. 61.
[51] *Hachenburg/Raiser* § 14 Anm. 61; *Scholz/Winter* § 14 Anm. 16.
[52] *Hachenburg/Raiser* § 14 Anm. 61; *Scholz/Winter* § 14 Anm. 61; *Rowedder/Rowedder* § 13 Anm. 21.
[53] Vgl. im einzelnen Rz. 119 ff.
[54] Vgl. BGH v. 5. 6. 1975, BGHZ 65, 15 ff.
[55] *Hachenburg/Raiser* § 14 Anm. 61; vgl. auch BGH v. 30. 9. 1991, in WM 1991, 2099 ff.
[56] Vgl. *Scholz/Winter* § 14 Anm. 62.
[57] *Rowedder/Rowedder* § 13 Anm. 13, 20; *Scholz/Winter* § 14 Anm. 62; *Hachenburg/Raiser* § 14 Anm. 61.

B. Allgemeine Verhaltensgrundsätze

Pflichten bei Abschluß des Gesellschaftsvertrages frei; sie können einzelne Gesellschafter oder Gruppen von Gesellschaftern bevorzugen und andere zurücksetzen.[58] Auch nach Abschluß des Gesellschaftsvertrages können Ungleichbehandlungen von Gesellschaftern im Wege von Satzungsänderungen mit Zustimmung der nachteilig betroffenen Gesellschafter vereinbart werden.[59] Enthält jedoch der Gesellschaftsvertrag keine abweichenden Bestimmungen, so gilt der **Grundsatz der Gleichbehandlung** aller Gesellschafter. Der Gleichbehandlungsgrundsatz ist im GmbH-Recht seit langem allgemein anerkannt; ob er rechtsdogmatisch aus der gesellschaftsrechtlichen Treuepflicht abzuleiten ist[60] oder ob er sich aus dem generellen privatrechtlichen Prinzip der Rechtsgleichheit ergibt,[61] dürfte für die Praxis ohne Bedeutung sein.

38 Das Gleichbehandlungsgebot bindet alle Organe der Gesellschaft, die Geschäftsführung ebenso wie die Gesellschafterversammlung bei Mehrheitsbeschlüssen und die einzelnen Gesellschafter bei der Wahrnehmung ihrer mitgliedschaftlichen Rechte und Pflichten.[62]

39 Der Gleichbehandlungsgrundsatz beinhaltet ein allgemeines **Diskriminierungs- und Willkürverbot.** Die Gesellschafter dürfen nicht ohne sachlich gerechtfertigten Grund verschieden behandelt werden.[63] Anders als im GmbH-Recht[64] ist dies für die AG in § 53 a AktG ausdrücklich geregelt: „Aktionäre sind unter gleichen Voraussetzungen gleich zu behandeln." Dies bedeutet nicht schematische Gleichstellung, sondern lediglich ein Verbot sachlich nicht begründeter Differenzierungen.

40 Die Prüfung eines etwaigen Verstoßes gegen den Gleichbehandlungsgrundsatz hat in zwei Schritten zu erfolgen. Zunächst ist festzustellen, ob eine Ungleichbehandlung vorliegt. Ist dies zu bejahen, so ist weiter zu ermitteln, ob für diese Ungleichbehandlung ein sachlich gerechtfertigter Grund vorliegt. Bei der Prüfung einer etwaigen Ungleichbehandlung sind die Auswirkungen der Maßnahme auf die einzelnen Gesellschafter unter Berücksichtigung aller Gegebenheiten des konkreten Gesellschaftsverhältnisses festzustellen. Grds. sind jedoch generalisierende, für alle Gesellschafter in gleicher Weise geltende Maßnahmen auch dann zulässig, wenn sie sich bei den einzelnen Gesellschaftern aufgrund vorübergehender individueller Verhältnisse unterschiedlich auswirken. Allerdings kann in Ausnahmefällen eine Maßnahme auch dann eine Ungleichbehandlung beinhalten, wenn sie zwar formal so ausgestaltet ist, daß sie theoretisch für alle Gesellschafter in gleicher Weise gilt, jedoch aufgrund der tatsächlichen Gegebenheiten feststeht, daß sie sich konkret nur gegen einzelne Gesellschafter richten kann, weil lediglich bei diesen die – abstrakt formulierten – Voraussetzungen vorliegen.[65] Nicht zu berücksichtigen sind bei der Feststellung einer Ungleichbehandlung die Auswirkungen, die die außer-

---

[58] *Hachenburg/Raiser* § 14 Anm. 67; *Scholz/Winter* § 14 Anm. 40.
[59] *Baumbach/Hueck/Hueck* § 13 Anm. 37.
[60] *Scholz/Winter* § 14 Anm. 41.
[61] *Hachenburg/Raiser* § 14 Anm. 69.
[62] *Baumbach/Hueck/Hueck* § 13 Anm. 38.
[63] *Scholz/Winter* § 14 Anm. 45.
[64] *Baumbach/Hueck/Hueck* § 13 Anm. 35; *Hachenburg/Raiser* § 14 Anm. 67.
[65] *Scholz/Winter* § 14 Anm. 45.

gesellschaftlichen persönlichen Verhältnisse der Gesellschafter betreffen; beispielsweise kann eine von den Gesellschaftern beschlossene Gewinnthesaurierung nicht deshalb eine einen Gesellschafter benachteiligende Ungleichbehandlung beinhalten, weil dieser Gesellschafter zur Tilgung seiner persönlichen Verbindlichkeiten auf eine Gewinnausschüttung angewiesen ist. Bei der Prüfung, ob für eine festgestellte Ungleichbehandlung ein sachlich gerechtfertigter Grund vorliegt, sind die Interessen des bzw. der benachteiligten Gesellschafter und der übrigen Gesellschafter gegeneinander abzuwägen; wenn zB ein Gesellschafter die allen Gesellschaftern eingeräumte Nutzung eines Patentrechtes der Gesellschaft mißbraucht, so kann ihm dieses Nutzungsrecht für die Zukunft entzogen werden, den anderen Gesellschaftern aber belassen bleiben.[66]

41 Der Gleichbehandlungsgrundsatz gilt nur für den **mitgliedschaftlichen** Bereich zwischen den Gesellschaftern untereinander und zwischen der Gesellschaft und den Gesellschaftern. Er findet keine Anwendung auf **Drittgeschäfte,** bei denen sich die Gesellschaft und der Gesellschafter wie unbeteiligte Dritte – zB als Käufer oder Lieferant – gegenüberstehen, es sei denn, daß für Abschluß oder Inhalt des Rechtsgeschäfts die Gesellschaftereigenschaft ausschlaggebend oder zumindest mitbestimmend war.[67]

42 Sind Rechtspositionen den Gesellschaftern durch den Gesellschaftsvertrag oder kraft Gesetzes ohne Rücksicht auf die Höhe ihrer Beteiligung an der Gesellschaft zugeordnet, so hat in diesem Bereich die Gleichbehandlung nach Köpfen zu erfolgen. In allen anderen Fällen ist – vorbehaltlich abweichender Bestimmungen im Gesellschaftsvertrag – Gleichbehandlungsmaßstab die Höhe der Kapitalbeteiligungen der Gesellschafter.[68]

43 Die Prüfung, ob eine Maßnahme gegen den Gleichbehandlungsgrundsatz verstößt, erfolgt ausschließlich aufgrund objektiver Beurteilung, das Bewußtsein oder die Absicht der Beteiligten ist unerheblich.[69]

44 Die Rechtsfolgen eines Verstoßes gegen den Gleichbehandlungsgrundsatz sind unterschiedlich, je nachdem, ob es sich um einen Gesellschafterbeschluß oder um eine andere rechtliche oder tatsächliche Maßnahme handelt. Das Gleichbehandlungsgebot verletzende Gesellschafterbeschlüsse sind anfechtbar.[70] Andere rechtliche oder tatsächliche Maßnahmen, die gegen den Gleichbehandlungsgrundsatz verstoßen, sind unwirksam.[71] Darüber hinaus können sich je nach Art und Inhalt der Maßnahme weitere sehr unterschiedliche Rechtsfolgen ergeben, wobei als Grundsatz gilt, daß Auswirkungen der Ungleichbehandlung zu verhindern bzw. rückgängig zu machen oder in geeigneter Weise auszugleichen sind.[72] Steuerlich können Verstöße gegen den Gleichbehandlungsgrundsatz zu verdeckten Gewinnausschüttungen führen.[73]

---

[66] *Scholz/Winter* § 14 Anm. 45.
[67] *Scholz/Winter* § 14 Anm. 43; *Baumbach/Hueck/Hueck* § 13 Anm. 38.
[68] *Baumbach/Hueck/Hueck* § 13 Anm. 36; *Hachenburg/Raiser* § 14 Anm. 70.
[69] *Scholz/Winter* § 14 Anm. 45; *Hachenburg/Raiser* § 14 Anm. 70; *Baumbach/Hueck/Hueck* § 13 Anm. 36.
[70] *Scholz/Winter* § 14 Anm. 47; *Hachenburg/Raiser* § 14 Anm. 73; *Baumbach/Hueck/Hueck* § 13 Anm. 39.
[71] *Scholz/Winter* § 14 Anm. 48.
[72] Vgl. im einzelnen *Scholz/Winter* § 14 Anm. 48; *Hachenburg/Raiser* § 14 Anm. 74.
[73] Vgl. hierzu im einzelnen § 8 Rz. 31 ff.

C. Die Gesellschafterrechte

I. Inhaber der Gesellschafterrechte

In der GmbH als einem auf einen gemeinsamen Gesellschaftszweck ausgerichteten **körperschaftlichen Personenverband** haben die **Gesellschafterrechte** zwei Funktionen; sie dienen zum einen der Erreichung des Gesellschaftszwecks und zum anderen dem Ausgleich der uU divergierenden Interessen der einzelnen Gesellschafter bzw. Gesellschaftergruppen. Dementsprechend sind im GmbH-Recht die Gesellschafterrechte bezogen auf ihre Inhaberschaft unterschiedlich ausgestaltet. Zu unterscheiden sind:
- **Individualrechte,** die jedem Gesellschafter unabhängig vom Umfang seiner Beteiligung zustehen (zB das Informationsrecht gem. § 51 a GmbHG)
- **Minderheitsrechte,** die einem oder gemeinsam mehreren Gesellschaftern mit einer bestimmten Mindestbeteiligungsquote zustehen (zB das Recht auf Einberufung einer Gesellschafterversammlung gem. § 50 GmbHG)
- **Kollektivrechte,** die den Gesellschaftern in ihrer Gesamtheit zustehen und durch kollektive Entscheidung – durch Beschlußfassung – ausgeübt werden (zB das Weisungsrecht gegenüber der Geschäftsführung).

II. Gesellschafterrechte als Vermögens- und Verwaltungsrechte

Die Beteiligung des Gesellschafters an der GmbH umfaßt zum einen die Teilhabe am gegenwärtigen und künftigen Vermögen der Gesellschaft und zum anderen die Einflußmöglichkeiten auf Geschäftsführung und Vertretung der GmbH. Dementsprechend lassen sich die Gesellschafterrechte in Vermögens- und Verwaltungsrechte unterscheiden.[74]

Gegenstand der **Vermögensrechte** sind insb. die Beteiligung am Gewinn und am Liquidationserlös. Zu den **Verwaltungsrechten** gehören vor allem das Recht zur Teilnahme an der Gesellschafterversammlung, das Stimmrecht, das Auskunfts- und Einsichtsrecht, das Recht zur Anfechtung von Gesellschafterbeschlüssen und als Minderheitsrechte das Recht auf Einberufung einer Gesellschafterversammlung und auf Ankündigung von Tagesordnungspunkten, das Recht auf Erhebung der Auflösungsklage und das Recht, aus wichtigem Grund die gerichtliche Bestellung und Abberufung von Liquidatoren zu beantragen.[75]

Die Unterscheidung zwischen Vermögens- und Verwaltungsrechten hat praktische Bedeutung. Verwaltungsrechte können nicht gesondert von dem zugehörigen Geschäftsanteil übertragen („abgespalten") werden; demgegenüber können bei den Vermögensrechten zwar nicht diese selbst, aber die einzelnen sich daraus ergebenden vermögensrechtlichen Ansprüche (zB Zahlungsansprüche aufgrund eines Gewinnausschüttungsbeschlusses) unabhängig

---

[74] *Baumbach/Hueck/Hueck* § 14 Anm. 12; *Rowedder/Rowedder* § 14 Anm. 5.
[75] *Hachenburg/Raiser* § 14 Anm. 15.

vom Geschäftsanteil abgetreten werden.[76] Bei den Verwaltungsrechten können die Gesellschafter in größerem Umfang zur uneigennützigen Rechtsausübung im Interesse der Gesellschaft verpflichtet sein und damit in stärkerem Maß der Treuebindung unterliegen[77] als bei den vorwiegend den Eigeninteressen der einzelnen Gesellschafter dienenden Vermögensrechten.[78]

III. Gesellschafterrechte und Drittrechte von Gesellschaftern

49 Gesellschafterrechte sind ausschließlich diejenigen Rechte, die dem Gesellschafter aufgrund seiner Mitgliedschaft in der GmbH zustehen. Hiervon zu unterscheiden sind die sogenannten **Drittrechte** von Gesellschaftern, die einzelnen Gesellschaftern, unabhängig von ihrer Mitgliedschaft, wie jeder außenstehenden Person gegenüber der Gesellschaft zustehen können, zB aus mit der Gesellschaft abgeschlossenen Kauf-, Darlehens- oder Dienstverträgen.[79] Die Unterscheidung zwischen Gesellschafterrechten und Drittrechten ist deshalb von Bedeutung, weil im Gegensatz zu Drittrechten die Ausübung der Gesellschafterrechte aufgrund der Verhaltensgebote, denen die Gesellschafter infolge ihrer gesellschaftsrechtlichen Verbundenheit unterliegen,[80] besonderen Beschränkungen unterworfen sein kann. Demgegenüber gelten grds. für die Wahrnehmung von Drittrechten lediglich die allgemeinen zivilrechtlichen Bestimmungen. Wenn Drittrechte jedoch in einer engen Beziehung zur Gesellschafterstellung stehen, also nur oder insb. wegen der Zugehörigkeit zur Gesellschaft begründet worden sind bzw. aufrechterhalten werden, können diese Drittrechte durch das Gesellschaftsverhältnis überlagert werden und dadurch in ihrer Ausübung beeinflußt werden; ein gesetzlich geregeltes Beispiel hierfür ist die Unzulässigkeit der Rückzahlung von Gesellschafterdarlehen in finanziellen Krisensituationen der Gesellschaft gem. §§ 32 a f. GmbHG. Vor einer schematischen Unterscheidung zwischen Gesellschafterrechten und Drittrechten von Gesellschaftern ist deshalb nachdrücklich zu warnen.

50 Da nicht nur Gesellschafterrechte, sondern auch Drittrechte – als sogenannte **unechte Satzungsbestandteile** – von Gesellschaftern in den Gesellschaftsvertrag aufgenommen werden können, ist es wichtig, im Gesellschaftsvertrag zweifelsfrei klarzustellen, ob es sich um ein Gesellschafterrecht handelt – das der Gesellschafter dementsprechend nur während seiner Zugehörigkeit zur Gesellschaft und gegebenenfalls mit den sich aus der Treuepflicht und dem Gleichbehandlungsgrundsatz ergebenden Einschränkungen geltend machen kann – oder um ein Drittrecht, das der im Gesellschaftsvertrag genannte Gläubiger unabhängig von seiner Mitgliedschaft in der GmbH und im sehr viel weitergehenden Rahmen der allgemeinen zivilrechtlichen Bestimmungen beanspruchen kann.

---

[76] *Scholz/Winter* § 15 Anm. 7 ff.; *Baumbach/Hueck/Hueck* § 14 Anm. 19.
[77] Vgl. Rz. 22 ff.
[78] *Baumbach/Hueck/Hueck* § 14 Anm. 12.
[79] *Hachenburg/Raiser* § 14 Anm. 16.
[80] Vgl. im einzelnen Rz. 22 ff.

IV. Begründung, Änderung und Aufhebung allgemeiner Gesellschafterrechte

Soweit das GmbH-Recht nicht zwingend bestimmte Gesellschafterrechte vorgibt, können neben oder anstelle der dispositiven Gesellschafterrechte des GmbHG weitere, für alle Gesellschafter in gleicher Weise geltende Gesellschafterrechte begründet werden.[81] Die Statuierung dieser **allgemeinen Gesellschafterrechte** hat im Gesellschaftsvertrag zu erfolgen, entweder bei Gründung der Gesellschaft oder durch spätere Satzungsänderung.[82]

Entsprechend können die allgemeinen Gesellschafterrechte durch Änderung des Gesellschaftsvertrages abgeändert oder ganz aufgehoben werden. Für diesen Satzungsänderungsbeschluß genügt zwar grds. das nach GmbHG bzw. Gesellschaftsvertrag vorgeschriebene Mehrheitserfordernis; aus Inhalt und Zweck einzelner Gesellschafterrechte kann sich jedoch ergeben, daß diese Rechte nur mit Zustimmung aller Gesellschafter abgeändert oder aufgehoben werden können.[83] Ein allen Gesellschaftern gesellschaftsvertraglich zustehendes Vorkaufsrecht für die jeweils anderen Gesellschaftsanteile wird nicht ohne Zustimmung aller Gesellschafter aufgehoben werden können;[84] demgegenüber kann es zB bei dem gesellschaftsvertraglich allen Gesellschaftern eingeräumten Recht, bestimmte Dienstleistungen der Gesellschaft in Anspruch zu nehmen oder Produkte über die GmbH zu beziehen, zweifelhaft sein, ob dieses Recht gegen den Willen einzelner Gesellschafter soll geändert oder ganz beseitigt werden können. Um hier Auslegungsschwierigkeiten und Auseinandersetzungen zwischen den Gesellschaftern zu vermeiden, empfiehlt es sich, bereits bei Begründung der betreffenden Gesellschafterrechte in den Gesellschaftsvertrag eine klarstellende Bestimmung aufzunehmen, ob in diese Rechte nur mit Zustimmung aller Gesellschafter oder bereits mit satzungsänderndem Mehrheitsbeschluß eingegriffen werden kann.

Die Gesellschafterrechte stehen dem Gesellschafter zu, solange er Gesellschafter ist. Wird zu einem Anteil eines GmbH – Gesellschafters satzungsgemäß die Einziehung gegen Entschädigung beschlossen, bestehen die Gesellschafterrechte bis zur Leistung des Einziehungsentgelts fort und kommen auch nicht zum Ruhen; denn der Gesellschafter scheidet erst mit der wirksamen Leistung des Einziehungsentgelts aus der Gesellschaft aus.[85]

V. Gesellschaftersonderrechte

Der das GmbH-Recht bestimmende Grundsatz weitgehender Gestaltungsfreiheit gibt die Möglichkeit, einzelnen Gesellschaftern oder Gesellschafter-

---

[81] Vgl. demgegenüber zu den nur für *einzelne* Gesellschafter oder Gesellschaftergruppen geltenden Sonderrechten nachfolgend V. „Gesellschaftersonderrechte".
[82] *Baumbach/Hueck/Hueck* § 14 Anm. 14, 15.
[83] *Baumbach/Hueck/Hueck* § 14 Anm. 16.
[84] BezG Dresden v. 14. 12. 92 (rechtskräftig), GmbHR, 1994, 123 ff.
[85] OLG Frankfurt am Main, v. 26. 11. 1996, BB 1997, 171 f. unter Bezug auf BGH v. 1. 4. 1953, BGHZ 9, 157, 173.

gruppen Vorrechte gegenüber den anderen Gesellschaftern einzuräumen. Gegenstand dieser **Gesellschaftersonderrechte** können beispielsweise sein ein erhöhtes Stimmrecht, Zustimmungs- oder Einspruchsrechte bei Gesellschafterbeschlüssen, Weisungsrechte gegenüber der Geschäftsführung, Entsendungsrechte für Mitglieder eines Aufsichtsrates oder Beirates, das Recht zur Geschäftsführung oder zur Ernennung von Geschäftsführern, das Recht auf Vorzugsdividende und/oder auf erhöhten Liquiditätsanteil, das Recht zur Benutzung von Einrichtungen der Gesellschaft oder zum Bezug ihrer Produkte, das Recht des Zustimmungsvorbehalts bei der Veräußerung von Geschäftsanteilen oder das Recht zum Erwerb anderer Geschäftsanteile.[86] Die Grenzen des zulässigen Inhalts von Gesellschaftersonderrechten ergeben sich aus den allgemeinen zivilrechtlichen Vorschriften[87] und aus den zwingenden Vorschriften des GmbHG; so kann zB durch das Gesellschaftersonderrecht zur Ernennung eines Geschäftsführers nicht dessen Abberufung aus wichtigem Grund gem. § 38 Abs. 2 GmbHG ausgeschlossen werden, ebensowenig kann durch ein Sonderrecht ein Anspruch auf Vorzugsdividende begründet werden, soweit ihre Zahlung gegen die zwingenden Kapitalerhaltungsvorschriften des GmbHG verstoßen würde.[88]

55 Gesellschaftersonderrechte können in der Weise eingeräumt werden, daß sie einem namentlich bestimmten Gesellschafter zeitlich begrenzt oder für die Dauer seiner Zugehörigkeit zur Gesellschaft oder dem jeweiligen Eigentümer eines bestimmten Geschäftsanteils zustehen sollen.[89] In letzterem Fall spricht man von sogenannten **Vorzugsgeschäftsanteilen;** hierbei empfiehlt es sich, eine Teilung des Geschäftsanteils auszuschließen oder zumindest ausdrücklich zu regeln, ob und mit welchem Inhalt im Falle einer Teilung des Geschäftsanteils das Sonderrecht weiterbestehen soll. Möglich ist auch die Vereinbarung von Sonderrechten unter aufschiebenden oder auflösenden Bedingungen.[90]

Ebenso wie die allgemeinen Gesellschafterrechte können auch Sonderrechte wirksam nur durch Aufnahme in den Gesellschaftsvertrag begründet werden. Geschieht dies nicht bereits bei Gründung der Gesellschaft, sondern erst später im Wege einer Satzungsänderung, so bedarf dieser Satzungsänderungsbeschluß wegen des Grundsatzes der gleichmäßigen Behandlung aller Gesellschafter der Zustimmung der nicht bevorrechtigten Gesellschafter; andernfalls ist der Beschluß anfechtbar.[91]

56 Die besondere Bedeutung der Gesellschaftersonderrechte als gesellschaftsvertragliche Gestaltungsmöglichkeit liegt darin, daß Gesellschaftersonderrechte grds. nur durch satzungsändernden Beschluß mit Zustimmung des berechtigten Gesellschafters aufgehoben oder geändert werden können;[92] damit lassen sich individuelle Strukturen einer Gesellschaft auf Dauer absichern. Auch jede sonstige Beeinträchtigung des Gesellschaftersonderrechts bedarf der Zustimmung des Berechtigten; wobei eine Beeinträchtigung schon dann vor-

---

[86] *Scholz/Winter* § 14 Anm. 19 ff.
[87] Zum Beispiel Verstoß gegen die guten Sitten gem. § 138 BGB.
[88] *Hachenburg/Raiser* § 14 Anm. 20; *Scholz/Winter* § 14 Anm. 21.
[89] *Scholz/Winter* § 14 Anm. 23.
[90] *Scholz/Winter* § 14 Anm. 23.
[91] *Baumbach/Hueck/Hueck* § 14 Anm. 17; *Scholz/Winter* § 14 Anm. 20.
[92] *Hachenburg/Raiser* § 14 Anm. 23; *Baumbach/Hueck/Hueck* § 14 Anm. 18.

C. Die Gesellschafterrechte 57–60 § 3

liegt, wenn infolge einer Maßnahme der Geschäftsführung – ohne formalen Eingriff in das Gesellschaftersonderrecht – unvermeidlich nachteilige Folgen für den Inhaber des Gesellschaftersonderrechts zu erwarten sind.[93] Ohne Zustimmung des berechtigten Gesellschafters kann ein Gesellschaftersonderrecht ausnahmsweise entzogen oder eingeschränkt werden, wenn ein wichtiger Grund vorliegt. Dies ist der Fall, wenn Umstände gegeben sind, die bei Abwägen der Interessen aller Beteiligten das unveränderte Fortbestehen des Gesellschaftersonderrechts für die Gesellschaft bzw. die anderen Gesellschafter auf Dauer unzumutbar erscheinen lassen, beispielsweise bei schwerwiegenden Verstößen gegen die gesellschaftsrechtliche Treuepflicht.[94] Auch bei Vorliegen eines wichtigen Grundes ist wegen der grundsätzlichen Unentziehbarkeit eines Gesellschaftersonderrechts stets der schonendste Eingriff in die Rechtsposition des berechtigten Gesellschafters zu wählen.[95]

Gesellschafterbeschlüsse, die ohne Zustimmung des Berechtigten und ohne wichtigen Grund in ein Gesellschaftersonderrecht eingreifen, sind unwirksam. Eine Anfechtung ist nicht nötig. Fehlt lediglich die Zustimmung des Gesellschafters, so kann er den Beschluß nachträglich genehmigen.[96] Werden Sonderrechte nicht durch Gesellschafterbeschlüsse, sondern durch andere rechtliche oder sonstige Maßnahmen beeinträchtigt, so sind auch diese Maßnahmen unwirksam. 57

Sonderrechte, die das Ergebnis der Gesellschaft negativ beeinflussen, können steuerlich zu sog. verdeckten Gewinnausschüttungen führen.[97] 58

Neben oder anstelle mitgliedschaftlicher Gesellschaftersonderrechte werden in Gesellschaftsverträgen nicht selten – als sogenannte **unechte Satzungsbestandteile** – nach dem Willen der Beteiligten lediglich schuldrechtlich wirkende Rechtspositionen von Gesellschaftern aufgenommen, zB das Recht eines Gesellschafters, bestimmte Einrichtungen oder Leistungen der Gesellschaft in Anspruch nehmen zu dürfen. Zwar können Gesellschaftersonderrechte und lediglich schuldrechtliche Gesellschafterrechte inhaltlich weitgehend identisch ausgestaltet werden, der ganz gravierende Unterschied zwischen beiden Rechten besteht jedoch in der unterschiedlichen Möglichkeit für ihre Abänderung bzw. Aufhebung. Während die Gesellschaftersonderrechte dem begünstigten Gesellschafter – wie vorstehend im einzelnen dargelegt – eine sehr starke, gegen seinen Willen nur unter extremen Umständen entziehbare Rechtsposition einräumen, können lediglich schuldrechtlich wirkende Gesellschafterrechte sehr viel einfacher, zB durch Kündigung, beendet werden. 59

Um spätere Streitigkeiten darüber zu vermeiden, ob eine Bestimmung des Gesellschaftsvertrages ein Gesellschaftersonderrecht zugunsten eines Gesellschafters beinhaltet oder lediglich schuldrechtliche Wirkung hat, sollte diese stets ausdrücklich als Sonderrecht im Gesellschaftsvertrag vereinbart werden. Entspr. sollten die lediglich schuldrechtlichen Gesellschafterrechte außerhalb des Gesellschaftsvertrages zwischen den Gesellschaftern bzw. zwischen dem 60

---

[93] *Hachenburg/Raiser* § 14 Anm. 23.
[94] Vgl. im einzelnen Rz. 22 ff.
[95] Vgl. im einzelnen *Hachenburg/Raiser* § 14 Anm. 24 ff.; *Scholz/Winter* § 14 Anm. 27.
[96] *Hachenburg/Raiser* § 14 Anm. 26; *Scholz/Winter* § 14 Anm. 28.
[97] Vgl. im einzelnen § 8 Rz. 31 ff.

Schmiegelt

betreffenden Gesellschafter und der Gesellschaft vereinbart werden. Anderenfalls könnte beispielsweise ohne klarstellende Regelung aus der Bestellung eines Gesellschafters zum Geschäftsführer im Gesellschaftsvertrag im Zweifel nicht darauf geschlossen werden, daß dadurch für den Gesellschafter ein Gesellschaftersonderrecht auf das Amt des oder eines Geschäftsführers begründet werden sollte.[98]

VI. Einzelne Gesellschafterrechte

61 Das GmbH-Recht gibt den Gesellschaftern teils zwingende, teils durch den Gesellschaftsvertrag abdingbare Gesellschafterrechte, die in ihrer Mehrzahl im GmbHG ausdrücklich geregelt sind und darüber hinaus in einigen Fällen von der Rspr. – zT in entsprechender Anwendung des Aktienrechts – entwickelt worden sind. Im einzelnen handelt es sich um die nachfolgend – unterteilt nach ihrer Rechtsinhaberschaft – aufgeführten Rechte:
Individualrechte
– Stimmrecht[99]
– Recht auf Teilnahme an allen Gesellschafterversammlungen[100]
– Informationsrecht zu Beschlußgegenständen[101]
– Anfechtungsklage gegen Gesellschafterbeschlüsse[102]
– Nichtigkeitsklage gegen Gesellschafterbeschlüsse[103]
– Informationsrecht gem. § 51 a GmbHG[104]
– Gewinnbezugsrecht[105]
– Bezugsrecht bei Kapitalerhöhungen[106]
– Klagebefugnis zugunsten der Gesellschaft[107]
– Informationsrecht gegenüber Mitgesellschaftern[108]
– Abandonrecht[109]
– Austrittsrecht aus wichtigem Grund[110]
– Recht auf Klage zur Nichtigerklärung der Gesellschaft[111]
– Recht auf den Liquidationsüberschuß[112]
– Einsichtsrecht in die Geschäftsunterlagen nach Liquidationsabschluß.[113]

---

[98] *Scholz/Winter* § 14 Anm. 22.
[99] Vgl. § 4 Rz. 79 ff.
[100] Vgl. § 4 Rz. 37 ff.
[101] Vgl. Rz. 90 ff.
[102] Vgl. § 4 Rz. 188 ff.
[103] Vgl. § 4 Rz. 170 ff.
[104] Vgl. Rz. 63 ff.
[105] Vgl. § 10 Rz. 140 ff.
[106] Vgl. § 7 Rz. 28.
[107] Vgl. Rz. 119 ff.
[108] Vgl. Rz. 95 ff.
[109] Vgl. § 7 Rz. 88.
[110] Vgl. § 13 Rz. 115.
[111] Vgl. § 4 Rz. 184 ff.
[112] Vgl. § 16 Rz. 47 ff.
[113] Vgl. § 16 Rz. 56.

C. Die Gesellschafterrechte

Minderheitsrechte
- Recht auf Einberufung der Gesellschafterversammlung und auf Ankündigung von Tagesordnungspunkten[114]
- Recht auf Klage zur Auflösung der Gesellschaft[115]
- Recht auf Bestellung und Abberufung von Liquidatoren[116]

Kollektivrechte
- Weisungsrecht gegenüber der Geschäftsführung[117]
- Prüfungs- und Überwachungsrecht gegenüber der Geschäftsführung[118]
- Geltendmachung von Ersatzansprüchen der Gesellschaft gem. § 46 Ziff. 8 Alt. 1 GmbHG[119]
- Vertretung der Gesellschaft in Prozessen mit Geschäftsführern gem. § 46 Ziff. 8 Alt. 2 GmbHG[120]

Von den vorstehend aufgeführten Gesellschafterrechten werden nachfolgend lediglich die Rechte im einzelnen dargestellt, die nicht an anderer Stelle aufgrund des dortigen Sachzusammenhanges behandelt werden.

1. Informationsrechte

a) Informationsrecht gemäß § 51 a GmbHG

Nach dem durch die GmbH-Novelle von 1980 neu in das GmbHG eingefügten § 51 a haben die Geschäftsführer „jedem Gesellschafter auf Verlangen unverzüglich **Auskunft** über die Angelegenheiten der Gesellschaft zu geben und die **Einsicht** der Bücher und Schriften zu gestatten"; sie dürfen die Auskunft und die Einsicht verweigern, „wenn zu besorgen ist, daß der Gesellschafter sie zu gesellschaftsfremden Zwecken verwenden und dadurch der Gesellschaft oder einem verbundenen Unternehmen einen nicht unerheblichen Nachteil zufügen wird. Die Verweigerung bedarf eines Beschlusses der Gesellschafter".

Gem. § 51 a Abs. 3 GmbHG kann von den vorstehenden Vorschriften im Gesellschaftsvertrag nicht abgewichen werden.

Das **Informationsrecht** des § 51 a GmbHG steht jedem Gesellschafter ohne Rücksicht auf die Höhe seiner Beteiligung zur Wahrnehmung seiner mitgliedschaftlichen Eigeninteressen zu; es dient nicht zuletzt der sachgerechten Ausübung des Stimmrechts. Zugleich fördert es regelmäßig zumindest mittelbar die Interessen der Gesellschaft, da die Gesellschafter ihre Mitgliedschaftsrechte nur unter Mitberücksichtigung der Belange der Gesellschaft ausüben dürfen.[121]

Wenn § 51 a Abs. 3 GmbHG bestimmt, daß von den Regelungen des § 51 a im Gesellschaftsvertrag nicht abgewichen werden kann, so bedeutet dies lediglich, daß eine Schwächung des Informationsrechts des einzelnen

---

[114] Vgl. § 4 Rz. 14 ff.
[115] Vgl. § 16 Rz. 10 ff.
[116] Vgl. § 16 Rz. 30.
[117] Vgl. § 5 Rz. 134 ff., 141 ff.
[118] Vgl. Rz. 97 ff.
[119] Vgl. Rz. 103 ff.
[120] Vgl. Rz. 111 ff.
[121] *Scholz/Schmidt* § 51 a Anm. 1; vgl. Rz. 22 ff.

Gesellschafters unzulässig ist. Eine Verstärkung dieses Rechts durch entsprechende gesellschaftsvertragliche Regelungen ist möglich;[122] sie dürfte aber angesichts des umfassenden Wortlauts des § 51a GmbHG nur in Ausnahmefällen sinnvoll sein. Wichtiger für die Praxis ist, daß der zwingende Charakter des § 51a GmbHG gesellschaftsvertragliche **Verfahrensregelungen** für die Ausübung des Informationsrechts nicht ausschließt, soweit der materielle Gehalt dieses Rechts nicht eingeschränkt wird. So ist es zB zulässig, im Gesellschaftsvertrag die Schriftlichkeit von Gesellschafteranfragen vorzuschreiben oder den Streit über die Informationserteilung einem Schiedsgericht zu übertragen; nicht möglich ist es dagegen, Anfragen satzungsmäßig auf zB 1 Stunde im Monat oder auf wenige Zeiten im Jahr zu beschränken oder dem Gesellschafter die Zuziehung eines Sachverständigen – zumindest wenn dieser der beruflichen Verschwiegenheitspflicht unterliegt – zu versagen[123] oder die Informationserteilung von einem entsprechenden vorgeschalteten Gesellschafterbeschluß abhängig zu machen.[124] Da sich das den Geschäftsbetrieb der Gesellschaft häufig beeinträchtigende Informationsrecht des Gesellschafters nicht einschränken läßt, kann es sich empfehlen, das individuelle Informationsbedürfnis der einzelnen Gesellschafter durch institutionalisierte Unterrichtung aller Gesellschafter weitgehend gegenstandslos zu machen. Dies ist beispielsweise dadurch möglich, daß im Gesellschaftsvertrag oder durch Gesellschafterbeschluß eine laufende Berichterstattung an alle Gesellschafter durch die Geschäftsführung – zB durch standardisierte monatliche oder vierteljährliche Berichte – festgelegt wird.

67 Sind mehrere Personen an einem ungeteilten Geschäftsanteil berechtigt, so ist das Informationsrecht gemeinschaftlich von allen Berechtigten oder von einem gemeinsamen Vertreter gem. § 18 GmbHG auszuüben. Gesellschafter mit **stimmrechtlosen Geschäftsanteilen** sind ebenso informationsberechtigt wie Gesellschafter, die mit ihrem Stimmrecht für den Vorgang, zu welchem sie Informationen verlangen, ausgeschlossen sind. Bei Treuhandübertragungen, Verpfändungen, Pfändungen oder Nießbrauchbestellungen steht das Informationsrecht stets dem Gesellschafter, nicht dem Treugeber, Pfandgläubiger oder Nießbraucher zu.[125] Gesetzliche Vertreter sowie Testamentsvollstrecker und Konkursverwalter sind stets berechtigt, die Informationsrechte für die von ihnen vertretenen Personen bzw. Vermögen geltend zu machen.[126] Das Informationsrecht des § 51a GmbHG steht dem Gesellschafter nur während der Dauer seiner Zugehörigkeit zur Gesellschaft zu; ausgeschiedene Gesellschafter haben aber aus ihrer nachwirkenden Sonderbeziehung zur GmbH oder nach § 810 BGB Informationsrechte, soweit diese sich auf Ansprüche aus der Zeit ihrer Gesellschaftszugehörigkeit beziehen.[127]

---

[122] *Lutter/Hommelhoff* § 51a Anm. 24.
[123] *Lutter/Hommelhoff* § 51a Anm. 24; *Baumbach/Hueck/Zöllner* § 51a Anm. 3; *Scholz/Schmidt* § 51a Anm. 51.
[124] OLG Köln, Beschluß v. 18. 2. 1986, WM 1986, 761 ff.
[125] *Baumbach/Hueck/Zöllner* § 51a Anm. 6.
[126] *Lutter/Hommelhoff* § 51a Anm. 16.
[127] *Scholz/Schmidt* § 51a Anm. 13; *Lutter/Hommelhoff* § 51a Anm. 16; BGH v. 11. 7. 1988, NJW 1989, 225 ff. (226).

C. Die Gesellschafterrechte

68 Grds. kann sich ein Gesellschafter bei der Geltendmachung seines Informationsanspruches durch einen Dritten vertreten lassen oder ihn bei der Ausübung seines Informationsrechts hinzuziehen. Dies ist zumindest dann zulässig, wenn es sich um den Angehörigen eines zur beruflichen Verschwiegenheit verpflichteten Berufsstandes (Rechtsanwalt, Notar, Wirtschaftsprüfer, vereidigter Buchprüfer, Steuerberater) oder um einen Mitgesellschafter handelt, dem gegenüber kein Grund zur Informationsverweigerung durch die Gesellschaft besteht.[128]

69 Das Informationsrecht ist zwar ein **eigennütziges** Recht jedes Gesellschafters;[129] es darf aber als Mitgliedschaftsrecht nur den **Gesellschafterinteressen** dienen, die im Zusammenhang mit seiner Zugehörigkeit zur Gesellschaft stehen.[130] Ein Gesellschafter ist nicht berechtigt, sich über sein Informationsrecht Kenntnis von Vorgängen zu verschaffen, die nicht für ihn als Gesellschafter, sondern lediglich für ihn als außenstehenden Dritten von Bedeutung sind; so kann ein Gesellschafter zB nicht über Vertragspartner der Gesellschaft Informationen verlangen, die für ihn lediglich als Konkurrent dieses Vertragspartners von Interesse sind.

70 Aus der gesellschaftsrechtlichen Treuepflicht[131] folgt, daß der Gesellschafter verpflichtet ist, seine Informationsrechte in möglichst schonender Weise gegenüber der Gesellschaft geltend zu machen.[132] Ob über dieses Gebot hinaus das Informationsrecht durch den Grundsatz der Verhältnismäßigkeit – wonach eine an sich dem Gesellschafter zustehende Information nicht verlangt werden kann, wenn der damit verbundene Eingriff in die schutzwerten Interessen der Gesellschaft außer Verhältnis zur Bedeutung der Information für den Gesellschafter steht[133] – eingeschränkt werden kann, erscheint angesichts der in § 51 a Abs. 2 GmbHG ausdrücklich geregelten Informationsverweigerung nur für Extremfälle angemessen. Wie jede Rechtsausübung unterliegt auch die Geltendmachung des Informationsrechts dem Verbot des **Rechtsmißbrauchs** gem. § 242 BGB;[134] so darf der Gesellschafter zB seinen Informationsanspruch nicht lediglich zu dem Zweck geltend machen, der Gesellschaft auf diese Weise lästig zu werden und dadurch ein besonderes Entgegenkommen der Geschäftsführung oder der Mitgesellschafter in anderen Bereichen zu erhalten.

71 Neben den vorstehenden Pflichten des Gesellschafters anläßlich der Geltendmachung des Informationsanspruchs besteht nach Erteilung der Information die Pflicht des Gesellschafters zur vertraulichen Behandlung. Diese **Verschwiegenheitspflicht** ist die Kehrseite des umfassenden Informationsrechts des Gesellschafters.[135] Eine Weitergabe erteilter Informationen ist im Zweifel unzulässig; sie ist nur in Ausnahmefällen – zB zum Zweck anwaltlicher Beratung oder im Zusammenhang mit einem Verkauf des Geschäftsanteils – gestattet, wobei der Gesellschafter stets dem Empfänger der Information

---

[128] *Scholz/Schmidt* § 51 a Anm. 15; *Lutter/Hommelhoff* § 51 a Anm. 16.
[129] *Lutter/Hommelhoff* § 51 a Anm. 1.
[130] *Baumbach/Hueck/Zöllner* § 51 a Anm. 20.
[131] Vgl. hierzu im einzelnen Rz. 22 ff.
[132] *Lutter/Hommelhoff* § 51 a Anm. 3; *Baumbach/Hueck/Zöllner* § 51 a Anm. 22.
[133] *Baumbach/Hueck/Zöllner* § 51 a Anm. 22; *Scholz/Schmidt* § 51 a Anm. 36.
[134] *Lutter/Hommelhoff* § 51 a Anm. 3; *Scholz/Schmidt* § 51 a Anm. 37.
[135] *Lutter/Hommelhoff* § 51 a Anm. 20; *Scholz/Schmidt* § 51 a Anm. 6.

die Pflicht zur Vertraulichkeit aufzuerlegen hat. Verstöße gegen die Verschwiegenheitspflicht können schon bei fahrlässiger Zuwiderhandlung zu Schadensersatzansprüchen der Gesellschaft gegenüber dem Gesellschafter führen und das Recht der Gesellschaft begründen, künftig dem Gesellschafter entsprechende Informationen zu verweigern.[136] Insb. wenn die Geschäftsführung den Gesellschafter über Rechtsbeziehungen mit Dritten informiert, von denen bei Verletzung der Vertraulichkeit Schadensersatzansprüche gegen die Gesellschaft geltend gemacht werden können, sollte der Gesellschafter bei Erteilung der Information stets ausdrücklich auf seine Pflicht zur Verschwiegenheit und die sich anderenfalls ergebenden Ersatzansprüche hingewiesen werden.[137] Als generelle Regelung sind auch Geheimhaltungsklauseln im Gesellschaftsvertrag zulässig.[138]

72 Jeder Gesellschafter hat gem. § 51a GmbHG einen Anspruch auf „**Auskunft**" über die Angelegenheiten der Gesellschaft" und auf „**Einsicht** der Bücher und Schriften". Auskunfts- und Einsichtsrecht sind Bestandteile eines einheitlichen Informationsrechts, sie sind lediglich unterschiedliche Informationsmittel. Ob der Gesellschafter Auskunft oder Einsicht verlangen kann, bestimmt sich nach seinem Informationsinteresse.[139] Kann das Informationsinteresse sowohl durch Auskunft als auch durch Einsicht befriedigt werden, so hat der Gesellschafter wegen des Gebotes des schonendsten Mittels nur Anspruch auf die Informationserteilung, die mit den geringeren Belastungen für die Gesellschaft verbunden ist.[140]

73 Gegenstand des Informationsrechts sind „die Angelegenheiten der Gesellschaft". Dieser Begriff ist weit zu fassen.[141] Es gilt der Grundsatz, daß es zwischen der GmbH und ihren Gesellschaftern keine Geheimnisse gibt.[142] Zu den Angelegenheiten der Gesellschaft gehören alle das Gesellschaftsvermögen und die Unternehmensführung betreffenden und alle für die Gewinnermittlung und Gewinnverwendung erheblichen Tatsachen sowie alle sonstigen rechtlichen und wirtschaftlichen Verhältnisse innerhalb der Gesellschaft oder gegenüber Dritten. Gesellschaftsangelegenheiten sind somit zB der Bestand des Gesellschaftsvermögens, die Unternehmensplanungen, Forschung und Entwicklung, die Rechtsbeziehungen zwischen der Gesellschaft und den Geschäftsführern, den Gesellschaftern sowie den Aufsichts- bzw. Beiratsmitgliedern, die Verbindungen mit Geschäftspartnern und deren wirtschaftliche Verhältnisse.[143] Bei einer GmbH, die dem Mitbestimmungsgesetz 1976 unterliegt, umfaßt das Informationsrecht auch die Protokolle des Aufsichtsrats der Gesellschaft; denn der Aufsichtsrat der mitbestimmten GmbH ist kein neben der Gesellschaft bestehendes besonderes Organ, sondern in ihre Verfassung eingebunden, wonach die Gesellschafterversammlung in den wesentlichen Fra-

---

[136] *Lutter/Hommelhoff* § 51a Anm. 20.
[137] Zu den möglichen Schadensersatzansprüchen der Beteiligten bei Verletzung der Vertraulichkeit vgl. *Lutter/Hommelhoff* § 51a Anm. 27, 31, 32.
[138] *Scholz/Schmidt* § 51a Anm. 51.
[139] *Scholz/Schmidt* § 51a Anm. 10.
[140] *Lutter/Hommelhoff* § 51a Anm. 4.
[141] *Rowedder/Koppensteiner* § 51a Anm. 6; *Scholz/Schmidt* § 51a Anm. 19.
[142] *Lutter/Hommelhoff* § 51a Anm. 2.
[143] *Scholz/Schmidt* § 51a Anm. 19.

C. Die Gesellschafterrechte

gen das letzte Entscheidungsrecht hat, weshalb die Unterlagen des Aufsichtsrats nicht lediglich dem einzelnen Organ zuzuordnen sind, sondern ebenfalls Unterlagen der Gesellschaft darstellen, auf die sich das Informationsrecht bezieht.[144] Das Informationsrecht erstreckt sich auch auf die Rechtsbeziehungen zu und die Verhältnisse bei verbundenen Unternehmen. Der Gesellschafter einer herrschenden GmbH kann über die Angelegenheiten von Tochterunternehmen in gleichem Umfang Informationen verlangen wie über die Angelegenheiten seiner GmbH; anderenfalls könnte das Informationsrecht durch die Übertragung wesentlicher Aktivitäten der GmbH auf Tochtergesellschaften unterlaufen werden. Umgekehrt hat der Gesellschafter einer Tochter-GmbH einen Informationsanspruch über diejenigen Angelegenheiten der Muttergesellschaft, die für die Vermögens- und Ertragsinteressen der Tochtergesellschaft von Bedeutung sind.[145] In der GmbH & Co. KG sind alle Angelegenheiten der Kommanditgesellschaft zugleich Angelegenheiten der Komplementär-GmbH;[146] dies folgt bereits aus der uneingeschränkten Haftung der GmbH für die KG. Bezogen auf verbundene Unternehmen kann der GmbH-Gesellschafter sein Informationsrecht grds. nur in Form des Auskunfts-, nicht jedoch des Einsichtsrechts geltend machen; nur bei 100%igen Tochtergesellschaften steht ihm auch ein Einsichtsrecht zu.[147] Zur Erfüllung des Auskunftsanspruchs muß sich die Geschäftsführung der GmbH die ihr nicht zur Verfügung stehenden Informationen über das verbundene Unternehmen beschaffen; sich dabei ergebende Schwierigkeiten stehen grds. dem Informationsanspruch nicht entgegen. Allerdings ist bei Informationsbegehren über verbundene Unternehmen besonders sorgfältig zu prüfen, ob der Gesellschafter bei der Geltendmachung seines Anspruchs dem Gebot des schonendsten Mittels, dem Verhältnismäßigkeitsgrundsatz und dem Rechtsmißbrauchsverbot[148] folgt.[149]

Gem. § 51 a Abs. 1 GmbHG ist dem Gesellschafter Auskunft oder Einsicht auf dessen „Verlangen" zu gewähren. Erforderlich ist eine formlose, aber empfangsbedürftige Erklärung des Gesellschafters oder seines Bevollmächtigten in oder außerhalb einer Gesellschafterversammlung.[150] Im Hinblick auf etwaige künftige Auseinandersetzungen über die Erfüllung des Informationsverlangens empfiehlt es sich, den Anspruch schriftlich zu formulieren. Als eine trotz § 51 a Abs. 3 GmbHG zulässige Verfahrensregelung kann im Gesellschaftsvertrag die Schriftlichkeit für alle Informationsverlangen vorgeschrieben werden.[151] Der Gesellschafter muß seinen Informationsanspruch nicht begründen. Es ist streitig, ob der Gegenstand der verlangten Information auf eine oder mehrere Angelegenheiten der Gesellschaft konkretisiert werden muß[152] oder ob das globale Verlangen genügt, über „die Lage der Gesellschaft"

---

[144] BGH v. 6. 3. 1997, WM 1997, 1052 ff. = BB 1997, 1223 f.
[145] *Lutter/Hommelhoff* § 51 a Anm. 10 ff.; *Scholz/Schmidt* § 51 a Anm. 20.
[146] *Baumbach/Hueck/Zöllner* § 51 a Anm. 10 b; *Scholz/Schmidt* § 51 a Anm. 53; aA *Binz/Freudenberg*, BB 1991, 785 ff. (788).
[147] *Lutter/Hommelhoff* § 51 a Anm. 14.
[148] Vgl. im einzelnen Rz. 70.
[149] *Lutter/Hommelhoff* § 51 a Anm. 14.
[150] *Lutter/Hommelhoff* § 51 a Anm. 15.
[151] Siehe Rz. 66.
[152] *Hachenburg/Hüffer* § 51 a Anm. 20.

informiert zu werden.[153] Da die Geschäftsführung allgemein gehaltene Fragen nur entspr. allgemein beantworten muß[154] mit der Folge, daß sich dann regelmäßig konkretere Informationsverlangen des Gesellschafters anschließen werden, empfiehlt es sich im Interesse aller Beteiligten, von vornherein den Informationsgegenstand soweit wie möglich zu konkretisieren. Es mag dahinstehen, ob für die Geschäftsführung aufgrund ihrer besseren Sachverhaltskenntnis nicht sogar die Verpflichtung gegenüber dem Gesellschafter besteht, auf eine Konkretisierung der von diesem verlangten Informationen hinzuwirken; häufig dürfte das jedenfalls zur Vermeidung unnötigen Aufwands sinnvoll sein.

75 Verpflichtet zur Erteilung der verlangten Information ist die Gesellschaft. Die in § 51a GmbHG ausdrücklich genannten „Geschäftsführer" erfüllen lediglich die Informationspflicht der Gesellschaft als deren Organ, aber nicht selbst als Informationsschuldner.[155] Deshalb können die Geschäftsführer die Erteilung der Information delegieren an die zuständigen Mitarbeiter oder an die mit dem Vorgang befaßten außenstehenden Personen, soweit hierdurch das Informationsbedürfnis des Gesellschafters nicht beeinträchtigt wird;[156] der Gesellschafter seinerseits hat jedoch grds. kein Frage- und Auskunftsrecht gegenüber Mitarbeitern und sonstigen Personen.[157] Ist wegen des Informationsgegenstandes die Erteilung durch die Geschäftsführung selbst erforderlich, so genügt es auch bei Gesamtvertretungsbefugnis der Geschäftsführer, wenn nur ein Geschäftsführer tätig wird, denn im Innenbereich der GmbH spielen Fragen der – nur das Außenverhältnis der Gesellschaft betreffenden – Vertretungsmacht keine Rolle.[158] Nur die eigene GmbH ist Schuldner des Informationsansprüche aus § 51a GmbHG. Es gibt keinen „Durchgriff" in dem Sinne, daß ein GmbH-Gesellschafter etwa diesen Anspruch gegenüber einer mit der GmbH verbundenen Drittgesellschaft geltend machen kann; ebensowenig kann ein Gesellschafter dieser Drittgesellschaft gem. § 51a GmbHG einen Informationsanspruch gegen die GmbH geltend machen.[159]

76 Die Informationsansprüche sind gem. § 51a Abs. 1 GmbHG von der Gesellschaft „unverzüglich" zu erfüllen. Dies bedeutet nach der Legaldefinition des § 121 Abs. 1 BGB „ohne schuldhaftes Zögern". Wann eine Verzögerung schuldhaft ist, hängt ua. von Umfang und Schwierigkeit der verlangten Information ab, von der sonstigen geschäftlichen Inanspruchnahme der Geschäftsführer, von der Möglichkeit der Delegation der Informationserteilung und von der Dringlichkeit der Erledigung für den Gesellschafter.[160]

---

[153] *Lutter/Hommelhoff* § 51a Anm. 15; OLG Köln v. 18. 2. 1986, WM 1986, 761 = GmbHR 1986, 384, 385; OLG Frankfurt a. M. v. 10. 8. 1995, WM 1995, 1719 ff. = BB 1995, 1867 f.; hiervon zu unterscheiden ist die Frage, wie konkret der Informationsanspruch im Antrag des gerichtlichen Informationserzwingungsverfahrens nach § 51b GmbHG zu fassen ist; vgl. hierzu Rz. 86.
[154] *Lutter/Hommelhoff* § 51a Anm. 15; *Baumbach/Hueck/Zöllner* § 51a Anm. 12.
[155] BGH vom 6. 3. 1997, WM 1997, 1052, 1053.
[156] *Scholz/Schmidt* § 51a Anm. 16.
[157] *Lutter/Hommelhoff* § 51a Anm. 17.
[158] *Lutter/Hommelhoff* § 51a Anm. 17.
[159] *Scholz/Schmidt* § 51a Anm. 17.
[160] *Baumbach/Hueck/Zöllner* § 51a Anm. 14.

C. Die Gesellschafterrechte　　　　　　　　　　　　77–80　§ 3

Verlangt ein Gesellschafter eine Information, zu deren genauer Erteilung 77
die Geschäftsführer nur mit Hilfe Dritter in der Lage sind, so können die
Geschäftsführer sich nur dann darauf berufen, daß ihnen die Informations-
gewährung unmöglich ist, wenn sie zunächst mit der gebotenen Intensität
vergeblich versucht haben, die erforderliche Mitwirkung des Dritten zu
erhalten.[161]

Macht ein Gesellschafter sein Informationsverlangen in Form eines Aus- 78
kunftsrechts geltend, so ist ihm die **Auskunft** von der Gesellschaft nach deren
Entscheidung mündlich oder schriftlich zu erteilen. Reicht eine mündliche
Auskunft, zB wegen der Fülle der Details, nicht aus, so muß die Gesellschaft
versuchen, die Auskunft auf andere Weise – schriftlich oder durch Einsichts-
gewährung – zu erteilen.[162]

Die inhaltliche Bestimmtheit der Auskunft hängt vom Inhalt des Auskunfts- 79
verlangens ab. Je umfassender der Auskunftsanspruch formuliert ist, desto
allgemeiner ist die zu erteilende Auskunft. Entspr. detailbezogener kann und
muß die Auskunft sein bei einem gezielten, gegenständlich umgrenzten
Auskunftsverlangen.[163] Bezieht sich das Auskunftsverlangen etwa auf den
Stand einzelner Geschäftsvorfälle, so hat die Gesellschaft alle für die Beurteilung der Vertragssituation entscheidenden Gesichtspunkte offenzulegen, wozu
auch die von den jeweiligen Vertragspartnern eingenommene Haltung zu
rechnen ist.[164] Soweit die Grenzen zur berechtigten Auskunftsverweigerung[165]
nicht überschritten werden, dürfte es regelmäßig im Interesse der Geschäftsführer und der Gesellschafter liegen, wenn Auskunftsverlangen eher zu detailliert als zu allgemein beantwortet werden; dadurch lassen sich nicht selten den
Geschäftsbetrieb beeinträchtigende und das Vertrauensverhältnis zwischen
Geschäftsführung und Gesellschaftern belastende künftige Auseinandersetzungen vermeiden.

Macht ein Gesellschafter sein Recht auf **Einsicht** in die Bücher und 80
Schriften der Gesellschaft geltend, so sind ihm im Rahmen seines Informa-
tionsbegehrens die entsprechenden schriftlichen Unterlagen einschließlich der
auf Mikrofilm aufgenommenen Schriftstücke und die elektronisch gespeicher-
ten Daten der Gesellschaft in deren Geschäftsräumen zur Einsichtnahme
zugänglich zu machen. Der Gesellschafter kann sich zur Einsicht eines der
beruflichen Verschwiegenheitspflicht unterliegenden Sachverständigen
(Rechtsanwalt, Notar, Wirtschaftsprüfer, vereidigter Buchprüfer, Steuerberater) bedienen.[166] Diese Vertrauensperson, deren Auswahl auch einer neutralen
Stelle wie dem Amtsgericht entsprechend § 145 FGG übertragen werden
kann, darf indessen die von der Gesellschaft durch die Einsichtnahme erlangten Informationen nicht ohne weiteres an den Antragsteller weitergeben.
Vielmehr hat sie die Informationen zu prüfen und zu werten, um dem Auskunftsberechtigten das Ergebnis ihrer Prüfung mitzuteilen. Kommt die Person
zum Ergebnis, daß Bedenken gegen die Korrektheit der Geschäftsführung

---

[161] OLG Frankfurt a. M. v. 17. 7. 1991 (Beschluß) WM 1991, 1555 ff.
[162] OLG Düsseldorf v. 2. 3. 1990 (rechtskräftig), WM 1990, 1823 ff.
[163] *Baumbach/Hueck/Zöllner* § 51 a Anm. 11, 12.
[164] OLG München v. 23. 2. 1994, BB 1994, 735 ff.
[165] Siehe Rz. 81 ff.
[166] *Baumbach/Hueck/Zöllner* § 51 a Anm. 18, 19.

Schmiegelt

bestehen, ist die Gesellschaft dann allerdings zur Offenlegung der von der Vertrauensperson ermittelten Daten auch dem Auskunftsberechtigten gegenüber verpflichtet.[167] Der Gesellschafter ist berechtigt, sich aus den Unterlagen der Gesellschaft Abschriften oder Kopien auf eigene Kosten anzufertigen.[168] Auch für das Einsichtsrecht gilt, daß sich durch eine eher großzügige Handhabung der Geschäftsführung nicht selten künftige Auseinandersetzungen vermeiden lassen. Es empfiehlt sich, daß Anworten der Geschäftsführung auf Anfragen eines Gesellschafters auch allen anderen Gesellschaftern übersandt werden und daß Gesellschafter, die Einsicht nehmen, den anderen Gesellschaftern über das Ergebnis zu berichten haben; dies kann auch im Gesellschaftsvertrag verbindlich festgelegt werden.[169] Auf diese Weise werden nicht nur Mehrfachanfragen und Ungleichbehandlungen von Gesellschaftern vermieden, es wird auch das Vertrauensverhältnis zwischen den Gesellschaftern und zwischen der Geschäftsführung und allen Gesellschaftern gefördert.

81   Gem. § 51a Abs. 2 GmbHG dürfen die Geschäftsführer die Auskunft und die Einsicht verweigern, „wenn zu besorgen ist, daß der Gesellschafter sie zu gesellschaftsfremden Zwecken verwenden und dadurch der Gesellschaft oder einem verbundenen Unternehmen einen nicht unerheblichen Nachteil zufügen wird. Die Verweigerung bedarf eines Beschlusses der Gesellschafter." Dieses **Informationsverweigerungsrecht** besteht auch und kann gerade dann erforderlich sein, wenn der betroffene Gesellschafter an sich ein entsprechendes Informationsbedürfnis hat oder jedenfalls plausibel machen kann.[170] Eine Verwendung zu „gesellschaftsfremden Zwecken" liegt vor, wenn sie entweder die Interessen der Gesellschaft schädigt oder zumindest gesellschaftsindifferent – also nicht gesellschaftsnützlich – ist und außerhalb ordnungsgemäßen mitgliedschaftlichen Verhaltens liegt. Es ist also nicht ein bewußt gesellschaftsschädliches Verhalten erforderlich. Es genügt beispielsweise, daß mit der verlangten Information nicht die Gesellschaft, sondern ein Mitgesellschafter oder auch nur ein außenstehender Dritter geschädigt werden soll.[171] Die gesellschaftsfremde Verwendung muß „zu besorgen" sein. Hierbei müssen die Geschäftsführer nicht nachweisen, daß der die Information begehrende Gesellschafter eine gesellschaftfremde Verwendung plant; es genügt ein Nachweis der Wahrscheinlichkeit aufgrund konkreter Tatsachen.[172] Dies ist etwa der Fall, wenn ein Gesellschafter, der an einem Konkurrenzunternehmen beteiligt ist oder mit diesem zusammenarbeitet, die Mitteilung eines diesen Bereich betreffenden Geschäftsgeheimnisses verlangt oder wenn der Gesellschafter bereits früher die Vertraulichkeit der ihm von der Geschäftsführung gegebenen Informationen verletzt hat.[173]

82   Die Informationsverweigerung setzt weiter voraus, daß durch die gesellschaftsfremde Verwendung der gewünschten Information ein „nicht unerheb-

---

[167] OLG Frankfurt a. M. vom 10. 8. 1995, WM 1995, 1719 ff. = GmbHR 1995, 904 f.
[168] OLG Düsseldorf v. 2. 3. 1990 aaO.
[169] *Lutter/Hommelhoff* § 51a Anm. 25.
[170] *Baumbach/Hueck/Zöllner* § 51a Anm. 23.
[171] *Baumbach/Hueck/Zöllner* § 51a Anm. 24.
[172] *Bambach/Hueck/Zöllner* § 51a Anm. 25; *Lutter/Hommelhoff* § 51a Anm. 21.
[173] *Lutter/Hommelhoff* § 51a Anm. 21.

C. Die Gesellschafterrechte

licher Nachteil" für die Gesellschaft oder für ein mit ihr verbundenes Unternehmen[174] zu besorgen ist. Der Nachteil muß nicht in einem Vermögensschaden bestehen; auch ideelle Schäden (zB Rufschädigung), deren wirtschaftliche Auswirkungen nicht feststellbar sind, kommen in Betracht. Streitig ist, ob über den Kreis der verbundenen Unternehmen hinaus eine Schädigung von Mitgesellschaftern ausreicht.[175]

Die Informationsverweigerung nach § 51 a Abs. 2 GmbHG bedarf eines **83** Beschlusses der Gesellschafter. Der betroffene Gesellschafter hat hierbei kein Stimmrecht, er ist jedoch zur Teilnahme an der Gesellschafterversammlung berechtigt. Die Geschäftsführung muß in der Gesellschafterversammlung ihre Absicht, die Information zu verweigern, begründen; diese Begründungspflicht geht jedoch nicht so weit, daß damit praktisch die gewünschte Information erteilt wird.[176] Weder die Geschäftsführer noch die Gesellschafter haben bei der Entscheidung, ob eine gewünschte Information nach § 51 a Abs. 2 GmbHG zu verweigern ist, einen Ermessensspielraum. Liegen die Verweigerungsvoraussetzungen vor, dann muß die Information verweigert werden, sind diese Voraussetzungen nicht gegeben und besteht auch kein sonstiger Verweigerungsgrund,[177] so muß die Information erteilt werden. In Betracht kommt allenfalls ein gewisses Beurteilungsermessen bei der Frage, ob die Besorgnis der Verwendung zu gesellschaftsfremden Zwecken und des Entstehens eines nicht unerheblichen Nachteils für die Gesellschaft berechtigt ist. Ein Gesellschafterbeschluß, der gegen die vorstehenden Grundsätze verstößt, ist anfechtbar.[178]

Auch wenn streitig ist, ob und inwieweit gegenüber dem betroffenen **84** Gesellschafter der informationsverweigernde Gesellschafterbeschluß begründet werden muß,[179] empfiehlt sich eine Begründung bereits deshalb, weil dadurch nicht selten eine gerichtliche Auseinandersetzung über den Informationsanspruch gem. § 51 b GmbHG vermieden werden kann.

Die Informationsverweigerung ist in § 51 a Abs. 2 GmbHG nicht abschlie- **85** ßend geregelt. Als weitere Gründe, von Gesellschaftern verlangte Informationen zu verweigern, kommen insb. in Betracht die Strafbarkeit der Informationserteilung oder Verstoß gegen ein gesetzliches Verbot,[180] faktische Unmöglichkeit der Informationsbeschaffung, uU auch Geheimhaltungsabsprachen mit Dritten, mißbräuchliche Rechtsausübung des betreffenden Gesellschafters.[181] Auch wenn es in diesen Fällen streitig ist, ob hier ebenso wie bei § 51 a Abs. 2 GmbHG für die Entscheidung über die Informationsverweigerung ein Gesellschafterbeschluß erforderlich ist, empfiehlt es sich zur

---

[174] Der Begriff des verbundenen Unternehmens bestimmt sich analog nach §§ 15 ff. AktG, siehe *Baumbach/Hueck/Zöllner* § 51 a Anm. 26.
[175] *Baumbach/Hueck/Zöllner* § 51 a Anm. 26.
[176] *Lutter/Hommelhoff* § 51 a Anm. 23.
[177] Siehe Rz. 85.
[178] *Baumbach/Hueck/Zöllner* § 51 a Anm. 28.
[179] *Baumbach/Hueck/Zöllner* § 51 a Anm. 28; *Lutter/Hommelhoff* § 51 a Anm. 23; *Rowedder/Koppensteiner* § 51 a Anm. 23.
[180] BGH v. 6. 3. 1997, WM 1997, 1052, 1053.
[181] Vgl. im einzelnen *Scholz/Schmidt* § 51 a Anm. 32 bis 37; *Lutter/Hommelhoff* § 51 a Anm. 22; *Baumbach/Hueck/Zöllner* § 51 a Anm. 30 bis 32.

Vermeidung von Mißtrauen und Spannungen zwischen der Geschäftsführung und dem die Information begehrenden Gesellschafter, eine Entscheidung durch die Gesellschafterversammlung herbeizuführen; die persönliche Verantwortung der Geschäftsführer wird hierdurch nicht in jedem Fall – zB nicht bei strafbarer Informationserteilung – beseitigt.

86 Der Gesellschafter kann sein in § 51a GmbH statuiertes Informationsrecht erforderlichenfalls durch gerichtliche Entscheidung gem. § 51b GmbHG erzwingen. Zuständig ist ausschließlich das Landgericht, Kammer für Handelssachen, am Sitz der Gesellschaft. Im Informationserzwingungsverfahren kann der Gesellschafter nicht ein globales Auskunftsbegehren, sondern nur einen auf eine bestimmte Angelegenheit bezogenen konkreten Auskunftsanspruch geltend machen.[182] Das **Infomationserzwingungsverfahren** nach § 51b GmbHG hat weder Vorrang noch Ausschließlichkeit gegenüber Anfechtungs-, Schadensersatz- oder Feststellungsklagen, die auf Informationsverweigerung gestützt werden. Durch eine entsprechende Regelung im Gesellschaftsvertrag oder durch einen Schiedsvertrag zwischen der Gesellschaft und dem Gesellschafter kann vereinbart werden, daß anstelle des Informationserzwingungsverfahrens gem. § 51b GmbHG Streitigkeiten über Informationsverlangen von Gesellschaftern durch ein Schiedsgericht entschieden werden sollen.[183] Auch noch nach Beginn kann ein gerichtliches Informationserzwingungsverfahren nach § 51b GmbHG aufgrund einer erst nunmehr zwischen den Beteiligten getroffenen Schiedsvereinbarung durch ein Schiedsverfahren ersetzt werden.[184]

87 Bei schuldhaft ungerechtfertigter Informationsverweigerung haftet die Gesellschaft dem die Information begehrenden Gesellschafter auf Ersatz des dem Gesellschafter entstandenen Schadens.[185] Ebenso haften gegenüber dem Gesellschafter die Mitgesellschafter, die schuldhaft die Informationsverweigerung beschlossen oder in sonstiger Weise veranlaßt haben.[186] Ob und unter welchen Voraussetzungen in diesen Fällen auch die Geschäftsführer persönlich gegenüber dem Gesellschafter schadensersatzpflichtig sind, ist streitig.[187]

88 Hat die Gesellschaft mit der Informationserteilung an einen Gesellschafter ihre einem Dritten gegenüber bestehende Pflicht zur Verschwiegenheit schuldhaft verletzt, so ist sie dem Dritten gegenüber zum Schadensersatz verpflichtet.[188] Wenn der Gesellschafter seinerseits die Vertraulichkeit verletzt, so kann ein unmittelbarer Ersatzanspruch des Dritten gegenüber dem Gesellschafter in Betracht kommen.[189]

89 Macht ein Gesellschafter von der ihm erteilten Information schuldhaft gesellschaftsschädigenden Gebrauch, so ist er gegenüber der Gesellschaft schadensersatzpflichtig.[190] Wird durch dieses Verhalten ein Mitgesellschafter

---

[182] OLG Köln, WM 1986, 761 f.; OLG Düsseldorf v. 21. 6. 95, GmbHR 1995, 902 ff.; OLG Frankfurt a. M. v. 15. 11. 1996, GmbHR 1997, 130 ff.
[183] *Scholz/Schmidt* § 51b Anm. 5.
[184] *Lutter/Hommelhoff* § 51b Anm. 2.
[185] *Baumbach/Hueck/Zöllner* § 51a Anm. 35; *Lutter/Hommelhoff* § 51a Anm. 29.
[186] *Baumbach/Hueck/Zöllner* § 51a Anm. 35; *Lutter/Hommelhoff* § 51a Anm. 30.
[187] *Baumbach/Hueck/Zöllner* § 51a Anm. 34; *Lutter/Hommelhoff* § 51a Anm. 28.
[188] *Baumbach/Hueck/Zöllner* § 51a Anm. 38; *Lutter/Hommelhoff* § 51a Anm. 31.
[189] *Lutter/Hommelhoff* § 51a Anm. 32.
[190] *Baumbach/Hueck/Zöllner* § 51a Anm. 36.

C. Die Gesellschafterrechte 90–94 § 3

unmittelbar – also nicht lediglich mittelbar über die Schädigung der Gesellschaft – geschädigt, so hat der Mitgesellschafter einen Schadensersatzanspruch gegenüber dem Gesellschafter.[191]

b) Informationsrecht zu Beschlußgegenständen

Soweit die Gesellschafter aufgrund gesetzlicher oder gesellschaftsvertraglicher Bestimmungen für die Entscheidung in der Gesellschaft zuständig sind, müssen sie die Möglichkeit haben, die für eine sachgerechte Beurteilung erforderlichen Informationen zu erhalten. Deshalb kann jeder Gesellschafter vor der Fassung von Gesellschaftsbeschlüssen von der Geschäftsführung diejenigen Informationen verlangen, die er für eine fundierte Entscheidung benötigt. Es erscheint sinnvoll, dieses Informationsrecht von dem allgemeinen Auskunfts- und Einsichtsrecht des § 51 a GmbHG zu unterscheiden, da es einerseits nur jeweils für einen bestimmten Beschlußgegenstand – und damit entsprechend inhaltlich begrenzt – geltend gemacht werden kann, andererseits jedoch seitens der Geschäftsführung in noch geringerem Umfang die Möglichkeit der Informationsverweigerung besteht als gem. § 51 a Abs. 2 GmbHG.[192] 90

Das Informationsrecht besteht, soweit die Information zur Beurteilung des Beschlußgegenstandes erforderlich ist; für die Beurteilung der Erforderlichkeit ist ein objektiver, nicht zu enger Maßstab zugrundezulegen. Die begehrte Information muß so rechtzeitig vor der Beschlußfassung erteilt werden, daß der Gesellschafter noch die Möglichkeit hat, sich gegebenfalls unter Hinziehung eines sachverständigen Dritten mit der ihm gegebenen Information auseinanderzusetzen. Ist eine rechtzeitige Informationserteilung vor Beschlußfassung nicht möglich, so muß die Entscheidung vertagt werden, und zwar auch dann, wenn das Informationsbegehren nicht vorher angekündigt war. Es ist Sache der Beschlußantragsteller dafür zu sorgen, daß erforderliche Informationen rechtzeitig vor der Beschlußfassung zur Verfügung stehen.[193] 91

Die Verweigerung der Information zu einem Beschlußgegenstand kommt allenfalls ausnahmsweise in Betracht, beispielsweise dann, wenn der die Information begehrende Gesellschafter vom Stimmrecht ausgeschlossen ist und zugleich mit seiner Information schwere Schadensgefahr für die Gesellschaft verbunden ist.[194] 92

Werden die für die Beschlußfassung erforderlichen Informationen verweigert, so ist ein gleichwohl gefaßter Gesellschafterbeschluß anfechtbar; der Gesellschafter muß vor der Anfechtung nicht ein gerichtliches Informationserzwingungsverfahren gem. § 51 b GmbHG durchführen.[195] 93

Unabhängig von dem vorstehenden Informationsrecht jedes Gesellschafters für bestimmte Beschlußgegenstände sind die Geschäftsführer als Sachwalter fremder Vermögensinteressen gegenüber den Gesellschaften verpflichtet, diesen rechtzeitig vor jeder Beschlußfassung von sich aus ohne besondere Auf- 94

---

[191] *Baumbach/Hueck/Zöllner* § 51 a Anm. 37.
[192] *Baumbach/Hueck/Zöllner* § 51 a Anm. 39.
[193] *Baumbach/Hueck/Zöllner* § 51 a Anm. 39.
[194] *Baumbach/Hueck/Zöllner* § 51 a Anm. 40.
[195] *Lutter/Hommelhoff* § 51 a Anm. 34.

forderung durch Gesellschafter die hierfür erforderlichen Informationen zuzuleiten.

c) Informationsrecht gegenüber Mitgesellschaftern

95 In Ausnahmefällen kann ein Informationsanspruch auch zwischen den Gesellschaftern bestehen. So hat ein Gesellschafter seine Mitgesellschafter davon in Kenntnis zu setzen, inwieweit er zu dritten Unternehmen in Abhängigkeits- oder Beherrschungsverhältnissen steht, damit die anderen Gesellschafter auf mögliche Interessenkonflikte und daraus resultierende Gefahren aufmerksam gemacht werden.

96 Diese Informationspflicht gegenüber den Mitgesellschaftern beruht auf der gesellschaftsrechtlichen Treuepflicht.[196]

2. Allgemeines Prüfungs- und Überwachungsrecht gegenüber der Geschäftsführung

97 Gem. § 46 Ziff. 6 GmbHG unterliegen der Bestimmung der Gesellschafter „die Maßregeln zur Prüfung und Überwachung der Geschäftsführung". Im Gegensatz zu den vorstehend unter Abschnitt 1) dargestellten Informationsrechten handelt es sich bei diesen **Prüfungs- und Überwachungsrechten** nicht um Individualrechte, die jedem einzelnen Gesellschafter zustehen, sondern um ein Kollektivrecht, das von den Gesellschaftern in ihrer Gesamtheit aufgrund interner Beschlußfassung ausgeübt wird.[197]

98 Entspr. der Stellung der Gesellschafter als oberstes Gesellschaftsorgan sind die Prüfungs- und Kontrollrechte umfassend.[198] Alle geeigneten und nicht unverhältnismäßigen Maßnahmen sind zulässig.[199] In Betracht kommen beispielsweise als generelle Regelung ein im Gesellschaftsvertrag oder durch Gesellschafterbeschluß statuierter Katalog von Rechtsgeschäften, deren Vornahme durch die Geschäftsführung der Zustimmung durch die Gesellschafter bedarf, oder die Verpflichtung der Geschäftsführung zur laufenden – zB monatlichen oder vierteljährlichen – Berichterstattung gegenüber den Gesellschaftern. Für einzelne Geschäftsvorgänge können die Gesellschafter durch Gesellschafterbeschluß alle ihnen erforderlich erscheinenden Informationen von den Geschäftsführern verlangen. Auch die Anhörung von Sachverständigen und die Prüfung bestimmter Vorgänge nach Art der aktienrechtlichen Sonderprüfung (§ 142 AktG) sind zulässig.[200] Soweit Dritte mit Prüfungs- und Überwachungshandlungen beauftragt werden, wird die Gesellschaft gegenüber diesen Personen nicht durch die Geschäftsführung sondern – zur Vermeidung von Interessenkollision – durch die Gesellschafter vertreten.[201]

99 Durch den Gesellschaftsvertrag können die Prüfungs- und Überwachungsbefugnisse auf ein anderes Gesellschaftsorgan (Gesellschafterausschuß, Beirat,

---

[196] *Lutter/Hommelhoff* § 51 a Anm. 18.
[197] *Rowedder/Koppensteiner* § 45 Anm. 4.
[198] *Hachenburg/Hüffer* § 46 Anm. 77.
[199] *Baumbach/Hueck/Zöllner* § 46 Anm. 31.
[200] *Hachenburg/Hüffer* § 46 Anm. 77.
[201] *Rowedder/Koppensteiner* § 46 Anm. 27.

C. Die Gesellschafterrechte

fakultativer Aufsichtsrat) übertragen werden. Streitig ist, in welchem Umfang daneben ein Überwachungsrecht der Gesellschafter erhalten bleibt, sei es als fortbestehendes unmittelbares Recht gegenüber der Geschäftsführung oder mittelbar als ein Kontrollrecht der Gesellschafter lediglich gegenüber dem gesellschaftsvertraglich geschaffenen Überwachungsorgan.[202] Besteht bei einer Gesellschaft kraft Mitbestimmungsrecht zwingend ein Aufsichtsrat, so bleiben von dessen gesetzlichen Befugnissen die Prüfungs- und Überwachungsrechte der Gesellschafter unberührt.[203]

Sind die Geschäftsführer von Weisungen der Gesellschafter freigestellt, haben sie also gegenüber den Gesellschaftern eine ähnlich unabhängige Stellung wie der Vorstand einer AG gegenüber den Aktionären, so bedeutet dies nicht, daß damit auch die Prüfungs- und Überwachungsrechte der Gesellschafter entfallen.[204]

Man wird grds. davon ausgehen können, daß der Prüfungs- und Überwachungsbefugnis der Gesellschafter keine Pflicht der Gesellschafter zu entsprechenden Maßnahmen entspricht, so daß mangelnde Aufsicht durch die Gesellschafter weder eine Gesellschafterhaftung begründen noch die Haftung der Geschäftsführer beschränken kann; ganz unstreitig ist dies im einzelnen jedoch nicht.[205]

Das Unterworfensein der Geschäftsführer unter das Prüfungs- und Überwachungsrecht der Gesellschafter gem. § 46 Nr. 6 GmbHG ist Ausdruck des die gesellschaftsrechtliche Struktur der GmbH bestimmenden Prinzips der Drittorganschaft – der grundsätzlichen Trennung von Gesellschaftsvermögen und Geschäftsführung. Die Geschäftsführer sind Sachverwalter fremder Vermögensinteressen und damit den Vermögensinhabern rechenschaftspflichtig. Daraus folgt, daß die Geschäftsführer nicht nur verpflichtet sind, den Prüfungs- und Überwachungsbegehren der Gesellschafter Folge zu leisten, sondern daß sie von sich aus – auch ohne entsprechenden Gesellschafterbeschluß oder entsprechende Bestimmungen im Gesellschaftsvertrag – die Gesellschafter laufend über alle mitteilenswerten Angelegenheiten der Gesellschaft zu unterrichten haben.[206]

3. Geltendmachung von Ersatzansprüchen der Gesellschaft gemäß § 46 Ziff. 8 Alt. 1 GmbHG

Grds. haben die Geschäftsführer die Geltendmachung der Ansprüche der Gesellschaft zu betreiben. Abweichend von diesem Grundsatz bestimmt § 46 Ziff. 8 Alt. 1 GmbHG, daß über die **Geltendmachung von Ersatzansprüchen,** die der Gesellschaft aus der Gründung oder Geschäftsführung gegen Geschäftsführer oder Gesellschafter zustehen, die Gesellschafter zu entscheiden

---

[202] *Hachenburg/Hüffer* § 46 Anm. 74, 80; *Baumbach/Hueck/Zöllner* § 46 Anm. 32; *Rowedder/Koppensteiner* § 46 Anm. 29; *Scholz/Schmidt* § 46 Anm. 112.
[203] *Lutter/Hommelhoff* § 46 Anm. 17; *Baumbach/Hueck/Zöllner* § 46 Anm. 32; *Rowedder/Koppensteiner* § 46 Anm. 29; *Scholz/Schmidt* § 46 Anm. 111.
[204] *Lutter/Hommelhoff* § 46 Anm. 18.
[205] Vgl. einerseits *Lutter/Hommelhoff* § 46 Anm. 17; *Rowedder/Koppensteiner* § 46 Anm. 28, andererseits *Scholz/Schmidt* § 46 Anm. 113.
[206] *Scholz/Schmidt* § 46 Anm. 114; aA *Hachenburg/Mertens* § 43 Anm. 29.

haben. Der Grund für diese Sonderregelung liegt darin, daß bei der Durchsetzung derartiger Ansprüche die Gefahr besteht, Interna der Gesellschaft, die für deren Ansehen und Kredit bedeutsam sind, aufdecken zu müssen und bzw. oder die Beziehungen zwischen den beteiligten Gesellschaftern und Geschäftsführern zu belasten.[207]

104 Zur Entscheidung über diese möglicherweise weitreichenden Konsequenzen sollen die Gesellschafter zuständig sein, die hierüber – vorbehaltlich abweichender Bestimmungen im Gesellschaftsvertrag – mit einfacher Mehrheit beschließen. Betroffene Gesellschafter dürfen gem. § 47 Abs. 4 Satz 2 GmbHG nicht mitstimmen; das gilt grds. auch für Gesellschafter, die mit demjenigen, der auf Ersatz von der Gesellschaft in Anspruch genommen werden soll, gemeinsam die zum Ersatz verpflichtende Handlung vorgenommen haben.[208]

105 Der Gesellschafterbeschluß hat unmittelbare Außenwirkung gegenüber dem Schuldner der Gesellschaft. Das bedeutet, daß ohne einen dahingehenden Gesellschafterbeschluß der Ersatzanspruch nicht durchgesetzt werden kann; eine Klage der Gesellschaft würde als unbegründet abgewiesen.[209] Tritt die Gesellschaft den Ersatzanspruch ab, so benötigt auch der Abtretungsempfänger für die Geltendmachung einen entsprechenden Gesellschafterbeschluß.[210] Lediglich dann, wenn der Ersatzanspruch durch einen Pfändungspfandgläubiger der Gesellschaft oder durch den Konkursverwalter der Gesellschaft geltend gemacht wird, ist ein entsprechender Gesellschafterbeschluß nicht erforderlich; in diesen Fällen müssen die Interessen der Gesellschaft und ihrer Gesellschafter hinter das Befriedigungsinteresse der Gesellschaftsgläubiger zurücktreten.[211]

106 Ersatzansprüche iSd. § 46 Ziff. 8 Alt. 1 GmbHG sind alle, unter welchen rechtlichen Gesichtspunkten auch immer begründeten Ansprüche der Gesellschaft aus Pflichtverstößen bei Gründung oder Geschäftsführung. In erweiternder Auslegung dieser Bestimmung gehören hierzu auch Ansprüche auf Auskunft und Rechnungslegung über Geschäftsführertätigkeit, soweit sie als Nebenansprüche potentieller Ersatzansprüche anzusehen sind. Gleichzustellen sind auch Unterlassungsansprüche, die sich zB auf die Verletzung von Geschäftsführungspflichten beziehen.[212]

107 Die Ersatzansprüche können sich auch gegen frühere Geschäftsführer und Gesellschafter oder gegen deren Erben richten.[213] Streitig ist, ob eine entsprechende Anwendung des § 46 Ziff. 8 Alt. 1 GmbHG auf Ansprüche gegen andere Organe der Gesellschaft, zB Aufsichtrat oder Beirat, oder gegenüber Abschlußprüfern zulässig ist.[214]

---

[207] *Lutter/Hommelhoff* § 46 Anm. 21.
[208] *Scholz/Schmidt* § 46 Anm. 155.
[209] *Lutter/Hommelhoff* § 46 Anm. 22; vgl. auch OLG Düsseldorf v. 18. 8. 1994, GmbHR 1995, 232.
[210] *Scholz/Schmidt* § 46 Anm. 145.
[211] *Rowedder/Koppensteiner* § 46 Anm. 35; *Baumbach/Hueck/Zöllner* § 46 Anm. 41.
[212] *Baumbach/Hueck/Zöllner* § 46 Anm. 38.
[213] *Baumbach/Hueck/Zöllner* § 46 Anm. 38.
[214] *Scholz/Schmidt* § 46 Anm. 146; *Lutter/Hommelhoff* § 46 Anm. 21; *Baumbach/Hueck/Zöllner* § 46 Anm. 38 a.

C. Die Gesellschafterrechte 108–113 § 3

Eines Gesellschafterbeschlusses bedarf jede Form der „Geltendmachung", 108
also nicht nur die Einleitung eines Prozesses, sondern jede Mahnung und
sonstige außergerichtliche Anspruchserhebung ebenso wie jede Art der Erledigung, zB durch Verzicht, Vergleich, Entgegennahme von Erfüllungsleistungen oder Aufrechnung durch die Gesellschaft.[215]

Die Gesellschafter entscheiden nicht nur, ob Ersatzansprüche iSd. § 46 109
Ziff. 8 Alt. 1 GmbHG von der Gesellschaft geltend gemacht werden sollen; in
ihre Kompetenz fällt auch die Entscheidung darüber, auf welche Weise und
in welchem Umfang die Geltendmachung erfolgen soll. Streitig ist, ob sie hierbei auch die Kompetenz zur Bestellung von besonderen Vertretern der Gesellschaft – zB von einzelnen Gesellschaftern, Aufsichtsratsmitgliedern oder Dritten – für die Geltendmachung der Ansprüche haben.[216] Insb. besteht keine
einheitliche Meinung darüber, ob die Gesellschafter einer mitbestimmten
GmbH mit obligatorischem Aufsichtsrat für die Geltendmachung von Ersatzansprüchen gegen Geschäftsführer anstelle des an sich zuständigen Aufsichtsrats andere Vertreter der Gesellschaft bestellen können.[217]

Die Bestimmung des § 46 Ziff. 8 Alt. 1 GmbHG ist nicht zwingend. Der 110
Gesellschaftsvertrag kann vorsehen, daß die Geltendmachung der Ersatzansprüche keine Beschlußfassung durch die Gesellschafter bedarf oder daß hierüber ein anderes Gesellschaftsorgan – zB ein Beirat – entscheiden soll.[218]

4. Vertretung der Gesellschaft in Prozessen mit Geschäftsführern gemäß § 46 Ziff. 8 Alt. 2 GmbHG

Der Zuständigkeit der Gesellschafter unterliegt gem. § 46 Ziff. 8 Alt. 2 111
GmbHG auch „die Vertretung der Gesellschaft in Prozessen, welche sie gegen
die Geschäftsführer zu führen hat".

Der Zweck dieser Regelung liegt zum einen darin, daß in diesen Fällen 112
häufig bereits deshalb eine Entscheidung der Gesellschafter erforderlich ist,
weil die Gesellschaft außer dem prozeßbeteiligten Geschäftsführer keine weiteren Geschäftsführer für das gerichtliche Verfahren hat; zum anderen sollen
unabhängig davon die Gesellschafter vor allem deshalb über die Prozeßvertretung entscheiden, weil nicht in jedem Fall sichergestellt ist, daß die übrigen
Geschäftsführer in diesem Prozeß die Interessen der Gesellschaft unvoreingenommen und mit dem gebotenen Nachdruck vertreten.[219]

Die Gesellschafter entscheiden – soweit der Gesellschaftsvertrag nicht Ab- 113
weichendes bestimmt – mit einfachem Mehrheitsbeschluß. Geschäftsführende
Gesellschafter, die allein oder gemeinsam mit anderen der künftige Prozeßgegner der Gesellschaft sein sollen, haben gem. § 47 Abs. 4 GmbHG kein
Stimmrecht. Streitig ist, ob Gesellschafter, die zur Vertretung der Gesellschaft
in dem Prozeß bestellt werden sollen, stimmberechtigt sind.[220]

---

[215] *Scholz/Schmidt* § 46 Anm. 151; *Baumbach/Hueck/Zöllner* § 46 Anm. 39.
[216] *Baumbach/Hueck/Zöllner* § 46 Anm. 42.
[217] *Baumbach/Hueck/Zöllner* § 46 Anm. 43.
[218] *Scholz/Schmidt* § 46 Anm. 143.
[219] *Lutter/Hommelhoff* § 46 Anm. 25.
[220] *Scholz/Schmidt* § 46 Anm. 171.

114 Die Gesellschafter sind zur Bestellung besonderer Prozeßvertreter nicht verpflichtet. Machen sie von ihrer Befugnis gem. § 46 Ziff. 8 Alt. 2 GmbHG keinen Gebrauch, so wird die Gesellschaft wie sonst auch – also durch Geschäftsführer oder ggf. durch den Aufsichtsrat – vertreten.[221] Da prozeßbeteiligte Geschäftsführer die Gesellschaft jedoch nicht vertreten können, sind zur Vertretung der Gesellschaft erforderlichenfalls weitere Geschäftsführer zu bestellen.

115 Über seinen Wortlaut hinaus gilt § 46 Ziff. 8 Alt. 2 GmbHG nicht nur für Prozesse gegen Geschäftsführer, sondern für sämtliche Verfahren aller Gerichtsbarkeiten zwischen der Gesellschaft und Geschäftsführern; es kommt nicht darauf an, ob der Geschäftsführer Beklagter oder Kläger ist.[222]

116 Streitig ist, ob sich § 46 Ziff. 8 Alt. 2 GmbHG nur auf Prozesse mit noch im Amt befindlichen Geschäftsführern bezieht oder auch für ausgeschiedene Geschäftsführer gilt, deren Abberufung zwischen den Parteien streitig ist; um sicherzugehen, sollten auch in diesen Fällen die Gesellschafter über die Vertretung der Gesellschaft entscheiden.[223] § 46 Ziff. 8 Alt. 2 GmbHG ist entsprechend anzuwenden auf Prozesse gegen Gesellschafter, die nicht Geschäftsführer sind, wenn eine gemeinsame Pflichtverletzung des Geschäftsführers und dieser Gesellschafter vorliegt und der Geschäftsführer aus diesem Grund gehindert ist, die Gesellschaft im Prozeß zu vertreten.[224]

117 Zur Vertretung der Gesellschaft im Prozeß mit Geschäftsführern können alle natürlichen Personen bestellt werden, also Gesellschafter, Mitglieder von Gesellschaftsorganen (zB Aufsichtsrat, Beirat) oder Dritte.[225] Der zum Vertreter Bestellte hat im Umfang seiner Vertretungsbefugnis organschaftliche Vertretungmacht; er ist insoweit gesetzlicher Vertreter der Gesellschaft und ist – ebenso wie die Geschäftsführer – gegenüber den Gesellschaftern weisungsgebunden.[226] Er ist also nicht Prozeßbevollmächtigter iSd. §§ 80 ff. ZPO, sondern hat erforderlichenfalls – wie im Normalfall die Geschäftsführer – Dritte, regelmäßig Anwälte, mit der Vertretung der Gesellschaft vor Gericht zu beauftragen.

118 Nach wohl überwiegender Meinung gilt § 46 Ziff. 8 Alt. 2 GmbHG nicht für die mitbestimmte GmbH mit obligatorischem Aufsichtsrat;[227] diese GmbH wird zwingend gem. §§ 52 Mitbestimmungsgesetz, 112 AktG durch den Aufsichtsrat in Prozessen mit Geschäftsführern vertreten. In allen anderen Fällen können im Gesellschaftsvertrag abweichende Regelungen getroffen werden; so kann zB die Kompetenz zur Bestellung des Vertreters der Gesellschaft dem Beirat oder Aufsichtsrat übertragen werden oder es kann bestimmt werden, daß in diesen Prozessen die Gesellschaft stets durch den Beirats- oder Aufsichtsratsvorsitzenden vertreten wird.

---

[221] BGH vom 24. 2. 1992, BB 1992, 802 ff. (802, 803); *Rowedder/Koppensteiner* § 46 Anm. 38; *Scholz/Schmidt* § 46 Anm. 164.
[222] *Scholz/Schmidt* § 46 Anm. 166.
[223] *Baumbach/Hueck/Zöllner* § 46 Anm. 44; *Scholz/Schmidt* § 46 Anm. 167.
[224] *Scholz/Schmidt* § 46 Anm. 170; BGH vom 16. 12. 1991, BB 1992, 224 ff. (225).
[225] *Baumbach/Hueck/Zöllner* § 46 Anm. 45.
[226] *Scholz/Schmidt* § 46 Anm. 173.
[227] *Scholz/Schmidt* § 46 Anm. 165; *Lutter/Hommelhoff* § 46 Anm. 26; *Rowedder/Koppensteiner* § 46 Anm. 39; aA *Baumbach/Hueck/Zöllner* § 46 Anm. 43.

5. Klagebefugnis einzelner Gesellschafter zugunsten der Gesellschaft

Grds. obliegt auch die Geltendmachung von mitgliedschaftlichen Ansprüchen der Gesellschaft gegen Gesellschafter oder diesen nahestehende Personen den hierfür gemäß Gesetz oder Gesellschaftsvertrag zuständigen Organen. Es ist jedoch heute allgemein anerkannt, daß jeder Gesellschafter unter besonderen Voraussetzungen berechtigt ist, bestimmte Ansprüche zugunsten der Gesellschaft im Wege der sogenannten **Gesellschafterklage** („**actio pro socio**" bzw. „**actio pro societate**") geltend zu machen.[228] Mit dieser Klagebefugnis, durch die ein klagender Gesellschafter die Verurteilung des Beklagten nicht auf Leistung an den Kläger, sondern auf Leistung an die Gesellschaft begehrt, soll sichergestellt werden, daß diese der Gesellschaft zustehenden Ansprüche auch gegen den Willen der Geschäftsführung oder anderer Gesellschafter durchgesetzt werden können. 119

Die Gesellschafterklage setzt voraus, daß der eingeklagte Anspruch nicht nur auf einem zwischen der Gesellschaft und dem Beklagten bestehenden Rechtsverhältnis beruht, sondern daß sich die Berechtigung dieses Anspruchs zumindest auch aus unmittelbar zwischen dem klagenden Gesellschafter und dem Beklagten bestehenden Rechtsbeziehungen – die regelmäßig gesellschaftsrechtlicher Natur sind – ergibt;[229] in Betracht kommen insbesondere Ersatzansprüche wegen Verletzung gesellschaftsrechtlicher Verpflichtungen und Ansprüche auf Leistung ausstehender Einlagen oder Nachschüsse.[230] Demgemäß können mit der Gesellschafterklage regelmäßig nur Ansprüche gegen Mitgesellschafter und diesen nahestehende Personen verfolgt werden; Gesellschafterklagen gegen Nichtgesellschafter, insbesondere Geschäftsführer und andere Organmitglieder, sind nur zulässig, wenn die Ansprüche zumindest auch auf gesellschaftsrechtliche Bestimmungen gestützt werden können.[231] 120

Die Gesellschafterklage begründet nur eine „subsidiäre Notzuständigkeit" der einzelnen Gesellschafter. Die für die Geltendmachung von Ansprüchen der Gesellschaft zuständigen Organe haben grundsätzlich Vorrang. Bei Untätigkeit des Organs sind von dem klagebereiten Gesellschafter zunächst die gesellschaftsinternen Einwirkungsmöglichkeiten auszuschöpfen; der Gesellschafter hat also zunächst zu versuchen, einen Gesellschafterbeschluß zur Geltendmachung des Anspruchs herbeizuführen und einen ablehnenden Gesellschafterbeschluß – sofern er nicht nichtig ist – anzufechten.[232] 121

Der klagende Gesellschafter führt den Rechtsstreit auf eigenes Risiko. Unterliegt er, so hat er die Prozeßkosten zu tragen; obsiegt er und werden ihm seine Kosten nicht vom Beklagten erstattet, so hat er einen entsprechenden Erstattungsanspruch gegen die Gesellschaft aus Geschäftsführung ohne 122

---

[228] Vgl. im einzelnen *Eickhoff*, Die Gesellschafterklage im GmbH-Recht, Köln 1988.
[229] BGH v. 28. 6. 1982, WM 1982, 928 f.
[230] *Baumbach/Hueck/Hueck* § 13 Anm. 34.
[231] *Lutter/Hommelhoff* § 13 Anm. 5.
[232] *Baumbach/Hueck/Hueck* § 13 Anm. 34 a.; vgl. auch OLG Düsseldorf v. 14. 3. 1996 (rechtskräftig) GmbHR 1996, 689 ff.

Auftrag.²³³ Streitig ist, ob bei einer Gesellschafterklage die Rechtskraft des Urteils auch für und gegen die Gesellschaft wirkt.²³⁴

123   Die Klagebefugnis zugunsten der Gesellschaft ist Teil des Minderheitenschutzes und steht jedem Gesellschafter unabhängig vom Umfang seiner Beteiligung zu. Sie kann weder durch Gesellschaftsvertrag noch durch Beschluß der Gesellschafter im Einzelfall abbedungen werden.²³⁵

D. Die Gesellschafterpflichten

I. Schutzfunktion der allgemeinen Gesellschafterpflichten

124   Anders als im Bereich der Gesellschafterrechte sind im GmbH-Recht die Gesellschafterpflichten lediglich in sehr viel geringerem Umfang durch das GmbH-Gesetz ausdrücklich geregelt oder darüber hinaus von der Rspr. entwickelt worden. Gesetzgeber und Rspr. überlassen die Regelung der Gesellschafterpflichten weitgehend der Autonomie der Gesellschafter und geben – idR zwingende – Regelungen der Gesellschafterpflichten lediglich für zwei Schutzbereiche vor: Zum einen sollen – dies vor allem im Interesse der Gesellschaftsgläubiger – die Aufbringung und die Erhaltung des Stammkapitals sichergestellt werden; zum anderen soll die Erreichung des Gesellschaftszwecks gewährleistet werden.

II. Adressaten der allgemeinen Gesellschafterpflichten

125   Gemäß der vorstehend dargelegten Schutzfunktion der allgemeinen Gesellschafterpflichten ist grds. jeder Gesellschafter unabhängig von der Höhe seiner Beteiligung Adressat dieser Regelungen. Daneben sieht das GmbHG im Bereich der Aufbringung und Erhaltung des Stammkapitals eine solidarische Haftung aller Gesellschafter für die Erfüllung der jeden einzelnen Gesellschafter betreffenden Gesellschafterpflichten vor. Im Einzelfall kann die Zugehörigkeit zu einer Gesellschaftergruppe, etwa aufgrund eines Pool-Vertrages, für die einzelnen Gesellschafter Gesellschafterpflichten begründen, denen sie als Einzelgesellschafter sonst nicht unterlägen; so kann zB das grds. nur für Mehrheitsgesellschafter geltende Wettbewerbsverbot auch für Gesellschafter gelten, die sich zu einer einheitlich auftretenden Gesellschaftergruppe zusammengeschlossen haben und lediglich gemeinsam über die Mehrheit in der Gesellschaft verfügen.

III. Einzelne Gesellschafterpflichten

126   Die folgenden allgemeinen Gesellschafterpflichten sind im GmbHG ausdrücklich geregelt bzw. von der Rspr. entwickelt worden:
– Leistung der Stammeinlagen²³⁶
– Aufbringung von Fehlbeträgen anderer Gesellschafter²³⁷

---

²³³ *Lutter/Hommelhoff* § 13 Anm. 7.
²³⁴ *Lutter/Hommelhoff* § 13 Anm. 7.
²³⁵ *Baumbach/Hueck/Hueck* § 13 Anm. 33; *Lutter/Hommelhoff* § 13 Anm. 7.
²³⁶ Vgl. § 2 Rz. 90 ff.
²³⁷ Vgl. § 2 Rz. 127.

D. Die Gesellschafterpflichten 127–130 § 3

- Erstattung verbotener Rückzahlungen zu Lasten des Stammkapitals (einschließlich der Mithaftung für andere Gesellschafter)[238]
- Erstattung verbotener Rückzahlungen von eigenkapitalersetzenden Gesellschafterdarlehen[239]
- Erstattung von zurückgezahlten eigenkapitalersetzenden Darlehen Dritter, die durch Gesellschafter besichert waren[240]
- Erstattung verbotener Rückgewährung sonstiger eigenkapitalersetzender Gesellschafterleistungen[241]
- Nachschußpflicht[242]
- Wettbewerbsverbot[243]
- Geheimhaltungspflicht.[244]

Hinzu kommen die allgemeinen Gesellschafterpflichten, die sich aus der gesellschaftsrechtlichen Verbundenheit der Gesellschafter, insb. der gesellschaftsrechtlichen Treuepflicht, ergeben.[245] **127**

Nachfolgend werden lediglich die allgemeinen Gesellschafterpflichten dargestellt, die nicht an anderer Stelle aufgrund des dortigen Sachzusammenhanges behandelt werden. **128**

1. Wettbewerbsverbot

Im Folgenden wird lediglich das **Wettbewerbsverbot** behandelt, das ohne besondere gesellschaftsvertragliche Regelung seinen Grund ausschließlich in der Gesellschafterstellung und damit in der gesellschaftsrechtlichen Treuepflicht hat; demgemäß wird an dieser Stelle auch nicht auf das Wettbewerbsverbot des Gesellschafter-Geschäftsführers[246] eingegangen. **129**

Die gesellschaftsrechtliche Treuepflicht begründet nur dann ein Wettbewerbsverbot für Gesellschafter, wenn die GmbH besonders stark personalistisch strukturiert, also auf die Personen der Gesellschafter ausgerichtet ist[247] oder wenn es sich um einen Mehrheitsgesellschafter handelt, der auf die Gesellschaft beherrschenden Einfluß ausüben kann.[248] Entsprechendes hat wohl auch für einen Gesellschafter zu gelten, der zwar nicht mehrheitlich beteiligt ist, aber aufgrund seiner sonstigen Stellung in der Gesellschaft, zB wegen seines gesellschaftsvertraglichen Sonderrechts zur Bestellung und Abberufung eines Geschäftsführers, maßgeblichen Einfluß auf die Gesellschaft nehmen kann. Auch Minderheitsgesellschafter, die durch einen Stimmbindungsvertrag verbunden sind und dadurch entscheidenden Einfluß auf die Gesellschaft ausüben können, unterliegen dem Wettbewerbsverbot.[249] Demgegenüber kommt ein Wettbe- **130**

---

[238] Vgl. § 8 Rz. 45 ff.
[239] Vgl. § 8 Rz. 200 ff.
[240] Vgl. § 8 Rz. 270 ff.
[241] Vgl. § 8 Rz. 298 ff.
[242] Vgl. § 7 Rz. 81 ff.
[243] Vgl. Rz. 129 ff.
[244] Vgl. Rz. 136 ff.
[245] Vgl. im einzelnen Rz. 22 ff.
[246] Vgl. § 5 Rz. 172 ff.
[247] *Scholz/Winter* § 14 Anm. 59.
[248] BGH vom 5. 12. 1983, BGHZ 89, 162 ff.; *Lutter/Hommelhoff* § 14 Anm. 15.
[249] *Von der Osten* GmbHR 1989, 450 ff. (452).

werbsverbot aufgrund der gesellschaftsrechtlichen Treuepflicht für den Alleingesellschafter grundsätzlich nicht in Betracht, da durch die Treuepflicht nicht die Gesellschaft als solche geschützt wird, sondern nur als Interessengemeinschaft von mehreren Gesellschaftern; dies gilt jedoch nicht, wenn der Alleingesellschafter durch seine Wettbewerbshandlungen der Gesellschaft Vermögen entzieht, das zur Deckung des Stammkapitals benötigt wird.[250]

131 Unabhängig von der Höhe seiner Beteiligung kann die gesellschaftsrechtliche Treuepflicht es in besonderen Einzelfällen einem Gesellschafter verbieten, Geschäftschancen der GmbH zu deren Nachteil für sich selbst auszunutzen; dies gilt zB, wenn die Kenntnis hiervon an den Gesellschafter in seiner Eigenschaft als Mitglied der Gesellschaft herangetragen worden ist und dies für die GmbH von besonderer Bedeutung ist.[251] Voraussetzung hierbei ist grds. aber, daß das jeweilige Geschäft, auf das sich das Wettbewerbsverbot bezieht, vom Gesellschaftszweck umfaßt ist.[252] Darüber hinaus kann sich das Verbot auch auf solche Bereiche erstrecken, die in der bisherigen Entwicklungslinie der Gesellschaft liegen und auf die sie mit Blick auf die vorhandenen Ressourcen ihre Aktivitäten demnächst erstrecken könnte.[253]

132 Das Wettbewerbsverbot verbietet dem Gesellschafter nicht nur, selbst in Konkurrenz zur GmbH zu treten; es hindert ihn auch, dies mittelbar über Gesellschaften, auf die er beherrschenden Einfluß hat, oder über andere Personen zu tun.

133 Scheidet der Gesellschafter aus der GmbH aus, so erlischt damit grds. das Wettbewerbsverbot. Nur in besonders gelagerten Fällen, wird er verpflichtet sein, auch nach seinem Ausscheiden etwa spezielle Kenntnisse oder Verbindungen aus dem Bereich der GmbH nicht im Wettbewerb zu dieser Gesellschaft einzusetzen.

134 Bei einem Verstoß gegen das Wettbewerbsverbot hat die Gesellschaft einen Anspruch auf Unterlassung sowie auf Schadensersatz und das Recht, in die unter Verstoß gegen das Wettbewerbsverbot getätigten Geschäfte einzutreten analog §§ 112, 113 HGB. Bei schweren Verstößen kommt bei entsprechender gesellschaftsvertraglicher Ermächtigung die Einziehung des Geschäftsanteils des Gesellschafters oder die Ausschließung in Betracht.[254]

135 Die Nichtgeltendmachung von bzw. der Verzicht auf Ansprüche der Gesellschaft wegen der Verletzung eines Wettbewerbsverbots kann steuerlich zu einer verdeckten Gewinnausschüttung führen.[255]

2. Geheimhaltungspflicht

136 Dem umfassenden Informationsanspruch jedes Gesellschafters[256] entspricht die Pflicht des Gesellschafters, diese Informationen Dritten gegenüber ge-

---

[250] BGH v. 10. 5. 1993, BGHZ 122, 333, 336 = WM 1993, 1132, 1133.
[251] *Scholz/Winter* § 14 Anm. 59.
[252] BGH v. 13. 2. 1995, NJW 1995, 1358 ff. = WM 1995, 752 ff.
[253] *Lutter/Hommelhoff* Anh. § 6 Anm. 22.
[254] *Von der Osten* GmbHR 1989, 450 ff. (453); OLG Nürnberg v. 19. 3. 1992 (rechtskräftig), GmbHR 1994, 252 ff.
[255] Vgl. im einzelnen § 8 Rz. 31.
[256] Vgl. Rz. 63 ff.

D. Die Gesellschafterpflichten

heimzuhalten.²⁵⁷ Diese **Verschwiegenheitspflicht** ergibt sich zum einen daraus, daß dem Gesellschafter die Informationen zweckgebunden – zur Ausübung seiner Gesellschafterrechte – zur Verfügung gestellt werden, zum anderen folgt sie aus der gesellschaftsrechtlichen Treuepflicht,²⁵⁸ die den Gesellschafter verpflichtet, die Gesellschaft zu fördern und Schaden von ihr fernzuhalten. Die Treuepflicht gebietet es auch, daß der Gesellschafter Informationen über die Gesellschaft, die er von Dritten erhält, vertraulich behandelt; sofern diese Informationen der Gesellschaft nicht bekannt sind, kann der Gesellschafter verpflichtet sein, sie der Gesellschaft mitzuteilen.

In Ausnahmefällen kann der Gesellschafter zur Wahrung seiner eigenen **137** Belange berechtigt sein, sich über Angelegenheiten der Gesellschaft gegenüber Dritten zu äußern, zB bei der Einholung anwaltlichen Rates über den Umfang seiner Rechte und Pflichten als Gesellschafter oder anläßlich eines beabsichtigten Verkaufes seines Geschäftsanteiles. In diesen Fällen hat der Gesellschafter sicherzustellen, daß die Informationen über die Gesellschaft nicht über den Rahmen seiner berechtigten Interessen hinaus Dritten bekannt werden. Dies kann dadurch geschehen, daß die Informationen nur zur beruflichen Verschwiegenheit verpflichteten Personen mitgeteilt werden oder dem Empfänger der Information ausdrücklich die Verpflichtung zur Verschwiegenheit, gegebenenfalls in Verbindung mit einem Vertragsstrafeversprechen, auferlegt wird.²⁵⁹

Verstößt ein Gesellschafter schuldhaft – sei es auch nur fahrlässig – gegen **138** seine Verschwiegenheitspflicht, so ist er der Gesellschaft gegenüber schadensersatzpflichtig.²⁶⁰

IV. Gesellschaftsvertragliche Gesellschafterpflichten

Gem. § 3 Abs. 2 GmbHG besteht die Möglichkeit, Gesellschaftern – sei es **139** einzelnen Gesellschaftern, Gesellschaftergruppen oder allen Gesellschaftern – im Gesellschaftsvertrag über die allgemeinen Gesellschafterpflichten hinaus Verpflichtungen vielfältigster Art aufzuerlegen. Das kann soweit gehen, daß diese gesellschaftsvertraglichen Gesellschafterpflichten wirtschaftlich zu den eigentlichen Hauptpflichten werden, neben welchen die rechtlich stets die Hauptpflicht bildende Stammeinlagenverpflichtung völlig bedeutungslos wird (**"Nebenleistungens-GmbH"**). Durch die Statuierung von Gesellschafterpflichten gem. § 3 Abs. 2 GmbHG kann die GmbH für beinahe jeden Zweck individuell ausgestaltet werden; sie kann auf diese Weise wirtschaftlich einer Personengesellschaft oder auch einer Genossenschaft weitgehend angenähert werden.²⁶¹

Als gesellschaftsrechtliche Gesellschafterpflichten kommen insb. in Betracht: **140**

---

[257] *Lutter/Hommelhoff* § 51 a Anm. 20.
[258] Vgl. Rz. 22 ff.
[259] *Lutter/Hommelhoff* § 51 a Anm. 20.
[260] *Rowedder/Koppensteiner* § 51 a Anm. 16; *Hachenburg/Hüffer* § 51 a Anm. 11.
[261] *Scholz/Emmerich* § 3 Anm. 42.

- Zahlungspflichten
- Sachleistungenspflichten
- sonstige Leistungspflichten
- Unterlassungspflichten

141 **Zahlungspflichten** können sich insb. beziehen auf (künftige) Zuschüsse, Beiträge und Umlagen, Darlehensgewährungen, Ausgleich von Verlusten, Aufgelder (agio) bei künftigen Kapitalerhöhungen. Gegenüber der Stammeinlagenverpflichtung unterscheiden sich Zahlungspflichten gem. § 3 Abs. 2 GmbHG insb. dadurch, daß für diese Zahlungen nicht das Rückzahlungsverbot des § 30 GmbHG[262] gilt, so daß die Kapitalausstattung der Gesellschaft flexibler gestaltet werden kann; allerdings ist auch hier das Rückzahlungsverbot für eigenkapitalersetzende Gesellschafterdarlehen gem. § 32a GmbHG zu beachten.[263]

142 Gegenüber Nachschußpflichten gem. §§ 26 ff. GmbHG unterscheiden sich Zahlungspflichten gem. § 3 Abs. 2 GmbHG insb. dadurch, daß die Einforderung von Nachschüssen nach § 26 Abs. 1 GmbHG nur aufgrund eines Gesellschafterbeschlusses erfolgen kann und Nachschüsse nur in den Grenzen des § 30 Abs. 2 GmbH an die Gesellschafter zurückgezahlt werden dürfen, während sich die Fälligkeit bei Zahlungspflichten gem. § 3 Abs. 2 GmbHG ausschließlich nach den jeweiligen gesellschaftsvertraglichen Regelungen richtet und Rückzahlungen hieraus an die Gesellschafter nicht den Beschränkungen des § 30 Abs. 2 GmbHG unterliegen.

143 **Sachleistungspflichten** betreffen insb. die Verpflichtung zur entgeltlichen oder unentgeltlichen Überlassung von Gegenständen (zB Grundstücke, Räume, Maschinen) oder Rechten (zB gewerbliche Schutzrechte) durch Gesellschafter an die Gesellschaft. Im Gesellschaftsvertrag ist klarzustellen, daß es sich um Leistungspflichten neben der Verpflichtung zur Leistung der Stammeinlagen handelt und nicht um Sacheinlagen auf das Stammkapital gem. § 5 Abs. 4 GmbHG.

144 Bei den **sonstigen Leistungspflichten** kann es sich um Leistungen jeder Art handeln, beispielsweise um Liefer- bzw. Abnahmeverpflichtungen oder um die Verpflichtung zur Geschäftsführung. Im letzteren Fall ist im Gesellschaftsvertrag zweifelsfrei zu formulieren, daß es sich um eine Verpflichtung gem. § 3 Abs. 2 GmbHG handelt und nicht lediglich um eine Geschäftsführerbestellung bei Gelegenheit des Abschlusses des Gesellschaftsvertrages; im Zweifel wäre lediglich von einer einfachen Geschäftsführerbestellung auszugehen.[264]

145 **Unterlassungspflichten** beziehen sich vor allem auf über das allgemeine Wettbewerbsverbot hinausgehende Wettbewerbsbeschränkungen gegenüber der Gesellschaft. Die Zulässigkeit derartiger Konkurrenzklauseln ist heute durch das deutsche und europäische Kartellrecht[265] stark eingeschränkt.[266] Regelungen dieses Inhalts sollten in jedem Fall vorab eingehend auf ihre wettbewerbsrechtliche Zulässigkeit geprüft werden.

---

[262] Vgl. § 8 Rz. 110 ff.
[263] Vgl. § 8 Rz. 200 ff.
[264] *Scholz/Emmerich* § 3 Anm. 49.
[265] § 1 GWB, Art. 85 EG-Vertrag.
[266] *Scholz/Emmerich* § 3 Anm. 50a; *Baumbach/Hueck/Hueck* § 3 Anm. 44.

D. Die Gesellschafterpflichten

Die Gesellschafterpflichten gem. § 3 Abs. 2 GmbHG müssen im Gesellschaftsvertrag inhaltlich hinreichend bestimmt sein. Ganz allgemein gehaltene Formulierungen wie zB die allgemeine Pflicht, die Gesellschaft „durch Bürgschaften und sonstige Sicherheitsleistungen zu stützen" genügen nicht. Andererseits sind häufig detaillierte Festlegungen im voraus nicht möglich. Der Gesellschaftsvertrag muß aber einen festen Rahmen angeben, der den wesentlichen Kern der Verpflichtung erkennen läßt. Auch die sonstigen Einzelheiten der Gesellschafterpflichten sind im Gesellschaftsvertrag zu regeln, insb. Angaben über den Kreis der verpflichteten Gesellschafter, über die Gegenleistung oder Unentgeltlichkeit, die Fälligkeit, Bedingungen etc. Die Konkretisierung der Verpflichtungen im einzelnen kann auch Gesellschaftsorganen oder Dritten überlassen werden, die dann nach billigem Ermessen gem. §§ 315 ff. BGB zu entscheiden haben. Möglich ist auch die Konkretisierung durch schuldrechtliche Ausführungsverträge, zB Geschäftsführeranstellungsverträge, Miet-, Pachtverträge.[267]

Die inhaltliche Gestaltungsfreiheit für Gesellschafterpflichten gem. § 3 Abs. 2 GmbHG ist lediglich durch wenige zwingende gesetzliche Regelungen eingeschränkt. Aus dem GmbH-Recht sind dies insb. die Vorschriften betreffend die Kapitalerhaltung,[268] aus dem Mitbestimmungsrecht die Regelungen über den Aufsichtsrat und seine Zusammensetzung[269] und aus dem Wettbewerbsrecht das Kartellverbot.[270] Selbstverständlich gelten das Verbot der Sittenwidrigkeit gem. § 138 BGB und – dies wohl mehr bei der Durchführung der Gesellschafterpflichten – die Grundsätze von Treu und Glauben gem. § 242 BGB sowie die gesellschaftsrechtliche Treuepflicht.[271]

Bei der Gestaltung von Gesellschafterpflichten gem. § 3 Abs. 2 GmbHG sind stets die steuerlichen Konsequenzen zu berücksichtigen. Geht das von der Gesellschaft an den Gesellschafter für die Erfüllung seiner Gesellschafterpflicht zu leistende Entgelt über den Wert der Gesellschafterleistung hinaus, so kann eine vGA vorliegen.[272]

Gesellschaftsvertragliche Gesellschafterpflichten iSd. § 3 Abs. 2 GmbHG sind – im Gegensatz zu nur schuldrechtlichen Verpflichtungen zwischen den Gesellschaftern untereinander – **mitgliedschaftliche** Pflichten, die unabhängig vom jeweiligen Gesellschafter auf der Mitgliedschaft als solcher beruhen und daher mit dem Geschäftsanteil selbst, nicht mit einem bestimmten Gesellschafter verbunden sind. Sie wirken gegenüber allen künftigen Inhabern des betreffenden Geschäftsanteils.[273] Damit wird bei einem Übergang des Geschäftsanteils – sei es unter Lebenden, sei es von Todes wegen – der Erwerber für die Zukunft verpflichtet; für die bereits fälligen Leistungen haften der alte und der neue Gesellschafter als Gesamtschuldner.[274] Nur bei höchstpersönli-

---

[267] *Baumbach/Hueck/Hueck* § 3 Anm. 39; *Hachenburg/Ulmer* § 3 Anm. 87 ff.
[268] Vgl. § 8 Rz. 5 ff.
[269] Vgl. § 6 Rz. 70 ff., 89 ff.
[270] §§ 1, 38 Abs. I Ziff. 1 GWB.
[271] *Lutter/Hommelhoff* § 3 Anm. 51 ff.
[272] Vgl. im einzelnen § 8 Rz. 31 ff.
[273] *Baumbach/Hueck/Hueck* § 3 Anm. 35.
[274] *Baumbach/Hueck/Hueck* § 3 Anm. 50; *Rowedder/Rittner* § 3 Anm. 48.

chen Gesellschafterpflichten gehen diese Pflichten idR nicht auf den neuen Gesellschafter über und enden zugleich bei dem Altgesellschafter.[275]

150 Die Übertragung von Geschäftsanteilen, denen gem. § 3 Abs. 2 GmbHG Gesellschafterpflichten zugeordnet sind, ist gesetzlich nicht beschränkt. Für die Gesellschaft und die Mitgesellschafter ist es jedoch regelmäßig von erheblichem Interesse, wer als neuer Gesellschafter die mit dem Geschäftsanteil verbundenen Gesellschafterpflichten zu erfüllen hat. Deshalb empfiehlt es sich, die Übertragbarkeit dieser Geschäftsanteile zu beschränken, zB dadurch, daß der Übertragung durch Gesellschafterbeschluß zugestimmt werden muß oder durch die gesellschaftsvertragliche Vereinbarung von Ankaufs- oder Vorkaufsrechten der Mitgesellschafter.[276]

151 Die Begründung von Gesellschafterpflichten gem. § 3 Abs. 2 GmbHG kann entweder bereits im ursprünglichen Gesellschaftsvertrag oder durch spätere Satzungsänderung erfolgen. Eine nachträgliche Begründung oder Erweiterung der Gesellschafterpflichten ist nur mit Zustimmung der belasteten Gesellschafter möglich;[277] hierbei ist ebenso wie bei sonstigen Änderungen und bei der Aufhebung der Gesellschafterpflichten der Gleichbehandlungsgrundsatz zu beachten.[278]

152 Eine Befreiung von Gesellschafterpflichten gem. § 3 Abs. 2 GmbHG ist nur durch Satzungsänderung möglich. Ein Erlaß durch die Geschäftsführung ist unzulässig.[279] Die Nichtgeltendmachung der Ansprüche gegenüber dem verpflichteten Gesellschafter kann steuerlich zu verdeckten Gewinnausschüttungen führen.[280] Da die Gesellschafterpflichten häufig eine oder die wesentliche Grundlage der Gesellschaft sind, kann es sich empfehlen, für Satzungsbeschlüsse, durch die Gesellschafterpflichten reduziert oder aufgehoben werden, qualifizierte Mehrheitserfordernisse bzw. Einstimmigkeit vorzuschreiben.

153 Grds. kann sich ein Gesellschafter nicht einseitig von seinen gesellschaftsvertraglichen Gesellschafterpflichten gem. § 3 Abs. 2 GmbHG lossagen; er hat insb. kein Kündigungsrecht und auch kein Abandonrecht entspr. § 27 GmbHG.[281] Ob ein Gesellschafter seine Gesellschafterpflichten – ohne gleichzeitige Kündigung seiner gesamten Mitgliedschaft – aus wichtigem Grund kündigen kann, wenn ihm auf Dauer die Erfüllung der Gesellschafterpflichten unzumutbar ist und er sich hiervon nicht durch Veräußerung seines Geschäftsanteils befreien kann, oder ob der Gesellschafter in diesem Fall nur über das Austrittsrecht aus wichtigem Grund seine gesamte Mitgliedschaft beenden bzw. nur bei Vorliegen der Voraussetzungen des § 61 GmbHG Auflösungsklage erheben kann, ist streitig.[282] Auch für diese Fälle sollten im Gesellschaftsvertrag klare Regelungen getroffen werden.

154 Für die Rechtsfolgen bei Nichterfüllung oder sonstiger Verletzung von gesellschaftsvertraglichen Gesellschafterpflichten gelten zwar grds. die allge-

---

[275] *Baumbach/Hueck/Hueck* § 3 Anm. 50; *Rowedder/Rittner* § 3 Anm. 47.
[276] *Baumbach/Hueck/Hueck* § 3 Anm. 50; *Rowedder/Rittner* § 3 Anm. 47.
[277] *Hachenburg/Ulmer* § 3 Anm. 72; *Lutter/Hommelhoff* § 3 Anm. 37.
[278] *Baumbach/Hueck/Huek* § 3 Anm. 38.
[279] *Baumbach/Hueck/Hueck* § 3 Anm. 51.
[280] Vgl. hierzu im einzelnen § 8 Rz. 31 ff.
[281] *Baumbach/Hueck/Hueck* § 3 Anm. 51.
[282] *Baumbach/Hueck/Hueck* § 3 Anm. 52; *Hachenburg/Ulmer* § 3 Anm. 113.

D. Die Gesellschafterpflichten

meinen zivilrechtlichen Vorschriften. Allerdings können sich hiervon mit Rücksicht auf das besondere mitgliedschaftliche Verhältnis zwischen Gesellschaft und verpflichtetem Gesellschafter, insb. aufgrund der gesellschaftsrechtlichen Treuepflicht, Abweichungen ergeben.[283] Auch hier kann es sich empfehlen, für bestimmte Leistungsstörungen die Rechtsfolgen, zB durch Vertragsstrafenklauseln[284] oder durch ein Ausschließungsrecht, im Gesellschaftsvertrag zu regeln.

In den Gesellschaftsvertrag können – wenn auch nur als sogenannte – auch lediglich die Gesellschafter schuldrechtlich bindende Verpflichtungen aufgenommen werden; in Betracht kommt zB die Verpflichtung, gegenüber der Gesellschaft bestimmte Leistungen zu erbringen. Für diese Verpflichtungen gelten die allgemeinen schuldrechtlichen Regelungen des Zivilrechts; sie können also zB durch Kündigung beendet werden und sind nicht fest mit dem Geschäftsanteil verbunden. Wegen der gravierenden rechtlichen Unterschiede zwischen gesellschaftsvertraglichen Gesellschafterpflichten gem. § 3 Abs. 2 GmbHG und lediglich schuldrechtlichen Gesellschafterpflichten empfiehlt es sich dringend, im Gesellschaftsvertrag zweifelsfrei klarzustellen, welche Art von Gesellschafterpflichten gewollt ist; noch besser ist es, lediglich schuldrechtlich wirkende Gesellschafterpflichten außerhalb des Gesellschaftsvertrages zu vereinbaren.

155

---

[283] *Lutter/Hommelhoff* § 3 Anm. 48 ff.; *Baumbach/Hueck/Hueck* § 3 Anm. 48; *Hachenburg/Ulmer* § 3 Anm. 90 ff.
[284] *Hachenburg/Ulmer* § 3 Anm. 95.

§ 4 Die Beschlußfassung der Gesellschafter

Bearbeiter: Dr. Klaus K. Fischer

Übersicht

	Rz.
Vorbemerkung	1

A. Die Beschlußfassung in Gesellschafterversammlungen
- I. Einberufung einer Gesellschafterversammlung........... 2–36
  1. Zuständigkeit zur Einberufung......................... 2–10
  2. Pflicht zur Einberufung einer Gesellschafterversammlung... 11–23
     - a) Einberufung in ausdrücklich bestimmten Fällen .. 11
     - b) Einberufung im Interesse der Gesellschaft.......... 12
     - c) Einberufung bei Verlust der Hälfte des Stammkapitals... 13
     - d) Einberufungsverlangen einer Minderheit und Selbsthilferecht.. 14–22
     - e) Abdingbarkeit durch Satzung........................ 23
  3. Form und Inhalt der Einberufung einer Gesellschafterversammlung... 24–36
     - a) Einberufung durch Ladung 24–26
     - b) Adressaten der Einladung............................ 27–30
     - c) Ladungsfrist 31
     - d) Ankündigung der Tagesordnungspunkte 32
     - e) Ort und Termin der Gesellschafterversammlung.. 33, 34
     - f) Abdingbarkeit durch Satzung........................ 35
     - g) Fehlerhafte Einberufung............................. 36
- II. Recht zur Teilnahme an Gesellschafterversammlungen. 37–50
  1. Inhalt des Teilnahmerechts............................. 37
  2. Teilnahmerecht der Gesellschafter 38–45
     - a) Inhaber des Teilnahmerechts........................ 38–41
     - b) Ausschluß des Teilnahmerechts..................... 42
     - c) Gesetzliche und rechtsgeschäftliche Vertretung.... 43–45
  3. Teilnahmerecht Dritter................................. 46–49
  4. Verletzung des Teilnahmerechts........................ 50
- III. Durchführung der Gesellschafterversammlung........... 51–57
  1. Versammlungsleiter 52–54
  2. Protokollierung von Gesellschafterbeschlüssen........ 55–57
- IV. Zustandekommen von Gesellschafterbeschlüssen 58–68
  1. Antrag zur Beschlußfassung 58–60
  2. Abstimmung... 61–63
  3. Beschlußfeststellung 64–66
  4. Weitere Erfordernisse.................................. 67, 68
- V. Vollversammlung.. 69, 70

§ 4   Die Beschlußfassung der Gesellschafter

	Rz.
B. Die Beschlußfassung außerhalb von Gesellschafterversammlungen	
I. Schriftliches Verfahren gemäß § 48 Abs. 2 GmbHG....	71–73
II. Satzungsregelungen	74
C. Die Beschlußfassung in Ein-Mann-Gesellschaften...	75–78
D. Stimmrecht und Stimmrechtsausübung	
I. Inhalt und Grenzen des Stimmrechts	79
II. Stimmkraft der Gesellschafter	80, 81
III. Inhaber des Stimmrechts	82–91
1. Stimmrecht der Gesellschafter	82, 83
2. Stimmrechtsausübung durch Dritte	84–88
3. Verbot der Stimmrechtsabspaltung und einheitliche Stimmabgabe	89–91
IV. Stimmrechtsausschluß	92–117
1. Allgemeines	92–96
2. Entlastung eines Gesellschafters	97, 98
3. Befreiung von einer Verbindlichkeit	99
4. Vornahme eines Rechtsgeschäfts	100, 101
5. Einleitung oder Erledigung eines Rechtsstreits	102, 103
6. Anwendungsgrenzen des § 47 Abs. 4 GmbHG	104–114
a) Sozialakte	104, 105
b) Wichtiger Grund für Beschlußfassung	106, 107
c) Weitere Einzelfälle	108–112
d) Abdingbarkeit des § 47 Abs. 4 GmbHG	113
e) Mißachtung des Stimmverbots	114
7. Anwendbarkeit des § 181 BGB	115
8. Ruhen der Mitgliedschaftsrechte für die eigenen Anteile der GmbH	116
9. Analoge Anwendbarkeit der §§ 71 b, 71 d AktG	117
V. Stimmbindungsvereinbarungen	118–123
1. Inhalt und Wirksamkeit	118–120
2. Zulässigkeitsgrenzen	121, 122
3. Durchsetzung und Vollstreckbarkeit	123
VI. Haftung wegen Stimmrechtsausübung	124–127
VII. Wirksamkeit der Stimmabgabe	128, 129
E. Mehrheitserfordernisse	
I. Beschlußfähigkeit	130, 131
II. Gesetzliche Mehrheitserfordernisse	132, 133
III. Gesellschaftsvertragliche Mehrheitserfordernisse	134
F. Änderung des Gesellschaftsvertrages	
I. Gesellschaftsvertrag als Gegenstand der Änderung	135–140
II. Begriff der Änderung	141–145
III. Durchführung der Änderung	146–154
1. Zwingende Zuständigkeit der Gesellschafter	146
2. Beschlußmehrheit	147–152
a) Dreiviertel-Mehrheit	147, 148
b) Anpassung der Gewinnverwendungsregel	149

Vorbemerkung

	Rz.
c) Leistungsvermehrung	150, 151
d) Zweckänderung nur einstimmig	152
3. Notarielle Beurkundung des Änderungsbeschlusses	153, 154
IV. Eintragung in das Handelsregister	155–157
1. Anmeldung	155, 156
2. Rechtswirkungen	157
V. Exkurs: Umstellung von DM auf EURO	158
G. Aufhebung von Gesellschafterbeschlüssen	159–162
H. Auslegung von Gesellschafterbeschlüssen	163
J. Fehlerhafte Gesellschafterbeschlüsse	
I. Allgemeines	164
II. Scheinbeschlüsse (Nichtbeschlüsse)	165, 166
III. Unwirksame Beschlüsse	167–169
IV. Nichtige Beschlüsse	170–187
1. Einberufungsmängel	171, 172
2. Beurkundungsmängel	173, 174
3. Unvereinbarkeit mit dem Wesen der GmbH und Inhaltsverstöße	175–177
4. Sittenverstoß	178
5. Nichtigkeitserklärung	179, 180
6. Weitere Nichtigkeitsgründe	181, 182
7. Teilnichtigkeit	183
8. Bedeutung und Rechtsfolgen der Nichtigkeit	184–186
9. Heilung der Nichtigkeit	187
V. Anfechtbare Beschlüsse	188–196
1. Anfechtbarkeit im allgemeinen	188, 189
2. Anfechtungsgründe	190–192
3. Ausschluß der Anfechtbarkeit	193–196
VI. Rechtsbehelfe bei fehlerhaften Beschlüssen	197–216
1. Klagearten	197–201
2. Rechtsschutzinteresse	202
3. Prozeßbeteiligte	203–205
4. Klagefrist	206, 207
5. Weitere Verfahrensfragen	208–211
6. Urteilswirkungen	212, 213
7. Einstweiliger Rechtsschutz	214–216

Vorbemerkung

Nach den Vorschriften des GmbH-Gesetzes muß die Gesellschaft über 1 zwei Organe verfügen: die Gesellschafter als Willensbildungsorgan (§§ 45 ff. GmbHG) und die Geschäftsführer als Handlungsorgan (§§ 6, 35 ff. GmbHG).

Die Gesellschafter als **oberstes Organ der GmbH** entscheiden durch **Beschluß**. Der Bundesgerichtshof bezeichnet einen solchen Gesellschafterbeschluß als „Sozialakt der körperschaftlichen Willensbildung durch Mehrheits-

Fischer

§ 4 2, 3   Die Beschlußfassung der Gesellschafter

entscheid".[1] Die moderne Rechtslehre ordnet den Beschluß als Rechtsgeschäft eigener Art ein, beruhend auf den Stimmabgaben der Mitglieder und gerichtet auf kollektive, rechtsverbindliche Willensbildung.[2]

GmbH-Gesellschafter können Beschlüsse sowohl in Versammlungen als auch – mit wenigen Ausnahmen[3] – außerhalb einer Versammlung etwa im schriftlichen Umlaufverfahren oder im Falle einer Ein-Mann-GmbH durch schriftlich aufzunehmende Erklärung fassen (§ 48 Abs. 2, 3 GmbHG). Das GmbH-Gesetz sieht die Beschlußfassung in Gesellschafterversammlungen als Regelverfahren an (§ 48 Abs. 1 GmbHG).

A. Die Beschlußfassung in Gesellschafterversammlungen

I. Einberufung einer Gesellschafterversammlung

1. Zuständigkeit zur Einberufung

2   Die Einberufungskompetenz liegt gem. § 49 Abs. 1 GmbHG grds. bei den **Geschäftsführern**. Entgegen dem mißverständlichen Wortlaut nimmt die heute ganz herrschende Meinung an, daß im Falle des Vorhandenseins mehrerer Geschäftsführer jeder Geschäftsführer unabhängig von den anderen einberufungsbefugt ist.[4] Können sich mehrere Geschäftsführer nicht auf eine Einberufung einigen, ist jeder Geschäftsführer berechtigt. Dies gilt auch im Falle eines Nebeneinanders von Geschäftsführer und Notgeschäftsführer.[5]

3   Der nicht rechtswirksam bestellte, aber faktisch als bzw. wie ein Geschäftsführer Tätige, ist ebenfalls einberufungsbefugt.[6] Strittig ist, ob auch die bloße Eintragung als Geschäftsführer im Handelsregister genügt; aus Rechtssicherheitsgründen ist dies zu bejahen.[7] Gleiches gilt, wenn ein abberufener, aber noch im Handelsregister eingetragener Geschäftsführer die Gesellschafterversammlung einberuft.[8]

---

[1] BGH v. 22. 9. 1969, BGHZ 52, 316, 318; so bereits RG v. 4. 12. 1928, RGZ 122, 367, 369.

[2] Vgl. *Schmidt,* GesR § 15 I 2a; *Rowedder/Koppensteiner* § 47 Anm. 3; *Baumbach/ Hueck/Zöllner* § 47 Anm. 3; jeweils mwN.

[3] ZB Umwandlungsbeschluß (§ 193 Abs. 1 Satz 2 UmwG), Verschmelzungsbeschluß (§ 13 Abs. 1 Satz 2 UmwG).

[4] OLG Frankfurt v. 6. 1. 1976, GmbHR 1976, 110 f.; KG v. 13. 5. 1965, NJW 1965, 2157, 2158; *Meyer-Landrut/Miller/Niehus* § 49 Anm. 2 jeweils mwN.

[5] OLG München v. 3. 11. 1993, GmbHR 1994, 406 ff.

[6] *Rowedder/Koppensteiner* § 49 Anm. 2; *Lutter/Hommelhoff* § 49 Anm. 3; *Scholz/ Schmidt* § 49 Anm. 5.

[7] *Scholz/Schmidt* § 49 Anm. 5; *Lutter/Hommelhoff* § 49 Anm. 3; aA *Rowedder/Koppensteiner* § 49 Anm. 2.

[8] *Lutter/Hommelhoff* § 49 Anm. 3; AG Syke v. 2. 3. 1982, GmbHR 1985, 26, 27 (Analogie zu § 121 Abs. 2 S. 2 AktG); skeptisch insoweit *Rowedder/Koppensteiner* § 49 Anm. 2.

A. Die Beschlußfassung in Gesellschafterversammlungen   4–9 § 4

Befindet sich die GmbH im Abwicklungsstadium, treten die **Liquidatoren** 4 an die Stelle der Geschäftsführer.[9] Im Konkurs der Gesellschaft bleiben die Geschäftsführer einberufungsberechtigt; streitig ist, ob daneben der **Konkursverwalter** einberufungsberechtigt ist.[10]

Den Gesellschaftern – weder einer qualifizierten Mehrheit noch einem 5 einzelnen – steht ein Einberufungsrecht zwar grds. nicht zu; Gesellschafter, die allein oder gemeinsam mit anderen zumindest **10% des Stammkapitals** halten, können von dem Einberufungsberechtigten gemäß § 50 Abs. 1 GmbHG eine Einberufung verlangen. Kommt dieser dem Einberufungswunsch nicht nach, können der bzw. die Gesellschafter die Einberufung gem. § 50 Abs. 3 GmbHG selbst bewirken.[11] § 52 Abs. 1 GmbHG räumt dem Aufsichtsrat ebenfalls ein Einberufungsrecht ein, wenn das „Wohl der Gesellschaft" es erfordert.[12]

Anderen als den vorgenannten Personen räumt das GmbH-Gesetz ein Ein- 6 berufungsrecht nicht ein. Insbesondere Prokuristen[13] oder Generalhandlungsbevollmächtigten[14] steht ein solches nicht zu.

Gem. § 45 Abs. 1 GmbHG läßt sich jedoch die Einberufungszuständigkeit, 7 dh. eine Übertragung des Rechts auf Einberufung auf einen Dritten unter gleichzeitigem Ausschluß der Einberufungszuständigkeit des Berechtigten, abweichend von den Bestimmungen der §§ 49, 50 GmbHG regeln. Ob die grundsätzliche Zuständigkeit der Geschäftsführer durch die einer anderen Stelle vollständig ersetzt werden kann, ist streitig. Die noch herrschende Meinung hält dies für zulässig.[15] In jedem Falle nicht entzogen werden kann die Einberufungszuständigkeit der Gesellschafter nach § 50 Abs. 3 GmbHG. Nicht abdingbar ist auch die Einberufungsbefugnis des mitbestimmten Aufsichtsrats.

Eine **Delegation** der gesetzlichen oder statutarischen Einberufungszustän- 8 digkeit, dh. eine Übertragung des Rechts auf Einberufung auf einen Dritten unter gleichzeitigem Ausschluß der Einberufungszuständigkeit des Berechtigten, ist ausgeschlossen.[16] Auch kann ein Berechtigter die von einem Unberechtigten ausgesprochene Einladung nicht nachträglich genehmigen.[17] Dies bedeutet jedoch nicht, daß der Einberufungsberechtigte sich nicht bei der Durchführung der Einberufung der Assistenz anderer Personen bedienen dürfte.

Die Kompetenz zur Einberufung einer Gesellschafterversammlung umfaßt 9 grds. auch **die Zuständigkeit zur Rücknahme** der Einberufung.[18] Rück-

---

[9] *Meyer-Landrut/Miller/Niehus* § 49 Anm. 4; *Scholz/Schmidt* § 49 Anm. 6; *Rowedder/Koppensteiner* § 49 Anm. 2.
[10] *Rowedder/Koppensteiner* § 49 Anm. 2; aA *Lutter/Hommelhoff* § 49 Anm. 3; *Scholz/Schmidt* § 45 Anm. 6 will dagegen beiden – Konkursverwalter und Geschäftsführer – das Einberufungsrecht zubilligen.
[11] Zu solchen Einberufungspflichten und Selbsthilferechten nachfolgend Rz. 14–22.
[12] Vgl. *Rowedder/Koppensteiner* § 49 Anm. 15.
[13] KG v. 6. 10. 1911, OLGE 24, 158; *Scholz/Schmidt* § 49 Anm. 9.
[14] *Scholz/Schmidt* § 49 Anm. 9.
[15] *Meyer-Landrut/Miller/Niehus* § 49 Anm. 6; *Rowedder/Koppensteiner* § 49 Anm. 8.
[16] *Scholz/Schmidt* § 49 Anm. 10; *Rowedder/Koppensteiner* § 49 Anm. 5.
[17] *Scholz/Schmidt* § 49 Anm. 10; KG v. 6. 10. 1911, OLGE 24, 158 f.
[18] RG v. 20. 1. 1941, RGZ 166, 129, 133; OLG München v. 3. 11. 1993, GmbHR 1994, 406 ff.; *Baumbach/Hueck/Zöllner* § 49 Anm. 9; *Rowedder/Koppensteiner* § 49 Anm. 6.

10 Sind **mehrere Geschäftsführer** vorhanden, so besteht die Gefahr konkurrierender Einberufungen. Dieselbe Gefahr besteht bei Bestehen eines **obligatorischen Aufsichtsrats** oder statutarisch bestimmter Einberufungsberechtigter. Im Falle der zeitlichen Unvereinbarkeit zwischen von Einberufungsberechtigten einberufenen Versammlungen ist die erste Einberufung wirksam.[19] Dies gilt jedenfalls, wenn die Tagesordnungen identisch sind oder nahezu dieselben Punkte abhandeln. Kündigen die Einberufungen dagegen bereits verschiedene Tagesordnungen an, so sind grundsätzlich beide Einberufungen wirksam. Werden in der zuerst stattfindenden Versammlung bereits sämtliche für die zweite Versammlung angekündigten Tagesordnungspunkte abgehandelt, so wird die letztere gegenstandslos. Im Rahmen der zu beachtenden Form- und Fristerfordernisse kann folglich ein Einberufungsberechtigter einem anderen durch kurzfristige Einberufung einer Versammlung zuvorkommen.[20]

Einleitend zu Beginn des vorstehenden Absatzes steht die Ziffer „10" als Randnummer; die Einleitung beginnt mit „nahmeberechtigt ist allerdings nur derjenige, der die Gesellschafterversammlung zuvor einberufen hat; andere – auch daneben einberufungsberechtigte – Personen können die Einberufung nicht zurücknehmen."

2. Pflicht zur Einberufung einer Gesellschafterversammlung

a) Einberufung in ausdrücklich bestimmten Fällen

11 Nach § 49 Abs. 2 GmbHG ist die Gesellschafterversammlung in „den ausdrücklich bestimmten Fällen" einzuberufen. Das sind diejenigen Fälle, in denen gemäß § 46 GmbHG die Gesellschafter durch Beschlußfassung zu entscheiden haben. Streitig ist, ob die Geschäftsführer stets eine Gesellschafterversammlung einzuberufen haben, oder sie stattdessen nicht nur eine Beschlußfassung auf andere Weise, zB im schriftlichen Umlaufverfahren, herbeiführen dürfen.[21] Eine Pflicht der Geschäftsführer zur Einberufung einer Gesellschafterversammlung besteht jedoch immer dann, wenn die Geschäftsführer davon ausgehen müssen, daß die Gesellschafter der von den Geschäftsführern vorgesehenen Maßnahme widersprechen werden.[22]

b) Einberufung im Interesse der Gesellschaft

12 Ferner ist gem. § 49 Abs. 2 GmbHG eine Gesellschafterversammlung einzuberufen, wenn dies „im Interesse der Gesellschaft erforderlich erscheint". In diesen Fällen müssen die Geschäftsführer eine Gesellschafterversammlung einberufen; eine Beschlußfassung in sonstiger Weise ist nicht ausreichend.[23] Wann das Interesse der Gesellschaft die Einberufung einer Gesellschafterversammlung erforderlich macht, ist nur aufgrund der jeweiligen Situation zu

---

[19] *Scholz/Schmidt* § 49 Anm. 13 unter Verweis auf *Wenck* Die Einberufung der Generalversammlungen bei Aktiengesellschaften, Genossenschaften, GmbH, Gewerkschaften und Versicherungsvereinen, 1914, S. 327.
[20] Vgl. BGH v. 28. 1. 1985, GmbHR 1985, 256 f.; *Scholz/Schmidt* § 49 Anm. 13.
[21] Vgl. *Lutter/Hommelhoff* § 49 Anm. 11; *Baumbach/Hueck/Zöllner* § 49 Anm. 14; wohl noch enger *Roewedder/Koppensteiner* § 49 Anm. 11.
[22] *Lutter/Hommelhoff* § 49 Anm. 11.
[23] *Scholz/Schmidt* § 49 Anm. 18 ff.

A. Die Beschlußfassung in Gesellschafterversammlungen   13–15   § 4

beurteilen. Dies dürfte immer dann der Fall sein, wenn ohne Abhaltung der Gesellschafterversammlung der Gesellschaft ein nicht unerheblicher Schaden droht[24] oder es um riskante oder besonders kostspielige Geschäfte geht, sofern die Geschäftsführer davon ausgehen müssen, daß die Gesellschafter nicht erst nachträglich über die Billigung dieser Geschäfte entscheiden wollen.[25] Dies ist anzunehmen etwa beim Erwerb eines anderen Unternehmens,[26] bei der Umstellung eines Geschäftszweiges auf andere Grundlagen[27] oder bei einer Änderung der Geschäftspolitik insgesamt.[28]

c) Einberufung bei Verlust der Hälfte des Stammkapitals

Gem. § 49 Abs. 3 ist eine Gesellschafterversammlung einzuberufen, „wenn aus der Jahresbilanz oder aus einer im Laufe des Geschäftsjahres aufgestellten Bilanz sich ergibt, daß die Hälfte des Stammkapitals verloren ist".[29] Dieselbe Pflicht besteht auch, wenn sich der Verlust des hälftigen Stammkapitals zwar nicht aus einer förmlichen Jahres- oder Zwischenbilanz ergibt, die Geschäftsführer aber nach pflichtgemäßem Ermessen Grund zur Annahme eines solchen Verlustes haben müssen; in Zweifelsfällen sind die Geschäftsführer zum Zwecke der Überprüfung ihrer Annahme zur Erstellung einer Zwischenbilanz verpflichtet.   13

d) Einberufungsverlangen einer Minderheit und Selbsthilferecht

§ 50 Abs. 1 GmbHG räumt Gesellschaftern, die allein oder gemeinsam Geschäftsanteile von zusammen mindestens **10% des Stammkapitals** halten, das Recht ein, unter Angabe des Zwecks und der Gründe die Berufung der Gesellschafterversammlung zu verlangen. Bei der Berechnung der 10%igen Beteiligung bleiben eigene Anteile der GmbH sowie kaduzierte und abandonierte Anteile außer Betracht, solange sie (noch) nicht von den Gesellschaftern oder Dritten erworben worden sind.[30] Unbeachtlich ist, ob es sich um Anteile mit oder ohne Stimmrecht handelt[31] oder ob und inwieweit die Einlagepflichten durch die Gesellschafter erfüllt worden sind.[32]   14

Das Einberufungsverlangen ist an die Geschäftsführer als Organ der Gesellschaft zu richten; Anspruchsgegner im Rechtssinne ist die Gesellschaft selbst.[33]   15

---

[24] *Baumbach/Hueck/Zöllner* § 49 Anm. 13.
[25] *Scholz/Schmidt* § 49 Anm. 20; *Lutter/Hommelhoff* § 49 Anm. 12; vgl. auch die Kommentierungen zu § 111 Abs. 3 AktG, der eine Einberufungspflicht des Aufsichtsrats begründet, wenn „das Wohl der Gesellschaft" es erfordert; ferner BGH v. 25. 2. 1982, BGHZ 83, 122 zur gesetzlich nicht verankerten Einberufungspflicht des Vorstandes einer Aktiengesellschaft.
[26] BGH v. 29. 3. 1973, BB 1973, 772.
[27] BGH v. 5. 12. 1983, NJW 1984, 1461 f.
[28] Vgl. *Scholz/Schmidt* § 49 Anm. 20.
[29] Vgl. *W. Müller* ZGR 1985, 191 ff.; *Scholz/Schmidt* § 49 Anm. 22; *Baumbach/Hueck/Schulze-Osterloh* § 84 Anm. 11; *Lutter/Hommelhoff* § 49 Anm. 13.
[30] *Baumbach/Hueck/Zöllner* § 50 Anm. 17 f.; *Rowedder/Koppensteiner* § 50 Anm. 3; *Lutter/Hommelhoff* § 50 Anm. 3; aA *Scholz/Schmidt* § 50 Anm. 10.
[31] *Rowedder/Koppensteiner* § 50 Anm. 3; *Baumbach/Hueck/Zöllner* § 50 Anm. 18.
[32] Vgl. KG v. 13. 8. 1913, GmbHR 1914, 188.
[33] *Scholz/Schmidt* § 50 Anm. 13; *Baumbach/Hueck/Zöllner* § 50 Anm. 4.

Es kann formlos ausgeübt werden; Schriftform ist nicht erforderlich, empfiehlt sich jedoch aus Beweisgründen. Strittig ist, ob Vollmachten der Schriftform bedürfen;[34] da die Einberufungsberechtigten jedenfalls analog § 47 Abs. 3 GmbHG den Nachweis einer schriftlichen Vollmacht verlangen können,[35] empfiehlt es sich auch hier, von vornherein eine schriftliche Vollmacht vorzulegen.

16 Das Einberufungsverlangen muß den **Zweck und die Gründe** für eine Gesellschafterversammlung angeben. Dies sind der Gegenstand der Beratung und der Beschlußfassung, insb. also die Tagesordnung und ferner die Gründe für die nach Ansicht der Minderheitsgesellschafter vorliegende Eilbedürftigkeit.[36] Falls diese Angaben fehlen, brauchen die Geschäftsführer dem Einberufungsverlangen nicht nachzukommen. Diese Angaben sind allerdings nur als formelle Voraussetzungen einer Einberufungspflicht der Geschäftsführer zu verstehen; nicht erforderlich ist, daß die Geschäftsführer von den Anliegen der Minderheitsgesellschafter und den von diesen gemachten Angaben überzeugt sind. Eine Ausnahme gilt nur dann, wenn die gemachten Angaben ein offensichtlich rechtsmißbräuchliches Verlangen widerspiegeln.

17 Die Geschäftsführer haben dem Einberufungsverlangen der Minderheitsgesellschafter unverzüglich nachzukommen, dh. der Akt der Einberufung ist ohne schuldhaftes Verzögern vorzunehmen.[37] Der Versammlungstermin selbst muß dann innerhalb angemessener Frist liegen. Den Geschäftsführern – die nicht gegenüber den Minderheitsgesellschaftern, sondern gegenüber der Gesellschaft verpflichtet sind, dem Einberufungsverlangen nachzukommen – steht kein Wahlrecht dahingehend zu, daß anstelle der Einberufung einer Gesellschafterversammlung eine schriftliche Beschlußfassung gem. § 48 Abs. 2 GmbHG in die Wege geleitet wird.[38]

18 Kommen die Geschäftsführer dem Einberufungsverlangen nach § 50 Abs. 1 GmbHG nicht nach, so steht den Gesellschaftern das **Selbsthilferecht** nach § 50 Abs. 3 GmbHG zu,[39] wonach die Gesellschafter die Gesellschafterversammlung selbst einberufen können.[40] Das Einberufungsrecht gilt auch, wenn andere Einberufungsberechtigte, an welche sich die Gesellschafter wenden könnten, vorhanden sind.[41]

19 Machen die Minderheitsgesellschafter von ihrem Selbsthilferecht Gebrauch, so müssen sie in der Ladung ihre **Einberufungsgründe** einschließlich der

---

[34] Dies bejahend *Lutter/Hommelhoff* § 50 Anm. 4 unter Verweis auf § 47 Abs. 3 GmbHG; aA *Baumbach/Hueck/Zöllner* § 50 Anm. 5; *Scholz/Schmidt* § 50 Anm. 14.
[35] *Scholz/Schmidt* § 50 Anm. 14.
[36] Vgl. *Lutter/Hommelhoff* § 50 Anm. 4; *Baumbach/Hueck/Zöllner* § 50 Anm. 5.
[37] *Baumbach/Hueck/Zöllner* § 50 Anm. 6 gegen Stimmen, die eine Einberufung nur „innerhalb angemessener Frist" verlangen, so etwa BGH v. 28. 1. 1985, WM 1985, 567, 568.
[38] *Baumbach/Hueck/Zöllner* § 50 Anm. 10.
[39] Vgl. *Scholz/Schmidt* § 50 Anm. 33; *Lutter/Hommelhoff* § 50 Anm. 5; *Rowedder/Koppensteiner* § 50 Anm. 6; aA *Baumbach/Hueck/Zöllner* § 50 Anm. 8 unter Verweis auf die Kosten und sonstigen Schwierigkeiten des Selbsthilferechts.
[40] BGH v. 7. 2. 1983, BGHZ 87, 2; OLG Dresden v. 29. 9. 1994, WiB 1995, 71 f. betont, daß sämtliche Voraussetzungen des § 50 Abs. 3 Satz 1 GmbHG erfüllt sein müssen.
[41] Vgl. BGH v. 17. 3. 1980, NJW 1980, 2411, 2412.

A. Die Beschlußfassung in Gesellschafterversammlungen 20–23 § 4

Voraussetzungen zur Begründung des Selbsthilferechts dartun. Die Gesellschafterversammlung darf von den Minderheitsgesellschaftern nur wegen solcher Punkte einberufen werden, hinsichtlich derer zuvor das Einberufungsverlangen gestellt worden war. Auch im Rahmen des Selbsthilferechts sind die regelmäßigen gesetzlichen oder statutarischen Form- und Fristvorschriften zu beachten. Auch wenn die Minderheitsgesellschafter gem. § 50 Abs. 3 GmbHG eine Gesellschafterversammlung einberufen haben, sind die Geschäftsführer nach wie vor selbst zur Einberufung berechtigt.

Die von den Minderheitsgesellschaftern einberufene Versammlung bleibt 20 auch nach Einberufung einer weiteren Gesellschafterversammlung nach wie vor berufen;[42] dies gilt selbst dann, wenn die von den Geschäftsführern einberufene Gesellschafterversammlung vor der von den Gesellschaftern einberufenen stattfindet.[43] Gem. § 50 Abs. 3 Satz 2 GmbHG beschließt die Versammlung, ob die den Gesellschaftern entstandenen **Kosten** von der Gesellschaft zu tragen sind; hierbei ist die Sachdienlichkeit der Einberufung zu berücksichtigen. Die Gesellschafter entscheiden unter Beachtung ihrer Treuepflicht mit Mehrheit; die einberufenden Gesellschafter sind stimmberechtigt.

Hat eine Gesellschafterversammlung nach § 50 Abs. 3 Satz 1 GmbHG allerdings stattgefunden, sind die formalen Voraussetzungen der Vorschrift „verbraucht". Wollen die Minderheitsgesellschafter eine weitere Gesellschafterversammlung abhalten, müssen sie den Geschäftsführer zunächst erneut zur Einberufung einer Versammlung unter Angabe der Tagesordnung auffordern, bevor ihnen das Selbsthilferecht wieder zusteht.[44]

Nach herrschender Meinung bestehen die Folgen einer fehlerhaften Selbst- 21 hilfe darin, daß die in der trotzdem zusammengetretenen Gesellschafterversammlung gefaßten Beschlüsse **nichtig** sind;[45] nehmen allerdings sämtliche Gesellschafter rügelos an einer fehlerhaft zustande gebrachten Gesellschafterversammlung teil und stimmen sie zur Sache ab, so ist der Mangel geheilt.[46]

In gleicher Weise, wie Minderheitsgesellschafter gem. § 50 Abs. 1 GmbHG 22 das Recht haben, die Einberufung einer Versammlung zu fordern, sind sie gem. § 50 Abs. 2 GmbHG berechtigt, die **Ankündigung** bestimmter Gegenstände zur Beschlußfassung der Versammlung zu verlangen; wird diesem Verlangen nicht nachgekommen, besteht wiederum das Selbsthilferecht des § 50 Abs. 3 GmbHG.

e) Abdingbarkeit durch Satzung

Inwieweit die Einberufungspflichten gem. § 49 Abs. 1, 2 GmbHG durch 23 die Satzung **abgeändert** werden können, ist im einzelnen streitig.[47] Zwin-

---

[42] BGH v. 28. 1. 1985, WM 1985, 567, 568; *Scholz/Schmidt* § 50 Anm. 28.
[43] *Lutter/Hommelhoff* § 50 Anm. 11.
[44] OLG Dresden v. 29. 9. 1994, WiB 1995, 71 f.
[45] Vgl. BGH v. 7. 2. 1983, BGHZ 87, 1, 3; *Lutter/Hommelhoff* § 50 Anm. 12; *Baumbach/Hueck/Zöllner* § 50 Anm. 15; differenzierend *Scholz/Schmidt* § 50 Anm. 34.
[46] RG v. 23. 4. 1918, RGZ 92, 409, 411; *Scholz/Schmidt* § 50 Anm. 34 aE; *Lutter/Hommelhoff* § 50 Anm. 12.
[47] Vgl. *Lutter/Hommelhoff* § 49 Anm. 2; *Rowedder/Koppensteiner* § 49 Anm. 14; *Scholz/Schmidt* § 49 Anm. 35; *Baumbach/Hueck/Zöllner* § 49 Anm. 18.

gend ist die Einberufungspflicht des § 49 Abs. 3 GmbHG (Verlust der Hälfte des Stammkapitals); die Minderheitsrechte des § 50 GmbHG sind als Mindestsicherung zwingend, können jedoch zugunsten der Minderheit verstärkt werden.

3. Form und Inhalt der Einberufung einer Gesellschafterversammlung

a) Einberufung durch Ladung

24 Gem. § 51 GmbHG erfolgt die Einberufung der Versammlung durch **Einladung** der Gesellschafter mittels eingeschriebener Briefe. Die Einladung ist mit einer **Frist** von mindestens einer Woche zu bewirken. In der Ladung soll der **Zweck** der Versammlung angekündigt werden. Ist die Versammlung nicht ordnungsmäßig berufen, so können Beschlüsse nur gefaßt werden, wenn sämtliche Gesellschafter anwesend sind; das gleiche gilt für Beschlüsse über Gegenstände, welche nicht wenigstens **drei Tage** vor der Versammlung in der für die Einberufung vorgeschriebenen Weise angekündigt worden sind.

25 § 51 GmbHG soll sicherstellen, daß alle Gesellschafter oder sonstigen Teilnahmeberechtigten rechtzeitig von der Abhaltung einer Gesellschafterversammlung **informiert** werden und auch Gelegenheit haben, sich inhaltlich auf diese vorzubereiten; ferner sollen die Gesellschafter in die Lage versetzt werden, sich den Zeitpunkt der Versammlung von anderen Verpflichtungen freizuhalten und eine erforderliche Anreise zum Ort der Versammlung rechtzeitig zu bewirken.[48] Bei der Einberufung aufgetretene formelle Mängel stehen einer Beschlußfassung allerdings nicht entgegen, soweit alle Gesellschafter mit einer solchen einverstanden sind.

26 § 51 GmbHG wendet sich nicht nur an die Geschäftsführer, sondern auch an alle anderen gesetzlich oder statutarisch vorgesehenen Einberufungsberechtigten. Somit haben auch ein Aufsichtsrat oder ein gesellschaftsvertraglich einberufungsberechtigter Beirat oder ein gem. § 50 Abs. 3 GmbHG einberufungsberechtigter Minderheitsgesellschafter die Form- und Inhaltsvorschriften des § 51 GmbHG zu beachten.

b) Adressaten der Einladung

27 Nach dem Wortlaut von § 51 Abs. 1 GmbHG muß der Einberufungsberechtigte die Versammlung durch Einladung der Gesellschafter einberufen. Der Einberufungsberechtigte hat sich **an alle Gesellschafter** zu wenden, gleichgültig ob diese stimmberechtigt sind oder nicht.[49] Andererseits wird nicht einberufen und geladen, wer von vornherein nicht zur Teilnahme berechtigt ist;[50] konsequenterweise sind dann diejenigen Personen – zB die gesetzlichen Vertreter eines Minderjährigen – zu laden, die anstelle des nicht

---

[48] BGH v. 30. 3. 1987, BGHZ 100, 264, 266.
[49] BGH v. 12. 7. 1971, NJW 1971, 2225; BGH v. 28. 1. 1985, WM 1985, 567, 568; *Baumbach/Hueck/Zöllner* § 50 Anm. 3.
[50] Vgl. *Rowedder/Koppensteiner* § 51 Anm. 4, der von einer teleologischen Reduktion des § 51 Abs. 1 GmbHG spricht; so auch *Scholz/Schmidt* § 51 Anm. 6; zur Teilnahmeberechtigung unten Rz. 37–50.

teilnahmeberechtigten Gesellschafters teilnahmebefugt sind. Dies stellt sicher, daß jeder Geschäftsanteil in der Gesellschafterversammlung entweder durch den Gesellschafter oder im Falle seiner fehlenden Teilnahmeberechtigung durch Repräsentanten vertreten ist.[51] Grundsätzlich ist jeder Gesellschafter oder Repräsentant **persönlich zu laden.** Bei ungeteilter Mitberechtigung mehrerer Personen an einem Geschäftsanteil gilt § 18 Abs. 3 GmbHG, wonach Rechtshandlungen, welche die Gesellschaft gegenüber dem Inhaber des Anteils vorzunehmen hat, wirksam sind, sofern nicht ein gemeinsamer Vertreter der Mitberechtigten vorhanden ist, wenn sie auch nur gegenüber einem Mitberechtigten vorgenommen werden. Dies gilt insbesondere für die Gesamthands-Gesellschafter einer Gesellschaft bürgerlichen Rechts. Diesen ist freilich stets zu empfehlen, von der in § 18 Abs. 3 GmbH erwähnten Möglichkeit der Bestellung eines Vertreters gegenüber der GmbH Gebrauch zu machen. Den Einberufungsberechtigten ist anzuraten – jedenfalls wenn die Mitberechtigten nach Namen und Anschrift bekannt sind – auch diesen die Ladungen zuzusenden.

Nicht zur Einberufung der Gesellschafterversammlung iSd. § 51 Abs. 1 GmbHG gehört die **Ladung Dritter,** deren Teilnahmerecht sich nicht aus der Gesellschafterstellung herleitet. Dazu zählen insbesondere Geschäftsführer, Mitglieder eines obligatorischen Aufsichtsrats und solche Personen, deren Teilnahmerecht statutarisch festgelegt ist oder auf einem Gesellschafterbeschluß beruht. Diese Personen sind nicht förmlich zu laden, jedoch sind ihnen der Termin und die Tagesordnung der Gesellschafterversammlung mitzuteilen; dies kann aber formlos und unter Wahrung lediglich angemessener Frist erfolgen.[52]

Die ordnungsgemäß einzuberufenden Gesellschafter und weiteren Teilnahmeberechtigten sind grundsätzlich unter der von diesen der Gesellschaft **zuletzt mitgeteilten Anschrift** zu laden.[53] Streitig ist, ob bei Unbekanntheit oder Unerreichbarkeit eines Gesellschafters[54] ein Abwesenheitspfleger zu bestellen ist.[55] Ein Einladungsmangel liegt jedenfalls nicht schon vor, wenn ein Gesellschafter seinen Aufenthaltsort ständig wechselt, so daß ihn die Einberufung durch die Gesellschaft nicht erreichen kann.[56] Die Ladung eines Gesellschafters zu einer Gesellschafterversammlung ist auch nicht deshalb mangelbehaftet, weil sie ihm in dessen angekündigter urlaubsbedingter Abwesenheit zugeht.[57] Grundsätzlich obliegt es dem Gesellschafter, sich um seine Angelegenheiten zu kümmern und der Gesellschaft seine jeweils zutreffende Anschrift mitzuteilen bzw. für Nachsendung zu sorgen.[58] Im Falle des Todes eines Gesellschafters sind dessen **Erben** zu laden; gegebenenfalls ist ein Nachlaßpfleger zu bestellen.

---

[51] So ausdrücklich *Rowedder/Koppensteiner* § 51 Anm. 5.
[52] *Baumbach/Hueck/Zöllner* § 51 Anm. 10; *Rowedder/Koppensteiner* § 51 Anm. 6.
[53] Vgl. *Scholz/Schmidt* § 51 Anm. 6.
[54] Dazu ausführlich *Beckmann* DNotZ 1971, 132 f.
[55] LG Berlin v. 18. 9. 1985, NJW-RR 1986, 195; *Scholz/Schmidt* § 51 Anm. 10; dagegen *Baumbach/Hueck/Zöllner* § 51 Anm. 4.
[56] OLG Düsseldorf v. 9. 11. 1989, WM 1990, 1022, 1024.
[57] OLG München v. 3. 11. 1993, GmbHR 1994, 406 ff.
[58] KG v. 13. 5. 1965, NJW 1965, 2157, 2159; OLG Düsseldorf v. 9. 11. 1989, BB 1990, 947 f.; *Baumbach/Hueck/Zöllner* § 51 Anm. 4.

30 Einzuladen ist – soweit in der Satzung nichts anderes vorgeschrieben ist – mittels **eingeschriebenen Briefes**. Weitere Förmlichkeiten sind vom GmbH-Gesetz nicht vorgeschrieben.

c) Ladungsfrist

31 Für die **Berechnung der Ladungsfrist,** die gem. § 51 Abs. 1 Satz 2 GmbHG **eine Woche** beträgt, gelten die allgemeinen Vorschriften. Soll beispielsweise die Gesellschafterversammlung an einem Mittwoch stattfinden, so muß das letzte Einberufungsschreiben am Dienstag der vorhergehenden Woche „bewirkt" sein; falls der letzte Tag der Frist auf einen Samstag, Sonntag oder gesetzlichen Feiertag fällt, läuft die Frist erst am nächsten Werktag ab.[59] „Bewirkt" ist eine Ladung nach der neueren BGH-Rechtsprechung zu dem Zeitpunkt, zu dem sie bei regelmäßiger Postlaufzeit beim Empfänger eingeht bzw. eingehen sollte.[60] Entscheidend ist somit allein, daß die Einschreibsendung so rechtzeitig zur Post aufgegeben wird, daß sie bei ordnungsgemäßer Zustellung innerhalb der regelmäßig zu erwartenden Zeiten jedem Gesellschafter unter Beachtung der 1-Wochen-Frist zugehen kann. Da jeder Gesellschafter in die Lage versetzt werden soll, sich den Zeitpunkt der Versammlung von anderen Verpflichtungen freizuhalten, eine erforderliche Anreise zum Ort der Versammlung rechtzeitig zu bewirken und sich auch inhaltlich auf die Versammlung vorzubereiten, ist die 1-Wochen-Frist auch für die **Verlegung** einer ordnungsgemäß einberufenen Versammlung zu wahren.

Aus § 51 Abs. 4 GmbHG folgt, daß die innerhalb der Frist des § 51 Abs. 1 GmbHG zu bewirkende Ladung nicht bereits die vollständige Tagesordnung der Gesellschafterversammlung ankündigen muß, sondern insoweit vielmehr eine kürzere **3-Tages-Frist** ausreicht. Für den Beginn und den Ablauf der 3-Tages-Frist gelten die Ausführungen zu § 51 Abs. 1 GmbHG entsprechend.[61] Auch die nachgeschobenen Tagesordnungspunkte sind – mangels abweichender Satzungsbestimmung – per eingeschriebenem Brief mitzuteilen.

d) Ankündigung der Tagesordnungspunkte

32 Inhaltlich haben die anzukündigenden Tagesordnungspunkte den Gesellschaftern eine genaue **Kenntnis der zu behandelnden Themen** zu vermitteln. Es muß ihnen möglich sein, sich sachgerecht auf die in der Gesellschafterversammlung zu treffenden Beschlüsse vorzubereiten.[62] Die in der Gesellschafterversammlung zu behandelnden Gegenstände müssen deshalb so genau bezeichnet werden, daß sich der Empfänger ein hinreichendes Bild machen

---

[59] Str.; vgl. *Baumbach/Hueck/Zöllner* § 51 Anm. 18; *Lutter/Hommelhoff* § 51 Anm. 7; dies bedeutet indes nicht, daß eine Gesellschafterversammlung nicht an einem Samstag, Sonntag oder Feiertag stattfinden dürfte, vgl. *Scholz/Schmidt* § 51 Anm. 14, aA insoweit LG Darmstadt v. 25. 11. 1980, BB 1981, 72f.; *Rowedder/Koppensteiner* § 48 Anm. 6.

[60] BGH v. 30. 3. 1987, BGHZ 100, 264, 267ff.; so auch *Lutter/Hommelhoff* § 51 Anm. 8; *Rowedder/Koppensteiner* § 51 Anm. 9; aA *Scholz/Schmidt* § 51 Anm. 15.

[61] BGH v. 30. 3. 1987, BGHZ 100, 264; *Lutter/Hommelhoff* § 51 Anm. 10.

[62] BGH v. 30. 11. 1961, BB 1962, 110; BGH v. 18. 1. 1960, WM 1960, 859, 860; RG v. 3. 2. 1917, RGZ 89, 368, 378; *Rowedder/Koppensteiner* § 51 Anm. 8 mwN.

A. Die Beschlußfassung in Gesellschafterversammlungen

kann, worum es geht; alles, was nach einer „Strategie der Überraschung" aussieht, begründet die Gefahr eines Ankündigungsmangels.[63] Anders als bei der Einberufung der Hauptversammlung einer Aktiengesellschaft braucht die Einberufung keine ausformulierten Beschlußvorschläge oder -anträge zu enthalten, doch sollten die Beschluß- und Beratungsgegenstände so genau wie möglich angegeben werden.[64] Allgemeine Ankündigungen wie zB „Genehmigung der Geschäftsführung" sind nicht ausreichend.

e) Ort und Termin der Gesellschafterversammlung

Die Gesellschafter sind in der Einladung unter **Angabe von Ort und Tag** einschließlich der **Tageszeit**[65] zur Gesellschafterversammlung einzuladen. Dies hat innerhalb der Frist des § 51 Abs. 1 GmbHG zu geschehen; die kürzere Frist des § 51 Abs. 4 GmbHG gilt nur für die anzukündigenden Beschlußgegenstände. Für Versammlungsdatum und -zeit ergeben sich aus dem GmbH-Gesetz keine Vorgaben. Die Versammlungszeit muß **verkehrs- und ortsüblich** sein.[66] Auf die Belange der Gesellschafter ist Rücksicht zu nehmen; dies gilt insbes. bei terminlichen Verhinderungen einzelner Gesellschafter bei einer personalistischen GmbH.[67] Grundsätzlich ist eine Gesellschafterversammlung auch am Wochenende oder an Feiertagen zulässig.[68] Ort der Gesellschafterversammlung ist regelmäßig der Sitz der Gesellschaft nach § 3 Abs. 1 Ziff. 1 GmbHG.[69] Es steht im Ermessen des Einberufungsberechtigten, einen anderen Ort zu wählen, wenn dieser andere Ort für die Teilnahmeberechtigten ebenso leicht oder noch leichter als der Sitz der Gesellschaft zu erreichen ist. Grundsätzlich kann eine Gesellschafterversammlung auch im Ausland stattfinden.[70] Allerdings stellt sich dann bei beurkundungspflichtigen Beschlüssen die Frage der Zulässigkeit von Auslandsbeurkundungen.[71]

Eine Einberufung kann jederzeit und ohne Beachtung einer Form[72] abgesagt werden.[73] Die **Verlegung** einer bereits einberufenen Versammlung kann nur als Absage der einberufenen Versammlung, verbunden mit einer Neueinberufung, ausgestaltet werden;[74] die Form- und Fristvorschriften des § 51 GmbHG sind dann von neuem zu beachten.

---

[63] LG München v. 19. 1. 1993, GmbHR 1993, 664.
[64] Auflistung von Einzelfällen bei *Baumbach/Hueck/Zöllner* § 51 Anm. 22 f.; *Rowedder/Koppensteiner* § 51 Anm. 8; *Scholz/Schmidt* § 51 Anm. 19; OLG Hamm v. 29. 6. 1992, DB 1992, 2233.
[65] KG v. 13. 5. 1965, NJW 1965, 2157, 2159; *Scholz/Schmidt* § 51 Anm. 16.
[66] *Baumbach/Hueck/Zöllner* § 51 Anm. 13.
[67] BGH v. 28. 1. 1985, WM 1985, 567, 568.
[68] Vgl. *Scholz/Schmidt* § 48 Anm. 9 und die oben in Fußn. 50 Genannten.
[69] Vgl. BGH v. 28. 1. 1985, WM 1985, 567, 568; *Lutter/Hommelhoff* § 48 Anm. 7.
[70] Str.; eingehend auch mit Nachweisen zur Gegenmeinung *Scholz/Schmidt* § 48 Anm. 6 ff.; ebenso *Baumbach/Hueck/Zöllner* § 51 Anm. 13; *Lutter/Hommelhoff* § 48 Anm. 7.
[71] BGH v. 16. 2. 1981, BGHZ 80, 76; krit. *Bredthauer* BB 1986, 1864.
[72] Str., wie hier RG v. 20. 1. 1941, RGZ 166, 129, 133; *Baumbach/Hueck/Zöllner* § 51 Anm. 30.
[73] *Scholz/Schmidt* § 51 Anm. 24.
[74] Vgl. *Scholz/Schmidt* § 51 Anm. 25.

f) Abdingbarkeit durch Satzung

35 Gemäß dem Grundsatz des § 45 Abs. 2 GmbHG sind die Vorschriften über die Einberufung und Ankündigung **nicht zwingend**. Dies bedeutet indes nicht, daß die Gesellschafter in ihren Regelungsmöglichkeiten völlig frei sind. Zwar können sie in der Satzung erschwerende Anforderungen an die Einberufung vereinbaren; so können sie etwa längere Fristen als die in § 51 Abs. 1 und 4 GmbHG vorgesehenen bestimmen. Das Teilnahmerecht eines Gesellschafters selbst darf jedoch in seiner Substanz nicht angetastet werden.[75] Häufiger als Erschwerungen findet man in der Praxis **Erleichterungen der Einberufung**. Oftmals anzutreffen sind etwa Satzungsbestimmungen, die Einladungen mittels gewöhnlichen Briefes,[76] per Telefax oder durch sonstige moderne Kommunikationsmittel zulassen. Solche satzungsmäßigen Erleichterungen sind so lange zulässig, als alle Gesellschafter die Möglichkeit haben, sich über die abzuhandelnden Tagesordnungspunkte zu informieren und ihr Teilnahmerecht wahrzunehmen.

g) Fehlerhafte Einberufung

36 Verstöße gegen die gesetzlichen oder statutarischen Bestimmungen über die Einberufung und Ladung können zur Nichtigkeit oder Anfechtbarkeit der in der Gesellschafterversammlung gefaßten Beschlüsse führen.[77] Zur Nichtigkeit der in einer Gesellschafterversammlung gefaßten Beschlüsse führt ein Verstoß gegen die Einberufungsvorschriften nur dann, wenn ein Unbefugter[78] oder ein Geschäftsunfähiger[79] einberufen haben oder wenn die Einladung nicht an sämtliche Gesellschafter[80] – unabhängig davon, ob sie auch zur Abstimmung berechtigt sind[81] – ergangen ist. Alle übrigen Einberufungsverstöße ziehen nur die Anfechtbarkeit der Entschließung der Gesellschafterversammlung nach sich.[82] Treten dagegen (alle) Gesellschafter in einer sog. Universal- oder Vollversammlung zusammen, so werden dadurch gem. § 51 Abs. 3 GmbHG sämtliche Einberufungsmängel und alle Mängel in der Ankündigung der Tagesordnung geheilt.[83] Gleiches gilt, wenn sämtliche Gesellschafter einen Termin für eine Gesellschafterversammlung einvernehmlich regeln; bereits darin liegt ein wirksamer Verzicht auf die Einhaltung weiterer Formalitäten oder Fristen.[84]

---

[75] Vgl. *Scholz/Schmidt* § 51 Anm. 4; *Baumbach/Hueck/Zöllner* § 51 Anm. 29; *Rowedder/Koppensteiner* § 51 Anm. 3.
[76] Zu dessen Zulässigkeit OLG Jena v. 14. 5. 1996, DNotZ 1997, 84 f.
[77] Zur Anfechtbarkeit und Nichtigkeit von Gesellschafterbeschlüssen unten Rz. 170 ff.
[78] BGH v. 7. 2. 1983, NJW 1983, 1677.
[79] BGH v. 20. 2. 1984, WM 1984, 473.
[80] BGH v. 14. 12. 1961, NJW 1962, 538.
[81] BGH v. 28. 1. 1985, BB 1985, 567.
[82] Vgl. *Goette* Die GmbH nach der BGH-Rechtsprechung, 1997, § 7 Anm. 22 mwN.
[83] Vgl. BGH v. 7. 2. 1983, BGHZ 87, 1, 4; *Rowedder/Koppensteiner* § 51 Anm. 12; *Scholz/Schmidt* § 51 Anm. 39 ff.; dazu ausführlich unten Rz. 69 f.
[84] OLG München v. 8. 6. 1994, GmbHR 1995, 232 f.

II. Recht zur Teilnahme an Gesellschafterversammlungen

1. Inhalt des Teilnahmerechts

Das Teilnahmerecht umfaßt ein **aktives und passives Mitwirkungsrecht;** 37
ein Teilnahmeberechtigter ist befugt, seine Meinung durch aktive Beiträge in der Gesellschafterversammlung kundzutun; ebenso hat er einen Anspruch auf die in der Versammlung gegebenen Informationen.[85] Auch das Teilnahmerecht hat seine immanenten Schranken; diese sind vorgegeben durch den Sinn und Zweck einer Gesellschafterversammlung. So kann etwa die **Redezeit** eines Teilnahmeberechtigten, nachdem ihm Gelegenheit zum Vorbringen seiner wesentlichen Sachargumente gegeben wurde, beschränkt werden, um die weitere sachgemäße Erörterung eines Sachthemas durch die anderen Gesellschafter zu ermöglichen.[86]

2. Teilnahmerecht der Gesellschafter

a) Inhaber des Teilnahmerechts

Jeder Gesellschafter hat ein im Kern **unentziehbares Recht auf Teil-** 38
nahme an einer Gesellschafterversammlung. Dies gilt auch dann, wenn der betreffende Gesellschafter kein Stimmrecht hat oder nach § 47 Abs. 4 GmbHG von der Abstimmung ausgeschlossen ist.[87]

Das Teilnahmerecht ist verbunden mit der formalen Gesellschafterstellung 39
und besteht unabhängig davon, ob und inwieweit der Gesellschafter gegenüber Dritten im Innenverhältnis in seinen Gesellschafterrechten beschränkt ist. Demgemäß ist teilnahmeberechtigt bei einem Treuhandverhältnis nicht der Treugeber, sondern der **Treuhänder,** bei einer Sicherungsabtretung nicht der Sicherungsgeber, sondern der **Sicherungsnehmer,** bei einer Verpfändung nicht der Pfandgläubiger, sondern der **Pfandschuldner,** bei einem Nießbrauch nicht der Nießbrauchsberechtigte, sondern der **Nießbrauchsverpflichtete.**

Hat ein Gesellschafter seinen Geschäftsanteil veräußert, so bleibt er gem. 40
§ 16 Abs. 1 GmbHG für die Gesellschaft so lange noch Inhaber des Anteils, bis der Übergang des Geschäftsanteils bei der Gesellschaft nachgewiesen und angemeldet worden ist; dementsprechend bleibt er so lange teilnahme- und stimmberechtigt. Gilt ein Erwerber mangels Nachweises des Übergangs nach § 16 Abs. 1 GmbHG der Gesellschaft gegenüber nicht als Gesellschafter, so sind die ohne die Mitwirkung des nicht eingeladenen Veräußerers des Anteils gefaßten Beschlüsse der Gesellschafterversammlung dementsprechend nichtig.[88]

---

[85] *Scholz/Schmidt* § 48 Anm. 14.
[86] *Scholz/Schmidt* § 48 Anm. 14.
[87] BGH v. 12. 7. 1971, BB 1971, 1025; BGH v. 28. 1. 1985, WM 1985, 567, 568; OLG Frankfurt v. 26. 8. 1983, GmbHR 1984, 99, 100; OLG Hamm v. 16. 1. 1992, GmbHR 1992, 466, 467; *Lutter/Hommelhoff* § 48 Anm. 3; *Scholz/Schmidt* § 48 Anm. 15.
[88] BGH v. 24. 6. 1996, DStR 1996, 1979.

41 Sind **mehrere Personen** gem. § 18 GmbHG ungeteilt an einem Geschäftsanteil beteiligt, so steht das Teilnahmerecht allen Mitbeteiligten zu. Dies gilt sowohl bei Vorliegen einer Bruchteils- als auch einer Gesamthandsgemeinschaft (Gütergemeinschaft, Erbengemeinschaft, Gesellschaft bürgerlichen Rechts). Um die Anzahl der aus einem Geschäftsanteil Teilnahmeberechtigten nicht ausufern zu lassen, kann und sollte die Satzung vorschreiben, daß eine Gruppenvertretung stattfindet, also die Bruchteils- oder Gesamthandsgemeinschaft sich durch eine Person vertreten läßt.[89]

b) Ausschluß des Teilnahmerechts

42 Der grundsätzliche Ausschluß des Teilnahmerechts eines Gesellschafters – sei es durch Satzung oder durch Gesellschafterbeschluß – ist **unzulässig**.[90] Die Satzung einer GmbH kann das Teilnahmerecht – ebenso wie das Stimmrecht – der Gesellschafter nur insoweit einschränken, als dadurch nicht in den unverzichtbaren Kernbereich der Mitgliedschaft eingegriffen wird.[91] In besonders gelagerten Fällen kann allerdings das Teilnahmerecht eines Gesellschafters auch ohne Grundlage in der Satzung ausgeschlossen werden, wenn zu befürchten steht, daß der Gesellschafter die aus der Teilnahme in der Gesellschafterversammlung gewonnenen Informationen für eigene oder jedenfalls gesellschaftsfremde Zwecke verwendet und dadurch der Eintritt eines nicht unerheblichen Schadens für die Gesellschaft zu besorgen ist.[92] An einen solchen Fall ist insbesondere bei der Beteiligung eines **Wettbewerbers** der Gesellschaft zu denken. Aber selbst dann ist ein genereller Ausschluß des gesellschaftszugehörigen Wettbewerbers unzulässig; nur jeweils nach ordnungsgemäßer Abwägung der für die Gesellschaft eventuell aus seiner Teilnahme sich ergebenden Nachteile mit dem grundsätzlichen Teilnahmerecht des Gesellschafters darf ihm im Einzelfall durch Gesellschafterbeschluß die Teilnahme an der Gesellschafterversammlung bzw. zu einzelnen Tagesordnungspunkten verweigert werden.

c) Gesetzliche und rechtsgeschäftliche Vertretung

43 Den **gesetzlichen Vertretern** eines Gesellschafters (Eltern, Vormund, Pfleger, Testamentsvollstrecker, Konkursverwalter, Nachlaßverwalter) steht ein eigenes, aus der Mitgliedschaft des Gesellschafters abgeleitetes und den Gesellschafter selbst ausschließendes Teilnahmerecht zu.[93]

---

[89] BGH v. 17. 10. 1988, DB 1989, 272; *Scholz/Schmidt* § 48 Anm. 13; *Lutter/Hommelhoff* § 18 Anm. 3.

[90] OLG Frankfurt v. 26. 8. 1983, GmbHR 1984, 99, 100; *Lutter/Hommelhoff* § 48 Anm. 3; *Rowedder/Koppensteiner* § 48 Anm. 9; *Baumbach/Hueck/Zöllner* § 48 Anm. 3: „im Kern unentziehbar".

[91] BGH v. 17. 10. 1988, DB 1989, 272.

[92] Vgl. *Rowedder/Koppensteiner* § 48 Anm. 9; *Lutter/Hommelhoff* § 48 Anm. 3; *Baumbach/Hueck/Zöllner* § 48 Anm. 3; *Scholz/Schmidt* § 48 Anm. 15.

[93] *Baumbach/Hueck/Zöllner* § 48 Anm. 4; ebenso *Scholz/Schmidt* § 48 Anm. 19, der jedoch neben einem Konkursverwalter im Einzelfall auch dem Gesellschafter, über dessen Vermögen das Konkursverfahren eröffnet wurde, das Teilnahmerecht zugestehen will.

A. Die Beschlußfassung in Gesellschafterversammlungen 44–49 § 4

Eine Ausnahme vom ausschließlich persönlichen Teilnahmerecht eines Ge- 44
sellschafters oder seines gesetzlichen Vertreters ist gegeben im Fall einer
rechtsgeschäftlichen Vertretung. Eine solche ist grds. zulässig, solange sie
in der Satzung nicht ausdrücklich ausgeschlossen wurde.

Ein **doppeltes Teilnahmerecht,** also ein Teilnahmerecht sowohl des Ge- 45
sellschafters als auch seines Bevollmächtigten ist grds. nur unter der Voraussetzung zulässig, daß die Mehrheit aller anwesenden Gesellschafter mit der
gemeinsamen Anwesenheit einverstanden ist.[94] Ansonsten ruht das Recht des
vertretenen Gesellschafters auf eigene Teilnahme jedenfalls so lange, bis er die
Vollmacht seines Vertreters widerruft. Solange dies nicht geschehen ist, darf
nur der Vertreter als der zur Stimmrechtsausübung Befugte teilnehmen. Das
Recht des vertretenen Gesellschafters auf eigene Teilnahme und Information
an der Versammlung kann ausnahmsweise dann nicht ruhen, wenn die Bevollmächtigung eines **Angehörigen der rechtsberatenden Berufe** zu dem
Zweck erfolgt, eine im Verhältnis zu den anderen Gesellschaftern bestehende
erhebliche fachliche Benachteiligung des Vertretenen auszugleichen.[95]

3. Teilnahmerecht Dritter

Die gesetzlichen und rechtsgeschäftlichen **Vertreter** eines Gesellschafters 46
leiten ihre Teilnahme aus dessen Mitgliedschaft ab. **Sonstigen Dritten** steht
ein Teilnahmerecht grds. nur auf Grund einer dies erlaubenden Satzungsregelung oder eines mit Mehrheit gefaßten Gesellschafterbeschlusses zu.[96]

Selbst **Geschäftsführer** haben kein eigenes Teilnahmerecht an Gesell- 47
schafterversammlungen.[97] Sie sind allerdings verpflichtet, auf Verlangen der
Gesellschaftermehrheit an der Gesellschafterversammlung teilzunehmen.[98]

In einer Gesellschaft mit **obligatorischem Aufsichtsrat** steht sämtlichen 48
Aufsichtsratsmitgliedern gem. § 118 Abs. 2 AktG ein Teilnahmerecht zu. Im
Falle eines **fakultativen Aufsichtsrats,** eines **Beirats** oder ähnlichen Organs
besteht ein Teilnahmerecht nur, wenn dies den Mitgliedern des Organs statutarisch eingeräumt wurde. Wenn ein fakultativer Aufsichtsrat die Versammlung gem. § 111 Abs. 3 AktG selbst einberufen hat, dann sind stets alle
Mitglieder des fakultativen Aufsichtsrats teilnahmeberechtigt.[99]

In der Praxis besonders bedeutsam, weil oftmals zwischen den Gesellschaf- 49
tern umstritten, ist die Frage der **Teilnahme des Beraters** eines Gesellschafters. Einem solchen steht, solange er nicht rechtsgeschäftlich Bevollmächtigter
des Gesellschafters ist, grundsätzlich kein Teilnahmerecht zu. Sieht die Satzung nicht vor, daß ein Gesellschafter im Beisein seines rechtlichen oder

---

[94] OLG Stuttgart v. 23. 7. 1993, GmbHR 1993, 257 ff.; OLG Koblenz v. 16. 1.
1992, NJW 1992, 2163, 2165 mwN.
[95] OLG Düsseldorf v. 28. 10. 1991, WM 1992, 610, 611 mit Anm. von Lotz; ebenso
OLG Düsseldorf v. 14. 5. 1992, WM 1993, 643; zweifelnd *Scholz/Schmidt* § 48
Anm. 22; vgl. auch *Saenger* NJW 1992, 348, 350.
[96] Vgl. *Lutter/Hommelhoff* § 48 Anm. 4; *Scholz/Schmidt* § 48 Anm. 21 f.
[97] *Baumbach/Hueck/Zöllner* § 48 Anm. 5; *Meyer-Landrut/Miller/Niehus* § 48 Anm. 6;
Rowedder/Koppensteiner § 48 Anm. 10; *Mutze* GmbHR 1970, 34.
[98] *Mutze* GmbHR 1970, 34.
[99] *Rowedder/Koppensteiner* § 48 Anm. 10.

steuerlichen Beraters teilnehmen kann, so ist deren Teilnahmerecht nur nach entsprechender Beschlußfassung durch die Gesellschafterversammlung gegeben, wobei der betreffende Gesellschafter mitstimmen kann.[100] Wegen der praktischen Bedeutung dieser Frage empfiehlt es sich, regelmäßig die Frage der Teilnahmeberechtigung der einen Gesellschafter beratenden Rechtsanwälte, Steuerberater, Wirtschaftsprüfer, in der Satzung zu regeln.

4. Verletzung des Teilnahmerechts

50   Wird ein Gesellschafter oder sein Vertreter nicht geladen, unberechtigterweise von der Gesellschafterversammlung ausgeschlossen oder sonstwie sein Teilnahmerecht verletzt, kann dies die in der Versammlung gefaßten Beschlüsse **anfechtbar** machen.[101] Grundsätzlich sanktionslos bleibt dagegen die unberechtigte Nichtzulassung Dritter zur Gesellschafterversammlung.

III. Durchführung der Gesellschafterversammlung

51   Die Durchführung und der Ablauf von Gesellschafterversammlungen sind gesetzlich nicht geregelt. Es empfiehlt sich jedoch, in der Satzung die Grundsätze für die Abhaltung einer Gesellschafterversammlung niederzulegen, um den ordnungsgemäßen Ablauf einer Gesellschafterversammlung und die Abwicklung der Tagesordnung sicherzustellen.

1. Versammlungsleiter

52   Eine Gesellschafterversammlung kann mit oder ohne Versammlungsleiter durchgeführt werden, rechtlich erforderlich ist ein solcher nicht.[102] Um eine straffe und zügige Abwicklung der Tagesordnung zu gewährleisten, empfiehlt es sich, regelmäßig einen Versammlungsleiter zu bestellen. Dies kann bereits in der Satzung geschehen; andernfalls entscheidet die Gesellschafterversammlung mit einfacher Mehrheit.

53   Dem Versammlungsleiter kommen in der Versammlung **Ordnungsaufgaben** zu. Er hat den Gesellschaftern das Wort zu erteilen und sicherzustellen, daß unter Beachtung des Gleichbehandlungsgrundsatzes einem jeden Gesellschafter das Recht zur Stellungnahme gegeben wird. Um den ordnungsgemäßen Ablauf der Versammlung zu gewährleisten, steht dem Versammlungsleiter das – von der Gesellschafterversammlung abgeleitete – Recht zu, gegebenenfalls die **Redezeit** eines Teilnahmeberechtigten zu beschränken, ihm das Wort zu entziehen und als letzte Maßnahme ihn **des Saales zu verweisen**. Diese Maßnahmen stehen – wie auch alle sonstigen Sanktionen des Versammlungsleiters – unter dem Vorbehalt der Geeignetheit, Erforderlichkeit

---

[100] Vgl. RG v. 2. 2. 1923, RGZ 106, 258; OLG Stuttgart v. 23. 7. 1993, GmbHR 1994, 257 ff.; *Lutter/Hommelhoff* § 48 Anm. 4; *Scholz/Schmidt* § 48 Anm. 22; *Meyer-Landrut/Miller/Niehus* § 48 Anm. 7; *Sina* GmbHR 1993, 136 ff.

[101] BGH v. 8. 5. 1972, BB 1972, 771, 772; BGH v. 10. 10. 1983, WM 1983, 1407; *Scholz/Schmidt* § 48 Anm. 25; dazu auch unten Rz. 190 ff.

[102] Vgl. BGH v. 9. 12. 1968, BGHZ 51, 209, 213; BGH v. 28. 1. 1980, BGHZ 76, 154, 156.

und Verhältnismäßigkeit. Ein Verstoß hiergegen kann zur Anfechtbarkeit der gefaßten Beschlüsse führen. In der Praxis ist dem Versammlungsleiter anzuraten, stets den Ausgleich zwischen den Gesellschaftern zu suchen und seine Aufgabe – auch wenn er selbst Gesellschafter ist – als die eines neutralen Dritten anzusehen.

Im übrigen sind die Aufgaben des Versammlungsleiters eher formaler Natur. Sie bestehen im wesentlichen in der Eröffnung, Unterbrechung und Beendigung der Versammlung, der Feststellung der ordnungsgemäßen Einberufung, der Aufstellung der Teilnehmerliste, der Feststellung des Teilnahmerechts der erschienenen Personen, der Worterteilung, der Behandlung der Anträge, der Leitung der Abstimmung, der Feststellung und Protokollierung der Beschlußergebnisse.[103] Insoweit sind die Aufgaben des Versammlungsleiters weitgehend durch die Tagesordnung vorgegeben; falls dies sinnvoll erscheint, kann er die Reihenfolge der abzuhandelnden Tagesordnungspunkte ändern. Er ist jedoch nicht befugt, über die Vertagung oder Absetzung einzelner Tagesordnungspunkte zu beschließen; dieses Recht steht allein der Gesellschafterversammlung zu.[104]

2. Protokollierung von Gesellschafterbeschlüssen

Anders als bei der Aktiengesellschaft (§§ 129 ff. AktG) müssen bei der GmbH der Ablauf der Gesellschafterversammlung und die Gesellschafterbeschlüsse grundsätzlich nicht protokolliert werden. Nur Satzungsänderungs-, Umwandlungs- und Verschmelzungsbeschlüsse (§ 53 Abs. 2 GmbHG; §§ 193 Abs. 3 Satz 1, 13 Abs. 3 Satz 1 UmwG) sind notariell zu beurkunden. Um den Wortlaut eines jeden Beschlusses unzweideutig festzuhalten, empfiehlt sich dessen Protokollierung.

Das **Protokoll** selbst sollte folgende Angaben beinhalten: Ort und Datum der Versammlung sowie deren Beginn und Ende, Benennung des Versammlungsleiters und gegebenenfalls die Art dessen Bestellung, Feststellung ordnungsgemäßer Einberufung, Anwesenheitsliste, Nachweis von Vollmachten, Anträge, Art der Abstimmung, Ergebnis der Auszählung und Feststellung des Abstimmungsergebnisses, Widerspruch- und Rügeverzicht von Gesellschaftern, Auskunftsverlangen und deren Ergebnis, bestehende Stimmverbote, gegebenenfalls die Verhängung von Ordnungsmaßnahmen.[105]

Befinden sich alle Geschäftsanteile der Gesellschaft in der Hand eines Gesellschafters oder daneben in der Hand der Gesellschaft, so hat gemäß der Sondervorschrift des § 48 Abs. 3 GmbHG der Alleingesellschafter unverzüglich nach der Beschlußfassung eine **Niederschrift** aufzunehmen und zu unterschreiben.[106]

---

[103] Vgl. die Auflistung bei *Scholz/Schmidt* § 48 Anm. 32; *Baumbach/Hueck/Zöllner* § 48 Anm. 9.
[104] *Baumbach/Hueck/Zöllner* § 48 Anm. 10.
[105] Vgl. die Auflistung bei *Scholz/Schmidt* § 48 Anm. 38.
[106] Dazu auch unten Rz. 75 ff.

IV. Zustandekommen von Gesellschafterbeschlüssen

1. Antrag zur Beschlußfassung

58 Jedem Beschluß muß notwendigerweise ein **Antrag** vorausgehen. Der Beschluß besteht in der Annahme oder der Ablehnung des Antrags.

59 Aus der der Einberufung beigefügten Tagesordnung ergibt sich, über welche Gegenstände in der Gesellschafterversammlung zu beschließen ist. Der Antrag selbst muß in der Tagesordnung nicht wörtlich wiedergegeben werden. Es genügt, daß er inhaltlich von einem Tagesordnungspunkt umfaßt wird. Fehlt allerdings dieser inhaltliche Bezug zu einem Tagesordnungspunkt, darf grundsätzlich nicht über den Antrag abgestimmt werden. In Ausnahmefällen kann eine Beschlußfassung auch zu einem Gegenstand außerhalb der Tagesordnung zulässig sein, wenn eine sofortige Entscheidung der Gesellschafter im Interesse der Gesellschaft unabdingbar ist. Selbstverständlich können sämtliche Gesellschafter einvernehmlich von der angekündigten Tagesordnung abweichende Beschlüsse fassen.[107] Eine Pflicht der Gesellschafterversammlung zur Beschlußfassung – auch in bezug auf die angekündigten Beschlußgegenstände – besteht nicht. Es steht der Gesellschafterversammlung frei, die Beschlußfassung zu vertagen oder eine Entscheidung in der Sache selbst ganz abzulehnen, soweit nicht ausnahmsweise die gesellschaftliche Treuepflicht eine Beschlußfassung erfordert.[108] Die Gesellschafterversammlung ist auch nicht an die in der Ladung enthaltene Reihenfolge der Tagesordnungspunkte gebunden.

60 Jeder Gesellschafter ist berechtigt, im Rahmen der Tagesordnung einen Antrag zur Beschlußfassung zu stellen. Diese **Antragsbefugnis** besteht unabhängig vom Stimmrecht des Gesellschafters.[109] Umstritten ist, ob auch ein an der Teilnahme verhinderter Gesellschafter schriftlich oder durch Boten einen Antrag stellen kann.[110] Geschäftsführer der Gesellschaft haben nach hM ohne satzungsmäßige Festlegung kein Antragsrecht.[111] Dem – jedenfalls obligatorischen – Aufsichtsrat billigt die überwiegende Ansicht dagegen ein solches Antragsrecht zu.[112] Für die – grundsätzlich nicht antragsberechtigten – Beiratsmitglieder kann es sich empfehlen, in der Satzung ein Antragsrecht vorzusehen.

---

[107] Dazu unten Rz. 69 ff.
[108] Str.; *Baumbach/Hueck/Zöllner* § 47 Anm. 7; aA *Scholz/Schmidt* § 48 Anm. 46; *Rowedder/Koppensteiner* § 48 Anm. 15.
[109] *Rowedder/Koppensteiner* § 48 Anm. 14; *Scholz/Schmidt* § 48 Anm. 46; anders für einen Vertagungsantrag OLG Nürnberg v. 8. 10. 1970, GmbHR 1971, 208.
[110] *Scholz/Schmidt* § 48 Anm. 46; *Rowedder/Koppensteiner* § 48 Anm. 13; aA *Baumbach/Hueck/Zöllner* § 47 Anm. 7.
[111] *Rowedder/Koppensteiner* § 48 Anm. 14; zweifelnd *Scholz/Schmidt* § 48 Anm. 46; aA *Vogel*, Gesellschafterbeschlüsse und Gesellschafterversammlung, 2. Aufl. 1986, S. 146.
[112] Vgl. *Scholz/Schmidt* § 48 Anm. 46; *Meyer-Landrut/Miller/Niehus* § 52 Anm. 23; *Vogel* aaO (Fn. 111) S. 145.

A. Die Beschlußfassung in Gesellschafterversammlungen   61–65   § 4

2. Abstimmung

Die Stimmabgabe der Gesellschafter erfolgt durch **Willenserklärung** zu einem bestimmten Beschlußantrag. Die Willenserklärung besteht entweder in einer zustimmenden oder ablehnenden Meinungsäußerung oder in einer Enthaltung. 61

Die **Art und Weise der Abstimmung** ist den Gesellschaftern freigestellt. In Betracht kommen etwa: Handaufheben, mündliche Kundgabe, Aufstehen von den Plätzen, schriftliche Stimmabgabe, Stimmkarten usw.[113] Den Regelfall bildet wohl die offene Stimmabgabe. Die Gesellschafterversammlung kann mit einfacher Mehrheit einen anderen Abstimmungsmodus festlegen. Auch eine geheime Abstimmung ist möglich, dies jedoch nur auf der Grundlage einer statutarischen Bestimmung oder eines entsprechenden Geschäftsordnungsbeschlusses und soweit sichergestellt ist, daß nur Stimmberechtigte an der Abstimmung teilnehmen.[114] 62

Die **Stimmauszählung** bereitet regelmäßig wenig Probleme. Auch in größeren Gesellschaften ist vermittels der **Additionsmethode** (Ja-Stimmen und Nein-Stimmen werden jeweils addiert) oder **Subtraktionsmethode** (nur die jeweils kleinsten Abstimmungsgruppen werden zahlenmäßig erfaßt und dann zur Ermittlung der größten Gruppe von der Gesamtzahl der vertretenen Stimmen abgezogen) rechnerisch einfach feststellbar, wieviel Ja- und Nein-Stimmen und Stimmenthaltungen abgegeben wurden.[115] Schwieriger gestaltet sich des öfteren die Feststellung der Gültigkeit der abgegebenen Stimmen. So dürfen im Rahmen der Stimmauswertung nicht mitgezählt werden etwa die Stimmen von unbefugt mitstimmenden Nicht-Gesellschaftern,[116] die Stimmen von Gesellschaftern ohne Stimmrecht, die Stimmen von Gesellschaftern, die einem Stimmverbot unterliegen[117] und Stimmen, die nach §§ 104 ff., 116 ff. BGB oder wegen treuwidriger Stimmabgabe unwirksam sind.[118] 63

3. Beschlußfeststellung

Ob ein Antrag angenommen ist, richtet sich nach der für den betreffenden Beschluß erforderlichen Mehrheit.[119] 64

Anders als im Aktienrecht, wo die Feststellung zu den Wirksamkeitsvoraussetzungen eines Hauptversammlungsbeschlusses gehört, wird die **förmliche Feststellung** und **Verkündung** des Abstimmungsergebnisses bei der GmbH nicht verlangt. Die Beschlußfeststellung ist deshalb grundsätzlich **nicht Vor-** 65

---

[113] Vgl. die Auflistung bei *Baumbach/Hueck/Zöllner* § 47 Anm. 10.
[114] *Baumbach/Hueck/Zöllner* § 47 Anm. 10; *Rowedder/Koppensteiner* § 48 Anm. 16; *Scholz/Schmidt* § 48 Anm. 51.
[115] Zur Stimmzählung vgl. *Baumbach/Hueck/Zöllner* § 47 Anm. 12.
[116] Vgl. OLG Frankfurt v. 6. 1. 1976, GmbHR 1976, 110 f.
[117] Vgl. BGH v. 28. 1. 1980, BGHZ 76, 154, 158; BGH v. 29. 3. 1973, BB 1973, 772.
[118] Vgl. zum Ganzen *Scholz/Schmidt* § 48 Anm. 52; *Zöllner*, Die Schranken mitgliedschaftlicher Stimmrechtsmacht bei den privatrechtlichen Personenverbänden, 1963, S. 359, 363.
[119] Zu Mehrheitserfordernissen unten Rz. 130–134.

Fischer

aussetzung für das Vorliegen oder Wirksamwerden eines Gesellschafterbeschlusses.[120] Die Satzung kann jedoch die Protokollierung und/oder die Verkündung eines Gesellschafterbeschlusses als Wirksamkeitsvoraussetzung vorsehen.

66 Lange Zeit war strittig, welche **Rechtswirkungen** sich mit der **förmlichen Feststellung** eines Beschlußergebnisses bei einer Gesellschafterversammlung ergeben. Ist in der Gesellschafterversammlung entsprechend den Satzungsbestimmungen das Zustandekommen eines bestimmten Beschlusses vom Versammlungsleiter förmlich festgestellt worden, so ist nach nunmehr herrschender Meinung der Beschluß mit dem festgestellten Inhalt für die Gesellschafter – und gegebenenfalls den Registerrichter – **verbindlich**; formelle oder materielle Mängel, welche die Anfechtbarkeit begründen, können nur noch durch Erhebung einer Anfechtungsklage geltend gemacht werden.[121] Dies gilt auch im Falle der unrichtigen Feststellung des Abstimmungsergebnisses, selbst wenn dieses darauf beruht, daß die Stimmen von in Wahrheit nicht stimmberechtigten Personen mitgezählt wurden.[122] Ein notariell beurkundeter Beschluß steht insoweit einer förmlichen Beschlußfeststellung gleich.[123]

4. Weitere Erfordernisse

67 Die Satzung kann weitere Erfordernisse für die Wirksamkeit von Gesellschafterbeschlüssen aufstellen. Recht häufig findet sich in der Satzung das Erfordernis der **Zustimmung** einzelner Gesellschafter zu bestimmten oder auch allen Entscheidungen und Maßnahmen. Solche Zustimmungserfordernisse stellen ein Mittel sowohl zur Einräumung besonderer Einflußmöglichkeiten für einzelne Gesellschafter als auch zur Kontrolle des Mehrheitsgesellschafters dar.

68 Daneben ergeben sich bereits aus dem GmbH-Gesetz bestimmte Zustimmungsbedürftigkeiten, so zB bei der Erforderlichkeit der Einzelzustimmung bestimmter oder aller Gesellschafter für Eingriffe in Sonderrechte, bei der nachträglichen Vinkulierung von Geschäftsanteilen, bei der nachträglichen Auferlegung von Nebenpflichten oder Nachschußpflichten, bei der nicht schon in der ursprünglichen Satzung vorgesehenen Einziehung und bei der nicht lediglich den Unternehmensgegenstand, sondern den grundsätzlichen Verbandszweck betreffenden Zweckänderung wie etwa bei Beherrschungs- und Gewinnabführungsverträgen.[124]

---

[120] BGH v. 9. 2. 1970, BGHZ 53, 210, 212; BGH v. 28. 1. 1980, BGHZ 76, 154, 156; OLG Stuttgart v. 13. 4. 1994, WiB 1994, 907; *Baumbach/Hueck/Zöllner* § 47 Anm. 18; *Scholz/Schmidt* § 48 Anm. 57; *Rowedder/Koppensteiner* § 48 Anm. 17.

[121] BGH v. 26. 10. 1983, BGHZ 88, 320, 328; BGH v. 20. 1. 1986 BGHZ 97, 28, 30; BGH v. 21. 3. 1988 BGHZ 104, 66 ff.; OLG Hamburg v. 6. 3. 1992 WM 1992, 1278, 1281; BayOLG v. 19. 5. 1991 BB 1991, 2103, 2104; *Scholz/Schmidt* § 48 Anm. 58 mwN; *K. Schmidt* GmbHR 1992, 9, 11 ff.; aA *Rowedder/Koppensteiner* § 47 Anm. 9; so auch noch BGH v. 9. 6. 1954, BGHZ 14, 25, 36; BGH v. 9. 12. 1968, BGHZ 51, 209, 212; BGH v. 28. 1. 1980, BGHZ 76, 154 ff.

[122] Vgl. BayOLG v. 19. 5. 1991, BB 1991, 2103, 2104.

[123] Vgl. BayOLG v. 7. 11. 1991, BB 1992, 226, 227.

[124] Vgl. die Auflistung bei *Baumbach/Hueck/Zöllner*, § 47 Anm. 21.

V. Vollversammlung

Gem. § 51 Abs. 3 GmbHG können Beschlüsse trotz nicht ordnungsgemäßer Einberufung der Versammlung auch dann wirksam gefaßt werden, **wenn sämtliche Gesellschafter anwesend** sind. 69

Eine solche Vollversammlung iSd. § 51 Abs. 3 GmbHG setzt voraus, daß sämtliche Gesellschafter anwesend oder wirksam vertreten sind. Ein abwesender Gesellschafter kann das Auftreten eines **vollmachtlosen Vertreters** im nachhinein genehmigen.[125] Anläßlich ihrer Zusammenkunft müssen sich indes sämtliche Gesellschafter ihrer Teilnahme an einer Beschlußfassung bewußt sein. Verweigert – etwa wegen eines Einberufungsfehlers – auch nur ein Gesellschafter seine Teilnahme oder widerspricht er der Beschlußfassung der übrigen Gesellschafter, hat dies zur Folge, daß keine Vollversammlung vorliegt.[126] **Ein nicht geschäftsfähiger Gesellschafter** ist nur im Beisein seines gesetzlichen Vertreters anwesend iSd. § 51 Abs. 3 GmbHG.[127] Allerdings rechnet bei der Frage, ob alle Gesellschafter vollständig erschienen oder vertreten sind, ein Gesellschafter, der unabhängig von dem ihm bekannten Einberufungsmangel auf die Teilnahme verzichtet, nicht mit.[128] 70

B. Die Beschlußfassung außerhalb von Gesellschafterversammlungen

I. Schriftliches Verfahren gemäß § 48 Abs. 2 GmbHG

Der Abhaltung einer Gesellschafterversammlung durch räumliches Zusammentreffen der Gesellschafter bedarf es gem. § 48 Abs. 2 GmbHG nicht, wenn sich sämtliche Gesellschafter **schriftlich** mit der zu treffenden Bestimmung oder mit der schriftlichen Abgabe der Stimmen einverstanden erklären. § 48 Abs. 2 GmbHG regelt also **zwei Sachverhalte:** Zum einen kommt ein Beschluß wirksam zustande, wenn sämtliche Gesellschafter einstimmig – einschließlich derjenigen Gesellschafter, deren Teilnahme an der Beschlußfassung selbst ausgeschlossen ist[129] – schriftlich mit dem Beschluß einverstanden sind. 71

---

[125] So BayOLG v. 8. 12. 1988, GmbHR 1989, 252, 253 f.

[126] BGH v. 30. 3. 1987, BGHZ 100, 264, 270; RG v. 23. 4. 1918, RGZ 92, 409, 411; OLG Stuttgart v. 23. 7. 1993, GmbHR 1994, 257, 258; OLG Hamm v. 27. 11. 1991, GmbHR 1992, 466, 467; *Rowedder/Koppensteiner* § 51 Anm. 12; *Meyer-Landrut/Miller/Niehus* § 51 Anm. 11; aA mit gewichtigen Argumenten *Baumbach/Hueck/Zöllner* § 51 Anm. 25.

[127] BayOLG v. 4. 2. 1993, GmbHR 1993, 223.

[128] Str., wie hier RG v. 22. 10. 1933, JW 1934, 976; *Lutter/Hommelhoff* § 51 Anm. 16; aA OLG Frankfurt v. 26. 8. 1983, BB 1983, 2139, 2140; *Baumbach/Hueck/Zöllner* § 51 Anm. 26 mwN zu beiden Ansichten.

[129] OLG Düsseldorf v. 22. 2. 1989, DB 1989, 1963; *Rowedder/Koppensteiner* § 48 Anm. 19; *Baumbach/Hueck/Zöllner* § 48 Anm. 18; aA *Meyer-Landrut/Miller/Niehus* § 48 Anm. 24.

Zum anderen ist eine schriftliche Abstimmung dann zulässig, wenn sämtliche – einschließlich der nicht notwendigerweise stimm-, aber teilnahmeberechtigten – Gesellschafter aber jedenfalls die Schriftlichkeit des Abstimmungsverfahrens billigen. Die Gesellschafter können der schriftlichen Abstimmung formlos, sogar stillschweigend zustimmen.[130] Das Schriftlichkeitserfordernis iSv. § 48 Abs. 2 GmbHG bedingt nicht die eigenhändige Unterzeichnung durch die Gesellschafter; ausreichend ist, daß die Abstimmungserklärung oder das Einverständnis zur schriftlichen Abstimmung als schriftlich verkörperte Willenserklärung vorliegen.[131] Es genügen somit telegraphische, fernschriftliche oder **Telefax-Erklärungen** sowie von sämtlichen Gesellschaftern unterschriebene **Rundschreiben** oder Registeranmeldungen.[132]

72 Im Falle schriftlicher Abstimmung gilt der Beschluß regelmäßig erst mit Zugang der letzten schriftlichen Stimme beim benannten Erklärungsempfänger (zB Geschäftsführer) als gefaßt. Der Erklärungsempfänger hat das Ergebnis zu ermitteln und den Gesellschaftern mitzuteilen.[133] Zur Einleitung des schriftlichen Abstimmungsverfahrens befugt sind im gesetzlichen Regelfall alle Gesellschafter und Geschäftsführer.[134]

73 § 48 Abs. 2 GmbHG gilt grds. für Beschlußgegenstände aller Art, selbst für beurkundungspflichtige Gesellschafterbeschlüsse. Ausnahmsweise ist das schriftliche Verfahren jedoch **nicht zulässig in Fällen,** in denen Gesellschafterbeschlüsse ausdrücklich in Gesellschafterversammlungen gefaßt werden müssen, wie zB im Falle der Zustimmung zu einem Verschmelzungsvertrag (§ 13 Abs. 1 Satz 2 UmwG), der Zustimmung der Anteilsinhaber des formwechselnden Rechtsträgers zu einem Formwechsel (Umwandlungsbeschluß; § 193 Abs. 1 Satz 2 UmwG) oder bei Verhandlungen über den Verlust der Hälfte des Stammkapitals nach § 49 Abs. 3 GmbHG. Anwendbar ist § 48 Abs. 2 GmbHG jedoch bei gewöhnlichen **Satzungsänderungen.**[135] Bei Abstimmung im schriftlichen Verfahren können die Gesellschafter ihre Stimmen nacheinander zu Protokoll desselben Notars, aber auch zu Protokoll verschiedener Notare abgeben. Dem zur Beurkundung gem. § 53 Abs. 2 GmbHG bestellten Notar sind von den anderen Notaren die Niederschriften der Stimmabgaben zu übersenden, so daß die Urkunde über die eigentliche Beschlußfassung erstellt werden kann.

---

[130] Vgl. BGH v. 20. 11. 1958, BGHZ 28, 355, 358; *Rowedder/Koppensteiner* § 48 Anm. 19; *Scholz/Schmidt* § 48 Anm. 64.

[131] *Baumbach/Hueck/Zöllner* § 48 Anm. 19; *Lutter/Hommelhoff* § 48 Anm. 11; *Scholz/Schmidt* § 48 Anm. 64.

[132] Vgl. BGH v. 1. 12. 1954, BGHZ 15, 324, 329; RG v. 10. 12. 1920, RGZ 101, 78; *Baumbach/Hueck/Zöllner* § 48 Anm. 18.

[133] Str., wie hier BGH v. 1. 12. 1954, BGHZ 15, 324, 329; *Vogel* aaO (Fn. 111) S. 164; aA *Scholz/Schmidt* § 48 Anm. 67; *Lutter/Hommelhoff* § 48 Anm. 12: Zugang bei letztem Erklärungsempfänger reicht.

[134] *Rowedder/Koppensteiner* § 48 Anm. 19.

[135] *Baumbach/Hueck/Zöllner* § 48 Anm. 16, § 53 Anm. 26, 39 mwN; aA noch BGH v. 1. 12. 1954, BGHZ 15, 328; zweifelnd *Scholz/Priester* § 53 Anm. 63 f. mwN.

II. Satzungsregelungen

Die Satzung kann Beschlußfassungen außerhalb von Gesellschafterversammlungen einerseits erleichtern oder ausdehnen, andererseits erschweren oder ganz ausschließen.[136] In der Praxis empfiehlt es sich, insoweit klare Regelungen zu vereinbaren, die insbesondere die Möglichkeiten **moderner Kommunikationsmittel** berücksichtigen. So können etwa zugelassen werden die telefonische Beschlußfassung,[137] das schriftliche Verfahren auf Grund Mehrheitsbeschlusses[138] oder, bei fehlendem ausdrücklichen Widerspruch eines Gesellschafters binnen gesetzter Frist (Schweigen als Einverständnis), die kombinierte Beschlußfassung (teilweise in Gesellschafterversammlung, teilweise schriftlich).[139] Auch die Durchführung der Abstimmung kann statutarisch geregelt werden. Dabei empfiehlt es sich, den Ablauf eines Umlaufverfahrens und gegebenenfalls den Zeitpunkt der Wirksamkeit eines derart gefaßten Beschlusses festzulegen. Satzungsregelungen müssen ferner sicherstellen, daß sämtliche stimmberechtigten Personen ihren Willen kundtun und an der Beschlußfassung teilnehmen können.[140] Zu beachten ist, daß – selbst wenn die Satzung die schriftliche Abstimmung zur Regel erhebt – die Geschäftsführer gleichwohl eine Gesellschafterversammlung einberufen müssen, wenn die Wichtigkeit der Entscheidung dies nahelegt oder die zur Meinungsbildung erforderlichen Informations- und Mitspracherechte bei der schriftlichen Beschlußfassung nicht gewahrt werden können oder Fälle des § 49 Abs. 2 und 3 GmbHG vorliegen.[141]

C. Die Beschlußfassung in Ein-Mann-Gesellschaften

Befinden sich alle Geschäftsanteile einer Gesellschaft in der Hand eines Gesellschafters oder daneben in der Hand der Gesellschaft, so kann der Ein-Mann-Gesellschafter **jederzeit und formlos** Beschlüsse fassen.[142] Daneben kann er auch Beschlüsse förmlich in Gesellschafterversammlungen herbeiführen. Faßt er formlose Beschlüsse, so muß er gem. § 48 Abs. 3 GmbHG unverzüglich nach Beschlußfassung eine **Niederschrift** aufnehmen und unterschreiben. Tag und Ort der Beschlußfassung sind in dieser Niederschrift zu vermerken.[143] Weitergehende Beurkundungspflichten, wie etwa gem. § 53 Abs. 2 GmbHG bei Satzungsänderungen, gelten nach wie vor.

---

[136] Vgl. *Baumbach/Hueck/Zöllner* § 48 Anm. 27; *Lutter/Hommelhoff* § 48 Anm. 10; *Scholz/Schmidt* § 48 Anm. 68 f.
[137] OLG München v. 19. 1. 1978, BB 1978, 471.
[138] BGH v. 20. 11. 1958, BGHZ 28, 355, 358.
[139] *Lutter/Hommelhoff* § 48 Anm. 14.
[140] Vgl. *Baumbach/Hueck/Zöllner* § 48 Anm. 27.
[141] *Scholz/Schmidt* § 48 Anm. 68.
[142] BGH v. 24. 2. 1954, BGHZ 12, 337, 339.
[143] *Rowedder/Koppensteiner* § 48 Anm. 22; *Lutter/Hommelhoff* § 48 Anm. 16.

76 Die Dokumentationspflicht des § 48 Abs. 3 GmbHG greift nur, wenn sich sämtliche Geschäftsanteile in der Hand eines Gesellschafters befinden; weist die Gesellschaft einen weiteren Gesellschafter – sei dieser stimmrechtslos oder Treuhänder des anderen Gesellschafters – auf, so gilt § 48 Abs. 3 GmbHG nicht.[144] § 48 Abs. 3 GmbHG ist nicht entsprechend anzuwenden, falls sich nur ein Gesellschafter von mehreren an einer Beschlußfassung beteiligt.[145]

77 Verstößt der Ein-Mann-Gesellschafter gegen die Protokollierungspflicht, so macht dies seinen Beschluß nicht nichtig. Gegenüber Dritten bleibt die fehlende Protokollierung ohne Folgen. Der Ein-Mann-Gesellschafter kann sich jedoch selbst auf die Existenz des Beschlusses mangels Niederschrift nicht berufen.[146] Dies gilt allerdings dann nicht, soweit das Ziel der Protokollierung, Sicherheit über den Inhalt eines von den Ein-Mann-Gesellschafter gefaßten Beschlusses zu schaffen und vor allem im Interesse Dritter nachträgliche Manipulationen auszuschließen, in anderer Weise als durch die in § 48 Abs. 3 GmbHG vorgeschriebene Dokumentation mit gleicher Gewißheit erreicht werden kann. So bedarf etwa der Beschluß eines Alleingesellschafters, dem Geschäftsführer fristlos zu kündigen, zu seiner Wirksamkeit nicht der Protokollierung nach § 48 Abs. 3 GmbHG, wenn die Kündigung schriftlich von ihm ausgesprochen worden ist und damit der Sinn der Vorschrift mit der gleichen Gewißheit erreicht ist, als wäre eine Niederschrift nach § 48 Abs. 3 GmbHG gefertigt worden.[147] Ebenso hat es der BGH in einem Falle, in dem über Schadensersatzansprüche gegen die frühere Geschäftsführerin zu befinden war, ausreichen lassen, daß die Alleingesellschafterin den Liquidator angewiesen hatte, die Ersatzansprüche der Gesellschaft geltend zu machen.[148]

78 Damit ist indes noch nicht gesagt, wann ein ausdrücklicher Beschluß eines Ein-Mann-Gesellschafters überhaupt erforderlich ist. Teilweise wird die Meinung vertreten, daß bestimmte Maßnahmen, die der Ein-Mann-Gesellschafter in seiner Funktion als Geschäftsführer vornimmt, stets von einem entsprechenden „Entschluß" als Gesellschafter gedeckt seien und daher einer ausdrücklichen Beschlußfassung nicht bedürften.[149] Bereits aus Beweissicherungsgründen und zur Vermeidung einer etwaigen Schadensersatzpflicht[150] ist im Falle eines Ein-Mann-„Entschlusses" jedoch regelmäßig Protokollierung zu empfehlen.

---

[144] *Baumbach/Hueck/Zöllner* § 48 Anm. 28; *Lutter/Hommelhoff* § 48 Anm. 15.
[145] *Lutter/Hommelhoff* § 48 Anm. 15; *Baumbach/Hueck/Zöllner* § 48 Anm. 31; aA *Rowedder/Koppensteiner* § 48 Anm. 24 („entsprechende Anwendbarkeit").
[146] *Rowedder/Koppensteiner* § 48 Anm. 23; *Scholz/Schmidt* § 48 Anm. 78 mit Beschränkung aus § 242 BGB.
[147] BGH v. 27. 3. 1995, NJW 1995, 1750 ff.
[148] BGH v. 9. 12. 1996, DStR 1997, 252.
[149] *Baumbach/Hueck/Zöllner* § 48 Anm. 30.
[150] *Lutter/Hommelhoff* § 48 Anm. 17; *Baumbach/Hueck/Zöllner* § 48 Anm. 29.

D. Stimmrecht und Stimmrechtsausübung

I. Inhalt und Grenzen des Stimmrechts

Die Gesellschafter sind grundsätzlich befugt, **nach freiem Ermessen** und unter Beachtung ihres eigenen Vorteils abzustimmen. Im Einzelfall können sich jedoch bei der Ausübung des Stimmrechts **Beschränkungen** ergeben, insbesondere aufgrund der gesellschaftsrechtlichen **Treuepflicht**. Dies kann in eng begrenzten Ausnahmefällen so weit gehen, daß ein Gesellschafter verpflichtet ist, bestimmten Maßnahmen zuzustimmen. Unter Verstoß gegen gesellschafterliche Treuepflichten abgegebene Stimmen sind **nichtig;** bei der Feststellung eines Beschlußergebnisses gelten sie als nicht abgegeben und sind nicht mitzuzählen.[151] Werden sie gleichwohl berücksichtigt, ist der so zustande gekommene Beschluß anfechtbar. Hat ein Gesellschafter unter Verletzung einer **positiven Stimmpflicht** „falsch" abgestimmt, so muß die positive Stimmabgabe im Prozeßwege durchgesetzt werden.[152] Die Willenserklärung wird dann durch das Urteil gem. § 894 ZPO ersetzt; dies kann auch im Wege einer positiven **Beschlußfeststellungsklage** geschehen.[153]

79

II. Stimmkraft der Gesellschafter

Die Stimmkraft ist das Gewicht, das der Stimmabgabe eines Gesellschafters zukommt. Sie bemißt sich mangels abweichender Bestimmung im Gesellschaftsvertrag nach der **Höhe der Gesellschafterbeteiligung**. Bei der GmbH kommt es nicht auf die Kopf-, sondern auf die Stimmenmehrheit an; gem. § 47 Abs. 2 GmbHG gewähren je DM 100,– eines Geschäftsanteils eine Stimme. Die Höhe der Stimmkraft bestimmt sich alleine nach dem Nennbetrag des Geschäftsanteils; sie ist von der Höhe der Einlageleistung unabhängig.[154]

80

Die Satzung kann die vorstehenden Grundsätze in vielfacher Weise variieren. So können mit bestimmten Geschäftsanteilen einzelner Gesellschafter **Mehrfachstimmrechte** verbunden sein.[155] Selbst die Einräumung eines **Veto-Rechts** ist zulässig.[156] Andererseits kann die Satzung auch **Höchststimmrechte** einführen[157] oder bestimmte Geschäftsanteile ganz vom **Stimmrecht ausschließen**.[158] Auch im letzteren Falle ist jedoch die Zustim-

81

---

[151] BGH v. 9. 11. 1987, WM 1988, 23, 25; BGH v. 19. 11. 1990, WM 1991, 97.
[152] BGH v. 29. 9. 1986, WM 1986, 1556, 1557 (zur KG); generell zu Sanktionen bei Stimmrechtsmißbrauch *Scholz/Schmidt* § 47 Anm. 32.
[153] Dazu unten Rz. 200.
[154] *Baumbach/Hueck/Zöllner* § 47 Anm. 42.
[155] *Scholz/Schmidt* § 47 Anm. 11; *Baumbach/Hueck/Zöllner* § 47 Anm. 43; *Rowedder/Koppensteiner* § 47 Anm. 14.
[156] *Rowedder/Koppensteiner* § 47 Anm. 14; *Schmidt,* GesR § 21 II 1 e.
[157] *Baumbach/Hueck/Zöllner* § 47 Anm. 43; *Rowedder/Koppensteiner* § 47 Anm. 14; *Schmidt* GesR § 21 II. 1.e.
[158] BGH v. 14. 7. 1954, BGHZ 14, 264, 269; *Scholz/Schmidt* § 47 Anm. 11.

Fischer

mung der Nichtstimmberechtigten in der Regel erforderlich, wenn ihre Geschäftsanteile gegenüber den Anteilen Stimmberechtigter benachteiligt würden[159] oder auf diese Geschäftsanteile zusätzliche Leistungen erbracht werden müßten.

III. Inhaber des Stimmrechts

1. Stimmrecht der Gesellschafter

82   Inhaber des Stimmrechts sind ausschließlich die Gesellschafter.[160] Dies ist – unter Beachtung des § 16 GmbHG – der **rechtliche** und nicht der wirtschaftliche **Inhaber** des Geschäftsanteils; zB steht bei einem Treuhandverhältnis das Stimmrecht dem **Treuhänder** und nicht dem Treugeber zu;[161] auch der Pfandgläubiger[162] oder der Nießbraucher[163] erwirbt kein Stimmrecht. Für Geschäftsunfähige wird das Stimmrecht durch deren **gesetzliche Vertreter** wahrgenommen.[164] Geschäftsanteile, die von der Gesellschaft selbst gehalten werden, geben dieser kein Stimmrecht;[165] gleiches gilt für Geschäftsanteile, die für die Gesellschaft treuhänderisch gehalten werden[166] und für kaduzierte Anteile.[167] Von der vollständigen Einzahlung der Stammeinlage hängt das Stimmrecht dagegen nicht ab.[168]

83   Die Berechtigung zur Stimmabgabe bei **juristischen Personen** und **Personenmehrheiten** richtet sich nach den allgemeinen Vertretungsregeln. Bei Gesamthandsgemeinschaften und Bruchteilsgemeinschaften ist die Vorschrift des § 18 GmbHG zu beachten. Demnach kann das Stimmrecht nur einheitlich ausgeübt werden. In diesem Zusammenhang sinnvoll ist eine Satzungsbestimmung, wonach im Falle mehrerer Gesamtberechtigter oder Gesamtvertretungsberechtigter das Stimmrecht jeweils durch einen gemeinsamen Vertreter auszuüben ist.

2. Stimmrechtsausübung durch Dritte

84   Unterliegt der Geschäftsanteil der Verwaltung eines **Testamentsvollstreckers,** eines **Nachlaß- oder Konkursverwalters,** so wird die Ausübung

---

[159] *Baumbach/Hueck/Zöllner* § 47 Anm. 24 mwN.
[160] *Scholz/Schmidt* § 47 Anm. 14 unter Verweis auf RG v. 18. 4. 1913, RGZ 82, 167, 169; RG v. 17. 1. 1933, RGZ 139, 224, 228.
[161] RG v. 20. 3. 1934, JW 1934, 2907; *Rowedder/Koppensteiner* § 47 Anm. 17; *Beuthien* ZGR 1974, 78 ff.
[162] Vgl. RG v. 17. 1. 1933, RGZ 139, 224, 228; RG v. 2. 2. 1938, RGZ 157, 55; *Baumbach/Hueck/Zöllner* § 47 Anm. 26.
[163] Vgl. OLG Koblenz v. 16. 1. 1992, NJW 1992, 2163, 2164; *Scholz/Schmidt* § 47 Anm. 18; offengelassen in BGH v. 22. 1. 1996, DStR 1996, 713.
[164] *Baumbach/Hueck/Zöllner* § 47 Anm. 26.
[165] RG v. 21. 10. 1921, RGZ 103, 64, 66 f.; *Rowedder/Koppensteiner* § 47 Anm. 18.
[166] *Baumbach/Hueck/Zöllner* § 47 Anm. 40; *Rowedder/Koppensteiner* § 47 Anm. 18.
[167] Vgl. BGH v. 26. 10. 1983, BGHZ 88, 320, 323; BGH v. 17. 10. 1983, WM 1983, 1354 f.; OLG Celle v. 23. 2. 1983, WM 1983, 425, 427.
[168] Vgl. *Lutter/Hommelhoff* § 47 Anm. 1.

D. Stimmrecht und Stimmrechtsausübung 85–88 § 4

des Stimmrechts von dem Testamentsvollstrecker bzw. dem Nachlaß- oder Konkursverwalter wahrgenommen.[169]

Gem. § 47 Abs. 3 GmbHG ist die Stimmabgabe durch **Bevollmächtigte** 85 zulässig. Stimmrechtsvollmachten bedürfen „zu ihrer Gültigkeit der schriftlichen Form". In der Wahl der Person des Bevollmächtigten ist der Gesellschafter grundsätzlich frei, doch darf die Auswahl des Bevollmächtigten nicht treuwidrig oder für die Mitgesellschafter unzumutbar sein.[170] Unzulässig ist auch die Bevollmächtigung eines Mitgesellschafters, der mit seinem eigenen Geschäftsanteil aus in seiner Person liegenden Gründen vom Stimmrecht ausgeschlossen ist. Als sinnvoll können sich Bestimmungen in der Satzung erweisen, die die Wirksamkeit einer Bevollmächtigung an persönliche Qualifikation, zB Rechtsanwalt, Wirtschaftsprüfer, Steuerberater, Mitgesellschafter etc. knüpfen. Eine Vertretung durch Mitgesellschafter verstößt nicht gegen § 181 BGB.[171]

Der Gesellschafter kann Inhalt und Umfang der **Stimmrechtsvollmacht** 86 frei bestimmen. Er kann die Vollmacht auf nur eine Versammlung und innerhalb dieser auch nur auf einzelne Beschlußgegenstände beschränken. Ein Widerruf der Vollmacht ist gem. den §§ 170–173 BGB bis zur Stimmabgabe möglich.[172]

Die gem. § 47 Abs. 3 GmbHG erforderliche **Schriftform** der Vollmacht 87 ist Wirksamkeitserfordernis und nicht lediglich als Legitimationsmittel zu verstehen.[173] Allerdings ist keine Berufung auf diesen Formmangel möglich, wenn den Mitgesellschaftern die nicht formgültig erteilte Vollmacht bekannt ist, und niemand der Stimmrechtsausübung durch den Vertreter widerspricht (§ 174 BGB analog).[174] Selbst eine vollmachtlose Stimmabgabe kann durch (formfreie) nachträgliche Genehmigung durch den Gesellschafter wirksam werden.[175]

Eine **unwiderruflich erteilte Stimmrechtsvollmacht** ist allenfalls sehr 88 eingeschränkt möglich; jedenfalls wenn das zugrunde liegende Rechtsverhältnis endet oder bei Vorliegen eines wichtigen Grundes muß auch die Vollmacht widerrufen werden können.[176] Aber selbst dann begegnet eine un-

---

[169] BGH v. 10. 6. 1959, NJW 1959, 1820; *Baumbach/Hueck/Zöllner* § 47 Anm. 30; *Scholz/Schmidt* § 47 Anm. 16, der zu Recht darauf verweist, daß die Verwalter kein eigenes Stimmrecht haben, sondern nur dasjenige des Gesellschafters ausüben.
[170] Vgl. *Baumbach/Hueck/Zöllner* § 47 Anm. 32; *Scholz/Schmidt* § 47 Anm. 84 mwN.
[171] Str., vgl. *Baumbach/Hueck/Zöllner* § 47 Anm. 33 mwN; *Lutter/Hommelhoff* § 47 Anm. 8.
[172] Vgl. *Scholz/Schmidt* § 47 Anm. 88; *Rowedder/Koppensteiner* § 47 Anm. 41.
[173] BGH v. 14. 12. 1967, BGHZ 49, 183, 194; *Baumbach/Hueck/Zöllner* § 47 Anm. 37; *Lutter/Hommelhoff* § 47 Anm. 9; aA *Rowedder/Koppensteiner* § 47 Anm. 42; *Scholz/Schmidt* § 47 Anm. 85 (Abs. 3 sei sachwidrig formuliert, Vorschrift spreche nur von Legitimation des Vertreters, nicht von Wirksamkeit der Vollmachtserteilung).
[174] BGH v. 14. 12. 1967, BGHZ 49, 183, 194; *Baumbach/Hueck/Zöllner* § 47 Anm. 37.
[175] BayOLG v. 22. 11. 1988, DB 1989, 374; *Scholz/Schmidt* § 47 Anm. 87; zu den Folgen fehlender wirksamer Vollmacht bei nicht nachfolgender Genehmigung vgl. *Baumbach/Hueck/Zöllner* § 47 Anm. 38; *Lutter/Hommelhoff* § 47 Anm. 9.
[176] Vgl. *Scholz/Schmidt* § 47 Anm. 83; *Baumbach/Hueck/Zöllner* § 47 Anm. 36; *Rowedder/Koppensteiner* § 47 Anm. 44.

widerrufliche Stimmrechtsvollmacht noch grundsätzlichen Bedenken, läuft sie im praktischen Ergebnis doch auf eine verbotene Stimmrechtsabspaltung hinaus.[177] Eine im Außenverhältnis das Stimmrecht des Gesellschafters **ausschließende Bevollmächtigung** eines Dritten (Delegation) ist jedenfalls von vornherein unzulässig.[178] Eine Bevollmächtigung darf nicht zur Stimmrechtslosigkeit des Gesellschafters führen. Ist deshalb beispielsweise der Vertreter an der Stimmabgabe rechtlich gehindert, so steht es dem Gesellschafter frei, das Stimmrecht selbst oder durch einen anderen Bevollmächtigten auszuüben.[179]

3. Verbot der Stimmrechtsabspaltung und einheitliche Stimmabgabe

89 Das Stimmrecht ist untrennbarer Bestandteil des Geschäftsanteils. Die **„Abspaltung" des Stimmrechts** ohne gleichzeitige Übertragung des Gesellschaftsanteils ist **nicht möglich**. Das Stimmrecht eines GmbH-Gesellschafters kann ebensowenig wie die übrigen Verwaltungs(Herrschafts-)Rechte von dem Geschäftsanteil losgelöst und selbständig übertragen werden.[180] Teilweise wird zwar die Auffassung vertreten, eine Übertragung des Stimmrechts unter Gesellschaftern sei jedenfalls dann möglich, wenn dieser Zustand entweder zeitlich limitiert oder durch Kündigung beendet werden kann;[181] so soll das Stimmrecht im Falle eines Nießbrauchs zugunsten eines Nießbrauchers und im Rahmen von Treuhandverhältnissen zu Gunsten des Treugebers abspaltbar sein. Die herrschende Meinung erkennt solche Ausnahmefälle wegen der ansonsten hervorgerufenen Rechtsunsicherheit indes nicht an.[182] In Einzelfällen lassen sich solche versuchten (nichtigen) Übertragungen des Stimmrechts gem. § 140 BGB jedoch in widerrufliche Stimmrechtsvollmachten **umdeuten**.[183]

90 Vom Verbot der Stimmrechtsabspaltung zu unterscheiden ist die Frage, ob ein und derselbe Gesellschafter aus einem oder mehreren von ihm gehaltenen Geschäftsanteilen **verschieden abstimmen** kann. Nach zutreffender Auffassung darf ein Gesellschafter für einen Geschäftsanteil grds. nur **einheitlich abstimmen**.[184] Erwirbt ein Gesellschafter zu seinem Geschäftsanteil einen

---

[177] Vgl. BGH v. 14. 5. 1956, BGHZ 20, 363, 365; BGH v. 30. 1. 1995, DStR 1995, 1276, 1277 f.
[178] BGH v. 18. 1. 1976, WM 1976, 1250; BGH v. 18. 12. 1970, WM 1971, 956.
[179] Vgl. BGH v. 12. 6. 1989, BB 1989, 1496, 1498; *Lutter/Hommelhoff* § 47 Anm. 12.
[180] BGH v. 25. 2. 1965, BGHZ 43, 261, 267; BGH v. 4. 12. 1967, NJW 1968, 396, 397; BGH v. 17. 11. 1986, WM 1987, 70, 71; OLG Koblenz v. 16. 1. 1992, NJW 1992, 2163, 2164.
[181] Vgl. *Rowedder/Koppensteiner* § 47 Anm. 22 f.
[182] Vgl. *Scholz/Schmidt* § 47 Anm. 20; *Meyer-Landrut/Miller/Niehus* § 14 Anm. 7; ausdrücklich offengelassen allerdings von BGH v. 17. 11. 1986, WM 1987, 70, 71.
[183] Vgl. BGH v. 14. 5. 1956, BGHZ 20, 363, 370; BGH v. 1. 12. 1967, NJW 1968, 396, 397; OLG Hamburg v. 22. 2. 1989, GmbHR 1990, 42; OLG Koblenz v. 16. 1. 1992, NJW 1992, 2163, 2165.
[184] Vgl. BGH v. 17. 9. 1964, GmbHR 1965, 32; BGH v. 21. 3. 1988, NJW 1988, 1841; *Scholz/Schmidt* § 47 Anm. 70; *Rowedder/Koppensteiner* § 47 Anm. 35.

D. Stimmrecht und Stimmrechtsausübung   91–96 § 4

oder mehrere weitere hinzu, dann soll eine uneinheitliche Stimmabgabe für die verschiedenen Anteile ebenfalls unzulässig sein;[185] ausnahmsweise ist eine solche unterschiedliche Stimmabgabe jedoch zulässig, wenn ein schutzwürdiges Interesse des Stimmberechtigten sie rechtfertigt (zB Treuhand- oder Stimmbindungsabrede, Pfandrechts- oder Nießbrauchsbestellung).[186]

Im Falle einer unzulässigen uneinheitlichen Stimmabgabe werden sämtliche von dem Betreffenden abgegebenen Stimmen als Stimmenthaltung gewertet.[187]   91

IV. Stimmrechtsausschluß

1. Allgemeines

Gem. § 47 Abs. 4 GmbHG hat ein Gesellschafter, welcher durch die Beschlußfassung entlastet oder von einer Verbindlichkeit befreit werden soll, hierbei ausnahmsweise kein Stimmrecht. Er darf ein solches auch nicht für andere ausüben. Dasselbe gilt von einer Beschlußfassung, welche die Vornahme eines Rechtsgeschäfts oder die Einleitung oder Erledigung eines Rechtsstreits gegenüber einem Gesellschafter betrifft.   92

§ 47 Abs. 4 GmbHG ist Ausdruck des im Gesellschaftsrecht allgemein geltenden **Stimmverbots wegen Interessenkollision** (so auch §§ 34 BGB, 136 Abs. 1 AktG). Die Vorschrift begründet zwei Verbote, einmal über **Geschäfte mit sich selbst** abzustimmen und ferner, **Richter in eigener Sache** zu sein. Diese Verbote betreffen nur das Stimmrecht des Gesellschafters, sein Teilnahmerecht an der Gesellschafterversammlung wird davon nicht berührt.   93

§ 47 Abs. 4 GmbHG stellt keine Generalklausel dar. Die Vorschrift umfaßt nur abschließend aufgezählte Fälle (**„starre Schranken"**). Ein Stimmverbot aufgrund § 47 Abs. 4 GmbHG besteht somit nicht bei jeder möglichen Interessenkollision.[188] Entsprechend dürfen die in § 47 Abs. 4 GmbHG genannten Fälle nicht zu weit ausgelegt werden.[189]   94

Das Stimmverbot soll die Gesellschaft und die anderen Gesellschafter vor der Einflußnahme durch einen Sonder- oder Eigeninteressen verfolgenden Gesellschafter schützen. Es gilt nicht nur in der Gesellschafterversammlung, sondern auch in anderen, regelmäßig den Gesellschaftern zustehende Kompetenzen wahrnehmenden Organen, zB in einem **Beirat**.[190]   95

Im Falle der **Stimmrechtsvollmacht** gilt das Stimmverbot, sowohl wenn in der Person des Vollmachtgebers als auch wenn in der Person des Vollmachtnehmers die Gründe des § 47 Abs. 4 GmbHG vorliegen.   96

---

[185] Vgl. *Meyer-Landrut/Miller/Niehus* § 47 Anm. 23; *Scholz/Schmidt* § 47 Anm. 72.
[186] *Baumbach/Hueck/Zöllner* § 47 Anm. 11.
[187] Vgl. *Scholz/Schmidt* § 47 Anm. 71; *Rowedder/Koppensteiner* § 47 Anm. 38.
[188] Vgl. BGH v. 29. 3. 1971, BGHZ 56, 47, 53; BGH v. 16. 2. 1981, BGHZ 80, 69, 71; BGH v. 20. 1. 1986, BGHZ 97, 28, 33; OLG Hamm v. 16. 4. 1992, DB 1992, 2130.
[189] Vgl. *Rowedder/Koppensteiner* § 47 Anm. 47; weitergehend *Scholz/Schmidt* § 47 Anm. 101; so auch *Baumbach/Hueck/Zöllner* § 47 Anm. 44.
[190] Vgl. *Immenga/Werner* GmbHR 1976, 53, 55; *Lutter/Hommelhoff* § 47 Anm. 17.

2. Entlastung eines Gesellschafters

97 Bei Beschlüssen über die Entlastung von Geschäftsführern, Aufsichtsratsmitgliedern, Liquidatoren usw. besteht nach § 47 Abs. 4 Satz 1 GmbHG ein Stimmverbot für die zu entlastenden Gesellschafter.[191] Die Vorschrift betrifft nur den Fall der **nachträglichen Billigung** der Geschäftsführung etc., nicht erfaßt wird ein Beschluß über noch zu treffende Geschäftsführungsmaßnahmen.[192] Soll ein **Organ insgesamt** entlastet werden, unterliegt ein zugehöriger Gesellschafter bei der Beschlußfassung dem Stimmverbot;[193] das Verbot gilt auch bei der **Einzelentlastung** eines anderen Mitglieds des betreffenden Organs. Nach allerdings umstrittener Auffassung können Geschäftsführer bei der Entlastung des Aufsichtsrats und Aufsichtsratsmitglieder bei der Entlastung der Geschäftsführer mitstimmen, es sei denn, für ein etwaiges Fehlverhalten kommt eine gesamtschuldnerische Haftung der Mitglieder beider Organe in Betracht.[194]

98 Entsprechend dem Zweck der Vorschrift greift das Stimmverbot auch für **andere Gesellschafterbeschlüsse,** welche die Billigung oder Mißbilligung des Verhaltens eines Gesellschafters in seiner Organfunktion betreffen,[195] zB im Falle der Kaduzierung, der Einziehung und des Ausschlusses aus wichtigem Grunde,[196] der Abberufung als Organmitglied, insbesondere als Geschäftsführer, aus wichtigem Grunde,[197] und der außerordentlichen Kündigung des Anstellungsvertrages des Gesellschafter-Geschäftsführers.[198]

3. Befreiung von einer Verbindlichkeit

99 Wer von einer Verbindlichkeit befreit werden soll, ist gem. § 47 Abs. 4 Satz 1 2. Alt. GmbHG ebenfalls vom Stimmrecht ausgeschlossen. Dies gilt für vertragliche oder außervertragliche Verbindlichkeiten eines Gesellschafters gleich welcher Art. Ein Zusammenhang mit dem Gesellschaftsverhältnis braucht nicht zu bestehen.[199] Der Begriff der **Befreiung** ist sehr weit zu fassen; darunter fallen etwa der Abschluß eines Erlaßvertrages, ein negatives Schuldanerkenntnis, der Abschluß eines Verzichtsvertrages, die Generalbereinigung, der Verzicht und die Schulderledigung nach Aufrechnung.[200] Das

---

[191] Für Testamentsvollstrecker vgl. BGH v. 12. 6. 1989, BB 1989, 1497.

[192] Vgl. BGH v. 9. 11. 1975, WM 1976, 205.

[193] Vgl. BGH v. 12. 6. 1989, BB 1989, 1497; *Baumbach/Hueck/Zöllner* § 47 Anm. 45; *Lutter/Hommelhoff* § 47 Anm. 18.

[194] Vgl. *Scholz/Schmidt* § 47 Anm. 134; *Meyer-Landrut/Miller/Niehus* § 47 Anm. 42; ähnlich *Lutter/Hommelhoff* § 47 Anm. 18; weitergehend *Baumbach/Hueck/Zöllner* § 47 Anm. 46.

[195] Vgl. BGH v. 30. 10. 1958, NJW 1959, 192, 193; BGH v. 18. 10. 1975, WM 1976, 204, 205; *Scholz/Schmidt* § 47 Anm. 133 mwN.

[196] BGH v. 17. 2. 1955, BGHZ 16, 317, 322; OLG Stuttgart v. 23. 3. 1989, WM 1989, 1252, 1253.

[197] BGH v. 20. 12. 1982, BGHZ 86, 177, 178.

[198] BGH v. 27. 10. 1986, NJW 1987, 1889; zu diesen Fällen eingehend *Scholz/Schmidt* § 47 Anm. 137 ff.; *Lutter/Hommelhoff* § 47 Anm. 19.

[199] Vgl. *Lutter/Hommelhoff* § 47 Anm. 20; *Baumbach/Hueck/Zöllner* § 47 Anm. 47.

[200] Vgl. im einzelnen *Baumbach/Hueck/Zöllner* § 47 Anm. 47; *Rowedder/Koppensteiner* § 47 Anm. 55; *Lutter/Hommelhoff* § 47 Anm. 20.

Stimmverbot erstreckt sich auch auf Gesellschafter, die als **Bürgen** oder **Garanten** für die Schuld eines anderen Gesellschafters haften.[201] Ansonsten muß der Gesellschafter selbst **Schuldner der Verbindlichkeit** sein oder jedenfalls von der Verbindlichkeitsbefreiung profitieren. Als Gläubiger der Verbindlichkeit wird dagegen regelmäßig nur die Gesellschaft selbst oder ein mit ihr verbundenes Unternehmen in Betracht kommen.[202]

4. Vornahme eines Rechtsgeschäfts

Gem. § 47 Abs. 4 Satz 2 1. Alt. GmbHG ist es einem Gesellschafter untersagt, an einem Beschluß mitzuwirken, der die Vornahme eines Rechtsgeschäfts zwischen ihm und der Gesellschaft betrifft. Zu den **Rechtsgeschäften** im Sinne dieser Vorschrift zählen Verträge aller Art wie auch einseitige Erklärungen (Kündigung, Anfechtung, Rücktritt, Mahnung etc.). Die bloße Erfüllung einer Verbindlichkeit unterfällt dagegen nicht dem Stimmverbot.[203] **100**

Das Stimmverbot findet ferner Anwendung, wenn Zweifel an der Wirksamkeit des Geschäftes durch einen Beschluß beseitigt werden sollen.[204] Das Verbot gilt nicht, wenn die Gesellschafter die Geschäftsführer im Beschlußwege zum Abschluß eines Rechtsgeschäfts mit einem Gesellschafter ermächtigen und die Ermächtigung den Geschäftsführern rechtlich und tatsächlich freie Hand darin läßt, ob und zu welchen Bedingungen das Geschäft mit den Gesellschaftern abzuschließen ist.[205] Von § 47 Abs. 4 GmbHG erfaßt wird die **nachträgliche Genehmigung** eines mit einem Gesellschafter bereits abgeschlossenen schwebend unwirksamen Rechtsgeschäfts.[206] **101**

5. Einleitung oder Erledigung eines Rechtsstreits

Stimmen die Gesellschafter über die Einleitung und Erledigung eines Rechtsstreits gegen einen Mitgesellschafter ab, ist dieser nach § 47 Abs. 4 Satz 2 2. Alt. GmbHG vom Stimmrecht ausgeschlossen. Mit dem Begriff des **Rechtsstreits** sind Verfahren jeder Klageart, aber auch bereits Mahnverfahren, Schiedsgerichtsverfahren, Arreste und einstweilige Verfügungen, Zwangsvollstreckungsakte etc. gemeint. **102**

Die **Einleitung** eines Rechtsstreits im Sinne der Vorschrift setzt **kein gerichtliches Verfahren** voraus. Vielmehr fallen auch bereits früher liegende Vorbereitungsmaßnahmen (Leistungsaufforderung, Klageandrohung, Auswahl eines Prozeßbevollmächtigten) darunter.[207] Die **Erledigung** eines Rechtsstreits **103**

---

[201] *Rowedder/Koppensteiner* § 47 Anm. 55; *Baumbach/Hueck/Zöllner* § 47 Anm. 47.
[202] Vgl. *Scholz/Schmidt* § 47 Anm. 124.
[203] Str.; wie hier *Rowedder/Koppensteiner* § 47 Anm. 58 mwN; aA *Baumbach/Hueck/Zöllner* § 47 Anm. 49.
[204] BGH v. 29. 3. 1973, NJW 1973, 1039, 1041 f.
[205] Vgl. BGH v. 10. 2. 1977, BGHZ 68, 107, 112; *Rowedder/Koppensteiner* § 47 Anm. 57; *Lutter/Hommelhoff* § 47 Anm. 22; aA *Baumbach/Hueck/Zöllner* § 47 Anm. 59.
[206] Vgl. BGH v. 19. 1. 1977, WM 1977, 362; *Baumbach/Hueck/Zöllner* § 47 Anm. 60; str.
[207] Vgl. BGH v. 20. 1. 1986, BGHZ 97, 28, 34; *Rowedder/Koppensteiner* § 47 Anm. 60; .*Lutter/Hommelhoff* § 47 Anm. 21, 60.

kann außer durch Klage- und Rechtsmittelrücknahme auch durch Vergleich, Verzicht, Anerkenntnis etc. zustande kommen.[208] Grundsätzlich muß sich der Rechtsstreit gegen einen Gesellschafter richten. Es genügt allerdings auch, wenn der Gesellschafter der Gesellschaft als Streitverkündeter, Hauptintervenient oder Nebenintervenient gegenübersteht.[209] Soll ein Anspruch gegen mehrere Gesellschafter oder gegen Geschäftsführer und Gesellschafter durchgesetzt werden, sind sämtliche betroffenen Gesellschafter vom Stimmrecht ausgeschlossen.[210]

6. Anwendungsgrenzen des § 47 Abs. 4 GmbHG

a) Sozialakte

104 Nicht vom Stimmverbot des § 47 Abs. 4 GmbHG erfaßt werden sog. Sozialakte. Dies sind die **innergesellschaftlichen** und typischerweise die Mitgliedschaft des Gesellschafters ausgestaltenden **Rechtsgeschäfte**.[211]

105 Als **Sozialakte** in diesem Sinne sind in der Rechtsprechung anerkannt: Bestellung[212] und Abberufung[213] von Gesellschaftsorganen, insbesondere von Geschäftsführern, einschließlich der Feststellung der Anstellungsbedingungen und Ruhestandsbezüge,[214] Einziehung des Geschäftsanteils oder Kündigung der Mitgliedschaft,[215] Auflösungsbeschlüsse,[216] Genehmigung der Übertragung vinkulierter Anteile,[217] Satzungsänderungen oder sonstige Strukturänderungen,[218] Teilung von Geschäftsanteilen,[219] Gewinnabführungs- oder Beherrschungsverträge[220] sowie Verschmelzungsverträge.[221] Auch bei der Beschlußfassung über die Einforderung seiner Stammeinlage ist das Stimmrecht eines Gesellschafters nicht gem. § 47 Abs. 4 GmbHG ausgeschlossen.[222]

---

[208] Vgl. *Lutter/Hommelhoff* § 47 Anm. 21.
[209] Vgl. *Rowedder/Koppensteiner* § 47 Anm. 61; *Scholz/Schmidt* § 47 Anm. 128.
[210] Vgl. BGH v. 20. 1. 1986, BGHZ 97, 28, 34; *Lutter/Hommelhoff* § 47 Anm. 21.
[211] Vgl. RG v. 22. 2. 1905, RGZ 60, 172, 173; RG v. 18. 10. 1910, RGZ 74, 276, 278; BGH v. 29. 9. 1955, BGHZ 18, 205, 210; BGH v. 29. 5. 1967, BGHZ 48, 163, 167; BGH v. 9. 7. 1990, BB 1990, 1923; OLG Frankfurt v. 19. 1. 1988, WM 1989, 438, 442; OLG München v. 25. 10. 1989, GmbHR 1990, 263, 265.
[212] RG v. 18. 10. 1910, RGZ 74, 276, 277 f.; BGH v. 29. 9. 1955, BGHZ 18, 205, 210; BGH v. 9. 12. 1968, BGHZ 51, 209, 215.
[213] RG v. 29. 11. 1912, RGZ 81, 37, 38; BGH v. 26. 3. 1984, WM 1984, 1313 f.; BGH v. 27. 10. 1986, WM 1987, 71, 72.
[214] BGH v. 29. 9. 1955, BGHZ 18, 205, 210; BGH v. 9. 12. 1968, BGHZ 51, 209, 215; *Baumbach/Hueck/Zöllner* § 47 Anm. 54 mwN.
[215] Vgl. *Baumbach/Hueck/Zöllner* § 47 Anm. 56; *Lutter/Hommelhoff* Anm. 24.
[216] *Baumbach/Hueck/Zöllner* § 47 Anm. 57.
[217] BGH v. 29. 5. 1967, BGHZ 48, 163, 166 f.; BGH v. 25. 2. 1974, DB 1974, 621, 622; aA *Baumbach/Hueck/Zöllner* § 47 Anm. 58.
[218] BGH v. 6. 10. 1960, BGHZ 33, 189, 191; dazu auch BGH v. 30. 11. 1967, BGHZ 49, 117, 119; BayOLG v. 21. 10. 1977, GmbHR 1978, 63 f.; *Scholz/Schmidt* § 47 Anm. 112 ff. mwN.
[219] *Scholz/Schmidt* § 47 Anm. 116.
[220] *Scholz/Schmidt* § 47 Anm. 115; aA *Baumbach/Hueck/Zöllner* § 47 Anm. 58.
[221] *Rowedder/Zimmermann* Anh. § 77 Anm. 408 mwN; aA *Baumbach/Hueck/Zöllner* § 47 Anm. 58.
[222] BGH v. 9. 7. 1990, BB 1990, 1923 f.

D. Stimmrecht und Stimmrechtsausübung 106–109 § 4

b) Wichtiger Grund für Beschlußfassung

Das Stimmverbot gilt dagegen grundsätzlich in allen Fällen, in denen ein in **106** der Person eines Gesellschafters liegender **wichtiger Grund** den Beschluß tragen soll.[223] Wird ein Gesellschafter-Geschäftsführer aus wichtigem Grunde abberufen, so darf er nicht mitstimmen;[224] dies gilt auch für die Kündigung des Anstellungsvertrages aus wichtigem Grunde.[225]

Darf eine Einziehung eines Geschäftsanteils gem. § 34 GmbHG nur aus **107** wichtigem Grunde stattfinden, so darf der betroffene Gesellschafter ebenfalls nicht mitstimmen.[226] Gleiches gilt bei der Kaduzierung des § 21 GmbHG und der Ausschließung eines Gesellschafters aus wichtigem Grunde,[227] bei der Beschlußfassung über die Verweigerung einer Auskunft gem. § 51 a Abs. 2 GmbHG[228] sowie bei der Befreiung eines Gesellschafters vom gesetzlichen oder kraft Satzung geltenden Wettbewerbsverbot.[229]

c) Weitere Einzelfälle

§ 47 Abs. 4 GmbHG gilt nicht für **Ein-Mann-Gesellschaften**. Bei diesen **108** fehlt der von der Vorschrift vorausgesetzte Interessenkonflikt. Ein solcher liegt ebenfalls nicht vor in Fällen sogenannter gleichmäßiger Befangenheit aller Gesellschafter; sind sämtliche Gesellschafter vom selben Ausschlußtatbestand gleichermaßen betroffen, so gilt das Stimmverbot nicht.[230]

Im Falle einer **Gesamthands- oder Bruchteilsinhaberschaft** macht der **109** Ausschluß eines Mitberechtigten vom Stimmrecht den Geschäftsanteil nicht stimmrechtlos. Die anderen Mitberechtigten oder ein Vertreter können das Stimmrecht für diesen Anteil ausüben.[231] Anders ist dies allerdings, wenn der befangene Mitberechtigte einen ausschlaggebenden Einfluß auf die Willensbildung der anderen Mitberechtigten ausüben kann.[232]

---

[223] Vgl. BGH v. 20. 12. 1982, BGHZ 86, 177, 178 f.; BGH v. 25. 2. 1974, DB 1974, 621, 622; OLG Stuttgart v. 3. 3. 1989, WM 1989, 1252, 1253 f.
[224] BGH v. 20. 12. 1982, BGHZ 86, 177, 179; BGH v. 27. 10. 1986, BB 1987, 503; OLG Hamm v. 3. 7. 1988, DB 1989, 168; OLG Düsseldorf v. 15. 2. 1991, WM 1992, 14, 18.
[225] BGH v. 20. 12. 1982, BGHZ 86, 177 f.; BGH v. 27. 10. 1986, NJW 1987, 1889.
[226] Vgl. BGH v. 3. 6. 1976, DB 1977, 342, 343; *Rowedder/Koppensteiner* § 47 Anm. 59, 62.
[227] BGH v. 1. 4. 1953, BGHZ 9, 157, 178; BGH v. 17. 2. 1955, BGHZ 16, 317, 322.
[228] Vgl. *Baumbach/Hueck/Zöllner* § 47 Anm. 58; *Rowedder/Koppensteiner* § 47 Anm. 63.
[229] BGH v. 16. 2. 1981, NJW 1981, 1512, 1513; *Baumbach/Hueck/Zöllner* § 47 Anm. 58.
[230] Vgl. *Baumbach/Hueck/Zöllner* § 47 Anm. 62; *Rowedder/Koppensteiner* § 47 Anm. 48.
[231] BGH v. 14. 12. 1967, BGHZ 49, 185, 193 f.; BGH v. 9. 12. 1968, BGHZ 51, 209, 219; BGH v. 28. 10. 1975, WM 1976, 205; *Rowedder/Koppensteiner* § 47 Anm. 53.
[232] BGH v. 16. 12. 1991, BB 1992, 224; *Baumbach/Hueck/Zöllner* § 47 Anm. 64; *Rowedder/Koppensteiner* § 47 Anm. 53 mwN.

110 Ein gem. § 47 Abs. 4 GmbHG vom Stimmrecht Ausgeschlossener kann sich nicht durch einen **Bevollmächtigten**[233] oder einen **Treuhänder**[234] in der Ausübung des Stimmrechts vertreten lassen. Ferner ist auch ein Nichtgesellschafter, der als Gesellschafter vom Stimmrecht ausgeschlossen wäre, gehindert, als Vertreter das Stimmrecht aus einem fremden Anteil auszuüben.[235]

111 **Verwandtschaftliche Beziehungen** begründen keinen Ausschluß des Stimmrechts nach § 47 Abs. 4 GmbHG.[236] Solche hindern einen Gesellschafter also grundsätzlich nicht daran, etwa über ein Rechtsgeschäft der Gesellschaft mit seinem Ehepartner oder Verwandten abzustimmen.

112 Schwierige, in der Rechtsprechung noch nicht abschließend geklärte Abgrenzungsfragen stellen sich oftmals bei der **Mitgliedschaft einer juristischen Person** in der Gesellschaft, wenn die Voraussetzungen des § 47 GmbHG entweder in der juristischen Person selbst, einem ihrer Organe und/oder in einem (gemeinsamen) Gesellschafter vorliegen.[237]

d) Abdingbarkeit des § 47 Abs. 4 GmbHG

113 Gem. § 45 Abs. 2 GmbHG ist § 47 Abs. 4 GmbHG grds. **abdingbar**.[238] Hinsichtlich einer Ergänzung und Erweiterung der Vorschrift ist dies unumstritten.[239] Im Rahmen einer Einschränkung des § 47 Abs. 4 GmbHG sind allerdings die auf dem Gesichtspunkt des Vorliegens eines wichtigen Grundes beruhenden Stimmverbote nicht abdingbar.[240] Auch enthält die Vorschrift **zwingendes Recht,** soweit sie Entlastungsbeschlüsse oder die Entscheidung über die Einleitung eines Rechtsstreits betrifft.[241] So ist eine Regelung im Gesellschaftsvertrag einer GmbH, nach der ein Gesellschafter entgegen dem Stimmverbot des § 47 Abs. 4 Satz 1 GmbHG an der Beschlußfassung über seine eigene Entlastung als Geschäftsführer mitwirken darf, nichtig.[242]

---

[233] RGZ 146, 71, 77; BGH v. 13. 11. 1995, NJW 1996, 259; OLG München v. 21. 9. 1994, GmbHR 1995, 231.

[234] BGH v. 29. 3. 1971, BGHZ 56, 49, 53; *Rowedder/Koppensteiner* § 47 Anm. 50.

[235] *Rowedder/Koppensteiner* § 47 Anm. 49; *Baumbach/Hueck/Zöllner* § 47 Anm. 63.

[236] BGH v. 29. 3. 1971, BGHZ 56, 47, 54; BGH v. 16. 2. 1981, BGHZ 80, 69, 73; OLG Hamm v. 3. 7. 1988, DB 1989, 168; OLG Hamm v. 29. 6. 1992, DB 1992, 2130.

[237] Vgl. BGH v. 29. 3. 1971, BGHZ 56, 47, 53; BGH v. 10. 2. 1977, BGHZ 68, 107, 110; *Baumbach/Hueck/Zöllner* § 47 Anm. 67.

[238] Vgl. RG v. 3. 2. 1917, RGZ 89, 367, 383; RG v. 23. 10. 1928, RGZ 122, 159, 162; *Meyer-Landrut/Miller/Niehus* § 47 Anm. 33.

[239] Vgl. BGH v. 24. 2. 1992, BB 1992, 802; BGH v. 15. 12. 1976, WM 1977, 192; *Rowedder/Koppensteiner* § 47 Anm. 70.

[240] Vgl. BGH v. 24. 2. 1992, BB 1992, 802; OLG Hamm v. 2. 11. 1992, GmbHR 1993, 815; *Rowedder/Koppensteiner* § 47 Anm. 70; noch weiter einschränkend *Baumbach/Hueck/Zöllner* § 47 Anm. 73.

[241] BGH v. 12. 6. 1989, WM 1989, 1090, 1092; BGH v. 28. 2. 1994, DStR 1994, 869 f.

[242] BGH v. 28. 2. 1994, DStR 1994, 869; OLG Stuttgart v. 4. 5. 1993, GmbHR 1995, 231.

e) Mißachtung des Stimmverbots

Dem Stimmverbot des § 47 Abs. 4 GmbHG zuwider abgegebene Stimmen führen zur **Unwirksamkeit der Stimmabgabe**.[243] Der Verstoß ist durch Anfechtungsklage geltend zu machen.[244] **114**

7. Anwendbarkeit des § 181 BGB

Nach ständiger Rechtsprechung greift § 181 BGB nicht ein bei Beschlüssen, die das Rechtsverhältnis der Gesellschafter untereinander betreffen; hierin liegt kein In-sich-Geschäft im Sinne dieser Vorschrift.[245] Im Rahmen eines Gesellschafterbeschlusses ist es somit grds. zulässig, daß ein Gesellschafter zugleich das Stimmrecht für sich selbst und einen anderen Gesellschafter oder als Bevollmächtigter mehrerer Gesellschafter ausübt. Abweichend von diesem Grundsatz greift nach der Rechtsprechung das Selbstkontrahierungsverbot des § 181 BGB ein, wenn sich ein von anderen Gesellschaftern bevollmächtigter Gesellschafter oder Dritter (zB Testamentsvollstrecker, Pfleger) mit den Stimmen seiner Vollmachtgeber zum **Geschäftsführer** bestellt.[246] **115**

8. Ruhen der Mitgliedschaftsrechte für die eigenen Anteile der GmbH

Sowohl die Aktiengesellschaft als auch die GmbH können unter bestimmten Voraussetzungen eigene Aktien bzw. Geschäftsanteile erwerben (§ 171 AktG, § 33 GmbHG). Nach § 71 b AktG stehen der Aktiengesellschaft aus eigenen Aktien keine Rechte zu. Das GmbHG regelt diese Frage nicht. Nach allgemeiner Meinung ruhen aber auch bei der GmbH die Mitgliedschaftsrechte für die eigenen Anteile der Gesellschaft und gewähren insbesondere kein Stimmrecht in der Gesellschafterversammlung.[247] **116**

9. Analoge Anwendbarkeit der §§ 71 b, 71 d AktG

Das Ruhen des Stimmrechts aus eigenen Geschäftsanteilen ist zu unterscheiden von dem Fall, in dem nicht die GmbH selbst, sondern eine Gesellschaft, an der die GmbH beteiligt ist, Anteile der (beteiligten) GmbH hält. Auch zu diesem Fall schweigt das GmbHG. Im Aktienrecht hingegen ist in § 71 b AktG iVm. § 71 d Satz 2 und 4 AktG geregelt, daß der Stimmrechtsausschluß auch für solche Aktien gilt, die von abhängigen Gesellschaften gehalten werden. Diese Grundsätze sind auch auf die abhängige oder konzernverbundene **117**

---

[243] Vgl. *Scholz/Schmidt* § 47 Anm. 175; *Rowedder/Koppensteiner* § 47 Anm. 69.
[244] Vgl. *Scholz/Schmidt* § 47 Anm. 175.
[245] Vgl. BGH v. 29. 9. 1955, BGHZ 18, 205, 210; BGH v. 6. 10. 1960, BGHZ 33, 189, 191; BGH v. 22. 9. 1969, BGHZ 52, 316, 318; BGH v. 18. 9. 1975, BGHZ 65, 93, 96 f.; BGH v. 24. 9. 1990, NJW 1991, 691, 692; BayOLG v. 8. 12. 1988, GmbHR 1989, 252, 253; zweifelhaft BGH v. 9. 12. 1968, BGHZ 51, 209, 214, wonach § 181 BGB für Testamentsvollstrecker bei Beschlußfassung anwendbar sein solle.
[246] BGH v. 24. 9. 1990, NJW 1991, 691, 692.
[247] BGH v. 30. 1. 1995, NJW 1995, 1027; OLG München v. 7. 4. 1995, WiB 1995, 666.

GmbH zu übertragen. Die abhängige GmbH hat somit in einer Gesellschafterversammlung der herrschenden GmbH kein Stimmrecht.[248]

V. Stimmbindungsvereinbarungen

1. Inhalt und Wirksamkeit

118 Stimmbindungen sind rechtsgeschäftlich begründete **Abstimmungsverpflichtungen** eines Gesellschafters. Mit ihnen verpflichtet er sich, gegenüber einem oder mehreren Mitgesellschaftern oder Dritten sein Stimmrecht in der Gesellschaft nicht nach freiem Ermessen, sondern in einem bestimmten Sinne auszuüben, der entweder bereits in der Stimmbindungsvereinbarung inhaltlich vorgegeben sein kann oder der nach der Vereinbarung auf andere Weise, etwa durch Einzelweisungen, künftig konkretisiert werden soll.[249] Erfolgt die Vereinbarung zwischen mehreren Gesellschaftern, so spricht man häufig von **Stimmrechtskonsortium oder -pool**. Rechtlich handelt es sich regelmäßig um Gesellschaften bürgerlichen Rechts zwischen den Beteiligten.[250]

119 Stimmrechtsvereinbarungen zwischen GmbH-Gesellschaftern sind grundsätzlich **zulässig und wirksam**.[251] Dies gilt auch, soweit die Stimmbindung gegenüber einem **außenstehenden Dritten** eingegangen worden ist.[252] Vielfach finden sich solche Stimmbindungsvereinbarungen als unentbehrliche Nebenabreden bei Treuhandverträgen oder Unterbeteiligungen, bei Pfandrechts- oder Nießbrauchsbestellungen.[253] Sie dienen dann der Ermöglichung und Durchführung einzelner Rechtsgeschäfte, der internen Pflichtbindung, der innergesellschaftlichen Machtverteilung wie auch der Vorbereitung und Festigung von Konzernierungsvorgängen. Umstritten ist freilich, ob sich solche Stimmbindungen gegenüber Dritten wegen der damit gegebenen Möglichkeit Dritter, auf die Struktur der Gesellschaft Einfluß zu nehmen, auch auf die Vornahme von Satzungsänderungen erstrecken können.[254]

120 Ein Stimmbindungsvertrag ist **formlos gültig;** er bedarf nicht der Form der §§ 2, 53 GmbHG.[255] Er stellt eine lediglich die Parteien mit **schuldrechtlicher Wirkung** bindende Vereinbarung dar.[256] Eine bindungswidrige

---

[248] OLG München v. 7. 4. 1995, WiB 1995, 666.
[249] Vgl. *Baumbach/Hueck/Zöllner* § 47 Anm. 77; *Scholz/Schmidt* § 47 Anm. 36.
[250] Vgl. *Rowedder/Koppensteiner* § 47 Anm. 25.
[251] RG v. 20. 11. 1925, RGZ 112, 273, 275 ff.; RG v. 10. 1. 1928, RGZ 119, 386, 388; BGH v. 20. 1. 1983, NJW 1983, 1910.
[252] RG v. 2. 2. 1938, RGZ 157, 52, 57 f.; BGH v. 29. 5. 1967, BGHZ 48, 163, 166; BGH v. 27. 10. 1986, WM 1987, 71, 72; OLG Köln v. 16. 3. 1988, WM 1988, 974, 976 ff.
[253] Vgl. *Scholz/Schmidt* § 47 Anm. 42 mwN.
[254] Dies bejahend: *Baumbach/Hueck/Zöllner* § 47 Anm. 77; *Rowedder/Koppensteiner* § 47 Anm. 26; verneinend: *Lutter/Hommelhoff* § 47 Anm. 5; *Scholz/Schmidt* § 47 Anm. 42, jeweils mwN.
[255] BGH v. 3. 2. 1983, ZIP 1983, 432; OLG Koblenz v. 18. 2. 1986, ZIP 1986, 503, 504.
[256] RG v. 19. 6. 1923, RGZ 107, 67, 70; *Baumbach/Hueck/Zöllner* § 47 Anm. 79; *Rowedder/Koppensteiner* § 47 Anm. 25.

D. Stimmrecht und Stimmrechtsausübung 121, 122 § 4

Stimmabgabe kann den Gebundenen schadensersatzpflichtig machen; die Wirksamkeit der Stimmabgabe selbst oder des Beschlusses wird hiervon jedoch grundsätzlich nicht berührt.[257] Anderes gilt nur, wenn sich alle Gesellschafter untereinander wirksam gebunden haben; verstoßen sodann einer oder mehrere Gesellschafter gegen ihre Stimmbindungen, so ist der Gesellschafterbeschluß ausnahmsweise anfechtbar.[258]

2. Zulässigkeitsgrenzen

Stimmbindungsvereinbarungen dürfen nicht gegen gesetzliche Verbote (§ 134 BGB) oder gegen die guten Sitten (§ 138 BGB) verstoßen. So können beispielsweise **Konkurrenten** sich nicht des Instruments der Stimmbindung bedienen, um den Wettbewerb zwischen sich in kartellrechtswidriger Weise auszuschließen (§ 1 GWB).[259] Sittenwidrigkeit der Stimmbindung kann auch vorliegen in Fällen der Knebelung oder Ausbeutung eines Vertragspartners.[260] Ebenfalls sittenwidrig kann der sogenannte **Stimmenkauf** sein.[261] **121**

Eine Stimmbindung darf nicht auf eine **Umgehung von Stimmverboten** hinauslaufen. Insbesondere darf ein Gesellschafter, der nach § 47 Abs. 4 GmbHG vom Stimmrecht ausgeschlossen ist, nicht die Stimmabgabe eines anderen wirksam binden.[262] Gleiches gilt im Falle einer Stimmbindungsvereinbarung mit einem Dritten, der – wäre er Gesellschafter – einem solchen Stimmverbot unterläge.[263] Ferner kann ein Gesellschafter sich nicht wirksam verpflichten, einen wichtigen Grund – etwa bei der Abberufung eines Geschäftsführers – nicht geltend zu machen.[264] Das im Aktienrecht geltende Verbot der Stimmbindung gegenüber einer Weisung des Geschäftsführungsorgans, des Aufsichtsrats oder eines von der Gesellschaft abhängigen Unternehmens gilt im GmbH-Recht nicht.[265] Dagegen können Stimmbindungen mit der Vinkulierung von Anteilen gem. § 15 Abs. 5 GmbHG unvereinbar sein; dies gilt jedenfalls dann, wenn das Stimmrecht aus dem vinkulierten Anteil dauernd dem Einfluß eines Dritten ausgesetzt ist.[266] **122**

---

[257] BGH v. 20. 1. 1983, NJW 1983, 1910, 1911; *Scholz/Schmidt* § 47 Anm. 53; *Baumbach/Hueck/Zöllner* § 47 Anm. 79.

[258] Vgl. BGH v. 20. 1. 1983, NJW 1983, 1910, 1911; BGH v. 27. 10. 1986, NJW 1987, 1890.

[259] *Scholz/Schmidt* § 47 Anm. 43 und die Kommentierungen zu § 1 GWB.

[260] Vgl. *Baumbach/Hueck/Zöllner* § 47 Anm. 77; *Scholz/Schmidt* § 47 Anm. 44.

[261] *Rowedder/Koppensteiner* § 47 Anm. 29; *Scholz/Schmidt* § 47 Anm. 45; *Baumbach/Hueck/Zöllner* § 47 Anm. 78.

[262] BGH v. 29. 5. 1967, BGHZ 48, 163, 166; *Scholz/Schmidt* § 47 Anm. 47; *Rowedder/Koppensteiner* § 47 Anm. 28.

[263] Vgl. *Rowedder/Koppensteiner* § 47 Anm. 28; *Scholz/Schmidt* § 47 Anm. 47.

[264] Vgl. RG v. 7. 6. 1929, RGZ 124, 371, 379; RG v. 11. 6. 1931, RGZ 133, 90, 95 f.

[265] Vgl. OLG Köln v. 16. 3. 1988, WM 1988, 974, 977; *Scholz/Schmidt* § 47 Anm. 39, 41; zweifelnd *Rowedder/Koppensteiner* § 47 Anm. 28; aA *Baumbach/Hueck/Zöllner* § 47 Anm. 78.

[266] RG v. 7. 6. 1908, RGZ 69, 134, 137; *Scholz/Schmidt* § 47 Anm. 48; *Rowedder/Koppensteiner* § 47 Anm. 27; aA wohl *Baumbach/Hueck/Zöllner* § 47 Anm. 77.

Statutarische Verbote von Stimmbindungsvereinbarungen haben nicht die Unwirksamkeit solcher Vereinbarungen oder bindungsgemäßer Stimmabgaben zur Folge.[267] Jedoch kann sich der Gesellschafter, der einer solchen gesellschaftsvertraglichen Verpflichtung zuwider handelt, schadensersatzpflichtig machen, ggf. kann dies sogar einen Ausschließungsgrund darstellen.

3. Durchsetzung und Vollstreckbarkeit

123 Die Einhaltung zulässiger Stimmbindungsverträge kann durch **Leistungsklage** durchgesetzt werden.[268] Die Vollstreckung eines vom Gläubiger einer Stimmbindungsvereinbarung erwirkten Urteils erfolgt nach § 894 ZPO. Die bindungsgemäße Stimmabgabe wird demgemäß durch das rechtskräftige Urteil ersetzt,[269] das jedoch wie jede Stimmabgabe dem Versammlungsleiter oder den Teilnehmern der Gesellschafterversammlung bekanntgegeben werden muß[270] und sich erst damit auf das Ergebnis eines zu fassenden Gesellschafterbeschlusses auswirken kann. Nicht möglich ist es hingegen, das Verbot oder Gebot einer bestimmten Stimmabgabe oder Stimmverweigerung im Wege einer **einstweiligen Verfügung** durchzusetzen.[271]

Da eine Klage auf Erfüllung regelmäßig sehr zeitaufwendig und eine bindungswidrige Stimmabgabe grds. wirksam ist, bleiben dem Gläubiger einer Stimmbindungsvereinbarung zumeist nur Schadensersatzansprüche. Die Höhe solcher Ansprüche ist regelmäßig nur unter großen Schwierigkeiten zu beweisen; es empfiehlt sich deshalb, eine Vertragsstrafenregelung in eine Stimmbindungsvereinbarung aufzunehmen.[272]

VI. Haftung wegen Stimmrechtsausübung

124 Verstößt ein Gesellschafter gegen die Grenzen der Stimmrechtsausübung,[273] kann er sich schadensersatzpflichtig machen. Eine **Schadensersatzpflicht** kann je nachdem, wo der unmittelbare Schaden eingetreten ist, gegenüber der Gesellschaft oder den Mitgesellschaftern bestehen.

125 Ist die Gesellschaft unmittelbar geschädigt, so kann ein Mitgesellschafter jedoch nicht lediglich seinen mittelbaren Schaden geltend machen, sondern muß gegebenenfalls im Wege einer **actio pro socio** Zahlung an die Gesellschaft verlangen.

---

[267] *Baumbach/Hueck/Zöllner* § 47 Anm. 78 a; *Scholz/Schmidt* § 47 Anm. 46.

[268] Vgl. BGH v. 29. 5. 1967, BGHZ 48, 163, 165 ff.; *Scholz/Schmidt* § 47 Anm. 55 mwN; anders noch RG v. 4. 2. 1943, RGZ 170, 358, 372; kritisch *Baumbach/Hueck/Zöllner* § 47 Anm. 80.

[269] BGH v. 29. 5. 1967, BGHZ 48, 163, 173 f.

[270] BGH v. 29. 5. 1967, BGHZ 48, 163, 174; BGH v. 10. 4. 1989, WM 1989, 1021.

[271] Str.; wie hier OLG Celle v. 1. 4. 1981, GmbHR 1981, 264, 265; OLG Frankfurt v. 15. 12. 1981, BB 1982, 274; *Meyer-Landrut/Miller/Niehus* § 47 Anm. 21; *Rowedder/Koppensteiner* § 47 Anm. 32; aA OLG Koblenz v. 27. 2. 1986, GmbHR 1986, 428; *Lutter/Hommelhoff* § 47 Anm. 6.

[272] *Baumbach/Hueck/Zöllner* § 47 Anm. 80; *Rowedder/Koppensteiner* § 47 Anm. 32.

[273] Vgl. *Baumbach/Hueck/Zöllner* § 47 Anm. 75.

D. Stimmrecht und Stimmrechtsausübung

Ein Schadensersatzanspruch setzt ein Verschulden des Gesellschafters voraus. Sorgfaltsmaßstab ist insoweit § 276 BGB, also die im Verkehr erforderliche Sorgfalt. Ist der Gesellschafter gleichzeitig Geschäftsführer, kann – insbesondere bei Geschäftsführungsbeschlüssen – allerdings der Maßstab des § 43 Abs. 1 GmbHG, also die Sorgfalt eines ordentlichen Geschäftsmannes, einschlägig sein.[274]

Wäre die rechtzeitige Anfechtung des unter schuldhafter Beteiligung des Gesellschafters zustande gekommenen Beschlusses möglich gewesen, wurde diese jedoch versäumt, so kann der in Anspruch genommene Gesellschafter der Gesellschaft bzw. seinen Mitgesellschaftern gegebenenfalls den **Mitverschuldenseinwand** (§ 254 BGB) entgegenhalten.[275] Während die versäumte Anfechtung die Schadensersatzverpflichtung nur einschränken kann, scheidet eine Haftung eines Gesellschafters ganz aus, falls alle anderen Mitgesellschafter dem Beschluß – zulässigerweise – zugestimmt haben.[276] Eine Schadensersatzpflicht kann sich – unter engen Voraussetzungen – auch daraus ergeben, daß ein Gesellschafter schuldhaft einer Verpflichtung zur positiven Stimmabgabe nicht nachgekommen ist.

VII. Wirksamkeit der Stimmabgabe

Die **Stimmabgabe** im Rahmen einer Beschlußfassung ist eine einseitige und regelmäßig empfangsbedürftige Willenserklärung. **Erklärungsempfänger** ist dabei die GmbH, die entweder vom Abstimmungsleiter oder von einem Geschäftsführer oder von den übrigen Gesellschaftern vertreten wird. Auf die Stimmabgabe sind die allgemeinen zivilrechtlichen Grundsätze der §§ 104 ff., 116 ff., 130 ff. BGB über Zugang, schwebende Unwirksamkeit, Anfechtbarkeit und Nichtigkeit von Willenserklärungen ohne Abstriche anwendbar,[277] verdrängende Spezialregeln bestehen nicht. Die Stimmabgabe kann unter eine Bedingung gestellt werden. Ist die Stimmabgabe einmal wirksam geworden, kann sie nicht mehr widerrufen werden.[278]

Mängel der Stimmabgabe sind bereits bei Feststellung des Beschlußergebnisses zu berücksichtigen. Konsequenzen hat eine mangelhafte Stimmabgabe für den Beschluß allerdings nur, soweit gerade durch sie die erforderliche Mehrheit beeinflußt wird.[279] Aber auch dann kann nur der verbindlich festgestellte Beschluß selbst – nicht die Stimmabgabe des betreffenden Gesellschafters – mittels Anfechtungsklage innerhalb der Anfechtungsfrist angegriffen werden.[280]

---

[274] *Baumbach/Hueck/Zöllner* § 47 Anm. 75 mwN.
[275] Vgl. *Scholz/Schmidt* § 47 Anm. 33.
[276] Vgl. *Baumbach/Hueck/Zöllner* § 47 Anm. 75.
[277] *Baumbach/Hueck/Zöllner* § 47 Anm. 4; *K. Schmidt* § 15 I. 2.f.
[278] Vgl. *Scholz/Schmidt* § 45 Anm. 22.
[279] Vgl. BGH v. 14. 7. 1954, BGHZ 14, 267 f.; *Baumbach/Hueck/Zöllner* § 47 Anm. 4.
[280] Dazu unten Rz. 188 ff.

E. Mehrheitserfordernisse

I. Beschlußfähigkeit

130 Von den für das Zustandekommen eines Beschlusses erforderlichen Mehrheiten ist zunächst die Frage zu unterscheiden, wann die Versammlung überhaupt einen Beschluß fassen darf, mit anderen Worten, wann sie **beschlußfähig** ist. Das GmbH-Gesetz stellt insoweit keine besonderen Anforderungen; es setzt weder die Anwesenheit einer bestimmten Zahl von Gesellschaftern noch die Vertretung eines bestimmten Teils des Stammkapitals voraus. Ist die Gesellschafterversammlung ordnungsgemäß einberufen, so genügt die **Anwesenheit eines einzigen,** auch nur einen Bruchteil des Stammkapitals repräsentierenden Gesellschafters, um Beschlußfähigkeit herbeizuführen.[281] Dies gilt selbst bei der Vornahme von Satzungsänderungen.

131 Die Satzung kann an die Beschlußfähigkeit besondere Anforderungen stellen. So empfiehlt es sich jedenfalls bei Gesellschaften mit einem größeren Gesellschafterkreis, die Anwesenheit einer bestimmten Zahl von Gesellschaftern oder die Vertretung eines festgelegten Teils des Stammkapitals für die Beschlußfähigkeit vorauszusetzen. Allerdings ist es Gesellschaftern, wenn sie die Beschlußunfähigkeit selbst bewußt herbeigeführt haben, verwehrt, sich auf diese zu berufen.[282] Ferner ist es ratsam, statutarisch eine Regelung für den Fall fehlender Beschlußfähigkeit vorzusehen; eine solche kann darin bestehen, daß unverzüglich eine zweite Versammlung einzuberufen ist, für die sodann hinsichtlich der Zahl der Erschienenen oder der Höhe des vertretenen Kapitals keine besonderen Voraussetzungen mehr gelten.[283] Stellt die Satzung bestimmte Anforderungen an die Beschlußfähigkeit, so ist das vorgeschriebene **Quorum** für jede einzelne Beschlußfassung zu erfüllen; es ist also stets zu prüfen, ob bei dem jeweiligen Beschluß Gesellschafter in genügender Zahl anwesend bzw. vertreten sind. Zur Ermittlung des Quorums ist es unerheblich, wenn anwesende Gesellschafter mit ihrem Stimmrecht ausgeschlossen sind.[284] Wenn der Gesellschaftsvertrag einer GmbH eine Beschlußfähigkeit nur bei Anwesenheit eines bestimmten Prozentsatzes des Stammkapitals vorsieht, zählen die Anteile von Gesellschaftern allerdings nicht mit, die trotz nicht ordnungsgemäßer Einladung zwar erschienen sind, der Abstimmung aber widersprechen.[285]

II. Gesetzliche Mehrheitserfordernisse

132 Die von den Gesellschaftern in den Angelegenheiten der Gesellschaft zu treffenden Bestimmungen erfolgen durch Beschlußfassung nach der **Mehrheit**

---

[281] Vgl. *Rowedder/Koppensteiner* § 48 Anm. 13; *Baumbach/Hueck/Zöllner* § 48 Anm. 2; *Scholz/Schmidt* § 48 Anm. 41 f.
[282] OLG Hamburg v. 9. 11. 1990, WM 1992, 272, 273.
[283] Vgl. *Scholz/Schmidt* § 48 Anm. 42.
[284] OLG Hamm v. 27. 11. 1991, GmbHR 1992, 466, 467.
[285] OLG München v. 17. 3. 1993, GmbHR 1994, 125.

der abgegebenen Stimmen (§ 47 Abs. 1 GmbHG). Wieviele Stimmen jeder Gesellschafter abgeben kann, richtet sich nach der Stimmkraft seines Geschäftsanteils.[286] Nur Stimmen eines Gesellschafters, der an der Abstimmung teilnimmt und mit seinem Stimmrecht nicht ausgeschlossen ist, werden bei der Mehrheitsermittlung berücksichtigt. Es sind somit nur zustimmende oder ablehnende Stimmabgaben zu zählen; erklärt sich ein Gesellschafter für abwesend oder enthält er sich ausdrücklich der Stimme, so werden die ihm zustehenden Stimmen nicht gezählt, sein Erscheinen hat keinen Einfluß auf das Beschlußergebnis.[287] Die regelmäßig erforderliche einfache Mehrheit ist erreicht, wenn die Anzahl der abgegebenen Ja-Stimmen die der Nein-Stimmen überwiegt. Ist dies nicht der Fall, gilt ein Antrag mangels Mehrheit als abgelehnt.

Abweichend von der Grundregel des § 47 Abs. 1 verlangt das GmbH-Gesetz in bestimmten Einzelfällen von besonderer Bedeutung **qualifizierte Mehrheiten** bzw. **Einstimmigkeit.** Eine qualifizierte Mehrheit von drei Vierteln der abgegebenen Stimmen fordert das Gesetz in den Fällen der Satzungsänderung, der Auflösung durch Gesellschafterbeschluß, der Umwandlung oder Verschmelzung einer GmbH sowie der Erhöhung des Stammkapitals; ferner verlangt die Rechtsprechung für einen Ausschließungsbeschluß ebenfalls eine Dreiviertelmehrheit.[288] Nach überwiegender Auffassung ist die Zustimmung aller Gesellschafter erforderlich für eine Änderung des Gesellschaftszwecks sowie zum Abschluß eines Beherrschungs- und Gewinnabführungsvertrages.[289]

III. Gesellschaftsvertragliche Mehrheitserfordernisse

Die Satzung kann – soweit nicht gesetzlich bestimmte Mehrheiten zwingend vorgeschrieben sind, zB § 53 Abs. 2 Satz 2 GmbHG – von den Festlegungen des GmbH-Gesetzes abweichende Mehrheitserfordernisse aufstellen. So können für bestimmte Beschlüsse etwa qualifizierte Mehrheiten oder gar Einstimmigkeit vorgeschrieben werden.[290] Im Falle einer – grundsätzlich zur Ablehnung des Antrags führenden – Stimmengleichheit kann einem Gesellschafter oder einem Dritten der Stichentscheid zugebilligt werden.[291]

---

[286] Zur „Stimmkraft" eines Geschäftsanteils vgl. oben Rz. 80 f.
[287] Vgl. BGH v. 28. 1. 1980, BGHZ 76, 154, 158; BGH v. 23. 3. 1981, BGHZ 80, 212, 215; BGH v. 21. 3. 1988, BB 1988, 993.
[288] BGH v. 1. 4. 1953, BGHZ 9, 157, 177.
[289] *Scholz/Schmidt* § 47 Anm. 5; einschränkend *Rowedder/Koppensteiner* Anh. § 52 Anm. 40.
[290] *Scholz/Schmidt* § 47 Anm. 8 f.; *Baumbach/Hueck/Zöllner* § 47 Anm. 15.
[291] *Rowedder/Koppensteiner* § 47 Anm. 15.

F. Änderung des Gesellschaftsvertrages

I. Gesellschaftsvertrag als Gegenstand der Änderung

135 Der Gesellschaftsvertrag kann durch Gesellschafterbeschluß geändert werden. Der Beschluß bedarf einer Mehrheit von drei Vierteln der abgegebenen Stimmen und muß notariell beurkundet werden (§ 53 Abs. 2 GmbHG). Wirksam wird er erst mit Eintragung in das Handelsregister (§ 54 GmbHG). Diese Regelungen sind zwingend.

136 Die hohen Anforderungen an eine Änderung beziehen sich nur auf den Gesellschaftsvertrag. Formell gehört hierzu das notariell beurkundete Regelungswerk der Gründungsgesellschafter über die Errichtung der Gesellschaft. Was darin oder in später beschlossenen und notariell beurkundeten Änderungen und Ergänzungen nicht enthalten ist, gehört nicht zum Gesellschaftsvertrag. Was nicht im beurkundeten Gesellschaftsvertrag enthalten ist, unterliegt nicht den strengen Änderungsregeln. Dies gilt insbesondere für anläßlich der Gründung getroffene mündliche oder privatschriftliche Nebenabreden der Gesellschafter.

137 Beim Inhalt des Gesellschaftsvertrages ist daneben zwischen korporativen (oder materiellen) und nichtkorporativen (oder formellen) Satzungsbestandteilen zu unterscheiden. **Korporative Satzungsbestandteile** sind solche Bestimmungen, die die Organisation der Gesellschaft und die Rechtsbeziehungen zu den Gesellschaftern regeln. Nur die korporativen Bestandteile unterfallen den §§ 53, 54 GmbHG. Dazu zählen die in § 3 GmbHG aufgeführten notwendigen Satzungsbestandteile: Firma und Sitz der Gesellschaft, Gegenstand des Unternehmens, Betrag des Stammkapitals und Betrag der von jedem Gesellschafter auf das Stammkapital zu leistenden Einlage (Stammeinlage). Nicht zwingend erforderliche, gleichwohl materielle Satzungsbestandteile sind solche, die für das Gesellschaftsverhältnis bestimmend sind. So sind im Gesetz zB ausdrücklich geregelt:

138 Zeitbeschränkungen für das Bestehen des Gesellschaftsverhältnisses (§ 3 Abs. 2 GmbHG), Nebenpflichten der Gesellschafter (§ 3 Abs. 2 GmbHG), Regelungen über Sacheinlagen (§ 5 Abs. 4 GmbHG), Regelungen über die Vinkulierung der Geschäftsanteile (§ 15 Abs. 5 GmbHG), die Begründung von Nachschußpflichten (§ 26 Abs. 1 GmbHG) oder die Bestellung eines Aufsichtsrates (§ 52 GmbHG). Da die Gesellschafter im GmbH-Recht ein hohes Maß an Gestaltungsspielraum haben, können andere im Gesetz nicht vorgesehene Satzungsregelungen korporativen Charakter haben, zB Regelungen zur Bilanzierung,[292] zur Beschlußfassung (insb. Mehrheitserfordernisse) oder Gewinnverteilungsregeln.[293] Zu den materiellen Satzungsbestandteilen gehören auch ein gesellschaftsvertragliches Wettbewerbsverbot zu Lasten der Gesellschafter oder die generelle Befreiung vom Verbot der Selbstkontrahierung (§ 181 BGB).

---

[292] *Hommelhoff/Priester* ZGR 1986, 472 f.
[293] Vgl. *Hachenburg/Goerdeler/Müller* § 29 Anm. 70.

F. Änderung des Gesellschaftsvertrages

Nichtkorporative Satzungsbestandteile haben in der Regel nur schuldrechtlichen Charakter. Darunter fallen etwa im Gesellschaftsvertrag enthaltene Vereinbarungen oder Beschlüsse, die Dritte betreffen (zB Bestellung des ersten Geschäftsführers), Auflistungen der Gründungsgesellschafter, Regelung der Geschäftsführerbezüge[294] oder Regelung von Sondervorteilen bei Gründung. Diese Vereinbarungen oder Regelungen sind nach den allgemeinen Grundsätzen zu ändern. Welche Vorschriften hierbei anzuwenden sind, hängt vom Einzelfall ab. 139

Die Abgrenzung zwischen korporativen und nichtkorporativen Bestandteilen kann schwierig sein und hängt vom Einzelfall ab.[295] Bei **indifferenten Regelungen** (zB Regelung von Nebenleistungen, etwa Verpachtung eines Grundstückes vom Gesellschafter an die Gesellschaft im Gesellschaftsvertrag) können die Gesellschafter in der Satzung festlegen, ob die Regelung korporativen Charakter haben soll oder nicht. Fehlt eine Regelung, so liegt im Zweifel eine korporative Bestimmung vor. 140

II. Begriff der Änderung

Änderung des Gesellschaftsvertrages ist **jede Änderung des Wortlautes** der Satzung. Änderung ist dabei die inhaltliche Neugestaltung,[296] eine Streichung oder die **Aufnahme einer neuen Regelung.** Das gilt auch für bloß redaktionelle Änderungen.[297] Änderung ist auch die Streichung einer überholten Regelung (zB Regelung zur Übernahme der Stammeinlage und Angabe über die Stammeinlage)[298] oder die Streichung einer nichtkorporativen Regelung. 141

Ein Sonderfall ist die **Satzungsdurchbrechung.** Dies ist ein Gesellschafterbeschluß, der für einen Einzelfall unter bewußter Abweichung vom Gesellschaftsvertrag gefaßt wird. Eine einen Einzelfall regelnde Satzungsdurchbrechung ist nach der Rechtsprechung des BGH nicht nichtig, sondern allenfalls anfechtbar. Die Zulässigkeit von nicht formgültigen Satzungsdurchbrechungen beschränkt sich allerdings auf Fälle einer punktuellen (einmaligen) Regelung, bei denen sich die Wirkung des Beschlusses in der betreffenden Maßnahme erschöpft. Satzungsdurchbrechungen, die einen von der Satzung abweichenden rechtlichen Zustand begründen, sind dagegen ohne Einhaltung der für eine Satzungsänderung geltenden Formvorschriften auch dann unwirksam, wenn dieser Zustand auf einen bestimmten Zeitraum begrenzt ist.[299] Der Grundsatz, daß die Satzungsdurchbrechungen, die einen von der Satzung der GmbH abweichenden rechtlichen Zustand begründen, ohne Einhaltung der für eine Satzungsänderung geltenden Formvorschriften unwirksam sind, ist auch auf entsprechende „Erweiterungen" oder „Ergänzungen" der Satzung der Gesellschaft anzuwenden.[300] Umstritten ist, ob Satzungsdurchbrechungen 142

---

[294] Vgl. BGH v. 29. 9. 1955, BGHZ 18, 205, 208.
[295] Zu Einzelheiten vgl. *Scholz/Priester* § 53 Anm. 13–16.
[296] OLG Köln v. 17. 7. 1992, GmbHR 1993, 164.
[297] Ganz hM; vgl. *Scholz/Priester* § 53 Anm. 21.
[298] Vgl. *Scholz/Priester* § 53 Anm. 21–24.
[299] BGH v. 7. 6. 1993, GmbHR 1993, 497, 498.
[300] OLG Köln v. 11. 10. 1995, WiB 1997, 189 f.

einer Handelsregistereintragung bedürfen. Die herrschende Meinung verlangt dies.[301]

143 Eine **konkludente Satzungsänderung** durch schlüssiges Verhalten oder eine **faktische Satzungsänderung** sind im GmbH-Recht ausgeschlossen. Entsprechend können mangels Einhaltung der gesetzlich vorgeschriebenen Form Satzungsänderungen, -ergänzungen oder -durchbrechungen nicht durch **schlüssiges Verhalten,** insbesondere auch nicht durch eine langjährige stillschweigende Übung der Gesellschafter oder sonstige **faktische Satzungsänderungen** bewirkt werden.[302] In der Regel liegen in solchen Fällen Kompetenzüberschreitungen der Geschäftsführer vor.[303]

144 Keine Satzungsänderung sind **Grundlagenbeschlüsse,** wie zB die Umwandlung in eine AG oder die Verschmelzung. Hier sind aber die Regelungen über die Änderungen des Gesellschaftsvertrages weitestgehend entsprechend anwendbar. Gleiches gilt auch für den Abschluß eines Unternehmensvertrages.[304] Dabei ist aber zwischen Ober- und Untergesellschaft zu unterscheiden. Der Beschluß beim herrschenden Unternehmen bedarf der Dreiviertelmehrheit, aber nicht der notariellen Beurkundung. Beim abhängigen Unternehmen bedarf er einer qualifizierten Mehrheit,[305] der notariellen Beurkundung und der Eintragung in das Handelsregister.

145 Eine **Grenze für Satzungsänderungen,** die die gesetzlichen Vorschriften beachten, gibt es nicht. Die Grundlagen der Gesellschaft können vollständig geändert werden, so daß die Änderungen wirtschaftlich einer Neugründung gleichkommen, ohne daß die Gründungsvorschriften einzuhalten sind. Dies ist etwa nach einem **Mantelkauf** denkbar. Unbedenklich ist der Erwerb einer Vorrats-GmbH, die nach den eigenen Vorstellungen gestaltet wird, da bei ihr Verlustvorträge allenfalls eine unbedeutende Rolle spielen können.

III. Durchführung der Änderung

1. Zwingende Zuständigkeit der Gesellschafter

146 Die Satzung kann nur durch die Gesellschafter geändert werden. Dies ist zwingend. Der Gesellschaftsvertrag kann die Änderungskompetenz nicht auf Dritte verlagern.[306] Möglich ist aber auch hier die Bevollmächtigung zur Teilnahme Dritter an der Gesellschafterversammlung und zur Stimmabgabe.

---

[301] Vgl. *Hachenburg/Ulmer* § 53 Anm. 32; aA ua. *Scholz/Priester* § 53 Anm. 29; offengelassen von BGH v. 7. 6. 1993, GmbHR 1993, 497, 498.
[302] OLG Köln v. 11. 10. 1995, WiB 1997, 189 f.
[303] Vgl. *Scholz/Priester* § 53 Anm. 31, 32.
[304] BGH v. 24. 10. 1988, BGHZ 105, 324, 330.
[305] *Scholz/Schmidt* § 47 Anm. 5.
[306] *Hachenburg/Ulmer* § 53 Anm. 39.

2. Beschlußmehrheit

a) Dreiviertel-Mehrheit

Zur Satzungsänderung bedarf es einer **Mehrheit von ¾** der abgegebenen Stimmen (§ 53 Abs. 2 GmbHG). Diese Regelung ist **halbzwingend**. Sie kann durch Gesellschaftsvertrag verschärft, aber nicht gemildert werden. Genau 75% der abgegebenen Stimmen sind zur Beschlußfassung ausreichend; mehr als ¾ sind nicht erforderlich. Um den Beschluß zu sperren, sind folglich mehr als 25% der abgegebenen Stimmanteile notwendig.[307]

Eine **Zustimmung Dritter** zu einer Satzungsänderung ist grundsätzlich nicht erforderlich. Die Umstellung auf ein vom Kalenderjahr **abweichendes Wirtschaftsjahr** wird steuerlich allerdings erst wirksam, wenn das Finanzamt der Änderung zugestimmt hat (§ 8b Nr. 2 Satz 2 EStDV; § 7 Abs. 4 Satz 3 KStG). Für die Umstellung müssen beachtliche betriebswirtschaftliche Gründe sprechen, zB Erleichterung der Inventur.

b) Anpassung der Gewinnverwendungsregel

Das Gesetz verlangt von vor dem 1. 1. 1986 in das Handelsregister eingetragenen Gesellschaften anläßlich einer sonstigen Änderung des Gesellschaftsvertrages eine Anpassung der Gewinnverwendungsregelung, soweit der Gesellschaftsvertrag keine ausdrückliche **Regelung über die Gewinnverwendung** enthält (Art. 12 § 7 GmbHÄndG, § 29 GmbHG). Das Gesetz zwingt die Gesellschafter in diesen Fällen dadurch zu einer Entscheidung, daß es eine **Registersperre** für alle Satzungsänderungen anordnet, solange in der sog. Altgesellschaft kein Beschluß über die Gewinnverwendungsregelung gefaßt wurde.[308] Für die Anpassung der Gewinnverwendungsregelung genügt nach Art. 12 § 7 Abs. 2 Satz 2 GmbHÄndG ausnahmsweise die einfache Mehrheit der abgegebenen Stimmen.[309]

c) Leistungsvermehrung

Eine Leistungsvermehrung durch Satzungsänderung ist nach § 53 Abs. 3 GmbHG nur dann gestattet, wenn **alle** davon betroffenen **Gesellschafter** ihre Zustimmung geben. Diese Regelung ist **zwingend** und kann auch durch abweichende Bestimmungen in der Satzung nicht generell ausgeschlossen werden. Möglich ist allerdings, für bestimmte, in ihrer Art und ihrem Umfang genau abgegrenzte Leistungsvermehrungen in der Satzung die gesetzliche Zustimmungspflicht auszuschließen.[310] Der Gesellschafter hat in diesen Fällen der Leistungsvermehrung vorab die Zustimmung gegeben. Leistungsvermehrung sind etwa die Einführung/Erhöhung von Nebenleistungs- bzw. Nachschußpflichten, die Einführung eines Wettbewerbsverbotes oder einer Mitarbeitspflicht sowie die Kürzung der Liquidationsquote oder die Verlängerung

---
[307] *Lutter/Hommelhoff* § 53 Anm. 7; vgl. BGH v. 29. 9. 1955, BGHZ 18, 205, 210; *Scholz/Priester* § 53 Anm. 74.
[308] Zu Einzelheiten vgl. *Hachenburg/Goerdeler/Müller* § 29 Anm. 144–157.
[309] OLG München v. 30. 12. 1992, GmbHR 1994, 63.
[310] *Baumbach/Hueck/Zöllner* § 53 Anm. 17; *Scholz/Priester* § 53 Anm. 50.

einer auf bestimmte Zeit begrenzten Dauer der Gesellschaft. Für die Zustimmung aller betroffenen Gesellschafter zur Leistungsvermehrung sind keine besonderen Form- oder Fristerfordernisse vorgegeben. Sie kann also auch mündlich oder durch schlüssige Handlung, ebenso vor oder nach der Beschlußfassung erklärt werden.[311] Votiert der von der Leistungsvermehrung betroffene Gesellschafter bei der Beschlußfassung für die Satzungsänderung, erübrigt sich die Abgabe weiterer Erklärungen.[312] Bei Änderung einer **Wettbewerbsverbotsklausel** besteht bei einer Streichung oder Abmilderung der Regelung die Gefahr einer verdeckten Gewinnausschüttung.[313]

151 Satzungsänderungen, die nicht zu einer Leistungsvermehrung, sondern lediglich zu einer **Verkürzung der Rechte** der Gesellschafter führen, fallen nicht unter § 53 Abs. 3 GmbHG.[314] Dies bedeutet indes nicht, daß wiederum die in § 53 Abs. 2 GmbHG vorgesehene ¾-Mehrheit alleiniger Wirksamkeitsmaßstab ist. Vielmehr ergibt sich aus der auch für die GmbH geltenden Bestimmung des § 35 BGB das über § 53 GmbHG hinausgehende Wirksamkeitserfordernis der Zustimmung des durch eine Beeinträchtigung von Sonderrechten betroffenen Mitglieds.[315]

d) Zweckänderung nur einstimmig

152 Eine Gesellschaft hat als Zweck (finaler Sinn) regelmäßig die Gewinnerzielung. Dies muß nicht ausdrücklich geregelt sein und ist auch nicht identisch mit dem Unternehmensgegenstand, also dem Weg, mit dem der Zweck erreicht werden soll.[316] Eine Zweckänderung, zB auf einen gemeinnützigen Zweck, ist im GmbH-Gesetz nicht geregelt (vgl. aber § 33 Abs. 1 Satz 3 BGB). Eine solche ist ähnlich wie eine Satzungsänderung zu behandeln. Zusätzlich zu den Vorschriften für die Satzungsänderung bedarf es der **Zustimmung aller Gesellschafter**.[317] Der Gesellschaftsvertrag kann die Mehrheitserfordernisse mildern. Der Bestimmtheitsgrundsatz ist hierbei allerdings zu beachten.

3. Notarielle Beurkundung des Änderungsbeschlusses

153 Der Beschluß über die Änderung des Gesellschaftsvertrages muß notariell beurkundet werden (§ 53 Abs. 2 Satz 1 GmbHG). Ohne Beurkundung ist der Beschluß nichtig; erforderlich ist eine **Niederschrift des Notars** (§ 37 BeurkG). Der beurkundete Beschluß muß folgenden **Mindestinhalt** haben: Beschlußgegenstand[318] (Wortlaut der beabsichtigten Satzungsänderung), die Tatsache der Beschlußfassung während einer Gesellschafterversammlung, das

---

[311] *Scholz/Priester* § 53 Anm. 89; *Meyer-Landrut/Miller/Niehus* § 53 Anm. 19.
[312] *Scholz/Priester* § 53 Anm. 89.
[313] Vgl. BMF v. 4. 2. 1992, BStBl. I, 137; *Wassermeyer* DB 1992, 2410.
[314] BGH v. 16. 12. 1991, NJW 1992, 892, 893.
[315] BezG Dresden v. 14. 12. 1992, GmbHR 1994, 123, 124 für die (unzulässige) Aufhebung eines in der GmbH-Satzung verankerten Vorkaufsrechts durch Mehrheitsbeschluß.
[316] Vgl. *Hüffer* § 23 AktG Anm. 22.
[317] *Scholz/Priester* § 53 Anm. 174–176; *Hüffer* § 179 AktG 33.
[318] *Scholz/Priester* § 53 Anm. 67.

F. Änderung des Gesellschaftsvertrages   154–157 § 4

Abstimmungsergebnis sowie dessen eventuelle Feststellung durch einen Versammlungsleiter.

Die Beurkundung vor einem **ausländischen Notar** ist grundsätzlich zulässig.[319] Voraussetzung ist, daß die ausländische Beurkundung gleichwertig ist. 154

IV. Eintragung in das Handelsregister

1. Anmeldung

Wegen der Publikations- und Kontrollfunktion des Handelsregisters ist es im Interesse der Öffentlichkeit erforderlich zu gewährleisten, daß die Registereintragung bei Einsichtnahme jeweils die aktuelle Fassung aufweist. Dem soll durch die Vorschrift des § 54 Abs. 3 GmbHG entsprochen werden, der die Anmeldung und Eintragung einer Satzungsänderung in das Handelsregister als Voraussetzung für deren Wirksamwerden vorsieht. Dazu sind folgende vier Schritte erforderlich: 155
(1) Anmeldung zur Eintragung,
(2) Prüfung durch das Registergericht,
(3) Eintragung und
(4) Bekanntmachung durch das Registergericht.

Die Anmeldung hat **durch die Geschäftsführer** in vertretungsberechtigter Zahl zu erfolgen. Bei einer Satzungsänderung im Liquidationsstadium sind die Liquidatoren zuständig. Sie hat bei dem Handelsregister zu erfolgen, in dessen Bezirk die GmbH ihren Sitz hat.

Die Anmeldung ist schriftlich in **notariell beglaubigter Form** einzureichen (§ 12 Abs. 1 HGB, §§ 39, 40 BeurkG). Sie muß eine schlagwortartige Auflistung der geänderten Bestandteile enthalten.[320] Dem Registergericht sind weiter folgende Urkunden einzureichen: der vollständige Wortlaut des geänderten Gesellschaftsvertrages (§ 54 Abs. 1 Satz 2 1. Halbs. GmbHG), der mit einer Bescheinigung eines Notars versehen sein muß, daß die geänderten Bestimmungen der Satzung mit dem Beschluß über die Änderung des Gesellschaftsvertrages und die unveränderten Bestimmungen mit dem zuletzt zum Handelsregister eingereichten vollständigen Wortlaut der Satzung übereinstimmen (§ 54 Abs. 1 Satz 2 2. Halbs. GmbHG), Vollmachten sowie Zustimmungserklärungen betroffener Gesellschafter bei Leistungsvermehrungen oder bei der Beeinträchtigung von Sonderrechten. 156

2. Rechtswirkungen

Eine Satzungsänderung erlangt erst mit ihrer **Eintragung** in das Handelsregister am Sitz der Gesellschaft **rechtliche Wirksamkeit** (§ 54 Abs. 3 GmbHG); die Eintragung wirkt also konstitutiv. Für das Wirksamwerden ist ausschließlich der Tag der Eintragung maßgebend, sofern der Beschluß nicht einwandfrei eine aufschiebende Befristung enthält. 157

---

[319] BGH v. 16. 2. 1981, BGHZ 80, 76; str.
[320] Vgl. BGH v. 16. 2. 1987, NJW 1987, 3191 f.

§ 4   158   Die Beschlußfassung der Gesellschafter

V. Exkurs: Umstellung von DM auf EURO

158   Zum 1. 1. 1999 wurde der EURO eingeführt. Der EURO ersetzt die DM als nationale Währung; diese wird nur noch bis zum 31. 12. 2001 als Rechengröße eine Rolle spielen. Dieses stufenweise Verschwinden der DM im Wirtschaftsverkehr der Bundesrepublik Deutschland schafft das Bedürfnis für **Überleitungsregelungen** auch im GmbH-Recht. Der Gesetzgeber hat dem in Art. 3 § 3 des EuroEG entsprochen. Die Überleitungsregelungen betreffen vor allem das Stammkapital einer GmbH. Nach dem geänderten § 5 Abs. 1 GmbHG beträgt ab dem 1. 1. 1999 das Mindeststammkapital einer GmbH nicht mehr 50 000,– DM, sondern 25 000,– EURO; die Stammeinlage jedes Gesellschafters muß mindestens 100,– EURO betragen. Schließlich muß nach dem geänderten § 5 Abs. 3 Satz 2 der Betrag einer Stammeinlage in EURO durch 50 teilbar sein.

Bei einer bis zum 31. 12. 1998 eingetragenen GmbH konnte das Stammkapital nur auf DM lauten. Bei Eintragungen im Zeitraum zwischen dem 1. 1. 1999 und dem 31. 12. 2001 können die Gesellschafter nach dem neuen § 86 Abs. 2 GmbHG das Stammkapital und die Stammeinlagen einer GmbH **wahlweise in DM oder in EURO** ausweisen. Im Hinblick auf das ab dem 1. 1. 2002 bei Neueintragungen zwingend auf EURO zu lautende Stammkapital und die angesichts des Bestehens einer Registersperre ohnehin früher oder später erforderlich werdende Umstellung empfiehlt es sich, die neue Realität des EURO bereits ab dem 1. 1. 1999 anzuerkennen und bei Neugründungen das Stammkapital in EURO auszuweisen.

Das noch auf DM lautende Stammkapital einer GmbH wird weder nach dem 1. 1. 1999 noch nach dem 1. 1. 2002 automatisch auf EURO umgestellt. Auch besteht keine Verpflichtung der Gesellschaft, das Stammkapital umzustellen. Zu beachten ist freilich die ab dem 1. 1. 2002 einsetzende **begrenzte Registersperre** des neuen § 86 Abs. 1 Satz 4 GmbHG; danach darf eine Änderung des Stammkapitals nach dem 31. 12. 2001 nur eingetragen werden, wenn das Kapital auf EURO umgestellt und die in EURO berechneten Nennbeträge der Geschäftsanteile auf einen durch 10 teilbaren Betrag, mindestens jedoch auf 50,– EURO gestellt werden. Andere Satzungsänderungen, die das Stammkapital nicht betreffen, können allerdings ohne Umstellung und unter Beibehaltung des auf DM lautenden Stammkapitals beschlossen und eingetragen werden.

Nimmt eine Gesellschaft von sich aus die Umstellung von DM auf EURO vor, dann stellt dies eine **Satzungsänderung** dar. Deren Durchführung ist allerdings nach dem neuen § 86 Abs. 3 GmbHG wesentlich erleichtert. Danach findet § 53 Abs. 2 Satz 1 GmbHG auf die Satzungsänderung keine Anwendung. Die Umstellung des Stammkapitals und der Geschäftsanteile sowie weiterer satzungsmäßiger Betragsangaben auf EURO erfolgt durch Beschluß der Gesellschafter mit **einfacher Stimmenmehrheit** nach § 47 GmbHG; der Beschluß bedarf **keiner notariellen Beurkundung**. Ferner ist auf die Anmeldung und Eintragung der Umstellung in das Handelsregister § 54 Abs. 1 Satz 2 und Abs. 2 Satz 2 GmbHG nicht anzuwenden; anders als bei gewöhnlichen Satzungsänderungen muß der Anmeldung kein neuer

Wortlaut des Gesellschaftsvertrages mit Notarbescheinigung beigefügt werden. Eine weitere Erleichterung bringt der neue Art. 45 Abs. 1 EGHGB; danach bedürfen Anmeldungen zur Eintragung in das Handelsregister, die nur die Ersetzung von auf DM lautenden Beträgen durch einen entsprechenden Betrag in EURO zum Gegenstand haben, nicht der in § 12 HGB vorgeschriebenen Form der öffentlichen Beglaubigung. Ferner werden nach dieser Vorschrift abweichend von § 10 HGB entsprechende Eintragungen in das Handelsregister nicht bekannt gemacht.

Werden mit der Umstellung auf EURO allerdings weitere Maßnahmen verbunden, insbesondere das **Kaptal verändert,** bleiben nach dem neuen § 86 Abs. 3 Satz 3 GmbHG die hierfür geltenden Vorschriften unberührt. Auf eine **Herabsetzung des Stammkapitals,** mit der die Nennbeträge der Geschäftsanteile auf einen Betrag nach § 86 Abs. 1 Satz 4 GmbHG gestellt werden, findet jedoch § 58 Abs. 1 GmbHG keine Anwendung, wenn zugleich eine **Erhöhung des Stammkapitals** gegen Bareinlagen beschlossen und diese in voller Höhe vor der Anmeldung zum Handelsregister geleistet werden (§ 86 Abs. 3 Satz 3 GmbHG); eine Kapitalherabsetzung mit anschließender Kapitalerhöhung ist somit unter erleichterten Voraussetzungen zulässig. Einer von § 86 Abs. 3 Satz 3 GmbHG priviligierten Kapitalherabsetzung bedarf es indes nicht in jedem Falle; zur Schaffung von durch 10,– EURO teilbaren und mindestens 50,– EURO betragenden Stammeinlagen – und damit zu Vermeidung einer Registersperre nach § 86 Abs. 1 Satz 4 GmbHG – kann eine bloße **Kapitalerhöhung der Nennbeträge** der bestehenden Stammeinlagen in der Weise vorgenommen werden, daß künftig jede Stammeinlage durch 10,– EURO teilbar ist; Voraussetzung einer solchen Kapitalerhöhung durch Erhöhung des Nennbetrags der bisherigen Einlagen ist allerdings, daß diese entweder voll einbezahlt sind und keine Nachschußpflicht besteht oder die zu erhöhenden Geschäftsanteile den Gründern zustehen. In jedem Falle bedürfen solche Gesellschafterbeschlüsse über eine Umstellung durch Kapitaländerung der **qualifizierten Mehrheit** und der **notariellen Beurkundung** nach § 53 Abs. 2 GmbHG.

G. Aufhebung von Gesellschafterbeschlüssen

Jeder Gesellschafterbeschluß kann durch einen **neuen Beschluß** abgeändert oder aufgehoben werden, sofern der Beschluß noch keine rechtlichen Bindungen gegenüber Gesellschaftern oder Dritten begründet hat.[321] Keine rechtlichen Bindungen bewirken grundsätzlich satzungsändernde Beschlüsse vor Eintragung in das Handelsregister und ausführungsbedürftige Beschlüsse vor der erfolgten Ausführung. Sind Beschlüsse nicht ausführungsbedürftig, ist entscheidend, ob der Beschluß – wie etwa beim Gewinnverwendungsbeschluß[322] – selbst rechtsbegründend wirkt oder ob er – wie bei der Entlastung – zunächst noch einer Mitteilung an den Begünstigten bedarf.

159

---

[321] BGH v. 29. 5. 1967, BGHZ 48, 163, 172; *Rowedder/Koppensteiner* § 47 Anm. 7, 12.
[322] *Meyer-Landrut/Miller/Niehus* § 47 Anm. 17.

§ 4 160–163   Die Beschlußfassung der Gesellschafter

160 Hat die Gesellschaft auf der Grundlage eines Gesellschafterbeschlusses bereits Willenserklärungen gegenüber Dritten abgegeben, können die daraus resultierenden rechtsgeschäftlichen Folgen durch die Aufhebung des Beschlusses nicht mehr beseitigt werden. Doch kann durch einen neuen Beschluß und gegebenenfalls dessen Ausführung die Rechtswirkung des ersten Beschlusses für die Zukunft beseitigt werden; so kann die Gesellschafterversammlung statt der Aufhebung einer Organbestellung die Abberufung des Organs beschließen oder den Geschäftsführer durch Beschluß anweisen, ein aufgrund eines Gesellschafterbeschlusses eingegangenes Dauerschuldverhältnis zum nächstmöglichen Zeitpunkt zu kündigen.

161 Die **Aufhebung** von bereits gefaßten Beschlüssen erfordert regelmäßig nur die **einfache Mehrheit** der abgegebenen Stimmen. Dies gilt selbst dann, wenn der zunächst gefaßte Beschluß einer qualifizierten Mehrheit bedurfte.[323] Insbesondere bedarf ein Beschluß über die Aufhebung eines Satzungsänderungsbeschlusses vor der Eintragung im Handelsregister weder der ¾-Mehrheit des § 53 Abs. 2 GmbHG noch der notariellen Beurkundung. Auch die Zustimmung besonderer Gesellschafter oder Gesellschaftergruppen ist nicht erforderlich.[324] Ist die Satzungsänderung dagegen bereits in das Handelsregister eingetragen oder soll der satzungsändernde Beschluß nicht völlig aufgehoben, sondern nur abgeändert werden, so bedarf die erneute Beschlußfassung der für Satzungsänderungen vorgesehenen Mehrheiten.[325]

162 Besonderheiten gelten insoweit bei der **Vor-GmbH**. Bei dieser sind Änderungen des Gesellschaftsvertrages vor Eintragung der GmbH in das Handelsregister nur **einstimmig** möglich.[326]

H. Auslegung von Gesellschafterbeschlüssen

163 Die Auslegung von Gesellschafterbeschlüssen richtet sich nach den **allgemeinen Regeln**.[327] Es darf somit nicht nur auf den Wortlaut des Beschlusses abgestellt werden, es ist vielmehr auch das von den Gesellschaftern Gewollte zu berücksichtigen. Zulässig ist demgemäß eine berichtigende Auslegung des Beschlusses unter Heranziehung des im Wortlaut des Beschlusses nur unvollständig zum Ausdruck gebrachten Willens der Gesellschafter.[328] So muß ein von den Gesellschaftern gefaßter Beschluß zB nicht ausdrücklich auf Auflösung der Gesellschaft lauten; es genügt, daß der Wille eindeutig erkennbar wird, die Auflösungsfolge herbeizuführen.[329] Soweit allerdings die Satzung und satzungsändernde Beschlüsse betroffen sind, ist wegen der darin liegenden körperschaftlichen Regelung eine objektivierte und damit primär am Wortlaut orientierte

---

[323] *Scholz/Schmidt* § 45 Anm. 33; *Baumbach/Hueck/Zöllner* § 47 Anm. 22; *Rowedder/Koppensteiner* § 47 Anm. 12.
[324] Vgl. *Rowedder/Koppensteiner* § 53 Anm. 56; *Scholz/Schmidt* § 45 Anm. 33.
[325] Vgl. *Baumbach/Hueck/Zöllner* § 47 Anm. 22; *Rowedder/Koppensteiner* § 53 Anm. 57 f.
[326] Vgl. *Rowedder/Koppensteiner* § 11 Anm. 60 mwN.
[327] Vgl. OLG Köln v. 9. 6. 1981, BB 1982, 579.
[328] *Scholz/Schmidt* § 45 Anm. 24; *Meyer-Landrut/Miller/Niehus* § 47 Anm. 2.
[329] BayOLG v. 2. 11. 1994, WM 1995, 714.

Auslegung vorzunehmen (Grundsatz der **objektiven Satzungsauslegung**).[330] Eine **Umdeutung** nichtiger Beschlüsse nach § 140 BGB in wirksame Beschlüsse ist nicht möglich; dem steht das Erfordernis der Rechtssicherheit und -klarheit entgegen. Im Einzelfall kann durch eine Feststellungsklage nach § 256 ZPO der Inhalt des Beschlusses verbindlich klargestellt werden.

J. Fehlerhafte Gesellschafterbeschlüsse

I. Allgemeines

Das GmbH-Gesetz selbst enthält keine speziellen Regeln über Beschlußmängel und deren Folgen. Es ist jedoch anerkannt, daß die allgemeinen Bestimmungen des BGB in diesem Bereich nicht zur Anwendung kommen können. Vielmehr finden auf fehlerhafte Gesellschafterbeschlüsse die **aktienrechtlichen Vorschriften** der §§ 241 ff. AktG über die Anfechtbarkeit und Nichtigkeit sinngemäß, unter Berücksichtigung der Besonderheiten der GmbH, entsprechende Anwendung.[331] **164**

II. Scheinbeschlüsse (Nichtbeschlüsse)

Scheinbeschlüsse – bzw. Nichtbeschlüsse – liegen vor, wenn zu Unrecht die Fassung eines bestimmten Beschlusses von der Gesellschaft oder von Mitgesellschaftern behauptet wird[332] oder in Fällen, in denen wegen ausschließlicher oder überwiegender Beteiligung von Nicht-Gesellschaftern, evtl. auch wegen Einberufung durch einen „völlig Unbefugten",[333] nur der **Anschein eines Gesellschafterbeschlusses** gegeben ist.[334] **165**

Ein Scheinbeschluß zeitigt **keine Rechtswirkungen**. Auf seine Nicht-Existenz kann sich jedermann berufen. Ist das Vorliegen eines Scheinbeschlusses streitig, so kann diese Frage im Wege einer Feststellungsklage geklärt werden.[335] Eine Nichtigkeitsklage soll dagegen nicht möglich sein.[336] Erfolgt die Eintragung eines Scheinbeschlusses in das Handelsregister, entfaltet dieser gleichwohl keine Wirkungen; es hat sodann Amtslöschung nach § 142 FGG zu erfolgen.[337] **166**

---

[330] Vgl. BGH v. 17. 2. 1997, NJW 1997, 1510, 1511.
[331] BGH v. 16. 12. 1953, BGHZ 11, 231, 235; BGH v. 14. 12. 1961, BGHZ 36, 207, 210 f.; BGH v. 9. 12. 1968, BGHZ 51, 209, 210; OLG Düsseldorf v. 11. 3. 1982, WM 1982, 649, 651; OLG Hamburg v. 17. 12. 1982, WM 1983, 130, 132; *Baumbach/ Hueck/Zöllner* Anh. § 47 Anm. 1 ff.; *Lutter/Hommelhoff* Anh. § 47 Anm. 1.
[332] Vgl. *Scholz/Schmidt* § 45 Anm. 50.
[333] Vgl. BGH v. 16. 12. 1953, BGHZ 11, 231, 236.
[334] *Rowedder/Koppensteiner* § 47 Anm. 73.
[335] BGH v. 9. 12. 1968, BGHZ 51, 209.
[336] BGH v. 9. 12. 1968, BGHZ 51, 209; aA *Scholz/Schmidt* § 45 Anm. 51 mwN.
[337] Vgl. BayOLG v. 19. 2. 1955, BayOLGZ 1955, 340; KG v. 9. 7. 1925, OLGE 44, 231, 232.

III. Unwirksame Beschlüsse

167 Unwirksam ist ein Beschluß, der als solcher gefaßt worden ist, bei dem jedoch noch ein **zusätzliches Wirksamkeitserfordernis** fehlt.[338] Unwirksame Beschlüsse können durch Nachholung des fehlenden Erfordernisses zu vollwirksamen Beschlüssen erstarken; solange dies noch möglich ist, sind sie **schwebend unwirksam**. Ist das fehlende Erfordernis dagegen nicht mehr nachholbar, so tritt endgültige Unwirksamkeit und damit Nichtigkeit ein.[339]

168 Solche Fälle schwebender Unwirksamkeit liegen etwa vor bei Fehlen der wegen eines Eingriffs in Sonderrechte oder relativ unentziehbare Mitgliedschaftsrechte erforderlichen Zustimmung der betroffenen Gesellschafter,[340] bei ausstehender Genehmigung der Stimmabgabe eines vollmachtlosen Vertreters durch den Gesellschafter oder bei satzungswidrig nicht protokollierten Beschlüssen.[341]

169 Während der Phase der zunächst schwebenden Unwirksamkeit können die Beteiligten gehalten sein, auf die Herbeiführung des Wirksamkeitserfordernisses hinzuwirken. Bereits vor Eintritt der endgültigen Unwirksamkeit kann jedermann diese einredeweise geltend machen. Die gerichtliche Geltendmachung erfolgt während der Schwebephase durch Feststellungsklage gem. § 256 ZPO und nicht durch die Nichtigkeitsklage des § 249 AktG analog.[342] Erst nach Eintritt der endgültigen Unwirksamkeit ist die letztere Klageart zulässig.[343] Schwebend unwirksame Beschlüsse sind zwar nicht in das Handelsregister einzutragen, ihre trotzdem erfolgte Eintragung berechtigt jedoch nicht zur Amtslöschung.[344] Erst bei endgültiger Unwirksamkeit kann Löschung gemäß § 144 Abs. 2 FGG erfolgen.[345]

IV. Nichtige Beschlüsse

170 Die **Nichtigkeitstatbestände des § 241 AktG** gelten im GmbH-Recht analog.[346] Aus Gründen der Rechtssicherheit und -klarheit können die dort genannten Nichtigkeitsgründe statutarisch **weder erweitert noch einge-**

---

[338] Vgl. RG v. 21. 6. 1935, RGZ 148, 175, 186; BGH v. 10. 11. 1954, BGHZ 15, 177, 181; BGH v. 13. 7. 1967, BGHZ 48, 141, 143.

[339] Vgl. *Scholz/Schmidt* § 45 Anm. 53; *Rowedder/Koppensteiner* § 47 Anm. 72; *Baumbach/Hueck/Zöllner* Anh. § 47 Anm. 10.

[340] Vgl. BGH v. 20. 11. 1961, WM 1962, 201; BGH v. 9. 2. 1966, WM 1966, 446, 447; *Scholz/Schmidt* § 45 Anm. 54 mwN.

[341] Vgl. OLG Stuttgart v. 11. 5. 1983, BB 1983, 1050; weitere Fälle der schwebenden Unwirksamkeit bei *Scholz/Schmidt* § 45 Anm. 54 ff.

[342] Vgl. BGH v. 10. 11. 1954, BGHZ 15, 177, 181; *Rowedder/Koppensteiner* § 47 Anm. 72; *Baumbach/Hueck/Zöllner* Anh. § 47 Anm. 10.

[343] *Scholz/Schmidt* § 45 Anm. 59; *Rowedder/Koppensteiner* § 47 Anm. 72.

[344] Vgl. *Baumbach/Hueck/Zöllner* Anh. § 47 Anm. 27.

[345] Vgl. *Scholz/Schmidt* § 45 Anm. 60.

[346] BGH v. 16. 12. 1953, BGHZ 11, 231, 235; BGH v. 8. 12. 1954, BGHZ 15, 382, 384 f.; BGH v. 7. 2. 1983, BGHZ 87, 1, 2; BGH v. 14. 11. 1983, BGHZ 89, 48, 50; OLG München v. 27. 10. 1982, WM 1984, 260, 263.

schränkt werden;[347] in allen anderen Fällen sind fehlerhafte Beschlüsse allenfalls anfechtbar.[348] Bei den gesetzlich angeordneten Fällen tritt Nichtigkeit selbst dann ein, wenn der Beschluß auch ohne den die Nichtigkeit begründenden Umstand zustande gekommen wäre; die **Kausalität** des Rechtsverstoßes für den Beschluß ist **irrelevant**.[349]

1. Einberufungsmängel

Entsprechend § 241 Nr. 1 AktG ist ein Gesellschafterbeschluß nichtig, wenn er in einer Versammlung gefaßt worden ist, die nicht ordnungsgemäß einberufen worden war. Die Einberufungsbefugnis ergibt sich aus den §§ 49 Abs. 1, 50 Abs. 1, 3 GmbHG sowie den einschlägigen gesellschaftsvertraglichen Regelungen.[350] Nichtig ist ein Gesellschafterbeschluß, wenn nicht sämtliche Gesellschafter zur Versammlung oder zur Teilnahme an einer schriftlichen Abstimmung ordnungsgemäß eingeladen worden sind;[351] wird ein Nichtteilnahmeberechtigter zusätzlich geladen, so bewirkt dies allenfalls die Anfechtbarkeit eines sodann ergangenen Beschlusses.[352] Fehlen dagegen Angaben in der Einladung über den Zweck, den Ort oder den Zeitpunkt der Versammlung, so sind gleichwohl gefaßte Beschlüsse nichtig.[353] Die Verletzung der Ladungs- oder Ankündigungsfristen bewirkt dagegen nur die Anfechtbarkeit der gefaßten Beschlüsse.[354]

171

Über die vorstehenden Fälle hinaus gibt es keine weiteren nichtigkeitsbegründenden Einberufungsmängel.[355] Selbst die vorgenannten Einberufungsmängel führen nicht zur Nichtigkeit, wenn ein oder mehrere von dem Einberufungsmangel selbst betroffene Gesellschafter vor der Beschlußfassung auf eine (ordnungsgemäße) Einladung verzichtet haben oder wenn sämtliche Gesellschafter sodann in der Versammlung anwesend und mit der Abstimmung einverstanden sind.[356] Strittig ist, ob der zunächst vorhandene Nichtigkeitsgrund dadurch

172

---

[347] Vgl. BGH v. 17. 10. 1988, WM 1989, 63, 65; BGH v. 17. 2. 1997, NJW 1997, 1510, 1511; OLG München v. 27. 10. 1982, WM 1984, 260, 263; *Rowedder/Koppensteiner* § 47 Anm. 77; *Scholz/Schmidt* § 45 Anm. 62 f.; wohl für Möglichkeit der Erweiterung *Baumbach/Hueck/Zöllner* Anh. § 47 Anm. 17.

[348] BGH v. 17. 10. 1988, WM 1989, 63, 65; RG v. 20. 1. 1941, RGZ 166, 129, 132; *Meyer-Landrut/Miller/Niehus* § 47 Anm. 68.

[349] RG v. 23. 4. 1918, RGZ 92, 409, 411 f.; BGH v. 16. 12. 1953, BGHZ 11, 231, 239.

[350] Zur Einberufungszuständigkeit vgl. ausführlich oben Rz. 2–10.

[351] BGH v. 14. 12. 1961, BGHZ 36, 207, 211; BGH v. 17. 10. 1983, WM 1983, 1354, 1355; BGH v. 20. 2. 1984, WM 1984, 473; BGH v. 17. 10. 1988, WM 1989, 63, 65; OLG Hamm v. 10. 12. 1992, GmbHR 1993, 743, 746.

[352] Vgl. *Lutter/Hommelhoff* Anh. § 47 Anm. 11.

[353] KG v. 13. 5. 1965, NJW 1965, 2157, 2159; *Meyer-Landrut/Miller/Niehus* § 47 Anm. 69; aA für fehlende Angabe der Beschlußgegenstände *Lutter/Hommelhoff* Anh. § 47 Anm. 12.

[354] BGH v. 20. 2. 1961, WM 1961, 799; BGH v. 30. 3. 1987, BB 1987, 1551.

[355] BGH v. 20. 2. 1961, WM 1961, 799; BGH v. 17. 10. 1988, WM 1989, 63, 65; *Rowedder/Koppensteiner* § 47 Anm. 80.

[356] BGH v. 26. 10. 1955, BGHZ 18, 334, 339; BGH v. 14. 12. 1961, BGHZ 36, 207, 211; LG Köln v. 18. 12. 1991, GmbHR 1993, 109; *Rowedder/Koppensteiner* § 47 Anm. 81.

beseitigt wird, daß der nicht ordnungsgemäß geladene Gesellschafter unverzüglich nach Beschlußfassung dem Gesellschafterbeschluß zustimmt.[357] Dafür spricht, daß die auch im GmbH-Recht entsprechend anwendbare, neue Vorschrift des § 242 Abs. 2 Satz 4 AktG nunmehr bestimmt, daß die Nichtigkeit wegen eines Einberufungsmangels dann nicht mehr geltend gemacht werden kann, wenn der nicht geladene Gesellschafter den Beschluß genehmigt.

2. Beurkundungsmängel

173 Entsprechend § 241 Nr. 2 AktG macht ein Verstoß gegen das gesetzliche Erfordernis notarieller Beurkundung einen Beschluß nichtig.[358] Anders als im Aktienrecht, wo § 130 Abs. 1 AktG generell die Beurkundung vorschreibt, sind im GmbH-Recht nur satzungsändernde Verschmelzungs- und Umwandlungsbeschlüsse sowie Beschlüsse über den Abschluß von Unternehmensverträgen beurkundungspflichtig (§ 53 Abs. 2 GmbHG; § 20 Abs. 3 KapErhG; § 24 Abs. 1 UmwG). Die Beurkundung muß nicht notwendigerweise durch einen deutschen Notar vorgenommen werden; es reicht Beurkundung durch einen ausländischen Notar aus, wenn sie der deutschen Beurkundung gleichwertig ist.[359]

174 Im Unterschied zu den gesetzlichen Beurkundungspflichten bewirkt eine Verletzung statutarischer Beurkundungsvorschriften keine Beschlußnichtigkeit; der Beschluß ist allenfalls anfechtbar.[360]

3. Unvereinbarkeit mit dem Wesen der GmbH und Inhaltsverstöße

175 Gem. § 241 Nr. 3 AktG sind Beschlüsse, die mit dem Wesen der Gesellschaft nicht zu vereinbaren sind oder durch ihren Inhalt Vorschriften verletzen, die ausschließlich oder überwiegend zum Schutze der Gläubiger der Gesellschaft oder sonst im öffentlichen Interesse gegeben sind, nichtig. Die Vorschrift setzt voraus, daß der Beschluß in seinem materiellen Regelungsgehalt rechtsverletzend wirkt; ein Verstoß gegen – auch zwingende – Verfahrensvorschriften führt dagegen nicht automatisch zur Nichtigkeit.[361]

176 Mit dem Wesen der GmbH unvereinbar sind alle Beschlüsse, die in ihre grundlegenden Strukturmerkmale eingreifen oder zu inhaltlichen Änderungen von Normen führen, die grundsätzliche Bedeutung für die GmbH haben und zu ihrem unverbrüchlichen Normenbestand gehören.[362]

---

[357] Für Beseitigung der Nichtigkeitsfolgen OLG Frankfurt v. 26. 8. 1983, BB 1983, 2139, 2144; *Scholz/Schmidt* § 51 Anm. 38; *Lutter/Hommelhoff* Anh. § 47 Anm. 13; aA OLG München v. 19. 1. 1978, BB 1978, 471, 472; *Baumbach/Hueck/Zöllner* Anh. § 47 Anm. 20.

[358] RG v. 22. 3. 1939, DR 1939, 720, 721; *Meyer-Landrut/Miller/Niehus* § 47 Anm. 70; *Scholz/Schmidt* § 45 Anm. 66 mwN.

[359] BGH v. 16. 2. 1981, BGHZ 80, 76, 78.

[360] Vgl. OLG Stuttgart v. 11. 5. 1983, BB 1983, 1050; *Rowedder/Koppensteiner* § 47 Anm. 82; *Baumbach/Hueck/Zöllner* Anh. § 47 Anm. 22.

[361] Vgl. *Lutter/Hommelhoff* Anh. § 47 Anm. 15.

[362] *Baumbach/Hueck/Zöllner* Anh. § 47 Anm. 23; ähnlich *Meyer-Landrut/Miller/Niehus* § 47 Anm. 71, die diesem Tatbestandsmerkmal nur Auffangfunktion zubilligen; weitergehend *Lutter/Hommelhoff* Anh. § 47 Anm. 16.

J. Fehlerhafte Gesellschafterbeschlüsse

Ein Vorstoß gegen gläubigerschützende Vorschriften liegt insbesondere **177** dann vor, wenn gegen zwingende gesetzliche Vorschriften über die Kapitalaufbringung und -erhaltung verstoßen wird. Wird etwa durch die entgeltliche Einziehung eines Anteils das zur Erhaltung des Stammkapitals der Gesellschaft erforderliche Vermögen angegriffen, so ist ein dahingehender Beschluß nichtig.[363] Dieselbe Rechtsfolge gilt etwa für einen Entlastungsbeschluß, mit dem ein Verstoß gegen § 30 GmbHG gebilligt wird,[364] und einen Kapitalerhöhungsbeschluß, der die Übernahme einer Stammeinlage durch die GmbH selbst vorsieht.[365]

4. Sittenverstoß

Ein Gesellschafterbeschluß ist entsprechend § 241 Nr. 4 AktG nichtig, **178** wenn er durch seinen Inhalt unmittelbar gegen die guten Sitten verstößt. Kommt dagegen ein inhaltlich wertfreier Beschluß etwa durch Arglist, Täuschung oder Mißbrauch von Stimmacht zustande, können solche Rechtsverstöße nur durch Anfechtung geltend gemacht werden. Wegen inhaltlicher Sittenwidrigkeit nichtig sind aber Beschlüsse, die auf sittenwidrigem Machtmißbrauch beruhen und außerdem in unverzichtbare Rechte einzelner Gesellschafter eingreifen.[366] Ein Beschluß ist aber nicht schon dann entsprechend § 241 Nr. 4 AktG nichtig, wenn dem Abstimmungsverhalten der Mehrheitsgesellschafter sittenwidrige Motive zugrunde liegen.[367]

5. Nichtigkeitserklärung

In entsprechender Anwendung des § 241 Nr. 5 AktG sind Gesellschafter- **179** beschlüsse nichtig, die auf Anfechtungsklage[368] hin von einem Gericht rechtskräftig für nichtig erklärt worden sind.

Entsprechend § 241 Nr. 6 AktG sind ferner Beschlüsse nichtig, die gem. **180** § 144 Abs. 2 FGG aufgrund rechtskräftiger Entscheidung von Amts wegen im Handelsregister als nichtig gelöscht worden sind.

6. Weitere Nichtigkeitsgründe

In § 241 Satz 1 AktG werden weitere aktienrechtliche Vorschriften ge- **181** nannt, deren Verletzung zur Nichtigkeit eines Hauptversammlungsbeschlusses führt. Diese Bestimmungen sind auf die AG zugeschnitten; sie sind im Recht der GmbH nicht entsprechend anwendbar.[369]

---

[363] RG v. 24. 11. 1933, RGZ 142, 286, 290 f.
[364] BGH v. 20. 3. 1986, WM 1986, 785.
[365] BGH v. 9. 12. 1954, BGHZ 15, 391, 392 ff.; dazu auch *Rowedder/Koppensteiner* § 47 Anm. 84.
[366] BGH v. 1. 6. 1987, NJW 1987, 2514.
[367] OLG München v. 8. 6. 1994, GmbHR 1995, 232.
[368] Dazu unten Rz. 198 f.
[369] Vgl. *Rowedder/Koppensteiner* § 47 Anm. 88; *Meyer-Landrut/Miller/Niehus* § 47 Anm. 75.

182 Das AktG und das KapErhG enthalten weitere Nichtigkeitsbestimmungen für spezielle Beschlußgegenstände: §§ 250,[370] 253,[371] 256[372] AktG, §§ 9, 14 Abs. 2 KapErhG. In entsprechender Anwendung führen diese Tatbestände auch bei der GmbH grds. zur Nichtigkeit der entsprechenden Beschlüsse.

7. Teilnichtigkeit

183 Die Nichtigkeit eines aus mehreren Einzelgegenständen bestehenden, aber von den Gesellschaftern einheitlich gefaßten Beschlusses läßt sich gem. § 139 BGB auf die mangelbehafteten einzelnen Entscheidungsgegenstände nur beschränken, wenn die nicht mangelbehafteten Entscheidungsgegenstände auch dann Beschlußinhalt geworden wären, wenn die Gesellschafter von der Nichtigkeit der übrigen Beschlußgegenstände Kenntnis gehabt hätten.[373] Regelmäßig ist dies jedoch nicht der Fall, so daß demgemäß der Beschluß insgesamt nichtig ist.[374]

8. Bedeutung und Rechtsfolgen der Nichtigkeit

184 Jedermann kann sich auf die Nichtigkeit eines Gesellschafterbeschlusses berufen bzw. muß sich unabhängig von seinem Vertrauen in die Wirksamkeit des Beschlusses die Nichtigkeit entgegenhalten lassen;[375] dies gilt auch für denjenigen, der dem Beschluß zugestimmt hat.[376] Allerdings läßt ein nichtiger Beschluß die darauf basierende Außenhandlung eines Geschäftsführers gegenüber einem Dritten unberührt.

185 Die Nichtigkeit eines Gesellschafterbeschlusses kann sowohl als **Einrede** als auch im Wege einer **Klage** – Feststellungs- oder Nichtigkeitsklage[377] – geltend gemacht werden.

186 Weder Geschäftsführer noch Gesellschafter einer GmbH dürfen nichtige Beschlüsse ausführen. Auch der Registerrichter darf nichtige Beschlüsse nicht

---

[370] Vgl. *Meyer-Landrut/Miller/Niehus* § 47 Anm. 75; *Baumbach/Hueck/Zöllner* Anh. § 47 Anm. 28; *Scholz/Schmidt* § 45 Anm. 78.

[371] Vgl. FG Nürnberg v. 28. 10. 1986, BB 1987, 520, 521; *Baumbach/Hueck/Zöllner* Anh. § 47 Anm. 29 bezeichnet dies als die einzige Bedeutung des § 253 AktG; *Scholz/Schmidt* § 46 Anm. 43.

[372] Vgl. RG v. 9. 1. 1931, RGZ 131, 141, 143; BGH v. 1. 3. 1982, BGHZ 83, 341; FG Nürnberg v. 28. 10. 1986, BB 1987, 520, 521; *Scholz/Schmidt* § 46 Anm. 38; *Lutter/Hommelhoff* Anh. § 47 Anm. 24; *Rowedder/Koppensteiner* § 47 Anm. 89; dazu auch LG Mainz v. 16. 10. 1990, AG 1991, 39 ff. (zur AG).

[373] Vgl. RG v. 18. 10. 1927, RGZ 118, 221; RG v. 24. 3. 1933, RGZ 140, 174, 177; BGH v. 16. 12. 1953, BGHZ 11, 232, 246.

[374] *Baumbach/Hueck/Zöllner* Anh. § 47 Anm. 39; *Lutter/Hommelhoff* Anh. § 47 Anm. 26.

[375] Vgl. *Baumbach/Hueck/Zöllner* Anh. § 47 Anm. 34; *Rowedder/Koppensteiner* § 47 Anm. 92.

[376] Vgl. BGH v. 16. 12. 1953, BGHZ 11, 231, 239; OLG Nürnberg v. 23. 8. 1988, GmbHR 1990, 166, 168, das diesen Grundsatz allerdings unter den Vorbehalt von Treu und Glauben stellt.

[377] Dazu unten Rz. 198.

in das Handelsregister eintragen; ihm obliegt insoweit eine selbständige Prüfungspflicht.[378]

9. Heilung der Nichtigkeit

Beurkundungsmängel können analog § 242 Abs. 1 AktG nicht mehr geltend gemacht werden, wenn die Eintragung des Gesellschafterbeschlusses im Handelsregister erfolgt ist; auch eine Amtslöschung nach § 144 Abs. 2 FGG wird durch diese Heilungsmöglichkeit gehindert.[379] Der dem § 242 Abs. 1 AktG zugrunde liegende Gedanke, daß im Interesse der Rechtssicherheit die nach registergerichtlicher Prüfung vorgenommene Eintragung in das Handelsregister dem Verstoß gegen das Beurkundungsgebot die Unwirksamkeitsfolge nehmen soll, trifft in gleicher Weise auf formnichtige Beschlüsse der Gesellschafterversammlung der GmbH zu.[380] Andere zur Nichtigkeit eines Gesellschafterbeschlusses führende Mängel werden analog § 242 Abs. 2 AktG nach Ablauf von 3 Jahren seit Eintragung im Handelsregister geheilt.[381] Nur durch die Erhebung einer Nichtigkeitsklage innerhalb der 3-Jahres-Frist wird der Eintritt der Heilung verhindert; die einredeweise Erhebung der Nichtigkeit oder eine Feststellungsklage gemäß § 256 ZPO genügen demgegenüber nicht.[382]

V. Anfechtbare Beschlüsse

1. Anfechtbarkeit im allgemeinen

Fehlerhafte Gesellschafterbeschlüsse, die nicht an zur Nichtigkeit führenden Mängeln leiden, können anfechtbar sein. In Analogie zu § 243 Abs. 1 AktG ist Anfechtbarkeit bei jeder **Verletzung des Gesetzes oder der Satzung** gegeben, die nicht zur Nichtigkeit führt. Bloß anfechtbare Gesellschafterbeschlüsse sind zunächst trotz ihres Mangels **rechtswirksam**. Erst nach erfolgreicher Anfechtung tritt ihre Nichtigkeit ein; unterbleibt diese, so werden sie mit Ablauf der Anfechtungsfrist unangreifbar wirksam. Die Nichtigkeit von anfechtbaren Gesellschafterbeschlüssen läßt sich nach herrschender Meinung ausschließlich durch eine **Anfechtungsklage** herbeiführen; die Anfechtbarkeit eines Gesellschafterbeschlusses kann nicht im Wege der Einrede geltend gemacht werden.[383]

---

[378] Vgl. OLG Köln v. 9. 6. 1981, GmbHR 1982, 211; OLG Hamburg v. 9. 3. 1984, DB 1984, 1616.
[379] *Rowedder/Koppensteiner* § 47 Anm. 93; *Meyer-Landrut/Miller/Niehus* § 47 Anm. 77.
[380] BGH v. 6. 11. 1995, BB 1996, 129 f.
[381] Vgl. BGH v. 23. 3. 1981, BGHZ 80, 212; BGH v. 20. 2. 1984, WM 1984, 473; für die Geltendmachung innerhalb einer „angemessenen Frist" noch BGH v. 19. 1. 1978, WM 1978, 551, 552.
[382] BGH v. 6. 10. 1960, BGHZ 33, 175, 176; BGH v. 23. 3. 1981, BGHZ 80, 212, 216 f.; BGH v. 20. 2. 1984, WM 1984, 473.
[383] BGH v. 13. 11. 1955, BB 1996, 11; *Rowedder/Koppensteiner* § 47 Anm. 96; *Lutter/Hommelhoff* Anh. § 47 Anm. 39; *Meyer-Landrut/Miller/Niehus* § 47 Anm. 81; differenzierend *Scholz/Schmidt* § 45 Anm. 124; aA *Zöllner/Noack* ZGR 1989, S. 525 ff.

189 Das den Gesellschaftern zustehende Anfechtungsrecht kann statutarisch **nicht eingeschränkt** werden. Es handelt sich um ein unentziehbares Gesellschafterrecht.[384] Eine Erweiterung der Anfechtungsbefugnis zu Gunsten der Geschäftsführer, anderer Organe oder von Mitgliedern anderer Organe ist zulässig; außenstehenden Dritten kann ein solches Anfechtungsrecht nicht eingeräumt werden.[385]

2. Anfechtungsgründe

190 Jede Verletzung des Gesetzes oder der Satzung macht entsprechend § 243 Abs. 1 AktG einen Beschluß anfechtbar. Gesetz isd. § 243 Abs. 1 AktG ist jede verfahrens- oder materiellrechtliche Vorschrift,[386] hierzu gehören auch die bürgerlich-rechtlichen Generalklauseln der Sittenwidrigkeit und von Treu und Glauben gem. §§ 138, 242, 826 BGB. Gegen bloß schuldrechtliche Bindungen der Gesellschaft oder der Gesellschafter untereinander verstoßende Beschlüsse sind nicht anfechtbar.

191 Ein **Verfahrensfehler,** der nicht bereits zur Nichtigkeit führt, berechtigt nur dann zur Anfechtung, wenn er **für das Beschlußergebnis relevant** ist.[387] Solche relevanten Verfahrensverstöße[388] können bestehen bei Ladungsmängeln, bei Einberufungen von Gesellschafterversammlungen zur Unzeit oder an einen nicht zulässigen Ort, beim Ausschluß von Teilnahmeberechtigten, beim Ausschluß oder dem ungerechtfertigten Abbruch einer Aussprache unter den Gesellschaftern, bei der Abstimmung über nicht ausreichend angekündigte Beschlußgegenstände, bei der unzulässigen Einflußnahme auf die Abstimmung, bei Stimmenkauf oder der Einberechnung von unter ein Stimmverbot fallenden Stimmen, beim unberechtigten Ausschluß von der Abstimmung oder dem Nichtzählen berechtigter Stimmen, bei der unzutreffenden Feststellung des Abstimmungsergebnisses,[389] bei einer Beschlußfassung im schriftlichen Verfahren trotz des fehlenden Einverständnisses aller Gesellschafter mit diesem Verfahren, bei der unberechtigten Verweigerung von Auskünften und Informationen.[390]

192 Als die Anfechtbarkeit begründende **Inhaltsmängel** kommen alle Verstöße gegen zwingendes Recht in Betracht. Verstöße gegen die den Gesellschaftern gegenüber der Gesellschaft oder gegenüber den Mitgesellschaftern obliegenden **Treuepflichten** machen Beschlüsse anfechtbar;[391] dies gilt auch für einen

---

[384] Vgl. *Rowedder/Koppensteiner* § 47 Anm. 97; *Baumbach/Hueck/Zöllner* Anh. § 47 Anm. 17.
[385] Vgl. *Rowedder/Koppensteiner* § 47 Anm. 97.
[386] Vgl. *Meyer-Landrut/Miller/Niehus* § 47 Anm. 80; *Rowedder/Koppensteiner* § 47 Anm. 96.
[387] Zur Frage der Relevanz vgl. unten Rz. 193.
[388] *Lutter/Hommelhoff* Anh. § 47 Anm. 46; *Rowedder/Koppensteiner* § 47 Anm. 99; *Scholz/Schmidt* § 45 Anm. 94 ff. mit weiteren Fallgruppen.
[389] LG Köln v. 18. 12. 1991, GmbHR 1993, 109.
[390] Eine selbständige Anfechtbarkeit eines informationsverweigernden Beschlusses gemäß § 51 a Abs. 2 GmbHG kommt allerdings nur dann in Betracht, wenn der Gesellschafter ein über seinen Wunsch nach Erhalt der verweigerten Information hinausgehendes Interesse darzulegen vermag; vgl. BGH v. 7. 12. 1987, WM 1988, 121, 123.
[391] BGH v. 26. 10. 1983, BGHZ 88, 320, 328; *Lutter/Hommelhoff* Anh. 47 Anm. 52.

J. Fehlerhafte Gesellschafterbeschlüsse

Verstoß gegen den Grundsatz der gleichmäßigen Behandlung der Gesellschafter (§ 53 a AktG analog).[392] Strittig ist, ob Gesellschafter, die sich außerhalb der Satzung durch eine sog. **schuldrechtliche Nebenabrede** gebunden haben, im Wege der Anfechtungsklage diese Abreden durchsetzen können. Es geht also um die Frage, ob ein von der Gesellschafterversammlung ordnungsgemäß gefaßter Beschluß deswegen angefochten werden kann, weil er mit dem Inhalt der Nebenabrede nicht übereinstimmt oder umgekehrt, ob ein fehlerhaft gefaßter Beschluß deswegen nicht angefochten werden kann, weil er der schuldrechtlichen Abrede entspricht. In zwei Entscheidungen hat der BGH einen Vorrang der Nebenabrede und damit die Zulässigkeit einer Anfechtungsklage bejaht; in dem einen Fall betraf die Nebenabrede die Festlegung des Unternehmensgegenstandes der Gesellschaft,[393] in dem anderen Fall war über die nebenvertraglich verabredete Beschränkung der Abberufbarkeit eines Geschäftsführers zu befinden.[394]

3. Ausschluß der Anfechtbarkeit

Die Anfechtbarkeit setzt voraus, daß der Beschluß auf dem Mangel beruht, dh. daß der Anfechtungsgrund für das **Beschlußergebnis kausal** war.[395] Allerdings muß die Kausalität des Mangels nicht positiv dargelegt werden, es reicht die Möglichkeit, daß der Beschluß auf dem Mangel beruht;[396] die beklagte Gesellschaft kann die Anfechtbarkeit abwenden, wenn sie beweist, daß der Beschluß auch ohne den betreffenden Mangel nicht anders gefaßt worden wäre. Dazu muß sie darlegen, daß eine Ursächlichkeit zwischen Beschlußmangel und Ergebnis nicht nur unwahrscheinlich ist, sondern bei vernünftiger Beurteilung unter keinen Umständen in Betracht kommen kann,[397] mithin der Beschlußmangel für die Beschlußfassung nicht relevant war. Inhaltliche Verstöße gegen Gesetz oder Satzung sind stets relevant und begründen deshalb automatisch die Anfechtbarkeit. Bei Verfahrensverstößen ist dagegen darzutun, daß der Mangel für das Beschlußergebnis relevant war.[398]

Anfechtungsmängel, die der Disposition einzelner Gesellschafter unterliegen – zB die fehlerhafte Ladung eines Gesellschafters –, können durch deren Zustimmung nachträglich geheilt werden.[399] Der Beschluß ist dann nicht

---

[392] Vgl. RG v. 16. 9. 1927, RGZ 118, 67; BGH v. 6. 10. 1960, BGHZ 33, 175, 186; *Schmidt/Scholz* § 45 Anm. 105 f.
[393] BGH v. 20. 1. 1983, BB 1983, 996.
[394] BGH v. 27. 10. 1986, BB 1987, 218.
[395] Vgl. BGH v. 14. 7. 1954, BGHZ 14, 264, 267 f.; BGH v. 23. 11. 1961, BGHZ 36, 121, 139; BGH v. 19. 3. 1987, DB 1987, 1829; BGH v. 22. 1. 1990, GmbHR 1990, 162, 163; BGH v. 17. 11. 1997, NZG 1998, 152, 153.
[396] Vgl. RG v. 11. 5. 1917, RGZ 90, 206, 208; RG v. 13. 2. 1925, RGZ 110, 194, 198.
[397] BGH v. 8. 5. 1972, GmbHR 1972, 177, 178; BGH v. 30. 3. 1987, NJW 1987, 2580; BGH v. 17. 11. 1997, NZG 1998, 152, 153.
[398] Zu dieser Problematik *Scholz/Schmidt* § 45 Anm. 100 ff.; *Rowedder/Koppensteiner* § 47 Anm. 107 f.; *Baumbach/Hueck/Zöllner* Anh. § 47 Anm. 67 f.; *Lutter/Hommelhoff* Anh. § 47 Anm. 47 f.
[399] Vgl. *Rowedder/Koppensteiner* § 47 Anm. 109; *Lutter/Hommelhoff* Anh. § 47 Anm. 53.

mehr – auch nicht von Dritten – anfechtbar. Anders ist dies hingegen, wenn nur einer von mehreren Anfechtungsbetroffenen den Beschluß billigt; denn die Billigung wirkt sich dann nicht auf die Anfechtbarkeit des Beschlusses, sondern nur auf die Anfechtungsbefugnis des den Beschluß Billigenden selbst aus.[400] Die Billigung des Beschlusses kann ausdrücklich oder stillschweigend, und zwar vor, während oder nach der Beschlußfassung erfolgen.

195 Entsprechend § 244 AktG kann die Anfechtung nicht mehr geltend gemacht werden, wenn der anfechtbare Beschluß durch einen neuen Beschluß **bestätigt** worden ist und dieser Beschluß nicht rechtzeitig angefochten oder die Anfechtung rechtskräftig zurückgewiesen worden ist.

196 Einer Anfechtung kann grds. der Einwand **rechtsmißbräuchlichen Verhaltens** entgegenstehen.[401] Da ein jeder Gesellschafter seine Interessen eigennützig verfolgen darf, wird aus diesem Grunde sein Anfechtungsrecht jedoch nur in Ausnahmefällen entfallen.[402]

VI. Rechtsbehelfe bei fehlerhaften Beschlüssen

1. Klagearten

197 Einem durch einen fehlerhaften Beschluß Betroffenen stehen verschiedene Klagearten zur Verfügung, je nachdem mit welchem Fehler der Beschluß behaftet ist und welche Ziele der Betroffene verfolgt. Dies bedeutet für nichtige und anfechtbare Beschlüsse:[403]

198 Entsprechend § 249 AktG ist bei nichtigen Gesellschafterbeschlüssen die Erhebung einer gesellschaftsrechtlichen **Nichtigkeitsklage** möglich. Eine solche richtet sich auf Feststellung der Nichtigkeit des Beschlusses. Die Möglichkeit einer Nichtigkeitsklage schließt die Zulässigkeit einer allgemeinen Feststellungsklage gem. § 256 ZPO aus; dies gilt auch im Falle einer Zwei-Mann-GmbH.[404] Mit der gesellschaftsrechtlichen **Anfechtungsklage** analog § 243 AktG können auch im GmbH-Recht anfechtbare Beschlüsse vernichtet werden.[405] Die Klage wirkt gestaltend mit aufhebendem Effekt.[406]

199 Nichtigkeits- und Anfechtungsklagen verfolgen dasselbe materielle Ziel, nämlich die richterliche Klärung der Nichtigkeit des Gesellschafterbeschlusses mit Wirkung für und gegen jedermann. Beide Anträge stehen nicht in einem Eventualverhältnis; vielmehr schließt der Nichtigkeitsantrag den Anfechtungsantrag ein. Dies bedeutet, daß falls den Klagen derselbe Streitgegenstand zugrunde liegt und die Anfechtungsklage nicht verspätet ist, es eine vom Gericht durch Subsumtion zu beantwortende Rechtsfrage darstellt, ob die

---

[400] *Lutter/Hommelhoff* Anh. § 47 Anm. 53; *Rowedder/Koppensteiner* § 47 Anm. 109.
[401] Vgl. BGH v. 9. 6. 1954, BGHZ 14, 25, 38 f.; BGH v. 23. 11. 1961, BGHZ 36, 121.
[402] OLG Düsseldorf v. 11. 3. 1982, WM 1982, 649, 652; OLG Köln v. 18. 1. 1988, ZIP 1988, 1391; *Hirte* BB 1988, 1469 ff.
[403] Vgl. bereits oben Rz. 170 ff., 188 ff.
[404] OLG Hamburg v. 31. 5. 1995, WiB 1996, 684 f.
[405] Vgl. RG v. 20. 1. 1941, RGZ 166, 131; BGH v. 16. 12. 1953, BGHZ 11, 231, 235; BGH v. 14. 7. 1954, BGHZ 14, 265, 267; BGH v. 13. 11. 1995, BB 1996, 11.
[406] Vgl. *Meyer-Landrut/Miller/Niehus* § 47 Anm. 81; *Scholz/Schmidt* § 45 Anm. 127.

Vorschrift des § 248 AktG oder die des § 249 AktG Anwendung findet. Wird eine dieser Klagen rechtskräftig als unbegründet abgewiesen, ist die Erhebung einer weiteren Klage mit identischem Streitgegenstand – gleichgültig in welcher Form – unzulässig. Wird einer solchen Klage stattgegeben, so ist die Erhebung einer erneuten derartigen Klage – auch bei Wechsel der Klageart – ebenfalls ausgeschlossen.[407]

Eine Klage besonderer Art ist die sog. **positive Beschlußfeststellungsklage**. Sie kommt vor allem in Betracht bei unrichtiger Auszählung der Stimmen, bei fehlender Berücksichtigung der Unwirksamkeit bestimmter Stimmabgaben, bei falscher Anwendung der geltenden Mehrheitsregel oder falls der Leiter der Gesellschafterversammlung das rechtliche Beschlußergebnis nicht festgestellt hat, weil die Gesellschafter sich über die Stimmberechtigung nicht einigen konnten. In all diesen Fällen ist eine Feststellung des nach den Stimmverhältnissen richtigerweise festzustellenden Beschlusses zulässig.[408] Dies ist gerechtfertigt, weil das Gericht in Übereinstimmung mit dem erklärten Willen der Gesellschafter nur die fehlerhafte Ergebnisfeststellung korrigiert, nicht aber anstelle der Gesellschafterversammlung entscheidet. Im Gegensatz zu einer auf rein kassatorische Wirkung zielenden Anfechtungsklage ist die positive Beschlußfeststellungsklage demgemäß auf die Feststellung des wirklichen und rechtmäßig beschlossenen Inhalts des Gesellschafterbeschlusses gerichtet. Eine solche Klage ist zulässig in Verbindung mit dem Antrag auf Nichtigerklärung eines fehlerhaften Beschlusses. **200**

Ist alleine strittig, ob ein Beschluß eines bestimmten Inhalts überhaupt gefaßt wurde, so kann ebenfalls eine gerichtliche Entscheidung im Wege der **Feststellungsklage** – ohne damit verbundene Anfechtungs- oder Nichtigkeitsklage – herbeigeführt werden.[409] Soll allerdings gleichzeitig die Nichtigkeit des Beschlusses festgestellt oder der Beschluß für nichtig erklärt werden, so kommen allein die hierfür statthaften Nichtigkeits- oder Anfechtungsklagen in Betracht. Im Falle einer gegen die gesellschaftsrechtliche Treuepflicht verstoßenden Stimmabgabe oder wegen einer treuwidrigen Nichtabgabe der Stimme kann eine **Leistungsklage** erhoben werden mit dem Ziel, durch das Urteil die fehlende oder treuwidrige Stimmabgabe durch eine pflichtgemäße Stimmabgabe zu ersetzen.[410] **201**

---

[407] Vgl. BGH v. 17. 2. 1997, NJW 1997, 1510 f. mwN.
[408] Vgl. BGH v. 13. 3. 1980, BGHZ 76, 191, 197 ff.; BGH v. 26. 10. 1983, BGHZ 88, 320, 329 ff.; BGH v. 20. 1. 1986, BGHZ 97, 28, 30 ff.; BGH v. 13. 11. 1995, BB 1996, 11 f.; OLG Koblenz v. 12. 1. 1989, GmbHR 1990, 39, 40; *Baumbach/Hueck/Zöllner* Anh. § 47 Anm. 91; *Rowedder/Koppensteiner* § 47 Anm. 122; *Lutter/Hommelhoff* Anh. § 47 Anm. 40.
[409] BGH v. 13. 11. 1995, BB 1996, 11 f.
[410] Vgl. BGH v. 20. 1. 1986, BGHZ 97, 28, 31; str. ist allerdings, gegen wen die Klage zu richten ist, vgl. einerseits OLG Koblenz v. 12. 1. 1989, GmbHR 1990, 39, 40 f.; *Baumbach/Hueck/Zöllner* Anh. § 47 Anm. 93 (gegen Gesellschaft), andererseits *K. Schmidt* NJW 1986, 2021; *Lutter/Hommelhoff* Anh. § 47 Anm. 42 (gegen treuwidrig abstimmenden Gesellschafter); nach OLG Koblenz v. 12. 1. 1989, GmbHR 1990, 39, 40 haben Anfechtungs- und Beschlußfeststellungsklage keine „Sperrwirkung" für eine Leistungsklage.

2. Rechtsschutzinteresse

202 Jede Geltendmachung der Fehlerhaftigkeit von Gesellschafterbeschlüssen setzt ein Rechtsschutzbedürfnis voraus.[411] Dies bedeutet jedoch nicht, daß der Kläger in seinen eigenen Rechten beeinträchtigt sein muß; es genügt insoweit, wenn objektiv ein Bedürfnis nach gerichtlicher Klärung besteht.[412]

3. Prozeßbeteiligte

203 Aktivlegitimiert zur Geltendmachung der Anfechtbarkeit oder Nichtigkeit eines Beschlusses oder – zwingend mit der kassatorischen Klage verbunden – der Beantragung einer positiven Beschlußfeststellung ist **jeder Gesellschafter**. Für das Anfechtungsrecht eines Gesellschafters ist es gleichgültig, ob er an der Gesellschafterversammlung teilgenommen und ob er Widerspruch gegen den Beschluß erklärt hat.[413] Veräußert ein Gesellschafter seinen Geschäftsanteil vor Klageerhebung, verliert er sein Anfechtungsrecht; dieses steht sodann dem Erwerber zu.[414] Bei Teilabtretungen sind sowohl der Veräußerer als auch – gegebenenfalls mehrere – Erwerber anfechtungsberechtigt.[415] Nicht klagebefugt sind Treugeber eines Gesellschafters;[416] gleiches gilt für Nießbraucher und Pfandgläubiger. Sind mehrere an einem Geschäftsanteil berechtigt, kann das Anfechtungsrecht nur gemeinsam ausgeübt werden.[417] Nicht aktivlegitimiert sind – vorbehaltlich abweichender Satzungsbestimmung – die Mitglieder eines GmbH-Aufsichtsrates[418] und GmbH-Geschäftsführer.[419]

204 **Passivlegitimiert** ist stets nur die Gesellschaft selbst.[420] Die Mitgesellschafter des Klägers kommen als Beklagte nicht in Betracht. Die Geschäftsführer haben jedoch die anderen Gesellschafter über die Klageeinreichung zu informieren.[421]

---

[411] BGH v. 7. 12. 1987, BB 1988, 229.
[412] BGH v. 25. 2. 1965, BGHZ 43, 261, 265 f.; BGH v. 20. 9. 1965, WM 1966, 446, 447; BGH v. 22. 5. 1989, BGHZ 107, 296, 308 mwN; *Rowedder/Koppensteiner* § 47 Anm. 114; ausführlich *Scholz/Schmidt* § 45 Anm. 136.
[413] *Baumbach/Hueck/Zöllner* Anh. § 47 Anm. 72; *Meyer-Landrut/Miller/Niehus* § 47 Anm. 82.
[414] BGH v. 25. 2. 1965, BGHZ 43, 261, 267.
[415] *Meyer-Landrut/Miller/Niehus* § 47 Anm. 82.
[416] BGH v. 25. 4. 1966, NJW 1966, 1459.
[417] *Rowedder/Koppensteiner* § 47 Anm. 117; anders für eine Erbengemeinschaft BGH v. 12. 6. 1989, WM 1989, 1090, 1093.
[418] Str.; wie hier *Meyer-Landrut/Miller/Niehus* § 47 Anm. 82; *Lutter/Hommelhoff* Anh. § 47 Anm. 31 f.; aA *Baumbach/Hueck/Zöllner* Anh. § 47 Anm. 76, für Fälle, in denen sich die Aufsichtsratsmitglieder durch die Ausführung des Beschlusses strafbar oder schadensersatzpflichtig machten.
[419] BGH v. 28. 1. 1980, BGHZ 76, 154, 159; *Meyer-Landrut/Miller/Niehus* § 47 Anm. 82; weitergehend *Scholz/Schmidt* § 45 Anm. 134; *Baumbach/Hueck/Zöllner* Anh. § 47 Anm. 75.
[420] BGH v. 10. 11. 1980, NJW 1981, 1041; OLG Hamm v. 17. 5. 1984, GmbHR 1985, 119.
[421] BGH v. 20. 1. 1986, BGHZ 97, 28, 31; *Rowedder/Koppensteiner* § 47 Anm. 115; *Baumbach/Hueck/Zöllner* Anh. § 47 Anm. 86.

Die Geschäftsführer **vertreten** die Gesellschaft gegen die Klage des Gesellschafters.[422] Dies gilt bei der GmbH entgegen § 246 Abs. 2 Satz 2 AktG auch dann, wenn ein Aufsichtsrat existiert.[423] Ist kein Geschäftsführer vorhanden oder der klagende Gesellschafter zugleich einziger Geschäftsführer, so ist der Gesellschaft entsprechend § 29 BGB oder § 57 ZPO ein Vertreter zu bestellen.[424] **205**

4. Klagefrist

§ 246 Abs. 1 AktG, wonach zwingend die Anfechtungsklage innerhalb eines Monats nach der Beschlußfassung erhoben werden muß, gilt im GmbH-Recht grundsätzlich nicht entsprechend. Vielmehr ist hier die Anfechtungsklage binnen **„angemessener Frist"** zu erheben.[425] Der klagende Gesellschafter muß mit der ihm zumutbaren Beschleunigung vorgehen,[426] wobei entscheidend ist, ob zur Vorbereitung der Klage schwierige tatsächliche oder rechtliche Fragen gelöst werden müssen, die für die Erfolgsaussichten der Klage bedeutsam sind.[427] Grundsätzlich ist nach der Rechtsprechung eine **Frist von vier Wochen** „angemessen", wenn in Einzelfällen keine besonderen Umstände vorliegen.[428] Um für alle Beteiligten klare Verhältnisse zu schaffen, empfiehlt es sich, im Gesellschaftsvertrag die Länge der Anfechtungsfrist festzulegen; eine Unterschreitung der Ein-Monats-Frist ist jedoch unzulässig.[429] Ebenfalls unzulässig – weil „unangemessen" – dürfte eine Anfechtungsfrist von mehr als drei Monaten sein. Zu beachten ist hierbei stets, daß die Klagefristen auf die Rechtshängigkeit und nicht auf die bloße Anhängigkeit der Klage abstellen.[430] **206**

Auch die **Anfechtungsgründe** müssen in ihrem wesentlichen Kern innerhalb der Klagefrist geltend gemacht werden. Geschieht dies erst nach Ablauf der Anfechtungsfrist, kommt das einer verspäteten Klage gleich. Die verspätet vorgebrachten Gründe sind dann unbeachtlich.[431] **207**

---

[422] BGH v. 1. 3. 1962, GmbHR 1962, 134.
[423] *Baumbach/Hueck/Zöllner* Anh. § 47 Anm. 82; *Rowedder/Koppensteiner* § 47 Anm. 119, jeweils mwN.
[424] Vgl. *Rowedder/Koppensteiner* § 47 Anm. 119.
[425] RG v. 4. 2. 1943, RGZ 170, 359, 380; RG v. 14. 10. 1943, RGZ 172, 76, 79; OLG Düsseldorf v. 11. 3. 1982, BB 1982, 1074; OLG Hamburg v. 6. 7. 1984, GmbHR 1985, 120; OLG Köln v. 28. 11. 1986, WM 1987, 375; BGH v. 1. 6. 1987, BGHZ 101, 113, 117; BGH v. 21. 3. 1988, BGHZ 104, 66, 72; BGH v. 12. 10. 1992, NJW 1993, 129.
[426] Vgl. BGH v. 1. 6. 1987, BGHZ 101, 113, 117; BGH v. 17. 10. 1988, WM 1989, 63, 66; BGH v. 12. 10. 1993, NJW 1993, 129 f.
[427] BGH v. 14. 5. 1990, BGHZ 111, 224, 225; BGH v. 12. 10. 1992, NJW 1993, 129, 130.
[428] BGH v. 1. 6. 1987, BGHZ 101, 117 bezeichnet die Monatsfrist als „Leitbild"; ebenso BGH v. 12. 10. 1992, NJW 1993, 129; OLG Brandenburg v. 16. 3. 1995, GmbHR 1995, 736; dagegen *Baumbach/Hueck/Zöllner* Anh. § 47 Anm. 79, der auf den Verwirkungsgedanken abstellt.
[429] BGH v. 21. 3. 1988, BGHZ 104, 66, 72.
[430] OLG Köln v. 17. 2. 1995, BB 1995, 792 f.; KG v. 6. 7. 1995, WiB 1996, 74 f.
[431] BGH v. 9. 11. 1992, BB 1993, 521.

Die Nichtigkeitsklage unterliegt keiner Klagefrist; § 249 AktG erklärt die Klagefrist nicht für anwendbar. Eine zeitliche Befristung für eine Nichtigkeitsklage ergibt sich allerdings aus der Heilung eines nichtigen Beschlusses nach Verstreichen der Drei-Jahres-Frist des § 242 Abs. 2 AktG.

5. Weitere Verfahrensfragen

208 Der Verlauf eines Anfechtungs- oder Nichtigkeitsprozesses unterliegt den allgemeinen Regeln der Zivilprozeßordnung. Entsprechend den §§ 246 ff. AktG ergeben sich jedoch auch für das GmbH-Recht einige Besonderheiten.

209 **Ausschließlich zuständiges Gericht** ist das Landgericht, in dessen Bezirk die Gesellschaft ihren Sitz hat (§ 246 Abs. 3 Satz 1 AktG analog); diese Regelung ist zwingend.[432] Nichtigkeits- und Anfechtungsklagen gegen Gesellschafterbeschlüsse sind wegen der Wirkungen eines Schiedsspruchs **nicht schiedsfähig**; durchgreifende Bedenken gegen die Schiedsfähigkeit von Beschlußmängelstreitigkeiten ergeben sich aus dem Gesichtspunkt, daß die der Klage stattgebenden Entscheidungen nach den im GmbH-Recht entsprechend anwendbaren §§ 248 Abs. 1 Satz 1, 249 Abs. 1 Satz 1 AktG über die nur zwischen den Parteien wirkende Rechtskraft des § 325 Abs. 1 ZPO hinaus für und gegen alle Gesellschafter und Gesellschaftsorgane wirken, auch wenn sie an dem Verfahren nicht als Partei teilgenommen haben.[433] Eine Bekanntmachungspflicht obliegt den Geschäftsführern entgegen § 246 Abs. 4 AktG nicht; die Mitgesellschafter müssen von der Einleitung eines Klageverfahrens jedoch in Kenntnis gesetzt werden.

210 Fechten mehrere Gesellschafter einen Beschluß an, so bilden sie eine notwendige Streitgenossenschaft iSv. § 62 ZPO, weil das Gericht nur eine einheitliche Entscheidung erlassen kann.[434] Jedem Gesellschafter steht es frei, entweder auf Seiten des Anfechtungsklägers oder auf Seiten der Gesellschaft dem Prozeß als Nebenintervenient beizutreten. Der Streitwert des Verfahrens ist entsprechend § 247 AktG zu ermitteln.

211 Der Kläger kann frei über den Streitgegenstand verfügen. Es ist ihm deshalb auch möglich, eine Klagerücknahme oder einen Klageverzicht zu erklären oder ein Versäumnisurteil gegen sich ergehen zu lassen. Da die beklagte Gesellschaft insoweit nicht frei über den Streitgegenstand disponieren kann, soll ein Vergleich zwischen den Parteien nicht möglich sein; umstritten ist, ob die Gesellschaft ein Klageanerkenntnis abgeben oder ein Anerkenntnisurteil gegen sich ergehen lassen kann.[435] Bei Nichtigkeits- bzw. Anfechtungsklagen, die vermögensmäßig neutrale Gesellschafterbeschlüsse betreffen, wird der Rechtsstreit durch die Konkurseröffnung über das Vermögen der Gesellschaft nicht unterbrochen. Berührt somit der gesellschaftsinterne Rechtsstreit die

---

[432] Vgl. BGH v. 29. 10. 1956, BGHZ 22, 101, 105.

[433] BGH v. 28. 5. 1979, WM 1979, 886, 888; BGH v. 29. 3. 1996, BB 1996, 1074 ff.; OLG Hamm v. 9. 2. 1987, DB 1987, 680; OLG Hamm v. 1. 2. 1995, GmbHR 1995, 736, 737; aA OLG Karlsruhe v. 16. 2. 1995, WM 1995, 666 ff.

[434] *Baumbach/Hueck/Zöllner* Anh. § 47 Anm. 85.

[435] Dazu eingehend *Rowedder/Koppensteiner* § 47 Anm. 123; *Scholz/Schmidt* § 45 Anm. 158 ff.

J. Fehlerhafte Gesellschafterbeschlüsse

Konkursmasse nicht, kann er trotz Konkurseröffnung von den Beteiligten weitergeführt werden.[436]

6. Urteilswirkungen

Ein einer Anfechtungs- oder Nichtigkeitsklage stattgebendes Urteil wirkt über den Wortlaut des § 248 Abs. 1 AktG hinaus **für und gegen alle** (Gesellschaft, Gesellschafter, Dritte).[437] Dies gilt allerdings nur, falls der Kläger mit seinen Anträgen durchdringt; im Falle der Klageabweisung wirkt das Urteil nur zwischen dem Kläger und der Gesellschaft.[438]

Das Urteil wirkt auf den Zeitpunkt der Beschlußfassung zurück. Der angefochtene Beschluß ist entsprechend § 142 BGB von Anfang an unwirksam.[439] Grundsätzlich bleiben die aufgrund des unwirksamen Gesellschafterbeschlusses vorgenommenen Rechtshandlungen wirksam.[440] Regelmäßig sind die Gesellschafter und Geschäftsführer verpflichtet, die etwa eingetretenen Wirkungen des fehlerhaften Beschlusses sowie die hierauf basierenden Rechtshandlungen – soweit möglich – rückgängig zu machen; dies gilt insbesondere, soweit diese Rechtsbeziehungen das Innenverhältnis, also die Beziehungen zwischen Gesellschaftern untereinander oder zwischen Gesellschaft und Gesellschafter, betreffen.

7. Einstweiliger Rechtsschutz

Zu unterscheiden ist zwischen der Verhinderung der fehlerhaften Beschlußfassung und der Verhinderung der Durchführung eines fehlerhaften Beschlusses.

Beschlüsse, die **künftig gefaßt werden** sollen und die ein Gesellschafter mit dem von ihm erwarteten Inhalt für nichtig oder anfechtbar hält, können von diesem grundsätzlich nicht im Wege einer einstweiligen Verfügung verhindert werden. Denn hierdurch würde bereits ein endgültiger Zustand geschaffen, da im Falle der späteren Aufhebung der einstweiligen Verfügung der Beschluß nicht nachträglich zur Entstehung gelänge.[441] Streitig ist, ob der Erlaß einer einstweiligen Verfügung ausnahmsweise dann zulässig ist, wenn zugunsten des Antragstellers eine eindeutige Rechtslage oder ein überragendes Schutzbedürfnis besteht.[442] Mit der neueren Rechtsprechung ist dies zu

---

[436] OLG München v. 8. 6. 1994, GmbHR 1995, 232f.
[437] *Scholz/Schmidt* § 45 Anm. 173; *Lutter/Hommelhoff* Anh. § 47 Anm. 34; *Meyer-Landrut/Miller/Niehus* § 47 Anm. 85; *Rowedder/Koppensteiner* § 47 Anm. 124.
[438] Vgl. *Baumbach/Hueck/Zöllner* Anh. § 47 Anm. 89.
[439] *Scholz/Schmidt* § 45 Anm. 172; *Meyer-Landrut/Miller/Niehus* § 47 Anm. 85.
[440] Vgl. *Meyer-Landrut/Miller/Niehus* § 47 Anm. 85; *Scholz/Schmidt* § 45 Anm. 172; *Rowedder/Koppensteiner* § 47 Anm. 126; *Baumbach/Hueck/Zöllner* Anh. § 47 Anm. 90.
[441] OLG Frankfurt v. 15. 12. 1981, BB 1982, 274; OLG Celle v. 1. 4. 1981, 264; OLG Koblenz v. 25. 10. 1990, WM 1991, 1121; *Rowedder/Koppensteiner* § 47 Anm. 76; *Scholz/Schmidt* § 45 Anm. 183; *Semler* BB 1979, 1533, 1536.
[442] OLG Stuttgart v. 18. 2. 1997, GmbHR 1997, 312f.; OLG Frankfurt v. 1. 7. 1992, GmbHR 1993, 161; OLG Hamburg v. 28. 6. 1991, WM 1992, 274, 275; OLG Hamm v. 29. 6. 1992, DB 1992, 2129; OLG Hamburg v. 15. 12 1990, GmbHR 1991, 467; OLG Stuttgart v. 20. 2. 1987, NJW 1987, 2449; OLG Celle v. 1. 4. 1981, GmbHR 1981, 264; LG Mainz v. 16. 10. 1990, AG 1991, 33.

bejahen; allerdings besitzt die Untersagung der Beschlußausführung gegenüber der Untersagung der Beschlußfassung im Rahmen des einstweiligen Rechtsschutzes den Vorrang.[443]

216 **Nach erfolgter Beschlußfassung** ist die Verhinderung der Durchführung fehlerhafter Beschlüsse im Wege einer einstweiligen Verfügung grundsätzlich möglich.[444] So kann beispielsweise zur Abwendung wesentlicher Nachteile durch eine einstweilige Verfügung die Eintragung eines fehlerhaften Beschlusses in das Handelsregister verhindert werden.[445] Wird die Durchführung eines lediglich anfechtbaren, nicht bereits nichtigen Beschlusses begehrt, so ist Voraussetzung für die einstweilige Verfügung, daß eine Anfechtungsklage bereits erhoben wurde oder (fristgerecht) erhoben wird.[446] Anders als die Verhinderung der Durchführung eines Gesellschafterbeschlusses kann der Vollzug eines Gesellschafterbeschlusses trotz anhängiger Nichtigkeits- oder Anfechtungsklage nicht durch eine einstweilige Verfügung erreicht werden; dadurch würden endgültige Verhältnisse geschaffen.[447] Eine einstweilige Verfügung kann derjenige beantragen, der auch für eine entsprechende Nichtigkeits- oder Anfechtungsklage antragsberechtigt ist; Antragsgegner ist wie bei der Klage ausschließlich die Gesellschaft.[448]

---

[443] OLG Hamm v. 6. 7. 1992, GmbHR 1993, 163; zustimmend OLG Stuttgart v. 18. 2. 1997, GmbHR 1997, 312 f.

[444] Vgl. OLG Frankfurt v. 15. 12. 1981, BB 1982, 274; *Scholz/Schmidt* § 45 Anm. 183; *Rowedder/Koppensteiner* § 47 Anm. 116; *Heinze* ZGR 1979, 293, 306 ff.; differenzierend *Baumbach/Hueck/Zöllner* Anh. § 47 Anm. 93c ff.

[445] Vgl. OLG Hamm v. 6. 7. 1992, GmbHR 1993, 163; *Scholz/Schmidt* § 45 Anm. 183; *Baumbach/Hueck/Zöllner* Anh. § 147 Anm. 93 e.

[446] *Baumbach/Hueck/Zöllner* Anh. § 47 Anm. 93i; *Rowedder/Koppensteiner* § 47 Anm. 116.

[447] *Rowedder/Koppensteiner* § 47 Anm. 116; aA *Lutter/Hommelhoff* Anh. § 47 Anm. 37.

[448] OLG Nürnberg v. 4. 5. 1993, GmbHR 1993, 588 f.

§ 5 Der Geschäftsführer

Bearbeiter: Dr. Michael Axhausen

Übersicht

	Rz.
A. Bestellung und Anstellung	
I. Bestellung	1–24
1. Bedeutung der Bestellung für die Gesellschaft	1–13
a) Zuständigkeit für die Bestellung	8, 9
b) Dauer der Bestellung	10
c) Geschäftsführerstellung als Sonderrecht	11
d) Persönliche Voraussetzungen des Geschäftsführers	12, 13
2. Fehlerhafte Bestellung und faktischer Geschäftsführer	14
3. Erlöschen der Bestellung	15–19
a) Gesetzliches Ende	16
b) Rechtsgeschäftliches Ende durch auflösende Bedingung	17
c) Liquidation der Gesellschaft	18, 19
4. Notgeschäftsführer	20
5. Niederlegung des Amtes	21, 22
6. Eintragung im Handelsregister	23, 24
II. Anstellung	25–93
1. Der Anstellungsvertrag	25–33
a) Abschluß und inhaltlicher Rahmen des Anstellungsvertrages	27–29
b) Form des Vertrages	30, 31
c) Mangelhafter Vertrag	32, 33
2. Vergütung des Geschäftsführers	34–48
a) Nachzahlungsverbot	36–40
b) Angemessenheit	41–48
3. Vergütungsformen und Vergütungssysteme	49–91
a) Festgehalt	50, 51
b) Tantiemen	52–60
aa) Gewinnbezogene Tantieme und steuerliche Behandlung	53–56
bb) Umsatztantieme und steuerliche Behandlung	57–60
c) Altersversorgung	61–80
aa) Direktversicherungen	63–65
bb) Pensionszusagen	66–80
d) Sonderformen der Vergütung	81–91
aa) Gratifikationen	81–83
bb) Beteiligungsmodelle	84–86
cc) Überstundenvergütungen, Feiertagszuschläge	87
dd) Nebenleistungen	88–91

§ 5 Der Geschäftsführer

Rz.

 4. Sozialversicherungsrechtliche Stellung des Geschäftsführers 92, 93
III. Abberufung und Kündigung des Anstellungsvertrages .. 94–114
 1. Abberufung 94–102
 2. Kündigungsrechte und Kündigungsschutz 103–110
 3. Vereinbarte Beendigung des Vertrages 111
 4. Steuerliche Behandlung von Abfindungen 112–114

B. Rechte, Pflichten und Aufgaben der Geschäftsführer
 I. Rechtliches Dürfen und Können der Geschäftsführer .. 130–176
  1. Geschäftsführung 130–148
   a) Gesetzliche Regeln................................ 130–133
   b) Beschränkung der Geschäftsführung............. 134–141
   c) Rechtswidrige Beschränkungen der Geschäftsführung 142–145
   d) Mitbestimmung und Geschäftsführung........... 146–148
  2. Vertretung der Gesellschaft 149–169
   a) Gesetzlicher Umfang der Vertretungsbefugnis..... 150–158
   b) Vertretungsregelung bei Mehrheit von Geschäftsführern 159–163
   c) Selbstkontrahieren 164–169
  3. Allgemeine Schranken der Geschäftsführung und Vertretung. 170–176
   a) Treuepflicht 170, 171
   b) Wettbewerbsverbot................................ 172–176
 II. Pflichten und Aufgaben der Geschäftsführer 177–203
  1. Rechnungslegung..................................... 177
  2. Auskunftspflicht gegenüber den Gesellschaftern...... 178
  3. Formalpflichten 179–186
   a) Anmeldungen und Anzeigen 180, 181
   b) Angabepflichten auf Geschäftsbriefen............. 182–185
   c) Einberufung der Gesellschafterversammlung 186
  4. Steuerliche Pflichten.................................. 187–199
   a) Pflichten in der laufenden Besteuerung 188–196
    aa) Anzeigepflichten 188–190
    bb) Buchführung und steuerliche Aufzeichnungen 191–193
    cc) Abgabe der Steuererklärungen 194–196
   b) Pflichten in der Betriebsprüfung 197–199
  5. Pflichten des Geschäftsführers bei Verlust der Hälfte des Stammkapitals, bei Zahlungsunfähigkeit, Überschuldung und drohender Zahlungsunfähigkeit... 200–203
   a) Verlust der Hälfte des Stammkapitals.............. 200
   b) Pflichten des Geschäftsführers in der Krise der GmbH 201–203

C. Risiken aus der Geschäftsführertätigkeit
 I. Haftung.. 210–244
  1. Haftung gegenüber der Gesellschaft 210–223
   a) Haftung nach § 43 GmbHG...................... 210–218

A. Bestellung und Anstellung 1, 2 § 5

Rz.
- b) Haftung bei Konkursverschleppung (§ 64 Abs. 2 GmbHG) 219–221
- c) Weitere Haftungstatbestände des GmbH-Rechts.. 222
- d) Haftung aus unerlaubter Handlung 223
- 2. Haftung gegenüber den Gesellschaftern und Dritten. 224–241
  - a) Ansprüche der Gesellschafter 224–227
  - b) Ansprüche Dritter................................... 228–241
    - aa) Deliktshaftung................................. 228
    - bb) Haftung bei Insolvenzverschleppung 229
    - cc) Verletzung steuerlicher Pflichten.............. 230–234
    - dd) Ansprüche der Sozialversicherung 235, 236
    - ee) Weitere zivilrechtliche Ansprüche von Gläubigern und anderen Dritten..................... 237–241
- 3. Haftung der Gesellschaft für Handeln der Geschäftsführer... 242–244
- II. Strafrechtliche Verantwortlichkeit der Geschäftsführer.. 245–256
  - 1. Straftaten und Ordnungswidrigkeiten des Bilanzrechts (§§ 331, 334 HGB)............................... 245–249
  - 2. Verspätete oder unterlassene Anmeldung der Insolvenz.. 250, 251
  - 3. Insolvenzstraftaten 252–255
  - 4. Sonstige Straftaten 256

A. Bestellung und Anstellung

I. Bestellung

1. Bedeutung der Bestellung für die Gesellschaft

Die Gesellschaft mit beschränkter Haftung ist im deutschen Recht eine **1** juristische Person. Sie kann im eigenen Namen Rechte erwerben und Pflichten begründen. Gleichwohl ist die „juristische Person" eine Fiktion und tatsächlich handlungsunfähig. Das Recht schafft deshalb die Organe als Träger des tatsächlichen Handelns. Die GmbH muß deshalb neben den anderen Organen (Gesellschafterversammlung, ggf. Aufsichtsrat) immer mindestens einen Geschäftsführer haben, der den Willen der Gesellschafterversammlung ausführt.

Die Regelung der Befugnisse der Geschäftsführung in §§ 35–38 und 43 **2** GmbHG gehört zum Kern des Organisationsrechts der GmbH. Die Regelung beschreibt lückenhaft[1] die Aufgaben und Rechtsstellung der Geschäftsführung. Die Lückenhaftigkeit der Regelung beläßt den Gesellschaftern der GmbH einen weitgehenden Entscheidungsspielraum, innerhalb dessen sie frei die Befugnisse der Geschäftsführung und der Gesellschafterversammlung gegeneinander abgrenzen können. Der Gestaltungsspielraum wird bestimmt von

---

[1] Rowedder/Koppensteiner § 35 Anm. 3; Scholz/Schneider § 35 Anm. 1; Hachenburg/Mertens § 35 Anm. 18.

den Grenzen, die die Aktiengesellschaft mit ihrer Formenstrenge und die Personengesellschaft ziehen, bei der die Gestaltungsmöglichkeiten im wesentlichen von allgemeinen Rechtsgrundsätzen begrenzt werden.

3   Bei der Aktiengesellschaft regelt das Gesetz die Befugnisse der Organe und ihr Verhältnis zueinander ins einzelne gehend (vgl. §§ 76–147 AktG). Im Hinblick auf die Geschäftsführung besteht der wesentliche Unterschied zwischen den Regelungen im Aktiengesetz und dem GmbH-Gesetz darin, daß der Vorstand der Aktiengesellschaft die Gesellschaft in eigener Verantwortung leitet (§ 76 Abs. 1 AktG). Nach hA umfaßt der Begriff der Leitung die Geschäftsführung und Vertretung der Aktiengesellschaft. In diese kann durch die übrigen Organe der Aktiengesellschaft (Aufsichtsrat und Hauptversammlung) nicht eingegriffen werden. So sind Geschäftsführungsmaßnahmen der Hauptversammlung nur möglich, wenn ihr die Geschäftsführung solche Fragen zur Entscheidung vorlegt (§ 119 Abs. 2 AktG). Bei der GmbH dagegen kann den Geschäftsführern durch die Gesellschafter das Geschäftsführungsrecht nahezu vollständig entzogen werden. Das Recht und die Pflicht, die Gesellschaft zu vertreten, kann der Geschäftsführung nicht genommen werden (§ 35 Abs. 1 GmbHG).

4   Die Gesellschafter der Personenhandelsgesellschaften (OHG, KG) sind vom Gesetz zur Geschäftsführung und zur Vertretung berufen. Die Bestellung eines Nicht-Gesellschafters zum Geschäftsführer ist ausgeschlossen. Es gilt der Grundsatz der Selbstorganschaft (§§ 114 Abs. 1, 125 HGB). Die Berufung aller Gesellschafter zur Geschäftsführung und zur Vertretung ist nicht zwingend. Sowohl der Ausschluß der Gesellschafter von der Geschäftsführung (§ 114 Abs. 2 HGB) als auch der Ausschluß von der Vertretung sind zulässig (§ 125 Abs. 1 Hs. 2 HGB). Wegen des Grundsatzes der Selbstorganschaft muß nur mindestens ein geschäftsführungs- und vertretungsberechtigter Gesellschafter vorhanden sein.

5   Die GmbH kann nicht eingetragen werden, wenn bei Abschluß des Gesellschaftsvertrages kein Geschäftsführer bestellt wird oder wenn er nach Anmeldung, aber vor Eintragung der Gesellschaft, wegfällt.[2] Nach der Eintragung berührt der Wegfall des Geschäftsführers die wirksame Entstehung der GmbH nicht mehr. Die Gesellschafterversammlung ist jedoch gehalten, binnen angemessener Zeit für die Bestellung eines neuen Geschäftsführers zu sorgen. Ist dies nicht möglich oder zumutbar, kann darin ein wichtiger Auflösungsgrund iSv. § 61 GmbHG liegen.[3]

6   Die Wirksamkeit von Prokuren und Handlungsvollmachten sowie anderen rechtsgeschäftlichen Vollmachten wird durch den Wegfall des Geschäftsführers nicht berührt.[4] Ein Übergang von Vertretungsbefugnissen des Geschäftsführers auf die Gesellschafterversammlung oder andere Organe der Gesellschaft finden nicht statt.[5]

---

[2] *Rowedder/Koppensteiner* § 35 Anm. 22; *Hachenburg/Mertens* § 35 Anm. 19.

[3] *Hachenburg/Mertens* § 35 Anm. 20; *Rowedder/Koppensteiner* § 35 Anm. 22; *Meyer-Landrut* §§ 35–38 Anm. 13.

[4] *Hachenburg/Mertens* § 35 Anm. 20; *Meyer-Landrut* §§ 35–38 Anm. 12.

[5] BGHZ 58, 115; *Meyer-Landrut* §§ 35–38 Anm. 12; *Hachenburg/Mertens* § 35 Anm. 21; zu den Folgen für die Verjährung von Ansprüchen: BGH v. 14. 12. 1970, BB 1971, 369; BGH NJW 1968, 692; *Scholz/Schneider* § 6 Anm. 3.

A. Bestellung und Anstellung　　　　　　　　　　　　　　7–10　§ 5

Mit der Bestellung werden die organschaftlichen Befugnisse und Pflichten 7 übertragen.[6] Die Anstellung regelt das schuldrechtliche Verhältnis zwischen Geschäftsführer und Gesellschaft.[7] Die Pflichten aus Bestellung und Anstellung stehen nicht im Verhältnis der Gegenseitigkeit. Die Nichterfüllung der Pflichten aus dem Anstellungsvertrag durch die Gesellschaft berechtigt deshalb den Geschäftsführer nicht, seine organschaftliche Pflichterfüllung zu verweigern.[8] Das Verbot des Selbstkontrahierens (§ 181 BGB) steht der Teilnahme des Gesellschafters, der zum Geschäftsführer zu bestellen ist, an der Beschlußfassung über die Bestellung nicht entgegen.[9]

a) Zuständigkeit für die Bestellung

Die Bestellung der Geschäftsführer erfolgt durch die Gesellschafter (§ 46 8 Nr. 5 GmbHG). Das dispositive Recht der GmbH läßt eine Übertragung der Zuständigkeit auch auf andere Organe der Gesellschaft zu (§ 45 Abs. 2 GmbHG).[10] Dabei kommen insbesondere Beiräte, Aufsichtsräte oder Ausschüsse der Gesellschafterversammlung als Bestellungsorgane in Betracht.[11] Bei nach dem MitbestG 1977 mitbestimmten Gesellschaften ist wegen § 84 AktG immer der Aufsichtsrat zuständig. Die Bestellung kann nicht durch einen anderen Geschäftsführer erfolgen.[12]

Die Bestellung erfolgt aufgrund eines Bestellungsbeschlusses des zuständi- 9 gen Organs. Dabei genügt die einfache Mehrheit. Die Satzung kann etwas anderes vorsehen. Bei mitbestimmten Gesellschaften ist wegen § 31 MitbestG eine Zweidrittel-Mehrheit im Aufsichtsrat für die Bestellung erforderlich. Die Bestellung ist ein zweiseitiges Rechtsgeschäft.[13] Die Annahme der Bestellung durch den Geschäftsführer kann explizit oder konkludent – etwa durch Aufnahme der Amtsgeschäfte – erfolgen.

b) Dauer der Bestellung

Das GmbHG enthält keine Vorschriften hinsichtlich der Dauer der Bestel- 10 lung, die deshalb auch auf Lebenszeit erfolgen kann. Bei mitbestimmten Gesellschaften (§ 31 Abs. 1 MitbestG; § 12 MontanmitbestG; § 13 MontanmitbestErgG) gilt über §§ 112, 84 AktG die 5jährige Höchstdauer des Aktienrechts.

---

[6] Ganz hM: BGH BB 1978, 275 und 520; *Meyer-Landrut* §§ 35–38 Anm. 100 mwN; *Scholz/Schmidt* § 46 Anm. 70; *Rowedder/Koppensteiner* § 35 Anm. 56.
[7] Dazu noch unten Rz. 25 ff.
[8] § 320 BGB greift nicht; vgl. *Rowedder/Koppensteiner* § 35 Anm. 57.
[9] *Meyer-Landrut* §§ 35–38 Anm. 21; *Scholz/Winter* § 13 Anm. 76 ff. für den Alleingesellschafter-Geschäftsführer.
[10] *Rowedder/Koppensteiner* § 35 Anm. 13, 60, § 46 Anm. 18; *Hachenburg/Mertens* § 35 Anm. 42.
[11] Insbesondere zur Delegation an Ausschüsse: *Mertens* ZGR 1983, 189, 193 f.
[12] *Meyer-Landrut* §§ 35–38 Anm. 101; *Rowedder/Koppensteiner* § 35 Anm. 13, 60.
[13] HA: *Rowedder/Koppensteiner* § 35 Anm. 55; *Meyer-Landrut* §§ 35–38 Anm. 104 mwN; *Scholz/Schmidt* § 3 Anm. 149 ff.; § 46 Anm. 42.

c) Geschäftsführerstellung als Sonderrecht

11 Die Bestellung eines Geschäftsführers kann auch in der Gründungsatzung erfolgen. Daraus ergibt sich regelmäßig kein satzungsmäßiges Sonderrecht.[14] Ein Sonderrecht kann dann angenommen werden, wenn die Geschäftsführerstellung auf Lebenszeit oder auf Dauer der Mitgliedschaft in der Gesellschaft eingeräumt wird.[15] Um ein mitgliedschaftliches Recht handelt es sich auch, wenn der Widerruf der Bestellung auf den Fall eines wichtigen Grundes beschränkt wird oder wenn für Gesellschafterbeschlüsse allgemein Einstimmigkeit vorgeschrieben ist.

d) Persönliche Voraussetzungen des Geschäftsführers

12 Besondere Qualifikationen des Geschäftsführers verlangt das Gesetz nicht. Der Geschäftsführer muß eine natürliche, geschäftsfähige Person sein (§ 6 GmbHG).[16] Er muß nicht Deutscher sein und muß keinen Wohnsitz im Inland nehmen.[17] Das Gesetz verlangt eine gewisse Vorstrafenfreiheit (§ 6 Abs. 2 GmbHG). Die Gesellschafter können bis zur Grenze der Sittenwidrigkeit und der Schikane in der Satzung persönliche Eignungsvoraussetzungen festlegen.[18] Dem Aufsichtsrat der mitbestimmten Gesellschaften darf durch die Satzung nicht jede vernünftige Auswahlmöglichkeit genommen werden.[19]

13 Mitglieder des Aufsichtsrats können nicht Geschäftsführer sein.[20]

2. Fehlerhafte Bestellung und faktischer Geschäftsführer

14 Für mangelhafte Bestellungsbeschlüsse gelten die allgemeinen Regeln.[21] Im Grundsatz ist die Bestellung durch die Gesellschafterversammlung unwirksam, wenn sie gesetzeswidrig ist. Die nur satzungswidrige Bestellung ist anfechtbar.[22] Die Bestellung, die auf einem fehlerhaften Aufsichtsratsbeschluß beruht, ist unwirksam.[23] Fehlen bei dem bestellten Geschäftsführer satzungsmäßig verlangte Eignungsmerkmale, so läßt dies nach hA die Wirksamkeit des Beschlusses unberührt.[24] Anders bei Fehlen gesetzlich bestimmter Eignungs-

---

[14] *Hachenburg/Ulmer* § 6 Anm. 18; *Scholz/Schneider* § 6 Anm. 30.

[15] OLG Hamburg v. 27. 8. 1954, GmbHR 1954, 188.

[16] Sofern diese Voraussetzungen später wegfallen, erlischt ispo iure das Amt: BayOLG v. 7. 10. 1980, WM 1981, 75 ff.

[17] *Miller* DB 1983, 977.

[18] *Meyer-Landrut* §§ 35–38 Anm. 14.

[19] HM; *Meyer-Landrut* §§ 35–38 Anm. 214; *Baumbach/Hueck/Zöllner* § 35 Anm. 13; *Hanau/Ulmer* MitbestG § 31 Anm. 13; aA *Hachenburg/Mertens* § 35 Anm. 38, der die Ansicht vertritt, für die Wahl des Arbeitsdirektors seien diesbezügliche Satzungsregeln unbeachtlich.

[20] OLG Frankfurt v. 7. 7. 1981, BB 1981, 1542.

[21] *Rowedder/Koppensteiner* § 35 Anm. 62 mwN; *Hachenburg/Mertens* § 35 Anm. 61.

[22] HM: *Hachenburg/Mertens* § 35 Anm. 61; *Rowedder/Koppensteiner* § 35 Anm. 62; anders (unwirksam) für das Fehlen der in der Satzung vorgesehenen Protokollierung des Beschlusses: OLG Stuttgart v. 11. 5. 1983, BB 1983, 1050.

[23] *Scholz/Schneider* § 52 Anm. 305 ff.; aA: für Anfechtbarkeit *Baums* ZGR 1983, 300 f.; *Axhausen* Anfechtbarkeit aktienrechtlicher Aufsichtsratsbeschlüsse S. 113 ff.

[24] *Hanau/Ulmer* § 31 Anm. 44; *Fitting/Wlotzke/Wißmann* § 31 Anm. 44.

merkmale. Bei Fehlen solcher Merkmale ist schon der Bestellungsbeschluß nichtig.[25] Die Unwirksamkeit des Bestellungsbeschlusses kann jedoch nur ex nunc geltend gemacht und festgestellt werden; bis dahin gilt der unwirksam Bestellte als „im Amt befindlich".[26] Das Handeln solchermaßen fehlerhaft bestellter Geschäftsführer wird als wirksam angesehen.[27]

Als „faktischer" Geschäftsführer[28] wird auch bezeichnet, wer ohne förmliche Bestellung und Eintragung in das Handelsregister im Einverständnis mit den Gesellschaftern die Stelle eines Geschäftsführers tatsächlich wahrnimmt.[29] Das Organhandeln ist notwendig unwirksam.[30] Gutgläubige Dritte sind durch § 15 HGB oder die Regeln der Rechtscheinhaftung geschützt.[31]

3. Erlöschen der Bestellung

Die Gesellschafter oder das sonst zuständige Organ der Gesellschaft sind jederzeit berechtigt, die Bestellung zu widerrufen. Neben dem Ende der Bestellung durch Widerruf kann die Bestellung aufgrund gesetzlicher Regelungen oder durch Eintreten einer auflösenden Bedingung enden.[32] **15**

a) Gesetzliches Ende

Mit dem Tode des Geschäftsführers erlischt sein Amt. Gleiches gilt bei Eintritt der Geschäftsunfähigkeit, beschränkter Geschäftsfähigkeit und bei nachträglichem Eintreten eines der in § 6 Abs. 2 GmbHG genannten Gründe.[33] Das Amt endet auch mit der Verschmelzung oder Umwandlung der Gesellschaft.[34] Nicht zum Erlöschen der Geschäftsführerbestellung führt die Wahl in den Aufsichtsrat der Gesellschaft. In diesem Fall ist der Beschluß der Gesellschafterversammlung entsprechend § 105 AktG nichtig, die Wahl unwirksam. **16**

b) Rechtsgeschäftliches Ende durch auflösende Bedingung

Es wird als zulässig angesehen, das Erlöschen der Bestellung an die Beendigung des Anstellungsvertrages zu knüpfen. Mit dem Ende des Anstellungsver- **17**

---

[25] BayOLG WM 1981, 75 ff.; *Meyer-Landrut* §§ 35–38 Anm. 137; *Rowedder/Koppensteiner* § 38 Anm. 29 a.
[26] *Hanau/Ulmer* § 31 Anm. 44; *Fitting/Wlotzke/Wißmann* § 31 Anm. 47; Kölner Komm. § 108 Anm. 76.
[27] BGH v. 6. 4. 1964, BGHZ 41, 282 für Vorstandsmitglieder der Aktiengesellschaft.
[28] *Fitting/Wlotzke/Wißmann* § 31 Anm. 44.
[29] BayOLG WM 1981, 75 ff.; *Meyer-Landrut* §§ 35–38 Anm. 137; *Rowedder/Koppensteiner* § 38 Anm. 29 a.
[30] *Baumbach/Hueck/Hueck* § 35 Anm. 6 a.
[31] Dazu etwa: *Hachenburg/Mertens* § 35 Anm. 60; *Rowedder/Koppensteiner* § 35 Anm. 62.
[32] BGH v. 9. 2. 1970, BGHZ 53, 206.
[33] BayOLG v. 7. 10. 1980, WM 1981, 75 ff.; bei anfänglichem Vorliegen dieser Gründe ist bereits die Bestellung nichtig: *Meyer-Landrut* §§ 35–38 Anm. 137; *Rowedder/Koppensteiner* § 38 Anm. 29 a.
[34] *Rowedder/Koppensteiner* § 38 Anm. 29 a; sie soll jedoch den Anstellungsvertrag unberührt lassen und einen Anspruch auf Einräumung der gleichen Stellung nach der Verschmelzung geben: *Meyer-Landrut* §§ 35–38 Anm. 137.

trages durch Kündigung oder durch Zeitablauf endet dann ohne weiteres auch die Bestellung ohne daß es eines gesonderten Beschlusses bedürfte.

c) Liquidation der Gesellschaft

18 Die Organstellung der Geschäftsführer endet mit der Auflösung der Gesellschaft.[35] An ihre Stelle treten die Liquidatoren (§ 66 Abs. 1 GmbHG).[36]

19 Sofern die bisherigen Geschäftsführer als Liquidatoren tätig werden, bleibt ihre Vertretungsmacht so bestehen, wie sie vor der Liquidation geregelt war. Die Geschäftsführung der Liquidatoren ist jedoch durch den Abwicklungszweck bestimmt, der in § 70 GmbHG umrissen ist.[37] Die Organstellung als solche bleibt erhalten. Der Anstellungsvertrag mit dem Geschäftsführer wird fortgesetzt. Wegen der maßgeblichen Änderung der Aufgabenstellung wird dem Geschäftsführer das Recht zur außerordentlichen Kündigung des Anstellungsvertrages einzuräumen sein.

4. Notgeschäftsführer

20 Das Amtsgericht bestellt in entsprechender Anwendung des § 29 BGB einen Notgeschäftsführer, wenn die Gesellschafterversammlung binnen angemessener Zeit keinen Geschäftsführer bestellt.[38] Die krankheitsbedingte Verhinderung eines Geschäftsführers allein ist kein Grund für die Notbestellung, wenn ein Mehrheitsgesellschafter vorhanden ist, der rechtzeitig einen Geschäftsführer bestellen kann und eine Gefährdungslage für die Gesellschaft nicht besteht.[39]

5. Niederlegung des Amtes

21 Der Geschäftsführer ist berechtigt, sein Amt jederzeit niederzulegen.[40] Die Erklärung des Geschäftsführers nimmt das zur Bestellung berufene Organ der Gesellschaft entgegen.[41] Die Niederlegung ist in jedem Falle wirksam. Dahinter steht die Überlegung, daß der Streit über die Berechtigung des Geschäftsführers zur Amtsniederlegung nicht zu einer Unsicherheit des Rechtsverkehrs über die Vertretungsbefugnisse führen darf.[42] Die Amtsniederlegung kann jedoch zur Unzeit erfolgen oder sonst rechtsmißbräuchlich sein. Die rechts-

---

[35] Im einzelnen zur Liquidation: siehe § 16.
[36] *Hofmann* GmbHR 1976, 229 ff.
[37] *Scholz/K. Schmidt* § 66 Anm. 2; *Rowedder/Rasner* § 66 Anm. 2.
[38] Zur Anwendbarkeit der Vorschrift: *MünchKomm/Reuter* § 29 Anm. 1 mwN; *Rowedder/Koppensteiner* § 35 Anm. 22; *Meyer-Landrut* §§ 35–38 Anm. 13.
[39] BGH v. 9. 5. 1960, BB 1960, 880; zu den Wirkungen nach § 15 HGB vgl. *Staub/Hüffer* HGB § 13 Anm. 14 ff., 33 ff., 40 ff.; OLG Frankfurt v. 16. 6. 1993, NJW-RR 1994, 105.
[40] HM: *Meyer-Landrut* §§ 35–38 Anm. 129 ff. mwN; *Hachenburg/Mertens* § 38 Anm. 75; *Rowedder/Koppensteiner* § 38 Anm. 25 mwN auch aus der Rechtsprechung; BGH in NJW 93, 498; OLG Frankfurt v. 16. 6. 1993, NJW-RR 94, 105.
[41] *Meyer-Landrut* §§ 35–38 Anm. 129 ff.; *Schneider/Schneider* GmbHR 1980, 4, 9; *Rowedder/Koppensteiner* § 38 Anm. 27.
[42] BGHZ 78, 85, OLG Koblenz v. 26. 5. 1994, GmbHR 95, 730.

mißbräuchliche Amtsniederlegung hat Ersatzansprüche der Gesellschaft nach § 43 Abs. 2 GmbHG zur Folge.[43]

Die Amtsniederlegung ist rechtsmißbräuchlich, wenn sie ohne wichtigen Grund erfolgt. Als wichtige Gründe für eine Amtsniederlegung kommen in Betracht: Verletzungen des Anstellungsvertrages durch die Gesellschaft, auch Kündigung des Vertrages durch die Gesellschaft;[44] ungenügende Unterstützung der Gesellschafter bei der Erledigung öffentlich-rechtlicher Verpflichtungen – insb. steuerlicher Pflichten –; Weisungen der Gesellschafter, bei deren Befolgung der Geschäftsführer sich Haftungsansprüchen oder strafrechtlicher Verfolgung aussetzen würde[45] sowie Auflösung und Konkurs der Gesellschaft.[46] Die Krise der Gesellschaft allein ist kein wichtiger Grund. Der Geschäftsführer kann sich seiner Pflichten nach §§ 49 Abs. 3 und 64 GmbHG nicht durch Amtsniederlegung entziehen.[47]

6. Eintragung im Handelsregister

Die Bestellung und Abberufung des Geschäftsführers ist beim Handelsregister anzumelden. Dies gilt für die erste wie für jede weitere Veränderung des Vertretungsorgans der Gesellschaft (§§ 8 Abs. 1 Nr. 2, 39 Abs. 1 GmbHG). Die Eintragung ins Handelsregister hat deklaratorische Wirkung.[48] Umstritten ist, ob bei stellvertretenden Geschäftsführern der Stellvertreterzusatz im Handelsregister einzutragen ist.[49] Die Bezeichnung als „stellvertretender" Geschäftsführer hat im Innenverhältnis hierarchische Bedeutung. Im Außenverhältnis wird dadurch seine Vertretungsmacht nicht betroffen. Die Eintragung würde wegen der negativen Registerpublizität keine Außenwirkung entfalten, weil mit ihr keine Einschränkungen des „Stellvertretenden" einhergehen. Im Hinblick auf die gebotene Zurückhaltung bei der Eintragung gesetzlich nicht vorgesehener Umstände, ist eine Eintragung des „Stellvertreters" abzulehnen.

Der sein Amt niederlegende Geschäftsführer kann die Amtsniederlegung selbst zur Eintragung in das Handelsregister anmelden.[50]

---

[43] BGHZ 78, 85; OLG Koblenz v. 26. 5. 1994, GmbHR 95, 730; *Schneider/Schneider* GmbHR 1980, 4 ff.; *Meyer-Landrut* §§ 35–38 Anm. 134; *Rowedder/Koppensteiner* § 38 Anm. 26.
[44] *Meyer-Landrut* §§ 35–38 Anm. 67, 133; *Rowedder/Koppensteiner* § 38 Anm. 25 mwN.
[45] BGH v. 9. 2. 1978, DB 1978, 878.
[46] Jedenfalls dann, wenn ihm gekündigt wird oder der Konkursverwalter die Fortsetzung des Vertrages unter Berufung auf § 17 KO verweigert: *Rowedder/Koppensteiner* § 38 Anm. 43; weiter wohl *Meyer-Landrut* §§ 35–38 Anm. 134.
[47] OLG Koblenz v. 26. 5. 1994, GmbHR 95, 730.
[48] BGH v. 9. 5. 1960, BB 1960, 880; zu den Wirkungen nach § 15 HGB vgl. *Staub/Hüffer* HGB § 13 Anm. 14 ff., 33 ff., 40 ff.
[49] Dafür: OLG Düsseldorf v. 28. 2. 1969, NJW 1969, 1259; OLG Stuttgart v. 15. 7. 1960, NJW 1960, 2150 (für die AG); aA BayOLG v. 4. 3. 1997, DB 1997, 818, Vorlagebeschluß zum BGH.
[50] OLG Frankfurt v. 16. 6. 1993, NJW-RR 1994, 105; LG Köln v. 14. 8. 1997 – 87 T 25/97; *Müller* BB 1998, 329.

II. Anstellung

1. Der Anstellungsvertrag

25 Der Anstellungsvertrag des Geschäftsführers ist ein Dienstvertrag über die Besorgung eines fremden Geschäfts (der Geschäftsführung) und unterliegt den Regeln der §§ 611, 675 BGB.[51] Für die Entgeltlichkeit streitet die gesetzliche Vermutung des § 612 BGB. Wird der Geschäftsführer ausnahmsweise ohne Entgelt tätig, handelt er aufgrund eines Auftrags (§ 662 BGB).[52]

26 Das Arbeitsvertragsrecht ist nach hM auf Geschäftsführer grundsätzlich nicht anwendbar.[53] Das bedeutet nicht, daß im Einzelfall eine Anwendung arbeitsvertraglicher Grundsätze gänzlich ausgeschlossen wäre. In Betracht kommt die Anwendung sozialversicherungsrechtlicher Grundsätze,[54] die Anwendung der Grundsätze über die gefahrgeneigte Arbeit,[55] die Berechnung des Streitwerts nach § 17 Abs. 1 GKG (statt § 9 ZPO)[56] und beispielsweise der Anwendbarkeit des Kündigungsschutzgesetzes.[57] Umstritten oder fraglich sind die Anwendbarkeit des § 613 a BGB,[58] des Mutterschutz-,[59] des Bundesurlaubs-,[60] des Arbeitnehmererfinder-[61] und des Schwerbehindertengesetzes.[62]

a) Abschluß und inhaltlicher Rahmen des Anstellungsvertrages

27 Vertragspartner des Geschäftsführers beim Abschluß des Einstellungsvertrages ist die Gesellschaft.[63] Der Anstellungsvertrag kann auch mit einem Dritten

---

[51] BGH v. 11. 7. 1953, BGHZ 10, 187 f.; *Rowedder/Koppensteiner* § 35 Anm. 64; *Hachenburg/Mertens* § 35 Anm. 84; str. vgl. *Meyer-Landrut* §§ 35–38 Anm. 140; kritisch: *Scholz/Schneider* § 35 Anm. 159; aA *Meyer-Landrut* §§ 35–38 Anm. 140, der Arbeitsvertrag jedenfalls bei abhängig beschäftigten Geschäftsführern bejaht.

[52] *Meyer-Landrut* §§ 35–38 Anm. 139; *Hachenburg/Mertens* § 35 Anm. 84.

[53] BGH v. 11. 7. 1953, BGHZ 10, 187; BGH v. 9. 11. 1967, BGHZ 49, 30; *Rowedder/Koppensteiner* § 35 Anm. 64 mwN; *Hachenburg/Mertens* § 35 Anm. 94.

[54] Dazu unten Rz. 92 f.

[55] *Püllen* BB 1984, 989; *Rowedder/Koppensteiner* § 35 Anm. 64; zuletzt *Köhl* DB 96, 2597.

[56] BGH v. 24. 11. 1980, DB 1981, 1232.

[57] *Meyer-Landrut/Miller/Niehus* §§ 35–38 Anm. 152; dazu noch unten Rz. 103 ff.

[58] Nicht anwendbar: OLG Celle v. 15. 6. 1977, GmbHR 1978, 208; *Palandt/Putzo* BGB § 613 a Anm. 2.

[59] Anwendbar: *Meyer-Landrut* §§ 35–38 Anm. 184.

[60] Nicht anwendbar: *Rowedder/Koppensteiner* § 35 Anm. 64; aA: *Meyer-Landrut* §§ 35–38 Anm. 181.

[61] Nicht anwendbar: BGH v. 28. 10. 1964, GRUR 1965, 302 f.; *Hachenburg/Mertens* § 35 Anm. 94; aA *Meyer-Landrut* §§ 35–38 Anm. 182; *Fleck* in FS Hilger/Stumpf S. 217.

[62] Nicht anwendbar: BGH v. 9. 2. 1978, NJW 1978, 1435; aA: *Meyer-Landrut* §§ 35–38 Anm. 140, *Fleck* in FS Hilger/Stumpf S. 221 f., weil die Organmitglieder der Körperschaften seit 1974 nicht mehr von der Anwendbarkeit des Gesetzes explizit ausgeschlossen seien.

[63] *Rowedder/Koppensteiner* § 35 Anm. 65; *Scholz/Schneider* § 35 Anm. 166.

A. Bestellung und Anstellung 28, 29 § 5

geschlossen werden, der nicht gleichzeitig Gesellschafter sein muß.[64] Beispiele hierfür sind die Anstellung des Geschäftsführers der GmbH durch das Konzernmutterunternehmen[65] oder durch die KG in einer GmbH & Co. KG.[66] Ob der GmbH eigene Ansprüche aus dem Anstellungsvertrag zustehen müssen (§ 328 Abs. 1 BGB), ist ungeklärt.[67] Die Organpflichten und damit der Anspruch der Gesellschaft auf Erfüllung der Organpflichten aus der Bestellung bestehen immer gegenüber der bestellenden GmbH. Die Frage, ob ein echter Vertrag zugunsten Dritter erforderlich ist, kann deshalb im Ergebnis offenbleiben.[68] Aufgrund der Organpflichten darf sich der Geschäftsführer keinen Weisungsrechten Dritter aussetzen, die nicht gesellschaftsrechtlich abgesichert sind.[69]

Die nicht nach dem Mitbestimmungsgesetz 1977 mitbestimmte GmbH **28** wird beim Abschluß des Geschäftsführervertrages (und späteren Änderungen[70] oder Ergänzungen) von den Gesellschaftern vertreten.[71] Durch die Satzung kann die Anstellung auf andere Gesellschaftsorgane übertragen werden. Diese Organe können ihrerseits andere Organe (etwa einen Geschäftsführer) oder Dritte zum Abschluß des Vertrages ermächtigen.[72] Bei den unter das BetrVG fallenden Gesellschaften ergibt sich keine Veränderung.[73]

Bei den der Montanmitbestimmung nach dem MontanmitbestG unterlie- **29** genden Gesellschaften[74] und Gesellschaften, die unter das Mitbestimmungsgesetz 1976 fallen, ist mit der Zuständigkeit für die Bestellung auch die Zuständigkeit für die Anstellung auf den Aufsichtsrat übertragen.[75] Der Aufsichtsrat entscheidet über die Anstellungsverträge und deren Änderungen und Ergänzungen mit einfacher Mehrheit.[76] Für die nicht mitbestimmten und die unter das Betriebsverfassungsgesetz 1952 fallenden Gesellschaften bestehen

---

[64] BGH v. 26. 10. 1964, GmbHR 1965, 194.
[65] BAG v. 24. 8. 1972, DB 1972, 2358.
[66] BGH v. 25. 6. 1979, DB 1980, 151.
[67] Dafür: *Hachenburg/Mertens* § 35 Anm. 99; kein Vertrag zugunsten Dritter erforderlich ist *Fleck* in FS Hilger/Stumpf S. 393 ff.; *Rowedder/Koppensteiner* § 35 Anm. 65.
[68] Der Zustimmung der Gesellschaft zum Anstellungsvertrag bedarf es deshalb nicht: *Scholz/Schneider* § 35 Anm. 170; aA *Winter* GmbHR 1965, 196; *Lutter/Hommelhoff* Anh. § 6 Anm. 8; die Frage für noch nicht abschließend geklärt hält *Rowedder/Koppensteiner* § 35 Anm. 65.
[69] *Scholz/Schneider* § 37 Anm. 56.
[70] HM: *Scholz/Schneider* § 35 Anm. 172 f.; *Rowedder/Koppensteiner* § 35 Anm. 44; anders BGH v. 17. 4. 1958, GmbHR 1958, 148, der die Mitgeschäftsführer bei Änderungen der GF-Bezüge für zuständig hält.
[71] *Scholz/Schneider* § 35 Anm. 171; *Hachenburg/Mertens* § 35 Anm. 99.
[72] *Scholz/Schneider* § 35 Anm. 171; *Hachenburg/Mertens* § 35 Anm. 99.
[73] HM: *W. Schmidt* NJW 1952, 1355; *Bergmann* NJW 1953, 82; *Scholz/Schneider* § 35 Anm. 175; aA: Die Vertretungsmacht geht auf den Aufsichtsrat über, kann aber durch die Satzung auf die Gesellschafterversammlung zurückübertragen werden: *Baumbach/Hueck* SchlußAnh. I Q.
[74] *Boldt* MontanMitbestG § 12 Anm. 4 a, b und 5; *Scholz/Schneider* § 35 Anm. 174.
[75] BGH v. 14. 11. 1983, AG 84, 48; *Meyer-Landrut* §§ 35–38 Anm. 218; die aA von *Scholz/Schneider* § 35 Anm. 176 f. ist überholt durch die höchstrichterliche Rechtsprechung.
[76] *Hanau/Ulmer* § 31 Anm. 41.

keine Vorschriften über die Vertragsdauer. Bei den mitbestimmten Gesellschaften gelten die Vorschriften der §§ 31 Abs. 1, 84 Abs. 1 Satz 5 AktG. Die Laufzeit des Anstellungsvertrages ist damit auf die Höchstdauer von 5 Jahren beschränkt,[77] verlängert sich bei Wiederbestellung aber bis zum Ablauf der Amtszeit des Geschäftsführers.

b) Form des Vertrages

30 Eine bestimmte Form des Anstellungsvertrages ist nicht vorgeschrieben. Aus Gründen des Nachweises und um spätere Streitigkeiten zu vermeiden, empfiehlt sich dringend eine klare und eindeutige – vor allem schriftliche – Regelung.[78] Das Verbot des Selbstkontrahierens ist bei Abschluß des Anstellungsvertrages zu beachten. Es gilt auch für spätere Vertragsänderungen und hat besondere Bedeutung für die steuerliche Behandlung des Vertrages.

31 Bei beherrschenden Gesellschafter-Geschäftsführern gibt es keine Vermutung für die Entgeltlichkeit ihrer Tätigkeit. Dies und der Versuch Gewinnmanipulationen auszuschließen führt dazu, daß an die Nachvollziehbarkeit von Vereinbarungen zwischen Gesellschafter-Geschäftsführer und Gesellschaft strenge Maßstäbe angelegt werden. Bei Gesellschafter-Geschäftsführern hat die Praxis der Steuerverwaltung und der steuerlichen Rechtsprechung de facto zu einem Schriftformerfordernis geführt, Das Schriftformerfordernis gilt in gleicher Weise bei allen Vertragsänderungen. Bei fehlender Schriftlichkeit werden an den Nachweis der Vereinbarung höchste Anforderungen gestellt. Fehlt die Schriftform oder gelingt der Nachweis einer nicht schriftlichen Vereinbarung nicht, besteht die Gefahr, daß die Vergütung oder Teile der Vergütung des Gesellschafter-Geschäftsführers als verdeckte Gewinnausschüttungen betrachtet werden.

c) Mangelhafter Vertrag

32 Für fehlerhafte Anstellungsverträge gelten vor Aufnahme der Tätigkeit durch den Geschäftsführer uneingeschränkt die Regeln des allgemeinen Schuldrechts des BGB.[79] Die Vertragsparteien können sich demnach jederzeit auf die Nichtigkeit des Vertrags berufen.[80] Sie können ihre Erklärungen bei Irrtum, Drohung oder Täuschung anfechten (§§ 119 ff. BGB). Dabei kommen insbesondere Irrtümer der Gesellschaft über Eigenschaften des Geschäftsführers in Betracht, über die dieser die Gesellschaft getäuscht hat. In Betracht kommen beispielsweise mangelnde Fachkenntnisse, Vorstrafen iSd. § 6 Abs. 2 GmbHG und persönliche Verhältnisse.

33 Nach Aufnahme der Tätigkeit gelten die Regeln über die faktischen Vertragsverhältnisse.[81] Danach kann die Unwirksamkeit des Anstellungsver-

---

[77] Meyer-Landrut §§ 35–38 Anm. 222.
[78] Zum Umfang vgl. die empirischen Untersuchungen Tänzer GmbHR 1989, 324; 1987, 342; 1986, 255; 1984, 35; Nüser GmbHR 1985, 253; 1983, 35; 1982, 64; Beispiele für Regelungen bei Tillmann Der Geschäftsführervertrag, S. 155 ff.
[79] Tillmann Der Geschäftsführervertrag, Anm. 93.
[80] HM: Scholz/Schneider § 35 Anm. 248; Rowedder/Koppensteiner § 35 Anm. 93; Meyer-Landrut §§ 35–38 Anm. 146.
[81] Grundlegend: BGH v. 6. 4. 1964, BGHZ 41, 282.

hältnisses nur für die Zukunft „ex nunc" geltend gemacht werden. Der Geschäftsführer ist für seine Leistung nach Maßgabe des – fehlerhaften – Vertrages zu bezahlen. Das faktische Vertragsverhältnis endet mit der einseitigen Erklärung einer der beteiligten Parteien für die Zukunft.

2. Vergütung des Geschäftsführers

Regelmäßig wird – so eine Prämisse unserer Rechtsverordnung (§ 612 BGB) – niemand ohne Entlohnung eine Leistung erbringen. Es kann aber die Frage entstehen, worin im einzelnen das Entgelt für eine erbrachte Leistung besteht. Bei einem Angestellten wird das Entgelt in der Summe der Zahlungen und sonstigen Leistungen bestehen, die er von seinem Arbeitgeber erhält. Bei einem Gesellschafter hingegen kann die Gegenleistung auch im erzielten Gewinn der Gesellschaft liegen, den er sich auszahlen kann oder der im Unternehmen verbleibt und dessen Wert steigert. Soweit Anstellung und Gesellschafterstellung zusammenfallen, entsteht die Frage, ob Leistungen der Gesellschaft an den Gesellschafter-Geschäftsführer Lohn vergleichbar den Leistungen an fremde Dritte sind (§ 19 EStG Einkünfte aus nicht selbständiger Tätigkeit) oder ob sie Gewinnausschüttungen vergleichbar sind (§ 20 EStG – Einkünfte aus Kapitalvermögen). **34**

Bei der Beurteilung, ob die Gefahr einer Gewinnverschiebung zu Lasten der GmbH besteht, ist zu differenzieren: besitzt der Geschäftsführer sämtliche Anteile (Ein-Mann-GmbH), so kann er die Gesellschaft beherrschen wie ein einzelkaufmännisches Unternehmen. Ein Gesellschafter, der mehr als 50% aber weniger als 75% der Anteile und Stimmrechte hält, kann der GmbH in wesentlichen Fragen seinen Willen aufzwingen. Gleichwohl sind ihm bestimmte Maßnahmen nicht möglich, für die er einer ³/₄-Mehrheit bedarf, zB Satzungsänderungen und Kapitalmaßnahmen. Hält ein Gesellschafter weniger als 50% der Anteile, so ist er nur zusammen mit anderen Gesellschaftern in der Lage, in der GmbH seinen Willen zu verwirklichen. Wenn er zugleich Geschäftsführer ist, wird er regelmäßig zu behandeln sein, wie andere Gesellschafter auch, weil er keinen maßgeblichen Einfluß ausüben kann. Zuletzt sind Fälle denkbar, bei denen Geschäftsführer nur Minimalanteile an einer GmbH halten, die etwa gewinnabhängige Vergütungen gewähren sollen oder von den übrigen Gesellschaftern als Motivationsmittel gedacht sind. Hier gibt es keinen Grund den Geschäftsführer grundsätzlich anders als einen an der Gesellschaft nicht beteiligten Geschäftsführer zu behandeln. **35**

a) Nachzahlungsverbot

Der beherrschende Gesellschafter-Geschäftsführer hat es in der Hand, Zahlungen an sich jederzeit zu veranlassen. Die Rechtsprechung vermutet deshalb – prima facie –,[82] daß Zahlungen, die ohne vorherige eindeutige Vereinba- **36**

---

[82] Der Beweis des ersten Anscheins, eine prozessuale Beweiserleichterung, ist grds. widerlegbar, wenn es gelingt, einen alternativen Kausalverlauf darzulegen, der ebenso wahrscheinlich ist wie der vermutete. Die Beweislast für die nichtbetriebliche Veranlassung der Zahlung trifft dann wieder die Finanzverwaltung; vgl. *Baumbach/Lauterbach* Anh. § 286 ZPO Anm. 3 Ba; BFH v. 28. 6. 1989, GmbHR 1989, 475 der feststellt,

rungen erfolgen, auf dem Gesellschaftsverhältnis beruhen und behandelt diese Zahlungen als verdeckte Gewinnausschüttungen.

37 Die Regelung des Angestelltenverhältnisses des beherrschenden Gesellschafter-Geschäftsführers muß deshalb klar, eindeutig und schriftlich geregelt sein.[83] Sie muß zeitgerecht – im vorhinein wirksam vereinbart – und durchgeführt sein.[84] Wesentliches Merkmal, das mit diesen Erfordernissen umschrieben ist, ist die Ernsthaftigkeit der getroffenen Vereinbarung. Im Einzelfall kann deshalb durchaus eine Vereinbarung, die ernstlich gewollt und durchgeführt ist, die aber zivilrechtlich nach § 181 BGB unwirksam ist, steuerlich das Verhältnis zwischen Gesellschaft und Gesellschafter-Geschäftsführer hinreichend bestimmen.[85]

38 Werden Bezüge an herrschende Gesellschafter für zurückliegende Perioden erstmals gezahlt oder erhöht, so sieht die Rechtsprechung darin verdeckte Gewinnausschüttungen.[86] Das Erfordernis der vorherigen Vereinbarung soll auch für Zahlungen der laufenden Periode gelten.[87] Die Geschäftsführerbezüge des beherrschenden Gesellschafter-Geschäftsführers[88] unterliegen damit im Ergebnis einem Nachzahlungsverbot.[89] Einbezogen in das Nachzahlungsverbot sind alle Bestandteile der Vergütung. Das Nachzahlungsverbot gilt für Tantiemen[90] aber auch für die Nebenleistungen wie für die Übernahme von Krankheitskosten durch die Gesellschaft.[91]

39 Bei Fehlen einer schriftlichen oder mündlichen Vereinbarung kann uU aus dem tatsächlichen Verhalten auf die Vereinbarung geschlossen werden. Die jährliche Buchung eines Gehalts bei Bilanzerstellung soll dafür jedoch nicht ausreichen, wohl aber die monatliche Buchung und Auszahlung.[92]

40 Der Haltung der Rechtsprechung wird durch den einheitlichen Grundgedanken bestimmt, willkürliche Gewinnmanipulationen durch den Gesell-

---

ausnahmsweise könne eine Umsatztantieme steuerlich zulässig sein, wenn der Steuerpflichtige den Ausnahmefall darlege, beruht auf dieser Beweisregel.

[83] Grundlegend BFH v. 11. 10. 1955, BStBl. 1955 III 397; *Spitaler/Niemann* Angemessenheit, S. 10.

[84] *Streck* KStG § 8 Anm. 138; BFH v. 30. 7. 1975, GmbHR 1976, 23; zur Ausnahme der mündlichen Vereinbarung einer Gehaltserhöhung: BFH v. 24. 1. 1990, GmbHR 1990, 412; zum gegenteiligen Fall nicht vereinbarten Urlaubsgelds: FG Niedersachsen v. 14. 5. 1990, GmbHR 1991, 341.

[85] BFH v. 31. 5. 1995, GmbHR 1996, 60.

[86] Zuletzt: BFH v. 29. 4. 1987, BStBl. II 1987, 797.

[87] AA FG Münster v. 15. 6. 1972, EFG 1972, 605: für die Vereinbarung einer Weihnachtsgratifikation.

[88] Bei gleichgerichteten Interessen zwischen beherrschendem und Minderheitsgesellschafter (nachträgliche gemeinsame Gehaltserhöhung für beide Gesellschafter) kommt im Einzelfall auch die Anwendung auf nicht beherrschende Gesellschafter in Betracht; BFH v. 21. 7. 1976, GmbHR 1976, 273; BFH v. 29. 4. 1987, BStBl. II 1987, 797.

[89] Ausführlich: *Spitaler/Niemann* Angemessenheit, S. 46 f. *Tillmann* Der Geschäftsführervertrag, Rdn. 93; *Evers/Grätz/Näser* Gehaltsfestsetzung, S. 62; *Lange* GmbHR 1991, 427.

[90] BFH v. 6. 3. 1968, BStBl. 1968, 482.

[91] *Spitaler/Niemann* Angemessenheit, S. 49.

[92] BFH v. 18. 5. 1972, GmbHR 1972, 205.

A. Bestellung und Anstellung

schafter auszuschließen. Der genaue Betrag des Vergütungsanspruchs muß sich deshalb rechnerisch herleiten lassen.[93] Folgerichtig hat die Rechtsprechung Zahlungen als verdeckte Gewinnausschüttungen angesehen, die auf einem Anstellungsvertrag beruhten, in dem formuliert war, daß eine Gehaltszahlung erst erfolgen solle, wenn die Gesellschaft dazu in der Lage sei.[94] Die Formulierung eine Tantieme solle „mindestens 25% des Reingewinns" betragen, ist unklar.[95] Vor diesem Hintergrund sind auch Klauseln beanstandet worden, die einen zu weiten Entscheidungsspielraum lassen,[96] etwa daß der der Gesellschaft nach Berücksichtigung der Tantieme ein Gewinn von mindestens DM 5000, höchstens DM 20 000 verbleiben solle.

b) Angemessenheit

Beurteilt werden die Gesamtbezüge (Gesamtausstattung) des Gesellschafter-Geschäftsführers.[97] Zur Gesamtausstattung gehören alle Leistungen, die der Geschäftsführer von der Gesellschaft erhält, i. e. Gehalt, Tantiemen, Gratifikationen, Altersversorgung, aber auch Nebenleistungen wie Firmenwagen, zinsgünstige Darlehen und Versicherungen. Leistungen an nahestehende Personen sind in die Betrachtung einzubeziehen.[98]

Dabei kann ein Vorteilsausgleich erfolgen. Alle Vorteile, die der Gesellschafter-Geschäftsführer von der Gesellschaft erhält aber auch alle Nachteile sind in die Betrachtung einzubeziehen. Die betrachteten Vor- und Nachteile müssen nicht innerhalb eines Wirtschaftsjahres liegen. Die Rechtsprechung verlangt als Voraussetzung des Vorteilsausgleichs, daß der Wille, einen Ausgleich vornehmen zu wollen, dokumentiert wird.[99]

Es gibt keinen allgemeinen Maßstab für die Beurteilung der Angemessenheit der Regelung in Anstellungsverträgen geschäftsführender Gesellschafter. Grundsätzlich ist der Wert der Dienstleistung des Gesellschafters für die Gesellschaft das maßgebliche Kriterium.[100] Für die Angemessenheit sind verschiedene Gesichtspunkte heranzuziehen und abzuwägen: gesellschaftsrechtliche Zulässigkeit der Vergütung,[101] Vergleichbarkeit mit dem Gehalt von Fremdgeschäftsführern[102] und die Ertragsaussichten der Gesellschaft.

Der Gesellschafter-Geschäftsführer stimmt bei der Festsetzung seiner Bezüge in der Gesellschafterversammlung mit ab. Nimmt er eine beherrschende Stel-

---

[93] BFH v. 30. 1. 1985, GmbHR 1985, 380.
[94] BFH in GmbHR 1990, 41.
[95] FG Baden-Württemberg v. 25. 7. 1990, GmbHR 1991, 489; FG Niedersachsen v. 1. 3. 1990, GmbHR 1991, 288.
[96] FG Niedersachsen 6. 7. 1989, GmbHR 1990, 420.
[97] BFH v. 11. 9. 1968, BStBl. II 1968, 809, BFH v. 8. 6. 1977, BStBl. II 1977, 704.
[98] *Streck* KStG § 8 Anm. 94.
[99] BFH v. 3. 4. 1977, BStBl. II 1974, 497, BFH v. 8. 6. 1977, BStBl. II 1977, 704.
[100] *Spitaler/Niemann* Angemessenheit S. 3 ff.; *Sudhoff* Rechte und Pflichten S. 112; *Tillmann* Der Geschäftsführervertrag Anm. 97.
[101] Unangemessen hohe Vergütungen können Rückzahlungen des Stammkapitals darstellen. Eine Vereinbarung, die zur Verletzung der Kapitalerhaltungsgrundsätze führte, wäre unangemessen (§ 30 GmbHG; § 134 BGB): *Scholz/Schneider* § 35 Anm. 181.
[102] Nicht unumstritten und auf keinen Fall als alleiniges Kriterium anwendbar.

lung ein, so verlangt die Treupflicht gegenüber den Mitgesellschaftern, daß er seine Stimmrechtsmacht nicht rücksichtslos für eigene Interessen einsetzt.[103] Ein Gesellschafterbeschluß der ein unangemessen hohes Gehalt festsetzt, könnte deshalb von den Mitgesellschaftern erfolgreich angefochten werden.[104] Für die Frage der steuerlichen Beurteilung wird es auf die Durchführung der gesellschaftsrechtlichen Anfechtung nicht ankommen. Die Möglichkeit der Anfechtung wird ausreichen, um Zweifel an der Angemessenheit zu wecken.

45 Die Gesellschaft muß bei der Festsetzung der Bezüge, insbesondere neugegründeter Gesellschaften, die im Zeitpunkt der Festsetzung der Bezüge bekannten Planungen und Erwartungen der Gesellschaft hinsichtlich der Eigenkapitalverzinsung und der Ertragsaussichten berücksichtigen. Wenn sich diese nicht verwirklichen, führt dies nicht zur rückwirkenden Unangemessenheit der Bezüge.[105] Die Gesellschaft kann eine Anpassung der Bezüge an die veränderten Umstände verlangen, wenn dies vertraglich vorgesehen oder bei der Erneuerung des Vertrages möglich ist. Andernfalls ist die Gesellschaft auf das Institut vom Wegfall der Geschäftsgrundlage verwiesen. Erst zu diesem Zeitpunkt könnte die Anpassung gegenüber einem Fremdgeschäftsführer durchgesetzt werden. Auf den Wegfall der Geschäftsgrundlage kann sich die Gesellschaft berufen, wenn bestimmte Erwartungen über die Entwicklung der Gesellschaft von beiden Parteien zur Grundlage des Anstellungsvertrages gemacht worden sind. Hätte die Gesellschaft den Vertrag bei Kenntnis des Fehlens des vorausgesetzten Umstandes nicht oder nicht so abgeschlossen, kann sie die Anpassung verlangen, wenn sich der Geschäftsführer redlicherweise auf einen den tatsächlichen Umständen entsprechenden Vertrag eingelassen hätte.[106]

46 Ein möglicher Vergleichsmaßstab ist der Betrag, den die Gesellschaft oder eine vergleichbare Gesellschaft einem Dritten gezahlt hätte. Über die Vergütung von Geschäftsführern liegen empirische Untersuchungen vor, die eine Einschätzung ermöglichen. Aus den Untersuchungen ist bekannt, daß Gesellschafter-Geschäftsführer geringfügig höhere Vergütungen erhalten als Fremdgeschäftsführer.[107] Keinen Vergleich bilden die Gehälter der übrigen leitenden Angestellten des Unternehmens. Einen „internen" Betriebsvergleich hält die Rechtsprechung für unzulässig, weil die Gehaltsfestsetzung für Führungskräfte keine Einordnung in feste Richtlinien erlaube. Dem ist im Grundsatz zuzustimmen. Die Einordnung der Geschäftsführer im Verhältnis zu den übrigen leitenden Angestellten gibt jedoch mindestens Anhaltspunkte für die relative Höhe der Gesamtvergütung.[108]

47 Die Ertragsaussichten der Gesellschaft sind ein wichtiges Kriterium für die Beurteilung der Angemessenheit der Geschäftsführervergütung. Der Erfolg der Gesellschaft ist auch ein Erfolg der Geschäftsführung. Es erscheint deshalb nur recht und billig, wenn der Erfolg der Gesellschaft sich in der Höhe der Geschäfts-

---

[103] *Hachenburg/Schilling* § 14 Anm. 23 f.; *Rowedder/Rohwedder* § 13 Anm. 12 f.
[104] *Tillmann* Der Geschäftsführervertrag Anm. 96.
[105] BFH v. 22. 4. 1971, BStBl. II 1971, 600.
[106] *Tillmann* Der Geschäftsführervertrag Anm. 99; *Palandt/Heinrichs* § 242 Anm. 125 f.
[107] *Tänzer* GmbHR 1989, 324 f.
[108] *Tillmann* Der Geschäftsführervertrag Anm. 99; *Evers/Grätz/Näser* Die Gehaltsfestsetzung bei Geschäftsführern der GmbH und GmbH & Co., S. 74.

führergehälter widerspiegelt.[109] Der Erfolg der Gesellschaft läßt sich ua. an der Höhe der Eigenkapitalverzinsung bemessen. Die steuerliche Rechtsprechung geht davon aus, daß die Kapitalgesellschaft eine rentierliche Verzinsung des Eigenkapitals anstrebt. Solange sie gewährleistet ist, ist dies ein Hinweis darauf, daß die Vergütung der Geschäftsführung nicht unangemessen ist. Jedes Unternehmen muß mit wechselndem Erfolg und vorübergehenden Verlusten rechnen. Die vorübergehend fehlende Eigenkapitalrendite ist noch kein Hinweis auf eine Unangemessenheit der Geschäftsführervergütung. Insbesondere bei der Übernahme von Sanierungsaufgaben durch den Geschäftsführer kann eine Vergütung in Betracht kommen, die zunächst eine rentierliche Verzinsung des Eigenkapitals nicht zuläßt. Erst wenn eine Einschränkung der Eigenkapitalrendite auf Dauer hingenommen wird, kann dies ein erster Hinweis auf die Unangemessenheit der Vergütung des Gesellschafter-Geschäftsführers sein.[110]

Auch dem Geschäftsführer einer ruhenden GmbH steht eine Vergütung zu, **48** die der übernommenen Verantwortung entspricht, aber nicht notwendig eine Eigenkapitalrendite zuläßt.[111]

3. Vergütungsformen und Vergütungssysteme

Die Formen und Systeme der Vergütung der Geschäftsführer sind vielfältig. **49** Alle Vergütungsformen, Festvergütungen,[112] Gewinn- oder Umsatzbeteiligungen, Provisionen, Tantiemen und Boni sind grds. möglich und zulässig.[113]

a) Festgehalt

Die Festgehaltsvereinbarung ist regelmäßig der Ausgangspunkt für die wei- **50** teren Vereinbarungen.[114] Soweit keine besondere Vereinbarung getroffen ist, ist sie die „übliche Vergütung" iSd. § 612 BGB.[115] Die Festsetzung erfolgt im Streitfall durch das Gericht.[116] Die Regel greift auch zugunsten des Notgeschäftsführers ein.[117]

In Sonderfällen ist es möglich, Zeithonorare zu vereinbaren. **51**

b) Tantiemen

Tantiemen kommen als ergebnisbezogene (Gewinntantieme), als umsatz- **52** bezogene (Umsatztantieme) und als gemischte Vereinbarungen vor. Alle Formen sind handelsrechtlich grundsätzlich zulässig.[118]

---

[109] Dazu die Untersuchung *Tänzer* GmbHR 1989, 324.
[110] BFH v. 5. 10. 1977, GmbHR 1978, 93.
[111] BFH v. 10. 5. 1967, BStBl. II 1967, 498.
[112] Dazu zählen auch: zinsvergünstigte Darlehen, Versicherungszuschüsse, Firmenwagen; vgl. *Scholz/Schneider* § 35 Anm. 180.
[113] *Meyer-Landrut* §§ 35–38 Anm. 204; BGH v. 3. 12. 1973, BB 74, 252; *Rowedder/ Koppensteiner* § 35 Anm. 72 ff.; *Scholz/Schneider* § 35 Anm. 180 ff.; zu Grenzen: LG Heidelberg v. 9. 12. 1955, GmbHR 1957, 60.
[114] *Meyer-Landrut* §§ 35–38 Anm. 204; *Rowedder/Koppensteiner* § 35 Anm. 72.
[115] *Rowedder/Koppensteiner* § 35 Anm. 72.
[116] BayOLG v. 28. 7. 1988, BB 1989, 19.
[117] *Rowedder/Koppensteiner* § 35 Anm. 72; *Hachenburg/Mertens* § 35 Anm. 115.
[118] BGH v. 4. 10. 1976, DB 1977, 85; *Ranft* GmbHR 1979, 42; *Niehus* DB 1996, 2449.

53 aa) Gewinnbezogene Tantieme und steuerliche Behandlung. Grundlage der Berechnung der Gewinntantiemen ist regelmäßig die Handelsbilanz.[119] Es sind verschiedene Anknüpfungspunkte denkbar; in ihrer einfachsten Form knüpft die Tantieme an das ausgeschüttete Ergebnis an. Die Konsequenz hiervon ist sowohl die Belastung des Geschäftsführers bei Thesaurierung des Ergebnisses als auch die Begünstigung bei Auflösungen von Rücklagen. Die ergebnisbezogene Tantieme kann auch an den Jahresüberschuß anknüpfen. Damit ist sie stärker am wirtschaftlichen Jahresergebnis orientiert. Sie kann ggf. modifiziert werden durch die Berücksichtigung außerordentlicher Erträge und Aufwendungen und der zu leistenden Steuerzahlungen. Auch der Rohgewinn kommt als Anknüpfungspunkt in Betracht.[120] Als Rohgewinn ist regelmäßig eine Größe zu verstehen, die sich aus dem Umsatz abzüglich des Materialeinsatzes, bei Dienstleistern abzüglich der direkt zurechenbaren Personalkosten, ergibt. Wegen der Möglichkeit weitere Aufwendungen in die Ermittlung einzubeziehen, empfiehlt sich eine genaue Definition im Anstellungsvertrag oder den maßgeblichen Beschlüssen der Gesellschaftsorgane.[121]

54 Es kann der Tantiemenberechnung auch der Bilanzgewinn zugrunde gelegt werden. Hier wird in der Regel vorgeschlagen, Gewinn- und Verlustvorträge[122] aus Vorjahren, Vermögens- und Körperschaftsteuer sowie außerordentliche Erträge und Aufwendungen abzuziehen.[123] Die bereits berücksichtigten Geschäftsführergehälter und Tantiemen sowie die Dotierung von freiwilligen oder satzungsmäßigen Rücklagen sollte die Berechnungsgrundlage nicht schmälern. § 86 Abs. 2 AktG ist jedenfalls für die GmbH nicht anwendbar.[124] Die Auflösung von Rückstellungen wird, ebenso wie umgekehrt ein Verlustvortrag aus Vorjahren, nur dann berücksichtigt werden, wenn die entsprechende Bildung der Rückstellung die Tantieme des Geschäftsführers zuvor geschmälert hat.[125]

55 In der Praxis wird der Tantiemenberechnung zunehmend die kurzfristige – interne – Erfolgsrechnung zugrunde gelegt. Wegen der Unterschiedlichkeit der genutzten Management Informationssysteme, können verschiedene Anpassungen erforderlich werden, um den tatsächlichen Erfolg des Geschäfts-

---

[119] *Scholz/Schneider* § 35 Anm. 183 f.; *Rowedder/Koppensteiner* § 35 Anm. 75; für die Zugrundelegung der Steuerbilanz wegen der geringeren Manipulationsgefahr: *Näser* GmbHR 1982, 64 ff.

[120] Zu den Anforderungen an die Anerkennung einer Rohgewinntantieme siehe BFH v. 25. 10. 1995, GmbHR 1996, 299 und BFH v. 10. 11. 1998, GmbHR 1999, 417.

[121] BFH v. 25. 10. 1995, BB 1996, 465.

[122] Verlustvorträge auch nur, soweit sie während der Amtszeit des Anspruchsprätendenten entstanden sind: *Scholz/Schneider* § 35 Anm. 184; *Rowedder/Koppensteiner* § 35 Anm. 75.

[123] *Heining* GmbHR 1953, 201; *Gansmüller* GmbHR 1965, 92, *Felix* GmbHR 1974, 219.

[124] h. A: *Scholz/Schneider* § 35 Anm. 184; *Rowedder/Koppensteiner* § 35 Anm. 75; *Hachenburg/Mertens* § 35 Anm. 131; aA: der BFH v. 5. 10. 1977, GmbHR 1978, 93, der Umsatztantiemen wegen § 86 Abs. 2 AktG im Gegensatz zum BGH v. 4. 10. 1976, DB 1977, 85 für unzulässig hält; zum ganzen auch *Tillmann* Der Geschäftsführervertrag, Anm. 90.

[125] BGH v. 21. 4. 1975, WM 1975, 761; *Rowedder/Koppensteiner* § 35 Anm. 75.

führers zu messen. Ein häufiges Problem besteht darin, daß die Berechnung vor den Jahresabschlußbuchungen durchgeführt aber nicht mehr an deren Auswirkungen angepaßt wird.

Der Beweis des ersten Anscheins soll nach Auffassung der Rechtsprechung des Bundesfinanzhofes für eine unangemessene Gewinntantieme des beherrschenden Gesellschafter-Geschäftsführers sprechen, wenn der variable Anteil der Tantieme größer als 50% des Jahresüberschusses ist. Dabei ist von angemessenen Gesamtbezügen auszugehen. Bei der Beurteilung der Angemessenheit dürfen die Gewinnaussichten der Gesellschaft neben dem Drittvergleich als eigener Gesichtspunkt berücksichtigt werden. Das Verhältnis von festen zu variablen Anteilen der Vergütung soll dabei 75% : 25% betragen. Weichen die Steuerpflichtigen von diesen Sätzen ab, obliegt es ihnen, die Veranlassung außerhalb des Gesellschaftsverhältnisses nachzuweisen. Selbst die so ermittelten Beträge sollen bei jeder Gehaltsanpassung, spätestens nach drei Jahren, der Überprüfung unterliegen.[126]

bb) Umsatztantieme und steuerliche Behandlung. Hinsichtlich der Zweckmäßigkeit reiner Umsatztantiemen werden Bedenken geäußert. Diese gehen dahin, daß sie zum einen rein umsatzbezogenes Denken der Geschäftsführer fördern, zum anderen aber zu einer Vernachlässigung des Unternehmensergebnisses verleiten würden.[127]

Die Berechnung von Umsatztantiemen setzt die Feststellung des Umsatzes voraus, der bei der Vereinbarung der Tantieme von den Parteien als Berechnungsgrundlage gewollt war. Rechtsgrundlage kann zum einen der Umsatz als wirtschaftliche Größe sein. Dies ist die Menge der im Geschäftsjahr verkauften und/oder bezahlten[128] Lieferungen und Leistungen des Unternehmens. In Betracht kommen alternativ die steuerbaren und/oder steuerpflichtigen Umsätze iSd. Umsatzsteuergesetzes. Die Einbeziehung etwa der Anlagenverkäufe ist eine Frage der Zweckmäßigkeit. Empfohlen wird eine Beschränkung des tantiemepflichtigen Umsatzes auf die echten Leistungsentgelte unter Abzug der Anlagenverkäufe.[129]

In welchem Umfang Umsatztantiemen steuerlich zulässig sind, ist nach Auffassung der Rechtsprechung abschließend geklärt.[130] Der Bundesfinanzhof behandelt Umsatztantiemen, die herrschenden Gesellschafts-Geschäftsführern gewährt werden, regelmäßig als verdeckte Gewinnausschüttungen.[131] Nur bei Vorliegen besonderer Gründe beim Aufbau von Unternehmen werden sie für angemessen und steuerunschädlich gehalten, wenn sie nicht zu der von der Rechtsprechung befürchteten „Absaugung nicht erwirtschafteter Gewinne" führen.[132]

---

[126] BFH v. 5. 10. 1994, BStBl. II 1995, 549, BMF v. 3. 1. 1996, Az. IV B 7 – S 2742 – 71/95 und BMF v. 5. 1. 1998, Az. IV B 7 – S 2742 – 1/98, BStBl. I 1998, 90.
[127] *Rowedder/Koppensteiner* § 35 Anm. 74; *Felix* BB 1988, 277.
[128] *Scholz/Schneider* § 35 Anm. 185.
[129] *Tillmann* Der Geschäftsführervertrag, Anm. 90.
[130] BFH v. 13. 8. 1995, BB 1996, 513.
[131] BFH v. 5. 10. 1977, GmbHR 1978, 93; BFH v. 28. 6. 1989, GmbHR 1989, 475, wo zugleich festgestellt wird, die Umsatztantieme könne ausnahmsweise steuerlich zulässig sein, wobei der Steuerpflichtige den Ausnahmefall darzulegen haben.
[132] *Ranft* GmbHR 1979, 42.

– Dem Gesellschafter-Geschäftsführer einer neugegründeten Gesellschaft kann bis zum Erreichen eines bestimmten Umsatzziels eine Umsatztantieme versprochen werden. Sie dient dazu, die Gesellschaft ggf. auf Kosten des Ergebnisses, am Markt zu etablieren. Verlangt wird aber neben einer zeitlichen Begrenzung eine Begrenzung in Form einer „Revisionsklausel".

– Die Gesellschaft zahlt einem Gesellschafter, der sich zur Sanierung der Gesellschaft zum Geschäftsführer bestellen läßt, eine Umsatztantieme, um frühere Umsatzrückgänge zu stoppen und den Umsatz zu stabilisieren.

60 Fraglich ist aber, ob nicht zumindest moderate Tantiemeregelungen, die eine Mischung von gewinn- und umsatzbezogenen Bestandteilen vorsehen zulässig sind. Zu denken sind etwa Tantiemen, die einerseits das Rohergebnis und andererseits das operative Ergebnis als Bezugsgröße nutzen. Aus Sicht der Gesellschaft bedeutet dies einerseits die Förderung der Rohmarge und der Tantiemebestandteil ist eine Prämie für günstiges Einkaufsverhalten und andererseits bezogen auf das Operative Ergebnis ist die Tantieme eine Prämie für kostenbewußte Führung des Unternehmens. Eine solche Tantiemeregelung, wenn sie insgesamt zu einer angemessenen Entlohnung führt, ist betriebswirtschaftlich und aus Sicht der übrigen Gesellschafter sinnvoll. Sie sollte deshalb auch steuerlich nicht zu beanstanden sein.

c) Altersversorgung

61 Die Altersversorgung spielt eine erhebliche Rolle im Anstellungsvertrag des Geschäftsführers. Nach den letzten vorliegenden Untersuchungen haben mehr als 80% der Geschäftsführer Zusagen über eine Altersversorgung durch ihre Gesellschaft.[133]

62 Die drei wesentlichen Vorsorgesysteme sind die private Sicherung – durch Lebensversicherung, Wertpapiervermögen und Grundbesitz –, die gesetzliche Rentenversicherung[134] und die betriebliche Altersversorgung.[135]

63 **aa) Direktversicherungen.** Die Gesellschaft muß die Bezugsberechtigung des Geschäftsführers bzw. seiner Hinterbliebenen gegenüber der Versicherung erklären. Die Beiträge der Gesellschaft zu einer Direktversicherung des Geschäftsführers iSd. § 4b EStG sind Betriebsausgaben. Eine Aktivierung des Anspruchs in Höhe des geschäftsplanmäßigen Deckungskapitals darf nicht erfolgen. Sie muß jedoch nachgeholt werden, wenn eine der Voraussetzungen des § 4b EStG entfällt. Die Gesellschaft kann den Versicherungsanspruch beleihen oder abtreten, muß sich in diesem Fall jedoch dem Bezugsberechtigten gegenüber schriftlich verpflichten, ihn im Versicherungsfall so zu stellen, als ob Beleihung oder Abtretung nicht erfolgt seien (§ 4b Satz 2 EStG).

64 Fehlt am Bilanzstichtag diese Erklärung, fehlt eine der Voraussetzungen des § 4b EStG. In einem solchen Fall – etwa auch beim Widerruf der Zusage – muß der Anspruch auf das geschäftsplanmäßige Deckungskapital zuzüglich etwaiger Guthaben aus Beitragsrückerstattung der Versicherung aktiviert werden.

---

[133] *Tänzer* GmbHR 1989, 234.
[134] Zur Stellung des Geschäftsführers in der Sozialversicherung vgl. oben Rz. 92 f.
[135] Dazu umfassend: *K. Heubeck* Die Altersversorgung.

A. Bestellung und Anstellung 65–68 § 5

Nach Ansicht der Finanzverwaltung ist von der Ernsthaftigkeit der Vereinbarung einer Direktversicherung für einen Gesellschafter-Geschäftsführer auszugehen, wenn die Erlebnisfalleistung für einen Zeitpunkt vor Vollendung des 75. Lebensjahres des Gesellschafter-Geschäftsführers vereinbart ist.[136] Der Prüfung der Angemessenheit der Versicherung werden die Jahresbruttoprämien zugrundegelegt.[137] **65**

bb) Pensionszusagen. Die Altersversorgung der Geschäftsführer durch Pensionszusagen der Gesellschaft unterliegt grundsätzlich den Regeln des Gesetzes über die betriebliche Altersversorgung (BetrAVG). Das Gesetz ist auf die Geschäftsführer einschließlich der Gesellschafter-Geschäftsführer anwendbar, sofern diese eine arbeitnehmerähnliche Stellung im Unternehmen einnehmen (§ 17 Abs. 1 BetrAVG).[138] Beherrschende Gesellschafter-Geschäftsführer nehmen keine arbeitnehmerähnliche Stellung ein. Auf sie ist das Gesetz nicht anwendbar. **66**

Art und Inhalt der Vereinbarungen

Die betriebliche Altersversorgung umfaßt nach ihrer gesetzlichen Definition in § 1 BetrAVG alle Leistungen der Alters-, Invaliditäts- und Hinterbliebenenversorgung, die dem Arbeitnehmer aus Anlaß des Arbeitsverhältnisses zugesagt wurden. In Betracht kommen Pensionszusagen, die dem Geschäftsführer durch die Gesellschaft selbst gemacht werden und Zusagen von Leistungen von Pensions- und Unterstützungskassen. In der Praxis überwiegen die Pensionszusagen gegenüber anderen Formen der Altersversorgung deutlich, sie machen mehr als zwei Drittel aller Zusagen aus.[139] **67**

Bei einer Pensionszusage an einen Gesellschafter-Geschäftsführer sind das Gebot der Angemessenheit der Vergütung und das Nachzahlungsverbot zu beachten.[140] Für die zivilrechtliche Wirksamkeit ist das Verbot des Selbstkontrahierens zu beachten.[141] Die Frage der Ernstlichkeit der Zusage muß geklärt sein.[142] Eine Pensionszusage ist nach einem Beschluß des Bundesverfassungsgerichtes[143] ernsthaft und demgemäß steuerlich anzuerkennen, wenn im Zeit- **68**

---

[136] Schreiben des BdF v. 30. 5. 1980, Az. IVB 1 – S2144a – 7/80 IVB 7 – S2742 – 6/80 (BStBl. I 1980, 253).
[137] *Streck* KStG § 8 Anm. 150 „Direktversicherung".
[138] *Tillmann* Der Geschäftsführervertrag, Anm. 113; *K. Heubeck* Die Altersversorgung, Anm. 138 ff.; *Scholz/Schneider* § 35 Anm. 203.
[139] *K. Heubeck* Die Altersversorgung, Anm. 110.
[140] *Borst* BB 1989, 38; *Baer* BB 1989, 1529.
[141] Zweifel äußert *Tillmann* Der Geschäftsführervertrag, Anm. 137.
[142] Der frühere Streit hinsichtlich der Ernstlichkeit betraf die Frage des Pensionsalters. Der BFH hatte bis zu seinem Grundsatzurteil in 1982 die Ansicht vertreten, eine Pensionszusage, die auf ein früheres Alter als 75 Jahre laute, sei nicht ernsthaft gewollt. Nunmehr wird bei typisierender Betrachtungsweise ein regelmäßiges Pensionsalter von 65 Jahren zugrundegelegt, ohne daß an der Ernsthaftigkeit der Zusage zu zweifeln wäre: BFH v. 28. 4. 1982, GmbHR 1982, 218; ein Pensionsalter von 63 Jahren wollte der BFH der Berechnung der Rückstellung nicht zugrunde gelegt wissen. Es sei nicht hinreichend wahrscheinlich, daß von einer solchen Zusage Gebrauch gemacht werde: BFH v. 23. 1. 1991, GmbHR 1991, 384; *Scholz/Schneider* § 35 Anm. 203.
[143] BVerfG v. 12. 2. 1998, GmbHR 1998, 750.

punkt ihrer Erteilung in einem späteren (gedachten) Versorgungsfall die vereinbarte Auszahlung durch die Gesellschaft möglich und zu erwarten ist.[144] Dabei indiziert eine fehlende Rückdeckungsversicherung nicht automatisch die fehlende Ernstlichkeit,[145] soweit anderweitige Sicherheiten im Betriebsvermögen vorhanden sind, die die Finanzierung des Versorgungsfalles sicherstellen können.[146]

69 Hinsichtlich des Umfangs der Leistungen besteht Vertragsfreiheit. In der Praxis sind Zusagen häufig, die bei einem Pensionsalter von 65 Jahren auf einen Betrag von 75%[147] der letzten Bruttobezüge abstellen, unter Anrechnung der Leistungen der gesetzlichen Rentenversicherung. Dem gegenüber stehen Zusagen, die auf 50–55% der letzten Bruttobezüge lauten, bei denen aber von einer Anrechnung der Bezüge aus der gesetzlichen Rentenversicherung abgesehen wird.[148] Es sind auch andere Modelle denkbar, die etwa nur einen festen Sockelbetrag monatlicher Rentenleistung durch den Betrieb vorsehen oder solche, die für jedes Dienstjahr einen Rentenanspruch als v. H.-Satz, bezogen auf das letzte Bruttogehalt, gewähren.[149]

70 Für anerkannte Schwerbehinderte dürfte eine Altersgrenze von 60 Jahren steuerlich akzeptabel sein.[150]

71 Maßgeblich für die Beurteilung der Angemessenheit des Umfangs der Zusage ist bei einem Gesellschafter-Geschäftsführer die fiktive Jahres-Nettoprämie, dh. der Betrag, der nötig wäre, das Risiko zu versichern ohne Abschluß- und Verwaltungskostenzuschläge der Versicherung. Wegen des Nachzahlungsverbots ist bei der Berechnung das Jahr der Zusage zugrunde zu legen. Das gilt auch für spätere Erhöhungen der Zusage, für die die Gesellschafterversammlung zuständig ist.[151] Der Erhöhungsteil gilt als neu zugesagt und muß getrennt betrachtet werden.[152]

72 Pensionszusagen werden als Teil der Bezüge des Geschäftsführers gesehen, dieser muß die Mittel „erdienen",[153] die ihm durch Zusage zufließen werden. Zusagen, die mit angemessenen Bezügen nicht erarbeitet werden können, führen zu verdeckten Gewinnausschüttungen. Dem Gesellschafter-Geschäftsführer ist deshalb zu raten, seine Altersversorgung möglichst früh zu regeln, damit die Versorgungsbezüge in der verbleibenden Dienstzeit erarbeitet werden können.[154] Die Rechtsprechung hält einen Zeitraum von mindestens 10 Jahren zwischen Zusage und zwischen der Altersgrenze für erforderlich.

---

[144] *Lange* GmbHR 1999, 327, 329.
[145] BFH v. 15. 10. 1997, GmbHR 1998, 340.
[146] BFH v. 30. 9. 1992, GmbHR 1992, 484; *Mack/Schwedhelm/Olbing*, GmbHR 1998, 1145, 1147.
[147] Kritisch zu der häufig genannten 75% Grenze, die er für überhöht hält: *K. Heubeck* Die Altersversorgung, Anm. 122.
[148] *Tillmann* Der Geschäftsführervertrag, Anm. 112.
[149] Weitere Beispiele: *K. Heubeck* Die Altersversorgung, Anm. 114 ff.
[150] *K. Heubeck* Die Altersversorgung, Anm. 184.
[151] BGH v. 25. 3. 1991, GmbHR 1991, 363 und das darauf beruhende BMF-Schreiben v. 21. 12. 1995, Az. IV B 7 – S 2742 – 68/95.
[152] *K. Heubeck* Die Altersversorgung, Anm. 153.
[153] BFH v. 28. 6. 1989, BB 1989, 2096; FG Baden-Württemberg v. 21. 6. 1991, BB 1991, 2124 rkr.; *Schulze zur Wiesche* GmbHR 1991, 171.
[154] Ausführlich: *K. Heubeck* Die Altersversorgung, Anm. 164 ff.

A. Bestellung und Anstellung 73–75 § 5

Hierbei ist zu beachten, daß nach der Rechtsprechung die Gewährung einer Pensionszusage unmittelbar nach Anstellung des Geschäftsführers unüblich sei und deshalb eine vGA darstellte. Soweit der Geschäftsführer weder über genügend Branchenerfahrung noch über sonstige praktische Erfahrung verfüge, hält die Rechtsprechung einen Zeitraum von 5 Jahren als ausreichend, um die Eignung, Befähigung und fachliche Leitung eines Geschäftsführers als Voraussetzung für die Erteilung einer Pensionszusage zu prüfen.[155]

Die Gesellschaft kann für eine wirksam erteilte Pensionszusage eine Rückstellung in Höhe des steuerlichen Teilwertes nach § 6a EStG bilden. Die Rückstellungsermittlung nach dem Teilwertverfahren bezieht die Rückstellung zurück auf den Dienstantritt (frühestens das 30. Lebensjahr). Dieser Rückbezug erfolgt auch für spätere Erhöhungen der Zusage, soweit diese am jeweiligen Bilanzstichtag feststehen.[156] **73**

Unverfallbarkeit, Verzicht, Kürzung oder Streichung

Soweit das BetrAVG gilt – also nicht für beherrschende Gesellschafter-Geschäftsführer – richtet sich der Anspruch und sein Schicksal nach den Vorschriften des Gesetzes. Die Unverfallbarkeit des Anspruchs tritt danach ein, wenn der Berechtigte 35 Jahre alt ist und die Zusage mindestens 10 Jahre bestanden hat oder nach 12 Dienstjahren, wenn die Zusage mindestens seit drei Jahren besteht. Dienstzeiten in einem Konzern werden zusammengerechnet.[157] Die Anwartschaft bleibt auch beim Ausscheiden des Geschäftsführers bestehen.[158] Die GmbH kann sich der Versorgungszusage durch Kapitalabfindung (§ 3 BetrAVG) oder Übertragung auf einen der in § 4 BetrAVG genannten Schuldner entledigen (Übertragung auf einen neuen Arbeitgeber, auf eine Pensionskasse, auf eine Lebensversicherung, einen öffentlich-rechtlichen Versorgungsträger). Verzichtet ein Gesellschafter-Geschäftsführer einer GmbH, die sich zB in einer wirtschaftlichen Krise befindet, auf seine Pensionszusage, so führt dies nach neuerer Rechtsprechung des Bundesfinanzhofes in Höhe des noch werthaltigen Teils seiner Pensionsanwartschaft zu einer (verdeckten) Einlage und im übrigen zu einem steuerlich zu erfassenden Ertrag der GmbH,[159] der seit dem Wegfall des Sanierungsprivilegs nach § 3 Nr. 66 EStG im vollen Umfang zu versteuern bzw. mit bestehenden Verlustverträgen zu verrechnen ist. **74**

Der Widerruf einer Pensionszusage kommt auf der Grundlage der vertraglichen Vereinbarungen zwischen den Parteien in Betracht.[160] Daneben besteht die Widerrufsmöglichkeit, wenn sich der Geschäftsführer in einer Weise verhält, der die Inanspruchnahme der Gesellschaft als grob mißbräuchlich erscheinen läßt.[161] Die Kürzung der Zusage kann nach allgemeinen Grund- **75**

---

[155] BFH v. 15. 10. 1997, GmbHR 1998, 340.
[156] K. Heubeck Die Altersversorgung, Anm. 176.
[157] Tillmann Der Geschäftsführervertrag, Anm. 120.
[158] K. Heubeck Die Altersversorgung, Anm. 176.
[159] BFH v. 15. 10. 1997, GmbHR 1998, 290.
[160] Vgl. insbesondere aus steuerlicher Sicht zulässige Widerrufsvorbehalte in R 41 Abs. 4 EStR; Hachenburg/Mertens § 35 Anm. 159.
[161] Heubeck/Höhne/Paulsdorf/Rau/Weinert BetrAVG § 1 Anm. 89, 411, etwa vertragswidrige Wettbewerbshandlungen zum Schaden der Gesellschaft; bösartige Veröf-

sätzen in Frage kommen, wenn das Unternehmen in eine existenz-bedrohende Notlage gerät. Sie muß sich aber im Rahmen dessen halten, was zur Erhaltung der Gesellschaft unbedingt erforderlich ist.[162] Sie ist ausgeschlossen, wenn sicher feststeht, daß das Unternehmen in Konkurs geht.[163]

Insolvenzsicherung

76 Die Geschäftsführer einer GmbH sind in den Insolvenzschutz des Pensions-Sicherungs-Vereins (PSV) einbezogen (§ 17 BetrAVG). Dabei ist zu unterscheiden zwischen Geschäftsführern, die als Angestellte gelten, und solchen Geschäftsführern, die als Unternehmer zu betrachten sind. Maßgeblich ist die Ausgestaltung der Zusage und die Stellung des Gesellschafter-Geschäftsführers im Einzelfall.[164] Nach Ansicht der Rechtsprechung, die sich der PSV zu eigen gemacht hat, besteht Insolvenzschutz für Organmitglieder juristischer Personen, deren Anteile oder Stimmrechte ihnen keine Unternehmer- oder Mitunternehmerstellung einräumt. Sobald die Stimmrechte des oder der Gesellschafter-Geschäftsführer zusammengerechnet mehr als 50% betragen, wird die unternehmerische Stellung vermutet.[165]

77 Der Insolvenzschutz wird gem. § 7 BetrAVG gewährt, wenn:
– über das Vermögen der Gesellschaft das Konkursverfahren eröffnet oder die Eröffnung mangels Masse abgelehnt wird;
– das gerichtliche Vergleichsverfahren zur Abwendung des Konkurses eröffnet wird;
– ein außergerichtlicher Vergleich der Gesellschaft mit den Gläubigern erzielt wird, dem der PSV zustimmt;
– die Betriebstätigkeit im Geltungsbereich des Gesetzes eingestellt wird und ein Konkursverfahren mangels Masse offensichtlich nicht in Betracht kommt.

Steuerliche Behandlung der Pensionszusagen

78 Die Verpflichtungen aus Pensionszusagen sind handelsrechtlich zu passivieren.[166] Die handelsrechtliche Bilanzierung ist zugleich die Voraussetzung für die steuerliche Anerkennung der Pensionsrückstellung.[167]

79 Aus § 6a Abs. 3 EStG ergibt sich, daß ein Ansatz der Pensionszusagen mit steuerlicher Wirkung höchstens mit dem steuerlichen Teilwert erfolgen darf. Die Zuführungen in den Folgejahren sind auf den Unterschiedsbetrag zwischen dem steuerlichen Teilwert am Ende des vorangehenden Wirtschaftsjahres und des laufenden Wirtschaftsjahres beschränkt. Dies führt dazu, daß

---

fentlichungen: BGH v. 21. 10. 1954, BGHZ 15, 80; *Scholz/Schneider* § 35 Anm. 207 f.
[162] BAG v. 18. 5. 1977, WM 1977, 1287.
[163] *Rowedder/Koppensteiner* § 35 Anm. 82; *Hachenburg/Mertens* § 35 Anm. 180.
[164] *K. Heubeck* Die Altersversorgung, Anm. 345.
[165] Merkblatt des Pensions-Sicherungs-Vereins 300/M 1/3.91; BAG v. 21. 8. 1990, GmbHR 1991, 458; BGH v. 9. 3. 1981, GmbHR 1981, 239; BGH v. 28. 4. 1980, GmbHR 1980, 162; BGH v. 9. 6. 1980, BB 1980, 1215.
[166] *ADS* § 249 Anm. 15.
[167] *Schmidt/Seeger* EStG § 6a Anm. 2.

A. Bestellung und Anstellung

eine in einem Vorjahr nicht erfolgte Zuführung mit steuerlicher Wirkung nicht mehr nachgeholt werden kann (§ 6a Abs. 4 EStG – Nachholungsverbot).

Die Passivierung führt zu einem gewinnmindernden Aufwand der Gesellschaft. Soweit es sich bei der Bildung oder Erhöhung der Pensionsrückstellung für einen Gesellschafter-Geschäftsführer um eine verdeckte Gewinnausschüttung handelt, kann diese sich steuerlich nicht gewinnmindernd auswirken. Der Zeitpunkt der Erfassung als Einkommen und der Zeitpunkt des Abflusses bei der Gesellschaft fallen auseinander. Der Abfluß erfolgt erst, wenn Leistungen an den Gesellschafter erbracht werden. In diesem Zeitpunkt ist die Ausschüttungsbelastung herzustellen. In der Steuerbilanz der Gesellschaft sollte deshalb eine versteuerte Sonderrücklage gebildet werden, die jeweils zusammen mit der Pensionsrückstellung dotiert wird. Bei der späteren Inanspruchnahme der Rückstellung erfolgt zugleich die Auflösung der Rücklage.[168]

80

d) Sonderformen der Vergütung

aa) Gratifikationen. Gratifikationen sind Leistungen des Arbeitgebers, die dem Grunde und der Höhe nach freiwillig sind.

81

– Der Arbeitgeber leistet regelmäßig zu Weihnachten besondere Zahlungen an die Arbeitnehmer; bei Mitarbeiterjubiläen erhalten die Mitarbeiter regelmäßig finanzielle Sonderzuwendungen.

Grundsätzlich sind derartige Zahlungen arbeitsrechtlich verpflichtend, wenn sie mehrfach ohne Vorbehalt erfolgt sind.[169] Dies gilt auch gegenüber dem Geschäftsführer.[170]

82

Den übrigen Angestellten kann der Geschäftsführer dabei aber nicht ohne weiteres gleichgestellt werden. Gratifikationszahlungen an andere – auch leitende – Mitarbeiter begründen deshalb regelmäßig keinen Anspruch des Geschäftsführers.[171] Bei Gesellschafter-Geschäftsführern ist auch bezüglich der Zahlung von Gratifikationen das Nachzahlungsverbot zu beachten.[172]

83

bb) Beteiligungsmodelle. Die Gesellschaft kann dem Geschäftsführer eine Beteiligung durch unentgeltliche Zuwendung von Anteilen gewähren. Befinden sich die Anteile in Händen der Gesellschaft, wird diese Zuwendung als Teil des Entgelts angesehen werden müssen, das der Geschäftsführer für seine Tätigkeit erhält.[173] Dieser Vorteil aus dem Arbeitsverhältnis unterliegt der Einkommensteuer (Lohnsteuer).

84

Die Zuwendung eines Anteils kann auch aus dem Vermögen einzelner Gesellschafter erfolgen. Auch in diesem Fall entsteht Einkommensteuer (Lohnsteuer), keine Schenkungsteuer. Die Zuwendung ist regelmäßig mit der Erwartung höheren Einsatzes des Geschäftsführers für die Gesellschaft ver-

85

---

[168] *Dötsch/Eversberg/Jost/Witt* KSt § 8 Anm. 83.
[169] *Schaub* Arbeitsrechtshandbuch § 78 II. 5.
[170] Zur Anwendbarkeit des arbeitsrechtlichen Gleichbehandlungsgrundsatzes auf Geschäftsführer vgl. BGH v. 14. 5. 1990, DB 1990, 1810.
[171] *Scholz/Schneider* § 35 Anm. 186; *Heuer* GmbHR 1954, 176; *Becker* GmbHR 1956, 18.
[172] *Spitaler/Niemann* Angemessenheit, S. 46 ff.
[173] *Tillmann* Der Geschäftsführervertrag, Anm. 111.

knüpft. In diesem Falle fehlt es am Bereicherungswillen des Zuwendenden. Der Zuwendende entlohnt vielmehr den Geschäftsführer.[174]

86 Die gleichen Überlegungen gelten, wenn dem Geschäftsführer die Möglichkeit gewährt wird, zu einem besonders günstigen Kurs an einer Kapitalerhöhung der Gesellschaft teilzunehmen.

87 **cc) Überstundenvergütungen, Feiertagszuschläge.** Streitig ist, ob Zahlungen von Zuschlägen für Sonn-, Feiertags- und Nachtarbeit, die an einen Gesellschafter-Geschäftsführer geleistet werden, entsprechend § 3b EStG steuerbefreit sind. Während überwiegend die Auffassung vertreten wurde, daß solche Zahlungen jedenfalls dann zulässig seien, soweit eine eindeutige Regelung im Anstellungsvertrag enthalten wäre,[175] entschied der BFH nunmehr, daß die Zahlung von Zuschüssen für Mehrarbeit nicht mit dem Aufgabenbild eines GmbH-Geschäftsführers zu vereinbaren und deshalb als vGA zu werten sei.[176] Lediglich wenn im Einzelfall überzeugende betriebliche Gründe vorliegen, sei die Zahlung einer Überstundenvergütung zulässig.[177]

88 **dd) Nebenleistungen.** Der Geschäftsführer hat Anspruch auf Ersatz der betrieblich bedingten Auslagen (§§ 675, 670 BGB) und auf Vorschüsse (§ 669 BGB). Der Anspruch kann aber nur gegen Vorlage ordungsmäßiger Belege geltend gemacht werden.[178] Inwieweit die Übernahme von Gerichtsverfahrenskosten und Strafverteidigergebühren durch die Gesellschaft in Frage kommt, ist umstritten.[179]

89 Für Geschäftsführer gilt das Bundesurlaubsgesetz grundsätzlich nicht.[180] Gleichwohl muß ihm die Gesellschaft unter dem Gesichtspunkt der Treue- und Fürsorgepflicht angemessenen Urlaub gewähren.[181] Der Geschäftsführer ist aus seiner Pflichtenstellung heraus verpflichtet, für eine geeignete Urlaubsvertretung zu sorgen.[182] Soweit der Urlaub aus betrieblichen Gründen nicht angetreten werden kann, kann ein Ausgleich in Geld auch ohne besondere vorherige Vereinbarung verlangt werden.[183]

90 Weitere Nebenleistungen können Gegenstand vertraglicher Vereinbarung mit dem Geschäftsführer sein. Typische Leistungen sind die Möglichkeit zur Nutzung eines Geschäftswagens und die Gewährung von zinsgünstigen Darlehen. Die Darlehensgewährung begegnet aus zivilrechtlicher Sicht keinen

---

[174] *Tillmann* Der Geschäftsführervertrag, Anm. 111.
[175] *Sudhoff* Recht und Pflichten, S. 110, zur Behandlung der Gesellschafter-Geschäftsführer.
[176] BFH v. 19. 3. 1997, GmbHR 1997, 711; kritisch dazu *Prühs* DB 1997, 2094; vgl. auch BMF v. 28. 9. 1998, GmbHR 1998, 1097.
[177] *Lange* GmbHR 1999, 327, 333.
[178] Kein Ersatz von Bewirtungsspesen bei Fehlen steuerlich erforderlicher Belege: OLG Karlsruhe v. 3. 10. 1961, GmbHR 1962, 135; Kilometergeld: OLG Hamburg v. 22. 2. 1963, BB 1963, 998.
[179] BGH v. 6. 4. 1964, JZ 1964, 587 mit Anm. *Stree; Hachenburg/Mertens* § 35 Anm. 199.
[180] *Scholz/Schneider* § 35 Anm. 196; *Sudhoff* Rechte und Pflichten, S. 28; *Hachenburg/Mertens* § 35 Anm. 200; aA: *Meyer-Landrut* §§ 35–38 Anm. 181.
[181] *Scholz/Schneider* § 35 Anm. 196; *Hachenburg/Mertens* § 35 Anm. 200.
[182] *Sudhoff* Rechte und Pflichten, S. 27; *Hachenburg/Mertens* § 35 Anm. 200.
[183] *Rowedder/Koppensteiner* § 35 Anm. 90; *Hachenburg/Mertens* § 35 Anm. 200.

A. Bestellung und Anstellung 91, 92 § 5

Bedenken. Die Kreditgewährung darf jedoch nicht aus dem zur Erhaltung des Stammkapitals erforderlichen Vermögen gewährt werden. Nach hA bedeutet dies, daß eine Kreditgewährung an Organmitglieder der GmbH nur möglich ist, sofern Gewinnvorträge und Rücklagen mindestens in Höhe des gewährten Kredits zur Verfügung stehen.[184] Entgegen § 43 a GmbHG gewährte Kredite sind sofort zurückzuzahlen. Sinkt das Vermögen der Gesellschaft jedoch erst nach der Kreditgewährung unter die in § 43 a GmbHG vorausgesetzte Höhe, muß der Kredit nicht zurückgezahlt werden. Der Kreditnehmer könnte unverschuldet in eine unhaltbare Zwangslage geraten.[185]

Aus steuerlichen Gründen muß die Kreditgewährung an einen Gesellschafter-Geschäftsführer im vorhinein schriftlich vereinbart sein.[186] Der Ausfall eines Darlehens an einen Gesellschafter-Geschäftsführer stellt eine verdeckte Gewinnausschüttung dar, wenn sich die Gesellschaft nicht rechtzeitig und ernsthaft um die Sicherung oder den Rückerhalt des Darlehens bemüht.[187]   91

4. Sozialversicherungsrechtliche Stellung des Geschäftsführers

Fremdgeschäftsführer[188] und sog. abhängige Gesellschafter-Geschäftsführer sind sozialversicherungspflichtig.[189] Beherrschende Gesellschafter-Geschäftsführer und Geschäftsführer, die aufgrund ihrer Position und der satzungsmäßigen Ausgestaltung ihrer Stellung als „unabhängige Geschäftsführer" gesehen werden, unterliegen nicht der Sozialversicherungspflicht, wenn sie einen „maßgeblichen Einfluß" auf die Entscheidungen der Gesellschaft ausüben können.[190] Dies soll bereits dann der Fall sein, wenn sie in Geschäftsführungsfragen nicht überstimmt werden können.[191] Jedenfalls unterliegt der Geschäftsführer dann der Versicherungspflicht, wenn er im wesentlichen laufende Bezüge erhält und funktionsgerecht dienend am Betriebsprozeß teilhat.[192] Das ist zu bejahen, wenn der Geschäftsführer keinen maßgeblichen Einfluß auf die Geschicke der GmbH kraft seines Anteils am Stammkapital geltend machen kann.[193]   92

---

[184] Vgl. nur *Rowedder/Koppensteiner* § 43 a Anm. 6; *Scholz/Schneider* § 43 a Anm. 48.
[185] *Rowedder/Koppensteiner* § 43 a Anm. 7; *Tillmann* Der Geschäftsführervertrag, Anm. 111.1; nicht unumstritten, aA: *Schneider* GmbHR 1982, 197; *Meyer-Landrut* § 43 a Anm. 10; die Grenze dürfte der Umgehungstatbestand bilden, der dann eingreift, wenn nach der Kreditgewährung die zeitnahe Auflösung der Rücklagen erfolgt und die Reihenfolge nur wegen § 43 a GmbHG gewählt wurde.
[186] Dazu oben A. II. 1 b).
[187] BFH v. 14. 3. 1990, BB 1990, 1689.
[188] Fremdgeschäftsführer gelten ohnehin in diesem Sinne als „abhängig": *Hachenburg/Mertens* § 35 Anm. 75; *Sudhoff* Rechte und Pflichten, S. 119; *Tillmann* Der Geschäftsführervertrag, S. 61.
[189] BSG v. 15. 12. 1971, GmbHR 1972, 104; BSG v. 22. 11. 1974, GmbHR 1975 133; *Meyer-Landrut* §§ 35–38 Anm. 186 mwN; *Scholz/Schneider* § 35 Anm. 265; *Rowedder/Koppensteiner* § 35 Anm. 95.
[190] BSG v. 8. 8. 1990, GmbHR 1991, 461; BSG v. 15. 12. 1971, GmbHR 1972, 104; BSG v. 22. 11. 1974, GmbHR 1975 133; BSG v. 29. 6. 1972, GmbHR 1973, 80; *Rowedder/Koppensteiner* § 35 Anm. 95.
[191] BSG v. 15. 12. 1971, GmbHR 1972, 104; BSG GmbHR 1975, 36.
[192] *Scholz/Schneider* § 35 Anm. 265; *Figge* GmbHR 1974, 73; 1977, 165; 1986, 185.
[193] BSG v. 22. 8. 1973, GmbHR 1974, 38; *Hachenburg/Mertens* § 35 Anm. 74 ff.

93 Soweit der Geschäftsführer der Sozialversicherungspflicht, im einzelnen der Renten-, Kranken- und Arbeitslosenversicherungpflicht unterliegt, hat er Anspruch auf den diesbezüglichen Arbeitgeberzuschuß.[194]

III. Abberufung und Kündigung des Anstellungsvertrages

1. Abberufung

94 Die Bestellung zum Geschäftsführer kann jederzeit widerrufen werden (§ 38 Abs. 1 GmbHG). Die Zuständigkeit für den actus contrarius zur Bestellung liegt bei dem für die Geschäftsführerbestellung zuständigen Organ der Gesellschaft.[195] Soweit die Satzung keine besonderen Bestimmungen enthält,[196] ist dies die Gesellschafterversammlung (§ 46 Nr. 5 GmbHG). Sofern ein in der Satzung bestimmtes besonderes Organ handlungsunfähig ist, lebt die grundlegende Zuständigkeit der Gesellschafterversammlung zur Regelung der inneren Verhältnisse der Gesellschaft auf.[197]

95 Ein Gesellschafter allein kann den Geschäftsführer nicht abberufen, auch nicht bei Gefahr im Verzug.[198] Ist jedoch der Gesellschaft ein Festhalten an dem Geschäftsführer nicht zuzumuten, so kann jeder Gesellschafter von seinen Mitgesellschaftern unter dem Gesichtspunkt der Treuepflicht verlangen, daß sie an der Abberufung mitwirken.[199]

96 Mit der Abberufung enden die Rechte und die Hauptpflichten des Geschäftsführers, insbesondere die Geschäftsführungs- und Vertretungsbefugnis.[200] Der Anstellungsvertrag bleibt grds. unberührt.[201]

97 Die Abberufung ist ein einseitiger Akt, der mit dem Zugang bei dem Geschäftsführer wirksam wird.[202] Ein anfechtbarer Beschluß, der der Abberufung zugrunde liegt, macht diese nicht unwirksam. Die Unwirksamkeit tritt erst mit Rechtskraft des Urteils nach Anfechtungsklage gegen den Beschluß ein. Im Gegensatz dazu bietet ein nichtiger Beschluß von vornherein keine Grundlage für die Abberufung. Die Unwirksamkeit kann gerichtlich mit der Feststellungsklage geltend gemacht werden.[203] Im Rechtsstreit über die Wirk-

---

[194] *Meyer-Landrut* §§ 35–38 Anm. 186; *Rowedder/Koppensteiner* § 35 Anm. 95.

[195] *Meyer-Landrut* §§ 35–38 Anm. 107; *Rowedder/Koppensteiner* § 38 Anm. 5.

[196] *Meyer-Landrut* §§ 35–38 Anm. 107; *Rowedder/Koppensteiner* § 38 Anm. 5; *Lutter/Hommelhoff* § 38 Anm. 3; differenzierend: *Scholz/Schneider* § 38 Anm. 21 ff.

[197] HM: BGHZ 12, 340; *Lutter/Hommelhoff* § 38 Anm. 3; *Scholz/Schneider* § 38 Anm. 26.

[198] HM: OLG Hamburg v. 27. 8. 1954, BB 1954, 978; *Scholz/K. Schmidt* § 46 Anm. 15 f.; *Meyer-Landrut* § 46 Anm. 20, §§ 35–38 Anm. 107; *Hachenburg/Mertens* § 38 Anm. 24.

[199] *Lutter/Hommelhoff* § 38 Anm. 4; zur gesellschaftlichen Treuepflicht siehe unten Rz. 170 f.

[200] *Scholz/Schneider* § 38 Anm. 32; *Hachenburg/Mertens* § 38 Anm. 14; die Verschwiegenheitspflicht wirkt nach: OLG Hamm GmbHR 1985, 157.

[201] Vgl. unten Rz. 111.

[202] *Rowedder/Koppensteiner* § 38 Anm. 19; *Scholz/Schneider* § 38 Anm. 30.

[203] *Rowedder/Koppensteiner* § 38 Anm. 19 mwN; *Scholz/Schneider* § 38 Anm. 57.

samkeit wird die Gesellschaft, sofern die Satzung nichts anderes vorsieht, gem. § 46 Nr. 8 GmbHG von den Gesellschaftern vertreten. Die nach dem Mitbestimmungsgesetz 1977 mitbestimmten Gesellschaften werden bei der Abberufung und Rechtsstreitigkeiten in diesem Zusammenhang durch den Aufsichtsrat vertreten (§§ 52 Abs. 1, 112 AktG).[204]

Die freie Widerrufbarkeit der Bestellung kann statuarisch dahingehend eingeschränkt werden, daß nur der Widerruf aus wichtigem Grund möglich bleibt (§ 38 Abs. 2 GmbHG). Im Bereich der Mitbestimmungsgesetze ist dies wegen der Verweisung auf das Aktienrecht, das nur den Widerruf aus wichtigem Grund vorsieht (§ 84 Abs. 3 AktG),[205] der Regelfall. Nach hA bedarf es eines wichtigen Grundes auch dann, wenn dem Geschäftsführer die Organstellung in der Satzung als Sonderrecht eingeräumt wurde.[206]

Ein wichtiger Grund liegt vor, wenn das Verbleiben des Geschäftsführers im Amt für die Gesellschaft unzumutbar ist.[207] Der wichtige Grund braucht nicht in der Person des Geschäftsführers zu liegen, er kann sich auch aus den Verhältnissen der Gesellschaft ergeben. Daher muß der wichtige Grund nicht zugleich einen wichtigen Grund zur Kündigung des Anstellungsvertrages darstellen.[208] Bei der Abwägung berücksichtigt werden beispielsweise die bisherigen Verdienste des Geschäftsführers,[209] der Umfang seiner Kapitalbeteiligung und die Restdauer seiner Bestellung.[210] Auf seiten der Gesellschaft wird auf das Schadenspotential und die vorübergehende oder dauernde Beeinträchtigung[211] der Gesellschaft abgestellt. In diesen Bereich gehört auch der Wegfall des Vertrauens von Kunden, Klienten und Kreditgebern, sofern dies für die Gesellschaft von Bedeutung ist.[212] Ein weiterer Grund, der sich aus den Verhältnissen der Gesellschaft ergeben kann, ist das Überflüssigwerden von Geschäftsführern in der Folge von Fusionen, Reorganisationen oder dem schlichten Geschäftsrückgang.[213]

Ein wichtiger Grund in der Person des Geschäftsführers braucht von diesem nicht vertreten zu sein. Eine andauernde Krankheit, Geistesschwäche, Suchtkrankheit oder der Wegfall einer in der Satzung vorausgesetzten Eigenschaft (zB: Wegfall der Familienzugehörigkeit nach einer Scheidung) stellen wichtige Gründe dar.[214] Wichtiger Grund ist auch das schuldhaft pflichtwidrige Verhalten des Geschäftsführers. Hierzu zählt strafbares Verhalten, das der Gesellschaft zum Schaden gereicht. Hierher gehört aber auch strafbares Ver-

---

[204] BGH v. 11. 5. 1981, BB 1981, 1232 mwN; *Rowedder/Koppensteiner* § 38 Anm. 21.
[205] Ausnahme § 27 Abs. 3 MitbestG: *Hanau/Ulmer* MitbestG § 37 Anm. 31; *Rowedder/Koppensteiner* § 38 Anm. 8, 9.
[206] Vgl. nur *Scholz/Schneider* § 38 Anm. 41 mwN.
[207] *Scholz/Schneider* § 38 Anm. 43; *Rowedder/Koppensteiner* § 38 Anm. 10.
[208] BGHZ 15, 71; BGH DB 1978, 481; *Scholz/Schneider* § 38 Anm. 43; *Rowedder/Koppensteiner* § 38 Anm. 10.
[209] BGH v. 14. 10. 1968, GmbHR 1969, 37 f.
[210] *Rowedder/Koppensteiner* § 38 Anm. 11.
[211] *Scholz/Schneider* § 38 Anm. 46 f.; *Rowedder/Koppensteiner* § 38 Anm. 10.
[212] *Scholz/Schneider* § 38 Anm. 46.
[213] Str., wie hier: *Rowedder/Koppensteiner* § 38 Anm. 13; *Hachenburg/Mertens* § 38 Anm. 48; aA: *Scholz/Schneider* § 38 Anm. 46.
[214] Ausführlich: *Scholz/Schneider* § 38 Anm. 44, 48.

halten, das nicht die Gesellschaft schädigt, aber das Vertrauen in den Charakter des Geschäftsführers zerstört (zB Trunkenheit am Steuer). Als grob pflichtwidrig gilt die Vernachlässigung der Geschäftsführerpflichten, wie die Nichtbeachtung von Weisungen,[215] bewußt falsche Auskünfte gegenüber den Gesellschaftern, Überschuldung soweit auf erheblich fehlerhafter unternehmerischer Einschätzung beruhend,[216] Bestechlichkeit,[217] bewußt falsche Buchung und Bilanzierung von Geschäftsvorfällen.[218]

102 Im Anwendungsbereich der Mitbestimmungsgesetze sind die genannten wichtigen Gründe nicht anderes zu beurteilen. Bei der mitbestimmten GmbH ist aber kraft gesetzlicher Regelung auch die Entziehung des Vertrauens durch die Gesellschafterversammlung ein wichtiger Grund für die Abberufung (§ 31 Abs. 1 und 5 MitbestG; § 84 Abs. 3 Satz 2 AktG).[219] Die Abberufung darf allerdings nicht offensichtlich unsachlich sein. Bei der Abwägung ist das Interesse der Arbeitnehmer zu berücksichtigen. Daher wird eine Abberufung keinen Bestand haben, die nur darauf gründet, daß sich der Geschäftsführer für Arbeitnehmerinteressen eingesetzt hat, oder Weisungen, die sich gegen diese Interessen gerichtet haben, nicht ausgeführt hat.[220]

2. Kündigungsrechte und Kündigungsschutz

103 Das Anstellungsverhältnis kann durch Zeitablauf, Aufhebungsvertrag, Eintritt einer auflösenden Bedingung, Tod des Geschäftsführers oder durch Kündigung des Vertrages enden.

104 Für die Kündigung ist das Organ zuständig, das zur Anstellung berufen ist.[221] Wegen des inneren Zusammenhangs wird dies in der Regel das Organ sein, das auch für den Widerruf der Bestellung zuständig ist.[222] Bei den nicht mitbestimmten und nicht dem Betriebsverfassungsgesetz 1952 unterliegenden Gesellschaften sind dies die Gesellschafter. Bei den nach dem MitbestG 1977 mitbestimmten Gesellschaften ist der Aufsichtsrat zuständig, wenn er auch für die Anstellung zuständig ist.[223] Die Kompetenz kann jedoch auseinanderfallen, wenn etwa im Konzern die Zuständigkeiten für die Bestellung und Abberufung von der Zuständigkeit für die Anstellung und Kündigung getrennt werden.[224]

105 Im Gegensatz zur Abberufung ist die Kündigung nur zulässig, wenn dem Kündigenden unter Berücksichtigung aller Umstände ein Festhalten am An-

---

[215] OLG Hamburg v. 27. 8. 1954, BB 1954, 978.
[216] BGHZ 20, 246.
[217] BGH v. 8. 5. 1967, GmbHR 1968, 141.
[218] BayOLG v. 13. 5. 1955, NJW 1955, 1678; OLG Hamm v. 7. 5. 1984, GmbHR 1985, 119.
[219] *Rowedder/Koppensteiner* § 38 Anm. 15 mwN.
[220] *Hanau/Ulmer* § 31 Anm. 30; zur Beweislastverteilung in solchen Fällen: BGH v. 3. 7. 1975, AG 1975, 242 f.
[221] BGH v. 25. 3. 1991, GmbHR 1991, 363; *Rowedder/Koppensteiner* § 35 Anm. 44, § 38 Anm. 33; *Scholz/Schneider* § 35 Anm. 173; *Hachenburg/Mertens* § 38 Anm. 20.
[222] *Rowedder/Koppensteiner* § 38 Anm. 33.
[223] Vgl. oben Rz. 8 f.
[224] *Rowedder/Koppensteiner* § 38 Anm. 33; *Scholz/Schneider* § 35 Anm. 176 f.

A. Bestellung und Anstellung 106–109 § 5

stellungsvertrag nicht zugemutet werden kann.[225] Der Entzug des Vertrauens durch die Gesellschafter, der die Abberufung rechtfertigen würde, reicht allein nicht aus.[226]

Eine vorzeitige Kündigung durch die Gesellschaft ist an die Voraussetzung des § 626 BGB gebunden.[227] Der Widerruf der Bestellung berechtigt umgekehrt den Geschäftsführer zur fristlosen Kündigung des Anstellungsvertrages.[228] **106**

Liegt ein wichtiger Grund für die Abberufung vor, so kann darin zugleich ein die außerordentliche Kündigung rechtfertigender Grund liegen. Dabei ist zu berücksichtigen, daß nicht jeder Grund, der die Abberufung rechtfertigt, auch die Kündigung zu rechtfertigen vermag.[229] Liegt ein wichtiger Grund vor, so kann im Einzelfall mit der Abberufung zugleich die Kündigung des Anstellungsvertrages gewollt sein.[230] **107**

Die Kündigung aus wichtigem Grund kann nur innerhalb von zwei Wochen ab dem Zeitpunkt, in dem die Gesellschaft von den maßgeblichen Tatsachen Kenntnis erlangt, erfolgen (§ 626 Abs. 2 BGB). **108**

Die Voraussetzungen einer ordentlichen Kündigung hängen davon ab, ob der Geschäftsführer entgeltlich oder unentgeltlich tätig wird. Für den entgeltlich tätigen Geschäftsführer gilt die Kündigungsfrist des § 622 Abs. 1 BGB.[231] Danach erfolgt die Kündigung – vorbehaltlich anderweitiger vertraglicher Regelungen[232] – mit einer Frist von 4 Wochen zum Kalendervierteljahr. Auf ein bestehendes oder nicht bestehendes Beteiligungsverhältnis kommt es nicht an, weil dem Fremdgeschäftsführer und dem minderheitsbeteiligten Gesellschafter-Geschäftsführer in gleicher Weise die erforderliche Zeit zur beruflichen Neuorientierung gewährt werden muß. Für einen beherrschenden Gesellschafter-Geschäftsführer spielt die Frage der Frist keine wesentliche Rolle, also kann sie auf diesen in gleicher Weise angewendet werden.[233] Im Sonderfall einer Vertragsdauer von mehr als fünf Jahren oder auf Lebenszeit gilt § 624 BGB. Dies hat zur Folge, daß der Geschäftsführer – nicht aber die Gesellschaft – nach Ablauf der fünf Jahre mit einer Frist von sechs Monaten das Dienstverhältnis kündigen kann. **109**

---

[225] BGHZ 15, 76; Einzelfälle bei *Scholz/Schneider* § 35 Anm. 232.
[226] BGHZ 15, 75; BGH v. 3. 7. 1975, DB 1975, 1548.
[227] HA: BGHZ 15, 71; *Rowedder/Koppensteiner* § 38 Anm. 36; *Scholz/Schneider* § 35 Anm. 231, § 38 Anm. 34.
[228] *Scholz/Schneider* § 38 Anm. 34; *Rowedder/Koppensteiner* § 38 Anm. 41.
[229] HA: *Rowedder/Koppensteiner* § 38 Anm. 36; *Meyer-Landrut* §§ 35–38 Anm. 118; *Scholz/Schneider* § 35 Anm. 231.
[230] Weitergehend: *Scholz/Schneider* § 38 Anm. 16, der immer, wenn ein wichtiger Grund nach § 626 BGB behauptet wird, in der Abberufung zugleich die Kündigung sehen will.
[231] Umstritten ist nur, ob die Vorschrift direkt oder analog angewendet wird, weil nach hM zumindest bei dem beherrschenden Gesellschafter-Geschäftsführer kein Arbeitsverhältnis angenommen werden kann; näher bei *Meyer-Landrut* §§ 35–38 Anm. 151, BGH v. 9. 3. 1987, GmbHR 1987, 263; vgl. auch *Tillmann* Der Geschäftsführervertrag, Anm. 167; *Scholz/Schneider* § 35 Anm. 226; *Sudhoff* Rechte und Pflichten, S. 36 f.
[232] Etwa eine Verkürzung der Frist gem. § 622 Abs. 1 Satz 2 BGB auf einen Monat zum Ende des Kalendermonats.
[233] *Scholz/Schneider* § 35 Anm. 226.

110 Für sozialversicherungspflichtige[234] Geschäftsführer gilt das Angestelltenkündigungsschutzgesetz.[235] Das Kündigungsschutzgesetz (KSchG) greift nicht ein.

3. Vereinbarte Beendigung des Vertrages

111 Grundsätzlich beinhaltet der Widerruf der Bestellung nicht zugleich die Kündigung des Dienstverhältnisses zwischen Gesellschaft und Geschäftsführer. Der Anstellungsvertrag kann jedoch durch die Beendigung der Organstellung auflösend bedingt werden.[236] Die Verknüpfung des Anstellungsvertrages mit der Organstellung ist die für die Gesellschaft sicherste und einfachste Lösung.

4. Steuerliche Behandlung von Abfindungen

112 Wird an den Geschäftsführer aus Anlaß seines Ausscheidens eine Abfindung geleistet, so kann diese nach § 3 Nr. 9 EStG steuerfrei sein.[237] Voraussetzung der Steuerfreiheit ist, daß die wesentlichen Ursachen für die Auflösung von der Gesellschaft gesetzt worden sind oder daß die Auflösung des Arbeitsverhältnisses gerichtlich ausgesprochen wird. Als von der Gesellschaft gesetzte Ursachen sind neben der Kündigung die Unterbreitung eines Auflösungsangebots, eines Angebots auf vorzeitige Pensionierung, Liquidation oder Konkurs der Gesellschaft anzusehen. Abfindungen sind Zahlungen, die eine finanzielle Kompensation für den Verlust des Arbeitsplatzes darstellen. Wird eine Zahlung hingegen bei Ablauf eines befristeten Vertrages geleistet, so stellt dies keine Abfindung iSd. § 3 Nr. 9 EStG dar.[238] Der die Höchstbeträge des § 3 Nr. 9 EStG übersteigende Teil einer Abfindung wird gem. dem StEntlG 1999/2000/2002 nach § 24 Abs. 1 iVm. § 34 EStG auf unwiderruflichen Antrag des Steuerpflichtigen entsprechend einer neu eingeführten „Ein-Fünftel-Regelung" ermäßigt besteuert;[239] dh., die Einkommensteuer auf außerordentliche Einkünfte beträgt ab dem Veranlangungszeitraum 1999 grds. das Fünffache der Differenz der Steuer auf das zu versteuernde Einkommen ohne die außerordentlichen Einkünfte und der Steuer auf das zu versteuernde Einkommen in dem ein Fünftel der außerordentlichen Einkünfte enthalten ist.

113 Eine der Höhe nach angemessene Abfindung an einen einfachen Gesellschafter-Geschäftsführer, die anläßlich der Beendigung des Dienstverhältnisses geleistet wird, ist keine verdeckte Gewinnausschüttung, wenn ein als Geschäftsführer erfolgloser Gesellschafter auf Druck der Mitgesellschafter sein

---

[234] Vgl. oben § 5 Rz. 92 f.
[235] *Tillmann* Der Geschäftsführervertrag, Anm. 166.
[236] *Scholz/Schneider* § 35 Anm. 219; *Baumbach/Hueck* § 35 Anm. 110.
[237] Nach dem StEntlG 1999/2000/2002 in den Jahren 1999/2000/2002 mindestens DM 16 000,–; bei einem Geschäftsführer, der das 50. Lebensjahr vollendet hat und dessen Dienstverhältnis mindestens 15 Jahre bestanden hat, können bis zu DM 20 000 zugewendet werden; hat er das 55. Lebensjahr vollendet und bestand das Dienstverhältnis mindestens 20 Jahre, so kann der Betrag sich auf bis zu DM 24 000 belaufen.
[238] *Schmidt/Heinicke* EStG § 3 „Abfindungen".
[239] Bis einschließlich zum Veranlagungszeitraum 1998 wurden Abfindungen gem. § 34 EStG mit dem halben durchschnittlichen Steuersatz besteuert.

Amt niederlegt und hierfür eine Abfindung erhält. Der Nachweis der Zahlung aus dem Dienstverhältnis obliegt der Gesellschaft.

Bei einem beherrschenden Gesellschafter-Geschäftsführer ist eine vom Arbeitgeber veranlaßte Kündigung schwer denkbar. Wenn sie im Ausnahmefalle bejaht würde, würden die angemessene Abfindung die allgemeinen Regeln gelten.

Die Zahlung einer Abfindung fällt nicht unter das Nachzahlungsverbot, weil keine Leistung der Vergangenheit nachträglich abgegolten wird.[240]

(frei)

B. Rechte, Pflichten und Aufgaben der Geschäftsführer

I. Rechtliches Dürfen und Können der Geschäftsführer

1. Geschäftsführung

a) Gesetzliche Regeln

Der Geschäftsführer ist verpflichtet, die Geschäfte der Gesellschaft mit der Sorgfalt eines ordentlichen Geschäftsmannes zu führen (§ 43 GmbHG).[241] Das GmbHG regelt die Geschäftsführungsbefugnis nur indirekt. § 37 Abs. 1 GmbHG spricht von der Verpflichtung der Geschäftsführung, Beschränkungen ihrer Vertretungsbefugnis durch den Gesellschaftsvertrag oder durch Beschlüsse der Gesellschafter einzuhalten. Entgegen dem antiquierten Wortlaut der Vorschrift ist damit die Geschäftsführungsbefugnis gemeint.[242] Im Umkehrschluß ergibt sich daraus, daß ohne solche Beschränkungen die Geschäftsführungsbefugnis umfassend und unbeschränkt ist.[243]

Geschäftsführung ist jedes Handeln des Geschäftsführers im Rahmen der ihm übertragenen Organstellung. Die Geschäftsführung umfaßt alle Maßnahmen zur Verwirklichung des Satzungszwecks, soweit nicht Gesetz oder Satzung die Aufgabe zulässigerweise auf ein anderes Organ der GmbH verlagert.[244] Eine allgemeine und abschließende Bestimmung des Inhalts der Aufgaben des Geschäftsführers kann nicht gegeben werden, weil die Verteilung der Aufgaben zwischen den Organen der GmbH variabel ist.

Teil der Geschäftsführung ist die Planung, Vorbereitung, Abwicklung und Überwachung des Tagesgeschäfts. Die Erarbeitung von Strategien zur Weiterentwicklung der Gesellschaft im Rahmen des Geschäftsgegenstandes und, soweit diese Kompetenz nicht von den Gesellschaftern wahrgenommen wird, die Festlegung der Grundsätze der Geschäftspolitik gehören ebenfalls zu den

---

[240] AA *Tillmann* Der Geschäftsführervertrag, Anm. 176, der bei beherrschendem Gesellschafter die Ansicht vertritt, die Abfindung müsse bereits im Gesellschaftsvertrag vereinbart sein.
[241] Zur Haftung ausführlich unten Rz. 210 ff.
[242] Vgl. *Baumbach/Hueck/Hueck* § 37 Tz. 1; *Scholz/Schneider* § 37 Anm. 1.
[243] *Rowedder/Koppensteiner* § 37 Anm. 3; vgl. dazu oben Rz. 150 ff.
[244] Im einzelnen zu den Pflichten unten s. Rz. 177 ff.

Aufgaben der Geschäftsführung.²⁴⁵ Bestimmte Entscheidungen sind vom Gesetz den Gesellschaftern zugewiesen. Hierzu zählen die Feststellung des Jahresabschlusses und die Ergebnisverwendung (§ 46 Nr. 1 GmbHG) sowie allgemein die Entscheidung über die Eigenkapitalausstattung der Gesellschaft und die Bestellung, Abberufung und Entlassung der Geschäftsführer (§ 46 Nr. 5 und 7 GmbHG). In diesen Bereich üben die Geschäftsführer nur indirekten Einfluß auf die Geschäftspolitik aus.

b) Beschränkung der Geschäftsführung

134 Bestimmte Aufgaben der Geschäftsführung weist das Gesetz den Gesellschaftern zu.²⁴⁶ Aus der Gesamtschau dieser Aufgaben ergibt sich, daß die Gesellschafter die Grundlinien der Geschäftspolitik bestimmen.²⁴⁷

135 Soweit dieser Bereich nicht beeinträchtigt wird, obliegt die laufende Geschäftsführung den Geschäftsführern.²⁴⁸ Der in der Satzung festgelegte Unternehmensgegenstand umschreibt den Umfang und die gesetzlichen Grenzen der Geschäftsführung. Maßnahmen, die den Geschäftsgegenstand verändern, sind von der Geschäftsführungsbefugnis nicht gedeckt.²⁴⁹ Dazu zählen:

– Verlegung des Firmensitzes;
– Gebrauch einer anderen als der satzungsmäßigen Firmenbezeichnung;
– Änderung (auch faktische Änderung) des Unternehmensgegenstands;
– Produktionseinstellung und Aufnahme einer satzungsfremden Produktion;
– Verkauf des Unternehmens insgesamt.

136 Beschränkungen der Geschäftsführung können danach unterschieden werden, ob es sich um generelle Anordnungen oder um Einzelweisungen handelt. Die Beschränkungen der Geschäftsführung, die durch die Gesellschafter angeordnet werden, sind ferner durch ihren Regelungsort (Satzung, Anstellungsvertrag, Geschäftsordnung und Beschluß) unterschieden. Grundsätzlich steht die gesamte Geschäftsführung zur Disposition der Gesellschafter.²⁵⁰

137 Regelungen in der Satzung, die die Geschäftsführungsbefugnisse beschränken, haben generellen Charakter. Regelmäßig handelt es sich um Zustimmungsvorbehalte zu bestimmten Geschäften.²⁵¹ Eine weitere typische Satzungsregelung ist die Ermächtigung an die Organe der Gesellschaft, einer

---

²⁴⁵ Str.: *Hommelhoff* ZGR 1978, 124; *Rowedder/Koppensteiner* § 37 Anm. 8; *Scholz/Schneider* § 37 Anm. 10; *Hachenburg/Mertens* § 37 Anm. 5; *Vollmer* ZGR 1979, 135.

²⁴⁶ Vgl. die in § 46 GmbHG genannten Aufgaben: Feststellung des Jahresabschlusses und Gewinnverteilung, Entscheidung über die Grundlagen der Finanzierung, Bestellung und Abberufung der Geschäftsführer.

²⁴⁷ Dazu grundlegend: *Hommelhoff* ZGR 1978, 124; *Vollmer* ZGR 1979, 135.

²⁴⁸ Zur Stellung und den Einschränkungen der Rechte des Geschäftsführers im Insolvenzverfahren s. eingehend *Uhlenbruck* GmbHR 1999, 390 ff.

²⁴⁹ *Rowedder/Koppensteiner* § 37 Anm. 7; *Lutter/Hommelhoff* § 37 Anm. 11; *Scholz/Schneider* § 37 Anm. 12.

²⁵⁰ HA: *Meyer-Landrut* §§ 35–38 Anm. 72; *Rowedder/Koppensteiner* § 37 Anm. 18; *Scholz/Schneider* § 37 Anm. 30.

²⁵¹ *Heidenheimer/Meister* Münchener Vertragshandbuch Muster IV.22 Anm. 29–34.

Geschäftsordnung für die Geschäftsführung zu erlassen.²⁵² Ähnliche Öffnungsklauseln sind denkbar, zB für die Aufhebung des Wettbewerbsverbots und des Verbots des Selbstkontrahierens.

Häufiger Gegenstand der Geschäftsordnung ist die Zuweisung von Geschäftsbereichen. Dies kann soweit gehen, daß einzelne Geschäftsführer von der Geschäftsführung insgesamt ausgeschlossen sind. Solche Geschäftsführer sind als „Zölibatsgeschäftsführer" bezeichnet worden. Sinn solcher Regelungen kann die Sicherung der Kontrolle der Geschäftsführung durch Minderheitsgesellschafter oder die Sicherung des Einflusses eines ausländischen Partners in einer Gesellschaft sein. Diese Regelungen sind zulässig, wenn wenigstens ein geschäftsführungsbefugter Geschäftsführer vorhanden ist.²⁵³ Es können auch nur einzelne Geschäfte bestimmten Geschäftsführern gänzlich untersagt werden.²⁵⁴ Auch soweit ein Geschäftsführer von der Geschäftsführung ausgeschlossen ist, verbleibt ihm eine allgemeine Aufsichtspflicht gegenüber den übrigen Geschäftsführern.²⁵⁵

Ein weiterer, regelbarer Bereich ist die Willensbildung der Geschäftsführer, die grds. einstimmig erfolgt. Zur Vermeidung von Situationen, in denen die Gesellschaft handlungsunfähig würde, ist die Einführung von Mehrheitsentscheidungen möglich. Möglich ist die Bestimmung eines Vorsitzenden der Geschäftsführung. Diesem kann im Einzelfall auch ein Stichentscheid in der Geschäftsführung zukommen.²⁵⁶ Als Regelungsort für eine solche Regelung eignet sich insbesondere die Geschäftsordnung der Geschäftsführung.

Einzelfragen der Geschäftsführungsbefugnis können im Anstellungsvertrag des Geschäftsführers geregelt werden. Insbesondere gilt für das Verhältnis des Geschäftsführers zu den übrigen Geschäftsführern und ggf. die Regelung seiner Befugnisse. In diesem Fall muß darauf geachtet werden, daß die anstellungsvertraglichen Regelungen den Regelungen in Satzung und Geschäftsordnung nicht widersprechen. Dies kann gegebenenfalls dadurch bewirkt werden, daß die Gesellschafterversammlung dem Anstellungsvertrag mit Beschluß zustimmt.

Den Gesellschaftern steht jederzeit die Möglichkeit offen, die Geschäftsführung durch Beschluß anzuweisen. Solche Beschlüsse können Anweisungen genereller Art enthalten oder sich auf einzelne Geschäfte beziehen.²⁵⁷

c) Rechtswidrige Beschränkungen der Geschäftsführung

Der Geschäftsführer ist verpflichtet, die ihm gegebenen Weisungen zu befolgen. Überschreitet er die ihm eingeräumten Befugnisse, so führt dies zu Ansprüchen im Innenverhältnis. Die Wirksamkeit seines Handelns im Außerverhältnis bleibt unberührt. Dabei ist es unerheblich, ob die Weisungen in der Satzung, in der Geschäftsordnung oder in einem Gesellschafterbeschluß enthalten ist.

---

²⁵² *Meyer-Landrut* §§ 35–38 Anm. 80; *Scholz/Schneider* § 37 Anm. 57.

²⁵³ So die wohl hA: *Rowedder/Koppensteiner* § 37 Anm. 18; *Scholz/Schneider* § 37 Anm. 37 mwN; aA: *Meyer-Landrut* §§ 35–38 Anm. 75.

²⁵⁴ Im einzelnen vgl. *Meyer-Landrut* §§ 35–38 Anm. 75.

²⁵⁵ *Scholz/Schneider* § 43 Anm. 37; *Meyer-Landrut* §§ 35–38 Anm. 80; *Rowedder/Koppensteiner* § 37 Anm. 43; aA für Vetorecht: *Fleck* GmbHR 1974, 225.

²⁵⁶ *Scholz/Schneider* § 37 Anm. 29; *Meyer-Landrut* §§ 35–38 Anm. 89.

²⁵⁷ HA: *Scholz/Schneider* § 37 Anm. 30; *Meyer-Landrut* §§ 35–38 Anm. 78; *Rowedder/Koppensteiner* § 37 Anm. 25.

143 Gleichzeitig hat sich der Geschäftsführer zu vergewissern, ob er der gegebenen Weisung folgen darf und muß.[258] Für in der Satzung enthaltene Geschäftsführungsregelungen ist das Gesetz der Maßstab der Rechtmäßigkeit. Alle übrigen Beschlüsse der Gesellschafter sind an Gesetz und Satzung zu messen (vgl. im einzelnen § 4 Rz. 164 ff.). Dies gilt auch für Regelungen, die im Anstellungsvertrag getroffen werden. Zu beachten ist die chronologische Folge der Entscheidungen und Beschlüsse.

144 Soweit eine Weisung auf einem nichtigen Gesellschafterbeschluß beruht, besteht keine Folgepflicht. Nichtig sind Beschlüsse, die gesetz- oder sittenwidrig sind, insbesondere gesetz- oder sittenwidriges Verhalten des Geschäftsführers bei der Durchführung erfordern würden (§§ 136, 138 BGB). Ist der Beschluß dagegen anfechtbar, was regelmäßig bei minderschweren Verstößen insbesondere bei Verfahrensmängeln der Fall ist, so kann der Geschäftsführer nach pflichtgemäßem Ermessen mit der Ausführung warten, bis der Beschluß unanfechtbar wird, wenn und solange die Anfechtbarkeit möglich und nicht völlig unwahrscheinlich ist.[259]

145 Der Geschäftsführer hat wegen seiner Folgepflicht kein sachliches Prüfungsrecht. Seine Organstellung verpflichtet ihn aber, die Gesellschafter auf sachliche fehlerhafte, etwa die Vermögensinteressen der Gesellschaft verletzende Beschlüsse hinzuweisen.[260]

d) Mitbestimmung und Geschäftsführung

146 Die Mitbestimmungsgesetze enthalten keine Vorschriften, die einen unmittelbaren Einfluß der Arbeitnehmer auf die Geschäftsführung zulassen.[261]

147 Die Anwendung des Mitbestimmungsgesetzes 1976 führt zur Bildung eines Aufsichtsrates. Die Abgrenzung der Organzuständigkeiten zwischen Aufsichtsrat, Geschäftsführung und Gesellschafterversammlung in diesem Fall ist umstritten.[262] Grenzen der Einflußnahme der Gesellschafter setzt das Mitbestimmungsrecht dann, wenn Arbeitnehmerinteressen betroffen werden. Wann dies der Fall ist, ist grundsätzlich eine Frage des Einzelfalles. Nach zutreffender Ansicht muß der Geschäftsführung ein „Spielraum eigenen Wirkens" bleiben. Ist dies der Fall, sind Weisungen nicht ausgeschlossen. Zwischen der mitbestimmten GmbH und der „Normal-GmbH" ist im Hinblick auf die Bindung der Geschäftsführer an Weisungen der Gesellschafter kein Unterschied zu erkennen.[263]

148 Nach dem MitbestG '76 und dem Montanmitbestimmungsgesetz ist ein Arbeitsdirektor zu benennen. Er ist gleichberechtigtes Mitglied der Geschäftsführung. Es wäre deshalb unzulässig, ihn als einzigen von den Entscheidungen

---

[258] *Meyer-Landrut* §§ 35–38 Anm. 88; *Scholz/Schneider* § 43 Anm. 97 ff.
[259] *Meyer-Landrut* §§ 35–38 Anm. 87; *Scholz/Schneider* § 43 Anm. 102 f.; *Hachenburg/Mertens* § 43 Anm. 76, 80.
[260] *Lutter/Hommelhoff* § 37 Anm. 23.
[261] Dies ist die hA zu § 77 BetrVG 1952: *Scholz/Schneider* § 37 Anm. 40; *Hachenburg/Mertens* § 35 Anm. 10.
[262] Übersicht zu den vertretenen Ansichten: *Rowedder/Koppensteiner* § 37 Anm. 23; *Scholz/Schneider* § 37 Anm. 41 ff.; im einzelnen: *Baumann* ZHR 142 [1978], 55 ff.
[263] *Scholz/Schneider* § 37 Anm. 42 mwN; *Zöllner* ZGR 1977, 326; *Hommelhoff* ZGR 1978, 139.

B. Rechte, Pflichten und Aufgaben der Geschäftsführer

von der Geschäftsführung auszunehmen oder ihn einem anderen Geschäftsführer zu unterstellen.[264]

2. Vertretung der Gesellschaft

Vertretung ist jedes rechtsgeschäftliche Handeln im Namen der Gesellschaft gegenüber Dritten.[265] Namentlich die Rechtsgeschäfte mit Angestellten der Gesellschaft, Begründung und Beendigung von Arbeitsverhältnissen, die Erteilung und Entziehung der Prokura und sowie die Rechtsgeschäfte mit den Mitgliedern der Organe der Gesellschaft zählen zur Vertretung. Nicht zur Vertretung in diesem Sinne gehören Erklärungen, die die Gesellschaft betreffen, aber nicht in ihrem Namen abgegeben werden.[266] Ein Beispiel ist die Änderung des Gesellschaftsvertrages, an der der Geschäftsführer mitwirkt.[267] In diese Gruppe gehören daneben Erklärungen, die ausschließlich faktischen Charakter haben und keine rechtlichen Bindungen nach sich ziehen. Dies sind Erklärungen der Geschäftsführung im Rahmen des gewöhnlichen Geschäftsbetriebes, insbesondere Erklärungen über tatsächliche Verhältnisse (Wissenerklärungen).

a) Gesetzlicher Umfang der Vertretungsbefugnis

Der Geschäftsführer vertritt die Gesellschaft gerichtlich und außergerichtlich (§ 35 Abs. 1 GmbHG). Die organschaftliche Vertretung durch den Geschäftsführer verpflichtet die Gesellschaft unmittelbar.[268]

Die Vertretungsbefugnis – das rechtliche Können des Geschäftsführers – kann nicht eingeschränkt werden (§ 37 Abs. 1 GmbHG). Sind jedoch mehrere Geschäftsführer bestellt, so ergibt sich aus der Anordnung der Gesamtvertretungsmacht eine Einschränkung der Bindungswirkung der Erklärung eines einzelnen Geschäftsführers.

Eine Beschränkung der Vertretungsmacht des Geschäftsführers ergibt sich darüber hinaus nur nach den Grundsätzen, nach denen Rechtsgeschäfte wegen Mißbrauchs der Vertretungsmacht unwirksam sind.[269] Ein Fall des Mißbrauchs liegt insbesondere vor, wenn der Geschäftsführer mit dem Geschäftsgegner in Absicht der Schädigung der Gesellschaft zusammenwirkt (Kollusion).[270]

---

[264] *Hachenburg/Mertens* § 37 Anm. 16; *Rowedder/Koppensteiner* § 37 Anm. 38; aA *Rumpff* GK-MitbestG § 33 Anm. 42, 96.
[265] *Meyer-Landrut* §§ 35–38 Anm. 18; *Hachenburg/Mertens* § 35 Anm. 212 f.; *Rowedder/Koppensteiner* § 35 Anm. 6.
[266] Ein Beispiel für *schlichtes Geschäftsführungshandeln* sind öffentliche Erklärungen des Geschäftsführers, beispielsweise die Erläuterung der Geschäftsstrategie gegenüber den Mitarbeitern. Derartige Erklärungen vermögen allenfalls faktische Bindungen herbeizuführen, nicht jedoch rechtlich; sie gehören zur Geschäftsführung.
[267] *Rowedder/Koppensteiner* § 35 Anm. 6.
[268] MüKomm.*Thiele* Vor § 164 Anm. 7; *Rowedder/Koppensteiner* § 35 Anm. 8; *Meyer-Landrut* §§ 35–38 Anm. 19; *Scholz/Schneider* § 35 Anm. 21.
[269] Neben den auch für den Geschäftsführer geltenden Schranken der Gesetz- und Sittenwidrigkeit; hA: *Scholz/Schneider* § 35 Anm. 24; *Meyer-Landrut* §§ 35–38 Anm. 26; *Lutter/Hommelhoff* § 35 Anm. 12.
[270] RGZ 145, 315; BGH v. 28. 2. 1966, NJW 1966, 1911.

153 Der Mißbrauch der Vertretungsmacht kann außer im Fall der Kollusion nur dann dem Geschäftsgegner entgegengehalten werden, wenn diesem das vorsätzlich schädigende Verhalten des Geschäftsführers bekannt oder ohne weiteres offensichtlich und klar erkennbar war.[271]

154 Der Geschäftsführer vertritt die Gesellschaft vor Gericht. Er ist nicht Zeuge, sondern in allen Prozessen, an denen die Gesellschaft beteiligt ist, Partei. Der oder die Geschäftsführer sind in der Klageschrift zu benennen (§§ 130 Nr. 1, 253 Abs. 4 ZPO). Ausnahmen gelten nur für die Fälle, in denen ausnahmsweise die Gesellschaft nicht durch den Geschäftsführer vertreten wird.[272]

- Im Prozeß der Gesellschaft mit ihrem einzigen Geschäftsführer wird die Gesellschaft durch die Gesellschafter oder den Aufsichtsrat vertreten.[273]
- In den Fällen des § 46 Nr. 8 GmbHG, dh. bei Geltendmachung von Ersatzansprüchen aus der Gründung und Geschäftsführung gegen den Geschäftsführer, wird die Gesellschaft durch die Gesellschafter vertreten.
- Im Fall der Nichtigkeitsklage nach § 75 GmbH wird die Gesellschaft durch den Geschäftsführer als Partei gemeinsam mit dem Aufsichtsrat oder den Gesellschaftern vertreten. Bei der gerichtlichen Überprüfung von Gesellschafterbeschlüssen im Wege der Anfechtungs- oder Nichtigkeitsklage, auch wenn die Wirksamkeit der Bestellung des Geschäftsführers in Frage steht, erfolgt die Vertretung der Gesellschaft jedoch durch den Geschäftsführer.[274]

155 Es kann neben den Geschäftsführern ein Generalbevollmächtigter bestellt werden. Dessen Vollmacht darf jedoch nicht soweit gehen, daß er die Gesellschaft unter Verdrängung der Geschäftsführung vertreten kann.[275] Die Möglichkeit, neben der Bestellung von Geschäftsführern Prokuren und Handlungsvollmachten gem. §§ 48, 54 HGB zu erteilen, berührt die Vertretungsmacht der Geschäftsführer nicht.

156 Ausnahmsweise fehlt dem Geschäftsführer die Vertretungsmacht, soweit innergesellschaftliche Veränderungen in Frage stehen. Bei solchen, auch als Sozialakte bezeichneten Geschäften wird die Gesellschaft durch die Gesellschafter vertreten.[276] Beispiele für derartige gesellschaftsinterne Veränderungen sind:

- Bestellung und Abberufung des Geschäftsführers sowie Anstellung, Änderung und Aufhebung des Anstellungsvertrages;[277]

---

[271] Zu diesem umstrittenen Bereich: *Lutter/Hommelhoff* § 35 Anm. 12; *Meyer-Landrut* §§ 35–38 Anm. 26 mwN; BGHZ 50, 112; *Scholz/Schneider* § 35 Anm. 136 mwN.

[272] *Hachenburg/Mertens* § 35 Anm. 231.

[273] § 46 Nr. 8 GmbHG: Der Grundsatz gilt in dem Fall des einzigen Geschäftsführers auch, wenn die Satzung eine andere Regelung vorsieht: *Roewedder/Koppensteiner* § 35 Anm. 10; die Vertretung erfolgt aufgrund von Mehrheitsbeschlüssen des Organs, OLG Frankfurt v. 28. 4. 1981, WM 1981, 1210 im Anschluß an: *Mertens* AG 1981, 216 ff.; *Roewedder/Koppensteiner* § 35 Anm. 19; aA (Gesamtvertretung) *Scholz/K. Schmidt* § 46 Anm. 62.

[274] *Roewedder/Koppensteiner* § 35 Anm. 18; *Lutter/Hommelhoff* Anh. § 47 Anm. 33; *Hachenburg/Mertens* § 35 Anm. 220; aA *Joost* ZGR 1984, 71 (97).

[275] HM: BGH v. 18. 10. 1976, NJW 1977, 199 mwN; *Roewedder/Koppensteiner* § 35 Anm. 9; *Meyer-Landrut/Miller/Niehus* §§ 35–38 Anm. 7; *Hachenburg/Mertens* § 35 Anm. 17, 270; *Scholz/Schneider* § 35 Anm. 17.

[276] BGHZ 49, 117; *Mertens* AG 1981, 216; *Roewedder/Koppensteiner* § 35 Anm. 11.

[277] BGH v. 25. 3. 1991, DB 1991, 1065.

B. Rechte, Pflichten und Aufgaben der Geschäftsführer   157–161   § 5

– die Wahl oder Abberufung zusätzlicher Gesellschaftsorgane (Beiräte und fakultative Aufsichtsräte);
– der Abschluß eines „Generalbereinigungsvertrages" mit einem Geschäftsführer;
– die Bestellung von Prüfungsorganen im Rahmen der Kompetenz gem. § 46 Nr. 6 GmbHG;
– die Bestellung von Prozeßvertretern im Rahmen des § 46 Nr. 8 GmbHG.

Es ist anerkannt, daß die Gesellschafter dort, wo ihnen die Vertretungsmacht zukommt, diese nicht selbst wahrnehmen müssen. Die Gesellschafter können Dritte zur Vornahme der Rechtsgeschäfte ermächtigen.[278] Demzufolge können Geschäfte dieser Art, wenn der Geschäftsführer sie ohne Vertretungsmacht vornimmt, im Nachhinein durch die Gesellschafter genehmigt werden. **157**

Der Geschäftsführer ist zur Entgegennahme von Erklärungen im Namen der Gesellschaft alleinvertretungsberechtigt (Passivvertretung: § 35 Abs. 2 GmbHG).[279] Für gerichtliche Zustellungen ergibt sich die Einzelvertretungsmacht zusätzlich aus §§ 171 Abs. 3, 280 ZPO. **158**

b) Vertretungsregelung bei Mehrheit von Geschäftsführern

Sind mehrere Geschäftsführer bestellt, ordnet das Gesetz die Gesamtvertretung an (§ 35 Abs. 2 Satz 2 GmbHG). Gesamtvertretung bedeutet, daß der Vertretungsakt grundsätzlich zu seiner Wirksamkeit der übereinstimmenden, wenn auch nicht gleichzeitigen Beteiligung aller Gesamtvertreter bedarf. Die Geschäftsführer unterzeichnen demzufolge Schriftstücke gemeinschaftlich. Sie müssen mündliche Erklärungen explizit oder konkludent gemeinsam abgeben.[280] Formvorschriften sind zu beachten.[281] **159**

Wird die Vertretungsmacht eines Prokuristen an die Vertretung durch einen Geschäftsführer gekoppelt, spricht man von der sog. unechten Gesamtvertretung. Diese ist statthaft, wenn durch sie die organschaftliche Vertretung der Geschäftsführung der GmbH nicht eingeschränkt wird. **160**

Sind mehrere Geschäftsführer mit unechter Gesamtvertretung bestellt und ist ein Gesamtvertreter an der Vornahme eines Geschäftes rechtlich oder tatsächlich verhindert, sind die anderen Geschäftsführer nicht allein vertretungsberechtigt.[282] Für eine Übergangszeit bleibt die Gesellschaft durch den noch vorhandenen Geschäftsführer und einem Prokuristen gesetzlich vertreten. Diese Regelung gilt im Interesse der Gesellschaft und des Verkehrsschutzes.[283] **161**

---

[278] BGHZ 49, 117; *Rowedder/Koppensteiner* § 35 Anm. 11.
[279] HA: *Meyer-Landrut* §§ 35–38 Anm. 47; *Hachenburg/Mertens* § 35 Anm. 240; *Lutter/Hommelhoff* § 35 Anm. 25; *Scholz/Schneider* § 35 Anm. 52; soweit Prokura und Handlungsvollmacht reichen, genügt die Erklärung an einen so bevollmächtigten Vertreter der Gesellschaft: *Scholz/Schneider* § 35 Anm. 52; *Meyer-Landrut* §§ 35–38 Anm. 47.
[280] *Rowedder/Koppensteiner* § 35 Anm. 31; *Hachenburg/Mertens* § 35 Anm. 255; *Meyer-Landrut* §§ 35–38 Anm. 35.
[281] HM: *Rowedder/Koppensteiner* § 35 Anm. 32; *Hachenburg/Mertens* § 35 Anm. 257; *Scholz/Schneider* § 35 Anm. 54; *Meyer-Landrut* §§ 35–38 Anm. 36.
[282] *Scholz/Schneider* § 35 Anm. 76 mit Hinweis auf die Rechtsprechung.
[283] AA: *Hachenburg/Mertens* § 35 Anm. 253: rechtsgeschäftliche Vertretungsmacht ist gewährleistet, nicht jedoch gesetzlich; weitergehend *Lutter/Hommelhoff* § 35 Anm. 33,

162 Bei einer Mehrheit von Geschäftsführern und bei Einbeziehung der Prokuristen der Gesellschaft ergeben sich eine Reihe zulässiger Gestaltungen der Vertretung der Gesellschaft. Zulässig sind etwa folgende Regelungen:

– Geschäftsführer A ist alleinvertretungsberechtigt, Geschäftsführer B und C sind gesamtvertretungsberechtigt. In diesem Fall vertritt A die Gesellschaft alleine. B und C können gemeinsam oder jeder von ihnen zusammen mit A die Gesellschaft vertreten.[284]

– Die Geschäftsführer A und B sind gesamtvertretungsberechtigt, C ist Prokura erteilt worden, mit der Maßgabe, daß er die Gesellschaft mit einem Geschäftsführer vertritt; hier sind A und B zusammen mit einem Geschäftsführer oder dem Prokuristen zur Vertretung berechtigt.

Unzulässig ist eine Regelung, wonach die gesetzliche Vertretung durch die Geschäftsführer überhaupt ausgeschlossen ist oder einem einzelnen bzw. mehreren Prokuristen die gesetzliche Vertretung zusteht. Durch diese Regelung wird die gesetzliche Vertretungsmacht der Geschäftsführer beschränkt.[285]

163 Die Ausübung der Gesamtvertretung ist auch durch Einverständnis aller Gesamtvertreter mit Erklärung eines gesamtvertretungsberechtigten Geschäftsführers möglich.[286] Im Einverständnis liegt keine rechtsgeschäftliche Vollmachtserteilung, vielmehr handelt es sich um einen Rechtsakt, der dem Handelnden die organschaftliche Einzelvertretungsbefugnis verschafft.[287] Da ein nachträgliches Einverständnis möglich ist, sind Rechtsgeschäfte eines Gesamtvertreters bis zur Erklärung – oder endgültigen Verweigerung – des Einverständnisses schwebend unwirksam. Die erteilte Ermächtigung ist jederzeit mit Wirkung ex nunc widerrufbar.[288]

c) Selbstkontrahieren

164 Nach dem in § 181 BGB niedergelegten Grundsatz kann niemand mit sich selbst ein Geschäft abschließen. Auch ein Vertreter kann, soweit ihm das nicht ausdrücklich gestattet worden ist, weder im Namen des Vertretenen mit sich im eigenen Namen noch als Vertreter eines Dritten ein Rechtsgeschäft vornehmen, falls nicht das beabsichtigte Rechtsgeschäft ausschließlich in Erfüllung

---

34; zwar keine Alleinvertretungsmacht, jedoch gesetzliche Vertretung mit Prokuristen im Sinne des Verkehrsschutzes.

[284] Halbseitige Gesamtvertretung: RGZ 90, 21 f.; *Rowedder/Koppensteiner* § 35 Anm. 40; *Hachenburg/Mertens* § 35 Anm. 243; *Scholz/Schneider* § 35 Anm. 68.

[285] *Scholz/Schneider* § 35 Anm. 72.

[286] Die Unterscheidung zwischen vorangehender Ermächtigung und nachträglicher Zustimmung, die in der Literatur gemacht wird (*Hachenburg/Mertens* § 35 Anm. 258, 263; *Scholz/Schneider* § 35 Anm. 55, 59), hat wegen der Gleichartigkeit der anwendbaren Regeln jedenfalls keine praktische Bedeutung; *Rowedder/Koppensteiner* § 35 Anm. 33; *MüKomm./Thiele* § 164 Anm. 87 ff.

[287] HM: BGHZ 64, 72; *Rowedder/Koppensteiner* § 35 Anm. 34; *Hachenburg/Mertens* § 35 Anm. 258, 263; *Scholz/Schneider* § 35 Anm. 55, *Meyer-Landrut/Miller/Niehus* §§ 35–38 Anm. 37; zu den Grenzen vgl. BGHZ 34, 27 ff.; *Rowedder/Koppensteiner* § 35 Anm. 35; *Hachenburg/Mertens* § 35 Anm. 267; *Meyer-Landrut* §§ 35–38 Anm. 38; *Scholz/Schneider* § 35 Anm. 57.

[288] HA: *Scholz/Schneider* § 35 Anm. 56; *Lutter/Hommelhoff* § 35 Anm. 30; *Rowedder/Koppensteiner* § 35 Anm. 38; *Meyer-Landrut* §§ 35–38 Anm. 40.

einer Verbindlichkeit besteht. Dieses Verbot, unter das auch der Geschäftsführer einer GmbH als deren Vertreter fällt, dient der Klarheit des Geschäftsverkehrs, da Interessenkollisionen im Falle des Selbstkontrahierens möglich sind.
Eine Befreiung vom Selbstkontrahierungsverbot kann ausdrücklich oder durch konkludente Handlung erteilt werden.[289] Stets hat die Eintragung ins Handelsregister zu erfolgen,[290] da dies eine besonders einzutragende Angabe iSd. §§ 10 Abs. 1, 39 GmbHG über die Vertretungsbefugnis der Geschäftsführer darstellt. Die Befreiung kann grundsätzlich durch die Satzung – dann meist generell oder auf bestimmte Arten von Geschäften begrenzt – oder direkt durch das Bestellungsorgan erfolgen.

165

Bei der Gestaltung ist zwischen dem „normalen" Geschäftsführer und dem Alleingesellschafter als Geschäftsführer zu unterscheiden. Für den normalen Geschäftsführer reicht neben einer Satzungsregelung auch ein entsprechender Gesellschafterbeschluß aus. Dieser Beschluß bedarf keiner Satzungsgrundlage.[291] Besteht Gesamtvertretung, kann die Vertretung der GmbH nur durch die erforderliche Zahl gesamtvertretungsberechtigter Geschäftsführer ohne Einschluß der durch § 181 BGB verhinderten Gesellschafters erfolgen.[292]

166

Für den Alleingesellschafter der GmbH gilt § 35 Abs. 4 Satz 1. Befinden sich alle Geschäftsanteile einer Gesellschaft in der Hand eines Gesellschafters und ist der Gesellschafter zugleich alleiniger Geschäftsführer der Gesellschaft, ist § 181 BGB auf Rechtsgeschäfte mit der Gesellschaft anzuwenden. Der Geschäftsführer hat nach der Vornahme der Rechtsgeschäfte unverzüglich eine Niederschrift aufzunehmen, auch für den Fall, daß er nicht alleiniger Geschäftsführer ist.[293] Die Gestattung des Selbstkontrahierens kann beim Alleingesellschafter-Geschäftsführer nur durch die satzungsmäßige Regelung erfolgen, die einzutragen ist.[294] Durch die Eintragung sollen Dritte vor Vermögensverschiebungen zwischen Gesellschaft und Gesellschafter geschützt werden,[295] „die sich im Zweifelsfalle über die Anwendbarkeit des § 181 BGB vergewissern können".[296] Sieht die Satzung einen entsprechenden Gesellschafterbeschluß vor, kann der Beschluß von dem Gesellschafter selbst gefaßt werden; § 47 Abs. 4 GmbHG steht dem nicht entgegen.

167

Die Rechtslage der Anwendbarkeit des § 181 BGB ist die schwebende Unwirksamkeit der getroffenen Vereinbarungen.[297] Diese kann nach dem Ge-

168

---

[289] BGH in BB 1971, S. 1012; *Eder* Anm. 581.2; konkludente Befreiung von § 181 BGB etwa für den Fall, daß eine GmbH zu dem Zweck gegründet wurde, einzige Komplementärin einer KG zu werden und die GmbH-Geschäftsführer zugleich Kommanditisten der KG sind.
[290] *Baumbach/Hueck/Hueck* § 35 Anm. 75.
[291] *Hachenburg/Mertens* § 35 Anm. 227; abweichend ObLGBay v. 7. 5. 1984, DB 1984, 1517 und *Ekkenga* AG 1985, 47.
[292] *Hachenburg/Schilling* § 36 Anm. 15.
[293] Vgl. *Driesen* MDR 1992, 324.
[294] *Tillmann* Der Geschäftsführervertrag, Anm. 80; *Sudhoff* Rechte und Pflichten, S. 59; *Rowedder/Koppensteiner* § 35 Anm. 26.
[295] Ob die Vorschrift diesen Zwecken gerecht wird, ist bezweifelt worden: BGH v. 19. 4. 1971, NJW 1971, 1355; *Schmidt* NJW 1980, 1769; *Ulmer* BB 1980, 1001; *Scholz/Schneider* § 35 Anm. 103 f.; *Rowedder/Koppensteiner* § 35 Anm. 23 f.
[296] Vgl. *Baumbach/Hueck/Hueck* § 35 Anm. 79.
[297] *MüKomm./Thiele* § 181 Anm. 39 mwN.

setzeswortlaut des § 181 BGB durch die Zustimmung oder Genehmigung des Vertretenen geheilt werden. Dem Alleingesellschafter-Geschäftsführer kann nachträglich nur durch Satzungsänderung das Selbstkontrahieren gestattet werden. Die Zustimmung des Bestellungsorgans erfolgt mit ex-nunc-Wirkung. Die Eintragung der Vertreterbefugnis des Geschäftsführers unter Aufhebung des Selbstkontrahierungsverbots hat nur deklaratorische Bedeutung. Auch bei fehlender Eintragung der Vertretungsbefugnis aber bei wirksamer satzungsrechtlicher Befreiung sind Rechtsgeschäfte wirksam.[298]

169 Ein anderer Weg ist die Bestellung eines zweiten Geschäftsführers. Die Rechtsprechung hält auch die gegenseitige Bevollmächtigung von gesamtvertretungsberechtigten Geschäftsführern bei Abschluß von Verträgen mit der Gesellschaft für zulässig.[299] Es bedarf also nicht der Bestellung eines weiteren Alleingeschäftsführers.[300]

3. Allgemeine Schranken der Geschäftsführung und Vertretung

a) Treuepflicht

170 Zu den ungeschriebenen Pflichten, die den Geschäftsführer treffen, gehört die Treuepflicht gegenüber der Gesellschaft,[301] die sich aus der allgemeinen Pflicht des Geschäftsführers herleitet, die Interessen der Gesellschaft zu fördern und die allgemeine in § 242 BGB beschriebene vertragliche Treuepflicht hinausgeht.[302]

171 Ausfluß der Treuepflicht ist die Verpflichtung des Geschäftsführers zur Verschwiegenheit. Er hat über Betriebs- und Geschäftsgeheimnisse Stillschweigen zu bewahren.[303]

b) Wettbewerbsverbot

172 Eine besondere Ausprägung der Treuepflicht[304] ist die Pflicht zur Unterlassung von Wettbewerb, sofern es sich um eine Tätigkeit im Geschäftszweig der Gesellschaft handelt.[305] Das aus dem Gesetz mittelbar abgeleitete Wettbewerbsverbot gilt jedoch nur begrenzt und für den eigentlichen Geschäftszweig

---

[298] Vgl. *Heinemann* GmbHR 1985, 177.

[299] Ua. BGHZ 64, 72; *Scholz/Schneider* § 35, 94; aA: *Reinike* NJW 1975, 1185; *Klamroth* BB 1975, 851; *Plander* DB 1975, 1493, 1495 f.; *Rowedder/Koppensteiner* § 35 Anm. 37.

[300] So wohl *Rowedder/Koppensteiner* § 35 Anm. 26.

[301] BGH v. 11. 10. 1976, GmbHR 1977, 43; BGHZ 76, 355; *Rowedder/Koppensteiner* § 43 Anm. 17; *Scholz/Schneider* § 43 Anm. 121 ff.; *Hachenburg/Mertens* § 43 Anm. 41.

[302] *Sudhoff* Rechte und Pflichten, S. 16.

[303] BFH v. 12. 4. 1989, GmbHR 1989, S. 433; *Baumbach/Hueck/Zöllner* § 35 Anm. 21.

[304] Zu anderen Pflichten: Nichtausnutzung gesellschaftsrechtlicher Machtbefugnisse zu gesellschaftsfremden Zwecken, Rücksichtnahme auf Gesellschaftsinteresse bei eigener Interessenverfolgung und die Ermöglichung einer angemessenen Kontrolle der Tätigkeit der Geschäftsführer; vgl. *Hachenburg/Mertens* § 43 Anm. 37 ff.

[305] HM; BGH v. 11. 10. 1976, GmbHR 1977, 43; *Hachenburg/Mertens* § 43 Anm. 41, 43; *Baumbach/Hueck/Zöllner* § 35 Anm. 22.

B. Rechte, Pflichten und Aufgaben der Geschäftsführer

der Gesellschaft;[306] außerhalb des Geschäftsfeldes der Gesellschaft kann der Geschäftsführer tätig werden, soweit diese Tätigkeit mit seiner Geschäftsführertätigkeit vereinbar ist.[307]

In der ursprünglichen Satzung oder durch Gesellschafterbeschluß kann eine Ausname von dem Wettbewerbsverbot erteilt werden.[308] Nicht ausreichend ist eine Befreiung im Anstellungsvertrag, es sei denn, die Gesellschafterversammlung hätte dem zugestimmt.[309] Die mögliche Befreiung vom Wettbewerbsverbot erfordert eine klare und eindeutige Aufgabenabgrenzung zwischen Gesellschaft und Geschäftsführer, so daß eine spätere willkürliche Zuordnung der Geschäfte unmöglich ist.[310] Die Vereinbarung muß zivilrechtlich wirksam im voraus getroffen sein. Bei beherrschenden Gesellschafter-Geschäftsführern ist die Aufnahme der Befreiung in den Anstellungsvertrag nicht erforderlich; für die Befreiung vom Wettbewerbsverbot reicht eine sog. Öffnungsklausel in der Satzung sowie ein einfacher Gesellschafterbeschluß aus.[311]

Der Verstoß gegen ein Wettbewerbsverbot kann zu Ansprüchen der Gesellschaft gegen den Geschäftsführer auf Herausgabe des durch den Verstoß Erlangten führen. Soweit ein solcher Anspruch durch den Geschäftsführer anerkannt wird oder er in einem rechtskräftigen Urteil festgestellt wird, ist dieser Anspruch aktivierungspflichtig. Da § 8 Abs. 3 Satz 2 KStG keine Einkunftszurechnung ermöglicht,[312] dürften Fälle, in denen es an einem zivilrechtlichen und aktivierungspflichtigen Anspruch fehlt, nicht zu verdeckten Gewinnausschüttungen führen. Die Einnahmen sind vielmehr dem zuzurechnen, der sie tatsächlich erzielt und dort zu versteuern. Setzt die Gesellschaft einen bestehenden Anspruch jedoch nicht durch, kann dies zu einer verdeckten Gewinnausschüttung an einen beherrschenden Gesellschafter-Geschäftsführer führen.

Ein Alleingesellschafter unterliegt nach ständiger Rechtsprechung des Bundesfinanzhofes keinem Wettbewerbsverbot.[313] Wegen der umfassenden Dispositionsbefugnis des Alleingesellschafters, läge ein Verstoß gegen ein solches auch nicht vor, wenn er ausnahmsweise vereinbart war. Der Alleingesellschafter kann es jederzeit aufheben. Insoweit kann auch das steuerliche Kriterium der vorherigen klaren Vereinbarung nicht zur Begründung des zivilrechtlichen Anspruchs herangezogen werden.[314]

Der Befreiung vom Wettbewerbsverbot durch die Gesellschaft muß eine angemessene Gegenleistung gegenüber stehen, sofern dies ein ordentlicher

---

[306] BGH v. 26. 10. 1964, GmbHR 1965, 194; BGH v. 11. 10. 1976, GmbHR 1977, 43.
[307] *Hachenburg/Mertens* § 43 Anm. 41.
[308] *Baumbach/Hueck/Zöllner* § 35, Anm. 23; *Lutter/Hommelhoff* Anlage § 6 Anm. 23.
[309] *Scholz/Schneider* § 43 Anm. 137.
[310] BMF-Schreiben v. 4. 4. 1992, BStBl. I 1992, 137.
[311] BMF-Schreiben v. 29. 6. 1993, GmbHR 1993, 524.
[312] BFH v. 23. 10. 1976, DB 1997, 506.
[313] BFH v. 28. 6. 1989, GmbHR 1989, 475, nach Auffassung des BFH v. 23. 10. 1996, DB 1997, 506 sind die in einer GbR verbundenen Gesellschafter entsprechend zu behandeln.
[314] BFH v. 30. 8. 1995, GmbHR 1996, 58, BFH v. 23. 10. 1996, DB 1997, 506; *Hoffmann* WiB 1996, 15.

und gewissenhafter Geschäftsführer für die Gesellschaft ebenfalls verlangen würde. Insbesondere ist dann ein angemessenes Entgelt zu fordern, wenn die konkurrierende Tätigkeit des Geschäftsführers auf einem Teilbereich des Unternehmensgegenstandes erlaubt wird, auf dem die Gesellschaft bereits tätig ist; nutzt der Geschäftsführer diesen Vorteil aus, erfolgt die Befreiung vom Wettbewerbsverbot nicht unentgeltlich. Eine Ausnahme wird nur für den Fall zugelassen, daß bei Neugründung dem Gesellschafter-Geschäftsführer die Befreiung vom Wettbewerbsverbot ohne Entgelt eingeräumt wird.[315]

II. Pflichten und Aufgaben der Geschäftsführer

1. Rechnungslegung

177 Die Geschäftsführer sind ab der Entstehung der Vorgesellschaft[316] verpflichtet, für die ordnungsgemäße Buchführung der Gesellschaft Sorge zu tragen (§ 41 GmbHG). Die Geschäftsführer kommen ihrer Sorgfaltspflicht durch die Auswahl, Anweisung und Überwachung der mit der Buchführung beauftragten Personen nach. Die Voraussetzungen, die zu erfüllen sind, um die Ordnungsmäßigkeit der Buchführung zu gewährleisten, ergeben sich grundsätzlich aus den §§ 238, 240, 242, 264, 267, 316 HGB. Hinzu treten die speziellen Vorschriften der §§ 42, 42 a GmbHG (vgl. im einzelnen § 9 Rz. 1 ff.).

2. Auskunftspflicht gegenüber den Gesellschaftern

178 Jeder Gesellschafter hat ein Recht auf Auskunft und Einsicht in die Bücher der Gesellschaft. Materiell handelt es sich um einen einheitlichen Informationsanspruch.[317] Der Anspruch ist unter Berücksichtigung des Grundsatzes der Verhältnismäßigkeit[318] durch den Geschäftsführer zu erfüllen, der die Gesellschaft bei der Auskunftserteilung vertritt (vgl. im einzelnen § 3 Rz. 63 ff.).[319]

3. Formalpflichten

179 Die formellen Pflichten der Geschäftsführer sind in den gesetzlichen Vorschriften unsystematisch verteilt. Zum Teil sind sie gem. §§ 79 ff. GmbHG und § 14 HGB straf- und zwangsgeldbewehrt.[320]

a) Anmeldungen und Anzeigen

180 Die Geschäftsführer sind zuständig für alle Anmeldungen, die für die Gesellschaft zum Handelsregister zu machen sind.

---

[315] Zur Übergangsregelung der Finanzverwaltung s. *Sudhoff* Rechte und Pflichten, S. 20 f.
[316] Zur Vorgründungsgesellschaft s. *Rowedder/Koppensteiner* § 41 Anm. 8; *Meyer-Landrut* § 41 Anm. 26.
[317] HA: *Scholz/K. Schmidt* § 51 a Anm. 10; *Lutter/Hommelhoff* § 51 a Anm. 1.
[318] *Rowedder/Koppensteiner* § 51 a Anm. 10; *Meyer-Landrut* § 51 a Anm. 10; *Scholz/K. Schmidt* § 51 a Anm. 36.
[319] *Rowedder/Koppensteiner* § 51 a Anm. 5; *Lutter/Hommelhoff* § 51 a Anm. 17.
[320] Vgl. dazu unten § 5 Rz. 210 ff.

B. Rechte, Pflichten und Aufgaben der Geschäftsführer

- Anmeldung der Gesellschaft (§ 7 GmbHG)
- Anmeldung der Geschäftsführer (§ 39 GmbHG)
- Anmeldung der Änderung des Gesellschaftsvertrages (§ 54 GmbHG)
- Anmeldung der Kapitalerhöhung bzw. -herabsetzung (§§ 57, 58 GmbHG)
- Anmeldung der Auflösung der Gesellschaft (§ 65 GmbHG)
- Anmeldung der Vertretungsregelungen (§§ 10 Abs. 1, 39 Abs. 1 GmbHG)

Daneben besteht die Verpflichtung, bestimmte Informationen dem Handelsregister durch Einreichung von Unterlagen oder die Anzeige von Tatbeständen zur Kenntnis zu bringen.

- Einreichung des Jahresabschlusses und Lageberichts sowie des Beschlusses über die Verwendung des Jahresergebnisses (§ 325 HGB)
- Anzeige der Vereinigung aller Geschäftsanteile in einer Hand (§ 19 Abs. 4 GmbHG)
- Einreichung der Gesellschafterliste (§ 40 GmbHG)

b) Angabepflichten auf Geschäftsbriefen

Der Geschäftsführer veranlaßt, daß bestimmte Angaben auf Geschäftsbriefen gemacht werden. Anzugeben sind:

- Rechtsform der Gesellschaft, auch in abgekürzter Form
- Sitz der Gesellschaft
- Registergericht und -nummer
- Familienname und mindestens ein ausgeschriebener Vorname jedes Geschäftsführers
- Familienname und mindestens ein ausgeschriebener Vorname des Aufsichtsratsvorsitzenden

Die Angaben vermitteln bereits im Rahmen der Korrespondenz Informationen, die im Falle einer Rechtsverfolgung für den Geschäftspartner wichtig sind. Die Angabe des Sitzes der Gesellschaft erlaubt die Bestimmung des zuständigen Gerichts (§ 17 ZPO). Der Angabe aller Geschäftsführer[321] als gesetzlicher Vertreter bedarf es im Hinblick auf die Zustellung von Schriftstücken. Der Hinweis auf Registergericht und Registernummer erlaubt dem Geschäftspartner die Einsichtnahme in die eingereichten Jahresabschlüsse der Gesellschaft. Als Gläubiger der Gesellschaft kann er die Einreichung und Offenlegung bisher nicht offengelegter Jahresabschlüsse bewirken (§ 335 Abs. 2 HGB).

Die Angabe des Aufsichtsratsvorsitzenden ist notwendig, wenn ein Aufsichtsrat kraft Gesetzes (§ 77 BetrVG 1952; MitbestG 1977) oder kraft Satzung besteht. Die Angabe informiert den Geschäftspartner über das Vorhandensein eines weiteren notwendigen Gesellschaftsorgans. Bei freiwillig gebildeten Organen (zB Beiräten) darf diese Angabe nur gemacht werden, wenn sie dem Aufsichtsrat vergleichbare Kontrollfunktionen haben. Ein falscher Eindruck über die Funktion des Organs darf nicht erweckt werden.[322]

Bei der freiwilligen Angabe des Gesellschaftskapitals (§ 35a Abs. 1 Satz 2 GmbHG) muß neben den Stammeinlagen auch der Betrag der ausstehenden Einlagen angegeben werden.[323]

---

[321] Auch des Notgeschäftsführers, soweit ein solcher bestellt ist.
[322] Rowedder/Koppensteiner § 35a Anm. 8; Meyer-Landrut §§ 35–38 Anm. 65.
[323] Rowedder/Koppensteiner § 35a Anm. 9; Hachenburg/Mertens § 35a Anm. 5: Die fehlende Angabe der ausstehenden Einlagen könnte gegen § 1 UWG verstoßen.

c) Einberufung der Gesellschafterversammlung

186 Ebenfalls zu den Pflichten des Geschäftsführers gehört die Einberufung der Gesellschafterversammlung (vgl. hierzu im einzelnen § 4 Rz. 2 ff.).

4. Steuerliche Pflichten

187 Die GmbH ist wegen ihres notwendigen Sitzes im Inland als juristische Person unbeschränkt steuerpflichtig. Sie unterliegt damit allen Personen-, Substanz- und Verkehrssteuern, denen auch ein natürliche Person unterliegen kann (vgl. dazu § 11).

a) Pflichten in der laufenden Besteuerung

188 **aa) Anzeigepflichten.** Steuerlich erhebliche Tatsachen zeigt der Geschäftsführer als Organ der GmbH dem zuständigen Finanzamt (§ 20 AO) und der für die Erhebung der Realsteuern zuständigen Gemeinde an (§§ 137, 138 AO). Das Gesetz zählt beispielhaft die Gründung, den Erwerb der Rechtsfähigkeit,[324] die Änderung der Rechtsform, die Verlegung der Geschäftsleitung oder des -sitzes und die Auflösung der Gesellschaft (Liquidation) als steuerlich erhebliche Tatsachen auf.

189 Die Aufnahme und Einstellung des Geschäftsbetriebes als Voraussetzung der Besteuerung ist ebenfalls anzuzeigen. Kapitalmaßnahmen (Kapitalerhöhungen und -herabsetzung) sind anzuzeigen, weil sie im Rahmen der Vermögensbesteuerung von Bedeutung sind.

190 Die Anzeige von meldepflichtigen Ereignissen muß binnen Monatsfrist erfolgen (§§ 137 Abs. 2, 138 Abs. 3 AO).

191 **bb) Buchführung und steuerliche Aufzeichnungen.** Die GmbH ist eine Handelsgesellschaft. Sie ist handelsrechtlich zur Führung von Büchern verpflichtet (§§ 238 ff. HGB; vgl. dazu auch insgesamt § 9). Die Verpflichtung besteht auch gegenüber dem Fiskus (§ 140 AO).

192 Die allgemeinen steuerlichen Anforderungen an die Buchführung und die weiteren Aufzeichnungen sind in den §§ 143–147 AO geregelt. Daneben gibt es weitere gesetzliche Anzeigepflichten, die wegen § 140 AO steuerlich beachtlich sind.[325]

193 Die Finanzbehörde berichtigt bei der Ermittlung des steuerlichen Einkommens Fehler der Buchführung, die durch die Nichtbeachtung der Aufzeichnungs- und Aufbewahrungspflichten entstehen. Die Berichtigung erfolgt ggf. im Wege der Schätzung (§ 162 AO).[326]

---

[324] Die Gründung, dh. die Errichtung, der Gesellschaft erfolgt mit dem Abschluß des Gesellschaftsvertrages. Der Gründungsvorgang ist abgeschlossen mit der Eintragung in das Handelsregister, womit die GmbH die Rechtsfähigkeit erwirbt (§§ 13 Abs. 1, 11 Abs. 1 GmbHG) vgl. auch GmbHG Scholz/Emmerich § 13 Anm. 5.

[325] Zu diesen Aufzeichnungspflichten vgl. zB Klein/Orlopp § 140 Anm. 4; HHS vor § 140 Anm. 13.

[326] Zur Schätzung: Reichel BB 1983, 1272; Apitz DStR 1985, 304.

cc) **Abgabe der Steuererklärungen.** Der Geschäftsführer gibt für die Gesellschaft die Steuererklärungen ab, soweit dies die Steuergesetze vorsehen bzw. sofern die Finanzbehörde dazu auffordert.[327]
Die Form, in der die Steuererklärungen abzugeben sind, schreibt das Gesetz vor (§ 150 AO). Der Steuerpflichtige hat schriftlich zu bekräftigen, die notwendigen Angaben nach bestem Wissen und Gewissen gemacht zu haben, wenn der Vordruck dies vorsieht. Die Anordnung der eigenhändigen Unterschrift[328] in den Steuergesetzen verpflichtet die Geschäftsführer der GmbH, die Steuererklärung eigenhändig zu unterschreiben. Auch dann, wenn sie sich zu deren Erstellung eines Angehörigen der steuerberatenden Berufe bedient haben.
Der Geschäftsführer haftet für die Erfüllung dieser Pflichten (§ 69 AO).[329]

b) **Pflichten in der Betriebsprüfung**

Im Rahmen einer steuerlichen Außenprüfung ist der Geschäftsführer steuerlicher Vertreter der Gesellschaft (§§ 34, 200 AO). In dieser Funktion hat er dem Außenprüfer die Aufzeichnungen und Bücher der Gesellschaft vorzulegen. Er hat dem Prüfer ggf. die Besichtigung der Betriebsräume und -grundstücke zu gestatten (§ 200 Abs. 3 AO).
Der Steuerpflichtige darf die vom Betriebsprüfer geforderten Unterlagen nicht zurückhalten. Ausnahmsweise kann aber ein Vorlageverlangen unverhältnismäßig sein. Erklärt der Geschäftsführer, in einzelnen Unterlagen seien steuerlich bedeutsame Informationen nicht enthalten, muß der Prüfer die Aussage akzeptieren. In einem solchen Fall könnte die Herausgabe von Unterlagen verweigert. Hat der Prüfer begründete Zweifel an der Richtigkeit der Aussage, kann der die Vorlage jedoch durchsetzen. Begründete Zweifel ergeben sich regelmäßig, wenn ein belegmäßiger Nachweis von Geschäftsvorfällen nicht erfolgt. Der Prüfer muß dies substantiiert darlegen.[330]
Bei der Vorlage von Unterlagen an die Finanzbehörden wird der Steuerpflichtige durch das Steuergeheimnis geschützt. Deshalb kann die Vorlage von Unterlagen, die Betriebs- und Geschäftsgeheimnisse beinhalten nicht verweigert werden.[331] Die Namen der Empfänger von Schmiergeldern sind keine Geschäftsgeheimnisse. Wird ihre Angabe verweigert, werden die Zahlungen nicht als Betriebsausgaben anerkannt. Kann wenigstens nachgewiesen werden, daß der Empfänger im Ausland ist, so bleibt es beim Betriebsausgabenabzug.

---

[327] Die Erklärungspflicht für die Körperschaftsteuer regeln zB § 49 Abs. 1 KStG iVm. §§ 25 EStG, 56 EStDV. Danach ist jeweils für den abgelaufenen Veranlagungszeitraum eine Körperschaftsteuererklärung abzugeben, dh. regelmäßig für das vorangegangene Kalenderjahr. Die Erklärungspflicht für die Gewerbesteuer regeln §§ 14b GewStG, 25 GewStDV. Die Vermögensteuererklärung regelt § 17 VStG. Die Abgabe der Umsatzsteuererklärung ist in § 18 UStG enthalten.
[328] ZB § 49 KStG iVm. § 25 Abs. 3 EStG für die Körperschaftsteuererklärung, § 41a GewStG für die Erklärung zur Festsetzung des einheitlichen Steuermeßbetrags und der Zerlegungserklärung sowie § 18 UStG für die Umsatzsteuerjahreserklärung; nicht eigenhändige Unterschrift ist verlangt für die Umsatzsteuervoranmeldung (§ 18 Abs. 3 UStG) und die Lohnsteueranmeldungen (§ 41a Abs. 1 Satz 2 EStG).
[329] Vgl. unten Rz. 229 ff.
[330] BFH v. 13. 2. 1968, BStBl. II 1968, 365.
[331] BFH v. 27. 6. 1968, BStBl. II 1968, 592.

Der deutsche Fiskus hat auf diese Weise in keinem Fall Steuerausfälle (§ 160 AO).

5. Pflichten des Geschäftsführers bei Verlust der Hälfte des Stammkapitals, bei Zahlungsunfähigkeit, Überschuldung und drohender Zahlungsunfähigkeit

a) Verlust der Hälfte des Stammkapitals

200 Stellen die Geschäftsführer fest, daß die Gesellschaft mehr als die Hälfte des Stammkapitals verloren hat, so sind sie verpflichtet, eine Gesellschafterversammlung einzuberufen (§ 49 Abs. 3 GmbHG). Die Geschäftsführer müssen sich vergewissern, ob diese Pflicht entstanden ist, wenn sie aufgrund der geschäftlichen Entwicklung vermuten, daß der Fall des § 49 Abs. 3 GmbHG eingetreten sein könnte. Ggf. ist eine Zwischenbilanz zu erstellen und fortzuschreiben.[332]

b) Pflichten des Geschäftsführers in der Krise der GmbH

201 Mit Wirkung zum 1. 1. 1999 wurde die Konkurs-, Vergleichs- und Gesamtvollstreckungsordnung durch die neue Insolvenzordnung vom 5. 10. 1994[333] abgelöst.[334] Dabei sind nach hM die alten Pflichten des Geschäftsführers in der Krise einer GmbH[335] zugleich auch seine neuen Pflichten.[336]

202 **Zahlungsunfähigkeit, Überschuldung.** Als Insolvenzeröffnungsgrund gilt für die GmbH die Zahlungsunfähigkeit und die Überschuldung (§§ 17, 19 InsO) sowie nach neuem Recht auch die drohende Zahlungsunfähigkeit (§§ 18 ff. InsO). Im Falle der Zahlungsunfähigkeit oder der Überschuldung hat der Geschäftsführer ohne schuldhaftes Zögern, spätestens jedoch 3 Wochen nach Eintritt der Zahlungsunfähigkeit oder der Überschuldung, die Eröffnung des Insolvenzverfahrens zu beantragen (§ 64 Abs. 1 GmbHG). Hierzu ist jeder Geschäftsführer unabhängig von seiner Vertretungsbefugnis berechtigt und verpflichtet.[337] Zu beachten ist, daß die gesetzliche Antragsfrist nicht dadurch gehemmt wird, daß der Geschäftsführer Sanierungsbemühungen eingeleitet hat und diese kurz vor dem Abschluß stehen.[338]

203 **Drohende Zahlungsunfähigkeit.** Anders als bei der Antragspflicht nach § 64 Abs. 1 GmbHG ist der Geschäftsführer bei Vorliegen von drohender Zahlungsunfähigkeit berechtigt, jedoch nicht verpflichtet, einen Insolvenzeröffnungsantrag zu stellen. Dies wirft Probleme auf, wenn mehrere Geschäftsführer verhanden sind. Grundsätzlich ist im Falle der drohenden Zahlungsunfähigkeit ein Insolvenzantrag von sämtlichen Geschäftsführern gemeinschaftlich zu stellen (§ 18 Abs. 3 InsO). Hierdurch soll verhindert werden, daß einzelne Geschäftsführer ihre Position ausnutzen und mißbräuchlich

---

[332] *Scholz/K. Schmidt* § 49 Anm. 23; *W. Müller* ZGR 1985, 211 f.; *Rowedder/Koppensteiner* § 49 Anm. 10.
[333] BGBl. I 1994, 2866.
[334] Zur Anwendung alten und neuen Rechts s. *Vallender/Rey* NZI 1999, 1 ff.
[335] Ausführlich dazu und zu den Insolvenzeröffnungsgründen s. § 15 Rz. 71 ff.
[336] *Uhlenbruck* GmbHR 1999, 313, 315.
[337] *Scholz/K. Schmidt* § 64 Anm. 5; *Lutter/Hommelhoff* § 63 Anm. 10.
[338] *Uhlenbruck* GmbHR 1999, 313, 322.

mit dem neuen Insolvenzgrund umgehen.³³⁹ Wird der Antrag nicht von allen Geschäftsführern gemeinschaftlich gestellt, so ist er nur zulässig, wenn der oder die antragstellenden Geschäftsführer zur Vertretung berechtigt sind und der Eröffnungsgrund von ihnen glaubhaft gemacht wurde (§ 15 Abs. 2 Satz 1 InsO).
(frei) 204–209

C. Risiken aus der Geschäftsführertätigkeit

I. Haftung

1. Haftung gegenüber der Gesellschaft

a) Haftung nach § 43 GmbHG

Dem Geschäftsführer werden mit der Bestellung Pflichten übertragen, die 210 mit ihrer Summe die Organverantwortung des Geschäftsführers ausmachen.³⁴⁰ Der Sorgfaltsmaßstab, der an das Handeln des Geschäftsführers angelegt wird, und die Rechtsfolgen einer schuldhaften Pflichtverletzung sind in § 43 GmbHG geregelt.

Maßstab der Sorgfaltspflicht ist die dem Geschäftsführer in Angelegen- 211 heiten der Gesellschaft obliegende Sorgfalt eines ordentlichen Geschäftsmannes (§ 43 Abs. 1 GmbHG). Die Vorschrift enthält zwingendes Recht.³⁴¹ Der Haftungsmaßstab der „Sorgfalt eines ordentlichen Geschäftsmannes" ist objektivierend. Auf das Fehlen individueller Fähigkeiten kann der Geschäftsführer sich nicht berufen.³⁴² Der Geschäftsführer ist selbständiger, treuhänderischer Verwalter fremden Vermögens.³⁴³ Die Sorgfaltspflichten³⁴⁴ eines ordentlichen Geschäftsmannes gehen deshalb weiter als die eines ordentlichen Kaufmanns. Der Umfang der Pflichten der Geschäftsführer wird durch Größe, Art und Geschäftszweig des Unternehmens im Einzelfall bestimmt.³⁴⁵

Zwei wesentliche Haftungs-Einzelfälle sind in § 43 Abs. 3 GmbHG gere- 212 gelt: Verstöße gegen das Verbot der Einlagenrückgewähr (§ 30 GmbHG) und das Verbot des Erwerbs eigener Anteile außer in den nach § 33 zulässigen

---

[339] *Uhlenbruck* GmbHR 1999, 313, 318 (mwN).
[340] *Hachenburg/Mertens* § 43 Anm. 3 ff.; *Lutter/Hommelhoff* § 43 Anm. 4.
[341] Zum Streit um den zwingenden Charakter der Vorschrift vgl. *Hachenburg/Mertens* § 43 Anm. 5; zur Frage, ob eine Beschränkung der Haftung möglich ist, vgl. unten Rz. 215 ff.
[342] *Rowedder/Koppensteiner* § 43 Anm. 6; *Tillmann* Der Geschäftsführervertrag, Anm. 178.
[343] OLG Bremen v. 28. 2. 1963, GmbHR 1964, 8 ff.; *Hachenburg/Mertens* § 43 Anm. 16; *Rowedder/Koppensteiner* § 43 Rdn. 5; *Tillmann* Der Geschäftsführervertrag, Anm. 178.
[344] Darstellung der Einzelelemente der Sorgfaltspflichten des Geschäftsführers: *Hachenburg/Mertens* § 43 Anm. 18 ff.; *Scholz/Schneider* § 43 Anm. 42 ff.
[345] HM: *Rowedder/Koppensteiner* § 43 Anm. 5 ff.; *Hachenburg/Mertens* § 43 Anm. 19; *Lutter/Hommelhoff* § 43 Anm. 16.

Fällen. Der Geschäftsführer haftet hier auf den vollen der Gesellschaft entstehenden Schaden.[346] Auf den Ersatzanspruch kann die Gesellschaft nicht verzichten (§ 9 b GmbHG).

213 Für einen gemeinsam verursachten Schaden haften die Geschäftsführer solidarisch (§ 43 Abs. 2 GmbHG). Sind den Geschäftsführern Geschäftsbereiche zugewiesen, haften sie jedoch nur insoweit, als sie die ihnen obliegende Überwachungspflicht gegenüber dem Tun der übrigen Geschäftsführer verletzten. Jedoch bleiben die Geschäftsführer auch in diesen Fällen gemeinsam verantwortlich für die Erfüllung öffentlich-rechtlicher Pflichten und bei Angelegenheiten von existenzieller Bedeutung für die Gesellschaft.[347] Für das Handeln dritter Personen kommt eine Haftung nur aus eigenem Verschulden des Geschäftsführers bei der Auswahl, Anleitung und Überwachung in Betracht.[348] Der Geschäftsführer haftet darüber hinaus nicht für das Handeln der Angestellten der Gesellschaft. Eine Haftung nach §§ 831, 278 BGB kommt nicht in Betracht.

214 Handelt der Geschäftsführer aufgrund einer Weisung der Gesellschafter, ist er entschuldigt, wenn der Beschluß nicht wegen Verstoßes gegen gesetzliche Vorschriften nichtig ist. Nichtig sind beispielsweise Beschlüsse, die zu einem Verstoß gegen §§ 9, 43 Abs. 3, 57 Abs. 4 oder 64 Abs. 2 GmbHG führen würden.[349] Eine Folgepflicht und damit die Exkulpationsmöglichkeit fehlt auch bei Weisungen durch unzuständige Organe, etwa Beiräte oder den Mehrheitsgesellschafter.[350]

215 Umstritten ist die Frage, ob der Haftungsmaßstab, nach dem der Geschäftsführer haftet, gemildert oder ausgeschlossen werden kann.[351] Zum Teil wird die Möglichkeit der Beschränkung der Haftung auf grobe Fahrlässigkeit,[352] der Höhe nach oder auf den Insolvenzfall beschränkt, bejaht.[353] Dem ist zuzustimmen, soweit alle Gesellschafter mit der Milderung des Haftungsmaßstabes einverstanden sind und dadurch die Interessen außenstehender Dritter nicht beeinträchtigt werden. Hinsichtlich der Pflichten aus § 43 Abs. 3 GmbHG kommt eine Milderung des Haftungsmaßstabs nicht in Betracht.[354]

216 Die Gesellschaft kann gewöhnlich durch Verzicht und Vergleich ihr zustehende Ansprüche aufgeben.[355] Ein Verzicht ist jedoch im Fall des Verstoßes gegen das Verbot der Einlagenrückgewähr ausgeschlossen (§§ 43 Abs. 3, 30, 9 b Abs. 1 GmbHG). Die Geltendmachung von Ansprüchen kann durch

---

[346] *Scholz/Schneider* § 43 Anm. 191, 195; *Rowedder/Koppensteiner* § 43 Anm. 21.
[347] BB 1981, 929; *Scholz/Schneider* § 43 Anm. 39.
[348] *Hachenburg/Mertens* § 43 Anm. 12 ff.; *Scholz/Schneider* § 43 Anm. 38.
[349] *Hachenburg/Mertens* § 43 Anm. 77; *Scholz/Schneider* § 43 Anm. 96.
[350] *Hachenburg/Mertens* § 43 Anm. 76; *Tillmann* Der Geschäftsführervertrag, Anm. 184.
[351] *Tillmann* Der Geschäftsführervertrag, Anm. 180 ff.; *Scholz/Schneider* § 43 Anm. 184 ff. mwN; *Lutter/Hommelhoff* § 43 Anm. 2 mwN.
[352] *Fleck* GmbHR 1974, 224 ff.
[353] *Scholz/Schneider* § 43 Anm. 185.
[354] *Tillmann* Der Geschäftsführervertrag, Anm. 181; aA: *Lutter/Hommelhoff* § 43 Anm. 2 mwN.
[355] *Scholz/Schneider* § 43 Anm. 187; *Rowedder/Koppensteiner* § 43 Anm. 34.

C. Risiken aus der Geschäftsführertätigkeit 217–220 § 5

vorangegangene Entlastung der Geschäftsführung ausgeschlossen sein,[356] wenn:

– die tatsächlichen Grundlagen des Anspruchs aus den den Gesellschaftern im Zeitpunkt des Entlastungsbeschlusses vorliegenden Unterlagen erkennbar gewesen sind;
– die Geltendmachung nicht zur Befriedigung von Gläubigeransprüchen erforderlich ist (dies betrifft insbesondere den Fall der Überschuldung und Zahlungsunfähigkeit);
– der Anspruch nicht auf Verstößen gegen die Vorschriften der Kapitalsicherung (§§ 30 ff. GmbHG) beruht.

Die Ansprüche gegen den Geschäftsführer aus der Verletzung von Sorgfaltspflichten verjähren in fünf Jahren (§ 43 Abs. 4 GmbHG) seit Vornahme der pflichtwidrigen Handlung bzw. des Unterlassens. Auf die Kenntnis der Gesellschaft kommt es nicht an.[357] Mit anderen Ansprüchen, etwa aus unerlaubter Handlung (zB: § 823 Abs. 2 BGB iVm. § 266 StGB „Untreue"), besteht Anspruchskonkurrenz. Diese Ansprüche unterliegen eigenen Verjährungsfristen (zB: § 852 BGB – dreijährige Verjährung unerlaubter Handlungen). 217

Die Geltendmachung des Anspruchs aus § 43 GmbHG setzt einen Gesellschafterbeschluß voraus (§ 46 Nr. 8 GmbHG). Das Vorliegen dieses Beschlusses ist eine anspruchsbegründende Tatsache.[358] Die Gesellschaft muß den Schaden und die Möglichkeit eines kausalen Zusammenhangs mit einer Pflichtverletzung der Geschäftsführung darlegen und regelmäßig auch beweisen.[359] Ist der Verbleib von Vermögenswerten der Gesellschaft aus Gründen nicht aufzuklären, für die der Geschäftsführer verantwortlich war, ist es Sache der Geschäftsführer, darzulegen und zu beweisen, daß eine Pflichtverletzung nicht vorliegt, ein Verschulden fehlt oder der Schaden auch bei pflichtgemäßem Verhalten eingetreten wäre. Macht der Geschäftsführer Einwendungen geltend (zB: Verzicht, Vergleich, Entlastung und Verjährung), so hat er ihr Vorliegen und im Fall der Entlastung die Tatsachen zu beweisen, aus denen sich die Entlastungswirkung ergibt.[360] 218

b) Haftung bei Insolvenzverschleppung (§ 64 Abs. 2 GmbHG)

Die Geschäftsführer haften der Gesellschaft dafür, daß nach Feststellung der Überschuldung oder nach Eintritt der Zahlungsunfähigkeit geleistete Zahlungen mit der Sorgfalt eines ordentlichen Geschäftsmannes vereinbar waren. Der Anspruch wird vom Insolvenzverwalter geltend gemacht. 219

Die Haftung wird ausgelöst durch Zahlungen nach dem objektiven Eintritt der Überschuldung, auch Minderung eines Debetsaldos auf einem Bankkonto durch Einzahlungen. Zu den schädlichen Zahlungen können auch Steuer- 220

---

[356] BGH v. 21. 4. 1986, GmbHR 1986, 260; *Buchner* GmbHR 1988, 9 ff.; *Tellis* GmbHR 1989, 113; *Scholz/K. Schmidt* § 46 Anm. 85 ff.; zur Frage, ob ein Anspruch auf Entlastung besteht, vgl. BGH v. 20. 5. 1985, GmbHR 1985, 356.
[357] HM: *Scholz/Schneider* § 43 Anm. 204; *Hachenburg/Mertens* § 43 Anm. 96 ff.
[358] HM: *Scholz/Schneider* § 43 Anm. 209; *Rowedder/Koppensteiner* § 43 Anm. 24; vgl. dort auch zu Ausnahmen *Hachenburg/Hüffer* § 46 Anm. 87.
[359] BGH v. 9. 12. 1991, WM 1992, 223.
[360] HM: *Scholz/Schneider* § 43 Anm. 167 ff.; *Hachenburg/Mertens* § 43 Anm. 66; *Rowedder/Koppensteiner* § 43 Anm. 48 ff. mwN; *Scholz/Schneider* § 43 Anm. 208.

zahlungen gehören. § 64 Abs. 2 geht insoweit den Vorschriften der §§ 69, 34 AO vor.[361] Es genügt die fahrlässige Unkenntnis hinsichtlich des Vorliegens der Tatbestandsmerkmale. Insbesondere auf die subjektive Kenntnis vom Vorliegen der Überschuldung kommt es nicht an.[362] Trotz Vorliegen des objektiven Haftungstatbestands führen Zahlungen vor der Insolvenzeröffnung nicht zu einer Haftung, wenn sie mit der Sorgfalt eines ordentlichen Geschäftsmannes vereinbar waren. Dazu gehören:

– Zahlungen, die erforderlich sind, um den unmittelbaren Zusammenbruch des Unternehmens in der Drei-Wochen-Frist zu verhindern (Mietzahlungen, Lohnzahlungen);
– Zahlungen an absonderungsberechtigte Gläubiger bis zur Höhe des Wertes des Sicherungsgutes;
– Zahlungen, denen eine vollwertige Gegenleistung gegenübersteht (Wareneinkäufe Zug um Zug).[363]

221 Zu ersetzen ist der geflossene Betrag, gemindert um den in die Masse geflossenen und dort erhaltenen Gegenwert. Der Insolvenzverwalter ist gehalten, Anfechtungsrechte nach § 129 InsO zugunsten der Masse geltend zu machen. Dies begründet aber keine Einwendung des Geschäftsführers gegen den ihm gegenüber geltend gemachten Zahlungsanspruch.[364]

c) Weitere Haftungstatbestände des GmbH-Rechts

222 Weitere Haftungstatbestände finden sich in § 9 a GmbHG (Haftung für falsche Angaben bei der Gründung) und in § 57 Abs. 4 GmbHG (Angaben im Rahmen der Kapitalerhöhung).

d) Haftung aus unerlaubter Handlung

223 Neben die Haftung aus dem GmbH-Gesetz tritt gegebenenfalls die Haftung aus unerlaubter Handlung.[365] Der Geschäftsführer haftet insbesondere für Untreuehandlungen nach § 823 Abs. 2 BGB iVm. § 266 StGB und für sittenwidrige Schädigungen nach § 826 BGB. Schutzgesetze iSd. § 823 Abs. 2 BGB sind daneben § 82 Nr. 1 und § 84 GmbHG, so daß eine deliktische Haftung bei falschen Angaben und bei Unterlassen des rechtzeitigen Antrags auf Eröffnung des Insolvenzverfahrens eintreten kann.

2. Haftung gegenüber den Gesellschaftern und Dritten

a) Ansprüche der Gesellschafter

224 Der Geschäftsführer haftet den Gesellschaftern regelmäßig nicht unmittelbar. Bei den Organpflichten handelt es sich nicht um Pflichten, die dem

---

[361] OLG Köln v. 9. 8. 1995, DStR 1995, 2011.
[362] BGH v. 9. 7. 1979; BGHZ 75, 96; BGH v. 6. 6. 1994; BGHZ 126, 181; *Scholz/K. Schmidt* § 64 Anm. 25; zuletzt OLG Hamburg v. 7. 4. 1995, WiB 1995, 998.
[363] BGH v. 14. 10. 1985, WM 86, 237.
[364] BGH v. 18. 12. 1995, GmbHR 1996, 211.
[365] *Rowedder/Koppensteiner* § 43 Anm. 48 ff. mwN; *Scholz/Schneider* § 43 Anm. 208.

Schutz der Gesellschafter dienen. § 43 GmbHG ist deshalb kein Schutzgesetz iSd. § 823 Abs. 2 BGB.[366]

In Betracht kommt eine Haftung nur dann, wenn schuldrechtliche Sonderbeziehungen zwischen dem Geschäftsführer und dem Gesellschafter bestehen. Das kann vor allem dann der Fall sein, wenn der Geschäftsführer zugleich Gesellschafter ist. In diesem Fall ergibt sich die schuldrechtliche Sonderbeziehung aus der Treuepflicht, die zwischen den Gesellschaftern besteht.[367]

Ein Sonderfall ist im GmbHG geregelt. Nach § 31 Abs. 6 GmbHG haftet der Geschäftsführer, der schuldhaft entgegen § 30 GmbHG Stammkapital zur Ausschüttung gebracht hat, den Gesellschaftern, wenn nach einer verbotenen Kapitalrückzahlung einer der Gesellschafter den Betrag nicht an die Gesellschaft erstatten kann. Zwar haften die übrigen Gesellschafter der Gesellschaft solidarisch, es steht ihnen jedoch der Regreßanspruch gegen den Geschäftsführer direkt zu.

Schadenersatzpflichten können sich immer aus deliktischem Verhalten des Geschäftsführers ergeben (§ 823 Abs. 2 iVm. §§ 266 StGB, 84 GmbHG).

b) Ansprüche Dritter

aa) Deliktshaftung. Neben die vertragliche Haftung und die gesetzlichen Haftungstatbestände tritt die deliktische Haftung des Geschäftsführers gegenüber Dritten.[368] Dies gilt jedoch nur, soweit er selbst den Tatbestand verwirklicht.[369] Eine Haftung kommt auch in Betracht nach § 823 Abs. 2 BGB iVm. einem Schutzgesetz.[370] Dabei ist zu beachten, daß § 43 GmbHG und damit die Erfüllung der Organpflichten nicht unter die Schutzgesetze fallen.[371]

bb) Haftung bei Insolvenzverschleppung. Stellt ein Geschäftsführer entgegen § 64 Abs. 1 GmbH-Gesetz schuldhaft pflichtwidrig keinen rechtzeitigen Insolvenzantrag, so haftet er den geschädigten Gläubigern der Gesellschaft gegenüber aus § 823 Abs. 2 BGB iVm. § 64 Abs. 1 GmbH-Gesetz wegen Insolvenzverschleppung.[372] Die Vorschrift des § 64 Abs. 1 GmbH-Gesetz wird allgemein als Schutzgesetz angesehen.[373]

---

[366] *Hachenburg/Mertens* § 43 Anm. 102 ff. mwN; *Scholz/Schneider* § 43 Anm. 211; *Rowedder/Koppensteiner* § 43 Anm. 40; *Sudhoff* Rechte und Pflichten, S. 141.

[367] *Hachenburg/Mertens* § 43 Anm. 110; *Rowedder/Koppensteiner* § 43 Anm. 40; *Scholz/Schneider* § 43 Anm. 212, der als Beispiel die Hinweispflicht des Geschäftsführers auf die Wirkung des § 32a für ein Gesellschafterdarlehen anführt.

[368] BGH v. 5. 12. 1989, GmbHR 1990, 207; *Sudhoff* Rechte und Pflichten, S. 142.

[369] Unfall auf einer Dienstfahrt, Unterbinden einer Rückrufaktion: *Scholz/Schneider* § 43 Anm. 228, 240.

[370] ZB § 263 StGB: Eingehungsbetrug, wenn der Geschäftsführer in Kenntnis des unabwendbaren Konkurses Geschäftspartner nicht auf das bestehende Risiko hinweist: *Scholz/Schneider* § 43 Anm. 236; zum Schutzgesetzcharakter des § 64: BGH v. 27. 10. 1982, GmbHR 1983, 44; *Tillmann* Der Geschäftsführervertrag, Anm. 199 ff. mwN.

[371] HM: *Scholz/Schneider* § 43 Anm. 218 mwN; *Hachenburg/Mertens* § 43 Anm. 102.

[372] *Ehlers* DStR 1998, 1756.

[373] *Medicus* ZGR 1998, 571, 581.

Handelt es sich um Altgläubiger, also solche Gläubiger, die ihre Forderung bereits vor der Insolvenzreife der GmbH erworben haben, hat der Geschäftsführer den Quotenschaden zu ersetzen,[374] dh. den Schaden, den die Altgläubiger dadurch erlitten haben, daß sich die zu ihrer Befriedigung zur Verfügung stehende Insolvenzmasse (§ 35 InsO) zwischen dem Eintritt des Insolvenzgrundes und der Antragspflicht und der tatsächlichen Verfahrenseröffnung verringert hat.[375] Der Ersatzanspruch kann während der Dauer des Insolvenzverfahrens nur vom Insolvenzverwalter geltend gemacht werden.[376]

Erwerben Gläubiger ihre Forderung erst zu einem Zeitpunkt, zu dem ein Insolvenzgrund bereits vorgelegen hat und die gesetzliche Antragspflicht des Geschäftsführers eingetreten ist, so handelt es sich um sog. Neugläubiger.[377] Der BGH[378] hat in einer Grundsatzentscheidung zum Ausdruck gebracht, daß der schuldhaft pflichtwidrig handelnde Geschäftsführer den Neugläubigern den vollen nicht durch den Quotenschaden begrenzten Schaden zu ersetzen hat, der ihnen dadurch entsteht, daß sie in Rechtsbeziehung zu einer überschuldeten oder zahlungsunfähigen GmbH getreten sind (BGH vom 6. 6. 1994, GmbHR 1994, 539; BGH vom 7. 11. 1994, GmbHR 1995, 125; BGH vom 7. 11. 1994, GmbHR 1995, 226).

Da Schadensersatzansprüche der Neugläubiger nicht in die Insolvenzmasse fallen, können sie nicht vom Insolvenzverwalter geltend gemacht werden, so daß der Geschäftsführer damit rechnen muß, daß er auch während eines Insolvenzverfahrens von einzelnen Gläubigern persönlich in Anspruch genommen werden kann.

Eine Neuerung der Haftung des Geschäftsführers ergibt sich aus § 26 Abs. 3 InsO, nach der derjenige Geschäftsführer, der schuldhaft pflichtwidrig keinen rechtzeitigen Insolvenzantrag gestellt hat, verpflichtet ist, einen Massekostenvorschuß zurückzuerstatten, der in einem massenlosen GmbH-Insolvenzverfahren geleistet wurde.

230 **cc) Verletzung steuerlicher Pflichten.** Der Geschäftsführer muß als Organ der Gesellschaft gem. § 34 AO die steuerlichen Pflichten der Gesellschaft erfüllen und haftet gem. § 69 AO, wenn er dieser Verpflichtung vorsätzlich oder grob fahrlässig nicht nachkommt.[379]

Zu unterscheiden ist die Festsetzung der Steuern und die Erfüllung des festgesetzten Zahlungsanspruches.

231 Der Geschäftsführer haftet persönlich, wenn er seinen Pflichten im Festsetzungsverfahren nicht nachgekommen ist. Sein Handeln ist aber nur kausal, wenn die Gesellschaft zur Erfüllung der Ansprüche in der Lage war.[380] Der Geschäftsführer haftet deshalb gegebenenfalls nur in der Höhe, in der die Gesellschaft in der Lage gewesen wäre, die Steuerschuld zu erfüllen. Im Fall

---

[374] BGH vom 28. 4. 1997, GmbHR 1997, 898.
[375] *Uhlenbruck* GmbHR 1999, 324.
[376] *Boujong* NZG 1998, 745, 754.
[377] *Groß* ZGR 1998, 556.
[378] BGH v. 6. 6. 1994, GmbHR 1994, 539; BGH v. 7. 11. 1994, GmbHR 1995, 125 und BGH v. 7. 11. 1994, GmbHR 1995, 226.
[379] Zu den einzelnen Steuerarten vgl. *Sudhoff* Rechte und Pflichten, S. 145 mwN.
[380] *Tillmann* Der Geschäftsführervertrag, Anm. 207; *Scholz/Schneider* § 43 Anm. 255 f.; *Rowedder/Koppensteiner* § 43 Anm. 64.

C. Risiken aus der Geschäftsführertätigkeit   232–235 § 5

nicht abgeführter Lohnsteuer ist die tatsächlich für die Lohnzahlung zur Verfügung stehende Liquidität auf die (gekürzte) Lohnzahlung und die abzuführende Lohnsteuer aufzuteilen (§ 38 Abs. 4 EStG).[381]

Der Geschäftsführer ist nicht verpflichtet, den Fiskus bei der Erfüllung festgesetzter und fälliger Steueransprüche anderen Gläubigern vorzuziehen.[382] Er darf ihn aber auch nicht benachteiligen und muß deshalb notfalls die Gläubiger anteilig befriedigen.[383] Gestundete Beträge sind nicht fällig und müssen deshalb nicht erfüllt werden. Der Geschäftsführer ist nicht verpflichtet, die GmbH so zu verwalten, daß bei Eintritt der Fälligkeit der Anspruch des Fiskus erfüllt werden kann.[384]   232

Der Anspruch richtet sich gegen den nach der (schriftlichen)[385] Geschäftsverteilung zuständigen Geschäftsführer. Weitere Geschäftsführer haften nur, wenn sie ihre Pflicht zur Überwachung der Geschäftsführung des zuständigen Geschäftsführers verletzt haben, insbesondere wenn sie nach Erkennen der Versäumnisse keine Abhilfe geschaffen haben.[386]   233

Die Haftung ist subsidiär. Der Geschäftsführer haftet nur, nachdem die Vollstreckung gegen die Gesellschaft erfolglos geblieben ist oder absehbar keinen Erfolg verspricht. Dies gilt wegen der treuhänderischen Verwaltung aber nicht für Steuerabzugsbeträge, insbesondere also nicht für die Lohnsteuer.[387]   234

In der Krise der GmbH sieht sich der Geschäftsführer der Verpflichtung ausgesetzt, entsprechend § 64 Abs. 2 GmbHG keine Zahlungen mehr zu leisten. Der Bundesfinanzhof vertritt die Auffassung, daß der Geschäftsführer trotz § 64 Abs. 2 GmbHG auch in der Krise zur Begleichung der Steuerschulden verpflichtet sei.[388] Demgegenüber gehen das Oberlandesgericht Köln[389] und das Finanzgericht Baden-Württemberg[390] zutreffend davon aus, daß die Verpflichtung nach § 64 Abs. 2 GmbHG die Verpflichtung nach § 34 AO überlagern müsse. Anderenfalls kann sich der Geschäftsführer mit der Zahlung der Steuerschulden zwar einer möglichen Haftung nach § 69 AO entziehen, verstößt mit der Steuerzahlung aber zwangsläufig gegen die Verpflichtung nach § 64 Abs. 2 GmbHG.[391]

dd) Ansprüche der Sozialversicherung. Der Arbeitgeber ist gem. § 28 e SGB IV verpflichtet, die Gesamtsozialversicherungsbeiträge der Arbeitnehmer   235

---

[381] BFH v. 24. 11. 1987, GmbHR 1988, 200; *Scholz/Schneider* § 43 Rdn. 255; *Tillmann* Der Geschäftsführervertrag, Anm. 207; zur Lohnsteuerhaftung vgl. *Mösbauer* GmbHR 1987, 483 ff. mwN.
[382] *Neusel* GmbHR 1997, 1129.
[383] BFH v. 12. 6. 1986, GmbHR 1987, 283; BFH v. 28. 6. 1986, GmbHR 1987, 283.
[384] *Scholz/Schneider* § 43 Anm. 255; *Carl* DB 1987, 2120.
[385] BFH v. 26. 4. 1985, GmbHR 1985, 30.
[386] BFH v. 26. 4. 1985, GmbHR 1985, 30; *Sudhoff* Rechte und Pflichten, S. 146; *Tillmann* Der Geschäftsführervertrag, Anm. 210; *Scholz/Schneider* § 43 Anm. 2551.
[387] *Tillmann* Der Geschäftsführervertrag, Anm. 213; *Sudhoff* Rechte und Pflichten, S. 146.
[388] BFH v. 20. 4. 1993, GmbHR 1994, 496.
[389] OLG Köln v. 9. 8. 1995, ZIP 1995, 1418.
[390] FG Baden-Württemberg v. 23. 6. 1993, GmbHR 1994, 495.
[391] *Biletzki* NJW 1997, 1548.

an den Sozialversicherungsträger abzuführen. Der Geschäftsführer kann für nicht einbehaltene und nicht abgeführte Beiträge persönlich sowohl haftungsrechtlich nach § 823 Abs. 2 BGB als auch strafrechtlich nach § 266 a StGB zur Verantwortung gezogen werden;[392] sowohl § 28 e SGB IV als auch § 266 a StGB sind nach hM als Schutzgesetze iSd. § 823 Abs. 2 BGB anzusehen.[393]

236 Die Haftung nach diesen Vorschriften bezieht sich nur auf den Arbeitnehmeranteil. Der Arbeitgeberanteil ist eine Schuld der GmbH. Ein Schadensersatzanspruch gegen den Geschäftsführer entsteht deshalb nur bei Nichtabführung der von den Arbeitnehmern geschuldeten Beitragsanteile.[394]

237 ee) **Weitere zivilrechtliche Ansprüche von Gläubigern und anderen Dritten.** Zu einer persönlichen Haftung der Geschäftsführer gegenüber Dritten kann es bereits vor Eintragung der Gesellschaft nach § 11 Abs. 2 GmbHG („Handelndenhaftung") kommen (vgl. § 2 Rz. 35 f.).

238 Wegen der Verletzung vertraglicher Pflichten der Gesellschaft haftet der Geschäftsführer Dritten gegenüber nicht. Derartige Pflichtverletzungen werden der Gesellschaft zugerechnet (§ 31 BGB).

239 Der Geschäftsführer haftet neben der Gesellschaft, wenn er bei den Verhandlungen besonderes Vertrauen des Geschäftspartners in seine Person in Anspruch genommen hat,[395] oder wenn er selbst dem Geschäft wirtschaftlich besonders nahesteht.[396] Die Haftung setzt Verschulden voraus. Der Geschäftsführer muß deshalb das Geschäft in seinen Einzelheiten kennen. Eine Vermutung dahingehend, daß bei Vorhandensein mehrerer Geschäftsführer jeder Geschäftsführer das Handeln der übrigen Geschäftsführer in allen Einzelheiten kennt, besteht nicht.[397] Diese Haftung trifft nur den handelnden Geschäftsführer.

240 Nach Rechtsscheingrundsätzen haftet der Geschäftsführer für eingegangene Verpflichtungen der Gesellschaft, wenn für den Geschäftsgegner nicht deutlich wird, daß er mit dem Vertreter einer beschränkt haftenden Gesellschaft verhandelt. Diese Haftung kann insbesondere dann eintreten, wenn er ohne GmbH-Zusatz zeichnet und dadurch der Eindruck entsteht, er handle als Gesellschafter einer Personenhandelsgesellschaft.[398]

241 Neben die vertragliche Haftung und die gesetzlichen Haftungstatbestände tritt die deliktische Haftung des Geschäftsführers gegenüber Dritten.[399] Dies gilt jedoch nur, soweit er selbst den Tatbestand verwirklicht.[400] Eine Haftung kommt auch in Betracht nach § 823 Abs. 2 BGB iVm. einem Schutzgesetz.[401]

---

[392] BGH v. 29. 7. 1972, GmbHR 1972, 178; BGH v. 21. 1. 1997, DStR 1997, 546.
[393] *Marschner* DB 1996, 1825 mwN.
[394] BGH v. 18. 5. 1976, DB 1976, 1665; *Scholz/Schneider* § 43 Anm. 2551.
[395] HM: BGHZ 87, 27; BGHZ 56, 81; *Scholz/Schneider* § 43 Anm. 224 mwN.
[396] *Scholz/Schneider* § 43 Anm. 225 mwN; BGH v. 23. 10. 1985, GmbHR 1986, 43, BGH v. 2. 3. 1988, GmbHR 1988, 257.
[397] BGH v. 28. 1. 1985, GmbHR 1985, 255.
[398] BGH in GmbHR 1975, 129; BGH v. 1. 6. 1981, NJW 1981, 2569; *Scholz/Schneider* § 43 Anm. 223.
[399] BGH v. 11. 12. 1989, GmbHR 1990, 207; *Sudhoff* Rechte und Pflichten, S. 142.
[400] Unfall auf einer Dienstfahrt, Unterbinden einer Rückrufaktion: *Scholz/Schneider* § 43 Anm. 228, 240.
[401] ZB § 263 StGB: Eingehungsbetrug, wenn der Geschäftsführer in Kenntnis des unabwendbaren Konkurses Geschäftspartner nicht auf das bestehende Risiko hinweist: *Scholz/Schneider* § 43 Anm. 236; zum Schutzgesetzcharakter des § 64: BGH v. 27. 10.

C. Risiken aus der Geschäftsführertätigkeit

Dabei ist zu beachten, daß § 43 GmbHG selbst und damit die Erfüllung der Organpflichten nicht unter die Schutzgesetze fallen.[402]

3. Haftung der Gesellschaft für Handeln der Geschäftsführer

Zu unterscheiden sind Ansprüche, die aus der Verletzung vertraglicher Beziehungen herrühren, und Ansprüchen aus deliktischem Handeln.

Soweit der Geschäftsführer als (gesetzlicher) Vertreter tätig wird, handelt er im vertraglichen Pflichtenkreis der GmbH als deren Organ. Für sein schuldhaftes Handeln (vorsätzlich oder fahrlässig) haftet die GmbH unmittelbar und unbegrenzt.[403]

Begeht der Geschäftsführer im Rahmen seiner Tätigkeit für die GmbH eine unerlaubte Handlung, so haftet die GmbH auch dafür nach § 31 BGB. Die Möglichkeit der Exkulpation ist ausgeschlossen.[404]

II. Strafrechtliche Verantwortlichkeit der Geschäftsführer

1. Straftaten und Ordnungswidrigkeiten des Bilanzrechts (§§ 331, 334 HGB)

Die im Handelsgesetzbuch kodifizierten Straftaten und Ordnungswidrigkeiten sanktionieren die Richtigkeit der nach Maßgabe des Gesetzes erstellten Abschlüsse von Einzelunternehmen und von Unternehmen im Konzernverbund.

Mit Freiheitsstrafe bis zu drei Jahren wird danach bestraft, wer als Geschäftsführer

- die Verhältnisse der Gesellschaft in einem Jahresabschluß, dem Lagebericht, der Eröffnungsbilanz oder einem Zwischenabschluß eines Kreditinstituts (§ 340 a HGB) unrichtig wiedergibt oder verschleiert;
- die Verhältnisse eines Konzerns im Konzernabschluß, dem Konzernlagebericht oder dem Konzernzwischenabschluß eines Kreditinstituts (§ 340 i HGB) unrichtig wiedergibt oder verschleiert;
- einen unrichtigen oder verschleiernden Konzernabschluß zum Zwecke der Befreiung nach § 219 HGB oder einer nach § 292 HGB erlassenen Rechtsverordnung, vorsätzlich oder leichtfertig offenlegt;
- in Aufklärungen oder Nachweisen, die dem Abschlußprüfer nach § 320 HGB zu geben sind, unrichtige Angaben macht oder die Verhältnisse der Gesellschaft unrichtig wiedergibt oder verschleiert.

In § 334 HGB sind im einzelnen die Vorschriften des Handelsgesetzbuches aufgeführt, deren Nichtbeachtung als Ordnungswidrigkeit geahndet werden kann. Es können Geldbußen bis zu DM 50 000 ausgesprochen werden. Es ist zunächst die Nichtbeachtung von Vorschriften über Form und Inhalt, die Bewertung und die zusätzlich zu machenden Angaben in Bilanz und Anhang,

---

1982, GmbHR 1983, 44; BGH v. 8. 10. 1997, GmbHR 1988, 195; *Tillmann* Der Geschäftsführervertrag, Anm. 199 ff. mwN.

[402] HM: *Scholz/Schneider* § 43 Anm. 218 mwN; *Hachenburg/Mertens* § 43 Anm. 104.
[403] *Palandt/Heinrichs* § 31 Anm. 2.
[404] *Scholz/Schneider* § 43 Anm. 274.

die sanktioniert ist. Für den Konzern ist der Kreis der zu beachtenden Vorschriften um die den Konsolidierungskreis definierenden Normen ergänzt. Dadurch wird die unvollständige Darstellung eines Konzernkreises soweit dies nicht unter die Strafvorschriften fällt, als Ordnungswidrigkeit geahndet (§ 334 Abs. 1 Nr. 2 a HGB).

248 Die zweite Gruppe betrifft die inhaltliche Richtigkeit von Lagebericht und Konzernlagebericht (§ 334 Abs. 1 Nr. 3 und 4 HGB).

249 Die Verletzung von Vorschriften über Form und Inhalt der zu veröffentlichten Unterlagen ist sanktioniert (§ 334 Abs. 1 Nr. 5 HGB). Nicht sanktioniert ist hingegen der Verstoß gegen die Veröffentlichungspflicht als solcher. Auf Aufforderung des Gerichts sind bei Nichterfüllung der Veröffentlichungspflicht die Umsatzerlöse und die durchschnittliche Anzahl der Arbeitnehmer mitzuteilen (§ 329 HGB).

2. Verspätete oder unterlassene Anmeldung der Insolvenz

250 Wird von dem Geschäftsführer einer GmbH versäumt, rechtzeitig die Eröffnung des Insolvenzverfahrens in Fällen der Zahlungsunfähigkeit oder Überschuldung zu beantragen, liegt ein Verstoß gegen die Vorschriften des § 64 GmbHG vor. Die Geschäftsführer sind nicht nur schadensersatzpflichtig, sondern haben sich auch strafrechtlich zu verantworten (§ 84 GmbHG). Es reicht aber nicht aus, daß der Geschäftsführer in Kenntnis der Überschuldung die Erstellung einer Zwischenbilanz unterläßt. In § 84 GmbHG wird die Verletzung der Anzeigepflicht bei Verlust der Hälfte des Stammkapitals in den Straftatbestand einbezogen.

251 In § 82 GmbHG sind als Straftatbestände ua. falsche Angaben hinsichtlich der Einlagen, der Sondervorteile, des Gründungsaufwandes sowie der Sicherungen für nicht voll eingezahlte Geldeinlagen gesetzlich geregelt. Ebenso ist strafbar, wenn der Geschäftsführer zum Zwecke der Herabsetzung des Stammkapitals über die Befriedigung oder Sicherstellung der Gläubiger eine unwahre Versicherung abgibt oder wenn er als Organ in einer öffentlichen Mitteilung die Vermögenslage der Gesellschaft unwahr darstellt.

3. Insolvenzstraftaten

252 Der Tatbestand des Bankrotts liegt vor, wenn der Geschäftsführer bei Überschuldung oder bei drohender oder eingetretener Zahlungsunfähigkeit Bestandteile des Vermögens, die im Falle der Insolvenzeröffnung zur Insolvenzmasse gehören, beiseite schafft oder verheimlicht oder in einer den Anforderungen einer ordnungsgemäßen Wirtschaft widersprechender Weise zerstört, beschädigt oder unbrauchbar macht. Er erfüllt den Straftatbestand ebenfalls, wenn der Handelsbücher nicht führt oder so führt oder verändert, daß die Übersicht über seinen Vermögensstand erschwert wird (§ 283 StGB).

253 Strafbar sind ua. übermäßige Privatentnahmen in der Krise (§ 283 Abs. 1 Nrn. 1, 2 StGB), Schleuderverkäufe kreditierter Waren (§ 283 Abs. 1 Nr. 3 StGB) oder die Vernachlässigung und Manipulation der Buchführung (§§ 283 Abs. 1 Nrn. 5–7, 283 b StGB). Ebenso macht sich strafbar, wer in der Krise in einer anderen, den Anforderungen einen ordnungsgemäßen Wirtschaft grob widersprechenden Weise seinen Vermögensstand verringert oder seine wirk-

lichen geschäftlichen Verhältnisse verheimlicht oder verschleiert (§ 283 Abs. 1 Nr. 8 StGB).

Nach § 14 StGB betrifft die Strafbarkeit wegen Insolvenzdelikten auch denjenigen, der als vertretungsberechtigtes Organ einer juristischen Person handelt.[405]

254

Die Strafbarkeit aufgrund von Bankrottdelikten ist jedoch nur gegeben, wenn das Insolvenzverfahren eröffnet wird, die Eröffnung des Verfahrens mangels Masse abgewiesen wird oder die GmbH die Zahlungen einstellt.

255

4. Sonstige Straftaten

Handelt der Geschäftsführer ausschließlich eigennützig und nicht in seiner Geschäftsführereigenschaft für die GmbH, können die Straftatbestände der Unterschlagung nach § 246 StGB oder der Untreue nach § 266 StGB zum Nachteil der Gesellschaft vorliegen;[406] eine Unterschlagung hat die Rechtsprechung[407] für den Fall überhöhter Privatentnahmen eines Geschäftsführers oder für den Fall der Handlung im Interesse eines Gläubigerpools oder eines interessierten Unternehmenserwerbers angenommen, der bereits eine Auffanggesellschaft gegründet hat.

256

---

[405] *Tiedemann* NJW 1977, 779; *Schmidt/Uhlenbruck* Anm. 178.
[406] *Tiedemann* Konkursstrafrecht, vor § 283 StGB Anm. 76.
[407] Landgericht Bonn, BGHSt. 30, S. 130, NJW 1980, 469.

§ 6 Der Aufsichtsrat/Beirat

Bearbeiter: Dr. Welf Müller

Übersicht

	Rz.
A. Einführung	
I. Bedeutung und Verbreitung	1–6
II. Begriffsbestimmungen und Abgrenzungen	7–26
1. Der fakultative Aufsichtsrat	7–10
2. Der obligatorische Aufsichtsrat	11–18
a) Betriebsverfassungsgesetz 1952	12
b) Mitbestimmungsgesetz 1976	13
c) Montan-Mitbestimmungsgesetz 1951 und Mitbestimmungsergänzungsgesetz 1956	14
d) Feststellung des anzuwendenden Aufsichtsratssystems	15–17
e) Koexistenz anderer Gremien neben dem obligatorischen Aufsichtsrat	18
3. Der Beirat	19–22
4. Der Gesellschafterausschuß	23–25
5. Beratungsverträge	26
B. Der fakultative Aufsichtsrat/Beirat	
I. Grundsatz der Gestaltungsfreiheit	27, 28
II. Zusammensetzung und persönliche Voraussetzungen	29, 30
III. Bestellung, Amtszeit und Abberufung	31–36
IV. Innere Ordnung, Beschlußfassung und Beschlußkontrolle	37–44
1. Innere Ordnung	37
2. Beschlußfassung	38, 39
3. Beschlußkontrolle	40–44
V. Aufgaben und Kompetenzen	45–54
1. Überblick	45
2. Überwachung der Geschäftsführung	46
3. Prüfung des Jahresabschlusses	47
4. Einberufung der Gesellschafterversammlung und Vertretung gegenüber der Geschäftsführung	48
5. Einfluß auf die Geschäftsführung	49, 50
6. Übertragung von Befugnissen der Gesellschafterversammlung	51
7. Informationsrechte des Aufsichtsrats/Beirats	52–54
VI. Rechtsstellung und Vergütung	55–63
1. Rechtsstellung	55
2. Vergütung	56–58
3. Steuerliche Behandlung	59–63
a) Bei der GmbH	59–61
b) Bei den Aufsichtsräten/Beiräten	62, 63
VII. Verantwortlichkeit	64–68

	Rz.
C. Der obligatorische Aufsichtsrat	
I. Vorbemerkung.	69
II. Der Aufsichtsrat nach dem BetrVG 1952	70–90
1. Grundlagen	70–72
2. Maßgebliche Arbeitnehmerzahl.	73, 74
3. Die Bildung des Aufsichtsrats.	75
4. Mitgliederzahl und Zusammensetzung.	76, 77
5. Bestellung.	78–80
6. Amtszeit und Abberufung	81, 82
7. Innere Ordnung, Beschlußfassung und Beschlußkontrolle	83, 84
8. Aufgaben und Kompetenzen	85–88
a) Überwachung der Geschäftsführung	86
b) Prüfung des Jahresabschlusses	87
c) Geschäftsführung und zustimmungspflichtige Geschäfte	88
d) Anwendung der Regeln über den fakultativen Aufsichtsrat	89, 90
III. Der Aufsichtsrat nach dem MitbestG	91–101
1. Grundlagen	91
2. Maßgebliche Arbeitnehmerzahl.	92–94
3. Größe und Zusammensetzung	95
4. Aufgaben und Kompetenzen	96–101
a) Bestellung und Abberufung der Geschäftsführer	97
b) Anstellungsverträge mit den Geschäftsführern	98
c) Vertretung der Gesellschaft	99
d) Ausübung von Beteiligungsrechten	100
e) Innere Ordnung und Beschlußfassung	101
IV. Rechtsstellung und Vergütung	102–105
1. Rechtsstellung.	102–104
2. Steuerliche Behandlung der Vergütung	105

A. Einführung

I. Bedeutung und Verbreitung

1 Neben den beiden zwingend notwendigen Organen der GmbH, nämlich der Gesellschafterversammlung (§ 45 GmbHG) und der Geschäftsführung (§ 6 Abs. 1 GmbHG), kann ein weiteres Organ, nämlich ein Aufsichtsrat, fakultativ durch den Gesellschaftsvertrag geschaffen oder obligatorisch aufgrund gesetzlicher Bestimmungen (insb. BetrVG und MitbestG) notwendig werden. Abgesehen vom obligatorischen Aufsichtsrat, löst sich die Praxis der GmbH jedoch aus diesem engen Korsett und hat eine Fülle von Institutionen hervorgebracht, die zwischen Aufsichtsrat und Gesellschafterversammlung stehen und deren Einordnung im einzelnen schwierig und umstritten ist. Die Vielfalt ergibt sich schon aus der Namenswahl: Beirat, Verwaltungsrat, Gesellschafterausschuß, Firmenrat, Kuratorium, Familienbeirat, Schieds- oder Schlichtungsinstanz, etc. Das GmbHG ist für alle diese Formen grds. offen

A. Einführung 2–6 § 6

und läßt eine differenzierende Ausgestaltung zu. Zwingende gesetzliche Vorgaben werden nur durch die Arbeitnehmermitbestimmung (§ 77 BetrVG 1952; § 3 Montan MitbestG; § 1, 3 MitbestErgG und § 6 MitbestG) und durch zwei Spezialgesetze (§ 3 Gesetz über Kapitalanlagegesellschaften und § 1 Durchführungsverordnung zum Gesetz über die Gemeinnützigkeit im Wohnungswesen) für GmbH, die im Kapitalanlagegeschäft oder auf dem Gebiet des gemeinnützigen Wohnungswesen tätig sind, gesetzt.

Das GmbH-Gesetz gibt in § 52 einige Grundregeln, wenn im Gesellschaftsvertrag die Einrichtung eines **fakultativen,** also im Belieben der Gesellschaft stehenden, Aufsichtsrats vorgeschrieben wird. Nur auf einen solchen, satzungsmäßig eingerichteten, Aufsichtsrat findet die Bestimmung des § 52 GmbH Anwendung. Für die **obligatorischen Aufsichtsräte** gelten die Bestimmungen der Gesetze, in denen diese Aufsichtsräte jeweils vorgeschrieben werden.[1]   2

Wesentliches Begriffsmerkmal eines Aufsichtsrats ist die Überwachung der Geschäftsführung (§ 111 Abs. 1 AktG). Ein Gremium, das diese Aufgaben nicht wahrnimmt, ist kein Aufsichtsrat; umgekehrt ist aber jedes Gremium, das diese Aufgaben wahrnimmt, ohne Rücksicht auf seine Bezeichnung Aufsichtsrat iSd. § 52 GmbHG.[2]   3

Reine, am AktG ausgerichtete Aufsichtsräte sind – zumindest bei der kleineren GmbH – eher die Ausnahme. Vielmehr überwiegt hier die Errichtung von Gremien mit ausschließlich oder zumindest auch anderen Aufgabenstellungen. Folgende Funktionen kommen für solche Aufsichtsräte/Beiräte vor allem in Betracht: Beratungsorgan für die Geschäftsführung und/oder die Gesellschafter, teilweise Übernahme von Geschäftsführungsfunktionen, Übernahme von Gesellschafterfunktionen als Gesellschafterausschuß oder zur Vertretung von Gesellschafter-Gruppen und schließlich bei GmbH, die unter die Arbeitnehmermitbestimmung fallen, Beiräte oder andere Gremien, die konkurrierend neben den obligatorischen Aufsichtsrat treten.[3]   4

Gremien dieser Art können entweder im Gesellschaftsvertrag verankert oder auch auf schuldrechtlicher Grundlage bestellt werden. Im letzten Fall sind sie jedoch niemals Organ der GmbH mit entsprechender (verdrängender) Kompetenz und Organverantwortung; sie stehen lediglich in einem schuldrechtlichen Verhältnis zur Gesellschaft.[4]   5

Sowohl Beiräte wie Aufsichtsräte können mit Nichtgesellschaftern besetzt werden, dies ist in der Praxis gewollt und zumeist die Regel. Es soll gerade der Sachverstand Dritter für Kontrolle und Beratung eingesetzt werden.[5] Werden jedoch auf solche Gremien Kompetenzen der Gesellschafter verlagert, wie   6

---

[1] *Hachenburg/Raiser* § 52 Anm. 16; *Scholz/Schneider* § 52 Anm. 8 ff.

[2] *Hachenburg/Raiser* § 52 Anm. 17 ff.; OLG Düsseldorf v. 13. 3. 1985, WM 1985, 872.

[3] Zu Arten und Funktionen des Beirats/Aufsichtsrats vgl. *Voormann* Der Beirat im Gesellschaftsrecht, 2. Aufl., 1990, S. 6 ff.; MünchHdb. GesR Bd. 3/*Marsch-Barner/Diekmann* § 48 Anm. 7 ff.

[4] *Eder/Tillmann* Bd. I Anm. 487.22 a; *Hachenburg/Raiser* § 52 Anm. 307.

[5] Zu den Grundsätzen ordnungsgemäßer Kontrolle vgl. *Theisen* AG 1995, 193 ff.; *Scheffler* AG 1995, 207 ff.; *Drerk* AG 1995, 212 ff.; *Bea/Scheurer* DB 1995, 1289 ff.; *Dekkert* ZIP 1996, 975 ff.

II. Begriffsbestimmungen und Abgrenzungen

1. Der fakultative Aufsichtsrat

7 Der Aufsichtsrat ist **Überwachungsorgan**; dies ist das zentrale Qualifikationsmerkmal.[6] Ist durch **Gesellschaftsvertrag** ein Überwachungsgremium eingerichtet, so ist es, unabhängig von seiner Benennung, Aufsichtsrat iSv. § 52 GmbHG. § 52 Abs. 1 GmbHG stellt für den so definierten Aufsichtsrat eine Reihe von Vorschriften des AktG zur entsprechenden Anwendung zur Verfügung. Der Gesellschaftsvertrag kann jedoch hiervon abweichen und im Extremfall die Rechtsverhältnisse des Aufsichtsrates einer eigenständigen Regelung zuführen (so insb. Kompetenzen, innere Ordnung und Beschlußfassung, Größe und Zusammensetzung, Sorgfaltsmaßstab und Haftung).[7]

8 Die Satzungsautonomie ist jedoch nicht unbegrenzt:[8] Dem Aufsichtsrat können einerseits zwingende Kompetenzen der Geschäftsführung (zB Passivvertretung, Buchführung, Aufstellung des Jahresabschlusses) oder der Gesellschafterversammlung (zB Änderung der Satzung) nicht übertragen werden.[9] Andererseits müssen ihm auch minimale Kompetenzen verbleiben: dazu gehört die Kontrolle der Geschäftsführung.[10]

9 Unabhängig von der satzungsmäßigen Ausgestaltung und Benennung eines Gremiums ist dessen Qualifikation als Aufsichtsrat deshalb von Bedeutung, weil in diesem Falle **zwingend** (§ 52 Abs. 2 GmbHG) die Bestellung und jeder Wechsel der Mitglieder des Aufsichtsrats/Beirats durch die Geschäftsführer im Bundesanzeiger und in den Gesellschaftsblättern **bekanntzumachen** und die Bekanntmachung zum HR einzureichen ist. Das Registergericht kann diese Bekanntmachungspflicht erzwingen (§ 14 HGB). Hinzu kommt ggf. die Angabepflicht des Vorsitzenden des Aufsichtsrats/Beirats auf Geschäftsbriefen nach § 35 a Abs. 1 GmbHG).[11]

10 Sind dem Aufsichtsrat neben der Überwachung weitere Befugnisse übertragen, so spielt das für die Qualifikation grds. keine Rolle. Allerdings können sich **Abgrenzungsschwierigkeiten** ergeben, wenn andere Befugnisse (zB Geschäftsführungsbefugnisse) überwiegen.[12] In Zweifelsfällen ist eine satzungsmäßige Klarstellung zu empfehlen. Soll entgegen § 52 Abs. 1 GmbHG Aktienrecht nicht entspr. angewendet werden, so sind zB folgende Formulierungen möglich: „§ 52 Abs. 1 GmbHG greift nicht ein" oder „die

---

[6] Hachenburg/Raiser § 52 Anm. 17.
[7] Baumbach/Hueck/Zöllner § 52 Anm. 14.
[8] Vgl. vor allem Reuter in FS 100 Jahre GmbH-Gesetz, 1992 S. 632 ff.
[9] Baumbach/Hueck/Zöllner § 52 Anm. 16.
[10] Baumbach/Hueck/Zöllner § 52 Anm. 17.
[11] Baumbach/Hueck/Zöllner § 35 a Anm. 4.
[12] Vgl. Hachenburg/Raiser § 52 Anm. 20; Reuter in FS 100 Jahre GmbH-Gesetz, 1992 S. 635 ff.; Rowedder/Koppensteiner § 52 Anm. 6.

in § 52 Abs. 1 genannten Bestimmungen des AktG sind nicht anzuwenden".[13]

2. Der obligatorische Aufsichtsrat

Die Sonderfälle des obligatorischen Aufsichtsrats bei Kapitalanlagegesellschaften und Wohnungsunternehmen (vgl. Rz. 1) sollen hier nicht weiter erörtert werden. Damit verbleiben für einen obligatorischen Aufsichtsrat die Fälle der Arbeitnehmermitbestimmung. **11**

a) Betriebsverfassungsgesetz 1952

GmbH mit idR mehr als **500**, aber nicht mehr als **2000** Arbeitnehmern haben nach §§ 76 Abs. 1, 77 BetrVG 1952[14] einen Aufsichtsrat zu bilden, der zu **einem Drittel** aus Vertretern der Arbeitnehmer besteht. Ausgenommen sind, neben den Unternehmen der Montanindustrie, Religionsgemeinschaften und ihre karitativen und erzieherischen Einrichtungen und die sog. Tendenzbetriebe, die in § 81 Abs. 1 BetrVG 1952 aufgeführt sind. Ist eine GmbH herrschendes Unternehmen (§ 18 AktG) eines Konzerns, so gelten die Arbeitnehmer der Betriebe eines Konzernunternehmens als Arbeitnehmer des herrschenden Unternehmens, wenn zwischen den Unternehmen ein Beherrschungsvertrag (iSd. § 291 Abs. 1 AktG) besteht (§ 77 a BetrVG 1952). Der mitbestimmte Aufsichtsrat nach §§ 76 ff. BetrVG 1952 kommt also immer dann in Betracht, wenn die Zahl der Arbeitnehmer aller durch Beherrschungsverträge verbundener Unternehmen 500 Arbeitnehmer übersteigt. Unternehmensverbindungen anderer Qualität (zB faktischer Konzern) reichen nicht aus.[15] Bei der GmbH & Co. KG werden Arbeitnehmer der KG der GmbH nicht zugerechnet.[16] **12**

b) Mitbestimmungsgesetz 1976

GmbH mit idR mehr als **2000** Arbeitnehmern haben einen Aufsichtsrat zu bilden, der sich je **zur Hälfte** aus Aufsichtsratsmitgliedern der Anteilseigner und der Arbeitnehmer zusammensetzt (§§ 1, 6 Abs. 1, 7 MitbestG). Ausgenommen sind wiederum Unternehmen, die der Montanmitbestimmung unterliegen, Religionsgemeinschaften einschl. ihrer karitativen und erzieherischen Einrichtungen sowie die sog. Tendenzunternehmen (§ 1 Abs. 2 und 4 MitbestG). Bei der GmbH & Co.KG sind die Arbeitnehmer der KG der GmbH zuzurechnen, wenn die Mehrheit der Kommanditisten die Mehrheit der Anteile oder Stimmen in der persönlich haftenden GmbH innehat (§ 4 Abs. 1 MitbestG). Auf die leichte Umgehbarkeit dieser Bestimmung ist schon bei den Gesetzesberatungen hingewiesen worden.[17] Ist eine GmbH herrschendes Unternehmen in einem Konzern iSd. § 18 Abs. 1 AktG, so gelten die Arbeitnehmer der Konzernunternehmen als Arbeitnehmer des herrschen- **13**

---

[13] *Baumbach/Hueck/Zöllner* GmbHG § 52 Anm. 13.
[14] Diese Bestimmungen gelten gem. § 129 BetrVG 1972 heute noch fort.
[15] *Hachenburg/Raiser* § 52 Anm. 6.
[16] *Scholz/Schneider* § 52 Anm. 33; *Hachenburg/Raiser* § 52 Anm. 95.
[17] *Hanau/Ulmer* Mitbestimmungsgesetz, 1981 § 4 Anm. 3.

den Unternehmens (§ 5 MitbestG). Dies gilt für jedwede Art von Konzernierung im Unterordnungskonzern,[18] das Vorliegen von Beherrschungsverträgen ist im Gegensatz zur Mitbestimmung nach BetrVG 1952 (vgl. Rz. 12) nicht erforderlich. Erfaßt wird also auch der faktische Konzern.[19]

c) Montan-Mitbestimmungsgesetz 1951 und Mitbestimmungsergänzungsgesetz 1956

14 Unter das Montan-Mitbestimmungsgesetz fielen Ende 1992 nur noch 16 Unternehmen in der Rechtsform der GmbH;[20] unter das Mitbestimmungsergänzungsgesetz fiel kein Unternehmen in der Rechtsform der GmbH. Deshalb wird auf die einschlägige Literatur verwiesen.[21]

d) Feststellung des anzuwendenden Aufsichtsratssystems

15 In den Fällen (a) bis (c) greifen nicht § 52 GmbHG, sondern die jeweils getroffenen spezialgesetzlichen Regelungen ein.[22] Trotz der Verweisung in den jeweiligen Gesetzen auf die aktienrechtlichen Vorschriften unterscheiden sich die Systeme in wichtigen Einzelheiten. Es ist deshalb eine eindeutige Zuordnung erforderlich. Diese wird durch das sog. **Statusverfahren** nach den §§ 97 bis 99 AktG sichergestellt, das auch für die GmbH sinngemäß gilt (§ 27 EGAktG; vgl. auch § 77 Abs. 1 BetrVG 1952 und § 6 Abs. 2 MitbestG), allerdings nicht für Fragen des fakultativen Aufsichtsrats.[23]

16 Hat die bereits **bestehende** GmbH **noch keinen Aufsichtsrat**, auch keinen fakultativen, so ist zu unterscheiden: Begründet das MitbestG die Pflicht zur Aufsichtsratsbildung, ist das Statusverfahren einzuhalten, da § 6 Abs. 2 MitbestG auf die §§ 96 ff. AktG verweist.[24] Wird diese Pflicht demgegenüber durch das BetrVG begründet, findet das gesetzliche Statusverfahren mangels gesetzlicher Anordnung keine Anwendung, kann aber aus Zweckmäßigkeitsgründen in Anspruch genommen werden.[25] Stets aber haben die Gesellschafter und Geschäftsführer die Pflicht, die Bildung eines Aufsichtsrats nach BetrVG 1952 oder nach MitbestG in die Wege zu leiten (also Änderung der Satzung; Wahl der Anteilseignervertreter; Wahl der Arbeitnehmervertreter durch die Arbeitnehmer).[26]

17 Hat die GmbH jedoch **schon einen Aufsichtsrat,** auch einen fakultativen, so ist das Statusverfahren einzuhalten. Dementsprechend kann die GmbH nur

---

[18] Nicht dagegen im Gleichordnungskonzern vgl. *Raiser* Mitbestimmungsgesetz, 1984, § 5 Anm. 42, dort auch zu Mischformen zwischen Gleich- und Unterordnungskonzern: Anm. 43.
[19] OLG Düsseldorf v. 30. 1. 1979, DB 1979, 699 f.; OLG Stuttgart v. 3. 5. 1989, DB 1989, 1128.
[20] *Scholz/Schneider* § 52 Anm. 9.
[21] *Boldt* Mitbestimmungsgesetz Eisen und Kohle, 1952; *Kötter* Mitbestimmungsrecht, 1952; *Müller/Lehmann* Kommentar zum Mitbestimmungsgesetz Bergbau und Eisen, 1952; *Spieker* Der Aufsichtsrat der mitbestimmten Montan-GmbH, 1960.
[22] *Baumbach/Hueck/Zöllner* § 52 Anm. 5.
[23] *Hachenburg/Raiser* § 52 Anm. 15.
[24] *Hanau/Ulmer* Mitbestimmungsgesetz, 1981 § 6 Anm. 11.
[25] *Baumbach/Hueck/Zöllner* § 52 Anm. 6 ff.
[26] *Hachenburg/Raiser* § 52 Anm. 161; vgl. im einzelnen Anm. 75.

A. Einführung

zu einem anderen Aufsichtsratssystem überwechseln, wenn die Geschäftsführung vorher bekannt macht, daß der Aufsichtsrat nicht nach den richtigen Vorschriften zusammengesetzt ist und wie er sich richtig zusammensetzt. Die Bekanntmachung erfolgt in den Gesellschaftsblättern und durch Aushang in sämtlichen Betrieben der Gesellschaft und ihrer Konzernunternehmen. In der Bekanntmachung ist darauf hinzuweisen, daß sich der Aufsichtsrat nach den von der Geschäftsleitung angegebenen Vorschriften zusammensetzen wird, wenn nicht die Antragsberechtigten innerhalb eines Monats nach Bekanntmachung im Bundesanzeiger ein gerichtliches Verfahren nach den §§ 98 f. AktG einleiten (§ 97 Abs. 1 AktG).[27]

Dieses Verfahren ist auch anzuwenden, wenn die GmbH bereits einen fakultativen Aufsichtsrat hat und nunmehr in den Anwendungsbereich der Mitbestimmungsgesetze hineinwächst oder wenn, umgekehrt, die Aufsichtsratspflicht wegen Schrumpfung der Arbeitnehmerzahl entfällt[28] und in Zukunft ein fakultativer oder gar kein Aufsichtsrat eingerichtet werden soll. Beim **Formwechsel** in die Rechtsform der GmbH nach den Regeln des UmwG (§§ 190 ff.) sind die Vorschriften des Statusverfahrens anzuwenden, wenn die bisherige Zusammensetzung nicht mehr den für den Aufsichtsrat des neuen Rechtsträgers geltenden gesetzlichen Vorschriften entspricht oder wenn erstmals ein Aufsichtsrat zu bilden ist.[29] Die Einleitung eines solchen Verfahrens ist indessen nicht erforderlich, soweit der bisherige Aufsichtsrat gem. § 203 Satz 1 UmwG im Amt bleibt. Auch bei der **Verschmelzung** und **Spaltung** kommen die Grundsätze des Statusverfahrens zum Zuge, soweit die Zusammensetzung des Aufsichtsrats des übertragenden oder aufnehmenden Rechtsträgers unrichtig geworden oder bei dem neu entstehenden Rechtsträger erstmals ein Aufsichtsrat einzurichten ist. Zur Gründung vgl. Rz. 75.[30]

e) Koexistenz anderer Gremien neben dem obligatorischen Aufsichtsrat

Die Notwendigkeit eines mitbestimmten Aufsichtsrats gibt häufig zu der Frage Anlaß, ob daneben weitere Gremien, insb. ein Beirat, zulässig sind. Wird der mitbestimmte Aufsichtsrat auf die gesetzlich zwingend notwendigen Kompetenzen beschränkt, liegt es nahe, andere Aufgaben oder sogar – konkurrierend – Aufgaben des Aufsichtsrats auf einen – anders zusammengesetzten – Beirat zu übertragen. Dies wird insb. deutlich bei den zustimmungspflichtigen Geschäften. Die Satzung oder der mitbestimmte Aufsichtsrat können bestimmen, daß bestimmte Arten von Geschäften nur mit ihrer Zustimmung vorgenommen werden dürfen (§ 111 Abs. 4 Satz 2 AktG). Eine verweigerte Zustimmung kann durch einen Beschluß der Gesellschafterversammlung ersetzt werden (§ 111 Abs. 4 Satz 4 bis 5 AktG analog). Kann eine solche Kompetenz auf einen Beirat übertragen werden?

---

[27] Vgl. im Einzelnen *Hachenburg/Raiser* § 52 Anm. 13 ff.
[28] Vgl. *Voormann* Der Beirat im Gesellschaftsrecht, 2. Aufl. 1990, S. 61 ff.; *Mertens* in FS Stimpel, 1985 S. 417, 427 ff.; *Hachenburg/Raiser* § 52 Anm. 347 ff.
[29] *Kallmeyer/Meister/Klöcker* UmwG § 197 Anm. 75 (zum Formwechsel); *Lutter/Grunewald* UmwG § 20 Anm. 28 (zur Verschmelzung); vgl. Anm. 75.
[30] Siehe im einzelnen unter Anm. 75.

Die überwiegende Meinung läßt neben dem mitbestimmten Aufsichtsrat Beiräte auch mit konkurrierenden Kompetenzen zu. Im einzelnen ist vieles streitig.[31] Jedenfalls wird man davon ausgehen müssen, daß dem Beirat keine Kompetenzen zuerkannt werden dürfen, welche die Mitbestimmungsrechte des mitbestimmten Aufsichtsrats verkürzen. Diesem muß zunächst die **ausschließliche Befugnis** bleiben, die Geschäftsführer zu bestellen und abzuberufen, sowie die Anstellungsverträge mit ihnen abzuschließen oder zu beenden.[32] Kontroll- und Überwachungsbefugnisse dürfen nach wohl überwiegender Meinung parallel auch einem Beirat eingeräumt werden. Ob **Weisungsrechte** der Gesellschafterversammlung hingegen einem Beirat übertragen werden dürfen, kann zweifelhaft sein. Vorsicht ist jedenfalls dann geboten, wenn die Übertragung der Weisungsbefugnisse dazu führt, daß der Beirat die Geschäftsführung an sich zieht und diese demzufolge außerhalb der Kontroll- und Überwachungssphäre des Aufsichtsrats liegt. Darüber hinaus wird auch die Auffassung vertreten, daß die bei Eingreifen der Mitbestimmung den Gesellschaftern verbliebenen Entscheidungs- und Weisungsbefugnisse in Geschäftsführungsaufgaben nur diesen zustehen und nicht auf einen Beirat übertragbar seien.[33] Eine andere Auffassung läßt die Übertragung auf Beiräte zu, sofern diese sich nur aus Gesellschaftern zusammensetzen; eine Übertragung dieser Kompetenzen auf Nichtgesellschafter wird für unzulässig gehalten.[34] Um sicherzugehen, sollte man deshalb in einer mitbestimmten GmbH einen Beirat mit konkurrierenden Kompetenzen ausschließlich mit Gesellschaftern besetzen.

3. Der Beirat

19 **Beirat** ist in der Praxis eine Sammelbezeichnung für Gremien, die neben die gesetzlich vorgeschriebenen Organe Gesellschafterversammlung und Geschäftsleitung treten. Auf die Bezeichnung kommt es nicht an (Familienrat, Verwaltungsausschuß, Sachverständigenrat, Schieds- und Schlichtungsausschuß, Direktorium etc.). Die Begriffe sind weitgehend austauschbar. Allerdings ist eine **Abgrenzung** zum obligatorischen und zum fakultativen Aufsichtsrat erforderlich, da für diese die besonderen gesetzlichen Vorschriften (Verweisung auf das AktG), mindestens aber § 52 Abs. 2 GmbHG anzuwenden sind (vgl. Rz. 7 ff., 11 ff.). Der Übersichtlichkeit halber soll hier jedoch der Beirat vom Gesellschafterausschuß (Rz. 23 ff.) unterschieden werden, der als Mitglieder ausschließlich Gesellschafter in sich vereint. Der Beirat im hier verstandenen Sinne zählt also nur oder – neben Gesellschaftern – **auch gesellschaftsfremde Dritte** zu seinen Mitgliedern. Für die Aufgaben eines solchen Beirats besteht eine weite Bandbreite: Er kann Diskussionsforum zur Vorbereitung unternehmerischer Entscheidungen oder Repräsentationsorgan sein, der Pflege von Geschäftsbeziehungen dienen, die Beratung von Geschäftsführung, Gesellschaftern und Aufsichtsrat bezwecken, Familienstämme

---

[31] *Hachenburg/Raiser* § 52 Anm. 347 ff.; *Scholz/Schneider* § 52 Anm. 36 ff.
[32] *Hachenburg/Raiser* Anm. 348.
[33] So wohl *Hachenburg/Raiser* Anm. 350 ff.; *Walndrup* Gemeinschaftskommentar, 1976–78 § 25 MitbestG, Anm. 150; *Voormann* Der Beirat im Gesellschaftsrecht, 2. Aufl., 1990 S. 62 ff.
[34] *Hanau/Ulmer* Mitbestimmungsgesetz, 1981 § 25 Anm. 143 mit weiteren Nachweisen.

koordinieren, Streitfragen schlichten, Sanierungskonzepte verwirklichen und anderes mehr.[35] Nur wenn ihm nicht unwesentliche Kontrollfunktionen eingeräumt werden, liegt ein (fakultativer) Aufsichtsrat vor.[36]

Der Beirat kann eine organisationsrechtliche Grundlage haben, wenn er im **Gesellschaftsvertrag** (Satzung) verankert wird,[37] er kann aber auch auf **schuldrechtlicher** Basis durch Verträge (Dienstleistungsverträge) mit den Beiratsmitgliedern begründet werden. Der satzungsmäßig (statutarisch) installierte Beirat hat die Stellung eines Gesellschaftsorgans (integrierter Beirat). Im Rahmen seiner satzungsmäßigen Kompetenzen verdrängt er idR andere Gesellschaftsorgane; er kann für andere Gesellschaftsorgane verbindliche Entscheidungen treffen und ggf. der Geschäftsführung Weisungen erteilen.[38] Veränderung seiner Befugnisse oder die Beseitigung des Beirates bedürfen einer Satzungsänderung.

Der Beirat auf schuldrechtlicher Basis ist dagegen kein Organ der Gesellschaft und kann auch vertraglich keine organschaftlichen Befugnisse erlangen. Er kann von den Gesellschaftern oder von den Geschäftsführern im Rahmen ihrer Geschäftsführungs- und Vertretungsbefugnis eingesetzt werden. Seine Rechte und Pflichten wie auch seine Haftung richten sich nach allgemeinem Vertragsrecht.[39] Die Aufgaben eines schuldrechtlichen Beirats sind sehr viel eingeschränkter als die eines integrierten Beirats. Praktisch bleibt vor allem die Beratung oder die Repräsentation.[40]

Es ist anerkannt, daß auch **gesellschaftsfremde Dritte** Mitglied eines Beirats sein können. Ist der Beirat überwiegend oder sogar ganz mit Nichtgesellschaftern besetzt, so ist streitig, ob einem solchen Beirat Geschäftsführungsaufgaben übertragen werden können. Hiervon wird man im Grundsatz ausgehen müssen, da auch diese Beiratsmitglieder verpflichtet sind, bei der Ausübung ihres Amtes Gesellschaftsinteressen zu verfolgen und Drittinteressen dahinter zurückzustellen, da sie kraft ihres Amtes in ein organschaftliches Treueverhältnis zur Gesellschaft treten. Darüber hinaus muß eine Beiratsbesetzung mit Dritten die Möglichkeit und Gefahr des Interessenkonflikts sehen. Deshalb müssen die gesellschaftsfremden Mitglieder von der Gesellschafterversammlung unter zumutbaren Bedingungen abberufen werden können oder muß der Gesellschafterversammlung die Befugnis zustehen, Beiratsentscheidungen abzuändern oder aufzuheben.[41] Nur so kann eine vollständige Fremdsteuerung der GmbH über den Beirat, die unzulässig wäre, vermieden werden.[42]

---

[35] *Voormann* Der Beirat im Gesellschaftsrecht, 2. Aufl. 1990 S. 5 ff.
[36] *Hachenburg/Raiser* § 52 Anm. 20.
[37] Zu einem Satzungsvorschlag vgl. *Bea/Scheurer/Glutwein* DB 1996, 1193, 1195.
[38] *Hachenburg/Raiser* § 52 Anm. 310.
[39] *Voormann* Der Beirat im Gesellschaftsrecht, 2. Aufl. 1990, S. 53 ff.; *Hachenburg/Raiser* § 52 Anm. 307.
[40] Vgl. *Voormann* aaO, S. 53, der noch auf die Einräumung von Kontrollrechten im Rahmen von Vertragsbeziehungen (zB Lizenzen) hinweist.
[41] *Hachenburg/Raiser* § 52 Anm. 318; *Rowedder/Koppensteiner* § 45 Anm. 7; *Lutter/Hommelhoff* § 46 Anm. 1; *Hölters*, Der Beirat der GmbH und GmbH & CoKG, 1979, S. 22 f.; aA *Teichmann* Gestaltungsfreiheit in Gesellschaftsverträgen, 1970 S. 189 ff., 217 ff., *Wiedemann* in FS Schilling, 1973 S. 105, 111 ff.; derselbe, Gesellschaftsrecht, S. 371; *Voormann* aaO, S. 112 im einzelnen streitig.
[42] *Voormann* aaO, S. 119.

Rechtliche Grundlage eines satzungsmäßig installierten Beirats ist allein die Satzung. Sie kann etwa seine Einsetzung, Größe und Zusammensetzung, seine Amtsperiode und Abberufung, seine Aufgaben und Befugnisse sowie seine haftungsrechtliche Verantwortlichkeit regeln. Demgegenüber ist es nicht möglich, ihm Aufgaben zuzuweisen, die das Gesetz **zwingend** den Gesellschaftern oder Geschäftsführern zuweist: Etwa Satzungsänderungen einschließlich Kapitalerhöhung und Kapitalherabsetzung; Strukturveränderungen wie Umwandlung, Verschmelzung, Spaltung, Abschluß von Unternehmensverträgen; Auflösung und Fortsetzung nach Auflösung; Einforderung von Nachschüssen; Einziehung des Geschäftsanteils und Ausschluß eines Gesellschafters; Geschäftsführeraufgaben wir die organschaftliche Vertretung, die Führung der Bücher und die Aufstellung des Jahresabschlusses.[43] Enthält die Satzung hingegen keine Regelungen, so sind die allgemeinen Grundsätze des Körperschaftsrechts heranzuziehen. Insbesondere kann das Recht des Aufsichtsrats (§§ 95 ff. AktG), der Gesellschafterversammlung (§§ 49 ff. GmbHG) und der vereinsrechtlichen Mitgliederversammlung Anhaltspunkte geben.[44] Die Rechte und Pflichten eines Beiratsmitglieds entsprechen in aller Regel denen der Mitglieder eines fakultativen Aufsichtsrats. Sie haben alle ihre Aufgaben mit der Sorgfalt eines ordentlichen Beiratsmitglieds durchzuführen.[45] Eine Verletzung dieser Pflichten begründet eine **Schadensersatzpflicht** entsprechend § 52 GmbH iVm. §§ 116, 93 AktG.[46] Die Höhe der **Vergütung** der Beiratsmitglieder kann sich aus der Satzung, den Gesellschafterbeschlüssen oder einer vertraglichen Vereinbarung ergeben. Im Hinblick auf den Aufwendungsersatz gilt das gleiche wie beim fakultativen Aufsichtsrat.[47]

4. Der Gesellschafterausschuß

23 Die Gesellschafter können aus dem Kreis der Gesellschaftsversammlung Ausschüsse bilden und diesen Kompetenzen der Gesellschafterversammlung übertragen. Es handelt sich dann nicht um eigenständige Organe der GmbH, sondern um die besonders institutionalisierte Willensbildungsform des Organs Gesellschafterversammlung.[48] Während es bei Beteiligung **gesellschaftsfremder Dritter** in einem Beirat streitig ist, welche Kompetenzen ein solches Gremium wahrnehmen darf (vgl. Rz. 22), so dürfen einem nur aus Gesellschaftern bestehenden Gesellschafterausschuß jedenfalls weitergehende Kompetenzen eingeräumt werden, ohne sich mit den genannten Streitfragen auseinandersetzen zu müssen.[49]

---

[43] Vgl. *Hachenburg/Raiser* § 52 Anm. 341 ff. mwN; *Voormann* aaO, S. 122 ff.
[44] *Hachenburg/Raiser* § 52 Anm. 316.
[45] BGHZ 69, 207 zum Verwaltungsrat einer Publikums-KG.
[46] Str. wie hier *Lutter/Hommelhoff* § 52 Anm. 75; *Hachenburg/Raiser* § 52 Anm. 358 mwN.
[47] Vgl. Rz. 56.
[48] *Reuter* in FS 100 Jahre GmbH-Gesetz, 1992, S. 631, 635.
[49] Unbeschränkte Zulassung von Dritten im Beirat vertritt *Reuter* in FS 100 Jahre GmbH-Gesetz, 1992 S. 631, 635; einschränkend dagegen *Mertens* in FS Stimpel, 1985 S. 417, 420; *Voormann* Der Beirat im Gesellschaftsrecht, 2. Aufl., 1990 S. 122 ff.

Allerdings sind auch beim Gesellschafterausschuß zwingende **Kompetenz-** 24
grenzen zu beachten, wenn es um Grundlagenentscheidungen geht. Sicher
ist, daß materielle Satzungsänderungen nach § 53 Abs. 1 GmbHG zwingend
der Beschlußfassung der Gesellschafter unterliegen und weder einem Beirat
noch einem Gesellschafterausschuß übertragen werden dürfen.[50] Gleiches
wird für strukturändernde Unternehmensverträge und für den Ausschluß von
Gesellschaftern gelten. Dagegen können Entscheidungen über Bestellung und
Abberufung von Geschäftsführern, Feststellung der Bilanz und Gewinnverwendung wie auch die Bestellung des Abschlußprüfers einem Gesellschafterausschuß übertragen werden.[51] Dies gilt auch für die Zustimmung zu zustimmungspflichtigen Geschäften.[52]

Durch die Arbeitnehmermitbestimmung werden den Kompetenzen des Ge- 25
sellschafterausschusses grds. keine Grenzen gesetzt, insb. verbleibt das eigene
Kontroll- und Weisungsrecht.[53] Wie *Mertens*[54] zutreffend feststellt, ist der (mitbestimmte) Aufsichtsrat den Unternehmensinteressen verpflichtet, während der
Gesellschafterausschuß/Beirat legitim die Interessen der Gesellschafter vertreten
kann. Beide Interessensrichtungen können sich decken, müssen es aber nicht.
Hat ein mitbestimmter Aufsichtsrat bestimmte Maßnahmen der Geschäftsführung an seine Zustimmung gebunden und verweigert er diese Zustimmung,
kann sich die Gesellschafterversammlung oder ein Gesellschafterausschuß über
die Verweigerung in entsprechender Anwendung des § 111 Abs. 3 Satz 3 und 4
AktG hinwegsetzen.[55] Der Gesellschaftsvertrag kann aber auch neben und konkurrierend zu den Vorbehalten des Aufsichtsrats, gewisse Entscheidungen der
Geschäftsführung an die Zustimmung eines Gesellschafterausschusses binden.[56]

5. Beratungsverträge

Neben der Einrichtung von Beratungsgremien für die Geschäftsführung 26
und/-oder die Gesellschafter, die begriffsnotwendig aus mehreren Personen
bestehen, können die einzelnen Organe der GmbH (einschl. der Aufsichtsorgane) individuellen sachverständigen Rat einmalig oder laufend in Anspruch nehmen. Dies erfolgt auf der Grundlage von Beratungsverträgen, die –
je nach Ausgestaltung – als Dienst- oder Geschäftsbesorgungsverträge
(§§ 611 ff., 675 BGB) zu beurteilen sind.[57] Sie stehen in ihrer rechtlichen
Einordnung dem Beirat auf schuldrechtlicher Grundlage am nächsten (vgl.
Rz. 21 ff.), der ebenfalls auf dienstvertraglicher oder geschäftsbesorgungsvertraglicher Grundlage arbeitet.

Solche Verträge werden üblicherweise mit Dritten, können aber auch mit
Gesellschaftern oder Aufsichtsräten geschlossen werden. Selbst Beratungsverträge mit Geschäftsführern dürften nicht von vorneherein ausgeschlossen sein,

---

[50] *Mertens* in: FS Stimpel, S. 418, 420.
[51] *Mertens* aaO.
[52] OLG Hamburg v. 29. 9. 1995, AG 1996, 84 f.
[53] *Mertens* aaO.
[54] *Mertens* aaO S. 427.
[55] Vgl. Rz. 49.
[56] *Mertens* aaO, S. 428.
[57] Vgl. *Palandt/Putzo* Einf. vor § 611 Anm. 16, 21, 24; § 675 Anm. 6.

wenn sie sich auf Bereiche erstrecken, die von der Pflicht zur Geschäftsführung im Rahmen des Unternehmensgegenstandes nicht umfaßt sind (zB spezifische Rechtsberatung im Einzelfall). Allerdings sind Beratungsverträge mit Aufsichtsrats- oder Beiratsmitgliedern, daraufhin zu untersuchen, ob ihr Gegenstand nicht identisch oder teilweise identisch mit den Pflichten des jeweiligen Organs ist. Dann nämlich würde über den Beratungsvertrag teilweise oder ganz lediglich eine **Sondervergütung** für die Organtätigkeit geleistet. Beim obligatorischen GmbH-Aufsichtsrat (Rz. 11 ff.) gelten über § 52 GmbHG die Bestimmungen der §§ 113, 114 AktG. Danach muß eine den Aufsichtsratmitgliedern gewährte Vergütung in der Satzung oder durch Beschluß der Gesellschafterversammlung festgelegt werden. Verträge mit Aufsichtsratmitgliedern „außerhalb seiner Tätigkeit im Aufsichtsrat" bedürfen zu ihrer Wirksamkeit der **Zustimmung** oder Genehmigung des Aufsichtsrats.[58] Beratungsverträge die sich inhaltlich mit den Aufgaben des Aufsichtsrates decken, sind – auch wenn es sich um Sonderleistungen im Rahmen dieser Aufgaben handelt – wegen Umgehung des § 113 AktG nach § 134 BGB **nichtig**.[59] Zulässig sind nur Beratungsverträge, die Fragen eines besonderen Fachgebietes betreffen, mit denen sich zu befassen nicht schon Aufgabe des Aufsichtsratsmitglieds als solchen ist. Überdies setzt ihre Zulässigkeit voraus, daß die speziellen Einzelfragen, in denen das Aufsichtsratsmitglied die Beratung durchführen soll, sowie das diesbezüglich zu entrichtende Entgelt so konkret bezeichnet werden, daß sich der Aufsichtsrat ein eigenständiges Urteil bilden kann.[60] Für den fakultativen Aufsichtsrat können diese aktienrechtlichen Bestimmungen, allerdings nur durch die Satzung, abbedungen werden (§ 52 Abs. 1 Satz 1 GmbHG). Jedoch ist zu bemerken, daß es sich um eine auch für den fakultativen Aufsichtsrat oder Beirat durchaus sinnvolle Regelung handelt.

B. Der fakultative Aufsichtsrat/Beirat

I. Grundsatz der Gestaltungsfreiheit

27   Der fakultative Aufsichtsrat wie auch der Beirat, wenn er ein weiteres Gesellschaftsorgan sein soll, kann nur im ursprünglichen **Gesellschaftsvertrag** eingerichtet oder später durch **Satzungsänderung** geschaffen werden. Der Gesellschaftsvertrag kann auch den Gesellschaftern die Befugnis einräumen, durch Beschluß einen Aufsichtsrat zu bestellen. Bestellt die Gesellschafterversammlung ein Gesellschaftsorgan ohne satzungsmäßige Ermächtigung, so ist der Beschluß **anfechtbar**; unterbleibt die Anfechtung, so übt das Organ seine Funktionen rechtmäßig aus.[61]

---

[58] OLG Köln v. 27. 5. 1994, ZIP 94, 1773.
[59] BGH v. 25. 3. 1991, ZIP 1991, S. 653 ff.; BGH v. 4. 7. 1994, ZIP 994, 1216, 1217; DB 1991, 1212; vgl. auch *Lutter* ZGR 1992, 87 ff.; *Hoffmann/Kirchhoff* WPg 1991, 592 ff.
[60] BGH v. 4. 7. 1994, ZIP 1994, 1216, 1217.
[61] *Hachenburg/Raiser* § 52 Anm. 16; allerdings findet § 52 GmbHG keine Anwendung.

B. Der fakultative Aufsichtsrat/Beirat

Die rechtliche Basis für den fakultativen Aufsichtsrat bildet § 52 GmbHG, der in seinem Abs. 1 bei fehlenden gesellschaftsvertraglichen Bestimmungen, bestimmte, kasuistisch aufgezählte, Vorschriften des AktG entspr. zur Anwendung bringt. Es handelt sich aber um eine Auffangvorschrift, die nur eingreift, wenn die Satzung die Bildung eines Aufsichtsrats zwar vorschreibt, aber über die Ausgestaltung im einzelnen schweigt. Die Satzung hat absoluten **Vorrang** vor den aktienrechtlichen Bestimmungen.[62] Bei fehlender satzungsmäßiger Regelung können aber auch über die in § 52 Abs. 1 GmbHG aufgeführten Vorschriften hinaus zur Ausfüllung von Lücken weitere aktienrechtliche Vorschriften über den Aufsichtsrat analog herangezogen werden.[63]

Unstreitig ist, daß § 52 GmbHG für jedes Organ der GmbH gilt, dessen Funktion es ist, die Geschäftsführung zu **überwachen** (§ 111 Abs. 1 AktG) ohne Rücksicht darauf, wie es in der Satzung bezeichnet wird. Streitig ist aber, ob § 52 GmbH unabhängig von der Überwachungsfunktion auf jedes Organ anzuwenden ist, dem neben Gesellschafterversammlung und Geschäftsführung eigene gesellschaftsvertragliche Kompetenzen zustehen.[64] Für die praktische Arbeit ist deshalb zu empfehlen, in der Satzung weitgehend die Einrichtung, Kompetenzen und Verfahren der Gremien zu regeln,[65] dann gilt der absolute Vorrang der Satzung. Regelt die Satzung jedoch bei einem nicht überwachenden Gremium nur dessen Einsetzung, so sind oder können jedenfalls im Zweifel für das Verfahren aktienrechtliche Bestimmungen analog herangezogen werden.[66]

II. Zusammensetzung und persönliche Voraussetzungen

Die **Zahl** der Mitglieder kann in der Satzung frei festgesetzt werden. Die Satzung kann die Bestimmung der Mitgliederzahl auch der Gesellschafterversammlung überlassen. Fehlt eine Bestimmung, so besteht der Aufsichtsrat/ Beirat aus drei Mitgliedern (§ 52 Abs. 1 GmbHG; § 95 Satz 1 AktG). Eine zahlenmäßige Beschränkung besteht nicht. Die hM läßt auch den Einpersonen-Aufsichtsrat zu.[67] Die Einführung eines im Verhältnis zur Bedeutung der Gesellschaft viel zu großen Aufsichtsrat durch Mehrheitsbeschluß kann eine Treuepflichtverletzung darstellen.[68]

Die **Zusammensetzung** steht im Belieben der Gesellschafter. Mitglieder können Gesellschafter und Nichtgesellschafter, auch Arbeitnehmer, werden. Wird in der Satzung nichts Abweichendes geregelt, gelten über § 52 Abs. 1 GmbH gewisse **Inkompatibilitätsvorschriften** des AktG. Ausgeschlossen sind:

---

[62] *Lutter/Hommelhoff* § 52 Anm. 3.
[63] *Hachenburg/Raiser* § 52 Anm. 22, insb. für die §§ 107–109 AktG über die innere Ordnung des Aufsichtsrats.
[64] Vgl. *Baumbach/Hueck/Zöllner* § 52 Anm. 13; *Hachenburg/Hüffer* § 45 Anm. 14; *Hachenburg/Raiser* § 52 Anm. 29 einerseits; *Reuter* in FS 100 Jahre GmbH-Gesetz, 1992, S. 635 andererseits.
[65] Siehe *Bath/Hermanns* DStR 96, 597, 601 ff.
[66] *Hachenburg/Raiser* § 52 Anm. 316.
[67] So RGZ 92, 386, 388; *Baumbach/Hueck/Zöllner* § 52 Anm. 21; aA *Lutter/Hommelhoff* § 52 Anm. 5.
[68] *Baumbach/Hueck/Zöllner* § 52 Anm. 21.

– juristische, beschränkt geschäftsfähige oder betreute, unter Einwilligungsvorbehalt stehende Personen (§ 100 Abs. 1 AktG);
– gesetzliche Vertreter abhängiger Unternehmen (§ 100 Abs. 2 Nr. 2 AktG);
– Geschäftsführer oder deren dauernde Vertreter, Prokuristen oder zum gesamten Geschäftsbetrieb ermächtigte Handlungsbevollmächtigte (§ 105 Abs. 1 AktG).[69]

Die Satzung kann von diesen Bestimmungen abweichen und ihrerseits andere persönliche Voraussetzungen aufstellen (Alter, Familienzugehörigkeit, Branchenkenntnisse etc.). Die Tätigkeit bei Konkurrenzunternehmen kann als Wählbarkeitshindernis ausgestaltet werden, ist es aber nicht automatisch.[70] Umstritten ist, ob juristische (handelnd durch ihre gesetzlichen Vertreter) oder beschränkt geschäftsfähige Personen als Mitglieder zugelassen werden dürfen.[71] Umstritten ist auch, ob Geschäftsführer als Mitglieder eines (auch mit Kontrollaufgaben betrauten) Aufsichtsrats zugelassen werden dürfen. Zunehmend wird dies bejaht und damit für die GmbH die Möglichkeit eröffnet, sich nach dem anglo-amerikanischen Board-System zu organisieren.[72]

III. Bestellung, Amtszeit und Abberufung

31   Ist in der Satzung nichts geregelt, erfolgt die Bestellung durch die Gesellschafterversammlung (§ 101 Abs. 1 Satz 1 AktG). Die Satzung kann abweichendes regeln, zB: Bestellung durch Gesellschafterstämme (als Sonderrecht), durch Kooptation neuer Aufsichtsratsmitglieder durch den Aufsichtsrat selbst oder durch das ausscheidende Mitglied.[73] Die Satzung kann einzelnen Gesellschaftern **Entsendungsrechte** als Sonderrechte einräumen, die entweder an die Person des Gesellschafters oder an den Geschäftsanteil anknüpfen. Das Sonderrecht ist nur mit Zustimmung des Begünstigten oder aus wichtigem Grunde entziehbar. Bei späterer Einführung eines solchen Sonderrechts durch Satzungsänderung ist die Zustimmung aller nicht begünstigter Gesellschafter erforderlich.[74]

32   Die Zulässigkeit der Bestellung oder Entsendung durch Nicht-Gesellschafter (zB Banken, Behörden; Kommanditisten in der GmbH & Co. etc.) ist umstritten. Sie dürfte dann zulässig sein, wenn sie in der Satzung zugelassen ist und die

---

[69] OLG Frankfurt v. 7. 7. 1981, BB 1981, 1543; OLG Frankfurt v. 21. 11. 1986, BB 1987, 22; *Luther/Hommelhoff* § Anm. 9; aA *Scholz/Schneider* § 52 Anm. 160; *Großfeld/Brondics* AG 1987, 303.

[70] *Baumbach/Hueck* GmbHG Anm. 27; aA *Lutter/Hommelhoff* § 52 Anm. 9; *Lutter* ZHR 81, 236; *Reichert/Schlitt* AG 1995, 241, 244.

[71] Bejahend *Baumbach/Hueck/Zöllner* § 52 Anm. 23; verneinend *Lutter/Hommelhoff* § 52 Anm. 9; *Hachenburg/Raiser* § 52 Anm. 30; *Rowedder/Koppensteiner* § 52 Anm. 8.

[72] Bejahend *Hachenburg/Raiser* § 52 Anm. 36; *Scholz/Schneider* § 52 Anm. 160; *Reuter* in FS 100 Jahre GmbH-Gesetz, 1992 S. 649; *Loges* ZIP 1997, 437 ff.; aA *Baumbach/Hueck* GmbHG § 52 Anm. 26; OLG Frankfurt v. 21. 11. 1986, WM 1987, 211; *Hölters* Der Beirat der GmbH und der GmbH & Co.KG, 1979, S. 35; *K. Schmidt* § 36 IV 1.

[73] MünchHdb. GesR/Bd. 3/*Marsch-Barner/Diekmann* § 48 Anm. 30; *Hachenburg/Raiser* § 52 Anm. 40.

[74] Vgl. *Baumbach/Hueck/Zöllner* § 52 Anm. 28 ff.

B. Der fakultative Aufsichtsrat/Beirat 33–35 § 6

Gesellschafter die Möglichkeit behalten, diese Regelung durch Satzungsänderung zu beseitigen.[75] Dem entsendungsberechtigten Dritten (wie auch einem entsendungsberechtigten Gesellschafter) obliegt bei der Ausübung dieses Rechts eine **Treuepflicht**, insb. im Hinblick darauf, für das Amt geeignete Persönlichkeiten zu entsenden. Schwerwiegende Verletzungen können zu einem Entzug des Entsendungsrechts führen.[76] Stimmbindungsverträge oder schuldrechtliche Vereinbarungen mit Dritten über die Aufsichtsratsbesetzung sind zulässig, sie machen eine Wahl oder satzungsgemäße Entsendung nicht überflüssig. Die Satzung kann die Wahl von Stellvertretern oder Ersatzmitgliedern (bei Wegfall eines Aufsichtsratsmitglieds) zulassen.[77] Dagegen kommt eine Bestellung durch das Gericht analog § 104 AktG nicht in Betracht, da die GmbH auch ohne Aufsichtsrat/Beirat stets handlungsfähig bleibt.

Die **Amtszeit** des Aufsichtsrats ist gesetzlich nicht geregelt (§ 102 AktG 33 findet keine Anwendung). Die Satzung oder der Bestellungsbeschluß kann eine eigene Regelung treffen (zB in Anlehnung an § 102 AktG). Andernfalls gilt Bestellung auf unbestimmte Zeit. Zweckmäßigerweise sollte in der Satzung die Amtszeit geregelt werden (eine Abberufung kann an der im Zweifel notwendigen 3/4-Mehrheit scheitern) und ggf. auch eine Altersgrenze (zB 70 Jahre) bestimmt werden.

Die **Abberufung** eines von der Gesellschafterversammlung gewählten Mit- 34 glieds ist, wenn in der Satzung nicht anders geregelt, jederzeit, allerdings mit 3/4-Mehrheit möglich (§§ 52 Abs. 1 GmbHG; 103 Abs. 1 Sätze 1 und 2 AktG). Die Satzung kann unter Beachtung des Gleichbehandlungsgrundsatzes die Voraussetzungen erschweren oder erleichtern.[78] Ein betroffener Gesellschafter- Geschäftsführer kann mitstimmen, allerdings nicht, wenn ein wichtiger Grund gegen ihn vorgebracht wird.[79] Die Abberufung eines entsandten Mitglieds kann vom Entsendungsberechtigten jederzeit vorgenommen werden (§ 103 Abs. 2 AktG analog). Bei Vorliegen eines wichtigen Grundes ist der Entsendungsberechtigte zur Abberufung verpflichtet, ob in diesem Fall die Gesellschafterversammlung abberufen kann, ist streitig, wird aber von der hM bejaht.[80]

Weitere **Beendigungsgründe** sind: Tod (Vererbung nicht möglich); Amts- 35 niederlegung (jederzeit möglich – allerdings nicht zur Unzeit); Verlust der durch Gesetz oder Satzung vorgeschriebenen persönlichen Voraussetzungen; Verschmelzung, Umwandlung und Vollbeendigung der Gesellschaft; Beseitigung des Aufsichtsrats/Beirats durch Satzungsänderung.[81] Die Amtsniederlegung kann gegenüber dem Vorsitzenden des Aufsichtsrats oder auch gegenüber den Gesellschaftern, als dem zuständigen Bestellungsorgan, erklärt wer-

---

[75] Für die Zulässigkeit: *Hachenburg/Raiser* § 52 Anm. 43; *Scholz/Schneider* § 52 Anm. 136; *Lutter/Hommelhoff* § 52 Anm. 6; *Rowedder/Koppensteiner* § 52 Anm. 9; *Eder* GmbH-Handbuch I, Anm. 480.6; gegen die Zulässigkeit: *Baumbach/Hueck/Zöllner* § 52 Anm. 29.
[76] *Hachenburg/Raiser* § 52 Anm. 44.
[77] *Baumbach/Hueck/Zöllner* § 52 Anm. 30.
[78] BGH v. 15. 12. 1986, WM 1987, 206 f.; *Hachenburg/Raiser* § 52 Anm. 43.
[79] *Baumbach/Hueck/Zöllner* § 52 Anm. 33; *Hachenburg/Raiser* § 52 Anm. 50.
[80] Vgl. *Hachenburg/Raiser* § 52 Anm. 54 mwN.
[81] Vgl. zu diesen Beendigungsgründen *Baumbach/Hueck/Zöllner* § 52 Anm. 34.

den, auch kann sie nach hM. gegenüber den Geschäftsführern erklärt werden.[82] Der Beginn der Liquidation, Konkurs oder Vergleich beenden jedoch nicht automatisch die Amtsstellung.

36 Die ersten Mitglieder des Aufsichtsrats bei Gründung, jede spätere Bestellung sowie jeder Wechsel von Aufsichtsratsmitgliedern ist von den Geschäftsführern im Bundesanzeiger und in den Gesellschaftsblättern **bekanntzumachen** und die Bekanntmachung zum HR einzureichen. Dies wird jedoch nur für Gremien mit echter Aufsichtsratsfunktion gelten, also mit ausgeprägten Überwachungskompetenzen (§ 111 Abs. 1 AktG), nicht dagegen für Beiräte mit beratendem Charakter, für die § 52 Abs. 1 GmbHG mit seinen Verweisungen auf das AktG durch die Satzung weitgehend abbedungen ist.

IV. Innere Ordnung, Beschlußfassung und Beschlußkontrolle

1. Innere Ordnung

37 § 52 GmbH verweist bzgl. der inneren Ordnung lediglich auf § 110 AktG (Einberufung des Aufsichtsrats auf Verlangen jedes Aufsichtsratsmitglieds oder der Geschäftsführung; eigenes Einberufungsrecht dieses Personenkreises, wenn ihrem Verlangen nicht entsprochen wurde; regelmäßige Sitzungen je Kalendervierteljahr, mindestens aber einmal im Kalenderhalbjahr). Aber auch diese Vorschrift ist satzungsmäßig abdingbar. Es empfiehlt sich deshalb bestimmte **Regularien in der Satzung** vorzusehen oder eine **Geschäftsordnung** des Aufsichtsrats durch die Gesellschafter zu beschließen oder den Aufsichtsrat zu ermächtigen, sich selbst eine Geschäftsordnung zu geben. Schweigen Satzung und Geschäftsordnung, können die in §§ 107, 108 AktG verankerten Prinzipien herangezogen werden.[83] Danach entscheidet der Aufsichtsrat in Sitzungen, außerhalb von Sitzungen nur, wenn kein Mitglied widerspricht. Die Einberufung und Leitung erfolgt durch den Vorsitzenden (der auch ad hoc bestellt werden kann). Alle Mitglieder haben ein Teilnahmerecht und auch das Recht, daß über alle Gegenstände ohne Teilnahme Dritter beraten und abgestimmt wird. Die Geschäftsführer haben – soweit satzungsmäßig nichts anderes geregelt – kein Teilnahmerecht, aber, auf Verlangen des Aufsichtsrats, eine Teilnahmepflicht.[84] Ausschüsse können, sofern sie nur beratender Natur sind, ohne weiteres, sofern sie beschließender Natur sind, nur bei Zulassung durch die Satzung eingerichtet werden.[85]

2. Beschlußfassung

38 Der Aufsichtsrat/Beirat entscheidet durch Beschluß der in einer **Versammlung** oder in einem **anderen Verfahren** (schriftlich, fernschriftlich, telegraphisch, fernmündlich), wenn kein Mitglied widerspricht, gefaßt wird. Für das Verfahren kann auf Vereinsrecht (§§ 28, 32, 34 BGB) und auch auf §§ 47 und 48 GmbHG zurückgegriffen werden. Die **Beschlußfähigkeit** setzt

---

[82] *Baumbach/Hueck/Zöllner* § 52 Anm. 34; *Hachenburg/Raiser* § 52 Anm. 60.
[83] *Baumbach/Hueck/Zöllner* § 52 Anm. 47 ff.
[84] Str.; vgl. *Baumbach/Hueck/Zöllner* § 52 Anm. 51.
[85] Auch dies ist str.; Nachweise bei *Baumbach/Hueck/Zöllner* § 52 Anm. 58 a.

B. Der fakultative Aufsichtsrat/Beirat

dann ordnungsmäßige Ladung mit Bekanntgabe der Tagesordnung voraus. Fehlt eine Satzungs- oder Geschäftsordnungsbestimmung, ist fraglich, wieviel Aufsichtsratsmitglieder zur Beschlußfähigkeit anwesend sein müssen. Die hM läßt bei ordnungsmäßiger Ladung ein Aufsichtsratmitglied genügen, während die Gegenauffassung aus § 108 Abs. 2 AktG den allgemeinen Grundsatz ableitet, daß wenigstens die Hälfte der nach Satzung vorgesehenen Aufsichtsratsmandate besetzt und mindestens drei Mitglieder an der Beschlußfassung teilnehmen[86] müssen. Vorbehaltlich anderer Regelung in Satzung oder Geschäftsordnung erfordern Beschlüsse einfache Mehrheit der erschienenen Mitglieder (§ 32 Abs. 1 Satz 3 BGB). Satzung oder Geschäftsordnung können einen anderen Abstimmungsmodus, andere Mehrheiten (qualifizierte Mehrheit) oder einen Stichentscheid des Vorsitzenden oder andere Modalitäten vorsehen. Teilnahme und Stimmabgabe sind höchstpersönliche Befugnisse. Stellvertretung ist nur zulässig, wenn sie in der Satzung vorgesehen ist und ein Stellvertreter satzungsgemäß bestellt ist. Ob eine Stimmabgabe durch Stimmboten entspr. § 108 Abs. 3 AktG in Betracht kommt, ist umstritten.[87] Ohne Satzungsgrundlage sollte davon jedenfalls nur Gebrauch gemacht werden, wenn die Stimmabgabe durch ein anderes Aufsichtsratsmitglied erfolgt.

Ein Mitglied hat **kein Stimmrecht,** wenn die Beschlußfassung die Vornahme eines Rechtsgeschäfts mit ihm oder die Erledigung eines Rechtsstreits zwischen ihm und der GmbH betrifft. Gleiches gilt, wenn es von einer Verbindlichkeit befreit werden soll. § 34 BGB und § 47 Abs. 4 GmbHG bringen einen allgemeinen körperschaftsrechtlichen Grundsatz zum Ausdruck. Ob es darüber hinausgehend Stimmverbote wegen Interessenkollision gibt, ist fraglich und allenfalls nur in Extremfällen zu erwägen.[88]

3. Beschlußkontrolle

Je nach Kompetenzzuweisung können Beschlüsse des Aufsichtsrats/Beirats weitreichende Konsequenzen für die GmbH und ihre Gesellschafter haben. Ein Interesse an der Rechtmäßigkeit und an einer Inhaltskontrolle kann sich deshalb für die Aufsichtsrats/Beiratsmitglieder selbst, für die Geschäftsführer, für die Gesellschafter oder auch für Dritte ergeben.

Ein Beschluß kann fehlerhaft sein, weil eine **Stimmabgabe** nichtig ist. Die Stimmenabgabe ist ein Rechtsgeschäft, das nach allgemeinen Rechtsgrundsätzen unwirksam sein kann. Die Auswirkung auf den Beschluß hängt davon ab, ob mit den restlichen Stimmen die erforderliche Mehrheit erreicht wird. Ist das nicht der Fall, ist der Beschluß nichtig, kann aber durch nachträgliche gültige Stimmabgabe geheilt werden. Die Nichtigkeit ist durch Feststellungsklage geltend zu machen, die binnen angemessener Frist zu erheben ist.

---

[86] *Hachenburg/Raiser* § 52 Anm. 76 mwN; *Baumbach/Hueck/Zöllner* § 52 Anm. 52 lassen ein Aufsichtsratsmitglied genügen; aA *Lutter/Hommelhoff* § 52 Anm. 34. Unter Verweis auf LG Karlsruhe v. 3. 5. 1993, AG 1994, 87 (zur AG) gehen sie von der zwingenden Teilnahme von mindestens drei Aufsichtsratsmitgliedern aus.
[87] *Hachenburg/Raiser* § 52 Anm. 75; *Baumbach/Hueck/Zöllner* § 52 Anm. 52 (verneinend); *Scholz/Schneider* § 52 Anm. 303; *Lutter/Hommelhoff* § 52 Anm. 18 (bejahend).
[88] *Hachenburg/Raiser* § 52 Anm. 78.

42 Beschlüsse weisen **Inhaltsmängel** auf, wenn sie gegen Gesetz, Satzung oder gegen die guten Sitten verstoßen. Gleiches wird man annehmen müssen, wenn sie gegen eine rechtlich bindende Weisung der Gesellschafter verstoßen. Die Rechtsfolgen eines Verstoßes sind derzeit umstritten. Einigkeit besteht, daß bei besonderes schweren Mängeln Nichtigkeit eintritt. Dies ist nach einer sehr beachtlichen Meinung aber auch bei fehlerhaften Beschlüssen mit minder schweren Mängeln der Fall.[89] Die Gegenmeinung will in diesen Fällen die Anfechtungsklage analog §§ 243 ff. AktG zur Anwendung bringen.[90] Diese Ansicht, der zunächst auch Teile der Rechtsprechung gefolgt sind,[91] hat sich letztendlich nicht durchsetzen können. In neueren Entscheidungen hat der BGH eine entsprechende Anwendbarkeit der §§ 243 ff. AktG abgelehnt und Aufsichtsratsbeschlüsse, die gegen Gesetz oder Satzungsrecht verstoßen, im Grundsatz als **nichtig** angesehen.[92] Dem ist zuzustimmen. Die Nichtigkeitsklage ist, was die zeitliche Geltendmachung anbelangt, das flexiblere Instrument, weil sie nur durch die Verwirkung begrenzt wird, während die Anfechtung in angemessener Frist erklärt und die Klage erhoben werden muß. Hier wird eine Dreimonatsfrist wie für Gesellschafterbeschlüsse vorgeschlagen.[93] Dies ist für Aufsichtsrat/Beiratsbeschlüsse schon deshalb problematisch, weil sie nicht selbstverständlich zur Kenntnis zB der Gesellschafter gelangen. Zusätzlich muß ein Rechtsschutzinteresse gegeben sein, das bei Aufsichtsräten, Beiräten, Gesellschaftern und Geschäftsführern regelmäßig gegeben ist, bei Dritten jedoch eher fehlen wird.[94]

43 Nach den gleichen Grundsätzen sind Verstöße gegen **Verfahrensvorschriften** (Verfahrensmängel) zu beurteilen. Bei Verstößen gegen reine Formvorschriften fehlt idR ein Rechtsschutzinteresse an der Feststellung der Nichtigkeit. Gleiches gilt für Ladungsfehler, wenn das Aufsichtsratmitglied erschienen ist und abgestimmt hat. Erscheint das Aufsichtsratmitglied dagegen nicht oder erklärt, sich auf einen Beschlußgegenstand nicht ausreichend vorbereitet zu haben, um ihn beurteilen zu können, kann es den Beschluß angreifen. Die nicht zulässige Teilnahme eines Dritten ist idR kein Anlaß, einen Beschluß anzugreifen. Hat er unzulässigerweise mitgestimmt, kommt es darauf an, ob seine Stimme Einfluß auf das Ergebnis hatte.[95] Ist das Gremium nicht ordnungsmäßig besetzt oder beschlußunfähig, können seine Beschlüsse mit der Nichtigkeitsklage angegriffen werden.

---

[89] *Baumbach/Hueck/Zöllner* § 52 Anm. 56; *Hachenburg/Raiser* § 52 Anm. 82 ff.; wohl auch *Voormann* Der Beirat im Gesellschaftsrecht, 2. Aufl., 1990 S. 178 ff.

[90] *Baums* ZGR 1983, 300, 305 ff.; *Axhausen* Anfechtbarkeit aktienrechtlicher Aufsichtsratsbeschlüsse, 1981, S. 157 ff.; *Haunau/Ulmer* Mitbestimmungsgesetz, 1981 § 25 Anm. 37; § 31 Anm. 98; *Scholz/Schneider* § 52 Anm. 309; *Lutter/Hommelhoff* § 52 Anm. 52; *Rowedder/Koppensteiner* § 52 Anm. 19.

[91] OLG Hamburg v. 23. 7. 1982, BB 1982, 1686, 1688; OLG Hamburg v. 6. 3. 1992, WM 1992, 1278, 1282.

[92] BGHZ 122, 342, 347 f.; BGHZ 124, 111, 115; vgl. auch OLG Düsseldorf v. 22. 6. 1995, WM 1995, 1666, 1671.

[93] *Hachenburg/Raiser* Anh. § 47 Anm. 192 ff.

[94] *Hachenburg/Raiser* § 52 Anm. 83.

[95] *Scholz/Schneider* § 52 Anm. 305.

B. Der fakultative Aufsichtsrat/Beirat

Die Beschlußkontrolle durch die Gesellschafter ist insb. dort von Bedeutung, wo auf den Aufsichtsrat/Beirat dispositive Befugnisse der Gesellschafterversammlung übertragen werden, wie zB Feststellung des Jahresabschlusses und Ergebnisverwendung (§ 46 Nr. 1 GmbHG). Im Rahmen aller möglichen berücksichtigungsfähigen Interessen (Gesamtinteresse des Unternehmens, Banken, Gläubiger) muß der Aufsichtsrat/Beirat – jedenfalls wenn satzungsmäßig nichts anderes bestimmt ist – auch die Gesellschafterinteressen einbeziehen (Rückbindung an die Gesellschafterinteressen).[96]

V. Aufgaben und Kompetenzen

1. Überblick

Für die Aufgabenzuweisung stellt § 52 Abs. 1 GmbH nur eine durch Satzung abdingbare, erweiterbare oder einschränkbare Verweisung auf § 111 AktG zur Verfügung. Im Gesellschaftsvertrag können die Gesellschafter beliebige Aufgaben auf einen Aufsichtsrat/Beirat übertragen. Eine **Grenze** wird nur durch die nicht dispositiven Zuständigkeiten (primären Zuständigkeiten) der Gesellschafterversammlung gesetzt. Zwingend und nicht übertragbar ist die Zuständigkeit der Gesellschafterversammlung im Bereich der sog. Grundlagenbeschlüsse. Dazu gehören Satzungsänderungen (§ 53 GmbHG), insb. Änderung des Stammkapitals (Kapitalerhöhung und -herabsetzung: §§ 55 und 58 GmbHG; Kapitalerhöhung aus Gesellschaftsmitteln: § 57 c GmbHG), Verschmelzung, Spaltung und Formwechsel nach den Vorschriften des UmwG, der Abschluß von Unternehmensverträgen, die Auflösung (§ 60 Abs. 1 Nr. 2 GmbHG) und die Fortsetzung einer aufgelösten Gesellschaft.[97] Hier kann nur die Beratungsfunktion zum Zuge kommen. Andererseits kann einem Gremium, das die Bezeichnung Aufsichtsrat trägt, die Überwachungsfunktion der Geschäftsführung (§ 111 Abs. 1 AktG) nicht vorenthalten werden, da ein Aufsichtsrat ohne Überwachungsfunktion eine Irreführung des Rechtsverkehrs darstellen würde.[98] Dagegen kann ein „Beirat" ohne Aufsichtsfunktion gebildet werden.

2. Überwachung der Geschäftsführung

Die Überwachung bezieht sich nur auf die Geschäftsführung, nicht auf die Gesellschafterversammlung oder ein anderes Gesellschaftsorgan. Sie umfaßt Rechtmäßigkeit, Ordnungsmäßigkeit, Zweckmäßigkeit und Wirtschaftlichkeit und die angemessene Wahrnehmung sozialer Verpflichtungen. Die vorausschauende Überwachung erstreckt sich auf die Unternehmensplanung und die künftige Geschäftspolitik. Die Überwachung erstreckt sich auch auf die Verwaltung von Beteiligungen von **Konzernunternehmen-** und anderen **verbundenen Unternehmen**. Im faktischen Konzern sind die Überwachungsfunktionen des Aufsichtsrats rechtlich nicht eingeschränkt, im Vertragskonzern mit Beherrschungsvertrag führt die Weigerung des Aufsichtsrats der

---

[96] *Hommelhoff/Brester* ZGR 1986, 463, 498 ff.
[97] *Hachenburg/Hüffer* § 46 Anm. 115, 119.
[98] *Baumbach/Hueck/Zöllner* § 52 Anm. 59.

abhängigen Gesellschaft einer Maßnahme zuzustimmen ggf. zum Übergang der Kompetenz auf den Aufsichtsrat des herrschenden Unternehmens.[99]
Welche Maßnahmen der Aufsichtsrat ergreift, steht in seinem Ermessen. Er hat eine Gesellschafterversammlung einzuberufen, wenn das Wohl der Gesellschaft es fordert (§ 111 Abs. 3 AktG).

3. Prüfung des Jahresabschlusses

47 Sofern satzungsmäßig nichts anderes bestimmt ist, hat die Geschäftsführung dem Aufsichtsrat den **Jahresabschluß** nebst **Lagebericht** und den **Konzernjahresabschluß** und **Konzernlagebericht** vorzulegen (§ 52 Abs. 1 GmbHG iVm. §§ 170 Abs. 1, 337 Abs. 1 AktG). Ist die Gesellschaft bzw. der Konzern zu prüfen, so ist der Abschlußprüfer im Regelfall von der Gesellschafterversammlung zu wählen (§ 318 Abs. 1 Satz 1 HGB). Nach der Neufassung des § 111 Abs. 2 AktG durch das Gesetz zur Kontrolle und Transparenz im Unternehmensbereich (KonTraG) hat jedoch der Aufsichtsrat dem von der Gesellschafterversammlung gewählten Abschlußprüfer den Prüfungsauftrag zu erteilen. Die Satzung kann jedoch die Kompetenzen anders verteilen und die Auftragserteilung entweder der Gesellschafterversammlung vorbehalten oder auf die Geschäftsführung übertragen. Umgekehrt kann auch der Aufsichtsrat für die Wahl des Abschlußprüfers zuständig gemacht werden. Damit kann bei der GmbH Wahl und Auftragserteilung durch entsprechende Satzungsbestimmungen in eine Hand gelegt werden. Erteilt der Aufsichtsrat den Prüfungsauftrag, hat ihm der Abschlußprüfer den Prüfungsbericht unmittelbar auszuhändigen. Wird der Prüfungsauftrag durch die Geschäftsführung oder die Gesellschafterversammlung erteilt, ist davon auszugehen, daß nach wie vor dem Aufsichtsrat der Prüfungsbericht unverzüglich nach Eingang bei der Gesellschaft vorzulegen ist, obwohl das AktG eine entsprechende Verpflichtung nicht mehr kennt. Ferner hat die Geschäftsführung einen Vorschlag zur Verwendung des **Bilanzgewinns** vorzulegen (§ 170 Abs. 2 AktG). Jedes Aufsichtsratmitglied hat das Recht von den Vorlagen Kenntnis zu nehmen; sie sind ihm auch auszuhändigen, sofern der Aufsichtsrat nicht beschlossen hat, die Vorlagen nur den Mitgliedern eines Ausschusses auszuhändigen (§ 170 Abs. 3 Satz 2 AktG). Den Abschluß der Gesellschaft hat der Aufsichtsrat zu prüfen und an die Gesellschafterversammlung binnen eines Monats seit Zugang der Unterlagen zu berichten (§ 171 AktG).[100]

4. Einberufung der Gesellschafterversammlung und Vertretung gegenüber der Geschäftsführung

48 Diese Kompetenzen obliegen nach § 52 Abs. 1 GmbHG iVm. §§ 111 Abs. 3, 112 AktG dem Aufsichtsrat, sofern die Satzung nichts Abweichendes bestimmt. Die **Vertretung** der Gesellschafter gegenüber der Geschäftsführung ist nur mit Einschränkung möglich. Sie erfaßt nicht Bestellung und Abberufung und grds. nicht den Abschluß der Anstellungsverträge (jedoch ist eine

---

[99] Vgl. dazu generell: *Hachenburg/Raiser* § 52 Anm. 93 ff.
[100] Vgl. zur Prüfungspflicht im einzelnen: *Baumbach/Hueck/Zöllner* § 52 Anm. 60 f.; *Hachenburg/Raiser* § 52 Anm. 97 ff. und *ADS* Erl. zu §§ 170 und 171 AktG.

satzungsmäßige Übertragung der Zuständigkeit möglich).[101] Dagegen umfaßt sie die Prozeßvertretung, auch bei Geltendmachung von Ersatzansprüchen, wenn die Gesellschafterversammlung einen entsprechenden Beschluß gem. § 46 Nr. 8 GmbHG gefaßt hat. Die Vertretungsmacht umfaßt nicht die Befugnis, die Geschäftsführer vom Verbot des Selbstkontrahierens (§ 181 BGB) zu befreien.[102]

5. Einfluß auf die Geschäftsführung

Nach dem über § 52 Abs. 1 GmbHG anwendbaren § 111 Abs. 4 AktG kann die Satzung festlegen, daß bestimmte Arten von Geschäften nur mit **Zustimmung** des Aufsichtsrats vorgenommen werden dürfen (das ist für die GmbH selbstverständlich), aber auch daß der Aufsichtsrat selbst bestimmte Arten von Geschäften zustimmungsbedürftig machen kann. Verweigert der Aufsichtsrat die Zustimmung, kann die Geschäftsführung einen Beschluß der Gesellschafterversammlung verlangen. Nach dem an sich anwendbaren § 111 Abs. 4 Satz 4 und Satz 5 AktG könnte die Gesellschafterversammlung die Zustimmungsverweigerung nur mit einer Mehrheit von mindestens drei Vierteln der abgegebenen Stimmen überwinden. Dies entspricht nicht dem Verfassungsverständnis der GmbH. Mit der hM ist davon auszugehen, daß die **einfache Mehrheit** ausreicht.[103] Dies folgt schon daraus, daß die Gesellschafterversammlung mit einfacher Mehrheit eine Weisung an die Geschäftsführung aussprechen könnte (zum obligatorischen Aufsichtrat vgl. Anm. 88). Generell ist festzuhalten, daß der Zustimmungsvorbehalt des Aufsichtsrat nicht die Weisungsbefugnis der Gesellschafterversammlung vor oder nach Befassung des Aufsichtsrats mit der Angelegenheit ausschließt.

Satzungsmäßig kann der Einfluß eines Aufsichtsrats/Beirats auf die Geschäftsführung sehr viel weiter ausgebaut werden. Die Geschäftsführung ist – im Gegensatz zur Grundlagenzuständigkeit – keinem GmbH-Organ zwingend und ausschließlich zugeordnet. Dem Beirat kann deshalb weitgehender Einfluß auf die Geschäftsführung, sogar bis zu ihrer nahezu vollständigen Übernahme eingeräumt werden.[104] Dies bedeutet insb., daß die Gesellschafterversammlung ihre Weisungsbefugnis auf den Aufsichtsrat/Beirat übertragen kann. Zur Problematik beim mitbestimmten Aufsichtsrat vgl. Anm. 88.

6. Übertragung von Befugnissen der Gesellschafterversammlung

Es wurde bereits ausgeführt, daß, bis auf die primären Zuständigkeiten für Grundlagenentscheidungen, alle Kompetenzen der Gesellschafterversammlung auf einen Aufsichtsrat/Beirat übertragen werden können (Rz. 45). Zu den Weisungsbefugnissen ist dies bei Rz. 49 erläutert. Zu erwähnen sind hier

---

[101] *Baumbach/Hueck/Zöllner* § 46 Anm. 24 f.
[102] OLG Hamburg v. 16. 5. 1980, WM 86, 972 (für AG).
[103] *Baumbach/Hueck/Zöllner* § 52 Anm. 65; *Lutter/Hommelhoff* § 52 Anm. 10; *Hachenburg/Raiser* § 52 Anm. 111; *Rowedder/Koppensteiner* § 52 Anm. 13; aA OLG Koblenz v. 9. 8. 1990, GmbHR 1991, 264, 267; offengelassen in BVerfGE 50, 290, 346.
[104] *Reuter* in FS 100 Jahre GmbH-Gesetz, 1992, S. 631, 644 f.; *Lutter/Hommelhoff* § 52 Anm. 10; *Scholz/Schneider* § 52 Anm. 94.

insb. die **Aufgaben der Gesellschafter nach § 46 GmbHG**. Sie sind allesamt **dispositiv** und können durch den Gesellschaftsvertrag auf einen Aufsichtsrat/Beirat übertragen werden.[105] Es handelt sich um
- die Feststellung des Jahresabschlusses und die Verwendung des Ergebnisses;
- die Einforderung von Einzahlungen auf die Stammeinlagen;
- die Rückzahlung von Nachschüssen;
- die Teilung sowie die Einziehung von Geschäftsanteilen;
- die Bestellung sowie die Abberufung von Geschäftsführern sowie deren Entlastung;
- die Maßregeln zur Prüfung und Überwachung der Geschäftsführung;
- die Bestellung von Prokuristen und von Handlungsbevollmächtigten zum gesamten Geschäftsbetrieb;
- die Geltendmachung von Ersatzansprüchen gegen Geschäftsführer oder Gesellschafter, sowie die Vertretung der Gesellschaft in Prozessen gegen Geschäftsführer;
- die Befugnis zu Weisungen gegenüber der Geschäftsführung.

Dies ist aber keineswegs abschließend. Gleichermaßen kann übertragen werden die Befugnis zum Abschluß und zur Kündigung der Anstellungsverträge mit den Geschäftsführern, die Bestellung und Beauftragung von Abschlußprüfern etc. Dem Grundsatz der Verbandssouveränität wird durch die Klagebefugnis der Gesellschafter gegen Beschlüsse des Aufsichtsrats/Beirats und durch die Möglichkeit der Aufhebung des Systems durch Satzungsänderung Rechnung getragen.[106]

7. Informationsrechte des Aufsichtsrats/Beirats

52 Den Kontrollaufgaben des Aufsichtsrats/Beirats müssen Informationsrechte entsprechen. Stellt die Satzung keine besonderen Instrumente zur Verfügung, verweist § 52 Abs. 1 GmbH auf § 90 Abs. 3, 4 und 5 Satz 1 und Satz 2 AktG. Danach kann der Aufsichtsrat von der Geschäftsführung **jederzeitige Berichterstattung** verlangen. Dies kann auch ein einzelnes Mitglied verlangen, jedoch nur an das Gremium; lehnt dies die Geschäftsführung ab, bedarf es der Unterstützung durch ein zweites Aufsichtsratsmitglied. Jedes Aufsichtsratsmitglied hat das Recht von den Berichten Kenntnis zu nehmen und, soweit die Berichte schriftlich erstattet sind, auf Aushändigung, soweit der Aufsichtsrat nicht anders beschließt.

53 Es ist gute Praxis, daß die Satzung, die Geschäftsordnung des Aufsichtsrats oder die Geschäftsordnung der Geschäftsführung Information und Berichterstattung nach den Bedürfnissen der Gesellschaft individuell regeln. Der Aufsichtsrat hat nach § 111 Abs. 2 AktG das Recht, als Gremium, durch einzelne Mitglieder oder durch Sachverständige, die Bücher und Schriften und die Vermögensgegenstände (Betriebsbesichtigung) einzusehen und zu prüfen. Er kann die Geschäftsführung zur Teilnahme an seinen Sitzungen veranlassen. Darüber hinaus hat er nach §§ 170, 337 AktG das Recht auf Vorlage des Jahresabschlusses und des Konzernabschlusses nebst Lageberichten und Berichten des Abschlußprüfers.

---

[105] *Hachenburg/Hüffer* § 46 Anm. 119, 22, 30, 34, 37 f., 76, 80, 86, 114.
[106] Vgl. oben Rz. 40 ff.

B. Der fakultative Aufsichtsrat/Beirat 54–56 § 6

Ein **Recht auf Teilnahme** an den Gesellschafterversammlungen hat der 54
Aufsichtsrat nicht automatisch. Es kann ihm durch Satzung oder Gesellschafterbeschluß eingeräumt oder eine entsprechende Pflicht statuiert werden.[107]
Hiervon völlig unberührt bleibt das **Auskunfts- und Einsichtsrecht** eines
Gesellschafter-Aufsichtsrats nach § 51 a GmbHG. Die hier gewonnenen Erkenntnisse dürfen grds. im Rahmen der Aufsichtsrats-/Beiratstätigkeit verwendet werden; es wird kaum Besorgnis der gesellschaftsfremden Verwendung
oder Nachteilszufügung bestehen.[108]

VI. Rechtsstellung und Vergütung

1. Rechtsstellung

Aufsichtsrat und Beirat stehen, soweit es sich nicht um einen schuldrechtlich 55
verankerten Beirat handelt (Anm. 21, 22), in einem **organschaftlichen** Verhältnis zur Gesellschaft. Rechte und Pflichten ergeben sich weitgehend aus
dem Gesellschaftsvertrag und daraus abgeleiteten Bestimmungen (Geschäftsordnung). Ob daneben noch ein schuldrechtliches Verhältnis iSe. entgeltlichen oder unentgeltlichen Geschäftsbesorgung oder eines Anstellungsverhältnisses entsteht, ist umstritten.[109] Es kann aber dahinstehen, da in aller Regel
außer den Vergütungsfragen kaum etwas zu regeln übrig bleibt.[110] Es steht
aber nichts entgegen, mit Aufsichtsräten oder Beiräten begleitend einen
schuldrechtlichen Vertrag abzuschließen.

Davon zu trennen ist die Frage, ob und inwieweit mit Aufsichtsrats-/Beiratsmitgliedern für nicht durch ihre Aufsichtsratstätigkeit abgedeckte Tätigkeiten Dienst- und Werkverträge abgeschlossen werden können (zB Spezialberatung, anwaltliche Tätigkeiten etc.). Dies ist bereits unter dem Thema
„Beratungsverträge" erörtert.[111]

2. Vergütung

Ist in der Satzung keine spezifische Regelung enthalten, so kommt über 56
§ 52 Abs. 1 GmbHG § 113 AktG zur Anwendung. Danach kann den Aufsichtsratsmitgliedern/Beiratsmitgliedern eine Vergütung gewährt werden,
muß es aber nicht. Sie kann in der Satzung festgesetzt oder ad hoc von der
Gesellschafterversammung beschlossen werden. Erfolgt weder in der Satzung
noch durch einen Gesellschafterbeschluß eine Bestimmung, ist zumindest,
soweit es sich bei den Aufsichtsratsmitgliedern um gesellschaftsfremde Dritte
handelt, mit der hM davon auszugehen, daß in Anwendung des § 612 Abs. 1
und 2 BGB die Vergütung als stillschweigend vereinbart gilt und zwar die
„übliche" Vergütung.[112] Ist die Vergütung in der Satzung festgesetzt, kann sie

---

[107] *Baumbach/Hueck/Zöllner* § 51 Anm. 10.
[108] Vgl. *Hachenburg/Hüffer* § 51 a Anm. 47 ff.
[109] *Hachenburg/Raiser* § 52 Anm. 121 mwN.
[110] *Reuter* in FS 100 Jahre GmbH-Gesetz, 1992, S. 631, 652 f.
[111] Vgl. Anm. 26 und *Baumbach/Hueck/Zöllner* § 52 Anm. 38.
[112] *Baumbach/Hueck/Zöllner* § 52 Anm. 36; *Hachenburg/Raiser* § 52 Anm. 122; *Rowedder/Koppensteiner* § 52 Anm. 15.

durch Satzungsänderung herabgesetzt werden, zu der die einfache Stimmenmehrheit ausreicht (§ 52 Abs. 1 GmbHG iVm. § 113 Abs. 1 Satz 4 AktG).

57 Die Vergütung soll in einem angemessenen Verhältnis zu den Aufgaben und zur Lage der Gesellschaft stehen (§ 113 Abs. 1 Satz 3 AktG).[113] Bzgl. der Art der Vergütung ist die Gesellschafterversammlung frei: Sie kann in festen Beträgen, in einem Anteil am Jahresgewinn (hierfür gibt § 113 Abs. 3 AktG eine – abdingbare – Berechnungsmodalität), in einem Prozentsatz der ausgeschütteten Dividende aber auch in Sachleistungen (zB Abschluß einer Versicherung, Büro- und Fahrdienste etc.) bestehen. Sie kann auch jahrweise in die Entscheidung der Gesellschafterversammlung gelegt werden. Für die Festlegung auf ein System ist zu berücksichtigen, daß die Intensität und Schwierigkeit der Tätigkeit zwar von der Lage der Gesellschaft abhängt, aber in umgekehrter Proportionalität; je schlechter die Lage der Gesellschaft, desto intensiver die Inanspruchnahme des Aufsichtsrats/Beirats.

Zu beachten ist, daß auch **Nebenbezüge,** wie zB Sachleistungen (Auto, Fahrer, Büro), pauschalierte Sitzungsgelder, Provisionen oder Versicherungsleistungen zur Vergütung gehören und, um wirksam zu sein, einer Rechtsgrundlage in der Satzung oder in einem Gesellschafterbeschluß bedürfen. Die Gesamtbezüge des Aufsichtsrats/Beirats einschließlich aller Nebenbezüge sind im Jahresabschluß (Anhang) nach § 285 Nr. 9 lit a HGB anzugeben.

58 Neben der Vergütung haben die Aufsichtsräte/Beiräte Anspruch auf Ersatz ihrer **Aufwendungen,** die sie den Umständen nach für erforderlich halten durften (§§ 670, 675 BGB).

3. Steuerliche Behandlung

a) Bei der GmbH

59 Aufsichtsrats- und Beiratsvergütungen sind bei der Gesellschaft **Betriebsausgaben** (§ 4 Abs. 4 EStG). Zu beachten ist jedoch das **Abzugsverbot** nach § 10 Nr. 4 KStG, wonach die Hälfte der Vergütungen jeder Art, die an Mitglieder des Aufsichtsrats, Verwaltungsrats oder andere mit der Überwachung der Geschäftsführung beauftragte Personen gewährt werden, nicht abziehbar sind. Es kommt darauf an, daß der Empfänger der Vergütung mit der Überwachung beauftragt ist. Der Begriff ist weit auszulegen und schließt jede Tätigkeit ein, die in den Rahmen einer möglichen Tätigkeit eines Aufsichtsratsmitglieds fällt.[114] Der volle Betriebsausgabenabzug greift ein, wenn das Gremium ausschließlich beratende Funktion hat. Übt das Aufsichtsrats/Beiratsmitglied neben der Überwachungstätigkeit noch eine andere, nicht unter das Abzugsverbot fallende Tätigkeit aus, so ist eine **Aufteilung** grds. nicht zulässig.[115]

---

[113] *Hachenburg/Raiser* § 52 Anm. 354 wollen dies nur für den Aufsichtsrat, nicht für den Beirat zur Anwendung bringen. Dies ist nicht unmittelbar einsichtig.
[114] BFH v. 15. 11. 1978, BStBl. II 1979, 193 und BFH v. 30. 9. 1975, BStBl. II 1976, 155; Abschn. 44 Abs. 3 Satz 1 KStR; *Janzen* in *Dötsch/Eversberg/Jost/Witt,* Kommentar zum KStG und EStG, § 10 KStG Anm. 39 ff.
[115] Abschn. 45 Abs. 3 Satz 8 KStR; *Janzen* aaO Anm. 48.

B. Der fakultative Aufsichtsrat/Beirat

Etwas anderes gilt nur, wenn die weitere Tätigkeit außerhalb der überwachenden Tätigkeit liegt, sich klar von ihr abgrenzen läßt und auf einer besonderen vertraglichen Vereinbarung mit besonderer Vergütung beruht.[116] Eine sorgfältige Analyse und klare vertragliche Vereinbarungen sind deshalb zu empfehlen. Das Abzugsverbot gilt nicht für die Erstattung der tatsächlich entstandenen Kosten (Fahrt- und Übernachtungskosten, Verpflegungsmehraufwand). Werden die in Abschn. 119 EStR aufgeführten Pauschsätze als Mehraufwand erstattet, geht die Finanzverwaltung vom Ersatz der tatsächlichen Kosten aus.

Ist das Aufsichtsratsmitglied im **umsatzsteuerlichen Sinne Unternehmer** (§ 2 UStG) und stellt Umsatzsteuer in Rechnung, so ist bei Vorsteuerabzugsberechtigung der Gesellschaft nur der Nettobetrag der Vergütung gemäß § 10 Nr. 4 KStG hinzuzurechnen. Ist die Gesellschaft nicht oder nur teilweise vorsteuerabzugsberechtigt, ist jeweils die Hälfte der nichtabzugsfähigen Vorsteuer hinzuzurechnen.[117] Rückzahlungen von Aufsichtsratsvergütungen sind nur zur Hälfte als steuerpflichtige Betriebseinnahmen anzusetzen.[118]

Sind Anteilseigner oder nahestehende Personen Aufsichtsrats-/Beiratsmitglieder, so können Vergütungen **als verdeckte Gewinnausschüttungen** (§ 8 Abs. 3 Satz 2 KStG) zu behandeln sein, wenn sie unangemessen sind und nicht die Aufsichtsratstätigkeit, sondern das Gesellschaftsverhältnis im Vordergrund steht. Auch bei Angemessenheit der Vergütungen können im Verhältnis zu Aufsichtsräten, die kraft Beteiligung allein oder zusammen mit anderen beherrschenden Einfluß auf die GmbH ausüben können, verdeckte Gewinnausschüttungen vorliegen, wenn keine von vorneherein klaren und eindeutigen Abmachungen über die Entgeltlichkeit und die Höhe der Vergütungen bestehen.

b) Bei den Aufsichtsräten/Beiräten

Bei den Aufsichtsräten/Beiräten liegen bei Überwachungstätigkeit regelmäßig Einkünfte **aus selbständiger Arbeit** nach § 18 Abs. 1 Nr. 3 EStG, bei reiner Beratungstätigkeit nach § 18 Abs. 1 Nr. 1 EStG vor. Zu den steuerpflichtigen Vergütungen gehören alle Zahlungen aus der Aufsichtsratstätigkeit (einschl. Sitzungsgeldern, Aufwandsentschädigungen und Reisekostenerstattung) sowie die Werte von Sachleistungen (Büro, Auto, Fahrer), soweit sie nicht ausschließlich zu Ausübung der Aufsichtsratstätigkeit dienen.[119] Steuerpflichtig ist bei Einkünften aus selbständiger Tätigkeit der Gewinn (§ 2 Abs. 2 Nr. 1 EStG). Für den Betriebsausgabenabzug gelten die allgemeinen Vorschriften (§ 4 Abs. 4 EStG). Betriebsausgaben sind zB Reise- und Aufenthaltskosten, Autokosten, Bürokosten, soweit sie für die Aufsichtsratstätigkeit notwendig sind; aber auch Literatur, eigene Beratungs- oder Fortbildungskosten. Zu der Frage der Abzugsfähigkeit von Abführungsbeträgen an soziale Einrichtungen etc. bei Arbeitnehmervertretern in mitbestimmten Aufsichtsräten vgl. Rz. 105.

---

[116] BFH v. 20. 9. 1966, BStBl. III 1966, 688; *Janzen* aaO, Anm. 49.
[117] Abschn. 45 Abs. 2 KStR.
[118] *Janzen* aaO, Anm. 55.
[119] OFD Hannover v. 29. 12. 1967, DB 1968, 594.

63 Werden Aufsichtsratsvergütungen, also Vergütungen für eine überwachende Tätigkeit in der oben geschilderten weiten Auslegung, an **beschränkt Steuerpflichtige** bezahlt, so unterliegen die Vergütungen einem Steuerabzug von 30% der Vergütungen (§ 50a Abs. 1 und 2 EStG). Übernimmt die Gesellschaft die Steuer, beträgt der Steuersatz 42, 85%. Die in den Aufsichtsratsvergütungen enthaltene Mehrwertsteuer ist Teil der Aufsichtsratsvergütung und unterliegt dem Steuerabzug.[120] Wird die sog. Nullregelung nach § 52 Abs. 2 UStDV angewandt, so stellt die nicht erhobene Umsatzsteuer einen Bestandteil der Bemessungsgrundlage für die Aufsichtsratssteuer dar.[121] Wegen der Abgeltungswirkung der Abzugsteuer ist ein Betriebsausgabenabzug ausgeschlossen. Nach § 50a Abs. 3 Satz 2 EStG gehören erstattete Reisekosten (Fahrtkosten, Tage- und Übernachtungsgelder, Mehrkosten usw.) nur insoweit zu den Vergütungen, als sie die tatsächlichen Ausgaben übersteigen.

Übernimmt die GmbH die Aufsichtsratsteuer, so ist die übernommene Steuer Teil der Aufsichtsratsvergütung und nach § 10 Nr. 4 KStG ebenfalls nur zur Hälfte abzugsfähig.

VII. Verantwortlichkeit

64 Zur Sorgfaltspflicht und Verantwortlichkeit der Aufsichtsratsmitglieder verweist § 52 Abs. 1 GmbHG auf §§ 116, 93 Abs. 1 und 2 AktG. Gleiches gilt für einen Beirat.[122] Eine Spaltung der Verantwortlichkeit je nachdem ob dem Beirat überwiegend Funktionen der Gesellschafterversammlung oder der Geschäftsführung bzw. Überwachung übertragen werden, ist abzulehnen.[123] Der Aufsichtsrat/Beirat hat die Sorgfalt eines ordentlichen und gewissenhaften Aufsichtsrats-/Beiratsmitglieds anzuwenden. Es gilt der Grundsatz der **Gesamtverantwortung**; ein Aufsichtsratsmitglied kann sich nicht damit entlasten, daß ein anderes Aufsichtsratsmitglied aufgrund interner Zuständigkeit oder besserer Sachkunde hätte in erster Linie tätig werden müssen.[124] Will ein ggf. überstimmtes Aufsichtsratsmitglied eine Entscheidung des Aufsichtsrats in der Gesamtverantwortung nicht mittragen, so muß es alles unternehmen, um seine Bedenken gegen den Beschluß aktiv vorzubringen und den Beschluß zu Fall zu bringen; ggf. ist es auch notwendig, gegen den Beschluß zB mit der Nichtigkeitsklage vorzugehen.[125] Wenn trotz dieser Vorgehensweise eine Beschlußfassung nicht verhindert werden kann, verbleibt als ultima ratio die Amtsniederlegung, um sich der Verantwortung zu entziehen. Die Pflichten des Aufsichtsrats/Beirats sind mannigfach; sie richten sich nach der ihm übertragenen Aufgabe und nach allgemeinen Grundsätzen. Hervorgehoben seien:
– Pflicht über vertrauliche Angaben und Geschäftsgeheimnisse der Gesellschaft Stillschweigen zu bewahren (Verschwiegenheitspflicht: § 93 Abs. 1

---

[120] Vgl. DB 1968, 1470; HessFG, EFG 1981, 133.
[121] *Blümich/Krabbe* § 50a Anm. 23.
[122] *Hachenburg/Raiser* § 52 Anm. 358.
[123] So aber *Mertens* in FS Stimpel, 1982 S. 417, 419; *Hölters* Der Beirat der GmbH und GmbH & Co. KG, 1979, S. 37.
[124] *Hachenburg/Raiser* § 52 Anm. 129.
[125] LG Düsseldorf v. 14. 3. 1994, ZIP 1994, 628 ff.; vgl. *Baumbach/Hueck* AktG § 166 Anm. 2; *Ulmer* AG 1982, 300, 302.

B. Der fakultative Aufsichtsrat/Beirat 65, 66 § 6

Satz 2 AktG iVm. § 52 Abs. 1 GmbHG). Maßstab ist stets das Unternehmensinteresse. Gegenüber Geschäftsführern und Gesellschaftern besteht grds. keine Geheimhaltungspflicht. Zweifelhaft ist, ob die Schweigepflicht im Zivilprozeß ein Zeungisverweigerungsrecht gewährt.[126] Im Strafprozeß besteht nach §§ 52 ff. StPO kein Zeugnisverweigerungsrecht
- Pflicht zur Einhaltung der Bestimmungen des GmbHG (insb. Erhaltung des Stammkapitals; § 30 GmbHG)
- Rechtsmäßigkeitskontrolle
- Treuepflicht: Eigene Interessen haben im Rahmen der Aufsichtsrats-Beiratstätigkeit hinter den Interessen des Unternehmens zurückzustehen
- Sorgfaltspflicht in bezug auf die Kontrolle der Geschäftsführung; insbesondere muß der Aufsichtsrat das Bestehen von Schadensersatzansprüchen der GmbH gegenüber Geschäftsführungsmitgliedern prüfen und sie, soweit Erfolgsaussichten bestehen vor Gericht verfolgen. Bei der Prozeßanalyse ist der weite, Fehlbeurteilungen und Fehleinschätzungen einschließende Beurteilungsspielraum der Geschäftsführer zu berücksichtigen.[127]
- Weisungsfreiheit, soweit der Aufsichtsrat/Beirat Überwachungsaufgaben wahrnimmt. Soweit der Aufsichtsrat neben der Überwachung weitere oder andere Aufgaben wahrnimmt, kann er Weisungen zB der entsendenden Personen befolgen.[128]

Ist streitig, ob sie die Sorgfalt eines ordentlichen und gewissenhaften Aufsichtsrats/Beirats angewandt haben, so trifft die **Beweislast** die Aufsichtsräte (§ 93 Abs. 2 Satz 2 AktG). Die Umkehr der Beweislast gilt auch im GmbH-Recht. Die Vorschrift wird von der Rspr. extensiv ausgelegt und bezieht sich auf die Pflichtwidrigkeit der Handlung, Ursachenzusammenhang und Verschulden. Ein Anspruch entfällt, wenn die Handlung oder Unterlassung auf einem wirksamen Beschluß der Gesellschafterversammlung oder auf deren Weisung beruht.[129] 65

Ein **Schadensersatzanspruch** steht der Gesellschaft zu. Die Gesellschafter haben idR keinen eigenen Ersatzanspruch, der über den Schaden der Gesellschaft hinausreicht.[130] Schuldner eines Schadensersatzanspruchs ist das einzelne Aufsichtsratsmitglied. Handelt es sich um entsandte Aufsichtsratsmitglieder oder solche, die die Interessen einer Gesellschaftergruppe vertreten, so könnte eine Haftung der Hintermänner (ggf. nach § 31 BGB) zur Diskussion stehen. Dies hat die Rspr. bisher verneint.[131] Nach § 52 Abs. 3 GmbHG verjähren Schadensersatzansprüche gegen Aufsichtsratsmitglieder in 5 Jahren, eine Vorschrift, die nach Auffassung des BGH zwingend ist.[132] Die hM läßt jedoch 66

---

[126] *Scholz/Schneider* § 52 Anm. 344; vgl. auch OLG Koblenz v. 5. 3. 1987 GmbHR 1987, 276 und *Hachenburg/Raiser* § 52 Anm. 141.
[127] BGH v. 21. 4. 1997, ZIP 1997, 883, 886 f. (ARAG/Garmenbeck).
[128] *Hachenburg/Raiser* § 52 Anm. 143.
[129] *Lutter/Hommelhoff* Anm. 19; *Hachenburg/Raiser* § 52 Anm. 144.
[130] Für eine Ausnahmesituation vgl. BGH v. 4. 3. 1985, BB 1985, S. 948.
[131] BGHZ 36, 296, 309 ff. = NJW 1962, 864; BGHZ 94, 381, 397 f. = NJW 1984, 1893; OLG Düsseldorf v. 5. 4. 1984, WM 1984, 586, 598; ablehnend auch *Lutter/ Hommelhoff* § 52 Anm. 19; in Grenzen bejahend *Hachenburg/Raiser* § 52 Anm. 145.
[132] BGHZ 64, 245.

eine Abkürzung durch die Satzung, jedoch keine Verlängerung (§ 122 BGB) zu.[133]

67 Der **Haftungsmaßstab** ergibt sich aus § 276 BGB. Die Aufsichtsratsmitglieder haften für Vorsatz und Fahrlässigkeit. Die Satzung kann den Haftungsmaßstab im Rahmen des § 276 BGB mindern, insb. auf Vorsatz und grobe Fahrlässigkeit reduzieren. Dagegen ist nach hM eine Herabsetzung der Sorgfaltspflichten auf diejenigen in eingenen Angelegenheiten (§ 708 BGB) nicht möglich.[134]

68 Dem Aufsichtsrat/Beirat kann von der Gesellschafterversammlung **Entlastung** erteilt werden; § 120, insb. Abs. 2 Satz 2, AktG findet keine Anwendung. Wie bei der Entlastung der Geschäftsführung (§ 46 Nr. 5 GmbHG) kommt dem Beschluß der Gesellschafterversammlung – anders als im Aktienrecht – Präklusionswirkung zu, dh. er führt zum Verzicht auf alle Schadensersatzansprüche der Gesellschaft aus §§ 93, 116 AktG, 52 Abs. 2 GmbHG, soweit nicht ausdrücklich ein Vorbehalt erklärt wird oder der Gesellschafterversammlung der fragliche Sachverhalt unbekannt ist und sie ihn auch nicht kennen konnte.[135]

Ein Verzicht auf Schadensersatzansprüche ist durch Beschluß der Gesellschafterversammlung auch außerhalb der Entlastung möglich; eine Karenzzeit ist – anders als im Aktienrecht (§ 93 Abs. 4 Satz 3 AktG) – nicht einzuhalten.[136]

C. Der obligatorische Aufsichtsrat

I. Vorbemerkung

69 Die nachfolgenden Ausführungen konzentrieren sich auf den **Pflichtaufsichtsrat nach dem BetrVG 1952,** als dem am häufigsten anzutreffenden zwingenden Aufsichtsratsystem bei der GmbH. Es erfaßt die GmbH mit mehr als 500 und bis zu 2000 Arbeitnehmern. Die GmbH mit regelmäßig mehr als 2000 Arbeitnehmern muß einen **Pflichtaufsichtsrat nach dem Mitbestimmungsgesetz (MitbestG) 1976** einrichten. Auf ihn soll hier nur insoweit eingegangen werden, als seine Kompetenzen sich von denen des Aufsichtsrats nach BetrVG 1952 unterscheiden; ferner wird sein Verhältnis zur Gesellschafterversammlung erörtert. Im übrigen, insb. hinsichtlich des relativ komplizierten Wahlverfahrens, wird auf die einschlägige Literatur verwiesen.[137] Der Aufsichtsrat nach dem Montanmitbestimmungsgesetz und nach dem Mitbestim-

---

[133] Vgl. *Lutter/Hommelhoff* § 52 Anm. 19; *Hachenburg/Raiser* § 52 Anm. 147; *Baumbach/Hueck/Zöller* § 52 Anm. 45.

[134] *Baumbach/Hueck/Zöllner* § 52 Anm. 41; *Lutter/Hommelhoff* § 52 Anm. 19.

[135] *Lutter/Hommelhoff* § 52 Anm. 20; *Baumbach/Hueck/Zöllner* § 52 Anm. 46; *Hachenburg/Hüffer* § 46 Anm. 56 ff.

[136] *Baumbach/Hueck/Zöllner* § 52 Anm. 44.

[137] Vgl. ua. *Hanau/Ulmer* Mitbestimmungsgesetz, 1981; *Raiser* Mitbestimmungsgesetz, 2. Aufl. 1984; *Hoffmann/Lehmann/Weinmann* Mitbestimmungsgesetz, 1978; *Fitting/Wlotzke/Weißmann* Mitbestimmungsgesetz, 1978; Gemeinschaftskommentar (GK-MitbestG).

C. Der obligatorische Aufsichtsrat

mungsergänzungsgesetz wird nicht erörtert. Soweit die Grundsätze identisch mit denen des fakultativen Aufsichtsrats sind, wird darauf nicht nochmals eingegangen. Zur Feststellung des anzuwendenden Aufsichtsratssystems vgl. Rz. 15–17; zur Koexistenz mit anderen Gremien Rz. 18.

II. Der Aufsichtsrat nach dem BetrVG 1952

1. Grundlagen

GmbH mit mehr als **500** Arbeitnehmern müssen einen Aufsichtsrat bilden, der zu **einem Drittel** aus Vertretern der Arbeitnehmer bestehen muß. Rechtsgrundlage und Kompetenzzuweisung enthält – im Gegensatz zum fakultativen Aufsichtsrat – nicht § 52 GmbHG, sondern § 77 BetrVG 1952. Diese Bestimmung verweist auf § 76 BetrVG 1952 und auf bestimmte Vorschriften des Aktiengesetzes über den Aufsichtsrat. Die Verweisung ist weitergehend als in § 52 GmbHG für den fakultativen Aufsichtsrat. Ist die GmbH herrschendes Unternehmen in einer Gruppe verbundener Unternehmen, gilt ferner § 77 a BetrVG 1952 mit der Folge, daß die Arbeitnehmer von Unternehmen, zu denen ein Beherrschungsvertrag besteht, als Arbeitnehmer des herrschenden Unternehmens gelten. Die gesamten Bestimmungen des BetrVG 1952 sind auch nach Inkrafttreten des BetrVG 1972 (neu bekannt gemacht am 23. 12. 1988) wirksam geblieben (vgl. § 129 Abs. 1 BetrVG 1972).

Die Mitbestimmung nach BetrVG 1952 findet keine Anwendung auf sog. Tendenzunternehmen (§ 81 BetrVG 1952), das sind Betriebe, die politischen, gewerkschaftlichen, konfessionellen, karitativen, erzieherischen, wissenschaftlichen, künstlerischen oder ähnlichen Bestimmungen dienen.

Die Regelung im BetrVG 1952 ist – im Gegensatz zu den Bestimmungen über den fakultativen Aufsichtsrat – **zwingend**. Es besteht keine Satzungsfreiheit in Richtung einer Reduzierung der Mitbestimmung. Die Satzung kann allerdings dort Regelungen treffen, wo die in Bezug genommenen aktienrechtlichen Bestimmungen selbst Raum für Änderungen oder Ergänzungen lassen (zB § 95 Satz 2 oder § 100 Abs. 4 AktG) oder wo eine gesetzliche Regelung überhaupt fehlt.[138] Die Zusammensetzung des Aufsichtsrats mit einem Drittel Arbeitnehmervertretern kann durch Satzungsbestimmung nicht unterschritten werden. Ob die Satzung die Anzahl der Arbeitnehmervertreter erhöhen kann, ist streitig, aber wohl grds. zu bejahen.[139] Die Satzung kann jedenfalls bestimmen, daß von den von der Gesellschafterversammlung zu wählenden Mitgliedern eine bestimmte Zahl wiederum Arbeitnehmer sein müssen; diese Mitglieder werden dann allerdings nicht von den Arbeitnehmern gewählt.[140]

---

[138] *Baumbach/Hueck/Zöllner* § 52 Anm. 89.
[139] OLG Bremen v. 22. 3. 1977, NJW 1977, 1153, 1154 ff.; *Scholz/Schneider* § 52 Anm. 129; für AG BGH v. 3. 7. 1975, NJW 1975, 1657 f.
[140] Vgl. *Baumbach/Hueck/Zöllner* § 52 Anm. 90; *Scholz/Schneider* § 52 Anm. 129; *Hachenburg/Raiser* § 52 Anm. 150 f.; OLG Bremen v. 22. 3. 1977, NJW 1977, 1153, 1154 ff.; BGH v. 3. 7. 1975, NJW 1975, 1657 f.; *Fabricius* in FS Hilger/Stumpf 1983, S. 155.

72 Das Wahl- und Abberufungsverfahren wird in § 76 Abs. 2 bis 5 BetrVG 1952 geregelt, ergänzt durch die sog. Wahlordnung (§§ 31 bis 52 Erste Rechtsverordnung zur Durchführung des Betriebsverfassungsgesetzes vom 18. 3. 1953).

2. Maßgebliche Arbeitnehmerzahl

73 Aufsichtsratspflicht besteht, wenn die Gesellschaft mehr als 500 Arbeitnehmer hat. Es kommt – abweichend vom Wortlaut des § 77 BetrVG 52 – auf den **regelmäßigen Arbeitnehmerstand** an. Vorübergehendes Überschreiten oder Absinken macht nicht pflichtig bzw. befreit nicht.[141] Wer Arbeitnehmer ist, ergibt sich aus §§ 5 und 6 BetrVG 1972.[142] Als Arbeitnehmer zählen nicht Geschäftsführer, leitende Angestellte, Personen, deren Beschäftigung nicht in erster Linie ihrem Erwerb dient, sondern durch karitative oder religiöse Beweggründe bestimmt ist oder die zu ihrer Heilung, Wiedereingewöhnung, sittlichen Besserung oder Erziehung beschäftigt werden. Als Arbeitnehmer zählen hingegen in Heimarbeit Beschäftigte und von der GmbH verliehene Arbeitnehmer.[143] Im Ausland beschäftigte Arbeitnehmer sind mitzuzählen, wenn sie sich vorübergehend dort aufhalten.[144]

74 Hat die GmbH selbst nicht mehr als 500 Arbeitnehmer, ist die Hinzurechnung von **Arbeitnehmern abhängiger Unternehmen** zu prüfen. Diese Hinzurechnung kommt nach dem eindeutigen Wortlaut des § 77 a BetrVG 1952 jedoch nur bei Bestehen eines **Beherrschungsvertrages** iSd. § 291 Abs. 1 AktG in Betracht, allerdings mit der – selbstverständlichen – Modifikation, daß Vertragspartner nicht Aktiengesellschaften sein müssen.[145] Nicht hinzuzurechnen sind Arbeitnehmer nur faktisch abhängiger Unternehmen oder von Unternehmen, die in anderen Vertragsbeziehungen als der eines Beherrschungsvertrages stehen. Die in § 77 a BetrVG erwähnte Eingliederung ist bei einer GmbH nicht möglich.

3. Die Bildung des Aufsichtsrats

75 Bei **Gründung** einer GmbH liegen die Voraussetzungen des § 77 BetrVG 1952 regelmäßig nicht vor. Allerdings kann im Rahmen einer **Sacheinlage** ein Unternehmen mit mehr als 500 Arbeitnehmern eingebracht werden. Die rechtliche Beurteilung ist im einzelnen fraglich. Es wird einerseits eine vorsichtige Analogie zu §§ 30/31 AktG vertreten[146] oder andererseits die Meinung, daß bereits die Vorgesellschaft aufsichtsratspflichtig nach § 77 BetrVG 1952 ist.[147]

---

[141] *Baumbach/Hueck/Zöllner* § 52 Anm. 80 mwN; *Lutter/Hommelhoff* Anm. 23; LG Stuttgart v. 11. 9. 1984, BB 1984, 2082.

[142] In der Frage, ob §§ 5, 6 BetrVG 1972 oder §§ 4, 5 BetrVG 1952 anzuwenden sind, vgl. *Baumbach/Hueck/Zöllner* § 52 Anm. 78 einerseits; *Dietz/Richardi* Betriebsverfassungsgesetz, 6. Aufl. 1982, § 77 BetrVG Anm. 7; *Hachenburg/Raiser* § 52 Anm. 153 andererseits, die Unterschiede sind nicht bedeutend.

[143] *Baumbach/Hueck/Zöllner* § 52 Anm. 78, 79.

[144] *Hachenburg/Raiser* § 52 Anm. 157.

[145] *Baumbach/Hueck/Zöllner* § 52 Anm. 83 mwN; vgl. BayOLG v. 10. 12. 1992, WM 1993, 550 f.

[146] *Rowedder/Rittner/Schmidt/Leithoff* § 11 Anm. 51 ff.

[147] *Hachenburg/Raiser* § 52 Anm. 160.

C. Der obligatorische Aufsichtsrat   75   § 6

Nach beiden Auffassungen wird jedoch die Eintragung der GmbH durch die Anwendung der Mitbestimmung im Gründungsstadium nicht verzögert. Nach der ersten Auffassung haben die Geschäftsführer in analoger Anwendung des § 31 Abs. 3 AktG alsbald nach Einbringung das Statusverfahren nach § 97 AktG einzuleiten (auch wenn bei Gründung nach der Satzung bereits ein fakultativer Aufsichtsrat, der nur von den Anteilseignern bestellt wird, besteht). Nach der zweiten Auffassung haben die Geschäftsführer, unabhängig davon ob die Satzung einen Aufsichtsrat vorsieht oder nicht, alsbald für die Wahl eines Aufsichtsrats nach § 77 BetrVG 1952 zu sorgen, der in richtiger Zusammensetzung die notwendige Zahl von Aufsichtsratsmitgliedern vorsieht.

Treten die Voraussetzungen des § 77 BetrVG 1952 erst **nach Eintragung** der GmbH in das HR ein, so ist zu unterscheiden, ob die GmbH bereits einen (fakultativen) Aufsichtsrat hat oder nicht. Hat die GmbH bereits einen Aufsichtsrat, ist das Statusverfahren nach § 97 AktG einzuleiten. Hat die Gesellschaft noch keinen Aufsichtsrat, ist die Anwendung des Statusverfahrens streitig,[148] aber wohl nicht schädlich. Jedenfalls haben Gesellschafter und Geschäftsführer die Pflicht, die Bildung eines Aufsichtsrats, der § 77 BetrVG 1952 entspricht, in die Wege zu leiten. Bleiben sie untätig, können die Arbeitnehmer das ihnen zustehende Mitglied wählen und notfalls die gerichtliche Bestellung der fehlenden Anteilseignervertreter nach § 104 AktG durchsetzen.[149]

Ist infolge eines **Formwechsels** in eine GmbH auf der Grundlage des UmwG (§§ 190 ff.) **erstmals ein Aufsichtsrat** erforderlich, so sind die Gründungsvorschriften anzuwenden, soweit sie die Bildung und Zusammensetzung des ersten Aufsichtsrats betreffen (§ 197 Satz 2 UmwG). Vielmehr richtet sich dessen Bildung und Zusammensetzung von vornherein nach den §§ 95, 96 AktG und den Vorschriften der Mitbestimmungsgesetze; auch finden die Vorschriften über das Statusverfahren Anwendung.[150] Soweit der Rechtsträger **vor und nach dem Formwechsel** über einen Aufsichtsrat verfügt, ist zu unterscheiden: Wird bei dem Rechtsträger in seiner bisherigen und jetzigen Rechtsform ein Aufsichtsrat in der gleichen Weise gebildet (zB Formwechsel einer mitbestimmten GmbH in eine AG und umgekehrt), so greift nach § 203 Satz 1 UmwG der Grundsatz der Amtskontinuität ein; die bisherigen Aufsichtsratsmitglieder verbleiben in ihren Ämtern. In allen anderen Fällen endet das Amt der Aufsichtsratsmitglieder mit dem Wirksamwerden des Formwechsels. Es müssen Neuwahlen durchgeführt werden.[151] Bei der **Verschmelzung** durch Aufnahme und Neugründung endet ebenfalls die Organstellung der Aufsichtsratsmitglieder der übertragenden Rechtsträger mit der Eintragung der Verschmelzung in das HR.[152] Anders als beim Form-

---

[148] *Hachenburg/Raiser* § 52 Anm. 161 mwN.
[149] So *Hachenburg/Raiser* § 52 Anm. 161; *Lutter/Hommelhoff* § 52 Anm. 22; *Rowedder/Koppensteiner* § 52 Anm. 21; *Dietz/Richardi* BetrVG 6. Aufl., 1982 § 77 BetrVG 1952 Anm. 11; aA: *Baumbach/Hueck/Zöllner* § 52 Anm. 8; *Scholz/Schneider* § 52 Anm. 35, die auch in diesem Falle das Statusverfahren anwenden wollen.
[150] *Rowedder/Zimmermann* Anh. nach § 77 Anm. 84; *Lutter/Decher* UmwG § 203 Anm. 12; *Kallmeyer/Meister/Klöckert* § 197 Anm. 75; aA FKHE § 77 Anm. 4.
[151] *Rowedder/Zimmermann* Anh. nach § 77 Anm. 84.
[152] *Gautier/Knopf/Tulloch/Beymel* § 76 Anm. 7 ff.; *Ganske* Umwandlungsrecht, 2. Aufl., 1995, S. 24.

wechsel bleiben aber im Hinblick auf die Bildung und Zusammensetzung des Aufsichtsrats die Gründungsvorschriften anwendbar. Darüber hinaus kommen die Grundsätze über das Statusverfahren zur Anwendung.[153] Bei den verschiedenen Formen der **Spaltung** findet das zur Verschmelzung gesagte entsprechende Anwendung.[154]

4. Mitgliederzahl und Zusammensetzung

76 Nach § 95 AktG (§ 77 Abs. 1 Satz 2 BetrVG 1952) besteht der Aufsichtsrat aus **drei Mitgliedern**. Die Satzung kann eine höhere Zahl festlegen; sie muß bestimmt und durch drei teilbar sein. § 95 Satz 4 AktG legt aber Höchstgrenzen fest, die sich nach der Stammkapitalziffer richten, nämlich bis zu DM 3 Mio. neun, von DM 3 bis DM 20 Mio. fünfzehn und von mehr als DM 20 Mio. einundzwanzig Mitglieder.[155]

Der Aufsichtsrat muß zu **einem Drittel aus Vertretern der Arbeitnehmer** bestehen, also im Normalfall (dreiköpfiger Aufsichtsrat) ein Mitglied als Arbeitnehmervertreter. Zur Erhöhung der Arbeitnehmerquote durch die Satzung vgl. Anm. 71. Ist nur ein Arbeitnehmervertreter zu wählen, muß dieser unternehmenszugehörig sein. Sind zwei oder mehr Arbeitnehmervertreter zu wählen, muß einer Angestellter und einer Arbeiter, beide mit Unternehmenserfahrung sein. Die weiteren Arbeitnehmervertreter können auch Externe sein (§ 76 Abs. 2 BetrVG 1952). Zur Partizipation von Frauen vgl. § 76 Abs. 2 Satz 4 BetrVG 1952. Werden die Arbeitnehmer von Konzernunternehmen nach § 77 a BetrVG 1952 zugerechnet, ist eine bestimmte Sitzverteilung auf die Konzernunternehmen nicht erforderlich.[156]

77 Für die **persönlichen Voraussetzungen** der Wählbarkeit gilt § 100 AktG. Die Satzung kann weitere persönliche Voraussetzungen nur für die Aufsichtsratsmitglieder festlegen, die von den Anteilseignern gewählt oder in den Aufsichtsrat entsandt werden (§ 100 Abs. 4 AktG). Nur natürliche, unbeschränkt geschäftsfähige Personen können Aufsichtsratsmitglieder sein. Ausgeschlossen ist (§ 100 Abs. 2 AktG),
– wer bereits in zehn Handelsgesellschaften mit obligatorischem Aufsichtsrat Mitglied ist (nicht mitgezählt werden bis zu fünf Aufsichtsratssitze, die ein gesetzlicher Vertreter einer Konzernobergesellschaft in konzernzugehörigen obligatorischen Aufsichtsräten innehat, doppelt gezählt werden Mitgliedschaften als Aufsichtsratsvorsitzender),[157]
– wer gesetzlicher Vertreter eines von der GmbH abhängigen Unternehmens (§ 17 AktG) ist,

---

[153] *Lutter/Grunewald* UmwG § 20 Anm. 6; *Gautier/Knopf/Tulloch/Bermel* § 76 Anm. 12.
[154] *Ganske* Umwandlungsrecht, 2. Aufl., 1995 S. 24.
[155] Zur Verkleinerung des Aufsichtsrats bei Kapitalherabsetzung vgl. *Baumbach/Hueck/Zöllner* § 52 Anm. 92 mwN.
[156] BAG v. 24. 11. 1981, DB 1982, 755 f.; *Baumbach/Hueck/Zöllner* § 52 Anm. 93.
[157] Nach dem Referentenentwurf eines Gesetzes zur Kontrolle und Transparenz (KonTroG) sollen bei der Zustimmung der Aufsichtsratssitze diejenigen des (stellvertretenden) Vorsitzenden doppelt gezählt werden (§ 100 Abs. 2 AktG – RefE).

C. Der obligatorische Aufsichtsrat

– wer gesetzlicher Vertreter einer anderen Kapitalgesellschaft ist, deren Aufsichtsrat ein Geschäftsführer der GmbH angehört (Überkreuzverflechtungen).

Die gleichzeitige Zugehörigkeit zu Geschäftsführung und Aufsichtsrat ist nach § 105 AktG ausgeschlossen (anders beim fakultativen Aufsichtsrat; vgl. Rz. 30). Gleiches gilt für Prokuristen und Handlungsbevollmächtigte.

5. Bestellung

Für die Bestellung der **Aufsichtsratsmitglieder der Anteilseignerseite** gilt § 101 AktG. Damit sind die Möglichkeiten der Anteilseigner eingeschränkter als beim fakultativen Aufsichtsrat (§ 52 Abs. 1 GmbHG verweist nur auf § 101 Abs. 1 Satz 1 AktG, nicht auf § 101 AktG insgesamt). Die Bestellung erfolgt durch Wahl. Die Satzung kann **Entsendungsrechte** begründen, ist dabei aber an die Beschränkungen des § 101 Abs. 2 AktG gebunden. Damit können Entsendungsrechte nur für Gesellschafter begründet werden, und zwar nur für bestimmte Gesellschafter persönlich oder verknüpft mit bestimmten Geschäftsanteilen, wenn deren Übertragung an die Zustimmung der Gesellschaft gebunden (vinkuliert) ist. Die Entsendungsrechte können auch nur für ein Drittel der sich aus Gesetz oder Satzung ergebenden Zahl der Aufsichtsratsmitglieder der Anteilseigner begründet werden.[158]

Die **Mitglieder der Arbeitnehmerseite** werden in allgemeiner, geheimer, gleicher und unmittelbarer Wahl von allen wahlberechtigten Arbeitnehmern der Betriebe des Unternehmens gewählt (§ 76 Abs. 2 BetrVG 1952). Die Wahl vollzieht sich nach Maßgabe der Ersten Rechtsverordnung zur Durchführung des BetrVG 1952 vom 18. 3. 1953 idF vom 7. 2. 1962 (BGBl. I 1962, 64). Bzgl. der Einzelheiten wird auf diese Wahlordnung und die einschlägigen Kommentierungen verwiesen.[159] Auch bzgl. der schwierigen Probleme, die sich bei der Wahl in mehrstufigen Konzernen (Konzern im Konzern) ergeben, wird auf die Literatur verwiesen.[160]

Die Bestellung von Stellvertretern für Aufsichtsratsmitglieder ist nicht zulässig, wohl aber von Ersatzmitgliedern (§ 101 Abs. 3 AktG), Voraussetzungen und Verfahren einer Bestellung von Aufsichtsratsmitgliedern durch das Gericht ist in § 104 AktG geregelt.

6. Amtszeit und Abberufung

Für die Amtszeit legt § 102 Abs. 1 AktG eine **Höchstdauer** fest, nämlich bis zur Beendigung der Gesellschafterversammlung, die über die Entlastung für das vierte Geschäftsjahr nach Beginn der Amtszeit beschließt. Das sind idR **fünf Jahre**. Die Satzung kann eine kürzere Amtszeit festlegen; diese gilt auch für die Arbeitnehmervertreter, wenn sie allgemein ist und nicht erst bei

---

[158] *Baumbach/Hueck/Zöllner* § 52 Anm. 96; *Lutter/Hommelhoff* § 52 Anm. 25; *Hachenburg/Raiser* § 52 Anm. 175; aA *Rowedder/Koppensteiner* § 52 Anm. 28.
[159] *Hachenburg/Raiser* § 52 Anm. 176 ff.; *Baumbach/Hueck/Zöllner* § 52 Anm. 97 ff.
[160] *Dietz/Richardi* BetrVG, 6. Aufl., 1981 § 76 BetrVG 52 Anm. 176; *Hoyningen-Huene* ZGR 1978, 536 ff.; *Lutter-Schneider* BB 1977, 557; *Fitting/Auffarth/Kaiser/Heither* BetrVG, 18. Aufl., 1996 § 76 BetrVG 52 Anm. 81.

der Anteilseignerwahl beschlossen wurde (dh., es kann nicht für die Arbeitnehmervertreter allein eine kürzere Amtszeit festgelegt werden.[161] Bei einer Verkürzung der Amtszeit[162] oder auch einer Verringerung[163] der Zahl der Aufsichtsratsmitglieder in der laufenden Amtsperiode bleiben die bestellten Organmitglieder bis zum Ablauf ihrer Amtsperiode in ihrer Funktion. Wiederbestellung ist zulässig, auch schon angemessene Zeit vor Ablauf des Mandats, wenn damit nicht die gesetzliche oder satzungsmäßige Fristenregelung umgangen wird.[164] Die Amtszeit eines Ersatzmitglieds endet spätestens mit Ablauf der Amtszeit des weggefallenen ordentlichen Mitglieds (§ 102 Abs. 2 AktG). Die Amtszeit muß nicht für alle Aufsichtsratsmitglieder gleichzeitig enden. Möglich ist auch ein gestaffeltes Eintreten und Ausscheiden.[165]

82   Die **Abberufung** von Aufsichtsratsmitgliedern regelt sich nach § 103 AktG: Aufsichtsratsmitglieder, die von den Anteilseignern gewählt werden, sind durch Beschluß, der mindestens drei Viertel der abgegebenen Stimmen umfaßt, abrufbar. Die Satzung kann andere Mehrheiten und Erfordernisse aufstellen (zB nur aus wichtigem Grund); diese müssen sich gleichermaßen auf alle Aufsichtsratsmitglieder beziehen. Aufsichtsratsmitglieder der Arbeitnehmer sind nach § 76 Abs. 5 BetrVG 1952 durch Beschluß der wahlberechtigten Arbeitnehmer abrufbar, zu dem relativ komplizierten Verfahren wird auf die einschlägige Literatur verwiesen.[166]

Sowohl Anteilseignervertreter wie Arbeitnehmervertreter können schließlich aus **wichtigem Grund durch das Gericht** nach § 103 Abs. 3 AktG auf Antrag des Gesamtaufsichtsrats oder, bei entsandten Aufsichtsratsmitgliedern, auf Antrag der Gesellschafter, deren Anteile zusammen den zehnten Teil des Stammkapitals oder den Nennbetrag von 2 Mio. DM erreichen, abberufen werden.[167] Zuständig ist das Amtsgericht des Gesellschaftssitzes, das im Verfahren der freiwilligen Gerichtsbarkeit entscheidet (§ 145 FGG).

7. Innere Ordnung, Beschlußfassung und Beschlußkontrolle

83   Die innere Ordnung ist beim obligatorischen Aufsichtsrat stärker gesetzlich gebunden als beim fakultativen Aufsichtsrat, trotzdem sind in gewissem Rahmen Satzungsgestaltungen möglich. Über § 77 BetrVG 1952 gelten die §§ 107 bis 110 AktG.

Für die Regularien (Sitzung, Teilnahme, Abstimmung) gelten die gleichen Grundsätze wie für den fakultativen Aufsichtsrat (vgl. Rz. 37–39). Unabdingbarer Grundsatz ist die Gleichberechtigung aller Mitglieder.[168] Der obligatorische Aufsichtsrat muß zwingend einen Vorsitzenden und mindestens einen

---

[161] *Baumbach/Hueck/Zöllner* § 52 Anm. 107; *Lutter/Hommelhoff* § 52 Anm. 26.
[162] *Scholz/Schneider* § 52 Anm. 186; MünchHdb GesR/Bd. 3/*Marsch-Barner/Dickmann* § 48 Anm. 113.
[163] BAG v. 3. 10. 1989, WM 1990, 633, 635; OLG Hamburg v. 26. 8. 1988, WM 1988, 1487, 1490; OLG Dresden v. 18. 2. 1997, ZIP 1997, 589, 591.
[164] Vgl. *Baumbach/Hueck/Zöllner* § 52 Anm. 106.
[165] *Baumbach/Hueck/Zöllner* § 52 Anm. 108.
[166] *Baumbach/Hueck/Zöllner* § 52 Anm. 111 mwN.
[167] LG Frankfurt v. 14. 10. 1986, NJW 1987, 505 f.
[168] BGHZ 82, 154; *Lutter/Hommelhoff* § 52 Anm. 32.

C. Der obligatorische Aufsichtsrat

Stellvertreter haben (§ 107 Abs. 1 AktG). Diese sind von den Geschäftsführern zum HR anzumelden. Eine Eintragung oder Veröffentlichung erfolgt jedoch nicht. Die Wahl erfolgt mit einfacher Mehrheit, falls die Satzung nichts anderes vorschreibt. Dies gilt auch für den Stellvertreter, der nicht von der Arbeitnehmerseite kommen muß.[169]

Der Aufsichtsrat kann **Ausschüsse** bilden, die entweder Entscheidungen vorbereiten sollen (vorbereitende Ausschüsse) oder aufgrund Delegation Beschlüsse anstelle des Aufsichtsratsplenums fassen (beschließende Ausschüsse). Sie können nur durch **Beschluß des Aufsichtsrats** selbst, nicht aber durch Satzung oder Gesellschafterbeschluß eingerichtet werden (anders beim fakultativen Aufsichtsrat). Auch über die personelle Besetzung entscheidet allein der Aufsichtsrat. Begrifflich muß ein Ausschuß aus mindestens zwei Mitgliedern bestehen, beschließende Ausschüsse aus drei Mitgliedern, da sonst die Untergrenze der Beschlußfähigkeit nach § 108 Abs. 2 Satz 3 AktG nicht eingehalten würde. Das Gesetz enthält keinerlei Vorschriften, ob und wie die Sitze in den Ausschüssen auf Anteilseignervertreter und Arbeitnehmervertreter zu verteilen sind. Eine proportionale Besetzung von Ausschüssen kann nicht verlangt werden. Es gibt aber das **Diskriminierungsverbot**, dh. die Besetzung bedarf einer sachlichen Begründung und Rechtfertigung.[170]

Auf **beschließende Ausschüsse** dürfen nur Gegenstände übertragen werden, deren Delegation nicht nach § 107 Abs. 3 Satz 2 AktG ausgeschlossen ist. Dazu gehören die Wahl des Vorsitzenden und des Stellvertreters sowie deren Abberufung, der Erlaß einer Geschäftsordnung für die Geschäftsführung, die Einberufung der Gesellschafterversammlung, die Prüfung des Jahresabschlusses sowie die Bindung bestimmter Arten von Geschäften an die Zustimmung des Aufsichtsrats (die Zustimmung zu einem Einzelgeschäft kann dagegen wieder in die Zuständigkeit eines beschließenden Ausschusses fallen). Hinzu kommen weitere Geschäfte, die aus der Natur der Sache nicht einem beschließendem Ausschuß übertragen werden können.[171] Die Zuständigkeit des Gesamtaufsichtsrats wird durch Delegation an einen Ausschuß nie endgültig beseitigt; das Plenum kann durch Beschluß diese Kompetenzen jederzeit wieder an sich ziehen. Zur Beschlußkontrolle gelten die gleichen Grundsätze wie für den fakultativen Aufsichtsrat (vgl. Rz. 40 ff.).

8. Aufgaben und Kompetenzen

Der obligatorische Aufsichtsrat steht grds. in Aufgaben und Kompetenzen dem fakultativen gleich. Allerdings ist die Satzungsautonomie für die Zuweisung und Wegnahme von Kompetenzen eingeschränkt; gewisse Befugnisse können dem obligatorischen Aufsichtsrat nicht entzogen werden.

---

[169] Dazu und zu dem Verfahren, wenn eine Wahl nicht zustande kommt, vgl. *Baumbach/Hueck/Zöllner* § 52 Anm. 125.
[170] Im einzelnen vgl. BGHZ 122, 342, 355 ff.; OLG München WM 1995, 978, 979; *Hachenburg/Raiser* § 52 Anm. 209; *Rowedder/Koppensteiner* § 52 Anm. 34.
[171] Vgl. *Hachenburg/Raiser* § 52 Anm. 211: Einsetzung von Ausschüssen, Geschäftsordnung für den Aufsichtsrat.

Müller

a) Überwachung der Geschäftsführung

86 Die Satzung kann die Überwachungskompetenz des Aufsichtsrats konkretisieren und erweitern, nicht jedoch einschränken; § 111 Abs. 1 AktG gilt zwingend. Die Kompetenz erstreckt sich ausschließlich auf die Überwachung der Geschäftsführer. Werden Geschäftsführungsaufgaben von einem anderen Organ (der Gesellschafterversammlung oder einem vom Aufsichtsrat unabhängigen Beirat) wahrgenommen, so unterliegen diese Gremien nach hM nicht der Überwachung durch den Aufsichtsrat.[172] Allerdings wird die Gestaltungsfreiheit dort ihre Grenze finden, wo durch Übertragung der Geschäftsführung auf andere Organe die Überwachungsfunktion des Aufsichtsrats vollständig ausgehöhlt wird (vgl. Rz. 18). Für Umfang und Intensität der Überwachung gilt nichts anderes wie für den fakultativen Aufsichtsrat.[173]

b) Prüfung des Jahresabschlusses

87 Die Prüfung des **Jahresabschlusses**, des **Lageberichts** und des **Gewinnverwendungsvorschlags** ist **zwingend** und kann durch Satzung nicht abbedungen werden. Ist der Jahresabschluß durch einen Abschlußprüfer zu prüfen (§§ 316 iVm. 267 Abs. 1 HGB), also bei mittelgroßen und großen GmbH, muß der Aufsichtsrat den Prüfungsauftrag erteilen und zum Bericht des Abschlußprüfers Stellung nehmen. § 77 Abs. 1 BetrVG verweist für die Vorlagepflichten durch die Geschäftsführung nicht auf § 170 AktG; dennoch gelten entsprechende Regularien.[174] Über das Ergebnis seiner Prüfung hat der Aufsichtsrat **schriftlich** an die Gesellschafterversammlung **zu berichten** (§ 171 Abs. 2 Satz 1 AktG). Für diese Berichterstattung hat der Aufsichtsrat einen Monat seit Zugang der Unterlagen Zeit. Kommt er dieser Aufgabe nicht fristgemäß nach, hat ihm die Geschäftsführung eine weitere Frist von höchstens einem Monat zu setzen. Nach Ablauf dieser Frist gilt der Jahresabschluß als vom Aufsichtsrat nicht gebilligt (§ 171 Abs. 3 AktG). Die fehlende Billigung hindert die Geselslchafterversammlung jedoch nicht an der Feststellung. Die Kompetenz zur Feststellung des Jahresabschlusses verbleibt der Gesellschafterversammlung (§§ 46 Nr. 1, 42a Abs. 1 und 2 GmbHG), es sei denn, die Satzung hat sie auf den Aufsichtsrat übertragen. Mit der Feststellung muß die Gesellschafterversammlung jedoch bis zur Vorlage des Aufsichtsberichts oder bis zum Ablauf der oben genannten Frist warten (vgl. § 42a Abs. 1 Satz 3 GmbHG).

c) Geschäftsführung und zustimmungspflichtige Geschäfte

88 Maßnahmen der Geschäftsführung können dem Aufsichtsrat nicht übertragen werden (§ 111 Abs. 4 Satz 1 AktG). Diese Bestimmung ist, anders als beim fakultativen Aufsichtsrat, zwingend. Sollen Geschäftsführungsaufgaben, von der Geschäftsführung weg, auf ein anderes Gremium übertragen werden, bleibt nur, neben dem obligatorischen Aufsichtsrat einen Beirat einzu-

---

[172] *Baumbach/Hueck/Zöllner* § 52 Anm. 145.
[173] Vgl. auch *Semler* Die Überwachungsaufgabe des Aufsichtsrats, 1980.
[174] *Hachenburg/Raiser* § 52 Anm. 222.

C. Der obligatorische Aufsichtsrat

richten.¹⁷⁵ Nach § 111 Abs. 4 Satz 2 AktG kann die Satzung bestimmte Arten von Geschäften an die **Zustimmung des Aufsichtsrats** binden, was idR bei einem mitbestimmten Aufsichtsrat nur zurückhaltend genutzt wird, der Aufsichtsrat kann aber auch seinerseits Geschäfte zustimmungspflichtig machen. Diese Befugnis (§ 111 Abs. 4 Satz 2 AktG) kann beim obligatorischen Aufsichtsrat wohl nicht abbedungen werden. Die Satzung kann jedoch für die Beschlußfassung des Aufsichtsrats über diesen Gegenstand Einstimmigkeit vorschreiben, so daß der Frage von der praktischen Seite dann keine große Relevanz zukommt.¹⁷⁶

Hat der Aufsichtsrat zu einem Geschäft seine Zustimmung verweigert, kann die Geschäftsführung die Angelegenheit der Gesellschafterversammlung zur Entscheidung vorlegen. Diese kann das Votum des Aufsichtsrats überstimmen. Mit welcher Mehrheit ist umstritten. § 111 Abs. 4 Satz 4 AktG verlangt drei Viertel der abgegebenen Stimmen. Dies wird aber zT als mit den Grundsätzen des GmbH-Rechts nicht vereinbar und die **einfache Mehrheit** für ausreichend gehalten.¹⁷⁷

d) Anwendung der Regeln über den fakultativen Aufsichtsrat

Soweit voraufgehend Besonderheiten nicht erwähnt werden, gelten die Regeln über den fakultativen Aufsichtsrat. Nochmals sei aber darauf hingewiesen, daß die Satzung die gesetzlichen Rechte, wie sie durch Verweisung auf das AktG in § 77 Abs. 1 BetrVG 1952 festgelegt sind, nur erweitern, aber nicht einschränken kann. **89**

Wie der fakultative bleibt auch der obligatorische Aufsichtsrat im **Liquidationsstadium** der GmbH im Amt. Dies wird durch die Verweisung auf § 268 Abs. 2 AktG (§ 77 Abs. 1 BetrVG 1952) klargestellt. Seine Überwachungsfunktion erstreckt sich dann auf die Tätigkeit der Liquidatoren, nicht aber auf die Tätigkeit eines Insolvenzverwalters.¹⁷⁸ **90**

III. Der Aufsichtsrat nach dem MitbestG

1. Grundlagen

Auf die eingeschränkte Behandlung der Mitbestimmung nach MitbestG an dieser Stelle wurde bereits aufmerksam gemacht (s. o. Rz. 69). Die Regelung ist gesetzestechnisch relativ kompliziert und geschieht in vier Schichten:¹⁷⁹
– Allgemeine Regeln des MitbestG für alle erfaßten Unternehmen;
– Aktienrechtliche Regeln über den Aufsichtsrat (die Verweisungen sind im Umfang weitergehend als nach § 77 BetrVG 1952); **91**

---

¹⁷⁵ *Hachenburg/Raiser* § 52 Anm. 229; *Baumbach/Hueck/Zöllner* § 52 Anm. 153.
¹⁷⁶ *Baumbach/Hueck/Zöllner* § 52 Anm. 154 mwN.
¹⁷⁷ So *Baumbach/Hueck/Zöllner* Anm. 155; *Scholz/Schneider* § 52 Anm. 80; *Rowedder/Ritter/Schmidt-Leithoff* Einl. Anm. 219; differenzierend *Hachenburg/Raiser* § 52 Anm. 232; aA *Hommelhoff* ZGR 1978, 153; *Säcker* DB 1977, 1849; *Rowedder/Koppensteiner* § 37 Anm. 32 alle mwN; vgl. auch Anm. 49.
¹⁷⁸ *Baumbach/Hueck/Zöllner* § 52 Anm. 156.
¹⁷⁹ Vgl. *Hachenburg/Raiser* § 52 Anm. 264.

- Speziell für die GmbH geltende Vorschriften des MitbestG (§§ 8, 25 Abs. 1 Satz 1 Nr. 2, 30 MitbestG);
- Satzung, soweit ihr gesetzliche Vorschriften nicht entgegenstehen.

Festzuhalten ist, daß § 52 GmbHG über den fakultativen Aufsichtsrat keine Anwendung findet.

Die Frage, ob in Kollisionsfällen Gesellschaftsrecht oder Mitbestimmungsrecht Vorrang haben soll, ist streitig. Es setzt sich eine harmonisierende Interpretation durch, die Mitbestimmungs- und Gesellschaftsrecht gleichrangig nebeneinander stellt und bei jeder einzelnen Vorschrift versucht, dem Regelungsproblem optimal gerecht zu werden.[180]

2. Maßgebliche Arbeitnehmerzahl

92 Voraussetzung für die Anwendung des MitbestG ist die Beschäftigung von idR mehr als **2000** Arbeitnehmern. Zur Arbeitnehmerdefinition vgl. Anm. 72. Im Gegensatz zur Mitbestimmung nach BetrVG 1952 sind auch leitende Angestellte (§ 5 Abs. 3 BetrVG 1972) in die Arbeitnehmerzahl einzurechnen (§ 3 Abs. 3 Nr. 2 MitbestG).

93 Zugerechnet werden einer GmbH, die Komplementär einer Kommanditgesellschaft ist, nach § 4 Abs. 1 MitbestG die Arbeitnehmer der Kommanditgesellschaft, sofern die Mehrheit der Kommanditisten die Mehrheit der Anteile an der GmbH halten. Dies gilt dann nicht, wenn die GmbH selbst einen eigenen Geschäftsbetrieb mit mehr als 500 Arbeitnehmern hat. Die gleichen Grundsätze gelten für mehrere hintereinandergeschaltete GmbH & Co. KG's (§ 4 MitbestG). Letzlich geht es hier um die Mitbestimmung in der KG über die GmbH. Durch die Mehrheitsverhältnisse wird eine Parallelität der Willensbildung erreicht, die Grundlage der Mitbestimmung ist. Ist die mehrheitliche Gesellschafteridentität nicht gegeben, tritt auch die Mitbestimmung nicht ein. Obwohl nicht ausdrücklich geregelt, fällt auch die sog. Einheits-GmbH & Co. (sämtliche GmbH-Anteile liegen in der KG) unter die Regelung des § 4 Abs. 1 MitbestG.[181] Bei fremdnütziger Treuhand sind die Anteile dem Treugeber, bei eigennütziger Treuhand im Zweifel dem Treuhänder zuzurechnen.[182]

94 Im **Unterordnungskonzern** werden die Arbeitnehmer der Konzernunternehmen (§ 18 Abs. 1 AktG) der herrschenden GmbH zugerechnet. Dies gilt auch, wenn herrschendes Unternehmen eine GmbH & Co. KG ist, für die Zurechnung der Arbeitnehmer aller Untergesellschaften auf die persönlich haftende GmbH (§ 5 Abs. 1 und Abs. 2 MitbestG). Ist die Konzernspitze mitbestimmungsfrei (Einzelunternehmer, Personengesellschaft, ausländisches Unternehmen), ist aber unter der Konzernspitze eine GmbH in der Hierarchie nachgeschaltet, so findet die Konzernregelung auf diese Teilkonzernspitze als herrschendes Unternehmen Anwendung (§ 5 Abs. 3 MitbestG).

Nicht erfaßt werden, wie schon vom BetrVG 1952 Tendenzunternehmen (vgl. Rz. 70).

---

[180] *Baumbach/Hueck/Zöllner* § 52 Anm. 170a.
[181] *Hanau/Ulmer* Mitbestimmungsgesetz, 1981 § 4 Anm. 17.
[182] *Hanau/Ulmer* Mitbestimmungsgesetz, 1981 § 4 Anm. 18.

C. Der obligatorische Aufsichtsrat   95–97 § 6

3. Größe und Zusammensetzung

Mitgliederzahl und Zusammensetzung ergeben sich aus §§ 6, 7 und 95
15 Abs. 2 MitbestG. Die Größe des Aufsichtsrats richtet sich nach der Zahl
der regelmäßig beschäftigten Arbeitnehmer (bis 10 000 Arbeitnehmer
12 Mitglieder; mehr als 10 000 bis 20 000 Arbeitnehmer 16 Mitglieder; mehr
als 20 000 Arbeitnehmer 20 Mitglieder).[183] Der Aufsichtsrat besteht **zur
Hälfte aus Anteilseignervertretern** und **zur anderen Hälfte aus Arbeitnehmervertretern**. Deren Zusammensetzung ergibt sich aus § 7 Abs. 2 und
§ 15 Abs. 2 MitbestG. Zu den Wählbarkeitsvoraussetzungen vgl. §§ 110 und
105 AktG und § 6 Abs. 2 Satz 1 MitbestG.

4. Aufgaben und Kompetenzen

Grds. hat der Aufsichtsrat nach MitbestG alle Kompetenzen des Aufsichts- 96
rats nach BetrVG 1952. Insoweit wird auf diese Ausführungen verwiesen. Es
bestehen aber einige bedeutsame Abweichungen, die die Kompetenzen des
Aufsichtsrats erweitern, und die durch die Satzung nicht eingeschränkt werden können:

a) Bestellung und Abberufung der Geschäftsführer

Diese Zuständigkeit liegt nicht mehr bei der Gesellschafterversammlung, 97
sondern zwingend beim Aufsichtsrat (§ 31 MitbestG; §§ 84 und 85 AktG).
Die Geschäftsführer (mindestens zwei) sind auf einen Zeitraum von höchsten
fünf Jahren zu bestellen. Die Bestellung ist in einem relativ komplizierten
Verfahren durchzuführen, das in § 31 Abs. 2 bis 4 iVm. § 27 Abs. 3 MitbestG
geregelt ist. Danach hat die Bestellung der Geschäftsführer mit einer Mehrheit, die mindestens zwei Drittel der Mitglieder des Aufsichtsrats umfassen
muß, zu erfolgen. Kommt ein solcher Beschluß nicht zustande, so hat ein
Vermittlungsausschuß bestehend aus dem Aufsichtsratsvorsitzenden, seinem
Stellvertreter und je einem mit Mehrheit gewählten Aufsichtsratsmitglied der
Arbeitnehmer- und der Anteilseignerseite einem Vorschlag für die Bestellung
im zweiten Wahlgang zu unterbreiten. Der Aufsichtsrat beschließt in diesem
Fall mit der einfachen Mehrheit der Stimmen. Kommt auch diese Mehrheit
nicht zustande, hat der Aufsichtsratsvorsitzende, nicht aber sein Stellvertreter,
bei der erneuten Abstimmung zwei Stimmen (§ 31 Abs. 4 MitbestG). Die
Abberufung erfordert das gleiche komplizierte Verfahren.[184] Ein Geschäftsführer ist als Arbeitsdirektor zu bestellen (§ 33 MitbestG). Die genaue Aufgabe umschreibt das Gesetz nicht. Es geht jedoch davon aus, daß ihm – bei
Fortbestand einer Letztzuständigkeit der Gesamtgeschäftsführung – der Kernbereich von Ressortzuständigkeiten in Personal- und Sozialfragen zufällt.[185]

---

[183] Nach dem Referentenentwurf eines Gesetzes zur Kontrolle und Transparenz im
Unternehmensbereich (KonTraG) soll die Größe eines mitbestimmten Aufsichtsrats
generell auf 12 Mitglieder festgesetzt werden (§ 7 Abs. 1 MitbestG-RefE).
[184] *Baumbach/Hueck/Zöllner* § 52 Anm. 184.
[185] *Luther/Krieger* Rechte und Pflichten des Aufsichtsrats, 3. Aufl. 1993, Anm. 181.

Das genannte Verfahren gilt auch für die Bestellung eines Vorsitzenden der Geschäftsführung (§ 84 Abs. 2 AktG).

b) Anstellungsverträge mit den Geschäftsführern

98 Das MitbestG macht keine direkte Aussage zur Zuständigkeit für den Abschluß der Anstellungsverträge mit den Geschäftsführern. Die Frage ist deshalb str. Die weitaus überwiegende Meinung gibt jedoch dem **Aufsichtsrat die Alleinzuständigkeit** (Annexkompetenz). Ihr ist zu folgen.[186] Für den Abschluß des Anstellungsvertrages ist nicht das Verfahren des § 31 MitbestG einzuhalten; die Kompetenz kann einem beschließenden Ausschuß übertragen werden.[187] Die formelle Unterzeichnung kann durch ein vom Gesamtaufsichtsrat oder vom Ausschuß bevollmächtigtes Mitglied (etwa dem Vorsitzenden) erfolgen.

c) Vertretung der Gesellschaft

99 Der Aufsichtsrat vertritt die Gesellschaft gegenüber den Geschäftsführern (§ 112 AktG). Dies folgt unmittelbar aus der Kompetenz des Aufsichtsrats zur Bestellung und Abberufung und zum Abschluß des Anstellungsvertrages. Außerhalb des § 112 AktG kommen dem Aufsichtsrat aber keine Vertretungsbefugnisse zu.[188]

d) Ausübung von Beteiligungsrechten

100 Eine Besonderheit gilt, wenn die mitbestimmte GmbH an einem anderen Unternehmen mit 25% oder mehr beteiligt ist, das seinerseits der Mitbestimmung nach dem MitbestG unterliegt. Um die Mitbestimmung bei dem Beteiligungsunternehmen nicht auch auf der Anteilseignerseite unter den Einfluß einer schon einmal mitbestimmungsrechtlich geprägten Gesellschafterentscheidung kommen zu lassen, darf die Geschäftsführung der beteiligten GmbH Stimmrechte in der Beteiligungsgesellschaft bei bestimmten, in § 32 Abs. 1 MitbestG aufgeführten Beschlußgegenständen nur aufgrund eines Beschlusses des Aufsichtsrats ausüben. Dieser Beschluß des Aufsichtsrats bedarf nur der Mehrheit der Anteilseignervertreter.

e) Innere Ordnung und Beschlußfassung

101 § 25 Abs. 1 Nr. 2 MitbestG verweist auf dieselben aktienrechtlichen Bestimmungen wie § 77 Abs. 1 BetrVG 1952. Es kann deshalb auf die Ausführungen unter Rz. 83 verwiesen werden. Drei bedeutsame Abweichungen sind jedoch zu beachten: Der **Aufsichtsratsvorsitzende** und sein Stellvertreter sind nicht mit einfacher Mehrheit, sondern mit **zwei Dritteln** der

---

[186] BGHZ 89, 51 ff.; *Baumbach/Hueck/Zöllner* § 52 Anm. 185; *Hachenburg/Mertens* Anm. 102; *Raiser* Mitbestimmungsgesetz, 2. Aufl. 1984, § 31 Anm. 24 ff.; *Hanau/Ulmer* Mitbestimmungsgesetz, 1981 § 31 Anm. 38 ff.; *Rowedder/Koppensteiner* § 35 Anm. 15; aA *Werner* in FS Fischer 1979, S. 821 ff.; *Rittner* DB 1979, 973 ff.; OLG Hamburg Urt. v. 17. 12. 1982, DB 1983, 330.

[187] *Baumbach/Hueck/Zöllner* § 52 Anm. 185.

[188] *Baumbach/Hueck/Zöllner* § 52 Anm. 186.

Stimmen der Mitglieder insgesamt zu wählen. Kommt eine Mehrheit nicht zustande, so wählen in einem zweiten Wahlgang die Anteilseignervertreter mit **einfacher Mehrheit** der abgegebenen Stimmen den Aufsichtsratsvorsitzenden und die Arbeitnehmervertreter den Stellvertreter (§ 27 Abs. 1 und 2 MitbestG).[189] Die Beschlußfähigkeit des Aufsichtsrats setzt nach § 28 MitbestG voraus, daß mindestens die Hälfte aller Mitglieder an der Beschlußfassung teilnimmt. Die Beschlußfähigkeit kann nicht an die Anwesenheit des Aufsichtsratsvorsitzenden gebunden werden.[190] **Beschlüsse des Aufsichtsrats** bedürfen nach § 29 Abs. 1 MitbestG grds. der **Mehrheit** der abgegebenen Stimmen. Die paritätische Besetzung trägt die Gefahr des Patts bei Stimmengleichheit in sich. Um eine Auflösung zu ermöglichen gibt § 29 Abs. 2 MitbestG dem **Aufsichtsratsvorsitzenden** in einer erneuten Abstimmung über denselben Gegenstand **zwei Stimmen** (sog. **Stichentscheid**). Schriftliche Stimmabgabe bei Abwesenheit ist auch in diesem Verfahren möglich (§ 29 Abs. 2 Satz 2 MitBestG iVm. § 108 Abs. 3 AktG). Dem Stellvertreter steht die Zweitstimme nicht zu.

IV. Rechtsstellung und Vergütung

1. Rechtsstellung

Der Aufsichtsrat steht in einem organschaftlichen Rechtsverhältnis zur Gesellschaft. Auf die Ausführungen zum fakultativen Aufsichtsrat kann vollinhaltlich verwiesen werden (Rz. 55 ff.). Bei den Arbeitnehmervertretern im Aufsichtsrat ist das Arbeitsverhältnis sorgfältig von der Organstellung zu trennen. Die **Beendigung des Aufsichtsratsamtes** hat nicht die Beendigung des Arbeitsverhältnisses zur Folge und umgekehrt zieht die Beendigung des Arbeitsverhältnisses nicht automatisch die Beendigung des Aufsichtsratsmandats nach sich. Hier sind die Verfahren nach § 76 Abs. 5 BetrVG 1952 oder des § 23 MitbestG zu befolgen.[191]

Die Aufsichtsratsmitglieder der Arbeitnehmer dürfen in ihrer Arbeitnehmertätigkeit nicht **diskriminiert,** dh. nicht gestört, behindert, benachteiligt oder in ihrer beruflichen Entwicklung gehemmt werden (§ 78 BetrVG iVm. § 76 Abs. 2 Satz 5 BetrVG 1952 und § 26 MitbestG). Allerdings genießen die Arbeitnehmeraufsichtsräte – im Gegensatz zu den Betriebsräten (§ 15 KSchG) – keinen, über das Diskriminierungsverbot hinausgehenden, Kündigungsschutz.

Für die **Vergütungsregelung** kann ebenfalls auf die Ausführungen zum fakultativen Aufsichtsrat verwiesen werden (Rz. 56 ff.); zu beachten ist allerdings, daß § 113 AktG hier zwingend zur Anwendung kommt. Neben der Vergütung können die Aufsichtsratsmitglieder Aufwendungsersatz analog §§ 670, 675 BGB beanspruchen.

---

[189] Zur Wahl weiterer Stellvertreter und zu möglichen Satzungsregelungen vgl. BGHZ 83, 111.
[190] BGHZ 83, 155; zur Möglichkeit von Satzungsregelungen vgl. OLG Hamburg v. 4. 4. 1984, BB 1984, 1763 und *Feldmann* DB 1986, 29.
[191] Vgl. auch BGH v. 21. 2. 1963, NJW 1963, 905 f.

2. Steuerliche Behandlung der Vergütung

105 Auch hier ist auf die Ausführungen zum fakultativen Aufsichtsrat (Rz. 59 ff.) zu verweisen. Soweit Arbeitnehmervertreter ihre Vergütungen ganz oder teilweise zugunsten der Belegschaft (zB für soziale Zwecke) oder wohl auch an gewerkschaftliche Einrichtungen abzuführen haben, können sie diese Beträge als Betriebsausgaben steuermindernd geltend machen.[192]

---

[192] BFH v. 9. 10. 1980, BStBl. 1981 II S. 29; *Schmidt/Seeger* EStG, 16. Aufl. 1996, § 18 Anm. 151.

§ 7 Finanzierung durch Gesellschafter

Bearbeiter: Dr. Burkhard Hense/Burckhard Jung/Helmut Schwaiger

Übersicht

	Rz.
A. Einleitung	1–7
B. Kapitalerhöhung	
I. Überblick	10–19
1. Begriff der Kapitalerhöhung	10
2. Arten der Kapitalerhöhung	11–15
a) Kapitalerhöhung durch Zuführung neuer Mittel	12, 13
b) Kapitalerhöhung aus Gesellschaftsmitteln	14
c) Kombination der beiden Kapitalerhöhungsarten	15
3. Motive für eine Kapitalerhöhung	16–19
II. Ablauf der Kapitalerhöhung durch Zuführung neuer Mittel	20–45
1. Beschlußfassung der Kapitalerhöhung	20–30
a) Erhöhungsbeschluß	20–26
b) Zulassungsbeschluß	27–30
2. Durchführung der Kapitalerhöhung	31–37
a) Übernahmevertrag	32
b) Aufbringung des erhöhten Stammkapitals	33–36
c) Anmeldung der Kapitalerhöhung und registergerichtliches Verfahren	37
3. Folgen der Kapitalerhöhung	38–45
a) Auswirkungen bei der GmbH	38
b) Auswirkungen beim Gesellschafter	39–45
III. Ablauf der Kapitalerhöhung aus Gesellschaftsmitteln	46–64
1. Beschlußfassung der Kapitalerhöhung	49–58
a) Form	49
b) Voraussetzungen	50–54
c) Inhalt	55–58
2. Anmeldung der Kapitalerhöhung und registergerichtliches Verfahren	59
3. Folgen der Kapitalerhöhung	60–64
a) Auswirkungen bei der GmbH	60–62
b) Auswirkungen beim Gesellschafter	63, 64
C. Nachschüsse	
I. Überblick	80
II. Beschränkte und unbeschränkte Nachschußpflicht	81–97
1. Begründung der Nachschußpflicht	81
2. Zahlung der Nachschüsse	82–86
a) Einforderung	82
b) Bilanzielle Behandlung	83, 84
c) Rechte des Gesellschafters	85
d) Steuerliche Behandlung	86

§ 7 Finanzierung durch Gesellschafter

	Rz.
3. Rechtsfolgen bei Säumnis	87–92
a) Bei beschränkter Nachschußpflicht	87
b) Bei unbeschränkter Nachschußpflicht	88–92
4. Rückzahlung von Nachschüssen	93–97
a) Voraussetzungen und Rechtsfolgen	93–96
b) Steuerliche Behandlung	97

D. Nebenleistungen

I. Überblick	110, 111
II. Inhalt und rechtliche Behandlung der Nebenleistungen	112–124
1. Leistungsinhalt	112, 113
2. Mitgliedschaftliche Bindung	114
3. Abwicklung der Leistungspflichten	115–124
a) Einforderung	115
b) Ausführungsvertrag	116
c) Bilanzielle und steuerliche Behandlung der Nebenleistungen	117–120
d) Leistungsstörungen	121, 122
e) Rückzahlung	123, 124

E. Verdeckte Einlagen

I. Überblick	130
II. Verdeckte Zuführungen von Eigenkapital	131–153
1. Handelsrecht	131–135
a) Offene Einlagen	131
b) Begriff der verdeckten Einlage	132–135
2. Steuerrecht	136–153
a) Begriff der verdeckten Einlage	136, 137
b) Steuerliche Behandlung	138–153
aa) Körperschaftsteuer/Gewerbeertragsteuer	138–148
bb) Erbschaftsteuer/Schenkungsteuer	149–153

F. GmbH und Still

I. Überblick	160, 161
II. Die stille Gesellschaft	162–205
1. Begründung	162–165
2. Gesetzliche und vertragliche Ausgestaltung	166–177
a) Typische stille Gesellschaft	169–174
aa) Regelinhalt	169–171
bb) Abgrenzung zu partiarischen Schuldverhältnissen	172
cc) Eigenkapitalfunktion	173, 174
b) Atypische stille Gesellschaft	175–177
aa) Zivilrechtliche Gestaltung	175
bb) Steuerrechtliche Mitunternehmerschaft	176, 177
3. GmbH-Beteiligung und stille Beteiligung	178, 179
4. Bilanzielle Behandlung	180, 181
5. Steuerrechtliche Behandlung	182–200
a) Steuern vom Einkommen und Ertrag	182–192
aa) Typische stille Gesellschaft	182–186
bb) Atypische stille Gesellschaft	187–192

Übersicht   § 7

	Rz.
b) Steuern vom Vermögen	193–200
aa) Typische stille Gesellschaft	195, 196
bb) Atypische stille Gesellschaft	197–200
6. Übertragung und Auflösung der stillen Gesellschaft..	201–205

G. Genußrechte

I. Überblick	220, 221
II. Behandlung der Finanzierungs-Genußrechte	222–263
1. Entstehung	222, 223
2. Inhalt	224–231
a) Rechtsnatur und Ausgestaltung des Genußrechts	224–228
b) Verhältnis zum Gesellschaftsrecht	229, 230
c) Übertragbarkeit	231
3. Bilanzielle Behandlung	232–243
a) Bei der Gesellschaft	232–241
b) Beim Genußrechtsinhaber	242, 243
4. Steuerliche Behandlung	244–260
a) Steuern vom Einkommen und Ertrag	244–254
aa) Bei der Gesellschaft	244–249
bb) Beim Genußrechtsinhaber	250–254
b) Steuern vom Vermögen	255–260
aa) (Nicht-)Anwendbarkeit des Vermögensteuergesetzes	255
bb) Bei der Gesellschaft	256
cc) Beim Genußrechtsinhaber	257–260
5. Beendigung	261–263

H. Gesellschafterdarlehen

I. Überblick	270
II. Behandlung des Gesellschafterdarlehens	271–282
1. Zivilrecht	271, 272
2. Bilanzielle Behandlung	273, 274
3. Steuerrecht	275–282
a) Steuern vom Einkommen und Ertrag	275–279
aa) Einkommen-/Körperschaftsteuer	275–277
bb) Gewerbeertragsteuer	278, 279
b) Steuern vom Vermögen	280, 281
aa) Vermögensteuer	280
bb) Gewerbekapitalsteuer	281
c) Schenkungsteuer	282

J. Gesellschafter-Fremdfinanzierung durch nichtanrechnungsberechtigte Anteilseigner

I. Überblick	290, 291
II. Grundzüge der gesetzlichen Regelung	292–303
1. Regelungsinhalt	292–294
2. Anteiliges Eigenkapital des Anteilseigners	295
3. Fremdkapital im Sinne des § 8 a Abs. 1 KStG	296
4. „Safe Haven" und Folgen seiner Überschreitung	297–303

A. Einleitung

1 Die Finanzierung einer GmbH durch ihre Gesellschafter endet im allgemeinen nicht mit der Erbringung der bei der Gründung der Gesellschaft zugesagten Einlagen. Während bei der Gründung allerdings die Finanzierung durch die Gesellschafter zumindest in Höhe von DM 50 000 Euro 25 000 (vgl. § 5 Abs. 1 GmbHG und § 2 Rz. 96) in Form von Eigenkapital erfolgen muß, kann sie in der Folgezeit auch nur in der Form von Fremdkapital erfolgen. Ob die Gesellschafter Eigenkapital oder Fremdkapital zur Verfügung stellen und welche der dabei zur Verfügung stehenden Varianten gewählt werden, hängt von den Umständen des Einzelfalles ab.

2 Als Form der Eigenkapitalfinanzierung stehen insb. zur Verfügung
– die Erhöhung des Stammkapitals
– die Leistung von Nachschüssen
– die Vereinbarung von Nebenleistungen
– sonstige Zuzahlungen
– verdeckte Einlagen

3 Mit der **Erhöhung des Stammkapitals** wird der Nominalbetrag des Stammkapitals heraufgesetzt; dies kann aus einer Reihe von Gründen willkommen oder uU sogar erforderlich sein. Für die Erhöhung des Stammkapitals gelten allerdings die gleichen „strengen" Vorschriften wie für die Begründung und Leistung der bei der Gründung übernommenen Stammeinlagen – und zwar sowohl in formeller Hinsicht (Notwendigkeit einer Satzungsänderung) wie auch in materieller Hinsicht (strikte Regeln für die Kapitalaufbringung und -erhaltung gem. §§ 19 ff. GmbHG). Wenn die Einhaltung dieser Vorschriften nicht gesichert ist – es sei nur auf die Probleme bei verdeckten Sacheinlagen hingewiesen oder das Verbot der Aufrechnung durch Gesellschafter mit Gegenforderungen erwähnt –, dann sollten andere Wege gewählt werden.

4 An Alternativen oder Ergänzungen zur „normalen" Erhöhung des Stammkapitals bieten sich die Festlegung von **Nachschüssen** oder von **Nebenleistungen** – wozu auch das Agio bei einer Kapitalerhöhung gehört – an. Wie die Kapitalerhöhung haben beide Institute ihre Grundlagen im Gesellschaftsvertrag; ihre Festlegung bedarf also einer Satzungsänderung. Für Nachschüsse gelten die strikten Kapitalaufbringungsregelungen aber nur noch zum kleineren Teil (§§ 27, 28 GmbHG) und für Nebenleistungen überhaupt nicht.

5 Bei **sonstigen Zuzahlungen** wird der Bereich des Gesellschaftsrechts auch formell verlassen; entsprechend frei sind die Gesellschafter deswegen bei der Begründung und Ausgestaltung der entsprechenden Vereinbarungen. Dies gilt schließlich erst recht für die **verdeckten Einlagen,** bei denen sich schon aus der Bezeichnung ergibt, daß die Einlage „verdeckt", dh. in äußerlich nicht erkennbarer Form erfolgt.

6 Als **Formen der Fremdkapital-Finanzierung** kommen insb. Gesellschafterdarlehen in Betracht; daß der Darlehnsgeber zugleich Gesellschafter ist, ist dafür nicht wesentlich. Ist dies ausnahmsweise anders, hätte also ein anderer der Gesellschaft kein Darlehen (mehr) gewährt oder belassen, so kann das Darlehen allerdings kapitalersetzenden Charakter erhalten und damit die Anwendung von Vorschriften, die der Erhaltung von Eigenkapital dienen,

B. Kapitalerhöhung 7–12 § 7

auslösen. Im Ergebnis das gleiche gilt, wenn Gesellschafter das Darlehen eines Dritten an die Gesellschaft sichern (zB durch Bürgschaft, dingliche Sicherheiten).

Gewissermaßen „zwischen" Eigenkapital und Fremdkapital stehen Finanzierungsformen wie 7
- die stille Beteiligung
  • in typischer Form
  • in atypischer Form
- Genußrechte etc.

Obwohl sie Gläubigerrechte ggü. der GmbH begründen – und deswegen Fremdkapitalcharakter haben –, kommen ihnen insb. im Rahmen einer vereinbarten Verlustbeteiligung auch Charakterzüge von Eigenkapital zu. Neben den Unterschieden in zivilrechtlicher Hinsicht sind diese Sonderformen insb. auch unter steuerlichen Gesichtspunkten interessant.

(frei) 8, 9

B. Kapitalerhöhung

I. Überblick

1. Begriff der Kapitalerhöhung

Betriebswirtschaftlich umfaßt der Begriff der Kapitalerhöhung an sich jede Erweiterung der Kapitalbasis eines Unternehmens durch Einbringen eigener oder Aufnahme fremder Mittel.[1] Der hier zugrunde gelegte rechtliche Begriff der Kapitalerhöhung stellt dagegen nicht zwingend auf eine Vermögens- oder Liquiditätsverbesserung ab, sondern setzt nur eine ziffernmäßige Erhöhung des nominell in der Satzung ausgewiesenen Stammkapitals voraus.[2] Insoweit ist die Kapitalerhöhung ein Unterfall einer Satzungsänderung (vgl. § 4 Rz. 135 ff.). 10

2. Arten der Kapitalerhöhung

Spiegelbildlich zur Kapitalherabsetzung mit oder ohne Rückzahlung des Stammkapitals (vgl. § 8 Rz. 110) unterscheidet man bei der Kapitalerhöhung, ob sie durch **Zuführung neuer Mittel** (effektiv) oder nur **aus Gesellschaftsmitteln** (nominell) erfolgt. 11

a) Kapitalerhöhung durch Zuführung neuer Mittel

Eine Kapitalerhöhung durch Zuführung neuer Mittel (effektive Kapitalerhöhung, ordentliche Kapitalerhöhung, Kapitalerhöhung gegen neue Stammeinlagen, Kapitalerhöhung gegen Einlagen) setzt voraus, daß der GmbH zusätzliche Eigenmittel durch bisherige oder neu beitretende Gesellschafter entweder völlig neu zugeführt werden oder bereits vorhandene Fremdmittel als Stammkapital zumindest strenger gebunden werden. Diese Art der Kapital- 12

---

[1] *Wöhe* Einführung in die allgemeine Betriebswirtschaftslehre, 19. Aufl., Fünfter Abschnitt, VIII.3.a.
[2] Zu den Unterschieden vgl. *Scholz/Priester* § 55 Anm. 4, 5.

erhöhung ist gesetzlich in den §§ 55–57 b GmbHG geregelt und hat ihrem Wesen nach Ähnlichkeit mit der erstmaligen Aufbringung des Stammkapitals im Gründungsstadium. Sie wird folglich auch teilweise als „Zusatzgründung" bezeichnet.[3]

13 Die im Aktienrecht vorgesehenen Sonderformen der Kapitalerhöhung durch Zuführung neuer Mittel
- bedingte Kapitalerhöhung (§§ 192–201 AktG),
- genehmigtes Kapital (§§ 202–206 AktG),

kennt das GmbH-Recht nicht. Infolge der größeren Flexibilität der GmbH-Vorschriften können evtl. angenäherte Ergebnisse durch entsprechende Abstimmungsverpflichtungen der Gesellschafter bei einer GmbH herbeigeführt werden.[4]

b) Kapitalerhöhung aus Gesellschaftsmitteln

14 Im Gegensatz zur Kapitalerhöhung durch Zuführung neuer Mittel erhält die GmbH bei der Kapitalerhöhung aus Gesellschaftsmitteln (nominelle Kapitalerhöhung, Kapitalerhöhung aus Rücklagen) kein zusätzliches Kapital. Die Gesellschafter haben keine Einlagen zu leisten. Das Eigenkapital wird nicht vermehrt, sondern lediglich in seiner Struktur verändert und als Stammkapital einer strengeren Bindung unterworfen (§§ 30, 31 GmbHG). Vorhandene Mittel (Rücklagen) werden in Stammkapital umgewandelt und der bisherigen Beteiligungsquote gem. auf die Gesellschafter verteilt. Durch diese Kapitalerhöhung können somit keine neuen Gesellschafter der GmbH beitreten. Die Kapitalerhöhung aus Gesellschaftsmitteln war ursprünglich außerhalb des GmbH-Gesetzes im KapErhG geregelt und wurde ab 1. 1. 1995 fast inhaltsgleich in die §§ 57 c–57 o GmbHG übernommen. Für die steuerliche Behandlung dient ergänzend das KapErhStG.

c) Kombination der beiden Kapitalerhöhungsarten

15 Eine Kombination der zwei Formen ist jedenfalls dann zulässig, wenn beide Maßnahmen zwar in einer einzigen Gesellschafterversammlung, aber durch inhaltlich getrennte, voneinander unabhängige Beschlußfassungen sukzessive getroffen werden. Eine echte Kombination in einem einzigen Beschluß ist dagegen umstritten.[5] Die Rspr. hat jedoch die Zulässigkeit bejaht, wenn sämtliche Gesellschafter einverständlich mitwirken und die Formvorschriften für beide Erhöhungswege eingehalten werden.[6]

3. Motive für eine Kapitalerhöhung

16 Eine Kapitalerhöhung kann aus völlig unterschiedlichen Gründen erfolgen. Zum einen steht die **Zuführung weiterer Betriebsmittel** im Vordergrund.

---

[3] *Scholz/Priester* § 55 Anm. 8.
[4] *Baumbach/Hueck/Zöllner* § 55 Anm. 1; einschränkend *Lutter/Hommelhoff* § 55 Anm. 2.
[5] Bejahend *Scholz/Priester* Vor § 57 c Anm. 16; ablehnend *Baumbach/Hueck/Zöllner* § 57 c Anm. 8.
[6] OLG Düsseldorf v. 25. 10. 85, NJW 86, 2060.

B. Kapitalerhöhung

Bei einer Bareinlage etwa verfügt das finanziell gestärkte Unternehmen über zusätzliches Kapital für Investitionen oder für den Abbau von Verbindlichkeiten. Zum anderen dient eine Kapitalerhöhung häufig dem **Ausgleich eingetretener Verluste**. Zur Sanierung notleidender Gesellschaften wird dazu üblicherweise ein sog. **Kapitalschnitt**[7] praktiziert. Dh., eine (effektive) Kapitalerhöhung durch Zuführung neuer Mittel wird mit einer vereinfachten (nominellen) Kapitalherabsetzung ohne Rückzahlung des Stammkapitals verbunden (vgl. § 8 Rz. 171 ff.).

Unabhängig davon, ob die Kapitalerhöhung wirtschaftlich notwendig oder wünschenswert ist oder auch bloß aus „optischen Gründen" erfolgt, stärkt das zusätzlich gebundene Stammkapital im Vergleich zu anderen Maßnahmen der Eigenkapitalfinanzierung (zB Nachschüsse und verdeckte Einlagen) jedenfalls die Kreditwürdigkeit und damit die Fähigkeit der GmbH Verbindlichkeiten einzugehen. Häufig wird daher eine Kapitalerhöhung für eine Kreditgewährung zur Bedingung gemacht.

Schließlich kann eine Kapitalerhöhung auch wegen einer **gesetzlichen Anforderung** vorgeschrieben sein. Beispiele dafür sind die Verschmelzung von GmbH durch Aufnahme[8] gem. §§ 46 ff. UmwG (vgl. § 14 Rz. 495 ff.) und die Anpassungspflicht des Mindeststammkapitals von ursprünglich DM 20 000 auf DM 50 000 durch die GmbH-Novelle 1980. Diese Regelung ist insoweit überholt, galt aber bis 1. 7. 1995 durch Bezugnahme des Einigungsvertrags[9] wieder für bestimmte GmbH in den neuen Bundesländern. In diese Kategorie fallen auch Kapitalerhöhungen zum Übergang von DM auf Euro ab 1. 1. 1999. Sofern es nicht bei einer bloßen Umrechnung mit im Ergebnis „krummen" Euro-Beträgen verbleibt, muß das Kapital zusätzlich „geglättet" werden (vgl. § 2 Rz. 96). Dies geschieht wahlweise durch Kapitalerhöhung oder -herabsetzung.

Da eine Kapitalerhöhung aus Gesellschaftsmitteln das Eigenkapital nicht vermehrt, ist sie für die genannten Zielsetzungen nur insoweit geeignet, als ausnahmsweise eine Erhöhung des nominellen Stammkapitals ausreicht (zB zur Verbesserung der Kreditwürdigkeit). Eine Kapitalerhöhung durch Zuführung neuer Mittel erweist sich dagegen für sämtliche Zielsetzungen als taugliches Instrument.

II. Ablauf der Kapitalerhöhung durch Zuführung neuer Mittel

1. Beschlußfassung der Kapitalerhöhung

a) **Erhöhungsbeschluß**

Es liegt in der ausschließlichen Kompetenz der Gesellschafter, den Erhöhungsbeschluß zu fassen. Für dessen Wirksamkeit sind sämtliche Voraussetzungen einer Satzungsänderung – insb. die notarielle Beurkundung – zu erfüllen (vgl. § 4 Rz. 135 ff.). In zeitlicher Hinsicht kann eine Kapitalerhö-

---
[7] *K. Schmidt* GesR § 29 III.1.
[8] *Dehmer* § 46 UmwG Anm. 3.
[9] Anlage I zum EinigungsvertragsG vom 23. 9. 1990, BGBl II, 885, 960 iVm. GmbH-Novelle vom 4. 7. 1980, BGBl. I 1980, 836.

hung bereits im Gründungsstadium vor Handelsregistereintragung (dann allerdings nicht mit satzungsändernder Mehrheit, sondern nur einstimmig)[10] bis hin zur Auflösung der GmbH durch Liquidation oder Konkurs beschlossen werden.[11] Andererseits besteht jedoch idR keine Verpflichtung, eine vor Liquidation oder Konkurs beschlossene Kapitalerhöhung weiterzuführen und zu komplettieren.[12] Den Übernehmern der erhöhten Stammeinlagen steht ein Kündigungsrecht aus wichtigem Grund zu.

21 Bei der GmbH setzt die Kapitalerhöhung durch Zuführung neuer Mittel – abgesehen vom Sonderfall der Aufstockung bestehender Anteile (vgl. Rz. 26) – anders als bei der AG (§ 182 Abs. 4 AktG) keine vorherige Volleinzahlung der ausstehenden Bareinlagen voraus. Damit trifft sowohl Alt- als auch Neugesellschafter das Risiko der Ausfallhaftung nach § 24 GmbHG (vgl. § 2 Rz. 127) für alle nicht voll geleisteten Einlagen.[13]

22 Unerläßlicher Beschlußinhalt ist lediglich die meist als Festbetrag angegebene Höhe der Stammkapitalveränderung. Nicht notwendig ist dagegen die Nennung des neuen Endbetrags, solange auf diesen aus dem Zusammenhang mit der Satzung geschlossen werden kann.[14] Zulässig ist aber auch die Angabe eines Maximalbetrags[15] mit oder ohne Mindestbetrag,[16] wenn die Gefahr besteht, daß sich die gewünschte Kapitalerhöhung mangels Deckung durch übernommene Stammeinlagen als undurchführbar erweist. Der Beschluß hat dann jedoch eine angemessene Frist (bis zu sechs Monaten)[17] für die Übernahme des Erhöhungsbetrags zu bestimmen. Im Gegensatz zum Gründungsbeschluß, mit dem die Gesellschafter das gesamte vereinbarte Stammkapital zu zeichnen haben (vgl. § 2 Rz. 87), geschieht die Übernahme der Stammeinlage bei Kapitalerhöhung durch einen gesonderten Rechtsakt (vgl. Rz. 32).[18]

23 Soll die Kapitalerhöhung nicht durch Bar-, sondern ganz oder teilweise durch **Sacheinlage** erbracht werden, muß der Kapitalerhöhungsbeschluß auch die Angaben gem. § 56 Abs. 1 GmbHG enthalten. Festzusetzen sind also der Gegenstand der Sacheinlage und der Betrag der Stammeinlage, auf die sich die Sacheinlage bezieht. Ein „Sacherhöhungsbericht" entspr. dem Sachgründungsbericht gem. § 5 Abs. 4 Satz 2 GmbHG ist dagegen für eine Kapitalerhöhung mit Sacheinlagen gesetzlich nicht vorgeschrieben.[19]

24 Für Kapitalerhöhungen im Wege des **Schütt-aus-hol-zurück-Verfahrens** wurde bislang die Beachtung der Sacheinlagevorschriften verlangt, da Einlagegegenstand formal nicht Bargeld, sondern ein Gewinnanspruch ist.[20] Nunmehr erfordert sie wegen ihrer inhaltlichen Ähnlichkeit mit der Kapitalerhö-

---

[10] *Hachenburg/Ulmer* § 55 Anm. 26.
[11] *Baumbach/Hueck/Zöllner* § 55 Anm. 2.
[12] OLG Hamm v. 15. 6. 1988, DB 1989, 167.
[13] *Lutter/Hommelhoff* § 55 Anm. 23 mit Hinweis auf Austrittsrecht für überstimmte Altgesellschafter.
[14] *Hachenburg/Ulmer* § 55 Anm. 15.
[15] *Baumbach/Hueck/Zöllner* § 55 Anm. 6.
[16] *Scholz/Priester* § 55 Anm. 20.
[17] *Lutter/Hommelhoff* § 55 Anm. 4; aA *Baumbach/Hueck/Zöllner* § 55 Anm. 6.
[18] *Roth/Altmeppen* § 55 Anm. 2.
[19] HM, zB *Hachenburg/Ulmer* § 56 Anm. 82; aA *Scholz/Priester* § 56 Anm. 82.
[20] BGH v. 18. 2. 1991, DB 1991, 1060.

B. Kapitalerhöhung

hung aus Gesellschaftsmitteln die Ausrichtung an deren Voraussetzungen (vgl. Rz. 49 ff.).[21] Insb. muß daher die Tatsache offengelegt werden, daß ein Gewinnanspruch als Einlage verwendet wird. Dem Registergericht ist ferner anhand einer geprüften Bilanz, deren Stichtag maximal acht Monate zurückliegen darf, eine Werthaltigkeitskontrolle zu ermöglichen.

Wird bei Kapitalerhöhung ein Aufgeld (Agio) verlangt oder sollen im Vergleich zu den bisherigen Geschäftsanteilen für die neuen abweichende Regeln (Nachschußpflichten, Vorzugsrechte, Sondervorteile etc.) gelten, sind diese ausdrücklich als Nebenbestimmungen im Erhöhungsbeschluß aufzunehmen.[22] In der Praxis übliche Bestandteile des Kapitalerhöhungsbeschlusses wie Angaben zur Zahl und Höhe der neuen Stammeinlagen sowie zu ihren Übernehmern, Bezugsrechte bestimmter Personen, Zuteilungsregeln usw. sind dagegen keine Wirksamkeitsvoraussetzungen. Lediglich für den Fall, daß das Bezugsrecht bisheriger Gesellschafter auf den Erhöhungsbetrag ausgeschlossen werden soll, muß dies unmittelbar im Kapitalerhöhungsbeschluß und mit satzungsändernder Mehrheit geschehen (vgl. Rz. 29).

Der gesetzlichen Vorstellung bei Kapitalerhöhung (§ 55 Abs. 3 GmbHG) entspricht grds. die Bildung neuer Geschäftsanteile (Nennbetrag mindestens DM 500/Euro 100 und durch 100 bzw. 50 teilbar, sofern Stammkapital auf Euro lautet). Die vorhandenen Anteile können allerdings auch wertmäßig aufgestockt werden (Nennbetrag der Aufstockung mindestens DM 100/Euro 50).[23] Dies ist bei voll eingezahlten Anteilen unstrittig und hängt bei teileingezahlten davon ab, ob sich diese noch in der Hand des ersten Übernehmers befinden. Existiert dagegen ein Rechtsvorgänger, ist die Aufstockung teileingezahlter Anteile unzulässig, solange dieser wegen § 22 Abs. 3 GmbHG als Vormann für ausstehende Einlagen haftbar ist (vgl. § 2 Rz. 125). Erfolgt die Kapitalerhöhung in bar durch Nennbetragsaufstockung, muß dennoch mindestens ein Viertel des Aufstockungsbetrags stets neu eingezahlt werden. Das gilt auch dann, wenn der vorhandene Anteil zu mehr als einem Viertel oder sogar voll eingezahlt war.[24]

b) Zulassungsbeschluß

Im Zulassungsbeschluß legen die Gesellschafter fest, wem und in welcher Höhe eine neue Einlage angeboten werden soll. Nach § 55 Abs. 2 Satz 1 GmbHG kann dies ggü. bisherigen Gesellschaftern oder anderen der Gesellschaft neu beitretenden Personen geschehen. Das Erfordernis eines derartigen Beschlusses ist strittig und hängt eng damit zusammen, ob ein Bezugsrecht der bisherigen Gesellschafter angenommen wird.

Sofern durch die Satzung nicht abweichend geregelt, besitzen die Altgesellschafter nach verbreiteter Auffassung ein **gesetzliches Bezugsrecht**

---

[21] BGH v. 26. 5. 1997, DB 1997, 1610.
[22] *Baumbach/Hueck/Zöllner* § 55 Anm. 8.
[23] Str., ob damit auch Gewährung „neuer" Anteile iSv. § 20 UmwStG vorliegt; vgl. *Widmann-Mayer* Umwandlungsrecht, § 20 UmwStG Anm. 6913.
[24] BayOLG v. 17. 1. 86, DB 86, 738 und ganz hM, aA *Roth/Altmeppen* § 56a Anm. 3.

analog § 186 AktG auf das zu erhöhende Stammkapital.[25] Gesellschafter haben aus dem personenbezogenen Charakter der GmbH-Mitgliedschaft und ihrem notwendigen Schutzumfang einen Anspruch, aber keine Verpflichtung auf Übernahme eines ihrer Beteiligungsquote entsprechenden Anteils am Stammkapital. Ungeeignet zur Übernahme des Erhöhungsbetrages ist jedoch die GmbH selbst hinsichtlich ihrer eigenen Anteile gem. § 33 GmbHG. Ihr Bezugsrecht steht wiederum den übrigen Gesellschaftern anteilig zu.[26] Wenn somit alle zur Übernahme tauglichen Gesellschafter von ihrem Bezugsrecht Gebrauch machen, ist ein gesonderter Zulassungsbeschluß entbehrlich. Sollen die Anteile dagegen abweichend von den Beteiligungsverhältnissen übernommen werden, dann bedarf es der Festlegung der Übernahmeberechtigten. In der Praxis geschieht dies meist als Nebenbestimmung zum Kapitalerhöhungsbeschluß. Für den formfreien und häufig konkludent gefaßten Zulassungsbeschluß als bloßen innergesellschaftlichen Akt genügt die einfache Mehrheit der Gesellschafter. Die Satzungsänderungsvorschriften sind insoweit unbeachtlich. Sind nicht alle Gesellschafter nach ihrer Beteiligung zugelassen, sondern einzelne bevorzugt, dürfen diese nicht mitstimmen.[27]

29 Ein **Bezugsrechtsausschluß** darf gegen den Willen eines Gesellschafters nur erfolgen, wenn es ausnahmsweise zur Wahrung überwiegender Belange der GmbH erforderlich und verhältnismäßig ist.[28] Wegen des Eingriffs in die Mitgliedschaftsrechte der Gesellschafter muß dies dann aber im Kapitalerhöhungsbeschluß mit satzungsändernder Mehrheit geschehen.[29] Anerkannte Fälle für einen Bezugsrechtsausschluß sind:[30]

– **Sacheinlagen**
Für die GmbH unbedingt notwendige Gegenstände (zB Patente, Know How etc.) können nicht erworben und von den bisherigen Gesellschaftern nicht eingebracht werden.

– **Kooperationspartner**
Zur Fortführung der Geschäfte benötigt die GmbH dringend einen externen Partner.

– **Finanzbedarf**
Notwendige Finanzmittel (Sanierungsfälle) können weder durch Kreditaufnahme noch durch zusätzliche Einlagen der Altgesellschafter beschafft werden.

30 Wird das Bezugsrecht zulässigerweise ausgeschlossen, ist für die neuen Geschäftsanteile zwingend ein angemessenes Ausgabeaufgeld festzulegen. Die nicht berücksichtigten Gesellschafter dürfen über ihren Nachteil aus der verminderten Bezugsrechtsquote keinen zusätzlichen Vermögensschaden erleiden.[31] Werden Gesellschafter ohne rechtfertigenden Grund ausgeschlossen, ist

---

[25] ZB *Lutter/Hommelhoff* § 55 Anm. 8; abweichend *Hachenburg/Ulmer* § 55 Anm. 40 ff. (nur Anwartschaft).
[26] *Baumbach/Hueck/Zöllner* § 55 Anm. 17.
[27] *Baumbach/Hueck/Zöllner* § 47 Anm. 58.
[28] *Scholz/Priester* § 55 Anm. 52 f.
[29] *Scholz/Priester* § 55 Anm. 64.
[30] Vgl. *Hachenburg/Ulmer* § 55 Anm. 48.
[31] *Lutter/Hommelhoff* § 55 Anm. 9.

B. Kapitalerhöhung 31–33 § 7

der Zulassungsbeschluß analog § 243 Abs. 1 AktG anfechtbar und kann im Klageweg für nichtig erklärt werden.

2. Durchführung der Kapitalerhöhung

Der Kapitalerhöhungsbeschluß erhöht allein noch nicht die Stammkapitalziffer. Vielmehr formuliert er nur den Wunsch der GmbH, das Stammkapital heraufzusetzen. Eine Verpflichtung zur Leistung des erhöhten Kapitals wird dadurch jedoch nicht begründet.[32] Zusätzlich notwendig ist noch die Durchführung der Kapitalerhöhung. Dazu gehören: 31
– die Übernahme der Stammeinlagen auf das erhöhte Kapital,
– die Aufbringung des erhöhten Kapitals,
– die Anmeldung der Kapitalerhöhung zum Handelsregister,
– die registergerichtliche Prüfung der Anmeldung,
– die Eintragung der Kapitalerhöhung im Handelsregister,
– die Bekanntmachung der Eintragung.

a) Übernahmevertrag

Die Übernahme der durch Kapitalerhöhung geschaffenen neuen Stammeinlagen erfolgt durch einen auf Erweiterung der Mitgliedschaft gerichteten Vertrag zwischen den Übernehmern einerseits und der GmbH andererseits.[33] Die **Übernahmeerklärung** („Zeichnung der Stammeinlage") hat dabei den erstmaligen Erwerb oder die Aufstockung der Mitgliedschaft in der GmbH zum Ziel. Die Gesellschafter sind frei, neues Kapital zu übernehmen. Eine Verpflichtung folgt nicht schon aus einer Zustimmung zum Kapitalerhöhungsbeschluß.[34] Notwendiger Erklärungsinhalt ist neben der Person des Übernehmers der Betrag der neu übernommenen Stammeinlage und die Art der zu erbringenden Einlage einschl. Nebenleistungen (Agio, Nachschüsse etc.). Formal bedarf die Übernahmeerklärung – wie auch die Vollmacht hierfür – zumindest der notariellen Beglaubigung (§ 55 Abs. 1 GmbHG). Der Formzwang ist damit bewußt schwächer ausgestaltet als für die Gründung (vgl. § 2 Rz. 70). Als Vertrag setzt die Übernahme der erhöhten Stammeinlagen begriffsnotwendig zusätzlich zur Übernahmeerklärung (= Angebot) deren **Annahme durch die GmbH** voraus. Die GmbH wird dabei wegen des körperschaftlichen Charakters des Übernahmevertrags von ihren Gesellschaftern vertreten. Soweit diese selbst das erhöhte Kapital übernehmen, ist § 181 BGB (Selbstkontrahierungsverbot) zu beachten.[35] Für die Annahme ist keine bestimmte Form vorgesehen. Sie erfolgt meist konkludent, indem die Übernahmeerklärung bei Beurkundung des Kapitalerhöhungsbeschlusses abgegeben wird. 32

b) Aufbringung des erhöhten Stammkapitals

§ 56 a GmbHG erklärt für die Leistungen der Einlagen auf das neue Stammkapital die Gründungsvorschriften – mit Ausnahme der Mindesteinzahlungs- 33

---

[32] *Lutter/Hommelhoff* § 55 Anm. 4.
[33] *Hachenburg/Ulmer* § 55 Anm. 59 f.
[34] *Lutter/Hommelhoff* § 55 Anm. 4.
[35] *Scholz/Priester* § 55 Anm. 78.

Schwaiger

§ 7 34, 35 Finanzierung durch Gesellschafter

pflicht von DM 25 000 (§ 7 Abs. 2 GmbHG) – für analog anwendbar. Abgesehen von wenigen formalen Unterschieden (zB kein gesetzlich vorgeschriebener Sacherhöhungsbericht entspr. dem Sachgründungsbericht) gelten somit auch für die Kapitalerhöhung die Ausführungen zur Leistung der Stammeinlagen bei Gründung (vgl. § 2 Rz. 90 ff.). Es wird daher verwiesen auf:
– die möglichen Einlageformen,
– die tauglichen Einlagegegenstände,
– die Bewertung von Sacheinlagen,
– die Mindestbeträge und die Stückelung der Stammeinlagen,
– die ausstehenden Einlagen und ihre Sicherung,
– die Grundsätze der realen Kapitalaufbringung,
– die Haftungsfolgen für ungenügende Einlageleistungen.

34 Wie bei Gründung müssen die Mindestbeträge der Bareinlagen so geleistet sein, daß sie bei Anmeldung der Kapitalerhöhung zur Eintragung der Geschäftsführung endgültig zur freien Verfügung stehen (vgl. § 57 Abs. 2 GmbHG). Da die GmbH als juristische Person bereits existiert, entfällt jedoch das Problem der **Unversehrtheit** geleisteter Einlagebeträge im Eintragungszeitpunkt (vgl. § 2 Rz. 37). Mit dem im Zuge der Durchführung der Kapitalerhöhung empfangenen Betrag, der nicht vom übrigen Gesellschaftsvermögen separiert werden muß, dürfen die Geschäftsführer schon vor der Anmeldung zur Eintragung zulässigerweise wirtschaften.[36] Anstelle einer gegenständlichen **Thesaurierungspflicht** unterliegt die Verfügungsbefugnis der Geschäftsführung über die erhaltenen Bareinlagen lediglich dem **Vorbehalt wertgleicher Deckung**. Im Rahmen eines vertretbaren unternehmerischen Ermessens müssen die erhaltenen Gegenwerte somit lediglich ein Äquivalent für die hingegebenen Mittel darstellen.[37] Dies ist insb. fragwürdig, wenn die erhöhte Stammeinlage auf ein **debitorisches Konto** der GmbH geleistet wird. Solange die Geschäftsführer durch die eingeräumte Kreditlinie in der Disposition über die Mittel nicht beschränkt sind, hat die Zahlung Erfüllungswirkung.[38] Bei überzogener Kreditlinie allerdings muß ein neues Konto bei einer anderen Bank eingerichtet werden.[39]

35 Als Problem können sich auch **Voreinzahlungen** auf eine noch nicht formgültig beschlossene, sondern erst geplante Kapitalerhöhung erweisen. Die Anerkennung derartiger Voreinzahlungen zur Tilgung der Einlageschuld wäre insb. zur Krisenbewältigung bei dringenden Sanierungsfällen mit bereits eingetretener oder unmittelbar drohender Insolvenz hilfreich.[40] Der BGH jedoch erachtet Voreinzahlungen auf künftige Einlageschulden als generell unzulässig, soweit der Einlagebetrag weder gegenständlich noch wertmäßig unverbraucht bei Eintragung der Geschäftsführung zur freien Verfügung steht.[41] Das Risiko, daß voreingezahlte Beträge nicht die Einlageschuld tilgen, sondern als verschleierte Sacheinlage (vgl. § 2 Rz. 110) = auf eine beschlossene Barkapitalerhöhung gewertet werden, verbleibt somit idR beim Gesell-

---

[36] *Roth/Altmeppen* § 56 a Rz. 6 ff.
[37] BGH v. 13. 7. 1992, DB 1992, 2126 (für AG); BGH v. 10. 6. 1996, NJW-RR 1996, 1249 (für GmbH).
[38] BGH v. 24. 9. 1990, BB 1990, 2282.
[39] *Lutter/Hommelhoff* § 56 a Anm. 4.
[40] *Lutter/Hommelhoff/Timm* BB 1980, 737.
[41] BGH v. 7. 11. 1994, DB 1995, 208; BGH v. 10. 6. 1996, DStR 1996, 1416.

B. Kapitalerhöhung

schafter. Höchstrichterlich ist die Frage noch nicht abschließend entschieden, unter welchen Bedingungen Ausnahmen von diesem Grundsatz gelten. Als maßgeblich werden folgende Voraussetzungen erachtet:[42]
- Sanierungsbedürftigkeit der Gesellschaft,
- Sanierungseignung des Einlagebetrages,
- Leistung mit der Zweckbestimmung Sanierung,
- Kapitalerhöhung muß materiell bereits in die Wege geleitet sein (lediglich formale Hindernisse),
- Zweck der Leistung muß eindeutig und nachprüfbar offengelegt sein bei Anmeldung der Kapitalerhöhung,
- Vereinbarung eines Rangrücktritts bzw. einer Stundung der Rückzahlungsforderung bei Scheitern der Kapitalerhöhung.

c) Anmeldung der Kapitalerhöhung und registergerichtliches Verfahren

Der verfahrensmäßige Ablauf richtet sich nach den §§ 57–57 b GmbHG. Ihrer Rechtsnatur als Satzungsänderung und inhaltlich der Kapitalaufbringung bei Gründung entspr. gelten die dort ausführlicher dargestellten Prinzipien (vgl. § 4 Rz. 155 ff. und § 2 Rz. 131 ff.). Anders als bei Gründung haften für die Richtigkeit der Versicherung, daß die Mindesteinlagen bewirkt sind und sich endgültig zur freien Verfügung der Geschäftsführer befinden, jedoch nur diese und nicht auch die Gesellschafter bzw. deren Hintermänner (§ 57 Abs. 4 GmbHG).[43]

3. Folgen der Kapitalerhöhung

a) Auswirkungen bei der GmbH

Die bilanziellen (§ 2 Rz. 103 f.) und steuerlichen Auswirkungen (§ 2 Rz. 101 f.) entsprechen denen der Einlageleistung im Gründungsstadium. Bis zur Eintragung im Handelsregister ist der Erhöhungsbetrag noch nicht als Stammkapital, sondern als Sonderposten im Eigenkapital mit der Bezeichnung „Zur Durchführung der beschlossenen Kapitalerhöhung geleistete Einlagen" auszuweisen.[44] Die durch die Mittelzuführung bei der GmbH eingetretene Vermögensmehrung ist eine gesellschaftsrechtliche Einlage ohne Einfluß auf das ertragsteuerpflichtige Einkommen. Sie erhöht jedoch den Einheitswert auf den nachfolgenden Bewertungsstichtag.

b) Auswirkungen beim Gesellschafter

Insoweit wird ebenfalls verwiesen auf die Einlageleistung bei Gründung (§ 2 Rz. 90 ff.). Zusätzlich zu beachten sind die Konsequenzen für bisherige Gesellschafter, die nicht ihrer ursprünglichen Beteiligungsquote gemäß das erhöhte Stammkapital zeichnen. Dies kann im Einzelfall zu wünschenswerten oder lästigen Folgeänderungen führen. Wichtige **Schwellenwerte** sind beispielsweise:

---

[42] *Groß* GmbHR 1995, 845; *Karolus* DStR 1995, 1065.
[43] *Lutter/Hommelhoff* § 57 Anm. 10.
[44] Beck Bil.-Komm./*Förschle/Kofahl*, § 272 HGB Anm. 20.

§ 7 40–42   Finanzierung durch Gesellschafter

	v.H.-Satz	Stichwort	Rechtsgrundlage
– Rechtlich	10	Minderheitsrechte	§ 50 Abs. 1, 2 GmbHG
	25 +	Sperrminorität	§ 53 Abs. 2 GmbHG
	50 +	Absolute Mehrheit	§ 47 Abs. 1 GmbHG
	75	Satzungsändernde Mehrheit	§ 53 Abs. 2 GmbHG
– Bilanziell	20 +	Beteiligungsunternehmen	§ 271 Abs. 1 HGB
	50	Verbundenes Unternehmen	§ 271 Abs. 2 HGB
	50	Konzern	§ 290 HGB
– Steuerlich	10	Schachtelprivileg GewSt	§ 9 Nr. 2a GewStG
	10/25	Kapitalertragsteuerreduzierung gem. EG-Mutter/Tochter-Richtlinie	§§ 44 d, 50 d EStG § 26 Abs. 2 a KStG
	10/25 +	Wesentliche Beteiligung	§ 17 EStG
	25 +	Gesellschafterfremdfinanzierung	§ 8 a KStG
	50 +	Beherrschender Gesellschafter	
	50 +	Organschaft, finanzielle Eingliederung	§§ 17, 14 Nr. 1 KStG

(Für die angegebenen v. H.-Sätze der Beteiligungsquote ist vereinfachend jeweils unterstellt, daß diese den Stimmrechten entsprechen; vgl. § 47 Abs. 2 GmbHG).

40   Ein vor Kapitalerhöhung bestehendes Schachtelprivileg gem. § 102 BewG setzt sich hinsichtlich der notwendigen Besitzdauer von mindestens zwölf Monaten vor dem Bewertungsstichtag grds. an den Anteilen aus der Kapitalerhöhung fort. Dies gilt jedoch nur in dem Umfang, in dem durch die neuen Anteile nicht die ursprüngliche Beteiligungsquote überschritten wird.[45]

41   Nehmen einzelne Gesellschafter nicht an der Kapitalerhöhung teil und/oder werden abweichend von den bisherigen Beteiligungsverhältnissen Anteile zu einem dem gemeinen Wert nicht entsprechenden Kurs übernommen,

42   führt dies zu einem **Übergang vorhandener stiller Reserven.**

Beispiel:

Gesellschafter	A	B	C	Summe
Nominalanteil	100	50	0	150
Stille Reserven	100	50	0	150
Gemeiner Wert	300	100	0	300
Nominalwert				
Ursprünglich	100	50	0	150
Kapitalerhöhung	0	100	50	150
Gemeiner Wert	100	150	50	300
Stille Reserven				
Ursprünglich	100	50	0	150
Veränderung	–50	+25	+25	0
	50	75	25	150
Gemeiner Wert	150	225	75	450

---

[45] *Rössler/Troll* § 102 BewG Anm. 18.

B. Kapitalerhöhung

Der Übergang stiller Reserven durch eine Kapitalerhöhung bedeutet steuerlich eine 43

– (Gemischte) Schenkung	unter unabhängigen Dritten, wenn beim Zuwendenden ein Bereicherungswille vorliegt.[46] Daran dürfte es unter Fremden aber regelmäßig fehlen.
– Verdeckte Einlage,	wenn eine Tochtergesellschaft begünstigt ist (im Beispiel: A ist Gesellschafter von B und C).
– Verdeckte Gewinnausschüttung,	wenn ein Gesellschafter begünstigt ist (im Beispiel: B oder C ist Gesellschafter von A).[47]

Die bloße Nichtteilnahme eines Gesellschafters an der Kapitalerhöhung stellt dabei idR keine vGa dar. Der wirtschaftliche Nachteil erfolgt nicht zu Lasten der GmbH, sondern des verzichtenden Gesellschafters.[48] Eine entgeltliche Veräußerung des Bezugsrechts (zB A erhält von B und C jeweils 25) für die Nichtteilnahme an der Kapitalerhöhung ist steuerpflichtig, wenn auch die Veräußerung der Anteile selbst steuerpflichtig wäre (zB bei einer wesentlichen Beteiligung, bei Anteilen im Betriebsvermögen oder innerhalb der Spekulationsfrist).[49] 44

Besondere Vorsicht ist schließlich geboten bei Kapitalerhöhungen, wenn sog. **einbringungsgeborene Anteile** vorhanden sind. Dabei handelt es sich um Geschäftsanteile, die dem Gesellschafter als Gegenleistung für die Einbringung eines Betriebs, Teilbetriebs oder Mitunternehmeranteils ohne oder unter nur teilweiser Aufdeckung stiller Reserven gem. §§ 20, 23 UmwStG gewährt werden. Liegen derartige einbringungsgeborene Anteile vor, gehen durch eine Kapitalerhöhung ohne angemessenes Aufgeld unversteuert stille Reserven aus der Einbringung von den Altanteilen auf die neuen Anteile über. Dies wertete die Finanzverwaltung[50] ursprünglich als veräußerungsähnlichen Vorgang mit der Folge einer steuerpflichtigen Gewinnrealisierung iSd. § 21 Abs. 1, 2 UmwStG. Nunmehr erachten der BFH[51] und ihm folgend auch die Finanzverwaltung[52] den Übergang der stillen Reserven im Zeitpunkt der Kapitalerhöhung nicht mehr als steuerpflichtig. Zum Ausgleich dessen sollen jedoch die Anteile, auf die infolge der Einbringung stille Reserven übergegangen sind, ebenfalls wie einbringungsgeborene Anteile dauerhaft gem. § 21 UmwStG steuerverstrickt bleiben. Das bedeutet auch für unwesentliche Beteiligungen, daß zB bei einer späteren Veräußerung der durch Kapitalerhöhung erhaltenen Anteile der volle Gewinn (nicht nur iHd bei Kapitalerhöhung unentgeltlich übergegangenen stillen Reserven) der Besteuerung unterliegt.[53] 45

---

[46] *Lutter/Hommelhoff* § 55 Anm. 9.
[47] *Lutter/Hommelhoff* § 55 Anm. 4.
[48] BFH v. 24. 9. 74, BStBl. II/75, 230.
[49] *Eppler* DStR 88, 64.
[50] BMF v. 16. 8. 78, BStBl. I/78, 235 (244), Anm. 66.
[51] BFH v. 8. 4. 92, BStBl. II/91, 761, 763, 764.
[52] BMF v. 22. 1. 93, BStBl. I/93, 185.
[53] *Dehmer* § 21 UmwStG, Anm. 30 ff.

III. Ablauf der Kapitalerhöhung aus Gesellschaftsmitteln

46 Bei dieser Art der Kapitalerhöhung werden bereits in der Gesellschaft vorhandene Eigenmittel (Rücklagen) ohne vorherige Ausschüttung unmittelbar in zusätzliches Stammkapital umgewandelt und als Frei-(Gratis-)anteile entspr. dem bestehenden Beteiligungsverhältnis auf die bisherigen Gesellschafter aufgeteilt (§ 57j GmbHG). Diese proportionale Zuordnung ist nicht beeinflußbar und gilt ausnahmslos zB auch für den Fall eigener Anteile oder teileingezahlter Anteile, § 57l GmbHG, die jeweils mit ihrem vollen Nennbetrag an der Kapitalerhöhung teilnehmen.

47 Verglichen mit der Kapitalerhöhung durch Zuführung neuer Mittel gestaltet sich der Ablauf der Kapitalerhöhung aus Gesellschaftsmitteln wesentlich einfacher, da eine Reihe von Problemen nicht auftreten. So entfallen etwa:
- die Übernahme der neuen Stammeinlagen,
- die Zulassung zur Übernahme,
- die Aufbringung des erhöhten Kapitals,
- die Unterscheidung hinsichtlich der Einlageform (Bar-, Sach-, Mischeinlage etc.).

48 Andererseits vermehrt sich durch eine Kapitalerhöhung aus Gesellschaftsmitteln nicht das zur Verfügung stehende Eigenkapital. Sie erweist sich also nur dann als taugliches Instrument, wenn es allein darum geht, das nominelle Stammkapital zu erhöhen. Außerdem sind die Voraussetzungen für die Durchführung einer Kapitalerhöhung aus Gesellschaftsmitteln sehr detailliert und einengend geregelt, so daß sie in der Praxis seltener als die Kapitalerhöhung durch Zuführung neuer Mittel praktiziert wird. Auch ein Steuerbelastungsvergleich mit dem Schütt-aus-hol-zurück-Verfahren (vgl. § 10 Rz. 78 ff.) kann gegen eine Kapitalerhöhung aus Gesellschaftsmitteln sprechen.

1. Beschlußfassung der Kapitalerhöhung

a) Form

49 Ebenso wie die Kapitalerhöhung durch Zuführung neuer Mittel stellt die Kapitalerhöhung aus Gesellschaftsmitteln eine Satzungsänderung dar und bedarf als solche der dafür vorgeschriebenen Form (vgl. § 4 Rz. 135).

b) Voraussetzungen

50 Der Beschluß, das Kapital aus Gesellschaftsmitteln zu erhöhen, setzt in bilanzieller Hinsicht voraus:
- **Festgestellter Jahresabschluß**
Für das letzte vor dem Kapitalerhöhungsbeschluß abgelaufene Geschäftsjahr muß der Jahresabschluß von der Gesellschafterversammlung festgestellt und es muß idR über die Ergebnisverwendung unter Beachtung von § 29 GmbHG Beschluß gefaßt worden sein, § 57c Abs. 2 GmbHG. Dies erfolgt aus Gläubigerschutzgründen und soll sicherstellen, daß die für die Kapitalerhöhung notwendigen Mittel wirklich vorhanden sind. Ausnahmsweise ist die Kapitalerhöhung abweichend von § 57c Abs. 2 GmbHG **vor** der Ergebnisverwendung zu beschließen, wenn eine Gewinnbeteiligung der neuen An-

B. Kapitalerhöhung

teile bereits für das Vorjahr festgelegt wird. In diesem Fall ist jedoch Bedingung, daß die Kapitalerhöhung innerhalb von drei Monaten seit Beschlußfassung in das Handelsregister eingetragen wird (§ 57 n Abs. 2 GmbHG).

- **Zugrundeliegende Bilanz**
Dem Kapitalerhöhungsbeschluß ist eine Bilanz (sog. Basis- oder Erhöhungsbilanz) zugrundezulegen (§ 57 c Abs. 3 GmbHG). Dies kann die ohnehin notwendige Jahresbilanz (§ 57 e Abs. 1 GmbHG) oder eine auf einen vom Wirtschaftsjahr abweichenden Stichtag aufgestellte Zwischenbilanz (§ 57 f Abs. 1 GmbHG) sein. Diese hat denselben Anforderungen an Gliederung und Bewertung wie eine Jahresbilanz zu entsprechen (§ 57 f Abs. 1 Satz 1 GmbHG). Eine eigene Gewinn- und Verlustrechnung bis zum Stichtag der Zwischenbilanz ist jedoch entbehrlich.[54]

- **Acht-Monats-Frist**
Die zugrundeliegende Bilanz muß auf einen höchstens acht Monate vor der Anmeldung der Kapitalerhöhung zur Eintragung im Handelsregister zurückliegenden Stichtag aufgestellt sein (§ 57 f Abs. 1 Satz 2 GmbHG). Wegen des mit einer Zwischenbilanz verbundenen Arbeits- und Kostenaufwands wird eine solche regelmäßig überhaupt nur dann anstelle der Jahresbilanz Verwendung finden, wenn die Acht-Monats-Frist nicht gewahrt werden kann.

- **Umwandlungsfähige Posten**
In Stammkapital umwandelbar sind nach § 57 d GmbHG grds. alle offenen, nicht zweckgebundenen Rücklagen (zB nicht Rücklagen für eigene Anteile oder für Ersatzbeschaffungen) nach Saldierung mit Verlusten und Verlustvorträgen. Keine Rolle spielt, ob es sich um Kapital- oder Gewinnrücklagen handelt. Die Rücklagen müssen als solche in der letzten Jahresbilanz, und sofern eine Zwischenbilanz der Kapitalerhöhung zugrundegelegt wird, zusätzlich auch in dieser ausgewiesen sein. Ausreichend ist jedoch für Jahresergebnisteile, die zum Ende des Wirtschaftsjahres noch nicht Bestandteil der Rücklagen sein konnten, bereits der Ausweis als Zuführung zu den Kapital- oder Gewinnrücklagen im letzten Ergebnisverwendungsbeschluß. Andere Eigenkapitalpositionen wie Bilanzgewinn, Jahresüberschuß, Nachschußkapital etc. sind unter dieser Bezeichnung nicht umwandlungsfähig in Stammkapital, sondern müssen zuerst den offenen Rücklagen zugeführt werden. Auch stille Reserven (nichtbilanziertes Eigenkapital) können nicht unmittelbar in Stammkapital umgewandelt werden, sondern müssen vorweg aufgedeckt und versteuert werden.

- **Geprüfte Bilanz mit uneingeschränktem Bestätigungsvermerk**
Die der Kapitalerhöhung zugrundeliegende Bilanz muß durch einen ordnungsgemäß gewählten Prüfer (Wirtschaftsprüfer oder bei einer kleinen oder mittelgroßen GmbH auch vereidigte Buchprüfer) geprüft und mit einem uneingeschränkten Bestätigungsvermerk versehen sein (§§ 57 e Abs. 1, 57 f Abs. 2 GmbHG). Dabei führen sämtliche Einschränkungen zur Undurchführbarkeit der Kapitalerhöhung und nicht nur solche, die sich unmittelbar auf die in Stammkapital umzuwandelnden Rücklagen beziehen. Die Verantwortung des Bilanzprüfers tritt dann an die Stelle der auf die Kapitalerhöhung

---

[54] *Lutter/Hommelhoff* §§ 57 e–57 g Anm. 4.

durch Zuführung neuer Mittel zugeschnittenen Regelungen der realen Kapitalaufbringung (§§ 5, 7 Abs. 2, 9 ff., 19 ff., 56 GmbHG).[55]

c) Inhalt

55 Der Kapitalerhöhungsbeschluß muß auf einen festen Betrag lauten. Ferner sind die Angaben notwendig, daß die Kapitalerhöhung durch Umwandlung von Rücklagen erfolgt und welche Bilanz der Erhöhung zugrundeliegt. Sofern in dieser nicht nur eine einzige Rücklage ausgewiesen ist und andererseits nicht der Gesamtbetrag der Rücklagen umgewandelt wird, muß hinreichend präzisiert werden, welche Rücklage in welchem Umfang für die Kapitalerhöhung herangezogen wird.

56 Festzulegen ist schließlich die Art der Durchführung, in der die Kapitalerhöhung Auswirkungen auf die Struktur der Geschäftsanteile haben soll (§ 57 h Abs. 2 Satz 1 GmbHG). Alternativ stehen hierfür zur Verfügung die Bildung neuer Geschäftsanteile (Neuausgabe), die Erhöhung des Nennbetrags vorhandener Geschäftsanteile oder eine beliebige Kombination zwischen Neuausgabe und Nennbetragserhöhung (evtl. auch in unterschiedlichen Verhältnissen für die einzelnen Gesellschafter).[56]

57 Gleichgültig ob neue Geschäftsanteile geschaffen oder vorhandene erhöht werden, genügt abweichend von den allgemeinen Stückelungsbeträgen (vgl. § 2 Rz. 97) nach § 57 h Abs. 1 Satz 2 GmbHG ein Mindestwert von DM 50/Euro 50 (statt DM 500 bzw. Euro 100) und eine Teilbarkeit durch 10 (statt 100). § 57 l Abs. 2 Satz 4 GmbHG schreibt als Sonderfall für die Nennbetragserhöhung sogar nur eine Teilbarkeit durch 5 vor. Diese geringeren Beträge sollen es erleichtern, daß alle Gesellschafter proportional und unter Vermeidung von Spitzenbeträgen voll an der Kapitalerhöhung teilnehmen können.

58 Ggf. ist im Kapitalerhöhungsbeschluß eine Gewinnbeteiligung für das Vorjahr gem. § 57 n Abs. 2 GmbHG oder eine vom Gewinnanteil des ganzen laufenden Geschäftsjahrs abweichende Regelung gem. § 57 n Abs. 1 GmbHG festzulegen. Sollen etwa die neuen Geschäftsanteile nach ihrer Entstehung veräußert werden, kann so der Gewinn des laufenden Geschäftsjahrs ganz oder teilweise den bisherigen Gesellschaftern zugeordnet werden.[57]

2. Anmeldung der Kapitalerhöhung und registergerichtliches Verfahren

59 Ergänzend zu den üblichen Unterlagen einer Satzungsänderung (vgl. § 4 Rz. 157) sind der Anmeldung einer Kapitalerhöhung aus Gesellschaftsmitteln zur Eintragung in das Handelsregister gem. § 57 i Abs. 1 GmbHG beizufügen:
– die Erhöhungs- oder Basisbilanz mit
– uneingeschränktem Bestätigungsvermerk des Prüfers,
– eine evtl. daneben erforderliche Zwischenbilanz (ebenfalls mit Bestätigungsvermerk),

---

[55] *Lutter/Hommelhoff* § 57 c Anm. 4.
[56] *Baumbach/Hueck/Zöllner* § 57 h Anm. 6.
[57] *Lutter/Hommelhoff* § 57 n Anm. 3.

B. Kapitalerhöhung   60–63 § 7

– die Erklärung der Geschäftsführer, daß zwischen Bilanzstichtag und dem Tag der Anmeldung keine die Kapitalerhöhung hindernde Vermögensminderung eingetreten ist.

3. Folgen der Kapitalerhöhung

a) Auswirkungen bei der GmbH

Bilanziell verursacht eine Kapitalerhöhung aus Gesellschaftsmitteln lediglich eine Umbuchung innerhalb des Eigenkapitals. Die Kapital- oder Gewinnrücklagen verringern sich im gleichen Umfang, in dem sich das Stammkapital vermehrt. 60

Steuerlich wirkt sich die Kapitalerhöhung weder auf das Einkommen noch auf das Vermögen aus. Die Umschichtung von Rücklagen hin zum Stammkapital beeinflußt jedoch möglicherweise das verwendbare Eigenkapital (VEK). Da nur der das Nenn-/Stammkapital übersteigende Eigenkapitalanteil zum zu gliedernden VEK zählt (§ 29 Abs. 2 Satz 2 KStG), müßte sich dieses konsequenterweise um den Erhöhungsbetrag vermindern. Dies trifft auch zu, soweit vorrangig EK 03 (Altrücklagen vor 1977) und EK 04 (Einlagen der Anteilseigner) in dieser Reihenfolge als umgewandelt gelten, § 41 Abs. 3 KStG. Hinsichtlich der übrigen Eigenkapitalkategorien (EK 50/45 bis EK 02) stellt das körperschaftsteuerliche Anrechnungsverfahren jedoch sicher, daß ein von der Gesellschaft geschaffenes Steuerguthaben ebenso wie künftige Steuerbelastungen beim EK 02 erhalten bleiben. Insoweit tritt daher keine Verminderung ein. Nach § 47 Abs. 1 Satz 2 KStG ist lediglich dieser für Ausschüttungen weiterhin verwendbare Teil des Nennkapitals ohne Untergliederung als „Merkposten" gesondert festzustellen. Die interne Zusammensetzung dieses Teilbetrags wird nicht fixiert und ist erst bei der Liquidation oder einer Kapitalherabsetzung von Bedeutung.[58] 61

Wurden Altrücklagen (EK 03) in Nennkapital umgewandelt und setzt die GmbH innerhalb von fünf Jahren nach Erhöhung das Kapital wieder herab, so gilt die Rückzahlung des EK 03 als Gewinnanteil und löst eine von der GmbH zu entrichtende nicht abziehbare und beim Gesellschafter nicht anrechnungsfähige Pauschalsteuer iHv. 30% aus, § 5 KapErhStG. (vgl. § 8 Rz. 179). Nach Ablauf von fünf Jahren bleibt die Kapitalherabsetzung steuerfrei.[59] 62

b) Auswirkungen beim Gesellschafter

Es entstehen für die Gewährung der neuen Anteilsrechte keine Anschaffungskosten. Dies gilt unabhängig davon, ob die neuen Anteilsrechte gem. § 57 h GmbHG durch Ausgabe zusätzlicher Anteile oder durch Nennbetragserhöhung geschaffen werden. Soweit durch Kapitalerhöhung aus Gesellschaftsmitteln entstandene zusätzliche Anteile zum Betriebsvermögen eines bilanzierenden Kaufmanns gehören, verteilt sich der bisherige Bilanzansatz im Verhältnis ihrer Nennbeträge auf die alten und die neuen Geschäftsanteile (§ 57 o GmbHG und 63

---

[58] Dötsch/Eversberg/Jost/Witt § 41 KStG Anm. 14 ff.
[59] Dötsch/Eversberg/Jost/Witt § 41 KStG Anm. 31 ff.

§ 3 KapErhStG). Geschieht die Kapitalerhöhung dagegen durch Aufstockung der Nennbeträge, entfällt diese Aufteilung der Anschaffungskosten.[60]

64 Eine gem. den handelsrechtlichen Vorschriften durchgeführte Kapitalerhöhung aus Gesellschaftsmitteln wirkt sich als Vorgang auf der Vermögensebene bei den Anteilseignern nicht auf das zu versteuernde Einkommen aus. Der Wert der neuen Anteilsrechte gehört nicht zu den steuerpflichtigen Einkünften (§ 1 KapErhStG). Es fallen damit keine Ertragsteuern an. Wirtschaftlich werden die Anteilseigner so behandelt, als hätten sie zusammen mit den Altanteilen gleichzeitig auch die erhöhten Anteile erworben. Als Konsequenz hieraus folgt, daß steuerlich relevante Besitzdauern wie zB bei § 6 b EStG (sechsjährige Vorbesitzdauer) und § 23 EStG (ein Jahr) ab Erwerb der Altanteile gerechnet werden.[61]

65–79 *(frei)*

C. Nachschüsse

I. Überblick

80 Nachschüsse sind **Geldeinlagen,** die Gesellschafter auf gesellschaftsrechtlicher Grundlage neben den Stammeinlagen in das Vermögen der Gesellschaft leisten.[62] Sie können bei temporärem Kapitalbedarf als **variables Zusatzkapital**[63] das Vermögen der Gesellschaft auf Zeit verstärken, ohne daß formell eine Kapitalerhöhung bzw. Kapitalherabsetzung erforderlich wäre; vielfach dienen sie dazu, die Eigenkapitalausstattung nach Verlustjahren wiederherzustellen. Das Nachschußkapital genießt gegenüber dem Stammkapital einen geringeren Bestandsschutz; die Vorschriften zur Kapitalaufbringung und Kapitalerhaltung gelten nicht oder nur abgeschwächt.[64] Die Nachschußpflicht stellt für die Gläubiger der Gesellschaft bereits vor Einforderung von Nachschüssen eine zusätzliche Sicherheit dar. Als Eigenkapital auf Abruf erweitert sie das Haftungspotential und erleichtert deshalb die Möglichkeiten der Beschaffung von Fremdkapital. Sie kann so gestaltet werden, daß sie erst bei drohender Überschuldung oder Zahlungsunfähigkeit zum Tragen kommt.[65] Die praktische Bedeutung der Nachschüsse ist gleichwohl zurückgegangen; eigenkapitalersetzende Gesellschafterdarlehen haben sich als handlicheres Instrument für eine Krisenbewältigung erwiesen.

II. Beschränkte und unbeschränkte Nachschußpflicht

1. Begründung der Nachschußpflicht

81 Eine Nachschußpflicht muß im **Gesellschaftsvertrag** begründet sein (§ 26 Abs. 1 GmbHG), jedoch nicht von Anfang an; sie kann auch nachträglich in Form der Satzungsänderung und mit Zustimmung aller betroffenen

---

[60] *Lutter/Hommelhoff* § 57 o Anm. 1.
[61] *Schmidt/Glanegger* § 6 b Anm. 49.
[62] *Hachenburg/Müller* § 26 Anm. 13.
[63] *Lutter/Hommelhoff* § 26 Anm. 2.
[64] *Baumbach/Hueck/Hueck* § 26 Anm. 2; *Scholz/Emmerich* § 26 Anm. 5.
[65] *Bieg* StB 1997, 64 (67).

C. Nachschüsse

Gesellschafter[66] (§ 53 Abs. 3 GmbHG) eingeführt oder geändert werden. Sie kann auf einen bestimmten Betrag **beschränkt** sein (§§ 26 Abs. 3, 28 GmbHG) oder in **unbeschränkter** Höhe bestehen (§ 27 GmbHG); die Beschränkung auf einen bestimmten Betrag muß im Gesellschaftsvertrag festgelegt sein (§ 26 Abs. 3 GmbHG). Die Nachschußpflicht braucht nicht alle Gesellschafter zu belasten und kann für die einzelnen Gesellschafter auch in unterschiedlicher Höhe bestehen.[67] Sie ist Teil der Mitgliedschaft; mit der Abtretung oder der Vererbung des Geschäftsanteils geht sie auf den Erwerber über.[68] Im Gegensatz dazu begründen **freiwillige Kapitalzuschüsse,** die einzelne oder alle Gesellschafter, sei es auch aufgrund eines Gesellschafterbeschlusses, jedoch ohne satzungsmäßige Verpflichtung, übernehmen, lediglich schuldrechtliche Verpflichtungen; sie gehen nicht ohne weiteres auf den Erwerber des Geschäftsanteils über.[69]

2. Zahlung der Nachschüsse

a) Einforderung

Die Anforderung von Nachschüssen obliegt der **Geschäftsführung;** zwingende Voraussetzung dafür ist jeweils ein mit einfacher Mehrheit[70] zu fassender **Gesellschafterbeschluß.** Erst mit dem Gesellschafterbeschluß entsteht die Forderung der Gesellschaft.[71] Die Gesellschafter sind den Gesellschaftsgläubigern gegenüber nicht verpflichtet, einen Einforderungsbeschluß zu fassen.[72] Einzelne Gesellschafter können grds. nicht einwenden, daß die Einforderung des Nachschusses nicht erforderlich sei;[73] der Gesellschaftsvertrag kann jedoch die Zulässigkeit der Einforderung auf bestimmte Zwecke beschränken, zB für den Ausgleich einer Unterbilanz oder für Investitionen.[74] Auch die qualifizierte Mehrheit für den Einforderungsbeschluß kann im Gesellschaftsvertrag vorgesehen sein. Grds. setzt der Beschluß voraus, daß die Stammeinlagen in vollem Umfang eingefordert sind; sie brauchen allerdings noch nicht eingezahlt zu sein.[75] Bei beschränkter Nachschußpflicht kann der Gesellschaftsvertrag vorsehen, daß Nachschüsse schon vor vollständiger Einforderung der Stammeinlagen eingefordert werden können, wenn bei nicht fristgerechter Zahlung der Nachschüsse das Kaduzierungsverfahren (§§ 21–23 GmbHG) zulässig ist (§ 28 Abs. 2 GmbHG).[76] Die Gesellschafter schulden

---

[66] *Scholz/Emmerich* § 26 Anm. 9; OLG Frankfurt aM v. 10. 1. 92, GmbHR 92, 665 f.
[67] *Hachenburg/Müller* § 26 Anm. 54; *Scholz/Emmerich* § 26 Anm. 24 f.
[68] *Scholz/Emmerich* § 26 Anm. 13.
[69] *Meyer-Landrut/Miller* §§ 26–28 Anm. 29.
[70] *Hachenburg/Müller* § 26 Anm. 41.
[71] *Scholz/Emmerich* § 26 Anm. 14; BGH v. 6. 6. 1994, DStR 1994, 1129.
[72] *Lutter/Hommelhoff* § 26 Anm. 6.
[73] *Scholz/Emmerich* § 26 Anm. 18; zum Mehrheitsmißbrauch und zur ausnahmsweisen Anfechtbarkeit vgl. *Rowedder/Rowedder* § 26 Anm. 15; *Scholz/Emmerich* § 26 Anm. 24.
[74] *Hachenburg/Müller* § 26 Anm. 34.
[75] *Baumbach/Hueck/Hueck* § 26 Anm. 7.
[76] *Scholz/Emmerich* § 28 Anm. 7 f.; vgl. Rz. 87.

die Zahlung des eingeforderten Nachschusses nach dem Verhältnis ihrer Geschäftsanteile (§ 26 Abs. 2 GmbHG), sofern nicht der Gesellschaftsvertrag unterschiedliche Nachschüsse zuläßt. Die Gesellschaft darf die Nachschußforderung stunden, verrechnen oder erlassen,[77] soweit die Maßnahme nicht zu Lasten des Stammkapitals (§ 30 Abs. 1 GmbHG) geht. Die Gesellschaft muß die Gesellschafter im übrigen bei der Einforderung gleichbehandeln.[78] Soweit die Gesellschaft **eigene Anteile** hält, entfällt der diesen Anteilen entsprechende Nachschußbetrag.[79]

b) Bilanzielle Behandlung

83   Die **Gesellschaft** aktiviert aufgrund des Gesellschafterbeschlusses die eingeforderten Nachschüsse unter den Forderungen gesondert als **„Eingeforderte Nachschüsse"** und passiviert einen gleichhohen Betrag in einem gesonderten Ausweis unter den **Kapitalrücklagen** (§ 42 Abs. 2 GmbHG);[80] der Sonderposten kann als „Nachschußkapital" bezeichnet werden.[81] Der Bilanzansatz der eingeforderten Nachschüsse und des Nachschußkapitals ist unzulässig, wenn sich die Gesellschafter aufgrund eines Abandonrechts von der Zahlung befreien können[82] oder soweit nicht mit der Zahlung zu rechnen ist. Haben die Gesellschafter jedoch gezahlt, so ist die erhaltene Zahlung in die Kapitalrücklage einzustellen.[83] Entnahmen von in die Kapitalrücklage eingestellten Nachschüssen sind nur zur Verlusttilgung (§ 30 Abs. 2 Satz 1 GmbHG), zur Erhöhung des Stammkapitals aus Gesellschaftsmitteln (§§ 57 c ff. GmbHG) und zur Rückzahlung (§ 30 Abs. 2 Satz 1 GmbHG) zulässig.

84   Der **Gesellschafter** darf den geleisteten Nachschuß in seiner Handelsbilanz nur dann aktivieren, wenn die Zahlung zu einer dauernden Wertsteigerung der Beteiligung führt.[84] Die Nachschußzahlung wird in der Steuerbilanz des Gesellschafters als nachträgliche Erhöhung der Beteiligung aktiviert; ggf. ist eine außerplanmäßige Abschreibung (Teilwertabschreibung) vorzunehmen.[85]

c) Rechte des Gesellschafters

85   Der Gesellschafter erwirbt durch die Zahlung des Nachschusses **keine** weiteren **Gesellschafterrechte;** er ist in Höhe seiner Zahlung am Nachschußkapital beteiligt[86] und kann bei Rückzahlung einen entsprechenden Betrag verlangen.

---

[77] § 19 Abs. 2 u. 5 gilt nicht; hM, vgl. *Baumbach/Hueck/Hueck* § 26 Anm. 2; *Scholz/Emmerich* § 26 Anm. 26.
[78] *Hachenburg/Müller* § 26 Anm. 52 f.
[79] *Baumbach/Hueck/Hueck* § 26 Anm. 9; *Hachenburg/Müller* § 26 Anm. 49.
[80] Es genügt auch ein Davon-Vermerk bei der Kapitalrücklage nach § 272 Abs. 2 Nr. 4 HGB; vgl. *ADS* § 272 HGB Anm. 67.
[81] Beck Bil-Komm. *Förschle/Kofahl* § 272 Anm. 78.
[82] *Scholz/Emmerich* § 26 Anm. 3.
[83] Für Umgliederung der eingegangenen Nachschüsse von dem Sonderposten in die Kapitalrücklage nach § 272 Abs. 2 Nr. 4 HGB *Küting/Weber* § 272 HGB Anm. 111.
[84] WPH 1996 I E Anm. 368.
[85] WPH 1996 I E Anm. 381 m. w. N.; *HHR* § 5 EStG Anm. 2200 „Kapitalgesellschaft".
[86] *Hachenburg/Müller* § 26 Anm. 65.

d) Steuerliche Behandlung

Die erhaltenen Zahlungen sind **körperschaftsteuerlich** Einlagen, die die 86 Gewinnermittlung nicht berühren; sie sind als Teilbeträge des verwendbaren Eigenkapitals dem EK 04 hinzuzurechnen.[87] **Vermögensteuerlich** (bis 31. 12. 1996) erhöhten die erhaltenen Nachschüsse das Betriebsvermögen der Gesellschaft (vgl. Abschn. 27 Abs. 1 VStR). Solange die Gesellschafter keinen Beschluß über die Rückzahlung gefaßt hatten, bestand keine Verbindlichkeit der Gesellschaft. Die Geschäftsanteile der Gesellschafter waren mit dem gemeinen Wert zu bewerten (§ 11 Abs. 2 Satz 1 BewG), der hilfsweise nach dem **Stuttgarter Verfahren** zu ermitteln war (Abschn. 3 bis 16 und 73 VStR). Dabei erhöhte das Nachschußkapital den Vermögenswert. Haben die Gesellschafter Nachschüsse nicht im Verhältnis ihrer Stammeinlagen geleistet, kam eine Wertermittlung für Anteile mit ungleichen Rechten (vgl. Abschn. 14 Abs. 2 VStR) in Betracht.

3. Rechtsfolgen bei Säumnis

a) Bei beschränkter Nachschußpflicht

Zahlt ein Gesellschafter bei beschränkter Nachschußpflicht den auf ihn entfallenden Nachschußbetrag nicht fristgerecht, so gelten, wenn im Gesellschaftsvertrag nicht ein anderes festgesetzt ist, dieselben Rechtsfolgen wie bei nicht fristgerechter Leistung der Stammeinlage. Zum sog. **Kaduzierungsverfahren** der §§ 21–23 GmbHG vgl. § 2 Rz. 124 ff., § 13 Rz. 101. Wenn die Gesellschaft nicht ihre Forderung an den Gesellschafter mittels Klage und Zwangsvollstreckung verfolgen will, kann sie ihn ausschließen; der säumige Gesellschafter verliert damit seinen Geschäftsanteil. Er muß aufgrund seiner Ausfallhaftung (§ 21 Abs. 3 GmbHG) für den rückständigen Nachschußbetrag – und für eine etwaige restliche Stammeinlage[88] – aufkommen, soweit die Gesellschaft die Beträge nicht von den früheren Gesellschaftern (§ 22 GmbHG) oder von dem Ersteher (§ 23 GmbHG) erlangt. Die Ausfallhaftung des ausgeschlossenen Gesellschafters gilt – im Rahmen des Nachschußhöchstbetrages – auch für zukünftige Nachschüsse,[89] wenn die bisher eingeforderten Nachschüsse noch nicht den festgesetzten Höchstbetrag erreicht hatten. Eine Solidarhaftung der Mitgesellschafter (§ 24 GmbHG) besteht indessen nicht, soweit der Gesellschafter nur mit einer Nachschußzahlung rückständig ist; soweit auch noch die Stammeinlage rückständig ist oder später eingefordert wird, müssen die Mitgesellschafter für den Fehlbetrag aufkommen.[90] Der Gesellschaftsvertrag kann das Kaduzierungsverfahren abändern oder ausschließen.[91] 87

---

[87] *Glade* GmbHR 1983, 173 (177).
[88] *Hachenburg/Müller* § 28 Anm. 10; einschr. *Lutter/Hommelhoff* § 28 Anm. 3: wenn die Gesellschaft auch deswegen kaduziert hat.
[89] *Rowedder/Rowedder* § 28 Anm. 2; *Lutter/Hommelhoff* § 28 Anm. 2; einschränkend *Baumbach/Hueck/Hueck* § 28 Anm. 4 und *Scholz/Emmerich* § 28 Anm. 3; nur für beschlossene, noch nicht fällige Nachschüsse; so wohl auch *Hachenburg/Müller* § 28 Anm. 6.
[90] *Roth* § 28 Anm. 2, 3.1; abweichend *Baumbach/Hueck/Hueck* § 28 Anm. 5: nur wenn wegen rückständiger Stammeinlage kaduziert.
[91] *Rowedder/Rowedder* § 28 Anm. 3 f.

b) Bei unbeschränkter Nachschußpflicht

88 Ist ein Gesellschafter bei unbeschränkter Nachschußpflicht mit der Zahlung des Nachschußbetrages säumig, hat er aber seine Stammeinlage vollständig geleistet, so kann er sich von der Nachschußpflicht dadurch befreien, daß er der Gesellschaft seinen Geschäftsanteil binnen Monatsfrist nach Zahlungsaufforderung zur Verfügung stellt (**Abandon;** § 27 Abs. 1 Satz 1 GmbHG); hält der Gesellschafter mehrere Geschäftsanteile, so kann er die Preisgabe auf einen Anteil beschränken.[92] Die gesetzliche Regelung kann nicht ausgeschlossen oder erschwert werden.[93] Der Gesellschafter steht dann für die Zahlung des Nachschusses nur noch mit seinem preisgegebenen Geschäftsanteil ein;[94] die Gesellschaft darf den eingeforderten Nachschuß – auch schon in der Abandonfrist – nicht durchsetzen oder durch Aufrechnung tilgen.[95] Andererseits kann der Gesellschafter nicht mehr wirksam über seinen Geschäftsanteil verfügen;[96] das Verfügungsrecht steht der Gesellschaft zu. Erklärt der Gesellschafter nicht fristgerecht die Preisgabe, kann die Gesellschaft, wenn sie nicht ihren Zahlungsanspruch durchsetzen will oder wenn sie nicht abwarten will,[97] dem Gesellschafter[98] erklären, daß sie den Geschäftsanteil als zur Verfügung gestellt betrachte (fingierter Abandon; § 27 Abs. 1 Satz 2 GmbHG). Hat der Gesellschafter abandonniert oder hat die Gesellschaft die Preisgabe herbeigeführt, so muß sie den Geschäftsanteil grundsätzlich innerhalb eines weiteren Monats in öffentlicher Versteigerung verkaufen lassen; sie wird im eigenen Namen kraft ihres Verfügungsrechts tätig.[99] Erst mit der Veräußerung endet die Mitgliedschaft des Gesellschafters; bis dahin stehen ihm alle mitgliedschaftlichen Rechte und Pflichten – ausgenommen die Verpflichtung zur Zahlung des Nachschusses – zu.[100] Der Rechtsanspruch bezieht sich auch auf alle bis zur Veräußerung fällig gewordenen Gewinnansprüche.

89 Der **Ersteher** übernimmt mit dem Geschäftsanteil die zukünftigen Nachschußpflichten und andere Rückstände (§ 16 Abs. 3 GmbHG), ausgenommen den rückständigen Nachschuß, der zum Abandon geführt hat.[101] Mit dem Erwerb erlöschen alle Rechte Dritter an dem Geschäftsanteil, zB Pfandrechte, Nießbrauch.[102]

90 Aus dem **Erlös** sind die Verkaufskosten und der Nachschußbetrag zu decken; in Höhe des Nachschußbetrages stellt der Erlös eine Einlage dar und erhöht das EK 04.[103] Der restliche Erlös, belastet jedoch mit den am Ge-

---

[92] *Scholz/Emmerich* § 27 Anm. 4.
[93] *Baumbach/Hueck/Hueck* § 27 Anm. 2.
[94] *Scholz/Emmerich* § 27 Anm. 18; *Hachenburg/Müller* § 27 Anm. 46.
[95] *Scholz/Emmerich* § 27 Anm. 14; *Rowedder/Rowedder* § 27 Anm. 12.
[96] *Hachenburg/Müller* § 27 Anm. 45; *Scholz/Emmerich* § 27 Anm. 21.
[97] *Rowedder/Rowedder* § 27 Anm. 16.
[98] Zwingend mit eingeschriebenem Brief der Geschäftsführung: *Scholz/Emmerich* § 27 Anm. 17.
[99] *Baumbach/Hueck/Hueck* § 27 Anm. 7.
[100] *Lutter/Hommelhoff* § 27 Anm. 2.
[101] *Baumbach/Hueck/Hueck* § 27 Anm. 7; *Hachenburg/Müller* § 27 Anm. 55.
[102] *Hachenburg/Müller* § 27 Anm. 57.
[103] *Glade* GmbHR 1983, 173 (177).

C. Nachschüsse 91–93 § 7

schäftsanteil untergegangenen Drittrechten,[104] steht dem abandonnierenden Gesellschafter zu (§ 27 Abs. 2 GmbHG). Bleibt der Erlös unter den Verkaufskosten und dem rückständigen Nachschußbetrag, so trägt die Gesellschaft den Ausfall. Die Nachschußforderung, die die Preisgabeerklärung ausgelöst hat, erlischt, und zwar selbst dann, wenn der Erlös aus der Verwertung die Forderung nicht deckt;[105] für andere Rückstände, zB aus Nebenleistungen oder aus einem früher eingeforderten Nachschuß, dessentwegen der Gesellschafter nicht abandonniert hatte, haftet er weiter.[106]

Die Gesellschaft ist zu einem Verkauf unter Kosten und unter Nachschuß- 91 rückstand nicht verpflichtet. Kann sie den Geschäftsanteil nicht oder könnte sie ihn nur mit Verlust verwerten oder erscheint im Einverständnis mit dem Gesellschafter[107] die Verwertung aussichtslos, so fällt ihr der Geschäftsanteil nach Ablauf der einmonatigen Verwertungsfrist von Gesetzes wegen und frei von Rechten Dritter[108] an (§ 27 Abs. 3 GmbHG). Sie kann ihn als **eigenen Anteil** für eigene Rechnung verwerten. Der Gesellschafter wird mit dem Anfall seines Geschäftsanteils bei der Gesellschaft wie bei einer öffentlichen Versteigerung von der Nachschußpflicht, nicht jedoch von sonstigen Leistungsrückständen, frei. Die Nachschußpflicht ruht, solange die Gesellschaft den eigenen Anteil hält; sie lebt erst für einen Dritterwerber, jedoch nur für die nach seinem Erwerb eingeforderten Nachschüsse, wieder auf;[109] für rückständige Leistungen auf den Anteil haftet der Erwerber nicht,[110] denn er ist Rechtsnachfolger der Gesellschaft und nicht des früheren Gesellschafters.

Der Gesellschaftsvertrag kann das Abandonrecht bei unbeschränkter Nach- 92 schußpflicht auf Nachschüsse begrenzen, die einen bestimmten – im Gesellschaftsvertrag festgesetzten – Betrag überschreiten (**gemischte Nachschußpflicht;** § 27 Abs. 4 GmbHG). Bleibt der eingeforderte Nachschuß unter dem festgesetzten Betrag und ist ein Gesellschafter mit diesem Nachschußbetrag säumig, so findet wie bei beschränkter Nachschußpflicht das Kaduzierungsverfahren bzw. ein im Gesellschaftsvertrag geregeltes abweichendes Verfahren statt (§ 28 Abs. 1 Satz 2 GmbHG).

4. Rückzahlung von Nachschüssen

a) Voraussetzungen und Rechtsfolgen

Die Rückzahlung von Nachschüssen, die nicht zur Verlusttilgung oder zur 93 Kapitalerhöhung verwendet worden sind, können die Gesellschafter nicht einseitig verlangen.[111] Vielmehr müssen sie einen **Beschluß** über die Rückzahlung fassen; der Beschluß muß in den Gesellschaftsblättern bekanntge-

---

[104] *Hachenburg/Müller* § 27 Anm. 57.
[105] *Scholz/Emmerich* § 27 Anm. 26.
[106] *Baumbach/Hueck/Hueck* § 27 Anm. 6.
[107] *Scholz/Emmerich* § 27 Anm. 24; *Hachenburg/Müller* § 27 Anm. 60.
[108] *Baumbach/Hueck/Hueck* § 27 Anm. 9; *Hachenburg/Müller* § 27 Anm. 66.
[109] *Hachenburg/Müller* § 27 Anm. 65.
[110] *Scholz/Emmerich* § 27 Anm. 30; *Baumbach/Hueck/Hueck* § 27 Anm. 8.
[111] *Scholz/Emmerich* § 26 Anm. 5; *Hachenburg/Müller* § 26 Anm. 16.

macht werden; von der Bekanntmachung bis zur Rückzahlung ist eine Sperrfrist von drei Monaten einzuhalten (§§ 46 Nr. 3; 30 Abs. 2 Satz 2 GmbHG).

94 Die Rückzahlung ist **unzulässig,** wenn noch Stammeinlagen ausstehen (§ 30 Abs. 2 Satz 3 GmbHG). Über den gesetzlichen Wortlaut hinaus gilt dies nicht nur in dem Fall, daß die Gesellschaft nach § 28 Abs. 2 GmbHG Nachschüsse vor vollständiger Einzahlung des Stammkapitals einfordern konnte.[112] Die Rückzahlung ist auch unzulässig, soweit die Nachschüsse zur Deckung eines Verlustes am Stammkapital erforderlich sind (§ 30 Abs. 2 Satz 1 GmbHG); das durch die Nachschußleistung eingebrachte Vermögen dient der Erhaltung des Stammkapitals.

95 Verstoßen die Gesellschafter gegen formelle oder materielle Voraussetzungen der Rückzahlung, so treten die strengen Rechtsfolgen des § 31 GmbHG ein.[113] Allein die Nichtbeachtung der formellen Voraussetzungen führt zu der **Erstattungspflicht** nach dieser Vorschrift.[114]

§ 30 Abs. 2 GmbHG gilt nicht für sonstige freiwillige Zuzahlungen und Zuschüsse. Ihre Rückzahlung kann nach § 30 Abs. 1 GmbHG unzulässig sein.[115]

96 Sind Nachschüsse entspr. § 30 Abs. 2 GmbHG zurückgezahlt, so gelten sie als **nicht eingezogen** (§ 30 Abs. 2 Satz 4 GmbHG). Sind die Gesellschafter nur zu Nachschüssen bis zu einem bestimmten Betrag verpflichtet (§ 28 GmbHG) oder darf der Gesellschafter seinen Geschäftsanteil erst dann aufgeben, wenn die Nachschüsse einen bestimmten Betrag überschreiten (§ 27 Abs. 4 GmbHG), so werden die zurückgezahlten Nachschüsse auf die Nachschußpflicht des Gesellschafters nicht angerechnet.[116]

b) Steuerliche Behandlung

97 Die Rückzahlung von Nachschüssen vollzieht sich **körperschaftsteuerlich** auf der Vermögensebene. Die Rückzahlung führt, wenn sie den handelsrechtlichen Vorschriften entspricht, entgegen der Verwendungsfiktion des § 28 Abs. 3 KStG zu einer Verwendung von EK 04.[117] Die Gesellschaft stellt keine Ausschüttungsbelastung her. Der Gesellschafter bezieht keine Einnahmen nach § 20 Abs. 1 Nr. 1 oder Nr. 2 EStG. Die Rückzahlung führt bei einer wesentlichen Beteiligung des Privatvermögens (§ 17 EStG) dazu, daß die nachträglichen Anschaffungskosten rückgängig gemacht werden; bei Anteilen im Betriebsvermögen mindert sich der Buchwert der Anteile.

98–109 *(frei)*

---

[112] HM; vgl. *Scholz/Westermann* § 30 Anm. 48; *Rowedder/Rowedder* § 30 Anm. 35; *Hachenburg/Goerdeler/Müller* § 30 Anm. 35; 96 ff.
[113] Vgl. dazu § 8 Rz. 46 ff.
[114] *Hachenburg/Goerdeler/Müller* § 30 Anm. 103; *Scholz/Westermann* § 30 Anm. 51.
[115] *Hachenburg/Goerdeler/Müller* § 30 Anm. 94; *Scholz/Westermann* § 30 Anm. 45.
[116] *Hachenburg/Goerdeler/Müller* § 30 Anm. 104; *Scholz/Westermann* § 30 Anm. 50.
[117] Vgl. R 95 Abs. 3 KStR 1995. Nachschüsse, die vor dem 1. 1. 1977 geleistet worden sind, haben das EK 03 erhöht; die Rückzahlung wird gleichfalls von der Ausschüttungsbelastung freigestellt; *Frotscher/Maas* § 41 Anm. 27; kritisch: *Dötsch/Eversberg/Jost/Witt* § 27 KStG Anm. 39.

D. Nebenleistungen

I. Überblick

Die Gesellschafter können über ihre Stammeinlagepflicht hinaus im Gesellschaftsvertrag zu weiteren einmaligen oder wiederkehrenden Leistungen (Nebenleistungen) verpflichtet sein. Diese Nebenleistungen sind **zusätzliche Leistungen** als Teil der Mitgliedschaft;[118] ihre Erfüllung gehört zu den Gesellschafterpflichten. Im Gegensatz zu Stammeinlagen und Nachschüssen sind Nebenleistungen aber keine Leistungen der Gesellschafter, die auf gesellschaftsrechtlicher Ebene in das Vermögen der Gesellschaft gelangen, also keine Einlagen. Ob Finanzierungsleistungen, die Gesellschafter neben den Stammeinlagen erbringen, Nachschüsse oder Nebenleistungen sind, ergibt sich in Zweifelsfällen aus einer das Ziel und die Art der Regelung untersuchenden Auslegung des Gesellschaftsvertrages;[119] anders als bei Nachschüssen ist die Geltendmachung von Nebenleistungen nicht formell von einem Gesellschafterbeschluß abhängig; für die Rückzahlung von Nebenleistungen gelten auch nicht die einengenden Voraussetzungen des § 30 Abs. 2 GmbHG. Der Pflicht zu einer gesellschaftlichen Nebenleistung kann ein mitgliedschaftliches Recht (Sonderrecht, Vorzugsrecht) oder ein an die Person des Gesellschafters gebundener Sondervorteil entsprechen;[120] in diesem Fall kann die Gesellschaft eine Leistung des Gesellschafters nicht nur verlangen, sondern muß sie auch abnehmen. Die Möglichkeit, den Gesellschaftern zusätzliche Nebenleistungspflichten aufzuerlegen, kann so weit gehen, daß die Nebenpflichten wirtschaftlich zur eigentlichen Hauptpflicht des Gesellschafters werden, neben denen die rechtliche Hauptleistungspflicht, nämlich die Stammeinlage aufzubringen, wirtschaftlich ganz in den Hintergrund tritt. Im Ergebnis kann sich die Satzung der GmbH fast dem Gesellschaftsvertrag einer Personengesellschaft angleichen.[121] Die **Nebenleistungs-GmbH** enthält dadurch einen personalistischen Charakter.[122]

Leistungsvereinbarungen sind auch außerhalb des Gesellschaftsvertrages möglich. Sie beruhen dann auf einer **schuldrechtlichen Vereinbarung,** und zwar entweder zwischen einzelnen oder allen Gesellschaftern oder zwischen der GmbH und einzelnen oder allen Gesellschaftern. Dabei kann die Gesellschaft auch Drittberechtigte (§ 328 BGB) werden.[123] Derartige schuldrechtliche Vereinbarungen[124] bedürfen nicht der notariellen Beurkundung, sondern können formlos von den Beteiligten begründet, geändert oder aufgehoben werden.[125] Sie stehen neben der Mitgliedschaft und begründen keine

---

[118] *Baumbach/Hueck/Hueck* § 3 Anm. 35; *Lutter/Hommelhoff* § 3 Anm. 37i.
[119] *Hachenburg/Ulmer* § 3 Anm. 70; *Baumbach/Hueck/Hueck* § 3 Anm. 36.
[120] *Rowedder/Rittner/Schmidt-Leithoff* § 3 Anm. 53.
[121] Vgl. dazu *Scholz/Emmerich* § 3 Anm. 42.
[122] Vgl. dazu *Baumbach/Hueck/Hueck* § 3 Anm. 34.
[123] *Baumbach/Hueck/Hueck* § 3 Anm. 57.
[124] Vgl. Beispiele in *Scholz/Emmerich* § 3 Anm. 72 f., ua.: Vereinbarung über die Verpflichtung der Gesellschafter zur Leistung von Zuschüssen oder Darlehen an die GmbH.
[125] BGHZ 18, 208; *Scholz/Emmerich* § 3 Anm. 71 ff.; *Hachenburg/Ulmer* § 3 Anm. 116 ff.; kritisch *Ullrich* ZGR 1985, 235 (254 ff.).

Gesellschafterpflichten. Um eine materiell nur schuldrechtliche Vereinbarung kann es sich jedoch auch bei einer Regelung handeln, die zwar formell in den Gesellschaftsvertrag aufgenommen worden ist, jedoch nach dem Willen der Gesellschafter nicht in den Rang des Gesellschaftsvertrages erhoben und seiner Bindung unterworfen werden soll.[126] Schließlich können die Gesellschafter **freiwillige Leistungen** erbringen, deren Veranlassung durch die konkrete wirtschaftliche Lage der Gesellschaft, häufig eine Krisensituation, gegeben ist. Zu den verdeckten Einlagen vgl. Rz. 130 ff.

II. Inhalt und rechtliche Behandlung der Nebenleistungen

1. Leistungsinhalt

112 Nebenleistungen müssen im **Gesellschaftsvertrag** geregelt werden (§ 3 Abs. 2 GmbHG; werden sie im Wege der Satzungsänderung eingeführt, bedürfen sie der Zustimmung aller betroffenen Gesellschafter (§ 53 Abs. 3 GmbHG).[127] Die Verpflichtung kann auch nur für einzelne Gesellschafter[128] begründet werden. Auch eine ungleichmäßige Belastung der Gesellschafter ist möglich.[129] Im Gegensatz zum Aktienrecht (§ 55 AktG) können Nebenleistungen im GmbH-Recht jeden **hinlänglich bestimmten** und in seinem Ausmaß überschaubaren[130] Leistungsinhalt haben, der als Gegenstand eines Schuldverhältnisses vereinbart werden kann;[131] bei vorläufiger Unbestimmtheit kann die Gesellschaft die Verpflichtungen der Gesellschafter nach billigem Ermessen (§§ 315 ff. BGB) konkretisieren.[132] Die Gesellschafter können zB zu einmaligen oder wiederkehrenden[133] Lieferungen von Waren oder Rohstoffen verpflichtet sein, zur Abnahme von Erzeugnissen oder Leistungen der Gesellschaft, zur Nutzungsüberlassung von Sachen und Rechten (Grundstücken, Lizenzen, Vertriebsrechten), zu Geldleistungen (Zahlung eines Aufgeldes bei späteren Kapitalerhöhungen, Wiedereinlage ausgeschütteter Dividende, Ausgleich von Verlusten, Gewährung von Zuschüssen und Darlehen, Übernahme von Bürgschaften und Garantien), zu Dienstleistungen (Vertragsvermittlungen, Geschäftsführung der Gesellschaft) und zu Verhaltenspflichten (Wettbewerbsverbot, Andienung des Geschäftsanteils zB bei Aufgabe der Geschäftsführung). Die Nebenleistungen können von einer Bedingung abhängig gemacht werden.[134] Sie können **entgeltlich** oder **unentgeltlich** zu erbringen sein;[135] es besteht keine Vermutung dafür, daß der Gesellschafter keine Vergütung erhalten soll.[136]

---

[126] *Baumbach/Hueck/Hueck* § 3 Anm. 55 f.; vgl. dazu im einzelnen *Scholz/Emmerich* § 3 Anm. 61 ff.
[127] *Hachenburg/Ulmer* § 3 Anm. 72.
[128] *Roth* § 3 Anm. 3.2.1.
[129] *Rowedder/Rittner/Schmidt-Leithoff* § 3 Anm. 32.
[130] *Rowedder/Rittner/Schmidt-Leithoff* § 3 Anm. 34; BGH v. 17. 10. 1988, DB 1989, 221 (222).
[131] *Hachenburg/Ulmer* § 3 Anm. 75.
[132] *Scholz/Emmerich* § 3 Anm. 44.
[133] *Lutter/Hommelhoff* § 3 Anm. 37.
[134] *Lutter/Hommelhoff* § 3 Anm. 45.
[135] *Lutter/Hommelhoff* § 3 Anm. 44.
[136] *Hachenburg/Ulmer* § 3 Anm. 83.

D. Nebenleistungen 113, 114 § 7

Überhöhte Gegenleistungen der Gesellschaft sind steuerlich verdeckte Gewinnausschüttungen;[137] bei zu niedrigen Gegenleistungen der Gesellschaft kann steuerlich eine verdeckte Einlage des Gesellschafters[138] vorliegen. Da Nebenleistungen frei vereinbar sind, können sie wirtschaftlich zu Hauptpflichten der Gesellschafter werden[139] und die Stammeinlagepflicht zu einer rechtsformbedingten Formalität herabstufen.

Wettbewerbsbeschränkungen der Gesellschafter können wirksam nur unter den kartellrechtlichen Voraussetzungen der §§ 2 ff. GWB begründet werden und sind im übrigen nach § 13 GWB immer aus wichtigem Grund kündbar. Wettbewerbsverbote sind kartellrechtlich nicht unzulässig, wenn sie lediglich die gesellschaftlichen Treue- und Förderpflichten und nicht das Marktverhalten der Gesellschafter regeln.[140] Liefer- und Abnahmepflichten können als Verträge über den gemeinsamen Ein- oder Verkauf von Waren gegen §§ 1, 23 GWB verstoßen, wenn sie den Wettbewerb beschränken;[141] das wird auf kleine und mittlere Unternehmen in der Regel nicht zutreffen. Soweit der zwischenstaatliche Handel innerhalb der Europäischen Gemeinschaft berührt wird, sind Art. 85, 86 EWGV zu beachten. 113

2. Mitgliedschaftliche Bindung

Die Nebenleistungspflicht ist an die Mitgliedschaft gebunden. Mit der Abtretung des Geschäftsanteils oder mit der Erbfolge geht sie auf den **Erwerber** über; einen Ausführungsvertrag[142] über weitere Leistungen kann der Veräußerer kündigen.[143] Doch sind auch fortwirkende Nebenleistungen, die durch die Aufgabe der Gesellschafterstellung nicht berührt werden, möglich.[144] Von dem Übergang ausgenommen sind **höchstpersönliche Nebenleistungen,**[145] wie zB die an die Person eines Gesellschafters gebundene Geschäftsführung; sie gehen mit dem Übergang des Geschäftsanteils unter. Sind Nebenleistungen in dem Zeitpunkt, in dem der Rechtsübergang bei der Gesellschaft angemeldet wird, rückständig, so haftet neben dem bisherigen Gesellschafter auch der Erwerber für die Rückstände (§ 16 Abs. 3 GmbHG). Wegen der Bedeutung, die Nebenleistungen der Gesellschafter für den Geschäftsbetrieb der Gesellschaft haben können, ist die Abtretung der Geschäftsanteile vielfach von der Genehmigung der Gesellschaft abhängig (§ 15 Abs. 5 GmbHG); für den Fall der Vererbung kann sich die Gesellschaft dadurch sichern, daß sie oder ein von ihr benannter Dritter zum Erwerb berechtigt sind. 114

---

[137] Vgl. § 10 Rz. 190 ff.
[138] Vgl. Rz. 132, 138.
[139] *Scholz/Emmerich* § 3 Anm. 42.
[140] *Rowedder/Rittner/Schmidt-Leithoff* § 3 Anm. 39 ff.; vgl. auch BGH v. 21. 2. 1978, BB 1978, 467; dagegen BGH v. 1. 12. 1981, BB 1982, 267; BGH v. 6. 12. 1962, DB 1963, 337.
[141] Kooperative Gemeinschaftsunternehmen; vgl. *Steindorff* BB 1988, Beil. 1 zu Heft 8; auch BGH v. 1. 10. 1985, AG 1986, 194.
[142] Vgl. Rz. 116.
[143] *Hachenburg/Ulmer* § 3 Anm. 106.
[144] *Hachenburg/Ulmer* § 3 Anm. 107.
[145] *Rowedder/Rittner/Schmidt-Leithoff* § 3 Anm. 47.

3. Abwicklung der Leistungspflichten

a) Einforderung

115 Die Einforderung von Nebenleistungen erfordert keinen Gesellschafterbeschluß, sondern ist eine Maßnahme der **Geschäftsführung**. Die Grundsätze der Kapitalaufbringung und der Erhaltung des Stammkapitals gelten nicht.[146] Aufrechnungen sind unbeschränkt zulässig, ebenso der Erlaß einer einzelnen Verpflichtung des Gesellschafters.[147] Ein Erlaß der Nebenleistungsverpflichtung insgesamt bedarf jedoch einer Änderung des Gesellschaftsvertrages.[148]

b) Ausführungsvertrag

116 Sofern nicht die Nebenleistungsverpflichtung selbst wirkt (zB bei einem Wettbewerbsverbot), kann der Gesellschafter ihr nachkommen, indem er einen entsprechenden Ausführungsvertrag (zB Kauf-, Miet-, Dienstvertrag) abschließt und diesen erfüllt.[149] Ein Ausführungsvertrag wird sich immer dann anbieten, wenn der Gesellschaftsvertrag nur den Rahmen für die gesellschafterlichen Leistungspflichten bestimmt.[150] Inhalt und Dauer des Ausführungsvertrages werden von der Nebenleistungsregelung des Gesellschaftsvertrages bestimmt. Handelt es sich um eine entgeltliche Nebenleistung, so wird der Gesellschafter mit seinem Vergütungsanspruch **Gläubiger** der Gesellschaft; im Konkurs der Gesellschaft ist er Konkursgläubiger.[151]

c) Bilanzielle und steuerliche Behandlung der Nebenleistungen

117 **Entgeltliche** Nebenleistungen sind bilanziell[152] und steuerlich Verkehrsgeschäfte. Die Gesellschaft empfängt Lieferungen oder Leistungen des Gesellschafters oder erbringt Lieferungen oder Leistungen an den Gesellschafter. Ob der Vorgang bei der Gesellschaft erfolgswirksam wird und der **Körperschaftsteuer** und der **Gewerbesteuer** unterliegt, beurteilt sich nach allgemeinen Grundsätzen. Lieferungen und Leistungen sind **umsatzsteuerbar,** bezogene Lieferungen und erhaltene Leistungen jedoch nur dann, wenn der Gesellschafter Unternehmer ist oder durch die Nebenleistung Unternehmer wird.

118 **Unentgeltliche** Nebenleistungen sind nach der gesellschaftsrechtlichen Begriffsbestimmung **keine Einlagen;**[153] die Forderung auf die Nebenleistungen ist demnach nicht als ausstehende Einlage, sondern unter dem jeweils einschlägigen Bilanzposten auszuweisen.[154] Die Nebenleistungen dürften da-

---

[146] *Baumbach/Hueck/Hueck* § 3 Anm. 37.
[147] *Scholz/Emmerich* § 3 Anm. 59.
[148] *Baumbach/Hueck/Hueck* § 3 Anm. 51.
[149] *Rowedder/Rittner/Schmidt-Leithoff* § 3 Anm. 35; *Baumbach/Hueck/Hueck* § 3 Anm. 39.
[150] *Hachenburg/Ulmer* § 3 Anm. 76, 89.
[151] *Scholz/Emmerich* § 3 Anm. 53.
[152] *Küting/Weber* § 272 HGB Anm. 30.
[153] Vgl. Rz. 110.
[154] *ADS* § 272 HGB Anm. 50.

D. Nebenleistungen § 7

nach auch nicht als andere Zuzahlungen nach § 272 Abs. 2 Nr. 4 HGB in die Kapitalrücklage eingestellt werden. Auf Nebenleistungen, deren Zweckbindung nicht auf die Verstärkung des Eigenkapitals gerichtet ist, trifft das auch zu. So sind Zuschüsse oder Forderungsverzichte zum Ausgleich eines Jahresfehlbetrages oder eines Bilanzverlustes in der Handelsbilanz erfolgswirksam zu vereinnahmen.[155] Unentgeltliche Nebenleistungen, wie zB Investitionszuschüsse der Gesellschafter, können aber auch auf eine nachhaltige Verstärkung der Eigenkapitalbasis gerichtet sein; das gilt auch, wenn die Gesellschafter aufgrund der Nebenleistungsverpflichtung die bezogenen Dividenden der Gesellschaft wieder zuführen müssen (Schütt-aus-hol-zurück-Verfahren). In diesen Fällen ist der Ausweis in der **Kapitalrücklage** des § 272 Abs. 2 Nr. 4 HBG[156] sachgerecht. Dasselbe gilt, wenn zB eine Nachschußverpflichtung im Gesellschaftsvertrag nicht wirksam – weil etwa die Einforderung von einem Aufsichtsratsbeschluß abhängig ist – begründet worden ist, sich aber als wirksam übernommene Nebenleistungsverpflichtung aufrechterhalten läßt.[157] Ein bei Kapitalerhöhung zu zahlendes Aufgeld ist dagegen in die Kapitalrücklage nach § 272 Abs. 2 Nr. 1 HGB einzustellen.

Für die **steuerliche** Beurteilung ist der Ausweis in der Handelsbilanz der **Gesellschaft** nicht maßgebend. Steuerlich handelt es sich um Einlagen,[158] sofern der Gesellschafter die Leistung – wie immer bei einer als Gesellschafterpflicht übernommenen Nebenleistung – im Rahmen seiner Gesellschafterstellung erbringt und die Leistung nach steuerlichen Grundsätzen einlagefähig ist.[159] So werden Zuschüsse und Forderungsverzichte, die einem Verlustausgleich dienen, in der Steuerbilanz als Einlagen behandelt und erhöhen in der Gliederungsrechnung das verwendbare Eigenkapital mit dem Teilbetrag EK 04; das körperschaftsteuerliche **Einkommen** und der **Gewerbeertrag** erhöhen sich mithin nicht. Der **Gesellschafter** aktiviert in der Handelsbilanz nachträgliche Anschaffungskosten der Beteiligung, es sei denn, es handelt sich nicht um wertsteigernde, zB um Sanierungszuschüsse.[160] In der Steuerbilanz muß der Gesellschafter in jedem Fall auf dem Beteiligungskonto aktivieren; Obergrenze ist der Teilwert der Beteiligung. Die unentgeltliche Geschäftsführung oder die unentgeltliche Nutzungsüberlassung sind dagegen nicht einlagefähig;[161] sie führen durch ersparte Aufwendungen zu einem höheren Gewinn sowohl in der Handels- als auch in der Steuerbilanz der Gesellschaft.[162] Der Gesellschafter kann einen Aufwand, der ihm aus der Nutzungsüberlassung entstehen sollte, als Betriebsausgaben bzw. Werbungskosten geltend machen.[163]

---

[155] *ADS* § 272 HGB Anm. 108; zT differenzierend *Küting/Weber* § 272 HGB Anm. 94.
[156] *Küting/Weber* § 272 HGB Anm. 108; aA (Gewinnrücklagen) *Hommelhoff/Priester* ZGR 1986, 463 (515).
[157] *Scholz/Emmerich* § 26 Anm. 6 f.; kritisch *Hachenburg/Müller* § 26 Anm. 26, 40.
[158] Beck Bil-Komm./*Förschle/Kofahl* § 272 Anm. 82.
[159] Vgl. zur verdeckten Einlage Rz. 137.
[160] *ADS* § 255 HGB Anm. 44; aA *Küting/Weber* § 253 HGB Anm. 30: Aktivierung und ggf. außerplanmäßige Abschreibung.
[161] Vgl. Rz. 138.
[162] *Groh* BB 1982, 133 (135 f.).
[163] *Groh* BB 1982, 133 (136); BFH v. 26. 10. 1987, BStBl II 1988, 348.

120 Soweit die unentgeltlich erbrachte Nebenleistung als Einlage das Betriebsvermögen erhöht, konnte sie sich sowohl bei der Gesellschaft als auch bei dem Gesellschafter **vermögensteuererhöhend** auswirken.

d) Leistungsstörungen

121 Bei Leistungsstörungen im Bereich der Nebenleistungen gelten grundsätzlich die allgemeinen **schuldrechtlichen Vorschriften** über Rücktritt, Kündigung, Wandlung, Minderung, Nachbesserung und Schadensersatz, und zwar entweder unmittelbar aus dem Ausführungsvertrag oder – wenn die Leistung des Gesellschafters nicht auf einen Ausführungsvertrag, sondern auf der gesellschaftsvertraglichen Regelung beruht – in entsprechender Anwendung.[164] Jedoch beschränken sich diese Rechtsfolgen auf die jeweils zu erbringende Leistung; die zukünftig zu erfüllenden Leistungspflichten des Gesellschafters werden dadurch nicht berührt.[165]

122 Auch das **Gesellschaftsverhältnis** kann ändernd auf die Rechte einwirken[166] und eine rücksichtsvolle Ausübung gebieten. So kann der Gesellschafter ein als Nebenleistung begründetes Dauerschuldverhältnis nicht aufgrund ordentlicher Kündigung (zB die Geschäftsführung nach § 624 BGB) beendigen.[167] Andererseits können Störungen der Nebenleistungen bei entsprechendem Gewicht das Gesellschaftsverhältnis berühren und die Gesellschaft zum Ausschluß des Gesellschafters oder der Mitgesellschafter zur Erhebung der Auflösungsklage (§ 61 GmbHG) berechtigen.[168] Von der Nebenleistungspflicht allein kann sich der Gesellschafter nicht durch Kündigung, auch nicht aus wichtigem Grunde, lösen;[169] kann er allerdings die Nebenleistung unverschuldet nicht mehr erbringen oder ist sie ihm nicht mehr zumutbar und ist ihm deshalb die Fortsetzung des Gesellschaftsverhältnisses nicht zuzumuten, kann er seinen Austritt aus der Gesellschaft erklären[170] oder die Auflösungsklage erheben.[171]

e) Rückzahlung

123 Da Nebenleistungen nicht unter dem Schutz der Kapitalerhaltung stehen, kann die Gesellschaft sie grundsätzlich zurückgewähren. Das kann bei allen Leistungen von praktischer Bedeutung werden, die als Kapitalüberlassungen außerhalb einer schuldrechtlichen Rückzahlungsvereinbarung stehen, also insb. für Zuschüsse, die in der Kapitalrücklage nach § 272 Abs. 2 Nr. 4 HGB passiviert worden sind. Gesellschaftsrechtlich gilt nur der Mindestschutz nach

---

[164] *Hachenburg/Ulmer* § 3 Anm. 91.
[165] *Hachenburg/Ulmer* § 3 Anm. 96, 99.
[166] *Rowedder/Rittner/Schmidt-Leithoff* § 3 Anm. 44; *Hachenburg/Ulmer* § 3 Anm. 91 ff.
[167] *Scholz/Emmerich* § 3 Anm. 56.
[168] *Rowedder/Rittner/Schmidt-Leithoff* § 3 Anm. 45 f.; *Hachenburg/Ulmer* § 3 Anm. 97, 101. Vgl. dazu § 16 Rz. 10 ff.
[169] *Rowedder/Rittner/Schmidt-Leithoff* § 3 Anm. 52; *Lutter/Hommelhoff* § 3 Anm. 41; aA grds. *Baumbach/Hueck/Hueck* § 3 Anm. 52.
[170] *Scholz/Emmerich* § 3 Anm. 59; *Hachenburg/Ulmer* § 3 Anm. 101.
[171] *Rowedder/Rittner/Schmidt-Leithoff* § 3 Anm. 52.

E. Verdeckte Einlagen 124–131 § 7

§ 30 Abs. 1 GmbHG; die Rückzahlung darf also nicht zu Lasten des **Stammkapitals** gehen. Im übrigen dürfen die Nebenleistungen zu Ausschüttungen an die Gesellschafter verwendet werden;[172] die Auflösung der Kapitalrücklage zugunsten des Bilanzgewinnes ist zulässig.[173]

Wird die Rückzahlung in der Form einer **Gewinnausschüttung** vorgenommen, so ist sie auch steuerlich eine (offene) Gewinnauschüttung; ihre Behandlung richtet sich danach, welche Teile des verwendbaren Eigenkapitals entsprechend § 28 Abs. 3 KStG verwendet werden. Zur Rückzahlung einer verdeckten Einlage vgl. Rz. 145. Wird die Rückzahlung dagegen – unter Umgehung der Gewinn- und Verlustrechnung – der Kapitalrücklage **entnommen,** so entspricht die Behandlung der Rückzahlung von Nachschußkapital; vgl. dazu Rz. 97. Es spricht dann auch nichts dagegen, sie körperschaftsteuerlich als Kapitalrückzahlung (Rückzahlung von Einlagen aus dem verwendbaren Eigenkapital EK 04) zu behandeln.[174] 124

(frei) 125–129

E. Verdeckte Einlagen

I. Überblick

Die Finanzierung der Gesellschaft durch Einlagen vollzieht sich aufgrund des **Gesellschaftsverhältnisses.** Im Gegensatz dazu stehen Finanzierungsleistungen, die Gesellschafter aufgrund einer rechtlichen Sonderverbindung, zB als Darlehensgläubiger oder im Rahmen einer stillen Gesellschaft erbringen. 130

Die Gesellschafter können **Einlagen offen** oder **verdeckt** zuführen. Den Begriff der verdeckten Einlage hat das Steuerrecht entwickelt; verdeckte Einlagen sind entsprechend vornehmlich Gegenstand steuerlicher Behandlung.

II. Verdeckte Zuführungen von Eigenkapital

1. Handelsrecht

a) Offene Einlagen

Die offene Einlagen im handelsrechtlichen Sinne umfassen in erster Linie die bei Gründung oder Kapitalerhöhung zu leistenden **Stammeinlagen;** sie sind die gesellschaftsvertraglich geschuldeten Vermögenszuführungen zur Aufbringung des Stammkapitals. Offene Einlagen, wenngleich keine Stammeinlagen, sind auch das **Aufgeld,** das der Gesellschafter für seinen Geschäftsanteil über den Nennbetrag seiner Stammeinlage hinaus leisten muß, und **Zuzahlungen,** die Gesellschafter gegen Gewährung eines Vorzugs für ihre Anteile leisten. Diese Beträge weist die Gesellschaft in der Kapitalrücklage aus (§ 272 Abs. 2 Nr. 1, 3 HGB); sie berühren nicht die Gewinn- und Verlustrechnung. In die Kapitalrücklage gehen auch andere Zuzahlungen, die Gesellschafter in das Eigenkapital leisten (§ 272 Abs. 2 Nr. 4 HGB). Nach den 131

---

[172] *Hachenburg/Ulmer* § 3 Anm. 70.
[173] Beck Bil-Komm./*Förschle/Kofahl* § 272 Anm. 73.
[174] Beck Bil-Komm./*Förschle/Kofahl* § 272 Anm. 85.

Gesetzesmaterialien[175] ist nicht eindeutig abgegrenzt, welche Zuzahlungen im einzelnen darunter fallen. Es muß sich jedenfalls um zweckgerichtete Leistungen handeln, welche die Gesellschafter in das Eigenkapital einbringen und nicht als Erfolgsbeitrag behandeln wollen;[176] die Zuzahlung wird dem Gewinnanspruch der Gesellschafter entzogen. Ein **Zuschuß** zum Ausgleich eines Jahresfehlbetrages fällt demnach nicht darunter,[177] wohl aber ein Investitionszuschuß.[178]

b) Begriff der verdeckten Einlage

132 Im Gegensatz dazu sind verdeckte Einlagen Gesellschafterleistungen, die eine **Verstärkung der Eigenkapitalbasis** bewirken, jedoch in **anderer Rechtsform** erbracht werden. So kann der Gesellschafter auf eine Forderung an die Gesellschaft verzichten, ihr ein Grundstück oder Waren unter Preis verkaufen oder Maschinen oder ein Darlehen unentgeltlich oder zu einem ermäßigten Miet- bzw. Zinssatz überlassen, andererseits Lieferungen und Leistungen von der Gesellschaft zu einem überhöhten Entgelt beziehen, sowie der Gesellschaft etwas ohne Gegenleistung zuwenden. Eine verdeckte Einlage wird in der Kapitalrücklage (§ 272 Abs. 2 Nr. 4 HGB) ausgewiesen, wenn Gesellschafter und Gesellschaft eine bleibende Eigenkapitalstärkung beabsichtigen.[179] Bei Sachleistungen (materiellen und immateriellen Vermögensgegenständen) kann es zu einer Dotierung der Kapitalrücklage (§ 272 Abs. 2 Nr. 4 HGB) nur kommen, soweit die Gesellschaft diese bei unentgeltlichem Erwerb bzw. untersetzten Anschaffungskosten zum (geschätzten, besser: vom Gesellschafter bezifferten) Verkehrswert aktiviert. Die Dotierung entfällt, soweit die Gesellschaft den erhaltenen Vermögensgegenstand zulässig bei unentgeltlichem Erwerb mit einem Ansatz von Null bzw. mit den unter dem Verkehrswert liegenden effektiven Anschaffungskosten bilanziert.[180] Im übrigen werden verdeckt geleistete Einlagen in der Gewinn- und Verlustrechnung als außerordentlicher Ertrag oder als ersparter Aufwand wirksam.

133 Gegenstand einer handelsrechtlichen verdeckten Einlage[181] kann jeder **Vermögensgegenstand** sein, der auch Gegenstand einer offenen, insbesondere einer Stammeinlage sein kann, außer Geld also Sachen und Rechte sowie sonstige vermögenswerte Positionen, die auf die Gesellschaft übertragen oder

---

[175] Vgl. *Helmrich* BiRiLiG § 272 HGB S. 126 f.
[176] *Küting/Weber* § 272 Anm. 93.
[177] Beck Bil-Komm./*Förschle/Kofahl* § 272 Anm. 67; vgl. auch BGH v. 31. 10. 1978, BB 1979, 387, 388 zur Behandlung eines Sanierungszuschusses in der Bilanz des Gesellschafters.
[178] Differenzierend *Küting/Kessler* BB 1989, 25 (31 f.).
[179] Beck Bil-Komm./*Förschle/Kofahl* § 272 Anm. 67; enger *Baumbach/Hueck/Schulze-Osterloh* § 42 Anm. 170: Vereinbarung zwischen dem Gesellschafter und der Gesellschaft über die Verstärkung der Eigenkapitalbasis.
[180] Beck Bil-Komm./*Budde/Müller* § 272 Anm. 206; *Küting/Kessler* BB 1989, 25 (33 f.); *Döllerer* BB 1988, 1789 (1792). Für ein handelsrechtliches Aktivierungsverbot verdeckt eingelegter immaterieller Vermögensgegenstände: *Groh* StbJb 1988/89, 187 (196).
[181] Nicht zu verwechseln mit der sog. verschleierten Sacheinlage im Zusammenhang mit Sacheinlagen zur Aufbringung des Stammkapitals bei Gründung oder Kapitalerhöhung; vgl. § 2 Rz. 110 ff.

E. Verdeckte Einlagen 134–136 § 7

für sie begründet werden können und denen ein gegenwärtig faßbarer Vermögenswert zukommt. Demnach können Patente und Lizenzen, auch ungeschützte Erfindungen und Erfahrungen (know how),[182] Forderungen des Gesellschafters an die Gesellschaft oder Schuldübernahmen[183] Gegenstand einer verdeckten Einlage sein, dagegen entspr. § 27 Abs. 2 AktG nicht Dienstleistungen des Gesellschafters oder eines Dritten,[184] Bürgschaften des Gesellschafters[185] oder sonstige Forderungen der Gesellschaft gegen den einbringenden Gesellschafter[186] oder seine Mitgesellschafter.[187] **Sachnutzungen** sind einlagefähig, wenn es sich um Nutzungsrechte gegenüber Dritten handelt; Nutzungsrechte gegenüber dem Gesellschafter sind jedenfalls einlagefähig, wenn sie dinglicher Natur (Erbbaurecht, Nießbrauch, beschränkte persönliche Dienstbarkeit) und auf Dauer bestellt sind,[188] nach herrschender Meinung[189] aber auch als bloße schuldrechtliche Nutzungsansprüche, wenn der Gesellschafter zur dauerhaften Nutzungsüberlassung verpflichtet ist und der Gesellschaft der Besitz überlassen ist.[190] Dementsprechend muß auch die Kapitalnutzung grundsätzlich einlagefähig sein,[191] vorausgesetzt, der Gesellschafter hat die Zinslosigkeit bzw. den vergleichsweise niedrigen Zinssatz bei Hingabe seines Darlehens dauerhaft und verbindlich vereinbart.

Die Aktivierungsfähigkeit ist kein zusätzliches selbständiges Erfordernis der 134 verdeckten Sacheinlage, sondern Folge des für die Einbringung vorausgesetzten Vermögenserwerbs.[192]

Zur **Bewertung** von Sacheinlagen vgl. *Scholz/Winter* § 5 Anm. 56 ff. Zur 135 bilanziellen Behandlung der verdeckten Einlage bei der Gesellschaft und beim Gesellschafter vgl. *Budde/Müller* in Beck Bil-Komm. § 272 Anm. 206, *Ellrott/Gutike* in Beck Bil-Komm. § 255 Anm. 164 ff.

2. Steuerrecht

a) Begriff der verdeckten Einlage

Der **steuerrechtliche Begriff** der verdeckten Einlage weicht von dem han- 136
delsrechtlichen Begriff ab.[193] Er schließt Nutzungseinlagen aus, umfaßt andererer-

---

[182] HM; vgl. *Hachenburg/Ulmer* § 5 Anm. 56.
[183] *Scholz/Winter* § 5 Anm. 51.
[184] Sie können nur als Nebenleistungspflichten vereinbart werden, hM, vgl. *Hachenburg/Ulmer* § 5 Anm. 47 f.; aA allg. *Skibbe* GmbHR 1980, 73; *Langenfeld* GmbHR 1981, 53, 55.
[185] *Scholz/Winter* § 5 Anm. 51.
[186] *Rowedder/Rittner* § 5 Anm. 28; *Hachenburg/Ulmer* § 5 Anm. 64, and. bei dinglicher Besicherung: *Scholz/Winter* § 5 Anm. 49.
[187] *Baumbach/Hueck/Hueck* § 5 Anm. 24.
[188] BGH v. 2. 5. 1966, DB 1966, 853.
[189] *Baumbach/Hueck/Hueck* § 5 Anm. 25; *Roth* § 5 Anm. 5.3.1; *Hachenburg/Ulmer* § 5 Anm. 40; aA *Knobbe-Keuk* ZGR 1980, 214 (222); *Küting/Kessler* BB 1989, 25 (36).
[190] Enger *Lutter/Hommelhoff* § 5 Anm. 19: Verwertungsmöglichkeit zugunsten der Gesellschaftsgläubiger.
[191] So auch *Döllerer* BB 1986, 1857 (1862); *Döllerer* in FS Fleck S. 35 (45, 49 f.); *Haas* in FS Döllerer S. 169 (179, 181 f.); *Lutter/Hommelhoff* § 5 Anm. 20.
[192] *Baumbach/Hueck/Hueck* § 5 Anm. 23.
[193] Vgl. *Schedlbauer* DB 1990, 997 (1000).

seits aber auch Vermögenszuführungen in verdeckter Form, die handelsrechtlich als Gewinnbestandteil in Erscheinung treten; auf den Willen der Gesellschafter zur Stärkung des Eigenkapitals kommt es nicht an.[194] Einlage und Gewinn ergeben sich aus einem Vermögensvergleich (§ 4 Abs. 1 Satz 1 EStG). Gewinn ist die durch die eigene Betriebsleistung erwirtschaftete, Einlage die übrige Vermögensmehrung; die Einlage ist Teil der Vermögensmehrung nur dann, wenn sie ein **bilanzierungsfähiges Wirtschaftsgut** ist.[195] Eine verdeckte Einlage iSd. Steuerrechts liegt vor, wenn der Gesellschafter oder eine ihm nahestehende Person seiner Kapitalgesellschaft einen Vermögensvorteil ohne schuldrechtliche oder gesellschaftsrechtliche Gegenleistung gewährt und diese Zuwendung ihre Ursache im Gesellschaftsverhältnis hat; das Gesellschaftsverhältnis ist dann ursächlich, wenn ein Nichtgesellschafter bei Anwendung der Sorgfalt eines ordentlichen Kaufmanns der Gesellschaft den Vermögensvorteil nicht eingeräumt hätte.[196] Dies gilt auch, wenn der Gesellschafter oder die nahestehende Person kein Kaufmann ist. Je höher die Beteiligung ist, um so mehr spricht dafür, eine innere Verbindung zur GmbH-Beteiligung anzunehmen.[197] Besteht bei der Gesellschaft ein zureichender betrieblicher Grund für die Zuwendung oder erbringt sie eine angemessene Gegenleistung, so liegt keine Einlage vor.[198] Ist ein Forderungsverzicht des Gesellschafters durch seine Gesellschafterstellung motiviert, so stellt er eine verdeckte Einlage dar; ist er dagegen durch geschäftliche Interessen begründet – verzichtet zB der Gesellschafter mit allen anderen Gläubigern im Rahmen eines Gläubigerakkords auf Lieferforderungen – so liegt keine verdeckte Einlage vor. Vielmehr entsteht bei der Gesellschaft ein nach § 3 Nr. 66 EStG steuerfreier Sanierungsgewinn,[199] während der Gesellschafter die Forderungen steuerlich ergebnismindernd ausbucht.

137   Die verdeckte Einlage setzt aus steuerlicher Sicht voraus, daß sich das bilanzielle Vermögen der Gesellschaft erhöht, und zwar durch **Ansatz oder Erhöhung eines Aktivpostens** oder durch **Wegfall oder Verminderung eines Passivpostens.**[200] Demnach liegt eine verdeckte Einlage vor, wenn der Gesellschafter einen Zuschuß leistet, einen Nachschuß zahlt, einen Verlust der Gesellschaft ausgleicht, unentgeltlich oder unter Preis ein aktivierungsfähiges Wirtschaftsgut – auch ein immaterielles[201] – liefert oder auf eine Forderung an die Gesellschaft verzichtet, wenn er ein aktiviertes Wirtschaftsgut oder eine Leistung von der Gesellschaft über Preis bezieht oder der Gesellschaft eine Verbindlichkeit

---

[194] *Döllerer* BB 1986, 1857 (1862).
[195] Vgl. BFH v. 26. 10. 1987, BStBl. II 1988, 348 (351 f.).
[196] BFH v. 9. 3. 1983, BStBl. II 1983, 744 (745); BFH v. 18. 12. 1990, BStBl. II 1991, 512; BFH v. 7. 7. 1992, BFHE 168, 551; BFH v. 26. 11. 1993, BStBl. II 1994, 242; vgl. auch R 36 a KStR 1995.
[197] BFH v. 17. 7. 1992, BStBl. II 1993, 111.
[198] *Döllerer* ZGR 1982, 567 (576).
[199] § 3 Nr. 66 EStG ist letztmalig auf Erhöhungen des Betriebsvermögens anzuwenden, die in dem Wj. entstehen, das vor dem 1. Januar 1998 endet.
[200] BFH v. 2. 10. 1984, BStBl. II 1985, 320 (322); für die handelsrechtliche Beurteilung aA zunehmend das Schrifttum, vgl. *Hachenburg/Ulmer* § 5 Anm. 31; *Scholz/Winter* § 5 Anm. 43.
[201] BFH v. 20. 8. 1986, BStBl. II 1987, 455 (457 f.); R 31 a Abs. 3 EStR 1996; *Schmidt/Weber-Grellet* § 5 Anm. 164; aA *Knobbe-Keuk* S. 583.

E. Verdeckte Einlagen

unentgeltlich oder unter Preis abnimmt. Bei dem Vermögensvorteil muß es sich um ein einlagefähiges Wirtschaftsgut handeln. Diese Qualifizierung richtet sich ausschließlich nach Bilanzrecht. Dagegen kann eine verdeckte Einlage nicht darin bestehen, daß der Gesellschafter der Gesellschaft eine Dienstleistung[202] oder sonstige Leistung unentgeltlich oder unter Preis erbringt; Sach- oder Kapitalnutzungen, zB die unentgeltliche Nutzung eines dem Gesellschafter gehörenden Grundstücks oder die Zinslosigkeit eines Gesellschafterdarlehens, können nicht eingelegt werden, gleich, ob sie auf schlichter Nutzungsüberlassung beruhen oder ob ihnen ein (dingliches oder obligatorisches) Nutzungsrecht zugrundeliegt;[203] sie wirken sich bei der Gesellschaft in ersparten Aufwendungen gewinnerhöhend aus. Dagegen kann ein Nutzungsrecht gegenüber einem Dritten, das auf einer gesicherten Rechtsposition beruht und übertragungsfähig ist, als immaterielles Wirtschaftsgut Gegenstand einer verdeckten Einlage sein. Keine verdeckte Einlage liegt – im Gegensatz zum Verzicht des Gesellschafters auf eine bereits entstandene Pachtzinsforderung – darin, daß der Gesellschafter der Gesellschaft die Pachtzinsen im voraus für künftige Nutzungsperioden erläßt.[204] Eine Ausnahme gilt nur bei einer Betriebsaufspaltung, wenn die Betriebsgesellschaft aus gesellschaftsrechtlichen Gründen einen zu niedrigen Pachtzins zu zahlen hat und dadurch beim Besitzunternehmen Verluste entstehen; in Höhe dieser Verluste ist dann eine verdeckte Einlage anzunehmen.[205]

b) Steuerliche Behandlung

aa) Die verdeckte Einlage hat Auswirkungen auf die **Körperschaftsteuer** (Einkommensteuer) und **Gewerbeertragsteuer.** (1) Die **Gesellschaft** muß ein **Wirtschaftsgut**, das sie als verdeckte Einlage aus dem Betriebsvermögen des Gesellschafters erhält, in ihrer Steuerbilanz mit dem Teilwert (§ 6 Abs. 1 Nr. 5 EStG) ansetzen;[206] die niedrigeren Anschaffungs- oder Herstellungskosten des Gesellschafters gelten nicht.[207] Hat die Gesellschaft niedrigere oder keine Anschaffungskosten aufgewandt, so passiviert sie den Unterschiedsbetrag in einem steuerlichen Ausgleichsposten[208] mit Rücklagencharakter, insoweit

---

[202] *Döllerer* in FS v. Wallis S. 293 (304).
[203] BFH v. 26. 10. 1987, BStBl. II 1988, 348 (354, 355); zwar sind Nutzungsrechte im Gegensatz zu Nutzungsüberlassungen aktivierungsfähige immaterielle Wirtschaftsgüter; die Aktivierung und Abschreibung bei der Gesellschaft würde aber im Ergebnis die Nutzungen sowohl bei der Gesellschaft als auch beim Gesellschafter der Besteuerung entziehen; aA *Döllerer* BB 1988, 1789 (1792) bei Einlage in eine Kapitalrücklage nach § 272 Abs. 2 Nr. 4 HGB, dann aber auch mit der Folge, daß der Gesellschafter sie wie eine Einlage gegen Gesellschaftsrechte versteuern muß.
[204] BFH v. 22. 11. 1983, HFR 1984, 213 (214).
[205] BFH v. 8. 11. 1960, BStBl. III 1960, 513 (515); offengelassen in BFH v. 3. 2. 1971, BStBl. II 1971, 408 (411); kritisch auch *Dötsch/Eversberg/Jost/Witt* § 8 KStG Anm. 52 e unter Berufung auf BFH v. 24. 4. 1991, BStBl. II 1991, 713.
[206] BFH v. 24. 3. 1987, BStBl. II 1987, 705; *Frotscher/Maas* § 8 Anm. 48; *Döllerer* Verdeckte Gewinnausschüttungen S. 207 ff. § 6 Abs. 1 Nr. 5 Sätze 1 a) und b) EStG gelten nicht; *Quack* BB 1971, 862 (864 f.); *Streck* § 8 KStG Anm. 35; grds. auch *Dötsch/Eversberg/Jost/Witt* § 8 KStG Anm. 53 a.
[207] *Blümich/Ehmcke* § 6 EStG Anm. 138.
[208] *Frotscher/Maas* § 8 Anm. 84.

erhöht sich das verwendbare Eigenkapital EK 04. Unterliegt das Wirtschaftsgut der Abnutzung, so mindert sich der steuerliche Gewinn um die AfA. Hat die Gesellschaft für eine Lieferung oder Leistung an ihren Gesellschafter eine überhöhte Gegenleistung erhalten oder hat der Gesellschafter auf eine Forderung verzichtet, so ist ein höherer Handelsbilanzgewinn steuerlich zu kürzen und der Mehrgewinn als Einlage zu behandeln.

139 (2) Beim **Gesellschafter** stellt die verdeckte Einlage eines **Wirtschaftsgutes** zusätzliche Anschaffungskosten auf den Geschäftsanteil dar; im Gegensatz zum verdeckten Nennkapital[209] erhöht sich dadurch aber nicht die steuerliche Beteiligungsquote des Gesellschafters.[210] Bei Anteilen im Betriebsvermögen ist die verdeckte Einlage auf dem Beteiligungskonto mit dem gemeinen Wert[211] zu aktivieren. Dies gilt auch im Falle mittelbarer Zuwendungen, wenn also eine nahestehende Person des Gesellschafters eine verdeckte Einlage leistet.[212] In der Literatur wird teilweise der Charakter von Anschaffungskosten in Frage gestellt und eine Aktivierung unter dem Gesichtspunkt von Herstellungskosten befürwortet.[213] Danach wäre die verdeckte Einlage – zB bei einem Verzicht des Gesellschafters auf Lieferforderungen – nur dann zu aktivieren, wenn der nachträglich angefallene Aufwand zu einer Wertsteigerung der Anteile geführt hat; anderenfalls wäre er – jedoch nur bei Anteilen im Betriebsvermögen – abzugsfähig. Die Rechtsprechung[214] ermöglicht auch bei Annahme zusätzlicher Anschaffungskosten für Anteile, die in einem Betriebsvermögen liegen,[215] grds. ein gleiches Ergebnis: die Teilwertvermutung, nach der sich der Teilwert eines Wirtschaftsgutes im Zeitpunkt der Anschaffung oder Herstellung mit den Anschaffungs- bzw. Herstellungskosten deckt, gilt nicht;[216] eine gleichzeitige Minderung der nachträglichen Anschaffungskosten durch andere wertmindernde Umstände ist nicht ausgeschlossen. So kann insbesondere die Aktivierung eines Sanierungszuschusses durch eine Teilwertabschreibung auszugleichen sein.[217] Die Verlustübernahme aufgrund körperschaftsteuerlicher Organschaft wird beim Organträger von vornherein nicht aktiviert.[218]

140 Ist der verdeckt einlegende Gesellschafter neben anderen Gesellschaftern beteiligt, kommt eine verdeckte Einlage mittelbar den **Mitgesellschaftern** zugute, wenn nicht auch diese entsprechend ihren Beteiligungsquoten Einlagen leisten. Dies bleibt jedoch auf die Höhe der steuerlichen nachträglichen

---

[209] Vgl. Rz. 174.
[210] *Blümich/Ehmcke* § 6 EStG Anm. 137 ff.
[211] *Blümich/Ehmcke* § 6 EStG Anm. 139; BFH v. 16. 4. 1991, BStBl. II 1992, 234; für Wahlrecht zur Buchwertfortführung: *Seibold* DStR 1990, 719; *Seifried* DB 1990, 1525.
[212] *Döllerer* StbJb 1981/82, 195 (204); *Schmidt/Weber-Grellet* § 17 Anm. 165 f.; BFH v. 19. 5. 1993, BStBl. II 1993, 804.
[213] Beck Bil-Komm./*Ellrott-Gutike* § 255 Anm. 405; dagegen *Döllerer* FS v. Wallis S. 293 (297).
[214] Vgl. BFH v. 9. 3. 1977, BStBl. II 1977, 515.
[215] Vgl. BFH v. 12. 2. 1980, BStBl. II 1980, 494 (498).
[216] Vgl. BFH v. 9. 9. 1986, BStBl. II 1987, 257.
[217] *Knobbe-Keuk* DStZ 1984, 335, 337.
[218] BFH v. 17. 9. 1969, BStBl. II 1970, 48; BFH v. 26. 1. 1977, BStBl. II 1977, 441; vgl. auch *Döllerer* Verdeckte Gewinnausschüttung S. 216 f.

E. Verdeckte Einlagen 141, 142 § 7

Anschaffungskosten, die bei dem einlegenden Gesellschafter anzusetzen sind, ohne Auswirkung.[219]

Die verdeckte Einlage ist mangels einer Gegenleistung **keine Veräuße-** 141
rung; eine Gegenleistung liegt auch nicht darin, daß sich der Anteil des Gesellschafters im Wert erhöht.[220] Gleichwohl nimmt die Rechtsprechung[221] an, daß bei dem Gesellschafter, der ein Wirtschaftsgut in eine Kapitalgesellschaft einlegt, in Höhe des Unterschieds zwischen Buchwert und gemeinem Wert ein **Ertrag** entsteht; liefert der Gesellschafter unter Preis, so ergeben sich für ihn in Höhe des Preisverzichts nachträgliche Anschaffungskosten auf die Beteiligung und zusätzlich ein Ertrag.[222] Ein Ertrag unterliegt als Teil des laufenden Gewinns der Einkommen- bzw. Körperschaftsteuer und der Gewerbeertragsteuer. Die steuerlich wirksame Aufdeckung stiller Reserven gilt aber nur bei einer Einlage in eine Beteiligung, die der Gesellschafter in **Betriebsvermögen** hält. Will der Gesellschafter einen steuerpflichtigen Ertrag vermeiden, so darf er der Gesellschaft nur die Nutzung des Wirtschaftsgutes überlassen; der steuerpflichtige Ertrag fällt dann bei der Gesellschaft und nur in dem Umfang an, in dem die unentgeltliche Nutzung zur Ertragsverbesserung führt.[223]

Hält der Gesellschafter den Anteil in seinem steuerlichen **Privatvermö-** 142
gen, so kann die verdeckte Einlage eines Wirtschaftsgutes aus seinem Privatvermögen für ihn nur dann zu steuerpflichtigen **Einnahmen** führen, wenn diese im Rahmen der einkommensteuerlichen Einkunftsarten anfallen.[224] Legt jedoch der Gesellschafter alle wesentlichen Betriebsgrundlagen eines bisher von ihm geführten **Gewerbebetriebes** verdeckt ein, so verwirklicht er einen Aufgabegewinn iSd. § 16 Abs. 3 EStG, während die Gesellschaft nach § 7 Abs. 1 EStDV die Buchwerte des eingelegten Betriebsvermögens fortführt;[225] die stillen Reserven werden sowohl bei dem Gesellschafter als auch bei der Gesellschaft erfaßt. Legt der Gesellschafter eine **wesentliche Beteiligung** seines **Privatvermögens** verdeckt in eine Kapitalgesellschaft ein, deren Anteile sich wiederum in seinem steuerlichen Privatvermögen befinden, so liegt eine Veräußerung vor (§ 17 Abs. 1 Satz 2 EStG). An die Stelle des fehlenden oder zu geringen Veräußerungspreises tritt der nach § 11 BewG[226] zu er-

---

[219] Vgl. BFH v. 18. 7. 1985, BStBl. II 1985, 635 (636); BFH v. 24. 3. 1987, BStBl. II 1987, 705 (707).
[220] BFH v. 24. 3. 1987, BStBl. II 1987, 705 (706 f.); BFH v. 18. 12. 1990, BStBl. II 1991, 512 mwN.
[221] Vgl. BFH v. 26. 10. 1987, BStBl. II 1988, 348 (355); möglicherweise zweifelnd BFH v. 27. 7. 1988, BStBl. II 1989, 271 (273).
[222] BFH v. 21. 9. 1989, BStBl. II 1990, 86 (87); *Döllerer* Verdeckte Gewinnausschüttungen S. 215; vgl. auch ablehnend Darstellung von *Knobbe-Keuk* § 5 VI 1.c) cc) (S. 217 f.).
[223] Vgl. *Groh* StbJb 1988/89, 187 (200); zur steuerlichen Gestaltung vgl. *Schirmer* GmbHR 1989, 513 (518).
[224] So *Döllerer* verdeckte Gewinnausschüttungen S. 211; Verzicht des Gesellschafters auf entstandene Mietzinsen (§ 21 EStG) oder Darlehenszinsen (§ 20 EStG).
[225] Nach den geplanten Änderungen des StEntlG 1999/2000/2001 wird § 7 EStDV aufgehoben und eine entsprechende Regelung in das Gesetz aufgenommen (§ 6 Abs. 3 EStG – neu –).
[226] Ggf. Anwendung des Stuttgarter Verfahrens.

mittelnde gemeine Wert der übertragenen Anteile im Zeitpunkt der Einlage.[227]

143 (3) Für verdeckte Einlagen im **(inländischen) Konzern** (Zuwendungen unter **Schwestergesellschaften**) gelten keine anderen Rechtsfolgen.[228]

Beispiel 1: Die Tochtergesellschaft T 1 einer Muttergesellschaft M wendet ihrer Schwestergesellschaft T 2 unentgeltlich ein (abnutzbares) Wirtschaftsgut zu.

Bei T 1: Gewinnerhöhung durch verdeckte Gewinnausschüttung (gemeiner Wert des Wirtschaftsguts) an M; Ausschüttungsbelastung; Einbehalt der Kapitalertragsteuer.

Bei M: Gewinnerhöhung um die von T 1 erhaltene verdeckte Gewinnausschüttung; weitere Gewinnerhöhung um den darauf beruhenden Körperschaftsteueranrechnungsanspruch; Anrechnung der Körperschaftsteuer und der Kapitalertragsteuer; verdeckte Einlage in T 2 (= Erhöhung des Beteiligungskontos um den gemeinen Wert des Wirtschaftsgutes); Minderung des Gewerbeertrages um die verdeckte Gewinnausschüttung (gewerbesteuerliches Schachtelprivileg nach § 9 Nr. 2 a GewStG).

Bei T 2: Gewinneutrale Einlage des Wirtschaftsgutes zum Teilwert; während der Nutzungsdauer Gewinnminderungen durch AfA.

Beispiel 2: Wie Beispiel 1; jedoch unentgeltliche Nutzungsüberlassung von T 1 an T 2.

Bei T 1: Während der Nutzungszeit jeweils Gewinnerhöhung durch verdeckte Gewinnausschüttungen (gemeiner Wert der laufenden Nutzungen) an M; Ausschüttungsbelastung; Einbehalt der Kapitalertragsteuer.

Bei M: Gewinnerhöhung um die von T 1 erhaltene verdeckte Gewinnausschüttung; weitere Gewinnerhöhung um den darauf beruhenden Körperschaftsteueranrechnungsanspruch; Anrechnung der Körperschaftsteuer und der Kapitalertragsteuer; Gewinnminderung durch Weiterleitung (Verbrauch) der verdeckten Gewinnausschüttung an T 2; keine verdeckte Einlage in T 2; Minderung des Gewerbeertrages um die verdeckte Gewinnausschüttung (gewerbesteuerliches Schachtelprivileg nach § 9 Nr. 2 a GewStG).

Bei T 2: Keine Einlage eines Nutzungsrechts oder laufender Nutzungen, sondern während der Nutzungszeit jeweils Gewinnerhöhung durch aufwandslose Nutzung.

Die verdeckte Gewinnausschüttung unter Schwestergesellschaften wird demnach im Ergebnis unterschiedlich erfaßt; die Zuwendung eines Wirtschaftsgutes bei der Muttergesellschaft, die Nutzungsüberlassung bei der begünstigten Tochtergesellschaft.

144 (4) Bei **Auslandsbeziehungen** können sich sowohl im Beteiligungsverhältnis zwischen **Mutter- und Tochtergesellschaft** als auch im Konzern unter **Schwestergesellschaften** nach Außensteuerrecht abweichende Beurteilungen ergeben.[229] Die nachstehenden Beispiele berücksichtigen nicht die steuerliche Behandlung im Ausland.

Beispiel 3: Die inländische Muttergesellschaft M I wendet ihrer ausländischen Tochtergesellschaft T A unentgeltlich ein (abnutzbares) Wirtschaftsgut zu.

Bei M I: Verdeckte Einlage in T A (= Erhöhung des Beteiligungskontos um den gemeinen Wert des Wirtschaftsgutes); Gewinnerhöhung um die Differenz zwischen gemeinem Wert und Buchwert des Wirtschaftsgutes.

---

[227] *Schmidt/Weber-Grellet* § 17 Anm. 139; aA *Hübner*, DStR 1995, 1 ff.
[228] Vgl. *Groh* DB 1988, 514 (571 ff.); *ders.* StbJb 1988/89, 187 (202 f.); *Döllerer* BB 1988, 1789 (1793).
[229] Vgl. *Groh* DB 1988, 514 (574 ff.); *Groh* StbJb 1988/89, 187 (201 ff.); *Döllerer* BB 1988, 1789 (1793 f.); *Dötsch/Eversberg/Witt* Anh. InfGA Anm. 26 ff. Zur steuerlichen Behandlung bei Auslandsbeziehungen zwischen Gesellschaften, Stammhaus und Betriebsstätte vgl. *Dötsch/Eversberg/Jost/Witt* Anh. 2 zu § 8 KStG Anm. 41 ff.

E. Verdeckte Einlagen

Beispiel 4: Wie Beispiel 3; jedoch unentgeltliche Nutzungsüberlassung.
Bei M I: Keine verdeckte Einlage; jedoch Gewinnerhöhung durch Ansatz eines fiktiven angemessenen Nutzungsentgeltes (§ 1 AStG).

Beispiel 5: Die ausländische Muttergesellschaft M A wendet ihrer inländischen Tochtergesellschaft unentgeltlich ein (abnutzbares) Wirtschaftsgut zu.
Bei T I: Gewinneutrale Einlage des Wirtschaftsgutes zum Teilwert; während der Nutzungsdauer Gewinnminderungen durch AfA.

Beispiel 6: Wie Beispiel 5; jedoch unentgeltliche Nutzungsüberlassung.
Bei T I: Keine Einlage eines Nutzungsrechts oder laufender Nutzungen; während der Nutzungsdauer jeweils Gewinnerhöhung durch aufwandslose Nutzung.

Beispiel 7: Die ausländische Tochtergesellschaft T A 1 der inländischen Muttergesellschaft M I wendet ihrer ausländischen Schwestergesellschaft T A 2 unentgeltlich ein (abnutzbares) Wirtschaftsgut zu.
Bei M I: Keine steuerliche Gewinnerhöhung um die von T A 1 erhaltene verdeckte Gewinnausschüttung, sofern nach DBA das internationale Schachtelprivileg besteht, bzw. (wenn Gewinnbestandteil) Minderung des Gewerbeertrages um die verdeckte Gewinnausschüttung (gewerbesteuerliches Schachtelprivileg nach § 9 Nr. 7 GewStG); keine anrechenbare (inländische) Körperschaftsteuer und Kapitalertragsteuer; verdeckte Einlage in T A 2 (= Erhöhung des Beteiligungskontos um den gemeinen Wert des Wirtschaftsgutes).

Beispiel 8: Wie Beispiel 7; jedoch unentgeltliche Nutzungsüberlassung.
Bei M I: Keine steuerlichen Gewinnerhöhungen um die von T A 1 während der Nutzungszeit jeweils erhaltenen verdeckten Gewinnausschüttungen, sofern nach DBA das internationale Schachtelprivileg besteht, bzw. (wenn Gewinnbestandteil) Minderung des Gewerbeertrages um die verdeckte Gewinnausschüttung (gewerbesteuerliches Schachtelprivileg nach § 9 Nr. 7 GewStG); keine anrechenbare (inländische) Körperschaftsteuer und Kapitalertragsteuer; Gewinnminderung durch Weiterleitung (Verbrauch) der verdeckten Gewinnausschüttung an T A 2; keine verdeckte Einlage in T A 2; Gewinnerhöhung durch Ansatz eines fiktiven angemessenen Nutzungsentgeltes (§ 1 AStG).

Beispiel 9: Die inländische Tochtergesellschaft T I 1 der inländischen Muttergesellschaft M I wendet ihrer ausländischen Schwestergesellschaft T A 2 unentgeltlich ein (abnutzbares) Wirtschaftsgut zu.
Bei T I 1: Wie bei T 1 im Beispiel 1.
Bei M I: Wie bei M im Beispiel 1.

Beispiel 10: Wie Beispiel 9; jedoch unentgeltliche Nutzungsüberlassung.
Bei T I 1: Wie bei T 1 im Beispiel 2.
Bei M I: Wie bei M im Beispiel 2; jedoch Gewinnerhöhung durch Ansatz eines fiktiven angemessenen Nutzungsentgeltes (§ 1 AStG),[230]

Beispiel 11: Die ausländische Tochtergesellschaft T A 1 der inländischen Muttergesellschaft M I wendet ihrer inländischen Schwestergesellschaft T I 2 unentgeltlich ein (abnutzbares) Wirtschaftsgut zu.
Bei M I: Wie im Beispiel 7.
Bei T I 2: Wie bei T 2 im Beispiel 1.

---

[230] *Groh* DB 1988, 514 (574); aA *Döllerer* BB 1988, 1789 (1794).

Beispiel 12: Wie Beispiel 11; jedoch unentgeltliche Nutzungsüberlassung.
Bei M I: Wie im Beispiel 8; jedoch keine Gewinnerhöhung nach § 1 AStG, weil der Ertrag steuerlich bei T I 2 erfaßt werden kann.
Bei T I 2: Wie bei T 2 im Beispiel 2.

Beispiel 13: Die inländische Tochtergesellschaft T I 1 einer ausländischen Muttergesellschaft M A wendet ihrer inländischen Schwestergesellschaft T I 2 unentgeltlich ein (abnutzbares) Wirtschaftsgut zu.
Bei T I 1: Wie bei T 1 im Beispiel 1.
Bei M A: Keine Anrechnung der Körperschaftsteuer von T I 1 und der einbehaltenen Kapitalertragsteuer.
Bei T I 2: Wie bei T I im Beispiel 5.

Beispiel 14: Wie Beispiel 13; jedoch unentgeltliche Nutzungsüberlassung.
Bei T I 1: Wie bei T 1 im Beispiel 2.
Bei M A: Wie im Beispiel 13.
Bei T I 2: Wie bei T I im Beispiel 6.

Beispiel 15: Die ausländische Tochtergesellschaft T A 1 einer ausländischen Muttergesellschaft M A wendet ihrer inländischen Schwestergesellschaft T I 2 unentgeltlich ein (abnutzbares) Wirtschaftsgut zu.
Bei T I 2: Wie bei T I im Beispiel 5.

Beispiel 16: Wie Beispiel 15; jedoch unentgeltliche Nutzungsüberlassung.
Bei T I 2: Wie bei T I im Beispiel 6.

Beispiel 17: Die inländische Tochtergesellschaft T I 1 einer ausländischen Muttergesellschaft M A wendet ihrer ausländischen Schwestergesellschaft T A 2 unentgeltlich ein (abnutzbares) Wirtschaftsgut zu.
Bei T I 1: Wie bei T 1 im Beispiel 1.
Bei M A: Keine Anrechnung der Körperschaftsteuer von T I 1 und der einbehaltenen Kapitalertragsteuer.

Beispiel 18: Wie Beispiel 17; jedoch unentgeltliche Nutzungsüberlassung.
Bei T I 1: Wie bei T 1 im Beispiel 2.
Bei M A: Wie im Beispiel 17.

Soweit sich aus einer unterschiedlichen Behandlung im Inland und im Ausland steuerliche Mehrbelastungen im Konzern ergeben, bietet sich an, eine **Verständigung** der beteiligten Finanzverwaltungen zu suchen (vgl. Art. 9 Abs. 2 OECD-Muster-DBA 1977).

(5) Eine spätere **Rückgewähr** der verdeckt erhaltenen Einlage kann sich steuerlich nur in der Form einer offenen oder verdeckten Gewinnausschüttung vollziehen; bei Kapitalgesellschaften geht die Regelung der verdeckten Gewinnausschüttung den Bestimmungen des EStG über die Entnahme vor.[231] Die **Gesellschaft** nimmt körperschaftsteuerlich eine Auschüttung vor, für die verwendbares Eigenkapital in der gesetzlichen Reihenfolge (§ 28 Abs. 3 KStG) als verwendet gilt.[232] Demnach können Körperschaftsteuerminderun-

---

[231] BFH v. 26. 10. 1987, BStBl. II 1988, 348 (354); handelsrechtlich ist dagegen eine Entnahme von Vermögen zu Lasten einer Rücklage ohne deren gewinnerhöhende Auflösung zulässig, BGH v. 12. 12. 1983, DB 1984, 340.

[232] Dötsch/Eversberg/Jost/Witt § 28 KStG Anm. 30 ff.; aA *Kerssenbrock* DB 1987, 1658 (1661): Verwendung von EK 04; auch HHR § 28 KStG Anm. 43; vgl. auch

E. Verdeckte Einlagen 146, 147 § 7

gen (bei Verwendung von EK 45) und Körperschaftsteuererhöhungen (bei Verwendung von EK 02 und 03) eintreten. Es ist Kapitalertragsteuer einzubehalten (§ 43 Abs. 1 Nr. 1 EStG). Der **Gesellschafter** rechnet die Kapitalertragsteuer und die auf der Ausschüttung lastende Körperschaftsteuer an (§ 36 Abs. 2 Nrn. 2, 3 EStG). Soweit für die Rückgewähr EK 01 oder EK 04 als verwendet gilt, stellt die Gesellschaft keine Ausschüttungsbelastung her (§ 40 Satz 1 Nr. 1 und 2 KStG), und beim Gesellschafter fallen keine steuerpflichtigen Einnahmen aus Kapitalvermögen (§ 20 Abs. 1 Nr. 1 Satz 3, Nr. 2 Satz 2 EStG) an. Die Rückzahlung mindert nachträglich bei wesentlicher Beteiligung die Anschaffungskosten und bei Anteilen im Betriebsvermögen den Buchwert der Anteile.[233] Soweit die Rückzahlung den Buchwert übersteigt, ist sie eine gewinnerhöhende Betriebseinnahme; bei Anteilen im Privatvermögen bleibt der Kapitalertrag steuerfrei.[234]

In folgenden Fällen wurde die Einlagefähigkeit des Vermögensvorteils anerkannt: **146**
– Rückgängigmachung von verdeckten Gewinnausschüttungen.[235]
– Selbstgeschaffene immaterielle Wirtschaftsgüter des Anlagevermögens.[236]
– Leistung eines Zuschusses durch den Anteilseigner zur Abdeckung eines Bilanzverlustes bei der Kapitalgesellschaft.[237]
– Verlustübernahme durch den Anteilseigner bei gescheiterter Organschaft.[238]
– Übernahme einer Bürgschaft für die Kapitalgesellschaft und anschließende Inanspruchnahme des Gesellschafters aus der Bürgschaft.[239]
– Verzicht des Gesellschafters auf bereits entstandene Zinsen für ein der Kapitalgesellschaft gewährtes Darlehen, wenn im Zeitpunkt des Verzichts die Zinsverbindlichkeit bei der Gesellschaft hätte bilanziert werden müssen.[240]
– Verzicht des beherrschenden Gesellschafter-Geschäftsführers auf seinen bereits entstandenen Gehaltsanspruch.[241]
– Verzicht des Gesellschaft-Geschäftsführers auf seinen Pensionsanspruch (Anwartschaftsrecht).[242]

Forderungsverzichte eines Gesellschafters gegenüber der Kapitalgesellschaft **147** aus gesellschaftlichem Anlaß führen grds. zu verdeckten Einlagen. Fraglich war insoweit bislang insbesondere,

---

Gassner JbFfSt 1985/86, 437 (452); zustimmend *Schmidt/Weber-Grellet* § 17 Anm. 24 d; einschränkend für Rückzahlungen auf Besserungsscheine *Berger* DB 1982, 2487; so auch BFH v. 30. 5. 1990, DB 1990, 1998 (1999); Kapitalrückzahlung bei Zahlung auf eine Forderung, auf die der Gesellschafter auflösend bedingt verzichtet hatte und die im Besserungsfall wiederaufgelebt ist.
[233] BFH v. 7. 11. 1990, DB 1991, 369 (371 f.); BMF-Schr. v. 9. 1. 1987, BStBl. I 1987, 171; *Schmidt/Weber-Grellet* § 17 Anm. 168; BFH v. 16. 3. 1994, BStBl. II 1994, 527; BFH v. 19. 7. 1994, BStBl. II 1995, 362.
[234] BMF-Schr. v. 9. 1. 1987 aaO; *Dötsch/Eversberg/Jost/Witt* § 17 EStG Anm. 124 f.
[235] BFH v. 3. 8. 1993, BStBl. II 1994, 561.
[236] BFH v. 20. 8. 1986, BStBl. II 1987, 455; R 31 a Abs. 3 EStR 1996.
[237] BFH v. 12. 12. 1980, BStBl. II 1980, 494.
[238] BFH v. 16. 5. 1990, BStBl. II 1990, 797.
[239] BFH v. 2. 10. 1984, BStBl. II 1985, 320.
[240] BFH v. 24. 5. 1984, BStBl. II 1984, 747.
[241] BFH v. 19. 7. 1994, BStBl. II 1995, 362.
[242] BFH v. 9. 6. 1997, DB 1997, 1693.

- wie der Forderungsverzicht bei den Beteiligten steuerlich zu bewerten ist,
- ob eine verdeckte Einlage durch Forderungsverzicht auch durch eine dem Gesellschafter nahestehende Person möglich ist, und
- ob und ggf. in welcher Höhe ein Forderungsverzicht auf der Ebene des Gesellschafters den Zufluß der Forderung auslöst.

148 Mit Beschluß vom 27. 7. 1994[243] hat der I. Senat des BFH den Großen Senat des BFH angerufen und diesbezügliche Vorlagefragen gestellt. Der Große Senat hat die vorgelegten Rechtsfragen mit Beschluß vom 9. 6. 1997[244] wie folgt beantwortet:

1. Ein auf dem Gesellschaftsverhältnis beruhender Verzicht eines Gesellschafters auf seine nicht mehr vollwertige Forderung gegenüber seiner Kapitalgesellschaft führt bei dieser zu einer **Einlage** in Höhe des **Teilwerts der Forderung**. Dies gilt auch dann, wenn die entsprechende Verbindlichkeit auf abziehbare Aufwendungen zurückgeht.

2. Der Verzicht des Gesellschafters auf eine Forderung gegenüber seiner Kapitalgesellschaft im Wege der **verdeckten Einlage** führt bei ihm zum **Zufluß** des noch **werthaltigen Teils der Forderung**.

3. Eine verdeckte Einlage bei der Kapitalgesellschaft kann auch dann anzunehmen sein, wenn der Forderungsverzicht von einer dem Gesellschafter **nahestehenden Person** ausgesprochen wird.

Bei der Gesellschaft kommt es danach durch den Forderungsverzicht zu einem Ertrag, der in Höhe des werthaltigen Teils der Forderung nicht mit Körperschaftsteuer belastet und in der Gliederung des verwendbaren Eigenkapitals als Zugang zum EK 04 ausgewiesen wird. Zur Behandlung des nicht mehr werthaltigen Teils der Forderung nimmt der Große Senat in seinem Beschluß nicht Stellung. Er dürfte ungemildert der Körperschaftsteuer unterliegen.[245]

Zu den Steuerfolgen beim Gesellschafter siehe auch § 8 Rz. 255 ff.

149 **bb)** Leistungen von Gesellschaftern (und Dritten) an die GmbH können auch als freigebige Zuwendungen iSv. § 7 Abs. 1 des **Erschaftsteuer- und Schenkungsteuergesetzes** (ErbStG) einen schenkungsteuerlichen Tatbestand erfüllen.

Hierfür ist nicht Voraussetzung, daß der Zuwendungsgegenstand (offen oder verdeckt) einlagefähig iSd. Handels- und Steuerbilanzrechts ist. Auch die Zuwendung eines Nutzungsvorteils (zB die Einräumung eines zinslosen Darlehens) kann den schenkungsteuerlichen Tatbestand erfüllen.[246]

Bislang war die Rspr. davon ausgegangen, daß Zuwendungen des Gesellschafters an seine Gesellschaft nicht bei der Gesellschaft schenkungsteuerlich zu erfassen sind. Erfaßt wurden Werterhöhungen der Gesellschaftsanteile von Mitgesellschaftern, die selbst keine Zuwendung an die Gesellschaft erbracht haben.

150 Diese Rspr. ist durch den BFH in neueren Entscheidungen konkretisiert und modifiziert worden. Soweit es um die Verwirklichung eines schenkungssteuerlichen Tatbestandes bei den Mitgesellschaftern geht, die selbst keine Zuwendung an die Gesellschaft erbracht haben, hat der BFH mit Urteil vom

---

[243] BStBl. II 1995, 27.
[244] DB 1997, 1693.
[245] *Dörner* Praktische Konsequenzen aus dem Beschluß des Großen Senats zum Forderungsverzicht, INF 1998, 1.
[246] BFH v. 25. 10. 1995, BStBl. II 1996, 160.

E. Verdeckte Einlagen 151, 152 § 7

25. 10. 1995[247] klargestellt, daß in der unentgeltlichen Zuwendung eines Gesellschafters gegenüber der GmbH (im Urteilsfall: Zinsverzicht) keine Zuwendung an die Mitgesellschafter vorliegt, weil die GmbH als juristische Person unmittelbar Empfängerin des gewährten Vermögensvorteils sei, denn nur die GmbH sei berechtigt, das ihr zur Verfügung gestellte Darlehen unentgeltlich zu nutzen. Sie werde als Inhaberin des Gesellschaftsvermögens als Bedachte der Zuwendung unmittelbar auf Kosten des Zuwendenden bereichert. Etwas anderes gelte nur, wenn die Zuwendung an die GmbH in Wahrheit eine verschleierte Zuwendung an die Mitgesellschafter darstelle und die Zuführung in das Vermögen der GmbH lediglich unter Verkürzung des Leistungsweges ausgeführt worden sei (wofür es im Urteilsfall keinen Anhaltspunkt gab). Für die Annahme einer Zuwendung an die Mitgesellschafter reiche es nicht aus, daß die Werterhöhung deren Gesellschaftsanteile lediglich eine unvermeidbare Folge der Zuwendung an die Gesellschaft ist. Darüber hinaus müsse der zuwendende Gesellschafter zumindest neben der Förderung des Gesellschaftszweckes (auch) eine freigebige Zuwendung an die Mitgesellschafter beabsichtigt haben.

Dieser Auffassung haben sich die Obersten Finanzbehörden der Länder mit einem gleichlautenden Erlaß vom 15. 3. 1997 angeschlossen.[248] Soweit danach eine steuerbare Zuwendung im Verhältnis zu den anderen Mitgesellschaftern anzunehmen ist, ist davon auszugehen, daß nicht der geleistete Gegenstand selbst, sondern die sich aus der Zuwendung ergebende Werterhöhung der Gesellschaftsanteile Gegenstand der Zuwendung ist. Diese Werterhöhung ist idR im Bewertungsverfahren nach § 11 Abs. 1 bzw. Abs. 2 BewG zu ermitteln und der Besteuerung zugrunde zu legen.

Soweit die Zuwendung an die GmbH steuerlich nicht bei den Mitgesellschaftern zu erfassen ist, hat der BFH in der og. Entscheidung vom 25. 10. 1995[249] ausdrücklich offen gelassen, ob in der Zuwendung (im Urteilsfall: Zinsverzicht des zuwendenden Gesellschafters) eine schenkungssteuerliche Zuwendung an die GbmH selbst zu sehen ist. Er hat dazu ausgeführt: „Ob im Streitfall der Annahme einer freigebigen Zuwendung an die Gesellschaft gesellschaftsrechtliche Gründe entgegenstehen, hat der Senat nicht zu entscheiden." In einem weiteren Urteil vom 17. 4. 1996[250] hat der BFH entschieden, daß die Erhöhung des Anteilwertes der Mitgesellschafter die Bereicherung der Gesellschaft weder aufheben noch mindern könne. Beide Entscheidungen könnten zu einer grundsätzlichen Wende der Rspr. dahingehend führen (oder bereits geführt haben), daß insoweit die schenkungsteuerliche Bereicherung der GmbH zuzurechnen wäre.

Die Finanzverwaltung folgt dieser Auffassung nicht. Im Erlaß vom 15. 3. 1997[251] bezieht sie sich auf ältere Rspr. des BFH,[252] wonach die Freigebigkeit der Zuwendung bereits dann ausgeschlossen ist, wenn die Zuwendung in rechtlichem Zusammenhang mit einem Gesellschaftszweck steht. Beabsichtigt

---

[247] Siehe Fn. 246.
[248] GmbHR 1997, 424.
[249] Siehe Fn. 246.
[250] BStBl. II 1996, 456.
[251] Gleichl. Erlaß der Obersten Finanzbehörden der Länder, DStR 1997, 540.
[252] BFH v. 1. 7. 1992, BStBl. II 1992, 921; BFH v. 1. 7. 1992, BStBl. II 1992, 925.

der Gesellschafter einer Kapitalgesellschaft, deren Vermögen durch eine Zuwendung zu erhöhen, dient diese Leistung nach Auffassung der Finanzverwaltung dem Gesellschaftszweck und hat ihren Rechtsgrund in der allgemeinen mitgliedschaftlichen Zweckförderungspflicht.

153 Gewährt der Gesellschafter das Darlehen unverzinslich oder niedrig verzinslich, oder verzichtet er der Gesellschaft gegenüber auf einen bereits entstandenen Zinsanspruch, so kann in dem **Nutzungsvorteil** grds. eine freigebige Zuwendung an die Mitgesellschafter iSd. § 7 Abs. 1 Nr. 1 ErbStG und damit ein schenkungssteuerpflichtiger Tatbestand liegen.[253] Das setzt voraus, daß zumindest auch eine freigebige Zuwendung an Mitgesellschafter beabsichtigt ist[254] und sich deshalb die Werterhöhung der Anteile von Mitgesellschaftern nicht nur als bloßer Reflex ergibt. Die Verbesserung der Ertragsaussichten der Mitgesellschafter ist nach Abschn. 7 Abs. 1 Satz 1 VStR 1995 zu ermitteln. Die Schenkungssteuer entsteht endgültig im Zeitpunkt des Zinsverzichts. Der Umstand, daß die Zinsersparnis bei der GmbH jährlich entsteht, führt nicht zu einer „wiederkehrenden Schenkung".[255] Die Zinslosigkeit ist nicht schenkungsteuerpflichtig, wenn der Gesellschafter das zinslose Darlehen zur Sanierung der Gesellschaft gewährt.[256]

154–159 *(frei)*

F. GmbH und Still

I. Überblick

160 Die Gesellschaft kann sich dadurch finanzieren, daß sie Kapital Dritter als stille Einlage aufnimmt. Auch der Gesellschafter kann sich an dem Unternehmen seiner Gesellschaft als stiller Gesellschafter beteiligen. Die stille Gesellschaft begründet ein **weiteres Gesellschaftsverhältnis** zwischen dem Gesellschafter und der Gesellschaft. Sie wird zivilrechtlich[257] und steuerrechtlich[258] anerkannt, auch wenn der stille Gesellschafter an der GmbH als Mehrheitsgesellschafter oder Alleingesellschafter beteiligt ist.[259]

161 Im Gegensatz zu einem festverzinslichen Darlehen braucht die Kapitalnutzung nur nach Maßgabe der Ertragslage vergütet zu werden; der stille Gesellschafter ist in der Regel am Verlust beteiligt; er erhält bei Beendigung seine Einlage zurück **(typische stille Gesellschaft)**. Der Gesellschaftsvertrag kann die Verwaltungs- und Vermögensrechte des stillen Gesellschafters ausweiten **(atypische stille Gesellschaft)**. Mehrere stille Gesellschafter begründen grundsätzlich jeweils eine stille Gesellschaft mit der GmbH, so

---

[253] Vgl. vorstehend Rz. 148.
[254] BFH v. 25. 10. 1995, BStBl. 1996 II, 160.
[255] Gleichl. Erlaß der Obersten Finanzbehörden der Länder vom 15. 3. 1997, DStR 1997, 540.
[256] *Meincke* § 7 Anm. 88.
[257] *Paulick/Blaurock* Handbuch der stillen Gesellschaft § 24 I (S. 451 f.).
[258] BFH v. 10. 2. 1978, BStBl. II 1978, 256; BFH v. 6. 2. 1980, BStBl. II 1980, 477 (478); BFH v. 21. 6. 1983, BStBl. II 1983, 563 (565).
[259] *Post/Hoffmann* Die stille Beteiligung am Unternehmen der Kapitalgesellschaft, S. 79.

daß **mehrere** stille Gesellschaften nebeneinander bestehen können. Die mehreren Gesellschafter können sich aber auch untereinander gesellschaftsrechtlich zusammenschließen und mit der GmbH eine stille Gesellschaft eingehen.

II. Die stille Gesellschaft

1. Begründung

Für den Abschluß des Gesellschaftsvertrages zwischen der GmbH und dem Stillen ist gesetzlich grds. keine Form vorgeschrieben. Die **Schriftform** sollte aber immer eingehalten werden. 162

Der Vertragsabschluß fällt in die Zuständigkeit der Geschäftsführung der GmbH. Problematisch ist das Verhältnis der Gewinnbeteiligung aufgrund stiller Gesellschaft zu den konzernrechtlichen Unternehmensverträgen iSd. §§ 291 f. AktG.[260] Im Gegensatz zu einer stillen Beteiligung an einer Aktiengesellschaft, die nahezu einhellig[261] als **Teilgewinnabführungsvertrag** behandelt wird, stellt die stille Beteiligung an einer GmbH grds. eine **Gewinnbeteiligung Dritter** dar. Sie ist als Aufwandsposten dem Jahresüberschuß vorgelagert und fällt damit grds. nicht in den Zuständigkeitsbereich der Gesellschafter (vgl. § 29 GmbHG); ein zustimmender Gesellschafterbeschluß ist somit nicht erforderlich.[262] Entfällt jedoch auf den stillen Gesellschafter ein erheblicher Teil des Gewinnes der GmbH, so bedarf die Geschäftsführung im Innenverhältnis eines einstimmigen **Zustimmungsbeschlusses** der GmbH-Gesellschafter; wenn der Gewinnanteil des Stillen praktisch den gesamten Gewinn der GmbH erfassen und die GmbH-Gesellschafter im Ergebnis dividendenlos stellen wird, kann die Geschäftsführung darüber hinaus den Vertrag auch im Außenverhältnis wirksam nur aufgrund eines einstimmig gefaßten Beschlusses der GmbH-Gesellschafter abschließen.[263] Der Beschluß der GmbH-Gesellschafter ist, damit die Geschäftsführung im Außenverhältnis die GmbH wirksam vertreten kann, auch immer dann erforderlich, wenn die stille Beteiligung – wie grundsätzlich bei atypischen stillen Gesellschaften – zum Unternehmensvertrag wird[264] oder wenn der stille Gesellschafter zugleich GmbH-Gesellschafter ist.[265] 163

Der stille Gesellschafter leistet eine **Vermögenseinlage**. Diese kann im Gegensatz zu einer Stammeinlage auch in **Dienstleistungen** bestehen (§ 706 Abs. 3 BGB). Der eingelegte Vermögensgegenstand geht in das Vermögen der GmbH über (§ 230 Abs. 1 HGB). 164

---

[260] Vgl. dazu *U. Schneider/Reusch* DB 1989, 713 (714).
[261] Vgl. Kölner Kommentar zum AktG, § 292 Anm. 53–55.
[262] *Scholz/Emmerich* § 29 Anm. 82; *K. Schmidt* ZGR 1984, 295 (310).
[263] *K. Schmidt* ZGR 1984, 295 (309); *U. Schneider/Reusch* DB 1989, 713 (716).
[264] *K. Schmidt* ZGR 1984, 295 (309).
[265] *U. Schneider/Reusch* DB 1989, 713 (716). Ob der stille Gesellschafter dann in der GmbH nach § 47 Abs. 4 S. 2 vom Stimmrecht ausgeschlossen ist (so *U. Schneider/ Reusch* aaO), erscheint zweifelhaft, weil der Gesellschafter als herrschendes Unternehmen beim Abschluß von Unternehmensverträgen nach hM (vgl. *Scholz/Priester* § 53 Anm. 166 mwN) auch nicht daran gehindert wäre, sein Stimmrecht auszuüben.

165 Die typische und die atypische stille Gesellschaft sind als Innengesellschaften **umsatzsteuerlich** keine Unternehmer (§ 2 Abs. 1 UStG).[266] Die GmbH ist Unternehmer; der stille Gesellschafter kann außerhalb seiner Gesellschafterstellung – so zB auch, wenn er der GmbH ein Wirtschaftsgut vermietet – Unternehmer sein.[267] Ist er Unternehmer und leistet er die Einlage im Rahmen seines Unternehmens, so ist die Beteiligung als typischer oder atypischer stiller Gesellschafter an dem Unternehmen der GmbH ein umsatzsteuerbarer, jedoch umsatzsteuerfreier Vorgang (§ 4 Nr. 8 j UStG).

2. Gesetzliche und vertragliche Ausgestaltung

166 Die stille Gesellschaft ist eine reine **Innengesellschaft**; sie tritt im Rechtsverkehr nicht nach außen auf und wird auch nicht im **Handelsregister** eingetragen.

167 Es gibt kein Vermögen der stillen Gesellschaft. Die Vermögensrechte des stillen Gesellschafters sind **schuldrechtlicher** Art; der Gesellschafter kann nur Leistung aus dem Vermögen der GmbH verlangen.

168 Die **Geschäftsführung** obliegt der GmbH; sie wird aus den abgeschlossenen Geschäften allein berechtigt und verpflichtet (§ 230 Abs. 2 HGB). Der Stille **haftet** den Gläubigern nicht.

a) Typische stille Gesellschaft

169 aa) **Regelinhalt.** Dem Stillen stehen **keine Mitwirkungsrechte** (Stimm-, Zustimmungs- oder Widerspruchsrechte), sondern lediglich Informations- und Kontrollrechte zu. Der stille Gesellschafter kann die Aushändigung des Jahresabschlusses verlangen und die Richtigkeit unter Einsicht der Bücher und Unterlagen prüfen; aus wichtigem Grund kann er durch das Amtsgericht die Vorlage der Bücher und Unterlagen und die Erteilung von Auskünften anordnen lassen (§ 233 HGB).

170 Der stille Gesellschafter ist am **Gewinn**[268] und am **Verlust** des Unternehmens beteiligt. In ihrer typischen Form gewährt die stille Gesellschaft einen Anteil lediglich am laufenden Gewinn, ausgenommen an Wertänderungen und Veräußerungsgewinnen und -verlusten des Anlagevermögens.[269] Durch Verluste kann der Stille allenfalls seine Einlage verlieren. Der Verlust wird durch spätere Gewinnanteile ausgeglichen (§ 232 Abs. 2 Satz 2 HGB); zu einem Nachschuß ist der stille Gesellschafter nicht verpflichtet. Die Beteiligung am Verlust kann ausgeschlossen werden, die Beteiligung am Gewinn nicht (§ 231 Abs. 2 HGB).

171 Die gesetzlichen Bestimmungen werden regelmäßig durch **vertragliche Regelungen** geändert und ergänzt. Eindeutige Abmachungen nicht nur über die Höhe des Gewinnanteils und über eine Verlustbeteiligung, sondern auch über die Ermittlung des verteilungsfähigen Ergebnisses, über die Bewertungsgrundsätze, die Bildung von Rücklagen, die Behandlung nichtabzugsfähiger

---

[266] Vgl. BFH v. 27. 5. 1982, BStBl. II 1982, 678 (679 f.).
[267] *Post/Hoffmann* Die stille Beteiligung am Unternehmen der Kapitalgesellschaft, S. 168 f.
[268] Eine Beteiligung am Umsatz genügt grds. nicht; BFH v. 22. 10. 1987, BStBl. II 1988, 62 (64).
[269] *Costede* StuW 1983, 308 (313); *Costede* StKongRep 1987, 239 (253 f.).

Betriebsausgaben, insbesondere der Körperschaft- und Vermögensteuer, verdeckter Gewinnausschüttungen[270] und der Gewerbesteuer[271] sind anzuraten.

bb) Abgrenzung zu partiarischen Schuldverhältnissen. Ist der stille 172 Gesellschafter nicht am Verlust beteiligt, so kann seine Rechtsstellung der eines Gläubigers eines **partiarischen Darlehens** ähneln, insbesondere wenn sich der Darlehensgläubiger Informations- und Kontrollrechte vorbehalten hat. Die Abgrenzung von stiller Gesellschaft und partiarischem Darlehen ist darin zu sehen, daß die stille Gesellschaft ein Zusammenschluß zu gemeinsamer Zweckerreichung ist, während das partiarische Darlehen auf gegensätzlicher Interessenverfolgung von Gläubiger und Schuldner beruht.[272] Ob eine stille Gesellschaft oder ein Darlehensverhältnis besteht, ist im Einzelfall unter Berücksichtigung aller – auch außerhalb des schriftlichen Vertrages liegender – Umstände zu entscheiden; dabei sind der Vertragszweck und die wirtschaftlichen Ziele der Beteiligten, ihre bisherigen wirtschaftlichen Beziehungen, die geplante Dauer des Vertragsverhältnisses und die Risikobereitschaft des Geldgebers zu beurteilen.[273] Ist der Geldgeber beherrschender Gesellschafter der GmbH, so kann das – wenn seine Kapitalleistung nicht den üblichen Darlehensbedingungen entspricht – die Annahme einer stillen Gesellschaft nahelegen.[274]

cc) Eigenkapitalfunktion. Der stille Gesellschafter ist in Höhe seiner 173 Verlustbeteiligung **nicht Konkursgläubiger** (§§ 236 f. HGB). Insoweit entspricht seine Rechtsstellung der eines Gesellschafters, der ein eigenkapitalersetzendes Darlehen (§ 32 a Abs. 1 GmbHG) gegeben hat. Wenn der stille Gesellschafter nicht am Verlust beteiligt ist oder soweit seine Einlage den auf ihn entfallenden Verlustanteil übersteigt, kann seine Einlage grundsätzlich nicht Eigenkapitalersatz sein.[275] Jedoch kann er an einer Geltendmachung gehindert sein, wenn er zugleich GmbH-Gesellschafter oder eine diesem nahestehende Person[276] ist oder wenn er atypisch stiller Gesellschafter ist, insb. am Vermögen und an den stillen Reserven der GmbH beteiligt ist und maßgeblichen Einfluß auf die Geschäftsführung der GmbH nehmen kann[277] und seine Einlage wegen Kreditunwürdigkeit der GmbH eigenkapitalersetzenden Charakter hat. Die Rückzahlung ist dann in einem Insolvenzverfahren (§ 32 a Abs. 1, 3 GmbHG) oder bei Verletzung des Stammkapitals (§ 30 Abs. 1 GmbHG) unzulässig.[278] Steuerlich ändert sich die Qualifikation nicht;

---

[270] Vgl. dazu BFH v. 14. 8. 1974, BStBl. II 1974, 774 (775 f.); *Paulick* GmbHR 1982, 237 (240).
[271] Vgl. *Döllerer* StbJb 1987/88, 289 (302).
[272] BGH v. 10. 10. 1994, DStR 1995, 106; BFH v. 25. 3. 1992 BStBl. II 1992, 889. Zur Abgrenzung von stiller Gesellschaft und partiarischem Arbeitsverhältnis bei Einlage einer Dienstleistung vgl. BFH v. 7. 12. 1983, BStBl. II 1984, 373 (375); vgl. auch BGH v. 17. 5. 1993, DStR 1993, 956.
[273] BFH v. 10. 2. 1978, BStBl. II 1978, 256; BFH v. 8. 3. 1984, BStBl. II 1984, 623 (625).
[274] BFH v. 21. 6. 1983, BStBl. II 1983, 563 (565 f.); BFH v. 16. 7. 1986, BFH/NV 1987, 326 (328); BMF-Schr. v. 16. 11. 1987, BStBl. I 1987, 740.
[275] BGH v. 7. 11. 1988, DB 1989, 218 (219).
[276] Vgl. § 8 Rz. 307.
[277] BGH v. 7. 11. 1988, DB 1989, 218 (219); vgl. dazu *Reusch* BB 1989, 2358.
[278] Vgl. § 8 Rz. 315.

die typische stille Gesellschaft wird dadurch nicht zur steuerlichen Mitunternehmerschaft.[279]

174 Die stille Einlage ist nach den Regeln über kapitalersetzende Gesellschafterdarlehen ein **darlehensgleiches Geschäft** iSv. § 32a Abs. 3 GmbHG.[280] Mit dem Urteil des BFH vom 5. 2. 1992[281] ist klargestellt, daß eigenkapitalersetzende Gesellschafterdarlehen auch steuerlich nicht mit Eigenkapital gleichgesetzt werden können. Eine Umqualifizierung in verdecktes Nennkapital dürfte deshalb nur noch in Ausnahmefällen in Betracht kommen. Auch wenn die stille Einlage als Eigenkapitalersatz (§ 32a Abs. 3 GmbHG) zu behandeln ist – zB weil sie der Gesellschafter leistete, um einen Konkurs der GmbH abzuwenden – ist sie damit nicht steuerlich verdecktes Nennkapital geworden.[282]

b) Atypische stille Gesellschaft

175 aa) **Zivilrechtliche Gestaltung.** Der Gesellschaftsvertrag kann die gesetzliche Regelung zur atypischen Gesellschaft ausweiten.[283] Er kann dem Stillen eine Beteiligung auch an **außerordentlichen Erträgen** und darüber hinaus einen Anteil an den **stillen Reserven** und einem **Geschäftswert** einräumen; ihm können über die gesetzlichen Informations- und Kontrollrechte hinaus weitergehende **Mitwirkungsrechte** – zB ein förmliches Stimmrecht in Gesellschafterversammlungen, ein Recht auf Zustimmung zu bestimmten Geschäften bis hin zu einer Geschäftsführungsbefugnis gewährt werden. Die Rechtsstellung des stillen Gesellschafters kann damit im Innenverhältnis der eines Kommanditisten entsprechen oder sie noch übertreffen. An der Rechtsstellung des stillen Gesellschafters im Außenverhältnis ändert sich damit nichts; die GmbH führt allein die Geschäfte; der Stille haftet nicht für die Geschäftsverbindlichkeiten. Auch die atypische stille Gesellschaft führt nicht zur Bildung eines Gesamthandvermögens. Erwirbt die GmbH ein Grundstück, so wird es grunderwerbsteuerlich nicht so angesehen, als ob der stille Gesellschafter die Verwertungsmacht an dem Grundstück (§ 1 Abs. 2 GrEStG) erwerben würde.[284] Zum **Eigenkapitalersatz** der Einlage eines atypischen stillen Gesellschafters, der nicht zugleich GmbH-Gesellschafter ist, vgl. Rz. 173.

176 bb) **Steuerrechtliche Mitunternehmerschaft.** Einkommensteuerlich tritt eine Umqualifizierung ein. Die atypische stille Gesellschaft ist eine „andere Gesellschaft" iSd. § 15 Abs. 1 Satz 1 Nr. 2 EStG.[285] Die gesetzliche Fiktion des § 15 Abs. 3 Nr. 2 EStG („Geprägetheorie") gilt zwar nicht; auch die atypische stille Gesellschaft ist keine Außengesellschaft.[286] Wenn aber die Rechtsstellung des Stillen, obgleich nur schuldrechtlich, so ausgestaltet ist,

---

[279] AA *Biber* DStR 1984, 424 (427).
[280] *Häuselmann/Rümker/Westermann* Die Finanzierung der GmbH durch ihre Gesellschafter, S. 23.
[281] DB 1992, 763.
[282] *Tillmann* GmbH-Handbuch III, Anm. 934.
[283] BFH v. 18. 2. 1993, BFH/NV 1993, 617.
[284] BFH v. 30. 11. 1983, BStBl. II 1984, 158.
[285] *Knobbe-Keuk* § 9 II 4c) dd) (S. 402ff.); *Schmidt* § 15 Anm. 58a.
[286] *Christoffel/Dankmeyer* DB 1986, 347 (351); *Paulick/Blaurock* Handbuch der stillen Gesellschaft § 23 III 2 (S. 445); aA *Binger* DB 1988, 414 (416).

F. GmbH und Still

daß er zusammen mit der GmbH ein Unternehmerrisiko trägt und eine Unternehmerinitiative entfalten kann, dann ist die stille Gesellschaft steuerlich als **Mitunternehmerschaft** zwischen der GmbH und dem Stillen zu behandeln. Sind die Verwaltungsrechte des stillen Gesellschafters auf Information und Kontrolle beschränkt, so kommt der **vermögensrechtlichen Stellung** besondere Bedeutung zu; dem Stillen müssen schuldrechtlich annähernd die Rechte eingeräumt werden, die ein Kommanditist nach der Regelung des HGB besitzt. Der stille Gesellschafter muß dann regelmäßig bei Beendigung der stillen Gesellschaft einen Anspruch auf Beteiligung am tatsächlichen Vermögenszuwachs einschließlich stiller Reserven und eines Geschäftswertes haben;[287] eine von der konkreten Ermittlung abweichende globale Abfindung genügt nicht.[288]

Die Rechtsprechung[289] hat eine **mitunternehmerschaftliche Beteiligung** des stillen Gesellschafters, der nicht zugleich (Haupt-)Gesellschafter ist, auch dann angenommen, wenn der Stille nicht am Verlust, an den stillen Reserven und am Geschäftswert beteiligt ist, jedoch – etwa als Geschäftsführer – **unternehmerischen Einfluß** auf das Unternehmen ausüben kann und ein hohes, von der Entwicklung des Unternehmens bestimmtes Kapitalrisiko eingegangen ist.

3. GmbH-Beteiligung und stille Beteiligung

Beteiligt sich der Gesellschafter an der GmbH zusätzlich als stiller Gesellschafter an dem Unternehmen der GmbH, so bestehen **zwei gesellschaftsrechtliche Beziehungen**. Die bloße Mitgliedschaft in der GmbH, insbesondere eine Mehrheitsbeteiligung, wirkt nicht auf die steuerliche Qualifikation der stillen Gesellschaft ein; vielmehr sind beide Rechtsverhältnisse auch steuerlich getrennt zu beurteilen.[290]

Daneben können **weitere Rechtsbeziehungen** – zB ein Anstellungsverhältnis, Darlehens-, Miet- und Pachtverträge – bestehen. Die Tätigkeit für die GmbH kann ihre Rechtsgrundlage in dem schuldrechtlichen Anstellungsverhältnis, aber auch in dem GmbH-Gesellschaftsverhältnis oder in der stillen Gesellschaft haben; ebenso braucht die Nutzungsüberlassung eines Vermögensgegenstandes nicht auf einem Miet- oder Pachtvertrag zu beruhen, sondern kann eine Einlage aufgrund der GmbH-Beteiligung oder aufgrund der stillen Beteiligung darstellen. Die Komplexität der Rechtsbeziehungen kann eine Gesamtwürdigung des Engagements dahin nahelegen, daß jedenfalls der Gesellschafter, der an der GmbH mehrheitlich beteiligt ist, der außerdem mit der GmbH eine – wenn auch typische – stille Gesellschaft eingegangen ist und zu der GmbH in schuldrechtlichen Beziehungen, zB als angestellter Geschäftsführer und/oder Vermieter von Betriebsvermögen steht, steuerlich als

---

[287] BFH v. 12. 11. 1985, BStBl. II 1986, 311 (314).
[288] BFH v. 25. 6. 1981, BStBl. II 1982, 59 (60); BFH v. 27. 5. 1993, BStBl. II 1994, 700.
[289] BFH v. 28. 1. 1982, BStBl. II 1982, 389; vgl. auch BFH v. 20. 11. 1990, BFHE 163, 336; BFH v. 11. 12. 1990, DStR 1991, 457.
[290] BFH v. 21. 6. 1983, BStBl. II 1983, 563 (565); *Paulick/Blaurock* Handbuch der stillen Gesellschaft § 24 II 1 (S. 455 ff.).

Mitunternehmer zu behandeln ist.²⁹¹ Dies hat die Rechtsprechung²⁹² in einem Fall, in dem der Gesellschafter Geschäftsführer der GmbH war, die GmbH ihr Ergebnis überwiegend zur Erfüllung seiner Vergütungsansprüche verwenden mußte und die stillen Reserven unerheblich waren, bejaht. In einer noch jüngeren Entscheidung²⁹³ hat der BFH entschieden, daß eine fehlende Beteiligung des Stillen an den stillen Reserven und am Firmenwert der GmbH durch eine ausgeprägte Mitunternehmerinitiative überkompensiert wird, wenn der stille Gesellschafter die GmbH beherrscht, darüber hinaus alleiniger Geschäftsführer ist und als stiller Gesellschafter mit einer erheblichen Vermögenseinlage und hohen Gewinnbeteiligung ausgestattet ist.

4. Bilanzielle Behandlung

180 Die **Einlage** ist grds. unter den „**Sonstigen Verbindlichkeiten**" der GmbH zu passivieren;²⁹⁴ hat sich ein Gesellschafter der GmbH zugleich als stiller Gesellschafter beteiligt, so muß die Einlage als Verbindlichkeit gegenüber Gesellschaftern gesondert ausgewiesen oder im Anhang angegeben oder durch Davon-Vermerk kenntlich gemacht werden (§ 42 Abs. 3 GmbHG). In der Praxis befindet sich vielfach der Ausweis der stillen Einlage in einem **Sonderposten**²⁹⁵ zwischen dem Eigenkapital und den Rückstellungen.²⁹⁶ Als **Eigenkapital** darf sie ausgewiesen werden, wenn sie bis zur vollen Höhe am Verlust teilnimmt oder wenn der Stille einen Rangrücktritt vereinbart hat und die Einlage nicht im Konkurs der GmbH geltend machen und bei Liquidation erst nach voller Befriedigung aller Gläubiger zurückfordern kann;²⁹⁷ in diesem Fall bietet sich ein Sonderposten nach dem Posten „Gezeichnetes Kapital" an.²⁹⁸ Ist die stille Beteiligung Eigenkapital der GmbH, kann in der Bilanz des stillen **Gesellschafters** der Ausweis als „Beteiligung" in Betracht kommen;²⁹⁹ anderenfalls ist sie unter den „Sonstigen Ausleihungen" nachzuweisen.

181 Für den Ausweis des auf den stillen Gesellschafter entfallenden **Gewinnanteils** in der Gewinn- und Verlustrechnung hat sich in der Praxis keine einheitliche Handhabung herausgebildet. Teilweise wird der Ausweis unter den „Erträgen bzw. Aufwendungen aufgrund eines Teilgewinnabführungsvertra-

---

²⁹¹ Vgl. *Paulick/Blaurock* Handbuch der stillen Gesellschaft, § 24 II 1 (S. 459) einschr. auf eine Einflußnahme aus der stillen Beteiligung; vgl. auch Rdvfg. der OFD Frankfurt/M. v. 26. 6. 1996, DStR 1996, 1406.
²⁹² FG Münster v. 25. 2. 1986, EFG 1987, 23 (24).
²⁹³ BFH v. 15. 12. 1992, GmbHR 1993, 520; vgl. auch Urt. Anm. *Weber* GmbHR 1994, 144.
²⁹⁴ *Küting/Weber* § 42 Anm. 69; *Baumbach/Hueck/Schulze-Osterloh* § 42 Anm. 217.
²⁹⁵ WPH 1996 I Abschn. F Anm. 165 mwN.
²⁹⁶ Differenzierend *Glade*, Praxishandbuch der Rechnungslegung und Prüfung, 2. Aufl. 1995, § 266 Anm. 579, 582.
²⁹⁷ *Küting/Weber* § 247 HGB Anm. 67; *WPH* 1996 I Abschnitt J Anm. 146; vgl. auch § 10 Abs. 4 KWG.
²⁹⁸ *ADS* § 266 HGB Anm. 189; *Bordt* HdJ Abt. III/1 Anm. 228; vgl. auch *Knobbe-Keuk* ZIP 1983, 127 (130 f.).
²⁹⁹ Beck Bil-Komm. *Schnicke/Gutike/* § 271 Anm. 15; *Glade* Praxishandbuch der Rechnungslegung und Prüfung, 2. Aufl. 1995, § 271 Anm. 18.

ges" befürwortet,[300] aber auch beim Gesellschafter als „Erträge aus Beteiligungen"[301] „ bzw. „Erträge aus Ausleihungen des Finanzanlagevermögens"; bei der GmbH findet sich auch ein Sonderposten „Gewinnanteil stiller Gesellschafter".

5. Steuerrechtliche Behandlung

a) Steuern vom Einkommen und Ertrag

aa) Typische stille Gesellschaft. (1) Bei der **typischen stillen Gesellschaft** stellen die **Gewinnanteile** des Stillen für die **GmbH körperschaftsteuerlich Betriebsausgaben** dar. Die GmbH muß 25% Kapitalertragsteuer auf den Gewinnanteil abführen (§ 43 Abs. 1 Nr. 3 EStG); zum Zeitpunkt des Zufließens vgl. § 44 Abs. 3 Satz 1 EStG. Die Kapitalertragsteuer wird auf die Einkommen-/Körperschaftsteuer des Stillen angerechnet. Ist der stille Gesellschafter zugleich GmbH-Gesellschafter oder eine ihm nahestehende Person, so werden die Gewinnanteile als **verdeckte Gewinnausschüttungen** an den GmbH-Gesellschafter behandelt, wenn die stille Gesellschaft nicht eindeutig und im voraus vereinbart ist und tatsächlich durchgeführt wird[302] oder wenn die stille Beteiligung des GmbH-Gesellschafters ausnahmsweise als verdecktes Nennkapital behandelt wird[303] (vgl. Rz. 174). Unangemessen hohe Gewinnanteile sind in jedem Fall verdeckte Gewinnausschüttungen; eine hohe Rendite ist aber nicht von vornherein unangemessen, sondern löst lediglich die Prüfung der Angemessenheit aus. Ist der stille Gesellschafter zugleich GmbH-Gesellschafter und zur Anrechnung von Körperschaftsteuer nicht berechtigt (zB ausländischer Gesellschafter), ist **§ 8a KStG** zu beachten. Nach dieser ab 1. 9. 1994 geltenden Vorschrift gelten Gewinnanteile eines solchen stillen Gesellschafters als **verdeckte Gewinnausschüttungen,** wenn er an der GmbH zugleich eine Beteiligung von mehr als 25 v. H. hält und die stille Beteiligung zu einem Zeitpunkt des Geschäftsjahres sein in der letzten Handelsbilanz ausgewiesenes anteiliges Eigenkapital um das 0,5fache übersteigt.[304]

Für die steuerliche **Angemessenheit** der Gewinnverteilung zwischen der GmbH und dem Stillen gelten nicht die Grundsätze über die Gewinnverteilung in Familienpersonengesellschaften, sondern die Maßstäbe für die Gewinnverteilung in einer GmbH & Co. KG.[305] Maßgebliche Kriterien für einen angemessenen Gewinnanteil des stillen Gesellschafters sind danach in erster Linie der Arbeitseinsatz, die erbrachten Kapitalleistungen, die eingegangenen Risiken und die Ertragsaussichten des Unternehmens; daneben können weitere Merkmale, so die vorhandenen Geschäftsbeziehungen, die Dringlichkeit des Kapitalbedarfs und die wirtschaftliche Bedeutung der Finanzierung

---

[300] *ADS* § 277 HGB Anm. 58; Beck Bil-Komm./*Budde/Förschle* § 277 Anm. 10.
[301] WPH 1996 I Abschn. F Anm. 335.
[302] BFH v. 9. 12. 1976, BStBl. II 1977, 155 (157); BFH v. 26. 4. 1989, BFH/NV 1990, 63; *Paulick/Blaurock* Handbuch der stillen Gesellschaft § 23 II 6 (S. 439).
[303] *Dötsch/Eversberg/Jost/Witt* Anh. 4 zu § 8 KStG Anm. 72 ff.
[304] Vgl. § 11 Rz. 158; *Herzig* DB 1994, 110 und 168.
[305] Vgl. dazu BFH v. 15. 11. 1967, BStBl. II 1968, 152; BFH v. 6. 2. 1980, BStBl. II 1980, 477 (478 f.); BFH v. 16. 7. 1986, BFH/NV 1987, 326 (328 f.); ferner *Bitsch* GmbHR 1983, 56.

durch die stille Einlage zu berücksichtigen sein. Dem Arbeitseinsatz der GmbH wird regelmäßig durch den Abzug ihrer Geschäftsführerbezüge Rechnung getragen. Die Kapitalleistung des stillen Gesellschafters kann entweder vorab verzinst oder bei der Restgewinnverteilung berücksichtigt werden. Das Verlustrisiko besteht in einem Ertragsausfallrisiko und in einem Kapitalverlustrisiko; es ist bei der Bemessung des Gewinnanteils für den stillen Gesellschafter anzusetzen, soweit es nicht in gleicher Höhe für die GmbH besteht. Bei der Verteilung des Restgewinns kommt es auf das Verhältnis an, in dem der Nennwert der stillen Einlage zum Unternehmenswert der GmbH – ermittelt nach der indirekten Methode – steht.[306] Die Angemessenheit ist auf den Zeitpunkt zu beurteilen, in dem die Gesellschafter den Gewinnanteil vereinbart haben; im Hinblick auf die Ertragserwartungen ist aber ein längerer Zeitraum zugrunde zu legen.

184 (2) Zur Ermittlung des **Gewerbeertrages** bei der typischen stillen Gesellschaft werden die Gewinnanteile des Stillen dem Gewinn der GmbH wieder hinzugerechnet, wenn die stille Beteiligung zum steuerlichen Privatvermögen des Stillen gehört (§ 8 Nr. 3 GewStG). Für die Behandlung von Verlustanteilen fehlt eine entsprechende Vorschrift; jedoch verlangt der Objektsteuercharakter der Gewerbesteuer, daß der Gewerbeverlust um den Verlustanteil des Stillen erhöht wird.[307] Ist die stille Beteiligung ein Wirtschaftsgut des Betriebsvermögens, so werden die Gewinn- und Verlustanteile nicht im Gewerbeertrag der GmbH, sondern im Gewerbeertrag des Stillen erfaßt. Hat der Stille der GmbH Anlagegüter miet- oder pachtweise überlassen, so kommt bei der GmbH eine Hinzurechnung der Hälfte der Miet- oder Pachtzinsen in Betracht (§ 8 Nr. 7 GewStG).

185 (3) Der **stille Gesellschafter** bezieht Einnahmen aus Kapitalvermögen (§ 20 Abs. 1 Nr. 4 Satz 1 EStG). Der **Gewinnanteil** entsteht mit Ablauf des Geschäftsjahres der GmbH und ist in ihrer Bilanz bereits als Verbindlichkeit oder als Rückstellung zu passivieren.[308] Er wird dem Stillen erst mit Zufluß (§ 11 Abs. 1 Satz 1 EStG) zugerechnet; ist der Stille beherrschender GmbH-Gesellschafter, so liegt der Zufluß in der Feststellung des Jahresabschlusses der GmbH.[309] Gehört die stille Beteiligung zum Betriebsvermögen des stillen Gesellschafters, so ist der Gewinnanteil Betriebseinnahme. Der Stille muß den Gewinnanspruch erst mit der Feststellung des Jahresabschlusses der GmbH aktivieren.[310] Ist der Gewinnanteil dividendenabhängig, so besteht die Aktivierungspflicht erst mit dem Gewinnverwendungsbeschluß.

186 Nimmt der stille Gesellschafter am **Verlust** teil, so mindert sich seine Einlage (§ 232 Abs. 2 HGB). Sein Anteil am laufenden Verlust ist abzugsfähig. Hält der Gesellschafter die stille Beteiligung im Privatvermögen, so handelt es sich um Werbungskosten[311] bei den Einkünften aus Kapitalvermögen, die beim stillen

---

[306] BFH v. 12. 12. 1990, BFH/NV 1992, 59.
[307] Vgl. R 53 Abs. 2 GewStR.
[308] *Post/Hoffmann* Die stille Beteiligung an Unternehmen der Kapitalgesellschaft S. 91.
[309] *Costede* StuW 1983, 308 (316); aA (Aufstellung des Jahresabschlusses) *Tillmann* GmbH-Handbuch III Anm. 935.
[310] *Döllerer* DStR 1984, 383 (388); vgl. auch *HHR* § 6 EStG Anm. 838; aA (mit Ablauf des Geschäftsjahres der GmbH) *Tillmann* GmbH-Handbuch III Anm. 936.
[311] AA negative Einnahmen: *Conradi* in *Littmann/Bitz/Meincke* § 20 Anm. 204.

F. GmbH und Still

Gesellschafter mit der Feststellung des Jahresabschlusses der GmbH abfließen;[312] spätere Gewinnanteile, die dazu dienen, die Einlage wieder aufzufüllen, sind Einnahmen aus Kapitalvermögen.[313] Führt die Verlustbeteiligung zu einem **negativen Kapitalkonto** ist der Verlust insoweit nach § 15 a EStG nicht ausgleichs- und nicht nach § 10 d EStG abzugsfähig; er kann nur mit späteren Gewinnanteilen aus dieser stillen Beteiligung verrechnet werden (§ 20 Abs. 1 Nr. 4 Satz 2 EStG).[314] Hat der Gesellschafter die stille Beteiligung fremdfinanziert, so mindern die aufgenommenen Fremdmittel das Ausgleichsvolumen (die Einlage) nicht.[315] Die Darlehenszinsen, die der Stille für die Fremdfinanzierung seiner Einlage zahlt, sowie sonstige durch die stille Beteiligung veranlaßte Kosten (zB Beratungskosten, Reisekosten) sind darüber hinaus als originär entstandene Werbungskosten bzw. Betriebsausgaben abzugsfähig[316] und auch ausgleichs- und nach § 10 d EStG abzugsfähig.[317] Ist der stille Gesellschafter nicht am Verlust beteiligt, geht aber seine Einlage bei **Insolvenz** oder **Liquidation** der GmbH verloren, so beruht der Verlust nicht auf gesellschaftsvertraglicher Verpflichtung; der Verlust liegt im Vermögensbereich und ist einkommensteuerlich unbeachtlich;[318] anders, wenn die Einlage zum Betriebsvermögen des stillen Gesellschafters gehört.[319] Ist der Jahresabschluß der GmbH nichtig und zahlt der stille Gesellschafter den erhaltenen Gewinnanteil wegen ungerechtfertigter Bereicherung zurück,[320] so führt die Rückgewähr steuerlich zu negativen Einnahmen. Wird die stille Beteiligung des GmbH-Gesellschafters als verdecktes Nennkapital behandelt (vgl. Rz. 174), so wird der Verlustanteil des stillen Gesellschafters steuerlich der GmbH zugerechnet.[321]

bb) Atypische stille Gesellschaft. (1) Bei der **atypischen stillen Gesellschaft,** die steuerlich als Mitunternehmerschaft behandelt wird, findet eine einheitliche und gesonderte **Gewinnfeststellung** statt (§ 180 Abs. 1 Nr. 2 a AO), obwohl nicht die stille Gesellschaft selbst, sondern lediglich die GmbH gewerblich tätig ist.[322] Aber sowohl die GmbH als auch der Stille als Mitun-

---

[312] *Döllerer* BB 1981, 1317 unter Hinweis auf BFH (nicht veröffentlicht) v. 30. 9. 1980 – VIII B 84/79 –; FG München v. 5. 11. 1980, EFG 1981, 341; vgl. auch zur Unterbeteiligung BFH v. 10. 11. 1987, BStBl. II 1988, 186 (188); jedoch str., vgl. *Schmidt/Heinicke* § 20 Anm. 143 mwN.
[313] BFH v. 24. 1. 1990, BStBl. II 1991, 147 (148).
[314] Vgl. dazu *Schmidt/Heinicke* § 20 Anm. 144; auch BMF-Schr. v. 31. 8. 1981, DB 1981, 1907; BMF-Schr. v. 14. 9. 1981, BStBl. I 1981, 620; ablehnend (kein negatives Kapitalkonto des Stillen in der Steuerbilanz) *Paulick/Blaurock* Handbuch der stillen Gesellschaft § 22 II 4 b (S. 418 ff.).
[315] BFH v. 1. 6. 1989, BStBl. II 1989, 1018 (1020); *Tillmann* GmbH-Handbuch III Anm. 938; aM BFM-Schr. v. 31. 8. 1981, DB 1981, 1907. Die Finanzverwaltung wendet das BFH-Urt. v. 1. 6. 1989 zunächst nicht an, BFM-Schr. v. 22. 12. 1989, BStBl. I 1989, 484.
[316] *HHR* § 20 EStG Anm. 163; *Paulick/Blaurock* Handbuch der stillen Gesellschaft § 22 II 4 a (S. 416).
[317] *Tillmann* GmbH-Handbuch III Anm. 939.
[318] FG München v. 5. 11. 1980, EFG 1981, 341 (342); *HHR* § 20 EStG Anm. 162.
[319] *Paulick/Blaurock* Handbuch der stillen Gesellschaft § 22 II 4 a (S. 416).
[320] Vgl. BGH v. 1. 3. 1982, DB 1982, 1922 (1923).
[321] *Dötsch/Eversberg/Jost/Witt* Anh. 4 zu § 8 KStG Anm. 76.
[322] BFH v. 12. 11. 1985, BStBl. II 1986, 311 (313).

ternehmer sind an Einkünften aus Gewerbebetrieb beteiligt (§ 15 Abs. 1 Satz 1 Nr. 2 EStG); das gilt auch dann, wenn die GmbH lediglich Vermögensverwaltung betreibt und ihre Einkünfte nur kraft Rechtsform (§ 8 Abs. 2 KStG) Einkünfte aus Gewerbebetrieb darstellen.[323] Ist der atypisch stille Gesellschafter zugleich Geschäftsführer der GmbH, so werden die Geschäftsführerbezüge als **Sondervergütungen** in die gewerblichen Einkünfte der Mitunternehmerschaft einbezogen.[324]

188 Das steuerliche Betriebsvermögen der Mitunternehmerschaft besteht aus dem **Betriebsvermögen** der GmbH und etwaigen **Sonderbetriebsvermögen** des stillen Gesellschafters.[325] Dem Betrieb der Mitunternehmerschaft zu dienen bestimmt (Sonderbetriebsvermögen I) ist zB ein der GmbH zur Nutzung überlassenes Wirtschaftsgut des stillen Gesellschafters.[326] Die Miet- und Pachtzinsen zB für ein überlassenes Grundstück sind Teil der gewerblichen Einkünfte der Mitunternehmerschaft.[327] Zum Sonderbetriebsvermögen gehören auch die Wirtschaftsgüter des stillen Gesellschafters, die der stillen Beteiligung zu dienen bestimmt oder durch sie verursacht sind (Sonderbetriebsvermögen II). Dazu gehört ein Kredit, den der Gesellschafter zur Finanzierung der stillen Einlage aufgenommen hat; ebenso kann der Geschäftsanteil des Gesellschafters an der GmbH Sonderbetriebsvermögen darstellen,[328] jedoch nur dann, wenn der stillen Beteiligung gegenüber der GmbH-Beteiligung die überwiegende wirtschaftliche Bedeutung zukommt.[329] Das beurteilt sich nach dem Verhältnis, in dem die stille Einlage zum Eigenkapital (Stammkapital und Rücklagen) der GmbH steht. Ist danach der GmbH-Anteil Sonderbetriebsvermögen, so gehört auch die Dividende der GmbH zu den gewerblichen Einkünften des Stillen[330] und wird in die einheitliche und gesonderte Gewinnfeststellung einbezogen.

189 Maßgeblich für die **steuerliche Gewinnermittlung** der atypischen stillen Gesellschaft ist der Jahresabschluß der GmbH; der Handelsbilanzgewinn der

---

[323] BFM-Schr. v. 26. 11. 1987, BStBl. I 1987, 765; OFD Frankfurt/M., Rdvfg. v. 26. 6. 1996, DStR 1996, 1406; str., aM *Knobbe-Keuk* § 9 II 4 b cc (S. 321 f.); *Schmidt* § 15 Anm. 359 mwN.

[324] *Blaurock* BB 1992, 1969 (1977); *Wassermeyer* JbFfSt 1985/86, 353 (367); einschränkend *Döllerer* DStR 1985, 295 (299): nur wenn die stille Beteiligung ursächlich für die Geschäftsführung war; noch enger *Costede* StuW 1983, 308 (311): nur wenn die Mitunternehmerschaft durch die Geschäftsführung begründet wird; grds. ablehnend *Schulze zur Wiesche* GmbHR 1980, 168 (170).

[325] BFH v. 2. 5. 1984, BStBl. II 1984, 820 (823); BFH v. 3. 2. 1994, BStBl. II 1994, 709.

[326] BFH v. 11. 12. 1990, BB 1991, 1023; einschränkend *Döllerer* DStR 1985, 295 (299): nur wenn die stille Beteiligung ursächlich für die Überlassung war; ähnl. *Costede* StuW 1983, 308 (312): wenn die Nutzungsüberlassung und die stille Gesellschaft in gemeinsamer Zweckbeziehung stehen.

[327] BFH v. 12. 11. 1985, BStBl. II 1986, 311 (317).

[328] AA *Costede* StuW 1983, 308 (309 f.).

[329] *Paulick/Blaurock* Handbuch der stillen Gesellschaft § 24 II 5 (S. 469); *Döllerer* DStR 1985, 295 (299); vgl. auch BFH v. 7. 12. 1984, BStBl. II 1985, 241; BFH v. 31. 10. 1989, BStBl. II 1990, 677; aA *Wassermeyer* JbFfSt 1985/86, 353 (370).

[330] *Post/Hoffmann* Die stille Beteiligung an Unternehmen der Kapitalgesellschaft S. 132; *Tillmann* GmbH-Handbuch III Anm. 949.

GmbH wird zum Steuerbilanzgewinn und dieser um den Gewinnanteil des stillen Gesellschafters, um die Vorabgewinne und um Sonderbetriebseinnahmen und -ausgaben des Stillen zum Gewinn der Mitunternehmerschaft fortgerechnet.[331] Dabei bestimmt sich nach der Regelung im Gesellschaftsvertrag, ob sich der Gewinnanteil des stillen Gesellschafters nach dem Handelsbilanzgewinn der GmbH oder nach dem Steuerbilanzgewinn oder nach einer aus dem Handelsbilanz- oder Steuerbilanzgewinn zu entwickelnden Bemessungsgrundlage errechnet.[332] Es gibt keine Bilanz der Mitunternehmerschaft.[333] Die Bilanz der GmbH und eine Sonderbilanz des atypischen stillen Gesellschafters werden lediglich additiv zusammengefaßt.[334]

Soweit die **Verlustbeteiligung** des atypischen stillen Gesellschafters zur Entstehung oder Erhöhung eines negativen Kapitalkontos führt, kann dieser Betrag nur mit späteren Gewinnanteilen aus der stillen Beteiligung verrechnet werden (§ 15 a Abs. 5 Nr. 1 iVm. Abs. 1 Satz 1, Abs. 2, Abs. 3 Sätze 1, 2 und 4, Abs. 4 EStG).[335]

(2) Bei der atypischen stillen Gesellschaft gehört der Gewinnanteil des Stillen als Teil des einheitlich und gesondert festgestellten Gewinns der **Mitunternehmerschaft** zum **Gewerbeertrag**. Soweit in dem Gewinn Dividenden der GmbH enthalten sind, wird der Gewerbeertrag um diese Gewinnanteile gekürzt, wenn der stille Gesellschafter zu Beginn des Erhebungszeitraums mind. 10% des Stammkapitals der GmbH hält (§ 9 Nr. 2 a GewStG).[336] Die Mitunternehmerschaft kann den Freibetrag von DM 48 000, – vom Gewerbeertrag (§ 11 Abs. 1 GewStG) abziehen.[337] Steuerschuldner der mitunternehmerschaftsbezogenen Gewerbesteuer ist jedoch nicht die subjektiv nicht gewerbesteuerpflichtige atypische stille Gesellschaft, sondern die GmbH.[338] Auch die **GmbH** ist objektiv gewerbesteuerpflichtig. Ihr Gewerbeertrag wird um ihren Anteil am Gewinn der Mitunternehmerschaft (§ 9 Nr. 2 GewStG) gekürzt[339] und um den Anteil am Verlust erhöht (§ 8 Nr. 8 GewStG); die GmbH bleibt somit gewerbeertragsteuerfrei.[340]

Unterliegt der **stille Gesellschafter** mit seiner stillen Beteiligung der Gewerbesteuer, so wird sein Gewerbeertrag um den Gewinnanteil gekürzt (§ 9 Nr. 2 GewStG) und um einen Verlustanteil erhöht (§ 8 Nr. 8 GewStG).

---

[331] *Neubert/Weinläder* DB 1983, 630 (631); OFD Frankfurt/M. Rdvfg. v. 26. 6. 1996, DStR 1996, 1406; der Mitunternehmererlaß (Anhang 24 EStH 1995) ist grundsätzlich anzuwenden.
[332] Vgl. *Döllerer* DStR 1985, 295 (296).
[333] *Gassner* JbFfSt 1985/86, 353 (357, 361); *Schulze zur Wiesche* GmbHR 1982, 114 (116); aA *Neubert/Weinläder* DB 1983, 630 (631, 633); *Schön* BB 1985, 313 (314).
[334] *Döllerer* StbJb 1987/88, 289 (298).
[335] Vgl. dazu *Schmidt/Schmidt* § 15 a Anm. 197 ff.; zum Begriff des steuerlichen Kapitalkontos und zur Nichteinbeziehung des Sonderbetriebsvermögens vgl. BFH v. 14. 5. 1991, BStBl. II 1992, 167.
[336] *Post/Hoffmann* Die stille Beteiligung am Unternehmen der Kapitalgesellschaft, S. 133.
[337] BMF-Schr. v. 26. 11. 1987, BStBl I 1987, 765.
[338] BFH v. 12. 11. 1985, BStBl II 1986, 311 (317); *Glanegger/Güroff* § 5 Anm. 7.
[339] *Binger* DB 1988, 414 (416).
[340] *Unvericht* DStR 1987, 413 (415); *Straub* DB 1990, 1302 (1304).

b) Steuern vom Vermögen

193 Das BVerfG hat in der unterschiedlichen Vermögens- und Erbschaftbesteuerung von Grundvermögen und übrigem Vermögen einen Verfassungsverstoß gegen das Gleichheitsgebot gesehen[341] und den Gesetzgeber verpflichtet, im Falle der Beibehaltung der Vermögensteuer spätestens ab dem 1. Januar 1997 eine gleichmäßigere Steuerbelastung herzustellen. Dem ist der Gesetzgeber nicht nachgekommen, so daß die Vermögensteuer ab 1. Januar 1997 wegen Verfassungswidrigkeit nicht mehr erhoben werden kann.

194 Die Frage, ob nach diesem Stichtag Vermögensteuer noch für davor liegende Erhebungszeiträume festgesetzt und erhoben werden kann, war von Finanzgerichten unterschiedlich beantwortet worden. Mit Beschluß vom 18. Juni 1997[342] hat der BFH nun entschieden, daß das bisherige Recht bis zum 31. 12. 1996 anwendbar ist. Die Festsetzung und Erhebung von Vermögensteuer für Stichtage vor dem 1. Januar 1997 ist danach noch uneingeschränkt zulässig.

Nachfolgend wird die Rechtslage bis zum 31. 12. 1996 dargestellt.

195 **aa) Typische stille Gesellschaft.** In der **Vermögensaufstellung** der GmbH stellt bei der **typischen stillen Gesellschaft** die **Einlage** des stillen Gesellschafters einen Schuldposten dar; er wird mit dem Teilwert – dieser entspricht grds. dem Nennwert der Einlage – angesetzt (Abschn. 42 Abs. 6 VStR), und zwar auch dann, wenn die stille Einlage beim Gesellschafter über dem Nennwert angesetzt wird.[343] Auch der **Gewinnanspruch** des Stillen, der nach dem Ergebnis der GmbH zu ermitteln ist, stellt bereits für das abgelaufene Wirtschaftsjahr einen Schuldposten dar (Abschn. 42 Abs. 7 VStR). Zur Ermittlung des Gewerbekapitals wird die Einlage in voller Höhe dem Einheitswert des Betriebsvermögens hinzugerechnet (§ 12 Abs. 2 Nr. 1 GewStG), wenn sie nicht beim stillen Gesellschafter zum Gewerbekapital gehört.[344]

196 Der **stille Gesellschafter** muß seine **Einlage** und den **Gewinnanteil** als Kapitalforderung des **sonstigen Vermögens** (§ 110 Abs. 1 Satz 1 Nr. 1 BewG)[345] grundsätzlich mit dem Nennbetrag ansetzen. Ist die stille Gesellschaft für längere Zeit unkündbar und liegt der Durchschnittsertrag der letzten drei Jahre über 9% oder unter 3% des Nennwertes der Einlage, so wird der Nennwert der Einlage um den fünffachen Unterschiedsbetrag zwischen dem Durchschnittsertrag und der Verzinsung von 9% bzw. 3% erhöht bzw. vermindert; ein anteiliger **Verlust** ist von dem Nennwert abzusetzen (Abschn. 61 Abs. 2 VStR). Gehört die stille Beteiligung zum steuerlichen **Betriebsvermögen** des stillen Gesellschafters, so sind die Einlage und der Gewinnanteil als Besitzposten in seiner Vermögensaufstellung mit Steuerbilanzwerten (§ 109 Abs. 1 BewG) anzusetzen.[346] Besteht die Einlage des Stillen in der

---

[341] Beschlüsse vom 22. 6. 1995, BStBl. II 1995, 655 ff. und 671 ff.
[342] DB 1997, 1377.
[343] Vgl. BFH v. 2. 2. 1973, BStBl II 1973, 472 (474); *Christoffel* DB 1989, 1489 (1595).
[344] *Tillmann* GmbH-Handbuch III Anm. 942.
[345] Vgl. *Christoffel* DB 1989, 1489 (1490).
[346] *Tillmann* GmbH-Handbuch III Anm. 943; *Paulick/Blaurock* Handbuch der stillen Gesellschaft § 26 I 2 a (S. 490).

Nutzungsüberlassung von Wirtschaftsgütern oder in Dienstleistungen und ist der Gewinnanteil angemessen, so bleibt die Einlage unter dem Gesichtspunkt des schwebenden Geschäfts bei der Gesellschaft und beim Gesellschafter außer Ansatz.[347] Den Gewinnanteil hat der stille Gesellschafter bereits mit dem Ablauf des Wirtschaftsjahres der GmbH als Forderung anzusetzen (Absch. 56 Abs. 1 Satz 2 VStR).[348]

bb) Atypische stille Gesellschaft. (1) Bei der **atypischen stillen Gesellschaft** steht das Betriebsvermögen im rechtlichen und wirtschaftlichen Eigentum der GmbH, und der stille Gesellschafter ist nur schuldrechtlich beteiligt. Der Einheitswert wird für den Inhaber des Handelsgeschäfts, bei der GmbH & Still also für die **GmbH** festgestellt; dabei wird ihr Vermögen wie Betriebsvermögen der Mitunternehmerschaft[349] behandelt und nach § 180 Abs. 1 Nr. 1 AO einheitlich und gesondert festgestellt.[350] In der **Vermögensaufstellung** sind die Besitz- und Schuldposten anzusetzen, die sich nach Bewertungsrecht aus dem Betriebsvermögen der GmbH ableiten. Die **Einlage** und der **Gewinnanspruch** des atypisch stillen Gesellschafters sind keine Schuldposten. Sie wirken sich in Höhe ihres Nennwertes[351] vermögenserhöhend aus. In die Feststellung des Einheitswertes ist Sonderbetriebsvermögen des stillen Gesellschafters, zB ein der GmbH vermietetes Grundstück, einzubeziehen (§ 97 Abs. 1 Satz 1 Nr. 5 Satz 2 BewG).[352] Soweit ein Geschäftsanteil an der GmbH zum Sonderbetriebsvermögen des stillen Gesellschafters gehört,[353] wird auch dieser in die Einheitswertfeststellung einbezogen und mit dem gemeinen Wert nach Stuttgarter Verfahren bewertet.[354] Der Einheitswert des Betriebsvermögens wird auf die GmbH und den Stillen aufgeteilt,[355] wobei ein GmbH-Anteil und weiteres Sonderbetriebsvermögen dem Stillen vorweg zugerechnet werden; im übrigen wird die **Aufteilung** nach Abschnitt 33 VStR vorgenommen.[356]

Die Feststellung und Aufteilung des Einheitswerts muß demnach in mehreren Schritten vor sich gehen:[357] Zunächst muß der Anteil am vorläufigen Einheitswert – ohne Berücksichtigung von GmbH-Anteilen, jedoch unter Einbeziehung sonstigen Sonderbetriebsvermögens – ermittelt, sodann auf dieser Grundlage der gemeine Wert der GmbH-Anteile ermittelt und schließlich der Einheitswert – unter Einbeziehung der GmbH-Anteile und des sonstigen Sonderbetriebsvermögens – festgestellt und – unter Vorwegzurech-

---

[347] *Rössler/Troll* § 110 BewG Anm. 30.
[348] Dazu krit. mit Rücksicht auf die abweichende Behandlung in der Steuerbilanz: *Döllerer* DStR 1984, 383 (388).
[349] „Quasi-Gesamthandsvermögen"; vgl. *Christoffel* DB 1985, 2429 (2430); FinMin-NW Erl. v. 13. 11. 1989, DB 1989, 2457.
[350] BFH v. 12. 11. 1985, BStBl II 1986, 311 (313, 315 f.).
[351] *Neubert/Weinläder* DB 1983, 630 (633 Fn. 28).
[352] Vgl. auch *Döllerer* DStR 1985, 295 (301).
[353] Vgl. Rz. 188.
[354] *Paulick/Blaurock* Handbuch der stillen Gesellschaft § 26 II 3 (S. 502); *Neubert/Weinläder* DB 1983, 630 (633).
[355] *Döllerer* StbJb 1987/88, 289 (305).
[356] *Christoffel* DB 1989, 1489 (1490), FinMin-NW Erl. v. 13. 11. 1989, DB 1989, 2457.
[357] Vgl. grds. das Beispiel bei *Barten/Kaminski* GmbHR 1983, 127 (129).

nung von GmbH-Anteilen und sonstigem Sonderbetriebsvermögen an den stillen Gesellschafter – auf die GmbH und den stillen Gesellschafter aufgeteilt werden. Der um die Einlage, den Gewinnanspruch und das Sonderbetriebsvermögen des stillen Gesellschafters erhöhte Einheitswert ist zugleich Bemessungsgrundlage für die **Gewerbekapitalsteuer**.[358] Jedoch wird der Wert der GmbH-Anteile, die als Sonderbetriebsvermögen Teil des Einheitswertes sind, abgezogen, wenn die Beteiligung 10% beträgt (§ 12 Abs. 3 Nr. 2 a GewStG). Das Gewerbekapital der (objektiv gewerbesteuerpflichtigen) GmbH wird um den Wert ihrer Beteiligung an der Mitunternehmerschaft gekürzt (§ 12 Abs. 3 Nr. 2 GewStG), die GmbH bleibt gewerbekapitalsteuerfrei.[359]

199 (2) Für den **GmbH-Gesellschafter,** der zugleich atypisch still an der GmbH beteiligt ist, bestehen vermögensteuerlich grds. zwei Steuergegestände: der nach dem Stuttgarter Verfahren bewertete **Geschäftsanteil** an der GmbH und der nach Substanzwerten ermittelte Anteil am **Einheitswert** des Betriebsvermögens der GmbH (§ 110 Abs. 1 Nr. 3 Satz 2 BewG). Kommt der stillen Beteiligung gegenüber der GmbH-Beteiligung die überwiegende wirtschaftliche Bedeutung zu und ist der GmbH-Anteil danach Sonderbetriebsvermögen, so besteht nur ein Steuergegenstand; der GmbH-Anteil ist dann Teil des Anteils des stillen Gesellschafters am Einheitswert.

200 Unterliegt der stille Gesellschafter mit seiner Beteiligung der Gewerbesteuer, so kann er sein **Gewerbekapital** um den Wert seiner Beteiligung an der Mitunternehmerschaft (§ 12 Abs. 3 Nr. 2 GewStG) und um den Wert seiner GmbH-Anteile, wenn diese Beteiligung mindestens 10% beträgt (§ 12 Abs. 3 Nr. 2 a GewStG), kürzen.

6. Übertragung und Auflösung der stillen Gesellschaft

201 Mit Zustimmung der GmbH kann der stille Gesellschafter die stille Beteiligung auf einen Dritten **übertragen**.[360] Veräußert der stille Gesellschafter außerhalb der sechsmonatigen Spekulationsfrist die **typische stille Beteiligung,** so bleibt ein Mehrerlös, den er über die Einlage hinaus erzielt, einkommensteuerfrei, wenn die stille Beteiligung zu seinem steuerlichen Privatvermögen gehört.[361] Dies gilt auch, wenn er an der GmbH wesentlich beteiligt ist und einen Gewinn aus der Veräußerung nach § 17 EStG versteuern müßte.[362] Veräußert der stille Gesellschafter seine Beteiligung im Rahmen seines Unternehmens, so ist der Umsatz steuerfrei (§ 4 Nr. 8 f UStG).[363]

202 Die stille Gesellschaft **endet** mit Fristablauf, wenn sie für eine bestimmte Zeit eingegangen ist, anderenfalls durch Kündigung (§§ 234 Abs. 1, 132, 134, 135 HGB, 723 BGB). Die Geschäftsführung der GmbH ist grds. im Rahmen

---

[358] Die Gewerbekapitalsteuer wurde mit Beginn des Jahres 1998 abgeschafft. Die nachfolgenden Ausführungen beziehen sich deshalb auf die bisherige Rechtslage.
[359] Vgl. *Binger* DB 1988, 414 (416); *Straub* DB 1990, 1302 (1305).
[360] *Costede* StKongRep 1987, 239 (257).
[361] BFH v. 11. 2. 1981, BStBl II 1981, 465 (466).
[362] *Paulick/Blaurock* Handbuch der stillen Gesellschaft § 24 I (S. 453); vgl. auch FG Baden-Württemberg v. 18. 1. 1996, EFG 1997, 67.
[363] *Post/Hoffmann* Die stille Beteiligung am Unternehmen der Kapitalgesellschaft S. 171.

ihrer Geschäftsführungs- und Vertretungsbefugnis berechtigt, die Kündigung von seiten der GmbH zu erklären.[364] Nach Auflösung findet die Auseinandersetzung statt; dazu wird die Abfindung des Stillen ermittelt und aus dem Vermögen der GmbH geleistet.

Erhält der stille Gesellschafter bei Beendigung der typischen stillen Gesellschaft die Einlage zurück, so ergeben sich keine einkommensteuerlichen Folgen. Das gilt auch für im Zusammenhang mit der Auflösung ausgezahlte Gewinnanteile, die die Einlage erhöht haben, weil diese bereits im Zeitpunkt der Einlageerhöhung zu versteuern waren. Zahlt die GmbH eine höhere **Abfindung** – zB bei abschließender Beteiligung des Stillen an offenen Rücklagen –, so gehört der Mehrbetrag zu den Einkünften aus Kapitalvermögen (§ 20 Abs. 2 Nr. 1 EStG);[365] er kann gegebenenfalls der ermäßigten Einkommensteuer (§§ 24 Nr. 1 a, b, 34 Abs. 1, 2 Nr. 2 EStG) unterliegen.[366] Gewährt die GmbH die Einlage in Sachwerten zurück oder leistet sie eine Abfindung in Sachwerten, so führt sie eine umsatzsteuerbare Lieferung aus.

Veräußert der stille Gesellschafter seine **atypische stille Beteiligung** oder erhält er bei Beendigung der stillen Gesellschaft seine Abfindung, so stellen der Mehrerlös gegenüber dem Buchwert und die höhere Abfindung (nach Abzug von Veräußerungskosten) einen steuerpflichtigen, jedoch tarifbegünstigten Veräußerungsgewinn (§§ 16 Abs. 1 Nr. 2, 34 Abs. 1, 2 Nr. 2 EStG; siehe aber Fn. 366) dar. Die Abfindung über dem Buchkapital führt bei der GmbH steuerlich zu Anschaffungskosten, obwohl sie zivilrechtlich keine Anteile an ihrem Betriebsvermögen erwirbt.[367]

Wird über das Vermögen der GmbH das **Konkursverfahren** eröffnet, so wird die stille Gesellschaft aufgelöst; der stille Gesellschafter kann seine Einlage, soweit sie seinen Verlustanteil übersteigt, als Konkursforderung geltend machen (§ 236 Abs. 1 HGB). Hat die GmbH dem Stillen die Einlage binnen Jahresfrist vor Konkurseröffnung zurückgezahlt oder die Verlustbeteiligung erlassen, so kann der Konkursverwalter grds. die Rückzahlung oder den Erlaß anfechten (§ 237 Abs. 1 HGB). Druch ein gerichtliches **Vergleichsverfahren** über das Vermögen der GmbH wird die stille Gesellschaft nicht aufgelöst; der stille Gesellschafter nimmt am Vergleichsverfahren nicht teil.[368] Die

---

[364] *Scholz / U. Schneider* § 35 Anm. 48; vgl. auch BGH v. 26. 10. 1978, DB 1979, 644.

[365] BFH v. 14. 2. 1984, BStBl II 1984, 580 (582); BFH v. 18. 8. 1995, BFH/NV 1996, 125.

[366] Nach dem StEntlG 1999/2000/2001 (§ 34 EStG – neu –) ist die bisherige Versteuerung außerordentlicher Einkünfte nach § 34 EStG – alt – zum halben Steuersatz abgeschafft worden. An ihre Stelle tritt ein antragsgebundenes Verfahren, nach dem die außerordentlichen Einkünfte mit dem Fünffachen des Unterschiedsbetrages zwischen der Steuer für das zu versteuernde Einkommen ohne die außerordentlichen Einkünfte (verbleibendes zu versteuerndes Einkommen) und der Steuer für das verbleibende zu versteuernde Einkommen zuzüglich $1/5$ der außerordentlichen Einkünfte zu versteuern sind. Soweit danach noch eine gewisse Steuervergünstigung verbleibt, kommt sie nicht neben einer steuerbegünstigten Übertragung stiller Reserven im Rahmen des § 6 b EStG in Betracht.

[367] *Costede* StuW 1983, 308 (316); *Post / Hoffmann* Die stille Beteiligung am Unternehmen der Kapitalgesellschaft, S. 122.

[368] BGH v. 24. 2. 1969, DB 1969, 919.

GmbH kann jedoch mit Ermächtigung des Vergleichsgerichts die Erfüllung des Gesellschaftsvertrages nach § 50 VglO ablehnen; der Stille ist unter Umständen nach § 723 BGB zur Kündigung aus wichtigem Grunde berechtigt. Zur stillen Einlage eines GmbH-Gesellschafters als eigenkapitalersetzende Gesellschafterleistung iSd. § 32a Abs. 1, 3 GmbHG vgl. jedoch Rz. 173.

206–219 *(frei)*

G. Genußrechte

I. Überblick

220 Genußrechte können einen **unterschiedlichen Inhalt** haben; sie können eine Nutzung des Vermögens der Gesellschaft, eine Beteiligung am Gewinn und/oder eine Beteiligung am Vermögen gewähren. Das Genußrecht ist nur im Aktienrecht (§ 221 AktG) und dort unvollständig geregelt. Jedoch steht das einer Anwendung im Recht der GmbH nicht entgegen.[369]

Genußrechtsinhaber können **Dritte**, aber auch **Gesellschafter** sein. Die Ausgabe von Genußrechten an Arbeitnehmer der Gesellschaft ist eine steuerlich begünstigte Maßnahme betrieblicher Vermögensbeteiligung von Arbeitnehmern (vgl. § 19a Abs. 3 Nr. 3 u. 11, Abs. 3a, Abs. 5 EStG sowie § 2 Abs. 1 Nr. 1 f 5. VermBG).[370]

221 Genußrechte können eine **einseitige Leistung** der Gesellschaft zum Gegenstand haben. So kann der Genußrechtsinhaber berechtigt sein, Anlagen der Gesellschaft, zB ein Grundstück, unentgeltlich zu nutzen. Genußrechte können auch **Entgeltcharakter** haben; sie stellen dann eine Belohnung oder Entschädigung für Leistungen oder Vorteile dar, welche die Gesellschaft von dem Genußrechtsinhaber erhalten hat. Darunter fallen zB Genußrechte an die Gründer der Gesellschaft oder für Nebenleistungen der Gesellschafter oder – ähnlich oder vergleichbar einem Besserungsschein – für Forderungsverzichte der Gläubiger bei Sanierungen.[371] Als Finanzierungsmaßnahme kommen schließlich Genußrechte in Betracht, die mit einem **Kapitalbeitrag** (Einlage) des Genußrechtsinhabers an die Gesellschaft verbunden sind. Das Genußrecht ist dann die Gegenleistung für eine langfristige Kapitalüberlassung oder für einen verlorenen Kapitalzuschuß. Derartige Finanzierungs-Genußrechte bieten sich anstelle einer Erhöhung des Stammkapitals an, wenn einzelne Gesellschafter die erweiterte Kapitalausstattung übernehmen wollen, die Beteiligungsverhältnisse aber unverändert bleiben sollen oder wenn eine Finanzierung nur von dritter Seite zu erlangen ist und die Kapitalgeber nicht als Gesellschafter zugelassen werden sollen.[372] Finanzierungs-Genußrechte werden regelmäßig in einer größeren Anzahl begeben. Jedoch ist auch die Ausgabe einzelner Genußrechte nicht ausgeschlossen.

---

[369] *Hachenburg/Goerdeler/Müller* § 29 Anh. Anm. 1.
[370] Vgl. dazu auch *Gast/Wissmann* BB 1987 Beil. 17 mit Vertragsmustern.
[371] Vgl. dazu *Claussen* in FS Werner, S. 81 (97 ff.).
[372] *Hachenburg/Goerdeler/Müller* § 29 Anh. Anm. 7.

II. Behandlung der Finanzierungs-Genußrechte

1. Entstehung

Das Genußrecht entsteht durch **Vertrag** (Begebungsvertrag) zwischen der **222** Gesellschaft und dem Berechtigten. Für die Gesellschaft handelt die Geschäftsführung. Der Gesellschaftsvertrag kann[373] Regelungen über Genußrechte enthalten; diese Bestimmungen muß die Geschäftsführung im Innenverhältnis beachten. Sie haben aber keine unmittelbare Wirkung auf das Genußrechtsverhältnis; im Verhältnis zwischen der Gesellschaft und den Genußrechtsinhabern gelten ausschließlich die vertraglichen Bestimmungen. Enthält der Gesellschaftsvertrag keine Bestimmungen, so muß die Geschäftsführung einen zustimmenden **Gesellschafterbeschluß** herbeiführen.[374] Den Gesellschaftern steht entspr. § 221 Abs. 4 AktG ein **Bezugsrecht** auf Genußrechte zu.[375]

Die Genußrechtsbedingungen bedürfen keiner Form; regelmäßig werden **223** sie schriftlich in Genußrechtsbedingungen festgelegt. Bei Ausgabe in größerer Zahl zu vorformulierten Bedingungen unterliegen sie der Inhaltskontrolle nach dem AGB-Gesetz. Die Ausnahme nach § 23 Abs. 1 AGB-Gesetz gilt nicht, weil es sich um rein schuldrechtliche Verhältnisse handelt. Die Genußrechte können in **Genußscheinen** (Partizipationsscheinen) verbrieft werden; Genußscheine können auf den Inhaber oder auf den Namen des Berechtigten lauten, auch als Orderpapiere ausgestaltet werden. Inhaber- und Ordergenußscheine sind Wertpapiere. Sie sind grds. börsenfähig.

2. Inhalt

a) Rechtsnatur und Ausgestaltung des Genußrechts

Das Genußrecht ist kein Mitgliedschaftsrecht.[376] Der Genußrechtsinhaber **224** wird nicht Gesellschafter; ihm stehen **keine Verwaltungsrechte** zu. Er nimmt nicht an Gesellschafterversammlungen teil, hat kein Stimmrecht und besitzt keine Informations- und Kontrollrechte. Dagegen können ihm – wie einem Gesellschafter – alle **Vermögensrechte** zukommen. Das Genußrecht ist in weitem Umfang gestaltungsfähig. Der konkrete Inhalt bestimmt sich nach den **Genußrechtsbedingungen**.[377] Inhaber gleichartiger Genußrechte müssen gleichbehandelt werden.[378]

Die **Vermögensrechte** des Genußscheininhabers können verkürzt sein, zB **225** durch die Beschränkung auf eine Gewinnbeteiligung; die Gewinnbeteiligung

---

[373] Gewähren die Genußrechte Gründervorteile oder Entgelte für Nebenleistungen oder Sacheinbringungen, muß der Gesellschaftsvertrag Regelungen enthalten; *Scholz/ Winter* § 14 Anm. 68, 69; *Meyer-Landrut* § 29 Anm. 23.
[374] *Lutter* in FS Döllerer, S. 383 (385); aA *Rowedder/Rowedder* § 29 Anm. 83.
[375] *Lutter* in FS Döllerer, S. 383 (385).
[376] BGH v. 5. 10. 1992, BB 1993, 451 ff.
[377] Vgl. die Analyse verschiedener Genußscheinbedingungen bei *Meilicke* BB 1987, 1609.
[378] *Rowedder/Rowedder* § 29 Anm. 93.

kann durch eine feste Verzinsung ersetzt oder durch eine Beteiligung am Verlust ergänzt werden. Die Rückzahlung der Einlage kann auf den Nennwert begrenzt oder auch ausgeschlossen sein **(obligationsähnliches Genußrecht);** ein Anspruch auf Rückzahlung der Einlage zum Nennwert kann eine normale Verbindlichkeit der Gesellschaft sein oder mit Nachrang gegenüber den anderen Verbindlichkeiten der Gesellschaft ausgestattet werden, so daß die Genußrechte im Konkursfall nach allen anderen Gläubigern, wenn auch vor dem Stammkapital bedient werden. Dadurch gewinnt das Genußrecht Eigenkapitalcharakter iSd. §§ 30, 32a Abs. 3 GmbHG.[379]

226 Andererseits können die Vermögensrechte erweitert sein und eine Beteiligung am Gewinn und am Wertzuwachs des Gesellschaftsvermögens gewähren **(beteiligungsähnliches Genußrecht).** Die Gewinnbeteiligung kann auf das Betriebsergebnis der Gesellschaft oder einer Unternehmenssparte,[380] den Jahresüberschuß, den Bilanzgewinn oder die Dividende der Gesellschaft,[381] bei Konzernunternehmen auch auf den Konzerngewinn bezogen sein; sie kann durch eine Mindestverzinsung der Einlage abgestützt werden. Bei Beendigung des Genußrechts kann der Genußrechtsinhaber eine Rückzahlung über den Betrag seiner Einlage hinaus erhalten; dabei können die stillen Reserven durch ein pauschales Aufgeld abgegolten werden. Der Rückzahlungsanspruch unter Einschluß anteiliger stiller Reserven kann den Gesellschafterrechten dahin angeglichen werden, daß er im gleichen Rang wie das Stammkapital nur aus dem Liquidationserlös (Liquidationsüberschuß) zu erfüllen ist.

227 Ebenso können die Genußrechtsbedingungen den Vermögensrechten **mitgliedschaftsähnliche Verwaltungsrechte** hinzufügen. Sie können zur Teilnahme an Gesellschafterversammlungen berechtigen und Informations- und Kontrollrechte einräumen,[382] dagegen nicht ein Stimmrecht[383] oder ein Recht zur Anfechtung von Gesellschafterbeschlüssen,[384] wohl aber ein Recht auf Zustimmung zu bestimmten Maßnahmen. Die Genußrechtsinhaber können in eigenen Gremien organisiert sein und zB über die Ausübung ihrer Rechte in Versammlungen mehrheitlich entscheiden.[385]

228 Das Genußrecht wird trotz seines ambivalenten Charakters zivilrechtlich als **Forderungsrecht** angesehen,[386] der Genußrechtsinhaber als Gläubiger der Gesellschaft behandelt. Das Genußrechtsverhältnis ist ein Dauerschuldverhältnis. Soweit der Genußrechtsinhaber Kapital zur Nutzung überläßt, die Gesellschaft ihn am Gewinn und gegebenenfalls an einem Verlust beteiligt und die Rückzahlung der Einlage zum Nennbetrag vor der Liquidation der Gesellschaft vorgesehen ist, ähnelt das Genußrecht einem partiarischen Darlehen

---

[379] Vgl. *Vollmer* ZGR 1983, 445 (452 f.).
[380] *Claussen* in FS Werner S. 81.
[381] *Ziebe* BB 1988, 225 (227).
[382] *Scholz/Winter* § 14 Anm. 74.
[383] BGH v. 5. 10. 1992, BB 1993, 451 ff.; *Schilling* in Großkomm. AktG § 221 Anm. 11; *Hachenburg/Goerdeler/Müller* § 29 Anh. Anm. 9; für ein Mindeststimmrecht entsprechend § 140 Abs. 2 AktG für Vorzugsaktien: *Reuter* AG 1985, 104 (105 f.).
[384] AA *Vollmer* ZGR 1983, 445 (463).
[385] Vgl. *Rowedder/Rowedder* § 29 Anm. 86.
[386] *Scholz/Winter* § 14 Anm. 67; *Hachenburg/Goerdeler/Müller* § 29 Anh. Anm. 3 ff.

G. Genußrechte 229, 230 § 7

oder einer stillen Gesellschaft.[387] Beteiligungsähnliche Genußrechte, die eine Rückzahlung der Einlage nur aus dem Liquidationserlös vorsehen, ähnlichen Vorzugsgeschäftsanteilen (Vorzugsaktien).[388]

b) Verhältnis zum Gesellschaftsrecht

Das Genußrechtsverhältnis und das Gesellschaftsverhältnis bestehen **selbständig** und grds. unbeeinflußbar nebeneinander. Gesellschafterbeschlüsse, die sich gegen das bestehende Genußrechtsverhältnis richten, sind unwirksam, es sei denn, die Genußrechtsbedingungen ließen eine derartige Einwirkung zu.[389] Beschlüsse der Gesellschafter, die das Gesellschaftsverhältnis betreffen, können, wenn die Genußrechtsbedingungen eine Übernahmeklausel enthalten, auch auf das Genußrechtsverhältnis einwirken. So kann zB vorgesehen sein, daß Gesellschafterbeschlüsse über eine Herabsetzung des Stammkapitals im Sanierungsfall zugleich das Genußrechtskapital in einem entsprechenden Verhältnis herabsetzen. Andererseits können Genußrechtsinhaber nicht das Gesellschaftsverhältnis beeinflussen und Gesellschafterbeschlüsse hindern. 229

Bei einer **Umwandlung** der Gesellschaft setzt sich das Genußrechtsverhältnis an der umgewandelten Gesellschaft fort; bei einer **Verschmelzung** muß die aufnehmende Gesellschaft den Genußrechtsinhabern gleichwertige Rechte gewähren (§ 23 UmwG). Im Falle einer **Liquidation** ist die Abwicklung nicht vor Beendigung der Genußrechtsverhältnisse beendet. Bei einer **Erhöhung des Stammkapitals** der Gesellschaft aus Gesellschaftsmitteln bleibt der wirtschaftliche Inhalt der Genußrechte gewahrt (§ 57m Abs. 3); erhalten zB die Gesellschafter vor den Genußrechtsinhabern einen Vorabgewinn von 4% des Stammkapitals, so führt eine Kapitalerhöhung von 50% dazu, daß sich der Vorabgewinn auf 2 2/3% des erhöhten Stammkapitals mindert. Bei Kapitalerhöhungen gegen Einlage besteht indessen grds. kein Verwässerungsschutz;[390] jedoch können sich, auch wenn die Genußrechtsbedingungen keine konkrete Anpassungsregelung enthalten, nach Treu und Glauben und dem Grundsatz der (wirtschaftlichen) Gleichbehandlung Anpassungen rechtfertigen;[391] anderenfalls sind Entschädigungsansprüche der 230

---

[387] Nach *Haarmann* JbFfSt 1985/86, 407 (411) sind Genußrechte, die eine Kapitalrückzahlung vor der Liquidation des Unternehmens vorsehen, begrifflich entweder partiarische Darlehen oder stille Gesellschaften. Doch ist die stille Gesellschaft keine schuldrechtliche, sondern eine gesellschaftliche Beziehung; einem stillen Gesellschafter stehen gesetzliche Informations- und Kontrollrechte zu.

[388] Nach *Hirte* ZIP 1988, 477 (480) sind diese beteiligungsähnlichen Genußrechte aktienrechtlich unzulässig; das Aktienrecht stellt für derartige Finanzierungen ausschließlich die Vorzugsaktien (§ 139 AktG) bereit. Der Vorzugsaktionär hat eine mitgliedschaftliche Stellung mit aufschiebend bedingtem Stimmrecht (§ 140 Abs. 2 AktG) inne.

[389] *Hachenburg/Goerdeler/Müller* § 29 Anh. Anm. 27; *Schilling* in Großkomm. AktG § 221 Anm. 12.

[390] BGH v. 23. 10. 1958, BGHZ 28, 259 (277). Zum Schutz dividendenabhängiger Drittansprüche vgl. grds. *Koppensteiner* ZHR 139 (1975), 191; *Köhler* AG 1984, 197; *Zöllner* ZGR 1986, 288.

[391] *Vollmer* ZGR 1983, 445 (464 ff.); zurückhaltend *Fleck* JbFfSt 1985/86, 437 (441).

Genußrechtsinhaber denkbar.[392] Es kann auch vorgesehen sein, daß sich die Genußrechtsinhaber an der Kapitalerhöhung beteiligen können, indem sie als Sachkapitalerhöhung die übernommene Stammeinlage mit ihrer Genußrechtseinlage belegen (Wandelgenußrechte).[393] Umgekehrt können Anpassungsrechte der Gesellschafter bei **Kapitalherabsetzung** bestehen.[394] Eine umfassende Regelung in den Genußrechtsbedingungen ist immer zu empfehlen.

c) Übertragbarkeit

231 Genußrechte sind **übertragbar** und **vererblich,** es sei denn, die Übertragbarkeit oder die Vererblichkeit wäre in den Genußrechtsbedingungen ausgeschlossen oder eingeschränkt.

Hat die Gesellschaft wertpapierrechtliche Genußscheine begeben, so muß der Inhaber die wertpapierrechtlichen Formen der Übertragung[395] einhalten.

3. Bilanzielle Behandlung

a) Bei der Gesellschaft

232 Die sehr flexiblen Möglichkeiten, die Konditionen des Genußrechtskapitals auszugestalten, bringen Schwierigkeiten bei der Einordnung des Genußrechtskapitals in der Handelsbilanz mit sich. Im Mittelpunkt steht die Frage, ob es dem Eigen- oder Fremdkapital zuzuordnen ist. Auch die spezialgesetzlichen Regelungen des § 10 Abs. 5 KWG sowie des § 53c Abs. 2 Satz 1 Nr. 3a und Abs. 3a VAG, wonach Genußrechtskapital unter bestimmten Voraussetzungen aufsichtsrechtlich bei Kreditinstituten als haftendes Eigenkapital und bei Versicherungsunternehmen als eigene Mittel anerkannt werden können, beantworten wegen ihres besonderen Regelungszweckes diese Frage nicht.[396]

233 Zur Behandlung von Genußrechten im Jahresabschluß von Kapitalgesellschaften hat der Hauptfachausschuß (HFA) des Instituts der Wirtschaftsprüfer (IDW) im Jahre 1994 klarstellend Stellung genommen.[397]

Dieser Stellungnahme kommt besonderes Gewicht zu, da sie die Rechtsauffassung des Berufsstands der Wirtschaftsprüfer wiedergibt, die die Berufsangehörigen unter dem Gesichtspunkt gewissenhafter Berufsausübung (§ 43 Abs. 1 WPO) zu beachten haben.[398] Allerdings haben *Kütting/Kessler/Harth* in einer empirischen Untersuchung[399] nachgewiesen, daß die Bilanzierungspraxis der Rechtsauffassung des HFA des IDW nur zögerlich folgt, die (abweichend von der Vorauflage) den nachstehenden Erläuterungen zugrunde gelegt wird.

---

[392] *Emde* DB 1989, 209 (212).
[393] Vgl. *Rowedder/Rowedder* § 29 Anm. 103.
[394] *Hachenburg/Goerdeler/Müller* § 29 Anh. 15; *Emde* DB 1989, 209 (213).
[395] Übertragung des Inhaber- oder Order-Genußscheins; beim Order-Genußschein ist auch ein Indossament möglich, § 363 HGB.
[396] *ADS* § 266 HGB Anm. 193.
[397] St/HFA 1/1994, WPg 1994, 419 ff.
[398] WPH 1996, Bd. I A Anm. 247.
[399] Genußrechtskapital in der Bilanzierungspraxis, BB 1996, Beilage 4 zu Heft 8 1996.

G. Genußrechte 234–238 § 7

Danach kann grundsätzlich eine unmittelbare Einstellung in das Eigenkapital, eine Passivierung als Fremdkapital oder eine erfolgswirksame Vereinnahmung in Betracht kommen. **234**

Die Qualifikation als Eigenkapital setzt kumulativ voraus: **235**
– Nachrangigkeit des Genußrechtskapitals;
– Erfolgsabhängigkeit der Vergütung sowie Teilnahme am Verlust bis zur vollen Höhe des Genußrechtskapitals;
– Längerfristigkeit der Kapitalüberlassung.

Nachrangigkeit liegt vor, wenn das Genußrechtskapital im Liquidations- oder Insolvenzfall erst nach Befriedigung der Gläubiger, die Fremdkapital zur Verfügung gestellt haben, zurückgezahlt werden darf.

Durch das Erfordernis der Teilnahme am Verlust bis zur vollen Höhe des Genußrechtskapitals soll sichergestellt werden, daß durch die Rückzahlung des Genußrechtskapitals das bilanzielle Eigenkapital nicht unter die Höhe der Summe der vor Ausschüttungen besonders geschützten Eigenkapitalbestandteile fällt.

Der Begriff der Längerfristigkeit wurde in der Stellungnahme des HFA des IDW nicht näher definiert. Da das IDW tendenziell die Bilanzierung von Genußrechtskapital als Eigenkapital wohl nicht erschweren wollte und Genußrechtskapital idR. nach Ablauf einer Zeit von im Durchschnitt 15 Jahren zurückgezahlt wird,[400] wird man sich an diesem Zeitraum orientieren können.

Soweit das Genußrechtskapital beim Emittenten zwar die Bedingungen für einen Eigenkapitalausweis erfüllt, jedoch kein Rückforderungsanspruch des Genußrechtsinhabers besteht und dieser ausdrücklich einen Ertragszuschuß leisten will, führt die Kapitalüberlassung zu einer erfolgswirksamen Vereinnahmung beim Emittenten. **236**

Soweit weder die Voraussetzungen für eine erfolgsneutrale (unmittelbare) Einstellung des Genußrechtskapitals in das Eigenkapital noch die Voraussetzungen für eine erfolgswirksame Vereinnahmung vorliegen, ist das Genußrechtskapital bilanziell als Fremdkapital zu behandeln. **237**

Sofern das Genußrechtskapital als Eigenkapital zu qualifizieren ist, wird es gem. § 266 Abs. 3 HGB innerhalb des Postens „A. Eigenkapital" in einem gesonderten Posten nach dem gezeichneten Kapital, den Gewinnrücklagen oder als letzter Posten des Eigenkapitals eingefügt.[401] **238**

Sofern das überlassene Kapital erfolgswirksam zu vereinnahmen ist, wird regelmäßig ein Ausweis gem. § 277 Abs. 4 HGB als außerordentlicher Ertrag in Betracht kommen.[402] Als Fremdkapital qualifiziertes Genußrechtskapital ist als Verbindlichkeit auszuweisen, und zwar als gesonderter Posten gem. § 265 Abs. 5 Satz 2 HGB. Bei verbrieften Genußrechten (Genußscheine) ist auch ein Ausweis unter dem Posten „Anleihen" mit weiterer Untergliederung gem. § 265 Abs. 5 Satz 1 oder einem Davon-Vermerk vertretbar.[403]

---

[400] *Lutter* Zur Bilanzierung von Genußrechten, DB 1993, 2441.
[401] Vgl. WPH 1996 Bd. I F Anm. 164.
[402] Vgl. *Emmerich/Neumann* Zur Behandlung von Genußrechten im Jahresabschluß von Kapitalgesellschaften, WPg 1994, 667 (684).
[403] *ADS* § 266 Anm. 199.

239 Zu Sonderfragen, zB im Zusammenhang mit Agio-Emissionen, Disagio-Emissionen, Wandel- und Optionsgenußscheinen, sowie zur Behandlung der Vergütungen für die Überlassung von Genußrechtskapital und der Verlustbeteiligung sei auf die Stellungnahme HFA 1/1994 (s. Fn. 397) und den Aufsatz von *Emmerich/Neumann* (s. Fn. 402) verwiesen.

240 Für den Genußrechtsinhaber entsteht der Zahlungsanspruch aufgrund der **Gewinnbeteiligung** mit der Feststellung des Jahresabschlusses;[404] bemißt sich die Gewinnbeteiligung nicht allein nach dem Ergebnis des Jahresabschlusses, sondern (auch) nach der an die Gesellschafter ausgeschütteten Dividende, ist die Entstehung auch von dem Gewinnverwendungsbeschluß abhängig. Die Gesellschaft muß indessen die Ausschüttung an die Genußrechtsinhaber bereits bei der Aufstellung des Jahresabschlusses aufwandswirksam als Verbindlichkeit oder als Rückstellung passivieren.[405]

241 Die Genußrechtsinhaber wirken an den Beschlüssen über die **Feststellung des Jahresabschlusses** und über die **Gewinnverwendung** nicht mit. Gesetz- oder treuwidrige Gesellschafterbeschlüsse, welche die Gewinnanteile der Genußrechtsinhaber mittelbar mindern, verpflichten die Gesellschaft zum Schadensersatz.[406]

b) Beim Genußrechtsinhaber

242 Hält der Genußrechtsinhaber das Genußrecht in seinem Betriebsvermögen, so aktiviert er einen **Genußschein** zu Anschaffungskosten unter den Finanzlagen in dem Posten „Wertpapiere des Anlagevermögens",[407] ein nicht verbrieftes **Genußrecht** als „(sonstige) Ausleihung". Berechtigt das Genußrecht nicht zu einer Rückgewähr der Einlage, so sind, wenn das Genußrecht zeitlich begrenzt ist, planmäßige Abschreibungen nach § 253 Abs. 2 Sätze 1 und 2 HGB vorzunehmen;[408] im übrigen kommen außerplanmäßige Abschreibungen nach § 253 Abs. 2 Satz 3 HGB in Betracht.

243 Den **Gewinnanspruch** bilanziert der Genußrechtsinhaber nach allgemeinen Grundsätzen.

---

[404] *Küting/Weber* § 29 Anm. 17.
[405] *Küting/Weber* § 29 Anm. 17; *Bordt* HdJ Abt. III/1 Anm. 245.
[406] *Scholz/Winter* § 14 Anm. 75; *Rowedder/Rowedder* § 29 Anm. 85; für vertraglich zulässige Kontroll- und Anfechtungsrechte *Vollmer* ZGR 1983, 445 (468). Zum Schutz der Genußrechte an Konzernunternehmen vgl. *U. H. Schneider* in FS Goerdeler S. 513 (521 ff.).
[407] *ADS* § 266 HGB Anm. 84.
[408] *Bordewin* JbFfSt 1985/86, 437 (443); auch *HHR* § 7 EStG Anm. 600 „Genußrecht": lineare AfA, wenn das Genußrecht zeitlich begrenzt ist und die Einlage außer bei Liquidation des Unternehmens nicht zurückgewährt wird; so auch *Haarmann* JbFfSt 1985/86, 407 (412). Wird die Einlage auch nicht im Liquidationsfall zurückgewährt, so soll nach *Haarmann* aaO S. 415 die Abschreibung auch bei zeitlich unbegrenzten Genußrechten erforderlich sein. Dem wird man unter dem Gesichtspunkt vorsichtiger Bewertung zustimmen müssen. Vgl. auch St/HFA 1/1994 (Fn. 397): „Für die Bewertung aktivierter Genußrechte gelten die allgemeinen Bewertungsregeln des HGB (§§ 252 ff. HGB; §§ 279 ff. HGB). Dabei sind auch zukünftige Verlustbeteiligungen und ein Rangrücktritt zu berücksichtigen."

G. Genußrechte

4. Steuerliche Behandlung

a) Steuern vom Einkommen und Ertrag

aa) Bei der Gesellschaft. Für die **körperschaftsteuerliche** Behandlung bei der **Gesellschaft** ist unerheblich, ob die Genußrechte verbrieft sind (Genußscheine) oder nicht.

Gewähren Genußrechte nur eine Beteiligung am Gewinn oder nur eine Beteiligung am Liquidationserlös, ist das Genußrechtskapital auch steuerlich **Fremdkapital**.[409] Das gilt auch, wenn die Genußrechtsinhaber eine Gewinnbeteiligung erhalten und bei Beendigung die Rückzahlung ihrer Einlage verlangen können. Ein Ausgabeaufgeld ist steuerpflichtige Betriebseinnahme.[410] Sind dagegen die Genußrechte am Gewinn und am Liquidationserlös beteiligt, so mindern die Ausschüttungen das körperschaftsteuerliche Einkommen nicht (§ 8 Abs. 3 Satz 2 KStG);[411] das Genußrechtskapital wird dann als steuerliches **Eigenkapital** behandelt. Nach Auffassung der Finanzverwaltung[412] soll es sich auch dann um steuerliches Eigenkapital handeln, wenn die Genußrechte nur am Gewinn beteiligt sind und eine Rückzahlung zum Nennwert vereinbart ist, wenn aber der Genußrechtsinhaber nicht vor Liquidation des Unternehmens oder erst nach mehr als 30 Jahren kündigen kann.

Die **Beteiligung am Gewinn** setzt voraus, daß die Ausschüttung von der Höhe des Gewinns abhängt; dem entspricht es auch, wenn die Ausschüttung dividendenabhängig ist. Eine feste Mindestverzinsung steht dem nicht entgegen, wenn die Komponente der Gewinnabhängigkeit überwiegt[413] oder die Genußrechte nur aus dem Gewinn zu verzinsen sind.[414] Am **Liquidationserlös** sind die Genußrechte beteiligt, wenn das Genußrechtsakapital – wie die Stammeinlagen der Gesellschafter – lediglich aus dem Liquidationsüberschuß (Erlöse der verwerteten Aktiva abzüglich aller Passiva mit Ausnahme des Genußrechtskapitals) zu tilgen und dabei an etwaigen stillen Reserven beteiligt ist,[415] und zwar auch dann, wenn die Genußrechtsinhaber mindestens den Nennbetrag ihrer Einlagen zurückerhalten,[416] jedenfalls dann, wenn das Genußrechtskapital durch die Beteiligung am Verlust im Zeitpunkt der Liquidation gemindert ist.[417] Dabei kann das Genußrechtskapital im Rang vor dem Stammkapital zu bedienen sein. Es genügt aber nicht, daß die Genußrechte lediglich im Rang hinter alle anderen Passiva

---

[409] Zur Maßgeblichkeit des Ausweises in der Handelsbilanz für die Steuerbilanz vgl. *Groh* BB 1995, 559.
[410] *Uelner* JbFfSt 1986/87, 11 (23).
[411] *Winter* GmbHR 1993, 31; insb. auch zur Problematik der verdeckten Gewinnausschüttung bei Genußrechtsvergütungen.
[412] BMF-Schr. v. 8. 12. 1986, BB 1987, 667; kritisch *Knobbe-Keuk* BB 1987, 341.
[413] *Dötsch/Eversberg/Jost/Witt* § 8 KStG Anm. 102 c; *Blümich/Freericks* § 8 KStG Anm. 204; *Sontheimer* BB 1984 Beil. 19 S. 4 f.
[414] *Sarrazin* StbJB 1985/86, 135 (147).
[415] *Dötsch/Eversberg/Jost/Witt* § 8 KStG Anm. 102 d; *Sontheimer* BB 1984 Beil. 19 S. 5; *Emde* BB 1988, 1214 (1215).
[416] *Sarrazin* StbJB 1985/86, 135 (147).
[417] *Winter* GmbHR 1993, 31 (32).

zurücktreten; die bloße Nachrangvereinbarung hebt nicht die Belastung des Vermögens auf.

246 Soweit das Genußrecht mit einer Beteiligung am Gewinn und Liquiditätserlös verbunden ist, und die Ausschüttungen auf das Genußrecht deshalb gem. § 8 Abs. 3 Satz 2 KStG als Gewinnausschüttungen zu behandeln sind, ist das Genußrechtskapital nach hM, ggf. auch abweichend von der Behandlung in der Handelsbilanz, steuerlich als Eigenkapital zu behandeln. Es erhöht (einschließlich eines etwaigen Aufgeldes)[418] das **übrige Eigenkapital**.[419] Werden die Einlagen jedoch nicht zurückgewährt, stellen sie steuerlich Ertrag dar[420] und erhöhen das **verwendbare Eigenkapital**.

247 Soweit die Ausschüttungen auf das Genußrechtskapital steuerlich Gewinnausschüttungen sind (§ 8 Abs. 3 Satz 2 KStG), muß die Gesellschaft die Ausschüttungsbelastung herstellen; diese bestimmt sich nach dem vorhandenen verwendbaren Eigenkapital und der gesetzlichen Verwendungsreihenfolge (§ 28 Abs. 3 KStG). Die Ausschüttungen an die Genußrechtsinhaber können zwar durch den Gewinnverwendungsbeschluß der Gesellschafter veranlaßt sein, beruhen aber nicht auf dem Gewinnverwendungsbeschluß (R 77 Abs. 3 KStR);[421] steuerlich sind sie eine **andere Ausschüttung** iSd. § 27 Abs. 3 Satz 2 KStG. Die Körperschaftsteuer ändert sich erst für den Veranlagungszeitraum, in dem das Wirtschaftsjahr endet, in dem die Ausschüttung vorgenommen wird (regelmäßig Jahr 02). Die Ausschüttung ist mit dem verwendbaren Eigenkapital zum Schluß dieses Wirtschaftsjahres (Jahr 02) zu verrechnen (§ 28 Abs. 2 Satz 2 KStG). Die Ausschüttungsverpflichtung, die in der Handelsbilanz des Gewinnjahres (Jahr 01) als Verbindlichkeit oder Rückstellung passiviert ist, wird in der Gliederungsrechnung noch als Eigenkapital behandelt.[422] Ausschüttungen auf Genußrechte, die steuerlich als Fremdkapital behandelt werden, sind **Betriebsausgaben**.[423]

248 Die Ausschüttungen erhöhen die **Gewerbeertragsteuer** der Gesellschaft. Sie gehören entweder in vollem Umfang nach § 8 Abs. 3 Satz 2 KStG als Teil des körperschaftsteuerlichen Einkommens zum Gewerbeertrag oder werden nach § 8 Nr. 1 GewStG zur Hälfte als Dauerschuldentgelte hinzugerechnet.[424]

249 Die Gesellschaft hat von den Ausschüttungen auf Genußrechte – gleich ob die Ausschüttungen Gewinnanteile oder Betriebsausgaben sind – 25% **Kapitalertragsteuer** einzubehalten (§ 43 Abs. 1 Nrn. 1 u. 2 EStG).

250   **bb) Beim Genußrechtsinhaber.** Der **Genußrechtsinhaber** bezieht grundsätzlich **Einnahmen** aus Kapitalvermögen (§ 20 Abs. 1 Nrn. 1 und 7

---

[418] *Uelner* JbFfSt 1986/87, 11 (22).
[419] *HHR* § 29 KStG Anm. 74 unter Änderung der bisher vertretenen Auffassung jetzt ebenso; ebenfalls unter Änderung der bisher vertretenen Auffassung *Dötsch/Eversberg/Jost/Witt* § 29 KStG Anm. 87 jetzt abweichend: verwendbares Eigenkapital (EK 04).
[420] *Haarmann* JbFfSt 1985/86, 407 (413); aA *Bordewin* ZbFfStR 1985/86, 437 (443): passiver Rechnungsabgrenzungsposten.
[421] So auch *Dötsch/Eversberg/Jost/Witt* § 27 KStG Anm. 28.
[422] OFD Münster Vfg. v. 22. 9. 1982, DB 1982, 2269.
[423] Vgl. BFH v. 11. 2. 1987, BStBl. II 1987, 643 (644).
[424] Ist das Genußrecht inhaltlich als stille Beteiligung zu werten, so kommt eine volle Hinzurechnung der Ausschüttungen nach § 8 Nr. 3 GewStG in Betracht, vgl. *Sarrazin* StbJb 1985/86, 135 (150).

G. Genußrechte 251–254 § 7

EStG).[425] Die Kapitalertragsteuer und – bei Ausschüttungen, die Gewinnanteile (§ 8 Abs. 3 Satz 2 KStG) sind – das Körperschaftsteuerguthaben werden auf die Einkommen-/Körperschaftsteuer des Genußrechtsinhabers angerechnet.

Genußrechte sind **Anteile** an einer Kapitalgesellschaft isd. § 17 EStG, entgegen dem Wortlaut auch dann, wenn sie nicht in Genußscheinen verbrieft sind;[426] sie müssen aber eine Beteiligung am Gewinn und am Liquidationserlös gewähren.[427] Zur Ermittlung einer wesentlichen Beteiligung wird das Genußrechtskapital neben dem Stammkapital berücksichtigt, soweit es eine Beteiligung an der Substanz der Gesellschaft vermittelt.[428] Danach ist zB ein Genußscheininhaber, der die Hälfte des Genußscheinkapitals innehat, nicht wesentlich beteiligt, wenn das Genußscheinkapital und das Stammkapital zur Hälfte am Liquidationserlös beteiligt sind.[429] 251

Für den Genußrechtsinhaber, der das Genußrecht in seinem Betriebsvermögen hält, stellen die Ausschüttungen Teil seines betrieblichen **Gewinns** dar; Abschreibungen auf das Genußrecht[430] mindern den Gewinn.[431] 252

Gewährt das Genußrecht eine Beteiligung am Gewinn und am Liquidationserlös, so gilt es als Anteil an einer Kapitalgesellschaft isd. § 9 Nr. 2a GewStG.[432] Der **Gewerbeertrag** des Genußrechtsinhabers mindert sich um die Ausschüttung, wenn sein Genußrecht bzw. – wenn er zugleich Gesellschafter ist – Genußrecht und Geschäftsanteil eine Beteiligung von mindestens 10% vermitteln. Die Beteiligungshöhe wird wie bei § 17 EStG zu ermitteln sein.[433] 253

Mindern die Ausschüttungen auf Genußrechte als Betriebsausgaben das körperschaftsteuerpflichtige Einkommen der GmbH, weil die Genußrechte keine Beteiligung am Liquidationserlös gewähren, sind diese bei der Gewerbeertragsteuer gem. § 8 Nr. 1 GewStG dem Gewinn aus Gewerbebetrieb wieder zur Hälfte hinzuzurechnen, soweit das Genußrechtskapital als Dauerschuld der GmbH zu beurteilen ist.[434] 254

---

[425] AA für Genußrechte ohne Einlagenrückgewähr *Haarmann* JbFfSt 1985/86, 407 (414): sonstige Einkünfte iSd. § 22 Nr. 1 EStG.
[426] *Hörger* in *Littmann/Bitz/Meincke* § 17 Anm. 11; *Schmidt* § 17 Anm. 22; zweif. *Haarmann* JbFfSt 1985/86, 407 (413).
[427] *Dötsch/Eversberg/Jost/Witt* § 17 EStG Anm. 56; *HHR* § 17 EStG Anm. 66, 122; aA *Blümich/Ebling* § 17 EStG Anm. 71: Gewinnbeteiligung nicht erforderlich.
[428] *Hörger* in *Littmann/Bitz/Meincke* § 17 Anm. 16; *Blümich/Ebling* § 17 EStG Anm. 88; ablehnend *HHR* § 17 EStG Anm. 131.
[429] Vgl. *Schmidt/Weber-Grellet* § 17 Anm. 47.
[430] Vgl. Rz. 242.
[431] Ob AfA auf ein im Privatvermögen gehaltenes Genußrecht mit begrenzter Laufzeit und ohne Einlagenrückgewähr zulässig sind, ist umstritten; bejahend *Bordewin* JbFfSt 1985/86, 437 (444). Ist die Verlustbeteiligung des Genußrechtskapitals vertraglich vorgesehen, so ist der Verlust der Einlage nach *Killinger* BB 1989, 2376 (2377) steuerlich als Werbungskosten bei den Einkünften aus Kapitalvermögen zu behandeln; so auch (stille Beteiligung) *Meilicke* BB 1989, 465 (466).
[432] *Blümich/Gosch* § 9 GewStG Anm. 143; *Lenski/Steinberg* § 9 Nr. 2a Anm. 25.
[433] Vgl. Rz. 251.
[434] Vgl. dazu *Angerer* DStR 1994, 41.

b) Steuern vom Vermögen

255 aa) Zur (**Nicht-)Anwendbarkeit des Vermögensteuergesetzes** ab dem 1. 1. 1997 vgl. im vorstehenden Abschnitt F. Rz. 193 und 194.

256 bb) **Bei der Gesellschaft.** Die körperschaftsteuerliche Beurteilung bestimmt auch die bewertungsrechtliche Behandlung bei der Gesellschaft. Danach gehört das Genußrechtskapital nicht zu den Schuldposten der **Vermögensaufstellung**, wenn die Genußrechte mit einer Beteiligung am Gewinn und am Liquidationserlös verbunden sind (§ 95 BewG; Abschn. 27 Abs. 1 VStR)[435] oder sonst als verdecktes Nennkapital qualifiziert werden. Insoweit erhöhen sich der Einheitswert des Betriebsvermögens und das Gewerbekapital. Wird dagegen das Genußrechtskapital als Fremdkapital anerkannt, so mindert der Schuldposten den Einheitswert und damit die Vermögenssteuer der Gesellschaft; zur Ermittlung der **Gewerbekapitalsteuer**[436] wird das Genußrechtskapital dem Einheitswert nach § 12 Abs. 2 Nr. 1 Satz 2 GewStG zur Hälfte hinzugerechnet.[437] Einen Schuldpostenabzug versagt die Finanzverwaltung wiederum[438] auch dann, wenn das Genußkapital zwar lediglich zum Nennwert zurückgezahlt wird, der Genußrechtsinhaber jedoch nicht vor der Liquidation des Unternehmens oder erst nach mehr als 30 Jahren kündigen kann.[439]

Der **Ausschüttungsanspruch** des Genußrechtsinhabers ist in der Vermögensaufstellung der Gesellschaft als Schuldposten anzusetzen, wenn er vom Gewinn abhängt oder soweit er einer Mindestverzinsung entspricht,[440] nicht jedoch, wenn er dividendenabhängig ist, weil über die Frage einer evtl. Ausschüttung erst im folgenden Wirtschaftsjahr entschieden wird. Bei einer Kombination von fester Mindestverzinsung mit darüber hinaus einer ausschüttungsabhängigen Komponente dürfte nur der auf die Mindestverzinsung entfallende Teil den Einheitswert des abgelaufenen Wirtschaftjahres mindern.

257 cc) **Beim Genußrechtsinhaber.** Beim Genußrechtsinhaber wird das Genußrecht (Genußschein) grundsätzlich nur mit dem **Nennwert** (§ 12 Abs. 1 BewG) angesetzt, wenn die Rückzahlung zum Nennwert vereinbart ist.[441] eine nachhaltige Rendite über 9% oder unter 3% wird mit **Zu-** oder **Abschlägen** entsprechend der Bewertung einer typischen stillen Einlage (Abschn. 61 VStR) zu berücksichtigen sein. Ist das Genußrecht zeitlich begrenzt und wird die Einlage nicht zurückgewährt, so kommt der Ansatz mit dem **Kapitalwert** der geschätzten Gewinnanteile nach § 13 BewG in Betracht.[442]

---

[435] AA *Sontheimer* BB 1984 Beil. 19 S. 7.
[436] Die Gewerbekapitalsteuer wurde mit Beginn des Jahres 1998 abgeschafft. Die nachfolgenden Ausführungen beziehen sich deshalb auf die bisherige Rechtslage.
[437] Auskunft des BMF (BT-Drs. 10/2510 S. 7); für volle Hinzurechnung, wenn das Genußrecht inhaltlich einer stillen Beteiligung entspricht, *Sarrazin* StbJb 1985/86, 135 (150). Zu den Dauerschulden bei Kreditinstituten vgl. § 19 GewStDV.
[438] Vgl. Rz. 244.
[439] BMF-Schr. v. 8. 12. 1986, BB 1987, 667 (668).
[440] *Sontheimer* BB 1984 Beil. 19 S. 7.
[441] *Gürsching/Stenger* Kommentar zum BewG und VStG § 11 BewG Anm. 102, § 97 BewG Anm. 13.
[442] *Haarmann* JbFfSt 1985/86, 437 (440); *Schwarze/Heuermann* StBp 1983, 200 (206).

G. Genußrechte

Wird das Genußrechtskapital bewertungsrechtlich als Betriebsvermögen der 258
Gesellschaft behandelt, weil es am Gewinn und am Liquidationserlös beteiligt
ist, so wird es beim Genußrechtsinhaber grds. wie **Stammkapital** mit dem
gemeinen Wert nach den Grundsätzen des Stuttgarter Verfahrens bewertet.[443]
Soweit gegenüber den Geschäftsanteilen Abweichungen in der Beteiligung
am Gewinn oder am Liquidationsüberschuß bestehen, sind diese nach
Abschn. 14 VStR zu berücksichtigen. Gehört das Genußrecht zum Betriebsvermögen des Genußrechtsinhabers, so mindert es unter den Voraussetzungen
des § 12 Abs. 3 Nr. 2a GewStG das **Gewerbekapital** und unter den Voraussetzungen des § 102 BewG[444] das **Betriebsvermögen** des Genußrechtsinhabers.

Verbriefte Genußrechte, die an einer deutschen Börse zum amtlichen Han- 259
del zugelassen sind oder im geregelten oder im Freiverkehr gehandelt werden,
sind nach § 11 Abs. 1 BewG mit dem Börsenkurs zu bewerten.

Soweit Genußrechte, mit denen das Recht auf Beteiligung am Gewinn und 260
am Liquidationserlös verbunden ist, nicht bereits unselbständige Teile eines
Einheitswerts (zB des Betriebsvermögens) sind, gehören sie zB bei natürlichen
Personen, Stiftungen und Vereinen zum sonstigen Vermögen des § 110
BewG. Nach § 10 Nr. 1 Satz 2 VStG unterliegen sie dann als Beteiligungs-
werte dem Steuersatz von 0,5 v. H. (Abschn. 62a Abs. 1 Nr. 4 VStR).

5. Beendigung

Das Genußrecht endet regelmäßig mit dem **Ablauf** der vereinbarten Nut- 261
zungsdauer oder – vielfach nach einer Festlaufzeit – aufgrund **Kündigung**
durch den Genußrechtsinhaber oder die Gesellschaft. Auch eine Kündigung
nur durch den Genußrechtsinhaber, ebenso eine bis zur Liquidation der
Gesellschaft befristete Kapitalüberlassung sind möglich. Die Kündigung von
seiten der Gesellschaft ist vielfach in Form einer Auslosung vorgesehen.

Ist die Rückgewähr der Einlage vorgesehen, so ist die Rückzahlung, wenn 262
das Genußrecht nicht eine Beteiligung am Gewinn und am Liquidationserlös
gewährt, auch steuerlich die Tilgung einer Verbindlichkeit. Ist das Genußrecht
am Gewinn und am Liquidationserlös beteiligt (§ 8 Abs. 3 Satz 2 KStG), so
handelt es sich um die Rückzahlung verdeckten Nennkapitals; sie wird einer
„echten" Kapitalrückzahlung gleichgestellt. Die **Einlagenrückgewähr** wird
aus dem übrigen Eigenkapital bestritten[445] und löst demnach für die Gesellschaft keine körperschaftsteuerlichen Folgen aus. Beim Gesellschafter können
sich **Veräußerungsgewinne** nach § 17 Abs. 4 EStG oder bilanzielle **Buchgewinne** ergeben.

Fällt die geschuldete Rückzahlung des Genußrechtskapitals ganz oder teil- 263
weise aus, so ist der dadurch eintretende Vermögensverlust steuerlich unbeachtlich, wenn das Genußrechtskapital im Privatvermögen gehalten wurde.

(frei) 264–269

---

[443] Abschn. 73 Abs. 4 VStR; zweifelnd *Angerer* DStR 1994, 41.
[444] *Schwarze/Heuermann* StBp 1983, 200 (206).
[445] *HHR* § 29 KStG Anm. 74; *Winter* GmbHR 1993, 31.

H. Gesellschafterdarlehen

I. Überblick

270 Der Gesellschafter kann seine Gesellschaft auch durch Darlehen finanzieren. Insoweit bestehen zwischen der Gesellschaft und dem Gesellschafter **schuldrechtliche Beziehungen**. Gesellschaftsdarlehen können bereits im **Gesellschaftsvertrag** vorgesehen sein, und zwar von vornherein als notwendige Kapitalausstattung oder für den Fall eines späteren Kapitalbedarfs. Zum Eigenkapitalersatz vgl. nachstehend § 8 Abschn. C.

II. Behandlung des Gesellschafterdarlehens

1. Zivilrecht

271 Die Darlehensbedingungen richten sich – entsprechend dem im Schuldrecht geltenden Grundsatz der Vertragsfreiheit – in erster Linie nach den getroffenen **Vereinbarungen**. Diese werden insb. die Rückzahlung (Fälligkeit zu einem vereinbarten Termin oder nach Kündigung, Rückzahlung der gesamten Valuta oder in Teilbeträgen), die Verzinsung und möglicherweise eine Besicherung regeln. Statt einer Verzinsung[446] können Gesellschafter und Gesellschaft auch eine variable Vergütung in Höhe einer Quote am Ertrag des Unternehmens (Gewinnbeteiligung) vereinbaren **(partiarisches Darlehen)**. In einer angespannten wirtschaftlichen Situation wird die Gesellschaft das Darlehen vielfach unverzinslich oder mit Zinsstundung erhalten.

Eine besondere Form verlangt das Gesetz für Darlehensvereinbarungen nicht; indessen ist die **Schriftform** zu empfehlen.

272 Treffen die Beteiligten keine besonderen Absprachen über die Darlehensbedingungen – was nicht selten bei Einmann-Gesellschaften, bei Überbrückungskrediten oder bei Darlehen in der Krise vorkommt –, so gelten die **gesetzlichen Bestimmungen** (§§ 607 ff. BGB). Danach ist ein Darlehen grundsätzlich unverzinslich; anders wenn der Gesellschafter Kaufmann ist (vgl. § 354 Abs. 2 HGB). Die Rückzahlung kann erst nach Kündigung verlangt werden; die Kündigungsfrist beträgt regelmäßig drei Monate (§ 609 Abs. 2 BGB). Nachträgliche abweichende Vereinbarungen sind zulässig, gehen aber nach allgemeinen Grundsätzen steuerlich nicht durch.

2. Bilanzielle Behandlung

273 Gesellschafterdarlehen werden in der Bilanz der **Gesellschaft** als Verbindlichkeiten ausgewiesen; dabei ist ein gesonderter Ausweis, eine Angabe im Anhang oder ein Davon-Vermerk erforderlich (§ 42 Abs. 3 GmbHG).

Bei der Passivierung unter den Verbindlichkeiten bleibt es auch dann, wenn die Gesellschafterdarlehen **eigenkapitalersetzenden Charakter** (§§ 30,

---

[446] Zinsen sind eine im voraus bestimmte Nutzungsvergütung in Höhe eines Bruchteils des überlassenen Kapitals; vgl. BGH v. 20. 3. 1953, BB 1953, 339.

H. Gesellschafterdarlehen   274, 275   § 7

32 a f. GmbHG) haben,[447] insbesondere auch, wenn Gesellschafter und Gesellschaft einen **Rangrücktritt** in der Weise erklärt haben, daß das Darlehen nur aus künftigen Gewinnen, einem Liquidationsüberschuß oder aus dem die anderen Verbindlichkeiten der Gesellschaft übersteigenden Vermögen getilgt werden soll.[448] Dagegen entfällt die Passivierung nach wohl noch hM,[449] wenn der Gesellschafter auf seine Darlehensforderung gegen Besserungsschein[450] oder bis zur Sanierung verzichtet.[451] Es wird jedoch zunehmend auch die Auffassung vertreten, daß Schulderlaß mit Besserungsschein und nachträglicher Rangrücktritt bilanzrechtlich gleichzubehandeln seien, weil sie trotz konstruktiver Unterschiede wirtschaftlich regelmäßig gleichwertig seien.[452] Eine Passivierung soll danach nur entfallen, wenn nicht damit zu rechnen ist, daß die Bedingungen der Besserungsabrede erfüllt werden können.[453]

Ist der **Gesellschafter** bilanzierender Kaufmann, so weist er das gegebene 274 Darlehen in seiner Bilanz regelmäßig unter den Finanzanlagen aus. Auch wenn es sich um ein eigenkapitalersetzendes Darlehen handelt, ist weder ein gesonderter Ausweis erforderlich noch ein Ausweis unter Beteiligungen angezeigt;[454] der Eigenkapitalersatzcharakter ist bei der Bewertung zu berücksichtigen.

3. Steuerrecht

a) Steuern vom Einkommen und Ertrag

aa) Einkommen-/Körperschaftsteuer. Die Darlehenszinsen sind bei 275 der **Gesellschaft** Betriebsausgaben und mindern das **körperschaftsteuerliche** Einkommen, soweit sie angemessen sind. Bei partiarischen Darlehen muß die Gesellschaft 25% Kapitalertragsteuer auf den Gewinnanteil abführen (§§ 43 Abs. 1 Nr. 3, 43 a Abs. 1 Nr. 1 EStG);[455] zum Zeitpunkt des Zufließens vgl. § 44 Abs. 3 S. 2 EStG. Die Kapitalertragsteuer wird auf die Einkommen-/Körperschaftsteuer des Gesellschafters angerechnet. Zahlt die Gesellschaft eine Nutzungsvergütung in unangemessener Höhe, so ist der überhöhte Teil eine **verdeckte Gewinnausschüttung**. Bei einem unverzinslichen oder niedrig verzinslichen Darlehen liegt in dem Nutzungsvorteil (Differenz zum Marktzins) keine verdeckte Einlage.[456] Ist der Gesellschafter

---

[447] Beck Bil-Komm./*Clemm/Nonnenmacher* § 247 Anm. 231; siehe auch BGH v. 6. 12. 1993, BB 1994, 392; BFH v. 5. 2. 1992, NJW 1992, 2309.
[448] *Küting/Weber* § 272 HGB Anm. 189; Beck Bil-Komm./*Clemm/Nonnenmacher* § 247 Anm. 232; *Häuselmann* BB 1993, 1552.
[449] Vgl. *Schmidt/Weber-Grellet* § 5 Anm. 550 „Gesellschafterfinanzierung" mwN.
[450] Beck Bil.-Komm./*Clemm/Nonnenmacher* § 247 Rz. 232; *Rowedder/Wiedermann* § 42 a Anh. Rz. 176; aM *Eppler* DB 1991, 195 (198); *Hüttemann* HdJ Abt. III/1 Rz. 58.
[451] (Durch Sanierung auflösend bedingter Forderungsverzicht) vgl. BFH v. 30. 5. 1990, DB 1990, 1998.
[452] BFH v. 30. 3. 1993, DB 1993, 1266.
[453] *Schulze-Osterloh* WPg 1996, 97.
[454] *E. Weber* WPg 1986, 1 (5 f.); *Häuselmann* BB 1993, 1552.
[455] BFH v. 25. 3. 1992, BStBl. II 1992, 889; zweifelnd *Schmidt/Heinicke* § 43 Anm. 24.
[456] Vgl. Rz. 138.

beherrschender Gesellschafter und sind die Darlehensgewährung und die Vergütung nicht von vornherein klar und eindeutig vereinbart oder wird eine solche Vereinbarung tatsächlich nicht durchgeführt, so werden auch angemessene Zinsen oder Gewinnanteile in voller Höhe als verdeckte Gewinnausschüttung behandelt.[457]

276 Der **Gesellschafter** bezieht Einnahmen aus Kapitalvermögen (§ 20 Abs. 1 Nr. 4, 7 EStG); hat er das Darlehen im Rahmen seines steuerlichen Betriebsvermögens gewährt, so stellen die Darlehenszinsen oder Gewinnanteile Betriebseinnahmen dar.

277 Zur Behandlung eines Gesellschafterdarlehens als **verdeckte Einlage**[458] vgl. auch § 8 Rz. 252 ff.

278 **bb) Gewerbeertragsteuer. Gewerbeertragsteuerlich** werden die Nutzungsvergütungen, soweit sie die Voraussetzungen der Dauerschuldentgelte erfüllen, zur Hälfte dem Gwinn der **Gesellschaft** wieder hinzugerechnet (§ 8 Nr. 1 GewStG); dies gilt nicht nur für Zinsen, sondern auch für Gewinnbeteiligungen und andere Entgelte.[459]

279 Sind die Darlehen beim **Gesellschafter** Gegenstand seines Betriebsvermögens, so unterliegen die bezogenen Zinsen, Gewinnanteile und sonstigen Entgelte bei ihm gleichfalls der Gewerbeertragsteuer. Bei Dauerschuldentgelten kommt es also zu einer (teilweisen) gewerbesteuerlichen Doppelbelastung.

b) Steuern vom Vermögen

280 **aa) Vermögensteuer.** In der **Vermögensaufstellung** der **Gesellschaft** werden das Darlehen und die noch offene Zinsschuld als Schuldposten angesetzt.[460] Ist das Darlehen für den **Gesellschafter** eine Kapitalforderung des sonstigen Vermögens (§ 110 Abs. 1 Satz 1 Nr. 1 BewG), so wird es zum Nennbetrag angesetzt (§ 12 Abs. 1 BewG), soweit nicht besondere Umstände – zB eine Verzinsung über 9% oder unter 3% und der Ausschluß der Kündigung für längere Zeit – zur Bewertung mit dem höheren oder niedrigeren Gegenwartswert führen (vgl. Abschn. 18 VStR). Ein **partiarisches Darlehen,** dessen Kündbarkeit auf mindestens fünf Jahre ausgeschlossen ist, wird beim Gesellschafter wie eine typische stille Beteiligung bewertet (Abschn. 61 Abs. 3 VStR);[461] für die Gesellschaft dürfte entsprechend der Behandlung einer auf fünf Jahre unkündbaren typischen stillen Beteiligung[462] der Abzug lediglich zum Teilwert (Nennwert) zulässig sein.[463] Gehört das Darlehen zum Betriebsvermögen des Gesellschafters, so wird es in seiner Vermögensaufstellung mit dem Steuerbilanzwert (§ 95 Abs. 1 BewG) angesetzt.

---

[457] BFH v. 28. 10. 1987, BStBl. II 1988, 301 (302 f.); BFH v. 2. 3. 1988, BStBl. II 1988, 786 (787 f.); vgl. auch R 31 Abs. 5 KStR 1995.

[458] *Schmidt/Weber-Grellet* § 5 Anm. 550 „Gesellschafterfinanzierung"; *Schmidt/Glanegger* § 6 Anm. 440 „Verdeckte Einlagen".

[459] BT-Drs. 11/2157 S. 175; vgl. auch R 48 GewStR; HdU, H Anm. 212.

[460] Zur (Nicht-)Anwendbarkeit des Vermögensteuergesetzes ab 1. 1. 1997 vgl. in Abschnitt F. Rz. 193 und 194.

[461] Vgl. dazu Rz. 196.

[462] Vgl. Rz. 195.

[463] Vgl. *Rössler/Troll* § 110 BewG Anm. 31.

J. Fremdfinanzie. durch nicht anrechnungsberecht. Anteilseigner **281–290** **§ 7**

bb) Gewerbekapitalsteuer. Das **Gewerbekapital** der **Gesellschaft** erhöht sich, wenn das Darlehen Dauerschuld ist, um die Hälfte des Darlehensbetrages (ggf. nach Abzug des Freibetrages von DM 50 000,–; § 12 Abs. 2 Nr. 1 Satz 2 GewStG). Gehört das Darlehen zum Betriebsvermögen des **Gesellschafters,** so unterfällt es bei ihm in vollem Umfang der Gewerbekapitalsteuer.[464] 281

c) Schenkungsteuer

Gewährt der Gesellschafter das Darlehen unverzinslich oder niedrig verzinslich, oder verzichtet er der Gesellschaft gegenüber auf einen bereits entstandenen Zinsanspruch, so kann in dem **Nutzungsvorteil** grds. eine freigebige Zuwendung an die Mitgesellschafter iSd. § 7 Abs. 1 Nr. 1 ErbStG und damit ein schenkungsteuerpflichtiger Tatbestand liegen.[465] Das setzt voraus, daß zumindest auch eine freigebige Zuwendung an Mitgesellschafter beabsichtigt ist[466] und sich deshalb die Werterhöhung der Anteile von Mitgesellschaftern nicht nur als bloßer Reflex ergibt. Die Verbesserung der Ertragsaussichten der Mitgesellschafter ist nach Abschn. 7 Abs. 1 Satz 1 VStR 1995 zu ermitteln. Die Schenkungssteuer entsteht endgültig im Zeitpunkt des Zinsverzichts. Der Umstand, daß die Zinsersparnis bei der GmbH jährlich entsteht, führt nicht zu einer „wiederkehrenden Schenkung".[467] Die Zinslosigkeit ist nicht schenkungssteuerpflichtig, wenn der Gesellschafter das zinslose Darlehen zur Sanierung der Gesellschaft gewährt.[468] 282

(frei) **283–289**

J. Gesellschafter-Fremdfinanzierung durch nicht anrechnungsberechtigte Anteilseigner

I. Überblick

Beschränkt steuerpflichtige Anteilseigner sind bei offenen Gewinnausschüttungen benachteiligt, da sie von der Anrechnung der Körperschaftsteuer und der Kapitalertragsteuer ausgeschlossen sind. Insbesondere ausländische Anteilseigner einer Kapitalgesellschaft ziehen es daher vor, der Gesellschaft Kapital in Form von Fremdmitteln (zB Darlehen, stille Beteiligungen) und nicht als Eigenkapital zur Verfügung zu stellen. Solche Finanzierungen führen bei Abzugsfähigkeit der Zinsen oder sonstigen Vergütungen als Betriebsausgaben zur Minderung des steuerlichen Gewinns der deutschen Kapitalgesellschaft. Demzufolge sind die von einem ausländischen Gesellschafter erhaltenen Zinsen nicht mit deutschen Steuern belastet. 290

---

[464] Die Gewerbekapitalsteuer wurde mit Beginn des Jahres 1998 abgeschafft. Die vorstehenden Ausführungen beziehen sich deshalb auf die bisherige Rechtslage.
[465] Vgl. vorstehend Rz. 149 ff.
[466] BFH v. 25. 10. 1995, BStBl. 1996 II, 160.
[467] Gleichl. Erlaß der Obersten Finanzbehörden der Länder vom 15. 3. 1997, DStR 1997, 540.
[468] *Meincke* § 7 Anm. 88.

291 Um der übermäßigen Fremdfinanzierung von Kapitalgesellschaften entgegenzutreten, hat der Gesetzgeber mit Wirkung für Wirtschaftsjahre, die nach dem 31. 12. 1994 beginnen, die Vorschrift des § 8 a KStG eingeführt. Es handelt sich um eine sehr umfangreiche Vorschrift, die auch zahlreiche Sonderfälle explizit regelt. Zur Auslegung der Vorschrift und der zahlreichen, sich aus dem Gesetzeswortlaut ergebenden Zweifelsfragen hat die Finanzverwaltung ein erläuterndes BMF-Schreiben[469] herausgegeben, auf das verwiesen wird.

II. Grundzüge der gesetzlichen Regelung

1. Regelungsinhalt

292 Vergütungen für Fremdkapital (zB Darlehenszinsen), das einer unbeschränkt steuerpflichtigen Kapitalgesellschaft von einem nicht zur Anrechnung von Körperschaftsteuer berechtigten wesentlich beteiligten Anteilseigner zugeführt wurde, werden in verdeckte Gewinnausschüttungen, die das Einkommen nicht mindern, umqualifiziert, soweit bestimmte Relationen (sog. „safe haven") zwischen anteiligem Eigenkapital und hingegebenen Fremdmitteln dieses Gesellschafters nicht eingehalten werden.

293 Das Vorgenannte gilt auch, wenn die Kapitalgesellschaft das Fremdkapital von einer dem Anteilseigner nahestehenden, nicht anrechnungsberechtigten Person oder von einem Dritten erhalten hat, der auf den Anteilseigner oder eine diesem nahestehende Person zurückgreifen kann (§ 8 a Abs. 1 Satz 2 KStG).

294 Eine wesentliche Beteiligung im Sinne des § 8 a KStG liegt vor, wenn der Anteilseigner am Grund- oder Stammkapital der Kapitalgesellschaft zu mehr als 25% unmittelbar oder mittelbar — auch über eine Personengesellschaft — beteiligt ist.

2. Anteiliges Eigenkapital des Anteilseigners

295 Eine Umqualifizierung der Fremdkapitalvergütungen in verdeckte Gewinnausschüttungen findet nur statt, soweit ein nach dem anteiligen Eigenkapital des Anteilseigners an der Kapitalgesellschaft zu berechnendes zulässiges Fremdkapital überschritten wird.

Das anteilige Eigenkapital des Anteilseigners ist der Teil des Eigenkapitals der Gesellschaft zum Schluß des vorangegangenen Wirtschaftsjahres laut Handelsbilanz, der dem Anteil des Anteilseigners am gezeichneten Eigenkapital entspricht (§ 8 a Abs. 2 Satz 1 KStG).

Das Eigenkapital wird wie folgt ermittelt:
   gezeichnetes Kapital
−   ausstehende Einlagen
+   Kapitalrücklagen
+   Gewinnrücklagen
+/− Gewinnvortrag/Verlustvortrag
+/− Jahresüberschuß/Jahresfehlbetrag

---

[469] BMF vom 17. 11. 1994, BStBl. I 1995, 25.

J. Fremdfinanzie. durch nicht anrechnungsberecht. Anteilseigner   296–299   § 7

+ Hälfte der Sonderposten mit Rücklagenanteil
− Buchwert der Beteiligungen an einer
  Kapitalgesellschaft gemäß § 8 a Abs. 4 Satz 3 KStG
  Eigenkapital der Kapitalgesellschaft

Eine vorübergehende Minderung des Eigenkapitals durch einen Jahresfehlbetrag ist unbeachtlich, wenn bis zum Ablauf des dritten auf das Wirtschaftsjahr des Verlustes folgenden Wirtschaftsjahres das ursprüngliche Eigenkapital durch Gewinnrücklagen oder Einlagen wieder hergestellt wird.

Bei einer Beteiligungskette ohne eine Holding-Gesellschaft an der Spitze muß das Eigenkapital der Obergesellschaft um den Buchwert der Beteiligung an der Untergesellschaft gekürzt werden (§ 8 a Abs. 4 Satz 3 KStG).

3. Fremdkapital im Sinne des § 8 a Abs. 1 KStG

Zum Gesellschafter-Fremdkapital gehören grundsätzlich alle als Verbindlichkeiten passivierungsfähigen Kapitalzuführungen in Geld, die nach handels- und steuerrechtlichen Grundsätzen nicht zum Eigenkapital gehören (zB fest und variabel verzinsliche Darlehen, partiarische Darlehen, typisch stille Beteiligungen).   296

4. „Safe Haven" und Folgen seiner Überschreitung

Der „safe haven" ist der Betrag, den ein nichtanrechnungsberechtigter, wesentlich beteiligter Anteilseigner seiner Kapitalgesellschaft höchstens zur Verfügung stellen kann, ohne daß eine Umqualifizierung der dafür gezahlten Entgelte in eine verdeckte Gewinnausschüttung erfolgt.   297

Bei **in einem Bruchteil des Kapitals bemessenen Vergütungen** (zB Darlehenszinsen) ist ein „safe haven" (Nichtbeanstandungsgrenze des Fremdkapitals) von **1:3** maßgeblich.   298

Der nicht anrechnungsberechtigte, wesentlich beteiligte Anteilseigner kann somit der Kapitalgesellschaft grundsätzlich das Dreifache seines anteiligen Eigenkapitals als Fremdkapital ohne steuerschädliche Folgen zuführen. Übersteigt aber das der Kapitalgesellschaft gewährte Darlehen das Dreifache des anteiligen Eigenkapitals des Anteilseigners, handelt es sich in Höhe der Zinsen, die auf den übersteigenden Teil des Darlehens entfallen, um verdeckte Gewinnausschüttungen, soweit ein Drittvergleich von der Kapitalgesellschaft nicht erbracht werden kann.

Der Drittvergleich ist dann erbracht, wenn die Kapitalgesellschaft das Darlehen bei sonst gleichen Umständen auch von einem fremden Dritten hätte erhalten können. Die Beweislast dafür trägt die darlehensempfangende Gesellschaft. Diese muß nachweisen, daß sie das vom Gesellschafter empfangene Fremdkapital bei sonst gleichen Umständen auch von einem fremden Dritten hätte erhalten können. Bei der Beurteilung der „sonst gleichen Umstände" sind die konkreten Vertragsbedingungen und die sonstigen Verhältnisse des Einzelfalles (Höhe der Vergütung, Höhe des eigenen Vermögens der Kapitalgesellschaft, die Sicherheit der Kapitalanlage − eigene Sicherungsmittel, Geschäftsumfang − und die allgemeine Finanzstruktur (Bonität)) zu berücksichtigen. Maßgebend für den Entlastungsbeweis ist der Zeitpunkt, zu dem das Gesellschafterfremdkapital gegeben wurde.   299

§ 7 300–303   Finanzierung durch Gesellschafter

300   Bei inländischen Holdinggesellschaften iSd. § 8 a Abs. 4 Satz 1 KStG gilt ein „safe haven" von **1:9**. Als Holdinggesellschafen gelten Kapitalgesellschaften, die **einen** der folgenden Tatbestände erfüllen:
– Die Haupttätigkeit besteht darin, Beteiligungen an Kapitalgesellschaften zu halten und diese Kapitalgesellschaften zu finanzieren (1. Alternative) oder
– ihr Vermögen besteht zu mehr als 75% ihrer Bilanzsumme aus Beteiligungen an Kapitalgesellschaften (2. Alternative).

301   Bei **nicht in einem Bruchteil des Kapitals bemessenen Vergütungen** (idR gewinn- und umsatzabhängige Vergütungen, zB Vergütung für die Überlassung von Genußscheinkapital, stille Beteiligung) ist ein „safe haven" von **1:0,5** maßgeblich.

Bei einer nicht in einem Bruchteil des Kapitals bemessenen Vergütung kann eine verdeckte Gewinnausschüttung im Falle der Überschreitung des „safe haven" nicht durch einen Drittvergleich ausgeschlossen werden.

302   Eine bei einer deutschen Kapitalgesellschaft im Wege der Umqualifizierung der Vergütungen für Fremdkapital festgestellte verdeckte Gewinnausschüttung kann prinzipiell eine Körperschaftsteuer und Kapitalertragsteuerschuld begründen bzw. erhöhen. Soweit die verdeckte Gewinnausschüttung jedoch aus positivem EK 04 bedient werden kann, kommt es nicht zu einer Körperschaftsteuererhöhung; Kapitalertragsteuer fällt ebenfalls nicht an.

Bei der Ermittlung des Gewerbeertrags sind die nach § 8 a KStG umqualifizierten Vergütungen für Fremdkapital zu kürzen (§ 9 Nr. 10 GewStG).

303   Ansatzpunkte, eine verdeckte Gewinnausschüttung § 8 a KStG zu vermeiden, liegen sowohl beim Fremdkapital als auch beim Eigenkapital. Das Fremdkapital kann zB unentgeltlich zur Verfügung gestellt werden, das Eigenkapital kann zB gestärkt werden durch:
– Erhöhung des Grund- bzw. Nennkapitals,
– Bareinlagen der Gesellschafter in die Kapitalrücklage, und
– Forderungsverzichte der Gesellschafter.

Bei einem Forderungsverzicht der Gesellschafter ist jedoch zu berücksichtigen, daß steuerlich eine (günstige) Einlage in das EK 04 der Kapitalgesellschaft nur hinsichtlich des werthaltigen Teils der Forderung, auf die verzichtet wird, vorliegt.[470]

Hinsichtlich des Verzichts in Höhe eines nicht mehr werthaltigen Teils der Forderung dürfte ein steuerpflichtiger Ertrag vorliegen.

---

[470] BFH v. 9. 6. 1997, DB 1997, 1693.

§ 8 Kapitalerhaltung

Bearbeiter: Ralf Gandenberger

Übersicht

	Rz.
A. Erhaltung des Stammkapitals	
I. Überblick zu §§ 30 und 31 GmbHG......................	1–4
II. Das Auszahlungsverbot (§ 30 GmbHG)	5–44
1. Verminderung des zur Erhaltung des Stammkapitals erforderlichen Vermögens	6–9
2. Ermittlung des Vermögens....................	10–17
a) Bilanzierungs- und Bewertungsgrundsätze.........	11–16
b) Abweichungen vom Jahresabschluß................	17
3. Maßgeblicher Zeitpunkt................................	18
4. Verfahren der Ermittlung des Vermögens..............	19
5. Zulässige und unzulässige Leistungen	20–33
a) Austauschgeschäft und Drittgeschäfte...............	21, 22
b) Leistungsäquivalenz im Rahmen des § 30 GmbHG...	23–26
c) Verbindlichkeiten und Sicherheiten zugunsten eines Gesellschafters...................................	27, 28
d) Erwerb eigener Anteile und Einziehung von Anteilen..	29, 30
e) Steuerliche verdeckte und offene Gewinnausschüttungen	31–33
6. Zahlungsempfänger.....................................	34–39
a) Gesellschafter als Leistungsempfänger.............	34
b) Dritte als Leistungsempfänger......................	35–39
7. Gültigkeit des Geschäfts, Leistungsverweigerungsrecht...	40–44
a) Maßgeblichkeit der objektiven Vermögenslage....	40–42
b) Nichtigkeit bei bewußtem Verstoß.................	43
c) Wirkung gegenüber Dritten	44
III. Erstattungspflicht und Haftung (§ 31 GmbHG)	45–88
1. Erstattungsberechtigter	46
2. Anspruchsgegner.......................................	47–53
a) Gesellschafter	47, 48
b) Dritte als Anspruchsgegner	49–51
c) Nahestehende Personen und verbundene Unternehmen...	52, 53
3. Inhalt des Erstattungsanspruchs........................	54–62
a) Rückgewähr von Zahlungen und anderen Leistungen	54–57
b) Durchsetzung des Anspruchs	58–61
c) Steuerliche Behandlung der Erstattung............	62
4. Guter Glaube und Gläubigerschutz	63–69
a) Anforderungen an den Gutgläubigenschutz........	64–66
b) Erforderlichkeit der Erstattung.....................	67–69

§ 8 Kapitalerhaltung

	Rz.
5. Haftung der Mitgesellschafter	70–75
a) Doppelte Subsidiarität	70
b) Gesellschafterstellung	71
c) Inhalt und Umfang der Haftung	72–74
d) Steuerliche Behandlung der Haftung	75
6. Beweislast	76, 77
7. Erlaß	78
8. Verjährung	79, 80
a) Regelmäßige Verjährungsfrist	79
b) Verjährungsfrist bei böslicher Handlungsweise	80
9. Verschuldensabhängige Haftung der Mitgesellschafter	81
10. Haftung der Geschäftsführer	82–87
a) Schadensersatzpflicht gegenüber der Gesellschaft	82, 83
b) Ersatzpflicht gegenüber den haftenden Gesellschaftern	84
c) Konkurrierende Gesellschafterhaftung	85
d) Rückgriff	86
e) Steuerliche Behandlung der Haftung	87
11. Anspruchskonkurrenzen	88
IV. Gutgläubig bezogene Gewinnanteile	89–107
1. Überblick zu § 32 GmbHG	89, 90
2. Voraussetzungen des § 32 GmbHG	91–97
a) Begünstigte Gewinnanteile	91
b) Rückforderungsanspruch der Gesellschaft	92–94
c) Gutgläubigkeit des Gesellschafters	95, 96
d) Beweislast	97
3. Rechtsfolgen	98–107
a) Gutgläubigkeit	98
b) Bösgläubigkeit	99–101
c) Steuerliche Behandlung der Dividendenerstattung	102–104
d) Gewinnauszahlung an Dritte	105–107

B. Kapitalherabsetzung

I. Überblick zu § 58 bis § 58 f GmbHG	110–113
II. Zwecke der Kapitalherabsetzung	114–123
1. Rückzahlung und Erlaß von Einlagen	115
2. Abfindung	116, 117
3. Einstellung in Rücklagen	118
4. Beseitigung einer Unterbilanz	119
5. Sanierung	120–123
a) Zuzahlungen der Gesellschafter	121
b) Kapitalerhöhung durch Beitritt Dritter	122, 123
III. Kapitalherabsetzungsbeschluß	124–135
1. Änderung des Gesellschaftsvertrages	124, 125
2. Inhalt des Beschlusses bei ordentlicher Kapitalherabsetzung	126–131
a) Zweck der Kapitalherabsetzung	126, 127
b) Höhe der Kapitalherabsetzung	128, 129
c) Auswirkungen auf Geschäftsanteile	130, 131

Übersicht   § 8

	Rz.
3. Inhalt des Beschlusses bei vereinfachter Kapitalherabsetzung	132–135
a) Zweck der Kapitalherabsetzung	132
b) Höhe der Kapitalherabsetzung	133, 134
c) Auswirkungen der Kapitalherabsetzung	135
IV. Durchführung der ordentlichen Kapitalherabsetzung ...	136–148
1. Gläubigerschutz	136–139
a) Bekanntmachung und Gläubigeraufruf	136
b) Einzelmitteilungen	137, 138
c) Widerspruchsrecht der Gläubiger	139
2. Anmeldung zum Handelsregister	140–142
a) Sperrfrist	140
b) Anmeldung	141
c) Versicherung	142
3. Eintragung und Veröffentlichung	143
4. Vollzug der ordentlichen Kapitalherabsetzung	144–148
a) Rechnungslegung	145
b) Sonstige Rechtshandlungen der Geschäftsführung	146
c) Vorzeitige Zahlung	147, 148
V. Durchführung der vereinfachten Kapitalherabsetzung ..	149–170
1. Zulässigkeit der vereinfachten Kapitalherabsetzung ..	150–152
2. Anpassung der Nennbeträge	153–159
3. Eintragung ins Handelsregister	160
4. Verwendung der gewonnenen Beträge	161–168
a) Einstellung in die Kapitalrücklage	162, 163
b) Ausschüttungsbeschränkungen für Mehrbeträge ..	164, 165
c) Beschränkung der zukünftigen Gewinnausschüttung	166–168
5. Rückbeziehung der Kapitalherabsetzung	169, 170
VI. Vereinfachte Kapitalherabsetzung mit gleichzeitiger Kapitalerhöhung	171–175
VII. Steuerliche Behandlung der Kapitalherabsetzung	176–192
1. Steuern vom Einkommen und Ertrag	176–190
a) Steuerliche Folgen bei der Gesellschaft	176–182
aa) Behandlung bei Kapitalrückzahlung	177–179
bb) Nominelle Kapitalherabsetzung	180
cc) Unentgeltliche Einziehung	181, 182
b) Besteuerung beim Gesellschafter	183–190
aa) Effektive Kapitalherabsetzung	183–188
bb) Nominelle Kapitalherabsetzung	189
cc) Verdeckte Gewinnausschüttung	190
2. Steuern vom Vermögen	191
3. Umsatzsteuer, Grunderwerbsteuer	192
C. Eigenkapitalersetzende Gesellschafterleistungen	
I. Überblick zu §§ 32 a, 32 b GmbHG	197–202
II. Eigenkapitalersetzende Gesellschafterdarlehen (§ 32 a Abs. 1 GmbHG)	203–269
1. Insolvenzverfahren	203
2. Finanzierung durch Gesellschafterdarlehen	204–215

§ 8 Kapitalerhaltung

	Rz.
a) Begriff des Gesellschafterdarlehens	205–208
aa) Kurzfristige Überbrückungskredite	206
bb) Sanierungskredite	207
cc) Bankkredite	208
b) Gesellschafterstellung des Darlehensgebers	209–215
aa) Höhe der Beteiligung	210
bb) Darlehenshingabe vor Gesellschafterstellung	211
cc) Ausscheiden nach Darlehenshingabe	212
dd) Sanierungsprivileg	213–215
3. Kapitalersatzfunktion des Darlehens	216–226
a) Kreditunwürdigkeit der Gesellschaft	217–221
aa) Insolvenzreife	218–220
bb) Sonstige Indizien	221
b) Besondere Absprachen zwischen Gesellschaft und Gesellschafter	222–225
aa) Sanierungskredite und Rangrücktritt	223
bb) Finanzplankredite und Krisenfinanzierung	224, 225
c) Kenntnis vom Eigenkapitalersatz	226
4. Zeitpunkt der Beurteilung	227–234
a) Gewährung des Darlehens	227
b) Finanzplankredite und Krisenfinanzierung	228
c) Stehenlassen in der Krise	229–234
5. Umfang der eigenkapitalersetzenden Qualifikation	235
6. Nebenforderungen	236
7. Rechtsfolgen	237–250
a) Gesetzliche Regelung (§ 32a Abs. 1 GmbHG)	238–247
b) Rechtsprechungsgrundsätze	248, 249
c) Verhältnis des § 32a Abs. 1 zu den §§ 30, 31 GmbHG	250
8. Beweislast	251
9. Steuerliche Behandlung	252–269
a) Steuern vom Einkommen und Ertrag	252–268
aa) Steuerliche Behandlung bei der Gesellschaft	252–254
bb) Steuerliche Behandlung beim Gesellschafter	255–268
b) Steuern vom Vermögen	269
III. Eigenkapitalersetzende Gesellschaftersicherheiten	270–297
1. Besicherung von Drittdarlehen	270–277
a) Gesetzliche Regelung (§§ 32a Abs. 2, 32b GmbHG)	270–276
aa) Darlehen eines Dritten	271
bb) Sicherheit des Gesellschafters	272
cc) Eigenkapitalersatz	273–275
dd) Zeitpunkt der Beurteilung	276
b) Rechtsprechungsgrundsätze	277
2. Rechtsfolgen	278–293
a) Gesetzliche Regelung (§§ 32a Abs. 2, 32b GmbHG)	278–291
aa) Rückzahlung vor einer Insolvenz	278–282
bb) Rechtsfolgen nach Insolvenzeröffnung	283–285
cc) Besonderheiten bei einer Doppelsicherung	286
dd) Rechtsverhältnis zwischen Gesellschaft und Gesellschafter	287–291

A. Erhaltung des Stammkapitals

	Rz.
b) Rechtsprechungsgrundsätze	292, 293
3. Steuerliche Behandlung	294–296
a) Bei der Gesellschaft	294
b) Beim Gesellschafter	295, 296
4. Beweislast	297
IV. Wirtschaftlich entsprechende Rechtshandlungen (§ 32a Abs. 3 GmbHG)	298–350
1. Darlehensgleiche Kapitalüberlassungen (§ 32a Abs. 1 und 3 GmbHG)	299–308
a) Sachdarlehen	299
b) Andere Kreditierungen	300, 301
c) Forderungserwerb, Factoring, Wechsel	302–304
d) Pensionsgeschäfte	305
e) Kreditgewährung durch Überlassung zur Besicherung	306
f) Stille Gesellschaft	307
g) Steuerliche Behandlung	308
2. Gesellschaftergleiche Drittkredite (§ 32a Abs. 1 und 3 GmbHG)	309–316
a) Kredite naher Angehöriger	310
b) Kredite verbundener Unternehmen	311, 312
c) Kredite sonstiger fremder Dritter	313–316
3. Sonstige Finanzierungsleistungen und Nutzungsverhältnisse (§ 32a Abs. 1 und 3 GmbHG und Rechtsprechungsgrundsätze)	317–346
a) Sicherungsübereignung und Eigentumsvorbehalt	318
b) Leasing-Verträge	319–324
aa) Sale-and-lease-back	319
bb) Finanzierungsleasing	320–323
cc) Operating-Leasing	324
c) Nutzungsüberlassung (Miete, Pacht, Leihe)	325–341
aa) Nutzungsüberlassung als Eigenkapitalersatz	327–333
bb) Rechtsfolgen der eigenkapitalersetzenden Nutzungsüberlassung	334–341
d) Dienstleistungspflichten als Eigenkapitalersatz	342, 343
e) Steuerliche Behandlung	344–346
4. Besicherung von Drittdarlehen und darlehensgleichen Rechtshandlungen durch gleichgestellte Dritte (§§ 32a Abs. 2 und 3, 32b GmbHG)	347–350

A. Erhaltung des Stammkapitals

I. Überblick zu §§ 30 und 31 GmbHG

Das einmal aufgebrachte Stammkapital der GmbH darf den Gesellschaftern 1 nur im Rahmen einer förmlichen Kapitalherabsetzung gem. §§ 58 ff. GmbHG wieder zurückgewährt werden.[1] Die Regelungen der §§ 58 ff. GmbHG sehen für die Kapitalherabsetzung unabdingbare Voraussetzungen

---

[1] Vgl. Abschnitt B.

§ 8 2–4   Kapitalerhaltung

vor, die sich auf die Einhaltung bestimmter Formen und die materielle Sicherung der Gläubiger der GmbH beziehen. Es ist deswegen naheliegend, daß die Gesellschafter einer GmbH versucht sein könnten, sich das zur Erhaltung des Stammkapitals erforderliche Vermögen auf andere Art und Weise zurückgewähren zu lassen. Genau dies wollen die §§ 30 ff. GmbHG verhindern. Diese Vorschriften sind für die GmbH prägend und bilden ein Korrelat dazu, daß den Gläubigern grds. nur das Gesellschaftsvermögen, nicht aber das Vermögen der Gesellschafter haftet (§ 13 Abs. 2 GmbHG). Die Bestimmungen der §§ 30, 31 GmbHG sorgen dafür, daß die Gesellschafter der Gesellschaft ein **Mindestvermögen** in Höhe der Stammkapitalziffer belassen. Das **Kapitalerhaltungsgebot** ergänzt das **Kapitalaufbringungsgebot**. Geschützt wird das Stammkapital in der im HR eingetragenen Höhe; Kapitalerhöhungen und Kapitalherabsetzungen, die beschlossen, aber noch nicht eingetragen sind, werden nicht berücksichtigt.[2]

2   Der Gesetzgeber kann das Stammkapital nur in einer Richtung sichern, indem er **Leistungen an die Gesellschafter** verbietet, die das Stammkapital schmälern. **Geschäfte mit Dritten** fallen nicht unter diese Schutzvorschrift. So sind die Gläubiger über § 30 GmbHG nicht dagegen geschützt, daß das Stammkapital durch Verluste angegriffen oder aufgezehrt wird.[3] Das Gebot der Kapitalerhaltung zwingt die Gesellschafter auch nicht dazu, bei **Verlusten** das verminderte oder verlorene Stammkapital aufzufüllen. Ebensowenig sind die Gesellschafter grds. rechtlich verpflichtet, für eine **angemessene Eigenkapitalausstattung** der Gesellschaft zu sorgen.[4] Da eine abstrakte gesetzliche Regelung nicht den nach den konkreten Verhältnissen erforderlichen **Eigenkapitalbedarf** festlegen kann, mußte sich der Gesetzgeber damit begnügen, ein für jedes Unternehmen dieser Rechtsform verbindliches Mindeststammkapital von DM 50 000, – (bzw. 25 000, – Euro, § 5 Abs. 1 GmbHG) zu verlangen.

3   § 30 GmbHG ist **nicht abdingbar;** die Vorschrift wird entspr. ihrem Normzweck streng ausgelegt.[5]

4   Dem Schutz unterliegt nur das **Stammkapital,** nicht das übrige Eigenkapital der Gesellschaft.[6] **Rücklagen** können an die Gesellschafter ausgekehrt werden. Soweit die Rücklagenverwendung im Gesellschaftsvertrag geregelt ist, bedarf es dazu eines satzungsändernden Gesellschafterbeschlusses.

§§ 30, 31 GmbHG gelten auch für das Stammkapital und die in der Eröffnungsbilanz gebildeten Sonderrücklagen einer GmbH im Aufbau (§ 27 Abs. 3 DMBilG). Letztere dürfen nur zum Ausgleich mit Verlusten verwendet werden (§ 27 Abs. 2 DMBilG).

---

[2] *Scholz/Westermann* § 30 Anm. 12; *Hachenburg/Goerdeler/Müller* § 30 Anm. 13.
[3] *Roth/Altmeppen* § 30 Anm. 4; *Hachenburg/Goerdeler/Müller* § 30 Anm. 3.
[4] HM; BGH v. 24. 3. 1980, BB 1980, 797 (798 f.); *Hachenburg/Goerdeler/Müller* § 30 Anm. 3; *Scholz/Westermann* § 30 Anm. 2; *Baumbach/Hueck/Hueck* § 30 Anm. 1.
[5] BGH v. 8. 12. 1986, DB 1987, 478 (479); *Baumbach/Hueck/Hueck* § 30 Anm. 1.
[6] BGH v. 24. 3. 1980, BB 1980, 797 (798); BGH v. 12. 12. 1983, DB 1984, 340; enger unter dem Gesichtspunkt der strafrechtlichen Untreue (§ 266 StGB) BGH v. 29. 5. 1987, DB 1987, 1930 (1931).

II. Das Auszahlungsverbot (§ 30 GmbHG)

§ 30 GmbHG verbietet unter bestimmten Voraussetzungen Zahlungen und andere Leistungen an Gesellschafter.

1. Verminderung des zur Erhaltung des Stammkapitals erforderlichen Vermögens

Nach dem Wortlaut des § 30 GmbHG darf das zur Erhaltung des Stammkapitals erforderliche Vermögen der Gesellschaft an die Gesellschafter nicht ausgezahlt werden. Über den Wortlaut hinaus unterfallen dieser Vorschrift nicht nur Zahlungsvorgänge, sondern allgemein **alle Leistungen** aus dem Vermögen der Gesellschaft.[7] Es kann sich um Zahlungen, Sachleistungen, Dienstleistungen, Nutzungsüberlassungen, Sicherheitsleistungen, Schuldübernahmen, Rechtsverzichte, Aufrechnungen usw. handeln. § 30 GmbHG greift ein, wenn die Gesellschaft einem Gesellschafter einen Vermögenswert zuwendet und dadurch eine **Unterbilanz** entweder entsteht oder sich erhöht. § 30 GmbHG gilt aber auch, wenn die Gesellschaft nach Maßstäben des Insolvenzrechts **überschuldet** ist oder infolge der Leistung an den Gesellschafter überschuldet würde. Zwar ist dann Vermögen, das zur Erhaltung des Stammkapitals erforderlich wäre, nicht mehr vorhanden, Leistungen an Gesellschafter, die in diesem Fall unmittelbar auf Kosten der Gesellschaftsgläubiger erbracht würden, können jedoch ebenfalls nicht zulässig sein. Die Rspr.[8] wendet deshalb §§ 30, 31 GmbHG bei Überschuldung ebenfalls unmittelbar an. In der Literatur[9] wird die unmittelbare oder entsprechende Anwendung der §§ 30, 31 GmbHG bei Überschuldung allgemein befürwortet.

Ob eine **Unterbilanz** vorliegt oder die Leistung an den Gesellschafter zu einer Unterbilanz führt, erfordert eine Beurteilung aus **bilanzieller Sicht**, dh. ohne Aufdeckung stiller Reserven.[10] Nach § 30 GmbHG gebunden und damit für eine Leistung an Gesellschafter nicht verfügbar sind die Vermögensgrößen, die zur Deckung der Verbindlichkeiten und zusätzlich zur Deckung des Stammkapitals erforderlich sind.[11] Eine Unterbilanz liegt dabei vor, wenn das Reinvermögen, dh. die Aktiva abzüglich der Passiva (ohne Stammkapital und Rücklagen), das Stammkapital nicht erreicht. Sofern dem aktivierten Vermögen auf der Passivseite nur das Stammkapital und Verbindlichkeiten gegenüberstehen, bewirkt jeder Abgang eines Aktivums, der nicht zum Zugang eines zumindest gleichwertigen Aktivums (Aktivtausch) oder zum Abgang eines mindestens gleichwertigen Passivums (zB Tilgung einer Verbindlichkeit) führt, einen Verlust von Stammkapital. Andererseits hindern ein

---

[7] *Rowedder/Rowedder* § 30 Anm. 17 m. w. N.
[8] BGH v. 5. 2. 1990, DB 1990, 926, zuvor nur entsprechende Anwendung: BGH v. 29. 3. 1973, DB 1973, 916 (917); BGH v. 14. 10. 1985, WM 1986, 237 (239); zu den Auswirkungen auf die Haftung der Mitgesellschafter s. Rz. 74.
[9] Vgl. *Baumbach/Hueck/Hueck* § 30 Anm. 9; *Hachenburg/Goerdeler/Müller* § 30 Anm. 19; *Roth/Altmeppen* § 30 Anm. 11; *Scholz/Westermann* § 30 Anm. 15.
[10] Vgl. *Joost* GmbHR 1983, 285 (287).
[11] *Joost* GmbHR 1983, 285 (286).

Jahresfehlbetrag und ein **Verlustvortrag** eine Leistung an die Gesellschafter nicht, wenn sie durch Rücklagen (Kapitalrücklage, Gewinnrücklagen) gedeckt sind.[12] Gesellschafter können somit ohne Verstoß gegen § 30 GmbHG ein Aktivum nur dann erhalten, wenn diesem Aktivum entweder **übriges Eigenkapital** (Kapitalrücklage, Gewinnrücklagen, Gewinnvortrag, Jahresüberschuß) entspricht[13] oder wenn sie für das erhaltene Aktivum einen **gleichwertigen Vermögensgegenstand** hingeben. Dabei stellen die Erstattungs- und Haftungsansprüche nach § 31 GmbHG, die bei verbotswidriger Leistung als gesetzliche Ansprüche entstehen, selbstverständlich keinen hingegebenen Vermögensgegenstand dar. Eine **Überschuldung** ist gegeben, wenn die Aktiva die Passiva auch nach Aufdeckung stiller Reserven nicht decken (rechnerische Überschuldung) und die Finanzkraft nach überwiegender Wahrscheinlichkeit mittelfristig nicht zur Fortführung des Unternehmens ausreicht.[14] Damit kommen hier die für §§ 63 ff. GmbHG geltenden Regelungen zur Anwendung, so daß eine Überschuldungsbilanz aufzustellen ist.

8   § 30 GmbHG bewirkt somit keinen gegenständlichen, sondern nur einen **wertmäßigen Schutz** des Stammkapitals.[15] Ob der Gesellschaft das zur Erhaltung des Stammkapitals erforderliche Vermögen verblieben ist, beurteilt sich nicht danach, wie sich der Vermögensbestand zusammensetzt, sondern ob er einen Wert mindestens in Höhe der Stammkapitalziffer hat.[16] Deshalb greifen die §§ 30, 31 GmbHG nicht ein, wenn zwar eine **formelle Einlagenrückgewähr** vorliegt, aber Vermögen in Höhe der Stammkapitalziffer erhalten geblieben ist, wenn also Stammeinlagen zu Lasten des übrigen Eigenkapitals (zB Rücklagen) zurückgewährt worden sind.[17]

9   Der Kapitalschutz bei einer AG und bei einer GmbH sind nicht vergleichbar.[18] **Aktionäre** können, solange die AG nicht liquidiert wird oder ihr Grundkapital herabsetzt, nur Gewinnanteile beziehen; über das Grundkapital hinaus vorhandenes Eigenkapital können sie nur nach Auflösung zugunsten des Bilanzgewinns erhalten. Ein zulässig begründeter Dividendenanspruch bleibt ihnen andererseits erhalten, auch wenn sich die Vermögenslage der AG bis zur Auszahlung verschlechtert haben sollte. **Gesellschafter einer GmbH**[19] können demgegenüber – über den Bilanzgewinn hinaus und unter Beachtung der gesellschaftsrechtlichen Gleichbehandlung – Leistungen der Gesellschaft erhalten, solange die Gesellschaft nur so viel Vermögen behält, daß ihr Vermögen die Verbindlichkeiten und das Stammkapital deckt. Dies gilt aber auch gegenüber allen mitgliedschaftlichen Ansprüchen, so daß die Gesellschaft

---

[12] Vgl. *Hachenburg/Goerdeler/Müller* § 30 Anm. 14; *Scholz/Westermann* § 30 Anm. 14.

[13] Abweichend *Renkl* BB 1988, 2069 (2070 f.): Entnahmefähig nur, soweit durch den am Ende des Geschäftsjahres zu erwartenden Jahresüberschuß bzw. Bilanzgewinn gedeckt.

[14] BGH v. 13. 7. 1992, DB 1992, 2022; BGH v. 28. 11. 1994 DB 1995, 206.

[15] *Lutter/Hommelhoff* § 30 Anm. 2; *Scholz/Westermann* § 30 Anm. 1.

[16] BGH v. 5. 2. 1990, GmbHR 1990, 249.

[17] *Hachenburg/Goerdeler/Müller* § 30 Anm. 5; *Scholz/Westermann* § 30 Anm. 7, 19.

[18] *Baumbach/Hueck/Hueck* § 30 Anm. 3 mwN; vgl. auch *Fabritius* ZHR 144 (1980), 628 ff.

[19] BGH v. 12. 12. 1983, DB 1984, 340.

einen zulässig begründeten Dividendenanspruch ohne Verstoß gegen § 30 GmbHG nicht mehr erfüllen kann, wenn sich die Vermögenslage der Gesellschaft bis zur Auszahlung so verschlechtert haben sollte, daß die Gewinnauszahlung zu Lasten des Stammkapitals ginge.[20]

2. Ermittlung des Vermögens

Ob zur Erhaltung des Stammkapitals ausreichendes Vermögen vorhanden ist, muß bei einer **Überschuldung** aufgrund einer Überschuldungsbilanz festgestellt werden, in die alle Vermögensgegenstände aufzunehmen sind, die in der Insolvenz verwertbare Bestandteile der Masse sind. Dabei kommt es auf die aktuellen Verkehrs- oder Liquidationswerte an, es sind aber auch im Jahresabschluß nicht bilanzierungsfähige Wirtschaftsgüter, zB selbstgeschaffene Patente, Software oder ein Geschäftswert anzusetzen.[21] **10**

Bei der Prüfung einer **Unterbilanz** sind die nach den für den **Jahresabschluß** geltenden Bilanzierungsgrundsätze weiter anzuwenden.[22] Diese sollen nachfolgend näher erläutert werden.

a) Bilanzierungs- und Bewertungsgrundsätze

Die Gesellschaft ist an die **bisherige Bilanzierung** von Vermögensgegenständen und Verbindlichkeiten gebunden.[23] Ein originärer Firmenwert der Gesellschaft sowie selbst geschaffene oder unentgeltlich erworbene **immaterielle Vermögensgegenstände** sind ebensowenig wie im Jahresabschluß ansatzfähig.[24] Entgeltlich erworbene immaterielle Vermögensgegenstände sind – wie im Jahresabschluß – nur ansatzfähig, wenn sie einen wirtschaftlichen Wert darstellen und selbständig verkehrsfähig sind.[25] Dies gilt nach hM auch für einen derivativ erworbenen Geschäfts- oder Firmenwert, der abzüglich fortgerechneter Abschreibungen zu aktivieren ist.[26] Hat die Gesellschaft für **Pensionszusagen,** die sie vor dem 1. 1. 1987 erteilt hat, keine Rückstellungen oder Rückstellungen nicht in voller Höhe gebildet, so kommt ihr das bei der Vermögensermittlung nach § 30 GmbHG zugute; sie braucht für diesen Zweck nicht Rückstellungen in der an sich gebotenen Höhe anzusetzen.[27] **11**

Die Aktiva und Passiva sind grds. mit **Buchwerten** anzusetzen.[28] Zwischenzeitliche **Abschreibungen** sind zu berücksichtigen, desgleichen die in die Handelsbilanz übernommenen steuerrechtlich zulässigen erhöhten Absetzungen und Sonderabschreibungen.[29] **Zuschreibungen** und andere Wahlrechte sind nur insoweit zulässig, als sie auch im Jahresabschluß zulässig wären **12**

---

[20] *Baumbach/Hueck/Hueck* § 30 Anm. 13.
[21] Vgl. auch Rz. 218.
[22] *Hachenburg/Goerdeler/Müller* § 30 Anm. 29.
[23] *Hachenburg/Goerdeler/Müller* § 30 Anm. 30; *Scholz/Westermann* § 30 Anm. 14.
[24] *Lutter/Hommelhoff* § 30 Anm. 11.
[25] Vgl. *Schnicke/Reichmann* in Beck Bil-Komm. § 247 Anm. 389 f.
[26] *Hachenburg/Goerdeler/Müller* § 30 Anm. 35; aA *Lutter/Hommelhoff* § 30 Anm. 11.
[27] *Lutter/Hommelhoff* § 30 Anm. 14.
[28] BGH v. 11. 5. 1987, DB 1987, 1781 (1782) und BGH v. 22. 10. 1990, GmbHR 1991, 99 (101).
[29] BGH v. 11. 12. 1989, DB 1990, 415 (416).

§ 8 13, 14   Kapitalerhaltung

und im folgenden Jahresabschluß auch tatsächlich praktiziert werden.[30] Möglich sind also zB Zuschreibungen nach § 280 Abs. 1 HGB zur Wertaufholung nach außerplanmäßiger Abschreibung auf Gegenstände des Anlagevermögens (§ 253 Abs. 2 Satz 3 HGB) oder nach Abschreibungen auf Gegenstände des Umlaufvermögens (§ 253 Abs. 3 HGB) oder allgemein nach Abschreibungen, die auf steuerlichen Vorschriften beruhen (§ 254 Satz 1 HGB). Diese dürfen aber allenfalls bis zur Höhe der Anschaffungs- oder Herstellungskosten erfolgen.[31] Der Grundsatz der **Bewertungsstetigkeit** (§ 252 Abs. 1 Nr. 6 HGB) ist dabei zu beachten, so daß die bisher angewandten Bewertungsmethoden beibehalten werden sollen.[32] Wenn die Gesellschaft bei der Bewertung der Vorräte bisher **Herstellungskosten** unter Ausschluß von Kosten der allgemeinen Verwaltung, der Aufwendungen für soziale Einrichtungen, für freiwillige soziale Leistungen und für betriebliche Altersversorgung angesetzt hat (§ 255 Abs. 2 Satz 4 HGB), dann dürfen diese Kostenarten jetzt nicht aktiviert werden. Hat die Gesellschaft bisher entgegen dem grundsätzlichen **Wertaufholungsgebot** aus steuerlichen Gründen von Zuschreibungen abgesehen (§ 280 Abs. 2 HGB), dann ist sie auch bei der nach § 30 GmbHG gebotenen Vermögensermittlung daran gebunden. Hat sie bisher die Pensionsrückstellungen in der Handelsbilanz auf der Basis eines Zinsfußes von 3% ermittelt, muß sie den höheren Rückstellungsbetrag übernehmen.

13   Auf der **Aktivseite** gehören die **ausstehenden Einlagen** zu den zu berücksichtigenden Vermögensgegenständen, wobei eine vorsichtige Bewertung im Hinblick auf die Einbringlichkeit oder den Zeitpunkt des Eingangs – insoweit kann eine Abwertung wegen des Zinsverlustes erforderlich werden – angezeigt sein kann.[33] **Eigene Anteile** können, da auf der Passivseite eine entsprechende Rücklage zu bilden ist, entweder mit der Rücklage in die Berechnung einbezogen werden oder beide bleiben unberücksichtigt.[34]

14   Auf der **Passivseite** sind neben Verbindlichkeiten alle **Rückstellungen** anzusetzen. Dazu gehören auch von der Gesellschaft gebildete Aufwandsrückstellungen (§ 249 Abs. 2 HGB). Sie sind rechtlich zwar noch nicht Verbindlichkeiten gegenüber Dritten, bringen aber die periodengerechte Belastung des Vermögens zum Ausdruck. Gebildete Rückstellungen dürfen nur dann aufgelöst werden, wenn der Grund für ihre Bildung entfallen ist (§ 249 Abs. 3 Satz 2 HGB). Die Rückstellung für latente Steuern (§ 274 Abs. 1 HGB) ist anzusetzen. **Sonderposten mit Rücklageanteil** (§§ 247 Abs. 3, 273 HGB) – zB nach § 6 b EStG – sind in einen Eigenkapital- und in einen Verbindlichkeitenanteil (Gewerbeertrag- und Körperschaftsteuer) aufzuteilen, wobei die Körperschaftsteuer mit der Tarifbelastung zu ermitteln ist.[35] Nicht anzusetzen

---

[30] *Hachenburg/Goerdeler/Müller* § 30 Anm. 32.

[31] AA (Aufdeckung der stillen Reserven jedenfalls dann, wenn die Leistung der Gesellschaft in der Stellung einer Sicherheit besteht) *Sonnenhol/Stützle* DB 1979, 925 (928); *Meister* WM 1980, 390 (394).

[32] Vgl. *Baumbach/Hueck/Hueck* § 30 Anm. 6; *Hachenburg/Goerdeler/Müller* § 30 Anm. 31.

[33] *Rowedder/Rowedder* § 30 Anm. 7; *Roth/Altmeppen* § 30 Anm. 9.

[34] Vgl. *Roth/Altmeppen* § 30 Anm. 8; *Baumbach/Hueck/Hueck* § 30 Anm. 5.

[35] *Hachenburg/Goerdeler/Müller* § 30 Anm. 38; zur Berechnung vgl. *ADS* § 58 AktG Anm. 96.

A. Erhaltung des Stammkapitals

sind die Steuerverbindlichkeiten, die durch die Leistung an den Gesellschafter selbst ausgelöst werden, zB die bei einer **verdeckten Gewinnausschüttung** anfallende Körperschaftsteuer.[36]

Die von Gesellschaftern gegebenen **Darlehen** werden als Verbindlichkeiten behandelt, und zwar auch dann, wenn sie eigenkapitalersetzenden Charakter haben (§ 32a GmbHG) oder wenn die Gesellschafter einen Rangrücktritt erklärt haben.[37] Sie binden damit einen entsprechenden Teil des Vermögens, so daß das Stammkapital durch das restliche Vermögen gedeckt werden muß. 15

Aktive und passive **Rechnungsabgrenzungsposten** können Vermögen bzw. Verbindlichkeiten darstellen.[38] So sind die transitorischen und die antizipativen Posten (zB im voraus gezahlte bzw. erhaltene Miete) anzusetzen; sollte das **schwebende Geschäft** gestört werden, so würde die Vorauszahlung zu einer Rückforderung berechtigen, während der Vorausempfang zu einer Rückzahlung verpflichten würde. Das aktivierte und abzuschreibende **Disagio** dagegen dient nur der periodengerechten Aufstockung des höheren Rückzahlungsbetrages und stellt somit keinen Vermögensgegenstand dar. Dasselbe gilt für Bilanzierungshilfen und damit auch für aktivierte Steuerabgrenzungen (§ 274 Abs. 2 HGB).[39] 16

b) Abweichungen vom Jahresabschluß

Die Ansätze in der Bilanz können unter Berücksichtigung des Sinn und Zweck der Kapitalerhaltungsgrundsätze nicht maßgebend sein, wenn der Gesellschaft zwar nicht bilanziell, wohl aber **tatsächlich Werte entzogen** werden. Dies wäre zB der Fall, wenn die GmbH Wirtschaftsgüter an Gesellschafter zu Preisen verkauft, die mindestens den Buchwerten entsprechen, aber unter den bei Veräußerung an fremde Dritte erzielbaren Werten liegen. Dies würde eine bestehende Unterbilanz[40] oder Überschuldung nicht erhöhen oder sogar verringern, obwohl den Gläubigern der GmbH nunmehr ein geringeres Haftungskapital zur Verfügung steht. Eine neuere Auffassung stellt daher für diesen Fall nicht auf die Buch-, sondern auf die **Verkehrswerte** ab.[41] Damit sind in diesen Fällen die um die aufgedeckten stillen Reserven erhöhten Buchwerte bei der Beurteilung heranzuziehen, ob Stammkapital ausgezahlt wird. Dies erlangt insb. bei nichtbilanzierten **immateriellen Wirtschaftsgütern** eine wesentliche Bedeutung. Aus diesen Gründen darf die Gesellschaft auch nicht einzelne Wirtschaftsgüter zum **Selbstkostenpreis** 17

---

[36] BFH v. 30. 3. 1989, BStBl II 1989, 489 (491).
[37] *Scholz/Westermann* § 30 Anm. 15; *Baumbach/Hueck/Hueck* § 30 Anm. 5; anders hinsichtlich des Rangrücktritts bei der Feststellung der (konkurs)rechtlichen Überschuldung; vom BGH bisher offengelassen, BGH v. 6. 12. 1993, DB 1994, 724.
[38] *Hachenburg/Goerdeler/Müller* § 30 Anm. 40; ablehnend *Lutter/Hommelhoff* § 30 Anm. 15.
[39] Vgl. Beck. Bil-Komm./*Schnicke/Fischer* § 274 Anm. 8.
[40] Vgl. Rz. 7.
[41] *Scholz/Westermann* § 30 Anm. 16; *Hachenburg/Goerdeler/Müller* § 30 Anm. 41; eindringlich *Stimpel* in FS 100 Jahre GmbH-Gesetz, S. 335 (340 ff.); aA *Lutter/Hommelhoff* § 30 Anm. 24, der einen Verstoß gegen die gesellschaftsinterne Kompetenzordnung annehmen will.

an ihre Gesellschafter veräußern, sofern sie (erwiesenermaßen) bei fremden Dritten einen höheren Preis erzielen könnte.[42]

3. Maßgeblicher Zeitpunkt

18 Die Gesellschaft muß in dem Zeitpunkt, in dem sie die **Leistung** an den Gesellschafter bewirkt, noch so viel Vermögen besitzen, daß ihr Vermögen nach Deckung der Verbindlichkeiten, gegebenenfalls unter Berücksichtigung eines Verlustes, und nach der Leistung an den Gesellschafter noch das Stammkapital deckt. Es kommt folglich, wenn der schuldrechtliche Vertrag (Leistungsversprechen) und der dingliche Vertrag (Leistungsbewirkung) zeitlich auseinanderfallen, auf das **dingliche Geschäft** (die Erfüllung) an.[43] Zu diesem Zeitpunkt muß ausreichendes Stammkapital vorhanden sein, so daß sich auch eine Verbesserung der Vermögenslage der GmbH zwischen Verpflichtung und Erfüllung zu ihren Gunsten auswirkt.[44] Dabei können die **Leistungshandlung** der Gesellschaft und der **Leistungserfolg** bei dem Gesellschafter zeitlich uU erheblich auseinanderfallen. So wird der Erfüllungsvorgang bei einer Zahlung durch Banküberweisung einige Tage in Anspruch nehmen, bei der Übertragung eines Grundstücks kann es ein Zeitraum von einigen Wochen oder Monaten sein. Maßgeblich muß der Zeitpunkt sein, in dem der Leistungserfolg bei dem Gesellschafter eintritt. Zwar hat die Gesellschaft den Ablauf des Erfüllungsvorgangs – zB bei einer Grundstücksübertragung die Eintragung im Grundbuch, nachdem die Auflassung beurkundet und die Umschreibung beantragt ist – nicht mehr in der Hand; aber erst mit der Eintragung verliert die Gesellschaft ihr Eigentum.

4. Verfahren der Ermittlung des Vermögens

19 Die Geschäftsführung muß sich, bevor sie eine Leistung an Gesellschafter erbringt, der nicht eine offensichtlich gleichwertige Gegenleistung gegenübersteht, vergewissern, daß die Leistung der Gesellschaft nicht das zur Erhaltung des Stammkapitals erforderliche Vermögen mindert. Es ist str., ob sie zu diesem Zweck eine **förmliche Zwischenbilanz** erstellen muß[45] oder ob sie die Vermögenswerte des letzten Jahresabschlusses lediglich „fortschreiben", dh. unter Berücksichtigung von Vermögensmehrungen und -minderungen sowie von Abschreibungen weiterentwickeln darf. Nach der **Rspr.** beantwortet sich die Frage, ob gegen das Auszahlungsverbot verstoßen wurde, aufgrund „einer den Anforderungen des § 42 GmbHG entsprechenden, für den Zeitpunkt der Entnahme aufzustellenden Bilanz zu fortgeführten Buchwerten."[46] Diese Formulierung wird teilweise dahin verstanden, daß eine förmliche Bilanz erforderlich sei.[47] Allerdings muß es bei der Beurteilung, ob ein

---

[42] Vgl. die unter Fn. 41 Genannten.
[43] BGH v. 1. 12. 1986, BB 1987, 433 (434); *Baumbach/Hueck/Hueck* § 30 Anm. 11; *Hachenburg/Goerdeler/Müller* § 30 Anm. 63.
[44] BGH v. 29. 9. 1977, BB 1977, 1730 (1732).
[45] Bejahend: *Röhrkasten* GmbHR 1974, 36; verneinend: *Baumbach/Hueck/Hueck* § 30 Anm. 6 mwN.
[46] BGH v. 11. 5. 1987, DB 1987, 1781 (1782).
[47] *Baumbach/Hueck/Hueck* § 30 Anm. 6.

Verstoß gegen § 30 GmbHG gegeben ist – insb. unter dem Gesichtspunkt des Gläubigerschutzes – darauf ankommen, daß die handelsrechtlichen Bewertungsvorschriften eingehalten werden. Es ist daher zwar grds. aus Beweisgründen eine Zwischenbilanz zu empfehlen; fehlt diese jedoch, kann dies auf die Beurteilung nach § 30 GmbHG keine Auswirkungen haben.[48] Bestehen Zweifel, ob gegen das Auszahlungsverbot verstoßen wird, sollten die Geschäftsführer eine förmliche Zwischenbilanz auf den Zahlungszeitpunkt erstellen; bis zur Erstellung der Bilanz können sie die Auszahlung an die Gesellschafter verweigern.[49]

5. Zulässige und unzulässige Leistungen

Jede Leistung der Gesellschaft an den Gesellschafter ist grundsätzlich unzulässig, wenn der Gesellschafter dadurch Vermögen erhält, das zur Erhaltung des Stammkapitals erforderlich ist. Die Leistung ist zulässig, wenn der Gesellschafter für den erhaltenen Vermögensgegenstand eine gleichwertige Leistung hingibt **(Austauschgeschäft)** oder wenn er die Leistung der Gesellschaft nicht als Gesellschafter, sondern wie ein fremder Dritter empfängt (sog. **Drittgeschäft** im Gegensatz zum Gesellschaftergeschäft). 20

a) Austauschgeschäft und Drittgeschäfte

Zulässig sind Umsatzgeschäfte, bei denen Leistung und Gegenleistung in einem äquivalenten Austauschverhältnis stehen. Der Gesellschafter tritt der Gesellschaft vielfach auf der Ebene des Schuldrechts gegenüber; unter die Austauschverhältnisse fallen demnach zB Kauf-, Miet- und Arbeitsverträge. Ein Austauschverhältnis ist aber auch auf gesellschaftsrechtlicher Grundlage – wie bei den gesellschaftsvertraglich festgelegten entgeltlichen Nebenleistungen (§ 3 Abs. 2 GmbHG) – möglich. 21

Eine schuldrechtliche Beziehung zwischen Gesellschaft und Gesellschafter, die von der Beachtung des § 30 freistellt, kann aber auch außerhalb eines Austauschverhältnisses bestehen, wenn für den Gesellschafter einseitig ein **Forderungsrecht** und entspr. für die Gesellschaft eine Verbindlichkeit begründet ist. So kann der Gesellschafter, wenn etwa sein Wagen auf dem Betriebsgelände beschädigt worden ist und die Gesellschaft für den Schaden aufzukommen hat (§§ 823 Abs. 1, 31, 831 BGB) oder wenn die Gesellschaft irrtümlich eine dem Gesellschafter zustehende Zahlung entgegengenommen hat (§§ 667, 681 Satz 2 BGB),[50] seine Ansprüche gegen die Gesellschaft geltend machen, ohne daß er durch § 30 GmbHG gehindert würde. Andererseits kann § 30 GmbHG die Auszahlung der Dividende hindern, auch wenn für den Gesellschafter aufgrund des Gewinnverwendungsbeschlusses eine Forderung an die Gesellschaft entstanden ist; der **Dividendenbezug** ist ein Gesellschaftergeschäft.[51]

---

[48] Ähnlich *Hachenburg/Goerdeler/Müller* § 30 Anm. 43.
[49] *Rowedder/Rowedder* § 30 Anm. 8.
[50] Vgl. *Rowedder/Rowedder* § 30 Anm. 18.
[51] HM, *Hachenburg/Goerdeler/Müller* § 30 Anm. 59; aA *Rowedder/Rowedder* § 30 Anm. 18.

22 Dementsprechend ist für die Zulässigkeit einer Leistung an den Gesellschafter auch nicht notwendige Voraussetzung, daß der Abgang des Vermögensgegenstandes in der Bilanz der Gesellschaft durch den Zugang eines vom Gesellschafter geleisteten Vermögensgegenstandes ausgeglichen würde. Ein **bilanzieller Ausgleich** tritt nur bei Austauschgeschäften in Erscheinung, bei denen die Gesellschaft einen aktivierungsfähigen Vermögensgegenstand erhält, zB eine Sache oder eine Kaufpreisforderung. Die Dienstleistung, die der Gesellschafter-Geschäftsführer erbringt, verschafft der Gesellschaft keinen bilanziellen Ausgleich und bewirkt bei angemessener Vergütung trotzdem keine Vermögensminderung.

b) Leistungsäquivalenz im Rahmen des § 30 GmbHG

23 **Austauschgeschäfte** fallen nicht unter § 30 GmbHG, wenn Leistung und Gegenleistung ausgeglichen sind. Gibt die Gesellschaft mehr hin als sie von dem Gesellschafter erhält, dann ist ihre höhere Leistung nicht mehr durch das schuldrechtliche Austauschverhältnis, sondern durch die mitgliedschaftliche Stellung des Gesellschafters bedingt[52] und stellt sich als **verdeckte Gewinnausschüttung** (verdeckte Ausschüttung von Gesellschaftsvermögen) dar. § 30 GmbHG greift ein, wenn die verdeckte Gewinnausschüttung das zur Erhaltung des Stammkapitals erforderliche Vermögen mindert. Ist dies nicht der Fall, ist sie nicht nach § 30 GmbHG unzulässig. Steuerlich bleibt sie eine verdeckte Gewinnausschüttung; gesellschaftsrechtlich kann sie wegen Verstoßes gegen die **gesellschaftsinterne Kompetenzordnung** oder wegen Verstoßes gegen den **Gleichbehandlungsgrundsatz** oder die gesellschafterliche **Treuepflicht** rechtswidrig sein.[53]

24 Die Geschäftsführung muß verantwortlich prüfen, ob die beiderseitigen Leistungen ausgeglichen sind. Keine Bedenken bestehen, wenn das Geschäft einem Vergleich mit einem hypothetischen Geschäft, wie es mit einem **gesellschaftsfremden Dritten** hätte abgeschlossen werden können, standhält.[54] Es kommt darauf an, ob ein gewissenhaft nach kaufmännischen Grundsätzen handelnder Geschäftsführer das Geschäft unter sonst gleichen Bedingungen auch mit einem Nichtgesellschafter abgeschlossen hätte, ob die Leistung also durch betriebliche Gründe gerechtfertigt war.[55] Die Ausgeglichenheit von Leistung und Gegenleistung beurteilt sich nach **objektiven Maßstäben**.[56] Gleichwohl wird der Geschäftsführung ein gewisser Beurteilungsspielraum zugebilligt werden müssen,[57] wenn die von der Gesellschaft erbrachte Leistung im übrigen durch betriebliche Gründe gerechtfertigt ist.[58] Grundsätzlich erhält der Gesellschafter auch dann einen Vorteil zu Lasten des Stammkapitals,

---

[52] *Scholz/Westermann* § 30 Anm. 20; vgl. Rz. 17.
[53] BGH v. 14. 5. 1990, DB 1990, 1456; *Lutter/Hommelhoff* § 30 Anm. 20; *Meyer-Landrut* § 30 Anm. 4; *Hager* ZGR 1989, 71 (78 ff.).
[54] *Baumbach/Hueck/Hueck* § 30 Anm. 15; *Scholz/Westermann* § 30 Anm. 21.
[55] BGH v. 1. 12. 1986, BB 1987, 433 (434).
[56] BGH v. 13. 11. 1995, DB 1996, 266.
[57] *Scholz/Westermann* § 30 Anm. 22; *Lutter/Hommelhoff* § 29 Anm. 46.
[58] Vgl. BGH v. 3. 4. 1968, BB 1968, 607.

A. Erhaltung des Stammkapitals

wenn die Gesellschaft ihm lediglich ihre Kosten berechnet und einen erzielbaren Gewinnaufschlag nicht ansetzt.[59]

Es kann auch eine Leistung aus dem Stammkapital vorliegen, wenn die Gesellschaft dem Gesellschafter Waren zu Marktpreisen verkauft, aber die Kaufpreisforderung gestundet hat, auch wenn die **Stundung** nicht zu einer bilanziellen Abwertung führt. Allgemein wird verlangt, daß eine Forderung an den Gesellschafter, welche die Gesellschaft zum Ausgleich für eine Leistung erhält, fällig und realisierbar ist, damit sie als gleichwertiger Vermögensgegenstand gelten kann.[60] Aus Gläubigerschutzgesichtspunkten verlangt der BGH die wirtschaftliche **Gleichwertigkeit der Forderung** mit dem ausgeschiedenen Vermögensgegenstand. Diese ist bei gestundeten Forderungen (zB Verkauf auf Ziel, Ratenverkäufen) auch dann nicht gegeben, wenn dem Gesellschafter auch fremden Dritten gewählte Vorteile eingeräumt werden. Der Gesellschaft steht in diesen Fällen ein Anspruch auf unmittelbare Zahlung zu, ohne daß sich der Gesellschafter auf die Stundung berufen könnte. Gleichwohl wird ein Verstoß gegen das Auszahlungsverbot dann nicht vorliegen, wenn es sich um kurzfristige, im Rechtsverkehr allgemein übliche und wirtschaftlich nicht weiter ins Gewicht fallende Zahlungsziele handelt.[61]

Ein nur scheinbarer Austausch von Vermögensgegenständen liegt vor, wenn die Gesellschaft dem Gesellschafter bei bestehender Unterbilanz ein **Darlehen** gewährt. Auch wenn es verzinst und ggf. gesichert wird sowie seine Rückzahlung jedenfalls zu erwarten ist, hat die Gesellschaft damit ihre **Liquidität verschlechtert**. Es handelt sich folglich idR. um eine unzulässige Auszahlung aus dem Stammkapital.[62] Eine andere Auffassung will auch eine Darlehensgewährung zulassen, wenn der Rückzahlungsanspruch vollwertig ist.[63]

c) Verbindlichkeiten und Sicherheiten zugunsten eines Gesellschafters

Die Leistung der Gesellschaft kann einem Zahlungsvorgang vorgelagert sein. Übernimmt die Gesellschaft eine Verbindlichkeit des Gesellschafters gegenüber einem Dritten, so liegt schon in der (befreienden oder zusätzlichen) **Schuldübernahme,** aufgrund derer die Gesellschaft zur Zahlung an den Dritten verpflichtet wird, eine Leistung; dasselbe gilt, wenn die Gesellschaft für Rechnung ihres Gesellschafters eine Drittverbindlichkeit eingeht. Die Gesellschaft muß die Verbindlichkeit mit der Übernahme passivieren. Nichts anderes gilt für eine **Erfüllungsübernahme,** aufgrund derer sich die Gesellschaft im Innenverhältnis gegenüber dem Gesellschafter verpflichtet, an dessen Gläubiger zu zahlen. Dagegen liegt die Leistung an den Gesellschafter erst in der **Zahlung,** wenn die Gesellschaft – ohne rechtliche Verpflichtung –

---

[59] Vgl. oben Rz. 12; offengelassen in BGH v. 1. 12. 1986, BB 1987, 433 (434); aA *Brandes* ZGR 1989, 244 (253 f.).
[60] Vgl. BGH v. 21. 9. 1981, BB 1981, 2026 (2028); *Stimpel* in FS 100 Jahre GmbHG, S. 335 (352 f.).
[61] *Stimpel* in FS 100 Jahre GmbHG, S. 335 (351 ff.).
[62] *Scholz/Westermann* § 30 Anm. 25; *Stimpel* in FS 100 Jahre GmbHG, S. 335 (351 ff.); *Roth/Altmeppen* § 30 Anm. 56.
[63] *Rowedder/Rowedder* § 30 Anm. 19; *Müller* BB 1998, 1804.

unmittelbar an den Gläubiger zahlt und damit eine Schuld des Gesellschafters ablöst (mittelbare Zuwendung). Ebenso ist die Eingehung einer Verbindlichkeit gegenüber dem Gesellschafter noch keine Leistung.[64]

28 Nicht abschließend geklärt ist die Behandlung einer **Sicherheit,** zB die Übernahme einer **Bürgschaft** oder **Garantie** durch die Gesellschaft oder die **Bestellung einer Hypothek** an einem Grundstück der Gesellschaft. Dabei kann die Gesellschaft die Sicherheit dem Gesellschafter geben, zB eine Hypothek zur Absicherung einer Forderung des Gesellschafters gegen die Gesellschaft oder gegen einen Dritten; die Gesellschaft kann die Sicherheit aber auch einem Dritten geben, zB eine Bürgschaft zur Absicherung eines von dem Gesellschafter aufgenommenen Bankkredits. Eine unzulässige Auszahlung aus dem Stammkapital ist nicht gegeben, wenn für die Gesellschaft **gleichwertige Rückgriffsrechte** bestehen und die Gesellschaft sich schadlos halten kann. Darüber hinaus wird man ein angemessenes Entgelt für die Sicherheitenbestellung fordern müssen.[65] Dann fehlt es an einer Minderung des zur Erhaltung des Stammkapitals erforderlichen Vermögens; werthaltige Rückgriffsansprüche und ein angemessenes Entgelt machen die Bestellung der Sicherheit zum Drittgeschäft. Sind diese Voraussetzungen nicht erfüllt, liegt ein Verstoß gegen das Auszahlungsverbot nicht erst mit der Zahlung, sondern schon dann vor, wenn die Inanspruchnahme aus der Sicherheit droht und eine entsprechende Rückstellung gebildet werden muß, die zu einer Unterbilanz führt oder diese erhöht.[66]

d) Erwerb eigener Anteile und Einziehung von Anteilen

29 § 30 GmbHG kann verletzt werden, wenn die Gesellschaft **eigene Anteile** erwirbt. Nach § 33 GmbHG darf sie Anteile nur dann erwerben oder als Pfand nehmen, wenn deren Stammeinlagen voll geleistet sind, wenn die Gesellschaft den Kaufpreis aus dem über das Stammkapital hinaus vorhandenen Vermögen bestreiten und eine Rücklage für eigene Anteile (§ 272 Abs. 4 HGB) bilden kann.[67]

Kann der Erwerb nicht aus das Stammkapital übersteigendem Vermögen finanziert werden, liegt auch eine Verstoß gegen § 30 GmbHG vor. In die Berechnung des Vermögens sind auch noch offene Ansprüche anderer Gesellschafter aus einem Geschäftsanteilserwerb einzubeziehen.[68]

30 Bei der **Einziehung** von Anteilen ist in jedem Fall § 30 GmbHG zu beachten (§ 34 Abs. 3 GmbHG). Die Gesellschaft darf eine entgeltliche Einziehung nur vornehmen, wenn sie die Abfindung aus Rücklagen oder einem Gewinnvortrag zahlen kann.

---

[64] BGH v. 20. 2. 1989, DB 1989, 816 (818).
[65] So auch österreichischer OGH v. 25. 6. 1996, AG 1996, 572; *Meister* WM 1980, 390 (392).
[66] *Scholz/Westermann* § 30 Anm. 31; *Baumbach/Hueck/Hueck* § 30 Anm. 19; *Lutter/Hommelhoff* § 30 Anm. 29; weitergehend und differenzierend *Stimpel* in FS 100 Jahre GmbHG, S. 335 (355) und Schön ZHR 195 (1995) S. 351 (359 ff.).
[67] Hierzu ausführlich § 13 Anm. 19 ff.
[68] BGH v. 29. 6. 1998, ZIP 1998, 1594.

A. Erhaltung des Stammkapitals 31, 32 § 8

Der Erwerb eigener Anteile und die Einziehung von Anteilen kann deshalb eine **Kapitalherabsetzung** erforderlich machen, mit der sich die Gesellschaft nicht gebundenes Vermögen verschafft.

e) Steuerliche verdeckte und offene Gewinnausschüttungen

Die verdeckte Gewinnausschüttung (verdeckte Ausschüttung von Gesell- 31 schaftsvermögen) iSd. § 30 GmbHG deckt sich nur teilweise mit dem steuerlichen Begriff der verdeckten Gewinnausschüttung. Eine **steuerliche verdeckte Gewinnausschüttung** liegt vor, wenn bei einer Kapitalgesellschaft eine Vermögensminderung oder verhinderte Vermögensmehrung eintritt, die durch das Gesellschaftsverhältnis veranlaßt ist, sich auf die Höhe des Einkommens auswirkt und nicht im Zusammenhang mit einer offenen Ausschüttung steht.[69] Im Einzelnen ist hier vieles jedoch umstritten.

Wendet die Gesellschaft dem Gesellschafter außerhalb einer den gesellschaftsrechtlichen Vorschriften entsprechenden Gewinnausschüttung ohne gleichwertige Gegenleistung und mit Rücksicht auf das Gesellschaftsverhältnis Vermögen zu, das sie zur Erhaltung des Stammkapitals benötigt, so stellt, soweit dem zugewendeten Vermögen keine Gegenleistung gegenübersteht, der Verstoß gegen § 30 GmbHG steuerlich eine verdeckte Gewinnausschüttung (§ 8 Abs. 3 Satz 2 KStG) dar.[70] Der der Gesellschaft zustehende Erstattungsanspruch nach § 31 GmbHG, der als Einlageforderung zu qualifizieren ist,[71] verhindert die vGA nicht.[72]

Wendet die Gesellschaft dem Gesellschafter Vermögen unter Verstoß gegen § 30 GmbHG zu, indem sie eine Gegenleistung von geringerer Liquidität erhält – zB indem sie den Kaufpreis für eine Warenlieferung branchenunüblich stundet[73] oder dem Gesellschafter ein normalverzinsliches Darlehen gewährt,[74] so ist der Aktivtausch eine unzulässige Leistung zu Lasten des Stammkapitals; diese hat aber das Einkommen der Gesellschaft nicht gemindert und ist steuerlich keine verdeckte Gewinnausschüttung. Der Zinsverzicht bei einer branchenunüblichen Stundung oder einem unterverzinslichen Darlehen der Gesellschaft an einen Gesellschafter stellt eine vGA in Höhe des Zinsverzichts dar. Aber auch eine **andere Ausschüttung** (§ 27 Abs. 3 Satz 2 KStG), die bei der Gesellschaft zur Herstellung der Ausschüttungsbelastung und beim Gesellschafter zum sonstigen Bezug (§ 20 Abs. 1 Nr. 1 EStG) führen würde, wird nicht in jedem Fall, sondern nur dann anzunehmen sein, wenn Leistung und Gegenleistung wirtschaftlich nicht mehr einem üblichen Umsatzgeschäft wie unter fremden Dritten entsprechen.

Die nach § 30 GmbHG unzulässige Leistung kann steuerlich auch in Form 32 einer **offenen Gewinnausschüttung** bestehen, die nicht auf einem den gesellschaftsrechtlichen Vorschriften entsprechenden Gewinnverteilungsbe-

---

[69] Vgl. Abschn. 31 Abs. 3 KStR; aus der Rspr. zuletzt BFH v. 13. 11. 1996, DB 1997, 506.
[70] Vgl. § 10 Rz. 220 ff.
[71] FG Hessen v. 5. 3. 1996 (rkr), EFG 1996, 829.
[72] BFH v. 29. 5. 1996, DB 1996, 2157; BFH v. 18. 12. 1996, DStR 1997, 575.
[73] Vgl. Rz. 17, 25.
[74] Vgl. Rz. 26.

schluß beruht (sog. „verunglückte" offene Gewinnausschüttung). Der Begriff der Gewinnausschüttung ist sowohl formal als auch sachlich im **handelsrechtlichen Sinne** zu verstehen.[75] Beschließt die Gesellschafterversammlung eine Gewinnausschüttung, obwohl – zB wegen eines Verlustvortrages – eine Unterbilanz besteht, so handelt es sich nicht um einen den gesellschaftsrechtlichen Vorschriften entsprechenden Gewinnverteilungsbeschluß iSd. §§ 27 Abs. 3 Satz 1, 28 Abs. 2 Satz 1 KStG.[76] Dasselbe muß gelten, wenn sich die Vermögenslage der Gesellschaft nach der Beschlußfassung über die Gewinnverwendung verschlechtert hat, so daß die Auszahlung der Dividende zur Unterdeckung des Stammkapitals führt. Zahlt die Gesellschaft gleichwohl die Dividende aus, so kommt es für die steuerliche Beurteilung auf die Verhältnisse im Zeitpunkt der Zahlung an.[77] In diesen Fällen liegt eine **andere Ausschüttung** iSd. §§ 27 Abs. 3 Satz 2, 28 Abs. 2 Satz 2 KStG vor.[78]

33 Der Gesellschafter bezieht **Einnahmen aus Kapitalvermögen** (§ 20 Abs. 1 Nr. 1 EStG) bzw. nach Umqualifizierung (Betriebs-)Einnahmen nach § 20 Abs. 3 EStG. Das Einkommen der Gesellschaft erhöht sich nicht. Die Änderung der **Körperschaftsteuer** tritt nicht für das Jahr ein, für das die Gesellschafter die Ausschüttung beschlossen haben, sondern für das Jahr, in dem die Gesellschaft ausschüttet, also die Gewinnanteile bei der Gesellschaft abfließen.[79] Dementsprechend sind die Ausschüttungen mit dem **verwendbaren Eigenkapital** zu verrechnen, das sich zum Schluß des Wirtschaftsjahres der Ausschüttung ergibt, wobei sich das EK04 aufgrund eines Erstattungsanspruchs erst dann erhöht, wenn der Anspruch erfüllt wurde.[80]

6. Zahlungsempfänger

a) Gesellschafter als Leistungsempfänger

34 Zur Anwendung des § 30 GmbHG genügt es, daß der Leistungsempfänger zur Zeit des **Verpflichtungsgeschäfts** Gesellschafter war.[81] Scheidet der Gesellschafter aus, so genügt es, daß die Gesellschaft die Leistung im Zusammenhang mit dem Ausscheiden zugesagt hat.[82] War umgekehrt der Empfänger zur Zeit des Verpflichtungsgeschäfts nicht, wohl aber bei Leistung Gesellschafter, so gilt § 30 GmbHG nur, wenn die Gesellschaft die Verpflichtung im Hinblick auf die künftige Gesellschafterstellung eingegangen ist.[83]

---

[75] BFH v. 4. 7. 1973, BStBl II 1973, 742 (743); BFH v. 5. 6. 1987, BFH/NV 1987, 61.

[76] Vgl. BFH v. 4. 7. 1973, BStBl II 1973, 742; BFH v. 10. 11. 1982, BStBl II 1983, 280; *Dötsch/Eversberg/Jost/Witt* § 27 KStG Anm. 120.

[77] So wohl auch BFH v. 27. 1. 1977, BStBl II 1977, 491 (492); *Dötsch/Eversberg/Jost/Witt* § 27 KStG Anm. 120.

[78] *Dötsch/Eversberg/Jost/Witt* § 27 KStG Anm. 120; vgl. auch BFH v. 10. 11. 1982, BStBl II 1983, 280 (281).

[79] Vgl. schon BFH v. 20. 8. 1986, BStBl II 1987, 75 (76), BFH v. 9. 12. 1987, BStBl II 1988, 460 (462).

[80] BFH v. 29. 5. 1996, DB 1996, 2157.

[81] *Hachenburg/Goerdeler/Müller* § 30 Anm. 55.

[82] *Lutter/Hommelhoff* § 30 Anm. 18; *Baumbach/Hueck/Hueck* § 30 Anm. 20; BGH v. 14. 1. 1953, BB 1953, 215.

[83] *Baumbach/Hueck/Hueck* § 30 Anm. 20; *Scholz/Westermann* § 30 Anm. 42.

b) Dritte als Leistungsempfänger

Dritte Personen, die nicht Gesellschafter sind, werden grds. von dem 35 Verbot nicht betroffen; sie können ihre Rechte durchsetzen, auch wenn die Gesellschaft mit der Leistung an sie ihr Stammkapital angreift. Eine gesetzliche Ausnahme gilt für Kredite an Geschäftsführer, andere gesetzliche Vertreter (zB Liquidatoren), Prokuristen oder Generalhandlungsbevollmächtigte, die keine Kredite aus dem zur Erhaltung des Stammkapitals erforderlichen Vermögen erhalten dürfen (§ 43 a GmbHG).

Unter § 30 GmbHG fallen allerdings Leistungen der Gesellschaft an Dritte, 36 wenn die Leistungen einem Gesellschafter zuzurechnen sind oder ihm zugute kommen. Das sind (als **mittelbare Zuwendungen**) alle Leistungen an Dritte, mit denen die Gesellschaft eine **Verbindlichkeit** des Gesellschafters gegenüber dem Dritten erfüllt – wie zB die Zahlung von Einkommensteuer des Gesellschafters an die Finanzkasse – oder die sie sonst für Rechnung des Gesellschafters erbringt[84] oder zu denen sie sich im Interesse ihres Gesellschafters verpflichtet.[85]

Des weiteren gelten Leistungen an Dritte als an den Gesellschafter erbracht, 37 wenn der Dritte in **naher Beziehung** zu dem Gesellschafter steht[86] und diesem die Zuwendung (zumindest mittelbar) zugute kommt. Darunter fallen sowohl Leistungen an **nahe Angehörige,** also an den **Ehegatten** und an **minderjährige Kinder,**[87] an den **Hintermann** eines Strohmann-Gesellschafters,[88] an den **Treugeber** eines Treuhand-Gesellschafters,[89] an ein der Gesellschaft verbundenes Unternehmen[90] und an ein dem Gesellschafter verbundenes Unternehmen.[91]

Schließlich wird man auch den **Nießbraucher** eines Geschäftsanteils als Empfänger iSd. § 30 GmbHG ansehen müssen.[92] Der Pfandgläubiger an einem Geschäftsanteil steht ebenso wie ein stiller Gesellschafter nur dann einem Gesellschafter gleich, wenn er einen besonderen Einfluß auf die Gesellschaft hat.[93]

Leistungen im **Konzern** können nach § 30 GmbHG unzulässig sein. Un- 38 zulässige Zahlungen sind auch im Rahmen von Konzernumlagen möglich.[94]

---

[84] *Scholz/Westermann* § 30 Anm. 29; *Baumbach/Hueck/Hueck* § 30 Anm. 17.
[85] BGH v. 3. 4. 1968, BB 1968, 607; OLG Rostock v. 3. 9. 1997, GmbHR 1998, 329.
[86] Vgl. *Scholz/Westermann* § 30 Anm. 28; *Baumbach/Hueck/Hueck* § 30 Anm. 17.
[87] BGH v. 18. 2. 1991, GmbHR 1991, 155; nach *Scholz/Westermann* § 30 Anm. 24 auch an andere unterhaltspflichtige Verwandte, wenn sie mit dem Gesellschafter in enger persönlicher Lebensgemeinschaft leben und der Gesellschafter die Leistung veranlaßt hat.
[88] BGH v. 14. 12. 1959, BB 1960, 18.
[89] BGH v. 14. 11. 1988, DB 1989, 271 (272).
[90] BGH v. 21. 9. 1981, BB 1981, 2026 (2027).
[91] BGH v. 20. 3. 1986, WM 1986, 789; BGH v. 13. 11. 1995 DB 1996, 266.
[92] Wie hier *Scholz/Westermann* § 30 Anm. 30; *Hachenburg/Goerdeler/Müller* § 30 Anm. 51.
[93] OLG Frankfurt v. 30. 4. 1997 (nicht rkr.), GmbHR 1997, 892; BGH v. 13. 7. 1992, DB 1992, 2026 (2027); BGH v. 7. 11. 1988, DB 1989, 218 (219).
[94] Vgl. BGH v. 5. 6. 1975, DB 1975, 2172 (2173).

Erbringt eine Tochtergesellschaft Leistungen an einen Gesellschafter ihrer Muttergesellschaft und entsteht dadurch bei der Tochtergesellschaft ein Verlust, dann kann bei der Muttergesellschaft eine nach § 30 GmbHG unzulässige Leistung vorliegen, wenn sie ihrer Tochtergesellschaft den Verlust aufgrund einer **Verlustübernahmeverpflichtung** entspr. § 302 AktG abnehmen muß.[95] Da die Leistung der Tochtergesellschaft an den Gesellschafter der Muttergesellschaft dieser jedenfalls dann zuzurechnen ist, wenn der empfangende Gesellschafter an der Muttergesellschaft maßgeblich beteiligt ist,[96] kann, wenn kein Gewinnabführungsvertrag mit Verlustübernahmeverpflichtung besteht, bei der Tochtergesellschaft ein Verstoß gegen § 30 GmbHG gegeben sein. Auch Leistungen an eine **Schwestergesellschaft** können einer Leistung an die Muttergesellschaft gleichstehen.[97]

39 Der Erwerb **wechselseitiger Beteiligungen** kann bei beiden beteiligten Gesellschaften zu Verlusten führen, wenn nicht (offene oder stille) Reserven den Nennwert der erworbenen Rückbeteiligung stützen. Die Gesellschaft, die eine Einlage leistet oder einen Erwerbspreis zahlt, kann damit gegen § 30 GmbHG verstoßen.[98]

Anders als bei der Beurteilung der Gesellschafterstellung kommt es bei der Beantwortung der Frage, ob es sich bei dem Leistungsempfänger um einen nahestehenden Dritten handelt, nicht auf den Zeitpunkt des Verpflichtungsgeschäfts, sondern darauf an, wann die Leistung erbracht wird. Eine Umgehung der Kapitalerhaltungsregeln durch Leistung an Dritte ist nicht mehr zu befürchten, wenn der Dritte dem Gesellschafter bei Abfluß der Leistung nicht mehr nahesteht.[99]

7. Gültigkeit des Geschäfts, Leistungsverweigerungsrecht

a) Maßgeblichkeit der objektiven Vermögenslage

40 Ein Verstoß gegen § 30 GmbHG führt nicht nach § 134 BGB zur Nichtigkeit des Geschäfts, auf dem die Leistung der Gesellschaft beruht.[100] Dieses **schuldrechtliche Verpflichtungsgeschäft** (zB der Kaufvertrag) bzw. der gesellschaftsrechtliche Rechtsakt (zB der Gewinnverwendungsbeschluß), aufgrund dessen die Leistungspflicht der Gesellschaft entstanden ist, bleibt wirksam und kann erfüllt werden, wenn die Gleichwertigkeit von Leistung und Gegenleistung hergestellt wird oder sich die Vermögenslage der Gesellschaft verbessert und keine Unterbilanz (mehr) vorhanden

---

[95] *Hachenburg/Goerdeler/Müller* § 30 Anm. 73.
[96] Vgl. dazu BGH v. 14. 10. 1985, WM 1986, 237 (239).
[97] *Scholz/Westermann* § 30 Anm. 35; zu Leistungen an Unternehmen, die mit dem Gesellschafter verbunden sind, BGH v. 22. 10. 1990, DB 1990, 2587. Umfassend zu mittelbar verdeckten Gewinnausschüttungen im GmbH-Konzern: *Schneider* ZGR 1985, 279 (285 ff.).
[98] Vgl. im einzelnen *Hachenburg/Goerdeler/Müller* § 30 Anm. 67 ff.; auch *Scholz/Westermann* § 30 Anm. 37.
[99] BGH v. 13. 11. 1995 DB 1996, 266 für verbundene Unternehmen.
[100] BGH v. 23. 6. 1997, DStR 1997, 1216; *Hachenburg/Goerdeler/Müller* § 30 Anm. 77; *Scholz/Westermann* § 30 Anm. 11; *Roth/Altmeppen* § 30 Anm. 45; *Baumbach/Hueck/Hueck* § 30 Anm. 21 mwN.

ist.¹⁰¹ Maßgebender Zeitpunkt für die Beurteilung, ob eine Zahlung gegen das Auszahlungsverbot verstößt, ist die Erfüllung.¹⁰²

Bis zur Beseitigung der Unterbilanz muß die Gesellschaft der Forderung des Gesellschafters mit einem **Leistungsverweigerungsrecht** entgegentreten.¹⁰³ Die Geschäftsführer sind verpflichtet, die Leistung zu verweigern, wenn sie sich nicht ersatzpflichtig machen wollen (§ 43 Abs. 3 GmbHG).¹⁰⁴ Es kommt nicht darauf an, ob den Beteiligten der Verstoß gegen § 30 GmbHG bekannt war oder ob sie ihn hätten kennen müssen.¹⁰⁵ Entscheidend ist, daß objektiv eine Unterbilanz bzw. Überschuldung besteht oder durch die Leistung entsteht.

Verstößt die Leistung nur **teilweise** gegen § 30 GmbHG, so darf die Gesellschaft eine **unteilbare Leistung** (zB die Übereignung eines Grundstücks) in vollem Umfang nicht erbringen. Eine **teilbare Leistung** darf sie erbringen, soweit diese nicht zu Lasten des Stammkapitals geht.¹⁰⁶   41

Nach ganz herrschender Meinung¹⁰⁷ ist auch das dingliche **Erfüllungsgeschäft** grds. nicht nach § 134 BGB nichtig.   42

b) Nichtigkeit bei bewußtem Verstoß

Eine Ausnahme gilt nach herrschender Literaturmeinung jedoch, wenn die Beteiligten ausdrücklich eine Leistung aus dem Stammkapital vorgesehen haben. In diesem Fall könne sowohl das Verpflichtungsgeschäft¹⁰⁸ als auch das Verfügungsgeschäft **nichtig** sein.¹⁰⁹ Der BGH ist mit überzeugender Begründung der Auffassung, daß auch ein bewußter Verstoß weder zur Nichtigkeit des Verpflichtungs- noch des Erfüllungsgeschäfts führt.¹¹⁰   43

c) Wirkung gegenüber Dritten

Hat die Gesellschaft einem Dritten für Rechnung des Gesellschafters eine Leistung zugesagt, ist sie zB dem Dritten gegenüber eine Verbindlichkeit eingegangen oder hat sie dem Dritten für die Gesellschafterverbindlichkeit eine Sicherheit bestellt, so kann sie dem Dritten grds. **kein Leistungsverwei-**   44

---

¹⁰¹ *Rowedder/Rittner/Schmidt–Luthoff* § 21; OLG Stuttgart v. 18. 3. 1998, OLGR 1998, 238.
¹⁰² *Baumbach/Hueck/Hueck* § 30 Anm. 11.
¹⁰³ *Lutter/Hommelhoff* § 30 Anm. 32; *Joost* ZHR 148 (1984), 27 (32) spricht sich für einen Rangrücktritt der Forderung aus.
¹⁰⁴ *Rowedder/Rowedder* § 30 Anm. 17; *Meyer-Landrut* § 30 Anm. 11.
¹⁰⁵ BGH v. 1. 12. 1986, BB 1987, 433 (434).
¹⁰⁶ *Lutter/Hommelhoff* § 30 Anm. 2, 22.
¹⁰⁷ BGH v. 23. 6. 1997, DStR 1997, 1216; BGH v. 11. 5. 1987, DB 1987, 1781 (1782); *Scholz/Westermann* § 30 Anm. 11; *Roth/Altmeppen* § 30 Anm. 45; *Baumbach/Hueck/Hueck* § 30 Anm. 21; *Meyer-Landrut* § 30 Anm. 10; *Hachenburg/Goerdeler/Müller* § 30 Anm. 77 f.; *Rowedder/Rowedder* § 30 Anm. 28; *Canaris* in FS Fischer S. 31 (56).
¹⁰⁸ *Lutter/Hommelhoff* § 30 Anm. 33; *Roth/Altmeppen* § 30 Anm. 48.
¹⁰⁹ So auch bisherige Rspr., vgl. BGH v. 28. 9. 1981, BB 1981, 2088 (2089).
¹¹⁰ BGH v. 23. 6. 1997, DStR 1997, 1216 (1217); weniger überzeugend ist allerdings der Hinweis darauf, daß es sich bei der bisherigen Rechtsprechung lediglich um obiter dicta gehandelt habe; auch ist die hL. dem BGH in seiner (vermeintlichen?) Rechtsprechung zur oben beschriebenen Unterscheidung bisher gefolgt, vgl. nur die in Fn. 110. Zitierten mit Ausnahme *Rowedders*.

gerungsrecht entgegensetzen.[111] Empfänger der Vergünstigung ist allein der Gesellschafter. Ist die Leistung an den Dritten jedoch dem Gesellschafter zuzurechnen oder handelte der Dritte in bewußtem und gewolltem Zusammenwirken mit dem Gesellschafter, um die Gesellschaft und deren Gläubiger zu schädigen, darf auch gegenüber dem Dritten nicht erfüllt werden und er ist Schuldner des Rückgewähranspruchs.[112] Die Leistung ist dem Gesellschafter zuzurechnen,[113] wenn er seinen Anspruch an den Dritten abgetreten hat oder wenn der Dritte nahestehende Person oder verbundenes Unternehmen ist oder für Rechnung des Gesellschafters oder eines mit diesem verbundenen Unternehmens handelt.[114]

III. Erstattungspflicht und Haftung (§ 31 GmbHG)

45 § 30 GmbHG wird durch die Regelungen in § 31 GmbHG (Verpflichtung zur Erstattung einer verbotswidrigen Leistung) ergänzt. Die Erstattungspflicht ist mit einer zusätzlichen Haftung der Mitgesellschafter und der Geschäftsführer verbunden. § 31 GmbHG ist **nicht abdingbar.**[115]

1. Erstattungsberechtigter

46 § 31 Abs. 1 GmbHG bestimmt, daß Zahlungen, welche den Vorschriften des § 30 GmbHG zuwider geleistet worden sind, der Gesellschaft erstattet werden müssen. Darunter fallen alle Leistungen, die entgegen § 30 Abs. 1 GmbHG aus dem zur Erhaltung des Stammkapitals erforderlichen Vermögen erbracht worden sind. Gläubigerin des Erstattungsanspruchs ist die **Gesellschaft.**[116] Gläubiger der Gesellschaft können – im Gegensatz zum Aktienrecht (§ 62 Abs. 2 Satz 1 AktG) – den Erstattungsanspruch nicht unmittelbar geltend machen. Sie müssen, wenn sie von der Gesellschaft keine Befriedigung erlangen, den Erstattungsanspruch **pfänden** und sich **überweisen** lassen.[117]

2. Anspruchsgegner

a) Gesellschafter

47 Anspruchsgegner ist grds. der **Gesellschafter,** der entgegen dem Verbot des § 30 GmbHG eine Leistung empfangen hat.[118] Der Erstattungsanspruch kann auch gegenüber einem Gesellschafter geltend gemacht werden, der unterdessen **ausgeschieden** ist[119] oder der sich die Leistung vor seinem Aus-

---

[111] BGH v. 28. 9. 1981, BB 1981, 2088 (2089); BGH v. 20. 9. 1982, WM 1982, 1402; *Lutter/Hommelhoff* § 30 Anm. 34; *Baumbach/Hueck/Hueck* § 30 Anm. 19; einschränkend (für den Fall, daß der Sicherungsnehmer den Charakter eines Gesellschaftergeschäfts erkennen konnte): *Meister* WM 1980, 390 (399).
[112] BGH v. 13. 11. 1995, DB 1996, 226.
[113] Vgl. Rz. 36 ff.
[114] BGH v. 28. 9. 1981, BB 1981, 2088 (2089), insb. wenn der Dritte mit dem Gesellschafter eine wirtschaftliche Einheit bildet.
[115] *Rowedder/Rowedder* § 31 Anm. 1; *Roth/Altmeppen* § 31 Anm. 1.
[116] *Meyer-Landrut* § 31 Anm. 3; *Scholz/Westermann* § 31 Anm. 8.
[117] *Hachenburg/Goerdeler/Müller* § 31 Anm. 14; *Scholz/Westermann* § 31 Anm. 8.
[118] *Scholz/Westermann* § 31 Anm. 11; *Baumbach/Hueck/Hueck* § 31 Anm. 9.
[119] *Scholz/Westermann* § 31 Anm. 11.

A. Erhaltung des Stammkapitals   48–51 § 8

scheiden versprechen und nach seinem Ausscheiden auszahlen ließ.[120] Wenn jedoch die Gesellschaft eine **Einmann-GmbH** geworden und der verbliebene Alleingesellschafter dem Ausgeschiedenen regreßpflichtig ist, kann letzterer nach Treu und Glauben die Erstattung verweigern, solange nicht feststeht, daß die Gesellschaft von dem Alleingesellschafter keinen Ersatz realisieren kann.[121]

Steht ein **Geschäftsanteil mehreren** Gesellschaftern zu, so ist zur Erstat- 48 tung nur der Gesellschafter verpflichtet, der verbotswidrig eine Leistung erhalten hat. Die übrigen Gesellschafter haften lediglich subsidiär nach § 31 Abs. 3 GmbHG.[122]

b) Dritte als Anspruchsgegner

Sofern stille Gesellschafter oder Pfandgläubiger einem Gesellschafter gleich- 49 stehen, haften nur diese.[123]

Hat der Gesellschafter nach Empfang der Leistung seinen **Geschäftsan-** 50 **teil abgetreten,** so bleibt er allein erstattungspflichtig; die Erstattungspflicht ist eine persönliche Schuld und geht nicht nach § 16 Abs. 3 GmbHG mit dem Erwerb des Geschäftsanteils auf den Erwerber über.[124] Hatte der Gesellschafter den **Anspruch** auf eine nach § 30 GmbHG verbotene Leistung an seinen Gläubiger **abgetreten** oder hatte sein Gläubiger diesen Anspruch gepfändet und hat er als Zessionar oder Pfändungsgläubiger die Leistung der Gesellschaft erhalten, so ist nicht der Gesellschafter, sondern der Empfänger (Dritte) nach § 31 Abs. 1 GmbHG zur Erstattung verpflichtet.[125]

Der Dritte (Nichtgesellschafter) ist aber **nicht** zur Erstattung **verpflichtet,** 51 wenn die Gesellschaft lediglich auf eine Schuld des Gesellschafters an den Dritten gezahlt hat. In diesem Fall ist der Gesellschafter Schuldner des Erstattungsanspruchs.[126] Das gilt grds. auch, wenn der Dritte die Leistung nur als Vertreter des Gesellschafters entgegengenommen hat. Sowohl der Dritte als auch der Gesellschafter sind zur Erstattung der erhaltenen Leistung verpflichtet, wenn sie **bewußt** zum Schaden der Gesellschaft oder ihrer Gläubiger **zusammengewirkt** haben.[127]

---

[120] *Rowedder/Rowedder* 31 Anm. 5.
[121] Vgl. BGH v. 11. 5. 1987, BB 1987, 1553 (1554); BGH v. 12. 12. 1983, DB 1984, 340; dazu kritisch *Baumbach/Hueck/Hueck* § 31 Anm. 9.
[122] *Hachenburg/Goerdeler/Müller* § 31 Nr. 19; *Baumbach/Hueck/Hueck* § 31 Anm. 9.
[123] Rz. 37; *Baumbach/Hueck/Hueck* § 31 Anm. 5.
[124] *Scholz/Westermann* § 31 Anm. 15; *Meyer/Landrut* § 31 Anm. 4; *Hachenburg/Goerdeler/Müller* § 31 Anm. 17.
[125] H. M., BGH v. 28. 9. 1981, BB 1981, 2088 (2089); *Lutter/Hommelhoff* § 31 Anm. 5; *Rowedder/Rowedder* § 31 Anm. 5; *Baumbach/Hueck/Hueck* § 31 Anm. 11; *Sonnenhol-Stützle,* WM 1983, 2 (4); für Gesamtschuldnerschaft *Hachenburg/Goerdeler/Müller* § 31 Anm. 20.
[126] BGH v. 28. 9. 1981, BB 1981, 2088 (2089); *Scholz/Westermann* § 31 Anm. 12; *Meyer-Landrut* § 31 Anm. 4; *Hachenburg/Goerdeler/Müller* § 31 Anm. 22.
[127] BGH v. 20. 9. 1982, WM 1982, 1402; *Baumbach/Hueck/Hueck* § 31 Anm. 12.

c) Nahestehende Personen und verbundene Unternehmen

52 Bei einem **Treuhand-** oder **Strohmannverhältnis** muß sich der Treugeber bzw. Hintermann wie ein Gesellschafter behandeln lassen und Leistungen, die er unter Verstoß gegen § 30 GmbHG von der Gesellschaft erhalten hat, erstatten;[128] dies gilt auch bei doppeltem (gestaffeltem) Treuhand- oder Strohmannverhältnis.[129] Der **Dritte,** der die Leistung erhalten hat, ist auch dann zur Erstattung verpflichtet, wenn er dem Gesellschafter besonders **nahesteht,** insb. mit ihm eine wirtschaftliche Einheit bildet.[130] Erstattungspflichtig sind danach nahe Angehörige (Ehegatten oder minderjährige Kinder) des Gesellschafters, mit der Gesellschaft oder mit dem Gesellschafter **verbundene Unternehmen** und Dritte, die für Rechnung des Gesellschafters oder eines mit diesem verbundenen Unternehmens handeln.[131] Dies gilt insbes. für ein Unternehmen, das über eine 100%ige Tochtergesellschaft (mittelbar) Gesellschafter der leistenden Gesellschaft ist oder einen Dritten, der an der Alleingesellschafterin der leistenden GmbH mehrheitlich beteiligt ist.[132] Eine enge Verbindung kann auch darin bestehen, daß der maßgeblich beteiligte Gesellschafter der leistenden GmbH und der maßgeblich beteiligte Gesellschafter des empfangenden Unternehmens Ehegattten sind.[133]

53 Ist der Dritte unter diesen Voraussetzungen erstattungspflichtig, so ist die Leistung zugleich dem **Gesellschafter** zuzurechnen mit der Folge, daß auch er als **Gesamtschuldner** nach § 31 Abs. 1 GmbHG erstattungspflichtig ist.[134]

3. Inhalt des Erstattungsanspruchs

a) Rückgewähr von Zahlungen und anderen Leistungen

54 Der Begriff „Zahlungen" in § 31 Abs. 1 GmbHG ist nicht wörtlich zu verstehen; vielmehr fallen – wie unter das Auszahlungsverbot des § 30 Abs. 1 GmbHG – unter die Rückerstattungspflicht (gewährte) **Leistungen aller Art.**[135]

55 Der Erstattungsanspruch ist ein im Gesellschaftsverhältnis wurzelnder Anspruch, ähnlich dem Einlagenanspruch, und kein Bereicherungsanspruch.[136]

---

[128] BGH v. 14. 12. 1959, BB 1960, 18; BGH v. 26. 11. 1979, BB 1980, 222.
[129] BGH v. 20. 2. 1989, DB 1989, 816 (817).
[130] BGH v. 28. 9. 1981, BB 1981, 2088 (2089).
[131] BGH v. 18. 2. 1991, GmbHR 1991, 155.
[132] BGH v. 21. 9. 1981, BB 1981, 2026 (2027); BGH v. 24. 9. 1990, DB 1990, 2365 (2366).
[133] BGH v. 14. 10. 1985, WM 1986, 237 (239).
[134] Vgl. BGH v. 24. 9. 1990, DB 1990, 2364 (2366); BGH v. 13. 11. 1995, DB 1996, 266; *Lutter/Hommelhoff* § 31 Anm. 5; *Rowedder/Rowedder* § 31 Anm. 7.
[135] Vgl. *Scholz/Westermann* § 31 Anm. 2; *Rowedder/Rowedder* § 31 Anm. 8; *Hachenburg/Goerdeler/Müller* § 31 Anm. 10; zur Aufrechnung als einer unzulässigen Leistung vgl. BGH v. 10. 10. 1983, DB 1983, 2677 (2678).
[136] BGH v. 14. 12. 1959, BB 1960, 18; *Rowedder/Rowedder* § 31 Anm. 8; *Hachenburg/Goerdeler/Müller* § 31 Anm. 2.

A. Erhaltung des Stammkapitals § 8

Deshalb kann der Empfänger nicht einwenden, die Geschäftsführung habe gewußt, daß sie nicht hätte leisten dürfen, oder er sei nicht mehr bereichert (§§ 814, 818 Abs. 3 BGB). Der Erstattungsanspruch wird teilweise wie ein „Wiederaufleben der Einlagepflicht" gewertet,[137] jedoch unterscheidet er sich nicht unwesentlich von der Einlageleistung. Er ist auf Erstattung in voller Höhe der unzulässig erhaltenen Leistung gerichtet und nicht auf die Höhe der Stammeinlage des begünstigten Gesellschafters begrenzt.[138]

Der Anspruch richtet sich auf die **Rückgewähr** der unzulässig empfangenen Leistung. Unzulässige Zahlungen sind zu erstatten, unzulässige **Nutzungen** oder **Dienstleistungen** mit ihrem angemessenen Wert zu vergüten, unzulässige **Sicherheitsleistungen** freizugeben oder auszulösen, unzulässig eingegangene Verbindlichkeiten abzulösen. Sachleistungen (Lieferungen) sind in Natur zurückzugewähren;[139] jedoch darf der Empfänger die Rückgabe durch Zahlung eines dem Wert des Gegenstandes entsprechenden Geldbetrages abwenden.[140] Bei einer **unzulässigen Aufrechnung** (Verrechnung) gegen eine Forderung der Gesellschaft muß der Gesellschafter seine Verbindlichkeit wieder begründen; ist diese fällig, geht seine Verpflichtung auf Zahlung.[141] Die Erstattung ist – wie das Kapitalerhaltungsgebot in § 30 GmbHG – nicht auf bestimmte Vermögensgegenstände gerichtet, sondern auf den zur Deckung des Stammkapitals erforderlichen **Vermögenswert**.[142] Der Gesellschafter trägt das Risiko einer Wertminderung des ihm übertragenen Gegenstandes, so daß er das Stammkapital durch eine (ergänzende) Geldzahlung auffüllen muß.[143]

Verstieß die Leistung nur **teilweise** gegen § 30, so ist der Empfänger lediglich zur Erstattung des unzulässig erhaltenen Leistungsteils verpflichtet. Bei einer nicht teilbaren Leistung der Gesellschaft kann die Erstattung nur in Wertersatz bestehen. Der Gesellschafter darf eine verdeckte Gewinnausschüttung bei nicht ausgeglichenem Austauschverhältnis behalten, wenn er seine bisher unangemessene Gegenleistung durch **Zuzahlung** aufbessert.[144] Allerdings kann eine Ersatzpflicht auch wegen einer Treupflichtverletzung oder eines Mißbrauchs einer Vertretungsmacht vorliegen.[145]

Bestand bereits eine Überschuldung der Gesellschaft oder Bestand in der Bilanz ein nicht durch Eigenkapital gedeckter Fehlbetrag hat der Empfänger der gegen § 30 verstoßenden Leistung nicht nur das Stammkapital zu ersetzen, sondern soviel zu erstatten, daß nach Ausgleich der Minderbeträge das Stammkapital wieder hergestellt ist. Dieser Ersatzanspruch ist jedoch auf die empfangene Leistung begrenzt.[146]

---

[137] Scholz/Westermann § 31 Anm. 3.
[138] BGH v. 29. 3. 1973, BB 1973, 580 (581).
[139] Lutter/Hommelhoff § 31 Anm. 7; Meyer-Landrut § 31 Anm. 2; Hachenburg/Goerdeler/Müller § 31 Anm. 25.
[140] Lutter/Hommelhoff § 31 Anm. 7.
[141] BGH v. 8. 7. 1985, BB 1985, 1814 (1815).
[142] Joost ZHR 148 (1984), 27 (54).
[143] BGH v. 10. 5. 1993, NJW 1993, 1922.
[144] Hager ZGR 1989, 71 (89 ff., 97 f.); Joost ZHR 148 (1984), 27 (54 mwN Fn. 84).
[145] BGH v. 13. 11. 1995, DB 1996, 266.
[146] BGH v. 8. 7. 1985, DB 1995, 2292; BGH v. 24. 3. 1980, DB 1980, 1159.

b) Durchsetzung des Anspruchs

58 Der Erstattungsanspruch wird im Zeitpunkt der Leistung (des Leistungserfolges) **fällig** und ist in der **Bilanz** anzusetzen. Die Geschäftsführung ist verpflichtet, den Anspruch geltend zu machen. Zu seiner Durchsetzung bedarf es – abweichend von § 46 Nr. 2 GmbHG – keines Gesellschafterbeschlusses; der Anspruch steht nicht zur Disposition der Gesellschafter.[147]

59 Ist die erhaltene Sache **untergegangen**, kann sich der Empfänger nicht darauf berufen, daß seine Erstattung nachträglich unverschuldet **unmöglich** geworden sei (§ 275 BGB); für die auf Wertausgleich gerichtete und in Geld erfüllbare Erstattung muß er aufkommen (§ 279 BGB).[148]

60 Der **Erstattungsanspruch entfällt** jedoch, sobald und soweit das angegriffene Vermögen bis zur Höhe der Stammkapitalziffer zeitlich nach der Auszahlung auf andere Weise nachhaltig wiederhergestellt ist.[149] Wenn die Unterbilanz oder Überschuldung – zB aufgrund verbesserter Ertragssituation oder infolge zulässiger Auflösung von Rückstellungen – nicht nur vorübergehend beseitigt ist, ist der mit der Erstattung verfolgte Zweck auf andere Weise eingetreten.[150] Der erloschene Erstattungsanspruch lebt auch nicht wieder auf, wenn es später erneut zu einer Unterbilanz oder Überschuldung kommen sollte.[151]

61 Der Erstattungsanspruch ist **pfändbar**; die Gesellschaft kann ihn verpfänden oder abtreten. Die Abtretung an einen Gläubiger der Gesellschaft zur Tilgung einer Gesellschaftsschuld oder erfüllungshalber ist nicht davon abhängig, daß die Forderung des Gläubigers voll werthaltig war, daß der Gläubiger also auch ohne die Abtretung hätte Befriedigung erlangen können.[152]

c) Steuerliche Behandlung der Erstattung

62 Die nach § 30 unzulässige Leistung hat eine gesetzlich zwingende Sanktion zur Folge. Daß ein gesetzlicher Erstattungsanspruch entsteht, führt indessen nicht dazu, daß steuerlich die Leistung als nicht vorgenommen gelten würde.[153] Die nach § 30 unzulässige Leistung ist steuerrechtlich nach allgemeinen Grund-

---

[147] BGH v. 8. 12. 1986, DB 1987, 478.
[148] *Joost* ZHR 148 (1984), 27 (54).
[149] Str.; OLG Stuttgart v. 18. 3. 1998, OLGR 1998, 238; BGH v. 11. 5. 1987, DB 1987, 1781 (1782); ähnlich *Scholz/Westermann* § 31 Anm. 7; *Rowedder/Rowedder* § 31 Anm. 10.
[150] *Hachenburg/Goerdeler/Müller* § 31 Anm. 24; teilweise wird ein ähnliches Ergebnis über andere Konstruktionen erreicht, vgl. *Baumbach/Hueck/Hueck* § 31 Anm. 6; *Lutter/Hommelhoff* § 31 Anm. 12; *Ulmer*, FS 100 Jahre GmbHG, S. 363 (385 ff); *Müller*, ZIP 1996, 941.
[151] BGH v. 11. 5. 1987, DB 1987, 1781 (1782).
[152] BGH v. 29. 9. 1977, BB 1977, 1730 (1732); *Meyer-Landrut* § 31 Anm. 3; *Lutter/Hommelhoff* § 31 Anm. 3; kritisch hierzu *Rowedder/Rowedder* § 31 Anm. 2; zustimmend bei Pfändung: *Baumbach/Hueck/Hueck* § 31 Anm. 7.
[153] BFH v. 29. 5. 1996, DB 1996, 2157; aA *Blümich/Stuhrmann* § 20 EStG Nr. 104 f.; *Döllerer* DStR 1980, 395 (399); *Briese* DB 1983, 846 (847); *Knepper* JbFSt 1988/89, 369 (396); weitergehend FG Düsseldorf v. 30. 1. 1987, EFG 1987, 373: auch steuerlich rückwirkende Änderung des Gewinnverwendungsbeschlusses und Fortfall der Ausschüttungsbelastung auf die vollzogene Ausschüttung.

A. Erhaltung des Stammkapitals   63, 64   § 8

sätzen – als verdeckte Gewinnausschüttung oder als andere Ausschüttung – zu behandeln; der Rückgewähranspruch hat den **Charakter einer Einlageforderung**.[154] Die Gesellschaft muß aber den gesetzlichen Erstattungsanspruch (§ 31 Abs. 1 GmbHG) – unter Kenntlichmachung der Forderung gegenüber Gesellschaftern (§ 42 Abs. 3 GmbHG) – spätestens zum Schluß des Wirtschaftsjahres **aktivieren**, in dem sie die Auszahlung vorgenommen hat.[155] Der Ansatz eines Erstattungsanspruchs wird – wie jede rückgängig gemachte verdeckte Gewinnausschüttung – körperschaftsteuerlich als **Einlage** behandelt.[156] Das Einkommen der Gesellschaft erhöht sich nicht hierdurch, sondern durch die außerbilanzielle Hinzurechnung der vGA nach § 8 Abs. 2 Satz 3 KStG. In der Gliederungsrechnung geht der Betrag jedoch nicht bereits bei Aktivierung des Anspruchs, sondern erst bei dessen tatsächlicher Erfüllung dem EK 04 zu.[157] Für den Gesellschafter fallen zusätzliche Anschaffungskosten auf seinen Anteil an.[158] Verzichtet die Gesellschaft später auf die Geltendmachung des Erstattungsanspruchs liegt hierin keine (erneute) verdeckte Gewinnausschüttung.[159]

4. Guter Glaube und Gläubigerschutz

§ 31 Abs. 2 GmbHG trägt in begrenztem Umfang dem guten Glauben 63 Rechnung; der Empfänger muß dann nur insoweit erstatten, als es zur Befriedigung der Gesellschaftsgläubiger erforderlich ist.

a) Anforderungen an den Gutglaubensschutz

Entscheidend ist, ob der **Empfänger** gutgläubig war; auf die Kenntnis des 64 Geschäftsführers, der die unzulässige Leistung bewirkt hat, kommt es nicht an. Der gute Glaube muß in dem Zeitpunkt vorhanden gewesen sein, in dem der Empfänger die **Leistung erhalten** hat.[160] § 31 Abs. 2 GmbHG bestimmt nicht, was unter gutem Glauben zu verstehen ist. Nach dem Sinn der Vorschrift muß sich der **gute Glaube** darauf beziehen, daß keine Unterbilanz oder Überschuldung besteht oder durch die Leistung entsteht.[161] § 932 Abs. 2 BGB ist sinngemäß anwendbar,[162] so daß **Vorsatz** und **grobe Fahrlässigkeit** schadet. Dabei ist nicht so sehr entscheidend, ob der Empfänger die buchmäßige Auswirkung kennt oder infolge

---

[154] BFH v. 13. 9. 1989, BStBl II 1989, 1029 (1030); kritisch dazu *Buyer* DB 1989, 1697 (1698).
[155] *Bordt* HdJ Anm. 94 f.; *Lademann/Jünger* § 35 Anm. 20 ff.; *Döllerer* DStR 1980, 395 (399); offengelassen in BFH v. 13. 9. 1989, BStBl II 1989, 1029 (1030).
[156] BFH v. 13. 9. 1989, BStBl II 1989, 1029 (1030); BFH v. 29. 5. 1996, DB 1996, 2157; Abschn. 31 Abs. 9 KStR 1995; vgl. § 10 Rz. 220 ff.
[157] BFH v. 29. 5. 1996, DB 1996, 2157.
[158] Dies ist idR bereits mit der Passivierung des Erstattungsanspruchs beim (bilanzierenden) Gesellschafter, ansonsten mit tatsächlicher Erfüllung der Fall; mißverständlich insoweit BFH DB 96, 2157 3 b) der Gründe.
[159] BFH v. 13. 11. 1996, DB 1997, 506.
[160] *Rowedder/Rowedder* § 31 Anm. 12.
[161] *Rowedder/Rowedder* § 31 Anm. 13; *Scholz/Westermann* § 31 Anm. 18; *Hachenburg/Goerdeler/Müller* § 31 Anm. 32.
[162] *Lutter/Hommelhoff* § 31 Anm. 15; *Meyer-Landrut* § 31 Anm. 5.

grober Fahrlässigkeit nicht kennt; vielmehr kommt es auf die Kenntnis bzw. grobfahrlässige Unkenntnis der **tatsächlichen Vermögenslage** der Gesellschaft an.[163] Unerheblich ist, ob der Empfänger von der Wirksamkeit des Auszahlungsbeschlusses ausging oder ob er die gesetzlichen Vorschriften der §§ 30, 31 GmbHG kannte.[164]

65 Der Gesellschafter ist demnach gutgläubig, wenn er nicht weiß, daß die Vermögenslage der Gesellschaft die Leistung an ihn verbietet, und seine Unkenntnis auch nicht auf grober Fahrlässigkeit beruht. Damit ergeben sich für den Gesellschafter **Prüfungs- und Sorgfaltspflichten.** Das Auskunfts- und Einsichtsrecht der Gesellschafter nach § 51 a GmbHG gibt diesen Pflichten verstärkte Bedeutung. Der Gesellschafter muß zugängliche Informationsquellen heranziehen;[165] dabei werden die Anforderungen an einen **Mehrheitsgesellschafter** weitergehen als an einen Minderheitsgesellschafter.[166]

66 Problematisch ist es, wenn ein **Dritter** (Nichtgesellschafter) Empfänger der einem Gesellschafter zurechenbaren Leistung war und auf Erstattung in Anspruch genommen wird.[167] Für den Dritten wird vielfach nicht erkennbar sein, ob die Leistung gegen § 30 GmbHG verstößt. War der **Gesellschafter bösgläubig,** der Empfänger aber gutgläubig, trifft letzteren grundsätzlich kein Erstattungsanspruch.[168] Hat ein bösgläubiger Gesellschafter den Auszahlungsanspruch an einen gutgläubigen Dritten abgetreten, so kann sich der Dritte nicht auf seinen guten Glauben berufen.[169] Dasselbe gilt bei Verpfändung und bei Pfändung des Auszahlungsanspruchs. Ist der Empfänger der Leistung Treugeber oder naher Angehöriger oder verbundenes Unternehmen des Gesellschafters,[170] so wird die Bösgläubigkeit des Dritten oder des Gesellschafters jeweils dem anderen zugerechnet.[171]

b) Erforderlichkeit der Erstattung

67 Die Gesellschaft kann die Erstattung von einem gutgläubigen Empfänger nur insoweit verlangen, als sie zur Befriedigung der Gesellschaftsgläubiger **erforderlich** ist oder innerhalb der Verjährungsfrist von fünf Jahren[172] erforderlich wird.[173]

---

[163] *Meyer-Landrut* § 31 Anm. 5; *Hachenburg/Goerdeler/Müller* § 31 Anm. 32; *Baumbach/Hueck/Hueck* § 31 Anm. 14.
[164] *Hachenburg/Goerdeler/Müller* § 31 Anm. 33; *Scholz/Westermann* § 31 Anm. 18. Rechtsirrtum entschuldigt nur im Fall unbeschränkter Nachschußpflicht, wenn der Gesellschafter die Rückzahlung des Nachschusses auch vor Volleinzahlung des Stammkapitals für zulässig hält.
[165] *Scholz/Westermann* § 31 Anm. 19.
[166] *Rowedder/Rowedder* § 31 Anm. 15; *Hachenburg/Goerdeler/Müller* § 31 Anm. 31.
[167] Zur Erstattungspflicht des Dritten vgl. Rz. 49 ff.
[168] *Baumbach/Hueck/Hueck* § 31 Anm. 14.
[169] *Hachenburg/Goerdeler/Müller* § 31 Anm. 34; ebenso *Meyer-Landrut* § 31 Anm. 5; *Rowedder/Rowedder* § 31 Anm. 14; *Lutter/Hommelhoff* § 31 Anm. 17.
[170] Vgl. Rz. 52.
[171] *Lutter/Hommelhoff* § 31 Anm. 17; *Rowedder/Rowedder* § 31 Anm. 14; offengelassen in BGH v. 28. 9. 1981, BB 1981, 2088 (2089); zum Teil abweichend *Hager* ZGR 1989, 71 (102 ff.).
[172] Vgl. Rz. 79.
[173] *Roth/Altmeppen* § 31 Anm. 9.

A. Erhaltung des Stammkapitals

Die Anforderungen dürfen nicht zu hoch gesteckt werden. In jedem Fall ist die Erstattung bei **Zahlungsunfähigkeit** oder **Überschuldung** der Gesellschaft erforderlich; vorübergehende Zahlungsschwierigkeiten sind aber auch schon ausreichend.[174]

Die Gesellschaft kann danach auch nur zur Einforderung eines **Teiles** der unzulässig erlangten Leistung berechtigt sein. Solange die restliche Erstattungsforderung nicht verjährt ist, kann die Gesellschaft zur Einforderung weiterer Teilbeträge berechtigt sein, insb. auch zur Befriedigung von Gläubigern, deren Forderungen erst nach der unzulässigen Leistung entstanden sind.[175]

Hat die Gesellschaft unzulässige Leistungen an **mehrere gutgläubige Gesellschafter** vorgenommen und benötigt sie zur Befriedigung ihrer Gläubiger nur einen Teilbetrag, so verlangt der Grundsatz der Gleichbehandlung, daß sie die Gesellschafter nur **verhältnismäßig** (im Verhältnis der empfangenen unzulässigen Leistungen) in Anspruch nimmt;[176] bei Ausfall eines Gesellschafters erhöhen sich die erforderlichen Erstattungen der anderen Gesellschafter anteilig.

5. Haftung der Mitgesellschafter

§ 31 Abs. 3 GmbHG weitet die Erstattungspflicht des Empfängers zu einer Haftung der Mitgesellschafter aus.

a) Doppelte Subsidiarität

Die **Haftung der Mitgesellschafter** ist doppelt subsidiär,[177] indem verlangt wird, daß sich der Anspruch gegen den Leistungsempfänger nicht realisieren läßt und daß die Gesellschaft Mittel zur Befriedigung der Gläubiger benötigt.

Der nach § 31 Abs. 1 GmbHG oder nach § 31 Abs. 2 GmbHG zur Erstattung verpflichtete Empfänger muß **ausfallen.** Gegen ihn muß damit ein durchsetzbarer Erstattungsanspruch bestehen. Ein vorheriger erfolgloser **Vollstreckungsversuch** oder die Einleitung eines Konkursverfahrens ist nicht in jedem Fall erforderlich; es reicht aus, wenn eine Rechtsverfolgung offensichtlich aussichtslos ist.[178]

Auf die **Gut- oder Bösgläubigkeit** der Mitgesellschafter oder einzelner Mitgesellschafter kommt es nicht an;[179] die Haftung trifft die Mitgesellschafter auch dann, wenn sie an der verbotenen Leistung nicht teilgenommen und nicht einmal davon gewußt haben. Sie ähnelt damit ihrer Einstandspflicht für die Stammeinlagen (§ 24 GmbHG).

---

[174] *Meyer-Landrut* § 31 Anm. 5; *Hachenburg/Goerdeler/Müller* § 31 Anm. 37; *Lutter/Hommelhoff* § 31 Anm. 18.
[175] *Scholz/Westermann* § 31 Anm. 22; *Hachenburg/Goerdeler/Müller* § 31 Anm. 38.
[176] *Hachenburg/Goerdeler/Müller* § 31 Anm. 40.
[177] *Lutter/Hommelhoff* § 31 Anm. 18; *Meyer-Landrut* § 31 Anm. 6.
[178] *Scholz/Westermann* § 31 Anm. 27; *Hachenburg/Goerdeler/Müller* § 31 Anm. 51; *Baumbach/Hueck/Hueck* § 31 Anm. 16.
[179] *Hachenburg/Goerdeler/Müller* § 31 Anm. 53.

b) Gesellschafterstellung

71 Ein Gesellschafter unterliegt der subsidiären Haftung, wenn er im Zeitpunkt der unzulässigen Leistung **Gesellschafter** war.[180] Ein Mitgesellschafter, der für einen Ausfall haftet, bleibt auch dann verpflichtet, wenn er seinen Geschäftsanteil abtritt. Der **Erwerber** haftet nach § 16 Abs. 3 GmbHG neben dem Veräußerer;[181] die Solidarhaftung der Mitgesellschafter ist eine auf den Geschäftsanteil rückständige Leistung.
Die **Gesellschaft** haftet im Ergebnis nicht aus eigenen Geschäftsanteilen.[182] Insoweit erhöht sich von vornherein der auf die übrigen Mitgesellschafter entfallende Haftungsanteil.[183]
Ist ein **Dritter** Empfänger der unzulässigen Leistung und nach § 31 Abs. 1 und 2 GmbHG erstattungspflichtig, während der Gesellschafter, der dem Dritten die Leistung verschafft hat, selbst nicht zur Erstattung verpflichtet ist,[184] dann haftet der Gesellschafter jedenfalls nach § 31 Abs. 3 GmbHG.[185] Unter die Solidarhaftung fällt nicht der Gesellschafter, der den Geschäftsanteil des nach § 31 Abs. 1, 2 GmbHG zur Erstattung verpflichteten Gesellschafters erworben hat, da diesen keine Haftung nach § 31 Abs. 3 GmbHG traf, die auf den neuen Gesellschafter übergegangen sein könnte.[186]

c) Inhalt und Umfang der Haftung

72 In jedem Fall – auch wenn die Erstattung auf eine Sachleistung (Rückgewähr einer Sache) oder eine sonstige Leistung (zB Befreiung von einer Verbindlichkeit) gerichtet ist – geht die Haftung der Mitgesellschafter auf **Wertersatz,** dh. auf Geld.[187]

73 Die Haftungsschuld der Mitgesellschafter ist keine Gesamtschuld;[188] jeder Gesellschafter muß für die Erstattung nur **anteilig** – entspr. dem Verhältnis der Geschäftsanteile der haftenden Mitgesellschafter – aufkommen. Fällt ein Mitgesellschafter aus, so erhöht sich die Haftung der übrigen Mitgesellschafter entsprechend (§ 31 Abs. 3 Satz 2 GmbHG).

74 Die Haftung der Mitgesellschafter insgesamt richtet sich grds. nach dem **Umfang der Primärschuld,** also der von dem Leistungsempfänger geschul-

---

[180] *Rowedder/Rowedder* § 31 Anm. 20; *Meyer-Landrut* § 31 Anm. 6; *Baumbach/Hueck/Hueck* § 31 Anm. 15; *Roth/Altmeppen* § 31 Anm. 10; die Haftung entsteht aufschiebend bedingt in diesem Zeitpunkt; aA *Scholz/Westermann* § 31 Anm. 25; *Hachenburg/Goerdeler/Müller* § 31 Anm. 43: danach haften diejenigen Gesellschafter, die zu dem Zeitpunkt Gesellschafter sind, zu dem der Erstattungspflichtige ausfällt.

[181] *Roth/Altmeppen* § 31 Anm. 10; *Meyer-Landrut* § 31 Anm. 6; *Scholz/Westermann* § 31 Anm. 25.

[182] *Rowedder/Rowedder* § 31 Anm. 26; *Meyer-Landrut* § 31 Anm. 6; auch *Scholz/Westermann* § 31 Anm. 26; *Hachenburg/Goerdeler/Müller* § 31 Anm. 48.

[183] *Tries* Verdeckte Gewinnausschüttungen, 1991, S. 60 ff.

[184] Vgl. Rz. 50.

[185] *Scholz/Westermann* § 31 Anm. 24.

[186] Vgl. Rz. 50; aA *Roth/Altmeppen* § 31 Anm. 10.

[187] *Baumbach/Hueck/Hueck* § 31 Anm. 17; *Scholz/Westermann* § 31 Anm. 29.

[188] HM *Rowedder/Rowedder* § 31 Anm. 16; *Lutter/Hommelhoff* § 31 Anm. 21; *Meyer-Landrut* § 31 Anm. 6.

deten Rückgewähr. Dabei ist es gleich, ob die unzulässige Leistung der Gesellschaft zu einer Unterbilanz geführt oder eine Unterbilanz erhöht hat oder ob die Gesellschaft bei oder aufgrund der unzulässigen Leistung überschuldet war.[189] Damit stehen die Mitgesellschafter in einem hohen Haftungsrisiko. Dieses wird aber entspr. § 24 GmbHG auf einen Betrag in Höhe des Stammkapitals zu beschränken sein.[190]
Wegen einer weitergehenden Verschuldungshaftung vgl. Rz. 81 f.

d) Steuerliche Behandlung der Haftung

Zahlungen der Mitgesellschafter aufgrund der Haftungsschuld stellen steuerlich **nachträgliche Anschaffungskosten** dar. Es fallen auch nachträgliche Anschaffungskosten an, wenn der Gesellschafter aus einer Bürgschaft für eine Verbindlichkeit der Gesellschaft in Anspruch genommen wird und ihm keine gleichwertige Rückgriffsforderung zusteht.[191] Die Leistung erfolgt auch hier allein aus Gründen in dem Gesellschaftsverhältnis. Ist die Erstattungsforderung der in Anspruch genommenen Gesellschafter, die ihnen gegen den Empfänger und gegen die Geschäftsführer zusteht,[192] uneinbringlich, so wirkt sich der **Vermögensverlust** einkommen-/körperschaftsteuerlich auch bei Anteilen im Betriebsvermögen aus. Verzichten die Mitgesellschafter auf einen Rückgriff, so liegt eine **schenkungsteuerbare** freigebige Zuwendung (§ 7 Abs. 1 Nr. 1 ErbStG) vor.

6. Beweislast

Macht die **Gesellschaft** einen Erstattungsanspruch (§ 31 Abs. 1, 2 GmbHG) geltend, so muß sie beweisen, daß eine Unterbilanz oder Überschuldung entweder bei Leistung bestanden hat oder durch die Leistung entstanden ist. Der **Empfänger** kann darlegen und muß dann beweisen, daß das Stammkapital der Gesellschaft unterdessen wieder durch Vermögen gedeckt wird[193] oder daß er bei Erhalt der Leistung gutgläubig war. Die Gesellschaft trägt wiederum die Beweislast dafür, daß die Erstattung zur Befriedigung der Gesellschaftsgläubiger erforderlich ist (§ 31 Abs. 2 GmbHG).[194]

Nimmt die Gesellschaft die **Mitgesellschafter** als Haftungsschuldner in Anspruch (§ 31 Abs. 3 GmbHG), so muß sie beweisen, daß und gegebenenfalls in welcher Höhe sie die Leistung zu Lasten des Stammkapitals bewirkt hat, daß die Erstattung von dem Empfänger nicht zu erlangen,[195] aber zur Befriedigung der Gesellschaftsgläubiger erforderlich ist.[196]

---

[189] BGH v. 5. 2. 1990, DB 1990, 926 (927); *Baumbach/Hueck/Hueck* § 31 Anm. 17.
[190] So die hM, vgl. *Hachenburg/Goerdeler/Müller* § 30 Anm. 54; *K. Schmidt* BB 1995, 529, 530 will die Haftung auf das anteilige Stammkapital des ausgefallenen Gesellschafters begrenzt; offengelassen in BGH v. 5. 2. 1990, DB 1990, 926 (927).
[191] Vgl. Rz. 295.
[192] Vgl. Rz. 84.
[193] Ist der Gesellschafter ausgeschieden, muß die Gesellschaft darlegen, daß ihr Stammkapital nicht wieder durch Vermögen gedeckt ist, während die Beweislast beim Empfänger verbleibt, BGH v. 11. 5. 1987, DB 1987, 1781 (1782).
[194] *Meyer-Landrut* § 31 Anm. 5; *Hachenburg/Goerdeler/Müller* § 31 Anm. 39.
[195] *Hachenburg/Goerdeler/Müller* § 31 Anm. 51.
[196] *Rowedder/Rowedder* § 31 Anm. 25.

7. Erlaß

78 Nach § 31 Abs. 4 GmbHG können dem Leistungsempfänger und den Gesellschaftern Zahlungen, die nach den Abs. 1–3 zu leisten sind, **nicht erlassen** werden.

Da eine § 19 Abs. 2 GmbHG entsprechende Vorschrift fehlt, werden nach verbreiteter Meinung die Hingabe an **Erfüllungs Statt,** eine **Aufrechnung** und auch eine **Stundung** für zulässig gehalten.[197] Dem ist für eine Leistung an Erfüllungs Statt und eine Aufrechnung nur insoweit zu folgen, als der Anspruch in voller Höhe werthaltig ist. Unzulässig ist die Aufrechnung gegen eine nicht einbringliche Forderung eines Gesellschafters, weil dann das Gesellschaftsvermögen endgültig zugunsten des Gesellschafters geschmälert würde.[198]

Ein **Vergleich** dagegen ist zulässig;[199] das muß jedenfalls entspr. § 9 b Abs. 1 Satz 2 GmbHG dann gelten, wenn der Verpflichtete zahlungsunfähig ist, sich zur Abwendung oder Beseitigung des Konkursverfahrens mit der Gesellschaft vergleicht und die übrigen Gesellschafter, deren Haftung sich damit erweitert, zustimmen.[200]

8. Verjährung

a) Regelmäßige Verjährungsfrist

79 Die Ansprüche der Gesellschaft verjähren regelmäßig in **fünf Jahren** (§ 31 Abs. 5 Satz 1 GmbHG). Die Verjährungsfrist gilt für alle Ansprüche im Rahmen des § 31 GmbHG, also sowohl für den Erstattungsanspruch gegenüber dem Leistungsempfänger als auch für den Haftungsanspruch gegenüber den Mitgesellschaftern. Für alle Ansprüche nach § 31 Abs. 1 bis 3 GmbHG gilt ein einheitlicher Verjährungsbeginn und -ablauf. Die Verjährung beginnt mit dem Ablauf des Tages, an dem die Gesellschaft die erstattungspflichtige Zahlung oder andere Leistung erbracht hat (Eintritt des **Leistungserfolges**).[201] Bei Überweisungen handelt es sich also um den Tag der Gutschrift, bei der Übereignung eines Grundstücks um den Tag, an dem der Eigentumswechsel im Grundbuch eingetragen wird. Bei der Bestellung von Sicherheiten beginnt die Verjährungsfrist mit dem Tag der Bestellung,[202] wenn die unzulässige Leistung bereits in der Bestellung

---

[197] *Baumbach/Hueck/Hueck* § 31 Anm. 18; *Meyer-Landrut* § 31 Anm. 8; ablehnend hinsichtlich Stundung *Roth/Altmeppen* § 31 Anm. 18; *Lutter/Hommelhoff* § 31 Anm. 23 f.

[198] *Scholz/Westermann* § 31 Anm. 32 auch zur Stundung; kritisch auch *Hachenburg/Goerdeler/Müller* § 31 Anm. 59.

[199] *Hachenburg/Goerdeler/Müller* § 31 Anm. 60; offengelassen in BGH v. 27. 11. 1989, DB 1990, 266 (268).

[200] Vgl. *Lutter/Hommelhoff* § 31 Anm. 23; *Meyer-Landrut* § 31 Anm. 9; *Rowedder/Rowedder* § 31 Anm. 30 mit weiteren Anforderungen.

[201] Vgl. Rz. 18.

[202] *Meyer-Landrut* § 31 Anm. 10; *Baumbach/Hueck/Hueck* § 31 Anm. 19; *Scholz/Westermann* § 31 Anm. 34, kritisch *Hachenburg/Goerdeler/Müller* § 31 Anm. 68; *Roth/*

A. Erhaltung des Stammkapitals　　　　　　　　　　80, 81　§ 8

liegt.[203] Jedenfalls beginnt die Verjährung dann, wenn die Gesellschaft einen Anspruch nach § 31 GmbHG geltend machen kann.[204]
Die Ansprüche gegen den erstattungspflichtigen Hauptschuldner und die nachrangigen Haftungsansprüche gegen die Mitgesellschafter verjähren **gleichzeitig.**[205] Die **Unterbrechung** der Verjährung durch Klageerhebung tritt nur gegenüber dem jeweiligen Beklagten ein.

b) Verjährungsfrist bei böslicher Handlungsweise

Die allgemeine **dreißigjährige Verjährungsfrist** (§ 195 BGB) gilt, wenn　80 der Verpflichtete „böslich" gehandelt hat (§ 31 Abs. 5 Satz 2 GmbHG). Der Empfänger handelt „böslich", wenn er die Leistung in Vermutung einer Unterbilanz angenommen oder gebilligt hat.[206] Die Absicht, die Gesellschaft oder ihre Gläubiger zu schädigen,[207] oder eine besonders qualifizierte Handlungsweise[208] ist nicht erforderlich.[209] Unter mehreren Verpflichteten läuft die dreißigjährige Verjährungsfrist nur gegenüber denjenigen, denen eine bösliche Handlungsweise zur Last fällt.[210]

9. Verschuldensabhängige Haftung der Mitgesellschafter

Die Rspr.[211] hat neben der in § 31 Abs. 3 GmbHG geregelten Haftung der　81 Mitgesellschafter ein neues Schutzkonzept zur Kapitalerhaltung entwickelt. Ausgehend davon, daß Adressat des Auszahlungsverbots in § 30 GmbHG nicht nur der Geschäftsführer, sondern auch und sogar in erster Linie der Gesellschafter ist,[212] stellt sie ein über die allgemeinen Haftungsvorschriften hinausgehendes **Verhaltensgebot** heraus; der Gesellschafter ist gesetzlich verpflichtet, den satzungsmäßigen Haftungsfonds im Interesse der Gläubiger zu erhalten. Er verletzt seine Treuepflicht nicht nur dann, wenn er sich selbst haftendes Kapital auszahlen läßt, sondern auch dann, wenn er einem Mitgesellschafter zu einer unzulässigen Entnahme verhilft, indem er die Geschäftsführung entweder durch sein tatsächliches Verhalten oder durch einen mit seiner Stimme herbeigeführten – wenn auch unverbindlich – **Gesell-**

Altmeppen § 31 Anm. 19; ablehnend *Rowedder/Rowedder* § 31 Anm. 34; *Lutter/Hommelhoff* § 31 Anm. 26.
[203] Vgl. Rz. 28.
[204] *Scholz/Westermann* § 31 Anm. 34.
[205] *Meyer-Landrut* § 31 Anm. 10; *Scholz/Westermann* § 31 Anm. 35; *Hachenburg/Goerdeler/Müller* § 31 Anm. 68.
[206] BGH v. 11. 5. 1987, DB 1987, 1781 (1782); so auch *Lutter/Hommelhoff* § 31 Anm. 27; *Hachenburg/Goerdeler/Müller* § 31 Anm. 69.
[207] So *Meyer-Landrut* § 31 Anm. 10.
[208] So *Scholz/Westermann* § 31 Anm. 36.
[209] BGH v. 23. 6. 1997, DStR 1997, 1216 (1217); BGH v. 19. 2. 1990, WM 1990, 552.
[210] *Hachenburg/Goerdeler/Müller* § 31 Anm. 70; *Lutter/Hommelhoff* § 31 Anm. 27; *Rowedder/Rowedder* § 31 Anm. 28.
[211] BGH v. 5. 6. 1995, DB 1995, 736 (2174); BGH v. 10. 12. 1984, DB 1985, 804.
[212] Ablehnend: *Ulmer* ZGR 1985, 598 (603).

schafterbeschluß zu der unzulässigen Leistung veranlaßt.[213] Der Gesellschafter hat der Gesellschaft den durch die Leistung entstandenen Schaden zu ersetzen, wenn er erkannt hat oder bei Beachtung der im Verkehr erforderlichen Sorgfalt hätte erkennen müssen (leichte Fahrlässigkeit nach § 276 Abs. 1 BGB),[214] daß haftendes Kapital entnommen oder daß aus einem überschuldeten Gesellschaftsvermögen gezahlt wird.

Damit weitet die Rspr. die gesetzliche Haftung der Mitgesellschafter nach § 31 Abs. 3 GmbHG aus.[215] Sie setzt zwar **Verschulden** (zumindest leichte Fahrlässigkeit) voraus, führt aber nicht nur zu einer subsidiären Haftung. Vielmehr ist der Mitgesellschafter **gleichrangig** neben dem Empfänger verpflichtet; außerdem muß die Inanspruchnahme nicht zur Befriedigung der Gläubiger erforderlich sein. Inhaltlich geht die Verpflichtung nicht nur auf Erstattung der von der Gesellschaft erbrachten Leistung, sondern auf **Schadensersatz**; sie ist nicht auf den Betrag des Stammkapitals beschränkt.[216] Ob die Schadensersatzpflicht auf Tatbestände beschränkt bleiben wird, in denen der Gesellschafter aktiven Einfluß auf die Geschäftsführung nimmt, oder ob es gleichstehen wird, wenn der Gesellschafter schuldhaft eine Kontrolle der Geschäftsführung unterläßt,[217] ist noch offen.

10. Haftung der Geschäftsführer

a) Schadensersatzpflicht gegenüber der Gesellschaft

82   Die Geschäftsführer sind der **Gesellschaft** nach § 43 Abs. 2 u. 3 GmbHG **gesamtschuldnerisch** zum Schadensersatz verpflichtet, wenn das Vermögen der Gesellschaft durch eine nach § 30 GmbHG unzulässige Leistung vermindert worden ist und ihnen dabei ein **Verschulden** zur Last fällt; die Geschäftsführer müssen die Sorgfalt eines ordentlichen Geschäftsmannes beachten (§ 43 Abs. 1 GmbHG). In jedem Fall haben die Geschäftsführer zu prüfen, ob die Leistung nach § 30 GmbHG zulässig ist. IdR ist anzunehmen, daß den Geschäftsführern die Vermögenslage der Gesellschaft bekannt ist. Der Geschäftsführer begeht strafrechtlich **Untreue** (§ 266 StGB) gegenüber der Gesellschaft, wenn er deren Vermögen entgegen § 30 GmbHG angreift, auch wenn die Gesellschafter einverstanden sind.[218]

83   Ein **Verzicht** der Gesellschaft auf die Ersatzansprüche gegen den Geschäftsführer ist nur wirksam, wenn der Ersatz nicht zur Befriedigung der Gläubiger der Gesellschaft erforderlich ist. Dasselbe gilt für einen **Vergleich** über die Ersatzansprüche; ein Vergleich ist indessen dann wirksam, wenn der Ge-

---

[213] *Fleck* in FS 100 Jahre GmbHG (1992), S. 391 (407).
[214] Ist der Gesellschafter Unternehmer mit kaufmännisch organisiertem Geschäftsbetrieb, so gilt die Verschuldensnorm des § 43 Abs. 1 GmbHG; BGH v. 5. 6. 1975, 2172 (2174).
[215] Kritisch *Baumbach/Hueck/Hueck* § 31 Anm. 17 a; *Scholz/Westermann* § 30 Anm. 31.
[216] Vgl. *Ulmer* ZGR 1985, 598 (599); *Rowedder/Rowedder* § 31 Anm. 31.
[217] Vgl. *Ulmer* ZGR 1985, 598 (605, 608); *ders.* FS 100 Jahre GmbHG (1992), 363 (374).
[218] BGH v. 29. 5. 1987, BB 1987, 1855; vgl. auch BGH v. 24. 8. 1988, DB 1988, 2505; ausführlich *Schäfer* GmbHR 1993, 780 (787 ff.).

A. Erhaltung des Stammkapitals 84–86 § 8

schäftsführer zahlungsunfähig ist und den Vergleich schließt, um ein Konkursverfahren über sein Vermögen abzuwenden oder zu beseitigen (§ 43 Abs. 3 Satz 2 iVm. § 9b Abs. 1 GmbHG). Die Ersatzpflicht kann entfallen, wenn die Leistung auf einem **Beschluß der Gesellschafterversammlung** beruhte; darauf kann sich der Geschäftsführer aber nicht berufen, soweit der Ersatz zur Befriedigung der Gesellschaftsgläubiger erforderlich ist (§ 43 Abs. 3 Satz 3 GmbHG).[219]
Die Ersatzansprüche gegen Geschäftsführer verjähren in **fünf Jahren** (§ 43 Abs. 4 GmbHG).

b) Ersatzpflicht gegenüber den haftenden Gesellschaftern

Darüber hinaus sind die Geschäftsführer den **Mitgesellschaftern,** die nach 84 § 31 Abs. 3 GmbHG bei Ausfall des Leistungsempfängers zur Erstattung herangezogen wurden, **gesamtschuldnerisch** zum Ersatz verpflichtet (§ 31 Abs. 6 GmbHG). Voraussetzung ist wiederum, daß die Geschäftsführer **schuldhaft** (§ 43 Abs. 1 GmbHG) gehandelt haben. Die Ersatzpflicht geht nicht nur auf den Betrag, den die Gesellschafter erstatten mußten, sondern auch auf weitere ihnen entstandene Kosten.[220]
Der Ersatzanspruch der Gesellschafter verjährt gleichfalls in **fünf Jahren.**[221] Die Verjährungsfristen laufen unterschiedlich; die Verjährung eines Ersatzanspruchs beginnt jeweils mit dem Tage, an dem der Gesellschafter gezahlt hat.[222] Die Geltendmachung des Ersatzanspruchs verstößt gegen Treu und Glauben, wenn die Geschäftsführer die Gesellschafter bei der Beschlußfassung auf den Verstoß aufmerksam gemacht haben oder wenn sich die Gesellschafter über das Verbot nach § 30 GmbHG bewußt hinweggesetzt haben.[223]

c) Konkurrierende Gesellschafterhaftung

Ist der **Geschäftsführer** auch **Gesellschafter,** so haftet er sowohl nach 85 § 43 Abs. 3 als auch nach § 31 Abs. 3 und 6 GmbHG.

d) Rückgriff

Der in Anspruch genommene **Geschäftsführer** kann bei dem nach § 31 86 Abs. 1 GmbHG verpflichteten **Leistungsempfänger** Regreß nehmen, jedoch nur in Höhe des Erstattungsbetrages, nicht hinsichtlich eines weiteren Schadensersatzes;[224] war der Leistungsempfänger gutgläubig (§ 31 Abs. 2 GmbHG), so entfällt ein Rückgriff.[225] Die **Mitgesellschafter** sind dem Geschäftsführer nicht regreßpflichtig, wenn sie nach § 31 Abs. 3 haften (wie

---

[219] Vgl. auch BGH v. 14. 12. 1959, BB 1960, 19.
[220] *Rowedder/Rowedder* § 31 Anm. 40.
[221] *Scholz/Westermann* § 31 Anm. 35; *Hachenburg/Goerdeler/Müller* § 31 Anm. 71.
[222] *Baumbach/Hueck/Hueck* § 31 Anm. 22.
[223] *Scholz/Westermann* § 31 Anm. 38; *Hachenburg/Goerdeler/Müller* § 31 Anm. 64; *Roth/Altmeppen* § 31 Anm. 22; *Rowedder/Rowedder* § 31 Anm. 41.
[224] *Scholz/Westermann* § 31 Anm. 40.
[225] *Hachenburg/Goerdeler/Müller* § 31 Anm. 67; zweifelhaft, wenn der Empfänger die Leistung behalten durfte: *Scholz/Westermann* § 31 Anm. 40.

sich aus § 31 Abs. 6 GmbHG ergibt), wohl aber wenn sie aus Verschulden nach § 30 GmbHG, § 276 Abs. 1 BGB schadensersatzpflichtig sind.[226]

e) Steuerliche Behandlung der Haftung

87 Für den Geschäftsführer können Ersatzleistungen einkommensteuerlich **Werbungskosten** bei den Einkünften aus nichtselbständiger Arbeit (§§ 19, 9 Abs. 1 Satz 1 EStG) sein. Es fehlt aber an einem objektiven Zusammenhang mit dem Beruf, wenn der Geschäftsführer die Verfügung zu Lasten des Stammkapitals veranlaßt oder geduldet hat, um die Gesellschaft zu schädigen oder um sich oder dem Empfänger einen Vorteil zu verschaffen.[227] Ist der Geschäftsführer zugleich Gesellschafter, so wird dadurch zwar ein Werbungskostenabzug nicht ausgeschlossen, die Ersatzleistung darf aber nicht vorwiegend durch die Beteiligung oder die daraus erwarteten Erträge motiviert sein.[228]

11. Anspruchskonkurrenzen

88 Das Verpflichtungsgeschäft ist auch bei bewußtem Verstoß nicht nichtig,[229] so daß keine Ansprüche aus **ungerechtfertigter Bereicherung** (§§ 812 ff. BGB) gegeben sind.[230]

Die heute hM schließt sich der Rspr.[231] an, daß § 30 GmbHG kein Schutzgesetz iSd. § 823 Abs. 2 BGB ist und keine Schutzwirkung gegenüber den Gesellschaftsgläubigern entfaltet.[232] Der schuldhafte Verstoß gegen § 30 GmbHG führt danach nicht zu Schadensersatzpflichten aus **unerlaubter Handlung** unmittelbar gegenüber den Gläubigern der Gesellschaft.

IV. Gutgläubig bezogene Gewinnanteile

1. Überblick zu § 32 GmbHG

89 Erhalten die Gesellschafter der GmbH Zahlungen der Gesellschaft, sind sie nach allgemeinen zivilrechtlichen Grundsätzen zur Rückzahlung verpflichtet, wenn die Zahlung von Anfang an oder aufgrund späterer (rückwirkender) Ereignisse ohne rechtlichen Grund geleistet wurde. Diesem Rückforderungsanspruch kann der Gesellschafter nach § 32 GmbHG entgegentreten, wenn er auf einem Mangel des Gewinnverteilungsbeschlusses beruht und der Gesellschafter gutgläubig war. Voraussetzung ist aber, daß durch die Gewinnauszahlung nicht das zur **Erhaltung des Stammkapitals** erforderliche Vermögen angegriffen wird; in diesem Fall läge ein Verstoß gegen § 30 GmbHG vor, der den Erstattungsanspruch der GmbH nach § 31 GmbHG auslösen würde.[233]

---

[226] *Scholz/Westermann* § 31 Anm. 40.
[227] BFH v. 3. 5. 1985, BFH/NV 1986, 270 (271 f.); BFH v. 3. 5. 1985, BFH/NV 1986, 392 (393); BFH v. 18. 9. 1987, BFH/NV 1988, 353 (354).
[228] BFH v. 12. 5. 1995, BStBl II 1995, 644.
[229] Vgl. Rz. 43.
[230] AA noch *Baumbach/Hueck/Hueck* § 31 Anm. 4.
[231] BGH v. 19. 2. 1990 DB 1990, 980 ff.
[232] *Hachenburg/Goerdeler/Müller* § 30 Anm. 16; *Scholz/Westermann* § 30 Anm. 10; *Roth/Altmeppen* § 31 Anm. 25.
[233] Vgl. oben III.

A. Erhaltung des Stammkapitals

Die Regelung des § 32 GmbHG ist damit enger als diejenige in § 62 Abs. 1 Satz 1 AktG; während der Aktionär, der gutgläubig Dividenden bezogen hat, von jeder Inanspruchnahme freigestellt ist, muß der Gesellschafter einer GmbH auch einen gutgläubig bezogenen Gewinnanteil erstatten, wenn die Gewinnauszahlung objektiv zu Lasten des Stammkapitals ging.[234] Ging die Gewinnauszahlung nur **teilweise** zu Lasten des Stammkapitals, so gelten die §§ 30, 31 GmbHG nur für diesen Teil der Gewinnauszahlung; für den übrigen Teil gilt § 32 GmbHG.[235] Liegen Gewinnauszahlungen an mehrere Gesellschafter bei teilweisem Verstoß gegen § 30 GmbHG vor, so wird der Gewinnanteil eines jeden Gesellschafters in einen nach §§ 30, 31 und einen nach § 32 GmbHG zu behandelnden Betrag aufzuteilen sein.

§ 32 GmbHG wirkt nicht zugunsten des Gesellschafters, wenn die Dividendenzahlung aus anderen Gründen als der regulären Ergebnisverwendung **unberechtigt** war. Sollte die Gesellschaft zB irrtümlich die Dividenden zweimal auszahlen, so ist die Doppelzahlung nach allgemeinen Grundsätzen als rechtsgrundlose Bereicherung (§ 812 BGB) zu erstatten.[236] Der Gesellschafter kann jedoch die allgemeinen Einwendungen des Zivilrechts erheben (zB §§ 814, 817, 818, BGB).

2. Voraussetzungen des § 32 GmbHG

a) Begünstigte Gewinnanteile

Geschützt wird der gute Glaube an die **berechtigte Gewinnausschüttung.** Es muß sich um eine Gewinnverwendung gem. § 29 Abs. 1 GmbHG handeln,[237] mithin um eine offene Gewinnausschüttung. Diese kann von der Gesellschafterversammlung oder den aufgrund abweichender Zuständigkeit hierzu Berufenen (zB den Beschluß eines Gesellschafterausschusses, des Aufsichtsrates oder eines Beirats) beschlossen worden sein.

Unter § 32 GmbHG fallen nicht **verdeckte Gewinnausschüttungen,** ein bereits gezahlter **Vorabgewinn,** auch nicht ausgezahlte **offene Rücklagen,** wenn die Rücklagen nicht zuvor über die Gewinn- und Verlustrechnung aufgelöst worden sind und als Teil des Bilanzgewinns ausgeschüttet werden,[238] wohl aber – auch nach Verlustjahren nachgezahlte – **Vorzugsdividenden.** Auch sonstige, wenn auch gewinnabhängige Zahlungen an Gesellschafter, wie zB gewinnabhängige **Tantiemen** an Gesellschafter-Geschäftsführer, werden von § 32 GmbHG nicht erfaßt, ebenso nicht die **Rückzahlung von Nachschüssen** (§§ 26 ff. GmbHG) und Zahlungen im Rahmen von Umsatzgeschäften.

Ebenso gilt § 32 GmbHG nicht für **Zahlungen an Nichtgesellschafter,**[239] auch wenn sie gewinnabhängig sind, wie zB gewinnabhängige Auf-

---

[234] *Scholz/Westermann* § 32 Anm. 1; *Hachenburg/Goerdeler/Müller* § 32 Anm. 1.
[235] *Baumbach/Hueck/Hueck* § 32 Anm. 2; *Scholz/Westermann* § 32 Anm. 1.
[236] *Hachenburg/Goerdeler/Müller* § 32 Anm. 11; *Rowedder/Rowedder* § 32 Anm. 8; *Lutter/Hommelhoff* § 32 Anm. 7.
[237] *Scholz/Westermann* § 32 Anm. 6; *Rowedder/Rowedder* § 32 Anm. 4.
[238] *Hachenburg/Goerdeler/Müller* § 32 Anm. 9.
[239] Ausnahmen vgl. Rz. 105 ff.

sichtsrats- oder Beiratsvergütungen, Tantiemen an Arbeitnehmer der Gesellschaft, Zahlungen an Gläubiger auf Besserungsscheine oder Zahlungen auf Genußscheine.[240] Auch Gewinnanteile, die auf den stillen Gesellschafter entfallen, sind nicht nach § 32 GmbHG geschützt. Desgleichen werden **Zinszahlungen** grds. nicht von § 32 GmbHG erfaßt; das gilt sowohl für feste als auch für variable, vom Gewinn abhängige Zinsen. Eine Ausnahme soll nach *Rowedder*[241] mit Recht dann gelten, wenn nach dem Gesellschaftsvertrag aus dem Bilanzgewinn vorab die Stammeinlage verzinst wird und der Restgewinn der von der Gesellschafterversammlung beschlossenen Verwendung unterliegt; in diesem – der Gewinnverteilung bei Personengesellschaften angenäherten – Fall liegt eine ordnungsmäßige Gewinnverwendung vor.

b) Rückforderungsanspruch der Gesellschaft

92 § 32 GmbHG kommt nur zur Anwendung, wenn der GmbH ein Rückforderungsanspruch gegen die Gesellschafter zusteht. Hierzu müssen entweder der Beschluß zur Feststellung des Jahresabschlusses, der Gewinnverteilungsbeschluß oder beide Beschlüsse unwirksam sein.

93 Ordnungsmäßig sind die Beschlüsse über die Feststellung des Jahresabschlusses und über die Gewinnverwendung, wenn sie den gesetzlichen oder zulässigen gesellschaftsvertraglichen Bestimmungen entsprechen. Sind die Beschlüsse oder ist einer der beiden **Beschlüsse fehlerhaft,** so kann der fehlerhafte Beschluß **anfechtbar** sein.[242] Solange er jedoch nicht aufgrund einer Anfechtungsklage durch gerichtliches Urteil aufgehoben worden ist, ist er rechtlich wirksam; die Gesellschaft kann eine Erstattungsforderung erst geltend machen, wenn der Beschluß aufgehoben worden ist.[243] Anders dagegen ist die Rechtslage, wenn Beschlußmängel von derartigem Gewicht vorliegen, daß der Beschluß (ausnahmsweise) **nichtig** ist.[244] Einem nichtigen Beschluß kommt keine Rechtswirkung zu; es bedarf keiner Nichtigkeitsklage (vgl. §§ 256, 249 Abs. 1 AktG). Die Gesellschaft könnte die Auszahlung des Gewinns verweigern und kann, wenn sie ausgezahlt hat, sofort Rückzahlung verlangen.[245] Zu mangelhaften Beschlüssen und zur Möglichkeit einer Heilung vgl. § 4 Rz. 170 ff.[246]

94 Ist der festgestellte Jahresabschluß nichtig, so ist auch der Gewinnverwendungsbeschluß nichtig (vgl. § 253 AktG).[247] Die grds. durch einen abweichenden Beschluß mögliche **Änderung** des Jahresabschlusses dagegen berührt nicht notwendig den darauf beruhenden **Gewinnverwendungsbeschluß.** Ändern die Gesellschafter den Gewinnverwendungsbeschluß mit

---

[240] Vgl. dazu *Hachenburg/Goerdeler/Müller* § 32 Anm. 10; *Meyer/Landrut* § 32 Anm. 2; *Scholz/Westermann* § 32 Anm. 6.
[241] *Rowedder/Rowedder* § 32 Anm. 6.
[242] Vgl. § 4 Rz. 188 ff.
[243] *Scholz/Westermann* § 32 Anm. 3.
[244] Vgl. § 4 Rz. 170 ff.
[245] *Hachenburg/Goerdeler/Müller* § 32 Anm. 5; *Baumbach/Hueck/Hueck* § 32 Anm. 5.
[246] Vgl. auch die Zusammenfassung in GmbH-Report R 34 GmbHR 5/1988.
[247] *Scholz/K. Schmidt* § 46 Anm. 41; so auch *Scholz/Westermann* § 32 Anm. 3; *Stockmeyer* GmbHR 1980, 59 (61).

A. Erhaltung des Stammkapitals

Rücksicht darauf, daß sie auch die Feststellung des Jahresabschlusses geändert haben, so können sie damit obligatorische Gewinnauszahlungsansprüche berühren, die der zunächst gefaßte Gewinnverwendungsbeschluß bereits begründet hatte. Ist der erste Gewinnverwendungsbeschluß nicht nichtig oder anfechtbar, so darf der ändernde Gewinnverwendungsbeschluß, wenn er eine Ausschüttung in geringerer Höhe vorsieht, in diese Rechtsstellung nur mit **Zustimmung aller Gesellschafter** eingreifen.[248] Beschließen die Gesellschafter nicht einstimmig, so können sie zwar den Beschluß mit Mehrheit ändern, jedoch bleibt den widersprechenden Gesellschaftern der bisherige Dividendenanspruch erhalten;[249] sie können Auszahlung verlangen bzw. brauchen den erhaltenen Gewinnanteil nicht zu erstatten.

c) Gutgläubigkeit des Gesellschafters

Ob der Gesellschafter bei nichtigem oder nach Anfechtung aufgehobenem Beschluß eine **Erstattung der Dividende** ablehnen kann, hängt davon ab, ob er im Hinblick auf den Anfechtungs- oder Nichtigkeitsgrund **gutgläubig** war.[250] Bösgläubig ist der Gesellschafter, der Mängel des Jahresabschlusses oder/und des Gewinnverwendungsbeschlusses kennt, wenn diese Mängel die Nichtigkeit oder Anfechtung der Beschlüsse begründen.[251]

Grobe Fahrlässigkeit der Unkenntnis steht der Kenntnis gleich.[252] Ein Gesellschafter handelt grob fahrlässig, wenn er die im Verkehr erforderliche Sorgfalt in ungewöhnlich hohem Maß verletzt. Das ist beispielsweise dann der Fall, wenn ein Gesellschafter mit beachtlichen Gründen auf die (mögliche) Fehlerhaftigkeit des Gewinnverwendungsbeschlusses hingewiesen hatte, die anderen Gesellschafter sich aber diesem Einwand ohne nähere Prüfung leichtfertig verschlossen haben.[253] Im übrigen wird eine grob fahrlässige Unkenntnis eher einem Gesellschafter, der an der **Geschäftsführung beteiligt** ist, vorzuwerfen sein.[254] Allgemein wird es auf die Schwere und Offenkundigkeit des Mangels ankommen; nicht jeder Nichtigkeitsgrund (zB Überbewertung) wird danach einem Gesellschafter bekannt sein müssen.

Der gute Glaube des Gesellschafters muß bei Empfang der Gewinnauszahlung bestanden haben.[255] War der Gesellschafter bei den Beschlußfassungen über die Feststellung des Jahresabschlusses und die Gewinnverwendung gutgläubig, so nützt ihm die Gutgläubigkeit nicht, wenn er bis zum Zeitpunkt der **Gewinnauszahlung** nichtigkeits- oder anfechtungsbegründende Tatsachen erfährt oder davon infolge grober Fahrlässigkeit keine Kenntnis erlangt.

---

[248] *Scholz/Westermann* § 32 Anm. 4.
[249] *Hachenburg/Goerdeler/Müller* § 29 Anm. 44.
[250] *Hachenburg/Goerdeler/Müller* § 32 Anm. 13; *Rowedder/Rowedder* § 32 Anm. 9; *Scholz/Westermann* § 32 Anm. 3.
[251] *Scholz/Westermann* § 32 Anm. 8.
[252] Entsprechend § 932 Abs. 2 BGB; *Baumbach/Hueck/Hueck* § 32 Anm. 6.
[253] *Rowedder/Rowedder* § 32 Anm. 10.
[254] *Scholz/Westermann* § 32 Anm. 8.
[255] *Scholz/Westermann* § 32 Anm. 9; *Meyer-Landrut* § 32 Anm. 4.

d) Beweislast

97 Die **Gesellschaft** muß beweisen, daß der Gewinnverwendungsbeschluß nichtig oder aufgrund Anfechtung aufgehoben ist; der **Gesellschafter** hingegen muß beweisen, daß er gutgläubig war.[256] Es spricht dem ersten Anschein nach für die Gutgläubigkeit des Gesellschafters, wenn die Verfahren über die Feststellung des Jahresabschlusses und die Gewinnverwendung formell ordnungsmäßig abgelaufen sind.[257]

3. Rechtsfolgen

a) Gutgläubigkeit

98 War der Gewinnverwendungsbeschluß nichtig oder ist ein anfechtbarer Gewinnverwendungsbeschluß aufgehoben worden, kann die Gesellschaft aus **ungerechtfertigter Bereicherung** (§ 812 BGB) Rückzahlung verlangen. Hat aber der Gesellschafter die Dividende im **gutem Glauben** erhalten und ging die Dividendenzahlung auch nicht zu Lasten des Stammkapitals, so darf der Gesellschafter die Dividende behalten (§ 32 GmbHG).

b) Bösgläubigkeit

99 War der Gesellschafter **bösgläubig**,[258] ohne den Mangel positiv gekannt zu haben (§ 819 Abs. 1 BGB), kann er gegen den Bereicherungsanspruch ggf. einwenden, daß er nicht mehr bereichert sei (§ 818 Abs. 3 BGB). Hat jedoch der Gesellschafter die Dividende zur Tilgung einer Verbindlichkeit verwendet, bleibt er um den Wegfall der Verbindlichkeit bereichert. Gegebenenfalls kann der Gesellschafter einwenden, die Geschäftsführung habe gewußt, daß die Gewinnausschüttung fehlerhaft und der Gesellschafter wegen Bösgläubigkeit nicht zum Dividendenbezug berechtigt gewesen sei (§ 814 BGB). Unter diesen Voraussetzungen entsteht kein Erstattungsanspruch aus ungerechtfertigter Bereicherung.[259] Bei Kenntnis der Geschäftsführung ist demnach die Rückgewährverpflichtung des Gesellschafters aus ungerechtfertigter Bereicherung praktisch ausgeschlossen. Im übrigen verjährt der auf ungerechtfertigte Bereicherung gestützte Rückforderungsanspruch in 30 Jahren (§ 195 BGB).

100 Ausnahmsweise kommen Ansprüche aus dem Eigentümer-Besitzer-Verhältnis (§§ 985 ff. BGB) in Betracht; sie können aber nur eingreifen, wenn der Rechtsmangel auch die Auszahlung des Gewinnanteils (das dingliche Geschäft) erfaßt haben sollte.[260] Auch Ansprüche aus unerlaubter Handlung (§§ 823 ff. BGB) sind denkbar, zB wenn ein Mehrheitsgesellschafter den Gewinnverwendungsbeschluß gegen zwingende Vorschriften des Gesetzes durchgesetzt hat.[261]

---

[256] *Rowedder/Rowedder* § 32 Anm. 11; *Baumbach-Hueck* § 32 Anm. 6; *Meyer-Landrut* § 32 Anm. 5. AA wohl nur *Scholz/Westermann* § 32 Anm. 10: danach muß die Gesellschaft auch die Bösgläubigkeit des Gesellschafters beweisen.
[257] *Lutter/Hommelhoff* § 32 Anm. 8.
[258] Vgl. Rz. 95.
[259] *Scholz/Westermann* § 32 Anm. 2; *Hachenburg/Goerdeler/Müller* § 32 Anm. 4; *Rowedder/Rowedder* § 32 Anm. 14.
[260] *Scholz/Westermann* § 32 Anm. 3.
[261] *Rowedder/Rowedder* § 32 Anm. 13.

A. Erhaltung des Stammkapitals

Ging die Dividendenzahlung **zu Lasten des Stammkapitals,** so ist der bösgläubige Gesellschafter immer zur Erstattung verpflichtet (§ 31 Abs. 1 GmbHG), der gutgläubige Gesellschafter aber nur insoweit, als die Erstattung zur Befriedigung der Gesellschaftsgläubiger erforderlich ist (§ 31 Abs. 2 GmbHG).[262] **101**

c) Steuerliche Behandlung der Dividendenerstattung

Die Ausschüttung aufgrund des Gewinnverwendungsbeschlusses führt bei dem **Gesellschafter** zu Einnahmen aus Kapitalvermögen (§ 20 Abs. 1 Nr. 1 EStG) bzw. nach Umqualifizierung zu Einkünften nach § 20 Abs. 3 EStG. Dabei ist unerheblich, ob der Gewinnverwendungsbeschluß seinem Inhalt nach ergehen durfte[263] oder anfechtbar ist.[264] Es handelt sich gleichwohl um eine **Gewinnausschüttung,** die auf einem den gesellschaftsrechtlichen Vorschriften entsprechenden Gewinnverteilungsbeschluß (§§ 27 Abs. 3 Satz 1, 28 Abs. 2 Satz 1 KStG) beruht. Ist der Gewinnverwendungsbeschluß dagegen **nichtig**[265] oder aufgrund Anfechtung für nichtig erklärt worden, dann wird die offene Ausschüttung steuerlich als **andere Ausschüttung** (§§ 27 Abs. 3 Satz 2, 28 Abs. 2 Satz 2 KStG) behandelt,[266] die zur Änderung der Körperschaftsteuer im Jahr der Ausschüttung führt und die mit dem verwendbaren Eigenkapital zum Schluß des Wirtschaftsjahres der Ausschüttung verrechnet wird. **102**

Zahlt der Gesellschafter die bezogene Dividende zurück, so handelt es sich steuerlich entweder um **negative Einnahmen** oder um **Einlagen.** Liegt der Geschäftsanteil im steuerlichen **Privatvermögen,** dann ist die Erstattung der Dividende im Jahr der Rückzahlung nach der derzeit noch geltenden Rechtsprechung eine **negative Einnahme** bei den Einkünften aus Kapitalvermögen, wenn die Rückzahlung auf einer rechtlichen oder tatsächlichen Verpflichtung beruht;[267] dies trifft in allen Fällen zu, in denen sich der Gesellschafter nicht auf gutgläubigen Empfang (§ 32 GmbHG) oder andere Einwendungen berufen kann und gesetzlich zur Erstattung der Dividende verpflichtet ist.[268] Bei einem Geschäftsanteil im steuerlichen **Betriebsvermögen** ist die Rückzahlung Betriebsausgabe. Die Erstattungsverpflichtung ist als Verbindlichkeit oder Rückstellung zu passivieren.[269] Um eine **verdeckte Einlage** handelt es sich jedoch, wenn der Gesellschafter – wie zB bei einer Änderung des Jahresabschlusses (Bilanzänderung iSd. § 4 Abs. 2 Satz 2 EStG) und des Gewinnverwendungsbeschlusses – seine Verpflichtung durch Zustimmung zu den Änderungsbeschlüssen freiwillig begründet.[270] Die verdeckte Einlage erhöht die Anschaffungskosten[271] und mindert bei späterer Veräußerung den **103**

---

[262] Vgl. Rz. 63 ff.
[263] BFH v. 1. 3. 1977, BStBl II 1977, 545 (546).
[264] *Streck* § 28 Anm. 4.
[265] Vgl. dazu Rz. 93.
[266] *Dötsch/Eversberg/Jost/Witt* § 27 KStG Anm. 117.
[267] BFH v. 3. 8. 1993, DB 1994, 1219; BFH v. 19. 1. 1977, BStBl II 1977, 847; ebenso hL vgl. nur *Schmidt/Heinicke,* EStG, § 20 Anm. 34.
[268] Kritisch hierzu BFH v. 3. 8. 1993, DB 1994, 1219.
[269] BFH v. 4. 7. 1984, BStBl II 1984, 842 (844).
[270] Vgl. BFH v. 3. 8. 1993, DB 1994, 1219; BFH v. 14. 3. 1989, BStBl II 1989, 741.
[271] *Döllerer* DStR 1980, 395 (400).

§ 8 104–106 Kapitalerhaltung

Buchgewinn bzw. Veräußerungsgewinn (§§ 17, 23 EStG). Die neuere Rechtsprechung des Körperschaftsteuersenats des BFH legt es nahe, jede Rückerstattung von Gewinnausschüttungen, die sich als Einlageforderung darstellen, auch auf der Seite der Anteilseigner als verdeckte Einlagen anzusehen.[272] Die spätere Erstattung der Dividende führt nicht zur Erstattung der Kapitalertragsteuer, die von der ausgezahlten Dividende einbehalten und abgeführt worden ist.[273] Für einen Ausgleich der mit einer Gewinnausschüttung verbundenen Körperschaftsteuergutschrift gibt es keine gesetzliche Grundlage.

104 Die **Gesellschaft** muß einen Erstattungsanspruch, der ihr gesetzlich zusteht, spätestens zum Schluß des Wirtschaftsjahres **aktivieren,** in dem sie von dem Empfänger die Rückzahlung – also gegebenenfalls erst nach Nichtigerklärung des Gewinnverwendungsbeschlusses – verlangen kann. Es kann nicht darauf ankommen, ob sie die Rückzahlung verlangen will. Die Rspr. zur Rückgewähr einer verdeckten Gewinnausschüttung[274] kann nicht gelten.

d) Gewinnauszahlung an Dritte

105 Die Dividende kann aufgrund gesetzlicher Regelung einem Dritten, zB dem Nießbraucher oder dem Pfandgläubiger, zustehen. Der Gesellschafter kann seinen Dividendenanspruch an einen Dritten abtreten; das kann auch schon vor dem Gewinnverwendungsbeschluß als Verfügung über einen künftigen Anspruch geschehen. Schließlich kann der Gesellschafter nach dem Gewinnverwendungsbeschluß seinen Geschäftsanteil und seinen Dividendenanspruch an einen Dritten abtreten und der Gesellschaft die Veräußerung nach § 16 GmbHG anzeigen. In diesen Fällen zahlt die Gesellschaft die Dividende dem Dritten aus. Eine **Erstattung** kann sie immer nur **von dem Dritten** verlangen;[275] doch gilt § 32 GmbHG auch zugunsten des Dritten.

106 Umstritten ist, ob es dabei auf die **Bösgläubigkeit** des Gesellschafters oder des Dritten ankommt. Die hM[276] stellt auf die Person des Gesellschafters ab. War er gutgläubig, so entfällt der Erstattungsanspruch, auch wenn der Dritte bösgläubig gewesen sein sollte; war der Gesellschafter bösgläubig, so kann die Gesellschaft Erstattung von dem Dritten verlangen, auch wenn er gutgläubig war.[277] Dem bösgläubigen Dritten kann indessen die Gutgläubigkeit des Gesellschafters nicht zugute kommen, wenn der Dritte zugleich Gesellschafter ist[278] oder wenn der Dritte als Nießbraucher oder Pfandgläubiger oder als Bevollmächtigter das Stimmrecht aus dem Geschäftsanteil ausgeübt hat.[279]

---

[272] BFH v. 25. 5. 1996, DB 1996, 2157.
[273] BFH v. 13. 11. 1985, BStBl II 1986, 193; offengelassen für den Fall einer bestehenden Rechtspflicht in BFH v. 19. 1. 1977, BStBl II 1977, 847 (848).
[274] BFH v. 23. 5. 1984, BStBl II 1984, 723, vgl. Anm. 152.
[275] *Scholz/Westermann* § 32 Anm. 7; *Meyer-Landrut* § 32 Anm. 3.
[276] *Scholz/Westermann* § 32 Anm. 9; *Hachenburg/Goerdeler/Müller* § 32 Anm. 14; *Lutter/Hommelhoff* § 32 Anm. 5; *Baumbach/Hueck/Hueck* § 32 Anm. 4.
[277] AA *Rowedder/Rowedder* § 32 Anm. 15: der Dritte ist nicht erstattungspflichtig, der bösgläubige Gesellschafter haftet aber nach § 826 BGB auf Schadensersatz.
[278] *Scholz/Westermann* § 32 Anm. 9; *Rowedder/Rowedder* § 32 Anm. 15.
[279] So offenbar auch *Hachenburg/Goerdeler/Müller* § 32 Anm. 14; ferner *Rowedder/Rowedder* § 32 Anm. 12.

B. Kapitalherabsetzung 107–111 § 8

Hat andererseits der **Gesellschafter** in gutem Glauben die Dividende bezogen und danach seinen Geschäftsanteil abgetreten, so bleibt ihm, auch nachdem er nicht mehr Gesellschafter ist, der Schutz des § 32 GmbHG erhalten.[280] Die Dividende wird einkommensteuerlich demjenigen als Einnahme zugerechnet, der im Zeitpunkt des Gewinnverwendungsbeschlusses Anteilseigner ist.[281] Dies ist – auch im Falle eines Nießbrauchs oder eines Pfandrechts immer der Gesellschafter.[282]   107

(frei)   108, 109

B. Kapitalherabsetzung

I. Überblick zu § 58 bis § 58 f GmbHG

Das Stammkapital ist durch vielfältige Regelungen des GmbHG geschützt.[283] Die Herabsetzung des Stammkapitals wird abschließend durch §§ 58 ff. GmbHG geregelt. Wie bei der Kapitalerhöhung unterscheidet man zwischen **effektiver** und **nomineller Kapitalherabsetzung,**[284] dh. zwischen Kapitalherabsetzung mit und ohne Rückzahlung.   110

Die Regelung der Kapitalherabsetzung galt bis Ende 1994 allgemein als rechtspolitisch verfehlt und novellierungsbedürftig. Praktisch bedeutsam war insbesondere ihre Sanierungsfeindlichkeit. Der Gesetzgeber hat dem nunmehr mit Wirkung ab 19. 10. 1994 Rechnung getragen und durch die Einfügung der §§ 58 a bis f GmbHG eine vereinfachte Kapitalherabsetzung und die Verbindung von Kapitalherabsetzung und Kapitalerhöhung zugelassen.[285] Die Neuregelung folgt überwiegend dem **Aktienrecht** und kennt die **ordentliche Kapitalherabsetzung** (§ 58 GmbHG) und die **vereinfachte Kapitalherabsetzung** (§§ 58 a bis f GmbHG). Eine vereinfachte Kapitalherabsetzung dient ausschließlich dem Ausgleich von Wertminderungen oder der Deckung sonstiger Verluste. Die vor der Gesetzesänderung nur im engen Rahmen des § 58 möglichen **Ersatzlösungen,** die einen wirtschaftlich annähernd gleichwertigen Zustand wie die vereinfachte Kapitalherabsetzung mit gleichzeitiger Kapitalerhöhung zu erreichen versuchen, haben damit wesentlich an Bedeutung verloren. Der wichtigste Unterschied zwischen ordentlicher und vereinfachter Kapitalherabsetzung ist, daß bei letzterer der Gläubigerschutz geringer ausgeprägt ist. Beide Formen stehen jedoch nebeneinander, so daß auch dann,   111

---

[280] *Scholz/Westermann* § 32 Anm. 7.
[281] § 20 Abs. 2 a EStG.
[282] § 20 Abs. 2 a EStG stellt insoweit auf das wirtschaftliche Eigentum (§ 39 AO) an den Anteilen ab; dieses wird durch den Nießbrauch oder das Pfandrecht nicht verändert; vgl. hierzu *Dötsch* in *Dötsch/Eversberg/Jost/Witt,* § 20 EStG, Anm. 96 ff.; anders die Nießbraucherlasse BMF-Schr. v. 23. 11. 1983, BStBl. I 1983, 508, v. 15. 11. 1984, BStBl I 1984, 561.
[283] Vgl. oben Abschnitt A.
[284] *Scholz/Priester* § 58 Anm. 7, 12.
[285] Die Einführung der vereinfachten Kapitalherabsetzung wurde sowohl im Umwandlungsbereinigungsgesetz (BGBl. I 1994, 3210, 3259) mit Wirkung ab 1. 1. 1995 als auch im Einführungsgesetz zur Insolvenzordnung (BGBl. I 1994, 2911, 2931) mit Wirkung ab 19. Oktober 1994 bestimmt (Artikel 110 Abs. 3 EGInsO).

112 Die Durchführung der Kapitalherabsetzung wird im GmbH-Gesetz, anders als im Aktiengesetz, nicht ausdrücklich geregelt. Die Kapitalherabsetzung kann durch **Herabsetzung** der **Nennbeträge** der Geschäftsanteile durchgeführt werden. Daneben kommt eine **Vereinigung** (Zusammenlegung) von Geschäftsanteilen in Betracht. Sie kann erforderlich werden, wenn sonst der Mindestnennbetrag von 100 Euro (DM 500) bzw. 10 Euro (DM 50) unterschritten würde oder die Teilbarkeit durch 50 (vor Umstellung auf Euro 100 bzw. 10) nicht möglich wäre.

wenn eine vereinfachte Kapitalherabsetzung möglich wäre, eine ordentliche Herabsetzung durchgeführt werden darf.

Auch die **Einziehung** von Anteilen bietet sich an. Zwar ist die Einziehung von Geschäftsanteilen im GmbH-Recht nicht von einer Kapitalherabsetzung abhängig, jedoch ist eine Koppelung möglich. Sie kann sogar erforderlich werden, wenn anderenfalls eine Auszahlung an den Gesellschafter zu Lasten des Stammkapitals ginge.

113 Eine ordentliche Kapitalherabsetzung ist bis zur Vollbeendigung der Gesellschaft möglich. Sie kann auch noch während der **Liquidation** beschlossen und durchgeführt werden.[286] Bei langwieriger Abwicklung kann ein Interesse der Gesellschafter an einer vorzeitigen Teilrückzahlung ihrer Einlagen bestehen. Jedoch müssen dann nach § 73 GmbHG alle Gläubiger der Gesellschaft befriedigt oder sichergestellt werden. Eine Kapitalherabsetzung während des **Insolvenzverfahrens** wird praktisch kaum in Betracht kommen, ist jedoch auch ohne gleichzeitige Kapitalerhöhung zulässig.[287]

Die vereinfachte Kapitalherabsetzung ist nur zum Ausgleich von Wertminderungen oder der Deckung sonstiger Verluste möglich. Eine Sanierung in der Liquidation ohne Fortsetzungsbeschluß ist mit dem Wesen der auf Abwicklung gerichteten Liquidation unvereinbar (§ 69 Abs. 1 GmbHG). Demgegenüber ist eine Sanierung auch während eines Insolvenzverfahrens gestattet.[288] Eine gleichzeitige Kapitalerhöhung ist nicht erforderlich.[289]

II. Zwecke der Kapitalherabsetzung

114 Die Gründe für eine Kapitalherabsetzung sind unterschiedlich. Es können mehrere Gründe gleichzeitig vorliegen. Soll den Gesellschaftern Kapital zurückgezahlt werden, kommt lediglich die ordentliche Kapitalherabsetzung in Betracht.

1. Rückzahlung und Erlaß von Einlagen

115 Bei der Rückzahlung und dem Erlaß von Einlagen (**effektive Kapitalherabsetzung**) werden der Gesellschaft vorhandene Werte entzogen. Bei der

---

[286] HM; OLG Frankfurt v. 14. 9. 1973, DB 1973, 2235; *Scholz/Priester* § 58 Anm. 41; *Lutter/Hommelhoff* § 58 Anm. 22.

[287] BGH v. 8. 2. 1998, DB 1998, 918; *Rowedder/Zimmermann* § 58 Anm. 20; *Lutter/Hommelhoff* § 58 Anm. 22 halten sie für unzulässig.

[288] Vgl. BT-Drs. 12/3803 S. 86.

[289] BGH v. 8. 2. 1998, DB 1998, 918; aA *Lutter* in Kölner Kommentar zum AktG, § 222 Anm. 53.

B. Kapitalherabsetzung

Rückzahlung von Einlagen erhalten alle oder einzelne Gesellschafter in Geld oder in Sachwerten den Gegenwert ihrer Einlagen bzw. ihre Einlagen ganz oder teilweise zurück. Bei dem Erlaß von Einlagen werden Gesellschafter von ihrer Einlageverpflichtung befreit; sie können höchstens bis zu dem Betrag befreit werden, um den das Stammkapital herabgesetzt worden ist (§ 19 Abs. 3 GmbHG). Eine effektive Kapitalherabsetzung kann etwa dadurch begründet sein, daß das Unternehmen der GmbH schrumpft oder ein kapitalintensiver Betrieb verkleinert wird.

2. Abfindung

Die Gesellschaft kann verpflichtet sein, einem **ausscheidenden Gesellschafter** ein Entgelt, auch über den Nennbetrag seiner Einlage hinaus, zu zahlen. Das Ausscheiden kann darauf beruhen, daß der Gesellschafter aus wichtigem Grund gekündigt oder daß er seinen Austritt erklärt hat oder daß die Gesellschaft ihn ausgeschlossen oder seinen Geschäftsanteil eingezogen oder selbst erworben hat. In allen Fällen, in denen die Gesellschaft das Entgelt nicht aus dem das Stammkapital übersteigenden Vermögen, dh. aus offenen Rücklagen oder einem Gewinnvortrag, zahlen kann, muß sie sich durch die Herabsetzung des Stammkapitals nichtgebundenes Vermögen verschaffen. In diesen Fällen ist die Aufnahme von Fremdkapital zur Zahlung der **Abfindung** unzulässig.

Dasselbe gilt, wenn die Einlage aus dem einzuziehenden Geschäftsanteil noch nicht vollständig geleistet ist. Auch wenn nichtgebundenes Vermögen vorhanden ist, ist eine Kapitalherabsetzung erforderlich, weil der Vorgang dem nach § 19 Abs. 2 Satz 1 GmbHG verbotenen teilweisen Erlaß von Einlagen gleichsteht.[290] Unzulässig ist der **Erwerb eigener Geschäftsanteile,** auf welche die Einlagen noch nicht vollständig geleistet sind (§ 33 Abs. 1 GmbHG); will die Gesellschaft einen solchen Geschäftsanteil erwerben, so muß sie zunächst im Rahmen einer Kapitalherabsetzung die offene Einlage erlassen.

3. Einstellung in Rücklagen

Wird der durch die Kapitalherabsetzung frei gewordene Betrag in eine Rücklage **(Kapitalrücklage)** eingestellt, tritt eine Vermögensminderung nicht ein; das Eigenkapital der Gesellschaft bleibt unverändert. Der Herabsetzungsbetrag fällt jedoch nicht mehr unter die Kapitalbindung nach § 30 GmbHG. Die Rücklage kann zum **Ausgleich eines Jahresfehlbetrages,** aber auch zugunsten des Bilanzgewinns aufgelöst und für eine Ausschüttung verwendet werden. Die Einstellung in die Kapitalrücklage ist bei der vereinfachten Kapitalherabsetzung jedoch beschränkt.[291] Ein satzungsändernder Gesellschafterbeschluß ist nur dann erforderlich, wenn es sich um eine satzungsmäßige Rücklage handeln soll.[292]

---

[290] BGH v. 1. 4. 1953, BB 1953, 332 (334); *Meyer-Landrut* § 58 Anm. 5 mwN.
[291] Vgl. Rz. 132.
[292] Vgl. *Scholz/Priester* § 58 Anm. 11.

4. Beseitigung einer Unterbilanz

119 Eine **Unterbilanz** liegt vor, wenn das Vermögen nach Abzug der Verbindlichkeiten und Rückstellungen den Betrag des Stammkapitals nicht mehr deckt. Die Unterbilanz kann durch eine Kapitalherabsetzung (**nominelle Kapitalherabsetzung**) beseitigt werden; das Vermögen ist teilweise bereits verloren und die Herabsetzung dient lediglich der Anpassung des Stammkapitals an das verbliebene Vermögen. Nach Beseitigung der Unterbilanz ist eine Gewinnausschüttung möglich; die Ausschüttungsschranke des § 30 GmbHG hat sich reduziert.

5. Sanierung

120 Die **Verlustbeseitigung** durch Kapitalherabsetzung reicht zu einer Sanierung nur dann aus, wenn die Gesellschaft mit der verminderten Kapitalausstattung lebensfähig ist. Meist wird darüber hinaus die Zuführung von Kapital erforderlich sein; das gilt insbesondere, wenn der Verlust die Stammkapitalziffer überschreitet, ein „Nicht durch Eigenkapital gedeckter Fehlbetrag" (§ 268 Abs. 3 HGB) ausgewiesen wird und die Gesellschaft damit jedenfalls bilanziell (nicht notwendig konkursrechtlich) überschuldet ist. Sanierungen, die einen Kapitalschnitt durch **Kapitalherabsetzung und** die **Zuführung neuer Mittel** durch eine unmittelbar anschließende Kapitalerhöhung erforderlich machen, sind seit Oktober 1994 möglich (§§ 58 f. GmbHG). Die Gesellschafter müssen sich daher nicht mehr mit Ersatzlösungen behelfen. Diese sollen gleichwohl nachfolgend kurz erläutert werden.

a) Zuzahlungen der Gesellschafter

121 Alle Gesellschafter können die erforderlichen Eigenmittel anteilig durch Zuzahlungen aufbringen. Die Zuzahlungen werden entweder unmittelbar zur Verlusttilgung verwendet oder der Kapitalrücklage (§ 272 Abs. 2 Nr. 4 HGB)[293] zugeführt. Eine Kapitalherabsetzung kann dann entbehrlich sein; eine Kapitalerhöhung ist nicht erforderlich.

b) Kapitalerhöhung durch Beitritt Dritter

122 Sofern die Gesellschaft Eigenkapital von dritter Seite aufnehmen muß und eine Kapitalerhöhung durch **neu beitretende Gesellschafter** entsteht, führte dies nach der bis Oktober 1994 geltenden Rechtslage zu erheblichen Problemen.

Zur Beseitigung einer **Überschuldung** mußten die Zeichner die Mittel entweder als **Einlagen** oder als **Darlehen** mit Rangrücktritt leisten, da die Leistung der Mittel keine im Überschuldungsstatus zu passivierende Rückzahlungsverbindlichkeit begründen durfte. Bei der vorzeitigen Leistung von Einlagen waren die Zeichner dem Risiko der Doppelzahlung ausgesetzt.[294]

---

[293] Wenn die Leistungen der Gesellschafter bis auf weiteres im Eigenkapital verbleiben, *Förschle/Kofahl* in Beck Bil.-Komm. § 272 Anm. 67; vgl. auch *Helmrich* BiRiLiG § 272 HGB S. 126 f.

[294] BGH v. 7. 11. 1966, DB 1966, 1923.

B. Kapitalherabsetzung 123–126 § 8

Ungeregelt war auch die Aufteilung der **gesellschafterlichen Rechte und** 123
Pflichten. Die Zeichner erlangen ihre Gesellschafterstellung erst mit der
Eintragung der Kapitalerhöhung im Handelsregister. Bis dahin stehen die
mitgliedschaftlichen Rechte und Pflichten allein den bisherigen Gesellschaftern zu. Alternativ bietet sich an, daß die Altgesellschafter – anstelle einer
Kapitalherabsetzung – Teile ihrer Geschäftsanteile unentgeltlich an Dritte
abtreten und die Neugesellschafter – anstelle einer Einlage zur Kapitalerhöhung – auf die erworbenen Geschäftsanteile **Zuzahlungen** an die Gesellschaft
leisten.[295]

III. Kapitalherabsetzungsbeschluß

1. Änderung des Gesellschaftsvertrages

Beide Formen der Kapitalherabsetzung stellen eine **Satzungsänderung** 124
dar. Der Gesellschafterbeschluß muß **notariell beurkundet** werden.[296] Die
Beurkundung durch einen ausländischen Notar ist zulässig, wenn diese einer
inländischen Beurkundung gleichwertig ist.[297] Der Beschluß muß mit **einer
Mehrheit von drei Vierteln** der abgegebenen Stimmen gefaßt werden; der
Gesellschaftsvertrag kann höhere Mehrheiten oder weitere Erfordernisse, zB
die Zustimmung einzelner Gesellschafter oder des Aufsichtsrats, vorsehen (vgl.
§ 53 Abs. 2 GmbHG). Wenn die Kapitalherabsetzung nicht zu Lasten aller
Gesellschafter entsprechend ihrer Beteiligungsquote geht, bedarf sie nach dem
Gleichbehandlungsgrundsatz zusätzlich der **Zustimmung** der **benachteiligten Gesellschafter.**[298]

Die Kapitalherabsetzung wird erst mit der **Eintragung** in das Handels- 125
register rechtlich wirksam. Bis zur Eintragung können die Gesellschafter den
Kapitalherabsetzungsbeschluß durch einen weiteren Beschluß ändern oder
aufheben. Der **Änderungsbeschluß** muß wie der Kapitalherabsetzungsbeschluß alle Erfordernisse eines satzungsändernden Beschlusses einhalten;[299] der
Aufhebungsbeschluß hingegen kann mit einfacher Mehrheit gefaßt und
braucht nicht notariell beurkundet zu werden.[300]

2. Inhalt des Beschlusses bei ordentlicher Kapitalherabsetzung

a) Zweck der Kapitalherabsetzung

Der Beschluß muß den Zweck der ordentlichen Kapitalherabsetzung 126
angeben.[301] Es muß somit dargestellt werden, ob Einlagen zurückgezahlt oder
erlassen, Rücklagen gebildet oder eine Unterbilanz beseitigt werden soll. Fehlt

---

[295] *Scholz/Priester* § 58 Anm. 20; *Hachenburg/Ulmer* § 58 Anm. 88.
[296] Ausdrücklich jetzt § 58 a Abs. 5.
[297] Vgl. § 2 Rz. 72.
[298] *Roth/Altmeppen* § 58 Anm. 13; *Lutter/Hommelhoff* § 58 Anm. 6.
[299] *Rowedder/Zimmermann* § 58 Anm. 19; *Hachenburg/Ulmer* § 58 Anm. 37.
[300] Str., wie hier: *Rowedder/Zimmermann* § 58 Anm. 19; *Hachenburg/Ulmer* § 58 Anm. 38.
[301] Heute hM; BayOLG v. 16. 1. 1979, DB 1979, 542; *Scholz/Priester* § 58 Anm. 34; *Rowedder/Zimmermann* § 58 Anm. 16; aA *Baumbach/Hueck/Zöllner* § 58 Anm. 14.

die **Zweckangabe,** so ist der Beschluß anfechtbar. Die Zweckangabe rechtfertigt sich damit, daß die Geschäftsführung eine bindende Anweisung über die Verwendung des freigesetzten Stammkapitals erhält und daß die zweckgebundene Verwendung auch den Gläubigern gegenüber festgelegt wird. Die Gesellschafter sind nicht gehindert, **mehrere Zwecke,** gegebenenfalls hilfsweise anzugeben.

127 Ebenso können die Gesellschafter während des Sperrjahres den **Zweck ändern.**[302] Dazu kann eine Notwendigkeit bestehen, wenn sich der beschlossene Zweck nicht mehr erreichen läßt, die Gesellschafter aber an einer Kapitalherabsetzung festhalten wollen, wenn zB die Kapitalherabsetzung einem Verlustausgleich dienen sollte, der Verlust aber infolge der zwischenzeitlichen Ertragsentwicklung abgebaut werden konnte und die Gesellschafter nunmehr Einlagen zurückgewähren wollen. Andererseits sprechen auch keine Bedenken dagegen, daß die Gesellschafter von vornherein den Zweck angeben, der sich nach ihren Erwartungen nach Ablauf des Sperrjahres verwirklichen lassen wird, auch wenn er sich im Zeitpunkt der Beschlußfassung nicht verwirklichen lassen sollte. Besteht zB bei Beschlußfassung ein Bilanzverlust (Unterbilanz), können die Gesellschafter gleichwohl eine Kapitalherabsetzung zwecks Einlagenrückgewähr beschließen, wenn sie etwa aufgrund der Planungsrechnungen erwarten können, daß der Verlust nach Ablauf des Sperrjahres durch zwischenzeitliche Gewinne ausgeglichen sein wird. Sollte der Verlust tatsächlich nicht ausgeglichen sein, so könnte die Geschäftsführung diesen Kapitalherabsetzungsbeschluß nicht zur Eintragung anmelden; entweder müßten sie abwarten, bis zu einem späteren Zeitpunkt der Verlustausgleich eingetreten ist, oder die Gesellschafter müßten die Zweckangabe ändern und die Kapitalherabsetzung zum Zwecke des Verlustausgleichs beschließen oder den Kapitalherabsetzungsbeschluß aufheben.

b) Höhe der Kapitalherabsetzung

128 Der Kapitalherabsetzungsbeschluß muß den **Betrag** der Herabsetzung enthalten. Es empfiehlt sich, die Beträge des Stammkapitals vor und nach Herabsetzung anzugeben, etwa wie folgt:

„Das Stammkapital wird von Euro X um Euro Y auf Euro Z herabgesetzt."

Möglich ist auch die Festlegung eines **Höchstbetrages,** innerhalb dessen die Herabsetzung vollzogen werden soll, etwa mit folgender Formulierung:

„Das Stammkapital wird von Euro X um bis zu Euro Y auf bis zu Euro Z herabgesetzt."

In diesem Fall müssen die Gesellschafter vor der Anmeldung zur Eintragung in das Handelsregister **beschließen,** um welchen Betrag innerhalb der genannten Höchstgrenze das Stammkapital herabgesetzt werden soll.[303] Diesen Betrag melden dann die Geschäftsführer an. Eine Kapitalherabsetzung bis zu einem Höchstbetrag kann sich auch schlüssig aus den Umständen ergeben. So

---

[302] Zu den Formalien vgl. Rz. 121.
[303] LG Saarbrücken v. 11. 6. 1991, GmbHR 1992, 380; *Hachenburg/Ulmer* § 58 Anm. 30; *Lutter/Hommelhoff* § 58 Anm. 4; für Bestimmung des Herabsetzungsbetrages durch die Geschäftsführung: *Scholz/Priester* § 58 Anm. 32; *Meyer-Landrut* § 58 Anm. 11.

B. Kapitalherabsetzung   129–131   § 8

kann die Kapitalherabsetzung zum Zwecke des Verlustausgleichs nach überwiegender Meinung[304] dahin verstanden werden, daß das Stammkapital nur zu einem geringeren als dem beschlossenen Betrag herabgesetzt werden soll, wenn der Verlust durch zwischenzeitliche Gewinne gemindert worden ist. Für den Fall des Verlustausgleichs bietet sich allerdings die vereinfachte Kapitalherabsetzung an.

Der **Mindestbetrag** des Stammkapitals von 25 000 Euro (bzw. DM 50 000;   **129**
§ 5 Abs. 1, § 86 Abs. 1 GmbHG) darf bei der ordentlichen Kapitalerhöhung in keinem Fall unterschritten werden (§ 58 Abs. 2 Satz 1 GmbHG).[305] Ein Verstoß gegen diese Vorschrift führt zur **Nichtigkeit des Kapitalherabsetzungsbeschlusses**.[306] Ein entsprechender Beschluß kann nicht in das Handelsregister eingetragen werden.[307]

c) Auswirkungen auf Geschäftsanteile

Grundsätzlich ist es nicht erforderlich, im Kapitalherabsetzungsbeschluß die   **130**
Auswirkung auf die **Geschäftsanteile** und die Durchführung der Kapitalherabsetzung anzugeben.[308] Etwas anderes gilt, wenn sich die Kapitalherabsetzung auf die Geschäftsanteile unterschiedlich auswirken soll.[309] Bei Rückzahlung oder Erlaß von Stammeinlagen vermindern sich ohne eine weitere Rechtshandlung die Nennbeträge der Geschäftsanteile mit der Eintragung der Kapitalherabsetzung anteilig.

Soll dagegen nur einem Gesellschafter eine offene Einlage erlassen werden, so muß der Kapitalherabsetzungsbeschluß die Auswirkung auf die Stammeinlage und den Geschäftsanteil dieses Gesellschafters angeben. Dasselbe gilt, wenn zur Durchführung der Kapitalherabsetzung verschiedene Geschäftsanteile zusammengelegt werden oder wenn die Kapitalherabsetzung mit einer Einziehung einzelner Geschäftsanteile verbunden wird oder einzelne Gesellschafter Zuzahlungen übernehmen. In diesen Fällen bedarf, wenn nicht schon der Gesellschaftsvertrag eine entsprechende Regelung enthält, der Kapitalherabsetzungsbeschluß der **Zustimmung der benachteiligten Gesellschafter**.[310]

Der **Mindestbetrag** einer Stammeinlage beträgt 100 Euro (§ 5 Abs. 1   **131**
GmbHG; vor Umstellung auf Euro 500 DM, § 86 Abs. 1 GmbHG). Ein höherer Betrag muß auch nach einer ordentlichen Kapitalherabsetzung durch 50 (vor Umstellung auf Euro durch 100) **teilbar** sein (§ 5 Abs. 3 Satz 2, § 58 Abs. 2 Satz 2 GmbHG).[311] Hält also ein Gesellschafter einen Geschäftsanteil

---

[304] Vgl. *Rowedder/Zimmermann* § 58 Anm. 13; *Baumbach/Hueck/Zöllner* § 58 Anm. 12.
[305] Ausn. evtl., wenn anschließend eine Kapitalerhöhung erfolgt; vgl. *Baumbach/Hueck/Zöllner* § 58 Anm. 9.
[306] *Hachenburg/Ulmer* § 58 Anm. 72 mwN.
[307] LG Saarbrücken v. 11. 6. 1991, GmbHR 1992, 380.
[308] Vgl. aber Rz. 135 für die vereinfachte Kapitalherabsetzung.
[309] *Baumbach/Hueck/Zöllner* § 58 Anm. 13; *Rowedder/Zimmermann* § 58 Anm. 15; *Scholz/Priester* § 58 Anm. 33.
[310] Vgl. Rz. 124.
[311] Vgl. dazu *Baumbach/Hueck/Zöllner* § 58 Anm. 8; *Hachenburg/Ulmer* § 58 Anm. 17 ff.; *Scholz/Priester* § 58 Anm. 21 ff.; *Meyer-Landrut* § 58 Anm. 14 f.

von 600 Euro, so wäre eine Kapitalherabsetzung um 20%, die seinen Geschäftsanteil auf rechnerisch 480 Euro stellen würde, ihm gegenüber ohne Angabe der Auswirkungen, dh. Herabsetzung auf 500 Euro, nicht möglich. Dies gilt sowohl bei der Rückzahlung von Einlagen als auch bei der gleichstehenden Einstellung in die Rücklagen.[312]

Bei der Umwandlung von Rücklagen in Stammkapital (**Kapitalerhöhung aus Gesellschaftsmitteln**) können Geschäftsanteile entstehen, deren Nennbetrag mindestens 50 Euro (bzw. 50 DM) betragen und im übrigen durch 10 teilbar sind (§ 57 h). Für Geschäftsanteile aus einer derartigen Kapitalerhöhung gelten bei einer nachfolgenden Kapitalherabsetzung dann auch der geringere Mindestbetrag und die geringere Teilbarkeitsgrenze.[313]

Bei einer ordentlichen **Kapitalherabsetzung zum Verlustausgleich** sollen sich nach der Gesetzesbegründung die Nennbeträge der Geschäftsanteile nicht automatisch vermindern.[314] Die herrschende Lehre nimmt jedoch auch in diesem Fall eine automatische Herabsetzung des Nennbetrages der **Geschäftsanteile** an, da die Summe der Kapitalanteile dem Nennkapital entsprechen muß.[315] Sollte eine ordentliche Kapitalherabsetzung zum Verlustausgleich vorgenommen werden, sollte zur Klarstellung die Minderung der Nennbeträge[316] in den Beschluß aufgenommen werden, wie dies für die vereinfachte Kapitalherabsetzung jetzt gesetzlich vorgeschrieben ist (§ 58a Abs. 3 GmbHG).

3. Inhalt des Beschlusses bei vereinfachter Kapitalherabsetzung

a) Zweck der Kapitalherabsetzung

132 Auch bei der vereinfachten Kapitalherabsetzung muß der Beschluß den Zweck der Herabsetzung enthalten.[317] Die vereinfachte Kapitalherabsetzung ist lediglich zum **Ausgleich von Wertminderungen** oder zur **Deckung sonstiger Verluste** erlaubt.[318] Mit dieser Formulierung bringt der Gesetzgeber wie im Aktienrecht zum Ausdruck, daß die Gesellschaft in der Vergangenheit oder im Jahre der Beschlußfassung Verluste erlitten haben muß. Dem Begriff der „Wertminderungen" kommt dabei keine eigenständige Bedeutung zu, da unerheblich ist, auf welchen Ursachen der Verlust beruht.[319]

Eine vereinfachte Kapitalherabsetzung kann auch zur Durchführung einer Abspaltung oder Ausgliederung erforderlich werden (§ 139 UmwG).[320]

---

[312] *Baumbach/Hueck/Zöllner* § 58 Anm. 9; *Rowedder/Zimmermann* § 58 Anm. 9.
[313] Vgl. *Hachenburg/Ulmer* § 58 Anm. 21; *Rowedder/Zimmermann* § 58 Anm. 12; differenzierend *Scholz/Priester* § 58 Anm. 25.
[314] Vgl. *Baumbach/Hueck/Zöllner* § 58 Anm. 1 C.
[315] Vgl. *Hachenburg/Ulmer* § 58 Anm. 17; *Scholz/Priester* § 58 Anm. 15; *Rowedder/Zimmermann* § 58 Anm. 8.
[316] Zur Höhe der Nennbeträge vgl. *Hachenburg/Ulmer* § 58 Anm. 22.
[317] BT-Drs. 12/3803, S. 87.
[318] Einzelheiten hierzu bei Rz. 150.
[319] *Lutter* in Kölner Kommentar zum Aktiengesetz, § 229 Anm. 10; *Hüffer* AktG § 229 Anm. 7.
[320] Vgl. § 14 Rz. 682.

B. Kapitalherabsetzung 133–135 § 8

Die vereinfachte Kapitalherabsetzung darf nicht allein der **Einstellung in die Kapitalrücklage** dienen.[321] Soll die Kapitalrücklage jedoch aufgefüllt werden, muß der Herabsetzungsbeschluß auch diesen Zweck angeben.[322]

b) Höhe der Kapitalherabsetzung

Der Kapitalherabsetzungsbeschluß muß den Betrag der Herabsetzung enthalten. **133** Da nur Verluste ausgeglichen werden dürfen, muß die Geschäftsführung sorgfältig prüfen, in welcher Höhe die Verluste entstanden sind, die nicht innerhalb kürzester Zeit wieder ausgeglichen werden.[323] Weiterhin dürfen die Verluste nicht durch die Auflösung von Gewinn- oder Kapitalrücklagen ausgeglichen werden können. Bei dem Verlust muß es sich nicht um einen förmlichen **Bilanzverlust** handeln, sondern es reicht aus, daß er sich aus einer von der Geschäftsführung erstellten **Zwischenbilanz** ergibt.[324] Die Herabsetzung ist nicht nur zum Ausgleich endgültiger Verluste möglich, sondern auch im Wege der Rückstellungsbildung (§ 249 HGB) erfaßte **drohende Verluste** können ausgeglichen werden.[325] In dem Kapitalherabsetzungsbeschluß darf der Herabsetzungsbetrag geringfügig höher als der aufgelaufene oder durch Rückstellungsbildung prognostizierte Verlust angesetzt werden. Dies ergibt sich aus § 58 b Abs. 2 GmbHG, durch den der Gesetzgeber zum Ausdruck gebracht hat, daß zwar die Einstellung in die **Kapitalrücklage** kein eigenständiger Zweck einer Kapitalherabsetzung sein darf, daß aber gleichwohl die mit dem Zweck des Verlustausgleichs gewonnenen Beträge in die Kapitalrücklage eingestellt werden dürfen, soweit diese danach nicht 10% des Stammkapitals übersteigt. Das Stammkapital ist hier der Nennbetrag, der sich nach der Herabsetzung ergibt; eine – auch gleichzeitig beschlossene – Kapitalerhöhung wird dabei nicht berücksichtigt. Das Stammkapital darf daher insgesamt um die aufgelaufenen oder prognostizierten Verluste zzgl. einer bis zum Erreichen der 10% Grenze möglichen Einstellung in die Kapitalrücklage herabgesetzt werden.

Das Stammkapital kann unter den Betrag von 25 000 Euro bzw. DM 50 000 **134** herabgesetzt werden, wenn zugleich eine **Kapitalerhöhung** beschlossen wird, bei der Sacheinlagen nicht festgesetzt werden.[326]

c) Auswirkungen der Kapitalherabsetzung

Anders als bei der ordentlichen sind bei der vereinfachten Kapitalherab- **135** setzung die **Nennbeträge** der Geschäftsanteile dem herabgesetzten Stammkapital durch Beschluß anzupassen. Die verminderten Geschäftsanteile müssen mindestens 50 Euro bzw. DM betragen und durch 10 teilbar sein. Sofern die Nennbeträge unter 50 Euro bzw. DM sinken würden, sind sie von den Geschäftsführern zu gemeinschaftlichen Geschäftsanteilen zu vereinigen.[327]

---

[321] *Baumbach/Hueck/Zöllner* § 58 a Anm. 5.
[322] BT-Drs. 12/3803 S. 89.
[323] Vgl. OLG Frankfurt, WM 1989, 1688 (1690).
[324] *Baumbach/Hueck/Zöllner* § 58 a Anm. 6; *Hüffer* AktG § 229 Anm. 7.
[325] BGH v. 5. 10. 1992, DB 1992, 2383 (2387).
[326] Vgl. dazu Rz. 171 ff.
[327] Vgl. dazu Rz. 153 ff.

Die Erklärung über die Vereinigung der Geschäftsanteile bedarf der notariellen Beurkundung und wird mit der Eintragung des Beschlusses über die Kapitalherabsetzung in das Handelsregister wirksam.

IV. Durchführung der ordentlichen Kapitalherabsetzung

1. Gläubigerschutz

a) Bekanntmachung und Gläubigeraufruf

136 Die ordentliche Kapitalherabsetzung berüht idR die Interessen der Gläubiger. Deshalb ist eine **Bekanntmachung** des Kapitalherabsetzungsbeschlusses und in Verbindung damit ein **Gläubigeraufruf** vorgesehen (§ 58 Abs. 1 Nr. 1 GmbHG). Die Geschäftsführer haben sowohl den Herabsetzungsbeschluß als auch den Gläubigeraufruf an **drei verschiedenen,** wenn auch aufeinanderfolgenden Tagen in den Gesellschaftsblättern (§ 30 Abs. 2 GmbHG) zu veröffentlichen. Wird im Gesellschaftsvertrag **ein** Organ (zB Bundesanzeiger) genannt, erfolgt die Veröffentlichung dreimal, ansonsten nach §§ 10, 11 HGB, die zwei Blätter vorschreiben, mindestens sechsmal.[328] Es genügt, den **Betrag** der beschlossenen Kapitalherabsetzung anzugeben; der **Zweck** der Kapitalherabsetzung braucht den Gläubigern erst auf Anfrage mitgeteilt zu werden.[329] Die Gläubiger sind aufzufordern, sich bei der Gesellschaft zu melden; ein Hinweis auf mögliche Folgen einer unterbliebenen Meldung ist indessen entbehrlich.[330] Bekanntmachung und Gläubigeraufruf könnten etwa wie folgt lauten:

Gesellschafter der A-GmbH mit Sitz in B, eingetragen im Handelsregister beim Amtsgericht in C unter HRB ..., haben beschlossen, das Stammkapital der Gesellschaft von Euro X um Euro Y auf Euro Z herabzusetzen. Die Gläubiger der Gesellschaft werden aufgefordert, sich bei der Gesellschaft zu melden.

b) Einzelmitteilungen

137 Die aus den Büchern oder in sonstiger Weise bekannten Gläubiger muß die Geschäftsführung zusätzlich durch eine Einzelmitteilung zur Anmeldung auffordern. Diese Aufforderung kann in jeder Form, auch mündlich oder telefonisch, ergehen; aus Beweisgründen empfiehlt sich eine **schriftliche Mitteilung,** etwa in Form eines Rundschreibens. Die Aufforderung muß so rechtzeitig ergehen, daß den Gläubigern bis zum Ablauf des Sperrjahres eine angemessene Frist zum Widerspruch verbleibt.[331] Sie sollte daher so früh wie möglich nach der letzten Bekanntmachung erfolgen.[332]

---

[328] Vgl. *Scholz/Priester* § 58 Anm. 42; *Hachenburg/Ulmer* § 58 Anm. 42.

[329] HM *Scholz/Priester* § 58 Anm. 43; *Baumbach/Hueck/Zöllner* § 58 Anm. 16; *Rowedder/Zimmermann* § 58 Anm. 21; wohl auch BayOLG v. 16. 1. 1979, DB 1979, 542; aA *Roth/Altmeppen* § 58 Anm. 15.

[330] *Scholz/Priester* § 58 Anm. 44; *Rowedder/Zimmermann* § 58 Anm. 22; *Meyer-Landrut* § 58 Anm. 17.

[331] *Rowedder/Zimmermann* § 58 Anm. 23; *Hachenburg/Ulmer* § 58 Anm. 46.

[332] Vgl. *Baumbach/Hueck/Zöllner* § 58 Anm. 17, die unverzügliche Bekanntmachung verlangen.

B. Kapitalherabsetzung

Es genügt, daß die **Forderung** eines Gläubigers **entstanden** ist; unerheblich ist, ob sie fällig, auflösend bedingt oder bestritten ist. Eine aufschiebend bedingte Forderung ist jedenfalls dann zu berücksichtigen, wenn der Eintritt der Bedingung wahrscheinlich ist.[333] Zu den Gläubigern, die durch Einzelmitteilung zur Meldung aufgerufen werden müssen, gehören deshalb auch die **Betriebsrentner** und die **Arbeitnehmer,** deren Versorgungsanwartschaften unverfallbar geworden sind.[334]

Umstritten ist, ob die besondere Mitteilungspflicht auch gegenüber den **138** Gläubigern besteht, deren Forderungen erst nach dem Tage der letzten Veröffentlichung entstehen.[335] Dies ist zwar zu verneinen, aus allgemeinen Grundsätzen (Verschulden bei Vertragsabschluß) kann die Geschäftsführung im Einzelfall aber verpflichtet sein, auf die anstehende Kapitalherabsetzung **hinzuweisen.**[336] Dieser Hinweis sollte daher generell erfolgen.

c) Widerspruchsrecht der Gläubiger

Die Gläubiger von Forderungen, die am Tag der letzten Bekanntmachung **139** begründet waren,[337] können sich bei der Gesellschaft **melden** und der Kapitalherabsetzung **widersprechen** (§ 58 Abs. 1 Nr. 2 GmbHG). Es reicht aus, wenn aus dem Verhalten des Gläubigers Widerspruch hervorgeht.[338] Ein Gläubiger, der sich nicht meldet, stimmt zu.[339] Eine Frist zur Meldung besteht nicht; der Gläubiger kann der Gesellschaft gegenüber widersprechen, solange nicht die Geschäftsführung die Kapitalherabsetzung zur Eintragung in das Handelsregister angemeldet hat.[340]

Der Widerspruch hat keine **Wirkung** auf die Forderung und das zugrunde liegende Schuldverhältnis; eine Forderung, die noch nicht fällig ist, wird dadurch nicht fällig.[341] Die Gesellschaft muß den **Widerspruch ausräumen,** indem sie entweder die Forderung – gegebenenfalls vor Fälligkeit – erfüllt oder aber nach §§ 232–240 BGB Sicherheit leistet. Anderenfalls würde der Widerspruch des Gläubigers die Kapitalherabsetzung hindern, weil die Geschäftsführung nicht die Versicherung der Gläubigerbefriedigung bzw. -sicherstellung (§ 58 Abs. 1 Nr. 4 GmbHG) abgeben könnte.

---

[333] *Rowedder/Zimmermann* § 58 Anm. 26.
[334] *Wiedemann/K*... S *Pleyer* S. 445 (451, 454), nicht aber die Arbeitnehmer mit noch verfallbaren Versorgungszusagen: *Hachenburg/Ulmer* § 58 Anm. 51 a.
[335] *Hachenburg/Ulmer* § 58 Anm. 44.
[336] *Rowedder/Zimmermann* § 58 Anm. 23; *Hachenburg/Ulmer* § 58 Anm. 44; für grundsätzliche Hinweispflicht: *Roth/Altmeppen* § 58 Anm. 16; *Baumbach/Hueck/Zöllner* § 58 Anm. 17.
[337] HM, vgl. *Scholz/Priester* § 58 Anm. 50 mwN.; aA *Baumbach/Hueck/Zöllner* § 58 Anm. 21, die auf den Zeitpunkt der Anmeldung zum HR abstellen.
[338] *Scholz/Priester* § 58 Anm. 49.
[339] *Rowedder/Zimmermann* § 58 Anm. 25.
[340] *Rowedder/Zimmermann* § 58 Anm. 27; *Baumbach/Hueck/Zöllner* § 58 Anm. 20; *Hachenburg/Ulmer* § 58 Anm. 50.
[341] *Meyer-Landrut* § 58 Anm. 20; *Scholz/Priester* § 58 Anm. 48.

2. Anmeldung zum Handelsregister

a) Sperrfrist

140 Zwischen der letzten Veröffentlichung und der Anmeldung der ordentlichen Kapitalherabsetzung zum Handelsregister muß mindestens **ein Jahr** liegen (§ 58 Abs. 1 Nr. 3 GmbHG). Eine Anmeldung vor Ablauf des Sperrjahres weist das Registergericht zurück.[342]

b) Anmeldung

141 **Alle Geschäftsführer,** auch wenn sie einzeln oder in geringerer Zahl zur Vertretung befugt sind, müssen bei der Anmeldung mitwirken (§§ 58 Abs. 1 Nr. 3, 78 GmbHG). Nach hM. ist die Anmeldung vertretungsfeindlich, so daß sie von den Geschäftsführern selbst vorgenommen werden sollte.[343] Die Anmeldung bedarf der **öffentlich beglaubigten Form** (§ 12 HGB), die durch notarielle Beurkundung ersetzt werden kann (§ 129 Abs. 2 BGB). Beizufügen sind das notarielle Protokoll des Kapitalherabsetzungsbeschlusses, der vollständige Wortlaut des geänderten Gesellschaftsvertrages (§ 54 Abs. 1 S. 2 GmbHG) und Belegblätter über die dreimalige Veröffentlichung (§ 58 Abs. 1 Nr. 4 GmbHG); ein Nachweis über die Einzelmitteilungen ist entbehrlich.[344]
War die Kapitalherabsetzung bis zu einem Höchstbetrag beschlossen worden, so ist der endgültige Herabsetzungsbetrag anzumelden.

c) Versicherung

142 Zugleich mit der Anmeldung haben alle Geschäftsführer zu **versichern,** daß die Gläubiger, die sich bei der Gesellschaft gemeldet und der Herabsetzung nicht zugestimmt haben, **befriedigt** oder **sichergestellt** sind (§ 58 Abs. 1 Nr. 4 GmbHG). Angaben im einzelnen über die Gläubiger, die sich gemeldet haben, sowie über Grund und Höhe der Forderungen usw. sind nicht erforderlich. Eine entsprechende Versicherung ist auch dann erforderlich, wenn sich keine Gläubiger gemeldet oder wenn sich zwar Gläubiger gemeldet, aber der Kapitalherabsetzung zugestimmt haben.[345] Gläubiger sind grundsätzlich auch wegen **bestrittener Forderungen** sicherzustellen, weil der Gläubigerschutz vorrangig ist.[346] Dies gilt aber dann nicht, wenn die Forderungen offensichtlich nicht bestehen oder die Geschäftsführer nach sorgfältiger Prüfung zu diesem Ergebnis kommen.[347] Der widersprechende und nicht gesicherte Gläubiger kann sich auch, um sich die Beachtung seines Widerspruchs zu sichern, vor der Eintragung beim Registergericht melden oder die Eintragung durch eine **einstweilige Verfügung** verhindern. Der Registerrichter kann die Aussetzung des Verfahrens verfügen (§ 127 FGG) und die Entscheidung des Prozeßgerichts abwarten; er kann aber auch, solange die Sache nicht bei dem Prozeßgericht anhängig ist, selbst die Berechtigung der bestrittenen Forderung prüfen.

---

[342] *Scholz/Priester* § 58 Anm. 58.
[343] Vgl. zum Meinungsstand *Scholz/Priester* § 58 Anm. 59, § 57 Anm. 24.
[344] BayOLG v. 20. 9. 1974, BB 1974, 1362.
[345] BayOLG v. 20. 9. 1974, BB 1974, 1362.
[346] So *Scholz/Priester* § 58 Anm. 55, 56.
[347] *Hachenburg/Ulmer* § 58 Anm. 54; *Baumbach/Hueck/Zöllner* § 58 Anm. 31 ff.

B. Kapitalherabsetzung 143–145 § 8

Geben die Geschäftsführer eine unrichtige Versicherung ab, so machen sie sich **schadensersatzpflichtig** (§§ 823 Abs. 2 BGB iVm. § 58 Abs. 1 Nr. 4 GmbHG) und strafbar (§ 82 Abs. 2 Nr. 1 GmbHG; Freiheitsstrafe bis zu drei Jahren oder Geldstrafe); auch die Gesellschaft wird schadensersatzpflichtig (§ 31 BGB). Wegen der strafrechtlichen Folgen ist Vertretung bei der Versicherung ausgeschlossen.[348]

3. Eintragung und Veröffentlichung

Führt die Prüfung durch den Registerrichter zu keiner Beanstandung,[349] wird die Kapitalherabsetzung im Handelsregister eingetragen und die Eintragung bekanntgemacht. Erst mit der Eintragung wird die **Kapitalherabsetzung wirksam.** Etwaige Mängel des Verfahrens haben auf die Wirksamkeit der Kapitalherabsetzung grundsätzlich keine Auswirkung.[350]   143

4. Vollzug der ordentlichen Kapitalherabsetzung

Das Stammkapital ermäßigt sich mit der **Eintragung** der Kapitalherabsetzung im Handelsregister. Damit ermäßigen sich auch die Stammeinlagen und die Nennbeträge der Geschäftsanteile und es tritt eine beschlossene Zusammenlegung von Geschäftsanteilen ein.   144

a) Rechnungslegung

Das gezeichnete Kapital (Stammkapital) ist in den Büchern auf den herabgesetzten Betrag zu vermindern.   145

Für den **Ausweis der Kapitalherabsetzung** besteht im GmbH-Recht keine gesetzliche Regelung. Haben-Buchungen auf den entsprechenden Bestandskonten (Konto „Verbindlichkeiten" bei Rückgewähr von Einlagen und bei Einziehung oder Erwerb des Geschäftsanteils gegen Abfindung, Konto „Ausstehende Einlagen" bei Erlaß von offenen Einlagen, Konto „Kapitalrücklage" bei Dotierung der Rücklagen, Konto „Verlustvortrag" bei Tilgung eines Bilanzverlustes) unter Umgehung der Gewinn- und Verlustrechnung sind zulässig.[351] Grundsätzlich ist aber auch der Ausweis in der Gewinn- und Verlustrechnung zulässig, indem analog § 240 Satz 1 AktG der Herabsetzungsbetrag als „Ertrag aus der Kapitalherabsetzung" (hinter einem Posten „Entnahmen aus Gewinnrücklagen") gezeigt wird.[352]

---

[348] HM, vgl. *Baumbach/Hueck/Zöllner* § 58 Anm. 30; offengelassen von OLG Köln vom 1. 10. 1986, DB 1986, 2376; vgl. Rz. 141.
[349] Wegen der Einzelheiten der gerichtlichen Prüfung vgl. *Hachenburg/Ulmer* § 58 Anm. 68 ff.; *Scholz/Priester* § 58 Anm. 64 ff.; *Meyer-Landrut* § 58 Anm. 25.
[350] Vgl. dazu im einzelnen *Scholz/Priester* § 58 Anm. 75; *Hachenburg/Ulmer* § 58 Anm. 74 ff.
[351] *Küting/Weber/Bohl* GmbHG § 42 Anm. 10.
[352] Vgl. *Küting/Weber/Bohl* GmbHG § 42 Anm. 10.

b) Sonstige Rechtshandlungen der Geschäftsführung

146 Die Geschäftsführer müssen die **Einziehung** eines Geschäftsanteils mitteilen bzw. an dem **Erwerb** eines Geschäftsanteils durch Abschluß eines notariell zu beurkundenden Vertrages mitwirken und, soweit **Zahlungen** an Gesellschafter anstehen, die Zahlungen abwickeln. Zahlungen an Gesellschafter, auch ausgeschiedene Gesellschafter, dürfen im Zeitpunkt der Zahlungsabwicklung nicht zu Lasten des Stammkapitals gehen (§ 30 GmbHG). Hat sich die Lage der Gesellschaft bis zum Zeitpunkt der Zahlung so verschlechtert, daß das nach der Zahlung verbleibende Vermögen das herabgesetzte Stammkapital nicht mehr deckt, so ist insoweit eine Zahlung unzulässig.

c) Vorzeitige Zahlung

147 **aa) Zulässigkeit.** Die Langwierigkeit des Verfahrens bei der ordentlichen Kapitalherabsetzung kann Veranlassung zu vorzeitigen Zahlungen geben. Insbesondere werden nicht selten Einlagen schon **während des Sperrjahres** zurückgezahlt. Diese Zahlungen verstoßen gegen § 30 GmbHG, wenn die Kapitalherabsetzung gerade erst dazu dienen soll, gebundenes Vermögen freizusetzen. Sind dagegen ausreichende Rücklagen oder Gewinnvorträge vorhanden, so kann die Gesellschaft ohne Inanspruchnahme des Stammkapitals zahlen.

Eine **Zahlung,** die gegen § 30 GmbHG verstößt, ist unzulässig, selbst bei bewußtem Verstoß gegen die Kapitalerhaltungsgrundsätze jedoch nicht **nichtig.**[353] Jedoch erhält die Gesellschaft, wenn die Zahlung das Stammkapital angreift, gegen ihre Gesellschafter den **Erstattungsanspruch** nach § 31 GmbHG; außerdem haften die Geschäftsführer nach §§ 43 Abs. 3, 31 Abs. 6 GmbHG. Den Erstattungsanspruch nach § 31 GmbHG muß sie als Forderungen gegenüber Gesellschaftern (§ 42 Abs. 3 GmbHG) kenntlich machen.[354] Wird die Zahlung durch Rücklagen oder einen Gewinnvortrag gedeckt, entsteht kein Erstattungsanspruch nach § 31 GmbHG. Die Gesellschaft muß bis zur Eintragung das Stammkapital (gezeichnete Kapital) in unverminderter Höhe passivieren.

Der **Anspruch der Gesellschafter** auf Einlagenrückgewähr entsteht erst mit der Eintragung der Kapitalherabsetzung im Handelsregister, so daß die Gesellschaft die vorzeitige Rückzahlung zurückfordern kann, wenn die Kapitalherabsetzung nicht wirksam werden sollte. Erfolgt eine Zahlung vor der Eintragung ohne Verstoß gegen § 30 GmbHG, steht der Gesellschaft bis zur Eintragung der Kapitalherabsetzung ein Bereicherungsanspruch (§ 812 Abs. 1 BGB) zu. Dieser ist bilanziell als Vermögensgegenstand zu erfassen und wird zweckmäßig als „Vorauszahlung auf Kapitalherabsetzung" nach dem Posten „Ausstehende Einlagen" aktiviert.[355] Das Stammkapital wird auch hier durch die Zahlung nicht berührt.

148 **bb) Steuerliche Behandlung.** Das Steuerrecht behandelte früher[356] eine vor Eintragung der Kapitalherabsetzung vorgenommene Einlagenrückzahlung

---

[353] Vgl. Rz. 40 ff.
[354] Vgl. Rz. 58.
[355] Teilw. abw. *Kerssenbrock* GmbHR 1984, 306 (309); *Bordt* HdJ Anm. 175.
[356] Vgl. BFH v. 9. 8. 1963, BStBl. III 1963, 454 (456).

B. Kapitalherabsetzung

als verdeckte Gewinnausschüttung. Nach neuerer Rechtsprechung[357] wird die vorzeitige Zahlung bei den Gesellschaftern einkommensteuerlich als **vorweggenommene Kapitalrückzahlung**[358] anerkannt, wenn die Gesellschafter den Kapitalherabsetzungsbeschluß gefaßt, die Geschäftsführer die dreimalige Veröffentlichung vorgenommen, die Gläubiger befriedigt oder sichergestellt und nach Ablauf des Sperrjahres die Anmeldung beim Handelsregister vorgenommen haben. Das gilt auch bei einer Rückzahlung vor Ablauf des Sperrjahres, wenn unbekannte Gläubiger nicht mehr vorhanden sein können oder ihre Befriedigung sichergestellt ist und wenn der Eintragungsantrag alsbald nach Ablauf des Sperrjahres gestellt wird. Nur unter diesen Voraussetzungen ist die vorzeitige Kapitalrückzahlung **keine verdeckte Gewinnausschüttung,** denn der nach §§ 30, 31 aktivierte Rückgewähranspruch ist als Einlageforderung zu behandeln und könnte allein eine vGA nicht vermeiden.[359]

Die Aktivierung des Erstattungsanspruchs (§ 31 Abs. 1 GmbHG, § 812 Abs. 1 BGB) führt durch die Übernahme der Steuerbilanzwerte in die Vermögensaufstellung nicht zu einer Verringerung des bewertungsrechtlichen Vermögens (§§ 95, 97, 109 BewG).[360]

V. Durchführung der vereinfachten Kapitalherabsetzung

Die **vereinfachte Kapitalherabsetzung** hat das Ziel, das Stammkapital an das Aktivvermögen der Gesellschaft anzupassen und hierdurch Verlustvorträge aus der Bilanz zu eliminieren bzw. Verluste nicht ausweisen zu müssen. Es erfolgt keine Auszahlung von Kapital an die Gesellschafter und das Vermögen der Gesellschaft ist allein durch die Verluste bereits gemindert. Die Besonderheiten der vereinfachten Kapitalherabsetzung sind daher, daß eine **Befriedigung** oder **Sicherstellung** der Gläubiger der Gesellschaft nicht erforderlich ist, sie mit einer Kapitalerhöhung verbunden werden kann und eine Rückwirkung auf den Jahresabschluß des letzten vor der Beschlußfassung abgelaufenen Geschäftsjahres möglich ist. Ein **Sperrjahr** wie bei der ordentlichen Kapitalherabsetzung ist nicht einzuhalten. 149

1. Zulässigkeit der vereinfachten Kapitalherabsetzung

Von den oben genannten Zwecken der Kapitalherabsetzung[361] ist eine vereinfachte Kapitalherabsetzung nur zum Ausgleich von Verlusten zulässig. Sie bildet häufig die Grundlage für eine gleichzeitige Wiedererhöhung des Kapitals und dient damit der **Sanierung** des Unternehmens. Zweck der vereinfachten Kapitalherabsetzung ist häufig die Beseitigung einer Unterbi- 150

---

[357] BFH v. 6. 4. 1976, BStBl. II 1976, 341 (342 f.); BFH v. 29. 5. 1995, BStBl II 1995, 725.
[358] Abl. *Blümich/Freericks* § 8 KStG Anm. 144; *Achenbach* in *Dötsch/Eversberg/Jost/ Witt,* KStG, Anh. 3 zu § 8 „Kapitalherabsetzung".
[359] BFH v. 13. 9. 1989, BStBl. II, 1029.
[360] Der Vermögensaufstellung kommt nach dem Wegfall der GewKapSt und VermSt keine Bedeutung mehr zu.
[361] Vgl. Rz. 114 ff.

lanz, diese ist jedoch keine Voraussetzung.³⁶² Die Herabsetzung ist vielmehr bereits dann zulässig, wenn die Kapital- und Gewinnrücklagen nicht mehr als 10% des nach der Herabsetzung verbleibenden Stammkapitals betragen und ein Gewinnvortrag nicht besteht (§ 58 a Abs. 2 GmbHG).
Im Gegensatz zu der Regelung des Aktienrechts (§ 229 Abs. 1 AktG) ist die **Einstellung** von Beträgen **in die Kapitalrücklage** kein selbständiger Zweck einer vereinfachten Kapitalherabsetzung. Liegen daher bis zur Beschlußfassung noch keine Verluste vor, ist eine vereinfachte Kapitalherabsetzung daher selbst dann nicht zulässig, wenn für das nachfolgende Geschäftsjahr mit Verlusten gerechnet wird. Gleichwohl ist die Einstellung in die Kapitalrücklage nicht untersagt, sie ist jedoch nur im Zusammenhang mit einem Verlustausgleich zulässig und grundsätzlich auf 10% des herabgesetzten Stammkapitals begrenzt (§ 58 b Abs. 2 GmbHG). Stammkapital in diesem Sinne ist der Nennbetrag nach Herabsetzung, mindestens aber 25 000 Euro bzw. DM 50 000. Die 10%-Grenze gilt jedoch nicht, wenn Verluste wegen günstiger Entwicklungen tatsächlich geringer als prognostiziert ausfallen. In diesem Fall ist auch der Mehrbetrag nach § 58 c in die Kapitalrücklage einzustellen.³⁶³

151 Die Regelung des § 58 a Abs. 2, der eine vereinfachte Kapitalherabsetzung nur zuläßt, nachdem die Kapital- und Gewinnrücklagen, die 10% des nach der Herabsetzung verbleibenden Kapitals übersteigen, vorweg aufgelöst wurden und kein Gewinnvortrag vorhanden ist, dient dem Schutz der Gläubiger und der Gesellschafter der GmbH. Das Stammkapital soll durch eine vereinfachte Kapitalherabsetzung nur angegriffen werden, wenn andere Möglichkeiten des Verlustausgleichs nicht mehr gegeben sind.³⁶⁴ Die **Auflösung der Kapitalrücklage** ist von der Geschäftsführung vorzunehmen (§ 270 Abs. 1 HGB),³⁶⁵ die **Gewinnrücklage** und ein **Gewinnvortrag** müssen grundsätzlich von der Gesellschafterversammlung aufgelöst werden.³⁶⁶ Der Gesellschaftsvertrag kann jedoch abweichende Regelungen festlegen (§ 45 GmbHG). Sofern eine Mitwirkung der Gesellschafterversammlung vorgeschrieben ist, muß der entsprechende Beschluß vor dem Kapitalherabsetzungsbeschluß gefaßt werden.³⁶⁷ Der Vollzug der Auflösung erfolgt durch schlichte Umbuchung der Beträge.³⁶⁸

152 Damit ergibt sich hinsichtlich der Zulässigkeit der vereinfachten Kapitalherabsetzung folgende **Prüfungsreihenfolge:**

---

³⁶² *Rowedder/Zimmermann* § 58 a Anm. 4.
³⁶³ Vgl. Rz. 162 ff.
³⁶⁴ *Lutter* in Kölner Kommentar zum AktG, § 229 Anm. 23.
³⁶⁵ *Scholz/Crezelius*, Anh. § 42 a Anm. 191 und *Scholz/Priester* § 58 a Anm. 9 verlangen, daß die Auflösungsbedingungen durch Satzung oder Gesellschafterbeschluß festgelegt werden; wie hier Beck Bil.-Komm./*Budde/Raff* § 270 Anm. 2 und *Lutter/Hommelhoff* § 58 a Anm. 13.
³⁶⁶ *Baumbach/Hueck/Schulze-Osterloh* § 42 Anm. 172; *Scholz/Crezelius* Anh. § 42 a Anm. 190.
³⁶⁷ *Lutter/Hommelhoff* § 58 a Anm. 13; *Rowedder/Zimmermann* § 58 a Anm. 9; aA *Baumbach/Hueck/Zöller* § 58 a Anm. 8 der auf den rechnerischen Verbrauch der Rücklagen und des Gewinnvortrags mit einem nachfolgenden Beschluß abstellt.
³⁶⁸ *Lutter* in Kölner Kommentar zum Aktiengesetz, § 230 Anm. 11.

B. Kapitalherabsetzung

(1) Sind Kapital- oder Gewinnrücklagen vorhanden, die 10% des Stammkapitals, auf das herabgesetzt werden soll, übersteigen?
→ Die Gewinn- oder Kapitalrücklagen sind zum Verlustausgleich zu verwenden, eine vereinfachte Kapitalherabsetzung ist unzulässig.

(2) Ist ein Gewinnvortrag vorhanden?
→ Die vereinfachte Kapitalherabsetzung ist unzulässig; der Gewinnvortrag ist zunächst aufzulösen.

(3) Liegen Verluste vor, die nicht durch Maßnahmen nach (1) und (2) gedeckt sind?
→ Die vereinfachte Kapitalherabsetzung ist zum Ausgleich von Verlusten zulässig; darüber hinaus kann die Kapitalrücklage auf bis zu 10% des Stammkapitals nach der Herabsetzung aufgefüllt werden.

(4) Sind Verluste noch nicht eingetreten, werden sie aber für das folgende Geschäftsjahr erwartet?
→ Eine vereinfachte Kapitalherabsetzung ist unzulässig, auch wenn weder Gewinn- noch Kapitalrücklagen, noch ein Gewinnvortrag vorhanden ist.

2. Anpassung der Nennbeträge

Der Beschluß über die vereinfachte Kapitalherabsetzung muß die **Nennbeträge** der Geschäftsanteile dem herabgesetzten Stammkapital anpassen.[369] Das Stammkapital muß grds. mindestens 25 000 Euro (bzw. vor einer Umstellung DM 50 000) betragen, die Anteile müssen auf mindestens 50 Euro bzw. DM 50 gestellt werden und durch zehn teilbar sein.

Bei einem scharfen **Kapitalschnitt** oder wenn gleichzeitig eine Kapitalerhöhung beschlossen wird, bei der das Stammkapital unter den **Mindestnennbetrag** von 25 000 Euro (DM 50 000) herabgesetzt werden darf, kann der Fall eintreten, daß Geschäftsanteile mit geringeren Beträgen als Euro/DM 50 entstehen würden. Dies gilt insbesondere dann, wenn Gesellschafter nur in einem geringen Maße beteiligt sind, wie es zum Beispiel bei der Beteiligung von Kindern an Familienunternehmen häufig der Fall ist. Diese Anteile sind dann zu gemeinschaftlichen Geschäftsanteilen zu vereinigen, an denen Mitberechtigung nach § 18 GmbHG besteht. Hierzu müssen die Einlagen auf die Geschäftsanteile voll geleistet sein, die Geschäftsanteile dürfen nicht mit einer Nachschußpflicht oder mit Rechten Dritter belastet und nach dem Gesellschaftsvertrag nicht mit verschiedenen Rechten und Pflichten ausgestattet sein.[370]

Durch die Kapitalherabsetzung darf sich die prozentuale Beteiligung des einzelnen Gesellschafters an der Gesellschaft grundsätzlich nicht verändern, so daß ein Gesellschafter, der vor der Kapitalherabsetzung mit 10% am Stammkapital beteiligt war, auch nach der Herabsetzung mit diesem Prozentsatz Gesellschafter ist. Auch nach der Zusammenlegung müssen die Geschäftsanteile mindestens Euro/DM 50 betragen und durch 10 teilbar sein. Dabei ist zu beachten, daß nur die Geschäftsanteile, deren Nennbetrag unter die Euro/DM 50-Grenze sinken würde, zusammengelegt werden dürfen. Andere Geschäftsanteile können in die

---

[369] Vgl. Rz. 135.
[370] Vgl. dazu Rz. 155 ff.

Zusammenlegung nicht einbezogen werden, selbst wenn sie selbst nicht gebildet werden dürften, zB weil sie nicht durch 10 teilbar sind.

154 Vor dem Beschluß über die vereinfachte Kapitalherabsetzung ist daher zu berechnen, in welcher Höhe Verluste ausgeglichen werden können und inwieweit die Kapitalrücklage aufgefüllt werden kann. Gleichzeitig ist zu berücksichtigen, ob die gesetzlichen Voraussetzungen, dh. Teilbarkeit durch 10 und mindestens Euro/DM 50, für alle Gesellschafter eingehalten werden können. Sollte dies nicht der Fall sein, zB weil ein Gesellschafter mit einem geringen Geschäftsanteil bei einem relativ hohen Stammkapital der Gesellschaft mit seinem Anteil nach der Kapitalherabsetzung unter die Grenze von Euro/DM 50 sinken würde, müssen die Gesellschafter uU vor der Kapitalherabsetzung durch **Veräußerung von Geschäftsanteilen** Beteiligungsverhältnisse schaffen, die die gewünschte Kapitalherabsetzung zulassen.

> **Beispiel:** An der ABC-GmbH mit einem Stammkapital von Euro 2 Mio. sind A mit einem Geschäftsanteil von Euro 1 Mio., B mit einem Geschäftsanteil von Euro 999 500 und C mit einem Geschäftsanteil von Euro 500 beteiligt. Aufgrund der eingetretenen Verluste wäre eine Kapitalherabsetzung im Verhältnis 1 : 20 erforderlich, d. h. das Kapital würde nach der Kapitalherabsetzung Euro 100 000 betragen.
>
> Die Kapitalherabsetzung mit dem geplanten Quotienten von 1 : 20 ist nicht möglich, da der Kapitalanteil von B auf Euro 49 975 sinken würde und damit nicht durch 10 teilbar wäre. Auch der neue Kapitalanteil von C in Höhe von Euro 25 wäre nicht zulässig. Eine Zusammenlegung von Geschäftsanteilen kommt hier nicht in Betracht, da nur ein Geschäftsanteil vorhanden ist, der unter Euro 50 sinken würde.
>
> Der geplante Kapitalschnitt kann jedoch erfolgen, wenn B von seinem ursprünglichen Kapitalanteil von Euro 999 500 einen Anteil von Euro 500 abspaltet und an C veräußert und überträgt. Nach der Kapitalherabsetzung im Verhältnis 1 : 20 hat B damit einen Kapitalanteil von Euro 49 950 (999 000 : 20) und C einen Anteil von Euro 50.
>
> Aus steuerlicher Sicht ist hierbei jedoch zu beachten, daß aufgrund der Übertragung des Anteils uU stille Reserven aufgedeckt werden, so daß es zu einer Besteuerung gemäß § 17 EStG bei Anteilen im Privatvermögen oder zu einem laufenden Gewinn bei Anteilen im Betriebsvermögen kommen kann. Dies dürfte wegen der eingetretenen Verluste in der Praxis jedoch kaum vorkommen.

155 Weitere Voraussetzung einer Zusammenlegung ist, daß die **Einlagen** auf die Geschäftsanteile voll geleistet sind.[371] Dies ist der Fall, wenn sie seit der Gründung einmal voll eingezahlt waren, selbst wenn das Stammkapital zwischenzeitlich durch Verluste ganz oder teilweise aufgebraucht ist.

156 Daneben darf der Geschäftsanteil nicht mit einer **Nachschußpflicht** gem. §§ 26 ff. GmbHG belastet sein.[372] Da an zusammengelegten Anteilen eine Mitberechtigung nach § 18 GmbHG besteht, so daß Rechte aus dem Anteil nur einheitlich ausgeübt werden dürfen und die Gesellschafter für die von ihnen zu erbringenden Leistungen als Gesamtschuldner haften, ist eine Vereinigung weiterhin nur möglich, wenn die Anteile nach dem Gesellschaftsvertrag nicht mit verschiedenen Rechten und Pflichten ausgestattet sind. Der Gesellschaftsvertrag kann hierzu eine Vielzahl von Regelungen (**Nebenpflichten**) treffen (§ 3 Abs. 2 GmbHG), die hier nicht weiter erörtert werden

---

[371] Vgl. § 2 Rz. 97 ff.
[372] Vgl. hierzu § 7 Rz. 80 ff.

B. Kapitalherabsetzung

sollen.³⁷³ Die Zusammenlegung ist jedoch möglich, wenn die Anteile, die vereinigt werden sollen, mit identischen Rechten und Pflichten versehen sind.

Darüber hinaus darf der Geschäftsanteil nicht mit **Rechten Dritter** belastet sein. Hierbei kommt insbesondere der **Nießbrauch**³⁷⁴ sowie das **Pfandrecht**³⁷⁵ am GmbH-Anteil in Betracht. Auch die Belastung mit einem **Vorkaufsrecht** dürfte hierunter fallen. Keine Rechte Dritter sind die **Treuhand** oder die **Sicherungsabtretung** der Anteile.³⁷⁶ Bei den beiden zuletzt genannten Instituten wird der Treuhänder/Sicherungsnehmer Gesellschafter der GmbH mit allen Rechten und Pflichten. Lediglich im Innenverhältnis ist er den Beschränkungen unterworfen, wie sie mit dem Treugeber/Sicherungsgeber vereinbart wurden.³⁷⁷

Gleichfalls liegen keine Rechte Dritter iSd. § 58a Abs. 3 Satz 3 GmbHG vor, wenn **vermögensrechtliche Ansprüche** aus der Mitgliedschaft übertragen werden. Hierunter fallen insbesondere die Abtretung eines Anteils am Jahresgewinn, einer Abfindung beim Ausscheiden oder des Anspruchs auf einen Liquidationserlös. In diesen Fällen wird nicht der Geschäftsanteil mit Rechten Dritter belastet, sondern es werden einzelne aus der Mitgliedschaft fließende Rechte abgetreten.³⁷⁸ Auch bei der **Unterbeteiligung**³⁷⁹ werden keine Rechte am Geschäftsanteil verschafft, sondern ein Dritter wird gesellschaftsvertraglich an der wirtschaftlichen Nutzung des Geschäftsanteils beteiligt.³⁸⁰ Die Zusammenlegung ist – anders als bei der Ausstattung mit Rechten und Pflichten – auch unzulässig, wenn die Anteile mit identischen Rechten Dritter belastet sind.

Zuständig für die Zusammenlegung der Geschäftsanteile ist die Geschäftsführung. Die Gesellschafterversammlung kann Regelungen jedoch im Kapitalherabsetzungsbeschluß vorsehen, die von den Geschäftsführern vollzogen werden.³⁸¹ Bei mehreren Geschäftsführern erfolgt sie – soweit der Gesellschaftsvertrag nichts anderes bestimmt – durch einstimmige Entscheidung.³⁸² Sie ist eine einseitige und nicht empfangsbedürftige Willenserklärung. Die Erklärung der Geschäftsführung bedarf ebenso wie der Kapitalherabsetzungsbeschluß der **notariellen Beurkundung.** Zweckmäßigerweise sollten beide gleichzeitig beurkundet werden, dies ist jedoch keine Wirksamkeitsvoraussetzung.

3. Eintragung ins Handelsregister

Der Beschluß über die Kapitalherabsetzung ist von allen Gesellschaftern zur Eintragung in das Handelsregister anzumelden (§§ 58a Abs. 5, 54, 78

---

³⁷³ Vgl. hierzu § 7 Rz. 110 ff.
³⁷⁴ Vgl. § 12 Rz. 135 ff.
³⁷⁵ Vgl. § 12 Rz. 200 ff.
³⁷⁶ Vgl. dazu § 12 Rz. 180 ff.
³⁷⁷ Vgl. § 12 Rz. 184.
³⁷⁸ *Scholz/Winter* § 15 Anm. 8.
³⁷⁹ Vgl. § 12 Rz. 160 ff.
³⁸⁰ *Hachenburg/Zutt* Anh. zu § 15 Anm. 35.
³⁸¹ *Baumbach/Hueck/Zöllner* § 58a Anm. 17; *Lutter/Hommelhoff* § 58a Anm. 9; *Rowedder/Zimmermann* § 58a Anm. 14.
³⁸² Vgl. *Scholz/Schneider* § 37 Anm. 21.

GmbH). Fand gleichzeitig eine Kapitalerhöhung statt, sollen beide Beschlüsse gemeinsam eingetragen werden.[383]

4. Verwendung der gewonnenen Beträge

161 Die aus der Kapitalherabsetzung und mit dieser im Zusammenhang stehenden Auflösung der Kapital- oder Gewinnrücklagen gewonnenen Beträge dürfen nicht an die Gläubiger ausgeschüttet, sondern grds. nur zum **Verlustausgleich** verwendet werden. Wird gegen die nachfolgend beschriebenen Verwendungsverbote verstoßen, ist sowohl der entsprechende Jahresabschluß als auch der darauf beruhende Ausschüttungsbeschluß nichtig (§§ 256 Abs. 1 Nr. 1, 241 Nr. 3 AktG analog). Sofern mehr als 10% des verbleibenden Stammkapitals in die Kapitalrücklage eingestellt werden soll, ist der Kapitalherabsetzungsbeschluß jedoch nur anfechtbar.[384]

Ein Beschluß über eine vereinfachte Kapitalherabsetzung kann nicht in den Beschluß über eine ordentliche Herabsetzung umgedeutet werden, die Gläubiger können aber wie bei einer ordentlichen Kapitalherabsetzung Sicherstellung verlangen.[385]

a) Einstellung in die Kapitalrücklage

162 Neben dem Verlustausgleich ist in begrenztem Umfang eine Einstellung in die Kapitalrücklage zulässig.[386] Diese darf bis zu einem Betrag, der max. 10% des sich nach der Kapitalherabsetzung ergebenden Stammkapitals entspricht, aufgefüllt werden. Dies kann bei fehlender Gewinnrücklage sinnvoll sein, um bereits vor Ablauf von fünf Jahren wieder Gewinn ausschütten zu können.[387]

Die Kapitalherabsetzung dient dem Ausgleich von Verlusten, die sich aufgrund der Beachtung der Grundsätze ordnungsmäßiger Buchführung im **Zeitpunkt der Beschlußfassung** über die Kapitalherabsetzung ergeben. Drohende Verluste sind im Wege der Rückstellungsbildung zu berücksichtigen. Ergibt sich im Zeitpunkt der Aufstellung der Jahresbilanz für das Jahr, in dem der Beschluß über die Kapitalherabsetzung gefaßt wurde, daß auf den Zeitpunkt der Beschlußfassung bezogen die prognostizierten Verluste in der erwarteten Höhe nicht eingetreten sind, so ist der **Unterschiedsbetrag** ebenfalls in die Kapitalrücklage einzustellen (§ 58 c GmbHG). Damit ist die im Zeitpunkt der Beschlußfassung aufgestellte fiktive Jahresbilanz (zB eine Zwischenbilanz)[388] nach der Erkenntnis im Zeitpunkt der Aufstellung der Jahresbilanz fortzuschreiben. Dabei kommt es allein darauf an, daß das Bilanzergebnis insgesamt zu dem erwarteten Verlust geführt hat. Aus welchen Gründen der Verlust eingetreten ist, bleibt unerheblich. Wurde zB eine Forderung wegen erheblicher Zahlungsschwierigkeiten des Schuldners in der

---

[383] Zu weiteren Voraussetzungen der Anmeldung vgl. Rz. 141.
[384] Rowedder/Zimmermann § 58 b Anm. 12; Baumbach/Hueck/Zöllner § 58 b Anm. 11.
[385] Vgl. Rz. 139; Rowedder/Zimmermann § 58 b Anm. 15; Baumbach/Hueck/Zöllner § 58 b Anm. 14.
[386] Vgl. Rz. 132.
[387] Vgl. Rz. 166 ff.
[388] Vgl. Rz. 133.

B. Kapitalherabsetzung

Zwischenbilanz abgeschrieben, geht der Forderungsbetrag jedoch später ein und fällt ein anderer Schuldner, dessen Forderung in der Zwischenbilanz mit dem vollen Wert angesetzt wurde, in Insolvenz, bleibt es bei dem prognostizierten Verlust, wenn beide Forderungen gleich hoch waren.

Nach der Beschlußfassung entstandene Vermögensverschlechterungen oder Vermögensmehrungen bleiben von der Vorschrift des § 58 c GmbHG unberührt und werden nach allgemeinen Regeln behandelt. Geht in dem oben genannten Beispiel die Forderung ein, ohne daß ein anderer Schuldner in Insolvenz fällt, ist der sich aufgrund besserer Erkenntnis ergebende Mehrbetrag in die Kapitalrücklage einzustellen, selbst wenn nach dem Herabsetzungsbeschluß nicht bereits berücksichtigte operative Verluste angefallen sind. Die Kapitalrücklage kann jedoch unter Beachtung der in Rz. 164 beschriebenen Verfahrensweise wieder aufgelöst werden. Sich nach der Beschlußfassung ergebende **unvorhergesehene Gewinne** müssen nicht in die Kapitalrücklage eingestellt und können – vorbehaltlich der Beschränkungen des § 58 e GmbHG[389] – an die Gesellschafter ausgeschüttet werden.

In gleicher Weise ist in den beiden[390] folgenden Geschäftsjahren zu verfahren, wenn sich die Verlustprognose hierauf bezog. Ergibt sich der Unterschiedsbetrag erst im zweiten oder dritten Geschäftsjahr, ist er in die Kapitalrücklage der jeweiligen Jahresbilanz einzustellen, vorausgegangene Jahresabschlüsse werden nicht geändert.[391] Die Verpflichtung nach § 58 c zur Einstellung in die Kapitalrücklage ist unabhängig von der 10%-Grenze des § 58 b Abs. 2, so daß § 58 c GmbHG vorgeht.[392]

Der Unterschiedsbetrag ist in den **Bilanzposten** gem. § 266 Abs. 3 A II HGB (Kapitalrücklage) einzustellen und sollte als „außerordentlicher Ertrag aus vereinfachter Kapitalherabsetzung" ausgewiesen werden. In der **Gewinn- und Verlustrechnung** ist der Unterschiedsbetrag als „Einstellung in die Kapitalrücklage nach den Vorschriften über die vereinfachte Kapitalherabsetzung" gesondert auszuweisen.[393]

Die Höhe des Herabsetzungsbetrages ergibt sich aus den aufgrund einer fundierten Prognose erwarteten Verlusten und dem Betrag, der zulässigerweise in die Kapitalrücklage eingestellt werden darf.[394] Wurde der Betrag unzulässigerweise höher gewählt, ist zwar der Kapitalherabsetzungsbeschluß **anfechtbar**, macht jedoch kein Gesellschafter von diesem Recht Gebrauch und wird der Beschluß in das Handelsregister eingetragen, wird er wirksam. Für diesen Fall darf der nicht zum Verlustausgleich verwendete **Mehrbetrag** nicht an die Gläubiger ausgeschüttet werden, sondern ist in entsprechender Anwendung des § 58 c GmbHG ebenfalls in die Kapitalrücklage einzustellen.[395] Ansonsten

---

[389] Vgl. Rz. 164 ff.
[390] Die Korrekturgrenze von insgesamt drei Jahren kann nicht wegen eines Wertungswiderspruchs zu § 58 b Abs. 3 und § 58 c Satz 2 in fünf Jahre geändert werden; vgl. *Rowedder/Zimmermann* § 58 c Anm. 4; aA *Baumbach/Hueck/Zöllner* § 58 c Anm. 6.
[391] *Baumbach/Hueck,* AktG § 232 Anm. 3.
[392] MünchHdb. GesR/Bd. 4/*Krieger* § 61 Anm. 21; *Rowedder/Zimmermann* § 58 c Anm. 5.
[393] Vgl. § 240 Satz 2 AktG.
[394] Vgl. Rz. 133.
[395] *Hüffer* § 232 AktG Anm. 8; *Baumbach/Hueck/Zöllner* § 58 c Anm. 5.

könnten die Gläubigerschutzvorschriften, die eine vereinfachte Kapitalherabsetzung nur zum Ausgleich von Verlusten gestatten, umgangen werden.

b) Ausschüttungsbeschränkungen für Mehrbeträge

164 Beträge, die entweder zur Auffüllung der Kapitalrücklage bis zur 10%-Grenze oder wegen tatsächlich geringerer Verluste (§ 58 c GmbHG) in die Kapitalrücklage eingestellt wurden, dürfen innerhalb von **5 Jahren** nur zu ganz begrenzten Zwecken verwendet werden. Diese Vorschrift dient dem **Gläubigerschutz** und soll eine Ausschüttung des Kapitalherabsetzungsbetrages an die Gesellschafter verhindern. Die Bindungswirkung beträgt 5 volle Geschäftsjahre zuzüglich dem verbleibenden Teil des Geschäftsjahres, in dem die Kapitalherabsetzung beschlossen wurde. Die in die Kapitalrücklage eingestellten Beträge dürfen innerhalb des 5-Jahreszeitraumes nur zum **Ausgleich eines Jahresfehlbetrages** verwendet werden, soweit er nicht durch einen Gewinnvortrag aus dem Vorjahr gedeckt ist und nicht durch Auflösung von Gewinnrücklagen ausgeglichen werden kann. **Gewinnrücklagen** können auch nach einer Kapitalherabsetzung noch vorhanden sein, da Voraussetzung der Kapitalherabsetzung lediglich ist, daß die Kapital- und Gewinnrücklagen zusammen nur max. 10% des herabgesetzten Stammkapitals betragen. Daher ist es möglich, daß der gesamte Betrag in den Gewinnrücklagen enthalten ist und die Kapitalrücklage durch die Kapitalherabsetzung ebenfalls bis auf 10% aufgefüllt wird. In der Gewinn- und Kapitalrücklage können daher nach der Kapitalherabsetzung max. 20% des nunmehr vorhandenen Stammkapitals enthalten sein. Zum Ausgleich eines Jahresfehlbetrages ist in derartigen Fällen die Gewinnrücklage zu verwenden. Treten Verluste innerhalb des 5-Jahreszeitraums ein, nachdem zwischenzeitlich ein Gewinn angefallen und dieser in das darauffolgende Jahr vorgetragen wurde, muß zunächst der **Gewinnvortrag** zum Verlustausgleich verwendet werden.

165 Ein innerhalb des 5-Jahreszeitraums aus dem Vorjahr übernommener **Verlustvortrag** kann durch die Auflösung der Kapitalrücklage ausgeglichen werden, soweit er nicht durch einen Jahresüberschuß gedeckt ist und nicht durch die Auflösung von Gewinnrücklagen ausgeglichen werden kann.

Die Kapitalrücklage darf weiterhin zur **Kapitalerhöhung aus Gesellschaftsmitteln**[396] verwendet werden.

c) Beschränkung der zukünftigen Gewinnausschüttung

166 Die **Gewinnausschüttung** nach einer vereinfachten Kapitalherabsetzung wird auf zwei Arten beschränkt (§ 58 d GmbHG). Eine Gewinnausschüttung ist unzulässig, wenn die Kapital- oder Gewinnrücklagen zusammen nicht mindestens 10% des herabgesetzten Stammkapitals, mindestens aber 2500 Euro (vor Umstellung DM 5000) erreichen. Die Beschränkung auf den Mindestbetrag gem. § 5 Abs. 1 GmbHG greift ein, soweit das Stammkapital wegen einer gleichzeitigen Kapitalerhöhung unter den Betrag von 25 000 Euro bzw. DM 50 000 herabgesetzt wurde. Bei der Berechnung des Stammkapitals nach der Herabsetzung bleiben gleichzeitige oder spätere Kapitalerhö-

---

[396] Vgl. § 7 Rz. 50 ff.

B. Kapitalherabsetzung   167, 168 § 8

hungen daher unberücksichtigt.[397] Die Rücklagendotierung kann im gleichen Jahr wie die Gewinnausschüttung vorgenommen werden.

Die Rücklagen müssen den Mindestbetrag „erreichen", so daß spätere Rücklagenminderungen unter 10% eine Gewinnausschüttung auch dann unzulässig machen, wenn sie ursprünglich oder zwischenzeitlich diese Grenze erreicht hatten.[398]

Sofern die Kapital- oder Gewinnrücklagen die 10%-Grenze übersteigen, ist **167** die Zahlung eines Gewinnanteils für die beiden der Beschlußfassung über die Kapitalherabsetzung folgenden vollen Geschäftsjahre grundsätzlich auf **4% des Stammkapitals begrenzt**. Das Stammkapital bestimmt sich dabei nach dem Kapital, wie es im **Zeitpunkt des Gewinnverwendungsbeschlusses** besteht, dh. auch der Kapitalherabsetzung nachfolgende Kapitalerhöhungen sind zu berücksichtigen.[399] Die Beschränkung gilt für das zum Zeitpunkt der Beschlußfassung laufende Geschäftsjahr und die zwei nachfolgenden Geschäftsjahre. Das Verbot wird jedoch erst mit der Eintragung der Kapitalherabsetzung wirksam. Vor der Eintragung gefaßte Gewinnverwendungsbeschlüsse können bis zu diesem Zeitpunkt noch ausgeführt werden, ohne daß die Begrenzung auf 4% des Stammkapitals eingreift.[400]

Die Begrenzung auf 4% des Stammkapitals gilt dann nicht, wenn die **168** Gläubiger, deren Forderungen vor der Bekanntmachung der Eintragung des Beschlusses begründet waren, sichergestellt oder befriedigt sind. Die Gläubiger müssen sich innerhalb von 6 Monaten nach der Bekanntgabe des Jahresabschlusses, aufgrund dessen die Gewinnverteilung beschlossen ist, zum Zwecke der **Befriedigung** oder **Sicherstellung** gemeldet haben. Eine höhere Gewinnausschüttung als 4% des Stammkapitals ist daher nur dann möglich, wenn bei einer **großen Kapitalgesellschaft** isd. § 276 Abs. 3 HGB[401] der Jahresabschluß mit dem Bestätigungsvermerk oder dem Vermerk über dessen Versagung sowie der Lagebericht, der Bericht des Aufsichtsrats und, soweit sich der Vorschlag für die Verwendung des Ergebnisses und der Beschluß über seine Verwendung aus dem eingereichten Jahresabschluß nicht ergeben, der Vorschlag für die Verwendung des Ergebnisses und der Beschluß über seine Verwendung unter Angabe des Jahresüberschusses und Jahresfehlbetrags im Bundesanzeiger bekannt gemacht und die Gläubiger auf das Recht der Befriedigung oder Sicherstellung hingewiesen wurden. Bei **kleinen und mittleren Kapitalgesellschaften**[402] sind die genannten Unterlagen beim Handelsregister einzureichen und im Bundesanzeiger bekannt zu machen, bei welchem Handelsregister und unter welcher Nummer diese Unterlagen eingereicht worden sind und daß die Gläubiger die Möglichkeit der Befriedigung und Sicherstellung haben. Erst mit der Bekanntmachung beginnt die 6-Monatsfrist, nach deren Ablauf ein höherer Gewinn ausgezahlt werden darf.

---

[397] Vgl. *Hüffer* AktG § 233 Anm. 4; *Lutter/Hommelhoff* § 58 d Anm. 2.
[398] *Baumbach/Hueck/Zöllner* § 58 d Anm. 3; *Scholz/Priester* § 58 d Anm. 7; aA *Rowedder/Zimmermann* § 58 d Anm. 3 und die hM zum Aktienrecht, dort aber anderer Wortlaut.
[399] Vgl. *Hüffer* AktG § 233 Anm. 6.
[400] Vgl. MünchHdb. GesR/Bd. 4/*Krieger* § 61 Anm. 33.
[401] Vgl. § 9 Rz. 47, 48.
[402] Vgl. § 9 Rz. 47, 48.

Sicherstellung der Gläubiger bedarf es allerdings dann nicht, wenn sie im Falle eines Insolvenzverfahrens ein Recht auf **vorzugsweise Befriedigung** aus einer Deckungsmasse haben. Diese Vorschrift hat derzeit zwar keinen Anwendungsbereich im GmbH-Recht,[403] allerdings läßt sich folgern, daß sichergestellte Gläubiger keiner weiteren Sicherheit bedürfen.

5. Rückbeziehung der Kapitalherabsetzung

169 Das Stammkapital sowie die Kapital- und Gewinnrücklagen können bereits in dem Jahresabschluß, der der Beschlußfassung über die Kapitalherabsetzung vorangeht, in der Höhe ausgewiesen werden, wie sie nach der Kapitalherabsetzung bestehen sollen. Die Vorschrift (§ 58 e GmbHG) dient dazu, daß die durch die Kapitalherabsetzung zu beseitigenden Verluste zuvor nicht noch bilanziell ausgewiesen werden müssen. Sie führt nicht dazu, daß die Kapitalherabsetzung rückwirkend wirksam wird. Die **Rückbeziehung** erfolgt durch die Feststellung des letzten Jahresabschlusses unter Zugrundelegung des Kapitals und der Rücklagen in der Höhe, in der sie nach der Kapitalherabsetzung bestehen sollen. Eine Rückbeziehung ist daher nicht möglich, wenn der Jahresabschluß nicht durch einen **Gesellschafterbeschluß** festgestellt wird. Allerdings kann die Satzung entsprechend geändert oder ein satzungsdurchbrechender Beschluß gefaßt werden.[404] Wurde der Jahresabschluß bereits zuvor festgestellt (ohne Kapitalherabsetzung), müßte dieser Beschluß geändert werden.[405]

170 Der **Beschluß** über die **Feststellung des Jahresabschlusses** soll zugleich mit dem Beschluß über die Kapitalherabsetzung gefaßt werden. Da es sich um eine reine Soll-Vorschrift handelt, ist eine abweichende Zeitfolge nicht ausgeschlossen.[406] Beide Beschlüsse sind jedoch nichtig, wenn der Beschluß über die Kapitalherabsetzung nicht binnen drei Monaten nach der Beschlußfassung in das Handelsregister eingetragen worden ist. Auf den Zeitpunkt der Anmeldung und den Grund der verspäteten Eintragung kommt es nicht an. Der Lauf der Frist ist gehemmt, solange eine Anfechtungs- oder Nichtigkeitsklage rechtshängig ist oder eine **staatliche Genehmigung** noch nicht erteilt wurde. Bei staatlichen Genehmigungen muß diese zur Fristhemmung auch tatsächlich beantragt worden sein, so daß der Zeitraum der Hemmung mit dem Zugang des Genehmigungsantrags bei der Genehmigungsbehörde beginnt und mit dem Zugang der Genehmigungserklärung bei der Gesellschaft endet.[407] Fristhemmung bedeutet dabei, daß eine vor dem Eintritt des hemmenden Ereignisses (zB eine Anfechtungsklage) abgelaufene Frist bei der Berechnung der Gesamtfrist mitzurechnen ist und die Frist nach Wegfall des

---

[403] Vgl. *Baumbach/Hueck/Zöllner* § 58 d Anm. 12.
[404] *Baumbach/Hueck/Zöllner* § 58 e Anm. 5.
[405] Vgl. *Krieger* in Münchener Handbuch des Gesellschaftsrechts, AktG (Bd. 4) § 61 Anm. 37 ff.; zur Feststellung des Jahresabschlusses durch andere Gremien als die Gesellschafterversammlung vgl. *Scholz/Crezelius* § 42 a Anm. 33 ff.; *Baumbach/Hueck/Schulze-Osterloh* § 42 a Anm. 17.
[406] *Rowedder/Zimmermann* § 58 e Anm. 6.
[407] Vgl. *Lutter* in Kölner Kommentar zum AktG, § 228 Anm. 17.

B. Kapitalherabsetzung

hemmenden Ereignisses nicht von neuem zu laufen beginnt (vgl. § 205 BGB im Gegensatz zur Unterbrechung einer Frist nach § 217 BGB).

Die Nichtigkeit kann jedoch auf den Jahresabschluß beschränkt werden, wenn in der Beschlußfassung über die Kapitalherabsetzung unmißverständlich zum Ausdruck gebracht wurde, daß sie auch unabhängig von der Rückwirkung des Jahresabschlusses wirksam werden solle. Die Geschäftsführung hat dann einen neuen Jahresabschluß ohne Rückbeziehung aufzustellen, prüfen und feststellen zu lassen.[408]

Wird der **nichtige Herabsetzungsbeschluß** gleichwohl in das Handelsregister – nach Ablauf von drei Monaten – eingetragen werden, dürfte die Nichtigkeit in entsprechender Anwendung des § 242 Abs. 3 iVm. Abs. 2 AktG mit Ablauf von drei Jahren **geheilt** werden. Gleiches dürfte für einen **nichtigen Jahresabschluß** gelten.[409] Die Gesellschafter können für den Fall, daß die Eintragung nicht innerhalb der Dreimonatsfrist erfolgt, jederzeit die Beschlüsse über die Kapitalherabsetzung und die Feststellung des Jahresabschlusses wiederholen und die rechtzeitige Eintragung herbeiführen. Einer Heilung bedarf es dann nicht mehr.

Der Jahresabschluß darf erst nach Eintragung des Beschlusses über die Kapitalherabsetzung offengelegt werden (§ 58 e Abs. 4 GmbHG).

VI. Vereinfachte Kapitalherabsetzung mit gleichzeitiger Kapitalerhöhung

171 Das wirksamste Instrument der Sanierung von Gesellschaften ist die Kombination von Kapitalherabsetzung und **Kapitalerhöhung**. Hierdurch verlieren die oben[410] erläuterten Ersatzlösungen zunehmend an Bedeutung. Die Kombination beider Maßnahmen führt dazu, daß durch einen Kapitalschnitt die bisher angefallenen Verluste bilanziell ausgeglichen werden und der Gesellschaft durch eine gleichzeitige Kapitalerhöhung neues Kapital zugeführt wird. Auch bei der Kombination von Kapitalherabsetzung und Kapitalerhöhung finden grundsätzlich die bereits erläuterten Vorschriften für beide Institute Anwendung.

172 Bei gleichzeitiger Kapitalherabsetzung und einer Erhöhung des Stammkapitals darf der Nennbetrag des Stammkapitals aufgrund der Kapitalherabsetzung unter den Wert von 25 000 Euro (vor Umstellung DM 50 000) nach § 5 Abs. 1 herabgesetzt werden (§ 58 a Abs. 4 GmbHG). Für die Höhe der Nennbeträge der Geschäftsanteile gibt es zwar keine Sonderregelung, so daß es grundsätzlich bei den Mindestbeträgen von Euro/DM 50 und einer Teilbarkeit durch 10 verbleibt. Etwas anderes kann nur dann gelten, wenn das Stammkapital auf Null herabgesetzt wird. In diesem Falle würde zwar kurzzeitig eine GmbH ohne Kapital entstehen, die einer sog. „Keinmann"-**Gesellschaft** entspricht, durch den gleichzeitigen Kapitalerhöhungsbeschluß wird das Kapital jedoch wieder aufgefüllt, was einem Fortsetzungsbeschluß bei der in Auflösung befindlichen „Keinmann"-Gesellschaft gleich-

---

[408] *Lutter* in Kölner Kommentar zum AktG, § 234 Anm. 17.
[409] *Baumbach/Hueck/Zöllner* § 58 e Anm. 14.
[410] Rz. 120 ff.

kommt.⁴¹¹ Für das Aktienrecht hat die Rechtsprechung die **Kapitalherabsetzung auf Null** bei gleichzeitiger Kapitalerhöhung ausdrücklich anerkannt.⁴¹² Durch die gleichzeitige Kapitalerhöhung muß das **Mindestnennkapital** von 25 000 Euro bzw. DM 50 000 wieder erreicht werden, nicht jedoch das ursprünglich vorhandene Kapital. Dies muß durch Bareinlagen⁴¹³ erfolgen. Bei einer Kapitalerhöhung, die dieses Stammkapital überschreitet, kann eine gemischte Einlage in der Weise vereinbart werden, daß die Bareinlage bis auf 25 000 Euro bzw. 50 000 DM und eine Sacheinlage für den übersteigenden Betrag bestimmt wird.⁴¹⁴ Die Kapitalherabsetzung kann jedoch in allen Fällen nur mit einer effektiven Kapitalerhöhung verbunden werden, mit der der Gesellschaft neues Kapital zugeführt wird. Eine Kapitalerhöhung aus Gesellschaftsmitteln scheidet daher aus.

173   Beide Beschlüsse müssen gleichzeitig, dh. in der gleichen Gesellschafterversammlung beschlossen werden. Die Beschlüsse sollen nur gemeinsam in das Handelsregister eingetragen werden, so daß die Verletzung dieser Vorschrift die Wirksamkeit der Beschlüsse nicht beeinträchtigt. Diese Sollvorschrift soll lediglich sicherstellen, daß praktisch das Stammkapital niemals geringer als 25 000 Euro bzw. DM 50 000 ist.⁴¹⁵

174   Die Beschlüsse über eine gleichzeitige Kapitalherabsetzung und -erhöhung sind **nichtig,** wenn sie nicht innerhalb von 3 Monaten nach der Beschlußfassung – nicht nach der Anmeldung – in das Handelsregister eingetragen worden sind (§§ 58a Abs. 4, 58f Abs. 2 Satz 1 GmbHG). Der Lauf der Fristen ist jedoch gehemmt, solange eine **Anfechtungs-** oder **Nichtigkeitsklage** rechtshängig ist oder eine zur Kapitalherabsetzung oder Kapitalerhöhung beantragte staatliche Genehmigung noch nicht erteilt worden ist.⁴¹⁶

175   Wird die Kapitalherabsetzung auf das Ende des der Beschlußfassung vorangehenden Geschäftsjahres bezogen, kann auch die Kapitalerhöhung in diesem Jahresabschluß als vollzogen berücksichtigt werden. Da es sich bei der Kapitalerhöhung um eine sog. effektive, dh. eine Erhöhung handeln muß, bei der der Gesellschaft neues Kapital zugeführt wird, müssen zur Rückbeziehung die neuen Stammeinlagen bereits übernommen sein, es darf sich insgesamt nicht um Sacheinlagen handeln⁴¹⁷ und die neue Stammeinlage muß von jedem Gesellschafter zu mindestens einem Viertel eingezahlt sein (§ 58f iVm. § 56a iVm. § 7 Abs. 2 Satz 1 GmbHG). Die Gesellschaft ist selbst bei einer **Rückbeziehung der Kapitalherabsetzung** nicht verpflichtet, die Kapitalerhöhung ebenfalls rückwirkend zur Anwendung zu bringen; dies bietet sich jedoch an, da hierdurch der Ausweis einer früheren Sanierungsbedürftigkeit in der Bilanz vermieden werden kann. Die Übernahme der Stammeinlagen und

---

⁴¹¹ *Hachenburg/Hohner* § 33 Anm. 91; *Lutter/Hommelhoff* § 60 Anm. 22; *Scholz/K. Schmidt* § 60 Anm. 32.
⁴¹² BGH vom 5. 10. 1992, DB 1992, 2383 (2386).
⁴¹³ Vgl. § 2 Rz. 91.
⁴¹⁴ Vgl. § 2 Rz. 93; *Hüffer* AktG § 228 Anm. 3; *Baumbach/Hueck/Zöllner* § 58a Anm. 22.
⁴¹⁵ Vgl. *Lutter* in Kölner Kommentar zum AktG, § 228 Anm. 20.
⁴¹⁶ Vgl. Rz. 170.
⁴¹⁷ Bei der nicht rückbeziehenden Kapitalerhöhung mit -herabsetzung können *auch* Sacheinlagen geleistet werden.

B. Kapitalherabsetzung § 8

die Einzahlung sind dem Notar nachzuweisen, der den Beschluß über die Erhöhung des Stammkapitals beurkundet. Wird gegen eine der drei genannten Voraussetzungen verstoßen, ist der entsprechende Jahresabschluß in entsprechender Anwendung des § 256 Abs. 1 Nr. 1 AktG nichtig, sofern er bereits die Kapitalerhöhung berücksichtigt.

Sämtliche Beschlüsse, dh. der Beschluß über die Feststellung des Jahresabschlusses, der Beschluß über die Kapitalherabsetzung sowie über die Kapitalerhöhung sind nichtig, wenn die Kapitalherabsetzung und die Kapitalerhöhung nicht binnen drei Monaten nach Beschlußfassung in das Handelsregister eingetragen werden. Auch hier kann der Lauf der Frist gehemmt sein[418] und die Beschlüsse sollen nur zusammen in das Handelsregister eingetragen werden.

Zur Vermeidung einer unklaren Rechtslage insbesondere dann, wenn die Beschlüsse über die Kapitalerhöhung oder Kapitalherabsetzung tatsächlich nicht eingetragen werden, darf der Jahresabschluß, in dem die Kapitalveränderung bei Rückbeziehung berücksichtigt werden soll, erst nach Eintragung der Beschlüsse über die Kapitalherabsetzung und die Kapitalerhöhung offengelegt werden (§ 58 f Abs. 4 GmbHG).

VII. Steuerliche Behandlung der Kapitalherabsetzung

1. Steuern vom Einkommen und Ertrag

a) Steuerliche Folgen bei der Gesellschaft

Die Herabsetzung des Stammkapitals ist ein **gesellschaftsrechtlicher Vorgang;** er vollzieht sich bei der Gesellschaft, auch wenn er handelsrechtlich in der Gewinn- und Verlustrechnung gezeigt wird,[419] steuerlich auf der **Vermögensebene** und wirkt sich auf das Einkommen der Gesellschaft grundsätzlich nicht aus. Eine Ausnahme besteht aber bei Kapitalrückzahlung in Sachwertform, soweit stille Reserven aufgedeckt werden.[420] Die Kosten der Kapitalherabsetzung sind grds. abzugsfähige Betriebsausgaben.[421] Es fällt keine Gewerbeertragsteuer an.

aa) Behandlung bei Kapitalrückzahlung. Trotz der Neutralität auf der Einkommensebene ändert sich idR bei Ausschüttung von **verwendbarem Eigenkapital** die steuerliche Belastung der Gesellschaft. Leisteten die Gesellschafter hingegen bisher nur Zahlungen oder Sacheinlagen auf das Nennkapital, dh. zur Erfüllung ihrer gesellschaftsrechtlichen Einlageverpflichtung (§ 19 GmbHG), führt die Kapitalrückzahlung auch hinsichtlich der Steuerbelastung zu keinen Änderungen.

Die steuerliche Behandlung hängt daher wesentlich davon ab, ob das Nennkapital durch Bar- oder Sacheinlagen einerseits oder aufgrund einer Kapitalerhöhung aus Gesellschaftsmitteln andererseits entstanden ist.[422] Die Eigenkapitalgliederung der GmbH ändert sich nur dann, wenn nach dem 31. 12. 1976

---

[418] Vgl. Rz. 170.
[419] Vgl. Rz. 145.
[420] *Winter* GmbHR 1993, 577.
[421] *Tillmann* GmbH-Handbuch III Anm. 734.
[422] Vgl. § 7 Rz. 14.

eine **Kapitalerhöhung aus Gesellschaftsmitteln** vorgenommen wurde. In diesem Fall kann das Nennkapital (Stammkapital) aus **geleisteten Stammeinlagen** („echtem" Nennkapital) oder aus Eigenkapital bestehen, das bei einer Kapitalerhöhung in Stammkapital **umgewandelt** worden ist. Dabei kann es sich um Einkommensteile und Vermögensmehrungen aus der Zeit nach dem 31. 12. 1976 (steuerliches EK 45, EK 40, EK 30, EK 01 oder EK 02), um Eigenkapital aus der Zeit vor dem 1. 1. 1977 (EK 03) oder um nicht auf das Stammkapital geleistete Einlagen der Gesellschafter nach dem 31. 12. 1976 (EK 04) handeln.[423] Die Eigenkapitalteile EK 45 – EK 02 sind **verwendbares Eigenkapital** geblieben und werden **gesondert festgestellt** (§§ 29 Abs. 3, 47 Abs. 1 Nr. 2 KStG); das EK 03 und das EK 04 sind dagegen aus dem verwendbaren Eigenkapital ausgeschieden und **übriges Eigenkapital** geworden.

Ist im Nennkapital verwendbares Eigenkapital enthalten, so gilt es bei einer Kapitalrückzahlung als zuerst verwendet (§ 41 Abs. 2 KStG), und zwar in der **Reihenfolge** EK 45, EK 40, EK 30, EK 01, EK 02 (§ 28 Abs. KStG). Daran schließt sich das übrige Eigenkapital an, wobei die Reihenfolge der Verwendung umstritten ist, wenn das Nennkapital auch ehemaliges EK 03 und EK 04 enthält.[424] Die FinVerw. sieht das EK 03 als zuerst verwendet an.[425] Die Kapitalrückzahlung ist mit dem verwendbaren Eigenkapital zu verrechnen, das sich zum Schluß des Wirtschaftsjahres ergibt, in dem die Rückzahlung vorgenommen wird (§§ 41 Abs. 1, 28 Abs. 2 Satz 2 KStG).[426]

178 Die zur Kapitalrückzahlung verwendeten Eigenkapitalanteile EK 45 und EK 40 führen zu einer **Minderung der Körperschaftsteuer,** das verwendete EK 30 und EK 01 löst keine Körperschaftsteuer aus, die Verwendung von EK 02 **erhöht** die **Körperschaftsteuer.**[427] Die Körperschaftsteuer ändert sich für den Veranlagungszeitraum, in dem das Wj. endet, in dem die Gesellschaft die Rückzahlung vorgenommen hat (§§ 41 Abs. 1, 27 Abs. 3 Satz 2 KStG).[428] Die Gesellschaft muß auf diesen Teil der Kapitalrückzahlung Kapitalertragsteuer einbehalten und abführen (§ 43 Abs. 1 Satz 1 Nr. 1 EStG). Der Gesellschafter kann die Ausstellung einer Steuerbescheinigung nach § 44 Abs. 1 KStG verlangen. Die Behandlung bei der Gesellschaft folgt damit den allgemeinen Regeln.[429]

179 Gilt durch **Einlagen** entstandenes oder aus EK 04 umgewandeltes Nennkapital als zurückgezahlt, so hat das auf die Körperschaftsteuer der Gesellschaft keine Auswirkungen. Gilt umgewandeltes EK 03, das aus thesaurierten Gewinnen oder Einlagen vor dem 1. 1. 1977 entstanden war, als zurückgezahlt, so gilt diese Rückzahlung als Gewinnanteil,[430] wenn die Gesellschaft die Kapi-

---

[423] Zur Reihenfolge bei Umwandlung vgl. § 41 Abs. 3 KStG.
[424] Zum Meinungsstand vgl. *Dötsch* in *Dötsch/Eversberg/Jost/Witt* § 41 Anm. 22.
[425] Zu den Folgen vgl. Rz. 179.
[426] *HHR/Jansen* § 41 KStG Anm. 27; *Blümich/Sondergeld* § 41 KStG Anm. 40; *Dötsch* in *Dötsch/Eversberg/Jost/Witt* § 41 KStG Anm. 30.
[427] Zur Behandlung von verwendetem EK 01 beim Gesellschafter vgl. Rz. 184.
[428] *HHR/Jansen* § 41 KStG Anm. 26; *Blümich/Sondergeld* § 41 KStG Anm. 39; *Dötsch* in *Dötsch/Eversberg/Jost/Witt* § 41 KStG Anm. 12.
[429] Vgl. § 10 Rz. 112 ff.
[430] Ablehnend, soweit das EK 03 aus Einlagen entstanden war: *HHR/Brezing* § 5 KapErhStG Anm. 10.

B. Kapitalherabsetzung

talherabsetzung innerhalb von **fünf Jahren** nach der Kapitalerhöhung aus Gesellschaftsmitteln vornimmt (§ 5 Abs. 1 KapErhStG).[431] Anderenfalls könnten die Gesellschafter mittelbar eine steuerfreie Ausschüttung der sog. Altrücklagen erreichen. Die Gesellschaft muß indessen keine **Ausschüttungsbelastung** herstellen und keine Kapitalertragsteuer einbehalten, sondern eine **Pauschsteuer** von 30% der Gewinnanteile entrichten; diese Steuer gilt die Einkommen-/Körperschaftsteuer der Gesellschafter ab (§ 5 Abs. 2 KapErhStG). Den pauschalen Steuerbetrag kann die Gesellschaft bei der Einkommensermittlung nicht abziehen; in der **Gliederungsrechnung** geht er zu Lasten des EK 03, auch wenn dieses dadurch negativ wird.[432] Setzt die Gesellschaft nach einer vorausgegangenen Kapitalerhöhung aus Gesellschaftsmitteln ihr Stammkapital erst nach Ablauf von fünf Jahren herab, so fällt die Pauschsteuer nicht an.

bb) **Nominelle Kapitalherabsetzung.** Bei einer **nominellen Kapitalherabsetzung** findet keine Rückzahlung an Gesellschafter statt. Die Gesellschaft braucht **keine Ausschüttungsbelastung** herzustellen und **keine Pauschsteuer** zu entrichten. Es handelt sich aber um eine effektive Kapitalherabsetzung mit den unter Rz. 177 ff. dargestellten steuerlichen Folgen, wenn die Gesellschafter bei einer ordentlichen Kapitalherabsetzung lediglich auf die Auszahlung des Herabsetzungsbetrages verzichten und ihn in eine Kapitalrücklage umgliedern. Die erneute Einlage ist dann als Zugang beim EK 04 zu erfassen.[433]

Die nominelle (ordentliche oder vereinfachte) Kapitalherabsetzung, die der **Verlusttilgung** oder der **Dotierung der Rücklagen** dient, wirkt sich auf die **Gliederungsrechnung** aus (Abschn. 83 Abs. 4 Sätze 2 ff. KStR). Der Herabsetzungsbetrag vermindert nach der Verwaltungsauffassung zunächst das übrige Eigenkapital[434] und führt in der Gliederungsrechnung zu einem gleich hohen Zugang beim EK 04.[435] Nur ein höherer Herabsetzungsbetrag geht zu Lasten des im Nennkapital enthaltenen verwendbaren Eigenkapitals; dabei richtet sich die Verwendung wiederum nach der Reihenfolge des § 41 Abs. 2 KStG. Dieser Betrag wird von dem Sonderausweis nach § 47 Abs. 1 Nr. 2 KStG abgesetzt, bleibt aber ohne Auswirkung auf das verwendbare Eigenkapital der Gliederungsrechnung. Zu einem Verlust an anrechenbarer Körperschaftsteuer kommt es damit nicht. Die Veränderungen in der Gliederungsrechnung treten zum Schluß des Wirtschaftsjahres ein, in dem der Kapitalherabsetzungsbeschluß im Handelsregister eingetragen wird.[436]

---

[431] § 5 KapErhStG sollte ursprünglich durch das Standortsicherungsgesetz gestrichen werden; uU erfolgt eine Streichung in naher Zukunft.
[432] *Frotscher/Maas* § 41 Anm. 41.
[433] *Dötsch* in *Dötsch/Eversberg/Jost/Witt* § 41 KStG Anm. 27 a.
[434] In der Reihenfolge Nennkapital aus Stammeinlagen, aus EK 03, aus EK 04: *Blümich/Sonderfeld* § 41 KStG Anm. 77; *Dötsch* in *Dötsch/Eversberg/Jost/Witt* § 41 KStG Anm. 39.
[435] BMF-Schreiben v. 30. 10. 1979, DB 1979, 2402; FinMin-NW, Erl. v. 5. 11. 1980, DB 1980, 2263; *Winter* GmbHR 1993, 576 (577); *HHR/Jansen* § 41 KStG Anm. 62.
[436] *Dötsch* in *Dötsch/Eversberg/Jost/Witt* § 41 KStG Anm. 39.

181 **cc) Unentgeltliche Einziehung.** Die **unentgeltliche Einziehung** von Anteilen gegen Herabsetzung des Stammkapitals bewirkt gleichfalls keine Änderung der Körperschaftsteuer.[437] In Höhe des Nennwertes der eingezogenen Anteile vermindert sich das übrige (durch Einlagen oder durch Umwandlung von EK 03 und EK 04 entstandene) Eigenkapital und erhöht sich das EK 04.[438] Ist der Nennwert der eingezogenen Anteile höher als das übrige Eigenkapital, so wird der überschießende Betrag von dem Sonderausweis nach § 47 Abs. 1 Nr. 2 KStG abgesetzt und vermindert den Zugang beim EK 04.

182 Dasselbe gilt, wenn die Gesellschaft **entgeltlich erworbene eigene Anteile** unter Herabsetzung des Stammkapitals **einzieht.** Der Erwerb der Anteile war für die Gesellschaft eine Anschaffung, für den Gesellschafter eine Veräußerung.[439] Die Gesellschaft stellt, weil im Rahmen der Kapitalherabsetzung eine Auszahlung an Gesellschafter nicht stattfindet, keine Ausschüttungsbelastung her.[440] Der Nennbetrag der eingezogenen Anteile ist zunächst von dem übrigen Eigenkapital und, soweit dieses nicht ausreicht, von dem im Nennkapital enthaltenen verwendbaren Eigenkapital abzusetzen, und zwar von dem Sonderausweis nach § 47 Abs. 1 Nr. 2 KStG und in der Gliederungsrechnung von dem EK 04 (Abschn. 83 Abs. 4 Satz 1 KStR). Der den Nennbetrag der Anteile übersteigende Betrag der Anschaffungskosten, der mit der Rücklage für eigene Anteile verrechnet wird, führt zu einer Minderung des EK 04.[441]

Entsprechendes gilt, wenn die Gesellschaft die Anteile, ohne sie zunächst von ihren Gesellschaftern zu erwerben, **entgeltlich** gegen Herabsetzung des Stammkapitals **einzieht.**[442]

b) Besteuerung beim Gesellschafter

183 **aa) Effektive Kapitalherabsetzung.** Bei der effektiven Kapitalherabsetzung kann sich die Kapitalrückzahlung steuerlich in Einnahmen iSd. § 20 Abs. 1 Nr. 1 oder 2 EStG und in Rückzahlungen aufspalten, die auf der Vermögensebene anfallen.

(1) Soweit für die Kapitalrückzahlung EK 45 – EK 02 ohne EK 01 als verwendet gilt und die Gesellschaft dementsprechend die Ausschüttungsbelastung hergestellt und Kapitalertragsteuer einbehalten hat, bezieht der Gesellschafter – bei isolierter Betrachtung – **Einnahmen aus Kapitalvermögen** (§ 20 Abs. 1 Nr. 2 EStG). Die Einnahmen umfassen – wie bei Gewinnausschüttungen – den ausgezahlten Betrag, die für Rechnung des Gesellschafters

---

[437] Vgl. Abschn. 95 Abs. 2 KStR, OFD Frankfurt Rdvfg. v. 27. 6. 1983, WPg 1983, 508 (509).

[438] *Brönner* Die Besteuerung der Gesellschaften, 16. Aufl. 1988, VI Anm. 120; BFH v. 29. 7. 1992, BStBl II 1993, 369.

[439] HM; BFH v. 6. 12. 1995, DStR 1996, 536; *Dötsch* in *Dötsch/Eversberg/Jost/Witt* § 41 KStG Anm. 42 mwN; OFD Hannover Vfg. v. 4. 11. 1987, DB 1988, 84 (85); aA *Schmidt* § 17 Anm. 19 d (Teilliquidation); *Littmann/Conradi* § 20 Anm. 166 f. (Ausschüttung).

[440] BFH v. 29. 7. 1992, BStBl II 1993, 369 ff.

[441] *Schmid/Wiese* DStR 1998, 993; *Frotscher/Maas* § 41 Anm. 25; *Krebs* DB 1979, 1523 (1578); *Dötsch* in *Dötsch/Eversberg/Jost/Witt* § 41 KStG Anm. 43 a.

[442] Vgl. *Frotscher/Maas* § 41 Anm. 26.

B. Kapitalherabsetzung 184–186 § 8

einbehaltene und abgeführte Kapitalertragsteuer und die auf der Ausschüttung ruhende Körperschaftsteuer (Ausschüttungsbelastung). Die Kapitalertragsteuer und die Körperschaftsteuer werden auf die Einkommen-/Körperschaftsteuer des Gesellschafters angerechnet. Diese Behandlung gilt auch für Anteile im Privatvermögen, die eine **wesentliche Beteiligung** darstellen (§ 17 Abs. 4 EStG), und für Anteile in einem **Betriebsvermögen**. Es ist unerheblich, ob sich die steuerliche Qualifikation der Einnahmen nach § 20 Abs. 3 EStG ändert und Einnahmen aus Vermietung und Verpachtung oder Betriebseinnahmen aus Land- und Forstwirtschaft, Gewerbebetrieb oder selbständiger Arbeit vorliegen.[443] Sind die Einnahmen den Einkünften aus Gewerbebetrieb zuzuordnen, so unterliegen sie der **Gewerbeertragsteuer.** Unter den Voraussetzungen des § 9 Nr. 2a GewStG wird der Gewerbeertrag um die Gewinnanteile gekürzt; insoweit ist eine gewinnmindernde Herabsetzung des Beteiligungsansatzes nach § 8 Nr. 10 GewStG dem Gewerbeertrag wieder hinzuzurechnen, um eine doppelte Minderung zu vermeiden.

(2) Bei Ausschüttung von EK 01 wird ab dem Veranlagungszeitraum 1994 eine Ausschüttungsbelastung nicht mehr hergestellt (§ 40 Satz 1 Nr. 1 KStG). Die Behandlung beim Anteilseigner richtet sich danach, ob er eine natürliche Person oder eine zur EK-Gliederung verpflichtete juristische Person ist. Bei letzterer kann die Ausschüttung nach § 8b Abs. 1 KStG (zunächst) steuerfrei sein.[444]

(3) Soweit für die Kapitalrückzahlung Nennkapital, das durch **Einlagen** oder durch Umwandlung von EK 04 entstanden ist, als verwendet gilt, bezieht der Gesellschafter, dessen Anteil steuerliches **Privatvermögen** ist, keine Einkünfte aus Kapitalvermögen (vgl. § 20 Abs. 1 Nr. 1 Satz 2, Nr. 2 Satz 2 EStG). Eine Rückzahlung binnen sechs Monaten seit der Anschaffung der Anteile stellt auch keine Veräußerung dar, die zu einem Spekulationsgewinn (§ 23 EStG) führen würde.[445] Jedoch mindern sich die Anschaffungskosten um die erhaltene Rückzahlung, es sei denn, es handelte sich um eine Rückzahlung von Stammkapital, das vor weniger als fünf Jahren durch Umwandlung von Rücklagen entstanden war (§ 6 KapErhStG). Einkommensteuerlich wirkt sich eine **Minderung der Anschaffungskosten** jedoch nur dann aus, wenn es sich um eine wesentliche Beteiligung handet, der Gesellschafter binnen sechs Monaten nach der Anschaffung veräußert (§ 23 EStG) oder wenn der Gesellschafter die Anteile aus einer Einbringung von Betriebsvermögen, eines Mitunternehmeranteils oder einer Beteiligung an einer Kapitalgesellschaft (§ 20 Abs. 1 und 6 UmwStG) erlangt hat; bei **einbringungsgeborenen Anteilen** wird die Kapitalrückzahlung (§ 21 Abs. 2 Nr. 3 UmwStG), soweit sie nicht als Ausschüttung iSd. § 20 Abs. 1 oder 2 EStG gilt, als Veräußerungserlös behandelt.

Stellen die Anteile beim Gesellschafter eine **wesentliche Beteiligung** (§ 17 EStG) dar, werden Rückzahlungen von Nennkapital, das aus Einlagen und durch Umwandlung von EK 04 entstanden ist, nach § 17 Abs. 4 EStG als **Veräußerungspreis** behandelt, der in Höhe des Veräußerungsgewinns als

---

[443] Dötsch in Dötsch/Eversberg/Jost/Witt § 41 KStG Anm. 10.
[444] Vgl. § 10 Rz. 33 ff.
[445] Schmidt/Heinicke § 23 Anm. 6c.

Gandenberger

§ 8 187, 188 Kapitalerhaltung

Einkünfte aus Gewerbebetrieb tarifbegünstigt (§ 34 Abs. 2 Nr. 1 EStG) erfaßt wird. Die Höhe des Veräußerungspreises bestimmt sich dabei nach dem gemeinen Wert des zurückgezahlten Vermögens abzüglich des als Einkünfte aus Kapitalvermögen geltenden Betrags. Der Herabsetzungsbetrag mindert die Anschaffungskosten und es kommt nur dann zu einem Gewinn, wenn der Rückzahlungsbetrag die **Anschaffungskosten** insgesamt **übersteigt.**[446]
Setzt jedoch die Gesellschaft das Stammkapital binnen fünf Jahren seit einer **Kapitalerhöhung aus Gesellschaftsmitteln** herab, so bleiben die Anschaffungskosten unverändert (§ 6 KapErhStG). Die Rückzahlung von Nennkapital, das aus Einlagen und umgewandeltem EK 04 besteht, ist in diesem Fall – nur gemindert durch Veräußerungskosten – als Herabsetzungsgewinn (§ 17 Abs. 4 Satz 1 EStG) einkommensteuerpflichtig.[447] Nimmt die Gesellschaft dagegen die Kapitalherabsetzung nach Ablauf von fünf Jahren seit der Kapitalerhöhung aus Gesellschaftsmitteln vor, so hindert § 6 KapErhStG eine Minderung der Anschaffungskosten nicht, und die Rückzahlung wird in voller Höhe **mit den Anschaffungskosten verrechnet;** soweit der Rückzahlungsbetrag die Anschaffungskosten und die Veräußerungskosten übersteigt, liegt ein steuerpflichtiger Veräußerungsgewinn vor. Der Veräußerungsgewinn fällt mit der Eintragung des Kapitalherabsetzungsbeschlusses in das HR an,[448] es sei denn, der Gesellschafter erhielte die Kapitalrückzahlung zu einem früheren Zeitpunkt.[449]

187 Bei Anteilen in einem **Betriebsvermögen** mindert die Rückzahlung von Nennkapital, soweit es aus Einlagen und umgewandeltem EK 04 besteht, in voller Höhe den **Buchwert** der Anteile;[450] soweit die Rückzahlung den Buchwert übersteigt, ist sie gewinnerhöhende Betriebseinnahme. Das kann indessen nicht gelten, soweit § 6 KapErhStG eine Minderung der Anschaffungskosten verbietet, also bei Kapitalherabsetzungen, die **binnen fünf Jahren** nach einer Kapitalerhöhung aus Gesellschaftsmitteln zur Rückzahlung an die Gesellschafter führen.[451] In diesen Fällen ist der Rückzahlungsbetrag gewinnerhöhende Betriebseinnahme; der Gesellschafter wird aber möglicherweise – jedoch nicht mit gewerbesteuerlicher Wirkung (§§ 9 Nr. 2a, 8 Nr. 10 GewStG) – eine ausschüttungsbedingte Teilwertabschreibung vornehmen können.

188 (4) Zahlt die Gesellschaft Nennkapital, das aus der Umwandlung von EK 03 entstanden ist, **binnen fünf Jahren** nach der Kapitalerhöhung aus Gesellschaftsmitteln zurück, so ist mit der bei ihr angefallenen 30%igen **Pauschsteuer** die Einkommen-/Körperschaftsteuer des Gesellschafters abgegolten (§ 5 Abs. 2 Satz 1 KapErhStG); eine Steueranrechnung beim Gesellschafter findet nicht statt.[452] Dies gilt auch für Anteile, die eine wesentliche Beteiligung darstellen[453]

---

[446] BFH v. 19. 7. 1994, BStBl 1995, 362 (366); BFH v. 29. 6. 1995, BStBl II 1995, 725.
[447] *Schmidt* § 17 Anm. 238; kritisch *Dötsch* in *Dötsch/Eversberg/Jost/Witt* § 17 EStG Anm. 130 hinsichtlich der zurückgezahlten Einlagen.
[448] *HHR* § 17 EStG Anm. 307; *Dötsch* in *Dötsch/Eversberg/Jost/Witt* § 17 EStG Anm. 120.
[449] *Schmidt* § 17 Anm. 235.
[450] BFH v. 4. 10. 1992, DB 1993, 465; BMF-Schreiben v. 9. 1. 1987, BStBl I 1987, 171.
[451] Kritisch *Dötsch* in *Dötsch/Eversberg/Jost/Witt* § 41 KStG Anm. 37 b.
[452] *Brönner* Die Besteuerung der Gesellschaften, 16. Aufl. 1988, VI Anm. 111.
[453] *Blümich/Ebling* § 17 EStG Anm. 274; *Dötsch* in *Dötsch/Eversberg/Jost/Witt* § 17 EStG Anm. 116.

B. Kapitalherabsetzung

oder die zum steuerlichen Betriebsvermögen gehören.[454] Die Anschaffungskosten bzw. der Buchwert der Anteile setzen sich ungemindert in den restlichen Anteilen fort (§ 6 KapErhStG). Bei Anteilen in einem **Betriebsvermögen** muß der Gesellschafter diesen Teil des Rückzahlungsbetrages von dem Gewinn lt. Steuerbilanz kürzen;[455] ist der Gesellschafter eine Körperschaft, so erhöht der Betrag in ihrer Gliederungsrechnung das EK 02.[456] Der Kürzungsbetrag unterliegt auch nicht der Gewerbeertragsteuer.[457]

Setzt die Gesellschaft ihr Stammkapital **später als fünf Jahre** nach der Kapitalerhöhung aus Gesellschaftsmitteln herab und gilt dabei EK 03 als verwendet, so bleibt dieser Teil des Rückzahlungsbetrages bei Anteilen im **Privatvermögen**, die nicht unter § 17 EStG fallen, **steuerfrei**.[458] Ausnahmsweise kann darin ein Umgehungstatbestand (§ 42 AO) liegen.[459] Bei wesentlichen Beteiligungen stellt die Rückzahlung einen Veräußerungspreis iSd. § 17 Abs. 4 EStG dar; zur Ermittlung des Gewinns vgl. Rz. 186.

bb) Nominelle Kapitalherabsetzung. Bei der **nominellen Kapitalherabsetzung** erhält der Gesellschafter keine Rückzahlung. Es fallen **keine Einnahmen** iSd. § 20 Abs. 1 Nr. 1 oder 2 EStG an. Das gilt auch für wesentliche Beteiligungen in einem Privatvermögen iSd. § 17 EStG[460] und für Anteile in einem Betriebsvermögen.[461] Auch die 30%ige Pauschsteuer (§ 5 KapErhStG) kann mangels Auszahlung nicht entstehen.

cc) Verdeckte Gewinnausschüttung. Ausnahmsweise kann eine Kapitalrückzahlung an die Gesellschafter als **verdeckte Gewinnausschüttung** behandelt werden.[462] Sie erhöht dann zwar nicht das Einkommen der Gesellschaft,[463] führt aber dazu, daß bei der Gesellschaft das verwendbare Eigenkapital nach der gesetzlichen Reihenfolge des § 27 Abs. 3 KStG als verwendet gilt[464] und daß bei dem Gesellschafter steuerpflichtige sonstige Bezüge nach § 20 Abs. 1 Nr. 1 EStG anfallen.

Um eine verdeckte Gewinnausschüttung handelt es sich, wenn die Gesellschaft Kapital zurückzahlt, **ohne** handelsrechtlich eine **Kapitalherabsetzung** vorgenommen zu haben[465] oder wenn eine unzulässige Auszahlung vor Ablauf des Sperrjahres bzw. der Eintragung der Kapitalherabsetzung vorliegt.[466]

---

[454] Dötsch in Dötsch/Eversberg/Jost/Witt § 41 KStG Anm. 33.
[455] Dötsch in Dötsch/Eversberg/Jost/Witt § 41 KStG Anm. 33, 37 b.
[456] Strittig vgl. Dötsch in Dötsch/Eversberg/Jost/Witt § 41 KStG Anm. 37 a mwN; Frotscher/Maas § 41 Anm. 43.
[457] HHR/Brezing § 5 KapErhStG Anm. 25; Herzig JbFfStR 1982/83, 359 (368); aA Brönner s. Fn. 452 VI Anm. 127.
[458] Brönner s. Fn. 452, VI Anm. 125; Dötsch in Dötsch/Eversberg/Jost/Witt § 41 KStG Anm. 36.
[459] BFH v. 25. 10. 1979, BStBl II 1980, 247.
[460] Schmidt § 17 Anm. 233.
[461] Dötsch in Dötsch/Eversberg/Jost/Witt § 20 EStG Anm. 28 b.
[462] Vgl. BFH v. 29. 7. 1992, BStBl II 1993, 369 zur Frage der Kapitalherabsetzung und der verdeckten Gewinnausschüttung bei Einziehung eigener Anteile.
[463] Achenbach in Dötsch/Eversberg/Jost/Witt § 8 KStG Anm. 10.
[464] Dötsch in Dötsch/Eversberg/Jost/Witt § 41 KStG Anm. 8.
[465] Lademann/Jünger § 41 Anm. 35.
[466] Vgl. Rz. 148.

2. Steuern vom Vermögen

191 Steuern vom Vermögen fallen nach der Abschaffung der Vermögensteuer und der Gewerbekapitalsteuer nicht mehr an.[467]

3. Umsatzsteuer, Grunderwerbsteuer

192 Wenn die Gesellschaft die Einlagen nicht in Geld, sondern in Sachwerten zurückgewährt, fällt – vorbehaltlich der Befreiungsvorschriften (zB § 4 Nrn. 8 c, e, f, 9 a UStG) – **Umsatzsteuer** an. Besteht die Sachleistung in einem Grundstück, entsteht **Grunderwerbsteuer** (§ 1 Abs. 1 Nr. 1 GrEStG).

193–196 *(frei)*

C. Eigenkapitalersetzende Gesellschafterleistungen

I. Überblick zu §§ 32 a, 32 b GmbHG

197 Die Finanzierung des Unternehmens durch die Gesellschafter kann durch Eigen- oder Fremdkapital erfolgen. Die **Erhöhung der Finanzmittel** der laufenden GmbH kann durch die Vornahme einer Kapitalerhöhung, das Leisten von **Nachschüssen** bzw. **Zuzahlungen** oder durch die Gewährung von **Darlehen** erfolgen. Verschiedene Gründe lassen es angezeigt erscheinen, daß Gesellschafter zusätzliches Kapital in Form von Darlehen zuführen. Darlehen sind einfacher und schneller als Einlagen einer Kapitalerhöhung, noch dazu publizitätsfrei zuzuführen;[468] gegenüber einer Zahlung in die Kapitalrücklage oder der Leistung von Nachschüssen bleiben darlehensweise zugeführte Mittel dem Vermögensbereich des Gesellschafters zugeordnet und können, soweit nicht rechtliche Bestimmungen entgegenstehen, kurzfristig zurückgerufen werden. Die §§ 32 a, 32 b GmbHG haben den **Zweck**, Gesellschaftsgläubiger bei einer Gesellschafterfremdfinanzierung zu schützen.

198 Die §§ 32 a, 32 b GmbHG wurden durch die GmbH-Novelle von 1980 in das Gesetz aufgenommen. Der Gesetzgeber wollte hierdurch die umfangreiche Rspr. des BGH zu eigenkapitalersetzenden Gesellschafterdarlehen umsetzen. Die Rspr. behandelte diese Darlehen wie haftendes Eigenkapital und unterwarf es der **Vermögensbindung** nach §§ 30, 31 GmbHG. Die §§ 32 a und 32 b GmbHG treffen eine Regelung für Darlehen, die Gesellschafter der Gesellschaft eigenkapitalersetzend gewähren (§ 32 a Abs. 1 GmbHG) oder die sie eigenkapitalersetzend besichern (§§ 32 a Abs. 2, 32 b GmbHG), und enthalten eine Generalklausel zur Erfassung von Umgehungsfällen (§§ 32 a Abs. 3, 32 b GmbHG), der wirtschaftlich gleichstehende Sachverhalte erfassen soll. Die Generalklausel erweitert sowohl die **Finanzierungsformen** (über das Darlehen hinaus) als auch den **Personenkreis** (über den Kreis der Gesell-

---

[467] Zur Behandlung vor der Abschaffung der Steuern vom Vermögen vgl. die Vorauflage.
[468] *Lutter/Hommelhoff* §§ 32 a/b Anm. 1.

C. Eigenkapitalersetzende Gesellschafterleistungen § 8

schafter hinaus).[469] Durch die Sätze 2 und 3 des § 32 a Abs. 3 GmbHG wurden die Eigenkapitalersatzregeln 1998 eingeschränkt. Sie sind nur noch bei Gesellschaftern anzuwenden, die geschäftsführend tätig sind oder mehr als 10% des Stammkapitals inne haben.[470] Darüberhinaus wurde ein Sanierungsprivileg eingeführt.[471]

Die Regelung der §§ 32 a, b GmbHG ist **zwingend** und kann nicht durch Vereinbarung abbedungen werden.[472] Sie ist auf Darlehen und gleichgestellte Finanzierungen anzuwenden, die in der Zeit **nach dem 31. 12. 1980** gewährt worden sind.[473] Die auf den Insolvenzfall bezogene gesetzliche Regelung ist einerseits hinter dem Rechtsschutz zurückgeblieben, den der BGH bereits durch seine Rspr. zu eigenkapitalersetzenden Gesellschafterdarlehen aufgebaut hatte; andererseits geht die gesetzliche Regelung weiter, indem sie nicht nur einen an das satzungsmäßige (nominelle) Stammkapital gebundenen Mindestschutz gewährt, sondern es darüber hinaus ermöglicht, den **materiellen Eigenkapitalschutz** auf eine Fremdmittelausstattung durch die Gesellschafter auszudehnen.[474]

Die Finanzierung durch eigenkapitalersetzende Gesellschafterdarlehen wird durch das Gesetz nicht grds. mißbilligt.[475] In einer kritischen Situation übernehmen Gesellschafter, die darlehensweise Mittel bereitstellen, im Interesse der Gesellschaft ein zusätzliches Risiko. Nur müssen sich die Gesellschafter, wenn sie die Gesellschaft stützen, an ihrem Verhalten messen lassen; sie dürfen die Kapitalstütze, die sie ihrer Gesellschaft gewährt haben, nicht wieder entziehen und damit im Ergebnis nur den „Todeskampf" der Gesellschaft, regelmäßig zu Lasten der Gläubiger, verlängert haben. Ob die Gesellschafter in der Krise Mittel nachschießen oder die Liquidation (oder die Insolvenz) der Gesellschaft herbeiführen, steht in ihrer Entscheidung.[476] Grds. besteht **Finanzierungsfreiheit,** und zwar im Hinblick sowohl auf das „Ob" als auch auf das „Wie".[477] Entschließen sich die Gesellschafter aber zur Fortführung eines liquidationsreifen Unternehmens, übernehmen sie eine **Finanzierungsverantwortung** bzw. **Finanzierungsfolgenverantwortung;**[478] entscheiden sie sich für eine Finanzierung durch Darlehen, müssen sie sich so behandeln lassen, als hätten sie statt der formalen Fremdfinanzierung Eigenkapital zugeführt. Darauf beruht die gesetzliche Regelung der §§ 32 a, b GmbHG.

---

[469] Vgl. *Hachenburg/Ulmer* §§ 32 a, b Anm. 84; *Wiedemann* ZIP 1986, 1293 (1299).
[470] Kapitalaufnahmeerleichterungsgesetz, BGBl. I 1998, 707 ff.
[471] Gesetz zur Kontrolle und Transparenz im Unternehmensbereich, BGBl. I 1998, 793.
[472] *Baumbach/Hueck/Hueck* § 32 a Anm. 1.
[473] Art. 12 § 3 des Gesetzes zur Änderung des Gesetzes betreffend die Gesellschaften mit beschränkter Haftung und anderer handelsrechtlicher Vorschriften vom 4. 7. 1980, BGBl I 1980, 836.
[474] *Raiser* Recht der Kapitalgesellschaften, 2. Aufl. 1992, § 38 Anm. 10.
[475] Vgl. BGH v. 24. 3. 1980, BB 1980, 797 (798).
[476] BGH v. 16. 10. 1989, DB 1989, 2470.
[477] *Fleck* in FS Werner S. 107 (116); *Ulmer* ZIP 1984, 1163 (1166); *Baumbach/Hueck/Hueck* § 32 a Anm. 2f.
[478] *Lutter/Hommelhoff* §§ 32 a Anm. 3; *Hachenburg/Ulmer* §§ 32 a, b Anm. 8; BGH v. 7. 11. 1994, BB 1995, 58 (59).

Gesellschafterdarlehen bleiben aber auch dann, wenn sie eigenkapitalersetzend geworden sind, zivilrechtlich Fremdkapital.[479] Sie unterliegen jedoch den Beschränkungen der §§ 32 a, b GmbHG.

201 Die Rspr. wendete vor der Einführung der §§ 32 a, b die §§ 30, 31 GmbHG auf eigenkapitalersetzende Gesellschafterdarlehen analog an.[480] Diese Rspr. gilt für alle Darlehen (und darlehensgleiche Leistungen), die Gesellschafter in der Zeit **bis zum 31. 12. 1980** gewährt haben, **ausschließlich**. Schon bald nach der GmbH-Novelle zeigte sich, daß die Neuregelungen erhebliche Lücken aufwiesen. Der BGH und ihm folgend die ganz hM kamen daher zu dem Ergebnis, daß neben den §§ 32 a, b auch die (alten) **Rechtsprechungsgrundsätze** anwendbar sind.[481]

202 Die gesetzliche Regelung und die Rechtsprechungsgrundsätze **konkurrieren** nur teilweise. Voraussetzung für eine (analoge) Anwendung der §§ 30, 31 GmbHG ist eine **Unterbilanz** bzw. **Überschuldung iSd. § 30 GmbHG** in dem Zeitpunkt, in dem der Gesellschafter sein Darlehen zurückverlangt bzw. zurückerhält.[482] Dabei wird das passivierte Gesellschafterdarlehen zwar nicht wie (zusätzliches) Stammkapital behandelt, die **Rückzahlung** eines eigenkapitalersetzenden Darlehens ist aber solange und in dem Umfang **unzulässig**, wie das Darlehen verlorenes Stammkapital oder eine darüber hinaus bestehende Überschuldung abdeckt.[483] Ein eigenkapitalersetzendes Gesellschafterdarlehen kann danach – im Gegensatz zur Behandlung nach der gesetzlichen Regelung[484] – in einen durch § 30 GmbHG gebundenen und in einen freien Teilbetrag zerfallen. Die Rechtsprechungsgrundsätze gelten nur für den **gebundenen Teilbetrag**.[485]

Das Gesellschafterdarlehen **verliert** nach den Rechtsprechungsregeln den Charakter des **Eigenkapitalersatzes**, sobald eine Überschuldung beseitigt ist und auch keine Unterbilanz mehr besteht. Damit entfallen alle rechtlichen Beschränkungen.[486] Eine weitere Rechtshandlung zwischen Gesellschafter und Gesellschaft ist nicht erforderlich.

§§ 32 a und 32 b GmbHG sind nicht auf Kredite, Sicherungen oder sonstige Maßnahmen der Treuhandanstalt anwendbar (§ 56 e DMBilG). Dies gilt auch nach einer Neufestsetzung der Kapitalverhältnisse, wenn dieser keine geprüfte und festgestellte DM-Eröffnungsbilanz zugrunde lag.[487] Die Eigenkapitalersatzvorschriften gelten nicht für Kredite an Unternehmensbeteiligungsgesellschaften (§ 24 Gesetz über Unternehmensbeteiligungsgesellschaften, BGBl. I 1998, 529).

---

[479] *Scholz/K. Schmidt* §§ 32 a, b Anm. 2; BGH v. 11. 5. 1987, DB 1987, 1781.
[480] Grundlegend und seitdem in ständiger Rspr. BGH v. 14. 12. 1959, BB 1960, 18. Zur Entwicklung der Rspr. vgl. *Hommelhoff* ZGR 1988, 460 (468 ff.).
[481] BGH v. 26. 3. 1984, BB 1984, 1067 (1068); *Hachenburg/Ulmer* §§ 32 a, b Anm. 14; *Baumbach/Hueck/Hueck* § 32 a Anm. 74; *K. Schmidt* DB 1993, 1505 (1506).
[482] Vgl. BGH v. 28. 9. 1981, BB 1981, 2088 (2089); *Hachenburg/Ulmer* §§ 32 a, b Anm. 165.
[483] BGH v. 24. 3. 1980, BB 1980, 797 (798 f.).
[484] Vgl. Rz. 235.
[485] BGH v. 24. 3. 1980, BB 1980, 797 (799).
[486] *Lutter/Hommelhoff* §§ 32 a/b Anm. 69.
[487] LG Dresden v. 23. 5. 1996, GmbHR 1996, 847.

II. Eigenkapitalersetzende Gesellschafterdarlehen (§ 32 a Abs. 1 GmbHG)

Diese Regelung baut auf dem Grundtatbestand auf, daß in der Krise gewährtes Fremdkapital im Konkurs der Gesellschaft nicht zurückgezahlt werden darf.

1. Insolvenzverfahren

Das Gesetz verlangt nach der sog. insolvenzrechtlichen Lösung die Eröffnung des Insolvenzverfahrens.[488] Solange kein **Insolvenzverfahren** eröffnet wurde, ist die Gesellschaft nicht gehindert, ein Darlehen, das die Merkmale des Eigenkapitalersatzes erfüllt, an den Gesellschafter zurückzuzahlen. Jedoch kann nach den Grundsätzen der BGH-Rspr. die Rückzahlung nach § 30 unzulässig sein. Droht ein Gesellschaftsgläubiger bei der Einzelzwangsvollstreckung auszufallen, kann er die Rückzahlung innerhalb eines Jahres anfechten (§§ 2, 6 Nr. 2 AnfG).

2. Finanzierung durch Gesellschafterdarlehen

Bei der Gründung der Gesellschaft bestimmt sich der **Kapitalbedarf** zB nach Unternehmensgegenstand, Investitionserfordernissen, Betriebsgröße, Produktionsprogramm, Prozeßablauf oder Beschäftigungsschwankungen. Expansion oder strukturelle Änderungen können später zu zusätzlichem Kapitalbedarf führen. Ein zusätzlicher Kapitalbedarf kann auch aus **Betriebsverlusten** entstehen; in diesem Fall ist das zusätzliche Kapital zur Wiederherstellung einer ausreichenden Unternehmensfinanzierung erforderlich. §§ 32 a, b GmbHG stellen in ihrer Intention auf die zuletzt genannte Kapitalsituation ab. Sie umfassen jedoch auch die Situation, daß vor einer Krise gewährte Darlehen nicht abgezogen werden (vgl. Rz. 229). Ebenfalls unter die genannten Vorschriften fallen Darlehen, die schon von vornherein als Krisenfinanzierung angelegt waren (vgl. Rz. 224).

a) Begriff des Gesellschafterdarlehens

Das gewährte Darlehen muß ein **Darlehen** iSd. § 607 BGB sein.[489] Überwiegend wird es sich um **Gelddarlehen** handeln. Doch fällt auch ein Darlehen über andere **vertretbare Sachen,** zB Waren oder Wertpapiere, unter § 32 a Abs. 1 GmbHG.[490] Das Darlehen darf nicht nur zugesagt, sondern muß gewährt (ausgezahlt) worden sein. Dies ist auch der Fall, wenn es vor dem Insolvenzantrag zugesagt, aber danach ausgezahlt wurde. Der Rechtsgrund, die Form und die Modalitäten der Darlehensgewährung sind grds. unerheblich. Daher werden verzinsliche und unverzinsliche sowie **partiarische Darlehen** erfaßt.

---

[488] Auch als „Novellenlösung" bezeichnet vgl. *Hommelhoff/Kleindieck* in FS 100 Jahre GmbHG, S. 421 (428).
[489] *Meyer-Landrut* § 32 a Anm. 5.
[490] *Rowedder/Rowedder* § 32 a Anm. 23; *Häuselmann* S. 29.

206 **aa) Kurzfristige Überbrückungskredite.** Bestimmte, insb. nur sehr kurzfristig gegebene Darlehen, können jedoch ausscheiden, da sie nicht auf Eigenkapitalersatz angelegt sind. Es darf sich aber nur um eine **Zwischenfinanzierung** von wenigen Tagen handeln. Gewähren Gesellschafter einen derartigen Überbrückungskredit, so fällt dieses Darlehen weder unter § 32 a Abs. 1 GmbHG noch unter die Rechtsprechungsgrundsätze des BGH.[491] Nicht begünstigt sind jedoch Zwischenfinanzierungen, wenn nicht damit zu rechnen ist, daß der Gesellschaft alsbald andere Mittel zur Ablösung zufließen werden, insbesondere wenn bereits eine aussichtslose Krisensituation besteht.[492] Auch regelmäßig wiederkehrende kurzfristige Kredite haben Kapitalersatzfunktion.[493]

207 **bb) Sanierungskredite.** Sanierungskredite dienen der **Krisenüberwindung** und sind typische Darlehen mit **Eigenkapitalersatzfunktion**.[494] Ihre Zweckbestimmung rechtfertigt keine bevorzugte Behandlung.[495] Die Darlehen von Alltagsgesellschaften unterliegen deshalb sowohl den §§ 32 a, b GmbHG als auch den Rechtsprechungsgrundsätzen des BGH.

Im Rahmen eines überwachten Insolvenzplans können zwar Darlehen unter den in § 264 InsO genannten Voraussetzungen mit Vorrang gegenüber sonstigen Insolvenzgläubigern gewährt oder stehengelassen werden, dies gilt allerdings nicht für Darlehen von Gesellschaftern (§ 264 Abs. 3 InsO). Eine Ausnahme gibt es nur insoweit, als der (auch vorläufige) Insolvenzverwalter Darlehen aufnimmt. In diesem Fall können auch Gesellschafterdarlehen Masseschulden und vorweg zu befriedigen sein (§ 55 InsO).

208 **cc) Bankkredite.** Hält eine Bank oder ihre Tochtergesellschaft, wenn auch nur treuhänderisch, einen Geschäftsanteil und gewährt sie der Gesellschaft in der Krise einen Kredit, so ist sie wie jeder andere Gesellschafter zu behandeln.[496] Dabei ist es ohne Belang, daß die Gewährung von Darlehen zu den Bankgeschäften gehört und die Bank den Kredit zu geschäftsüblichen Konditionen auch an andere Kunden ausgereicht hätte,[497] daß der gewährte oder stehengelassene Kredit der Sanierung diente oder daß das Kreditinstitut

---

[491] BGH v. 28. 11. 1994, BB 1994, 60 (61); BGH v. 24. 4. 1989, WM 1989, 1166 (1168); *Scholz/K. Schmidt* §§ 32 a, b Anm. 39; *Meyer-Landrut* § 32 a Anm. 32; *Lutter/Hommelhoff* §§ 32 b Anm. 32; *Roth/Altmeppen* § 32 a Anm. 27; *Baumbach/Hueck/Hueck* § 32 a Anm. 29. Nach *Hommelhoff* WM 1984, 1105 (1108 f.) gilt dies auch für Überbrückungskredite, die Gesellschafter bei Konkursreife innerhalb der Dreiwochenfrist zur Prüfung der Sanierung bereitstellen.

[492] BGH v. 19. 9. 1996, GmbHR 1996, 845; OLG Frankfurt v. 23. 6. 1992, DB 1993, 154; OLG Düsseldorf v. 25. 11. 1993, DB 1994, 371.

[493] Vgl. *Hommelhoff* WM 1984, 1105 (1109); auch OLG Hamburg v. 24. 7. 1987, DB 1987, 1778 (1779).

[494] Vgl. BGH v. 21. 9. 1981, BB 1981, 2026; BGH v. 24. 3. 1980, BB 1980, 797; *Scholz/K. Schmidt* §§ 32 a, b Anm. 36; *Lutter/Hommelhoff* §§ 32 a/b Anm. 35; *Hachenburg/Ulmer* §§ 32 a, b Anm. 59; *Baumbach/Hueck/Hueck* § 32 a Anm. 11.

[495] *Häuselmann* S. 30.

[496] HM; BGH v. 19. 9. 1988, DB 1988, 2141; BGH v. 21. 9. 1981, BB 1981, 2026; *Lutter/Hommelhoff* §§ 32 a/b Anm. 36; *Fleck* in FS Werner S. 107 (125); *Ullrich* GmbHR 1983, 133 (143 f.).

[497] Differenzierend *K. Schmidt* ZHR 147 (1983), 165 (184 ff.); vgl. auch *Scholz/K. Schmidt*, §§ 32 a, b Anm. 41.

C. Eigenkapitalersetzende Gesellschafterleistungen 209, 210 § 8

nur Minderheitsgesellschafter mit mehr als 10% ist.[498] Wenn indessen die Gesellschafterbank Dritte im Rahmen von **Konsortialkrediten** an der Finanzierung beteiligt, liegt uU kein Eigenkapitalersatz vor.[499] Zur Privilegierung im Falle des Beitritts zur Sanierung vgl. Rz. 213 ff.

b) Gesellschafterstellung des Darlehensgebers

Der Darlehensgeber muß grundsätzlich in dem **Zeitpunkt** Gesellschafter sein, in dem er das Darlehen gewährt oder beläßt. Die Anzeige nach § 16 Abs. 1, die bei einer Veräußerung des Geschäftsanteils den Erwerber gegenüber der Gesellschaft legitimiert, ist jedoch keine Voraussetzung.[500] Hinsichtlich von **Darlehen dritter** Personen vgl. Rz. 309 ff. 209

aa) Höhe der Beteiligung. Die Eigenkapitalersatzregeln fanden bisher unabhängig von der Höhe der Beteiligungsquote Anwendung.[501] Nach dem 1998 eingefügten § 32a Abs. 3 Satz 2 GmbHG gelten die Regeln über den Eigenkapitalersatz nunmehr nicht für nicht geschäftsführende Gesellschafter, die mit 10% oder weniger am Stammkapital beteiligt sind. Damit sollen Gesellschafter **ohne unternehmerische Verantwortung,** die durch eine Betätigung in der Geschäftsführung oder einen erheblichen Einfluß in der Gesellschafterversammlung begründet wird, privilegiert werden. Die Neuregelung findet – entgegen der Gesetzesbegründung – keine Anwendung, wenn die Beteiligungsgrenze (zB nach Anteilsverkauf oder Nichtteilnahme an einer Kapitalerhöhung) unterschritten wird. In diesem Fall gelten die Regelungen über einen ausgeschiedenen Gesellschafter entsprechend (vgl. Rz. 212). 210

Nach dem Wortlaut der Neuregelung führt bei einer Beteiligung von nicht mehr als 10% allein die **Geschäftsführerstellung** zur Anwendung der Eigenkapitalersatzregeln. Die Neuregelung ist im Schrifttum auf fast einhellige Ablehnung gestoßen, da sie – neben systematischen Ungereimtheiten – zu Umgehungen des Eigenkapitalersatzrechts ermuntert.[502] Bei Geschäftsführern, die als **Strohmänner, faktische Geschäftsführer** oder sonstige **abhängige Personen** eines Minderheitsgesellschafters handeln, sind die Eigenkapitalersatzregeln jedoch ebenfalls anwendbar. Gleiches gilt, wenn Darlehen von Personen gewährt werden, die auch nach derzeitigem Recht einem Gesellschafter gleichstehen.[503] Die Privilegierung schließt sowohl die Anwendung der §§ 32a, b GmbHG als auch der **Rechtsprechungsregeln** aus.[504]

---

[498] Vgl. *Scholz/Schmidt* § 32a, b Anm. 41.
[499] Vgl. BGH v. 19. 9. 1988, DB 1988, 2141 (2143); *v.Gerkan* GmbHR 1990, 386.
[500] *Baumbach/Hueck/Hueck* § 32a Anm. 16; *Scholz/K. Schmidt* §§ 32a, b Anm. 31; aA *Hachenburg/Ulmer* §§ 32a, b Anm. 34, aber Anm. 39.
[501] Vgl. Vorauflage Rz. 207.
[502] *Dauner-Lieb* DStR 1998, 609; *v. Gerkan* GmbHR 1997, 677; *Goette* DStR 1997, 2027, 2029; *Hirte,* Gesellschaftsrecht 1997, S. 145; *Niederleithinger* ZIP 1995, 597, 602; *Claussen* GmbHR 1996, 316, 321; *Pape/Voigt* DB 1996, 2113; *Altmeppen* ZIP 1996, 1455; *Karsten Schmidt* ZIP 1996, 1586; *Pentz* BB 1997, 1265; *Grunewald* GmbHR 1997, 7 will die Eigenkapitalersatzregeln ganz abschaffen.
[503] Vgl. Rz. 309; *v. Gerkan* GmbHR 1997, 677, 780.
[504] *Seibert* GmbHR 1998, 309.

Gandenberger

211 bb) Darlehenshingabe vor Gesellschafterstellung. Ein Darlehen, das ein Dritter gegeben hat, kann Kapitalersatz darstellen, **sobald** der Darlehensgläubiger **Gesellschafter geworden** ist. Das Darlehen wird Eigenkapitalersatz, wenn der Gesellschafter es in Erwartung seiner zukünftigen Gesellschafterstellung gewährt hat[505] oder wenn er es nach dem Erwerb der Gesellschafterstellung mit einer Eigenkapitalersatz begründenden Handlung beläßt.[506]

212 cc) Ausscheiden nach Darlehenshingabe. Ist ein Gesellschafterdarlehen Eigenkapitalersatz geworden, so behält es diese Qualifikation auch dann, wenn der Gesellschafter seinen Geschäftsanteil **veräußert** oder in sonstiger Weise aus der Gesellschaft **ausscheidet** und er der Gesellschaft gegenüber nur noch Darlehensgläubiger ist.[507] Eine eigenkapitalsetzende Forderung kann der Gesellschafter auch im Zeitpunkt seines Ausscheidens begründen, so wenn er beim Ausscheiden in einer kritischen Situation den **Abfindungsanspruch** stundet.[508] Eine Finanzierungsleistung eines ausgeschiedenen Gesellschafters ist ferner dann Eigenkapitalersatz, wenn die Krise zwar erst nach dem Ausscheiden eingetreten ist, das der Gesellschaft belassene Darlehen des Gesellschafters jedoch schon vor dem Ausscheiden auf Krisenfinanzierung angelegt war[509] oder wenn der Gesellschafter nachträglich eine Verlängerung vornimmt.[510]

213 dd) Sanierungsprivileg. Nach dem in 1998 neu eingeführten § 32a Abs. 3 Satz 3 GmbHG finden die Vorschriften über den Eigenkapitalersatz, dh. sowohl die gesetzliche Regelung als auch die Rechtsprechungsgrundsätze, keine Anwendung, wenn ein Darlehensgeber in der Krise der Gesellschaft Geschäftsanteile zum Zwecke der Überwindung der Krise erwirbt. Die Neuregelung gilt für Darlehensgeber, die vor dem Eintritt der Krise noch nicht Gesellschafter der GmbH waren **(Neugesellschafter).** Darüber hinaus werden ihre Beteiligungsquote erhöhende **Minderheitsgesellschafter** begünstigt, für die die Eigenkapitalersatzregeln wegen § 32a Abs. 3 Satz 2 GmbHG bisher noch keine Anwendung fanden.[511]

214 Bei den erworbenen Geschäftsanteilen kann es sich um von bisherigen Gesellschaftern übernommene **Altanteile** oder um Neuanteile aus einer **Kapitalerhöhung** handeln. Die Beteiligung desjenigen, der in der Krise eintritt, kann bis zu 100 % gehen. Die Anteile müssen zum **Zweck** der Überwindung der Krise erworben werden. Hierbei handelt es sich um ein subjektives Tatbestandsmerkmal, wobei die Intention beim Erwerb der Beteili-

---

[505] *Hachenburg/Ulmer* §§ 32a, b Anm. 39.

[506] *Scholz/K. Schmidt* §§ 32a, b Anm. 33; vgl. auch BGH v. 21. 9. 1981, BB 1981, 2026 (2027).

[507] BGH v. 11. 7. 1994, NJW 1994, 2349 (2350); *Scholz/K. Schmidt* §§ 32a, b Anm. 32; *Baumbach/Hueck/Hueck* § 32a Anm. 27; *Rowedder/Rowedder* § 32a Anm. 29.

[508] *Lutter/Hommelhoff* §§ 32a/b Anm. 59; *Scholz/K. Schmidt* §§ 32a, b Anm. 32; *Rowedder/Rowedder* § 32a Anm. 29.

[509] BGH v. 6. 5. 1985, BB 1985, 1813 (1814); BGH v. 9. 10. 1986, DB 1987, 159 (160); *Lutter/Hommelhoff* §§ 32a/b Anm. 59; vgl. Rz. 224.

[510] *Scholz/K. Schmidt* §§ 32a, b Anm. 32; *Hachenburg/Ulmer* §§ 32a, b Anm. 40; vgl. Rz. 220 ff.

[511] *Dauner-Lieb* DStR 1998, 1517, 1520; wohl auch *Seibert* GmbHR 1998, 309, 310.

gung durch äußere Umstände belegt werden muß. Da das Sanierungsprivileg den mit den Eigenkapitalersatzregeln bezweckten Gläubigerschutz einschränkt, muß ein Gesellschafter, der sich auf eine Ausnahme von den Eigenkapitalersatzregeln beruft, nachweisen, daß nach seinem Beitritt **Maßnahmen zur Krisenüberwindung** getroffen werden. Dies kann zB. durch Änderungen in der Unternehmensführung, ein uU. durch externe gutachterliche Stellungnahmen untermauertes Sanierungskonzept, eine grundlegende Prüfung des Marktes, der Personal- und Kostenstruktur und des Managements der Gesellschaft erfolgen.[512] Die Kapitalzufuhr durch den Beitritt allein reicht jedenfalls nicht aus, eine Ausnahme von den Eigenkapitalersatzregel zu begründen.

Rechtsfolge des Beitritts eines Gesellschafters zur Überwindung der Krise ist, daß die Eigenkapitalersatzregeln sowohl für die bisher gewährten und nicht eigenkapitalersetzenden Kredite als auch für Neudarlehen keine Anwendung finden. Eine **zeitliche Beschränkung** des Ausschlusses der Eigenkapitalersatzregeln sieht das Gesetz nicht vor. Gleichwohl wird in der Literatur vertreten, daß die Befreiung nur bis zur Beendigung der akuten Krise gelte, im Falle einer späteren, erneuten Krise würden die zunächst privilegierten Kredite von den Eigenkapitalersatzregeln erfaßt.[513] Dieser Auffassung kann nicht zugestimmt werden, da sie dem Gesetzeswortlaut widerspricht. Dort ist keine Begrenzung der Privilegierung vorgesehen und kann auch nicht durch nicht in das Gesetz aufgenommene frühere Vorschläge hineininterpretiert werden.[514] Auch die Gesetzesbegründung bietet keinen Ansatz für eine Beschränkung. Darüber hinaus würde eine zeitliche Einschränkung zu erheblichen Abgrenzungsschwierigkeiten bei der Beurteilung der Frage führen, ob die nunmehr vorliegende Insolvenz auf der Krise, die zum Beitritt veranlaßte, oder auf einer erneuten Krise beruht. Nach der hier vertretenen Auffassung bleibt die Privilegierung für die unter den Voraussetzungen des § 32 a Abs. 3 Satz 3 GmbHG gewährten Kredite bestehen, lediglich für Darlehen, die nach Beendigung der Krise gewährt werden, gelten bei Eintritt einer erneuten Krise die allgemeinen Eigenkapitalersatzregeln. 215

3. Kapitalersatzfunktion des Darlehens

Das Darlehen erhält den nach § 32 a Abs. 1 GmbHG erforderlichen Charakter, wenn es zu einem Zeitpunkt gegeben wurde, in dem „ordentliche Kaufleute" der Gesellschaft Eigenkapital zugeführt hätten. Dieser Zeitpunkt wird als **„Krise der Gesellschaft"** bezeichnet. Hierzu muß festgestellt werden, daß die Gesellschaft bei der erstmaligen Darlehensgewährung oder einem späteren Akt des Stehenlassens kreditunwürdig war **und** diese bis zum Zeitpunkt der Geltendmachung oder der Rückgewähr des Darlehens behalten hat.[515] 216

---

[512] Vgl. *Dauner-Lieb* DStR 1998, 1517, 1523.
[513] *Dauner-Lieb* DStR 1998, 1517, 1519.
[514] Für die Begrenzung einer Privilegierung *Claussen* GmbHR 1996, 316, 325, ebenso Stellungnahme des Bundesrates zum Dritten Finanzmarktförderungsgesetz, BR-Drs. 605/97, S. 48.
[515] *Häuselmann* S. 67.

217 a) Kreditunwürdigkeit der Gesellschaft

Die Gesellschaft ist kreditunwürdig, wenn sie diesen konkreten Kredit unter denselben Verhältnissen und zu denselben Bedingungen von einem fremden Dritten, der sich nicht an der Gesellschaft beteiligen will, nicht erhalten hätte.[516] In welchen Fällen Kreditunwürdigkeit vorliegt, beurteilt sich aufgrund einer Gesamtwürdigung der konkreten Situation[517] an Hand verschiedener **Indizien.**

218   aa) Insolvenzreife. Die Gesellschaft ist bei Überschuldung und Zahlungsunfähigkeit kreditunwürdig, da beide einen Insolvenzeröffnungsgrund darstellen. In beiden Fällen muß zur Feststellung des Eigenkapitalersatzes nicht mehr geprüft werden, ob ein ordentlicher Kaufmann Eigenkapital zugeführt hätte.[518] **Drohende Zahlungsunfähigkeit** ist zwar ebenfalls ein Eröffnungsgrund, wenn die Eröffnung von dem vertretungsberechtigten Geschäftsführer der GmbH beantragt wird.[519] Sie führt jedoch nicht zwangsläufig zur Kreditunwürdigkeit der GmbH, kann aber, da ein Liquiditätsengpaß vorliegt, ein Indiz für eine Kreditunwürdigkeit sein.[520] **Überschuldung** ist gegeben, wenn aufgrund eines Überschuldungsstatus' festgestellt wird, daß das Vermögen der GmbH die bestehenden Verbindlichkeiten nicht mehr deckt.[521] Dabei ist grundsätzlich von Liquidationswerten auszugehen, es sei denn, die Fortführung des Unternehmens ist überwiegend wahrscheinlich. Die Geschäftsführer haben damit zunächst zu überprüfen, ob sich auf der Grundlage der Liquidationswerte eine rechnerische Überschuldung ergibt. Ist dies der Fall, ist eine Fortführungsprognose zu erstellen. Ergibt sich hieraus, daß die Fortführung überwiegend unwahrscheinlich ist, bleibt es bei der rechnerischen Überschuldung. Ist die Fortführung wahrscheinlich, sind die Wirtschaftsgüter mit den idR. höheren Fortführungswerten anzusetzen. Ergibt sich auch dann noch eine Überschuldung, ist Kreditunwürdigkeit gegeben.[522]

Ein Gesellschafterdarlehen ist, auch wenn es **Eigenkapital ersetzt,** nach hM im Überschuldungsstatus zu passivieren.[523] Dies gilt insbesondere nach Geltung der InsO, da das Hauptargument der bisherigen MM, daß es nicht

---

[516] *Lutter/Hommelhoff* §§ 32 a, b Anm. 21.
[517] BGH v. 13. 7. 1992, DB 1992, 2022 (2023).
[518] BGH v. 14. 6. 1993, DB 1993, 1662 (1663); OLG Hamburg v. 25. 5. 1990, GmbHR 1991, 109, 110.
[519] § 18 InsO.
[520] Vgl. Rz. 221.
[521] § 19 Abs. 2 InsO.
[522] Vgl. *Breuer* Das neue Insolvenzrecht, 1998, S.44; *Uhlenbruck* GmbHR 1995, 195, 198; für umgekehrte Prüfungsreihenfolge *Wagner* in Baetge, Rechnungslegung und Prüfung 1996, S. 295, 299.
[523] OLG Düsseldorf v. 19. 1. 1995, BB 1996, 1428; *Scholz/K. Schmidt* § 32 a, b Anm. 60; *K. Schmidt* in FS Goerdeler S. 487 (505); jetzt *Rowedder/Rowedder* § 63 Anm. 14; *Knobbe-Keuk* ZIP 1983, 127 (129); *Gersch/Herget/Marsch/Stützle* Die GmbH-Reform 1980, 1980 Anm. 264; OLG Hamburg v. 18. 7. 1986, DB 1986, 2015; wohl auch *Groh* BB 1993, 1882 (1888); *Kütting/Kessler* BB 1994, 2103 (2108); **aA** OLG Stuttgart v. 5. 11. 1997, NZG 1998, 308; OLG Düsseldorf v. 18. 4. 1997, GmbHR 1997, 699; jetzt *Baumbach/Hueck/Schulze-Osterloh* § 63 Anm. 15; *Schäfer* GmbHR 1993, 780 (786); *Joecks* BB 1986, 1681 (1682); *Menger* GmbHR 1982, 221 (227); *Hommelhoff* WPg 1984, 629 (632), ders. in FS. Döllerer S. 245 (260 ff.); auch *Fleck* in FS Döllerer

C. Eigenkapitalersetzende Gesellschafterleistungen

gerechtfertigt sei, Verbindlichkeiten in den Überschuldungsstatus aufzunehmen, die in der Insolvenz nicht geltend gemacht werden dürfen, durch die Änderung des § 32a Abs. 1 Satz 1 GmbHG weggefallen ist. Hatten Gesellschafter und Gesellschaft einen **Rangrücktritt** des Darlehens vereinbart, aufgrund dessen der Gesellschafter mit seinem Rückzahlungsanspruch hinter die Ansprüche anderer Gläubiger zurücktritt und nur aus künftigen Gewinnen, einem Liquidationsüberschuß oder aus dem die sonstigen Schulden übersteigenden Vermögen Zahlungen erhalten soll, wurde vor Einführung der InsO allgemein angenommen,[524] daß damit die Passivierungspflicht im Überschuldungsstatus entfällt. Demgegenüber geht der Gesetzgeber in der Begründung zur InsO davon aus, daß eine Aufnahme in den Überschuldungsstatus nur dann zu vermeiden sei, wenn die Forderung für den Fall der Eröffnung des Insolvenzverfahrens erlassen wird.[525] Diese Auffassung ist auf Kritik gestoßen, da sich ein Widerspruch insoweit ergebe, daß einerseits nachrangige Verbindlichkeiten am Insolvenzverfahren teilnehmen (§ 39 Abs. 2 InsO), andererseits auf diese aber zur Vermeidung der Überschuldung verzichtet werden müsse. Darüber hinaus wird vorgebracht, daß sich durch die Einführung der InsO nichts an der bisher vertretenen Rechtsauffassung zum Rangrücktritt geändert habe.[526] Nach der Intentionen zur Einführung der InsO, gegenüber der KO mehr Insolvenzverfahren zu eröffnen, würde es zwar durchaus Sinn machen auch Darlehen mit Rangrücktritt in den Überschuldungsstatus aufzunehmen und im Insolvenzverfahren als nachrangige Verbindlichkeiten teilnehmen zu lassen. Die derzeit wohl hM geht mE zu Unrecht allerdings davon aus, daß Forderungen, für die wie oben beschrieben ein Rangrücktritt erklärt wurde, nicht in den Überschuldungsstatus aufzunehmen sind.

Zahlungsunfähigkeit liegt vor, wenn der Schuldner voraussichtlich nicht mehr in der Lage sein wird, die bestehenden Zahlungsverpflichtungen bei Fälligkeit zu erfüllen (§ 17 Abs. 2 InsO).

Auch wenn der Eigenkapitalersatz darin besteht, daß der Gesellschafter den **Kredit eines Dritten** besichert (§ 32a Abs. 2 GmbHG),[527] kann die Insolvenz durch einen **Erlaß** des Gesellschafters für den Fall eines Insolvenzverfahrens abgewendet werden. Der Gesellschafter verzichtet dann nicht nur auf seinem **Aufwendungsersatzanspruch** aus in Anspruch genommener, sondern ist von vornherein verpflichtet, die Gesellschaft, wenn sie in Anspruch genommen werden sollte, freistellen. Wenn dieser Freistellungsanspruch vollwertig ist, hebt er die Passivierungspflicht für den Drittkredit im Überschul-

---

S. 109 (126 ff.); *Fleck* GmbHR 1989, 313 (323); insoweit offengelassen in BGH v. 9. 2. 1987, DB 1987, 979 und v. 6. 12. 1993, BB 1994, 392 (393).

[524] *Groh* BB 1993, 1882 (1884); *Priester* DB 1991, 1917 (1924); *Knobbe-Keuk* ZIP 1983, 127 (128 ff.); *Peters* WM 1988, 641 ff. (685 ff.); BGH v. 9. 2. 1987, DB 1987, 979; *Baumbach/Hueck/Schulze-Osterloh* § 63 Anm. 15; anderer Ansatz bei *Vollmer/Maurer* DB 1993, 2315.

[525] Begründung zu § 23 und § 46 Abs. 2 InsO, BT-Drs. 12/2443 S. 115, S. 123.

[526] *Teller* Rangrücktrittsvereinbarungen zur Vermeidung der Überschuldung bei der GmbH, 2. Aufl. S. 168 ff.; *Noack* FS für Claussen, S. 307, 314 ff; *K. Schmidt* GmbHR 1999, 9; *Schmerbach* in Frankfurter Kommentar zur Insolvenzordnung; *Müller* in Kölner Schriften zur Insolvenzordnung, 1997, S. 112.

[527] Vgl. dazu Rz. 270 ff.

dungsstatus auf bzw. gleicht den Schuldposten durch einen gleichhohen Vermögensposten aus.[528] Das Drittdarlehen braucht auch dann nicht im Überschuldungsstatus angesetzt zu werden, wenn der Gesellschafter die Gesellschaft ermächtigt hat, einen Gegenstand seines Vermögens zur Besicherung zugunsten des Dritten zu verwenden und er auf seinen Aufwendungsersatzanspruch verzichtet.[529]

220 Eine **Unterbilanz** allein reicht dagegen für die Annahme einer Kapitalersatzfunktion nicht aus.[530] Sofern weitere Gesichtspunkte hinzutreten, kann jedoch auch bei einer Unterbilanz Eigenkapitalersatz vorliegen.[531] Die Kreditunwürdigkeit wird auch nicht notwendig dadurch ausgeschlossen, daß die Gesellschaft aufgrund eines Beherrschungs- oder Gewinnabführungsvertrages **(Ergebnisabführungsvertrages)** von dem herrschenden Unternehmen einen Verlustausgleich (§ 302 AktG) erhält.[532]

Erhebliche und andauernde **Liquiditätsschwierigkeiten,** insbesondere drohende Zahlungsunfähigkeit, die noch keine Zahlungsunfähigkeit begründen, können zur Kreditunwürdigkeit führen und damit dem Gesellschafterdarlehen den Charakter von Eigenkapitalersatz geben. Dies gilt zB, wenn die Gesellschaft die Abschreibungsraten zur Reinvestition benötigt und die aufgenommenen Investitionskredite nur durch Neuverschuldung tilgen kann.[533]

221 **bb) Sonstige Indizien für eine Kreditunwürdigkeit.** Die Indizien können sich auf die Lage der Gesellschaft und ihre Entwicklung, auf die Bedingungen der Kreditvergabe, ihren Anlaß, den Verwendungszweck oder auf sonstige Begleitumstände beziehen.[534] Sie dürfen immer nur im **Gesamtzusammenhang aller Umstände,** die bei der Darlehensgewährung bestanden und die Darlehensfinanzierung durch Gesellschafter veranlaßt haben, gewürdigt werden.[535]

Für einen Eigenkapitalersatz sprechen:
– ungewöhnliche und für die Gesellschaft günstige Darlehenskonditionen, wie sehr lange Laufzeit, sehr niedriger Zins oder Zinslosigkeit oder fehlende Sicherheiten;[536]
– hohe Beteiligung des darlehensgewährenden Gesellschafters;
– Besicherung des Darlehens durch die übrigen Gesellschafter;[537]

---

[528] So BGH v. 9. 2. 1987, DB 1987, 979 für einen Rangrücktritt.
[529] So OLG Hamburg v. 18. 7. 1986, DB 1986, 2015.
[530] BGH v. 13. 7. 1992, DB 1992, 2022 (2025); *Hachenburg/Ulmer* §§ 32a, b Anm. 60; *Häuselmann* S. 68; *Baumbach/Hueck/Hueck* § 32a Anm. 45; aA *Herrmann* aaO (Fn. 513), S. 166; *Geßler* ZIP 1981, 228 (232).
[531] Vgl. Rz. 221.
[532] Vgl. BGH v. 19. 9. 1988, DB 1988, 2141 (2142 f.); *Priester* ZIP 1989, 1301 (1305 f.) mwN; *Lutter* ZIP 1989, 477 (479).
[533] OLG Hamburg v. 24. 7. 1987, DB 1987, 1778 (1779); BGH v. 19. 9. 1988, DB 1988, 2141 (2142 f.).
[534] *Lutter/Hommelhoff* §§ 32a, b Anm. 21.
[535] *Häuselmann* S. 69.
[536] *Hachenburg/Ulmer* §§ 32a, b Anm. 54; BGH v. 21. 3. 1988, GmbHR 1988, 301 (303); teilweise kritisch *Scholz/K. Schmidt* §§ 32a, b Anm. 37, aber ders. Anm. 38.
[537] *Lutter/Hommelhoff* §§ 32a, b Anm. 28; *Häuselmann* S. 70, wonach es sehr auf den Einzelfall ankomme.

C. Eigenkapitalersetzende Gesellschafterleistungen   222, 223   § 8

- Teilnahme aller Gesellschafter an einer Darlehensfinanzierung;[538]
- Darlehen zur Überwindung dauernder Liquiditätsprobleme;[539]
- Verlust des Stammkapitals, wenn keine erheblichen stillen Reserven nachgewiesen werden;[540]
- Nichtbegleichung fälliger Verbindlichkeiten;[541]
- Höhe der bei Konkurseröffnung bestehenden Überschuldung.[542]

Gegen einen Eigenkapitalersatz sprechen:
- die Fähigkeit der Gesellschaft, Sicherheiten aus ihrem eigenen Vermögen zu stellen;[543]
- die gleichzeitige oder spätere Kreditvergabe durch Dritte;[544]
- eine nur kurzfristige Illiquidität;[545]
- unausgenutzte Kreditlinien bei der Gesellschaft.[546]

b) Besondere Absprachen zwischen Gesellschaft und Gesellschafter

Die Eigenkapitalersatzfunktion eines Gesellschafterdarlehens kann – außerhalb einer Überschuldung oder dauernden Zahlungsunfähigkeit – durch besondere Absprachen begründet werden. Auch in diesen Fällen sind weitere, zusätzliche Feststellungen nicht erforderlich. Der Eigenkapitalersatz tritt ohne weitere Handlungen der Gesellschafter ein, sobald die Gesellschaft in die Krise gerät.   222

aa) Sanierungskredite und Rangrücktritt. In jedem Fall eigenkapitalersetzend sind alle Gesellschafterdarlehen, über die Gesellschafter und Gesellschaft eine **Rangrücktrittsvereinbarung** geschlossen haben, weil diese Darlehen kraft Vereinbarung Eigenkapitalcharakter erhalten.[547] Dasselbe gilt für Darlehen, die Gesellschafter der Gesellschaft bei Überschuldung zur Abwendung einer Insolvenz gewährt haben.[548] Gleichfalls eigenkapitalersetzend sind Darlehen, die einen von dritter Seite nicht (mehr) zu befriedigenden Finanzbedarf der Gesellschaft decken und diese sanieren sollen.[549] Ein allgemeines **Sanierungsprivileg** wird überwiegend abgelehnt,[550] Vgl. in Sonderfällen Rz. 213 ff.   223

---

[538] *Hachenburg/Ulmer* §§ 32 a, b Anm. 54.
[539] OLG Hamburg v. 24. 7. 1987, GmbHR 1988, 141.
[540] BGH v. 4. 12. 1995, BB 1996, 1185.
[541] BGH v. 4. 12. 1995, BB 1996, 1185.
[542] BGH v. 4. 12. 1995, BB 1996, 1185.
[543] BGH v. 18. 11. 1991, DB 1992, 366 (367); *Hachenburg/Ulmer* §§ 32 a, b Anm. 52; *Lutter/Hommelhoff* §§ 32 a, b Anm. 27.
[544] BGH v. 13. 7. 1992, DB 1992, 2022 (2023); *Hachenburg/Ulmer* §§ 32 a, b Anm. 55.
[545] Vgl. Rz. 206; *Häuselmann* S. 68.
[546] BGH v. 13. 7. 1992, DB 1992, 2022 (2023).
[547] *Scholz/K. Schmidt* §§ 32 a, b Anm. 85; zur Gesellschaftersicherheit BGH v. 9. 2. 1987, DB 1987, 979; vgl. auch zur stillen Beteiligung BGH v. 1. 3. 1982, DB 1982, 1922.
[548] *Scholz/K. Schmidt* §§ 32 a, b Anm. 36; *Hachenburg/Ulmer* §§ 32 a, b Anm. 58; *Baumbach/Hueck/Hueck* § 32 a Anm. 44; BGH v. 27. 9. 1976, BB 1976, 1528; BGH v. 26. 11. 1979, DB 1980, 297.
[549] *Hachenburg/Ulmer* §§ 32 a, b Anm. 59.
[550] *Scholz/K. Schmidt* §§ 32 a, b Anm. 36 mwN.

224 bb) **Finanzplankredite und Krisenfinanzierung.** Gewährt ein Gesellschafter sein Darlehen mit der Vereinbarung, daß es auch bei Verschlechterung der Vermögenssituation nicht rückforderbar ist, ist es von vornherein (auch) auf eine Krisenfinanzierung angelegt. In diesem Fall wird das Darlehen ohne weitere Maßnahmen zur eigenkapitalersetzenden Krisenfinanzierung.[551]

Bei einigen Gesellschaften, insbesondere bei Publikumsgesellschaften in der Rechtsform der GmbH & Co. KG, wird neben der Einlage schon im Gesellschaftsvertrag eine Darlehensgewährung vereinbart. Die bloße **Koppelung von Mitgliedschaft und Darlehen** in der Satzung der Gesellschaft berechtigt jedoch allein noch nicht ohne weiteres dazu, Darlehen, die ein Gesellschafter neben seiner Stammeinlage aufgrund einer gesellschaftsvertraglichen Verpflichtung oder aufgrund eines Gesellschafterbeschlusses erbringen muß, in jedem Fall als eigenkapitalersetzend anzusehen.[552] Vielmehr müssen derartige Gesellschafterdarlehen (sog. **Finanzplankredite**) materiell Eigenkapital geworden sein, indem sie nach den Vorstellungen der Gesellschafter unentbehrlich für die Verwirklichung der gesellschaftsvertraglichen Ziele sind.[553] Dies trifft insbesondere zu, wenn die Kapitalausstattung der Gesellschaft **satzungsmäßig** dahin festgelegt ist, daß die Finanzierung in einem bestimmten Verhältnis aus Stammeinlagen und Gesellschafterdarlehen besteht, wenn die Darlehen langfristig zu belassen oder darüber hinaus an die Mitgliedschaft gebunden sind.[554] Die Festlegung in der Satzung ist jedoch keine zwingende Voraussetzung.[555] Wurden derart vereinbarte Darlehen bis zum Insolvenzeintritt noch nicht gewährt, kann der Konkursverwalter die Leistung in die Masse verlangen.[556]

225 In seinem Urteil vom 14. 12. 1992[557] zur eigenkapitalersetzenden Nutzungsüberlassung bei der Betriebsaufspaltung machte der BGH auch Ausführungen zu einem „Finanzplan". Diese sind teilweise dahin verstanden worden, das Gericht wolle an dem eigenständigen Institut der Finanzplankredite nicht mehr festhalten.[558] Dieser Auffassung kann jedoch nicht gefolgt werden. Der BGH bringt lediglich zum Ausdruck, daß es für die Einordnung als Eigenkapital nach allgemeinen Grundsätzen – auch seit der Gründung der Gesellschaft – nicht darauf ankommt, daß zusätzlich (!) ein Finanzplan in dem Sinn vorliegt, daß die Gebrauchsüberlassung im Gesellschaftsvertrag vereinbart ist oder auf einem Gesellschafterbeschluß beruht. Die weiteren Erläuterungen sind auf die Besonderheiten der Gebrauchsüberlas-

---

[551] Vgl. BGH v. 9. 10, 1986, DB 1987, 159 (160); v. 9. 3. 1992, DB 1992, 981.

[552] So aber grds. *Lutter/Hommelhoff* §§ 32 a/b Anm. 14 ff.; für Annahme eines Indizes: *Hachenburg/Ulmer* §§ 32 a, b Anm. 59; *Hermann* Fremdfinanzierung durch Gesellschafter aus handelsrechtlicher und konkursrechtlicher Sicht in 50 Jahre Wirtschaftsprüferberuf S. 151 ff. S. 167.

[553] BGH v. 21. 3. 1988, DB 1988, 1262 (1263); zur stillen Beteiligung BGH v. 5. 11. 1979, BB 1980, 381 (382); BGH v. 9. 2. 1981, DB 1981, 1717.

[554] Vgl. BGH v. 21. 3. 1988, aaO; *Scholz/K. Schmidt* §§ 32 a, b Anm. 38.

[555] BGH v. 14. 12. 1992, DB 1993, 318.

[556] KG Berlin v. 17. 6. 1998, GmbHR 1999, 128; BGH v. 21. 3. 1988, GmbHR 1988, 301 (302) mwN.

[557] DB 1993, 318.

[558] *Mayer* DStR 1993, 206 (209); *Priester* in JbFfSt 1993, 226.

C. Eigenkapitalersetzende Gesellschafterleistungen

sung bei der Betriebsaufspaltung zurückzuführen[559] und lassen keine allgemeingültigen Schlüsse zu.[560]

c) Kenntnis vom Eigenkapitalersatz

Ohne Bedeutung für den Eigenkapitalersatz sind nach hL die **Vorstellungen** und die **Kenntnis** der Beteiligten.[561] Weder die Gesellschafter noch die Gesellschaft brauchen zu wissen, daß die Gesellschaft überschuldet, zahlungsunfähig oder kreditunwürdig ist. Nach der Rspr. liegt Eigenkapitalersatz vor, wenn dem Gesellschafter die **wirtschaftlichen Umstände,** die zur Umqualifizierung einer Hilfe in Eigenkapitalersatz führen, bekannt sein konnten und mußten.[562]

Soweit es auf **subjektive Merkmale** in der Person des Gesellschafters ankommt, liegen diese vor, wenn Gesellschafter und Gesellschaft gewollt einen Rangrücktritt vereinbaren oder ein Darlehen auch auf Krisenfinanzierung anlegen. In anderen Fällen muß der einzelne Gesellschafter die Möglichkeit gehabt haben, die Krise zu erkennen. Dabei muß er von sich aus sicherstellen, daß er laufend zuverlässig über die wirtschaftliche Lage der Gesellschaft informiert wird. Im Ergebnis wird der Gesellschafter nur in von ihm darzulegenden und zu beweisenden Ausnahmefällen nicht die Möglichkeit haben, sich über seine Gesellschaft zu informieren.[563]

4. Zeitpunkt der Beurteilung

a) Gewährung des Darlehens

Nach dem Gesetzeswortlaut ist ein Darlehen eigenkapitalersetzend, wenn es in der Krise **gewährt** wurde (§ 32a Abs. 1 Satz 1 GmbHG). Fallen Zusage und Auszahlung zeitlich auseinander, so kommt es auf den Zeitpunkt der **Kreditzusage** an.[564] Das Gesellschafterdarlehen **verliert** den **Eigenkapitalcharakter,** wenn seine Voraussetzungen entfallen. Dies gilt jedenfalls dann, wenn die Gesellschaft wieder zahlungsfähig und kreditwürdig ist und das Darlehen zurückzahlt[565] oder wenn der Gesellschafter es der Gesellschaft in dieser Lage aufgrund einer **erneuten Finanzierungsentscheidung** weiterhin beläßt.[566] Umstritten ist, ob sich ein Gesellschafter auf eine zwischenzeitliche Besserung der Lage berufen kann, wenn sich die Situation wieder verschärft.[567] In der Praxis dürfte der Streit irrelevant sein, da idR. eine Haftung wegen „Stehenlassens"[568] vorliegen wird.

---

[559] Vgl. Rz. 306; 311 ff.
[560] Wie hier *K. Schmidt* ZIP 1993, 161 (165).
[561] *Scholz/K. Schmidt* §§ 32a, b Anm. 40; *Baumbach/Hueck/Hueck* § 32a Anm. 49; *Hachenburg/Ulmer* §§ 32a, b Anm. 56.
[562] BGH v. 9. 3. 1992, DB 1992, 981, offengelassen wurde, ob die Kenntnismöglichkeit eine Tatbestandsvoraussetzung ist.
[563] BGH v. 4. 11. 1994, BB 1995, 58 (60); BGH v. 15. 6. 1998, ZIP 1998, 1352.
[564] BGH v. 19. 9. 1996, GmbHR 1996, 845; *Hachenburg/Ulmer* §§ 32a, b Anm. 24.
[565] *Häuselmann* S. 75; *Scholz/K. Schmidt* §§ 32a, b Anm. 50.
[566] *Baumbach/Hueck/Hueck* § 32 Anm. 51; *Hachenburg/Ulmer* §§ 32a, b Anm. 57.
[567] Dafür *Rowedder/Rowedder* § 32a Anm. 24; *Häuselmann* S. 75; dagegen *Scholz/K. Schmidt* §§ 32a, b Anm. 50.
[568] Vgl. Rz. 229.

Zahlt die Gesellschaft indessen ein Gesellschafterdarlehen zurück, das bei Gewährung Eigenkapital ersetzte, und kommt es binnen eines Jahres nach der **Rückzahlung** zur Eröffnung des Insolvenzverfahrens (§ 135 Nr. 2 InsO) oder zur **Anfechtung** durch einen Gläubiger der Gesellschaft (§ 6 Nr. 2 AnfG), so wird unwiderleglich vermutet, daß das Gesellschafterdarlehen auch noch bei der Rückzahlung Eigenkapital ersetzte.[569]

b) Finanzplankredite und Krisenfinanzierung

228 Diese Finanzierungsinstrumente werden idR. nicht in der Krise gewährt.[570] Gleichwohl werden sie bei Eintritt der Kreditunwürdigkeit ohne weitere Handlungen eigenkapitalersetzend. Ab diesem Zeitpunkt greifen die Bindungen der §§ 32 a, b GmbHG ein.[571]

c) Stehenlassen in der Krise

229 In der Literatur und der Rspr. ist zwischenzeitlich grds. anerkannt, daß auch Darlehen eigenkapitalersetzend werden, wenn der Gesellschafter sie bei Eintritt der Krise nicht abzieht, obwohl ihm dies zumindest objektiv möglich wäre.[572]

Stehengelassene Gesellschafterdarlehen hat die Gesellschaft im „gesunden" Zustand erhalten; sie waren auch nicht auf einen Krisenfall angelegt, sind aber bei Eintritt der Krise nicht abgezogen worden, obwohl sie nach vereinbarter Laufzeit fällig waren oder obwohl sie hätten gekündigt werden können. Stehengelassene Gesellschafterdarlehen können nach den **Rechtsprechungsgrundsätzen** zu §§ 30, 31 GmbHG der Darlehensgewährung gleichstehen[573] und auch als **Darlehensgewährung** nach § 32 a GmbHG behandelt werden.[574]

230 Die **Formen** des „Stehenlassens" sind unterschiedlich. Gesellschafter und Gesellschaft können das Darlehen mit **Prolongationsabrede** verlängern[575] oder die Rückzahlung des fälligen Darlehens **stunden.** Der Gesellschafter kann auf die **Kündigung** seines Darlehens förmlich **verzichten** oder eine ausgesprochene **Kündigung** einvernehmlich **zurücknehmen**,[576] er kann die **Kündigung** des Darlehens **unterlassen** oder auch das zur Rückzahlung fällige **Darlehen nicht abrufen.**[577] Schließlich kann der Gesellschafter die Darlehensforderung eines Dritten durch **Abtretung erwerben.**[578] Es können

---

[569] BGH v. 26. 3. 1984, BB 1984, 1067 (1069); *Lutter/Hommelhoff* §§ 32 a/b Anm. 69; aA *Scholz/K. Schmidt* §§ 32 a, b Anm. 50; *Roth/Altmeppen* § 32 a Anm. 23.
[570] Vgl. Rz. 224.
[571] *Rowedder/Rowedder* § 32 a Anm. 23.
[572] BGH v. 14. 12. 1992, DB 1993, 318 (319); v. 14. 6. 1993, DB 1993, 1662 (1663); statt aller *Scholz/K. Schmidt* §§ 32 a, b Anm. 43 ff.
[573] BGH v. 21. 9. 1981, BB 1981, 2026 (2027 f.); BGH v. 27. 11. 1989, DB 1990, 266 (267).
[574] BGH v. 6. 5. 1985, BB 1985, 1813, vgl. auch BGH v. 8. 7. 1985, DB 1985, 2292 (2294).
[575] Vgl. OLG Hamburg v. 16. 5. 1986, DB 1986, 1328 (1329).
[576] *Baumbach/Hueck/Hueck* § 32 a, Anm. 34.
[577] Vgl. auch BGH v. 12. 1. 1987, WM 1987, 284 (285).
[578] *Baumbach/Hueck/Hueck* § 32 a Anm. 36.

C. Eigenkapitalersetzende Gesellschafterleistungen

also vertragliche Vereinbarungen oder einseitige Unterlassungen – diese als Finanzierungsentscheidungen des Gesellschafters oder auch als schlichte Untätigkeiten – vorliegen. Zwingende Voraussetzung einer Umqualifikation in ein eigenkapitalersetzendes Darlehen ist, daß der Gesellschafter die Situation der GmbH erkennen konnte.[579]

Unumstritten ist, daß ein der Darlehensgewährung gleichstehendes Belassen vorliegt,[580] wenn eine **Finanzierungabrede** vorliegt. Dies ist insb. bei einer Verlängerung und einer Stundung der Fall.[581]

Fehlt es an einer ausdrücklichen Vereinbarung zwischen Gesellschaft und Gesellschafter, sind die Einzelheiten des eigenkapitalersetzenden Stehenlassens umstritten.[582] Da der Streit jedoch überwiegend theoretischer Natur ist,[583] soll hier die Ansicht der **Rechtsprechung** dargestellt werden. Diese verlangt keine ausdrückliche oder konkludente Finanzierungsentscheidung.[584] Der BGH hat in zwei neueren Entscheidungen[585] festgestellt, daß ein Stehenlassen vorliegt, wenn:
– der Gesellschafter die ursprünglich nicht als Kapitalersatz dienenden Mittel nicht abzieht, obwohl ihm dies zumindest objektiv möglich ist;
– der Gesellschafter bei fehlender Möglichkeit der ordentlichen oder außerordentlichen Kündigung nicht von der ihm objektiv zustehenden Möglichkeit der Liquidation der Gesellschaft Gebrauch macht.

Danach ist zunächst entscheidend, ob eine **Kündigungsmöglichkeit** besteht. Die **Verschlechterung der Vermögenslage** führt bei Darlehen und Bürgschaften – anders als bei Gebrauchsüberlassungen[586] – zu einer Kündigungsmöglichkeit aus wichtigem Grund. Hatte der Gesellschafter ein Kündigungsrecht, muß er sich zwischen dem Abzug des Darlehens und der daraufhin uU eintretenden Insolvenz einerseits und dem Belassen mit den Folgen des Eigenkapitalersatzes andererseits entscheiden.[587]

In den beiden oben zitierten Entscheidungen zur Nutzungsüberlassung, deren Grundsätze auf andere eigenkapitalersetzende Maßnahmen übertragen werden können,[588] forderte der BGH zur Vermeidung des Kapitalersatzes nun erstmals die **Liquidation der Gesellschaft,** sofern dem Gesellschafter dies gesellschaftsrechtlich möglich ist. Dies bedeutet, daß Kapitalersatz des Darlehens auch bei fehlender Kündigungsmöglichkeit nur durch die Liquidation der Gesellschaft vermieden werden kann, wenn der entsprechende Gesellschafter diese auch gegen den Willen der anderen Gesellschafter herbeiführen kann. In welchen Fällen dies konkret der Fall ist, bleibt weitgehend ungeklärt.

---

[579] Vgl. Rz. 226.
[580] Für die praktische Rechtsanwendung ist unerheblich, ob man die Darlehensbelassung unter Abs. 1 oder Abs. 3 des § 32a faßt. Vgl. *Hachenburg/Ulmer* §§ 32a, b, Anm. 27.
[581] *Hachenburg/Ulmer* §§ 32a, b Anm. 28, 29 mwN.
[582] *Scholz/K. Schmidt* §§ 32a, b Anm. 44ff. mwN.
[583] Vgl. *v. Gerkan* GmbHR 1990, 387.
[584] BGH v. 28. 11. 1994, BB 1995, 61.
[585] BGH v. 14. 12. 1992, DB 1993, 318; v. 14. 6. 1993, DB 1993, 1662.
[586] BGH v. 16. 10. 1989, DB 1989, 2070 (2071); vgl. Rz. 328.
[587] Ständige Rspr., vgl. nur BGH v. 14. 12. 1992, DB 1993, 318.
[588] *K. Schmidt* ZIP 1993, 161 (167); *Priester* in JbFfSt 1993, 226.

Fest steht insoweit, daß die Liquidationsmöglichkeit ab einer Beteiligung von 75% am Stammkapital der GmbH gegeben ist (§ 60 Abs. 1 Nr. 2 GmbHG). Hinsichtlich der Feststellung der objektiven Möglichkeit zur Liquidation muß es auf den tatsächlichen Anteil am Stammkapital, nicht jedoch auf die bei einer eventuellen Beschlußfassung tatsächlich abgegebenen Stimmen ankommen.[589] Weiterhin ungeklärt ist, ob und unter welchen Voraussetzungen Anteile verschiedener Gesellschafter zusammenzurechnen sind, bzw. ob die übrigen Gesellschafter der Liquidation aufgrund der gesellschaftsrechtlichen Treuepflicht zustimmen müssen.[590] Sofern ein Insolvenzeröffnungsgrund gegeben ist, steht der Einleitung der Liquidation die Stellung eines Insolvenzantrags gleich.[591]

234 Der Eigenkapitalersatz tritt bei möglicher Kündigung oder Liquidation nicht sofort mit Beginn der Krise, sondern erst dann ein, wenn der Gesellschafter eine zur **Überlegung** über sein weiteres Vorgehen **angemessene Frist** hat verstreichen lassen.[592] Welche Frist dem Gesellschafter hier einzuräumen ist, hängt stark vom Einzelfall ab. Es wird insb. darauf ankommen, in welcher Höhe Darlehen begeben wurden, ob die Kündigung rechtlich einfach möglich ist und ob der Darlehensgeber die zur Liquidation erforderliche Mehrheit besitzt. Grundsätzlich ist ihm eine maximale Überlegungsfrist von zwei bis drei Wochen einzuräumen.[593]

Bestand keine Möglichkeit, das Darlehen abzuziehen oder die Gesellschaft zu liquidieren, liegt keine zum Eigenkapitalersatz führende Finanzierungsentscheidung vor.

5. Umfang der eigenkapitalersetzenden Qualifikation

235 Kommt einem Gesellschafterdarlehen danach – auch nur teilweise – Eigenkapitalersatzcharakter zu, so unterfällt das Darlehen nach der hM mit seinem **vollen Betrag** den Regelungen der §§ 32 a, b. Eine **Aufteilung** in einen eigenkapitalersetzenden und einen Teilbetrag, der Fremdkapital darstellt, ist nicht zulässig.[594] Das OLG Hamm[595] vertrat jedoch die Meinung, eine Aufteilung sei möglich. Das **Verbot der Aufteilbarkeit** der hL bedeutet jedoch nicht, daß alle Darlehen, die nach einem vorherigen Kapitalersatz gegeben werden, automatisch ebenfalls Kapitalersatz darstellen. Vielmehr ist jedes Dar-

---

[589] Vgl. *Ebenroth/Wilken* BB 1993, 305 (306), die auf die faktische Möglichkeit zur Gesellschaftsauflösung abstellen.

[590] *Häuselmann* DZWir 1993, 164 (165).

[591] BGH v. 4. 11. 1994, BB 1995, 58.

[592] BGH v. 24. 9. 1990, DB 1990, 2365; v. 14. 12. 1992, DB 1993, 318 (319).

[593] BGH v. 19. 12. 1994, GmbHR 1995, 219; BGH v. 2. 12. 1996, GmbHR 1997, 501 (503); unter besonderen Umständen kann sie länger sein, vgl. BFH v. 15. 6. 1998, ZIP 1998, 1352.

[594] OLG München v. 7. 3. 1997, GmbHR 1997, 703; *Scholz/K. Schmidt* §§ 32 a, b Anm. 49; *Hachenburg/Ulmer* §§ 32 a, b Anm. 51; *Lutter/Hommelhoff* §§ 32 a/b, Anm. 68; *Rowedder/Rowedder* § 32 a Anm. 11; entgegen Vorauflage jetzt *Baumbach/Hueck/Hueck* § 32 a Anm. 48; aA *Roth/Altmeppen* § 32 a Anm. 15; *Gersch/Herget/Marsch/Stützle* Die GmbH-Reform 1980, Anm. 259; *Priester* in FS Döllerer S. 475 (491).

[595] Urteil v. 28. 9. 1989, GmbHR 1990, 280.

lehen selbständig zu untersuchen, so daß es bei Fehlen der oben geschilderten Voraussetzungen auch dann nicht eigenkapitalersetzend ist, wenn frühere eigenkapitalersetzende Darlehen aufgestockt werden.[596]

Sofern die Rechtsprechungsgrundsätze[597] auf das Darlehen zur Anwendung kommen, ist eine Aufteilung insoweit möglich, als es tatsächlich eine Unterbilanz oder eine Überschuldung abdeckt.[598]

6. Nebenforderungen

Zinsen und **andere Nebenforderungen** werden wie das Darlehenskapital behandelt. Sie sind, wenn das Darlehen Eigenkapital ersetzt, gleichfalls Eigenkapitalersatz.[599] Ihre Zahlung kann auch nach § 30 GmbHG unzulässig sein; ist nur ein Teil des Darlehens nach § 30 GmbHG gebunden,[600] so kann die Zinszahlung in vollem Umfang gegen § 30 GmbHG verstoßen. 236

7. Rechtsfolgen

Die **gesetzliche Regelung** ist auf einen Schutz im Insolvenzfall angelegt; die **Rechtsprechungsgrundsätze**[601] verfolgen demgegenüber das gesellschaftsrechtliche Kapitalerhaltungsgebot. Daraus ergeben sich unterschiedliche Rechtsfolgen. 237

a) Gesetzliche Regelung (§ 32 a Abs. 1 GmbHG)

aa) Solange ein **Insolvenzverfahren** nicht eröffnet worden ist, ist der Gesellschafter nach § 32 a Abs. 1 GmbHG nicht gehindert, sich das eigenkapitalersetzende Darlehen **zurückzahlen** zu lassen.[602] Ebenso kann er gegen eine Forderung der Gesellschaft **aufrechnen** oder eine Sicherheit, die ihm die Gesellschaft bestellt hat, verwerten.[603] So wird er auch bei einer (förmlichen oder stillen) **Liquidation** als Gesellschaftsgläubiger behandelt.[604] Dasselbe gilt, wenn ein Insolvenzverfahren mangels Masse nicht eröffnet[605] oder eingestellt[606] wird. 238

Die **Rückzahlung** eines eigenkapitalersetzenden Gesellschafterdarlehens können Gläubiger der Gesellschaft außerhalb eines Konkurs- oder Vergleichs- 239

---

[596] BGH v. 13. 7. 1992, DB 1992, 2022 (2024).
[597] Vgl. Rz. 201.
[598] BGH v. 26. 3. 1984, NJW 1984, 1891 (1893); *Lutter/Hommelhoff* §§ 32 a/b Anm. 78.
[599] BGH v. 11. 7. 1994, DB 1994, 1715; BGH v. 22. 10. 1990, BB 1991, 14.
[600] Vgl. Rz. 235.
[601] Vgl. Rz. 201 ff.
[602] *Lutter/Hommelhoff* §§ 32 a/b Anm. 70; *Baumbach/Hueck/Hueck* § 32 a Anm. 53. Anders dagegen, wenn ein Sequestrationsverfahren vor Eröffnung des Insolvenzverfahrens läuft, *Hachenburg/Ulmer* §§ 32 a, b Anm. 67.
[603] *Lutter/Hommelhoff* §§ 32 a/b Anm. 77.
[604] BGH v. 26. 3. 1984, BB 1984, 1067 (1068); *Hachenburg/Ulmer* §§ 32 a, b Anm. 66; *Scholz/K. Schmidt* §§ 32 a, b Anm. 68; vgl. auch OLG Hamburg v. 4. 10. 1985, ZIP 1985, 1390 (1391).
[605] § 26 InsO.
[606] §§ 207 ff. InsO.

verfahrens nach § 6 Nr. 2 AnfG **anfechten.**[607] Die Anfechtung setzt voraus (§ 2 AnfG), daß der Gläubiger im Besitz eines vollstreckbaren Schuldtitels ist, die Forderung fällig ist, die Vollstreckung gegen die Gesellschaft entweder erfolglos geblieben ist oder voraussichtlich erfolglos bleiben wird und die Gesellschaft die Rückzahlung im letzten Jahr vor der Anfechtung vorgenommen hat. Der Gesellschafter ist dann zur Rückgewähr verpflichtet (§ 11 AnfG). Anfechtbar ist nach § 6 Nr. 1 AnfG auch die **Bestellung von Sicherheiten,** welche die Gesellschaft dem Gesellschafter an ihrem Vermögen in den letzen 10 Jahren bestellt hat.

240   bb) Im **Insolvenzverfahren** kann der Gesellschafter dagegen ein eigenkapitalersetzendes Darlehen nur als nachrangiger Insolvenzgläubiger geltend machen;[608] dasselbe gilt für **Zinsen** und andere Nebenforderungen.[609]

Ein Gesellschafter ist nach Eintritt des Insolvenzfalles grundsätzlich nicht mehr verpflichtet, ein zugesagtes (eigenkapitalersetzendes) Darlehen zu gewähren, da §§ 32 a/b GmbHG nur die Rückzahlung gewährter Darlehen verbieten, nicht jedoch eine Nachschußpflicht begründen.[610]

Der Gesellschafter kann in der Gläubigerversammlung erscheinen, ihm steht jedoch kein Stimmrecht zu.[611] Der Gesellschafter kann nunmehr auch allein aufgrund des Darlehens den Antrag auf Eröffnung des Konkursverfahrens stellen.[612]

Diese Rechtsfolgen gelten für das eigenkapitalersetzende Darlehen in seinem **gesamten Umfang,** auch wenn nur ein Teilbetrag Eigenkapitalersatz sein sollte.[613]

241   Das Insolvenzverfahren berührt nicht die Forderung des Gesellschafters. Er kann sie nach Abschluß des Verfahrens geltend machen oder ihm von dritter Seite gestellte Sicherheiten verwerten.

Wird das Insolvenzverfahren durch einen **Insolvenzplan** geregelt, der an die Stelle eines Zwangsvergleich und des gerichtlichen Vergleichsverfahrens getreten ist,[614] erlischt die Forderung des Gesellschafter grundsätzlich, sofern nichts anderes bestimmt wird.[615] Sieht der Insolvenzplan eine vom Erlöschen abweichende Regelung vor, erhält der das eigenkapitalersetzende Darlehen gewährende Gesellschafter die im Plan vorgesehene Quote. Damit ist er den übrigen Gläubigern gleichgestellt und kann auch nach Abschluß des Verfahrens den nicht befriedigten Teil der Forderung nicht mehr geltend machen.[616]

Sicherungen, die er von Mitgesellschaftern oder von Dritten für sein Darlehen erhalten hat, bleiben auch in diesem Fall in voller Höhe bestehen; Sicherungen der Gesellschaft haften nur noch für den herabgesetzten Betrag.[617]

---

[607] *Gersch/Herget/Marsch/Stützle* Die GmbH-Reform, 1980, Anm. 263.
[608] § 39 Abs. 1 Nr. 5 InsO.
[609] *Hachenburg/Ulmer* §§ 32 a, b Anm. 69; *Scholz/K. Schmidt* §§ 32 a, b Anm. 53; mißverständlich *Baumbach/Hueck/Hueck* § 32 a Anm. 55.
[610] BGH v. 9. 12. 1996, GmbHR 1997, 498.
[611] §§ 77 Abs. 1 S. 2, 39 Abs. 1 Nr. 5 InsO.
[612] § 13 Abs. 1 S. 2 InsO; *Obermüller/Hess* InsO, Anm. 64.
[613] Vgl. Rz. 235.
[614] *Obermüller/Hess* InsO, Anm. 686.
[615] § 225 Abs. 1 InsO.
[616] BGH v. 6. 4. 1995, DB 1995, 1168 (noch zu § 32 a Abs. 1 Satz 2 a.F. GmbHG).
[617] *Hachenburg/Ulmer* §§ 32 a, b Anm. 72.

C. Eigenkapitalersetzende Gesellschafterleistungen   242–245   § 8

Ein Gläubiger kann mit seiner Forderung grds. während des Insolvenzverfahrens **aufrechnen** (§§ 94 ff. InsO). Dies gilt aber nicht für eigenkapitalersetzende Gesellschafterdarlehen,[618] insbesondere auch für eine Verrechnung der Darlehensforderung mit einer offenen Stammeinlage (vgl. § 19 Abs. 2 Satz 2, Abs. 5 GmbHG).[619]   242

cc) Hat die Gesellschaft dem Gesellschafter das Darlehen **binnen Jahresfrist** vor der Eröffnung des Insolvenzverfahrens oder danach **zurückgezahlt**, so kann der **Insolvenzverwalter** die Rückzahlung binnen zwei Jahren seit der Eröffnung des Insolvenzverfahrens[620] **anfechten**.[621] Der Gesellschafter ist dann zur Rückzahlung in die Insolvenzmasse verpflichtet (§ 143 InsO). Hat der Gesellschafter die Zahlung früher als ein Jahr vor der Eröffnung des Verfahrens erhalten, so kann der Insolvenzverwalter nicht anfechten und der Gesellschafter kann nach diesen Vorschriften nicht mehr in Anspruch genommen werden.[622]   243

Die Sonderregelung für das **gerichtliche Vergleichsverfahren** alten Rechts[623] gilt damit nicht mehr fort.[624]

dd) Das Gesellschafterdarlehen bleibt eine Verbindlichkeit der Gesellschaft,[625] so daß die für das eigenkapitalersetzende Gesellschafterdarlehen bestellten **Sicherheiten** grds. bestehen bleiben.   244

(1) Hat die **Gesellschaft** das von dem Gesellschafter erhaltene Darlehen **besichert**, so spricht dies schon für die Kreditwürdigkeit der Gesellschaft und gegen einen Eigenkapitalersatz.[626] Handelt es sich nach den konkreten Umständen gleichwohl um ein eigenkapitalersetzendes Darlehen, so ist der Gesellschafter im **Insolvenzverfahren** gehindert, Befriedigung aus der Sicherheit zu suchen; anderenfalls würde die Regelung des § 32a Abs. 1 umgangen.[627] Außerdem kann der Insolvenzverwalter innerhalb von zwei Jahren seit der Eröffnung des Insolvenzverfahrens alle Besicherungen **anfechten**,   245

---

[618] BGH v. 19. 12. 1994, DB 1995, 569; BGH v. 12. 1. 1987, WM 1987, 284 (286); *Scholz/K. Schmidt* §§ 32a, b Anm. 55, 64; *Baumbach/Hueck/Hueck* § 32a Anm. 56; *Hachenburg/Ulmer* §§ 32a, b Anm. 70; *Lutter/Hommelhoff* §§ 32a/b Anm. 76.

[619] BGH v. 26. 3. 1984, BB 1984, 1067 (1068); BGH v. 8. 7. 1985, DB 1985, 2292 (2293); *Roth/Altmeppen* § 32a Anm. 39; aA *Priester* in FS Döllerer S. 475 (487 ff.) für lediglich § 32a unterfallende Darlehen und vorbehaltlich einer Konkursanfechtung.

[620] § 135 Nr. 2, 146 Abs. 1 InsO.

[621] Das gilt auch, wenn das Gesellschafterdarlehen durch Aufrechnung oder Verrechnung getilgt worden ist, *Hachenburg/Ulmer* §§ 32a, b Anm. 79; *Baumbach/Hueck/Hueck* § 32a Anm. 61.

[622] *Meyer-Landrut* § 32a Anm. 7.

[623] Vgl. Vorauflage Rz. 236.

[624] Vgl. *Hachenburg/Ulmer* §§ 32a, b Anm. 75; *Baumbach/Hueck/Hueck* § 32a Anm. 61.

[625] BGH v. 15. 2. 1996, GmbHR 1996, 285, 287.

[626] Vgl. Rz. 221; BGH v. 9. 10. 1986, DB 1987, 159 (161); *K. Schmidt* ZIP 1981, 689 (695).

[627] *Scholz/K. Schmidt* §§ 32a, b Anm. 56; *Lutter/Hommelhoff* §§ 32a/b Anm. 68; *Hachenburg/Ulmer* §§ 32a, b Anm. 71; *Baumbach/Hueck/Hueck* § 32a Anm. 59. Bei akzessorischen Sicherheiten steht § 32a Abs. 1 GmbHG, bei nichtakzessorischen Sicherheiten § 32a S. 2 KO einredeweise entgegen.

welche die Gesellschaft dem Gesellschafter in den letzten zehn Jahren[628] vor dem Eröffnungsantrag oder danach gegeben hat.

246 (2) Hat ein **Dritter** eine **Sicherheit** für das eigenkapitalersetzende Darlehen bestellt, so ist der Gesellschafter nicht gehindert, die Sicherheit in Anspruch zu nehmen, wenn sie auch für den Fall des Eigenkapitalersatzes gewährt wurde. Dies ist jedenfalls dann der Fall, wenn der Sicherungsgeber weiß, daß der Darlehensgeber Gesellschafter einer GmbH ist, die sich in der Krise befindet.[629] Der Darlehensanspruch geht, soweit der Gesellschafter befriedigt wird, entweder kraft Gesetzes[630] oder durch Abtretung[631] auf den Dritten über. Dieser kann die **übergegangene Darlehensforderung** im Insolvenzverfahren nur nachrangig geltend machen (§ 32 a Abs. 1 iVm. §§ 404, 412 BGB). Aus der Sicherungsvereinbarung mit dem Dritten kann sich indessen ergeben, daß der Gesellschafter im Zugriff auf die Sicherheiten beschränkt ist.[632]

247 (3) Hat ein **Mitgesellschafter** das eigenkapitalersetzende Darlehen **besichert**, so stellt die Besicherung nach dem Auffangtatbestand des § 32 a Abs. 3 GmbHG gleichfalls **Eigenkapitalersatz** dar.[633] Nach der gesetzlichen Regelung kann der darlehensgewährende Gesellschafter die Sicherheit seines Mitgesellschafters in Anspruch nehmen;[634] diesem kann aber der Rückgriff auf das Vermögen der Gesellschaft versagt sein.[635] In diesen Fällen wird die Sicherungsvereinbarung Regelungen darüber enthalten, wie der sicherungsgebende Mitgesellschafter für das Darlehen einzustehen hat.

b) Rechtsprechungsgrundsätze

248 aa) Auf eigenkapitalersetzende Gesellschafterdarlehen sind neben den §§ 32 a, b auch die sog. **Rechtsprechungsgrundsätze**, dh. §§ 30, 31 GmbHG anwendbar.[636] Insgesamt kann daher auf Abschnitt A verwiesen werden. Die Vorschriften setzen ein Insolvenzverfahren nicht voraus und die Geschäftsführung ist berechtigt und verpflichtet, die Rückzahlung zu verweigern, solange die **Unterbilanz** nicht ausgeglichen bzw. die Überschuldung nicht beseitigt ist.[637] Dies gilt auch, wenn die Gesellschaft liquidiert wird.[638] Eine **Aufrechnung** oder **Verrechnung** mit einer Forderung bzw. gegen eine Forderung der Gesellschaft ist unwirksam,[639] der Gesellschafter darf eine **Sicherung**, die ihm die **Gesellschaft** bestellt hat, nicht verwerten.[640]

---

[628] § 135 Nr. 2 InsO.
[629] BGH v. 15. 2. 1996, GmbHR 1996, 285.
[630] §§ 774, 1143, 1225 BGB.
[631] Bei Bestellung einer Grundschuld, Sicherungsübereignung oder -abtretung.
[632] *Scholz/K. Schmidt* §§ 32 a, b Anm. 57.
[633] *Scholz/K. Schmidt* §§ 32 a, b Anm. 58, 118.
[634] BGH v. 15. 2. 1996, GmbHR 1996, 285; *K. Schmidt* ZIP 1981, 689 (696).
[635] *Scholz/K. Schmidt* §§ 32 a, b Anm. 118.
[636] Vgl. Rz. 201 f.
[637] *Lutter/Hommelhoff* §§ 32 a/b Anm. 69 f.
[638] *Baumbach/Hueck/Hueck* § 32 a Anm. 54.
[639] BGH v. 12. 1. 1987, WM 1987, 284 (286 f.); *Hachenburg/Ulmer* §§ 32 a, b Anm. 168; *Scholz/K. Schmidt* §§ 32 a, b Anm. 78.
[640] BGH v. 21. 9. 1981, BB 1981, 2026 (2028); BGH v. 13. 7. 1981, BB 1981, 1664 (1667); *Hachenburg/Ulmer* §§ 32 a, b Anm. 169; *Baumbach/Hueck/Hueck* § 32 a

bb) Hat die Gesellschaft das Darlehen unzulässigerweise zurück- oder Zinsen gezahlt, so ist der Empfänger nach § 31 Abs. 1 GmbHG zur **Erstattung** verpflichtet;[641] hat der Gesellschafter unzulässig eine Sicherung verwertet, so ist er entspr. § 31 Abs. 1 GmbHG verpflichtet, den Erlös an die Gesellschaft herauszugeben.[642] Es gelten alle Regelungen dieser Vorschrift, insb. auch die Regelungen über die subsidiäre Haftung der Mitgesellschafter (§ 31 Abs. 3 GmbHG),[643] über die fünfjährige Verjährungsfrist[644] und über die Haftung der Geschäftsführer (§§ 43 Abs. 3, 31 Abs. 6 GmbHG).

c) Verhältnis des § 32 a Abs. 1 zu den §§ 30, 31 GmbHG

Die **gesetzliche Regelung** und die **Rechtsprechungsgrundsätze** gelten nebeneinander, sie können den Voraussetzungen nach jedoch nur insoweit **konkurrieren,** als eine Unterbilanz oder Überschuldung besteht. Ist das nicht der Fall, so gilt ausschließlich die gesetzliche Regelung.

Besteht eine Unterbilanz oder eine Überschuldung, so gilt gleichfalls die **gesetzliche Regelung** ausschließlich, wenn das Gesellschafterdarlehen noch offensteht und das Insolvenzverfahren eröffnet worden ist, da noch keine Auszahlung stattgefunden hat. Der Insolvenzverwalter kann grds. wählen, ob er nach §§ 30, 31 oder §§ 32 a, b GmbHG, 135 Nr. 2 InsO, § 6 Nr. 2 AnfG vorgehen will, wenn die Voraussetzungen hierfür vorliegen.[645] Die Rechtsprechungsgrundsätze sind ausschließlich anwendbar, wenn die Jahresfrist zur Anfechtung nach dem AnfG verstrichen ist.

8. Beweislast

Wer Rechte daraus herleiten will, daß ein Gesellschafterdarlehen Eigenkapital ersetzt, trägt dafür die Beweislast.[646] Der **Insolvenzverwalter bzw.** (der **anfechtende Gläubiger**) muß also die tatbestandlichen Voraussetzungen beweisen, aus denen sich ergibt, daß der Darlehensgeber Gesellschafter ist oder sonst **Finanzierungsverantwortung** trägt. Verlangen sie die **Rückzahlung des Darlehens** an die Gesellschaft, weil sie die Tilgung durch die Gesellschaft für anfechtbar (§ 135 Nr. 2 InsO) oder als gegen die Kapitalerhaltungsgrundsätze verstoßend halten, müssen sie weiterhin beweisen, daß das Darlehen unter Umständen gewährt oder belassen wurde, unter denen die Gesellschafter als ordentliche Kaufleute Eigenkapital zugeführt hätten.[647] Sprechen die äußeren Umstände für eine Kreditunwürdigkeit,[648] muß der Gesellschafter konkret darlegen, welche Vermögensgegenstände der GmbH noch als

---

Anm. 77; weitergehend (auch von Mitgesellschaftern und Dritten gegebene Sicherungen) *Lutter/Hommelhoff* §§ 32 a/b Anm. 73.
[641] *Scholz/K. Schmidt* §§ 32 a, b Anm. 80.
[642] *Lutter/Hommelhoff* §§ 32 a/b Anm. 82.
[643] *Lutter/Hommelhoff* §§ 32 a/b Anm. 82; BGH v. 5. 2. 1990, DB 1990, 926; vgl. Rz. 70 ff.
[644] OLG München v. 9. 12. 1982, DB 1983, 166 (167); vgl. Rz. 79, 80.
[645] *Hachenburg/Ulmer* §§ 32 a, b Anm. 174.
[646] *Baumbach/Hueck/Hueck* § 32 a Anm. 52; *Scholz/K. Schmidt* §§ 32 a, b Anm. 52.
[647] BGH v. 14. 11. 1988, DB 1989, 271.
[648] Vgl. BFH v. 4. 12. 1995, BB 1996, 1185.

eigene Sicherheit hätten dienen können und inwiefern sie über stille Reserven verfügen.[649] Macht der Gesellschafter geltend, er sei nicht in der Lage gewesen, die kritische wirtschaftliche Situation seiner Gesellschaft zu erkennen, hat er dies auch zu beweisen.[650] Widerspricht der Konkursverwalter der zur **Konkurstabelle angemeldeten** Forderung (§ 144 KO), so muß der **Gesellschafter** beweisen, daß das Darlehen nicht Eigenkapitalersatz ist.[651]

Dem Gesellschafter obliegt der Beweis dafür, daß das Darlehen seinen eigenkapitalersetzenden Charakter aufgrund einer **zwischenzeitlichen Besserung** der wirtschaftlichen Lage verloren hat.[652] Ist der Gesellschafter unterdessen aus der Gesellschaft **ausgeschieden,** so muß die Gesellschaft darlegen, daß sich ihre Verhältnisse seit dem letzen Jahresabschluß, den sie dem Gesellschafter vorgelegt hat, nicht verbessert haben.[653]

9. Steuerliche Behandlung

a) Steuern vom Einkommen und Ertrag

252   **aa) Steuerliche Behandlung bei der Gesellschaft.** Die eigenkapitalersetzenden Gesellschafterdarlehen bleiben zivilrechtlich **Fremdkapital**.[654] Auch in der Handelsbilanz werden sie nach hM als Fremdkapital behandelt.[655] Dieser Beurteilung folgt nunmehr auch das Steuerrecht.

Der Weg zu dieser Lösung war jedoch dornenreich und es wurde mehrfach der Versuch unternommen, Gesellschafterdarlehen als **verdecktes Nennkapital** zu behandeln.[656] Seit dem BFH-Urteil vom 5. 2. 1992[657] ist jedoch geklärt, daß eigenkapitalersetzende Gesellschafterdarlehen auch steuerlich nicht mit Eigenkapital gleichgesetzt werden können.[658] Sie sind daher als Fremdkapital, dh. als Verbindlichkeit in der Steuerbilanz nach hM. auch dann zu erfassen, wenn der Gesellschafter einen **Rangrücktritt** erklärt hat[659] und das Darlehen nicht in den **Überschuldungsstatus** aufgenommen werden sollte.[660] Dies gilt nach der Rspr. zumindest dann, wenn die Verbindlichkeit auch aus einem Liquidationsüberschuß oder einem die sonstigen Verbindlichkeiten übersteigenden Vermögen zu bedienen ist.[661]

---

[649] BFH v. 17. 11. 1997, DStR 1998, 426; BFH v. 2. 6. 1997, DStR 1997, 1581.

[650] BGH v. 4. 11. 1994, BB 1995, 58 (60); BGH v. 2. 12. 1996, GmbHR 1997, 501 (503).

[651] *Rowedder/Rowedder* § 32a Anm. 81.

[652] BGH v. 14. 11. 1988, DB 1989, 271; *Roth/Altmeppen* § 32a Anm. 25.

[653] BGH v. 27. 11. 1989, DB 1990, 266 (267).

[654] Vgl. Rz. 200.

[655] Ausführlich *Häuselmann* S. 97 ff.; BGH v. 6. 12. 1993, BB 1994, 392 (393).

[656] Vgl. BMF-Schreiben 16. 3. 1987, BStBl I 1987, 373, aufgehoben durch Schreiben v. 17. 9. 1992, DStR 1992, 1652.

[657] DB 1992, 763.

[658] Zur Rechtsentwicklung vgl. *Häuselmann* S. 105 ff.

[659] BFH v. 30. 3. 1993, DB 1993, 1266; *Groh* BB 1993, 1882 (1888); aA wohl *Wassermeyer* ZGR 1992, 640 (655).

[660] Vgl. Rz. 218.

[661] BFH v. 30. 3. 1993, DB 1993, 1266.

C. Eigenkapitalersetzende Gesellschafterleistungen 253–255 § 8

Zinszahlungen auf eigenkapitalersetzende Gesellschafterdarlehen stellen 253 damit – entgegen früherer Ansicht[662] – grds. keine verdeckten Gewinnausschüttungen (vGA) dar.[663] Eine vGA liegt nur dann vor, wenn die allgemeinen Voraussetzungen des § 8 Abs. 3 Satz 2 KStG gegeben sind[664] oder der ab Veranlagungszeitraum 1994 eingeführte § 8a KStG eingreift. § 8a KStG kommt jedoch nur dann zur Anwendung, wenn der darlehensgewährende Gesellschafter nicht zur Anrechnung der Körperschaftsteuer berechtigt ist.[665]

Verzichtet der Gesellschafter auf das Darlehen, stellt dieser **Verzicht** bei der 254 Gesellschaft grundsätzlich eine **verdeckte Einlage** dar.[666] Umstritten war lange Zeit, wie die Einlage zu bewerten ist, wenn der Teilwert der Forderung nicht mehr dem Nennwert entspricht.[667] Die hM. ging bisher davon aus, daß eine Einlage in Höhe des **Nennwerts** vorliegt, so daß es nicht zu einem steuerpflichtigen Ertrag bei der Gesellschaft kam. Der erste Senat des BFH hatte diese Frage dem Großen Senat zur Entscheidung vorgelegt.[668] Der Große Senat entschied am 9. Juni 1997, daß nur eine Einlage in Höhe des Teilwertes gegeben ist.[669] Der Große Senat begründet dies damit, daß die Bewertung verdeckter Einlagen allein steuerrechtlichen Regelungen folge. Es komme darauf an, welchen Betrag der Betriebsinhaber für den Erwerb der Forderung hätte aufwenden müssen. Dies entspreche nur dem noch werthaltigen Teil der Forderung. Dies gilt auch dann, wenn die Forderung aus Leistungen des Gesellschafters stammt, die bei der Gesellschaft zu Aufwand geführt haben. Bei letzterer Alternative kommen insbesondere stehengelassene Zinsen auf Gesellschafterdarlehen oder Nutzungsentgelte in Betracht. Im Ergebnis führt die nunmehr von der Rechtsprechung vertretene Auffassung dazu, daß vor einem Forderungserlaß festgestellt werden muß, in welcher Höhe die Forderung noch werthaltig ist. In Höhe des werthaltigen Teils liegt eine Einlage vor, die nach § 4 Abs. 1 EStG vom Betriebsvermögen abzusetzen ist. Der nicht mehr werthaltige Teil, dh. der Unterschiedsbetrag zwischen dem Bilanzansatz und dem werthaltigen Teil, führt zu einem steuerpflichtigen Gewinn der GmbH bzw. verbraucht deren steuerlichen Verlustvortrag.

bb) Steuerliche Behandlung beim Gesellschafter. Das Darlehen bleibt 255 bei der Gesellschaft Fremdkapital, so daß es auch beim Gesellschafter als Forderung bestehen bleibt.[670] Eigenkapitalersetzende Forderungen gegen die Gesellschaft werden jedoch idR. einen geringeren Wert als den Nennbetrag der Forderung haben, da die Zahlungsfähigkeit der Gesellschaft beeinträchtigt

---

[662] Vgl. BMF-Schreiben v. 16. 3. 1987, BStBl I 1987, 373 (374).
[663] BGH v. 5. 2. 1992, DB 1992, 763 (766).
[664] Vgl. § 10 Rz. 190 ff.
[665] Vgl. § 11 Rz. 158.
[666] *Bullinger* DStR 1993, 225 (228); BFH v. 7. 7. 1992, BB 1993, 417.
[667] *Bruse/von Braunschweig* DB 1993, 2302; *Bullinger* DStR 1993, 225; FG Münster v. 16. 12. 1992, DB 1993, 1799; Hollatz DStR 1994, 1137; BFH v. 27. 7. 1994, DB 1994, 2269; *Weber-Grellet* BB 1995, 243; *Hannemann* DB 1995, 2055; *Meilicke/Pohl* FR 1995, 877; *Roser* DB 1996, 1303.
[668] BFH v. 27. 7. 1994, DB 1994, 2269.
[669] DB 1997, 1693; dazu auch *Groh* DB 1997, 1683; *Groh* BB 1997, 2523; *Neumann* FR 1997, 925; *Hoffmann* DStR 1997, 1625; *Hoffmann* DB 1998, 1983.
[670] *Groh* BB 1993, 1882 (1888).

ist. Die steuerliche Behandlung beim Gesellschafter richtet sich danach, ob die Beteiligung an der GmbH und/oder das Darlehen im Betriebs- oder Privatvermögen gehalten wird.

256 **(1) Beteiligung im Privatvermögen.** Ist die Beteiligung des Gesellschafters Privatvermögen, ist grundsätzlich zwischen einer wesentlichen (≥ 10%) und einer nicht wesentlichen Beteiligung zu unterscheiden (§ 17 EStG). Nur in seltenen Ausnahmefällen kann der Verlust eines Darlehens als Werbungskosten bei anderen Einkunftsarten (zB aus nichtselbständiger Arbeit) geltendgemacht werden.[671]

257 Bei **Beteiligungen unter 10%** spielt sich sowohl die Wertminderung als auch ein Darlehenprivaten Vermögensebene ab und sind steuerlich unbeachtlich. Die bezeichneten Vorgänge können daher unabhängig von der Frage des Eigenkapitalersatzes nicht steuermindernd geltendgemacht werden.[672] Eigenkapitalersetzende Darlehen erhöhen auch nicht die Beteiligung, da sie nicht mit dem Stammkapital vergleichbar sind und keine **„ähnlichen Beteiligungen"** iSd. § 17 EStG darstellen.[673] Durch die Gewährung derartiger Darlehen oder die Begründung typischer stiller Beteiligungen[674] kann daher nicht aus einer unwesentlichen eine wesentliche Beteiligung werden.

258 Hält der Gesellschafter eine **wesentliche,** dh. eine **Beteiligung ab 10%** an der GmbH, können **nachträgliche Anschaffungskosten** auf die Beteiligung vorliegen. Diese setzen voraus, daß entweder eine (verdeckte) Einlage des Gesellschafters vorliegt oder das Darlehen durch das Gesellschaftsverhältnis veranlaßt ist.

259 Eine **(verdeckte) Einlage** liegt vor, wenn der GmbH das Darlehen erlassen wird **(Forderungsverzicht).**[675] Diese führt unabhängig vom Eigenkapitalersatz zu nachträglichen Anschaffungskosten. Der **Wert der Einlage** richtet sich nach Auffassung des Großen Senats sowohl bei fehlendem Kapitalersatz als auch bei eigenkapitalersetzendem Darlehen nach dem gemeinen Wert des Darlehens im Zeitpunkt der Einlage, so daß es bei Wertlosigkeit mit DM Null anzusetzen ist.[676] Damit müßte sich der Wert der Einlage beim Forderungsverzicht nicht mehr nach dem Wert bestimmen, den das Darlehen bei Eintritt des Kapitalersatzes hatte,[677] da sich ein Zufluß beim Gesellschafter und die Einlage auf den werthaltigen Teil der Forderung beschränken. Allerdings bleibt die Argumentation des VIII. Senats des BFH, daß sich die Anschaf-

---

[671] BFH v. 7. 2. 1997, BFH/NV 1997, 400; anders wohl *Schmidt/Drenseck* § 19 Anm. 60 (Darlehen) für Gesellschafter-Geschäftsführer.
[672] *Schmidt* § 17 Anm. 2; *Bullinger* DStR 1993, 225 (228).
[673] BFH v. 19. 5. 1992, BStBl II 1992, 902 ff.
[674] BFH v. 28. 5. 1997, BB 1997, 2088.
[675] *Döllerer* Verdeckte Gewinnausschüttung und verdeckte Einlage, 2. Aufl. 1990, S. 173.
[676] BFH GrS v. 9. 6. 1997 DB 1997, 1693: der Große Senat geht zwar nicht ausdrücklich auf die Frage des Wertes bei eigenkapitalersetzenden Darlehen ein, ein Vorlageverfahren (I R 103/93) betraf jedoch einen derartigen Fall. Hieraus muß geschlossen werden, daß der Große Senat keinen Unterschied zwischen kapitalersetzenden und nicht kapitalersetzenden Darlehen macht; *Dötsch* in *Dötsch/Eversberg/Jost/Witt* § 17 EStG Anm. 62.
[677] So noch BFH v. 7. 7. 1992, DB 1992, 2476 (2478).

fungskosten bereits durch die eigenkapitalersetzende Gewährung erhöht haben (vgl. unten) und der spätere Verzicht hinsichtlich der Bewertung daher ins Leere geht, bestehen. Der VIII. Senat hat auch noch kurz vor der Entscheidung des Großen Senats seine Rechtsprechung bekräftigt.[678] Insbesondere wegen der unterschiedlichen Behandlung des Ausfalls in der Insolvenz und dem Verzicht auf die Forderung sollte an der alten Rechtsprechung festgehalten werden.[679]

Verzichtet der Gesellschafter nicht auf sein Darlehen, sondern fällt er in der Insolvenz, bei Liquidation oder bei einer Veräußerung der Beteiligung mit seinem Darlehen aus, können sich nach nunmehr hM trotzdem die Anschaffungskosten der Beteiligung erhöhen, sofern das Darlehen **durch das Gesellschaftsverhältnis veranlaßt** ist.[680] Eine derartige Veranlassung ist gegeben, wenn die Gesellschaft entweder konkursreif ist oder ein Nichtgesellschafter bei Anwendung der Sorgfalt eines ordentlichen Kaufmanns das Darlehen nicht gewährt hatte. Dabei kommt es darauf an, ob angesichts der finanziellen Situation der Gesellschaft die Rückzahlung des Darlehens in einem Maße gefährdet ist, daß ein Dritter dieses Risiko nicht eingegangen wäre und ob die Gesellschaft noch einen Kredit zu marktüblichen Konditionen erhalten hätte; hierbei können alle Umstände berücksichtigt werden.[681]

In der Praxis dürften alle zivilrechtlich eigenkapitalersetzenden Darlehen auch durch das Gesellschaftsverhältnis veranlaßt sein. Der BFH stellt in der Begründung seiner Urteile zwar stark auf die zivilrechtlichen Voraussetzungen des Eigenkapitalersatzes ab, entscheidend ist gleichwohl die Verursachung durch das Gesellschaftsverhältnis. Daher ist auch in den Fällen, in denen kein Eigenkapitalersatz gegeben ist, eine Erhöhung der Anschaffungskosten möglich. Dies wird insbesondere bedeutsam, wenn der Gesellschafter mit genau 10% an der GmbH beteiligt und nicht Geschäftsführer ist, da er in diesem Fall nicht den Eigenkapitalersatzregeln unterfällt, aber gleichwohl eine wesentliche Beteiligung vorliegt. Die neuere Rechtsprechung des VIII. Senats des BFH unterscheidet zwischen Darlehen, die von Anfang an Eigenkapitalersatz darstellen (Gewährung in der Krise, Finanzplankredite) und solchen, die später (durch Stehenlassen) eigenkapitalersetzend geworden sind.

Finanzplankredite, die von vornherein in die Finanzplanung der Gesellschaft in der Weise einbezogen sind, daß die zur Aufnahme der Geschäfte erforderliche Kapitalausstattung der Gesellschaft durch eine Kombination von Eigen- und Fremdfinanzierung erreicht werden soll, führen bei ihrem Ausfall zu nachträglichen Anschaffungskosten in Höhe ihres Wertes im Zeitpunkt der Gründung der Gesellschaft. Sie können daher mit ihrem Nennwert steuerlich geltend gemacht werden. Gleiches gilt für Darlehen, die **in der Krise** gewährt werden.[682]

---

[678] BFH v. 24. 4. 1997, DStR 1997, 1807 (1809); zur Problematik auch Neumann FR 1997, 925.
[679] *Eilers/Wienands* GmbHR 1998, 618 (622, 624); *Pyszka* DStR 1998, 1160 (1164).
[680] *Jülicher* DStR 1994, 305 (306); aA *Wassermeyer* ZGR 1992, 639 (656); *Bachem* DStZ 1992, 712.
[681] BFH v. 4. 11. 1997, DStR 1998, 73 (74); BFH v. 24. 4. 1997, DStR 1997, 1805 (1806); BFH v. 7. 7. 1992, DB 1992, 2476 (2477).
[682] BFH v. 4. 11. 1997, DStR 1997, 73.

262 Bei Darlehen, die zur **Krisenfinanzierung** bestimmt sind, ist weiterhin umstritten, ob bei ihnen ebenfalls der Nennwert steuerlich berücksichtigt werden kann.[683] Der BFH hat diese Frage zuletzt offengelassen,[684] mit der hM in der Literatur ist richtigerweise auch hier eine Erhöhung der Anschaffungskosten um den Nennwert der Forderung anzunehmen. Dies betrifft insbesondere Darlehen, die vor einer Krise gewährt werden, bei denen aber ein Rangrücktritt ausgesprochen wurde oder bei denen der Gesellschafter frühzeitig mit bindender Wirkung zu erkennen gegeben hat, daß er das Darlehen auch in der Krise stehenlassen werde.

263 Bei sonstigen **stehengelassenen** Darlehen belasten Wertverluste des Darlehens zunächst allein die Privatsphäre des Gesellschafters und sind bei einem Forderungsausfall nur insoweit als nachträgliche Anschaffungskosten zu berücksichtigen, als das Darlehen im **Zeitpunkt des Kriseneintritts** noch werthaltig war. Es ist daher festzustellen, welchen Betrag ein unabhängiger Dritter bei einem Erwerb für das Darlehen noch aufwenden würde. Je näher der Zeitpunkt des Kriseneintritts dem Insolvenzzeitpunkt liegt, desto geringer dürfte der Wert des Darlehens und damit der steuerlich zu berücksichtigende Betrag sein. Der Wert des Darlehens kann jedoch auch dem Nennwert entsprechen, sofern es gelingt, den Eintritt der Krise nachzuweisen.[685]

264 Die Erhöhung der nachträglichen Anschaffungskosten wirkt sich im Privatvermögen **nicht** auf die **laufende Besteuerung** aus.[686] Auswirkungen ergeben sich, wenn die Forderung in der **Insolvenz** der Gesellschaft **ausfällt** oder der Gesellschafter auf sie **verzichtet**. Soweit in der Literatur jedoch angenommen wird, nachträgliche Anschaffungskosten könnten sich **nur** bei Erlaß oder Ausfall steuerlich auswirken,[687] kann dem nicht zugestimmt werden. Der Regelungsgehalt der § 17 EStG erfaßt vielmehr auch (und gerade) die **Veräußerung der Beteiligung**, so daß sich der Eigenkapitalersatz über die Erhöhung der Anschaffungskosten auch auf den Veräußerungsgewinn (-verlust) auswirken muß. Die Besteuerung bei Ausfall der Forderung bei Insolvenz oder Liquidation ist derjenigen bei Veräußerung gleichgestellt und nicht umgekehrt. Der BFH nimmt nachträgliche Anschaffungskosten dann an, wenn die Veräußerung der Beteiligung und des Darlehens im Zusammenhang mit der Auseinandersetzung der Gesellschafter erfolgt, wobei es unschädlich ist, wenn Beteiligung und Darlehen an verschiedene Personen veräußert werden. Beide Erwerber müssen jedoch spätestens danach Gesellschafter sein.[688] Der einzige Unterschied zwischen den genannten Vorgängen ist, daß der **Darlehensverlust** bei Verzicht oder Ausfall der Forderung **endgültig** ist, wohingegen der Eigenkapitalersatz des beim ehemaligen Gesellschafter ver-

---

[683] Dafür BFH v. 7. 7. 1992, DB 1992, 2476 (2478); *Bullinger* DStR 1993, 225 (228); *Jülicher* DStR 1994, 305 (309), dagegen Finanzverwaltung BMF-Schreiben vom 14. 4. 1994, BStBl I 1994, 257.

[684] BFH v. 4. 11. 1997, DStR 1998, 73 (74); BFH v. 24. 4. 1997, DStR 1997, 1805 (1806), hier allerdings Widerspruch zum amtlichen Leitsatz.

[685] *Hoffmann* GmbHR 1997, 1140 meint m. E. zu unrecht, daß stehengelassene Darlehen immer mit 0 DM anzusetzen seien.

[686] BFH v. 19. 5. 1992, BStBl II 1992, 902 (904).

[687] So wohl *Dötsch* in *Dötsch/Eversberg/Jost/Witt* § 17 EStG Anm. 62.

[688] BFH v. 24. 4. 1997, DStR 1997, 1807 (1809).

bleibenden Darlehens bei Besserung der Vermögenssituation der Gesellschaft entfallen kann.[689] Um zu verhindern, daß der Gesellschafter den Eigenkapitalersatz bei der Veräußerung steuerlich geltend machen und später gleichwohl den Darlehensbetrag zurückerhalten kann, steht der Finanzverwaltung die Möglichkeit zu, den Steuerbescheid aufgrund eines auf den Veräußerungszeitpunkt **zurückwirkenden Ereignisses** nach § 175 Abs. 1 Nr. 2 AO zu ändern.[690]

Überträgt ein Gesellschafter einen wertlosen GmbH-Anteil ohne Gegenleistung, stellt dies gleichwohl eine Veräußerung iSd. § 17 Abs. 1 EStG dar. Sie führt daher idR zu einem Veräußerungsverlust. Wird gleichzeitig ein – ebenfalls wertloses – Darlehen übertragen, erhöhen sich die Anschaffungskosten der Beteiligung und damit der steuerlich geltendzumachende Verlust nur in Höhe des noch werthaltigen Teils des Darlehens im Zeitpunkt des Kriseneintritts, wenn das Darlehen nicht von Beginn an auf Krisenfinanzierung angelegt war.[691]

(2) Beteiligung ist Betriebsvermögen. Wird die GmbH-Beteiligung im Betriebsvermögen des Gesellschafters gehalten, wird idR auch das Darlehen aus betrieblichen Mitteln gewährt worden sein. Bereits bei Darlehensgewährung vorhandene oder später eintretende **Wertminderungen** des Darlehens sind im Wege der **Teilwertabschreibung** zu berücksichtigen (§§ 253 Abs. 2 Satz 3, Abs. 3 HGB; § 6 Abs. 1 Nr. 2 EStG). Gleichzeitig ist das Gewähren oder Stehenlassen des Darlehens in der Krise durch das Gesellschaftsverhältnis veranlaßt und führt bei Zufluß beim Gesellschafter zu **nachträglichen Anschaffungskosten** auf die Beteiligung.[692] Dies kann in den oben genannten Fällen wiederum nur in Höhe des gemeinen Wertes des Darlehens der Fall sein. In Höhe des wertlosen Teils bleibt es bei der bereits durch die Teilwertabschreibung bewirkten Gewinnminderung. Aufgrund des Wertverlustes der Beteiligung kann auch auf diese eine Abschreibung gerechtfertigt sein oder nachträgliche Anschaffungskosten erhöhen den Beteiligungsansatz nicht. Allerdings soll die Teilwertabschreibung untersagt werden.[693]

Wurde das Darlehen aus **privaten Mitteln** gewährt und in der Krise nicht abgezogen, wird es zivilrechtlich ebenfalls eigenkapitalersetzend. Nach den oben dargestellten Regeln führt dies zwar zu einem Wertverlust des Darlehens, der sich steuerlich jedoch – da Privatvermögen – nicht auswirkt. Andererseits erhöht sich im Fall von nachträglichen Anschaffungskosten jedoch der Wert der Beteiligung, so daß sich eine Erhöhung des Gewinns um den gemeinen Wert im Betriebsvermögen ergeben würde. Dies wäre zumindest der Fall, wenn auf das Darlehen verzichtet wird, um dadurch eine Einlage zugunsten der Beteiligung zu bewirken. Dieses Ergebnis kann nicht befriedigen, ist jedoch Folge des Dualismus des deutschen Einkommensteuerrechts, das die steuerliche Behandlung davon abhängig macht, ob sich der Vorgang

---

[689] Vgl. Rz. 216.
[690] Vgl. BFH v. 2. 10. 1984, BStBl II 1985, 428 (430).
[691] BFH v. 24. 4. 1997, DStR 1997, 1807 (1809); BFH v. 18. 12. 1992, BB 1993, 198 (199).
[692] Vgl. Rz. 259.
[693] BFH v. 29. 7. 1997, DStR 1997, 1965 (1968); *Jülicher* DStR 1994, 305.

im Privat- oder Betriebsvermögen abspielt.[694] Darlehen sollten daher immer aus betrieblichen Mitteln – mit entsprechender Buchung – gewährt werden, wenn auch die Beteiligung im Betriebsvermögen gehalten wird oder zumindest ein Zufluß des Gegenwerts der Forderung vermieden werden, indem auf das noch werthaltige Darlehen nicht verzichtet wird.

Eine vergleichbare – aber umgekehrte – Problematik ergibt sich, wenn ein **nicht kapitalersetzendes Darlehen** uneinbringlich wird, ohne daß der Gesellschafter hierauf verzichtet hat. Befindet sich das Darlehen in diesem Fall im Betriebsvermögen, ist hierauf eine gewinnmindernde Teilwertabschreibung vorzunehmen, ohne daß nachträgliche Anschaffungskosten vorliegen, da der Verlust nicht durch das Gesellschaftsverhältnis veranlaßt ist.[695] Es bleibt damit bei der Gewinnminderung.

268 **Verzichtet** der Gesellschafter auf ein Darlehen, stellt dies eine **verdeckte Einlage** dar. Die Behandlung beim Gesellschafter folgt auch bei der Beteiligung im Betriebsvermögen den oben (Rz. 238 f.) dargelegten Regeln und ist nicht davon abhängig, ob das Darlehen eigenkapitalersetzend war oder nicht.

b) Steuern vom Vermögen

269 Aufgrund der Abschaffung der Vermögensteuer ab dem 1. Januar 1997 und der Gewerbekapitalsteuer ab dem 1. Januar 1998 wird auf die Steuern vom Vermögen nicht mehr eingegangen. Zur Behandlung in vorherigen Zeiträumen sei auf die Vorauflage verwiesen.

III. Eigenkapitalersetzende Gesellschaftersicherheiten

1. Besicherung von Drittdarlehen

a) Gesetzliche Regelung (§§ 32 a Abs. 2, 32 b GmbHG)

270 Ein Gesellschafter kann der Gesellschaft Eigenkapitalersatz auch dadurch verschaffen, daß er aus seinem Vermögen einem dritten Kreditgeber eine Sicherheit gewährt. Die **eigenkapitalersetzende Leistung** des Gesellschafters liegt in der **Kreditbesicherung**. Gleichwohl müssen auch für den **gesicherten Kredit** die eigenkapitalersetzenden Voraussetzungen gegeben sein.[696] Die Regelungen folgen im wesentlichen der eigenkapitalersetzenden Darlehensgewährung; auf die hierzu gemachten Ausführungen kann daher verwiesen werden.[697]

271 **aa) Darlehen eines Dritten.** Es muß sich um ein **Darlehen** handeln, das ein **Nichtgesellschafter** der Gesellschaft in der kritischen Situation gewährt oder belassen hat.[698] Das Drittdarlehen darf nicht einem Gesellschafter zugerechnet oder einem Gesellschafterdarlehen gleichgestellt werden;[699] in diesen

---

[694] Vgl. *Tipke/Lang* Steuerrecht, 15. Aufl. 1996, S. 264.
[695] *Bullinger* DStR 1993, 225 (227); *Dötsch* in *Dötsch/Eversberg/Jost/Witt* § 17 EStG Anm. 62.
[696] *Lutter/Hommelhoff* §§ 32 a, b Anm. 87 f.; *Scholz/K. Schmidt* §§ 32 a, b Anm. 128; *Hachenburg/Ulmer* §§ 32 a, b Anm. 133.
[697] Rz. 216.
[698] Zum Darlehen vgl. Rz. 204 ff.
[699] Vgl. Rz. 309 ff.

C. Eigenkapitalersetzende Gesellschafterleistungen 272–274 § 8

Fällen würde es als Gesellschafterdarlehen nach § 32 a Abs. 1, 3 GmbHG behandelt.[700] Hat ein Dritter ein derartiges Darlehen gegeben und wird er später Gesellschafter, so wird sein Darlehen damit Gesellschafterdarlehen und es gilt § 32 a Abs. 1 GmbHG.[701]

bb) Sicherheit des Gesellschafters. Der **Gesellschafter** muß für das 272 Drittdarlehen eine **Sicherung** bestellt oder sich **verbürgt** haben. Es kommen – neben der Bürgschaft – sämtliche Personal- und Realsicherheiten in Betracht, so Schuldbeitritt, Kreditauftrag, Garantievertrag, „harte" Patronatserklärung, Wechselakzept, Hypothek, Grundschuld, Rentenschuld, Sicherungsübereignung und -abtretung, Verpfändung, Kaution.[702] Die Sicherungen sind nicht auf die in § 232 BGB genannten Sicherheitsleistungen beschränkt. Scheidet der Gesellschafter später aus der Gesellschaft aus, so bleibt der Eigenkapitalersatz seiner Besicherung erhalten, und die Vorschriften der §§ 32 a Abs. 2, 32 b GmbHG gelten fort.[703]

cc) Eigenkapitalersatz. Der eigenkapitalersetzende Charakter des Darle- 273 hens und der Sicherheit bestimmt sich nach den Kriterien, die den eigenkapitalersetzenden Charakter eines Gesellschafterkredits begründen.[704] Es kommt somit im Ergebnis darauf an, daß die **Gesellschaft nicht kreditwürdig** war, also ohne die **Besicherung** durch den Gesellschafter den Kredit von dem Drittgläubiger nicht erhalten hätte und ohne den Kredit hätte liquidiert werden müssen. Daß Gesellschafter für einen **Bankkredit** persönliche Sicherheiten gestellt haben, reicht indessen **allein** nicht aus, weil dies allgemeinen Gepflogenheiten der Banken entspricht und noch nicht notwendig eine Kreditunwürdigkeit der Gesellschaft anzeigt.[705] Es kommt damit nicht auf das Verhalten einer konkreten Bank an, sondern darauf, ob ein vernünftig denkender Kreditgeber noch ein Darlehen zu marktüblichen Bedingungen ohne eine Gesellschaftersicherheit gegeben hätte.[706]

Das Drittdarlehen ist im **Überschuldungsstatut**[707] als **Schuldposten** zu 274 berücksichtigen, wenn nicht der Darlehensgeber einen Erlaß für den Fall eines Insolvenzverfahrens erklärt oder der Gesellschafter für den Fall, daß die Gesellschaft in Anspruch genommen worden ist, den Übergang der Sicherheit auf die Gesellschaft vereinbart hat. Gleiches gilt, wenn der Gesellschafter nicht auf seinen Rückgriffsanspruch, der ihm bei Inanspruchnahme aus der Besicherung gegen die Gesellschaft zusteht, verzichtet hat.[708]

---

[700] *Scholz/K. Schmidt* §§ 32 a, b Anm. 127; *Lutter/Hommelhoff* §§ 32 a/b Anm. 78; *Hachenburg/Ulmer* §§ 32 a, b Anm. 132.
[701] Vgl. Rz. 211; *Rowedder/Rowedder* § 32 a Anm. 29.
[702] *Scholz/K. Schmidt* §§ 32 a, b Anm. 130; *Meyer-Landrut* § 32 a Anm. 10; *Hachenburg/Ulmer* § 32 a, b Anm. 135 f.; zur Patronatserklärung *Obermüller* ZIP 1982, 915 (919 ff.).
[703] *Roth/Altmeppen* § 32 a Anm. 53.
[704] Vgl. Rz. 186 ff.; *Scholz/K. Schmidt* §§ 32 a, b Anm. 105; *Hachenburg/Ulmer* §§ 32 a, b Anm. 133.
[705] BGH v. 9. 10. 1986, DB 1987, 159 (160); *Häuselmann* S. 70.
[706] BGH v. 18. 11. 1991, DB 1992, 366 (367).
[707] Vgl. Rz. 219.
[708] OLG Hamburg v. 18. 7. 1986, DB 1986, 2015 f.; *Scholz/K. Schmidt* §§ 32 a, b Anm. 125.

Gandenberger

275 Haben sowohl ein Gesellschafter als auch ein **Nichtgesellschafter** den Drittkredit besichert, so ist, wenn die Gesellschaft kreditunwürdig ist, die Sicherung Eigenkapitalersatz.[709] Haben sowohl die **Gesellschaft** als auch ein Gesellschafter den Drittkredit besichert (sog. Doppelsicherung), so handelt es sich um Eigenkapitalersatz, wenn die Gesellschaft **kreditunwürdig** war und die von dem Gesellschafter gestellte Sicherung die Kreditgewährung ermöglicht hat.[710] Die Rechtsfolgen bei Anwendung des § 32 a Abs. 2 GmbHG sind für diesen Fall allerdings umstritten.[711] Sind dagegen die von der Gesellschaft gegebenen Sicherheiten **vollwertig**, so ist die Gesellschaft nicht kreditunwürdig, und das Drittdarlehen ist trotz der gleichzeitig bestellten Gesellschaftersicherheit eine gewöhnliche Verbindlichkeit.[712] An einem Eigenkapitalersatz fehlt es auch, wenn zwar ein Gesellschafter den Drittkredit besichert hat, aber die Gesellschaft dem Gesellschafter vollwertige Sicherheiten gegeben hat.[713]

276 **dd) Zeitpunkt der Beurteilung.** Ob die kritische Situation bestand, ist jeweils auf den **Zeitpunkt** zu beurteilen, in dem die Gesellschaft den Kredit in Anspruch genommen **und** in dem der Gesellschafter die Sicherheit gestellt hat. Fallen **Darlehensgewährung** und **Besicherung** in der Krise zeitlich zusammen, so ist die Sicherung von Anfang an Eigenkapitalersatz. Hat der Dritte einen Kredit gewährt und gibt der Gesellschafter erst **später** eine Sicherheit, so muß die Sicherung im Zeitpunkt der Sicherheitsgewährung eigenkapitalersetzend sein und zugleich muß der Dritte in diesem Zeitpunkt eine Finanzierungsentscheidung treffen, d. h. den Kredit konkludent verlängern[714] oder stehenlassen.[715] Eine Sicherheit kann auch im nachhinein Eigenkapital ersetzen, wenn der Gesellschafter die bestellte **Sicherheit** nach Eintritt der kritischen Situation **verlängert**[716] oder wenn er nach gesetzlicher Regelung oder nach der getroffenen Sicherungsabrede die Sicherheit zurücknehmen, zB wegen Verschlechterung der wirtschaftlichen Verhältnisse Befreiung von der Bürgschaft verlangen könnte (vgl. § 775 Abs. 1 BGB), die Sicherheit aber zugunsten des Gläubigers **stehen läßt.** Hat der Gesellschafter von Anfang an auf die Befreiungsmöglichkeit verzichtet[717] oder die Sicherung auch für den Fall einer kritischen Situation gegeben[718] und damit die Gewährung oder das Belassen eines Drittkredits ermöglicht, so war die Sicherheitenbestellung von Anfang an auf Krisenfinanzierung angelegt und damit Eigenkapitalersatz.

b) Rechtsprechungsgrundsätze

277 Neben den gesetzlichen Regelungen gelten weiterhin die vom BGH aufgestellten Grundsätze. Bereits vor der gesetzlichen Regelung in § 32 a

---

[709] *Scholz/K. Schmidt* § 32 a, b Anm. 131; *Hachenburg/Ulmer* § 32 a, b Anm. 137.
[710] *Scholz/K. Schmidt* §§ 32 a, b Anm. 131, 145.
[711] Vgl. Rz. 286.
[712] BGH v. 18. 11. 1991, DB 1992, 366 (367).
[713] Vgl. BFH v. 9. 10. 1986, DB 1987, 159 (161).
[714] *Hachenburg/Ulmer* §§ 32 a, b Anm. 138; *Scholz/K. Schmidt* §§ 32 a, b Anm. 133.
[715] Vgl. Rz. 229 ff.
[716] BGH v. 13. 7. 1981, BB 1981, 1664 (1665); *Scholz/K. Schmidt* §§ 32 a, b Anm. 133.
[717] BGH v. 9. 10. 1986, DB 1987, 159 (161).
[718] BGH v. 13. 7. 1981, BB 1981, 1664 (1665); BGH v. 9. 3. 1992, DB 1992, 981.

C. Eigenkapitalersetzende Gesellschafterleistungen 278–280 § 8

Abs. 2 GmbHG hat der BGH **Bürgschaften,** die der Gesellschafter für Fremdkredite bestellt hat, als Eigenkapitalersatz behandelt.[719] Die Rechtsprechungsgrundsätze gelten jedoch auch für **andere Gesellschaftersicherheiten.**[720] Sie gewähren indessen wiederum nur einen Schutz insoweit, als das von dem Gesellschafter besicherte Drittdarlehen im Zeitpunkt seiner Rückzahlung verlorenes nominelles Stammkapital oder eine darüber hinausgehende Überschuldung abdeckt. Danach kann auch nur ein Teil des besicherten Darlehens entsprechend §§ 30, 31 GmbHG geschützt sein.[721]

2. Rechtsfolgen

a) Gesetzliche Regelung (§§ 32 a Abs. 2, 32 b GmbHG)

aa) Rückzahlung vor einer Insolvenz. Solange kein Antrag auf Eröffnung eines **Insolvenzverfahrens** gestellt und noch keine Sequestration angeordnet ist,[722] unterliegt der **Drittgläubiger** in der Geltendmachung und Durchsetzung seiner Rechte keinen Beschränkungen. Er kann sich an die Gesellschaft halten und, wenn die Gesellschaft nicht zahlt, Befriedigung aus der vom Gesellschafter gestellten Sicherung suchen. Dies gilt auch, wenn die Gesellschaft liquidiert wird.

Der Rückzahlung des Darlehens steht es gleich, wenn der Drittgläubiger **aufrechnet**[723] oder sich in anderer Weise aus dem Vermögen der Gesellschaft befriedigt, so zB durch Vollstreckung oder durch Verwertung einer zusätzlichen, von der Gesellschaft gestellten Sicherheit.[724]

Hat der Drittgläubiger eine **Zahlung** von der Gesellschaft erhalten, so erlischt seine Forderung infolge Erfüllung (§ 362 Abs. 1 BGB), und die von dem Gesellschafter bestellte **Sicherung** wird grds. frei.[725] Auch wenn später ein Antrag auf Eröffnung des Insolvenzverfahrens gestellt wird, verbleibt dem Dritten der zurückgezahlte Betrag. Eine Ausnahme gilt nur, wenn der Konkursverwalter aus allgemeinen Gründen anfechten kann, weil zB die Rückzahlung unter §§ 129 ff. InsO fällt.[726]

Hat jedoch der Gläubiger das Darlehen im letzten Jahr **vor** dem Antrag auf Eröffnung des **Insolvenzverfahrens** oder **danach** aus dem Vermögen der

---

[719] BGH v. 27. 9. 1976, BB 1976, 1528 (1530); BGH v. 13. 7. 1981, BB 1981, 1664 (1666); BGH v. 25. 11. 1985, WM 1986, 447 (448).
[720] Für Grundschulden vgl. BGH v. 9. 10. 1986, DB 1987, 159 (160); vgl. ferner OLG Hamburg v. 4. 4. 1984, ZIP 1984, 584 (585).
[721] Vgl. Rz. 202.
[722] *Scholz/K. Schmidt* §§ 32 a, b Anm. 136; *Hachenburg/Ulmer* §§ 32 a, b Anm. 140.
[723] *Meyer-Landrut* § 32 b Anm. 2.
[724] *Hachenburg/Ulmer* §§ 32 a, b Anm. 136.
[725] Bei akzessorischen Sicherungen (Bürgschaft, Hypothek, Mobiliarpfandrecht) kraft Gesetzes (§§ 767 Abs. 1 Satz 1, 1137 Abs. 1 Satz 1, 1211 Abs. 1 Satz 1 BGB), bei abstrakten Sicherheiten (Grundschuld, Sicherungsübereignung, -abtretung usw.) nach der Sicherungsvereinbarung.
[726] *Kuhn/Uhlenbruck* Konkursordnung, Kommentar, 11. Aufl. 1994 § 32 a KO Anm. 16; *Kilger/K. Schmidt* Kommentar zur Konkursordnung, 17. Aufl. 1997 § 32 a KO Anm. 9 a).

Gandenberger

Gesellschaft zurückerhalten,[727] so muß der **Gesellschafter**, der das Darlehen eigenkapitalersetzend besichert hat, den zurückgezahlten Darlehensbetrag der Insolvenzmasse **erstatten** (§ 32 b Satz 1 GmbHG). Der Insolvenzverwalter muß diesen Anspruch zugunsten der Insolvenzmasse geltend machen. Hierbei muß er jedoch die zweijährige Ausschlußfrist des § 32 b S. 1, 2. HS GmbHG iVm § 146 InsO beachten.[728] Die Erstattungspflicht des Gesellschafters ist beschränkt auf den **vereinbarten Bürgschaftsbetrag**[729] oder den **Wert der Sicherheit,**[730] den diese bei Rückzahlung des Darlehens hatte (§ 32 b Satz 2 GmbHG). Haftet der Gesellschafter dem Dritten gegenüber zusätzlich für Zinsen und Kosten, so ist er auch insoweit der Gesellschaft zur Erstattung verpflichtet.[731] Der Gesellschafter kann seine Zahlungspflicht dadurch abwenden, daß er die Sicherungsgegenstände **zur Verfügung stellt** (§ 32 b Satz 3 GmbHG); er muß dann der Gesellschaft die Berechtigung zur sofortigen Verwertung für ihre Rechnung – vergleichbar der dem Drittgläubiger eingeräumten Rechtsstellung – verschaffen.[732] Die Gesellschaft kann die Zurverfügungstellung nicht verlangen.[733] Ein zwischenzeitlicher **Wertverfall** der Sicherungsgegenstände geht zu Lasten der Gesellschaft. Der Gesellschafter kann dem Insolvenzverwalter nicht entgegenhalten, er habe mit der Gesellschaft nur eine nachrangige Sicherung vereinbart.[734]

281 Damit hat sich die Rechtslage ab 1999 zugunsten der Gesellschaft verbessert, indem in jedem Fall eine Erstattungspflicht besteht, dh auch in den Fällen, in denen nach altem Recht lediglich ein Vergleichsverfahren[735] ohne Anschlußkonkurs eröffnet wurde.[736] Darüber hinaus besteht die Erstattungspflicht bereits ab Stellung eines Eröffnungsantrags, so daß es nicht mehr auf die Eröffnung des Insolvenzverfahrens[737] ankommt.[738] Daneben bleiben weiterhin die **Rechtsprechungsgrundsätze**[739] anwendbar.

282 Das **Anfechtungsgesetz** findet bei eigenkapitalersetzenden Gesellschaftersicherungen keine Anwendung (arg. § 6 AnfG), wenn die Gesellschaft ihr Vermögen durch Leistung an den Drittgläubiger mindert.[740] Ein Gläubiger, der bei einer **Einzelvollstreckung** ausfällt, kann keine Rechte daraus herleiten, daß die Gesellschaft ein Drittdarlehen ohne Verletzung ihres Stamm-

---

[727] Ob die Insolvenz bei Rückzahlung abzusehen war, ist unerheblich; *Rowedder/Rowedder* § 32 b Anm. 3.
[728] BGH v. 20. 9. 1993, GmbHR 1994, 50 ff.
[729] Entsprechendes gilt für alle Personalsicherheiten: *Scholz/K. Schmidt* §§ 32 a, b Anm. 155.
[730] Dies gilt für alle Realsicherheiten: *Scholz/K. Schmidt* §§ 32 a, b Anm. 155.
[731] *Meyer-Landrut* § 32 b Anm. 3; *Scholz/K. Schmidt* §§ 32 a, b Anm. 154; *Rowedder/Rowedder* § 32 b Anm. 6.
[732] *Hachenburg/Ulmer* §§ 32 a, b Anm. 156; *Scholz/K. Schmidt* §§ 32 a, b Anm. 156.
[733] BGH v. 14. 10. 1985, DB 1986, 319; *Baumbach/Hueck/Hueck* § 32 b Anm. 5.
[734] BGH v. 28. 9. 1987, DB 1988, 38 (39).
[735] *Scholz/K. Schmidt* §§ 32 a, b Anm. 151; *Meyer-Landrut* § 32 b Anm. 2; *Hachenburg/Ulmer* §§ 32 a, b Anm. 151.
[736] *Scholz/K. Schmidt* §§ 32 a, b Anm. 153; *Hachenburg/Ulmer* §§ 32 a, b Anm. 153.
[737] § 26 InsO.
[738] Vgl. Rz. 204.
[739] § 26 InsO.
[740] *Lutter/Hommelhoff* §§ 32 a/b Anm. 81; *Baumbach/Hueck/Hueck* § 32 a Anm. 70.

C. Eigenkapitalersetzende Gesellschafterleistungen 283–285 § 8

kapitals zurückgezahlt hat und der Gesellschafter, der das Darlehen eigenkapitalersetzend besichert hat, frei geworden ist. Der Gläubiger muß gegebenenfalls Insolvenzantrag stellen, damit der Gesellschafter nach § 32 b GmbHG zur Erstattung verpflichtet wird.

bb) Rechtsfolgen nach Insolvenzeröffnung. Ist das Insolvenzverfahren 283 eröffnet worden, bevor der Drittgläubiger die Rückzahlung erhalten hat, so muß er sich zunächst an den Gesellschafter halten und die Sicherung verwerten. Deckt die Sicherheit die Verbindlichkeit der Gesellschaft nicht vollständig ab, so kann der Gläubiger den **ungesicherten Betrag** von vornherein ohne Einschränkung zur Insolvenztabelle anmelden. Steht im übrigen der Ausfall noch nicht fest, so kann der Drittgläubiger auch schon vor Verwertung der Gesellschaftersicherung seinen **mutmaßlichen Ausfall** anmelden.[741] Sein Stimmrecht bemißt sich nach dem mutmaßlichen Ausfallbetrag.[742] Die Ausfallforderung wird erst bei der Schlußverteilung und nur dann berücksichtigt, wenn der Gläubiger den tatsächlichen Ausfall nach Verwertung der Sicherung nachweist[743] (§ 190 Abs. 1 InsO).[744]

Das Insolvenzverfahren verwehrt dem Drittgläubiger dagegen nicht eine 284 zivilrechtlich zulässige **Aufrechnung** (§§ 94 ff. InsO) gegen eine Verbindlichkeit an die Gesellschaft,[745] da es sich um eine Handlung außerhalb des Verfahrens handelt. § 32 b GmbHG begründet eine Haftung des Gesellschafters nunmehr sowohl bei Rückzahlung **vor** als auch **nach** einem Antrag auf Verfahrenseröffnung.[746] Der Gesellschafter ist daher wie bei einer Aufrechnung vor einem Antrag verpflichtet.[747]

Der Gesellschafter kann dem **Drittgläubiger** während des Insolvenzverfah- 285 rens nicht entgegenhalten, daß er mit der Sicherung nach Gesetz oder Sicherungsabrede nur **nachrangig hafte;**[748] so kann sich der Gesellschafter als Bürge nicht auf die **Einrede der Vorausklage** (§ 771 BGB) berufen. Wohl aber kann er sich darauf berufen, daß die Forderung des Dritten – etwa wegen Nichtigkeit des zugrunde liegenden Rechtsgeschäfts – nicht entstanden sei,[749] oder Einreden im Verhältnis zu Dritten geltend machen, so zB, daß der Gläubiger eine weitere, von einem Nichtgesellschafter gestellte Sicherung vorrangig verwerten müsse.[750]

---

[741] *Peters* ZIP 1987, 621 (623); *Scholz/K. Schmidt* §§ 32 a, b Anm. 137; *Meyer-Landrut* § 32 a Anm. 11; *Hachenburg/Ulmer* §§ 32 a, b Anm. 149; *Baumbach/Hueck/Hueck* § 32 a Anm. 68.
[742] *Peters* ZIP 1987, 621 (624).
[743] *Lutter/Hommelhoff* §§ 32 a/b Anm. 85; *Scholz/K. Schmidt* §§ 32 a, b Anm. 138; *Baumbach/Hueck/Hueck* § 32 a Anm. 68.
[744] Zum Vergleichsverfahren *Peters* ZIP 1987, 621 (624); *Scholz/K. Schmidt* §§ 32 a, b Anm. 138.
[745] *Scholz/K. Schmidt* §§ 32 a, b Anm. 139; *Hachenburg/Ulmer* §§ 32 a, b Anm. 140; *Baumbach/Hueck/Hueck* § 32 a Anm. 69.
[746] Zur alten Rechtslage vgl. *Baumbach/Hueck/Hueck* §§ 32 a, b Anm. 69; wohl auch *Hachenburg/Ulmer* §§ 32 a, b Anm. 140.
[747] Vgl. Rz. 278.
[748] *Scholz/K. Schmidt* §§ 32 a, b Anm. 142; *Hachenburg/Ulmer* §§ 32 a, b Anm. 141; *Baumbach/Hueck/Hueck* § 32 a Anm. 70; *Häuselmann* S. 86; aA *Fastrich* NJW 1983, 260 (263).
[749] Vgl. BGH v. 12. 12. 1988, DB 1989, 419.
[750] *Scholz/K. Schmidt* §§ 32 a, b Anm. 142; *Hachenburg/Ulmer* §§ 32 a, b Anm. 142.

Verzichtet der Gläubiger auf die von dem Gesellschafter gestellte Sicherung, so kann er, soweit er daraus Deckung erhalten hätte, nicht am Insolvenzverfahren teilnehmen,[751] weil sein Verzicht den Gesetzeszweck vereitelt und die übrigen Gesellschaftsgläubiger benachteiligt.

286 **cc) Besonderheiten bei einer Doppelsicherung.** Hat neben dem Gesellschafter auch die Gesellschaft eine Sicherheit bestellt und wurde die Gesellschaftersicherheit (ausnahmsweise) kapitalersetzend,[752] ist umstritten, ob der Dritte wahlweise auch die **Sicherheit der Gesellschaft** verwerten kann. Nach hM wird im Insolvenzverfahren nur die Darlehensforderung (der schuldrechtliche Anspruch) des Drittgläubigers beschränkt; der Gläubiger ist nicht gehindert, die Sicherheit der Gesellschaft zu verwerten.[753] Der Gesellschaft steht jedoch ein Ausgleichsanspruch gegen den sichernden Gesellschafter nach § 32 b Satz 1 GmbHG analog zu.[754]

Ebenso steht es dem Gläubiger frei, zwischen zwei Sicherungen, die der Gesellschafter und ein **Nichtgesellschafter** gleichrangig gegeben haben, zu wählen, welche er verwerten will.

287 **dd) Rechtsverhältnis zwischen der Gesellschaft und dem Gesellschafter.** Aus dem **gesellschaftsrechtlichen Innenverhältnis** soll sich ergeben, daß der Gesellschafter, der eine Sicherheit iSd. § 32a Abs. 2 GmbHG bestellt hat, die Gesellschaft von ihrer **Rückzahlungsverbindlichkeit freizustellen** hat. Er müsse daher der Gesellschaft auch vor einem Insolvenzverfahren die zur Befriedigung des Dritten erforderlichen Mittel zur Verfügung stellen.[755]

Ein derartiger Anspruch der Gesellschaft wurde von der Rspr. bei Verletzung des Stammkapitals anerkannt.[756] Eine weitergehende Freistellung ist auch weder erforderlich noch sinnvoll, da die Haftung des Gesellschafters nach § 32 b GmbHG erst mit Konkurseröffnung eintritt und eine Tilgung durch die Gesellschaft zuvor möglich sein soll.[757] Wollte man einen **Freistellungsanspruch** auch ohne Verletzung der §§ 30, 31 GmbHG bereits vor einem Eröffnungsantrag begründen, würde dem sichernden Gesellschafter eine Verpflichtung auferlegt, die sich nicht aus § 32 b GmbHG ableiten läßt, zumal in dem Zeitpunkt der Inanspruchnahme der Gesellschaft idR noch völlig ungewiß ist, ob es zu einer Insolvenz und damit zu einer Haftung des Gesellschafters nach § 32 b GmbHG kommt.

---

[751] *Scholz/K. Schmidt* §§ 32a, b Anm. 141; *Hachenburg/Ulmer* §§ 32 a, b Anm. 141; *Häuselmann* S. 86; aA *Fastrich* NJW 1983, 260 (264); ab 1999 Teilnahme als nachrangiger Gläubiger.

[752] Vgl. Rz. 221.

[753] BGH v. 19. 11. 1984, DB 1985, 483; BFH v. 14. 10. 1985, DB 1986, 319; BGH v. 9. 12. 1991, GmbHR 1992, 166 (167); *Roth/Altmeppen* § 32a Anm. 55; *Baumbach/Hueck/Hueck* § 32 a Anm. 70 mwN; *Hachenburg/Ulmer* §§ 32 a, b Anm. 143; aA *Scholz/K. Schmidt* §§ 32 a, b Anm. 143 ff.; *Monßen* DB 1981, 1603 (1604 f.); einschränkend *Feuerborn* BB 1982, 401 (406).

[754] BGH v. 6. 7. 1998, DStR 1998, 1225; BGH v. 14. 10. 1985, DB 1986, 319.

[755] *Scholz/K. Schmidt* §§ 32a, b Anm. 147 und wohl auch BGH v. 2. 6. 1997, BB 1997, 2183; aA wohl *Lutter/Hommelhoff* §§ 32a, b Anm. 103: nur bei §§ 30, 31.

[756] BGH v. 9. 12. 1991, GmbHR 1992, 166; BGH v. 14. 10. 1985, DB 1986, 319.

[757] Vgl. Rz. 278 ff.

C. Eigenkapitalersetzende Gesellschafterleistungen   288–291   § 8

Hat der Gläubiger die Sicherung des Gesellschafters **verwertet**, so steht **288**
dem Gesellschafter ein Anspruch auf **Ersatz seiner Aufwendungen** gegen
die Gesellschaft zu (§ 670 BGB).[758] Daneben kann die Forderung des Gläubigers im Wege des **gesetzlichen Forderungsübergangs**[759] auf den Gesellschafter übergehen. Der Gesellschafter kann seinen Anspruch nur als nachrangiger Insolvenzgläubiger geltend machen[760] und nicht aufrechnen.[761] Er kann aufgrund dieses Anspruchs **Insolvenzantrag** stellen.[762] Ein **Insolvenzplan** wirkt auch auf den Aufwendungsersatzanspruch.[763]

Hat die Gesellschaft dem Drittgläubiger das Darlehen binnen eines Jahres **289**
vor dem Antrag auf Eröffnung des Insolvenzverfahrens **zurückgezahlt** und hat der Insolvenzverwalter den Gesellschafter aus der eigenkapitalersetzenden Sicherung nach § 32b GmbHG in Anspruch genommen,[764] so steht dem **Gesellschafter** materiell-rechtlich gleichfalls ein **Aufwendungsersatzanspruch** (§ 670 BGB) gegen die Gesellschaft zu.[765] Diesen Anspruch kann der Gesellschafter während des Insolvenzverfahrens[766] als nachrangiger Gläubiger geltend machen.[767]

Hat der Gläubiger den Gesellschafter vor einem Insolvenzverfahren aus der **290**
Sicherheit in Anspruch genommen und hat der Gesellschafter noch vor dem Insolvenzverfahren bei der Gesellschaft **Rückgriff** genommen, so ist die Zahlung an den Gesellschafter, wenn binnen eines Jahres danach das Insolvenzverfahren eröffnet wird, nach § 135 Nr. 2 InsO anfechtbar;[768] außerhalb eines Insolvenzverfahrens kann ein Gläubiger die Zahlung an den Gesellschafter nach § 6 Nr. 2 AnfG anfechten.[769] Darüber hinaus können auch Sicherheitengewährungen durch die Gesellschaft innerhalb von 10 Jahren angefochten werden.[770] Führt ein Insolvenzverfahren zu einem **Insolvenzplan**, so kann der Aufwendungsersatzanspruch des Gesellschafters wiederum der Höhe nach in den Plan einbezogen werden.[771]

Mit dem **gesetzlichen Forderungsübergang**[772] oder durch **Abtretung** **291**
können auch etwaige weitere **Sicherheiten,** die **Nichtgesellschafter** bestellt haben, auf den Gesellschafter übergehen (§§ 398, 412, 401 BGB). Auf diese Sicherheiten kann der Gesellschafter im Rahmen der internen Ausgleichs-

---

[758] *Scholz/K. Schmidt* §§ 32a, b Anm. 148; *Hachenburg/Ulmer* §§ 32a, b Anm. 146.
[759] Bei Schuldbeitritt nach § 426 Abs. 2 S. 1 BGB, bei akzessorischen Sicherheiten (Bürgschaft, Hypothek, Mobiliarpfandrecht) nach §§ 774 Abs. 1 S. 1, 1143 Abs. 1, 1225 BGB.
[760] § 39 Abs. 1 Nr. 5 InsO.
[761] *Herrmann* Fremdfinanzierung durch Gesellschafter aus handelsrechtlicher und konkursrechtlicher Sicht, in: 50 Jahre Wirtschaftsprüferberuf, S. 151 ff., 177.
[762] *Hachenburg/Ulmer* §§ 32a, b Anm. 146 zur alten Rechtslage.
[763] Vgl. Rz. 241.
[764] Vgl. Rz. 280.
[765] *Scholz/K. Schmidt* §§ 32a, b Anm. 157; *Hachenburg/Ulmer* §§ 32a, b Anm. 157.
[766] Zur alten Rechtslage vgl. *Meyer-Landrut* § 32b Anm. 5.
[767] § 39 Abs. 1 Nr. 5 InsO.
[768] *Scholz/K. Schmidt* §§ 32a, b Anm. 148.
[769] *Lutter/Hommelhoff* §§ 32a/b Anm. 96.
[770] § 135 Nr. 1 InsO; § 6 Nr. 1 AnfG.
[771] Vgl. Rz. 241; zur früheren hM vgl. *Hachenburg/Ulmer* §§ 32a, b Anm. 146.
[772] Vgl. Rz. 288.

pflicht zugreifen. Hat indessen die **Gesellschaft** eine zusätzliche Sicherheit bestellt und geht sie auf den Gesellschafter über,[773] so ist es dem Gesellschafter verwehrt, die Sicherheit in Anspruch zu nehmen. Hat die Gesellschaft dem Gesellschafter selbst Sicherheiten für den Rückgriffsanspruch gegeben, so wird diese Besicherung nunmehr als anfechtbar bestellte Sicherung behandelt.[774]

b) Rechtsprechungsgrundsätze

292 Die Rechtsprechungsgrundsätze nach §§ 30, 31 GmbHG wirken nur im Verhältnis zwischen der Gesellschaft und dem Gesellschafter, jedoch sowohl bei Inanspruchnahme der Gesellschaft als auch bei Verwertung der Gesellschaftersicherung. Sie greifen immer nur dann ein, wenn das Stammkapital angegriffen wird. Verlangt der Gläubiger Zahlung von der Gesellschaft, so kann sie entspr. § 31 Abs. 1 GmbHG verlangen, daß der Gesellschafter sie **freistellt**.[775] Hat die Gesellschaft an die Drittgläubiger gezahlt oder hat dieser eine Sicherheit der Gesellschaft verwertet, so ist der Gesellschafter auch nach § 31 Abs. 1 GmbHG zur **Erstattung** an die Gesellschaft verpflichtet.[776] Hat der Drittgläubiger die Sicherung des Gesellschafters in Anspruch genommen, so ist dieser auch nach § 30 Abs. 1 GmbHG gehindert, **Ersatz seiner Aufwendungen** zu verlangen[777] und Sicherheiten, die ihm die Gesellschaft für seinen Ersatzanspruch gestellt hat, in Anspruch zu nehmen.[778] Hat er trotzdem von der Gesellschaft Ersatz erhalten, so muß er nach § 31 Abs. 1 GmbHG zurückzahlen.[779]

293 Das **Leistungsverweigerungsrecht** nach § 30 Abs. 1 GmbHG und der Erstattungsanspruch nach § 31 Abs. 1 GmbHG sind der Höhe nach beschränkt. Sie bestehen wiederum nur insoweit, als bei Rückzahlung an den Drittgläubiger oder bei Zahlung an den Gesellschafter eine **Unterbilanz** oder **Überschuldung** bestanden; sind die Bürgschaftssumme oder der Wert der von dem Gesellschafter bestellten Sicherung niedriger, so beschränken sich die Rechte aus §§ 30, 31 Abs. 1 GmbHG auf den geringeren Betrag.[780]

Soweit der Gesellschafter nach § 31 Abs. 1 GmbHG zur Erstattung verpflichtet ist, **verjährt** der Anspruch der Gesellschaft regelmäßig in fünf Jahren (§ 31 Abs. 5 GmbHG).[781]

---

[773] Mit dem gesetzlichen Forderungsübergang oder durch Abtretung (§§ 401, 413 BGB).

[774] OLG Hamburg v. 6. 12. 1985, WM 1986, 130 (131); jetzt ausdrücklich §§ 135 InsO, 6 AnfG.

[775] *Lutter/Hommelhoff* §§ 32 a/b Anm. 90; auch oben Anm. 287.

[776] BGH v. 13. 7. 1981, BB 1981, 1664 (1666); BGH v. 25. 11. 1985, WM 1986, 447 (449).

[777] *Hachenburg/Ulmer* §§ 32 a, b Anm. 175. Statt eines Leistungsverweigerungsrechts der Gesellschaft bejahen einen Ausschluß des Aufwendungsersatzanspruchs *Lutter/Hommelhoff* §§ 32 a/b Anm. 95; vgl. auch BGH v. 13. 7. 1981, BB 1981, 1664 (1666).

[778] BGH v. 13. 7. 1981, BB 1981, 1664 (1666 f.).

[779] *Scholz/K. Schmidt* §§ 32 a, b Anm. 158; *Baumbach/Hueck/Hueck* § 32 a Anm. 78.

[780] BGH v. 2. 4. 1990, DB 1990, 1029; *Hachenburg/Ulmer* §§ 32 a, b Anm. 175.

[781] *Baumbach/Hueck/Hueck* § 32 a Anm. 78.

3. Steuerliche Behandlung

a) Bei der Gesellschaft

Die Inanspruchnahme des Gesellschafters aus der gestellten Bürgschaft oder aus der sonstigen Sicherung wirkt sich auf das **Einkommen** der Gesellschaft nicht aus. An die Stelle der Verbindlichkeit gegenüber dem Drittgläubiger tritt grundsätzlich in einem **Passivtausch** die **Rückgriffsverbindlichkeit gegenüber** dem Gesellschafter. 294

b) Beim Gesellschafter

Auf der Seite des Gesellschafters folgt die Besteuerung grds. den zum Gesellschafterdarlehen beschriebenen Regeln.[782] Die Zahlungen des Gesellschafters sind bei ihm **nachträgliche Anschaffungskosten** auf die Beteiligung, wenn die Rückgriffsforderung nicht werthaltig ist und die Übernahme der **Bürgschaft** ihre Ursache im Gesellschaftsverhältnis hat.[783] Dies ist anzunehmen, wenn die Inanspruchnahme und die Uneinbringlichkeit der Rückgriffsforderung schon bei Übernahme der Bürgschaft so wahrscheinlich waren, daß ein Nichtgesellschafter bei Anwendung der Sorgfalt eines ordentlichen Kaufmanns die Bürgschaft nicht übernommen hätte. Nachträgliche Anschaffungskosten können auch noch anfallen, wenn der Gesellschafter in Anspruch genommen wird, **nachdem** er **ausgeschieden** oder die **Gesellschaft aufgelöst** worden ist.[784] Entsprechendes gilt, wenn der Gesellschafter andere Sicherungen gestellt hat, der Drittgläubiger die Sicherung verwertet und die Rückgriffsforderung des Gesellschafters uneinbringlich ist.[785] 295

Durchsetzbare **Rückgriffs-** oder **Ausgleichsansprüche** gegen die Gesellschaft oder dritte Sicherungsgeber schließen nachträgliche Anschaffungskosten aus. Beim sog. **Drittaufwand,** der regreßlosen Bürgschaftszahlung einer **nahestehenden Person,** wenn die Bürgschaft zivilrechtlich einer eigenkapitalersetzenden Gesellschafterbesicherung gleichsteht, ist die Rechtslage derzeit sehr umstritten. Nach der Verwaltungsauffassung und der derzeitigen Rechtsprechung führt er nicht zu nachträglichen Anschaffungskosten.[786] Drittaufwand wird jedoch dann als Einlage angesehen, wenn er zugleich eine Zuwendung an den Gesellschafter darstellt.[787] 296

Drohte die Inanspruchnahme bei Eingehung der Bürgschaft noch nicht und **verschlechterte** sich die **Vermögenslage** der Gesellschaft erst später, liegen

---

[782] Vgl. Rz. 255.
[783] BFH v. 9. 8. 1983, BStBl II 1984, 29 (31); BFH v. 2. 10. 1984, BStBl II 1985, 320 (322); BFH v. 9. 9. 1986, BStBl II 1987, 257 (259); H 140 Abs. 5 (Bürgschaft) EStR 1996.
[784] OFD München GmbHR 1996, 558; BFH v. 2. 10. 1984, BStBl II 1985, 428 (430); FG Rheinland-Pfalz v. 14. 4. 1983, EFG 1983, 606.
[785] *Welzel* DStZ 1987, 511 (513); *Schmidt* § 17 Anm. 24 f.
[786] OFD Düsseldorf Vfg. v. 1. 2. 1989 (Ziff. 3.2), DB 1989, 702; vgl. auch *Stephan* DB 1988, 2477 (2481 f.); *Heilmann* DStR 1993, 1201; vgl. zu Einnahmen aus Vermietung und Verpachtung Vorlagebeschluß an den GrS, BFH v. 9. 7. 1992, DB 1992, 2371.
[787] BFH GrS v. 9. 6. 1997, DB 1997, 1693.

nachträgliche Anschaffungskosten vor, wenn der Gesellschafter die Sicherung trotz verschlechterter Vermögenslage der Gesellschaft aufrechterhält und damit die Voraussetzungen der „stehengelassenen" Sicherung[788] vorliegen. Auf die Voraussetzungen einer „stehengelassenen Sicherung" kommt es nicht an, wenn der Gesellschafter eine zeitlich unbeschränkte und unbegrenzte Bürgschaft unentgeltlich, ohne Sicherheitsleistung und ohne gesicherte Rückgriffsmöglichkeit gewährt. In diesem Fall nimmt die Finanzverwaltung in jedem Fall eine Ursache im Gesellschaftsverhältnis an.[789]

4. Beweislast

297 Meldet der **Drittgläubiger** sein Darlehen im Insolvenzverfahren an, so muß er bei Widerspruch zwar seine Forderung beweisen, nicht jedoch, daß sie nicht eigenkapitalersetzend besichert ist.[790] Der **Insolvenzverwalter** muß beweisen, daß die dem Gläubiger bestellte Gesellschafterbesicherung Eigenkapitalersatz ist.[791] Die Beweislast trifft den **Insolvenzverwalter** auch dann, wenn er den Gesellschafter nach § 31 oder § 32 b GmbHG auf Erstattung in Anspruch nimmt.[792]

IV. Wirtschaftlich entsprechende Rechtshandlungen (§ 32 a Abs. 3 GmbHG)

298 Die Vorschriften des § 32 a Abs. 1 und 2 GmbHG gelten sinngemäß für **andere Rechtshandlungen** eines **Gesellschafters** oder eines **Dritten**, die der eigenkapitalersetzenden Darlehensgewährung durch einen Gesellschafter oder der eigenkapitalersetzenden Gesellschafterbesicherung eines Drittdarlehens wirtschaftlich entsprechen (§ 32 a Abs. 3 GmbHG). Durch diese Regelung wird der Kreis der in Frage kommenden Finanzierungsformen und des relevanten Personenkreises erweitert.

„Rechtshandlungen" iSd. § 32 a Abs. 3 GmbHG, die der Darlehensgewährung nach Abs. 1 oder 2 wirtschaftlich entsprechen, sind nicht im weitgefaßten Sinne des Insolvenzrechts zu verstehen.[793] Darunter fällt nur ein Verhalten, das Ausdruck einer **Finanzierungsentscheidung** ist,[794] wobei die oben (Rz. 227 ff.) dargestellten Grundsätze Anwendung finden.

---

[788] Vgl. Rz. 276.
[789] OFD München GmbHR 1996, 558.
[790] Vgl. LG Dortmund v. 11. 6. 1985, ZIP 1986, 855 (857).
[791] Vgl. *Hachenburg/Ulmer* §§ 32 a, b Anm. 139; *Scholz/K. Schmidt* §§ 32 a, b Anm. 134.
[792] Vgl. BGH v. 28. 9. 1987, DB 1988, 38 (39).
[793] Es reicht also nicht jede Handlung aus, die eine rechtliche Wirkung auslöst. Vgl. dazu *Kuhn/Uhlenbruck* Konkursordnung, Kommentar, 11. Aufl. 1994 § 32 a KO Anm. 18; *Kilger/K. Schmidt* Kommentar zur Konkursordnung, 17. Aufl., 1997 § 32 a KO Anm. 6 b.
[794] *Scholz/K. Schmidt* §§ 32 a, b Anm. 100; *Baumbach/Hueck/Hueck* § 32 a Anm. 38; *Häuselmann/Rümker/Westermann* S. 35; eingehend *Hachenburg/Ulmer* §§ 32 a, b Anm. 88 ff.

1. Darlehensgleiche Kapitalüberlassungen (§ 32 a Abs. 1 und 3 GmbHG)

a) Sachdarlehen

§ 32 a Abs. 1 GmbHG ist unmittelbar anwendbar, wenn der Gesellschafter der Gesellschaft nicht Geld, sondern andere **vertretbare Sachen** darlehensweise überläßt (§ 607 Abs. 1 BGB),[795] zB der Gesellschaft Rohstoffe für die Fertigung zur Verfügung stellt mit der Abrede, daß die Gesellschaft ihm zu einem späteren Zeitpunkt eine entsprechende Partie Rohstoffe zurückgibt. Fällt dieser Vorgang in die kritische Phase und handelt es sich nicht nur um eine kurzfristige Überbrückung eines unzureichenden Materialbestandes, dann ist dieses Sachdarlehen eigenkapitalersetzend.

b) Andere Kreditierungen

§ 32 a Abs. 1 GmbHG gilt sinngemäß, wenn ein Gesellschafter der Gesellschaft **Kapital** in **anderer Form** überläßt. Dafür kommt jede Forderung aus dem Gesellschaftsverhältnis oder aus einem Verkehrsgeschäft in Betracht.[796] So kann eine eigenkapitalersetzende Gesellschafterfinanzierung vorliegen, wenn der Gesellschafter Dividenden nicht abruft, einen Kaufpreis oder Mietzinsen stundet oder sein Gehalt lediglich gutschreiben[797] läßt. Nicht erforderlich ist, daß die Forderung in ein Darlehen (Vereinbarungsdarlehen, § 607 Abs. 2 BGB) umgewandelt wird. Im Einzelfall kann es schwierig sein, diese Rechtshandlungen von einer echten Darlehensgewährung abzugrenzen, für die Anwendung des § 32 a GmbHG sind diese Probleme jedoch irrelevant, da die Rechtsfolgen identisch sind.

Vielfach wird es sich um Rechtshandlungen handeln, die dem „Stehenlassen" von Darlehen vergleichbar sind. So fallen darunter **Stundungen** und Abreden über die **Nichtgeltendmachung** (pactum de non petendo) fälliger Forderungen.[798] Es können aber auch Rechtshandlungen vorliegen, die von vornherein einer Darlehensgewährung vergleichbar sind, so, wenn der Gesellschafter bei einer Lieferung ein **Zahlungsziel** über den verkehrsüblichen Rahmen hinaus bewilligt[799] oder nicht übliche **Anzahlungen** oder **Vorauszahlungen** leistet.[800] Bei Einräumung von Zahlungszielen liegt nur dann eine kapitalsetzende Leistung vor, wenn die marktüblichen Ziele wesentlich überschritten werden und – vergleichbar mit den kurzfristigen Überbrückungskrediten[801] – nicht damit gerechnet werden kann, daß die Zahlung innerhalb einer vorhergesehenen kurzen Zeitspanne erfolgen wird. Werden wiederholt marktunübliche Zahlungsziele gesetzt, kann Kapitalersatz in

---

[795] Vgl. Rz. 205; *Rowedder/Rowedder* § 32 a Anm. 39; *Baumbach/Hueck/Hueck* § 32 a Anm. 29.
[796] *Scholz/K. Schmidt* §§ 32 a, b Anm. 101; *Hachenburg/Ulmer* §§ 32 a, b Anm. 92.
[797] Vgl. BGH v. 12. 1. 1987, WM 1987, 284 (285 f.).
[798] *Häuselmann* S. 36.
[799] *Baumbach/Hueck/Hueck* § 32 a Anm. 31.
[800] Vgl. dazu *Scholz/K. Schmidt* §§ 32 a, b Anm. 102.
[801] Vgl. Rz. 206.

Höhe des durchschnittlichen Saldos der 'gestundeten' Forderungen vorliegen.[802]

Liefert der Gesellschafter unter **Eigentumsvorbehalt,** so ist die gestundete und gegebenenfalls in Raten zu tilgende Kaufpreisforderung nach § 32 a Abs. 1, 3 GmbHG ein darlehensgleicher Gesellschafterkredit.[803]

c) Forderungserwerb, Factoring, Wechsel

302 Eine darlehensgleiche Finanzierung leistet auch der Gesellschafter, der von einem Drittgläubiger eine der Gesellschaft gestundete **Forderung erwirbt,** und zwar ohne daß der Gesellschafter eine weitere Finanzierungsentscheidung treffen müßte.[804]

303 Entsprechendes gilt, wenn der Gesellschafter sich – etwa im Rahmen eines **Factoring** – Kundenforderungen der Gesellschaft abtreten läßt. Das **echte Factoring** ist ein Forderungskauf, bei dem der Factor das Risiko mangelnder Zahlung trägt. Beim **unechten Factoring** dagegen darf der Factor bei Zahlungsausfall des Debitors die Gesellschaft (den Anschlußkunden) unter Rückabtretung wieder belasten; diesem ist der Gegenwert bis zur Zahlung des Debitors nur vorläufig überlassen. Nur das unechte Factoring wird demnach den Kreditgeschäften zugeordnet[805] und bei Gewährung durch den Gesellschafter oder gleichgestellten Dritten[806] auch als darlehensgleiche Kreditierung nach § 32 a Abs. 3 GmbHG angesehen.[807]

304 Auch bei einem **Wechseldiskontgeschäft** folgt der Kreditcharakter aus dem Recht zur Rückbelastung; die Gutschrift an den Indossanten kann eine darlehensgleiche Kreditierung nach § 32 a Abs. 3 GmbHG sein.[808] Gewährt der Gesellschafter seiner Gesellschaft einen **Akzeptkredit,** so ist – wenn nicht ohnehin eine Darlehensgewährung (§ 32 a Abs. 1 GmbHG) gewollt war – der Aufwendungsersatzanspruch, den der Gesellschafter aus der Einlösung gegen die Gesellschaft erhält (§ 670 BGB), eine darlehensgleiche Kreditgewährung (§ 32 a Abs. 3 GmbHG).[809]

d) Pensionsgeschäfte

305 Ein verdecktes Kreditgeschäft ist auch das Pensionsgeschäft. Bei einem **echten Pensionsgeschäft** verkauft und überträgt der Pensionsgeber dem Pensionsnehmer Vermögensgegenstände (meist Wertpapiere oder Forderungen) mit der Abrede, daß der Pensionsnehmer sie zu einem im voraus bestimmten oder vom Pensionsgeber noch zu bestimmenden Zeitpunkt zum gleichen oder zu einem im voraus vereinbarten anderen Preis zurückverkaufen

---

[802] BGH v. 28. 11. 1994, BB 1995, 60.
[803] *Hachenburg/Ulmer* §§ 32 a, b Anm. 102.
[804] *Scholz/K. Schmidt* §§ 32 a, b Anm. 104; *Häuselmann* S. 43; *Hachenburg/Ulmer* §§ 32 a, b Anm. 95.
[805] BGH v. 19. 9. 1977, BB 1977, 1519 (1521).
[806] Vgl. Rz. 309 ff.
[807] OLG Köln v. 25. 7. 1986, ZIP 1986, 1585 (1587); *Häuselmann* S. 44 f.; *Rowedder/Rowedder* § 32 a Anm. 40.
[808] *Scholz/K. Schmidt* §§ 32 a, b Anm. 103; enger *Roth/Altmeppen* § 32 a Anm. 96.
[809] *Scholz/K. Schmidt* §§ 32 a, b Anm. 103; *Rümker* in FS Stimpel, S. 673 (695).

muß. Dem steht es gleich, wenn der Rückerwerb noch nicht vereinbart ist, der Pensionsgeber den Rückerwerb aber verlangen kann und voraussichtlich verlangen wird.[810] Bei einem **unechten Pensionsgeschäft** kann nur der Pensionsnehmer den Rückerwerb verlangen (vgl. § 340 b HGB).
Rechtlich handelt es sich bei Pensionsgeschäften um einen Kauf. Das echte Pensionsgeschäft stellt bilanziell eine Kreditaufnahme dar, das unechte Pensionsgeschäft führt zu einer Veräußerung.[811] Hat die Gesellschaft einem Gesellschafter Vermögensgegenstände im Rahmen eines Pensionsgeschäfts verkauft, so hat der Gesellschafter ihr, auch wenn der Rückerwerb nur auf Verlangen der Gesellschaft oder des Gesellschafters stattfindet, wirtschaftlich einen durch Übertragung des Pensionsgutes gesicherten **Kredit** entweder nach § 32 a Abs. 1 GmbHG oder – bei Annahme einer Veräußerung – nach § 32 a Abs. 3 GmbHG gewährt.[812]

e) Kreditgewährung durch Überlassung zur Besicherung

Eine der Darlehensgewährung gleichstehende Kreditgewährung liegt vor, **306** wenn der Gesellschafter der Gesellschaft einen Gegenstand seines **Vermögens zur Besicherung** von Drittkrediten **überläßt**. Im Gegensatz zu der Regelung des § 32 a Abs. 2 GmbHG, bei der der Gesellschafter unmittelbar dem Drittgläubiger eine Sicherung gewährt, wird die Besicherung nicht unmittelbar zwischen dem Gesellschafter und dem Drittgläubiger begründet. Entweder bestellt der Gesellschafter der Gesellschaft eine Sicherheit, zB eine **Grundschuld** an seinem Grundstück, und die Gesellschaft verwendet die Grundschuld als Sicherheit, indem sie sie an den Drittgläubiger abtritt, oder der Gesellschafter räumt der Gesellschaft die Befugnis zur **sicherungsweisen Verwertung** ein, indem die Gesellschaft zB Wertpapiere des Gesellschafters verpfänden oder ein Warenlager zur Sicherheit übereignen darf. Die eigenkapitalersetzende Leistung des Gesellschafters besteht in einer Kreditgewährung an die Gesellschaft (§ 32 a Abs. 3 GmbHG).[813]
Es gelten, gleich, ob der Sicherungsgegenstand in das Vermögen der Gesellschaft gelangt ist oder nicht, die allgemeinen Rechtsfolgen. Der **Insolvenzverwalter** kann den Sicherungsgegenstand, selbst wenn er im Eigentum des Gesellschafters verblieben ist, entspr. § 135 InsO verwerten; hat der Gesellschafter die Sicherung zurückerhalten, so kann die Rückgewähr im Rahmen der §§ 135 Nr. 2 InsO, 6 Nr. 2 AnfG angefochten werden.[814]

f) Stille Gesellschaft

Unter § 32 a Abs. 3 GmbHG fällt auch die **Einlage,** die der GmbH-Gesell- **307** schafter zusätzlich als **stiller Gesellschafter ("GmbH und Still")** eigenkapitalersetzend gegeben hat.[815] Ist der stille Gesellschafter nicht zugleich

---

[810] Beck Bil-Komm./*Budde*/*Karig* § 246 Anm. 21.
[811] *Häuselmann*/*Wiesenbart* DB 1990, 2129 (2130).
[812] *Rümker* in FS Stimpel S. 673 (696); zustimmend *v. Gerkan* GmbHR 1986, 218 (220).
[813] *Häuselmann* S. 50; Hachenburg/*Ulmer* §§ 32 a, b Anm. 103.
[814] Hachenburg/*Ulmer* §§ 32 a, b Anm. 104; *Häuselmann* S. 50.
[815] Scholz/K. *Schmidt* §§ 32 a, b Anm. 105; *Meyer-Landrut* § 32 a Anm. 12; Hachenburg/*Ulmer* §§ 32 a, b Anm. 97; Baumbach/Hueck/*Hueck* § 32 a Anm. 30.

GmbH-Gesellschafter, ist zwischen typischer und atypisch stiller Beteiligung zu unterscheiden (vgl. unten Rz. 315). Die Einlage des Stillen, der zugleich Gesellschafter der GmbH ist, wird, wenn der Gesellschafter sie der Gesellschaft bei Kreditunwürdigkeit gegeben oder belassen hat, als **Eigenkapitalersatz** behandelt.[816] Dasselbe gilt, wenn sie notwendiger Teil der Kapitalausstattung ist oder wenn der Gesellschafter sie aufgrund eines **Rangrücktritts** erst nach Befriedigung aller anderen Gläubiger zurückfordern kann. Die Frage, ob es sich bei einer gleichzeitigen Beteiligung als GmbH-Gesellschafter und als Stiller um eine typische oder atypische stille Beteiligung handelt, ist gleichgültig.[817]

g) Steuerliche Behandlung

308 Die steuerliche Behandlung entspricht der in Rz. 294 ff geschilderten.

2. Gesellschaftergleiche Drittkredite (§ 32a Abs. 1 u. 3 GmbHG)

309 § 32a Abs. 3 GmbHG gilt auch dann, wenn ein Dritter der Gesellschaft in der kritischen Situation Kredit gewährt und dieser **Drittkredit** dem Gesellschafter (§ 32a Abs. 1 GmbHG) zuzurechnen ist oder einem Gesellschafterkredit wirtschaftlich entspricht. § 138 InsO enthält Definitionen für nahestehende Personen, der im Rahmen des § 32a Abs. 3 GmbHG zu beurteilende Personenkreis ist jedoch weiter.

a) Kredite naher Angehöriger

310 Darlehen oder sonstige Kreditierungen, die von nahen Angehörigen (**Ehegatten, minderjährigen Kindern;** vgl. § 138 Abs. 1 InsO) gewährt werden, können unter die Vorschrift des § 32a GmbH fallen, wenn die Mittel **wirtschaftlich** aus dem **Vermögen des Gesellschafters** stammen[818] oder wenn die nahen Angehörigen **für Rechnung** des Gesellschafters handeln.[819] Liegen diese Voraussetzungen nicht vor, kann die Darlehensgewährung durch nahe Angehörige einem Gesellschafterdarlehen nicht generell gleichgestellt werden.[820] Jedoch kann im Einzelfall der **Anscheinsbeweis** dafür sprechen, daß der nahe Angehörige das Darlehen für Rechnung des Gesellschafters gewährt hat.[821] Dies ist nach der Rechtsprechung jedoch nur dann möglich, wenn sonstige Hinweise darauf vorliegen, daß die **Mittel vom Gesellschafter** stammen oder dieser den **Gesellschaftsanteil treuhänderisch** für den Darlehensgeber hält.[822] Dies trifft dann gleichermaßen auf die Behandlung der

---

[816] *Scholz/K. Schmidt* §§ 32a, b Anm. 105; *Hachenburg/Ulmer* §§ 32a, b Anm. 96f.
[817] *Häuselmann* S. 23.
[818] *Rowedder/Rowedder* § 32a Anm. 35; *Baumbach/Hueck/Hueck* § 32a Anm. 25; *Lutter/Hommelhoff* §§ 32a/b Anm. 56; enger *Gersch/Herget/Marsch/Stützle* Die GmbH-Reform 1980, Anm. 278.
[819] *Uhlenbruck* GmbHR 1986, 109 (112); *Scholz/K. Schmidt* §§ 32a, b Anm. 119.
[820] BGH v. 18. 2. 1991, DB 1991, 798; *Lutter/Hommelhoff* §§ 32a/b Anm. 56; *v. Gerkan* GmbHR 1986, 218 (223).
[821] *Scholz/K. Schmidt* §§ 32a, b Anm. 119; *Hachenburg/Ulmer* §§ 32a, b Anm. 120; *Roth/Altmeppen* § 32a Anm. 58, 75.
[822] BGH v. 7. 11. 1994 ZIP 1994, 1934; BGH v. 18. 2. 1991, DB 1991, 798.

C. Eigenkapitalersetzende Gesellschafterleistungen   **311, 312**   **§ 8**

Darlehen und gleichgestellten Kredite nach den Rechtsprechungsgrundsätzen zu.

b) Kredite verbundener Unternehmen

Dem Gesellschafter werden von der hM verbundene Unternehmen gleichgestellt. Ob es sich um verbundene Unternehmen handelt, beurteilt sich nach den §§ 15 ff. AktG.[823] Wie Darlehen des **Mutterunternehmens** können also auch Kredite anderer Konzern- oder verbundener Unternehmen an die Gesellschaft eigenkapitalersetzende Darlehen sein.[824] Dies gilt ebenso für Kredite, **die Gesellschafter des Mutterunternehmens** der GmbH[825] oder die ein mit den Gesellschaftern der GmbH verbundenes Unternehmen[826] der GmbH gewährt haben. Dabei ist es unerheblich, wie die Verbindung rechtstechnisch ausgestaltet ist; es genügt, daß Gesellschafter und Dritter eine **wirtschaftliche Einheit** bilden und gemeinsam die Finanzierungsverantwortung tragen.[827] Im Einzelnen ist hier jedoch vieles umstritten.[828]   **311**

Bei **Betriebsaufspaltungen** kommen Darlehen der Besitzgesellschaft an die Betriebsgesellschaft als kapitalersetzende Leistungen in Betracht,[829] und zwar auch dann, wenn die Anteile an der Betriebsgesellschaft zivilrechtlich nicht zum Vermögen der Besitzpersonengesellschaft, sondern zum Vermögen der Gesellschafter gehören und **steuerliches Sonderbetriebsvermögen** sind.[830] Dasselbe gilt für Darlehen, die Gesellschafter der Besitzgesellschaft der Betriebsgesellschaft gewähren, wenn die Anteile an der Betriebsgesellschaft zum Vermögen der Besitzgesellschaft gehören.[831] Dies wird auch für Darlehen gelten müssen, die Gesellschafter der Besitzgesellschaft der Betriebsgesellschaft gewähren, wenn die Anteile an der Betriebsgesellschaft Gesellschaftern der Besitzgesellschaft gehören und die darlehensgewähren-   **312**

---

[823] OLG Düsseldorf v. 12. 12. 1996, DB 1997, 521; BGH v. 22. 10. 1990, ZIP 1990, 1593; *Hachenburg/Ulmer* §§ 32 a, b Anm. 121; *Kamprad* Gesellschafterdarlehen an die GmbH und GmbH & Co., 2. Aufl., 1981 S. 43.

[824] *Hachenburg/Ulmer* §§ 32 a, b Anm. 121; *Rowedder/Rowedder* § 32 a Anm. 17; *Baumbach/Hueck/Hueck* § 32 a Anm. 24; zurückhaltend bei mittelbarer, nicht durch ein abhängiges Unternehmen (§ 17 AktG) vermittelter Beteiligung *Scholz/K. Schmidt* §§ 32 a, b Anm. 121; auch *Lutter/Hommelhoff* §§ 32 a/b Anm. 57 nur bei Vertrags- oder qualifiziertem faktischen Konzern oder bei Übernahme einer Finanzierungsverantwortung; vgl. auch *Hommelhoff* WM 1984, 1105 (1110 ff.).

[825] *Häuselmann* S. 63; *Scholz/K. Schmidt* §§ 32 a, b Anm. 120.

[826] Vgl. BGH v. 9. 10. 1986, DB 1987, 159 (160); BGH v. 22. 10. 1990, DB 1990, 2587.

[827] BGH v. 19. 9. 1988, DB 1988, 2141 f. für den Fall einer Gebietskörperschaft und einer von ihr abhängigen Landesbank; kritisch dazu *Hüffer* ZHR 153 (1988), 322. Vgl. auch OLG Köln v. 25. 7. 1986, ZIP 1986, 1585 (1587 f.) für den Fall einer von Gesellschafter und Hausbank gehaltenen Factoring-Gesellschaft.

[828] Vgl. Thüringer OLG v. 7. 4. 1998, NZG 1998, 858 mit kritischer Anm. *Michalski/de Vries; Roth/Altmeppen* § 32 a Anm. 59ff.; *Rowedder/Rowedder* § 32 a Anm. 37.

[829] *Scholz/K. Schmidt* §§ 32 a, b Anm. 122.

[830] *Hachenburg/Ulmer* §§ 32 a, b Anm. 122; zur Nutzungsüberlassung BGH v. 14. 12. 1992, DB 1993, 278.

[831] *Hachenburg/Ulmer* §§ 32 a, b Anm. 122; *Scholz/K. Schmidt* §§ 32 a, b Anm. 122.

c) Kredite sonstiger fremder Dritter

313 § 32 a Abs 3 GmbHG ist anwendbar, wenn ein Dritter der Gesellschaft ein Darlehen **aus Mitteln** oder **für Rechnung des Gesellschafters** gewährt.[833]

Unter diese Vorschrift fällt auch ein Dritter, der sich eine Gesellschafterforderung **abtreten** läßt. Stellte die Forderung in der Hand des Gesellschafters bereits eine eigenkapitalersetzende Kreditgewährung dar, so bleibt die rechtliche Qualifikation nach § 404 BGB gegenüber dem Abtretungsempfänger erhalten[834] und die abgetretene Forderung bleibt den Beschränkungen nach § 32 a Abs. 1 GmbHG unterworfen. Führt die abgetretene Forderung erst in der Hand des Abtretungsempfängers zu einer Kreditgewährung, indem zB der Dritte eine fällige Kaufpreisforderung **stundet**, so kann die Forderung nur dann nach § 32 a Abs. 3 GmbHG behandelt werden, wenn der Dritte für Rechnung des Gesellschafters oder der Gesellschaft handelt.[835]

314 Der Auffangtatbestand kann ferner für Dritte gelten, deren Stellung der eines Gesellschafters wirtschaftlich entspricht.[836] Dies sind der **Treugeber**[837] und der **Hintermann**,[838] wenn sich der Geschäftsanteil in der Hand eines Treuhänders bzw. eines Strohmannes befindet. Der **Treuhänder** und der **Strohmann** sind rechtlich Gesellschafter, so daß ihre Darlehensgewährung ohnehin nach § 32 a Abs. 1 GmbHG behandelt wird.[839] Dazu gehören auch Dritte, denen Rechte am Geschäftsanteil eines Gesellschafters eingeräumt werden, sofern diese mitgliedschaftsähnlich ausgestaltet sind. Hierunter können der **Nießbraucher**[840] und der **Unterbeteiligte** oder der „**atypische**" **Pfandgläubiger**[841] fallen. Diese stehen dem Gesellschafter gleich, wenn sie entgegen dem gesetzlichen Leitbild aufgrund schuldrechtlicher Nebenabreden

---

[832] *Meyer* DStR 1993, 206 (209).

[833] *Hachenburg/Ulmer* §§ 32 a, b Anm. 118; *Häuselmann* S. 60; *Baumbach/Hueck* § 32 a Anm. 26.

[834] BGH v. 21. 3. 1988, DB 1988, 1262 (1263); *Hachenburg/Ulmer* §§ 32 a, b Anm. 41; *Scholz/K. Schmidt* §§ 32 a, b Anm. 124.

[835] Vgl. *Scholz/K. Schmidt* §§ 32 a, b Anm. 124.

[836] OLG Hamburg v. 17. 2. 1989, DB 1989, 671.

[837] BGH v. 26. 11. 1979, BB 1980, 222; BGH v. 14. 11. 1988, DB 1989, 271; BGH v. 22. 10. 1990, ZIP 1990, 1593; *Hachenburg/Ulmer* §§ 32 a, b Anm. 123; *Baumbach/Hueck/Hueck* § 32 a Anm. 23; *Scholz/K. Schmidt* §§ 32 a, b Anm. 123.

[838] *Meyer-Landrut* § 32 a Anm. 12; *Kamprad* Gesellschafterdarlehen an die GmbH und GmbH & Co., 2. Aufl., 1981 S. 45.

[839] *Baumbach/Hueck/Hueck* § 32 a Anm. 23; OLG Hamburg v. 24. 7. 1987, DB 1987, 1778; *Scholz/K. Schmidt* §§ 32 a, b Anm. 27.

[840] So *Hachenburg/Ulmer* §§ 32 a, b Anm. 126; *Roth/Altmeppen* § 32 a Anm. 74; enger (nur unter den allgemeinen Voraussetzungen eines Handelns für Rechnung des Gesellschafters) *Scholz/K. Schmidt* §§ 32 a, b Anm. 122; (nur nach den konkreten Umständen) *Baumbach/Hueck/Hueck* § 32 a Anm. 21; *Hachenburg/Ulmer* §§ 32 a, b Anm. 126; *Häuselmann* S. 62.

[841] Ablehnend *Roth/Altmeppen* § 32 a Anm. 72.

in grundsätzlichen Fragen (zB Änderung des Gesellschaftsvertrages, Einbringung des Unternehmens) mitbestimmen können.[842]

Stille Gesellschafter der GmbH, die **nicht** zugleich Gesellschafter der GmbH sind,[843] können mit ihrer Einlage nur unter § 32a Abs. 3 GmbHG fallen, wenn es sich um eine **atypische** stille Gesellschaft handelt, wenn der Stille also schuldrechtlich an den stillen Reserven der GmbH beteiligt ist und ihm gesellschaftergleiche Mitwirkungsrechte zustehen[844] oder wenn die Einlage des Stillen nach dem Gesellschaftsvertrag mit Nachrang gegenüber allen anderen Gläubigern behandelt wird.[845] In gleicher Weise können **Darlehen** der stillen Gesellschafter oder Sicherungen, die sie Gläubigern der GmbH gegeben haben, nach § 32a Abs. 1 oder 2 GmbHG behandelt werden.[846] 315

Der **typische stille Gesellschafter** fällt nicht unter den dem Gesellschafter gleichgestellten Personenkreis. Sofern er über seine Beteiligung hinaus Darlehen gewährt hat, sind diese in der Insolvenz wie eine Einlage des Stillen zu behandeln und nur als Insolvenzforderung geltend zu machen (§§ 236, 237 HGB).[847] 316

3. Sonstige Finanzierungsleistungen und Nutzungsverhältnisse (§ 32a Abs. 1 und 3 GmbHG und Rechtsprechungsgrundsätze)

Neben den oben beschriebenen darlehensgleichen Kapitalüberlassungen sind auch Finanzierungsleistungen sowie Miet-, Pacht- und andere **Nutzungsverhältnisse** über Gegenstände, die der Gesellschafter der Gesellschaft zur Nutzung überläßt, in § 32a Abs. 3 GmbHG einzubeziehen. Die nachfolgenden Ausführungen gelten nach den **Rechtsprechungsgrundsätzen** auch, wenn die von der GmbH erbrachten Gegenleistungen zu einer Unterbilanz führen oder diese erhöhen. Darüber hinaus dürfen die zur Nutzung überlassenen Gegenstände nicht entzogen werden.[848] 317

a) Sicherungsübereignung und Eigentumsvorbehalt

Nutzungsverhältnisse können neben einem Kreditverhältnis bestehen oder ein **Kreditverhältnis verdecken**.[849] So handelt es sich von vornherein nur um ein Gesellschafterdarlehen iSd. § 32a Abs. 1 GmbHG, wenn die Gesellschaft dem Gesellschafter **zur Besicherung** eines Darlehens Gegenstände **übereignet** und diese weiterhin leihweise nutzt.[850] Hat der Gesellschafter unter **Eigen-** 318

---

[842] BGH v. 13. 7. 1992, DB 1992, 2026 (2027); *Fleischer* ZIP 1998, 313 zur Einwirkung von „reinen" Darlehensgläubigern.
[843] Vgl. dazu Rz. 307.
[844] OLG Frankfurt v. 30. 4. 1997, GmbHR 1997, 892; BGH v. 13. 7. 1992, DB 1992, 2026 (2027); BGH v. 7. 11. 1988, DB 1989, 218 (219); *Hachenburg/Ulmer* §§ 32a, b Anm. 125; *Baumbach/Hueck/Hueck* § 32a Anm. 22. Der Stille muß nicht notwendig an einem Verlust beteiligt sein: BGH v. 17. 12. 1984, BB 1985, 372 (373); ablehnend *Roth/Altmeppen* § 32a Anm. 71.
[845] BGH v. 1. 3. 1982, DB 1982, 1922.
[846] BGH v. 7. 11. 1988, DB 1989, 218 (219).
[847] *Hachenburg/Ulmer* §§ 32a, b Anm. 124; *Scholz/K. Schmidt* §§ 32a, b Anm. 19.
[848] Vgl. Rz. 334; OLG Karlsruhe v. 29. 3. 1996, GmbHR 1996, 524, 526.
[849] *Baumbach/Hueck/Hueck* § 32a Anm. 33.
[850] *Scholz/K. Schmidt* §§ 32a, b Anm. 108.

tumsvorbehalt mit nicht verkehrsüblichem Zahlungsziel geliefert oder die Kaufpreisforderung gestundet, so handelt es sich um ein darlehensähnliches Kreditverhältnis isd. § 32 a Abs. 3 GmbHG.[851] Die Gesellschaft darf die Kaufsache nutzen, der Eigentumsvorbehalt wirkt wie eine Besicherung der Kaufpreisforderung durch **Sicherungsübereignung.** Der Gesellschafter als Verkäufer kann nach hM. im Insolvenzverfahren seine Kaufpreisforderung nur als nachrangiger Gläubiger geltend machen und auch nicht sein Eigentum aussondern. Der Insolvenzverwalter kann die Kaufsache durch Anfechtung entsprechend § 135 Nr. 1 InsO zur Masse ziehen.[852] Außerhalb eines Insolvenzverfahrens kann ein Gläubiger durch Anfechtung nach § 6 Nr. 1 AnfG erreichen, daß der Gesellschafter die Zwangsvollstreckung in die Kaufsache dulden muß.[853]

b) Leasing-Verträge

319   **aa) Sale-and-lease-back.** Verschafft sich die Gesellschaft in kritischer Situation dadurch Liquidität, daß sie an ihren Gesellschafter Gegenstände des Anlagevermögens veräußert und langfristig zurückmietet **(sale-and-lease-back),** so erbringt der Gesellschafter – insb., wenn der Gesellschaft eine Rückkaufoption eingeräumt ist – eine Finanzierungsleistung isd. § 32 a Abs. 3 GmbHG.[854]

320   **bb) Finanzierungsleasing.** Bei einem **Finanzierungsleasing** hat der Gesellschafter auf Verlangen der Gesellschaft einen Gegenstand erworben und überläßt ihr diesen für die Grundmietzeit unkündbar zur betrieblichen Nutzung. Der Leasing-Nehmer hat für die Amortisation (die nicht notwendig 100% betragen muß)[855] der vom Leasing-Geber für die Anschaffung der Sache gemachten Aufwendungen einzustehen.[856]

321   Zivilrechtlich wird das Finanzierungsleasing von der hM grds. als **Mietverhältnis** angesehen,[857] aufgrund dessen der Leasing-Geber verpflichtet ist, dem Leasing-Nehmer den Gebrauch des Leasing-Gegenstandes auf Zeit zu gewähren. Das Finanzierungsleasing ist ein **verdeckter Kaufvertrag,**[858] wenn dem Leasing-Nehmer ein Erwerbsrecht[859] eingeräumt ist oder wenn

---

[851] Vgl. Rz. 301.
[852] OLG Hamm v. 25. 6. 1992, GmbHR 1992, 753; OLG Karlsruhe v. 16. 12. 1988, DB 1989, 316 (317); *Hachenburg/Ulmer* § 32 a/b Anm. 102; aA *Roth/Altmeppen* § 32 a Anm. 90; *Altmeppen* NJW 1994, 2353; *ders.* ZIP 1995, 26; *Rowedder/Rowedder* § 32 a Anm. 58.
[853] *Hachenburg/Ulmer* §§ 32 a, b Anm. 102.
[854] OLG Düsseldorf v. 12. 12. 1996, DB 1997, 521; *Hachenburg/Ulmer* §§ 32 a, b Anm. 102.
[855] *Canaris* ZIP 1993, 401.
[856] Vgl. Begründung zum Verbraucherkreditgesetz, BT-Drs. 11/8274, S. 21.
[857] Ständige Rspr.: BGH v. 30. 9. 1987, BB 1987, 2260; BGH v. 14. 12. 1989, NJW 1990, 1113; *Graf v. Westphalen,* Der Leasingvertrag, 5. Aufl. 1998, Anm. 53 ff.; aA *Canaris* ZIP 1993, 401 ff.; *Lieb* WM 1992, Beil. 6.
[858] BGH v. 24. 1985, BB 1985, 1014 (1015 ff.); BGH v. 15. 6. 1988, DB 1988, 1848 (1849); BGH v. 22. 3. 1989, DB 1989, 1228; BGH v. 30. 5. 1990, DB 1990, 2116.
[859] Ein Andienungsrecht des Leasing-Gebers steht dem nicht gleich, BGH v. 8. 10. 1990, DB 1990, 2367 (2368).

C. Eigenkapitalersetzende Gesellschafterleistungen   322–324   § 8

feststeht, daß der Leasingsgegenstand nach Ablauf der Grundmietzeit wertlos[860] sein wird.

Finanzierungsleasing im **einkommensteuerlichen Sinne**[861] liegt nur vor, 322
wenn der Leasing-Nehmer in der Grundmietzeit mit den zu entrichtenden
Leasing-Raten mindestens die Anschaffungs- bzw. Herstellungskosten sowie
alle Nebenkosten einschließlich der Finanzierungskosten des Leasing-Gebers
deckt (**Vollamortisationsverträge,** full-pay-out-Verträge). Die Grundmietzeit kann der betriebsgewöhnlichen Nutzungsdauer des Leasing-Gegenstandes
entsprechen oder kürzer sein; ist sie kürzer, so kann dem Leasing-Nehmer
nach Ablauf der Grundmietzeit eine Kauf- oder eine Mietverlängerungsoption zustehen.

Das Finanzierungsleasing wird – unabhängig davon, ob Voll- oder Teil- 323
amortisation vorliegt – von der hM wie ein **eigenkapitalersetzendes Darlehen** behandelt, wenn die hierfür erforderlichen Voraussetzungen erfüllt
sind.[862] Die Finanzierungsleistung des Gesellschafters wird deutlich, wenn
andere Verwertungsmöglichkeiten (zB durch Vermietung an Dritte) entfallen.
Dies ist insb. der Fall, wenn der Leasinggegenstand ausschließlich auf die betrieblichen Erfordernisse der Gesellschaft zugeschnitten ist (Spezial-Leasing).
Der Gesellschafter als Leasing-Geber kann im Insolvenzverfahren seine Leasing-Raten nicht mehr geltend machen (§ 32 a Abs. 1, 3 GmbHG),[863] muß
die in dem letzten Jahr vor der Verfahrenseröffnung erhaltenen Leasing-Raten
auf Anfechtung des Insolvenzverwalters (§ 135 Nr. 2 InsO) zurückgewähren
und hinnehmen, daß der Leasing-Gegenstand entspr. § 135 Nr. 1 InsO zur
Konkursmasse gezogen und für ihre Rechnung verwertet wird.[864] In diesen
Rechtsfolgen unterscheidet sich das Finanzierungsleasing von der sonstigen
Nutzungsüberlassung.

cc) Operating-Leasing. Beim **Operating-Leasing** ist die Vertragsdauer 324
unbestimmt oder die Grundmietzeit sehr kurz, eine Kündigung ist erleichtert
oder jederzeit möglich.[865] Demnach steht hier nicht die Finanzierung, sondern die **Gebrauchsüberlassung** im Vordergrund,[866] obwohl auch dieser
Vertrag, bei dem eine Amortisation nicht durch den ersten Leasing-Nehmer
erfolgt, auch Finanzierungselemente enthält.[867] Eigenkapitalersatz kann nach
den Regeln über die Nutzungsüberlassung gegeben sein.

---

[860] Dabei kommt es nicht auf den vertraglich vereinbarten Restwert, sondern auf
den Gebrauchswert für den Leasing-Nehmer an, BGH v. 8. 10. 1990, DB 1990, 2367.
[861] Vgl. BMF-Schreiben v. 19. 4. 1971, BStBl I 1971, 264; BMF-Schreiben v. 21. 3.
1972, BStBl I 1972, 188; BMF-Schreiben v. 22. 7. 1975, BB 1976, 72; BMF-Schreiben v. 23. 12. 1991, BStBl I 1992, 13.
[862] Lediglich die Begründungen sind unterschiedlich: idR. wird eine Behandlung als
Kauf angenommen, vgl. *Scholz/K. Schmidt* §§ 32 a, b Anm. 108; *Hachenburg/Ulmer*
§§ 32 a, b Anm. 100; teilweise werden die Grundsätze der eigenkapitalersetzenden
Nutzungsüberlassung angewandt, vgl. BGH v. 22. 10. 1990, DB 1990, 2587.
[863] OLG Düsseldorf v. 12. 12. 1996, DB 1997, 521.
[864] *Hachenburg/Ulmer* §§ 32 a, b Anm. 101, *Lutter/Hommelhoff* §§ 32 a, b Anm. 127;
aA *Roth/Altmeppen* § 32 a Anm. 93.
[865] *Palandt/Putzo* vor § 535 Anm. 29, *Graf von Westphalen* Der Leasingvertrag,
5. Aufl., 1998, Anm. 9 f.
[866] OLG Hamm v. 4. 12. 1979, DB 1980, 393.
[867] BGH v. 28. 3. 1990, DB 1990 1228 (1230).

c) Nutzungsüberlassung (Miete, Pacht, Leihe)

325 **Vermietet** oder **verpachtet** der Gesellschafter der Gesellschaft einen Gegenstand, zB ein Grundstück oder eine Maschine, oder überläßt er ihr ein Patent oder sonstiges Schutzrecht, so beschränkt sich die Verpflichtung der Gesellschaft grds. auf die Zahlung einer laufenden Vergütung, auf Wartungs- und Instandhaltungsleistungen sowie die Rückgabe des überlassenen Gegenstandes bei Beendigung des Nutzungsverhältnisses. Die Gesellschaft braucht keine Liquidität für die Anschaffung des Gegenstandes bereitzustellen. Die leihweise (unentgeltliche) Überlassung erspart der Gesellschaft auch die Zahlung einer Nutzungsvergütung. Mit Hilfe von **Nutzungsüberlassungen** kann eine Gesellschaft ihr Investitionsbudget entlasten und ihren Kapitalbedarf vermindern.

326 Von besonderer Bedeutung sind Nutzungsverhältnisse im Rahmen von **Betriebsaufspaltungen**. Die in der Rechtsform einer GmbH organisierte **Betriebsgesellschaft** übernimmt von dem Besitzunternehmen miet- oder pachtweise Vermögensgegenstände, die eine **wesentliche Betriebsgrundlage** darstellen. Dabei kann es sich um einen einzelnen Gegenstand, zB ein Grundstück, um Sachgesamtheiten, zB die maschinelle Ausstattung der Gesellschaft, oder auch das gesamte Anlagevermögen handeln. Das **Besitzunternehmen** ist meist eine Personenhandelsgesellschaft; die Geschäftsanteile an der Betriebsgesellschaft befinden sich entweder in ihrem Vermögen oder in Händen der Gesellschafter der Besitzgesellschaft, gehören dann aber einkommensteuerlich grds. zum **notwendigen Sonderbetriebsvermögen** der Gesellschafter. Eigentümerin der zur Nutzung überlassenen Anlagegegenstände ist das Besitzunternehmen, soweit es nicht selbst die Gegenstände von einem Dritten gemietet (gepachtet) hat. Neben diese **sachliche Verflechtung** tritt als weitere steuerliche Voraussetzung für eine Betriebsaufspaltung (R 137 Abs. 4 EStR) die **personelle Verflechtung,** dh. die Gesellschafter des Besitzunternehmens und der Betriebsgesellschaft müssen einen einheitlichen geschäftlichen Betätigungswillen haben.

Bei einer Betriebsaufspaltung ist die eigene Sachkapitalausstattung der Betriebsgesellschaft geringer, als es Art und Umfang ihres Betriebes verlangen; ohne die zur Nutzung überlassenen Vermögensgegenstände könnte das Unternehmen seine Betriebsleistung nicht erbringen. Für die **Gläubiger** der Betriebsgesellschaft ist das **Haftungssubstrat geringer.** Dabei kann die Überlegung, gewisse Vermögensteile nicht dem geschäftlichen Risiko der Betriebsgesellschaft auszusetzen – soweit nicht Gläubiger, wie zB Banken, gerade deswegen eine Mithaftung des Besitzunternehmens oder zusätzliche Sicherheiten der Gesellschafter verlangen – ein Grund für eine Betriebsaufspaltung sein. Mindestens gleichgewichtig ist jedoch der angestrebte steuerliche Vorteil.[868]

327 **aa) Nutzungsüberlassung als Eigenkapitalersatz.** Die heute ganz hM[869] geht davon aus, daß auch eine Nutzungsüberlassung eigenkapitalerset-

---

[868] Die Tätigkeitsvergütungen der Gesellschafter-Geschäftsführer mindern die Gewerbeertragsteuer; Gewinnthesaurierungen werden bei der Gesellschaft mit 40% Körperschaftsteuer belegt. Dem steht indessen die höhere Erbschaftsteuer auf die Geschäftsanteile gegenüber.

[869] Grundlegend BGH v. 16. 10. 1989, DB 1989, 2470; BGH v. 14. 12. 1992, DB 1993, 318; BGH v. 14. 6. 1993, DB 1993, 1662; BGH v. 11. 7. 1994 GmbHR 1994,

C. Eigenkapitalersetzende Gesellschafterleistungen   328–330   § 8

zend sein kann. Dies gilt auch bei der Betriebsaufspaltung. Die oben[870] dargestellten Voraussetzungen des Kapitalersatzes können jedoch nicht uneingeschränkt übertragen werden.

(1) Zeitpunkt der Überlassung. Der Gesellschafter muß die Nutzungsüberlassung in einem Zeitpunkt vorgenommen oder belassen haben, in dem sich die Gesellschaft in einer **kritischen Situation** befand. Stellte die Verschlechterung der Vermögenssituation bei Gesellschafterdarlehen und gleichstehenden Finanzierungen bei der Beurteilung des Stehenlassens grds. einen **außerordentlichen Kündigungsgrund** dar,[871] ist bei Nutzungsüberlassungen zu differenzieren. Wurde ein Miet- oder Pachtverhältnis auf unbestimmte Zeit geschlossen, steht dem Vermieter ein Kündigungsrecht zu.[872] Bei Überlassungsverträgen, die über einen fest bestimmten Zeitraum abgeschlossen wurden, besteht diese Möglichkeit nicht; insb. stellt die drohende Umqualifizierung der Gebrauchsüberlassung in Eigenkapitalersatz keinen wichtigen Kündigungsgrund dar.[873] 328

Auf das Bestehen einer Kündigungsmöglichkeit kommt es jedoch auch hier nicht an, wenn der Gesellschafter die GmbH liquidieren kann.[874]

(2) Überschuldung. Ist die Gesellschaft in dem kritischen Zeitpunkt **überschuldet**,[875] so ist die Nutzungsüberlassung ohne weiteres Eigenkapitalersatz.[876] 329

(3) Kreditunwürdigkeit. Das Merkmal der **Kreditunwürdigkeit** dagegen, das auf Gelddarlehen zugeschnitten ist, läßt sich auf die Nutzungsüberlassung nur bedingt anwenden.[877] 330

Zwar hat die Kreditunwürdigkeit grds. auch Bedeutung für die Nutzungsüberlassung, der **Maßstab,** wann die Gesellschaft kreditunwürdig ist oder wird, kann jedoch nicht allein darin bestehen, daß sie auf dem Kapitalmarkt keinen Kredit erhält, mit dem sie die **betreffenden Wirtschaftsgüter** erwerben könnte.[878] Der Grund hierfür besteht darin, daß die Gesellschaft die Wirtschaftsgüter gerade nicht erwerben, sondern pachten oder mieten will. Kann die Gesellschaft einen Kredit von dritter Seite ohne Gesellschaftersicherheiten erhalten, mit dem sie die fraglichen Wirtschaftsgüter erwerben könnte, liegt in keinem Falle eine eigenkapitalersetzende Nutzungsüberlassung vor.

Im Ergebnis kommt es damit auf die **Überlassungsunwürdigkeit** der Gesellschaft, dh. darauf an, ob gerade diese konkrete Leistung für die Gesell-

---

612, 691; für die Literatur vgl. Nachweise bei *Priester* DB 1993, 1173 Fußn. 7; aA *K. Schmidt* ZIP 1993, 161; *Scholz/Schmidt* §§ 32 a, b Anm. 113; *Roth/Altmeppen* § 32 a Anm. 88.

[870] Vgl. Rz. 216 ff.
[871] Vgl. Rz. 232.
[872] Vgl. § 565 Abs. 1 Nr. 3 Abs. 1 a iVm. § 564 Abs. 2 BGB, für die Pacht aber § 584 BGB.
[873] BGH v. 16. 10. 1989, DB 1989, 2470 (2471).
[874] Vgl. Rz. 233; bestätigt durch BGH v. 11. 7. 1994, DStR 1994, 1353 (1354).
[875] Zur Definition vgl. Rz. 218 und BGH v. 28. 11. 1994, DB 1995, 205.
[876] BGH v. 16. 10. 1989, DB 1989, 2470; v. 14. 6. 1993, DB 1993, 1662 (1663).
[877] *Schulze-Osterloh* ZGR 1983, 123 (132).
[878] BGH v. 16. 6. 1997, DStR 1997, 1298 stellt ergänzend auf die Kreditfinanzierung ab; BGH v. 14. 12. 1992, DB 1993, 318 (319); *Oppenländer* DStR 1993, 1523 (1525).

schaft auf dem allgemeinen Markt zu beschaffen gewesen wäre.[879] Maßgeblich ist, ob ein **fremder Dritter** entweder einen Kredit zur Anschaffung gewährt oder diese Gegenstände überlassen hätte. Dabei ist an die Liquidität ein um so höherer Anspruch zu stellen, je mehr die Güter auf die speziellen Belange der Gesellschaft zugeschnitten sind, da die weitere Vermietbarkeit bei Illiquidität des derzeitigen Mieters entscheidend hiervon abhängt. In welchem Stadium die Nutzungsüberlassung eigenkapitalersetzend ist oder wird, hängt daher entscheidend vom Einzelfall ab. Handelt es sich um **Standardwirtschaftsgüter** (zB unbebaute Grundstücke) wird eine Überlassungsunwürdigkeit idR. nur dann vorliegen, wenn die Gesellschaft nicht sicher in der Lage ist, das laufende Nutzungsentgelt zu bezahlen und eventuelle Schäden an den überlassenen Wirtschaftsgütern auszugleichen.[880]

331 Bei der **Betriebsaufspaltung** ergibt sich das weitere Problem, daß es idR. an einem Markt für komplette Betriebseinrichtungen fehlen wird. Nach der Rspr. soll gleichwohl nicht bei jeder Betriebsaufspaltung automatisch Eigenkapitalersatz vorliegen. Der BGH[881] stellt vielmehr darauf ab, ob ein nicht an der Gesellschaft beteiligter, vernünftig handelnder Vermieter oder Verpächter die Gegenstände zu denselben Verhältnissen und denselben Bedingungen überlassen hätte. Dies ist regelmäßig nur dann der Fall, wenn bei Beginn des Mietverhältnisses die begründete Aussicht besteht, daß der Mietzins insgesamt die **Investitionskosten** und einen **angemessenen Gewinn** decken wird. Hierzu muß die Gesellschaft über genügende finanzielle Reserven verfügen, um kurz- oder mittelfristige Umsatzeinbrüche auffangen zu können.[882]

332 **(4) Nutzungsüberlassung als Finanzplankredit.** Oben[883] wurde bereits darauf hingewiesen, daß zusätzlich zum Eigenkapitalersatz kein Finanzplan erforderlich ist. Das Institut der **Finanzplankredite** wurde für die eigenkapitalersetzende Nutzungsüberlassung auch nicht verworfen.[884]

Bei der Nutzungsüberlassung – insb. bei der Betriebsaufspaltung – stellt sich damit die Problematik, in welchen Fällen die Überlassung allein schon wegen der hierauf gerichteten Planung eigenkapitalersetzend ist. Zumindest bei der sog. **echten Betriebsaufspaltung,** bei der die Betriebsgesellschaft speziell zu dem Zweck gegründet wird, den bereits vorhandenen Betrieb mit gepachteten Gegenständen weiterzuführen,[885] wird häufig ein derartiger Finanzplan vorhanden sein.[886] Andererseits prüft der BGH[887] ausführlich die Vorausset-

---

[879] BGH v. 14. 12. 1992, DB 1993, 318 (319); BGH v. 16. 10. 1989, DB 1989, 2470 (2471).
[880] *Mayer* DStZ 1993, 106 (208).
[881] BGH v. 14. 12. 1992, DB 1993, 318 (320); zustimmend *K. Schmidt* ZIP 1993, 161 (166).
[882] BGH aaO; *Drygala* Der Gläubigerschutz bei der typischen Betriebsaufspaltung, 1991, S. 58.
[883] Rz. 225.
[884] Vgl. Rz. 225; ebenso *Oppenländer* DStR 1993, 1523 (1526).
[885] Vgl. dazu R 137 Abs. 5 EStR.
[886] Vgl. weitergehend OLG Karlsruhe v. 29. 3. 1996, GmbHR 1996, 524, die eingelegte Revision wurde vom BGH (Beschluß v. 26. 5. 1996 – II R 129/96) – weil auch die allgemeinen Voraussetzungen für Kapitalersatz gegeben waren – nicht angenommen.
[887] 14. 12. 1992, DB 1993, 318.

C. Eigenkapitalersetzende Gesellschafterleistungen 333, 334 § 8

zungen einer Überlassungsunwürdigkeit und betont ausdrücklich, daß nicht automatisch bei jeder Betriebsaufspaltung gleichzeitig auch ein Eigenkapitalersatz vorliegt.

Die Anwendung der Regelung der Finanzplankredite muß daher bei der Betriebsaufspaltung eingeschränkt werden.[888] Auf der Grundlage der neuesten Rspr. ist es insgesamt gerechtfertigt, nicht jede Betriebsaufspaltung als eigenkapitalersetzende Nutzungsüberlassung anzusehen. Diese Einschränkung darf nicht durch die Annahme von Finanzplankrediten wieder zunichte gemacht werden. Ein **eigenkapitalersetzender Finanzplankredit** liegt daher bei einer **Betriebsaufspaltung** nur dann vor, wenn die Betriebskapitalgesellschaft lediglich mit dem betriebswirtschaftlich allernötigsten Kapital ausgestattet wurde und in einem Maße, das über den „typischen" Fall einer Betriebsaufspaltung hinausgeht, auf Kapitalmittel ihrer Gesellschafter angewiesen ist. Die Beurteilung muß nach den Umständen des konkreten Einzelfalles vorgenommen werden. **Indizien** für einen derartigen **Finanzplan** können die Überlassung besonders **wertvoller Anlagegüter** bei geringem Eigenkapital oder die dauernde **Finanzierung** des Geschäftsbetriebs durch **Fremdmittel** sein. Ein weiteres wichtiges Indiz ist, daß die Gegenstände nicht zu Marktkonditionen überlassen wurden.[889] Häufig wird ein eigenkapitalersetzender Finanzplankredit neben einer eigenkapitalersetzenden Nutzungsüberlassung vorliegen, da die Kriterien für die Umqualifizierung in Eigenkapital in beiden Fällen ähnlich sind. Er erlangt jedoch eigenständige Bedeutung, wenn es an einer Möglichkeit zur Kündigung der Überlassung oder zur Liquidation der Gesellschaft fehlt. 333

bb) Rechtsfolgen der eigenkapitalersetzenden Nutzungsüberlassung. In Literatur und Rspr. ist unstreitig, daß der Gesellschafter keinen Anspruch auf die vereinbarte **Miete oder Pacht** hat, soweit diese aus **gebundenem Stammkapital** gezahlt werden müßte (§ 30 GmbHG). Gleichwohl gezahlte Entgelte sind nach § 31 GmbHG zurückzugewähren.[890] Im **Insolvenzverfahren** können Zinsen, auch wenn sie das Stammkapital nicht verletzen, nach § 32 a Abs. 1 GmbHG nicht verlangt werden. Dies gilt für Miet- oder Pachtzinsen, die auf die Zeit vor und nach der Eröffnung des Insolvenzverfahrens entfallen.[891] Gleichwohl gezahlte Entgelte können im Wege der **Anfechtung** (§ 135 InsO) für das letzte Jahr vor der Konkurseröffnung zurückgefordert werden. Ist das überlassene Grundstück mit Grundpfandrechten belastet, muß ein Ausgleich zwischen den Rechten der Grundpfandgläubiger und den durch §§ 30, 31, 32 a/b GmbHG geschützten Gesellschaftsgläubigern geschaffen werden. Nach Auffassung des BGH endet die Wirkung der eigenkapitalersetzenden Gebrauchsüberlassung mit dem Wirksamwerden eines die Zwangsverwaltung anordnenden Beschlagnahmebeschlusses.[892] 334

---

[888] Vgl. *Ebenroth/Wilken* BB 1993, 305 (307); zu gestalterischen Eingrenzungen vgl. Jebens/Wagner DB 1998, 2253.
[889] BGH v. 16. 6. 1997, DStR 1997, 1298; *Drygala* GmbHR 1996, 485, der sich für eine Aufgabe des Instituts der Finanzplan-Überlassung ausspricht; ähnlich *Altmeppen* ZIP 1996, 909; *Oppenländer* GmbHR 1998, 505.
[890] BGH v. 16. 10. 1989, DB 1989, 2470 (2473).
[891] BGH v. 14. 6. 1993, DB 1993, 1662 (1663).
[892] BGH v. 7. 12. 1998, DStR 1999, 35; dazu auch *Gehrlein* NZG 1998, 845; *Heublein* ZIP 1998, 1899.

335 Die **weiteren Folgen** der eigenkapitalersetzenden Nutzungsüberlassung waren lange Zeit umstritten und sind davon abhängig, was als Gegenstand der Überlassung angesehen wird. Als **Gegenstand der Überlassung** kommt die Substanz des Gegenstandes,[893] die Nutzung,[894] das Nutzungsrecht[895] oder die Nutzungsmöglichkeit[896] in Betracht.

Wirtschaftlich steht die Nutzungsüberlassung einem **Sachdarlehen** gleich. In beiden Fällen ist die Gesellschaft nur auf Zeit berechtigt, Nutzungen zu ziehen und muß nach Ablauf der Nutzungszeit die Substanz zurückgeben. Ein qualitativer Unterschied liegt jedoch in der **dinglichen** (sachenrechtlichen) **Zuordnung.** Der Darlehensgegenstand geht (auch bei einem Sachdarlehen) in das Eigentum der Gesellschaft über und der Darlehensgeber hat nur einen schuldrechtlichen Anspruch auf Übereignung von Sachen gleicher Art, Güte und Menge (§ 607 Abs. 1 BGB), der bei Vermögensverfall der Gesellschaft wertlos wird. Demgegenüber verbleibt der zur Nutzung überlassene Vermögensgegenstand im **Eigentum des Vermieters** (Verpächters, Verleihers); dieser kann den Gegenstand nach Ablauf der Nutzungszeit nicht nur aufgrund schuldrechtlicher Ansprüche (§§ 556 Abs. 1, 581 Abs. 2, 604 BGB), sondern auch aufgrund seines Eigentums (§ 985 BGB) zurückverlangen und deshalb in einem Insolvenzverfahren grds. aussondern (§ 47 InsO). Nicht der zur Nutzung überlassene Gegenstand, sondern das **Recht zur Nutzung** des Gegenstandes steht der Gesellschaft daher als eigener Vermögenswert zu.[897] Hiervon geht nunmehr auch die **Rechtsprechung** aus.[898] Eine Übertragung des Eigentums an dem Gegenstand oder dessen Herausgabe an den Konkursverwalter zum Zwecke der Verwertung durch Veräußerung kommt daher ebensowenig in Betracht wie ein Anspruch auf Ersatz des Verkehrswertes oder des Wertes der weiteren Nutzung des Gegenstandes.[899] Würde der von einem Gesellschafter überlassene Gegenstand im Konkurs der Gesellschaft verwertet, so ginge dieser Eingriff in die Eigentümerstellung des Gesellschafters über den Grundgedanken der Regelung in § 32a GmbHG hinaus.[900] Der Gesellschafter ist nicht verpflichtet, eine Sache zur Verfügung zu stellen, sondern soll dann, wenn er Nutzungen gewährt, an diesem Verhalten festgehalten werden. Überdies könnte die Verwertung eines dem Gesellschafter gehörenden Gegenstandes für Rechnung der Insolvenzmasse in **Rechte Dritter** eingreifen, zB wenn der Gesellschafter selbst nur Mieter oder Pächter des Gegenstandes ist und dieser im Eigentum eines Dritten steht oder wenn der Gesellschafter seinen Gläubigern an dem vermieteten Grundstück Hypotheken bestellt hat.

---

[893] *Braun* ZIP 1983, 1178 f.; *Junge* in FS Merz S. 245.
[894] *Knobbe-Keuk* in FS Kellermann S. 227, 236.
[895] *Hachenburg/Ulmer* §§ 32a, b Anm. 113.
[896] *Lutter/Hommelhoff* §§ 32a, b Anm. 5.
[897] Vgl. *Hachenburg/Ulmer* §§ 32a, b Anm. 113; *Baumbach/Hueck/Hueck* § 32a Anm. 32; *K. Schmidt* ZIP 1993, 161 (169) mwN.
[898] BGH v. 11. 7. 1994, DB 1994, 1715 und 2017.
[899] So bisher schon die hM: *K. Schmidt* ZIP 1993, 161 (168); *Ebenroth/Wilken* BB 1993, 305 für eine Überlassung der Sachsubstanz, aA für den Wertersatz: *Oppenländer* DStR 1993, 1525 (1527); *Häuselmann* DZWir 1993, 164 (165).
[900] *Scholz/K. Schmidt* §§ 32a, b Anm. 117.

C. Eigenkapitalersetzende Gesellschafterleistungen 336–338 § 8

Die Gesellschaft kann aber die **vertragsmäßige Überlassung** zur Nutzung 336 verlangen und der Gesellschafter darf der Konkursmasse die künftigen Nutzungen nicht durch Kündigung des Miet- oder Pachtvertrages entziehen.[901] Soweit die Überlassung aus praktischen Gründen nicht möglich sein sollte, haben dieses Risiko nicht die Gesellschafter, sondern die Gläubiger zu tragen. Lediglich dann, wenn dem Konkursverwalter das Nutzungsrecht gegen seinen Willen entzogen wird, ist der nicht verbrauchte Wert der Nutzung in Geld auszugleichen.[902]

Das zentrale Problem der Verpflichtung des Gesellschafters, der Gesellschaft 337 die Wirtschaftsgüter in der Insolvenz unentgeltlich weiter zu überlassen, ist die Bestimmung der **Dauer dieser Verpflichtung.** Auch hierzu werden unterschiedliche Auffassungen vertreten. Teilweise soll die Überlassung solange fortdauern, bis sämtliche Gläubiger befriedigt sind,[903] teilweise soll die Verpflichtung solange fortbestehen müssen, bis bei abnutzbaren Wirtschaftsgütern die betriebsgewöhnliche Nutzungsdauer abgelaufen ist.[904] Diese Vorschläge laufen jedoch im Ergebnis ebenfalls auf einer Überlassung der Sachsubstanz hinaus, da die Wirtschaftsgüter nach Beendigung der Überlassungsverpflichtung wertlos wären.

Richtigerweise muß daher auf die zwischen dem Gesellschafter und der 338 Gesellschaft **vereinbarte Nutzungsdauer** abgestellt werden, so daß bei Verträgen mit bestimmter Dauer eine Überlassung nur bis zum Endtermin verlangt werden kann.[905] Allerdings kann es dabei nicht auf **untypische Vertragsgestaltungen** ankommen, die zB eine **außergewöhnliche Kündigungsmöglichkeit** oder eine sehr **kurze Vertragsdauer** begründen. Eine sechsmonatige Kündigungsfrist ist daher idR nicht anzuerkennen, wenn die Gesellschaft nur eine minimale Kapitalausstattung hat, mit der sie lediglich die laufenden Geschäfte führen, sich die unentbehrliche Betriebsausstattung jedoch selbst nicht beschaffen kann.[906]

Der Ausschluß einer möglichen Vertragsauflösung soll Manipulationen und Mißbräuche durch die Gesellschafter verhindern,[907] so daß **sachliche Gründe** für eine kurze Vertragsdauer oder für kurze Kündigungsfristen anzuerkennen sind.

Als sachliche Gründe kommen dabei zB in Betracht: ein **vorhersehbarer Eigenbedarf** des Gesellschafters, ein **zeitlich befristeter Nutzungsbedarf** der Gesellschaft oder die Verpflichtung des Gesellschafters, das Wirtschaftsgut innerhalb eines bestimmten Zeitraums an einen **Dritteigentümer herauszugeben.**[908] In Fällen der **Betriebsaufspaltung,** in denen sämtliche oder überwiegende Teile der wesentlichen Betriebsgrundlagen überlassen werden,

---

[901] OLG Karlsruhe v. 29. 3. 1996, GmbHR 1996, 524; *Brandes* ZGR 1989, 244 (248).
[902] BGH DB 1994, 2017 (2019).
[903] *Brandes* ZGR 1989, 244 (248).
[904] *Drygala* BB 1993, 80 (81).
[905] BGH DB 1994, 2017 (2018); *Häuselmann* DZWir 1993, 164 (165); *Hachenburg/ Ulmer* §§ 32 a, b Anm. 115; *Lutter/Hommelhoff* §§ 32 a, b Anm. 106.
[906] Vgl. BFH vom 14. 12. 1992, DB 1993, 318 (320); aA wohl *Häuselmann* DZWir 1993, 164 (165).
[907] Vgl. *Mayer* DStR 1993, 206 (210).
[908] *Oppenländer* DStR 1993, 1523 (1527) mwN.

wird man eine kurze Laufzeit oder Kündigungsfrist nicht anerkennen können.

339 Kommt man im Einzelfall zu dem Ergebnis, daß die konkrete **Vertragslaufzeit nicht anerkannt** werden kann, bedeutet dies jedoch noch nicht, daß die Wirtschaftsgüter bis zum Abschluß des Konkurses bzw. zur Befriedigung aller Gläubiger zur Verfügung gestellt werden müßten. Zur Bemessung einer angemessenen Frist ist auf den **hypothetischen Parteiwillen** abzustellen, der sich aus der vorgesehenen Dauer der Mitgliedschaft des überlassenden Gesellschafters oder dem Gegenstand des Unternehmens der Gesellschaft ergeben kann.[909]

340 Das Nutzungsrecht ist im Konkurs wie eine Sacheinlage zu behandeln, so daß es durch den Insolvenzverwalter auch durch **Überlassung an Dritte**, beschränkt durch die zwischen dem Gesellschafter und der Gesellschaft vereinbarte Vertragsdauer, verwertet werden kann.[910] Im Ergebnis wird jedoch nur die **Übertragung des Nutzungsrechts** auf Dritte den Interessen der Gläubiger gerecht, da nur hierdurch – insbes. bei längerer Vertragsdauer – das Konkursverfahren abgeschlossen werden kann. Die Substanz des Gegenstandes bleibt jedoch beim Gesellschafter, so daß durch den Eigenkapitalersatz keine dingliche Zuordnungsänderung eintritt.

341 Für die Praxis sollten diese Rechtsfolgen insb. bei der **Planung** und **Ausgestaltung** von **Betriebsaufspaltungen** berücksichtigt werden. Die teilweise[911] vorgeschlagene Gründung einer ausländischen Betriebsgesellschaft mit einer inländischen Betriebsstätte dürfte nur in den seltensten Fällen praktisch durchführbar sein.[912] Eine Möglichkeit, die Umqualifizierung von Nutzungsüberlassungen in Eigenkapital zu vermeiden scheint zu sein, der Betriebsgesellschaft lediglich Grundstücke und Gebäude, die nicht speziell für sie hergerichtet sind, zu überlassen, da in diesen Fällen geringere Anforderungen an die Eigenkapitalausstattung der Gesellschaft gestellt werden.[913] Die Überlassung eines **vollständigen Betriebes** ist unter dem Gesichtspunkt des Eigenkapitalersatzes nicht ratsam. IdR sollte auch das sog. **Wiesbadener-Modell**[914] eine Umqualifikation in Eigenkapital verhindern können.[915]

d) Dienstleistungspflichten als Eigenkapitalersatz

342 In Fortführung des Grundgedankens der eigenkapitalersetzenden Nutzungsüberlassung wurde in jüngster Zeit diskutiert, ob auch **Dienstleistungspflichten von Gesellschaftern** Eigenkapital ersetzen können. Mit der ganz hM ist eine Ausdehnung des Eigenkapitalersatzes auf Tätigkeiten, die

---

[909] *Hachenburg/Ulmer* §§ 32 a, b Anm. 116; BGH v. 11. 7. 1994, DB 1994, 1715.
[910] BGH aaO; *Fastricht* DZWir 1993, 27 (28); kritisch *Häuselmann* DZWir 1993, 164 (165).
[911] *Ebenroth/Wilken* BB 1993, 305 (309).
[912] *Oppenländer* DStR 1993, 1523 (1527).
[913] Vgl. Rz. 330; dazu *Mayer* DStR 1993, 206 (211); *Oppenländer* DStR 1993, 1523 (1528); *ders.* DStR 1995, 493 ff.
[914] Hierbei ist ein Ehegatten Inhaber der Betriebs-GmbH, der andere Ehegatte Eigentümer des Besitzunternehmens.
[915] Vgl. *Mayer* DStR 1993, 206 (211).

ein Gesellschafter zugunsten der GmbH erbringt, jedoch abzulehnen.[916] Dies ergibt sich daraus, daß eine Dienstleistungsverpflichtung noch **keine Einlage** ist.[917]

Mit dem Abschluß eines **Arbeitsvertrages** zwischen der Gesellschaft und einem Gesellschafter wird der Todeskampf der Gesellschaft idR auch nicht verlängert. Die §§ 32 a, b GmbHG sollen sicherstellen, daß konkursreife oder kreditunfähige Gesellschaften nicht mehr am Markt tätig sind und hierdurch Gläubiger gefährdet werden. Zwar ständen der Gesellschaft bei einer kostenlosen Tätigkeit des **GmbH-Geschäftsführers** Mittel zur Verfügung, um Leistungspflichten gegenüber Dritten zu erfüllen. Dies würde uU den Aktionsradius der Gesellschaft vergrößern und den Zusammenbruch hinausschieben.[918] Die Dienstleistung kann jedoch nicht mit einem eigenkapitalersetzenden Darlehen gleichgesetzt werden, wie es nach § 32 a Abs. 3 GmbHG erforderlich wäre. Bei einer Darlehensgewährung werden der Gesellschaft zusätzliche Mittel zugewandt bzw. stehengelassen, so daß die Gesellschaft liquidiert werden müßte, wenn diese Mittel nicht zugewandt bzw. abgezogen worden wären. Hinsichtlich der **Reaktionsmöglichkeiten** eines bereits **angestellten Gesellschafters** müßte dies bedeuten, daß er entweder seine Leistungen kostenlos zur Verfügung stellen müßte (was ihm allein aus finanziellen Gründen idR nicht zuzumuten sein wird) oder daß er sein **Anstellungsverhältnis aufkündigen** müßte. Ist die Gesellschaft jedoch trotz bestehender Kreditunwürdigkeit noch nicht insolvenzreif, müßte ein neuer Geschäftsführer angestellt werden. Dieser würde gleichfalls ein angemessenes Gehalt beziehen, so daß die Gesellschaft durch die Kündigung des Gesellschafters weder bessergestellt noch vor einer Insolvenz bewahrt würde.

Die Überlassung von Diensten kann daher auch nicht mit der Gebrauchsüberlassung gleichgestellt werden, bei der ein Eigenkapitalersatz nur dann eintritt, wenn die konkrete Nutzungsüberlassung zu den konkreten Konditionen am Markt nicht mehr verfügbar ist. Die Situation, daß in einer nicht konkursreifen GmbH kein Geschäftsführer mehr angestellt werden könnte, da ein objektiver Gesellschafter unter den Konditionen des Gesellschafters nicht tätig werden würde, dürfte so gut wie nie vorkommen.

e) Steuerliche Behandlung

Nutzungsüberlassungen sind bilanziell **schwebende Geschäfte.** Sie sind, solange sie von keiner Seite erfüllt sind, keine Vorleistung erbracht ist und kein Erfüllungsrückstand besteht, in der Handels- und in der Steuerbilanz nicht zu erfassen.

Die überlassene Nutzung kann **nicht** Gegenstand einer **verdeckten Einlage** sein, da es sich nicht um ein bilanzierungsfähiges Wirtschaftsgut handelt.[919]

---

[916] Jetzt auch *Rowedder/Rowedder* § 32 a Anm. 59; *Baumbach/Hueck/Hueck* § 32 a Anm. 33; *Roth/Altmeppen* § 32 a Anm. 98.
[917] Vgl. *Priester* DB 1993, 1173 (1176); *Lutter/Hommelhoff* 14. Aufl. 1995, §§ 32 a/b Anm. 128.
[918] *Priester* aaO S. 1175.
[919] BGH v. 26. 10. 1987, BStBl II 1988, 348.

345 Zins-, Pacht- und ähnliche Verpflichtungen, die zwar entstehen, gesellschaftsrechtlich jedoch nicht erfüllt werden dürfen, sind bei der Gesellschaft weiterhin zu passivieren. Gleiches gilt für Kaufpreisverbindlichkeiten bei Erwerb unter Eigentumsvorbehalt oder den Verpflichtungen aus Leasingverträgen. Auf Seiten des Gesellschafters stellen diese Zahlungsverpflichtungen Betriebseinnahmen dar, die jedoch auf ihren Teilwert, dh. idR auf null bzw auf den Wert abzuschreiben sind, der realistischerweise noch erlöst werden kann, wenn es sich im eine dauernde Wertminderung handelt. Sofern die Einnahmen nicht in einem Betriebsvermögen erzielt werden, erfolgt eine Besteuerung erst bei einem Zufluß (§ 11 EStG).

346 **Pachterneuerungsrückstellungen**, die die GmbH aufgrund ihrer Verpflichtung zum Ersatz verbrauchter Pachtgegenstände zu bilden hat, werden von dem Eintritt des Eigenkapitalersatzes nicht berührt. Gleiches gilt für die von dem Verpächter zu bildenden **Substanzerhaltungsrückstellungen**. Dies kann jedoch nur insoweit gelten, als die Auslegung des Pachtvertrages ergibt, daß diese Verpflichtungen auch bei der erzwungenen Überlassung nach Eintritt der Krise gelten sollen. Dies dürfte nur dann der Fall sein, wenn die GmbH die Gegenstände weiterhin nutzt oder ihr Nutzungsrecht in sonstiger Weise verwertet hat.

4. Besicherung von Drittdarlehen und darlehensgleichen Rechtshandlungen durch gleichgestellte Dritte (§§ 32 a Abs. 2 und 3, 32 b GmbHG)

347 § 32 a Abs. 3 GmbHG gilt auch für eigenkapitalersetzende Gesellschaftersicherheiten nach § 32 a Abs. 2 GmbHG. Der Auffangtatbestand führt wiederum zu einer **sachlichen** und zu einer **persönlichen Ausweitung**.

Sachlich wird § 32 a Abs. 2 GmbHG dahin **erweitert,** daß nicht nur Darlehen, die Dritte gegen Gesellschaftersicherung in der kritischen Situation gegeben haben, erfaßt werden, sondern alle Forderungen Dritter, die in der kritischen Situation Kreditcharakter erhalten und die ein Gesellschafter besichert. Die Ausführungen unter Rz. 300 ff. und unter Rz. 318 ff. gelten entsprechend.

348 Im **persönlichen** Rahmen erfährt § 32 a Abs. 2 GmbHG eine **Erweiterung** dahin, daß die Vorschrift nicht nur für Darlehen und sonstige Kredite Dritter gilt, wenn sie ein Gesellschafter besichert, sondern auch, wenn sie ein Dritter besichert und wenn die Besicherung durch den Dritten einer Besicherung durch den Gesellschafter wirtschaftlich entspricht.[920] Dazu ist auf Rz. 310 ff. zu verweisen.

§§ 32 a Abs. 2 und 3, 32 b GmbHG finden danach zB Anwendung, wenn sich ein Dritter still beteiligt und ein Gesellschafter die Einlage besichert,[921] wenn ein Lieferant der Gesellschaft die Kaufpreisforderung gegen eine Bürgschaft eines Dritten (Nichtgesellschafters) stundet und ein Gesellschafter dem Bürgen gegenüber eine Rückbürgschaft übernimmt,[922] wenn die Gesellschaft

---

[920] *Hachenburg/Ulmer* §§ 32 a, b Anm. 118 ff.; *Scholz/K. Schmidt* §§ 32 a, b Anm. 119 f.; *Rowedder/Rowedder* § 32 a Anm. 62, 32.
[921] *Gersch/Herget/Marsch/Stützle* Die GmbH-Reform 1980, 1980 Anm. 284.
[922] *Roth/Altmeppen* § 32 a Anm. 52.

C. Eigenkapitalersetzende Gesellschafterleistungen

zur Abwendung der Zwangsvollstreckung eine Bankbürgschaft stellt und ein Gesellschafter der Bank eine Grundschuld zur Sicherheit abtritt[923] oder wenn die Hausbank der Gesellschaft einen höheren Überziehungskredit einräumt und dafür die Ehefrau eines Gesellschafters für dessen Rechnung eine Grundschuld an ihrem Grundstück bestellt.

Im **Insolvenzverfahren** kann dann der **Drittgläubiger** seine Forderung nur in der Höhe geltend machen, in der er bei der Inanspruchnahme der Sicherung des Gesellschafters oder des dritten Sicherungsgebers ausgefallen ist. Hat der Drittgläubiger im letzten Jahr vor dem Antrag auf Insolvenzeröffnung Zahlungen erhalten, so hat der Gesellschafter der Gesellschaft die Zahlungen bis zur Höhe der Bürgschaftssumme oder des Wertes der Sicherung zu erstatten. Er kann sich von der Zahlungspflicht befreien, indem er die Sicherung zur Verfügung stellt. Für die Rechtsbeziehungen zwischen dem dritten Sicherungsgeber und dem Gesellschafter, insb. für einen Rückgriff des Dritten bei dem Gesellschafter, gelten die zwischen ihnen getroffenen Vereinbarungen. **349**

Zahlt eine **nahestehende Person** des Gesellschafters aus einer Bürgschaft, die sie eigenkapitalersetzend übernommen hat, oder wird eine von ihr gestellte Sicherung verwertet, so führt dieser Drittaufwand nach der derzeit hM **steuerlich nicht** zu einer mittelbaren **verdeckten Einlage**.[924] Verzichtet die nahestehende Person darauf, beim Gesellschafter Rückgriff zu nehmen, so liegt darin eine **schenkungsteuerbare** freigebige Zuwendung (§ 7 Abs. 1 Nr. 1 ErbStG). **350**

---

[923] BGH v. 27. 11. 1989, DB 1990, 319 (320).
[924] OFD Düsseldorf v. 1. 2. 1989 (Ziff. 3.2) DB 1989, 702; vgl. aber auch Rz. 296.

§ 9 Rechnungslegung

Bearbeiter: Andreas Langseder

Übersicht

	Rz.
A. Buchführung	
I. Buchführungspflicht	1–4
II. Anforderungen an die Buchführung	5–13
1. Buchführungsgrundsätze	5–8
2. Buchführungssystem und Buchführungsformen	9–13
III. Ort der Buchführung	14
IV. Aufbewahrungspflichten	15–18
V. Folgen von Verstößen gegen die Buchführungspflicht	19, 20
B. Inventar	
I. Inhalt und Aufgabe	25–27
II. Inventur	28–32
III. Ausnahmen von der jährlichen Bestandsaufnahme	33, 34
C. Eröffnungsbilanz	40–44
D. Jahresabschluß	
I. Aufstellungspflicht, Aufgaben	45, 46
II. Größenklassen, Befreiung von den Rechnungslegungsvorschriften für Kapitalgesellschaften	47–50
III. Verantwortlichkeit der Geschäftsführer	51–54
IV. Aufstellungsfrist	55–57
V. Bilanz und Gewinn- und Verlustrechnung	58–82
1. Gliederungsgrundsätze und Ausweiswahlrechte	58–69
2. Besondere Bilanzierungsvorschriften des GmbHG	70–73
3. Darstellung der Ergebnisverwendung	74–82
VI. Anhang	83–86
E. Lagebericht	90–100
F. Konzernrechnungslegung	
I. Inhalt und Aufgaben	110–113
II. Aufstellungspflicht	114–123
III. Wesentliche Aufstellungsgrundsätze	124–140
1. Maßgebende Rechnungslegungsvorschriften	124
2. Einzubeziehende Unternehmen	125–127
3. Vollkonsolidierung	128–134
4. Quotenkonsolidierung	135, 136
5. Equity-Methode	137–140
IV. Konzernanhang und Konzernlagebericht	141–143
V. Sanktionen	144

G. Prüfung

	Rz.
I. Prüfungspflicht	150–152
II. Gegenstand und Umfang der Abschlußprüfung	153–155
III. Bestellung des Abschlußprüfers	156–159
IV. Einsichts- und Auskunftsrechte	160–164
V. Prüfungsergebnis	165–177
1. Prüfungsbericht	165–173
2. Bestätigungsvermerk	174–177
VI. Nachtragsprüfung	178, 179
VII. Verantwortlichkeit des Abschlußprüfers	180–185

H. Vorlagepflichten 190–197

J. Feststellung des Jahresabschlusses

I. Feststellungsbeschluß	198–202
II. Änderung des festgestellten Jahresabschlusses	203–207
III. Nichtigkeit und Anfechtbarkeit des festgestellten Jahresabschlusses	208–213

K. Publizität 214–219

A. Buchführung

I. Buchführungspflicht

1 Die GmbH ist als Handelsgesellschaft (§ 13 Abs. 3 GmbHG) nach §§ 6 Abs. 1, 238 Abs. 1 Satz 1 HGB verpflichtet, Bücher zu führen und in diesen ihre Handelsgeschäfte und die Lage ihres Vermögens nach den Grundsätzen ordnungsmäßiger Buchführung ersichtlich zu machen. Nach § 140 AO sind die handelsrechtlichen **Buchführungspflichten** auch für die Besteuerung zu erfüllen.

2 Nach § 41 GmbHG sind die **Geschäftsführer** verpflichtet, für die ordnungsmäßige Buchführung zu sorgen. Diese öffentlichrechtliche Pflicht kann vertraglich nicht ausgeschlossen oder beschränkt werden.[1] Die Geschäftsführer müssen die Bücher nicht selbst führen. Eine **Delegation** auf Angestellte oder **Vergabe** an fremde Unternehmen (Buchführung außer Haus) ist zulässig. In diesem Fall erfüllen die Geschäftsführer ihre Buchführungspflicht durch die sorgfältige Auswahl und Überwachung der mit der Buchführung betrauten Personen oder Unternehmen.[2] Unter mehreren Geschäftsführern kann die Buchführung im Wege der **Geschäftsverteilung** einem Geschäftsführer zugewiesen werden. Die übrigen Geschäftsführer werden dadurch nicht von ihrer grundsätzlichen Pflicht nach § 41 GmbHG befreit. Ihre Pflicht reduziert sich aber auf die Mitwirkung an einer sachgemäßen Auswahl des zuständigen

---

[1] *Hachenburg/Goerdeler* § 41 Anm. 9; *Scholz/Crezelius* § 41 Anm. 3.
[2] *Hachenburg/Goerdeler* § 41 Anm. 6; *Baumbach/Hueck/Schulze-Osterloh* § 41 Anm. 22.

A. Buchführung

Geschäftsführers und dessen angemessene Überwachung.³ Im Falle des Konkurses geht die Buchführungspflicht mit Konkurseröffnung auf den Konkursverwalter über.⁴

Die **Buchführungspflicht beginnt** nach hM mit dem ersten buchungspflichtigen Geschäftsvorfall nach dem notariellen Abschluß des Gesellschaftsvertrags ohne Rücksicht auf die Eintragung der GmbH im Handelsregister.⁵ Damit ist jede Vorgesellschaft (dazu § 2 Rz. 14 ff.) buchführungspflichtig, da die Ansprüche auf Leistung der Einlagen und die Kostenverbindlichkeit gegenüber dem Notar mit Abschluß des Gesellschaftsvertrags entstehen.⁶

Die Buchführungspflicht **endet** mit Beendigung der Abwicklung, dh. wenn der letzte Vermögensgegenstand veräußert, die letzte Verbindlichkeit beglichen und ein etwaiger Überschuß an die Gesellschafter ausgekehrt ist.⁷

II. Anforderungen an die Buchführung

1. Buchführungsgrundsätze

Die kaufmännische Buchführung hat den **Zweck**, den Einblick in die Handelsgeschäfte und in die Vermögenslage zu sichern.⁸ Dazu muß die Buchführung so beschaffen sein, „daß sie einem sachverständigen Dritten innerhalb angemessener Zeit einen Überblick über die Geschäftsvorfälle und über die Lage des Unternehmens vermitteln kann" (§ 238 Abs. 1 Satz 2 HGB, § 145 Abs. 1 AO). Die Geschäftsvorfälle müssen sich in ihrer Entstehung und Abwicklung verfolgen lassen.

Die Buchführung ist in einer **lebenden Sprache** abzufassen (§ 239 Abs. 1 Satz 1 HGB, § 146 Abs. 3 Satz 1 AO). Nach hM kommt die Verwendung einer Fremdsprache nur in Betracht, wenn die verantwortlichen Personen die deutsche Sprache nicht ausreichend beherrschen.⁹ Wird eine Fremdsprache verwendet, kann die Fin.Verw. Übersetzungen verlangen (§ 146 Abs. 3 Satz 2 AO). Diese Vorschrift hat vor allem für ausländische Betriebsstätten deutscher GmbH praktische Bedeutung. Im Gegensatz zum Jahresabschluß, der nach

---

³ *Scholz/Crezelius* § 41 Anm. 5; BGH v. 26. 6. 1995, BB 1995, 1844; zur Verantwortlichkeit des Geschäftsführers für Steuerpflichten der GmbH vgl. Hanseatisches OLG v. 16. 9. 1986, GmbHR 1987, 272.

⁴ *Baumbach/Hueck/Schulze-Osterloh* § 41 Anm. 20; KG v. 3. 6. 1997, DB 1997, 1708; BFH v. 19. 1. 1993, BStBl. II 1993, 594; zu den Rechnungslegungspflichten in der Insolvenz vgl. ausführlich *Kunz/Mundt* DStR 1997, 620 ff., 664 ff.

⁵ *Baumbach/Hueck/Schulze-Osterloh* § 41 Anm. 18; *Scholz/Crezelius* Anh. § 42 a Anm. 35; BeckBil-Komm./*Budde/Kunz* § 238 Anm. 35, 49; *ADS* § 238 Anm. 17; *Joswig*, DStR 1996, 1907; aA. *Glade* § 238 Anm. 16: mit Eintragung im Handelsregister; vgl. auch § 2 Rz. 24 ff.

⁶ *Baumbach/Hueck/Schulze-Osterloh* § 41 Anm. 18; *Scholz/Crezelius* Anh. § 42 a Anm. 35; zur Buchführungspflicht einer sog. Vorgründungsgesellschaft vgl. § 2 Rz. 13; *Scholz/Crezelius* Anh. § 42 a Anm. 34.

⁷ BeckBil-Komm./*Budde/Kunz* § 238 Anm. 54; *ADS* § 238 Anm. 25; *Baumbach/Hueck/Schulze-Osterloh* § 41 Anm. 19.

⁸ Vgl. *Moxter* Bilanzlehre Bd. II, Wiesbaden 1986, S. 5; zur Bedeutung für die Besteuerung vgl. *Tipke/Kruse* § 140 Anm. 8.

⁹ *Baumbach/Hueck/Schulze-Osterloh* § 41 Anm. 27 mwN.

§ 244 HGB in DM aufgestellt werden muß,[10] ist die Buchführung auch in ausländischer Währung zulässig.[11]

7 Weitere **Buchführungsgrundsätze** enthalten § 239 Abs. 2 und § 238 Abs. 1 Satz 2 HGB.[12] Danach müssen die Eintragungen in den Büchern und sonst erforderlichen Aufzeichnungen vorgenommen werden:
 – **vollständig:** Alle Geschäftsvorfälle sind lückenlos zu erfassen;
 – **richtig:** Die Buchungen müssen auf der Grundlage von Buchungsbelegen ohne Veränderung oder Verfälschung des Beleginhalts erfolgen (Belegprinzip);[13] aus dem Beleg müssen sich der Inhalt des Geschäftsvorfalls, der Betrag oder Mengen- und Wertangaben, der Zeitpunkt des Geschäftsvorfalls, die Autorisation als buchungspflichtiger Vorgang sowie Kontierung, Buchungsdaten und Belegnummer ergeben;
 – **zeitgerecht:** Kassenvorgänge müssen grundsätzlich täglich grundbuchmäßig erfaßt werden;[14] bei Kreditgeschäften genügt periodenweise (idR monatliche[15]) grundbuchmäßige Erfassung, wenn die Buchungsunterlagen durch geeignete organisatorische Vorkehrungen vor Verlust gesichert sind;
 – **geordnet:** Die Geschäftsvorfälle müssen sachgerecht kontiert und hinreichend identifizierbar (Belegnummern, Datum) in einem sinnvoll und planmäßig gegliederten Kontensystem hauptbuchmäßig erfaßt werden;[16]
 – **nachvollziehbar:** Ein sachverständiger Dritter muß in der Lage sein, anhand der Belege, Bücher und sonstigen Organisationsunterlagen innerhalb angemessener Zeit den vom Gesetz geforderten Überblick zu gewinnen.

8 **Änderungen** dürfen nach § 239 Abs. 3 HGB, § 146 Abs. 4 AO nur so erfolgen, daß der ursprüngliche Inhalt feststellbar bleibt. **Berichtigungen** sind nur in Form von Umbuchungen und Stornobuchungen zulässig. Bei einer computergestützten Buchführung müssen über durchgeführte Änderungen Protokolle angefertigt werden.[17]

2. Buchführungssystem und Buchführungsformen

9 § 238 HGB schreibt kein bestimmtes **Buchführungssystem** (einfache, doppelte oder kameralistische Buchführung) vor. Zur Aufstellung der GuV-Rechnung (§ 242 Abs. 2 HGB) ist heute jedoch regelmäßig eine doppelte Buchführung erforderlich, bei der neben den Bestandsveränderungen im Be-

---

[10] Nach Art. 4 §§ 1, 2 EuroEG kann der Jahresabschluß erstmals in dem nach dem 31. 12. 1998 endenden Geschäftsjahr in Euro aufgestellt werden, eine Aufstellung in DM ist letztmals für das im Jahr 2001 endende Geschäftsjahr zulässig; zur Euro-Einführung vgl. auch Arbeitskreis „Externe-Unternehmensrechnung" der Schmalenbach-Gesellschaft, DB 1997, 237; *Heusinger* DStR 1997, 427; IDW Positionspapier zu wesentlichen Rechnungslegungsfragen im Zusammenhang mit der Einführung des Euro, WPg 1997, 400 ff.
[11] *Tipke/Kruse* § 146 Anm.14; IDW-Stellungnahme, DB 1988, 310, 311; BFH v. 16. 2. 1996, BStBl. II 1997, 128, dort auch zu Umrechnungsverfahren.
[12] Vgl. auch § 146 Abs. 1, § 145 Abs. 1 AO.
[13] BeckBil-Komm./*Budde/Kunz* § 238 Anm. 86.
[14] Vgl. § 146 Abs. 1 Satz 2 AO.
[15] Vgl. R 29 Abs. 3 Satz 4 EStR 1996.
[16] Vgl. BeckBil-Komm./*Budde/Kunz* § 239 Anm. 6.
[17] *Küting/Weber* § 239 Anm. 34.

A. Buchführung

reich des Vermögens und der Schulden auch die Auswirkungen auf die Erträge und Aufwendungen aufgezeichnet werden. Der Erfolg wird hierbei in zweifacher Weise, nämlich durch Vermögensvergleich und durch Vergleich der Aufwendungen und Erträge, ermittelt.[18]

Als **Buchführungsformen** werden nach der äußeren Gestaltung unterschieden: die amerikanische Journalbuchführung und Übertragungsbuchführungen in gebundenen Büchern, die manuelle oder maschinelle Durchschreibebuchführung (Lose-Blatt-Buchführung) und die EDV-Buchführung.[19] Daneben findet sich im Bereich der Nebenbuchführungen, zB für Debitoren und Kreditoren, die sog. Offene-Posten-Buchführung, bei der die Aufzeichnungen in der geordneten Ablage von Belegen bestehen.

Trotz des in § 238 Abs. 1 HGB verwendeten Begriffs „Bücher", der auf eine gebundene Form der Unterlagen hinweist, ist jede der genannten Buchführungsformen heute zulässig. Für die Offene-Posten-Buchführung und die EDV-Buchführung gilt dies nach § 239 Abs. 4 Satz 1 HGB mit der Einschränkung, daß die Buchführungsformen einschließlich des dabei angewandten Verfahrens den GoB (vgl. Rz. 7 f.) entsprechen müssen.[20] Sofern die Bücher auf Datenträgern geführt werden, muß zudem sichergestellt sein, daß die Daten während der Aufbewahrungsfrist verfügbar sind und jederzeit innerhalb angemessener Frist lesbar gemacht werden können (§ 239 Abs. 4 Satz 2 HGB).[21] Zu den Anforderungen an eine ordnungsgemäße **EDV-Buchführung** hat die Arbeitsgemeinschaft für wirtschaftliche Verwaltung e. V. (AWV) in Zusammenarbeit mit der Finanzverwaltung allgemeine Grundsätze aufgestellt.[22] Neben der von jedem Buchhaltungssystem zu erfüllenden Beleg-, Journal- und Kontenfunktion kommt danach bei computergestützten Verfahren insb. dem internen Kontrollsystem, der Datensicherheit und der Verfahrensdokumentation wesentliche Bedeutung zu.[23]

Welche (Handels-)Bücher, unabhängig von ihrer äußeren Form, im einzelnen zu führen sind, richtet sich nach den GoB. In der kaufmännischen Praxis hat sich die Führung von Grund-, Haupt- und Nebenbüchern durchgesetzt. Im **Grundbuch** (Journal) werden alle Geschäftsvorfälle chronologisch anhand der Belege aufgezeichnet. Das Grundbuch hat damit Beleg- und Beweissicherungsfunktion. IdR werden mehrere Grundbücher geführt, insb. Kassen-, Bank-, Postgiro-, Wareneingangs- und Warenausgangsbücher. Im **Hauptbuch** werden die Geschäftsvorfälle nach sachlichen Ordnungskriterien auf

---

[18] Für generelle Unzulässigkeit der einfachen und der kameralistischen Buchführung *Baumbach/Hueck/Schulze-Osterloh* § 41 Anm. 25; *ADS* § 242 Anm. 39; *Tipke/Kruse* § 145 AO Anm. 9; aA *Küting/Weber* § 238 Anm. 11; BeckBil-Komm./*Budde/Kunz* § 238 Anm. 76.
[19] BeckBil-Komm./*Budde/Kunz* § 238 Anm. 83 ff.; *Heymann* § 238 Anm. 39 ff.
[20] Vgl. auch § 146 Abs. 5 Satz 1 AO.
[21] Vgl. auch § 146 Abs. 5 Satz 2 AO.
[22] Grundsätze ordnungsmäßiger DV-gestützter Buchführungssysteme (GoBS); vgl. BMF v. 7. 11. 1995, BStBl. I 1995, 738; das BMF-Schreiben vom 5. 7. 1978, BStBl. I 1978, 250 zu den Grundsätzen ordnungsmäßiger Speicherbuchführung (GoS) ist damit überholt.
[23] Vgl. auch IDW-FAMA 1/1987 Abschn. B II., III., WPg 1987, 5 ff.; HdJ/*Minz* Abt. I/3 Anm. 17 ff; *ADS* § 239 Anm. 62 ff.; *Küting/Weber* § 239 Anm. 19 ff.

Sachkonten aufbereitet. Die Gliederung der Konten ergibt sich aus dem Kontenplan. In den **Nebenbüchern** werden bestimmte Gruppen von Geschäftsvorfällen in einer weiteren Untergliederung (zB Forderungen aus Lieferungen und Leistungen nach Kunden) gesondert erfaßt und von dort summenweise in das Hauptbuch übertragen. Die wichtigsten Nebenbuchführungen sind Kontokorrent-, Lohn- und Gehalts-, Anlagen- und Lagerbuchführung.

13 Neben den (Handels-)Büchern gibt es die „sonst erforderlichen Aufzeichnungen" (§ 239 HGB; § 146 AO), die nach Steuergesetzen oder außersteuerlichen Vorschriften anzufertigen sind. Die wichtigsten **steuerlichen Aufzeichnungen** sind die umsatzsteuerlichen Aufzeichnungen (§ 22 UStG), die Aufzeichnung des Wareneingangs (§ 143 AO) und des Warenausgangs (§ 144 AO), die Aufzeichnung bestimmter (zT nicht abzugsfähiger) Betriebsausgaben (§ 4 Abs. 7 EStG). Diese Aufzeichnungen können auch innerhalb der Buchführung (auf besonderen Konten) gemacht werden. Daneben gibt es eine Vielzahl **außersteuerlicher Aufzeichnungspflichten** für bestimmte Betriebe und Berufe, zB Einkaufsbücher der Metallhändler und Gebrauchtwagenbücher der Gebrauchtwagenhändler.[24]

III. Ort der Buchführung

14 Handelsrechtlich ist nichts darüber bestimmt, an welchem **Ort** die Bücher zu führen und aufzubewahren sind. Steuerrechtlich schreibt jedoch § 146 Abs. 2 Satz 1 AO ausdrücklich vor, daß die Bücher und die sonst erforderlichen Aufzeichnungen im Inland zu führen und aufzubewahren sind. Dies bedeutet für **inländische Tochtergesellschaften ausländischer Konzerne,** daß nach der steuerlichen Vorschrift die Belegkontierung, die Buchführung und die Aufbewahrung der Belege und Handelsbücher im Inland erfolgen muß. Zulässig ist es jedoch, die Buchführungsdaten im Ausland zu verarbeiten (Datenfernverarbeitung), wenn die Bücher nach ihrer Erstellung im Inland zur Verfügung stehen.[25] Die Bücher von **ausländischen Betriebsstätten** (Niederlassungen) dürfen im Ausland geführt werden, soweit ausländisches Recht deren Führung im Ausland vorschreibt (§ 146 Abs. 2 Satz 2 AO). Die Ergebnisse der im Ausland geführten Bücher sind dann ggf. nach Umgliederungen und Umbewertungen über Verrechnungskonten in die inländische Buchführung zu übernehmen.[26] Für die Währungsumrechnung können die im Rahmen der Konzernrechnungslegung für Zwecke der Konsolidierung ausländischer Abschlüsse entwickelten Methoden analog angewandt werden.[27] Die **Buchführung außer Haus** (Fernbuchführung) im Inland ist handels- und steuerrechtlich zulässig.[28]

---

[24] Vgl. im einzelnen die Übersicht bei *Tipke/Kruse* § 140 Anm. 7.
[25] *Schuppenhauer* Grundsätze für eine ordnungsmäßige Datenverarbeitung, 4. Aufl., Düsseldorf 1992, S. 163 ff.; OFD Düsseldorf v. 2. 9. 1997, DB 1997, 1896.
[26] Vgl. § 146 Abs. 2 Sätze 3, 4 AO.
[27] Vgl. *Küting/Weber* I Anm. 765 ff.; *Wlecke* Währungsumrechnung und Gewinnbesteuerung, Düsseldorf 1989, S. 353 ff.; *Büttner* IWB Fach 10 Gruppe 2, 694 f; zur Währungsumrechnung bei Aufstellung des Konzernabschlusses vgl. Rz. 130.
[28] *Tipke/Kruse* § 146 Anm. 6, IDW-FAMA 1/1987 Abschn. B III. 2.3.2., WPg 1987, 9 f.

IV. Aufbewahrungspflichten

Um die Dokumentation und Nachprüfbarkeit der Buchführung zu sichern, verlangt § 257 HGB, daß bestimmte **Unterlagen**, die für die Buchführung von Bedeutung sind, aufbewahrt werden. Im einzelnen handelt es sich um die Handelsbücher, Inventare, Eröffnungsbilanzen, Jahresabschlüsse, Lageberichte, Konzernabschlüsse, Konzernlageberichte sowie die zu ihrem Verständnis erforderlichen Arbeitsanweisungen und sonstigen Organisationsanweisungen, um die empfangenen und als Wiedergabe zurückbehaltenen abgesandten Handelsbriefe und um die Buchungsbelege. 15

Handelsbriefe sind alle Schriftstücke, die ein Handelsgeschäft betreffen (§ 257 Abs. 2 HGB), sei es, daß sie seine Vorbereitung, seinen Abschluß, seine Durchführung oder seine Rückgängigmachung zum Gegenstand haben.[29] Von abgesandten Handelsbriefen ist nach § 238 Abs. 2 HGB eine mit der Urschrift übereinstimmende Wiedergabe (Briefkopie) zurückzubehalten. Die Wiedergabe muß wortgetreu, aber nicht bildlich sein.[30]

Die **Aufbewahrung** der Unterlagen hat geordnet und systematisch zu erfolgen. Eröffnungsbilanzen sowie Jahres- und Konzernabschlüsse müssen im Original, sonstige Unterlagen können als Wiedergabe auf Bildträgern[31] oder auf anderen Datenträgern aufbewahrt werden, sofern dies den GoB entspricht (vgl. § 257 Abs. 3 HGB). Die Wiedergabe von empfangenen Handelsbriefen und Buchungsbelegen muß bildlich mit dem Original übereinstimmen, wenn sie lesbar gemacht werden; für die übrigen Unterlagen genügt inhaltlich Übereinstimmung. 16

Die **Aufbewahrungsfrist** beträgt 17
– zehn Jahre für Handelsbücher, Inventare, Eröffnungsbilanzen, Jahresabschlüsse, Lageberichte, Konzernabschlüsse, Konzernlageberichte sowie die zugehörigen Arbeitsanweisungen und Organisationsunterlagen, ab 24. 12. 1998 auch für Buchungsbelege;[32]
– sechs Jahre für empfangene Handelsbriefe und Wiedergaben der abgesandten Handelsbriefe.[33]
Die Frist beginnt idR mit dem Schluß des Kj., das auf die letzte Eintragung, die Erstellung, die Feststellung oder die Versendung/den Erhalt folgt (§ 257 Abs. 5 HGB).

Die **steuerliche Aufbewahrungsvorschrift** (§ 147 AO) umfaßt auch sonstige Unterlagen, soweit sie für die Besteuerung von Bedeutung sind. Es gelten grundsätzlich die gleichen Fristen wie nach Handelsrecht. Allerdings läuft die Aufbewahrungsfrist nach § 147 Abs. 3 Satz 2 AO nicht ab, soweit und solange die Unterlagen für Steuern von Bedeutung sind, für welche die 18

---

[29] ADS § 257 Anm. 34.
[30] *Streim* in BoHdR § 238 Anm. 41.
[31] ZB Fotokopien, Mikrofiche.
[32] Art. 4 Steueränderungsgesetz 1998 v. 19. 12. 1998 (BGBl. I 1998, 3816); die Neuregelung gilt für alle Buchungsbelege, bei denen die bisherige Aufbewahrungsfrist von sechs Jahren am 24. 12. 1998 noch nicht abgelaufen war.
[33] Vgl. auch die detaillierte Übersicht in BeckBil-Komm./*Budde/Kunz* § 257 Anm. 27.

V. Folgen von Verstößen gegen die Buchführungspflicht

19 Verstoßen die Geschäftsführer gegen die Buchführungspflicht, so **haften** sie der Gesellschaft gegenüber aus § 43 Abs. 2 GmbHG.[34] Nach hM ist § 41 GmbHG kein Schutzgesetz zugunsten Dritter iSd. § 823 Abs. 2 BGB, so daß Dritte einen Schadenersatzanspruch nicht auf eine Verletzung des § 41 GmbHG gründen können.[35] Die Verletzung der Buchführungs- und Aufbewahrungspflichten ist im Falle der Konkurseröffnung, der Ablehnung des Konkursantrags mangels Masse oder bei Zahlungseinstellung nach §§ 283 Abs. 1 Nr. 5 oder 6, 283 a oder 283 b Abs. 1 Nr. 2 oder 3 StGB **strafbar**.[36] Diese Vorschriften sind auf die Geschäftsführer anzuwenden (vgl. § 14 StGB).

20 **Steuerrechtlich** kann die Buchführungs- und Aufzeichnungspflicht unter Androhung und Festsetzung eines Zwangsgeldes erzwungen werden (§ 328 AO).[37] Kann die GmbH erforderliche Bücher oder Aufzeichnungen nicht vorlegen oder sind diese nicht ordnungsgemäß, so sind die Besteuerungsgrundlagen zu schätzen (§ 162 Abs. 2 Satz 2 AO). Eine Ordnungswidrigkeit liegt vor, wenn buchungs- oder aufzeichnungspflichtige Geschäftsvorfälle nicht oder in tatsächlicher Hinsicht unrichtig verbucht werden und es dadurch zu einer Steuergefährdung kommt (§ 379 Abs. 1 Satz 1 Nr. 2 AO).

21–24 *(frei)*

B. Inventar

I. Inhalt und Aufgabe

25 Nach § 240 HGB hat die GmbH zu Beginn des Handelsgewerbes (Abs. 1) und danach zum Ende eines jeden Geschäftsjahres (Abs. 2) ein **Inventar** aufzustellen. Das Inventar ist eine Zusammenstellung der einzelnen Vermögensgegenstände und Schulden nach Art, Menge und Wert (Abs. 1), die der GmbH unter bilanzrechtlichen Gesichtspunkten zuzurechnen sind.[38] Der Begriff des Vermögensgegenstandes ist beim Inventar derselbe wie in der Bilanz.[39] Stichtag des **Eröffnungsinventars** ist der Beginn der Buchführungspflicht der GmbH.[40]

---

[34] BGH v. 9. 5. 1974, NJW 1974, 1468.
[35] *Baumbach/Hueck/Schulze-Osterloh* § 41 Anm. 3; krit. *Scholz/Crezelius* § 41 Anm. 8.
[36] Vgl. *Schulze-Osterloh* WM 1977, 606, 615.
[37] *Tipke/Kruse* Anm. 6 vor § 140.
[38] Zur Zurechnung von Vermögensgegenständen und Schulden vgl. BeckBilKomm./*Budde/Karig* § 246 Anm. 4–40, 54, 62; *ADS* § 246 Anm. 260–424, 445–447.
[39] Zum Begriff des Vermögensgegenstandes vgl. BeckBil-Komm./*Förschle/Kofahl* § 247 Anm. 11 ff.; *ADS* § 246 Anm. 9 ff.
[40] *Scholz/Crezelius* Anh § 42 a Anm. 43; zum Beginn der Buchführungspflicht vgl. Rz. 3.

B. Inventar

Das **Jahresinventar** bildet die Grundlage für die Erstellung des Jahresabschlusses. Es dient dem Nachweis der Vermögensgegenstände und Schulden, wie sie die laufende Buchführung zeigt. Das Inventar erfüllt außerdem eine Kontrollfunktion gegenüber der Buchführung, weil die Bestände (Ist-Bestände) grundsätzlich unabhängig von der Buchführung (Soll-Bestände) aufgenommen werden. Fehlt es bei den Vorräten an einer Bestandsfortschreibung, ergibt sich der Bestand am Abschlußstichtag nur aus dem Inventar. Die Bestände werden in diesem Fall nach dem Inventar gebucht. Die wesentlichen **Bestandteile** des Inventars sind idR die Anlagekartei für die Sachanlagen, Inventurlisten für die Vorräte sowie Saldenlisten für Forderungen und Verbindlichkeiten. 26

Das Jahresinventar ist innerhalb eines Zeitraums aufzustellen, der einem ordnungsmäßigen Geschäftsgang entspricht (§ 240 Abs. 2 Satz 3 HGB). Diese **Frist** gilt für die Auswertung der Bestandsaufnahme (insb. Bewertung), nicht jedoch für die mengenmäßige Bestandsaufnahme, die stichtagsbezogen oder in den durch das angewandte Inventurverfahren bedingten zeitlichen Abständen zu erfolgen hat.[41] Um einem ordnungsgemäßen Geschäftsgang zu entsprechen, muß das Inventar so rechtzeitig aufgestellt werden, daß die Fristen für die Aufstellung des Jahresabschlusses von drei Monaten (große und mittelgroße GmbH, § 264 Abs. 1 Satz 2 HGB) bzw. von sechs Monaten (kleine GmbH, § 264 Abs. 1 Satz 3 HGB) eingehalten werden können. 27

II. Inventur

Inventur ist die Bestandsaufnahme, die es erlaubt, Art und Menge der Vermögensgegenstände und Schulden inventarmäßig zu verzeichnen. Die Bestandsaufnahme kann in einer körperlichen Bestandsaufnahme durch Zählen, Messen, Wiegen (vor allem bei Vorräten), in einer buchmäßigen Erfassung durch Übernahme der Bestände aus Konten und Karteien (zB bei Forderungen und Verbindlichkeiten aus Lieferungen und Leistungen, unfertigen Erzeugnissen im Anlagenbau und Sachanlagen[42]) und in der Aufnahme anhand von Urkunden (vor allem bei immateriellen Vermögensgegenständen) bestehen. 28

Eine ordnungsmäßige Inventur hat die **Grundsätze der Vollständigkeit, Richtigkeit, Einzelerfassung und Nachprüfbarkeit** zu beachten.[43] Die Vollständigkeit der Bestandsaufnahme erfordert, daß sämtliche Vermögensgegenstände und Schulden der GmbH einschließlich der Risiken erfaßt werden. Auf den qualitativen Zustand und die Verwertbarkeit der Gegenstände kommt es nicht an. Doppelerfassungen und Auslassungen sind zu vermeiden. Richtigkeit der Bestandsaufnahme bedeutet, daß die Vermögensgegenstände und Schulden zutreffend identifiziert und nach Menge und Wert festgestellt werden müssen. Die Bestände sind einzeln zu erfassen,[44] Verfahren und Ergebnisse der Bestandsaufnahme hinreichend zu dokumentieren.[45] 29

---

[41] Vgl. HdJ/*Kunz* Abt II/5 Anm. 24.
[42] Vgl. IDW-HFA 1/1990 Abschn. A IIb, WPg 1990, 43 ff.
[43] Vgl. IDW-HFA 1/1990 Abschn. B, aaO; BeckBil-Komm./*Budde*/*Kunz* § 240 Anm. 17 ff.; *ADS* § 240 Anm. 18 ff.
[44] Zu Ausnahmen bei der Festbewertung vgl. § 240 Abs. 3 HGB und Rz. 33.
[45] Zur Planung und Durchführung der Inventur vgl. *Gans*/*Quick* DStR 1998, 2027.

30 Nach dem Zeitpunkt der Durchführung der körperlichen Bestandsaufnahme werden folgende **Inventurverfahren** unterschieden:
1. Bei der **klassischen Stichtagsinventur** erfolgt die Bestandsaufnahme am Bilanzstichtag, wobei sich die Aufnahmearbeiten bei größeren Unternehmen zwangsläufig auch auf die Tage vor und nach dem Bilanzstichtag erstrecken.
2. Bei der **ausgeweiteten Stichtagsinventur** findet die Bestandsermittlung auf den Bilanzstichtag eine gewisse Zeit vor oder nach dem Bilanzstichtag statt. Üblich ist ein Zeitraum von idR zehn Tagen vor oder nach dem Bilanzstichtag.[46] Die mengenmäßigen Änderungen zwischen Aufnahme- und Bilanzstichtag müssen ordnungsgemäß belegt sein.
3. Die **vor- oder nachverlegte Stichtagsinventur** (§ 241 Abs. 3 HGB) besteht in einer körperlichen Bestandsaufnahme und Bewertung auf einen Tag innerhalb der letzten drei Monate vor oder der ersten beiden Monate nach dem Bilanzstichtag und anschließender wertmäßiger (nicht mengenmäßiger) Fortschreibung oder Rückrechnung auf den Bilanzstichtag.[47]
4. § 241 Abs. 3 HGB gestattet eine **permanente Inventur**, bei der die Bestände auf einen beliebigen Stichtag zwischen zwei Bilanzstichtagen aufgenommen und zum Bilanzstichtag aus der buchmäßigen Bestandsfortschreibung in das Inventar übernommen werden. Die permanente Inventur setzt eine ordnungsgemäße Lagerbuchführung voraus.[48]

Vor- und nachverlegte und permante Inventur sind nicht zulässig bei besonders wertvollen Beständen und Beständen mit unkontrollierbarem Schwund.[49]

31 Hinsichtlich des Umfangs der Bestandsaufnahme läßt § 241 Abs. 1 HGB neben einer vollständigen körperlichen Erfassung **(Vollinventur)** auch die Ermittlung des Bestandes mit Hilfe anerkannter mathematisch-statistischer Methoden aufgrund von Stichproben zu **(Stichprobeninventur)**. Voraussetzung ist, daß der Aussagewert der Stichprobeninventur demjenigen einer Vollinventur entspricht[50] und die Lagerbuchführung bestandszuverlässig, dh. art- und mengenmäßig sowie ggf. auch wertmäßig zutreffend ist.[51]

32 Die nach Art, Umfang und zeitlicher Anordnung zu unterscheidenden Inventurverfahren können, sofern die jeweiligen Voraussetzungen erfüllt sind, für verschiedene organisatorisch getrennte Lager unterschiedlich gewählt und

---

[46] Vgl. R 30 Abs. 1 Satz 2 EStR 1996.
[47] Vgl. BeckBil-Komm./*Budde/Kunz* § 241 Anm. 50 ff.; R 30 Abs. 2–4 EStR 1996.
[48] Vgl. BeckBil-Komm./*Budde/Kunz* § 241 Anm. 31 ff.; IDW-HFA 1/1990 Abschn. C II, aaO; zur Inventur bei automatisch gesteuerten Lagersystemen vgl. BeckBil-Komm./*Budde/Kunz* § 241 Anm. 34 ff.; IDW-HFA 1/1990 Abschn. D II, aaO.
[49] IDW-HFA 1/1990 Abschn. C II, aaO; WPH I 1996 E Anm. 15; R 30 Abs. 3 EStR 1996.
[50] Dies ist der Fall, wenn mit einem Sicherheitsgrad von 95% ein relativer Stichprobenfehler von 1% des Werts der Grundgesamtheit eingehalten wird, vgl. IDW-HFA 1/1990 Abschn. C IV, aaO; zum Stichprobenverfahren für die Vorratsinventur vgl. auch IDW-HFA 1/1981 idF 1990, WPg 1990, 650.
[51] BeckBil-Komm./*Budde/Kunz* § 241 Anm. 5 ff.; *ADS* § 241 Anm. 6 ff.

auch miteinander kombiniert werden.[52] An die Beibehaltung der einmal getroffenen Wahl ist die Gesellschaft nicht gebunden.[53]

III. Ausnahmen von der jährlichen Bestandsaufnahme

Als Ausnahme vom Grundsatz der jährlichen Bestandsaufnahme nach § 240 Abs. 2 HGB und vom Grundsatz der Einzelbewertung nach § 252 Abs. 1 Nr. 3 HGB dürfen nach § 240 Abs. 3 HGB bestimmte Vermögensgegenstände des Sachanlagevermögens und bestimmte Roh-, Hilfs- und Betriebsstoffe mit einer gleichbleibenden Menge und einem gleichbleibenden Wert im Inventar (und in der Bilanz) angesetzt werden. Dieses **Festwertverfahren** ist zulässig, wenn die Vermögensgegenstände regelmäßig ersetzt werden, der Gesamtwert für das Unternehmen von nachrangiger Bedeutung ist und der Bestand in seiner Größe, seinem Wert und seiner Zusammensetzung nur geringen Veränderungen unterliegt.[54] Bestände, die mit einem Festwert angesetzt werden, sind idR alle drei Jahre körperlich aufzunehmen.[55]

Die nach § 240 Abs. 4 HGB für gleichartige Vermögensgegenstände des Vorratsvermögens und andere gleichartige oder annähernd gleichwertige bewegliche Vermögensgegenstände zulässige **Gruppenbewertung** stellt ebenfalls eine Ausnahme vom Grundsatz der Einzelbewertung (§ 252 Abs. 1 Nr. 3 HGB) dar. Die zu einer Gruppe zusammengefaßten Vermögensgegenstände werden mit dem gewogenen Durchschnittswert angesetzt.[56]

(frei)

C. Eröffnungsbilanz

Die Verpflichtung der Geschäftsführer zur Aufstellung einer Eröffnungsbilanz ergibt sich aus § 242 Abs. 1 Satz 1 HGB. **Stichtag** ist der Beginn des Handelsgewerbes. Die hM versteht darunter den Beginn der Buchführungspflicht, dh. den Eintritt des ersten buchungspflichtigen Geschäftsvorfalls nach dem notariellen Abschluß des Gesellschaftsvertrags ohne Rücksicht auf die Eintragung der GmbH im Handelsregister.[57] Der Stichtag ist auch dann maßgebend, wenn ein bestehendes Unternehmen als Sacheinlage in die GmbH eingebracht und vertraglich vereinbart wird, daß die Geschäfte des eingebrachten Unternehmens ab einem vor der Gründung der GmbH liegenden Zeitpunkt als für deren Rechnung geführt gelten sollen.[58]

---

[52] BeckBil-Komm./*Budde/Kunz* § 241 Anm. 62; *ADS* § 240 Anm. 46.
[53] BeckBil-Komm./*Budde/Kunz* § 241 Anm. 63; *ADS* § 241 Anm. 42.
[54] Vgl. BeckBil-Komm./*Budde/Kunz* § 240 Anm. 71 ff. mit Anwendungsfällen in Anm. 82 ff. und 125 f.; HdJ/*Kunz* Abt. II/5 Anm. 77 ff.; *Funk* FS v. Wysocki S. 73 ff.
[55] § 240 Abs. 3 Satz 2 HGB; vgl. auch R 31 Abs. 4 EStR 1996; *ADS* § 240 Anm. 95 ff.; BeckBil-Komm./*Budde/Kunz* § 240 Anm. 98 ff., dort jeweils auch zur Ermittlung des Festwerts und zur Anpassung bei Veränderungen.
[56] BeckBil-Komm./*Budde/Kunz* § 240 Anm. 130 ff.
[57] Vgl. Anm. 3; *Baumbach/Hueck/Schulze-Osterloh* § 41 Anm. 40; *ADS* § 242 Anm. 23; *Rodewald* BB 1993, 1693 mwN auch zur aA.
[58] *Baumbach/Hueck/Schulze-Osterloh* § 41 Anm. 40; *Scholz/Crezelius* Anh. § 42 a Anm. 42; *Rowedder/Wiedmann* § 41 Anm. 40.

41 Die für die Jahresbilanz geltenden **Ansatz-, Bewertungs- und Gliederungsvorschriften** sind nach § 242 Abs. 1 Satz 2 HGB auf die Eröffnungsbilanz entsprechend anzuwenden. Bei der **Bewertung von Ansprüchen auf Sacheinlagen** kann nach hM wie bei der Bewertung der Sacheinlagen als solchen zwischen dem Nennwert der zu gewährenden Geschäftsanteile bzw. dem höheren Ausgabebetrag (sofern vom Zeitwert gedeckt) und dem höheren Zeitwert gewählt werden.[59] Unbestritten gilt dieses Wahlrecht bei der Einbringung eines Unternehmens.[60] In der Eröffnungsbilanz sind zu passivierende **Gründungskosten** (Beratungskosten, Gerichts- und Notarkosten etc.) als ein Aktivposten eigener Art anzusetzen, der im ersten Geschäftsjahr über Aufwand aufgelöst wird.[61]

42 Die **Aufstellungsfrist** für die Eröffnungsbilanz beträgt nach § 242 Abs. 1 Satz 2 iVm. § 264 Abs. 1 Satz 2 HGB drei Monate ab dem ersten buchungspflichtigem Geschäftsvorfall. § 264 Abs. 1 Satz 3 HGB (Aufstellung des Jahresabschlusses einer kleinen GmbH auch innerhalb von sechs Monaten) dürfte für die Eröffnungsbilanz nicht entsprechend anwendbar sein.[62] Die Eröffnungsbilanz ist nach § 242 Abs. 1 Satz 2 iVm. § 245 HGB von allen Geschäftsführern zu **unterzeichnen**.

43 Für die Eröffnungsbilanz besteht weder Prüfungs- noch Offenlegungspflicht. Sie ist nicht nach § 46 Nr. 1 GmbHG festzustellen.[63]

44 Auf den Zeitpunkt der Eintragung im Handelsregister ist im Zweifel eine von der Eröffnungsbilanz verschiedene sog. **Vorbelastungsbilanz** aufzustellen, die dazu dient festzustellen, ob und in welcher Höhe ein Anspruch der GmbH gegen die Gesellschafter aus der Vorbelastungshaftung entstanden ist (dazu § 2 Rz. 37 ff.)[64] Das Gesellschaftsvermögen ist darin grundsätzlich mit seinen wirklichen Werten – unter Auflösung etwaiger stiller Reserven – nach Fortführungsgrundsätzen so zu bewerten, als würde es im Zeitpunkt der Eintragung der Gesellschaft erstmals als Einlage eingebracht.[65] Hat die Ingangsetzung der Vor-GmbH zu einer Organisationseinheit geführt, die als Unternehmen anzusehen ist, das über seine einzelnen Vermögenswerte hinaus einen eigenen Vermögenswert repräsentiert, so hat die Bewertung nach der Ertragswertmethode zu erfolgen. Auf zukünftig nachweisbare Erfolgschancen kann die Bewertung dabei im Regelfall nur gestützt werden, wenn die Voraus-

---

[59] *ADS* § 255 Anm. 95 ff.; *Hachenburg/Goerdeler/Müller* § 42 Anm. 160; BeckBilKomm./*Ellrott/Gutike* § 255 Anm. 146 ff.; *Lutter/Hommelhoff* § 5 Anm. 21; für regelmäßig zwingenden Ansatz zum Zeitwert *Baumbach/Hueck/Schulze-Osterloh* § 41 Anm. 41 mwN.

[60] *Baumbach/Hueck/Schulze-Osterloh* § 41 Anm. 41; *Crezelius* DStR 1987, 748.

[61] § 248 Abs. 1 HGB steht nach Sinn und Zweck einer Aktivierung in der Eröffnungsbilanz nicht entgegen; vgl. *Scholz/Crezelius* Anh. § 42a Anm. 47; *Baumbach/Hueck/Schulze-Osterloh* § 41 Anm. 41; *Crezelius* DStR 1987, 748; *ADS* 4. Aufl. Vorb. zu §§ 151, 152, 157–159 Anm. 7.

[62] Vgl. *Baumbach/Hueck/Schulze-Osterloh* § 41 Anm. 42.

[63] *Scholz/K. Schmidt* § 46 Anm. 8; *Scholz/Crezelius* Anh § 42a Anm. 45; *Baumbach/Hueck/Schulze-Osterloh* § 41 Anm. 43.

[64] *Baumbach/Hueck/Schulze-Osterloh* § 41 Anm. 44; *Scholz/Crezelius* Anh § 42a Anm. 46; zur Vorbelastungshaftung vgl. BGH v. 9. 3. 1981, DB 1981, 1032; BGH v. 27. 1. 1997, DB 1997, 867.

[65] BGH v. 6. 12. 1993, DB 1994, 570.

setzungen für die Nutzung der Chancen am Stichtag bereits im Ansatz geschaffen sind.[66] Bei negativer Fortführungsprognose sind die regelmäßig niedrigeren Veräußerungswerte anzusetzen.[67] Für satzungmäßig von der GmbH zu tragende, angemessene Gründungskosten ist in der Vorbelastungsbilanz ein aktiver Ausgleichsposten zu bilden.[68]

D. Jahresabschluß

I. Aufstellungspflicht, Aufgaben

Nach §§ 242, 264 Abs. 1 Satz 1 HGB hat jede Kapitalgesellschaft einen Jahresabschluß aufzustellen. Der Jahresabschluß besteht aus **Bilanz, GuV-Rechnung und Anhang**.[69] Der Anhang erläutert die Bilanz und GuV-Rechnung und enthält zusätzliche Angaben, die in keinem unmittelbaren Zusammenhang mit Bilanz und GuV-Rechnung stehen (vgl. §§ 284 ff. HGB).[70]

Aufgabe des Jahresabschlusses ist es, Rechenschaft zu legen und Gesellschafter wie Öffentlichkeit über die wirtschaftliche Lage der Gesellschaft zu informieren (vgl. § 264 Abs. 2 HGB). Darüber hinaus dient der Jahresabschluß der Ermittlung des Betrages, der an die Gesellschafter ausgeschüttet werden kann. Über den in § 5 Abs. 1 EStG geregelten Maßgeblichkeitsgrundsatz, der gem. § 8 Abs. 1 KStG auch für Körperschaften gilt, ist der Jahresabschluß Grundlage für die steuerrechtliche Gewinnermittlung. Abweichungen der Steuerbilanz zur Handelsbilanz bestehen nur insoweit, als § 5 Abs. 2 ff. EStG Sondervorschriften enthalten.[71]

II. Größenklassen, Befreiung von den Rechnungslegungsvorschriften für Kapitalgesellschaften

Für die Anwendung der ergänzenden Rechnungslegungsvorschriften für Kapitalgesellschaften unterscheidet das HGB in § 267 drei Klassen von Kapitalgesellschaften entsprechend ihrer Größe. Die **Größenklassen** sind von Bedeutung für
– die Aufstellungs- und Offenlegungsfristen (§§ 264 Abs. 1 Sätze 2, 3, 326 Satz 1 HGB),

---

[66] BGH v. 9. 11. 1998, DB 1999, 37.
[67] BGH v. 6.12. 1993, DB 1994, 570; v. 29. 9. 1997, DStR 1997, 1857; *Hachenburg/Ulmer,* § 11 Anm. 89.
[68] *Hachenburg/Ulmer,* a.a.O.; *Baumbach/Hueck/Schulze-Osterloh* § 41 Anm. 44.
[69] Zur Pflicht zur Aufstellung eines Lageberichts s. Rz. 90.
[70] Vgl. auch Rz. 83.
[71] Nach der Rechtsprechung sind handelsrechtliche Ansatzwahlrechte steuerlich allerdings als Aktivierungsgebote bzw. Passivierungsverbote zu behandeln, vgl. BFH (GrS) v. 3. 2. 1969, BStBl. II 1969, 291; zum Maßgeblichkeitsgrundsatz vgl. *Knobbe-Keuk* § 2; *Küting/Weber* I Anm. 194 ff.

– die Gliederung von Bilanz und GuV-Rechnung (§§ 266 Abs. 1 Satz 3, 276, 326 Satz 1, 327 Nr. 1 HGB) sowie den Inhalt des Anhangs (§§ 274a, 276 Satz 2, 288, 326 Satz 2, 327 Nr. 2 HGB) bei der Aufstellung und bei der Offenlegung,
– die Pflicht zur Aufstellung eines Lageberichts (§ 264 Abs. 1 Satz 3 HGB),
– die Prüfungspflicht (§ 316 Abs. 1 Satz 1 HGB),
– die Offenlegungspflicht für die GuV-Rechnung (§ 326 Satz 1 HGB) und
– die Art der Offenlegung (§ 325 Abs. 1 HGB).

48 **Größenkriterien** sind die Bilanzsumme, die Umsatzerlöse und die durchschnittliche Arbeitnehmerzahl. Für die Einordnung in eine der drei Größenklassen ist maßgebend, ob an zwei aufeinanderfolgenden Bilanzstichtagen die in der Übersicht angegebenen Grenzwerte für jeweils **zwei der drei** Größenkriterien überschritten bzw. nicht überschritten sind.[72] In den Fällen der Neugründung, Verschmelzung oder Umwandlung sind die am ersten Abschlußstichtag gegebenen Größenmerkmale maßgebend.

	Bilanzsumme Mio DM	Umsatzerlöse Mio DM	Arbeitnehmer
klein	≤ 5,31	≤ 10,62	≤ 50
mittelgroß	≤ 21,24	≤ 42,48	≤ 250
groß	> 21,24	> 42,48	> 250

49 Maßgebliche Bilanzsumme ist die Summe aller Aktivposten bzw. aller Passivposten abzüglich eines evtl. auf der Aktivseite ausgewiesenen Fehlbetrags iSv. § 268 Abs. 3 HGB. Die Umsatzgröße richtet sich nach den Umsatzerlösen in den zwölf Monaten vor dem Abschlußstichtag. Im Falle eines Rumpfgeschäftsjahrs sind auch die letzten Monate des vorangegangenen Geschäftsjahres zu berücksichtigen;[73] bei Neugründungen ist auf die Umsatzzahlen des Rumpfgeschäftsjahrs, ggf. unter Einbeziehung der Umsatzerlöse der Vorgesellschaft, abzustellen.[74] Die Arbeitnehmerzahl errechnet sich aus dem Durchschnitt der Zahlen zum 31. März, 30. Juni, 30. September und 31. Dezember, wobei Arbeitnehmer, die im Ausland beschäftigt sind, mitgezählt werden, Geschäftsführer und die zu ihrer Berufsausbildung Beschäftigten hingegen nicht.[75]

---

[72] Die im Rahmen der Umsetzung der EG-Mittelstandsrichtlinie angehobenen Schwellenwerte für die Bilanzsumme und die Umsatzerlöse dürfen rückwirkend auf Geschäftsjahre angewendet werden, die nach dem 31. 12. 1990 beginnen (Art. 5 Satz 2 des Gesetzes vom 25. 7. 1994, BGBl. I 1994, 1682).

[73] *ADS* § 267 Anm. 12.

[74] *Küting/Weber* § 267 Anm. 29; BeckBil-Komm./*Budde/Karig* § 267 Anm. 24; aA *ADS* § 267 Anm. 19 (Hochrechnung bei Neugründung); bei Umwandlungen sind die anteiligen Umsatzerlöse des Rechtsvorgängers mit einzubeziehen, *ADS* § 267 Anm. 21 ff.; *Küting/Weber* § 267 Anm. 28.

[75] Teilzeitkräfte und Kurzarbeiter werden nach hM voll angesetzt, dh. ohne Umrechnung auf Vollzeitkräfte, vgl. *ADS* § 267 Anm. 13; *Küting/Weber* § 267 Anm. 15; aA BeckBil-Komm./*Budde/Karig* § 267 Anm. 12.

D. Jahresabschluß 50, 51 § 9

Eine GmbH, die **Tochterunternehmen eines Mutterunternehmens ist,** 50
das nach § 290 HGB zur Aufstellung eines Konzernabschlusses verpflichtet ist, braucht nach § 264 Abs. 3 HGB nF[76] die besonderen Rechnungslegungsvorschriften für Kapitalgesellschaften über den Jahresabschluß und den Lagebericht (§§ 264 bis 289 HGB) sowie die Prüfung und Offenlegung (§§ 316 bis 329 HGB) nicht anzuwenden, wenn folgende Voraussetzungen erfüllt sind:
– Alle Gesellschafter der GmbH haben der Befreiung für das betreffende Geschäftsjahr zugestimmt. Der Zusatimmungsbeschluß muß nach § 325 HGB offengelegt werden.
– Das Mutterunternehmen ist aufgrund eines Beherrschungs- oder Gewinnabführungsvertrages oder eines Betriebspacht- oder Betriebsüberlassungsvertrages gemäß § 302 AktG zur Verlustübernahme verpflichtet oder hat eine solche Verpflichtung freiwillige übernommen und diese Erklärung nach § 325 HGB offengelegt.
– Die GmbH ist in den Konzernabschluß des Mutterunternehmens einbezogen worden.
– Die Befreiung der GmbH ist im Anhang des von dem Mutterunternehmen aufgestellten Konzernabschlusses angegeben.
– Die von dem Mutterunternehmen im Rahmen der Konzernrechnungslegung nach § 325 HGB offenzulegenden Unterlagen werden auch zum Handelsregister des Sitzes der GmbH eingereicht.
Das Mutterunternehmen muß seinen Sitz im Inland haben. Nicht begünstigt sind daher Tochter-GmbH's, die unmittelbar von einem ausländischen Mutterunternehmen gehalten werden.[77] Sind die Voraussetzungen erfüllt, kann die GmbH ihren Jahresabschluß nach den für alle Kaufleute geltenden Vorschriften aufstellen und von der Aufstellung eines Anhangs und eines Lageberichts absehen. Darüber hinaus braucht der Jahresabschluß und der Lagebericht nicht geprüft und offengelegt zu werden. Von den Erleichterungen kann auch nur teilweise Gebrauch gemacht zu werden, zB nur hinsichtlich der Offenlegung des Jahresabschlusses und ggf. der Aufstellung eines Anhangs und eines Lageberichts. Eine Aufstellung des Jahresabschlusses nach den für alle Kaufleute geltenden Vorschriften wird sich im allgemeinen nicht empfehlen, weil für die Einbeziehung in den Konzernabschluß Bilanz und GuV-Rechnung grundsätzlich nach den für große Kapitalgesellschaften geltenden Regeln aufzustellen sind. Wird der Jahresabschluß der Tochter-GmbH nicht geprüft, so hat der Konzernabschlußprüfer nach § 317 Abs. 3, 1 HGB nF die Prüfung vorzunehmen.[78]

III. Verantwortlichkeit der Geschäftsführer

Zur Aufstellung des Jahresabschlusses und des Lageberichts sind nach § 264 51
Abs. 1 Satz 1 HGB iVm. § 35 Abs. 1 GmbHG die Geschäftsführer ver-

---

[76] Eingefügt durch KapAEG; § 264 Abs. 3 HGB nF trat am 21. 4. 1998 in Kraft, Art. 5 KapAEG.
[77] Vgl. *Dörner/Wirth;* DB 1998, 1525, 1526.
[78] Vgl. zur Neuregelung des § 264 Abs. 3 HGB ausführlich *Dörner/Wirth* DB 1998, 1525 ff.

pflichtet. Im Abwicklungsstadium sind es die Liquidatoren (§ 71 Abs. 1 GmbHG),[79] im Konkurs der Konkursverwalter.[80] Unter mehreren Geschäftsführern kann die Aufstellung von Jahresabschluß und Lagebericht im Wege der **Geschäftsverteilung** einem Geschäftsführer zugewiesen werden. Die übrigen Geschäftsführer werden dadurch aber nicht von ihrer Verantwortung befreit. Die Aufstellung von Jahresabschluß und Lagebericht ist **Geschäftsführungsmaßnahme**. Bei Meinungsverschiedenheiten unter mehreren Geschäftsführern (zB über die Ausübung von Ansatz- oder Bewertungswahlrechten) ist deshalb Einstimmigkeit erforderlich, wenn die Satzung und ggf. eine Geschäftsordnung keinen Mehrheitsbeschluß vorsehen.[81]

52 Die Geschäftsführer unterliegen bei der Aufstellung von Jahresabschluß und Lagebericht im Rahmen der gesetzlichen Regelungen, des Gesellschaftsvertrags und der GoB dem allgemeinen **Weisungsrecht** der Gesellschafterversammlung gem. § 37 Abs. 1 GmbHG (dazu § 5 Rz. 141).[82] Das Weisungsrecht erstreckt sich vor allem auf die Ausübung von Ansatz- und Bewertungswahlrechten. Weisungen können aber auch die Bestimmung konkreter Wertansätze im Rahmen zulässiger Ermessensspielräume[83] (zB bei Rückstellungen) oder den Inhalt des Lageberichts betreffen (dazu näher § 10 Rz. 106 ff.).

53 Von der Aufstellung des Jahresabschlusses und des Lageberichts durch die Geschäftsführer ist die **Feststellung** des Jahresabschlusses idR durch die Gesellschafterversammlung zu unterscheiden (vgl. dazu Rz. 198 ff.). Die Gesellschafterversammlung ist an den aufgestellten Jahresabschluß nicht gebunden. Sie kann bei Wahl- und Ermessensentscheidungen vom aufgestellten Jahresabschluß abweichen.[84] Zum Erfordernis einer sog. Nachtragsprüfung, wenn ein prüfungspflichtiger Jahresabschluß im Rahmen der Feststellung geändert wird, vgl. Rz. 178 f.

54 Der Jahresabschluß muß nach § 245 HGB von allen Geschäftsführern unter Angabe des Datums **unterzeichnet** werden. Die Unterschriften sind am Ende des Anhangs zu leisten.[85] Zu unterzeichnen ist erst der festgestellte und nicht schon der aufgestellte Jahresabschluß.[86] Zuständig sind die zur Zeit der Unterzeichnung bestellten Geschäftsführer.[87] Ein Verstoß gegen die Unterzeichnungspflicht ist eine Ordnungswidrigkeit (§ 334 Abs. 1 Nr. 1 a HGB), die keine

---

[79] Zu den Rechnungslegungspflichten des Liquidators vgl. *K. Schmidt* Liquidationsbilanzen und Konkursbilanzen, Heidelberg 1989, S. 39 ff.; speziell zur Pflicht zur Aufstellung des Jahresabschlusses für ein vor der Auflösung abgeschlossenes Geschäftsjahr vgl. BayOLG v. 31. 1. 1990, BB 1990, 600.

[80] KG v. 3. 6. 1997, DB 1997, 1708; *Kunz/Mundt* DStR 1997, 664.

[81] *ADS* § 264 Anm. 21; *Hachenburg/Mertens* § 35 Anm. 210.

[82] *Baumbach/Hueck/Schulte-Osterloh* § 41 Anm. 49.

[83] *ADS* § 264 Anm. 25.

[84] *ADS* § 264 Anm. 26.

[85] Für zulässig wird auch die Unterschrift am Ende der GuV-Rechnung gehalten; vgl. *ADS* § 245 Anm. 6.

[86] BGH v. 28. 1. 1985, BB 1985, 567; HGB-Großkomm./*Hüffer* § 245 Anm. 5; *Baumbach/Hueck/Schulze-Osterloh* § 41 Anm. 55; *ADS* § 245 Anm. 7f.; *Küting/Weber* § 245 Anm. 13; aA *Erle* WPg 1987, 640 ff.; BeckBil-Komm./*Budde/Karig* § 264 Anm. 15; *Lutter/Hommelhoff* § 42 Anm. 13.

[87] *Baumbach/Hueck/Schulze-Osterloh* § 41 Anm. 55; *ADS* § 245 Anm. 14.

D. Jahresabschluß   55–58   § 9

unmittelbaren handelsrechtlichen Folgen hat.[88] Da erst der festgestellte Jahresabschluß nach § 245 HGB zu unterzeichnen ist, eignet sich diese Unterzeichnung idR nicht mehr dazu, die rechtzeitige Aufstellung des Jahresabschlusses zur Vermeidung von strafrechtlichen Folgen im Konkursfall zu dokumentieren. Daher empfiehlt es sich, den Abschluß der Aufstellungsarbeiten auf andere Weise (zB durch Unterzeichnung des Abschlußentwurfs) aktenkundig zu machen.[89]

IV. Aufstellungsfrist

Der Jahresabschluß und der Lagebericht der **großen und mittelgroßen** 55
GmbH müssen nach § 264 Abs. 1 Satz 2 HGB in den ersten drei Monaten nach dem Bilanzstichtag aufgestellt werden. **Kleine GmbH** brauchen den Jahresabschluß nur innerhalb von sechs Monaten aufzustellen, wenn und soweit dies einem ordnungsgemäßen Geschäftsgang entspricht (§ 264 Abs. 1 Satz 3 HGB). Damit soll gemeint sein, daß die Aufstellung nicht willkürlich bis zum Ablauf der 6-Monatsfrist aufgeschoben werden darf.[90] Die Zulässigkeit der längeren Frist nach Maßgabe eines ordnungsgemäßen Geschäftsgangs wird auch davon abhängen, ob sich aus dem konkreten Jahresabschluß besondere Pflichten für die Geschäftsführer (zB Konkursantragspflicht wegen Überschuldung) ergeben könnten. Im Gesellschaftsvertrag dürfen keine von § 264 Abs. 1 Satz 2, 3 HGB abweichenden Fristen, also auch nicht eine generelle 6-Monatsfrist bei kleinen GmbH,[91] vereinbart werden.

Unter **Aufstellung** ist eine so weitgehende Fertigstellung des Jahresab- 56
schlusses und ggfs. des Lageberichts zu verstehen, daß diese Unterlagen bei großen und mittelgroßen GmbH an den Abschlußprüfer oder bei kleinen GmbH unmittelbar an die Gesellschafter zur Feststellung des Jahresabschlusses gegeben werden können.[92]

Kommen die Geschäftsführer ihrer Pflicht zur rechtzeitigen Aufstellung von 57
Jahresabschluß und Lagebericht nicht nach, so können sie dazu nach § 335 Satz 1 Nr. 1 HGB vom Registergericht auf Antrag eines Gesellschafters, eines Gläubigers oder des Betriebsrats durch die Festsetzung von **Zwangsgeld** angehalten werden.[93] Außerdem kann die Gesellschafterversammlung ihr **Weisungsrecht** gegenüber der Geschäftsführung ausüben.[94]

V. Bilanz und Gewinn- und Verlustrechnung

1. Gliederungsgrundsätze und Ausweiswahlrechte

Die Gliederung der Bilanz und der GuV-Rechnung ist für Kapitalge- 58
sellschaften verbindlich in §§ 265, 266, 268, 275–277 HGB vorgeschrie-

---

[88] HGB-Großkomm./*Hüffer* § 245 Anm. 14.
[89] HGB-Großkomm./*Hüffer* § 245 Anm. 6; *ADS* § 245 Anm. 8.
[90] BeckBil-Komm./*Budde/Karig* § 264 Anm. 17; *ADS* § 264 Anm. 28 a.
[91] BayOLG v. 5. 3. 1987, DB 1987, 978.
[92] BeckBil-Komm./*Budde/Karig* § 264 Anm. 19.
[93] *Baumbach/Hueck/Schulze-Osterloh* § 79 Anm. 11.
[94] *Scholz/Crezelius* § 41 Anm. 8.

ben.[95] Kreditinstitute, Krankenhäuser, Verkehrsunternehmen und Wohnungsunternehmen haben besondere Formblätter anzuwenden (vgl. § 330 HGB iVm. den hierzu erlassenen Formblatt-Verordnungen).[96]

59 Neben den für alle Kaufleute geltenden Grundsätzen
– der Beachtung der **GoB** (§ 243 Abs. 1 HGB),
– der **Klarheit und Übersichtlichkeit** (§ 243 Abs. 2 HGB),
– der **Vollständigkeit** (§ 246 Abs. 1 HGB) und
– des **Verrechnungsverbotes** (§ 246 Abs. 2 HGB)
enthalten die ergänzenden Vorschriften für Kapitalgesellschaften in § 265 HGB weitere **allgemeine Gliederungsgrundsätze.**

60 Nach dem in § 265 Abs. 1 HGB normierten Grundsatz der **Darstellungsstetigkeit** ist die Form der Darstellung, insb. die Gliederung der aufeinanderfolgenden Bilanzen und GuV-Rechnungen, beizubehalten. Sind in Ausnahmefällen wegen besonderer Umstände Abweichungen erforderlich, so müssen diese im Anhang angegeben und begründet werden. Die GmbH ist an einmal getroffene Entscheidungen im Rahmen der Gestaltungsmöglichkeiten, die bei der Gliederung der Bilanz und der GuV-Rechnung und bei der inhaltlichen Gestaltung des Anhangs bestehen, grundsätzlich gebunden. Dadurch soll eine Vergleichbarkeit der Jahresabschlüsse im Zeitablauf gewährleistet werden. Abweichungen von der Darstellungsstetigkeit sind nur zulässig, wenn sie wegen besonderer Umstände erforderlich sind. Solche Umstände liegen zB vor, wenn ein neues Mutterunternehmen die Anpassung an dessen konzerneinheitlich geltende Ausweismethoden verlangt.[97]

61 In der Bilanz und in der GuV-Rechnung sind nach § 265 Abs. 2 HGB zu jedem Posten die **Vorjahresbeträge** anzugeben. Die Pflicht zur Angabe von Vorjahresbeträgen gilt auch für Untergliederungen von Posten (auch in Form von Davon-Vermerken) und für Angaben, die statt in der Bilanz oder in der GuV-Rechnung im Anhang gemacht werden.[98] Je nach Größenordnung der GmbH können die Vorjahresbeträge auf TDM oder Mio. DM gerundet werden.[99] Sind die Vorjahresbeträge nicht vergleichbar, zB weil ein Wechsel vom Gesamtkosten- zum Umsatzkostenverfahren stattgefunden hat oder weil Erleichterungen infolge der Einordnung in eine andere Größenklasse (dazu Rz. 47 ff.) weggefallen sind, so ist darauf nach § 265 Abs. 2 Satz 2 HGB im Anhang hinzuweisen. Alternativ können die Vorjahresbeträge angepaßt werden. Im Anhang sind dann die Posten anzugeben, bei denen die Vorjahresbeträge angepaßt wurden, und die Anpassungen (verbal) zu erläutern (§ 265 Abs. 2 Satz 3 HGB). Sind ganze Unternehmen oder Unternehmensteile durch Verschmelzung, Spaltung, Sacheinlage oder Kauf zu- oder abgegangen, sollten neben den tatsächlichen Vorjahreszahlen und den aktuellen Zahlen auch die angepaßten Vorjahreszahlen vollständig angegeben werden (Drei-Spalten-Form).[100] Bei unterschiedlichem Vergleichszeit-

---

[95] Zu den Sonderregelungen für Kreditinstitute vgl. § 340 a ff. HGB.
[96] Vgl. BeckBil-Komm./*Förschle/Kofahl* § 330 Anm. 20; Versicherungsunternehmen können in der Rechtsform der GmbH nicht betrieben werden, § 7 Abs. 1 VAG.
[97] *ADS* § 265 Anm. 20.
[98] IDW-HFA 5/1988, WPg 1989, 42.
[99] *ADS* § 265 Anm. 29.
[100] IDW Ergänzung zu HFA 5/1988, WPg 1998, 738.

D. Jahresabschluß

raum (Rumpfgeschäftsjahr) können die Vorjahresbeträge nicht angepaßt werden.[101]

Nach § 265 Abs. 3 HGB ist ein Vermerk der **Mitzugehörigkeit** geboten, wenn ein Vermögensgegenstand oder eine Schuld unter mehrere Posten der Bilanz fällt. Bei Forderungen und Verbindlichkeiten aus Lieferungen und Leistungen gegenüber verbundenen Unternehmen und Unternehmen, mit denen ein Beteiligungsverhältnis besteht, kann der Vermerk der Mitzugehörigkeit entfallen, wenn sie unter Forderungen bzw. Verbindlichkeiten gegenüber verbundenen Unternehmen oder Unternehmen, mit denen ein Beteiligungsverhältnis besteht, ausgewiesen werden.[102] Das gleiche gilt für Ausleihungen, Forderungen und Verbindlichkeiten gegenüber Gesellschaftern, wenn diese als solche gesondert ausgewiesen oder im Anhang angegeben werden (vgl. dazu Rz. 73). Eigene Anteile dürfen unabhängig von ihrer Zweckbestimmung nur unter dem dafür vorgesehenen Posten im Umlaufvermögen ausgewiesen werden (§ 265 Abs. 3 Satz 2 HGB). 62

Im Rahmen der vorgeschriebenen Gliederung sind nach § 265 Abs. 5 Satz 1 HGB **weitere Untergliederungen** der Posten zulässig. Dadurch darf jedoch die Übersichtlichkeit des Jahresabschlusses nicht leiden. Eine weitere Untergliederung kann zB für den Posten A.II.3. Andere Anlagen, Betriebs- und Geschäftsausstattung in Frage kommen.[103] Die **Hinzufügung neuer Posten** ist nach § 265 Abs. 5 Satz 2 HGB zulässig, wenn ihr Inhalt nicht von einem vorgeschriebenen Posten gedeckt wird. Dazu kommt es zB innerhalb des Eigenkapitals, wenn stille Einlagen oder Genußrechtskapital als Eigenkapital zu qualifizieren sind.[104] 63

Die **Gliederung und Bezeichnung** der mit arabischen Zahlen versehenen Posten der Bilanz und GuV-Rechnung muß **geändert** werden, wenn dies wegen Besonderheiten der Gesellschaft zur Aufstellung eines klaren und übersichtlichen Jahresabschlusses erforderlich ist (§ 265 Abs. 6 HGB). Dies ist im wesentlichen nur bei bestimmten Branchen der Fall, zB bei Bau-, Bergbau-, Mineralöl- und Energieversorgungsunternehmen, Brauereien und Dienstleistungsbetrieben.[105] Die Anpassung der Postenbezeichnung an den tatsächlichen Inhalt ist bei Posten, die eine Aufzählung enthalten (zB „Abschreibungen auf immaterielle Vermögensgegenstände des Anlagevermögens und Sachanlagen sowie auf aktivierte Aufwendungen für die Ingangsetzung und Erweiterung des Geschäftsbetriebs"), aufgrund von § 265 Abs. 6 HGB zwingend.[106] **Kurzbezeichnungen** sind zulässig, soweit dadurch kein Informationsverlust eintritt (zB „Wechselverbindlichkeiten" anstelle von „Verbindlichkeiten aus der Annahme gezogener Wechsel und der Ausstellung eigener Wechsel").[107] 64

---

[101] IDW-HFA 5/1988, WPg 1989, 42; im ersten Geschäftsjahr sind die Zahlen der Eröffnungsbilanz anzugeben, BeckBil-Komm./*Budde/Geißler* § 265 Anm. 6.
[102] *ADS* § 265 Anm. 44.
[103] *ADS* § 265 Anm. 60.
[104] *ADS* § 265 Anm. 66, 68.
[105] BeckBil-Komm./*Budde/Geißler* § 265 Anm. 16.
[106] *ADS* § 265 Anm. 72; aA BeckBil-Komm./*Budde/Geißler* § 265 Anm. 18.
[107] *ADS* § 265 Anm. 79 ff.

65 Eine **Zusammenfassung** von mit arabischen Zahlen versehenen Posten der Bilanz und der GuV-Rechnung ist nach § 265 Abs. 7 HGB in zwei Fällen zulässig:

Nr. 1: Ein Posten ist **unerheblich**. ZB können unerhebliche Beträge an Wechselverbindlichkeiten den sonstigen Verbindlichkeiten zugeordnet werden.[108] Die Bestimmung hat praktisch nur eine geringe Bedeutung, weil es zur erläuterungspflichtigen Anpassung von Vorjahresbeträgen kommt, wenn erstmals zusammengefaßt wird und wenn die Zusammenfassung in späteren Jahren wieder rückgängig gemacht werden muß.[109]

Nr. 2: Die Zusammenfassung **vergrößert die Klarheit der Darstellung.** In diesem Fall müssen die zusammengefaßten Posten jedoch im Anhang gesondert ausgewiesen werden. Diese Darstellungsweise bietet sich insb. an für
- das Anlagevermögen, wenn der Anlagespiegel nach § 268 Abs. 2 HGB in den Anhang aufgenommen wird; dann braucht das Anlagevermögen in der Bilanz nicht nochmals untergliedert zu werden;
- die Verbindlichkeiten, wenn der Anhang einen sog. Verbindlichkeitenspiegel mit den Angaben nach § 265 Abs. 5 HGB zu den Restlaufzeiten bis zu einem Jahr und nach § 285 Nr. 1, 2 HGB zu den Restlaufzeiten von mehr als fünf Jahren sowie zu den Besicherungen enthält.

Die Anwendbarkeit von § 265 Abs. 7 Nr. 2 HGB ist jedoch nicht auf diese Fälle beschränkt. Zulässig ist eine Verkürzung des Bilanzgliederungsschemas auf die nach § 266 Abs. 1 Satz 3 HGB für kleine Kapitalgesellschaften erlaubte Form.[110]

66 **Leerposten** in Bilanz und GuV-Rechnung brauchen nach § 265 Abs. 8 HGB nicht ausgewiesen zu werden, es sei denn, daß im Vorjahr unter dem betreffenden Posten ein Betrag ausgewiesen wurde. Dieses Wahlrecht gilt auch für Davon-Vermerke.[111]

67 Bei der Gliederung der Bilanz und der GuV-Rechnung bestehen **Gestaltungsmöglichkeiten** aufgrund von gesetzlich eingeräumten Ausweiswahlrechten und Ermessensspielräumen bei der Abgrenzung von Einzelposten.

(1) Erhaltene Anzahlungen dürfen unter den Verbindlichkeiten ausgewiesen oder offen von den Vorräten abgesetzt werden (§ 268 Abs. 5 Satz 2 HGB).

(2) Die noch nicht eingeforderten ausstehenden Einlagen dürfen auf der Aktivseite ausgewiesen oder vom gezeichneten Kapital offen abgesetzt werden (§ 272 Abs. 1 Sätze 2, 3 HGB).

(3) Die nur steuerrechtlich zulässigen Abschreibungen dürfen auch in den Sonderposten mit Rücklageanteil als Wertberichtigungen passivisch ausgewiesen werden (§ 281 Abs. 1 Satz 1 HGB).

(4) Die Bilanz darf nach § 268 Abs. 1 HGB auch unter Berücksichtigung der vollständigen oder teilweisen Verwendung des Jahresergebnisses aufgestellt werden (dazu Rz. 74 ff.).

---

[108] Zu anderen Möglichkeiten der Zusammenfassung vgl. *Küting/Weber* § 265 Anm. 82 ff.
[109] *Küting/Weber* § 265 Anm. 86.
[110] *ADS* § 265 Anm. 92 f.; WPH I 1996 F Anm. 24.
[111] *ADS* § 265 Anm. 96.

D. Jahresabschluß   68, 69 § 9

(5) Eine Reihe von Angaben zu Posten der Bilanz sowie die Angabe der Haftungsverhältnisse können wahlweise in der Bilanz oder im Anhang gemacht werden.
(6) Kleine GmbH brauchen nach § 266 Abs. 1 Satz 3 HGB nur eine verkürzte Bilanz aufzustellen, in der nur die mit Buchstaben und römischen Zahlen bezeichneten Posten gesondert und in der vorgeschriebenen Reihenfolge aufgewiesen werden.
(7) Ermessensspielräume bei der Abgrenzung von Einzelposten der Bilanz wegen nicht eindeutiger Abgrenzungsregeln bestehen zB für Beteiligungen und Wertpapiere des Anlagevermögens sowie für fertige und unfertige Erzeugnisse, wenn auch Zwischenprodukte weiterveräußert werden.
(8) Die GuV-Rechnung kann nach dem Gesamtkosten- oder dem Umsatzkostenverfahren aufgebaut werden (§ 275 Abs. 2, 3 HGB).
(9) Eine Reihe von Angaben zu Posten der GuV-Rechnung können wahlweise in der GuV-Rechnung oder im Anhang gemacht werden.
(10) Kleine und mittelgroße GmbH dürfen das „Rohergebnis" als Zusammenfassung von Einzelposten ausweisen (§ 276 HGB).
(11) Ermessensspielräume bei der Abgrenzung von Einzelposten der GuV-Rechnung bestehen zB für Umsatzerlöse und sonstige betriebliche Erträge, Materialaufwand und sonstige betriebliche Aufwendungen sowie für übliche und unübliche Abschreibungen auf Vermögensgegenstände des Umlaufvermögens.

Die Gestaltungsmöglichkeiten können im Rahmen der **Bilanzpolitik** ge- 68 nutzt werden. Insb. lassen sich durch die zweckgerichtete Ausübung von Ausweiswahlrechten Kennzahlen beeinflussen, die von externen Bilanzanalytikern (zB Kreditinstituten) häufig verwendet werden. Dies gilt zB für die offene Absetzung erhaltener Anzahlungen von den Vorräten nach § 268 Abs. 5 Satz 2 HGB. Dadurch vermindern sich die Vorräte, die Verbindlichkeiten und die Bilanzsumme. Demzufolge erhöht sich die Eigenkapitalquote bzw. verringert sich der Verschuldungsgrad. Der Ausweis steuerrechtlicher Abschreibungen in den Sonderposten mit Rücklageanteil (§ 281 Abs. 1 Satz 1 HGB) wirkt bezüglich der Eigenkapitalquote entgegengesetzt, führt aber andererseits zu einer höheren Sachanlagendeckung durch Eigenkapital. Zu einer Verringerung der Bilanzsumme kommt es auch durch eine Absetzung der nicht eingeforderten ausstehenden Einlagen vom gezeichneten Kapital nach § 272 Abs. 1 Satz 3 HGB. Sofern durch die Ausübung von Ausweiswahlrechten in der Bilanz, wie in den eben geschilderten Fällen, die Bilanzsumme beeinflußt werden kann, besteht auch ein Instrument zur Steuerung der Bilanzsumme als Kriterium für die Einordnung in die drei Größenklassen. Damit können uU Aufstellungs- und Offenlegungspflichten sowie die Prüfungspflicht vermieden werden.

Verstöße der Geschäftsführer bei der Aufstellung des Jahresabschlusses und 69 des Aufsichtsrats bei der Feststellung gegen die Pflichten aus § 234 Abs. 1 oder 2, § 246, § 265 Abs. 2, 3, 4 oder 6, § 266, § 268 Abs. 5, § 272 oder § 275 HGB sind **Ordnungswidrigkeiten** und können bei Vorsatz[112] mit einem Bußgeld bis zu DM 50000 geahndet werden (§ 334 Abs. 1 Nr. 1,

---

[112] Vgl. § 10 OWiG.

Abs. 3 HGB). Eine weitgehende Mißachtung der Gliederungsvorschriften, die zu einer unrichtigen Wiedergabe oder Verschleierung der Verhältnisse der GmbH führt, kann ein **Vergehen** nach § 331 Nr. 1 HGB darstellen. Der Jahresabschluß ist analog § 256 Abs. 4 AktG wegen Verstoßes gegen die Gliederungsvorschriften **nichtig,** wenn seine Klarheit und Übersichtlichkeit dadurch wesentlich beeinträchtigt ist (vgl. auch Rz. 208).[113]

2. Besondere Bilanzierungsvorschriften des GmbHG

70 In Ergänzung zu den allgemeinen bilanzrechtlichen Vorschriften in §§ 238 ff. HGB für alle Kaufleute und in §§ 264 ff. HGB für Kapitalgesellschaften enthält § 42 GmbHG einige Sonderregelungen, die speziell für GmbHs gelten. Die Regelungen betreffen zum einen den Ausweis des Stammkapitals und die Bilanzierung von Nachschüssen, zum anderen verlangt das Gesetz eine gesonderte Angabe der Ausleihungen, Forderungen und Verbindlichkeiten gegenüber Gesellschaftern.

71 Der Ausweis des **Stammkapitals** als gezeichnetes Kapital entspricht der Regelung in § 272 Abs. 1 Satz 1 HGB; die ergänzende Bestimmung in § 42 Abs. 1 GmbHG hat insoweit lediglich klarstellende Bedeutung. Maßgebend für die Höhe des gezeichneten Kapitals ist die Eintragung im Handelsregister.[114]

72 Im Gesellschaftsvertrag vorgesehene **Nachschüsse** sind nach § 42 Abs. 2 Satz 1 GmbHG unter den Forderungen gesondert unter der Bezeichnung „Eingeforderte Nachschüsse" zu aktivieren, soweit ihre Einforderung beschlossen ist und der Gesellschafter sich nicht durch Preisgabe seines Geschäftsanteils (Abandon, § 27 GmbHG) von der Zahlung des Nachschusses befreien kann. Letzteres ist bei unbeschränkter Nachschußpflicht innerhalb eines Monats nach der Aufforderung zur Einzahlung möglich (vgl. dazu im einzelnen § 7 Rz. 80 ff.). Voraussetzung für eine Aktivierung ist ferner, daß mit der Zahlung des Nachschusses gerechnet werden kann (§ 42 Abs. 2 Satz 2 GmbHG). In Höhe des aktivierten bzw. eingezahlten[115] Betrages ist ein entsprechender Passivposten, üblicherweise unter der Bezeichnung „Nachschußkapital",[116] innerhalb der Kapitalrücklage auszuweisen (§ 42 Abs. 2 Satz 3 GmbHG).

73 Die gesonderte Angabe der **Ausleihungen, Forderungen und Verbindlichkeiten gegenüber Gesellschaftern** gem. § 42 Abs. 3 GmbHG dient dem Zweck, die Beziehungen zwischen der GmbH und ihren Gesellschaftern offenzulegen. Sie stellt eine Besonderheit des GmbH-Rechts dar und ist für andere Kapitalgesellschaften nicht vorgeschrieben. Maßgebend ist die Gesellschafterstellung am Abschlußstichtag, auch wenn die Anmeldung an die Geschäftsführung erst danach, allerdings noch vor Bilanzaufstellung erfolgt.[117]

---

[113] Vgl. *Gessler* FS Goerdeler S. 127; *Küting/Weber* § 42 a GmbHG Anm. 65.
[114] *ADS* § 42 GmbHG Anm. 9.
[115] *ADS* § 42 GmbHG Anm. 25; BeckBil-Komm./*Förschle/Kofahl* § 272 Anm. 77; *Scholz/Crezelius* § 42 Anm. 17; *Baumbach/Hueck/Schulze-Osterloh* § 42 Anm. 171; gegen gesonderten Ausweis der Nachschüsse innerhalb der Kapitalrücklage nach Einzahlung *Küting/Weber* § 272 Anm. 106; *Lutter/Hommelhoff* § 42 Anm. 27.
[116] *ADS* § 42 GmbHG Anm. 22; BeckBil-Komm./*Förschle/Kofahl* § 272 Anm. 78.
[117] *ADS* § 42 GmbHG Anm. 44 f.; *Scholz/Crezelius* § 42 Anm. 26.

D. Jahresabschluß 74, 75 § 9

Grundsätzlich läßt das Gesetz drei verschiedene Möglichkeiten der Angabe zu, wobei den ersten beiden in der Regel der Vorzug zu geben ist:
– den Ausweis jeweils als eigenen Bilanzposten,
– die Angabe im Anhang oder
– den Vermerk der Mitzugehörigkeit bei anderen Bilanzposten, zB in Form eines Davon-Vermerks.

Bei einem Ausweis als eigener Bilanzposten empfiehlt es sich, die Ausleihungen, Forderungen oder Verbindlichkeiten jeweils mit dem Zusatz „gegenüber Gesellschaftern" im Gliederungsschema des § 266 Abs. 2 HGB vor den entsprechenden Posten gegenüber verbundenen Unternehmen einzuschieben.[118] Ist der Gesellschafter zugleich ein verbundenes Unternehmen iSv. § 271 Abs. 2 HGB oder ein Unternehmen, das eine Beteiligung iSv. § 271 Abs. 1 HGB an der GmbH hält, so geht der Ausweis nach § 42 Abs. 3 GmbH dem Ausweis unter den Beziehungen zu verbundenen Unternehmen oder zu Unternehmen, mit denen ein Beteiligungsverhältnis besteht, vor; die Mitzugehörigkeit zu den Ausleihungen, Forderungen oder Verbindlichkeiten gegenüber verbundenen Unternehmen oder gegenüber Unternehmen, mit denen ein Beteiligungsverhältnis besteht, ist in diesem Falle bei dem Posten nach § 42 Abs. 3 GmbH gesondert zu vermerken (§ 265 Abs. 3 HGB).[119] Für Verbindlichkeiten gegenüber Gesellschaftern, die dem Grunde und/oder der Höhe nach ungewiß sind und die deshalb unter den Rückstellungen auszuweisen sind, besteht keine Pflicht zur gesonderten Angabe nach § 42 Abs. 3 GmbHG.[120]

3. Darstellung der Ergebnisverwendung

Aufgrund einer gesetzlichen oder gesellschaftsvertraglichen **Verpflichtung** 74 **zur Rücklagendotierung** oder eines vor der Feststellung des Jahresabschlusses gefaßten **Ergebnisverwendungsbeschlusses** können bei der Aufstellung des Jahresabschlusses aus einem Jahresüberschuß (zuzüglich eines Gewinnvortrags und abzüglich eines Verlustvortrags) Beträge in die Gewinnrücklagen einzustellen sein. Die Bilanz muß dann nach § 268 Abs. 1 Satz 1 HGB unter Berücksichtigung einer solchen teilweisen oder vollständigen Ergebnisverwendung aufgestellt werden.[121] Besteht keine Verpflichtung, sondern nur eine Ermächtigung zur Bildung von Gewinnrücklagen, dann darf die Bilanz unter Berücksichtigung einer vollständigen oder teilweisen Ergebnisverwendung aufgestellt werden. Wird der Jahresabschluß danach festgestellt, steht der bereits in die Gewinnrücklagen eingestellte Teil des Jahresüberschusses bei dem regelmäßig nach der Feststellung des Jahresabschlusses zu fassenden Ergebnisverwendungsbeschluß nicht mehr zur Disposition der Gesellschafter.

Wird die Bilanz unter **Berücksichtigung der teilweisen Verwendung** 75 **des Jahresergebnisses** aufgestellt, so werden nach § 268 Abs. 1 Satz 2 HGB im Eigenkapitalausweis in der Bilanz die Posten „Jahresüberschuß/Jahresfehlbetrag" und „Gewinnvortrag/Verlustvortrag" durch den Posten „Bilanzge-

---

[118] *ADS* § 42 GmbHG Anm. 49.
[119] Vgl. auch *ADS* § 42 GmbHG Anm. 50.
[120] *Scholz/Crezelius* § 42 Anm. 32.
[121] BeckBil-Komm./*Budde/Ralf* § 268 Anm. 3; *ADS* § 268 Anm. 21.

winn/Bilanzverlust" ersetzt, in den ein vorhandener Gewinn- oder Verlustvortrag einzubeziehen ist. Ein Gewinn- oder Verlustvortrag ist in der Bilanz (als Untergliederung oder davon-Vermerk) oder im Anhang gesondert anzugeben.

76 Wird die Bilanz unter **Berücksichtigung der vollständigen Ergebnisverwendung** aufgestellt, ist ein an die Gesellschafter auszuschüttender Betrag im Posten „Verbindlichkeiten gegenüber Gesellschaftern" gesondert auszuweisen oder bei dem nach § 42 Abs. 3 GmbHG alternativ zulässigen Ausweis unter den sonstigen Verbindlichkeiten in der Bilanz zu vermerken oder im Anhang anzugeben.[122]

77 Einstellungen in die **Rücklage für eigene Anteile** sind nach § 272 Abs. 4 Satz 3 HGB bereits bei der Aufstellung des Jahresabschlusses vorzunehmen. Wenn die Zuführung ganz oder teilweise aus dem Jahresergebnis erfolgt, muß die Bilanz unter Berücksichtigung der Ergebnisverwendung aufgestellt werden.[123]

78 Den **Eigenkapitalanteil von Wertaufholungen** bei Vermögensgegenständen des Anlage- und Umlaufvermögens und **von bei der steuerlichen Gewinnermittlung gebildeten Passivposten**, die nicht im Sonderposten mit Rücklageanteil ausgewiesen werden dürfen, können die Geschäftsführer nach § 29 Abs. 4 GmbHG mit Zustimmung des Aufsichtsrats oder der Gesellschafter in andere Gewinnrücklagen einstellen (dazu § 10 Rz. 55).[124] Dabei gilt (ausnahmsweise) das Wahlrecht des § 268 Abs. 1 Satz 1 HGB.[125]

79 Ergebnisverwendungen, die in der Bilanz berücksichtigt werden müssen, sind auch **Vorabausschüttungen**[126] und sonstige offene oder verdeckte Ausschüttungen während des Geschäftsjahres.[127] **Entnahmen aus Kapital- und Gewinnrücklagen** stellen zwar keine Ergebnisverwendung dar, sie führen jedoch ebenfalls dazu, daß in der Bilanz anstelle des Jahresüberschusses oder -fehlbetrags und eines Gewinn- oder Verlustvortrags der Bilanzgewinn oder -verlust auszuweisen ist.[128]

80 Der **Bilanzgewinn** errechnet sich entsprechend § 158 Abs. 1 AktG wie folgt:

```
     Jahresüberschuß/Jahresfehlbetrag
+/−  Gewinnvortrag/Verlustvortrag aus dem Vorjahr
+    Entnahmen aus der Kapitalrücklage
+    Entnahmen aus Gewinnrücklagen
−    Einstellungen in Gewinnrücklagen
−    Vorabausschüttungen
=    Bilanzgewinn/Bilanzverlust
```

81 Nach § 29 Abs. 1 Satz 2 GmbHG ist bei Aufstellung der Bilanz unter Berücksichtigung der teilweisen Ergebnisverwendung oder der Auflösung von

---

[122] *Biener/Berneke* S. 172.
[123] BeckBil-Komm./*Budde/Raff* § 268 Anm. 6; *ADS* § 268 Anm. 22.
[124] BeckBil-Komm./*Budde/Raff* § 272 Anm. 97 ff.
[125] *ADS* § 268 Anm. 23.
[126] *ADS* § 268 Anm. 25.
[127] *Baumbach/Hueck/Schulze-Osterloh* § 42 Anm. 178.
[128] Im Ergebnis ebenso *ADS* § 268 Anm. 15 mwN.

Rücklagen der **Bilanzgewinn** und nicht der Jahresüberschuß **Grundlage für den** nach § 29 Abs. 2 GmbHG zu fassenden **Ergebnisverwendungsbeschluß** (dazu § 10 Rz. 145).

GmbH müssen in der **GuV-Rechnung** bei der Aufstellung oder Feststellung des Jahresabschlusses bereits berücksichtigte Einstellungen in Gewinnrücklagen und Entnahmen aus Kapital- und Gewinnrücklagen nicht im Anschluß an den Posten „Jahresüberschuß/Jahresfehlbetrag" ausweisen. Eine freiwillige Darstellung nach dem in § 158 Abs. 1 AktG enthaltenen Schema kann sich jedoch empfehlen, weil andernfalls die Überleitung vom Jahresergebnis laut GuV-Rechnung zu dem in der Bilanz unter dem Eigenkapital ausgewiesenen Bilanzgewinn aus einem Vergleich der Stände der Rücklagen am Bilanzstichtag und im Vorjahr rekonstruiert werden muß.

Zur Darstellung des Steueraufwands im Jahresabschluß bei Abweichen des Gewinnverwendungsbeschlusses von dem bei Aufstellung des Jahresabschlusses zugrunde gelegten Gewinnverwendungsvorschlag vgl. § 10 Rz. 150.

VI. Anhang

Der Anhang ist neben Bilanz und GuV-Rechnung gleichwertiger Bestandteil des Jahresabschlusses. Im Anhang sind Angaben zu den angewandten Bilanzierungs- und Bewertungsmethoden einschl. Abweichungen gegenüber dem Vorjahr, zu einzelnen Posten der Bilanz und GuV-Rechnung und zu Sachverhalten, die sich nicht aus Bilanz und GuV-Rechnung ergeben, zu machen. Außerdem sind im Anhang zusätzliche Angaben zu machen, wenn besondere Umstände dazu führen, daß der Jahresabschluß unter Beachtung der GoB kein den tatsächlichen Verhältnissen entsprechendes Bild der Vermögens-, Finanz- und Ertragslage der Gesellschaft vermittelt.[129]

Eine bestimmte **Gliederung** des Anhangs ist nicht vorgeschrieben. Bei der Gestaltung des Anhangs muß aber der Grundsatz der Klarheit und Übersichtlichkeit beachtet werden.[130] Folgender Aufbau kann als Leitlinie gelten:
A. Bilanzierungs- und Bewertungsmethoden
B. Angaben zu Posten der Bilanz
C. Angaben zu Posten der Gewinn- und Verlustrechnung
D. Sonstige Angaben

Die Angaben zu Posten der Bilanz und GuV-Rechnung sollten in der Reihenfolge der Posten in Bilanz und GuV-Rechnung gemacht werden. Dabei kann es zweckmäßig sein, die Angaben im Anhang nummernmäßig mit den Posten in Bilanz und GuV-Rechnung zu verknüpfen. Dies gilt insb., wenn vom Wahlrecht der Zusammenfassung von Posten in Bilanz und GuV-

---

[129] § 264 Abs. 2 HGB; vgl. dazu BeckBil-Komm./*Budde/Karig* § 264 Anm. 48 ff.; *Baumbach/Hueck/Schulze-Osterloh* § 42 Anm. 33; tabellarische Übersichten über sämtliche Angabepflichten finden sich ua. in WPH I 1996 F Anm. 442; ADS § 284 Anm. 43 ff.; BeckBil-Komm./*Ellrott* § 284 Anm. 40, 56 f. und in HdJ/*Kupsch* Abt. IV/4 S. 20 f.

[130] BeckBil-Komm./*Ellrott* § 284 Anm. 9; ADS § 284 Anm. 26 f.

Rechnung und Aufgliederung im Anhang nach § 265 Abs. 7 Nr. 2 HGB (dazu Rz. 65) Gebrauch gemacht wird. Der Anlagespiegel nach § 268 Abs. 2 HGB kann an das Ende des Anhangs verlegt werden.

85 Die **Aufgliederung der Umsatzerlöse** nach § 285 Nr. 4 HGB kann unterbleiben, soweit sie nach vernünftiger kaufmännischer Beurteilung geeignet ist, der GmbH oder einem Unternehmen, von dem die GmbH mindestens 20% der Anteile besitzt, einen erheblichen Nachteil zuzufügen (§ 286 Abs. 2 HGB).[131] Die **Angaben über Beteiligungsgesellschaften** nach § 285 Nr. 11 HGB (Name, Sitz, Höhe des Anteils am Kapital, Eigenkapital und Ergebnis des letzten Geschäftsjahrs, für das ein Jahresabschluß vorliegt) können nach § 268 Abs. 3 Satz 1 HGB unterbleiben, soweit sie für die Darstellung der Vermögens-, Finanz- und Ertragslage der GmbH von untergeordneter Bedeutung sind (Nr. 1) oder nach vernünftiger kaufmännischer Beurteilung geeignet sind, der GmbH oder dem anderen Unternehmen einen erheblichen Nachteil zuzufügen (Nr. 2).[132] Die Anwendung der Ausnahmeregelung nach Nr. 2 ist nach § 286 Abs. 3 Satz 3 HGB im Anhang anzugeben. Die Angabe des Eigenkapitals und des Jahresergebnisses kann nach § 268 Abs. 3 Satz 2 HGB für Beteiligungsgesellschaften unterbleiben, die ihren Jahresabschluß nicht offenlegen müssen und an denen die GmbH mit weniger als 50% beteiligt ist. Danach sind die kleinen Kapitalgesellschaften und alle Personengesellschaften, die nicht unter das PublG fallen, von der Offenlegung ihres Eigenkapitals und ihres Ergebnisses im Anhang einer Gesellschafter-Kapitalgesellschaft befreit, wenn die Beteiligung der berichtenden Kapitalgesellschaft unter 50% liegt.[133] Die Angaben zu den **Organbezügen** iSd. § 285 Nr. 9 Buchst. a und b HGB können unterbleiben, wenn sich anhand dieser Angaben die Bezüge eines Mitglieds dieser Organe feststellen lassen (§ 286 Abs. 4 HGB).[134] Kleine GmbH sind von der Pflicht zur Angabe der Organbezüge generell befreit (§ 288 Satz 1 HGB).

86 Ein **Verstoß** gegen die in § 334 Abs. 1 Nr. 1 HGB aufgeführten Vorschriften zum Anhang stellt bei Vorsatz eine Ordnungswidrigkeit dar, die nach § 334 Abs. 3 HGB mit einer Geldbuße bis zu DM 50 000 geahndet werden kann. Werden die Verhältnisse der GmbH im Anhang unrichtig wiedergegeben oder verschleiert, kann ein Vergehen nach § 331 Nr. 1 HGB vorliegen.

87–89 *(frei)*

---

[131] BeckBil-Komm./*Ellrott* § 286 Anm. 5f.; *ADS* § 286 Anm. 18 ff.
[132] BeckBil-Komm./*Ellrott* § 286 Anm. 7 f.; *ADS* § 286 Anm. 31 ff.
[133] BeckBil-Komm./*Ellrott* § 286 Anm. 10; *ADS* § 286 Anm. 46 ff.
[134] Nach einem Schreiben des BMJ vom 6. 3. 1995 (DB 1995, 639) genügt hierfür, daß die Größenordnung der Bezüge eines Mitglieds geschätzt werden kann. Dies soll nur dann nicht der Fall sein, wenn zwischen den einzelnen Organmitgliedern Unterschiede von solchem Gewicht bestehen (zB aufgrund von Dienstzeit oder Funktion), daß die einzelnen Bezüge wesentlich von dem durch Rechenvorgang gefundenen Durchschnittsbetrag abweichen; ebenso OLG Düsseldorf v. 26. 6. 1997, DB 1997, 1609; ähnlich BeckBil-Komm./*Ellrott* § 286 Anm. 17ff.; für Beschränkung der Vorschrift auf Fälle, in denen sich die Angaben nur auf eine Person beziehen WPH I 1996 F Anm. 599; *ADS* § 286 Anm. 54; LG Köln v. 18. 12. 1996, DB 1997, 320.

E. Lagebericht

Der nach § 264 Abs. 1 HGB von großen und mittelgroßen GmbH aufzustellende Lagebericht hat die **Funktion,** die abschlußpostenbezogene Rechenschaftslegung in Bilanz, GuV-Rechnung und Anhang durch eine Darstellung der Gesamtlage des Unternehmens zu ergänzen. Die Adressaten sollen diejenigen Informationen erhalten, die zu einer wirtschaftlichen Gesamtbeurteilung des Unternehmens erforderlich sind, von der Rechnungslegung im Jahresabschluß aber nicht erbracht werden können.[135] Die Berichterstattung hat dabei in stärkerem Maße als der Jahresabschluß zukunftsorientierte Sachverhalte zu berücksichtigen.[136]

Der Lagebericht ist von den Geschäftsführern in derselben **Frist** aufzustellen wie der Jahresabschluß (dazu Rz. 55 f.). Bei mittelgroßen und großen GmbH unterliegt auch der Lagebericht der **Pflichtprüfung** (§ 316 Abs. 1 Satz 1 HGB). Er ist den Gesellschaftern nach § 42 a Abs. 1 Satz 1 GmbHG **vorzulegen,** braucht jedoch nicht festgestellt zu werden. Eine Unterzeichnung des Lageberichts mit Datumsangabe ist zwar zweckmäßig, um den Zeitpunkt der Beendigung der Aufstellung festzuhalten; eine gesetzliche Pflicht dazu besteht aber nicht.[137]

Ist die GmbH Tochterunternehmen eines nach § 290 HGB zur Aufstellung eines Konzernabschlusses verpflichteten Mutterunternehmens, so kann unter den in § 264 Abs. 3 HGB nF genannten Voraussetzungen von der Aufstellung eines Lageberichts abgesehen werden (vgl. Rz. 50).

Im Falle der Liquidation trifft die Verpflichtung zur Aufstellung des Lageberichts nach § 71 Abs. 1 GmbHG die Liquidatoren der GmbH.

Aus den Angaben zum **„Geschäftsverlauf"** und zur **„Lage"** nach § 289 Abs. 1 HGB muß hervorgehen, wie sich die wirtschaftlichen Verhältnisse der GmbH im Geschäftsjahr entwickelt haben und am Abschlußstichtag darstellen und welche Ursachen dafür maßgebend waren. Dazu können insb. Angaben zu machen sein über:[138]

- die gesamtwirtschaftlichen und branchentypischen *Rahmenbedingungen* während des Berichtsjahrs,
- wesentliche *funktionsübergreifende Veränderungen* im Unternehmen, zB schwere Verluste, Einrichtung oder Aufgabe von Geschäftsbereichen, wichtige Entwicklungen im Beteiligungsbesitz und bei Beteiligungsunternehmen sowie Veränderungen in der Organisation,
- wichtige Entwicklungen im *Absatzbereich* ergänzend zur Aufgliederung der Umsatzerlöse im Anhang (Absatzmengen und -preise, Auftragseingänge und -bestand, Marktanteile),

---

[135] BeckBil-Komm./*Ellrott* § 289 Anm. 3; *ADS* § 289 Anm. 19 ff.
[136] *Dörner/Schwegler* DB 1997, 285.
[137] *ADS* § 245 Anm. 3; BeckBil-Komm./*Budde/Karig* § 264 Anm. 16; *Küting/Weber* § 245 Anm. 7.
[138] HdJ/*Reittinger* Abt IV/3 Anm. 37 ff.; *ADS* § 289 Anm. 66 ff.; *Küting/Weber* § 289 Anm. 30 ff.; *Kropff* BFuP 1980, 523 ff.; IDW Rechnungslegungsstandard: Aufstellung des Lageberichts (IDW RS HFA 1), WPg 1998, 653 ff.

- wichtige Entwicklungen im *Beschaffungsbereich* (etwa Rohstoff- und Energiekosten, Versorgungslage, Vorratspolitik),
- den *Produktionsbereich* namentlich wesentliche Änderungen des Produktionsprogramms und der Produktionsanlagen (Investitionen, Kapizitätsauslastung),
- die *Finanzierung*, wie durchgeführte oder anstehende Kapitalveränderungen, Schulden- und Kreditpolitik, Entwicklung der Zinsbelastung,
- den *Personalbereich* ergänzend zur Angabe der Arbeitnehmerzahl nach Gruppen im Anhang (Veränderung der Entlohnung und der Arbeitszeit, Tarifverträge, Mitbestimmung, Rationalisierung der Arbeit, Aus- und Fortbildung, Mitarbeiterbeiligung).

Die Darstellung der Lage kann durch die Verwendung von Kennzahlen zB zur Vermögens- oder Kapitalstruktur mit Branchen- oder Zeitvergleich und durch die Aufnahme einer Kapitalflußrechnung[139] unterstützt werden.[140]

93 Für Geschäftsjahre, die nach dem 31. 12. 1998 beginnen, ist im Lagebericht ferner auf **Risiken der künftigen Entwicklung** einzugehen (§ 289 Abs. 1 Hs. 2 HGB idF des KonTraG). Zu berichten ist insb. über solche Risiken, die den Fortbestand des Unternehmens gefährden oder sich in wesentlichem Umfang nachteilig auf die künftige Vermögens- Finanz- oder Ertragslage des Unternehmens auswirken können. Für die Prognose ist der überschaubare Zeitraum von idR einem Jahr nach dem Abschlußstichtag des Geschäftsjahrs zugrunde zu legen.[141]

94 Nach § 289 Abs. 2 HGB „soll" der Lagebericht auch auf vier weitere Tatbestände (vgl. Rz. 95 ff.) eingehen. Diese Vorschrift ist so zu verstehen, daß auf die einzelnen Punkte nur dann nicht eingegangen werden muß, wenn dadurch keine wichtigen Informationen für die Berichtsleser verloren gehen.[142] Fehlanzeigen sind nicht erforderlich.

95 Die **Vorgänge von besonderer Bedeutung, die nach dem Schluß des Geschäftsjahrs eingetreten sind** (§ 289 Abs. 2 Nr. 1 HGB), können sämtliche Sachverhalte betreffen, die für die Darstellung des Geschäftsverlaufs und der Lage der GmbH nach § 289 Abs. 1 HGB in Frage kommen. Ein Vorgang ist dann von besonderer Bedeutung, wenn er geeignet ist, das vom Jahresabschluß und vom Lagebericht im übrigen gezeichnete Bild von der Lage der Gesellschaft erheblich zu beeinflussen.[143] Der Zeitraum, über den zu berichten ist, reicht bis zur Feststellung des Jahresabschlusses durch die Gesellschafter oder ein anderes dazu bestimmtes Organ. Tritt der Vorgang, über den zu berichten ist, nach Beendigung der Prüfung des Jahresabschlusses und des Lageberichts durch den Abschlußprüfer ein, muß der Lagebericht geändert und eine Nachtragsprüfung (dazu Rz. 178 f.) durchgeführt werden.

96 Nach § 289 Abs. 2 Nr. 2 HGB soll der Lagebericht auch auf die **voraussichtliche Entwicklung der Gesellschaft** eingehen. Inhalt und Umfang des

---

[139] IDW-HFA 1/1995, WPg 1995, 210.
[140] IDW RS HFA 1 Tz. 26 f., WPg 1998, 653, 656.
[141] IDW RS HFA 1 Tz. 30 ff., WPg 1998, 653, 657 f.
[142] WPH I 1996 F Anm. 80; *ADS* § 289 Anm. 94 ff.; BeckBil-Komm./*Ellrott* § 289 Anm. 26; IDW RS HFA 1 Tz. 37, WPg 1998, 653, 658.
[143] BeckBil-Komm./*Ellrott* § 289 Anm. 31; *ADS* § 289 Anm. 101; WPH I 1996 F Anm. 682.

E. Lagebericht 97–99 § 9

Prognoseberichts können sich in engen Grenzen halten. Es genügt, wenn die voraussichtliche Entwicklung der wichtigsten Eckdaten des Unternehmens, wie Beschäftigung, Investitionen, Belegschaft, Umsatz und Ertrag, aufgezeigt wird. Auch reichen kurze verbale Aussagen (Tendenzaussagen) regelmäßig aus. Als Prognosezeitraum werden überwiegend zwei Jahre nach dem Abschlußstichtag als sinnvoll angesehen.[144]

Die Verpflichtung, über den Bereich **Forschung und Entwicklung** zu berichten (§ 289 Abs. 2 Nr. 3 HGB), trifft GmbH, die selbst forschen und entwickeln oder durch Dritte für sich forschen oder entwickeln lassen. Sofern Forschung und Entwicklung unterlassen werden, obwohl solche Tätigkeiten zu erwarten wären, ist auch darüber zu berichten.[145] Bei der Darstellung des Bereichs Forschung und Entwicklung ist insb. auf den Forschungs- und Entwicklungsaufwand einzugehen, wobei betragsmäßige Angaben nicht verlangt sind. In Fällen, in denen das Jahresergebnis durch nicht aktivierungsfähigen Forschungs- und Entwicklungsaufwand erheblich gemindert ist, kann es sich jedoch anbieten, hier in der Berichterstattung konkreter zu werden. Einzelheiten über Forschungs- und Entwicklungsprojekte, deren Bekanntgabe dem Unternehmen schaden könnte, brauchen nicht genannt zu werden.[146] 97

Die Berichterstattung über bestehende **Zweigniederlassungen** der Gesellschaft beschränkt sich darauf, daß die inländischen wie ausländischen Zweigniederlassungen (rechtlich unselbständige, räumlich und organisatorisch getrennte Teile der Gesellschaft) unter Angabe des Orts, ggf. abweichende Firmierungen und wesentliche Veränderungen gegenüber dem Vorjahr (zB Aufhebung, Errichtung) angegeben werden.[147] 98

Die Berichterstattung im Lagebericht muß **vollständig** sein, dh. im Lagebericht muß über alles berichtet werden, was für die Gesamtbeurteilung der GmbH erforderlich ist, aber aus dem Jahresabschluß nicht oder nicht ausreichend hervorgeht.[148] Die Entscheidung, über welche Sachverhalte berichtet werden muß, ist danach zu treffen, ob die Adressaten ein berechtigtes Interesse an der Information haben.[149] § 289 HGB stellt nur Mindestanforderungen an den Lagebericht. Soweit dadurch die Übersichtlichkeit nicht leidet und von den Pflichtangaben nicht abgelenkt wird, kann die Berichterstattung erweitert werden.[150] Der Lagebericht muß **wahr** sein. Vergangenheits- und Gegenwartsangaben müssen mit der Realität übereinstimmen. Prognosen müssen plausibel und vertretbar sein.[151] Bei den Aussagen über Ursache-Wirkungsbeziehungen muß erkennbar sein, für welche Ursachen die Geschäftsführung 99

---

[144] Vgl. BeckBil-Komm./*Ellrott* § 289 Anm. 35; *ADS* § 289 Anm. 111; IDW RS HFA 1 Tz. 44, WPg 1998, 653, 658 f.
[145] BeckBil-Komm./*Ellrott* § 289 Anm. 40; *ADS* § 289 Anm. 112; HFA-IDW, Entwurf, aaO.
[146] HdJ/*Reittinger* Abt IV/3 Anm. 56.
[147] IDW RS HFA 1 Tz. 49, WPg 1998, 653, 659.
[148] HdJ/*Reittinger* Abt IV/4 Anm. 9; BeckBil-Komm./*Ellrott* § 289 Anm. 7; *ADS* § 289 Anm. 40; IDW RS HFA 1 Tz. 7, WPg 1998, 653, 654.
[149] HdJ/*Reittinger* Abt IV/4 Anm. 9; IDW RS HFA 1 Tz. 9, aaO.
[150] BeckBil-Komm./*Ellrott* § 289 Anm. 47.
[151] HdJ/*Reittinger* Abt. IV/3 Anm. 12, 50 ff.; IDW RS HFA 1 Tz. 14 ff., WPg 1998, 653, 655.

verantwortlich ist.[152] Zur Berichterstattung bei kritischer Lage der GmbH vgl. § 15 Rz. 101. Zu beachten ist weiterhin der Grundsatz der **Klarheit** und **Verständlichkeit**, der vor allem eine präzise Ausdrucksweise erfordert.[153] Dazu gehört auch, daß der Lagebericht übersichtlich gestaltet wird.[154]

100 Die Geschäftsführer oder Mitglieder eines Aufsichtsrats können nach § 331 Nr. 1 HGB mit Freiheits- oder Geldstrafe bestraft werden, wenn sie die Verhältnisse der GmbH im Lagebericht **unrichtig wiedergeben oder verschleiern**. Ein vorsätzlicher **Verstoß gegen** eine Vorschrift des **§ 289 Abs. 1** (nicht auch Abs. 2) HGB über den Inhalt des Lageberichts stellt nach § 334 Abs. 1 Nr. 3 HGB eine Ordnungswidrigkeit dar, die mit Bußgeld bis zu DM 50 000 geahndet werden kann. Zur Frage der Nichtigkeit des Jahresabschlusses bei Fehlen des Lageberichts vgl. Rz. 208.

101–109 *(frei)*

F. Konzernrechnungslegung

I. Inhalt und Aufgaben

110 Die **Konzernrechnungslegung** umfaßt den Konzernabschluß, bestehend aus Konzernbilanz, Konzern-GuV-Rechnung und Konzernanhang, sowie den Konzernlagebericht (§§ 290 Abs. 1, 2, 297 Abs. 1 HGB).

111 Der **Konzernabschluß** ist der Abschluß der wirtschaftlichen Einheit Konzern, zu der das Mutterunternehmen mit seinen Tochterunternehmen zusammengefaßt ist. Er wird im allgemeinen nicht aus einer eigens dafür eingerichteten Konzernbuchführung entwickelt, sondern ergibt sich aus einer Zusammenfassung der Einzelabschlüsse der einbezogenen Unternehmen (§ 300 Abs. 1 Satz 1 HGB).[155] Hierbei werden die einzelnen Bilanz- und GuV-Posten der Einzelabschlüsse nicht einfach addiert, sondern es findet eine Konsolidierung statt, bei der die innerkonzernlichen Schuld- und Beteiligungsverhältnisse und die Ergebnisse aus dem innerkonzernlichen Geschäftsverkehr eliminiert werden.

112 Aufgabe des Konzernabschlusses ist es, unter Beachtung der GoB ein den tatsächlichen Verhältnissen entsprechendes Bild der Vermögens-, Finanz- und Ertragslage des Konzerns zu vermitteln (§ 297 Abs. 2 Satz 2 HGB). Ihm kommt damit eine wichtige **Informationsfunktion** zu. Denn die wirtschaftliche Lage der einzelnen Konzernunternehmen kann wegen der vielfältigen Verknüpfungen zwischen den Konzernunternehmen nicht unabhängig von der wirtschaftlichen Lage des Konzerns beurteilt werden. Außerdem bietet der Konzernabschluß durch die Eliminierung der konzerninternen Beziehungen einen besseren Einblick in die wirtschaftliche Situation des Konzerns. Eine Verfälschung des Bildes durch Verlagerung von Vermögen, Liquidität

---

[152] Vgl. ebenda Anm. 14.
[153] Vgl. ebenda Anm. 18.
[154] BeckBil-Komm./*Ellrott* § 289 Anm. 9; IDW RS HFA 1 Tz. 14 ff., WPg 1998, 653, 655.
[155] *ADS* § 300 Anm. 3.

oder Erfolg innerhalb des Konzerns unter Ausnutzung unterschiedlicher Abschlußstichtage oder Publizitätspflichten wird dadurch vermieden. Die im Konzernabschluß enthaltenen Informationen sind regelmäßig insb. für Entscheidungen der Gesellschafter des Mutterunternehmens etwa über die Gewinnverwendung und für Kreditvergabeentscheidungen der Banken von Bedeutung. Daher müssen sich die Kreditinstitute bei Kreditgewährungen an Konzernunternehmen nach § 18 KWG grundsätzlich neben dem Jahresabschluß der kreditnehmenden Konzerngesellschaft auch den Konzernabschluß vorlegen lassen.[156]

Da der Konzern als lediglich wirtschaftliche Einheit keine eigene Rechtspersönlichkeit besitzt, kann der Konzernabschluß nicht als Grundlage für Gewinnansprüche von Gesellschaftern oder für Steueransprüche des Fiskus herangezogen werden. Der Konzernabschluß bedarf auch **nicht** der **Feststellung** durch die Gesellschafterversammlung, wie sie für den Einzelabschluß vorgesehen ist. Vielmehr genügt die Vorlage an den Aufsichtsrat, soweit vorhanden, und an die Gesellschafterversammlung (§ 42a Abs. 1, 4 GmbHG).

II. Aufstellungspflicht

Die Geschäftsführer einer GmbH mit Sitz im Inland haben nach § 290 Abs. 1, 2 HGB in den ersten fünf Monaten des Konzerngeschäftsjahrs für das vorangegangene Konzerngeschäftsjahr einen Konzernabschluß und einen Konzernlagebericht aufzustellen, wenn
– die GmbH als Mutterunternehmen die einheitliche Leitung über ein oder mehrere andere Unternehmen (Tochterunternehmen) ausübt, an denen ihr eine Beteiligung iSd. § 271 Abs. 1 HGB gehört **(Konzept der „einheitlichen Leitung")** oder
– der GmbH unabhängig von einer tatsächlich ausgeübten einheitlichen Leitung bestimmte Mehrheits- oder Beherrschungsrechte an dem oder den Tochterunternehmen zustehen **(„Control"-Konzept)**.[157]

In beiden Fällen kommt es nicht darauf an, welche Rechtsform das Tochterunternehmen hat und ob sein Sitz im Inland liegt.[158] Maßgebender Zeitpunkt für das Vorliegen der Voraussetzungen ist der Konzernbilanzstichtag (§ 299 Abs. 1 HGB).[159]

Die **einheitliche Leitung** muß tatsächlich ausgeübt werden; die bloße Möglichkeit einer Ausübung genügt nicht.[160] Eine einheitliche Leitung liegt vor, wenn das Mutterunternehmen in wesentlichen Entscheidungsbereichen der unternehmerischen Tätigkeit Leitungsaufgaben wahrnimmt, indem es zB Unternehmensziele festlegt, Grundzüge der Finanz-, Investitions-, Markt- oder

---

[156] Vgl. BAK v. 10. 3. 1981 in *Consbruch/Möller/Bähre/Schneider* Kreditwesengesetz, Nr. 4.180.
[157] Zu den größenabhängigen Befreiungen von der Pflicht zur Konzernrechnungslegung vgl. Rz. 121.
[158] BeckBil-Komm./*Schnicke/Kilger* § 290 Anm. 1, 3; *ADS* § 290 Anm. 17, 23.
[159] BeckBil-Komm./*Schnicke/Kilger* § 290 Anm. 7.
[160] WPH I 1996 R Anm. 161; BeckBil-Komm./*Schnicke/Kilger* § 290 Anm. 21.

Personalpolitik bestimmt oder sonst Entscheidungen über geschäftliche Maßnahmen von besonderer Bedeutung trifft.[161] Die Tochterunternehmen müssen ihre Einzelinteressen einem vorgegebenen Konzerninteresse unterordnen.[162] Eine einheitliche Leitung gilt entsprechend § 18 Abs. 1 Satz 2 AktG stets als ausgeübt, wenn zwischen der GmbH und dem Tochterunternehmen ein Beherrschungsvertrag (§ 291 AktG) besteht. In diesem Falle greift gleichzeitig die Konzernrechnungslegungspflicht nach § 290 Abs. 2 Nr. 3 HGB ein. Darüber hinaus wird eine einheitliche Leitung widerleglich vermutet, wenn die GmbH mit Mehrheit an dem Tochterunternehmen beteiligt ist (§ 18 Abs. 1 Satz 3 iVm. § 17 Abs. 2 AktG).[163] Auch hier werden regelmäßig zugleich die Voraussetzungen des § 290 Abs. 2 HGB erfüllt sein. Eine einheitliche Leitung kann aber auch ohne Mehrheit der Stimmrechte und ohne Beherrschung ausgeübt werden, zB durch gemeinsame Beratungen, personelle Verflechtungen zwischen den Organen, Zustimmungsrechte uä. Es reicht aus, daß die Konzernunternehmen ihre Geschäftspolitik auf die Konzernvorgaben abstimmen.[164]

116 Neben der einheitlichen Leitung setzt die Konzernrechnungslegungspflicht nach § 290 Abs. 1 HGB voraus, daß der GmbH eine **Beteiligung** iSd. § 271 Abs. 1 HGB an dem Tochterunternehmen gehört. Beteiligungen sind Anteile an anderen Unternehmen, die bestimmt sind, dem eigenen Geschäftsbetrieb durch Herstellung einer dauernden Verbindung zu jenen Unternehmen zu dienen. Für Anteile an Kapitalgesellschaften wird eine Beteiligung widerleglich vermutet, wenn der Anteilsbesitz 20% des Nennkapitals der Tochtergesellschaft überschreitet (§ 271 Abs. 1 Satz 3 HGB). Aber auch bei einer Beteiligungsquote von unter oder gleich 20% ist im Falle der Ausübung einer einheitlichen Leitung regelmäßig ein Beteiligungsverhältnis anzunehmen.[165] Bei Anteilen an einer Personengesellschaft besteht das Beteiligungsverhältnis unabhängig von der Beteiligungsquote, selbst wenn es an einer Kapitaleinlage vollkommen fehlt.[166] Umstritten ist, ob die Komplementär-GmbH einer **GmbH & Co. KG**, die ausschließlich die Geschäfte der KG führt und keinen eigenen Geschäftsbetrieb unterhält, als Mutterunternehmen einen Konzernabschluß und einen Konzernlagebericht aufzustellen hat.[167] Die Frage ist nur

---

[161] Vgl. näher *Küting/Weber*-Konzern § 290 Anm. 20 ff.; WPH I 1996 R Anm. 163 f.
[162] BeckBil-Komm./*Schnicke/Kilgert* § 290 Anm. 21; WPH I 1996 R Anm. 163 f.
[163] Zur Anwendbarkeit der Vermutungen des § 18 AktG vgl. *ADS* § 290 Anm. 15; BeckBil-Komm./*Schnicke/Kilger* § 290 Anm. 23; WPH I 1996 R Anm. 16; IDW-SABI I/1988 Abschn. I 2, WPg 1988, 340 ff.
[164] WPH I 1996 R Anm. 166 ff.; *Küting/Weber*-Konzern § 290 Anm. 18, 24 ff.
[165] *ADS* § 290 Anm. 25.
[166] *ADS* § 290 Anm. 24.
[167] Dafür: *ADS* § 290 Anm. 116 ff. (Konzernrechnungslegungspflicht auch nach § 290 Abs. 2 Nr. 2 HGB); BeckBil-Komm./*Schnicke/Kilgert* § 290 Anm. 63; dagegen: *Küting/Weber*-Konzern § 290 Anm. 11, 89 (wegen Einheitlichkeit des Unternehmens der GmbH & Co. KG und fehlender Unternehmenseigenschaft der Komplementär-GmbH); *Lutter/Hommelhoff* Vor § 41 Anm. 25 (unter Hinweis auf den Willen des Gesetzgebers, der die Kapitalgesellschaft & Co. ausdrücklich nicht in die Rechnungslegung für Kapitalgesellschaften einbezogen habe); *Burbach* WPg 1990, 253 ff.; wohl auch WPH I 1996 M Anm. 24 ff.

F. Konzernrechnungslegung

dann von Bedeutung, wenn die GmbH & Co. KG, ggf. unter Einbeziehung weiterer Tochterunternehmen, die Größenmerkmale des § 293 HGB überschreitet (vgl. dazu Rz. 121).

Die Beteiligung muß der GmbH **gehören**, dh. ihr unbeschadet der rechtlichen Eigentumsverhältnisse wirtschaftlich zuzurechnen sein. Eine mittelbare Beteiligung über ein abhängiges Unternehmen reicht aus (§ 290 Abs. 1 iVm. § 271 Abs. 1 Satz 4 HGB, § 16 Abs. 4 AktG).[168]

Nach dem „**Control**"-**Konzept** (§ 290 Abs. 2 HGB) ist die GmbH zur Konzernrechnungslegung verpflichtet, wenn ihr bei einem Unternehmen eine der folgenden Rechtspositionen zusteht:
- die Mehrheit der Stimmrechte der Gesellschafter (Nr. 1)[169] oder
- das Recht, die Mehrheit der Mitglieder des Verwaltungs-, Leitungs- oder Aufsichtsorgans zu bestellen oder abzuberufen, und sie gleichzeitig Gesellschafter ist (Nr. 2) oder
- das Recht, einen beherrschenden Einfluß aufgrund eines mit diesem Unternehmen geschlossenen Beherrschungsvertrags oder aufgrund einer Satzungsbestimmung dieses Unternehmens auszuüben (Nr. 3).

Ob von den Rechten tatsächlich Gebrauch gemacht wird, ist unerheblich.[170] Als Rechte, die der GmbH zustehen, gelten nach § 290 Abs. 3 HGB auch Rechte, die Tochterunternehmen der GmbH zustehen oder Personen, die für Rechnung der GmbH oder eines Tochterunternehmens handeln.[171] Darüber hinaus sind der GmbH auch solche Rechte zuzurechnen, über die sie selbst oder ein Tochterunternehmen aufgrund einer Vereinbarung mit anderen Gesellschaftern dieses Unternehmens (zB Stimmbindungsvertrag) verfügen kann. Andererseits sind Rechte aus Anteilen, die für Rechnung Dritter oder als Sicherheit gehalten werden, abzuziehen (vgl. im einzelnen § 290 Abs. 3 Satz 3 HGB).

Das Konzept der „einheitlichen Leitung" und das „Control"-Konzept führen regelmäßig zum gleichen Ergebnis. Nur in Randbereichen kann es zur Konsolidierungspflicht allein nach § 290 Abs. 1 oder Abs. 2 HGB kommen, zB wenn trotz Mehrheitsbeteiligung die einheitliche Leitung tatsächlich nicht ausgeübt wird oder wenn ohne die in § 290 Abs. 2 HGB genannten Rechte eine einheitliche Leitung tatsächlich besteht.[172]

---

[168] Vgl. auch BeckBil-Komm./*Schnicke/Kilger* § 290 Anm. 15; WPH I 1996 M Anm. 30.

[169] Die einfache Stimmrechtsmehrheit genügt für § 290 Abs. 2 Nr. 1 HGB auch dann, wenn Gesellschaftsvertrag oder Satzung des Tochterunternehmens für alle wesentlichen Entscheidungen eine höhere Mehrheit oder Einstimmigkeit vorsehen; es besteht dann jedoch keine Einbeziehungspflicht wegen § 296 Abs. 1 Nr. 1 HGB. Das gleiche gilt für Stimmbindungs- und Entherrschungsverträge, vgl. *ADS* § 290 Anm. 36, 38; BeckBil-Komm./*Schnicke/Kilgert* § 290 Anm. 45 ff.; WPH I 1996 M Anm. 39.

[170] WPH I 1996 M Anm. 33; *ADS* § 290 Anm. 29; BeckBil-Komm./*Schnicke/Kilgert* § 290 Anm. 35.

[171] Zur Zurechnung von Stimmrechten bei Leasing-Objektgesellschaften in der Rechtsform der OHG oder KG, wenn der Leasingnehmer als Gesellschafter allein am Ergebnis und Vermögen der Gesellschaft beteiligt, aber von der Geschäftsführung ausgeschlossen ist und dem anderen Gesellschafter (Kreditinstitut, Leasinggesellschaft) die Mehrheit der Stimmrechte zusteht, vgl. *ADS* § 290 Anm. 139.

[172] Vgl. WPH I 1996 M Anm. 62.

Langseder

119 Keine Pflicht zur Aufstellung eines Konzernabschlusses und Konzernlageberichts besteht bei **Gemeinschaftsunternehmen** (zB Joint Ventures), die von mehreren Mutterunternehmen gemeinsam geführt werden (§ 310 Abs. 1 HGB), wenn keinem der Mutterunternehmen Mehrheitsrechte iSv. § 290 Abs. 2 HGB zustehen und nicht ausnahmsweise eine gemeinschaftliche einheitliche Leitung ausgeübt wird.[173] Auch im klassischen Fall des **Gleichordnungskonzerns,** bei dem die einheitliche Leitung nicht von einem Konzernunternehmen ausgeübt wird, sondern zB durch personelle Verflechtung der gleichgeordneten Konzerngesellschaften, ist eine Konzernrechnungslegungspflicht nicht gegeben.[174]

120 Ist die GmbH Mutterunternehmen und zugleich Tochterunternehmen eines übergeordneten Mutterunternehmens (mehrstufiger Konzern), braucht sie einen (Teil-)Konzernabschluß und -lagebericht nicht aufzustellen, wenn das übergeordnete Mutterunternehmen einen **befreienden Konzernabschluß und Konzernlagebericht** offenlegt (§ 291 HGB). Das übergeordnete Mutterunternehmen muß nicht an der Konzernspitze oder in der Konzernhierarchie unmittelbar über dem zu befreienden Unternehmen stehen. Auch ist nicht erforderlich, daß das übergeordnete Mutterunternehmen seinen Sitz im Inland hat. Einen befreienden Konzernabschluß und Konzernlagebericht können auch übergeordnete Mutterunternehmen mit Sitz in einem EU- oder EWR-Staat oder unter den Voraussetzungen des § 292 HGB iVm. der hierzu ergangenen Verordnung[175] in einem außerhalb der EU oder des EWR liegenden Staat aufstellen. Um befreiende Wirkung zu haben, muß die GmbH mit ihren Tochterunternehmen in den Konzernabschluß und Konzernlagebericht des übergeordneten Mutterunternehmens einbezogen werden (§ 291 Abs. 2 Nr. 1 HGB).[176]

121 Die GmbH als Mutterunternehmen ist ferner von der Pflicht zur Konzernrechnungslegung **befreit,** wenn der Konzern bestimmte **Größenmerkmale** nicht überschreitet (§ 293 HGB). Größenkriterien sind die Bilanzsumme, die Umsatzerlöse und die durchschnittliche Arbeitnehmerzahl.[177] Diese Kriterien

---

[173] § 310 HGB regelt lediglich die Konsolidierung von Beteiligungen an Gemeinschaftsunternehmen, begründet jedoch keine originäre Verpflichtung zur Konzernrechnungslegung; vgl. WPH I 1996 M Anm. 69; *ADS* § 290 Anm. 90 ff.; BeckBilKomm./*Schnicke/Kilgert* § 290 Anm. 27.

[174] WPH I 1996 M Anm. 75ff.; *ADS* § 290 Anm. 85ff.

[175] Konzernabschlußbefreiungsverordnung vom 15. 11. 1991 (BGBl. I 1991, 2122), geändert durch Verordnung vom 9. 6. 1993 (BGBl. I 1993, 916), vom 28. 10. 1996 (BGBl. I 1996, 1862) und Art. 3 KapAEG.

[176] Zu den weiteren Voraussetzungen vgl. § 291 Abs. 2 Nrn. 2, 3 HGB. Gehören dem übergeordneten Mutterunternehmen, das einen befreienden Konzernabschluß und Konzernlagebericht aufstellen will, mindestens 90% der Anteile an der GmbH, bedarf die Befreiung zusätzlich der Zustimmung der anderen Gesellschafter (§ 291 Abs. 3 Satz 2 HGB). Bei geringerer Beteiligung des übergeordneten Mutterunternehmens können die anderen Gesellschafter spätestens sechs Monate vor Ablauf des Konzerngeschäftsjahrs die Aufstellung eines (Teil-)Konzernabschlusses und -lageberichts beantragen, sofern ihnen mindestens 20% der Anteile an der zu befreienden GmbH gehören (§ 291 Abs. 3 Satz 1 HGB). Eine Zustimmungspflicht besteht in diesem Falle nicht.

[177] Die im Rahmen der Umsetzung der EG-Mittelstandsrichtlinie angehobenen Schwellenwerte für die Bilanzsumme und die Umsatzerlöse dürfen rückwirkend auf

F. Konzernrechnungslegung   122, 123   § 9

können wahlweise auf die summierten Jahresabschlüsse des Mutter- und der Tochterunternehmen (Bruttomethode) oder auf den konsolidierten Abschluß (Nettomethode) angewendet werden. Das Wahlrecht kann von Jahr zu Jahr unterschiedlich ausgeübt werden.[178] Bei der Anwendung der Bruttomethode ist es zulässig, von den unveränderten Einzelabschlüssen der ggf. einzubeziehenden Tochterunternehmen auszugehen. Anpassungen an einheitliche Bilanzierungs- und Bewertungsgrundsätze (vgl. §§ 300, 308 HGB) sind nicht erforderlich.[179] Die Befreiung tritt ein, wenn an zwei aufeinanderfolgenden Abschlußstichtagen **zwei der drei** in der Übersicht angegebenen Grenzwerte nicht überschritten werden.[180] Die Befreiung entfällt erst mit zweimaligem aufeinanderfolgendem Überschreiten (§ 293 Abs. 4 HGB). Bei erstmaliger Konzernbildung genügt es, wenn die Größenmerkmale am ersten Abschlußstichtag nach der Konzernbildung erfüllt werden.[181]

	Bruttomethode	Nettomethode
Bilanzsumme	DM 63,72 Mio	DM 53,1 Mio
Umsatzerlöse	DM 127,44 Mio	DM 106,2 Mio
Arbeitnehmer	500	500

Der aufgestellte und geprüfte Konzernabschluß ist von den Geschäftsführern des Mutterunternehmens unter Angabe des Datums zu **unterzeichnen** (§ 298 Abs. 1 iVm. § 245 HGB). Die Unterzeichnung erfolgt regelmäßig unterhalb des Konzernanhangs. Wird der Konzernanhang mit dem Anhang des Jahresabschlusses des Mutterunternehmens zusammengefaßt (§ 298 Abs. 3 HGB), genügt eine einmalige Unterzeichnung.[182]

Unterlassen die Geschäftsführer einer Mutter-GmbH die fristgerechte Aufstellung eines Konzernabschlusses und Konzernlageberichts, so können sie nach § 335 Satz 1 Nr. 2 HGB vom Registergericht auf Antrag eines Gesellschafters, eines Gläubigers oder des Betriebsrats durch Festsetzung von Zwangsgeld dazu angehalten werden. Den Antrag können auch Gesellschafter und Gläubiger eines Tochterunternehmens sowie ein Konzernbetriebsrat stellen (§ 335 Satz 3 HGB).

Geschäftsjahre angewendet werden, die nach dem 31. 12. 1990 beginnen (Art. 5 Satz 2 des Gesetzes vom 25. 7. 1994, BGBl. I 1994, 1682).
[178] WPH I 1996 M Anm. 115.
[179] Vgl. AK *Schmalenbach* ZfbF Sonderheft 21 (1987), S. 27 f.
[180] Die im Rahmen der Umsetzung der EG-Mittelstandsrichtlinie angehobenen Schwellenwerte für die Bilanzsumme und die Umsatzerlöse dürfen rückwirkend auf Geschäftsjahre angewendet werden, die nach dem 31. 12. 1990 beginnen (Art. 5 S. 2 des Gesetzes vom 25. 7. 1994, BGBl. I 1994, 1682).
[181] *ADS* § 293 Anm. 40 f., allerdings mit der Möglichkeit der Berufung auf § 296 Abs. 1 Nr. 2 HGB (Wahlrecht der Nichteinbeziehung von Tochterunternehmen bei unverhältnismäßig langen Verzögerungen); weitergehend BeckBil-Komm./*Förschle*/*Kofahl* § 293 Anm. 33: am ersten Abschlußstichtag nach Konzernbildung stets Befreiung nach § 293 Abs. 4 HGB.
[182] *ADS* § 298 Anm. 61 f.; BeckBil-Komm./*Budde*/*Lust* § 298 Anm. 6.

III. Wesentliche Aufstellungsgrundsätze

1. Maßgebende Rechnungslegungsvorschriften

124 Der Konzernabschluß und Konzernlagebericht einer GmbH ist nach deutschen Rechnungslegungsvorschriften aufzustellen. Ein nach international anerkannten Rechnungslegungsgrundsätzen (zB IAS, US-GAAP) aufgestellter Konzernabschluß und Konzernlagebericht hat keine befreiende Wirkung.[183]

2. Einzubeziehende Unternehmen

125 In den Konzernabschluß sind grundsätzlich das Mutterunternehmen und alle Tochterunternehmen einzubeziehen, die einen Tatbestand des § 290 Abs. 1 oder 2 HGB erfüllen;[184] auf den Sitz der Tochterunternehmen kommt es nicht an (§ 294 Abs. 1 HGB). Es muß also ein sog. **Weltabschluß** aufgestellt werden. Unternehmen, die nicht nach § 290 HGB als Tochterunternehmen anzusehen sind, dürfen nicht in den Konzernabschluß einbezogen werden. Zur Behandlung von Gemeinschafts- und assoziierten Unternehmen vgl. Rz. 135 ff.

126 Ein **Einbeziehungsverbot** besteht nach § 295 HGB für Tochterunternehmen, deren Tätigkeit sich von der Tätigkeit der anderen einbezogenen Unternehmen derart unterscheidet, daß die Einbeziehung mit der Verpflichtung, ein den tatsächlichen Verhältnissen entsprechendes Bild der Vermögens-, Finanz- und Ertragslage des Konzerns zu vermitteln, unvereinbar ist. Diese Vorschrift ist eng auszulegen, zumal unterschiedliche Tätigkeiten nach § 295 Abs. 2 HGB nicht zum Einbeziehungsverbot führen.[185] Rechtlich selbständige Unterstützungskassen oder ähnliche Sozialgesellschaften sind ein denkbarer Anwendungsfall.[186] Für sie läßt sich aber nach § 296 Abs. 1 Nr. 1 auch ein Einbeziehungswahlrecht begründen.[187] Darf ein Tochterunternehmen danach nicht (nach der Methode der Vollkonsolidierung) einbezogen werden, muß geprüft werden, ob ein Einbezug als assoziiertes Unternehmen nach der Equity-Methode (dazu Rz. 137 ff.) zu erfolgen hat (§ 295 Abs. 1, 2. Halbsatz HGB). Die Anwendung des Einbeziehungsverbots ist nach § 295 Abs. 3 Satz 1 HGB im Konzernanhang anzugeben und zu begründen. Ein bloßer Hinweis auf die gesetzliche Vorschrift reicht als Begründung nicht aus.[188]

127 Ein **Einbeziehungswahlrecht** besteht nach § 296 HGB in folgenden Fällen:
(1) Die Ausübung der Rechte des Mutterunternehmens bezüglich Vermögen oder Geschäftsführung des Tochterunternehmens ist nachhaltig beeinträchtigt.[189]

---

[183] Eine Ausnahme gilt nur für börsennotierte Mutterunternehmen; vgl. § 292a HGB, eingefügt durch Art. 1 KapAEG. Die Regelung ist bis 31. 12. 2004 befristet; vgl. auch *Remme/Theile* GmbHR 1998, 909/12.
[184] Hierzu gehören auch mittelbare Tochterunternehmen.
[185] Vgl. nur *Niehus* DB 1988, 870.
[186] WPH I 1996 M Anm. 157; *Küting/Weber*-Konzern § 295 Anm. 14.
[187] Vgl. BeckBil-Komm./*Budde/Seif* § 296 Anm. 11.
[188] IDW-SABI 1/1988, WPg 1988, 342.
[189] Näher BeckBil-Komm./*Budde/Seif* § 296 Anm. 10 ff.; *ADS* § 296 Anm. 6 ff.

(2) Die zur Konsolidierung des Tochterunternehmens erforderlichen Angaben sind nicht ohne unverhältnismäßig hohe Kosten oder Verzögerungen zu erhalten.[190]
(3) Die Anteile am Tochterunternehmen werden ausschließlich zum Zweck der Weiterveräußerung gehalten.
(4) Das Tochterunternehmen ist für die Vermittlung eines den tatsächlichen Verhältnissen entsprechenden Bildes der Vermögens-, Finanz- und Ertragslage des Konzerns von untergeordneter Bedeutung. Entsprechen mehrere Tochterunternehmen dieser Voraussetzung, brauchen sie nur dann nicht einbezogen zu werden, wenn sie auch zusammen von untergeordneter Bedeutung sind.[191]

Der Verzicht auf die Einbeziehung eines Tochterunternehmens muß nach § 296 Abs. 3 HGB im Konzernanhang begründet werden.

3. Vollkonsolidierung

Nach § 297 Abs. 3 Satz 1 HGB ist die Vermögens-, Finanz- und Ertragslage der einbezogenen Unternehmen im Konzernabschluß so darzustellen, als ob diese Unternehmen insgesamt ein einziges Unternehmen wären (sog. **Einheitstheorie**). Die Posten der Einzelabschlüsse der einbezogenen Unternehmen werden deshalb unabhängig von der Beteiligungsquote des Mutterunternehmens in voller Höhe in den Konzernabschluß übernommen. Für Anteile an einbezogenen Unternehmen, die nicht dem Mutterunternehmen oder anderen konsolidierten Tochterunternehmen gehören, wird in der Konzernbilanz ein Ausgleichsposten für Anteile anderer Gesellschafter innerhalb des Eigenkapitals ausgewiesen (§ 307 Abs. 1 HGB).

Dem Grundgedanken der Einheitstheorie folgend sind die Vermögensgegenstände, Schulden, Rechnungsabgrenzungsposten, Bilanzierungshilfen und Sonderposten sowie die Erträge und Aufwendungen der einbezogenen Unternehmen im Konzernabschluß grundsätzlich nach einheitlichen Regeln anzusetzen und zu bewerten (§§ 300 Abs. 2 Satz 1, 308 Abs. 1 HGB).[192] Maßgebend sind **die Bilanzierungsvorschriften des Mutterunternehmens** (§§ 246–256, 265, 266, 268–274, 275, 277–283 HGB; vgl. § 298 Abs. 1 HGB). Soweit nach diesen Vorschriften Ansatz- oder Bewertungswahlrechte bestehen, können diese unabhängig von ihrer Ausübung in den Einzelabschlüssen im Konzernabschluß neu ausgeübt werden (§§ 300 Abs. 2 Satz 2, 308 Abs. 2 Satz 2 HGB). Bewertungswahlrechte sind dabei grundsätzlich einheitlich auszuüben. Für Ansatzwahlrechte besteht – wie auch im Einzelabschluß – keine Pflicht zur einheitlichen Ausübung.[193]

Da der Konzernabschluß in DM aufgestellt werden muß (§ 298 Abs. 1 iVm. § 244 HGB),[194] sind in **Fremdwährung** aufgestellte ausländische Ein-

---

[190] WPH I 1996 M Anm. 172 f. mwN; BeckBil-Komm./*Budde/Seif* § 296 Anm. 20 ff.; *ADS* § 296 Anm. 16 ff.
[191] Vgl. BeckBil-Komm./*Budde/Seif* § 296 Anm. 40 ff.; *ADS* § 296 Anm. 32.
[192] Zu Ausnahmen vgl. §§ 300 Abs. 2 Satz 3, 308 Abs. 2 Sätze 2 bis 4, Abs. 3 HGB.
[193] *ADS* § 300 Anm. 19.
[194] Nach Art. 4 §§ 1, 2 EuroEG kann der Konzernabschluß erstmals in dem nach dem 31. 12. 1998 endenden Geschäftsjahr in Euro aufgestellt werden, eine Aufstellung

zelabschlüsse vor der Konsolidierung in DM umzurechnen. Die Umrechnung kann zu Stichtagskursen (Stichtagskursmethode)[195] oder, je nach umzurechnendem Posten, mit differenzierten Kursen (Zeitbezugsmethode)[196] erfolgen.

131 Die Anpassung der Einzelabschlüsse an einheitliche Ansatz-, Bewertungs- und Gliederungsvorschriften für den Konzernabschluß und die Währungsumrechnung wird in Ergänzungsrechnungen vorgenommen, für die sich die Bezeichnung **„Handelsbilanz II"** eingebürgert hat.[197] Die Handelsbilanzen II werden regelmäßig von den Tochtergesellschaften unter Anwendung hierfür vom Mutterunternehmen herausgegebener Konzernabschlußrichtlinien erstellt. Daneben haben die Tochterunternehmen dem Mutterunternehmen die für die Erstellung des Konzernanhangs und -lageberichts sowie zur Konsolidierung notwendigen Informationen zu geben.

132 **Stichtag** für den Konzernabschluß kann der Stichtag des Mutterunternehmens oder der Stichtag der Jahresabschlüsse der bedeutendsten oder Mehrzahl der zu konsolidierenden Tochterunternehmen sein (§ 299 Abs. 1 HGB). Nach Möglichkeit sollen die Jahresabschlüsse der einbezogenen Unternehmen auf den Stichtag des Konzernabschlusses aufgestellt werden (§ 299 Abs. 2 Satz 1 HGB). Liegt der Abschlußstichtag eines einbezogenen Unternehmens um mehr als drei Monate vor dem Stichtag des Konzernabschlusses, muß für die Konsolidierung ein Zwischenabschluß aufgestellt werden. Ist bei abweichendem Abschlußstichtag ein Zwischenabschluß nicht erforderlich und wird dieser nicht aufgestellt, so sind Vorgänge von besonderer Bedeutung, die zwischen dem Abschlußtag des einbezogenen Unternehmens und dem Stichtag des Konzernabschlusses eingetreten sind, in Konzernbilanz und -GuV zu berücksichtigen oder im Konzernanhang anzugeben (§ 299 Abs. 3 HGB).

133 Die aus den Einzelabschlüssen der einzubeziehenden Unternehmen abgeleiteten Handelsbilanzen II werden im Wege der **Konsolidierung** im Konzernabschluß zusammengefaßt. Hierzu werden die Handelsbilanzen II um diejenigen Beträge bereinigt, die aus Beteiligungs- und Schuldverhältnissen und dem Geschäftsverkehr zwischen den einbezogenen Unternehmen her-

---

in DM ist letztmals für das im Jahr 2001 endende Geschäftsjahr zulässig; zur Euro-Einführung vgl. auch Arbeitskreis „Externe Unternehmensrechnung" der Schmalenbach-Gesellschaft, DB 1997, 237; *Heusinger* DStR 1997, 427; IDW Positionspapier zu wesentlichen Rechnungslegungsfragen im Zusammenhang mit der Einführung des Euro, WPg 1997, 400 ff.

[195] GuV-Posten können bei der Stichtagskursmethode auch zu Durchschnittskursen des Geschäftsjahrs umgerechnet werden; vgl. *ADS* § 298 Anm. 33.

[196] ZB für Sachanlagevermögen und Vorräte mit historischen Kursen (bei niedrigeren Tageswerten in Landeswährung mit Stichtagskursen), für sonstige Bilanzposten mit Stichtagskursen; für GuV-Posten mit ggf. gewichteten Durchschnittskursen des Geschäftsjahrs (ausgenommen Abschreibungen und Materialeinsatz, die mit den Umrechnungskursen der betreffenden Aktivposten umgerechnet werden); zu den Methoden der Währungsumrechnung vgl. im einzelnen IDW-HFA Entwurf einer Stellungnahme: Zur Währungsumrechnung im Konzernabschluß, WPg 1998, 549 ff.; WPH I 1996 M Anm. 253 ff.; *ADS* § 298 Anm. 12 ff., dort auch zu weiteren zulässigen Verfahren; zur Behandlung der Umrechnungsdifferenzen vgl. *ADS* § 298 Anm. 46 ff.

[197] Vgl. hierzu näher WPH I 1996 M Anm. 271 ff.

F. Konzernrechnungslegung

rühren. Im einzelnen erstreckt sich die Konsolidierung auf die Anteile an den einbezogenen Tochterunternehmen und deren Eigenkapital (Kapitalkonsolidierung, §§ 301, 302 HGB), die zwischen den einbezogenen Unternehmen bestehenden Forderungen und Verbindlichkeiten (Schuldenkonsolidierung; § 303 HGB), auf Gewinne oder Verluste aus Lieferungen oder Leistungen zwischen den einbezogenen Unternehmen (Zwischenergebniseliminierung; § 304 HGB) und auf Aufwendungen und Erträge aus Geschäftsvorfällen zwischen den einbezogenen Unternehmen, zB Ergebnisübernahmen und Gewinnausschüttungen der beteiligten Unternehmen (Aufwands- und Ertragskonsolidierung § 305 HGB).[198]

Die Konsoliderungsmaßnahmen können erfolgsneutral oder erfolgswirksam sein. Auch die Anpassung der Einzelabschlüsse der einbezogenen Unternehmen an die konzerneinheitlichen Bilanzierungsregeln kann zu Mehr- oder Minderergebnissen führen. Soweit daraus resultierende Unterschiede zwischen dem Konzernergebnis und der Summe der Einzelergebnisse zeitlich begrenzt sind, ist im Konzernabschluß eine aktive oder passive **Steuerabgrenzung** vorzunehmen, um den Steueraufwand auszuweisen, der dem jeweiligen Ergebnis entspricht.[199]

134

4. Quotenkonsolidierung

Bei Unternehmen, die von einem in den Konzernabschluß einbezogenen Unternehmen gemeinsam mit einem oder mehreren nicht in den Konzernabschluß einbezogenen Unternehmen geführt werden (sog. **Gemeinschaftsunternehmen**), dürfen die einzelnen Vermögensgegenstände und Schulden sowie Erträge und Aufwendungen nicht in voller Höhe in den Konzernabschluß übernommen werden. In Betracht kommt nur eine anteilige Einbeziehung entsprechend dem Umfang der Beteiligung (sog. Quotenkonsolidierung; § 310 HGB).

135

Die Quotenkonsolidierung entspricht der Konzeption der **Interessentheorie**. Der Gesetzgeber läßt sie bei Gemeinschaftsunternehmen wahlweise anstelle der Equity-Methode (§§ 311, 312 HGB) zu.

Kennzeichnend für Gemeinschaftsunternehmen ist die **gemeinsame Führung** durch mehrere Gesellschafterunternehmen, von denen mindestens eines nicht in den Konzernabschluß einbezogen ist. Sie wird regelmäßig nur vorliegen, wenn die Gesellschafter, die das Gemeinschaftsunternehmen führen, über den gleichen Stimmrechtsanteil verfügen (zB 50:50). Hat ein Gesellschafterunternehmen einen Stimmrechtsanteil von mehr als 50%, so handelt es sich nicht um ein Gemeinschaftsunternehmen, sondern um ein Tochterunternehmen iSv. § 290 HGB, für das die Regeln über die Vollkonsolidierung gelten.[200]

136

---

[198] Zu den Konsolidierungsmaßnahmen vgl. näher WPH I 1996 M Anm. 282 ff. sowie die Kommentierungen zu §§ 301 ff. HGB.

[199] Bei ergebniswirksamen Konsolidierungsmaßnahmen, die der Erstellung der Handelsbilanz II dienen, hat die Steuerabgrenzung nach hM gem. § 274 iVm. § 298 Abs. 1 HGB zu erfolgen, so daß – anders als bei § 306 HGB – für eine per saldo aktive Steuerabgrenzung ein Wahlrecht besteht; vgl. *ADS* § 306 Anm. 23, 25.

[200] Zum Sonderfall der gemeinschaftlich ausgeübten einheitlichen Leitung vgl. *ADS* § 290 Anm. 103 ff.

Langseder

5. Equity-Methode

137 Beteiligungen an Unternehmen, die zwar nicht als Tochterunternehmen iSv. § 290 HGB in den Konzernabschluß einbezogen werden, auf die ein in den Konzernabschluß einbezogenes Unternehmen jedoch einen maßgeblichen Einfluß ausübt (sog. **assoziierte Unternehmen**), sind im Konzernabschluß nach der Equity-Methode zu bewerten (§§ 311, 312 HGB).

138 Der **maßgebliche Einfluß** ist weniger als die einheitliche Leitung bzw. der beherrschende Einfluß nach § 290 HGB. Negativ läßt er sich von den mit der Wahrnehmung von Gesellschafterrechten normalerweise verbundenen Einflußmöglichkeiten dadurch abgrenzen, daß Entscheidungen von grundsätzlicher Bedeutung nicht ohne Mitwirkung bzw. nicht gegen den Willen des beteiligten Unternehmens getroffen werden.[201] Dies kann aufgrund der Stimmrechtsausübung, der Vertretung in Geschäftsführungs- oder Aufsichtsorganen, im Hinblick auf Lieferung- und Leistungsbeziehungen, Kreditbeziehungen oder technologischer Abhängigkeit der Fall sein. Die Einflußnahme muß sich auf die Geschäfts- und Finanzpolitik des assoziierten Unternehmens beziehen und tatsächlich ausgeübt werden. Ein maßgeblicher Einfluß wird widerleglich vermutet, wenn das in den Konzernabschluß einbezogene Unternehmen bei dem anderen Unternehmen mindestens 20% der Stimmrechte innehat (§ 311 Abs. 1 Satz 2 HGB).

139 Das Grundkonzept der Equity-Methode besteht darin, daß der **Wertansatz der Beteiligung**, ausgehend von den Anschaffungskosten, entsprechend der Entwicklung des anteiligen bilanziellen Eigenkapitals des assoziierten Unternehmens fortgeschrieben wird („Spiegelbildmethode"). Anteilige Jahresüberschüsse werden demgemäß im Jahr ihrer Entstehung dem Wertansatz der Beteiligung zugeschrieben und erfolgswirksam vereinnahmt, anteilige Jahresfehlbeträge entsprechend abgesetzt. Dividendenausschüttungen mindern den Beteiligungsbuchwert.[202] Daneben wird der sich idR ergebende Unterschiedsbetrag zwischen den Anschaffungskosten der Beteiligung und dem anteiligen Buchwert des Eigenkapitals den anteiligen stillen Reserven bzw. stillen Lasten oder einem Firmenwert des assoziierten Unternehmens zugeordnet[203] und in den Folgejahren fortgeschrieben, dh. entsprechend seinem Charakter fortgeführt, abgeschrieben bzw. aufgelöst. Die Abschreibungs- bzw. Auflösungsbeträge mindern den Beteiligungsbuchwert (oder einen gesondert ausgewiesenen Firmenwert[204]), so daß der Wertansatz der Beteiligung sich schrittweise dem in der Bilanz des assoziierten Unternehmens ausgewiesenen anteiligen Eigenkapital annähert.[205] Zwischenergebnisse aus Lieferungen und Leistungen zwischen dem assozierten Unternehmen und Unterneh-

---

[201] Vgl. *Biener/Berneke* BiRiLiG, Erl. zu § 311 HGB, S. 368.

[202] *ADS* § 312 Anm. 2.

[203] Zu den Methoden bei erstmaliger Anwendung der Equity-Methode – Buchwertmethode (§ 312 Abs. 1 Nr. 1 HGB) und Kapitalanteilsmethode (§ 312 Abs. 1 Nr. 2 HGB) –, die lediglich den Ausweis des Unterschiedsbetrags im Konzernabschluß betreffen, vgl. *ADS* § 312 Anm. 14 ff., 37 ff.

[204] Im Falle der Kapitalanteilsmethode.

[205] Vgl. *ADS* § 312 Anm. 12.

men, die in den Konzernabschluß einbezogen werden, sind (ggf. anteilig) zu eliminieren, soweit die entsprechenden Sachverhalte bekannt oder zugänglich sind. Die im Falle der Vollkonsolidierung vorgesehene Anpassung an konzerneinheitliche Bewertungsmethoden in einer Handelsbilanz II ist für das assoziierte Unternehmen zulässig, aber nicht geboten (§ 312 Abs. 5 Satz 1 HGB).

Anteile an assoziierten Unternehmen werden in der Konzernbilanz unter einem **besonderen Posten** mit entsprechender Bezeichnung („Beteiligungen an assoziierten Unternehmen") ausgewiesen (§ 311 Abs. 1 Satz 1 HGB). **140**

IV. Konzernanhang und Konzernlagebericht

Der **Konzernanhang** ist Bestandteil des Konzernabschlusses (§ 297 Abs. 1 HGB). Konzernbilanz, Konzern-GuV-Rechnung und Konzernanhang haben insgesamt unter Beachtung der GoB ein den tatsächlichen Verhältnissen entsprechendes Bild der Vermögens-, Finanz- und Ertragslage des Konzerns zu vermitteln (§ 297 Abs. 2 Satz 2 HGB). Der Konzernanhang dient im wesentlichen der Erläuterung von Konzernbilanz und Konzern-GuV-Rechnung (vgl. §§ 313, 314 HGB).[206] Der Konzernanhang darf **mit dem Anhang des Jahresabschlusses des Mutterunternehmens zusammengefaßt** werden. In diesem Fall müssen der Konzernabschluß und der Jahresabschluß des Mutterunternehmens gemeinsam offengelegt werden (§ 298 Abs. 3 HGB).[207] Hat ein Mutterunternehmen nur Tochterunternehmen, die wegen §§ 295, 296 HGB (zB wegen Geringfügigkeit) nicht konsolidiert werden, sind die hiermit in Zusammenhang stehenden Angaben nach §§ 313 Abs. 2 Nr. 1 Satz 2 und 295 Abs. 3 Satz 1, 296 Abs. 3 HGB im Anhang des Mutterunternehmens zu machen.[208] **141**

Die **Aufgliederung der Umsatzerlöse** nach § 314 Abs. 1 Nr. 3 HGB kann unterbleiben, soweit nach vernünftiger kaufmännischer Beurteilung damit gerechnet werden muß, daß durch die Aufgliederung einem in den Konzernabschluß einbezogenen Unternehmen erhebliche Nachteile entstehen (§ 314 Abs. 2 HGB).[209] Die **Angaben zum Konsolidierungskreis und Beteiligungsbesitz** gem. § 313 Abs. 2 HGB brauchen nach § 313 Abs. 3 HGB insoweit nicht gemacht zu werden, als dadurch einem in § 313 Abs. 2 HGB bezeichneten Unternehmen nach vernünftiger kaufmännischer Beurteilung erhebliche Nachteile entstehen können.[210] **142**

Die Vorschrift des § 315 Abs. 1, 2 HGB über den **Konzernlagebericht** entspricht der Vorschrift des § 289 HGB über den Lagebericht. Auf die Erl. in Rz. 30 ff. kann deshalb verwiesen werden. Der Konzernlagebericht und der Lagebericht des Mutterunternehmens dürfen nach § 315 Abs. 3 HGB **143**

---

[206] Tabellarische Übersichten über sämtliche Angabepflichten finden sich ua. in WPH I 1992 M Anm. 651, in BeckBil-Komm./*Ellrott* § 313 Anm. 34, 42, in *ADS* § 313 Anm. 54 ff. und in *Busse von Colbe/Ordelheide* Konzernabschlüsse, 6. Aufl., 1993, S. 575 ff.
[207] Vgl. BeckBil-Komm./*Ellrott* § 298 Anm. 57 ff.; *ADS* § 298 Anm. 229 ff.
[208] Vgl. IDW-SABI 1/1988, WPg 1988, 343; WPH I 1996 M Anm. 658.
[209] Vgl. BeckBil-Komm./*Ellrott* § 314 Anm. 93 ff.; *ADS* § 314 Anm. 24 ff.
[210] Vgl. BeckBil-Komm./*Ellrott* § 313 Anm. 219 f.; *ADS* § 314 Anm. 122 ff.

§ 9 144–152   Rechnungslegung

wie Konzernanhang und Anhang des Jahresabschlusses des Mutterunternehmens **zusammengefaßt** werden.

V. Sanktionen

144 Vorsätzliche Verstöße gegen bestimmte Vorschriften über die Aufstellung des Konzernabschlusses und gegen eine Vorschrift des § 315 Abs. 1 HGB über den Inhalt des Konzernlageberichts stellen nach § 334 Abs. 1 Nr. 2, Nr. 4 HGB Ordnungswidrigkeiten dar. Eine unrichtige Darstellung im Konzernabschluß oder Konzernlagebericht oder im befreienden Konzernabschluß und Konzernlagebericht ist strafbar (§ 331 Nrn. 2, 3 HGB).

Unterlassen es die Geschäftsführer, entgegen § 290 HGB einen Konzernabschluß und einen Konzernlagebericht aufzustellen, kann nach § 335 Satz 1 Nr. 2 HGB auf Antrag ein Zwangsgeld von bis zu DM 10 000 festgesetzt werden.

145–149 *(frei)*

G. Prüfung

I. Prüfungspflicht

150 Gem. § 316 Abs. 1 Satz 1 HGB sind der Jahresabschluß und der Lagebericht von mittelgroßen und großen GmbH durch einen Abschlußprüfer zu prüfen.[211] Die Prüfungspflicht entfällt unter den in § 264 Abs. 3 HGB nF genannten Voraussetzungen (vgl. dazu Rz. 50) für GmbH, die Tochterunternehmen eines nach § 290 HGB zur Aufstellung eines Konzernabschlusses verpflichteten Mutterunternehmens sind. Der Konzernabschluß und der Konzernlagebericht sind unabhängig von der Größe des Konzerns prüfungspflichtig (§ 316 Abs. 2 HGB), sofern die Gesellschaft zur Aufstellung verpflichtet ist.[212]

151 Hat eine **Pflichtprüfung nicht stattgefunden,** so kann der Jahresabschluß nicht festgestellt werden (§ 316 Abs. 1 Satz 2 HGB). Wird ein ungeprüfter Jahresabschluß einer mittelgroßen oder großen GmbH gleichwohl festgestellt, so ist er analog § 256 Abs. 1 Nr. 2 AktG nichtig (vgl. Rz. 208 ff.).[213]

152 Kleine Kapitalgesellschaften, die nicht nach § 316 Abs. 1 Satz 1 HGB prüfungspflichtig sind, können ihren Jahresabschluß und den Lagebericht freiwillig prüfen lassen. Das gleiche gilt für freiwillig aufgestellte Konzernabschlüsse und Konzernlageberichte, für die eine Prüfungspflicht nicht besteht.

Inhalt und Umfang der **freiwilligen Prüfung** richten sich nach den vertraglichen Vereinbarungen (Prüfungsauftrag). Soll ein § 322 Abs. 1 HGB nachgebildeter Bestätigungsvermerk erteilt werden, muß die Prüfung nach Art und

---

[211] Zur Einordnung in die Größenklassen vgl. Rz. 47 ff.
[212] Zur Aufstellungspflicht vgl. Rz. 114 ff.
[213] *Baumbach / Hueck / Schulze-Osterloh* § 42 a Anm. 24; *Geßler* FS Goerdeler S. 136; *Biener / Berneke* S. 398.

G. Prüfung 153, 154 § 9

Umfang einer Pflichtprüfung gem. §§ 316 ff. HGB durchgeführt werden.[214] Über Art, Umfang und Ergebnis der Prüfung ist schriftlich zu berichten.[215]

II. Gegenstand und Umfang der Abschlußprüfung

Gegenstand der **Prüfung des Jahresabschlusses** sind Bilanz, GuV-Rechnung und Anhang unter Einbeziehung der Buchführung sowie der Lagebericht (§ 317 Abs. 1 HGB). Nicht Gegenstand der Abschlußprüfung ist der unter Inanspruchnahme von Erleichterungen offenzulegende Jahresabschluß.[216] Die wirtschaftliche Lage der Gesellschaft ist nicht Gegenstand der Abschlußprüfung.[217] Der Abschlußprüfer muß aber die wirtschaftliche Lage der Gesellschaft kennen, um deren normgerechte Darstellung im Jahresabschluß und Lagebericht beurteilen und seine besonderen Berichtspflichten[218] erfüllen zu können. Die Prüfung ist so anzulegen, daß Unrichtigkeiten und Verstöße gegen die gesetzlichen Vorschriften und sie ergänzenden Bestimmungen des Gesellschaftsvertrags oder der Satzung, die sich auf die Darstellung des sich nach § 264 Abs. 2 HGB ergebenden Bildes der Vermögens-, Finanz- und Ertragslage des Unternehmens wesentlich auswirken, bei gewissenhafter Berufsausübung erkannt werden (§ 317 Abs. 1 Satz 3 HGB idF des KonTraG). 153

Die Prüfung des Jahresabschlusses und der Buchführung hat sich darauf zu erstrecken, ob die für die Rechnungslegung geltenden gesetzlichen Vorschriften (einschl. der GoB) und ggf. sie ergänzende Vorschriften des Gesellschaftsvertrags beachtet sind (vgl. § 317 Abs. 1 Satz 2 HGB). Die Prüfung der Einhaltung anderer gesetzlicher Vorschriften gehört nur insoweit zu den Aufgaben der Abschlußprüfung, als sich aus diesen anderen Vorschriften üblicherweise Rückwirkungen auf den Jahresabschluß oder Lagebericht ergeben.[219] Dies gilt zB für bestimmte Vorschriften des Steuerrechts. Auf die Aufdeckung und Aufklärung strafrechtlicher Tatbestände (zB Untreuehandlungen, Unterschlagungen, Kollusionen) und außerhalb der Rechnungslegung begangener Ordnungswidrigkeiten ist die Abschlußprüfung ihrem Wesen nach nicht ausgerichtet. Der Abschlußprüfer hat jedoch im Rahmen seines Prüfungsansatzes die Möglichkeit von betrügerischen Handlungen zu berücksichtigen.[220] 154

Der Lagebericht ist darauf zu prüfen, ob er mit dem Jahresabschluß sowie mit den bei der Prüfung gewonnenen Erkenntnissen in Einklang steht und ob der Lagebericht insgesamt eine zutreffende Vorstellung von der Lage des Unter-

---

[214] IDW Fachgutachten 3/1988 Abschn. G I, WPg 1989, 35; Entwurf eines IDW Prüfungsstandards (IDW EPS 450) Tz. 5, WPg 1998, 724; WPH I 1996 O Anm. 548; *ADS*, 5. Aufl., § 316 Anm. 36.
[215] IDW Fachgutachten 2/1988 Abschn. E I, WPg 1989, 26; Entwurf eines IDW Prüfungsstandards (IDW EPS 450) Tz. 3, WPg 1998, 866, 867.
[216] WPH I 1996 O Anm. 443; zu den Offenlegungserleichterungen für kleine und mittelgroße GmbH vgl. Rz. 214 ff.
[217] Vgl. OLG Karlsruhe v. 7. 2. 1985, BB 1985, 1831; *Lutter/Hommelhoff* Anh. § 42 Rz. 32; *ADS*, 5. Aufl., § 317 Anm. 88.
[218] Vgl. Rz. 168 zur Redepflicht bei der Feststellung bestandsgefährdender Tatsachen und Rz. 171 zur Berichterstattung bei negativen Unternehmensentwicklungen.
[219] IDW Fachgutachten 1/1988 Abschn. C I, WPg 1989, 10.
[220] IDW Fachgutachten 1/1988, aaO; ausführlich IDW-HFA 7/1997, WPg 1998, 29.

nehmens erweckt. Der Lagebericht für Geschäftsjahre, die nach dem 31. 12. 1998 beginnen, ist ferner daraufhin zu überprüfen, ob die Risiken der künftigen Entwicklung zutreffend dargestellt sind (§ 317 Abs. 2 HGB idF des KonTraG).[221]

155 Gegenstand der **Prüfung des Konzernabschlusses** sind Konzernbilanz, Konzern-GuV-Rechnung, Konzernanhang und Konzernlagebericht (§ 317 Abs. 1 Satz 2, Abs. 2 HGB), außerdem die Einzelabschlüsse der einbezogenen Unternehmen, soweit sie nicht bereits qualifiziert geprüft worden sind (§ 317 Abs. 3 HGB). Nicht nach den Regeln der §§ 316 ff. HGB geprüfte Einzelabschlüsse inländischer Unternehmen und nicht nach gleichwertigen Regeln geprüfte Einzelabschlüsse ausländischer Unternehmen sind vom Konzernabschlußprüfer darauf zu prüfen, ob sie den GoB entsprechen.[222] Die Prüfung des Konzernabschlusses erstreckt sich darüber hinaus insb. auf die konsolidierungsbedingten Anpassungen (§ 317 Abs. 3 Satz 1 HGB), dh. auf die Prüfung der Handelsbilanzen II,[223] des Konsolidierungskreises und der Konsolidierungsmaßnahmen.

III. Bestellung des Abschlußprüfers

156 **Abschlußprüfer** können Wirtschaftsprüfer und Wirtschaftsprüfungsgesellschaften sein. Abschlußprüfer von Jahresabschlüssen (nicht auch von Konzernabschlüssen) mittelgroßer GmbH können auch vereidigte Buchprüfer und Buchprüfungsgesellschaften sein (§ 319 Abs. 1 HGB).[224] Der Prüfer erhält seine Stellung als gesetzlicher Abschlußprüfer durch die **Bestellung**. Dazu sind drei Teilakte erforderlich:
1. Wahl durch die Gesellschafter oder das sonst zuständige Organ (§ 318 Abs. 1 Sätze 1, 2 HGB),
2. Erteilung des Prüfungsauftrags durch die Geschäftsführer oder, falls zuständig, den Aufsichtsrat (§ 318 Abs. 1 Satz 4 HGB),
3. Annahme des Auftrags durch den Prüfer.[225]

157 Nach § 318 Abs. 1 Satz 1 HGB wird der Abschlußprüfer des Jahresabschlusses von den Gesellschaftern gewählt. Die Gesellschafterversammlung

---

[221] Zum bisherigen Recht vgl. im einzelnen *ADS,* 5. Aufl., § 317 Anm. 102 ff.; WPH 1996 I P Anm. 460 ff.; *Sieben* FS Goerdeler S. 595 ff.; zur Neuregelung durch das KonTraG vgl. *Forster,* WPg 1998, 41, 45; zur Prüfung des Lageberichts unter Berücksichtigung des neuen Rechts vgl. IDW Prüfungsstandard: Prüfung des Lageberichts (IDW PS 350), WPg 1998, 663 ff.

[222] Vgl. *ADS,* 5. Aufl., § 317 Anm. 197 ff.; BeckBil-Komm./*Förschle/Kofahl* § 317 Anm. 45 ff.

[223] Vgl. *Havermann* FS Döllerer S. 201 ff.

[224] Zur Sicherung der Unabhängigkeit des Abschlußprüfers sind in § 319 Abs. 2, 3 HGB Ausschlußgründe bestimmt, nach denen ein Prüfer nicht Abschlußprüfer sein darf. Die Grundtatbestände für den Ausschluß sind die kapitalmäßige und personelle Verflechtung mit der zu prüfenden Gesellschaft, die Mitwirkung bei der Erstellung der zu prüfenden Unterlagen (vgl. hierzu BGH v. 30. 4. 1992, DB 1992, 1466; zur grundsätzlichen Zulässigkeit von Steuerberatung und Abschlußprüfung vgl. BGH v. 21. 4. 1997, DB 1997, 1394; *Röhricht,* WPg 1998, 153) und die finanzielle Abhängigkeit von der zu prüfenden Gesellschaft. Vgl. dazu eingehend BeckBil-Komm./*Budde/Steuber* § 319 Anm. 7 ff.; *ADS,* 5. Aufl., § 319 Anm. 21 ff.

[225] Vgl. *ADS,* 5. Aufl., § 318 Anm. 32; *Lutter/Hommelhoff* Anh. § 42 Anm. 14.

G. Prüfung 158, 159 § 9

beschließt mit einfacher Mehrheit (§ 47 Abs. 1 GmbHG). Geschäftsführende Gesellschafter können bei der Wahl mitstimmen.[226] Im Gesellschaftsvertrag der GmbH kann die Kompetenz zur **Wahl** des Abschlußprüfers auch anders geregelt werden (§ 318 Abs. 1 Satz 2 HGB). Danach kann die Wahl des Abschlußprüfers etwa einer Gesellschafterminderheit, einem Gesellschafterausschuß, einem Aufsichtsrat oder Beirat, einem dazu besonders installierten Organ oder auch den Geschäftsführern überlassen werden.[227] Der Abschlußprüfer soll nach § 318 Abs. 1 Satz 3 HGB jeweils vor Ablauf des Geschäftsjahrs gewählt werden, auf das sich die Prüfung bezieht. Ist der Abschlußprüfer bis zum Ablauf des Geschäftsjahres nicht gewählt worden, so hat das Gericht[228] chafters den Abschlußprüfer zu bestellen (§ 318 Abs. 4 Satz 1 HGB). Die Geschäftsführer sind verpflichtet, den Antrag zu stellen (§ 318 Abs. 4 Satz 3 HGB).

Unverzüglich nach der Wahl haben die Geschäftsführer oder, falls zuständig, der Aufsichtsrat dem im Wahlbeschluß genannten Prüfer den **Prüfungsauftrag** zu erteilen (§ 318 Abs. 1 Satz 4 HGB). Besteht bei der GmbH ein Aufsichtsrat, so ist seit 1. 5. 1998 dieser zur Auftragserteilung zuständig (§ 111 Abs. 2 Satz 3 AktG nF iVm. § 52 Abs. 1 GmbHG, § 25 Abs. 1 Nr. 2 MitBestG, § 77 Abs. 1 BetrVG 1951); bei freiwilligem Aufsichtsrat kann allerdings der Gesellschaftsvertrag etwas anderes bestimmen.[229] Hat der Aufsichtsrat den Prüfungsauftrag zu erteilen, so obliegt ihm auch die Vereinbarung der Vergütung und die Festlegung von Prüfungsschwerpunkten.[230] Das Auftragsschreiben hat regelmäßig der Aufsichtsratsvorsitzende auf der Grundlage eines entsprechenden Aufsichtsratsbeschlusses zu unterzeichnen.[231] Der gewählte Prüfer muß den Auftrag nicht annehmen. Die Ablehnung des Auftrags muß er aber der Gesellschaft unverzüglich anzeigen (§ 51 WPO, § 663 BGB). Kommen die Geschäftsführer oder der Aufsichtsrat der Pflicht zur unverzüglichen Erteilung des Prüfungsauftrags nicht nach, so können sie dazu auf Antrag eines Gesellschafters, eine Gläubigers oder des Betriebsrats vom Registergericht durch Festsetzung von Zwangsgeld angehalten werden (§ 335 Satz 1 Nr. 3, Satz 2 HGB). Das gleiche gilt, wenn sie es versäumen, den Antrag auf gerichtliche Bestellung des Abschlußprüfers zu stellen (§ 335 Satz 1 Nr. 4 HGB).

158

Vor Erteilung oder Annahme des Prüfungsauftrags kann der Wahlbeschluß geändert oder aufgehoben werden.[232] Ist der Prüfungsauftrag erteilt und vom Abschlußprüfer angenommen worden, kann die Gesellschaft ihn

159

---

[226] *ADS,* 5. Aufl., § 318 Anm. 78; *Baumbach/Hueck/Schulze-Osterloh* § 41 Anm. 63.
[227] Vgl. *ADS,* 5. Aufl., § 318 Anm. 81 ff. mwN auch zu aA über die Zulässigkeit der Übertragung der Wahlkompetenz auf die Geschäftsführer.
[228] Zuständig ist das Amtsgericht; § 145 FGG.
[229] Vgl. *Forster* WPg 1998, 41/44; *Remme/Theile* GmbHR 1998, 909/914; zum zeitlichen Anwendungsbereich der Neuregelung des § 111 Abs. 2 Satz 3 AktG nF vgl. Art. 14 KonTraG. Für vor dem 1. 5. 1998 erteilte Prüfungsaufträge bleibt die alte Gesetzeslage maßgebend, wonach der Prüfungsauftrag durch die Geschäftsführer zu erteilen war.
[230] Vgl. Begründung zum Regierungsentwurf des KonTraG, BT-Drs. 13/9712, S. 16.
[231] Vgl. *Schindler/Rabenhorst* BB 1998, 1886/1887.
[232] *ADS,* 5. Aufl., § 318 Anm. 132.

nur noch **widerrufen,** wenn ein neuer Abschlußprüfer nach § 318 Abs. 3 HGB bestellt ist (§ 318 Abs. 1 Satz 5 HGB). Der Abschlußprüfer kann den Prüfungsauftrag nur aus wichtigem Grund **kündigen** (§ 318 Abs. 6 Satz 1 HGB). Kein wichtiger Grund sind Meinungsverschiedenheiten über den Inhalt des Bestätigungsvermerks, seine Einschränkung oder Versagung (§ 318 Abs. 6 Satz 2 HGB). Derartige Meinungsverschiedenheiten sollen ggf. im Spruchstellenverfahren nach § 324 HGB ausgetragen werden.[233] Auch die Verletzung der Vorlage- und Auskunftspflicht nach § 320 HGB berechtigt den Abschlußprüfer nicht zur Kündigung des Prüfungsauftrags.[234]

IV. Einsichts- und Auskunftsrechte

160   Das **Einsichtsrecht** des Abschlußprüfers erstreckt sich nach § 320 Abs. 1 Satz 2 HGB zunächst auf die **Bücher** (dazu Rz. 12) und Schriften der GmbH. Zu den **Schriften** gehören insb. Belege, Handelsbriefe, Verträge, Unterlagen zum internen Kontrollsystem, Protokolle über Gesellschafterversammlungen, Sitzungen des Aufsichtsrats oder eines Beirats und der Geschäftsführer sowie Planungsrechnungen.[235] Bei Einsatz computergestützter Buchführungssysteme hat der Abschlußprüfer Anspruch auf Ausdrucke und die Bereitstellung geeigneter Sichtgeräte.[236] Von den Unterlagen darf der Abschlußprüfer Kopien anfertigen, um sie zu seinen Arbeitspapieren zu nehmen.[237]

161   Das Recht auf Prüfung der **Vermögensgegenstände** und **Schulden** umfaßt sämtliche Prüfungshandlungen, die der Abschlußprüfer nach pflichtgemäßem Ermessen für erforderlich hält, um die Aussagen im Jahresabschluß hinsichtlich Vollständigkeit, Bestand, Eigentum, Genauigkeit, Wert und Ausweis beurteilen zu können. Hierzu gehört insb. das Recht auf Anwesenheit bei der körperlichen Bestandsaufnahme der Vorräte[238] und auf Einholung von Saldenbestätigungen.[239]

162   Der Abschlußprüfer kann von den Geschäftsführern alle **Aufklärungen und Nachweise** verlangen, die für eine sorgfältige Prüfung notwendig sind (§ 320 Abs. 2 Satz 1 HGB). Der Abschlußprüfer hat das Auskunftsrecht, soweit es für eine sorgfältige Prüfung notwendig ist, auch **gegenüber** den gesetzlichen Vertretern von **Mutter- und Tochterunternehmen** (§ 320 Abs. 2 Satz 3 HGB).[240] Auf die Einbeziehung in einen Konzernabschluß

---

[233] Vgl. *Biener/Berneke* S. 408.
[234] IDW-SABI 1/1986, WPg 1986, 168 f.; *ADS*, 5. Aufl., § 318 Anm. 253; aA *Küting/Weber* § 318 Anm. 159; *Lutter/Hommelhoff* Anh. § 42 Anm. 21.
[235] BeckBil-Komm./*Budde/Steuber* § 320 Anm. 6; *ADS*, 5. Aufl., § 320 Anm. 10; *Küting/Weber* § 320 Anm. 13.
[236] *ADS* 5. Aufl., § 320 Anm. 11.
[237] BeckBil-Komm./*Budde/Steuber* § 320 Anm. 8.
[238] IDW Fachgutachten 1/1988 Abschn. D II 4 b, WPg 1989, 14.
[239] IDW Fachgutachten 1/1988 Abschn. D II 4 c 2), WPg 1989, 15.
[240] Die Begriffe „Mutter-" und „Tochterunternehmen" sind hier dieselben wie nach § 290 HGB; vgl. hierzu Rz. 114 ff.

G. Prüfung 163–166 § 9

kommt es dabei nicht an. Das Auskunftsrecht besteht auch gegenüber Mutter- und Tochterunternehmen mit Sitz im Ausland.[241]

Nach Fachgutachten 1/1988 des IDW[242] hat der Abschlußprüfer von dem geprüften Unternehmen eine **Vollständigkeitserklärung** einzuholen, in der die Geschäftsführung die Vollständigkeit der erteilten Auskünfte und Nachweise versichert. Eine Verpflichtung der Gesellschaft zur Abgabe einer formularmäßigen Vollständigkeitserklärung besteht nach dem Gesetz nicht.[243] Bei Verwendung der Allgemeinen Auftragsbedingungen für Wirtschaftsprüfer und Wirtschaftsprüfungsgesellschaften vom 1. 1. 1995 bzw. 1. 1. 1999 ergibt sich aber aus deren Nr. 3 Abs. 2 ein Anspruch des Abschlußprüfers auf schriftliche Bestätigung der Vollständigkeit der vorgelegten Unterlagen und der gegebenen Auskünfte und Erklärungen. 163

Machen die Geschäftsführer in Aufklärungen und Nachweisen gegenüber dem Abschlußprüfer oder Konzernabschlußprüfer unrichtige Angaben oder werden die Verhältnisse der GmbH, eines Tochterunternehmens oder des Konzerns dem Prüfer gegenüber unrichtig wiedergegeben oder verschleiert, liegt eine Straftat nach § 331 Nr. 4 HGB vor.[244] 164

V. Prüfungsergebnis

1. Prüfungsbericht

Der Abschlußprüfer hat nach § 321 Abs. 1 Satz 1 HGB nF[245] über Art und Umfang sowie das Ergebnis der Prüfung schriftlich und mit der gebotenen Klarheit zu berichten. Der Prüfungsbericht hat bei der GmbH folgende **Adressaten und Aufgaben:** 165
- Unterrichtung der Gesellschafter und ggf. eines Aufsichtsrats[246] über die Rechnungslegung der Geschäftsführer und die Vermögens-, Finanz- und Ertragslage der Gesellschaft,
- Unterrichtung von Aufsichtsbehörden (zB nach KWG und HGrG),
- Information der Geschäftsführer
- Nachweis für den Abschlußprüfer über die Erfüllung seiner Pflichten.

Der Prüfungsbericht wird in der Praxis häufig auch Kreditgebern vorgelegt.[247] Er ist der Körperschaftsteuererklärung beizufügen (§ 150 Abs. 4 AO iVm. § 60 Abs. 3 EStDV). Dem Wirtschaftsausschuß ist er vorzulegen, wenn die Einigungsstelle dies beschließt (dazu Rz. 197).

Nach der Neufassung des § 321 HGB durch das KonTraG setzt sich der Prüfungsbericht aus einem Eingangsteil (§ 321 Abs. 1 Sätze 2 und 3 HGB 166

---

[241] *Biener/Berneke* S. 424; vgl. hierzu auch *ADS*, 5. Aufl., § 320 Anm. 26.
[242] IDW Fachgutachten 1/1988 Abschn. D II 4 c 3, WPg 1989, 16.
[243] *Baumbach/Hueck/Schulze-Osterloh* § 41 Anm. 78; *ADS*, 5. Aufl., § 320 Anm. 15.
[244] Vgl. *Manl* DB 1989, 186 f.
[245] Neugefaßt durch Art. 2 KonTraG.
[246] Nach § 52 Abs. 1 GmbHG iVm. § 171 Abs. 1 Satz 1 AktG hat der Aufsichtsrat den Jahresabschluß, den Lagebericht und den Gewinnverwendungsvorschlag zu prüfen. Dabei kann er sich auf den Prüfungsbericht des Abschlußprüfers stützen.
[247] Nach *Hommelhoff* ZIP 1990, 221 und *Lutter/Hommelhoff* Anh. § 42 Anm. 46 ist dazu das Einverständnis der Gesellschafter erforderlich.

nF), einem Hauptteil (§ 321 Abs. 2 HGB nF) sowie weiteren Abschnitten, vor allem über die Prüfungsdurchführung (§ 321 Abs. 3 HGB nF), zusammen.[248]

167 Im Eingangsteil, dem der Leser nach Auffassung des Gesetzgebers besondere Aufmerksamkeit schenkt, hat der Abschlußprüfer **zur Beurteilung der Lage des Unternehmens durch die Geschäftsführer** Stellung zu nehmen (§ 321 Abs. 1 Satz 2 HGB nF). Dabei hat er insb. auf die Beurteilung des Fortbestandes und der künftigen Entwicklung des Unternehmens unter Berücksichtigung des Lageberichts einzugehen, soweit die geprüften Unterlagen und der Lagebericht eine solche Beurteilung erlauben. Der Abschlußprüfer hat die Prognose der Geschäftsführung anhand der vorhandenen Informationen daraufhin zu bewerten, ob die grundlegenden Annahmen realistisch und in sich widerspruchsfrei sind und die Prognoseverfahren richtig gehandhabt wurden. Eine eigene Prognoseentscheidung des Abschlußprüfers wird nicht gefordert.[249]

168 Außerdem ist im Eingangsteil darzustellen, ob bei der Durchführung der Prüfung Unrichtigkeiten oder Verstöße gegen gesetzliche Vorschriften sowie Tatsachen festgestellt worden sind, die den Bestand des geprüften Unternehmens gefährden oder seine Entwicklung wesentlich beeinträchtigen können oder die schwerwiegende Verstöße der gesetzlichen Vertreter oder von Arbeitnehmern gegen Gesetz, Gesellschaftsvertrag oder die Satzung darstellen (§ 321 Abs. 1 Satz 3 HGB nF). Die Regelung entspricht der bisherigen **Redepflicht** gemäß § 321 Abs. 2 HGB aF. In dringenden Fällen kann es erforderlich sein, daß der Abschlußprüfer die Gesellschafter bereits vorab über seine Feststellungen unterrichtet.[250]

169 Im Hauptteil des Prüfungsberichts ist wie bisher darzulegen, ob die Buchführung, der Jahresabschluß und der Lagebericht den gesetzlichen Vorschriften und den ergänzenden Bestimmungen des Gesellschaftsvertrags oder der Satzung entsprechen und ob die Geschäftsführer die verlangten Aufklärungen und Nachweise erbracht haben. Neu ist, daß auch die Übereinstimmung der weiteren geprüften Unterlagen mit den gesetzlichen Vorschriften und den satzungsmäßigen Bestimmungen darzustellen ist.[251] Weiterhin ist darauf einzugehen, ob der Abschluß insgesamt unter Beachtung der GoB ein den tatsächlichen Verhältnissen entsprechendes Bild der Vermögens-, Finanz- und Ertragslage vermittelt (§ 321 Abs. 2 Satz 2 HGB nF). Sind **Einwendungen** gegen die Buchführung (einschl. des internen Kontrollsystems), den Jahresabschluß oder Lagebericht zu erheben, muß im Prüfungsbericht darauf hingewiesen werden, auch wenn die Einwendungen nicht zu einer Einschränkung oder Versagung des Bestätigungsvermerks

---

[248] Die Vorschriften gelten spätestens für die Prüfung des Abschlusses von nach dem 31. 12. 1998 beginnenden Geschäftsjahren, vgl. Art. 46 Abs. 1 Satz 1 KonTraG.
[249] Vgl. dazu auch *Forster* WPg 1998, 41/51; IDW Prüfungsstandard: Prüfung des Lageberichts (IDW PS 350), WPg 1998, 663 ff.
[250] IDW Fachgutachten 2/1988 Abschn. C V, WPg 1989, 23 f.; Entwurf eines IDW Prüfungsstandards: Grundsätze ordnungsmäßiger Berichterstattung bei Abschlußprüfungen (IDW EPS 450) Tz. 34, WPg 1998, 866, 869.
[251] Was unter den weiteren geprüften Unterlagen zu verstehen ist, ist bislang unklar, vgl. *Forster* WPg 1998, 41/51.

G. Prüfung   170–174 § 9

geführt haben.[252] Weniger bedeutsame Einwendungen, deren Kenntnis für die Berichtsleser nicht von Bedeutung ist, sollten der Geschäftsführung in einem Vermerk oder einem sog. **Management-Letter** außerhalb des Prüfungsberichts mitgeteilt werden.[253]

Weiterer Bestandteil des Hauptteils ist nach § 321 Abs. 2 Satz 3 HGB nF eine **Aufgliederung und Erläuterung der Posten** des Jahresabschlusses. Diese ist allerdings nur insoweit erforderlich, als dadurch die Darstellung der Vermögens-, Finanz- und Ertragslage verbessert wird und die Angaben im Anhang nicht enthalten sind.

In einem besonderen Abschnitt des Prüfungsberichts hat der Abschlußprüfer **Gegenstand, Art und Umfang der Prüfung** zu erläutern (§ 321 Abs. 3 HGB nF). Die Darstellung soll es dem Leser ermöglichen, die Tätigkeit des Abschlußprüfers besser zu beurteilen.[254]   170

Die bisher in § 321 Abs. 1 Satz 4 HGB aF vorgesehene Berichterstattung über nachteilige Veränderungen der Vermögens-, Finanz- und Ertragslage gegenüber dem Vorjahr und über Verluste, die das Jahresergebnis wesentlich beeinflußt haben, ist nach der Neuregelung durch das KonTraG nicht mehr ausdrücklich vorgeschrieben. Eine **Berichtspflicht bei negativen Unternehmensentwicklungen** ergibt sich nunmehr aber aus der nach § 321 Abs. 1 Satz 2 HGB nF erforderlichen Stellungnahme des Abschlußprüfers zur Beurteilung der Lage, des Fortbestandes und der künftigen Entwicklung des Unternehmens durch die Geschäftsführung.   171

Der Prüfungsbericht ist vom Abschlußprüfer zu unterzeichnen und den Geschäftsführern **vorzulegen.** Hat der Aufsichtsrat den Prüfungsauftrag erteilt, so ist der Bericht ihm vorzulegen. Den Geschäftsführern ist in diesem Falle vor Zuleitung Gelegenheit zur Stellungnahme zu geben (§ 321 Abs. 5 HGB nF).   172

Die Regelungen zur Berichterstattung über die Prüfung des Jahresabschlusses und des Lageberichts gelten entsprechend für den **Konzernprüfungsbericht.** Nach § 298 Abs. 3 Satz 3 HGB können die Prüfungsberichte über den Jahresabschluß des Mutterunternehmens und den Konzernabschluß **zusammengefaßt** werden, wenn Konzernanhang und Anhang des Jahresabschlusses ebenfalls zusammengefaßt werden. Der zusammengefaßte Bericht muß allen Anforderungen genügen, die für die getrennte Berichterstattung gelten.[255]   173

2. Bestätigungsvermerk

Der Bestätigungsvermerk ist die für die Öffentlichkeit bestimmte[256] Zusammenfassung des Prüfungsergebnisses (§ 322 Abs. 1 Satz 1 HGB). Er war   174

---

[252] IDW Fachgutachten 2/1988 Abschn. C VII, WPg 1989, 24; Entwurf IDW EPS 450 Tz. 54 f., 58, WPg 1998, 866, 871.
[253] *ADS*, 5. Aufl., § 321 Anm. 207.
[254] Vgl. Begründung zum Entwurf des KonTraG, BR-Drs. 872/97, S. 77.
[255] IDW Fachgutachten 2/1988 Abschn. D II., VI., WPg 1989, 25 f.; Entwurf eines IDW Prüfungsstandards: Grundsätze ordnungsmäßiger Berichterstattung bei Abschlußprüfungen (IDW EPS 450) Tz. 110, WPg 1998, 866, 875.
[256] Zur Publizität des Bestätigungsvermerks vgl. Rz. 214.

bisher in seiner Kernfassung dem Wortlaut nach vorgeschrieben (Formeltestat) und konnte nur mit Ergänzungen oder Einschränkungen versehen werden. Durch das KonTraG hat der Gesetzgeber das Testat nunmehr als **Bestätigungsbericht** ausgestaltet, dessen Formulierung dem pflichtgemäßen Ermessen des Abschlußprüfers überlassen bleibt.[257] Als Mindestinhalt des Bestätigungsvermerks sieht das Gesetz nach der Neuregelung vor:
- eine Beschreibung von Gegenstand, Art und Umfang der Prüfung sowie eine Beurteilung des Prüfungsergebnisses in allgemeinverständlicher und problemorientierter Form (§ 322 Abs. 1 Satz 3, Abs. 2 Satz 1 HGB nF),
- die Erklärung des Abschlußprüfers, daß die von ihm durchgeführte Prüfung zu keinen Einwendungen geführt hat und daß der von den gesetzlichen Vertretern der Gesellschaft aufgestellte Jahresabschluß auf Grund der bei der Prüfung gewonnenen Erkenntnisse nach seiner Beurteilung unter Beachtung der GoB ein und tatsächlichen Verhältnissen entsprechendes Bild der Vermögens-, Finanz- und Ertragslage des Unternehmens vermittelt (§ 322 Abs. 1 Satz 3 HGB nF),
- ein gesondertes Eingehen auf Risiken, die den Fortbestand des Unternehmens gefährden (§ 322 Abs. 2 Satz 2 HGB nF),
- eine Aussage dazu, ob der Lagebericht insgesamt nach der Beurteilung des Abschlußprüfers eine zutreffende Vorstellung von der Lage des Unternehmens vermittelt und die Risiken der künftigen Entwicklung zutreffend dargestellt sind (§ 322 Abs. 3 HGB nF).

Auch nach der Neuregelung stellt der Bestätigungsvermerk kein Urteil über die wirtschaftliche Lage des Unternehmens und die Geschäftsführung dar.

Der Bestätigungsvermerk kann uneingeschränkt oder mit Einschränkungen erteilt werden (§ 322 Abs. 1, 4 HGB nF). Auch mit Einschränkungen ist der Bestätigungsvermerk ein **Positivbefund**. Ist selbst ein eingeschränktes positives Gesamturteil nicht möglich, so ist der Bestätigungsvermerk zu versagen. An seine Stelle tritt ein **Vermerk über die Versagung** (§ 322 Abs. 4 Satz 2 HGB nF).

175 Die **rechtliche Bedeutung der Einschränkung oder Versagung** des Bestätigungsvermerks ist begrenzt. Für die Feststellung des Jahresabschlusses einer prüfungspflichtigen GmbH ist Voraussetzung nur, daß ein Bestätigungsvermerk erteilt oder versagt wurde.[258] Die Gesellschafter können den Jahresabschluß trotz eingeschränkten oder versagten Bestätigungsvermerks feststellen.[259] Eine Kapitalerhöhung aus Gesellschaftsmitteln (dazu § 7 Rz. 46 ff.) ist jedoch nur wirksam, wenn der zugrunde gelegte Jahresabschluß oder Zwischenabschluß einen uneingeschränkten Bestätigungsvermerk trägt (§ 57 e GmbHG). Hat die GmbH einen Aufsichtsrat, so muß dieser den Einwendungen des Abschlußprüfers im Bestätigungsvermerk nachgehen und in seinem Bericht dazu Stellung nehmen (§ 52 Abs. 1 GmbHG iVm. § 171 Abs. 2 Satz 3

---

[257] *Forster,* WPg 1998, 41/53; zum Bestätigungsvermerk nach neuem Recht vgl. auch Entwurf eines IDW Prüfungsstandards: Grundsätze für die ordnungsmäßige Erteilung von Bestätigungsvermerken bei Abschlußprüfungen (IDW EPS 400), WPg 1998, 724 ff.; die Neuregelung gilt spätestens für die Prüfung des Abschlusses von nach dem 31. 12. 1998 beginnenden Geschäftsjahren, vgl. Art. 46 Abs. 1 Satz 1 KonTraG.
[258] *ADS,* 5. Aufl., § 322 Anm. 20; HdJ/*Raff/Brandl* HdJ Abt. VI/5, Anm. 91.
[259] WPH I 1996 O Anm. 291; *Lutter/Hommelhoff* Anh. § 42 Anm. 54.

G. Prüfung

AktG). Ein eingeschränkter oder versagter Bestätigungsvermerk kann die Gesellschafter dazu veranlassen, den Geschäftsführern die Entlastung zu verweigern.[260] Entscheidender ist die **tatsächliche Bedeutung** der Einschränkung oder Versagung des Bestätigungsvermerks. Es droht eine Gefährdung des guten Rufs der Gesellschaft und eine Beeinträchtigung der Kreditwürdigkeit.

Für den **Bestätigungsvermerk zum Konzernabschluß** gelten im wesentlichen die gleichen Grundsätze wie für den Bestätigungsvermerk zum Einzelabschluß.[261] Werden der Konzernanhang und der Anhang des Jahresabschlusses **zusammengefaßt**, dürfen nach § 298 Abs. 3 Satz 3 HGB auch die Bestätigungsvermerke zusammengefaßt werden.[262] Bei der Zusammenfassung von Konzernanhang und Anhang des Jahresabschlusses sowie Konzernlagebericht und Lagebericht des Mutterunternehmens ist es auch zulässig, zwei getrennte Prüfungsberichte zu erstellen und nur die Bestätigungsvermerke zum Einzelabschluß des Mutterunternehmens und zum Konzernabschluß für die Offenlegung besonders zusammenzufassen.

Bei der **freiwilligen Prüfung** des Jahresabschlusses kleiner GmbH und freiwillig aufgestellter Konzernabschlüsse darf ein § 322 Abs. 1 HGB nachgebildeter Bestätigungsvermerk nur erteilt werden, wenn die Prüfung nach Art und Umfang der Pflichtprüfung nach §§ 316 ff. HGB entspricht und über Art, Umfang und Ergebnis der Prüfung schriftlich berichtet wird.[263] Hat eine Prüfung entsprechend den Vorschriften über die Pflichtprüfung nicht stattgefunden, kann nur eine Bescheinigung erteilt werden.[264]

VI. Nachtragsprüfung

Die Abschlußprüfung ist mit der Vorlage des Prüfungsberichts an die Geschäftsführer oder den Aufsichtsrat beendet.[265] Wird der Jahresabschluß, der Konzernabschluß, der Lagebericht oder der Konzernlagebericht danach noch geändert, so hat der Abschlußprüfer diese Unterlagen erneut zu prüfen, soweit es die Änderung erfordert (§ 316 Abs. 3 Satz 1 HGB). Bei rein redaktionellen Änderungen des Lage- oder Konzernlageberichts ist eine Nachtragsprüfung nicht erforderlich.[266] Über die Nachtragsprüfung ist zu berichten; der Bestätigungsvermerk ist entsprechend zu ergänzen (§ 316 Abs. 3 Satz 2 HGB). Unterbleibt die Nachtragsprüfung, so ist ein festgestellter geänderter Jahresabschluß nichtig.[267]

---

[260] Vgl. WPH I 1996 O Anm. 294.
[261] Vgl. BeckBil-Komm./*Budde/Kunz* § 322 Anm. 86 ff.; WPH I 1996 O Anm. 81.; *Küting/Weber*-Konzern S. 647 ff.; Entwurf IDW EPS 400 Tz. 88 ff., WPg 1998, 724, 732.
[262] BeckBil-Komm./*Budde/Kunz* § 322 Anm. 97 ff.; zur Zusammenfassung der Prüfungsberichte vgl. Rz. 173.
[263] IDW Fachgutachten 3/1988 Abschn. G I, WPg 1989, 35; Entwurf IDW EPS 400 Tz. 5, WPg 1998, 724.
[264] IDW Fachgutachten 3/1988 Abschn. G II, WPg 1989, 35; Entwurf IDW EPS 400, aaO.
[265] BeckBil-Komm./*Förschle/Kofahl* § 316 Anm. 30; *ADS*, 5. Aufl., § 316 Anm. 48.
[266] *ADS*, 5. Aufl., § 316 Anm. 65.
[267] *Baumbach/Hueck/Schulze-Osterloh* § 41 Anm. 57 sowie hier Rz 151, 208 ff.

179 Wird der geprüfte Jahresabschluß von den Gesellschaftern oder dem sonst dazu befugten Organ im Zuge der Feststellung geändert, besteht häufig das Bedürfnis, für die Feststellung des geänderten Jahresabschlusses nicht noch den schriftlichen Bericht des Abschlußprüfers über die Nachtragsprüfung abwarten zu müssen. Nimmt der Abschlußprüfer an den Verhandlungen über die Feststellung des Jahresabschlusses teil,[268] wird es für vertretbar gehalten, daß der Abschlußprüfer mündlich berichtet, sofern ihm Gelegenheit geboten wird, die Änderung noch während der Sitzung oder in einer Sitzungspause ausreichend zu prüfen.[269] Str. ist, ob die Gesellschafterversammlung den geänderten Jahresabschluß in entsprechender Anwendung von § 173 Abs. 3 AktG feststellen kann, bevor der schriftliche Bericht über die Nachtragsprüfung vorliegt.[270] Die Feststellung ist dann zunächst schwebend unwirksam. Sie wird wirksam, wenn binnen zwei Wochen ein hinsichtlich der Änderung uneingeschränkter Bestätigungsvermerk erteilt wird. Andernfalls wird sie nichtig.

VII. Verantwortlichkeit des Abschlußprüfers

180 Der Abschlußprüfer und seine Gehilfen sind nach § 323 Abs. 1 Satz 1 HGB zur **gewissenhaften und unparteiischen Prüfung** und zur Verschwiegenheit verpflichtet. Dazu gehört insb., daß der Abschlußprüfer die maßgebenden Gesetze, deren Auslegung durch die Gerichte und die sonstigen fachlichen Regeln, wie sie zB in den Fachgutachten und Stellungnahmen des IDW niedergelegt sind, beachtet.[271] Darüber hinaus ist es dem Abschlußprüfer und seinen Gehilfen untersagt, Geschäfts- und Betriebsgeheimnisse, die sie bei ihrer Tätigkeit erfahren haben, unbefugt zu verwerten (§ 323 Abs. 1 Satz 2 HGB).

181 Verstößt der Abschlußprüfer bei Durchführung einer **Pflichtprüfung** vorsätzlich oder fahrlässig gegen die ihm obliegenden Pflichten, ist er der geprüften Gesellschaft und ggf. auch einem mit ihr verbundenen Unternehmen zum Ersatz des daraus entstehenden Schadens verpflichtet (§ 323 Abs. 1 Satz 3 HGB). Die Regelung geht den bürgerlich-rechtlichen Haftungstatbeständen für vertragliche Leistungsstörungen sowie deliktischen Ansprüchen (§§ 823 ff. BGB) der geprüften Gesellschaft und der mit ihr verbundenen Unternehmen wegen Verstoßes gegen Prüfungs-, Berichts- oder Schweigepflichten vor.[272]
Anderen Personen als der geprüften Gesellschaft und den mit ihr verbundenen Unternehmen haftet der Abschlußprüfer aus § 323 HGB nicht.[273] Dies schließt eine vertragliche Haftung unter dem Gesichtspunkt der Einbeziehung in den

---

[268] Vgl. § 42 a Abs. 3 GmbHG.
[269] *ADS,* 5. Aufl., § 316 Anm. 70; krit. BeckBil-Komm./*Förschle/Kofahl* § 316 Anm. 39; WPH I 1996 O Anm. 205.
[270] Bejahend *Baumbach/Hueck/Schulze-Osterloh* § 41 Anm. 57; *Scholz/Crezelius* § 42 a Anm. 251; aA *ADS,* 5. Aufl., § 316 Anm. 76, 54, aber Möglichkeit der Feststellung des geänderten Jahresabschlusses etwa unter der Bedingung bejahend, daß sie erst nach Durchführung der Nachtragsprüfung wirksam wird.
[271] Vgl. auch *ADS,* 5. Aufl., § 323 Anm. 10 ff.
[272] *ADS,* 5. Aufl., § 323 Anm. 74, 76; für deliktische Ansprüche im Ergebnis auch BeckBil-Komm./*Budde/Hense* § 323 Anm. 154.
[273] BGH v. 2. 4. 1998, DB 1998, 1073; BeckBil-Komm./*Budde/Hense* § 323 Anm. 120, 171; *ADS,* 5. Aufl., § 323 Anm. 77.

G. Prüfung   182, 183   § 9

Schutzbereich des Prüfauftrags (§ 328 BGB analog) nicht aus, jedenfalls dann nicht, wenn die Vertragsteile bei Auftragserteilung oder ggf. später übereinstimmend davon ausgehen, daß die Prüfung auch im Interesse eines bestimmten Dritten (zB eines Anteilserwerbers) durchgeführt werde und das Ergebnis diesem Dritten als Entscheidungsgrundlage dienen soll. § 323 entfaltet insoweit keine Sperrwirkung.[274] Neben diesen vertraglichen Ansprüchen finden die Vorschriften über die unerlaubten Handlungen Dritten gegenüber uneingeschränkt Anwendung. Die in Betracht kommenden Anspruchsgrundlagen (§§ 823 Abs. 2, 824 und 826 BGB) setzen jedoch allesamt vorsätzliches Handeln voraus.[275]

Die Haftung nach § 323 Abs. 1 Satz 3 HGB ist bei fahrlässigen Verstößen auf DM 500 000, für die Prüfung des Abschlusses von nach dem 31. 12. 1998 beginnenden Geschäftsjahren auf DM 2 Mio. für eine Prüfung beschränkt.[276] Dies gilt auch dann, wenn mehrere Personen an der Prüfung beteiligt waren oder mehrere Fehler begangen worden sind (§ 323 Abs. 2 HGB). Die Haftung kann weder ausgeschlossen noch beschränkt werden (§ 323 Abs. 4 HGB). Eine vertragliche Erweiterung der Haftung ist zwar nach dem HGB nicht verboten, verstößt aber gegen die Berufsauffassung der WP und vBP.[277] Die Haftungsbeschränkung des § 323 Abs. 2 HGB gilt entsprechend für Haftungsansprüche Dritter aufgrund der Schutzwirkung des Prüfvertrags.[278]   **182**

Die Ansprüche aus § 323 HGB verjähren in fünf Jahren (§ 323 Abs. 5 HGB). Die Verjährung beginnt mit der Entstehung des Anspruchs (§ 198 BGB), idR mit Schadenseintritt, dh. mit Verschlechterung der Vermögenslage dem Grunde nach, bei überhöhtem Gewinnausweis mit dem Gewinnverwendungsbeschluß, nicht schon mit Ablieferung des Prüfungsberichts.[279] Auf die Kenntnis der GmbH von der Pflichtverletzung, der Person des Schädigers und des Schadens bzw. dessen Höhe kommt es nicht an.[280] Eine vertragliche Verkürzung der Verjährungsfrist ist ebenso wie die Vereinbarung einer Ausschlußfrist grundsätzlich zulässig.[281]   **183**

---

[274] BGH v. 2. 4. 1998, DB 1998, 1073 (vgl. dazu *Sieger/Gätsch* BB 1998, 1408); OLG Stuttgart v. 25. 7. 1995, WPK-Mitt. 1995, 222; OLG Hamm v. 12. 7. 1996, BB 1996, 2295; aA *ADS,* 5. Aufl. § 323 Anm. 91; BeckBil.-Komm./*Budde/Hense* § 323 Anm. 191; *Baumbach/Hueck/Schulze-Osterloh* § 41 Anm. 113; *Baumbach/Hopt* § 323 Anm. 8; *Ebke* WPK-Mitt. 1997, 108, 196; Rechtsausschuß des Deutschen Bundestages in Beschlußempfehlung und Bericht zum Entwurf des KonTraG, BT-Drs. 13/10038 S. 41 unter Hinweis auf LG Frankfurt a. M. v. 8. 4. 1997, WPK-Mitt. 1997, 236.

[275] Vgl. *ADS,* 5. Aufl., § 323 Anm. 78 ff.; BeckBil.-Komm./*Budde/Hense* § 323 Anm. 172 ff.

[276] Zum zeitlichen Anwendungsbereich der Neufassung des § 323 Abs. 1 Satz 3 HGB vgl. Art. 46 Abs. 1 Satz 2 KonTraG.

[277] BeckBil.-Komm./*Budde/Hense* § 323 Anm. 136; *ADS,* 5. Aufl., § 323 Anm. 61; WPH I 1996 A Anm. 373.

[278] BGH v. 2. 4. 1998, DB 1998, 1073.

[279] BGH v. 28. 10. 1993, DB 1994, 926; die Verjährungsfrist wird nicht in Lauf gesetzt, wenn noch offen ist, ob das pflichtwidrige Verhalten zu einem Schaden führt, also nur ein entsprechendes Risiko besteht; vgl. auch *ADS,* 5. Aufl., § 323 Anm. 73; BeckBil.-Komm./*Budde/Hense* § 323 Anm. 140; *Baumbach/Hueck/Schulze-Osterloh* § 41 Anm. 112.

[280] *ADS* aaO; BeckBil-Komm./*Budde/Hense* aaO.

[281] Str.; ebenso *ADS* aaO; BeckBil-Komm./*Budde/Hense* § 323 Anm. 142 f.

184 Bei **freiwilligen Abschlußprüfungen** richten sich der Umfang der vom Abschlußprüfer zu erfüllenden Pflichten und die Rechtsfolgen einer Pflichtverletzung nach den vertraglichen Vereinbarungen (Prüfungsauftrag) und den allgemeinen zivilrechtlichen Regeln. § 323 HGB ist auf sie nicht, auch nicht entsprechend, anwendbar, selbst dann nicht, wenn sich die Pflichten des Abschlußprüfers nach dem Vertrag mit denen des § 323 HGB inhaltlich decken.[282] Verletzt der Abschlußprüfer schuldhaft die mit dem Prüfungsauftrag übernommenen Pflichten, so haftet er dem Vertragpartner und etwaigen in den Schutzbereich des Vertrages einbezogenen Dritten nach den Grundsätzen der positiven Vertragsverletzung. Die Haftung ist der Höhe nach nicht begrenzt. Im allgemeinen wird bei Übernahme des Prüfungsauftrags allerdings eine Haftungsbeschränkung vereinbart. Die Allgemeinen Auftragsbedingungen für Wirtschaftsprüfer und Wirtschaftsprüfungsgesellschaften vom 1.1.1995 sehen hierzu eine Haftungsobergrenze von DM 2 Mio. für jeden fahrlässig verursachten Schadensfall vor. Ab 1. 1. 1999 kann die Haftsumme beim Gebrauch von allgemeinen Geschäftsbedingungen nur noch auf einen Betrag von DM 8 Mio. begrenzt werden. Die Haftbegrenzung setzt voraus, daß eine entsprechende Berufshaftpflichtversicherung unterhalten wird.[283]

Der Anspruch aus positiver Vertragsverletzung verjährt gemäß der Sondervorschrift des § 51 a WPO innerhalb von fünf Jahren nach Entstehung.[284]

185 Verstößt der Abschlußprüfer oder ein Prüfungsgehilfe bei einer gesetzlichen Pflichtprüfung vorsätzlich gegen seine Berichtspflicht (§ 321 HGB) oder erteilt er vorsätzlich einen falschen Bestätigungsvermerk (§ 322 HGB), so macht er sich nach § 332 HGB **strafbar**. Das gleiche gilt bei einer vorsätzlichen Verletzung der Geheimhaltungspflicht (§ 333 HGB).

186–189 *(frei)*

H. Vorlagepflichten

190 Die Geschäftsführer haben nach § 42 a Abs. 1 GmbHG den Jahresabschluß (Bilanz, GuV-Rechnung und Anhang) und den Lagebericht unverzüglich nach der Aufstellung den **Gesellschaftern** zum Zweck der Feststellung des Jahresabschlusses vorzulegen. Bei großen und mittelgroßen GmbH sind der Jahresabschluß und der Lagebericht nach der Aufstellung zunächst dem **Abschlußprüfer** und nach Eingang des Prüfungsberichts zusammen mit diesem den Gesellschaftern vorzulegen (§ 320 Abs. 1 Satz 1 HGB). Entsprechendes gilt bei kleinen GmbH im Falle einer freiwilligen Abschlußprüfung.[285] Hat die GmbH einen **Aufsichtsrat,** so sind zunächst ihm der

---

[282] BeckBil-Komm./*Budde/Hense* § 323 Anm. 160.

[283] Vgl. §§ 54 a, 54 WPO iVm. § 323 Abs. 2 HGB nF; zum zeitlichen Anwendungsbereich der Neuregelung vgl. § 139 a WPO, eingefügt durch Drittes Gesetz zur Änderung der Bundesnotarordnung und anderer Gesetze vom 31. 8. 1998 (BGBl. I 1998, 2585).

[284] BeckBil-Komm./*Budde/Hense* § 323 Anm. 165.

[285] *Lutter/Hommelhoff* § 42 a Anm. 4; *Hartmann* Das neue Bilanzrecht und der Gesellschaftsvertrag der GmbH, Köln 1986, S. 162; aA *Küting/Weber* § 42 a GmbHG Anm. 10.

H. Vorlagepflichten   191–193   § 9

Jahresabschluß und der Lagebericht sowie ggf. der Prüfungsbericht des Abschlußprüfers vorzulegen (§ 52 Abs. 1 GmbHG iVm. § 170 Abs. 1 Satz 2 AktG).[286] Nach Eingang des Prüfungsberichts des Aufsichtsrats haben die Geschäftsführer diesen zusammen mit dem Jahresabschluß, dem Lagebericht und ggf. dem Prüfungsbericht des Abschlußprüfers den Gesellschaftern als „Paket" vorzulegen.[287]

Bei kleinen und mittelgroßen GmbH ist, sofern der Gesellschaftsvertrag nichts anderes vorschreibt, der unter Inanspruchnahme von größenabhängigen **Erleichterungen** aufgestellte Jahresabschluß vorzulegen. Die Gesellschafter können aber im Rahmen ihres Auskunfts- und Einsichtsrechts nach § 51 a Abs. 1 GmbHG zusätzlich die Vorlage eines ohne Inanspruchnahme von Erleichterungen aufgestellten Jahresabschlusses verlangen.[288]   191

Wenn nach dem Gesellschaftsvertrag nicht die Gesellschafterversammlung, sondern ein **anderes Organ** (zB ein Aufsichtsrat) **für die Feststellung des Jahresabschlusses zuständig** ist,[289] sind sämtliche erforderlichen Unterlagen diesem Organ vorzulegen.[290] Die Pflicht zur Vorlage zumindest von Jahresabschluß und Lagebericht an die Gesellschafter in ihrer Gesamtheit nach § 42 a Abs. 1 GmbHG bleibt davon unberührt.[291]   192

Für die Erfüllung der Vorlagepflicht nach § 42 a Abs. 1 GmbHG genügt es im Normalfall, daß die Unterlagen von den Gesellschaftern in den Geschäftsräumen der Gesellschaft eingesehen werden können und jeder Gesellschafter über die **Auslage** informiert wird.[292] Auf Verlangen sind die Vorlagen den Gesellschaftern auch **auszuhändigen**.[293] Die Gesellschafter können jedoch analog § 51 a Abs. 2 GmbHG beschließen, daß der **Prüfungsbericht** des Abschlußprüfers einzelnen Gesellschaftern nicht ausgehändigt wird, wenn zu besorgen ist, daß der Gesellschafter den Prüfungsbericht zu gesellschaftsfremden Zwecken verwenden und dadurch der Gesellschaft oder einem verbundenen Unternehmen einen nicht unerheblichen Nachteil zufügen wird.[294] Die Gesellschafter dürfen sich bei der Einsichtnahme in die Vorlage eines zur Verschwiegenheit verpflichteten **Sachverständigen** (insb. WP, vBP, StB, RA) bedienen.[295]   193

---

[286] Der Prüfungsbericht ist grundsätzlich jedem Aufsichtsratmitglied oder, soweit der Aufsichtsrat dies beschlossen hat, den Mitgliedern eines Ausschusses auszuhändigen; § 52 Abs. 1 GmbHG iVm. § 170 Abs. 3 Satz 2 AktG nF.
[287] *Lutter/Hommelhoff* § 42 a Anm. 3; *Scholz/Crezelius* § 42 a Anm. 28; *ADS* § 42 a GmbHG Anm. 12; sofern dadurch die rechtzeitige Feststellung des Jahresabschlusses oder eine gründliche Vorbereitung des Feststellungsbeschlusses der Gesellschafter gefährdet würde, sind der Jahresabschluß, der Lagebericht und der Prüfungsbericht des Abschlußprüfers vorweg vorzulegen.
[288] *Baumbach/Hueck/Schulze-Osterloh* § 42 a Anm. 5.
[289] Vgl. § 10 Rz. 123 ff.
[290] Vgl. *Biener/Berneke* S. 551; *ADS* § 42 a GmbHG Anm. 16.
[291] *ADS* § 42 a GmbHG Anm. 17; *Lutter/Hommelhoff* § 42 a Anm. 19; aA *Scholz/Crezelius* § 42 a Anm. 7; *Küting/Weber* § 42 a GmbHG Anm. 22.
[292] *Lutter/Hommelhoff* § 42 a Anm. 9.
[293] *ADS* § 42 a GmbHG Anm. 21; *Lutter/Hommelhoff* § 42 a Anm. 17 f.; *Scholz/Crezelius* § 42 a Anm. 11; *Küting/Weber* § 42 a GmbHG Anm. 30.
[294] *ADS* § 42 a GmbHG Anm. 25; *Baumbach/Hueck/Schulze-Osterloh* § 42 a Anm. 11; *Lutter/Hommelhoff* § 42 a Anm. 23 ff.; *Hommelhoff/Priester* ZGR 1986, 495.
[295] *ADS* § 42 a GmbHG Anm. 22; *Lutter/Hommelhoff* § 42 a Anm. 9.

194 Ist die GmbH zur **Konzernrechnungslegung** verpflichtet, so umfaßt die Vorlagepflicht des § 42 a Abs. 1 GmbH auch den Konzernabschluß, den Konzernlagebericht und den Prüfungsbericht des Konzernabschlußprüfers (§ 42 a Abs. 4 GmbHG). Der Konzernabschluß braucht nicht festgestellt zu werden. Eine Prüfung des Konzernabschlusses durch einen Aufsichtsrat ist gesetzlich nicht vorgesehen. Die Vorlagepflicht nach § 42 a Abs. 4 iVm. Abs. 1 GmbHG besteht auch für einen freiwillig unter Beachtung der gesetzlichen Vorschriften aufgestellten Konzernabschluß und einen dazu aufgrund freiwilliger Prüfung erstellten Prüfungsbericht, weil diese Unterlagen ebenso zur Information der Gesellschafter beitragen wie bei pflichtmäßiger Aufstellung und Prüfung eines Konzernabschlusses.[296]

195 Den Vorlagepflichten ist **unverzüglich,** dh. ohne schuldhaftes Zögern (§ 121 Abs. 1 Satz 1 BGB) nachzukommen.[297] Dabei ist darauf zu achten, daß die gesetzliche Frist zur Feststellung des Jahresabschlusses von acht Monaten bei großen und mittelgroßen GmbH und von elf Monaten bei kleinen GmbH (§ 42 a Abs. 2 GmbHG) eingehalten werden kann. Kommen die Geschäftsführer ihren Vorlagepflichten nicht rechtzeitig nach, können die Gesellschafter sie hierzu anweisen. Im übrigen bleibt den Gesellschaftern nur die Leistungsklage.[298] Zur Erzwingung der Aufstellung von Jahres- und Konzernabschluß vgl. Rz. 57, 144.

196 Die Geschäftsführer sind nicht verpflichtet, auch einen **Gewinnverwendungsvorschlag** vorzulegen.[299] § 278 HGB setzt jedoch für die Berechnung des Körperschaftsteueraufwands bei der Aufstellung des Jahresabschlusses einen Gewinnverwendungsvorschlag voraus. Daher unterbreiten die Geschäftsführer üblicherweise auch einen Gewinnverwendungsvorschlag, in dem gesellschaftsvertragliche Ausschüttungsregeln sowie bereits gefaßte und noch zu erwartende Ausschüttungsbeschlüsse berücksichtigt werden.[300] Weicht der endgültige Beschluß nach §§ 29, 46 Nr. 1 GmbHG vom Gewinnverwendungsvorschlag der Geschäftsführer ab, so braucht der Jahresabschluß (wegen des dann regelmäßig unzutreffend ausgewiesenen Körperschaftsteueraufwands) nicht geändert zu werden (§ 278 Satz 2 HGB; vgl. auch § 10 Rz. 150).

197 Der Jahresabschluß gehört auch zu den Unterlagen, die der Unternehmer bei der Unterrichtung des **Wirtschaftsausschusses** über die wirtschaftliche und finanzielle Lage des Unternehmens nach § 106 Abs. 2 BetrVG vorzulegen hat.[301] Das gleiche gilt für den Prüfungsbericht des Abschlußprüfers, der dem Wirtschaftsausschuß jedenfalls dann vorzulegen ist, wenn ein wirksamer Spruch

---

[296] Ähnlich *Lutter/Hommelhoff* § 42 a Anm. 6.
[297] *ADS* § 42 a GmbHG Anm. 13.
[298] *Küting/Weber* § 42 a GmbHG Anm. 41; nach *Scholz/Crezelius* § 42 a Anm. 19 und *Lutter/Hommelhoff* § 42 a Anm. 27 soll statt dessen des FGG-Verfahren über § 51 b GmbHG anwendbar sein.
[299] *Küting/Weber* § 42 a GmbHG Anm. 12; *Baumbach/Hueck/Schulze-Osterloh*, § 42 a Anm. 5; *Scholz/Crezelius* § 42 a Anm. 16; aA *Lutter/Hommelhoff* § 42 a Anm. 7; *Hartmann* aaO, S. 161 f.; beachte aber § 52 Abs. 1 GmbHG iVm. § 170 Abs. 2 AktG für den Fall, daß die GmbH einen fakultativen Aufsichtsrat hat.
[300] Vgl. *Küting/Weber* § 278 Anm. 9.
[301] BAG v. 8. 8. 1989, DB 1989, 2621/2625.

J. Feststellung des Jahresabschlusses

I. Feststellungsbeschluß

Spätestens bis zum Ablauf der ersten acht Monate oder, wenn es sich nach den Größenkriterien des § 267 HGB um eine kleine Kapitalgesellschaft handelt, bis zum Ablauf der ersten elf Monate des Geschäftsjahres haben die Gesellschafter nach § 42 a Abs. 2 GmbHG über die Feststellung des Jahresabschlusses und über die Ergebnisverwendung zu beschließen. Die Frist kann nicht durch den Gesellschaftsvertrag verlängert werden. 198

Die Feststellung ist die **Verbindlicherklärung** des Jahresabschlusses im Verhältnis der Gesellschafter untereinander und im Verhältnis der Gesellschaft zu Dritten durch das dazu berufene Gesellschaftsorgan.[304] Sie ist Voraussetzung für den Ergebnisverwendungsbeschluß und Grundlage ergebnisabhängiger Ansprüche, zB von Tantiemen oder Gewinnbeteiligungen stiller Gesellschafter.[305] Bis zur Feststellung handelt es sich bei dem von den Geschäftsführern aufgestellten Jahresabschluß lediglich um einen unverbindlichen Entwurf, der jederzeit geändert oder ergänzt werden kann.[306] 199

Festzustellen ist der Jahresabschluß, dh. Bilanz, GuV-Rechnung und Anhang (§§ 242, 264 Abs. 1 Satz 1 HGB), nicht dagegen der Lagebericht.[307] Ist die GmbH prüfungspflichtig (§ 316 Abs. 1 Satz 1 HGB), kann der Jahresabschluß erst nach Prüfung und Erteilung oder Versagung des Bestätigungsvermerks festgestellt werden.[308] **Zuständiges Gesellschaftsorgan** ist nach § 46 Nr. 1 GmbHG die Gesellschafterversammlung. Durch den Gesellschaftsvertrag kann die Zuständigkeit auf ein anderes Organ, zB auf einen Aufsichtsrat, einen Gesellschafterausschuß oder auf die Geschäftsführer, übertragen werden (dazu näher § 10 Rz. 103 ff.).[309] Haben die Gesellschafter die Fest- 200

---

[302] BAG v. 8. 8. 1989, DB 1989, 2621; vgl. *Hommelhoff* ZIP 1990, 218 ff. mit beachtlichen Einwendungen gegen den BAG-Beschluß.
[303] BAG v. 8. 8. 1989, DB 1989, 2624.
[304] BGH v. 39. 3. 1996, DB 1996, 926/927; *Baumbach/Hueck/Schulze-Osterloh* § 42 a Anm. 13; *Scholz/Crezelius* § 42 a Anm. 30; *ADS* § 42 a GmbHG Anm. 28.
[305] BGH v. 1. 3. 1982, DB 1982, 1922; *Baumbach/Hueck/Schulze-Osterloh* aaO; *Scholz/Crezelius* aaO; *ADS* § 42 a GmbHG Anm. 29.
[306] *Baumbach/Hueck/Schulze-Osterloh* § 42 Anm. 466; BeckBil-Komm./*Budde/Raff* § 253 Anm. 706; zur Notwendigkeit einer Nachtragsprüfung bei Änderung des geprüften Jahresabschlusses vgl. Rz. 178 f.
[307] *ADS* § 289 Anm. 51; *Baumbach/Hueck/Schulze-Osterloh* § 42 a Anm. 14; *Scholz/K. Schmidt* § 246 Anm. 7; *Hachenburg/Hüffer* § 46 Anm. 6; der Konzernabschluß wird nicht festgestellt, vgl. Anm. 85.
[308] Vgl. § 316 Abs. 1 Satz 2 HGB; *ADS* § 42 a Anm. 28.
[309] *ADS* § 42 a Anm. 33; *Scholz/Crezelius* § 42 a Anm. 33 ff.; *Scholz/K. Schmidt* § 46 Anm. 46.

stellung des Jahresabschlusses einem anderen Organ übertragen, steht ihnen dennoch ein Anfechtungsrecht zu.[310]

201 Für die **Beschlußfassung** gelten die allgemeinen Regeln (vgl. § 4 Rz. 1ff.). Beschlußfassung mit einfacher Mehrheit genügt, sofern der Gesellschaftsvertrag nichts anderes vorsieht (§ 47 Abs. 1 GmbHG). Stimmberechtigt sind auch die Gesellschafter, die als Geschäftsführer den Jahresabschluß aufgestellt haben.[311]

Bei der Beschlußfassung ist das Feststellungsorgan an den von den Geschäftsführern vorgelegten Jahresabschluß nicht gebunden. Fehlerhafte Bilanzansätze können daher korrigiert, Gestaltungs-, Ansatz- und Bewertungswahlrechte anders ausgeübt werden.[312] Zur Nachtragsprüfung in diesem Falle, wenn der Jahresabschluß prüfungspflichtig ist, vgl. Rz. 178 f.

202 Hat ein Abschlußprüfer den Jahresabschluß geprüft, so hat er auf Verlangen eines Gesellschafters an den Verhandlungen über die Feststellung des Jahresabschlusses teilzunehmen (§ 42a Abs. 3 GmbHG). Dies gilt auch dann, wenn es sich um eine freiwillige Abschlußprüfung handelte.[313] Der Abschlußprüfer ist verpflichtet, in der Gesellschafterversammlung auf Fragen, die sich auf den Prüfungsauftrag beziehen, Auskünfte zu erteilen und den Prüfungsbericht zu erläutern.[314]

II. Änderung des festgestellten Jahresabschlusses

203 **Änderungen** des Jahresabschlusses sind alle Veränderungen von Form oder Inhalt der Bilanz, der GuV-Rechnung oder des Anhangs. Sie können sich auf das Zahlenwerk oder verbale Angaben beziehen. Eine Änderung des Jahresabschlusses liegt auch dann vor, wenn in der dem Jahresabschluß zugrunde liegenden Buchführung Veränderungen vorgenommen werden, ohne daß sich hieraus Auswirkungen für den Jahresabschluß ergeben, zB weil sich die Änderungen innerhalb eines Bilanzpostens vollziehen und gegenseitig ausgleichen.[315] Für die Zulässigkeit nachträglicher Änderungen eines wirksam festgestellten Jahresabschlusses ist danach zu unterscheiden, ob der Jahresabschluß fehlerfrei oder fehlerhaft ist.

204 **Fehlerfreie Jahresabschlüsse** dürfen nach ihrer Feststellung nicht mehr willkürlich geändert werden. Für ihre Änderung müssen vielmehr gewichtige rechtliche, wirtschaftliche oder steuerrechtliche Gründe vorliegen, die das Interesse der Gesellschafter sowie Dritter und ggf. der Öffentlichkeit an der Bestandskraft des Jahresabschlusses überwiegen.[316] Solche Gründe können

---

[310] BGH v. 5. 2. 1965, DB 1965, 624; *ADS* aaO.

[311] *Scholz/K. Schmidt* § 46 Anm. 16; *Baumbach/Hueck/Schulze-Osterloh* § 42a Anm. 18.

[312] *Baumbach/Hueck/Schulze-Osterloh* § 42a Anm. 16; *ADS* § 42a GmbHG Anm. 30.

[313] *ADS* § 42a GmbHG Anm. 54; *Scholz/Crezelius* § 42a Anm. 47.

[314] Zum Auskunftsverweigerungsrecht analog § 51a Abs. 2 GmbHG bei entsprechendem Gesellschafterbeschluß vgl. *Baumbach/Hueck/Schulze-Osterloh* § 42a Anm. 47; *Lutter/Hommelhoff* § 42a Anm. 41; *ADS* § 42a GmbHG Anm. 61.

[315] *ADS* § 172 AktG Anm. 32, IDW-HFA 2/1991 Abschn. I., WPg 1992, 89 ff.

[316] *Baumbach/Hueck/Schulze-Osterloh* § 42 Anm. 468; IDW-HFA 2/1991 Abschn. II. A., aaO; *ADS* § 42a GmbHG Anm. 51, § 172 AktG Anm. 49 ff.; BeckBilKomm./*Budde/Raff* § 253 Anm. 735 f.

J. Feststellung des Jahresabschlusses 205–207 § 9

neue Erkenntnisse nach Feststellung des Jahresabschlusses über eingetretene hohe Verluste oder Anpassungen infolge steuerlicher Mehrergebnisse aufgrund einer Betriebsprüfung oder zur Ausnutzung steuerlicher Verlustvor- oder -rückträge sein.[317] Die Änderung eines fehlerfreien Jahresabschlusses ist unzulässig, wenn hierdurch in bereits entstandene Gewinnauszahlungsansprüche der Gesellschafter eingegriffen wird, es sei denn, diese stimmen einer Änderung zu.[318] Ergebnisabhängige Ansprüche Dritter hindern die Änderung des Jahresabschlusses nicht, doch bleibt ihnen der Anspruch uU in der ursprünglichen Höhe erhalten.[319] Steuerlich kann ein fehlerfreier Jahresabschluß nicht mehr geändert werden.[320]

Berichtigungen **fehlerhafter Jahresabschlüsse** sind auch ohne Vorliegen eines gewichtigen Grundes zulässig. Eine Zustimmung des Finanzamts ist für sie nicht erforderlich. Wird dem Gewinnverwendungsbeschluß durch die Berichtigung die Grundlage entzogen, so müssen alle betroffenen Gesellschafter der Korrektur zustimmen, sofern die Gewinnausschüttung das zur Erhaltung des Stammkapitals erforderliche Vermögen nicht angegriffen hat und die Gesellschafter gutgläubig waren.[321] **205**

Ein Jahresabschluß ist fehlerhaft, wenn er objektiv unrichtig ist, dh. gegen gesetzliche Bilanzierungsvorschriften verstößt, und die Geschäftsführer dies spätestens im Zeitpunkt der Feststellung bei pflichtgemäßer und gewissenhafter Prüfung hätten erkennen können. Spätere wertaufhellende Erkenntnisse machen den Jahresabschluß nicht fehlerhaft.[322]

Fehler des Jahresabschlusses können im allgemeinen in laufender Rechnung korrigiert werden. Eine **Pflicht zur Änderung** des fehlerhaften Jahresabschlusses besteht nur dann, wenn der Fehler zu einer Verschleierung der wirtschaftlichen Lage der Gesellschaft führt.[323] **206**

Der geänderte oder berichtigte Jahresabschluß muß erneut von dem dafür zuständigen Organ festgestellt werden. War der Jahresabschluß prüfungspflichtig, hat zuvor eine **Nachtragsprüfung** stattzufinden (vgl. dazu Rz. 178 f.). **207**

Bei Berichtigung oder Änderung des Jahresabschlusses eines weiter zurückliegenden Geschäftsjahrs sind auch die betroffenen Posten der **nachfolgenden Jahresabschlüsse** zu ändern, soweit der Grundsatz der Bilanzidentität oder das Stetigkeitsgebot dies erfordern.[324]

---

[317] BeckBil-Komm./*Budde/Raff*, aaO; *ADS* § 172 AktG Anm. 54 ff.

[318] *Baumbach/Hueck/Schulze-Osterloh*, aaO; IDW-HFA 2/1991, aaO; *ADS* § 42 a GmbHG Anm. 51; BeckBil-Komm./*Budde/Raff* § 253 Anm. 736.

[319] IDW-HFA 2/1991 aaO; *ADS* § 172 AktG Anm. 68.

[320] § 4 Abs. 2 Satz 2 EStG idF des StEntlG 1999/2000/2002; die Regelung ist auch auf verfahrensrechtlich noch offene Veranlagungzeiträume vor 1999 anzuwenden; vgl. § 52 Abs. 9 EStG nF. Zur bisher geltenden Regelung vgl. BFH v. 24. 3. 1998, DB 1998, 1374.

[321] *Scholz/K. Schmidt* § 46 Anm. 24; *Baumbach/Hueck/Schulze-Osterloh* § 42 Anm. 467.

[322] IDW-HFA 2/1991 Abschn. II. B., WPg 1992, 89 ff.; *Baumbach/Hueck/Schulze-Osterloh* § 42 Anm. 467; zum maßgebenden Zeitpunkt vgl. auch *ADS* § 252 Anm. 76 ff.

[323] WPH I 1996 E Anm. 440; IDW-HFA 2/1991, aaO; BeckBil-Komm./*Budde/Raff* § 253 Anm. 706.

[324] *ADS* § 42 a GmbHG Anm. 51.

III. Nichtigkeit und Anfechtbarkeit des festgestellten Jahresabschlusses

208 Die Feststellung des Jahresabschlusses kann aufgrund von Mängeln nichtig oder anfechtbar sein.[325] Die allgemeinen Regeln über fehlerhafte Gesellschafterbeschlüsse (vgl. dazu § 4 Rz. 165 ff.) gelten auch für die Beschlußfassung zur Feststellung des Jahresabschlusses. Darüber hinaus finden die Nichtigkeitsgründe des § 256 Abs. 1 AktG auf den festgestellten Jahresabschluß der GmbH analoge Anwendung.[326] Der Jahresabschluß ist danach insb. **nichtig**
– bei Verletzung von Vorschriften, die ausschließlich oder überwiegend zum Schutze der Gläubiger der Gesellschaft erlassen sind (§ 256 Abs. 1 Nr. 1 AktG): Gemeint sind nur Gesetzesverstöße, nicht auch Verstöße gegen Satzungsbestimmungen. Die als Ordnungswidrigkeiten anzusehenden Verstöße nach § 334 Abs. 1 Nr. 1 HGB können ein Indiz für einen Gesetzesverstoß iSv. § 256 Abs. 1 Nr. 1 AktG sein.[327] Die Verstöße müssen den Jahresabschluß, dh. Bilanz, GuV-Rechnung oder Anhang, betreffen. Fehlen oder Mängel des Lageberichts führen nach hM nicht zur Nichtigkeit des Jahresabschlusses.[328] Bei Verstößen gegen Gliederungsvorschriften tritt Nichtigkeit nur ein, wenn dadurch die Klarheit und Übersichtlichkeit des Jahresabschlusses wesentlich beeinträchtigt sind (§ 256 Abs. 4 AktG). Verstöße gegen Bewertungsvorschriften haben die Nichtigkeit des Jahresabschlusses nur zur Folge, wenn Posten überbewertet sind oder im Falle der Unterbewertung die Vermögens- und Ertragslage der Gesellschaft vorsätzlich unrichtig wiedergegeben oder verschleiert wird (§ 256 Abs. 5 Satz 1 AktG);[329]
– bei Unterbleiben der gesetzlichen Pflichtprüfung (§ 256 Abs. 1 Nr. 2 AktG);
– bei Prüfung durch Personen, die nicht zum Abschlußprüfer bestellt oder nach § 319 Abs. 1 HGB oder Art. 25 EGHGB nicht zur Vornahme von Abschlußprüfungen zugelassen sind (§ 256 Abs. 1 Nr. 3 AktG);[330]

---

[325] Zu den Folgen mangelhafter Jahresabschlüsse vgl. auch *Wimmer* DStR 1997, 1931.
[326] *Baumbach/Hueck/Schulze-Osterloh* § 42a Anm. 22; *Scholz/K. Schmidt* § 46 Anm. 36; *Lutter/Hommelhoff* Anh § 47 Anm. 26.
[327] WPH I 1996 S Anm. 97; *ADS* § 256 AktG Anm. 7.
[328] *ADS* § 256 AktG Anm. 13; *Scholz/K. Schmidt* § 46 Anm. 37 mwN; OLG Köln v. 24. 11. 1992, AG 1993, 86, 87; vgl. auch BGH v. 15. 11. 1993, DB 1994, 84, 85.
[329] Überbewertet sind Aktivposten bei einem höheren Wertansatz, Passivposten bei einem niedrigeren Wertansatz als gesetzlich zugelassen, unterbewertet sind sie im umgekehrten Fall (vgl. § 256 Abs. 5 Sätze 2, 3 AktG); die Überbewertung darf nicht nur unwesentlich sein; BGH v. 1. 3. 1982, DB 1982, 1922; vgl. im einzelnen WPH I 1996 S Anm. 122 f.; *ADS* § 256 AktG Anm. 35 f.; nach BGH v. 12. 1. 1998, DB 1998, 567, 569, ist § 256 Abs. 5 Satz 1 Nr. 2 AktG (Unterbewertung) auch auf Verstöße gegen das Vollständigkeitsgebot (unterbliebene Aktivierung eines Gewinnanspruchs) anzuwenden.
[330] Verstöße gegen die Tätigkeitsverbote des § 319 Abs. 2, 3 HGB stellen seit Inkrafttreten des Bilanzrichtlinien-Gesetzes keinen Nichtigkeitsgrund nach § 256 AktG mehr dar, auch nicht über den Umweg der Nichtigkeit des Beschlusses über die

J. Feststellung des Jahresabschlusses

– bei Verstoß gegen gesetzliche Bestimmungen über die Einstellung von Beträgen in Kapital- oder Gewinnrücklagen (§ 256 Abs. 1 Nr. 4 AktG).

Die Nichtigkeit kann von jedermann, durch Klage oder als Einrede, geltend gemacht werden. Hat ein Gesellschafter, ein Geschäftsführer oder ein Mitglied des Aufsichtsrats die Klage erhoben und wird der Jahresbeschluß rechtskräftig für nichtig erklärt, so wirkt das Urteil für und gegen jedermann. Bei Nichtigkeitsklagen Dritter bleiben die Urteilswirkungen dagegen auf die Parteien des Rechtsstreits beschränkt.[331]

209

Ist die Nichtigkeit in den Fällen des § 256 Abs. 1 Nrn. 3, 4 AktG sowie bei Einberufungsmängeln (§ 256 Abs. 3 Nr. 1 AktG) nicht binnen sechs Monaten und in den Fällen des § 256 Abs. 1 Nr. 1, Abs. 4, 5 AktG nicht binnen drei Jahren seit Bekanntmachung im Bundesanzeiger gerichtlich festgestellt, wird der Mangel **geheilt** (§ 256 Abs. 6 Satz 1 AktG analog).[332] Der gerichtlichen Feststellung steht die Rechtshängigkeit einer Klage auf Feststellung der Nichtigkeit gleich (§ 256 Abs. 6 Satz 2 AktG analog). Eine Heilung ist ausgeschlossen, wenn der Jahresabschluß nicht entsprechend den gesetzlichen Vorschriften geprüft worden ist.[333]

210

Mängel des festgestellten Jahresabschlusses, die nicht zu seiner Nichtigkeit führen, können von jedem Gesellschafter durch **Anfechtungsklage** geltend gemacht werden, sofern er dem Feststellungsbeschluß nicht zugestimmt hat. Die Anfechtung kann entgegen § 257 Abs. 1 Satz 2 AktG auch auf inhaltliche Mängel gestützt werden. Sie setzt dann aber eine erhebliche Rechtsverletzung voraus.[334] Die Anfechtungsklage ist innerhalb angemessener Frist nach Beschlußfassung zu erheben.[335] Hat die Klage Erfolg, erklärt das Gericht den Jahresabschluß für nichtig (§§ 248, 256 Abs. 3 Nr. 3 AktG analog).

211

Ist der Jahresabschluß nichtig oder aufgrund einer Anfechtungsklage für nichtig erklärt, so erstreckt sich die Nichtigkeit analog § 253 Abs. 1 AktG auch auf den **Gewinnverwendungsbeschluß,** der auf dem festgestellten Jahresabschluß beruht.[336] Aufgrund eines nichtigen Gewinnverwendungsbeschlusses ausgeschüttete Gewinne kann die Gesellschaft nach § 31 GmbHG zurückfordern, soweit durch die Auszahlung das zur Erhaltung des Stammkapitals erforderliche Vermögen angegriffen worden ist (§ 30 GmbHG), sonst nach §§ 812 ff. BGB nur bei Bösgläubigkeit des Gesellschafters (§ 32 GmbHG). Bei schuldhaftem Verstoß gegen § 30 GmbHG haftet der Geschäftsführer zudem

212

Bestellung des Abschlußprüfers analog § 241 Abs. 1 Nr. 3 AktG; vgl. *ADS* § 256 AktG Anm. 31; wohl auch BGH v. 30. 4. 1992, DB 1992, 1466/1467; zweifelnd WPH I 1996 S Anm. 105 f.

[331] *ADS* § 256 AktG Anm. 94; *Wimmer* DStR 1997, 1931; BGH v. 29. 3. 1996, DStR 1996, 836.

[332] *ADS* § 256 AktG Anm. 102; *Baumbach/Hueck/Schulze-Osterloh* § 42 a Anm. 32.

[333] *Scholz/K. Schmidt* § 46 Anm. 37.

[334] *ADS* § 257 AktG Anm. 11; OLG Brandenburg v. 30. 4. 1997, GmbHR 1997, 796; BGH v. 12. 1. 1998, DB 1998, 567, 569.

[335] Die Anfechtungsfrist beträgt idR einen Monat, § 246 Abs. 1 AktG hat insoweit die Bedeutung eines Leitbildes; vgl. BGH v. 14. 5. 1990, DB 1990, 1456; BGH v. 12. 10. 1992, DB 1992, 2491; BGH v. 12. 1. 1998, DB 1998, 567, 569; *ADS* § 257 AktG Anm. 12; *Baumbach/Hueck/Schulze-Osterloh* § 42 a Anm. 34.

[336] *ADS* § 42 a GmbHG Anm. 50; *Baumbach/Hueck/Schulze-Osterloh* § 42 a Anm. 37.

nach § 43 Abs. 1, 3 GmbHG.[337] Eine Gewinnausschüttung aufgrund eines nichtigen Gewinnverwendungsbeschlusses ist als „andere Ausschüttung" iSd. § 27 Abs. 3 Satz 2 KStG anzusehen, so daß die (idR niedrigere) Ausschüttungsbelastung mit Körperschaftsteuer erst für den Veranlagungszeitraum herzustellen ist, in dem das Wirtschaftsjahr endet, in dem die Ausschüttung erfolgt (dazu § 11 Rz. 162).[338]

Sofern die GmbH in dem nichtigen Jahresabschluß steuerliche Wahlrechte (zB nach § 6 b EStG) ausgeübt hat, wird die Ausübung steuerlich nicht anerkannt.[339]

213 **Folgeabschlüsse** werden durch die Nichtigkeit eines festgestellten Jahresabschlusses nur berührt, soweit ihnen derselbe Bilanzfehler anhaftet oder die Bilanzidentität durchbrochen wurde, zB durch nachträgliche Berichtigung des fehlerhaften Wertansatzes im Vorjahresabschluß. Die Nichtigkeit des Folgeabschlusses kann in diesen Fällen durch Zeitablauf geheilt sein (vgl. dazu Rz. 210).[340]

K. Publizität

214 Die sich aus den §§ 325–328 HGB für Kapitalgesellschaften ergebenden Offenlegungspflichten bezüglich des Jahresabschlusses lassen sich wie folgt zusammenfassen:

Offenzulegende Unterlagen	Art der Offenlegung	Fristen
Große GmbH Jahresabschluß Lagebericht Bericht eines Aufsichtsrats Bestätigungsvermerk Vorschlag und Beschluß über die Ergebnisverwendung	1. Veröffentlichung im BAnz. 2. Einreichung zum HReg.	Innerhalb von 9 Monaten nach dem Abschlußstichtag
Mittelgroße GmbH Bilanz in der für kleine GmbH geltenden Form mit bestimmten Ergänzungen Verkürzter Anhang Übrige Unterlagen wie große GmbH	1. Einreichung zum HReg. 2. Bekanntmachung im BAnz., bei welchem HReg. und unter welcher Nr. Einreichung erfolgte	wie große GmbH
Kleine GmbH Bilanz, Anhang (ohne die GuV betreffende Angaben)	Wie mittelgroße GmbH	Innerhalb von 12 Monaten nach dem Abschlußstichtag

---

[337] Hachenburg/Goerdeler-Müller § 29 Anm. 39; Scholz/Emmerich § 29 Anm. 62; Wimmer DStR 1997, 1931.
[338] Vgl. OFD Kiel v. 7. 3. 1994, FN-IDW 1996, 149 f.
[339] OFD Kiel aaO.
[340] ADS § 256 AktG Anm. 76 ff., 93.

K. Publizität 215–219 § 9

GmbH, die Tochterunternehmen eines nach § 290 HGB zur Aufstellung eines Konzernabschlusses verpflichteten Mutterunternehmens sind, können unter den in § 264 Abs. 3 HGB nF genannten Voraussetzungen (vgl. dazu Rz. 50) von der Offenlegung des Jahresabschlusses und des Lageberichts absehen. Zum Handelsregister einzureichen sind in diesem Falle die Unterlagen, die das Mutterunternehmen im Rahmen der Konzernrechnungslegung nach § 325 HGB offenzulegen hat. Dazu gehören der mit dem Bestätigungsvermerk versehene Konzernabschluß und der Konzernlagebericht. Die Bekanntmachung im Bundesanzeiger braucht nicht mit eingereicht zu werden.[341]

Vorschlag und Beschluß über die Ergebnisverwendung sind nur insoweit gesondert offenzulegen, als sie sich nicht aus dem offengelegten Jahresabschluß ergeben; Angaben über die Ergebnisverwendung brauchen nicht gemacht zu werden, wenn sich anhand dieser Angaben die Gewinnanteile von natürlichen Personen feststellen lassen (§ 325 Abs. 1 Satz 1 HGB). Die Offenlegung eines Gewinnverwendungsvorschlags scheidet jedoch ganz aus, wenn die Geschäftsführer nicht zur Erstellung eines solchen verpflichtet sind.[342] 215

Mittelgroße GmbH dürfen die Bilanz nach § 327 Nr. 1 HGB für Zwecke der Offenlegung (nicht jedoch für die Aufstellung selbst) in der für kleine GmbH nach § 266 Abs. 1 Satz 3 HGB zulässigen Form gliedern. In diesem Fall sind jedoch die in § 327 Nr. 1 HGB aufgeführten Posten gesondert in der Bilanz oder im Anhang anzugeben. Im offenzulegenden Anhang brauchen nach § 327 Nr. 2 HGB bestimmte Angaben nicht gemacht zu werden. 216

Sofern **kleine und mittelgroße GmbH** für die Aufstellung des Jahresabschlusses in §§ 266 Abs. 1 Satz 3, 274a, 276, 288 HGB eingeräumte größenabhängige Erleichterungen im festgestellten Jahresabschluß nicht in Anspruch genommen haben, erscheint es zulässig, die Erleichterungen bei der Offenlegung nachzuholen. 217

Wenn die GmbH einen **Konzernabschluß** aufstellen muß, sind auch der Konzernabschluß, der Konzernlagebericht und der Bestätigungsvermerk zum Konzernabschluß offenzulegen. Art und Frist der Offenlegung dieser Unterlagen sind unabhängig von der Größe des Konzerns dieselben, die für den Jahresabschluß der großen GmbH gelten (§ 325 Abs. 3, 4 HGB). 218

Die **Sanktionen** bei unterlassener Offenlegung sind schwach ausgestaltet. Zum einen hat das Registergericht nach § 335 Satz 1 Nr. 6 HGB ein **Zwangsgeld** festzusetzen, wenn ein Gesellschafter, Gläubiger oder der Betriebsrat dies beantragen.[343] Die Beschränkung des Antragsrechts auf den in § 335 Satz 2 HGB genannten Personenkreis verstößt gegen Art. 6 der Ersten Gesellschaftsrechtlichen EG-Richtlinie. Die Richtlinienbestimmung entfaltet jedoch keine unmittelbare Wirkung in dem Sinne, daß andere Personen unter Berufung auf die Richtlinie ein Zwangsgeld beantragen könnten.[344] Als Folge der Verletzung der Offenlegungspflicht kann es zweitens zur **Löschung** der GmbH im Handelsregister kommen. Nach § 2 Abs. 1 Satz 2 219

---

[341] Vgl. *Dörner/Wirth* DB 1998, 1525, 1529.
[342] *ADS* § 325 Anm. 35.
[343] *Gustavus* ZIP 1988, 1429; BeckBil-Komm./*Budde/Hense* § 335 Anm. 32 f.
[344] EuGH v. 4. 12. 1997, DB 1997, 2598; vgl. auch EuGH v. 29. 9. 1998, DB 1998, 2106.

LöschG ist die GmbH von Amts wegen zu löschen, wenn sie in drei aufeinanderfolgenden Jahren ihren Jahresabschluß pflichtwidrig nicht bekanntgemacht und zum Handelsregister eingereicht hat, die Offenlegung auch nicht innerhalb von sechs Monaten bewirkt, nachdem das Gericht die Absicht der Löschung mitgeteilt hat, und ein Beteiligter innerhalb dieser Frist nicht glaubhaft gemacht hat, daß die Gesellschaft Vermögen besitzt.[345] Für die Glaubhaftmachung des Vorhandenseins von Vermögen genügt grundsätzlich die Vorlage eines zeitnahen Bankauszugs, aus dem sich ein nicht völlig unbedeutendes Guthaben der Gesellschaft ergibt.[346]

---

[345] Vgl. *Seitz* DStR 1993, 170.
[346] OLG Frankfurt/M. v. 7. 8. 1992, DB 1992, 1879; OLG Düsseldorf v. 3. 5. 1993, DB 1993, 2075. Nach OLG Köln v. 9. 2. 1994, BB 1994, 976, reicht ein ohne jegliche Erläuterung vorgelegter Bankauszug, der einen Habensaldo von etwa DM 500,– ausweist, nicht aus.

§ 10 Ergebnisermittlung und Ergebnisverwendung

Bearbeiter: Björn Ahrenkiel

Übersicht

	Rz.
A. Einführung	1

B. Ergebnisermittlung
  I. Ergebnisermittlungsregeln und Grundsätze ordnungsmäßiger Buchführung (GoB) 2
  II. Gestaltungsmöglichkeiten bei der Bilanzierung 3–56
     1. Einleitung 3
     2. Kompetenzen 4
     3. Ansatzwahlrechte 5–29
        a) Geschäftswert gem. § 255 Absatz 4 HGB 6–9
           aa) Abschreibungsdauer 7
           bb) Steuerabgrenzung 8
           cc) Außerplanmäßige Abschreibung/Teilwertabschreibung 9
        b) Aufwendungen für Ingangsetzung und Erweiterung des Geschäftsbetriebes 10–12
        c) Aktive Steuerabgrenzung 13
        d) Passive Steuerabgrenzung 14–17
        e) Pensionsrückstellungen 18
        f) Drohverlustrückstellungen 19
        g) Rückstellungen für unterlassene Instandhaltung .. 20
        h) Allgemeine Aufwandsrückstellungen 21–27
           aa) Aufwandsrückstellungen und aktive Steuerabgrenzung 22
           bb) Auswirkungen auf den verwendungsfähigen Jahresüberschuß 23
           cc) Rückstellungsfähiger Aufwand/Nachholverbot 24
           dd) Auflösungsverbot 25
           ee) Wechsel zwischen Ansatz und Nichtansatz ... 26
           ff) Gegenstand einer Aufwandsrückstellung 27
        i) Sonderposten mit Rücklageanteil 28
        j) Zölle und Verbrauchsteuern 29
     4. Bewertungswahlrechte 30–37
        a) Bewertungswahlrecht bei der Ermittlung der Herstellungskosten 30
        b) Aktivierung von Zinsen 31
        c) Bewertungsstetigkeit und § 254 Satz 1 HGB 32
        d) Bewertungsstetigkeit und § 255 HGB 33
        e) Einschränkungen für Kapitalgesellschaften 34
        f) Ausnahmen bei steuerlich zulässigen Abschreibungen (§ 254 HGB) 35–37

§ 10 Ergebnisermittlung und Ergebnisverwendung

	Rz.
5. Methodenwahlrechte	38–45
a) AfA-Methoden	39–41
b) Bewertung geringwertiger Wirtschaftsgüter bzw. Vermögensgegenstände	42
c) Bewertungsmethode	43–45
aa) Lifo-Methode	44
bb) Andere Verbrauchsfolgeverfahren	45
6. Bewertungsstetigkeit	46–50
a) Bewertungsstetigkeit als GoB	47
b) Abweichungen vom Grundsatz der Bewertungsstetigkeit	48
c) Durchbrechung der Bewertungsstetigkeit aus steuerlichen Gründen	49
d) Grundsatz der Bewertungsstetigkeit bei Gegenständen einer Gattung	50
7. Zuschreibungen	51–56
a) Beibehaltungsrecht	52, 53
b) Zuschreibungswahlrecht als Ergebnissteuerung	54
c) Rücklageneinstellung gem. § 29 Abs. 4 GmbHG	55
d) Angabe der Wertaufholung im Anhang	56
III. Beeinflussung des Gewinns durch Sachverhaltsgestaltung	57–60
1. Ausgliederung	57, 58
2. Ausgliederung auf eine Personengesellschaft	59
3. Ausgliederung auf eine Kapitalgesellschaft	60
C. Ergebnisverwendung	
I. Formen der Ergebnisverwendung	70–96
1. Vollausschüttung oder Thesaurierung	70
2. Mißbräuchliche Thesaurierung	71, 72
3. Sonderfälle der Ergebnisverwendung	73–77
a) Vorzugsrechte	74
b) Dividendengarantie/Festverzinsung	75–77
4. Schütt-Aus-Hol-Zurück-Verfahren	78–84
a) Steuerliche Motive für die Praktizierung des Schütt-Aus-Hol-Zurück-Verfahrens	79
b) Stärkung der Eigenfinanzierung	80–82
aa) Rückfluß als Darlehen	81
bb) Rückfluß als Kapitalerhöhung	82
c) Sicherung des Rückgewähranspruches, insbesondere durch Satzungsklauseln	83
d) Kollision mit Rechten Dritter	84
5. Vorabausschüttungen	85–91
a) Definition	86
b) Voraussetzungen	87
c) Vorbehalt der Rückzahlung	88
d) Zwischenbilanz/Voraussetzung	89
e) Steuerliche Behandlung der Vorabausschüttung	90, 91
aa) Herstellung der Ausschüttungsbelastung	90
bb) Steuerliche Folgen der Rückgängigmachung einer Vorabausschüttung	91

Übersicht § 10

	Rz.
6. Aufhebung von Gewinnverwendungsbeschlüssen	92–96
a) Wirksamer Aufhebungsbeschluß	93
b) Steuerliche Auswirkung der Aufhebung............	94
c) Steuerliche Auswirkung bei Nichtigkeit	95, 96
II. Verfahrensablauf...	97–111
1. Normalstatut	97–102
a) Aufstellung des Jahresabschlusses durch den Geschäftsführer...	97, 98
b) Vorlegungspflicht	99
c) Beschlußfassung durch die Gesellschafterversammlung...	100, 101
d) Fehlerhafter Jahresabschluß..........................	102
2. Abweichende Regelung	103–105
a) Delegation auf andere Gremien oder Personen....	104
b) Delegation auf den gesetzlich vorgeschriebenen Aufsichtsrat...	105
3. Kompetenzverteilung bei der Bilanzierung...........	106–111
a) Grenzen des Weisungsrechts der Gesellschafterversammlung...	107–109
b) Meinungsverschiedenheiten zwischen Gesellschaftern und Geschäftsführern......................	110
c) Änderung der Satzung zugunsten des Geschäftsführers...	111
III. Übergangsregelung, wenn die Gewinnverwendungsregelung im Gesellschaftsvertrag auf § 29 GmbHG aF beruht	112–116
1. Die Übergangsregelung im einzelnen	113–115
a) Unbegrenzte Fortgeltung des Vollausschüttungsgebots...	114
b) Beibehaltung des Vollausschüttungsanspruchs	115
2. Beschluß über die Anpassung und Minderheitenrechte...	116
D. Gewinnanspruch	
I. Gegenstand des Gewinnanspruchs.........................	141–151
1. Gewinnvortrag	143
2. Einstellung in die Gewinnrücklage.....................	144
3. Gewinnanspruch bei teilweiser Ergebnisverwendung..	145
4. Ausschüttungssperren	146
5. Zusätzlicher Aufwand	147–149
a) Geringere Ausschüttung als vorgesehen	148
b) Höhere Ausschüttungen als vorgesehen	149
6. Änderung der Bilanz bei abweichender Gewinnausschüttung...	150, 151
II. Zeitgleiche Aktivierung des Gewinnanspruchs	152, 153
III. Schicksal des Gewinnanspruchs beim Anteilsverkauf....	154–163
1. Vertragliche Absprache...................................	157
2. Verkauf mit Ausschüttungsanspruch durch eine natürliche Person als Gesellschafter........................	158–161
a) Verkauf einer nicht wesentlichen Beteiligung	158–160
b) Verkauf einer wesentlichen Beteiligung	161

Ahrenkiel   579

	Rz.
3. Keine gesonderte Aktivierung des „gekauften" Gewinnanspruchs	162
4. Vorabausschüttung durch die Verkäufer	163
IV. Ausschüttung aus dem EK 04	164–167
V. Ausschüttung aus dem EK 01	168–170
VI. Einbehaltung der Kapitalertragsteuer durch die Gesellschaft	171–176
1. „Stehenlassen" von Dividenden und Stundung des Auszahlungsanspruchs	173
2. Anrechnung der Kapitalertragsteuer	174
3. Kapitalertragsteuer bei Ausschüttung an EU-Körperschaften als Gesellschafter	175, 176
VII. Körperschaftsteuergutschrift	177–179
VIII. Gewinnanspruch und §§ 30 ff. GmbHG	180, 181
1. Verstoß gegen §§ 30, 31 GmbHG durch Gewinnausschüttung	180
2. Guthaben aus Ausschüttungsansprüchen als kapitalersetzende Darlehen	181

E. Verdeckte Gewinnausschüttung

I. Verdeckte Gewinnausschüttung (vGA) im Handelsrecht	193–218
1. Definition	193, 194
2. Zulässigkeit der vGA	195–205
a) Absolute Grenzen der §§ 30, 31 GmbHG	196
b) Generelle Unzulässigkeit der vGA?	197, 198
c) Zulässigkeit einer vGA bei Mehrheitsbeschluß	199
d) Beachtung des Gleichbehandlungsgrundsatzes	200
e) Verzicht auf den Gleichbehandlungsgrundsatz durch Gesellschaftsvertrag	201, 202
f) Verletzung der Treuepflicht	203
g) Beseitigung des Verstoßes gegen die Treuepflicht	204
h) Zusammenfassung	205
3. Nichtigkeit und Anfechtbarkeit eines Gesellschafterbeschlusses über eine vGA	206, 207
a) Nichtigkeit des Beschlusses	206
b) Anfechtbarkeit des Beschlusses	207
4. Rechtsfolgen der unzulässigen vGA	208–217
a) Rückforderungsansprüche der Gesellschaft	209–212
b) Ausgleichsansprüche der Gesellschafter untereinander	213–215
c) Schadensersatzansprüche	216
d) Aktivierung des Rückforderungsanspruchs	217
5. Angabe der zulässigen vGA im Anhang der GmbH	218
II. Verdeckte Gewinnausschüttung (vGA) im Steuerrecht	219–247
1. Definition	219–221
2. „Rein steuerliche vGA"	222
3. Steuerliche Auswirkungen der vGA	223–247
a) Auswirkungen in der Steuerbilanz	223
b) Kapitalertragsteuer bei vGA	224
c) Gewerbesteuerliche Auswirkungen	225

B. Ergebnisermittlung 1–3 § 10

		Rz.
d)	Auswirkung der vGA/Beispiele	226–238
aa)	Bei ausreichend vorhandenem EK 45	226–229
bb)	Bei nicht ausreichendem EK 45	230–232
cc)	Verwendung von EK 01 durch die vGA	233, 234
dd)	Verwendung von EK 04 durch die vGA	235, 236
ee)	vGA und steuerlicher Verlustrücktrag	237
ff)	Umsatzsteuerliche Auswirkungen	238
e)	Rückgängigmachung der vGA	239–241
f)	Leistungen zwischen verbundenen Unternehmen als vGA	242–246
g)	ABC der verdeckten Gewinnausschüttung	247

A. Einführung

Zwischen der Ergebnisverwendung und der Ergebnisermittlung bestehen 1
Wechselwirkungen. Die Verwendung eines Ergebnisses (= Entscheidung der
Gesellschafter, ob zB aus einem Jahresüberschuß Beträge in die Rücklage
eingestellt oder ausgeschüttet werden) setzt voraus, daß ein verwendungsfähiges Ergebnis vorhanden ist. Werden also bei der Ergebnisermittlung (= Aufstellung des Jahresabschlusses) bereits Entscheidungen getroffen, die den
Überschuß mindern, so verringert sich auch das Ergebnisverwendungspotential. Umgekehrt kann die Art der Ergebnisverwendung Auswirkungen auf den
Körperschaftsteueraufwand der Gesellschaft und damit das Ergebnis haben.

B. Ergebnisermittlung

I. Ergebnisermittlungsregeln und Grundsätze ordnungsmäßiger Buchführung (GoB)

Die Gewinnermittlung im Rahmen des Jahresabschlusses vollzieht sich 2
nach den §§ 246 ff. HGB und den Grundsätzen ordnungsmäßiger Buchführung (GoB), die durch die neuen Vorschriften des HGB für die GmbH
erstmals in größerem Umfang Gegenstand einer gesetzlichen Regelung geworden sind.

II. Gestaltungsmöglichkeiten bei der Bilanzierung

1. Einleitung

Bei der Anwendung der für die GmbH geltenden Rechnungslegungsvor- 3
schriften bestehen Möglichkeiten, die Höhe des Jahresergebnisses durch die
Ausnutzung von Spielräumen, die die GoB und die Vorschriften des HGB
einräumen, zu beeinflussen. Dabei ist insbesondere an folgende Bereiche zu
denken:
– Ansatzwahlrechte (vgl. Anm. 5 bis 29)
– Bewertungswahlrechte (vgl. Anm. 30 bis 37)

Ahrenkiel

– Methodenwahlrechte (vgl. Anm. 38 bis 45)
– Zuschreibungswahlrechte (vgl. Anm. 51 bis 56).

Darüber hinaus gibt es „Beurteilungsspielräume", die letztlich zur Steuerung des Ergebnisses genutzt werden können und dürfen. Die Frage, in welcher Höhe eine Rückstellung zu bilden ist oder nicht, unterliegt zB wesentlich der subjektiven Einschätzung und der darauf fußenden Prognosen des Bilanzierenden.[1] Erst wenn die subjektive Einschätzung objektiv nicht mehr nachzuvollziehen ist, kann im Einzelfall die Grenze zur Falschbilanzierung überschritten sein.

2. Kompetenzen

4 Wenn und soweit im Rahmen der Bilanzierung Wahlrechte bestehen, wie zB das Wahlrecht, eine Wertaufholung gem. § 280 Abs. 2 HGB zu unterlassen (vgl. Rz. 54), ist die Gesellschafterversammlung mangels abweichender Bestimmungen in der Satzung berechtigt, der Geschäftsführung Weisungen zu erteilen (vgl. im einzelnen § 5 Rz. 130 ff.).

3. Ansatzwahlrechte

5 Für die Bilanzierung gilt der Grundsatz der Vollständigkeit (§ 246 Abs. 1 HGB). Für eine Reihe von Fällen läßt das HGB Ausnahmen von diesem Grundsatz zu, indem es dem Kaufmann die Wahl läßt, ob er bestimmte Aktiv- und Passivposten bildet.

a) Geschäftswert gem. § 255 Absatz 4 HGB

6 Nach § 255 Abs. 4 HGB darf ein von Dritten (derivativ) erworbener Geschäfts- oder Firmenwert angesetzt werden. Der Ansatz eines selbst geschaffenen Geschäfts- oder Firmenwertes ist in der Handels- und in der Steuerbilanz unzulässig.[2] Nach der Legaldefinition des § 255 Abs. 4 HGB ist der Geschäftswert der Unterschiedsbetrag zwischen der Gegenleistung im Rahmen einer Übernahme eines Unternehmens und dem Wert der sonstigen Vermögensgegenstände des Unternehmens. Der Geschäftswert wird also als Restgröße ermittelt. Dies gilt sowohl für das Handels- als auch für das Steuerrecht.

7 **aa) Abschreibungsdauer.** Nach einer verbreiteten Ansicht ist der Geschäftswert kein Vermögensgegenstand, sondern lediglich eine Bilanzierungshilfe.[3] Der Geschäftswert ist handelsrechtlich vom Grundsatz her in 4 Jahren (§ 255 Abs. 4 Satz 2 HGB) abzuschreiben, während das Steuerrecht in § 7 Abs. 1 Satz 3 EStG nur eine Abschreibung über 15 Jahre zuläßt, es sei denn, es kommt eine Teilwertabschreibung in Betracht (vgl. Rz. 9). Handelsrechtlich ist es jedoch zulässig, die Abschreibung des Geschäfts- oder Firmen-

---

[1] BeckBil.-Komm./*Clemm*/*Nonnenmacher* § 253 Anm. 154 ff.

[2] Zur Ermittlung des Geschäftswertes BeckBil.-Komm./*Ellrott*/*Schmidt-Wendt* § 255 Anm. 511–516; *ADS* § 255 Anm. 292.

[3] *Söffing* in FS Döllerer, S. 593 (598 ff.); aA *Littmann* in Littmann/Bitz/Meinke, Das ESt-Recht, 15. Aufl., § 7 Rdn. 63 b; vgl. im übrigen zum Meinungsstand *ADS* § 255 Anm. 295 f.

B. Ergebnisermittlung

wertes planmäßig auf die Geschäftsjahre zu verteilen, in denen der Geschäfts- oder Firmenwert voraussichtlich genutzt wird. Handelsbilanziell bestehen also für die Bilanzierung des Geschäftswertes folgende „Wahlrechte":
– Nichtansatz des Geschäftswertes und Behandlung als Aufwand im Jahr der Anschaffung;
– Ansatz des Geschäftswertes und Abschreibung über 4 Jahre (§ 255 Abs. 4 Satz 2 HGB);
– Ansatz des Geschäftswertes und Abschreibung über einen kürzeren oder längeren Zeitraum als 4 Jahre, sofern dies der voraussichtlichen Nutzungsdauer entspricht (§ 255 Abs. 4 Satz 3 HGB).

Sofern eine längere Nutzungsdauer des Geschäftswertes als die steuerrechtlich fingierten 15 Jahre konkret belegbar ist, kann ein Geschäftswert handelsrechtlich über einen längeren Zeitraum als 15 Jahre abgeschrieben werden, was dann handelsrechtlich zu einer geringeren Ergebnisbelastung als steuerlich führt. Wird dieser „Mehrgewinn" ausgeschüttet, so ist darauf zu achten, daß ausreichendes vEK zur Verfügung steht. Andernfalls entsteht ein zusätzlicher Aufwand (vgl. Rz. 147). In angelsächsischen Ländern ist es durchaus nicht ungewöhnlich, Geschäftswerte über 20 und mehr Jahre abzuschreiben. Eine handelsrechtlich einmal gewählte planmäßige Abschreibungsmethode iSv. § 255 Abs. 4 Satz 3 HGB muß beibehalten werden, es sei denn, es liegen besondere Gründe für einen Wechsel (§ 252 Abs. 2 HGB) oder die Voraussetzungen für eine außerplanmäßige Abschreibung vor.

bb) Steuerabgrenzung. In allen Fällen, in denen der Geschäftswert gar nicht angesetzt wird oder über einen kürzeren Zeitraum als 15 Jahre abgeschrieben wird, kommt theoretisch eine aktive Steuerabgrenzung gem. § 274 Abs. 2 HGB in Betracht (vgl. Rz. 13), dürfte aber praktisch keine Rolle spielen, da eine permanente Abweichung (vgl. Rz. 15) vorliegt, wenn nicht der Weiterverkauf des erworbenen Geschäfts geplant ist. Entsprechendes gilt im Falle einer passiven Steuerabgrenzung.

cc) Außerplanmäßige Abschreibung/Teilwertabschreibung. Handelsrechtlich ist eine außerplanmäßige Abschreibung auf einen aktivierten Geschäfts- oder Firmenwert zulässig.[4] Dies folgt schon aus dem Wahlrecht gem. § 255 Abs. 4 Satz 2 HGB.[5] Grundsätzlich ist auch eine steuerliche Teilwertabschreibung zulässig.[6] Dabei ist jedoch zu beachten, daß § 7 Abs. 1 Satz 3 EStG für steuerliche Zwecke eine Nutzungsdauer des Geschäftswertes von 15 Jahren fingiert. Die Teilwertabschreibung auf den erworbenen Geschäftswert darf daher diese gesetzliche Fiktion nicht „unterlaufen". Für eine Teilwertabschreibung müssen also Umstände hinsichtlich der geschäftswertbildenden Faktoren eintreten, die ohne Rücksicht auf die tatsächliche Nutzungsdauer eine Wertminderung gegenüber dem Anschaffungszeitpunkt begründen.[7]

---

[4] *ADS* § 255 Anm. 285; WPH 1996 Abschn. E Anm. 341.
[5] AA *Söffing* FS Döllerer, S. 607.
[6] *HHR/Heuer* § 7 Anm. 198 c; WPH 1996, Abschn. E Anm. 344; *Wendl* in *Kirchhof/Söhn* § 6 Anm. B 480.
[7] So ausdrücklich *HHR/Heuer* § 7 Anm. 198 c mit Beispielen und ausführlicher Begründung; aA *Schmidt/Glanegger* § 6 Anm. 243; *Söffing* in *Söffing/Lademann* § 6 Anm. 503; vgl. auch BMF vom 20. 11. 1986, BStBl. I 1986, 532.

Nach dem StEntlG 1999/2000/2002 bleibt zwar die Teilwertabschreibung steuerlich zulässig, es besteht jedoch ein Wertaufholungsgebot. Wie sich dies auf Teilwertabschreibungen auf Geschäfts- oder Firmenwerte auswirkt, wenn die Unternehmenssituation sich später bessert, bleibt abzuwarten. Man könnte argumentieren, daß im Rahmen der Besserungen ein neuer – nicht zu aktivierender – originärer Geschäftswert entsteht, und daher in bezug auf den abgeschriebenen Geschäftswert keine Wertaufholung vorliegt.

b) Aufwendungen für Ingangsetzung und Erweiterung des Geschäftsbetriebes

10 Durch das BiRiLiG ist für die GmbH mit § 269 HGB die Möglichkeit eingeführt worden, Aufwendungen für die Ingangsetzung und Erweiterung des Geschäftsbetriebes, die im Prinzip Aufwand darstellen, zu aktivieren. Als Ingangsetzungskosten kommen grundsätzlich solche Ausgaben in Betracht, die nicht schon aus anderen Gründen zu einer Aktivierung führen. Dazu gehören Aufwendungen, die durch eine Organisationsberatung, Marktstudien, die Beschaffung von Arbeitskräften, Probeläufen von Produktionsanlagen, Mieten, Zinsen, Personalaufwendungen und Aufwendungen für Werbung in der Anlaufphase entstehen.[8] Aktivierte Aufwendungen sind ab dem auf die Aktivierung folgenden Jahr zumindest zu einem Viertel durch Abschreibungen zu tilgen (§ 282 HGB). Abschreibungen über einen kürzeren Zeitraum sind zulässig. Bei Fehlmaßnahmen ist eine außerplanmäßige Abschreibung notwendig.[9]

11 Da nach § 269 HGB auch Aufwendungen für die Erweiterung eines Geschäftsbetriebes aktiviert werden dürfen, greift die Vorschrift auch ein, wenn ein zusätzlicher Geschäftsbetrieb durch ein bestehendes Unternehmen eröffnet wird, zB Textilwaschmittelhersteller baut einen Geschäftszweig zur Herstellung und zum Vertrieb von Geschirrspülmitteln auf. Die Anlaufphase endet, wenn nach der individuellen Planung im Einzelfall mit der geregelten Leistungserbringung begonnen wird, zB Eröffnung eines neu eingerichteten Ladenlokals, wobei die Kosten einer Werbeveranstaltung anläßlich der Eröffnung noch zu den Ingangsetzungskosten zählen.

12 Der aus einer Aktivierung gem. § 269 HGB entstehende Ertrag ist nicht ausschüttungsfähig. Wenn und solange dieser Posten aktiviert ist, dürfen Gewinne nur ausgeschüttet werden, wenn die nach Ausschüttung verbleibenden, jederzeit auflösbaren Gewinnrücklagen zuzüglich eines Gewinnvortrages und abzüglich eines Verlustvortrages dem angesetzten Betrag mindestens entsprechen (Ausschüttungssperre). Steuerlich ergeben sich aus dem Ansatz der Bilanzierungshilfe keine Folgen, dh, die Kosten der Ingangsetzung oder Erweiterung des Geschäftsbetriebes bleiben Aufwand, weil die Bilanzierungshilfe kein Wirtschaftsgut ist und damit in der Steuerbilanz nicht angesetzt werden kann.[10] Aus der steuerlichen Nichtanerkennung folgt, daß bei der Aktivierung von Kosten der Ingangsetzung oder Erweiterung des Geschäftsbetriebes eine passive Steu-

---

[8] BeckBil-Komm./*Budde/Karig* § 269 Anm. 2; WPH 1996 Abschn. F Anm. 59.
[9] WPH 1996 Abschn. F Anm. 59.
[10] BeckBil-Komm./*Budde/Karig* § 243 Anm. 116; ausführlicher *Schmidt* § 5 Anm. 270 „Ingangsetzungskosten" mwN.

B. Ergebnisermittlung 13, 14 **§ 10**

erabgrenzung gem. § 274 Abs. 1 HGB zwingend vorzunehmen ist. Das Nebeneinander von Ausschüttungssperre gem. § 269 Satz 2 HGB und passiver Steuerabgrenzung gem. § 274 Abs. 1 HGB führt im Ergebnis dazu, daß nicht nur der Ertrag aus der Aktivierung der Kosten der Ingangsetzung des Geschäftsbetriebes wegen der Ausschüttungssperre nicht zur Verfügung steht, sondern daß darüber hinaus das sonstige verbleibende Ausschüttungspotential durch die Bildung der Rückstellung für latente Steuern gemindert wird.[11]

Gemäß ausdrücklicher gesetzlicher Regelung (Art. 44 Abs. 1 EGHGB) dürfen die Aufwendungen für die Währungsumstellung auf den Euro als Bilanzierungshilfe („Sonderfall des § 269 HGB") aktiviert und über 4 Jahre linear abgeschrieben werden, soweit es sich um selbstgeschaffene immaterielle Vermögensgegenstände des Anlagevermögens (Herstellungskosten für selbstgeschaffene Software) handelt. Der Posten ist in der Bilanz gesondert auszuweisen und im Anhang zu erläutern. Wie in allen anderen Fällen des § 269 HGB hat die Aktivierung keine steuerliche Wirkung.

c) Aktive Steuerabgrenzung

Gem. § 274 Abs. 2 HGB ist die Aktivierung eines Abgrenzungspostens zur **13** fiktiven Entlastung von Ertragsteuern als Bilanzierungshilfe zulässig. Eine solche Entlastung ist statthaft, wenn der nach steuerlichen Vorschriften zu versteuernde Gewinn höher als das handelsrechtliche Ergebnis ist und sich der zu hohe Steueraufwand des Geschäftsjahres in späteren Geschäftsjahren voraussichtlich ausgleichen wird.[12] Ein solcher Fall ist zB gegeben, wenn handelsrechtlich von dem Wahlrecht, einen derivativ erworbenen Firmenwert zu aktivieren, kein Gebrauch gemacht wird, oder wenn handelsrechtlich geringere Herstellungskosten gem. § 255 Abs. 2 HGB angesetzt werden als sie steuerlich nach R 33 EStR mindestens vorgeschrieben sind.[13]

d) Passive Steuerabgrenzung

Gem. § 274 Abs. 1 Satz 1 HGB ist bei der passiven Steuerabgrenzung **14** ebenso wie gem. § 274 Abs. 2 Satz 1 HGB bei der aktiven Steuerabgrenzung (Bilanzierungshilfe) der dem Geschäftsjahr und den früheren Geschäftsjahren zuzurechnende Steueraufwand zu berücksichtigen. Daraus soll nach wohl hM folgen, daß ein Nebeneinander von aktiver und passiver Steuerabgrenzung nicht bzw. nur dann in Betracht kommt, wenn der passive Ausgleichsposten früher fällig ist.[14] MaW, eine aktive Steuerabgrenzung soll nur in Betracht kommen, wenn sich bei einer Berechnung keine Veranlassung für eine passive Steuerabgrenzung ergibt oder der Betrag der passiven Steuerabgrenzung niedriger ist als der mögliche Betrag einer aktiven Steuerabgrenzung.[15] Die Saldierung von aktiver und passiver Steuerabgrenzung führt zu einem höheren

---

[11] BeckBil-Komm./*Budde/Karig* § 269 Anm. 14; *ADS* § 274 Anm. 270.
[12] WPH 1996 Abschn. F Anm. 133 ff. mwN.
[13] Beispiele in BeckBil-Komm./*Schnicke/Fischer* § 274 Anm. 41 ff.; *ADS* § 274 Anm. 43 ff.
[14] WPH 1996 Abschn. F Anm. 136 mwN.
[15] BeckBil-Komm./*Schnicke/Fischer* § 274 Anm. 10 ff.; *ADS* § 274 Anm. 21 ff.; *Küting/Weber* § 274 Anm. 6.

Ausschüttungspotential. Wird nämlich nicht saldiert, so wäre ein Aktiv- und ein Passivposten zu bilden. Dabei würde die Bildung des Aktivpostens zusätzlich noch eine Ausschüttungssperre zur Folge haben. Durch eine Saldierung entfällt also der Zwang zur Beachtung der Ausschüttungssperre. Dieses Ergebnis läßt Zweifel an der hM aufkommen. Auf jeden Fall ist ein Saldierungszwang abzulehnen. Es besteht somit eine Art „Wahlrecht" zu saldieren oder, was richtiger ist, nicht zu saldieren. Kommt es bei Saldierungen zu einem aktiven Abgrenzungsposten oder ist bei Nichtsaldierung ein Aktivposten vorhanden, so besteht für den daraus entstehenden Ertrag eine Ausschüttungssperre (§ 274 Abs. 2 Satz 3 HGB). Eine aktive Steuerabgrenzung führt in der G+V zur Entlastung des Postens Steueraufwand. Bei Auflösung des Postens ist je nach Auflösungsgrund zu unterscheiden. Tritt die Steuerentlastung ein, so ist ein Ausweis unter dem Posten „Steuern vom Einkommen und vom Ertrag" vorzunehmen. Bei Auflösung erfolgt der Ausweis unter dem Posten „Sonstige betriebliche Aufwendungen".[16] Bei passiver Steuerabgrenzung ist der Aufwand unter dem Posten „Steuern vom Einkommen und Ertrag" auszuweisen. Bei Verbrauch der Rückstellung für latente passive Steuern ist der Steueraufwand entsprechend zu mindern. Bei einer Auflösung des Postens ist der daraus entstehende Ertrag unter den „Sonstigen betrieblichen Erträgen" zu zeigen.[17]

15 Bei der Berechnung der Steuerabgrenzung sind grundsätzlich sog. permanente Abweichungen außer Betracht zu lassen. Permanente Abweichungen sind solche, mit deren Ausgleich in Zukunft nicht gerechnet werden kann. Eine permanente Abweichung liegt zB auch dann vor, wenn sich die Abweichung voraussichtlich erst bei der Liquidation der Gesellschaft auswirkt (zB: Steuerlich nicht anerkannte Abschreibung auf Grund und Boden). Stellt sich später heraus, daß eine zunächst als permanent angesehene Abweichung nur temporär ist (zB: Das Grundstück soll verkauft werden), so ist die Abweichung ab diesem Zeitpunkt als temporär zu behandeln, und die latenten Steuern sind zu passivieren.

16 Der Steuerabgrenzungsbedarf bei der Gewerbeertragsteuer kann eine Sonderrechnung nur für die Gewerbeertragsteuer erforderlich machen, um Abweichungen des Gewerbeertrages vom körperschaftsteuerlichen Gewinn zu berücksichtigen. Bei der Berechnung eines Aktivpostens bzw. der Rückstellung sind vorhandene Verlustvorträge zu berücksichtigen. Für die Gewerbesteuer ist der jeweils maßgebliche Hebesatz zugrunde zu legen. Mit welchem Steuersatz bei der Körperschaftsteuer zu rechnen ist, hängt ua. von dem absehbaren zukünftigen Ausschüttungsverhalten der Gesellschaft ab. Dabei kann das bisherige Ausschüttungsverhalten als Indiz für das künftige Ausschüttungsverhalten im Rahmen einer solchen Prognose berücksichtigt werden, wenn es um die Bildung einer aktiven Steuerabgrenzung geht. Bei der passiven Steuerabgrenzung ist grundsätzlich von der Thesaurierung des gesamten Gewinnes auszugehen. Eine Abzinsung der künftigen Steuerbe- und -entlastungen soll im Rahmen des § 274 HGB nicht zulässig sein.[18]

---

[16] WPH 1996 Abschn. F Anm. 139.
[17] WPH 1996 Abschn. F Anm. 220.
[18] BeckBil-Komm./*Schnicke/Fischer* § 274 Anm. 17; zur Berücksichtigung künftiger Verluste und zur Berechnung der Steuerabgrenzung bei Organschaft vgl. BeckBil-Komm./*Schnicke/Fischer* § 274 Anm. 64 ff., 67 ff.; *ADS* § 274 Anm. 34.

B. Ergebnisermittlung

Das Gesetz schreibt die Auflösung der Steuerabgrenzungsposten ausdrücklich vor, wenn künftig nicht mehr mit Steuerbe- oder -entlastung zu rechnen ist. Die Steuerabgrenzung ist daher jedes Jahr neu zu berechnen. Die Auflösung ergibt sich also „von selbst", da bei der Bilanzierung als nicht mehr temporär erkannte Differenzen nicht berücksichtigt werden dürfen, während erstmals als temporär erkannte Differenzen zu berücksichtigen sind. 17

e) Pensionsrückstellungen

§ 6a EStG schreibt für die Bemessung von Pensionsrückstellungen ein bestimmtes Verfahren vor. Die Bewertung gem. § 6a EStG wird im allgemeinen – zumindest solange nicht gem. § 6a Abs. 4 EStG ein sog. Nachholverbot zu beachten ist – auch handelsrechtlich als zulässig angesehen.[19] Streng genommen führt eine Bewertung der Pensionsverpflichtungen gem. § 6a EStG im Zweifel jedoch zu einer zu geringen Rückstellung, da der für die Ermittlung zwingend vorgeschriebene Rechnungszinsfuß von 6% (vgl. § 6a Abs. 3 S. 3 EStG) im Vergleich mit der Praxis der Lebensversicherungen hoch ist und zukünftige Risiken aus einer Anpassung gem. § 16 BetrAVG im Rahmen einer Bewertung gem. § 6a EStG nicht berücksichtigt werden dürfen. Es wird daher als zulässig angesehen, handelsrechtlich höhere als nach § 6a EStG zulässige Pensionsrückstellungen zu bilden, wenn hierfür Gründe vorliegen.[20] Die Ermittlung von Pensionsrückstellungen mit einem Rechnungszinssatz von 3%[21] dürfte im allgemeinen die Bewertungsobergrenze darstellen. Die Minderheit in einer GmbH wird sich kaum dagegen wehren können, wenn die Geschäftsführung mit „Rückendeckung" der Mehrheit der Gesellschafter den vorgeschilderten Spielraum ausschöpft und die Pensionsrückstellungen mit einem Rechnungszinsfuß zwischen 3% und 6% ermitteln läßt. Zu beachten ist allerdings, daß für derartig (aus Sicht der Minderheit möglicherweise überhöhte) Pensionsrückstellungen das Auflösungsverbot (vgl. Rz. 25) gilt, dh. die Bewertung darf nur geändert werden (zB höherer Rechnungszinsfuß mit entsprechender Gewinnauswirkung), wenn die Gründe für die ursprüngliche Bewertung ganz oder teilweise nicht mehr stichhaltig sind, was bei Pensionsrückstellungen schwer zu begründen sein dürfte. 18

Im Herbst 1998 sind neue, an die geänderte statistische Lebenserwartung angepaßte Sterbetafeln zur Ermittlung von Pensionsrückstellungen bekannt geworden. Diese neuen Sterbetafeln sind handelsrechtlich ab dem Jahresabschluß 1998 anzuwenden. Handelsrechtlich kann der Mehraufwand gegenüber den alten Sterbetafeln auf den Abschluß 1998 und die 3 folgenden Abschlüsse verteilt werden. Nach dem Steuerentlastungsgesetz 1999/2000/2002 setzt die Anwendung der neuen Sterbetabellen für die steuerliche Behandlung eine vorherige Anerkennung durch die Finanzverwaltung voraus. Diese ist für 1999 zu erwarten. Die Erhöhung ist sodann gem. § 6a Abs. 4 EStG steuerlich auf 3 Wirtschaftsjahre (bei Wirtschaftsjahr Kalenderjahr 1999, 2000 und 2001) zu verteilen.

---

[19] BeckBil-Komm./Ellrott/Rhiel § 249 Anm. 197, wo die Bewertung nach steuerlichen Vorschriften als „Wertuntergrenze" bezeichnet wird.
[20] BeckBil-Komm./Ellrott/Rhiel § 249 Anm. 199.
[21] WPH 1996 Abschn. E Anm. 152.

f) Drohverlustrückstellungen

19 Rückstellungen für drohende Verluste aus schwebenden Geschäften (Drohverlustrückstellungen) sind handelsrechtlich Pflichtrückstellungen gem. § 249 Abs. 1 Satz 1 HGB. Seit 1997 dürfen Drohverlustrückstellungen steuerlich nicht mehr gebildet werden. Muß die Rückstellung gleichwohl handelsrechtlich gebildet werden, so kommt eine aktive Steuerabgenzung in Betracht. Bei angearbeiteten Aufträgen (am Bilanzstichtag war schon Umlaufvermögen vorhanden, das den Aufträgen zuzuordnen ist) ist dem aus der Ausführung des Auftrages drohenden Verlust nach wie vor auch steuerlich im Rahmen der Bewertung des Umlaufvermögens (z. B. halbfertige Arbeiten oder eingekauftes Material) Rechnung zu tragen. Erst wenn in diesen Fällen der gesamte rechnerische Drohverlust höher ist als das ohne Drohverlustsituation in bezug auf den Auftrag zu aktivierende Umlaufvermögen, ist für den Differenzbetrag eine Drohverlustrückstellung zu bilden, die unter das steuerliche Abzugsverbot fällt.

g) Rückstellungen für unterlassene Instandhaltung

20 Gem. § 249 Abs. 1 Satz 2 Nr. 1 HGB ist für eine im Geschäftsjahr unterlassene Instandhaltung zwingend eine Rückstellung zu bilden, wenn die Instandhaltung im folgenden Geschäftsjahr innerhalb von 3 Monaten vorgenommen wird. Für die Kosten von Abraumbeseitigungsmaßnahmen, die nicht auf einer privaten oder öffentlich-rechtlichen Verpflichtung beruhen, beträgt die Frist 1 Jahr. Da die vorgenannten Rückstellungen handelsrechtlich zwingend sind, werden sie auch für Zwecke der Steuerbilanz anerkannt. Darüber hinaus sind gem. § 249 Abs. 1 Satz 3 HGB Rückstellungen für unterlassene Aufwendungen für Instandhaltungen, die zwischen dem vierten und zwölften Monat nach Abschluß des Vorjahres vorgenommen werden sollen, ebenso wie allgemeine Aufwandsrückstellungen gem. § 249 Abs. 2 HGB zulässig. In den beiden letztgenannten Fällen besteht handelsrechtlich ein Wahlrecht. Diese Rückstellungen können also nicht mit steuerlicher Wirkung gebildet werden.

h) Allgemeine Aufwandsrückstellungen

21 Die Bildung einer Aufwandsrückstellung gem. § 249 Abs. 2 HGB ist zulässig, soweit in Zukunft Aufwendungen entstehen, die wirtschaftlich dem abgelaufenen Geschäftsjahr zuzuordnen sind.[22] Die Bildung einer Aufwandsrückstellung führt betriebswirtschaftlich zu einer periodengerechten Zuordnung des Aufwandes, der zB mit zukünftigem Instandhaltungsaufwand verbunden ist.

22 **aa) Aufwandsrückstellungen und aktive Steuerabgrenzung.** Auf den ersten Blick wirkt eine Aufwandsrückstellung sich bilanziell ebenso aus wie die Bildung einer Gewinnrücklage, die dann später in dem Jahr, in dem der Aufwand entsteht, aufgelöst wird. Sowohl die Rücklage als auch die Aufwandsrückstellung können nur zu Lasten des versteuerten Ergebnisses gebildet werden. Die Aufwandsrückstellung gem. § 249 Abs. 2 HGB muß jedoch im

---

[22] Vgl. zu den Voraussetzungen im einzelnen WPH 1996 Abschn. E Anm. 172 ff.

B. Ergebnisermittlung 23 § 10

Zusammenhang mit der Möglichkeit der Aktivierung latenter Steuern gem. § 274 HGB gesehen werden. Da die Aufwandsrückstellung steuerlich nicht anzuerkennen ist, ist der Steueraufwand im Jahr der Rückstellungsbildung zu hoch. Er gleicht sich in dem Geschäftsjahr wieder aus, in dem die Rückstellung tatsächlich in Anspruch genommen wird, da dann der steuerlich wirksame Aufwand, zB für eine Großreparatur, anfällt. Die Kombination von Aufwandsrückstellungen und der Aktivierung von latenten Steuern (Wahlrückstellungen) führt dazu, daß sich auf die handelsrechtliche Gewinn- und Verlustrechnung im Jahr der Zuführung im Ergebnis nur der tatsächliche Aufwand für die Rückstellung auswirkt, nicht jedoch der mit der steuerlichen Nichtanerkennung verbundene Steueraufwand. Zu beachten ist auch in diesem Fall, daß mit der Aktivierung latenter Steuern eine Ausschüttungssperre verbunden ist.[23] Im Jahr des Verbrauchs ergibt sich dann im Saldo keine Ergebnisauswirkung. Die Rückstellung ist ertragswirksam aufzulösen und kompensiert den Aufwand zB für die Großreparatur. Die durch die Abzugsfähigkeit des Aufwands entstehende Entlastung bei den Steuern wird durch die Auflösung des Postens „aktive latente Steuern" kompensiert. Die Abzugsfähigkeit des Aufwands wird also bilanziell durch die Aktivierung der latenten Steuern vorverlagert.

Durch das StEntlG 1999/2000/2002 werden die Voraussetzungen, unter denen steuerlich Rückstellungen gebildet werden dürfen, weiter eingeschränkt (vgl. zB § 5 Abs. 4b Satz 1 EStG). In Zukunft werden also Rückstellungen, die handelsrechtlich zu bilden sind, häufiger – wie vorstehend für die Aufwandsrückstellungen dargestellt – steuerlich bei der Bildung keinen Aufwand darstellen, sondern der Aufwand entsteht erst bei der tatsächlichen Inanspruchnahme.

bb) Auswirkungen auf den verwendungsfähigen Jahresüberschuß. 23
Die Bildung einer Aufwandsrückstellung vermindert das Ausschüttungspotential der Gesellschaft. Eine Aufwandsrückstellung kann nicht willkürlich vorgenommen werden, sondern nur dann, wenn sie betriebswirtschaftlich begründet und mit dem betreffenden Aufwand in späteren Jahren tatsächlich zu rechnen ist. In diesem Fall liegt in der Bildung einer Aufwandsrückstellung keine willkürliche Benachteiligung der Gesellschafter. Sofern nicht ausdrückliche Bestimmungen des Gesellschaftsvertrages entgegenstehen, kann die Gesellschafterversammlung dem Geschäftsführer mit einfacher Mehrheit untersagen, Aufwandsrückstellungen zu bilden oder ihn anweisen, solche zu bilden. Wird die Bildung einer Aufwandsrückstellung durch Mehrheitsbeschluß der Gesellschafterversammlung abgelehnt, so haben weder die Geschäftsführer noch einzelne Gesellschafter im Regelfall einen Anspruch darauf, daß eine solche Rückstellung gebildet wird.

Für die Gesellschafter kann der Vorteil einer Aufwandsrückstellung gegenüber der Einstellung eines entsprechenden Betrages aus dem Gewinn in die Rücklage darin bestehen, daß die Aufwandsrückstellung zweckgebunden ist. Damit tritt automatisch eine Gewinnerhöhung ein, sobald feststeht, daß der Zweck für die Bildung der Rückstellung fortgefallen ist, weil sich zB die vorgesehene Großreparatur im Hinblick auf eine Neuinvestition erübrigt

---

[23] BeckBil-Komm./*Schnicke/Fischer* § 274 Anm. 71.

oder weniger kostet als geplant. Das Vorgesagte gilt vor allem für Gesellschafter, die nicht über die für eine Rücklagenauflösung erforderliche Stimmenmehrheit verfügen. Darüber hinaus wird einer Rücklagenauflösung, häufig von dritter Seite (Banken), ein negatives Etikett angehängt. Bei der Bildung einer Aufwandsrückstellung ist gegenüber einer Einstellung in die Rücklagen der „Nachteil" zu beachten, daß für die Aufwandsrückstellungen Beibehaltungszwang besteht (§ 249 Abs. 3 Satz 2 HGB). Die Rückstellung darf also nicht aufgelöst werden, solange noch mit dem Aufwand zu rechnen ist.[24]

24 **cc) Rückstellungsfähiger Aufwand/Nachholverbot.** Rückstellungsfähig ist gem. § 249 Abs. 2 HGB nur derjenige voraussichtliche zukünftige Aufwand, der den abgelaufenen Geschäftsjahren zuzurechnen ist. Es ist umstritten, ob für Aufwandsrückstellungen ein uneingeschränktes Nachholverbot besteht.[25] Werden Aufwendungen, die früheren Geschäftsjahren zuzuordnen sind, bei der erstmaligen Bildung einer Rückstellung gem. § 249 Abs. 2 HGB nicht berücksichtigt, so kann der Berücksichtigung des Aufwandes, der diesen Geschäftsjahren zuzurechnen ist, in zukünftigen Geschäftsjahren der Beibehaltungsgrundsatz gem. § 252 Abs. 1 Nr. 6 HGB entgegenstehen.

25 **dd) Auflösungsverbot.** Wie jede andere Rückstellung auch ist eine Aufwandsrückstellung gem. § 249 Abs. 2 HGB jährlich neu zu ermitteln. Wenn am Stichtag eine Erhöhung der zukünftigen Aufwendungen (zB wegen zwischenzeitlich eingetretenen Lohnkostensteigerungen) oder eine Verminderung (zB wegen einer kostengünstigeren Reparaturmaßnahme) abzusehen ist, muß die Rückstellung angepaßt werden. Fraglich ist, ob eine Auflösung teilweise zulässig ist, wenn sich nach der nachvollziehbaren Planung des Unternehmens der Zeitpunkt, zu dem der Aufwand anfallen wird (Großreparatur), verschiebt. Dem dürfte das Auflösungsverbot gem. § 249 Abs. 3 HGB entgegenstehen. Es verstößt jedoch nicht gegen den Beibehaltungsgrundsatz gem. § 252 Abs. 1 Nr. 6 HGB, wenn in diesen Fällen der noch nicht zurückgestellte Aufwand auf den sich aus der geänderten Planung ergebenden längeren Zeitraum verteilt wird.[26]

26 **ee) Wechsel zwischen Ansatz und Nichtansatz.** Es ist zulässig, in künftigen Geschäftsjahren die Zuführung zu einer in dem oder den Vorjahren gebildeten Aufwandsrückstellung zu unterlassen. Dem steht die Vorschrift des § 252 Abs. 1 Nr. 6 HGB nicht entgegen, da hiernach nur einmal angewandte Bewertungsmethoden in der Regel beizubehalten sind, womit über die Ausübung von Ansatzwahlrechten nichts gesagt ist.[27] Ein mehrfacher Wechsel von Ansatz zu Nichtansatz und umgekehrt dürfte mit dem Grundsatz der Bilanzkontinuität nicht zu vereinbaren sein.[28] Von einer einmal gewählten Methode

---

[24] WPH 1996 Abschn. I Anm. 279.
[25] *ADS* § 249 Anm. 147 ff.; BeckBil-Komm./*Clemm/Nonnenmacher* § 249 Anm. 311, 321.
[26] *ADS* § 249 Anm. 146.
[27] WPH 1992 I Abschn. E Anm. 202; *ADS* § 249 Anm. 145; aA BeckBil-Komm./*Clemm/Nonnenmacher* § 249 Anm. 310.
[28] So grundsätzlich Beck HdR/*Scheffler* B 233 Anm. 258; zum Willkürverbot siehe *ADS* § 252 Anm. 252; aA WPH 1996 Abschn. E Anm. 179.

B. Ergebnisermittlung   27, 28   § 10

zur Berechnung der jährlichen Zurechnungsbeträge darf nur in begründeten Ausnahmefällen abgewichen werden (§ 252 Abs. 2 HGB). So darf zB nicht von der Verteilung des Aufwandes pro rata temporis zu einer Verteilung nach der tatsächlichen Nutzung übergegangen werden oder von einer nur teilweisen Berücksichtigung des voraussichtlichen Aufwandes zur vollständigen Berücksichtigung.

ff) Gegenstand einer Aufwandsrückstellung. Während die Rückstellung gem. § 249 Abs. 1 Satz 3 HGB nur für im Vorjahr unterlassene Instandhaltung vorgenommen werden darf, spricht § 249 Abs. 2 HGB nur allgemein von „Aufwendungen". Die Bildung von Aufwandsrückstellungen ist also nicht auf die Aufwendungen für zukünftige Reparaturen beschränkt. Beispiele hierfür sind Jubiläumszahlungen (soweit nicht passivierungspflichtig), voraussichtlich zu leistende Abfindungen an Arbeitnehmer, über die noch keine Vereinbarungen getroffen worden sind, die dazu führen, daß die Voraussetzungen für eine Pflichtrückstellung oder für erwartete Anpassungsverpflichtungen gem. § 16 BetrAVG erfüllt sind.[29] Zu beachten ist aber, daß es sich immer um zukünftigen, nicht aktivierungsfähigen Aufwand und nicht etwa um Finanzierungsaufwand für künftige Investitionen handeln darf.[30] Der HFA des IDW hält die Bildung einer Aufwandsrückstellung (ebenso wie die Bildung einer Pflichtrückstellung) für die zukünftigen Kosten der Umstellung auf den Euro nicht für zulässig. 27

i) Sonderposten mit Rücklageanteil

Ein Sonderposten mit Rücklageanteil darf gem. § 273 Satz 1 HGB bei Kapitalgesellschaften nur noch gebildet werden, soweit die Anerkennung des Wertansatzes für ein Wirtschaftsgut (zB bei der Übertragung stiller Reserven gem. § 6b EStG) bei der steuerlichen Gewinnermittlung davon abhängig gemacht wird, daß der höhere handelsrechtliche Bilanzansatz durch einen Sonderposten auf der Passivseite in der Handelsbilanz korrigiert wird. Heute gibt es keine Regelungen mehr über steuerfreie Rücklagen, in denen nicht zugleich auch der Maßgeblichkeitsgrundsatz verankert ist.[31] Gem. Art. 43 EGHGB und § 6d EStG dürfen Erträge aus der Umstellung auf den Euro (Beispiel: Forderung in FF ist mit Anschaffungskosten aktiviert, die unter dem zwingend anzuwendenden Umrechnungskurs FF: Euro liegen) in einem gesonderten Posten unter der Bezeichnung „Sonderposten aus der Währungsumstellung auf den Euro" eingestellt werden. Die „Euroumrechnungsrücklage" ist insoweit aufzulösen, als der dazugehörige Vermögensposten entfällt (Beispiel: der französische Kunde bezahlt die Schuld, die ursprünglich über FF lautete) spätestens jedoch am Schluß des fünften nach 31. 12. 1998 endenden 28

---

[29] Vgl. WPH 1996 Abschn. E Anm. 175.
[30] Zu der Abgrenzung *Streim* „Rückstellungen für Großreparaturen", BB 1985, 1575 (1577).
[31] Bis zum 1. Januar 1990 war die Preissteigerungsrücklage gem. § 74 EStDV eine Möglichkeit, steuerlich eine Rücklage zu bilden, die nicht in der Handelsbilanz gebildet zu werden brauchte. Die Vorschrift ist mit Wirkung zum 1. 1. 1990 aufgehoben worden (§ 51 Abs. 1 Nr. 2b EStG). Ausnahme für den Steinkohlebergbau (vgl. WPH 1996 Abschn. E Anm. 77).

Geschäftsjahres. In den Sonderposten mit Rücklageanteil dürfen als Wahlrecht auch steuerrechtliche Abschreibungen (254 HGB) einbezogen werden, soweit sie die Normalabschreibungen übersteigen.[32] Eine derartige Einstellung in den Sonderposten hat keine Gewinnauswirkung. Sie führt lediglich dazu, daß die Mehrabschreibungen die Buchwerte der betreffenden Wirtschaftsgüter auf der Aktivseite nicht mindern.

j) Zölle und Verbrauchsteuern

29 Gem. § 250 Abs. 1 Satz 2 Nr. 1 HGB können als Aufwand berücksichtigte Zölle und Verbrauchsteuern in den aktiven Rechnungsabgrenzungsposten eingestellt werden. Voraussetzung ist, daß diese Zölle und Verbrauchsteuern auf die am Abschlußstichtag auszuweisenden Vermögensgegenstände des Vorratsvermögens entfallen. Streng genommen handelt es sich nicht um einen aktiven Rechnungsabgrenzungsposten. Es wird daher zu Recht vertreten, daß diese Zölle und Verbrauchsteuern zu den Anschaffungskosten der entsprechenden Vermögensgegenstände des Vorratsvermögens gehören.[33] Diese Regelung ist dem § 5 Abs. 5 Satz 2 Nr. 1 EStG nachgebildet. Wird das handelsrechtliche Wahlrecht nicht ausgeübt und werden die entsprechenden Zölle und Verbrauchsteuern auch nicht bei der Bewertung der Vorräte berücksichtigt, so ist der Posten gleichwohl in der Steuerbilanz anzusetzen (steuerliches Aktivierungsgebot). Ein gesonderter Ansatz in der Steuerbilanz ist nicht erforderlich, wenn die Zölle und Verbrauchsteuern als Anschaffungs-/Herstellungskosten der Vorräte berücksichtigt werden.[34] Nach § 250 Abs. 1 Satz 2 Nr. 2 HGB besteht ein Wahlrecht, die als Aufwand berücksichtigte Umsatzsteuer auf am Abschlußstichtag auszuweisende Anzahlungen anzusetzen (§ 5 Abs. 5 Satz 2 Nr. 2 EStG).

4. Bewertungswahlrechte

a) Bewertungswahlrecht bei der Ermittlung der Herstellungskosten

30 Die wichtigsten Bewertungswahlrechte ergeben sich aus § 255 Abs. 2 HGB. Bei der Ermittlung der Herstellungskosten brauchen notwendige Materialgemeinkosten, notwendige Fertigungsgemeinkosten, der Wertverzehr des Anlagevermögens, Kosten der allgemeinen Verwaltung sowie für soziale Einrichtungen, Kosten für freiwillige soziale Leistungen und für die betriebliche Altersversorgung nicht in die Herstellungskosten einbezogen zu werden (§ 255 Abs. 2 Satz 3 und 4 HGB). Wird das Wahlrecht, die vorgenannten Kosten zu aktivieren, in der Handelsbilanz ausgeübt, so ist das für die Steuerbilanz nach dem Maßgeblichkeitsprinzip gem. § 5 Abs. 1 Satz 2 EStG verbindlich.[35] Die Material- und Fertigungsgemeinkosten gehören steuerlich zum aktivierungspflichtigen Herstellungsaufwand.[36] Wird von dem Wahlrecht Gebrauch gemacht, diese Kosten in der Handelsbilanz nicht zu aktivieren, ist

---

[32] WPH 1996 Abschn. F Anm. 214.
[33] BeckBil-Komm./*Schnicke/Bartels-Hetzler* § 250 Anm. 37; *ADS* § 250 Anm. 61.
[34] *Schmidt/Weber-Grellet* § 5 Anm. 259.
[35] *Schmidt/Glanegger* § 6 Anm. 17.
[36] WPH 1996 Abschn. E Anm. 261.

B. Ergebnisermittlung 31–33 § 10

der steuerliche Gewinn höher als der Handelsbilanzgewinn. Es werden also versteuerte stille Reserven auf der Aktivseite gebildet. Da es sich um ein Wahlrecht handelt, ist die Geschäftsführung an der GmbH insoweit mangels anderer Bestimmungen im Gesellschaftsvertrag an die Weisungen der Gesellschafterversammlung gebunden.

b) Aktivierung von Zinsen

Gem. § 255 Abs. 3 Satz 2 HGB dürfen Zinsen für Fremdkapital, das zur **31** Finanzierung der Herstellung eines Vermögensstandes verwendet wird, angesetzt werden, soweit sie auf den Zeitraum der Herstellung entfallen. Man spricht in diesem Zusammenhang von einer sog. Bewertungshilfe.[37] Eine Bilanzierungshilfe, die zu einer Ausschüttungssperre führt, liegt jedoch nicht vor.[38] Es können nur solche Zinsen berücksichtigt werden, die auf den Zeitraum der Herstellung entfallen und in einem direkten Zusammenhang stehen.[39] Der Ansatz von Fremdkapitalzinsen als Herstellungskosten wird auch steuerlich anerkannt (R 33 Abs. 4 EStR). Danach ist die Berücksichtigung von Fremdkapitalzinsen nur zulässig, wenn sich die Herstellung über einen längeren Zeitraum erstreckt. Es kann also Fälle geben, in denen handelsrechtlich die Aktivierung von Fremdkapitalzinsen zulässig ist, nicht jedoch in der Steuerbilanz.[40] In diesen Fällen kommt grundsätzlich eine Aktivierung latenter Steuern gem. § 274 Abs. 2 HGB in Betracht. Nach dem klaren Wortlaut des § 255 Abs. 3 HGB kommt eine Aktivierung von Fremdkapitalzinsen im Rahmen der Anschaffung von Vermögensgegenständen nicht in Betracht.[41]

c) Bewertungsstetigkeit und § 254 Satz 1 HGB

Der Grundsatz der Bewertungsstetigkeit gem. § 252 Abs. 1 Nr. 6 HGB **32** steht der Vornahme einer Abschreibung gem. §§ 254, 279 Abs. 2 HGB nicht entgegen. Es ist also zulässig, in zwei aufeinanderfolgenden Wirtschaftsjahren, bei sonst gleichem Sachverhalt, unterschiedlich von der Möglichkeit einer Übertragung von stillen Reserven gem. § 6b EStG Gebrauch zu machen.

d) Bewertungsstetigkeit und § 255 HGB

Für die Anwendung der sich aus § 255 HGB ergebenden Bewertungswahl- **33** rechte ist der Grundsatz der Bewertungsstetigkeit gem. § 252 Abs. 1 Nr. 6 HGB zu beachten, dh ein willkürlicher Wechsel bei der Ausübung der Wahlrechte in aufeinanderfolgenden Jahresabschlüssen ist unzulässig. Eine Abweichung von einmal gewählten Bewertungsmethoden ist nur in begründeten

---

[37] *Helmrich* BiRiLiG BT-Drs. 10/317, S. 78.
[38] BeckBil-Komm./*Ellrott/Schmidt-Wendt* § 255 Anm. 502; *ADS* § 255 Anm. 88 ff.
[39] Zu den Voraussetzungen BeckBil-Komm./*Ellrott/Schmidt-Wendt* § 255 Anm. 502 ff.
[40] BeckBil-Komm./*Ellrott/Schmidt-Wendt* § 255 Anm. 510.
[41] BeckBil-Komm./*Ellrott/Schmidt-Wendt* § 255 Anm. 500, 504; WPH 1992 Bd. I E Anm. 214; aA WPH 1985/86 Bd. II S. 81.

Ausnahmefällen zulässig (§ 252 Abs. 2 HGB). Ein derartiger begründeter Ausnahmefall kann zB dann gegeben sein, wenn sich die mengenmäßige Zusammensetzung der Gegenstände des Vorratsvermögens verändert (zB das mengenmäßige Verhältnis zwischen Halb- und Fertigfabrikate).

e) Einschränkungen für Kapitalgesellschaften

34 Gem. § 279 Abs. 1 HGB sind bei Gegenständen des Anlagevermögens außerplanmäßige Abschreibungen (Ausnahme: Finanzanlagen) auf den niedrigeren beizulegenden Wert nur zulässig, wenn es sich um eine voraussichtliche dauernde Wertminderung handelt. Bei Finanzanlagen kann also bereits eine vorläufige Wertminderung zum Anlaß für eine außerplanmäßige Abschreibung genommen werden. Die nach § 253 Abs. 4 HGB zulässigen weiteren Abschreibungen im Rahmen vernünftiger kaufmännischer Beurteilung sind bei der GmbH gem. § 279 Abs. 1 HGB nicht zulässig.

f) Ausnahmen bei steuerlich zulässigen Abschreibungen (§ 254 HGB)

35 Bei einer GmbH kann eine Abschreibung auch vorgenommen werden, um Vermögensgegenstände des Anlage- oder Umlaufvermögens mit dem niedrigeren steuerlichen Wert anzusetzen. Dieser muß auf einer steuerlich zulässigen Abschreibung beruhen (§ 254 HGB). Außerdem muß steuerlich die Vornahme der Abschreibung in der Handelsbilanz Voraussetzung für die Anerkennung sein (§ 279 Abs. 2 HGB). Insoweit besteht bei der GmbH ein handelsrechtliches Abschreibungswahlrecht.[42]

§ 254 Satz 1 HGB findet für die GmbH in folgenden Fällen Anwendung:
- ein Vermögensgegenstand wird von Anfang an mit geringeren Kosten als den Anschaffungs- oder Herstellungskosten bilanziert, weil aufgrund steuerlicher Vorschriften Abzüge vorgenommen werden, zB Übertragung von stillen Reserven gem. § 6 b EStG oder
- aufgrund besonderer steuerlicher Abschreibungsbestimmungen.

36 Wann im einzelnen eine besondere Abschreibung nach § 254 HGB vorliegt, ist nicht immer leicht festzustellen. Auch für die Steuerbilanz sind die Begriffe erhöhte Absetzung, Sonderabschreibung und/oder Bewertungsfreiheit gesetzlich nicht eindeutig definiert. In formeller Hinsicht bieten die Überschriften einzelner steuerlicher Sondervorschriften einen Hinweis (zB §§ 7 b, 7 d und 7 g EStG). Entscheidend dürfte aber sein, mit welcher Zielsetzung der Steuergesetzgeber die jeweiligen Einzelvorschriften geschaffen hat. In Betracht kommen namentlich folgende Vorschriften:
- **§ 7 SchutzbauG**, erhöhte Absetzungen für Schutzbauten
- **§ 7 d EStG**, erhöhte Absetzungen für Wirtschaftsgüter, die dem Umweltschutz dienen (gilt nur für Wirtschaftsgüter, die zwischen 1974 und 1991 angeschafft worden sind, läuft am 31. 12. 1995 aus)
- **§ 7 f EStG**, Bewertungsfreiheit für abnutzbare Wirtschaftsgüter des Anlagevermögens privater Krankenhäuser (gilt nur für Wirtschaftsgüter, die der Steuerpflichtige vor dem 1. 1. 1996 bestellt oder herzustellen begonnen hat)

---

[42] BeckBil-Komm./*Clemm*/*Bail* § 254 Anm. 6.

B. Ergebnisermittlung

- **§ 7g EStG**, Sonderabschreibungen zur Förderung kleiner und mittlerer Betriebe
Die Vorschrift wird durch das StEntlG 1999/2000/2002 auf „Existenzgründer" beschränkt und damit in ihrem Anwendungsbereich wesentlich eingeschränkt (vgl. § 7 g Abs. 2 iVm. § 6 e EStG).
- **§ 7g Abs. 3–7 EStG**, Ansparabschreibung zur Förderung kleinerer und mittlerer Betriebe (gilt für Wirtschaftsjahre beginnend ab 31. 12. 1994)
Die Vorschrift wird durch das StEntlG 1999/2000/2002 ebenfalls auf „Existenzgründer" beschränkt (vgl. § 6 e EStG); zur Übergangsregelung vgl. § 52 Abs. 11 EStG.
- **§ 82a EStDV**, erhöhte Absetzungen für Herstellungskosten und Sonderbehandlung von Erhaltungsaufwand bestimmter Anlagen und Einrichtungen bei (Wohn-)Gebäuden (gilt bis 31. 12. 2000)
- **§ 82f EStDV**, Bewertungsfreiheit für Handelsschiffe, für Schiffe, die der Seefischerei dienen, und für Luftfahrzeuge (gilt für Anschaffung oder Herstellung bis 1. 1. 1999)
- **§ 82g EStDV**, erhöhte Absetzungen von Herstellungskosten für bestimmte Baumaßnahmen iSd. Bundesbaugesetzes und des Städteförderungsgesetzes (gilt bis 31. 12. 1999)
- **§ 82i EStDV**, erhöhte Absetzungen für Herstellungskosten bei Baudenkmälern (gilt bis 31. 12. 1999)
- **§ 4 FördergebietsG**, für Investitionen in den neuen Bundesländern in abnutzbare bewegliche Wirtschaftsgüter und Gebäude des Anlagevermögens vom 1. 1. 1991 bis 31. 12. 1994 (verlängert für bis zum 31. 12. 1999 entstandene Aufwendungen).

Der Grundsatz der Bewertungsstetigkeit gem. § 252 Abs. 1 Nr. 6 HGB steht der Vornahme einer Abschreibung gem. §§ 254, 279 Abs. 2 HGB nicht entgegen (vgl. Rz. 32).[43]

5. Methodenwahlrechte

Für die Ermittlung von Wertansätzen in der Handelsbilanz gilt der Grundsatz der Methodenfreiheit, dh, es kann jede den GoB entsprechende Bewertungs- oder Abschreibungsmethode gewählt werden. Das gilt, soweit im Einzelfall kein Verstoß gegen das Gebot der Klarheit und Übersichtlichkeit des Jahresabschlusses (§ 243 Abs. 2 HGB) vorliegt oder die Methode dazu führt, daß der Jahresabschluß kein den tatsächlichen Verhältnissen entsprechendes Bild der Vermögens- und Finanz- und Ertragslage der GmbH vermittelt.[44] Man kann also durch die Art und Weise der Bilanzierung (zB durch Inanspruchnahme von Sonder-AfA oder steuerlich nicht zulässigen, aber handelsrechtlich anerkannten Bewertungsmethoden für das Vorratsvermögen) die Höhe des Jahresüberschusses uU entscheidend „steuern".

---

[43] Zum Grundsatz der Bewertungsstetigkeit: BeckBil-Komm./*Budde/Geißler* § 252 Anm. 55 ff.
[44] WPH 1996 Abschn. E Anm. 211; *ADS* Vorbem. zu §§ 252–255 Anm. 19–22.

a) AfA-Methoden

39 Ausgangspunkt für alle AfA-Methoden ist die voraussichtliche Nutzungsdauer eines Wirtschaftsgutes. Die Nutzungsdauer ist zu schätzen. Für steuerliche Zwecke hat die Finanzverwaltung eine AfA-Tabelle für die allgemein verwendbaren Anlagegüter veröffentlicht.[45] Nach dem Grundsatz der Maßgeblichkeit der Handelsbilanz ist eine für die Handelsbilanz geschätzte Nutzungsdauer auch für die Steuerbilanz maßgebend. Ausgenommen sind die Fälle, in denen die Steuergesetze feste Abschreibungssätze vorschreiben, wie zB beim Geschäftswert. Abschreibungen sind über die gesamte Nutzungsdauer zu verteilen. Dabei ist es nicht zu beanstanden, wenn auch handelsrechtlich von der Halbjahresregelung gem. R 44 Abs. 2 EStR Gebrauch gemacht wird.

40 Die gebräuchlichen Abschreibungsmethoden sind die lineare und die degressive. Neben der linearen und der degressiven Methode (§ 7 Abs. 2 EStG) ist steuerlich auch noch die sog. Leistungsabschreibung gem. § 7 Abs. 1 Satz 4 EStG anerkannt.[46] Handelsrechtlich wird darüber hinaus auch die progressive Abschreibung, dh eine Abschreibung mit steigenden Abschreibungssätzen über die Nutzungsdauer, für zulässig gehalten.[47] Die progressive Abschreibung wird steuerlich nicht anerkannt. Wird sie dennoch im Einzelfall zulässigerweise gewählt, so ergibt sich eine Abweichung von Handels- und Steuerbilanz. In der Steuerbilanz ist in diesem Fall linear abzuschreiben.

41 Der Wechsel zwischen einzelnen Abschreibungsmethoden ist nicht zulässig, es sei denn, der Wechsel entspricht dem festgelegten Abschreibungsplan (zB Übergang von der degressiven zur linearen Abschreibung nach einer festgelegten Anzahl von Jahren). Gem. § 252 Abs. 2 HGB ist eine Abweichung von einem einmal gewählten Abschreibungsverfahren nur in begründeten Ausnahmefällen zulässig.[48]

Soweit ein Wechsel nach steuerlichen Vorschriften möglich ist (zB § 7 Abs. 3 EStG), wird er allgemein auch handelsrechtlich als zulässig angesehen (§ 254 HGB).

b) Bewertung geringwertiger Wirtschaftsgüter bzw. Vermögensgegenstände

42 Gem. § 6 Abs. 2 EStG dürfen die Anschaffungs- oder Herstellungskosten sog. geringwertiger Wirtschaftsgüter im Jahr der Anschaffung oder Herstellung als Betriebsausgabe abgesetzt werden. Geringwertige Wirtschaftsgüter sind solche, deren Anschaffungs- oder Herstellungskosten, vermindert um die darin enthaltenen Vorsteuerbeträge, 800 DM nicht übersteigen. Handelsrechtlich spricht man von Vermögensgegenständen von geringem Wert.[49]

---

[45] BeckBil-Komm./Schnicke/Schramm/Bail § 253 Anm. 393.

[46] Zu den Methoden der Leistungsabschreibung in der Handelsbilanz BeckBil-Komm./Schnicke/Schramm/Bail § 253 Anm. 245; *ADS* § 253 Anm. 338 ff.

[47] BeckBil-Komm./Schnicke/Schramm/Bail § 253 Anm. 246.

[48] BeckBil-Komm./Schnicke/Schramm/Bail § 253 Anm. 272.

[49] BeckBil-Komm./Schnicke/Schramm/Bail § 253 Anm. 372; *Küting/Weber* Anhang §§ 284–288 Anm. 94.

B. Ergebnisermittlung 43–47 § 10

Handelsrechtlich liegt zwar in diesen Fällen kein Aufwand vor. Es entspricht jedoch den GoB, die geringwertigen Vermögensgegenstände zumindest bis zur Höhe der steuerlich zulässigen Beträge im Jahr der Anschaffung oder der Herstellung voll abzuschreiben. Ein Zwang hierzu besteht nicht. Die Aktivierung und planmäßige Abschreibung über die Nutzungsdauer solcher Vermögensgegenstände ist zulässig.

c) Bewertungsmethode

Der Grundsatz der Methodenfreiheit gilt auch für die Bewertung der Gegenstände des Umlaufvermögens. Neben der individuellen Ermittlung der Anschaffungs- oder Herstellungskosten sind handelsrechtlich ua. folgende Verfahren anerkannt: Durchschnittsmethode, die Verbrauchsfolgeverfahren nach § 256 Satz 1 HGB (Lifo, Fifo) und ähnliche Verfahren wie die Gruppenbewertung, die Festbewertung und die retrograde Ermittlung.[50] 43

aa) Lifo-Methode. Gem. § 6 Abs. 1 Nr. 2 a EStG ist nunmehr auch die Lifo-Methode in der Steuerbilanz anerkannt. Von der Lifo-Methode kann gem. § 6 Abs. 1 Nr. 2 a Satz 3 EStG nur mit Zustimmung des Finanzamtes abgewichen werden. 44

bb) Andere Verbrauchsfolgeverfahren. Aus dem Wortlaut des § 6 Abs. 1 Nr. 2 a EStG wird man den Schluß ziehen müssen, daß andere Verbrauchsfolgeverfahren, wie zB das Fifo-Verfahren (first in first out) oder das Hifo-Verfahren (highest in first out), steuerrechtlich nicht anerkannt werden (R 36 a Abs. 1 EStR). Das ändert nichts daran, daß diese Verfahren handelsrechtlich im Prinzip zulässig sind und zur Ergebnissteuerung unter Beachtung der Grundsätze der Bewertungsstetigkeit (vgl. Rz. 32 ff.) genutzt werden können. 45

6. Bewertungsstetigkeit

Durch das BiRiLiG ist in § 252 Abs. 1 Nr. 6 HGB die sog. Bewertungsstetigkeit für alle Kaufleute, also nicht nur für Kapitalgesellschaften, vorgeschrieben worden. Für Kapitalgesellschaften schreibt § 265 Abs. 1 HGB zusätzlich die Gliederungs- und Darstellungsstetigkeit vor. Damit soll die Vergleichbarkeit aufeinanderfolgender Jahresabschlüsse sowohl national als auch international gesichert werden.[51] 46

a) Bewertungsstetigkeit als GoB

Der Grundsatz der Bewertungsstetigkeit gehört zu den Grundsätzen ordnungsmäßiger Buchführung.[52] Gem. § 252 Abs. 1 Nr. 6 HGB sind die auf den vorhergehenden Jahresabschluß angewandten Bewertungsmethoden beizubehalten, wenn keine Gründe für eine Abweichung vorliegen.[53] Grundsätzlich kann also das Ergebnis einer GmbH nicht durch den Wechsel von einer 47

---

[50] *ADS* § 256 Anm. 1 ff.
[51] *Leffson* „Das Gebot der Stetigkeit im europäischen Bilanzrecht", WPg 1988, 441 ff.
[52] BeckBil-Komm./*Budde/Raff* § 243 HGB Anm. 31.
[53] WPH 1996 Abschn. E Anm. 210.

Bewertungsmethode zur anderen beeinflußt werden. Werden zB in einem Jahr bei der Ermittlung der Herstellungskosten die Abschreibungen auf das Anlagevermögen gem. 255 Abs. 2 Satz 3 HGB berücksichtigt, so darf von dieser Methode im folgenden Jahr nicht ohne weiteres abgewichen werden.

b) Abweichungen vom Grundsatz der Bewertungsstetigkeit

48 Nur in begründeten Ausnahmefällen darf vom Grundsatz der Bewertungsstetigkeit abgewichen werden (§ 252 Abs. 2 HGB). Wann ein solcher begründeter Ausnahmefall[54] vorliegt, ist umstritten. Während es teilweise Stimmen für eine strenge Handhabung dieses Grundsatzes gibt,[55] wird vielfach eine nicht zu strenge Handhabung vertreten.[56] Nach Leffson[57] dürfen nur Sachgründe zu einer Änderung der Bewertung führen.

c) Durchbrechung der Bewertungsstetigkeit aus steuerlichen Gründen

49 Insbesondere ist die Frage umstritten, ob der Wunsch nach einer unterschiedlichen Ausnutzung der bestehenden steuerlichen Bewertungswahlrechte zu einer Abweichung vom Grundsatz der Bewertungsstetigkeit berechtigt.[58] Bei Kapitalgesellschaften kollidiert die Durchbrechung des Grundsatzes der Bewertungsstetigkeit nicht mit Gesichtspunkten des Gläubigerschutzes. Gem. § 284 Abs. 2 Nr. 3 HGB sind Abweichungen von Bewertungsmethoden im Anhang der Kapitalgesellschaft und der Einfluß der Abweichungen auf die Vermögens-, Finanz- und Ertragslage gesondert darzustellen. Es besteht also nicht die Gefahr, daß Gläubiger, die den Jahresabschluß der Kapitalgesellschaften mit demjenigen des Vorjahres vergleichen, über die Vermögens- und Ertragslage der Gesellschaft getäuscht werden können.

d) Grundsatz der Bewertungsstetigkeit bei Gegenständen einer Gattung

50 Die Grundsätze der Bewertungsfreiheit beziehen sich nicht nur auf einzelne Gegenstände, sondern auch auf gleiche oder ähnliche, die in anderen Geschäftsjahren beschafft werden.[59] Werden also zB im Rahmen der Vorratsbewertung Waren einer bestimmten Gattung mit 20% abgewertet, falls sie älter als 1 Jahr sind, so darf von diesem Prozentsatz in den folgenden Jahren nur abgewichen werden, wenn dafür sachliche Gründe vorliegen, zB wenn die

---

[54] Zu Einzelfällen siehe WPH 1996 Abschn. E Anm. 216.
[55] *Leffson* „Das Gebot der Stetigkeit im europäischen Bilanzrecht", WPg 1988, 441 (443).
[56] BeckBil-Komm./*Budde*/*Geißler* § 252 Anm. 57 ff. mwN.
[57] *Leffson* „Das Gebot der Stetigkeit im europäischen Bilanzrecht", WPg 1988, 441 (443).
[58] Der **Rechtsausschuß** (BT-Drs. 10/4268) ist in seiner Stellungnahme zu den Vorschriften davon ausgegangen, daß der Stetigkeitsgrundsatz den Kaufmann nicht daran hindert, steuerliche Bewertungswahlrechte, wie zB Sonderabschreibungen, von Jahr zu Jahr unterschiedlich auszuüben. Bejahend WPH 1996 Abschn. E Anm. 216.
[59] *Leffson* „Das Gebot der Stetigkeit im europäischen Bilanzrecht", WPg 1988, 441 (443); WPH 1985/86 II, 76.

7. Zuschreibungen

Nach der Grundkonzeption des § 280 HGB sind bei einer GmbH andere als planmäßig vorgenommene Abschreibungen ergebniswirksam rückgängig zu machen, wenn der Grund für ihre Bildung weggefallen ist. Es besteht also im Prinzip kein Wahlrecht. Indirekt ergibt sich jedoch aus § 280 Abs. 2 HGB ein derartiges Recht. Danach kann eine an sich nach § 280 Abs. 1 HGB zwingend gebotene Wertaufholung unterbleiben, wenn der niedrigere Wertansatz bei der steuerlichen Gewinnermittlung beibehalten wird. Voraussetzung hierfür ist allerdings, daß die steuerliche Beibehaltung davon abhängt, daß der niedrigere Wertansatz auch in der Handelsbilanz beibehalten wird (sog. umgekehrte Maßgeblichkeit). **51**

a) Beibehaltungsrecht

Ein Beibehaltungsrecht iSd. § 280 Abs. 2 HGB kam bis zum 31. 12. 1989 gem. § 6 Abs. 1 Nr. 1 Satz 4 EStG aF bei abnutzbaren Wirtschaftsgütern des Anlagevermögens nicht in Betracht, da insoweit eine ergebniswirksame steuerliche Zuschreibung nicht zulässig war. Nach der Neufassung[61] der Vorschrift besteht ein steuerliches Wahlrecht. Eine handelsrechtliche Wertaufholung führt also nunmehr zu einer steuerlichen Auswirkung mit der Folge, daß das Beibehaltungswahlrecht gem. § 280 Abs. 2 HGB besteht. **52**

Im Bereich des Anlagevermögens besteht für die Rückgängigmachung von außerplanmäßigen Abschreibungen praktisch immer ein Beibehaltungswahlrecht gem. § 280 Abs. 2 HGB, da Zuschreibungen in diesem Gebiet in aller Regel steuerlich wirksam sind. **53**

b) Zuschreibungswahlrecht als Ergebnissteuerung

Soweit ein Zuschreibungswahlrecht gem. § 280 Abs. 2 HGB vorliegt, gelten für diese Zuschreibungen die gleichen quantitativen Begrenzungen wie für eine gem. § 280 Abs. 1 HGB obligatorische Zuschreibung. Anders als bei der Zuschreibung gem. § 280 Abs. 1 HGB unterliegt die Zuschreibung gem. § 280 Abs. 2 HGB keiner zeitlichen Begrenzung. Das Wahlrecht zur Zuschreibung verfällt nicht etwa, wenn die Zuschreibung nicht in dem Jahr vorgenommen wird, in dem sie nach § 280 Abs. 1 HGB geboten wäre. Es ist auch zulässig, die Zuschreibung nur teilweise vorzunehmen.[62] Eine Zuschreibung, die unter § 280 Abs. 2 HGB fällt, zB auf Grund und Boden, kann durch die GmbH uU über mehrere Jahre hinweg zur „Feinsteuerung" des Jahresergebnisses verwandt werden, dies **54**

---

[60] Zur Bewertungsstetigkeit im übrigen BeckBil-Komm./*Budde*/*Geißler* § 252 Anm. 36 ff.
[61] Zur erstmaligen Anwendung vgl. § 52 Abs. 7 EStG.
[62] Zur näheren Begründung BeckBil-Komm./*Budde*/*Karig* § 280 Anm. 30, 31; *ADS* § 280 Anm. 71.

allerdings um den Preis der auf die Zuschreibung entfallenden Ertragsteuern. Gem. § 10 d EStG können Verluste zeitlich unbegrenzt vorgetragen werden. Es besteht nicht mehr die Gefahr, daß Verlustvorträge steuerlich verfallen. Damit dürfte eine entscheidende Motivation fortgefallen sein, Wertaufholungen mit steuerlicher Wirkung zB im Beteiligungsbereich vorzunehmen.

Nach dem StEntlG 1999/2000/2002 wird eine Wertaufholung für steuerliche Zwecke im Anschluß an eine vorhergehende Teilwertabschreibung vorgeschrieben. Damit wird das Wahlrecht gem. § 280 Abs. 2 HGB in vielen Fällen nicht mehr bestehen bzw. wenn für Altfälle endgültig Wertaufholung steuerlich vorgeschrieben wird, nachträglich entfallen.

c) Rücklageneinstellung gem. § 29 Abs. 4 GmbHG

55 Die GmbH hat gem. § 29 Abs. 4 GmbHG die Möglichkeit, den Eigenkapitalanteil von Wertaufholungen in die Gewinnrücklage einzustellen. Eine Verpflichtung, die Wertaufholungen in die Gewinnrücklage einzustellen, besteht nicht.[63] Die GmbH hat folglich die Möglichkeit, den Ertrag aus der Wertaufholung als Bestandteil des Jahresüberschusses (vgl. § 29 Abs. 1 Satz 1 GmbHG) auszuschütten. Dies ist angesichts der Tatsache, daß Erträge aus Wertaufholungen nicht auf einem Drittgeschäft, sondern auf einer subjektiven Bewertung beruhen, nicht ungefährlich.

d) Angabe der Wertaufholung im Anhang

56 Das HGB schreibt nicht vor, daß die Vornahme einer Wertaufholung im Anhang anzugeben ist. Gem. § 280 Abs. 3 HGB sind im Anhang lediglich unterlassene Zuschreibungen anzugeben. In der Gewinn- und Verlustrechnung geht die Zuschreibung in die Position „sonstige betriebliche Erträge" ein, bzw. ist bei Anwendung des Gesamtkostenverfahrens als Bestandserhöhung zu berücksichtigen.[64] Lediglich bei Zuschreibungen auf Finanzanlagen wird vertreten, daß ein außerordentlicher Ertrag iSd. des § 277 Abs. 4 HGB vorliegt (zweifelhaft), der – soweit wesentlich – im Anhang zu erläutern ist.

III. Beeinflussung des Gewinns durch Sachverhaltsgestaltung

1. Ausgliederung

57 Bei der Ausgliederung von Wirtschaftsgütern oder Betriebsteilen einer GmbH entsteht grundsätzlich ein Ertrag bei der GmbH, wenn der Buchwert eines Wirtschaftsgutes, daß auf eine Tochtergesellschaft übertragen wird, geringer ist als dessen Verkehrswert. Die Realisierung derartiger Gewinne ist

---

[63] *ADS* § 280 Anm. 82; *Meyer-Landrut* § 29 Anm. 14; *Hommelhoff* „Die Ergebnisverwendung in der GmbH und dem Bilanzrichtliniengesetz, 29 R 1986, 418, 434, 435; *Hommelhoff/Priester* „Bilanzrichtliniengesetz und GmbH-Satzung", ZGR 1986, 463 ff., 498.

[64] BeckBil-Komm./*Budde*/*Karig* § 280 Anm. 16.

B. Ergebnisermittlung 58, 59 § 10

steuerlich zwingend, es sei denn, es existieren steuerliche Ausnahmevorschriften.[65] Die Realisierung solcher Gewinne im Einzelabschluß einer GmbH sind auch handelsrechtlich zulässig;[66] nicht dagegen im Konzernabschluß, in dem sie als Zwischengewinne zu eliminieren sind. Die Realisierung im Einzelabschluß ist handelsrechtlich nicht zwingend. Handelsrechtlich kann eine GmbH Wirtschaftsgüter an eine Tochtergesellschaft zum Buchwert oder einem Zwischenwert,[67] höchstens jedoch zum Verkehrswert verkaufen, braucht also den Gewinn nicht zu realisieren.[68]

Nach dem StEntlG 1999/2000/2002 sind die Möglichkeiten zur steuerneutralen Übertragung von Wirtschaftsgütern zwischen verschiedenen Betriebsvermögen gravierend eingeschränkt worden, soweit nicht die Vorschriften des UmwStG eingreifen (zB Ersatz des sogenannten Mitunternehmererlasses und ähnlicher Rechtsinstitute durch § 6 Abs. 3 ff. EStG).

Seit Verlustvorträge steuerlich unbegrenzt vorgetragen werden können, ist **58** ein wesentliches Motiv, Gewinne künstlich durch Ausgliederung auf verbundene Unternehmen zu realisieren, fortgefallen. Wenn Gewinne aus Ausgliederungsmaßnahmen handelsrechtlich zur Beseitigung von Verlustvorträgen genutzt werden, führt dies zwar dazu, daß die GmbH wieder früher grundsätzlich auch als Dividenden ausschüttungsfähige Gewinne erzielt, aber der Preis dafür ist, daß steuerliche Verlustvorträge bei der GmbH „verbraucht" werden, die durch spätere operative Gewinne besser hätten genutzt werden können. Steuerlich effizienter (aber auch langwieriger und auffälliger) ist es in solchen Fällen, das Kapital herabzusetzen oder Verlustvorträge durch das (zulässige) Auflösen von Rücklagen zu beseitigen und so handelsrechtlich früher ausschütten zu können, ohne die steuerlichen Verlustvorträge zu „verbrauchen".

2. Ausgliederung auf eine Personengesellschaft

Steuerlich ist eine Übertragung von Wirtschaftsgütern auf die Tochtergesellschaft einer GmbH in Form einer Personengesellschaft gegen Gewährung von Gesellschaftsrechten zum Buchwert oder höchstens zum Teilwert bzw. jedem Zwischenwert zulässig.[69] Wird die Übertragung handelsrechtlich auch zum Buchwert vorgenommen und veräußert die Tochterpersonengesellschaft später das Wirtschaftsgut mit Gewinn, so erhöht sich der Gewinn der GmbH entsprechend dem Anteil der GmbH am Gewinn der Personengesellschaft. Macht die Tochtergesellschaft dabei einen Verlust, so mindert dieser handelsrechtlich nicht ohne weiteres das Ergebnis der GmbH (wenn es sich um eine **59**

---

[65] ZB nach dem UmwStG.
[66] *Döllerer* „Einlagen bei Kapitalgesellschaften nach Handelsrecht und Steuerrecht", BB 1986, 1857 ff. (1862); aA *Weber* „Grundsätze ordnungsgemäßer Bilanzierung für Beteiligungen", 1980, 216; BeckBil-Komm./*Ellrott/Gutike* § 255 HGB Anm. 169; *Knobbe-Keuk* § 5 VII 1 c cc.
[67] Steuerlich liegt dann in Höhe der Differenz zum Teilwert eine Einlage vor, vgl. hierzu *Knobbe-Keuk* § 5 VII 1 c cc.
[68] *Widmann/Mayer* Umwandlungsrecht § 20 UmwG 77, 6807.1; *Döllerer* JbFStR 1983/84, S. 326; aA *Seifried* DB 1990, 1473, 1526.
[69] Vgl. Tz 57 ff. Mitunternehmererlaß BStBl. I 1978, 8 ff. (14); *Knobbe-Keuk* § 22 VII.

Kommanditbeteiligung handelt), es sei denn, der Verlust macht bei der GmbH als Gesellschafter eine a. o. Abschreibung auf die Beteiligung an der Personengesellschaft erforderlich. Körperschaftsteuerlich (nicht jedoch gewerbesteuerlich) wirken der Gewinn und Verlust sich bei der GmbH über die einheitliche und gesonderte Feststellung direkt aus.[70]

Die Anwendung des Mitunternehmererlasses ist nach dem Willen der Bundesregierung ab 1999 nicht mehr möglich.

3. Ausgliederung auf eine Kapitalgesellschaft

60 Die Übertragung von einzelnen Wirtschaftsgütern auf eine Tochtergesellschaft in der Rechtsform einer Kapitalgesellschaft ist steuerlich zum Buchwert nicht möglich. Steuerlich ist gem. § 20 Abs. 1 und 2 UmwStG zB die Übertragung eines Teilbetriebs zum Buchwert oder einem Zwischenwert gegen Gewährung von Gesellschaftsrechten zulässig. Der Gewinn aus einem späteren Verkauf der Wirtschaftsgüter des übertragenen Teilbetriebs mehrt den Überschuß der Muttergesellschaft nur, wenn er als Dividende ausgeschüttet wird oder ein Ergebnisabführungsvertrag (EAV)[71] besteht, nicht dagegen, wenn die Tochtergesellschaft thesauriert. Auf diese Weise kann also den Gesellschaftern der GmbH uU ausschüttungsfähiger Gewinn vorenthalten werden.

61–69 *(frei)*

C. Ergebnisverwendung

I. Formen der Ergebnisverwendung

1. Vollausschüttung oder Thesaurierung

70 Gem. § 29 GmbHG können die Gesellschafter grds. mit einfacher Mehrheit darüber entscheiden, ob und in welcher Höhe ausschüttungsfähiger Gewinn tatsächlich an die Gesellschafter zur Ausschüttung gelangen soll. Grundsätzlich können also die Gesellschafter mit einfacher Mehrheit – unabhängig von der Höhe des vorhandenen ausschüttungsfähigen Gewinns – beschließen, nicht auszuschütten, dh. eine Gewinnthesaurierung vornehmen. Als Alternative zu einer ganzen oder teilweisen Thesaurierung kommt das sog. „Schütt-Aus-Hol-Zurückverfahren" in Betracht (vgl. Rz. 78 f.). Nach § 29 GmbHG aF, der für viele Gesellschaften auch heute noch fortgilt,[72] ging das Gesetz von dem sog. Vollausschüttungsgrundsatz aus. Bei solchen Gesellschaften haben die Gesellschafter – vorbehaltlich abweichender Regelungen in der Satzung – Anspruch darauf, daß der Gewinn in voller Höhe ausgeschüttet wird. § 29 GmbHG ist weitgehend disponibel.[73] Der Gesellschaftsvertrag einer GmbH

---

[70] *Knobbe-Keuk* § 10 III.
[71] Vgl. *Knobbe-Keuk* § 20 III; Abschn. 57 Abs. 4 KStR.
[72] Vgl. zu der Übergangsregelung im einzelnen Art 23–28 EGHGB idF des BiRiLiG; *Scholz/Emmerich* 8. Aufl. § 29 Anm. 14 ff.
[73] *Baumbach/Hueck/Hueck* § 29 Anm. 29.

C. Ergebnisverwendung

kann also sowohl vorsehen, daß nicht thesauriert werden darf, als auch, daß in einem gewissen Umfang thesauriert werden muß. So befanden sich häufig in Gesellschaftsverträgen nach altem Recht Klauseln, daß zB 20, 30 oder 50% des Jahresüberschusses nach Verrechnung mit einem etwa vorhandenen Verlustvortrag in die Rückstellung einzustellen sind. Dabei ist häufig in Anlehnung an § 58 Abs. 2 Satz 3 AktG vorgesehen, daß eine derartige Regelung nur solange gilt, bis die Rücklage einen bestimmten Prozentsatz des gezeichneten Kapitals und/oder der Bilanzsumme erreicht hat.

2. Mißbräuchliche Thesaurierung

Bei einer GmbH mit Normalstatut beschließt die Gesellschafterversammlung darüber, ob zu Lasten des verwendungsfähigen Ergebnisses (vgl. § 29 Abs. 1 GmbHG) Dividendenausschüttungen vorgenommen werden. Nach dem Wortlaut des Gesetzes kann also die Gesellschafterversammlung beschließen, den gesamten verwendungsfähigen Teil des Ergebnisses vorzutragen oder in die Rücklagen einzustellen. Früher war das umgekehrt. Nach der aF des § 29 GmbHG hatten die Gesellschafter den sog. Vollausschüttungsanspruch. Wenn also keine abweichenden gesellschaftsvertraglichen Regelungen getroffen waren, konnte die Mehrheit der Minderheit der Gesellschafter keine Bildung offener Rücklagen aufzwingen.

Für die Aktiengesellschaft sieht § 254 Abs. 1 AktG eine Sperre gegen mißbräuchliche Thesaurierung vor. Nach dieser Vorschrift können Gewinnverwendungsbeschlüsse angefochten werden, wenn aus einem verwendungsfähigen Gewinn nicht mindestens 4% Dividende ausgeschüttet werden und die Thesaurierung „bei vernünftiger kaufmännischer Beurteilung" nicht notwendig ist. Der Regierungsentwurf für das BiRiLiG sah eine entsprechende Regelung in einem neuen § 42 h GmbHG vor. Die Tatsache, daß der Gesetzgeber von einer Regelung abgesehen hat, führt nicht dazu, daß bei einer Ausschüttungspolitik einer GmbH Minderheitenschutz vollkommen ausgeschlossen ist.[74] Etwas anderes gilt, wenn der Minderheitsgesellschafter in der Satzung auf den Minderheitenschutz verzichtet hat.[75]

Wann im einzelnen ein Mehrheitsbeschluß zur Thesaurierung eine Treuepflichtverletzung der Gesellschaftermehrheit darstellt, läßt sich nicht generalisierend sagen.[76] Die Erfolgsaussichten einer Anfechtung sind daher für einen Minderheitsgesellschafter nur sehr schwer abzuschätzen. So muß ein Minderheitsgesellschafter zB akzeptieren, wenn die Mehrheit der Gesellschafter eine im Rahmen des Gesellschaftszwecks liegende Geschäftserweiterung plant und deshalb eine Thesaurierung vornimmt, obwohl die Geschäftsausweitung als solche für die Sicherung des Bestandes des Unternehmens nicht erforderlich ist. Dagegen dürfte eine Anfechtung immer dann Aussicht auf Erfolg haben, wenn der Gesellschafter nachweisen kann, daß von der Sache her die Voraussetzungen des § 254 Abs. 1 AktG vorliegen und die ungerechtfertigte The-

---

[74] Vgl. *Baumbach/Hueck/Hueck* § 29 Anm. 29 mwN.
[75] *Lutter/Hommelhoff* § 29 Anm. 45; *Rowedder/Zimmermann* § 55 Anm. 56.
[76] Das OLG Hamm (DB 1991 S. 2477) hat die Anfechtung eines Gewinnverwendungsbeschlusses bei nicht erforderlicher Thesaurierung von 65% des Gewinns zugelassen.

saurierung in erster Linie erfolgt, um Druck auf den Minderheitsgesellschafter (zB zum Verkauf seiner Anteile) auszuüben. Die mißbräuchliche Thesaurierung führt zur Anfechtbarkeit. Die Rücklagenbildung (oder Einstellung in den Gewinnvortrag) ist also bis zur erfolgten Anfechtung wirksam und führt nicht etwa automatisch zur Nichtigkeit des Abschlusses.[77]

3. Sonderfälle der Ergebnisverwendung

73 Es ist grundsätzlich möglich, daß einzelnen Gesellschaftern Vorzugsrechte oder allen Gesellschaftern das Recht auf eine „Mindestverzinsung" eingeräumt wird, sofern dies die Gründungs-Satzung oder die Satzung der GmbH aufgrund eines einstimmig zustande gekommenen Beschlusses aller Gesellschafter regelt. Die Grenzen derartiger Regelungen werden durch die §§ 30, 31 GmbHG markiert. Die Bedienung von Vorzugsrechten oder die Auszahlung einer Mindestdividende darf also nicht dazu führen, daß das zum Erhalt des Stammkapitals erforderliche Vermögen der Gesellschaft angegriffen wird.

a) Vorzugsrechte

74 Insbesondere in neuerer Zeit haben bei den börsennotierten AGs die sog. Vorzugsaktien an Bedeutung gewonnen. Hierbei handelt es sich meist um Aktien, die stimmrechtslos[78] sind. Als Ausgleich dafür werden sie mit einer höheren bzw. einer Mindestdividende bedient.[79] Auch bei einer GmbH ist es möglich, stimmrechtslose Geschäftsanteile zu schaffen, die als Ausgleich bei der Gewinnverteilung bevorzugt werden.[80] Bei einer GmbH sind Vorzugsrechte auch ohne den für das Aktienrecht typischen Stimmrechtsausschluß denkbar. So kann es vorkommen, daß die Gesellschafter anläßlich einer Kapitalerhöhung, an der nicht alle Gesellschafter teilnehmen, regeln, daß aus künftigen Gewinnen zunächst die durch die Kapitalerhöhung neu geschaffenen Anteile mit einer Mindestdividende bedient werden sollen. Es kann auch vereinbart werden, daß auf die Vorzugsanteile vor der allgemeinen Gewinnverteilung vorab eine Dividende in einer bestimmten Höhe gezahlt wird. Beide Verfahren können auch miteinander kombiniert werden.

b) Dividendengarantie/Festverzinsung

75 Entsprechend der Regelung der §§ 139 ff. AktG kann es bei einer GmbH zu vertraglichen Vereinbarungen über Gewinn- bzw. Dividendengarantien zugunsten von Minderheitsgesellschaftern kommen. Dabei ist es denkbar, daß der Mehrheitsgesellschafter lediglich garantiert, über den Gewinnabführungsvertrag nur soviel an sich abzuführen, daß auf die Anteile der Minderheitsgesellschafter eine Mindestdividende in Höhe eines bestimmten Prozentsatzes gezahlt wird.[81] Es kann aber auch sein, daß der Mehrheitsgesellschafter den

---

[77] Vgl. *Renkl* „Gewinnverwendungsverfassung und Abschlußprüfung", GmbHR 1989, 69.
[78] Vereinzelt gibt es „Vorzugsaktien" mit Stimmrecht und sogar Mehrstimmrecht.
[79] Im einzelnen §§ 139 ff. AktG.
[80] *Rowedder/Rowedder* § 29 Anm. 55.
[81] *Rowedder/Rowedder* § 29 Anm. 60; *Scholz/Emmerich* 7. Aufl. § 29 Anm. 88–90.

C. Ergebnisverwendung

Minderheitsgesellschaftern die jährliche Zahlung eines Mindestbetrages garantiert.

Insbesondere ältere Gesellschaftsverträge sehen vielfach vor, daß den Gesellschaftern eine „Mindestverzinsung" zusteht. Der Gesellschaftsvertrag einer GmbH kann vorsehen, daß eine derartige Mindestverzinsung auch dann zu zahlen ist, wenn kein Jahresüberschuß erwirtschaftet worden ist und/oder kein Bilanzgewinn zur Dividendenausschüttung zur Verfügung steht, solange hierin kein Verstoß gem. §§ 30, 31 GmbHG liegt. Verfügt die Gesellschaft zB über hohe Rücklagen, so ist es möglich, an die Gesellschafter eine „Mindestverzinsung" zu zahlen.[82] Technisch kann das dadurch geschehen, daß eine Auflösung der Rücklage – verbunden mit einer handelsrechtlichen Beseitigung eines etwaigen Verlustvortrages – in der Höhe vorgenommen wird, daß soviel Gewinn entsteht, daß die Mindestdividende aufgrund eines entsprechenden Gewinnverwendungsbeschlusses ausgezahlt werden kann. Ob es bei der gleichen bilanziellen Situation (Vorhandensein ausreichender Rücklagen) auch möglich ist, die Auszahlung der Mindestdividende im Jahresabschluß als Aufwand zu behandeln, der einen etwaigen Verlustvortrag noch vergrößert, erscheint fraglich.[83] Ein Verstoß gegen die §§ 30, 31 GmbHG liegt jedenfalls nicht vor. Eine derartige „Bedienung" der Garantiedividende stellt eine vGA dar, die auch handelsrechtlich zulässig sein kann (vgl. Rz. 190 ff.). Der Gesellschaftsvertrag kann auch vorsehen, daß die in Verlustjahren gezahlte Mindestverzinsung auf Gewinnansprüche der Gesellschafter in nachfolgenden Gewinnjahren angerechnet wird.[84]

Wird in Verlustjahren eine Mindestverzinsung auf das gezeichnete Kapital an die Gesellschafter gezahlt, so ist im Einzelfall zu prüfen, ob dies gem. § 264 Abs. 2 Satz 2 HGB im Anhang der GmbH zu erwähnen ist.

Steuerlich ist die Mindestverzinsung auch in Verlustvorjahren genauso zu behandeln wie eine normale Dividendenausschüttung. Für die gezahlten Beträge ist die Ausschüttungsbelastung bei der Gesellschaft herzustellen, soweit kein EK 01 oder EK 04 zur Ausschüttung gelangt, und die Kapitalertragsteuer von der Gesellschaft einzubehalten. Sofern bei der GmbH in derartigen Fällen nicht genügend EK 45 (vgl. § 30 Abs. 1 Nr. 1 KStG) vorhanden ist, kann also mit der Zahlung der Mindestverzinsung uU ein zusätzlicher Steueraufwand verbunden sein. Gelangt EK 01 zur Ausschüttung, so ergibt sich für den zur Anrechnung der Körperschaftsteuergutschrift grundsätzlich berechtigen Gesellschafter das Problem, daß er (bei einer Garantiedividende von DM 100) zwar die gleiche Ausschüttung, wie bei einer Ausschüttung aus anderen EK-Töpfen erhält (DM 75 nach Abzug von DM 25 Kapitalertragsteuer), ihm aber nach Einkommensteuer (bei einer unterstellten Belastung von 50%) nur DM 50 netto verbleiben, während bei einer Ausschüttung aus dem EK 45 aufgrund der zusätzlichen Körperschaftsteuergutschrift ein Betrag von DM

---

[82] Scholz/Emmerich § 29 Anm. 161; Röhrkasten GmbHR 1974, 36.
[83] So ausdrücklich bisher nur bejaht für Ausgleichzahlungen einer AG an außenstehende Aktionäre nach Abschluß von EAV-Verträgen gem. § 304 AktG, entsprechend auf GmbH anwendbar, siehe ADS § 277 Anm. 63, 67 ff.; BeckBil-Komm./Förschle § 277 Anm. 26.
[84] Rowedder/Rowedder, 2. Aufl., § 29 Anm. 57; Meyer-Landrut/Miller/Niehus § 29 Anm. 12.

71,43⁸⁵ verbliebe. Hierauf ist bei der Vereinbarung von Mindest- und Garantiedividenden zu achten.

Mit Wirkung zum 1. 1. 1999 werden sich die maßgeblichen Steuersätze mindern. Ab 1999 wird ein Körperschaftsteuersatz auf einbehaltenen Gewinn von 40% erhoben.

77 Bei der gesellschaftsvertraglichen Vereinbarung von Mindest- oder Vorzugsdividenden empfiehlt es sich, in der Vereinbarung zu regeln, was Bemessungsgrundlage für die Mindest- oder Vorzugsdividende sein soll. Gilt nämlich zB EK 04 als für die Ausschüttung verwandt, ist die Dividende für eine natürliche Person, die nicht wesentlich iSd. § 17 EStG beteiligt ist, endgültig steuerfrei.[86] Das gleiche gilt idR für beschränkt steuerpflichtige Gesellschafter.

Nach dem StEntlG 1999/2000/2002 ist zu beachten, daß die Grenze für eine wesentliche Beteiligung i. S. d. § 17 EStG von nunmehr 25% auf 10% abgesenkt worden ist.

4. Schütt-Aus-Hol-Zurück-Verfahren

78 Das Schütt-Aus-Hol-Zurück-Verfahren kommt in der Praxis in verschiedenen Formen vor. Gemeinsam ist allen Formen, daß ein möglichst hoher Teil des verwendungsfähigen Jahresüberschusses bzw. Bilanzgewinnes an die Gesellschafter ausgeschüttet wird. Anschließend gewähren die Gesellschafter der GmbH entweder aufgrund einer im Einzelfall eingegangenen Verpflichtung oder aufgrund einer gesellschaftsvertraglichen Regelung einen Teil der Ausschüttung zurück. Die Rückgewähr erfolgt teilweise als in die Rücklagen einzustellende Zuzahlung gem. § 272 Abs. 2 Nr. 4 HGB oder als Darlehen; vereinzelt sogar in Form von Begründung typisch und atypisch stiller Gesellschaften.

a) Steuerliche Motive für die Praktizierung des Schütt-Aus-Hol-Zurück-Verfahrens

79 Das Schütt-Aus-Hol-Zurück-Verfahren wird vorwiegend aus steuerlichen Gründen durchgeführt. Die Finanzverwaltung hat das Schütt-Aus-Hol-Zurück-Verfahren im Abschn. 77 KStR grds. anerkannt. Nachdem durch die Körperschaftsteuerreform 1977 die ertragsteuerliche Doppelbelastung ausgeschütteter Gewinne beseitigt worden ist, kann das Schütt-Aus-Hol-Zurück-Verfahren vorteilhaft sein, wenn die ausgeschütteten Beträge bei den Gesellschaftern einer geringeren Ertragsbesteuerung unterliegen als bei der GmbH. Nachdem schon nach der alten Gesetzeslage der Körperschaftsteuersatz für thesaurierte Gewinne nur noch höchstens 45% betrug (§ 23 Abs. 1 KStG a. F.), dürfte das Schütt-Aus-Hol-Zurück-Verfahren in vielen Fällen an Attraktivität eingebüßt haben. Für natürliche, unbeschränkt steuerpflichtige Personen betrug nämlich schon nach der Grundtabelle des Ein-

---

[85] DM 100, − Ausschüttung + DM 42,86 Körperschaftsteuergutschrift (³/₇) = DM 142,86 brutto bzw. DM 71,43 netto (nach Einkommensteuer bei unterstellter Belastung von 50%).

[86] Zur Behandlung einer Ausschüttung aus dem EK 04 vgl. Rz. 164 sowie für Altfälle OFD Erfurt v. 12. 2. 1998, GmbHR 1998, 563.

C. Ergebnisverwendung   80–82 § 10

kommensteuertarifes 1990 (ohne Berücksichtigung von Kirchensteuer und sonstiger Zuschläge, wie Solidaritätszuschlag) der Durchschnittssteuersatz bei einem zu versteuernden Einkommen von rd. 285 929,– DM 45%. Ein noch krasseres Bild ergab sich, wenn man unterstellte, daß der Gesellschafter noch über zu versteuerndes Einkommen aus anderen Quellen verfügte, dessen Steuerbelastung durch das Schütt-Aus-Hol-Zurück-Verfahren nicht erhöht werden solle. Belief sich das anderweitige Einkommen bei einer Bruttodividende von 100 TDM auf nur 60 TDM, so betrug die Belastung auf die zusätzliche Dividende nach der Grundtabelle bereits rund 47%.[87] Im Beispielsfall war es also günstiger, in der Gesellschaft zu thesaurieren, als das Schütt-Aus-Hol-Zurück-Verfahren zu praktizieren.[88]

Mit der durch das StEntlG 1999/2000/2002 angekündigten und durchgeführten Absenkung der Körperschaftsteuersätze auch für thesaurierte Gewinne wird das Schütt-Aus-Hol-Zurück-Verfahren noch viel weniger attraktiv werden und nur in Einzelfällen (zB steuerbefreiter Anteilsinhaber) weiter interessant sein.

b) Stärkung der Eigenfinanzierung

Insbesondere wenn an einer Familien-GmbH mehrere Familienangehörige beteiligt sind, die nicht über anderes Einkommen verfügen, kann sich, selbst wenn die ausgeschütteten Gewinne nur teilweise zur Einzahlung in die Kapitalrücklage verwendet werden, immer noch eine gewisse Verbilligung der Eigenfinanzierung der GmbH ergeben. 80

aa) Rückfluß als Darlehen. Stellen die Gesellschafter der Gesellschaft die rückfließenden Mittel als Darlehen zu üblichen Konditionen langfristig zur Verfügung, so kann sich zusätzlich eine Gewerbeertragsteuerersparnis ergeben. Die gezahlten Zinsen werden nämlich den Gewerbeertrag gem. § 8 Nr. 1 GewStG nur zur Hälfte hinzugerechnet. 81

bb) Rückfluß als Kapitalerhöhung. Sollen die aufgrund der Durchführung des Schütt-Aus-Hol-Zurück-Verfahrens zur Verfügung stehenden Beträge für eine Kapitalerhöhung verwandt werden, stellt die Rechtsprechung hinsichtlich der dabei zu beachtenden Verfahrensvorschriften darauf ab, ob die Gesellschaft gegenüber dem Registergericht offengelegt hat, daß eine Kapitalerhöhung im Wege des Schütt-Aus-Hol-Zurück-Verfahrens erfolgen soll. Wenn die Gesellschaft ihr Vorgehen offenlegt – etwa durch Vorlage eines schriftlichen Gesellschafterbeschlusses beim Registergericht – kann die Kapitalerhöhung im Wege des Schütt-Aus-Hol-Zurück-Verfahrens entsprechend den Vorschriften für die Kapitalerhöhung aus Gesellschaftsmitteln erfolgen. Hierbei ist entscheidend, daß das Registergericht eine präventive Werthaltigkeitskontrolle entsprechend § 57i Abs. 1 iVm. §§ 57a und 9c GmbHG durchführen kann. Hierzu sind vor allem die Vorlage einer maximal 8 Monate alten, testierten Bilanz und die Angabe erforderlich, daß die Kapitalerhöhung im Wege des Schütt-Aus-Hol-Zurück-Verfahrens durchgeführt worden ist.[89] 82

---

[87] ESt auf 60 TDM = DM 14 422,00.
[88] Es können sich allenfalls in der Zukunft Gewerbesteuervorteile ergeben, wenn der Rückfluß der Gesellschaft als verzinsliches Darlehen zur Verfügung gestellt wird.
[89] Zum vorstehenden BGH v. 26. 5. 1997 DB 97, 1610.

Wenn allerdings die vorstehenden Grundsätze nicht eingehalten werden, sind wie bisher die Vorschriften einer Kapitalerhöhung durch Sacheinlage zu beachten. Denn auch das Schütt-Aus-Hol-Zurück-Verfahren stellt als „Einlage des Anspruchs auf Auszahlung der Dividende" die Durchführung einer Sacheinlage dar.[90] Dies gilt auch dann, wenn die Dividende zunächst an den Gesellschafter zu dessen freier Verfügung ausgezahlt wird. Zu beachten ist, daß das Handelsregister sich bei einer Kapitalerhöhung durch Sacheinlage des Dividendenanspruchs in vielen Fällen nicht mit der bloßen Versicherung der Gesellschafter zufriedengeben wird, daß der Gewinnanspruch werthaltig ist, sondern eine Bescheinigung eines unabhängigen Experten (meist eines Wirtschaftsprüfers) über die Werthaltigkeit verlangen wird.[91]

Dabei ist nicht der Umstand entscheidend, daß die Gesellschaft durch die Einlage von der Verpflichtung zur Erfüllung eines Anspruchs (auf Ausschüttung der Dividende) befreit wird (Bewertung aus Sicht der Gesellschaft), sondern es ist darauf abzustellen, ob ein fremder Dritter dem Gesellschafter den Anspruch auf Auszahlung ohne Abschläge abkaufen würde (externe Bewertung). Diese Frage dürfte mit Sicherheit dann zu bejahen sein, wenn die Gesellschaft über ausreichend liquide Mittel (zB Bankguthaben) verfügt, die sie nicht zur Befriedigung ihres sonstigen Liquiditätsbedarfs (zB zur Zahlung von Löhnen und Gehältern oder fälligen Rechnungen) benötigt.[92]

Als Alternative zu einer sofortigen Kapitalerhöhung in dem Fall der „Umwandlung" von Dividendenansprüchen in Kapital sollte daher jeweils erwogen werden, die entsprechenden Beträge gem. § 272 Abs. 2 Nr. 4 HGB in die Rücklagen einzustellen und dann auf der Basis des nächsten (geprüften) Jahresabschlusses eine Kapitalerhöhung aus Gesellschaftsmitteln nach Maßgabe der §§ 1 ff. KapErhG durchzuführen. Hierin liegt keine unzulässige Umgehung der Vorschriften des GmbHG über die Sachgründung.[93]

c) Sicherung des Rückgewähranspruches, insbesondere durch Satzungsklauseln

83   Falls die Gesellschafter das Schütt-Aus-Hol-Zurück-Verfahren nicht freiwillig praktizieren, kann kein Gesellschafter zur Rückgewähr empfangener Dividenden (als Darlehen oder Zuzahlung) gezwungen werden. Das Schütt-Aus-Hol-Zurück-Verfahren kann durch Beschluß der Gesellschafter in den Gesellschaftsvertrag aufgenommen werden. Dieser Beschluß bedarf gem. § 53 Abs. 3 GmbHG nicht nur der notariellen Beurkundung, sondern auch der Zustimmung aller Gesellschafter. Bei der Abfassung von gesellschaftsrechtlichen Regelungen zur Einführung des Schütt-Aus-Hol-Zurück-Verfahrens sollte zur Vermeidung späterer Auseinandersetzungen unter den Gesellschaftern auf steuerliche Belange der Gesellschafter geachtet werden. Eine solche Regelung sollte gewährleisten, daß den Gesell-

---

[90] Hierzu grundsätzlich BGH v. 18. 2. 1991, GmbHR 91, 255 ff.; vgl. auch BGH v. 26. 5. 1997, DB 97, 1610.
[91] *Hachenburg/Ulmer* § 57 a Anm. 8–10.
[92] *Hachenburg/Ulmer* § 5 Anm. 44; *Scholz/Emmerich* § 5 Anm. 48.
[93] *Scholz/Emmerich* § 29 Anm. 166; LG Aachen, GmbHR 1990, 512, 513; *Priester* ZGR 1977, 445, 456.

C. Ergebnisverwendung

schaftern mindestens aus den ausgeschütteten Beträgen so viel (nach Praktizierung des Schütt-Aus-Hol-Zurück-Verfahrens) verbleibt, daß sie in der Lage sind, die mit ihrer aus der Ausschüttung bzw. der Beteiligung an der GmbH im Zusammenhang stehende Einkommen- und Vermögensteuer (einschließlich der Einkommensteuer, die auf Dividendenanteile entfällt, die nicht in das Schütt-Aus-Hol-Zurück-Verfahren einbezogen sind) zu begleichen.

d) Kollision mit Rechten Dritter

Probleme können sich bei Praktizierung des Schütt-Aus-Hol-Zurück-Verfahrens ergeben, wenn Ansprüche der Gesellschafter mit Rechten Dritter belastet sind, zB Nießbrauch, Pfändung und Verpfändung oder Abtretung (zB Sicherungszession). Insbesondere bei einem vor der Aufnahme der Regelung über das Schütt-Aus-Hol-Zurück-Verfahren durch den Gesellschaftsvertrag wirksam begründeten Nießbrauch kann das Schütt-Aus-Hol-Zurück-Verfahren nicht ohne Zustimmung des Nießbrauchsberechtigten praktiziert werden.[94] Der Nießbrauchsverpflichtete ist sonst verpflichtet, Gewinnbeträge an die Gesellschaft zurückzugewähren, die er an den Nießbraucher abzuführen hat. War das Schütt-Aus-Hol-Zurück-Verfahren vor der Belastung mit dem Nießbrauch bereits gesellschaftsvertraglich verankert, so muß der Dritte die Durchführung des Schütt-Aus-Hol-Zurück-Verfahrens nach dem Prioritätsprinzip zu seinen Lasten hinnehmen. **84**

5. Vorabausschüttungen

Während bei einer AG Vorabausschüttungen oder sog. Zwischendividenden nur nach Ablauf des Geschäftsjahres und aufgrund einer vorläufigen Bilanz möglich sind (vgl. § 59 AktG), werden Vorabausschüttungen bei der GmbH allgemein für zulässig gehalten.[95] **85**

a) Definition

Vorabausschüttungen sind Dividendenzahlungen, die vor dem Beschluß über die Feststellung des Jahresabschlusses zu Lasten des Ergebnisses des Geschäftsjahres, dessen Jahresabschluß noch nicht festgestellt worden ist, geleistet werden. Eine Vorabausschüttung liegt auch vor, wenn die Zahlung nach Ablauf des Geschäftsjahres, aber vor dem Beschluß über die Feststellung des Jahresabschlusses erfolgt, oder die Vorabausschüttung dadurch finanziert wird, daß in früheren Geschäftsjahren gebildete Rücklagen aufgelöst werden. **86**

b) Voraussetzungen

Der Beschluß über die Vorabausschüttung (einschließlich einer etwaigen Rücklagenauflösung) muß als Maßnahme der Ergebnisverwendung von den Gesellschaftern beschlossen werden (vgl. § 46 Nr. 1 GmbHG). Die Wirksam- **87**

---

[94] *Rowedder/Rowedder*, 2. Aufl., § 29 Anm. 57.
[95] MünchHdb. GesR Bd. 3/*Priester* § 58 Anm. 98; *Meyer-Landrut* § 29 Anm. 15; *Rowedder/Rowedder* § 29 Anm. 48; *Roth* § 29 Anm. 5.5 jeweils mwN.

keit des Beschlusses hängt davon ab, ob bei der Beschlußfassung mit einem die Ausschüttung deckenden Ergebnis iSd. § 29 Abs. 1 GmbHG zu rechnen ist. Erfolgt ein Beschluß über eine Vorabausschüttung, obwohl klar ist, daß das Geschäftsjahr mit einem Verlust enden wird, so ist der Beschluß unwirksam.[96] Aufgrund eines derartigen Beschlusses kann kein Anspruch auf Zahlung der Dividende gegen die Gesellschaft geltend gemacht werden.

c) Vorbehalt der Rückzahlung

88 Der Beschluß über die Vorabausschüttung und damit die Zahlung stehen unter dem Vorbehalt, daß die Prognose sich als zutreffend herausstellt und am Jahresende ein ausreichender Gewinn vorhanden ist. Ist dies nicht der Fall, so müssen die Vorabausschüttungen gem. § 812 Abs. 1 Satz 2 BGB wegen nachträglichen Wegfalls des Rechtsgrundes an die GmbH zurückgezahlt werden.[97] Da die Leistung der Vorabausschüttung unter einem Vorbehalt erfolgt, können die Gesellschafter sich gegenüber dem Rückforderungsanspruch der Gesellschaft nicht darauf berufen, gutgläubig zu sein (vgl. § 32 GmbHG). Aus dem gleichen Grund ist die Einrede der Entreicherung (vgl. § 818 Abs. 3 BGB) gegenüber dem Anspruch der Gesellschaft ausgeschlossen.[98]

Soweit der Beschluß über die Vorabausschüttung ausreicht und diese der Gesellschaft nicht zurückzuerstatten ist, ist ein erneuter Beschluß über eine Gewinnverwendung nicht erforderlich. Die Gesellschafterversammlung kann nur noch über einen etwa über den Betrag der Vorabausschüttung hinausgehenden Gewinn entscheiden, indem sie über Ausschüttung oder Thesaurierung beschließt.[99]

d) Zwischenbilanz/Voraussetzung

89 Nicht abschließend geklärt ist die Frage, ob anders als bei der AG die Aufstellung einer Zwischenbilanz vor dem Beschluß über eine Vorabdividende entbehrlich ist.[100] In der Praxis ist einem verantwortungsbewußten Geschäftsführer jedoch zu raten, einen „überschlägigen" Zwischenabschluß, verbunden mit einer Prognose für den Geschäftsverlauf des restlichen Wirtschaftsjahres, zu erstellen.

e) Steuerliche Behandlung der Vorabausschüttung

90 **aa) Herstellung der Ausschüttungsbelastung.** Gem. § 28 Abs. 2 Satz 2 KStG ist die Vorabausschüttung mit dem verwendbaren Eigenkapital zum

---

[96] Ob der Beschluß nur anfechtbar oder nichtig ist, hängt vom Einzelfall ab. Er ist auf jeden Fall nichtig, wenn die Auszahlung einen Verstoß gegen die §§ 30 ff. GmbHG darstellt.

[97] *Scholz/Emmerich*, 7. Aufl., § 29 Anm. 136, 8. Aufl. 157.

[98] *Scholz/Emmerich* 7. Aufl. § 29 Anm. 137, 8. Aufl. § 29 Anm. 159; *Hachenburg/Goerdeler/Müller* § 29 Anm. 112; *Priester* „Vorabausschüttungen bei der GmbH", DB 1973, 2382, 2384; *Roth* § 29 Anm. 5.5.

[99] *Lutter/Hommelhoff* § 29 Anm. 41 ff.

[100] MünchHdb. GesR Bd. 3/*Priester* § 58 Anm. 102; *Lutter/Hommelhoff* § 29 Anm. 38 mwN; *Baumbach/Hueck/Hueck* § 29 Anm. 61.

C. Ergebnisverwendung 91–94 § 10

Ende des Geschäftsjahres zu verrechnen, in dem sie erfolgt. Etwas anderes gilt nur dann, wenn die Vorabausschüttung nach Abschluß eines Geschäftsjahres und Aufstellung des Jahresabschlusses und vor Bilanzfeststellung als „Vorgriff" auf die ordentliche Gewinnausschüttung für das vorangegangene Geschäftsjahr erfolgt. Für diesen Fall sieht Abschnitt 78 a Abs. 2 KStR aus Gründen der Praktikabilität vor, daß die Vorabausschüttung wie eine ordentliche Ausschüttung mit dem verwendbaren Eigenkapital zum Ende des vorangegangenen Geschäftsjahres zu verrechnen ist.

bb) Steuerliche Folgen der Rückgängigmachung einer Vorabaus- 91 **schüttung.** Stellt sich später heraus, daß ein das Stammkapital übersteigendes ausschüttungsfähiges Vermögen nicht vorhanden ist, so hat die GmbH den Rückforderungsanspruch aus § 812 BGB zu aktivieren.[101] Nach wohl hM führt die Rückzahlung einer zu hohen Vorabausschüttung beim Gesellschafter zu negativen Einkünften im Jahr der Zahlung.[102] Trotzdem dürfte die Rückzahlung auf der Ebene der Gesellschaft eine Einlage darstellen.

6. Aufhebung von Gewinnverwendungsbeschlüssen

Insbesondere aus steuerlichen Gründen kann sich das Bedürfnis ergeben, 92 einen einmal gefaßten Gewinnverwendungsbeschluß aufzuheben. Dies kann zB dann der Fall sein, wenn die Gesellschafter bei der Beschlußfassung übersehen haben, daß dem handelsrechtlich verteilungsfähigen Gewinn steuerlich nicht in ausreichendem Umfang EK 45 gegenübergestanden hat, weil in dem handelsrechtlichen Gewinn teilweise steuerfreie Vermögensvermehrungen (Zugang zum EK 02) enthalten waren.

a) Wirksamer Aufhebungsbeschluß

Da durch den Gewinnverwendungsbeschluß Einzelansprüche der Gesell- 93 schafter (Anspruch auf Ausschüttung, der sich aus dem Gewinnverwendungsbeschluß ergebenden Dividende) entstanden sind, greift die Aufhebung eines Gewinnverwendungsbeschlusses in Individualrechte ein. Eine Aufhebung des Gewinnverwendungsbeschlusses ist daher nur mit Zustimmung aller Gesellschafter möglich. Erfolgt ein solcher einstimmiger Beschluß, so hat die Gesellschaft einen Anspruch auf Rückzahlung einer bereits ausgezahlten Dividende.

b) Steuerliche Auswirkung der Aufhebung

Ist die Dividende bereits ausgezahlt und fassen die Gesellschafter einen 94 formgültigen Aufhebungsbeschluß, so werden dadurch die nachteiligen steuerlichen Auswirkungen (zB Verwendung von EK 02) nicht beseitigt. Die Steuerschuld entsteht in dem Zeitpunkt, in dem der Tatbestand verwirklicht ist, an den das Gesetz die Steuer knüpft, dh die Ausschüttung tatsächlich erfolgt.[103] Nachträgliche Änderungen berühren den Steueranspruch nicht.[104] Erfolgt aufgrund der Rückgängigmachung des Gewinnverwendungsbeschlus-

---

[101] BFH v. 27. 1. 1977, BStBl. II 1977, 491 (493).
[102] *Schmidt/Heinicke* § 20 Anm. 34.
[103] BFH vom 14. 3. 1989, BStBl. I 1989, 741.
[104] *Tipke/Kruse* § 38 Anm. 5; *Knobbe/Keuk* § 19 I 3 e aa mwN.

ses eine Erstattung der Dividenden an die Gesellschaft, so liegt eine Einlage der Gesellschafter (Zugang beim EK 04) vor.[105]

c) Steuerliche Auswirkung bei Nichtigkeit

95 Fraglich ist, ob das Vorgesagte auch dann gilt, wenn der Gewinnverwendungsbeschluß nichtig ist. Die Nichtigkeit kann sich daraus ergeben, daß Vollausschüttung beschlossen wird. Wird nämlich der gesamte handelsrechtlich verteilungsfähige Gewinn als Dividende ausgeschüttet und dabei steuerlich EK 02 verwandt, so kann dies die Nichtigkeit des Gewinnverwendungsbeschlusses zur Folge haben, wenn durch den zusätzlichen Aufwand, der bei der Ausschüttung von EK 02 entsteht (vgl. Rz. 232), eine Minderung des Stammkapitals erfolgt und damit ein Verstoß gegen die §§ 30 ff. GmbHG vorliegt, der zur Nichtigkeit führt.[106] Nach der herrschenden Meinung führt zwar nur ein bewußter Verstoß gegen die §§ 30 ff. GmbHG zur Nichtigkeit eines Gewinnverwendungsbeschlusses,[107] aber der Gewinnverwendungsbeschluß bleibt auf jeden Fall anfechtbar, und die Gesellschafter sind gem. §§ 30 ff. GmbHG zur Rückgewähr verpflichtet.

Bei einem solchen nach der hier vertretenen Auffassung nichtigen Gewinnverwendungsbeschluß ist die Rückgängigmachung auch mit steuerlicher Wirkung möglich, da es nicht aufgrund einer autonomen Entscheidung der Gesellschafter (Aufhebungsbeschluß) zur Rückgewähr der Dividende kommt, sondern ein unverzichtbarer Rückforderungsanspruch der Gesellschaft besteht und somit eine Vermögensverminderung durch die Ausschüttung bei der GmbH nicht erfolgt ist. Es ist zu befürchten, daß sich die Finanzverwaltung ähnlich wie bei der Rückgängigmachung von vGAs, die gegen die §§ 30 ff. GmbHG verstoßen (vgl. Rz. 240 ff.), auf den Standpunkt stellt, daß auch im Fall eines nichtigen Gewinnverwendungsbeschlusses die Ausschüttung nicht mit steuerlicher Wirkung rückgängig gemacht werden kann. Für die Praxis wird man daher davon ausgehen müssen, daß einmal gefaßte und durchgeführte Gewinnverwendungsbeschlüsse nicht mehr mit steuerlicher Wirkung rückgängig gemacht werden können.

96 In dem Fall der unbeabsichtigten „Ausschüttung" von EK 02 kann es ein Ausweg sein, nachträglich eine gewinnerhöhende Bilanzänderung (zB durch Rücknahme von SonderAfA) vorzunehmen, und so zu bewirken, daß für das Jahr, für das ausgeschüttet worden ist, ein höherer Zugang an EK 45 entsteht. In den Fällen, in denen im Folgejahr (Jahr der Beschlußfassung über die ordentliche Gewinnverwendung) absehbar ein ausreichender Gewinn entsteht, könnte man auch daran denken, den Gewinnverwendungsbeschluß wirksam aufzuheben und durch einen Beschluß über eine Vorabausschüttung für das laufende Jahr zu ersetzen. In diesem Fall würde die Ausschüttung nämlich zu Lasten des steuerlichen EKs am Ende des Jahres erfolgen, in dem der Beschluß über die Vorabgewinnausschüttung erfolgt.

---

[105] *Knobbe/Keuk* § 19 I 3 e cc; BFH v. 18. 7. 1990, NV 1991, 190; *Dötsch/Eversberg/Jost/Witt* Anh. zu § 27 Anm. 82 ff.; BFH v. 14. 3. 1989, BStBl. II 1989, 741.
[106] *Baumbach/Hueck/Zöllner* Anh. § 47 Anm. 24.
[107] Zum Streitstand *Scholz/Westermann* § 30 Anm. 11 mwN, 12.

C. Ergebnisverwendung

Falls dieser Weg gegangen werden soll, dürfte es empfehlenswert sein, den Versuch einer vorherigen Abstimmung mit der Finanzverwaltung zu unternehmen.

II. Verfahrensablauf

1. Normalstatut

a) Aufstellung des Jahresabschlusses durch den Geschäftsführer

Bei einer GmbH mit Normalstatut ist für die Gewinnverteilung und Gewinnverwendung ausschließlich die Gesellschafterversammlung zuständig. Voraussetzung für einen Gewinnverwendungsbeschluß ist das Vorliegen eines Jahresabschlusses. Etwas anderes gilt lediglich im Falle der Vorabausschüttung.[108] Der Jahresabschluß ist gem. §§ 41 ff. GmbHG, § 264 HGB durch den Geschäftsführer aufzustellen.[109] Die Geschäftsführer haben den Jahresabschluß, die Bilanz, die Gewinn- und Verlustrechnung, den Anhang sowie den Lagebericht in den ersten 3 Monaten des laufenden Geschäftsjahres für das vorangegangene Geschäftsjahr aufzustellen (§ 264 Abs. 1 Satz 2 HGB). Die 3-Monatsfrist kann sich für kleine Gesellschaften iSd. § 267 Abs. 1 HGB bis zu 6 Monaten verlängern, „wenn dies einem ordnungsmäßigen Geschäftsgang entspricht" (§ 264 Abs. 1 Satz 3 HGB). Es ist also nicht so, daß jede kleine GmbH mit der Aufstellung ihres Jahresabschlusses 6 Monate warten darf. So ist zB eine kleine Gesellschaft, die in großem Umfang Handel betreibt, aber über eine kleine Bilanzsumme und weniger als 50 Mitarbeiter verfügt uU verpflichtet, ihren Jahresabschluß innerhalb der ersten 3 Monate aufzustellen. Nicht rechtzeitiges Aufstellen eines Jahresabschlusses ist gem. §§ 283 ff. StGB strafbar, falls die Gesellschaft anschließend in Konkurs fällt.

Das zuständige Registergericht kann die Geschäftsführer gem. § 335 Abs. 1 Nr. 1 HGB zur Aufstellung des Jahresabschlusses und des Lageberichtes durch Zwangsgelder (§§ 132 ff. FGG) anhalten. Das Gericht darf jedoch nicht von sich aus tätig werden, sondern nur dann, wenn ein Gesellschafter, Gläubiger oder der Betriebsrat bzw. Gesamtbetriebsrat des betreffenden Unternehmens dies beantragt (§ 335 Satz 2 HGB).

b) Vorlegungspflicht

Sobald der Jahresabschluß und der Lagebericht aufgestellt sind, ist der Geschäftsführer gem. § 42 a Abs. 1 Satz 1 GmbHG verpflichtet, diese den Gesellschaftern zur Feststellung vorzulegen, es sei denn, der Jahresabschluß ist durch einen Abschlußprüfer (vgl. § 316 HGB) zu prüfen. In diesem Fall erfolgt die Vorlage nach Abschluß der Prüfung.

---

[108] Vgl. hierzu *Hachenburg/Goerdeler/Müller* § 29 Anm. 108.
[109] Zu den Kompetenzen der Gesellschafter im Rahmen der Bilanzaufstellung vgl. *Scholz/Emmerich* § 29 Anm. 27, 28, 32.

c) Beschlußfassung durch die Gesellschafterversammlung

100 Nach Vorlage des Jahresabschlusses haben die Gesellschafter spätestens nach Ablauf der ersten 8 Monate des Folgegeschäftsjahres die Feststellung des Jahresabschlusses und die Ergebnisverwendung zu beschließen (§ 42 a Abs. 2 Satz 1 GmbHG). Bei kleinen Gesellschaften (§ 267 Abs. 1 HGB) beträgt die Frist 11 Monate. Eine Verlängerung dieser Frist ist nicht zulässig (§ 42 a Abs. 2 Satz 2 GmbHG). Die Gesellschafterversammlung ist an den aufgestellten Jahresabschluß nicht gebunden.[110] Sie kann den Jahresabschluß durch Beschluß abändern. Hierbei ist sie an die für die Aufstellung geltenden Vorschriften, insbesondere §§ 264–289 HGB, gebunden.

101 Besteht für den Jahresabschluß eine Prüfungspflicht gem. § 316 HGB, so ist die Folge eines ändernden Beschlusses durch die Gesellschafterversammlung, daß eine Ergänzungsprüfung durch den Wirtschaftsprüfer gem. § 316 Abs. 3 HGB erforderlich wird. Ohne diese Nachtragsprüfung ist ein festgestellter und geänderter Jahresabschluß nichtig.[111] Nehmen die Gesellschafter eine Änderung vor, so können sie dennoch die geänderte Bilanz feststellen und über die Gewinnverwendung beschließen. Beide Beschlüsse sind jedoch schwebend unwirksam. Sie werden in analoger Anwendung von § 173 Abs. 3 AktG wirksam, wenn die erforderliche Nachtragsprüfung innerhalb von 2 Wochen erfolgt.[112]

d) Fehlerhafter Jahresabschluß

102 Fehler im Jahresabschluß sind von dem Feststellungsorgan zu berichtigen. Unterbleibt eine Berichtigung, weil weder die Geschäftsführer noch die Gesellschafterversammlung den Fehler erkannt haben, wird der Feststellungsbeschluß anfechtbar. Anfechtungsberechtigt ist jeder Gesellschafter. Ist die Anfechtung erfolgreich, muß ein neuer Jahresabschluß aufgestellt und festgestellt werden. Bei schweren Verstößen gegen zwingende gesetzliche oder gesellschaftsvertragliche Vorschriften sind der Jahresabschluß und der Feststellungsbeschluß nichtig.

2. Abweichende Regelung

103 Gem. §§ 42 a Abs. 2, 46 Nr. 1 GmbHG beschließen die Gesellschafter über die Feststellung des Jahresabschlusses. Die Bestimmung ist disponibel (§ 45 Abs. 2 GmbHG). Daher ist es zulässig, die Kompetenz zur Feststellung des Jahresabschlusses anderen Organen der Gesellschaft, wie zB dem Aufsichtsrat, zu übertragen. Ob es auch zulässig ist, diese Kompetenz einzelnen oder allen Geschäftsführern zuzuweisen,[113] dürfte angesichts der detaillierten Aufgabenverteilung des § 42 a GmbHG fraglich sein.[114]

---

[110] *Meyer-Landrut* § 46 Anm. 9.
[111] *Baumbach/Hueck/Schulze-Osterloh* § 42 a Anm. 24; *Meyer-Landrut* § 42 a Anm. 6.
[112] *Baumbach/Hueck/Schulze-Osterloh* § 41 Anm. 57 mwN; BeckBil-Komm./ *Förschle/Kofahl* § 316 Anm. 36; aA *ADS* § 316 Anm. 17.
[113] So die hM *Baumbach/Hueck/Zöllner* § 46 Anm. 11, 62; *Scholz/Schmidt* § 46 Anm. 46: *Hommelhoff/Priester* „Bilanzrichtliniengesetz und GmbH-Satzung", ZGR 1986, 476 ff.
[114] Wie hier *Hachenburg/Hüffer* § 46 Anm. 22.

C. Ergebnisverwendung

a) Delegation auf andere Gremien oder Personen

Der Gewinnverwendungsbeschluß bzw. das Recht zu bestimmen, wie der Gewinn im Rahmen der gesetzlichen Vorschrift zu verwenden ist, kann durch den Gesellschaftsvertrag einzelnen Gesellschaftern, einem Gesellschafterausschuß, einem fakultativen Beirat oder sogar Dritten übertragen werden. Insoweit liegt eine zwingende gesetzliche Kompetenzzuweisung nicht vor.[115] Durch eine derartige Regelung werden jedoch Minderheitenrechte der Gesellschafter berührt. Deshalb muß sich die Regelung aus der Gründungssatzung ergeben, oder die nachträgliche Änderung des Gesellschaftervertrages muß analog § 53 Abs. 3 GmbHG mit den Stimmen aller Gesellschafter beschlossen werden.[116]

b) Delegation auf den gesetzlich vorgeschriebenen Aufsichtsrat

Ein Aufsichtsrat ist gem. BetrVG 1952 oder MitBestG 1976 grundsätzlich nicht zur Feststellung des Jahresabschlusses berufen. Es verbleibt insoweit bei der Kompetenz der Gesellschafterversammlung.[117] Die Gesellschafter müssen aber vor Feststellung des Jahresabschlusses den Bericht des Aufsichtsrates über den Jahresabschluß abwarten. Erstellt der Aufsichtsrat einen derartigen Bericht trotz Aufforderung und Fristsetzung nicht, kann der Beschluß erst nach Fristablauf gefaßt werden. Es ist den Gesellschaftern unbenommen, im Gesellschaftsvertrag „freiwillig" zu regeln, daß ein gesetzlich vorgeschriebener Aufsichtsrat gem. BetrVG 1952 oder gem. MitBestG 1976 einen Jahresabschluß festzustellen hat.[118] Unzulässig ist es dagegen, einem derartigen Aufsichtsrat die Kompetenz über die Gewinnverwendung zu übertragen. Dies soll sich daraus ergeben, daß für den obligatorischen Aufsichtsrat zwingend auf das Aktienrecht verwiesen wird und die Gewinnverwendung nach der aktienrechtlichen Kompetenzverteilung nicht zu den Aufgaben des Aufsichtsrates gehört.[119]

3. Kompetenzverteilung bei der Bilanzierung

Die Gesellschafterversammlung oder das Organ (zB Beirat), auf das die Kompetenz in zulässiger Weise verlagert worden ist,[120] kann dem Geschäftsführer auch in Fragen der Gewinnermittlung und Bilanzierung Weisungen erteilen. Diese Befugnis folgt aus dem Grundsatz der Allzuständigkeit der Gesellschafter gem. § 37 Abs. 1 GmbHG.[121] So kann zB die Gesellschafterversammlung die durch den Geschäftsführer aufgestellte Bilanz verändern.[122]

---

[115] *Rowedder/Koppensteiner* § 45 Anm. 7 ff.
[116] *Rowedder/Zimmermann* § 53 Anm. 43.
[117] *Baumbach/Hueck/Zöllner* § 52 Anm. 149; *Rowedder/Koppensteiner* § 52 Anm. 43.
[118] *Baumbach/Hueck/Zöllner* § 52 Anm. 149.
[119] *Rowedder/Koppensteiner* § 52 Anm. 43; *Meyer-Landrut* § 52 Anm. 49.
[120] Zu den Grenzen der Kompetenzverlagerung vgl. *Baumbach/Hueck/Zöllner* § 46 Anm. 63; *Lutter/Hommelhoff* § 46 Anm. 1, 2.
[121] *Scholz/Schmidt* § 46 Anm. 1; *Lutter/Hommelhoff* § 37 Anm. 17.
[122] *Lutter/Hommelhoff* § 46 Anm. 3; *Scholz/Schmidt* § 46 Anm. 14.

Die Gesellschafterversammlung kann dem Geschäftsführer mangels anderer Regelungen im Gesellschaftsvertrag zB vorschreiben, welche Abschreibungsmethoden gewählt werden (degressiv oder linear), wie geringwertige Wirtschaftsgüter behandelt werden, ob ein erworbener Geschäftswert oder latente Steuern aktiviert werden oder ob eine Aufwandsrückstellung gem. § 249 Abs. 3 HGB gebildet wird. Verbindlich ist die Weisung allerdings nur dann, wenn sie Gegenstand eines formellen Gesellschafterbeschlusses ist.[123] Es ist also für den Geschäftsführer nicht verbindlich, wenn einzelne Gesellschafter „Anweisungen" erteilen, ohne daß gleichzeitig die formellen Voraussetzungen für einen Gesellschafterbeschluß vorliegen, wie zB bei einer schriftlichen Anweisung eines Gesellschafters einer Einmann-GmbH (§ 48 Abs. 3 GmbHG).

a) Grenzen des Weisungsrechts der Gesellschafterversammlung

107 Grenzfälle der Weisungsbefugnis der Gesellschafter sind insbesondere bei der Rückstellungsbildung anzunehmen sowie bei denjenigen Bilanzierungs- und Bewertungsfragen, bei denen das „Vorsichtsprinzip" eine Rolle spielt, weil es dabei auch auf subjektive Beurteilungen ankommt. Dies führt jedoch nicht dazu, daß in diesem Bereich eine Alleinzuständigkeit des Geschäftsführers ohne weiteres gegeben ist. Es bleibt auch hier bei der Allzuständigkeit der Gesellschafterversammlung. Kommt es zB über die Höhe einer zu bildenden Rückstellung zu Differenzen zwischen Geschäftsführer und Gesellschafterversammlung, so darf der Geschäftsführer eine Bilanzierungsanweisung der Gesellschafterversammlung nur dann nicht befolgen, wenn er nach pflichtgemäßem Ermessen zu dem Ergebnis gelangt, daß das „Vorsichtsprinzip" andernfalls nicht gewahrt wäre.

108 Die Verpflichtung zur Befolgung einer in Bilanzierungs- und Bewertungsfragen erfolgten Weisung findet ihre Grenze dort, wo der Geschäftsführer durch die Ausführung Gesetze verletzen oder sich der Gefahr einer persönlichen Haftung aussetzen würde. Dies kann zB dann der Fall sein, wenn die aufgezwungene Bilanzierung zu einem überhöhten Gewinnausweis führt und in dessen Folge zu einer verbotenen Rückgewähr der Einlage iSd. § 30 GmbHG führt. Dies hat wiederum unverzichtbare Ersatzansprüche der Gesellschaft gegen den Geschäftsführer zur Folge (§ 43 Abs. 3 GmbHG). Entsprechendes gilt, wenn eine fehlerhafte Bilanzierung bzw. die Einreichung des betreffenden Jahresabschlusses beim Finanzamt den Tatbestand einer Steuerhinterziehung verwirklichen würde. Ein auf eine derartige Bilanzierung gerichteter Beschluß der Gesellschafter ist nichtig. Der Geschäftsführer darf solche für ihn erkennbar nichtigen Beschlüsse nicht ausführen. Im Konfliktfall bleibt dem Geschäftsführer nur die Möglichkeit, sein Amt niederzulegen. Die Aufrechterhaltung rechtswidriger Anweisungen zur Falschbilanzierung kann den Geschäftsführer zur außerordentlichen Kündigung seines Anstellungsverhältnisses berechtigen[124] (vgl. § 5 Rz. 21 f.).

---

[123] *Scholz/Schneider* § 37 Anm. 31.
[124] *Lutter/Hommelhoff* Anh. zu § 6 Anm. 56; *Baumbach/Hueck/Zöllner* § 35 Anm. 115 a.

C. Ergebnisverwendung

Die Grenzen des Weisungsrechts liegen dort, wo durch die Weisung gegen zwingende gesetzliche Vorschriften oder Regelungen der Satzung verstoßen wird. Der Gesellschaftsvertrag kann zB vorsehen, daß die Bilanzaufstellung allein dem Geschäftsführer obliegt. Über eine derartige Bestimmung kann die Gesellschafterversammlung sich nur hinwegsetzen, wenn zuvor die Satzung mit der erforderlichen Mehrheit und in der gesetzlich vorgeschriebenen Form (§§ 53, 54 GmbHG) geändert wird. Ist der Geschäftsführer zugleich Gesellschafter, so ist eine derartige Änderung gegen seinen Willen nicht möglich, da es sich im Zweifel um ein statuarisches Sonderrecht handelt, das nur in seltenen Fällen entzogen werden kann.[125]

b) Meinungsverschiedenheiten zwischen Gesellschaftern und Geschäftsführern

Kommt es bzgl. Bilanzierungs- und Bewertungsproblemen zu unüberbrückbaren Meinungsverschiedenheiten zwischen Gesellschaftern und dem Geschäftsführer, so ist der Geschäftsführer grundsätzlich verpflichtet, den Beschluß auszuführen. Führt er den Beschluß gegen seine feste Überzeugung aus und hat er dies zuvor der Gesellschafterversammlung kundgetan, so kann die Gesellschaft gegen ihn keine Ersatzansprüche geltend machen, falls der Gesellschaft aus der aufgezwungenen Handlung Schaden entsteht.[126]

c) Änderung der Satzung zugunsten des Geschäftsführers

Will ein GmbH-Geschäftsführer in Bilanzierungs- und Bewertungsfragen einem Vorstand einer AG vergleichbare Kompetenzen haben (vgl. § 76 Abs. 1 AktG), so muß er auf entsprechende Regelungen zu seinen Gunsten hinwirken. Sind diese Regelungen nur in seinem Dienstvertrag enthalten, so kann sich die Gesellschafterversammlung darüber hinwegsetzen. Dem Geschäftsführer bleibt dann nur die Möglichkeit, wegen Vertragsverletzung aus wichtigem Grund zu kündigen und Schadensersatz zu verlangen. Am sichersten läßt sich einem GmbH-Geschäftsführer die einem Vorstand einer AG vergleichbare Kompetenz dadurch einräumen, daß ihm als Gesellschaftergeschäftsführer ein Sonderrecht im Gesellschaftsvertrag ausdrücklich eingeräumt wird. Entsprechende Klauseln zugunsten von Nichtgesellschaftergeschäftsführern sind möglich, können jedoch ohne deren Einwirkungsmöglichkeit geändert werden. Ein einfacher, die Satzung nicht formgerecht ändernder Gesellschafterbeschluß reicht im vorgeschilderten Fall nicht aus. Ein solcher Gesellschafterbeschluß könnte allenfalls als satzungsdurchbrechender Beschluß,[127] dessen Zulässigkeit umstritten ist,[128] qualifiziert werden. Ein satzungsdurchbrechender Beschluß entfaltet jedoch keine Bindungswirkung für die Zukunft und schützt daher den Geschäftsführer nicht besser als eine Regelung im Dienstvertrag.

---

[125] Zur Entziehung von Sonderrechten eines Gesellschafters gegen dessen Willen vgl. *Lutter/Hommelhoff* § 53 Anm. 22, 23; *Meyer-Landrut* § 14 Anm. 12, 13.
[126] BGH v. 14. 12. 1959, BB 1960, 19.
[127] *Roth* § 53 Anm. 3, 5.
[128] *Baumbach/Hueck/Zöllner* § 53 Anm. 23; *Rowedder/Zimmermann* § 53 Anm. 31.

III. Übergangsregelung, wenn die Gewinnverwendungsregelung im Gesellschaftsvertrag auf § 29 GmbHG aF beruht

112 Für sog. Altgesellschaften, dh. für GmbHs, die am 1. 1. 1986 im Handelsregister eingetragen waren, gilt § 29 GmbHG aF weiter. Nach dieser Vorschrift hatten die Gesellschafter Anspruch auf Ausschüttung des ganzen ausgewiesenen Bilanzgewinns (Vollausschüttungsanspruch). Wie vorstehend ausgeführt (vgl. Rz. 70 ff.), gewährt § 29 GmbHG in der heutigen Fassung keinen Vollausschüttungsanspruch mehr. Die Gesellschaft ist vielmehr berechtigt, unter gewissen Umständen Teile des Jahresüberschusses zu thesaurieren. Durch die Neuregelung soll ein Ausgleich für die durch das BiRiLiG eingeführten neuen Bilanzierungsregelungen für Kapitalgesellschaften (§§ 264 ff. HGB) geschaffen werden. Nach diesen Regelungen ist im Gegensatz zu früher die „willkürliche" Bildung stiller Reserven (§§ 279, 280 HGB) weitgehend eingeschränkt. Durch die Abschaffung des Vollausschüttungsanspruchs sollen die Möglichkeiten für GmbHs verbessert werden, durch Einstellung in die Gewinnrücklage oder den Gewinnvortrag (offene Innenfinanzierung) eine solide Kapitalbasis zu schaffen und zu sichern.

1. Die Übergangsregelung im einzelnen

113 Für Altgesellschaften findet die komplizierte Übergangsregelung des Art. 12 § 7 des GmbH-ÄndG Anwendung. Kernstück der Regelung ist die Registersperre gem. Art. 12 § 7 Abs. 2 GmbH-ÄndG. Danach werden bei Altgesellschaften, in denen die Gesellschafter ganz oder teilweise Anspruch auf den Jahresüberschuß oder den Bilanzgewinn haben, Änderungen des Gesellschaftervertrages nur im Handelsregister eingetragen, wenn der Gesellschaftervertrag an § 29 GmbHG „angepaßt" wird. Da die Eintragung in das Handelsregister auch für die übrigen Gesellschaftsvertragsänderungen gem. § 54 Abs. 3 GmbHG Wirksamkeitsvoraussetzung ist, besteht ein Zwang zur Änderung. Mit Wirkung von dem Zeitpunkt an, in dem die „Anpassung" durch Eintragung in das Handelsregister in Kraft tritt, gilt § 29 GmbHG nF auch für Altgesellschaften (Art. 12 § 7 Abs. 3 GmbH-ÄndG).

a) Unbegrenzte Fortgeltung des Vollausschüttungsgebots

114 Bei Altgesellschaften, bei denen der Gesellschaftsvertrag keine besondere Gewinnverteilungsabrede vorsieht, gilt § 29 GmbHG aF mit seinem Vollausschüttungsangebot (= durchsetzbarer Anspruch aller Gesellschafter auf Vollausschüttung) ad infinitum fort, falls es nicht zu einer Änderung des Gesellschaftsvertrages kommt, der die Registersperre gem. Art. 12 § 7 Abs. 2 Satz 1 GmbHG-ÄndG auslöst. Im Hinblick auf die neuen Bilanzierungsvorschriften und um in späteren Jahren Mißverständnisse über die Rechtslage auszuschließen, ist es jedoch ratsam, den Gesellschaftsvertrag an die gesetzliche Neuregelung anzupassen, auch wenn keine sonstige Änderung des Gesellschaftsvertrages erforderlich ist.

C. Ergebnisverwendung   115–139   § 10

b) Beibehaltung des Vollausschüttungsanspruchs

Der vielfach bestehende Eindruck, Art. 12 § 7 GmbHG-ÄndG zwinge zur **115** Änderung der Gewinnverteilungsabrede im Gesellschaftsvertrag, ist zumindest dann unzutreffend, wenn die Mehrheit der Gesellschafter die alte Regelung beibehalten will. Sowohl § 29 GmbHG in seiner alten als auch in seiner neuen Form ist dispositiv.[129] Eine bereits bestehende gesellschaftsvertragliche Gewinnverteilungsabrede kann vollumfänglich aufrechterhalten bleiben. Wie bei dem Wunsch, die Gewinnverteilungsabrede angesichts der Registersperre aufrechtzuerhalten, zu verfahren ist, hängt auch von der Handhabung des örtlichen Handelsregisters ab. Das Gesetz wollte durch die Übergangsregelung die Gesellschafter einer GmbH lediglich zwingen, sich anläßlich der Änderung des Gesellschaftsvertrages mit der neuen gesetzlichen Regelung zu befassen.[130] Es reicht deshalb aus, wenn die Gesellschafter anläßlich einer Änderung des Gesellschaftervertrages in anderen Punkten mit einfacher Mehrheit beschließen, die bisherige Gewinnverteilungsabrede unverändert beizubehalten und daß § 29 GmbHG nur insoweit Anwendung finden soll, als die gesellschaftsvertragliche Regelung nichts anderes anordnet.[131]

2. Beschluß über die Anpassung und Minderheitenrechte

Die Anpassung bzw. Änderung des Gesellschaftsvertrages kann gem. Art. 12 **116** § 7 Abs. 2 Satz 2 GmbHG-ÄndG mit einfacher Mehrheit beschlossen werden. Nach dem Wortlaut der Vorschrift erscheint es möglich, durch Mehrheitsbeschluß jede nach altem Recht zustande gekommene gesellschaftsvertragliche Regelung über die Gewinnverteilung abzuschaffen. Sinn und Zweck der Übergangsregelung gebieten jedoch eine eingeschränkte Auslegung dahin, daß der einfache Mehrheitsbeschluß keine Eingriffe in gesellschaftsvertragliche Sonderrechte deckt.[132] Der einfache Mehrheitsbeschluß soll lediglich die in Art. 12 § 7 Abs. 2 Satz 1 GmbHG-ÄndG. angeordnete Registersperre überwinden helfen. Diese soll ihrerseits die Gesellschafter veranlassen, sich mit der Neuregelung des § 29 GmbHG zu befassen.[133] Es ist zB nicht zulässig, durch einen Mehrheitsbeschluß gem. Art. 12 § 7 Abs. 2 Satz 2 GmbHG-ÄndG eine gesellschaftsvertragliche Regelung abzuschaffen, die einem minderheitsbeteiligten Geschäftsführer ermöglicht, einen Teil des Jahresüberschusses in die „Rücklage", nunmehr Gewinnrücklage gem. § 272 Abs. 3 HGB, einzustellen.

(frei) **117–139**

---

[129] *Baumbach/Hueck/Hueck* § 29 Anm. 3; *Scholz/Emmerich*, 7. Aufl., § 29 Anm. 87.
[130] Begründung zum Regierungsentwurf zu Art. 12 § 7 Abs. 2 GmbHG-ÄndG, BT-Drs. 10/317, S. 136; Rechtsausschuß BT-Drs. 10/4268, 150.
[131] *Scholz/Emmerich*, 7. Aufl., § 29 Anm. 174 ff.; 8. Aufl. 31 ff.; *Meyer-Landrut* § 29 Anm. 4.
[132] *Hommelhoff* „Die Ergebnisverwendung in der GmbH nach dem BiRiLiG", ZGR 1986, 418 (433, 449); OLG Köln v. 8. 12. 1987, GmbHR 1988, 342; BGH v. 26. 9. 1988, NJW 1989, 459.
[133] Begründung zum Regierungsentwurf zu Art. 12 § 7 Abs. 2 GmbHG-ÄndG, BT-Drs. 10/317, 136; Rechtsausschuß BT-Drs. 10/4268, 150 Rechtsausschuß BT-Drs. 10/4268, S. 150.

D. Gewinnanspruch

140 § 29 GmbHG, der bei der GmbH die Gewinnverteilung regelt, ist durch das BiRiLiG grundlegend geändert worden. Vor der Änderung galt das sog. Vollausschüttungsangebot, dh, die Gesellschafter hatten Anspruch auf Ausschüttung des Bilanzgewinns. Nach der Neufassung bestimmt die Gesellschafterversammlung in der Regel mit einfacher Mehrheit darüber, ob und in welcher Höhe ausschüttungsfähige Überschüsse an die Gesellschafter verteilt werden.[134] § 29 Abs. 1 Satz 1, 1. HS GmbHG legt zwar fest, daß die Gesellschafter Anspruch auf den Jahresüberschuß zuzüglich eines Gewinnvortrages und abzüglich eines Verlustvortrages haben. Jedoch sieht § 29 Abs. 1 Satz 1, 2. HS GmbHG ausdrücklich vor, daß dies nur insoweit der Fall ist, wie der Jahresüberschuß nicht durch einen Beschluß gem. § 29 Abs. 2 GmbHG von der Gewinnverteilung ausgeschlossen ist. Nach dieser Vorschrift haben die Gesellschafter also jetzt die Möglichkeit, mit einfacher Mehrheit (§§ 47 Abs. 1, 46 Nr. 1 GmbHG) zu beschließen, daß zu Lasten des Jahresüberschusses Beträge in die Gewinnrücklagen eingestellt oder als Gewinn vorgetragen werden.

I. Gegenstand des Gewinnanspruchs

141 Gegenstand des Gewinnanspruchs des Gesellschafters gem. § 29 Abs. 1 Satz 1 GmbHG ist im Normalfall der Jahresüberschuß mit folgenden Modifikationen:[135]

Jahresüberschuß
+ Gewinnvortrag aus den Vorjahren
./. Verlustvortrag aus den Vorjahren
./. gesetzlich vorgeschriebene Einstellung in die Rücklagen
./. durch die Satzung vorgeschriebene Einstellung in die Rücklagen
./. Einstellung in die Rücklagen durch Beschluß der Gesellschafter
./. zusätzlicher Aufwand aufgrund des Gewinnverteilungsbeschlusses

= Gewinnanspruch

Wird die Bilanz bereits unter Berücksichtigung einer teilweisen Gewinnverwendung aufgestellt, so haben die Gesellschafter gem. § 29 Abs. 1 Satz 2 GmbHG in diesem Sonderfall Anspruch auf den Bilanzgewinn.

142 Aus steuerlichen Gründen kann es interessant sein, Ausschüttungen „für zurückliegende Wirtschaftsjahre" (= Wirtschaftsjahre, die vor dem letzten abgeschlossenen Wirtschaftsjahr liegen) vorzunehmen,[136] zB um bereits für das zurückliegende Wirtschaftsjahr eine Minderung des Körperschaftsteuerauf-

---

[134] Zur Übergangsregelung, die für alle Gesellschaftsverträge in Betracht kommen kann, die vor dem BiRiLiG abgeschlossen worden sind, vgl. Art. 23–28 EGHGB idF des BiRiLiG.
[135] Vgl. *Rowedder/Rowedder* § 29 Anm. 4; *Scholz/Emmerich* 7. Aufl. § 29 Anm. 40; 8. Aufl. § 29 Anm. 62.
[136] Vgl. hierzu eingehend *Dötsch/Eversberg/Jost/Witt* § 27 Anm. 156 ff., 122 ff.

D. Gewinnanspruch

wands (= Herstellung der Ausschüttungsbelastung) mit dem Ziel zu erreichen, durch den Körperschaftsteuererstattungsanspruch aufgrund der Ausschüttung Steuernachzahlungen für das betreffende Wirtschaftsjahr zu reduzieren. Voraussetzung für eine solche Ausschüttung ist, daß sie als ordnungsgemäß iSd. § 27 Abs. 3 Satz 1 KStG anzusehen ist, denn andernfalls gilt gem. § 27 Abs. 3 Satz 2 KStG steuerlich das zum Ende des Wirtschaftsjahres der Ausschüttung vorhandene Eigenkapital mit der Folge als verwendet, daß das Ziel einer Minderung des Steueraufwands zurückliegender Jahre im Beispielsfall nicht erreicht wird.

Handelsrechtlich sollte man in solchen Fällen darauf achten, daß eine Ausschüttung von „Gewinnen" aus vorangegangenen Geschäftsjahren zumindest voraussetzt, daß die betreffenden Gewinne noch „da", also nicht durch zwischenzeitliche Verluste gemindert worden sind. Wird nämlich ein solcher „Altgewinn" ausgeschüttet, obwohl er nicht mehr oder nicht mehr in voller Höhe „da" ist, so kann darin ein Verstoß gegen die §§ 30, 31 GmbHG[137] liegen. Dies ist steuerlich von Bedeutung, da eine Gewinnausschüttung bei Vorliegen einer Unterbilanz nicht mehr als eine solche angesehen werden kann, die auf einem den gesellschaftsrechtlichen Vorschriften entsprechenden Gewinnverteilungsbeschluß für ein abgelaufenes Wirtschaftsjahr (ordnungsgemäße Gewinnausschüttung gem. § 27 Abs. 3 Satz 1 KStG) beruht.[138]

Ob ein Gewinnverwendungsbeschluß „für" zurückliegende Wirtschaftsjahre nach Feststellung der Bilanz für ein oder mehrere folgende Wirtschaftsjahre noch möglich ist, erscheint zweifelhaft, da man argumentieren könnte, daß gem. § 29 Abs. 1 GmbHG der „Jahresüberschuß" des zurückliegenden Wirtschaftsjahres im Gewinnvortrag, den Rücklagen oder dem Bilanzgewinn des letzten abgeschlossenen Wirtschaftsjahres „steckt" und damit nicht mehr vorhanden ist. Steuerlich steht der Wortlaut des § 27 Abs. 3 Satz 1 KStG einer Ausschüttung für ein zurückliegendes Wirtschaftsjahr nicht entgegen. Solche Ausschüttungen werden daher erfahrungsgemäß in Fällen wie dem vorstehenden Beispielsfall akzeptiert.[139] Wird für ein Wirtschaftsjahr zunächst thesauriert und dann später aufgrund eines Gewinnverwendungsbeschlusses für zurückliegende Wirtschaftsjahre ausgeschüttet, ist eine Bilanzänderung gem. § 278 Satz 2 HGB entbehrlich und daher nicht Voraussetzung dafür, daß eine ordnungsgemäße Gewinnausschüttung iSd. § 27 Abs. 3 Satz 1 KStG vorliegt.[140]

1. Gewinnvortrag

Wird der Gewinn ganz oder teilweise als Gewinnvortrag vorgetragen, so ist er in den Folgejahren Teil des Gewinns, auf den der Gesellschafter Anspruch hat und über den die Gesellschafter Beschluß fassen, soweit er nicht durch Verlustvorträge gemindert ist. Auf die jährliche Beschlußfassung über die Ge-

---

[137] Zu den Folgen eines Verstoßes gegen die §§ 30, 31 GmbHG vgl. *Rowedder/Rowedder* § 30 Anm. 27 ff.
[138] Vgl. *Dötsch/Eversberg/Jost/Witt* § 27 KStG Anm. 120 mwN.
[139] BFH v. 5. 6. 1985, BStBl. II 1986, 81 ff., 83; BFH v. 11. 4. 1990, BStBl. II 1990, 998.
[140] BeckBil-Komm./*Budde/Müller* § 278 Anm. 36; aA *Dötsch/Eversberg/Jost/Witt* § 27 KStG Anm. 124.

winnverwendung haben die Gesellschafter Anspruch. Erfolgt dieser nicht, kann jeder Gesellschafter diesen Anspruch notfalls gerichtlich durchsetzen[141] (vgl. § 4 Rz. 11, 50).

2. Einstellung in die Gewinnrücklage

144 Bei einer Einstellung des Gewinns in die Gewinnrücklage dagegen bedarf es zu einer späteren Ausschüttung der eingestellten Beträge an die Gesellschafter eines Beschlusses der Gesellschafterversammlung über die Gewinnverwendung durch Auflösung der gebildeten Gewinnrücklage.

3. Gewinnanspruch bei teilweiser Ergebnisverwendung

145 Abweichend von der allgemeinen Regel ist der Jahresüberschuß dann nicht Grundlage für den Gewinnanspruch der Gesellschafter, sondern der Bilanzgewinn, wenn die Bilanz unter Berücksichtigung einer teilweisen Ergebnisverwendung aufgestellt wird oder Rücklagen aufgelöst werden. Zur Aufstellung der Bilanz unter einer teilweisen Ergebnisverwendung (§ 268 Abs. 1 Satz 2 HGB) kommt es in folgenden Fällen:
– Einstellung in die Gewinnrücklage aufgrund einer gesellschaftsvertraglichen Bestimmung (zB 1/4 des Jahresüberschusses nach Verrechnung mit etwaigen Verlustvorträgen ist vorab in die Gewinnrücklage einzustellen")
– Einstellung in die Gewinnrücklagen aufgrund eines Beschlusses der Gesellschafterversammlung, der schon vor der Feststellung der Bilanz und dem Gewinnverwendungsbeschluß gefaßt worden ist.

4. Ausschüttungssperren

146 § 29 Abs. 1 GmbHG stellt den Anspruch der Gesellschafter auf Ausschüttung auch unter den Vorbehalt, daß der Überschuß nicht durch Gesetz von der Gewinnverteilung ausgeschlossen ist. Hier ist in erster Linie zu denken an „Ausschüttungssperren" aufgrund
– der Aktivierung der Kosten für die Ingangsetzung und Erweiterung des Geschäftsbetriebes gem. § 269 HGB (vgl. Rz. 10ff.),
– der sog. „aktiven Steuerabgrenzung" gem. § 274 Abs. 2 HGB;
– des Erwerbs eigener Anteile und der dadurch notwendig werdenden Rücklage für eigene Anteile gem. § 272 Abs. 4 HGB iVm. § 22 Abs. 2 GmbHG;
– der Bestimmungen des DMBilG, die zB (noch) die Ausschüttung der durch die Neubewertung entstandenen Gewinne verbieten (§ 27 Abs. 3 DMBilG)
Der Vorbehalt gem. § 29 Abs. 1 GmbHG greift auch dann ein, wenn der Gesellschaftsvertrag vorschreibt, daß ein bestimmter Teil des Jahresüberschusses in die Gewinnrücklage einzustellen ist.

---

[141] *Scholz/Emmerich* § 29 Anm. 11, 55 ff.; *Hachenburg/Goerdeler/Müller* § 29 Anm. 56; *Zöllner* „Gesellschafterklage", ZGR 1988, 392, 418 ff.

5. Zusätzlicher Aufwand

§ 29 Abs. 1 GmbHG regelt ausdrücklich, daß ein Teil des Jahresüberschusses von der Gewinnverteilung ausgeschlossen sein kann, weil ein „zusätzlicher Aufwand" aufgrund eines „Gewinnverwendungsbeschlusses" entsteht.

a) Geringere Ausschüttung als vorgesehen

Hier hat das Gesetz in erster Linie den Fall im Auge, daß die Geschäftsführung der GmbH zunächst bei der Aufstellung der Bilanz die Vollausschüttung des Jahresüberschusses oder des Bilanzgewinns unterstellt hat. Das führt im Normalfall dazu, daß der ausgewiesene Jahresüberschuß mit der ermäßigten Körperschaftsteuer in Höhe von 30%, der sog. „Ausschüttungsbelastung" gem. § 27 Abs. 1 KStG, belastet ist. Beschließt die Gesellschafterversammlung dann, einen Teil des Gewinns nicht auszuschütten, sondern als Gewinnvortrag oder in die Gewinnrücklage einzustellen, so erhöht sich die Körperschaftsteuerbelastung des zusätzlich einbehaltenen Gewinns auf 45% (vgl. § 23 Abs. 1 KStG). Der zusätzliche Körperschaftsteueraufwand mindert den insgesamt (Summe aus Ausschüttung und thesauriertem Jahresüberschuß) zur Verteilung zur Verfügung stehenden Betrag.

b) Höhere Ausschüttungen als vorgesehen

Beschließt die Gesellschafterversammlung, mehr auszuschütten und weniger zu thesaurieren, als die Geschäftsführung bei der Bilanzaufstellung unterstellt hat, so verringert sich der Steueraufwand idR, weil weniger thesauriert wird. Ein zusätzlicher Aufwand kann aber dann entstehen, wenn es mangels verwendbarer Beträge des EK 45 (§ 30 Abs. 1 Nr. 1 KStG) und des EK 01 (§ 30 Abs. 1 Nr. 3, Abs. 2 Nr. 1 KStG) zB zur Ausschüttung von Beträgen aus dem EK 02 (§ 30 Abs. 1 Nr. 3, Abs. 2 KStG) kommt (zur EK-Gliederung vgl. § 11 Rz. 59 ff., 81 ff.). In diesem Fall entsteht ein zusätzlicher Aufwand, da die Gesellschaft gem. § 27 KStG die „Ausschüttungsbelastung" in Höhe von 30% auf die zusätzlich verwandten Beträge aus dem EK 02 herstellen muß.

6. Änderung der Bilanz bei abweichender Gewinnausschüttung

Kommt es aufgrund des Beschlusses der Gesellschafterversammlung zu einem anderen Steueraufwand als demjenigen, den die Geschäftsführer aufgrund des vermuteten Ausschüttungsverhaltens bei der Aufstellung der Bilanz unterstellt haben, so braucht der Jahresabschluß analog § 278 HGB nicht geändert zu werden.[142] Umstritten ist jedoch, wie die buchmäßige Behandlung des zusätzlichen Aufwands zu erfolgen hat. Eine Möglichkeit besteht darin, in Höhe des zusätzlichen Aufwands zur Erfüllung des Normbefehls des § 29 Abs. 1 Satz 1 4. Alternative GmbHG (das Ausschüttungspotential der Gesellschaft ist um zusätzliche Aufwendungen, die durch einen Ergebnisver-

---

[142] BeckBil-Komm./*Budde/Müller* § 278 Anm. 14; aA *ADS* § 278 Anm. 26.

wendungsbeschluß verursacht werden, zu mindern) einen Betrag in den Gewinnvortrag einzustellen.[143] Im Folgejahr (Jahr, in dem die Ausschüttung erfolgt) wird dann der zusätzliche Aufwand zu Lasten der G+V-Position „Steuern vom Einkommen und Ertrag" verbucht, wodurch der wegen des zusätzlichen Aufwands in den Gewinnvortrag eingestellte Betrag wieder „frei" wird und mit dem Jahresüberschuß gemäß § 29 Abs. 1 GmbHG zur Gewinnverwendung für das Geschäftsjahr zur Verfügung steht, das auf dasjenige folgt, in dem der zusätzliche Aufwand angefallen ist.[144] Es wird aber auch noch für zulässig erachtet, analog § 174 Abs. 2 AktG den zusätzlichen Aufwand „erfolgsneutral" als Teil der Gewinnverwendung zu behandeln.[145] Dies muß jedoch dann klar im Gewinnverwendungsbeschluß zum Ausdruck gebracht werden, um den Umstand auszugleichen, daß das zweitgenannte Verfahren dazu führt, daß der Körperschaftsteueraufwand der GmbH – ohne Ausgleich in Folgejahren – unzutreffend dargestellt wird.

151 Die buchmäßige Behandlung eines zusätzlichen Ertrages ist noch umstrittener. Es wird vertreten, daß der zusätzliche Ertrag seinerseits im gleichen Jahr zur Ausschüttung zur Verfügung steht.[146] Nach einer anderen Auffassung soll ein zusätzlicher Ertrag aufgrund eines Gewinnverwendungsbeschlusses im neuen Geschäftsjahr als Teil des Jahresüberschusses (durch Auflösung der überhöhten Körperschaftsteuerrückstellung oder Aktivierung eines Erstattungsanspruchs) zu vereinnahmen sein, also nicht im gleichen Jahr zur Erhöhung des Ausschüttungsvolumens zur Verfügung stehen. Nach HFA 2/1977 idF 1990 soll es auch möglich sein, den zusätzlichen Ertrag als Gewinnvortrag auszuweisen, der dann im Folgejahr zur Gewinnverwendung zur Verfügung steht. M. E. müssen die Gesellschafter beschließen, den Abschluß zu ändern (Änderung der Position Steuern vom Einkommen und Ertrag), wenn sie den zusätzlichen Ertrag ausschütten wollen. Hierzu sind sie – anders als bei der Aktiengesellschaft – grundsätzlich in der Lage.[147] Die Änderung der Bilanz löst allerdings die Verpflichtung zu einer Nachtragsprüfung gem. § 316 HGB aus, soweit es sich um eine prüfungspflichtige GmbH handelt.

II. Zeitgleiche Aktivierung des Gewinnanspruchs

152 Nicht abgeschlossen ist derzeit die Entwicklung bei der sog. „phasengleichen" Gewinnaktivierung im Konzern. Von einer phasengleichen Gewinnaktivierung spricht man, wenn eine Kapitalgesellschaft, welche an einer Kapitalgesellschaft mit gleichlautendem Wirtschaftsjahr beteiligt ist, den (rechtlich noch nicht entstandenen) Gewinnanteil an dieser Gesellschaft in der eigenen Bilanz desselben Wirtschaftsjahres aktiviert und hierdurch in die Lage versetzt wird, diesen Gewinn zeitgleich zu vereinnahmen.

---

[143] Beck HdR/*Bullinger* B 338 Anm. 36; WPH 1996 F 368.
[144] Nach aA wird der zusätzliche Aufwand nur in der Bilanz berücksichtigt, jedenfalls nicht in der GuV; *ADS* § 278 Anm. 30; § 275 Anm. 196.
[145] BeckBil-Komm./*Bullinger* § 278 Anm. 28; *ADS* § 275 Anm. 196.
[146] *Glade* § 278 HGB Anm. 10 Seite 1696; Beck Stb-Handbuch 1986 B Anm. 1142.
[147] WPH 1996 F 368; HFA 2/1977 idF 1990.

D. Gewinnanspruch 153–155 § 10

Nachdem der BGH[148] ein Aktivierungswahlrecht für Gewinne aus der Beteiligung an einer Konzerntochter mit einem der Muttergesellschaft entsprechenden Wirtschaftsjahr zugelassen hatte, wenn der Jahresabschluß der Tochtergesellschaft noch vor Abschluß der Prüfung der Muttergesellschaft festgestellt worden ist und ein entsprechender Gewinnverwendungsbeschluß vorliegt, trat er mit Vorlagebeschluß v. 21. 7. 1994 für eine Aktivierungspflicht ein.[149] Der EuGH hat die Entscheidung, ob eine Verpflichtung, ein Wahlrecht oder ein Verbot der phasengleichen Aktivierung besteht, den nationalen Gerichten überlassen, an ein Aktivierungsgebot jedoch strenge Voraussetzungen geknüpft.[150] Der BGH hat mittlerweile ein Aktivierungsgebot jedenfalls dann angenommen, wenn das beteiligte Unternehmen 100% der Anteile an der anderen Kapitalgesellschaft besitzt.[151]

Steuerlich hat der BFH bereits im Hinblick auf das in BGHZ 65, 230 **153** ausgesprochene handelsrechtliche Aktivierungswahlrecht eine steuerliche Aktivierungspflicht angenommen.[152] Letztlich sind aber die steuerlichen Voraussetzungen der phasengleichen Gewinnaktivierung im Konzern im einzelnen noch nicht abschließend geklärt.[153]

III. Schicksal des Gewinnanspruchs beim Anteilsverkauf

Bei Verkauf und Übertragung von GmbH-Anteilen taucht häufig die Frage **154** auf, ob der alte oder der neue Gesellschafter Gläubiger des Dividendenanspruchs ist. Im Verhältnis zur Gesellschaft ist Gläubiger des Anspruchs auf Auszahlung der Dividende derjenige, der zum Zeitpunkt des Gewinnverwendungsbeschlusses zivilrechtlich Inhaber der betreffenden Geschäftsanteile war.[154] Wird also ein GmbH-Anteil im März verkauft und beschließen die Gesellschafter im Juni über die Verwendung des sich aus der Bilanz zum Ende des Vorjahres ergebenden Gewinns, so ist Gläubiger des Gewinnanspruchs im Verhältnis zur Gesellschaft ausschließlich der neue Gesellschafter. Tritt der Gesellschafter seinen – auch zukünftigen[155] – Gewinnanspruch ab, so ist dies steuerlich Einkommensverwendung (vgl. Rz. 156). Zivilrechtlich entsteht jedoch der Gewinnanspruch – bei Abtretung des zukünftigen Gewinnanspruchs unmittelbar in der Person des Erwerbers. Es findet also kein „Durchgangserwerb" statt.[156]

Ist zwischen dem Verkäufer und dem Käufer nichts anderes vereinbart, soll **155** die Dividende nach hM[157] im Innenverhältnis gem. § 101 Nr. 2 BGB (Vertei-

---

[148] BGH v. 3. 11. 1975; BGHZ 65, 230; BGH v. 8. 3. 1989, BStBl. II 1989, 714.
[149] BGH v. 21. 7. 1994, GmbHR 94, 631.
[150] EuGH v. 27. 6. 1996, DB 96, 1400 und Urteilsberichtigungsbeschluß v. 10. 7. 1997, DB 97, 1513.
[151] BGH v. 12. 1. 1998, DB 98, 567.
[152] Vgl. Nachweise bei BFH v. 18. 9. 1996, GmbHR 97, 507.
[153] Vgl. BFH v. 18. 9. 1996, GmbHR 97, 507.
[154] *Baumbach/Hueck/Hueck* § 29 Anm. 59.
[155] *Baumbach/Hueck/Hueck* § 29 Anm. 58.
[156] MünchHdb. GesR Bd. 3/*Priester* Anm. 93.
[157] RGZ 88, 42 (46); BFH v. 22. 5. 1984, BStBl. II 1984, 746; BFH v. 21. 5. 1986, BStBl. II 1986, 794, 796 ff.

Ahrenkiel

lung von Früchten entsprechend der Dauer der Berechtigung) aufgeteilt werden. Gegen die hM spricht, daß ein GmbH-Anteil keine einer bestimmten Zeitperiode zuzuordnenden Erträge gewährt. Es ist gänzlich unbestimmt, ob es durch Beschluß zu einer Ausschüttung kommt und ob Gegenstand der Ausschüttung die Erträge des letzten Wirtschaftsjahres vor dem Übergang der Anteile sind. Die Gesellschaft kann bei Gewinnvortrag wesentlich mehr, aber bei Verlustvortrag auch weniger ausschütten. Die Bedenken gegen die hM werden verstärkt durch die Neufassung des § 29 GmbHG, der dem Gesellschafter im Gegensatz zu früher nicht mehr einen Vollausschüttungsanspruch gewährt (vgl. hierzu Rz. 70 ff.).

156 Durch § 20 Abs. 2 a EStG hat der Gesetzgeber nunmehr klargestellt, daß dem alten Gesellschafter die Ausschüttung auch dann nicht als Einkommen zugerechnet werden kann, wenn die Parteien des Anteilskaufvertrages dies vereinbart haben. Steuerlich kann die offene Ausschüttung einer GmbH nur dem zugerechnet werden, der im Zeitpunkt der Fassung des Ausschüttungsbeschlusses gem. § 39 AO als Inhaber der Anteile anzusehen ist.[158] Dies gilt auch für die Frage, wem die mit der Ausschüttung verbundene Körperschaftsteuergutschrift (vgl. § 20 Abs. 1 Nr. 3 EStG) zusteht. Die Weitergabe der bezogenen Dividende und des Gegenwertes der Körperschaftsteuergutschrift durch den neuen Inhaber der Anteile ist für diesen Einkommensverwendung.

1. Vertragliche Absprache

157 Wenn die Parteien beim Verkauf und der Übertragung von Anteilen vereinbaren, daß der Gewinn des abgelaufenen Wirtschaftsjahres noch dem Verkäufer zustehen soll, stellt sich häufig die Frage, wie eine solche Vereinbarung auszulegen ist. Im Zweifel wird man davon ausgehen können, daß in diesen Fällen der Käufer dem Verkäufer nachträglich einen Betrag in Höhe der zu beziehenden Bardividende zuzüglich des Gegenwertes der Körperschaftsteuergutschrift zu erstatten hat.[159] Es ist zu empfehlen, diesen Punkt in Anteilskaufverträgen im einzelnen zu regeln. Dies gilt insbesondere hinsichtlich der beim Erwerber anfallenden Ertragsteuern und der ihm zustehenden Körperschaftsteuergutschrift bzw. deren Gegenwert. Der Käufer hat nämlich die ihm zufließende Dividende zu versteuern und ist nicht in der Lage, die zusätzliche Zahlung an den Veräußerer als Betriebsausgaben oder Werbungskosten geltend zu machen. Die zusätzliche Zahlung erhöht die Anschaffungskosten des Käufers in Höhe der vereinnahmten und weiter abzuführenden Bruttodividende. Eine Abschreibung auf den zusätzlich aktivierten Betrag wird steuerlich in der Regel nur dann durchzusetzen sein, wenn die Voraussetzungen für eine ausschüttungsbedingte Teilwertabschreibung[160] vorliegen. Zivilrechtlich wird für den Fall, daß die Ausschüttung dem Verkäufer

---

[158] *Kirchhof/Söhn* § 20 Anm. B 38; so auch § 20 Abs. 2 a EStG.

[159] Die Dividende ist steuerpflichtiges Einkommen des neuen Gesellschafters (vgl. Rz. 11).

[160] Vgl. hierzu *Herzig/Hötzel* „Ausschüttungsbedingte Teilwertabschreibung", DB 1988, 2265; BFH v. 2. 2. 1972, BStBl. II 1972, 397.

D. Gewinnanspruch

zustehen soll, zu überlegen sein (vgl. Rz. 154), zu vereinbaren, daß der Käufer seinen zukünftigen Gewinnanspruch an den Verkäufer abtritt.

2. Verkauf mit Ausschüttungsanspruch durch eine natürliche Person als Gesellschafter

a) Verkauf einer nicht wesentlichen Beteiligung

Für eine Privatperson, bei der es sich bei dem verkauften Anteil nicht um eine wesentliche Beteiligung oder um einen Teil davon handelt, ist es nach bis 1996 geltender Rechtslage ratsam und praktisch möglich gewesen, die Ausschüttung mit zu verkaufen. Dies führte dazu, daß der Verkäufer – wenn der Erwerber die vom Verkäufer nicht mehr bezogene Ausschüttung mit ihrem Bruttobetrag (Barausschüttung zuzüglich Körperschaftssteuergutschrift) vergütete – anstelle einer steuerpflichtigen Dividende einen steuerfreien Veräußerungsgewinn erhielt. Eine solche Vereinbarung stellt auch dann keine Steuerumgehung (vgl. § 42 AO) dar, wenn der Gewinnverwendungsbeschluß nur verschoben wird, um die steuerliche Zurechnung der Ausschüttung beim Erwerber und nicht beim Veräußerer zu erreichen.[161]

Die Frage, ob der Erwerber zu einer solchen Vereinbarung bereit war, hing von seiner steuerlichen Position ab. Wenn er zB die Möglichkeit hatte, eine ausschüttungsbedingte Teilwertabschreibung[162] vorzunehmen (zB im Rahmen eines Step-Up Modells[163]), entstand für ihn im Ergebnis keine zusätzliche steuerliche Mehrbelastung[164], wenn er den Dividendenanspruch und die Körperschaftsteuergutschrift „mitgekauft" hatte. Er hatte lediglich einen Zinsnachteil durch die erst später steuerwirksame Teilwertabschreibung. Ein vergleichbarer Effekt wie bei der ausschüttungsbedingten Teilwertabschreibung trat auch ein, wenn der Erwerber die erworbene GmbH in eine KG umwandelte oder sie auf eine bereits bestehende KG verschmolz.

§ 50 Abs. 11 EStG regelt nunmehr, daß eine ausschüttungsbedingte Teilwertabschreibung auf Anteile, die von einem unbeschränkt Steuerpflichtigen erworben worden sind, bei dem die Veräußerung nicht steuerpflichtig war, für die Dauer von 10 Jahren nicht möglich ist, bzw. daß – ebenso wie beim Erwerb vom beschränkt Steuerpflichtigen bisher schon – der Aufwand aus der Teilwertabschreibung steuerlich durch den sog. „Sperrbetrag" (Grundsatz: Anschaffungskosten abzüglich Nennwert des Anteils) zu neutralisieren ist.[165] Diese Sperrwirkung erstreckt sich innerhalb der 10-Jahresfrist nach Auffassung der Finanzverwaltung auch auf Gewinnminderungen, welche – bei hintereinander geschalteten Erwerbsvorgängen – erst bei Rechtsnachfolgern des Erwerbers entstehen.[166]

---

[161] Vgl. hierzu im einzelnen Vorauflage § 10 Rz. 21.

[162] Vgl. allgemein *Herzig/Hötzel* „Ausschüttungsbedingte Teilwertabschreibung", DB 1988, 2265; BFH v. 2. 2. 1972, BStBl. II 1972, 397.

[163] Vgl. *Dötsch/Eversberg/Jost/Witt* § 50 c Anm. 97 mit Beispielen; *Schmidt/Weber-Grellet* § 50 c Anm. 55.

[164] Ausnahme: möglicherweise nach Lage des Falls Gewerbeertragsteuer.

[165] Kritisch zu § 50 c Abs. 11 EStG *Dötsch/Eversberg/Jost/Witt*, § 50 c EStG Anm. 1 ff.; *Berg/Ortheil/van Lishaut*, „Nochmals zu § 50 c EStG", DB 1998, 594.

[166] Der zeitliche Anwendungsbereich erstreckt sich nach wohl überwiegender Meinung auf Gewinnminderungen ab dem 1. 1. 1997, was die Anwendung auf bis zu zehn

Verlustmindernde bzw. gewinnerhöhende Auswirkungen können sich insoweit außer bei betrieblichen Geschäftsvorfällen (Teilwertabschreibung) auch bei Veräußerungen im Sinne der §§ 17 und 23 EStG durch private Erwerber ergeben.[167] § 50 c Abs. 11 EStG erfaßt im übrigen auch entsprechende Gewinnminderungen durch unentgeltlich erworbene oder in ein Betriebsvermögen eingelegte Anteile, sofern eine anstelle dieser Vorgänge vorgenommene Veräußerung steuerfrei erfolgt wäre.

160 Ob die Rechtsfolgen des § 50 c Abs. 11 EStG durch Steuergestaltung vermieden werden können, ist bislang umstritten.[168] Im Einzelfall kann eine Aufstockung des Anteils auf eine wesentliche Beteiligung vor der Veräußerung zu empfehlen sein (vgl. hierzu Rz. 161).

Es ist umstritten, ob § 50 c EStG dann Anwendung findet, wenn anrechnungsberechtigte nicht wesentlich beteiligte Gesellschafter zunächst an einen Anrechnungsberechtigten verkaufen, der dann wesentlich beteiligt ist, und wenn dieser wesentlich Beteiligte an einen Dritten weiter verkauft, der dann die ausschüttungsbedingte Teilwertabschreibung vornimmt.[169] Nach dem Wortlaut des § 50 c Abs. 11 Satz 2 EStG findet § 50 c EStG keine Anwendung, wenn die Veräußerung beim Veräußerer steuerpflichtig (darauf, ob er einen steuerpflichtigen Gewinn erzielt hat, kommt es nicht an) war. § 50 c Abs. 11 Satz 2 EStG erklärt nämlich auch den § 50 c Abs. 8 EStG für nicht anwendbar, der sich auf Rechtsnachfolge bezieht.

In den Fällen, in denen ein Erwerber sämtliche Anteile erwirbt, wird teilweise auch der zwischengeschaltete Erwerb der Anteile durch eine Akquisitions-GmbH empfohlen, mit welcher dann die Ziel-GmbH verschmolzen werden solle; durch die Verschmelzung solle dann der Sperrbetrag entfallen.[170] Die Finanzverwaltung dürfte hierin allerdings einen Fall des § 50 c Abs. 8 EStG sehen.[171]

Auch die Modelle der Umwandlung einer GmbH in eine KG oder der Verschmelzung der GmbH auf eine KG sind durch die Verweisung in § 4

Jahre zurückliegende Erwerbsvorgänge eröffnet; so die Finanzverwaltung (vgl. Nachweis in *Dötsch/Eversberg/Jost/Witt* § 50 c Anm. 14; vgl. auch *van Lishaut*, „Gesetz zur Fortsetzung der Unternehmensteuerreform: Der neue Absatz 11 des § 50 c EStG", DB 1997, S. 2190, S. 2194 mwN; aA *Füger/Rieger* „Das Gesetz zur Fortsetzung der Unternehmensteuerreform – rückwirkende Änderungen im EStG, KStG und UmwStG" DStR 1997, S. 1427 (1431): Zeitpunkt des Anteilserwerbs. Zu Umwandlungsfällen vgl. *Knopf/Söffing* „Keine Anwendung des neuen § 50 c Abs. 11 EStG zum steuerlichen Umwandlungsstichtag 31. 12. 1996", DStR 1997, S. 1526 (1527): Anwendung erst auf nach dem 31. 12. 1996 erfolgende Umwandlungen. Zur Verfassungsmäßigkeit vgl. zB *Farnschläder/Kahl* „Rechtsunsicherheit und Systemwidrigkeit durch den neuen § 50 c Abs. 11 EStG am Beispiel der Umstrukturierung im Anschluß an den Erwerb von Kapitalgesellschaftsanteilen", DB 1997, S. 1945 (1946).

[167] Vgl. *van Lishaut* aaO (Fn. 166).
[168] Siehe Übersicht bei *Schmidt/Weber-Grellet*, EStG, § 50 c Anm. 56.
[169] Für diese Möglichkeit *Berg/Ortheil*, EStG aaO (Fn. 165) mwN; hiergegen zB *van Lishaut*, ebenda (Fn. 165); *Dötsch/Eversberg/Jost/Witt* § 50 c Rz. 11: § 50 c Abs. 11 Satz 2 EStG betrifft nur die (Neu-)Bildung, nicht aber die Weitergabe eines bestehenden Sperrbetrags.
[170] *Füger/Rieger* aaO (Fn. 166) S. 1431.
[171] Vgl. *Schmidt/Weber-Grellet* § 50 c Anm. 56.

D. Gewinnanspruch

Abs. 5 Satz 2 UmwStG nF auf § 50 c EStG durch die Neuschaffung des § 50 c Abs. 11 EStG von der neuen Rechtslage betroffen und daher ebenfalls nicht mehr dazu geeignet, im Ergebnis steuerpflichtige Dividenden in steuerfreie Veräußerungsgewinne umzuqualifizieren. Nach § 13 Abs. 4 UmwStG soll sich ein Sperrbetrag nach § 50 c EStG auch im Falle einer up-stream mergers bei der übernehmenden Gesellschaft fortsetzen. Dies war der bisherigen Regelung nicht – zumindest nicht deutlich – zu entnehmen.

b) Verkauf einer wesentlichen Beteiligung

Für eine Privatperson, die wesentlich beteiligter Gesellschafter gem. § 17 EStG ist, kann es interessant sein, die Dividende mitzuverkaufen. In einem solchen Fall findet nämlich auf den zusätzlichen Veräußerungsgewinn der sog. halbe Steuersatz gem. §§ 17 Abs. 1, 34 Abs. 1 Satz 1 EStG (solange es ihn gibt) Anwendung, während die Dividende, würde sie dem verkaufenden Gesellschafter zufließen, der ungeschmälerten Tarifbelastung unterläge. In den Genuß dieser Behandlung kann auch eine nicht wesentlich beteiligte Privatperson gelangen, wenn sie ihre Beteiligung kurz vor der Veräußerung noch auf eine wesentliche Beteiligung aufstockt. Allerdings wird der nicht wesentlich Beteiligte zu berücksichtigen haben, ob ein zunächst vorgeschalteter Anteilskauf im Hinblick auf den damit verbundenen Anschaffungsaufwand überhaupt wirtschaftlich sinnvoll ist. Das Aufstocken der Beteiligung ist um so uninteressanter, je mehr stille Reserven in der bisherigen nicht wesentlichen Beteiligung vorhanden sind; denn diese stillen Reserven bleiben ohne Aufstockung steuerfrei.[172]

Durch das StEntlG 1999/2000/2002 wird der halbe Steuersatz abgeschafft. Damit verlieren die Überlegungen, Dividendenansprüche „mitzuverkaufen" weitgehend an Relevanz.

3. Keine gesonderte Aktivierung des „gekauften" Gewinnanspruchs

Nach der Rechtsprechung des BFH[173] soll der Käufer nicht die Möglichkeit haben, den Anspruch auf die Gewinnausschüttung, die er an den Veräußerer wieder abführen muß, als gesondertes Wirtschaftsgut zu aktivieren und bei Zahlung erfolgswirksam aufzulösen. Die Folge dieser Auffassung ist, daß eine Minderung des Buchansatzes der Beteiligung beim Erwerber aufgrund der Gewinnabführung an den Verkäufer steuerlich nur unter den engen Voraussetzungen einer ausschüttungsbedingten Teilwertabschreibung[174] auf die gerade erworbene Beteiligung oder im Falle der Umwandlung oder Verschmelzung in Betracht kommt.

4. Vorabausschüttung durch die Verkäufer

Bereits nach alter Rechtslage legten die Erwerber einer GmbH vielfach Wert darauf, daß die auf den Zeitpunkt bis zum Übertragungsstichtag entfal-

---

[172] Vgl. Füger/Rieger aaO (Fn. 166), S. 1431.
[173] BFH v. 22. 5. 1984, BStBl. II 1984, 746 ff.; BFH v. 21. 5. 1986, BStBl. II 1986, 794 (798).
[174] Schmidt/Weber-Grellet § 5 Anm. 270 Stichwort: „Gewinnbezugsrecht".

lenden Gewinne noch an die alten Gesellschafter ausgeschüttet wurden. Der Grund hierfür kann zB darin liegen, daß der Erwerber keine Möglichkeit für eine Teilwertabschreibung im Anschluß an die Ausschüttung dieser Gewinne an sich sieht. Diese Entwicklung wird sich nach neuer Rechtslage noch verstärken. In solchen Fällen kommt eine Vorabausschüttung (vgl. Rz. 85 ff.) an die oder den Verkäufer vor dem Übertragungsstichtag in Betracht. Kommt es im Anschluß an eine solche Vorabausschüttung zu Rückzahlung zuviel bezogener Vorabdividende (vgl. Rz. 88), so liegen steuerlich beim inzwischen ausgeschiedenen Gesellschafter negative Einkünfte aus Kapitalvermögen[175] vor (vgl. Rz. 91) und wohl keine Minderung des Veräußerungserlöses.

IV. Ausschüttung aus dem EK 04

164 Gem. § 30 Abs. 2 Nr. 4 KStG sind Einlagen der Gesellschafter (zB Zuzahlung in die Rücklage gem. § 272 Abs. 2 Nr. 4 HGB) oder ein Agio (vgl. § 272 Abs. 2 Nr. 1 HGB) steuerlich als EK 04 zu behandeln (vgl. § 11 Rz. 79). Das EK 04 unterscheidet sich von allen anderen EK-Arten dadurch, daß eine Ausschüttung aus dem EK 04 weder Körperschaftsteuer- noch Kapitalertragsteuerpflicht bei der ausschüttenden GmbH auslöst.

Soweit der Gesellschafter eine nicht wesentlich[176] beteiligte natürliche Person ist, ist eine Ausschüttung, für die EK 04 als verwendet gilt, bei ihm steuerfrei.[177] Dies gilt auch dann, wenn die Einzahlung in das EK 04 nicht von dem Gesellschafter „stammt", der die EK 04-Ausschüttung erhält.

Bei einem iSd. § 17 EStG wesentlich beteiligten Gesellschafter unterliegt die Ausschüttung aus dem EK 04 dann und insoweit der Einkommensteuer in entsprechender Anwendung des § 17 EStG (vgl. § 17 Abs. 4 Satz 1 EStG), als der Betrag der von dem Gesellschafter empfangenen EK 04-Ausschüttungen die Summe seiner historischen Anschaffungskosten für die GmbH-Anteile übersteigt.[178] Dabei findet der sogenannte „halbe Steuersatz" gemäß § 34 EStG Anwendung. Soweit (wegen Nichtüberschreitung der Anschaffungskosten) EK 04-Ausschüttungen vom wesentlich beteiligten Gesellschafter steuerfrei bezogen worden sind, kommt es im Falle der Veräußerung der Anteile zu einer „Nachversteuerung", da gem. § 17 Abs. 4 EStG alle zuvor steuerfrei bezogenen EK 04-Ausschüttungen die historischen Anschaffungskosten mindern.[179]

Durch das StEntlG 1999/2000/2002 wird die Wesentlichkeitsgrenze bei § 17 EStG von 25% auf 10% gesenkt. Desweiteren tritt der sog. halbe Steuersatz mit Wirkung zum 1. 1. 1999 außer Kraft.

165 In der Regel hat der Steuerpflichtige keine Wahl, ob er aus dem EK 04 oder aus anderen EK-„Töpfen" ausschütten will. Aufgrund der Verwen-

---

[175] *Schmidt/Heinicke* § 20 Anm. 34 (betr. nicht ausdrücklich den Fall der Vorabausschüttung bei Anteilsverkauf).
[176] Vgl. *Schmidt/Weber-Grellet* § 17 Anm. 35.
[177] *Dötsch/Eversberg/Jost/Witt* § 30 Anm. 76, § 40 Anm. 19.
[178] Vgl. *Schmidt/Schmidt* § 17 Anm. 240.
[179] Zur steuerlichen Behandlung von Ausschüttungen aus dem EK 04 nach neuer und alter Rechtslage instruktiv OFD Erfurt v. 12. 2. 1998, GmbHR 98, 563.

D. Gewinnanspruch

dungsfiktion des § 28 Abs. 3 KStG gilt das EK 04 nur dann als verwandt, wenn die dem EK 04 vorgehenden Eigenkapitalien (EK 45, EK 01, EK 02 und EK 03) keine positiven Beträge aufweisen (vgl. hierzu im einzelnen § 11 Rz. 90). Handelsrechtlich kann in diesen Fällen gleichwohl eine Ausschüttung zulässig sein. Dies ist zum Beispiel der Fall, wenn die GmbH steuerlich über Verlustvorträge verfügt, diese jedoch handelsrechtlich durch Verrechnung mit Rücklagen beseitigt worden sind, die steuerlich EK 04 darstellen. In diesen Fällen entsteht in der Handelsbilanz – wenn im Anschluß an die Beseitigung des Verlustvortrages Überschüsse erwirtschaftet werden – ein ausschüttungsfähiger Gewinn. Steuerlich führt dieser Gewinn nicht zum Entstehen von verwendbaren EK, da der steuerliche Verlustvortrag zu berücksichtigen ist, dh., eine Verrechnung mit dem negativen EK 02 bis zur Höhe des Verlustvortrages erfolgt.

Die Rechtsprechung[180] hat abweichend von der Verwendungsfiktion der §§ 28 Abs. 3, 30 KStG eine „Ausschüttung" aus dem EK 04 trotz positiver Beträge bei anderen Eigenkapitalgruppen zugelassen, wenn ein Gesellschafter auf Forderungen gegen die Gesellschaft gegen Besserungsschein verzichtet hat (Vermehrung des EK 04) und ihm das erlassene Darlehen später bei Eintritt der im Besserungsschein genannten Bedingungen aufgrund der gebesserten Situation der GmbH zurückgezahlt wird. **166**

In vielen Fällen empfiehlt es sich, bewußt EK 04 zu schaffen. Hierdurch können – insbesondere bei ausländischen Gesellschaftern – die steuerlichen Belastungen einer verdeckten Gewinnausschüttung abgemildert werden (vgl. hierzu Rz. 226 ff.). **167**

V. Ausschüttung aus dem EK 01

In das sog. EK 01 sind gem. § 30 Abs. 1 Nr. 3, Abs. 2 Nr. 1 KStG nicht der Körperschaftsteuer unterliegende ausländische Einkünfte einzuordnen (zB durch DBA befreite Schachteldividenden). Anders als bei einer Ausschüttung aus dem EK 02, in das sonstige nicht der Körperschaftsteuer unterliegende Vermögensmehrungen einzuordnen sind, führt eine Ausschüttung aus dem EK 01 nicht dazu, daß die Ausschüttungsbelastung gem. § 27 Abs. 1 KStG herzustellen ist (vgl. im einzelnen § 11 Rz. 107, 76). Die GmbH ist (vorausgesetzt, EK 01 gilt als verwendet) also in der Lage, die Beträge aus dem EK 01 ungeschmälert auszuschütten (vgl. § 40 Nr. 1 KStG). Es ist lediglich Kapitalertragsteuer einzubehalten, sofern nicht im Einzelfall ein ausländischer Gesellschafter eine Freistellungsbescheinigung vorlegt. **168**

Ist eine inländische Körperschaft Gesellschafter der GmbH, so ist die Ausschüttung aus dem EK 01 der Tochtergesellschaft bei der Muttergesellschaft gem. § 8 b Abs. 1 KStG gleichfalls wieder als Zugang zum EK 01 zu behandeln, ist also nicht körperschaftsteuerpflichtig. Gleichwohl kann die im Zusammenhang mit der Ausschüttung stehende Kapitalertragsteuer gem. § 36 Abs. 2 Nr. 2 EStG auf die Körperschaftsteuerschuld angerechnet werden bzw. gem. §§ 44 a, 44 b EStG die Erstattung der durch die ausschüttende Gesellschaft einbehaltenen Kapitalertragsteuer beantragt werden. Die Steuer- **169**

---

[180] BFH v. 30. 5. 1990, BStBl. II 1991, 588.

befreiung[181] gem. § 8b Abs. 1 KStG setzt keine Mindestbeteiligung an der ausschüttenden Körperschaft voraus. Einzige Voraussetzung ist, daß die Verwendung von EK 01 durch eine entsprechende Bescheinigung der ausschüttenden GmbH oder AG (vgl. §§ 44, 45 KStG) nachgewiesen wird.

170 Durch die Regelung des § 8b KStG wird sichergestellt, daß die Steuerfreiheit von Auslandseinkünften auch in mehrstufigen Konzernen selbst dann nicht verlorengeht, wenn keine körperschaftsteuerliche Organschaft besteht. Dies ist zB vorteilhaft, wenn die ausländischen Einkünfte in einem Konzern bei der Obergesellschaft thesauriert werden sollen. Die Regelung bringt aber auch dann Vorteile, wenn an der Muttergesellschaft eines deutschen Konzerns ausländische Gesellschafter beteiligt sind, die keinen Anspruch auf die Körperschaftsteuergutschrift bei Ausschüttung haben. Diese können dann nämlich die von einer Tochter- oder Enkelgesellschaft gezogenen steuerfreien Auslandseinkünfte ihrerseits ohne Belastung durch deutsche Körperschaftsteuer ausgeschüttet bekommen. Die Ausschüttung aus dem EK 01 stellt bei inländischen Steuerpflichtigen in voller Höhe steuerpflichtiges Einkommen dar, ohne daß dem Gesellschafter eine Körperschaftsteuergutschrift zusteht (vgl. § 11 Rz. 76).

VI. Einbehaltung der Kapitalertragsteuer durch die Gesellschaft

171 Die Gesellschaft ist gem. § 43 Abs. 1 Nr. 1 EStG zur Einbehaltung von Kapitalertragsteuer verpflichtet. Der Kapitalertragsteuersatz beträgt gem. § 43a Abs. 1 EStG 25% des Kapitalbetrages, wenn er von der Gesellschaft einbehalten wird, und 33 % vom tatsächlichen ausgezahlten Betrag, wenn die Gesellschaft die Kapitalertragsteuer übernimmt. Schuldner der Kapitalertragsteuer ist der Gesellschafter als Gläubiger des Auszahlungsanspruchs gem. § 44 Abs. 1 Satz 1 EStG.

172 Die Kapitalertragsteuer entsteht grds. in dem Zeitpunkt, in dem die Dividende dem Gläubiger zufließt. § 44 Abs. 2 EStG bestimmt, daß die Dividende als zu dem Zeitpunkt zugeflossen gilt, der in dem Beschluß über die Ausschüttung als Tag der Auszahlung bestimmt worden ist. Wenn der Gewinnverwendungsbeschluß vorsieht, daß die Ausschüttungen für einzelne Gesellschafter zu unterschiedlichen Zeitpunkten erfolgten, ist auch erst jeweils für diese unterschiedlichen Zeitpunkte Kapitalertragsteuer abzuführen. Falls eine Bestimmung für den Tag der Auszahlung in dem Beschluß nicht enthalten ist, gilt der Tag nach der Beschlußfassung als der Tag des Zuflusses gem. § 44 Abs. 2 Satz 2 EStG. Es sollte also immer darauf geachtet werden, in einem Gewinnverwendungsbeschluß den Tag zu bestimmen, an dem die Dividende auszuzahlen ist. Die in einem Kalendermonat einbehaltene Kapitalertragsteuer ist jeweils bis zum 10. des folgenden Monats anzumelden und abzuführen. Die Gesellschaft hat dem Gesellschafter über die einbehaltene

---

[181] Die Fin.Verw. (vgl. Abschn. 41 Abs. 16 KStR) steht auf dem Standpunkt, daß Betriebsausgaben, die in unmittelbarem wirtschaftlichen Zusammenhang mit der Beteiligung an einer Gesellschaft stehen, die ganz oder teilweise gemäß § 8b Abs. 1 KStG steuerbefreite Dividenden ausschüttet, gemäß § 3c EStG nicht abzugsfähig sind. Der BFH hat dem mit Urteil vom 29. 5. 1996, I R 167/94, BFHE 180, 415 widersprochen, soweit nicht im gleichen Veranlagungszeitraum Ausschüttungen seitens der Beteiligungsgesellschaft erfolgen. Die weitere Entwicklung bleibt abzuwarten.

D. Gewinnanspruch 173–176 § 10

Kapitalertragsteuer nach Maßgabe des § 45 a EStG eine Bescheinigung über die einbehaltene Kapitalertragsteuer zu erteilen.

1. „Stehenlassen" von Dividenden und Stundung des Auszahlungsanspruchs

Das bloße „Stehenlassen" von Dividenden schließt aufgrund der Fiktion 173 des § 44 Abs. 2 Satz 2 EStG im Zweifel die Kapitalertragsteuerpflicht nicht aus. Der Betrag der Dividende gilt beim Gesellschafter am Tage nach der Beschlußfassung als zugeflossen, wenn im Gewinnverwendungsbeschluß kein abweichendes Datum der Ausschüttung genannt ist. Dieser hat die Dividende einschließlich der Körperschaftsteuergutschrift zu versteuern. Ob dies auch dann gilt, wenn der Geschäftsführer eine Auszahlung der Dividende unter Berufung auf die §§ 30, 31 GmbHG ablehnt,[182] erscheint fraglich. Entsprechend § 44 Abs. 4 EStG, wonach eine vereinbarte Stundung sich auch auf die Verpflichtung zur Abführung der Kapitalertragsteuer auswirkt (Fälligkeit erst bei Ablauf der Stundungsfrist), sollte in diesen Fällen keine Abführungspflicht angenommen werden. Wenn das Gesetz bereits für eine vereinbarte Stundung die Abführungspflicht ruhen läßt, muß dies erst recht für Nichtzahlung aufgrund eines absoluten gesetzlichen Verbotes gelten.

2. Anrechnung der Kapitalertragsteuer

Ist der Gesellschafter eine unbeschränkt steuerpflichtige natürliche Person 174 oder eine unbeschränkt steuerpflichtige Körperschaft, so erfolgt eine Anrechnung der Kapitalertragsteuer (§ 36 Abs. 2 EStG; § 49 Abs. 1 KStG) auf die laufende Steuerschuld oder eine Erstattung der einbehaltenen Kapitalertragsteuer (§§ 44 b, 44 c EStG).[183]

3. Kapitalertragsteuer bei Ausschüttung an EU-Körperschaften als Gesellschafter

Ist der Gesellschafter einer GmbH eine ausländische Körperschaft, so ist sie 175 mit den Einkünften aus Gewinnausschüttungen gem. § 20 Abs. 1 Nr. 1 und 2 EStG beschränkt steuerpflichtig. Für alle EU-Staaten gehen jedoch die zwischen diesen Staaten und Deutschland vereinbarten DBAs vor, nach denen das Besteuerungsrecht für Dividenden, die nicht durch eine inländische Betriebsstätte der ausländischen Körperschaft bezogen werden, dem Sitzstaat der Körperschaft zusteht. Auch dann, wenn die Einkünfte nach einem DBA nicht steuerpflichtig sind, ist grundsätzlich auf offene und verdeckte Gewinnausschüttungen an die EU-Körperschaft gem. § 50 d Abs. 1 Satz 1 EStG Kapitalertragsteuer einzubehalten und abzuführen.

EU-Körperschaften können sich vom Kapitalertragsteuerabzug gem. § 50 d 176 Abs. 2, 3 EStG freistellen lassen. Liegt eine Freistellungsbescheinigung bei

---

[182] Zu der Frage, wann das der Fall sein kann, vgl. nachstehend Rowedder/Rowedder, 2. Aufl., § 30 Anm. 13.
[183] Zur Behandlung der Kapitalertragsteuer bei nicht steuerpflichtigen inländischen juristischen Personen und sonstigen beschränkt steuerpflichtigen natürlichen Personen oder Körperschaften vgl. § 50 Abs. 5 EStG.

Vornahme der Ausschüttung durch die GmbH vor, so ist insoweit kein Steuerabzug vorzunehmen.[184] Liegen die Voraussetzungen für die Freistellung von der Kapitalertragsteuer vor, kann die Auszahlung ohne Kapitalertragsteuerabzug aber nicht durchgeführt werden. Weil die Freistellungsbescheinigung der GmbH bei der Vornahme der Ausschüttung nicht vorliegt, wird die Kapitalertragsteuer gem. § 37 Abs. 2 AO iVm. § 50 d Abs. 1 Satz 2, Abs. 2, EStG erstattet.

VII. Körperschaftsteuergutschrift

177 Gem. § 36 Abs. 2 Nr. 3 EStG wird den Gesellschaftern einer unbeschränkt körperschaftsteuerpflichtigen GmbH ein Betrag in Höhe von der Bruttoausschüttung (vor Kapitalertragsteuer), die sie erhalten haben, auf ihre persönliche Einkommen- oder Körperschaftsteuerschuld angerechnet (Körperschaftsteuergutschrift). Übersteigt der anzurechnende Betrag die Steuerschuld, entsteht ein Erstattungsanspruch (vgl. § 36 Abs. 4 Satz 2 EStG). Gegenstand der Anrechnung bzw. Erstattung ist die von der GmbH auf den Ausschüttungsbetrag nach Herstellung der Ausschüttungsbelastung gem. § 27 KStG abgeführte oder abzuführende Körperschaftsteuer. Darauf, ob die Gesellschaft die Körperschaftsteuer tatsächlich entrichtet hat, kommt es nicht an (vgl. § 36 Abs. 2 Nr. 3 Satz 3 EStG). Etwas anderes gilt nur, wenn es sich um einen Anteilseigner mit beherrschendem Einfluß handelt (vgl. § 36 a EStG). Zu den Einzelheiten des Anrechnungsverfahrens vgl. § 11 Rz. 458 ff.).

178 Beschränkt steuerpflichtige Gesellschafter haben gem. § 50 Abs. 5 Satz 2 EStG keine Möglichkeit, die Steuergutschrift durch Abzug von auf andere inländische Einkünfte (zB aus Gewerbebetrieb[185]) entfallende Steuern anzurechnen und/oder eine Erstattung[186] in Höhe des Anrechnungsbetrages zu erhalten. Dies gilt auch für inländische Anteilseigner, bei denen die Dividende nicht steuerpflichtig ist, wie zB bei steuerlich als gemeinnützig anerkannten Stiftungen.

179 Anders als bis einschließlich 1993 steht dem Gesellschafter keine Körperschaftsteuergutschrift mehr zu, wenn und soweit EK 01 zur Ausschüttung gelangt. Da in diesem Fall auch für die Ausschüttung aus dem EK 01 die Ausschüttungsbelastung nicht hergestellt werden muß, steht bei Ausschüttung aus dem EK 01 nunmehr der volle Betrag (bisher Minderung um den Aufwand für die Herstellung der Ausschüttungsbelastung) zur Verfügung. Hierauf ist bei Ausstellung der Steuerbescheinigung für den Gesellschafter durch die Gesellschaft gem. § 45 Abs. 2 Nr. 4 EStG besonders dann zu achten, wenn es zu einer „gemischten" Ausschüttung von Gewinnen kommt, die steuerlich aus dem EK 01 und zB dem EK 45 stammen.

---

[184] Vgl. zu der bis 30. 6. 1996 geltenden Übergangsfrist, nach der Deutschland bei der Ausschüttung an EU-Körperschaften 5% Kapitalertragsteuer einbehält, § 44 d Abs. 1 Satz 1 EStG.

[185] Es sei denn, die Beteiligung wird durch eine Betriebsstätte gehalten (Beispiel: Ausländer ist an einer inländischen, gewerblichen KG beteiligt, die Gesellschafter der GmbH ist).

[186] Ausnahme: Ausschüttung von EK 03 (§ 50 Abs. 5 Satz 3, § 36 e EStG).

E. Verdeckte Gewinnausschüttung 180–190 § 10

VIII. Gewinnanspruch und §§ 30 ff. GmbHG

1. Verstoß gegen §§ 30, 31 GmbHG durch Gewinnausschüttung

Es sind Fälle denkbar, in denen aufgrund einer ordnungsmäßigen Bilanz **180** Gewinnverwendungsbeschlüsse gefaßt werden, und bei denen im Zeitpunkt der Beschlußfassung oder Auszahlung der entsprechenden Dividenden feststeht, daß die Auszahlung gegen die §§ 30, 31 GmbHG verstößt. Zu dieser Situation kann es kommen, wenn die Gesellschaft im laufenden Geschäftsjahr, im dem die Dividende für das Vorjahr beschlossen wird, Verluste erleidet, mit deren Ausgleich für das laufende Geschäftsjahr nicht gerechnet werden kann. Wenn diese Situation anläßlich der Beschlußfassung feststeht, ist ein dennoch gefaßter Gewinnverwendungsbeschluß wegen eines bewußten Verstoßes gegen die §§ 30, 31 GmbHG nichtig.[187] Denkbar ist auch, daß die Auszahlung nicht erfolgen darf, bevor sie ohne Verstoß gegen die §§ 30, 31 GmbHG möglich ist. Ob es Fälle gibt, in denen ein Gewinnverwendungsbeschluß ohne Verstoß gegen die §§ 30, 31 GmbHG, aber unter dem Gesichtspunkt eines Verstoßes gegen die gesellschaftsrechtliche Treuepflicht unzulässig ist, erscheint zweifelhaft. Denkbar ist dies nur in extremen Ausnahmefällen. In diesem Fall wäre ein entsprechender Beschluß nicht nichtig, sondern lediglich anfechtbar. Der Geschäftsführer einer GmbH macht sich gem. § 43 Abs. 3 GmbHG schadensersatzpflichtig, wenn er Gewinnauszahlungen an die Gesellschafter unter Verstoß gegen die §§ 30, 31 GmbHG vornimmt.

2. Guthaben aus Ausschüttungsansprüchen als kapitalersetzende Darlehen

Es liegt kein Tatbestand des § 32 a GmbHG (kapitalersetzende Darlehen) **181** vor, sofern die Gesellschafter unmittelbar nach dem Gewinnverwendungsbeschluß die Auszahlung der ihnen zustehenden Gewinne verlangen und die Auszahlung erfolgt. Rufen die Gesellschafter ihre Dividenden nicht sofort ab, sondern lassen sie auf Verrechnungskonten bei der Gesellschaft „stehen", so können diese „stehengelassenen" Dividendenansprüche als kapitalersetzende Darlehen iSd. §§ 32 a ff. GmbHG zu qualifizieren sein (vgl. zu stehengelassenen Darlehen § 8 Rz. 229 ff.).

(frei) **182–189**

E. Verdeckte Gewinnausschüttung

Das Ergebnis der Gesellschaft und damit auch der für eine Ausschüttung zur **190** Verfügung stehende Betrag kann durch die Gesellschaft und die Gesellschafter beeinflußt werden, ohne daß dies (zunächst) nach außen hin sichtbar wird.

Die Gesellschafter können verdeckt Einlagen leisten, dh der Gesellschaft Vorteile zuwenden, die nicht als Einlagen der Gesellschafter erscheinen und

---

[187] *Scholz/Emmerich* 7. Aufl. § 29 Anm. 74; 8. Aufl. Anm. 144.

behandelt werden, sondern die Aufwendungen der Gesellschaft mindern oder ihre Erträge erhöhen (vgl. zur verdeckten Einlage § 7 Rz. 130).

191 Die Gesellschafter können aber auch verdeckt Beträge „entnehmen", dh an sich ausschütten, die bei der Gesellschaft nicht als Gewinnausschüttung erscheinen, sondern die Aufwendungen der Gesellschaft erhöhen oder die Erträge vermindern (Beispiel: Vermietung eines Grundstücks an die Gesellschaft zu einer zu hohen Miete, oder Kauf von der Gesellschaft unter Preis).

192 Der Begriff „verdeckte Gewinnausschüttung" (vGA) wird sowohl im Handelsrecht als auch im Steuerrecht verwandt. Im Kernbereich ist der Begriff inhaltlich identisch, in Randzonen dagegen nicht. Das liegt daran, daß das Handelsrecht sich im wesentlichen mit der Frage beschäftigt, ob das Stammkapital erhalten bleibt (§§ 30 ff. GmbHG) und die Gleichbehandlung der Gesellschafter untereinander sichergestellt ist, während das Steuerrecht lediglich sicherstellen will, daß die „Ertragsquelle" steuerlich vollständig erfaßt wird.[188]

I. Verdeckte Gewinnausschüttung (vGA) im Handelsrecht

1. Definition

193 Nach einer verbreiteten Definition liegt eine verdeckte Gewinnausschüttung (vGA) vor, „wenn eine Kapitalgesellschaft einem Gesellschafter oder einer ihm nahestehenden Person außerhalb der förmlichen Gewinnverteilung Leistungen aus dem Gesellschaftsvermögen ohne äquivalente (angemessene) Gegenleistung gewährt.[189] In neuerer Zeit wird zusätzlich noch der Gedanke des Drittvergleichs in die Definition der vGA eingeführt, dh. es wird darauf abgestellt, daß die vGA eine Vorteilsgewährung darstellt, die die Gesellschaft einem Nichtgesellschafter unter sonst gleichen Umständen nicht zugewendet hätte[190] Mit diesen Definitionen wird noch keine Aussage über die Zulässigkeit oder Unzulässigkeit einer vGA getroffen; diese richtet sich nach anderen Kriterien (vgl. dazu Rz. 195 ff.).

194 Bei der handelsrechtlichen Untersuchung, ob eine Vorteilszuwendung vorliegt, ist das gesamte Austauschverhältnis zwischen der Gesellschaft und den Gesellschaftern zu berücksichtigen. Geschäfte, die zusammenhängen und wirtschaftlich eine Einheit darstellen, sind insgesamt zu betrachten. Hierdurch kann ein Vorteilsausgleich stattfinden, der auch mit steuerlicher Wirkung zu einer Neutralisierung der vGA führt. Steuerlich wird eine solche Neutralisierung jedoch nur dann anerkannt, wenn ein enger zeitlicher Zusammenhang der einzelnen Leistungsbeziehungen besteht.[191]

---

[188] *Scholz/Emmerich* § 29 Anm. 170.
[189] *Baumbach/Hueck/Hueck* § 29 Anm. 68 mwN; vgl. zur Definition der vGA in Handels- und Steuerrecht; *Westerfelhaus* GmbHR 1994, 224 ff.
[190] MünchHdb. GesR Bd. 3/*Wrede* § 61 Anm. 11.
[191] Zum sog. Vorteilsausgleich s. Abschn. 31 Abs. 3 Sätze 10, 11; Abs. 5 Satz 5 KStR mwN.

2. Zulässigkeit der vGA

Handelsrechtlich ist die Zulässigkeit einer vGA in Literatur und Rechtsprechung umstritten.[192] Anders als bei der AG (§§ 57, 58 Abs. 5 AktG) bestehen für die GmbH keine handelsrechtlichen Vorschriften, die sich mit der Problematik der vGA ausdrücklich befassen.

a) Absolute Grenzen der §§ 30, 31 GmbHG

§ 30 GmbHG bestimmt, daß das zur Erhaltung des Stammkapitals erforderliche Vermögen der Gesellschaft „nicht ausgezahlt" werden darf (Kapitalerhaltungsgrundsatz). Eine vGA, die dazu führt, daß Stammkapital zurückgewährt wird, ist daher unzulässig.[193] Wird eine solche vGA vorgenommen, steht der GmbH gem. § 31 Abs. 1 GmbHG ein unverzichtbarer Rückforderungsanspruch zu.[194] Eine derartige vGA kann weder durch die Satzung noch durch einen Gesellschafterbeschluß sanktioniert werden.

b) Generelle Unzulässigkeit der vGA?

Nach einer im Vordringen befindlichen Auffassung[195] soll auch jenseits der Kapitalerhaltungsvorschriften der §§ 30 ff. GmbHG jeder formlose Kapitaltransfer zwischen Gesellschaft und Gesellschafter unzulässig sein. Hiervon scheint auch der 3. Strafsenat des BGH auszugehen. Denn er hat bei einem Geschäftsführer einer GmbH, der eine vGA vorgenommen hatte, Untreue (§ 266 StGB) angenommen, obwohl die Zustimmung der Alleingesellschafterin vorlag und das Stammkapital nicht angetastet war.[196] Das Urteil des BGH in Strafsachen ist aber nicht so zu verstehen, daß eine vGA bei Zustimmung aller Gesellschafter immer den Tatbestand der Untreue bei dem die vGA vornehmenden Geschäftsführer erfüllt. Eine Untreue liegt in diesen Fällen nur dann vor, wenn die vGA zusätzlich verschleiert, dh. in den Büchern der GmbH nicht korrekt nachvollzogen wird (zB Übertragung eines Pkw an einen Gesellschafter wird als Totalschaden verbucht).[197]

Gegen die Auffassung, daß eine vGA, die keinen Verstoß gegen § 30 GmbHG darstellt, immer unzulässig ist, spricht, daß der Gesetzgeber die GmbH bewußt mit einem schwächeren Kapitalerhaltungsschutz ausgestattet hat als die Aktiengesellschaft, bei der das Moment des Schutzes einer großen Anzahl von Einzelaktionären im Vordergrund steht. Dieser Gesichtspunkt entfällt bei einer GmbH jedenfalls dann, wenn alle Gesellschafter einer vGA zustimmen. Auch der gesetzlich vorgesehene Gläubigerschutz wird durch

---

[192] Zum Meinungsstand *Baumbach/Hueck/Hueck* § 29 Anm. 71 ff.; *Hager* „Verdeckte Gewinnausschüttung in der GmbH", ZGR 1989, 71 ff. (75).
[193] *Baumbach/Hueck/Hueck* § 29 Anm. 72.
[194] *Scholz/Westermann* § 30 Anm. 3.
[195] *Scholz/Emmerich* § 29 Anm. 181; *Scholz/Westermann*, § 30 Anm. 22; *Wellnhofer* FR 1978, 257 ff.
[196] BGH v. 29. 5. 1987, ZIP 1988, 306; vgl. die ablehnende Anm. *von Meilicke* BB 1988, 1261 ff.; einschränkend BGH v. 24. 8. 1988, wistra 1989, 23 (nur bei Existenzgefährdung oder erheblichem Liquiditätsentzug).
[197] *Vonnemann* „Anm. zum BGH-Urteil v. 29. 5. 1987", GmbHR 1988, 329 ff.

eine vGA, die nicht das Stammkapital angreift, nicht berührt. In fast allen Fällen, in denen eine vGA keinen Verstoß gegen § 30 GmbHG darstellt, haben die Gesellschafter auch die Möglichkeit, anstelle der vGA eine höhere ordentliche Ausschüttung vorzunehmen.

c) Zulässigkeit einer vGA bei Mehrheitsbeschluß

199 Nach verbreiteter Auffassung sollen die Gesellschafter einer GmbH berechtigt sein, über eine vGA mit einfacher Mehrheit zu beschließen.[198] Eine ohne einen solchen Beschluß vorgenommene vGA ist in jedem Fall unzulässig. Es fällt auf keinen Fall in die Kompetenz der Geschäftsführung, den Gesellschaftern über die Erfüllung ihres Gewinnanspruches hinaus irgendwelche Vorteile zu gewähren.

d) Beachtung des Gleichbehandlungsgrundsatzes

200 Auch im Einverständnis mit der Mehrheit der Gesellschafter ist eine vGA dann unzulässig, wenn der Grundsatz der Gleichbehandlung aller Gesellschafter nicht gewahrt wird.[199]

e) Verzicht auf den Gleichbehandlungsgrundsatz durch Gesellschaftsvertrag

201 Soll die Möglichkeit bestehen, über eine mehrheitlich beschlossene vGA Sondervorteile zuzuwenden, so dürfte dies allenfalls zulässig sein, wenn der Gesellschaftsvertrag eine ungleiche Behandlung ausdrücklich ermöglicht.[200] Hat der benachteiligte Gesellschafter einer derartigen Klausel zugestimmt, so liegt hierin ein Verzicht auf den Gleichbehandlungsgrundsatz.[201] Entsprechendes gilt, wenn sämtliche benachteiligte Gesellschafter dem Beschluß zur Vornahme der vGA zustimmen und sich dadurch mit der Benachteiligung einverstanden erklären.[202]

202 Selbst wenn der benachteiligte Gesellschafter einer derartigen Klausel zugestimmt hat, kann sie generell oder für den Einzelfall als sittenwidrig iSd. § 138 BGB anzusehen sein.[203] Dies wird insbesondere dann der Fall sein, wenn sich Art und Umfang der Benachteiligung durch eine vGA für einzelne Gesellschafter nicht eindeutig aus dem Gesellschaftsvertrag ergeben oder die Zustimmung zur Satzungsklausel unter Ausnutzung einer Not- oder Zwangslage erlangt worden ist. In jedem Fall muß eine solche Bestimmung, die zu einer Ungleichbehandlung der Gesellschafter führt, bereits im Gründungsvertrag enthalten sein.[204] Soll sie später in den Gesellschaftsvertrag eingefügt werden, so bedarf es zur Wirksamkeit eines Beschlusses, durch den eine Klausel über

---

[198] *Baumbach/Hueck/Hueck* § 29 Anm. 71 mwN.
[199] BGH v. 15. 5. 1972, DB 1972, 1575 (1576); OLG Karlsruhe v. 16. 12. 1983, WM 1984, 656 (660).
[200] *Lutter/Hommelhoff* § 14 Anm. 15.
[201] *Scholz/Priester* § 53 Anm. 56; *Hachenburg/Ulmer* § 53 Anm. 62.
[202] *Hachenburg/Ulmer* § 29 Anm. 130; *Lutter/Hommelhoff* § 14 Anm. 15; *Lutter* ZGR 1979, 401; BGHZ 71, 40.
[203] *K. Schmidt* Gesellschaftsrecht, 1986, § 16 II 4 b (S. 347); § 35 I 3 d (S. 781).
[204] *Rowedder/Rowedder* § 29 Anm. 56.

E. Verdeckte Gewinnausschüttung

die Zulässigkeit von vGA zugunsten einzelner Gesellschafter in den Gesellschaftsvertrag aufgenommen wird, analog § 53 Abs. 3 GmbHG der Zustimmung aller Gesellschafter.[205]

f) Verletzung der Treuepflicht

Selbst wenn auf den Gleichbehandlungsgrundsatz verzichtet worden ist, kann eine mit Mehrheit der Gesellschafter beschlossene vGA wegen Verletzung der Treuepflicht unzulässig sein.[206] Die Treuepflicht ist verletzt, wenn die den Beschluß fassenden Gesellschafter ihre Mehrheit in einer Weise mißbrauchen, die bei Verzicht auf den Gleichbehandlungsgrundsatz nicht absehbar war, um sich einen Vorteil zu verschaffen, der den anderen Gesellschaftern nicht oder nicht wertgleich zugute kommt. (Beispiel: Mehrheitsgesellschafter ist Lieferant und nutzt seine Mehrheit, um zu überhöhten Preisen an die Gesellschaft zu liefern.)

g) Beseitigung des Verstoßes gegen die Treuepflicht

Die Verletzung der Treuepflicht entfällt, wenn alle anderen Gesellschafter als diejenigen, denen die vGA zugeflossen ist, dem Beschluß oder der Weisung zustimmen und der Beschluß nicht in das gem. §§ 30, 31 GmbHG geschützte Vermögen eingreift.[207]

h) Zusammenfassung

Die Auffassung, nach der vGA durch die Mehrheit der Gesellschafter beschlossen und damit gegen den Willen einzelner Gesellschafter vorgenommen werden können, erscheint nicht unproblematisch. Sie wird den Gefahren, die für die überstimmten Gesellschafter mit der vGA potentiell verbunden sind, nicht gerecht. Wird Kapital der Gesellschaft unter Verstoß gegen § 30 GmbHG zurückgewährt, so haftet primär der begünstigte Gesellschafter auf Rückzahlung. Subsidiär haften jedoch auch alle übrigen Gesellschafter gem. § 31 Abs. 3 GmbHG. Es kann also passieren, daß ein Gesellschafter gegen eine vGA stimmt, durch die das Stammkapital angegriffen wird, und dieser überstimmte Gesellschafter im Wege der Subsidiärhaftung für die von ihm angelehnte vGA „geradestehen muß". Diese Gefahr besteht für den überstimmten Gesellschafter auch dann, wenn er und/oder die übrigen Gesellschafter guten Glaubens davon ausgegangen sind, daß das Stammkapital durch die vGA nicht angegriffen wird. Es ist nämlich fraglich, ob der Rückforderungsanspruch der Gesellschaft im Falle der Vornahme einer vGA wegen guten Glaubens des Empfängers gem. § 31 Abs. 2 GmbHG ausgeschlossen ist.[208]

Eine vGA ist nach alledem gesellschaftsrechtlich jedenfalls dann als zulässig anzusehen, wenn sie nicht gegen die §§ 30, 31 GmbHG verstößt und die vGA entweder aufgrund einer wirksam zustandegekommenen gesellschafts-

---

[205] *Rowedder/Rowedder* § 29 Anm. 56.
[206] *Hachenburg/Goerdeler/Müller* § 29 Anm. 30; BGH v. 15. 5. 1972, DB 1972, 1575.
[207] *Lutter/Hommelhoff* § 29 Anm. 47.
[208] *Scholz/Westermann* § 31 Anm. 17 ff. (20); *Lutter/Hommelhoff* § 31 Anm. 14.

vertraglichen Regelung oder aufgrund eines Beschlusses **aller** Gesellschafter erfolgt.

3. Nichtigkeit und Anfechtbarkeit eines Gesellschafterbeschlusses über eine vGA

a) Nichtigkeit des Beschlusses

206 Ein Beschluß über eine vGA ist dann nichtig, wenn er unter Verstoß gegen § 30 GmbHG erfolgt.[209] Dabei kommt es nicht darauf an, ob der Verstoß bewußt oder unbewußt erfolgt. Die §§ 30, 31 GmbHG dienen dem Gläubigerschutz.[210] Für die Frage, ob ein gegen diese Vorschriften verstoßender Beschluß nichtig oder nur anfechtbar ist, kann es nicht darauf ankommen, ob er den Gesellschaftern bei der Beschlußfassung bewußt war oder nicht.

b) Anfechtbarkeit des Beschlusses

207 Liegt eine unzulässige verdeckte Gewinnausschüttung ohne Eingriff in das Stammkapital vor (zB Verletzung des Gleichbehandlungsgrundsatzes oder Verstoß gegen das Gebot der Treuepflicht), so ist der entsprechende Beschluß anfechtbar.[211] Nach erfolgter Anfechtung eines derartigen Beschlusses ist die vGA zwischen der Gesellschaft und den begünstigten Gesellschaftern nach Bereicherungsrecht (§ 812 BGB) zurückabzuwickeln, sofern nicht § 31 GmbHG Anwendung findet.

4. Rechtsfolgen der unzulässigen vGA

208 Wenn es zu handelsrechtlich unzulässigen vGA kommt, stellt sich die Frage, welche Rechtsfolgen die erfolgte Vermögensverschiebung auslöst. In Betracht kommen Ansprüche:
– der Gesellschaft gegen den Zahlungsempfänger (Gesellschafter/Dritter), die Geschäftsführer, andere Gesellschafter
– der nicht begünstigten Gesellschafter gegen die begünstigten Gesellschafter und/oder die Gesellschaft
– der Gesellschaftsgläubiger gegen die Zahlungsempfänger, die Geschäftsführer und die übrigen Gesellschafter.

a) Rückforderungsansprüche der Gesellschaft

209 Führt eine vGA dazu, daß das Stammkapital angegriffen wird, so erwächst der GmbH gem. § 31 Abs. 1 GmbHG ein unverzichtbarer Rückforderungsanspruch. Erfolgt die vGA ohne vorherige Erstellung eines verläßlichen Vermögensstatus der Gesellschaft, so droht den übrigen Gesellschaftern die subsidiäre Haftung nach § 31 Abs. 3 GmbHG. Der Status muß auf den Zeitpunkt der Vornahme der vGA erstellt werden, was in der Praxis kaum die Regel sein

---

[209] *Scholz/Westermann* § 30 Anm. 11; *Baumbach/Hueck/Hueck* § 29 Anm. 72; 77; *Lange* „Verdeckte Gewinnausschüttungen", 1993, Anm. 216.
[210] *Rowedder/Rowedder* § 30 Anm. 1.
[211] *Baumbach/Hueck/Hueck* § 29 Anm. 77; § 53 Anm. 56.

E. Verdeckte Gewinnausschüttung

dürfte. Daneben ist es denkbar, daß auch durch die vGA nicht begünstigte Gesellschafter, die zugunsten des begünstigten Gesellschafters an der Beschlußfassung über eine gem. § 30 GmbHG unzulässige vGA mitgewirkt haben, der Gesellschaft unter dem Gesichtspunkt des Verschuldens[212] haften.

Der Gesellschaft steht auch dann ein Rückforderungsanspruch zu, wenn eine vGA aus anderen Gründen, als einem Verstoß gegen § 30 GmbHG unzulässig ist (zB weil der zugrundeliegende Beschluß wegen eines Verstoßes gegen den Gleichbehandlungsgrundsatz angefochten worden ist oder die vGA ohne Beschluß[213] der Gesellschafter erfolgt ist). Umstritten ist, auf welche Anspruchsgrundlage dieser Anspruch gestützt werden kann. Nach einer Auffassung besteht der Rückforderungsanspruch analog § 31 Abs. 1 GmbHG,[214] während andere ihn auf §§ 812 ff. BGB stützen.[215]

Dieser Meinungsstreit ist nicht nur akademischer Natur. Der Anspruch analog § 31 GmbHG verjährt grds. nach 5 Jahren, während der Anspruch aus §§ 812 ff. BGB der 30jährigen Regelverjährung gem. § 195 BGB unterliegt. Nach § 31 Abs. 3 GmbHG haften die Gesellschafter subsidiär für die an andere Gesellschafter geflossenen Mittel. Wird § 31 GmbHG analog angewandt, so müßte dies im Zweifel auch für die Vorschrift des § 31 Abs. 3 GmbHG gelten.[216] Der Anspruch aufgrund einer analogen Anwendung des § 31 GmbHG geht also erheblich weiter als derjenige aus § 812 BGB, der lediglich auf eine Herausgabe des Erlangten gerichtet ist. Gegen eine analoge Anwendung des § 31 GmbHG spricht, daß diese Vorschrift auf den Erhalt des nominellen Stammkapitals gerichtet ist und nicht darauf, jegliche Vermögensabflüsse aus der GmbH zu verhindern. Diese Spezialfunktion des § 31 GmbHG wird durch die Regelung des § 31 Abs. 4 GmbHG, wonach ein Verzicht der Gesellschaft auf den Rückforderungsanspruch nicht möglich ist, dokumentiert. Ein derartig strenger Schutz ist aber bezüglich der über das Stammkapital hinausgehenden Mitteln nicht erforderlich und vom Gesetzgeber nicht vorgesehen, weil die Mittel insofern grundsätzlich zur Disposition der Gesellschafter stehen.

Der Rückforderungsanspruch muß durch den Geschäftsführer geltend gemacht werden. Bleibt dieser aufgrund der Weisungen eines Mehrheitsgesellschafters oder aus eigenem Antrieb untätig, so kann jeder Gesellschafter zur Geltendmachung des Rückforderungsanspruchs einen Gesellschafterbeschluß ohne Mitwirkung des Gesellschafters, gegen den sich der Beschluß richtet (§ 47 Abs. 4 GmbHG), herbeiführen, mit dem der Geschäftsführer angewiesen wird, den Anspruch geltend zu machen. Bei der Abstimmung hat der begünstigte Gesellschafter kein Stimmrecht (§ 47 Abs. 4 Satz 2 GmbHG). Der Geschäftsführer hat den Beschluß auszuführen und muß notfalls Klage

---

[212] BGH v. 10. 12. 1984, BB 1985, 351.
[213] Eines förmlichen Beschlusses bedarf es aber nicht bei Übertragung in das Vermögen des Alleingesellschafters (OLG Brandenburg v. 20. 8. 1996 GmbHR 1997, 1147 – rkr. –).
[214] *Lutter/Hommelhoff* § 29 Anm. 51.
[215] *Baumbach/Hueck/Hueck* § 29 Anm. 76; *Scholz/Emmerich* 8. Aufl. § 29 Anm. 185 ff. (anders Vorauflage § 29 Anm. 118).
[216] Für eine analoge Anwendung lediglich des § 31 Abs. 1: *Lutter/Hommelhoff* § 29 Anm. 51; *Scholz/Emmerich* § 29 Anm. 184.

erheben. Bleibt er dennoch untätig, hat jeder Gesellschafter das Recht, im Rahmen einer actio pro socio selber auf Schadensersatzleistung an die Gesellschaft zu klagen (vgl. § 3 Rz. 119 ff.).

b) Ausgleichsansprüche der Gesellschafter untereinander

213 Statt eines Rückgewähranspruchs der Gesellschaft kommt in den Fällen, in denen einzelne Gesellschafter ohne sachlichen Grund bevorzugt worden sind, auch ein Anspruch des „übergangenen Gesellschafters" auf Gleichstellung in Betracht. Die Gleichstellung kann durch Leistung der Gesellschaft an ihn (dann kommt es zu einem weiteren Mittelabfluß aus der Gesellschaft)[217] oder durch einen Anspruch auf Ausgleich (Teilung) gegen den „bevorzugten Gesellschafter" erreicht werden.

214 Für die letztgenannte Lösung ließe sich die auch unter GmbH-Gesellschaftern anerkannte Treuepflicht[218] zwischen den Gesellschaftern als Anspruchsgrundlage heranziehen. Welchem Weg der Beseitigung einer Ungleichbehandlung der Vorzug zu geben ist, hängt von den Umständen des Einzelfalls ab. Grundsätzlich ist die Rückgewährung der empfangenen Leistung an die Gesellschaft vorrangig. Dies entspricht der Tendenz in der Rechtsprechung des BGH, Ersatzansprüche benachteiligter Gesellschafter über die Gesellschaft zu kanalisieren.[219] Der BGH hat keine Ansprüche der Gesellschafter gegen den Geschäftsführer wegen einer Entwertung der Anteile zugelassen, sondern nur Ansprüche der Gesellschaft gegenüber dem Geschäftsführer.

215 Ein Ausgleichsanspruch zwischen den Gesellschaftern kommt demgegenüber nur in Ausnahmefällen in Betracht, zB wenn der Ausgleich durch die Gesellschaft oder die Gesellschafter nicht bewirkt werden kann oder mit einem unverhältnismäßigen Aufwand verbunden wäre.[220]

c) Schadensersatzansprüche

216 Neben dem Rückforderungsanspruch der Gesellschaft gem. §§ 812 ff. BGB ist bei einer unzulässigen vGA ein Schadensersatzanspruch der Gesellschaft gegen den Geschäftsführer denkbar, der die vGA veranlaßt hat. Hieran ist insbesondere zu denken, wenn der Bereicherungsanspruch gegen den ausgleichspflichtigen Empfänger der vGA oder der Rückforderungsanspruch gem. § 31 Abs. 1 GmbHG nicht durchsetzbar ist. In Extremfällen ist eine Haftung des Geschäftsführers und des begünstigten Gesellschafters gem. § 823 Abs. 2 BGB iVm. §§ 246, 266 StGB bzw. gem. § 826 BGB denkbar (vgl. Rz. 197).

d) Aktivierung des Rückforderungsanspruchs

217 Aufgrund einer vGA bestehende Rückforderungsansprüche sind in der Bilanz zu aktivieren. Sind sie nicht oder nur teilweise werthaltig, ist eine entsprechende Wertberichtigung vorzunehmen. Steuerlich führt die Aktivie-

---

[217] BGH v. 15. 5. 1972, DB 1972, 1575 (1576).
[218] BGH v. 5. 6. 1975, BB 1975, 1450 f.
[219] BGHZ 87, 27 (32 ff.).
[220] BGH v. 15. 5. 1972, DB 1972, 1575 ff. (1576).

E. Verdeckte Gewinnausschüttung   218–221 § 10

rung auch bei werthaltiger Regreßforderung, der der betroffene Gesellschafter unverzüglich nachkommt, im Zweifel nicht dazu, daß die steuerlichen Folgen einer vGA rückwirkend beseitigt werden (vgl. Rz. 240 ff.).

5. Angabe der zulässigen vGA im Anhang der GmbH

In extremen Ausnahmefällen kann die Behandlung der vGA als Aufwand in einem Jahresabschluß mit dem Gebot des § 264 Abs. 2 Satz 1 HGB kollidieren. Nach dieser Vorschrift hat der Jahresabschluß „ein den tatsächlichen Verhältnissen entsprechendes Bild der Vermögens-, Finanz- und Ertragslage" zu vermitteln (zB die ertragsstarke Konzerntochter zahlt der Konzernmutter extrem überhöhte Konzernumlagen, die zu einer wesentlichen Verkürzung des Jahresüberschusses führen). Der Umstand allein, daß der Jahresabschluß kein den tatsächlichen Verhältnissen entsprechendes Bild der Vermögens-, Finanz- und Ertragslage vermittelt, führt aber nicht zu einer handelsrechtlichen Unzulässigkeit der vGA. Vielmehr sind bei der Aufstellung des Jahresabschlusses Konsequenzen zu ziehen, wie zB eine zusätzliche Angabe im Anhang gem. § 264 Abs. 2 Satz 2 HGB.[221]

218

II. Verdeckte Gewinnausschüttung (vGA) im Steuerrecht

1. Definition

Aus der Sicht des Körperschaftsteuerrechts ist eine vGA, anders als der Begriff „verdeckt" in § 8 Abs. 3 Satz 2 KStG nahelegen könnte, nie unzulässig. Wird die vGA jedoch nicht ordnungsgemäß gegenüber dem Finanzamt erklärt, so kann durch eine vGA der Tatbestand der Steuerhinterziehung gem. § 370 Abs. 1 AO oder der leichtfertigen Steuerverkürzung erfüllt sein[222] (§ 8 Abs. 3 Satz 2 KStG). Liegt eine vGA im steuerlichen Sinne vor, so erfolgt eine Gewinnerhöhung bei der Gesellschaft. Steuerlich ist die vGA also keine Frage der Zulässigkeit, sondern der Höhe der Steuerschuld.

219

Nach der Definition des BFH ist eine vGA eine Vermögensmehrung, die durch das Gesellschaftsverhältnis veranlaßt ist, sich auf die Höhe des Einkommens der GmbH auswirkt und in keinem Zusammenhang mit einer offenen Ausschüttung steht.[223]

220

Diese Definition unterscheidet sich von der handelsrechtlichen wie folgt:
– Ein Mittelabfluß bzw. Zufluß beim Gesellschafter ist nicht begriffsnotwendig.[224] Ein Mittelzufluß kann ggf. zeitlich aufgeschoben als „andere Ausschüttung" iSd. § 27 Abs. 3 Satz 2 KStG[225] nachfolgen (zB Bildung

221

---

[221] *Hachenburg/Ulmer* § 29 Anm. 130; aA *ADS* § 264 Anm. 124 ff.
[222] Vgl. hierzu im einzelnen *Böcher* „Steuerhinterziehung durch verdeckte Gewinnausschüttung", DB 1989, 999 ff.
[223] Vgl. Abschn. 31 Abs. 3 Satz 1 KStR; BFH v. 29. 7. 1992, BStBl. II 1993, 139; BFH v. 1. 7. 1992, BStBl. II 1992, 975 ff.; BFH v. 20. 1. 1993, BStBl. II 1993, 376.
[224] *Dötsch/Eversberg/Jost/Witt* § 8 Anm. 84.
[225] BFH v. 28. 6. 1989, BStBl. II 1989, 854, 857 mwN; BFH v. 22. 2. 1989, DB 1989, 1214; *Wassermeyer* „Verdeckte Gewinnausschüttungen und verdeckte Einlagen", DStR 1990, 158 ff.; *Wassermeyer* „Einige Grundsatzüberlegungen zur vGA", GmbHR 1998, 157.

einer überhöhten Pensionsrückstellung und spätere Auszahlung der überhöhten Pension).

– Eine verhinderte Vermögensmehrung erfüllt steuerlich den Tatbestand einer vGA, nicht jedoch unbedingt handelsrechtlich.

2. „Rein steuerliche vGA"

222   Theoretisch sind nur handelsrechtlich unzulässige Leistungen einer Kapitalgesellschaft an ihre Gesellschafter steuerlich eine vGA (vgl. Abschn. 31 Abs. 4 Satz 4 KStR) und solche, die im Grundsatz unzulässig und erst durch Satzung und/oder Gesellschafterbeschluß sanktioniert worden sind. Die Rechtsprechung hat eine umfangreiche Kasuistik dazu entwickelt, wann „steuerlich" eine vGA vorliegen soll. Bei Licht betrachtet handelt es sich dabei um Vermutungsregeln und Beweisregeln (Umkehr der Beweislast bei Vorliegen bestimmter objektiver Tatbestandsmerkmale), die darauf abzielen, steuerlichen Mißbrauch zu vermeiden.[226] Die Quantifizierung und Typisierung, die Vermutungsregeln und die Beweislastumkehr, derer sich die Rechtsprechung und ihr folgend die Verwaltung bedient, führt in der Praxis häufig dazu, daß Handlungen, die handelsrechtlich eindeutig nicht als vGA zu qualifizieren sind, steuerlich als solche eingestuft werden. ZB verlangt die Rechtsprechung und ihr folgend die Verwaltung (vgl. Abschn. 31 Abs. 5 KStR), daß beherrschende Gesellschafter mit „ihrer" GmbH im vorherein eindeutige Vereinbarungen treffen. Erfolgt eine Leistung an einen beherrschenden Gesellschafter ohne eine solche Vereinbarung, soll nach dieser Auffassung auch dann ein vGA vorliegen, wenn das gleiche Geschäft auch unter fremden Dritten zu den gleichen Konditionen zustande gekommen wäre – Fremdvergleich –. In neuerer Zeit hat der BFH sich aufgrund der Beschlüsse des Bundesverfassungsgerichts zu sogenannten Oder-Konten[227] genötigt gesehen, wieder mehr auf den tatsächlichen Fremdvergleich abzustellen.[228] Danach kann nicht ohne weiteres ein typisierter Sachverhalt, bei dem nach Auffassung der Finanzverwaltung oder Finanzgerichte bisher üblicherweise eine vGA vorlag, schematisch auf äußerlich gleichgelagerte Sachverhalte angewandt werden. Der einzelne Vorgang ist letztlich darauf abzuklopfen, ob eine betriebliche Veranlassung der getätigten Aufwendungen vorliegt oder nicht (dann vGA). Es muß also nicht immer in den Fällen, in denen die Rechtsprechung bisher eine vGA aufgrund ihre Kasuistik angenommen hat, eine vGA vorliegen. Diese Entwicklungstendenzen sind neu. Sie werden sich – wenn überhaupt – in der Praxis nur langsam durchsetzen. Die durch Abschn. 31 KStR und eine lange Reihe von BFH-Urteilen vorgegebene Kasuistik (vgl. dazu Rz. 248) wird weiter eine große Rolle spielen. Der Steuerpflichtige, der sich auf vorgeschilderten neueren Tendenzen in der Rechtsprechung des BFH[229] berufen will, wird daher oft Rechtsmittel ausschöpfen müssen.

---

[226] *Gosch* DStZ 1977 S. 1, 2.
[227] Vgl. *Gosch* DStZ 1987 S. 1, 7 mwN.
[228] Zur Bedeutung des Fremdvergleichs vgl. *Wassermeyer* „Grundsatzüberlegungen zur verdeckten Gewinnausschüttung", GmbHR 1998, 157 und BFH v. 29. 10. 1997, GmbHR 1998, 547.
[229] Vgl. BFH v. 7. 5. 1996, DStR 1996, 1359 ff.; BFH v. 12. 6. 1997, DB 1997, 1798; BFH v. 13. 11. 1996, GmbHR 1997, 414 und BFH v. 29. 10. 1977, GmbHR 1998, 543.

3. Steuerliche Auswirkungen der vGA

a) Auswirkungen in der Steuerbilanz

Die vGA führt dazu, daß das steuerliche Ergebnis der Gesellschaft erhöht wird. Ein Aufwand, der das handelsrechtliche Ergebnis (zB Zahlung einer überhöhten Miete an den Gesellschafter) mindert, wird steuerlich eliminiert. Als Einkommen der GmbH wird der als vGA behandelte Betrag sodann mit dem für die GmbH geltenden Steuersatz von 45% belastet. Fließt die vGA bei der GmbH ab (vgl. § 8 Abs. 3 Satz 2 KStG), so ist die Ausschüttungsbelastung in Höhe von 30% (vgl. § 27 Abs. 1 KStG) herzustellen.[230]

b) Kapitalertragsteuer bei vGA

Zusätzlich zur Körperschaftsteuer hat die Gesellschaft auf den verdeckt dem Gesellschafter zugewandten Betrag gem. § 43a Abs. 1 Nr. 1 EStG Kapitalertragsteuer einzubehalten, es sei denn, es liegt ein Freistellungsbescheid für den betreffenden Gesellschafter vor. Die Kapitalertragsteuer ist nicht von der Gesellschaft zu tragen. Sie wird gem. § 44 Abs. 1 Satz 1 EStG durch die Gesellschaft nur für Rechnung des Gesellschafters abgeführt.[231] Muß der Gesellschafter der Gesellschaft die abzuführende Kapitalertragsteuer nicht erstatten bzw. wird der Erstattungsanspruch nicht geltend gemacht, so liegt darin ebenfalls eine vGA.

c) Gewerbesteuerliche Auswirkungen

Die vGA führt ferner zu einer Vermehrung des Gewerbesteueraufwandes,[232] wenn die vGA zugleich den Ertrag vermindert hat, da sich durch die steuerliche Korrektur der vGA auch der gewerbesteuerpflichtige Gewinn erhöht. Da Schuldner der Gewerbesteuer die Gesellschaft ist und der Gesellschafter aus der Gewerbesteuerzahlung keinen Vorteil erzielt, ist der vermehrte Gewerbesteueraufwand kein Teil der vGA.

d) Auswirkung der vGA/Beispiele

Die nachfolgenden Berechnungsbeispiele berücksichtigen nicht die ab 1999 vorgesehenen Steuersatzänderungen. Ab 1999 ist – auch in den Fällen beschränkter Steuerpflicht, in denen bisher ein Steuersatz von 42% besteht – von einem Thesaurierungssteuersatz von 40% auszugehen, der ab 2002 35% betragen wird. Der Steuersatz für ausgeschüttete Gewinne wird weiterhin 30% betragen.

aa) Bei ausreichend vorhandenem EK 45. Ein beherrschender Gesellschafter erhält eine Tantieme, die in Höhe von 100 000,00 DM steuerlich nicht anerkannt wird. Es ergeben sich ertragsteuerlich die nachfolgend darge-

---

[230] BeckBil-Komm./*Budde/Müller* § 278 Anm. 114.
[231] *Baumbach/Hueck/Hueck* § 29 Anm. 92; *Knobbe-Keuk* § 19 I (S. 613); *Lange* „Verdeckte Gewinnausschüttungen", 1993, Anm. 174, 175.
[232] *Glanegger/Güroff* § 7 Anm. 126; *Lenski/Steinberg* GewStG § 7 Anm. 186.1.

§ 10 226 Ergebnisermittlung und Ergebnisverwendung

stellten Auswirkungen,[233] wenn ausreichend übriges EK 45 für die Ausschüttung (vGA) verwendet werden kann.

Gesellschaft	DM	DM
Gewinnerhöhung durch Nichtabzugsfähigkeit der Tantieme	+ 100 000	
Gewerbesteuererhöhung rd. 15%	./. 15 000	+ 15 000
zu versteuerndes Einkommen	85 000	
Zugang zum ungemildert belasteten vEK aus der vGA (Tarifbelastung 45%)		+ 46 750
Abgang von ungemildert belastetem vEK aus der Ausschüttung (55/70)		− 78 571
zusätzlicher Verbrauch von vEK (EK 45)		31 821
Tantieme 100 000		
Körperschaftsteuer ($^3/_7$ von 100)		42 857
Gewerbesteuer		15 000
Abfluß (Liquidität) bei der Gesellschaft		
bei vGA		157 857
Abfluß bei Tantieme		100 000
„Mehrbelastung" der Gesellschaft durch vGA		57 857
Gesellschafter		
Minderung steuerpflichtiges Einkommen des Gesellschafters gem. § 19 EStG		./. 100 000
Einkommen aus vGA (Umqualifizerung Tantieme)		+ 100 000
Einkommen aus vGA (KöSt-Gutschrift)		+ 42 857
steuerpflichtiges Einkommen (Zufluß im Gesellschafter brutto)		142 857
Einkommensteuerbelastung (unterstellt 45%)		64 285
Zufluß beim Gesellschafter netto		78 572

Wie sich aus den vorstehenden Zahlen ergibt, sind die Auswirkungen für die Gesellschaft und den Gesellschafter die gleichen, als hätte die Gesellschaft ein Bruttodividende von TDM 100 ausgeschüttet. Bei der Gesellschaft fließen ohne Berücksichtigung der Gewerbesteuer DM 142 870 ab. das entspricht dem Bruttoeinkommen des Gesellschafters aus der vGA incl. Körperschaftsteuergutschrift.[234]

Bruttozufluß aus Tantieme beim Gesellschafter	100 000 DM
./. Bruttozufluß aus vGA	142 857 DM
Mehrzufluß beim Gesellschafter (brutto)	42 857 DM
./. Mehrbelastung bei der Gesellschaft aus vGA	57 857 DM
Mehrbelastung für Gesellschaft und Gesellschafter zusammen (= Gewerbesteueraufwand)	15 000 DM

[233] Es wird unterstellt, daß der Gesellschafter der Gesellschaft die einbehaltene Kapitalertragsteuer erstattet.
[234] Die Mehrbelastung auf der Gesellschaftsebene durch den Solidaritätszuschlag wird auf der Gesellschafterebene dadurch ausgeglichen, daß die anrechenbare Körperschaftsteuer vor Berechnung des Solidaritätszuschlages von der festzusetzenden Einkommensteuer abgezogen wird.

E. Verdeckte Gewinnausschüttung

227 Wenn die Tantiemezahlung also in Höhe von DM 100 000 als vGA behandelt wird, beträgt die Mehrbelastung von Gesellschaft und Gesellschafter zusammen – verglichen mit einer unbeanstandeten Tantiemezahlung – DM 15 000, dh die Mehrbelastung liegt ausschließlich in dem Gewerbesteueraufwand von DM 15 000.

228 Zu berücksichtigen ist allerdings, daß mehr verwendbares Eigenkapital (vEK) verbraucht worden ist, als durch die vGA geschaffen worden ist (sog. Divergenzeffekt).[235] Im Beispiel ist für die vGA DM 31821 mehr EK 45 verbraucht worden, als aufgrund der vGA zugegangen ist. Auf dieses bereits vorhandene EK 45 ist die Tarifbelastung von 45% zwar schon hergestellt worden, so daß die vGA insoweit zu einer Körperschaftsteuerminderung im Jahr der Ausschüttung führt. Dadurch ändert sich jedoch nichts an der Körperschaftsteuerbelastung von 30% auf die Bruttodividende von DM 142 857. Das wird besonders deutlich, wenn man unterstellt, daß das EK 45 aus Gewinnen des gleichen Veranlagungszeitraums stammt.

229 Der vorstehende Belastungsvergleich unterstellt, daß der Bruttozufluß aus der vGA beim Gesellschafter im Durchschnitt zu keiner höheren Steuerbelastung als 45% (= Thesaurierungssteuersatz bei der Gesellschaft) führt. Das entspricht nach der Grundtabelle des Einkommensteuertarifs 1990 einem steuerpflichtigen Jahreseinkommen von rd. DM 290 000. Liegt der Durchschnittssteuersatz des Gesellschafters, dem die vGA zugerechnet wird, also über 45%, so erhöht sich für Gesellschaft und Gesellschafter zusammengenommen der Ertragsteueraufwand, da der Gesellschafter auf den Zufluß aus der vGA mehr Einkommensteuer zu entrichten hat, als die Gesellschaft bei Thesaurierung des entsprechenden Betrages an Körperschaftsteuer zu tragen hätte.

230 **bb) Bei nicht ausreichendem EK 45.**[236] Wenn im Beispielfall kein zusätzliches verwendbares Eigenkapital vorhanden wäre, ergäbe sich folgendes Bild:

Gesellschaft

Gewinnerhöhung durch Nichtabzugsfähigkeit der Tantieme		+ 100 000
Gewerbesteuererhöhung	./. 15 000	+ 15 000
zu versteuerndes Einkommen	85 000	
Zugang zum ungemildert belasteten vEK aus der vGA (Tarifbelastung 45%)		+ 46 750
Abgang aus EK 45 aus vGA		./. 46 750
Körperschaftsteuerminderung aus der Ausschüttung		./. 12 750
zusätzlich zur Ausschüttung benötigtes vEK (EK 02)		+ 40 500
Tantiemezahlung		100 000
Körperschaftsteuer (Tarifbelastung)		38 250

---

[235] Vgl. *Bullinger* RIW 1980, 173 ff.; *ders.* BB 1980, 1415 ff.; *Herzig* „Divergenzeffekt verdeckter Gewinnausschüttungen und Ausschüttungsverhalten", DB 1985, 354 f.

[236] Es wird unterstellt, daß das steuerliche Ergebnis der Gesellschaft vor vGA DM 0,00 beträgt.

§ 10 231–233   Ergebnisermittlung und Ergebnisverwendung

Herstellung der Ausschüttungsbelastung
Körperschaftsteuerminderung ./. 12 750
Körperschaftsteuererhöhung + 17 357
Gewerbesteuer 15 000
Abfluß (Liquidität) bei der Gesellschaft 157 857

231 Die Auswirkungen beim Gesellschafter sind die gleichen wie bei der 1. Variante. Die Gesellschaft hat im Jahr der vGA DM 17 357 zusätzlich an Körperschaftsteuer wegen Herstellung der Ausschüttungsbelastung auf das zur Ausschüttung verwandte EK 02 zu tragen. Da jedoch insgesamt auch hier die Körperschaftsteuerbelastung nicht höher als 30% der Bruttodividende von DM 142 857 ist, besteht die zusätzliche Belastung im Falle der vGA bei fehlenden EK 45 im wesentlichen darin, daß im Jahr der vGA die Körperschaftsteuererhöhung um des Differenzbetrages zwischen dem vorhandenen vEK und der Ausschüttung (§ 35 Abs. 1 KStG) die Liquidität der Gesellschaft stärker mindert als im Falle ausreichend vorhandenen vEK.[237] So beträgt die Körperschaftsteuerbelastung im Fall (a) für das Jahr der vGA nur DM 16 821.[238] Im Fall (b) beträgt die Körperschaftsteuerbelastung dagegen für das Jahr der vGA DM 42 857.[239]

232 Sofern positives EK 02 (zB aus steuerfreien Investitionszulagen) vorhanden ist, führt die Verwendung von EK 02 dazu, daß die Steuerfreiheit dieser Beträge „verlorengeht", da die Gesellschaft die Ausschüttungsbelastung herstellen muß und der unbeschränkt steuerpflichtige Gesellschafter den Bruttozufluß (Ausschüttung aus dem EK 02 und das Körperschaftsteueranrechnungsguthaben) versteuern muß.

Ist kein positives EK 02 vorhanden, so entsteht im Beispielfall negatives EK 02. Dadurch wird in den Folgejahren das Ausschüttungsvolumen für Ausschüttungen aus dem EK 02 geschmälert, weil das negative EK 02 und die darauf entfallende Körperschaftsteuererhöhung von den sonstigen Vermögensmehrungen iSd. § 30 Abs. 2 Nr. 2 KStG (zB Investitionszulagen) abzuziehen sind (vgl. § 35 Abs. 2 KStG).

233 cc) **Verwendung von EK 01 durch die vGA.** Wenn im Beispiel EK 01 als durch die vGA verwendet gelten würde, ergäbe sich folgendes Bild:

Gesellschaft

Gewinnerhöhung durch Nicht-abzugsfähigkeit der Tantieme = 100 000
Gewerbesteuererhöhung rd. 15%   ./. 15 000   + 15 000

zu versteuerndes Einkommen 85 000
Zugang zum ungemildert belasteten vEK aus
der vGA (Tarifbelastung 45%) 46 750
Abgang aus EK 45 aus vGA ./. 46 750

---

[237] Seit 1995 besteht durch die Nichtabzugsfähigkeit des Solidaritätszuschlages eine zusätzliche Steuerbelastung. Auf eine zahlenmäßige Darstellung wird hier verzichtet, da das künftige Schicksal des Solidaritätszuschlags ungewiß ist.

[238] DM 38 250,00 Tarifbelastung ./. DM 21 429,00 Körperschaftsteuerminderung (15/55 DM 78 571,00).

[239] DM 38 250,00 Tarifbelastung ./. DM 12 750,00 Körperschaftsteuerminderung (15/55 DM 46 750,00) + DM 17 357,00 Körperschaftsteuererhöhung (3/7 + DM 40 500,00) = DM 42 857,00; ab 1995 DM 45 659,00 Körperschaftsteuer.

E. Verdeckte Gewinnausschüttung 234, 235 § 10

Körperschaftsteuerminderung aus der Ausschüttung	./. 12 750
zusätzlich zur Ausschüttung benötigtes vEK (EK 01)	40 500

Tantiemezahlung (vGA)	100 000
Körperschaftsteuer (Tarifbelastung)	38 250
Körperschaftsteuerminderung	./. 12 750
Körperschaftsteuererhöhung	0
Gewerbesteuer	15 000
Abfluß (Liquidität) bei der Gesellschaft	140 500

Gesellschafter

Minderung steuerpflichtiges Einkommen des Gesellschafters gem. § 19 EStG	./. 100 000
Einkommen aus vGA (Umqualifizierung Tantieme)	+ 100 000
Einkommen aus vGA (KöSt-Gutschrift)	+ 25 500
steuerpflichtiges Einkommen (Zufluß beim Gesellschafter brutto)	125 500
Einkommensteuerbelastung (unterstellt 45%)	56 475
Zufluß beim Gesellschafter netto	69 025

Eine vGA, bei der EK 01 als verwendet gilt, belastet die Gesellschaft im Beispielfall um DM 17 357[240] weniger als bei einer vGA bei der EK 45 oder EK 02 als verwendet gilt, weil auf das zur Ausschüttung gelangte EK 01 die Ausschüttungsbelastung nicht herzustellen ist (vgl. § 40 Satz 1 Nr. 1 KStG). Spiegelbildlich dazu steht dem Gesellschafter ein um DM 17 357 geringeres Körperschaftsteueranrechnungsguthaben zu, was dazu führt, daß ihm im Ergebnis nach Einkommensteuer netto weniger verbleibt, als bei einer vGA, für die ausschließlich EK 45 oder EK 45 und EK 02 als verwendet gilt.

dd) Verwendung von EK 04 durch die vGA. Wenn im Beispielfall EK 04 als durch die vGA verwendet gelten würde, ergäbe sich folgendes Bild:

Gesellschaft

Gewinnerhöhung durch Nichtabzugsfähigkeit der Tantieme		+ 100 000
Gewerbesteuererhöhung rd. 15%	./. 15 000	+ 15 000
zu versteuerndes Einkommen	85 000	
Zugang zum ungemildert belasteten vEK aus der vGA (Tarifbelastung 45%)		+ 46 750
verdeckte Gewinnausschüttung		100 000
Abgang aus EK 45 aus der Ausschüttung		./. 46 750
Körperschaftsteuerminderung aus der Ausschüttung		./. 12 750
zusätzlich zur Ausschüttung benötigtes vEK (EK 04)		40 500

Tantiemezahlung (vGA)		100 000
Körperschaftssteuer (Tarifbelastung)		38 250
Herstellung der Ausschüttungsbelastung Körperschaftsteuerminderung	./. 12 750	
Körperschaftsteuererhöhung		0
Gewerbesteuer		15 000
Abfluß (Liquidität) bei der Gesellschaft		140 500

---

[240] DM 157 857,00 (Abfluß bei Ausschüttung aus dem EK 45) ./. DM 140 500,00 (Abfluß bei Ausschüttung aus dem EK 01) = DM 17 357,00.

Gesellschafter

Minderung steuerpflichtiges Einkommen des Gesellschafters gem. § 19 EStG	./. 100 000
Dividende aus vGA	59 500
Kapitalrückzahlung aus vGA	40 500
KöSt-Gutschrift auf Dividende	25 500
Zufluß beim Gesellschafter brutto	125 500
davon steuerpflichtiges Einkommen	85 000
Einkommensteuerbelastung (unterstellt 45%).	38 250
Zufluß beim Gesellschafter netto	87 250

236 Gilt für die vGA neben dem durch die vGA entstandenen EK 45 nur EK 04 als verwendet, so ist die Belastung für die Gesellschaft die gleiche, wie bei einer Ausschüttung aus dem EK 01. Für eine natürliche unbeschränkt steuerpflichtige Person verbleibt jedoch aus der vGA nach Einkommensteuer netto mehr, weil der Zufluß an EK 04 in Höhe von DM 40 500 als Rückzahlung der Einlage nicht einkommensteuerpflichtig ist.

237 **ee) vGA und steuerlicher Verlustrücktrag.** Erleidet die GmbH im vorstehenden Beispielfall (dd) in den zwei folgenden Veranlagungsjahren, die auf die Vornahme der vGA folgen, einen Verlust, so kann die Gesellschaft von ihrem Wahlrecht, den Verlust steuerlich in das Jahr der vGA zurückzutragen (vgl. § 11 Rz. 144 ff.), Gebrauch machen. Dadurch ändert sich rückwirkend für das Jahr das für die vGA als verwendet geltende EK. Wenn im Beispielfall (dd) DM 85 000 Verlust in das Jahr der vGA zurückgetragen werden, entfällt der Zugang zum EK 45 rückwirkend. Die EK-Gliederung ist gem. § 172 Abs. 1 Nr. 2 d AO, § 47 Abs. 2 Nr. 1 KStG bzw. § 175 AO zu berichtigen. Vorausgesetzt, es ist ausreichend EK 04[241] vorhanden, gilt für die volle vGA in Höhe von DM 100 000 ausschließlich EK 04 als verwandt. Der Gesellschaft wäre daher die gezahlte Körperschaftsteuer in Höhe von DM 25 500[242] zu erstatten. Beim Gesellschafter wäre das Einkommen um die Bruttodividende aus vGA (DM 59 500) zu berichtigen und die KöSt-Gutschrift würde rückwirkend ebenso entfallen wie die Möglichkeit, Kapitalertragsteuer anzurechnen.[243] Für eine natürliche unbeschränkt steuerpflichtige Person verbliebe folglich aus der vGA ein „Nettobezug" von DM 100 000, weil der Zufluß aus der überhöhten Tantieme in voller Höhe als Rückzahlung der Einlage nicht einkommensteuerpflichtig ist.[244]

Das Steuerentlastungsgesetz 1999/2000/2002 sieht eine Begrenzung des Verlustrücktrages auf ein Jahr und 2 Mio. DM für die Veranlagungszeiträume 1999 und 2000 sowie die Abschaffung ab 2001 vor. Die Möglichkeit des unbegrenzten Verlustvortrags bleibt demgegenüber erhalten.

---

[241] Und kein anderes EK 0.
[242] DM 38 250.– Tarifbelastung ./. DM 12 750.– Körperschaftsteuerminderung = DM 25 500.–.
[243] Kapitalertragsteuer ist in den Beispielsrechnungen aus Vereinfachungsgründen nicht berücksichtigt.
[244] *Schmidt/Heinicke* § 20 Anm. 87.

E. Verdeckte Gewinnausschüttung 238, 239 § 10

ff) Umsatzsteuerliche Auswirkungen. Erfolgt die vGA in der Gestalt, daß 238 dem Gesellschafter unentgeltlich Sachleistungen zugewendet werden, so liegt ein steuerbarer Umsatz iSd. § 1 Abs. 1 Nr. 3 UStG vor.[245] Bemessungsgrundlage für die Umsatzsteuer ist in diesem Fall gem. § 10 Abs. 4 Nr. 1 UStG der Teilwert des betreffenden Wirtschaftsgutes, wenn dieser bei der einkommensteuerlichen Gewinnermittlung maßgebend ist. Ansonsten ist der gemeine Wert, bei unentgeltlichen sonstigen Leistungen gem. § 10 Abs. 4 Nr. 2 UStG die entstandenen Kosten zugrunde zu legen (Abschn. 157 UStR). Besteht die vGA darin, daß die Gesellschaft dem Gesellschafter Lieferungen oder Leistungen zu einem unangemessen niedrigen Preis zuwendet, so ermittelt sich die Mindestbemessungsgrundlage für die Umsatzsteuer gem. § 10 Abs. 5 UStG.[246]

e) Rückgängigmachung der vGA

In der Praxis ereignen sich vGA vielfach ungewollt und unbemerkt, wenn 239 Geschäftsführer und Gesellschafter davon ausgehen, daß die Leistungen zwischen Gesellschaft und Gesellschafter ausgewogen sind (typisches Beispiel: Überhöhte Geschäftsführerbezüge des Mehrheitsgesellschafters). Wird die Vereinbarung später, zB im Rahmen einer steuerlichen Betriebsprüfung, als vGA qualifiziert, so ergibt sich in der Praxis oft der Wunsch, die vGA mit steuerlicher Wirkung rückgängig zu machen. Die Finanzverwaltung und die finanzgerichtliche Rechtsprechung nehmen hierzu einen sehr restriktiven Standpunkt ein.[247] So soll die vGA mit steuerlicher Wirkung auf jeden Fall dann nicht mehr rückgängig gemacht werden können, wenn für einen Veranlagungszeitraum die Bilanz erstellt und die Steuererklärung eingereicht worden ist.[248] Rechtsprechung und Finanzverwaltung betrachten die Rückzahlung, selbst bei Vorliegen eines Rückforderungsanspruches aus § 31 Abs. 2 GmbHG – wegen Beeinträchtigung des Stammkapitals der GmbH – oder einer Regelung im Gesellschaftsvertrag, nach der die vGA unverzüglich zu erstatten ist, als Einlage (EK 04) des Gesellschafters.[249] Während bislang die Rückgängigmachung wenigstens für den Zeitpunkt der Einbuchung des Erstattungsanspruchs angenommen wurde, hat der BFH nun auch noch entschieden, daß die Rückgängigmachung (= Zahlung an die Gesellschaft) in der EK – Gliederung erst zum Ende des Jahres zu erfassen ist, in dem der Anspruch der Gesellschaft auf Rückzahlung der vGA tatsächlich erfüllt wird.[250]

---

[245] BFH v. 26. 2. 1976, BStBl. II 1976, 443; *Rau/Dürrwächter/Flick/Geist* UStG § 1 Anm. 477, § 10 Anm. 65 „Verdeckte Gewinnausschüttung".
[246] Vgl. Abschn. 158 UStR und die dort angeführten Beispiele.
[247] Abschn. 31 Abs. 9 KStR; BMF v. 23. 4. 1985, DB 1985, 1437; BFH v. 10. 4. 1962, BStBl. III 1962, 255; EFG 1987, 373; BFH v. 29. 4. 1987, BStBl. II 1987, 733; BFH v. 22. 2. 1989, DB 1989, 1214; BFH v. 29. 5. 1996 BStBl. II 1997, 92.
[248] FG München v. 9. 11. 1972, EFG 73, 201; BFH v. 18. 2. 1970, BStBl. 70 II, 529.
[249] BMF v. 6. 8. 1981, BStBl. 1981 I, 599; *Dötsch/Eversberg/Jost/Witt* Anhang zu § 27, Anm. 66 f.; BFH v. 13. 9. 1989, BStBl. II, 1989, 1029; BFH v. 29. 4. 1987, BStBl. II 1987, 733.
[250] BFH v. 29. 5. 1996, BStBl. II 1997, 92; vgl. auch BFH v. 30. 7. 1997, GmbHR 98, 146.

240 Die Auffassung des BFH und der Finanzverwaltung mag unbefriedigend sein. Da nach der jüngsten BFH Entscheidung vom 29. 5. 1996[251] so schnell keine grundlegende Änderung der Rechtsprechung zu diesem Punkt erwartet werden kann, ist für die Praxis davon auszugehen, daß gesellschaftsvertragliche Regelungen, nach denen vGA zurückzuerstatten sind oder die Gesellschaft so zu stellen ist, als wäre die vGA nicht erfolgt, kein „Heilmittel" gegen die Annahme von vGA durch die Finanzverwaltung sind. Die Aufnahme derartiger Klauseln in Gesellschaftsverträge birgt die Gefahr in sich, daß sich die Beteiligten im Vertrauen auf die Wirksamkeit einer solchen Klausel in Sicherheit wiegen und es bei der Bemessung von Leistungsbeziehungen zwischen Gesellschaft und Gesellschafter an der erforderlichen Sorgfalt fehlen lassen. Es sollte daher im Einzelfall sorgfältig überlegt werden, ob überhaupt eine entsprechende Bestimmung in einen Gesellschaftsvertrag einer GmbH aufgenommen wird.

241 Die Auffassung des BFH und der Finanzverwaltung, nach der sich die Praxis zZ zu richten hat, vermag nicht zu überzeugen, insbesondere in den Fällen, in denen durch die vGA das Stammkapital angegriffen wird, also ein Rückforderungsanspruch gem. § 31 Abs. 2 GmbHG besteht, auf den die Gesellschaft nicht verzichten kann. Konsequenterweise sollte man bei der Gesellschaft keine vGA mit allen ertragsteuerlichen Folgen annehmen, da der Rückforderungsanspruch zu aktivieren ist und sich somit per Saldo keine Vermögensminderung bei der Gesellschaft ergibt. Das gleiche müßte für alle vGA gelten, die nicht im hier vertretenen Sinne zulässig sind (vgl. Rz. 197). Auch in diesen Fällen besteht ein Rückforderungsanspruch der Gesellschaft, der mit Vornahme der vGA (vgl. Rz. 209 ff.) entsteht. Solange die Gesellschaft auf diesen Anspruch nicht verzichtet hat und der Anspruch werthaltig ist, findet ebenfalls keine Vermögensminderung bei der Gesellschaft statt. Die Rückzahlung der vGA wird von der Rechtsprechung als Einlage qualifiziert. Dies dürfte im Zweifel dazu führen, daß bei den Gesellschaftern in Höhe der Rückzahlungsbeträge nachträgliche Anschaffungskosten vorliegen.[252] Dies hat bei den Gesellschaftern, die die Anteile weder im Betriebsvermögen halten noch wesentlich iSd. § 17 EStG beteiligt sind, zur Folge, daß die Rückzahlung sich niemals steuerlich auswirkt.

f) Leistungen zwischen verbundenen Unternehmen als vGA

242 Während das AktG in den §§ 291–338 AktG detaillierte Regelungen über die Rechtsbeziehungen zwischen verbundenen Unternehmen für den Fall enthält, daß eine AG oder eine KGaA durch ein anderes Unternehmen beherrscht wird, fehlen derartige Regelungen für GmbH-Konzerne.

In den GmbH-Konzernen, dh Unternehmensverbänden, in denen mehrere GmbH's (Schwestergesellschaften) durch ein Mutterunternehmen beherrscht werden, kann es zu vGA kommen. Das ist dann der Fall, wenn Leistungen zwischen einem Tochterunternehmen und dem Mutterunternehmen oder zwischen zwei Schwestergesellschaften nicht zu Konditionen abgewickelt werden, wie sie unter fremden Dritten vereinbart würden (zB T1 liefert

---

[251] BFH v. 29. 5. 1996 BStBl. II 1997, 92.
[252] *Lange* „Verdeckte Gewinnausschüttungen", 1993, Anm. 230; BFH v. 18. 2. 1966, BStBl. II, 250.

E. Verdeckte Gewinnausschüttung

Waren an T2 zu nicht marktgerechten Preisen oder gewährt ein nicht bzw. niedrig verzinsliches Darlehen).[253] In diesen Fällen liegt eine vGA von T1 an den Gesellschafter (Mutterunternehmen) vor. Die handelsrechtliche Zulässigkeit solcher vGA beurteilt sich in erster Linie nach den gleichen Grundsätzen, wie sie auch außerhalb eines GmbH-Konzerns gelten. VGA im GmbH-Konzern sind handelsrechtlich zulässig, wenn die vGA durch alle Gesellschafter oder durch die Satzung der beherrschten Gesellschaft sanktioniert wird und dadurch das Stammkapital der leistenden GmbH (vgl. § 30 GmbHG) nicht angegriffen wird. Innerhalb dieses Rahmens ist die Vorschrift des § 311 Abs. 1 AktG, nach der eine Vorteilsgewährung des Tochter- an das Mutterunternehmen grundsätzlich ausgeschlossen ist, nicht analog auf den GmbH-Konzern anwendbar, und zwar unabhängig davon, ob Unternehmensverträge (Beherrschungs- und Gewinnabführungsverträge) bestehen.

Steuerlich sind folgende Fallkonstellationen zu unterscheiden:
- Tochterunternehmen (T) verkauft ein Wirtschaftsgut unter Preis an das Mutterunternehmen (M). Der Gewinn der T ist um den verdeckt ausgeschütteten Betrag (zB Preisdifferenz) zu erhöhen (§ 8 Abs. 3 KStG). Bei M entsteht in Höhe des Vorteils zuzüglich des auf die Ausschüttung entfallenden Körperschaftsteuerguthabens (vgl. § 20 Abs. 1 Nr. 3 EStG, § 49 Abs. 1 KStG) ein Ertrag aus der Beteiligung. Ein unter Preis erlangtes Wirtschaftsgut ist bei M unter Hinzurechnung des Preisnachlasses mit seinem Wert anzusetzen.[254]
- Zwischen T und M findet eine Nutzungsüberlassung unter Preis (unverzinsliches Darlehen oder verbilligte Vermietung) statt. Der verdeckte Preisnachlaß ist bei T als vGA dem Einkommen hinzuzurechnen. Im Gegensatz zur früheren Rechtsprechung[255] ist nach dem Beschluß des Großen Senats[256] nunmehr auch für Nutzungsüberlassungen ein ertragsteuerlicher Zugang bei M mit allen sich daraus ergebenden Folgen (Ausschüttungsbelastung bei T, Kapitalertragsteuerpflicht, Erfassung des Körperschaftsteuerguthabens bei M) anzunehmen.
- T1 verkauft an T2 ein Wirtschaftsgut unter Wert. In diesem Fall liegt in Höhe des Preisnachlasses eine vGA von T1 an M vor, die den Vorteil wiederum der T2 als verdeckte Einlage zuwendet.[257] Der Gewinn von T1 ist gem. § 8 Abs. 3 KStG um den Preisnachlaß zu erhöhen. Bei M entsteht ein Ertrag in Höhe des Vorteils zuzüglich des ihr durch die vGA entstehenden Körperschaftsteuerguthabens. Die Weiterleitung des Vorteils an T2 führt bei M zu nachträglichen Anschaffungskosten auf die Beteiligung (an T2), allerdings nur in Höhe des Preisnachlasses und nicht zusätzlich in Höhe des erlangten Körperschaftsteuerguthabens, weil dies endgültig bei M verbleibt. Bei T2 ist das Wirtschaftsgut als Einlage mit dem Teilwert zu erfassen.

---

[253] Zur Wertermittlung, wenn ein Fremdvergleich nicht möglich ist, vgl. FG Saarland v. 18. 12. 1996 GmbHR 1997, 511 – rkr. –.
[254] BFH v. 20. 8. 1986, BStBl. II 1987, 455 ff.
[255] BFH v. 28. 1. 1981, BStBl. II 1981, 612 ff.; BFH v. 19. 5. 1982, BStBl. II 1982, 631 ff.
[256] BFH v. 26. 10. 1987, DB 1988, 529 ff. (536).
[257] BFH v. 26. 10. 1987, DB 1988, 529, 534.

246 – Zwischen T1 und T2 findet eine verbilligte Nutzungsüberlassung statt. Auch hier handelt es sich um eine Leistung von T1 an M und um eine Leistung von M an T2 in Höhe des Preisvorteils. Dieser löst zunächst die gleichen Folgen aus, wie die oben beschriebene Nutzungsüberlassung zwischen Tochter- und Mutterunternehmen. Allerdings schlägt sich nach dem Beschluß des BFH[258] die Weiterleitung des Vorteils von M an T2 nicht bei T2 in einer bilanzierungsfähigen Einlage nieder. Folglich kommt es nicht zu nachträglichen Anschaffungskosten für die Beteiligung an T2 bei M. Dem Vorteil bei M steht vielmehr ein gleich hoher Aufwand gegenüber, so daß bei M per Saldo eine Gewinnerhöhung nur bezüglich des nicht an T2 weitergeleiteten Körperschaftsteuerguthabens eintritt.[259] Ist M eine ausländische Gesellschaft, also nur beschränkt steuerpflichtig im Inland, so erhöht sich insgesamt die Belastung, da M die Körperschaftsteuer nicht anrechnen kann und damit das Körperschaftsteuerguthaben „verlorengeht".

g) ABC der verdeckten Gewinnausschüttung

247 Die nachfolgenden Beispiele aus Rechtsprechung und der Praxis der Finanzverwaltung sind älter als die BFH-Entscheidung vom 7. 5. 1996[260] von der gesagt wird, sie stelle eine Wende der Rechtsprechung des BFH zur vGA weg von der strengen Typisierung dar (vgl. Rz. 222). Die Beispiele können daher nur Anhaltspunkte sein und dürften teilweise überholt sein.

Anteilseigner. Zur Berücksichtigung der vGA beim Anteilseigner siehe OFD Frankfurt/M., Vfg. v. 18. 3. 1994, DB 94, 1014 f.

Ausland. Eine vGA kann auch über die Grenzen Deutschlands verwirklicht werden (BFH-Beschluß v. 26. 8. 1993, BFH/NV 1994, 268).

Ausnutzen von Geschäftschancen: Erlangt ein Gesellschafter-Geschäftsführer in dieser Eigenschaft Wissen zur Ausnutzung einer risikoarmen Geschäftschance, und nutzt dieses für eigene Zwecke, liegt – unabhängig davon, ob das Geschäft den Unternehmensgegenstand betrifft – idR vGA vor (BFH v. 11. 6. 1996, DB 96, 2366; BFH v. 12. 6. 1997, DB 97, 1798 (1799); vgl. auch BFH v. 22. 11. 1995, BFH/NV 96, 645 und v. 13. 11. 1996, DStR 97, 323 (in Zshg. mit Wettbewerbsverbot).

Besitzunternehmen. vGA an Besitzunternehmen im Rahmen einer Betriebsaufspaltung führt wegen § 9 Nr. 2a GewStG nicht zur Gewerbesteuerpflicht (BFH v. 6. 11. 1991, DB 92, 659 ff.).

Beweislast. Die objektive Beweislast für das Vorliegen von vGA obliegt dem Finanzamt (BFH v. 27. 10. 1992, BStBl. II 1993, 569; BFH v. 13. 7. 1994, BFH/NV 1995, 548). Die objektive Beweislast kann sich nach den Grundsätzen des prima-facie Beweises zu Lasten der Kapitalgesellschaft umkehren (BFH v. 13. 7. 1994, BFH/NV 1995, 548). Demnach soll die Körperschaft die objektive Beweislast für die betriebliche Veranlassung der in der Buchführung als Betriebsvermögensminderung behandelten Aufwendungen (BFH v. 24. 6. 1976, DB 76, 1605) haben. Wer sich für die Annahme einer im voraus abgeschlossenen Vereinbarung auf die Existenz eines mündlich

---

[258] BFH v. 26. 10. 1987, DB 1988, 529 (535).
[259] BFH v. 26. 10. 1987, DB 1988, 529 (535).
[260] DStR 1996, 1359.

abgeschlossenen Vertrages beruft, einen entsprechenden Nachweis aber nicht führen kann, hat den Nachteil des fehlenden Nachweises zu tragen, weil er sich auf die Existenz des Vertrages zur Begründung des Betriebsausgabenabzugs beruft (vgl. BFH v. 29. 7. 1992, BStBl. II 1993, 247).

Bilanzielle Behandlung der vGA. Die Rechtsfolge des § 8 Abs. 3 Satz 2 KStG erschöpft sich in einer Gewinnkorrektur außerhalb der Steuerbilanz (BFH v. 29. 6. 1994, DB 94, 2526 und v. 18. 12. 1996, DB 97, 853). Diese Auffassung kann in bestimmten Fällen zu steuerlichen Doppelerfassungen führen (vgl. Urteilsanmerkung HFR 1995, 141).

Bürgschaften. Die Übernahme einer Bürgschaft zugunsten eines Gesellschafters ist vGA, wenn keine risikogerechte Vergütung für die Haftungsübernahme (Avalprovision) vereinbart und gezahlt wird. Sie ist vGA in Höhe des verbürgten Betrages unter den gleichen Voraussetzungen, unter denen bei der Darlehnsgewährung an den Gesellschafter eine vGA hinsichtlich der Valuta vorliegt. Siehe auch unter Stichwort „Darlehensverträge"

Darlehensverträge. Bei der Beurteilung, ob der einem Gesellschafter eingeräumte Zinssatz angemessen ist, ist von den im Währungsgebiet üblichen Zinssätzen auszugehen (BFH v. 25. 11. 1964, BStBl. III 1965, 176). Zahlungen einer Kapitalgesellschaft für private Zwecke ihres Gesellschafters sind Kreditgewährung und nicht vGA, wenn sie von vornherein auf einem bei der Gesellschaft für den Gesellschafter geführten Verrechnungskonto festgehalten werden und von Anfang an Darlehensrückzahlung gewollt ist (BFH v. 8. 10. 1985, BStBl. II 1986, 481). Insoweit ist eine zumindest schriftliche Vereinbarung über die Handhabung der Verrechnungskonten der Gesellschafter empfehlenswert. Alleine das Fehlen einer Abrede über eine Sicherheitsleistung oder das Fehlen einer Vereinbarung über den Rückzahlungszeitpunkt begründen für sich genommen keine vGA (BFH v. 29. 10. 1997, GmbHR 98, 543).

Direktversicherung. Beitragszahlungen für eine Direktversicherung können (bei unangemessener Höhe) vGA sein (BFH v. 22. 11. 1995, BFH/NV 96, 596).

Einlage, austehende. Unterläßt eine GmbH trotz eigenen Kapitalbedarfs die Einforderung des noch ausstehenden Teils der Stammeinlage ihrer Gesellschafter, so liegt darin in der Regel auch dann keine vGA, wenn sie für hereingenommenes Fremdkapital Zinsen aufwendet (BFH v. 29. 5. 1968, BStBl. II 1969, 11).

Erfindervergütung, s. *Gaul* DB 90, 671 ff.

Folgen einer rein steuerlichen vGA. Wenn steuerrechtlich eine vGA vorliegt, die handelsrechtlich eine zu passivierende Verbindlichkeit darstellt, ist auch in der Steuerbilanz eine Rückstellung zu bilden (BFH v. 29. 6. 1994, DB 94, 2526 f.).

Forderung gegen Gesellschafter, Teilwertabschreibung. Eine Teilwertabschreibung auf eine Forderung gegen einen Gesellschafter kann eine vGA sein, wenn bei Vergabe eines Darlehens nicht alles zur Sicherung erforderliche durch die Geschäftsführer getan worden ist (BFH v. 14. 3. 1990, DB 90, 1798 f.).

Forderungsverzicht. Der Verzicht auf eine Forderung gegen einen Gesellschafter stellt in der Regel eine vGA in Höhe des Verkehrswerts der betroffenen Forderung dar. Die bloße Nichtgeltendmachung ist keine vGA, solange Anspruch rechtlich (zB keine Verjährung) und wirtschaftlich durchsetzbar ist (BFH v. 14. 9. 1994, DB 95, 249 ff.).

Formerfordernisse, bei Verträgen mit Gesellschafter-Geschäftsführern, s. BGH v. 25. 3. 1991, DB 91, 1065 und BMF-Schreiben v. 16. 5. 1994, DB 94, 1112.

Gehaltsverzicht. Mehrfache Gehaltsverzichte können zur Nichtanerkennung der Vergütungsregelung und damit zur Qualifizierung der tatsächlich gezahlten Vergütung als vGA führen (FG Münster v. 18. 8. 1993, DB 94, 305, rechtskräftig). Der Gehaltsvereinbarung fehlt die Ernsthaftigkeit, wenn der beherrschende Gesellschafter wegen Verschlechterung der Gewinnsituation zeitweise auf das Geschäftsführergehalt verzichtet (BFH-Beschluß v. 30. 3. 1994, BFH/NV 1995, 164).

Geschäftsführervergütung. Zur GmbH-Geschäftsführervergütung und der BMF-Übergangsregelung 1994/96 siehe *Grönwoldt* DB 96, 752 ff. Wegen der Angemessenheit bei Geschäftsführergehältern vgl. BFH v. 1. 12. 1993, BFH/NV 1994, 740; BFH v. 5. 10. 1994, BStBl. II 1995, 549. Nach der Verfügung der OFD Stuttgart vom Mai 1995, BB 1997, 243 wurde eine Nichtaufgriffsgrenze von 300 000,00 DM aufgestellt. Allerdings ist bundeseinheitlich mit einer einschränkenden Regelung zu rechnen. In die Prüfung der Angemessenheit der Gesamtbezüge des Gesellschafter-Geschäftsführers ist auch die ihm erteilte Pensionszusage einzubeziehen. Diese soll nach Auffassung der Finanzverwaltung mit der fiktiven Jahresnettoprämie nach dem Alter des Gesellschafter-Geschäftsführers im Zeitpunkt der Pensionszusage anzusetzen sein, die er selbst für eine entsprechende Versicherung zu zahlen hätte. Bei einer Erhöhung der Pensionszusage ist die fiktive Jahresnettoprämie für den Erhöhungsbetrag auf den Zeitpunkt der Erhöhung der Pensionszusage zu berechnen (Abschn. 32 Abs. 3 KStR). Eine Geschäftsführervergütung ist zwar angemessen, aber dann unüblich und damit vGA, wenn im Anstellungsvertrag die Auszahlung erst vorgesehen ist, „sobald die Firma dazu in der Lage ist" (BFH v. 13. 12. 1989, DB 90, 1266). Urlaubsgelder, die im Ermessen der Geschäftsleitung stehen, sind vGA (BFH v. 10. 3. 1993, DB 93, 1550). Gegen die Ernstlichkeit einer Gehaltsvereinbarung sprechen auch fehlende oder unregelmäßige Gehaltszahlungen, sofern das Vorgehen einem Fremdvergleich nicht standhält; die regelmäßige Abführung von Lohnsteuer reicht nicht aus (BFH v. 13. 11. 1996, GmbHR 97, 414). Die Vergütung von Überstunden entspricht nicht dem üblichen Aufgabenbild eines Geschäftsführers und ist daher in der Regel vGA (BFH v. 19. 3. 1997, DB 97, 1596). Nach BFH v. 30. 7. 1997, BStBl. II 1998, 402 ist Überstundenvergütung dann zulässig, wenn sie einem Fremdvergleich standhält.

Gesellschafter, beherrschender (vgl. Abschn. 31 Abs. 6 KStR). Im Hinblick auf eine Vereinbarung mit dem beherrschenden Gesellschafter können Anteile (Stimmrechte) von Ehegatten bei der Beurteilung einer beherrschenden Stellung nur dann zusammengerechnet werden, wenn konkrete Anhaltspunkte für gleichgerichtete Interessen der Eheleute bestehen. Zur beherrschenden Stellung aufgrund Vorliegens gleichgerichteter Interessen vgl. BFH v. 13. 12. 1989, BFH/NV 1990, 455, BFH v. 2. 12. 1992, DB 1993, 715, BFH v. 10. 3. 1993, DB 93, 1550.

E. Verdeckte Gewinnausschüttung 247 § 10

Gewinnbeteiligung an GmbH & Co KG, Veränderung der Gewinnbeteiligung (zB durch Kapitalerhöhung) ohne Berücksichtigung der Komplementärin kann vGA sein (BFH v. 25. 11. 1976 – IV R 90/72; vgl. auch Abschn. 31 Abs. 3 Nr. 12 KStR).
Gewinnlosigkeit. Die vereinbarte Gewinnlosigkeit kann eine vGA sein (BFH v. 2. 2. 1994, DB 94, 1064 ff.).
Gründungskosten. Übernahme von Gründungskosten der GmbH durch diese selbst, obwohl die Kosten von den Gesellschaftern zivilrechtlich zu tragen sind, führt zu vGA (BFH v. 11. 2. 1997, BFH/NV 97, 711). Keine vGA aber, wenn Übernahme von Anfang an in Satzung vereinbart wird und die Kosten dort im einzelnen (ggf. durch Schätzung) angegeben werden (*Dötsch/Eversberg/Jost/Witt,* Anh. 3 zu § 8 KStG „Gründeraufwand").
Informationsüberlassung. Die unentgeltliche Überlassung verkehrsfähiger Informationen, die üblicherweise gegen ein angemessenes Entgelt zum Vorteil der Körperschaft vermarktet werden könnten, ist vGA (BFH v. 10. 7. 1996, DB 97, 305).
Kapitalersetzende Darlehen. Die Zinszahlung auf kapitalsetzende Darlehen, auf die § 30 GmbHG anzuwenden ist, können vGA sein (DB 94, 1055 ff.; vgl. auch BFH v. 14. 8. 1991, DB 91, 2317 f.).
Kapitalherabsetzung. Die Auskehrung des Herabsetzungsbetrages an die Gesellschafter ist grundsätzlich keine vGA, sie kann aber vGA sein, wenn der eigene Anteile entfallenden Herabsetzungsbetrages an die Gesellschafter ausgekehrt wird.
Kaufvertrag. Verbilligter Verkauf an einen Gesellschafter ist vGA (vgl. Abschn. 31 Abs. 3 Nr. 6 + 7 KStR). Vereinbart eine Kapitalgesellschaft mit ihrem Gesellschafter für Leistungen des Gesellschafters einen Preis, der unter dem verkehrsüblichen Preis liegt, so kann eine spätere Nachzahlung der Gesellschaft eine vGA darstellen (BFH v. 18. 2. 1970, BStBl. II 1970, 526).
Körperschaften, vGA bei anderen. Eine vGA kann außer bei Kapitalgesellschaften und Genossenschaften (BFH v. 16. 12. 1955, BStBl. III 1956, 43) auch bei Versicherungsvereinen auf Gegenseitigkeit (BFH v. 23. 2. 1976, BStBl. II 1976, 47) und bei Betrieben gewerblicher Art von juristischen Personen des öffentlichen Rechts (BFH v. 29. 5. 1968, BStBl. II 1968, 692; BFH v. 13. 3. 1974, BStBl. II 1974, 391; BFH v. 10. 7. 1996, DB 97, 305) vorliegen. Zur Anwendung des § 8 Abs. 3 Satz 2 KStG bei Nichtkapitalgesellschaften, siehe BFH v. 9. 8. 1989, BStBl. II 1990, 237.
Kosten der vGA. Aufwendungen, die durch die Zuführung der vGA an die Gesellschafter ausgelöst werden, sind keine Betriebsausgaben der Kapitalgesellschaft (BFH v. 22. 2. 1989, DB 89, 1214 f.).
Kostenübernahme für Geburtstagsfeier. Aufwendungen einer Kapitalgesellschaft für die Geburtstagsfeier ihres Gesellschafter-Geschäftsführers, zu der die Geschäftsfreunde und die leitenden Angestellten des Unternehmens geladen worden waren, sind in der Regel vGA (BFH v. 24. 9. 1980, BStBl. II 1981, 108).
Kostenübernahme für Trauerfeier für Gesellschafter durch Gesellschaft ist vGA (BFH v. 31. 7. 1990, DB 91, 20). Kostenübernahme in Zusammenhang mit einem Hobby des Gesellschafters ist nach BFH v. 4. 12. 1996, DB 97, 707 keine Liebhaberei der GmbH, sondern vGA an den Gesellschafter.

Mietvertrag. Bei der Überlassung eines Einfamilienhauses an den Gesellschafter ist der Mietzins zum einen mit dem Betrag zu vergleichen, der der Kapitalgesellschaft neben der Erstattung der AfA und der Nebenkosten eine 4 v. H. betragende Verzinsung des investierten Kapitals sichert, zum anderen mit dem Mietzins, den die Kapitalgesellschaft durch Fremdvermietung erzielen könnte. Decken sich die so ermittelten Beträge nicht, ist durch Berücksichtigung des Repräsentationsbedürfnisses der Kapitalgesellschaft einerseits und des Gesellschafters andererseits ein Mittelwert zu finden (BFH v. 19. 4. 1972, BStBl. II 1972, 594). Wird entgegen eines höheren Mietniveaus ein höherer Mietzins gegenüber dem beherrschenden Gesellschafter nicht durchgesetzt, so liegt hierin der Verzicht auf eine vermögenswerte Rechtsposition und somit eine vGA (BFH v. 7. 12. 1988, BStBl. II 1989, 248).

Minderheitsgesellschafter. Der minderbeteiligte Gesellschafter einer Kapitalgesellschaft empfängt eine vGA, wenn die Kapitalgesellschaft im Hinblick auf seine Beteiligung unentgeltlich Leistungen an eine andere Kapitalgesellschaft erbringt, an der der Gesellschafter eine Mehrheitsbeteiligung hat (BFH v. 18. 7. 1985, BStBl. II 1985, 635).

Nahestehende Personen. Eine vGA ist auch dann anzunehmen, wenn die Vorteilsziehung nicht unmittelbar durch den Gesellschafter, sondern durch eine ihm nahestehende Person erfolgt, ein vermögenswerter Vorteil auf seiten des Gesellschafters ist nicht erforderlich (BFH v. 18. 12. 1996, DB 97, 806). Die Beziehungen zwischen dem Gesellschafter und einem Dritten, die die Annahme einer vGA an den Gesellschafter rechtfertigen, können schuldrechtlicher, gesellschaftsrechtlicher, familienrechtlicher oder tatsächlicher Art sein. Zum Kreis der dem Gesellschafter nahestehenden Personen zählen sowohl natürliche als auch juristische Personen, u. U. auch Personenhandelsgesellschaften (BFH v. 1. 10. 1986 BStBl. II 1987, 459). Auch Ehegatten können als nahestehende Personen angesehen werden (BFH v. 2. 3. 1988, BStBl. II 1988, 786). Zur Beurteilung von vGA zwischen Schwestergesellschaften vgl. BFH-Beschluß des Großen Senats v. 26. 10. 1987, BStBl. II 1988, 348). Eine Gesellschaft bürgerlichen Rechts kann keine nahestehende Person sein; in diesem Fall ist der zugewendete Vorteil den Gesellschaftern unmittelbar zuzuordnen (BFH v. 5. 12. 1990, BFH/NV 1991, 841).

Nichtdurchführung. Ein zwischen der Kapitalgesellschaft und ihren Gesellschaftern vereinbartes Rechtsverhältnis kann vGA sein, wenn es nicht durchgeführt wird. Eine sich über Jahre hinziehende Nichterfüllung einer getroffenen Vereinbarung läßt auf die fehlende Ernstlichkeit schließen mit der Folge einer vGA (BFH v. 6. 12. 1995, DB 96, 962 f.). Siehe bei Nichtdurchführung einer Tantiemevereinbarung Stichwort „Tantieme"; bei Nichtdurchführung Gehaltsvereinbarung siehe Stichwort „Geschäftsführervergütung".

Nichtgeltendmachen von Forderungen. Nichtgeltendmachen von Forderungen, die ihren Rechtsgrund in der Rückgängigmachung einer vGA haben, vgl. Stichwort „Verzicht auf Ansprüche". Bloßes Nichtgeltendmachen anderer Forderungen (zB Schadenersatzanspruch aus § 43 GmbHG) führt solange nicht zu vGA, wie der Anspruch rechtlich besteht und durchgesetzt werden kann; wird der Anspruch nicht aktiviert, ist die Steuerbilanz zu berichtigen (BFH v. 14. 9. 1994, BStBl. II 1997, 89; BFH v. 30. 7. 1997, DB 98, 111). Vorliegen einer vGA aber bei rechtswirksamen Verzicht auf diesen

E. Verdeckte Gewinnausschüttung

Anspruch (BFH v. 13. 11. 1996, DB 97, 506; BFH v. 18. 12. 1996, DB 97, 853; BFH v. 14. 9. 1994, BStBl. II 1997, 89).

Nießbrauch. Keine vGA an Nießbraucher, soweit der zugewandte Vorteil nicht unter den Nießbrauch fällt, zB stille Reserven (BFH v. 28. 1. 1992, DB 92, 1216 ff.).

„Nur-Pension". Die alleinige Zahlung einer Pension an einen Gesellschafter-Geschäftsführer einer Kapitalgesellschaft kann eine vGA darstellen (BFH v. 17. 5. 1995, DB 95, 2296 f.).

Organherrschaft, fehlgeschlagene, s. BFH v. 13. 9. 1989, DB 90, 407 ff.

Pachtvertrag. Veräußert ein Steuerberater sein bewegliches Betriebsvermögen mit Ausnahme des Mandantenstammes, der das werthaltigste Wirtschaftsgut seines Betriebsvermögens darstellt, an eine von ihm gegründete GmbH, so kann Mandantenstamm daneben an diese GmbH verpachtet werden; der Pachtzins ist keine vGA (BFH v. 18. 12. 1996, GmbHR 97, 714).

Pensionszusage. Zu den Anforderungen an eine Pensionszusage nach dem Fremdvergleich vgl. BFH v. 29. 10. 1997, DB 98, 706. Die Zusage einer unangemessenen Pension kann vGA sein. Unangemessenheit kann bei Überversorgung im Ruhestand (Grenze der Gesamtausstattung 75% der letzten aktiven Bezüge) und bei Unangemessenheit der laufenden Bezüge des Gesellschafters (insbesondere Gehalt, Tantieme, Pensionszusage) vorliegen (BFH v. 29. 10. 1997, DB 98, 706). Überhöhte Pensionszahlungen verlieren ihre Eigenschaft als vGA nicht dadurch, daß der Berechtigte inzwischen seine GmbH-Beteiligung an einen Dritten abgetreten hat (BFH v. 22. 6. 1977, BStBl. II 1978, 33). Nach dem Ruhestand vereinbarte Pensionserhöhungen sind keine vGA, soweit sie eine Anpassung an erhebliche Steigerungen der Lebenshaltungskosten darstellen. Eine Teuerung von 20% seit der Pensionszusage oder seit der letzten Anpassung ist als ausreichend anzusehen. Pensionserhöhungen basierend auf einer erst nach dem Eintritt in den Ruhestand vereinbarten Wertsicherungsklausel sind keine vGA, wenn sie im Rahmen der allgemeinen Anpassungsgrundsätze stattfinden (BFH v. 6. 4. 1979, BStBl. II 1979, 687). Fortzahlung einer Pension, obwohl die GmbH eine Herabsetzung der Pensionsbezüge nach den Grundsätzen über den Wegfall der Geschäftsgrundlage verlangen könnte, dies aber unterläßt, kann vGA sein (BFH v. 13. 10. 1983, BStBl. II 1984, 65). Zu Rückstellungen für Pensionszusagen an beherrschende Gesellschafer-Geschäftsführer vgl. Abschn. 32 KStR. Die Erteilung einer Pensionszusage unmittelbar nach der Anstellung und ohne die unter Fremden übliche Wartezeit ist in der Regel nicht betrieblich, sondern durch das Gesellschafsverhältnis veranlaßt (BFH v. 16. 12. 1992, BStBl. II 1993, 455). Zur Anrechnung von Vordienstzeiten vgl. BFH v. 29. 10. 1997, DB 98, 706. Gegen betriebliche Veranlassung spricht Abschluß einer Rückdeckungsversicherung, bei der Prämienzahlung zu negativem Betriebsergebnis führt (FG Berlin v. 28. 4. 1997, EFG 97, 1139 – nicht rkr. –). Das Fehlen einer Rückdeckungsversicherung führt nur bei Hinzutreten weiterer besonderer Umstände zu einer vGA (BFH v. 15. 10. 1997, DB 98, 652). Pensionszusage an die als Sekretärin beschäftigte Ehefrau des Gesellschafter-Geschäftsführers ist vGA, wenn anderen Arbeitnehmern keine entsprechende Altersversorgung eingeräumt wird (BFH v. 26. 5. 1992, BFH/NV 93, 52). Die Voraussetzung der Erdienbarkeit ist bei einem beherrschenden Gesellschafter erfüllt, wenn zwischen Zusagezeitpunkt und dem vorgesehenen Eintritt in den Ruhestand mindestens 10 Jahre liegen. Bei einem nichtbeherrschenden Gesellschafter ist sie erfüllt, wenn er im Zeitpunkt des Eintritts in den Ruhestand mindestens 12 Jahre dem Betrieb angehört und die Pensionszusage mindestens 3 Jahre bestanden hat (BFH v. 29. 10. 1997, DB 98, 706; vgl. auch BFH v. 24. 1. 1996, BStBl. II 1997, 440; BMF v. 7. 3. 1997, BStBl. I 1997, 637). Zur Anwendung der BFH-Grundsätze auf sogenannte „Neuzusagen" (Zusagen seit 10. 7. 1997) vgl. BMF v. 1. 8. 1996, BStBl. I 1996, 1138 und v. 7. 3. 1997, BStBl. I 1997, 637; für „Altzusagen" vgl. OFD Münster v. 14. 11. 1996, NWB 1996 Fach 1 S. 382, OFD Köln v. 15. 9. 1997, BB 97, 2373; FM Sachsen v. 16. 9. 1997, DStR 97, 1973; OFD Erfurt v. 1. 12. 1997, DStR 98, 336. Eine vertraglich vorgesehene Altersgrenze von weniger als 65 Jahren kann für die Berechnung der Pensionsrückstellung nur dann zugrunde gelegt werden, wenn besondere Umstände nachgewiesen werden, die ein niedrigeres Pensionsalter rechtfertigen (BFH v. 25. 9. 1968, BStBl. II 1968, 810). Bei Schwerbehinderten iSd. § 1 SchwbG kann eine vertragliche Altersgrenze von mindestens 60 Jahren zugrunde gelegt werden. Unter normalen Umständen fehlt es bei einer vertraglichen Altersgrenze von weniger als 60 Jahren an der Ernsthaftigkeit. Zur Pensionserhöhung wegen gestiegener Lebenshaltungskosten vgl. BFH v. 27. 7. 1988, BStBl. II 1989, 57. Für die Berechnung der Pensionsrückstellung nach § 6 a EStG ist die vertraglich vorgesehene Altersgrenze, mindestens jedoch eine solche von 65 Jahren zugrunde zu legen (BFH v. 28. 4. 1982, BStBl. II 1982, 612; BFH v. 23. 1. 1991, BStBl. II 1991, 379).

Risikogeschäfte durch den Gesellschafter-Geschäftsführer für Rechnung der GmbH: vGA ist anzunehmen bei Geschäften, die nach Art und Umfang der Geschäftstätigkeit der Gesellschaft völlig unüblich, mit hohen Risiken verbunden und nur aus privaten Spekulationsabsichten des Gesellschafter-Geschäftsführers zu erklären sind (BFH v. 14. 9. 1994 BStBl. II 1997, 89; BMF v. 19. 12. 1996, BStBl. I 1997, 112).

Rohgewinn als Tantiemebemessungsgrundlage ist zulässig (BFH v. 25. 10. 1995, DB 96, 555 f.; siehe aber Nichtanwendungserlaß des BMF v. 13. 10. 1997, BStBl. I 1997, 900).

Rückgewähr einer vGA (Abschn. 31 Abs. 9 KStR). Eine im Laufe des Jahres verwirklichte vGA wird nicht dadurch ganz oder teilweise rückgängig gemacht, daß der mit der Zuwendung verbundene Aufwand den nach Jahresende entstehenden Anspruch der Gesellschafter auf Gewinntantiemen vermindert (BFH v. 10. 3. 1993, DB 93, 1550). Sowohl gesetzliche als auch auf einer Satzungsklausel beruhende Rückforderungsansprüche der Gesellschaft haben ihre Grundlage im Gesellschaftsverhältnis. Dies gilt gleichermaßen für die Rückzahlung offener und verdeckter Gewinnausschüttungen (BFH v. 3. 8. 1994, DB 94, 1219).

Rückzahlung von Nennkapital, die vor dem handelsrechtlichen Wirksamwerden der beschlossenen Kapitalherabsetzung erfolgt ist, ist als solche und nicht als vGA zu behandeln, wenn die Beteiligten im Zeitpunkt der Bezahlung alles unternommen haben, was zum handelsrechtlichen Wirksamwerden erforderlich ist, und wenn die Gläubigerinteressen nicht berührt sind (BFH v. 29. 6. 1995, DB 95, 2045).

E. Verdeckte Gewinnausschüttung 247 § 10

Schriftform. Bei durchgeführten Dauerschuldverhältnissen kann u. U. eine mündliche Vereinbarung für die Nichtannahme einer vGA zulässig sein (BFH v. 29. 7. 1992, DB 92, 2322 f.).
Schriftliche Vereinbarung. Für die Annahme einer klaren und eindeutigen Vereinbarung ist eine schriftliche Vereinbarung grundsätzlich zweckmäßig, jedoch nicht unbedingt notwendig (BFH v. 24. 7. 1990, BFH/NV 1991, 90). Gesellschafterbeschlüsse, an denen der geschäftsführende Gesellschafter mitgewirkt hat, sind als Vereinbarungen mit dem Geschäftsführer anzusehen BFH v. 11. 12. 1991, DB 92, 1068 ff.). Weihnachtsgratifikationen und Leistungsprämien an den beherrschenden Gesellschafter-Geschäftsführer aufgrund einer nur mündlich vorliegenden Vereinbarung können anerkannt werden, wenn sich ihr konkludenter Abschluß aus einer langjährigen Übung der Gesellschaft gegenüber ihrem Gesellschafter-Geschäftsführer und sonstigen Arbeitnehmern ergeben hatte (BFH v. 17. 10. 1990, BFH/NV 1991, 773).
Schriftformklausel. Verstoß führt zur vGA zB hinsichtlich des Mehrgehalts bei einer mündlichen Vereinbarung über Gehaltserhöhung (BFH-Beschluß v. 31. 7. 1991, DB 91, 2521 f.). Aufhebung der Klausel nur schriftlich oder formlos aufgrund eines zumindest konkludent erkennbaren Aufhebungswillens möglich (BFH v. 24. 7. 1996, DB 97, 305).
Schuldübernahme. Erhält die GmbH für die Übernahme von Bankschulden und Zinsverpflichtungen eines Gesellschafters kein angemessenes Entgelt, so kann insoweit eine vGA (verhinderte Vermögensmehrung) vorliegen (BFH v. 26. 2. 1992, BStBl. II 1992, 846).
Selbstkontrahieren. Vereinbarungen zwischen dem Geschäftsführer und der von ihm vertretenen GmbH sind steuerlich unbeachtlich, wenn sie gegen § 181 BGB verstoßen. Dies gilt gem. § 35 Abs. 4 GmbHG auch bei der Einmann-GmbH. Die fehlende Eintragung im Handelsregister des § 181 BGB allein führt nicht zur Annahme einer vGA (BFH v. 31. 5. 1995, DB 95, 2452 ff., entgegen der früheren Regelung in Abschn. 31 Abs. 6 a Satz 2 KStR). Die nachträgliche Eintragung einer früher vereinbarten Befreiung führt zu ihrer auf den Zeitpunkt der Vereinbarung rückwirkenden Wirksamkeit (BFH v. 23. 10. 1996, DB 96, 2589, BFH v. 11. 2. 1997, BFH/NV 97, 802; BFH v. 15. 10. 97, GmbHR 98, 546 entgegen A 31 Abs. 5 Satz 6 KStR). Ein Anstellungsvertrag zwischen der Kapitalgesellschaft und (beherrschendem) Gesellschafter-Geschäftsführer muß zur Vermeidung der vGA nicht von Mitgesellschaftern unterzeichnet werden (BFH v. 31. 5. 1995, DB 95, 2452 ff.); zur Befreiung vom Selbstkontrahierungsverbot siehe FinMin. NRW, Erlaß v. 13. 5. 1991, DB 91, 1147. Die einem Gesellschafter-Geschäftsführer erteilte Befreiung von § 181 BGB bleibt auch dann wirksam, wenn sich die GmbH in eine Einmann-GmbH verwandelt (BFH v. 13. 3. 1991, DB 91, 1550).
Späte Pension. Pensionszusagen an den beherrschenden Gesellschafter-Geschäftsführer mit weniger als 10 Jahren voraussichtlicher Dauer ist vGA (BFH v. 21. 12. 1994, DB 95, 1005 f.). Siehe auch Stichwort „Pensionszusage".
Sponsoring kann vGA sein (OFD Düsseldorf v. 9. 12. 1992, DB 93, 128).
Steuerbescheinigung. Zur Verfahrensweise bei der nachträglichen Feststellung einer vGA bei einer untergegangenen Kapitalgesellschaft siehe FinMin. Mecklenburg-Vorpommern, Erlaß v. 27. 4. 1995, DB 95, 1253.

Steuerhinterziehung. Zu den Voraussetzungen einer in Verbindung mit der vGA möglicherweise begangenen Steuerhinterziehung, siehe *Böcher* DB 89, 999 ff.

Studienkosten. Die Übernahme von Studienkosten des Kindes eines Gesellschafters durch eine GmbH ist vGA (FG Köln v. 23. 1. 1995, DB 95, 1368, rechtskräftig).

Subunternehmer. Die Einschaltung des Gesellschafters als Subunternehmer ist idR keine vGA (BFH v. 12. 10. 1995, DB 96, 507 f.).

Tätigkeitsvergütung. Zusätzlich zur zivilrechtlichen Wirksamkeit des Anstellungsvertrages des Gesellschafter-Geschäftsführers ist zu beachten, daß die Gesellschafterversammlung der GmbH nicht nur für den Abschluß und die Beendigung des Anstellungsvertrages eines Geschäftsführers, sondern auch für dessen Änderung, soweit keine andere Zuständigkeit bestimmt ist, zuständig ist (BGH v. 25. 3. 1991, DB 91, 1065; siehe hierzu BMF-Schreiben v. 21. 12. 1995, DB 95, 17). Bei fehlender zivilrechtlicher Wirksamkeit ist vGA anzunehmen (BMF-Schreiben v. 16. 5. 1994, DB 94, 1112).

Tantieme. Vereinbart eine GmbH mit ihrem beherrschenden Gesellschafter-Geschäftsführer eine Gewinntantieme, so liegt darin eine vGA, wenn der nach Ablauf des jeweiligen Geschäftsjahres entstehende gesellschaftsrechtliche Gewinnanspruch lediglich der Form nach in einen Gehaltsanspruch gekleidet ist (BFH v. 2. 12. 1992, BStBl. II 1993, 311). Anknüpfung an „Gewinn gem. GoB unter Berücksichtigung aller steuerlich zulässigen Maßnahmen" oder an das „Ergebnis der Steuerbilanz" ist zu unbestimmt und daher wohl unwirksam (BFH v. 1. 7. 1992, DB 92, 2323 ff.). Hinsichtlich der angemessenen Höhe ist von der Höhe der angemessenen Jahresgesamtbezüge auszugehen, wobei diese in ein Festgehalt und einen Tantiemteil aufzuteilen sind (BFH v. 5. 10. 1994, DB 95, 957 f; s. auch BMF-Schreiben v. 3. 1. 1996, DB 96, 182 sowie FG Saarland v. 18. 12. 1996 GmbHR 97, 180 mit detaillierten Rechtsprechungsnachweisen).

Bei einer unangemessenen Tantieme ist vGA nur der „unangemessene Teil" (BFH v. 12. 10. 1995, DB 96, 307). Die Tantieme ist anläßlich jeder Gehaltsanpassung, spätestens jedoch nach Ablauf von drei Jahren auf ihre Angemessenheit zu überprüfen; sie kann auf einen absoluten Betrag begrenzt werden (BFH v. 5. 10. 1994, BStBl. II 1995, 549).

Bei der Nichtdurchführung einer Tantiemenvereinbarung sind sämtliche in Abweichung von der Vereinbarung geleisteten Tantiemezahlungen vGA (BFH v. 12. 10. 1995, DB 96, 307). Eine vGA scheidet aus, soweit keine Einkommensminderung bei der GmbH eintritt (FG Köln v. 19. 2. 1997, GmbHR 97, 510 – rkr.). Der nachträgliche Verzicht auf Tantiemezahlungen wegen der Verschlechterung der wirtschaftlichen Lage der GmbH ist idR keine „Nicht-Durchführung" (BFH v. 29. 6. 1994, DB 94, 2320 f.). Eine vGA liegt nach dem Beweis des ersten Anscheins vor bei Tantiemeversprechen über 50% des Jahresüberschusses (BFH v. 5. 10. 1994, DB 95, 957 f.); dabei ist nur der unübliche Teil als vGA zu behandeln. Steht eine im übrigen klare Tantiemevereinbarung mit einem beherrschenden Gesellschafter-Geschäftsführer unter dem Vorbehalt, daß die Gesellschafterversammlung die Tantieme anderweitig höher oder niedriger festsetzen kann, besteht Unsicherheit und

E. Verdeckte Gewinnausschüttung

damit auch Unklarheit, ob der Tantiemeanspruch des Ggf letztlich Bestand haben wird. Deshalb ist für die Höhe des Betrages der gebildeten Rückstellung für Tantieme eine vGA anzunehmen (BFH v. 29. 4. 1992, BStBl. II 1992, 851). Einkommensminderungen auf Grund einer Vereinbarung, nach der sich der Tantiemeanspruch erhöht, wenn der Anspruchsberechtigte Empfänger einer vGA ist, sind vGAen (BFH v. 26. 2. 1992, BStBl. II 1992, 691). Zur Umsatztantieme siehe unter „Umsatztantieme". Siehe auch Stichwort „Rohgewinn".

Tatsächliche Verständigung: Zur Zulässigkeit einer tatsächlichen Verständigung zwischen Finanzbehörde und Steuerpflichtigen über die Angemessenheit künftiger Gesellschafter-Geschäftsführer-Vergütung vgl. BFH v. 13. 8. 1997, GmbHR 98, 248.

Umsatzrückvergütung an Gesellschafter bei Einkaufs-GmbH kann vGA sein (BFH v. 2. 2. 1994, DB 94, 1064 ff.).

Umsatztantieme. Zur Zulässigkeit einer Umsatztantieme siehe BFH v. 28. 6. 1989, DB 89, 2049; BFH v. 19. 5. 1993, BFH/NV 94, 124; BFH v. 20. 9. 1995, DB 95, 551; BFH v. 28. 9. 1995, BFH/NV 96, 365; BFH v. 20. 8. 1997, GmbHR 98, 148: grundsätzlich vGA.

Unterschlagung oder Untreue der Gesellschafter kann eine vGA sein (BFH v. 13. 7. 1994, DB 95, 460).

Vereinbarung. Ohne eine klare Vereinbarung findet ein Vorteilsausgleich zwischen nicht vereinbarten Urlaubsgeldern und vereinbarten Gewinntantiemen nicht statt (BFH v. 10. 3. 1993, DB 93, 1550 f.). Siehe auch „Schriftliche Vereinbarung".

Verkauf unter Preis. Der Verkauf unter Marktpreis aufgrund einer gesetzlichen Bestimmung ist keine vGA (FinMin. Brandenburg, Erlaß v. 29. 7. 1994, DB 94, 1647). Siehe auch Stichwort „Kaufvertrag".

Verrechnungspreise im Konzern. Wird innerhalb eines Konzerns eine Steuerberatungsgesellschaft gegründet, die die Steuerberatung der konzernangehörigen Gesellschaften übernimmt, so sind letztere gehalten, die Dienstleistungen der Steuerberatungsgesellschaft nach der maßgebenden Gebührenordnung zu entgelten. Ein unangemessen niedriges Entgelt kann vGA iSd. § 8 Abs. 3 Satz 2 KStG sein (BFH v. 23. 3. 1993, BStBl. II 1993, 801).

Verzicht auf Ansprüche aus vGA. Verzicht auf Ansprüche, die ihren Rechtsgrund in der Rückgängigmachung einer vGA haben (z. B. aus Satzungsklauseln, § 31 Abs. 2 GmbHG), ist selbst keine weitere vGA (BFH v. 13. 11. 1996, DB 97, 506; BFH v. 29. 5. 1996, BStBl. II 1997, 92; BFH v. 13. 11. 1996, DB 97, 1312, vgl. auch BMF v. 19. 12. 96, DB 97, 249).

Wert der vGA. Die vGA ist bei Hingabe von Wirtschaftsgütern mit dem gemeinen Wert (BFH v. 18. 10. 1967, BStBl. II 1968, 105; BFH v. 27. 11. 1974, BStBl. II 1975, 306) und bei Nutzungsüberlassungen mit der erzielbaren Vergütung (BFH v. 27. 11. 1974, BStBl. II 1975, 306; BFH v. 28. 2. 1990, BStBl. II 1990, 649) anzusetzen. Bei der Überlassung eines zinslosen Darlehens wird darauf abgestellt, ob die GmbH selbst einen Kredit aufgenommen hat oder nicht (BFH v. 28. 2. 1990, DB 90, 1746). Im ersten Fall sind die in Rechnung gestellten Sollzinsen maßgeblich, wenn davon auszugehen ist, daß die Gesellschaft die den Gesellschaftern zinslos überlassenen Beträge sonst zur Kreditrückzahlung verwendet hätte. Im zweiten Fall bilden die banküblichen Habenzinsen die Untergrenze und die banküblichen Sollzinsen die Obergrenze.

Löst eine vGA Umsatzsteuer auf den Eigenverbrauch nach § 1 Abs. 1 Nr. 2 UStG aus, ist die Umsatzsteuer bei der Gewinnermittlung nicht zusätzlich nach § 10 Nr. 2 KStG hinzuzurechnen.

Wettbewerbsverbot. Eine vGA ist möglich, wenn sich Gesellschaft und der beherrschende Gesellschafter gleichartig betätigen, ohne daß vertragliche Vereinbarungen über eine klare und eindeutige Abgrenzung bestehen. Bei Schadensersatzansprüchen infolge Wettbewerbsverstoßes ist derzeit nicht abschließend geklärt, ob vGA bei Erstverstoß oder erst bei Verzicht auf Regreß vorliegt (vgl. BFH v. 18. 12. 1996, DB 97, 853; BFH v. 13. 11. 1996, DB 97, S. 506 + S. 1312). Zu der Frage der vGA bei Verletzung des Wettbewerbsverbotes durch den Gesellschafter – insbesondere den beherrschenden Gesellschafter – oder den Gesellschafter-Geschäftsführer siehe BFH v. 13. 11. 1996, DB 97, 506 und 1312; BFH v. 25. 4. 1997, DB 97, 853; die BMF-Schreiben v. 29. 6. 1993, BStBl. I 1993, 556 und v. 4. 2. 1992, BStBl. I 1996, 137 sind durch BFH v. 18. 12. 1996, DB 97, 853 teilweise überholt. Vgl. ferner OFD Magdeburg, Vfg. v. 14. 2. 1994 zur Befreiung vom Wettbewerbsverbot, DB 94, 708. Die letztgenannte Verfügung steht einer wirksamen Befreiung vom Wettbewerbsverbot durch einen einfachen Gesellschafterbeschluß aufgrund einer Öffnungsklausel nicht entgegen, so Priester, DB 92, 2411 ff. Dispenserteilung ist zivilrechtlich auch dann wirksam, wenn es an einer klaren und eindeutigen Abgrenzung der Geschäftsbereiche fehlt, BFH v. 18. 12. 1996, DB 97, 853. Siehe ferner zur steuerlichen Behandlung des Wettbewerbsverbots BMF-Schreiben v. 20. 12. 1993, BB 94, 126.

Das Wettbewerbsverbot gilt nicht für Allein-Gesellschafter-Geschäftsführer, solange kein Verstoß gegen § 30 GmbHG vorliegt (BFH v. 12. 10. 1995, DB 96, 507 f.). Es bedarf zur Vermeidung einer vGA klarer vertraglicher Abreden (BFH v. 8. 9. 1993, BFH/NV 94, 413; einschränkend jedoch BFH v. 8. 4. 1997, GmbHR 97, 1070; BFH v. 18. 12. 1996, DB 97, 853). Grundlegende Überlegungen zum Wettbewerbsverbot s. *Wassermeyer,* DB 92, 2410 f.

Zeitpunkt der Vereinbarung. Die Vereinbarungen müssen vor Beginn des Wirtschaftsjahres, in dem die vergütete Leistung erbracht wird, getroffen werden (BFH v. 11. 12. 1991, DB 92, 1068 ff.). Dies gilt auch für Weihnachtsgeld.

Zuwendung eines Vermögensvorteils ist dann nicht gegeben, wenn im Jahresabschluß einer GmbH Rücklagen auf ausstehende Einlagen umgebucht werden (BFH v. 27. 3. 1984, BStBl. II 1984, 717).

§ 11 Die laufende Besteuerung von Ergebnis und Vermögen

Bearbeiter: Dr. Klaus Bigge

Übersicht

	Rz.
A. Die Ertragsteuern der Gesellschaft	
I. Die Körperschaftsteuer	1–213
1. Einleitung	1–7
a) Die geschichtliche Entwicklung des Körperschaftsteuerrechts	1–3
b) Zuständigkeit und Körperschaftsteueraufkommen	4–7
2. Die allgemeinen Besteuerungsgrundsätze	8–143
a) Die GmbH als selbständiges Steuersubjekt	8–23
aa) Die unbeschränkte Steuerpflicht	8–13
bb) Beginn und Ende der unbeschränkten Steuerpflicht	14–17
cc) Die beschränkte Steuerpflicht	18
dd) Die steuerliche Ansässigkeit	19–23
b) Überleitung vom Gewinn zum körperschaftsteuerlichen Einkommen	24–47
aa) Schema: Ermittlung des zu versteuernden Einkommens der GmbH	26
bb) Liebhaberei	27
cc) Nichtabziehbare Aufwendungen/Erträge aus nicht abziehbaren Aufwendungen	28–37
dd) Steuerfreie Erträge/korrespondierende Aufwendungen	38–42
ee) Einkommenszurechnungen bei Organschaft	43–47
c) Die Besteuerung des Einkommens	48–57
aa) Inländische Steuersätze	48, 49
bb) Auswirkungen von ausländischen Einkommensteilen	50
cc) Internationaler Steuersatzvergleich	51–57
d) Grundsätze der Eigenkapitalgliederung	59–79
aa) Allgemeines	59–61
bb) Arten des verwendbaren Eigenkapitals	62–79
e) Umgliederung	80
f) Aufteilung	81–87
aa) Tarifbelastung unter 30%	83
bb) Tarifbelastung über 30%	84, 85
cc) DBA-Freistellung	86, 87
g) Herstellung der Ausschüttungsbelastung	88–107
aa) Grundlagen	88–92
bb) Ausschüttung aus EK_{50}	93–100
cc) Ausschüttung aus EK_{45}	101, 102
dd) Ausschüttung aus EK_{30}	103, 104
ee) Ausschüttungen aus EK_{02} bzw. EK_{03}	105, 106
ff) Ausschüttungen aus EK_{01} bzw. EK_{04}	107

	Rz.
h) Verprobungsrechnung	108, 109
i) Das verwendbare Eigenkapital und gezielte Ausschüttungspolitik	110–122
j) Die Körperschaftsteuerbelastung der GmbH	123–129
k) Verfahrensrechtliche Aspekte der Körperschaftsteuer	130–143
aa) Veranlagungsverfahren	131–133
bb) Grundlagenbescheid	134, 135
cc) Verfahren zur gesonderten Feststellung nach § 47 Abs. 1 KStG	136–139
dd) Verbleibender Verlustabzug	140
ee) Bescheinigungsverfahren	141–143
3. Sonderaspekte bei der laufenden Besteuerung	144–200
a) Verlustrücktrag/-vortrag	144–151
b) Steuerfreie, steuerbegünstigte und tarifbesteuerte Einnahmen	152–157
c) Gesellschafterfremdfinanzierung	158
d) Steuerliche Probleme im Zusammenhang mit dem Gewinnausschüttungszeitpunkt	159–165
e) Steuerbelastung bei Ausschüttung ohne ausreichendes verwendbares Eigenkapital	166–169
f) Steuerliche Fördermaßnahmen in den Neuen Bundesländern	170–184
aa) Investitionszulagengesetz 1996	170–176
bb) Fördergebietsgesetz	177–181
cc) DDR-Investitionsgesetz	182, 183
dd) Berlin- und Zonenrandförderung	184
g) Sonstige Fördergesetze	185–191
aa) Rahmenplan der Gemeinschaftsaufgabe „Verbesserung der regionalen Wirtschaftsstruktur" (GA Wirtschaftsstruktur)	185, 186
bb) Andere Förderprogramme	187–189
cc) Fördermaßnahmen innerhalb des EStG	190
dd) Auslandsinvestitionsgesetz	191
h) Veranlagungszeitraum und Wirtschaftsjahr	192–200
4. Die steuerfreie GmbH	201–213
a) Die gemeinnützige GmbH	201–208
b) Die Unterstützungs-GmbH	209–212
c) Beginn und Erlöschen einer Steuerbefreiung	213
II. Der Solidaritätszuschlag	220–236
1. Allgemeines	220
2. Die allgemeinen Besteuerungsgrundsätze	221–227
3. Berechnungsformeln	228–233
4. Ausschüttungspolitische Konsequenzen	234–236
III. Die Gewerbeertragsteuer	240–268
1. Einleitung	240–243
2. Die allgemeinen Besteuerungsgrundsätze	244–268
a) Bemessungsgrundlage und Steuerfestsetzung	244
b) Begründung und Beendigung der Steuerpflicht	245–248
c) Überleitung vom körperschaftsteuerpflichtigen Einkommen zum Gewerbeertrag	249, 250

Übersicht § 11

Rz.

d) Ermittlung des Steuermeßbetrages aus Gewerbeertrag und Gewerbekapital 251–258
e) Festsetzung, Erhebung und Entrichtung der Gewerbesteuer... 259–265
f) Zerlegung des Steuermeßbetrages.................. 266, 267
g) Die gewerbesteuerliche Organschaft............... 268

B. Die Substanzsteuern der Gesellschaft

I. Einleitung... 300–303
II. Die allgemeinen Besteuerungsgrundsätze bei der Vermögensteuer 304–338
  1. Einleitung... 304
  2. Die GmbH als selbständiges Steuersubjekt 305
  3. Die Ermittlung der Bemessungsgrundlage 306–309
  4. Die Ermittlung des Einheitswertes des Betriebsvermögens.. 310–316
  5. Die Besteuerung des Vermögens....................... 317–319
    a) Die Berechnung der Vermögensteuer nach inländischen Steuersätzen............................. 317
    b) Ausländische Steuern und Auswirkungen von Doppelbesteuerungsabkommen 318
    c) Internationaler Steuersatzvergleich juristischer Personen... 319
  6. Festsetzung, Erhebung und Entrichtung der Vermögensteuer... 320–323
  7. Sonderregelungen für die Neuen Bundesländer 324
  8. Sonderfälle... 325–338
    a) Ausstehende Einlagen................................ 325, 326
    b) Eigene Anteile 327, 328
    c) Beteiligung an Kapitalgesellschaften 329, 330
    d) Pensionsrückstellungen 331–333
    e) Besonderheiten des Bewertungsstichtages.......... 334–338
III. Ermittlungsgrundsätze beim Gewerbekapital 339–346
  1. Vorbemerkung 339
  2. Die Überleitung vom Einheitswert des Betriebsvermögens zum Gewerbekapital........................... 340–345
  3. Sonderregelungen für die Neuen Bundesländer 346

C. Grenzüberschreitende Besteuerung der Gesellschaft

I. Das Problem der Doppelbesteuerung 350–352
II. Vermeidung und Verminderung der Doppelbesteuerung ohne Doppelsteuerungsabkommen 353–366
  1. Entlastung durch die Anrechnungsmethode........... 353
  2. Die direkte Anrechnung 354–360
  3. Die indirekte Anrechnung 361–364
  4. Sonderfälle... 365, 366
III. Vermeidung und Verminderung der Doppelbesteuerung durch Doppelbesteuerungsabkommen.............. 367–386
  1. Die Rechtsnatur der Doppelbesteuerungsabkommen.. 367–369
  2. Die Bedeutung der Ansässigkeit 370, 371

§ 11 Die laufende Besteuerung von Ergebnis und Vermögen

Rz.

    3. Die Zuordnung zu den DBA-Einkunftsarten 372–375
    4. Die direkte Anrechnung nach DBA 376–379
    5. Die Freistellungsmethode nach DBA................. 380–386
IV. Einschränkungen bei der Ausnutzung des internationalen Steuergefälles 387–419
    1. Steuerminderung durch Gewinnverlagerung 387, 388
    2. Investitionen in ausländischen Betriebsstätten......... 389–395
        a) Einkommensermittlungsprobleme 389–392
        b) Probleme der Verlustkompensation 393–395
    3. Investitionen in ausländischen Kapitalgesellschaften.. 396–410
        a) Allgemeines 396, 397
        b) Basisgesellschaften 398–400
        c) Verrechnungspreiskorrekturen...................... 401–410
    4. Die Besteuerung von Zwischengesellschaften nach dem Außensteuergesetz 411–419
V. Besondere Verfahrensvorschriften für die grenzüberschreitende Besteuerung 420–436
    1. Mitwirkungspflichten 420–424
    2. Amts- und Rechtshilfe 425–429
    3. Verständigungsverfahren 430–436

D. Ertrag- und Substanzsteuern des Gesellschafters aus seiner Beteiligung

I. Unbeschränkte und beschränkte Steuerpflicht des Gesellschafters.. 450–457
II. Das Körperschaftsteuer-Anrechnungsverfahren beim Gesellschafter 458–489
    1. Anrechnung und Vergütung............................. 458–463
        a) Anrechnungsberechtigung 458–462
        b) Vergütungsberechtigung............................. 463
    2. Das Anrechnungsverfahren bei natürlichen Personen... 464–478
        a) Die Auswirkungen der Ausschüttung und die Anrechnung der Ausschüttungsbelastung beim Gesellschafter... 464–469
        b) Ausschüttungsüberlegungen 470, 471
        c) Ausschüttungsbedingte Teilwertabschreibungen .. 472–474
        d) Steuerfolgen bei Wegzug des Gesellschafters....... 475–478
    3. Anrechnung bei Personengesellschaften 479–483
    4. Das Anrechnungsverfahren bei Kapitalgesellschaften als Gesellschafter 484–487
    5. Ausweichstrategien nicht anrechnungsberechtigter Gesellschafter 488
    6. Anrechnungsverfahren und Organschaft.............. 489
III. Solidaritätszuschlag 490–493
IV. Behandlung der Kapitalertragsteuer 494–496
V. Gewerbeertragsteuer.. 497–499
VI. Vermögensteuer und die Bewertung der Geschäftsanteile 500–523
    1. Einleitung... 500

A. Die Ertragsteuern   1–3 § 11

	Rz.
2. Verfahrensrechtliche Aspekte der Anteilsbewertung..	501
3. Grundzüge des Bewertungsverfahrens	502–523
a) Verkaufsgeschäfte/Kapitalerhöhung................	502, 503
b) Stuttgarter Verfahren...............................	504–523
aa) Regelbewertung.................................	505–509
bb) Sonderregelungen der Bewertung.............	510–523

A. Die Ertragsteuern der Gesellschaft

I. Körperschaftsteuer
1. Einleitung

a) Die geschichtliche Entwicklung des Körperschaftsteuerrechts

Seit 1891 müssen sich die meisten juristischen Personen einer selbständigen 1
Besteuerung unterwerfen.

In der Epoche von 1891 bis zum Jahre 1953 galt das sog. **klassische Körperschaftsteuer-System.** Ob und inwieweit eine Ausschüttung von Einkommensteilen erfolgte, blieb bei der Besteuerung der Kapitalgesellschaft unberücksichtigt. Ausgeschüttete Gewinnanteile unterlagen dadurch einer vollen Doppelbelastung, nämlich bei der Gesellschaft einerseits sowie beim Anteilseigner andererseits.

War die wirtschaftliche Bedeutung dieser Doppelbelastung in den ersten vierzig Jahren der Besteuerung von Körperschaften aufgrund der relativ niedrigen Steuersätze[1] noch gering, so wirkte sich die doppelte Erfassung nach dem Zweiten Weltkrieg wegen der hohen Steuersätze (Einkommensteuer bis zu 95%, KSt bis zu 65%) extrem aus.[2]

Gespaltene Steuersätze, getrennt nach Thesaurierung und Ausschüttung, 2
galten ab 1953 und wurden – mit unterschiedlichen Steuertarifen – bis 1976 beibehalten.[3] Die niedrigen Steuersätze für ausgeschüttete Gewinnanteile führten zu einer Abschwächung des Doppelbelastungseffekts für ausgeschüttete Gewinnanteile.

Seit dem 1. 1. 1977 gilt in der Bundesrepublik Deutschland ein Vollanrech- 3
nungssystem mit gespaltenen Steuersätzen. Danach werden bei unbeschränkt steuerpflichtigen Kapitalgesellschaften einbehaltene Gewinne mit der Tarifbelastung von 45% (bis 31. 12. 1993: 50%) besteuert, während für Ausschüttungen die Steuer auf 30% (bis 31. 12. 1993: 36%) ermäßigt wird.[4] Die auf ausgeschütteten Gewinnanteilen lastende KSt der Kapitalgesellschaft wird

---

[1] Preuß. EStG v. 24. 6. 1891, Preuß. Gesetzsammlung 1891, 175: Progressive Steuersätze 0,6–4,0%.
[2] KStG v. 16. 10. 1934 idF von 1942.
[3] Gesetz zur Änderung steuerrechtlicher Vorschriften vom 24. 6. 1953, RGBl. I 1953, 413: Allgemeiner Steuersatz = 60%; Gespaltener Steuersatz 30%; Gesetz zur Neuordnung von Steuern v. 16. 12. 1954, BGBl. I 1954, 373; 45%/30%; Gesetz zur Änderung steuerrechtlicher Vorschriften v. 18. 7. 1958, BGBl. I 1958, 473: 51%/15%.
[4] KSt-Satz bis 31. 12. 1989: 56%.

§ 11 4–7   Die laufende Besteuerung von Ergebnis und Vermögen

dem Anteilseigner auf dessen individuelle Einkommensteuerschuld in voller Höhe angerechnet bzw. erstattet.

Geplante Änderungen durch das **Steuerentlastungsgesetz 1999/2000/2002** (Entw. StEntlG 1999/2000/2002): Unter Beibehaltung des Anrechnungssystems soll mit Wirkung ab dem Veranlagungszeitraum 1999 der allgemeine Steuersatz auf 40 % abgesenkt werden; die Ermäßigung für Ausschüttung bleibt unverändert bei 30 %

b) Zuständigkeit und Körperschaftsteueraufkommen

4 Die Gesetzgebungszuständigkeit für die KSt **(Steuerhoheit)** obliegt im Rahmen der konkurrierenden Gesetzgebungskompetenz nach Art. 105 Abs. 2 GG iVm. Art. 72 GG vorrangig dem Bund. Da dieser von seinem Gesetzgebungsrecht – durch das KStG[5] – Gebrauch gemacht hat, sind die Länder von der KSt-Gesetzgebung insoweit ausgeschlossen.

5 Die KSt ist eine Gemeinschaftsteuer (Art. 106 Abs. 3 Satz 1 GG) und damit ein wichtiges Element des föderalistischen Systems der Bundesrepublik Deutschland.[6] Das Steueraufkommen steht dem Bund und den Ländern jeweils zur Hälfte zu (= **Ertragshoheit** gem. Art. 106 Abs. 3 Satz 2 GG). Die FÄ sind als örtliche Landesfinanzbehörden (§ 2 Abs. 1 Nr. 3 FVG) für die Verwaltung der KSt gem. Art. 108 Abs. 2 GG iVm. § 17 Abs. 2 FVG zuständig **(Verwaltungshoheit).** Nach dem für die KSt geltenden sog. Trennsystem[7] müßte eigentlich jedes Bundesland die auf seinen 50%igen Länderanteil entfallenden, tatsächlich eingegangenen KSt-Einnahmen behalten dürfen. Da die KSt am Sitz der Geschäftsleitung der juristischen Person iSd. § 20 AO erhoben wird, sind die Länder, in denen sich die Geschäftsleitung befindet, hinsichtlich des Steueraufkommens im Vorteil, obwohl uU die zu versteuernden Erträge in verschiedenen, über das gesamte Bundesgebiet verteilten Betriebstätten erzielt werden.[8] Das Zerlegungsgesetz vom 25. 2. 1971,[9] das auf Art. 107 Abs. 1 Satz 1 GG beruht, sieht daher ergänzend vor, daß der Anteil des Landes, in dem sich die Geschäftsleitung am 1. Oktober eines Jahres befindet, auf die anderen Länder nach den Grundsätzen für die gewerbesteuerliche Zerlegung (vgl. Rz. 266 ff.) verteilt wird.

6 Gemessen an dem gesamten **Steueraufkommen** der Bundesrepublik Deutschland nimmt die KSt derzeit (Stand 1998) hinter der Mineralöl-, Lohn-, Umsatz-, Gewerbe- und Einkommensteuer den fünften Rang ein.

7 Das KSt-Aufkommen für Gesamtdeutschland wird für 1998 auf 35,6 Mrd. DM geschätzt.[10]

---

[5] KStG in der Bekanntmachung v. 22. 2. 1996, BGBl. I 1996, 340.
[6] *Maunz* in *Maunz/Dürig/Herzog/Scholz* Grundgesetz, Kommentar, Loseblattsammlung, Stand Mai 1994, Bd. IV, Art. 91 a–146 Art. 106 Anm. 35.
[7] *Maunz* in *Maunz/Dürig/Herzog/Scholz* aaO Art. 106 Anm. 16.
[8] *Maunz* in *Maunz/Dürig/Herzog/Scholz* aaO Art. 107 Anm. 2, 31.
[9] Zerlegungsgesetz idF v. 25. 2. 1971, BGBl. I 1971, 145, zuletzt geändert 9. 8. 1994, BGBl. I 1994, 2066.
[10] BMF Finanzbericht 1998 Tabelle 12.

2. Die allgemeinen Besteuerungsgrundsätze

a) Die GmbH als selbständiges Steuersubjekt

aa) Die unbeschränkte Steuerpflicht. Die persönliche Steuerpflicht der juristischen Personen bestimmt sich nach den Vorschriften des KStG von 1996.[11] Die unbeschränkte Steuerpflicht erstreckt sich auf das Welteinkommen, soweit nicht abweichende Regelungen dies verhindern (vgl. DBA Rz. 380; § 2a EStG Rz. 393).

Anknüpfungspunkt für die Steuerbarkeit sind die zivilrechtlichen Rechtsformen. Es gilt der Grundsatz, daß eine im Inland zivilrechtlich rechtsgültig errichtete Kapitalgesellschaft auch für die Besteuerung anzuerkennen ist. Es liegt also kein Rechtsmißbrauch vor, wenn die Kapitalgesellschaft funktionslos ist[12] oder wenn die Kapitalgesellschaft nur einen Gesellschafter hat. Die nach den Vorschriften des GmbH-Gesetzes rechtswirksam gegründete GmbH ist eine juristische Person des privaten Rechts und gehört zu den in § 1 Abs. 1 Nr. 1 KStG abschließend aufgeführten Kapitalgesellschaften. Sie unterliegt als selbständiges Steuersubjekt der unbeschränkten KSt-Pflicht, wenn sich entweder der Sitz oder die Geschäftsleitung der Gesellschaft im Inland befindet.

Als Sitz gilt steuerrechtlich (§ 11 AO) der durch Gesellschaftsvertrag oder Satzung bestimmte Ort. Dieser ist aus der Handelsregistereintragung erkennbar (vgl. § 2 Rz. 59). Nach deutschem Recht gegründete GmbH sind daher immer unbeschränkt steuerpflichtig.

Neben dem Sitz der Gesellschaft kann die unbeschränkte Steuerpflicht auch begründet werden, wenn der **Ort der Geschäftsleitung** im Inland liegt. Daher sind auch nach ausländischem Recht gegründete Kapitalgesellschaften unbeschränkt steuerpflichtig, wenn sie gem. § 10 AO den Mittelpunkt der geschäftlichen Oberleitung in der Bundesrepublik Deutschland haben.

Für die Bestimmung dieses Ortes sind die tatsächlichen Verhältnisse und das tatsächliche Verhalten der Geschäftsführungsorgane maßgeblich. Der Ort der Geschäftsleitung ist dort, wo die Entscheidungen und Anordnungen im Rahmen des tagesüblichen Geschäftsablaufes getroffen und andauernd Handlungen von einigem Gewicht bewirkt werden. Es bedarf dazu keiner räumlich begründeten Betriebsstätte. Einzelmaßnahmen in Form von kontrollierenden oder beobachtenden Tätigkeiten sowie gelegentlichen Geschäftsaktivitäten reichen nicht aus; daher begründet die Ausübung von Gesellschaftsrechten keine Geschäftsleitung. „Oberleiter" ist bei der GmbH der Geschäftsführer. Seine etwaige Weisungsgebundenheit oder sonstige Abhängigkeit im Innenverhältnis ist nach hM unerheblich.[13]

Zum **Inlands**begriff iSd. KStG gehört das Gebiet der Bundesrepublik Deutschland sowie – unter bestimmten Voraussetzungen – ein Teil des Festlandsockels (§ 1 Abs. 3 KStG).

---

[11] Vgl. Fn. 5.
[12] BFH v. 9. 12. 1980, BStBl. II 1981, 339.
[13] FG München v. 11. 9. 1964 – nicht nkr.; EFG 1965, 253 aA *Felix* DStR 1963, 421.

14 bb) Beginn und Ende der unbeschränkten Steuerpflicht. Die GmbH entsteht zivilrechtlich mit der (konstitutiven) Eintragung ins HR (vgl. § 2 Rz. 27 ff.). Das KSt-Recht knüpft nicht an diesen Entstehungszeitpunkt an, sondern besteuert die Gesellschaft bereits in ihrer Gründungsphase. Dabei sind zwei Vorstadien zeitlich und rechtlich zu unterscheiden. Die **Vorgründungsgesellschaft** ist wie eine Personengesellschaft nicht selbständig steuerpflichtig. Die danach folgende **Vor-GmbH** bildet zusammen mit der später eingetragenen GmbH ein einheitliches körperschaftsteuerliches Rechtssubjekt (vgl. § 2 Rz. 19 ff.).

15 Die unbeschränkte KSt-Pflicht der GmbH endet nicht mit der Auflösung, sondern erst mit der tatsächlichen Beendigung ihrer Geschäfte und der Verteilung des gesamten Vermögens an ihre Gesellschafter, frühestens nach Ablauf der einjährigen Schutzfrist des § 73 Abs. 1 GmbHG (wegen der Besonderheiten bei der Liquidationsbesteuerung vgl. § 16 Rz. 70).

16 Ausnahmsweise endet die KSt-Pflicht nach § 2 UmwStG 1995[14] bei einer **Umwandlung (Verschmelzung, Spaltung, Formwechsel, Vermögensübertragung)** der GmbH bereits mit Ablauf des steuerlichen Übertragungsstichtages. Dieser kann mit steuerlicher Wirkung um 8 Monate rückwirkend bestimmt werden.

17 Ein weiterer Beendigungsgrund ergibt sich aus § 12 Abs. 1 S. 1 KStG. Da die unbeschränkte KSt-Pflicht der GmbH an die inländische Geschäftsleitung bzw. an den inländischen Sitz anknüpft, endet die unbeschränkte Steuerpflicht, wenn die GmbH durch Verlegung ins Ausland keine der beiden Tatbestandsalternativen mehr erfüllt. Die Folge ist, daß – wie bei einer Liquidation – alle stillen Reserven zu versteuern sind.

18 **cc) Die beschränkte Steuerpflicht.** Beschränkt steuerpflichtig sind diejenigen Kapitalgesellschaften, die weder ihre Geschäftsleitung, noch ihren Sitz im Inland haben. Bei ihnen beschränkt sich die Steuerpflicht auf bestimmte inländische Einkünfte iSv. § 49 EStG (§§ 2 Nr. 1, § 8 KStG).

19 **dd) Die steuerliche Ansässigkeit.** Neben dem Begriff der unbeschränkten Steuerpflicht ist für die Besteuerung noch die steuerliche Ansässigkeit von Bedeutung. Sobald sich die Tätigkeit und Rechtsbeziehungen einer Kapitalgesellschaft auf das Inland und das Ausland erstrecken, stellt sich die Frage, welchem Land eine solche Kapitalgesellschaft als zugehörig, dh. als in diesem Land ansässig zu betrachten ist.

20 Die Frage der Ansässigkeit stellt sich für die inländische Besteuerung, weil im § 1 Abs. 1 Nr. 1 KStG nur die namentlich aufgeführten Kapitalgesellschaften Steuersubjekt nach dieser Vorschrift sein können. Solange die im Inland gegründete GmbH dort ihre Geschäftsleitung und ihren Sitz hat, ist diese eine Kapitalgesellschaft iSd. § 1 Abs. 1 Nr. 1 KStG.

21 Welche zivilrechtlichen Folgen und damit steuerlichen Konsequenzen eintreten, wenn eine in der Bundesrepublik Deutschland gegründete GmbH ihren Verwaltungssitz (Ort der Geschäftsführung) ins Ausland verlagert und danach außer der handelsregisterlichen Eintragung keine sachlichen Beziehungen mehr zum Inland unterhält, oder sogar den satzungsmäßigen Sitz ins

---

[14] UmwStG v. 28. 10. 1994, letztmalig geändert durch Gesetz v. 19. 12. 1997.

A. Die Ertragsteuern

Ausland verlegt, ist sehr umstritten. Daher wird vor solchen Verlagerungsaktionen die einschlägige Literatur zu beachten sein.[15]

Zumindest ist eine solche Gesellschaft nach den Regeln des internationalen Privatrechts nicht mehr als deutsche Kapitalgesellschaft anzuerkennen; sie ist deshalb nach anderen Vorschriften als § 1 Abs. 1 Nr. 1 KStG zu besteuern (evtl. als Personengesellschaft).

Die Frage der steuerlichen Ansässigkeit ist vor allem aber für die Anwendung von DBA von Bedeutung (vgl. dazu Rz. 370).

b) Überleitung vom Gewinn zum körperschaftsteuerlichen Einkommen

Die **Bemessungsgrundlage** für die tarifliche KSt ist gem. § 7 Abs. 1 KStG das zu versteuernde Einkommen, das aus dem handelsrechtlichen Jahresüberschuß/Jahresfehlbetrag abgeleitet wird (vgl. § 10 Rz. 2 ff.).

Dieses entspricht – mit Ausnahme des Sonderfalls der Organschaft (§§ 14, 17, 18 KStG) – dem Einkommen des § 8 Abs. 1 KStG. Die Berechnung erfolgt nach den Vorschriften des Einkommensteuerrechts, da das KStG keinen eigenständigen Einkommensbegriff definiert. Die Vorschriften der §§ 9, 10, 20, 21 KStG haben lediglich ergänzenden Charakter.

aa) Schema: Ermittlung des zu versteuernden Einkommens der GmbH. Die nachstehende Aufstellung gibt einen Überblick über die bei der Einkommensermittlung in Betracht kommenden Positionen:

1   **Jahresüberschuß/Jahresfehlbetrag** (vgl. § 10 Rz. 2) lt. Handelsbilanz gem. §§ 6, 238, 275 Abs. 2 Nr. 20, Abs. 3 Nr. 19 HGB

2 +/−   Bilanzsteuerrechtliche Korrekturen gem. § 60 Abs. 2 S. 1 EStDV

3 =   **Jahresüberschuß/Jahresfehlbetrag lt. Steuerbilanz** (= Ausgangsgröße) gem. § 5 EStG

4 +   Ausschüttungsbedingte Wertminderungen
auf Auslandsbeteiligungen gem. § 8b Abs. 6 KStG (w. steuerfreier Auslandsdividenden; auf Inlandsbeteiligungen gem. § 8b Abs. 1 KStG (w. weitergeleitete stfr. Dividenden); auf Auslandsbeteiligungen gem. § 50 c EStG (w. Ausschütung nach Erwerb v. Ausländern).

5   Korrekturen außerbetrieblicher Vorgänge
+ Verdeckte Gewinnausschüttungen gem. § 8 Abs. 3 Satz 2 KStG
+ Zinsen auf übermäßiges Gesellschafterfremdkapital (§ 8 a KStG)
− Verdeckte Einlagen*
+/− Einkünfte aus Liebhaberei*

6   Nichtabziehbare Aufwendungen bzw.
Erträge aus nichtabziehbare Aufwendungen*
+ Nichtabziehbare Betriebsausgaben gem. § 4 Abs. 5 u. 6 EStG
+ Zuwendungen an betriebliche Pensions- und Unterstützungskassen, soweit Grenzen der §§ 4 c, 4 d EStG überschritten
+ Satzungspflichtaufwendungen u. ä. gem. § 10 Nr. 1 KStG
+ Nichtabziehbare in- und ausländische Steuern gem. § 10 Nr. 2 KStG
+ Nichtabziehbare Geldstrafen uä. Aufwendungen gem. § 10 Nr. 3 KStG
+ 50% Aufsichtsratsvergütungen uä. Zuwendungen gem. § 10 Nr. 4 KStG

---

[15] *Runge* Die Bedeutung der Ansässigkeit von Kapitalgesellschaften für das Steuerrecht, IWB, Fach 10, Gruppe 2, S. 615 ff.

		+ Sämtliche Spenden und nichtabziehbare Beträge (vgl. 12)
		– Erträge aus der Erstattung nichtabziehbarer Aufwendungen
7		Steuerfreie inländische Erträge/korrespondierende Aufwendungen*
		– Durchgeleitete ausländische Schachtel-Dividenden nach § 8 b Abs. 1 KStG
		– Erträge gem. §§ 3, 3 a EStG
		– Investitionszulagen gem. InvZulG 1996 und 1999
		– Steuerfreier Veräußerungsgewinn gem. § 16 Abs. 4 EStG
		– Gewinne aus der Veräußerung ausl. Beteiligungen gem. § 8 b Abs. 2 KStG
		+ Aufwendungen im Zusammenhang mit steuerfreien Erträgen gem. § 3 c EStG
8		Ausländische Einkünfte/korrespondierende Aufwendungen
		+ Negative Einkünfte, für die kein Abzug nach § 2 a Abs. 3 Satz 1 EStG beantragt wird Positive, durch DBA freigestellte Einkünfte, ggf. iVm. § 8 b Abs. 5 KStG
		– Verlustabzug gem. § 2 a Abs. 1 Satz 2 EStG
		+ Beträge gem. §§ 7–14 AStG, § 26 Abs. 2 u. 5 KStG (vgl. 11)
9		Korrekturen ausländischer Einkünfte
		– Verlustausgleichsbetrag gem. § 2 a Abs. 3 Satz 1 EStG
		+ Hinzurechnungsbetrag gem. § 2 a Abs. 3 Satz 3 EStG
10	=	**Summe der Einkünfte**
11	–	Abzugfähige ausländische Steuern vom Einkommen gem. § 26 Abs. 6 KStG, § 34 c Abs. 2, 3 und 6 EStG
12	–	Abziehbare Spenden und Beiträge gem. § 9 Nr. 3 KStG
13	+/–	Organschaftsverrechnung
		+/– Einkommenszurechnung von Organgesellschaften gem. §§ 14, 17, 18 KStG
		–/+ Abgeführte Gewinne bzw. ausgeglichene Verluste lt. handelsrechtlichem Abschluß
14	=	Gesamtbetrag der Einkünfte aus Gewerbebetrieb gem. § 8 Abs. 2 KStG
15	–	Verlustrücktrag/-vortrag gem. § 8 Abs. 1, 4 u. 5 KStG, § 10 d KStG, § 2 Abs. 1 Satz 2 AlG (bis VZ 1989), § 2 a Abs. 1 Satz 2 EStG (ab VZ 1990)
16	=	**Einkommen** iSv. § 47 Abs. 2 KStG
17	–	Sonderfreibeträge nach 24, 25 KStG: fallen bei GmbH nicht an
18	=	**Zu versteuerndes Einkommen** gem. § 7 Abs. 1 KStG

* Soweit bei der Ermittlung des Jahresüberschusses/Jahresfehlbetrages berücksichtigt

27 **bb) Einkünfte aus Liebhaberei.** Früher wurde die Liebhaberei als eine Tätigkeit im außerbetrieblichen, dh. steuerlich nicht relevanten Bereich der Kapitalgesellschaft angesehen. Infolge Änderung der Rechtsprechung sind die Liebhabereibetätigungen nunmehr daraufhin zu untersuchen, ob es sich um nichtabzugsfähige Betriebsausgaben (§ 4 Abs. 5 Satz 1 Nr. 4 EStG) handelt, oder um eine Tätigkeit im Interesse von Gesellschaftern. Im letzteren Fall handelt es sich um eine vGA mit entsprechender KSt-Anrechnungsberechtigung beim Gesellschafter.[16]

---

[16] BFH v. 4. 12. 1996, DB 1997, 707, DB 1998, 2399.

cc) **Nichtabziehbare Aufwendungen/Erträge aus nichtabziehbaren** **28** **Aufwendungen.** Bei der Ermittlung des zu versteuernden Einkommens der GmbH dürfen – neben den Korrekturen außerbetrieblicher Vorgänge – auch bestimmte betriebliche handelsrechtlich anzuerkennende Aufwendungen das Einkommen nicht mindern. Wegen Einzelheiten zu den diversen nicht abzugsfähigen Aufwendungen wird auf die einschlägige Literatur verwiesen.[17]

Gem. § 10 Nr. 1 KStG können Aufwendungen aufgrund von Vorschriften **29** aus Stiftungsgeschäften, Satzungen oder sonstigen Verfassungen, die Einkommensverwendungen darstellen, nicht abgezogen werden. Die Vorschrift kommt bei einer GmbH auch dann zur Anwendung, wenn die GmbH satzungsgemäß ihren Gewinn an eine gemeinnützige Stiftung abführt.[18] Gem. § 10 Nr. 1 Satz 2 KStG gilt der Vorbehalt des Spendenabzugs nach § 9 Nr. 3 KStG.

Gemäß der Regelung des § 10 Nr. 2 KStG, die derjenigen des § 12 Nr. 3 **30** EStG entspricht, dürfen bestimmte Steuern der GmbH das zu versteuernde Einkommen nicht mindern. Dazu zählen die
– Körperschaftsteuer
– Solidaritätszuschlag (ab 1995)
– Kapitalertragsteuer (einbehalten von Kapitalerträgen der GmbH)
– Vermögensteuer
– Erbschaftsteuer/Schenkungsteuer
– Pauschalsteuer gem. § 5 Abs. 2 Satz 4 KapErhStG;
– Umsatzsteuer auf den Eigenverbrauch (gem. § 1 Abs. 1 Nr. 2 c UStG, zB § 4 Abs. 5 Nrn. 1–7, Abs. 7 EStG)
– Umsatzsteuer auf verdeckte Gewinnausschüttungen
– ausländische Steuern vom Einkommen und Vermögen.[19]

Die mit nichtabziehbaren Steuern im Zusammenhang stehenden **Neben-** **31** **leistungen,** insb. Säumnis- (§ 240 AO) und Verspätungszuschläge (§ 152 AO), Zwangsgelder, Vollstreckungskosten, Stundungs- (§ 234 AO) und Hinterziehungszinsen (§ 235 AO) sowie Prozeß- und Aussetzungszinsen (§§ 236, 237 AO) teilten bis zum 31. 12. 1988 das Schicksal der Hauptleistung und waren daher ebenfalls nicht abzugsfähig.[20]

Mit der Einführung der sog. **Vollverzinsung** durch das Steuerreformgesetz **32** 1990 wurde dieses Abzugsverbot teilweise aufgehoben. Nach der Neufassung des § 10 Nr. 2 KStG sind außer den auf Steuernachforderungen entfallenden Zinsen (§ 233 a AO) auch die Stundungszinsen gem. § 234 AO sowie die Aussetzungszinsen iSd. § 237 AO abzufähig. Zur Gewährleistung einer rechtsformunabhängigen Besteuerung werden diese Zinsen im Rahmen der GewSt bei der Ermittlung des Gewerbeertrages gem. § 8 Nr. 11 GewStG wieder hinzugerechnet (vgl. Rz. 250). Berücksichtigt man die 15monatige Karenzzeit des § 233 a Abs. 2 AO, so beginnt zB die Verzinsung für Steuern des Jahres 1997 am 1. 4. 1999. Für die Hinterziehungszinsen sowie Säumnis- und Verspätungszuschläge gilt die bisherige Rechtslage.[21]

---

[17] *Schmidt/Heinicke* § 4 Anm. 525–635. Die geplanten Erweiterungen ergeben sich aus dem Entw. StEntlG 1999/2000/2002.
[18] *Graffe* in *Dötsch/Eversberg/Jost/Witt* § 10 Anm. 8, 11.
[19] *Graffe* in *Dötsch/Eversberg/Jost/Witt* § 10 Anm. 20 ff.
[20] *Graffe* in *Dötsch/Eversberg/Jost/Witt* § 10 Anm. 25.
[21] *Dziadkowski* DB 1988, 2070.

§ 11 33–39 Die laufende Besteuerung von Ergebnis und Vermögen

Änderungen durch das **StEntlG 1999/2000/2002**: Die Abzugsfähigkeit der genannten Zinsen soll mit Wirkung ab 1. 1. 1999 entfallen. Da andererseits die erhaltenen Steuerzinsen als Betriebseinnahmen steuerpflichtig sind, tritt eine zusätzliche Belastung ein.

33 Im Umkehrschluß gilt § 10 Nr. 2 KStG sinngemäß auch für Steuererstattungen bzw. Erstattungen von Nebenleistungen. Da diese das Einkommen nicht erhöhen dürfen, erfolgt eine Kürzung außerhalb der Bilanz.

34 Nach § 10 Nr. 3 KStG gehören **Geldstrafen,** Nebenleistungen vermögensrechtlicher Art sowie Leistungen zur Erfüllung von Auflagen und Weisungen zu den nichtabziehbaren Aufwendungen. Die Vorschrift ist für die GmbH insoweit bedeutungslos, als Geldstrafen, Auflagen und Weisungen nach deutschem Strafrecht nicht gegen eine juristische Person verhängt werden können. Soweit ausländische Sanktionen nicht im Widerspruch zu unserer Rechtsordnung stehen, kann für die GmbH ein Abzugsverbot in Betracht kommen. Eine Einziehung gem. § 74 Abs. 2 Nr. 1, 5 StGB ist als Nebenstrafe auch gegenüber der GmbH möglich.[22]

35 **Geldbußen, Ordnungs- und Verwarnungsgelder,** die im Gegensatz zu den Geldstrafen Betriebsausgabencharakter haben, fallen nicht unter § 10 Nr. 3 KStG. Sie sind aufgrund von § 4 Abs. 5 Nr. 8 EStG iVm. § 8 Abs. 1 KStG nicht abzugsfähig.[23]

36 Vergütungen jeder Art (Grundvergütung, Sitzungsgelder, Reisegelder, Aufwandsentschädigungen; anders Erstattung des tatsächlichen Aufwandes), die von der GmbH an Mitglieder des **Aufsichtsrates** oder anderer Gremien gezahlt werden, welche die Geschäftsführung zu überwachen haben, können steuerlich nur zur Hälfte gewinnmindernd berücksichtigt werden. Die andere Hälfte ist dem Einkommen außerhalb der Bilanz hinzuzurechnen. Üblicherweise handelt es sich bei den Überwachungsorganen um Aufsichts-, Verwaltungs- oder Beiräte. Auf die Bezeichnung des Organs kommt es nicht an. Vielmehr ist allein die ausgeübte Tätigkeit maßgeblich. Wird die Überwachungsfunktion neben anderen, nicht klar und eindeutig abgrenzbaren Tätigkeiten (zB Beratungsfunktionen) ausgeführt, so ist eine Aufteilung der Gesamtvergütung unzulässig;[24] es bleibt dann bei der Nichtabzugsfähigkeit.

37 Erträge aus der **Erstattung** von **nichtabziehbaren Aufwendungen** sind außerhalb der Bilanz zu kürzen. In Betracht kommen hier insb. Steuererstattungen aufgrund überhöhter Vorauszahlungen sowie nicht mehr benötigte Steuerrückstellungen aus vorhergehenden Perioden.

38 **dd) Steuerfreie Erträge/korrespondierende Aufwendungen.** Der Jahresüberschuß der GmbH ist außerhalb der Bilanz um steuerfreie Einnahmen gem. § 3 EStG zu kürzen, soweit diese Befreiungsvorschriften für die Einkommensermittlung der GmbH als Kapitalgesellschaft Bedeutung haben.

39 Eine sachliche Steuerbefreiung ergab sich aus § 3 Nr. 66 EStG für Wirtschaftsjahre, die vor dem 1. 1. 1998 endeten. Sanierungsgewinne der GmbH, die aus einem Erlaßvertrag iSd. § 397 Abs. 1 BGB resultierten, wurden bei Sanierungsbedürftigkeit, Sanierungsabsicht und Eignung des Schuldenerlasses

---

[22] *Graffe* in Dötsch/Eversberg/Jost/Witt § 10 Anm. 34 q–r.
[23] *Graffe* in Dötsch/Eversberg/Jost/Witt § 10 Anm. 34 d, f.
[24] *Graffe* in Dötsch/Eversberg/Jost/Witt § 10 Anm. 35–49.

zur Sanierung außerbilanzmäßig abgesetzt. Andere vergleichbare Sanierungsmaßnahmen, die nicht die drei genannten Bedingungen erfüllen, waren dagegen nicht steuerbefreit.[25]

Zu den steuerfreien Erträgen, die bei der Ermittlung des zu versteuernden Einkommens außerhalb der Bilanz abgesetzt werden dürfen, gehören außerdem die durch ein DBA freigestellten ausländischen Einkunftsteile der GmbH. Diese unterliegen bei Anwendung der Freistellungsmethode (vgl. Rz. 380) nur der Besteuerungskompetenz des ausländischen Quellenstaates. **40**

Weitere steuerfreie Erträge ergeben sich aus speziellen Gesetzen. So sind Investitionszulagen für Investitionen im Fördergebiet gem. § 10 InvZulG 1996[26] steuerbefreit (vgl. Rz. 170) und bei der Einkommensermittlung abzusetzen. **41**

Soweit Aufwendungen in unmittelbarem wirtschaftlichen Zusammenhang mit steuerfreien Erträgen stehen, sind sie gem. § 3 c EStG nicht abzugsfähig. Sie werden dem Jahresüberschuß außerhalb der Bilanz wieder hinzugerechnet. Bei diesen Aufwendungen kann es sich beispielsweise um Refinanzierungskosten handeln, die mit steuerfreien ausländischen Betriebsstättengewinnen in einem unmittelbaren wirtschaftlichen Zusammenhang stehen. **42**

An einem solchen unmittelbaren wirtschaftlichen Zusammenhang fehlt es, wenn für den Erwerb ausländischer **Schachtelgesellschaften** Refinanzierungszinsen aufgewendet werden und Dividendeneinnahmen nicht fließen (vgl. Rz. 384).

Änderungen durch **StEntlG 1999/2000/2002:** Für die Anwendung des § 3 c EStG werden 15% der steuerbefreiten Dividendenausschüttungen als unmittelbar mit den ausländischen Einkünften zusammenhängend fingiert. Insoweit sind die Betriebsausgaben zu kürzen.

ee) Einkommenszurechnungen bei Organschaft. Steht eine GmbH in einem tatsächlichen und rechtlichen Unter- oder Überordnungsverhältnis zu einem anderen Unternehmen, so kann unter bestimmten Voraussetzungen ein körperschaftsteuerliches Organschaftsverhältnis vorliegen. **43**

Die in den §§ 14–16 KStG geregelte **körperschaftsteuerliche Organschaft** gilt gem. § 17 KStG auch für die GmbH. Danach muß eine Organgesellschaft (Kapitalgesellschaft) finanziell, wirtschaftlich und organisatorisch in das Unternehmen eines Organträgers (jede natürliche oder juristische Person) eingegliedert sein. Die Organgesellschaft muß sich im Rahmen eines zivilrechtlich wirksamen Gewinnabführungsvertrages iSv. § 291 AktG[27] verpflichten, ihren Gewinn für mindestens fünf Jahre an die Organträgerin abzuführen; andererseits ist die Obergesellschaft zum Verlustausgleich verpflichtet. Um steuerlich wirksam zu werden, muß ein solcher Vertrag spätestens bis zum Ende des folgenden Wirtschaftjahres ins Handelsregister eingetragen werden. **44**

---

[25] BFH v. 31. 1. 1985, BStBl. II 1985, 365; Gesetz zur Fortführung der Unternehmensteuerreform v. 29. 10. 1997, BGBl. I 1997, 2590.
[26] Investitionszulagengesetz 1996 in der Bekanntmachung v. 22. 1. 1996, BGBl. I 1996, 60 und Investitionszulagegesetz 1999; vgl. Rz. 170.
[27] Strenge Anforderungen aufgrund Supermarktentscheidung des BGH v. 24. 10. 1988, NJW 1989, 295; DB 1988, 2623.

45 Soweit die GmbH als Organträgerin durch einen Ergebnisabführungsvertrag mit anderen Kapitalgesellschaften verbunden ist, sind ihr gemäß den Vorschriften der §§ 14, 17 und 18 KStG (positive) Einkommen ihrer Organgesellschaften außerhalb der Bilanz zuzurechnen; negative Einkommensteile der Organgesellschaften sind abzuziehen. Ausgleichszahlungen an außenstehende Gesellschafter gem. § 16 KStG sind von der Organgesellschaft selbst der Besteuerung zu unterwerfen (incl. anrechenbare KSt).

46 Wegen der Einbeziehung des steuerlichen Einkommens bei der Einkommensermittlung des Organträgers ist eine Korrektur um die im handelsrechtlichen Jahresüberschuß enthaltenen Erträge bzw. Verluste aus dem Ergebnisabführungsvertrag erforderlich. Auch die durch Ergebnisabführungsvertrag verbundene Organgesellschaft ist körperschaftsteuerlich selbständig. Sie muß daher ihr Einkommen nach den vorstehenden Gründen selbständig ermitteln (Ausnahmen s. § 15 KStG). Dabei ist vorab der Jahresüberschuß um die handelsrechtliche Gewinnabführung zu erhöhen bzw. um den erhaltenen Verlustausgleich zu kürzen.

47 Zu Einzelheiten der komplexen Materie wird auf § 17 Rz. 44 ff. sowie das umfangreiche Schrifttum verwiesen.[28]

c) Die Besteuerung des Einkommens

48 **aa) Inländische Steuersätze.** Für das gesamte zu versteuernde Einkommen der GmbH sieht § 23 Abs. 1 KStG ab dem VZ 1994 eine tarifliche **Regelbesteuerung** von 45% (von 1990 bis 1993 = 50%) vor, während der Spitzensteuertarif der Einkommensteuer 53% bzw. für gewerbliche Einkünfte 47%[29] beträgt.

Bis zum VZ 1989 waren die Tarifbelastung der KSt sowie der Einkommensteuerspitzensatz mit jeweils 56% identisch.

49 Erst wenn die Ausschüttung erfolgt, wird die KSt im Ausschüttungsjahr auf die sog. Ausschüttungsbelastung herabgeschleust. Diese beträgt für nach dem 31. 12. 1993 endende Wirtschaftsjahre 30% der **Bruttodividende**. Es verbleibt danach ein beim Gesellschafter anrechenbarer Teil der KSt von $30/70$ ($3/7$) der **Bardividende**. Bis zu diesem Zeitpunkt betrug die Ausschüttungsbelastung 36% der Bruttodividende (dh. anrechenbarer Teil $9/16$ ($36/64$) der Bruttobardividende).

Änderungen durch das **StEntlG 1999/2000/2002:** Im Gesetzentwurf wird ein allgemeiner KSt-Satz von 40% und ein unveränderter Ausschüttungssatz von 30% genannt. Demgegenüber bleibt der normale Einkommensteuerhöchstsatz für 1999 unverändert bei 53% (erst 2000 u. 2001: 51%; 2002: 48,5%). Der Höchst-Steuersatz für gewerbliche Einkünfte ist vorgesehen mit 45% für 1999 und mit 43% für die Jahre danach.

Neben dem normalen KSt-Satz wird ein besonderer KSt-Satz vorgesehen für Ausschüttungen einer Kapitalgesellschaft an eine andere Kapitalgesellschaft. Sofern für diese Ausschüttung EK_{45} als verwendet gilt, muß die empfangene Gesellschaft diese Dividendenausschüttung zuzüglich des KSt-Anrechnungsguthabens ihrerseits auch einem Steuersatz von 45% unterwerfen.

---

[28] Vgl. *Schmidt/Müller/Stöcker* Die Organschaft, 4. Auflage 1993.
[29] Vgl. § 32 c EStG.

A. Die Ertragsteuern

bb) Auswirkungen von ausländischen Einkommensteilen. Eine unbeschränkt steuerpflichtige GmbH unterliegt aufgrund des Welteinkommensprinzips auch mit ihren ausländischen Einkünften der KSt-Pflicht. Da auch die ausländischen Staaten eine unbeschränkte und beschränkte Steuerpflicht kennen, unterliegen solche Auslandseinkünfte vielfach auch der Besteuerung im Quellenstaat. Diese mögliche Doppelerfassung von Einkunftsteilen führt in aller Regel nicht zu einer doppelten Belastung (vgl. dazu Rz. 353 ff.). 50

cc) Internationaler Steuersatzvergleich. Ein Vergleich der körperschaftsteuerlichen Belastung der bundesdeutschen GmbH mit denen ähnlicher ausländischer Rechtsgebilde ist nur mit Einschränkungen möglich. Die Schwierigkeiten resultieren insb. aus sehr unterschiedlichen **Körperschaftsteuer-Systemen.** Während einige Staaten die Gewinne sowohl bei der Gesellschaft, als auch im Fall der Ausschüttung bei den Gesellschaftern besteuern (Klassisches KSt-System), rechnen andere Länder die thesaurierten oder die ausgeschütteten Gewinne teilweise oder in vollem Umfang an (Anrechnungssysteme). Hinzu kommt, daß die Bemessungsgrundlagen für die KSt mangels einheitlicher internationaler Gewinnermittlungsvorschriften unterschiedlich definiert werden.[30] Weiterhin ist bei einem internationalen Belastungsvergleich die Gewerbeertragsteuer mit zu berücksichtigen. 51

Die nachstehende Übersicht (vgl. Rz. 57) beschränkt sich daher auf eine Darstellung der **internationalen KSt-Grundtarife** – ohne Berücksichtigung der zahlreichen Sondertarife und unterschiedlichen KSt-Subjekte – mit Hinweisen auf die jeweils gültigen KSt-Systeme. Letztere lassen sich in drei vorherrschende Erscheinungsformen klassifizieren. 52

(1) Klassische Körperschaftsteuersysteme. Diese Systeme sind durch eine einheitliche Besteuerung des gesamten Einkommens gekennzeichnet. Ob und inwieweit eine Ausschüttung erfolgt, bleibt körperschaftsteuerlich unberücksichtigt. Da die ausgeschütteten Einkommensteile beim Gesellschafter der Einkommensteuer unterliegen, tritt insoweit eine Doppelbelastung ein. 53

(2) Körperschaftsteuersysteme mit Teilentlastung. Der negative Doppelbelastungseffekt der klassischen KSt-Systeme wird bei den Teilentlastungssystemen in unterschiedlichem Umfange vermindert. Dabei erfolgt die teilweise Entlastung durch Minderung der Steuersätze entweder auf der Gesellschaftsebene **(gespaltene Steuersätze)** oder auf der Anteilseignerebene (Anrechnung eines Teils der KSt auf die Steuerschuld (KSt oder ESt) des Gesellschafters. 54

(3) Körperschaftsteuersysteme mit Vollentlastung. Bei diesen Systemen wird eine Doppelbelastung von ausgeschütteten Gewinnanteilen vollständig vermieden. Entweder wird die auf die Ausschüttung entfallende KSt beim Anteilseigner in vollem Umfang auf dessen persönliche Steuer angerechnet (Bundesrepublik Deutschland) oder es wird nach der Besteuerung der Kapitalgesellschaft beim Anteilseigner auf die Dividende keine Steuer mehr erhoben (Griechenland). 55

---

[30] *Mennel* Steuern in Europa, USA, Kanada und Japan, Band 1 und 2; *Coopers & Lybrand* International Tax Summaries 1998.

56 Mit einer Harmonisierung der Körperschaftsteuersysteme und der Bemessungsgrundlagen in der EU ist in absehbarer Zeit nicht zu rechnen.[31]

(4) Internationale Körperschaftsteuersätze (ohne Zuschläge wie zB SolZ)[32]

57

Staaten	Tarif in %	System (Rz. 51–56)
Bundesrepublik Deutschland	45 bzw. 42 30	Vollanrechnung der ermäßigten Ausschüttg.-Belastung von 30%
Belgien	39	klassische, SP
Dänemark	34	klassische, SP
Frankreich	$36^{2}/_{3}$ Zuschl. f. 98–99: 15%	Teilanrechnung von $33^{1}/_{3}$
Griechenland	35	Vollentlastung d. Steuerfreiheit d. Dividende
Großbritannien	33 bzw. 24	Teilanrechnung, 25% d. Dividende
Irland	32	Teilanrechnung, nur bis 1. 4. 99: 23/77
Italien	37	Teilanrechnung von 36%
Japan	37,5 bzw. 28	Teilentlastung d. Abzug 80% der Div. v. Einkommen; SP
Kanada	38	Vollanrechnung; SP
Luxemburg	31 ab 1999: 30	klassisches System; SP; im übrigen 50% Dividende, steuerfrei
Niederlande	35	klassisches System; SP
Norwegen	28	Teilentlastung
Österreich	34	Teilentlastung durch Abgeltungs-KESt oder auf Antrag: 50% d. Steuersatzes; SP
Portugal	36	Teilanrechnung v. 60% d. Steuer; PS
Schweden	28	klassisch; PS

---

[31] Vgl. Beschlußempfehlung und Bericht des Finanzausschusses zum Ruding-Bericht; BT-Drs. 13/4138.
[32] Vielfach werden die Körperschaftsteuersätze nach der Einkommenshöhe gestaffelt. Diese Steuersätze sind ebenso wie etwaige Freibeträge und Freigrenzen nicht in der vorstehenden Übersicht berücksichtigt.

A. Die Ertragsteuern   58–63   § 11

Staaten	Tarif in %	System (Rz. 51–56)
Schweiz	9,8 + 12 bis 32	Eidgenossenschaft Kantone u. Gemeinde klassisch; SP
Spanien	35	Teilanrechnung v. 40% d. Dividende; SP
USA	35	klassisch; SP

(einstweilen frei) 58

d) Grundsätze der Eigenkapitalgliederung

aa) Allgemeines. Das deutsche **Anrechnungsverfahren** gibt allen unbe- 59
schränkt Steuerpflichtigen das Recht, die von der Kaptialgesellschaft gezahlte
KSt auf die eigene Einkommen- oder KSt-Schuld anzurechnen. Dieses Verfahren setzt voraus, daß die ausschüttende Kapitalgesellschaft ihren ausgeschütteten Gewinn nach einem einheitlichen Satz versteuert (Ausnahmen vgl.
Rz. 90). Da die Kapitalgesellschaften jedoch sowohl Einkommensteile erzielen können, die der üblichen Besteuerung unterliegen, als auch steuerbegünstigte wie auch steuerfreie Einkommensteile, müssen diese Einkommensteile
jeweils gesondert festgehalten und fortgeschrieben werden.

Soweit die Einkommensteile zunächst mit 45% (bis 1993: 50%) besteuert 60
werden, ist die Steuerbelastung im Falle einer Ausschüttung von 45% Tarifbelastung auf 30% **Ausschüttungsbelastung** zu ermäßigen. Andererseits
muß die Steuerbelastung für bisher steuerfreie oder ermäßigt besteuerte Einkommensteile auf die Ausschüttungsbelastung von 30% angehoben werden;
damit werden für die Kapitalgesellschaft steuerfreie Einkommensteile infolge
der Ausschüttung zu steuerpflichtigen Einkommensteilen. Ausgenommen von
diesen Grundsätzen sind steuerfreie Einkommensteile des EK_{04} sowie – seit
1994 – steuerfreie ausländische Einkommensteile des EK_{01}, bei denen keine
Ausschüttungsbelastung hergestellt wird. Der Grund dafür ist darin zu sehen,
daß die Steuerfreiheit bei körperschaftsteuerpflichtigen Gesellschaften für
Auslandseinkünfte erhalten bleiben soll. Wegen der Handhabung bei einkommensteuerpflichtigen Gesellschaften wird auf Rz. 464 verwiesen.

Die speziellen Regelungen des Anrechnungsverfahrens finden sich in 61
§§ 27–43 KStG.

bb) Arten des verwendbaren Eigenkapitals. Die gesonderte Ermittlung 62
und Fortschreibung der verschiedenen Einkommensteile erfolgt ausgehend
von dem erzielten steuerlichen Einkommen. Die danach gegliederten Einkommensteile sind nach Abzug der tariflichen KSt und der nicht abzugsfähigen Aufwendungen mit der Steuerbilanz abzustimmen. Die evtl. abweichende Handelsbilanz ist also ohne Bedeutung.

Das in der Steuerbilanz ausgewiesene Betriebsvermögen (Saldo aus Vermö- 63
gensgegenständen und Schulden) ist am Ende eines jeden Wj. zu ermitteln.
Dabei sind nach § 27 KStG die KSt-Änderungen, die sich durch Ausschüttungen ergeben, sowie verdeckte Gewinnausschüttungen des Wj. noch nicht
zu berücksichtigen (vgl. Rz. 108).

Bigge

64 Von dem so ermittelten Eigenkapital ist idR das Nennkapital (in der Terminologie des KStG = übriges Eigenkapital) abzuziehen. Der verbleibende Betrag ist das **verwendbare Eigenkapital** (vEK).

65 Zu beachten ist, daß die hier verwendete Eigenkapitaldefinition nicht mit dem synonymen Begriff des bilanzrechtlichen Eigenkapitals identisch ist; das steuerrechtliche Eigenkapital entspr. jedoch bei identischer Handels- und Steuerbilanz dem handelsbilanzrechtlichen Eigenkapital, bestehend aus dem Gezeichneten Kapital, den Kapital- und Gewinnrücklagen, dem Gewinn- oder Verlustvortrag sowie dem Jahresüberschuß bzw. -fehlbetrag. Demgemäß beinhaltet das verwendbare Eigenkapital (vEK) die thesaurierten Gewinne abzüglich erlittener Verluste, sowie die Einlagen der Gesellschafter, die nicht auf das gezeichnete Kapital erfolgten. Wegen der weiteren Abweichungen (KSt-Änderungen, verdeckte Gewinnausschüttungen vgl. Rz. 108 ff.). Besonderheiten können bei Kapitalerhöhungen aus Gesellschaftsmitteln gelten. Hier kann nach § 29 Abs. 3 KStG handelsrechtliches Nennkapital steuerlich als verwendbares Eigenkapital behandelt werden (vgl. § 7 Rz. 60).

66 Da § 29 KStG nur die Gesamtsumme des verwendbaren Eigenkapitals bestimmt, ist für die Zwecke einer 30%igen Ausschüttungsbelastung sowie für die Fortschreibung im Falle von Vermögensmehrungen eine Aufgliederung der unterschiedlich belasteten Teilbeträge des verwendbaren Eigenkapitals notwendig. Nach § 30 KStG sind folgende Teilbeträge entsprechend ihrer Tarifbelastung auszuweisen:

67

Verwendbares Eigenkapital			
KSt ungemildert EK_{45}	KSt ungemildert EK_{50} (Übergangs- regelung)	KSt ermäßigt EK_{30}	KSt unbelastet EK_0
⇓	⇓	⇓	⇓
KSt unbelastet EK_{01} Ausländische Einkünfte	KSt ungemildert EK_{02} Inländische Vermögens- mehrungen	KSt ermäßigt EK_{03} Vermögens- mehrungen vor 1. 1. 1977	KSt unbelastet EK_{04} Einlagen ab 1. 1. 1977

Änderungen durch **StEntlG 1999/2000/2002:** Ab 1999 ist zusätzlich EK_{40} in die Gliederung mit aufzunehmen. Das am 31. 12. 1998 vorhandene EK_{45} kann sich durch Gewinnausschüttungen von Tochtergesellschaften aus deren EK_{45} erhöhen und durch Gewinnausschüttungen der Gsellschaft verringern. Im letzten Geschäftsjahr vor dem 1. 1. 2004 ist der dann noch vorhandenem Bestand umzugliedern. Die Ausführungen in Rz. 69 gelten ab 1999 sinngemäß für das EK_{40} (vgl. § 31 KStG idF des **StEntlG 1999/2000/ 2002**).

68 (1) **EK_{45}**: Der Zugang zum EK_{45} ist seit dem VZ 1994 der Regelfall. Dieser Teilbetrag gem. § 30 Abs. 1 Nr. 1 KStG erfaßt das zu versteuernde Einkommen, welches sich nach Abzug der ungemilderten 45%igen tariflichen KSt nach dem 31. 12. 1993 ergibt.

Neben der nicht abzugsfähigen KSt haben bei der Zugangsermittlung zum verwendbaren Eigenkapital die sonstigen **nichtabziehbaren Aufwendungen** (Vermögensteuer, Aufsichtsratsvergütungen etc.), die bei der Einkommensermittlung außerhalb der Bilanz hinzugerechnet wurden, besondere Bedeutung. Um zu erreichen, daß die auf den sonstigen nichtabziehbaren Aufwendungen lastende KSt weder auf 30% gemindert, noch bei den Gesellschaftern angerechnet oder vergütet werden kann, müssen diese Aufwendungen das Eigenkapital in gleicher Weise mindern, wie sie den Gewinn lt. Steuerbilanz verringert haben. § 31 Abs. 1 Nr. 4 und Abs. 2 KStG ordnen daher an, daß diese Ausgaben vorrangig bei dem EK_{45} abgesetzt werden. Reicht dieses nicht aus, erfolgt eine Kürzung beim EK_{30}; wenn auch dieses nicht in erforderlicher Höhe vorhanden ist, führen die sonstigen nichtabzugsfähigen Aufwendungen zu negativem EK_{45}.

Eine andere Behandlung erfahren jedoch die nichtabziehbaren Aufwendungen, die im Zusammenhang mit steuerbefreiten ausländischen Einkünften stehen oder wegen § 3 c EStG nicht abzugsfähig sind. Diese sind beim Zugang zum EK_{01} bzw. den anderen Kategorien des EK0 zu kürzen, weil diese Zugänge Netto-Beträge sind. (R 85 Abs. 1 Satz 4, Abs. 3 und R 83 Abs. 5 KStR)

Beispiel:
Die GmbH hat ein zu versteuerndes Einkommen von DM 100 000,–. Bei der Ermittlung wurden nichtabziehbare Aufwendungen in Höhe von DM 5000,– einkommenserhöhend berücksichtigt.

	DM
Zu versteuerndes Einkommen	100 000
Tarifbelastung 45%	– 45 000
	55 000
Nichtabziehbare Aufwendungen	– 5 000
Zugang zum EK_{45}	50 000

(2) EK_{50}: Dieser Teilbetrag gem. § 30 Abs. 1 Nr. 1 KStG erfaßt das zu versteuernde Einkommen, welches sich nach Abzug der ungemilderten 50%igen tariflichen KSt nach dem 31. 12. 1989 und vor dem 1. 1. 1994 ergeben hat. Somit haben diese Teilbeträge ab dem VZ 1994 nur noch Bedeutung für Gewinnausschüttungen. Bei der Gliederungsrechnung zum Schluß des vor dem 1. 1. 1999 abgelaufenen Wj. ist ein nicht verwendeter Restbetrag des EK_{50} aufzulösen und **umzugliedern**.[33] Auf die Darstellung unter Rz. 80 wird verwiesen.

Ein negativer (aus sonstigen nichtabzugsfähigen Ausgaben entstandener) Teilbetrag des EK_{50} wurde bereits bei der Gliederungsrechnung zum Schluß des jeweiligen, nach dem 31. 12. 1993 endenden Wj. vom neu entstehenden EK_{45} abgesetzt, ohne daß es einer Umrechnung bedurfte.

(3) EK_{30}: Alle Einkommensteile, die für nach dem 31. 12. 1993 endende Wj. ausgeschüttet werden, unterliegen gem. § 30 Abs. 1 Nr. 2 KStG grund-

---

[33] § 54 Abs. 11 a KStG; *Lange* NWB F. 4, 4017.

§ 11   74–78   Die laufende Besteuerung von Ergebnis und Vermögen

sätzlich einer Ausschüttungsbelastung von 30% KSt. Es handelt sich um eine rechnerische, künstliche Position aus der Aufteilung steuerermäßigter Einkommensteile gem. § 32 KStG (vgl. Rz. 81 ff.).

74   **(4) EK_0:** Die in diese Gruppe einzustellenden Teilbeträge gem. § 30 Abs. 1 Nr. 3 KStG sind von der KSt vollständig unbelastet, solange sie nicht ausgeschüttet werden (wegen der Besonderheiten beim EK_{01} siehe Rz. 76). Insb. werden steuerbefreite Einkommensteile, aus Aufteilungen entstandene Eigenkapitalanteile und Einlagen der Gesellschafter, die bei der Ermittlung des zu versteuernden Einkommens ausgeschieden wurden, sowie eigenkapitalerhöhende Vermögensmehrungen in vor dem 1. 1. 1977 abgelaufenen Wj. bei diesem Gliederungsteilbetrag ausgewiesen.

75   Da auf der Gesellschafterebene eine unterschiedliche Behandlung des EK_0 erfolgen kann, wird dieses verwendbare EK gem. § 30 Abs. 2 KStG in vier weitere Teilbeträge untergliedert:

76   **(5) EK_{01}:** Von der deutschen KSt befreite **ausländische Einkünfte,** die aus nach dem 31. 12. 1976 abgelaufenen Wj. resultieren, sowie die nach § 8 b Abs. 1 und 2 KStG bei der Ermittlung des Einkommens außer Ansatz bleibenden Dividenden und Gewinne aus der Veräußerung von Schachtelbeteiligungen, gehören gem. § 30 Abs. 2 Nr. 1 KStG zum EK_{01}. Für Gewinnausschüttungen aus EK_{01} wird ab 1994 die Ausschüttungsbelastung nicht mehr hergestellt (§ 40 Abs. 1 Zif. 1 KStG). Dieses ist in der Bescheinigung über die Steuern, die auf der Dividende lasten, separat anzugeben (vgl. Rz. 141). Durch die Neuregelung des neuen § 8 b Abs. 1 und 2 KStG soll sichergestellt werden, daß im Falle einer Weiterausschüttung steuerfreier ausländischer Einkunftsteile sowie steuerfreier Veräußerungsgewinne bei Auslandsbeteiligungen an einen ebenfalls zur Eigenkapitalgliederung verpflichteten Dividendenempfänger dort ebenfalls eine Einstellung dieser Einkunftsteile in das EK_{01} erfolgen kann. Im Falle einer späteren weiteren Ausschüttung an einen nicht zur Eigenkapitalgliederung verpflichteten Empfänger hat dieser nur die zugeflossenen Einkommensteile aus EK_{01} zu versteuern; andererseits kann er auch keine Steueranrechnung geltend machen[34] (vgl. Rz. 464, 485).

77   **(6) EK_{02}: Sonstige inländische Vermögensvermehrungen,** die körperschaftsteuerfrei zugeflossen und weder dem EK_{03}, noch dem EK_{04} zuzurechnen sind, werden gem. § 30 Abs. 2 Nr. 2 KStG der verwendbaren Eigenkapitalgruppe EK_{02} zugeordnet (zB Investitionszulagen). Außerdem sind in diese Gliederungsposition die aus der Aufteilung sowie die aus der Umrechnung des EK_{50} und EK_{45} entstehenden Negativbeträge (vgl. Rz. 80) einzustellen. Verluste mindern den Bestand an EK_{02} im Verlustjahr (evtl. entsteht sogar ein Neagtiv-Betrag); entspr. erhöhen die wegen eines Verlustrücktrages oder Verlustvortrages steuerfrei gebliebenen Einkommensteile wiederum um das EK_{02}.

78   **(7) EK_{03}:** Alle verwendbaren Eigenmittel, die bis zum Ablauf des letzten **vor dem 1. 1. 1977** abgelaufenen Wj. entstanden sind, stellen – unabhängig von ihrer inländischen oder ausländischen Quelle – verwendbares Eigenkapital der Teilgruppe EK_{03} iSd. § 30 Abs. 2 Nr. 3 KStG dar. Die Position umfaßt insb. Gewinnvorträge, Rücklagen und Einlagen, die vor dem KSt-System-

---

[34] Vgl. zum § 8 b KStG *Krebühl* DB 1994, 496; *Köster* GmbHR 1994, 674.

A. Die Ertragsteuern

wechsel 1977 der KSt unterlegen haben. Die Notwendigkeit der separaten Erfassung ergibt sich daraus, daß auch hier insb. für Ausländer eine Vergütungsmöglichkeit nach § 52 KStG besteht und dieses EK_{03} vor allen anderen Einkommensteilen zu Kapitalerhöhungen aus Gesellschaftsmitteln verwendet werden kann (vgl. § 7 Rz. 60).

(8) EK_{04}: Dieser Teilbetrag des verwendbaren Eigenkapitals gem. § 30 Abs. 2 Nr. 4 KStG umfaßt **offene und verdeckte Einlagen** der Gesellschafter, die in nach dem 31. 12. 1976 abgelaufenen Wj. nicht auf das Nennkapital der GmbH geleistet worden sind. Dazu gehören beispielsweise die in die Kapitalrücklage gem. § 272 Abs. 2 Nr. 1 (Agio) und Nr. 3, 4 HGB (Zuzahlungen) einzustellenden Beträge sowie zur Sanierung gegebene Gesellschafterzuschüsse.

e) Umgliederung

Die **Umrechnungsfaktoren** für die notwendige Umgliederung von Altbeständen des EK_{50} bzw EK_{45} (**StEntlG 1999/2000/2002**) sind wie folgt:

Umgliederungsübersicht

	EK_{50}	EK_{45}
Umgliederungszeitpunkt	Schluß des vor dem 1. 1. 1999 endenden Wj.	Schluß des vor dem 1. 1. 2004 endenden Wj.
Umrechnungsfaktoren	$11/9$ v. EK_{50} = Zugang EK_{45}	$27/22$ v. EK_{45} = Zugang EK_{40}
	$2/9$ v. EK_{50} = Abgang EK_{02}	$5/22$ v. EK_{45} = Abgang EK_{02}
Gesetzliche Grundlage	§ 54 Abs. 11 a KStG	§ 54 Abs. 11 KStG i. d. F. des StEntlG 1999/2000/2002

f) Aufteilung

Aufgrund von Rechtsvorschriften unterliegen bestimmte Einkommensteile einer inländischen KSt von weniger als 45%. Insb. handelt es sich um die Anrechnung ausländischer Steuern nach § 26 Abs. 1 KStG iVm. mit § 34 c Abs. 1 u. Abs 4 EStG, die indirekte KSt-Anrechnung nach § 26 Abs. 2 KStG, § 12 AStG oder die KSt-Pauschalierung für ausländische Einkünfte nach § 34 c Abs. 5 EStG (Rz. 353 ff.). Eine gesonderte Berücksichtigung dieser unterschiedlich belasteten Einkommensteile im Rahmen des Gliederungsverfahrens würde die Gliederungsrechnung aufblähen und die Herstellung der Ausschüttungsbelastung unnötig erschweren. Die Vorschrift des § 32 KStG sieht daher eine **Aufteilung** begünstigter Eigenkapitalteile auf EK_{45}, EK_{30}, und EK_{01} bzw. EK_{02} vor. Liegt der Prozentsatz der Tarifbelastung dieser aufzuteilenden Eigenkapitalteile niedriger als 30%, so hat die Aufteilung auf die Teilbeträge EK_{30} und EK_{02} zu erfolgen (§ 32 Abs. 2 Nr. 1 KStG). Bei

Bigge

§ 11   82–86   Die laufende Besteuerung von Ergebnis und Vermögen

Belastungen über 30% werden die Einkommensteile den Teilgruppen EK_{30} und EK_{45} zugeordnet (§ 32 Abs. 2 Nr. 2 KStG).

82   Die Tarifbelastung bei ausländischen Einkünften ergibt sich aus der KSt-Belastung des ausländischen Einkommens nach Abzug anrechenbarer ausländischer Ertragsteuern (vgl. Rz. 358). Stammen die ausländischen Einkünfte aus mehreren Staaten mit unterschiedlicher ausländischer KSt-Belastung, ist die Aufteilung für jedes Land gesondert zu berechnen (wegen Erleichterungen für DBA-Einkünfte vgl. Abschn. 87 Abs 4 KStR).

83   aa) Das Verfahren der Aufteilung läßt sich in Fortführung des Beispiels aus Rz. 359 darstellen. Dort liegt die **Tarifbelastung** mit 17,5 **unter 30%**. Die zu zahlende inländische KSt von DM 35 wird als eine Belastung von 30% angesehen; dann beträgt das dazugehörige vEK $^{70}/_{30}$ ($^{7}/_{3}$) dieses Betrages (**Umrechnungsfaktor**), also DM 81,67 oder 233,33% der Tarifbelastung. Dieser Betrag ist dem EK_{30} zuzuordnen. Die verbleibende Differenz zu dem gesamten Zugang zum EK von DM 165 (Nettozufluß Inland DM 200 ./. DM 35 incl. KSt) abzüglich des errechneten EK_{30}-Anteils wird in EK_{01} eingestellt (das sind DM 83,33).

84   bb) **Tarifbelastung über 30%.** Eine Aufteilung erfolgt in diesem Fall nach den **Umrechnungsfaktoren** von $^{77}/_{30}$ der anzurechnenden ausländischen Steuer für das EK_{30}; der Rest des vEK-Zugangs wird in EK_{45} eingestellt.

85   **Beispiel:**

	DM	DM
Einkünfte aus Nicht-DBA-Betriebsstätte	300	
Ausländische Körperschaftsteuer	50	
Nettozufluß Inland = Bemessungsgrundl. f. inl. Steuerbelastung	250	250
Deutsche Körperschaftsteuer und Einkünfte		
45% von 300	135	
darauf anzurechnen	50	
verbleibende **inländische KSt** (Tarifbelastung absolut)	85	85
Aufzuteilender vEK-Zugang (vgl. Rz. 83)		165
Die **inländische Tarifbelastung** in einem vH-Satz beträgt		
85 × $^{100}/_{250}$	34%	
Aufteilung		
Zugang $EK_{30} = {^{77}/_{30}}$ v. 50		128
$EK_{45} = 165 - 128$		37
		165

Die Umrechnungsfaktoren sind ab 1. 1. 1999 an die neuen Steuersätze anzupassen.

86   cc) **DBA-Freistellung.** Einer Aufteilung des Zugangs zum vEK bedarf es nicht, wenn das ausländische Einkommen in der Bundesrepublik Deutschland durch DBA steuerfrei gestellt wird (zB ausländische Betriebsstätteneinkünfte, schachtelbegünstigte Dividenden). In diesen Fällen wird der gesamte vEK-Zugang nach Abzug der ausländischen Steuer in das EK_{01} eingestellt.

A. Die Ertragsteuern 87–93 § 11

Die Aufteilungsrechnung wird durch viele Besonderheiten modifiziert. Es wird dazu auf Abschn. 86–88 a KStR und die einschlägige Kommentierung verwiesen.[35] 87

g) Herstellung der Ausschüttungsbelastung

aa) Grundlagen. Wie bereits oben erwähnt ist bei der Ausschüttung von EK_{50}, EK_{45}, EK_{02} und EK_{03} sicherzustellen, daß – soweit vorgeschrieben – die ausgeschütteten Einkommensteile mit 30% besteuert werden. Diese **Ausschüttungsbelastung** wird aus der Gliederungsrechnung des verwendbaren Eigenkapitals rechnerisch abgeleitet. Dieses geschieht – **auf einer zweiten Stufe** – im Rahmen des **Veranlagungsverfahrens.** Dabei fallen unter den Begriff der Ausschüttung alle offenen und verdeckten Gewinnverwendungen sowie sonstige von der GmbH an ihre Gesellschafter erbrachte Leistungen iSd. § 41 Abs. 1 KStG. Lediglich für die Rückzahlung von Nennkapital oder verwendbarem Eigenkapital der Teilgruppe EK_{04} gem. § 41 Abs. 2 KStG sowie seit 1994 für Ausschüttungen aus EK_{01} wird keine Ausschüttungsbelastung hergestellt. 88

Ausgangsgröße für die Ermittlung der einheitlichen 30%igen Ausschüttungsbelastung ist gem. § 27 Abs. 1 KStG die aus der Gliederungsrechnung festgelegte inländische Tarifbelastung des verwendbaren Eigenkapitals, soweit sie nach dem 31. 12. 1976 entstanden ist (§ 27 Abs. 2 KStG). 89

Die Reihenfolge, in der die Teilbeträge des verwendbaren Eigenkapitals als für Ausschüttungen verwendet gelten, regeln die §§ 28 Abs. 3, 54 Abs. 11, 11 a, 11 b KStG. Danach sind zuerst die ungemildert mit KSt belasteten (EK_{50} bzw. EK_{45}; und ab 1999 EK_{40}), sodann die ermäßigt belasteten (EK_{30}) und zuletzt die unbelasteten Teilbeträge (EK_0) für Ausschüttungen zu verwenden. 90

Alle für die Herstellung der Ausschüttungsbelastung in Betracht kommenden Rechengrößen stehen in einem bestimmten mathematischen Verhältnis zueinander. Das ermöglicht eine Berechnung auch dann, wenn nur ein Ausgangswert bekannt ist. Bei den nachstehenden Berechnungsbeispielen (vgl. Rz. 95, 102, 104, 106) wurde aus Vereinfachungsgründen unterstellt, daß keine sonstigen nichtabziehbaren Aufwendungen iSd. § 31 Abs. 1 Nr. 4 KStG vorhanden sind. 91

Unter Verwendung der in den nachfolgenden Tabellen enthaltenen Prozentwerte lassen sich alle in Betracht kommenden Rechengrößen nach folgender Formel ermitteln: 92

$$\frac{\text{Gesuchte Größe (\%-Wert)}}{\text{Bekannte Größe (\%-Wert)}} \times \text{Bekannte Größe (absolut)}$$

bb) Ausschüttung aus EK_{50}. Bis zum Ablauf der Übergangsregelung iSd. § 54 Abs. 11 a KStG war vorrangig das verwendbare Eigenkapital der Sonderteilgruppe EK_{50} für Ausschüttungszwecke heranzuziehen. Gem. § 27 Abs. 1 KStG erfolgte eine Herabschleusung von 50% auf 30%. Die KSt-Minderung betrug somit 20%-Punkte, das sind $20/70$ der Bruttobardividende oder EK_{50}. Da das EK_{50} zum 31. 12. 1998 umzugliedern war, konnte eine Herabschleu- 93

---

[35] *Herzig/Förster* DB 1987, 1205.

§ 11 94–99   Die laufende Besteuerung von Ergebnis und Vermögen

sung letztmalig für Dividendenausschüttungen vor dem 31. 12. 1998 für dh. 1997 und Vorjahre erfolgen.[36]

94 Entspr. der **Verwendungsfiktion** des § 28 Abs. 6 KStG gilt dieser Minderungsbetrag zwingend als für die Ausschüttung verwendet. Daraus folgt, daß maximal $^{70}/_{50}$ des EK_{50} für eine Vollausschüttung zur Verfügung standen.

95 Die Relationen der KSt und der KSt-Minderung können entsprechend dem Beispiel in Rz. 102 entwickelt werden (vgl. auch Rz. 105 der Vorauflage).

96 Positive Teile des EK_{50} die bis zum Ende der Übergangsregelung nicht ausgeschüttet wurden, unterlagen der **Zwangsumgliederung** entspr. den og. (vgl. Rz. 80) Grundsätzen. Dadurch wird – gesamt betrachtet – weder das Ausschüttungsvolumen, noch die steuerliche Gesamtbelastung verändert, sofern das aus der Umgliederung entstehende EK_{02} vollständig zur Ausschüttung gelangt. Wird nur das umgegliederte EK_{50} ausgeschüttet, so kommt es zu einer höheren Steuerbelastung (vgl. Rz. 98).

97 Nach Kenntnis der Relationen wird deutlich, daß die Umgliederung des EK_{50} zu anderen Steuerbelastungen führt, wenn neben dem umgerechneten EK_{50} nicht auch das aus der Umgliederung mitentstehende negative EK_{02} berücksichtigt wird.

98 **Beispiel:**
Zum Umgliederungszeitpunkt verfügt die GmbH über EK_{50} von 500

	Vor Umgliederung EK_{50}	Nach Umgliederung EK_{45}
Umrechnung DM 500 EK_{50} in EK_{45} (= $^{11}/_9$ von 500)	500	611
KSt-Minderung bei Ausschüttung (= $^{20}/_{50}$ von 500)	200	
(= $^{20}/_{50}$ von 500)		167
Ausschüttung	700	778
Ausschüttungsbelastung:		
Ursprüngliche Tarifbelastung	500	500
KSt-Minderung (wie oben)	200	167
KSt-Belastung insgesamt	300	333
Unterschied		33

99 Bei der Umgliederung wird ein höherer Einkommenszufluß (zu 45% versteuert) unterstellt, als bei der tatsächlichen Versteuerung zu 50% Der Ausgleich erfolgt in der EK-Gliederungsrechnung durch Einstellung negativer Beträge in das EK_{02} ($^2/_9$ des alten EK_{50}). Soweit die GmbH wegen entsprechender handelsrechtlicher Rücklagen das durch Umgliederung entstandene EK_{45} voll ausschüttet, steht ihr wegen der Fiktion eines höheren steuerpflichtigen Einkommens auch eine höhere Ausschüttungsmasse zur Verfügung, die insgesamt zu einer höheren Besteuerung in der Kapitalgesellschaft und auch

---

[36] *Schwebel* in *Dötsch/Eversberg/Jost/Witt* § 54 Anm. 100, 101; *Kussel* DB 1994, 552; BMF-Schreiben v. 16. 5. 1994; Vfg OFD Koblenz v. 26. 11. 1998, DR 1998, 2500.

beim Gesellschafter führt, weil letzterer eine höhere Dividende bezieht (778 + 333 Anrechnung = 1111 statt 700 + 300 Anrechnung = 1000). Dieser Nachteil bleibt ganz oder teilweise erhalten, wenn die GmbH im Zeitpunkt der Umgliederung nicht über positives EK_{02} verfügt, um das entstehende negative EK_{02} auszugleichen oder wenn sie bis zur Liquidation kein neues EK_{02} bildet.

cc) Ausschüttung aus EK_{45}. Aufgrund des seit dem VZ 1994 auf 45% abgesenkten KSt-Satzes gem. § 23 Abs. 1 KStG und einer gleichzeitig auf 30% verringerten Ausschüttungsbelastung beträgt die **KSt-Minderung** seither nur noch 15 Prozentpunkte. Das maximale Ausschüttungspotential beläuft sich für diese Einkommensteile somit auf $^{70}/_{55}$ des EK_{45}. Soweit keine höherbelasteten Eigenkapitalteile mehr vorhanden sind bzw. eine Umgliederung der Altbestände nach den og. Grundsätzen erfolgt ist, wird eine Ausschüttung aus EK_{45} den Regelfall darstellen.

Beispiel:

Bekannte Größen: Ausschüttung aus EK_{45}		Brutto- dividende	vEK	Brutto- bardividende
Bruttodividende (= Teil des vEK vor Ausschüttung)	100	$^{100}/_{100}$	$^{100}/_{55}$	$^{100}/_{70}$
– Tarifbelastung 45% = Verwendbares EK_{45} (keine Berücksichtigung von nichtabziehbaren Aufwendungen)	– 45	$^{45}/_{100}$ $^{45}/_{100}$	$^{45}/_{55}$ $^{45}/_{55}$	$^{45}/_{70}$ $^{45}/_{70}$
+ Körperschaftsteuerminderung = Bruttobardividende (Ausschüttung nach KSt, vor Kapitalertragsteuer)	55 + 15 = 70	$^{55}/_{100}$ $^{15}/_{100}$ $^{70}/_{100}$	$^{55}/_{55}$ $^{15}/_{55}$ $^{70}/_{55}$	$^{55}/_{70}$ $^{15}/_{70}$ $^{70}/_{70}$
Ausschüttungsbelastung		$^{30}/_{100}$	$^{30}/_{55}$	$^{30}/_{70}$

Die Änderungen durch **StEntlG 1999/2000/2002** führen zu Relationen:

Bruttodividende	100
Verwendbares EK_{40}	60
KSt-Minderung	10
Bruttobardividende	70

Aus diesen Werten lassen sich die Relationen zu den einzelnen Größen errechnen.

dd) Ausschüttung aus EK_{30}. Werden aus dieser durch Aufteilung von Einkommensteilen künstlich geschaffenen Eigenkapitalgruppe (vgl Rz. 81) Ausschüttungen vorgenommen, so ergibt sich aufgrund der gleichen Ausschüttungsbelastung weder eine KSt-Minderung, noch eine KSt-Erhöhung. Das EK_{30} entspr. der Bruttobardividende.

104 Beispiel:

Bekannte Größen: Ausschüttung aus EK_{30}		Brutto- dividende	vEK	Brutto- bardividende
Bruttodividende (= Teil des vEK vor Ausschüttung)	100	$^{100}/_{100}$	$^{100}/_{55}$	$^{100}/_{70}$
− Belastung 30% = Verwendbares EK_{30} (keine Berücksichtigung von nichtabziehbaren Aufwendungen)	− 30 70	$^{30}/_{100}$ $^{70}/_{100}$	$^{30}/_{70}$ $^{70}/_{70}$	$^{30}/_{70}$ $^{70}/_{70}$
+ Körperschaftsteuerminderung = Bruttobardividende (Ausschüttung nach KSt, vor Kapitalertragsteuer)	+ 0 = 70	$^{0}/_{100}$ $^{70}/_{100}$	$^{0}/_{100}$ $^{70}/_{70}$	$^{0}/_{100}$ $^{70}/_{70}$
Ausschüttungsbelastung		$^{30}/_{100}$	$^{30}/_{70}$	$^{30}/_{70}$

105 **ee) Ausschüttungen aus EK_{02} bzw. EK_{03}.** Da diese Teilbeträge des verwendbaren Eigenkapitals vollständig mit KSt entlastet sind, hat für die Zwecke der Ausschüttung eine **Heraufschleusung** der KSt-Belastung von 0% auf 30% zu erfolgen. Außer der Ausschüttung selbst ist außerdem die daraus resultierende **KSt-Erhöhung** aus dem jeweiligen Teilbetrag des EK_0 zu finanzieren, so daß maximal $^{70}/_{100}$ des verwendbaren Eigenkapitals ausschüttbar sind. Umgekehrt müssen für 100 Bruttobardividende $^{100}/_{70}$ an verwendbarem EK_{02} bzw. EK_{03} zur Verfügung stehen:

106 Beispiel:

Bekannte Größen: Ausschüttung aus EK_{02}/EK_{03}	%	Brutto- dividenden/vEK	Brutto- bardividende
Bruttodividende (= Teil des vEK vor Ausschüttung)	100	$^{100}/_{100}$	$^{100}/_{70}$
− Tarifbelastung 0% = Verwendbares $EK_{02, 03}$ (keine Berücksichtigung von nichtabziehbaren Aufwendungen)	− 0	$^{0}/_{100}$	$^{0}/_{70}$
− Körperschaftsteuererhöhung = Bruttobardividende (Ausschüttung nach KSt, vor Kapitalertragsteuer)	100 − 30 = 70	$^{100}/_{100}$ $^{30}/_{100}$ $^{70}/_{100}$	$^{100}/_{70}$ $^{30}/_{70}$ $^{70}/_{70}$
Ausschüttungsbelastung		$^{30}/_{100}$	$^{30}/_{70}$

107 **ff) Ausschüttungen aus EK_{01} bzw. EK_{04}.** Werden Teilbeträge aus dem EK_{01} bzw. EK_{04} ausgeschüttet, so findet gem. § 40 Nr. 1 und Nr. 2 KStG ausnahmsweise keine **Heraufschleusung** der KSt auf die Ausschüttungsbelastung statt.

A. Die Ertragsteuern

Die Unterlassung einer Heraufschleusung beim EK_{04} ist im Zusammenhang mit § 20 Abs. 1 Nr. 1 Satz 3, Nr. 2 Satz 2 EStG zu sehen, nach der Ausschüttungen aus dem EK_{04} nicht zu den steuerpflichtigen Einnahmen des Gesellschafters aus Kapitalvermögen gehören (vgl. dazu aber Rz. 467).

Ausschüttungen aus EK_{01} (steuerfreie ausländische Einkommensteile) unterliegen beim Gesellschafter einer differenzierten Behandlung. (Steuerpflicht bei natürlichen Personen, vgl. Rz. 465; Steuerfreiheit bei Kapitalgesellschaften, vgl. Rz. 484).

Aus diesem Grunde führen auch Änderungen in der Zusammensetzung des vEK (zB durch eine Betriebsprüfung) uU zu negativen EK_{01} (vgl. Rz. 143).

h) Verprobungsrechnung

Die Gliederungsrechnung geht, wie dargestellt, von den Zugängen der unterschiedlichen Einkommensteile und den jeweiligen KSt-Belastungen aus. Die Summe dieser Teilbeträge muß wegen der Definition des verwendbaren Eigenkapitals in § 29 Abs. 1 KStG dem Eigenkapital lt. Steuerbilanz entspr. Ohne daß eine entspr. rechtliche Verpflichtung besteht, hat sich in der Praxis die Aufstellung einer **Verprobungsrechnung** als sinnvoll erwiesen. Für die Abstimmungsrechnung ist folgendes Schema zweckmäßig:

Verprobungsbeispiel:

1	+	Summe der Teilbeträge des verwendbaren Eigenkapitals gem. Gliederungsrechnung
2	−	Teil des Nennkapitals, der aus Kapitalerhöhung aus Gesellschaftsmitteln stammt und gem. § 29 Abs. 3 KStG für Ausschüttungen verwendbar ist
3	−	Summe aus Kapital- und Gewinnrücklagen, G + V-Vorträgen, Jahresüberschuß, − Fehlbetrag lt. Steuerbilanz
4	+	Minderung der KSt gem. § 27 KStG (wegen Ausschüttungen aus EK_{50} und EK_{45} bei Gliederungsrechnung noch nicht berücksichtigt)
5	−	Erhöhung der KSt gem. § 27 KStG (wegen Ausschüttungen aus EK_{02} und EK_{03} bei Gliederungsrechnung noch nicht berücksichtigt
6	−	Ausschüttungen im Wirtschaftsjahr ohne rechtmäßigen Gewinnverteilungsbeschluß
7	−	Körperschaftsteueraufwand/+ KSt-Erstattungen lt. G + V-Rechnung
8	+	Voraussichtliche Körperschaftsteuerschuld lt. Veranlagung
9	+/−	Nicht ausgeglichener Differenzbetrag aus Pos. 7 und 8 aus vorangegangenen Wirtschaftsjahren
10	=	Abstimmungsbetrag (= DM 0,−)

i) Das verwendbare Eigenkapital und gezielte Ausschüttungspolitik

Durch gezielte Ausschüttungspolitik kann die GmbH die Zusammensetzung des verwendbaren Eigenkapitals und damit auch die KSt-Minderungen und KSt-Erhöhungen beeinflußen.[37]

Folgende Überlegungen lassen sich im Rahmen der Dividendenpolitik anführen:

---

[37] *Wittstock/Klein* DStR 1989, 155 (159); vgl. auch Belastungsvergleich offene und verdeckte Gewinnausschüttungen, IDW-FN 12/1994, Beilage, 4. Aufl.; *Richter* BB 1994, 2398; *Zielke* BB 1994, 2177; *Kussel* DB 1994, 552.

§ 11 111–117   Die laufende Besteuerung von Ergebnis und Vermögen

111 – Die Ausschüttung von ungemildertem besteuertem vEK, sei es, EK_{50} oder EK_{45}, führt zu einem durch die KSt-Minderung erhöhten **Ausschüttungsvolumen** und einer Minimierung der körperschaftssteuerlichen Gesamtbelastung der GmbH und ist daher regelmäßig als günstig anzusehen. Soweit ausreichendes verwendbares Eigenkapital dieser Kategorien zur Verfügung steht, kann dieses vorrangig ausgeschüttet werden, weil § 54 Abs. 11 a Satz 5 und § 28 Abs. 4 KStG zwingend vorschreiben, daß zunächst von einer Ausschüttung dieser EK-Teile und erst danach von, EK_{30} und dann von EK_0 auszugehen ist.

112 – Da Ausschüttungen aus EK_{50} zur höchsten Körperschaftsteuerminderung führten, sollte dieser Teilbetrag vor seiner Umgliederung bis 1998 ausgeschüttet sein. Eine hohe KSt-Minderung wirkt sich zudem auf die Höhe des Solidaritätszuschlages aus (vgl. Rz. 221). Entsprechendes gilt ab 1999 für EK_{45}-Bestände.

113 – Es bietet sich eine Ausschüttung des EK_{45} bzw. EK_{40} vor allem dann an, wenn die Steuerbelastung des Dividendenempfängers, insb. der **Grenzsteuersatz** der Einkommensteuer des Gesellschafters, unter den genannten Steuersätzen liegt, da die Belastung der ausgeschütteten Einkommensteile dadurch endgültig auf diese persönliche Steuerlast gesenkt wird.

114   Dem Gesellschafter steht es frei, die erhaltene Dividende wieder in die GmbH zu investieren, sei es durch Darlehengewährung, stille Beteiligung oder Einlage mit/ohne Gewährung entsprechender Gesellschaftsrechte. Dieses sog. **Schütt-aus-Hol-zurück-Verfahren** (§ 10 Rz. 78 ff.) verstößt nicht gegen § 42 AO und wird von der Finanzverwaltung anerkannt.

115   Seit dem VZ 1990 hat sich allerdings dieser Steuersparniseffekt durch die zweimalige Senkung der tariflichen Steuersätze des KStG abgeschwächt. Gleichzeitig wurde die Selbstfinanzierung der GmbH wegen der auf 45%, demnächst auf 40% abgesenkten Tarifsteuer verbilligt.

116 – Andererseits sollte eine Ausschüttung des EK_{02} bzw. EK_{03} vermieden werden, da sich durch die Heraufschleusung die KSt-Belastung erhöht und dadurch das Dividendenvolumen verringert wird. Es ist deshalb vielfach üblich, für die handelsrechtliche Rücklagenbildung Beträge zu verwenden, die den steuerfreien Investitionszulagen oder den sonstigen steuerbefreiten Einkünften entsprechen. Als weiterer Nachteil ist anzusehen, daß steuerfreie Erträge der GmbH infolge einer Ausschüttung des entsprechenden EK_{02} nachträglich zu steuerpflichtigen Gesellschaftereinkünften werden.

117 – Durch die Änderung des § 40 KStG und die **Einführung des § 8 b KStG**[38] ergibt sich für steuerfreie Auslandseinkünfte eine differenzierte Betrachtung, wenn auch die Interessen des Gesellschafters mit berücksichtigt werden (vgl. dazu Rz. 465 u. 484).
Für die Gesellschaft tritt bei Ausschüttung aus EK_{01} keine zusätzliche Belastung ein, weil sie den gesamten Betrag ohne Herstellung der Ausschüttungsbelastung ausschütten kann (§ 40 Satz 1 Nr. 1 KStG). Es muß nur die Kapitalertragsteuer einbehalten werden (§ 43 Abs. 1 Nr. 1 EStG) sowie der darauf entfallende SolZ (vgl. auch für die Ausschüttung an natürliche Personen oder ausländische Gesellschafter Rz. 494).

---

[38] *Krebühl* DB 1994, 496; *Köster* GmbHR 1994, 674.

- Eine Ausschüttung aus dem EK_{03} führt sogar zu einer **Mehrfachbelastung**, da diese Altrücklagen bereits vor 1977 der damals geltenden KSt ungemindert unterlegen haben. Wegen der Ausnahme für steuerfreie Rechtsträger vgl Rz. 463).
- Wenn das verwendbare Eigenkapital der Teilgruppe EK_0 einen negativen Saldo ausweist, können idR vorhandene ungeminderte Einkommensteile nicht in voller Höhe ausgeschüttet werden, weil im allgemeinen nur ein positiver Gesamtbetrag des verwendbaren Eigenkapitals auch handelsrechtlich zu einem ausschüttungsfähigen über das Nennkapital hinausgehenden Vermögen führt. Um dennoch vorhandene EK_{45} Teilbeträge unter Ausnutzung der KSt-Minderung voll ausnutzen zu können, ist es im Rahmen des sog. **Leg-ein-Hol-zurück-Verfahren** möglich, durch offene oder verdeckte Einlagen den EK_{04}-Teilbetrag und damit das handelsrechtliche Dividendenausschüttungspotential zu erhöhen, bis insgesamt ein negativer vEK-Saldo ausgeglichen ist.
- Insb. durch die Zwangsumgliederungen des früheren EK_{56}, und des EK_{50} kann sich die vorstehende Konstellation ergeben (vgl. Rz. 196 ff.). Daher war es auch unter diesem Gesichtspunkt sinnvoll, diese Einkommensteile vor den Umgliederungsstichtagen weitestgehend abzubauen.[39]
- Dagegen empfiehlt es sich, das ungemilderte EK_{45} bzw. EK_{40}-Eigenkapital nicht vollständig auszuschütten. Die GmbH sollte im Hinblick auf das **Risiko einer Aufdeckung verdeckter Gewinnausschüttungen** und damit verbundener KSt-Erhöhungen (§ 10 Rz. 193 ff.) eine ausreichende EK_{45} bzw. EK_{40}-Reserve vorhalten. Das Gegenargument im Schrifttum, die Finanzverwaltung würde durch diese Sicherheitsreserve erst auf mögliche verdeckte Gewinnausschüttungen aufmerksam, kann nicht überzeugen.
- Die vorstehenden Überlegungen stehen im Gegensatz zur Vermeidung einer „Vorversteuerung" der sonstigen nichtabzugsfähigen Aufwendungen (vgl. Rz 69). Nichtabziehbare Aufwendungen werden nämlich grundsätzlich zunächst vom verwendbaren EK_{45} abgezogen (ab 1999 von EK_{40}). Das gilt auch dann, wenn kein ausreichendes zu versteuerndes Einkommen zur Verfügung steht bzw. ein Verlust erwirtschaftet wurde. Die Aufzehrung des noch vorhandenen EK_{45} bzw. EK_{40} durch diese nichtabziehbaren Aufwendungen führt zu einer Vernichtung von KSt-Minderungsmöglichkeiten. Durch vorherige Ausschüttung des EK_{45} könnte daher die KSt-Minderung realisiert werden; die in Verlustjahren entstehenden sonstigen nichtabzugsfähigen Aufwendungen führen dann erst in späteren Gewinnperioden zu einem Ausfall von KSt-Minderungsmöglichkeiten (Nachversteuerung), denn gem. § 31 Abs. 2 KStG erfolgt keine Verrechnung dieser nichtabzugsfähigen Aufwendungen mit EK_0-Einkommensteilen.

j) Die Körperschaftsteuerbelastung der GmbH

Als Zusammenfassung der vorstehenden Ausführung ergibt sich die KSt-Belastung der GmbH wie folgt (vgl. auch Abschnitt 25 KStR):

---

[39] *Wittstock/Klein* DStR 1989, 155 (159).

§ 11 124–129 Die laufende Besteuerung von Ergebnis und Vermögen

124 **Beispiel:**

1		Tarifliche Steuer auf Einkommen (vgl. Rz. 26) 45% bzw. ab 1999 40%
2	–	anzurechnende ausländische Steuer (§ 26 Abs. 1–3, 5 KStG, § 12 AStG)
3	–	Steuergutschrift aufgrund des DBA Frankreich (avoir fiscale)
4		**Tarifbelastung**
5	–/+	KSt-Minderung/KSt-Erhöhung aufgrund Ausschüttung
6		**Festzusetzende Körperschaftsteuer**
7	–/+	Erstattung oder Nachforderung von KSt nach § 11 Abs. 2 und 3 AStG
8	–	anzurechnende Kapitalertragsteuer einschl. Zinsabschlag
9	–	anzurechnende Körperschaftsteuer
10		**Verbleibende Körperschaftsteuer**

125 Dieser Aufwand ist handelsrechtlich nach § 275 Abs. 2 Nr. 18 (oder Abs. 3 Nr. 17) unter der GuV – Position „Steuern vom Einkommen und Ertrag" auszuweisen. Die **tatsächliche** KSt-Belastung richtet sich bei Gewinnausschüttungen aufgrund eines ordnungsgemäßen Beschlusses nach der im folgenden Wj. erfolgten tatsächlichen Gewinnausschüttung, während der handelsrechtliche Aufwand sich nur an der **geplanten** Gewinnausschüttung ausrichten kann. Weicht der tatsächliche Gewinnausschüttungsbeschluß von der geplanten Dividendenausschüttung ab, ist keine Änderung des Jahresabschlusses erforderlich (§ 278 Abs. 2 HGB). Abweichungen der geschilderten Art werden in der Abstimmungsrechnung (vgl. Rz. 109) berücksichtigt.

126 Als **Belastungsfaktoren** des handelsrechtlichen Gewinnes, dh. des Ergebnisses nach Abzug der KSt, können aus den unter Rz. 102, 104, 106 aufgeführten Relationen folgende Prozentsätze ermittelt werden:

127 **Beispiel:**

Thesaurierung von tarifbelastetem Einkommen bzw.	45/55	81,82%
	40/60	66,67%
Sonstige nichtabzugsfähige Aufwendungen bzw.	45/55	81,82%
	40/60	66,67%
Ausgeschüttete Gewinne	30/70	42,86%

128 Die bei der Ausschüttung bei der GmbH verbleibende KSt von $30/70$ können die inländischen Gesellschafter anrechnen (vgl. Rz. 464 ff.); das gilt jedoch nicht für die KSt auf die sonstigen nichtabzugsfähigen Steuern. Da sie handelsrechtlich Aufwand darstellen (zB Vermögensteuer), können diese steuerrechtlich als Gewinn behandelten Teile nicht zu einer Ausschüttung und damit nicht zu einer KSt-Minderung führen. Sie bleiben idR mit 81,82% KSt belastet (Ausnahme wenn sie beim EK_{30} abgezogen werden können mit 42,86%).

129 Die Belastung des thesaurierten Gewinnes wird erst bei Ausschüttungen in späteren Jahren oder sogar erst bei der Liquidation auf 42,86% reduziert.

A. Die Ertragsteuern 130–135 § 11

k) Verfahrensrechtliche Aspekte der Körperschaftsteuer

Das KSt-Recht unterscheidet mehrere selbständige Verfahren, die in Teilbereichen wechselseitig verbunden sind. 130

aa) Veranlagungsverfahren. Nach Ablauf eines Kj., das gem. § 25 Abs. 1 131 EStG iVm. § 49 Abs. 1 KStG mit dem VZ gleichzusetzen ist, hat die GmbH eine KSt-Erklärung bei dem zuständigen FA einzureichen. Zugrundegelegt wird das Einkommen des Wj. Weicht das Wj. vom Kj. ab, so wird das Einkommen zugrundegelegt, das in dem Wj. entstanden ist, das im Kj. geendet hat. Für den Fall, daß in einem Kj. mehrere **(Rumpf-)Wirtschaftsjahre** enden, ist nur eine Erklärung zur KSt abzugeben. Die Abgabe hat gem. § 149 Abs. 2 AO bis zum 31. Mai des Folgejahres zu erfolgen, wobei eine Fristverlängerung nach § 109 AO möglich ist.

KSt-Vorauszahlungen sind gem. § 37 Abs. 1 EStG, § 49 Abs. 1 KStG 132 jeweils vierteljährlich, beginnend mit dem 10. März eines VZ, zu entrichten, sofern nicht für abweichende Wj. die Sonderregelung des § 49 Abs. 3 KStG gilt. Für die Höhe der Vorauszahlungen ist gem. §§ 37 Abs. 3–5 EStG, 49 Abs. 1 KStG die KSt der letzten Veranlagung maßgeblich.

Die **Körperschaftsteuerfestsetzung** erfolgt durch das Finanzamt, ausgehend vom steuerpflichtigen Einkommen (vgl. Rz. 26) unter Berücksichtigung 133 evtl. Steuerbegünstigungen (zB f. Handelsschiffe im internationalen Verkehr) im **Körperschaftsteuerbescheid** (vgl. Rz. 124 Zeile 6). Nur diese festgesetzte Steuer erwächst in Bestandskraft und kann mit dem Einspruch angefochten werden, nicht dagegen die einzelnen Besteuerungsgrundlagen.

Fehlerhafte Anrechnung von KESt oder KSt-Vorauszahlungen sind durch Rechtsmittel gegen die mit dem KSt-Bescheid verbundene **Anrechnungsverfügung** (rechtlich selbständiger Bescheid, der mit der KSt-Festsetzung zusammen in einer Urkunde verbunden wird) anzufechten.[40]

bb) Grundlagenbescheid. Der Körperschaftsteuerbescheid ist daneben 134 jedoch hinsichtlich einzelner Fakten zugleich Grundlagenbescheid. Im KSt-Bescheid werden nämlich nach § 47 Abs. 2 KStG auch das Einkommen, die Tarifbelastung, die KSt-Minderungen bzw. -Erhöhungen wegen Gewinnausschüttungen festgesetzt. Diese Angaben sind formal im Körperschaftsteuerbescheid enthalten, rechtlich aber separat zu beurteilen, denn insoweit ist der KSt-Bescheid gleichzeitig auch gesetzlich bindende Grundlage für das folgende Verfahren zur Feststellung des verwendbaren Eigenkapitals nach § 47 Abs. 1 KStG. Wenn also diese Größen im Bescheid nach § 47 Abs. 2 KStG nicht richtig sind, muß daher bereits gegen diesen Bescheid Rechtsmittel eingelegt werden, nicht erst gegen den Bescheid nach § 47 Abs. 1 KStG.

Die KSt-Minderungen bzw. -Erhöhungen werden jedoch erst nachträglich 135 festgesetzt, wenn die Gewinnausschüttung aufgrund eines ordentlichen Gewinnausschüttungsbeschlusses tatsächlich erfolgt ist, also die Dividende aus dem Vermögen der GmbH abgeflossen ist (vgl. Rz. 159 ff.).

Der Bescheid nach § 47 Abs. 2 KStG ist weiterhin Grundlagenbescheid für den Körperschaftsteuerbescheid des Jahres, in das ein Verlust zurückgetragen wird, sowie für den Bescheid, in dem nach § 10d EStG die Höhe des verbleibenden Verlustvortrages festgesetzt wird (vgl. Rz. 149).

---

[40] BFH v. 15. 4. 1997, DB 1997, 1751.

136 cc) Verfahren zur gesonderten Feststellung nach § 47 Abs. 1 KStG.
Alle Teilbeträge des verwendbaren Eigenkapitals müssen zur gesonderten Feststellung von Besteuerungsgrundlagen gem. § 47 KStG von der GmbH erklärt werden (§ 49 Abs. 2 KStG). Das gilt außerdem für den verwendbaren Teil des Nennkapitals, der gem. § 29 Abs. 3 KStG für Ausschüttungen zur Verfügung steht. Bei letzterem handelt es sich um ursprüngliche tarifbelastete Gewinnrücklagen ab dem 1. 1. 1977, die später – durch Kapitalerhöhung aus Gesellschaftsmitteln – in Nennkapital umgewandelt worden sind (§ 7 Rz. 60 ff.).

137 Für dieses Feststellungsverfahren der Eigenkapitalgliederung gelten die §§ 179–183 AO.

138 Da Gewinnausschüttungen nach handelsrechtlichen Grundsätzen für jedes Wj. getrennt beschlossen werden, ist die Erklärung zur gesonderten Feststellung am Ende eines jeden Wj. abzugeben.

139 Über die Höhe und die Gliederung des verwendbaren Eigenkapitals ergeht ein Feststellungsbescheid. Durch das Feststellungsverfahren aufgrund des § 47 Abs. 1 KStG werden jedoch nur die Endbestände der einzelnen EK-Kategorien in ihrer Gliederung festgestellt, nicht die EK-Veränderungen. Der Bescheid nach § 47 Abs. 1 KStG ist Grundlagenbescheid für den KSt-Bescheid hinsichtlich der Verwendung von bestimmten vEK-Teilen für die Ausschüttung und zugleich Grundlage für den Bescheid nach § 47 Abs. 1 KStG für das nächste Jahr. Aus den Ausführungen unter Rz. 136 ergibt sich, daß der Feststellungsbescheid gem. § 47 Abs. 1 KStG nach § 175 AO zu korrigieren ist, wenn sich die Grundlagen des KSt-Bescheides oder des Bescheides nach § 47 Abs. 2 KStG **(Grundlagenbescheid),** insb. die Höhe des Einkommens oder der Tarifbelastung, verändert haben.

140 dd) Am Schluß eines jeden VZ ist ein **verbleibender Verlustabzug,** d. h. ein nicht durch Rücktrag oder Vortrag ausgeglichener Verlust der GmbH einschließlich der noch nicht ausgeglichenen Verluste aus Vorjahren nach den Verfahrensvorschriften der §§ 179–183 AO gesondert festzustellen. Diese gesonderte Feststellung tritt neben die Feststellung nach § 47 Abs. 2 KStG (Hinweis auf Rz. 134).

141 ee) Bescheinigungsverfahren. Zum Nachweis, daß der Anteilseigner Einnahmen bezogen hat, die ihn zur Anrechnung der KSt berechtigen, ist von der ausschüttenden GmbH gem. § 36 Abs. 2 Nr. 3 EStG iVm. §§ 44–46 KStG eine **Steuerbescheinigung** nach amtlich vorgeschriebenem Muster zu erstellen.

Die Anrechnungsbescheinigung ist jedoch für das Wohnsitzfinanzamt der Gesellschafter nicht bindend; bindend für die Besteuerung des Gesellschafters ist vielmehr die festgestellte vEK-Gliederungsrechnung (vgl. Rz. 136).[41]

142 Diese Steuerbescheinigung, die im Regelfall mit der Bescheinigung der KapESt gem. § 45 a EStG verbunden wird, muß folgende Angaben enthalten:
– Name und Anschrift des Anteilseigners, dem die Anteile zum Zeitpunkt der Gewinnausschüttung zuzurechnen sind
– Höhe der Leistungen (= Bruttobardividende)[42]

---

[41] BFH v. 19. 7. 1994, BStBl. II 1995, 362.
[42] Dabei sind mehrere Ausschüttungen, die mit derselben EK-Position zu verrechnen sind, zusammenzufassen (BFH v. 26. 11. 1997, BStBl. II 1998, 406).

- Zahlungstag
- Anrechenbare KSt (§ 36 Abs. 2 Nr. 3 EStG); zu vergütende KSt (§ 52 KStG)
- Zu versteuernde Einnahme (= Bruttodividende)
- Anrechenbare KapESt[43]
- Höhe der Leistung aus EK_{01}
- Höhe der Leistung aus EK_{04}
- Nach dem **Entw.StEntlG 1999/2000/2002** zusätzlich alle Ausschüttungen aus EK_{45}, die nach dem 31. 12. 1998 erfolgen

Zu beachten ist, daß eine Verpflichtung der Kapitalgesellschaft zur Ausstellung einer Steuerbescheinigung auch für den Fall verdeckter Gewinnausschüttungen besteht, selbst wenn diese erst später, zB anläßlich einer Außenprüfung, bekannt werden.[44]

Ändert sich später die vEK-Gliederung (zB durch die Betriebsprüfung), so bestimmt der Inhalt der Bescheinigung die Verrechnung der Dividende mit den Teilbeträgen des vEK. Abweichungen werden über EK_{02} angepaßt, auch wenn dieses dadurch negativ wird (§ 28 Abs. 4 u. 5 KStG sowie R 78 Abs. 5 KStR); Ausschüttungen aus EK_{01} dagegen werden immer nur in dieser vEK-Kategorie verrechnet.

Alle vorgenannten Erklärungen, Anmeldungen sowie die Bescheide sind, soweit sie sich auf Besteuerungszeiträume bis zum 31. 12. 2001 beziehen, nicht in **Euro** sondern nur in DM abzugeben bzw. zu erteilen. Demgegenüber können Steuerzahlungen unbar in Euro erfolgen, obwohl die Steuerverwaltung ihre Konten während der Übergangszeit weiterhin in DM führt.[45]

3. Sonderaspekte bei der laufenden Besteuerung

a) Verlustrücktrag/-vortrag

Ein steuerlicher Verlust, der bei der Ermittlung des Gesamtbetrages der Einkünfte nicht ausgeglichen werden kann,[46] ist unter den Voraussetzungen der § 10 d EStG, § 8 KStG in anderen Veranlagungszeiträumen abziehbar. Ein solcher **Verlustabzug** eines negativen Gesamtbetrages der Einkünfte erfolgt außerhalb der Bilanz (vgl. Rz. 26 Ziff. 15).

Der Abzug konnte bis zum VZ 1993 durch einen zweijährigen **Verlustrücktrag** vorgenommen werden, wobei das gesamte Rücktragsvolumen auf Mio DM 10 beschränkt[47] und die Reihenfolge des Abzuges zwingend vorgegeben war. Für die ab VZ 1994 entstandenen Verluste besteht für die GmbH gem. § 10 d Abs. 1 Sätze 4 und 5 EStG bis zur Gesamthöhe von DM 10 Mio

---

[43] Soweit gleichzeitig Bescheinigung nach § 45 a EStG.
[44] *Krebs* in Handbuch der Unternehmensbesteuerung, Kap. G, Anm. 849.
[45] BMF v. 15. 12. 1998: Steuerliche Fragen im Zusammenhang mit der Einführung des Euro (Euroeinführungsschreiben).
[46] Eine Verrechnung mit positiven Einkünften (sog. Verlustausgleich) kommt bei der GmbH nicht in Betracht, da nur Einkünfte aus Gewerbebetrieb erzielt werden, vgl. § 8 Abs. 2 KStG.
[47] *Schmidt/Drenseck* § 10 d EStG Anm. 16.

ein **antragsbedingtes Wahlrecht**.[48] Danach kann die GmbH wählen, auf welches der beiden letzten Jahre der Verlust zurückgetragen wird oder ob der Verlust – trotz Gewinne in den Vorjahren – vorgetragen werden soll.

146 Der **Verlustvortrag** ist dabei in der Höhe und zeitlich nicht begrenzt (gilt für alle Verluste ab dem VZ 1985). Es besteht jedoch hierbei kein zeitliches Wahlrecht. Der Antrag muß den VZ des Verlustabzuges benennen und den Verlustabzugsbetrag der Höhe nach beziffern. Wird kein Antrag gestellt, wird der Verlust zunächst im zweitletzten und danach vom letzten Jahr vor dem Entstehungsjahr abgezogen.

147 Eine steueroptimierende Entscheidung der Gesellschaft für die Ausübung des Wahlrechtes erfordert in jedem Einzelfall und für jeden VZ eine entspr. Vergleichsrechnung unter Berücksichtigung der KSt-Minderungen infolge Ausschüttungen.[49] Dabei ist seit 1995 insb. die erhöhte Belastung durch den SolZ zu berücksichtigen (vgl Rz. 220 ff.).

148 Wegen der gesonderten Feststellung des Verlustes am Schluß eines VZ wird auf Rz. 140 verwiesen.[50]

Nach dem **StEntlG 1999/2000/2002** soll für 1999 und 2000 der Verlustrücktrag betragsmäßig auf DM 2 Mio. und zeitlich auf das Vorjahr beschränkt werden. Für die ab 2001 anfallenden Verluste wird der Verlustrücktrag auf DM 1 Mio begrenzt. Der Verlustvortrag soll betragsmäßig und zeitlich unbegrenzt sein.

149 Voraussetzung für den Verlustabzug ist nach § 8 Abs. 4 KStG, daß die Gesellschaft, die den Verlust erlitten hat, mit der Gesellschaft, die den Verlust abziehen will, nicht nur rechtlich, sondern auch wirtschaftlich identisch ist.

Eine solche **wirtschaftliche Identität** wird nach den ab 6. 8. 1997 verschärften Regelungen insbesondere nicht mehr angenommen, wenn innerhalb von 5 Jahren mehr als 50% (bis dahin 75%) der Anteile übertragen werden und der Kapitalgesellschaft zeitlich danach ihren Geschäftsbetrieb mit überwiegend neuem Betriebsvermögen (dh. Aktiva) fortführt oder wieder aufnimmt **(Mantelkauf)**.[51] Die genannten Tatbestände sind jedoch nicht abschließend; die wirtschaftliche Identität kann auch auf andere Art verloren gehen (zB wenn nicht 50% der Anteile übergehen, aber der Erwerber entsprechend Mehrstimmrechte erhält).

Auch Verluste, die vor dieser Neuregelung entstanden sind, unterliegen den genannten Beschränkungen, soweit sie vor einem schädlichen Anteilsübergang entstanden sind.[52]

Nach der Auslegung der Finanzverwaltung[53] fällt unter **„Übertragung der Anteile"** auch eine mittelbare Anteilsübertragung, Kapitalerhöhung durch einen neu eintretenden Gesellschafter, Übertragung im Rahmen einer vor-

---

[48] § 10 d EStG geändert durch StandOG v. 13. 9. 1993 (BStBl I 1993, 1569); *Gehrmann* INF 1993, 13 ff., 46 ff.; *Schlarb* BB 1994, 187.

[49] *Dötsch* DB 1993, 1639; *Siegele*, DStR 1993, 1549.

[50] Erstmalig für den VZ 1990.

[51] Gesetz zur Fortführung der Unternehmenssteuerreform (BGBl. I 1997, 2590) sowie BFH v. 11. 2. 1998, BStBl. II 1998.

[52] Eine solche Rückwirkung ist nicht verfassungswidrig (BFH v. 11. 2. 1998, DB 1998, 2303).

[53] Entwurf eines BMF-Schreibens.

weggenommenen Erfolge sowie ein Übergang im Rahmen von Verschmelzungs- und Spaltungsvorgängen.

Die **Zuführung neuen Betriebsvermögens** ist nur beachtlich, wenn nach dem Anteilsübergang das Vermögen durch Zuführung von außen erhöht wird. Dabei ist unbeachtlich, wie die Refinanzierung erfolgt (Einlagen, Fremdmittel); auch die Verschmelzung einer anderen Kapitalgesellschaft auf die Verlust-GmbH soll schädlich sein.

Die Zuführung von neuem Betriebsvermögen ist nur dann unschädlich, wenn
– die Zuführung allein der Sanierung des Teils des Geschäftsbetriebes dient, der den Verlust erlitten hat
– der ursprüngliche Geschäftsbetrieb in einem wirtschaftlich vergleichbaren Umfang fortgeführt wird
– die GmbH diesen Teil des Betriebes in diesem Umfang 5 Jahre fortführt
– die GmbH sanierungsbedürftig ist
– die Mittelzuführung zur Sanierung erforderlich ist und der erforderliche Umfang nicht wesentlich überschritten wird.

Der Verlust der wirtschaftlichen Identität führt nicht zu einem Wechsel des Besteuerungssubjekts. Daher ist die vEK-Gliederung fortzuführen mit der Maßgabe, daß der nichtabzugsfähige Teil des Verlustes das EK_{02} mindern soll.

Die **Eigenkapitalgliederung bei Verlusten** führt wegen des negativen zu versteuernden Einkommens (steuerlicher Verlust) im Wj. der Verlust-Entstehung gem. § 33 Abs. 1 KStG zu einem Abzug vom EK_{02}; dadurch wird das EK_{02} in den meisten Fällen negativ.[54] Bei Verlustrücktrag bzw. Verlustvortrag mindert der Verlust im Abzugsjahr das zu versteuernde Einkommen der GmbH und damit im Regelfall das EK_{45}. Gleichzeitig führt der durch den Rücktrag bzw. Vortrag steuerfrei gestellte Einkommensteil zu einer Erhöhung des EK_{02}; bzw. zu einer Minderung des verlustbedingten Negativbetrages EK_{02} (§ 33 Abs. 2 Satz 1 KStG).

Diese Vorschriften führen dazu, daß das vEK bei einem Verlustrücktrag für alle Jahre vor Verlustentstehung neu zu gliedern ist. Dabei ist die KSt-Erstattung mit in die Berechnung einzubeziehen (vgl. dazu R 89 Abs. 4 KStR)

Soweit ein Verlust vorgetragen wird, fällt die durch die geringere KSt-Belastung bedingte Eigenkapitalerhöhung mit dem Verlustabzug zeitlich zusammen, so daß sich gliederungsmäßig keine Schwierigkeiten ergeben. Dagegen macht die Rücktragung eines Verlustes eine Neugliederung des verwendbaren Eigenkapitals zum Ende des jeweiligen Wj. erforderlich. Hinsichtlich der vielfältigen technischen Probleme bei der Behandlung des Verlustrücktrages wird auf die KStR sowie die einschlägige Kommentierung im Schrifttum verwiesen.[55]

b) Steuerfreie, steuerbegünstigte und tarifbesteuerte Einnahmen

Zu den schon mehrfach zitierten **steuerfreien Einnahmen** zählen:

---

[54] Dabei sind positive steuerpflichtige Auslandseinkünfte mit inländischen Verlusten zu saldieren; BFH v. 30 7. 1997, BStBl. II 1998, 75.

[55] Vgl. Abschn. 89, 89a KStR; *Zwerger* in *Dötsch/Eversberg/Jost/Witt* § 33 Anm. 108, 120–121; in Beck StB-Handbuch/*Endriss* Anm. 148 ff.

- Investitionszulagen (vgl. Rz. 170 ff.)
- ausländische Betriebsstättengewinne, die durch DBA freigestellt sind
- Dividendenausschüttungen aus Schachtelbeteiligungen, die durch DBA freigestellt sind (vgl. Rz. 381)
- Hinzurechnungsbeträge nach §§ 7 ff. AStG, die nach § 10 Abs. 5 AStG steuerfrei bleiben
- Nach §§ 3 Nr. 21, 54, EStG oder weitere in Abschn. 22 a KStR genannte Einkünfte
- § 16 Abs. 4 EStG steuerfreie Veräußerungsgewinne
- Sanierungsgewinne, dh. Gewinne aus einem Schulderlaß der Gläubiger mit der Absicht der Sanierung eines sanierungsbedürftigen und sanierungsgeeigneten Unternehmens (§ 3 Nr. 66 EStG aF); diese sind nur bis einschließlich 1997 steuerfrei (vgl. Rz. 39).

153 Soweit Betriebsausgaben mit den genannten steuerfreien Einnahmen im unmittelbaren wirtschaftlichen Zusammenhang stehen, sind sie nicht abzugsfähig (§ 3 c EStG). Andererseits bleiben die Einnahmen bei der GmbH endgültig steuerfrei; sie mindern nicht einen Verlust im Jahr der Vereinnahmung, noch können sie einen Verlustrücktrag oder Verlustvortrag verringern.

154 Von der Finanzverwaltung wurde die Auffassung vertreten, die Zinsen zur Refinanzierung einer ausländischen Schachtelbeteiligung seien nicht gem. der bisherigen Rechtsprechung zu § 3 c EStG abzugsfähig, wenn im Ausschüttungsjahr kein Dividendenzufluß zu verzeichnen war; nach ihrer Meinung waren nicht die Einnahmen steuerfrei zu lassen, sondern die Einkünfte, dh. Einnahmen nach Abzug der wirtschaftlich damit zusammenhängenden Ausgaben. Dementsprechend kann es zu nicht zu berücksichtigenden ausländischen Verluste kommen.[56] Der BFH ist dieser Auffassung zumindest für das DBA mit USA insoweit nicht gefolgt, als das DBA selbst bei der Definition der Einkommenskategorien von Einnahmen oder Dividenden spricht.[57]

155 Vom steuerfreien **Sanierungsgewinn** durch Gläubigerverzicht ist der **Forderungsverzicht** durch einen Gesellschafter zu unterscheiden. Erläßt der Gesellschafter seiner GmbH eine Forderung oder verzichtet er auf ihm zustehende Zinsen, Pachten, uä, so führen diese in der Handelsbilanz gewinnerhöhend wirkenden Maßnahmen steuerlich nicht zu einem Gewinn, soweit sie in Gesellschaftereigenschaft erlassen werden (vgl. § 15 Rz. 51 ff.). Es handelt sich körperschaftsteuerrechtlich in diesen Fällen vielmehr um eine offene oder verdeckte Einlage. Wenn im Rahmen einer allgemeinen Gläubigersanierung auch Gesellschafter auf Forderungen verzichten, hängt es von den Umständen des Einzelfalles ab, ob der Gesellschafterverzicht eine steuerpflichtige (oder früher steuerfreie Einnahme iSd. § 3 Nr. 66 EStG) ist oder eine Einlage. Die Einordnung ist von materieller Bedeutung, weil der Gewinn aus der Sanierung nach den allgemeinen Grundsätzen in das vEK eingestellt wird; eine Gesellschaftereinlage dagegen führt zu einem Zugang zum EK_{04}, kann also später ohne Heraufschleusung auf 30% Ausschüttungsbelastung an die Gesellschafter ausgeschüttet werden.

---

[56] Vfg. OFD Rhld.-Pf. v. 4. 4. 1995, FN IDW 1995, 201.
[57] BFH v. 29. 5. 1996, IStR 1996, 336.

A. Die Ertragsteuern

Nach dem Beschluß des Großen Senats des BFH v. 9. 6. 1997[58] ist nunmehr geklärt, daß bei **Gesellschafterdarlehensverzicht** auf eine in ihrem Wert geminderte Forderung, nur der werthaltige Teil der Forderung als körperschaftsteuerfreie Gesellschaftereinlage anzuerkennen und in EK_{04} einzustellen ist. Der Ertrag aus der Ausbuchung des Teils der Verbindlichkeit, der dem wertlosen Teil der Gesellschafterforderung entspricht wirkt dagegen einkommenserhöhend bzw. verlustverringernd.[59]

An **Körperschaftsteuer-Ermäßigungen** können genannt werden:
- Anrechnung ausländischer Steuern gem. § 26 Abs. 1 KStG, § 34 c Abs. 1 EStG (vgl. Rz. 353, 374).
- Indirekte Steueranrechnung gem. § 26 Abs. 2 und 5 KStG (vgl. Rz. 360).
- Anrechnung (fiktiv) ausländischer Steuern bei Tochtergesellschaften in Entwicklungsländern gem. § 26 Abs. 3 KStG.
- Anrechnung (fiktiv) einer höheren ausländischen Steuer nach den DBA mit Entwicklungsländern.
- Steuergutschrift (avoir fiscal) bei Gewinnausschüttungen französischer Kapitalgesellschaften.
- Anrechnung ausländischer Steuern gem. § 12 AStG.

Die steuerbegünstigten Einnahmen bzw. Einkünfte führen bei ihrer Zuweisung zum vEK zu einer Aufteilung (vgl Rz. 81–93).

Hinsichtlich der Rangfolge der Steuerermäßigungen im Hinblick auf die Ermittlung der Tarifbelastung bei der Aufteilung nach § 32 KStG wird auf Abschn. 86 Abs. 4 KStR verwiesen.

c) Gesellschafterfremdfinanzierung

Nach § 8 a KStG können Vergütungen der Gesellschaft an den Gesellschafter für Fremdkapital als verdeckte Gewinnausschüttungen zu behandeln sein, wenn folgende Gegebenheiten vorliegen:
- Der Gesellschafter ist mit mehr als 25% beteiligt;
- Der Gesellschafter ist nicht zur KSt-Anrechnung berechtigt;
- Die Gesellschafterdarlehen übersteigen im Laufe des Geschäftsjahres das in der letzten Handelsbilanz ausgewiesene anteilige Eigenkapital um das dreifache (bei festen Zinsen) oder um das 0,5 fache (gewinnabhängige oder sonstige variable Vergütungen) oder um das neunfache (reine Holdinggesellschaften);
- Darlehen von dem Gesellschafter nahestehenden, nichtanrechnungsberechtigte Personen erfüllen die vorstehenden Bedingungen;
- Darlehen Dritter, wenn der Kreditgeber auf den Gesellschafter oder eine ihm nahestehende Person zurückgreifen kann.

Als verdeckte Gewinnausschüttungen werden die Entgelte behandelt, die auf die Darlehen entfallen, die über die oben genannten Grenzen hinausgehen (vgl. § 7 Rz. 160, 290 ff.).

---

[58] BStBl. II 1998, 307; vgl. *Hoffmann* DB 98, 198.
[59] BFH v. 15. 10. 1997, BStBl. II 1998, 305; *Groh*, BB 1997, 2523; *Weber,-Grellet*, DB 1998, 1532. Wegen der Behandlung beim Gesellschafter wird verwiesen auf die Urteile BFH v. 24. 4. 1997, DB 1998, 2408 und 2409 und BFH v. 29. 7. 1997, WPg 1998, 107.

d) Steuerliche Probleme im Zusammenhang mit dem Gewinnausschüttungszeitpunkt

159 Als maßgeblicher Ausschüttungszeitpunkt, in dem die Ausschüttungsbelastung herzustellen ist gilt der **Abfluß** der Gewinnanteile bei der GmbH. Auf den Zufluß der Ausschüttung beim Gesellschafter und die Entstehung der Einbehaltungsverpflichtung hinsichtlich der Kapitalertragsteuer gem. §§ 43, 44 EStG bei der GmbH kommt es nicht an. In den meisten Fällen deckt sich der Abflußzeitpunkt bei der Gesellschaft mit dem Zuflußzeitpunkt beim Gesellschafter. Nennenswerte Ausnahmen davon sind der Gewinnausschüttungsbeschluß des beherrschenden Gesellschafters (Zufluß bereits mit Beschlußfassung)[60] und die zeitgleiche Aktivierungspflicht beim bilanzierenden Mehrheitsgesellschafter (Zufluß zum Stichtag der Bilanz, vgl. § 10 Rz. 152).[61] Im lezteren Fall fließt mit der Aktivierung auch der Körperschaftsteueranrechnungsanspruch zu; er ist auch im gleichen Veranlagungszeitraum als Vorauszahlung zu berücksichtigen (§ 49 Abs. 1 KStG iVm. mit § 20 Abs. 1 Nr. 3, § 36 Abs. 2 Ziff. 3 EStG)

Übersteigt eine **Vorabgewinnausschüttung** das tatsächlich verwendbare Eigenkapital am Ende des Jahres, so entsteht für die GmbH ein Rückforderungsanspruch, der die Vorabgewinnausschüttung mindert und keine Erhöhung des EK_{04} darstellt[62].

160 Das verwendbare Eigenkapital verringert sich also erst im Zeitpunkt des Abflusses der Gewinnausschüttung und nicht bereits bei Entstehung der Ausschüttungsverpflichtung.

Durch die Vorschrift des § 27 Abs. 3 Satz 1 KStG wird verhindert, daß durch einen Dividendenbeschluß mit späterer Fälligkeitsstellung eine Körperschaftsteuerminderung sofort erreicht werden kann.

Der Ausschüttungsbegriff ist im Rahmen der §§ 27–29 KStG identisch,[63] daher wird es erforderlich, nach der erfolgten Ausschüttung die Eigenkapitalgliederung uU für zurückliegende Perioden zu ändern (vgl. Rz. 161 ff.). Das ist möglich, da die Ausschüttung aufgrund der Vorschriften der §§ 27 ff. KStG ein rückwirkendes Ereignis iSv. § 175 Abs. 1 Ziff. 2 AO ist.

161 Für die Herstellung der Ausschüttungsbelastung des für Ausschüttungen verwendeten EK sowie für die ausschüttungsbedingte Eigenkapitalverringerung, gelten zum Teil unterschiedliche Zeitpunkte. Insb. kommt es darauf an, ob eine Gewinnausschüttung auf einem den gesellschaftsrechtlichen Vorschriften entspr. **Gewinnverteilungsbeschluß** für ein abgelaufenes Wj. beruht (offene Gewinnausschüttung) oder nicht (verdeckte Gewinnausschüttung/Vorabausschüttung).

---

[60] BFH v. 18. 11. 1998, DB 1999, 567. Bestritten v. FG Düsseldorf; vgl. DB 1998, 1440.

[61] Vgl. EUGH v. 27. 6. 1996, DB 1996, 1400, sowie *Schüppen* DB 1996, 1481 mwN. Vorlagebeschluß des I. Senates des BFH v. 16. 12. 1998 (amtl. noch nicht veröffentlicht).

[62] FG Berlin v. 9. 2. 1998, EFS 1998, 1540.

[63] BFH v. 9. 12. 1987, BStBl. II 1988, 460; *Dötsch* in *Dötsch/Eversberg/Jost/Witt* § 27 Anm. 109, 132 ff.

Bei den offenen Gewinnausschüttungen ist die KSt-Minderung bzw. Erhöhung gem. § 27 Abs. 3 Satz 1 KStG für den VZ durchzuführen, in dem das Wj. endet, **für das** die Ausschüttung erfolgt.[64] Für andere Ausschüttungen ist das Ende des Wj. maßgeblich, **in dem** die Ausschüttung erfolgt (Satz 2). **162**

Abweichend von dem tatsächlichen Zeitpunkt von ordentlichen Gewinnausschüttungen, ist bei der Eigenkapitalgliederung für das als verwendet geltende vEK der Schluß des letzten vor dem Gewinnverteilungsbeschluß abgelaufenen Wj. entscheidend (§ 28 Abs. 2 KStG). Die Verrechnung anderer Ausschüttungen erfolgt wiederum zum Schluß des Wj., in dem die Ausschüttung vorgenommen wird. **163**

Wegen der Überlegungen zum optimalen Ausschüttungszeitpunkt im Hinblick auf den SolZ wird auf Rz. 234 ff. verwiesen. **164**

Im Falle von nachträglich beschlossenen Gewinnausschüttungen, dh. nach Ablauf des auf die Gewinnerzielung folgenden Jahres, ist es denkbar, daß die Eigenkapitalgliederung zum Schluß des letzten Wj. vor dem Gewinnverteilungsbeschluß noch nicht vorliegt und somit eine aufwendige Schätzung notwendig wird. **165**

e) Steuerbelastung bei Ausschüttung ohne ausreichendes verwendbares Eigenkapital

Die Höhe einer Gewinnausschüttung der GmbH ist durch das Handelsrecht auf den Bilanzgewinn sowie die offenen Rücklagen (sofern sie nicht durch Gesetz oder Gesellschaftsvertrag für die Ausschüttung gesperrt sind; vgl. § 10 Rz. 70, 140 ff.) beschränkt, da das Nennkapital gem. § 30 GmbHG nicht zurückgezahlt werden darf. Erfolgt zwischen Handels- und Steuerbilanz eine unterschiedliche Bewertung von Aktiv- bzw. Passivposten (zB durch die steuerliche Ergänzungsbilanz im Zusammenhang mit der Beteiligung an einer Personengesellschaft oder vGA einer Kapitalgesellschaft ohne ausreichende Rücklagen), so ist es möglich, daß eine Gewinnausschüttung das verwendbare Eigenkapital aus der Steuerbilanz übersteigt. Ein Mangel an verwendbaren Eigenkapitalteilen kann auch im Fall der vGA bzw. Vorabausschüttung entstehen, da dem entspr. Einkommenszufluß ein höherer Verbrauch an verwendbarem Eigenkapital gegenübersteht (vgl. § 10 Rz. 226, 230 ff.). **166**

In Ergänzung zu §§ 27, 28 KStG bestimmt § 35 Abs. 1 KStG, daß für Ausschüttungsteile, die das verwendbare Eigenkapital übersteigen, die Ausschüttungsbelastung hergestellt werden muß. Ansonsten würde der Ausschüttungsempfänger eine Vergütungs- bzw. Anrechnungsmöglichkeit erhalten, ohne daß die GmbH ihrerseits KSt für diese Fehlbeträge entrichtet hat. Der Unterschiedsbetrag sowie die darauf lastende KSt-Erhöhung von $30/70$, wird gem. § 35 Abs. 2 KStG als Negativposten in das EK_{02} eingestellt, wobei § 27 Abs. 3 KStG entspr. Anwendung findet. Eine Verrechnung in nachfolgenden Wj. erfolgt ebenfalls ausschließlich mit positivem, unbelastetem EK_{02}. **167**

---

[64] § 27 Abs. 3 Satz 1 KStG gilt entspr. für sog. verspätet beschlossene offene Gewinnausschüttungen; zB Nachtragsausschüttungen wegen Mehrgewinnen aufgrund steuerlicher Betriebsprüfung. Zur Frage eines „den gesellschaftsrechtlichen Vorschriften entsprechenden Gewinnverteilungsbeschlusses" und Vorabausschüttungen vgl. *Wichmann* DB 1999, 118.

168 Beispiel:
Das verwendbare Eigenkapital einer GmbH weist ausschließlich EK_{45} in Höhe von DM 220 000 aus. Die Gesellschaft beschließt eine handelsrechtlich zulässige Gewinnausschüttung in Höhe von DM 400 000.

	DM	EK_{45} DM	EK_{02} DM
Einkommen	400 000		
45% Tarifbelastung	180 000		
Zugang EK_{45}	220 000	220 000	0
Ausschüttung:			
Verwendbares EK45	220 000	– 220 000	
KSt-Minderung 15/55	+ 60 000		
	280 000		
Fehlbetrag	120 000		– 120 000
30/70 v. Fehlbetrag			– 51 429
Ausschüttung	400 000	0	– 171 429

Die Ausschüttung von DM 400 000 hat also insgesamt eine KSt ausgelöst von:

	DM
Tarifbelastung	180 000
KSt-Minderung	– 60 000
KSt-Erhöhung	+ 51 429
	171 429

169 Die Belastung beträgt mithin, bezogen auf ein Einkommen von DM 400 000 42,86%, also 12,86% mehr, als die vorgesehene Ausschüttungsbelastung von 30%. Diese Mehrbelastung wird erst eingeholt, wenn das negative EK_{02} durch steuerfreie Einkünfte wieder aufgefüllt wird; erfolgt keine Thesaurierung von EK_{45} oder EK_0, kann wegen der Vorschrift des § 41 Abs. 4 KStG diese Mehrbelastung beim Gesellschafter nicht neutralisiert werden.

f) Steuerliche Fördermaßnahmen in den Neuen Bundesländern

170 **aa) Investitionszulagengesetz 1996.** Investitionen für neue abnutzbare bewegliche Wirtschaftsgüter des Anlagevermögens im Bereich der neuen Bundesländer einschließlich Gesamt-Berlins (sog. **Fördergebiet** gem. § 1 Abs. 2 InvZulG) waren seit dem 1. 1. 1991 durch das InvZulG vom 24. 6. 1991 in der Neufassung vom 23. 9. 1993[65] durch die Gewährung einer **steuerfreien Investitionszulage** begünstigt. Das Gesetz ist allgemein nicht mehr von großer Bedeutung. Durch die Änderungen infolge des Jahressteuergesetzes 1996 und des Jahressteuerergänzungsgesetzes 1996 sind jedoch in Teilbereichen die Begünstigungszeiträume bis zum 31. 12. 1998 verlängert worden.[66]

---

[65] Investitionszulagengesetz v. 24. 6. 1991 (BGBl. I 1991, 1322) in der Neubekanntmachung v. 23. 9. 1993 (BGBl. I 1993, 1650), zuletzt geändert durch das Jahressteuerergänzungsgesetz 1996 (BGBl. I, 1959) in der Fassung der Bekanntmachung vom 22. 1. 1996 BStBl. I 1996, 60.

[66] Tabellarische Übersicht für die Begünstigungen nach dem InvZulG 1996 bei Beck StB-Handbuch/*Peusquenz* F Anm. 551.

A. Die Ertragsteuern   171–174   § 11

Durch das **Investitionszulagegesetz 1999**[67] wurden nicht nur den Vor- 171
gaben der EU Rechnung getragen, sondern auch die Förderung über Sonderabschreibungen nach dem Fördergebietsgesetz aufgegeben und statt dessen eine Förderung durch Investitionszulagen eingeführt.
Zulageberechtigte Personen sind ua. alle steuerpflichtigen Kapitalgesell- 172
schaften, unabhängig von ihrem Sitz oder der Ansässigkeit ihrer Anteilseigner. Die Investitionen dieser Gesellschaften müssen jedoch im Fördergebiet erfolgen; dieses wird mit den Ländern Berlin und den Ländern des Beitrittsgebietes definiert. Neben dem verarbeitenden Gewerbe und dem Handwerk werden nunmehr auch produktionsnahe Dienstleistungen (Datenverarbeitung Forschung und Entwicklung Markt- und Meinungsforschung Ingenieurleistungen, Werbung, fotografische Betriebe) sowie der Groß- und Einzelhandel gefördert.
Begünstigt ist die Anschaffung oder Herstellung von Wirtschaftsgütern des beweglichen Anlagevermögens in den Jahren 1999 bis 2004, auch wenn diese zur Nutzung (Leasing) an einen Betrieb im Fördergebiet überlassen worden sind.
Zu beachten ist, daß die Wirtschaftsgüter im Zeitpunkt der Anschaffung oder Herstellung „neu" sein müssen. Ausgenommen von der Förderung sind gem. § 2 InvZulG 1999 grundsätzlich mehr als 10% privat genutzte Wirtschaftsgüter sowie geringwertige Wirtschaftsgüter, Luftfahrzeuge und Personenkraftwagen.
Die beweglichen Wirtschaftsgüter sind nur dann zulagebegünstigt, wenn sie nach ihrer Anschaffung oder Herstellung mindestens drei Jahre zum Anlagevermögen eines Betriebes bzw. einer Betriebsstätte im Fördergebiet gehören und auch in einer Betriebsstätte im Fördergebiet verbleiben. Sofern die besondere Begünstigung für Klein- und Mittelbetriebe in Anspruch genommen werden soll, müssen auch die Voraussetzungen dafür mindestens drei Jahre aufrechterhalten bleiben.
Ab 1. 1. 1999 wird auch die Anschaffung bzw. Herstellung neuer Gebäude, Eigentumswohnungen im betrieblichen Bereich gefördert, sofern die Gebäude fünf Jahre in einem Betrieb des produktionsnahen Gewerbes verwendet werden.
Die Investitionszulage bemißt sich nach der Summe der Anschaffungs- und 173
Herstellungskosten der im Wirtschaftsjahr abgeschlossenen begünstigten Investitionen, wobei geleistete Anzahlungen bzw. Teilherstellungskosten mit in die Bemessungsgrundlage einbezogen werden dürfen.
Begünstigte Investitionen nach einer Genehmigung unter Vorbehalten (vgl 174
BMF v. 12. 1. 1999, WPg 99, 264) der EU-Kommission:

Anspruchsberechtigte			Förderzeitraum	
			1999–2001	2002–2004
Verarbeitendes Gewerbe	Betrieb. Gebäude		10%	10%
	Bewegliche WG	über 250 Arbeitnehmer	10%	20%

[67] Gesetz zur Fortsetzung der wirtschaftlichen Förderung in den neuen Bundesländern v. 18. 8. 1998, BGBl. I 1997, 2070.

Anspruchsberechtigte			Förderzeitraum	
			1999–2001	2002–2004
		bis 250 Arbeitnehmer	20%	20%
Handwerksbetriebe	Betriebl. Gebäude u. bewegliche WG	bis 250 Arbeitnehmer	10%	
Produktionsnahe Dienstleistungen	Betriebl. Gebäude u. bewegliche WG	über 250 Arbeitnehmer	10%	10%
		bis 250 Arbeitnehmer	20%	20%
Alle unbeschränkt Stpfl.	nachträgliche Herstellungs- u. Erhaltungsarbeiten an vor 1. 1. 1991 errichteten Mietwohnungsgrundstücken		15%	15%
	Anschaffung neuer Mietgebäude in Sanierungsgebieten		10%	

175 Die Investitionszulage ist **antragsbedingt**. Der Antrag ist gem. § 5 Abs. 1 InvZulG 1999 nach amtlichem Vordruck bis zum 30. September eines Kalenderjahres eigenhändig durch die Organe der Gesellschaft[68] zu stellen, das auf das Wirtschaftsjahr folgt, in dem die Investitionen abgeschlossen worden bzw. Anzahlungen geleistet oder Teilherstellungskosten entstanden sind.

176 Bei der Ermittlung des zu versteuernden Einkommens wird gem. § 10 InvZulG die ausgezahlte Investitionszulage als steuerfreier Ertrag wieder in Abzug gebracht (vgl. Rz. 26). Im Rahmen der Gliederungsrechnung des verwendbaren Eigenkapitals erfolgt eine Einstellung ins EK_{02}. Das hat zur Folge, daß es im Falle der Ausschüttung dieser Einkommensgruppe zu einer 30%igen Ausschüttungsbelastung dieser an sich steuerfreien Investitionszulage bei der GmbH kommt.

177 bb) **Fördergebietsgesetz.** Als flankierende Maßnahme zur Förderung betrieblicher Investitionen durch das InvZulG gewährt das Gesetz über Sonderabschreibungen und Abzugsbeträge im Fördergebiet (Fördergebietsgesetz) vom 23. September 1993[69] die Möglichkeit, neben den üblichen linearen Abschreibungssätzen zusätzlich **Sonderabschreibungen** vorzunehmen.

178 Begünstigt sind die Anschaffung oder Herstellung (incl. nachträglicher Herstellungsarbeiten) beweglicher abnutzbarer Wirtschaftsgüter des **Anlagevermögens** (dh. auch Betriebsvorrichtungen und Scheinbestandteile) vor dem 1. 1. 1999; danach getätigte Investitionen werden nach dem InvZulG 1999 gefördert.

Es gilt eine dreijährige **Verbleibensvoraussetzung** zum Anlagevermögen einer Betriebsstätte im Fördergebiet, sowie eine nicht mehr als 10prozentige eigene private Nutzung. Bei Veräußerung oder Überführung ins Umlaufvermögen entfällt die Begünstigung rückwirkend; dagegen ist Untergang durch Verschleiß oder höhere Gewalt unschädlich.

---

[68] Dh. bei Unterschrift durch Prokuristen oder Zusendung durch Telefax ist kein wirksamer Antrag abgegeben.

[69] Gesetz über Sonderabschreibungen und Abzugsbeträge im Fördergebiet (FördergebietsG) vom 24. 6. 1991 (BGBl. I 1991, 1322); Neubekanntmachung vom 23. 9. 1993 aufgrund Art. 19 Abs. 1 StandOG; letzmalig geändert durch JStErgG 1996 BGBl. I 1995, 1959.

A. Die Ertragsteuern   179–183   § 11

Auch die Anschaffung oder Herstellung abnutzbarer unbeweglicher Wirtschaftsgüter sowie Modernisierungsmaßnahmen und andere nachträgliche Herstellungsarbeiten (Baumaßnahmen, § 3 FördergebietsG) an diesen Wirtschaftsgütern sind förderungsfähig. Die Begünstigung erfaßt somit auch nicht bewegliche Wirtschaftsgüter und zwar neben Gebäuden auch Außenanlagen sowie Mietereinbauten.[70] Unbewegliche Wirtschaftsgüter des Betriebsvermögens müssen, wenn sie nach dem 31. 12. 1993 angeschafft wurden, mindestens 5 Jahre eigenbetrieblich genutzt werden. **179**

Die **Höhe der Sonderabschreibungen** beträgt 20, 25, 40 oder 50%[71] der vorgenannten Kosten bzw. der Anzahlungen auf Anschaffungskosten oder Teilherstellungskosten. Als Abschreibungszeitraum gilt das Jahr der Anschaffung oder Herstellung bzw. Beendigung der nachträglichen Herstellungsarbeiten, sowie die folgenden vier Jahre. Innerhalb dieses Zeitraumes hat die steuerpflichtige GmbH das Wahlrecht, wann und ggf. in welcher Höhe sie von den Sonderabschreibungen Gebrauch machen will. Neben den Sonderabschreibungen ist die lineare Abschreibung (§ 7 Abs. 1 bzw. 4 EStG) vorzunehmen. **180**

Nach Ablauf des Begünstigungszeitraumes sind die Abschreibungen nach § 7a Abs. 9 EStG bzw. § 4 Abs. 3 FörderGebietsG zu bemessen. Begünstigt sind grundsätzlich nur Investitionen, die bis zum 31. 12. 1998 abgeschlossen werden; bei späterem Abschluß werden nur die Anzahlungen bzw. Teilherstellungskosten je nach ihrem Anfall, höchstens bis zum 1. 1. 1999 gefördert.[72] **181**

Bei nach dem 1. 1. 1999 aufgewendeten Herstellungskosten an begünstigten Gebäuden können für diese nachträglichen Kosten noch erhöhte Absetzungen über § 7a Abs. 1 EStG in Anspruch genommen werden.[73] Die Bildung einer **steuerfreien Rücklage** im Vorgriff auf zukünftige Sonderabschreibungen ist mit Ablauf des Jahres 1995 entfallen.

cc) **DDR-Investitionsgesetz.**[74] Durch dieses Gesetz konnte für Wirtschaftsgüter, die aus einem westdeutschen Betrieb in eine Kapitalgesellschaft im Beitrittsgebiet vor dem 1. Januar 1992 überführt worden sind, die sofortige Aufdeckung stiller Reserven durch Bildung einer **steuerfreien Rücklage** zunächst verhindert werden. Die nach diesen Vorschriften gebildeten Rücklagen sind spätestens vom zehnten auf ihre Einstellung folgenden Wj. an mit jährlich einem Zehntel gewinnerhöhend aufzulösen. **182**

Weiterhin konnten Verluste von vor dem 1. Januar 1992 erworbenen Tochterkapitalgesellschaften in den neuen Bundesländern, bei der inländischen Besteuerung im Zeitpunkt der Verlust-Entstehung durch Bildung einer steuerfreien Rücklage berücksichtigt werden. Die Rücklage war spätestens zum Schluß des fünften auf ihre Bildung folgenden Wirtschaftsjahres gewinnerhöhend aufzulösen. **183**

---

[70] Vgl BdF-Erlaß v. 15. 11976, BStBl. II 1976, 66, Nr. 6 u. Nr. 7.
[71] Wegen der sehr differenzierten Staffelung wird auf § 3 FördGebG verwiesen.
[72] Wegen Zweifelsfragen Hinweis auf BMF v. 29. 3. 1993, BStBl. I 1993, 279; BMF v. 14. 7. 1995, BStBl. I 1995, 374; *Zitzmann* DB 1997, 1001.
[73] *Zitzmann* DB 1998, 952.
[74] Gesetz zum Abbau von Hemmnissen bei Investitionen in der Deutschen Demokratischen Republik einschließlich Berlin-Ost (DDR-Investitionsgesetz – DDR-IG) v. 26. Juni 1990 (BGBl. I 1990, 1143), zuletzt geändert durch Einigungsvertrag v. 31. 8. 1990, BGBl. I, 889, 978.

§ 11   184–187   Die laufende Besteuerung von Ergebnis und Vermögen

Da das Gesetz nur noch hinsichtlich früher gebildeter Rücklagen Bedeutung hat wird auf die einschlägige Fachliteratur verwiesen.[75]

184   **dd) Berlin- und Zonenrandförderung.** Das BerlinFG und ZRFG hatten zum Ziel, durch eine Vielzahl von Steuervergünstigungen den Standortnachteil West-Berlins sowie des Zonenrandgebietes auszugleichen.[76] Die Begünstigungen konnten inzwischen entfallen bzw. sind ins InZulG 1993 (für Berlin-West) übernommen worden. Hinsichtlich der Einzelheiten der ehemaligen Berlin- und Zonenrandvergünstigungen wird auf die Gesetze und Kommentierungen und Literaturfundstellen verwiesen.[77]

g) Sonstige Fördergesetze

185   **aa) Rahmenplan der Gemeinschaftsaufgabe „Verbesserung der regionalen Wirtschaftsstruktur" (GA Wirtschaftsstruktur).** Volkswirtschaftlich besonders förderungswürdige Investitionsvorhaben der gewerblichen Wirtschaft sowie wirtschaftsnahe Infrastrukturvorhaben werden in einzelnen Regionen des Bundesgebietes – seit dem 3. Oktober 1990 einschließlich der neu beigetretenen Bundesländer – nach dem 25. Rahmenplan der Gemeinschaftsaufgabe „Verbesserung der regionalen Wirtschaftsstruktur"[78] gefördert. Ob eine Förderung möglich ist, richtet sich nach den im Rahmenplan ausgewiesenen Fördergebieten.

186   Zu beachten ist, daß im Gegensatz zu den vorbehandelten Investitionszulagen **kein Rechtsanspruch** auf Gewährung der GA-Zuschüsse besteht. Letztere werden nur auf Antrag gewährt, der **vor Beginn** des Investitionsvorhabens bei einer zur Entgegennahme von Anträgen berechtigten Stelle eingereicht werden muß. Förderungsfähig sind Investitionen im Sachanlagevermögen und aktivierungsfähige immaterielle Wirtschaftsgüter. Die geförderten Wirtschaftsgüter müssen mindestens drei Jahre in der geförderten Betriebsstätte verbleiben. Hinsichtlich des regional unterschiedlichen Förderungsumfangs sowie der Förderungsvoraussetzungen wird auf den Rahmenplan verwiesen. Die Zuschüsse sind – anders als die Investitionszulagen – nicht steuerbefreit.

187   **bb) Andere Förderprogramme.** Das verfügbare subventions- und förderungspolitische Instrumentarium unterscheidet derzeit eine Vielzahl von **Förderprogrammen** des Bundes und der Länder.[79] Genannt werden hier als Beispiele:
– Existenzgründung/-sicherung

---

[75] *Schmidt* in WP-Handbuch der Unternehmensbesteuerung, Kap. B, Anm. 400 b.
[76] *Kaligin* DStZ 1987, 263–269, 426–431, 63–267.
[77] Vgl. Gesetz zur Förderung der Berliner Wirtschaft (BerlinFG) v. 2. 2. 1990 (BGBl. I 1990, 173), geändert durch StÄndG 1991 v. 24. 6. 1991 und StÄndG 1992 v. 25. 2. 1992; Gesetz zur Förderung des Zonenrandgebietes (ZRFG) v. 5. 8. 1971 (BGBl. I 1971, 1237), zuletzt geändert durch StÄndG 1991 v. 24. 6. 1991; *Krebs* in WP-Handbuch der Unternehmensbesteuerung, Kap. G, Anm. 678.
[78] 25. Rahmenplan der Gemeinschaftsaufgabe „Verbesserung der regionalen Wirtschaftsstruktur" für den Zeitraum 1996 bis 1999 (2000) BT-Drs. 13/4291 v. 9. 4. 1996.
[79] *Dittes/Winkler-Otto* Die Finanzierungshilfen des Bundes, der Länder und der internationalen Institutionen, Zeitschrift für das gesamte Kreditwesen, Sonderausgabe Heft 1, 1996/97.

A. Die Ertragsteuern

- Betriebserwerb, -errichtung, -erweiterung, -umstellung, -rationalisierung
- Beteiligungen
- Anlage- und Betriebsmittelinvestitionen
- Umweltschutzinvestitionen
- Arbeits- und Ausbildungsplätze
- Beratung
- Forschung und Entwicklung
- Export/Ausländische Kapitalanlagen/Interzonenhandel
- Sonderprogramme

Einzelheiten sind den jeweiligen Programmen und Subventionsdatenbanken zu entnehmen.

Die Subventionen werden z. T. auch unter bedingten Rückzahlungsverpflichtungen gewährt; sie sind nicht steuerbefreit.

cc) Fördermaßnahmen innerhalb des EStG. Auch das Einkommensteuergesetz enthält Fördermaßnahmen durch Sonderabschreibungen (vgl. §§ 7 a ff.). Für kleinere GmbH (Gewerbekapital unter DM 500 000) sind insbesondere die Sonderabschreibungen und Ansparabschreibungen zur Förderung von Klein- und Mittelbetrieben nach § 7 g EStG zu nennen.

dd) Auslandsinvestitionsgesetz. Durch dieses Gesetz wurden in der Vergangenheit Auslandsinvestitionen einer unbeschränkt steuerpflichtigen Person begünstigt. Im Rahmen des in Angriff genommenen generellen Subventionsabbaus ist ab dem VZ 1989/1990 keine Rücklagenbildung gem. §§ 1 und 3 AIG und kein Verlustabzug nach § 2 AIG mehr möglich. Das AIG hat daher nur noch für die Auflösung der vor dem 1. 1. 1990 zulässig gebildeten Rücklagen Bedeutung.

h) Veranlagungszeitraum und Wirtschaftsjahr

Bei der KSt handelt es sich gem. § 7 Abs. 3 Satz 1 KStG um eine **Jahressteuer**, wobei der VZ dem Kj. entpricht (§ 49 KStG).

Dagegen kann der für die Ermittlung der Grundlagen der KSt-Veranlagung, insb. des zu versteuernden Einkommens, geltende Zeitraum vom Kj. abweichen.

Im Falle der Gründung oder Löschung einer GmbH während eines Kj. ist der **Ermittlungszeitraum** wegen der teilweisen Steuerpflicht verkürzt. Gleiches gilt für den Wechsel zwischen unbeschränkter und beschränkter Steuerpflicht und umgekehrt. Gem. § 7 Abs. 3 Satz 2 KStG ist nur der steuerpflichtige Zeitraum für die Einkommensermittlung maßgebend (Ermittlungszeitraum Kj.).

Wird eine GmbH **liquidiert**, so kann sich der Ermittlungszeitraum gem. § 11 Abs. 1 Satz 2 KStG bis zu drei Jahren ausdehnen (Ermittlungszeitraum Kj.) (vgl. § 16 Rz. 71 ff.).

Weitere Besonderheiten ergeben sich durch ein vom Kj. **abweichendes Wj.** Gem. § 7 Abs. 4 Satz 2 KStG ist das Ergebnis eines solchen Ermittlungszeitraumes in dem Kj. (= VZ) zu erfassen, in dem der Ermittlungszeitraum endet. Beispielsweise wird das Ergebnis eines vom 1. 7. 01 bis 30. 6. 02 laufenden Wj. im VZ des Jahres 02 erfaßt.

196 Zu **Beginn der Steuerpflicht** – idR mit Gründung der GmbH – können die Gesellschafter ein beliebiges Wj. festlegen; dieses darf jedoch 12 Monate nicht überschreiten.

197 Die GmbH ist an das einmal gewählte Wj. grundsätzlich steuerlich gebunden. Eine spätere **Umstellung** auf ein vom Kj. abweichendes Wj. ist steuerlich nur wirksam, wenn sie im Einvernehmen mit dem zuständigen FA erfolgt. Für eine solche Zustimmung müssen ernsthafte betriebliche Gründe von der GmbH glaubhaft gemacht werden.[80]

198 Durch die Umstellung des Wj. entsteht regelmäßig ein sog. Rumpf-Wj.[81] Wird vom Kj. auf ein abweichendes Wj., beispielsweise vom 1. 7. 01 bis 30. 6. 02 umgestellt, so ist ein Rumpf-Wj. vom 1. 1. bis 30. 6. 01 einzuschieben. Für das Ergebnis der GmbH, das den Zeitraum vom 1. 7. 01 bis 31. 12. 01 betrifft, entsteht eine **sog. Steuerpause**, da dieser Teil in den VZ 02 fällt (§ 7 Abs. 4 Satz 2 KStG).[82]

Soll die Umstellung auf das Kj. erfolgen, ist eine Mitwirkung der Finanzbehörde nicht erforderlich.

199 In diesem Fall müssen bei der KSt-Veranlagung sowohl das im VZ 02 endende abweichende Wj. (zB 1. 7. 01 bis 30. 6. 02) als auch das Rumpf-Wj. (1. 7. 02 bis 31. 12. 02), mithin also zwei Wj. berücksichtigt werden.

200 Eine rückwirkende Umstellung ist bei der GmbH aufgrund der notwendigen Satzungsänderung mit konstitutiv wirkender Handelsregistereintragungsverpflichtung nicht möglich.[83]

4. Die steuerfreie GmbH

a) Die gemeinnützige GmbH

201 GmbH, die selbstlos, ausschließlich und unmittelbar entspr. ihrer Satzung und tatsächlichen Geschäftsführung gemeinnützigen, mildtätigen oder kirchlichen Zwecken iSd. §§ 51–68 AO dienen, sind gem. § 5 Abs. 1 Nr. 9 KStG von der KSt befreit.[84] Steuerbefreit ist auch die Vermögensverwaltung einer gemeinnützigen GmbH.

202 Soweit die gemeinnützige GmbH einen wirtschaftlichen Geschäftsbetrieb gem. § 14 AO unterhält, besteht insoweit eine partielle Steuerpflicht mit einer Tarifbesteuerung von 45%.[85] Damit sind im Ergebnis der gemeinnützige Bereich, die Vermögensverwaltung und die sog. Zweckbetriebe (§§ 65 ff. AO) von der KSt befreit.

203 Gewinnausschüttungen sind der gemeinnützigen GmbH im Hinblick auf selbstlose Tätigkeit nicht gestattet.

204 Die gemeinnützige GmbH kann ihrerseits auf von anderen Kapitalgesellschaften empfangene Ausschüttungen **keine KSt anrechnen** und auch keine Erstattung verlangen. Die von der ausschüttenden Gesellschaft gezahlte

---

[80] BFH v. 24. 4. 1980, BStBl. II 1981, 50.
[81] Mehrere Rumpf-Wj. dürfen nicht entstehen BFH v. 7. 2. 1969, BStBl. II 1969, 337.
[82] BFH v. 24. 4. 1980, BStBl. II 1981, 50.
[83] *Achenbach* in *Dötsch/Eversberg/Jost/Witt* § 7 Anm. 28 a.
[84] Vgl. auch Abschn. 37 KStR.
[85] *Jost* in *Dötsch/Eversberg/Jost/Witt* § 5 Anm. 61, 104.

A. Die Ertragsteuern   205–210   § 11

KapESt kann ihr jedoch nach § 44 c Abs. 1 Nr. 1, Abs. 2 Nr. 1 EStG vom Bundesamt für Finanzen erstattet werden[86] (vgl. Tabelle in Rz. 495).

Für das verwendbare Eigenkapital der gemeinnützigen GmbH gelten die allgemeinen Gliederungsvorschriften. Praktische Auswirkungen hat dieses Eigenkapital in den Fällen der Umwandlung in eine nicht steuerbefreite GmbH oder bei Auflösung der GmbH.[87] **205**

Über die Gemeinnützigkeit etc. der GmbH entscheidet die Finanzbehörde im Rahmen des KSt-Veranlagungsverfahrens. **206**

Ein Wechsel von der gemeinnützigen GmbH in eine gewerbliche GmbH ist nicht ohne Schwierigkeiten möglich. **207**

Diese Schwierigkeiten liegen nicht in der gem. § 13 Abs. 2 KStG normalerweise zu erstellenden Anfangsbilanz für die gewerbliche GmbH; ein Ansatz zu zu Teilwerten ist wegen § 13 Abs. 4 KStG nämlich für diesen Fall nicht erforderlich. Probleme ergeben sich vielmehr aus den Vorschriften der §§ 55 ff. AO über die Vermögensbindung. Wird die gemeinnützige Zweckbindung aufgehoben und das Vermögen der nunmehr gewerblichen GmbH überlassen, so ist nach § 61 Abs. 3 AO die Steuerfreiheit (zB hinsichtlich der Einkünfte aus Vermögensverwaltung) für die letzten 10 Jahre aufzuheben. Die Steuerbelastung betrifft aber nicht nur die KSt und GewSt, sondern hinsichtlich empfangener Spenden auch die Schenkungsteuer. Die Gesellschaft wird so behandelt als sei sie von Anfang an uneingeschränkt steuerpflichtig gewesen.

Der Befreiungstatbestand des § 5 Abs. 1 Nr. 10 KStG aF, welcher bis zum 31. 12. 1989 die Gemeinnützigkeit der Wohnungsbau-GmbH regelte, ist durch die Aufhebung des Wohnungsgemeinnützigkeitsgesetzes aufgrund des Steuerreformgesetzes 1990 für die GmbH gegenstandslos geworden. Wegen der mit dem Eintritt in die Steuerpflicht verbundenen Probleme wird auf § 13 Abs. 2 und Abs. 3 KStG verwiesen. **208**

b) Die Unterstützungs-GmbH

Wird eine rechtsfähige Unterstützungskasse in der Rechtsform einer GmbH betrieben, so besteht unter den Voraussetzungen des § 5 Abs. 1 Nr. 3 KStG Befreiung von der KSt. Eine **Unterstützungskasse** ist gem. § 1 Abs. 4 S. 1 BetrAVG dann gegeben, wenn die GmbH Leistungen im Rahmen der betrieblichen Altersversorgung erbringt (zB Rentenzahlungen, Unterstützungen bei Not, Arbeitslosigkeit, Sterbefall etc.), auf die der Leistungsempfänger keinen Rechtsanspruch hat. Eine Versicherungsaufsicht besteht nicht. Die Steuerbefreiung hat den Zweck, die betriebliche Altersversorgung zu fördern. **209**

Voraussetzung für die Befreiung ist, daß die Leistungsempfänger zu dem in § 5 Abs. 1 Nr. 3 a KStG, §§ 1, 3 KStDV genannten beschränkten Personenkreis gehören, die Höhe der Leistungen beschränkt ist und aufgrund einer satzungsmäßig abzusichernden Vermögensbindung für den Liquidationsfall der Unterstützungs-GmbH eine Rückzahlung der eingezahlten Stammeinlage an das Trägerunternehmen regelmäßig ausgeschlossen ist.[88] Der Grundsatz der **210**

---

[86] *Jost* in *Dötsch/Eversberg/Jost/Witt* § 5 Anm. 106–109.
[87] Gestaltungen zur Unternehmensfortführung – Die Stiftung – Arbeitskreis „Unternehmensnachfolge" des IDW, Düsseldorf 1985, S. 86.
[88] BFH v. 25. 10. 1972, BStBl. II 1973, 79.

211 Vermögensbindung verlangt, daß bei einer darlehnsweisen Überlassung der Unterstützungskassenmittel an das Trägerunternehmen eine angemessene Verzinsung vereinbart wird.[89]
Eine Steuerbefreiung der Unterstützungskasse besteht jedoch nur, soweit bestimmte Höchstbeträge für ihr Vermögen nicht überschritten werden (§ 5 Abs. 1 Nr. 3 e KStG); bei einer Überdotierung wird die GmbH nach Maßgabe des § 6 Abs. 5 KStG partiell steuerpflichtig.[90]
Das ist der Fall, wenn das nach § 4 d EStG ermittelte zulässige Kassenvermögen am Ende des Wirtschaftsjahres um mehr als 25% überschritten wird.

212 Das überdotierte Vermögen kann unter steuerlichen Gesichtspunkten auf das Trägerunternehmen zurückübertragen werden, löst aber bei diesem eine Ertragsteuerbelastung infolge der eintretenden Gewinnerhöhung aus;[91] dabei spielt es keine Rolle, daß die zurückübertragenen Vermögensteile wegen Überdotierung bereits bei Zuweisung beim Trägerunternehmen nicht abzugsfähig waren oder bei der Unterstützungs-GmbH aus steuerpflichtigen Einkünften stammen.
Eine solche **Rückübertragung** kann jedoch auf handelsrechtliche Bedenken stoßen. Bei der Berechnung des steuerlich zulässigen Kassenvermögens werden nämlich die Anwartschaften mit einem Betrag abgezogen, der die Verpflichtungen in aller Regel nicht abdeckt, so daß die Rückübertragung sich in vielen Fällen als eine unzulässige Kapitalrückgewährung (§ 30 GmbHG) darstellen dürfte (vgl. § 10 Rz. 180, 196). Zudem wäre die Rückübertragung nur über eine Gewinnausschüttung bzw. Vorabausschüttung möglich, für die die handelsrechtlichen Beschlußvorschriften zu beachten sind (§ 10 Rz. 85).

c) Beginn und Erlöschen einer Steuerbefreiung

213 Wird eine körperschaftsteuerpflichtige GmbH, die nicht gemeinnützig war (vgl. dazu Rz. 207) von der KSt befreit oder wird eine steuerbefreite GmbH körperschaftsteuerpflichtig, so sind bei der Einkommensermittlung die Regelung des § 13 KStG zu beachten. Diese Vorschrift sieht vor, daß die Ergebnisse und stillen Reserven aus den Zeiträumen vor oder nach der Steuerbefreiung durch eine Bilanz von den steuerpflichtigen Zeiträumen abgegrenzt werden. Diese Abgrenzung erfolgt jedoch nur partiell, weil in den Abgrenzungsbilanzen selbstgeschaffene immaterielle Wirtschaftsgüter nicht angesetzt werden können.
Komplizierte Sonderregelungen sind im § 13 Abs. 3 KStG für ehemalige gemeinnützige Wohnungsunternehmen enthalten. Diese Vorschriften sollen sicherstellen, daß die beim Übergang in die Steuerpflicht steuerfreien Aufstockungen auf die Teilwerte nur zu Abschreibungen führen, die mit Gewinnen aus der reinen Wohnungsvermietung verrechnet werden.

214–219 *(einstweilen frei)*

---

[89] R 6 Abs. 10 KStR.
[90] *Jost* in *Dötsch/Eversberg/Jost/Witt* § 5 Anm. 34; R 23 KStR.
[91] Wegen eines Vorteilhaftigkeitsvergleiches Hinweis auf *Gratz/Bühl* DB 1996, 1995; BFH v. 29. 8. 1996; DB 1997, 1256.

II. Der Solidaritätszuschlag

1. Allgemeines

Mit Wirkung vom 1. 1. 1995 ist durch das FKPG vom 23. 6. 1993[92] für alle Steuerpflichtigen, also auch für die GmbH, ein zunächst unbefristeter **Solidaritätszuschlag** (SolZ) eingeführt worden, der als **Ergänzungsabgabe** zur ESt und KSt ausgestaltet ist und somit eine selbständig zu erhebende Steuer gem. Art. 106 Abs. 1 Nr. 6 GG darstellt.[93] Die technische Anknüpfung an die vorgenannten Ertragsteuern erfolgt lediglich aus Praktikabilitätsgründen.

2. Die allgemeinen Besteuerungsgrundsätze

Mit einem Steuersatz von 7,5% bis einschließlich 1997, bzw. 5,5% ab 1998, der veranlagten Steuerschuld ist der SolZ höher als der der Vorgängerregelung, die für die Jahre 1991 und 1992 gegolten hat. Hinsichtlich der Rechtssystematik des neuen SolZ bestehen gegenüber der alten Regelung erhebliche Unterschiede. So wird die früher bestehende – und aufgrund der kurzen Laufzeit akzeptierte – Doppelbelastung von Gewinnausschüttungen durch den SolZ nunmehr durch ein eigenständiges **vereinfachtes Anrechnungsverfahren** weitgehend vermieden.[94]

Der SolZ bemißt sich für VZ ab 1995 nach der jeweils festgesetzten KSt, abzüglich eigener KSt-Anrechnungsansprüche aus empfangenen Dividenden. Die **Bemessungsgrundlage**, dh. die Tarifbelastung abzüglich KSt-Minderung (zuzüglich KSt-Erhöhung) und abzüglich eigener KSt-Anrechnungsansprüche aus erhaltenen Dividenden, muß jedoch ein positiver Betrag sein; negative Bemessungsgrundlagen und hieraus resultierende SolZ-Vergütung sind ausgeschlossen.

Anders ist die Sachlage bei dem SolZ, der von einer ausschüttenden Gesellschaft auf die Kapitalertragsteuer erhoben und abgeführt werden muß. Dieser SolZ kann im Rahmen der Veranlagung des Dividendenempfängers zusammen mit der Kapitalertragsteuer bei diesem angerechnet werden. Wenn die Dividende infolge von Verlusten aus anderen Bereichen beim Empfänger nicht zu einer Steuerpflicht führt, erfolgt eine Erstattung.[95]

Durch die Einbeziehung der KSt-Änderungen in die Bemessungsgrundlagen sind nicht nur die KSt-Minderungen bei Ausschüttung aus EK_{45} bzw EK_{50} zu beachten, sondern auch KSt-Erhöhungen bei Auschüttungen aus EK_{02} bzw. EK_{03}. Dagegen sind alle Einkommensteile, die nach §§ 8b, 40 KStG in EK_{01}. eingestellt oder entnommen, werden ohne Einfluß auf die Höhe des SolZ.

---

[92] Art. 31 FKPG v. 23. 6. 1993, BGBl. I 1993, 944, 975; Gesetz zur Senkung des SolZ v. 21. 11.1997, BGBl. I 1997, 2743.
[93] *Dötsch* DB 1993, 1440; *Dötsch* in *Dötsch/Eversberg/Jost/Witt* Anh. SolZG 1995; *Dötsch* GmbHR 1994, 592; *Rüter/Reinhardt* DStR 1994, 1023.
[94] *Dötsch* DB 1993, 1441; *Dötsch* in *Dötsch/Eversberg/Jost/Witt* Anh. SolZG 1995 Anm. 12–16.
[95] Vgl. *Dötsch* in *Dötsch/Eversberg/Jost/Witt* Anh. SolZG Anm. 6, 17.

225 Bei der Gliederungsrechnung des vEK's vermindert der SolZ als sonstige nichtabziehbare Ausgabe iSd. § 31 Abs. 1 Nr. 4 KStG den ungemildert mit KSt belasteten Einkommensteil, regelmäßig also das EK_{45}. Insoweit liegt eine **Definitivbelastung** vor.

226 Eine weitere Definitivbelastung ergibt sich dadurch, daß bei Verlusten einer dividendenempfangenden Kapitalgesellschaft diese die KSt-Anrechnungsansprüche, die mit den Dividenden verbunden sind, nicht von ihrer Bemessungsgrundlage (vgl. Rz. 222) für den SolZ abziehen kann. Aus diesem Grunde führt ein **Gewinnabführungsvertrag** zu einer günstigeren Bemessungsgrundlage; in diesem Fall wird nämlich die (negative) Bemessungsgrundlage des Organträgers mit den positiven Bemessungsgrundlagen der Organgesellschaften zusammengefaßt.[96]

227 Vorauszahlungen auf den endgültig festgesetzen SolZ sind mit den Körperschaftsteuervorauszahlungen zu leisten; dabei ist der Körperschaftsteuervorauszahlungsbescheid Grundlagenbescheid.[97]

3. Berechnungsformeln

228 Bei der Berechnung des SolZ ist zunächst zu berücksichtigen, daß dieser SolZ als sonstige nichtabziebare Ausgabe das EK_{45} mindert und damit für Ausschüttungszwecke nicht zur Verfügung steht. Damit wird also der Betrag, der zu einer KSt-Minderung bzw. KSt-Erhöhung führen kann, gekürzt und damit auch die Bemessungsgrundlage für den SolZ beeinflußt. Da die Körperschaftsteuerminderung bzw. Körperschaftsteuererhöhung von der Zusammensetzung des vEK abhängt (zB $15/70$ bei Ausschüttung aus EK_{45}, $0/0$ bei Ausschüttung aus EK_{01} oder EK_{04}), hat die Berechnung für jeden Einzelfall nach unterschiedlichen Formeln zu erfolgen.[98]

Der Zusammenhang des SolZ mit der KSt-Berechnung und dem vEK sowie der Bruttobardividende ergibt sich aus dem folgenden Schema (ohne Berücksichtigung von KSt-Anrechnungsansprüchen):

229 Beispiel:

	Ausschüttung eines Festbetrages	Vollausschüttung Jahresüberschuß	Quotale (50%) Ausschüttung Jahresüberschuß
	DM	DM	DM
Vorläufiges Ergebnis	90 000	90 000	90 000
KSt-Anrechng.-Ansprüche = KA (als Aufwand verbucht)	10 000	10 000	10 000
Gewinn vor KSt	100 000	100 000	100 000
nichtabzugsfähige Aufwendungen	+20 000	+20 000	+20 000
Zu versteuerndes Einkommen	**120 000**	**120 000**	**120 000**

---

[96] Vgl. dazu: *Schaufenberg/Tillich* DB 1996, 589; *Schiffers* GmbHR 1995, 876.
[97] BFH v. 17. 4. 1996, DB 1996, 2211.
[98] *Hoffmann* GmbHR 1995, 511; *Heidemann* Inf. 1996, 277.

A. Die Ertragsteuern   230 § 11

	Ausschüttung eines Festbetrages	Vollausschüttung Jahresüberschuß	Quotale (50%) Ausschüttung Jahresüberschuß
	DM	DM	DM
KSt-Tarifbelastung: 45%	− 54 000	− 54 000	− 54 000
SolZ: 5,5% v. KSt	− 2 970	− 2 970	− 2 970
Nichtabzugsfähige Aufwendungen	− 20 000	− 20 000	− 20 000
Vorläufiger Jahresüberschuß (vJÜ) = EK_{45}	43 030	43 030	43 030
Geplante Ausschüttung s. u.	(40 000)	(56 310)	(24 129)
KSt-Minderung: $^{15}/_{70}$ v. Ausschüttung	+ 8 571	+ 12 066	+ 5 264
SolZ-Minderung: 5,5% v. KSt-Minderung	+ 471	+ 664	+ 290
SolZ-Minderung: 5,5% v. KSt-Anrechg.-Ansprüchen	+ 550	+ 550	+ 550
Jahresüberschuß	**52 622**	**56 310**	**49 134**

	Ausschüttung eines Festbetrages	Vollausschüttung Jahresüberschuß	Quotale (50%) Ausschüttung Jahresüberschuß
Berechnung Ausschüttung (A)			
Festbetrag	40 000		
Vollausschüttung A = (vJÜ + 0,055KA) + $^{15}/_{70}$A + $^{15}/_{70}$ × A × 0,055 A = (vJÜ + 0,055KA) + $^{15}/_{70}$ A × 1,055 A = (vJÜ + 0,055KA) + 0,226071 A A = (vJÜ + 0,055KA) : 0,773929		56 310	
Quotale Ausschüttung (50%) A = 0,5 × (vJÜ + 0,055KA) + 0,5 × 0,226071 × A A = 0,5 × (vJÜ + 0,055KA) : 0,886965			24 567

Die Verprobung und Zusammenstellung der Steuerberechnung ergibt sich 230
dann wie folgt:

	Ausschüttung eines Festbetrages	Vollausschüttung Jahresüberschuß	Quotale (50%) Ausschüttung Jahresüberschuß
	DM	DM	DM
Jahresüberschuß	52 622	56 310	49 134
KSt-Aufwand (wie oben)	45 429	41 934	48 736
SolZ (wie oben)	1 949	1 756	2 310
Nicht abzugsfähige Aufwendungen (wie oben)	20 000	20 000	20 000
Zu versteuerndes Einkommen	**120 000**	**120 000**	**120 000**
45% Tarifbelastung v. Einkommen	54 000	54 000	54 000
15/70 KSt-Minderung v. Ausschüttung	− 8 571	− 12 066	− 5 264
Körperschaftsteuer − Soll	45 429	41 934	48 736
KörperschaftSt.-Anrechnungsansprüche	10 000	10 000	10 000
Bemessungsgrundlage f. SolZ	**35 429**	**31 934**	**38 736**
5,5% von Bemessungsgrundlage	**1 949**	**1 756**	**2 130**

231 Wegen der Belastungswirkungen beim Gesellschafter wird auf Rz. 490 verwiesen.

232 Alle Vorauszahlungen zur KSt, die VZ ab 1995 betreffen, werden vom SolZ erfaßt. Letzteres bedeutet, daß im Falle eines abweichenden Wj. erstmals bereits im Jahre 1994 Vorauszahlungen auf den SolZ anfallen konnten.

233 Der SolZ wird auch auf einzubehaltende KapESt bzw. Steuerabzugsbeträge nach § 50 a EStG berechnet. Eine Ausnahme besteht lediglich im Rahmen von § 44 d EStG bei Ausschüttungen inländischer Tochtergesellschaften an ihre ausländischen EG-Muttergesellschaften. Ein Solidaritätszuschlag kommt hier aufgrund der sog. **Mutter-Tochter-Richtlinie** nicht in Betracht,[99] da infolge dieser Richtlinie gem. § 44 d Abs. 1 Satz 2 EStG ab 1. 7. 1996 keine Quellensteuer mehr einbehalten werden darf (die einzubehaltene Quellensteuer war bis zum 30. 6. 1996 auf maximal 5 Prozentpunkte beschränkt).

4. Ausschüttungspolitische Konsequenzen

234 Das Ausschüttungsverhalten (vgl. Rz. 110 ff.) kann im Hinblick auf den Solidaritätsabschlag eine Änderung erfahren, wenn bei geringen laufenden Gewinnen hohe Rücklagen aus EK_{45} vorhanden sind. Die sich durch die Ausschüttung ergebenden KSt-Minderungsbeträge können die KSt-Tarifbelastung des laufenden Wj. ausgleichen und somit den SolZ vermeiden.[100]

---

[99] Richtlinie Nr. 90/435 EWG.
[100] Vgl. *Heidemann* DB 1993, 2501.

A. Die Ertragsteuern

Beispiel: 235

Wird sodann auf der Gesellschafterebene die persönliche ESt-Belastung durch die anrechenbare KSt abgedeckt, ergibt sich kein festzusetzender SolZ. Dieses soll durch das nachfolgende Beispiel verdeutlicht werden:

Eine GmbH erwirtschaftet für das Wj. 1998 einen Gewinn vor Steuern von 100 000 und hat nichtabzugsfähige Aufwendungen von DM 20 000 (vgl. dazu das Beispiel in Rz. 229). Das EK_{45} beträgt mehr als DM 200 000. Die GmbH beschließt 1999[101] eine Bruttobarausschüttung in Höhe von DM 200 000.

	Ausschüttung aus EK_{45}
	DM
Vorläufiges Ergebnis	90 000
KSt-Anrechng. Ansprüche (als Aufwand verbucht)	10 000
Gewinn vor KSt	100 000
Nichtabzugsfähige Aufwendungen	+ 20 000
Zu versteuerndes Einkommen	**120 000**
KSt-Tarifbelastung: 45%	− 54 000
SolZ : 5,5% v. KSt	− 2 970
Nichtabzugsfähige Aufwendungen	− 20 000
Vorläufiger Jahresüberschuß (vJÜ) = vEK	43 030
KSt-Minderung : $^{15}/_{70}$ v. Ausschüttung v. 200 000	+ 42 857
SolZ-Minderung : 5,5% v. KSt-Minderung.	+ 2 357
SolZ-Minderung : 5,5% von KSt-Anrechg.Ansprüchen	+ 550
Jahresüberschuß	**88 794**
Probe	
Jahresüberschuß	88 794
Körperschaftsteuer	11 143
SolZ (rechnerisch)	63
nicht abzugsfähige Aufwendungen	20 000
Körperschaftsteuerpflichtiges Einkommen	120 000
Tarifbelastung. 45% v. KSt-Einkommen	54 000
KSt-Minderung : $^{15}/_{70}$ v. Ausschüttung	− 42 857
Körperschaftsteuer-Soll	11 143
KSt-Anrechnungsansprüche	− 10 000
Bemessungsgrundlage f. SolZ	1 143
SolZ rechnerisch 63; jedoch nur Erhebung, wenn Bemessungsgrundlage > DM 1 836	0

Aus dem Beispiel ergibt sich, daß zur Minimierung des SolZ die KSt-Minderungen nicht höher sein sollten, als die Tarifbelastung abzügl. KSt-Anrechnungsansprüche. 236

(einstweilen frei) 237–239

---

[101] Ausschüttungen vor 1998 aus noch nicht ungegliederten EK_{50} führten zu einem höheren Entlastungseffekt.

III. Die Gewerbeertragsteuer

1. Einleitung

240 Die GewSt ist mit einem **Steueraufkommen** von 48 900 Mio. DM (Schätzung für 1997)[102] die derzeit viertgrößte Steuer in der Bundesrepublik Deutschland. Das GewSt-Aufkommen steht seit dem 1. 4. 1957 grundsätzlich den Gemeinden zu. Die Gemeinden sind nach Maßgabe des Art. 106 Abs. 5 GG iVm. den Vorschriften des **Gemeindefinanzreformgesetzes**[103] mit einem 15%igen Anteil an der Lohn- und veranlagten Einkommensteuer sowie mit 12 v. H. der Zinsabschlagsteuer eines Landes beteiligt. Nach § 6 Abs. 2 Gemeindefinanzreformgesetz haben sie andererseits die Verpflichtung, einen Teil ihres GewSt-Aufkommens in Form einer hebesatzneutralen GewSt-Umlage an den Bund und das Land über ihr zuständiges FA abzuführen.[104]

241 Die Gewerbesteuer wurde bis Ende 1997 sowohl vom Gewerbeertrag wie auch vom Gewerbekapital erhoben. Daher wurde diese Steuer bis zu Änderung des Grundgesetzes in 1997[105] gesetzlich als Realsteuer bezeichnet. Nachdem die Gewerbekapitalsteuer ab dem Veranlagungszeitraum 1998 fortgefallen ist,[106] wird nach Art. 106 Abs. 6 GG die Gewerbeertragsteuer den Gemeinden als Einnahmequelle zugewiesen.

Die Gewerbesteuer ist politisch umstritten. Auch rechtlich werden gegen die verbleibende Gewerbeertragsteuer Bedenken vorgetragen. Das Finanzgericht Niedersachsen hat eine entsprechende Vorlage unter dem 24. 6. 1998 beim Bundesverfassungsgericht eingereicht.[107]

242 Die Gemeinden haben nach dem GG das Recht, **Hebesätze** für die Gewerbeertragsteuer im Rahmen der Gesetze eigenverantwortlich festzusetzen und somit Einfluß auf die Höhe ihrer Einnahmen zu nehmen. Die Hebesätze schwanken in der Bundesrepublik Deutschland zwischen 300% und 515%; der durchschnittliche Hebesatz belief sich 1998 auf 426%.[108]

243 Obwohl die Gewerbekapitalsteuer abgeschafft ist wird sie nachstehend noch behandelt, weil für die Vergangenheit viele Veranlagungen (insbesondere infolge Betriebsprüfungen) noch nicht abgeschlossen sind. Die dargestellten Grundsätze für die Gewerbeertragsteuer gelten unverändert weiter.

Eine weitere Besonderheit der Gewerbesteuer liegt darin, daß für sie zwei Behörden zuständig sind (vgl. Rz. 244 u. Rz. 259).

---

[102] BMF Finanzbericht 1998, Tabelle 2.

[103] Gesetz zur Neuordnung der Gemeindefinanzen (Gemeindefinanzreformgesetz) idF der Bekanntmachung v. 6. 2. 1995, BGBl. I 1995, 189 zuletzt geändert durch das Gesetz zur Fortsetzung der Unternehmenssteuerreform v. 29. 10. 1997 BGBl. I 1997, 928.

[104] GewSt-Umlage = GewSt-Aufkommen der Gemeinde dividiert durch Hebesatz, multipliziert mit einem Faktor, der nach Bundesländern unterschiedlich ist (alte Bundesländer/Beitrittsgebiet) und den Länderfinanzausgleich berücksichtigt.

[105] Gesetz zur Änderung des Grundgesetzes v. 20. 10. 1997, BGBl. I 1997, 2470.

[106] Gesetz zur Fortführung der Unternehmenssteuerreform v. 29. 10. 1997.

[107] NWB Eilnachrichten 939/98.

[108] Beck'sches StB-Handbuch/*Pelka/Rhode* F Anm.: 184 Neubrandenburg 300%, Frankfurt/M 515%; FAZ v. 15. 9. 1998.

2. Die allgemeinen Besteuerungsgrundsätze

a) Bemessungsgrundlage und Steuerfestsetzung

Bemessungsgrundlage für die GewSt war der **Gewerbeertrag** und das **244**
Gewerbekapital.[109] Beide wurden mit sog. Meßzahlen multipliziert; diese
betrugen für den Gewerbeertrag 5% (§ 11 Abs. 2 Nr. 2 GewStG) und für das
Gewerbekapital 0,2% (§ 13 Abs. 2 GewStG). Das Ergebnis dieser Multiplikationen, die Meßbeträge für Gewerbeertrag bzw. Gewerbekapital, wurden bis
1998 zum **einheitlichen Steuermeßbetrag** addiert (§ 14 Abs. 1 GewStG)
und vom FA festgestellt. Auf diesen Meßbetrag wendeten die Gemeinden
ihren Hebesatz an, um die Gewerbesteuerschuld (das GewSt-Soll) durch einen
gemeindlichen Steuerbescheid festzusetzen.[110]

b) Begründung und Beendigung der Steuerpflicht

Die **Steuerpflicht** der GmbH ergibt sich nach § 2 Abs. 2 GewStG aus **245**
ihrer Rechtsform als Kapitalgesellschaft, unabhängig ob sie eine gewerbliche
Tätigkeit iSv. § 15 Abs. 2 EStG oder andere Tätigkeit (zB Vermögensverwaltung) ausübt. Die GewSt-Pflicht der GmbH beginnt grundsätzlich mit ihrer
rechtlichen Existenz, dh. der Handelsregistereintragung. Nimmt die GmbH
aber bereits vorher irgendeine tatsächliche, nach außen erkennbare (auch
satzungsfremde oder nur vorbereitende) Tätigkeit auf, so beginnt die Steuerpflicht mit der Aufnahme der Tätigkeit.[111]

Die GewSt-Pflicht betrifft aber nur die Tätigkeit, soweit sie sich auf das **246**
Inland erstreckt, dh. soweit sie **inländischen** Betriebstätten zuzurechnen ist.
Der Betriebstättenbegriff ist hier nach § 12 AO zu bestimmen; eine abweichenden DBA-Definition ist ohne Bedeutung, da es sich hier um die Erhebung einer deutschen Steuer nach deutschem Steuerrecht handelt.[112]

Kapitalgesellschaften, die finanziell, organisatorisch und wirtschaftlich in **247**
ein anderes Unternehmen eingegliedert sind, sind als Organ nicht gewerbesteuerpflichtig; gewerbesteuerpflichtig ist nur der Organträger; ihm sind die
beim Organ ermittelten Besteuerungsgrundlagen zur Besteuerung zuzurechnen.

Die GewSt-Pflicht endet mit der Einstellung jeglicher Tätigkeiten der **248**
GmbH. Im Regelfall ist das der Zeitpunkt der Vermögenslosigkeit der GmbH
(Beendigung der Liquidation).[113]

---

[109] Die früher geltende Lohnsummensteuer als dritte Bemessungsgrundlage ist seit dem 1. 1. 1980 weggefallen.

[110] Ab 1. 1. 1998 nur "Steuermeßbetrag" wegen der Beschränkung auf den Gewerbeertrag.

[111] BFH v. 17. 4. 1986, BStBl. II 1986, 527; *Popp* in *Meyer-Scharenberg/Popp/Woring* Gewerbesteuerkommentar § 2 Anm. 747, 762; *Glanegger/Güroff* § 2 Anm. 219.

[112] *Baranowski* Besteuerung von Auslandsbeziehungen Anm. 217.

[113] *Popp* in *Meyer-Scharenberg/Popp/Woring* Gewerbesteuerkommentar § 2 Anm. 787.

§ 11 249, 250 Die laufende Besteuerung von Ergebnis und Vermögen

c) Überleitung vom körperschaftsteuerpflichtigen Einkommen zum Gewerbeertrag

249 Ausgangsgröße für die Ermittlung des Gewerbeertrages ist der Gewinn aus Gewerbebetrieb, der gem. § 7 GewStG bei der GmbH nach den körperschaftsteuerlichen Grundsätzen zu ermitteln ist. Trotz dieser engen Anknüpfung an die Gewinnermittlungsvorschriften des KStG besteht keine **Bindungswirkung** für die GewSt (der KSt-Bescheid ist nicht **Grundlagenbescheid**), da insoweit eine selbständige Feststellung des Gewinnes erfolgt.[114]

250 Für die Ermittlung des Gewerbeertrages empfiehlt sich folgendes Schema:

Die Ermittlung des Gewerbeertrages

1		Zu versteuerndes körperschaftsteuerliches Einkommen (vgl. Rz. 26 Ziff. 18)
2	+	kst-steuerlicher Verlustrücktrag/-vortrag (vgl. Rz. 26 Ziff. 15)
3	+/−	kst-steuerliche Einkommenszurechnungen von Organgesellschaften gem. §§ 14, 17, 18 KStG (vgl. Rz. 26 Ziff. 13)
4	=	Gesamtbetrag der Einkünfte aus Gewerbebetrieb (§ 8 Abs. 2 KStG) vgl. Rz. 26 Ziff. 14)
5	=	**Gewinn aus Gewerbebetrieb,** Ausgangsgröße gem. § 7 GewStG
6	+	**Hinzurechnungen** gem. § 8 GewStG
		+ Dauerschuldentgelte zu 50% (Nr. 1)
		+ Renten und dauernde Lasten anläßlich Gründung oder Erwerb (Nr. 3)
		+ Gewinnanteile typischer stiller Gesellschafter (Nr. 3)
		+ bestimmte Miet- und Pachtzinsen zu 50% (Nr. 7)
		+ Verlustanteile an Mitunternehmerschaften (Nr. 8)
		+ Nichtwissenschaftliche Spenden gem. § 9 Nr. 2 KStG (Nr. 9) (vgl. Rz. 26 Ziff. 6 u. 12)
		+ Gewinnminderungen aufgrund von Teilwertabschreibungen oder Veräußerungen, wenn diese Gewinnminderungen durch gewerbesteuerbefreite Gewinnausschüttungen oder organschaftliche Gewinnabführungen bedingt sind
		+ Nachforderungszinsen uam. auf Personensteuern (Nr. 11)
7	−	**Kürzungen** gem. § 9 GewStG
		− 1,2% vom 140%igen Einheitswert des Grundbesitzes*
		− Anteile am Gewinn von Mitunternehmerschaften
		− Gewinnanteile aus mindestens 10%igen Beteiligungen an in- und ausländischen Kapitalgesellschaften (Nr. 2 a und Nr. 7 Schachtelprivileg)[115]
		− Anteiliger Gewerbeertrag ausländischer Betriebsstätten soweit i. KSt-Einkommen noch enthalten (i. W. Nicht DBA-Betriebsstätten) (Nr. 3)
		− bestimmte Miet- und Pachtzinsen (Nr. 4)
		− Kuponsteuerpflichtige Zinsen gem. § 43 Abs. 1 Nr. 5 EStG (Nr. 6)
		− sonstige Kürzungen (Nr. 7, 8)
		− Zinsen, die nach § 8 a KStG zugerechnet werden
8	−	Gewerbeverordnung § 10 a GewStG
9	=	**Gewerbeertrag**

---

[114] Meyer-Scharenberg in *Meyer-Scharenberg/Popp/Woring* Gewerbesteuerkommentar § 7 Anm. 2.

[115] Nach Auffassung der Finanzverwaltung gehören dazu nicht Erträge aus EK_{04}-Ausschüttungen, die den Beteiligungsbuchwert übersteigen (s. auch Rz. 467; FM-Niedersachsen v. 5. 3. 1998, WPg 1998, 591). Die Beteiligung muß unmittelbar sein (Erlaß FinMin Niedersachsen v. 6. 8. 1998, WPg 1998, 638).

A. Die Ertragsteuern   251–256   § 11

* Bei der Gewerbeertragsteuer sind noch die alten EW und nicht die Bedarfswerte f. Grundstücke zu berücksichtigen. Alternativ kann bei Gewerbebetrieben mit qualifizierter Grundbesitzverwaltung wahlweise der gesamte Ertrag aus dieser Verwaltung angesetzt werden (§ Ziff. 1 Satz 2 GewStG). Würde sich danach ein negativer Betrag ergeben ist dieser nicht zu berücksichtigen: in diesen Fällen empfiehlt sich der Ansatz von 1,2% des EW, weil dadurch ein vortragsfähiger Gewerbeverlust entsteht (*Bittner* GewStG-Komm. § 9 Anm. 65; *Jonas/Müller* DStR 1988, 623).

Der Gewerbeverlust kann nur vorgetragen werden (kein Gewerbeverlustrücktrag); bei einem Mantelkauf kann auch der Gewerbeverlust nicht vorgetragen werden (vgl. hierzu Rz. 149). Hinsichtlich des Gewerbverlustvortrages bei Begründung einer Organschaft wird auf R 68 Abs. 8 GewStR 1995 hingewiesen.

d) Ermittlung des Steuermeßbetrages aus Gewerbeertrag und Gewerbekapital

Durch die Anwendung einer **Steuermeßzahl von 5%** auf den Gewerbeertrag errechnet sich gem. § 11 Abs. 1 und 2 GewStG der sog. Steuermeßbetrag aus dem Gewerbeertrag. Wendet man auf diesen Meßbetrag den gemeindlichen Hebesatz iSd. § 16 GewStG an, so ergibt sich ein Gewerbeertragsteuersatz (bei einem Hebesatz von 400 also ein Bruttosatz von 20%). 251

Da die Gewerbeertragsteuer als Betriebsausgabe abgezogen werden kann, ist der so errechnete Bruttosatz nur anwendbar, wenn – wie im obigen Schema unterstellt – die GewSt bereits als Aufwand das körperschaftsteuerliche Einkommen und damit den Gewerbeertrag gemindert hat. Ist die GewSt noch nicht als Aufwand berücksichtigt, so ist der **Bruttosatz** in einen **Nettosatz** umzurechnen. Wegen der Abzugsfähigkeit beläuft sich der Bruttosatz auf 100 + Steuersatz, der Nettosteuersatz auf 100. 252

Nach obigem Beispiel beträgt der Nettosatz (N) also: 253

$$N = {}^{20}/_{120} * 100 = 16{,}67\%$$

Nach diesem Verfahren lassen sich alle Nettosteuersätze errechnen. Bei einem Hebesatz von 200 ergibt sich ein Bruttosatz von 10 (5% von 200) und ein Nettosatz von 9,09 (10 : 110 x 100). 254

Zur Berechnung des Gewerbeertragsteuersolls im Rahmen der Rückstellungsberechnung ist der nach Rz. 250) errechnete Gewerbeertrag um die aufwandswirksam verbuchten GewSt-Vorauszahlungen zu erhöhen und um die Gewerbekapitalsteuer zu kürzen. Durch Anwendung des Nettosteuersatzes auf den so ermittelten vorläufigen Gewerbeertrag ergibt sich das Steuersoll. 255

Beispiel: 256

		DM
	Gewerbeertrag vor GewSt-Rückstellung	80 000
+	GewSt-Vorauszahlungen	12 000
–	Gewerbekapitalsteuer (vgl. Rz. 339 ff.)	2 000
=	Bemessungsgrundlage	90 000
	Hebesatz = 420	
	Bruttosatz = 5% × 420/100 = 21	

Bigge

Gewerbeertragsteuer-Soll zum Nettosatz von (21 : 121 × 100) = 17,355%	15 620
+ Gewerbekapitalsteuer-Soll	2 000
= Gewerbesteuer-Soll	17 620
− geleistete Vorauszahlungen	12 000
erforderliche Rückstellung	5 620

Probe:

Gewerbeertrag wie oben	80 000
− Gewerbesteuer-Rückstellung	5 620
	74 380
Gewerbesteuer-Soll	
Gewerbekapital wie oben	2 000
Gewerbeertrag 5% von 73 380 = Meßbetrag 3 719 multipliziert mit Hebesatz 420	15 620
= Gewerbesteuer-Soll	17 620

257 Die von der Finanzverwaltung tolerierte „⁵/₆-**Methode**", dh. Ansatz des Solls mit ⁵/₆ der ohne Berücksichtigung der Abzugsfähigkeit errechneten Steuer,[116] führt nur bei Hebesätzen um 400% zu richtigen Werten.

258 Hinsichtlich weiterer Methoden der Rückstellungsberechnung (Divisormethode, Multiplikatormethode) wird auf die Darstellungen im Schrifttum verwiesen.[117]

e) Festsetzung, Erhebung und Entrichtung der Gewerbesteuer

259 Im Rahmen des finanzbehördlichen Verfahrens wurden die Steuermeßbeträge für den Gewerbeertrag sowie das Gewerbekapital (vgl. Rz. 339) zum **einheitlichen Steuermeßbetrag** nunmehr zum **Meßbetrag** zusammengefaßt und in einem sog. **GewSt-Meßbescheid** festgesetzt. **Erhebungszeitraum** ist das Kj. Maßgebend für die Festsetzung des GewSt-Meßbetrags ist der Gewerbeertrag, der im jeweiligen Erhebungszeitraum bezogen ist; bei abweichendem Wj. gilt der Gewerbeertrag in dem Erhebungszeitraum als bezogen, in dem das Wj. endet. Im Abwicklungsstadium bzw. Konkurs der GmbH ist der während des Abwicklungszeitraums entstandene Gewerbeertrag auf die Erhebungszeiträume des Abwicklungszeitraums zu verteilen (§ 16 GewStDV).

260 Bei Gesellschaften, die nicht ein volles Jahr gewerbesteuerpflichtig werden, wird zur Berechnung des Meßbetrages für Gewerbeertragsteuer nur der in der kürzeren Periode erzielte Gewerbeertrag zugrundegelegt. Andererseits kann das Ergebnis von zwei Geschäftsjahren in einem Erhebungszeitraum der Gewerbeertragsteuer zugrundegelegt werden, wenn in einem Kj. ein vom Kj. abweichendes Geschäftsjahr und ein anschließendes Rumpfgeschäftsjahr enden.[118]

261 Grundlage für die Berechnung des Meßbetrages für das Gewerbekapital war der Einheitswert des Betriebsvermögens der vor dem Ende des Erhebungszeit-

---

[116] Vgl. R 20 Abs. 2 Satz 2 EStR.
[117] Beck StB-Handbuch/*Pelka/Rhode* F Anm. 174 ff.
[118] *Glanegger/Güroff* § 14 Anm. 4.

A. Die Ertragsteuern 262–267 § 11

raumes (31. 12.) festgestellt wurde; da zu Beginn der geschäftlichen Tätigkeit kein Einheitswert festgestellt wird, war die erste Geschäftsperiode nicht mit Gewerbekapitalsteuer belastet.[119]

Die Gemeinde ermittelt auf der Grundlage des von den Finanzbehörden erteilten GewSt-Meßbescheides über den Meßbetrag (vgl Rz. 244), der für sie rechtliche Bindung entfaltet, die GewSt mit Hilfe des von ihr nach § 16 GewStG bestimmten Hebesatzes und setzt die GewSt in einem gesonderten GewSt-Bescheid fest. 262

Zur Feststellung des **Steuermeßbetrages** ist die GmbH gem. § 14a GewStG (§ 25 Abs. 1 Nr. 2 GewStDV) zur Abgabe einer GewSt-Erklärung sowie ggf. einer **Zerlegungserklärung** (vgl. Rz. 266) verpflichtet. 263

Die **Doppelgleisigkeit** des gewerbesteuerlichen Verfahrens hat zur Konsequenz, daß die steuerpflichtige GmbH im prozessualen Verfahren **Klage** beim FG gem. §§ 40 ff. FGO (nach Vorverfahren – Einspruch – gem. § 44 FGO iVm. § 347 Abs. 1 Nr. 2 AO) gegen den GewSt-Meßbescheid (sofern dieser fehlerhaft ist) und ggf. gegen den Zerlegungsbescheid (vgl. Rz. 266) einlegen muß. Mit einer Klage beim Verwaltungsgericht gem. § 74 VwGO (nach Widerspruchsverfahren gem. §§ 68 ff. VwGO) können nur Einwendungen gegen den GewSt-Bescheid verfolgt werden. Gleiches gilt entspr. für Vorauszahlungsbescheide der beteiligten Behörden. 264

Die Gemeinden haben zudem das Recht, an **Außenprüfungen** der Länderfinanzbehörden teilzunehmen (§ 21 Abs. 3 FVG), wenn die Außenprüfung in der Gemeinde erfolgt und das Unternehmen dort eine Betriebsstätte unterhält.

Stundung, **Niederschlagung** und **Erlaß** der Gewerbesteuer liegen im Ermessen der Gemeinden und nicht im Ermessen der Finanzämter. Gleiches gilt für die Erhebung von Zinsen gem. § 233 ff. AO.

Auf die GewSt sind vierteljährlich, beginnend am 15. Februar eines Kj., **Vorauszahlungen** zu entrichten. Diese betragen grds. ein Viertel des zuletzt veranlagten Betrages. Die Gemeinde kann jedoch die Vorauszahlungen von sich aus oder aufgrund eines GewSt-Meßbescheides für die Zwecke der Vorauszahlung anpassen; in diesem Fall darf die Gemeinde jedoch nicht Vorauszahlungen abweichend vom Meßbescheid fordern. Bei abweichendem Wj. sind die Vorauszahlungen während des Wj. zu leisten. 265

f) Zerlegung des Steuermeßbetrages

Unterhält eine GmbH in mehreren Gemeinden Betriebsstätten, so ist der einheitliche GewSt-Meßbetrag nach Maßgabe der §§ 28 ff. GewStG, 185 ff. AO zu zerlegen. 266

Gleiches gilt, soweit sich eine Betriebsstätte über mehrere Gemeinden (mehrgemeindliche Betriebsstätte) erstreckt.

Zerlegungsmaßstab sind gem. § 29 GewStG (ab VZ 1998) allein die in allen Betriebsstätten angefallenen **Arbeitslöhne** (Definition gem. § 31 GewStG) eines Erhebungszeitraumes im Verhältnis zu denjenigen Arbeitslöhnen der Betriebsstätten der jeweiligen Gemeinde.[120] Bei mehrgemeindlichen Betriebsstät- 267

---

[119] Abschn. 74 GewStR.
[120] Die Aufteilung nach den Umsätzen ist für den Wareneinzelhandel ab 1. 1. 1998 entfallen.

§ 11 268–300 Die laufende Besteuerung von Ergebnis und Vermögen

ten richtet sich die Zerlegung gem. § 30 GewStG nach der Lage der örtlichen Verhältnisse sowie den erwachsenen Gemeindelasten. Führt die Zerlegung zu offenbar unbilligen Ergebnissen, so kann in Ausnahmefällen ein anderer Maßstab gem. § 33 GewStG zur Anwendung kommen.[121] Aufgrund der Zerlegungserklärung der GmbH erläßt die Finanzbehörde einen **Zerlegungsbescheid**.

g) Die gewerbesteuerliche Organschaft

268 Die gewerbesteuerliche Organschaft ist in den §§ 2 Abs. 2 Sätze 3 und 4 GewStG angesprochen. Danach gilt eine Kapitalgesellschaft als Betriebsstätte des anderen Unternehmens, wenn sie entspr. den § 14 Nr. 1 und 2 KStG in ein anderes inländisches gewerbliches Unternehmen eingegliedert ist. Hinsichtlich der erforderlichen Eingliederungsvoraussetzungen gelten dieselben Regelungen, wie im KSt-Recht. Im Gegensatz zur körperschaftsteuerlichen Organschaft bedarf es aber keines Gewinnabführungsvertrages. Es wird auf § 17 Rz. 93 ff. verwiesen.

269–299 *(einstweilen frei)*

B. Die Substanzsteuern der Gesellschaft

I. Einleitung

300 Insbesondere die vermögensteuerliche Mehrfachbelastung (Besteuerung des Betriebsvermögens der GmbH und des Anteilswertes beim Gesellschafter) sowie die ertragsteuerliche Nichtabziehbarkeit der Vermögensteuer waren Gründe dafür, die Vermögensteuer kritisch zu betrachten.[122] Das BVerfG hat in der unterschiedlichen Vermögens- und Erbschaftbesteuerung von Grundvermögen und übrigem Vermögen einen Verfassungsverstoß gegen den Gleichheitsgrundsatz gem. Art. 3 GG gesehen.[123] Der Gesetzgeber wurde verpflichtet, im Falle der Beibehaltung der Vermögensbesteuerung spätestens ab dem 1. 1. 1997 eine gleichmäßigere Steuerbelastung herzustellen. Da bis zum vorgenannten Termin keine Neuregelung erfolgt ist, kann die Vermögensteuer seit 1997 wegen Verfassungswidrigkeit nicht mehr erhoben werden. Die nachfolgende Darstellung der Vermögensteuer betrifft die Rechtslage bis zum 31. 12. 1996, dh. die Veranlagungen, die für Zeiträume davor noch abgewickelt werden müssen.[124]

Die Gewerbekapitalsteuer ist ab dem 1. 1. 1998 abgeschafft.[125] Da die seit 1991 geltenden Sonderregelungen für die Neuen Bundesländer (§ 37

---

[121] Zur Anwendung des § 33 GewStG im Falle von abweichenden Ertrags- und Arbeitslohnverhältnissen vgl. *Blasweiler* DB 1996, 1468 unter Ablehnung einer Verfassungswidrgkeit in solchen Fällen (dazu *Olbrich* DB 1996, 958, 1649).
[122] *Knobbe-Keuk* § 26 II, S. 956 ff.; *Tipke/Lang* §§ 8, 121, 185, 192 ff., 456.
[123] BVerfG, v. 22. 6. 1995, BStBl II 1995, 655 und 671.
[124] Die Erhebung der VSt für diese Zeiträume ist rechtlich nicht zu beanstanden; BVerfG-Beschluß v. 30. 3. 1998, DB 1998, 862.
[125] Da durch die Abschaffung der Gewerbekapitalsteuer der Charakter der Gewerbesteuer als Realsteuer in Frage gestellt ist, wurde Art. 106 GG geändert („Gewerbesteuer" statt „Realsteuer"). Ob die Gewerbeertragsteuer nicht wegen Verstoß gegen den Gleichheitsgrundsatz verfassungswidrig ist, ist noch nicht endgültig entschieden (vgl. FAZ v. 30. 12. 1998).

GewStG) Ende 1996 ausgelaufen waren, galt die Gewerbekapitalsteuer seit dem 1. 1. 1997 im gesamten Bundesgebiet. Gleichwohl wurde die Gewerbekapitalsteuer auch 1997 in den Neuen Bundesländern nicht erhoben, da die Kosten der Einführung dieser Steuer bei weitem das voraussichtliche Steueraufkommen überstiegen hätten.

Die Substanzsteuern, zu denen die **Vermögensteuer** (bis 31. 12. 1996), die **Gewerbekapitalsteuer** (bis zum 31. 12. 1997) sowie die **Grundsteuer** zählen, sollen grundsätzlich nicht die vorhandene Substanz vermindern. Vielmehr soll nur der aus dem Vermögen resultierende Substanz-Ertrag (Soll-Ertrag) einer laufenden Besteuerung unterworfen werden.[126]

Soweit der Besteuerungsgegenstand jedoch keinen Ertrag abwirft, wird dieses Ziel nicht erreicht; vielmehr wird in Verlustjahren einer GmbH, durch die Besteuerung die Substanz des Unternehmens verringert. Wegen der sich daraus ergebenden Verschlechterung der wirtschaftlichen Lage sowie möglicher Wettbewerbsnachteile sind die Substanzsteuern umstritten.

Rechtsgrundlagen für die Vermögensbesteuerung der GmbH waren insbes. das VStG v. 14. November 1990 (ab 1. 1. 1997 verfassungswidrig) sowie das BewG v. 1. Februar 1991.[127] Zahlreiche Gesetzesänderungen in den Jahren 1991 bis 1995[128] hatten dazu geführt, daß sich die Besteuerung des Vermögens erheblich geändert hat. Seit dem 1. Januar 1993 galten die Steuerbilanzwerte grundsätzlich (Ausnahmen vgl. Rz. 312) auch für die Vermögensaufstellung der GmbH.[129] Bei der Ermittlung des Gesamtvermögens wurde der Freibetrag gem. § 117a BewG von TDM 125 auf TDM 500 erhöht. Das BewG wurde zuletzt durch das JStG 1997 in zahlreichen Punkten geändert.[130]

II. Die allgemeinen Besteuerungsgrundsätze bei der Vermögensteuer

1. Einleitung

Die **Steuerhoheit** für die Vermögensteuer oblag im Rahmen der konkurrierenden Gesetzgebung gem. Art. 105 Abs. 2, Art. 72 Abs. 2 GG dem Bund, da dieser durch das VStG[131] von seinem Gesetzgebungsrecht Gebrauch gemacht hatte. Im Gegensatz dazu stand die **Ertragshoheit** gem. Art. 106

[126] *Tipke/Lang* § 8 S. 185, 192 ff.; § 12 S. 456 Steuern vom „Substanz-Ertrag".
[127] VStG v. 14. 11. 1990, BGBl. I 1990, 2467; BewG v. 1. 2. 1991, BGBl. I 1991, 230.
[128] Kultur- und Stiftungsförderungsgesetz v. 13. 12. 1990, BGBl. I 1990, 2775; StÄndG 1991 v. 24. 6. 1991, BGBl. I 1991, 1322 (BStBl. I 1991, 665); StÄndG 1992 v. 25. 2. 1992, BGBl. I 1992, 297 (BStBl. I 1992, 146); ZinsabschlagG v. 9. 11. 1992, BGBl. I 1992, 1853 (BStBl. I 1992, 682); FKPG v. 23. 6. 1993, BGBl. I 1993, 944 (BStBl. I 1993, 510); StandOG v. 13. 9. 1993, BGBl. I 1993, 1569; StMBG v. 10. 12. 1993, BR-Drs. 788/93 und 908/93; VSt-Änderungsrichtlinien 1995 v. 25. 11. 1994; vgl., dazu *Glier* DStR 1994, 1836; *Christoffel* GmbHR 1994, 850.
[129] *Kraushaar* Handbuch der Unternehmensbesteuerung, Kap. K, Anm. 1.
[130] Vgl. Art. 1 JStG 1997, BGBl. I 1996, 2049.
[131] Bekanntmachung der Neufassung des Vermögensteuergesetzes v. 14. 3. 1985, BGBl. I 1985, 558.

Abs. 2 Nr. 1 GG allein den Ländern zu (Landessteuer). Die Länder erhielten die Vermögensteuer, die in ihrem Gebiet vereinnahmt wurde, ohne daß eine Zerlegung stattfand. Die Verwaltung der Vermögensteuer war gem. Art. 108 Abs. 2 GG Aufgabe der Landesfinanzbehörden. Die durch den Wegfall der Vermögensteuer entstehenden Steuermindereinnahmen der Länder[132] sollen durch Gegenfinanzierungsmaßnahmen im Rahmen des JStG 1997 kompensiert werden.[133]

2. Die GmbH als selbständiges Steuersubjekt

305 Die GmbH war mit ihrem **Gesamtvermögen** gem. § 1 Abs. 2 Nr. 2a, Abs. 3 VStG unbeschränkt steuerpflichtig, soweit sich ihre Geschäftsleitung oder ihr Sitz im Inland befand. Das Gesamtvermögen umfaßte sowohl das inländische Vermögen als auch Vermögen im Ausland (ausländischer Grundbesitz, Betriebsstättenvermögen wie auch Anteile an ausländischen Tochtergesellschaften). Probleme einer dadurch möglichen Doppelbesteuerung werden unter Rz. 350 behandelt. Hinsichtlich der Bestimmung von Geschäftsleitung, Sitz oder Ansässigkeit der GmbH bestanden keine Abweichungen zur körperschaftsteuerlichen Behandlung. Gleiches galt für Beginn und Ende der Steuerpflicht sowie die Befreiung von gemeinnützigen GmbH und Unterstützungs-GmbH. Auf die obigen Ausführungen (vgl. Rz. 8, 14, 201, 209) wird verwiesen.

3. Die Ermittlung der Bemessungsgrundlage

306 Als Bemessungsgrundlage der Vermögensteuer war gem. § 4 VStG der auf volle DM 1000 abgerundete Wert des Gesamtvermögens anzusetzen. In Abweichung von den üblichen Regelungen anderer Steuergesetze enthielt das VStG selbst keine gesetzlichen Vorschriften für die Ermittlung der Bemessungsgrundlage, sondern verwies gem. § 4 Abs. 1 Nr. 1, 2 VStG auf die Regelungen des BewG.

Für die Bewertung der Wirtschaftsgüter einer GmbH für Zwecke der Vermögensteuer galten vorrangig die Vorschriften der §§ 17–32 und 95–109 BewG iVm. §§ 1–16 BewG.

307 Bei der Ermittlung des Gesamtvermögens waren gem. § 114 Abs. 3 BewG diejenigen Wirtschaftsgüter, für die ein Einheitswert festzustellen war, mit den festgestellten Einheitswerten anzusetzen. Da für das Betriebsvermögen regelmäßig ein Einheitswert nach den Vorschriften der § 182 Abs. 1 Nr. 1 AO, § 19 Abs. 1 Nr. 2 BewG festgestellt werden mußte, wurde dieser innerhalb der Vermögensteuerveranlagung übernommen, ohne daß es einer zusätzlichen Ermittlung bedurfte.

308 Nach den im BewG zentralisierten Bewertungs- und Ermittlungsvorschriften, an die auch andere Steuerarten – ua. die Gewerbekapitalsteuer – anknüpften., bildeten alle Wirtschaftsgüter einer GmbH einen gewerblichen Betrieb iSd. § 97 Abs. 1 BewG. Von den vier Vermögensarten des BewG

---

[132] Geschätzte Steuermindereinnahmen der Länder von 9,3 Mrd DM p.a.
[133] Insbesondere durch die Verschärfung des Erbschaftsteuertarifs, der Erhöhung des Grunderwerbsteuersatzes von 2% auf 3,5% etc.

B. Die Substanzsteuern der Gesellschaft   309–311 § 11

war für die GmbH daher nur das Betriebsvermögen – unter Zuhilfenahme des nachstehenden Schemas – zu ermitteln und das Gesamtvermögen abzuleiten:

Die Ermittlung des Gesamtvermögens   309

1		Besitzposten und Hinzurechnungen (Rohbetriebsvermögen)
2	–	Schuldposten
3	–	Schachtelbeteiligungen (vgl. § 102 BewG)
4	–	Durch DBA freigestellte ausländische Vermögenswerte (vgl. Rz. 380)
5	=	**Einheitswert des Betriebsvermögens** gem. §§ 95–109 BewG (vgl. Rz. 310) (abgerundet auf volle DM 1 000 gem. § 30 Nr. 2 BewG)
6	–	Freibetrag DM 500 000 gem. § 117a Abs. 1 S. 1 BewG (soweit Betriebsvermögen positiv)
7	=	**Übersteigendes Betriebsvermögen**
8		davon 75% gem. § 117 Abs. 1 S. 2 BewG
9	=	**Gesamtvermögen** gem. §§ 114–120 BewG, § 4 Abs. 1 Nr. 1 VStG (abgerundet auf volle DM 1000 gem. § 4 Abs. VStG)

Sofern im Gesamtvermögen auch ausländisches Vermögen enthalten war, waren zwei Einheitswerte festzustellen; einen Einheitswert incl. des Auslandsvermögens für die Vermögensteuer und ein Einheitswert ohne das ausländische Vermögen für die Gewerbekapitalsteuer.[134]

4. Die Ermittlung des Einheitswertes des Betriebsvermögens

Unter Berücksichtigung der Vorschriften des Bewertungsgesetzes ergab 310 sich der **Einheitswert** des gewerblichen Betriebs aus einer Aufstellung der am Bewertungsstichtag vorhandenen Besitz- und Schuldposten (§ 98a BewG), die als **Vermögensaufstellung** bezeichnet wird. Wie bereits oben (vgl. Rz. 303) erwähnt, wurde das bis 1992 vorrangig geltende Teilwertprinzip gem. § 109 Abs. 1, § 10 BewG mit Wirkung ab dem 1. Januar 1993 – mit wenigen Ausnahmen – durch die Bindung an die Steuerbilanzwerte ersetzt. Die Erstellung der Vermögensaufstellung wurde dadurch erheblich vereinfacht.[135] Auch nachdem die Vermögensteuer ab 1997 nicht mehr erhoben werden darf, ist die Feststellung von Einheitswerten für Zwecke der (noch) geltenden Gewerbeertragsteuer (Kürzung um 1,2% der Grundstückswerte; vgl. Rz. 250 Nr. 7) sowie der Grundsteuer weiterhin erforderlich.

Im Regelfall sind die einzelnen Bilanzpositionen der Steuerbilanz dem 311 Grunde und der Höhe nach gem. § 95 Abs. 1, § 109 Abs. 1 BewG in die Vermögensaufstellung zu übernehmen (Bestands- und Bewertungsidentität).[136] Die **Maßgeblichkeit der Steuerbilanzwerte** für die Vermögensaufstellung wurde nur noch in folgenden Fällen unterbrochen:

---

[134] Abschn. 24 VStR.
[135] *Christoffel* GmbHR 1993, 766, *Herzig/Kessler* DStR 1994, Beil. zu Heft 12.
[136] *Kraushaar* Handbuch der Unternehmensbesteuerung, Kap. K. Anm. 10.

312 Abweichungen zwischen Steuerbilanz und Vermögensaufstellung

Wirtschaftsgut	Abweichender Ansatz in Vermögensaufstellung	Rechtsnormen
Inländische Betriebsgrundstücke	140% des Einheitswertes per 1. 1. 1964	§§ 109 Abs. 3, 99 Abs. 3, 19, Abs. 1 Nr. 1, 68 ff., 121 a BewG
Ausländische Betriebsgrundstücke	Gemeiner Wert	§ 31; § 9 BewG
Beteiligung an Personengesellschaften	Anteiliger Einheitswert des Betriebsvermögens	§§ 110 Abs. 1, Nr. 3, 19 Abs. 1 Nr. 2 Abs. Nr. 2 BewG
Notierte Wertpapiere oder notierte anteile a. KapGes.	Kurswert	§§ 109 Abs. 4, 11 Abs. 13, 113 BewG
Investmentanteile	Rücknahmepreis	§§ 109 Abs. 4, 11 Abs. 4, 113 BewG
Nichtmontierte Anteile an Kapitalgesellschaften	Gemeiner Wert, ermittelt aus Verkäufen oder dem Stuttgarter Verfahren (Hinweis auf Rz. 504)	§§ 109 Abs. 4, 11 Abs. 2, 3, 113 a Stuttgarter Verfahren gem. Abschn. 4–16 VStR
Kapitalschulden	Nennwert, soweit nicht unterverzinslich	§§ 12 Abs. 1, 17 Abs. 3 BewG
Schachtelbeteiligungen an in- und ausländischen Kapitalgesellschaften Refinanzierungsschulden im Zusammenhang damit	Abzug mit den vorstehend angesetzten Werten kein Ansatz	§ 103 BewG
Erbbauzinsansprüche und Erbbauzinsverpflichtungen	Kapitalwert	§§ 92 Abs. 5, 95 Abs. 1, S. 1 BewG
DM-Eröffnungsbilanz 1. 7. 1990 – Sonderverlustkonten – Kapitalwertungskonto – Beteiligungsentwertungskonto	kein Ansatz in der Vermögensaufstellung	– § 17 Abs. 4 DMBilG – § 28 Abs. 1 DMBilG – § 24 Abs. 4 DMBilG § 137 BewG
Steuerfreie Rücklagen	Abzugsfähig nur, soweit durch Gesetz ausdrücklich zugelassen	§ 103 Abs. 3 BewG

B. Die Substanzsteuern der Gesellschaft 313–318 § 11

Die Feststellung der Einheitswerte für die wirtschaftlichen Einheiten des 313
Betriebsvermögens fand grundsätzlich in Zeitabständen von jeweils drei Jahren
nach den Verhältnissen zu Beginn des Kj. (Hauptfeststellungszeitpunkt) gem.
§ 21 Abs. 1 Satz 1 Nr. 2, Satz 2, Abs. 2, 3 BewG statt.[137]

Bedingt durch die Deutsche Einheit war der Gesetzgeber seit dem 1. Januar 314
1989 von den vorstehenden Zeitintervallen abgewichen und hatte folgende
abweichende **Hauptfeststellungszeitpunkte** festgelegt.[138]
– 1. Januar 1989
– 1. Januar 1993
– 1. Januar 1995

Soweit sich die Wertverhältnisse und sonstigen Verhältnisse des Einheits- 315
wertes des Betriebsvermögens zwischen zwei Hauptfeststellungszeitpunkten
veränderten, konnte gem. § 22 BewG eine **Fortschreibung** (Wert-, Art-,
Zurechnungs- und Berichtigungsfortschreibung) in Betracht kommen. Die
durch Gewinnthesaurierung bedingte besonders häufige Wertfortschreibung
erfolgte, wenn der neu festgestellte Einheitswert des Betriebsvermögens nach
oben um mehr als DM 200 000 oder nach unten um mehr als DM 100 000
von dem Einheitswert des letzten Feststellungszeitpunkts abwich.

Eine **Nachfeststellung** gem. § 23 BewG wurde durchgeführt, wenn die 316
wirtschaftliche Einheit, für die ein Einheitswert festzustellen war, entweder
neu entstand, erstmals zu einer Steuer herangezogen wurde bzw. erstmals ein
vermögensteuerlich relevanter, besonderer Einheitswert gem. § 91 Abs. 2
BewG festzustellen war.

5. Die Besteuerung des Vermögens

a) Die Berechnung der Vermögensteuer nach inländischen Steuersätzen

Seit dem 1. 1. 1984 betrug der proportionale **Steuersatz** für die Vermö- 317
gensteuer der Körperschaften 0, 6% des zu versteuernden Vermögens (§ 10
Nr. 2 VStG). Das steuerpflichtige Vermögen war das Gesamtvermögen (vgl.
Rz. 309). Gem. § 8 Abs. 1 VStG trat die Steuerpflicht erst ein, wenn das
Gesamtvermögen mindestens DM 20 000,– betrug.

b) Ausländische Steuern und Auswirkungen von Doppelbesteuerungsabkommen

Wegen der Anrechnungsmethode wird auf Rz. 354, 376 verwiesen. Unter 318
Rz. 380 ist die Freistellungsmethode nach **DBA** beschrieben.

---

[137] Für Betriebsgrundstück sollte eine Hauptfeststellung der Einheitswerte in sechsjährigen Zeitabständen gem. § 21 Abs. 1 Satz 1 Nr. 1 BewG erfolgen. Aufgrund des hohen zeitlichen und finanziellen Aufwandes sowie aus praktischen Schwierigkeiten gelten derzeit die Wertverhältnisse der letzten Hauptfeststellung vom 1. 1. 1964, die trotz des 40%igen Aufschlages gem. § 121a BewG nicht annähernd reale Werte ergeben.
[138] Vgl. Gesetz v. 24. 6. 1991, BGBl. I 1991, 1322, 1336; vgl. Gesetz v. 23. 6. 1993, BGBl. I 1993, 944, 973; Gesetz zur Fortsetzung der Unternehmenssteuerreform (vgl. Fn. 93).

c) Internationaler Steuersatzvergleich juristischer Personen

319 Die wichtigsten internationalen **Steuersätze** ergeben sich aus nachfolgender Tabelle:

Staaten	Vermögensteuer der juristischen Personen	
	Normaler Steuersatz	Bemerkungen
Bundesrepublik Deutschland	0,6%	nur für Zeiträume bis 1. 1. 1997; SP
Italien	0,75%	nur für 1995 bis 1997; SP
Japan	1,4–2,1%	nur auf Anlagevermögen
Luxemburg	0,5%	SP
Schweiz	0,8‰	Bundes(Kapital)-steuer
	1–5‰	Kantons- und Gemeindesteuer
Die Staaten Belgien, Dänemark, Frankreich, Griechenland, Großbritannien, Irland, Italien, Kanada, Niederlande, Norwegen, Österreich, Portugal, Spanien, Schweden und USA erheben keine Vermögensteuer für juristische Personen.		

SP = Schachtelprivileg

Etwaige Sondersteuersätze sowie Freibeträge und Freigrenzen wurden in der vorstehenden Übersicht nicht berücksichtigt.[139]

6. Festsetzung, Erhebung und Entrichtung der Vermögensteuer

320 Während die KSt und GewSt für einen bestimmten VZ festgesetzt werden, handelte es sich bei der Vermögensteuer um eine Steuer, die nach den Verhältnissen am 1. 1. eines Kj. **(Veranlagungszeitpunkt)** gem. § 5 Abs. 1 VStG festgesetzt wurde. Die Steuer entstand mit dem Jahresbetrag zu diesem Zeitpunkt.
Der Veranlagungszeitpunkt konnte sein:
– Hauptveranlagungszeitpunkt (§ 15 Abs. 1 VStG),
– Neuveranlagungszeitpunkt (§ 16 Abs. 3 VStG),
– Nachveranlagungszeitpunkt (§ 17 Abs. 2 VStG).

321 Eine **Hauptveranlagung** fand grundsätzlich alle drei Jahre aufgrund der Vermögensteuererklärung des Steuerpflichtigen (§ 19 VStG) statt und bildete für die folgenden drei Jahre die Grundlage für die Vermögensteuerzahlungen. Wie bei der **Hauptfeststellung** gem. § 21 BewG war der Gesetzgeber aufgrund der Deutschen Einheit auch hier von den planmäßigen Zeitintervallen abgewichen. Letzter Hauptveranlagungszeitpunkt war der 1. 1. 1995.

322 Ab dem Kj. 1995 war eine **Neuveranlagung** gem. § 16 VStG nur noch in den Fällen durchzuführen, in denen die Vermögensteuer nach oben um mindestens DM 1000 oder nach unten um mindestens DM 250 von der zuletzt festgesetzten VSt abwich.

---

[139] *Mennel/Förster*, Steuern in Europa, Amerika, Asien, Band 1 und 2 (Loseblatt).

B. Die Substanzsteuern der Gesellschaft   323–327   § 11

Bei Begründung der Steuerpflicht oder sonstigen Änderungen gem. § 17 VStG erfolgte eine nachträgliche Festsetzung der Vermögensteuer (Nachveranlagung). Erlosch die Steuerpflicht oder traten persönliche Befreiungsgründe ein, so wurde die ursprünglich für mehrere Jahre geltende Veranlagung gem. § 18 VStG aufgehoben. Die Aufhebung erfolgte zu Beginn des Kj., das auf das eingetretene Ereignis folgte.

Die jährliche Vermögensteuer wurde mit einem Viertel des gesamten Jahresbetrages quartalsweise, beginnend mit dem 10. 2. eines Kj., gem. § 20 Abs. 1 VStG **fällig**. Zu diesen Fälligkeitsterminen hatte die GmbH entspr. **Vorauszahlungen** auf die Jahressteuer gem. §§ 21–23 VStG zu leisten.   323

7. Sonderregelungen für die Neuen Bundesländer

Bei westdeutschen Unternehmen und Unternehmen im **Beitrittsgebiet** wurde nach § 136 BewG (aufgehoben durch das Jahressteuergesetz 1997) das im Beitrittsgebiet belegene Vermögen (zB Betriebsstätte) für die Feststellungszeitpunkte 1. 1. 1991 bis 1. 1. 1996[140] nicht bei der Einheitsbewertung des Betriebsvermögens berücksichtigt. Soweit sich jedoch darüberhinaus ein Betriebsvermögen errechnete (zB im alten Bundesgebiet), war dieses für Kapitalgesellschaften, die am 1. Januar 1991 ihren Sitz oder ihre Geschäftsleitung im Beitrittsgebiet hatten, von der Vermögensteuer gem. § 24 c Nr. 1 b, Nr. 3 VStG befreit.   324

8. Sonderfälle

a) Ausstehende Einlagen

War das Stammkapital der GmbH nicht in voller Höhe eingezahlt, so gehörte der Anspruch auf die **ausstehenden Einlagen** zum Betriebsvermögen.[141] Die Steuerbilanzwerte waren gem. § 109 Abs. 1 BewG zu übernehmen.   325

Eine beschlossene Kapitalerhöhung, die erst nach dem Stichtag zur VSt durch Eintragung ins HR wirksam wurde,[142] führte am Stichtag grundsätzlich noch nicht zu einem entspr. Einzahlungsanspruch. Etwas anderes galt aber dann, wenn die Einzahlungen gesetzlich oder satzungsgemäß schon vor der Eintragung der Kapitalerhöhung zu leisten waren.[143]   326

b) Eigene Anteile

Eigene Geschäftsanteile der GmbH gehörten zum Betriebsvermögen, ohne daß die Vergünstigung des Schachtelprivilegs gem. § 102 Abs. 1 BewG in Anspruch genommen werden konnten.[144] Bei der Berechnung des Wertes der Anteile der GmbH wurde zunächst der gemeine Wert ohne Ansatz der Eigenan-   327

---

[140] Der Befreiungszeitraum wurde zuletzt durch das JStG 1996 bis 1996 ausgedehnt.
[141] Beck Bil-Komm./*Förschle/Kofahl* § 272 Anm. 13.
[142] Wirksamkeit mit Handelsregistereintragung, § 8 Abs. 1 KapErhG.
[143] Vgl. BFH v. 19. 11. 1985 (BStBl. II 1986, 249); *Rössler/Troll* § 95 BewG Anm. 31.
[144] FG Hamburg v. 15. 6. 1987, EFG 1987, 604.

§ 11 328–332   Die laufende Besteuerung von Ergebnis und Vermögen

teile nach Maßgabe der Abschn. 5–8 VStR (vgl. Rz. 504 ff.) errechnet und gem. Abschn. 15 Abs. 2 VStR um einen **vH-Zuschlag** erhöht; dieser betrug (68 × Eigenanteile) : (Nennkapital – (0, 68 × Eigenanteile). Überstieg der Nennwert der eigenen Anteile nicht 10% des Nennkapitals, so waren Vermögenshundertsatz und Ertragshundertsatz ohne die eigenen Anteile zu ermitteln.[145]

328   Für eigene Anteile, die eingezogen werden sollten oder nach den Verhältnissen vom Stichtag unveräußerlich waren, fand dagegen keine Bewertung mehr statt, da diese Anteile ihre Eigenschaft als umlaufs- bzw. bewertungsfähige Wirtschaftsgüter verloren hatten.[146]

c) Beteiligung an Kapitalgesellschaften

329   Der Wert für Anteile der GmbH an anderen Kapitalgesellschaften wurde zum Kurswert angesetzt, aus Verkäufen abgeleitet oder nach dem **Stuttgarter Verfahren ermittelt** (vgl. Rz. 504). Für Beteiligungen dieser Art wurde ein Schachtelprivileg gewährt, dh. es erfolgte kein Ansatz im Betriebsvermögen (§ 102 Abs. 1 BewG). Voraussetzung war jedoch, daß die GmbH mindestens zu 10%[147] unmittelbar und ununterbrochen seit mindestens zwölf Monaten vor dem maßgeblichen Abschlußstichtag (vgl. Rz. 334 ff.) an der Kapitalgesellschaft beteiligt war.

Unter den gleichen Bedingungen wurde das Schachtelprivileg gem. § 102 Abs. 2 BewG – auf Antrag der GmbH – auf Beteiligungen an ausländischen Tochtergesellschaften gewährt.

330   Durch die Schachtelvergünstigung wurde bei Beteiligungsverhältnissen mehrerer Kapitalgesellschaften eine Mehrfachbelastung verhindert. Die vermögensteuerliche Doppelbelastung blieb jedoch im Endergebnis bestehen, weil das Betriebsvermögen der in der Beteiligungskette untersten GmbH sowie die Anteile der Obergesellschaft beim Gesellschafter besteuert wurden, wenn diese eine natürliche Person war.

Schulden im Zusammenhang mit steuerbefreiten Anteilen konnten nicht abgesetzt werden.

d) Pensionsrückstellungen

331   Bei der Ermittlung des Einheitswertes des Betriebsvermögens durften **Pensionsverpflichtungen** nur unter den Voraussetzungen des § 104 Abs. 1 BewG, der insoweit § 6 a Abs. 1 EStG entspr., abgezogen werden. Der Pensionsberechtigte mußte einen Rechtsanspruch auf einmalige oder lfd. Pensionsleistungen haben, ohne daß die schriftlich erteilte Pensionszusage einen Vorbehalt enthielt, der die Anwartschaft oder Pensionsleistung mindern oder entziehen konnte.

332   Einzelheiten über die Höhe der abzugsfähigen Pensionsverpflichtungen enthielten die §§ 104 Abs. 2 ff. BewG; idR war der nach § 6 a EStG errechnete Wert aus der Steuerbilanz zu übernehmen. Spezielle Regelungen für die vermögensteuerliche Behandlung von Pensionsverpflichtungen bei bilanzierenden Gesellschaften sahen die VStR 1993 nicht mehr vor.[148]

---

[145] VStR Abschn. 15 Abs. 1; anders *Rössler/Troll* § 113 BewG Anm. 110–114.
[146] *Rössler/Troll* § 113 BewG Anm. 113.
[147] Bis Steuerbereinigungsgesetz 1984 = 25%.
[148] Vgl. Abschn. 41 Abs. 3 VStR 1993.

B. Die Substanzsteuern der Gesellschaft 333–338 § 11

Hinsichtlich der **Pensionszusagen an beherrschende Gesellschafter –** 333
Geschäftsführer von Kapitalgesellschaften galten die ertragsteuerlichen Anordnungen der R 41 Abs. 10 EStR sowie Abschn. 36 KStR. Bei der Bemessung der Pensionsverpflichtung war danach mindestens eine Altersgrenze von 65 Jahren zugrunde zu legen. Die früher geltende BFH-Rspr.,[149] die von einer Pensionsaltersgrenze von 75 Jahren ausging, wurde aufgegeben.[150]

e) Besonderheiten des Bewertungsstichtages

Stimmte das Wj. einer GmbH mit dem Kj. überein, so war der Tag des 334
Abschlusses **(Abschlußzeitpunkt)** für den Bestand und die Bewertung des Betriebs gem. § 106 Abs. 2 BewG maßgebend. Wich das Wirtschaftsjahr vom Kj. ab, so konnte auf Antrag[151] der GmbH der Abschlußzeitpunkt des Wj. – mit Bindungswirkung für künftige Feststellungen – gem. § 106 Abs. 3 BewG zugrundegelegt werden, das dem Feststellungszeitpunkt voranging. Der auf den vorstehenden Abschlußzeitpunkt gem. § 106 Abs. 2 oder Abs. 3 BewG ermittelte Einheitswert galt dann als solcher vom Feststellungszeitpunkt gem. § 106 Abs. 4 BewG.

Ein solcher Antrag war in aller Regel sinnvoll, weil dadurch die Erstellung 335
einer Zwischenbilanz zum 31. 12. vermieden wurde.

Der Abschlußzeitpunkt galt aber nicht für sämtliche Wirtschaftsgüter des 336
Betriebsvermögens. Für Betriebsgrundstücke und Mineralgewinnungsrechte waren hinsichtlich des Bestandes und der Bewertung die Verhältnisse im jeweiligen Feststellungszeitpunkt (1. 1.) gem. § 106 Abs. 5 Nr. 1 BewG zugrunde zu legen. Bei Wertpapieren, Anteilen und Genußscheinen an Kapitalgesellschaften richtete sich die Bewertung gem. §§ 106 Abs. 5 Nr. 2, 112 BewG nach den Verhältnissen am 31. 12. des Jahres, das dem jeweiligen vermögensteuerlichen Veranlagungszeitpunkt voranging (§ 112 BewG). Dagegen war für deren Bestand der Abschlußzeitpunkt ausschlaggebend.

Auch für Beteiligungen einer GmbH an einer **Personengesellschaft** galt 337
eine Ausnahme. Beim Betriebsvermögen der GmbH war die Beteiligung mit dem Wert anzusetzen, der im Rahmen der gesonderten Feststellung der Personengesellschaft (evtl. auch auf deren abweichenden Abschlußzeitpunkt) festgestellt wurde.

Zu- und Abgänge von Wirtschaftsgütern, die zwischen dem abweichenden 338
Abschlußzeitpunkt und dem nachfolgenden Feststellungszeitpunkt stattfanden, konnten zu Korrekturen führen, sofern die Veränderungen unter § 107 BewG fielen.

---

[149] BFH v. 15. 12. 1965, BStBl. III 1966, 202; BFH v. 25. 9. 1968, BStBl. II 1968, 810.
[150] BFH v. 28. 4. 1982, BStBl. II 1982, 612; Beck Bil-Komm./*Ellrott/Rhiel* § 249 Anm. 241.
[151] Der Antrag nach §§ 4a Abs. 1 Nr. 2 EStG, 8 Abs. 1 KStG ist gleichzeitig als Antrag gem. § 106 Abs. 3 BewG zu werten; vgl. Abschn. 45 Abs. 1 Satz 2 VStR.

Bigge 733

III. Ermittlungsgrundsätze beim Gewerbekapital

1. Vorbemerkung

339 Die ursprünglich schon bis 1997 geplante Abschaffung der **Gewerbekapitalsteuer** konnte erst zum 1. 1. 1998 verwirklicht werden.[152] Die bisherige Befreiung für das Beitrittsgebiet war mit dem 31. 12. 1996 ausgelaufen. Wegen des Wegfalls der Gewerbekapitalsteuer, wurde diese Steuer in den Neuen Bundesländern nicht mehr eingeführt sondern auf ihre Erhebung verzichtet.

2. Die Überleitung vom Einheitswert des Betriebsvermögens zum Gewerbekapital

340 Ausgangsgröße für die Ermittlung des Gewerbekapitals war der sich nach den Vorschriften des BewG ergebende Einheitswert des Betriebsvermögens auf den letzten vor Ende des Erhebungszeitraums liegenden Feststellungs- bzw. Fortschreibungszeitpunkt. Der Einheitswertbescheid entfaltete unmittelbare Bindungswirkung.[153]

Folgendes Ermittlungsschemata für das Gewerbekapital bot sich an:

341   **Die Ermittlung des Gewerbekapitals**

1		Einheitswert des gewerblichen Betriebs per 1. 1. vor Ende des Erhebungszeitraumes (§§ 12 Abs. 1, 14 Abs. 2 GewStG)
2	+	**Hinzurechnungen** gem. § 12 Abs. 2 GewStG
		+ Dauerschulden (Nr. 1)
		− Freibetrag DM 50 000
		= übersteigende Dauerschulden
		+ davon 50%
		+ Verbindlichkeiten, die den Renten und dauernden Lasten in Rz. 250 Nr. 6 entsprechen und im wirtschaftlichen Zusammenhang mit Gründung oder Erwerb (Nr. 1) standen
		+ Verbindlichkeiten, die den Gewinnanteilen des stillen Gesellschafters entsprachen (Einlagen: Nr. 1)
		+ Sonstige Hinzurechnungen (Nr. 2)
3	−	**Kürzungen** gem. § 12 Abs. 3 GesStG
		− Einheitswert der Betriebsgrundstücke unter Berücksichtigung von § 121 a BewG (= 140%) Nr. 1)
		− Beteiligungen an Mitunternehmerschaften (Nr. 2)
		− Schachtelbeteiligungen an inländischen Kapitalgesellschaften (außer § 102 Abs. 1 BewG) (Nr. 2 a)
		− Sonstige Kürzungen
		− Schachtelbeteiligungen an ausländische Kapitalgesellschaften
4	+	Gewerbekapital der Organgesellschaften
5	=	Gewerbekapital
6	=	**Gewerbekapital,** abgerundet auf volle DM 1 000
7	−	**Freibetrag** DM 120 000, höchstens abgerundetes Gewerbekapital gem. § 13 Abs. 1 Satz 3 GewStG
8	=	**Maßgebliches Gewerbekapital**

---

[152] Vgl. Fn. 95.
[153] BFH v. 12. 4. 1972, BStBl. II 1972, 552.

C. Grenzüberschreitende Besteuerung der Gesellschaft   342–351   § 11

Für den Ansatz aller Hinzurechnungen und Kürzungen waren die Beträge 342
maßgeblich, mit denen die entspr. Posten in der Ausgangsgröße angesetzt
wurden.

Das Gewerbekapital **ausländischer Betriebsstätten** war gem. § 12 Abs. 4 343
GewStG nicht zu berücksichtigen, da sich die GewSt nur auf im Inland
belegene Betriebsstätten erstreckte.

War der Einheitswert des gewerblichen Betriebes – zB im Falle der Neu- 344
gründung der GmbH – noch nicht vorhanden, so wurde das Gewerbekapital
für das Gründungsjahr nicht festgesetzt.

Die Ermittlung des **Steuermeßbetrages** (20% des Gewerbekapitals) und 345
der Gewerbekapitalsteuer sowie die Festsetzung, Erhebung und Entrichtung
der GewSt, richteten sich nach den oben (vgl. Rz. 251 und 259) behandelten
Grundsätzen.

3. Sonderregelungen für die Neuen Bundesländer

Wie oben (Rz. 324) dargelegt, wurde Vermögen im **Beitrittsgebiet** nicht 346
in den Einheitswert des Betriebsvermögens einbezogen. Daher ergab sich
wegen § 12 Abs. 1 GewStG auch kein Gewerbekapital; Gewerbekapitalsteuer
fiel für Vermögen im Beitrittsgebiet für die Erhebungszeiträume 1991 bis
1996 somit nicht an, (vgl. § 37 GewStG). Wie oben (Rz. 339) ausgeführt,
war auch für 1997 keine Gewerbekapitalsteuer zu erheben.

(einstweilen frei) 347–349

C. Grenzüberschreitende Besteuerung der Gesellschaft

I. Das Problem der Doppelbesteuerung

Durch die zunehmende Internationalisierung der Geschäftsbeziehungen 350
kann die GmbH mit ihren Aktivitäten auch im Ausland steuerpflichtig werden. Andererseits können auch die Rechtsbeziehungen der Gesellschaft zu
ihren Gesellschaftern dem inländischen und dem ausländischen Steuerrecht
unterworfen sein.

Im nachfolgenden Abschnitt sollen die Grundsätze der grenzüberschreitenden Besteuerung der Gesellschaft vermittelt werden; die steuerlichen Probleme aus den Rechtsbeziehungen der GmbH zu ihren Gesellschaftern werden im Abschnitt D unter Rz. 450 ff. angesprochen.

Die bei Auslandsbeziehungen auftretenden Probleme sind bei Körperschaftsteuer und Vermögensteuer weitgehend gleichgelagert; deshalb werden vermögensteuerliche Probleme nur insoweit behandelt, als für sie eine von der
Körperschaftsteuer abweichende Regelung galt.

Durch Geschäftsbeziehungen einer inländischen GmbH mit ausländischen 351
Geschäftspartnern kann eine **Doppelbesteuerung** eintreten, wenn der jeweilige ausländische Staat das Ergebnis der Tätigkeit der GmbH oder das dafür
eingesetzte Vermögen in seinem Staatsgebiet ebenso besteuert, wie die Bundesrepublik Deutschland.

Ansatzpunkte dieser Doppelbesteuerungen sind:

- Direktgeschäfte, Warenlieferungen, Dienstleistungen, Grundstücksüberlassung, Kapitalüberlassung, Überlassung von Rechten
- Tätigkeit in ausländischen Betriebsstätten
- Tätigkeit durch Tochtergesellschaften (Personenhandelsgesellschaften, Kapitalgesellschaften).

352 Es ist im Rahmen der Doppelbesteuerung zu unterscheiden zwischen:
- **rechtlicher Doppelbesteuerung:** Identität des Steuersubjektes und der Besteuerungsgrundlage, Gleichartigkeit der Steuern
- **wirtschaftliche Doppelbesteuerung:** Keine Identiät der Steuersubjekte (zB Besteuerung des ausgeschütteten Gewinnes bei einer ausländischen Tochtergesellschaft und beim inländischen Dividendenempfänger.

II. Vermeidung und Verminderung der Doppelbesteuerung ohne Doppelbesteuerungsabkommen

1. Entlastung durch die Anrechnungsmethode

353 Wie bereits unter Rz. 8 ff. und Rz. 52 dargelegt, nimmt die Bundesrepublik Deutschland für sich in Anspruch, das **Welteinkommen** bzw. das entsprechende **Gesamtvermögen** einer GmbH mit Sitz oder Geschäftsleitung in der Bundesrepublik zu besteuern **(Wohnsitzbesteuerung).** Eine Ausnahme hiervon besteht für die Gewerbesteuer; sie knüpft nur an die Erträge bzw. das Vermögen an, das einer inländischen Betriebsstätte zuzuordnen ist.

Zur Beseitigung bzw. Milderung der Doppelbesteuerung ist die Freistellung des ausländischen Einkommens von inländischen Steuern geeignet. Diese **Freistellungsmethode** wird jedoch nur innerhalb von Doppelbesteuerungsabkommen angewendet. Außerhalb der Doppelbesteuerungsabkommen wird die Belastung mit ausländischer Ertragsteuer **(Quellenbesteuerung)** in der Bundesrepublik in aller Regel durch die **Anrechnungsmethode** beseitigt.

2. Die direkte Anrechnung

354 Von einer **direkten Steueranrechnung** wird gesprochen, wenn ein Steuerpflichtiger (**Subjektidentität**) zu ausländischen Ertragsteuern auf Teile seines Einkommens (**Objektidentität**) herangezogen wird (zB Betriebsstätteneinkünfte) und diese auf die Steuerschuld in der Bundesrepublik angerechnet werden (**Personenidentität**).

Anders als beim Körperschaftsteuer-Anrechnungsverfahren (vgl. Rz. 458) werden bei der **Anrechnungsmethode** alle ausländischen Körperschaftsteuern und Quellensteuern von der inländischen Körperschaftsteuer abgezogen, die auf das Welteinkommen (vor Abzug der Körperschaftsteuern) nach dem deutschen Tarif geschuldet werden. Eine geringere ausländische Steuerlast des Steuerinländers wird dadurch grundsätzlich auf das Steuerniveau der Bundesrepublik von 45% heraufgeschleust (vgl. dazu die ausländischen Steuersätze Rz. 57 und das Beispiel unter Rz. 359).

Bei der Anrechnung sind bestimmte Restriktionen zu beachten.

355 Auf die deutsche Einkommensteuer werden grundsätzlich nur die ausländischen Steuern angerechnet, die der deutschen Körperschaftsteuer entsprechen

(§ 26 Abs. 1 KStG; § 34 c EStG; Anlage 8 EStR).[154] Ausländische Steuern, die diese Bedingung nicht erfüllen, können nur als Betriebsausgabe abgezogen werden (§ 26 Abs. 6 KStG; § 34 c Abs. 3 EStG).

Dazu erfolgt die Anrechnung erst, wenn nachgewiesen wird, daß die ausländische Steuer keiner Ermäßigung mehr unterliegt und die Steuer bezahlt ist. Die Veranlagung erfolgt bis zu diesem Zeitpunkt vorläufig bzw. unter Vorbehalt.

Eine Anrechnung kommt weiterhin nur für die Einkünfte in Frage, die nach deutschem Steuerrecht sogenannte ausländische Einkünfte im Sinne des § 34 d EStG sind. Erhebt zB ein ausländischer Staat eine Steuer, weil er das Vorliegen einer Betriebsstätte bejaht, so kann diese Steuer nicht angerechnet werden, wenn aus deutscher Sicht keine ausländischen Betriebsstättengewinne sondern Liefergewinne vorliegen.

Die Anrechnung wird für jeden ausländischen Staat getrennt gerechnet. Dabei ist der Höchstbetrag der Anrechnung der Betrag der deutschen Steuer, der auf die ausländischen Einkünfte aus diesem Staat entfällt. Diese Steuer ergibt sich aus einer Verhältnisrechnung. Die gesamte Körperschaftsteuer vor Körperschaftsteuererhöhungen bzw. Minderung wegen Dividendenausschüttungen (Tarifbelastung) wird im Verhältnis der Summe der Einkünfte (vgl. Rz. 26 – einschl. der ausländischen Einkünfte –) zu den Einkünften aus dem jeweiligen Staat aufgeteilt. Für die analoge Handhabung in der Vergangenheit bei der Vermögensteuer wird auf Abschnitt 103 VStR verwiesen.

Dabei sind die ausländischen Einkünfte nach den deutschen Gewinnermittlungsvorschriften zu ermitteln. Ergibt sich zB nach den ausländischen Einkommensermittlungsvorschriften ein Gewinn und wird daher eine ausländische Körperschaftsteuer festgesetzt, so erfolgt keine Anrechnung, wenn sich nach deutschen Gewinnermittlungsvorschriften ein Verlust ergibt.

In einem solchen Fall ist zu prüfen, ob es nicht günstiger ist, statt der Anrechnung den Antrag auf Abzug der ausländischen Steuer bei der Einkommensermittlung zu stellen (§ 26 Abs. 6 KStG; § 34 c Abs. 2 EStG); das Gleiche gilt, wenn die im Ausland gezahlte Steuer höher ist als die Tarifbelastung von 45%,[155] denn der Teil der überschießenden ausländischen Steuer wird nicht auf die deutsche Steuer angerechnet. Der Abzug nach § 34 c Abs. 2 EStG nur für den überschießenden Betrag ist nicht möglich, da das antragsgebundene Wahlrecht für die gesamten Einkünfte aus einem Staat einheitlich auszuüben ist.

Führen die ausländischen Gewinnermittlungsvorschriften zu einem Verlust und wird daher im Ausland keine Steuer festgesetzt, so entsteht keine Anrechnungsmöglichkeit, wenn wegen abweichender deutscher Gewinnermittlungsvorschriften eine KSt anfällt.

Wenn die ausländische Steuer von der Körperschaftsteuer abgezogen wird, hat dies zur Folge, daß das Einkommen mit einer geringeren deutschen Körperschaftsteuer belastet ist. Die nach der Anrechnung verbleibende deutsche KSt führt – bezogen auf das Einkommen – zu einem niedrigeren Steuersatz, als die sich aus § 23 Abs. 1 KStG ergebende Tarifbelastung von 45%.

---

[154] Hinweis auf R 212 a EStR sowie Anlage zu den EStR.
[155] Vgl. wegen der Vorteilhaftigkeit *Scheffler* DB 1993, 845.

359 Beispiel:

	DM	DM
Einkünfte aus Nicht-DBA-Betriebsstätte	300	
Ausländische Körperschaftsteuer	100	
Nettozufluß Inland /Aufteilungsgrundlage	200	
Bemessungsgrundl. f. inländische Steuerbelastung		200
Deutsche Körperschaftsteuer auf Einkünfte		
45% von 300	135	
davon anzurechnen	100	
verbleibende Steuer (Tarifbelastung absolut)	35	35
Aufzuteilender vEK-Zugang (vgl. Rz. 81)		165
Die inländische Tarifbelastung in einem v. H.-Satz beträgt		
35 × 100/200		17,5%

Bei der Eigenkapitalgliederung ist das Einkommen, das einer anderen Tarifbelastung als 45% unterliegt, aufzuteilen in EK_{45} und EK_{30} oder in EK_{30} und EK_{01} (vgl. Rz. 81 ff.).

360 Die vorgenannten Grundsätze galten für die **Anrechnung ausländischer Vermögensteuer** sinngemäß (§ 11 VStG), solange in der Bundesrepublik Vermögensteuer festzusetzen war.[156] Anstelle der Anrechnung konnte nach § 12 VStG für ausländisches Betriebsstättenvermögen eine Halbierung der deutschen Vermögensteuer beantragt werden, sofern in der Betriebsstätte eine aktive Tätigkeit iSv. § 8 AStG ausgeübt wurde.

3. Die indirekte Anrechnung

361 Aufgabe der **indirekten Anrechnung** ist es, die Steuerlast aus gesellschaftsrechtlichen Verpflichtungen zu reduzieren.

Bei der indirekten Anrechnung werden auf die Steuern der deutschen GmbH die Steuern eines anderen Rechtsträgers (keine Personenidentität), die dieser für sein Einkommen schuldet (keine Objektidentität), angerechnet.

Nach § 26 Abs. 2 KStG kann eine deutsche GmbH den Antrag stellen, die Körperschaftsteuer ihrer ausländischen Tochterkapitalgesellschaft, die auf Dividenden aus dieser Tochtergesellschaft lastet, auf ihre KSt anzurechnen; dabei ist jedoch die ausländische Steuer den vereinnahmten Dividenden einkommenserhöhend hinzuzurechnen (Aufstockungsbetrag).

Neben dem Dividendenzufluß sind weitere Voraussetzungen:
- Die Muttergesellschaft war an der Tochtergesellschaft mindestens zwölf Monate vor dem Ende des Veranlagungszeitraumes mit mindestens zehn Prozent beteiligt[157]
- Die Tochtergesellschaft hat im Ausschüttungsjahr Bruttoeinnahmen, die fast ausschließlich aus einer aktiven Tätigkeit iSd. § 8 AStG stammen
- Die Tochtergesellschaft hat ihren Sitz in einem EU-Staat und die Befreiungsmethode nach einem DBA kommt wegen fehlender aktiver Tätigkeit nicht zur Anwendung (§ 26 Abs. 2 a KStG)

---

[156] Vgl. auch Abschn. 103 VStR.
[157] Die Zwölfmonatsfrist ist in der Form des § 26 nicht mit der EU Mutter-Tochter-Richtlinie vereinbar; *Haarmann/Schüppen* DB 1996, 2569.

– Die auf die Dividende entfallende ausländische Steuer wird errechnet nach dem Verhältnis der auf die Muttergesellschaft entfallenden handelsrechtlichen Gewinnausschüttung für das Jahr, aus dessen Ergebnis die Dividendenausschüttung stammt

Eine indirekte Anrechnung ist auch für die Körperschaftsteuer einer Enkelgesellschaft möglich, sofern deren Dividende von der Tochtergesellschaft durchgeschüttet wird und die oben erwähnten weiteren Voraussetzungen vorliegen. 362

Da bei Dividendenausschüttungen ausländischer Kapitalgesellschaften in vielen Fällen eine Abzugssteuer (Kapitalertagsteuer) einbehalten wird, besteht zwischen direkter und indirekter Anrechnung ein Konkurrenzproblem. Dieses wird durch § 26 Abs. 2 Satz 6 KStG gelöst, wonach die direkte Anrechnung Vorrang hat. 363

Auch bei der indirekten Anrechnung erfolgt eine Aufteilung der Einkommenszugänge für die vEK-Gliederung nach der Höhe der Steuerbelastung (vgl. Rz. 81). 364

4. Sonderfälle

Im Rahmen der **fiktiven Steueranrechnung** werden im Ausland tatsächlich nicht gezahlte Steuern bei der Anrechnung so behandelt, als seien sie gezahlt. Dieses Anrechnungsverfahren hat im Rahmen der direkten Anrechnung außerhalb von Doppelbesteuerungsabkommen keine Bedeutung mehr (wegen der Übergangsfälle vgl. § 52 Abs. 25 a EStG). 365

Bei der indirekten Anrechnung wird für Tochtergesellschaften in Entwicklungsländern unterstellt, daß die ausländische Körperschaftsteuer genau so hoch ist, wie die deutsche Körperschaftsteuer, die auf die bezogenen Dividenden entfällt.

Anstelle einer Steueranrechnung kann auch eine **Körperschaftsteuer-Pauschalierung** vorgenommen werden, bei der der niedrigere Steuersatz eine Milderung der Doppelbesteuerung bewirkt (§ 26 Abs. 6 Satz 1 KStG; § 34 Abs. 5 EStG). Die KSt für die pauschal zu besteuernden Einkünfte aus Nicht-DBA-Staaten und aus aktiver Tätigkeit beträgt 25%.[158] 366

III. Vermeidung und Verminderung der Doppelbesteuerung durch Doppelbesteuerungsabkommen

1. Die Rechtsnatur der Doppelbesteuerungsabkommen

Um mögliche Doppelbesteuerungen bei den Ertragsteuern und den Vermögensteuern zu vermeiden oder zu verringern, hat die Bundesrepublik mit den bedeutendsten Staaten Doppelbesteuerungsabkommen abgeschlossen.[159] Diese Doppelbesteuerungsabkommen orientieren sich ganz oder teilweise an dem **OECD-Musterabkommen** (Fassung von 1992). 367

Bei den DBA handelt es sich um zweiseitige Verträge zweier Staaten (Art. 59 GG), in denen geregelt wird, welcher Staat ganz oder teilweise auf die ihm nach nationalem Recht zustehende Besteuerung von Steuerquellen 368

---

[158] Vgl. im einzelnen BMF-Schreiben v. 10. 4. 1984, BStBl. I 1984, 252.
[159] Stand zum 1. 1. 1998, BStBl. I 1998, 16.

verzichtet. Diese zwischenstaatlichen Vereinbarungen haben Vorrang vor den deutschen Steuervorschriften (§ 2 AO). Durch DBA werden also keine neuen Steuernormen und Besteuerungstatbestände geschaffen; es handelt sich vielmehr um **Zuteilungsregeln**.[160] Ein DBA kann also für die Steuerpflichtigen immer nur eine Besserstellung gegenüber der Welteinkommensbesteuerung bringen; ein DBA ist daher aus deutscher Sicht nicht von Relevanz, wenn die Bundesrepublik aus eigenem Steuerrecht schon keine Besteuerungsmöglichkeit hat.

Da der Wohnsitzstaat von dem Besteuerungsrecht nur Gebrauch machen kann, wenn sein innerstaatliches Recht eine Besteuerung zuläßt, kann eine Besteuerung insgesamt entfallen, wenn der ausländische Staat die Quelle ebenfalls nicht besteuert. Eine solche Vermeidung der virtuellen Doppelbesteuerung kann zu ungerechtfertigten Steuervorteilen führen. Deshalb wird in einigen DBA durch **Rückfallklauseln** vereinbart, daß die Freistellung entfällt, wenn der andere Staat nicht besteuert.[161]

369 Da das nationale Steuerrecht beider beteiligten Staaten in vielen Fällen mit unterschiedlichen Begriffen oder Begriffsinhalten arbeitet, hat man zur Bestimmung der Zuteilungsnormen in den DBA spezielle Definitionen getroffen, die nur für die Anwendung des jeweiligen DBA gelten und von den nationalen Begriffsinhalten abweichen.[162]

2. Die Bedeutung der Ansässigkeit

370 Für die Anwendung eines DBA ist es wichtig, die **Ansässigkeit** festzustellen, denn nur Personen, die in einem der beiden Vertragsstaaten oder in beiden ansässig sind, können sich auf das jeweilige Abkommen berufen. Die Voraussetzungen für die Ansässigkeit iSd. DBA sind idR nach dem OECD-MA in der Weise geregelt, daß der Tatbestand der unbeschränkten Steuerpflicht auch zur Ansässigkeit im jeweiligen Staat führt.

Probleme tauchen auf, wenn bei Kapitalgesellschaften Sitz und Geschäftsleitung in jeweils einem der beiden Staaten anzunehmen sind. Nach Art. 4 des OECD-MA begründet in einem solchen Fall der Ort der tatsächlichen Geschäftsleitung die Ansässigkeit (Hinweis auch auf Rz. 19 ff.).

Mit dieser Festlegung wird nur die Besteuerungskompetenz für das DBA präjudiziert, nicht aber die persönliche Steuerpflicht der GmbH.

371 Die Personengesellschaften, insbesondere die Personenhandelsgesellschaften, nehmen in den meisten Staaten zivilrechtlich wie auch steuerrechtlich eine Sonderstellung ein; sie sind nur beschränkt Träger eigener Rechte und

---

[160] So kann nach dem DBA BRD/Schweiz die Bundesrepublik Erträge aus in der Schweiz belegenem Grundbesitz besteuern; da aber das deutsche Steuerrecht für selbstgenutzte Wohnungen keine Besteuerung vorsieht, fällt die durch das DBA gegebene Besteuerungsmöglichkeit ins Leere.

[161] Vgl. DBA Italien, Kanada, Norwegen, USA; Verfg. OFD Rhld.-Pfalz v. 28. 8. 1997, FN 1997, 538.

[162] So ist zB eine „Betriebsstätte" nach § 12 AO bei einer 6-monatigen Bauausführung gegeben; nach Art. 5 OECD-MA sind 12 Monate erforderlich um eine „Betriebsstätte" zu begründen; Auswirkung solcher Unterschiede; vgl. *Baranowski* Anm. 157.

werden steuerrechtlich als transparent angesehen. Dies bedeutet, daß nicht die Personengesellschaft steuerpflichtig ist, sondern die hinter ihr stehenden Gesellschafter.[163] Nach dem OECD-MA ist eine Personengesellschaft zwar Person im Sinne des DBA (Art. 1 Abs. 1 a); diese ist jedoch kein Steuersubjekt.[164] Sie gilt daher nicht als ansässig in einem Staate (OECD-MA Art. 4 Abs. 1). Mithin sind nur die Gesellschafter einer solchen Personengesellschaft ansässig und damit abkommensberechtigt. Das gilt auch für die Beteiligung einer GmbH an einer ausländischen Personengesellschaft, wenn nicht im DBA ausnahmsweise eine Regelung enthalten ist, die der Personengesellschaft selbst die Ansässigkeit am Ort ihrer Geschäftsleitung gewährt.[165]

3. Die Zuordnung zu den DBA-Einkunftsarten

Die DBA haben eine eigene Einteilung und Definition der Einkünfte, die zum Teil von der Einteilung des § 2 EStG und der Definition der §§ 13 ff. EStG abweichen. Entsprechend kann auch der andere ausländische Staat für seine nationale Einkommensbesteuerung eine eigene Einkunftsdefinition vornehmen. Maßgebend für die Zuteilung (dh. Beibehaltung des Besteuerungsrechtes bzw. Verzicht auf das Besteuerungsrecht) durch das Doppelbesteuerungsabkommen sind jedoch die Definitionen des jeweiligen DBA.

Besonders wichtig ist zu erkennen, daß die verschiedenen Einkunftsarten im deutschen Steuerrecht subsidiär zu den gewerblichen Einkünften sind, während im Rahmen der DBA die Zuweisung zu den einzelnen Einkunftsarten der Zuweisung zu den gewerblichen Einkünften vorgeht. So unterliegen zB Lizenzerträge oder Beteiligungserträge einer GmbH im Ausland den jeweiligen DBA-Vorschriften über Lizenzen bzw. Dividenden, obwohl sie gewerbliche Einkünfte der GmbH sind.

Eine Ausnahme gilt nur, wenn das Lizenzrecht bzw. die Beteiligung (oder andere Rechte). Wirtschaftsgüter sachlich zu einer ausländischen Betriebsstätte gehören; in diesem Fall gehören sie zu den gewerblichen Einkünften der ausländischen Betriebsstätte.

Die Zuordnung ist von Bedeutung für die Besteuerungsrechte des ausländischen Staates und der Bundesrepublik, da in den einzelnen Abkommen die Zuteilung der Besteuerungsrechte für die verschiedenen Einkunftsarten unterschiedlich geregelt worden ist.

Nach dem OECD-MA kann man hinsichtlich der Besteuerungsrechte des ausländischen Staates folgende Grundsätze aufstellen (soweit für GmbH von Bedeutung):

	Einkunftsart/Vermögensart gem. OECD-MA	Quellenbesteuerung i. Ausland	Art.
1.	Einkünfte aus unbeweglichem Vermögen	in vollem Umfang	6
2.	Unternehmensgewinne d. Drittgeschäfte	keine	7

---

[163] Ausnahmen zB: Argentinien, Brasilien, Mexico, Spanien, Japan.
[164] Die Einordnung ausländischer Personengesellschaften erfolgt von deutscher Seite aus durch einen Rechtstypenvergleich.
[165] So zB im DBA Belgien, Italien, Japan.

Bigge

	Einkunftsart/Vermögensart gem. OECD-MA	Quellenbesteuerung i. Ausland	Art.
3.	Unternehmensgewinne aus Betriebsstätten	in vollem Umfang	7
4.	Dividendeneinnahmen	begrenztes Recht*	10
5.	Zinseinnahmen	begrenztes Recht	11
6.	Lizenzgebühren	keine	12
7.	Gewinne aus Veräußerung v. unbeweglichem Vermögen	bei 1., 3 in vollem Umfang	13
8.	Andere Einkünfte (Auffangtatbestand)	keine	21
9.	Unbewegl. Vermögen: Betriebsstättenvermögen	in vollem Umfang	21 I + II
10.	alles übrige Vermögen	keine	22 IV

* Bei Dividenden gilt gem. der EG-**Mutter-Tochter-Richtlinie** (Nr. 90/432/EWG), die in allen EU-Ländern umgesetzt wurde, für Gewinnausschüttungen einer Schachtel-Gesellschaft der Grundsatz, daß bei Ausschüttungen in EU-Länder der Quellenstaat keine Kapitalertragsteuer einbehalten darf.

375   Gerade bei **Lizenzeinkünften** ist jedoch festzustellen. daß in einigen DBA der Quellenstaat (zB Finnland) sich das Recht vorbehält, eine Quellensteuer zu erheben, die jedoch auf einen Höchstsatz begrenzt ist, der niedriger ist als die nationale Quellensteuer. In diesen Fällen, muß der Bezieher der Lizenzgebühren einen Erstattungsantrag bei der ausländischen Steuerbehörde stellen; je nach DBA ist es auch möglich vom Quellensteuerabzug ganz oder teilweise Abstand zu nehmen. In beiden Fällen, muß der Steuerpflichtige jedoch durch sein inländisches Finanzamt den ausländischen Finanzbehörden nachweisen (Bescheinigung), daß er abkommensberechtigt ist.

Eine Absenkung der ausländischen Quellensteuer findet sich auch bei Dividenden und Zinsen.

Mit der Zuordnung der Einkünfte zu einer Einkunftsart ist jedoch noch nichts über die Höhe der Einkünfte gesagt. Grundsätzlich sind die ausländischen Einkünfte nach den deutschen Einkommensermittlungsvorschriften des § 2 Abs. 2 EStG zu ermitteln. Dabei treten Schwierigkeiten auf, wenn ausländische Einkünfte von deutschen Einkünften abzugrenzen sind (zB ausländische Lizenzeinkünfte von inländischen gewerblichen Einkünften). Die Zuordnung sowohl der entsprechenden Einnahmen wie auch der dazugehörigen Ausgaben erfolgt nach dem wirtschaftlichen Zusammenhang (für Betriebsstätten vgl. Rz. 389). Diese Grundsätze sind in vielen Fällen durch abkommensrechtliche Sonderbestimmungen und den Grundsatz der isolierenden Betrachtungsweise zu modifizieren (zB Dividenden nach Art. 10 MA als Bruttoeinnahmen und nicht als Überschuß der Einnahmen über die Werbungskosten).[166]

---

[166] Vgl. *Amman* DB 1997, 796.

4. Die direkte Anrechnung nach DBA

Wie bereits ausgeführt, besteht die Gefahr der Doppelbesteuerung, wenn der deutsche Staat aufgrund des Welteinkommensprinzips neben dem ausländische Staat Steuern erhebt. 376

Diese Doppelbesteuerung kann auch im Rahmen von DBA durch eine **direkte Anrechnung** gemindert oder vermieden werden (OECD-MA Art. 23 B). Für das Verfahren gelten die unter Rz. 353 ff. aufgezeigten Grundsätze (§ 26 Abs. 6 iVm. § 34 c Abs. 6 EStG).

Eine Anrechnung der ausländischen Quellensteuer ist jedoch immer nur in Höhe des Betrages möglich, der nach dem DBA als Höchstbetrag vom ausländischen Staat erhoben werden kann (vgl. 374), dh. im Ausland unterlassene Erstattungsanträge (vgl. Rz. 375) können in der BRD nicht zur Anrechnung der tatsächlich gezahlten Quellensteuer führen.

Die indirekte Anrechnung nach § 26 Abs. 2 KStG hat bei Ausschüttungen aus DBA-Staaten keine Bedeutung, weil fast alle DBA bei Schachteldividenden die Freistellung vorsehen. 377

Eine **fiktive Anrechnung** von ausländischen Steuern ist in mehreren DBA vorgesehen;[167] es handelt sich in der Regel um DBA mit Entwicklungsländern. Der Zweck der fiktiven Anrechnung ist die Förderung der Investitionen im Ausland, da durch die fiktive Anrechnung eine Quellensteuerermäßigung des Entwicklungslandes nicht durch eine höhere deutsche Steuer wieder aufgehoben wird. Die fiktive Anrechnung tatsächlich im Ausland nicht erhobener Steuern setzt zum Teil eine aktive Tätigkeit der ausschüttenden Gesellschaft voraus. 378

In einigen DBA wird eine höhere fiktive Anrechnung gewährt, als sich nach dem Steuerrecht des Ausschüttungsstaates ergeben würde.

Bei der Gliederung des vEK werden bei direkter wie auch bei fiktiver Steueranrechnung nach den DBA die Einkommenszugänge nach den allgemeinen Grundsätzen aufgeteilt (vgl. Rz. 8 ff.). 379

5. Die Freistellungsmethode nach DBA

Durch eine **Freistellung** der Einkünfte im Inland werden gem. OECD-MA Art. 23 A die Einkünfte in der Besteuerungsgrundlage nicht berücksichtigt, für die der ausländische Staat das Besteuerungsrecht im vollen Umfang behalten hat (Einkünfte aus unbeweglichem Vermögen, Betriebsstätteneinkünfte; vgl. Tabelle unter Rz. 374 Nrn. 1 u. 3). 380

Eine Sonderregelung gilt für sogenannte **Schachtelbeteiligungen**. Dieses sind nach dem Art. 10 OECD-MA unmittelbare Beteiligungen an einer ausländischen Kapitalgesellschaft, die mindestens 25% des Kapitals ausmachen; von deutscher Seite wird jedoch ungeachtet der Bestimmungen in einem DBA eine Schachtelbeteiligung bereits bei einer Kapitalbeteiligung von 10% angenommen (§ 8 b Abs. 5 KStG). 381

Die Dividendenbezüge von Schachtelbeteiligungen aus DBA Staaten werden fast ausnahmslos von der deutschen KSt freigestellt, so daß die indirekte Anrechnung der Körperschaftsteuer von untergeordneter Bedeutung ist.

---

[167] Vgl. Aufstellung bei *Vogel* § 23 Anm. 191; BdF-Schreiben v. 12. 5. 1998, FN 1998, 415.

Die Befreiung der Dividendenausschüttung von der KSt hat zur Folge, daß ausschüttungsbedingte Teilwertabschreibungen wegen dieser Ausschüttungen nicht anerkannt werden (§ 8 b Abs. 6 KStG).

382 Soweit in Staaten außerhalb der EU bei der Ausschüttung ein (in vielen Fällen reduzierter) Quellensteuerabzug vorgenommen wird, kann dann diese Quellensteuer nicht auf eine deutsche Steuer angerechnet werden. Diese Belastung tritt bei Ausschüttungen aus EG-Tochtergesellschaften nicht ein, weil diese seit 1990 aufgrund der **Mutter-Tochter-Richtlinie** keine Quellensteuer auf Schachteldividenden entrichten müssen.

383 Die Befreiung, die für Schachteldividenden gilt, wird ebenso für die Gewinne aus einer **Anteilsveräußerung**, Liquidation oder der Kapitalherabsetzung nach § 8 b Abs. 2 KStG gewährt. Da das DBA jedoch das Schachtelprivileg nur für aktive Gesellschaften vorsieht, müssen die Aktivitätsvoraussetzungen mindestens fünf Jahre vor dem Veräußerungsstichtag bestanden haben. Die Befreiung wird nicht gewährt in Höhe von Teilwertabschreibungen, die in Vorjahren erfolgt sind.

Nach Ansicht der FinVerw. dürfen die Anteile jedoch nicht Gegenstand einer vGA oder verdeckten Einlage gewesen sein.[168] Die steuerfreien Gewinne sind bei der Gliederung des vEK in EK_{01} einzustellen.

Das StEnlG 1999/2000/2002 sieht vor, daß Verluste aus der Veräußerung, Liquidation oder Kapitalherabsetzung von ausländischen Schachtelgesellschaften ab 1999 nicht mehr abgezogen werden dürfen.

384 Eine Folge der Steuerfreistellung ist, daß Ausgaben, die in unmittelbarem wirtschaftlichen Zusammenhang mit den steuerfreien Erträgen stehen, nicht abgesetzt werden können (**nicht absetzbare Aufwendungen** nach § 3 c EStG).

Bei Schachtelbeteiligungen ist dieser Zusammenhang nur anzunehmen, wenn und soweit tatsächlich Dividendeneinnahmen fließen; Refinanzierungszinsen und auch sonstige der Beteiligung zurechenbare Verwaltungskosten (Kontrollkosten) können also in dividendenlosen Jahren voll abgezogen werden.[169] Teilwertabschreibungen auf Beteiligungen stehen überhaupt nicht in einem Zusammenhang mit den Erträgen und sind daher bei sonst gegebenen Voraussetzungen möglich.

Wie bereits unter Rz. 42 ausgeführt, sollen nach dem **StEntlG 1999/2000/2002** von den Betriebsausgaben im Zusammenhang mit ausländischen Schachtelbeteiligungen ein pauschaler Anteil in Höhe von 15% der steuerfreien Dividenden ab 1999 nicht mehr abzugsfähig sein. Das Verbot für Teilwertabschreibungen auf die Auslandsbeteiligung ergibt sich durch das allgemeine Verbot für Teilwertabschreibungen gem. der geplanten Änderung des § 6 Abs. 1 Ziff. 1 Satz 2.

385 In einigen DBA (namentlich den neueren) wird die Freistellung nur gewährt, wenn die Tätigkeit der **Betriebsstätte** oder der Tochtergesellschaft als eine aktive einzustufen ist; die **Aktivitätsklauseln** sind in den DBA unterschiedlich ausgestaltet.

---

[168] *Starke/Zumühlen* DB 1998, 103.
[169] Vgl. BFH v. 29. 5. 1996, DB 1996, 1551; BFH v. 29. 5. 1996, DB 1996, 1549; BMF-Schreiben v. 20. 1. 1997, BStBl. I 1997, 99; WPg. 1997, 203.

Freistellungen von der deutschen Körperschaftsteuer nach den DBA führen im Rahmen der **vEK-Gliederung** zur Zuweisung dieser Einkommensteile (evtl. nach nicht anrechenbarer ausländischer Quellensteuer) zum EK_{01} mit der Folge, daß bei Weiterausschüttung die Ausschüttungsbelastung nicht herzustellen ist (vgl. Rz. 107, 465, 485). Die Folge der Freistellung der ausländischen Betriebsstättengewinne von der KSt durch DBA ist, daß ausländische Betriebsstättenverluste das körperschaftsteuerpflichtige Einkommen nicht mindern dürfen. Insoweit erfolgt eine Minderung des EK_{01}.

IV. Einschränkungen bei der Ausnutzung des internationalen Steuergefälles

1. Steuerminderung durch Gewinnverlagerung

Das Steuerniveau ist in vielen ausländischen Staaten niedriger, als in der Bundesrepublik Deutschland (vgl. Aufstellung Rz. 57). Das veranlaßt viele Steuerpflichtige nicht nur aus betriebswirtschaftlichen Überlegungen, sondern auch aus Gründen der Steuerersparnis, Einkünfte nicht in der Bundesrepublik Deutschland, sondern in ausländischen Betriebsstätten oder Tochtergesellschaften entstehen zu lassen. Solche Überlegungen sind nicht mißbräuchlich, wenn die **Verlagerung von Einkünften** und **Vermögen** nicht nur allein aus steuerrechtlichen Gründen vorgenommen werden, sondern die Verlagerungen eine Folge von echten **Funktionsverlagerungen** sind.

Die Verlagerungen führen bei Kapitalgesellschaften jedoch nur dann zu einer Steuerersparnis, wenn nicht das Welteinkommensprinzip oder das Weltvermögensprinzip zur Anwendung kommt. Das bedeutet, die Einkünfte müssen in Staaten verlagert werden mit denen ein DBA besteht und dieses muß die Freistellung für Betriebsstätteneinkünfte bzw. Betriebsstättenvermögen oder Schachteldividenden bzw. Schachtelbeteiligungen vorsehen.

Besondere Probleme ergeben sich vor allem dann, wenn zwischen Hauptniederlassung oder Obergesellschaft in der Bundesrepublik Deutschland und der ausländischen Betriebsstätte bzw. ausländischen Tochtergesellschaft ein **Lieferungs- und Leistungsverkehr** besteht. In diesen Fällen ist die Angemessenheit der **Verrechnungspreise** von besonderer Bedeutung. Bei der Frage der Angemessenheit besteht jedoch ein Interpretationsspielraum. Gesetze und Rechtsprechung sowie Verlautbarungen der Finanzverwaltung versuchen diese Spielräume einzugrenzen.

2. Investitionen in ausländischen Betriebsstätten

a) Einkommensermittlungsprobleme

Ausländische Betriebsstätte und inländische Hauptniederlassung sind rechtlich eine Einheit. Steuerrechtlich ist jedoch das Vermögen und der damit erzielte Gewinn auf beide Staaten aufzuteilen.

Dabei können schon dadurch Konflikte auftreten, daß inländisches Recht und DBA-Recht unterschiedliche **Voraussetzungen** für das Vorliegen einer **Betriebsstätte** verlangen.

Diese Aufteilung von Vermögen bzw. Einkommen muß nach dem Grundsatz der wirtschaftlichen und sachlichen Zugehörigkeit erfolgen; wo die Be-

§ 11 391–393   Die laufende Besteuerung von Ergebnis und Vermögen

triebseinnahmen bzw. Betriebsausgaben entstanden sind, ist nicht von Bedeutung. Für die Aufteilung wird in aller Regel die **direkte Methode** (getrennte Rechnungslegung) verwendet; nur in seltenen Fällen kommt die **indirekte Methode** zur Anwendung (Aufteilung über Schlüsselgrößen). Beteiligungen an **Personengesellschaften** werden allgemein wie Betriebsstätten[170] besteuert; da sie selbständig bilanzieren, ist bei ihnen die direkte Aufteilungsmethode anzuwenden.

391   Die angestrebte Steuerverlagerung steht auch unter dem Vorbehalt, daß die Art der **Gewinnermittlung** im ausländischen Staat und der BRD nicht wesentlich voneinander abweichen. Für die Freistellung des Betriebsstätteneinkommens von der deutschen Steuer sind die deutschen Gewinnermittlungsmethoden anzuwenden. Weichen die ausländischen nationalen Einkommensermittlungsvorschriften davon ab, kann es trotz DBA in Randbereichen zu Doppelbesteuerungen kommen.

392   Bei der Ermittlung des ausländischen Betriebsstättengewinnes ist es besonders schwierig, die **innerbetrieblichen Leistungen** angemessen der Hauptstelle und der Betriebsstätte zuzuordnen (zB Konstruktion u. Bauüberwachung im Anlagengeschäft, Überlassung von Nutzung an Patenten, allgemeine Verwaltungsaufgaben).[171]

Die **Verrechnungen** für die der Betriebsstätte zuzurechnenden Leistungen sollen bei marktnahen Lieferungen und Dienstleistungen zwischen Stammhaus und Betriebsstätte auf **arm's length** Basis (dh. **Marktpreis**) erfolgen; lassen sich Marktpreise nicht feststellen (zB für Verwaltungsleistungen, Geschäftsführung) sollen nach der wirtschaftlichen Verursachung entsprechende Teile der Kosten der Betriebsstätte zugeordnet werden. Finanzierungskosten werden nur in Höhe des tatsächlichen Außenaufwandes der Betriebsstätte zugerechnet, wobei es dem Unternehmen überlassen bleibt, in welcher Höhe es der Betriebsstätte **Dotationskapital** zuwendet. Währungsgewinne bzw. -verluste am Dotationskapital sind im Inland nicht zu berücksichtigen.[172] Andere innerbetriebliche Leistungen wie Zinsverrechnung, Mietverrechnungen oder Lizenzgebühren werden im Hinblick auf die eingeschränkte Selbständigkeit der Betriebsstätte von der deutschen Finanzverwaltung nicht anerkannt.[173]

b) Probleme der Verlustkompensation

393   Liegt kein DBA vor, werden die **ausländischen Betriebsstättenverluste**[174] nach dem **Welteinkommensprinzip** mit in die inländische Besteuerungsgrundlage einbezogen.

---

[170] Besteuerung wie Kapitalgesellschaften zB in Japan, Spanien, Portugal.
[171] Das BMF hat einen Entwurf zu Verwaltungsgrundsätzen zur Aufteilung des Einkommens und Vermögens international tätiger Unternehmen zur Diskussion gestellt (vgl. WPg 1997, 641).
[172] BFH v. 16. 2. 1996, BStBl. II 1996, 588.
[173] Vgl. wegen dieser Problematik *Jacobs* Anm. 304 ff.; *Baranowski* Anm. 271 ff.; *Vogel* Art. 7 Anm. 63 ff.
[174] Da § 2a EStG eine reine inländische Steuervorschrift ist, gilt hier die Betriebsstättendefinition des § 12 AO.

C. Grenzüberschreitende Besteuerung der Gesellschaft 394, 395 § 11

Sofern die Verluste jedoch aus Tätigkeiten stammen, die in § 2a Abs. 1 Ziff. 1–7 EStG aufgeführt sind, kann eine Verrechnung mit inländischen Gewinnen nicht erfolgen; vielmehr ist ein **eingeschränkter Verlustausgleich** nur mit Gewinnen aus demselben Staat und jeweils derselben Art möglich. Nicht ausgeglichene Verluste dieser Art werden gesondert festgestellt und sind in Folgejahren mit positiven Einkünften aus demselben Staat und derselben Art ausgleichsfähig. Sofern solche Einkünfte nicht mehr anfallen, ist die Steuerbemessungsgrundlage höher als das Welteinkommen. Diese Verlustausgleichsbeschränkung nimmt keine Rücksicht darauf, daß Gewinne aus den erwähnten Tätigkeiten voll steuerpflichtig sind.

Der Ausgleich bzw. der Verlustabzug nach § 10d EStG wird jedoch gewährt, wenn Betriebsstättenverluste fast ausschließlich aus in § 2a Abs. 2 EStG aufgezählten aktiven Tätigkeiten stammen; gleiches gilt für Teilwertabschreibungen auf Beteiligungen an ausländischen Kapitalgesellschaften, sofern diese mindestens 5 Jahre lang eine aktive Tätigkeit ausüben (vgl. § 2a Abs. 1 Ziff. 3, Abs. 2 Satz 2 EStG).

Eine Beschränkung der Verlustverrechnung bei Beteiligungen an ausländischen **Personengesellschaften** kann sich auch ergeben, wenn die Voraussetzungen für die Anwendung des § 15a EStG vorliegen.

Bei der Gliederung des vEK sind die ausländischen Verluste, soweit sie abgezogen werden können in das EK_{02} einzustellen (R 89 Abs. 5 KStR); soweit im Ausland Ertragsteuern angefallen sind und für die kein Abzug nach § 34c Abs. 2 EStG beantragt wurde, mindern sie das EK_{01}.

Die **Freistellungsmethode** für **ausländische Betriebsstätteneinkünfte** 394 nach den DBA hat zur Konsequenz, daß ausländische Verluste die deutsche Steuerbemessungsgrundlage nicht vermindern. Nach § 2a Abs. 3 EStG kann jedoch die GmbH den Antrag stellen, diese Verluste im Entstehungsjahr bei der deutschen Besteuerung zu berücksichtigen und ggf. entsprechend § 10d EStG vorzutragen. Diese Vorschrift kann jedoch nur angewendet werden, soweit ein Verlustausgleich mit positiven Einkünften aus anderen Betriebsstätten in dem gleichen Staat nicht erfolgen kann. Sobald in den Folgejahren Betriebsstättengewinne aus diesem Staat erwirtschaftet werden, ist der Verlustabzug rückgängig zu machen; diese **Nachversteuerung** wird nicht vorgenommen, wenn ein Verlustvortrag bei der Einkommensermittlung im ausländischen Staat nicht abgezogen werden kann.

Der ausgleichsfähige Betriebsstättenverlust mindert bei entsprechendem Antrag das laufende Einkommen und damit in aller Regel den Zugang zum EK_{45}; soweit der Verlust im Entstehungsjahr nicht ausgeglichen werden kann, mindert er das EK_{02}. Die Nachversteuerung aufgrund späterer Gewinne in der ausländischen Betriebsstätte erhöht den Zugang zum EK_{45}. Evtl. ausländische Steuer mindert auch hier das EK_{01}.

Durch das **StEntlG 1999/2000/2002** wird dieser Verlustausgleich ab 1999 nicht mehr zugelassen. Eine Berücksichtigung der ausländischen Betriebsstättenverluste erfolgt nur noch über den negativen Progressionsvorbehalt; dieser wirkt sich jedoch bei Kapitalgesellschaften nicht aus.

Ausländische Betriebsstättenverluste werden bei der **Gewerbeertragsteuer** 395 nicht berücksichtigt, weil nur inländische Betriebe der Gewerbesteuer unterliegen.

3. Investitionen in ausländischen Kapitalgesellschaften

a) Allgemeines

396 Die Kapitalgesellschaft ist in den meisten Fällen der geeignete Rechtsträger für Investitionen und Geschäftsverlagerungen ins Ausland. Diese Investitionen erfolgen z. T. direkt durch Gründung einer **Tochterkapitalgesellschaft** oder indirekt durch Zwischenschaltung einer **Auslandsholding**. Diese Tochter-Kapitalgesellschaften werden im Ausland in aller Regel nach den Regeln für Kapitalgesellschaften besteuert.

Bei ausländischen Personengesellschaften findet man in einigen Ländern die Möglichkeit für die Besteuerung als Kapitalgesellschaft zu optieren; in anderen Ländern wiederum werden Gesellschaften, die nach deutschem Verständnis Personengesellschaften sind, grundsätzlich wie Kapitalgesellschaften besteuert (Spanien, Portugal, Japan).

Die Besteuerung nach den Regeln für Kapitalgesellschaften bedeutet, daß die steuerrechtliche Selbständigkeit der Gesellschaft gegenüber den Gesellschaftern anerkannt wird und ihr Einkommen bei ihr einer Steuer für Körperschaften nach den Regeln der **unbeschränkten Steuerpflicht** unterworfen wird.

397 Zusätzlich zu dieser Besteuerung erfolgt bei der Gewinnausschüttung eine Besteuerung des Anteilseigners nach Regeln, die der deutschen **beschränkten Steuerpflicht** ähnlich sind; dh., es wird für Rechnung der deutschen GmbH-Obergesellschaft in aller Regel eine Kapitalertragsteuer erhoben.[175]

Die Beziehungen zu der deutschen Obergesellschaft wurden, soweit es die steuerliche Behandlung von Dividendenausschüttungen, Zinsen oder Lizenzüberlassung betrifft unter Rz. 353 ff. besprochen. Obwohl Obergesellschaft und Untergesellschaft rechtlich selbständig sind, besteht eine so enge wirtschaftliche Verbindung zwischen den Rechtsträgern, daß die Gesetzgeber und die Finanzbehörden Gewinnverlagerungsprobleme ausschalten möchten. Die Grundsätze dazu sollen nachstehend angesprochen werden.

b) Basisgesellschaften

398 Als **Basisgesellschaften** werden Gesellschaften in Niedrigsteuerländern bezeichnet, die keine eigene wirtschaftliche Tätigkeit entfalten; ihre Tätigkeit erschöpft sich meist im Halten von Beteiligungen oder erworbenen Schutzrechten (Patente). Oft wird für diese Gesellschaften auch der Begriff **Sitzgesellschaft** oder **Domizilgesellschaft** verwendet.

Obwohl Kapitalgesellschaften zivil- und steuerrechtlich selbständig sind und im Ausland der unbeschränkten Steuerpflicht unterliegen, können diese Gesellschaften auch in der Bundesrepublik Deutschland unbeschränkt steuerpflichtig werden. Da das deutsche Körperschaftsteuerrecht die unbeschränkte Steuerpflicht nach Sitz und tatsächlicher Geschäftsführung einer Gesellschaft bestimmt (vgl. Rz. 8 ff.), wird eine ausländische Kapitalgesellschaft körperschaftsteuer- und gewerbesteuerpflichtig, wenn es der Finanzverwaltung gelingt, den **Ort der tatsächlichen Geschäftsführung** (dh. Entscheidungsfin-

---

[175] Auf die Nichterhebung einer Kapitalertragsteuer zwischen EU-Unternehmen wurde unter Rz. 374 hingewiesen.

dung; vgl. Rz. 11 ff.) als im Inland befindlich nachzuweisen. Eine solche Gefahr besteht besonders bei **funktionslosen Gesellschaften (Briefkastengesellschaften)**, bei denen Mitarbeiter der Obergesellschaft die erforderlichen Arbeiten in den Büroräumen der GmbH erledigen.

Die steuerliche Selbständigkeit einer ausländischen Kapitalgesellschaft wird negiert, wenn nach dem Gesamtbild der Verhältnisse die Vermögenswerte der zivilrechtlichen Kapitalgesellschaft als wirtschaftliches Eigentum der Gesellschafter angesehen werden müssen. In einem solchen Fall ist die Kapitalgesellschaft nur **Treuhänderin**; das Vermögen und die Erträge werden den Gesellschaftern als Treugeber zugerechnet (§ 39 AO). Ein **Durchgriff** auf die Gesellschafter dürfte jedoch nur in Ausnahmefällen möglich sein.[176]

Die steuerliche Selbständigkeit ausländischer Kapitalgesellschaften kann auch wegen **Mißbrauchs** von Gestaltungsmöglichkeiten versagt werden (§ 42 AO). Ein solcher wird angenommen, wenn wirtschaftlich beachtliche Gründe für die Einschaltung der Kapitalgesellschaft fehlen, dh. sie keine eigene wirtschaftliche Funktion hat und die Kapitalgesellschaft nur der Steuerersparnis dient.[177]

c) Verrechnungspreiskorrekturen

Ein denkbares Instrument für **Gewinnverlagerungen** sind die Verrechnungspreise für Warenlieferungen, Leistungen und konzernspezifische Verwaltungsleistungen. Auch wenn ausländische Kapitalgesellschaften als ausländische Steuerrechtssubjekte anerkannt werden müssen, hat das deutsche Steuerrecht Regelungen, die einer Verlagerung von Gewinnen aus der deutschen Steuerhoheit in einen anderen Staat verhindern sollen.

Rechtliche Grundlagen für eine **unilaterale Verrechnungspreis-Korrektur**[178] sind zum einen die Vorschriften über die **verdeckte Gewinnausschüttung** (Hinweis auf § 10 Rz. 219 ff.) und **verdeckte Einlage** (Hinweis auf § 7 Rz. 136 ff.); diese Vorschriften stellen darauf ab, ob ein ordentlicher und gewissenhafter Geschäftsführer auch mit Nichtgesellschaftern eine gleiche Vereinbarung getroffen hätte. Demgegenüber verlangt die Vorschrift des § 1 AStG einen **Fremdvergleich**, dh. es wird auf Marktüblichkeit abgestellt.

Die Berichtigungen aufgrund der Regelungen zur verdeckten Einlage (oder verdeckten Gewinnausschüttung) gehen den **Korrekturen nach § 1 AStG** vor.

Andererseits kann im Rahmen der Korrektur nach § 1 AStG ein Vorteilsausgleich stattfinden, wenn Nachteile infolge von Verrechnungspreisen im Gegenzug durch Vorteile ausgeglichen werden. Dieser Ausgleich muß bis zum Ende des jeweiligen Wirtschaftsjahres erfolgen oder bis zum Ende des Wirtschaftsjahres muß die Art und Weise des Ausgleiches festgelegt sein; die Nachteile müssen dann aber innerhalb der nächsten drei Wirtschaftsjahre ausgeglichen werden.

---

[176] Vgl. *Jacobs* Anm. aaO 342, 354.
[177] Vgl. *Jacobs* Anm. aaO 343.
[178] Vgl. *Günkel* Die Prüfung der steuerlichen Verrechnungspreise durch den Abschlußprüfer, WPg 1996, 839.

Die Folgen der Korrekturen sind unterschiedlich. Verdeckte Gewinnausschüttungen erhöhen nicht nur das Einkommen der deutschen GmbH sondern führen auch zu einer Kapitalertragsteuerpflicht, die den Gesellschafter belasten kann. Preiskorrekturen, die als verdeckte Einlagen behandelt werden, sind auf Beteiligungskonto zu aktivieren; ihre Behandlung im Ausland richtet sich nach dem jeweiligen Steuerrecht des Ansässigkeitsstaates. Demgegenüber berühren die Korrekturen nach § 1 AStG nur das deutsche Einkommen (vgl. Rz. 410 wegen der Folgen für das vEK).

404 **Bilaterale Berichtigungsklauseln** sind in verschiedenen DBA enthalten; sie gehen den in Rz. 402 genannten Vorschriften vor (vgl. Art 9 Abs. 1 OECD-MA). Diese DBA-Vorschriften verpflichten den anderen Staat jedoch nicht, bei seiner Besteuerung eine **Gegenberichtigung** vorzunehmen. Die Gegenberichtigung muß dann über ein **Verständigungsverfahren** (vgl. unten Rz. 430) betrieben werden; der Erfolg eines solchen Verständigungsverfahrens ist jedoch nicht gesichert.[179]

405 Die Gefahr von fehlenden Gegenberichtigungen ist in der EU durch das **Übereinkommen über die Beseitigung der Doppelbesteuerung im Fall von Gewinnberichtigungen zwischen verbundenen Unternehmen**[180] gemindert. (s. u. Rz. 436).

406 Grundlagen für eine Verrechnungspreiskorrektur sind auf deutscher Seite bei wesentlichen Beteiligungen oder beherrschendem Einfluß die **Verwaltungsgrundsätze für die Einkunftsabgrenzung bei international verbundenen Unternehmen**.[181]

Die Verwaltungsgrundsätze verlangen, daß der Leistungsverkehr mit nahestehenden Unternehmen aufgrund von eindeutigen und schriftlich fixierten **Vereinbarungen** unter Fremdvergleichsgerichtspunkten erfolgt. Alle inländischen Betriebsausgaben müssen betrieblich veranlaßt sein; Ausgaben, die eine gesellschaftsrechtliche Veranlassung haben, sind nicht abzugsfähig (zB Kostenumlagen der Muttergesellschaft für die Ausübung von Gesellschafterrechten).

407 Bei der Berücksichtigung des Grundgedankens des Fremdvergleiches sind jeweils die von Tochtergesellschaft und Muttergesellschaft übernommenen Funktionen zu berücksichtigen (zB Herstellung/Montage, Verwaltungsleistungen, Risikoverteilung).

Als Anhaltspunkte für die sachgerechte Preisfindung sind die nachfolgenden Standardmethoden zu verwenden.

Diese Methoden müssen uU nebeneinander angewendet und laufend den veränderten Verhältnissen angepaßt werden.[182]

– **Preisvergleichsmethode (comparable uncontrolled price method)**
Es erfolgt ein Vergleich mit Marktpreisen gleicher oder ähnlicher Produkte ggf. unter Eliminierung der abweichenden Faktoren; mit den Unterarten:
- Äußerer Betriebsvergleich (Vergleich mit Preisen Dritter)
- Innerer Betriebsvergleich (Vergleich von Konzernpreisen im Geschäft mit Dritten)

---

[179] Vgl. *Baranowski* Anm. 478 ff.
[180] Übereinkommen v. 23. 7. 1990, BStBl. I 1993, 819; Inkrafttreten ab 1. 1. 1995, BStBl. I 1995, 166.
[181] BdF v. 23. 2. 1983, BStBl. I 1983, 218.
[182] Vgl. Verwaltungsgrundsätze 2.4.2.

- **Wiederverkaufspreismethode (resale price method)** Rückrechnung vom Verkaufspreis gegenüber Dritten auf den Konzernverrechnungspreis durch Abschlag von marktüblichen Margen für Funktionen und Risiko
- **Kostenaufschlagmethode (cost plus method)** Auf die nach betriebswirtschaftlichen Grundsätzen (auch in Kalkulation gegenüber Dritten) ermittelten Selbstkosten erfolgt ein branchenüblicher Gewinnzuschlag

Bei Anwendung der Standard-Methoden ist ein **Vorteilsausgleich** möglich, wenn nachgewiesen werden kann, daß den Nachteilen aus bestimmten Geschäften Vorteile aus anderen Geschäften gegenüber stehen und dieser Nachteilsausgleich von vornherein beabsichtigt war.[183]

Zur Kontrolle der vorstehenden Standardmethoden können ergebnisbezogene Methoden eingesetzt werden:[184]

- **Gewinnvergleichsmethode (comparable profit method)** Der Gewinn des verbundenen Unternehmens wird mit dem Gewinn von unabhängigen Unternehmen verglichen. Diese Methode ist jedoch nur zur Überprüfung der Schlüssigkeit der Ergebnisse nach den anderen Methoden oder in Sonderfällen verwendbar.
- **Gewinnzerlegungsmethode (profit split-method)** Der tatsächlich erzielte Erfolg soll entsprechend der Funktionsteilung zwischen Muttergesellschaft und Tochtergesellschaft geteilt werden. Diese in USA gebräuchliche Methode[185] wird in der Bundesrepublik Deutschland nur hilfsweise angewendet.

Für die verschiedenen Leistungen können folgende Grundsätze festgehalten werden:

Leistung	Verrechnungspreis	Verwaltungsgr.
Warenlieferungen	Standardpreismethoden: dabei beachten: Gleichartigkeit von: Güter, Mengen, Liefer- u. Zahlungsbedingungen, Mäkten	3. 1.
Dienstleistungen, allgemein, Werbung wie bei eigenständigem Werbeuntern.	wie vorstehend	3. 2. 1. 3. 3. 1.
Markterschließungskosten	v. Hersteller zu tragen, sofern nicht f. Vertrieb ein Gewinn verbleibt	3. 4.
Anlaufkosten	Aufwand d. neuen Unternehmung	3. 5.
Zinsen	Kapital- bzw. Geldmarktzins (Sollzins) der relevanten Währung	4.
Patent-know-how-Überlassung	Standardpreismethoden	5.
Auftragsforschung	Kostenaufschlagsmethode	5. 3.

---

[183] Vgl. *Baranowski* Anm. 300.
[184] Verwaltungsgrundsätze 2.4.5.
[185] Vgl. *Jacobs* Anm. 716 ff.

Leistung	Verrechnungspreis	Verwaltungsgr.
Verwaltungsssbez. Diesntleistungen FuE, sonstige Werbung	Fremdpreise, wenn entsprechende Leistungen nach Art. und Umfang dergl. angebogen wereen sonst Kostenaufschlagsmethode. Kostenumlage, wenn Einzelleistungen nicht abgrenzbar	6. 7.

410 Die Auswirkungen von Preisberichtigungen bei der inländischen GmbH hängen von der Berichtigungsgrundlage ab. Sofern die Berichtigungen auf der Grundlage von verdeckten Gewinnausschüttungen oder verdeckten Einlagen erfolgen (Hinweis auf § 10 Rz. 219 ff. auf § 7 Rz. 136 ff.), erhöht die Einlage in aller Regel den laufenden Gewinn und führt zur Einstellung ins EK_{45}. Stützt sich die Korrektur auf § 1 AStG, ist die Einkommenskorrektur außerhalb der Bilanz vorzunehmen. Dieser **Korrekturposten** wirkt sich bei der Veräußerung der Beteiligung gegenläufig aus. Da die Korrektur außerhalb der Bilanz erfolgt, also das vEK sich nicht verändert, stellt die steuerpflichtige Gewinnerhöhung einen Zugang zum EK_{45} dar, der durch eine gleich hohe Einstellung ins EK_{02} neutralisiert wird.

4. Die Besteuerung von Zwischengesellschaften nach dem Außensteuergesetz

411 Ist eine GmbH an einer ausländischen Gesellschaft allein oder mit anderen Inländern zu mehr als 50% beteiligt, so muß sie seit 1972 die dort anfallenden Gewinne unter den Voraussetzungen der §§ 7–14 AStG ihrer persönlichen Steuerpflicht unterwerfen, ohne daß ihr überhaupt Einkünfte aus dem Ausland zugeflossen sind. Wenn die ausländische Tochtergesellschaft eine Gesellschaft mit **Kapitalanlagecharakter** ist,[186] genügt eine Beteiligung von 10%. Mit diesem Instrument der **Hinzurechnungsbesteuerung,** bei dem ausländische Einkünfte, sogenannte **Zwischeneinkünfte,** den inländischen Anteilseignern fiktiv hinzugerechnet werden (vgl. Rz. 26 Ziff. 8), will das Außensteuergesetz die negativen Auswirkungen der Steuerflucht durch Einkommensverlagerungen auf niedrig besteuerte Gesellschaften (= **Zwischengesellschaften**) in Steueroasenländer verhindern.[187] Die Anwendung der §§ 7 ff. AStG setzt voraus, daß die ausländische Kapitalgesellschaft als ein ausländisches Steuersubjekt anzuerkennen ist (Hinweis auf Rz. 398).

412 Zwischeneinkünfte sind nach dem Negativkatalog des § 8 Abs. 1 AStG nur die Einkünfte der ausländischen Gesellschaft, die aus einer **passiven,** nichtwerbenden **Tätigkeit** stammen und gem. § 8 Abs. 3 AStG einer niedrigen ausländischen Besteuerung unterliegen. Die Einkunftsarten,[188] die die Be-

---

[186] Vgl. 7 Abs. 6 AStG iVm. § 10 Abs. 6 Satz 2 AStG: Einkünfte aus dem Halten, der Verwaltung Werterhaltung, Werterhöhung von Zahlungsmitteln, Forderungen, Wertpapieren, Beteiligungen, die nicht aus aktiver Tätigkeit oder Tochtergesellschaften stammen.
[187] *Freikamp* in *Dötsch/Eversberg/Jost/Witt* § 31 Anm. 91.
[188] Dieser Einkunftsartenbegriff ist nicht identisch mit dem des § 2 EStG.

C. Grenzüberschreitende Besteuerung der Gesellschaft   413, 414   § 11

steuerung auslösen, sind hauptsächlich Beteiligungserträge von nicht aktiv tätigen Kapitalgesellschaften, Zinseinkünfte (sofern sie keine Nebenerträge zur aktiven Tätigkeit sind)[189] und Lizenzeinkünfte sowie Handelsgeschäfte, bei denen die Mitwirkung der GmbH übermäßig ist. Insb. sog. **Briefkastengesellschaften,** deren Tätigkeit sich in einer **Holdingfunktion** beschränkt (Ausnahmen §§ 8 Abs. 2, 13 AStG), gehören zum Adressatenkreis der Zugriffsbesteuerung.[190] Dabei werden von der Besteuerung nicht erfaßt sog. Ausschüttungen von **Landesholding**gesellschaften mit aktiv tätigen Tochtergesellschaften im gleichen Land und **Funktionsholding**gesellschaften mit aktiv tätigen Tochtergesellschaften, die als Ergänzung zum eigenen aktiven Geschäft der Holding in einem Funktionszusammenhang stehen. Jedoch unterliegen nicht nur die Gewinne von Holdinggesellschaften den Vorschriften der §§ 7 ff. AStG, sondern auch die von gemischt tätigen Gesellschaften, sofern die obengenannten Einkunftsarten 10% der Bruttoeinkünfte bzw. 120 000 DM übersteigen.

Zur Definition der Zwischeneinkünfte gehört, daß die Gesamtbelastung **413** der ausländischen Einkünfte mit Ertragssteuern unter 30% liegt. Diese Grenze kann durch den allgemeinen ausländischen Steuersatz oder aber auch durch gezielte Steuervergünstigungen (zB für Finanzerträge, Befreiung für Schachtelerträge) unterschritten werden. Die Belastung wird ermittelt aus dem Verhältnis der Einkünfte, die nach deutschem Steuerrecht ermittelt werden und den ausländischen Steuern (ggf. vor indirekter Anrechnung).[191]

Der Anteil der Zwischeneinkünfte, der der Beteiligungsquote der GmbH **414** an der Zwischengesellschaft entspricht, ist nach deutschen steuerlichen Grundsätzen zu ermitteln und dem inländischen Einkommen der Gesellschafterin mit den nachfolgenden Modifikationen hinzuzurechnen **(Hinzurechnungsbetrag):**

Einkünfte d. Zwischenges. aus	Zuzurechnen	AStG
Dividenden v. nicht aktiven Beteiligungen/schädlicher Handel/Dienstleistungen	0% bei Schachtelpriv. zwischen Staat der Zwischengesellschaft und BRD	§ 10 Abs. 5
Dividenden v. nicht aktiven Beteiligungen/schädlicher Handel/Dienstleistungen u. a. Lizenzen	100% ohne Schachtelpriv. zwischen Staat der Zwischengesellschaft und BRD	§ 10 Abs. 1 § 13
Zinsen aus Darlehensvergabe an aktive Konzerngesellschaften aus im Ausland aufgenommenen konzernfremden Quellen	0	§ 8 Abs. 1 Nr. 7
Zwischeneinkünfte mit Kapitalanlagecharakter oberhalb einer Bagatellgrenze v. 10%	100%	§ 10 Abs. 6 S. 2

---

[189] Vgl. *Baranowki* Anm. 927.
[190] *Freikkamp* in *Dötsch/Eversberg/Jost/Witt* § 31 Anm. 93.
[191] *Flick/Wassermeyer/Becker* Komm. zum Außensteuergesetz, § 8 Anm. 119.

Einkünfte d. Zwischenges. aus	Zuzurechnen	AStG
Zwischeneinkünfte mit Kapitalanlagecharakter, aber aus der Finanzierung von aktiven Betriebsstätten oder Gesellschaften	60%	§ 10 Abs. 6 S. 3

415 Der Hinzurechnungsbetrag ergibt sich aus den genannten Einkünften, abzüglich, der zu Lasten der ausländischen Gesellschaft erhobenen Ertrag- und Vermögensteuern. Auf Antrag (§ 12 AStG) können die ausländischen Vermögen- und Ertragsteuern mit in die Hinzurechnung einbezogen werden; in diesem Fall sind die Ertragsteuern auf die deutsche Körperschaftsteuer anrechenbar.
Der Hinzurechnungsbetrag gilt am Tag nach Ablauf des Wirtschaftsjahres der Zwischengesellschaft als zugeflossen.

416 Sofern auf eine Hinzurechnungsbesteuerung eine Dividendenauschüttung der Zwischengesellschaft zeitlich folgt, werden die Dividendenerträge von den im Ausschüttungsjahr zu erfassenden Hinzurechnungsbeträgen gekürzt (Normalfall) oder die Dividende steuerfrei gestellt (Kapitalanlageeinkünfte).

417 Durch § 14 AStG werden von der Hinzurechnungsbesteuerung auch Einkommensteile von nachgeschalteten Gesellschaften erfaßt (Mißbrauchsverhinderung).

418 Bei der Gliederung des verwendbaren Eigenkapitals ist zu berücksichtigen, daß der Hinzurechnungsbetrag das Eigenkapital lt. Steuerbilanz nicht erhöht hat. Wegen der steuerpflichtigen Gewinnerhöhung entsteht ein Zugang beim EK_{45}, der durch einen gleich hohen Abzug beim EK_{02} zu korrigieren ist.[192]

419 Die Hinzurechnungsbesteuerung gilt auch für die **Gewerbesteuer**.[193]

V. Besondere Verfahrensvorschriften für die grenzüberschreitende Besteuerung

1. Mitwirkungspflichten

420 Auslandstätigkeiten eines deutschen Steuerpflichtigen unterliegen der speziellen **Meldevorschrift** des § 138 Abs. 2 AO. Danach sind die Gründung und der Erwerb von Betriebsstätten, Personengesellschaften oder Kapitalgesellschaften (Mindestquote 10%) spätestens bis zur Abgabe der nächsten Steuererklärung an das zuständige Finanzamt zu melden.

421 Die Besteuerungsgrundlagen für die Hinzurechnungsbesteuerung (§§ 7–14 AStG) werden gesondert festgestellt; sofern mehrere unbeschränkt Steuerpflichtige an einer Zwischengesellschaft beteiligt sind, erfolgt diese Feststellung auch einheitlich. Dazu ordnet § 18 Abs. 3 AStG für die inländischen Gesellschafter die Abgabe einer besonderen **Steuererklärung** (Feststellungserklärung) an.

---

[192] Dötsch in Dötsch/Eversberg/Jost/Witt § 29 Anm. 55; Freikamp in Dötsch/Eversberg/Jost/Witt § 31 Anm. 91–98 a.
[193] AA Baranowski Anm. 1074.

C. Grenzüberschreitende Besteuerung der Gesellschaft 422–424 § 11

Die Feststellung der Gewinnanteile bzw. Vermögensanteile an ausländischen Personengesellschaften erfolgt nach den allgemeinen Regeln, also aufgrund von Festellungserklärungen gem. § 181 AO.

Zur Unterlegung der **Angemessenheit der Konzernverrechnungspreise** bzw. Konzernumlagen sind entsprechende Dokumentationen zu erstellen, deren Vorlage die Finanzverwaltung unter Berufung auf § 90 Abs. 2 AO verlangen kann. 422

Die grenzüberschreitende Besteuerung beruht zum großen Teil auf Sachverhalte, die außerhalb der Bundesrepublik gegeben sind bzw. gestaltet werden. Die deutschen Finanzbehörden haben nicht das Recht, im Hoheitsgebiet eines anderen Staates zu ermitteln. Daher sind die deutschen Steuerbehörden darauf angewiesen, die Steuerpflichtigen in der Bundesrepublik einer **verstärkten Mitwirkungspflicht** zu unterwerfen, insbesondere wird die Beschaffung von Beweismitteln verlangt (vgl. § 90 Abs. 2 AO). Zur Sachverhaltsaufklärung über die Verhältnisse zu Zwischengesellschaften verlangt § 17 AStG die Vorlage von Bilanzen, die Offenbarung der Geschäftsbeziehungen und sonstige Auskünfte. Darüber hinaus ergibt sich aus verschiedenen Einzelvorschriften, daß begünstigende Steuermaßnahmen nur bei Vorlage entsprechender Unterlagen zu erreichen sind (vgl. die zahlreichen Beweismittelverlangen in §§ 7 ff. AStG). Kommt der Steuerpflichtige den Verlangen über Aufklärungen nicht nach, so kann nach der Rechtsprechung[194] dies grundsätzlich nicht zum Nachteil ausgelegt werden. Die Mitwirkungspflicht kann nicht dazu führen, daß dem Steuerpflichtigen die Beweislast aufgebürdet wird.[195] Die Finanzbehörden werden jedoch aus fehlenden Auskünften und Nachweisen mögliche nachteilige Schlüsse ziehen, wenn der Steuerpflichtige nicht darlegen kann, daß er tatsächlich nicht in der Lage ist, seine Mitwirkungspflicht zu erfüllen. Verlangen die Einzelgesetze ausdrücklich einen Nachweis, so wird dieser Nachweis zu einer materiellrechtlichen Voraussetzung für den vom Steuerpflichtigen gewollten Steuertatbestand.[196] Bei der Ermittlung der Höhe von Zwischengewinnen geben §§ 16, 17 AStG dem Finanzamt als Anhaltspunkt für eine Gewinnschätzung 20% des Anteilswertes an die Hand. 423

Der Nachweis von Besteuerungssachverhalten durch eine **Buchführung** ist Teil der allgemeinen Mitwirkungspflichten. 424

Ausländische Kapitalgesellschaften sind nach dem Recht ihres Staates buchführungspflichtig; das deutsche Steuerrecht kann weder ihnen noch der inländischen Mutter-GmbH die Pflicht auferlegen, im Inland Bücher zu führen. Soweit die ausländische Gewinnermittlung für die deutsche Besteuerung von Bedeutung ist, müssen die ausländischen Ergebnisse übernommen und an die in der Bundesrepublik Deutschland gegeben Erfordernisse angepaßt werden

---

[194] BFH v. 21. 1. 1976 BStBl. II 1976, 513.
[195] BFH v. 13. 7. 1994, BFH-NV 1995, 548.
[196] Vgl. zB Aktiver Handel nach § (Abs. 1 Ziff. 4): „... es sei denn, der Steuerpflichtige weist nach, daß die ausländische Gesellschaft einen für derartige Handelsgeschäfte in kaufmännischer Weise eingerichteten Geschäftsbetrieb ... unterhält ..."; vgl. auch § 8 Abs. 6 Satz 2 AStG wegen Einkünfte die solche mit Kapitalanlagecharakter sein können; § 2 a Abs 3 Satz 4 EStG wegen des Verlustabzuges bei DBA-Betriebsstätten.

(§ 146 Abs. 2 Sätze 3, 4 AO). Dies ist zB der Fall bei der Feststellung von Zwischengewinnen im Sinne von §§ 7 ff. AStG.

Bei Betriebsstättenbuchführungen für ausländische Niederlassungen einer deutschen GmbH ist das Problem aus steuerlicher Sicht nicht anders, wenn nach dem Recht des Betriebsstättenstaates die Niederlassung zu einer Buchführung im Ausland verpflichtet ist (§ 146 Abs. 2 Satz 2 AO; § 9 Rz. 14). Im Hinblick auf das Urteil des FG Köln v. 14. 10. 1981 sollten jedoch auch in anderen Fällen keine Bedenken bestehen, trotz des Wortlautes des § 146 Abs. 2 Satz 1 AO die Betriebsstättenbuchhaltung im Ausland zu führen und aufzubewahren, solange die Bücher jederzeit im Inland vorgelegt werden können.[197] Dabei muß jedoch darauf geachtet werden, daß es nicht genügt, die Buchführung in einer lebenden Sprache zu erstellen; unter dem Gesichtspunkt der Nachprüfbarkeit in angemessener Zeit (§ 238 Abs. 1 Satz 2 HGB, § 145 Abs. 1 AO), muß eine gängige Sprache mit gängigen Schriftzeichen verwendet werden; die Finanzbehörden können auch in diesen Fällen eine Übersetzung verlangen (§ 146 Abs 3 AO).

Demgegenüber will die Finanzverwaltung eine Verlagerung nur für die Zeit der Verarbeitung zulassen.[198] Ob diese Auffassung für Verlagerung in EU-Länder Bestand haben kann, ist angesichts des EUGH-Urteils v. 15. 5. 1997[199] zweifelhaft: der EUGH hat für den umgekehrten Fall (steuerliche Buchführungspflicht im Betriebsstättenstaat) einen Verstoß gegen Artikel 52 EG-Vertrag gesehen.

2. Amts- und Rechtshilfe

425   Da die Finanzbehörden nicht berechtigt sind, in einem anderen Staat Ermittlungen für die Besteuerung anzustellen oder Steuerschulden beizutreiben, wurden internationale Vereinbarungen über **Amts- und Rechtshilfe** abgeschlossen. Die Rechtsgrundlagen sind:
- § 117 AO (Auskunftsverkehr)
- EG-Amtshilfe-Gesetz [200] (Auskunftsverkehr)
- Doppelbesteuerungsabkommen zB Art. 26 OECD-MA (Auskunftsverkehr)
- Amts- und Rechtshilfeabkommen zB Italien, Österreich (Auskunftsverkehr)
- EG-Beitreibungsgesetz[201] sowie Amts- und Rechtshilfeabkommen (Beitreibung).

Auch ohne internationale Verträge ist die Bundesrepublik aus § 117 Abs. 3 AO berechtigt, Auskünfte an andere Staaten zu erteilen. Es gelten dazu im wesentlichen die unter Rz. 427 erwähnten Voraussetzungen.

---

[197] Vgl. FG Köln EFG 1982, 422; Trzaskalik in HHS § 146 AO Anm. 37; Klein/Orlopp AO § 146 Anm. 3; ADS § 239 Anm. 21.
[198] Vfg. OFD Düsseldorf v. 2. 9. 1997, DB 1997, 1896.
[199] Vgl. DB 1997, 1211; Saß DB 1997, 1533.
[200] Gesetz zur Durchführung der EG-Richtlinie über die gegenseitige Amtshilfe im Bereich der direkten Steuern und der Mehrwertsteuer v. 19. 12. 1985, BStBl. I 1985, 735, 740, geändert am 21. 12. 1992, BStBl. I 1993, 96.
[201] Gesetz v. 10. 8. 1979 BStBl. I 1981, 564 mit Änderung v. 7. 8. 1981 BStBl. I 1981, 566.

C. Grenzüberschreitende Besteuerung der Gesellschaft 426–430 § 11

Auf der Grundlage dieser Bestimmungen können die deutschen Finanzbehörden zur Ermittlung der Besteuerungsgrundlagen sowohl Auskünfte von anderen Staaten verlangen, als auch an die Finanzverwaltung anderer Staaten Auskünfte erteilen. Die Auskünfte beschränken sich nicht auf die Verhältnisse von Personen oder Gesellschaften, die im jeweiligen anderen Staat ansässig sind; es können auch Auskünfte von Drittstaaten eingeholt bzw. gegeben werden.

Die Befugnisse zur Abwicklung des Auskunftsverkehrs sind in der Bundesrepublik Deutschland dem Bundesamt für Finanzen übertragen.

In den DBA wird zwischen „**Kleiner Auskunftsklausel**" (Auskünfte zur Durchführung des Abkommens) und „**Großer Auskunftsklausel**" (Auskünfte auch zur innerstaatlichen Besteuerung) unterschieden.

Die Grundsätze und Einzelheiten des Auskunftsverkehrs ergeben sich aus dem **Merkblatt für die zwischenstaatliche Amtshilfe durch Auskunftsaustausch in Steuersachen**.[202] Danach sind zu unterscheiden:
– Auskünfte aufgrund Ersuchen im Einzelfall
– Spontanauskünfte im Einzelfall (zB aufgrund einer Betriebsprüfung) ohne Ersuchen
– Automatische Auskünfte über gleichartige Sachverhalte

Für alle Formen der Auskunftserteilung gelten folgende Grundsätze:
– Gegenseitigkeit ist verbürgt
– der ausländische Staat sichert zu, die Auskünfte nur für die Besteuerung zu verwenden
– eine Besteuerung, die einem DBA widerspricht, tritt nicht ein
– die Souveränität der Bundesrepublik wird nicht beeinträchtigt, insbesondere die Geheimhaltung ist zu gewährleisten
– die zur Auskunft erforderlichen Amtshandlungen widersprechen nicht der AO
– es darf nicht die Gefahr bestehen, daß inländischen Beteiligten durch die Preisgabe von Geschäftsgeheimnissen ein mit dem Zweck der Auskunft nicht zuvereinbarender Schaden entsteht.

Um die Einhaltung der vorstehenden Grundsätze sicherzustellen, werden die Steuerpflichtigen in der Regel über das Auskunftsverfahren informiert oder eingeschaltet.

Dem Steuerpflichtigen steht das Recht zu, bei seiner örtlich zuständigen Steuerbehörde Einwendungen gegen Auskunftsersuchen oder Auskunftserteilung vorzutragen. Die Maßnahmen können mit Einspruch (§ 349 AO) angefochten werden; auch die Unterlassungsklage (§ 40 FGO) oder ein Antrag auf einstweilige Anordnung (§ 114 FGO) können in Betracht kommen.

3. Verständigungsverfahren

Die meisten Doppelbesteuerungsabkommen der Bundesrepublik Deutschland enthalten Verfahrensvorschriften zur Beseitigung bzw. Vermeidung von Doppelbesteuerungen. Diese sind in vielen Fällen dem Art. 25 des OECD-

---

[202] BdF v. 1. 12. 1988, BStBl. I 1988, 466.

MA 1992 bzw. den Mustern der vorhergehenden MA nachgebildet. Diese als **Verständigungsverfahren** bezeichneten Vorschriften sind keine Rechtsgrundlage zum Austausch allgemeiner steuerlicher Informationen (vgl. dazu Rz. 425 ff.); ein Informationsaustausch innerhalb dieses Verfahrens beschränkt sich nur auf die Sachverhalte, die für die Durchführung des jeweiligen Verständigungsverfahrens notwendig sind.

Die DBA geben dem Steuerpflichten keinen Rechtsanspruch auf die Durchführung eines Verständigungsverfahrens; Art. 24 Abs. 2 OECD-MA verpflichtet die beteiligten Staaten sich nur um eine Lösung der Doppelbesteuerungprobleme zu bemühen.

431 Die Verständigungsverfahren sehen in aller Regel drei Verfahrensarten vor, die unabhängig voneinander durchgeführt werden können.
1. Das **Verständigungsverfahren im engeren Sinne** (Art. 25 Abs. 1 OECD-MA)Dieses dient der Vermeidung bzw. Beseitigung einer dem Abkommen nicht entsprechenden Doppelbesteuerung des gleichen Steuersubjektes in Einzelfällen
2. Das **Konsultationsverfahren nach** Art. 25 Abs. 3 Satz 1 OECD-MA-Durch dieses Verfahren sollen Schwierigkeiten allgemeiner Art ohne Bezug auf einen Einzelfall bei der Auslegung oder Anwendung des DBA beseitigt werden.
3. Das **Konsultationsverfahren nach** Art. 25 Abs. 3 Satz 2 OECD-MA-Durch dieses Verfahren sollen durch gemeinsame Beratung Vertragslücken geschlossen werden

432 Aufgabe der Verständigungsverfahren ist es, die Doppelbesteuerungen zu vermeiden, die sich ergeben können aus:
– Maßnahmen eines Staates oder beider Vertragsstaaten (zB Anwendung unterschiedlicher Gewinnermittlungsmethoden, Korrektur von Verrechnungspreisen)
– Auslegung des Abkommensrechtes oder des deutschen Rechtes, soweit das Abkommen darauf Bezug nimmt (zB Auslegung des Begriffes Betriebsstätte)

433 Rechtsmittel sind grundsätzlich **vor, neben, anstelle** und **nach** Verständigungsverfahren möglich. Dennoch empfiehlt es sich oft, vor Einleitung eines Verständigungsverfahrens die vorhandenen Rechtsmittel auszuschöpfen; eine Pflicht dazu besteht jedoch nicht (Art. 25 Abs. 1 Satz 1 OECD-MA). Das setzt zunächst voraus, festzustellen, welcher der beteiligten Staaten sich rechtswidrig verhalten hat. Ggfs. ist zunächst das Einspruchsverfahren bzw. das Klageverfahren in der Bundesrepublik zu beschreiten. Aber auch im Ausland können je nach Sachlage die zuständigen Rechtsmittel eingelegt werden. Zeichnet sich hierdurch keine Lösung ab, kann das Verständigungsverfahren immer noch eingeleitet werden. Der Abschluß der Rechtsmittel ist dazu nicht erforderlich.

434 Einzelheiten zur Durchführung der Verständigungsverfahren auf deutscher Seite ergeben sich aus dem **Merkblatt** des BdF v. 1. 7. 1997.[203] Hierin werden u. a. die Verfahrensvorschriften beschrieben.

---

[203] Merkblatt zum internationalen Verständigungsverfahren und Schiedsverfahren in Steuersachen, BStBl. I 1997, 717.

C. Grenzüberschreitende Besteuerung der Gesellschaft 435–449 § 11

Die Einleitung eines Verständigungsverfahren setzt den **Antrag** eines im Inland ansässigen, abkommensberechtigten Steuerpflichtigen voraus. Der Antrag ist beim zuständigen Finanzamt zu stellen, das ihn an den Bundesfinanzminister weiterleitet; dieser ist für die Durchführung des Verfahrens und die Verhandlung mit dem Vertragsstaat zuständig.

In verschiedenen DBA sind für die Antragstellung **Fristen** vorgesehen; deutscherseits wird eine Antragsfrist von vier Jahren seit Bekanntgabe des belastenden Steuerbescheides eingeräumt.[204]

Das Verfahren selbst wird zwischen den Regierungen der beteiligten Staaten abgewickelt, jedoch wird der Steuerpflichtige über den Fortgang informiert und hat dadurch die Möglichkeit, Beweisunterlagen beizubringen und sich zu äußern.

Scheitert ein Verständigungsverfahren, so hat die Finanzverwaltung zu prüfen, ob Billigkeitsmaßnahmen gem. § 163 AO wegen sachlicher Unbilligkeit erforderlich sind.   **435**

Ist das Verständigungsverfahren erfolgreich, können auch bestandskräftig gewordene Steuerbescheide noch geändert werden, soweit dies durch die Verständigungsvereinbarung geboten ist (§ 175 a AO). Im übrigen wird durch den Antrag auf Einleitung eines Verständigungsverfahres die Festsetzungsfrist für Steuerbescheide nach § 171 Abs. 3 AO gehemmt, wenn damit gleichzeitig die Änderung des Steuerbescheides beantragt wird.

Im Hinblick darauf, daß Verständigungsvereinbarungen keine Korrektur **436** von Gewinnberichtigungen oder Gegenberichtigungen im anderen Staat bei international verbundenen Unternehmen ermöglichen, hat das **Übereinkommen zur Beseitigung der Doppelbesteuerung im Falle von Gewinnberichtigungen zwischen verbundenen Unternehmen (Schiedskonvention)**[205] große Bedeutung. Das Übereinkommen gilt nur zwischen EU-Staaten; bei Drittstaaten verbleibt es bei den Verständigungsvereinbarungen nach den DBA.

Das Übereinkommen sieht folgende Verfahrensweise vor:
1. Unterrichtung des anderen Staates über die beabsichtigte Verrechnungspreiskorrektur unter Einschaltung der anderen Unternehmen. Stimmen beide Unternehmen und beide Vertragsstaaten der Berichtigung zu, ist das Verfahren beendet.
2. Stimmt das Unternehmen nicht zu, bei dem die Verrechnungspreiskorrektur erfolgen soll, so kann es ein **besonderes Verständigungsverfahren** einleiten. Das Verfahren hat im einzelnen einen ähnlichen Ablauf wie die Verständigungsverfahren im engeren Sinne (vgl. Rz. 430).
3. Kommen die Finanzbehörden beider Staaten über 2 Jahre nicht zu einem Ergebnis, wird ein Schlichtungsverfahren gem. Art 7 dieses Übereinkommens eingeleitet. Der dafür zuständige beratende Ausschuß muß eine Stellungnahme innerhalb von sechs Monaten abgeben.

(einstweilen frei) **437–449**

---

[204] Vgl. Merkblatt (Fn. 43) Tz. 2.2.1.
[205] Gesetz v. 26. 8. 1993 zum Übereinkommen v. 23. 6. 1990, vgl. BStBl. I 1993, 819, mit Inkrafttreten ab 1. 1. 1995 gem. BStBl. I 1995, 166; sofern die Schiedskonvention nicht verlängert wird, läuft sie vertragsgemäß am 31. 12. 1999 aus.

D. Ertrag- und Substanzsteuern des Gesellschafters aus seiner Beteiligung

I. Unbeschränkte und beschränkte Steuerpflicht des Gesellschafters

450 Gerade bei Kapitalgesellschaften in der Rechtsform der GmbH sind die Interessen der Gesellschaft und der Gesellschafter wegen der Personenbezogenheit vieler GmbH auszugleichen. Aus diesem Grund wird der Besteuerung des Gesellschafters ein eigenes Kapitel gewidmet. Dieses ist insbesondere wegen der Besonderheit des KSt-Anrechnungsverfahrens von Bedeutung. Als ein Beispiel sei an das **Schütt-aus-hol-zurück-Verfahren** erinnert (Hinweis auf Rz. 113 ff.).

451 Die Besteuerung des Gesellschafters mit seinen Einkommensteilen, die aus seiner Gesellschaft stammen, hängt davon ab, ob er unbeschränkt oder beschränkt steuerpflichtig ist (vgl. Rz. 8 ff.). Darüber hinaus muß zwischen natürlichen Personen, Personenhandelsgesellschaften und Kapitalgesellschaften als Gesellschafter unterschieden werden.

452 Bei **unbeschränkter Steuerpflicht** werden alle Einkünfte des Gesellschafters aus seiner Kapitalgesellschaft in der Bundesrepublik versteuert.

Bei **beschränkter Steuerpflicht** richtet sich die Besteuerung in der Bundesrepublik nach den Vorschriften der §§ 49 ff. EStG.

453 Hiernach werden die Einkommensteile immer steuerpflichtig, wenn die Beteiligung oder andere Wirtschaftsgüter sachlich zu einer inländischen **Betriebsstätte** eines ausländischen Gesellschafters gehören. In einem solchen Fall wird bei natürlichen Personen die Steuer nach dem Einkommensteuertarif bzw. bei Kapitalgesellschaften nach § 23 Abs. 3 KStG mit 42% Körperschaftsteuer erhoben.

454 Beschränkte Steuerpflicht nach § 49 EStG besteht auch für eine im Inland ausgeübte **freiberufliche Beratungstätigkeit** eines im Ausland wohnenden Gesellschafters für seine GmbH, sofern kein DBA besteht.

Übt der Gesellschafter bei seiner Gesellschaft eine **Aufsichtsratstätigkeit** aus, so werden seine Einnahmen mit einer von der Gesellschaft einzubehaltenden Quellensteuer von 30% belegt. Diese kann je nach DBA ermäßigt bzw. erstattet werden.

455 Auch die **Vermietung** eines inländischen Grundstückes an die GmbH führt zur beschränkten Steuerpflicht nach den allgemeinen Grundsätzen. Die Überlassung von **Patenten, Lizenzen** und sonstigen Rechten dagegen führt zu einer Besteuerung durch Einbehaltung einer Quellensteuer von 25%, die je nach DBA ermäßigt bzw. erstattet wird.

456 Die Besteuerung von **Kapitaleinkünften** ist sehr differenziert. Zinsen aus einem **Gesellschafterdarlehn** werden im allgemeinen nur steuerpflichtig, wenn die Darlehn durch Grundpfandrechte oder ähnliche Rechten abgesichert sind. Bei **Dividenden** und **Gewinnanteilen aus stillen Gesellschaften** ist dagegen eine 25%ige Kapitalertragsteuer einzubehalten. Beide Steuerabzüge können durch DBA ermäßigt werden. Dafür gibt es ein Erstattungsverfahren bzw. bei wesentlichen zwischengesellschaftlichen Beteiligungen ein Freistellungsverfahren.[206]

---

[206] Vgl. Merkblatt des BMF v. 1. 3. 1994, BStBl. I 1994, 203.

D. Ertrag- und Substanzsteuern des Gesellschafters 457–460 **§ 11**

Wie bei unbeschränkt Steuerpflichtigen erfolgt auch bei beschränkt steuerpflichtigen Gesellschaftern eine **Steuerveranlagung.** Diese erfaßt jedoch nur die in § 49 EStG aufgeführten Einkünfte, sofern nicht eine Quellensteuer im Abzugswege erhoben wird (AR-Vergütungen; Überlassung von Rechten, Kapitaleinkünfte); im letzteren Fall sind die inländischen Steueransprüche mit der Abzugsteuer abgegolten (§ 50 Abs. 5 Satz 1 EStG). Ausnahmen hinsichtlich des Besteuerungsumfanges bestehen bei der erweiterten beschränkten Steuerpflicht (Rz. 475).

II. Das Körperschaftsteuer-Anrechnungsverfahren beim Gesellschafter

1. Anrechnung und Vergütung

a) Anrechnungsberechtigung

Die Gesellschafter der GmbH unterliegen mit ihren Erträgen aus der Beteiligung (Dividenden, verdeckte Gewinnausschüttungen, Körperschaftsteueranrechnungsanspruch) der deutschen Einkommen- bzw. Körperschaftsteuer (vgl. Rz. 451). Auf die entstehende Steuerschuld kann neben den geleisteten Steuervorauszahlungen die bei der Dividende einbehaltene Kapitalertragsteuer sowie die bei der GmbH verbliebene Körperschaftsteuerbelastung auf den Ausschüttungsbetrag angerechnet werden.

Die **Anrechnungsberechtigung** ist neben der unbeschränkten bzw. beschränkten Steuerpflicht ein zusätzliches steuerrechtliches Kriterium. Die Anrechnungsberechtigung ergibt sich aus den Bestimmungen der §§ 36 Abs. 2 Nr. 3, 36 b, 36 e EStG und §§ 51, 52 KStG. Nach diesen Vorschriften sind nicht zur Anrechnung und Vergütung von Körperschaftsteuer die Personen berechtigt, die mit ihren Kapitaleinkünften in der Bundesrepublik sachlich nicht steuerpflichtig werden. Das sind im wesentlichen
– beschränkt steuerpflichtige ausländische Anteilseigner mit ihren Dividendeneinkünften (soweit diese nicht in inländischen Betriebsstätteneinkünften enthalten sind), da diese wegen der Vorschrift des § 50 Abs. 5 S. 6 EStG nicht durch Veranlagung sondern nur durch Quellensteuerabzug erfaßt werden (vgl. Rz. 457);
– beschränkt Steuerpflichtige, deren Einnahmen nach einem DBA nicht in der Bundesrepublik besteuert werden können;
– Körperschaften des öffentlichen Rechts und steuerbefreite Rechtsgebilde (zB gemeinnützige GmbH). Die Anrechnung der KSt ist auch ausgeschlossen bei einem wesentlich beteiligten oder beherrschenden Gesellschafter, wenn die GmbH für die KSt, die angerechnet werden soll, ihren Zahlungsverpflichtungen nicht nachkommt (§ 36 a EStG).

Die Ankoppelung der Anrechnungsberechtigung an die **Steuerveranlagung** wirkt sich aus, wenn die Beteiligung zu einer inländischen gewerblichen oder freiberuflichen Betriebsstätte gehört. In diesem Fall werden die Dividenden im Rahmen der beschränkten Steuerpflicht als Einkünfte aus gewerblicher oder freiberuflicher Tätigkeit durch Veranlagung erfaßt; damit ist eine Anrechnung der Körperschaftsteuer möglich.

461 Neben der personellen Voraussetzung ist für die Anrechnung jedoch noch formell die bereits erwähnte **Bescheinigung** nach § 44 KStG (vgl. Rz. 141) erforderlich. Diese hat jedoch nur die Bedeutung zur Bestimmung des Anrechnungsberechtigten; weicht der Inhalt der Anrechnungsbescheinigung von dem vEK-Bescheid der Gesellschaft ab, so ist wegen der notwendigen Korrespondenz der Veranlagungen der vEK-Bescheid hinsichtlich der Zusammensetzung der Ausschüttung auch für den Gesellschafter bindend.[207]

462 Die Bescheinigung erhält diejenige Person, die im Zeitpunkt des Gewinnausschüttungsbeschlusses nach § 39 AO zivilrechtlich oder wirtschaftlich Eigentümer der Anteile ist. Dieser Grundsatz ist besonders beim Verkauf von Anteilen mit Gewinnberechtigung des Verkäufers von Bedeutung (vgl. dazu § 10 Rz. 154 ff.).

b) Vergütungsberechtigung

463 In Sonderfällen kann der Gesellschafter die von der GmbH gezahlte Steuer vom Bundesamt für Finanzen durch ein **Vergütungsverfahren** zurück erhalten. Diese Fälle liegen vor, wenn der Gesellschafter zwar unbeschränkt steuerpflichtig ist, aber keine Veranlagung erfolgt (zB NV-Bescheinigung; Erträgnisse überschreiten nicht den Freibetrag von DM 6100/12 200: Freistellungsauftrag).

Beschränkt einkommensteuerpflichtige natürliche oder juristische Personen, sowie von der KSt befreite unbeschränkt Steuerpflichtige erhalten die KSt auf Antrag zurück, die die Kapitalgesellschaft wegen einer Ausschüttung aus EK_{03} (Altrücklagen) gezahlt hat.

2. Das Anrechnungsverfahren bei natürlichen Personen

a) Die Auswirkungen der Ausschüttung und die Anrechnung der Ausschüttungsbelastung beim Gesellschafter

464 Die vollständige Entlastung der ausgeschütteten Gewinnanteile, auf die die GmbH die Ausschüttungsbelastung hergestellt hat (vgl. Rz. 88, 128), und damit die Vermeidung einer doppelten Steuerbelastung erfolgt auf der **Ebene des Gesellschafters,** sofern dieser unbeschränkt steuerpflichtig ist. Technisch geschieht dieses durch eine **Anrechnung** der bei der GmbH verbliebenen 30%igen Ausschüttungsbelastung (3/7 der Dividende) auf die persönliche Einkommen- bzw. KSt-Schuld des Anteilseigners.[208] Dieser KSt-Anrechnungsbetrag ist jedoch als Dividenden-Einkommen zu behandeln (§ 20 Abs. 1 Nr. 3 EStG).[209] Der Zeitpunkt der KSt-Anrechnung deckt sich mit dem Besteuerungszeitpunkt für die Dividende. Dabei ist jedoch Voraussetzung, daß bei der Veranlagung eine Bescheinigung gem. § 44 KStG vorliegt (Rz. 141, 159).

465 Anders ist dies bei Ausschüttungen aus EK_{01}. Hier stellt die GmbH keine Ausschüttungsbelastung her (vgl. Rz. 107); andererseits hat der Gesellschafter

---

[207] Vgl. BFH v. 19. 7. 1994, BStBl. II 1995, 362.
[208] *Wassermeyer* GmbHR 1989, 423.
[209] Da vor 1994 der Anrechnungsanspruch 36/64 betrug, erhält der Gesellschafter einen geringeren Beteiligungsertrag, wenn die Dividende nicht um den Betrag der Minderung des Anrechnungsanspruches erhöht wird.

D. Ertrag- und Substanzsteuern des Gesellschafters

keinen Anrechnungsanspruch. Die Steuerbelastung bleibt jedoch insgesamt in beiden Fällen gleich.

Beispiel:

	Mit KSt-Anrechnung DM	Ausschüttung EK_{01} DM
Bruttobardividende (um ersparte KSt erhöht) (ohne Berücksichtigung von KapESt)	70	100
+ Zusätzliches Einkommen anrechenbare KSt von $^{30}/_{70}$	30	0
= Einkünfte des Gesellschafters aus Kapitalvermögen	100	100
Individueller Steuersatz, zB 40%	40	40
− Anrechenbare KSt (wie oben)	30	0
= Einkommensteuerabschlußzahlung	10	40
Steuerzahlungen:		
GmbH	30	0
Gesellschafter	10	40
Gesamt	40	40

Ausschüttungen aus EK_{45}, EK_{30}, EK_{01} und EK_{02} werden bei Minderheitsgesellschaftern, wesentlich Beteiligten iSv. § 17 EStG, Anteilen im Betriebsvermögen von Einzelunternehmen oder Personengesellschaften oder einbringungsgeborenen Anteilen iSd. § 21 UmwStG gleich behandelt. Wegen Kapitalgesellschaften als Gesellschafter wird auf Rz. 485 verwiesen.

Ausschüttungen aus EK_{04} (steuerliche Einlagen) gehören nach § 20 Abs. 1 Nr. 3 EStG nicht zu den Kapitaleinkünften. Gleichwohl sind Ausschüttungen aus EK_{04} steuerlich nur ohne Folgen, wenn die Anteile nicht im Betriebsvermögen liegen, keine **wesentlichen Beteiligungen** (§ 17 EStG), keine **einbringungsgeborenen Anteile** iSv. § 21 UmwStG sind (vgl. § 14 Rz. 160 ff.) und auch nicht im Rahmen von Spekulationsgeschäften (§ 23 EStG) bewertet werden müssen.

Bei **Anteilen im Betriebsvermögen**, wesentlichen Beteiligungen und einbringungsgeborenen Anteilen minderten nach den Urteilen des BFH v. 14. 10. 1992, 16. 3. 1994, 19. 7. 1994[210] diese Ausschüttungen die **Anschaffungskosten** bzw. einen niedrigeren steuerlichen Buchwert. Eine solche Minderung wirkt sich bei einem späteren steuerpflichtigen Verkauf der Anteile aus. Noch nicht geklärt ist, welche Auswirkungen sich ergeben, wenn die Ausschüttung aus EK_{04} höher ist als die (fortgeführten) Anschaffungskosten. Nach Auffassung des FG Baden-Württemberg[211] und der Finanzverwaltung ergeben sich sofort steuerpflichtige Gewinne;[212] *Schmidt*[213] will nega-

---

[210] BStBl. II 1993, 189, DStR 1994, 899, BStBl. II 1995, 362; sowie *Hoffmann* DStR 1994, 1036.
[211] FG Baden-Württemberg v. 22. 4. 1996, EFG 1996, 943; Revision eingelegt.
[212] R 140 Abs. 8 EStR.
[213] *Schmidt/Weber-Grellet* § 17 Anm. 168.

469 tive Anschaffungskosten bis zur Veräußerung fortführen;[214] demgegenüber gibt es nach *Dötsch*[215] und *Hörger*[216] keine positive Vorschrift, die die Besteuerung zuläßt.

Diese Unklarheiten treten infolge des JStG 1997[217] nur noch für Anteile im Betriebsvermögen auf. Für wesentliche Beteiligungen iSv. § 17 EStG und einbringungsgeborenen Anteile iSv. § 21 UmwStG (§ 17 Abs. 4 EStG, § 21 Abs. 2 UmwStG) gilt dagegen der Grundsatz, daß EK_{04}-Ausschüttungen, die die Buchwerte bzw. die Anschaffungskosten überschreiten, steuerpflichtige Veräußerungsgewinne sind.[218] Bei Vorliegen der übrigen Voraussetzungen ist § 34 Abs. 1 EStG (halber Steuersatz f. Veräußerungsgewinne bis zu 15 Mio bis 31. 12. 2000 und 10 Mio DM für Veräußerungen danach) anzuwenden.

Zu beachten sind die Änderungen gem. dem **StEntlG 1999/2000/2002**. Danach ist eine wesentliche Beteiligung bereits bei einem Anteilsbesitz von mindestens 10% beteiligt. Zudem entfällt für Veräußerungen ab 1. 1. 1999 der halbe Steuersatz; der Veräußerungsgewinn kann wird statt dessen für die Berechnung der Steuer zur Milderung der Progressionswirkung gefünftelt und die darauf entfallende Steuer verfünffacht.

b) Ausschüttungsüberlegungen

470 Beträgt die Steuerschuld des Gesellschafters wegen Verlusten bei anderen Einkunftsarten 0% oder weniger als 30%, so wird der nicht verbrauchte Anrechnungsbetrag dem Gesellschafter bar erstattet.

471 Daraus folgt, daß die Gesamtsteuerbelastung für GmbH und Gesellschafter durch Dividendenausschüttung unter 45% reduziert werden kann, wenn die persönliche Steuerbelastung unter 45% liegt. Oftmals wird jedoch eine solche Ausschüttung nicht gewünscht sein, wenn die Belastung bei den einzelnen Gesellschaftern zu unterschiedlich ist.

In diesem Zusammenhang wird auf Rz. 114 zum Schütt-aus-hol-zurück-Verfahren und auf Rz. 234 zur Minderung des SolZ verwiesen.

c) Ausschüttungsbedingte Teilwertabschreibungen

472 Durch Ausschüttungen mindert sich das Vermögen einer Kapitalgesellschaft; steuerlich mindert sich das vEK. Diese Verminderung des Vermögens kann bei bilanzierenden Gesellschaftern dazu führen, daß eine **ausschüttungsbedingte Teilwertabschreibung** auf den niedrigeren Wert der GmbH-Anteile erfolgen muß.

Teilwertabschreibungen sind nur denkbar bei Beteiligungen, die im Rahmen des Betriebsvermögensvergleichs zu beurteilen sind (§ 6 Abs. 1 Satz 1 EStG). Daher sind Teilwertabschreibungen bei wesentlichen (§ 17 EStG) oder einbringungsgeborenen Anteilen nach § 21 UmwStG nicht denkbar; diese

---

[214] So auch niedersächsisches FG v. 23. 4. 1996, EFG 1996, 1099, Revision eingelegt; vgl. DB 1997, 137.
[215] *Dötsch/Eversberg/Jost/Witt* § 17 Anm. 125.
[216] *Littmann/Hörger* § 17 Anm. 62.
[217] Jahressteuergesetz v. 20. 12. 1996, BGBl. I 1996, 2049.
[218] Vgl. BMF Schreiben v. 13. 7. 1998, DB 1998, 1488 ff.

Anteile sind kein Betriebsvermögen, sie werden nur für bestimmte Zwecke als Betriebsvermögen fingiert.

Eine Teilwertabschreibung ist nicht zulässig, wenn eine Ausschüttung aus EK_{04} erfolgt, weil diese als Abgang vom Beteiligungsbuchwert zu behandeln ist (vgl. Rz. 468).

Eine ausschüttungsbedingte Teilwertabschreibung ist auch nicht möglich, wenn der **Ertragswert** der Beteiligung erheblich über dem Bilanzansatz der Beteiligung liegt.

Eine ausschüttungsbedingte Teilwertabschreibung zum Ausgleich der Vermögensumschichtung von Gesellschaft auf Gesellschafter hat der Gesetzgeber für bestimmte Fälle ausgeschlossen.

- § 50 c Abs. 1–8 EStG:
  Erwerb von Anteilen durch einen Anrechnungsberechtigten von einem **Nichtanrechnungsberechtigten** mit anschließender Dividendenausschüttung, d. h. in den ersten 10 Jahren nach Erwerb; Ausnahme nur, wenn die Anschaffungskosten unter DM 100 000 liegen
- § 50 c Abs. 11 EStG:
  Erwerb von Anteilen durch einen **Anrechnungsberechtigten** von einem Anrechnungsberechtigtem, bei dem der Verkauf nicht steuerpflichtig war.[219]
- § 8 b Abs. 6 KStG
  Minderung des Anteilswertes durch Ausschüttungen, die infolge DBA-Schachtelprivileg in der BRD steuerfrei oder durch indirekte Steueranrechnung nach § 26 Abs. 2 bis 3 und Abs. 7 KStG begünstigt sind.

Das nach dem **StEntlG 1999/2000/2002** vorgesehene generelle Verbot von Teilwertabschreibungen ist im Gesetz nicht verwirklicht worden.

d) Steuerfolgen bei Wegzug des Gesellschafters

Sondervorschriften bestehen für den Fall, daß ein Gesellschafter seinen Wohnsitz ins Ausland verlegt. Hat der Gesellschafter die deutsche Staatsbürgerschaft und war er vor dem Wegzug ins Ausland innerhalb der letzten zehn Jahre mindestens fünf Jahre lang unbeschränkt steuerpflichtig, so wird er im Jahr des Fortzuges und weitere zehn Jahre einer **erweiterten beschränkten Steuerpflicht** unterworfen (§ 2 AStG), soweit er in einem Land mit niedrigerer Besteuerung[220] ansässig ist und wesentliche Interessen in der Bundesrepublik beibehält. Solche werden angenommen bei einem inländischen Einkommen von mehr als DM 120 000, bei Unterhaltung eines inländischen Gewerbebetriebs und auch bei Besitz von wesentlichen Beteiligungen.[221] Die

---

[219] Vgl. dazu *Schmidt/Weber-Grellet* § 1 EStG, Anm. 240; *Widmann* § 21 UmwStG Anm. 275; *Ott* DStR 1997, 546.

[220] Im Rahmen des § 2 AStG gelten andere Kriterien als bei den Zwischengesellschaften nach §§ 7 ff. AStG. Eine niedrigere Besteuerung liegt vor, wenn im Ansässigkeitsstaat unverheiratete natürliche Personen mit einem Einkommen von DM 150 000 um ein Drittel weniger Steuern bezahlen müssen als bei einem Wohnsitz in der BRD oder wenn eine Vorzugsbesteuerung eingeräumt wird; der Gegenbeweis mit einer tatsächlichen persönlichen Steuerbelastung von mindestens $2/3$ der bei deutscher Besteuerung anfallenden Belastung ist möglich.

[221] Weitere Fälle von wesentlichen wirtschaftlichen Interessen vgl § 2 Abs. 3 AStG.

§ 11 476–479 Die laufende Besteuerung von Ergebnis und Vermögen

erweiterte beschränkte Steuerpflicht wird durch DBA eingeschränkt, wenn dieses dem Wohnsitzstaat das alleinige Besteuerungsrecht zuweist.

476 Die Folge der erweiterten beschränkten Steuerpflicht ist eine **Veranlagung** im Bundesgebiet (§ 2 Abs. 5 AStG) unter **Progressionsvorbehalt**. Daraus folgt, daß die Kapitaleinkünfte in Deutschland unter Körperschaftsteueranrechnung besteuert werden.

Doppelbesteuerungsabkommen können jedoch die erweiterte beschränkte Besteuerung von Kapitaleinkünften betragsmäßig aushöhlen, wenn sie nur eine begrenzte Besteuerung der Dividenden mit Quellensteuern gestatten.

477 Auch hinsichtlich des Wertes der GmbH-Anteile kann beim Wegzug eine **Zwangs-Besteuerung** der im Zeitpunkt der Wohnsitzverlegung vorhandenen stillen Reserven eintreten.

Wenn Personen, die mindestens zehn Jahre vor ihrem Fortzug ins Ausland unbeschränkt steuerpflichtig waren, eine **wesentliche Beteiligung** (§ 17 EStG) halten, sind die darin vorhandenen stillen Reserven zu versteuern, als ob ein Verkauf der Anteile stattgefunden habe (§ 6 AStG), Hinweis auch auf § 12 Rz. 94.[222]

GmbH-Anteile in einem Betriebsvermögen verlieren ihre inländische Betriebsvermögenseigenschaft nicht; sie bleiben auch bei Wegzug des Gesellschafters im Rahmen der beschränkten Steuerpflicht nach § 49 Abs. 1 Nr. 2 EStG steuerverhaftet.

478 Die Versteuerung der vorhandenen stillen Reserven wird auch bei **einbringungsgeborenen Anteilen** iSd. § 21 UmwStG verlangt, wenn das Besteuerungsrecht der Bundesrepublik durch ein DBA ausgeschlossen wird.

Die Gewinne aus der unterstellten Veräußerung sind nach § 34 EStG begünstigt; die Begünstigung erfolgt jedoch bis zum 31. 12. 2000 nur bis zu einem Gewinn von 15 Mio DM und danach bis zu einem Gewinn von 10 Mio DM.

Zur Neuregelung durch das **StEntlG 1999/2000/2002** vgl. Rz. 469.

3. Anrechnung bei Personengesellschaften

479 Die Dividenden, die einer Personengesellschaft zufließen, gehen in deren Gewinn ein, der im Wege der **einheitlichen und gesonderten Gewinnfeststellung** auf die Gesellschafter verteilt wird (§ 180 AO). Daher ist die **Anrechnungsbescheinigung** gem. § 44 KStG (vgl. Rz. 141) auf die Personengesellschaft auszustellen.[223] Gesondert wird dabei für jeden Gesellschafter die anzurechnende Körperschaftsteuer festgestellt.

Nur wenn die Anteile, die steuerrechtlich Betriebsvermögen sind, zivilrechtlich einem Gesellschafter gehören **(Sonderbetriebsvermögen)**, ist die Steuerbescheinigung auf diesen Gesellschafter auszustellen.

---

[222] Ersatztatbestände, die die Steuerhoheit der BRD über die stillen Reserven sicherstellen sollen, sind in § 6 Abs. 2 u. Abs. 3 AStG geregelt. Sonderregelungen wegen vorübergehender Abwesenheit (höchstens 5 Jahre), Stundung der Steuer usw. vgl. § 6 Abs 4 u. 5 AStG.

[223] BMF-Schreiben v. 23. 9. 1996, WPg 1996, 773.

D. Ertrag- und Substanzsteuern des Gesellschafters   480–483   § 11

Obige Ausführungen zur **Anrechnung** gelten auch für die Gesellschafter   480
von **Personengesellschaften.**[224] Eine Veranlagung im Rahmen der erweiterten beschränkten Steuerpflicht erfolgt bei Kommanditisten jedoch nur für den wegziehenden Gesellschafter und dann auch nur, wenn sein Gewinnanteil an der Personenhandelsgesellschaft mehr als 25% beträgt.

Erwirbt die Personengesellschaft GmbH-Anteile **von einem nicht Anrechnungsberechtigten,** wird die ausschüttungsbedingte Teilwertabschreibung (vgl. Rz. 474) nur für die anrechnungsberechtigten Gesellschafter der Personengesellschaft versagt (§ 50 c Abs. 5 EStG).

Besonderheiten bei der Anrechnung der KSt ergeben sich hinsichtlich des   481
Ausweises des Anrechnungsanspruches. Bisher war herrschende Meinung, daß Bruttobardividende und KSt-Anrechnungsanspruch Bestandteile des **Beteiligungsertrages** und als solche den Jahresüberschuß erhöhend zu verbuchen seien; Anrechnungsanspruch und die KapESt waren danach als Privatentnahmen mit den Gesellschaftern der Personengesellschaft zu verrechnen.

Nach Auffassung des BGH[225] folgt jedoch aus dem Steuerrecht, daß zivilrechtlich der Anrechnungsanspruch nicht der Personengesellschaft zusteht und auch keine Steuervorauszahlung für den Gesellschafter darstellt. Die anzurechnende Körperschaftsteuer ist danach vielmehr eine eigene Steuer der Kapitalgesellschaft, die aufgrund von steuerlichen Vorschriften nur zu einer unmittelbaren Anrechnung bei der ESt/KSt der Personengesellschafter führt.

Demzufolge kann der Anrechnungsanspruch bei der Personengesellschaft   482
weder als Forderung gegenüber der Finanzverwaltung noch als Steuer-Entnahme des Gesellschafters gebucht werden. Der Beteiligungsertrag aus der GmbH wird also gegenüber der früheren Auffassung um den Anrechnungsanspruch geringer ausgewiesen. Damit fällt auch der Jahresüberschuß in der Handelsbilanz/Steuerbilanz der Gesamthand geringer aus. Der Anrechnungsanspruch ist in dem gleichen Veranlagungszeitraum wie die Dividende in den Sonderbilanzen der Gesellschafter entsprechend ihrem Gewinnanteil zu erfassen; er erhöht damit die Gewerbesteuerbemessungsgrundlage.[226]

Daher sind alle Verträge, die einen auf den Jahresüberschuß beruhenden prozentualen Anspruch gewähren (zB Mitarbeiter-Tantiemen) zu überdenken und ggf. der neuen Rechtslage anzupassen.

Das gilt auch für Gesellschaftsverträge, sofern prozentuale Entnahme- oder Thesaurierungsbestimmungen vereinbart sind, denn eine Einlageverpflichtung des für den Gesellschafter einer Personengesellschaft besteht nicht.

Die neue Rechtsauffassung führt auch dazu, daß ein steuerlicher Verlust der Personengesellschaft höher ausfällt, als nach alter Bilanzierungspraxis; damit wird die Gefahr einer Einschränkung des Abzuges dieses Verlustes wegen § 15 a EStG größer.

Anders ist nach dem genannten BGH-Urteil die Behandlung der KapESt   483
(vgl. dazu auch Rz. 494) und des darauf beruhenden SolZ (vgl. dazu auch Rz. 490). Diese gehören zum Beteiligungsertrag, da sie als Steuervorauszah-

---

[224] BMF Schreiben v. 27. 6. 1996, Wpg 1996, 772.
[225] BGH v. 30. 1. 1995 DB 1995, 918; aA *Greif/Reinhardt* DB 1996, 2237.
[226] BFH v. 22. 11. 1995, DStR 1996, 460.

lungen für den Personengesellschafter von der auszahlenden GmbH bei der Dividendenauszahlung einbehalten werden.

4. Das Anrechnungsverfahren bei Kapitalgesellschaften als Gesellschafter

484 Die oben dargestellten Grundsätze gelten für **Kapitalgesellschaften** als Gesellschafter einer GmbH sinngemäß.

485 Bis 1998 gibt es eine Abweichung nur, wenn die GmbH für ihre **Ausschüttung** EK_{01} verwendet (vgl. Rz. 465). In diesem Fall bleibt diese Ausschüttung bei der unbeschränkt steuerpflichtigen Gesellschafterin steuerfrei. Der Ertrag ist bei der Empfängerin wiederum in EK_{01} einzustellen (§ 8b Abs. 1 KStG), sofern in der Steuerbescheinigung nach § 44 KStG diese Ausschüttung gesondert ausgewiesen wird (§ 44 Abs. 1 Nr. 8 KStG); bei Weiterausschüttung braucht die Gesellschafterin wiederum keine Ausschüttungsbelastung durch Körperschaftsteuererhöhung herzustellen (§ 40 Nr. 1 KStG). Eine Steuerbelastung tritt erst ein, wenn die Ausschüttung an natürliche Personen bzw. Personengesellschaften erfolgt.

Eine weitere Abweichung wird es nach der Umsetzung des **Entw.StEntlG 1999/2000/2002** geben. Ausschüttungen einschließlich KSt-Anrechnungsansprüche, die die Kapitalgesellschaft von einer Tochtergesellschaft aus deren EK_{45} erhält, sind bei ihr mit 45% zu versteuern und demgemäß wiederum in EK_{45} einzustellen. Sofern keine Weiterausschüttung erfolgt, wird dieser Teil des vEK spätestens zum 31. 12. 2003 umgegliedert (Hinweis auf Rz. 49, 67, 142).

Die Regelungen des § 8b und des § 40 KStG verbessern die Möglichkeit, die GmbH als Holding einzusetzen.

486 **Ausschüttungsbedingte Teilwertabschreibungen** oder durch die Ausschüttung bedingte Verluste bei einer Anteilsveräußerung sind steuerlich jedoch nicht abzugsfähig. Kann jedoch glaubhaft gemacht werden, daß die Wertminderung der Beteiligung auf andere Gründe zurückzuführen ist, so ist die Teilwertabschreibung oder der Verkaufsverlust steuerlich anzuerkennen. Zum **StEntlG 1999/2000/2002** vgl. Rz. 384, 474.

487 Im Gegensatz zur Personengesellschaft steht einer Kapitalgesellschaft als Gesellschafter der GmbH der Körperschaftsteueranrechnungsanspruch direkt zu. Aus diesem Grunde ist er bei der Kapitalgesellschaft bilanzierbar und bei deren Steuerschuld anzurechnen.

5. Ausweichstrategien nicht anrechnungsberechtigter Gesellschafter

488 Da ausländische oder inländische steuerbefreite Gesellschafter den Körperschaftsteueranrechnungsanspruch nicht realisieren können (Rz. 458), sind verschiedene Ausweich-Strategien entwickelt worden.

Die GmbH-Anteile werden einer im Inland aktiv tätigen Personengesellschaft (Betriebsstätte eines ausländischen Gesellschafters) sachlich berechtigt zugeordnet. Die Personengesellschaft kann dann den Anrechnungsanspruch realisieren (vgl. 453).

Das gleiche Ergebnis wird erzielt, wenn ein ausländischer Gesellschafter eine direkt gehaltene Beteiligung in eine andere von ihm gehaltene inländi-

D. Ertrag- und Substanzsteuern des Gesellschafters 489–492 § 11

sche GmbH mit steuerlichem Verlustvortrag unter Sacheinlage gem §§ 20 ff. UmwStG einbringt; die Anrechnungsansprüche können wegen des Verlustvortrages steuerfrei realisiert werden. Ausschüttungsbedingte Teilwertabschreibungen auf die eingebrachten GmbH-Anteile sind wegen § 50 c EStG nicht möglich, aber auch im Hinblick auf die Nutzung des Verlustvortrages hinnehmbar.

Die Gesellschafter statten die GmbH anstelle von Eigenkapital mit anderen Finanzmitteln aus. So sind zB Darlehnszinsen (vgl. § 7 Rz. 275 ff.) oder Vergütungen für echte stille Beteiligungen bei der Kapitalgesellschaft steuermindernde Betriebsausgaben (vgl. § 7 Rz. 182 ff.) und beim ausländischen Gesellschafter nach den jeweiligen Landesvorschriften zu versteuern; inländische Gesellschafter können die Zinsen steuerfrei vereinnahmen, wenn die GmbH-Beteiligung der Vermögensverwaltung und nicht einem wirtschaftlichen Geschäftsbetrieb zuzuordnen ist.

Die Zinsen waren bis zur Einschränkung der **Gesellschafter-Fremdfinanzierung durch § 8 a KStG**[227] bei der GmbH abzugsfähig und flossen diesen Institutionen ohne Belastung von KSt zu (vgl. aus Sicht der Gesellschaft Rz. 158).

6. Anrechnungsverfahren und Organschaft

Bei einer **körperschaftsteuerlichen Organschaft** wird das Einkommen 489 des Organs selbständig ermittelt und dem Organträger zur Besteuerung zugerechnet; dieser weist – sofern er Kapitalgesellschaft ist – das Einkommen auch seinem vEK nach den allgemeinen Regeln zu.[228]

Sofern die Organgesellschaft ihrerseits Dividendeneinnahmen mit Anrechnungsansprüchen erzielt hat, kommt die Anrechnung beim Organträger nach den allgemeinen Grundsätzen zum Zuge (§ 19 Abs. 5 KStG iVm. mit § 36 Abs. 2 Nr. 3 EStG).

III. Solidaritätszuschlag

Sofern eine Kapitalgesellschaft Gesellschafterin einer GmbH ist, gelten für 490 diese die Grundsätze, die unter Rz. 220 dargestellt wurden.

Die **Bemessungsgrundlage** für natürliche Personen ist die festgesetzte 491 Einkommensteuer abzüglich Körperschaftsteuer-Anrechnungsansprüche bzw. abzüglich vergüteter Körperschaftsteuer. Dagegen mindert der auf die Kapitalertragsteuer einzubehaltende SolZ (Rz. 223) nicht die Bemessungsgrundlage; Dieser SolZ wird vielmehr wie eine Vorauszahlung auf die SolZ-Schuld angerechnet.

Ausgehend von dem Beispiel in Rz. 229 zur Vollausschüttung ergibt sich 492 danach für den Gesellschafter folgende Rechnung

---

[227] Vgl. zum § 8 a KStG *Korn* DStZ 1993, 737; *Bader* NWB F4, 3975; *Knobbe-Keuk* IWB F10, 661; *Herlinghaus* DStR 1994, 1830; *Herzig* DB 1994, 110.
[228] Vgl. § 17 Anm. 44 ff., 84, 85, 91.

	Vollausschüttung Jahresüberschuß
	DM
Bruttobardividende (Rz. 229)	56 310
Einzubehaltene Kapitalertragsteuer)	− 14 078
Einzubehaltener SolZ 5,5% v KESt	− 775
Barzufluß/Nettobardividende	**41 457**
Bruttobardividende	**56 310**
KSt-Anrechnungsanspruch $^{30}/_{70}$	24 133
Stpfl. Einkommen	**80 443**
Einkommensteuer (50%)	40 222
anzurechnende KSt	24 133
Bemessungsgrundlage	**16 089**
SolZ-Soll: 5,5%	885
Auf KESt entfallende und anzurechnender SolZ	− 775
Zu zahlender SolZ	**110**

Wenn die Einkommensteuerbelastung mit 30% angenommen wird, stellt sich die Bemessungsgrundlage nach Abzug der anzurechnenden KSt auf Null.

493 Sofern die Ausschüttung beim Gesellschafter wegen der Freibeträge von DM 6100/12 200 (§ 20 Abs. 4, § 9a EStG) zu einer ESt-Erstattung führt, entfällt auch der SolZ.

Das **StEntlG 1999/2000/2002** sieht eine Halbierung dieser Freibeträge vor. Ist die Einkommensteuer niedriger als der KSt-Anrechnungsanspruch, ergibt sich insoweit ein Erstattungsanspruch für die Einkommensteuer. Dieser hat jedoch keinen SolZ-Erstattungsanspruch zur Folge (vgl. Rz. 222), so daß die Vorbelastung in der Kapitalgesellschaft auf der Gesellschafterebene nicht ausgeglichen wird.

IV. Behandlung der Kapitalertragsteuer

494 Die Kapitalertragsteuer wird im Normalfall bei der **Auszahlung** der Dividende als Vorauszahlung des Gesellschafters einbehalten und bis zum 10. des nachfolgenden Monats an das Betriebsfinanzamt abgeführt (vgl. §§ 43 ff. EStG). Das gilt auch für Ausschüttungen aus EK_{01} (vgl. Rz. 117). Als **Zufluß-Zeitpunkt** wird der Tag nach dem Ausschüttungsbeschluß angenommen, wenn nicht ein besonderer Ausschüttungszeitpunkt beschlossen wurde. Bei der Veranlagung des Gesellschafters wird die einbehaltene KESt auf die Steuerschuld eines unbeschränkt Steuerpflichtigen oder beschränkt Steuerpflichtigen, der im Inland veranlagt wird, angerechnet. Die Anrechnung erfolgt in dem Veranlagungsjahr, in dem die Dividendeneinkünfte veranlagt werden, dh. bei Bilanzierenden in dem Jahr der Aktivierung der Dividendenforderung.[229]

495 Unter bestimmten Voraussetzungen kann die Kapitalgesellschaft von der Einbehaltung der KESt absehen oder der Gesellschafter eine **Erstattung** der KESt verlangen.

---

[229] BFH v. 31. 12. 1980, BStBl. II 1980, 184; R 213g EStR.

D. Ertrag- und Substanzsteuern des Gesellschafters

Die Fälle ergeben sich aus der nachfolgenden Tabelle:

Empfänger	Abstandnahme	Erstattung
Ausschüttung aus EK_{04} alle Stpfl.	§ 43 I. Vbg. § 20 I. I EStG	
Empfänger m. Freistellungsauftrag	§ 44 a I. I EStG	§ 44 b, 44 a I. 2 EStG
Nichtveranlagungsbescheinigung	§ 44 a I. 2. EStG	
Gemeinnützg. Rechtsträger (soweit nicht wirtsch. Geschäftsbetrieb)		§ 44 c I EStG
Sonstige nach § 5 KStG Befreite		50% § 44 c II EStG
Ausländische EU-Kapitalgesellschaften	§ 44 d EStG	
Ausländ. Kapitalgesellschaften	DBA abhängig	DBA abhängig

Voraussetzung für die **Abstandnahme** vom KapESt-Abzug ist, daß der Dividendenberechtigte durch Bescheinigungen gegenüber dem Bundesamt für Finanzen nachweist, daß er die Voraussetzungen für die Abstandnahme vom KapESt-Abzug erfüllt, dh. abkommensberechtigt ist und die Beteiligung mindestens zwölf Monate von ihm gehalten wird.[230] Anderenfalls muß die KapESt zunächst einbehalten und später, nach Erbringung der Nachweise, vom Finanzamt erstattet werden.[231] Sofern neben der KapESt auch noch Körperschaftsteuer vergütet wird, ist für die KapESt die Erstattung beim Bundesamt für Finanzen zu stellen, gleiches gilt für gemeinnützige Empfänger.

Bei Ausschüttungen an ausländische Kapitalgesellschaften ist § 50 d Abs. 1 a EStG zu beachten; nach dieser Vorschrift haben Gesellschafter keinen Anspruch auf die KapESt-Ermäßigung nach einem DBA, soweit an ihr Personen beteiligt sind, denen die Steuerentlastung nicht zustände, wenn sie die Anteile an der GmbH direkt hielten. Dazu gehören nach Auffassung der Finanzverwaltung auch ausländische Holdinggesellschaften ohne eigene wirtschaftliche Beteiligung.

V. Gewerbeertragsteuer

Gesellschafter, die ihre GmbH-Anteile im **Privatvermögen** halten, unterliegen mit ihren Dividenden aus den Anteilen nicht der Gewerbesteuer; das

---

[230] Vgl. EuGH v. 17. 10. 1996, IStR 1996, 526; danach muß die Behaltensfrist bei Dividendenzufluß noch nicht erfüllt sein; eine Erstattung muß erfolgen, wenn später nachgewiesen wird, daß die Beteiligung insgesamt mindestens 12 Monate gehalten wurde.

[231] Bei einer Ausschüttung innerhalb der ersten zwölf Monate nach Erwerb wird beim späteren Nachweis einer zwölfmonatigen Besitzzeit vom Bundesamt f. Finanzen erstattet. Hinweis auch auf *Haarmann/Schüppen* DB 1996, 2569.

gilt auch für wesentlich beteiligte Gesellschafter iSd. § 17 EStG. Ihre Anteile werden nur für den Veräußerungstatbestand im Rahmen der Einkommenbesteuerung als gewerbliche Einkünfte fingiert. Das gleiche gilt für einbringungsgeborene Anteile nach § 21 UmwStG.

498 Sofern die Anteile in einem **Betriebsvermögen** gehalten werden (Einzelunternehmen, Personengesellschaft, Kapitalgesellschaft) gelten die unter Rz. 240 ff. dargelegten Grundsätze. Bei Beteiligen ab mindestens 10% werden Gewinnausschüttungen gem. § 9 Ziff. 2a GewStG bei der Ermittlung des Gewerbeertrages abgezogen, so daß eine Doppelbesteuerung vermieden wird. Andererseits sind ausschüttungsbedingte Teilwertabschreibungen insoweit dem Gewerbeertrag wieder hinzuzurechnen (§ 8 Ziff. 10 GewStG), wie die Teilwertminderung auf einer Ausschüttung beruht; Teilwertabschreibungen wegen echter Wertverluste sind jedoch möglich (vgl. Berechnungsschema unter Rz. 250 Nr. 6).

Erfolgt die Finanzierung einer GmbH durch den Gesellschafter nicht mit Eigenkapital sondern mit Darlehn oder mit Mitteln, die länger als ein Jahr in Anspruch genommen werden, kann es zu einer teilweisen Doppelbesteuerung kommen. Bei der Ermittlung des Gewerbertrages der GmbH werden die auf diese Mittel zu zahlenden Zinsen zur Hälfte als Dauerschuldzinsen hinzugerechnet; beim Gesellschafter erhöhen die Zinsen den Gewerbertrag und unterliegen damit beim Gesellschafter der normalen Gewerbeertragsteuer.

499 Soweit der Gesellschafter die GmbH finanziell, organisatorisch und wirtschaftlich in sein Unternehmen eingliedert hat, kann eine gewerbesteuerliche Organschaft begründet werden (vgl. Rz. 268 u. § 17 Rz. 93 ff.).

VI. Vermögensteuer und die Bewertung der Geschäftsanteile

1. Einleitung

500 Die **Bewertung der Geschäftsanteile** hat aufgrund des Wegfalls der Vermögensteuer insoweit für die laufende Besteuerung nur noch für Zeiträume vor dem 1. 1. 1997 Bedeutung. Für die Erbschaft- und Schenkungsteuer sollen die Anteilsbewertungsregelungen modifiziert werden.[232] Vermögensteuerliche Relevanz hatten die Anteile an Kapitalgesellschaften nur bei natürlichen Personen (im sonstigen Vermögen gem. § 110 Abs. 1 Nr. 3 BewG a. F., soweit ihr Wert den Freibetrag nach § 110 Abs. 2 und 3 BewG aF überstieg), bei Gesellschaftern von Personengeselllschaften oder bei Kapitalgesellschaften, die wegen zu geringer Beteiligungshöhe oder Nichterfüllung der zeitlichen Voraussetzungen nicht das Schachtelpriviteg (vgl. Rz. 329) erhalten konnten.

Die Steuersätze betrugen bezogen auf die Anteile an Kapitalgesellschaften für Kapitalgesellschaften als Gesellschafter 0,6% und für natürliche Personen als Gesellschafter 0,5%.

Anteile an Kapitalgesellschaften, die nicht verbrieft oder nicht an einer deutschen Wertpapierbörse zum amtlichen Handel zugelassen sind, wurden

---

[232] Der vorliegende Entwurf der ErbSt-Richtlinien wurde Dezember 1998 verabschiedet.

D. Ertrag- und Substanzsteuern des Gesellschafters   501–503   § 11

bei der Vermögensbesteuerung des Anteilseigners mit dem gemeinen Wert iSd. § 9 Abs. 2 BewG angesetzt.

2. Verfahrensrechtliche Aspekte der Anteilsbewertung

Der gemeine Wert nichtnotierter Anteile inländischer Kapitalgesellschaften war gem. § 113a BewG gesondert festzustellen. Einzelheiten dazu wurden durch Rechtsverordnung der Bundesregierung (AntBewVO) geregelt.[233]
Eine **gesonderte Feststellung** erfolgte gem. § 3 AntBewVO von Amts wegen oder auf Antrag der Anteilsinhaber, soweit sie für die Besteuerung von Bedeutung war. Die GmbH, deren Anteile zu bewerten waren, hatte ua. die zur Ermittlung des gemeinen Wertes erforderlichen Angaben sowie die Personalien der mit mindestens 5% des Nennkapitals beteiligten Anteilseigner gem. § 4 AntBewVO zu erklären. An dem Feststellungsverfahren waren gem. § 5 AntBewVO die Kapitalgesellschaft, deren Anteile bewertet wurden, die beantragenden Anteilseigner und die Inhaber von mindestens 5%igen Nennkapitalanteilen beteiligt, denen der Feststellungsbescheid bekanntgegeben werden mußte. Ohne die Benennung eines Empfangsbevollmächtigten galt die Kapitalgesellschaft als zum Empfang bevollmächtigt. Alle Verfahrensbeteiligten, denen der Bescheid bekanntgegeben wurde, sowie die Kapitalgesellschaft, deren Anteile zu bewerten waren, hatten gem. § 7 AntBewVO die Befugnis zur Einlegung von Rechtsbehelfen.

3. Grundzüge des Bewertungsverfahrens

a) Verkaufsgeschäfte/Kapitalerhöhung

Für die Bestimmung des **gemeinen Wertes von nichtnotierten Anteilen** an Kapitalgesellschaften waren die Preise maßgeblich, die bei geschäftsgewöhnlichen Anteilsverkäufen in dem **vor** dem Bewertungsstichtag liegenden Jahr erzielt werden konnten, wobei ein einzelner getätigter Verkauf nur in Ausnahmefällen ausreichte.[234] Bei diesen Anteilsverkäufen war davon auszugehen, daß die marktorientierten Verkaufspreise auch nach dem Vermögen und den Ertragsaussichten bemessen wurden und daher den inneren Wert der Anteile widerspiegelten. Der gemeine Wert wurde aus den Durchschnittswerten der getätigten Verkäufe abgeleitet.

Beispiel:
Die GmbH tätigte in dem Jahr vor dem Bewertungsstichtag folgende Anteilsverkäufe:

Anteile am Stammkapital	Verkaufserlös DM	Verkaufserlös in %
80 000	116 000	= 145
30 000	46 000	= 153
170 000	280 000	= 165

---

[233] AntBewVO v. 19. 1. 1977, BStBl. 1977, 37; Abschn. 73 VStÄR 1995. Aufgehoben durch Gesetz zur Fortsetzung der Unternehmensbesteuerung v. 31. 10. 1997.
[234] BFH v. 5. 3. 1986, BStBl. II 1986, 591.

Anteile am Stammkapital	Verkaufserlös DM	Verkaufserlös in %
40 000	48 000	= 120
180 000	310 000	= 172
500 000	800 000	

Die GmbH hatte beantragt, den gemeinen Wert für DM 100 des Nennkapitals auf DM 160 (Verkaufserlös x 100: Stammkapitalanteile) festzustellen. Die Ausgabe neuer Geschäftsanteile an einer GmbH im Rahmen einer Kapitalerhöhung zur Aufnahme eines neuen Gesellschafters konnte als Verkauf iSv. § 11 Abs. 2 Satz 2 BewG zur Ableitung des gemeinen Wertes der GmbH-Anteile herangezogen werden (Abschn. 3 Abs. 3 Satz 4 VStR 1993/VStÄR 1995).

b) Stuttgarter Verfahren

504 Ließ sich der gemeine Wert nicht aus Verkäufen ableiten, mußte er unter Berücksichtigung des **Gesamtvermögens** und der **Ertragsaussichten** der Kapitalgesellschaft im Schätzungswege gem. § 11 Abs. 2 Satz 2 BewG ermittelt werden. Eine Schätzung erfolgte nach Maßgabe von Anweisungen der Finanzverwaltung,[235] dem sog. **Stuttgarter Verfahren,** das auch von den Gerichten für die Vermögensteuer und Erbschaftsteuer allgemein anerkannt und berücksichtigt wurde.[236] Nur in besonderen Ausnahmefällen durfte zur Vermeidung untragbarer Schätzungsergebnisse von diesem Verfahren – das die Gleichmäßigkeit der Besteuerung gewährleisten sollte – abgewichen werden.[237]

505 **aa) Regelbewertung.** Im Regelfall (sog. Regelbewertung gem. Abschn. 5–8 VStR) erfolgte die Ermittlung des gemeinen Wertes unter Berücksichtigung des Vermögenswertes und des Ertragshundertsatzes (vgl. Abschn. 4 Abs. 2 VStR). Für Sonderfälle enthielten die Abschn. 9–16 VStR separate Regelungen.[238]

506 Ausgehend vom Einheitswert des Betriebsvermögens, dem insoweit Grundlagenfunktion für die Anteilsbewertung gem. Abschn. 6 Abs. 1 Satz 2 VStR zukam, war zuerst der Vermögenswert der Gesellschaft als Summe aller Wirtschaftsgüter, zuzüglich steuerfreier Schachtelbeteiligungen gem. § 102 BewG sowie der nicht im Einheitswert enthaltenen ausländischen Wirtschaftsgüter und abzüglich der korrespondierenden Schulden gem. Abschn. 6 VStR zu ermitteln.

Mögliche Wertminderungen des Gesellschaftsvermögens aus der Sicht des Anteilseigners durften, im Gegensatz zu den bis 1992 geltenden Bestimmungen, nicht mehr durch einen Abschlag berücksichtigt werden (Abschn. 6

---

[235] Vgl. Abschn. 4–16 VStR 1993/VStÄR 1995.
[236] BFH v. 19. 12. 1960, BStBl. III 1961, 92; BFH v. 29. 3. 1963, BStBl. III 1963, 324.
[237] BFH v. 17. 5. 1974, BStBl. II 1974, 626.
[238] *Christoffel* GmbHR 1993, 205; *Allgaier* INF 1994, 9, 40; *Christoffel* NWB F 9, 2639.

D. Ertrag- und Substanzsteuern des Gesellschafters 507–509 § 11

Abs. 3 VStR). Das sich nach den vorstehenden Grundsätzen ergebende Vermögen war mit dem Nennkapital der Gesellschaft zu vergleichen. Der sich ergebende Hundertsatz stellte den Vermögenswert dar (vgl. Abschn. 6 Abs. 4 iVm. Abschn. 5 Abs. 2 VStR).

Im zweiten Schritt waren die zukünftigen Ertragsaussichten der GmbH gem. Abschn. 7 VStR zu beurteilen. Die Grundlage der Ermittlung des Ertragshundertsatzes bildeten die in der Vergangenheit erzielten tatsächlichen Durchschnittserträge der letzten drei Jahre vor dem Bewertungsstichtag. Das zu versteuernde körperschaftsteuerpflichtige Einkommen jedes VZ wurde dabei um bestimmte Hinzurechnungen und Kürzungen modifiziert. Alle Unwägbarkeiten wurden sodann durch einen 15%igen Abschlag vom Durchschnittsertrag (vgl. Abschn. 7 Abs. 3 VStR) pauschal berücksichtigt. Ergab sich ein negativer Durchschnittsertrag, so war für die weitere Berechnung von einem Ertrag von null auszugehen. 507

Zuletzt wurde auf der Basis des Vermögenswertes sowie des Ertragshundertsatzes der gemeine Wert der Anteile gem. Abschn. 8 VStR errechnet. Für einen überschaubaren Zeitraum von fünf gedachten Jahren war von einer normalen Rendite des für den Erwerb der Anteile aufgewendeten Kapitals[239] von 9% (bis 1994 = 10%) p. a. auszugehen. Solange die Effektivverzinsung diesen Satz erreichte, war der Vermögenswert als gemeiner Wert anzusetzen. Höhere Ertragsaussichten führten zu einem Aufschlag auf den Vermögenswert, bei einer niedrigen Effektivverzinsung war ein Abschlag vorzunehmen. Der gemeine Wert bestimmte sich danach im Normalfall mit abgerundet 68% (bis 1994 = 66%)[240] der Summe aus Vermögenswert und fünffachem Ertragshundertsatz (vgl. Abschn. 8 Abs. 2 VStR). Hinsichtlich weiterer Einzelheiten der Ermittlung des gemeinen Wertes wird auf die Beispiele der VStR sowie die nachstehenden Schema verwiesen. 508

Schätzung des gemeinen Wertes 509
(Grundfall)

1. Vermögenswert

			VStR 19943/ VStÄR 1995
1		**Einheitswert** des Betriebesvermögens per 1. 1. gem. §§ 11 Abs. 3, 112 BewG	4 ff.
2	+	**Hinzurechnungen**	
		+ Schachtelbeteiligungen gem. § 102 BewG	6 Abs. 2
		+ Ausländisches Betriebsvermögen, soweit nicht im EW erfaßt	6 Abs. 2
3	–	**Kürzungen**	
		– Schulden, korrespondierend mit Hinzurechnungen gem. Nr. 2, soweit im EW nicht berücksichtigt	

---

[239] Auf die Effektivverzinsung des Nennkapitals kommt es nicht an.
[240] Der Hundertsatz von 68,97 (bis 1994 = 66,67) ist aus Vereinfachungsgründen auf 68 (bis 1994 = 66) abzurunden; vgl. Abschn. 8 Abs. 2 VStR 1993/VStÄR 1995.

§ 11   509   Die laufende Besteuerung von Ergebnis und Vermögen

		– Geschäfts- oder Firmenwert, firmenwertähnliche Wirtschaftsgüter, soweit im EW enthalten	
		– Gemeiner Wert von Beteiligungen an anderen KapG von mehr als 50%	6 Abs. 2
			6 Abs. 2 S. 5, 6
4	=	**Vermögen**	11 Abs. 4 Nr. 1 6 Abs. 34 S. 1
5		Vermögen × 100 Nennkapital	6 Abs. 34 S. 1
6	=	**Vermögenswert**	6 Abs. 34 S. 2

2. Ertragshundertsatz

7		Zu versteuerndes körperschaftsteuerpflichtiges Einkommen der letzten drei Jahre vor dem Bewerbungsstichtag	7 Abs. 1
8	+	Hinzurechnungen	
		+ Sonderabschreibungen und erhöhte Abschreibungen (zB §§ 7g EStG, 14 BerlinFG) soweit sie die Normabschreibungen übersteigen	7 Abs. 1 Nr. 1 a
		+ Bewertungsabschläge und Zuführungen zu steuerfreien Rücklagen sowie Teilwertabschreibungen	7 Abs. 1 Nr. 1 a
		+ Absetzungen auf den Geschäfts- oder Firmenwert bzw. firmenwertähnliche Wirtschaftsgüter	7 Abs. 1 Nr. 1 b
		+ Verlustabzug gem. § 10 d EStG	7 Abs. 1 Nr. 1 c
		+ einmalige Veräußerungsverluste	7 Abs. 1 Nr. 1 d
		+ steuerfreie Vermögensmehrungen	7 Abs. 1 Nr. 1 e
		+ Investitionszulagen, soweit auch in Zukunft zu erwarten	7 Abs. 1 Nr. 1 f
9	–	Kürzungen	
		– einmalige Veräußerungsgewinne, gewinnerhöhende Auflösungsbeträge steuerfreie Rücklagen incl. Beträge aus der Auflösung von Jubiläumsrückstellungen	7 Abs. 1 Nr. 2 a
		– Vermögensteuer mit dem veranlagten Jahresbetrag	7 Abs. 1 Nr. 2 b
		– übrige nichtabziehbare Aufwendungen – incl. SolZ ohne Körperschaftsteuer; 50% der Aufsichtsratsvergütungen	7 Abs. 1 Nr. 2 c
		– Tarifbelastung auf die nichtabziehbaren Ausgaben (1992 und 1993 = 100%)	7 Abs. 1 Nr. 2 d
10	–	Abschlag bis zu 30% bei Abhängigkeit des Ertrages von der persönlichen Tätigkeit des Gesellschafter Geschäftsführers ohne vorheriges Entgelt	7 Abs. 2
11	=	Betriebsergebnis pro Jahr	7 Abs. 1 S. 6
		Summe der Betriebsergebnisse	
12	:	Anzahl der Veranlagungszeiträume (idR = 3 Jahre)	7 Abs. 3
13	=	Durchschnittsertrag (zukünfig erzielbar)	7 Abs. 3 S. 1
14	–	15% Abschlag für die Unwägbarkeiten	7 Abs. 3 S. 2
15	=	Maßgebender Jahresertrag	7 Abs. 3 S. 2
16		Jahresbetrag × 100 Nennkapital	7 Abs. 4 S. 1
17	=	Ertragshundertsatz	7 Abs. 4 S. 2

3. Gemeiner Wert

18		Vermögenswert gem. Nr. 6	6 Abs. 4
19	+	Ertragshundertsatz (gem. Nr. 17) × 5	7 Abs. 4
20	=	Zwischensumme	
21	×	davon 68% (abgerundet)	8 Abs. 2
22	=	Zwischensumme	
23	+	Zu- und Abschläge aufgrund besonderer Umstände	8 Abs. 3 S. 1
		– zB Abschläge wegen geringer Erträge zwischen 3 und 30%, soweit Rendite (Ertragshundertsatz × 100 = Vermögenswert) unter 4,5% liegt	8 Abs. 3 S. 2
24	=	Gemeiner Wert für DM 100.– Nennkapital (abgerundet auf volle Prozent)	8 Abs. 1–4

bb) Sonderregelungen der Bewertung. In den überwiegenden Fällen ließ sich der gemeine Wert nichtnotierter Anteile ohne Besonderheiten nach der Regelbewertung gem. den Abschn. 5–8 VStR ermitteln. Außergewöhnliche Umstände bedurften dagegen zahlreicher Sonderregelungen, die in den Abschn. 9–16 VStR aufgeführt waren.

(1) Die Ermittlung des gemeinen Wertes der Anteile bei Beteiligungsbesitz. Der gemeine Wert von Anteilen an einer Holding GmbH, deren Rohvermögen sich zu mehr als 75% (bis 1994 = 80%) aus Aktien und sonstigen Anteilen zusammensetzte, wurde nach den Sonderregelungen des Abschn. 11 VStR 1993/VStÄR 1995 ermittelt. Ob die Beteiligungen der Holding an in- oder ausländischen Gesellschaften bestanden und mittelbar oder unmittelbar gehalten wurden, war gem. Abschn. 11 Abs. 2 Satz 2 VStR unbeachtlich.

Bei der Ermittlung des gemeinen Wertes der Holding-Anteile wurde nur der Vermögenswert der Holding angesetzt. Die Ertragsaussichten der Holding blieben außer Ansatz, da sie schon in der Bewertung des Beteiligungsbesitzes, die nach der Regelbewertung erfolgte, berücksichtigt wurden, vgl. Abschn. 11 Abs. 1 VStR. Wären die Anteile an einer Holding nach den allgemeinen Grundsätzen bewertet worden, so hätte die mehrfache Berücksichtigung der Ergebnisse (Gewinn bei Tochtergesellschaft; Dividende bei Holding) zu einem Kaskadeneffekt[241] geführt.

Bei Gesellschaften, die mit einem Ergebnisabführungsvertrag verbunden waren, war das Ergebnis des Organs vor Gewinnabführung zugrunde zu legen.

Bei GmbH, die neben ihrem arbeitenden Betriebsvermögen noch Beteiligungen mit einer Beteiligungsquote über 50% hielten, wurde ein differenziertes Bewertungsverfahren in Abschn. 11 Abs. 4 VStR vorgegeben. Danach wurde der Wert des Betriebsvermögens, der der eigenen gewerblichen Tätigkeit diente, nach den normalen Regelungen (vgl. Rz. 504) ermittelt. Dabei waren diesem Betriebsvermögen für die Ermittlung des Ertragshundertsatzes nur die eigenen gewerblichen Gewinne zuzuordnen. Für die Beteiligungen wurde ein gemeiner Wert nach den allgemeinen Regeln errechnet und dem vorher ermittelten Zwischenwert für das eigene gewerbliche Betriebsvermögen zugerechnet.

---

[241] *Troll* GmbHR 1980, 206.

514 Im Einheitswert des Betriebsvermögens einer GmbH waren Beteiligungen nicht enthalten (§ 102 BewG). Diese Befreiung wurde durch die vorstehenden Bewertungsregelungen für die Bewertung der GmbH-Anteile wieder aufgehoben. Das galt auch bei einem mehrstufigen Konzern, wenn auf den Zwischenstufen das Schachtelprivileg zu gewähren war.

515 **(2) Die Bewertung bei Anteilen ohne Einfluß auf die Geschäftsführung.** Hatte der Anteilseigner keinen oder nur geringen Einfluß auf die Geschäftsführung der GmbH, so war der gemeine Wert gem. Abschn. 9 VStR geringer zu veranschlagen. Die Möglichkeit einer Einflußnahme war bei einem Anteilsbesitz von weniger als 10% in jedem Fall zu verneinen. Gleiches galt bei Anteilen zwischen 10% und 25% des Nennkapitals, soweit ein anderer Gesellschafter eine Beteiligung von mehr als 50% hielt. Soweit die letzte Voraussetzung nicht erfüllt war, kam es auf die tatsächlichen Einwirkungsmöglichkeiten im Einzelfall an. Bei Beteiligungen von mehr als 25% wurde dagegen stets ein Einfluß auf die Geschäftsführung angenommen. Dem Gesellschafter waren über seinen Anteilsbesitz hinaus ggf. auch fremde Anteile[242] zuzurechnen, soweit diese die Ausübung der Gesellschafterrechte ganz oder teilweise ermöglichten oder gleichgerichtetes Interesse vorlag.

516 Bei unzureichendem Einfluß wurde der Ertragshundertsatz auf der Basis der tatsächlichen Ausschüttungen – einschließlich des KSt-Anrechnungs- bzw. Vergütungsanspruches – ermittelt, soweit nicht der normal ermittelte Hundertsatz niedriger war. Hinsichtlich weiterer Einzelheiten wird auf Abschn. 9 Abs. 2 VStR und die dort angeführten Beispiele verwiesen.

517 **(3) Die Ermittlung des gemeinen Wertes an Kapitalgesellschaften mit ungleichen Rechten.** Die Verteilung des Gewinns (§ 29 Abs. 3 GmbHG) und Vermögensverteilung bei Liquidation (§ 72 GmbHG) erfolgte unter den Gesellschaftern regelmäßig nach dem Verhältnis ihrer Geschäftsanteile. Abweichend von diesen Regelungen konnte der Gesellschaftsvertrag aber auch ein anderes Verhältnis für die Verteilung bestimmen.

518 Die Berechnung des gemeinen Wertes war bei Anteilen mit ungleichen Rechten für die Geschäftsanteile jedes Gesellschafters gem. Abschn. 14 VStR getrennt durchzuführen:

Beispiel:

Ungleiche Gewinne
1 Vermgenswert = gem. Abschn. 6 Abs. 36
2 Ertragshundertsatz für jeden Gesellschafter = $\frac{\text{Gewinnquote} \times 100}{\text{Nennkapital}}$
3 Gemeinder Wert = 0,68 × (Vermögenswert + 5 × Ertragshundertsatz gem. (2)
   × Bekannte Größe (absolut)

519 **(4) Die Ermittlung des gemeinen Wertes bei Neugründungen.** Bei der Neugründung[243] von Kapitalgesellschaften, die nicht unter Abschn. 11 VStR fielen, wurden die Gesellschaftsanteile im Regelfall mit 100% des

---

[242] Vgl. Abschn. 9 Abs. 3 Sätze 1–3, 4 Abs. 4 Sätze 4–8 VStR.
[243] Nicht bei Umwandlungen aus Personengesellschaften/Einzelunternehmen oder Betriebsaufspaltung; Abschn. 10 Abs. 2 VStR.

D. Ertrag- und Substanzsteuern des Gesellschafters 520–523 § 11

eingezahlten Kapitals – das ist vielfach der Nennwert – bewertet. Soweit mit einer Einzahlung von noch ausstehenden Einlagen zu rechnen war, erfolgte der Wertansatz mit 100% des Nennkapitals, zuzüglich eines evtl. bereits eingezahlten Agios. Diese Regelung des Abschn. 10 VStR galt während der Aufbauzeit der Gesellschaft, die sich – ab Aufnahme der geschäftlichen Tätigkeit – regelmäßig auf drei Jahre belief. Während dieses Zeitraums wurde unterstellt, daß sich der Wert der Gesellschaftsanteile nach dem Erwerbspreis für die Geschäftsanteile richtete.

Unregelmäßigkeiten in der Aufbauphase, die zu erheblichen, in ihrer Höhe 520 nicht erwarteten Vermögensverlusten geführt hatten und mit deren Ausgleich im normalen Geschäftsbetrieb nicht gerechnet werden konnte, konnten ausnahmsweise einen niedrigeren Wertansatz rechtfertigen (vgl. Abschn. 10 Abs. 1 Satz 5 VStR).

Bei Gesellschaften, die einen anderen Betrieb übernommen hatten (zB 521 Sacheinlage, Umwandlung einer Personengesellschaft), war der Wert des Betriebes nach der allgemeinen Regelung zu ermitteln, wobei die Erträge des früheren Betriebes zugrunde zu legen waren. 522

(5) Die Ermittlung des gemeinen Wertes bei Anteilen an steuerbefreiten Gesellschaften. Abweichend von Abschn. 8 VStR richtete sich der gemeine Wert von Anteilen an gemeinnützigen Kapitalgesellschaften (vgl. Rz. 201 ff.) nach dem Vermögenswert, der maximal in Höhe des Nennwertes anzusetzen war. Vor diesem Vermögenswert war gem. Abschn. 16 Abs. 1 VStR ein Abschlag von 30%, in besonderen Einzelfällen auch ein darüber hinausgehender Abzug, vorzunehmen.

Anteile an steuerbefreiten Unterstützungskassen (vgl. Rz. 209) in der 523 Rechtsform einer Kapitalgesellschaft beinhalteten keinen ansetzbaren Wert, soweit dem vorhandenen Kassenvermögen Verpflichtungen aus lfd. Renten gegenüberstanden. In diesen Fällen erfolgte die Bewertung gem. Abschn. 16 Abs. 2 VStR mit 0 DM.

§ 12 Der Geschäftsanteil im Rechtsverkehr

Bearbeiter: Dr. Volker Schacht

Übersicht

	Rz.
A. Veräußerung von GmbH-Geschäftsanteilen	
I. Gesellschaftsrecht	1–76
1. Überblick	1
2. Verpflichtungsgeschäft	2–32
a) Form	2–4
b) Formbedürftige Verpflichtungsgeschäfte	5–13
c) Formfreie Abtretungsverpflichtungen	14–16
d) Formpflicht bei gesellschaftsrechtlichen Vorgängen	17–20
e) Umfang der Formpflicht	21, 22
f) Heilung bei Verstoß gegen Formvorschriften	23–27
g) Gewährleistung	28–32
3. Die Abtretung des GmbH-Geschäftsanteils	33–59
a) Vertrag und Inhalt	33–35
b) Form und Umfang des Formzwangs	36–38
c) Formfreie Geschäfte	39–41
d) Folge des Verstoßes gegen die Formvorschrift	42
e) Einschränkung der Abtretbarkeit (Vinkulierung)	43–53
f) Wirkung der Abtretung	54–57
aa) Selbständigkeit der Geschäftsanteile	54
bb) Übergang der Mitgliedschaft	55, 56
cc) Wirkung gegenüber der Gesellschaft	57
g) Gutgläubiger Erwerb von Geschäftsanteilen	58
h) Rechtswirkungen nichtiger Abtretungen	59
4. Vollmacht/Genehmigung	60, 61
5. Anmeldung des Erwerbs bei der Gesellschaft	62–68
6. Veräußerung von Teilen an Geschäftsanteilen	69–75
7. Zusammenlegung von Geschäftsanteilen	76
II. Steuerrecht	77–134
1. Einkommensteuer/Körperschaftsteuer	77–124
a) Überblick	77, 78
b) GmbH-Geschäftsanteil im Privatvermögen	79–112
aa) Veräußerung von Anteilen bei wesentlicher Beteiligung (§ 17 EStG)	79–106
bb) Spekulationsgeschäft (§ 23 EStG)	107–112
c) GmbH-Geschäftsanteil im Betriebsvermögen	113–124
aa) Veräußerungsgewinn	113, 114
bb) Überführung in ein Betriebsvermögen	115–118
cc) Steuerfreie Übertragung	119, 120
dd) Veräußerung einer 100%-Beteiligung	121
ee) Einbringungsgeborene Anteile	122–124
2. Gewerbesteuer	125–128
3. Umsatzsteuer	129

	Rz.
4. Grunderwerbsteuer	130–134
a) Anteilsvereinigung	130–132
b) Anteilsvereinigung im Organkreis	133
c) Rückgängigmachung bzw. Rückerwerb	134

B. Nießbrauch an GmbH-Geschäftsanteilen

I. Gesellschaftsrechtliche Grundlagen	135–140
II. Steuerliche Folgen der Nießbrauchsbestellung	141–152
1. Ertragsteuerliche Zurechnung der Einkünfte	141–146
2. Erbschaft- und Schenkungsteuer	147–152

C. Unterbeteiligung am GmbH-Geschäftsanteil

I. Gesellschaftsrechtliche Grundlagen	160, 161
II. Beendigung der Unterbeteiligung	162, 163
III. Ertragsteuerliche Behandlung	164–169
1. Typische Unterbeteiligung	165–167
2. Atypische Unterbeteiligung	168, 169
IV. Sonstige Steuern	170, 171

D. Treuhand- und Sicherungsabtretung von GmbH-Geschäftsanteilen

I. Gesellschaftsrechtliche Grundlagen	180–187
1. Zulässigkeit	180
2. Form von Verpflichtungsgeschäft und Abtretung	181, 182
3. Veräußerungsbeschränkungen	183
4. Wirkung der Treuhandabtretung	184
5. Konkurs des Treugebers/Treuhänders	185–187
II. Steuerrechtliche Auswirkungen von Treuhandverhältnissen	188–191
1. Zurechnung beim Treugeber	188, 189
2. Grunderwerbsteuer nach dem Treuhanderlaß	190, 191

E. Verpfändung von GmbH-Geschäftsanteilen ... 200–204

F. Vererbung von GmbH-Geschäftsanteilen

I. Gesellschaftsrechtliche Grundlagen	210–223
1. Vererblichkeit, Übergang auf Erben	210, 211
2. Auseinandersetzung unter den Miterben	212, 213
3. Nachfolgeregelungen in der Satzung	214–218
4. Letztwillige Verfügungen	219–223
a) Vermächtnis	219
b) Teilungsanordnung	220
c) Anordnung von Vor- und Nacherbschaft	221
d) Testamentsvollstreckung	222, 223
II. Steuerrechtliche Auswirkungen	224–241
1. Grundzüge des Erbschaftsteuer-/Schenkungsteuerrechts	224–229
2. Steuerliche Behandlung der Erbengemeinschaft	230–233
3. Ertragsteuerliche Behandlung	234–240
4. Erbschaftsteuerliche Behandlung von statuarischen und sonstigen Abfindungszahlungen	241

A. Veräußerung von GmbH-Geschäftsanteilen 1–3 **§ 12**

	Rz.
G. Besonderheiten bei Beteiligung Familienangehöriger	
I. Beteiligung Minderjähriger	250–255
II. Eheliches Güterrecht	256, 257
III. Steuerrechtliche Anforderungen bei Verträgen mit Familienangehörigen	258–261
H. Zwangsvollstreckung/Konkurs	270–273

A. Veräußerung von GmbH-Geschäftsanteilen

I. Gesellschaftsrecht

1. Überblick

GmbH-Geschäftsanteile sind grundsätzlich frei veräußerlich (§ 15 Abs. 1 GmbHG). Um den spekulativen Handel mit GmbH-Geschäftsanteilen zu erschweren und die Beweisführung zu erleichtern, bedürfen aber sowohl der schuldrechtliche Verpflichtungsvertrag als auch der dingliche Abtretungsvertrag der notariellen Beurkundung (§ 15 Abs. 3 und 4 GmbHG).[1] Beide Rechtsgeschäfte werden aus Kostengründen in der Praxis meist zusammen beurkundet.[2] Zur Verstärkung des personenbezogenen Charakters der GmbH kann der Gesellschaftsvertrag die Abtretung an weitere Voraussetzungen, wie die Genehmigung der Gesellschaft oder das Vorliegen bestimmter Eigenschaften in der Person des Erwerbers, binden (§ 15 Abs. 5 GmbHG). Es ist sogar statthaft, die Abtretbarkeit ganz auszuschließen. Dem Gesellschafter wird dann allerdings ein Austrittsrecht zugebilligt. Allgemeine zivilrechtliche Übertragungsbeschränkungen wie die Geschäftsfähigkeit der Beteiligten oder die Zustimmung des Ehegatten (§ 1365 BGB) sind zu beachten.

1

2. Verpflichtungsgeschäft

a) Form

Das schuldrechtliche Verpflichtungsgeschäft begründet die Verpflichtung zur Übertragung bzw. zum Erwerb des Geschäftsanteils. Die vom Gesetz vorgeschriebene Form ist die **notarielle Beurkundung** des Vertrages.[3] Die notarielle Beurkundung wird gem. § 127 a BGB bei einem Prozeßvergleich durch die Aufnahme in ein gerichtliches Protokoll ersetzt.

2

Für die Erfüllung des Formgebotes nach § 15 Abs. 3 und Abs. 4 GmbHG kann auch die Beurkundung durch einen **ausländischen Notar** genügen, sofern das ausländische Beurkundungsverfahren dem deutschen gleichwertig

3

---

[1] BGH v. 4. 11. 1979, DB 1980, 491; BGH v. 25. 9. 1996, ZIP 1996, 1901; *Lutter/Hommelhoff* § 15 Anm. 11; *Scholz/Winter* § 15 Anm. 1.
[2] Bei gesonderter Beurkundung der Abtretung fällt eine halbe Gebühr nach § 38 Abs. 2 Nr. 6 d KostO mehr an, dh. insgesamt 2½ volle Gebühren statt 2 volle Gebühren.
[3] § 13 BeurkG; *Scholz/Winter* § 15 Anm. 38.

ist.[4] Ob dies der Fall ist, muß mit großer Sorgfalt geprüft werden; die weitere Entwicklung der Rechtsprechung ist ungewiß. Absolute Sicherheit gibt nur die Beurkundung durch einen deutschen Notar. Vom Bundesgerichtshof offengelassen worden ist die Frage, ob für die Form der Übertragung von GmbH-Geschäftsanteilen gem. Art. 11 Abs. 1 EGBGB das Ortsrecht maßgebend ist, also das Recht des Ortes, an dem die Übertragung vorgenommen wird.[5] Zur Auslandsbeurkundung der Gründung vgl. *Scholz/Emmerich* § 2 Anm. 16.

4 Wenn die vorgeschriebene Form nicht gewahrt wird, ist das Rechtsgeschäft gem. § 125 BGB unwirksam. Darauf können sich sowohl Veräußerer als auch Erwerber berufen. Bereits erbrachte Leistungen können zurückverlangt werden. Allerdings wird der Mangel der Form des Verpflichtungsgeschäftes durch den Vollzug der Abtretung des Geschäftsanteils gem. § 15 Abs. 4 Satz 2 GmbHG geheilt.[6] Zur Form der Bevollmächtigung eines Vertreters bzw. der Genehmigung einer ohne Vollmacht abgegebenen Erklärung vgl. Rz. 60 f.

b) Formbedürftige Verpflichtungsgeschäfte

5 Das Formerfordernis nach § 15 Abs. 4 GmbHG gilt nur für einseitig oder zweiseitig verpflichtende Verträge, nicht hingegen für einseitige Verpflichtungserklärungen wie Auslobung, Stiftungsgeschäft, Vermächtnis oder Teilungsanordnung.[7] Der Abschluß des Vertrages kann durch Abgabe eines Vertragsangebotes und die später erfolgende Annahme dieses Angebotes aufgespalten werden. Beide Erklärungen bedürfen dann der notariellen Beurkundung.[8] Formbedürftig sind nur Vereinbarungen, die **unmittelbar** zur Abtretung verpflichten.[9] Die Verpflichtung zur Übertragung eines Geschäftsanteils ist dagegen formfrei, soweit sie sich nur **mittelbar** aus dem Vertrag ergibt, zB die Rückübertragungsverpflichtung bei Sicherungs- oder Treuhandabreden[10] (vgl. dazu auch Rz. 169 f.). Fraglich ist die Beurkundungspflicht einer Garantieerklärung, durch welche der Erwerb durch oder von einem Dritten dem Garantienehmer versprochen wird.[11]

6 Eine im **Gesellschaftsvertrag** der GmbH enthaltene Verpflichtung zur Abtretung genügt der Form, weil die Beurkundung des Gesellschaftsvertrages

---

[4] HM; BGH v. 22. 5. 1989, RIW 1989, 649 und BGH v. 16. 2. 1981, GmbHR 1981, 238 (239) bejaht für eine Beurkundung durch einen Schweizer Notar; *Baumbach/Hueck/Hueck* § 15 Anm. 21; dort *Zöllner* § 53 Anm. 40; *Lutter/Hommelhoff* § 15 Anm. 19 für niederländische, schweizerische und österreichische sowie Notare des lateinischen Notariats, dh. Italien, Frankreich, Spanien, Südamerika; zur Kritik insb. *Heckschen* DB 1990, 161 (163 f.) mwN; *Scholz/Priester* § 53 Anm. 69 ff., 73.

[5] Vgl. BayOLG v. 18. 10. 1977, NJW 1978, 500; *Heckschen* DB aaO; *Scholz/Priester* aaO; *Goette* DStR 1996, 709; *Reuter* BB 1998, 116.

[6] Vgl. BGH v. 21. 9. 1994, DB 1994, 2387.

[7] *Baumbach/Hueck/Hueck* § 15 Anm. 30; *Meyer-Landrut/Miller/Niehus* § 15 Anm. 30; *Scholz/Winter* § 15 Anm. 52.

[8] *Lutter/Hommelhoff* § 15 Anm. 11; *Scholz/Winter* § 15 Anm. 69; *Rowedder/Rowedder* § 15 Anm. 14.

[9] BGH v. 17. 11. 1955, NJW 1956, 58; *Scholz/Winter* § 15 Anm. 54; *Baumbach/Hueck/Hueck* § 15 Anm. 31 mwN zur Rspr.

[10] *Baumbach/Hueck/Hueck* § 15 Anm. 33.

[11] OLG München v. 20. 3. 1996, DB 1996, 975.

A. Veräußerung von GmbH-Geschäftsanteilen   7–11 § 12

nach §§ 2, 3 GmbHG zugleich auch die Voraussetzung nach § 15 Abs. 4 GmbHG erfüllt.[12] So kann der Gesellschaftsvertrag einen Gesellschafter beispielsweise verpflichten, bei Vorliegen eines Einziehungsgrundes, etwa im Fall der Kündigung, seinen Geschäftsanteil an die Gesellschaft oder einen von dieser zu benennenden Dritten zu bestimmten Bedingungen abzutreten. Sind diese Bedingungen allerdings privatschriftlich abgeändert worden, besteht kein Anspruch auf Einhaltung der abgeänderten Bedingungen.[13]

Der notariellen Beurkundung bedürfen auch **Vorverträge**, also Verträge, 7 durch die eine Verpflichtung zum Abschluß eines obligatorischen Vertrages (Kaufvertrag, Schenkung) begründet wird.[14] Auch die **Abtretung des schuldrechtlichen Anspruchs** auf Übertragung eines Geschäftsanteils sowie die Begründung der Verpflichtung zu einer solchen Abtretung müssen notariell beurkundet werden.[15]

Die Formbedürftigkeit wird nicht dadurch ausgeschlossen, daß die Ver- 8 pflichtung zur Abtretung unter einer aufschiebenden **Bedingung** eingegangen wird. Die Änderung der Vereinbarung, zB durch Aufhebung der Bedingung, ist als Vertragsänderung formbedürftig, weil sie zu einer engeren (unbedingten) Wirkung des Vertrages führt. Der durch die Bedingung Begünstigte kann auf diese jedoch formfrei verzichten. Die Wirksamkeit der Abtretung tritt mit der Erklärung des Verzichts ein, nicht aber ex tunc.[16] Gleiches gilt, wenn die Verpflichtung zur Abtretung nur **auf Verlangen** des Erwerbers zu erfüllen ist.[17]

Formbedürftig sind ebenfalls die Verpflichtung zur Abtretung eines Ge- 9 schäftsanteils an einen **Dritten** und die Verpflichtung zur Abtretung eines **noch zu erwerbenden** Geschäftsanteils.[18] Entsprechendes gilt für eine Vereinbarung, mit der **vor** Eintragung der Gesellschaft oder einer Kapitalerhöhung die Verpflichtung übernommen wird, die daraus entstehenden Geschäftsanteile abzutreten.[19]

Auch die Vereinbarung, einen Geschäftsanteil zu **verschenken**, muß § 15 10 Abs. 4 GmbHG entsprechen. Der Formzwang nach § 15 Abs. 4 GmbHG geht über denjenigen nach § 518 BGB insoweit hinaus, als § 518 BGB nur die notarielle Beurkundung des Schenkungsversprechens verlangt. Nach § 15 Abs. 4 GmbHG bedarf dagegen der gesamte Vertrag der Beurkundung.[20]

Formbedürftig ist gleichfalls die Vereinbarung eines **Vorkaufsrechts** an 11 einem Geschäftsanteil. Diese begründet zwar noch nicht die Verpflichtung

---

[12] *Scholz/Winter* § 15 Anm. 55.
[13] BGH v. 30. 6. 1969, BB 1969, 1242 (1243).
[14] *Hachenburg/Zutt* § 15 Anm. 47.
[15] BGH v. 5. 11. 1979, BB 1980, 278 (279); *Baumbach/Hueck/Hueck* § 15 Anm. 25; differenzierend *Hachenburg/Zutt* § 15 Anm. 38 ff. und *Scholz/Winter* § 15 Anm. 45.
[16] BGH v. 23. 11. 1988, DB 1989, 568; v. 21. 9, 1994, DB 1994, 2387; v. 25. 3. 1998, DStR 1998, 1026; ausführlich *Pohlmann* GmbHR 1995, 412.
[17] *Baumbach/Hueck/Hueck* § 15 Anm. 32; *Hachenburg/Zutt* Anh. § 15 Anm. 17.
[18] RG v. 13. 12. 1935, RGZ 149, 385 (397); *Scholz/Winter* § 15 Anm. 54; *Hachenburg/Zutt* § 15 Anm. 15.
[19] BGH v. 12. 7. 1956, BB 1956, 765; Brandenburgisches OLG v. 25. 10. 1995, DB 1995, 2363; *Hachenburg/Zutt* § 15 Anm. 26.
[20] *Hachenburg/Zutt* § 15 Anm. 14.

zur Veräußerung des Geschäftsanteils, bei Ausübung des Vorkaufsrechts entsteht die Verpflichtung zur Abtretung jedoch gem. § 505 Abs. 2 BGB ohne weitere Vereinbarung. Formfrei wirksam ist dagegen die Erklärung über die Ausübung des Vorkaufsrechts.[21]

12 Nach dem Wortlaut von § 15 Abs. 4 GmbHG bedarf nur die Verpflichtung zur Abtretung eines Geschäftsanteils der notariellen Form. Es besteht heute jedoch Einigkeit darüber, daß auch die Begründung einer **Verpflichtung zum Erwerb** eines Geschäftsanteils formbedürftig ist. Dies gilt selbst dann, wenn die Abtretung noch im Belieben des Veräußerers steht.[22]

13 Die Vereinbarung, einen Geschäftsanteil **zurückzukaufen,** ist ebenso formbedürftig.[23] Gleiches gilt für eine Rücknahmegarantie, also die Verpflichtung des Veräußerers, den Geschäftsanteil bei Nichtvorliegen bestimmter Eigenschaften zurückzunehmen.[24] Wird die Rückübertragung **nach** wirksamer Abtretung des Geschäftsanteils vereinbart, bedarf auch diese Vereinbarung der Form.[25]

c) Formfreie Abtretungsverpflichtungen

14 Formfrei sind insbesondere Abtretungsverpflichtungen, denen kein Vertrag zugrunde liegt, sondern die durch **einseitige Erklärung** zustande kommen. Dazu gehören die Begründung der Verpflichtung zur Abtretung durch Vermächtnis, Teilungsanordnung und Stiftungsgeschäft.[26] Wird einem Dritten der Geschäftsanteil also testamentarisch im Wege eines Vermächtnisses zugewendet, so begründet dies den Übertragungsanspruch, auch wenn das Testament lediglich privatschriftlich errichtet wird.

15 Formfrei wirksam ist die Pflicht zur Abtretung, wenn sie bereits aus dem **Gesetz** folgt. Dazu gehört die Verpflichtung eines mit dem Erwerb Beauftragten zur Herausgabe des GmbH-Geschäftsanteils nach § 667 BGB. Aus gleichem Grund ist die auf einem Kommissionsvertrag beruhende Verpflichtung zur Übertragung formfrei wirksam.[27] Keinem Formzwang unterliegen Verträge, mit denen die Abtretung des Geschäftsanteils eines Gesellschafters an einen anderen **garantiert** wird, weil diese Verträge nicht unmittelbar zur Abtretung verpflichten, sondern lediglich Schadenersatzansprüche auslösen.[28]

16 Formfrei ist die Verpflichtung zur Übertragung von einzelnen aus der Mitgliedschaft folgenden **Vermögensrechten,** beispielsweise des Gewinnanspruchs[29] (vgl. dazu auch § 10 Anm. 154 ff.). Die Vereinbarung, einen Verpflichtungsvertrag **rückgängig** zu machen, **bevor** die Abtretung durchgeführt ist, unterliegt nicht der Form des § 15 Abs. 4 GmbHG, weil eine

---

[21] Zu allem vgl. ausführlich *Hachenburg/Zutt* Anh. § 15 Anm. 28 ff.
[22] RG v. 13. 12. 1935, RGZ 149, 385 (397); OLG München v. 7. 12. 1994, DB 1995, 316; *Scholz/Winter* § 15 Anm. 56; *Hachenburg/Zutt* § 15 Anm. 36; *Baumbach/Hueck/Hueck* § 15 Anm. 32.
[23] RG v. 26. 5. 1911, RGZ 76, 306 (310); *Baumbach/Hueck/Hueck* § 15 Anm. 32.
[24] *Hachenburg/Zutt* § 15 Anm. 37; *Scholz/Winter* § 15 Anm. 63.
[25] *Hachenburg/Zutt* § 15 Anm. 72.
[26] Vgl. *Scholz/Winter* § 15 Anm. 52.
[27] *Scholz/Winter* § 15 Anm. 57 mwN.
[28] *Scholz/Winter* § 15 Anm. 63, zweifelhaft, vgl. OLG München Fn. 11.
[29] *Hachenburg/Zutt* § 15 Anm. 33; *Scholz/Winter* § 15 Anm. 60.

Abtretungsverpflichtung dadurch gerade nicht begründet, sondern aufgehoben wird.[30] Anderes dürfte allerdings gelten, wenn der Erwerber bereits eine unentziehbare Anwartschaft auf den Geschäftsanteil erworben hat, beispielsweise bei gleichzeitig bedingt vorgenommener Abtretung, wenn der Bedingungseintritt vom Veräußerer nicht mehr beeinflußt werden kann.[31]

d) Formpflicht bei gesellschaftsrechtlichen Vorgängen

Formbedürftig ist die Verpflichtung zur **Einbringung eines Geschäftsanteils** in eine juristische Person oder Gesamthandsgemeinschaft.[32] Werden nur die **Anteile an einer Personengesellschaft,** die ihrerseits GmbH-Geschäftsanteile hält, übertragen, so unterliegt diese Übertragung nicht den Formvorschriften des § 15 GmbHG, weil Gegenstand der Übertragung nicht der GmbH-Geschäftsanteil ist, sondern der Anteil an der Personengesellschaft.

Formbedürftig ist die Umwandlung von **Bruchteilseigentum** an einem Geschäftsanteil in Gesamthandseigentum, zB die Übertragung eines in Bruchteilsgemeinschaft gehaltenen Geschäftsanteils an einer GmbH auf eine BGB-Gesellschaft, auch wenn an beiden Personenmehrheiten die gleichen Personen beteiligt sind.[33] Entsprechendes gilt, wenn der Geschäftsanteil, der mehreren Personen zur gesamten Hand zusteht, auf diese in Bruchteilseigentum übertragen oder durch Realteilung gem. § 17 GmbHG unter ihnen aufgeteilt wird.[34]

Soll der Geschäftsanteil von einer Gesamthand in eine andere überführt werden, ist entscheidend, ob dazu ein Übertragungsvorgang erforderlich ist oder ob sich lediglich die Rechtsform der Gesamthand ändert, die **Identität** des Rechtsträgers aber unberührt bleibt. Zum Beispiel ist die Umwandlung einer OHG, in deren Vermögen sich ein Geschäftsanteil befindet, in eine KG bloße Änderung der Rechtsform; die Zugehörigkeit eines GmbH-Geschäftsanteils zum Vermögen der OHG macht den Vorgang nicht beurkundungspflichtig. Dagegen ist die Übertragung von einer OHG auf eine bestehende oder neugegründete KG, auch wenn daran dieselben Personen beteiligt sind, formbedürftig gem. § 15 Abs. 4 GmbHG. Die Umwandlung einer Erbengemeinschaft in eine Personengesellschaft soll nicht möglich sein und wird somit als Übertragungsvorgang angesehen.[35]

Nicht formbedürftig ist die Vereinbarung einer **Innengesellschaft** bezüglich des Geschäftsanteils, beispielsweise die Begründung einer Unterbeteiligung,[36] da der bisherige Gesellschafter alleiniger Rechtsträger des GmbH-Geschäftsanteils bleibt. Die Unterbeteiligten sind nur im Innenverhältnis an

---

[30] *Baumbach/Hueck/Hueck* § 15 Anm. 34.
[31] Vgl. zur entspr. Rspr. bei der Auflassungsanwartschaft: BGH v. 30. 4. 1982, DB 1982, 1401 (1402).
[32] Vgl. ausführlich zur Beurkundungspflicht der Übertragung von GmbH-Geschäftsanteilen bei gesellschaftsrechtlichen Vorgängen *Petzoldt* GmbHR 1976, 81 ff.; *Hachenburg/Zutt* § 15 Anm. 77.
[33] *Hachenburg/Zutt* § 15 Anm. 19; *Petzoldt* GmbHR 1976, 81.
[34] *Hachenburg/Zutt* § 15 Anm. 23.
[35] BGH v. 19. 6. 1995, DStR 1995, 1395; *Hachenburg/Zutt* § 15 Anm. 21.
[36] Vgl. Rz. 160 f.

den vermögensrechtlichen Ansprüchen aus dem Geschäftsanteil beteiligt.[37] Anderes gilt nur dann, wenn die Gesellschafter vereinbaren, daß bei einer Auseinandersetzung der Innengesellschaft die Übertragung des Geschäftsanteils gefordert werden kann.[38]

e) Umfang der Formpflicht

21 Die notarielle Urkunde muß neben der Verpflichtung zur Abtretung alle Punkte enthalten, welche die Beteiligten im Zusammenhang mit der Übertragungspflicht für wesentlich erachtet haben, gleich, ob sich die betreffende Abmachung auf den Geschäftsanteil selbst, auf die Gegenleistung oder auf die Modalitäten der Vertragserfüllung bezieht.[39] Das Beurkundungserfordernis erstreckt sich auf alle Vereinbarungen, mit denen die Veräußerungs- oder Erwerbspflicht nach dem Willen auch nur eines Vertragsbeteiligten stehen und fallen soll, wenn der andere Vertragsteil dies erkannt und hingenommen hat.[40] Zu beurkunden sind also auch alle **Nebenabreden,** die mit dem beurkundeten Geschäft in rechtlichem Zusammenhang stehen.[41] Dies soll nicht für einen Maklervertrag über die Vermittlung des Verkaufs eines Geschäftsanteils gelten.[42]

22 **Änderungen** des einer Abtretung eines GmbH-Geschäftsanteils zugrunde liegenden obligatorischen Rechtsgeschäfts sind beurkundungspflichtig, es sei denn, sie werden erst nach der formgerechten Abtretung des Geschäftsanteils vereinbart.[43]

f) Heilung bei Verstoß gegen Formvorschriften

23 Grundsätzlich führt die Nichtbeachtung der Form zur Nichtigkeit der obligatorischen Vereinbarung. Nach § 15 Abs. 4 Satz 2 GmbHG wird jedoch ein nicht beurkundeter Verpflichtungsvertrag durch die wirksame Abtretung geheilt, dh. bei der gleichzeitigen Beurkundung von Verpflichtungsgeschäft und Anteilsübertragung noch im selben notariellen Termin.[44] Die Heilung tritt nicht rückwirkend, sondern erst mit Wirksamwerden des Abtretungsvertrages ein.[45] Der Abtretungsvertrag muß formgerecht beurkundet werden und darf nicht aus anderen Gründen unwirksam sein. So kann beispielsweise ein Abtretungsvertrag, der die im Gesellschaftsvertrag festgelegten Voraussetzungen für die Abtretung nicht erfüllt, die Heilung nicht bewirken.[46] Erfolgt die Abtretung unter einer aufschiebenden Bedingung, so tritt die Heilung des

---

[37] Vgl. *Hachenburg/Zutt* § 15 Anm. 24.
[38] *Hachenburg/Zutt* § 15 Anm. 25.
[39] BGH v. 30. 6. 1969, DB 1969, 1884; OLG Düsseldorf v. 10. 2. 1978, MDR 1978, 668; OLG München v. 20. 3. 1996 (nrk.), GmbHR 1996, 607.
[40] BGH v. 6. 11. 1980, NJW 1981, 274 (275).
[41] OLG München v. 14. 11. 1966, NJW 1967, 1326 (1327).
[42] BGH v. 27. 2. 1997, GmbHR 1997, 605.
[43] BGH v. 21. 4. 1959, DB 1959, 620.
[44] BGH v. 29. 1. 1992, GmbHR 1993, 106.
[45] *Baumbach/Hueck/Hueck* § 15 Anm. 35; *Hachenburg/Zutt* § 15 Anm. 71.
[46] *Hachenburg/Zutt* § 15 Anm. 62.

A. Veräußerung von GmbH-Geschäftsanteilen

Verpflichtungsgeschäftes erst mit der Erfüllung der Bedingung ein bzw. mit dem formfreien Verzicht auf dieselbe.[47]

Von der Heilungswirkung erfaßt wird der gesamte Vertrag mit allen Nebenabreden und Änderungen, dh. einschließlich der mündlich vereinbarten Nachträge und Abweichungen von der schriftlichen Fassung. Beispielsweise wird bei der Beurkundung eines unrichtigen Kaufpreises, bei der der Kaufvertrag als Scheingeschäft nichtig ist, die formlose Vereinbarung über den richtigen Kaufpreis durch die formgerechte Abtretung geheilt.[48] Es bleibt allerdings das Nachweisproblem desjenigen, der sich auf die nicht schriftlich fixierte Abrede beruft.

Wird mit der Abtretung zugleich das obligatorische Geschäft beurkundet, ist dieses aber nur unvollständig in der Urkunde niedergelegt, erlangen sowohl die beurkundeten als auch die nicht beurkundeten Teile des obligatorischen Geschäfts rechtliche Gültigkeit.[49] Die Heilung tritt aber nur bei fortbestehender Willensübereinstimmung zum Zeitpunkt der Abtretung ein.[50]

Geht der Abtretungsvertrag dem Verpflichtungsgeschäft voraus, ist dieses formlos gültig.[51] Soweit der nachfolgende obligatorische Verpflichtungsvertrag allerdings weitere Übertragungspflichten enthält, beispielsweise eine Verpflichtung zur Rück- oder Weiterübertragung, tritt die Heilung erst mit formgültig beurkundeter Rück- oder Weiterübertragung ein.[52]

Andere Mängel des obligatorischen Vertrages als Formverstöße, zB fehlende Geschäftsfähigkeit, werden nicht geheilt.[53]

g) Gewährleistung

Beim Kauf eines GmbH-Geschäftsanteils finden grundsätzlich die Vorschriften über den **Kauf eines Rechts** nach §§ 434, 437 BGB Anwendung.[54] Der Verkäufer eines Rechts haftet nur für den **Bestand des GmbH-Geschäftsanteils,** nicht aber für den Zustand oder den Wert der im Eigentum der GmbH stehenden Gegenstände oder eines von der GmbH betriebenen Unternehmens. Rechtsmängel sind beispielsweise: Rückständigkeit der übernommenen Einlage, schwebende Konkurs- oder Liquidationsverfahren, Größe und Übertragbarkeit des Anteils. Macht der Veräußerer aber Angaben über Eigenschaften des Anteils, wie zB die Höhe der Gewinnbeteiligung, Umfang des Stimmrechts, so hat er für die Richtigkeit der Angaben einzustehen (sog. „Verschulden bei Vertragsschluß", „c.i.c.").[55] Eine Haftung tritt

---

[47] BGH v. 23. 11. 1988, DB 1989, 568; v. 21. 9. 1994, DB 1994, 2387; v. 25. 3. 1998, DStR 1998, 1026; zur Formfreiheit des Verzichts auf die Bedingung vgl. Rz. 8.
[48] BGH v. 23. 2. 1983, DB 1983, 1141 (1142); *Baumbach/Hueck/Hueck* § 15 Anm. 35.
[49] BGH v. 23. 2. 1983, DB 1983, 1141 (1142); *Hachenburg/Zutt* § 15 Anm. 65.
[50] *Baumbach/Hueck/Hueck* § 15 Anm. 35; *Hachenburg/Zutt* § 15 Anm. 66; BGH v. 21. 9. 1994, DB 1994, 2387.
[51] *Scholz/Winter* § 15 Anm. 74.
[52] *Hachenburg/Zutt* § 15 Anm. 72.
[53] *Hachenburg/Zutt* § 15 Anm. 67.
[54] Vgl. BGH v. 2. 6. 1980, NJW 1980, 2408 mwN.
[55] Vgl. MüKomm./*Westermann* § 437 Anm. 17; *Baumbach/Hueck/Hueck* § 15 Anm. 6; *Palandt/Putzo* § 437 Anm. 2 e.

auch ein, wenn der Verkäufer dem Käufer eine bestimmte Beschaffenheit des von der GmbH betriebenen Unternehmens oder bestimmte Eigenschaften der Beteiligung vertraglich zusichert.[56] Der Veräußerer haftet jedoch nicht dafür, daß keine Überschuldung der GmbH vorliegt.[57]

29   Allerdings greift die **Sachmängelhaftung** nach §§ 459 ff. BGB mit der kurzen Verjährung des § 477 BGB ein, wenn sich der Erwerb der Anteile wirtschaftlich als Kauf des von der GmbH betriebenen Unternehmens darstellt. Dies bedeutet, daß der Verkäufer nicht nur dafür einstehen muß, daß er Inhaber des Geschäftsanteils ist und keine Rechte Dritter vorhanden sind, sondern auch für den Bestand und den Zustand der im Eigentum der GmbH stehenden Wirtschaftsgüter. Solches gilt, wenn **sämtliche Anteile einer GmbH** veräußert werden oder der verbleibende Rest so geringfügig ist, daß gleichwohl das Unternehmen selbst als Gegenstand des Kaufs angesehen werden kann.[58] Werden nicht alle oder nahezu alle Geschäftsanteile veräußert, so kommt es nach der Rechtsprechung darauf an, ob der Verkäufer einen beherrschenden Einfluß auf das Unternehmen durch uneingeschränkte Verfügungsmacht ausüben kann, der Wille der Vertragsparteien auf den Kauf des Unternehmens als Ganzes gerichtet ist und sich der Kaufpreis an dem Wert des Unternehmens ausrichtet. Offen ist, ab welcher Beteiligung (51%, 75%, 90%) das Unternehmen der GmbH als Gegenstand des Kaufs gilt und ob die vom Erwerber bereits gehaltenen Geschäftsanteile mitgerechnet werden.[59] Fehler im Sinne der §§ 459 ff. BGB sind bei dem Kauf eines Unternehmens beispielsweise ein Fehlbestand an Betriebsmitteln oder technische Defekte des Anlagevermögens. Keine Fehler im Sinne eines Sachmangels sind die Ertragsfähigkeit, die Höhe von Verbindlichkeiten, die Höhe zurückliegender Jahresumsätze und Reinerträge sowie die Richtigkeiten von Bilanzen, Besonderheiten des Personalstamms, die Höhe der Geschäftsführerbezüge, die Solvenz des Unternehmens. Solche Eigenschaften muß der Erwerber sich zusichern lassen oder zumindest den Verkäufer konkret dazu befragen, wenn er diesen haftbar machen will.[60]

30   Auch wenn kein mittelbarer Unternehmenskauf vorliegt oder kein Fehler im Sinne eines Sachmangels vorhanden ist, kann der Veräußerer nach den **Grundsätzen des Verschuldens bei Vertragsschluß** schadensersatzpflichtig sein, wenn er vorsätzlich oder fahrlässig fehlerhafte Angaben gegenüber dem Käufer macht (culpa in contrahendo).[61]

31   Neben der Erteilung unrichtiger Angaben reicht auch die **Nichtvornahme einer gebotenen Aufklärung** (Verschweigen von Tatsachen) zur Begründung eines Schadensersatzanspruches aus. Handelt es sich bei den Umständen, die fehlerhaft dargestellt worden sind, um Eigenschaften, die Gegenstand einer Zusicherung im Sinne von §§ 459 Abs. 2, 463 BGB sein können, dh. eine

---

[56] BGH v. 2. 6. 1980, NJW 1980, 2408; *Hachenburg/Zutt* Anh. § 15 Anm. 20.
[57] BGH aaO; *Palandt/Putzo* § 437 Anm. 2 e; aA *Scholz/Winter* § 15 Anm. 112 f.
[58] BGH v. 12. 11. 1975, NJW 1976, 2366; BGH v. 2. 6. 1980, NJW 1980, 2408; *Scholz/Winter* § 15 Anm. 113 mwN; *Baumbach/Hueck/Hueck* § 15 Anm. 7 mwN.
[59] OLG Naumburg v. 28. 2. 1995, GmbHR 1995, 378.
[60] Nachweise bei *Palandt/Putzo* § 459 Anm. 5 f.; vgl. auch *Rowedder/Rowedder* § 15 Anm. 8; BGH v. 8. 2. 1995, NJW 1995, 1547.
[61] *Baumbach/Hueck/Hueck* § 15 Anm. 8.

A. Veräußerung von GmbH-Geschäftsanteilen 32–34 § 12

konkrete Verbindung zu dem von der GmbH betriebenen Unternehmen aufweisen,[62] greift die Haftung wegen Verschuldens bei Vertragschluß nur ein, wenn eine vorsätzliche Fehlinformation oder ein vorsätzliches Verschweigen vorliegen,[63] da die Vorschriften der Sachmängelhaftung insofern als Spezialregelung Vorrang haben und es dem Erwerber obliegt, sich wichtige Eigenschaften zusichern zu lassen. Der Umfang der gebotenen Aufklärung kann unterschiedlich sein, je nach den persönlichen Kenntnissen des Erwerbers und seinen Möglichkeiten der Erforschung der Problembereiche.[64] Die Rechtsprechung läßt es zur Begründung einer aktiven Aufklärungspflicht des Verkäufers ausreichen, wenn diesem erkennbar ist und sich ihm aufdrängen muß, daß bestimmte Umstände für den Kaufentschluß wichtig sind.

Der **Schadensersatzanspruch** kann nach Wahl des Käufers auf eine Aufhebung des Vertrages oder den Ausgleich eines Minderwertes gerichtet sein. Erfüllt die mangelnde Aufklärung des Erwerbers zugleich die Voraussetzungen einer **arglistigen Täuschung**, so kommt auch eine Anfechtung nach § 123 BGB in Betracht, die ausdrücklich gegenüber dem Verkäufer erklärt werden muß und vor deren Ausspruch zu prüfen ist, ob der durch die Anfechtung bewirkte Wegfall des Vertrages die günstigste Position des Anfechtenden begründet. 32

3. Die Abtretung des GmbH-Geschäftsanteils

a) Vertrag und Inhalt

Die Abtretung eines GmbH-Geschäftsanteils erfolgt durch Vertrag. Eine einseitige Erklärung reicht nicht aus. Der Abtretungsvertrag muß den Willen zur Bewirkung des Rechtsübergangs eindeutig zum Ausdruck bringen und den Geschäftsanteil und die Beteiligten zweifelsfrei bezeichnen.[65] Nicht erforderlich ist, daß die Begriffe „Abtretung" oder „Übertragung" verwendet werden, jedoch muß bei Zusammenfallen mit dem Verpflichtungsgeschäft deutlich sein, daß auch die Abtretung vorgenommen werden soll. 33

Das Bestimmtheitserfordernis des Sachenrechts macht die **eindeutige Bezeichnung** des Geschäftsanteils notwendig. Dies ist von besonderer Bedeutung, wenn der Veräußerer von mehreren Geschäftsanteilen gleichen Nennbetrages nicht alle überträgt. Bei Abtretung mehrerer Anteile wird dem Bestimmtheitserfordernis regelmäßig nicht Genüge getan, wenn bei der Übertragung nur der Gesamtbetrag aufgeführt wird, es sei denn, es handelt sich dabei um die Summe sämtlicher Geschäftsanteile des Veräußerers und der 34

---

[62] Solche Eigenschaften sind auch die wirtschaftlichen und rechtlichen Beziehungen des Unternehmens, die im Betrieb ihre Ursache haben, dh. nicht an Umstände in der Person des Erwerbers anknüpfen (BGH v. 26. 4. 1991, NJW 1991, 2556), zB auch die Höhe der Geschäftsführerbezüge (OLG Hamm v. 20. 1. 1993, GmbHR 1994, 48), langfristige Verträge, Standortbesonderheiten, sich abzeichnende Umweltauflagen etc.
[63] BGH v. 3. 7. 1992, NJW 1992, 2564.
[64] *Stengel/Scholderer* NJW 1994, 158.
[65] Vgl. Nachweise bei *Baumbach/Hueck/Hueck* § 15 Anm. 21.

Schacht

Vertrag bringt zum Ausdruck, daß diese alle übertragen werden sollen. Im Falle einer nicht eindeutigen Bezeichnung ist die Abtretung nichtig.[66] Die Übertragung mehrerer Geschäftsanteile unter einer Sammelbezeichnung, zB „alle Geschäftsanteile eines Gesellschafters" oder „alle Geschäftsanteile aus der Kapitalerhöhung vom", dürfte wirksam sein, wenn sich eindeutig ergibt, welche Geschäftsanteile gemeint sind. Ob dasselbe gilt, wenn statt zwei Geschäftsanteilen von DM 10 000 ein Geschäftsanteil von DM 20 000 übertragen wird, ist aber auch dann zweifelhaft, wenn der veräußernde Gesellschafter keine weiteren Geschäftsanteile hat.[67] Nicht ausreichend ist die Abtretung eines Anteils von DM 20 000, wenn der Veräußerer drei Anteile von je DM 10 000 hält.[68] Ist der zu übertragende Anteil nur unrichtig bezeichnet worden, steht dies der Wirksamkeit der Abtretung nicht entgegen. Der Grundsatz „falsa demonstratio non nocet" gilt auch bei formbedürftigen Rechtsgeschäften.[69]

35 Möglich ist auch die Abtretung **künftig** zu erwerbender oder noch zu schaffender Geschäftsanteile (§ 185 Abs. 2 BGB) und zwar schon vor Gründung der Gesellschaft oder vor einer Kapitalerhöhung.[70] Die Wirksamkeit der Abtretung tritt allerdings erst mit Eintragung der Gesellschaft bzw. der Kapitalerhöhung und Erfüllung sonstiger Abtretungserfordernisse, zB Genehmigungen, ein. Die Übertragbarkeit von Anteilen an einer Vor-Gesellschaft wird von der hM abgelehnt.[71] Davon zu unterscheiden ist die Übertragung eines Anwartschaftsrechts auf Erwerb eines Geschäftsanteils. Von diesem spricht man, wenn nach Abschluß des notariellen Anteilsübertragungsvertrages der Übergang des Geschäftsanteils nur noch von Voraussetzungen abhängt, die allein in der Sphäre des Erwerbers liegen. Typischerweise die Zahlung des Kaufpreises als aufschiebende Bedingung für die Übertragung.[72] Zulässig ist auch die Abtretung unter einer aufschiebenden oder auflösenden **Bedingung**.[73]

b) Form und Umfang des Formzwangs

36 Nach § 15 Abs. 3 GmbHG bedarf der **dingliche Abtretungsvertrag** der notariellen Form. Das Formgebot ist zwingend und kann nicht ausgeschlossen werden. Es ist gegenüber § 15 Abs. 4 GmbHG von größerer Bedeutung, weil eine Heilung bei Verstoß nicht möglich ist. In der Praxis wird das obligatorische Geschäft häufig im Hinblick darauf nicht beurkundet, daß der Formmangel mit dem Abschluß des Abtretungsvertrages geheilt wird. Empfehlenswert ist dies nicht: zum einen kann leicht Streit darüber entstehen, welche

---

[66] OLG Düsseldorf v. 10. 2. 1978, MDR 1978, 668; *Baumbach/Hueck/Hueck* § 15 Anm. 23; Kammergericht v. 22. 11. 1996, DB 1997, 922.
[67] Dafür *Hachenburg/Zutt* § 15 Anm. 75; dagegen *Scholz/Winter* § 15 Anm. 40.
[68] *Hachenburg/Zutt* § 15 Anm. 75 f.
[69] Vgl. *Scholz/Winter* § 15 Anm. 40; zu § 313 BGB: BGH v. 25. 3. 1983, DB 1983, 1815 (1816).
[70] Vgl. BGH v. 12. 7. 1956, BB 1956, 765; BFH v. 16. 5. 1995, DB 1995, 2349. *Hachenburg/Zutt* § 15 Anm. 84.
[71] BGH v. 27. 1. 1997, NJW 1997, 405; krit. *K. Schmidt* GmbHR 1997, 869.
[72] BGH v. 21. 3. 1996, DStR 1996, 1903.
[73] *Hachenburg/Zutt* § 15 Anm. 85 mwN.

A. Veräußerung von GmbH-Geschäftsanteilen

Vereinbarungen zum obligatorischen Geschäft gehören, zum anderen wird der Notar aus seiner Beratungs- und Belehrungspflicht im Hinblick auf das obligatorische Rechtsgeschäft entlassen, ohne daß damit Kosten gespart werden. Die **isolierte** Beurkundung der Übertragung löst dieselben Kosten aus wie die gleichzeitige Beurkundung von obligatorischem und dinglichem Geschäft.[74]

Zum **Umfang** des Formerfordernisses von Abtretungsverträgen kann im wesentlichen auf die Ausführungen zum Verpflichtungsgeschäft verwiesen werden.[75] Auch soweit die Abtretungsverpflichtung nicht auf Vertrag, sondern auf Gesetz (zB § 667 BGB) oder auf einer einseitigen verpflichtenden Erklärung (zB einer letztwilligen Verfügung, insb. einem Vermächtnis beruht) und deshalb nicht beurkundungspflichtig ist, bedarf der dingliche Vollzugsakt der notariellen Form.[76] Formgebunden ist also jede rechtsgeschäftliche Anteilsübertragung.[77] Dies gilt beispielsweise auch für die „Aufhebung" einer Abtretung, die in Wirklichkeit eine Rückübertragung darstellt.[78] 37

Beurkundungsbedürftig sind auch **Änderungen** des Abtretungsvertrages. Dies gilt allerdings nicht für den Verzicht auf eine der Abtretung beigefügte Bedingung durch den durch die Bedingung Begünstigten. Ein solcher Verzicht ist formfrei möglich.[79] Formbedürftig ist nach hM auch die **Abtretung des Anspruchs auf Übertragung** eines GmbH-Geschäftsanteils.[80] 38

c) Formfreie Geschäfte

Von den formpflichtigen vertraglichen Anteilsübertragungen zu unterscheiden sind zunächst die Fälle des gesetzlichen Übergangs von Geschäftsanteilen, ferner des Übergangs kraft Gesamtrechtsnachfolge, der Übertragung kraft Hoheitsaktes und der Anwachsung. Zum Erwerb durch **Gesamtrechtsnachfolge**[81] gehört der Erwerb eines Geschäftsanteils durch Erbfolge (§ 1522 BGB) und durch Begründung der Gütergemeinschaft (§ 1416 BGB). Auch der Erwerb durch dingliche Surrogation vollzieht sich kraft Gesetzes und bedarf keiner Abtretung.[82] Bringt zB der vermeintliche, durch einen Erbschein ausgewiesene Erbe, einen zum Nachlaß gehörenden Geschäftsanteil im Wege der Sachgründung in eine GmbH ein, so wird der wirkliche Erbe Inhaber des neuen GmbH-Anteils. 39

Zu dem formfreien Erwerb des Geschäftsanteils durch Gesamtrechtsnachfolge gehört auch die Verschmelzung von Aktiengesellschaften oder anderen Gesellschaften sowie die übertragende Umwandlung nach den §§ 2 bis 122 des Umwandlungsgesetzes.[83] Werden Geschäftsanteile dagegen im Rahmen 40

---

[74] Dh. zwei volle Gebühren, vgl. §§ 38 Abs. 2 Nr. 6 d, 36 Abs. 2, 44 KostO.
[75] Vgl. Rz. 21 f.
[76] *Hachenburg/Zutt* § 15 Anm. 77; *Baumbach/Hueck/Hueck* § 15 Anm. 24.
[77] *Hachenburg/Zutt* aaO.
[78] *Hachenburg/Zutt* § 15 Anm. 90; *Scholz/Winter* § 15 Anm. 42.
[79] BGH v. 23. 11. 1988, DB 1989, 568; v. 21. 9. 1994, DB 1994, 2387.
[80] BGH v. 5. 11. 1979, BB 1980, 278 (279); *Baumbach/Hueck/Hueck* § 15 Anm. 25 mwN; *Hachenburg/Zutt* § 15 Anm. 38 f.; aA *Scholz/Winter* § 15 Anm. 45 mwN.
[81] Vgl. ausführlich *Scholz/Winter* § 15 Anm. 44.
[82] ZB §§ 2041, 1473 BGB; vgl. *Hachenburg/Zutt* § 15 Anm. 78.
[83] Vgl. dazu *Hachenburg/Zutt* § 15 Anm. 80; *Scholz/Winter* § 15 Anm. 44.

einer Vermögensübertragung gem. § 179 a AktG mitübertragen oder wird einem Unternehmen ein Teil eines solchen übertragen, liegt keine Gesamtrechtsnachfolge vor. Die Übertragung ist daher gem. § 15 GmbHG zu beurkunden.

41 Wegen der Beurkundungspflicht von Übertragungsvorgängen im Bereich des **Gesellschaftsrechts** kann im übrigen auf die Ausführungen zur Formbedürftigkeit des Verpflichtungsgeschäftes verwiesen werden.[84] Nicht formbedürftig ist der Übergang des Geschäftsanteils infolge einer Anwachsung von Gesellschaftsvermögen einer Personengesellschaft bei dem einzigen verbleibenden Gesellschafter oder bei dem Erwerber aller Gesellschaftsanteile einer Personengesellschaft.[85] Dagegen ist bei der **Realteilung** von Gesamthandsvermögen eine beurkundungspflichtige Übertragung des Geschäftsanteils erforderlich.

d) Folge des Verstoßes gegen die Formvorschrift

42 Wird die Form des § 15 Abs. 3 GmbHG nicht gewahrt, so ist die Abtretung von Anfang an nichtig. Eine Heilung ist nicht möglich. Die Abtretung muß formgerecht wiederholt werden.[86] Bei Unwirksamkeit der Abtretung sind die Grundsätze über die fehlerhafte Gesellschaft, wonach die Unwirksamkeit nicht zu einer rückwirkenden Wiedereinsetzung des Veräußerers als Gesellschafter führt, nicht anwendbar.[87] Gleiches gilt bei Abtretungen, die aus anderen Gründen unwirksam sind oder als von Anfang an unwirksam gelten (zB wegen Geschäftsunfähigkeit eines Beteiligten, auflösende Bedingung, Anfechtung, Verweigerung einer erforderlichen Zustimmung).

e) Einschränkung der Abtretbarkeit (Vinkulierung)

43 Nach § 15 Abs. 5 GmbHG kann die Abtretung der Geschäftsanteile durch den Gesellschaftsvertrag an weitere Voraussetzungen geknüpft werden, insb. von der Genehmigung der Gesellschaft oder der Gesellschaftsorgane abhängig gemacht werden (sog. Vinkulierung). Der Vinkulierung kommt in der Praxis große Bedeutung zu, weil hierdurch Einfluß auf die Zusammensetzung des Gesellschafterkreises der zumeist personenbezogenen GmbH genommen werden kann.[88] Dies gilt allerdings nur für die Übertragung unter Lebenden. Die Steuerung der Nachfolge von Todes wegen muß auf andere Weise erfolgen (vgl. dazu Rz. 210 ff.). Vinkulierungsklauseln können auch gesellschaftsrechtliche Umwandlungen nach dem seit 1995 in Kraft befindlichen UmwG erschweren (§ 13 Abs. 2 UmwG), nach wohl hM jedoch nur, wenn die Vinkulierung als echtes Sonderrecht einzelner oder aller Gesellschafter in der Satzung verankert ist.[89] Diese Erschwernisse betreffen nur das dingliche Abtretungsgeschäft. Der obligatorische Veräußerungsvertrag kann

---

[84] Vgl. Rz. 17 ff.
[85] *Hachenburg/Zutt* § 15 Anm. 45, 82.
[86] *Baumbach/Hueck/Hueck* § 15 Anm. 28.
[87] BGH v. 22. 1. 1990, GmbHR 1990, 164; *Scholz/Winter* § 15 Anm. 109 mwN.
[88] *Lutter/Hommelhoff* § 15 Anm. 21.
[89] *Lutter* UmwG § 13 Rz. 22 ff.; *Reichert* GmbHR 1995, 176.

A. Veräußerung von GmbH-Geschäftsanteilen 44–46 § 12

durch den Gesellschaftsvertrag nicht an zusätzliche Voraussetzungen geknüpft werden.[90] Wenn die gesellschaftsvertraglich festgelegten Voraussetzungen nicht erfüllt werden, ist die Abtretung unwirksam. Wird eine nach der Satzung zustimmungsfreie Kettenübertragung gewählt, so kann dies regelmäßig nicht als unzulässige Umgehung angesehen werden.[91] Eine außerhalb der Satzung vereinbarte Abtretungsvoraussetzung verhindert den Übergang des Geschäftsanteils nicht, sondern löst nur Ersatzansprüche gegen den Übertragenden aus. Die Vinkulierungsklausel entfaltet keine Wirkung, wenn sich alle Geschäftsanteile in einer Hand befinden.[92] 44

Die Vinkulierung muß nicht alle Geschäftsanteile gleichermaßen betreffen. Sie kann auch nur bestimmte Abtretungsfälle, beispielsweise an Nichtgesellschafter oder bei entgeltlicher Veräußerung, erfassen.[93] Voraussetzung für die Wirksamkeit der Abtretung ist die Vinkulierung nur, wenn sie sich aus dem **Gesellschaftsvertrag** ergibt. Die Regelung muß klar und eindeutig sein.[94] Die Einführung oder Verschärfung von Abtretungsbeschränkungen durch eine **spätere Änderung des Gesellschaftsvertrages** bedarf der Zustimmung aller Gesellschafter; die satzungsändernde Mehrheit nach § 53 GmbHG reicht dazu nicht aus.[95] Für die Aufhebung oder Milderung der Übertragungsbeschränkungen soll die satzungsändernde Mehrheit genügen, es sei denn, die Satzung macht die Abtretung von der Zustimmung aller oder einzelner betroffener Gesellschafter abhängig.[96] 45

Möglichkeiten zur Steuerung der Anteilsveräußerung bestehen darin, die Abtretbarkeit an bestimmte **Eigenschaften des Erwerbers,** beispielsweise Fachkunde, Berufszugehörigkeit, Familienzugehörigkeit, Gesellschaftereigenschaft, zu binden. Die Zulässigkeit der Abtretung kann auch von der Übernahme bestimmter **Verpflichtungen** oder dem gleichzeitigen Erwerb von Beteiligungen an anderen Gesellschaften (zB einer entsprechenden Kommanditbeteiligung beim Erwerb von Geschäftsanteilen einer Komplementär-GmbH) abhängig gemacht werden.[97] Die Abtretbarkeit kann an die **Zustimmung** einzelner, aller oder der Mehrheit der Gesellschafter, der Gesellschaft selbst, des Aufsichtsrats, des Beirats oder eines außenstehenden Dritten gebunden werden.[98] Es ist auch zulässig, die **Abtretung ganz auszu-** 46

---

[90] Hachenburg/Zutt § 15 Anm. 96.
[91] OLG Köln v. 25. 2. 1992 GmbHR 1993, 108 (im Urteilsfall übertrug Sohn 1 an Mutter, die an Sohn 2 weiterübertrug, weil der Gesellschaftsvertrag nur eine Übertragung zwischen Eltern und Kindern zustimmungsfrei zuließ).
[92] BGH v. 15. 4. 1991, GmbHR 1991, 311.
[93] Baumbach/Hueck/Hueck § 15 Anm. 38; Scholz/Winter § 15 Anm. 85.
[94] Vgl. BGH v. 13. 7. 1967, BB 1967, 1016.
[95] Baumbach/Hueck/Hueck § 15 Anm. 39; Hachenburg/Ulmer § 53 Anm. 124; Scholz/Winter § 15 Anm. 81; Hachenburg/Zutt § 15 Anm. 101; aA Lutter/Timm NJW 1982, 409 (416); Lutter/Hommelhoff § 15 Anm. 24, die jedoch fordern, daß die Vinkulierung im Interesse der Gesellschaft erforderlich ist.
[96] OLG Stuttgart v. 14. 2. 1974, NJW 1974, 1566 (1567); Hachenburg/Zutt § 15 Anm. 102; Baumbach/Hueck/Hueck § 15 Anm. 39.
[97] Vgl. Lutter/Hommelhoff § 15 Anm. 21.
[98] Lutter/Hommelhoff § 15 Anm. 21; Baumbach/Hueck/Hueck § 15 Anm. 37; aA Scholz/Winter § 15 Anm. 92 bzgl. Dritter.

schließen.[99] Dem Gesellschafter soll dann aber ein Austritts- bzw. Kündigungsrecht aus wichtigem Grunde zustehen.[100]

47 Der **Vorbehalt der Genehmigung** der dinglichen Abtretungsvereinbarung ist die in der Praxis häufigste Abtretungsbeschränkung. Die Voraussetzungen für die Erteilung der Genehmigung können im Gesellschaftsvertrag festgelegt sein. Es ist jedoch auch möglich, die Erteilung der Genehmigung in das **Ermessen** einer Person oder eines Gesellschaftsorgans zu stellen, was der Fall ist, wenn die Voraussetzungen für die Erteilung der Zustimmung in der Satzung nicht näher beschrieben sind.[101]

48 Die Genehmigung ist eine formfreie empfangsbedürftige Willenserklärung, die gegenüber dem Veräußerer oder dem Erwerber abgegeben werden muß.[102] Der Gesellschaftsvertrag bestimmt, wer für die Erteilung der Genehmigung **zuständig** ist. Wenn keine besondere Bestimmung getroffen ist, so ist der Geschäftsführer für die Erteilung der Zustimmung zuständig. Ist der Veräußerer zugleich Geschäftsführer der Gesellschaft, sollte die Genehmigung im Hinblick auf § 181 BGB gegenüber dem Erwerber erklärt werden.[103]

49 Rechtlich ist die Genehmigung als (nachträgliche) Zustimmung iSd. § 182 BGB einzuordnen. Zulässig ist demgemäß auch die der Veräußerung vorausgehende Erteilung der Zustimmung (Einwilligung). Die Einwilligung kann aber gem. § 183 BGB bis zur Abtretung widerrufen werden. Die Genehmigung ist **bedingungsfeindlich** und mit ihrem Zugang beim Veräußerer oder Erwerber **unwiderruflich.** Die Verweigerung der Zustimmung vor Abtretung hindert ihre spätere Erteilung nicht. Die Verweigerung der Genehmigung macht die Abtretung dagegen unwirksam. Soll sie doch noch erteilt werden, ist es daher nötig, den Abtretungsvertrag erneut zu schließen.[104]

50 Sieht der Gesellschaftsvertrag einer GmbH vor, daß Geschäftsanteile nur mit Genehmigung **der Gesellschaft** abgetreten werden können, wird die Zustimmung durch den Geschäftsführer als gesetzliches Vertretungsorgan gegenüber dem Veräußerer oder dem Erwerber erteilt. Im Innenverhältnis bedarf der Geschäftsführer hierzu eines zustimmenden Beschlusses der Gesellschafterversammlung, es sei denn, der Gesellschaftsvertrag weist ihm die alleinige Entscheidungsbefugnis zu.[105] Die ohne Beschluß oder gegen einen entsprechenden Beschluß erteilte Zustimmung ist im **Außenverhältnis** wirksam.[106] Anderes gilt nur, wenn die Grundsätze über den **Mißbrauch der Vertre-**

---

[99] *Scholz/Winter* § 15 Anm. 102; *Baumbach/Hueck/Hueck* § 15 Anm. 37.
[100] *Baumbach/Hueck/Hueck* Anh. § 34 Anm. 15 mwN.
[101] OLG Düsseldorf v. 27. 2. 1964, GmbHR 1964, 250; *Baumbach/Hueck/Hueck* § 15 Anm. 45.
[102] *Hachenburg/Zutt* § 15 Anm. 105.
[103] *Hachenburg/Zutt* § 15 Anm. 107.
[104] *Hachenburg/Zutt* § 15 Anm. 106.
[105] BGH v. 14. 3. 1988, BB 1988, 994 (995) mwN; Hanseat. OLG v. 5. 6. 1992 GmbHR, 1992, 609.
[106] BGH v. 9. 6. 1954, BB 1954, 611; offengelassen vom BGH v. 14. 3. 1988, BB 1988, 994 (996); *Hachenburg/Zutt* § 15 Anm. 109; *Lutter/Hommelhoff* § 15 Anm. 26; *Scholz/Winter* § 15 Anm. 91.

tungsmacht eingreifen. Einen solchen Mißbrauch muß sich der Erwerber entgegenhalten lassen, wenn er im Zeitpunkt des Erwerbs entweder weiß oder sich ihm aufdrängen muß, daß der die Zustimmung Aussprechende die Grenzen seiner Vertretungsbefugnis mißachtet.[107]

Bindet der Gesellschaftsvertrag die Abtretung an die Zustimmung der **Gesellschafterversammlung,** so genügt die im Gesellschaftsvertrag festgelegte Mehrheit bzw. die einfache Mehrheit.[108] Ist nach dem Gesellschaftsvertrag die Zustimmung der **Gesellschafter** erforderlich, so ist es eine Frage der Auslegung, ob alle Gesellschafter zustimmen müssen oder ob die Zustimmung durch die Gesellschafterversammlung mit der sonst für Gesellschafterbeschlüsse notwendigen Mehrheit ausreicht.[109]

Regelt der Gesellschaftsvertrag, unter welchen Voraussetzungen die Zustimmung zu erteilen ist, hat der Veräußerer einen einklagbaren Anspruch auf Erteilung der Genehmigung. Das stattgebende Urteil ersetzt die Genehmigung (§ 894 ZPO). Enthält der Vertrag eine solche Regelung nicht, steht die Entscheidung im Ermessen des Zustimmungsberechtigten und braucht nicht durch einen wichtigen Grund gerechtfertigt zu sein.[110] Die Zustimmung darf aber nicht **rechtsmißbräuchlich**, also nicht willkürlich oder aus sachfremden Gründen, verweigert werden.[111] Auch wenn die Akzente in den Begründungen unterschiedlich gesetzt werden, besteht doch Einigkeit darüber, daß die gesellschaftsrechtliche **Treuepflicht** und das gesellschaftsrechtliche Gebot der **Gleichbehandlung** einen Anspruch auf Erteilung der Genehmigung begründen können.[112] Die Versagung der Zustimmung bedarf nach überwiegender Meinung keiner Begründung.[113] Auch wenn der Veräußerer somit in der Regel keinen Anspruch auf Erteilung der Zustimmung hat, kann er eine Entscheidung binnen angemessener Frist verlangen. Nach deren Ablauf gilt die Zustimmung als verweigert.[114]

Bis zur Erteilung der Zustimmung ist der Abtretungsvertrag schwebend unwirksam.[115] Die Genehmigung wirkt gem. § 184 Abs. 1 BGB auf den Zeitpunkt der Abtretung zurück. Gegenüber der Gesellschaft gilt bis zur Erteilung der Genehmigung der Übertragende als Gesellschafter (§ 16 GmbHG).[116] Zwischenzeitliche Verfügungen des Veräußerers sind gem. § 184 Abs. 2 BGB unwirksam; dagegen wirken zwischenzeitliche Zwangsvollstreckungsmaßnahmen gegen den Veräußerer auch gegenüber dem Erwerber.[117]

---

[107] BGH v. 14. 3. 1988, BB 1988, 994 (996); *Scholz/Winter* § 15 Anm. 91.
[108] *Baumbach/Hueck/Hueck* § 15 Anm. 42.
[109] OLG Düsseldorf v. 27. 2. 1964, GmbHR 1964, 250; *Hachenburg/Zutt* § 15 Anm. 114.
[110] *Scholz/Winter* § 15 Anm. 94.
[111] Vgl. OLG Karlsruhe v. 25. 4. 1984, BB 1984, 2015 (2016); LG Düsseldorf v. 17. 11. 1988, DB 1989, 33; *Scholz/Winter* aaO.
[112] Vgl. *Baumbach/Hueck/Hueck* § 15 Anm. 45; *Rowedder/Rowedder* § 15 Anm. 105; *Lutter/Hommelhoff* § 15 Anm. 28; *Scholz/Winter* § 15 Anm. 94.
[113] *Hachenburg/Zutt* § 15 Anm. 116; vgl. *Rowedder/Rowedder* § 15 Anm. 104.
[114] *Hachenburg/Zutt* § 15 Anm. 117.
[115] BGH v. 29. 5. 1967, NJW 1967, 1963.
[116] Vgl. Rz. 57, 62 ff.
[117] Vgl. *Hachenburg/Zutt* § 15 Anm. 119.

f) **Wirkung der Abtretung**

54 aa) **Selbständigkeit der Geschäftsanteile.** Nach § 15 Abs. 2 GmbHG behalten die Geschäftsanteile ihre Selbständigkeit, auch wenn ein Gesellschafter infolge des Erwerbs gleichzeitig Inhaber mehrerer oder aller Geschäftsanteile wird. Das gilt auch bei **Rückerwerb** eines Geschäftsanteils, der zuvor durch Teilung eines anderen Geschäftsanteils entstanden ist.[118] Zweck der Bestimmung ist es, bei Vorliegen einer Nachschußpflicht (§ 26 GmbHG) und bei nicht voll eingezahlter Stammeinlage den Rückgriff gem. § 22 GmbHG auf Rechtsvorgänger und den Rückerwerb des Geschäftsanteils nach Zahlung durch den Rechtsvorgänger gem. § 22 Abs. 4 GmbHG zu ermöglichen.[119]

55 bb) **Übergang der Mitgliedschaft.** Mit formgültigem Abtretungsvertrag und Vorliegen eventuell erforderlicher Zustimmungen und Eintritt vereinbarter Bedingungen wird die Abtretung wirksam. Die Gesellschafterstellung des Veräußerers endet, diejenige des Erwerbers beginnt. Der Erwerber ist Inhaber des Anspruchs auf Gewinnausschüttung für alle nach dem Erwerb beschlossenen Ausschüttungen. Sofern hierzu keine andere Abrede getroffen worden ist, muß er die bis zum Übergang erwirtschafteten Gewinne der GmbH, über deren Verwendung bei Übergang noch nicht beschlossen war, an den Übertragenden herausgeben.[120] Die Abtretung wird weder in das Handelsregister eingetragen noch dem Registergericht angezeigt. Lediglich bei der seit 1998 nicht mehr jährlich, sondern nur bei einer Veränderung im Gesellschafterbestand einzureichenden Gesellschafterliste gem. § 40 GmbHG sind Veränderungen in der Zusammensetzung des Gesellschafterkreises zu berücksichtigen. Im übrigen kann das Gericht den Nachweis der Veränderung im Gesellschafterkreis nur verlangen, wenn aufgrund von Gesellschafterbeschlüssen Eintragungen im Handelsregister erfolgen sollen.

56 Der Geschäftsanteil geht grundsätzlich mit allen Rechten und Pflichten auf den Erwerber über. Dies gilt nicht für **höchstpersönliche** Rechte und Pflichten,[121] die ihrer Natur nach nicht übertragbar sind. Ebenfalls nicht für Ansprüche aus schuldrechtlichen Verträgen zwischen dem Veräußerer und der GmbH (zB Darlehen, Miete, Dienstverträge), die ihre Grundlage nicht in Gesetz oder Satzung haben (vgl. Rz. 66).

57 cc) **Wirkung gegenüber der Gesellschaft.** Bis zur Anmeldung der Veräußerung bei der Gesellschaft gem. § 16 GmbHG entfaltet auch eine wirksame Abtretung im Verhältnis zur Gesellschaft keine Rechtswirkungen.[122] Der zuletzt angemeldete Erwerber gilt gegenüber der Gesellschaft weiterhin als Gesellschafter mit allen Rechten und Pflichten. Nur an ihn kann die Gesellschaft befreiend Zahlungen auf den Gewinnanspruch vornehmen. Versteuern muß die an den Nichtgesellschafter gezahlte Dividende jedoch der Gesellschafter (§ 20 Abs. 2a EStG). Ihm steht auch das Steueranrechnungsguthaben zu. Bei Anteilen im Privatvermögen oder Betriebs-

---

[118] Baumbach/Hueck/Hueck § 15 Anm. 17; Hachenburg/Zutt § 15 Anm. 139.
[119] BGH v. 13. 7. 1964, DB 1964, 1149; Baumbach/Hueck/Hueck § 15 Anm. 18.
[120] BGH v. 30. 1. 1995, DB 1995, 619; ausführlich § 10 Rz. 154 ff.
[121] Vgl. dazu Baumbach/Hueck/Hueck § 3 Anm. 50; § 14 Anm. 19.
[122] Zur Anmeldung nach § 16 GmbHG vgl. Rz. 62 ff.

A. Veräußerung von GmbH-Geschäftsanteilen § 12

vermögen eines nicht Bilanzierungspflichtigen erfolgt in diesem Fall die steuerliche Erfassung beim Erwerber aufgrund des Zuflußprinzips erst zum Zeitpunkt des Erhalts der Dividende von dem nichtberechtigten Veräußerer.[123] Leistet die Gesellschaft an den Anteilserwerber, so versteuert dieser die Dividende. Ein an den ehemaligen Gesellschafter nach § 101 BGB abzuführender Teil der Dividende ist bei letzterem zu versteuern. Die Zahlung erhöht beim ehemaligen Gesellschafter dessen Veräußerungsgewinn und erhöht die steuerlichen Anschaffungskosten der erworbenen Anteile.[124] Die vorstehend bezeichneten Wirkungen einer unterbliebenen Anzeige gelten nur im Verhältnis zur Gesellschaft. Im übrigen ist die Anteilsabtretung wirksam. Eine Pfändung des Geschäftsanteils durch Gläubiger des **Veräußerers** geht somit ins Leere, auch wenn die Anmeldung bei der Gesellschaft noch nicht erfolgt ist.[125]

g) Gutgläubiger Erwerb von Geschäftsanteilen

Ein gutgläubiger Erwerb von GmbH-Geschäftsanteilen von einem Nichtberechtigten ist nicht möglich. Bei Vertragsschluß mit einem Nichtberechtigten geht der Geschäftsanteil nur über, wenn der Berechtigte gem. § 185 BGB zustimmt oder genehmigt. Der Erwerber wird auch dann nicht Inhaber des Geschäftsanteils, wenn der Geschäftsanteil kaduziert (§ 21 GmbHG) oder abandonniert, dh. der Gesellschaft zur Verfügung gestellt, war (§ 27 GmbHG). Dingliche Rechte am Geschäftsanteil belasten den Geschäftsanteil auch in der Hand des Erwerbers, unabhängig davon, ob er von ihnen bei Erwerb Kenntnis hatte. Die Rechtslage ist keine andere, wenn ein Anteilsschein über den Geschäftsanteil ausgestellt ist.[126]

h) Rechtswirkungen nichtiger Abtretungen

Bei Nichtigkeit der Abtretung wegen Formmangels oder Anfechtung des Veräußerungsgeschäfts ist diese von Anfang an unwirksam. Die Grundsätze der fehlerhaften Gesellschaft sind nicht anwendbar, der Erwerber wird demnach auch nicht vorübergehend Berechtigter.[127] Der Schutz der GmbH aufgrund der Anzeige nach § 16 GmbHG (vgl. Rz. 57, 62 ff.) bleibt bestehen, dh. der als Erwerber angemeldete Nichtberechtigte kann bis zum Zeitpunkt einer gegenteiligen Anzeige bei Gesellschafterversammlungen mitstimmen, Gewinnausschüttungen entgegennehmen oder zur Zahlung von Einlagen herangezogen werden. Der Erwerber bleibt für die Zahlung der rückständigen Einlage nach § 16 Abs. 3 GmbHG trotz der Anfechtung haftbar.[128] Ein Ausgleich nach Aufdeckung der Unwirksamkeit der Anteilsübertragung vollzieht

---

[123] BFH v. 30. 4. 1991, BStBl. II 1991, 574 (zur Weiterleitung von Zinsen vom Nichtberechtigten an den Berechtigten); kritisch *Wassermeyer* in *Kirchhof/Söhn* § 20 Anm. B 18 c.
[124] *Schmidt/Heinicke* § 20 Rz. 171 ff. mwN; *Weber* GmbHR 1995, 494.
[125] *Scholz/Winter* § 15 Anm. 107.
[126] Vgl. *Hachenburg/Zutt* § 15 Anm. 135 ff.; *Scholz/Winter* § 15 Anm. 108.
[127] BGH v. 22. 1. 1990, GmbHR 1990, 164.
[128] BGH v. 15. 4. 1991, GmbHR 1991, 311 (312) mwN zur Gegenmeinung; OLG Hamburg v. 20. 2. 1998, BB 1998, 658.

sich zwischen dem Gesellschafter und dem Scheingesellschafter,[129] wobei der Gesellschafter letztlich die Dividende versteuert (vgl. Rz. 57).

4. Vollmacht/Genehmigung

60 Die Vollmacht zur Vertretung beim Abschluß von Verpflichtungsgeschäft und Abtretungsvertrag kann formlos erteilt werden (§ 167 Abs. 2 BGB). Eine dem § 2 Abs. 2 GmbHG entsprechende Bestimmung gibt es nicht. Dies gilt nach hM auch für die unwiderrufliche Vollmacht sowie bei Befreiung des Bevollmächtigten von den Beschränkungen des § 181 BGB.[130]

61 Formfrei erteilt werden kann auch die Genehmigung, mit der die Handlungen eines bei der notariellen Beurkundung handelnden vollmachtlosen Vertreters genehmigt werden (§ 182 Abs. 2 BGB). Formfrei ist danach auch die vertragliche Begründung der Pflicht, die Genehmigung alsbald oder bis zu einem bestimmten Datum zu erteilen.[131] Unzulässig ist eine Vollmacht zum Abschluß des Abtretungsvertrages, wenn diese den Erwerber offen läßt (**Blankovollmacht**), weil das einen formlosen Handel mit Geschäftsanteilen ermöglichen würde, was § 15 GmbHG gerade verhindern will.[132]

5. Anmeldung des Erwerbs bei der Gesellschaft

62 Nach § 16 GmbHG gilt gegenüber der Gesellschaft im Fall der Veräußerung des Geschäftsanteils nur derjenige als Erwerber, dessen Erwerb unter Nachweis des Übergangs bei der Gesellschaft angemeldet ist. Die Vorschrift bezweckt den Schutz der Gesellschaft vor Schäden, die infolge von Ungewißheit über den Gesellschafter entstehen könnten. Die Vorschrift ist **zwingend,** der Gesellschaftsvertrag kann lediglich die Anforderungen an die Anmeldung verschärfen. Durch die Anmeldung können Erwerber und Veräußerer den **Zeitpunkt** des Gesellschafterwechsels gegenüber der Gesellschaft steuern[133] und die Abtretung auch still vollziehen, so daß die Gesellschaft von ihr keine Kenntnis erlangt.[134]

63 Eine Veräußerung des Geschäftsanteils iSv. § 16 GmbHG ist nur die **rechtsgeschäftliche** Übertragung, dazu gehört allerdings auch der Erwerb im Wege der Zwangsversteigerung. Soweit die Übertragung dagegen auf Gesetz, beispielsweise Erbfolge oder Anwachsung beruht, ist die Anmeldung nicht erforderlich.[135] Die hM wendet die Bestimmung nicht an, wenn die Gesellschaft selbst einen Geschäftsanteil veräußert oder erwirbt.[136]

---

[129] *Lutter/Hommelhoff* § 16 Anm. 14.
[130] RG v. 26. 1. 1932, RGZ 135, 70 (71); BGH v. 24. 3. 1954, BB 1954, 360; *Baumbach/Hueck/Hueck* § 15 Anm. 22; *Hachenburg/Zutt* § 15 Anm. 92, 54; *Scholz/Winter* § 15 Anm. 46.
[131] BGH v. 25. 9. 1996, GmbHR 1996, 919.
[132] Vgl. BGH v. 24. 3. 1954, BB 1954, 360; *Baumbach/Hueck/Hueck* § 15 Anm. 22.
[133] BGH v. 21. 10. 1968, NJW 1969, 133; *Baumbach/Hueck/Hueck* § 16 Anm. 1.
[134] BGH aaO; *Hachenburg/Zutt* § 16 Anm. 22; *Scholz/Winter* § 16 Anm. 10, 14.
[135] *Baumbach/Hueck/Hueck* § 16 Anm. 2; *Lutter/Hommelhoff* § 16 Anm. 3; *Hachenburg/Zutt* § 16 Anm. 4; aA *Priester* GmbHR 1984, 193; *Schmidt* BB 1983, 1697 (1700).
[136] *Hachenburg/Zutt* § 16 Anm. 5; *Lutter/Hommelhoff* § 16 Anm. 3 jeweils mwN.

A. Veräußerung von GmbH-Geschäftsanteilen

Auf die Anmeldung finden die Vorschriften über **Willenserklärungen** Anwendung. Die Anmeldung ist vorbehaltlich einer Satzungsbestimmung **formfrei** und kann von der zuletzt bei der Gesellschaft als Anteilseigner angemeldeten Person oder dem Erwerber abgegeben werden. Diese können sich durch einen Bevollmächtigten, auch durch den beurkundenden Notar, **vertreten** lassen.[137] Die Anmeldung erfolgt gegenüber der Gesellschaft und muß gemäß § 35 Abs. 2 Satz 3 GmbHG mindestens einem Geschäftsführer zugehen. Sie wird nicht dadurch ersetzt, daß die Gesellschaft auf andere Weise Kenntnis erlangt, weil die Beteiligten die Möglichkeit haben, den Zeitpunkt zu bestimmen, zu dem der Gesellschafterwechsel im Verhältnis zur Gesellschaft wirksam wird.[138] Eine **Annahme** durch die Gesellschaft ist nicht erforderlich.[139]

Nach § 16 Abs. 1 GmbHG hat die Anmeldung unter „**Nachweis des Übergangs**" zu erfolgen. Dies setzt voraus, daß das Vertretungsorgan der Gesellschaft von dem Rechtsübergang überzeugend unterrichtet ist. Dazu reicht in der Regel die Vorlage einer beglaubigten Abschrift der Abtretungsurkunde aus,[140] wenn sich aus dieser und anderen Nachweisen ergibt, daß alle satzungsgemäßen Erfordernisse (insbes. Zustimmungen) vorliegen. Die GmbH kann im Einzelfall auf den förmlichen Nachweis verzichten; ob ein genereller Verzicht im Gesellschaftsvertrag möglich ist, erscheint zweifelhaft.[141] Bis zur Anmeldung darf die Gesellschaft nur den zuletzt Angemeldeten als Gesellschafter behandeln. Dieser ist ihr gegenüber Gesellschafter mit allen Rechten und Pflichten. Die Nichtbeachtung kann die Gesellschaft gegenüber den Beteiligten schadenersatzpflichtig machen.[142] Die Mitgliedschaftsrechte und -pflichten gehen auf ihn über. Er ist berechtigt, die nach der Anzeige entstandenen Gesellschafteransprüche, zB auf Gewinnausschüttung, geltend zu machen, während bereits vorher entstandene Ansprüche beim Veräußerer verbleiben.[143] Abweichende Vereinbarungen zwischen den Beteiligten sind zulässig.[144]

Für **rückständige Leistungen,** dh. solche, die vor Anmeldung fällig waren, haftet der Erwerber gem. § 16 Abs. 3 GmbHG gesamtschuldnerisch neben dem Veräußerer.[145] Das gilt für alle Verpflichtungen des Veräußerers, die sich aus Gesetz und Satzung ergeben, wie Einlagenverpflichtung, Verpflichtung aus Differenzhaftung, Haftung gem. §§ 24, 31 Abs. 3 GmbHG

---

[137] *Hachenburg/Zutt* § 16 Anm. 7 ff.; *Baumbach/Hueck/Hueck* § 16 Anm. 3 ff.; *Lutter/Hommelhoff* § 16 Anm. 5 ff.
[138] *Hachenburg/Zutt* § 16 Anm. 13.
[139] *Baumbach/Hueck/Hueck* § 16 Anm. 7; *Lutter/Hommelhoff* § 16 Anm. 5; *Roweder/Roweder* § 16 Anm. 8; aA *Hachenburg/Zutt* § 16 Anm. 17.
[140] RG v. 11. 2. 1930, RGZ 127, 236 (240); BGH v. 24. 6. 1996, DStR 1996, 1979; *Lutter/Hommelhoff* § 16 Rz. 7.
[141] BGH v. 20. 10. 1966, BB 1967, 95; *Lutter/Hommelhoff* § 16 Anm. 8; ablehnend für statutarischen Verzicht: *Baumbach/Hueck/Hueck* § 16 Anm. 6.
[142] BGH v. 21. 10. 1968, NJW 1969, 133.
[143] *Baumbach/Hueck/Hueck* § 16 Anm. 11; *Hachenburg/Zutt* § 16 Anm. 29 ff. mwN; BGH v. 30. 1. 1995, DStR 1995, 537 und v. 8. 12. 1997, DStR 1998, 498; zur steuerlichen Zurechnung der Dividende vgl. Rz. 57, 59.
[144] *Baumbach/Hueck/Hueck* § 16 Anm. 11.
[145] BGH v. 14. 3. 1977, DB 1977, 992.

sowie aus Nachschuß- und Nebenleistungspflichten. Die Haftung des Erwerbers greift hingegen nicht für Verpflichtungen des Veräußerers gegenüber der GmbH, die ihre Grundlage nicht in Gesetz oder Satzung haben, zB Zusage auf Darlehensgewährung, Zusage eines Sanierungszuschusses, einer Bürgschaft etc. Den Erwerber trifft auch die gesamtschuldnerische Mithaftung für die Verpflichtung zur erneuten Leistung der Einlage bei einer verschleierten Sacheinlage. All dies betrifft das **Verhältnis** des Veräußerers und Erwerbers **zur GmbH.** Die Frage, wer im Verhältnis zwischen Veräußerer und Erwerber mit Zahlungspflichten belastet ist oder wem Zahlungen der GmbH zustehen, bestimmt sich nach dem Rechtsverhältnis zwischen Veräußerer und Erwerber.[146]

67   **Mängel der Abtretung,** beispielsweise deren Nichtigkeit infolge Anfechtung, lassen die Wirksamkeit der Anmeldung unberührt.[147] Zwar soll die Anmeldung bei Nichtigkeit der Anteilsübertragung unter Nachweis der Nichtigkeit widerrufen werden können,[148] der Widerruf beseitigt die Wirkung der Anmeldung aber **nur für die Zukunft.**[149] Insbesondere haftet die als Gesellschafter angemeldete Person auch nach dem Widerruf gem. § 16 Abs. 3 GmbHG für die vor dem Widerruf der Anmeldung entstandene und fällig gewordene Einlageschuld.[150] Eine Haftung des Erwerbers für in das Stammkapital eingreifende Leistungen der GmbH an den Veräußerer (§ 31 GmbHG) wird abgelehnt.[151] Die **Anmeldung** selbst kann ebenfalls nichtig oder anfechtbar sein. Auch insoweit soll die Wirkung nur für die Zeit ab Mitteilung an die Gesellschaft eintreten, wenn dieser der Mangel nicht erkennbar war.[152]

68   Die Anmeldung des Übergangs kann von der Gesellschaft zurückgewiesen werden, zB wenn die vorgelegten Nachweise nicht als ausreichend angesehen werden. Die Zurückweisung hat keine eigenständige Bedeutung, vielmehr bleibt für die Wirkung des § 16 GmbHG allein maßgeblich, ob die Anmeldung objektiv wirksam war, zB wenn die Gesellschaft die Nachweise zu Unrecht als nicht ausreichend angesehen hat.[153] Bei der Prüfung der Anmeldung durch die Gesellschaft ist äußerste Sorgfalt geboten. Sind die Voraussetzungen des § 16 GmbHG nicht erfüllt, so greift der Schutz der Vorschrift nicht ein: Die Zahlung einer Dividende an den Nichtberechtigten hat für die Gesellschaft

---

[146] Vgl. zu allem *Baumbach/Hueck/Hueck* § 16 Anm. 12; *Loritz* DStR 1998, 84.

[147] HM; vgl. *Hachenburg/Zutt* § 16 Anm. 41 f.

[148] So *Hachenburg/Zutt* § 16 Anm. 44; aA *Lutter/Hommelhoff* § 16 Anm. 12: übereinstimmende Erklärung der Parteien; *Müller* GmbHR 1996, 641: Abmeldung.

[149] *Lutter/Hommelhoff* § 16 Anm. 12; *Hachenburg/Zutt* § 16 Anm. 45; *Limmer* ZIP 1993, 412.

[150] BGH v. 10. 5. 1982, GmbHR 1983, 42 und v. 22. 1. 1990, GmbHR 1990, 164; OLG Hamburg v. 20. 2. 1998, BB 1998, 658; aA *Lutter/Hommelhoff* § 16 Anm. 14; *Hachenburg/Zutt* aaO; *Müller* aaO Fn. 145; *Geck* DStR 1996, 627 mit der Empfehlung, eine Bestätigung der Gesellschaft über das Nichtbestehen rückständiger Leistungen einzuholen.

[151] *Baumbach/Hueck/Hueck* § 31 Anm. 9 mwN.

[152] OLG Hamm v. 27. 6. 1983, GmbHR 1985, 22 (23); *Lutter/Hommelhoff* § 16 Anm. 13.

[153] *Lutter/Hommelhoff* § 16 Anm. 9.

A. Veräußerung von GmbH-Geschäftsanteilen

keine befreiende Wirkung, Beschlüsse der Gesellschafterversammlung sind nichtig, wenn der wirkliche Gesellschafter nicht geladen worden ist.[154]

6. Veräußerung von Teilen an Geschäftsanteilen

Unter Teilung iSd. § 17 GmbHG ist die Realteilung zu verstehen, also die Zerlegung des Anteils in mehrere Teilgeschäftsanteile nach Nennbeträgen. Ist die Teilung vollzogen, behält der Anteil seine Selbständigkeit, auch wenn er an den Veräußerer zurückübertragen wird. Gem. § 17 GmbHG ist eine Teilung nur bei einer **Veräußerung** zulässig. Das Gesetz nennt zwar auch noch die Teilung bei Vererbung, dem kommt selbständige Bedeutung jedoch nicht zu, weil die Teilung eines Geschäftsanteils unter mehreren Miterben stets durch ein Veräußerungsgeschäft erfolgt.[155] Gem. § 17 Abs. 1 GmbHG ist die Veräußerung von Teilen von GmbH-Geschäftsanteilen nur mit **Genehmigung der Gesellschaft** möglich. Dies betrifft nur die dingliche Übertragung, nicht das **obligatorische** Geschäft. Für dessen Bestand gelten die allgemeinen Regeln.[156] Die Genehmigung darf gem. § 17 Abs. 2 GmbHG nur für den konkreten Fall erteilt werden. Eine **Vorratsteilung,** dh. eine Teilung in der Hand eines Gesellschafters, ist nicht möglich.[157]

Ausgeschlossen ist die Realteilung eines Geschäftsanteils in anderer Weise als durch Teilung nach Nennbeträgen, beispielsweise die Teilung in einen Anteil, der durch Sachanlage und einen Anteil, der durch Bareinlage gedeckt ist oder einen in einen eingezahlten und die Teilung nicht eingezahlten Anteil.[158] Des weiteren ist die **gleichzeitige** Übertragung mehrerer Teile eines Geschäftsanteils an einen Erwerber unzulässig (§ 17 Abs. 5 GmbHG). Auch die sukzessive Übertragung ist unwirksam, wenn die Beteiligten über die bloße Teilung hinaus keine wirtschaftliche Zielsetzung verfolgen. Zulässig ist nach hM dagegen die gleichzeitige Übertragung von Teilen verschiedener Geschäftsanteile auf einen Erwerber.[159] Gem. § 17 Abs. 6 Satz 2 GmbHG kann die Teilung im Gesellschaftsvertrag auch grundsätzlich **ausgeschlossen** werden.

Im übrigen ist die Teilung bei der **Veräußerung mit Genehmigung** der Gesellschaft zulässig. Eine Veräußerung ist auch die Sicherungsabtretung.[160] Möglich sind ebenfalls die **Nießbrauchsbestellung**[161] oder **Verpfändung**[162] eines Teilgeschäftsanteils. Im Hinblick auf das Verbot der Vorratsteilung wird man bei der Verpfändung aber annehmen müssen, daß die Teilung erst im Rahmen der **Verwertung** stattfindet. Die Genehmigung zu der Verwertung des Teilanteils ist dann aber schon in der Genehmigung zu seiner Verpfändung

---

[154] BGH v. 28. 1. 1985, WM 1985, 567 f.
[155] *Lutter/Hommelhoff* § 17 Anm. 2 ff.
[156] *Baumbach/Hueck/Hueck* § 17 Anm. 9; *Hachenburg/Zutt* § 17 Anm. 31.
[157] Allgemeine Auffassung vgl. OLG Frankfurt v. 7. 6. 1977, DB 1977, 2180; *Lutter/Hommelhoff* § 17 Anm. 2.
[158] *Hachenburg/Zutt* § 17 Anm. 4; differenzierend *Baumbach/Hueck/Hueck* § 17 Anm. 3.
[159] Vgl. für die hM *Hachenburg/Zutt* § 17 Anm. 10; aA *Baumbach/Hueck/Hueck* § 17 Anm. 8.
[160] *Baumbach/Hueck/Hueck* § 17 Anm. 6.
[161] Vgl. Rz. 135 ff.
[162] Vgl. Rz. 200 ff.

enthalten.¹⁶³ Die Genehmigung ist bei entsprechender Regelung im Gesellschaftsvertrag für eine Übertragung an **andere Gesellschafter** oder eine Teilung **unter Erben** nicht notwendig (§ 17 Abs. 3 GmbHG). Eine Satzungsbestimmung, die eine Befreiung von der Genehmigungspflicht für weitere Fälle vorsieht, ist unwirksam.¹⁶⁴ Nicht erforderlich ist die Genehmigung ferner bei der Abtretung eines Teilgeschäftsanteils durch den Alleingesellschafter oder durch einen von zwei Gesellschaftern an den anderen.¹⁶⁵

72 Die Genehmigung ist Zustimmung iSd. §§ 182 ff. BGB und kann somit vor, bei und nach der Veräußerung erteilt werden.¹⁶⁶ Zuständig für die Erteilung der Genehmigung sind die Geschäftsführer in vertretungsberechtigter Zahl. Die Geschäftsführer haben zuvor einen entsprechenden Gesellschafterbeschluß herbeizuführen. Das Fehlen eines solchen Beschlusses macht die Teilung nicht unwirksam, sondern stellt nur eine interne Zuständigkeitsverletzung durch die Geschäftsführer dar.¹⁶⁷

73 Gem. § 17 Abs. 2 GmbHG bedarf die Genehmigung der schriftlichen **Form** und muß den im Gesetz vorgeschriebenen Inhalt haben. Abweichend vom Wortlaut des Gesetzes reicht es aber aus, wenn der ursprüngliche Nennbetrag und derjenige des abgetretenen Teils aufgeführt werden.¹⁶⁸ Die Bezugnahme auf die notarielle Abtretungsurkunde ist zulässig.¹⁶⁹ Die Erteilung oder Versagung der Genehmigung liegen im freien **Ermessen** der Gesellschaft.¹⁷⁰ Der Veräußerer hat aber Anspruch auf eine Entscheidung innerhalb angemessener Frist. Er ist aus dem der Abtretung zugrundeliegenden obligatorischen Geschäft gehalten, auf die Erteilung der Genehmigung hinzuwirken.¹⁷¹

74 Die Veräußerung von Teilgeschäftsanteilen führt zur Entstehung einer entsprechenden Anzahl selbständiger Geschäftsanteile. Teilbare **Mitgliedschaftsrechte** gehen anteilig auf den oder die Erwerber über (Gewinnbezugsrecht, Stimmrecht). Unteilbare Rechte stehen sowohl dem Veräußerer als auch dem Erwerber voll zu (beispielsweise das Auskunftsrecht gem. § 51a GmbHG). Bei mitgliedschaftlichen **Sonderrechten** muß die Auslegung des Gesellschaftsvertrages ergeben, ob sie teilbar sind, nur einem Gesellschafter allein oder beiden Gesellschaftern gemeinsam zustehen sollen.¹⁷²

75 Auch die **Pflichten** gehen anteilig auf den Erwerber über. Allgemeine Pflichten (zB ein Wettbewerbsverbot) treffen Veräußerer und Erwerber vollen Umfangs. Für unteilbare Pflichten, die nicht auf die Person des Veräußerers zugeschnitten sind, haften Veräußerer und Erwerber gesamtschuldnerisch.¹⁷³

---

¹⁶³ *Hachenburg/Zutt* § 17 Anm. 43; vgl. auch *Baumbach/Hueck/Hueck* § 17 Anm. 6; *Lutter/Hommelhoff* § 17 Anm. 22.
¹⁶⁴ OLG Koblenz v. 16. 1. 1992, GmbHR 1992, 464.
¹⁶⁵ *Lutter/Hommelhoff* § 17 Anm. 9.
¹⁶⁶ *Baumbach/Hueck/Hueck* § 17 Anm. 9 mwN.
¹⁶⁷ Vgl. BGH v. 14. 3. 1988, BB 1988, 994 (995); *Lutter/Hommelhoff* § 17 Anm. 8.
¹⁶⁸ BGH v. 9. 6. 1954, BB 1954, 611; *Hachenburg/Zutt* § 17 Anm. 24.
¹⁶⁹ BGH aaO Fn. 157.
¹⁷⁰ *Baumbach/Hueck/Hueck* § 17 Anm. 12; *Hachenburg/Zutt* § 17 Anm. 30.
¹⁷¹ *Baumbach/Hueck/Hueck* § 17 Anm. 12; *Hachenburg/Zutt* § 17 Anm. 31.
¹⁷² Zu den Einzelheiten vgl. insb. *Hachenburg/Zutt* § 17 Anm. 36 ff.; *Scholz/Winter* § 17 Anm. 38.
¹⁷³ *Baumbach/Hueck/Hueck* § 17 Anm. 5; *Hachenburg/Zutt* § 17 Anm. 39.

7. Zusammenlegung von Geschäftsanteilen

Gem. § 15 Abs. 2 GmbHG behalten Geschäftsanteile grundsätzlich ihre 76
Selbständigkeit. Dadurch soll der Rückgriff auf Rechtsvorgänger bei nicht
vollständiger Einlageleistung im Hinblick auf § 22 Abs. 4 GmbHG erhalten
bleiben, wonach der Rechtsvorgänger gegen Zahlung des rückständigen Betrages den Geschäftsanteil des ausgeschlossenen Gesellschafters erwirbt.[174] Entsprechendes gilt gem. § 28 GmbHG bei einer beschränkten Nachschußpflicht. Dementsprechend hält die hM heute eine Zusammenlegung von Geschäftsanteiien für zulässig, wenn die Stammeinlage voll erbracht und eine Nachschußpflicht nicht geregelt oder ein Nachschuß nicht rückständig ist bzw. wenn ein Rückgriff gem. § 22 Abs. 3 GmbHG wegen Ablauf der dort bestimmten Frist nicht mehr möglich ist. Bei fehlender Nachschußpflicht können auch voll eingezahlte Geschäftsanteile mit einem kaduzierten und gem. § 23 GmbHG verwerteten Geschäftsanteil vereinigt werden.[175] Weitere Voraussetzung ist, daß die Anteile keine unterschiedlichen Rechte vermitteln.[176] Die Zusammenlegung erfolgt, vorbehaltlich einer besonderen Regelung in der Satzung, durch **Gesellschafterbeschluß**. Umstritten ist, ob die Zustimmung des betroffenen Gesellschafters erforderlich ist.[177]

II. Steuerrecht

1. Einkommensteuer/Körperschaftsteuer

a) Überblick

Die steuerlichen Folgen der Veräußerung von GmbH-Geschäftsanteilen 77
sind unterschiedlich, je nachdem ob die Anteile zum Betriebsvermögen oder zum Privatvermögen des Veräußerers gehören. Die Ergebnisse der Veräußerung von GmbH-Geschäftsanteilen, die im Betriebsvermögen gehalten werden, richten sich nach §§ 4 und 5 EStG. Wird eine 100%ige Beteiligung im Betriebsvermögen eines der Einkommensteuer unterliegenden Gesellschafters veräußert, greifen die Freibeträge und der gesondert berechnete Steuersatz nach §§ 16, 34 EStG (Fünftelung zur Progressionssenkung) ein. Für körperschaftsteuerpflichtige Gesellschafter gibt es keine Freibeträge oder ermäßigten Steuersätze, es gelten die allgemeinen Besteuerungsgrundsätze. Der Freibetrag nach § 16 Abs. 4 EStG ist jedoch im Falle einer Liquidation der GmbH auf den bei der GmbH entstehenden Liquidationsgewinn anwendbar.[178]

Wesentliche Beteiligungen, dh. Beteiligungen von 10% und mehr lt. 78
StEntlG 1999/2000/2002 im Privatvermögen, werden von § 17 EStG erfaßt.
Bei der Veräußerung von im Privatvermögen liegenden Beteiligungen, die

---

[174] BGH v. 13. 7. 1964, BB 1964, 942f.
[175] BGH aaO; *Baumbach/Hueck/Hueck* § 15 Anm. 18; *Hachenburg/Zutt* § 15 Anm. 140ff.; *Scholz/Winter* § 15 Anm. 104.
[176] *Lutter/Hommelhoff* § 15 Anm. 7; *Hachenburg/Zutt* § 15 Anm. 141; *Scholz/Winter* § 15 Anm. 104.
[177] Vgl. *Baumbach/Hueck/Hueck* § 15 Anm. 18; *Hachenburg/Zutt* § 15 Anm. 142; *Scholz/Winter* § 15 Anm. 105.
[178] BFH v. 8. 5. 1991, BStBl. II 1992, 437; *Schmidt/Schmidt* § 16 Anm. 109.

keine wesentlichen Beteiligungen iSv. § 17 EStG sind, innerhalb von **einem Jahr** nach Erwerb liegt ein steuerpflichtiges Spekulationsgeschäft nach § 23 EStG vor. Auch wenn die Beteiligung 10% oder mehr beträgt, werden seit 1994 Veräußerungen innerhalb der Spekulationsfrist vorrangig nach § 23 EStG beurteilt (§ 23 Abs. 2 Satz 2 EStG). Das hat zur Folge, daß Verluste aus der Veräußerung nur mit Spekulationsgewinnen desselben Jahres ausgeglichen werden dürfen und für Gewinne keine Tarifermäßigung gewährt wird. Im übrigen ist die Veräußerung von GmbH-Geschäftsanteilen im Privatvermögen kein steuerpflichtiger Vorgang.

b) GmbH-Geschäftsanteil im Privatvermögen

79 **aa) Veräußerung von Anteilen bei wesentlicher Beteiligung (§ 17 EStG).** Nach § 17 Abs. 1 EStG gehört zu den Einkünften aus Gewerbebetrieb auch der Gewinn oder der Verlust aus der Veräußerung von Anteilen an einer Kapitalgesellschaft, wenn der Veräußerer innerhalb der letzten 5 Jahre am Kapital der Gesellschaft wesentlich, dh. zu **10% oder mehr** beteiligt war (die Bagatellgrenze für Veräußerungen bis 1% pro Jahr ist ab 1996 entfallen.) Veräußerungsgewinne bzw. -verluste gehören zu den Einkünften aus Gewerbebetrieb, unterliegen aber nicht der Gewerbesteuer, da die im Privatvermögen gehaltene Beteiligung nicht Bestandteil eines stehenden Gewerbebetriebes ist. Gewinne und Verluste aus nicht wesentlichen Beteiligungen (unter 10%) werden der nicht steuerbaren Vermögensebene zugerechnet, auch die Geltendmachung eines solchen Verlustes als Werbungskosten zu den Einkünften aus nichtselbständiger Arbeit scheidet regelmäßig aus.[179] Die laufenden Dividenden sind Einkünfte aus Kapitalvermögen. Der Veräußerungsgewinn ist bei einkommensteuerpflichtigen Gesellschaftern tarifbegünstigt und um einen Freibetrag zu ermäßigen (§§ 34, 17 Abs. 3 EStG). Veräußerungsgewinne und -verluste können grundsätzlich mit allen positiven Einkünften ausgeglichen werden. Nach § 23 Abs. 2 EStG sind Gewinne und Verluste aus der Veräußerung von Beteiligungen innerhalb der Spekulationsfrist von einem Jahr dem Anwendungsbereich des § 23 EStG zugeordnet, so daß in diesem Fall nur noch ein Verlustausgleich mit Spekulationsgewinnen desselben Veranlagungszeitraums möglich ist und bei Gewinnen die Begünstigung als Veräußerungsgewinn nicht eingreift.[180]

80 **Persönlicher Anwendungsbereich:** § 17 EStG gilt für unbeschränkt und beschränkt einkommensteuerpflichtige Personen (§ 49 Abs. 1 Nr. 2 e EStG). Die Beteiligung eines beschränkt Steuerpflichtigen wird erfaßt, gleichgültig ob der Gesellschafter der Einkommen- oder Körperschaftsteuer unterliegt, es sei denn die Beteiligung gehört zu einer inländischen Betriebstätte. Es kommt nicht darauf an, ob die Beteiligung in einer ausländischen Betriebstätte gehalten wird und ob der Gesellschafter nach inländischen Grundsätzen Gewerbetreibender kraft Rechtsform ist.[181] Aus deutscher Sicht ist also auch die durch eine ausländische Kapitalgesellschaft gehaltene Beteiligung an einer GmbH Privatvermögen.

---

[179] BFH v. 12. 5. 1995, GmbHR 1995, 599, v. 7. 2. 1997 BFH/NV 1997, 400; abzugsfähig: FG Düsseldorf v. 8. 11. 1996, EFG 1998, 31.
[180] Die Regelung erfaßt alle Spekulationsgeschäfte mit Beteiligungen, bei denen die Beteiligung nach dem 31. 12. 1993 erworben worden ist.
[181] Sog. „isolierende Betrachtungsweise"; *Schmidt/Heinicke* § 49 Anm. 8.

A. Veräußerung von GmbH-Geschäftsanteilen 81–83 § 12

Durch **Doppelbesteuerungsabkommen** wird für nicht in einer inländischen Betriebstätte gehaltene Beteiligungen das **Besteuerungsrecht** in der Regel allein dem **Ansässigkeitsstaat des Gesellschafters** zugeordnet. Eine Einzelfallprüfung ist jedoch unerläßlich, da einige Doppelbesteuerungsabkommen hiervon abweichen oder besondere Voraussetzungen für die Freistellung in der Bundesrepublik aufstellen.[182] Liegt kein Doppelbesteuerungsabkommen vor, verbleibt es nach § 49 Abs. 1 Nr. 2 e EStG bei der Inlandsbesteuerung. Im Bereich der Körperschaftsteuer gilt § 17 EStG nicht für Beteiligungen, die von unbeschränkt steuerpflichtigen **Kapitalgesellschaften gehalten werden**, weil diese nur Einkünfte aus Gewerbebetrieb haben (§ 8 Abs. 2 KStG). § 17 EStG ist auch anwendbar, wenn der Veräußerer eine **gemeinnützige** Körperschaft ist und die Beteiligung als Teil eines wirtschaftlichen Geschäftsbetriebs gehalten wird.[183]

Anteile an einer Kapitalgesellschaft: GmbH-Geschäftsanteile sind in 82 § 17 Abs. 1 EStG ausdrücklich aufgeführt. Von § 17 EStG werden auch Anwartschaften auf Beteiligungen erfaßt. Dazu gehört bei einer GmbH ein durch Satzung oder Kapitalerhöhungsbeschluß geschaffenes **Bezugsrecht**.[184] Eine gewinnrealisierende Veräußerung eines solchen Rechts kann auch vorliegen, wenn durch die unmittelbare Einräumung des Bezugsrechts an einen Dritten zivilrechtlich niemals ein Bezugsrecht in der Hand des Veräußernden entsteht.[185] Anteile an einer Vor-GmbH fallen unter § 17 EStG, ebenso wie Genußrechte und Wandelschuldverschreibungen, wenn diese eine Beteiligung am Liquidationserlös vermitteln.[186] Keine Anwartschaften iSd. § 17 EStG sind nach hM **schuldrechtliche Ansprüche,** die sich nicht gegen die Gesellschaft, sondern gegen einen Gesellschafter richten, zB Vorkaufsrechte, Ansprüche aus Vorverträgen, Optionsrechte.[187] Die Veräußerung eines Gesellschaftsanteils an einer vermögensverwaltenden GbR, in deren Gesamthandsvermögen ein GmbH-Geschäftsanteil liegt, soll als Veräußerung des anteiligen GmbH-Geschäftsanteils behandelt werden.[188]

Wesentliche Beteiligung: Nach § 17 Abs. 1 Satz 3 EStG ist eine Beteili- 83 gung wesentlich, wenn der Veräußerer an der Gesellschaft zu 10% oder mehr unmittelbar oder mittelbar beteiligt war. Für die Ermittlung der wesentlichen Beteiligung an einer GmbH ist grundsätzlich der **nominelle Anteil am Stammkapital** entscheidend, unabhängig davon, ob das Stammkapital bereits voll eingezahlt wurde.[189] Stamm- und Vorzugsanteile sind zusammenzurechnen. Streitig ist, ob eine wesentliche Beteiligung vorliegt, wenn dem Gesellschafter vom Liquidationserlös **und** von den Ausschüttungen 10%

---

[182] ZB Argentinien, Brasilien, Indien, vgl. Übersicht bei: *Vogel* Art. 13 Anm. 98.
[183] OFD Münster v. 22. 9. 1982, DStR 1982, 685.
[184] BFH v. 20. 2. 1975, BStBl. II 1975, 505 (507); ausf. *Blümich/Ebling* § 17 Anm. 78 ff.; vgl. auch Anm. 91.
[185] BFH v. 8. 4. 1992, BStBl. II 1992, 761.
[186] *Schmidt/Weber-Grellet* § 17 Anm. 14 d; *Blümich/Ebling* § 17 Anm. 81.
[187] Vgl. für die hM: *Littmann/Hörger* § 17 Anm. 13; aA *Schmidt/Weber-Grellet* § 17 Anm. 12.
[188] *Schmidt/Weber-Grellet* § 17 Anm. 15 e) aa); aA FG Köln v. 14. 10. 1998, EFG 1999, 65 (Rev. VIII R 72/98); *Wohlschlegel* DStR 1997, 1589.
[189] *Blümich/Ebling* § 17 Anm. 83.

zustehen, obgleich er weniger als 10% des Stammkapitals hält (Vorzugsanteile).[190]

84 GmbH-Geschäftsanteile im Betriebs- und Privatvermögen, die demselben Gesellschafter gehören, werden zusammengerechnet.[191] Der Nennwert der eigenen Anteile der GmbH ist für die Berechnung der Anteilsquote vom Stammkapital abzuziehen.[192] Gleiches gilt für den Nennwert eingezogener Geschäftsanteile. **Verdecktes Stammkapital** ist bei der Berechnung der Anteilsgröße nicht zu berücksichtigen, ebensowenig **Mehrfachstimmrechte**.[193] Kapitalersetzende Darlehen und Sicherheiten erhöhen aber die bei der Ermittlung eines Veräußerungsgewinns oder -verlustes zu berücksichtigenden Anschaffungskosten (vgl. Rz. 99 f.).

85 Der Veräußerer ist nur dann wesentlich beteiligt, wenn ihm die **Geschäftsanteile wirtschaftlich zuzurechnen** sind. Die GmbH-Geschäftsanteile werden nach § 39 Abs. 1 AO grundsätzlich dem zivilrechtlichen Eigentümer zugeordnet, es sei denn, ein Dritter ist wirtschaftlich Eigentümer der Anteile, wie zB der Treugeber oder Sicherungsgeber gem. § 39 Abs. 2 AO. Wirtschaftliches Eigentum kann bei einem Erwerb schon vor dem Zeitpunkt der dinglichen Wirksamkeit der Anteilsabtretung (zB Vereinbarung des Übergangs des Anteils zu einem späteren Zeitpunkt oder erst mit Zahlung des Kaufpreises etc.) übergehen, wenn es der Erwerber allein in der Hand hat, den Übergang zu bewirken, der Veräußerer sich also der Verfügungsmacht endgültig begeben hat.[194] Andererseits ist eine rückwirkende Herstellung von wirtschaftlicher Verfügungsmacht nicht möglich. Diese in der Praxis häufig praktizierte Festlegung eines zeitlich zurückliegenden Stichtags (zB wird in der notariellen Beurkundung am 20. 2. 1998 vereinbart, daß der Übergang mit allen Rechten und Pflichten zum 1. 1. 1998 erfolgen soll) stellt nur eine schuldrechtliche Vereinbarung zwischen Veräußerer und Erwerber dar, die den Erwerber nicht rückwirkend zum Gesellschafter macht.[195] Ab dem 1. 1. 1995 kann aber unter den Voraussetzungen des § 20 UmwStG bei Einbringungen in eine Kapitalgesellschaft, die unter Erfüllung der Voraussetzungen des UmwStG erfolgen, eine bis zu achtmonatige Rückwirkung vereinbart werden (§ 20 Abs. 8 Satz 3 UmwStG). Steht der GmbH-Geschäftsanteil mehreren Personen zu Bruchteilen zu, so wird für die Ermittlung der Beteiligungsquote nur der Bruchteil zugrunde gelegt.[196]

GmbH-Geschäftsanteile von Eheleuten und Angehörigen werden nicht zusammengerechnet. Auch die entgeltliche oder unentgeltliche Übertragung an Minderjährige rechtfertigt keine Abweichung von der zivilrechtlichen

---

[190] *Blümich/Ebling* § 17 Anm. 85; dagegen: BFH v. 25. 11. 1997 BB 1998, 622; Nieders. FG v. 13. 12. 1995, EFG 1996, 1032 (nrk.); FG Rheinland Pfalz v. 26. 3. 1996, EFG 1997, 745 (nrk.).
[191] FG München v. 22. 2. 1989, EFG 1989, 345, Rev. VIII R. 40/89.
[192] BFH v. 24. 9. 1970, BStBl. II 1971, 89 (90); *Schmidt/Weber-Grellet* § 17 Anm. 14 b.
[193] BFH v. 19. 5. 1992, BStBl. II 1992, 902; v. 25. 11. 1997, BFH/NV 1998, 691 und 694.
[194] BFH v. 10. 3. 1988, BStBl. II 1988, 832.
[195] BFH v. 18. 9. 1984, BStBl. II 1985, 55.
[196] *Schmidt/Weber-Grellet* § 17 Anm. 15 d.

A. Veräußerung von GmbH-Geschäftsanteilen 86–88 § 12

Eigentumszurechnung, es sei denn, der Schenker oder Veräußerer ist **wirtschaftlicher Eigentümer** geblieben. Wirtschaftliches Eigentum des Übertragenden lehnt der Bundesfinanzhof trotz erheblicher Verfügungsbeschränkungen der erwerbenden Familienangehörigen ab, wenn der Übertragende seine Verfügungsmöglichkeiten fremdnützig, dh. im Interesse der Erwerber, ausübt.[197] Wirtschaftliches Eigentum an den Anteilen liegt selbst dann vor, wenn sich der Eigentümer verpflichtet hat, die Anteile auf eine andere Person zu übertragen (call-Option).[198]

Neben unmittelbaren Beteiligungen wird auch eine **mittelbare Beteiligung** über eine andere Kapitalgesellschaft oder Personengesellschaft zugerechnet, selbst wenn kein herrschender Einfluß auf die zwischengeschaltete Gesellschaft vorliegt. Im Ergebnis wird jeglicher mittelbarer Beteiligungsbesitz durch lineares Hinabrechnen der Beteiligungskette einbezogen, um zu ermitteln, ob die direkt gehaltene Beteiligung nach § 17 EStG steuerverstrickt ist.[199] 86

Fünfjahresfrist: Die Fünfjahresfrist in § 17 Abs. 1 EStG soll verhindern, 87 daß die Steuerpflicht durch Teilveräußerungen umgangen werden kann. Eine wesentliche Beteiligung des Veräußerers zu **irgendeinem Zeitpunkt** innerhalb der letzten fünf Jahre ist ausreichend, selbst wenn diese nur für eine logische Sekunde vorlag und im Zeitpunkt der Veräußerung nicht mehr gegeben ist.[200] Erfaßt werden auch Anteile, die schon vor dem Erwerb weiter abgetreten worden sind. Dieser Durchgangserwerb in einer logischen Sekunde kann dazu führen, daß der gesamte Anteilsbesitz des betreffenden Gesellschafters für fünf Jahre steuerverstrickt wird.

Streitig ist, ob gerade die veräußerten Anteile irgendwann innerhalb der 88 letzten 5 Jahre zu einer wesentlichen Beteiligung gehört haben müssen.[201]

Beispiele:

(1) A veräußert am 1. 12. 1995 seine ganze 30%ige Beteiligung und erwirbt am 1. 6. 1996 eine 8%ige Beteiligung an derselben GmbH, die er am 1. 7. 2000 weiterveräußert.

(2) A veräußert am 1. 6. 1996 25% seiner 30%igen Beteiligung und erwirbt ein Jahr später 4% hinzu, am 1. 7. 1999 veräußert er 2% von dem letzterworbenen Geschäftsanteil.

Der Bundesfinanzhof nimmt eine eng am Wortlaut des § 17 EStG liegende Auslegung vor, wonach beide Fälle von § 17 EStG erfaßt sein dürften, weil § 17 EStG auf den Anteilsbesitz des Gesellschafters abstellt, nicht aber auf jeden einzelnen Geschäftsanteil.[202] Folglich führt der unentgeltliche Erwerb eines Geschäftsanteils, der bei dem Übertragenden (Schenker/Erblasser) nach

---

[197] BFH v. 27. 9. 1988, BStBl. II 1989, 414 (415); krit. *Schmidt* § 17 Anm. 15 b.
[198] BFH v. 7. 3. 1995, DB 1995, 2043.
[199] BFH v. 12. 6. 1980, BStBl. 1980, 646; BFH v. 10. 2. 1982, BStBl. II 1982, 392; BFH v. 19. 3. 1996, DB 1996, 1317; *Schmidt* § 17 Anm. 16.
[200] BFH v. 7. 7. 1992, DStR 1992, 1720 und v. 16. 5. 1995, DB 1995, 2349. Krit. zur zivilrechtlichen Begründung in dem letztgenannten Urteil, *Schultz* BB 1998, 75.
[201] Vgl. ausführlich zum Meinungsstand: *Littmann/Hörger* § 17 Anm. 25; *Schmidt/ Weber-Grellet* § 17 Anm. 17 f.
[202] BFH v. 10. 11. 1992, DB 1994, 765 (Anwendbarkeit auf Beispiel 2 bejaht). Für Anwendung auf Beispiel 1 BFH v. 24. 4. 1997, DStR 1997, 1807; ablehnend für

§ 17 steuerverstrickt war, nicht zu einer Steuerverstrickung aller vom Erwerber gehaltenen oder später hinzuerworbenen Geschäftsanteile, solange in der Hand des Erwerbers keine mindestens 10% betragende Beteiligung entsteht.[203] Fraglich ist (angesichts der ab 1999 erfolgten Senkung der Wesentlichkeitsgrenze auf 10%), ob innerhalb des vor dem 1. 1. 1999 liegenden Teils des Fünfjahreszeitraums eine wesentliche Beteiligung nach der damaligen Gesetzesfassung vorgelegen haben muß (über 20%) oder die heute gültige Grenze maßgeblich ist.

Beispiel:
A erwirbt am 1. 6. 1996 eine 15%ige Beteiligung, von der er am 1. 7. 1997 8% veräußert. Am 1. 7. 1999 veräußert A weitere 5%.

89 Für die Berechnung der Fünfjahresfrist ist nach herrschender Ansicht in der Literatur nicht auf den Abschluß des schuldrechtlichen Verpflichtungsgeschäftes, sondern auf den Übergang des **wirtschaftlichen Eigentums** abzustellen.[204] Bei der Berechnung der Frist wird der Tag der Anschaffung der GmbH-Geschäftsanteile nicht mitgerechnet (§ 108 Abs. 1 AO, §§ 187 ff. BGB). Eine Kapitalerhöhung, an welcher der Gesellschafter nicht teilnimmt, kann dazu führen, daß aus einer wesentlichen eine unwesentliche Beteiligung wird. Der Beginn für die Ermittlung der Fünfjahresfrist ist die Eintragung der Kapitalerhöhung in das Handelsregister.[205]

90 **Veräußerung:** Veräußerung iSd. § 17 EStG ist jedes Rechtsgeschäft, das auf die entgeltliche Übertragung des rechtlichen oder des wirtschaftlichen Eigentums gerichtet ist. Erfaßt sind damit Kauf und Tausch und die Einbringung in Personen- oder Kapitalgesellschaften gegen Gewährung von Gesellschaftsrechten (offene Sacheinlage).[206] Streitig ist, ob dies auch bei der offenen Einlage in eine Personengesellschaft gilt.[207] Seit 1992 ist auch die verdeckte Einlage in eine Kapitalgesellschaft als Veräußerung zu behandeln (§ 17 Abs. 1 Satz 2 EStG).

91 Keine Veräußerung, sondern eine Einlage (§§ 4 Abs. 1 Nr. 3, 6 Abs. 1 Nr. 5 EStG) ist die Überführung in ein Betriebsvermögen des Anteilsinhabers. Veräußerung kann auch die entgeltliche **Übertragung eines Bezugsrechts** oder der entgeltliche Verzicht auf die Entstehung eines solchen Rechts sein, gleich ob der Veräußerungspreis direkt an den verzichtenden Gesellschafter gezahlt wird oder zunächst in die GmbH als Agio eingezahlt und dann an den auf das Bezugsrecht verzichtenden Altgesellschafter ausgeschüttet

---

Beispiel 1. FG Köln v. 26. 6. 1996, EFG 1996, 1031 (nrk.); aA FG Baden-Württemberg v. 24. 6. 1997, EFG 1998, 819 (nrk.).
[203] BFH v. 29. 7. 1997, DStR 1997, 1529. Zur schenkungsteuerlichen Behandlung von Leistungen in das Vermögen der GmbH: FinVerw v. 15. 3. 1997, DStR 1997, 540; *Gebel* BB 1998, 510.
[204] *Schmidt* § 17 Anm. 17 c; *Littmann/Hörger* § 17 Anm. 26; offengelassen vom BFH v. 30. 6. 1983, BStBl. II 1983, 640 (641); zum Übergang des wirtschaftlichen Eigentums vgl. Rz. 93.
[205] BFH v. 27. 1. 1977, BStBl. II 1977, 754 (756 f.) zur rechtsmißbräuchlichen Kapitalerhöhung.
[206] BFH v. 7. 7. 1992 DStR 1992, 1720.
[207] Beurteilung als Veräußerung; BFH v. 19. 10. 1998 DStR 1999, 366; *Schmidt/Weber-Grellet* § 17 Rz. 111.

A. Veräußerung von GmbH-Geschäftsanteilen

wird.²⁰⁸ Sofern ein Veräußerungspreis nicht gezahlt wird (zB Gesellschafter A ermöglicht seiner Ehefrau, an einer Kapitalerhöhung gegen eine unter dem Wert der neuen Anteile liegenden Einlage teilzunehmen), entsteht kein steuerpflichtiger Gewinn, jedoch bleiben die neuen Anteile nach § 17 Abs. 1 Satz 5 EStG — soweit sie unentgeltlich erworben sind — für fünf Jahre steuerverhaftet, auch wenn der Erwerber nicht 10% oder mehr hält.²⁰⁹ Die Wertverschiebung zugunsten des Neugesellschafters stellt regelmäßig eine schenkungssteuerliche Zuwendung dar.²¹⁰

Bei einer **teilentgeltlichen Übertragung** wird das Geschäft in einen voll entgeltlichen und einen voll unentgeltlichen Teil aufgespalten. Für den entgeltlichen Teil tritt eine Gewinnrealisierung nach § 17 EStG ein. Die unentgeltlich übertragenen Anteile bleiben bei dem Erwerber steuerverhaftet, auch wenn er weniger als 10% besitzt (§ 17 Abs. 1 Satz 5 EStG).²¹¹

Der Gewinn entsteht zu dem Zeitpunkt, zu dem die Anteile vom Veräußerer auf den Erwerber zivilrechtlich übergehen, es sei denn, es ist bereits vorher das **wirtschaftliche Eigentum** übergegangen.²¹² Wirtschaftlicher Eigentümer ist, wer die tatsächliche Sachherrschaft über den Geschäftsanteil in der Weise ausübt, daß er den bürgerlich-rechtlichen Eigentümer im Regelfall auf Dauer von der Einwirkung auf den Geschäftsanteil ausschließen kann. Dies soll der Fall sein, wenn der Käufer aufgrund eines bürgerlich-rechtlichen Rechtsgeschäfts bereits eine rechtlich geschützte, auf den Erwerb des Anteils gerichtete Position erworben hat, die ihm gegen seinen Willen nicht mehr entzogen werden kann, und auch die mit den Anteilen verbundenen wesentlichen Gesellschaftsrechte (dh. Stimmrechte oder eine Bindung durch Stimmrechtsabsprache) sowie das Risiko einer Wertminderung auf ihn übergegangen sind.²¹³ Die Vereinbarung eines in der Zukunft liegenden Datums für den Übergang des Eigentums an dem Geschäftsanteil (zB „mit Wirkung vom 1. 1. 1998") führt aber regelmäßig zu einem steuerlichen Übergang erst auf diesen Tag.²¹⁴

Nach § 6 AStG wird die Beendigung der unbeschränkten Steuerpflicht durch **Wohnsitzwechsel ins Ausland** der Veräußerung nach § 17 Abs. 1 EStG gleichgestellt, sofern die weiteren Voraussetzungen des § 17 EStG vorliegen, und die Beendigung des Wohnsitzes nicht nur vorübergehend ist. Dem Wohnsitzwechsel stehen nach § 6 Abs. 3 AStG Ersatztatbestände gleich, zB eine Einlage der wesentlichen Beteiligung in eine ausländische Betriebsstätte, wenn das betreffende Doppelbesteuerungsabkommen das Besteuerungsrecht für die Gewinne der Betriebsstätte allein dem ausländischen Staat

---

²⁰⁸ BFH v. 13. 10. 1992, HFR 1993, 181; FG Baden-Württemberg v. 12. 2. 1997, EFG 1997, 743.
²⁰⁹ So ausdrücklich für einbringungsgeborene Anteile BFH v. 8. 4. 1992, BStBl. II 1992, 763; FG München v. 30. 9. 1997, EFG 1998, 461. *Schmidt/Weber-Grellet* § 17 Anm. 18 a.
²¹⁰ Niedersächsisches FG v. 21. 1. 1998, EFG 1998, 828.
²¹¹ BFH v. 17. 7. 1980, BStBl. II 1981, 11.
²¹² BFH v. 10. 3. 1988, BStBl. II 1988, 832 (834 f.) mwN; *Schmidt/Weber-Grellet* § 17 Anm. 19 a; anschaulich: FG Hamburg v. 22. 1. 1998, EFG 1998, 765.
²¹³ BFH aaO Fn. 207.
²¹⁴ BFH v. 10. 8. 1994, BFH/NV 1995, 219.

zuweist (sog. „Steuerentstrickung").²¹⁵ Die Anwendung von § 6 AStG setzt voraus, daß die unbeschränkte Steuerpflicht mindestens 10 Jahre bestanden hat. Als Gewinn gilt die Differenz zwischen dem gemeinen Wert der Anteile im Zeitpunkt des Wegzugs und den Anschaffungskosten. Der ermäßigte Steuersatz kommt zur Anwendung (§ 6 Abs. 1 AStG, § 34 EStG). Wird der Anteil nach dem Wohnsitzwechsel zu einem Preis veräußert, der über dem Wert im Zeitpunkt der „Entstrickung" liegt, so unterliegt der dabei entstehende Gewinn nach § 49 Abs. 1 Nr. 2 iVm. § 17 EStG der beschränkten Steuerpflicht, sofern nicht ein Doppelbesteuerungsabkommen das Besteuerungsrecht dem anderen Staat zuweist.²¹⁶

95 **Unentgeltlich erworbene GmbH-Geschäftsanteile:** Unentgeltliche Übertragungen von GmbH-Geschäftsanteilen führen nicht zu einer Besteuerung des Veräußerers. Der Erwerber bleibt aber mit den Anteilen steuerverhaftet, auch wenn er weniger als 10% der Anteile besitzt. Er tritt bezüglich des Anteilsbesitzes, der Dauer des Besitzes und der Anschaffungskosten in die Position des Übertragenden. Gehören dem Erwerber neben den unentgeltlich erworbenen steuerverhafteten GmbH-Geschäftsanteilen auch entgeltlich erworbene, so gilt folgendes: Bilden unentgeltlich und entgeltlich erworbene GmbH-Geschäftsanteile zusammen keine wesentliche Beteiligung, so ist nur die Veräußerung der unentgeltlich erworbenen Geschäftsanteile steuerpflichtig, sofern der Rechtsvorgänger innerhalb der letzten fünf Jahre wesentlich beteiligt war.²¹⁷ Bilden unentgeltlich und entgeltlich erworbene Geschäftsanteile zusammen eine wesentliche Beteiligung, so ergibt sich die Steuerpflicht für alle Geschäftsanteile aus § 17 Abs. 1 Satz 1 EStG.

96 **Veräußerungsgewinn** ist der Betrag, um den der Veräußerungspreis nach Abzug der Veräußerungskosten die Anschaffungskosten übersteigt (§ 17 Abs. 2 Satz 1 EStG). Als **Anschaffungskosten einer Beteiligung** werden alle Aufwendungen angesehen, die der Erwerber tätigt, um die Beteiligung von der fremden in die eigene Verfügungsmacht zu überführen.²¹⁸ Dies sind neben dem Kaufpreis auch nachträgliche Aufwendungen auf die Beteiligung und Anschaffungsnebenkosten,²¹⁹ bei Tauschgeschäften der gemeine Wert der hingegebenen Wirtschaftsgüter.²²⁰ Bei Gründung oder Kapitalerhöhung sind Anschaffungskosten die Bareinlage bzw. der gemeine Wert der Sacheinlage. Bei einer Kapitalerhöhung aus Gesellschaftsmitteln sind die Anschaffungskosten der Alt-Anteile auf Alt- und Neu-Anteile aufzuteilen.²²¹

97 Die tatsächlichen Anschaffungskosten eines Geschäftsanteils bleiben auch dann maßgeblich, wenn erst durch den Zukauf eines weiteren Geschäftsanteils die 10%-Grenze erreicht wird. Stille Reserven, die in der nicht steuerbaren privaten Vermögensebene, dh. während des Zeitraums des 10% nicht erreichenden Anteilsbesitzes, entstanden sind, können so durch einen geringen

---

²¹⁵ *Littmann/Hörger* § 17 Anm. 8.
²¹⁶ Vgl. BMF-Erlaß zum AStG v. 2. 12. 1994, BStBl. I 1995, Sondernr. 1, Anm. 6.
²¹⁷ BFH v. 29. 7. 1997, DStR 1997, 1529.
²¹⁸ *Schmidt/Weber-Grellet* § 17 Anm. 24; *ders.* DStR 1998, 1617.
²¹⁹ BFH v. 2. 10. 1984, BStBl. II 1985, 320 (322); BFH v. 9. 10. 1979, BStBl. II 1980, 116 (117).
²²⁰ *Schmidt/Weber-Grellet* § 17 Anm. 24 a.
²²¹ *Littmann/Hörger* § 17 Anm. 55.

A. Veräußerung von GmbH-Geschäftsanteilen   98, 99   § 12

Hinzuerwerb steuerverstrickt werden. Gleiches gilt, wenn Anteile durch Erbfall hinzuerworben werden oder wenn ein beschränkt steuerpflichtiger Anteilsinhaber durch **Zuzug ins Inland** unbeschränkt steuerpflichtig wird und unter § 17 EStG fallende Beteiligungen hält. Eine Gleichsetzung der Anschaffungskosten mit dem Zeitwert der Beteiligung im Moment der Begründung der unbeschränkten Steuerpflicht erfolgt nicht, dh. die Besteuerung erfaßt auch die Wertzuwächse der Beteiligung, die während der Zeit der beschränkten Steuerpflicht erfolgt sind.[222]

Anschaffungsnebenkosten sind Aufwendungen, die der Erwerber zur 98
Erlangung der wirtschaftlichen Verfügungsmacht über die Anteile macht, zB Anwalts- und Notarkosten, sonstige Beratungskosten, Courtagen, Reisekosten, Prozeßkosten, Gebühren und Grunderwerbsteuer.[223] Nicht zu den Anschaffungskosten zählen Finanzierungskosten oder **Schuldzinsen**.[224]

Nachträgliche Anschaffungskosten sind alle Aufwendungen auf die Be- 99
teiligung, die nach der erstmaligen Erlangung der wirtschaftlichen Verfügungsmacht getätigt werden.[225] Dazu zählen insbesondere **verdeckte Einlagen,** also Leistungen eines Gesellschafters, mit denen der GmbH Vermögensvorteile zugewendet werden und die ihre Ursache im Gesellschaftsverhältnis haben. Steuerrechtlich können Gegenstand einer verdeckten Einlage nur materielle und immaterielle Wirtschaftgüter sein, die bei der GmbH bilanzierungsfähig sind. Dies sind beispielsweise der Verzicht auf eine Forderung, die unentgeltliche Übertragung materieller und immaterieller Güter, die Lieferung von Waren und Gütern unter Preis. Laufende Nutzungen, wie die Zinslosigkeit eines Darlehens oder unentgeltliche Dienstleistungen und Nutzungsüberlassungen, gehören nicht zu den verdeckten Einlagen, weil das Vermögen der Kapitalgesellschaft nicht bilanziell vermehrt wird.[226] Anschaffungskosten entstehen jedoch, wenn der Gesellschafter auf einem zivilrechtlich entstandenen Anspruch gegen die GmbH verzichtet (Forderungsverzicht).[227] Der Ansatz von **Drittaufwand** wird von der Rechtsprechung abgelehnt,[228] doch kann uE die Einlage einer dem Gesellschafter nahestehenden Person – spiegelbildlich zur Zurechnung einer verdeckten Gewinnausschüttung durch Leistungen an eine nahestehende Person – als Anschaffungskosten des Gesellschafters erfaßt werden.[229] Bei der **verdeckten Einlage von Anteilen** an Kapitalgesellschaften in eine andere Kapitalgesellschaft gilt der gemeine Wert der hingegebenen Anteile als Veräußerungspreis (§ 17 Abs. 2

---

[222] BFH v. 30. 3. 1993 BFH/NV 1993, 597 und v. 19. 3. 1996, DStR 1996, 1120.
[223] *HHR* § 17 Anm. 194.
[224] BFH v. 21. 7. 1981, BStBl. II 1982, 37 (39); BFH v. 8. 10. 1985, BStBl. II 1986, 596 (597); *Littmann/Hörger* § 17 Anm. 75.
[225] Bei Beteiligungen im Betriebsvermögen nur wertsteigernde Aufwendungen: BFH v. 2. 10. 1984, BStBl. II 1985, 320 (322).
[226] GrS BFH v. 26. 10. 1987, BStBl. II 1988, 348 (391 ff.); BFH v. 14. 3. 1989, DStR 1989, 460 (461); *Littmann/Hörger* § 17 Anm. 58; *Weber-Grellet* DB 1998, 1532.
[227] BFH v. 19. 7. 1994, BStBl. II 1995, 362.
[228] BFH v. 20. 9. 1990, BStBl. II 1991, 82; Vorlage beim GrS BFH v. 9. 7. 1992, BStBl. II 1992, 948 sowie v. 27. 7. 1994, DB 1994, 2269.
[229] FG Düsseldorf v. 5. 8. 1993, EFG 1994, 39 (nrk.); FG München v. 26. 4. 1994, EFG 1994, 967 (nrk.).

§ 12   100, 101   Der Geschäftsanteil im Rechtsverkehr

Satz 2 EStG). Zugleich gilt dieser Wert als Anschaffungskosten der erworbenen Beteiligung. Nachträgliche Anschaffungskosten können auch **nach Veräußerung** der Geschäftsanteile anfallen und führen dann zu einer Änderung der Veranlagung für das Veräußerungsjahr.[230] Keine Anschaffungskosten entstehen durch die Vornahme einer Kapitalerhöhung aus Gesellschaftsmitteln nach den §§ 57 c–o GmbHG (vgl. § 7 Rz. 46 ff.).

100   Auch im Zusammenhang mit der Hingabe von **Darlehen** an die Gesellschaft und **Bürgschaften** kann es zu nachträglichen Anschaffungskosten kommen, wenn der Gesellschafter der GmbH in einer Krisensituation Darlehen gewährt oder Sicherheiten stellt, die von dritter Seite nicht mehr zu erhalten sind und mit der Darlehensforderung anschließend ausfallen bzw. die Sicherheiten in Anspruch genommen werden und ein Rückgriffsanspruch gegen die GmbH nicht durchsetzbar ist (sog. kapitalersetzende Gesellschafterleistungen). Streitig ist, mit welchem Wert die so entstehenden nachträglichen Anschaffungskosten zu berücksichtigen sind, wenn ein Darlehen oder eine Sicherheit des Gesellschafters zunächst nicht kapitalersetzend sind, diesen Charakter aber anschließend durch ein sog. „Stehenlassen in der Krise" erhalten. Der Bundesfinanzhof hat hier einen für die Steuerzahler günstigen Standpunkt vertreten, in dem er im Regelfall ein „kapitalersetzendes Stehenlassen" der Forderung bzw. Sicherheit schon zu einem Zeitpunkt annimmt, zu dem die Forderung noch vollwertig ist, was im Ergebnis zu einer **Erhöhung der Anschaffungskosten um den Nominalbetrag** der Forderung oder Sicherheit führt.[231] Gleiches gilt für Darlehen und Bürgschaften von Personen, die dem Gesellschafter nahestehen. Die Anschaffungskosten mindern sich um die Beträge, welche der Gesellschafter als Gewinnausschüttungen aus dem sog. „EK04" der Gesellschaft erhält und die bei ihm nicht als Dividende besteuert werden.[232] Seit 1997 ist diese Behandlung der aus dem „EK04" erfolgenden Ausschüttungen in § 14 Abs. 4 EStG und § 21 Abs. 2 Satz 1 Nr. 3 UmwStG geregelt. Die Anschaffungskosten übersteigende Rückzahlungen aus dem „EK04" werden als Veräußerungsgewinn behandelt.[233] Sie mindern sich auch um Beträge die aufgrund einer Kapitalherabsetzung ausgekehrt werden.[234]

101   Gehören dem Veräußerer **mehrere Anteile,** so kann er bestimmen, welche er veräußert. Es werden dann die auf diese Anteile konkret entfallenden Anschaffungskosten dem Veräußerungspreis gegenübergestellt. Bei unentgelt-

---

[230] *Schmidt* § 17 Anm. 24 i; BFH v. 2. 10. 1984, BStBl. II 1985, 428 (430).

[231] BFH v. 7. 7. 1992, BStBl. II 1993, 333; ebenso: FG Düsseldorf v. 10. 10. 1995, EFG 1996, 436, weitergehend: *Wolff-Diepenbrock* DStZ 1995, 652; ablehnend: BMF v. 14. 4. 1994, DB 1994, 811. Für ungesicherte Bürgschaften generell: FG Berlin v. 10. 6. 1996, EFG 1996, 1036; OFD München DStZ 1996, 446; für Finanzplandarlehen generell: BFH v. 4. 11. 1997, DB 1998, 113 mwN; FG Düsseldorf v. 15. 1. 1998, DStRE 1999, 136.

[232] BFH v. 19. 7. 1994, BStBl. II 1995, 362; Nieders. FG v. 23. 4. 1996, EFG 1996, 1099; str, ob negative Anschaffungskosten entstehen können, wenn die EK04-Ausschüttung die tatsächlichen Anschaffungskosten übersteigen, vgl. *Schmidt*, § 17 Rz. 168; Nieders. FG v. 23. 4. 1996, EFG 1996, 1099 und v. 13. 6. 1996, EFG 1997, 479.

[233] OFD Erfurt in DStR 1998, 569; *Ott* DStZ 1997, 546.

[234] BFH v. 29. 6. 1995, DB 1995, 2045.

A. Veräußerung von GmbH-Geschäftsanteilen

lichem Erwerb sind die Anschaffungskosten des Rechtsvorgängers maßgeblich. Beim teilentgeltlichen Erwerb eines Geschäftsanteils werden die Anschaffungskosten des Rechtsvorgängers für den unentgeltlichen übertragenen Anteil und die Anschaffungskosten des Erwerbers für den entgeltlich erworbenen Anteil zusammengerechnet.

Veräußerungspreis ist der Wert der Gegenleistung, die der Veräußerer durch den Abschluß des Veräußerungsgeschäfts am maßgebenden Stichtag erlangt.[235] Dazu gehört alles, was der Gesellschafter für die Veräußerung der Anteile erhält. Hierzu zählt auch der Wert eines dem Verkäufer gegen den Käufer eingeräumten Rückkaufsrechts.[236] Soweit das Entgelt für eine andere Leistung des Verkäufers, zB ein **Wettbewerbsverbot** mit eigener wirtschaftlicher Bedeutung, geleistet wird, gehört es nicht zum Veräußerungspreis.[237] Steht dem Erwerber der ganze Gewinn des laufenden Jahres bzw. zurückliegender Jahre zu, so stellt gleichwohl der gesamte Kaufpreis den Veräußerungspreis für den Geschäftsanteil dar. Eine Aufteilung des Preises auf den Geschäftsanteil und die in der GmbH thesaurierten Gewinne („Gewinnbezugsrecht"), ist nicht möglich, da der zukünftige Anspruch auf Dividende vor der Fassung eines Ausschüttungsbeschlusses noch kein vom GmbH-Anteil trennbares Wirtschaftsgut ist (§ 20 Abs. 2 a EStG).[238] Dies bedeutet, daß der Erwerber die Dividende versteuern muß und nicht erfolgsneutral gegen die Abschreibung eines Gewinnbezugsrechts vereinnahmen kann. Es droht mithin eine steuerliche Doppelbelastung, wenn der Erwerber die beim Übergang des Geschäftsanteils noch nicht ausgeschütteten Gewinne als Dividende erhält, diese (unter Anrechnung des Körperschaftsteuerguthabens) versteuert und dann entsprechend der Vereinbarung mit dem Verkäufer oder nach § 101 BGB als Bruttobetrag an letzteren abführen muß, wobei diese Zahlung beim Verkäufer als Teil des Veräußerungsgewinns besteuert wird. Gleiches gilt, wenn der Erwerber die Dividende nicht an den Verkäufer abführen muß, weil er diese im Kaufpreis mitbezahlt hat.[239]

Der **Wert der Gegenleistung** ist der gemeine Wert zum Zeitpunkt der Veräußerung entsprechend den Vorschriften des BewG.[240] Ist die Kaufpreisforderung erst später fällig oder ist Ratenzahlung vereinbart, so ist der Nennwert der Forderung anzusetzen, es sei denn, es liegen besondere Umstände vor, die zu einem anderen Wert führen und am Stichtag bereits feststellbar waren.[241] Bei nachträglicher Herabsetzung durch Vergleich oder Urteil ermäßigt sich der Veräußerungspreis mit Wirkung für den Veräußerungszeitpunkt.[242] Sind Zinszahlungen vereinbart, so gehört der **Zinsanteil** nicht

---

[235] Vgl. BFH v. 17. 10. 1974, BStBl. II 1975, 58 (60).
[236] BFH v. 7. 3. 1995, DB 1995, 2043.
[237] BFH v. 21. 9. 1982, BStBl. II 1983, 289 (290); *Littmann/Hörger* § 17 Anm. 64.
[238] BFH v. 22. 5. 1984, BStBl. II 1984, 746 (747); FG Berlin v. 9. 4. 1997, EFG 1997, 1180; Niedersächsisches FG v. 29. 10. 1996, DStRE 1997, 551.
[239] *Weber* GmbHR 1995, 494; *Wichmann* GmbHR 1995, 427; zur zivilrechtlichen Aufteilung der Dividende zwischen Veräußerer und Erwerber BFH v. 30. 1. 1995, DB 1995, 619; BGH v. 8. 12. 1997, DStR 1998, 498; *Loritz* DStR 1998, 84.
[240] *Littmann/Hörger* § 17 Anm. 65.
[241] BFH v. 19. 1. 1978, BStBl. II 1978, 295 (297 f.).
[242] *Schmidt/Weber-Grellet* § 17 Anm. 22 d.

zum Veräußerungspreis, sondern zu den Einkünften aus Kapitalvermögen. Bei zinsloser Stundung ist Veräußerungspreis der abgezinste Wert, der Zinsanteil gehört zu den Einkünften des Verkäufers aus Kapitalvermögen.[243] Ein späterer Ausfall der Forderung ist grundsätzlich der Privatsphäre zuzuordnen, doch hat der Große Senat des Bundesfinanzhofs eine **Rückwirkung** durch Berichtigung der Veranlagung des Veräußerungsjahres nach § 175 Abs. 1 Nr. 2 AO in den Fällen einer Betriebsveräußerung befürwortet, was die Fin. Verw. auch auf die Veräußerung einer im Privatvermögen liegenden Beteiligung anwendet[244].

104 Sind **Leibrenten** oder andere wiederkehrende Bezüge als Entgelt vereinbart, so läßt die Finanzverwaltung dem Veräußerer ein Wahlrecht zwischen der Besteuerung zum Zeitpunkt der Veräußerung (Wert des Rentenstammrechts) und der Besteuerung der laufenden Zahlungen.[245] Kein Wahlrecht besteht bei Kaufpreisraten über einen Zeitraum bis zu 10 Jahren.[246] Sind die Bezüge zwar nicht wagnisbehaftet, dienen sie aber der Versorgung des Veräußerers, können ebenfalls wiederkehrende Bezüge vorliegen.[247] Bei Veräußerung gegen wiederkehrende Bezüge wird der Barwert des Veräußerungspreises nach §§ 13 ff. BewG ermittelt, die laufenden Rentenzahlungen sind – wenn der Veräußernde eine Sofortversteuerung gewählt hat – im Jahr des Zuflusses nur mit dem Ertragsanteil nach § 22 Nr. 1 a EStG oder mit ihrem Zinsanteil nach § 20 Abs. 1 Nr. 7 EStG einkommensteuerpflichtig, wenn der Veräußernde eine laufende Versteuerung gewählt hat.[248]

105 **Veräußerungskosten** sind Aufwendungen, die in unmittelbarer sachlicher Beziehung zu dem Veräußerungsgeschäft stehen.[249] Das sind zB Notarkosten, Gerichtskosten, Maklerprovisionen und Steuern, die durch die Veräußerung entstanden sind.[250] Sie sind auch dann als Kosten des Veranlagungszeitraums, in dem die Veräußerung erfolgt (vgl. Rz. 93) zu erfassen, wenn sie im Veranlagungszeitraum vor der Veräußerung angefallen sind;[251] uE gilt dies auch, wenn die Kosten nach Ablauf des Veranlagungszeitraums der Veräußerung anfallen. Streitig ist die Abzugsfähigkeit, wenn es sich um vergebliche Aufwendungen handelt, dh. die geplante Veräußerung scheitert.[252]

106 Der **Veräußerungsgewinn** ist durch den Freibetrag nach § 17 Abs. 3 EStG und die Tarifermäßigung nach § 34 EStG (halber Steuersatz bis 1998; Progressionsmilderung ab 1999) begünstigt. Die Finanzverwaltung hat ver-

---

[243] BFH v. 21. 10. 1980, BStBl. II 1981, 160; *Schmidt/Weber-Grellet* § 17 Anm. 22 a.
[244] GrS BFH 1/92 und 2/92 v. 19. 7. 1993, BStBl. II 1993, 894, 897; FinVerw DB 1994, 960. Entsprechendes gilt bei Wegfall der Kaufpreisforderung aufgrund eines Rücktritts vom Vertrag (BFH v. 21. 12. 1993, BB 1994, 1485).
[245] R 139 Abs. 11 EStR.
[246] *Schmidt/Schmidt* § 16 Anm. 44 a (zu der unklaren Regelung in EStR).
[247] Vgl. ausf. *Littmann/Hörger* § 16 Anm. 95 ff.; *Schmidt/Schmidt* § 16 Anm. 44; R 140.
[248] *Littmann/Hörger* § 17 Anm. 69.
[249] BFH v. 27. 10. 1977, BStBl. II 1978, 100 (101); R 140 Abs. 6 EStR.
[250] *Littmann/Hörger* § 17 Anm. 73.
[251] BFH v. 6. 10. 1993 I R 97/92, BFHE 173, 47.
[252] Ablehnend: BFH v. 17. 4. 1997, DStRE 1998, 117; FG Münster v. 7. 12. 1994, EFG 1995, 424; aA Werbungskosten zu § 20 EStG: FG Düsseldorf v. 14. 6. 1995, EFG 1995, 1023 (nrk.).

A. Veräußerung von GmbH-Geschäftsanteilen

geblich versucht, den Verkauf von Anteilen an eine von den Verkäufern gegründete neue Gesellschaft mit sich anschließender Ausschüttung durch die veräußerte GmbH und eine Teilwertabschreibung bei der Erwerberin als Gestaltungsmißbrauch zu beurteilen und eine fiktive Dividende statt eines tarifbegünstigten Veräußerungsgewinns anzunehmen.[253] Die Gefahr einer Umqualifizierung des tarifbegünstigten Veräußerungsgewinns (§ 17 EStG) oder nicht steuerbaren Veräußerungsgewinns (Beteiligung der einzelnen Veräußerer unter 10% lt. StEntlG 1999/2000/2002) in eine steuerpflichtige Dividende (laufende Einkünfte) besteht jedoch, wenn keine außersteuerlichen Gründe für die Gestaltung vorhanden sind.[254] Der **Freibetrag** nach § 17 Abs. 3 EStG von höchstens DM 20 000 bestimmt sich nach dem Verhältnis des Nennwerts der veräußerten Geschäftsanteile zum Stammkapital der GmbH abzüglich etwaiger eigener Anteile der GmbH und ermäßigt sich um den Betrag, um den der Veräußerungsgewinn den Teil von DM 80 000 übersteigt, der dem Anteil des Veräußerers an der veräußerten GmbH entspricht.

Der Steuersatz nach § 34 EStG gilt nur für natürliche Personen. Die Einkommensteuer darauf beträgt das Fünffache der Steuer, die sich für ein Fünftel des Veräußerungsgewinns ergibt. Die Begünstigung besteht auch für beschränkt steuerpflichtige natürliche Personen.

Ein Veräußerungsverlust nach § 17 EStG kann mit gewerblichen Einkünften unbeschränkt und mit positiven Einkünften aus anderen Einkunftsarten in den Grenzen des § 2 Abs. 3 EStG ausgeglichen werden.[255] Verlustvor- und Verlustrücktrag sind nach § 10 d EStG ebenfalls zulässig. Seit 1996 ist eine Berücksichtigung des Verlustes nach § 17 Abs. 2 Satz 4 EStG nur noch möglich, wenn der Veräußerer oder sein Rechtsvorgänger seit der Gründung der GmbH oder seit mindestens fünf Jahren wesentlich beteiligt waren.[256]

bb) Spekulationsgeschäft (§ 23 EStG). Für Gewinne aus der Veräußerung von GmbH-Beteiligungen im Privatvermögen, die unter 10% liegen, besteht grundsätzlich keine Steuerpflicht. Verluste aus der Veräußerung solcher Beteiligungen werden folglich nicht berücksichtigt. § 23 EStG sieht jedoch eine Besteuerung als Spekulationsgewinn vor, wenn zwischen Anschaffung und Veräußerung der Beteiligung **nicht mehr als ein Jahr** liegt. Verluste aus einem solch kurzfristigen Erwerb und Verkauf können nur mit Spekulationsgewinnen desselben Veranlagungszeitraums ausgeglichen werden (§ 23 Abs. 3 Satz 4 EStG).

Da § 23 Abs. 3 EStG das Vorliegen eines Spekulationsgeschäftes ausdrücklich verneint, wenn das betreffende Wirtschaftsgut bei einer anderen Einkunftsart zu erfassen ist (Subsidiarität), konnten bis 1. 1. 1994 Verluste aus einer innerhalb von sechs Monaten erfolgenden Anschaffung und Veräußerung einer wesentlichen Beteiligung als Verluste iSd. § 17 EStG qualifiziert und mit allen anderen Einkünften ausgeglichen, sowie vor- und zurückgetra-

---

[253] BFH v. 13. 7. 1994, DB 1994, 2273 und v. 23. 10. 1996, DStR 1997, 284.
[254] FG Münster v. 21. 10. 1996, EFG 1997, 482 (Rev. BFH I R 4/97); BMF v. 3. 2. 1998, DStR 1998, 421 mwN.
[255] BFH v. 10. 10. 1978, BStBl. II 1979, 77 (78).
[256] *Siepmann* FR 1996, 845; *Pyszka* DStR 1997, 309.

gen werden. Ferner konnte für Gewinne die Tarifermäßigung nach §§ 17, 34 Abs. 2 Nr. 1 EStG in Anspruch genommen werden. Ab dem 1. 1. 1994 unterstellt § 23 Abs. 3 Satz 2 EStG auch Gewinne und Verluste aus der kurzfristigen Anschaffung und Veräußerung von wesentlichen Beteiligungen grundsätzlich dem Regelungsbereich des § 23 EStG.[257] Die Neuregelung gilt erstmalig für Beteiligungen, die nach dem 31. 12. 1993 erworben worden sind.

109 Für die Berechnung der **Spekulationsfrist** ist das der Anschaffung und Veräußerung zugrundeliegende obligatorische Rechtsgeschäft entscheidend.[258] Bei der Veräußerung von GmbH-Geschäftsanteilen ist die nach § 15 Abs. 4 GmHG notariell beurkundete Abtretungsverpflichtung maßgeblich.[259]

110 Keine Anschaffung iSd. Spekulationstatbestandes ist der unentgeltliche Erwerb durch Erbschaft, Vermächtnis oder Schenkung.[260] Der Anschaffungszeitpunkt des Rechtsvorgängers bleibt für den unentgeltlich Erwerbenden maßgebend, wenn bei einer Veräußerung durch letzteren die Spekulationsfrist zu berechnen ist.[261]

111 Der Gewinn oder Verlust aus Spekulationsgeschäften ist gem. § 23 Abs. 4 EStG der Unterschied zwischen dem Veräußerungspreis einerseits und den Anschaffungs- und Werbungskosten andererseits. Zu den berücksichtigungsfähigen Werbungskosten gehören grundsätzlich nur diejenigen Kosten, die durch die Veräußerung, nicht aber durch die Anschaffung veranlaßt sind, zB Veräußerungskosten für Makler und Notar.[262] Kreditzinsen für den Erwerb einer GmbH-Beteiligung können Werbungskosten nach § 23 EStG sein, soweit ein wirtschaftlicher Zusammenhang mit dem Spekulationsgeschäft besteht, oder Werbungskosten bei den Einkünften aus Kapitalvermögen, sofern ein Zusammenhang mit Dividenden dargelegt werden kann.[263] Wenn ein Bezug sowohl zu dem Spekulationsgeschäft (Gewinn durch Veräußerung der Beteiligung) als auch zu Dividendeneinnahmen besteht, muß eine Aufteilung der Kosten vorgenommen werden, wobei eine Aufteilung im Schätzwege möglich ist.[264]

112 Anders als der Gewinn nach § 17 EStG wird ein Spekulationsgewinn erst mit **Zufluß des Verkaufserlöses** steuerlich erfaßt. Wenn eine ratenweise Zahlung erfolgt, so tritt eine Steuerpflicht erst in dem Veranlagungszeitraum ein, in dem die Anschaffungskosten überschritten werden. Trotz der Anwendung des Zufluß-/Abflußprinzips bei der Zuordnung des Ergebnisses zu einem bestimmten Veranlagungszeitraum werden Werbungskosten – unabhängig vom Zeitpunkt der Verausgabung – erst im Zeitpunkt des Zuflusses des Veräußerungsgewinns berücksichtigt.[265]

---

[257] Krit. zur Neuregelung in bezug auf die Ungleichbehandlung mit Beteiligungen iSv. § 15 EStG Niemann DStZ 1995, 636; *Lehnert* DStR 1996, 1153.
[258] *Schmidt/Heinicke* § 23 Anm. 5 b.
[259] Vgl. Anm. 2 ff.
[260] *Schmidt/Heinicke* § 23 Anm. 5 d; zur Erbauseinandersetzung vgl. Rz. 204 f.
[261] Vgl. BFH v. 5. 11. 1974, BStBl. II 1975, 411 (412).
[262] Vgl. BFH v. 15. 12. 1987, BStBl. II 1989, 16 (19).
[263] Vgl. BFH v. 21. 7. 1981, BStBl. II 1982, 36.
[264] BFH v. 19. 2. 1965, BStBl. III, 1965, 194.
[265] BFH v. 30. 7. 1991, BStBl. II 1991, 918.

c) GmbH-Geschäftsanteil im Betriebsvermögen

aa) Veräußerungsgewinn. Der Gewinn aus der Veräußerung von 113
GmbH-Geschäftsanteilen im Betriebsvermögen wird nach § 4 oder § 5 EStG
ermittelt. Eine Beteiligung, die von einer Kapitalgesellschaft oder einer gewerblich tätigen oder geprägten Personengesellschaft direkt gehalten wird, gehört zum Betriebsvermögen. Die Beteiligung eines Gewerbetreibenden oder Freiberuflers kann Privatvermögen, notwendiges oder gewillkürtes Betriebsvermögen oder Sonderbetriebsvermögen im Rahmen einer Mitunternehmerschaft sein. Sie ist notwendiges Betriebsvermögen, wenn sie besonderes Gewicht für die Führung des Unternehmens des Anteilinhabers hat oder der Durchsetzung des geschäftlichen Betätigungswillens des Anteilsinhabers in einer operativ tätigen Gesellschaft dient[266] und durch die Beteiligung ein Einfluß auf die operative Gesellschaft ausgeübt werden kann, der über das Interesse eines bloßen Kapitalanlegers hinausgeht.[267]

Gehört der Anteil zum Betriebsvermögen, so ermittelt sich der Veräuße- 114
rungsgewinn bzw. -verlust durch eine Gegenüberstellung des Buchwertes der Beteiligung und der Veräußerungskosten mit dem Veräußerungserlös.

bb) Überführung in ein Betriebsvermögen. Die Überführung einer 115
im Privatvermögen gehaltenen GmbH-Beteiligung in ein Betriebsvermögen des Anteilsinhabers stellt eine Einlage dar, die mit dem Teilwert zu bewerten ist (§ 4 Abs. 1 Satz 5, § 6 Abs. 1 Nr. 5 EStG).[268] Handelt es sich um eine wesentliche Beteiligung iSd. § 17 EStG (vgl. Rz. 83 ff.), so ist die Einlage höchstens mit den ursprünglichen Anschaffungskosten zu bewerten (§ 6 Abs. 1 Nr. 5 b EStG), dh. zwischenzeitlich eingetretene Wertsteigerungen der Beteiligung werden in den betrieblichen Bereich verlagert und unterliegen dort der Gewerbesteuer. Andererseits soll nach Auffassung des BFH entgegen dem Wortlaut des Gesetzes eine Erfassung mit den höheren Anschaffungskosten des Gesellschafters auch dann erfolgen, wenn der Wert im Zeitpunkt der Einlage unter den Anschaffungskosten liegt, um den nach § 17 EStG zu berücksichtigenden Wertverlust zu erfassen.[269] Für eine Beteiligung, die nicht unter § 17 EStG fällt, gilt der Höchstwert des § 6 Abs. 1 Nr. 5 b EStG nicht, so daß der bis zum Tage der Einlage erfolgte Wertzuwachs nicht in der betrieblichen Sphäre erfaßt wird.

Die **Überführung aus dem Privatvermögen in das Vermögen einer** 116
Personengesellschaft oder **in ein Einzelunternehmen** ist wie folgt zu beurteilen:
– Die Überführung in ein Einzelunternehmen ist Einlage (§ 4 Abs. 1 Satz 3 und § 6 Abs. 1 Nr. 5 EStG) und mit dem Teilwert zu bewerten. Für wesentliche Beteiligungen iSv. § 17 EStG sind die tatsächlichen Anschaf-

---

[266] BFH v. 23. 7. 1981, BStBl. II 1982, 60 (61); BFH 9. 9. 1986, BStBl. II 1987, 257 (259).
[267] Littmann/Hörger §§ 4, 5 Anm. 186 „Beteiligungen"; ausf. mit Bsp. Schmidt/Heinicke § 4 Anm. 44 c.
[268] BFH v. 28. 2. 1990, BStBl. II 1990, 615.
[269] BFH v. 25. 7. 1995, DB 1995, 2570; Nichtanwendungserlaß der FinVerw DB 1997, 18 u. 552.

fungskosten anzusetzen (§ 6 Abs. 1 Nr. 5 b EStG), und zwar auch dann, wenn diese höher sind als der Teilwert.[270]
– Bei der Überführung in eine Personengesellschaft ist die entgeltliche Veräußerung zu fremdüblichen Bedingungen möglich. Der Übertragende realisiert so einen Veräußerungsgewinn oder -verlust, der nach §§ 17 oder 23 EStG zu beurteilen ist.[271]
– Soweit eine Übertragung gegen Gewährung von neuen Gesellschaftsrechten erfolgt (offene Einlage), handelt es sich um eine Veräußerung, dh. für den nach § 17 EStG Beteiligten tritt eine Gewinnrealisierung ein.[272] Sind die neuen Gesellschaftsrechte nominal geringer als der Wert der eingebrachten Beteiligung, liegt teilweise eine verdeckte Einlage vor, für die § 6 Abs. 1 Nr. 5 b EStG gilt.[273]
– Erfolgt eine verdeckte Einlage (zB Übertragung ohne Gewährung neuer Gesellschaftsrechte), so liegt eine Einlage und keine gewinnrealisierende Veräußerung vor.[274]

117 Die **Überführung aus dem Privatvermögen** eines Gesellschafters **in das Vermögen einer Kapitalgesellschaft** kann sich vollziehen:
– durch eine vollentgeltliche, zur Gewinnrealisierung führende Veräußerung. Hierzu gehört auch die offene Sacheinlage,[275] die nur unter den engen Voraussetzungen des UmwStG (§ 20 Abs. 1 Satz 2, § 23 Abs. 4 UmwStG) steuerneutral erfolgen kann.
– durch eine verdeckte Einlage, bei der dem Übertragenden keine oder eine den Wert der übertragenen Beteiligung nicht erreichende Gegenleistung gewährt wird. Diese steht seit 1992 gem. § 17 Abs. 1 Satz 2 EStG einer Veräußerung gleich, so daß eine Gewinnrealisation beim Übertragenden und Anschaffungskosten bei der erwerbenden Kapitalgesellschaft entstehen.[276] Die Besteuerung kann aber aufgeschoben werden, wenn die Einbringung nach § 20 Abs. 1 Satz 2, § 23 Abs. 4 UmwStG erfolgt.

118 Die **Überführung eines GmbH-Anteils aus einem Betriebsvermögen des Steuerpflichtigen** in ein anderes Betriebsvermögen desselben Steuerpflichtigen ist keine gewinnrealisierende Veräußerung. Die Überführung von einem Betriebsvermögen des Steuerpflichtigen in das Betriebsvermögen einer Personengesellschaft gegen Gewährung von Gesellschaftsrechten ist ein tauschähnlicher Vorgang. Eine Gewinnrealisierung kann nur vermieden werden, wenn es nicht (auch nicht teilweise) zur Übertragung stiller

---

[270] BFH aaO (Fn. 262); *Schmidt/Weber-Grellet* § 17 Anm. 19 g.
[271] *Schmidt* § 15 Anm. 101 a.
[272] BFH v. 19. 10. 1998, DStR 1999, 366; *Schmidt/Weber-Grellet* § 17 Anm. 19 k mwN.
[273] Str.; vgl. *Killinger* WPg 1991, 294 ff.; *Schmidt/Schmidt* § 15 Anm. 101 c; *Schmidt/Weber-Grellet* § 17 Anm. 109 k.
[274] *Schmidt* § 15 Anm. 101 c; *Groh* StuW 1984, 217, 229; *Weber-Grellet* DB 1998, 1532.
[275] BFH v. 7. 7. 1992, DStR 1992, 1720; *Groh* FR 1990, 528, 531.
[276] *Schmidt/Weber-Grellet* § 17 Anm. 18 e. Zur steuerlichen Problematik der verdeckten Einlage von Beteiligungen in eine Kapitalgesellschaft: *Groh* FR 1990, 528, 531. Zur Rechtslage vor Einführung des § 17 Abs. 1 Satz 2 EStG s. BFH v. 20. 5. 1997, FR 1997, 731.

A. Veräußerung von GmbH-Geschäftsanteilen 119–121 § 12

Reserven auf ein anderes Steuersubjekt kommt (§ 6 Abs. 4 u. 5 EStG). Bei teilentgeltlicher Überführung (zB gegen Gesellschaftsrechte und sonstiger Gegenleistung) liegt teilweise eine steuerpflichtige Veräußerung vor.[277]

cc) Steuerfreie Übertragung. Ist eine GmbH-Beteiligung Teil eines inländischen Betriebsvermögens, so kann die Beteiligung ohne Gewinnrealisation auf einen anderen Rechtsträger übertragen werden: 119
– wenn der GmbH-Geschäftsanteil zu einem Betrieb oder Teilbetrieb gehört und zusammen mit den übrigen Wirtschaftsgütern des Betriebs oder Teilbetriebs in eine Kapitalgesellschaft oder Personengesellschaft gegen Gewährung von Gesellschaftsrechten eingebracht wird (§§ 20 Abs. 1, 24 Abs. 1 UmwStG).
– wenn (ohne daß ein Betieb oder Teilbetrieb vorliegt) der GmbH-Anteil allein oder zusammen mit anderen Wirtschaftsgütern in eine Personengesellschaft eingebracht wird, an welcher der Einbringende zu 100% als Mitunternehmer beteiligt ist (zB einziger Kommanditist), oder wenn die Überführung in das Sonderbetriebsvermögen des Einbringenden bei der Personengesellschaft erfolgt (§ 4 Abs. 5 EStG).
– wenn eine GmbH-Beteiligung in eine andere inländische oder EU-Kapitalgesellschaft gegen Gewährung neuer Gesellschaftsrechte eingebracht wird und die erwerbende Gesellschaft die Mehrheit der Stimmrechte an der Gesellschaft, deren Anteile übertragen werden, bereits hält oder durch die Einbringung erwirbt (§ 23 Abs. 4 iVm. § 20 Abs. 1 UmwStG). Die Übertragung würde im Billigkeitswege mit 6monatiger Rückwirkung zugelassen.[278] Ab dem 1. 1. 1995 auch mit achtmonatiger Rückwirkung (§ 20 Abs. 8 Satz 2 UmwStG).
– nach den Grundsätzen des Tauschgutachtens bis einschließlich 1998, aufgehoben ab 1999 (§ 4 Abs. 6 EStG).

In allen Fällen hängt die erfolgsneutrale Übertragung von einer **Buchwertverknüpfung** ab.   120

dd) Veräußerung einer 100%-Beteiligung. Eine 100%ige Beteiligung gilt als Teilbetrieb, so daß die Veräußerung durch einen Einzelgewerbetreibenden oder eine Personengesellschaft, soweit natürliche Personen als Gesellschafter beteiligt sind, nach §§ 16, 34 EStG begünstigt wird. Eine Übertragung auf mehrere Erwerber steht der Anwendung von § 16 EStG nicht entgegen, weil es auf die Zahl der Erwerber bei der Veräußerung einer 100%igen Beteiligung nicht ankommt.[279] Die Finanzverwaltung läßt auch zu, daß die Beteiligung stufenweise innerhalb eines Wirtschaftsjahres veräußert wird, ohne daß die einzelnen Veräußerungen im Zusammenhang stehen müssen.[280] Werden die Anteile in zwei aufeinander folgenden Wirtschaftsjahren aber aufgrund eines wirtschaftlichen Vorgangs, dh. mehrerer gleichzeitig abgeschlossener obligatorischer Geschäfte, übertragen, soll ebenfalls eine begünstigte Veräußerung vorliegen.[281]   121

---

[277] Str.; vgl. *Schmidt/Schmidt* § 15 Anm. 101 d mwN.
[278] BMF-Erlaß v. 26. 1. 1994 DB 1994, 452.
[279] BFH v. 24. 6. 1982, BStBl. II 1982, 751 (753); aA *Schmidt/Schmidt* § 16 Anm. 27, der darin eine begünstigte Aufgabe der Beteiligung sieht.
[280] R 139 Abs. 3 Satz 6 EStR; aA *Littmann/Hörger* § 16 Anm. 60.
[281] *Schmidt/Schmidt* § 16 Anm. 27; *Littmann/Hörger* aaO.

122 ee) Einbringungsgeborene Anteile. Auch wenn die Beteiligung unter 10% liegt, werden Gewinne und Verluste aus der Veräußerung einbringungsgeborener Anteile stets erfaßt (§ 21 Abs. 1 UmwStG). Als einbringungsgeborene Anteile bezeichnet man Anteile, die durch eine nach § 20 UmwStG begünstigte Einbringung erworben worden sind. Der Einbringungswert bei der Sacheinlage, dh. der Wert, mit dem die aufnehmende Kapitalgesellschaft die eingebrachten Wirtschaftsgüter in ihrer Bilanz ansetzt, gilt als Anschaffungskosten der erhaltenen „einbringungsgeborenen Anteile" (§ 20 Abs. 4 UmwStG). Dieser Wert, ggf. erhöht um nachträgliche Anschaffungskosten,[282] ist von einem Veräußerungspreis abzuziehen.

123 Auch ohne Veräußerung der einbringungsgeborenen Anteile sieht § 21 Abs. 2 UmwStG eine Gewinn- oder Verlustrealisation vor, wenn der Anteilseigner dies beantragt oder das Besteuerungsrecht der Bundesrepublik durch bestimmte Veränderungen gefährdet wird. Der Katalog des § 21 Abs. 2 UmwStG führt die Realisationstatbestände abschließend auf und ist einer erweiternden Auslegung nicht zugänglich. Eine Verlagerung von stillen Reserven durch eine Kapitalerhöhung, an der ein Dritter gegen einen unter dem wahren Wert der erhaltenen Beteiligung liegenden Emissionskurs teilnimmt, führt deshalb nicht zu einer Gewinnrealisation in der Person des Altgesellschafters, der einbringungsgeborene Anteile hält. Die neuen Anteile des an der Kapitalerhöhung teilnehmenden Gesellschafters bleiben aber in dem Umfang als einbringungsgeboren steuerverhaftet, in dem stille Reserven aus den einbringungsgeborenen Anteilen auf sie übergehen.[283]

124 Bei der Veräußerung einbringungsgeborener Anteile finden die Vergünstigungen der §§ 16 und 34 EStG Anwendung, wenn der Veräußerer eine natürliche Person ist. War Gegenstand der steuerbegünstigten Einlage, durch die einbringungsgeborene Anteile geschaffen worden sind, eine Beteiligung an einer Kapitalgesellschaft (§ 20 Abs. 1 Satz 2 UmwStG), so greifen die Vergünstigungen der §§ 16, 34 EStG bei der Veräußerung der einbringungsgeborenen Anteile nur, wenn die Einbringung eine 100%ige Beteiligung zum Gegenstand hatte.

2. Gewerbesteuer

125 Gewinne aus der Veräußerung von Beteiligungen iSv. § 17 EStG oder einbringungsgeborener Anteile im Privatvermögen sind nicht gewerbesteuerpflichtig. Gewinne aus der Veräußerung von GmbH-Beteiligungen, die zum **Betriebsvermögen eines Einzelunternehmers oder einer Personengesellschaft** gehören, unterliegen regelmäßig der Gewerbesteuer. Das Schachtelprivileg (§ 9 Nr. 2 a GewStG) umfaßt nicht den Gewinn aus der Veräußerung von Gesellschaftsanteilen. Die auf den Gewinn aus der Anteilsveräußerung entfallende Gewerbesteuer mindert den **laufenden Gewinn,** nicht den tarifbegünstigten Veräußerungsgewinn.[284]

---

[282] Vgl. Rz. 99 f.
[283] BFH v. 8. 4. 1992, BStBl. II 1992, 761; BMF v. 25. 3. 1998, BStBl. I 1998, 267 Rz. 21.14.
[284] BFH v. 27. 10. 1977, BStBl. II 1978, 100 (101).

A. Veräußerung von GmbH-Geschäftsanteilen 126–129 § 12

Auch der Gewinn aus der Veräußerung einer im Betriebsvermögen liegenden **100%igen Beteiligung** ist gewerbesteuerpflichtig, obwohl die Veräußerung eines Teilbetriebs nach § 16 EStG einkommensteuerlich tarifbegünstigt ist.[285] Der Veräußerungsgewinn ist **ausnahmsweise gewerbesteuerfrei**, wenn die Beteiligung nur ein Wirtschaftsgut im Rahmen einer Veräußerung eines Betriebs oder Teilbetriebs ist bzw. bei der Aufgabe des Gewerbebetriebs des Veräußerers (Einzelunternehmer oder Personengesellschaft) übertragen wird.[286]

126

Die Veräußerung einbringungsgeborener Anteile ist gewerbesteuerfrei, wenn eine erfolgte Veräußerung an Stelle der Einbringung, die zur Schaffung der einbringungsgeborenen Anteile geführt hat, nicht gewerbesteuerpflichtig gewesen wäre.[287] Sind die einbringungsgeborenen Anteile zB durch Einbringung eines Mitunternehmeranteils (§ 20 Abs. 1 UmwStG) entstanden, können die erhaltenen Anteile gewerbesteuerfrei veräußert werden. Sind aber die einbringungsgeborenen Anteile durch Einbringung einer im Betriebsvermögen liegenden 100%-Beteiligung an einer Kapitalgesellschaft entstanden, ist die Veräußerung der einbringungsgeborenen Anteile gewerbesteuerpflichtig (vgl. auch Abschn. 39 und 40 Abs. 1 Nr. 1 GewStR).

127

Bei **Körperschaften** sind alle Einkünfte solche aus Gewerbebetrieb. Auch der Gewinn aus der Veräußerung einer GmbH-Beteiligung gehört zum Gewerbeertrag. Nicht zum Gewerbeertrag der Kapitalgesellschaft zählen aber Gewinne aus der Veräußerung einbringungsgeborener Anteile an einer Kapitalgesellschaft, wenn Gegenstand der Einbringung, aus der die einbringungsgeborenen Anteile stammen, ein Mitunternehmeranteil war.[288] Auch der Gewinn aus der Veräußerung einbringungsgeborener Anteile an einer Personengesellschaft iSv. § 24 UmwStG unterliegt nicht der Gewerbesteuer.[289] Letzteres gilt (seit 1997) nicht, wenn die Veräußerung innerhalb von fünf Jahren nach der Einbringung erfolgt (§ 18 Abs. 4 Satz 2 UmwStG).

128

3. Umsatzsteuer

Die Veräußerung von GmbH-Geschäftsanteilen ist nicht umsatzsteuerpflichtig, unabhängig davon, ob die Anteile im Privatvermögen oder im Betriebsvermögen liegen. Bei Anteilen im Privatvermögen fehlt es mangels Unternehmereigenschaft des Veräußerers bereits an der Steuerbarkeit der Leistung. Die Veräußerung von GmbH-Geschäftsanteilen im Betriebsvermögen wie auch die Vermittlung sind nach § 4 Nr. 8 f UStG steuerfrei. Dies gilt auch, wenn sämtliche Anteile an einer GmbH veräußert werden. Der veräußernde Unternehmer kann nach § 9 Abs. 1 UStG auf die Steuerbefreiung verzichten, wenn er den Anteil an einen anderen Unternehmer veräußert.

129

---

[285] BFH v. 2. 2. 1972, BStBl. II 1972, 470 (471); BFH v. 1. 7. 1992, GmbHR 1993, 244; FG Düsseldorf v. 21. 8. 1996, EFG 1996, 1234 (nrk.) – Beteiligungen als Umlaufvermögen –; *Littmann/Hörger* § 16 Anm. 7.
[286] BFH aaO; *Littmann/Hörger* aaO.
[287] BFH v. 29. 4. 1982, BStBl. II 1982, 738 (739 f.).
[288] Vgl. BFH aaO; Abschn. 41 Abs. 2 GewStR; Übersicht bei *Rose* FR 1993, 253 ff.
[289] BFH v. 27. 3. 1996, FR 1997, 234; OFD Kiel v. 24. 7. 1997, GmbHR 1997, 1016.

4. Grunderwerbsteuer

a) Anteilsvereinigung

130 Nach § 1 Abs. 3 GrEStG unterliegt die Übertragung bzw. Vereinigung aller Anteile an einer grundstücksbesitzenden GmbH der Grunderwerbsteuer: § 1 Abs. 3 Nr. 1 und Nr. 3 GrEStG erfassen das schuldrechtliche Verpflichtungsgeschäft, § 1 Abs. 3 Nr. 2 und Nr. 4 GrEStG die Vereinigung bzw. den Übergang aller Anteile soweit kein schuldrechtliches Verpflichtungsgeschäft zugrunde liegt. Bemessungsgrundlage für die Grunderwerbsteuer ist seit 1997 der nach § 138 Abs. 2 u. 3 BewG gesondert festzustellende Grundstückswert (§ 8 Abs. 2 Nr. 3 GrEStG). Grunderwerbsteuer entsteht nur, wenn **mindestens 95% der Anteile** vereinigt bzw. übertragen werden. Die Zurückbehaltung von Anteilen verhindert die Entstehung der Steuer und kann nicht als Mißbrauch angesehen werden.[290] Eine Anteilsvereinigung liegt auch vor, wenn sich die restlichen Anteile im Besitz der Gesellschaft befinden[291] oder wenn die restlichen Anteile eingezogen werden.[292]

131 Die Anteilsvereinigung bzw. Übertragung erzeugt so viele Grunderwerbsteuerfälle, wie der Gesellschaft Grundstücke gehören.[293] Ob ein Grundstück zum Vermögen der Gesellschaft „gehört", richtet sich nach § 1 Abs. 1 bis 3 GrEStG. Es kommt nicht darauf an, ob das Grundstück zivilrechtlich im Eigentum der GmbH steht. Maßgeblich ist, ob die GmbH vor der Übertragung der Anteile einen Erwerbsvorgang iSd. § 1 GrEStG verwirklicht hat (Beispiel: Die GmbH kauft am 1.2. ein Grundstück, am 3.2. – also vor Eigentumsübergang am Grundstück durch Eintragung im Grundbuch – werden alle Anteile übertragen).[294] Entsprechend scheidet ein Grundstück grunderwerbsteuerlich aus dem Vermögen der Gesellschaft aus, wenn im Zeitpunkt der Anteilsvereinigung bereits ein Veräußerungsgeschäft in bezug auf das Grundstück abgeschlossen worden ist.

132 Ob eine Anteilsvereinigung in der Hand des Erwerbers vorliegt, richtet sich nach der **rechtlichen** Zuordnung der GmbH-Anteile. Eine Zurechnung der Anteile nach wirtschaftlichen Gesichtspunkten reicht nicht aus.[295] Eine Vereinigung aller Anteile in einer Hand liegt aber vor, wenn der Anteilserwerber die Anteile an einer GmbH **teils unmittelbar** und **teils mittelbar** über eine andere Gesellschaft hält, an der er zu 100% beteiligt ist.[296] Bei einer unter 100%igen Beteiligung an der Gesellschaft, die den Anteilsbesitz vermittelt, findet ein steuerbarer Erwerb nur statt, wenn die zwischengeschaltete Gesellschaft ein abhängiges Unternehmen ist (vgl. dazu Rz. 133). Werden die Anteile zunächst teils unmittelbar, teils mittelbar gehalten, so löst die nachfol-

---

[290] BFH v. 16. 3. 1966, BStBl. III 1966, 254; BFH v. 31. 7. 1991, BFH/NV 1992, 57. Zur Neuregelung ab 1999: *Beckmann* GmbHR 1999, 217.
[291] BFH v. 27. 4. 1966, HFR 1966, 457.
[292] BFH v. 10. 8. 1988, BStBl. II 1988, 959 (960).
[293] BFH v. 28. 6. 1972, BStBl. II 1972, 719 (720).
[294] *Boruttau/Fischer* § 1 Anm. 906 ff.
[295] BFH v. 26. 2. 1975, BStBl. II 1975, 456 (457).
[296] BFH v. 11. 6. 1975, BStBl. II 1975, 834; BFH v. 30. 3. 1988, BStBl. II 1988, 550.

A. Veräußerung von GmbH-Geschäftsanteilen   133 § 12

gende Vereinigung unmittelbar in der Hand der betreffenden Person nicht erneut Grunderwerbsteuer aus, da der Zurechnungsträger nicht wechselt.[297] Zweifelhaft ist ob hieraus auf eine generelle Steuerfreiheit bei Veräußerungen im Konzern geschlossen werden kann.[298] Zweifelhaft ist auch, ob die Änderung einer unmittelbaren mindestens 95%igen Beteiligung in eine mittelbare mindestens 95%ige Beteiligung (Anteile an einer grundbesitzhaltenden Tochtergesellschaft werden in eine andere Tochergesellschaft eingebracht) steuerbar ist.[299]

b) Anteilsvereinigung im Organkreis

Besonderheiten ergeben sich bei einer Anteilsvereinigung im Organkreis. Die Anteilsvereinigung in der Hand von herrschenden und abhängigen Unternehmen nach § 1 Abs. 3 GrEStG ist ein besonders geregelter Fall der mittelbaren Anteilsvereinigung. Dabei läßt das Gesetz das Abhängigkeitsverhältnis genügen. Auf eine 100%ige Beteiligung der herrschenden Gesellschaft an der zwischengeschalteten Gesellschaft, die wiederum Anteile an einer Gesellschaft hat, wird verzichtet.[300]   133

Beispiel:

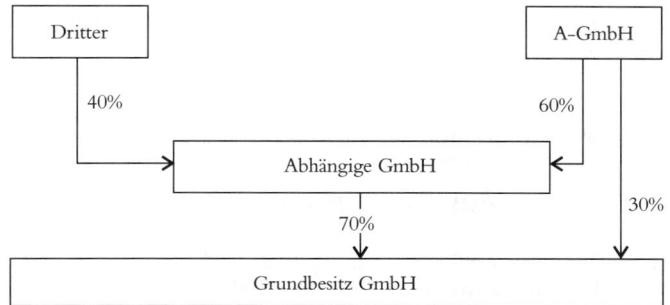

Die Definition der Abhängigkeit in § 1 Abs. 4 Nr. 2 b GrEStG entspricht der Definition der steuerlichen Organschaft (§ 14 KStG) und setzt die finanzielle, wirtschaftliche und organisatorische Eingliederung voraus.[301] Es ist ausreichend, wenn die Anteile entweder in der Hand des Organträgers und einer oder mehrerer Organgesellschaften oder nur in der Hand von Organgesellschaften liegen. Die Verschiebung einzelner dieser Anteile innerhalb des Organkreises führt zu keiner erneuten Steuerpflicht wegen Anteilsvereinigung im Organkreis, solange keine grunderwerbsteuerliche Zurechnung an eine

---

[297] BFH v. 20. 10. 1993, BStBl. II 1994, 121.
[298] Dafür *Eder* DStR 1994, 735; ablehnend OFD Erfurt DB 1995, 1589.
[299] Für die Steuerbarkeit bei der die Anteile alsdann haltenden Tochtergesellschaft: BFH v. 4. 12. 1996, BFH/NV 1997, 440; aA Vorinstanz FG Hamburg v. 9. 9. 1996, EFG 1997, 253.
[300] BFH v. 16. 1. 1980, BStBl. II 1980, 359 (360); *Boruttau/Egly/Sigloch* § 1 Anm. 706.
[301] *Boruttau/Fischer* § 1 Anm. 964 ff.

andere Person erfolgt. Zweifelhaft ist, ob ein Wechsel des Zurechnungsträgers aber beispielsweise gegeben ist, wenn an Stelle der Vereinigung in der Person der Konzernobergesellschaft eine Vereinigung unter einer Tochtergesellschaft erfolgt.[302] Ein Wechsel des Zuordnungsträgers liegt auch vor, wenn **alle Anteile** von einer Gesellschaft des Organkreises auf eine andere Gesellschaft des Organkreises übertragen werden,[303] solange keine grunderwerbsteuerliche Zurechnung an eine weitere Person erfolgt.

c) Rückgängigmachung bzw. Rückerwerb

134 § 16 GrEStG regelt die Nichtfestsetzung bzw. Aufhebung oder Änderung der Steuerfestsetzung in bestimmten Fällen, in denen ein Erwerbsvorgang rückgängig gemacht oder die Gegenleistung herabgesetzt wird. Die Aufhebung des Erwerbsvorganges in gegenseitigem Einvernehmen bzw. der einvernehmliche Rückerwerb müssen innerhalb von zwei Jahren nach dem Erwerbsvorgang erfolgen. Findet die Rückabwicklung aufgrund eines Rechtsanspruchs statt, ist keine Frist gesetzt. Voraussetzung ist stets, daß der aufgehobene Erwerbsvorgang ordnungsgemäß angezeigt worden ist (§§ 16 Abs. 5, 18, 19 GrEStG). Zur Ordnungsmäßigkeit der Anzeige gehört, daß diese innerhalb der zweiwöchigen Frist (§ 18 Abs. 3, § 19 Abs. 3 GrEStG) erfolgt. Die Frist läuft unabhängig davon, ob die Anzeigepflichtigen erkannt haben, daß es sich um einen anzeigepflichtigen Vorgang handelt.[304]

B. Nießbrauch an GmbH-Geschäftsanteilen

I. Gesellschaftsrechtliche Grundlagen

135 Die Bestellung des Nießbrauchs an einem GmbH-Geschäftsanteil erfordert die **notarielle Beurkundung** (§ 1069 Abs. 1 BGB, § 15 Abs. 3 GmbHG). Das schuldrechtliche Verpflichtungsgeschäft bedarf keiner Form. Die Aufhebung des Nießbrauchs ist formfrei möglich.[305] Sieht die Satzung Abtretungsbeschränkungen vor (vgl. Rz. 43 ff.), insb. Zustimmungserfordernisse, so gelten diese auch für die Nießbrauchsbestellung.[306] Ist die Abtretbarkeit in der Satzung ausgeschlossen, ist auch die Nießbrauchsbestellung untersagt. Die **Anmeldung der Nießbrauchsbestellung** bei der Gesellschaft ist erforderlich, um die Rechte des Nießbrauchers, besonders den Anspruch auf Gewinnausschüttung, zu wahren. Es soll also verhindert werden, daß die Gesellschaft mit befreiender Wirkung Gewinnausschüttungen an den Gesellschafter leistet.[307] Der Nießbrauch ist als höchstpersönliches Recht nicht

---

[302] *Boruttau/Fischer* § 1 Anm. 970 ff.; für Steuerpflicht BFH aaO Fn. 301.
[303] BFH v. 30. 3. 1988, BStBl. II 1988, 682.
[304] BFH v. 25. 3. 1992, BStBl. II 1992, 680; *Boruttau/Viskorf* § 19 Anm. 21.
[305] Vgl. zu allem *Baumbach/Hueck/Hueck* § 15 Anm. 51; grundlegend zur Zulässigkeit der Nießbrauchsbestellung: *Schön* ZHR 1994, 229.
[306] *Scholz/Winter* § 15 Anm. 189; *Petzoldt* GmbHR 1987, 381 (387); aA *Lutter/Hommelhoff* § 15 Anm. 48.
[307] *Petzoldt* aaO; vgl. Rz. 57, 62 f.

B. Nießbrauch an GmbH-Geschäftsanteilen 136–139 § 12

übertragbar und erlischt mit dem Tode des Nießbrauchers, durch vertragliche Aufhebung oder (§§ 1059, 1061 BGB) mit Ablauf der vereinbarten Zeit. Eine Ausnahme vom Grundsatz der Unübertragbarkeit besteht nach § 1059 a BGB in Fällen der Gesamtrechtsnachfolge bei juristischen Personen.[308] Der Nießbrauch ist ein dingliches Recht, dh. er gilt für und gegen jedermann und bleibt als Belastung bestehen, wenn der Geschäftsanteil übertragen wird.

Die Bestellung eines Nießbrauchs an GmbH-Geschäftsanteilen (§ 1068 Abs. 1 BGB) hat zur Folge, daß der Gewinnanspruch als Frucht des belasteten Geschäftsanteils dem Nießbraucher zusteht, ohne daß dieser Gesellschafter und somit Inhaber der mitgliedschaftlichen Rechte wird. Zivilrechtlich ist die Bezeichnung als **Zuwendungsnießbrauch** oder **Vorbehaltsnießbrauch** ohne Bedeutung. Sie benennt lediglich die Entstehung der Belastung. Überträgt der Gesellschafter den Geschäftsanteil und behält er sich die laufenden Erträge durch einen Nießbrauch vor, spricht man von einem Vorbehaltsnießbrauch. Behält er den Geschäftsanteil und räumt er einem Dritten die Erträge durch Nießbrauchsbestellung ein, spricht man von einem Zuwendungsnießbrauch.

Im Verhältnis zwischen Gesellschafter und Nießbraucher hat allein der Gesellschafter Einlagerückstände und Nachschüsse zu erbringen.[309] Ihm verbleiben die Mitverwaltungsrechte[310] und Auskunftsrechte nach § 51a GmbHG. Dies gilt selbst für Beschlüsse, die den Nießbrauch durch eine Veränderung des Geschäftsanteils oder der Satzung mittelbar beeinträchtigen.[311] Das Stimmrecht kann auf den Nießbraucher nicht dinglich übertragen werden.[312] Der Nießbraucher kann jedoch zur Ausübung des Stimmrechtes bevollmächtigt werden, die Wirksamkeit einer unwiderruflichen Vollmacht wird abgelehnt.[313]

Der Nießbraucher hat einen unmittelbaren Anspruch aus eigenem Recht auf eine beschlossene Gewinnausschüttung. Da das Stimmrecht beim Anteilsinhaber liegt, haben die Gesellschafter die Möglichkeit, durch eine Satzungsänderung oder eine fortdauernde Thesaurierung von Gewinnen den Nießbraucher ertraglos zu stellen. Dem Nießbraucher könnten in diesem Fall Schadensersatzansprüche gegen den nießbrauchsbelasteten Gesellschafter wegen Verletzung des der Nießbrauchsbestellung zugrundeliegenden Kausalgeschäfts zustehen. Da ein solcher Anspruch nur schwer zu begründen ist, empfiehlt sich eine vertragliche Absicherung des Nießbrauchers gegenüber dem Gesellschafter.[314]

Im Verhältnis zur GmbH erfaßt der Anspruch des Nießbrauchers auf Gewinnausschüttung die während des Bestehens des Nießbrauchs beschlossenen

---

[308] Entspr. für OHG und KG *Erman/Michalski* § 1059 a Anm. 1.
[309] *Hachenburg/Zutt* Anh. § 15 Anm. 60.
[310] *Scholz/Winter* § 15 Anm. 192 f. mwN; OLG Koblenz v. 16. 1. 1992, GmbHR 1992, 464; *Brandi/Mühlmeier* GmbHR 1997, 734.
[311] Abspaltungsverbot der Gesellschafterkernrechte BGHZ 43, 261 (267); im einzelnen str., vgl. *Scholz/Winter* § 15 Anm. 196, 198.
[312] OLG Koblenz aaO (Fn. 312); aA *Lutter/Hommelhoff* § 15 Anm. 48.
[313] *Baumbach/Hueck/Zöllner* § 47 Anm. 36; BGH v. 30. 1. 1995, DStR 1995, 1276.
[314] *Petzold* GmbHR 1987, 381 (386 f.).

Gewinnausschüttungen. Die GmbH kann mit befreiender Wirkung an den Gesellschafter bzw. an den ehemaligen Nießbraucher leisten, sofern ihr die Nießbrauchsbestellung nach § 16 GmbHG bzw. das Erlöschen des Nießbrauchs nicht angezeigt worden sind. Im Verhältnis zwischen Nießbraucher und Gesellschafter ist ersterer, vorbehaltlich einer anderen Vereinbarung, nur berechtigt, die während des Bestehens des Nießbrauchs tatsächlich beschlossenen Ausschüttungen zu vereinnahmen (§ 101 BGB). Der Nießbraucher läuft damit Gefahr, bis zu der durch § 138 BGB (Sittenwidrigkeit) gezogenen Grenze durch Gewinnthesaurierung „ausgehungert" zu werden.[315] Eine vertragliche Absicherung ist ratsam. Nicht vom Nießbrauch erfaßt werden Erträge aus der Auflösung stiller Reserven des Anlagevermögens, die vor Bestehen des Nießbrauchs gebildet worden sind.[316] Folgt man der Begrenzung der Ansprüche des Nießbrauchers auf die tatsächlich ausgeschütteten Gewinne, so kann der Gesellschafter auf der anderen Seite keinen Ausgleich vom Nießbraucher dafür verlangen, daß Gewinne mit ausgeschüttet werden, die vor Nießbrauchsbestellung thesauriert worden sind. Ohne Vorliegen einer entsprechenden Vereinbarung steht dem Gesellschafter uE – entgegen der wohl hM – kein Ausgleichsanspruch gegen den Nießbraucher zu, da § 101 Abs. 1 Nr. 1 und Abs. 1 Nr. 2, 1. Alt. BGB auf den Zeitpunkt der Trennung der Frucht (Ausschüttungsbeschluß) bzw. die Fälligkeit der Gewinnausschüttung abstellt.[317] Eine Qualifizierung als regelmäßig wiederkehrender Ertrag (§ 101 Nr. 2, 2. Alt. BGB), der streng pro rata temporis aufzuteilen ist, kann allenfalls in Betracht kommen, wenn die Gewinnausschüttung nicht von der Gesellschafterversammlung beschlossen werden muß.

140 Der Nießbrauch setzt sich automatisch an den **Surrogaten,** wie der Anspruch auf einen Anteil am Liquidationserlös und auf ein Abfindungsguthaben, fort. Zahlungen auf diese Ansprüche müssen jedoch an den Gesellschafter und den Nießbraucher gemeinsam geleistet werden. Der Nießbraucher kann die Art der Neuanlage bestimmen und die erneute Bestellung eines Nießbrauchs verlangen (§§ 1077, 1079 BGB). Nicht zu den Nutzungen gehören das Bezugsrecht auf neue Geschäftsanteile und die neuen Geschäftsanteile selbst, da beide nicht als Ertrag der bereits bestehenden Geschäftsanteile anzusehen sind.[318] Bei einer **Kapitalerhöhung aus Gesellschaftsmitteln** soll sich der Nießbrauch automatisch an den neuen Anteilen fortsetzen.[319] Wird ein neuer Anteil gegen eine Einlage erworben, die unter dem tatsächlichen Wert des neuen Anteils liegt, so besteht ein Anspruch auf Einräumung des Nießbrauchs an dem neuen Anteil nur in bezug auf den unentgeltlich erworbenen Teil des neuen Geschäftsanteils.[320]

---

[315] HM; vgl. BFH v. 1. 3. 1994, NJW 1995, 1918: krit. für Ausgleichsanspruch *Schön* ZHR 158 (1994), 229.

[316] BFH v. 28. 1. 1993, GmbHR 1993, 472 und v. 1. 3. 1994, NJW 1995, 1918.

[317] BFH v. 21. 5. 1986, BStBl. II 1986, 794; aA *Scholz/Winter* § 15 Anm. 190.

[318] *Lutter/Hommelhoff* § 15 Anm. 49; *Scholz/Winter* § 15 Anm. 191; BGH v. 20. 4. 1972, GmbHR 1972, 215 (für KG-Anteil).

[319] *Scholz/Winter* § 15 Anm. 191 mwN in Anm. 660; aA *Lutter/Hommelhoff* § 15 Anm. 43.

[320] *Scholz/Winter* § 15 Anm. 190 mwN in Anm. 662.

II. Steuerliche Folgen der Nießbrauchsbestellung

1. Ertragsteuerliche Zurechnung der Einkünfte

Mit der Frage, wem die Einkünfte ertragsteuerlich zuzurechnen sind und wem der Anspruch auf Anrechnung der Körperschaftsteuer zusteht, befaßt sich der Nießbraucherlaß der Fin.Verw. v. 23. 11. 1983.[321] Danach erfolgt eine Zurechnung der Dividenden und des Körperschaftsteueranrechnungsguthabens beim Nießbraucher nur, wenn dieser sich den Nießbrauch anläßlich einer schenkweisen Übertragung des Geschäftsanteils vorbehält (Vorbehaltsnießbrauch) oder aufgrund eines Vermächtnisses des Gesellschafters eingeräumt bekommt (Vermächtnisnießbrauch). Der Erlaß spricht solches ausdrücklich nur für einen zurückbehaltenen Nießbrauch anläßlich einer unentgeltlichen Übertragung des Geschäftsanteils aus, doch muß dies auch gelten, wenn der Geschäftsanteil verkauft wird und zuvor ein Nießbrauch bestellt worden ist.

Offen ist derzeit die Frage, ob dem Nießbraucher auch verdeckte Gewinnausschüttungen zuzurechnen sind. Der Bundesfinanzhof hat eine Zurechnung beim Nießbraucher jedenfalls für den Fall abgelehnt, daß die dem Gesellschafter zugewendeten Vorteile (stille Reserven im Anlagevermögen) nicht vom Nießbrauch erfaßt werden.[322] Dem ist mit der Maßgabe zuzustimmen, daß eine Erfassung beim Nießbraucher erst im Zeitpunkt des Zuflusses möglich ist, wenn der Nießbrauch nicht in einem Betriebsvermögen liegt, dh. im Zeitpunkt des Erhalts von dem nichtberechtigten Gesellschafter oder Dritten.[323]

Behält der Gesellschafter hingegen seinen Geschäftsanteil und räumt er einem Dritten hieran unentgeltlich einen Nießbrauch ein (Zuwendungsnießbrauch), so hat der Gesellschafter die Dividende zuzüglich des Körperschaftsteuerguthabens zu versteuern.[324]

Bei entgeltlicher Bestellung des Nießbrauchs ist dem Gesellschafter das erhaltene Entgelt nebst anrechenbarer Körperschaftsteuer nach § 20 Abs. 2 Nr. 2 a EStG als Einkünfte zuzurechnen. Der Nießbraucher erzielt Dividendeneinkünfte (§ 20 Abs. 1 Nr. 1 iVm § 20 Abs. 2 a Satz 3 EStG) und zieht das von ihm entrichtete Entgelt als Werbungskosten ab.[325] Anzurechnen sind beim Nießbrauchsbesteller der auf die nießbrauchsbelasteten Anteile spätestens bis Ablauf des auf die Nießbrauchsbestellung folgenden Jahres tatsächlich ausgeschütteten Dividenden (§ 36 Abs. 2 Nr. 3 d EStG).[326]

---

[321] Nießbraucherlaß BStBl. I 1983, 508 (512 f.), Anm. 55 ff.; OFD Erfurt v. 14. 6. 1995, DStR 1995, 1419; vgl. auch *Milatz/Sonnebarn* DStR 1999, 137.
[322] BFH v. 28. 1. 1992, GmbHR 1992, 472.
[323] FG Baden-Württemberg v. 12. 3. 1987, EFG 1987, 406, bestätigt durch BFH v. 30. 4. 1991, BStBl. II 1991, 574.
[324] BFH v. 14. 12. 1976, BStBl. II 1977, 115 (116); Nießbraucherlaß BStBl. I 1983, 508, Anm. 57; krit. *Schmidt/Heinicke* § 20 Anm. 5 mwN, der eine Zurechnung beim Nießbraucher befürwortet, wenn dieser über ausreichende Dispositionsbefugnisse bzgl. des Stammrechts verfügt.
[325] Vgl. *Schmidt/Heinicke* § 20 Anm. 5 d.
[326] Vgl. Nießbraucherlaß aaO Fn. 323.

145 Ist die Position des Nießbrauchers jedoch so gestaltet, daß er über erhebliche Dispositionsbefugnisse bezüglich des belasteten GmbH-Anteils verfügt (zB Vollmacht zur Stimmrechtsausübung), kann eine Zurechnung der Einkünfte beim Nießbraucher in Betracht kommen, die durch die Einholung einer verbindlichen Zusage der Finanzverwaltung abgesichert werden sollte. Im Falle der Ablehnung der Erteilung einer Zusage könnte durch eine **Übertragung des GmbH-Anteils,** verbunden mit einer entsprechenden Rückübertragungsverpflichtung (zB Option, Pensionsgeschäft), eine steuerliche Zurechnung der Ausschüttungen beim Empfänger bewirkt werden. Dabei ist darauf zu achten, daß die Rückübertragungsverpflichtung nicht zur Annahme von wirtschaftlichem Eigentum bei dem übertragenden Gesellschafter führt, der den Zufluß von Dividenden in seiner Person gerade verhindern will. Das bloße Vorhandensein einer Rückübertragungsverpflichtung oder einer Option reicht für die Annahme von wirtschaftlichem Eigentum jedenfalls nicht aus.[327]

146 Wird der Nießbrauch durch eine Rente oder dauernde Leistungen abgelöst, so sind der Ertragsanteil der Rente bzw. die dauernde Last als Sonderausgabe abziehbar, beim Bilanzierenden als laufende Betriebsausgaben.[328]

2. Erbschaft- und Schenkungsteuer

147 Die Einräumung eines Nießbrauchs an einem GmbH-Geschäftsanteil zu Lebzeiten des Gesellschafters bzw. durch testamentarische Anordnung unterliegt der Erbschaft- bzw. Schenkungsteuer.[329] Zur allgemeinen Übersicht über die Vorschriften des Erbschaftsteuer- und Schenkungsteuerrechts wird auf Anm. Rz. 199 ff. verwiesen. Für Zwecke der Erbschaft und Schenkungsteuer gelten die für die ab 1997 abgeschaffte Vermögensteuer entwickelten Bewertungsgrundsätze fort.

148 Ist der Nießbrauch auf **bestimmte Zeit** beschränkt, errechnet sich der Kapitalwert als Summe der einzelnen Jahreswerte nach Anlage 9 a zum BewG, bei Einräumung auf **Lebenszeit** nach Anlage 9 zum BewG. **Jahreswert** der zu kapitalisierenden Nutzung ist die dem Nießbraucher zustehende Dividende. Da dieser Betrag schwankt, wird als Jahreswert der Durchschnittsbetrag der letzten drei Jahre angenommen. Maßgeblich sind die vereinnahmten Bardividenden zuzüglich Kapitalertragsteuer-Anrechnungsguthaben und anrechenbarer Körperschaftsteuer. Wenn der Nießbraucher durch Stimmrechtsvollmacht die Möglichkeit hat, eine Vollausschüttung zu bewirken, sind die ausschüttungsfähigen Beträge entscheidend.[330] Nach § 16 BewG darf der Jahreswert von Nutzungen nicht mehr als den 18,6ten Teil des Wertes betragen, der sich nach dem BewG für den GmbH-Geschäftsanteil selbst ergibt. Dies ist der Verkaufspreis, wenn innerhalb eines Kalenderjahres vor dem Stichtag eine entgeltliche Übertragung stattgefunden hat, andernfalls der nach dem Stuttgarter Verfahren (Abschn. 4 ff. VStR) ermittelte Wert (§ 11 BewG).

149 Nach § 23 ErbStG kann derjenige, dem ein Nießbrauch an einem GmbH-Anteil eingeräumt wird, wählen, ob er die Erbschaftsteuer mit einem **Ein-**

---

[327] Zu Pensionsgeschäften: *Häuselmann* NWB/F 3, 8707.
[328] BFH v. 3. 6. 1992, DStR 1993, 12.
[329] *Michel* DStR 1986, 462; *Petzold* GmbHR 1987, 433.
[330] *Rössler/Troll* § 15 Anm. 8.

B. Nießbrauch an GmbH-Geschäftsanteilen 150–159 § 12

malbetrag auf den Kapitalwert des Nießbrauchs (Summe der Jahreswerte) entrichtet oder ob er die Erbschaftsteuer **jährlich im voraus** nach dem Jahreswert entrichtet. Der Jahreswert ist die durchschnittlich zu erzielende Ausschüttung (vgl. Rz. 148). Die laufende Besteuerung greift erst ein, wenn die tatsächlich erhaltenen Jahresbeträge die maßgeblichen erbschaft- und schenkungsteuerlichen Freibeträge überschritten haben.[331] Durch das Wahlrecht sollen Liquiditätsengpässe, die durch die Erhebung als Einmalbetrag entstehen können, vermieden werden. Der Erwerber hat das Recht, zum jeweils nächsten Fälligkeitstermin von der laufenden jährlichen Besteuerung Abstand zu nehmen und den aktuellen Kapitalwert zu versteuern. Der Antrag ist fristgebunden (§ 23 Abs. 2 Satz 3 ErbStG). Die jährlichen Steuerbeträge sind bei der Einkommensteuer als dauernde Last (§ 10 Abs. 1 Nr. 1 a EStG) abzugsfähig,[332] nicht hingegen die Zahlung des Einmalbetrages zur Ablösung der Erbschaftsteuer.

Verstirbt der Berechtigte, so sind die Steuerfestsetzungen für ihn und den 150 Verpflichteten nach § 14 Abs. 2 Satz 1 BewG zu berichtigen, wenn die Versteuerung in einer Summe erfolgt war. Streitig ist, ob bei laufender Besteuerung eine Berichtigung der entrichteten Steuern für den Nießbrauchsberechtigten ausscheidet.[333]

Die schenkungsteuerliche Behandlung des **Vorbehaltsnießbrauchs** durch 151 die Finanzverwaltung ist im Anschluß an ein Grundsatzurteil des Bundesfinanzhofs in einem Erlaß festgelegt.[334] Danach ist die Bemessungsgrundlage für die Schenkungsteuer der steuerliche Wert des GmbH-Anteils abzüglich des steuerlichen Werts des Nießbrauchs. Dies gilt jedoch nicht im Anwendungsbereich des § 25 ErbStG. Nach § 25 ErbStG hat der Erwerber eines GmbH-Geschäftsanteils, der mit einem Vorbehaltsnießbrauch zugunsten des Schenkers/Erblassers oder dessen Ehegatten belastet ist, den Geschäftsanteil ohne Berücksichtigung der Nießbrauchslast zu versteuern. Die Steuer, die auf den Kapitalwert des Nießbrauchs entfällt, ist bis zum Erlöschen des Nießbrauchs zu stunden.[335] Die gestundete Steuer kann auf Antrag des Erwerbers jederzeit mit ihrem Barwert nach § 12 Abs. 3 BewG abgelöst werden (§ 25 Abs. 1 Satz 3 ErbStG).

Beim **Vermächtnisnießbrauch** versteuert der Nießbraucher den Kapital- 152 wert als Erwerb vom Erblasser. Dies gilt auch beim Untervermächtnis, bei dem ein Vermächtnisnehmer den GmbH-Anteil vom Erben erhält und seinerseits einer dritten Person einen Nießbrauch einräumen muß. Der Erbe, der den Geschäftsanteil erwirbt und einem Dritten den Nießbrauch einräumt, zieht den Kapitalwert des Nießbrauchs von seinem Erwerb ab, sofern nicht der Ehegatte des Erblassers begünstigt ist (§ 25 ErbStG).

(frei) 153–159

---

[331] *Moench* § 23 Anm. 10; *Meincke* § 23 Anm. 11.
[332] BFH v. 5. 4. 1965, BStBl. III 1965, 360 (361); 87 EStR.
[333] Dafür *Moench* § 23 Anm. 19; *Meincke* § 23 Anm. 10; aA *Kapp* § 23 Anm. 31; s. auch Nieders. FG v. 23. 10. 1996, DStRE 1997, 416.
[334] Vgl. BFH v. 12. 4. 1989, BStBl. II 1989, 524; koordinierter Ländererlaß v. 9. 11. 1989, BStBl. I 1989, 445; *Kapp/Oltmanns* DB 1989, 2351; *Binz/Sorg* BB 1989, 1521.
[335] FG München v. 28. 3. 1996, UVR 1996, 249.

C. Unterbeteiligung am GmbH-Geschäftsanteil

I. Gesellschaftsrechtliche Grundlagen

160 Die Unterbeteiligung ist die Beteiligung eines Dritten an einem GmbH-Geschäftsanteil, ohne daß der Dritte selbst Gesellschafter der GmbH wird oder sonst dingliche Rechte am Geschäftsanteil erwirbt.[336] Da die Gründung einer Unterbeteiligungsgesellschaft keine Verfügung über den Geschäftsanteil ist, bedarf der Vertrag über die Einräumung auch nicht der Form des § 15 Abs. 3 und 4 GmbHG und kann überdies ohne Einhaltung gesellschaftsvertraglicher Genehmigungserfordernisse oder anderer Erschwernisse vereinbart werden. Bei **schenkweiser Einräumung** einer Unterbeteiligung bedürfen das Schenkungsversprechen (§ 518 BGB) und der Unterbeteiligungsvertrag der notariellen Beurkundung. Die notarielle Beurkundung ist nicht erforderlich, wenn ein Teil einer bestehenden Unterbeteiligung übertragen wird, weil dann die „formlose" Übertragung des Teils der Unterbeteiligung (GbR-Anteil) den Formmangel heilt (§ 518 Abs. 2 BGB).[337] Besteht ein **gesellschaftsvertragliches Verbot** von Unterbeteiligungen, kann die gleichwohl erfolgende Begründung als wichtiger Grund zum Ausschluß des Gesellschafters angesehen werden.[338] Ist jedoch lediglich eine Zustimmung für die Abtretung des Geschäftsanteils erforderlich (vgl. Rz. 43 ff.), so bildet die Einräumung der Unterbeteiligung regelmäßig keinen Ausschlußgrund.[339]

161 Zwischen dem Hauptgesellschafter und dem Unterbeteiligten liegt eine reine **Innengesellschaft (GbR)** vor, durch die der Unterbeteiligte je nach der konkreten Ausgestaltung des Unterbeteiligungsvertrages mit schuldrechtlicher Wirkung an den auf den Geschäftsanteil entfallenden Dividenden, den Wertveränderungen des Geschäftsanteils oder an beiden beteiligt wird. Gesamthandsvermögen entsteht nicht. Hat der Unterbeteiligte eine Einlage (Zahlung an den Gesellschafter) erbracht, geht diese in das Vermögen des Hauptgesellschafters über. Die Beteiligten können das Rechtsverhältnis weitgehend beliebig gestalten. Für die Unterbeteiligung gelten bei Fehlen einer ausdrücklichen Abrede die speziellen Regelungen der stillen Gesellschaft (§§ 230 ff. HGB) sowie die allgemeinen Regelungen über die GbR (§§ 705 ff. BGB) entsprechend.[340] Dem Unterbeteiligten können im Verhältnis zum Gesellschafter Mitwirkungsrechte eingeräumt werden, wie beispielsweise Stimm- und Auskunftsrechte, soweit der Gesellschaftsvertrag der GmbH dem nicht entgegensteht.[341] Übt der Gesellschafter sein Stimmrecht ohne Absprache mit dem Unterbeteiligten oder entgegen einer mit diesem getroffenen Vereinbarung

---

[336] Vgl. ausf. zur Unterbeteiligung: MüKomm./*Ulmer* Vor § 705 BGB Anm. 62 ff.; *Paulick/Blaurock* Handbuch der stillen Gesellschaft, 5. Aufl. 1997, § 31 S. 557 ff.; *Blaurock/Berninger* GmbHR, 1990, 11 ff. und 87 ff.
[337] *Märkle* DStZ 1985, 471 (476); BFH v. 19. 9. 1974, BStBl. II 1975, 141 (142).
[338] *Scholz/Winter* § 15 Anm. 12.
[339] OLG Frankfurt a. M. v. 7. 9. 1991, GmbHR 1992, 668.
[340] *Scholz/Winter* § 15 Anm. 13.
[341] BGH v. 11. 7. 1968, BB 1968, 973 (974); vgl. OLG Frankfurt v. 8. 8. 1985, GmbHR 1987, 57.

aus, so ist die Stimmabgabe gleichwohl wirksam. Dem Unterbeteiligten können allenfalls Schadensersatzansprüche gegen den Gesellschafter zustehen. Der Gesellschafter ist dem Unterbeteiligten zur Offenlegung der ihm zugänglichen Unterlagen der GmbH verpflichtet, sofern dem Gesellschafter dies im Verhältnis zur GmbH erlaubt ist.[342]

II. Beendigung der Unterbeteiligung

Die Unterbeteiligungsgesellschaft endet durch Zeitablauf, Kündigung oder Beendigung der Mitgliedschaft des Hauptgesellschafters in der GmbH (§§ 723, 724 BGB). Der Tod des Unterbeteiligten führt analog § 234 Abs. 2 HGB nicht zur Auflösung der Unterbeteiligung.[343] In beiden Fällen kann sich jedoch aus dem konkreten Unterbeteiligungsvertrag eine automatische Auflösung oder ein Kündigungsrecht ergeben, wenn der Vertrag in besonderem Maße an die Person der Beteiligten geknüpft ist. Bei Tod des Hauptbeteiligten und einem Übergang des GmbH-Geschäftsanteils auf die Erben, ist durch Auslegung des Unterbeteiligungsvertrages zu ermitteln, ob die Erben in den Unterbeteiligungsvertrag eintreten sollen.[344] 162

Der Hauptgesellschafter hat den Unterbeteiligten in **Geld abzufinden**.[345] Die Beteiligten können aber auch vereinbaren, daß bei Auflösung eine Realteilung des Geschäftsanteils erfolgen, der Geschäftsanteil auf den Unterbeteiligten übertragen werden oder eine bestmögliche freihändige Verwertung stattfinden soll. Weil darin eine Verpflichtung zur Veräußerung des Geschäftsanteils liegt, entfaltet die Klausel nur Wirkung, wenn der Vertrag über die Unterbeteiligung notariell beurkundet worden ist.[346] Die Höhe des schuldrechtlichen Abfindungsanspruchs richtet sich nach dem Vertrag. Enthält dieser keine spezielle Regelung, so nimmt der Unterbeteiligte nicht am Wertzuwachs des Geschäftsanteils teil. Er erhält lediglich die geleistete Einlage zurück und hat Anspruch auf Beteiligung an den bis zum Auseinandersetzungsstichtag beschlossenen Ausschüttungen. 163

III. Ertragsteuerliche Behandlung

Ertragsteuerlich wird unterschieden zwischen der typischen Unterbeteiligung, bei der nur eine Beteiligung an den Dividenden vorliegt, und einer atypischen Unterbeteiligung, bei der auch eine Beteiligung an den Wertveränderungen, namentlich den stillen Reserven im Geschäftsanteil und die Einräumung von Mitverwaltungsrechten in Innenverhältnis, gegeben ist.[347] Für 164

---

[342] LG Bremen v. 10. 5. 1990, GmbHR 1991, 269; für Unterbeteiligung an KG-Anteil BFH v. 10. 10. 1994, GmbHR 1995, 57.
[343] *Scholz/Winter* § 15 Anm. 14.
[344] *Scholz/Winter* aaO.
[345] *Scholz/Winter* aaO, *Hachenburg/Zutt* Anh. § 15 Anm. 38.
[346] *Hachenburg/Zutt* Anh. § 15 Anm. 36; *Baumbach/Hueck/Hueck* § 15 Anm. 58; *Scholz/Winter* § 15 Anm. 14.
[347] BFH v. 18. 2. 1993 BFH/NV 1993, 647; BFH v. 27. 5. 1993, DStZ 1994, 56; zur Abgrenzung von partiarischen Darlehen BGH v. 29. 6. 1992, GmbHR 1992, 747 und BFH v. 25. 3. 1992, GmbHR 1993, 117.

die steuerliche Anerkennung von Unterbeteiligungen ist vorauszusetzen, daß diese zivilrechtlich wirksam begründet werden, dem unter Fremden üblichem Bedingungen entsprechen und wie unter Fremden vollzogen werden.[348] Daran fehlt es insbesondere bei schenkweise begründeten Unterbeteiligungen, wenn die Schenkung frei widerruflich ist.[349]

1. Typische Unterbeteiligung

165   Bei der **typischen Unterbeteiligung**, dh. der Beteiligung nur am laufenden Gewinn und eventuell auch einem Verlust (zB Beteiligung des Unterbeteiligten an den Finanzierungskosten für den Erwerb des GmbH-Anteils), erzielt der Unterbeteiligte keine Dividendeneinkünfte nach § 20 Abs. 1 Nr. 1 EStG, weil er nicht Gesellschafter der GmbH ist.[350] Er hat Kapitaleinkünfte nach § 20 Abs. 1 Nr. 4 EStG, sofern die Unterbeteiligung zum Privatvermögen gehört, und Betriebseinnahmen, sofern die Beteiligungen zum Betriebsvermögen gehören.[351] Die Zahlung an den Unterbeteiligten unterliegt somit dem Kapitalertragsteuerabzug durch den Gesellschafter nach § 43 Abs. 1 Nr. 3 EStG. Eine einheitliche und gesonderte Feststellung der Einkünfte (§ 180 Abs. 1 Nr. 2 a AO) ist nicht vorzunehmen.

166   Die Dividendeneinkünfte einschließlich des Steuerguthabens fließen dem Hauptgesellschafter zu. Dieser kann den Gewinnanteil des Unterbeteiligten als **Werbungskosten bzw. Betriebsausgaben** abziehen. Eine unentgeltliche oder teilentgeltliche Begründung der Unterbeteiligung steht dem Abzug selbst dann nicht entgegen, wenn der Unterbeteiligte ein Familienangehöriger ist. Erforderlich ist nur, daß das Beteiligungsverhältnis wirksam begründet, klar vereinbart und wie vereinbart durchgeführt wird und einem Drittvergleich standhält (vgl. dazu Rz. 258 ff.). Die schenkweise Zuwendung der Mittel für die Unterbeteiligung durch den GmbH-Gesellschafter steht der steuerlichen Anerkennung nicht entgegen.[352] Für die Angemessenheit des an den Unterbeteiligten zu entrichtenden Dividendenanteils wird vielfach auf die von der Finanzverwaltung (Abschn. H 138 a Abs. 5 EStR) praktizierten Grenzen bei der stillen Gesellschaft Bezug genommen.[353] Danach kann eine Gewinnbeteiligung bezogen auf den Nominalbetrag der Einlage des Unterbeteiligten in Höhe von 12%/15% (bei schenkweiser Überlassung der Mittel) bzw. 25% (bei Leistung aus eigenen Mitteln) als angemessen angesehen werden.[354]

167   Die **Einräumung** der typischen Unterbeteiligung, dh. die Leistung der Einlage, ist kein steuerrelevanter Vorgang.[355] Der Gewinn aus der Veräuße-

---

[348] BFH v. 21. 2. 1991, GmbHR 1992, 121.
[349] BFH v. 16. 5. 1989, BStBl. II 1989, 877; *Felix* KÖSDI 1/1985, 5791 und 1/1994, 9649; *Flore* BB 1994, 1191.
[350] Vgl. ausführlich zur steuerrechtlichen Behandlung der Unterbeteiligung *Märkle* DStZ 1985, 471 ff., 508 ff. und 533 ff.; *Blaurock/Berninger* GmbHR 1990, 87 ff.
[351] Vgl. BFH v. 28. 11. 1990, BStBl II 1991, 313.
[352] BFH v. 21. 2. 1991, BB 1991, 1770.
[353] *Blaurock/Berninger* GmbHR 1990, 87 (95 f.); *Schmidt/Schmidt* § 15 Anm. 131 ff.
[354] Zur Kritik an der Begrenzung für schenkweise begründete Beteiligungen vgl. *Schmidt* aaO.
[355] Vgl. *Märkle* DStZ 1985, 471 (479).

C. Unterbeteiligung am GmbH-Geschäftsanteil 168–170 § 12

rung einer Unterbeteiligung ist nur steuerpflichtig, wenn die Unterbeteiligung zum Betriebsvermögen gehört.[356]

2. Atypische Unterbeteiligung

Die Begründung einer atypischen Unterbeteiligung, dh. die Beteiligung auch an der Substanz des Geschäftsanteils und die Einräumung von Mitverwaltungsrechten im Innenverhältnis, führt zu einer **Aufteilung der Dividendeneinkünfte** auf den Hauptgesellschafter und den Unterbeteiligten. Aufzuteilen sind im Verhältnis der Gewinnbeteiligung die Bardividende zuzüglich der anrechenbaren Körperschaftsteuer und Kapitalertragsteuer. Der Umstand, daß die von der ausschüttenden GmbH auszustellende Steuerbescheinigung nur auf den Namen des Gesellschafters lautet, steht einer Anrechnung beim Unterbeteiligten nicht entgegen, da die Höhe der Einkünfte der Unterbeteiligungsgesellschaft im Feststellungsverfahren nach § 180 Abs. 1 Nr. 2 a AO einheitlich festgestellt und auf den Gesellschafter und den Unterbeteiligten aufgeteilt wird. Gleichzeitig erfolgt die Aufteilung der anrechenbaren Steuern.[357] **168**

Die **entgeltliche Einräumung** einer atypischen Unterbeteiligung wird als Veräußerung des GmbH-Geschäftsanteils durch den Hauptbeteiligten und den Erwerb durch den Unterbeteiligten eingeordnet, dh. bei Vorliegen der weiteren Voraussetzungen der §§ 17 oder 23 EStG kann ein steuerpflichtiger Veräußerungsgewinn auch bei einer Beteiligung im Privatvermögen entstehen.[358] Beträgt der Geschäftsanteil 10% oder mehr des Stammkapitals, so daß eine nach § 17 EStG steuerverhaftete Beteiligung vorliegt, so reduziert die Einräumung der atypischen Unterbeteiligung den für die Anwendung des § 17 EStG maßgeblichen Anteilsbesitz des Hauptbeteiligten entsprechend der im Innenverhältnis mit dem Unterbeteiligten vereinbarten Quote. Fällt die Beteiligungsquote des Hauptbeteiligten hierdurch unter 10%, so bleibt die Steuerverhaftung der verbleibenden Beteiligung gleichwohl für weitere fünf Jahre bestehen (vgl. im einzelnen Rz. 87 f.). Die **Beendigung der Unterbeteiligung** ist eine Rückveräußerung vom Unterbeteiligten an den Hauptbeteiligten. Der Veräußerungsgewinn ist die Differenz zwischen Einlage und Abfindung. Gleiches gilt für die Veräußerung der Unterbeteiligung. **169**

IV. Sonstige Steuern

Beim Hauptbeteiligten, der die Beteiligung in einem gewerblichen Betriebsvermögen hält, fällt **Gewerbertragsteuer** auf erhaltene Dividenden und Veräußerungsgewinne aus der Beteiligung nur soweit an, als er diese nicht an den Unterbeteiligten abführen muß. Das Schachtelprivileg für Dividenden (§ 9 Nr. 2 a GewStG) steht bei einer typischen Unterbeteiligung nur dem Hauptbeteiligten zu, bei einer atypischen Unterbeteiligung jedem der Beteiligten nach Maßgabe der Beteiligungsverhältnisse, wobei für jeden **170**

---

[356] *Paulick/Blaurock* Handbuch der stillen Gesellschaft, 5. Aufl. 1997, § 32 S. 583.
[357] Im einzelnen str.; vgl. *Blaurock/Berninger* GmbHR 1990, 87 (93); *Felix* KÖSDI 1985, 5801.
[358] *Märkle* DStZ 1985, 479; *Blaurock/Berninger* GmbHR 1990, 87 (94).

Beteiligten die Voraussetzung der 10%igen Beteiligung erfüllt sein muß. Umstritten ist die Frage, ob dem Gesellschafter im Falle einer typischen Unterbeteiligung das gewerbesteuerliche Schachtelprivileg für den Bruttobetrag der Dividende oder nur für den nach Zahlung an den Unterbeteiligten verbleibenden Betrag zusteht.[359] Der Gewinn aus der Veräußerung des Geschäftsanteils, zB bei Einräumung der atypischen Unterbeteiligung, ist nicht steuerbefreit.

171 Selbiges gilt bei der seit 1998 abgeschafften **Gewerbekapitalsteuer**, wo eine typische Unterbeteiligung zu (Dauer-)Schulden der Hauptbeteiligten und zu einer Forderung des Unterbeteiligten führt, während der atypisch Beteiligte einen Teil der GmbH-Beteiligung erfaßt und das Schachtelprivileg in Anspruch nehmen kann (§ 12 Abs. 3 Nr. 2 a GewStG).

172–179 *(frei)*

D. Treuhand- und Sicherungsabtretung von GmbH-Geschäftsanteilen

I. Gesellschaftsrechtliche Grundlagen

1. Zulässigkeit

180 Treuhänderische Abtretungen von GmbH-Geschäftsanteilen kommen entweder als eigennützige Treuhand zur Sicherung von Forderungen des Treuhänders (**Sicherungstreuhand**) oder als fremdnützige Treuhand zur Verwaltung von Geschäftsanteilen für den Treugeber (**Verwaltungstreuhand**) vor. Wesentlich ist, daß der Treuhänder den Geschäftsanteil erwirbt, er also Gesellschafter wird und lediglich im Verhältnis zum Treugeber oder einem Dritten verpflichtet ist, von seiner Rechtsstellung nur entsprechend der Treuhand- oder Sicherungsabrede Gebrauch zu machen. Das Treuhandverhältnis wird häufig verdeckt abgeschlossen, zB wenn der Treuhänder bereits bei Gründung der GmbH als **Strohmann** auftritt oder ein Gesellschafter sich verpflichtet, den Geschäftsanteil künftig treuhänderisch für einen Dritten zu halten (**Vereinbarungstreuhand**) oder aber der Gesellschafter den Anteil abtritt, die Abtretung der Gesellschaft aber nicht gem. § 16 GmbHG angezeigt wird.

2. Form von Verpflichtungsgeschäft und Abtretung

181 Die Eingehung der Verpflichtung, einen GmbH-Geschäftsanteil treuhänderisch zu übertragen, bedarf der notariellen Beurkundung. Dagegen soll der zugrundeliegende **Treuhandvertrag**, wie beispielsweise bei der Strohmann-Gründung, formfrei wirksam sein, auch wenn sich daraus die Verpflichtung des Treuhänders zur Abtretung des Geschäftsanteils an den Treugeber ergibt, weil die Verpflichtung aus dem Gesetz folgt (§ 667 BGB).[360] Vorsicht ist

---

[359] *Lenski/Steinberg* § 9 Nr. 7 Anm. 37 mwN.
[360] BFH v. 17. 11. 1955, NJW 1956, 58; OLG Frankfurt a. M. v. 27. 11. 1991, GmbHR 1992, 368; OLG Hamm v. 20. 10. 1993, GmbHR 1994, 880. Hess. FG, EFG

jedoch geboten: Verpflichtet der Treuhand-Vertrag den Treuhänder zunächst zum Erwerb des Geschäftsanteils, so dürfte sich die Formbedürftigkeit bereits aus dem Gesichtspunkt der Übernahme einer Erwerbsverpflichtung ergeben.[361] Außerdem ist die Treuhandabtretung nur dann **zwangsvollstrekkungs- und konkursfest,** dh. geeignet, einen Zugriff durch Gläubiger des Treuhänders zu verhindern, wenn der Geschäftsanteil unmittelbar vom Treugeber auf den Treuhänder übertragen wird.[362] Das läßt sich aber nur erreichen, wenn der Treugeber zu irgendeinem Zeitpunkt selbst Inhaber des Geschäftsanteils wird und diesen sodann auf den Treuhänder überträgt. Wenn der Treuhandvertrag die Verpflichtung dazu enthält, ist er beurkundungspflichtig.

Die **Abtretung** selbst muß notariell beurkundet werden. Auch die **Rückabtretung,** zB nach Erfüllung des Sicherungszwecks, muß der Form des § 15 Abs. 3 GmbHG entsprechen, es sei denn, der Geschäftsanteil ist unter einer **auflösenden Bedingung,** zB der Rückzahlung des gesicherten Darlehens, übertragen worden.[363] Über den Wortlaut von § 15 Abs. 3 GmbHG hinaus soll auch die Vereinbarung eines Gesellschafters mit einem Dritten, den Anteil künftig treuhänderisch für diesen zu halten **(Vereinbarungstreuhand),** beurkundungspflichtig sein, weil dies im Ergebnis der Anteilsabtretung gleichsteht.[364] Ebenfalls formbedürftig sind der **Wechsel des Treugebers,** weil damit die Abtretung des Anspruchs auf Rückübertragung des Geschäftsanteils einhergeht, und die **Übertragung des Geschäftsanteils von einem Treuhänder auf einen anderen Treuhänder.**[365] Für notariell beurkundete Treuhandverträge oder deren Änderung besteht eine Anzeigepflicht des Notars gegenüber dem Finanzamt (§ 54 EStDV), deren Grenzen fraglich sind.[366]

3. Veräußerungsbeschränkungen

Die treuhänderische Abtretung und die Rückabtretung an den Treugeber unterliegen, wie jede andere Abtretung von Geschäftsanteilen, den nach § 15 Abs. 5 GmbHG vereinbarten Veräußerungsbeschränkungen. Der Gesellschaftsvertrag kann auch besondere Regelungen für treuhänderische Abtretungen vorsehen.[367] Wird die Abtretung an den Treuhänder in Kenntnis des Treuhandverhältnisses genehmigt, so ist darin gleichzeitig die Genehmigung der Rückabtretung zu sehen.[368] Gesellschaftsvertragliche Abtretungsbeschränkungen sind bei der Abtretung der Geschäftsanteile von einem Treuhänder an

---

1994, 397; *Baumbach/Hueck/Hueck* § 15 Anm. 55; *Hachenburg/Zutt* Anh. § 15 Anm. 52; *Depping* GmbHR 1994, 686; für Grundstücke BGH v. 7. 10. 1994, DB 1995, 870.
[361] Vgl. Rz. 12.
[362] Vgl. *Palandt/Bassenge* § 903 Anm. 6 a) dd); *Hachenburg/Zutt* Anh. § 15 Anm. 51 jeweils mwN.
[363] *Baumbach/Hueck/Hueck* § 15 Anm. 56; *Hachenburg/Zutt* Anh. 15 Anm. 53; *Scholz/Winter* § 15 Anm. 42 mwN.
[364] *Baumbach/Hueck/Hueck* aaO; *Hachenburg/Zutt* aaO jeweils mwN.
[365] *Baumbach/Hueck/Hueck* aaO; *Hachenburg/Zutt* Anh. § 15 Anm. 54.
[366] *Heidinger* DStR 1996, 1353.
[367] Dazu eingehend *Scholz/Winter* § 15 Anm. 89 mwN.
[368] BGH v. 8. 4. 1965, DB 1965, 698; *Baumbach/Hueck/Hueck* § 15 Anm. 57 mwN.

einen anderen zu beachten, ebenso bei einem Wechsel des Treugebers sowie bei der Eingehung einer Vereinbarungstreuhand.[369] Sieht der Gesellschaftsvertrag vor, daß die Veräußerung nur an Personen möglich ist, die bestimmte Eigenschaften aufweisen, müssen diese sowohl beim Treuhänder als auch beim Treugeber vorliegen.[370]

4. Wirkung der Treuhandabtretung

184 Die treuhänderische Abtretung bewirkt den Übergang des Geschäftsanteils mit allen Rechten und Pflichten. Als Gesellschafter ist allein der Treuhänder zur Stimmabgabe berechtigt. Er nimmt an Gesellschafterversammlungen teil und hat Anspruch auf den Gewinn. Allerdings **haftet der Treugeber** nach der Rechtsprechung **neben dem Treuhänder** für die Ansprüche der Gesellschaft aus §§ 19 Abs. 2, 24, 30, 31 GmbHG.[371] Das **Innenverhältnis** zwischen Treugeber und Treuhänder gestaltet sich nach der zugrundeliegenden Treuhandvereinbarung, welche die Beteiligten im wesentlichen frei bestimmen können. Der Treuhänder ist in der Regel an die Weisungen des Treugebers gebunden. Im Außenverhältnis ist die Rechtsstellung des Treuhänders diejenige eines Vollrechtsinhabers. Der Treugeber läuft deshalb Gefahr, daß der Treuhänder abredewidrige Verfügungen in bezug auf den Geschäftsanteil trifft, welche lediglich schuldrechtliche Ersatzansprüche des Treugebers auslösen. Eine vertragliche Absicherung des Treugebers gegen treuwidrige Verfügungen kann aber erreicht werden, zB durch Vereinbarung einer aufschiebend bedingten Übertragung des Geschäftsanteils vom Treuhänder auf den Treugeber.[372] Die treuhänderische Abtretung sowie die Rückabtretung werden, wie jede andere Abtretung, der Gesellschaft gegenüber erst mit der Anmeldung nach § 16 GmbHG wirksam (vgl. dazu Rz. 57, 62 f.). Bei der verdeckten Treuhand wird die Anmeldung nicht vorgenommen, so daß die treuhänderische Abtretung der Gesellschaft gegenüber nicht wirksam wird. Die Mitgesellschafter haben gegen den Mitgesellschafter einen Anspruch auf Auskunft bzgl. der Person des Treugebers.[373]

5. Konkurs des Treugebers/Treuhänders

185 Im Konkurs und der Einzelzwangsvollstreckung setzt sich die Position des Treugebers jedenfalls dann durch, wenn der Treuhänder den Geschäftsanteil unmittelbar vom Treugeber erworben hat.[374] Wo dies nicht der Fall ist, kann eine Sicherung des Treugebers durch aufschiebend bedingte Übertragung des Geschäftsanteils vom Treuhänder auf den Treugeber bewirkt werden. Die Rechtslage hängt im übrigen davon ab, ob eine eigen- oder fremdnützige Treuhand vorliegt.

---

[369] *Baumbach/Hueck/Hueck* aaO; *Scholz/Winter* § 15 Anm. 89.
[370] *Baumbach/Hueck/Hueck* aaO.
[371] BGH v. 14. 12. 1959, BB 1960, 18 f.; v. 13. 4. 1992, NJW 1992, 2023; *Baumbach/Hueck/Hueck* § 1 Anm. 4 (streitig).
[372] *Schaub* DStR 1996, 65; OLG Hamm v. 23. 5. 1997, GmbHR 1997, 950.
[373] Hanseat. OLG v. 30. 4. 1993, GmbHR 1993, 507.
[374] Vgl. Rz. 181.

D. Treuhand- und Sicherungsabtretung 186–188 § 12

Bei der **fremdnützigen Treuhand** (zB Verwaltungstreuhand) gilt: Im **186** Konkurs des Treuhänders hat der Treugeber ein Aussonderungsrecht gem. § 43 KO. Gegenüber dem Zugriff in der Einzelzwangsvollstreckung durch Gläubiger des Treuhänders kann der Treugeber die Drittwiderspruchsklage gem. § 771 ZPO erheben.[375] Im Konkurs des Treugebers erlischt der Treuhandvertrag nach § 23 KO, der Konkursverwalter kann den Geschäftsanteil zur Masse ziehen.[376] In der Einzelzwangsvollstreckung können die Gläubiger des Treugebers dessen Rückabtretungsanspruch pfänden und einziehen,[377] dem Treuhänder stehen Gegenrechte aus §§ 771, 805 ZPO nicht zu.

Bei der **eigennützigen Treuhand,** zB Sicherungszession an einen Darle- **187** hensgeber, gilt: Im Konkurs des Treugebers (Darlehensnehmer) hat der Treuhänder (Kreditgeber) – falls die gesicherte Forderung noch besteht – ein Absonderungsrecht.[378] Gegenüber dem Zugriff durch Gläubiger des Treugebers in der Einzelzwangsvollstreckung kann der Treuhänder Drittwiderspruchsklage gem. § 771 ZPO erheben.[379] Im Konkurs des Treuhänders (Darlehensgeber) hat der Treugeber ein Aussonderungsrecht gem. § 43 KO erst nach Erfüllung seiner Verbindlichkeit, wobei er zu einer vorzeitigen Erfüllung nicht berechtigt ist.[380] Bei der Einzelzwangsvollstreckung durch Gläubiger des Treuhänders kann der Treugeber die Pfändung durch Drittwiderspruchsklage (§ 771 ZPO) verhindern, solange der Treuhänder noch nicht zu einer Verwertung des Treuguts berechtigt ist.[381] Das Widerspruchsrecht entfällt bei Eintritt der Verwertungsreife.

II. Steuerrechtliche Auswirkungen von Treuhandverhältnissen

1. Zurechnung beim Treugeber

Nach § 39 Abs. 2 Nr. 1 AO sind Wirtschaftsgüter bei Treuhandverhältnis- **188** sen dem Treugeber zuzuordnen. Die steuerliche Zuordnung beim Treugeber betrifft nicht nur das Wirtschaftsgut, sondern auch die daraus resultierenden Einkünfte.[382] Dies gilt gleichermaßen für die Fälle, in denen die Beteiligung vom Treugeber auf den Treuhänder übertragen wird, wie auch für die Fälle, in denen der Treuhänder das Wirtschaftsgut für den Treugeber erst erwirbt. Auch die sog. **Vereinbarungstreuhand** (vgl. Rz. 182) begründet wirtschaftliches Eigentum des Treugebers iSv. § 39 Abs. 2 Nr. 1 Satz 2 AO.[383] Auch ein, zB wegen Nichtbeachtung der erforderlichen Form, zivilrechtlich unwirksames Treuhandverhältnis kann zur Zurechnung beim Treuhänder füh-

---

[375] BGH v. 7. 4. 1959, BB 1959, 573.
[376] BGH v. 25. 4. 1962, NJW 1962, 1200 (1201).
[377] BGH v. 5. 11. 1953, DB 1953, 1032.
[378] Vgl. BGH v. 26. 10. 1961, NJW 1962, 46.
[379] BGH v. 13. 5. 1981, DB 1981, 1978.
[380] *Palandt/Bassenge* § 930 Anm. 4 f.
[381] BGH v. 28. 6. 1978, DB 1978, 1686.
[382] BFH v. 24. 5. 1977, BStBl. II 1977, 737 (740); *Tipke/Kruse* § 39 AO Anm. 20.
[383] BFH vom 11. 10. 1984, BStBl. II 1985, 247 (249); *Tipke/Kruse* § 39 AO Anm. 20; *HHS* § 39 AO Anm. 162; anders noch BFH v. 25. 9. 1968, BStBl. II 1969, 18 (24) und FG Hamburg v. 10. 1. 1974, EFG 1974, 237 (238).

ren, wenn die Beteiligten das wirtschaftliche Ergebnis gleichwohl eintreten und bestehen lassen (§ 41 Abs. 1 AO; nicht anwendbar zwischen nahen Angehörigen).[384] Den Treuhänder trifft die Feststellungslast, wenn er geltend macht, der GmbH-Anteil sei – entgegen der dinglichen Rechtslage – steuerlich einer anderen Person als Treugeber zuzurechnen.[385]

189 Wird das Treuhandverhältnis offengelegt, so muß die GmbH die **Steuerbescheinigung** zur Anrechnung der von der Ausschüttung einbehaltenen Kapitalertragsteuer und des Körperschaftsteuer-Anrechnungsguthabens (§ 36 Abs. 2 Nr. 2 und 3 EStG) auf den Namen des Treugebers ausstellen. Wird die Treuhandschaft gegenüber der Gesellschaft nicht offengelegt, so kann der Treugeber in den Genuß der Anrechnungsguthaben kommen, auch wenn die Gesellschaft die Steuerbescheinigung auf den Namen des Gesellschafters ausstellt. Erforderlich ist nur, daß die Treuhandschaft gegenüber dem Finanzamt nachgewiesen wird.[386]

2. Grunderwerbsteuer nach dem Treuhanderlaß

190 Die Anteilsvereinigung bei Treuhandverhältnissen wird in einem Erlaß der Finanzverwaltung behandelt.[387] Überträgt ein Alleingesellschafter **alle Anteile** an einer GmbH auf einen Treuhänder, so unterliegt der Vorgang – auch wenn zwei grunderwerbsteuerliche Tatbestände erfüllt sind – nur einmal der Grunderwerbsteuer. Der **Erwerb aller Anteile durch den Treuhänder** löst Grunderwerbsteuer nach § 1 Abs. 3 Nr. 3 oder Nr. 4 GrEStG aus, die Steuer auf den zugleich erfolgenden **Erwerb des Rückübertragungsanspruchs** des Treugebers (§ 667 BGB) wird aber nicht erhoben, wenn die Steuer für die Übertragung der Anteile vom Treugeber auf den Treuhänder entrichtet worden ist. Die **Rückübertragungen** der Anteile unterliegen nur insoweit der Grunderwerbsteuer, als seit Begründung des Treuhandverhältnisses durch die Gesellschaft Grundstücke hinzu erworben wurden. Im übrigen ist die Rückübertragung grunderwerbsteuerfrei. Verzichtet der Treugeber auf seinen Rückübertragungsanspruch, wird ebenfalls keine Grunderwerbsteuerpflicht ausgelöst. Tritt der Treugeber seinen Anspruch auf Übertragung aller GmbH-Geschäftsanteile an einen **anderen Treugeber** ab, fällt Grunderwerbsteuer an. Die tatsächliche Übertragung der Anteile auf den neuen Treugeber ist dann steuerfrei. Überträgt der Treuhänder alle Geschäftsanteile im Einvernehmen mit dem Treugeber auf **einen Dritten** oder einen anderen Treuhänder, so fällt ebenfalls Grunderwerbsteuer an. Grunderwerbsteuer wird dagegen nicht ausgelöst, wenn **mehrere** Treugeber Rückübertragungsansprüche oder mehrere Treuhänder die Anteile erwerben.[388]

191 Erwirbt ein **Treuhänder alle Anteile an einer GmbH im Auftrag des Treugebers** von einem Dritten, so gilt folgendes: Der Treuhänder wird Eigen-

---

[384] *Tipke/Kruse* § 39 AO Anm. 16; *Hübschmann/Hepp/Spitaler* § 39 AO Anm. 168; aA Hessisches FG vom 3. 4. 1985, EFG 1985, 557.
[385] BFH v. 15. 7. 1997, DB 1997, 1954; vgl. auch FG Baden-Württemberg v. 21. 7. 1998, GmbHR 1999, 192.
[386] BMF-Erlaß v. 29. 6. 1981, BStBl. I 1981, 504.
[387] Koordinierter Ländererlaß v. 7. 12. 1993, DStR 1994, 505.
[388] Vgl. dazu Erlaß aaO (Fn. 388) Nr. 4.2.

tümer aller Anteile der Gesellschaft. Dieser Vorgang unterliegt der Grunderwerbsteuer. Der Erwerb des Übertragungsanspruchs des Treugebers nach § 667 BGB löst ebenfalls Grunderwerbsteuer aus. Überträgt der Treuhänder anschließend alle Anteile der Gesellschaft auf den Treugeber, fällt keine weitere Grunderwerbsteuer an. Erwerben mehrere Treuhänder die GmbH-Geschäftsanteile, fällt nur einmal Grunderwerbsteuer an, wenn infolge der Zurechnung beim Treugeber Anteilsvereinigung eintritt. Gleiches gilt, wenn der Treugeber zuvor schon Anteile mittelbar und unmittelbar besaß und durch den treuhänderischen Erwerb eine Anteilsvereinigung ausgelöst wird.[389] Liegt eine Anteilsvereinigung bei einer Person vor, so löst ein Wechsel in der Art der Anteilsvereinigung – unmittelbarer Anteilsbesitz statt mittelbarem und umgekehrt – keine erneute Grunderwerbsteuer aus, da der Zurechnungsträger unverändert bleibt.[390]

(frei) **192–199**

E. Verpfändung von GmbH-Geschäftsanteilen

Die **Bestellung des Pfandrechts** an einem GmbH-Geschäftsanteil erfolgt nach den für die Übertragung geltenden Vorschriften. Die Verpfändung von GmbH-Geschäftsanteilen ist zulässig, soweit die Abtretung zulässig ist (§ 1274 Abs. 2 BGB).[391] Der Verpflichtungsvertrag ist formlos gültig, da § 1274 BGB nur hinsichtlich der Übertragung auf die GmbH-Vorschriften verweist. Die Verpfändung erfolgt durch notariell beurkundeten Vertrag nach § 15 Abs. 3 GmbHG.[392] Die Verpfändung eines Teils des Geschäftsanteils ist möglich. Sie bedarf der für eine Teilung erforderlichen Genehmigung der Gesellschaft[393] und führt erst bei der Verwertung zu einer Teilung des Geschäftsanteils.[394] Die **Aufhebung der Verpfändung** ist formfrei durch eine Einigung möglich. Ist die Abtretung im Gesellschaftsvertrag an weitere Voraussetzungen gebunden, so gelten diese Einschränkungen auch für die Verpfändung.[395] Die Verpfändung muß für ihre Wirksamkeit im Verhältnis zur Gesellschaft bei der Gesellschaft angezeigt werden. Zwischen den Vertragsparteien und im Verhältnis zu Dritten ist die Verpfändung auch ohne entsprechende Anzeige wirksam.[396]

200

Im Unterschied zur Sicherungsabtretung von Geschäftsanteilen führt die Verpfändung nicht zum Gesellschafterwechsel, sondern ermöglicht allein die Verwertung des Geschäftsanteils nach Fälligkeit der Forderung. Ohne besondere Vereinbarung wird der **Gewinnanspruch** nicht vom Pfandrecht er-

201

---

[389] Rz. 130 ff.
[390] FG Hamburg v. 25. 10. 1991, EFG 1992, 355; BFH v. 20. 10. 1993, BStBl. II 1994, 121.
[391] Vgl. dazu ausführlich *Müller* GmbHR 1969, 4 ff., 34 ff., 57 ff.; *Scholz/Winter* § 15 Anm. 154 bis 170.
[392] *Scholz/Winter* § 15 Anm. 155 f. mwN. Zur Frage des Erfordernisses einer Mitbeurkundung des Vertrages, der die durch die Verpfändung besicherte Forderung enthält: *Heidenhain* GmbHR 1996, 275.
[393] Vgl. Rz. 69 ff.
[394] *Lutter/Hommelhoff* § 17 Rz. 22.
[395] HM; vgl. *Baumbach/Hueck/Hueck* § 15 Anm. 48.
[396] Vgl. *Scholz/Winter* § 15 Anm. 155; *Baumbach/Hueck/Hueck* aaO mwN; vgl. oben Rz. 57, 62 ff.

faßt.³⁹⁷ Anders ist es aber, wenn die Verpfändung ausdrücklich als Nutzungspfand erfolgt oder wenn ausdrücklich auch zukünftige Gewinnanteile verpfändet werden. Das Pfandrecht setzt sich an Surrogaten wie Liquidationserlös und Abfindungsguthaben fort.³⁹⁸ Die **Mitgliedschaftsrechte und -pflichten** werden nicht mit verpfändet, jedoch kann deren **Ausübung** durch den Pfandgläubiger vereinbart werden. Das **Stimmrecht** wird von der Verpfändung nicht erfaßt, der Verpfänder kann aber eine Vollmacht zur Ausübung des Stimmrechts erteilen.³⁹⁹ Es empfiehlt sich, eine präzise Regelung zu den Gewinnbezugs- und Stimmrechten in dem Verpfändungsvertrag zu treffen.⁴⁰⁰

202 Wird der GmbH-Geschäftsanteil übertragen, bleibt das Pfandrecht bestehen. Erworben wird der belastete Geschäftsanteil, gleich, ob der Erwerber vom Bestehen des Pfandrechts Kenntnis hat oder nicht. Mit Abtretung der **Forderung**, für die der Geschäftsanteil verpfändet wurde, geht das Pfandrecht am Geschäftsanteil auf den Erwerber der Forderung über (§§ 1273, 1250 BGB).⁴⁰¹ Das Pfandrecht erlischt, wenn der Übergang des Pfandrechts bei Abtretung der Forderung ausgeschlossen worden ist.

203 Nach Fälligkeit der Forderung kann der Geschäftsanteil verwertet werden. Ist die Abtretung nach § 15 Abs. 5 GmbHG an eine Genehmigung gebunden, gilt die zuvor für die Verpfändung erteilte Genehmigung gleichzeitig als Genehmigung zur Verwertung.⁴⁰² Es ist üblich, bereits in der notariellen Beurkundung der Verpfändung die Vollstreckbarkeit der Forderung mitaufzunehmen. Anderenfalls muß ein sonstiger vollstreckbarer Titel vorgelegt werden. Die **Verwertung** erfolgt grundsätzlich durch öffentliche Versteigerung gem. § 1277 BGB oder durch freihändigen Verkauf, soweit dies gesondert vereinbart wurde.⁴⁰³ Eine vor Pfandreife getroffene Vereinbarung, wonach der GmbH-Geschäftsanteil dem Gläubiger nach Pfandreife übertragen werden soll, ist nichtig (§ 1229 BGB). Nach Pfandreife kann ein Vertrag über die Übernahme des GmbH-Geschäftsanteils mit dem Gläubiger geschlossen werden.⁴⁰⁴

204 **Steuerrechtlich** ergeben sich keine Besonderheiten für die Verwertung von GmbH-Geschäftsanteilen. Es gelten die gleichen Grundsätze, die auf die Veräußerung von GmbH-Geschäftsanteilen Anwendung finden. Die Verpfändung selbst ist keine Veräußerung, die verpfändeten Anteile werden weiterhin dem Gesellschafter zugerechnet.⁴⁰⁵ Zu einer dem Gesellschafter zuzurechnenden Veräußerung führt erst die Verwertung des Anteils durch den Pfandgläubiger. Erfaßt die Verpfändung auch die Dividendenansprüche oder werden diese gesondert verpfändet, so werden die Ausschüttungen gleichwohl dem Anteilseigner zugerechnet, da die Auszahlung durch die Gesellschaft an den

---

³⁹⁷ *Scholz/Winter* § 15 Anm. 160.
³⁹⁸ HM *Scholz/Winter* § 15 Anm. 162.
³⁹⁹ *Scholz/Winter* § 15 Anm. 159; streitig, ob eine unwiderrufliche Vollmacht möglich ist.
⁴⁰⁰ *Rodewald* GmbHR 1995, 418.
⁴⁰¹ *Hachenburg/Zutt* Anh. § 15 Anm. 50.
⁴⁰² *Lutter/Hommelhoff* § 15 Anm. 47.
⁴⁰³ *Scholz/Winter* § 15 Anm. 171.
⁴⁰⁴ *Palandt/Bassenge* § 1229 Anm. 1; *Müller* GmbHR 1969, 57 (59 f.).
⁴⁰⁵ *Schmidt/Weber-Grellet* § 17 Rz. 51.

Pfandgläubiger wirtschaftlich lediglich einen abgekürzten Zahlungsweg darstellt.

(frei) 205–209

F. Vererbung von GmbH-Geschäftsanteilen

I. Gesellschaftsrechtliche Grundlagen

1. Vererblichkeit, Übergang auf Erben

Grundsätzlich sind GmbH-Geschäftsanteile **frei vererblich.** Die Vererblichkeit kann nicht ausgeschlossen oder beschränkt werden. Mit dem Tod des Gesellschafters geht der Geschäftsanteil **unmittelbar** und ungeteilt auf den Erben oder die Erbengemeinschaft über. Eine **Sonderrechtsnachfolge,** die zum unmittelbaren Übergang auf eine dritte Person oder die GmbH führt, kann nicht bestimmt werden.[406] Als Alternative kann die Übertragung auf eine bestimmte Person schon zu Lebzeiten, – aufschiebend bedingt durch den Todesfall – durchgeführt werden (vgl. dazu Rz. 218). Durch Satzungsregelung kann der Eintritt unerwünschter Gesellschafter weitgehend verhindert bzw. der Übergang auf bestimmte Personen ermöglicht werden, zB durch Einziehung, Veräußerungspflicht oder Statuierung von Rechtsbeschränkungen, die für den Geschäftsanteil ab dem Tod des Gesellschafters gelten.[407] Insbesondere kann der Erbe verpflichtet werden, den geerbten Geschäftsanteil auf bestimmte Personen zu übertragen und die Einziehung vorgesehen werden, wenn keine qualifizierte Person vorhanden ist oder die Übertragung nicht innerhalb einer bestimmten Frist erfolgt.

Der Geschäftsanteil geht mit allen Rechten und Pflichten unmittelbar vom Erblasser auf den gesetzlichen oder testamentarischen Erben nach § 1922 BGB über. Es bedarf für den Erwerb weder einer besonderen Abtretung noch muß der Übergang bei der Gesellschaft nach § 16 GmbHG angemeldet werden. Sind mehrere Erben vorhanden, so erwirbt die **Erbengemeinschaft** den Geschäftsanteil als Gesamthandsgemeinschaft ungeteilt. Nach § 18 Abs. 1 GmbHG können die Miterben die Rechte aus dem Geschäftsanteil, zB Stimmrecht und andere Sonderrechte, nur gemeinschaftlich ausüben.[408] Die Miterben können hierzu einen gemeinsamen Vertreter bestellen (§ 18 Abs. 2 GmbHG). **Verfügungen** über den Geschäftsanteil, zB Veräußerung, Verpfändung, Veränderungen des Geschäftsanteils, können durch die Miterben nur einstimmig vorgenommen werden (§ 2040 BGB). **Verwaltungsmaßnahmen,** wie beispielsweise Beschlußfassungen in laufenden Angelegenheiten, können hingegen mit Stimmenmehrheit, bemessen nach den Erbquoten, erfolgen (§§ 2038 Abs. 2, 745 BGB).

---

[406] BFH v. 1. 7. 1992, GmbHR 1993, 309.
[407] BGH v. 24. 6. 1992, DStR 1996, 1979 mit Anm. *Goette*; *Scholz/Winter* § 15 Anm. 22 ff.
[408] *Rowedder/Rowedder* § 18 Anm. 6.

2. Auseinandersetzung unter den Miterben

212 Die Auseinandersetzung bezüglich des Geschäftsanteils unter den Miterben kann durch **Teilung** des Geschäftsanteils unter den Miterben, durch **Übertragung auf einen Miterben** oder durch **Übertragung auf einen Dritten** erfolgen.[409] Ist die Veräußerung von Geschäftsanteilen nach der Satzung der GmbH an die Genehmigung der Gesellschaft oder andere Beschränkungen gem. § 15 Abs. 5 GmbHG gebunden, gelten die Erschwernisse auch für die Veräußerung im Rahmen der Erbauseinandersetzung. Soll der Geschäftsanteil geteilt werden, so ist eine zusätzliche Genehmigung der Gesellschaft nach § 17 Abs. 1 GmbHG erforderlich, wenn nicht der Gesellschaftsvertrag etwas anderes bestimmt (§ 17 Abs. 3 GmbHG).[410]

213 Der Miterbe kann nach § 2033 BGB über seinen **Erbteil** verfügen. Diese Verfügung über den ideellen Anteil am Nachlaß bedarf der notariellen Beurkundung (§ 2033 Abs. 1 Satz 2 BGB). Auch wenn zum Nachlaß ein Geschäftsanteil gehört, gelten statutarische Abtretungsvoraussetzungen nicht für die Übertragung des Erbteils.[411]

3. Nachfolgeregelungen in der Satzung

214 Bei einer personenbezogenen GmbH besteht häufig ein Bedürfnis, die Nachfolge für den Fall des Todes eines Gesellschafters zu regeln, um zu verhindern, daß bestimmte Personen Nachfolger werden bzw. zu erreichen, daß bestimmte Personen die Nachfolge übernehmen.

215 Der Gesellschaftsvertrag kann eine **Abtretungspflicht** des Erben begründen, den ererbten Geschäftsanteil auf einen Miterben, die GmbH, einen Gesellschafter oder eine andere Person zu übertragen. Die Erfüllung der Abtretungspflicht erfolgt durch notariell beurkundete Abtretung von der Erbengemeinschaft auf den Erwerber. Eine Genehmigung nach § 15 Abs. 5 GmbHG ist nicht erforderlich. Die Abtretung erfolgt grundsätzlich gegen Abfindung, deren Höhe und weitere Modalitäten bereits in der Satzung geregelt werden sollten. Fehlt eine Regelung, so ist von einer Abfindung in Höhe des Verkehrswertes auszugehen.[412] Die Abtretungsverpflichtung in der Satzung sollte einen klaren Zeitrahmen und Kriterien für den Beschluß der Gesellschafterversammlung vorsehen. Ein längerwährender Schwebezustand ist für den Erben nicht erträglich und begründet die Gefahr der Unwirksamkeit der Satzungsklausel, weil sie einem willkürlichen Ausschließungsrecht gleichkommt.[413]

216 Ein **Erwerb durch die Gesellschaft** ist nur möglich, wenn die Einlage auf diesen Anteil vollständig geleistet ist (§ 33 Abs. 1 GmbHG). Ist solches nicht der Fall, so ist der Erwerb nichtig, dh. der Erbe ist nach wie vor Inhaber des Geschäftsanteils.[414] Auch wenn die Einlage voll erbracht ist, darf der Erwerb

---

[409] Vgl. *Petzoldt* GmbHR 1977, 25 ff.
[410] *Petzoldt* aaO; vgl. Rz. 69 ff.
[411] BGH v. 5. 11. 1984, DB 1985, 268 f.; *Baumbach/Hueck/Hueck* § 15 Anm. 11; *Hachenburg/Zutt* Anh. § 15 Anm. 100.
[412] Vgl. ausführlich *Scholz/Winter* § 15 Anm. 26 f.
[413] BGH v. 19. 9. 1988, NJW 1989, 834.
[414] *Scholz/Westermann* § 33 Anm. 15.

nach § 33 Abs. 2 GmbHG nur erfolgen, wenn die Gesellschaft eine **Rücklage für eigene Anteile** (§ 272 Abs. 4 HGB) aus einem das Stammkapital und die gesellschaftsvertragliche Rücklage übersteigenden Vermögen bilden kann. Maßgeblich für die Beurteilung, ob eine Rücklage nach § 272 Abs. 4 HGB gebildet werden kann, ist der Tag, an dem die GmbH den Geschäftsanteil dinglich erwirbt und eine Verbindlichkeit passivieren muß. Wenn solches nicht der Fall ist, bleibt der Erwerb gleichwohl wirksam, die GmbH ist jedoch zur Rückabtretung verpflichtet.[415]

Der Gesellschaftsvertrag kann auch eine **Einziehung** des Geschäftsanteils bei Tod des Gesellschafters vorsehen,[416] insbesondere für den Fall, daß der Erbe nicht innerhalb einer bestimmten Frist für die Übertragung des Geschäftsanteils auf eine Person sorgt, welche die in der Satzung vorgegebenen Voraussetzungen erfüllt. Sinn dieser Regelung ist es, die Fortsetzung der Gesellschaft allein mit den verbleibenden Gesellschaftern zu ermöglichen. Die statutarische Einziehung ist auch für den Fall vereinbar, daß die Erben der im Gesellschaftsvertrag vorgesehenen Abtretungspflicht nicht nachkommen. Es ist möglich, die Höhe der Abfindung im Gesellschaftsvertrag bereits festzulegen.

Die Satzung kann vorsehen, daß der Geschäftsanteil **aufschiebend bedingt** durch den Tod des Gesellschafters auf einen in der Satzung benannten Gesellschafter oder einen Dritten **übergehen** soll. Der unmittelbare Übergang des Anteils „am Nachlaß vorbei" setzt voraus, daß die Satzung eine aufschiebend bedingte Abtretung nach § 15 Abs. 3 GmbHG enthält. An einer solchen fehlt es jedoch, wenn der zukünftige Erwerber bei der Einigung über den aufschiebend bedingten Übergang nicht mitwirkt, weil ein dinglicher Vertrag auch zugunsten Dritter ohne dessen Zustimmung nicht wirksam ist.[417] Zu beachten ist bei der Wahl dieser Gestaltung, daß der Gesellschafter sich der Möglichkeit begibt, zu Lebzeiten anderweitig über den Geschäftsanteil zu verfügen (§ 161 BGB), so daß in der Regelung eine Befugnis des Übertragenden zu weiteren Verfügungen ausdrücklich vorbehalten werden sollte. **Erbschaftsteuerlich** scheidet der GmbH-Geschäftsanteil bei dieser Gestaltung mit dem Erbfall aus dem Vermögen des Erblassers aus.[418] Der Vorteil ist, daß der GmbH-Geschäftsanteil nicht in den Nachlaß fällt und daher auch Nachlaßgläubigern nicht haftet sofern der Geschäftsanteil nicht das gesamte Vermögen darstellt.[419]

4. Letztwillige Verfügungen

a) Vermächtnis

Der Geschäftsanteil kann durch Vermächtnis einem der Erben (Vorausvermächtnis) oder einem Dritten vermacht werden. Der nach Erfüllung des

---

[415] Vgl. BGH v. 15. 11. 1993, DStR 1994, 107; v. 24. 6. 1996, DStR 1996, 1979.
[416] BGH v. 20. 12. 1976, BB 1977, 563; *Scholz/Winter* § 15 Anm. 24.
[417] *Hachenburg/Zutt* Anh. § 15 Anm. 105.
[418] *Hachenburg/Zutt* aaO; *Scholz/Winter* § 15 Anm. 22.
[419] Vgl. *Liessem* BB 1989, 862 (864).

Vermächtnisses verbleibende Nachlaß wird entsprechend der Erbquote verteilt. Wenn das Vermächtnis so hoch ist, daß die Pflichtteile der Erben unterschritten werden, entstehen Pflichtteilsergänzungsansprüche der Erben gegen den Vermächtnisnehmer. Der Vermächtnisnehmer erlangt gegen den Erben oder die Erbengemeinschaft einen schuldrechtlichen **Anspruch auf Übertragung des Geschäftsanteils,** dh. der Anteil geht nicht automatisch auf den Vermächtnisnehmer über. Die Abtretung muß formgerecht nach § 15 Abs. 3 GmbHG vorgenommen werden. Die Voraussetzungen von § 15 Abs. 5 GmbHG müssen beachtet werden, sofern die Satzung die Übertragung an bestimmte Voraussetzungen knüpft.[420] Die Früchte des vermachten Geschäftsanteils, dh. der Anspruch auf Zahlung der Dividende, stehen dem Vermächtnisnehmer ab dem Tage des Erbanfalls zu (§ 2184 BGB). Dies umfaßt unseres Erachtens entgegen der hM alle ab dem Tage des Erbanfalls beschlossenen Ausschüttungen, auch wenn sie Gewinne zurückliegender Jahre betreffen (vgl. Rz. 139). Eine am Tage des Erbfalls bereits beschlossene Ausschüttung verkörpert ein Gläubigerrecht des Erblassers, das von dem Vermächtnis im Zweifel nicht erfaßt wird.

b) Teilungsanordnung

220 Sind mehrere Erben eingesetzt und soll der Geschäftsanteil einem oder jedenfalls einem Teil der Erben zugewendet werden, läßt sich dies auch durch eine Teilungsanordnung des Erblassers erreichen. Eine Teilungsanordnung stellt eine Bestimmung des Erblassers dar, daß bestimmte Gegenstände des Nachlasses auf einzelne Erben zu übertragen sind, ohne hierdurch die Erbquote verändern zu wollen, dh. daß bei Erhalt von Gegenständen, die dem Wert nach die Erbquote übersteigen, ein Ausgleich an die Miterben gezahlt werden muß. Die Erbengemeinschaft ist dann verpflichtet, den Geschäftsanteil formgerecht nach § 15 Abs. 3 GmbHG auf den Begünstigten zu übertragen. Auch hier sind etwaige Erschwernisse nach § 15 Abs. 5 GmbHG zu beachten.[421] Zur **Vermeidung von Unklarheiten und Streit** zwischen den Miterben sollte die letztwillige Verfügung klar zum Ausdruck bringen, ob die Zuwendung des Geschäftsanteils und/oder anderer Gegenstände die festgelegte Erbquote verändern soll, dh. eine Zuwendung vorab ohne Wertanrechnung gewollt ist (Vorausvermächtnis oder Erbeinsetzung nach Quoten) oder ob eine Anrechnung stattfinden soll und der Zuwendungsempfänger einen Ausgleich an die Miterben erbringen muß, wenn der Wert des Geschäftsanteils einen höheren Wert repräsentiert als es seiner Nachlaßquote entspricht.

c) Anordnung von Vor- und Nacherbschaft

221 Ein Vorerbe erwirbt den Geschäftsanteil als Erbe mit allen Rechten und Pflichten eines Gesellschafters, dh. er wird voll berechtigter Inhaber des Geschäftsanteils. In seiner Verfügung über den Geschäftsanteil ist der Vorerbe durch die Einsetzung eines Nacherben hinsichtlich **unentgeltlicher Verfü-**

---

[420] *Baumbach/Hueck/Hueck* § 15 Anm. 14.
[421] Vgl. *Vogel* GmbHR 1971, 132 (136).

gungen beschränkt (§§ 2113 ff. BGB).[422] **Nutzungen,** insb. der Gewinnanspruch, stehen dem Vorerben zu, soweit sie auf den Zeitraum der Vorerbenstellung entfallen. Bei Eintritt des Erbfalls oder des Nacherbfalls im Laufe eines Geschäftsjahres ist ein Ausgleich zu leisten, unabhängig vom Zeitpunkt des Ausschüttungsbeschlusses.[423] Surrogate für den Geschäftsanteil, das Veräußerungsentgelt, der Liquidationserlös oder das Einziehungsentgelt, stehen nach § 2111 BGB dem Nacherben zu. Dazu gehören auch die neuen Geschäftsanteile aus einer Kapitalerhöhung aus Gesellschaftsmitteln und Bezugsrechte aus dem Geschäftsanteil. Soweit der Vorerbe zur Belegung der neuen Geschäftsanteile eigene Mittel aufwendet, hat er Anspruch auf Erstattung seiner Aufwendungen (§§ 2124, 2125 BGB).[424]

d) Testamentsvollstreckung

Ist Testamentsvollstreckung angeordnet, so sind die Erben nicht berechtigt, die Rechte aus dem Geschäftsanteil auszuüben. Diese liegen vielmehr allein beim Testamentsvollstrecker (§ 2211 BGB). Auch wenn der Testamentsvollstrecker lediglich für die Auseinandersetzung des Nachlasses eingesetzt ist, kann er die Verwaltungsrechte bezüglich des Geschäftsanteils ausüben, bis der Geschäftsanteil im Rahmen der Auseinandersetzung des Nachlasses auf einen Erben, einen Vermächtnisnehmer oder einen Dritten übertragen wird.[425] Begrenzt die Satzung den für die Bestellung als Testamentsvollstrecker in Betracht kommenden Personenkreis und gehört der vom Erblasser bestimmte Testamentsvollstrecker nicht zu diesem Kreis, so stehen die Verwaltungsrechte im Zweifel den Erben zu.[426] **222**

Auch wenn es sich um eine auf längere Zeit angeordnete **Verwaltungsvollstreckung** handelt, sind die Befugnisse des Testamentsvollstreckers auf den zum Nachlaß gehörenden Gegenstand beschränkt, dh. der Testamentsvollstrecker kann nicht an Satzungsänderungen mitwirken, die persönliche Verpflichtungen oder Rechte der Erben begründen oder beschränken, zB bei Kapitalerhöhungen, Neugründungen, Einführung persönlicher Gesellschafterpflichten oder Veränderung von Sonderrechten.[427] Die Nutzungsrechte stehen grundsätzlich den Erben zu, soweit der Erblasser keine andere Zuordnung bestimmt hat. **223**

II. Steuerrechtliche Auswirkungen

1. Grundzüge des Erbschaftsteuer-/Schenkungsteuerrechts

Der Erbschaftsteuer/Schenkungssteuer unterliegen nach § 1 ErbStG der Erwerb von Todes wegen sowie die Schenkungen unter Lebenden. Als **224**

---

[422] Dazu ausführlich *Hachenburg/Zutt* Anh. § 15 Anm. 114 ff.; *Hadding* GmbHR 1975, 73 ff.
[423] *Scholz/Winter* § 15 Anm. 36.
[424] *Hachenburg/Zutt* Anh. § 15 Anm. 118.
[425] *Rowedder/Rowedder* § 15 Anm. 70 ff. mwN.
[426] *Baumbach/Hueck/Hueck* § 15 Anm. 16 mwN.
[427] *Baumbach/Hueck/Hueck* § 1 Anm. 44 ff.; zum Stimmrecht: *Groß* GmbHR 1994, 596.

Erwerb von Todes wegen gilt im wesentlichen nach § 3 ErbStG der Erwerb durch Erbanfall, durch Vermächtnis und der Erwerb durch Schenkung auf den Todesfall. Als Schenkungen werden auch teilentgeltliche Veräußerungen erfaßt („Erwerb unter Wert").[428] Der Erbschaftsteuerpflicht unterliegen auch Vorgänge, bei denen weder der Erwerbende noch der Zuwendende Inländer im Sinne von § 2 Abs. 1 Nr. 1 ErbStG ist. Erforderlich ist in diesem Fall lediglich, daß der Erblasser oder Schenker allein oder zusammen mit ihm nahestehenden Personen iSd. § 1 Abs. 2 AStG zu mindestens 10% an der GmbH beteiligt ist. Eine Begrenzung des Besteuerungsrechts der Bundesrepublik kann sich aus Doppelbesteuerungsabkommen ergeben, wenn der Erblasser im Zeitpunkt des Todes in der Bundesrepublik nicht ansässig war.[429]

225 Die **Bewertung des GmbH-Geschäftsanteils** für Zwecke der Erbschaftsteuer richtet sich nach dem BewG (§ 12 Abs. 1 ErbStG). Anzusetzen ist der gemeine Wert der Anteile am Tage der Steuerentstehung. Dieser ist aus Verkäufen abzuleiten, die innerhalb der letzten zwölf Monate vor Steuerentstehung stattgefunden haben. Liegen solche Verkäufe nicht vor, so ist der Wert nach dem „Stuttgarter Verfahren" zu ermitteln (Abschn. 3 ff. VStR). Vom steuerpflichtigen Erwerb sind Schulden des Erblassers sowie Verbindlichkeiten aus Vermächtnissen und Auflagen abzuziehen (§ 10 Abs. 5 ErbStG). Muß der Erbe oder Beschenkte Dividenden an einen Vorinhaber des Geschäftsanteils oder der Vermächtnisnehmer an die Erbengemeinschaft nach § 101 Nr. 2, 2. HS BGB herausgeben, so mindert dies den Erwerb.[430] Für die in der GmbH thesaurierten Gewinne ist kein gesonderter Wert neben dem Wert der Anteile anzusetzen. Maßgeblich ist grundsätzlich der Nennwert der Schuld (§ 12 BewG). Wird der Erbe mit einem Nießbrauch belastet (zB Enkelkinder erben den Anteil, Kinder erhalten Nießbrauch), so mindert der Nießbrauch den Wert des steuerpflichtigen Erwerbs, in Höhe des nach der voraussichtlichen Laufzeit des Nießbrauchs kapitalisierten Jahresbetrags der Ausschüttungen. Besteht die Belastung jedoch zu Gunsten des Übertragenden oder dessen Ehegatten, so kommt kein Abzug als Schuld, sondern nur eine Stundung in Betracht (§ 25 ErbStG).

226 Die Steuer und die Freibeträge richten sich nach der **Steuerklasse des Erben.** In die günstigste Steuerklasse I gehören der Ehegatte, die Kinder und Stiefkinder sowie deren Abkömmlinge; ferner Eltern und Voreltern beim Erwerb von Todes wegen. Zur Steuerklasse II gehören Eltern und Voreltern für Erwerbe unter Lebenden; ferner Geschwister, Abkömmlinge ersten Grades von Geschwistern, Stiefeltern, Schwiegerkinder, Schwiegereltern, der geschiedene Ehegatte. Zur Steuerklasse III gehören alle übrigen Erwerber. Der Freibetrag in der Steuerklasse I beträgt DM 100 000, DM 600 000 für den Ehegatten, DM 400 000 für Kinder und Kinder vorverstorbener Kinder. Ferner bestehen Versorgungsfreibeträge nach § 17 ErbStG für den Ehegatten und für Kinder.

---

[428] Zur Abgrenzung: BFH v. 29. 10. 1997, GmbHR 1998, 110.
[429] DBA Schweiz, USA, Österreich, Schweden, Griechenland.
[430] BFH v. 16. 10. 1991, BFH/NV 1992, 250; FinMin. Saarland, GmbHR 1995, 474.

F. Vererbung von GmbH-Geschäftsanteilen

Die Erbschaftsteuersätze (in %) betragen:

Erwerb	I	II	III
100 000	7	12	17
500 000	11	17	23
1 000 000	15	22	29
10 000 000	19	27	35
25 000 000	23	32	41
50 000 000	27	37	47
über 50 000 000	30	40	50

Besitzt der Schenker oder Erblasser unmittelbar eine **Beteiligung von** 227 **über 25%** an der GmbH, so ist vom Steuerwert des Anteils ein Freibetrag von DM 500.000 abzuziehen (§ 13 a Abs. 1 ErbStG). Der danach verbleibende Wert ist um einen weiteren Abschlag von 40% zu kürzen (§ 13 a Abs. 2 ErbStG). Hierdurch wird eine Entlastung von Beteiligungen bewirkt, die der Gesetzgeber ab Überschreiten von 25% Beteiligungsbesitz wie das Vermögen eines gewerblichen Betriebs oder einer Personengesellschaft als direktes unternehmerisches Engagement privilegiert. Geht eine solche Beteiligung oder ein Teil von ihr auf einen Erwerber der Steuerklassen II oder III über, so wird gleichwohl die Steuerklasse I auf den Erwerb der Beteiligung angewendet (§ 19 ErbStG). Die Vergünstigungen entfallen rückwirkend, wenn der Erwerber innerhalb von fünf Jahren den übertragenen Geschäftsanteil ganz oder teilweise veräußert (§ 13 a Abs. 5 ErbStG).

Die Freibeträge können sich nach § 14 ErbStG innerhalb eines 10jährigen 228 Zeitraums nur einmal auswirken. Erwerbe während dieses Zeitraums von derselben Person werden zusammengerechnet. Auch der anzuwendende Steuersatz richtet sich nach dem Gesamterwerb in diesem Zeitraum. Damit soll die mehrfache Ausnutzung der günstigsten Progression der Erbschaftsteuer-Tarife in den unteren Bereichen vermieden werden. Eine **Kettenschenkung** (Beispiel: V überträgt einen Geschäftsanteil direkt auf seine Tochter, einen anderen Geschäftsanteil auf die Ehefrau, die verpflichtet wird, den Anteil an T weiterzugeben) führt nicht zu einer Vermehrung der Freibeträge, da steuerlich nur eine Zuwendung des Schenkenden an den letzten Erwerber angenommen wird.[431]

Wird ein GmbH-Geschäftsanteil mit einer satzungsmäßig bestehenden er- 229 höhten Gewinnbeteiligung verschenkt (Vorzugsanteile), so stellt das Übermaß an Gewinnbeteiligung keine selbständige Schenkung dar. Vielmehr beeinflußt die erhöhte Gewinnbeteiligung bereits bei der Bewertung des GmbH-Geschäftsanteils nach dem „Stuttgarter Verfahren" den schenkungsteuerlichen Wert.[432]

2. Steuerliche Behandlung der Erbengemeinschaft

Sind mehrere Erben vorhanden, so fällt der Geschäftsanteil in das Gesamt- 230 handsvermögen der Erbengemeinschaft. Die Erbschaftsteuer jedes Miterben

---

[431] BFH v. 13. 10. 1993, DB 1994, 77.
[432] *Kapp* § 7 Anm. 265, 185 ff.; *Fromm* BB 1995, 804; krit. *Moench* § 12 Anm. 61 a.

wird nach dem Wert seiner Erbquote berechnet. Die **Erbauseinandersetzung** hat auf die Erbschaftsbesteuerung keinen Einfluß.

231 Auch die Teilung der Erbschaft aufgrund einer **Teilungsanordnung** des Erblassers ist erbschaftsteuerlich unbeachtlich,[433] dh. der gesamte steuerliche Wert des Nachlasses wird einheitlich ermittelt und den Erben entsprechend ihrer Quote zugerechnet. Ist zB durch Teilungsanordnung bestimmt, daß Erbe A den Geschäftsanteil, und Erbe B ein gleichwertiges Grundstück erhalten soll, so wird nicht A nach dem gemeinen Wert des Geschäftsanteils und B nach dem günstigen Einheitswert des Grundstücks besteuert. Vielmehr werden die steuerlichen Werte addiert und dieser Wert nach Maßgabe der Erbquote den Erben A und B zugerechnet. Gleiches gilt, wenn aus der Teilungsanordnung Ausgleichsansprüche resultieren, zB in vorgenanntem Beispiel der für Erbe A bestimmte Geschäftsanteil einen höheren Wert hat als das Grundstück.

232 Führt die Teilungsanordnung aber zu einer **Verschiebung der Erbquoten,** was der Fall ist, wenn der Erblasser die Erbquoten entsprechend dem Wert der einzeln zugewiesenen Nachlaßgegenstände festlegen wollte, so ist dies zu beachten.[434]

233 Erhält ein Miterbe den GmbH-Geschäftsanteil im Wege eines **Vorausvermächtnisses,** so ist ihm allein dieser Erwerb mit dem für die Erbschaftsteuer maßgeblichen gemeinen Wert zuzurechnen.[435] Die Erbengemeinschaft erfaßt den Anteil zwar als Erwerb, kann jedoch eine gleichhohe Verpflichtung aus dem Vermächtnis als Schuld abziehen. Gleiches gilt, wenn der Anteil als **normales Vermächtnis** an eine nicht zum Erben berufene Person geht.[436] Wird ein **Pflichtteilsberechtigter** abgefunden, so wird dessen Erwerb, der in einer Geldforderung besteht, nach dem Nominalwert der Forderung besteuert; erhält er **an Erfüllungs Statt** einen GmbH-Geschäftsanteil, kann der Steuerwert des Geschäftsanteils zum Ansatz kommen.[437] Erhält ein Miterbe bei der Auseinandersetzung mehr als ihm nach seiner Erbquote zusteht, so kann darin eine dem Erwerb durch den Erbfall nachfolgende steuerpflichtige Zuwendung zwischen den Miterben liegen.[438]

3. Ertragsteuerliche Behandlung

234 Die Vererbung von GmbH-Geschäftsanteilen führt grundsätzlich nicht zu einer einkommensteuerlich relevanten Veräußerung des Erblassers. Dies gilt sowohl für Anteile im Privatvermögen als auch für Anteile im Betriebsvermögen. Die Anschaffungskosten bzw. Buchwerte des Erblassers werden von den Erben fortgeführt. Die **Realteilung des Nachlasses** ändert hieran nichts. Sofern der Wert der Beteiligung unter der wertmäßigen Beteiligung des die Beteiligung übernehmenden Miterben am Gesamtnachlaß liegt, handelt es sich in vollem Umfang um einen unentgeltlichen Erwerb. Auch der

---

[433] BFH v. 10. 11. 1982, BStBl. II 1983, 329 (330); BFH v. 5. 2. 1992, BFH/NV 1993, 100.
[434] *Moench* § 3 Anm. 52 ff.
[435] *Moench* § 3 Anm. 67 ff.
[436] BFH v. 15. 10. 1997, BStBl. II 1997, 820; *Moench* § 3 Anm. 67, § 10 Anm. 22; aA *Gebel* UVR 1994, 74.
[437] Zweifelhaft: *Meincke* § 3 Anm. 53.
[438] BFH v. 14. 7. 1982, BStBl. II 1982, 714.

F. Vererbung von GmbH-Geschäftsanteilen

Pflichtteilsberechtigte erwirbt unentgeltlich, wenn ihm ein Geschäftsanteil zur Abgeltung des Pflichtteils übertragen wird.[439]

235 Sind hingegen **Abfindungszahlungen** an weichende Miterben zu leisten, liegt insofern ein entgeltlicher Erwerb – und korrespondierend eine steuerpflichtige Veräußerung der weichenden Erben – vor, wenn der Miterbe Vermögenswerte einsetzt, die über seine wertmäßige Beteiligung am Nachlaß hinausgehen.[440] Soweit der Erwerb entgeltlich ist, liegen Anschaffungskosten des Miterben vor, im übrigen sind die Anschaffungskosten des Erblassers fortzuführen.[441] Werden dem betreffenden Erben neben der Beteiligung auch andere Wirtschaftsgüter zugeteilt und übersteigt der Gesamtwert die auf diesen Erben entfallenden Erbquote, so ist eine Ausgleichszahlung auf die Beteiligung und die anderen Wirtschaftsgüter nach dem Verhältnis der Zeitwerte aufzuteilen.

Beispiel:
A und B werden durch Erbfall vom 1. 7. 1999 Miterben zu je 1/2. Zum Nachlaß gehören Wertpapiere im Wert von DM 500 000 und eine 18%ige GmbH-Beteiligung im Wert von DM 1 000 000. Die Anschaffungskosten des Erblassers für die Beteiligung betrugen DM 100 000. A übernimmt die Wertpapiere, B die Beteiligung. B zahlt an A DM 250 000. B hat 75% der Beteiligung unentgeltlich erworben und führt mit DM 75 000 die Anschaffungskosten des Erblassers fort. 25% sind zu Anschaffungskosten von DM 250 000 erworben worden. A – nicht die Erbengemeinschaft – realisiert einen Veräußerungsgewinn in Höhe von DM 225 000 (Anschaffungskosten des Rechtsvorgängers für 25% der 18% Anteile = DM 25 000/Veräußerungspreis DM 250 000). Die Steuerpflicht tritt ein, obwohl A eine weniger als 10% betragende Beteiligung des Privatvermögens veräußert hat, da die Eigenschaft als wesentliche Beteiligung in der Person des Erblassers – dieser hielt mehr als 10% – fünf Jahre lang gegen A und B wirkt. Die Steuerpflicht für A hätte vermieden werden können, wenn die Auseinandersetzung erst fünf Jahre nach dem Erbfall erfolgt wäre.

236 **Finanzierungskosten für die Abfindungszahlung** sind nur insoweit als Werbungskosten/Betriebsausgaben abzugsfähig, als ein Anschaffungsvorrang vorliegt. Die Finanzverwaltung hatte darüber hinaus auch Finanzierungskosten zur Begleichung von Pflichtteilsansprüchen, Vermächtnisschulden, Erbersatzverbindlichkeiten und Zugewinnausgleichsschulden als abzugsfähig behandelt, selbst wenn durch die Zahlung der Verbindlichkeiten keine Anschaffungskosten entstanden wären. Diese Anweisung wurde jedoch mit Wirkung ab 1. 1. 1995 widerrufen, nachdem der Bundesfinanzhof seine Rechtsprechung geändert hatte.[442]

237 Geht die Beteiligung als Vermächtnis an einen Dritten oder als Vorausvermächtnis an einen Erben, so liegt ein unentgeltlicher Erwerb vom Erblasser vor, auch wenn der Geschäftsanteil zunächst Eigentum der Erbengemeinschaft wird. Muß der Vermächtnisnehmer eine Zuzahlung leisten, so wird der Vorgang in einen voll entgeltlichen und einen entgeltlichen Teil aufgespalten.

---

[439] FG Köln v. 27. 5. 1993, EFG 1994, 94 (rkr.).
[440] BFH v. 9. 7. 1985, BStBl. II 1985, 722 (724).
[441] BFH v. 5. 7. 1990, BStBl. II 1990, 837; BMF v. 11. 1. 1993, BStBl. I 1993, 62 Anm. 14 ff.
[442] BMF aaO Fn. 443, Anm. 37, 70, 89; BFH v. 2. 3. 1990 BStBl. II 1994, 619; BMF v. 11. 8. 1994, BStBl. I 1994, 603.

Beispiel:

Vermächtnisnehmer (V) erhält vom Erben (E) einen 100% Geschäftsanteil, ursprüngliche Anschaffungskosten des Rechtsvorgängers DM 100 000, Zeitwert DM 1 Mio. V muß an E aufgrund einer Auflage des Erblassers DM 500 000 zahlen. V erwirbt 50% unentgeltlich und führt die anteiligen Anschaffungskosten des Erblassers von DM 50 000 fort. 50% sind entgeltlich erworben, wobei E einen Gewinn nach § 17 EStG iHv. DM 450 000 realisiert.

238 Liegt der auf den Vermächtnisnehmer zu übertragende Geschäftsanteil jedoch in einem **Betriebsvermögen,** so realisieren der Erbe bzw. die Erbengemeinschaft durch die Übertragung einen Veräußerungsgewinn. Eine gewinneutrale Übertragung wird von der Finanzverwaltung auch in diesem Fall zugelassen, wenn der Vermächtnisnehmer die Beteiligung in ein Betriebsvermögen überführt (Wahlrecht).[443]

239 Kommt es durch den Übergang der GmbH-Anteile auf die Erben bzw. den Übergang im Rahmen der Erbauseinandersetzung oder zur Erfüllung eines Vermächtnisses zum Wegfall der personellen Verflechtung einer Betriebsaufspaltung, so tritt eine Betriebsaufgabe mit Gewinnrealisierung ein.[444] Der Gewinn ist dem Erblasser zuzurechnen, wenn der Wegfall der personellen Verflechtung durch den Erbfall eintritt, er ist von den in die Mitunternehmerstellung einrückenden Erwerbern zu versteuern, wenn erst diese im Rahmen der Erbauseinandersetzung die personelle Verflechtung durch die Anteilsübertragung aufheben. Entsprechendes gilt für Sonderbetriebsvermögen.[445]

240 Wird der Geschäftsanteil des Erben oder eines Vermächtnisnehmers durch testamentarische Anordnung mit einem **Nießbrauch** belastet und löst der nießbrauchsbelastete Gesellschafter den Nießbrauch durch eine einmalige Zahlung ab, so können hierin nachträgliche Anschaffungskosten für die Beteiligung oder aber Werbungskosten zu der zu erwartenden Dividende liegen, sofern die Bestellung des Nießbrauchs **und** seine entgeltliche Ablösung steuerrechtlich anzuerkennen sind.[446]

4. Erbschaftsteuerliche Behandlung von statuarischen und sonstigen Abfindungszahlungen

241 Als Schenkung auf den Todesfall (§ 3 Abs. 1 Nr. 2 ErbStG) bzw. Schenkung unter Lebenden (§ 7 Abs. 7 ErbStG) gilt auch der auf einem Gesellschaftsvertrag beruhende Übergang des Anteils eines Gesellschafters bei dessen Tod bzw. Ausscheiden auf die anderen Gesellschafter oder die Gesellschaft, soweit der steuerliche Anteilswert nach § 12 ErbStG den Abfindungsanspruch übersteigt. Die Regelung ersetzt die frühere „Wagnis-Rechtsprechung", wonach keine Schenkung vorlag, wenn die gesellschaftsvertragliche Bestimmung

---

[443] BMF aaO Anm. 74.
[444] BFH v. 25. 8. 1993, DStZ 1994, 58 (für die Veräußerung der Anteile).
[445] *Groh* DB 1992, 1312 (1315).
[446] BFH v. 6. 7. 1993, HFR 1993, 708: Bei den Einkünften aus Vermietung und Verpachtung Anschaffungskosten eines Grundstückes. Ebenso für die Ablösung eines Vermächtnisnießbrauchs durch die Grundstückseigentümer/Erben: BFH v. 21. 7. 1992, BStBl. II 1993, 484, 486.

gleichmäßig für das Ableben eines jeden Gesellschafters galt.[447] Nach hM findet § 3 Abs. 1 Nr. 2 Satz 2 ErbstG Anwendung, obwohl die GmbH-Geschäftsanteile zunächst auf den Erben übergehen und erst von diesem auf die Gesellschafter oder die Gesellschaft übertragen werden.[448] Die GmbH versteuert diesen Erwerb nach Steuerklasse IV. Andererseits soll eine Steuerpflicht der GmbH nach Auffassung des Bundesfinanzhofs nicht bestehen, wenn der Geschäftsanteil nach der Satzung im Todesfall eingezogen wird.[449] Offengelassen wurde im Urteilsfall, ob insofern eine Steuerpflicht der GmbH-Gesellschafter gegeben ist, wofür uE die Vergleichbarkeit mit der Anwachsung von Vermögen beim Ausscheiden des Gesellschafters einer Personengesellschaft spricht, bei der eine Steuerpflicht der verbleibenden Gesellschafter eintritt.

(frei) 242–249

G. Besonderheiten bei Beteiligung Familienangehöriger

I. Beteiligung Minderjähriger

Minderjährige werden bei Begründung oder Erwerb einer Beteiligung durch ihre gesetzlichen Vertreter vertreten. Bei ehelichen Minderjährigen sind dies gem. § 1629 Abs. 1 BGB grundsätzlich beide Elternteile gemeinsam, bei nichtehelichen Minderjährigen ist es gem. § 1705 BGB die Mutter. Bei Veräußerungsgeschäften zwischen Minderjährigen und ihren Eltern sind die Eltern durch § 181 BGB von der Vertretung ihrer Kinder ausgeschlossen, es sei denn, das Geschäft bringt dem Minderjährigen **lediglich** einen **rechtlichen Vorteil**.[450] Lediglich rechtlich vorteilhaft ist ein Erwerb nur, wenn mit ihm keinerlei Verpflichtungen im Sinne einer Gegenleistung verbunden sind. Umstände, die keine persönliche Verpflichtung der Minderjährigen begründen, sondern nur den Wert des Geschäftsanteils reduzieren (zB Verpfändung, Nießbrauch) fallen nicht unter die Beschränkung.[451]

Der Erwerb einer Kommanditbeteiligung ist nach der Rechtsprechung nicht lediglich rechtlich vorteilhaft, weil mit der Beteiligung ein Bündel von Rechten und Pflichten verbunden ist.[452] Ob dasselbe für den Erwerb eines GmbH-Geschäftsanteils gilt, ist bislang nicht entschieden. Ist der Geschäftsanteil noch nicht eingezahlt, sind Rückzahlungen auf die Einlage erfolgt oder sind Geschäftsanteile anderer Gesellschafter noch nicht eingezahlt, bzw. eine Rückzahlung der Einlage auf deren Anteile erfolgt, dürfte der Erwerb stets nicht nur rechtliche Vorteile mit sich bringen. Gleiches gilt, wenn die Satzung spezielle Leistungspflichten der Gesellschafter vorsieht. In diesen Fällen ist die Bestellung eines **Ergänzungspflegers** für den Minderjährigen gem. § 1909

250

251

---

[447] BFH v. 15. 5. 1953, BStBl III 1953, 199 (201); *Felix* DStZ 1983, 165 (166).
[448] Vgl. Nachweise bei *Meincke* § 3 Anm. 65; *Ott* GmbHR 1995, 567.
[449] BFH v. 1. 7. 1992, BStBl. II 1992, 912.
[450] *Palandt/Heinrichs* § 181 Rz. 9.
[451] *Palandt/Heinrichs* § 107 Rz. 2 ff.
[452] BGH v. 10. 2. 1977, BGHZ 68, 225 (232).

BGB erforderlich. Wenn sich ein Fall nicht zweifelsfrei als lediglich rechtlich vorteilhaft definieren läßt, empfiehlt es sich wegen des steuerlichen Rückwirkungsverbotes stets einen Ergänzungspfleger einzuschalten.

252 Überdies ist zu prüfen, ob der Vertreter des Minderjährigen für die Übertragung des Geschäftsanteils die **Genehmigung des Vormundschaftsgerichts** benötigt (§§ 1643, 1822 BGB). In Betracht kommt insb. eine Genehmigungspflicht nach § 1822 Nrn. 3 und 10 BGB.

253 Nach § 1822 Nr. 3, 1. Alt. BGB, sind der **entgeltliche Erwerb** oder die **Veräußerung eines Erwerbsgeschäfts** genehmigungsbedürftig. Diese Bestimmung soll auf den Erwerb von GmbH-Geschäftsanteilen nach hM nur dann anwendbar sein, wenn es sich bei der Beteiligung nicht um eine bloße Kapitalbeteiligung handelt, sondern Erwerb oder Veräußerung des Geschäftsanteils nach Art und Ausgestaltung, zB nach der Höhe der Beteiligung und der Zahl der Gesellschafter, dem Erwerb und der Veräußerung eines einzelunternehmerischen Erwerbsgeschäftes wirtschaftlich gleichkommen, insb. bei **Veräußerung aller Geschäftsanteile an einer GmbH**.[453]

254 Nach § 1822 Nr. 3, 2. Alt. BGB ist die vormundschaftsgerichtliche Genehmigung für einen Gesellschaftsvertrag erforderlich, der zum **Betrieb eines Handelsgeschäfts** eingegangen wird. Nach hM findet diese Vorschrift zwar Anwendung auf die Gründung einer GmbH, nicht aber auf den Erwerb eines GmbH-Geschäftsanteils.[454]

255 Nach § 1822 Nr. 10 BGB bedarf der Vormund der Genehmigung des Vormundschaftsgerichts zur Übernahme einer **fremden Verbindlichkeit**. Mit dem Erwerb des Geschäftsanteils und dessen Anzeige bei der Gesellschaft gem. § 16 Abs. 3 GmbHG treffen den Erwerber die Haftung für rückständige Leistungen des Veräußerers sowie die Ausfallhaftung für rückständige Leistungen anderer Gesellschafter gem. §§ 24, 31 Abs. 3 GmbHG. Nur soweit nach §§ 16 Abs. 3, 24 oder 31 Abs. 3 GmbHG die **konkrete** Möglichkeit der Inanspruchnahme des Erwerbers für Verbindlichkeiten des Veräußerers oder von Mitgesellschaftern besteht und diese – beim entgeltlichen Erwerb – auch nicht bei der Vereinbarung des Entgelts mindernd berücksichtigt worden sind, soll dies die Genehmigungspflicht begründen.[455]

II. Eheliches Güterrecht

256 Die Auswirkungen des ehelichen Güterrechts auf die Übertragung von GmbH-Geschäftsanteilen richten sich nach dem Güterstand, in dem die Ehegatten leben. Bei dem ohne das Vorliegen einer besonderen Vereinbarung geltenden gesetzlichen Güterstand der **Zugewinngemeinschaft** bleiben das Vermögen des Mannes und das Vermögen der Frau getrennt

---

[453] Vgl. KG v. 20. 1. 1976, NJW 1976, 1946; *Baumbach/Hueck/Hueck* § 15 Anm. 4 mwN.

[454] BGH v. 20. 2. 1989, DB 1989, 918 f.; *Scholz/Winter* § 15 Anm. 204; *Baumbach/Hueck/Hueck* § 15 Anm. 3; aA *Hachenburg/Zutt* § 15 Anm. 129; differenzierend *Rowedder/Rowedder* § 15 Anm. 59.

[455] BGH v. 20. 2. 1989, DB 1989, 918; *Baumbach/Hueck/Hueck* § 15 Anm. 5 mwN, auch zur Gegenansicht, die eine Genehmigungspflicht stets oder nie annehmen.

(§ 1363 BGB). Das Verfügungsrecht jedes Ehegatten über einen ihm gehörenden GmbH-Geschäftsanteil ist daher grundsätzlich nicht eingeschränkt.[456] Wenn der GmbH-Geschäftsanteil das **gesamte** oder nahezu das gesamte Vermögen eines Ehegatten ausmacht, sind die Einwilligung bzw. die Zustimmung des anderen Ehegatten erforderlich (§ 1365 BGB).[457] Dies gilt auch, wenn Gegenstand der Übertragung nur das durch notariellen Vertrag begründete Anwartschaftsrecht auf Erwerb des Geschäftsanteils ist.[458] Die Verfügungsbeschränkungen können durch Ehevertrag ausgeschlossen werden.[459]

Ist **Gütertrennung** vereinbart, kann jeder Ehegatte ohne Einschränkung über einen ihm gehörenden GmbH-Geschäftsanteil verfügen (§ 1414 BGB). Bei **Gütergemeinschaft** werden das Vermögen des Mannes und das Vermögen der Frau gemeinschaftliches Vermögen beider Ehegatten (sog. Gesamtgut), ohne daß es einer Abtretung nach § 15 Abs. 3 GmbHG bedarf. Die Ehegatten sind dann gesamthänderische Miteigentümer, dh. Mitgesellschafter der GmbH. Schließt die Satzung der GmbH nach § 15 Abs. 5 GmbHG die Abtretung an Ehegatten aus oder ist die Übertragung an Ehegatten der Gesellschafter von der Zustimmung nach § 15 Abs. 5 GmbHG abhängig, bleibt der GmbH-Geschäftsanteil Sondergut des Gesellschafter-Ehegatten, wenn die Zustimmung nicht erteilt wird.[460]

III. Steuerrechtliche Anforderungen bei Verträgen mit Familienangehörigen

Steuerlich muß die Übertragung des Geschäftsanteils zivilrechtlich wirksam sein, auf einer klaren Vereinbarung beruhen und tatsächlich durchgeführt werden.[461]

Es sind die Formerfordernisse §§ 15 Abs. 3 und 4 GmbHG zu beachten sowie ggf. die Genehmigungserfordernisse nach § 15 Abs. 5 GmbHG. Soweit bei Minderjährigen die Genehmigung des Vormundschaftsgerichts erforderlich ist (vgl. Rz. 214 ff.), muß diese in angemessener Zeit erteilt werden. Wegen des steuerlichen Rückwirkungsverbots wird die zivilrechtliche Rückwirkung einer Genehmigung steuerlich sonst nicht berücksichtigt. Es ist zu prüfen, ob ein Ergänzungspfleger einzuschalten ist (vgl. dazu Rz. 215).

Die Vereinbarung muß auch tatsächlich durchgeführt werden, dh. die Gesellschafterstellung muß endgültig übertragen werden und darf nicht nur auf dem Papier übergehen. Hierzu gehört nach Auffassung des Bundesfinanzhofs auch, daß die Erträge aus der GmbH-Beteiligung tatsächlich an das Kind gezahlt werden. Werden die Beträge hingegen für den Unterhalt der Kinder oder die

---

[456] *Scholz/Winter* § 15 Anm. 199; *Hachenburg/Zutt* Anh. 15 Anm. 68.
[457] BGH v. 28. 4. 1961, BGHZ 35, 135 (143); BGH v. 26. 2. 1965, BGHZ 43, 174.
[458] BGH v. 21. 3. 1996, DStR 1996, 1903.
[459] BGH-Beschluß v. 28. 2. 1964, NJW 1964, 1795 (1797); *Hachenburg/Zutt* Anh. § 15 Anm. 74.
[460] Vgl. dazu ausführlich *Hachenburg/Zutt* Anh. § 15 Anm. 76.
[461] BFH v. 21. 8. 1985, BStBl. II 1986, 250; BFH v. 14. 10. 1981, BStBl. II 1982, 119.

Lebensführung der Eltern verwendet, so erfolgt eine Zurechnung der Einkünfte und Anteile unverändert bei den Eltern.[462] Insbesondere die freie Widerruflichkeit einer Schenkung steht einer Zurechnung des Geschäftsanteils und der Einkünfte bei dem Beschenkten entgegen.[463] Andererseits sind selbst sehr weitgehende Verwaltungs- oder Verfügungsbeschränkungen zu Lasten der Kinder unschädlich, wenn die (vorbehaltenen) Verfügungsmöglichkeiten der Eltern nicht im wirtschaftlichen Interesse der Eltern, sondern der Kinder bestehen.

261 Die Rechtsprechung zur **Begrenzung des Gewinnanteils** für stille Gesellschafter und Unterbeteiligte bei der Einräumung solcher Beteiligungen unter Familienangehörigen (vgl. Rz. 166) greift uE nicht ein, wenn ein auf einen Familienangehörigen übertragener Geschäftsanteil vor der Übertragung durch eine entsprechende Satzungsänderung mit einer Vorzugsdividende ausgestattet worden ist. Auf diese Weise kann eine weitgehende Zurechnung der laufenden Dividenden bei dem Inhaber der Vorzugsanteile bewirkt werden, ohne daß dieser überproportional an den nicht aufgelösten stillen Reserven partizipiert. Die Annahme eines Gestaltungsmißbrauchs scheidet aus, da bereits die Aufrechterhaltung der Stimmrechtsmehrheit für den einen GmbH-Anteil übertragenden Elternteil oder Verwandten ein anzuerkennendes nicht steuerliches Motiv für die Gestaltung darstellen kann.[464]

Beispiel:
Der Vater teilt einen 100%igen Geschäftsanteil und versieht den zB 20% ausmachenden neuen Geschäftsanteil mit einer Dividendenvorzugsberechtigung von 50% der Gesamtdividende. Anschließend wird der 20%ige Anteil an die Tochter verschenkt.

262–269 *(frei)*

H. Zwangsvollstreckung/Konkurs

270 Die **Pfändung des GmbH-Geschäftsanteils** erfolgt nach § 857 BGB durch Beschluß des Vollstreckungsgerichts, der zu seiner Wirksamkeit dem Gesellschafter und der Gesellschaft zugestellt werden muß.[465] Ein Ausschluß der Pfändung ist nicht zulässig. Satzungsmäßige Beschränkungen, die für eine Abtretung des Geschäftsanteils nach § 15 Abs. 5 GmbHG bestimmt sind, gelten nicht. Die Anmeldung der Pfändung an die Gesellschaft nach § 16 Abs. 1 GmbHG ist nicht erforderlich. Es können auch Teile eines Geschäftsanteils gepfändet werden; die Verwertung setzt allerdings die Genehmigung der Gesellschaft nach § 17 Abs. 1 GmbHG voraus.[466]

271 Die Gesellschafter einer personenbezogenen GmbH dürften regelmäßig bemüht sein zu verhindern, daß durch die Pfändung **fremde Dritte** in den Kreis der Gesellschafter eindringen. Die Vereinbarung, daß der Gesellschaft oder den Gesellschaftern im Falle der Pfändung ein **Vorkaufsrecht** zusteht,

---

[462] Vgl. BFH v. 10. 8. 1988, BStBl. II 1989, 137.
[463] Vgl. *Märkle* DStZ 1985, 471 (477); *Tillmann* in GmbH-Handbuch Teil III Anm. 970.
[464] BFH v. 24. 7. 1986, BStBl. II 1987, 54 (56).
[465] *Scholz/Winter* § 15 Anm. 172 mwN; *Heuer* ZIP 1998, 405.
[466] *Baumbach/Hueck/Hueck* § 17 Anm. 6; vgl. Rz. 69 ff.

H. Zwangsvollstreckung/Konkurs

kann dem Pfandrecht nicht entgegenstehen, weil das Vorkaufsrecht ausgeschlossen ist, wenn der Verkauf im Wege der Zwangsvollstreckung oder durch den Konkursverwalter erfolgt (§ 512 BGB).[467] Der beste Weg, das Eindringen von ungewollten Dritten zu verhindern, ist die Vereinbarung der **Einziehung des Geschäftsanteils** im Gesellschaftsvertrag gegen Zahlung eines vollwertigen Entgelts.[468]

Steuerrechtlich ergeben sich keine Besonderheiten für die Verwertung des GmbH-Geschäftsanteils im Rahmen der Zwangsvollstreckung.[469] Daß sich der Gesellschafter nicht freiwillig zur Veräußerung entschlossen hat, sondern ihm diese im Wege der Zwangsversteigerung entzogen wurde, steht einer Besteuerung des Veräußerungsgewinns nicht entgegen[470]

Im **Konkurs des Gesellschafters** fällt der Geschäftsanteil ohne Abtretung in die Konkursmasse. Die statutarischen Einschränkungen nach § 15 Abs. 5 GmbHG gelten nicht. Der Konkursverwalter übt die Mitgliedschaftsrechte, wie zB das Stimmrecht aus, allerdings kann die Satzung bestimmen, daß das Stimmrecht für die Zeit des Konkurses ruht. Der Konkursverwalter kann den Geschäftsanteil in der Form des § 15 Abs. 3 und 4 GmbHG veräußern und zwar, ohne statutarische Beschränkungen beachten zu müssen.[471] Ist der **Konkurs der GmbH** eröffnet, steht dies einer Veräußerung des GmbH-Geschäftsanteils durch den Gesellschafter nicht entgegen.

---

[467] *Scholz/Winter* § 15 Anm. 180.
[468] Vgl. *Baumbach/Hueck/Hueck* § 15 Anm. 60 mwN; *Scholz/Winter* § 15 Anm. 182 f.; OLG Hamburg v. 26. 4. 1996, DB 1996, 1175.
[469] Vgl. Ausführungen zur Verpfändung Rz. 180 ff.
[470] BFH v. 10. 12. 1969, BStBl. II 1970, 310 (311); *Littmann/Hörger* § 17 Anm. 38.
[471] *Hachenburg/Zutt* Anh. § 15 Anm. 95.

§ 13 Das Ausscheiden aus der GmbH

Bearbeiter: Roger Zätzsch

Inhaltsübersicht

	Rz.
A. Übersicht	1–4
B. Einvernehmliches Ausscheiden	
I. Begriffsbestimmung	5
II. Die Formen des Ausscheidens und die Auswahlkriterien (Übersicht)	6–15
1. Formen des Ausscheidens	6
2. Auswahlkriterien	7–15
a) Übersicht	7
b) Auswahlkriterien im einzelnen	8–15
aa) Stellenwert der Erhaltung der Beteiligungsquoten zwischen den verbleibenden Gesellschaftern	8
bb) Zulässigkeit des Entgelts für das Ausscheiden gemäß den Vorschriften über den Gläubigerschutz	9
cc) Finanzierung des Ausscheidens	10
dd) Zeitdauer des Verfahrens	11
ee) Publizität des Ausscheidens	12
ff) Verfahrenskosten	13
gg) Steuerliche Interessenlage der Beteiligten	14, 15
III. Ausscheiden durch Abtretung des Geschäftsanteils an Gesellschafter oder Dritte	16, 17
1. Übersicht	16
2. Besonderheiten im Vergleich zu den übrigen Ausscheidensformen	17
IV. Ausscheiden durch Abtretung des Geschäftsanteils an die GmbH (Erwerb eigener Geschäftsanteile)	18–58
1. Übersicht und Vergleich mit anderen Ausscheidensformen	18
2. Gesetzliche Voraussetzungen des Kapitalschutzes	19–34
a) Kapitalaufbringung	20–22
b) Kapitalerhaltung	23–32
aa) Voraussetzungen	23–25
bb) Maßgeblicher Zeitpunkt	26–28
cc) Rechtsfolgen eines Verstoßes	29–31
dd) Empfehlungen zur Vertragsgestaltung	32
c) Umgehungsverbote	33, 34
aa) Inpfandnahme eigener Geschäftsanteile	33
bb) Erwerb eigener Geschäftsanteile durch verbundene Unternehmen	34

	Rz.
3. Gesellschaftsvertragliche Voraussetzungen – Vertragsvorschläge	35, 36
4. Rechtsfolgen	37, 38
5. Bilanzielle Auswirkungen	39, 40
6. Kaufpreis	41
7. Verfahrensfragen	42
8. Verfahrenskosten	43
9. Zeitdauer des Verfahrens	44
10. Publizitätsfragen	45
11. Rechte Dritter am Geschäftsanteil	46
12. Der Erwerb aller eigenen Geschäftsanteile (sog. Kein-Mann-GmbH)	47
13. Steuerliche Folgen	48–58
a) Ertragsteuern	48–56
aa) Erwerb der eigenen Anteile	48–52
bb) Wertberichtigungen auf eigene Anteile	53
cc) Veräußerung eigener Anteile	54, 55
dd) Einziehung eigener Anteile	56
b) Erbschaft- und Schenkungsteuer	57
c) Grunderwerbsteuer beim Ausscheiden durch Anteilsvereinigung in einer Hand	58
V. Ausscheiden durch freiwillige Einziehung	59–80
1. Übersicht und Vergleich mit anderen Ausscheidensformen	59
2. Gesetzliche Anforderungen an den Gesellschaftsvertrag	60
3. Gesetzliche Voraussetzungen des Kapitalschutzes	61–65
a) Kapitalaufbringung	62
b) Kapitalerhaltung	63–65
4. Abfindung	66, 67
5. Gesellschaftsvertragliche Voraussetzungen – Vertragsvorschläge	68
6. Rechtsfolgen	69
7. Bilanzielle Auswirkungen	70
8. Verfahrensfragen	71
9. Verfahrenskosten	72
10. Zeitdauer des Verfahrens	73
11. Publizitätsfragen	74
12. Rechte Dritter am Geschäftsanteil	75
13. Die Einziehung aller Geschäftsanteile (sog. Kein-Mann-GmbH)	76
14. Steuerliche Folgen	77–80
a) Ertragsteuern	77, 78
b) Erbschaft- und Schenkungsteuer	79
c) Grunderwerbsteuer wegen Anteilsvereinigung in einer Hand	80
VI. Ausscheiden durch Kapitalherabsetzung	81–84
1. Übersicht	81
2. Besonderheiten im Vergleich zu den übrigen Ausscheidensformen	82–84
VII. Steuerfolgen beim Ausscheiden von „lästigen Gesellschaftern"	85–94

Übersicht $ 13

	Rz.
1. Leistungen durch die GmbH	85–92
a) Nachweis der Lästigkeit des Gesellschafters	86–88
b) Nachweis der Erbringung von Abfindungsleistungen	89, 90
c) Betriebliche Veranlassung der Zuzahlung	91, 92
2. Leistungen durch andere Gesellschafter	93
3. Besteuerung des „lästigen Gesellschafters"	94

C. Streitiges Ausscheiden

I. Begriffsbestimmung	100
II. Ausscheiden auf Initiative der anderen Gesellschafter oder der GmbH	101–114
1. Ausschluß aus der GmbH	101–112
a) Kein allgemeines Ausschlußrecht	101
b) Ausschluß aus wichtigem Grund	102–104
c) Ausschlußrecht durch Gesellschaftsvertrag, insbesondere zwangsweise Einziehung	105–112
aa) Zulässigkeit	105
bb) Ausschlußgründe	106–108
cc) Ausschlußverfahren	109–112
2. Ausschluß des mit der Einlage säumigen Gesellschafters	113
3. Ausschluß des mit einer unbeschränkten Nachschußpflicht säumigen Gesellschafters	114
III. Ausscheiden auf Initiative des Gesellschafters	115–119
1. Austritt aus der GmbH (Kündigung)	115–118
a) Austritt (Kündigung) aus wichtigem Grund	115–117
aa) Voraussetzungen	115
bb) Verfahren	116, 117
b) Austrittsrecht durch Gesellschaftsvertrag	118
2. Zurverfügungstellung des Geschäftsanteils bei unbeschränkter Nachschußpflicht	119
IV. Beschränkung der Abfindung im Gesellschaftsvertrag	120–125
1. Der gesetzliche Abfindungsanspruch	120
2. Zulässigkeit der Abfindungsbeschränkung im Gesellschaftsvertrag	121
3. Abfindungen unter dem Verkehrswert (insbesondere sog. Buchwertklauseln)	122
4. Abfindungsausschluß	123
5. Ratenzahlung der Abfindung	124
6. Nichtigkeitsfolgen von Abfindungsklauseln	125
V. Steuerfolgen des streitigen Ausscheidens	126

D. Gesellschaftsvertragliches Ausscheiden (sog. Automatikklauseln) ... 130, 131

E. Erbschaft- und Schenkungsteuerprobleme durch Abfindungsklauseln ... 140–143

F. Grunderwerbsteuer bei Anteilsvereinigung in einer Hand durch Ausscheiden ... 150, 151

A. Übersicht

1 Unter Ausscheiden aus der GmbH ist die Beendigung der Anteilseignerschaft eines Gesellschafters bei Fortbestand der GmbH zu verstehen.[1] Dies ist zu unterscheiden von den Fällen der Beendigung der Anteilseignerschaft, die zugleich zur Beendigung der GmbH führen, nämlich Auflösung (§§ 60–74 GmbHG; §§ 144a Abs. 4, 144b FGG; dazu § 16 Rz. 1–5), Nichtigkeit (§§ 75–77 GmbHG; § 144a Abs. 4 FGG; dazu § 16 Rz. 5), Löschung (§§ 1 ff. LöschG; dazu § 16 Rz. 16) und Auflösung aufgrund des Umwandlungsrechtes. Die umwandlungsbedingte Auflösung führt entweder zur ersatzweisen Fortsetzung der Mitgliedschaft bei dem Rechtsträger, auf den umgewandelt wird (§§ 2, 123 Abs. 1 UmwG; dazu § 14 Rz. 336, 430 ff., 460, 600 ff.), oder zum Ausscheiden von Minderheitsgesellschaftern auf deren Verlangen gegen Abfindung bei Umwandlung durch Mehrheitsbeschluß (§§ 29, 125 ff., 207 UmwG; dazu § 14 Rz. 325, 336 ff., 430 ff.).

2 Das GmbHG behandelt das Ausscheiden in folgenden Bestimmungen:
1. **Ausscheiden von Todes wegen** (Vererblichkeit des Geschäftsanteils, § 15 Abs. 1 GmbHG; dazu § 12 Rz. 185 f.);
2. **Ausscheiden durch Rechtsgeschäfte unter Lebenden;**
   a) **Abtretung** des Geschäftsanteils[2] (dazu allgem. § 12);
      aa) an Dritte (§§ 15–17 GmbHG);
      bb) an einen Gesellschafter (§§ 15 Abs. 2, 17 Abs. 3 GmbHG);
      cc) an die Gesellschaft (Erwerb eigener Geschäftsanteile, § 33 GmbHG);
   b) **Einziehung** (Amortisation) von Geschäftsanteilen (§ 34 GmbHG);
   c) **Kapitalherabsetzung** (§ 58 GmbHG, dazu allgem. § 8 Rz. 108 ff.);[3]
   d) **Ausschluß des** mit der Stammeinlage **säumigen Gesellschafters** (Kaduzierung; § 21 ff. GmbHG);
   e) **Zurverfügungstellung** (Preisgabe) des Geschäftsanteils an die GmbH im Falle der unbeschränkten Nachschußpflicht (§ 27 GmbHG).[4]

Mit den vorstehenden Bestimmungen regelt das GmbHG nur die **Vollzugsformen des Ausscheidens** vollständig. Die Festsetzung der **Voraussetzungen des Ausscheidens** im Konflikt der Gesellschafter bleibt dem Gesellschaftsvertrag vorbehalten, weshalb eine vorausschauende Vertragsgestaltung wichtig ist. Fehlt die Vertragsvorsorge, hilft im Konfliktfalle nur das von der Rechtsprechung entwickelte **Ausscheiden aus wichtigem Grund,** nämlich durch **Ausschluß** (dazu Rz. 101 ff.) oder durch **Austritt des Gesellschafters** (dazu Rz. 115 ff.).

3 Aus systematischen Gründen wird in diesem Kapitel zwischen drei Grundfällen des Ausscheidens aus der GmbH unterschieden, nämlich dem einver-

---

[1] Ebenso Rowedder/Rowedder § 34 Anm. 1.
[2] Ergänzt wird der Rechtsverlust aufgrund Abtretung durch die Pfandverwertung des Geschäftsanteils (§ 1277 BGB; §§ 857, 816 ZPO).
[3] § 58 GmbHG spricht nicht vom Ausscheiden von Gesellschaftern, sondern geht vom Regelfall der Verminderung der Nominalbeteiligung aller Gesellschafter aus. Mit Zustimmung des Gesellschafters oder aufgrund Gesellschaftsvertrag ist jedoch auch eine Kapitalherabsetzung zum Zwecke des Ausscheidens möglich; dazu Rz. 81 ff.
[4] § 27 Abs. 1 Satz 2 GmbHG enthält außerdem die fingierte Zurverfügungstellung (Preisgabe) nach Fristsetzung.

B. Einvernehmliches Ausscheiden   4, 5   § 13

nehmlichen Ausscheiden (Abschnitt B; s. Rz. 5 ff.), dem streitigen Ausscheiden (Abschnitt C; s. Rz. 100 ff.) sowie dem Ausscheiden aufgrund von sog. Automatikklauseln im Gesellschaftsvertrag (Abschnitt D; s. Rz. 130 f.). Die Vorabdarstellung des Ausscheidens im Einvernehmen folgt aus der Vorgabe des GmbHG (dazu so. Rz. 2), das vornehmlich den Vollzug bei den unterschiedlichen Formen des Ausscheidens regelt (also das „wie?"), die Voraussetzungen, wann ein Ausscheiden überhaupt zulässig ist (also das „ob?"), aber weitgehend offen läßt. Bei der Darstellung des streitigen Ausscheidens (C), insbesondere zum Ausschluß (Abschnitt C II; s. Rz. 101 ff.) und zum Austritt von Gesellschaftern (Abschnitt C III; Rz. 115 ff.), kann dann jeweils hinsichtlich der Verwendungsformen für den Geschäftsanteil des Ausscheidenden weitgehend auf die Abhandlung des einvernehmlichen Ausscheidens aufgebaut werden. Gleiches gilt beim Ausscheiden aufgrund gesellschaftsvertraglicher Automatikklauseln (Abschnitt D; Rz. 130 f.).

Große Bedeutung kommt den in wichtigen Bereichen umstrittenen Steuerfolgen des Ausscheidens in seinen unterschiedlichen Formen zu, die zB bei der Einkommenssteuer je nach Fallgestaltung für den ausscheidenden Gesellschafter von der Steuerfreiheit über einen begünstigten Steuersatz bis zur vollen Steuertarifbelastung reichen und auch bei der GmbH zu sehr unterschiedlichen körperschaftsteuerlichen Ergebnissen führen. Diese Ertragsteuerfragen des Ausscheidens werden ebenfalls vorab im Abschnitt über das einvernehmliche Ausscheiden behandelt, auch die besonderen Steuerfolgen des Ausscheiden von sog. lästigen Gesellschaftern (Abschnitt B VII; s. Rz. 85 ff.), die sich regelmäßig nicht beim Ausschluß durch gerichtliches Urteil erzielen lassen. Gesonderte Abschnitte sind den oft überraschenden Folgen gewidmet, die sich für die Erbschafts- und Schenkungsteuer durch Abfindungsklauseln im Gesellschaftsvertrag (Abschnitt E; s. Rz. 140 ff.) und für die Grunderwerbsteuer bei Anteilsvereinigung in einer Hand durch Ausscheiden ergeben können (Abschnitt F; s. Rz. 150 ff.).   4

B. Einvernehmliches Ausscheiden

I. Begriffsbestimmung

Unter einvernehmlichem Ausscheiden werden hier alle Fälle des Ausscheidens verstanden, bei denen der ausscheidende Gesellschafter seine Eignerschaft am Geschäftsanteil durch eine Willenserklärung verliert, sei es in Vertragsform (zB über die Abtretung des Geschäftsanteils) oder durch Zustimmung zu einem Gesellschafterbeschluß über sein Ausscheiden (zB bei der freiwilligen Einziehung). Unterschieden werden hiervon die Fälle des streitigen Ausscheidens (Abschnitt C; Rz. 100 ff.), bei denen die Anteilseignerschaft aufgrund gerichtlichen Gestaltungsurteils (Ausschluß; s. Rz. 101 ff.), durch Gesellschafterbeschluß (zB zwangsweise Einziehung; s. Rz. 105 ff.), oder aufgrund einseitiger Willenserklärung des Ausscheidens (Austritt; s. Rz. 115 ff.), verloren geht. Das einvernehmliche und das streitige Ausscheiden   5 werden wiederum unterschieden vom Ausscheiden aufgrund sog. Automatikklauseln im Gesellschaftsvertrag (Abschnitt D; s. Rz. 130 f.).

II. Die Formen des Ausscheidens und die Auswahlkriterien (Übersicht)

1. Formen des Ausscheidens

6   Für das Ausscheiden kommen folgende Formen in Frage:
a) Abtretung an Gesellschafter;
b) Abtretung an Dritte;
c) Abtretung an die Gesellschaft (Erwerb eigener Geschäftsanteile);
d) Freiwillige Einziehung;
e) Kapitalherabsetzung bzgl. des Geschäftsanteils;
f) Kombination der Ausscheidensformen.

2. Auswahlkriterien

a) Übersicht

7   Die Auswahl der für das freiwillige Ausscheiden demnach in Frage kommenden Vollzugsformen richtet sich nach folgenden Kriterien:
   aa) Stellenwert der Erhaltung der Beteiligungsquoten zwischen den verbleibenden Gesellschaftern.
   bb) Zulässigkeit des Entgelts für das Ausscheiden (Kaufpreis oder Abfindung) unter dem Gesichtspunkt des Gläubigerschutzes.
   cc) Finanzierung des Entgelts für das Ausscheiden.
   dd) Zeitdauer des Verfahrens für das Ausscheiden.
   ee) Publizitätsfragen.
   ff) Kosten des Verfahrens.
   gg) Steuerliche Interessenlage der Beteiligten.

b) Auswahlkriterien im einzelnen

8   **aa) Stellenwert der Erhaltung der Beteiligungsquoten zwischen den verbleibenden Gesellschaftern.** Durch jedes Ausscheiden eines Gesellschafters wird die Beteiligungsstruktur der verbleibenden Gesellschafter berührt. Die Abtretung an einzelne Gesellschafter oder Dritte ist oft unerwünscht und kann bei einem Genehmigungsvorbehalt im Gesellschaftsvertrag (§ 15 Abs. 5 GmbHG) verhindert werden. Das Ausscheiden durch Abtretung von Teilgeschäftsanteilen an sämtliche verbleibende Gesellschafter entsprechend deren Beteiligungsquoten untereinander, die Abtretung an die GmbH, die Einziehung oder das Ausscheiden durch Kapitalherabsetzung führen zu einer Anhebung der Beteiligungsquote aller verbleibenden Gesellschafter. Dies kann zu vermögensmäßigen Vorteilen oder Nachteilen für sämtliche verbleibenden Gesellschafter führen, nämlich zu Vorteilen, falls der Kaufpreis oder die Abfindung unter dem Verkehrswert der Beteiligung liegt, andererseits zu Nachteilen, falls Solidarhaftungsrisiken (dazu § 2) für die Gesellschafter bestehen, die damit bei jedem Gesellschafter anteilsmäßig erhöht werden. Rechtliche Vor-

B. Einvernehmliches Ausscheiden 9–11 § 13

teile mit entsprechenden Nachteilen für die übrigen Gesellschafter können sich aus der Erhöhung der prozentualen Beteiligungsquote für diejenigen Gesellschafter ergeben, die einzeln oder mit ihnen nahe stehenden Gesellschaftern hierdurch die Mehrheit, qualifizierte Mehrheit oder Sperrminorität gemäß Gesetz (§§ 47 Abs. 1, 53 Abs. 2 GmbHG) oder Gesellschaftsvertrag überschreiten, wenn nicht der Gesellschaftsvertrag automatische Anpassungsklauseln vorsieht (dazu Rz. 130 f.) oder die Gesellschafterversammlung den Gesellschaftsvertrag aus Anlaß des Ausscheidens ändert. Entsprechende Rechtsnachteile erleiden die übrigen Gesellschafter.

bb) **Zulässigkeit des Entgelts für das Ausscheiden (Kaufpreis oder** 9 **Abfindung) gemäß den Vorschriften über den Gläubigerschutz.** Findet sich kein Dritter oder Gesellschafter zum Kauf eines Geschäftsanteils des ausscheidenswilligen Gesellschafters bereit oder wird eine vom Gesellschaftsvertrag hierfür vorgesehene Zustimmung (§ 15 Abs. 5 GmbHG) nicht erteilt, so verbleiben die Formen des Ausscheidens nur die Abtretung an die GmbH, die Einziehung oder eine Kapitalherabsetzung, was eine Bezahlung der Abfindung durch die GmbH bedeutet. Bei unzureichender Eigenkapitalisierung der GmbH stehen jedoch dem Erwerb eigener Geschäftsanteile und der Einziehung aus Gründen des Gläubigerschutzes die zwingenden gesetzlichen Kapitalerhaltungsbestimmungen entgegen, so daß dann nur noch ein unentgeltliches oder teilentgeltliches Ausscheiden oder der Weg des Ausscheidens durch Kapitalherabsetzung offen steht, wobei im letzteren Fall durch die Kapitalherabsetzung das Mindeststammkapital von DM 50 000,– nicht geschmälert werden darf (§ 58 Abs. 2 in Verbindung mit § 5 Abs. 1 GmbHG). In manchen Fällen wird sich eine Kombination verschiedener Ausscheidensformen anbieten, beispielsweise ein Erwerb des eigenen Geschäftsanteils oder eine Einziehung jeweils unter teilweiser Kapitalherabsetzung.

cc) **Finanzierung des Ausscheidens.** Neben den Kapitalerhaltungsvorschriften ist die Finanzierung der Abfindungs- oder Kaufpreiszahlung ein 10 wichtiges Auswahlkriterium der Vollzugsform für das Ausscheiden. Erfordert die Liquiditätslage des Zahlungsschuldners die Vereinbarung von Raten, ist dies für alle Vollzugsformen des Ausscheidens zulässig, jedoch mit unterschiedlichen Folgen für den Zeitpunkt des Ausscheidens: Die Einziehung von Geschäftsanteilen wird erst mit vollständiger Tilgung der Abfindung wirksam, dh. bis dahin bleibt der Ausscheidende Gesellschafter (dazu Rz. 67). Bei der Abtretung von Geschäftsanteilen hängt dagegen der Zeitpunkt des Gesellschafterwechsels nicht von der Zahlungsfälligkeit ab, kann aber zur Sicherheit des Ausscheidenden als aufschiebende Bedingung der Abtretung vereinbart werden. Eine Zahlungsfrist von Gesetzes wegen ist beim Ausscheiden durch Kapitalherabsetzung vorgeschrieben (§ 58 Abs. 1 GmbHG: dazu Rz. 81 ff.).

dd) **Zeitdauer des Verfahrens für das Ausscheiden.** Mit Ausnahme des 11 Ausscheidens durch Kapitalherabsetzung (Verfahrensdauer mehr als ein Jahr; § 58 Abs. 1 GmbHG; dazu s. o. Rz. 10 und Rz. 81 ff.) ist für die übrigen Vollzugsformen des Ausscheidens keine Handelsregistereintragung vorausgesetzt, sodaß hieraus keine Verzögerung der Rechtswirksamkeit des Ausscheidens folgt. Verzögerungen können sich hier nur aus der Fälligkeit des Entgeltes ergeben (dazu s. o. Rz. 10). Im Gegensatz zum einvernehmlichen Ausscheiden ist die Verfahrensdauer beim streitigen Ausscheiden zumeist von langwierigen Zivilprozessen bedingt (dazu Rz. 109 ff. und 116 f.).

12 **ee) Publizität des Ausscheidens.** Keine der Vollzugsformen des Ausscheidens eines Gesellschafters löst eine unmittelbare Publizität durch Handelsregistereintrag oder Veröffentlichung in den Gesellschaftsblättern aus. Dies gilt auch für das Ausscheiden durch Kapitalherabsetzung, die ohne Namensnennung des Ausscheidenden publiziert wird. Die Geschäftsführer haben jedoch jeden Gesellschafterwechsel alsbald durch eine neue Gesellschafterliste beim Registergericht anzuzeigen (§ 40 GmbHG),[5] die von jedem eingesehen werden kann (§ 9 HGB). Anlaß zur Einsichtnahme kann die Veröffentlichung des nächsten Jahresabschlusses sein, der zwar nicht notwendig die Person des Ausscheidenden benennt, aber bei Ausscheiden durch Einziehung, Erwerb eigener Anteile oder Kapitalherabsetzung diese Vorgänge allgemein ausweist.

13 **ff) Verfahrenskosten.** Ohne Notar- und Handelsregisterkosten verläuft nur das Ausscheiden durch Einziehung des Geschäftsanteils. Nur Notarkosten ohne Gerichtskosten fallen beim Ausscheiden durch Abtretung des Geschäftsanteils an. Das Ausscheiden durch Kapitalherabsetzung kostet sowohl Notar- als auch Gerichtsgebühren.

14 **gg) Steuerliche Interessenlage der Beteiligten.** Bei den verschiedenen Formen des Ausscheidens können sich unterschiedliche Ertragsteuerfolgen für den Ausscheidenden einerseits und die GmbH und damit mittelbar die verbleibenden Gesellschafter andererseits ergeben. Bei der Abtretung des Geschäftsanteils an Gesellschafter oder Dritte beschränken sich die Ertragsteuerfolgen im Regelfall[6] auf den Ausscheidenden, der damit je nach Beteiligungsumfang (§ 17 Abs. 1 EStG) und Beteiligungsdauer (§ 23 Abs. 1 Nr. 1 b EStG) oder der Zugehörigkeit des Geschäftsanteils zu einem Betriebsvermögen steuerfrei, zum begünstigten[7] Steuersatz oder zum vollen Steuertarif einen Veräußerungsgewinn vereinnahmen kann (dazu § 12 Rz. 77 ff.). Beim Ausscheiden durch Kapitalherabsetzung können sich demgegenüber sowohl für die GmbH als auch für den Ausscheidenden nachteilige Ertragsteuerfolgen ergeben, falls die Abfindung höher ist als der Nennbetrag der Kapitalherabsetzung (dazu § 8 Rz. 175 ff.). Umstritten und nur teilweise höchstrichterlich geklärt ist die steuerliche Behandlung des Erwerbs eigener Geschäftsanteile und der Einziehung, die beide teils wie die Abtretung eines Geschäftsanteils an Gesellschafter oder Dritte behandelt werden, nach anderer Ansicht aber als eine sog. wirtschaftliche Teilliquidation mit zumeist steuerlichen Nachteilen für den Ausscheidenden und die GmbH (dazu Rz. 48 ff., 77 f.). Führt das Ausscheiden dazu, daß ein bisher mit einer

---

[5] § 40 GmbHG idF mit Gültigkeit ab 1. 1. 1999; bis dahin nur jährliche Einreichung mit dem Jahresabschluß, und zwar einer Gesellschafterliste nur bei veränderten Beteiligungsverhältnissen, ansonsten einer Fehlanzeige (§ 40 Abs. 1 GmbHG idF bis 31. 12. 1998 gültig).

[6] Ausnahme: Verbot der ausschüttungsbedingten Teilwertabschreibung beim Erwerb von einem nichtanrechnungsberechtigten oder steuerfrei veräußernden Gesellschafter (§ 50 c EStG).

[7] § 34 Abs. 1 EStG: idF gültig bis 31. 12. 1998 = halber Steuersatz bis DM 15 Mio; idF gültig ab 1. 1. 1999 = nur noch Progressionsminderung (Änderung angegeben aufgrund StEntlG 1999/2000/2002).

B. Einvernehmliches Ausscheiden 15–18 § 13

geringeren Quote beteiligter Gesellschafter hierdurch wesentlich beteiligt (§ 17 Abs. 1 EStG)[8] wird, so verliert er hierdurch seine Steuerfreiheit für zukünftige Anteilsveräußerungen (§ 17 EStG).

Gehören der GmbH Grundstücke, so kann Grunderwerbsteuer durch Anteilsvereinigung mit einer Hand bei allen Formen des Ausscheidens anfallen, mit Ausnahme der Anteilsabtretung an einen mit dem verbleibenden Gesellschafter nicht verbundenen Dritten (dazu Rz. 150 f.). 15

III. Ausscheiden durch Abtretung des Geschäftsanteils an Gesellschafter oder Dritte

1. Übersicht

Im Normalfall erfolgt das freiwillige Ausscheiden aus der GmbH durch Abtretung des Geschäftsanteils an andere Gesellschafter oder Dritte (§ 15 Abs. 1 GmbHG). Soweit der Gesellschaftsvertrag keine Beschränkungen für die Abtretbarkeit vorsieht (§ 15 Abs. 5 GmbHG), ist der Geschäftsanteil ein Objekt des Rechtsverkehrs, dessen Fungibilität lediglich in der Nachfrage am Markt und den marktgerechten Preisvorstellungen des Verkäufers seine Grenze hat. Dem „Geschäftsanteil im Rechtsverkehr" ist unter dieser Überschrift ein eigenes Kapitel gewidmet, auf das verwiesen wird (§ 12). 16

2. Besonderheiten im Vergleich zu den übrigen Ausscheidensformen

Die Abtretung an Dritte oder Gesellschafter zeichnet sich gegenüber allen anderen Formen des Ausscheidens dadurch aus, daß es keine Beschränkungen durch Kapitalschutzbestimmungen gibt. Die Abtretung an Gesellschafter gewährleistet ebenso wie die übrigen Ausscheidensformen und im Gegensatz zur Abtretung an Dritte die Identität des verbleibenden Gesellschafterkreises, allerdings notwendigerweise bei einer Veränderung der Beteiligungsquoten. Letzteres kann jedoch durch eine anteilige Übertragung von Teilgeschäftsanteilen auf sämtliche verbleibenden Gesellschafter vermieden oder durch eine Änderung der Stimmrechtsquoten im Gesellschaftsvertrag in seinen Auswirkungen beeinflußt werden. 17

IV. Ausscheiden durch Abtretung des Geschäftsanteils an die GmbH (Erwerb eigener Geschäftsanteile)

1. Übersicht und Vergleich mit anderen Ausscheidensformen

Das GmbHG befaßt sich nur in seinen §§ 33 und 43 Abs. 3 mit dem Erwerb eigener Geschäftsanteile, was durch die Bilanzierungsvorschriften in §§ 266 Abs. 2 B III 3 und 272 Abs. 4 HGB ergänzt wird. Mit § 33 GmbHG wird die grundsätzliche Zulässigkeit des Erwerbs eigener Geschäftsanteile bestätigt,[9] 18

---

[8] Wesentliche Beteiligung: seit 1. 1. 1999 = mindestens 10%; bis 31. 12. 1998 = mehr als 25% (Änderung angegeben aufgrund StEntlG 1999/2000/2002).
[9] *Lutter/Hommelhoff* § 33 Anm. 1. Anders § 71 AktG, der den Erwerb eigener Aktien nur in bestimmten Ausnahmefällen und dann zumeist nur bis zu 10% des Grundkapitals zuläßt.

während sich die Vorschrift selbst ausschließlich mit Erwerbsbeschränkungen aus Gründen des Kapitalschutzes befaßt. Der Erwerb eigener Geschäftsanteile unterscheidet sich von der Einziehung und dem Ausscheiden durch Kapitalherabsetzung vor allem durch den rechtlichen Fortbestand des Geschäftsanteiles, dessen Gesellschafterrechte zwar ruhen, aber durch Abtretung an Gesellschafter oder Dritte wieder aufleben können. Die Beschränkungen durch den Kapitalschutz sind weitgehend identisch wie bei der Einziehung geregelt, während sich beim Ausscheiden durch Anteilsabtretung an Dritte oder Gesellschafter keine derartige Einschränkung ergeben. Dem steht als Einschränkung beim Ausscheiden durch Kapitalherabsetzung die lange Zeitdauer des Verfahrens gegenüber.

2. Gesetzliche Voraussetzungen des Kapitalschutzes

19 § 33 GmbHG ist dem Kapitalschutz beim Erwerb oder der Inpfandnahme von eigenen Geschäftsanteilen gewidmet und ergänzt die allgemeinen Vorschriften des GmbHG zur Sicherung der Aufbringung der Stammeinlagen (Kapitalaufbringung; § 19 Abs. 2 GmbHG) und zur Erhaltung des eingezahlten Stammkapitals durch Verbot der Rückgewähr an die Gesellschafter (Kapitalerhaltung; § 30 GmbHG).

a) Kapitalaufbringung

20 Gem. § 33 Abs. 1 GmbHG kann die Gesellschaft eigene Geschäftsanteile, auf welche die Einlagen noch nicht vollständig geleistet sind, nicht erwerben oder als Pfand nehmen. Die eigenständige Bedeutung dieser Vorschrift beschränkt sich auf das Verbot der Inpfandnahme (dazu Rz. 33), da sich die Unzulässigkeit des Erwerbes eigener nicht voll eingezahlter Geschäftsanteile schon aus dem allgemeinen Kapitalaufbringungsschutz in § 19 Abs. 2 GmbHG ergibt.

Das gesetzliche Verbot des Erwerbs nicht voll eingezahlter Geschäftsanteile ist unabdingbar und gilt auch bei Unentgeltlichkeit des Ausscheidens.[10] Es kann nicht durch eine Aufrechnung der offenen Einlageforderung mit dem Kaufpreisanspruch für den Erwerb des eigenen Geschäftsanteils umgangen werden.[11] Das Verbot gilt nur für ausstehende Stammeinlagen, nicht jedoch, falls ein Aufgeld (§ 272 Abs. 2 Nr. 1 HGB, § 55 Abs. 2 Satz 2 GmbHG) oder ein Nachschuß (§ 26 GmbHG) noch offen ist,[12] wie umgekehrt ein auf den teileingezahlten Geschäftsanteil geleistetes Aufgeld oder ein insgesamt das Stammkapital (§ 5 GmbHG) übersteigendes Eigenkapital (§ 272 HGB) das

---

[10] *Rowedder/Rowedder* § 33 Anm. 5 und für die Einziehung § 34 Anm. 13.
[11] Heute ganz hM; s. *Baumbach/Hueck/Hueck* § 33 Anm. 8 mwN (die dort zitierte aA von *Roth* und *Rowedder* wurde in den Folgeauflagen geändert; s. *Roth/Altmeppen* § 33 Anm. 8 und *Rowedder/Rowedder* § 33 Anm. 7; abgeschwächt und für Erwerb eigener Anteile und Einziehung unterschiedlich *Scholz/Westermann* § 33 Anm. 11, wonach die Verrechnung „bedenklich" ist beim Erwerb eigener Geschäftsanteile, und § 34 Anm. 49, wonach bei der Einziehung „wenigstens eine Verrechnung einer die restliche Einlageschuld übersteigenden Abfindungsforderung des Gesellschafters mit der Einlage zugelassen werden" sollte.
[12] HM; s. *Hachenburg/Hohner* § 33 Anm. 17 mwN.

B. Einvernehmliches Ausscheiden 21–23 § 13

Verbot nicht beseitigen. Es kommt nur auf die Volleinzahlung des betreffenden Geschäftsanteils an; eine Volleinzahlung des gesamten Stammkapitals ist nicht gefordert.[13] Ohne Bedeutung ist der Grund für die offene Einlageschuld: Fehlende Fälligkeit,[14] mißglückte Einlageleistungen wie bei verdeckter Sacheinlage (dazu § 2 Rz. 109 ff.), Differenzhaftung (§ 9 GmbHG, dazu § 2 Rz. 37)[15] sowie Vorbelastungshaftung (dazu § 2 Rz. 39)[16] lösen das Verbot sämtlich aus. Nicht unter das Verbot fallen hingegen Geschäftsanteile, für die eine unzulässige Einlagerückgewähr iSv. § 30 GmbHG erfolgt ist[17] oder auf die eine Subsidiärhaftungsverbindlichkeit gem. §§ 24 oder 31 Abs. 3 GmbH trifft.[18]

Die Volleinzahlung der Stammeinlage muß spätestens im Zeitpunkt des Erwerbes des eigenen Geschäftsanteiles, also im Zeitpunkt des Übergangs der Rechte am Geschäftsanteil auf die GmbH erfüllt sein.[19] Das ist vorbehaltlich vereinbarter Bedingungen oder Fristen der Zeitpunkt der Beurkundung des Abtretungsvertrages (§ 15 Abs. 3 GmbHG). Andernfalls ist der Erwerb nichtig, das heißt der Gesellschafter bleibt Anteilseigner,[20] was auch einen gutgläubigen Erwerb Dritter durch Weiterabtretung seitens der GmbH ausschließt.[21] Nichtigkeit besteht auch bei einer nur geringfügigen Resteinlageschuld,[22] was auch nicht durch Erwerb eines der geleisteten Teileinlage entsprechenden Teilgeschäftsanteils umgangen werden kann,[23] wohl aber durch zuvor zu vollziehende Kapitalherabsetzung.[24]   21

Regelmäßig wird auch bereits der der Abtretung zugrunde liegende Kaufvertrag nichtig sein, es sei denn, er ist unter aufschiebender Bedingung der Volleinzahlung erfolgt,[25] was man rechtstatsächlich anders als beim Abtretungsvertrag, als stillschweigend vereinbart annehmen kann, wenn den Beteiligten die Rechtsnotwendigkeit bekannt ist und ihnen nicht bereits beim Grundgeschäft die Volleinzahlung vor dem Vollzugsgeschäft als unwahrscheinlich erscheint.   22

b) Kapitalerhaltung

aa) Voraussetzungen. § 33 Abs. 2 GmbH dient der Erhaltung des Stammkapitals durch Beschränkung des grundsätzlich zulässigen Erwerbs voll   23

---

[13] *Hachenburg/Hohner* § 33 Anm. 16; für die Einziehung *Scholz/Westermann* § 34 Anm. 50.
[14] *Hachenburg/Hohner* § 33 Anm. 15; *Baumbach/Hueck/Hueck* § 33 Anm. 2.
[15] *Hachenburg/Hohner* § 33 Anm. 18.
[16] *Baumbach/Hueck/Hueck* § 33 Anm. 2. mwN.
[17] Str.; ebenso *Baumbach/Hueck/Hueck* § 33 Anm. 2 mwN.
[18] *Hachenburg/Hohner* § 33 Anm. 20.
[19] *Hachenburg/Hohner* § 33 Anm. 22; *Roth/Altmeppen* § 33 Anm. 7.
[20] *Lutter/Hommelhoff* § 33 Anm. 3; *Baumbach/Hueck/Hueck* § 33 Anm. 6; *Hachenburg/Ulmer* § 34 Anm. 19, 29 f.
[21] *Baumbach/Hueck/Hueck* § 33 Anm. 6.
[22] *Lutter/Hommelhoff* § 33 Anm. 3; *Baumbach/Hueck/Hueck* § 33 Anm. 2; *Scholz/Westermann* § 33 Anm. 5; *Hachenburg/Hohner* § 33 Anm. 15.
[23] Ebenso, jedoch zur Einziehung *Baumbach/Hueck/Hueck* § 34 Anm. 9; *Scholz/Westermann* § 34 Anm. 37; *Hachenburg/Ulmer* § 34 Anm. 24.
[24] *Scholz/Westermann* § 33 Anm. 10, § 34 Anm. 57; *Baumbach/Hueck/Hueck* § 33 Anm. 7, § 34 Anm. 23.
[25] *Lutter/Hommelhoff* § 33 Anm. 3.

§ 13 24, 25 Das Ausscheiden aus der GmbH

eingezahlter Geschäftsanteile durch die GmbH.[26] Nach Satz 1 dieser Vorschrift darf die Bezahlung des Kaufpreises für die eigenen Geschäftsanteile (bzw. das Entgelt für die Inpfandnahme; dazu Rz. 33) nur „aus dem über den Betrag des Stammkapitals hinaus vorhandenen Vermögen geschehen". Die Vorschrift ergänzt den allgemeinen Kapitalerhaltungsschutz gemäß § 30 Abs. 1 GmbHG, der das gleiche nur negativ ausdrückt, indem „das zur Erhaltung des Stammkapitals erforderliche Vermögen der Gesellschaft ... an die Gesellschafter nicht ausgezahlt werden" darf. § 33 Abs. 2 GmbHG und § 30 Abs. 1 GmbHG unterscheiden sich daher insoweit nur in den Rechtsfolgen (dazu Rz. 29 ff.) und durch die Einbeziehung der Inpfandnahme in § 33 Abs. 2 GmbHG (dazu Rz. 33).

24 Durch das BiRiLiG[27] wurden in § 33 Abs. 2 Satz 1 GmbHG die weiteren Bedingungen hinzugefügt, daß „die Gesellschaft die nach § 272 Abs. 4 HGB vorgeschriebene Rücklage für eigene Anteile bilden kann, ohne das Stammkapital oder eine nach dem Gesellschaftsvertrag zu bildende Rücklage zu mindern, die nicht zu Zahlungen an die Gesellschafter verwandt werden darf" (zur Rücklage für eigene Anteile Rz. 40). Praktische Bedeutung hat diese Einfügung in den Gesetzestext kaum. Soweit hierdurch die Möglichkeit einer Rücklagenbildung ohne Minderung des Stammkapitals verlangt wird, bedeutet dies nichts anderes als die schon zuvor in dem selben Gesetzessatz genannte Voraussetzung, der Erwerb der eigenen Anteile dürfe nur „aus dem über dem Betrag des Stammkapitals hinaus vorhandenen Vermögen" geschehen: Wenn eine Rücklage für eigene Anteile ohne Minderung des Stammkapitals, dh. ohne Unterbilanz, gebildet werden kann, ist immer auch der Erwerb aus Vermögen gewährleistet, das über das Stammkapital hinaus vorhanden ist, was auch umgekehrt gilt. Das Verbot der Minderung einer statuarischen Rücklage zugunsten der gebotenen Rücklage nach § 272 Abs. 4 HGB stellt dagegen einen Unterschied zu der zuvor im selben Satz genannten Voraussetzung zum Schutz des Stammkapitals dar. Dieser Unterschied hat aber für die Praxis wenig Bedeutung. Solche Ausschüttungssperren in Gesellschaftsverträgen werden vom Gesetz nicht gefordert, dürften daher eher die Ausnahme sein und können auch jederzeit mit der erforderlichen qualifizierten Mehrheit der Gesellschafterversammlung durch Änderung des Gesellschaftsvertrages aufgehoben werden. Einen Schutz auch der Kapitalrücklage (§ 272 Abs. 2 HGB) sieht § 33 Abs. 2 Satz 1 GmbHG jedenfalls nicht vor,[28] was auch im Sinne des GmbH-Grundsatzes ist, daß die Gesellschafterversammlung Herr über die Kapitalrücklagen ist (dazu § 8 Rz. 4).

25 Maßgebend für den Kapitalerhaltungsschutz des § 33 Abs. 2 GmbHG ist das Vermögen, wie es sich aus den Handelsbüchern der GmbH ergibt (§§ 238 ff. HGB), also das buchmäßige Eigenkapital ohne Berücksichtigung stiller Reserven,[29] wobei der Wert der eigenen Anteile nicht in die Berechnung einbezogen werden darf. Eigenkapitalersetzende Gesellschafterdarlehen

---

[26] *Baumbach/Hueck/Hueck* § 33 Anm. 9.
[27] Bilanzrichtliniengesetz vom 19. 12. 1985, BGBl. I, 2475.
[28] Anders die entsprechende Vorschrift in § 71 Abs. 2 Satz 2 AktG.
[29] HM.; *Lutter/Hommelhoff* § 33 Anm. 5; *Hachenburg/Goerdeler/Müller* § 30 Anm. 32; *Baumbach/Hueck/Hueck* § 30 Anm. 5; § 33 Anm. 9; aA *Sonnenhol/Stützle* DB 1979, 925, 927 ff.; *Meister* WM 1980, 390, 394; offen gelassen BGHZ 81, 252, 261.

B. Einvernehmliches Ausscheiden

(dazu § 8 Rz. 194 ff.) sind wie Fremdkapital zu behandeln,[30] ebenso regelmäßig Kapital aus stillen Beteiligungen oder Genußrechten, es sei denn die Vertragsbedingungen für das stille Beteiligungskapital oder das Genußrechtskapital sind derart atypisch dem Risikocharakter des Eigenkapitals angenähert, daß man nicht mehr von Fremdkapital ausgehen kann. Wie hoch das Eigenkapital am für die Beurteilung maßgebenden Zeitpunkt (dazu Rz. 26 ff.) ist, kann genau nur durch eine den Regeln des Jahresabschlusses unterliegende Zwischenbilanz zu diesem Zeitpunkt festgestellt werden. Bei reichhaltiger Eigenkapitalausstattung genügt eine überschlägige Bilanzrechnung, da das Gesetz keine Zwischenbilanzierung als Wirksamkeitsvoraussetzung für die Einziehung und den Erwerb eigener Anteile vorschreibt.[31] In Zweifelsfällen sollte schon die Schadensersatzpflicht aus § 43 Abs. 3 GmbHG den Geschäftsführern Anlaß zur Zwischenbilanz sein. Das Eigenkapital ist nur dann ausreichend, wenn es neben dem Stammkapital die Rücklage für die eigenen Anteile deckt und auch gegebenenfalls eine ausschüttungssperrende statuarische Rücklage. Fehlt es am erforderlichen Eigenkapital, so hilft eine entsprechende, allerdings wegen des Sperrjahres (§ 58 Abs. 1 Nr. 3 GmbHG) langwierige Kapitalherabsetzung oder bei teilweiser Unterdeckung – anders als beim nicht voll eingezahlten Anteil (dazu Rz. 20 f.) – ein Teilerwerb. Ein unentgeltliches Ausscheiden ist unbeschränkt zulässig,[32] auch hier anders als bei nicht voll eingezahlten Geschäftsanteilen (dazu Rz. 20 f.).

bb) Maßgeblicher Zeitpunkt. § 33 Abs. 2 GmbHG regelt nicht ausdrücklich den Zeitpunkt, an dem das für den Erwerb des eigenen Anteils und damit für Bildung der Rücklage ausreichende Eigenkapital vorhanden sein muß. Entsprechend vielfältig sind die Meinungen hierzu. Als relevante Zeitpunkte werden herbei angesehen, teilweise differenzierend für die Rücklagenbildung: Schuldrechtlicher Vertragsabschluß;[33] endgültige Wirksamkeit des schuldrechtlichen Vertrages;[34] Zeitpunkt der Abtretung des Geschäftsanteils;[35] Fälligkeit des Kaufpreises;[36] Zahlung des Kaufpreises[37] und schließlich als dop-

---

[30] *Hachenburg/Hohner* § 30 Anm. 26.
[31] HM; *Hachenburg/Hohner* § 33 Anm. 39; *Hachenburg/Goerdeler/Müller* § 30 Anm. 43; *Welf Müller* WPg 78, 571; *Lutter/Hommelhoff* § 33 Anm. 6; aA Regierungsbegründung zur entsprechenden, jedoch älteren Parallelvorschrift § 71 Abs. 2 Satz 2 AktG, BT-Drs. 8/1678, 15.
[32] *Lutter/Hommelhoff* § 33 Anm. 5.
[33] So *Scholz/Westermann* § 33 Anm. 26, zugl. aber eben dort zur Rücklage gemäß § 272 Abs. 4 HGB eine Prognose zum Jahresabschluß fordernd, „bezogen auf den Erfüllungszeitpunkt" und „notfalls durch eine Zwischenbilanz erhärtet"; offen gelassen von BGH v. 29. 6. 1998, DStR 1998, 1485.
[34] So *Lutter/Hommelhoff* § 33 Anm. 5, in Anm. 6 aber zusätzlich „im Zeitpunkt des Erwerbes" eine Prüfung fordernd, ob „unter Berücksichtigung der absehbaren Entwicklung bis zum nächsten Bilanzstichtag" dann eine Rücklage gem. § 272 Abs. 4 HGB möglich ist.
[35] So *Meyer-Landrut* § 33 Anm. 6; so zur Rücklagenbildung: Regierungsbegründung aaO Fn. 29; offen gelassen von BGH v. 29. 6. 1998, DStR 1998, 1485.
[36] Ablehnend *Lutter/Hommelhoff* § 33 Anm. 5.
[37] So nunmehr BGH v. 29. 6. 1998, DStR 1998, 1485 mit Anm. *Goette;* ebenso *Hachenburg/Hohner* § 33 Anm. 38, aber für die Möglichkeit der Rücklage auf den „Erwerbszeitpunkt", also die Abtretung, abstellend, Anm. 39.

pelter Maßstab sowohl der Zeitpunkt des schuldrechtlichen Vertragsschlusses als auch der Zahlungszeitpunkt.[38] Dem Normzweck der Kapitalerhaltung wird die Zahlung des Kaufpreises als maßgebender Zeitpunkt am gerechtesten. Nur wenn beim schuldrechtlichen Vertragsschluß schon feststeht, daß die Kaufpreiszahlung unzulässig sein wird, tritt bereits zu diesem Zeitpunkt schuldrechtliche Nichtigkeit ein. Ansonsten steht der Kaufvertrag unter der Rechtsbedingung, daß der Kaufpreis aus hierfür freiem Eigenkapital bezahlt werden kann und deshalb zum selben Zeitpunkt die Rücklagenbildung gemäß § 272 Abs. 4 HGB möglich wäre. Findet aber keine Zahlung statt, weil sich die GmbH oder der Gesellschafter auf das Verbot aus § 33 Abs. 2 GmbHG berufen, so ist der Zeitpunkt dieser Erklärung maßgebend, frühestens jedoch die Fälligkeit des Kaufpreises. Werden Ratenzahlungen vereinbart, so muß zu jedem Ratentermin die Zulässigkeit geprüft werden. Dies gilt auch dann, wenn die Ratentermine über den nächsten Jahresabschluß hinausgehen und selbst dann, wenn die Rücklage gem. § 272 Abs. 4 HGB ohne Schmälerung des Stammkapitals und einer statuarischen Rücklage zum Bilanzstichtag gebildet werden konnte, anschließend aber nicht mehr genügend Eigenkapital zur Bedienung der Raten zur Verfügung steht.

27 Die hier vertretene Auffassung, daß die Kaufpreiszahlung für die eigenen Anteile der maßgebliche Zeitpunkt für die Bemessung der in § 33 Abs. 2 GmbHG genannten Voraussetzungen der Kapitalerhaltung ist, hat zugleich den Vorzug, mit der allgemeinen Meinung über den maßgeblichen Zeitpunkt für die Voraussetzung des allgemeinen Kapitalerhaltungsschutzes gemäß § 30 Abs. 1 GmbHG übereinzustimmen, was zugleich auch insoweit eine Übereinstimmung mit der Kapitalerhaltung bei der Einziehung bedeutet (§ 34 Abs. 3 GmbHG). Auch für § 30 Abs. 1 GmbHG ist allein der Zahlungszeitpunkt maßgebend.[39]

28 Im Zusammenhang mit der in § 33 Abs. 2 GmbHG geforderten Möglichkeit der Rücklagenbildung gem. § 272 Abs. 4 HGB ist zwischen dem Zeitpunkt zu unterscheiden, in dem die Eigenkapitalverhältnisse die Rücklagenbildung ermöglichen müssen, und dem Bilanzstichtag, zu dem diese Rücklage dann tatsächlich gebildet werden muß. Der zuerst genannte Zeitpunkt, nämlich das Datum der Kaufpreiszahlung, erfordert eine lediglich fiktive Überprüfung, ob zu diesem Zeitpunkt bei einer ordnungsgemäßen Zwischenbilanzierung die Rücklagenbildung möglich wäre. Zum darauf folgenden Bilanzstichtag hingegen muß die Rücklage dann tatsächlich gebildet werden. Ist zu diesem Bilanzstichtag nicht mehr genügend Eigenkapital hierfür vorhanden, so beseitigt dies nicht rückwirkend die Zulässigkeit der Kaufpreiszahlung (dazu Rz. 40). Eine Prognose, ob die Rücklagenbildung zum nächsten Bilanzstichtag ohne Beeinträchtigung des Eigenkapitals und einer evtl. statuarischen Rücklage möglich ist, ist weder im Zeitpunkt des Kaufvertragabschlusses noch im Zahlungszeitpunkt erforderlich. Nur wenn im Zeitpunkt des Grundgeschäftsabschlusses oder im Zahlungszeitpunkt bereits feststeht, daß sich nachfolgend die Eigenkapitalverhältnisse so verschlechtern

---

[38] So *Baumbach/Hueck/Hueck* § 33 Anm. 10.
[39] Allg. M. *Lutter/Hommelhoff* § 30 Anm. 16; *Hachenburg/Goerdeler/Müller* § 30 Anm. 63; *Scholz/Westermann* § 30 Anm. 43; RGZ 133, 393; 136, 260; 142, 286; BGHZ 9, 169.

werden, daß zum Bilanzstichtag nicht mehr das erforderliche Eigenkapital zur Rücklagenbildung vorhanden sein wird, ergibt sich schon zu diesem Zeitpunkt die Rechtsfolge eines Verstoßes gegen die Kapitalerhaltungsbestimmungen.

cc) **Rechtsfolgen eines Verstoßes.** Die wesentliche Besonderheit des § 33 Abs. 2 GmbHG gegenüber der allgemeinen Kapitalerhaltungsschutzbestimmung des § 30 Abs. 1 GmbH (und damit gegenüber der Einziehung – § 34 Abs. 3 GmbHG) ist die Anordnung in § 33 Absatz 2 Satz 3 GmbHG, daß ein Verstoß gegen die Kapitalerhaltungsvorschriften zwar das schuldrechtliche Geschäft über einen verbotswidrigen Erwerb nichtig macht, nicht jedoch den Erwerb des Geschäftsanteils selbst, also das Vollzugsgeschäft. Die GmbH erwirbt also den eigenen Anteil wirksam, selbst wenn sie die verbotene Kaufpreiszahlung noch nicht erbracht hat. Durch die Wirksamkeit des Erwerbs wird die Kapitalerhaltung der GmbH geschützt, daneben aber auch der gutgläubige Erwerb eines Dritten, an den die GmbH den Anteil weiter veräußert.[40] Die Anordnung der schuldrechtlichen Nichtigkeit bedeutet, daß jeder Kaufvertrag über den Erwerb eigener Geschäftsanteile unter der aufschiebenden Rechtsbedingung steht, daß der Kaufpreis unter Beachtung des Verbotes in § 33 Abs. 2 GmbHG bezahlt wird. Bis dahin ist der Kaufvertrag schwebend unwirksam. Die endgültige Unwirksamkeit tritt entweder durch eine verbotene Kaufpreiszahlung ein oder durch Rücktrittserklärung einer der Kaufvertragsparteien, die sich zutreffend auf das Zahlungsverbot beruft, was im Allgemeinen erst ab Kaufpreisfälligkeit möglich sein wird, soweit nicht schon vorher das Zahlungsverbot im Fälligkeitszeitpunkt feststeht.

Bei der Rückabwicklung steht dem Rückzahlungsanspruch der Gesellschaft der Anspruch des Gesellschafters aus dem abgetretenen Anteil gegenüber. Für die Ansprüche des Gesellschafters stehen nur die §§ 812 ff. BGB zur Verfügung. Die GmbH hat hingegen sowohl Ansprüche aus §§ 812 ff. BGB als auch einen Anspruch aus § 31 GmbHG,[41] mit Ausnahme des Verstoßes gegen den Schutz einer statuarischen Rücklage (§ 33 Abs. 2 GmbHG), für den nur § 812 BGB gilt.[42] Beide Anspruchsgrundlagen haben für Gläubiger und Schuldner teils vorteilhafte teils nachteilige Regelungen. Hat die GmbH statt Geld Sachleistungen erbracht, kann auch ein Anspruch nach §§ 985 ff. BGB in Frage kommen.[43] Ein Anspruch aus § 823 Abs. 2 BGB scheidet aus, da die Kapitalerhaltungsbestimmungen keine Schutzgesetze im Sinne dieser Vorschrift sind.[44]

Die Rechtsfolgenregelung in § 33 Abs. 2 Satz 3 GmbHG gilt nur für den Verstoß gegen das dort in Abs. 2 Satz 1 geregelte Kapitalerhaltungsgebot, nicht für eine Verletzung des Gebotes der Volleinzahlung (Kapitalaufbringung; § 33 Abs.1 GmbHG; dazu Rz. 20 ff.) und auch nicht für einen Verstoß gegen sonstige zwingende Vorschriften, zB den Verstoß gegen den notariellen Formzwang für die Abtretung (§ 15 Abs. 3 GmbHG) oder bei arglistiger Täuschung des Gesellschafters durch den Geschäftsführer über die Eigenkapi-

---

[40] *Baumbach/Hueck/Hueck* § 33 Anm. 13.
[41] So zB *Hachenburg/Hohner* § 33 Anm. 45; *Lutter/Hommelhoff* § 33 Anm. 7.
[42] *Hachenburg/Hohner* § 33 Anm. 46.
[43] *Hachenburg/Goerdeler/Müller* § 30 Anm. 75.
[44] *Hachenburg/Goerdeler/Müller* § 30 Anm. 75.

talverhältnisse, d. h. in diesen Fällen erwirbt die GmbH den Geschäftsanteil nicht und auch ein gutgläubiger Dritter kann ihn nicht von ihr erwerben.

32 **dd) Empfehlungen zur Vertragsgestaltung.** Die unterschiedlichen Rechtsfolgen, die § 33 Abs. 2 Satz 3 GmbHG beim Verstoß gegen den Kapitalerhaltungsschutz beim Erwerb eigener Anteile für das schuldrechtliche Geschäft (Nichtigkeit des Kaufvertrages) und für den Erwerb der Geschäftsanteile (Wirksamkeit) anordnet, bedeuten Risiken für den ausscheidenden Gesellschafter. Aus seiner Interessenlage empfiehlt sich daher eine Vereinbarung, daß die Abtretung des Geschäftsanteils erst mit der vollständigen Zahlung des Kaufpreises wirksam wird. Ist sein zwischenzeitliches Verbleiben in der GmbH unerwünscht, kann ein Ruhen seiner Gesellschafterrechte vereinbart werden.

c) Umgehungsverbote

33 **aa) Inpfandnahme eigener Geschäftsanteile.** § 33 GmbHG verbietet neben dem Erwerb eigener Anteile auch deren Inpfandnahme, wenn ein Geschäftsanteil noch nicht voll eingezahlt ist (§ 33 Abs. 1 GmbHG) oder wenn die dadurch besicherte Forderung nicht aus dem über das Stammkapital hinaus vorhandenen Eigenkapital gedeckt werden kann (§ 33 Abs. 2 Satz 2 GmbHG). Damit wird eine Umgehung der entsprechenden Erwerbsverbote verhindert, welche sonst durch eine dem Erwerb vorgeschaltete Inpfandnahme bewirkt werden könnte. Die Rechtsfolgen für einen Verstoß gegen das Inpfandnahmeverbot sind identisch mit denjenigen bei Verletzung der Erwerbsverbote.[45] Die Inpfandnahme eines nicht voll eingezahlten Geschäftsanteils ist nichtig. Wie beim Erwerb eigener Anteile ist bei der Verpfändung voll eingezahlter Anteile ohne zureichende Eigenkapitaldeckung nur das schuldrechtliche Grundgeschäft nichtig, während die Inpfandnahme selbst rechtswirksam ist. Die Rückabwicklung erfolgt gem. §§ 812 ff. BGB.[46]

34 **bb) Erwerb eigener Geschäftsanteile durch verbundene Unternehmen.** Nach dem Wortlaut von § 33 GmbH ist nur der Erwerb eigener Geschäftsanteile durch die GmbH selbst verboten. Es ist aber heute allgemein anerkannt, daß eine Umgehung dieser Bestimmungen durch den Erwerb seitens verbundener Unternehmen nicht uneingeschränkt zulässig ist.[47] Unproblematisch ist der Erwerb von Geschäftsanteilen durch ein die GmbH beherrschendes Unternehmen. Hingegen wird heute grundsätzlich die entsprechende Anwendung von § 33 GmbHG angenommen, wenn Geschäftsanteile einer GmbH durch Unternehmen, an denen diese mittelbar oder unmittelbar beteiligt ist, erworben werden.[48] Seit dem durch das BiRiLiG[49] eingeführten § 272 Abs. 4 Satz 4 HGB ist nunmehr ausdrücklich eine Rücklage auch für Anteile eines herrschenden oder eines mit Mehrheit beteiligten Unternehmens vorgeschrieben. Diese Pflicht gilt sowohl für Unternehmen iSd. § 17 Abs. 1 AktG, die abhängig sind, ohne im Mehrheitsbe-

---

[45] *Lutter/Hommelhoff* § 33 Anm. 10.
[46] *Lutter/Hommelhoff* § 33 Anm. 10.
[47] *Lutter/Hommelhoff* § 33 Anm. 17 ff.
[48] Heute hM; s. *Lutter/Hommelhoff* § 33 Anm. 17.
[49] Bilanzrichtliniengesetz vom 19. 12. 1985, BGBl. I, 2355.

B. Einvernehmliches Ausscheiden 35–37 § 13

sitz zu stehen (§ 16 AktG), als auch für im Mehrheitsbesitz stehende Unternehmen, bei denen die Abhängigkeitsvermutung iSv. § 17 Abs. 2 AktG widerlegt ist. Erwirbt eine solche Untergesellschaft Geschäftsanteile der Obergesellschaft, die noch nicht voll eingezahlt sind, so ist dieser Erwerb nichtig.[50] Beim Erwerb voll eingezahlter Geschäftsanteile der Obergesellschaft muß die Untergesellschaft zur Leistung des Kaufpreises aus über dem Stammkapital verfügbarem Eigenkapital und zur Bildung einer Sonderrücklage nach § 272 Abs. 4 Satz 4 HGB in der Lage sein.[51]

3. Gesellschaftsvertragliche Voraussetzungen – Vertragsvorschläge

§ 33 GmbHG verlangt für den Erwerb eigener Geschäftsanteile keine ausdrückliche Zulassung im Gesellschaftsvertrag, anders als dies § 34 Abs. 1 GmbHG für die Einziehung anordnet. Es empfiehlt sich jedoch, im Gesellschaftsvertrag zusätzlich zu den Kapitalschutzvorschriften gem. § 33 GmbHG weitere Voraussetzungen für die Zulässigkeit des Erwerbs eigener Geschäftsanteile zu regeln. Da der Erwerb eigener Geschäftsanteile von einem ausscheidenden Gesellschafter immer zu einer Änderung der Beteiligungsstruktur der verbleibenden Gesellschafter führt (dazu Rz. 8) und die Frage der Notwendigkeit einer Zustimmung der Gesellschafterversammlung ungeklärt ist (dazu Rz. 42), sollte im Gesellschaftsvertrag ein Zustimmungsvorbehalt der Gesellschafterversammlung vorgesehen werden; aus den gleichen Gründen auch für die Veräußerung von eigenen Geschäftsanteilen.[52] Ratsam ist auch eine automatische Anpassung der Mehrheitserfordernisse für Gesellschafterbeschlüsse im Gesellschaftsvertrag, um die Gesellschafterstruktur hinsichtlich der einfachen und qualifizierten Mehrheit sowie der Sperrminorität in der Gesellschafterversammlung entsprechend dem früheren Status nicht unbeabsichtigt zu verändern. 35

Eine gesellschaftsvertragliche Erleichterung des Erwerbs eigener Anteile bezüglich der gesetzlichen Voraussetzungen des Kapitalschutzes ist unzulässig. 36

4. Rechtsfolgen

Im Gegensatz zur Einziehung und dem Ausscheiden durch Kapitalherabsetzung bleibt der von der GmbH erworbene eigene Geschäftsanteil rechtlich bestehen.[53] Die Folgen des eigenen Anteilserwerbs für die einzelnen Mitgliedschaftsrechte und -pflichten sind umstritten. Richtig ist es, entsprechend § 71 b AktG die Mitgliedschaftsrechte gänzlich ruhen zu lassen.[54] Unstreitig 37

---

[50] Ebenso *Scholz/Westermann* § 33 Anm. 15; aA *Lutter/Hommelhoff* § 33 Anm. 20; nur Schadensersatzpflicht der Geschäftsleitung der Untergesellschaft, da der Schutzzweck des § 33 Abs. 1 GmbHG nur die hier nicht vorliegende Konfusion verhindern wolle.
[51] HM *Lutter/Hommelhoff* § 33 Rz. 21; *Scholz/Emmerich* Anh. Anm. 84.
[52] S. dazu *Baumbach/Hueck/Hueck* § 33 Anm. 23.
[53] Allg. M. zB *Baumbach/Hueck/Hueck* § 33 Anm. 17; *Scholz/Westermann* § 33 Anm. 32.
[54] So grundsätzlich *Lutter/Hommelhoff* § 33 Anm. 9; ebenso im Grundsatz aber mit Einschränkungen *Baumbach/Hueck/Hueck* § 33 Anm. 18.

ist das Ruhe des Stimmrechtes.[55] Hierdurch können sich Verschiebungen im Stimmengewicht der Gesellschafter ergeben, für die eine Vorsorge im Gesellschaftsvertrag angezeigt ist. Der Gesellschaftsvertrag sollte auch Einzelfragen des Gewinnbezugsrechtes regeln, die auf eigene Anteile entfallen, da hierzu die differenziertesten Meinungen vertreten werden.[56] Teilweise wird die Abtretung des Gewinnanspruches an Dritte zugelassen.[57] Ähnlich vielfältig ist der Meinungsstreit hinsichtlich der Teilnahme an Kapitalerhöhungen. Bei Kapitalerhöhungen aus Gesellschaftsmitteln schreibt das Gesetz eine Teilnahme sogar ausdrücklich vor (§ 57b GmbHG). Bei einer Kapitalerhöhung gegen Einlagen wird hingegen heute allgemein ein Übernahmerecht der GmbH ausgeschlossen,[58] teilweise aber die Abtretung des Bezugsrechtes zugelassen.[59]

38 Aus dem rechtlichen Fortbestand des eigenen Geschäftsanteils folgt auch die Möglichkeit der Weiterveräußerung an Gesellschafter oder Dritte. Um eine Verwässerung der Mitgliedschaftsrechte zu vermeiden, sind die Geschäftsführer aber verpflichtet, den Gesellschaftern die Anteile den Beteiligungsquoten entsprechend anzubieten.[60]

5. Bilanzielle Auswirkungen

39 Gem. § 266 Abs. 2 B III Nr. 2 HGB sind die eigenen Anteile auf der Aktivseite der Bilanz im Umlaufvermögen bei den Wertpapieren und dort unter der gesonderten Rubrik „eigenen Anteile" aufzuführen; unabhängig vom Verwendungszweck (§ 265 Abs. 3 Satz 2 HGB).[61] Die Bewertung hat mit den Anschaffungskosten, höchstens jedoch mit dem Verkehrswert zu erfolgen (§ 253 Abs. 3, 255 Abs. 1 HGB). Eine Überprüfung der Bewertung und ggf. eine Abschreibung ist zu jedem Bilanzstichtag vorzunehmen, falls der Verkehrswert nachträglich unter die Anschaffungskosten sinkt (§ 253 Abs. 3 HGB).

40 Auf der Passivseite der Bilanz ist der jeweilige Aktivwert gem. § 272 Abs. 4 HGB durch eine Sonderrücklage zu neutralisieren (dazu auch Rz. 24). Die Rücklage stellt eine Ausschüttungssperre in Höhe des von ihr gedeckten

---

[55] *Baumbach/Hueck/Hueck* § 33 Anm. 19; *Hachenburg/Hohner* § 33 Anm. 59; *Scholz/Westermann* § 33 Anm. 37.

[56] Siehe im einzelnen *Scholz/Westermann* § 33 Anm. 33; *Baumbach/Hueck/Hueck* § 33 Anm. 20; *Hachenburg/Hohner* § 33 Anm. 51 ff.

[57] *Baumbach/Hueck/Hueck* § 33 Anm. 20; *Scholz/Westermann* § 33 Anm. 33; aA *Hachenburg/Hohner* § 33 Anm. 54; *Lutter/Hommelhoff* § 33 Anm. 9; *Meier/Landrut* § 33 Anm. 13.

[58] Siehe zum Wandel des Meinungsstandes *Hachenburg/Hohner* § 33 Anm. 69 mwN.

[59] So *Scholz/Westermann* § 33 Anm. 35; ablehnend die hM, zB *Lutter/Hommelhoff* § 33 Anm. 9; *Baumbach/Hueck/Hueck* § 33 Anm. 21.

[60] *Hachenburg/Hohner* § 33 Anm. 64; *Lutter/Hommelhoff* § 33 Anm. 13; aA *Scholz/Westermann* § 33 Anm. 38.

[61] Anders für Aktiengesellschaften, denen die Aktivierung von zur Einziehung oder zum langfristigen Halten erworbenen Aktien verboten ist (§ 272 Abs. 1 Sätze 4 bis 6 HGB, gültig ab 1. 5. 1998); zur Frage der Anwendung dieser Bestimmungen auf die GmbH – wegen möglichem Redaktionsversehen des Gesetzgebers – s. Rz. 70.

B. Einvernehmliches Ausscheiden

Eigenkapitals dar.[62] Die Rücklage darf nur ausgelöst werden, soweit die eigenen Anteile veräußert oder eingezogen oder soweit nach § 253 Abs. 3 HGB auf der Aktivseite ein niedrigerer Betrag angesetzt wird (§ 272 Abs. 4 Satz 2 HGB). Die Rücklage muß erst zum auf den Erwerbszeitpunkt folgenden Bilanzstichtag gebildet werden. Für die Rechtswirksamkeit des Kaufvertrages über die eigenen Anteile ist jedoch eine fiktive Überprüfung zum Zeitpunkt der Kaufpreiszahlung erforderlich (dazu Rz. 28). Fehlt es im Zahlungszeitpunkt an den entsprechenden freien Mitteln, so wird die Nichtigkeit des Kaufvertrages durch die tatsächliche Rücklagenbildung am Bilanzstichtag nicht geheilt, es sei denn die Parteien erneuern den Kaufvertrag. Umgekehrt führt die unerwartete Verminderung des Eigenkapitals zum Bilanzstichtag nicht zur Unwirksamkeit des Kaufvertrages, auch soweit ein Bilanzverlust eintritt (s. a. Rz. 28). Die Rücklage ist vielmehr mit der Folge der Entstehung oder Erhöhung eines Bilanzverlustes zu bilden und nicht etwa auf spätere Bilanzstichtage zu verschieben.[63] Entsteht ein Bilanzverlust nur deshalb, weil entsprechendes Eigenkapital in einer statuarischen Rücklage gebunden ist, so kann die Gesellschafterversammlung durch rechtzeitige Änderung des Gesellschaftsvertrages einen Bilanzverlust vermeiden (s. a. Rz. 24). Die Rücklage ist auch dann zu bilden, wenn die Gesellschaft den eigenen Anteil bereits formgerecht (§ 15 Abs. 3 GmbHG) erworben hat, der Kaufpreis jedoch noch nicht entrichtet und der Kaufvertrag daher schwebend unwirksam ist. Dasselbe gilt nach endgültigem Eintritt der Nichtigkeit wegen Verstoß gegen § 33 Abs. 2 GmbHG, d. h. solange die Gesellschaft den eigenen Anteil hält, ist sie auch zur Rücklagenbildung verpflichtet. Daneben können sich zusätzliche Bilanzierungspflichten im Hinblick auf die Rückabwicklung des Kaufvertrages nach allgemeinen Grundsätzen ergeben.

6. Kaufpreis

Der Erwerb eigener Geschäftsanteile kann sowohl entgeltlich gegen Zahlung eines Kaufpreises als auch unentgeltlich erfolgen. Anstelle eines Kaufpreises in Geld kann ein Tauschvertrag mit entsprechenden Sachleistungen der GmbH abgeschlossen werden. Abgesehen vom Kapitalerhaltungsschutz (§ 33 Abs. 2 GmbHG), ergeben sich aus der Höhe des Kaufpreises keine Rechtsprobleme, falls dieser dem Verkehrswert der Geschäftsanteile entspricht, während sich bei einem Kaufpreis unter dem Verkehrswert oder beim unentgeltlichen Ausscheiden zwar keine gesellschaftsrechtlichen Probleme, wohl aber schenkungs- und erbschaftsteuerliche Folgen ergeben können. Ein Kaufpreis über dem Verkehrswert ist sowohl gesellschaftsrechtlich als auch steuerrechtlich problematisch (verdeckte Gewinnausschüttung; vgl. § 10 Rz. 190 ff., 220 ff.). Da hierdurch in die Vermögensrechte der übrigen Gesellschafter eingegriffen wird, ist hierzu die Zustimmung sämtlicher Gesellschafter erforderlich, soweit der Gesellschaftsvertrag nicht eine Ausnahme vorsieht.

---

[62] *ADS* § 272 HGB Anm. 141; *Hachenburg/Hohner* § 33 Anm. 68.
[63] *ADS* § 272 Anm. 52 HGB.

7. Verfahrensfragen

42 Das förmliche Verfahren zum Erwerb eigener Anteile unterscheidet sich nicht von dem Anteilserwerb durch Gesellschafter oder Dritte, daß heißt es bedarf zur Abtretung des Geschäftsanteils an die GmbH eines in notarieller Form beschlossenen Vertrages (§ 15 Abs. 3 GmbHG; dazu § 12 Rz. 5 ff., 36 ff.). Eine Anmeldung des Erwerbes bei der Gesellschaft gem. § 16 Abs. 1 GmbHG erübrigt sich wegen deren notwendige Mitwirkung beim Erwerb eigener Anteile.[64] Soweit im Gesellschaftsvertrag Genehmigungsvorbehalte für die Abtretung von Geschäftsanteilen vorgesehen sind (§ 15 Absatz 5 GmbHG), gilt diese Wirksamkeitsvoraussetzung auch beim Erwerb eigener Anteile.[65] Verlangt der Gesellschaftsvertrag allgemein die „Genehmigung der Gesellschaft", kann diese nicht von den Geschäftsführern erteilt werden, vielmehr nur durch die Gesellschafterversammlung[66] mit qualifizierter Mehrheit. Auch wenn der Gesellschaftsvertrag keine Genehmigungserfordernisse vorsieht, wird der Erwerb des eigenen Anteils nicht allein aufgrund der Vertretungsbefugnis der Geschäftsführung rechtswirksam. Vielmehr muß wegen der Verschiebungen zu den Kapital- und Stimmrechtsverhältnissen die Gesellschafterversammlung qualifizierter Mehrheit zustimmen.[67] Die Veränderungen der Beteiligungsquoten können auch kartellrechtliche Folgen und Pflichten auslösen (insbes. §§ 1 und 23 ff. GWB).

8. Verfahrenskosten

43 Die notarielle Beurkundungspflicht für den Erwerb des eigenen Geschäftsanteils löst eine doppelte Gebühr gemäß der Gebührentabelle zur KostO (§§ 36 Abs. 2, 32 KostO) aus. Maßgebender Wert ist der Kaufpreis oder der Verkehrswert, falls dieser höher ist (§ 20 KostO). Gerichtskosten fallen mangels Beteiligung des Handelsregistergerichtes an der Anteilsabtretung nicht an.

9. Zeitdauer des Verfahrens

44 Der Erwerb eigener Geschäftsanteile ist wie jede Anteilsabtretung kurzfristig zu bewirken, da keine Mitwirkung des Handelsregistergerichtes erforderlich ist. Lediglich durch die erforderliche Beschlußfassung der Gesellschafterversammlung (dazu Rz. 42) oder wegen der Notwendigkeit einer vorsorglichen Zwischenbilanzierung bei knappen Eigenkapitalverhältnissen (§ 33 Abs. 2 GmbHG), können sich Verzögerungen ergeben. Wie die Anteilsabtretung an Gesellschafter oder Dritte ist der Erwerb eigener Geschäftsanteile daher die am schnellsten zu verwirklichende Form des Ausscheidens im Vergleich zur Einziehung oder zur Kapitalherabsetzung.

---

[64] HM; RGZ 157, 59; *Lutter/Hommelhoff* § 16 Rz. 3; aA *Zutt* in FS Oppenhoff 1985, Seite 558.

[65] *Lutter/Hommelhoff* § 33 Anm. 12.

[66] Ebenso *Lutter/Hommelhoff* § 33 Anm. 12, aA *Scholz/Westermann* § 33 Anm. 38.

[67] Ebenso *Hachenburg/Hohner* § 33 Anm. 35 f.; modifiziert: *Lutter/Hommelhoff* § 33 Rz. 12, die Information der Gesellschafter verlangen, um diesen die Einberufung einer Gesellschafterversammlung zu ermöglichen; aA *Scholz/Westermann* § 33 Anm. 38.

10. Publizitätsfragen

Das Ausscheiden durch Abtretung des Geschäftsanteiles an die GmbH löst ebenso wie die Anteilsabtretung an Gesellschafter oder Dritte keine unmittelbare Publizität aus, insbesondere keine Eintragung im Handelsregister oder Veröffentlichung in den Gesellschaftsblättern (ebenso wie die Einziehung, anders als das Ausscheiden durch Kapitalherabsetzung). Im Zusammenhang mit den Publizitätspflichten für den ersten Jahresabschluß nach dem Ausscheiden ergibt sich jedoch eine doppelte Publizität, einmal allgemein ohne Namensnennung des ausgeschiedenen Gesellschafters durch die Bildung der Rücklage für eigene Anteile in der Bilanz (§ 272 Abs. 4 HGB), mit deutlicherem Personenbezug mittelbar durch den Fortfall des Namens des ausgeschiedenen Gesellschafters in der Liste der Gesellschafter (§ 40 GmbHG) im Vergleich zur vorgehenden Liste.

11. Rechte Dritter am Geschäftsanteil

Ist der Geschäftsanteil mit dem Recht eines Dritten belastet (Pfandrecht, Nießbrauch), wird der Erwerb durch die GmbH hierdurch nicht berührt. Beim Nießbrauch besteht das Gewinnbezugsrecht aus dem eigenen Anteil zugunsten des Nießbrauchers fort.[68] Von dem Fortbestand der vor dem Erwerb des eigenen Geschäftsanteils begründeten Belastungen zu unterscheiden ist die Frage, ob die GmbH nach dem Anteilserwerb noch solche Belastungen zugunsten Dritter vornehmen kann. Man wird dies aufgrund des allgemeinen Ruhens der Gesellschafterrechte- und pflichten nach dem eigenen Anteilserwerb verneinen müssen.[69]

12. Der Erwerb aller eigenen Geschäftsanteile (sog. Kein-Mann-GmbH)

Umstritten ist, ob es die gesellschafterlose sog. Kein-Mann-GmbH rechtlich gibt oder ob der Erwerb des letzten außenstehenden Geschäftsanteils durch die GmbH nichtig ist.[70] Nach der heute überwiegenden und zutreffenden Auffassung ist der Erwerb des letzten außenstehenden Geschäftsanteils nicht unwirksam, führt jedoch zur Auflösung der Gesellschaft, wenn der Zustand nicht in angemessener Zeit durch Abtretung an einen neuen Gesellschafter beendet wird.[71]

---

[68] Ebenso *Hachenburg/Hohner* § 33 Rz. 54; *Scholz/Westermann* § 33 Anm. 33; *Lutter/Hommelhoff* § 33 Anm. 9; *Baumbach/Hueck/Hueck* § 33 Anm. 20.
[69] Str.; ebenso *Lutter/Hommelhoff* § 33 Anm. 9; aA *Baumbach/Hueck/Hueck* § 33 Anm. 20; *Scholz/Westermann* § 33 Anm. 33; differenzierend *Hachenburg/Hohner* § 33 Anm. 54, der nur die Verpfändung zuläßt.
[70] So die früher überwiegende Meinung s. *Winkler* GmbHR 72, 77 mwN.
[71] So *Scholz/Westermann* § 33 Anm. 44; *Baumbach/Hueck/Hueck* § 33 Anm. 14; aA *Hachenburg/Hohner* § 33 Rz. 89 f. und *Lutter/Hommelhoff* § 60 Anm. 25, welche den Erwerb des letzten Geschäftsanteils zwar für wirksam ansehen, die Auflösung der Gesellschaft aber unabhängig von der Aussicht auf die Abtretung des Geschäftsanteils an einen neuen Gesellschafter annehmen; für grundsätzlich unbeschränkte Zulässigkeit der Kein-Mann-GmbH auf Dauer: *Kreutz* in FS Stimpel S. 379, 393 f.

13. Steuerliche Folgen

a) Ertragsteuern

48 aa) **Erwerb der eigenen Anteile.** Die ertragsteuerliche Behandlung des Erwerbs eigener Geschäftsanteile ist sowohl in den Auswirkungen für den ausscheidenden Gesellschafter als auch für die GmbH umstritten. Zutreffend aufgrund des handelsrechtlichen Aktivierungsgebotes für eigene Anteile (dazu so. Rz. 39) nehmen die hM[72] und die Finanzverwaltung[73] sowohl für den veräußernden Gesellschafter als auch für die erwerbende GmbH ein normales Erwerbsgeschäft an, das bei der GmbH erfolgsneutral ist und beim veräußernden Gesellschafter je nach Anschaffungskosten zu einem Gewinn oder Verlust führt, welcher wiederum je nach Beteiligungshöhe, Beteiligungsdauer und Zuordnung zum Betriebs- oder Privatvermögen zur Steuerfreiheit, tariflich ermäßigten oder volltarifierten Einkommen- bzw. Körperschaftbesteuerung führt oder im Falle des Veräußerungsverlustes das zu versteuernde Einkommen mindert. Der Verwendungszweck der eigenen Anteile ist hierbei unerheblich, dh. auch der Erwerb zum Zwecke der Einziehung ist aufgrund des auch hier gültigen Aktivierungsgebotes (dazu s. o. Rz. 39)[74] – zunächst[75] – erfolgsneutrale Anschaffung.[76]

49 Eine Mindermeinung nimmt jedoch beim Erwerb eigener Anteile grundsätzlich eine wirtschaftliche Teilliquidation analog § 17 Abs. 4 EStG an, es sei denn, daß der eigene Geschäftsanteil zur alsbaldigen Weiterveräußerung erworben wird.[77] Die Annahme einer wirtschaftlichen Teilliquidation führt zur Herstellung der Ausschüttungsbelastung bei der GmbH und zur Besteuerung von Einkünften aus Kapitalvermögen beim ausscheidenden Gesellschafter, soweit nicht körperschaftsteuerliches EK 04 als verwendet gilt.[78] Eine Kürzung der Ausschüttungsbelastung um den Nennwert des Geschäftsanteils kann nicht erfolgen, da das Stammkapital beim Erwerb eigener Anteile unverändert bleibt; schon deswegen verbietet sich die Analogie zu § 17 Abs. 4 EStG.[79] Liegt der Geschäftsanteil in einem Betriebsvermögen oder ist die Beteiligung wesentlich (§ 17 Abs. 1 EStG),[80] so würde die Qualifizierung des vollen Kauf-

---

[72] So zB *Wassermeyer* in FS Ludwig Schmidt S. 621 ff.; *Döllerer* StbJb 81/82, 194/214; *Herzig* JbFfSt 82/83, 359, 379.
[73] OFD Hannover, Verfügung v. 4. 11. 1987, DB 1988, 84 f.; OFD Frankfurt, Verfügung v. 27. 3. 1995, BB 1995, 1184; bestätigt für eigene Aktien durch BMF-RSchr v. 2. 12. 1998, BStBl. I 1998, 1509 Rz. 16.
[74] Siehe dort (Fn. 59) auch die abweichende Rechtslage für Aktiengesellschaften: Aktivierungsverbot für zur Einziehung erworbene eigene Aktien (§ 272 Abs. 1 Satz 4 HGB).
[75] Zur steuerlichen Behandlung der nachfolgenden Einziehung Rz. 56.
[76] BFH v. 6. 12. 1995, DStZ 1996, 536, 537; s. a. *Wassermeyer* in FS Ludwig Schmidt S. 621, 631; aA *Breuninger* DStZ 91, 420.
[77] *Schmidt/Weber-Grellet* § 17 EStG Anm. 105 mwN.
[78] *Schmidt/Weber-Grellet* § 17 Anm. 105 f. mwN.
[79] Vertretbar wäre allenfalls eine fiktive Verwendung von EK 04 in Höhe des Nennwertes, auch soweit die Gesellschaft hierdurch ein negatives EK 04 erhält.
[80] Wesentliche Beteiligung: seit 1. 1. 1999 = mindestens 10%; bis 31. 12. 1998 mehr als 25% (Änderung angegeben aufgrund StEntlG 1999/2000/2002).

B. Einvernehmliches Ausscheiden 50–54 § 13

preises als Ausschüttung regelmäßig zu einem damit verrechenbaren Veräußerungsverlust führen, da dem Abgang des Geschäftsanteils neben der angenommenen Gewinnausschüttung kein Veräußerungserlös gegenüber steht. Diese Verrechnung mit einem gleichzeitigen Veräußerungsverlust würde aber nicht für Geschäftsanteile unterhalb der wesentlichen Beteiligungsgrenze (§ 17 Abs. 1 EStG) oder innerhalb der sechsmonatigen Spekulationsfrist (§ 23 EStG) gelten, was die unausgewogenen Rechtsfolgen dieser Auffassung zeigt.

Der BFH hat sich der hM im Sinne eines Anschaffungsgeschäftes nunmehr **50** angeschlossen,[81] nachdem er die Streitfrage zuvor ausdrücklich offengelassen hatte.[82]

Die Fin.Verw. macht von ihrer bisherigen Praxis, den Erwerb eigener **51** Anteile als Erwerbsgeschäft der GmbH anzusehen, dann eine Ausnahme, wenn gleichmäßig eigene Geschäftsanteile von sämtlichen Gesellschaftern erworben werden. Dies wird als Gestaltungsmißbrauch angesehen und führt zur steuerlichen Behandlung als Ausschüttung von Kapitalerträgen.[83]

Wird für den eigenen Geschäftsanteil ein Kaufpreis gewährt, der über dem **52** Verkehrswert liegt, so ist für den Überpreis eine verdeckte Gewinnausschüttung anzunehmen.[84] Eine Ausnahme gilt nur, wenn der Überpreis zum Zwecke der erleichterten Trennung von einem sog. „lästigen Gesellschafter" gezahlt wird. In diesem Ausnahmefall kann insoweit ein Abzug als Betriebsaufgabe in Frage kommen (wegen der Voraussetzungen hierfür im einzelnen s. Rz. 85 ff.).

bb) Wertberichtigungen auf eigene Anteile. Da eigene Anteile immer **53** im Umlaufvermögen zu aktivieren sind (§§ 265 Abs. 3 Satz 2, 266 Abs. 2 B III Nr. 2 HGB), gilt das strenge Niederstwertprinzip, dh. Wertminderungen müssen abgeschrieben werden (§ 253 Abs. 3 HGB; dazu s. o. Rz. 39). Fraglich ist aber, ob und wann hieraus auch eine steuerliche Ergebnisminderung (Teilwertabschreibung) folgt. Die FinVerw. läßt die Teilwertabschreibung grundsätzlich zu;[85] nicht anerkannt wird nur eine Teilwertabschreibung aufgrund eingetretener Verluste (Besorgnis der doppelten Auswirkung von Verlusten),[86] was nicht überzeugt, da Anteilsbewertungen aufgrund Ergebnisprognose für die Zukunft erfolgen.[87]

cc) Veräußerung eigener Anteile. Die FVerw. behandelt Buchgewinne **54** aus der Veräußerung von eigenen Anteilen als steuerpflichtig.[88] In Konse-

---

[81] BFH v. 6. 12. 1995, DStR 1996, 536; BStBl. II 1998, 781.
[82] BFH v. 31. 10. 1990, BStBl. II 1991, 553; zum damaligen Meinungsstreit im 1. Senat des BFH s. *Wassermeyer* in FS Ludwig Schmidt S. 621 ff.
[83] So BFH v. 27. 3. 1979, BStBl. II 1979, 553.
[84] *Wassermeyer* in FS Ludwig Schmidt S. 627; BMF-RundSchr. v. 2. 12. 1998, BStBl. I 1998, 1509 Rz. 17 (für eigene Aktien).
[85] BMF-RundSchr. v. 2. 12. 1998, BStBl. I 1998, 1509 Rz. 26 betr. eigene Aktien; insoweit im Gegensatz zu BFH v. 6. 12. 1995, DStR 1996, 536 ff.; BStBl. II 1998, 781.
[86] BMF-RundSchr. v. 2. 12. 1998, BStBl. I 1998, 1509 Rz. 26; hier folgend BFH v. 6. 12. 1995, BStBl. II 1998, 781.
[87] *Paus* BB 1998, 2139.
[88] BMF-Rundschr. v. 2. 12. 1998, BStBl. 1998, 1509 Rz. 26 betreffend eigene Aktien.

quenz hieraus werden Veräußerungsverluste grundsätzlich als gewinnmindernd anerkannt, es sei denn sie beruhen auf zuvor eingetretenen Verlusten der Gesellschaft[89] (zur Kritik an dieser Einschränkung s. o. Rz. 53). Es ist zu bezweifeln, daß die Besteuerung von Veräußerungsgewinnen aus eigenen Anteilen die Billigung des BFH finden würde. In seinem Urteil vom 6. 12. 1995[90] zur Frage der Teilwertabschreibung auf eigene Anteile (dazu s. o. Rz. 53) differenziert der BFH überzeugend zwischen gesellschaftlich bedingtem Eigenanteilserwerb als dem Regelfall und einem Erwerb ausschließlich aus betrieblichem Anlaß als dem Ausnahmefall; als Beispiel für die ausschließliche betriebliche Veranlassung wird der Erwerb eigener Anteile von einem Arbeitnehmer der Gesellschaft zwecks Weiterveräußerung an einen anderen Arbeitnehmer aufgeführt, wenn hierfür „konkrete Aussicht" beim Erwerb besteht. Nur bei ausschließlicher betrieblicher Veranlassung des Erwerbs erkennt der BFH eine Teilwertabschreibung an. In Konsequenz des BFH-Urteils vom 6. 12. 1995 wären Veräußerungen eigener Anteile demnach – abweichend von der Auffassung der FinVerw. – nur bei betrieblich veranlaßtem Erwerb steuerlich erfolgswirksam zu behandeln; im Regelfall gesellschaftlicher Veranlassung wäre damit konsequenterweise ein Veräußerungsgewinn als Einlage in das EK 04 (§ 30 Abs. 2 Nr. 4 KStG) zu behandeln. Falls der BFH zur Frage der Besteuerung von Veräußerungsgewinnen angerufen werden sollte und wie hier angenommen entscheidet, wäre als Konsequenz eine zukünftige Änderung der o. g. Praxis der FinVerw. zu erwarten, indem Veräußerungsverluste aus eigenen Anteilen und Teilwertabschreibungen hierauf im Regelfall nicht mehr als gewinnmindernd anerkannt würden.

55 Folgt man der hier vertretenen Ansicht, daß § 272 Abs. 1 Sätze 4–6 HGB abweichend vom Wortlaut auch für die GmbH gelten (dazu s. u. Rz. 70), also daß eigene Anteile nicht aktiviert werden dürfen, wenn sie zwecks Einziehung erworben sind (§ 272 Abs. 1 Satz 4 HGB) oder aufgrund des Gesellschaftsvertrages nur nach Gesellschafterbeschluß mit Dreiviertelmehrheit wieder veräußert werden dürfen (§ 272 Abs. 1 Satz 5 HGB), müßte auch die FinVerw. konsequenterweise beim Verkauf solcher Anteile den Verkaufserlös in voller Höhe als steuerfreie Einlage in das EK 04 (§ 30 Abs. 2 Nr. 4 KStG) behandeln, auch soweit er den Erwerbspreis übersteigt; so behandelt die FinVerw. jedenfalls die Veräußerung eigener Aktien, die unter § 272 Abs. 1 Sätze 4–6 HBG fallen.[91]

56 **dd) Einziehung eigener Anteile.** Die Einziehung eigener Anteile führt in Höhe des Buchwertes zu einer Ergebnisminderung, die immer ihren Grund im Gesellschaftsverhältnis hat, selbst wenn der Erwerb ausschließlich betrieblich bedingt war. Deshalb ist die Erfolgsminderung immer zu berichtigen (§ 8 Abs. 3 Satz 2 KStG), wobei mangels eines Einziehungsentgeltes keine Ausschüttungsbelastung (§ 27 KStG) herzustellen ist[92] (zur unmittelbaren Einziehung vom Gesellschafter Rz. 77 f.). Für die hierdurch notwendige Korrektur

---

[89] BMF-Rundschr. v. 2. 12. 1998, BStBl. 1998, 1509 Rz. 26 betreffend eigene Aktien.
[90] BFH v. 6. 12. 1995, DStR 1996, 536 ff.; BStBl. II 1998, 781.
[91] BMF-Rundschr. v. 2. 12. 1998, BStBl. 1998, 1509 Rz. 27 betreffend eigene Aktien.
[92] *Wassermeyer* in FS Ludwig Schmidt S. 632 f.

B. Einvernehmliches Ausscheiden

des verwendbaren Eigenkapitals (§§ 29 ff. KStG) nimmt die Fin.Verw. eine Absetzung vom EK 04 (§ 30 Abs. 2 Nr. 4 KStG) an (Abschn. 83 Abs. 4 S. 1 KStR); richtig ist aber die Absetzung vom EK 02 (§ 30 Abs. 2 Nr. 2 KStG),[93] dem nach Gesetzeswortlaut und Systemstellung (s. die Verweisungen in §§ 33–35 KStG) eine allgemeine Auffangposition zukommt.

b) Erbschaft- und Schenkungsteuer

Der Erwerb eigener Geschäftsanteile kann zu Erbschaft- oder Schenkungsteuer führen, falls der Kaufpreis unter dem Verkehrswert des Geschäftsanteils liegt (§§ 3 Abs. 1 Nr. 2 Satz 2 und 7 Abs. 7 ErbStG). Diese Steuerfolgen gelten für alle Formen des Ausscheidens aus der GmbH. Auf die zusammenfassende Darstellung in Abschnitt E dieses Kapitels wird verwiesen (Rz. 117 ff.).

c) Grunderwerbsteuer beim Ausscheiden durch Anteilsvereinigung in einer Hand

Gehört der GmbH ein inländisches Grundstück, entsteht durch den Erwerb eigener Geschäftsanteile Grunderwerbsteuer, falls hierdurch nur noch ein Gesellschafter oder mehrere untereinander abhängige Gesellschafter verbleiben (sog. Anteilsvereinigung in einer Hand; § 1 Abs. 3 GrErwStG). Dies ist keine Besonderheit für den Erwerb eigener Geschäftsanteile, sondern gilt allgemein für alle Formen des Ausscheidens aus der GmbH. Auf die zusammenfassende Darstellung unter Abschnitt F dieses Kapitels wird verwiesen (Rz. 150 f.).

V. Ausscheiden durch freiwillige Einziehung

1. Übersicht und Vergleich mit anderen Ausscheidensformen

Das GmbHG befaßt sich nur in seinen §§ 34 und 46 Nr. 4 mit der Einziehung. Die Einziehung führt ebenso wie die Kapitalherabsetzung und im Gegensatz zum Erwerb eigener Geschäftsanteile zur Vernichtung des Geschäftsanteiles, ohne hierdurch ebensowenig wie der Erwerb eigener Geschäftsanteile und im Gegensatz zur Kapitalherabsetzung eine Minderung des Stammkapitals zu bewirken. Die Beschränkungen durch den Kapitalschutz sind weitgehend identisch wie beim Erwerb eigener Geschäftsanteile geregelt, während sich beim Ausscheiden durch Anteilsabtretung an Dritte oder Gesellschafter keine derartigen Einschränkungen ergeben und beim Ausscheiden durch Kapitalherabsetzung nur Beschränkungen durch die Erhaltung des Mindeststammkapitals von DM 50 000,– und durch die lange Abwicklungsdauer.

2. Gesetzliche Anforderungen an den Gesellschaftsvertrag

Das GmbHG verlangt als Voraussetzung für die Einziehung deren ausdrückliche Zulassung im Gesellschaftsvertrag (§ 34 Abs. 1 GmbHG). Die Zulassung

---

[93] Schmidt/Weber-Grellet § 17 Anm. 106 mwN.

der Einziehung kann auch durch im Handelsregister eingetragene Änderungen des Gesellschaftsvertrages erfolgen,[94] nach der Rechtsprechung[95] und früher hM[96] jedoch nur unter Zustimmung sämtlicher Gesellschafter, was aus § 51 Abs. 3 GmbHG mit Blick, auf Haftungsrisiken aus §§ 24, 31 Abs. 3 GmbHG sowie auf die mit einer Einziehung verbundene Änderung der Stimmgewichte begründet wird. Zutreffend läßt die heute hM Mehrheit (§ 53 Abs. 2 GmbHG) für die nachträgliche Zulassung der Einziehung mit der Begründung genügen, daß nach dem GmbHG diese Mehrheit auch für die mit ähnlichen potentiellen Belastungen aller Gesellschafter verbundene Kapitalerhöhung ausreicht.[97] Auch von Teilen der heute hM wird jedoch dann die Zustimmung aller Gesellschafter verlangt, falls dies aus Besonderheiten des konkreten Gesellschaftsverhältnisses geboten ist, beispielsweise wenn der Gesellschaftsvertrag für vergleichbare Fälle den einstimmigen Gesellschafterbeschluß vorsieht, etwa bei dem Erwerb eigener Geschäftsanteile oder der Zustimmung zur Abtretung von Geschäftsanteilen.[98] Soll eine freiwillige Einziehung bewirkt werden, ohne daß eine Zulassung im Gesellschaftsvertrag enthalten ist, und auch eine generelle Zulassung für spätere Fälle vermieden werden, so kann § 34 Abs. 1 GmbHG durch einen sog. satzungsdurchbrechenden Beschluß der Gesellschafterversammlung genüge getan werden. Voraussetzung ist hierzu ein notariell beurkundeter Beschluß mit qualifizierter Mehrheit, der zum Handelsregister anzumelden und als Wirksamkeitsvoraussetzung für die Einziehung dort einzutragen ist (dazu § 4 Rz. 142).[99] Unschädlich für die freiwillige Einziehung ist, falls die Änderung des Gesellschaftsvertrages ohne oder gegen die Stimme des von der Einziehung betroffenen Gesellschafters erfolgt war, da seine Einwilligung die formlos zulässige Zustimmung darstellt (§ 34 Abs. 2 GmbHG).

3. Gesetzliche Voraussetzungen des Kapitalschutzes

61 Die Einziehung unterliegt den Einschränkungen des Kapitalschutzes, die in den Voraussetzungen weitgehend mit den entsprechenden Beschränkungen für den Erwerb eigener Geschäftsanteile übereinstimmen (dazu Rz. 19 ff.). Der bedeutsamste Unterschied besteht in den Rechtsfolgen einer Verletzung der Kapitalerhaltungsvorschrift, wo § 34 Abs. 3 in Verbindung mit § 30 Abs. 1 GmbHG für die Einziehung deren Unwirksamkeit ergibt, während § 33 Abs. 2 Satz 3 GmbHG beim Erwerb eigener Anteile nur die schuldrechtliche Nichtigkeit anordnet und das Vollzugsgeschäft ausdrücklich für rechtswirksam erklärt wird.

---

[94] Allg. M. *Scholz/Westermann* § 34 Anm. 9; *Hachenburg/Ulmer* § 34 Anm. 16.
[95] BGHZ 9, 157, 160; BayOLG BB 1978, 2164.
[96] *Paulick* GmbHR 78, 123; *Rowedder/Rowedder* § 34 Anm. 7; *Lutter/Hommelhoff* § 34 Anm. 7.
[97] *Hachenburg/Ulmer* § 34 Anm. 17; *Baumbach/Hueck/Hueck* § 34 Anm. 5; *Meyer-Landrut* § 34 Anm. 3; *Scholz/Westermann* § 34 Anm. 16.
[98] *Hachenburg/Ulmer* Anm. 18.
[99] Zum satzungsdurchbrechenden Beschluß grundsätzlich BGH v. 7. 6. 1993, NJW 1993, 2246.

B. Einvernehmliches Ausscheiden

a) Kapitalaufbringung

Der Schutz der Kapitalaufbringung ist bei der Einziehung identisch wie 62 beim Erwerb eigener Geschäftsanteile geregelt. Wirksamkeitsvoraussetzung ist in beiden Fällen die vollständige Leistung der Stammeinlage auf den betreffenden Geschäftsanteil. Während sich dies für den Erwerb eigener Geschäftsanteile unmittelbar aus § 33 Abs. 1 GmbHG ergibt, ist dies bei der Einziehung nicht unmittelbar aus § 34 GmbHG zu folgern sondern mittelbar aus § 19 Abs. 2 GmbHG.[100] Wegen Einzelheiten wird auf die hier entsprechend geltenden Ausführungen zum Verbot des Erwerbs nicht voll eingezahlter eigener Anteile verwiesen (Rz. 20 ff.).

b) Kapitalerhaltung

Während für den Erwerb eigener Geschäftsanteile eine eigenständige Regelung des Kapitalerhaltungsschutzes besteht (§ 33 Abs. 2 GmbHG), wird dies bei der Einziehung durch Verweisung auf die allgemeinen Bestimmungen geregelt (§ 34 Abs. 3 in Verbindung mit § 30 Abs. 1 GmbHG). In beiden Fällen darf für die von der GmbH für das Ausscheiden zu leistende Vergütung nicht „das zur Erhaltung des Stammkapitals erforderliche Vermögen ausgezahlt werden" (§ 30 Abs. 1 GmbHG), oder, durch § 33 Abs. 2 Satz 1 GmbHG positiv ausgedrückt, nur „aus dem über den Betrag des Stammkapitals hinaus vorhandenen Vermögen geschehen", was beides inhaltlich übereinstimmt.

Maßgebend für den Kapitalerhaltungsschutz ist das Vermögen, wie es sich 64 aus den Handelsbüchern der GmbH ergibt (§ 238 ff. HGB), also das buchmäßige Eigenkapital ohne Berücksichtigung stiller Reserven.[101] Wegen Einzelheiten wird auf die hier entsprechend geltenden Ausführungen zum Kapitalerhaltungsschutz beim Erwerb eigener Anteile verwiesen (Rz. 23 ff.).

Maßgeblicher Zeitpunkt für die Prüfung der Voraussetzungen des § 30 65 Abs. 1 GmbHG ist die Zahlung der Abfindung.[102] Erfolgt die Abfindungszahlung unter Verstoß gegen § 30 Abs. 1 GmbHG, so ist die Einziehung nichtig.[103] Die unter Verletzung von § 30 Abs. 1 GmbHG gezahlte Abfindung ist gem. § 31 GmbHG zurückzuzahlen. Hierbei ergibt sich eine Mithaftung sämtlicher Gesellschafter (§ 31 Abs. 3 GmbHG) und der Geschäftsführer (§ 43 Abs. 3 GmbHG).

---

[100] *Hachenburg/Ulmer* § 34 Anm. 19; *Scholz/Westermann* § 34 Anm. 4.
[101] HM; *Hachenburg/Goerdeler/Müller* § 30 Anm. 32; *Scholz/Westermann* § 30 Anm. 14; *Baumbach/Hueck/Hueck* § 30 Anm. 5; aA *Sonnenhol/Stützle* DB 1979, 925, 927 ff.; *Meister* WM 1980, 390, 394; offen gelassen BGHZ 81, 252, 261.
[102] Allg. M. RGZ 133, 393; 136, 260; 142, 286; BGHZ 9, 169; *Lutter/Hommelhoff* § 30 Anm. 16, § 34 Abs. 10; *Hachenburg/Goerdeler/Müller* § 30 Anm. 63; *Baumbach/Hueck/Hueck* § 30 Anm. 11, § 34 Anm. 23; *Scholz/Westermann* § 30 Anm. 43; aber aA für die Einziehung § 34 Anm. 14; ebenso wie *Hachenburg/Ulmer* § 34 Anm. 20, 76: Fälligkeit des Einziehungsentgeltes.
[103] HM BGHZ 9, 173; *Baumbach/Hueck/Hueck;* § 34 Anm. 34; *Lutter/Hommelhoff* § 34 Anm. 12.

4. Abfindung

66 Die freiwillige Einziehung kann unentgeltlich erfolgen oder gegen eine zu vereinbarende Abfindung. Die Abfindung kann sowohl in Geld bezahlt werden als auch durch entsprechende Sachleistungen der GmbH. Hinsichtlich der Höhe der Abfindung ergeben sich keine Rechtsprobleme, falls die Abfindung dem Verkehrswert des Geschäftsanteils entspricht, während sich bei einer Abfindung unter dem Verkehrswert oder beim unentgeltlichen Ausscheiden zwar keine gesellschaftsrechtlichen Probleme, wohl aber schenkungs- und erbschaftsteuerliche Folgen ergeben können (dazu Rz. 140 ff.). Eine Abfindung über dem Verkehrswert ist sowohl gesellschaftsrechtlich als auch steuerrechtlich problematisch. Da hierdurch in die Vermögensrechte der übrigen Gesellschafter eingegriffen wird, ist hierzu die Zustimmung sämtlicher Gesellschafter erforderlich, soweit der Gesellschaftsvertrag nicht eine Ausnahme vorsieht.

67 Die Abfindung für die Einziehung hat eine doppelte Funktion für deren Rechtswirksamkeit. Einmal muß die Abfindung den Voraussetzungen des Kapitalerhaltungsschutzes genügen (§ 34 Abs. 3 GmbHG; dazu Rz. 63 ff.). Außerdem nimmt die hM an, daß die Zahlung der unter dem Gesichtspunkt des Kapitalerhaltungsschutzes zulässigen Abfindung Wirksamkeitsvoraussetzung für die Einziehung ist.[104] Bis zur Zahlung der unter dem Gesichtspunkt der Kapitalerhaltung zulässigen Abfindung ist die Einziehung mithin schwebend unwirksam.

5. Gesellschaftsvertragliche Voraussetzungen – Vertragsvorschläge

68 Während die Zulassung der Einziehung im Gesellschaftsvertrag eine zwingende Voraussetzung für deren Durchführung ist (§ 34 Abs. 1 GmbHG; dazu Rz. 60), kann der Gesellschaftsvertrag weitere Voraussetzungen für die Einziehung regeln. Beschränkungen oder Erschwernisse der Einziehung sind weitgehend zulässig. Zu empfehlen ist wegen der erheblichen Auswirkungen auf die Beteiligungsquoten der Gesellschafter eine höhere Mehrheit für die Beschlußfassung über die Einziehung als sie § 46 Nr. 4 GmbHG in Verbindung mit § 47 GmbHG mit der einfachen Mehrheit vorsieht. Ratsam ist auch eine automatische Anpassung der Mehrheitserfordernisse für Gesellschafterbeschlüsse im Gesellschaftsvertrag für den Fall der Einziehung. Eine gesellschaftsvertragliche Erleichterung der Einziehung gegenüber den gesetzlichen Voraussetzungen ist unzulässig. Insbesondere können die Kapitalschutzvorschriften nicht durch Gesellschaftsvertrag beeinträchtigt werden.

6. Rechtsfolgen

69 Mit der Rechtswirksamkeit der Einziehung, d. h. dem Fortfall der schwebenden Unwirksamkeit durch eine Unterbilanz vermeidenden Abfindungszahlung (s. Rz. 67), geht der eingezogene Geschäftsanteil unter.[105] Das

---

[104] BGHZ 9, 173; BGH v. 28. 4. 1997, mitgeteilt mit zustimmender Anm. von *Goette*, DStR 1997, 336 (Nichtannahme Revision gegen OLG Zweibrücken v. 17. 5. 1996, GmbHR 1997, 939); aA *Roth/Altmeppen* § 34 Anm. 20 ff.

[105] *Lutter/Hommelhoff* § 34 Anm. 3; *Scholz/Westermann* § 34 Anm. 58; *Hachenburg/Ulmer* § 34 Anm. 57; *Baumbach/Hueck/Hueck* § 34 Anm. 15.

B. Einvernehmliches Ausscheiden

Stammkapital der Gesellschaft bleibt jedoch hiervon unberührt, woraus sich nach der hM eine Abweichung der Summe der Geschäftsanteile vom Stammkapital ergibt.[106] Vorzuziehen ist jedoch eine neuere Auffassung, wonach sich die Nennwerte der übrigen Geschäftsanteile anteilig um den Nennbetrag des eingezogenen Anteiles erhöhen,[107] ohne daß es hierzu eines auch von der hM zugelassenen Gesellschafterbeschlusses bedarf.[108] § 5 Abs. 3 Satz 2 GmbHG, wonach jeder Geschäftsanteil durch 100 DM teilbar sein muß, stellt hierbei kein Hindernis dar, wenn man §§ 57 h Abs. 1 Satz 2, 57 k GmbHG entsprechend anwendet. Die automatische Aufstockung der übrigen Geschäftsanteile schließt die Neuschaffung des eingezogenen Geschäftsanteiles notwendigerweise aus, wie sie die hM für zulässig hält.[109]

7. Bilanzielle Auswirkungen

Die Einziehung hat keine Auswirkungen für den Ausweis des Stammkapitals als „Gezeichnetes Kapital" (§§ 266 Abs. 3 A I, 272 Abs. 1 Satz 1 HGB), da das Stammkapital vom Untergang des Geschäftsanteils unberührt bleibt (dazu so. Rz. 69); die Abfindung belastet das außerordentliche Ergebnis (§ 275 Abs. 2 Nr. 17 HGB). Ob diese dem Gesetzeswortlaut folgende Rechnungslegung ab 1. Mai 1998 noch Bestand hat, ist zweifelhaft, da seitdem die in § 272 Abs. 1 HGB angefügten Sätze 4 bis 6 gelten,[110] die – zwar wörtlich auf Aktiengesellschaften beschränkt – die Aktivierung von zur Einziehung erworbenen Aktien verbieten und stattdessen eine Absetzung vom Eigenkapital anordnen. Warum dies nicht auch für die GmbH gelten soll, ist nicht einsichtig; vielmehr spricht die Einordnung dieser Bestimmungen im HGB (statt unter die spezielle Rechnungslegung im AktG (dort 1. Buch, 5. Teil) für ein Redaktionsversehen des Gesetzgebers, ebenso wie die Einfügung in das KonTraG erst in den späten Zügen des Gesetzgebungsverfahrens und die Focusierung dieses Artikelgesetzes auf Publikumsgesellschaften.[111]

8. Verfahrensfragen

Für die Einziehung ist ein Beschluß der Gesellschafterversammlung Voraussetzung. Grundsätzlich genügt hierfür die einfache Mehrheit (§ 47 Abs. 1).[112] Regelmäßig wird der Gesellschaftsvertrag jedoch eine höhere Mehrheit erlangen. Der ausscheidende Gesellschafter hat hierbei ein Stimmrecht.[113]

---

[106] *Baumbach/Hueck/Hueck* § 34 Anm. 16; *Scholz/Westermann* § 34 Anm. 58.
[107] *Lutter/Hommelhoff* § 34 Anm. 3; *Priester* in FS Kellermann, 1991, Seite 349 ff.
[108] *Scholz/Westermann* § 34 Anm. 63; *Baumbach/Hueck/Hueck* § 34 Anm. 16.
[109] *Scholz/Westermann* § 34 Rz. 66; *Hachenburg/Ulmer* § 34 Rz. 66; *Roth/Altmeppen* § 34 Anm. 51.
[110] § 272 Abs. 1 idF Art. 2 Gesetz zur Kontrolle und Transparenz im Unternehmensbereich (KonTraG) BGBl. I 1998, 786.
[111] S. o. Fn. 61. Fraglich ist aber, ob die in § 272 Abs. 1 Satz 4 HGB angeordnete offene Absetzung des Anteilsnennbetrages vom „Gezeichneten Kapital" mit vorrangigen Kapitalerhaltungsregeln des Gesellschaftsrechts und mit der EG-Bilanzrichtlinie vereinbar ist.
[112] *Baumbach/Hueck/Hueck* § 34 Anm. 11.
[113] *Baumbach/Hueck/Hueck* § 34 Anm. 11; BGH DB 77, 343; anders beim streitigen Ausscheiden (s. hierzu § 13 Rz. 97).

Zätzsch

Durch Gesellschaftsvertrag kann für die Einziehung auch ein Aufsichtsrat oder Beirat sowie auch Geschäftsführer ermächtigt werden.[114] Eine Einziehung ohne Beschlußfassung aufgrund einer automatischen Satzungsregelung ist unzulässig.[115] Der Beschluß bedarf zur Wirksamkeit zusätzlich der Mitteilung an den ausscheidenden Gesellschafter, was bei dessen Teilnahme an der Abstimmung regelmäßig als formlos erfüllt angesehen werden kann.

9. Verfahrenskosten

72 Bei der freiwilligen Einziehung fallen mangels Mitwirkung der Gerichtsbarkeit keine Gerichtskosten an. Regelmäßig entstehen auch keine Notarkosten, es sei denn der Gesellschaftsvertrag sieht ausnahmsweise eine Beurkundungspflicht für den Beschluß über die Einziehung vor.

10. Zeitdauer des Verfahrens

73 Die freiwillige Einziehung ist im Gegensatz zur Zwangseinziehung, insbesondere bei der Einziehung im Ausschlußverfahren (dazu Rz. 105 ff.) kurzfristig zu bewirken. Die Dauer des Einziehungsverfahrens hängt einmal von der Einberufungsfrist für die Gesellschafterversammlung ab, zum anderen von der Zahlung der Abfindung, da diese Wirksamkeitsvoraussetzung ist (s. Rz. 67).

11. Publizitätsfragen

74 Da sich die freiwillige Einziehung ohne Inanspruchnahme der Gerichte vollzieht, insbesondere keine Handelsregistereintragungen erfolgen, ist die Publizitätswirkung ebenso wie die beim Erwerb eigener Geschäftsanteile (s. Rz. 45) gering. Die Öffentlichkeit kann von der Einziehung nur mittelbar durch den Fortfall des Namens des ausgeschiedenen Gesellschafters in der Liste der Gesellschafter (§ 40 GmbHG) erfahren. Aus der Veröffentlichung des Jahresabschlusses kann der Einziehungsvorgang allenfalls durch die Erläuterungen der Abfindung im Anhang entnommen werden.[116]

12. Rechte Dritter am Geschäftsanteil

75 Ist der einzuziehende Geschäftsanteil mit dem Recht eines Dritten belastet (Pfandrecht, Nießbrauch) und dieses Recht entsprechend § 16 GmbHG der Gesellschaft angemeldet worden, so bedarf die freiwillige Einziehung der Zustimmung des Rechtsinhabers. Andernfalls ist sie nichtig.[117]

---

[114] *Baumbach/Hueck/Hueck* § 34 Anm. 11; *Scholz/Westermann* § 34 Anm. 39; aA *Lutter/Hommelhoff* § 34 Anm. 8.

[115] HM; *Baumbach/Hueck/Hueck* § 34 Anm. 13; *Lutter/Hommelhoff* § 34 Anm. 8; teilweise aA *Scholz/Westermann* § 34 Anm. 47.

[116] Anders, falls § 272 Abs. 1 Satz 4 HGB auch für die GmbH anzuwenden ist (dazu Rz. 70).

[117] HM *Scholz/Westermann* § 34 Anm. 35; *Baumbach/Hueck/Hueck* § 34 Anm. 8; *Hachenburg/Ulmer* § 34 Anm. 23; aA nämlich Fortsetzung des dinglichen Rechtes am

13. Die Einziehung aller Geschäftsanteile (sog. Kein-Mann-GmbH)

Die Einziehung sämtlicher Geschäftsanteile oder des letzten Geschäftsanteils, falls zuvor schon alle anderen Geschäftsanteile eingezogen waren, ist unzulässig.[118] Während die heute vorherrschende Meinung den Erwerb sämtlicher eigener Geschäftsanteile jedenfalls dann zuläßt, wenn die Gesellschaft in absehbarer Zeit wieder einen Gesellschafter erhält (dazu Rz. 47), scheidet eine zeitweilige „Kein-Mann-GmbH" nach Einziehung sämtlicher Geschäftsanteile aus, da die Einziehung zur Vernichtung der Geschäftsanteile führt, während der erworbene eigene Geschäftsanteil rechtlich fortbesteht. Rechtlich zulässig dürfte hingegen die Einziehung des letzten außenstehenden Geschäftsanteils sein, wenn wenigstens ein Geschäftsanteil noch als eigener Geschäftsanteil fortbesteht und mit dessen Veräußerung an einen neuen Gesellschafter in absehbarer Zeit zu rechnen ist.

14. Steuerliche Folgen

a) Ertragsteuern

Die steuerliche Behandlung der Abfindung für die Einziehung des Geschäftsanteils ist nicht minder umstritten als die Behandlung des Erwerbs eigener Anteile (dazu so. Rz. 48 ff.). Die hM[119] und die Fin.Verw.[120] behandeln die Abfindung wie den Kaufpreis einer Anteilsveräußerung mit den daraus folgenden unterschiedlichen Steuerfolgen je nach Umfang und Dauer der Anteilseignerschaft oder Zugehörigkeit zu einem Privat- oder Betriebsvermögen. Eine Minderheit sieht hingegen in der Einziehung eine wirtschaftliche Teilliquidation analog § 17 Abs. 4 EStG, wodurch die Abfindung für den ausscheidenden Gesellschafter als Einnahme aus Kapitalvermögen betrachtet wird, unabhängig von der Höhe der Beteiligung.[121] Dies ist für die Ausscheidenden nachteilig, welche nicht wesentliche Beteiligungen (§ 17 Abs. 1 EStG)[122] länger als 12 Monate gehalten haben (§ 23 Abs. 1 Nr. 1 b EStG). Bei wesentlichen Beteiligungen oder bei Beteiligungen in einem Betriebsvermögen steht den Einkünften aus Kapitalvermögen dann aber regelmäßig ein entsprechender Veräußerungsverlust in Höhe der Anschaffungskosten gegenüber, welcher die Steuerfolgen mildert. Da bei geringerem Beteiligungsumfang dieser Verlustausgleich nicht entsteht, zeigt sich hieran zugleich die Unausgewogenheit der Rechtsfolgen dieser Minderheitsmeinung. Diese Auffassung kann allerdings auch für den Ausscheidenden vorteilhaft sein, falls für die Abfindung körperschaftsteuerliches EK 04 als verwendet

---

Abfindungsanspruch *Staudinger/Bromberger* BGB Anhang §§ 1068, 1069 Anm. 90; *Fischer* GmbHR 1961, 21 ff.; *K. Müller* GmbHR 1969, 4, 8.
[118] Ebenso *Scholz/Westermann* § 33 Anm. 44.
[119] Nachweis bei *Wassermeyer* in FS Ludwig Schmidt S. 631 Fn. 20.
[120] OFD Hannover, Verfügung vom 4. 11. 1987, DB 1988, 84 f.; Abschn. 83 Abs. 4 KStR.
[121] *Schmidt/Weber-Grellet* § 17 Anm. 104 mwN.
[122] Wesentliche Beteiligung: seit 1. 1. 1999 = mindestens 10%; bis 31. 12. 1998 = mehr als 25% (Änderung angegeben aufgrund StEntlG 1999, 2000, 2002).

gilt.[123] Die hM, welche die Abfindung für die Einziehung wie eine Anteilsveräußerung behandelt, verursacht bei der steuerlichen Behandlung auf Seiten der GmbH gewisse Einordnungsschwierigkeiten, da die Einziehung anders als der Erwerb eigener Anteile nicht zu einem Aktivierungsvorgang in der Bilanz führt, weil die Geschäftsanteile untergehen. Die notwendige Korrektur im verwendbaren Eigenkapital (§§ 29 f. KStG) erfolgt nach der hM durch eine der Abfindung entsprechende Verminderung des EK 04.[124] Die Minderheitsmeinung, die beim Ausscheidenden Einkünfte aus Kapitalvermögen annimmt, geht von einer Herstellung der normalen Ausschüttungsbelastung mit der Verwendungsfiktion gemäß § 28 KStG[125] aus.

78 Eine Klärung der Streitfrage durch den BFH steht noch aus. Geht man aber von dem überzeugenden Grundsatzurteil des BFH v. 6. 12. 1995[126] zum Meinungsstreit beim Erwerb eigener Anteile aus (dazu so. Rz. 48 ff.), ist zu bezweifeln, daß der BFH der hM und der Fin.Verw. folgt, falls er von einem Steuerpflichtigen angerufen wird, für den die Mindermeinung vorteilhaft ist. Der BFH bestätigt dort die von der Mindermeinung betonte allgemeine Erkenntnis, daß eigene Anteile keinen zusätzlichen Vermögenswert für die Gesellschaft verkörpern, und bezieht zutreffend die Aktivierung in der Steuerbilanz allein aus der Maßgeblichkeit der Handelsbilanz; hieraus folgende „Unabgestimmtheiten" des Gliederungsrechtes und der Steueranrechnung nimmt der BFH ausdrücklich durch Verweis auf den Gesetzgeber in Kauf. Da der eingezogene Geschäftsanteil untergeht und deshalb nicht aktivierungsfähig ist (dazu so. Rz. 69 f.), bleibt als Konsequenz des BFH-Urteil nur, in voller Höhe der Abfindung eine verdeckte Gewinnausschüttung mit entsprechendem Kapitalertrag beim Ausscheidenden zu sehen.[127]

b) Erbschaft- und Schenkungsteuer

79 Erfolgt die Einziehung gegen eine Abfindung unter dem Verkehrswert des Geschäftsanteils, so ergeben sich Erbschaft- und Schenkungsteuerprobleme (§§ 3 Abs. 1 Nr. 2 Satz 2 und 7 Abs. 7 ErbStG). Dies ist keine Besonderheit des Ausscheidens durch Einziehung, so daß auch auf die betreffenden allgemeinen Ausführungen zu sämtlichen Formen des Ausscheidens verwiesen werden kann (Rz. 140 ff.).

c) Grunderwerbsteuer wegen Anteilsvereinigung in einer Hand

80 Gehört der GmbH ein inländisches Grundstück, entsteht durch die Einziehung Grunderwerbsteuer, falls hierdurch nur noch ein Gesellschafter oder mehrere untereinander abhängige Gesellschafter verbleiben (sog. Anteilsvereinigung in einer Hand, § 1 Abs. 3 GrEwStG). Dies ist keine Besonderheit für die Einziehung, sondern gilt allgemein für alle Formen des Ausscheidens aus der GmbH (dazu Rz. 150 f.).

---

[123] *Schmidt/Weber-Grellet* § 17 Anm. 104.
[124] OFD Frankfurt/M. WPg 83, 508; Abschnitt 83 IV KStR.
[125] *Schmidt/Weber-Grellet* § 17 Anm. 104 mwN.
[126] BFH v. 6. 12. 1995, DStR 1996, 536; BStBl. II 1998, 78.
[127] Der Verfasser dieses Abschnitts hat insoweit aufgrund des BFH-Urteils seine Meinung der Vorauflage geändert.

VI. Ausscheiden durch Kapitalherabsetzung

1. Übersicht

Die Kapitalherabsetzung ist an anderer Stelle umfassend behandelt (§ 8 **81**
Rz. 108 ff.). Sie führt regelmäßig nicht zum Ausscheiden eines Gesellschafters aus der GmbH sondern nur zur gleichmäßigen Verminderung des Nennwertes der Geschäftsanteile aller Gesellschafter. Gleichwohl ist eine Kapitalherabsetzung, die nur zur Vernichtung eines einzelnen Geschäftsanteils führt, zulässig, nämlich einmal durch Herabsetzung um den Nennwert eines eigenen Geschäftsanteils der GmbH zum anderen um den Nennwert des Geschäftsanteils eines ausscheidenden Gesellschafters mit dessen Zustimmung.[128]

2. Besonderheiten im Vergleich zu den übrigen Ausscheidensformen

Die Kapitalherabsetzung zur Beseitigung eines Geschäftsanteils ist neben **82**
der Abtretung des Geschäftsanteils an Gesellschafter oder Dritte die einzige Möglichkeit zum Ausscheiden, wenn die Abfindung an den Schutzvorschriften für Kapitalaufbringung und Kapitalerhaltung im Falle der Einziehung oder des Erwerbs eigener Geschäftsanteile scheitern würde. Allerdings hat die Kapitalherabsetzung ihre eigene Kapitalerhaltungsschranke im Mindeststammkapital von DM 50 000,– (§ 5 Abs. 1 GmbHG), das durch die Kapitalherabsetzung nicht unterschritten werden darf (§ 58 Abs. 2 GmbHG). Die Nachteile des Ausscheidens durch Kapitalherabsetzung liegen in der Mindestverfahrensdauer von über einem Jahr (§ 58 Abs. 1 Nr. 3 GmbHG) und in der für die Bonität der GmbH zumeist nachteiligen Publizität aufgrund des notwendigen Gläubigeraufgebotes (§ 58 Abs. 1 Nr. 1 und 2 GmbHG) und der notwendigen Eintragung des Herabsetzungsbeschlusses im Handelsregister und dessen Veröffentlichung (§ 58 Abs. 1 Nr. 3 GmbHG).

Steuerlich ist das Ausscheiden durch Kapitalherabsetzung regelmäßig in **83**
einer Gesamtbetrachtung für GmbH und den ausscheidenden Gesellschafter ungünstiger als bei den anderen Ausscheidungsformen, wenn eine Abfindung über den Nennbetrag der Kapitalherabsetzung hinaus erfolgt.[129] Ausnahmsweise kann die Kapitalherabsetzung in diesen Fällen steuerlich günstiger sein, wenn für die Kapitalherabsetzung körperschaftsteuerlich verwendbares EK 04 verwendet werden kann, das bei der GmbH keine Herstellung der Ausschüttungsbelastung verlangt und beim Gesellschafter bei Geschäftsanteilen im Privatvermögen vollständig steuerfrei und im Betriebsvermögen bis in Höhe des Buchwertes der Beteiligung ebenfalls steuerfrei bleibt (§ 40 Abs. 1 Nr. 1 iVm. § 30 Abs. 2 Nr. 4 KStG und § 20 Abs. 1 Nr. 1 Satz 3 EStG).

Für die Erbschaft- und Schenkungsteuer sowie für die Grunderwerbsteuer **84**
durch Anteilsvereinigung in einer Hand ergeben sich beim Ausscheiden durch Kapitalherabsetzung die gleichen Steuerfolgen wie bei der Einziehung und dem Erwerb eigener Anteile, so daß auf die Ausführungen dort (Rz. 57, 79)

---

[128] *Lutter-Hommelhoff* § 58 Anm. 6.
[129] *Schmidt/Weber-Grellet* § 17 Anm. 228.

sowie in Abschnitt F. und G. dieses Kapitels (Rz. 140 ff., 150 f.) verwiesen werden kann.

VII. Steuerfolgen beim Ausscheiden von „lästigen Gesellschaftern"

1. Leistungen durch die GmbH

85 Abfindungsleistungen, die von der GmbH an Gesellschafter gezahlt werden, um diese zum Ausscheiden zu bewegen, sind steuerlich als Betriebsausgaben abzugsfähig, soweit die Abfindung (bzw. Kaufpreis beim Erwerb eigener Geschäftsanteile) den Verkehrswert des Geschäftsanteils übersteigt und die Kriterien des sog. „lästigen Gesellschafters" vorliegen.[130] Maßgeblich sind dabei die Grundsätze, die für Abfindungen „lästiger Gesellschafter" von Personengesellschaften entwickelt wurden, allerdings unter Beachtung der Besonderheiten aus der Rechtsform der GmbH als Kapitalgesellschaft.[131] Die Abzugsfähigkeit des Mehrbetrages gegenüber dem Verkehrswert setzt danach den Nachweis der Lästigkeit des Gesellschafters (s. Rz. 86), den Nachweis der Erbringung einer Abfindungsleistung (s. Rz. 91) und die betriebliche Veranlassung der Zuzahlung (s. Rz. 91) voraus.

a) Nachweis der Lästigkeit des Gesellschafters

86 Die Annahme eines lästigen Gesellschafters setzt voraus, daß das Verhalten des Gesellschafters zu einer erheblichen Beeinträchtigung der betrieblichen Tätigkeit der GmbH, ihrer Gewinnerwartung und Zukunftsaussichten führt (dazu Rz. 87), die drohende Schädigung objektiv feststellbar (dazu Rz. 88) und eine Änderung des Verhaltens des Gesellschafters nicht zu erwarten ist. Nicht ausreichend ist eine Störung nur im Verhältnis der Gesellschafter; der Gesellschafter muß der GmbH lästig sein, nicht nur seinen Mitgesellschafter.[132]

87 Eine wesentliche Schädigung des Betriebes muß durch das Verhalten des lästigen Gesellschafters drohen, sie muß aber noch nicht eingetreten sein. Für die Annahme der Lästigkeit eines Gesellschafters im steuerlichen Sinne bedarf es insbesondere nicht eines wichtigen Grundes, der zivilrechtlich zum Ausschluß oder zur Auflösung berechtigt.[133] Diese Voraussetzung ist insbesondere dann erfüllt, wenn Maßnahmen des Gesellschafters den Bestand der Gesellschaft oder ihr Gedeihen ernsthaft gefährden. Eine drohende Schädigung ist darüber hinaus gegeben, wenn die Erzielung von Vorteilen durch den lästigen Gesellschafter verhindert wird.[134] Für Kapitalgesellschaften wird allerdings die Auffassung vertreten, daß bei Gesellschaf-

---

[130] BFH v. 26. 10. 1995, BFH/NV 1996, 438.
[131] Vgl. *Dötsch/Eversberg/Jost/Witt* Anhang 3 zu § 8; *Streck* § 8 Anm. 150; BFH v. 11. 7. 1961, BStBl. III 1961, 463; offengelassen von BFH v. 16. 7. 1965, BStBl III 1965, 618.
[132] BFH v. 11. 7. 1961, BStBl. III 1961, 463; BFH v. 16. 7. 1965, BStBl. II 1965, 618; BFH v. 26. 10. 1965, BFH/NV 1996, 438; *Frotscher/Maas* § 8 Anhang vGA.
[133] Vgl. *HHR/Erdweg* § 16 EStG Anm. 336.
[134] Vgl. mit ausf. Nachweis zur Kasuistik *HHR/Erdweg* § 16 EStG Anm. 336.

B. Einvernehmliches Ausscheiden

tern ohne wesentliche Beteiligung genügend Anhaltspunkte für die Annahme vorhanden seien, daß diese den Gesellschaftszweck nicht ernsthaft gefährden könnten.[135] Auch wenn dies nur als widerlegbare Vermutung zu verstehen ist, werden jedenfalls die Anforderungen an den Nachweis besonders hoch gesteckt.

Die Lästigkeit des Gesellschafters muß auch objektiv feststellbar vorhanden sein und darf nicht nur in der Vorstellung der übrigen Gesellschafter bestehen. Sofern nicht aufgrund objektiver Tatsachen eine eingetretene oder zumindest drohende Geschäftsschädigung nachgewiesen werden kann, besteht die Vermutung, daß die Lästigkeit des Gesellschafters nicht gegeben ist.[136] **88**

b) Nachweis der Erbringung von Abfindungsleistungen

Eine als Aufwand abzugsfähige Abfindungsleistung liegt nur insoweit vor, wie sie den Verkehrswert des Geschäftsanteils übersteigt. Die Ermittlung des Verkehrswertes (auch „Gemeiner Wert" genannt; § 9 BewG) ist nur dann unproblematisch, soweit er aus anderen möglichst zeitnahen Anteilsverkäufen abzuleiten ist. Die Fin.Verw. lehnt im vergleichbaren Bewertungsfall des § 21 UmwStG die Anwendung der früher für Zwecke der Vermögenssteuer gültigen Bewertungsmethoden des sog. Stuttgarter Verfahrens (§ 11 Abs. 2 Satz 2 BewG) ab (dazu § 14 Rz. 225).[137] **89**

Den Nachweis, daß die Abfindung an den lästigen Gesellschafter höher als der Verkehrswert von dessen Geschäftsanteil ist, muß der Steuerpflichtige erbringen. Dabei stehen dem Steuerpflichtigen tatsächliche Vermutungen entgegen, die von der Rechtsprechung entwickelt wurden. Danach soll auch bei Nachweis der Lästigkeit des Gesellschafters von der tatsächlichen Vermutung auszugehen sein, daß die Abfindungszahlung den Verkehrswert nicht übersteigt.[138] Sachgerechter wäre es aber, diese tatsächliche Vermutung durch den Nachweis der Lästigkeit des Gesellschafters als widerlegt anzusehen, so daß der Nachweis für das Vorhandensein stiller Reserven oder eines Geschäftswertes dann bei der Finanzverwaltung liegt.[139] **90**

c) Betriebliche Veranlassung der Zuzahlung

Vereinzelt wird von der Rechtsprechung noch als weitere Voraussetzung für die Abzugsfähigkeit der Zuzahlung zum Verkehrswert der Nachweis von deren betrieblicher Veranlassung gefordert. So wird eine Lästigkeit des ausscheidenden Gesellschafters nur für die Mitgesellschafter nicht als betriebliche Veranlassung für die Zuzahlung angesehen.[140] Der RFH verneinte eine betriebliche Veranlassung, wenn bei einer Gesellschaft mit zwei Gesellschaftern einer ausscheidet, da hier eine Trennung zwischen Gesellschaftsinteresse und **91**

---

[135] Vgl. BFH Urteil vom 9. 8. 1963, BStBl. III 1963, 454.
[136] Vgl. *HHR/Erdweg* § 16 Anm. 337.
[137] UmwSt-Erlaß v. 26. 3. 1998, BStBl. 1998, 268 Tz. 21.06.
[138] BFH v. 11. 7. 1961, BStBl. III 1961, 463; FG Hamburg v. 21. 10. 1987, EFG 1988, 292.
[139] Ebenso *Schmidt/Schmidt* § 16 Anm. 491 f.
[140] BFH v. 16. 7. 1965, BStBl. III 1965, 618.

gleichgerichtetem Eigeninteresse des Gesellschafters am Ausscheiden des Mitgesellschafters nicht möglich sei.[141] Diese Auffassung ist nicht haltbar, da ein betriebliches Interesse der Gesellschaft nicht deshalb fortfallen kann, weil der Gesellschafter gleichgerichtetes Interesse hat.[142] Die betriebliche Veranlassung der Zuzahlung ist dann zu verneinen, wenn der lästige Gesellschafter bereits selbst seinen Austritt erklärt hat, ohne daß dies die Auflösung der Gesellschaft zur Folge hat.[143]

92 Erfolgt eine Zuzahlung an den Ausscheidenden, ohne daß die Voraussetzungen für die Abzugsfähigkeit aufgrund der Lästigkeit geführt werden kann, liegt insoweit eine verdeckte Gewinnausschüttung vor.[144]

2. Leistungen durch andere Gesellschafter

93 Zahlt ein Mitgesellschafter dem „lästigen Gesellschafter" einen Mehrpreis über den Verkehrswert hinaus für den Erwerb von dessen Geschäftsanteil oder leistet er dem lästigen Gesellschafter eine solche Zuzahlung im Falle der Einziehung oder des Erwerbes durch die GmbH als eigenen Geschäftsanteil, so ist für ihn eine Abzugsfähigkeit fraglich. Hält der Gesellschafter seinen Anteil im Privatvermögen, muß er nachweisen, daß die Zahlung zur Sicherung und Erhaltung seiner Kapitaleinkünfte (Werbungskosten; § 9 Abs. 1 EStG) bestimmt ist. Bei Anteilen im Betriebsvermögen können sich Abgrenzungsfragen zwischen Einordnung als Betriebsausgabe, Entnahme für außerbetriebliche Zwecke und Aktivierung als Einlage in die GmbH ergeben.

3. Besteuerung des „lästigen Gesellschafters"

94 Die Zuzahlung ist beim „lästigen Gesellschafter" als Bestandteil des Entgeltes für das Ausscheiden zu behandeln mit denselben steuerlichen Folgen wie die gesamte Zahlung für das Ausscheiden.[145]

95–99 *(frei)*

C. Streitiges Ausscheiden

I. Begriffsbestimmung

100 Als streitiges Ausscheiden werden hier die Fälle behandelt, bei denen die Anteilseignerschaft entweder aufgrund gerichtlichen Gestaltungsurteils (Ausschluß; s. Rz. 101 ff.), durch Gesellschafterbeschluß (zB zwangsweise Einziehung; s. Rz. 105 ff.) oder aufgrund einseitiger Willenserklärung des Ausschei-

---

[141] RFH v. 31. 5. 1933, RStBl. 1933, 907.
[142] FG Bremen v. 19. 8. 1960, EFG 1960, 462.
[143] FG Freiburg v. 28. 2. 1958, EFG 1958, 241.
[144] BFH v. 16. 7. 1965, BStBl. III 1965, 618; FG Niedersachsen v. 16. 5. 1972, EFG 1972, 512.
[145] *Schmidt/Weber-Grellet* § 17 Anm. 141.

denden (Austritt; s. Rz. 115 ff.) verloren geht. Unterschieden hiervon werden die Fälle des einvernehmlichen Ausscheidens, bei denen der ausscheidende Gesellschafter seine Eignerschaft am Geschäftsanteil durch Willenserklärungen seinerseits verliert, sei es in Vertragsform (Abtretungsvertrag) oder sei es durch Zustimmung zu Gesellschafterbeschlüssen über sein Ausscheiden (zB bei der freiwilligen Einziehung, s. Rz. 59 ff.). Das streitige und das einvernehmliche Ausscheiden werden wiederum von dem Ausscheiden aufgrund sog. Automatikklauseln im Gesellschaftsvertrag unterschieden (Abschnitt D.; s. Rz. 130 f.).

II. Ausscheiden auf Initiative der anderen Gesellschafter oder der GmbH

1. Ausschluß aus der GmbH

a) Kein allgemeines Ausschlußrecht

Das GmbHG sieht kein allgemeines Recht der Gesellschaft oder der Gesellschafterversammlung auf Ausschluß eines mißliebigen Gesellschafters aus der Gesellschaft von Gesetzes wegen vor. Ausdrücklich vorgesehen sind nur der Ausschluß von Gesellschaftern, die mit ihrer Einlage (§§ 21 ff. GmbHG; dazu Rz. 113) oder mit einer unbeschränkten Nachschußpflicht (§ 27 GmbHG; dazu Rz. 114) säumig sind, sowie die zwangsweise Einziehung, soweit diese im Gesellschaftsvertrag geregelt ist (§ 34 Abs. 2 GmbHG; dazu Rz. 105 ff.).

b) Ausschluß aus wichtigem Grund

Auch ohne Regelung im GmbHG ist seit langem die Möglichkeit eines Ausschlusses von Gesellschaftern aus wichtigem Grund anerkannt.[146] Der wichtige Grund muß in der Person des auszuschließenden Gesellschafters liegen, wodurch den übrigen Gesellschaftern seine weitere Mitgliedschaft nicht mehr zumutbar ist und der Fortbestand der Gesellschaft hierdurch zumindest ernstlich gefährdet ist.[147] Ein Verschulden des auszuschließenden Gesellschafters ist nicht unbedingt erforderlich.[148] Umgekehrt ist ein Mitverschulden anderer Gesellschafter am Zerwürfnis zwar zu berücksichtigen, aber dem Ausschluß nicht notwendig entgegenstehend.[149] Der Ausschluß ist nur als äußerstes Mittel (ultima ratio) zulässig, dh. minderschwere Sanktionen gegen den Gesellschafter dürfen nicht gegeben sein.[150] Den Ausschluß verbietende mindere Beschränkungen können beispielsweise sein der Entzug von gesellschaftsvertraglichen Sonderrechten, zB zur Geschäftsführung oder die Übertragung des Geschäftsanteils auf einen Treuhänder.[151]

---

[146] BGHZ 9, 157; 6, 322, 32, 22; 80, 349; *Baumbach/Hueck/Hueck* Anhang § 34 Anm. 2.
[147] *Baumbach/Hueck/Hueck* Anhang § 34 Anm. 3.
[148] BGHZ 9, 164; *Baumbach/Hueck/Hueck* Anhang § 34 Anm. 3.
[149] RGZ 164, 257; BGHZ 80, 351; *Baumbach/Hueck/Hueck* Anhang § 34 Anm. 4.
[150] RGZ 164, 292; 169, 339; BGHZ 16, 322; *Baumbach/Hueck/Hueck* Anhang § 34 Anm. 6.
[151] *Baumbach/Hueck/Hueck* Anhang § 34 Anm. 6.

103 Mangels gesellschaftsvertraglicher Regelungen (dazu Rz. 105 ff.) ist der Ausschluß nur durch gerichtliches Urteil möglich.[152] Zulässigkeitsvoraussetzung der Ausschlußklage ist ein Gesellschafterbeschluß. Der auszuschließende Gesellschafter hat kein Stimmrecht.[153] Nach wohl hM erfordert der Klagebeschluß eine Mehrheit der übrigen Gesellschafter, wobei man sich auf die entsprechende Anwendung von § 60 Abs. 1 Nr. 2 GmbHG beruft.[154] Es liegt aber näher, eine einfache Mehrheit genügen zu lassen, zumal schon für die Auflösungsklage aus wichtigem Grund, also einem wesentlich schwerwiegenderen Eingriff in das Gesellschaftsverhältnis, ein Quorum von 10% genügt (§ 61 Abs. 2 GmbHG).[155] Die Klage ist von der Gesellschaft, nicht von den Gesellschaftern zu erheben.[156] Bei einer Zweimann-GmbH darf auch der verbleibende Gesellschafter klagen.[157]

104 Die Ausschlußklage ist auf ein Gestaltungsurteil gerichtet, das den Ausschluß des Gesellschafters unter der aufschiebenden Bedingung feststellt, daß die Abfindung fristgemäß gezahlt wird, wobei Höhe der Abfindung und Fälligkeit im Urteil festzusetzen sind.[158] Festsetzung der Abfindung im Gestaltungsurteils erfolgt mangels Regelung im Gesellschaftsvertrag aufgrund des Verkehrswertes des Anteils, der auf den Zeitpunkt der Klageerhebung zu beziehen und regelmäßig nach dem Ertragswertverfahren zu bestimmen ist, falls der Liquidationswert der Gesellschaft nicht höher ist. Die hierbei regelmäßig durch einen Sachverständigen vorzunehmende Unternehmensbewertung und die allgemeine Belastung der Gerichte kann zu langen Verfahrensdauern führen, die die Gesellschaft nicht weniger belasten können als zuvor die Person des auszuschließenden Gesellschafters. Bis zur Rechtskraft des Ausschlußurteils bleibt der Auszuschließende Gesellschafter mit allen uneingeschränkten Rechten und Pflichten.[159] Ob und welche Gesellschafterrechte nach Rechtskraft des Urteils bis zur fristgemäßen Zahlung des Abfindungsbetrages ruhen, ist umstritten. Die wohl hM nimmt ein vollständiges Ruhen der Gesellschafterrechte an.[160] Der BGH läßt nur solche Gesellschafterrechte ruhen, die der Durchführung des Ausschlusses entgegenstehen, so zB das Stimmrecht in bestimmten Fällen.[161] Dabei kann auch das Gewinnbezugsrecht entfallen, wenn zB die Abfindung auf einen vorausgehenden Stichtag berechnet wird. Ungeklärt ist auch der Rechtsstatus des Gesellschaftsanteils nach Eintritt der aufschiebenden Bedingung durch fristgemäße Abfindungszahlung.

---

[152] Heute aM BGHZ 9, 166; 16, 322, 80, 349; *Baumbach/Hueck/Hueck* Anhang § 34 Anm. 8.
[153] BGHZ 9, 177 f.; *Baumbach/Hueck/Hueck* Anhang § 34 Anm. 9.
[154] BGHZ 9, 157, 177; *Hachenburg/Ulmer* Anhang § 34 Anm. 24.
[155] Ebenso *Baumbach/Hueck/Hueck* Anhang § 34 Anm. 9; *Scholz/Winter* § 15 Anm. 140.
[156] *Baumbach/Hueck/Hueck* Anhang § 34 Anm. 8.
[157] HM; *Lutter/Hommelhoff* § 34 Anm. 27; aA OLG Nürnberg BB 70, 1371.
[158] BGHZ 9, 157 ff.; aA *Hachenburg/Ulmer* Anhang § 34 Anm. 35, der eine auflösende Bedingung bei Nichtzahlung der Abfindung innerhalb einer im Urteil festzusetzenden Frist vorschlägt.
[159] *Hachenburg/Ulmer* Anhang § 34 Anm. 29.
[160] *Baumbach/Hueck/Hueck* Anhang § 34 Anm. 13.
[161] BGHZ 9, 176; BGHZ 88, 320.

C. Streitiges Ausscheiden   105, 106   § 13

Nach der Rechtsprechung des BGH steht der Gesellschaft ein Wahlrecht für die Verwendung des Geschäftsanteils zu, dh. sie kann zwischen Einziehung, Erwerb als eigenen Geschäftsanteil oder Vermittlung des Geschäftsanteils an Gesellschafter oder Dritte wählen.[162] Der BGH geht dabei davon aus, daß der Geschäftsanteil „an die Gesellschaft fällt".[163] Hieraus wird von einem Teil der Literatur auf einen rechtsträgerlosen Zustand bis zur Ausübung des Wahlrechtes geschlossen.[164] Zutreffender ist jedoch ein vollständiges Ruhen der Mitgliedschaftsrechte sowie der Verfügungsbefugnis des ausgeschlossenen Gesellschafters anzunehmen.[165] Über die Ausübung des Wahlrechtes beschließt die Gesellschafterversammlung.[166] Beim Beschluß der Einziehung ist die ansonsten gem. § 34 Abs. 1 GmbHG vorgeschriebene Zulassung im Gesellschaftsvertrag entbehrlich.[167] Fällt die Wahl der Gesellschaft auf die Abtretung an sich, einen Gesellschafter oder Dritte, so ist der ausgeschlossene Gesellschafter zur Mitwirkung bei dem notariellen Abtretungsvertrag verpflichtet, was notfalls durch erneute Leistungsklage zu erzwingen ist.[168]

c) **Ausschlußrecht durch Gesellschaftsvertrag, insbesondere zwangsweise Einziehung**

aa) **Zulässigkeit.** Im Rahmen der Vertragsfreiheit ist dem Gesellschaftsvertrag weiter Raum gegeben, in bestimmten Fällen den Ausschluß von Gesellschaftern zu gestatten und das Ausschlußverfahren im einzelnen zu regeln. Mit der zwangsweisen Einziehung (§ 34 Abs. 2 GmbHG) regelt das Gesetz nur einen Beispielsfall. bei den Ausschlußgründen besteht besonders weiter Gestaltungsspielraum, der seine Grenzen nur in der Sittenwidrigkeit findet. Unterbleibt im Gesellschaftsvertrag eine Festlegung der Abfindung für den Ausschluß, was die Anwendung des Verkehrswertes zur Folge hat, oder wird der Verkehrswert ausdrücklich als Abfindung angeordnet, so gilt dieser weite Rahmen für die Ausschlußgründe uneingeschränkt. Mit jeder Restriktion des Abfindungsbetrages, soweit diese nicht in sich ihre Grenze an der Sittenwidrigkeit findet, beschränkt sich auch die Zulässigkeit von Ausschlußgründen (dazu Rz. 121 ff.). Ausschlußgründe, welche zB Verfehlungen des Gesellschafters zum Inhalt haben, rechtfertigen eine geringere Abfindung.[169]

bb) **Ausschlußgründe.** Ausschlußklauseln zur Vermeidung der Rechtsnachfolge durch Erbfall oder aufgrund von Zwangsvollstreckung in den Geschäftsanteil oder Konkurs über das Vermögen des Gesellschafters sind grundsätzlich zulässig.[170] Unter dem Gesichtspunkt des Gläubigerschutzes sind je-

105

106

---

[162] BGHZ 9, 168 ff.
[163] BGHZ 9, 178.
[164] *Scholz/Winter* § 15 Anm. 149; *Hachenburg/Ulmer* Anhang § 34 Anm. 37.
[165] Ebenso wohl *Baumbach/Hueck/Hueck* Anhang § 34 Anm. 10.
[166] *Hachenburg/Ulmer* Anhang § 34 Anm. 37.
[167] BGHZ 9, 168.
[168] BGH 9, 171; *Baumbach/Hueck/Hueck* Anhang § 34 Anm. 10, aA wohl *Scholz/Winter* § 15 Anm. 149 und *Hachenburg/Ulmer* Anhang § 34 Anm. 37, welche von einer eigenen Abtretungsbefugnis der Gesellschaft ausgehen, wobei letztere jedoch die Zustimmung des Erwerbers in notarieller Form gem. § 15 Abs. 3 GmbHG vorsieht.
[169] Ebenso *Lutter/Hommelhoff* § 34 Anm. 39.
[170] *Baumbach/Hueck/Hueck* Anhang § 34 Anm. 6; *Lutter/Hommelhoff* § 34 Anm. 19.

doch an die Regelung des Abfindungsbetrages hohe Anforderungen bezüglich der Gleichbehandlungen mit sonstigen Abfindungsfällen im Gesellschaftsvertrag zu stellen[171] (dazu auch Rz. 122).

107 Die Ausschlußklausel wirkt nur gegenüber denjenigen Gesellschaftern, bei deren Beitritt sie bereits im Gesellschaftsvertrag geregelt war (§ 34 Abs. 2 GmbHG, der über die zwangsweise Einziehung hinaus für alle vertraglichen Ausschlußklauseln entsprechend gilt). Später ist eine Ausschlußklausel durch Satzungsänderung nur mit Zustimmung aller hiervon betroffenen Gesellschafter zulässig.[172] Die Ausschlußgründe sollten im Gesellschaftsvertrag möglichst genau bestimmt werden. Jedenfalls müssen die Ausschlußgründe wenigstens im Wege der Auslegung bestimmbar sein.[173] Nicht ausreichend sind Formulierungen im Gesellschaftsvertrag, die praktisch auf einen Ausschluß aufgrund des freien Ermessens der Gesellschaftermehrheit hinauslaufen.[174]

108 Die oft in Gesellschaftsverträgen zu findende Zulassung des Ausschlusses im Falle einer Kündigung durch den Gesellschafter ist nur sinnvoll, wenn die Voraussetzungen der Kündigung ebenfalls im Gesellschaftsvertrag geregelt sind, was nicht selten unterbleibt. Dann besteht die Auslegungsgefahr für den Gesellschaftsvertrag, daß aufgrund der Ausschließungsregelung auf ein allgemeines Kündigungsrecht des Gesellschafters ohne wichtigen Grund geschlossen werden kann, das ansonsten grundsätzlich nicht besteht (s. Rz. 101).

109 cc) **Ausschlußverfahren.** Es empfiehlt sich, im Gesellschaftsvertrag nicht nur die Gründe für den Ausschluß zu regeln, sondern auch das Verfahren für die Durchführung des Ausschlusses. Hierauf kann allenfalls für die zwangsweise Einziehung verzichtet werden, da hier das Ausschlußverfahren gemäß § 46 Ziffer 4 GmbHG durch Beschluß der Gesellschafterversammlung vorgegeben ist. Soll der Ausschluß hingegen durch Abtretung des Geschäftsanteils oder durch Kapitalherabsetzung vollzogen werden, muß der Gesellschaftsvertrag eine Verfahrensregelung vorsehen, wenn das komplizierte und zeitraubende gerichtliche Ausschlußverfahren vermieden werden soll, wie es bei fehlender Satzungsbestimmung für den Ausschluß aus wichtigem Grund gilt (dazu Rz. 103). Als Vorgabe für die Regelung des Ausschlußverfahrens im Gesellschaftsvertrag kann das Verfahren bei der Zwangseinziehung verwendet werden. Für die Rechtswirksamkeit der zwangsweisen Einziehung ist zunächst ein Gesellschafterbeschluß mit einfacher Stimmenmehrheit erforderlich (§ 46 Ziff. 4, 47 Abs. 1 GmbHG). Hierbei hat der betroffene Gesellschafter grundsätzlich ein Stimmrecht, es sei denn die Zwangseinziehung erfolgt aus Gründen in seiner Person oder der Gesellschaftsvertrag schließt das Stimmrecht aus.[175] Weitere Wirksamkeitsvoraussetzungen für die zwangsweise Einziehung ist die Bekanntgabe des Beschlusses an den betroffenen Gesellschafter, es sei denn dieser hat an der Gesellschafterversammlung teilgenommen.[176] Nach

---

[171] BGHZ 65, 22.
[172] *Baumbach/Hueck/Hueck* Anhang § 34 Anm. 7.
[173] Siehe hierzu *Lutter/Hommelhoff* § 34 Anm. 19.
[174] Ebenso *Lutter/Hommelhoff* § 34 Anm. 21.
[175] HM BGH WM 1977, 192 f.; *Hachenburg/Ulmer* § 34 Anm. 52; *Baumbach/Hueck/Hueck* Anhang § 34 Anm. 11.
[176] HM *Baumbach/Hueck/Hueck* Anhang § 34 Anm. 12; *Hachenburg/Ulmer* § 34 Anm. 54; *Scholz/Westermann* § 34 Anm. 44.

C. Streitiges Ausscheiden

hM ist die Wirksamkeit des Einziehungsbeschlusses außerdem aufschiebend bedingt durch die Zahlung der Abfindung für die zwangsweise Einziehung, die sich entweder aus dem Beschluß oder aus Regelungen des Gesellschaftsvertrages ergeben kann.[177] Im übrigen steht die Wirksamkeit der zwangsweisen Einziehung ebenso wie bei der freiwilligen Einziehung unter der gesetzlichen Bedingung, daß die Abfindung den Anforderungen des Kapitalschutzes genügt (§ 34 Abs. 3 GmbHG; dazu Rz. 61–67).

Die zwangsweise Einziehung bedarf also bei entsprechender Gestaltung im Gesellschaftsvertrag keiner Zustimmung des betroffenen Gesellschafters. Ebensowenig ist die Einholung eines gerichtlichen Gestaltungsurteils erforderlich. Hierdurch unterscheidet sich die zwangsweise Einziehung von einem im Gesellschaftsvertrag vorgesehenen Ausschluß durch Abtretung des Geschäftsanteils an die GmbH selbst oder an Gesellschafter oder Dritte, wo die Mitwirkung des Auszuschließenden beim Abtretungsvertrag notwendig und notfalls einzuklagen ist. Vom Ausschuß eines Gesellschafters aus wichtigem Grund und bei Fehlen gesellschaftsvertraglicher Regelungen unterscheidet sich die zwangsweise Einziehung dadurch, daß sie ohne gerichtliches Gestaltungsurteil bewirkt werden kann.

Obwohl somit weder der betroffene Gesellschafter noch das Gericht bei der zwangsweisen Einziehung mitwirken müssen, ist der auszuschließende Gesellschafter hinreichend in seinen Rechten geschützt. Hält er den Einziehungsbeschluß für gesetz- oder satzungswidrig, beispielsweise weil er keinen satzungsgemäßen Einziehungsgrund für gegen oder den Abfindungsbetrag für zu niedrig bemessen hält, so kann er Anfechtungsklage gegen den Einziehungsbeschluß erheben, wobei die von der Rechtsprechung geforderte oder im Gesellschaftsvertrag vorgeschriebene Klagefrist zu beachten ist.[178]

Im Rahmen des Ausschlußverfahrens sollte der Gesellschaftsvertrag auch regeln, in welcher Form der Geschäftsanteil des auszuschließenden Gesellschafters verwendet wird. Neben der Anteilsabtretung an die Gesellschaft (dazu Rz. 18 ff.), an Gesellschafter oder an Dritte, der zwangsweisen Einziehung (dazu Rz. 105 ff.), sowie der auf den Geschäftsanteil gezielten Kapitalherabsetzung (dazu Rz. 81 f.) bietet sich als interessante Gestaltungsform an, das Verfahren der Kaduzierung (§§ 21 ff. GmbHG; dazu Rz. 113) für entsprechend anwendbar zu erklären. Der Vorteil dieser Form des Ausschlusses liegt darin, daß die Vorschriften über die Kapitalaufbringung und Kapitalerhaltung jedenfalls dann nicht beachtet werden müssen, wenn im Gesellschaftsvertrag klargestellt ist, daß die GmbH nur ein Verwertungsrecht an dem kaduzierten Geschäftsanteil erhält und bei noch nicht voll eingezahlter Stammeinlage die Kapitalaufbringung durch das Verfahren nicht gefährdet wird.[179]

---

[177] BGHZ 9, 173; *Baumbach/Hueck/Hueck* Anhang § 34 Anm. 24; *Lutter/Hommelhoff* § 34 Anm. 12.
[178] Zur Anfechtungsklage gegen einen Zwangseinziehungsbeschluß s. OLG München NJW-RR 1993, 684.
[179] Siehe im einzelnen *Hachenburg/Müller* § 21 Anm. 82 mwN.

2. Ausschluß des mit der Einlage säumigen Gesellschafters (§§ 21 ff. GmbHG)

113 Im Gegensatz zum Ausschluß aus sonstigem wichtigen Grund, ist der Ausschluß des mit der Stammeinlage säumigen Gesellschafters ausführlich im GmbHG geregelt. Gem. § 21 Abs. 2 GmbHG kann die Gesellschaft den mit der Einlage säumigen Gesellschafter durch eingeschriebenen Brief „seines Geschäftsanteils zugunsten der Gesellschaft verlustig erklären" (sog. Kaduzierung; dazu s. auch § 2 Rz. 124). Voraussetzung ist zunächst Fälligkeit der Stammeinlage und erneute Aufforderung durch eingeschriebenen Brief unter Setzung einer Nachfrist von mindestens einem Monat und Androhung seines Ausschlusses mit dem Geschäftsanteils, für den die Säumnis besteht (§ 21 Abs. 1 GmbHG). Der Ausschluß ist nur bei rückständiger Bareinlage möglich, nicht hingegen bei Sacheinlagen, es sei denn diese haben sich in eine Bareinlagepflicht verwandelt.[180] Mit der Ausschlußerklärung geht der Geschäftsanteil nicht unter, vielmehr wird er herrenlos und von der Gesellschaft treuhänderisch gehalten, bis er gem. §§ 22, 23 GmbHG auf einen neuen Erwerber übergegangen ist.[181] Bis dahin ruhen die Stimmrechte und andere Mitgliedschaftsrechte, mit Ausnahme des Gewinnbezugsrechtes, das dem neuen Erwerber zusteht.[182] Der ausgeschlossene Gesellschafter und seine Rechtsvorgänger haften nach Maßgabe von § 21 Abs. 3 und § 22 weiter für die rückständige Einlage, wobei ein die Einlage einbringender Rechtsvorgänger den Geschäftsanteils des ausgeschlossenen Gesellschafters erwirbt (§ 22 Abs. 4 GmbHG). Statt der Inanspruchnahme des ausgeschlossenen Gesellschafters und/oder seiner Rechtsvorgänger kann die Gesellschaft auch den Geschäftsanteil durch öffentliche Versteigerung verkaufen lassen, durch eine andere Art des Verkaufes nur mit Zustimmung des ausgeschlossenen Gesellschafters (§ 23 GmbHG). Die Gesellschaft darf den von ihr treuhänderisch gehaltenen Anteil nicht in der Bilanz ausweisen.[183] Der Übergang auf einen neuen Gesellschafter gem. § 22 Abs. 4 oder § 23 GmbHG erfolgt mit Zahlung mindestens der rückständigen Einlage kraft Gesetzes, ohne daß es der notariellen Abtretungsbefugnis (§ 15 Abs. 3 GmbHG) oder sonstigen Formerfordernisse der §§ 15 und 16 GmbHG bedarf.[184] Das Kaduzierungsverfahren kann durch die Satzung auch auf andere Ausschlußgründe für anwendbar erklärt werden (dazu Rz. 112).

3. Ausschluß des mit einer unbeschränkten Nachschußpflicht säumigen Gesellschafters (§ 27 GmbHG)

114 Als eine andere Form des Gesellschafterausschlusses kann die Gesellschaft gem. § 27 Abs. 1 Satz 2 GmbHG bewirken, daß ihr der Geschäftsanteil eines

---

[180] HM *Baumbach/Hueck/Hueck* Anhang § 21 Anm. 3; *Lutter/Hommelhoff* § 21 Anm. 3; *Hachenburg/Müller* § 21 Anm. 11; *Scholz/Emmerich* § 21 Anm. 5a.
[181] HM RGZ 98, 276; BGHZ 42, 89, 92; *Hachenburg/Müller* § 21 Anm. 59; *Scholz/Emmerich* § 21 Anm. 29.
[182] *Baumbach/Hueck/Hueck* Anhang § 21 Anm. 12; *Hachenburg/Müller* § 21 Anm. 60 f.
[183] *Baumbach/Hueck/Hueck* Anhang § 21 Anm. 12.
[184] *Baumbach/Hueck/Hueck* § 23 Anm. 11.

C. Streitiges Ausscheiden 115 § 13

Gesellschafters zufällt, der mit einer unbeschränkten Nachschußpflicht gemäß Gesellschaftsvertrag säumig ist (dazu auch § 7 Rz. 88 ff.; umgekehrt besteht für den Gesellschafter, der sich dem unbeschränkten Nachschuß entziehen will, ein Austrittsrecht gem. § 27 Abs. 1 Satz 1 GmbHG; dazu Rz. 119 und § 7 Rz. 88). Voraussetzung für den Ausschluß ist die volle Einzahlung der Stammeinlage (§ 27 Abs. 1 GmbHG). Durch die Zurverfügungstellung bleiben die Rechte an und aus dem Geschäftsanteil zunächst weiter beim Gesellschafter. Die Gesellschaft hat den Geschäftsanteil innerhalb eines Monats nach der Zurverfügungstellung im Wege öffentlicher Versteigerung verkaufen zu lassen, wobei eine andere Art des Verkaufs nur mit Zustimmung des Gesellschafters zulässig ist (§ 27 Abs. 2 GmbHG). Ein nach Deckung der Verkaufskosten und des rückständigen Nachschusses verbleibender Überschuß steht dem Gesellschafter zu (§ 27 Abs. 2 Satz 3 GmbHG). Nur wenn durch den Verkauf eine vollständige Befriedigung der Gesellschaft zu erlangen ist, verfällt der Geschäftsanteil an die Gesellschaft (§ 27 Abs. 3 GmbHG). Sie kann den Gesellschaftsanteil entweder behalten oder für eigene Rechnung verkaufen (§ 27 Abs. 3 Satz 2 GmbHG).

III. Ausscheiden auf Initiative des Gesellschafters

1. Austritt aus der GmbH (Kündigung)

a) Austritt (Kündigung) aus wichtigem Grund

aa) Voraussetzungen. Ebensowenig wie das GmbHG ein allgemeines 115 Recht zum Ausschluß eines Gesellschafters aus der Gesellschaft vorsieht (s. Rz. 101), ist ein solches allgemeines Austrittsrecht (auch Kündigungsrecht genannt) im Gesetz geregelt. Ebenso wie für den Ausschluß ist jedoch seit langem allgemein anerkannt, daß sich ein Gesellschafter aus wichtigem Grund durch Austritts- und Kündigungserklärung von der Gesellschaft trennen kann.[185] Auch hier muß wie beim Ausschluß aus wichtigem Grund eine Unzumutbarkeit der Mitgliedschaft den Austritt als äußerstes Mittel notwendig erscheinen lassen. Die Unzumutbarkeit kann in der Person des betreffenden Gesellschafters oder den Verhältnissen der GmbH, aber auch zB im Verhalten der Gesellschaftermehrheit liegen. Auf ein Verschulden der übrigen Gesellschafter kommt es nicht an, ebensowenig wie ein Mitverschulden des austrittswilligen Gesellschafters den wichtigen Grund hierfür beseitigen muß.[186] Als Beispiele für den wichtigen Austrittsgrund werden unzumutbare Kapitalerhöhungen im Hinblick auf die Ausfallhaftung gem. § 24 GmbHG genannt, ebenso eine unangebrachte und längere Zeit andauernde Weigerung der Mehrheitsgesellschafter, Gewinne auszuschütten.[187] Da die Unzumutbarkeit der weiteren Mitgliedschaft im Gesellschaftsverhältnis begründet sein

---
[185] RGZ 128, 16; BGHZ 9, 162 f.; *Baumbach/Hueck/Hueck* Anhang § 34 Anm. 15; *Hachenburg/Ulmer* Anhang § 34 Anm. 44; *Lutter/Hommelhoff* § 34 Anm. 44.
[186] *Baumbach/Hueck/Hueck* Anhang § 34 Anm. 16.
[187] *Baumbach/Hueck/Hueck* Anhang § 34 Anm. 16.

muß, reicht persönlicher Geldbedarf, der durch die Abfindung gemindert werden soll, nicht aus.[188]

116 **bb) Verfahren.** Liegt ein wichtiger Grund für den Austritt vor, so kann sich der Gesellschafter durch einseitige Erklärung gegenüber der Gesellschafter (oft auch Kündigung genannt) aus seiner Mitgliedschaft lösen.[189] Der austretende Gesellschafter hat Anspruch auf Abfindung in Höhe des Verkehrswertes des Geschäftsanteils, soweit der Gesellschaftsvertrag nicht in zulässiger Weise einen niedrigeren Wert bestimmt.[190] Maßgeblicher Bewertungszeitpunkt ist der Zugang der Austrittserklärung.[191] Die Austrittserklärung führt zu einem Anspruch des Gesellschafters auf Abnahme des Geschäftsanteils gegen Abfindung.[192] Die Gesellschaft hat hierbei wie beim Ausschluß eines Gesellschafters ein Wahlrecht zwischen Einziehung, Erwerb eigener Geschäftsanteile oder Vermittlung der Abtretung an Gesellschafter oder Dritte. Die Kapitalschutzbestimmung bei Einziehung und Erwerb eigener Anteile sind zu beachten (dazu Rz. 19 ff., 61 ff.). Das Wahlrecht steht der Gesellschafterversammlung zu. Die Durchführung der Anteilverwendung richtet sich an den allgemeinen Regeln wie beim Ausscheiden des Gesellschafters im Einvernehmen (s. Rz. 5–82).

117 Durch die Austrittserklärung geht der Geschäftsanteil nicht unter. Der Austretende bleibt vielmehr mit vollen Anteilsrechten bis zur Durchführung der Anteilverwendung Gesellschafter, wobei sich jedoch hinsichtlich des Stimmrechtes aus der Treuepflicht und hinsichtlich des Gewinnanspruches aufgrund der Abfindung Einschränkungen ergeben können.[193] Erfolgt die Durchführung des Austrittes durch Zahlung der Abfindung und Verwendung des Geschäftsanteils nicht in angemessener Zeit, ist der Gesellschafter zur Erhebung der Auflösungsklage gem. § 61 Abs. 1 GmbHG berechtigt.[194]

b) Austrittsrecht durch Gesellschaftsvertrag

118 Hinsichtlich der Regelung von Austrittsgründen für Gesellschafter herrscht weitgehende Vertragsfreiheit. Soweit hierdurch nicht das Recht zum Austritt aus wichtigem Grund beschränkt wird, können für die sonstigen Austrittsgründe auch erhebliche Einschränkungen hinsichtlich der Höhe der Abfindung vorgesehen werden (dazu Rz. 121 ff.). Umgekehrt findet der Abfindungsbetrag nach oben seine Beschränkung in den Kapitalschutzbestimmun-

---

[188] *Scholz/Winter* § 15 Anm. 119; *Baumbach/Hueck/Hueck* Anhang § 34 Anm. 16; aA *Hachenburg/Ulmer* Anhang § 34 Anm. 50; *Rowedder/Rowedder* § 34 Anm. 47.
[189] Ganz hM RGZ 128, 17; *Scholz/Winter* § 15 Anm. 122; *Hachenburg/Ulmer* Anhang § 34 Anm. 55; *Lutter/Hommelhoff* § 34 Anm. 45; *Meyer/Landrut* § 15 Anm. 41.
[190] RGZ 125, 118.
[191] *Hachenburg/Ulmer* Anhang § 34 Anm. 62; *Baumbach/Hueck/Hueck* Anhang § 34 Anm. 21; *Scholz/Winter* § 15 Anm. 126; aA für den Vollzug durch Einziehung RGZ 125, 114.
[192] BayOLG B 75, 250.
[193] BGHZ 88, 320.
[194] HM BGHZ 88, 326; BayOLG BB 75, 250; *Baumbach/Hueck/Hueck* Anhang § 34 Anm. 20.

C. Streitiges Ausscheiden　　　　　　　　　　　　　　119, 120　§ 13

gen für den Austritt durch Einziehung (s. Rz. 61 ff.) oder Erwerb eigener Geschäftsanteile (s. Rz. 19 ff.).

2. Zurverfügungstellung des Geschäftsanteils bei unbeschränkter Nachschußpflicht (§ 27 GmbHG)

Als Sonderfall eines Austrittsrechtes regelt § 27 GmbHG das Recht zur Preisgabe des Geschäftsanteils, um sich von einer unbeschränkten Nachschußpflicht (§ 26 GmbHG) zu lösen. Voraussetzung ist eine Erklärung des Gesellschafters innerhalb eines Monates nach Aufforderung zur Einzahlung des Nachschusses, daß er der Gesellschaft seinen Geschäftsanteil zur Befriedigung hieraus zur Verfügung stellt, was nur nach vollständiger Einzahlung der Stammeinlage zulässig ist (§ 27 Abs. 1 Satz 1 GmbHG). Wegen der Rechtsfolgen der Zurverfügungstellung wird auf die Ausführungen zum entsprechenden Ausschlußrecht der Gesellschaft gem. § 27 Abs. 1 Satz 2 GmbHG verwiesen (Rz. 114 und § 7 Rz. 88 ff.).

119

IV. Beschränkung der Abfindung im Gesellschaftsvertrag

1. Der gesetzliche Abfindungsanspruch

Das GmbHG regelt die Abfindung für das Ausscheiden eines Gesellschafters nur in den Sonderfällen des Ausschlusses oder Austrittes bei unbeschränkter Nachschußpflicht (§ 27 GmbHG; dazu Rz. 114 und 119). In allen übrigen Fällen des Ausscheidens bemißt sich die Abfindung nach dem Verkehrswert[195] des Geschäftsanteils, soweit nicht zulässigerweise durch Gesellschaftsvertrag oder Einvernehmen der Beteiligten etwas anderes geregelt wird. Da sich der Verkehrswert eines Geschäftsanteils regelmäßig nicht wie bei einer Aktienbörse an Marktpreisen orientieren kann, führt seine Ermittlung über die Bewertung des gesamten Unternehmens der GmbH, woraus sich dann anteilig der Verkehrswert des Geschäftsanteils ergibt. Wie das Unternehmen der GmbH dabei zu bewerten ist, richtet sich nach der Art des Unternehmens und dessen Vermögensstruktur. Zumeist wird das Ertragswertverfahren anzuwenden sein, das von einer Kapitalisierung der zukünftigen Ertragsaussichten ausgeht, wozu das Institut der Wirtschaftsprüfer Verfahrensregeln aufgestellt hat.[196] Verfügt das Unternehmen über stille Reserven im nicht betriebsnotwendigen Vermögen, so kann sich hieraus ein Zuschlag zum Ertragswert ergeben, so wie allein die Substanzwertmethode[197] dann anzuwenden ist, wenn die GmbH überwiegend mit der Verwaltung eigenen Vermögens befaßt ist. Steht die Liquidation der GmbH bevor, so ist der Liquidationswert maßgebend.

120

---

[195] Unstr.; BGHZ 9, 168; 16, 322; 65, 24; 116, 370.
[196] *IDW* HFA II/1993 in WPg 83, 468.
[197] WPH II 1992 Rz. 255 ff.

2. Zulässigkeit der Abfindungsbeschränkung im Gesellschaftsvertrag

121 Die Gesellschaftsvertragsfreiheit erlaubt grundsätzlich eine Beschränkung des Abfindungsanspruches in der Satzung,[198] sei es durch Vereinbarung von höheren oder niedrigeren Abfindungen als nach dem Verkehrswert (dazu Rz. 110), durch Vereinbarung von Ratenzahlungen (dazu Rz. 124) oder – ausnahmsweise – durch völligen Ausschluß (dazu Rz. 123) der Abfindung. Die Grenzen der Abfindungsbeschränkung finden sich in der Sittenwidrigkeit (§ 138 BGB).

3. Abfindungen unter dem Verkehrswert (insbesondere sog. Buchwertklauseln)

122 In Gesellschaftsverträgen ist häufig die sog. Buchwertklausel zu finden, wonach sich die Abfindung nach dem Nominalbetrag des Geschäftsanteils im Verhältnis zum buchmäßigen Eigenkapital ergibt, also ohne Berücksichtigung von stillen Reserven in den einzelnen Bilanzposten und eines darüberhinaus gehenden Geschäftswertes (Goodwill). Im Grundsatz sind Buchwertklauseln zulässig.[199] Unzulässig sind aber Buchwertklauseln, die sittenwidrige Ungleichbehandlungen von Gesellschaftern oder von Ausscheidensgründen betreffen. So ist eine Buchwertklausel gegenüber Gläubigern der Gesellschafter nichtig, es sei denn sie gilt auch für sonstige Fälle des Ausscheidens.[200] Grundsätzlich unzulässig sind idR Abfindungsbeschränkungen, soweit sie den Ausschluß eines Gesellschafters ohne wichtigen Grund in seiner Person betreffen.[201] Eine Ausnahme kann hier nur gelten, wenn der Ausgeschlossene den Geschäftsanteil aufgrund einer Schenkung unmittelbar oder mittelbar erworben hat.[202] Betrifft die Buchwertklausel den Fall des Austrittes eines Gesellschafters aus wichtigem Grund, so darf das Mißverhältnis zwischen dem vertraglichen Abfindungswert und dem Verkehrswert des Geschäftsanteils nicht so groß sein, daß hierdurch das Austrittsrecht wirtschaftlich eingeschränkt wird. Die Grenzen des Ausmaßes solcher Abfindungsbeschränkungen sind umstritten, jedoch ist eine Tendenz in der Rechtsprechung erkennbar, hier grundsätzlich den Verkehrswert zum Abfindungsmaßstab zu machen.[203]

4. Abfindungsausschluß

123 Ein vollständiger Abfindungsausschluß ist in aller Regel nichtig (§ 138 Abs. 1 BGB). Dies gilt nicht beim Abfindungsausschluß für den Fall des Todes eines Gesellschafters. Hier kann der Gesellschaftsvertrag den Ausschluß der Erben auch ohne Abfindung zulassen. Dies kommt einer Schenkung von Todes wegen zugunsten der Mitgesellschafter gleich, wobei deren Formbe-

---

[198] Unstr.; BGHZ 65, 24; 116, 363.
[199] BGH, DB 1989, 1399.
[200] BGHZ 65, 22.
[201] BGH, NJW 1979, 104.
[202] BGH, NJW 1990, 2624.
[203] BGH, DNotZ 1992, 521; *Reimann* DNotZ 1992, 478.

dürftigkeit (§ 518 Abs. 1 BGB) durch die Beurkundung des Gesellschaftsvertrages gewahrt wird.[204]

5. Ratenzahlung der Abfindung

Viele Gesellschaftsverträge enthalten auch Ratenzahlungen für die Abfindung. Diese sind grundsätzlich zulässig, soweit nicht durch die Tilgungsdauer der Abfindungsanspruch unzulässig ausgehöhlt wird. Obwohl der BGH bisher die zulässige Grenze erst bei einer Tilgungsdauer von 15 Jahren gesehen hat, während wohl 10 Jahre noch für zulässig gehalten wurden[205] ist der Vertragspraxis hier zur Mäßigung zu raten, folgt man der Einschätzung einer strengeren Tendenz des BGH bezüglich der Zulassung von Buchwertklauseln (s. o. Rz. 122).

124

6. Nichtigkeitsfolgen von Abfindungsklauseln

Ist eine Abfindungsklausel im Gesellschaftsvertrag nichtig, so sind die Rechtsfolgen unterschiedlich zu beurteilen, ob die Nichtigkeit bereits in der Gründungssatzung der GmbH enthalten war, durch eine Satzungsänderung herbeigeführt wurde oder ob sich die Nichtigkeit erst aufgrund einer bei Vereinbarung der Klausel noch nicht vorgesehenen günstigen Entwicklung des Verkehrswertes ergibt. Ist die Abfindungsklausel bereits bei Gründung der GmbH grob unbillig, so führt dies zur Nichtigkeit von Anfang an und damit zur Abfindung in Höhe des Verkehrswertes.[206] Wird die Abfindungsklausel durch Satzungsänderung nachträglich eingefügt, ist in Rechtsprechung und Literatur noch nicht hinreichend geklärt, ob bei grober Unbilligkeit Nichtigkeit der Satzungsänderung oder nur Anfechtbarkeit gegeben ist, ebenso ob nach Eintragung der Satzungsänderung analog § 242 Abs. 2 AktG die Nichtigkeit nach Ablauf von 3 Jahren nicht mehr geltend gemacht werden kann (§ 242 Abs. 2 AktG soll demnach auch analog für unzulässige Abfindungsklauseln in der Gründungssatzung gelten).[207] Es empfiehlt sich daher, um eine Abfindung zum Verkehrswert bei nichtiger Abfindungsbeschränkung zu vermeiden, durch eine sog. Salvatorische Klausel im Gesellschaftsvertrag sicherzustellen, daß statt der unwirksamen Abfindungsbeschränkung die vom Gerichte gerade noch für zulässig gehaltene mindere Beschränkung gelten soll. Eine solche ergänzende Vertragsauslegung sieht die neuere Rechtsprechung in den Fällen einer an sich bei Abschluß des Gesellschaftsvertrages oder bei Satzungsänderung zulässigen Abfindungsbeschränkung vor, die jedoch im Laufe der Zeit durch das Entstehen eines unvorhergesehenen hohen Ertragswertes grob unbillig geworden ist.[208] Zu welchem Abfindungswert eine solche ergänzende Vertragsauslegung durch das Gericht im Einzelfall führt, läßt sich vorher nicht einschätzen. Es empfiehlt sich daher, im Gesellschaftsvertrag auch hierfür Vorsorge in der Weise zu treffen, daß dem Gericht die Vor-

125

---

[204] *Lutter/Hommelhoff* § 34 Anm. 42 mwN.
[205] BGH, DB 1989, 1400.
[206] BGH 116, 376; *Lutter/Hommelhoff* § 34 Rz. 35.
[207] Siehe *Lutter/Hommelhoff* § 34 Rz. 36 mwN.
[208] BGH NJW 1993, 3193; *Lutter/Hommelhoff* Rz. 37 ff. mwN.

stellungen der Gesellschafter bei Abfassung der Abfindungsklausel als Auslegungskriterien bekannt gegeben werden.

V. Steuerfolgen des streitigen Ausscheidens

126 Für die Besteuerung des Ausscheidens ist es grundsätzlich unerheblich, ob dies einvernehmlich oder streitig erfolgt. Es kann deshalb auch für das streitige Ausscheiden auf die Ausführungen zur Besteuerung des einvernehmlichen Ausscheidens verwiesen werden (Rz. 14, 48 ff., 77 f.). Nur sehr eingeschränkt gelten beim streitigen Ausscheiden die Ausführungen über die besonderen Steuerfolgen des Ausscheidenden eines „lästigen Gesellschafters" (dazu Rz. 85), da diese Steuerfolgen auf einer Abfindung beruhen, die höher ist als der Verkehrswert des Geschäftsanteils. Eine solche Abfindung kann regelmäßig nur auf einer vergleichsweisen, dh. also einvernehmlichen Regelung des Ausscheidens beruhen, die zur Vermeidung von Prozeßrisiken oder zur Verkürzung der Verfahrensdauer erfolgt. Uneingeschränkt gelten hier die Abschnitte E (Erbschafts- und Schenkungsteuerprobleme durch Abfindungsklauseln; Rz. 140 ff.) und F (Grunderwerbsteuer bei Anteilsvereinigung in einer Hand durch Ausscheiden; Rz. 150 f.).

127–129 *(frei)*

D. Gesellschaftsvertragliches Ausscheiden (sog. Automatikklauseln)

130 Gesellschaftsverträge enthalten gelegentlich Klauseln, wonach bei bestimmten Ereignissen ein Gesellschafter automatisch ausscheiden soll, ohne daß es noch der sonst für das Ausscheiden erforderlichen rechtsgestaltenden Handlungen bedürfen soll. Zielsetzung solcher Klauseln ist zumeist die Vermeidung der Rechtsnachfolge an dem Geschäftsanteil im Erbfall, im Falle des Konkurses des Gesellschafters oder bei der Zwangsvollstreckung in den Geschäftsanteil. Solche Klauseln sind unwirksam, soweit sie das gesetzliche Erbrecht (§ 15 Abs. 1 GmbHG) oder das Vollstreckungsinteresse der Gläubiger des Gesellschafters vereiteln würden. Unwirksam ist insbesondere die automatische Einziehung im Zwangsvollstreckungs- oder Erbfall.[209] Für den Fall des Konkurses und der Zwangsvollstreckung gilt dies auch für alle im Gesellschaftsvertrag verankerten Konstruktionen, die eine durch den Vollstreckungsakt bedingte Abtretung des Geschäftsanteils an die GmbH oder die Gesellschafter oder bestimmte Dritte vorsehen. Für den Erbfall oder sonstige im Gesellschaftsvertrag geregelte Ereignisse gilt diese Einschränkung nicht. Hier kann zB im Rahmen des Gesellschaftsvertrages eine durch das Ableben des Gesellschafters befristete Abtretung an die GmbH (Erwerb eigener Anteile) oder an bestimmte Gesellschafter geregelt werden, wobei im letzteren Falle die Abtretung zusätzlich durch das Überleben des Abtretungsempfängers bedingt ist.[210] Wird auf diese Weise ein durch den Tod oder ein sonstiges

---

[209] HM; *Lutter/Hommelhoff* § 15 Anm. 37 mwN; *Hachenburg/Zutt* § 15 Anm. 6 mwN.
[210] *Prister* GmbHR 1981, 206 ff.

E. Erbschaftsteuerprobleme durch Abfindungsklauseln   131–142   § 13

Ereignis befristeter oder bedingter Erwerb eigener Geschäftsanteile vorgesehen, so treten als zusätzliche Wirksamkeitsvoraussetzungen die Kapitalschutzbestimmungen hinzu (dazu Rz. 19 ff.).

Die sog. Automatikklauseln sind zu unterscheiden von den in weitem Umfange zulässigen gesellschaftsvertraglichen Bestimmungen, nach denen beim Eintritt bestimmter Ereignisse ein Recht zum Ausschluß von Gesellschaftern entsteht, ohne daß dieser Ausschluß automatisch eintritt.[211]   **131**

(frei)   **132–139**

E. Erbschaft- und Schenkungsteuerprobleme durch Abfindungsklauseln

Das Ausscheiden aus der GmbH kann Erbschafts- oder Schenkungsteuer auslösen. Allgemein einsichtig ist dies beim Ausscheiden durch Tod, bei der die erbrechtliche Rechtsnachfolge an dem Geschäftsanteil des Verstorbenen erbschaftsteuerbar ist und zwar mit dem gemeinen Wert des Geschäftsanteils als Bemessungsgrundlage (§§ 3 Abs. 1 Nr. 1, 12 Abs. 1 und 1 a ErbStG, 11 Abs. 2 BewG). Gleiches gilt beim Ausscheiden eines Gesellschafters durch schenkungsweise Abtretung von Geschäftsanteilen (§§ 7 Abs. 1, 12 Abs. 1 und 1 a ErbStG, 11 Abs. 2 BewG). Hierunter fallen auch sog. gemischte Schenkungen, bei denen mit entsprechender Bereicherungsabsicht das Entgelt für das Ausscheiden (Kaufpreis oder Abfindung) unter dem gemeinen Wert liegt.[212] In allen diesen Fällen liegt der Erbschafts- bzw. Schenkungsbesteuerung eine entsprechende Zuwendungsabsicht des ausscheidenden Gesellschafters zum Zwecke der Bereicherung des Rechtsnachfolgers im Geschäftsanteil zugrunde.   **140**

Zu überraschenden Besteuerungsfolgen und entsprechenden Auseinandersetzungen mit dem Finanzamt kann es jedoch in den Fällen des Ausscheidens aufgrund von Satzungsklauseln kommen. Gem. § 7 Abs. 7 ErbStG gilt als Schenkung auch der auf einem Gesellschaftsvertrag beruhende Übergang eines Geschäftsanteils oder Teilgeschäftsanteils eines Gesellschafters bei dessen Ausscheiden auf die anderen Gesellschafter oder die Gesellschaft, soweit der gemeine Wert des Anteils (§ 12 ErbStG iVm. § 11 Abs. 2 BewG) den Abfindungsanspruch übersteigt. Mit dieser 1974 in das ErbStG eingeführten Besteuerung eines fiktiven Schenkungsvorganges sollten (ebenso wie der gleichzeitig eingeführte § 3 Abs. 1 Nr. 2 ErbStG für die fiktive Schenkung auf den Todesfall; dazu su. Rz. 143) Umgehungen der Schenkungs- und Erbschaftsteuerpflicht durch gesellschaftsvertragliche Vertragsgestaltungen erfaßt werden, insbesondere die sog. Buchwertklauseln.   **141**

§ 7 Abs. 7 ErbStG zählt ebenso wie die Parallelvorschrift des § 3 Abs. 1 Nr. 2 Satz 2 ErbStG zu den in ihrer Auslegung umstrittensten Besteuerungsnormen. Nach Auffassung der Fin.Verw.[213] und des BFH[214] kommt es   **142**

---

[211] *Hachenburg/Zutt* § 15 Anm. 6.
[212] *Meincke* § 7 Anm. 27 ff.
[213] ErbStErl. v. 10. 3. 1976 Rz. 3.4, BStBl. I 1976, 146.
[214] BStBl. II 1992, 912 (zu § 3 Abs. 1 Nr. 2 S. 2 ErbStG) und 925 (zu § 7 Abs. 7 ErbStG).

auf den Willen des ausscheidenden Gesellschafters, den verbleibenden Gesellschaftern oder der Gesellschaft eine Bereicherung zuzuwenden, nicht an. Diese Auffassung läßt sich zwar aus dem Gesetzeswortlaut rechtfertigen, widerspricht jedoch dem Leitgedanken des Schenkungsteuerrechtes, wonach ein Bereicherungswille vorliegen muß.[215] Keine Anwendung findet § 7 Abs. 7 ErbStG bei freiwilligem Ausscheiden des Gesellschafters.[216] Die Fin.Verw. will § 7 Abs. 7 ErbStG auch auf Fälle der Verminderung des Beteiligungsumfanges anwenden.[217] Das Gesetz spricht jedoch vom Ausscheiden, worunter die vollständige Beendigung der Mitgliedschaft zu verstehen ist.[218] § 7 Abs. 7 trifft nur fiktive Schenkungsvorgänge beim Anteilsübergang auf andere Gesellschafter oder die Gesellschaft, nicht jedoch auf Dritte.[219] Als fiktive Schenkung durch Übergang des Anteils auf die GmbH kommt nur der Erwerb als eigener Geschäftsanteil gem. § 33 GmbHG in Frage, nicht auch das Ausscheiden durch Einziehung[220] oder durch nur den Geschäftsanteil des Ausscheidenden betreffende Kapitalherabsetzung, da hier der Anteil untergeht und deshalb kein „Übergang" im Sinne des Gesetzes stattfindet. Beim Ausscheiden durch Einziehung oder Kapitalherabsetzung kommt aber eine freigebige Zuwendung an die übrigen Gesellschafter in Frage.[221] Hierbei ist aber anders als bei § 7 Abs. 7 ErbStG der Wille zur Freigebigkeit erforderlich; außerdem werden die Gesellschafter als Erwerber Steuerschuldner (§ 20 ErbStG) und nicht wie beim Erwerb eigener Anteile die GmbH,[222] die unter die höchste Steuerklasse III fällt (§ 15 Abs. 1 ErbStG), mit Steuersätzen zwischen 17% (bei DM 100 000,– Schenkungswert) und 50% (bei über 50 Millionen Schenkungswert; § 19 Abs. 1 ErbStG). Erfolgt der Übergang nach § 7 Abs. 7 ErbStG durch Abtretung des Geschäftsanteils an einen Gesellschafter, soll gleichwohl die GmbH Erwerber und damit Steuerschuldner sein (§ 20 ErbStG),[223] was im Gesetz aber keine Stütze hat.

143 Die Parallelvorschrift zu § 7 Abs. 7 ErbStG in § 3 Abs. 1 Nr. 2 Satz 2 ErbStG, die eine entsprechende fiktive Schenkung auf den Todesfall vorsieht, kann entgegen der Auffassungen der Fin.Verw.[224] auf das Ausscheiden aus der GmbH keine Anwendung finden, da ein gesellschaftsvertraglicher Ausschluß des Erbrechtes am Geschäftsanteil nicht zulässig ist (dazu Rz. 130). Zulässig ist lediglich das gesellschaftsvertragliche Ausscheiden des Erben, worauf dann § 7 Abs. 7 ErbStG anwendbar sein kann (dazu Rz. 131).

144–149 *(frei)*

---

[215] Ebenso FG Münster v. 20. 11. 1989, EFG 1990, 321; *Troll* BB 90, 674; *Meincke* § 7 Anm. 151; *Felix* DStZ 1991, 275.
[216] BFH v. 1. 7. 1992, BStBl. 1992, 921.
[217] FinMin. Saarland Erlaß v. 27. 1. 1987, DStR 1987, 205.
[218] Ebenso *Klaas* WPg 1991, 537; *Meincke* § 7 Anm. 144; *Troll* BB 90, 674.
[219] *Meincke* § 7 Anm. 143; *Felix* DStZ 83, 165.
[220] BFH v. 1. 7. 1992, BStBl. II 1992, 912; *Troll* § 7 Anm. 409.
[221] Ländererlaß v. 15. 3. 1997, BStBl. I 1997, 355 Abschn. 2.2.3.
[222] Zur Steuerschuldnerschaft der GmbH nach § 3 Abs. 1 Nr. 2 Satz 2 ErbStG: BFH v. 1. 7. 1992, BStBl. II 1992, 912.
[223] *Troll* § 7 Anm. 410.
[224] ErbStErl. v. 10. 3. 1976 Rz. 1, BStBl. I 1976, 146.

F. Grunderwerbsteuer bei Anteilsvereinigung in einer Hand durch Ausscheiden

Gehört der GmbH ein inländisches Grundstück, entsteht durch das Ausscheiden eines Gesellschafters GrESt, falls hierdurch nur noch ein Gesellschafter verbleibt (sog. Anteilsvereinigung in einer Hand – § 1 Abs. 3 GrEStG dazu auch § 12 Rz. 130 ff.). Die Steuer fällt auch an, falls mehr als ein Gesellschafter verbleiben und diese untereinander als „herrschende und abhängige Unternehmen oder abhängige Personen" oder als gemeinsam von dritter Seite „abhängige Unternehmen oder abhängige Personen" gelten (§ 1 Abs. 3 Nr. 1 GrEStG). Gem. § 1 Abs. 4 Nr. 2 GrEStG gelten als abhängig natürliche Personen, „soweit sie einzeln oder zusammengeschlossen einem Unternehmen so eingegliedert sind, daß sie den Weisungen des Unternehmers „in Bezug auf die Anteile zu folgen verpflichtet sind", und juristische Personen, die nach dem Gesamtbild der tatsächlichen Verhältnisse finanziell, wirtschaftlich und organisatorisch in ein Unternehmen eingegliedert sind."[225] Für die Entstehung der GrESt ist ohne Bedeutung, in welcher zivilrechtlichen Form die Anteilsvereinigung bewirkt wird: Die Steuerpflicht kann entstehen durch Anteilsabtretung an den oder die Erwerber, bei denen sich die Anteilsvereinigungen in einer Hand hierdurch vollzieht (§ 1 Abs. 3 Nr. 1 GrEStG); sie kann sich jedoch auch ohne deren Mitwirkung ergeben, nämlich bei Erwerb eigener Geschäftsanteile durch die GmbH (§ 33 GmbHG)[226] oder durch Einziehung (§ 34 GmbHG).[227] Dementsprechend löst auch die Anteilsvereinigung durch Ausscheiden eines Gesellschafters im Wege der Kapitalherabsetzung die Grunderwerbsteuer aus.

150

Die GrESt beträgt 3,5% (§ 11 GrEStG) des Grundstückswertes (§ 8 Abs. 2 Nr. 2 GrEStG in Verbindung mit § 138 Abs. 3 BewG). Steuerschuldner sind in allen diesen Fällen der oder die Erwerber oder Beteiligten, in deren Hand die Anteilsvereinigung als bewirkt gilt (§ 13 Nr. 5 GrEStG). Den ausscheidenden Gesellschafter oder die GmbH trifft hingegen keine Steuerschuld. Bei einer Anteilsvereinigung durch Erwerb eigener Anteile kann es zu einer Steuerschuldnerschaft für die GrESt ohne Mitwirkung oder auch nur Kenntnis des Steuerschuldners kommen. Geschäftsführer sollten dies beim Erwerb eigener Anteile beachten, insbesondere da eine Schadensersatzpflicht gegenüber dem betroffenen Steuerschuldner in Frage kommt.

151

---
[225] Siehe im einzelnen *Boruttau/Egly/Sigloch* Anm. 964.
[226] BFH v. 10. 8. 1988, BStBl. II 198, 959.
[227] Heute unstreitig seit BFH v. 10. 8. 1988 BStBl. II 1988, 959; s. zum früheren Meinungsstreit *Boruttau/Egly/Sigloch* Anm. 889.

§ 14 Umwandlung

Bearbeiter: Dr. Manfred Orth

Übersicht

	Rz.
A. Einführung	
I. Reorganisations- und Umstrukturierungsanlässe	1–4
II. Rechtsgrundlagen, Begriffsabgrenzung und Anwendungsbereich	5–19
III. Internationale Umwandlungen	20–25
IV. Leitüberlegungen für Umwandlungen	30–54
B. Der Weg in die GmbH	
I. Überblick	55, 56
II. Formwechsel in eine GmbH	57–112
1. Überblick	57–60
2. Formwechsel AG in GmbH	61–83
3. Formwechsel OHG oder KG in GmbH	90–112
III. Verschmelzung auf eine GmbH	120–141
1. Überblick	120, 121
2. Verschmelzung AG auf GmbH durch Aufnahme	122–125
3. Verschmelzung AG auf GmbH durch Neugründung	126
4. Verschmelzung OHG oder KG auf GmbH durch Aufnahme	130–138
5. Verschmelzung OHG oder KG auf GmbH durch Neugründung	140, 141
IV. Spaltung auf eine GmbH	150–226
1. Überblick	150–153
2. Spaltung AG auf GmbH	154–159
3. Spaltung OHG oder KG auf eine GmbH	160–164
4. Ausgliederung Einzelunternehmen zur Aufnahme in GmbH	170–175
5. Ausgliederung Einzelunternehmen zur Neugründung einer GmbH	180–226
V. Alternativ- und Ersatzlösungen	240–269
1. GmbH & Co. in GmbH durch Anwachsung	240–245
2. Einzelrechtsnachfolge und Kapitalerhöhung der GmbH gegen Sacheinlage	246
3. Einzelrechtsnachfolge und Sachgründung der GmbH	247
4. Betriebsaufspaltung	248
5. Wirtschaftliche Fusion	250–269
a) Überblick	250, 251
b) Anteilstausch nach Tauschgutachten	252, 253
c) Anteilstausch nach UmwStG	254–264
d) Tausch Unternehmen gegen Anteile	265–269

		Rz.
	C. Der Weg aus der GmbH	
	I. Überblick	280
	II. Formwechsel einer GmbH	281–335
	1. Überblick	281, 282
	2. Formwechsel GmbH in AG	283–301
	3. Formwechsel GmbH in GbR, OHG oder KG	310–335
	III. Verschmelzung einer GmbH auf Rechtsträger anderer Rechtsformen	336–420
	1. Überblick	336, 337
	2. Verschmelzung GmbH auf AG durch Aufnahme	338–341
	3. Verschmelzung GmbH auf AG durch Neugründung	342
	4. Verschmelzung GmbH auf OHG oder KG durch Aufnahme	350–408
	5. Verschmelzung GmbH auf OHG oder KG durch Neugründung	409, 410
	6. Verschmelzung einer GmbH auf eine natürliche Person (= Alleingesellschafter)	415–420
	IV. Spaltung einer GmbH auf Rechtsträger anderer Rechtsform	430–451
	1. Überblick	430–433
	2. Spaltung GmbH auf AG	434–437
	3. Spaltung GmbH auf OHG oder KG	440–451
	D. Reorganisation unter Beibehaltung der Rechtsform GmbH	
	I. Überblick	460
	II. Verschmelzung GmbH	465–582
	1. Verschmelzung GmbH durch Aufnahme in eine GmbH	465–580
	2. Verschmelzung GmbH durch Neugründung einer GmbH	581, 582
	III. Spaltung einer GmbH	600–699
	1. Überblick	600–605
	2. Aufspaltung einer GmbH in mehrere GmbHs	610–679
	3. Abspaltung von einer GmbH in andere GmbH	680–689
	4. Ausgliederung aus einer GmbH in andere GmbH	690–697
	5. Alternative: Ausgliederung aus einer GmbH durch Einzelrechtsnachfolge	698, 699

A. Einführung

I. Reorganisations- und Umstrukturierungsanlässe

1   *Rechtsformwahl, Organisation* des Unternehmens und Abgrenzung von anderen unternehmerischen Aktivitäten sind Entscheidungen, die ein Unternehmer anläßlich der Gründung seines Unternehmens zu treffen hat. Der Stellenwert der dafür maßgebenden Kriterien (vgl. § 1 „Rechtsformwahl") kann durch die *Entwicklung* des Unternehmens im Zeitablauf *Änderungen* erfahren und damit Anlaß für eine Reorganisation oder Umstrukturierung sein.

A. Einführung 2–5 § 14

Weitere Anlässe können im *Unternehmensumfeld* entstehen, beispielsweise 2
durch:
- Erbfolge bei den Unternehmenseignern (Unternehmernachfolge)
- Kooperation mit anderen Unternehmen (joint venture)
- Vor- oder Nachbereitung eines Unternehmenskaufs
- Konzernstrukturen (zB Eignerwechsel beim Unternehmen oder verbundenen Unternehmen)
- Politische Entwicklungen (zB Europäischer Binnenmarkt)
- Rechtliche Entwicklungen (zB Haftungsverschärfungen); Erstreckung von Rechnungslegungspflichten auf die GmbH & Co. KG oder Steuerrechtsänderungen)

Reorganisation oder Umstrukturierung aus derartigen Anlässen können 3
sich auf einen **Rechtsformwechsel** beschränken oder auch die **Vermögensübergang** zwischen Unternehmen zum Gegenstand haben, um verschiedene unternehmerische Aktivitäten neu voneinander abzugrenzen. Dabei kommt als unterschiedliche Zielrichtung die stärkere Konzentration (zB durch Verschmelzung) oder eine Dezentralisierung (zB durch Spaltung) in Betracht.[1] Letztere wiederum kann auch dazu dienen, die für einen teilweisen Unternehmensverkauf erforderliche Fungibilität zu erreichen.

Aus der Vielzahl von Gestaltungsmöglichkeiten werden in diesem Kapitel 4
diejenigen überblickartig erläutert, die den **„Weg in die GmbH"** eröffnen (s. Rz. 55 ff.) oder – falls diese Rechtsform nicht mehr sachgerecht ist – den **„Weg aus der GmbH"** ermöglichen (s. Rz. 280 ff.) oder eine **„Reorganisation unter Beibehaltung der Rechtsform GmbH"** gewährleisten (s. Rz. 460 ff.). Die Erläuterungen in diesem § 14 beschränken sich auf schon bestehende bzw. bestehen bleibende unternehmerische Aktivitäten. Zur Gründung einer GmbH s. § 2 und zur Liquidation einer GmbH s. § 17.

II. Rechtsgrundlagen, Begriffsabgrenzung und Anwendungsbereich

Seit der im Jahr 1994 abgeschlossenen **Reform des Umwandlungs-** 5
rechts[2] durch
- Gesetz zur Bereinigung des Umwandlungsrechts (UmwBerG) vom 28. 10. 1994[3] und
- Gesetz zur Änderung des Umwandlungssteuerrechts (UmwStRÄndG) vom 28. 10. 1994[4]

ist das Umwandlungsrecht,[5] das handelsrechtlich bislang in 5 Gesetzen (UmwG 1969, AktG, KapErhG, GenG, VAG) geregelt war, nunmehr zusammengefaßt geregelt im

---

[1] Dadurch, daß auch die Spaltung zur Aufnahme zugelassen ist, kann mit der Spaltung auch eine Teilverschmelzung bewirkt werden.
[2] **Gesetzesmaterialien:** Auszugsweise zitiert in den Fußnoten, zusammengefaßt veröffentlicht zB in *Ganske* Umwandlungsrecht, 2. Aufl., 1994; *Neye* (Hrsg.) UmwG/UmwStG (RWS Dokumentation 17), 1994; *Schaumburg/Rödder* UmwG/UmwStG, 1995.
[3] BGBl. I 1994, 3210.
[4] BGBl. I 1994, 3267; BStBl. I 1994, 839.
[5] Nicht Gegenstand dieser Darstellung sind die nur für einen Übergangszeitraum geltenden Sonderregelungen zur Überführung der DDR-Wirtschaftseinheiten in

§ 14   6   Umwandlung

– (Handelsrechtlichen) Umwandlungsgesetz (UmwG) = Art. 1 des UmwBerG[6]
– Umwandlungssteuergesetz (UmwStG) = Art. 1 des UmwStRÄndG[7]

6   Am **1. 1. 1995** sind diese Reformgesetze **in Kraft getreten** (Art. 20 Umw-BerG, Art. 7 UmwStRÄndG).[8] Es gelten folgende *Übergangsregelungen:*[9]
– Das UmwG ist (noch) nicht auf solche Umwandlungen anzuwenden, zu deren Vorbereitung bereits vor dem 1. 1. 1995 ein Vertrag oder eine Erklärung beurkundet oder notariell beglaubigt oder eine Versammlung der Anteilsinhaber einberufen worden ist (§ 318 UmwG)
– Das UmwStG ist erstmals auf den Übergang von Vermögen anzuwenden, der auf Rechtsakten beruht, die nach dem 31. 12. 1994 wirksam werden (§ 27 Abs. 1 UmwStG).

Die steuerliche Übergangsregelung des § 27 Abs. 1 UmwStG wird inzwischen sachlich übereinstimmend mit § 318 UmwG ausgelegt,[10] dh. das UmwStG 1995 ist noch nicht anzuwenden, wenn vorbereitete Rechtsakte der in § 318 UmwG genannten Art vor dem 1. 1. 1995 verwirklicht werden. Die Gegenansicht[11] stellte hingegen allein darauf ab, ob der Rechtsakt, der den Vermögensübergang bewirkt (= Eintragung der Umwandlung im Handelsregister), vor dem 1. 1. 1995 wirksam wird.

Zwischenzeitlich liegen zur Auslegung des UmwG (hinsichtlich der Bilanzierungsfragen) Stellungnahmen des Hauptfachausschusses des Instituts der Wirtschaftsprüfer vor,[12] nämlich HFA 1/1996 („Zweifelsfragen beim Formwechsel"),[13] HFA 2/1997 („Zweifelsfragen der Rechnungslegung bei Verschmelzungen")[14] und HFA 1/1998 („Zweifelsfragen bei Spaltungen").[15] Zur Auslegung des UmwStG hat die FinVerw. mit dem BMF-Schreiben vom 25. 3. 1998, BStBl. I 1998, 298 = UmwStErl. 1998[16] Stellung genommen.[17] Mit dem StEntlG 1999/2000/2002[18] hat der Gesetzgeber die Möglichkeiten

---

Rechtsformen des Privatrechts (s. dazu *Ganske* DB 1992, 125 (126) mwN); *de Weerth* DB 1994, 1405, sowie unten Rz. 7 und 600.

[6] Zu dessen zwischenzeitlichen Änderungen s. *Neye* DB 1998, 1649.

[7] Das UmwStG ist zwischenzeitlich bereits sechsmal geändert worden; zuletzt mit Steuerentlastungsgesetz 1999/2000/2002 (s. u.).

[8] Art. 2, 3 und 6 sind bereits am Tag der Verkündung in Kraft getreten.

[9] Ein abweichender zeitlicher Anwendungsbereich gilt für einzelne Neuregelungen in zwischenzeitlichen ÄndGen (dazu bei den einzelnen Neuregelungen).

[10] BFH v. 19. 5. 1998, BStBl. II 1998, 642; BMF-Schreiben v. 19. 12. 1994, BStBl. I 1995, 42, und UmwStErl. 1998 Tz. 5.01.

[11] FG Köln v. 25. 11. 1997, EFG 1998, 1018 (Vorinstanz, aufgehoben durch BFH v. 19. 5. 1998); *Orth* DB 1995, 169.

[12] Einzelheiten dazu s. *W. Müller* WPg. 1996, 857.

[13] WPg. 1996, 507.

[14] WPg. 1997, 235.

[15] WPg. 1998, 508.

[16] Die zum UmwStG 1997 ergangenen BMF-Schreiben v. 15. 4. 1986 (BStBl. I 1986, 164) und v. 16. 6. 1978 (BStBl. I 1978, 235) sollen auf das UmwStG 1995 nicht mehr angewandt werden (UmwStErl. 1998 Tz. 5.06).

[17] Einzelheiten dazu s. *Thiel/Eversberg/van Lishaut/Neumann*, GmbHR 1998, 397; *Bien/Endres/Günkel/Hörger/Mentel/Schulz/Stuth/Thömmes*, DStR 1998; Beil. zu Heft 17; *Dehmer* UmwStErlaß 1998; *Dötsch/van Lishaut/Wochinger* DB 1998; Beil. 7.

[18] StEntlG 1999/2000/2002 vom 24. 3. 99, BGBl. I 99, 402.

A. Einführung

der erfolgsneutralen Umstrukturierungen außerhalb des UmwStG durch Übertragung von Einzelwirtschaftsgütern (Mitunternehmererlaß, Betriebsaufspaltung, Anteilstausch) ab 1999 wesentlich eingeschränkt.[19]

Eine **abschließende Regelung** der Umwandlungsmöglichkeiten gilt nur für die im UmwG geregelten Fälle, wenn nicht durch Bundes- oder Landesgesetz Abweichendes vorgesehen ist (§ 1 Abs. 2 UmwG), wie zB nach dem Gesetz über die Spaltung der von der Treuhandanstalt verwalteten Unternehmen vom 5. 4. 1991.[20] Bisher schon bestehende andere Methoden, die Struktur eines Unternehmensträgers zu verändern (zB durch Anwachsung nach § 105 Abs. 2 HGB i. V. m. § 738 BGB) oder andere Arten der Umstrukturierung öffentlich-rechtlicher Anstalten (zB Verschmelzung von Sparkassen aufgrund Landesrechts) bleiben erhalten. Die durch das neue UmwG eröffneten Möglichkeiten treten also neben die nach allgemeinem Zivil- und Handelsrecht bislang schon möglichen Methoden, die Vereinigung, Realteilung oder Umgründung von Rechtsträgern durchzuführen. Die zwingenden Vorschriften des UmwG müssen nur beachtet werden, wenn sich die beteiligten Rechtsträger der Vorteile bedienen wollen, die das UmwG und die mit ihm verbundenen steuerrechtlichen Regelungen des UmwStG mit sich bringen.[21]

7

Umwandlung ist ein *handelsrechtlicher Begriff*. Die *Arten* der Umwandlung sind (§ 1 Abs. 1 UmwG):
- Verschmelzung
- Spaltung (Aufspaltung, Abspaltung, Ausgliederung)
- Vermögensübertragung
- Formwechsel

8

Die *steuerrechtlichen Regelungen* im UmwStG knüpfen an diese Arten der Umwandlungen nach dem UmwG an, jedoch mit *zwei Modifikationen*:
- Das UmwStG regelt nur Umwandlungen, die nicht allein einen Formwechsel, sondern zugleich auch einen *Vermögensübergang* bewirken (§§ 2–19, 20 Abs. 8 Satz 1 und 2 UmwStG). Beim Formwechsel einer Kapitalgesellschaft in eine Genossenschaft oder Personengesellschaft (§ 14 UmwStG) und beim Formwechsel einer Personenhandelsgesellschaft in eine Kapitalgesellschaft (§ 25 UmwStG) geht das UmwStG abweichend vom UmwG (s. Rz. 18) von einem Vermögensübergang aus.
- Das UmwStG regelt nicht nur die Fälle des Vermögensübergangs durch *Gesamtrechtsnachfolge* oder *Sonderrechtsnachfolge*, die im UmwG geregelt sind, sondern auch Vermögensübergänge durch *Einzelrechtsnachfolge* oder *Anwachsung*, die als Sacheinlagen oder Anteilstausch die Voraussetzungen einer Einbringung von Betrieben, Teilbetrieben oder Mitunternehmeranteilen in Kapitalgesellschaften oder Personengesellschaften erfüllen (§§ 20 ff. UmwStG). Die Ausgliederung wird nicht zusammen mit den übrigen Arten der Spaltung geregelt (§§ 15, 16 UmwStG), sondern als Einbringung behandelt (§ 1 Abs. 1 Satz 2 UmwStG).

9

10

Als **Rechtsbegriff** erfaßt Umwandlung die handelsrechtlich geregelten Arten der Umwandlung (s. Rz. 8). Als Oberbegriff ist Umwandlung weiterge-

11

---

[19] Kritisch dazu Haritz/Slabon GmbHR 1998, 1159; Hörger/Meutel/Schultz DStR 1999, 565; Orth DStR Hefte 25/26, 1999.
[20] BGBl. I 1991, 851.
[21] Begr. UmwBerGE, BT-Drs. 12/6699, 80, 136 und 148; s. a. Rz. 31.

§ 14 12–15   Umwandlung

hend als nach dem UmwG 1969. Steuerrechtlich gehören dazu noch die Einbringungen (s. Rz. 9 f.). **Wirtschaftlich** wird insbesondere die Umwandlungsart Verschmelzung (Fusion) weiter verstanden. Vor allem international wird auch der Erwerb sämtlicher Anteile dazugerechnet (s. a. Rz. 250).[22] Reorganisation und Umstrukturierung sind keine Rechtsbegriffe; sie werden manchmal synonym mit Umwandlung gebraucht, sind aber inhaltlich umfassender.[23]

12 Die **GmbH** kann als Rechtsträger an sämtlichen nach dem UmwG möglichen Arten der Umwandlung beteiligt sein. Unter „**Rechtsträger**" versteht das UmwG jede im Rechtsverkehr (als Vollinhaber eines Rechts) auftretende juristische Einheit. Zugleich *Unternehmensträger* muß der Rechtsträger nicht generell sein, sondern nur dann, wenn dies Tatbestandsvoraussetzung einzelner Vorschriften des UmwG ist.[24]

13 Die Umwandlung durch **Verschmelzung** (§ 1 Abs. 1 Nr. 1 UmwG) ist als Vermögensübertragung durch Gesamtrechtsnachfolge (Vereinigung von Vermögen mehrerer Rechtsträger) in folgenden Arten zulässig (§ 2 UmwG):
– Verschmelzung im Wege der *Aufnahme* eines oder mehrerer übertragender Rechtsträger durch einen anderen bestehenden Rechtsträger
– Verschmelzung im Wege der *Neugründung* eines Rechtsträgers durch mindestens zwei übertragende Rechtsträger.

14 Die **GmbH** ist ein **verschmelzungsfähiger Rechtsträger** und kann als übertragender, übernehmender oder neuer Rechtsträger an Verschmelzungen beteiligt sein (§ 3 Abs. 1 Nr. 2 UmwG). Folgende *Möglichkeiten* von Verschmelzungen unter *Beteiligung einer GmbH* sind zulässig (§§ 3 und 39 ff. UmwG):[25]

OHG	auf GmbH
KG	auf GmbH
Partnersch. Ges.	auf GmbH
AG	auf GmbH
KGaA	auf GmbH
eG	auf GmbH
eV	auf GmbH
Wirtsch. Verein	auf GmbH
GmbH	auf GmbH
GmbH	auf Natürl. Pers. als AlleinGes.
GmbH	auf OHG
GmbH	auf KG
GmbH	auf Parntersch. Ges.
GmbH	auf AG
GmbH	auf KGaA
GmbH	auf eG

15 Die Umwandlung durch **Spaltung** (§ 1 Abs. 1 Nr. 2 UmwG) ist als Vermögensübertragung durch Sonderrechtsnachfolge (Trennung von Vermögens-

---

[22] Im Vereinigten Königreich und den Niederlanden übliche Form der Unternehmensübernahme; s. *Saß* DB 1990, 2340 (2342); s. a. *Kallmeyer* ZIP 1994, 1746 (1747).
[23] *Kallmeyer* ZIP 1994, 1746.
[24] Begr. UmwBerGE, BT-Drs. 12/6699, 71.
[25] Siehe auch UmwStErl. 1998 Tz. 00.05.

A. Einführung　　　　　　　　　　　　　　　　　　　　　16, 17　§ 14

teilen durch Zuordnung zu verschiedenen Rechtsträgern) in folgenden drei Arten zulässig (§§ 123 und 138 ff. UmwG):

– *Aufspaltung* durch gleichzeitige Übertragung von Vermögensteilen auf andere bestehende Rechtsträger (zur *Aufnahme*) oder gegründete neue Rechtsträger (zur *Neugründung*) gegen Gewährung von Anteilen oder Mitgliedschaften dieser Rechtsträger an die *Anteilsinhaber des übertragenden Rechtsträgers,* der sich auflöst.

– *Abspaltung* durch Übertragung von Vermögensteilen auf einen oder mehrere bestehende Rechtsträger (zur *Aufnahme*) oder gegründete neue Rechtsträger (zur *Neugründung*) gegen Gewährung von Anteilen oder Mitgliedschaften dieser Rechtsträger an die *Anteilsinhaber des übertragenden Rechtsträgers,* der fortbesteht.

– *Ausgliederung* durch Übertragung von Vermögensteilen auf einen oder mehrere bestehende Rechtsträger (zur *Aufnahme*) oder gegründete neue Rechtsträger (zur *Neugründung*) gegen Gewährung von Anteilen oder Mitgliedschaften dieser Rechtsträger an den *übertragenden Rechtsträger.*

Die **GmbH** ist ein **spaltungsfähiger Rechtsträger** und kann als übertragender, übernehmender oder neuer Rechtsträger an Spaltungen beteiligt sein (§ 124 i. V. m. § 3 Abs. 1 Nr. 2 UmwG). Folgende **Möglichkeiten** von Spaltungen unter Beteiligung einer GmbH sind zulässig (§ 124 iVm. § 3, §§ 138 ff. UmwG):[26]　　　　　　　　　　　　　　　　　　　　　　　16

Einzelkfm.	auf GmbH (Ausgliederung)
OHG	auf GmbH
KG	auf GmbH
Partnersch. Ges.	auf GmbH
AG	auf GmbH
KGaA	auf GmbH
eG	auf GmbH
eV	auf GmbH
Wirtsch. Verein	auf GmbH
Stiftungen	auf GmbH (Ausgliederung)
gen Prüfverb.	auf GmbH (Ausgliederung)
VVaG	auf GmbH (Ausgliederung)
Gebietskörpersch.	auf GmbH (Ausgliederung)
GmbH	auf GmbH
GmbH	auf OHG
GmbH	auf KG
GmbH	auf Partnersch. Ges.
GmbH	auf AG
GmbH	auf KGaA
GmbH	auf eG

Die Umwandlung durch **Vermögensübertragung** (§ 1 Abs. 1 Nr. 3　17 UmwG) ist als Vermögensübertragung (Vollübertragung oder Teilübertragung) durch Gesamtrechtsnachfolge oder Sonderrechtsnachfolge *gegen Gewährung einer Gegenleistung, die nicht in Anteilen oder Mitgliedschaften besteht,* zulässig (§ 174

---

[26] Siehe auch UmwStErl. 1998 Tz. 00.12.

UmwG).²⁷ Die GmbH kann als übertragender Rechtsträger nur in der Fallgruppe beteiligt sein, daß die Vermögensübertragung auf den Bund, ein Land, eine Gebietskörperschaft oder einen Zusammenschluß von Gebietskörperschaften erfolgt (§ 175 Nr. 1 UmwG).²⁸ Der geringen praktischen Bedeutung wegen wird die Vermögensübertragung im folgenden nicht weiter erörtert.

18 Die Umwandlung durch **Formwechsel** (§ 1 Abs. 1 Nr. 4 UmwG) führt handelsrechtlich zu keinem Vermögensübergang, sondern nur zu einem identitätswahrenden Rechtsformwechsel des Rechtsträgers (§§ 190, 202 UmwG).

19 Die **GmbH** kann **formwechselnder Rechtsträger** (§ 191 Abs. 1 Nr. 2 UmwG) und **Rechtsträger neuer Rechtsform** sein (§ 191 Abs. 2 Nr. 2 UmwG). Folgende *Möglichkeiten* einer formwechselnden Umwandlung unter Beteiligung einer GmbH sind zulässig (§§ 191 und 214 ff. UmwG):²⁹

OHG	in GmbH
KG	in GmbH
Partnersch. Ges.	in GmbH
AG	in GmbH
KGaA	in GmbH
eG	in GmbH
eV	in GmbH
Körpsch u. Anstalten d. öff. R.	in GmbH
GmbH	in GbR
GmbH	in OHG
GmbH	in KG
GmbH	in Partnersch. Ges.
GmbH	in AG
GmbH	in KGaA
GmbH	in eG

III. Internationale Umwandlungen

20 Die wachsende Bedeutung international verbundener Unternehmen im allgemeinen und die Entscheidung für den Europäischen Binnenmarkt im besonderen erfordern auch *Regelungen* der Verschmelzung und Umwandlung für *internationale Sachverhalte*, bei denen entweder das übertragende Unternehmen oder das übernehmende Unternehmen ein ausländisches Unternehmen ist. Ausländische Unternehmen in diesem Sinne sind solche, die ausländischem Recht unterliegen oder die als juristische Person nicht ihren Sitz in Deutschland haben (sog. Sitztheorie).³⁰

---

²⁷ Zur entsprechenden Anwendbarkeit sonstiger Vorschriften des UmwG s. *Lutter/ Leinekugel* ZIP 1999, 261.
²⁸ Zur Rückwandlung einer GmbH in eine Betriebsform des öffentlichen Rechts (insbes. Eigenbetrieb) durch Vermögensübertragung s. *Münch* DB 1995, 550.
²⁹ Siehe auch UmwStErl. 1998 Tz. 00.07.
³⁰ Das Personalstatut einer ausländischen Gesellschaft wird von der bisher hM in Deutschland nach dem Gesellschaftsrecht des Sitzstaates (sog. Sitztheorie) beurteilt; vgl.

A. Einführung

Nach dem deutschen **Handelsrecht** sind *internationale*, dh. *grenzüberschrei-* 21
tende Umwandlungen (Verschmelzungen, Spaltungen, Formwechsel) im Wege
der Gesamtrechtsnachfolge oder Sonderrechtsnachfolge nicht zugelassen, weil
nur Rechtsträger mit *Sitz im Inland* umgewandelt werden können (§ 1 Abs. 1
UmwG) und andere Fälle der Umwandlung wegen des sog. Analogieverbotes
(s. Rz. 31) nicht möglich sind (§ 1 Abs. 2 UmwG).[31] Die Regelung grenzüberschreitender Vorgänge ist angesichts der Bemühungen der Europäischen Gemeinschaft um eine Regelung dieses Komplexes, insbesondere der internationalen Fusionen, zurückgestellt worden. Überdies wurde im Gesetzgebungsverfahren die Auffassung vertreten, die Ausdehnung des UmwG auf internationale
Fälle würde politisch wie rechtstechnisch erhebliche Probleme aufwerfen.[32]
Umstritten ist, ob diese gesetzgeberische Entscheidung mit Art. 52 und 58
EGV zu vereinbaren ist;[33] daß der EuGH sie beanstanden könnte, wurde bisher
im Anschluß an die sog. Daily Mail-Entscheidung[34] nicht erwartet,[35] ist aber im
Anschluß an die Centros-Entscheidung nicht mehr ausgeschlossen.[36]

Das deutsche **Steuerrecht** gewährt die Steuererleichterungen des UmwStG 22
für Verschmelzungen, Aufspaltungen und Abspaltungen sowie den Formwechsel einer Kapitalgesellschaft oder Genossenschaft in eine Personengesellschaft nur für (übertragende oder formwechselnde) *Körperschaften*, die nach § 1
KStG unbeschränkt steuerpflichtig sind, dh. die ihre Geschäftsleitung oder
ihren Sitz im Inland haben (§ 1 Abs. 5 UmwStG).[37] Weitere Einschränkungen
ergeben sich daraus, daß § 1 Abs. 1 bis 4 UmwStG auf die Vorschriften des
UmwG verweisen, denen zufolge nur inländische Rechtsträger verschmelzungs- oder spaltungsfähig sind oder in einen Formwechsel einbezogen werden können (s. a. §§ 3, 124, 191 UmwG und Rz. 21). Deshalb geht die
FinVerw. davon aus, daß auch ausländische Gesellschaften mit Geschäftsleitung

---

zB BFH v. 13. 11. 1991, (BStBl. II 1992, 263) und zuletzt BayOLG v. 26. 8. 1998,
DB 1998, 2318, sowie *Ebenroth/Auer* GmbHR 1994, 16; *Großfeld* AG 1996, 302;
Widmann/Mayer UmwR, Anhang 7; *Hügel* ZGR 1999, 71; s. aber jetzt EuGH v. 9. 3.
1999, ZIP 1999, 438 m. Anm. *Neye* EWiR Art. 52 EGV 1/99, 259; *W. Meilicke* DB
1999, 627.

[31] Siehe auch UmwStErl 1998 Tz. 00.03.
[32] Begr. UmwBerGE, BT-Drs. 12/6699, 80; s. a. Rz. 24; ergänzende Erl. dazu bei
Neye ZIP 1994, 917 (919 f.); *Schwarz* DStR 1994, 1694 (1698); zur Verneinung eines
handelsrechtlichen Vollzugsdefizits gegenüber EG-Richtlinien s. *Ganske* DB 1992, 125.
[33] Vgl. zB *Behrens* ZGR 1994, 1; *Kronke* ZGR 1994, 26 (Ausklammerung beteiligter
ausländ. Rechtsträger aus der Anwendung des § 1 Abs. 1 UmwG); *Lutter* ZGR 1994,
87; *Dehmer* DStR 1994, 1713; *Kallmeyer* ZIP 1994, 1746 (1752) und ZIP 1996, 535;
Neye ZIP 1994, 917 (920); *Großfeld* AG 1996, 302.
[34] EuGH v. 27. 9. 1988, Slg. 1988, 5505 ff. = NJW 1989, 2186; dem folgend für die
Sitzverlegung einer GmbH von Deutschland nach England BayObLG v. 7. 5. 1992,
GmbHR 1992, 529, und für eine entsprechende Sitzverlegung von Deutschland nach
Luxemburg OLG Hamm v. 30. 4. 1997, ZIP 1997, 1696 m. Anm. *Neye*.
[35] *Lutter* ZGR 1994, 88 (90); *Neye* ZIP 1994, 917 (920).
[36] EuGH v. 9. 3. 1999, ZIP 1999, 438 m. Anm. *Neye* EWiR Art. 52 EGV 1/99, 259.
[37] Einzelheiten zu den steuerlichen Rechtsfolgen bei *Widmann/Mayer* UmwR Rz.
S 18 und Voraufl. Rz. 4457 ff. (Sitz im Ausland und Geschäftsleitung im Inland oder
umgekehrt); Anhang 6 Rz. 2 ff. (Inländische Betriebsstätten); Anhang 6 Rz. 12 ff.
(Verschmelzung ausländischer KapGes.).

§ 14 23, 24   Umwandlung

im Inland und Sitz im Ausland (sog. dual resident companies)[38] weder als übertragende noch als übernehmende Rechtsträger in Betracht kommen.[39]

23   Diese handelsrechtlichen und steuerrechtlichen Hemmnisse für grenzüberschreitende Verschmelzungen und Spaltungen und Formwechsel[40] haben zu **Ersatzformen**[41] oder **Umwegkonstruktionen**[42] geführt. Der Formwechsel einer ausländischen Kapitalgesellschaft führt für den inländischen Anteilseigner zumindest beim Anteilsbesitz im Privatvermögen wohl nicht zur Versteuerung eines Veräußerungsgewinns (§ 17 EStG), sofern das ausländische Zivilrecht von einer formwechselnden Umwandlung (in eine typengleiche Kapitalgesellschaft) ausgeht.[43]

24   **Steuerrechtlich** bereits **begünstigt** sind grenzüberschreitende Umstrukturierungen durch Sacheinlagen in *inländische Kapitalgesellschaften* im Wege der Einzelrechtsnachfolge (Einbringungsfälle) in folgenden Fallgruppen, mit denen die steuerrechtliche EG-Richtlinie vom 23. 7. 1990 über das gemeinsame Steuersystem für Fusionen, Spaltungen, die Einbringung von Unternehmensteilen und den Austausch von Anteilen, die Gesellschaften verschiedener Mitgliedschaften betreffen,[44] umgesetzt worden ist,[45] soweit dafür bereits zivilrechtliche Grundlagen bestehen:
– Buchwertfortführung, falls Einbringender weder Wohnsitz oder gewöhnlichen Aufenthalt im Inland hat, Deutschland aber im Zeitpunkt der Sach-

---

[38] Zu deren unbeschr. StPfl. im Inland s. BFH v. 23. 6. 1992, BStBl. II 1992, 972; s. ferner *Hausmann ua.* (Hrsg.), Steuergestaltung durch doppelt ansässige Gesellschaften?, 1988, passim; *Raupach* Steuerliche Folgen der Doppelansässigkeit, in *Haarmann* (Hrsg.), Unternehmensstrukturen und Rechtsformen im Intern. StRecht, 1996, S. 28; *Hügel* ZGR 1999, 71; speziell zu deren Verlustabzugsberechtigung, s. *Orth* Cahiers de Droit Fiscal International Vol. LXXXIII a (1998), S. 475.

[39] UmwStErl. 1998 Tz. 01.06; zur Einbringung iSd. § 20 UmwStG s. Tz. 20.06 und *Orth* DStR Hefte 25/26, 1999 zur Einbringung in sog. dial resident companies.

[40] Zu grenzüberschreitenden Umstrukturierungen vgl. insbes. *Schaumburg/Piltz* (Hrsg.), Internationales Umwandlungssteuerrecht, 1997, mit der Differenzierung zwischen „Grenzüberschreitenden Umwandlungen" (s. a. *Schaumburg* GmbHR 1996, 501 und 585), „Ausländischen Umwandlungen mit Inlandsbezug" (s. a. *Schaumburg* GmbHR 1996, 668; *Greiff* IStR 1998, 65) und „Inländischen Umwandlungen mit Auslandsbezug" (s. a. *Schaumburg* GmbHR 1996, 414; *Thiel* FR 1994, 227; *ders.* GmbHR 1995, 708; *Füger/Rieger* IStR 1995, 257; *Herfort/Strunk* IStR 1995, 415; *Widmann* DStZ 1996, 449; *ders.* in FS Haas, 1996, S. 421; *Dötsch* BB 1998, 1029); s. ferner *Herzig* in: *Schaumburg* (Hrsg.), Steuerrecht und steuerorientierte Gestaltung im Konzern, 1998, S. 85 (100).

[41] Einzelheiten bei *Widmann/Mayer* Anhang 6 Rz. 35 ff.; *Rixen/Böttcher* GmbHR 1993, 572.

[42] *Herzig/Förster* BB 1992, 1251 (Spaltung); *dies.* DB 1994, 1 (Verschmelzung); *dies*, DB 1995, 338 (Spaltung); *Schaumburg* GmbHR 1996, 501 (Verschmelzung) und 585 (Spaltung); *Fey/Neyer* IStR 1998, 161 (Spaltung).

[43] BFH v. 22. 2. 1989, BStBl. II 1989, 794; *Greif* IStR 1998, 65; s. a. *Raupach* in IDW (Hrsg.), Reform des UmwR, 259 (275).

[44] ABl. EG v. 20. 8. 1990 Nr. L 225, 1 ff. Zur Ergänzung der EG-Fusionsrichtlinie s. BT-Beschl. v. 16. 6. 1994, BT-Sten.Ber. d. 233. Sitzung v. 16. 6. 1994, II und 20335, iVm. BT-Drs. 12/7945, 5.

[45] Zur Umsetzung der EG-Fusionsrichtlinie vgl. zB *Geurts/de Vries* DB 1992, 2367; *Saß* DB 1993, 1892; *Mayr* IWB Fach 5 Gruppe 2, 347 (1993); *Sarrazin* ZGR 1994, 66; *Thömmes* ZGR 1994, 75; *Tumpel* IStR 1995, 113; *Mutén* IStR 1995 Beihefter 3/95, 3.

A. Einführung   25–31 § 14

einlage das Besteuerungsrecht für Gewinne aus der Veräußerung der einbringungsgeborenen Anteile hat (§ 20 Abs. 3 UmwStG); ob die Einbringung selbst zu einer steuerpflichtigen Gewinnrealisierung führt, beurteilt sich nach ausländischem Recht; Einzelheiten s. Rz. 199.
– Einbringung von Unternehmensteilen (§ 23 Abs. 1 bis 3 UmwStG); Einzelheiten s. Rz. 265–269.
– Anteilstausch (§ 23 Abs. 4 UmwStG); Einzelheiten s. Rz. 254–264.

Daneben kann die Einbringung (Sacheinlage) in eine *Personengesellschaft* (§ 24 25
UmwStG) für grenzüberschreitende Umstrukturierungen genutzt werden, weil § 24 UmwStG grundsätzlich sowohl für *inländische* als auch für *ausländische* Personengesellschaften anwendbar ist und für inländische Personengesellschaften auch keine den § 20 Abs. 3 UmwStG vergleichbare Einschränkung gilt.[46]

(frei)   26–29

IV. Leitüberlegungen für Umwandlungen

Reorganisationen und Umstrukturierungen sollten möglichst **einfach** und   30
kostengünstig durchgeführt werden. Einfach deswegen, um die gewöhnliche Geschäftstätigkeit der Unternehmen durch diese außerordentlichen Maßnahmen nicht mehr als notwendig zu belasten und um die Maßnahmen auch möglichst wirtschaftlich durchzuführen. Kostengünstig deswegen, weil derartige Veränderungen in der Regel keine Liquidität schaffen, sondern allenfalls Buchgewinne entstehen lassen, so daß ausgabenwirksame Kosten nicht nur das Ergebnis belasten, sondern auch die erforderliche Liquidität der Unternehmen schmälern. Ob die Maßnahme einfach durchgeführt werden kann, beantwortet sich in erster Linie nach Zivil-, Handels- und Gesellschaftsrecht mit Rückwirkungen des Steuerrechts, das bei angestrebter Steueroptimierung zu Komplizierungen führen kann. Ob die Maßnahme kostengünstig durchgeführt werden kann, beantwortet sich nach dem Steuerrecht (Grad der Steuerneutralität der Maßnahmen) aber auch nach den übrigen Kosten (Gericht, Notar, Berater, usw. sowie interne Kosten), deren Höhe z. T. wiederum von der Einfachheit/Kompliziertheit der Maßnahme abhängig ist.

Handelsrechtlich ist für die Einfachheit einer Reorganisation oder Umstruk- 31
turierung von ausschlaggebender Bedeutung, ob sie einen **Vermögensübergang** erfordert und ob sie ggf. im Wege der Gesamtrechtsnachfolge oder partiellen Gesamtrechtsnachfolge (Sonderrechtsnachfolge) erfolgt. Die handelsrechtlichen Erleichterungen können nur dann in Anspruch genommen werden, wenn die Tatbestandsvoraussetzungen der Umwandlungsregelungen erfüllt werden. Insoweit gilt ein *Typenzwang* (numerus clausus), dh. die handelsrechtlich geregelten Anwendungsfälle (s. o. Rz. 7, 13 bis 18) eines Rechtsformwechsels und eines Vermögensübergangs unter Ausschluß der Einzelrechtsnachfolge (Singularsukzession) sind abschließend und nicht analogiefähig (§ 1 Abs. 2 UmwG).[47] Die formwechselnde Umwandlung ist lediglich Rechtsformwechsel ohne Übergang des Vermögens auf einen neuen Rechts-

---

[46] Widmann/Mayer § 24 UmwStG Rz. 87 und 97; Orth DStR Hefte 25/26, 1999.
[47] Begr. UmwBerGE, BT-Drs. 12/6699, 80; kritisch dazu K. Schmid in FS Kropff, 1997, S. 259; s. a. Rz. 7.

träger („Kontinuität des Rechtsträgers bei Mitgliedschaft und Vermögen"),[48] und zwar nicht nur beim Rechtsformwechsel im engeren Sinne (Kapitalgesellschaft in Kapitalgesellschaft oder Personengesellschaft in Personengesellschaft), sondern – nach einer mit dem UmwG 1995 umgesetzten „modernen Auffassung von der Natur der Personenhandelsgesellschaften"[49] – auch beim Rechtsformwechsel im weiteren Sinne (Kapitalgesellschaft in Personengesellschaft und umgekehrt). Die Umwandlung durch Verschmelzung und Spaltung bewirkt einen Übergang des Vermögens auf einen neuen Rechtsträger, und zwar im Wege der *Gesamtrechtsnachfolge* oder Sonderrechtsnachfolge (Universalsukzession); bei Abspaltung und Ausgliederung (s. Rz. 11) bleibt allerdings der übertragende Rechtsträger bestehen.

32   Die **Einzelrechtsnachfolge** ist gegenüber der Gesamtrechtsnachfolge *„umständlich und teuer".*[50] Die Vorteile der Gesamtrechtsnachfolge bestehen – wie es bereits die Begriffe zum Ausdruck bringen – darin, daß der rechtswirksame Übergang des Vermögens allein durch Eintragung der Umwandlung im Handelsregister bewirkt wird (vgl. zB §§ 20, 131 UmwG), dh. in einem Akt erfolgt, während bei einer Einzelrechtsnachfolge jeder einzelne Vermögensgegenstand nach den jeweiligen Vorschriften des Sachenrechts zu übertragen ist, dh. zB für Grundstücke Übertragungen durch Auflassung und Eintragung im Grundbuch (§§ 873, 925 BGB). Außerdem müssen die einzelnen Vermögensgegenstände ausreichend bestimmt bezeichnet werden.[51] Schulden können nur mit Zustimmung des Gläubigers mit befreiender Wirkung übernommen werden (§§ 414, 415 BGB).

33   Die **Umwandlung im Konzern** ist nicht in einem gesonderten Buch des UmwG geregelt,[52] obwohl ein hoher Prozentsatz von Umwandlungen innerhalb von Unternehmensverbindungen stattfindet.[53] Auf die Schaffung besonderer Regeln für den *Minderheitenschutz* bei Umwandlungen in Unternehmensverbindungen wurde deswegen verzichtet, weil die Entwicklung derzeit noch zu sehr im Fluß sei.[54] Allerdings regelt das UmwG bei den einzelnen Arten der Umwandlung eine Reihe von *Erleichterungen* für Voraussetzungen und Durchführung von Umwandlungen im Konzern (s. Rz. 123, 339, 465 f., 491 ff.).[55]

34   Das Umwandlungsrecht ist allerdings keine abschließende Regelung der Rechtsfolgen des Formwechsels oder Vermögensübergangs durch Gesamtrechtsnachfolge. Neben den Spezialvorschriften des UmwG sind die **Grün-**

---

[48] Begr. UmwBerGE, BT-Drs. 12/6699, 151; kritisch dazu *Bärwaldt/Schhabaker* ZIP 1998, 12993 mwN („Modifizierte Neugründung"); *Priester* DB 1995, 911.
[49] Begr. UmwBerGE, BT-Drs. 12/6699, 136.
[50] Regierungsbegründung zum UmwG 1969 (BT-Drs. V 3165).
[51] Zu den daraus resultierenden Anforderungen, die insbes. bei einem Unternehmenskauf entstehen; vgl. *MüKomm./Quack* § 929 Anm. 75 ff. („All-Formeln").
[52] Anders noch der Diskussionsentwurf des BMJ eines UmwBerG v. 3. 8. 1988 (Beilage Nr. 214a zum BAnz. v. 15. 11. 1988), der ein Achtes Buch für „Umwandlungen im Konzern" vorsah.
[53] Begr. UmwBerGE, BT-Drs. 12/6699, 75; zu deren steuerlicher Behandlung s. *Herzig/Förster* StuW 1998, 99.
[54] Begr. UmwBerGE, BT-Drs. 12/6699, 75.
[55] Kritisch zu den Möglichkeiten des Verzichts auf Informationsrechte *Engelmeyer* BB 1998, 330; zu Aktienerwerb und Kapitalschutz s. *Korte* WiB 1997, 593.

A. Einführung

dungsvorschriften sowie die **Kapitalschutzvorschriften** für Kapitalgesellschaften (Kapitalerhöhung, Kapitalherabsetzung) zu beachten,[56] ebenso wie **andere Rechtsgebiete** (Allgemeines Zivilrecht, Organisationsrecht, Berufsrecht, Bewertungsrecht).[57]

Zustimmungserfordernisse zu Reorganisations- oder Umstrukturierungsmaßnahmen können sich ergeben nach Zivilrecht (zB Zustimmung des Ehegatten nach § 1365 BGB oder vormundschaftliche Genehmigung und Bestellung eines Ergänzungspflegers nach § 1822 Nr. 3 BGB bei Beteiligung Minderjähriger)[58] oder nach Gesellschaftsrecht, Gesellschaftsvertrag oder Satzung. Durch Anfechtungsklagen von Minderheitsgesellschaften wird die Durchführung der Maßnahmen gehemmt, weil bis zu einer Entscheidung die konstitutive Eintragung in das Handelsregister unterbleibt, es sei denn, das Prozeßgericht stellt vorab durch Beschluß fest, daß keine Eintragungssperre besteht, weil die Anfechtungsklage unzulässig oder offensichtlich unbegründet ist oder wenn aufgrund einer Abwägung das alsbaldige Wirksamwerden der Umwandlung vorrangig erscheint (§§ 16 Abs. 3 UmwG, 125, 198 Abs. 3 UmwG; s. Rz. 505).

Nach **Kartellrecht** (§§ 23 ff. GWB) können sich bei übertragenden Umwandlungen und Verschmelzungen Anzeige, Auskunfts- und Anmeldepflichten des Unternehmens ergeben (Fusionskontrolle). Das Vorhaben kann auch unabhängig vom Vorliegen einer Anmeldepflicht angemeldet werden. Dies bringt den Vorteil, daß das Bundeskartellamt den Zusammenschluß nur noch unter bestimmten Voraussetzungen untersagen darf.[59]

Die Errichtung eines **Aufsichtsrates** kann in der Satzung einer GmbH vorgesehen werden (§ 52 GmbHG – sog. fakultativer Aufsichtsrat). Bereits nach gesetzlichen Vorschriften ist bei einer GmbH ein Aufsichtsrat zu errichten (obligatorischer Aufsichtsrat), wenn dies nach **Mitbestimmungsrecht** oder § 3 KAGG vorgeschrieben ist.[60] Eine Mitbestimmung der Arbeitnehmerseite auf Unternehmensebene durch Arbeitnehmervertreter im Aufsichtsrat ist nach vier verschiedenen mitbestimmungsrechtlichen Gesetzen unter folgenden Voraussetzungen vorgesehen:[61]
- GmbH mit mehr als 500 Arbeitnehmern (§ 77 Abs. 1 BetrVG 1952)
- GmbH mit mehr als 1000 Arbeitnehmern und Zugehörigkeit zum Montanbereich (MontanMitbestG)
- GmbH als herrschendes Unternehmen aufgrund Organschaftsverhältnisses über ein anderes Unternehmen, das die Voraussetzungen des MontanMitbestG erfüllt (MitbestErG)
- GmbH mit mehr als 2000 Arbeitnehmern[62] (MitbestG 1976)

---

[56] Vgl. zB *Kallmeyer* ZIP 1994, 1746 (1753).
[57] Vgl. zB *Ganske* DStJG 17 (1994), 43 (48).
[58] Vgl. *Widmann/Mayer* § 152 UmwG Rz. 84 ff.
[59] Vgl. *Widmann/Mayer* Einf. UmwG Anm. 34.2.
[60] Einzelheiten bei *Baumbach/Hueck/Zöllner* § 52 passim.
[61] Einzelheiten zu den unterschiedlichen Rechtsfolgen der vier Regelungen s. § 6 Rz. 11 ff. und *Baumbach/Hueck/Zöllner* § 52 Anm. 3 u. 73 ff., sowie *Bartodziej* ZIP 1994, 580.
[62] Zur Einbeziehung der Arbeitnehmer von Konzernunternehmen, falls das herrschende Unternehmen eine Holding ist, s. BayObLG v. 24. 3. 1998, DB 1998, 973.

§ 14 38–40 Umwandlung

Das MontanMitbestG findet gegenwärtig allerdings auf weniger als 10 GmbH Anwendung und das MitbestG 1976 nur auf rund 270 GmbH's.[63] Im Vordergrund steht daher für GmbHs der obligatorische Aufsichtsrat nach § 77 BetrVG 1952.

38 Eine fünfjährige (Unternehmens-)**Mitbestimmungsbeibehaltungsregelung** kann in Fällen der Abspaltung und Ausgliederung eingreifen (§ 325 Abs. 1 UmwG), nicht jedoch bei den anderen Umwandlungsarten.[64] Dem **Betriebsrat** sind im übrigen Verschmelzungsverträge, Spaltungsverträge/-pläne und Entwürfe von Umwandlungsbeschlüssen spätestens einen Monat vor Beschlußfassung zuzuleiten (§ 5 Abs. 4, § 126 Abs. 3, § 194 Abs. 3 UmwG).[65] In Fällen der Betriebsspaltung kann ein 6monatiges Übergangsmandat des Betriebsrates gelten (§ 321 UmwG).

Aus dem Betriebsverfassungsgesetz können sich ferner Pflichten zur Anhörung des Betriebsrats oder zur Erörterung der Maßnahmen mit dem Betriebsrat ergeben (§§ 47, 106, 111 BetrVG).[66]

Soweit durch Umwandlungen Betriebe oder Betriebsteile übergehen, führt dies grds. auch zu einem **Übergang von Arbeitsverhältnissen** nach § 613a BGB mit flankierenden Regelungen zum Kündigungsschutz (§§ 323, 324 UmwG).[67]

39 Der **Grad der Steuerneutralität** von Reorganisationen und Umstrukturierungen beurteilt sich nach den Belastungswirkungen auf der Ebene der beteiligten Unternehmen und der Ebene der Unternehmenseigner bzw. Anteilseigner.[68] Dabei ist zu unterscheiden zwischen Ertragsteuern (s. Rz. 40 ff.), Substanzsteuern (s. Rz. 44) und Verkehrsteuern (s. Rz. 45 ff.). Von Bedeutung ist auch, ob unter Praktikabilitäts- und Kostengesichtspunkten vorhandene Bilanzen der Umwandlung oder Verschmelzung zugrunde gelegt werden können (s. Rz. 47) und mit welcher Rechtssicherheit vom Eintritt der angenommenen Steuerfolgen ausgegangen werden kann (s. Rz. 48). Oftmals stellt sich auch im Anschluß an Unternehmenskäufe für den Erwerber die Aufgabe, die Steuerfolgen durch Reorganisation oder Umstrukturierung zu optimieren (s. Rz. 50 ff.).

40 **Ertragsteuerlich** gilt, daß die formwechselnde Umwandlung von Kapitalgesellschaft in Kapitalgesellschaften immer und die Verschmelzung und Spaltung von Kapitalgesellschaften (§§ 11–13, 15–19 UmwStG) grundsätzlich steuerneutral möglich sind. Im übrigen gilt das Bild von der „steuerlichen Einbahnstraße", die ohne Steuerbelastung in die Kapitalgesellschaft hinein, aber nicht ohne Steuerbelastung wieder herausführt,[69] seit dem UmwStG 1995 weitgehend nicht mehr, weil bei der Umwandlung einer Kapitalgesell-

---

[63] *Lutter/Hommelhoff* § 52 Anm. 1.
[64] OLG Naumburg v. 6. 2. 1997, DB 1998, 251.
[65] Einzelheiten dazu sowie zur Rechtsstellung des Betriebsrats s. Rz. 63.
[66] Zur Unterrichtung des Wirtschaftsausschusses s. *Röder/Göpfert* BB 1997, 2105.
[67] Zu den arbeitsrechtlichen Aspekten des neuen Umwandlungsrechts s. *Wlotzke* DB 1995, 40; *Boecken* Unternehmensumwandlungen und Arbeitsrecht, 1996; *Willemsen* NZA 1996, 791; *Heinze* DB 1998, 1861; speziell zu Vorständen und Geschäftsführern s. *Röder/Lingemann* DB 1993, 1341.
[68] *Herzig/Förster* StuW 1998, 99.
[69] Gutachten der Unternehmensteuerrechtskommission 1991, Schriftenreihe des BMF, Heft 46, Rz. 484.

A. Einführung 41–43 § 14

schaft in ein Personenunternehmen die stillen Reserven im Vermögen der Kapitalgesellschaft nicht mehr aufgedeckt werden müssen (s. Rz. 357).

Der *Weg in die GmbH* durch Einbringung (§§ 20–22 UmwStG) oder durch Formwechsel einer Personenhandelsgesellschaft (§ 25 UmwStG) ist grundsätzlich *steuerneutral möglich* (Aufschub der Gewinnrealisierung), solange es sich um reine Inlandssachverhalte handelt (s. Rz. 199). Die Einbringung zu Buchwerten bewirkt allerdings eine Verdoppelung der stillen Reserven, indem diese sowohl auf die übernehmende Kapitalgesellschaft als auch auf die dem einbringenden Gesellschafter gewährten Anteile übergehen und auch bei ihm als sog. einbringungsgeborene Anteile steuerverstrickt werden (§ 21 UmwStG). Dadurch entsteht die Gefahr einer Besteuerung der stillen Reserven auf beiden dieser Ebenen, dh. einer Doppelbesteuerung, deren Bedeutung jedoch bei Inlandssachverhalten durch das körperschaftsteuerliche Anrechnungsverfahren einschließlich der Liquidationsbesteuerung (s. § 16) sowie das gewerbesteuerliche Schachtelprivileg (s. § 11 Rz. 253) relativiert wird;[70] bei grenzüberschreitenden Sachverhalten tritt eine Doppelbesteuerung dann nicht ein, wenn (auch) ein Veräußerungsgewinn des Anteilseigners nach einem internationalen Schachtelprivileg (zB in den Niederlanden oder Luxemburg) steuerfrei bleibt.[71] 41

Beim *Weg aus der GmbH* in ein Personenunternehmen durch Verschmelzung, Spaltung oder Formwechsel sind seit dem UmwStG 1995 nur noch zwingend vom Anteilsinhaber die von der GmbH gebildeten und bislang nicht ausgeschütteten *offenen Reserven* zu *versteuern,* soweit sie von ihm noch nicht mit den Anschaffungskosten der Anteile „bezahlt" worden sind. Sofern der Anteilsinhaber anrechnungsberechtigt ist, erhöht die Körperschaftsteuer-Tarifbelastung der GmbH einerseits seinen Übernahmegewinn/Einkünfte und wird andererseits auf seine Steuerschuld angerechnet (§§ 4–10, 14, 16 UmwStG). Zu einer *Aufdeckung der stillen Reserven* und damit zu einem steuerpflichtigen Übertragungsgewinn der GmbH muß es deswegen *nicht* kommen, weil die GmbH in ihrer Schlußbilanz die Buchwerte fortführen darf (§ 3 UmwStG) und diese von dem Personenunternehmen zu übernehmen sind (§ 4 Abs. 1 UmwStG). Dies gilt auch für die Gewerbeertragsteuer; ein etwaiger Übernahmegewinn ist gewerbesteuerfrei (§ 18 UmwStG). Die stillen Reserven bleiben in dem Personenunternehmen steuerverstrickt. 42

Steuerliche Verlustvorträge nicht nur des übernehmenden Rechtsträgers, sondern auch des übertragenden Rechtsträgers[72] bleiben bei Verschmelzungen, Aufspaltungen und Abspaltungen in dem Verhältnis erhalten, in dem das Vermögen von einer Kapitalgesellschaft auf eine andere Kapitalgesellschaft 43

---

[70] Vgl. *Wassermeyer* DStR 1992, 57 (60), und DB 1990, 855 (858), gegen Reformforderung des *InstFSt* Heft 126 (1989) S. 73 ff. nach Einschränkungen der Besteuerung auf der Ebene des Anteilseigners.
[71] Vgl. *Herzig/Dautzenberg* DB 1992, 1 (6), sowie *Saß* DB 1990, 2340 (2344), zu in der endgültigen Fassung der EG-Fusionsrichtlinie (s. Rz. 24) nicht berücksichtigten Vorschlägen aus dem Kommissionsentwurf ähnlich denen des InstFSt (s. o.).
[72] Weitere Einzelheiten zur Zurechnung des Verlustabzugs nach Umwandlungen bei HHR/*Orth* § 10 d EStG auf grünen Blättern, Allg. Erl. Anm. IV und *Orth* StuW 1996, 306; DB 1997, 2242, und Tax treatment of corporate losses (Nationalbericht Deutschland), Cahiers de droit fiscal international Vol. LXXXIII a (1998), 475 (= IWB Fach 1, S. 1453).

übergeht, sofern der Betrieb oder Betriebsteil, der den Verlust verursacht hat, über den Umwandlungsstichtag hinaus in einem nach dem Gesamtbild der wirtschaftlichen Verhältnisse vergleichbaren Umfang in den folgenden 5 Jahren fortgeführt wird; Verlustvorträge der übertragenden Kapitalgesellschaft gehen unter, soweit das Vermögen auf Personengesellschaften übergeht (§ 4 Abs. 2 Satz 2, § 12 Abs. 3 Satz 2, Abs. 5 Satz 3, § 15 Abs. 4, § 16 Satz 3, § 18 Abs. 1 Satz 2, § 19 Abs. 2 UmwStG). Bei der Verschmelzung oder Spaltung eines Personenunternehmens auf eine Kapitalgesellschaft oder der Ausgliederung in eine Kapitalgesellschaft sowie in den übrigen Fällen von Sacheinlagen in Kapitalgesellschaften (Einbringung) gehen steuerliche Verlustvorträge des übertragenden Rechtsträgers nicht über (arg. § 22 Abs. 1 und 4 UmwStG). Beim Formwechsel bleiben steuerliche Verlustvorträge nur erhalten, wenn es sich um Formwechsel im engeren Sinne handelt (s. Rz. 31). Sie gehen nicht mit über beim Formwechsel von einer Kapitalgesellschaft in eine Personengesellschaft oder umgekehrt.

Von den steuerlichen Verlustvorträgen zu unterscheiden sind *Übernahmeverluste* durch Wertunterschiede zwischen dem übergehenden Vermögen und einer untergehenden Beteiligung. Sie sind beim Vermögensübergang zwischen Kapitalgesellschaften nicht abziehbar (§ 12 Abs. 2 UmwStG), beim Vermögensübergang auf ein Personenunternehmen dagegen begrenzt und periodisiert als Abschreibung abziehbar (§ 4 Abs. 6 UmwStG).

44   **Substanzsteuerlich** bewirkte der Weg in die GmbH grundsätzlich wiederum eine **Verdoppelung der Belastungen,** nämlich auf der Ebene der Kapitalgesellschaft und auf der Ebene des Anteilseigners (s. a. Rz. 41). Diese Doppelbelastung wurde dann vermieden, wenn Schachtelprivilegien bei der Vermögensteuer (§ 102 BewG; § 21 Abs. 5 UmwStG) und der Gewerbekapitalsteuer (§ 12 Abs. 3 Nr. 2a und 4 GewStG) eingriffen. Die Substanzsteuern sind jedoch zwischenzeitlich abgeschafft (*Gewerbekapitalsteuer* ab 1. 1. 1998)[73] oder werden aus verfassungsrechtlichen Gründen nicht mehr erhoben (*Vermögensteuer,* ab 1. 1. 1997).[74]

45   **Verkehrsteuerlich**[75] reduzieren sich die Belastungswirkungen nach Abschaffung der Börsenumsatzsteuer (ab 1991) und der Gesellschaftsteuer (ab 1992) im wesentlichen auf die Grunderwerbsteuer (s. Rz. 46). Umsatzsteuerlich sind Umwandlungen (ab 1994) weitgehend neutral (s. Rz. 46 a).

46   Der **Grunderwerbsteuer** unterliegen Umwandlungen, wenn sie einen Vermögensübergang bewirken (Verschmelzungen, Spaltungen, Einbringungen, Anwachsungen, nicht aber Formwechsel,[76] und dadurch folgende Vermögensgegenstände übergehen:

---

[73] Siehe § 36 Abs. 1 GewStG und *Karthaus* DB 1997, 1887.
[74] BVerfG v. 22. 6. 1995, BVerfGE 93, 121; v. 30. 3. 1998, BStBl. II 1998, 422.
[75] Überblick dazu bei *Götz* GmbHR 1998, 349.
[76] Vgl. BFH v. 4. 12. 1996, BStBl. II 1997, 661 (s. a. Rz. 334); sowie koordinierte Ländererlasse, z.B. FinMin Ba.-Württ. v. 19. 12. 1997, DB 1998, 166; FinMin. Bayern v. 12. 12. 1997, WPg 1998, 390; s. a. *Grotherr* BB 1994, 1970; *Eder* GmbHR 1994, 735; *Fleischer* DStR 1996, 1390; *Wienands* DB 1997, 1362; *Beckmann* GmbHR 1999, 217; *Orth* DStR Hefte 25/26, 1999 (zu Anwachsungen); zur nicht erforderlichen Vorlage einer Unbedenklichkeitsbescheinigung des Finanzamts für Grundbucheintragungen s. LG Dresden v. 16. 7. 1998, DB 1998, 1807.

A. Einführung

- inländische Grundstücke (§ 1 Abs. 1 und 2 GrEStG);[77]
- Anteile an einer Personengesellschaft mit inländischem Grundbesitz, so daß sich der Gesellschafterbestand innerhalb von 5 Jahren vollständig oder wesentlich ändert (§ 1 Abs. 2a GrEStG)[78]
- Anteile an einer Kapitalgesellschaft mit inländischem Grundbesitz[79] die sich entweder in einer Hand vereinigen oder im Ganzen übergehen (§ 1 Abs. 3 GrEStG).[80]

Ab dem Jahr 2000 gelten die Tatbestände der Änderung im Gesellschafterbestand einer Personengesellschaft (§ 1 Abs. 2a GrEStG) sowie der Anteilsvereinigung oder des -übergangs (§ 1 Abs. 3 GrEStG) sowohl für unmittelbare wie für entsprechende mittelbare Veränderungen von mindestens 95% der Anteile (§ 23 Abs. 6 GrEStG).[81]

Bemessungsgrundlage der Grunderwerbsteuer ist bei Umwandlungen iSd. UmwG, bei Einbringungen und anderen Erwerbsvorgängen auf gesellschaftsvertraglicher Grundlage sowie in den Fällen des § 1 Abs. 2a und 3 GrEStG der Grundbesitzwert iSd. § 138 Abs. 2 und 3 BewG (§ 8 Abs. 2 GrEStG),[82] in allen anderen Fällen[83] die Gegenleistung (§ 8 Abs. 1 GrEStG). Der Steuersatz beträgt 3,5% (§ 11 Abs. 1 GrEStG).[84]

In der Praxis gebräuchliche Gestaltungen zur *Vermeidung der Grunderwerbsteuer* sind, den Übergang von Grundstücken dadurch zu vermeiden, daß
- die grundbesitzende Gesellschaft als übernehmender Rechtsträger bestimmt wird oder
- nur übriges Vermögen übertragen wird (s. Rz. 605 aE zur Abspaltung und Rz. 248 zur Betriebsaufspaltung).

Die in der Vergangenheit auch gebräuchliche Gestaltung, Grundstücke vor dem Vermögensübergang durch Umwandlung auf eine Personengesellschaft zu übertragen, deren Anteile weitgehend dem übertragenden Unternehmen ge-

---

[77] Zur StPflicht bei schuldrechtlich schon veräußerten Grundstücken s. BFH v. 16. 2. 1994, BStBl. II 1994, 867.
[78] Vgl. dazu koordinierte Ländererlasse v. 13. 6. 1997, BStBl. I 1997, 632; krit. zu dieser Vorschrift *P. Fischer* DStR 1997, 1745: „Verfassungswidrig unbestimmt".
[79] Vgl. zum mittelbaren Grundbesitz, ggf. über eine Kette 100%iger Beteiligungen BFH v. 11. 6. 1975, BStBl. II 1975, 834; FG Baden-Württ. v. 3. 2. 1971, EFG 1971, 297, rkr.
[80] Eine Anteilsvereinigung in einem Konzern iSd. § 1 Abs. 3 Nr. 1 iVm. Abs. 4 Nr. 2 GrEStG löst unter bestimmten Voraussetzungen keine Grunderwerbsteuer aus, wenn sie „upstream" erfolgt (BFH v. 20. 10. 1993, BStBl. II 1994, 121; v. 12. 1. 1994, BStBl. II 1994, 408; OFD Erfurt v. 20. 7. 1995, DB 1995, 1589; FinMin. Baden-Württ. v. 6. 11. 1995, DB 1995, 2294), wohl aber wenn sie „downstream" erfolgt (FG Hbg. v. 9. 9. 1996, EFG 1997, 253; aufgeh. durch BFH v. 4. 12. 1996, BFH/NV 1997, 440; FG Hbg. v. 4. 9. 1997, EFG 1998, 131, rkr.).
[81] Einzelheiten zu diesen Änderungen durch das StEntlG 1999/2000/2002 s. BT-Drucks. 14/23, S. 204 f. und BT-Drucks. 14/443, S. 98 ff. sowie *Hörger/Mentel/Schulz* DStR 1999, 565 (574 ff.).
[82] Erstmals auf Erwerbsvorgänge abwendbar, die nach dem 31. 12. 1996 verwirklicht wurden (§ 23 Abs. 3 GrEStG); s. dazu auch *Schuck* DStR 1996, 1965.
[83] Die Anwachsung gehört idR zur ersten Fallgruppe, wohl aber nicht der Fall der Anwachsung auf einen Dritten (BFH v. 13. 9. 1995, BStBl. II 1995, 903; *Boruttau/Egly/Sigloch* § 8 Anm. 77 f.).
[84] Erstmals auf Erwerbsvorgänge anwendbar, die nach dem 31. 12. 1996 verwirklicht werden (§ 23 Abs. 3 GrEStG); davor 2%.

hören (1. Schritt), um sodann anläßlich der Umwandlung grundsteuerfrei Anteile an der Personengesellschaft übergehen zu lassen (2. Schritt),[85] dürfte aufgrund der zwischenzeitlichen Rechtsprechungsentwicklung nicht mehr erfolgversprechend sein, weil die Grunderwerbsteuerfreiheit nach § 5 Abs. 2 GrEStG im ersten Schritt nicht mehr gewährt wird, wenn Grundstückseinbringung und Anteilsübergang in zeitlichem und sachlichem Zusammenhang nach einem anfänglich bereits vorhandenen Plan durchgeführt werden.[86] Ab dem Jahr 2000 gilt insoweit eine Mindestbehaltefrist von 5 Jahren (§ 5 Abs. 3 GrEStG).

Die *ertragsteuerliche Behandlung* der bei Umwandlungen entstehenden Grunderwerbsteuer ist noch nicht abschließend geklärt,[87] teilweise wird sie als abziehbare Betriebsausgabe,[88] teilweise aber auch als aktivierungspflichtige Anschaffungskosten[89] behandelt (s. a. Rz. 49 zur Behandlung der Umwandlungskosten).

46a Der **Umsatzsteuer** unterliegen Geschäftsveräußerungen (seit 1994) nicht mehr (§ 1 Abs. 1 a UStG). Eine solche liegt vor, wenn ein Unternehmen oder ein in der Gliederung eines Unternehmens gesondert geführter Betrieb (entspricht Teilbetrieb)[90] im ganzen entgeltlich oder unentgeltlich übereignet oder in eine Gesellschaft eingebracht wird. Noch nicht abschließend geklärt ist, ob es – entsprechend der Auffassung der Finanzverwaltung[91] – für die Einbringung eines Betriebs in eine Gesellschaft ausreichend ist, wenn einzelne Wirtschaftsgüter nicht mit dinglicher Wirkung übertragen, sondern nur an die Gesellschaft vermietet oder verpachtet werden.[92] Als derartige Geschäftsveräußerungen oder Einbringungen sind auch Verschmelzungen und Spaltungen, nicht aber Formwechsel zu behandeln.[93] Der erwerbende Unternehmer tritt (wg. der Berichtigung des Vorsteuerabzugs) an die Stelle des Veräußerers (§ 1 Abs. 1 a Satz 3 und § 15 a Abs. 6 a UStG). Der **Vorsteuerabzug** aus Veräußerungskosten ist sowohl beim Veräußerer als auch beim Erwerber grds. zulässig. Grenzen und Begründung dafür sind aber noch nicht abschließend geklärt:
– Die FinVerw.[94] stellt darauf ab, zu welcher Art Umsätze die veräußerten Wirtschaftsgüter vor der Veräußerung vom Veräußerer verwendet wurden.
– Demgegenüber soll die von § 1 Abs. 1 a UStG angeordnete Nichtsteuerbarkeit bewirken, daß Vorsteuern aus Veräußerungskosten immer abziehbar sind, weil § 15 Abs. 2 UStG den Vorsteuerabzug nur bei Verwendung für steuerfreie Umsätze einschließt.[95]

---

[85] Siehe Vorauflage § 14 Rz. 46.
[86] Vgl. BFH v. 30. 10. 1996, BStBl. II 1997, 87 (Vorinstanz FG Hbg. v. 2. 6. 1994, EFG 1994, 976); *Boruttau/Egly/Sigloch* § 1 Anm. 566; s.a. FinMin. Baden-Württemberg v. 10. 7. 1998, DB 1998, 1491, zur anschließenden Umwandlung der Personengesellschaft in eine Kapitalgesellschaft.
[87] Vgl. *A. Müller* DB 1997, 1433; *Neumann* DStR 1997, 2041; *Dieterlen/Schaden* BB 1997, 2297; *Orth* GmbHR 1998, 511.
[88] Vgl. UmwSt-Erl. 1998 Tz. 03.13 und 04.43.
[89] Vgl. UmwSt-Erl. 1998 Tz. 22.01 und 24.04.
[90] Abschn. 5 Abs. 3 UStR.
[91] Abschn. 5 Abs. 1 Satz 8 UStR.
[92] Offengelassen in BFH v. 15. 10. 1998, BStBl. II 1999, 41.
[93] *Reiß* UR 1996, 357 (366–376); *Horn* UR 1995, 472.
[94] FinMin. Hessen v. 25. 3. 1996, UR 1996, 243; OFD Erfurt v. 25. 4. 1996, DStR 1996, 1204.
[95] *Birkenfeld* USt-Hdb. I Rz. 568.28; *Schlienkamp* UR 1994, 93.

A. Einführung

– Schließlich wird ausschließlich auf die künftige Verwendung beim Erwerber abgestellt.[96]

Eine **steuerliche Rückbeziehung** der Umwandlung von Kapitalgesellschaften auf den Stichtag der Bilanz, die dem handelsrechtlichen Vermögensübergang zugrundegelegt wird, erspart das Aufstellen einer besonderen Bilanz (und der damit verbundenen Inventur) für die steuerliche Ergebnis- und Vermögensabgrenzung. Voraussetzung dafür ist, daß die handelsrechtlichen Fristen von 8 Monaten zwischen Bilanzstichtag und Anmeldung zum Handelsregister eingehalten werden. Die Rückbeziehung gilt nur für Zwecke der Steuern vom Einkommen und Vermögen[97] sowie für die Besteuerungsgrundlagen der Gewerbesteuer, nicht dagegen für andere Steuerarten (§ 2 UmwSt).[98] In den Fällen der Einbringung in eine Kapitalgesellschaft beträgt die Frist ebenfalls 8 Monate und ist die steuerliche Rückbeziehung als Wahlrecht ausgestaltet (§ 20 Abs. 7 und 8 UmwStG). Die steuerliche Rückwirkungsfiktion des § 2 Abs. 1 UmwStG setzt im übrigen nicht voraus, daß auch die gesellschaftsrechtlichen Voraussetzungen bereits am steuerlichen Übertragungsstichtag vorliegen.[99]

Die **Steuerfolgen** einer Umwandlung können durch Einholung einer **verbindlichen Auskunft** der Finanzverwaltung abschließend geklärt werden.[100] Die in dem BMF-Schreiben vom 26. 6. 1987[101] hierfür geforderte Ursächlichkeit der steuerlichen Beurteilung für wirtschaftliche Dispositionen des Steuerpflichtigen ist bei Umwandlungen in aller Regel gegeben, weil ihre Gestaltung im Detail meist von den eintretenden Steuerfolgen abhängig ist. Bei Beachtung der übrigen in dem BMF-Schreiben zusammengefaßten Voraussetzungen wird die Finanzverwaltung daher in der Regel eine verbindliche Auskunft erteilen (Ermessensentscheidung).

Anzeigepflicht der Notare gegenüber den Finanzbehörden: Notare sind verpflichtet, dem Betriebstättenfinanzamt (§ 20 AO) der betreffenden Kapitalgesellschaft beglaubigte Abschriften aller aufgrund gesetzlicher Vorschriften aufgenommenen oder beglaubigten **Urkunden zu übersenden,** die ua. die Gründung, Kapitalerhöhung oder -herabsetzung oder Umwandlung von Kapitalgesellschaften zum Gegenstand haben (§ 54 EStDV).

Die **übrigen Kosten** von Reorganisations- und Umstrukturierungsmaßnahmen[102] setzen sich aus internen Kosten der beteiligten Unternehmen, Unternehmenseigner und Anteilseigner sowie aus externen Kosten zusammen.

---
[96] *Reiß* UR 1996, 357 (364 f., 374 f.); *Ammann* UR 1998, 98 (100) und 285.
[97] Zur Anwendbarkeit auch für *GrSt* s. FG Nürnberg v. 12. 2. 1998, EFG 1998, 922 (rkr.); OFD Magdeburg v. 25. 11. 1998, DB 1999, 309; str. für *ErbSt* s. *J. Lüdicke* ZEV 1995, 132; *D. Krüger ua.* DStR 1995, 1537 (1359 f.); *v. Rechenberg* GmbHR 1998, 976.
[98] Vgl. UmwStErl. 1998 Tz. 01.01: *KSt, ESt, GewSt* und *VSt,* zur *USt* s. a. Rz. 471; zur Rückstellungsbildung für umwandlungsbedingte Steuern und Kosten s. a. BFH v. 15. 10. 1997, BStBl. II 1998, 168; m. Anm. *Hahn* DStZ 1998, 561.
[99] UmwStErl. 1998 Tz. 02.08.
[100] Zur den Haftungsrisiken des Beraters wg. unzutreffender Beratung bei Umwandlungen s. BGH v. 5. 12. 1996, NJW 1997 S. 1001.
[101] BStBl. I 1987, 474.
[102] Zu deren bilanzieller und steuerlicher Behandlung s. BFH v. 15. 10. 1997, BStBl. II 1998, 168, m. Anm. *Hahn* DStZ 1998, 561; BFH v. 22. 4. 1998, BStBl. II 1998, 698, m. Anm. *–sch* DStR 1998, 1421; *Orth* GmbHR 1998, 511; zur Festsetzung von Gründungskosten in einer GmbH-Satzung s. unten Rz. 181.

§ 14 50

Externe Kosten sind insbesondere diejenigen der Berater, Prüfer von Bilanzen, Notare und Gerichte, deren Höhe vom Gegenstandswert bzw. Geschäftswert und der jeweiligen Kosten- oder Gebührenordnung abhängt.[103] Bei den Notarkosten berechnet sich der Geschäftswert grds. nach dem Wert der übertragenen Aktiva ohne Abzug der Verbindlichkeiten (§§ 18, 27, 39 KostO).[104] Allerdings sind mit dem Kostenrechtsänderungsgesetz vom 27. 6. 1997[105] folgende Wertobergrenzen bzw. Gebührenobergrenzen eingeführt worden:
– Beschlüsse von Gesellschaftsorganen nach dem UmwG: Max. Gebühr 10 000 DM (bei Wert ab 3,26 Mio DM, §§ 27 Abs. 2, 47 KostO)
– Beurkundung von Plänen und Verträgen nach dem UmwG: Max. Wert 10 Mio. DM = Gebühr max. 30 220 DM (§ 39 Abs. 4 KostO)
– Anmeldungen zum Handelsregister: Max. Wert 1 Mio. DM = Gebühr max. 805 DM (§ 39 Abs. 4 KostO).

Kostenersparnis wurde zumindest bisher in der Praxis auch durch Beurkundungen im Ausland (zB Schweiz) angestrebt. Da deren Wirksamkeit ua. für die Beurkundung von Umwandlungen umstritten ist,[106] sollten sie möglichst nicht ohne vorherige Abstimmung mit dem Registergericht erfolgen. Nach den eingeführten Wertbeschränkungen verliert der Kostenaspekt an Bedeutung, stärker in den Vordergrund treten nunmehr die Mitteilungspflichten (s. Rz. 48).[107]

50 Umwandlungen können auch zur **Steueroptimierung** des Erwerbers *nach einem Unternehmenskauf* eingesetzt werden. Zielsetzung des Erwerbers kann die Nutzung von Verlustvorträgen, die Gewinn- und Verlustpoolung durch Begründung von Organschaften,[108] aber auch die Umsetzung der Anschaffungskosten für das gekaufte Unternehmen in Abschreibungen sein. Da der Veräußerer einer Kapitalgesellschaft oftmals nicht bereit sein wird, deren Wirtschaftsgüter selbst zu veräußern (asset deal), kann der Erwerber dann nur die Anteile

---

[103] Mit EG-Gemeinschaftsrecht sind Gebühren für die Handelsregistereintragung, die die tatsächlichen Kosten übersteigen, nicht vereinbar, s. EuGH v. 2. 12. 1997, ZIP 1998, 206.
[104] Dazu BayObLG v. 23. 10. 1996, BB 1997, 68 (Spaltungsplan), v. 19. 3. 1997, DB 1997, 970 (Verschmelzungsvertrag); v. 19. 3. 1997, DB 1997, 971 (Ausgliederungsvertrag); v. 31. 10. 1997, BB 1998, 1122 (Formwechsel); OLG Düsseldorf v. 2. 7. 1998 ZIP 1998, 1754 (Kettenverschmelzung von Kapitalgesellschaften).
[105] BGBl. I 1997, 1429.
[106] Zum Meinungsstand s. LG Augsburg v. 4. 6. 1996, ZIP 1996, 1872 (Unwirksamkeit der Beurkundung eines Verschmelzungsvertrags durch Scheizer Notar); LG Kiel v. 25. 4. 1997, DB 1997, 1223, m. zust. Anm. *Stange* (Wirksamkeit der Beurkundung eines Verschmelzungsvertrags einer Genossenschaft durch österreichischen Notar); *Goette* in: FS Boujong, 1996, S. 131; *Röhricht* in Großkomm. z. AktG, § 23 Anm. 48; *Widmann/Mayer* § 6 UmwG Anm. 42 ff.; *A. Reuter*, BB 1998, 116; *Heckschen* DB 1998, 1385 (1388 f.) mit Hinweis auf Praxis der Registergerichte entspr. LG Augsburg zB auch in Frankfurt; s.a. BGH v. 30. 4. 1998, ZIP 1998, 1316, zur Unwirksamkeit von Urkundsakten eines deutschen Notars im Ausland.
[107] *Heckschen* DB 1998, 1385 (1388).
[108] Zur gesetzgeberischen Inkonsequenz, Verlustvorträge bei Verschmelzungen und Spaltungen übergehen zu lassen (s. a. Rz. 43), vorgangswirtschaftliche Verluste von Organgesellschaften aber weiterhin vom Verlustabzug auszuschließen (§ 15 Nr. 1 KStG) s. *Knepper* DStR 1994, 1796 (1798); *HHR/Orth* § 10 d EStG auf grünen Blättern, Allg. Erl. Anm. IV 2; *Orth* JbFStR 1995, 96, 452 ff.; zur Parallelität s. a. §§ 293 a–293 g AktG.

A. Einführung   51–54 § 14

erwerben (share deal). Abschreibungsfähig werden seine Anschaffungskosten somit erst nach einer weiteren Umstrukturierung, für die neben vor allem dem Kombinationsmodell ab 1995 auch das sog. Verschmelzungsmodell, das Umwandlungsmodell oder das Mitunternehmermodell zur Verfügung stehen:[109]

– *Kombinationsmodell* (share deal mit anschließendem internen asset deal und Neutralisierung des Veräußerungsgewinns durch eine ausschüttungsbedingte Teilabschreibung); Nachteile: Gewerbesteuerbelastung;[110] Grunderwerbsteuerbelastung und Einschränkung einer Gesellschafterfremdfinanzierung nach § 8 a KStG.   51, 52

– *Verschmelzungsmodell* (share deal mit anschließender Verschmelzung der Kapitalgesellschaft auf eine Personengesellschaft); Vorteile: Keine steuerpflichtige Aufdeckung der stillen Reserven, aber Aufstockung der Buchwerte zumindest für ESt/KSt-Zwecke; Körperschaftsteuer-Erstattung (cash-out); Mögliche Nachteile: Keine Gewerbesteuerentlastung wg. Versagung der Aufstockung für GewSt-Zwecke (str.; s. Rz. 376, 386); Grunderwerbsteuerbelastung; Gesellschafterfremdfinanzierung scheitert an § 15 Abs. 1 Nr. 2 EStG, evtl. Verlustvorträge gehen nicht über (s. Rz. 43); Steuersatzdifferenzen; Steuerpflicht eines Veräußerungsgewinns – Abhilfe durch spätere Rückumwandlung in eine Kapitalgesellschaft.[111]   53

– *Umwandlungsmodell* (share deal mit anschließender formwechselnder Umwandlung in eine Personengesellschaft: Grds. gleiche Steuerfolgen wie Verschmelzungsmodell, aber Grunderwerbsteuerneutralität (s. Rz. 334).[112]   54

– *Mitunternehmermodelle* (Einbringung der assets in eine Personengesellschaft nach § 24 UmwStG mit anschließender Veräußerung der Anteile an der

---

[109] *Hügel* DStJG 17 (1994), 69 (98 f.); *Rödder/Hötzel* FR 1994, 285; *Otto* DB 1994, 2121; *Blumers/Marquardt* DStR 1994, 1869; *Blumers/Beinert* DB 1995, 1043; soweit eine Teilwertabschreibung Bestandteil dieser Modelle ist, haben sich die Rahmenbedingungen durch die Neufassung des § 6 Abs. 1 Nrn. 1 und 2 EStG mit dem StEntlG 1999/2000/2002 insoweit geändert, als Teilwertabschreibungen nur noch bei „voraussichtlich dauernden Wertminderungen" zulässig sind und im übrigen ein Wertaufholungs- bzw. Zuschreibungsgebot gilt (s. a. *Herzig/Rieck/Gehring*, BB 1999, 575).
[110] BFH v. 2. 2. 1994, BStBl. II 1994, 768; (keine ausschüttungs- oder abführungsbedingte Teilwertabschreibung; v. 22. 4. 1998, DB 1998, 2348 (Teilwertabschreibung im Organkreis zulässig, soweit nicht durch Verluste der Organgesellschaft verursacht) Nds. FG v. 21. 4. 1998, EFG 1998, 1425 (nrkr.); mit dem StEntlG 1999/2000/2002 ist der Anwendungsbereich der Hinzurechnungsvorschrift des § 8 Nr. 10 GewStG auf abführungsbedingte Gewinnminderungen ausgedehnt worden; s. a. *Kohlhaas* DStR 1998, 5; s. aber auch BFH v. 27. 3. 1996, BStBl. II 1997, 224 (GewSt-Pflicht von Gewinnen aus der Veräußerung von Betrieben oder Teilbetrieben?); dazu *Blumers/Beinert* DB 1997, 1636 (1637 mwN).
[111] Zur Frage eines etwaigen Mißbrauchs rechtlicher Gestaltungsmöglichkeiten (§ 42 AO) durch eine zeitnahe Rückumwandlung s. UmwSt-Erl. 1998 Tz. 04.45 f. („regelmäßig zu prüfen").
[112] Der Anwendungsbereich des Verschmelzungs- und Umwandlungsmodells ist durch das Gesetz zur Fortsetzung der Unternehmenssteuerreform v. 29. 10. 1997 (BGBl. I, 2590), insbes. durch die Neufassung des § 5 Abs. 2 UmwStG und die Einführung des § 50 c Abs. 11 EStG, und durch die von der FinVerw. angenommenen Mißbrauchsfälle (UmwSt-Erl. 1998 Tz. 04.44 ff., 05.14 f. und 05.16 ff.) wesentlich eingeschränkt worden; Einzelheiten dazu bei *Förster* DB 1997, 1786; *Schultz* DB 1997, 1790; *Rödder/Wochinger* FR 1998, 129 (140 ff.).

Personengesellschaft und Neutralisierung des Veräußerungsgewinns durch eine ausschüttungsbedingte Teilwertabschreibung): Abwandlung des Kombinationsmodells mit dem Vorteil, der Gewerbesteuerfreiheit des Gewinns aus der Veräußerung der einbringungsgeborenen Anteile an der Personengesellschaft.[113]

B. Der Weg in die GmbH

I. Überblick

55 In diesem Abschnitt B werden die verschiedenen Wege skizziert, die für Unternehmen anderer Rechtsform offen stehen, um durch Umwandlung in die Rechtsform der GmbH zu gelangen. Dabei erfolgt eine Schwerpunktbildung, die sich an der praktischen Bedeutung der einzelnen Möglichkeiten orientiert. Durch die wesentliche Erweiterung der Umwandlungsmöglichkeiten hat der numerus clausus der Umwandlungsmöglichkeiten (s. Rz. 7, 13 ff., 31) an Bedeutung verloren. Gleichwohl werden die Erläuterungen nicht nur auf die gesetzlich zugelassenen Möglichkeiten der Gesamtrechtsnachfolge beschränkt, sondern es werden auch – idR nur durch Einzelrechtsnachfolge durchführbare – Alternativ- oder Ersatzlösungen in ihren Grundzügen dargestellt, die entweder in der Praxis Bedeutung haben oder unter steuerlichen Gesichtspunkten der Umwandlung vergleichbar behandelt werden.

56 In den handelsrechtlichen Erläuterungen bilden die Vorschriften über die Verschmelzung einen Schwerpunkt (s. Rz. 465 ff.). Sie werden nämlich als „versteckter allgemeiner Teil"[114] des gesamten Umwandlungsrechts bezeichnet, weil für Spaltungen grds. auf sie verwiesen wird (s. Rz. 611) und auch für den Formwechsel Teile übernommen worden sind.[115]

Mit einer möglichst einheitlichen **Grundgliederung**
a) Überblick
b) Voraussetzungen und Durchführung
c) Handelsrechtliche Wirkungen
d) Steuerliche Rechtsfolgen
wird versucht, das Auffinden der einzelnen Bereiche und den Vergleich zwischen den verschiedenen Möglichkeiten zu erleichtern. Ein derartiger Vergleich ist deswegen von besonderem Interesse, weil die *Gestaltungsmöglichkeiten* unterschiedlich ausgestaltet sind (zB Bewertung des übergehenden Vermögens, Rückbeziehung) und unterschiedlich zugeordnet werden (Ausübung von Wahlrechten durch übertragenden oder übernehmenden Rechtsträger, mit oder ohne Bindungswirkung für das jeweils andere Unternehmen). Von zentraler Bedeutung ist insoweit auch die *Rechnungslegung* der an den Umstrukturierungen beteiligten Unternehmen; deshalb werden Handels- und Steuerbilanzen integriert mitsamt ihren Wechselwirkungen dargestellt.

---

[113] Vgl. BFH v. 27. 3. 1996, BStBl. II 1997, 224; *Blumers/Beinert* DB 1997, 1636; s. a. *Patt* DStZ 1998, 156 (161 f.); *Dieterlen/Schaden* BB 1998, 2457.

[114] *Dörrie* WiB 1995, 1 (2); einschränkend demgegenüber *Schöne* GmbHR 1995, 325 (327 f.).

[115] Begr. UmwBerGE, BT-Drs. 12/6699, 136 f.

B. Der Weg in die GmbH 57–60 § 14

Die *steuerlichen Rechtsfolgen* werden – soweit möglich – schwerpunktmäßig bei einzelnen Alternativen erläutert (Formwechsel im engeren Sinne Rz. 81 ff., Verschmelzung auf Kapitalgesellschaften s. Rz. 525 ff. und auf Personenunternehmen s. Rz. 355 ff., Spaltung Rz. 650 ff., Einbringung Rz. 195 ff., so daß bei den übrigen Alternativen – zur Vermeidung von Wiederholungen – dorthin verwiesen werden kann.

II. Formwechsel[116] in eine GmbH

1. Überblick

Handelsrecht: Ein Rechtsträger anderer Rechtsform (formwechselnder Rechtsträger) kann durch Formwechsel die Rechtsform GmbH (Rechtsträger neuer Rechtsform) erhalten. Als Formwechsel ist im übrigen nicht mehr nur der Formwechsel zwischen Körperschaften, insbes. Kapitalgesellschaften, einerseits und zwischen Personengesellschaften andererseits zugelassen (Formwechsel im engeren Sinne), sondern auch der Formwechsel zwischen Personengesellschaften und Kapitalgesellschaften und umgekehrt (Formwechsel im weiteren Sinne). Auch insoweit hat ein Formwechsel handelsrechtlich identitätswahrenden Charakter. 57

Anzuwendende Vorschriften: Es gelten die Allgemeinen Vorschriften zum Formwechsel (§§ 190 bis 213 UmwG) und Besondere Vorschriften (§§ 214 bis 304 UmwG), die jeweils an die gegebene Rechtsform des formwechselnden Rechtsträgers anknüpfen. Der Formwechsel ist wegen des Fehlens eines Vermögensübergangs weitgehend selbständig geregelt; es wird nur vereinzelt auf Vorschriften zur Verschmelzung verwiesen. 58

Einbezogene Rechtsträger: Die GmbH kann Rechtsträger neuer Rechtsform sein (§ 191 Abs. 2 Nr. 3 iVm. § 3 Abs. 1 Nr. 2 UmwG). Welche Rechtsträger formwechselnde Rechtsträger sein können, ergibt sich aus dem Zusammenwirken der Definition einbezogener Rechtsträger in § 191 UmwG und den Besonderen Vorschriften für die einzelne Rechtsform. Zu den sich daraus ergebenden Möglichkeiten für den Formwechsel in eine GmbH s. Rz. 19. Im folgenden werden nur die wichtigsten Möglichkeiten des Formwechsels in eine GmbH behandelt. 59

Steuerrechtlich ist der Formwechsel in eine GmbH gesetzlich nur für den Formwechsel im weiteren Sinne, nämlich für den Formwechsel einer Personenhandelsgesellschaft in eine Kapitalgesellschaft geregelt (§ 25 UmwStG). Der Formwechsel im engeren Sinne (Kapitalgesellschaft in Kapitalgesellschaft) ist deswegen nicht gesetzlich geregelt, weil das Steuerrecht in diesen Fällen den identitätswahrenden Charakter der handelsrechtlichen Umwandlung nachvollzieht.[117] 60

---

[116] Einführende Hinweise: Zum Begriff des Formwechsels s. Rz. 8 und 31; zum Wesen des Formwechsels s. Rz. 31; zu den Möglichkeiten des Formwechsels s. Rz. 18; zur steuerlichen Behandlung des Formwechsels s. Rz. 9 f. und 40.
[117] UmwStErl. 1998 Tz. 01.05 (unter 2. b); Besonderheiten gelten allerdings, wenn eine KGaA an einer Umwandlung beteiligt ist, s. *Haritz* GmbHR, 1997, S. 590; *ders.* DStR 1996, 1102: „Mischumwandlung"; s. a. *Kusterer* DStR 1998, 1412; *Schaumburg* DStZ 1998, 525.

2. Formwechsel AG in GmbH

a) Überblick

61 Eine AG kann formwechselnd in eine GmbH umgewandelt werden (§§ 190–213, 226, 238–250 UmwG). Dieser Fall wird als der in der Praxis **am häufigsten vorkommende Typ** der formwechselnden Umwandlung im engeren Sinne (s. oben Rz. 31) bezeichnet,[118] ua. weil er personenbezogenen Kapitalgesellschaften den Wechsel von den zwingenden und formstrengen Regeln des Aktienrechtes zu den flexibleren, weil in größerem Umfang abdingbaren Vorschriften des GmbHG ermöglicht. Eine sachliche Rechtfertigung des Formwechsels wird nicht für erforderlich erachtet; er unterliegt lediglich einer Mißbrauchskontrolle.[119] Allerdings ist die AG durch das Gesetz für kleine Aktiengesellschaften und zur Deregulierung des Aktienrechts vom 2. 8. 1994[120] auch für mittelständische Unternehmen wieder attraktiver geworden.[121]

b) Voraussetzungen und Durchführung

62 aa) **Entwurf** des **Umwandlungsbeschlusses** mit folgendem Inhalt (§§ 194, 243 iVm. 218 UmwG):
(a) Gesellschaftsvertrag der GmbH (§ 243 iVm. § 218 Abs. 1 UmwG), der folgende Bestimmungen enthalten sollte, die Mindestinhalt des Umwandlungsbeschlusses sind:
– Rechtsform GmbH
– Firma der Gesellschaft (§ 200 UmwG)
– Betrag des Stammkapitals
– Betrag der von jedem Gesellschafter übernommenen Stammeinlage (mindestens 50 DM und durch 10 teilbar; § 243 Abs. 3 Satz 2 UmwG)[122]
– Festsetzungen über etwaige Sondervorteile, Gründungsaufwand, Sacheinlagen oder Sachübernahmen
– Sonderrechte einzelner Gesellschafter (s. a. (b))
(b) Sonderrechte, die einzelnen Personen gewährt werden sollen, oder die Maßnahmen, die für sie vorgesehen sind.
(c) Abfindungsangebot an widersprechende Aktionäre, sofern nicht Einstimmigkeit erforderlich ist (s. a. Rz. 67) oder eine 100% Beteiligung besteht.
(d) Folgen des Formwechsels für die Arbeitnehmer und ihre Vertretungen sowie die insoweit vorgesehenen Maßnahmen.

---

[118] *Balser* Anm. H 29.
[119] OLG Naumburg v. 6. 2. 1997, DB 1998, 251 (Umwandlung einer AG i. L.); s. a. *A. Meyer-Landrut/Kiem* WM 1997, 1361 und 1413 sowie *Steck* AG 1998, 460, zum „Going private" und „Delisting" durch Formwechsel.
[120] BGBl. I 1994, 1961.
[121] Einzelheiten dazu zB bei *Kindler* NJW 1994, 3041; *Hahn* DB 1994, 1659; *Priester* BB 1996, 333.
[122] Zur Beteiligung von 5-DM-Aktionären nach dem Formwechsel s. a. *Flech* ZIP 1996, 2153.

B. Der Weg in die GmbH 63–65 § 14

bb) Zuleitung des Entwurfs des Umwandlungsbeschlusses an den **Betriebsrat** der AG spätestens einen Monat vor der Hauptversammlung, die den Formwechsel beschließen soll (§ 194 Abs. 2 UmwG).[123] 63

cc) Rechnungslegung[124]: Eine *Vermögensaufstellung,* in der die Gegenstände und Verbindlichkeiten der AG mit dem wirklichen Wert anzusetzen wären (§ 192 Abs. 2 UmwG), ist *nicht zu fertigen* (§ 238 Satz 2 UmwG). Beim Formwechsel zwischen Kapitalgesellschaften erscheint es vertretbar, zu seiner Erleichterung auf die mit der Vermögensaufstellung bezweckte Unterrichtung der Anteilsinhaber[125] (s. a. Rz. 95 ff.) zu verzichten, weil sich ihre Rechtsstellung nicht grundlegend ändert.[126] 64

dd) Umwandlungsbericht (§ 192 UmwG): *Nicht erforderlich* (§§ 192 Abs. 3, 238 Satz 3 UmwG), *wenn* 65
– an der AG nur ein Aktionär beteiligt ist oder
– alle Aktionäre durch notariell beurkundete Erklärung auf seine Erstattung verzichten.

Ansonsten hat der Vorstand der AG einen *ausführlichen schriftlichen Bericht* (Umwandlungsbericht) mit folgenden Angaben zu erstatten (§ 192 Abs. 1 iVm. § 8 Abs. 1 Satz 2 bis 4 und Abs. 2 UmwG):[127]
– Rechtliche und wirtschaftliche Erläuterung sowie Begründung des Formwechsels und insbesondere der künftigen Beteiligung der (bisherigen) Aktionäre an der GmbH. Dazu gehört auch die Erläuterung der Höhe der anzubietenden Barabfindung für widersprechende Minderheitsaktionäre.[128]
– Alle für den Formwechsel wesentlichen Angelegenheiten der mit der AG verbundenen Unternehmen iSd. § 15 AktG.

Für die AG nachteilige Tatsachen brauchen im Umwandlungsbericht nicht angegeben zu werden (§ 192 Abs. 1 Satz 2 iVm. § 8 Abs. 2 UmwG). Dem Umwandlungsbericht sind beizufügen (§ 192 Abs. 1 Satz 3 und Abs. 2, § 238 Satz 2 UmwG):
– Entwurf des Umwandlungsbeschlusses (s. Rz. 62)
– Keine Vermögensaufstellung (s. Rz. 64)

Der Umwandlungsbericht ist dem Verschmelzungsbericht (s. Rz. 491 f.) nachgebildet und soll der Information der Anteilsinhaber vor allem über die Veränderungen ihrer Anteile dienen.[129]

---

[123] Einzelheiten dazu s. OLG Naumburg v. 6. 2. 1997, DB 1998, 211: Keine erneute Zuleitungspflicht bei nur unwesentlichen Abweichungen des tatsächlich gefaßten Beschlusses vom ursprünglichen Beschlußentwurf, die sich nicht auf die Unternehmensstruktur und die Belegschaft des Betriebs auswirken; keine Befugnis des Betriebsrats zur Erhebung von Anfechtungs- oder Nichtigkeitsklagen; klagebefugt sind nur dessen Mitglieder, soweit sie zugleich Aufsichtsratsmitglieder sind.
[124] Einzelheiten zur handelsrechtlichen Rechnungslegung s. HFA 1/1996 (s. Rz. 6).
[125] Begr. UmwBerGE, BT-Drs. 12/6699, 138.
[126] Ber. RAussch. zum UmwBerGE, BT-Drs. 12/7850, 144; a. aber auch *Schultze-Osterloh* ZGR 1993, 420 (442).
[127] Einzelheiten s. LG Heidelberg v. 7. 8. 1996, DB 1996, 1768.
[128] KG v. 27. 11. 1998, DB 1999, 86 (nrkr.); aA LG Berlin v. 26. 2. 1997, DB 1997, 969.
[129] Begr. UmwBerGE, BT-Drs. 12/6699, 138.

§ 14 66, 67 Umwandlung

66 ee) Keine **Prüfung** des Entwurfs des Umwandlungsbeschlusses durch einen externen Prüfer, wohl aber der Angemessenheit der Abfindung (§ 208 iVm. § 30 Abs. 2 UmwG; s. a. Rz. 494).[130]

67 ff) **Umwandlungsbeschluß** durch die **Hauptversammlung** (§§ 193, 238–240, 242, 244 UmwG):
(1) *Einberufung* der Hauptversammlung durch den Vorstand (§§ 121 ff. AktG) und
– Bekanntgabe des Umwandlungsbeschlusses und der GmbH-Satzung (§ 124 Abs. 2 Satz 2 AktG)[131]
– Mitteilung des Abfindungsangebots (§ 238 Satz 1 iVm. § 231 UmwG)
– Auslage des Umwandlungsberichts (s. Rz. 65) in den Geschäftsräumen der AG zur Einsicht der Aktionäre (§ 238 Satz 1 iVm. § 230 Abs. 2 UmwG)
– Aufforderung der Aktionäre, ihren Aktienbesitz unter Namensnennung der Gesellschaft anzuzeigen[132]
(2) *Durchführung* der Hauptversammlung (§ 239 UmwG) mit
– Auslage des Umwandlungsberichts
– Mündlicher Erläuterung des Entwurfs des Umwandlungsbeschlusses und Auskunftserteilung über die Barabfindung einschließlich des Berichtes über die Angemessenheitsprüfung (s. Rz. 66)[133] durch den Vorstand
(3) *Beschlußfassung* mit mindestens ³/₄ des vertretenen Grundkapitals (§ 240 Abs. 1 UmwG):
– Satzung kann eine größere Mehrheit und weitere Erfordernisse bestimmen[134]
– Zustimmungserfordernis bei von dem Nennbetrag der Aktien abweichenden Nennbetrag für jeden Aktionär, der sich nicht dem Gesamtbetrag seiner Aktien entsprechend beteiligen kann (§ 242 UmwG)
– Aufnahme unbekannt gebliebener Aktionäre in den Umwandlungsbeschluß durch Feststellung und Angabe ihrer Aktienurkunden.[135]
(4) *Notarielle Beurkundung* des Umwandlungsbeschlusses und der Zustimmungserklärungen einzelner Aktionäre, die nach dem UmwG erforderlich sind (§ 193 Abs. 3 UmwG). In der Niederschrift des Umwandlungsbe-

---

[130] Einzelheiten zu den notwendigen Angaben in diesem Prüfungsbericht s. LG Heidelberg v. 7. 8. 1996, DB 1996, 1768.
[131] LG Hanau v. 2. 11. 1995, ZIP 1996, 422 (nrkr.).
[132] BayObLG v. 5. 7. 1996, DB 1996, 1814.
[133] LG Heidelberg v. 7. 8. 1996, DB 1996, 1768; offengelassen wird vom LG Heidelberg, ob der Prüfungsbericht schon vor der Hauptversammlung in den Geschäftsräumen auszulegen (§ 63 Abs. 1 Nr. 5 UmwG analog) oder in Abschrift den Aktionären auf Verlangen auszuhändigen ist (§ 63 Abs. 3 UmwG analog); gegen eine Auslagepflicht LG Berlin v. 26. 2. 1997, DB 1997, 969 (nrkr.); für Offenlegung *Bayer* ZIP 1997, 1613 (1622).
[134] Zur Streitfrage, ob dies speziell auf Umwandlungen bezogen sein muß oder auch gilt, wenn allgemein für Satzungsänderungen vorgesehen, s. *Bayer* ZIP 1997, 1613 (1622).
[135] BayObLG v. 5. 7. 1996, DB 1996, 1814 (Umwandlung AG in GmbH & Co. KG); s. a. OLG Ffm. v. 9. 6. 1997, ZIP 1997, 1291.

schlusses nicht namentlich aufzuführen sind sämtliche übrigen der Umwandlung einer AG in eine GmbH zustimmenden Aktionäre (arg. § 244 Abs. 1 UmwG)[136]

(5) *Keine Unterzeichnung des Gesellschaftsvertrages*, der im Umwandlungsbeschluß enthalten ist, durch die Gesellschafter erforderlich (§ 244 Abs. 2 UmwG)

gg) Kein Sachgründungsbericht (§ 5 Abs. 4 GmbHG) erforderlich (§ 245 Abs. 4 UmwG), weil die AG bereits schärferen Kapitalschutzvorschriften unterlegen hat und die grundsätzlich anwendbaren Gründungsvorschriften deshalb nur eine untergeordnete Rolle spielen.

hh) Eintragung der Umwandlung in das Handelsregister:
(1) *Anmeldung* des Formwechsels zur Eintragung (§§ 198, 246 UmwG):
 (a) Anmeldung durch den Vorstand
 (b) Anmeldung bei dem Register, in dem die AG eingetragen ist
 (c) Gegenstand der Anmeldung:
  – Neue Rechtsform des Rechtsträgers (GmbH)
  – Geschäftsführer der GmbH
 (d) Negativerklärung des Vorstands über Klagen gegen Umwandlungsbeschluß (§ 198 Abs. 3 iVm. § 16 Abs. 2 UmwG) oder
 (e) Beschluß des Prozeßgerichts, daß eine Klage gegen die Wirksamkeit des Umwandlungsbeschlusses ggf. der Eintragung nicht entgegensteht (§ 198 Abs. 3 iVm. § 16 Abs. 3 UmwG)[137]
 (f) Keine Negativerklärung über eine Unterbilanz (§ 246 Abs. 3 UmwG)
 (g) Anlagen der Anmeldung (§ 199 UmwG)
  – Niederschrift des Umwandlungsbeschlusses
  – Zustimmungserklärungen einzelner Aktionäre, die nach dem UmwG erforderlich sind
  – Umwandlungsbericht oder die Erklärung über den Verzicht auf seine Erstellung
  – Nachweis über die Zuleitung des Entwurfs des Umwandlungsbeschlusses an den Betriebsrat
  – Genehmigungsurkunde, falls Formwechsel der staatlichen Genehmigung bedarf
(2) *Eintragung* des Formwechsels in das Handelsregister
(3) *Bekanntmachung* der Eintragung (§ 201 UmwG)

(frei)

c) Handelsrechtliche Wirkungen

Rechtsfolgen der formwechselnden Umwandlung sind:

aa) Die **Eintragung** der neuen Rechtsform GmbH in das Handelsregister hat folgende **konstitutive Wirkungen** (§§ 202, 247 UmwG):
(1) Die AG besteht in der Rechtsform GmbH weiter (Identität des Rechtsträgers).

---

[136] Begr. UmwBerGE, BT-Drs. 12/6699, 157 f.
[137] Einzelheiten dazu s. LG Hanau v. 5. 10. 1995, ZIP 1995, 1820; LG Freiburg v. 26. 11. 1997, AG 1998, 536; *Veil* ZIP 1996, 1065; *Timm* ZGR 1996, 247 (257 ff.), s. ferner Rz. 505.

(2) Das Grundkapital wird zum Stammkapital. Veränderungen des Nennkapitals können im Zusammenhang mit dem Formwechsel nach den allgemeinen Kapitalveränderungsvorschriften vorgenommen werden (§ 243 Abs. 2 UmwG).
(3) Die bisherigen Aktionäre sind als Gesellschafter an der GmbH beteiligt (Kontinuität der Mitgliedschaft in dem Rechtsträger). Zum Umtausch der Anteile s. a. § 248 Abs. 2 UmwG.
(4) Rechte Dritter an den Aktien bestehen an den Geschäftsanteilen weiter.
(5) Ein Mangel der notariellen Beurkundung
 – des Umwandlungsbeschlusses oder
 – ggf. erforderlicher Zustimmungs- oder Verzichtserklärungen einzelner Aktionäre
wird geheilt.
(6) Mängel des Formwechsels lassen die Wirkungen der Eintragung der GmbH in das Handelsregister (s. (1) bis (5)) unberührt. Durch diese Einschränkung der Nichtigkeit des Formwechsels soll seine Rückabwicklung vermieden werden, die mit besonderen Schwierigkeiten verbunden sein kann (insbes. bei Rückführung neu erlangter Strukturelemente).[138]

74 bb) **Minderheitenrechte** der Aktionäre:
(1) Klage gegen die Wirksamkeit des Umwandlungsbeschlusses binnen eines Monats nach der Beschlußfassung (§§ 195, 210 UmwG)
(2) Anspruch auf Verbesserung des Beteiligungsverhältnisses durch bare Zuzahlung (§ 196 UmwG), der im Spruchverfahren geltend zu machen ist (§§ 305–312 UmwG)[139]
(3) Antrag auf gerichtliche Bestimmung einer angemessenen Barabfindung (§ 212 UmwG) innerhalb von zwei Monaten nach Bekanntmachung der Eintragung des Formwechsels in das Handelsregister. Voraussetzung ist, daß der Antragsteller Widerspruch gegen den Umwandlungsbeschluß zur Niederschrift erklärt hat. Der Antrag ist im Spruchverfahren geltend zu machen (§§ 305–312 UmwG).
(4) Annahme der Barabfindung gegen Übertragung der umgewandelten Anteile auf die GmbH innerhalb von zwei Monaten nach Bekanntmachung der Eintragung des Formwechsels in das Handelsregister oder zwei Monate nach Bekanntmachung der gerichtlichen Entscheidung gemäß (3) (§ 209 UmwG). Voraussetzung ist, daß der Antragsteller Widerspruch gegen den Umwandlungsbeschluß zur Niederschrift erklärt hat.
(5) Anderweitige Veräußerung der Anteile innerhalb der Frist gemäß (4), der etwaige Verfügungsbeschränkungen im Gesellschaftsvertrag nicht entgegenstehen (§ 211 UmwG).

75 cc) Die **Mitglieder eines Aufsichtsrats**, der ggf. bei der GmbH in gleicher Weise wie bei der AG zu bilden ist (MitbestG), bleiben für den Rest ihrer Wahlzeit als Mitglieder des Aufsichtsrats der GmbH im Amt, sofern die

---

[138] Begr. UmwBerGE, BT-Drs. 12/6699, 144.
[139] Siehe auch OLG Düsseldorf v. 11. 3. 1998, DB 1998, 1022: Keine Kostenvorschußpflicht für Minderheitsaktionäre, sondern für die Gesellschaft (Umwandlung AG in KG).

Anteilsinhaber für die ihnen zuzurechnenden Aufsichtsratsmitglieder nicht die Beendigung des Amtes bestimmen (§ 203 UmwG).

dd) Zum **Schadensersatz** sind **Vorstand** und **Aufsichtsrat** der AG, ihren Aktionären sowie ihren Gläubigern verpflichtet, sofern sie bei Vorbereitung und Durchführung des Formwechsels pflichtwidrig gehandelt haben (§§ 205, 206 UmwG).

ee) Zum **Schutz der Gläubiger** wird Altgläubigern das Recht eingeräumt, grundsätzlich innerhalb von 6 Monaten nach Bekanntmachung des Formwechsels **Sicherheitsleistung** zu verlangen (§ 204 iVm. § 22 UmwG), jedoch nur dann, wenn
– der Gläubiger glaubhaft macht, daß durch den Formwechsel die Erfüllung seiner Forderung gefährdet wird (§ 204 iVm. § 22 Abs. 1 UmwG)
– kein Insolvenzschutz, zB durch den Pensionssicherungsverein, besteht (§ 204 iVm. § 22 Abs. 2 UmwG).

ff) Zum **Schutz der Inhaber von Sonderrechten** (Verwässerungsschutz) sind ihnen gleichwertige Rechte in der GmbH zu gewähren (§ 204 iVm. § 23 UmwG). Sonderrechte iSd. § 23 UmwG sind Rechte, die kein Stimmrecht gewähren, insbes. Anteile ohne Stimmrecht, Wandelschuldverschreibungen, Gewinnschuldverschreibungen und Genußrechte. Nach inzwischen hM werden auch Vorzugsaktien ohne Stimmrecht (§§ 139 bis 141 AktG) zu den Sonderrechten iSd. § 23 UmwG gerechnet.[140]

(frei) **79, 80**

d) Steuerliche Rechtsfolgen

Der **Formwechsel** einer AG in eine GmbH ist **steuerneutral**. Auf der Ebene der *Kapitalgesellschaft* werden die Buchwerte fortgeführt und steuerliche Verluste sind aus der Zeit vor der Umwandlung bei der Körperschaft- und Gewerbesteuer in die Zeit nach der Umwandlung vorzutragen[141] sowie Verluste aus der Zeit nach der Umwandlung – bei Vorliegen der übrigen Voraussetzungen – nur bei der Körperschaftsteuer in die Zeit vor der Umwandlung zurückzutragen (§ 10 d EStG, § 8 Abs. 1 und 4 KStG, § 10 a GewStG).[142] Dies deswegen, weil kein Vermögensübergang stattfindet, Personenidentität zwischen AG und GmbH als Rechtsträger besteht und das Steuerrecht hinsichtlich des Formwechsels im engeren Sinne dem Handelsrecht folgt (s. Rz. 31).[143]

Die formwechselnde Umwandlung ist auch auf der Ebene der *Anteilseigner* grds. steuerneutral, weil zwischen den im Rahmen des Umtauschs (s. Rz. 73) hingegebenen und erhaltenen Anteilen Nämlichkeit iSd. sog. Tauschgutachtens[144] besteht. Ein steuerpflichtiger Veräußerungsgewinn kann dann ent-

---

[140] Vgl. *Kiem* ZIP 1997, 1627 (1630 ff.) mwN; *Baums* AG 1994, 1 (7); aA *Rümker* WM 1994, 73 (77), unter Hinweis auf Art. 15 der Fusionsrichtlinie, wonach Sonderrechte nur solche sind, die nicht Aktien sind.
[141] BFH v. 19. 8. 1958, BStBl. III, 468; v. 9. 9. 1958, BStBl. III 1959, 48; v. 8. 4. 1964, BStBl. III, 306.
[142] Abschn. 37 Abs. 5 Satz 1 KStR; Abschn. 68 Abs. 6 Satz 12 GewStR.
[143] Begr. UmwStRÄndGE, BT-Drs. 12/6885, 15 und 22; UmwStErl. Tz. 01.05 (unter 2 b).
[144] BFH v. 16. 12. 1958, BStBl. III 1959, 30 (s. a. Rz. 252).

stehen, wenn widersprechende Gesellschafter ihre Anteile veräußern oder gegen Barabfindung auf die Gesellschaft übertragen (s. Rz. 74 (2)–(5) und die Anteile entweder im Betriebsvermögen gehalten wurden oder die Steuerpflicht nach § 17 EStG, § 21 UmwStG oder § 23 EStG entsteht.

83 Die formwechselnde Umwandlung im engeren Sinne hat auch verkehrsteuerlich keine Auswirkungen: Umsatzsteuerlich ist sie wegen Fehlens eines Leistungsaustauschs nicht steuerbar (Abschn. 6 Abs. 6 UStR) und Grunderwerbsteuer kann deswegen nicht entstehen, weil kein Vermögensübergang (Grundstücke) stattfindet.

84–89 *(frei)*

3. Formwechsel OHG oder KG in GmbH

a) Überblick

90 **Formwechselnder Rechtsträger** können nicht sämtliche Personenunternehmen sein, sondern nur **Personenhandelsgesellschaften** und Partnerschaftsgesellschaften (§ 191 UmwG). Zu den ersteren gehören OHG, KG (§ 3 Abs. 1 Nr. 1 UmwG); einschließlich der Kapitalgesellschaft & Co. (insbs. also GmbH & Co.) und Stiftung & Co.[145] (besondere Regeln für den Formwechsel von Publikumspersonenhandelsgesellschaften – idR GmbH & Co. KG – sieht das UmwG nicht vor). Nicht einbezogen sind die übrigen Personengesellschaften, insbes. also nicht die GbR, weil die gesetzgebenden Körperschaften hierfür kein Bedürfnis gesehen haben;[146] als Ersatzlösung kommt das sog. Anwachsungsmodell in Betracht (s. Rz. 240) (eine Gleichbehandlung der EWIV wird im Schrifttum[147] befürwortet). Nicht einbezogen sind ferner Einzelunternehmen, für die statt dessen eine Spaltung durch Ausgliederung zur Neugründung (s. Rz. 170) oder – als Ersatzlösung – eine Sachgründung im Wege der Einzelrechtsnachfolge (s. Rz. 247) in Betracht kommt.

Steuerlich wird der Formwechsel einer Personenhandelsgesellschaft in eine Kapitalgesellschaft als Einbringung iSd. §§ 20 bis 22 UmwStG behandelt (§ 25 UmwStG).[148]

b) Voraussetzungen und Durchführung

91 **aa) Entwurf** des **Umwandlungsbeschlusses** mit folgendem Inhalt (§§ 194, 218 UmwG):

---

[145] Begr. UmwBerGE, BT-Drs. 12/6699, 137; dazu s. a. *Seifart/v. Campenhausen* Hdb. des StiftR, 2. Aufl., § 13, insbes. Anm. 85 ff.
[146] Begr. UmwBerGE, BT-Drs. 12/6699, 147; *aA* zB *DAV* HRAAussch. Stellungn. zum UmwBerGRefE, WM 1993 Sonderbeilage Nr. 2 Rz. 131, unter Hinweis auf das Bedürfnis eines Wechsels ua. in eine „Anwalts-GmbH" (inzwischen durch § 59 c BRAO gesetzlich zugelassen).
[147] *Bayer* ZIP 1997, 1613 mwN; *Heckschen* DB 1998, 1385.
[148] Zur Ausdehnung des Anwendungsbereichs auch auf Partnerschaftsgesellschaften s. *Neye* DB 1998, 1649 (1653).

B. Der Weg in die GmbH 92–94 § 14

(1) Gesellschaftsvertrag der GmbH (§ 218 Abs. 1 UmwG), der folgende Bestimmungen enthalten sollte, die Mindestinhalt des Umwandlungsbeschlusses sind:
- Rechtsform GmbH
- Firma der Gesellschaft (§ 200 UmwG)
- Betrag des Stammkapitals
- Betrag der von jedem Gesellschafter übernommenen Stammeinlage (mindestens 50 DM und durch 10 teilbar)
- Sonderrechte einzelner Gesellschafter (s. a. (2))

(2) Sonderrechte, die einzelnen Anteilsinhabern oder anderen Personen gewährt werden sollen, oder die Maßnahmen, die für sie vorgesehen sind.

(3) Abfindungsangebot an widersprechende Gesellschafter, sofern nicht Einstimmigkeit erforderlich ist (s. a. Rz. 104) oder eine 100%ige Beteiligung besteht.

(4) Folgen des Formwechsels für die Arbeitnehmer und ihre Vertretungen sowie die insoweit vorgesehenen Maßnahmen.

(5) Leistung von Sacheinlagen durch einzelne Gesellschafter: Aus steuerlichen Gründen kann es geboten sein, mit dem Formwechsel Sacheinlagen in die GmbH zu verbinden. Dafür kommen Vermögensgegenstände in Betracht, die nicht zum Gesellschaftsvermögen, sondern zum Privatvermögen eines Gesellschafters gehören, steuerlich in einer Sonderbilanz des Gesellschafters erfaßt waren (s. Rz. 99) und wesentliche Betriebsgrundlagen iSd. § 20 UmwStG bilden. Dann setzt die Anwendbarkeit des § 20 UmwStG voraus, daß derartige Vermögensgegenstände ebenfalls auf die GmbH übertragen werden (s. Rz. 199). Derartige Vermögensgegenstände sind daher als Sacheinlagen in den Umwandlungsbeschluß aufzunehmen (§ 5 Abs. 4 GmbHG) und im Wege der Einzelrechtsnachfolge auf die GmbH zu übertragen.

bb) Zuleitung des Entwurfs des Umwandlungsbeschlusses an einen **Betriebsrat** der Personenhandelsgesellschaft spätestens einen Monat vor der Gesellschafterversammlung, die den Formwechsel beschließen soll (§ 194 Abs. 2 UmwG). 92

cc) Rechnungslegung (s. a. Rz. 56):[149] Anläßlich der Umwandlung sind verschiedene Bilanzen und eine Vermögensaufstellung zu erstellen, die teilweise unterschiedliche Zwecke haben. Zwischen einzelnen bestehen Wechsel- bzw. Bindungswirkungen, die dazu führen, daß steuerliche Wahlrechte und Rechtsfolgen durch Bilanzierungsentscheidungen in der Handelsbilanz ausgeübt bzw. ausgelöst werden. Der durch die Rechnungslegung entstehende Aufwand wird in der Praxis dadurch begrenzt, daß möglichst ein einheitlicher Bilanzstichtag verwandt und eine Wertverknüpfung praktiziert wird, soweit dies sachgerecht und handelsrechtlich sowie steuerrechtlich zulässig ist. 93

(1) **Jahresabschluß** der Personenhandelsgesellschaft (§§ 242 ff. HGB) zum Schluß des letzten Geschäftsjahres, das vor Wirksamwerden des Formwechsels endet. Ein von diesem Bilanzstichtag zu unterscheidender Umwandlungs- 94

---

[149] Einzelheiten zur handelsrechtlichen Rechnungslegung s. HFA 1/1996 (s. Rz. 6), insbes. Anm. 3.1; s. ferner *E. Fischer/Olkus* DB 1998, 2191, zum Einfluß steuerlicher Ergänzungsbilanzen.

stichtag existiert handelsrechtlich nicht, weil der Formwechsel von der Personenhandelsgesellschaft in die Kapitalgesellschaft seit dem UmwG 1995 keinen Vermögensübergang mehr zur Folge hat (s. Rz. 31), so daß deswegen auch kein Abgrenzungsbedarf mehr besteht. Der Eigenkapitalausweis in der Bilanz dieses Jahresabschlusses der Personenhandelsgesellschaft kann auch zum Reinvermögensnachweis in Höhe des Stammkapitals der (künftigen) GmbH (§ 220 UmwG) herangezogen werden (s. Rz. 98).

95 (2) **Vermögensaufstellung**, in der die Gegenstände und Verbindlichkeiten des formwechselnden Rechtsträgers (Personenhandelsgesellschaft) mit dem wirklichen Wert anzusetzen sind, der ihnen am Tag der Erstellung des Umwandlungsberichts beizulegen ist (§ 192 Abs. 2 Satz 1 UmwG).

Diese Vermögensaufstellung ist Bestandteil des Umwandlungsberichts (§ 192 Abs. 2 Satz 2 UmwG) und deswegen ebenso wie dieser nicht erforderlich, wenn alle Gesellschafter der formwechselnden Personenhandelsgesellschaft zur Geschäftsführung berechtigt sind (§ 215 UmwG), dh. idR bei der OHG, oder wenn auf die Erstattung des Umwandlungsberichts verzichtet wird (§ 192 Abs. 3 UmwG).

96 Bereits im Verlauf des Gesetzgebungsverfahrens ist angesichts der Konzeption einer Kontinuität des Rechtsträgers in Mitgliedschaft und Vermögen auch beim Formwechsel im weiteren Sinne (s. Rz. 31) kritisiert worden, daß *Funktion und Inhalt* der Vermögensaufstellung nicht ausreichend ersichtlich sind.[150] Sie soll – nach den Gesetzesmaterialien[151] – mitsamt dem Umwandlungsbericht der „vollständigen Unterrichtung" der Anteilsinhaber dienen, um ihnen die deswegen notwendige „detaillierte Prüfung der Vermögenslage zu ermöglichen", weil aus Kostengründen von einer Prüfung der Umwandlung durch Sachverständige abgesehen wurde. Umwandlungsbericht und Vermögensaufstellung sollen zusammen die gleiche „Unterrichtungsfunktion" haben wie nach bisherigem Recht die Umwandlungsbilanz.[152] Bei ihr handelte es sich um eine Vermögensbilanz, in der die „wirklichen Werte (Buchwerte unter Hinzurechnung der stillen Rücklagen und der stillen Lasten)" auszuweisen waren. Die „Aufstellung einer vollständigen Vermögensbilanz" wurde durch den Umwandlungsbericht „entbehrlich".[153] *Ganske*[154] hat ergänzend erläutert, die Vermögensaufstellung solle den betroffenen Anteilsinhabern die Beurteilung des Umtauschverhältnisses und dem Registergericht bei der Anwendung der Gründungsvorschriften die Prüfung ermöglichen, ob bei Umwandlungen in Kapitalgesellschaften das Stammkapital oder Grundkapital gedeckt ist.[155]

97 Mit der Ansatzpflicht für „Gegenstände und Verbindlichkeiten" soll offenbar ein Ausweis sämtlicher Vermögensgegenstände und Schulden unabhängig

---

[150] *IDW*-Stellungn. zum UmwBerGRefE, Wpg. 1992, 613 (621) *DAV*-HRAussch. Stellungnahme zum UmwBerGRefE, WM 1993, Sonderbeilage Nr. 2 Rz. 137 ff.; *Schultze-Osterloh* ZGR 1993, 420 (442 ff.).

[151] Begr. UmwBerGE, BT-Drs. 12/6699, 138 f.; Ber. RAussch. zum UmwBerGE, BT-Drs. 12/7850, 144.

[152] Vgl. §§ 4, 43 und 49 UmwG 1969.

[153] Begr. UmwBerGE, BT-Drs. 12/6699, 138 f.

[154] *Ganske* in IDW (Hrsg.), Reform des UmwR, 15 (29).

[155] Kritisch dazu *Schultze-Osterloh* ZGR 1993, 420 (444).

B. Der Weg in die GmbH   98, 99 § 14

von Bilanzierungsverboten erreicht werden.[156] Daß sie mit ihren „beizulegenden wirklichen Werten" anzusetzen sind, belegt, daß die Aufstellung das Vermögen nicht nur mengenmäßig, sondern auch wertmäßig ausweisen soll,[157] und zwar unter Aufdeckung stiller Reserven (Aufstockung).[158] Stichtag der Vermögensaufstellung soll der „Tag der Erstellung des Umwandlungsberichts" sein. Dies ist ungenau (bei längerdauernder Erstellung des Umwandlungsberichts) und unpraktikabel (die Vermögensaufstellung soll bereits dem Umwandlungsbericht beigefügt werden). Daher wird eine Aufstellung des Vermögens auf einen nicht zu weit zurückliegenden Stichtag (zB den Bilanzstichtag) zu akzeptieren sein.

(3) **Bilanz** zum Nachweis des **Wertes** der **Sacheinlage** (§ 220 Abs. 1 UmwG) mit dem Sachgründungsbericht (s. Rz. 105). Maßgebender Stichtag ist der Zeitpunkt der Anmeldung der Gesellschaft zur Eintragung in das Handelsregister (§ 9 Abs. 1 GmbHG). Die Bilanz auf einen früheren, nicht zu weit entfernten Stichtag (zB des Jahresabschluß; s. Rz. 94) kann übernommen werden.[159] Allerdings wird das Registergericht in aller Regel die Vorlage einer geprüften Bilanz verlangen.[160] Für Jahresabschlüsse von Personenhandelsgesellschaften besteht aber grds. keine Pflicht zur Prüfung (arg. § 316 HGB), es sei denn, sie erfüllten die Größenmerkmale des Publizitätsgesetzes (§ 1 PublG). Für Zwecke des Nachweises der Kapitalaufbringung darf das Reinvermögen auch mit Zeitwerten bewertet werden.[161]

(4) **Steuerliche Schlußbilanz** der Mitunternehmerschaft (§§ 5, 15 EStG) zwecks Gewinnabgrenzung und Ermittlung der steuerlichen Buchwerte iSd. § 20 Abs. 2 Satz 1 UmwStG. Die Personenhandelsgesellschaft wird steuerlich als Mitunternehmerschaft bezeichnet (§ 15 Abs. 1 Satz 1 Nr. 2 EStG), deren Steuerbilanz eine Gesamtbilanz ist bestehend aus:[162]

– Steuerbilanz der Gesellschaft
– Ergänzungsbilanz einzelner Mitunternehmer
– Sonderbilanzen einzelner Mitunternehmer (s. Rz. 135)

Die übertragende Gesellschaft hat diese Steuerbilanz auf den steuerlichen Übertragungsstichtag aufzustellen (§ 25 Satz 2 UmwStG), weil das Steuerrecht den Formwechsel einer Personengesellschaft in eine Kapitalgesellschaft und umgekehrt abweichend vom Handelsrecht (s. dazu Rz. 31 und 94) als Wechsel des Rechtsträgers behandelt, mit dem ein Vermögensübergang verbunden ist.[163] Der steuerliche Übertragungsstichtag darf höchstens 8 Monate vor der Anmeldung des Formwechsels zur Eintragung in das Handelsregister (s. Rz. 106) liegen (§ 25 Satz 1 iVm. § 20 Abs. 8 UmwStG) und kann damit

---

[156] Vgl. *Ganske* DStJG 17 (1994), 43 (48) zum Begriff des „Gegenstands".
[157] Anders als zB die Übersicht über die Vermögensgegenstände und Verbindlichkeiten eines Einzelkaufmanns nach §§ 52 Abs. 4, 56 Abs. 3 UmwG 1969, die keine Wertangaben enthielt.
[158] OLG Ffm. v. 9. 6. 1997, ZIP 1997, 1291; zur Problematik der Ermittlungen des „beizulegenden Werts" nach § 253 HGB s. *ADS*, § 253 Tz. 452 ff. und 513 ff.
[159] *Lutter/Hommelhoff* § 5 Anm. 23.
[160] *Lutter/Hommelhoff* § 5 Anm. 29.
[161] HFA 1/1996 (s. Rz. 6) Tz. 2.1.
[162] Einzelheiten bei *Schmidt*/EStG § 15 Anm. 400 ff.
[163] Begr. UmwStRÄndGE, BT-Drs. 12/6885, 26.

ggf. auf den Stichtag des letzten handelsrechtlichen Jahresabschlusses der Personenhandelsgesellschaft (s. Rz. 94) zurückbezogen werden, auf den auch eine Steuerbilanz aufzustellen ist.

100 (5) Keine handelsrechtliche Eröffnungsbilanz der GmbH, weil handelsrechtlich der Formwechsel eine Kontinuität des Rechtsträgers ua. beim Vermögen bedeutet (s. Rz. 31 und 94). Wohl aber kann sich eine **Aufnahmebilanz** empfehlen, falls der Formwechsel mit weiteren Sacheinlagen verbunden wird (s. Rz. 91). Im **Jahresabschluß** der GmbH zum nächsten Bilanzstichtag sind die Buchwerte aus dem Jahresabschluß der Personengesellschaft (s. Rz. 94) fortzuführen (Grundsatz der Bilanzkontinuität); das Bewertungswahlrecht nach § 24 UmwG findet im Falle des Formwechsels keine Anwendung,[164] auch nicht analog.[165] Erreicht das bilanzielle Eigenkapital nicht das festgesetzte Stammkapital, so soll der Differenzbetrag entweder als „Verlustvortrag" (sofern durch Verluste der Personenhandelsgesellschaft verursacht) oder als „passivischer Abzugsposten" bzw. als „Fehlbetrag zum gesetzlichen Stammkapital"[166] ausgewiesen, und mit künftigen Gewinnen verrechnet werden.[167]

101 (6) **Steuerliche Eröffnungsbilanz** der GmbH (§ 5 EStG, § 25 Satz 1 iVm. § 20 Abs. 2, 3, 7 und 8 UmwStG). Anders als für den Formwechsel einer Kapitalgesellschaft in eine Personengesellschaft in § 14 UmwStG ist die Aufstellung einer Eröffnungsbilanz in § 25 UmwStG nicht ausdrücklich geregelt, sachlich aber unverzichtbar. Nach Auffassung der FinVerw.[168] sind infolge des Maßgeblichkeitsgrundsatzes (§ 5 Abs. 1 EStG) auch steuerlich zwingend die Buchwerte fortzuführen (zur – zeitversetzten – Handelsbilanz s. Rz. 100). Nach uE zutreffender hM im Schrifttum[169] gilt jedoch für die Bewertung des übergehenden Vermögens ein Wahlrecht: Buchwert, Teilwert oder Zwischenwert (§ 20 Abs. 2 Satz 1 UmwStG; Einzelheiten s. Rz. 197 ff.). Die Bedeutung der Bewertung in der steuerlichen Eröffnungsbilanz liegt nicht nur in der Bestimmung der Anschaffungskosten der GmbH für das übergehende Vermögen, sondern auch in der Bindungswirkung, daß dessen Wert lt. steuerlicher Eröffnungsbilanz als Veräußerungspreis der Mitunternehmer und als Anschaffungskosten ihrer GmbH Anteile gilt (§ 20 Abs. 4 UmwStG). Die steuerliche Eröffnungsbilanz ist auf den steuerlichen Übertragungsstichtag aufzustellen. Im einzelnen gilt:
– Untergrenze in der steuerlichen Eröffnungsbilanz:
  • Buchwerte aus der steuerlichen Schlußbilanz der Mitunternehmerschaft (§ 20 Abs. 2 Satz 3 UmwStG). Die Wirtschaftsgüter im Gesellschaftver-

---

[164] *W. Müller* WPg. 1996, 857 (867); UmwStErl. 1998 Tz. 20.30; aA *Priester* DB 1995, 911.
[165] HFA 1/1996 (s. Rz. 6) Anm. 1; s. a. Anm. 3.1. zu den Überleitungsfragen.
[166] HFA 1/1996 Anm. 2.2.1.; für einen Bruttoausweis auf der Aktivseite als „formwechselbedingter Unterschiedsbetrag" *Dehmer* § 220 UmwG Rz. 12; als „aktiven Ausgleichsposten" *Kallmeyer/Müller* § 220 Anm. 10; s. a. *Priester* DB 1995, 911 (915): „Ausstehende Einlagen".
[167] HFA 1/1996 Anm. 2.2.1.; aA *Lutter/Joost* § 220 UmwG Anm. 22: Ansatz mit Verkehrswerten soweit zur Deckung des Kapitals erforderlich.
[168] UmwStErl. 1998 Tz. 20.30; zustimmend *R. Wacker* BB 1998 Beilage 8,8.
[169] *Günkel* DStR 1998 Beilage zu Heft 17, 45 mwN; auch unter Hinweis auf entsprechende Begr. UmwStRÄndGE, BT-Drs. 12/6885, 26.

mögen sind nicht nur mindestens mit ihren Buchwerten lt. Steuerbilanz der Personenhandelsgesellschaft, sondern auch mit zusätzlichen Anschaffungskosten aus einer etwaigen Ergänzungsbilanz eines Mitunternehmers (s. Rz. 99) anzusetzen. Ein zulässigerweise niedrigerer Ansatz in der folgenden handelsrechtlichen Jahresbilanz der GmbH ist für die Steuerbilanz der GmbH daher nicht maßgeblich, so daß in das Handelsbilanzergebnis der GmbH sowohl niedrige Abschreibungen als auch ein – aufgrund höherer steuerlicher Abschreibungen – reduzierter Steueraufwand eingehen. Die in Sonderbilanzen der Mitunternehmerschaft (s. Rz. 99) erfaßten Wirtschaftsgüter gehen ebenfalls mit ihren dortigen Buchwerten in die Steuerbilanz der GmbH ein, soweit sie in die GmbH eingelegt worden sind (s. Rz. 100).

- Sonstige zulässige Abweichungen zwischen Handels- und Steuerbilanz der Mitunternehmerschaft werden fortgeführt[170]
- Obergrenze der Bewertung sind die Teilwerte der einzelnen Wirtschaftsgüter (§ 20 Abs. 2 Satz 6 UmwStG).

dd) Umwandlungsbericht (§ 192 UmwG): *Nicht erforderlich* (§§ 192 Abs. 3, 215 UmwG), *wenn*
- alle Gesellschafter der Personenhandelsgesellschaft zur Geschäftsführung berechtigt sind, dh. idR bei der OHG, oder
- alle Gesellschafter durch notariell beurkundete Erklärung auf eine Erstattung verzichten.

Ansonsten haben die geschäftsführenden Gesellschafter der Personenhandelsgesellschaft einen *ausführlichen schriftlichen Bericht* (Umwandlungsbericht) mit folgenden Angaben zu erstatten (§ 192 Abs. 1 iVm. § 8 Abs. 1 Satz 2 bis 4 und Abs. 2 UmwG):
- Rechtliche und wirtschaftliche Erläuterung sowie Begründung des Formwechsels und insbesondere der künftigen Beteiligung der Gesellschafter an der GmbH.
- Alle für den Formwechsel wesentlichen Angelegenheiten der mit der Personenhandelsgesellschaft verbundenen Unternehmen iSd. § 15 AktG.

Für die Personenhandelsgesellschaft nachteilige Tatsachen brauchen im Umwandlungsbericht nicht angegeben zu werden (§ 192 Abs. 1 Satz 2 iVm. § 8 Abs. 2 UmwG).

Dem Umwandlungsbericht sind beizufügen (§ 192 Abs. 1 Satz 3 und Abs. 2, § 238 Satz 2 UmwG):
- Entwurf des Umwandlungsbeschlusses (s. Rz. 91)
- Vermögensaufstellung (s. Rz. 95 ff.)

Der Umwandlungsbericht ist dem Verschmelzungsbericht (s. Rz. 491 f.) nachgebildet und soll der Information der Gesellschafter vor allem über die qualitativen Veränderungen ihrer Anteile dienen.[171]

ee) Keine Prüfung des Entwurfs des Umwandlungsbeschlusses durch einen Sachverständigen (externen Prüfer)

ff) Umwandlungsbeschluß durch die **Gesellschafterversammlung** (§§ 193, 216–218 UmwG):

---

[170] Einzelheiten s. UmwStErl. 1998 Tz. 20.27.
[171] Begr. UmwBerGE, BT-Drs. 12/6699, 138.

§ 14   105, 106   Umwandlung

(1) *Einberufung* der Gesellschafterversammlung durch die geschäftsführenden Gesellschafter (§ 216 UmwG) und
   – Übersendung des Umwandlungsberichts (s. Rz. 102);
   – Übersendung des Abfindungsangebots;
   – schriftliche Ankündigung des Formwechsels als Gegenstand der Beschlußfassung.
(2) *Beschlußfassung* der Gesellschafterversammlung (§ 217 UmwG) mit
   – Zustimmung aller Gesellschafter (anwesende und nicht erschienene) oder
   – Zustimmung einer Mehrheit von mindestens ³/₄ der Stimmen der Gesellschafter, sofern der Gesellschaftsvertrag eine Mehrheitsentscheidung vorsieht.[172]
(3) *Notarielle Beurkundung* des Umwandlungsbeschlusses und der Zustimmungserklärungen nicht erschienener Gesellschafter, die nach dem UmwG erforderlich sind (§ 193 Abs. 3 UmwG). In der Niederschrift des Umwandlungsbeschlusses namentlich aufzuführen sind die Personen, die im Falle einer Mehrheitsentscheidung für den Formwechsel gestimmt haben (§ 217 Abs. 2 UmwG).

105   **gg) Anwendung von Gründungsvorschriften** (§§ 197, 219, 220 UmwG)
(1) Gründer sind die Gesellschafter, die für den Formwechsel gestimmt haben (§ 219 UmwG)
(2) Bestellung der Geschäftsführer durch die Gründer (§ 46 Nr. 5 GmbHG)
(3) Sachgründungsbericht der Gründer (§ 5 Abs. 4 GmbHG, § 220 Abs. 2 UmwG), in dem darzulegen sind:
   – Kapitalaufbringung (Nennbetrag des Stammkapitals darf das nach Abzug der Schulden verbleibende Vermögen der Personenhandelsgesellschaft sowie ggf. weiterer Sacheinlagen nicht übersteigen (§ 220 Abs. 1 UmwG; s. a. Rz. 98)
   – Wesentliche Umstände für Angemessenheit, dh. der Werthaltigkeit, für weitere Sacheinlagen
   – Jahresergebnisse der Personenhandelsgesellschaft der beiden letzten Geschäftsjahre
   – Geschäftsverlauf des Unternehmens
   – Lage des Unternehmens
(4) Keine Pflicht-Sachgründungsprüfung durch einen externen Prüfer. Allerdings kann der Registerrichter im Einzelfall die Vorlage einer geprüften Bilanz (s. Rz. 94 und 98), Vermögensaufstellung (s. Rz. 95) oder eines geprüften Sachgründungsberichts (s. o.) oder die Prüfung selbst anordnen, sofern er nicht allein aus eigener Erkenntnis die Prüfung nach § 9c GmbHG durchführen kann.[173]

106   **hh) Eintragung des Formwechsels in das Handelsregister:**
(1) *Anmeldung* des Formwechsels zur Eintragung (§§ 198, 222 UmwG):
   (a) Anmeldung durch die Geschäftsführer der GmbH

---

[172] Einzelheiten zu derartigen Mehrheitsklauseln bei *H. Schmidt* in FS Brandner (1996), 133.
[173] Siehe auch *Lutter/Hommelhoff* § 5 Anm. 29; § 9c Anm. 16.

… B. Der Weg in die GmbH … **§ 14**

(b) Anmeldung bei dem Register, in dem die Personenhandelsgesellschaft eingetragen ist (zum Sonderfall der Sitzverlegung s. §§ 198 Abs. 2, 222 Abs. 3 UmwG)
(c) Gegenstand der Anmeldung:
– Neue Rechtsform des Rechtsträgers (GmbH)
– Geschäftsführer der GmbH
(d) Negativerklärung der Geschäftsführer über Klagen gegen die Wirksamkeit des Umwandlungsbeschlusses (§ 198 Abs. 3 iVm. § 16 Abs. 2 UmwG) oder
(e) Beschluß des Prozeßgerichts, daß eine Klage gegen die Wirksamkeit des Umwandlungsbeschlusses ggf. der Eintragung nicht entgegensteht (§ 198 Abs. 3 iVm. § 16 Abs. 3 UmwG).
(f) Anlagen der Anmeldung (§ 199 UmwG)
– Niederschrift des Umwandlungsbeschlusses
– Umwandlungsbericht oder die Erklärung über den Verzicht auf seine Erstellung
– Nachweis über die Zuleitung des Entwurfs des Umwandlungsbeschlusses an den Betriebsrat
– Genehmigungsurkunde, falls Formwechsel der staatlichen Genehmigung bedarf
– Sonstige Anlagen wegen Sachgründung (§ 8 GmbHG)
(2) *Eintragung* des Formwechsels in das Handelsregister (zum Sonderfall der Sitzverlegung s. § 198 Abs. 2 Satz 5 UmwG)
(3) *Bekanntmachung* der Eintragung (§ 201 UmwG)

c) Handelsrechtliche Wirkungen

Rechtsfolgen der formwechselnden Umwandlung sind:
aa) Die **Eintragung** der neuen Rechtsform GmbH in das Handelsregister hat folgende **konstitutive Wirkungen** (§ 202 UmwG):
(1) Die Personenhandelsgesellschaft besteht in der Rechtsform GmbH weiter (Identität des Rechtsträgers), s. a. Rz. 324 zu (1).
(2) Die Gesellschafter der Personenhandelsgesellschaft sind als Gesellschafter an der GmbH beteiligt (Kontinuität der Mitgliedschaft in dem Rechtsträger); zu einem Mitgliederwechsel im Umwandlungszeitpunkt s. Rz. 311 und 324.
(3) Rechte Dritter an den Anteilen bestehen an den Geschäftsanteilen weiter.
(4) Ein Mangel der notariellen Beurkundung des Umwandlungsbeschlusses oder ggf. erforderlicher Zustimmungs- oder Verzichtserklärungen einzelner Aktionäre wird geheilt.
(5) Mängel des Formwechsels lassen die Wirkungen der Eintragung der GmbH in das Handelsregister (s. (1) bis (4)) unberührt. Durch diese Einschränkung der Nichtigkeit des Formwechsels soll seine Rückabwicklung vermieden werden, die mit besonderen Schwierigkeiten verbunden sein kann (insbes. bei Rückführung neu erlangter Strukturelemente).[174]

---

[174] Begr. UmwBerGE, BT-Drs. 12/6699, 144.

108 **bb) Minderheitenrechte** der Gesellschafter
(1) Klage gegen die Wirksamkeit des Umwandlungsbeschlusses binnen eines Monats nach der Beschlußfassung (§§ 195, 210 UmwG)[175]
(2) Anspruch auf Verbesserung des Beteiligungsverhältnisses durch bare Zuzahlung (§ 196 UmwG), der im Spruchverfahren geltend zu machen ist (§§ 305–312 UmwG)
(3) Annahme der Barabfindung gegen Übertragung der umgewandelten Anteile auf die GmbH innerhalb von zwei Monaten nach Bekanntmachung der Eintragung des Formwechsels in das Handelsregister (§ 209 UmwG). Voraussetzung ist, daß der Antragsteller Widerspruch gegen den Umwandlungsbeschluß zur Niederschrift erklärt hat.
(4) Antrag auf gerichtliche Bestimmung einer angemessenen Barabfindung (§ 212 UmwG) innerhalb von zwei Monaten nach Bekanntmachung der Eintragung des Formwechsels in das Handelsregister. Voraussetzung ist, daß der Antragsteller Widerspruch gegen den Umwandlungsbeschluß zur Niederschrift erklärt hat. Der Antrag ist im Spruchverfahren geltend zu machen (§§ 305–312 UmwG). Die vom Gericht bestimmte Barabfindung kann innerhalb von 2 Monaten nach Bekanntgabe der Entscheidung angenommen werden (§ 29 Satz 2 UmwG).
(5) Anderweitige Veräußerung der Anteile innerhalb der Frist gemäß (3), der etwaige Verfügungsbeschränkungen im Gesellschaftsvertrag nicht entgegenstehen (§ 211 UmwG).

109 **cc)** Zum **Schadensersatz** sind die geschäftsführenden Gesellschafter ihren Mitgesellschaftern sowie ihren Gläubigern verpflichtet, sofern sie bei Vorbereitung und Durchführung des Formwechsels pflichtwidrig gehandelt haben (§§ 205, 206 UmwG).

110 **dd)** Zum **Schutz der Gläubiger** wird Altgläubigern das Recht eingeräumt, grundsätzlich innerhalb von 6 Monaten nach Bekanntmachung des Formwechsels *Sicherheitsleistung* zu verlangen (§ 204 iVm. § 22 UmwG; weitere Einzelheiten s. Rz. 77). Für die persönliche Haftung der bisherigen Gesellschafter der bisherigen Personengesellschaft nach § 128 HGB gilt eine fünfjährige *Nachhaftung* gegenüber Altgläubigern beginnend mit der Bekanntmachung der Eintragung des Formwechsels in das Handelsregister (§ 224 UmwG).

111 **ee)** Zum **Schutz der Inhaber von Sonderrechten** (Verwässerungsschutz) sind ihnen gleichwertige Rechte in der GmbH zu gewähren (§ 204 iVm. § 23 UmwG). Zum Begriff der Sonderrechte s. Rz. 78.

d) Steuerliche Rechtsfolgen

112 Steuerlich wird der Formwechsel einer Personenhandelsgesellschaft in eine Kapitalgesellschaft nicht wie der (identitätswahrende) Formwechsel einer Kapitalgesellschaft (dazu s. Rz. 81–83), sondern wie eine Einbringung behandelt. Es gelten die §§ 20 bis 22 UmwStG entsprechend (§ 25 Satz 1 UmwStG), weil das Steuerrecht den Formwechsel im weiteren Sinne (s. Rz. 31) vom Handelsrecht abweichend als Rechtsträgerwechsel behandelt, mit dem ein Vermögensübergang verbunden ist.[176]

---

[175] Zur Klagefrist s. *K. Schmidt* DB 1995, 1849.
[176] Begr. UmwStRÄndGE, BT-Drs. 12/6885, 26.

B. Der Weg in die GmbH 113–121 § 14

Der Formwechsel einer Personenhandelsgesellschaft in eine GmbH wird deswegen steuerlich für die Steuern vom Einkommen und Vermögen sowie für die Gewerbesteuer der Verschmelzung einer Personenhandelsgesellschaft auf eine GmbH (s. Rz. 133 ff.) und der Spaltung einer Personenhandelsgesellschaft auf eine GmbH (s. Rz. 163 ff.) gleichbehandelt. Soweit weitere Sacheinlagen anläßlich des Formwechsels (s. Rz. 91 (5)) im Wege der Einzelrechtsnachfolge geleistet werden, gelten steuerlich dafür ebenfalls die Einbringungsvorschriften (s. Rz. 195 ff.). Der Formwechsel unterliegt nicht der Grunderwerbsteuer (s. Rz. 46 und 334). Auf sämtliche Erläuterungen kann daher verwiesen werden.

Zur steuerlichen Schlußbilanz der Mitunternehmerschaft nach § 25 Satz 2 UmwStG s. Rz. 99; zur steuerlichen Eröffnungsbilanz der GmbH s. Rz. 101.

(frei) 113–119

III. Verschmelzung[177] auf eine GmbH

1. Überblick

Handelsrecht: Die in Rz. 13 aufgeführten Rechtsträger anderer Rechts- 120 formen können auf eine GmbH verschmolzen werden und zwar sowohl im Wege der Aufnahme in eine bereits bestehende GmbH als auch im Wege der Neugründung in eine neue durch die Verschmelzung gegründete GmbH. Es gelten dafür die Allgemeinen Vorschriften der §§ 2 bis 38 UmwG mit ihren Regeln für die Verschmelzung durch Aufnahme (§§ 4 bis 35 UmwG) und durch Neugründung (§§ 36 bis 38 UmwG) sowie ergänzend die Besonderen Vorschriften (§§ 39 bis 122 UmwG), die jeweils auf einen an der Verschmelzung beteiligten Rechtsträger einer bestimmten Rechtsform anzuwenden sind. Welche Rechtsträger im einzelnen miteinander verschmolzen werden können, ergibt sich aus dem Zusammenwirken der Definition der verschmelzungsfähigen Rechtsträger in § 3 UmwG und den Besonderen Vorschriften für die einzelnen Rechtsformen. Grundsätzlich kann die Verschmelzung sowohl unter Beteiligung von Rechtsträgern derselben Rechtsform als auch von Rechtsträgern unterschiedlicher Rechtsform (Mischverschmelzung) erfolgen (§ 3 Abs. 4 UmwG).

Bei der Verschmelzung im Wege der Aufnahme können übertragender Rechtsträger ein oder mehrere Rechtsträger sein, bei der Verschmelzung im Wege der Neugründung müssen mindestens zwei übertragende Rechtsträger vorhanden sein. Aus der Vielzahl der demnach möglichen Kombinationen von Rechtsträgern für die Beteiligung an einer Verschmelzung werden im folgenden nur die derzeit wirtschaftlich bedeutsamsten Möglichkeiten von Mischverschmelzungen behandelt.

Steuerrechtlich gelten für Verschmelzungen mit einer Kapitalgesellschaft 121 als übernehmender oder neuer Rechtsträger unterschiedliche Regelungen je nach Rechtsform des übertragenden Rechtsträgers: Ist der übertragende

---

[177] Einführende Hinweise: zum Begriff der Verschmelzung s. Rz. 8 und 31; zum Wesen der Verschmelzung s. Rz. 31; zu den Möglichkeiten der Verschmelzung s. Rz. 13; zur steuerlichen Behandlung der Verschmelzung s. Rz. 6 und 40.

Rechtsträger eine Körperschaft, so gelten die §§ 1 und 2 sowie 11 bis 13, 17 und 19 UmwStG (§ 1 Abs. 2 UmwStG). Ist der übertragende Rechtsträger eine Personenhandelsgesellschaft, so gelten die §§ 20 bis 22 UmwStG.

2. Verschmelzung AG auf GmbH durch Aufnahme

a) Überblick

122 Die Verschmelzung einer AG auf eine GmbH ist sowohl als Verschmelzung im Wege der Aufnahme als auch als Verschmelzung im Wege der Neugründung zulässig (§ 3 Abs. 1 Nr. 2 UmwG). Bislang hatte die Verschmelzung einer AG auf eine GmbH deswegen geringe praktische Bedeutung, weil sie grds. der Zustimmung sämtlicher Aktionäre der übertragenden Gesellschaft bedurfte. Mit dem UmwG 1995 ist dieses Hemmnis durch Einführung der Zustimmung grds. mit Mehrheit des bei der Beschlußfassung vertretenen Grundkapitals (§ 65 UmwG) beseitigt worden.[178] Neben den Allgemeinen Vorschriften der §§ 2 bis 35 UmwG gelten von den Besonderen Vorschriften jeweils die nach Rechtsform der an der Verschmelzung beteiligten Gesellschaft einschlägigen Vorschriften, dh. die §§ 60 bis 72 UmwG für die übertragenden AG und die §§ 46 bis 55 UmwG für die übernehmende GmbH. Es kann daher weitgehend auf die Erläuterungen zur Verschmelzung mehrerer GmbH verwiesen werden (s. Rz. 465 ff.). Ergänzend erläuterungsbedürftig sind nur diejenigen Voraussetzungen und Rechtsfolgen, die sich aus den für die übertragende AG geltenden Besonderen Vorschriften ergeben:

123 #### b) Voraussetzungen und Durchführung

aa) Verschmelzungsvertrag s. Rz. 466–468

bb) Zuleitung von aa) an Betriebsrat s. Rz. 469

cc) Rechnungslegung s. Rz. 470–490: Zusätzlich ist eine *Zwischenbilanz* der übertragenden AG aufzustellen, falls zwischen dem Stichtag der letzten Jahresbilanz (s. Rz. 472) und dem Abschluß des Verschmelzungsvertrags oder der Aufstellung seines Entwurfs mehr als 6 Monate liegen (§ 63 Abs. 1 Nr. 3 UmwG). Die Zwischenbilanz dient der zeitnahen Information der Aktionäre. Sie ist eine Fortschreibung der letzten Jahresbilanz und ist nach den gleichen Vorschriften aufzustellen. Eine Inventur ist nicht erforderlich (§ 63 Abs. 2 UmwG). Der Bilanzstichtag darf nicht länger als 3 Kalendermonate vor dem Zeitpunkt liegen, der für die 6-Monate-Frist maßgebend ist; er kann übereinstimmen mit dem Stichtag der Schlußbilanz (s. Rz. 474).[179]

dd) Verschmelzungsbericht s. Rz. 491 f.

ee) *Verschmelzungsprüfung* s. Rz. 493 f.: Sie ist für die übertragende AG ohne Rücksicht darauf durchzuführen, ob ein Aktionär sie verlangt, sofern nicht § 9 Abs. 2 oder 3 UmwG (Konzernverschmelzung oder Verzicht aller Gesellschafter) zur Anwendung kommen (§ 60 UmwG).

---

[178] Zum Wegfall der Gründe für die strengeren Voraussetzungen s. Begr. UmwBerGE; BT-Drs. 12/6699, 103; zu den Motiven des „Going private" und „Delisting" für eine derartige Verschmelzung s. *Steck* AG 1998, 460.

[179] Einzelheiten bei *Hoffmann-Becking* in FS Fleck S. 105 (109).

ff) *Bekanntmachung des Verschmelzungsvertrags* oder seines Entwurfs durch das für die übertragende AG zuständige Registergericht im Bundesanzeiger und den übrigen Gesellschaftsblättern vor Einberufung der Hauptversammlung (§ 61 UmwG)

gg) Gewährung von Geschäftsanteilen der übernehmenden GmbH s. Rz. 495–498.

hh) Verschmelzungsbeschlüsse durch Gesellschafterversammlung und Hauptversammlung s. Rz. 499–501. Für die Hauptversammlung der übertragenden AG gilt im übrigen:
(1) Von der Einberufung der Hauptversammlung an sind in den Geschäftsräumen der AG zur Einsicht der Aktionäre auszulegen (§ 63 Abs. 1 UmwG):
 – Verschmelzungsvertrag oder dessen Entwurf
 – Jahresabschlüsse und Lageberichte der an der Verschmelzung beteiligten Gesellschaften für die letzten 3 Geschäftsjahre
 – Zwischenbilanz, soweit erforderlich (s. o. cc)
 – Verschmelzungsbericht der an der Verschmelzung beteiligten Gesellschaften
 – Prüfungsbericht(e) über Verschmelzungsprüfung (s. o. ee)
(2) In der Hauptversammlung sind die unter (1) aufgeführten Unterlagen auszulegen. Der Vorstand hat den Verschmelzungsvertrag oder seinen Entwurf zu Beginn der Hauptversammlung mündlich zu erläutern (§ 64 UmwG).
(3) Beschlußfassung der Hauptversammlung mit einer Mehrheit von mindestens ¾ des bei der Beschlußfassung vertretenden Grundkapitals (§ 65 UmwG)
 – Satzung kann höhere Mehrheit oder weitere Erfordernisse bestimmen
 – Entsprechende Sonderbeschlüsse bei Vorhandensein mehrerer Gattungen von Aktien je Gattung.[180]

ii) Beschlußfassung über Kapitalerhöhung der übernehmenden Gesellschaft s. Rz. 502

jj) Eintragung ggf. der Kapitalerhöhung und der Verschmelzung in das Handelsregister s. Rz. 503–509

kk) Kraftloserklärung der Aktien (§ 72 UmwG iVm. § 73 Abs. 1 und 2 AktG)

c) Handelsrechtliche Wirkungen

s. Rz. 510–518

d) Steuerliche Rechtsfolgen

s. Rz. 525–580

---

[180] Zur Stellung von Vorzugsaktionären s. *Kiem* ZIP 1997, 1627.

3. Verschmelzung AG auf GmbH durch Neugründung

126 Die Verschmelzung einer AG und mindestens eines weiteren Rechtsträgers derselben oder unterschiedlicher Rechtsform auf eine GmbH ist als Verschmelzung durch deren Neugründung zulässig (§ 3 Abs. 1 Nr. 2 UmwG). Neben den Allgemeinen Vorschriften der §§ 36 bis 38 UmwG, die grds. auch auf die §§ 2 bis 35 UmwG verweisen, gelten von den Besonderen Vorschriften jeweils die nach Rechtsform der an der Verschmelzung beteiligten Gesellschaften einschlägigen Vorschriften, dh. die §§ 73 bis 77 UmwG für die übertragende AG und die §§ 56 bis 59 UmwG für die neugegründete GmbH, die jeweils grds. auch auf die Besonderen Vorschriften für die Verschmelzung durch Aufnahme verweisen.

Es kann weitgehend auf die Erläuterungen zur Verschmelzung mehrerer GmbH durch Neugründung in Rz. 581, 582 verwiesen werden. Für die übertragende AG kann auf die Erläuterungen in Rz. 154–168 verwiesen werden. Ergänzend zu beachten ist insoweit insbes. § 76 Abs. 1 UmwG. Danach darf die übertragende AG die Verschmelzung erst beschließen, wenn sie und jede andere übertragende AG bereits zwei Jahre im Handelsregister eingetragen ist.

Die steuerlichen Rechtsfolgen ergeben sich aus Rz. 525–580.

127–129 *(frei)*

4. Verschmelzung OHG oder KG auf GmbH durch Aufnahme

a) Überblick

130 Die Verschmelzung einer Personenhandelsgesellschaft auf eine GmbH ist sowohl als Verschmelzung im Wege der Aufnahme als auch als Verschmelzung im Wege der Neugründung zulässig (§ 3 Abs. 1 Nr. 1 und 2 UmwG). Zu den verschmelzungsfähigen Personenhandelsgesellschaften gehören die OHG und die KG (§ 3 Abs. 1 Nr. 1 UmwG), letztere auch als Kapitalgesellschaft & Co.KG (insbes. also die GmbH & Co.KG), nicht dagegen die Gesellschaft bürgerlichen Rechts;[181] dazu kommt noch die Partnerschaftsgesellschaft. Neben den Allgemeinen Vorschriften der §§ 2 bis 35 UmwG gelten von den Besonderen Vorschriften jeweils die nach Rechtsform der an der Verschmelzung beteiligten Gesellschaft einschlägigen Vorschriften, dh. die §§ 39 bis 45 e UmwG für die übertragende Personengesellschaft und die §§ 46 bis 59 UmwG für die übernehmende GmbH. Es kann daher handelsrechtlich weitgehend auf die Erläuterungen zur Verschmelzung mehrerer GmbH verwiesen werden (s. Rz. 465 ff.). Ergänzend erläuterungsbedürftig sind insoweit nur diejenigen Voraussetzungen und Rechtsfolgen, die sich aus den für die übertragende Personengesellschaft geltenden Besonderen Vorschriften ergeben. Die steuerlichen Rechtsfolgen ergeben sich grds. aus den §§ 20 bis 22 UmwStG.

131 **b) Voraussetzungen und Durchführung**

    aa) Verschmelzungsvertrag s. Rz. 466–468
    bb) Zuleitung von aa) an Betriebsrat s. Rz. 469

---

[181] Begr. UmwBerG, BT-Drs. 12/6699, 97.

cc) Rechnungslegung s. Rz. 470–490: Für den letzten Jahresabschluß der übertragenden Gesellschaft (s. Rz. 472) gelten die Rechnungslegungsvorschriften für Personenhandelsgesellschaften, dh. die §§ 242 ff. HGB, nicht jedoch die §§ 264 ff. HGB. Ihre steuerliche Schlußbilanz (s. Rz. 476) ist diejenige einer Mitunternehmerschaft (§ 15 Abs. 1 Satz 1 Nr. 2 EStG), die als sog. Gesamtbilanz besteht aus (s. a. Rz. 99):
– Steuerbilanz der Gesellschaft
– Ergänzungsbilanzen einzelner Mitunternehmer
– Sonderbilanzen einzelner Mitunternehmer

dd) Verschmelzungsbericht s. Rz. 491 f.: Nicht erforderlich für die übertragende Personenhandelsgesellschaft, sofern alle ihre Gesellschafter zur Geschäftsführung berechtigt sind (§ 41 UmwG). Dies ist idR bei der OHG der Fall (§ 114 HGB), nicht dagegen bei einer KG (§ 164 HGB).

ee) Verschmelzungsprüfung s. Rz. 493 f.: Ein Gesellschafter der Personenhandelsgesellschaft kann die Durchführung einer Verschmelzungsprüfung nur verlangen, wenn deren Gesellschafterversammlung die Verschmelzung mit Mehrheit beschließen kann (s. dazu unten gg (2)) (§ 44 UmwG).

ff) Gewährung von Geschäftsanteilen der übernehmenden GmbH s. Rz. 495–498

gg) Verschmelzungsbeschlüsse durch die Gesellschafterversammlung s. Rz. 499–501. Für die Gesellschafterversammlung der übertragenden Personenhandelsgesellschaft gilt im übrigen:
(1) Zusammen mit der Einberufung der Gesellschafterversammlung sind den Gesellschaftern, die von der Geschäftsführung ausgeschlossen sind (s. o. dd), der Verschmelzungsvertrag oder sein Entwurf (s. o. aa) sowie der Verschmelzungsbericht (s. o. dd) zu übersenden (§ 42 UmwG).
(2) Für die Beschlußfassung der Gesellschafterversammlung gilt grds. das Erfordernis der Einstimmigkeit wie bei allen grundlegenden Beschlüssen im Recht der Personenhandelsgesellschaften. Erforderlich ist die Zustimmung aller anwesenden und nicht erschienenen Gesellschaftern (§ 43 Abs. 1 UmwG). Sofern der Gesellschaftsvertrag Mehrheitsentscheidungen vorsieht, ist jedoch mindestens eine Mehrheit von ³/₄ der Stimmen der Gesellschafter erforderlich (§ 43 Abs. 2 Satz 1 und 2 UmwG).[182]

hh) Beschlußfassung über Kapitalerhöhung der übernehmenden Gesellschaft s. Rz. 502.

ii) Eintragung ggf. der Kapitalerhöhung und der Verschmelzung in das Handelsregister s. Rz. 503–509.

c) Handelsrechtliche Wirkungen

s. Rz. 510–518

Für die persönlich haftenden Gesellschafter der übertragenden Personenhandelsgesellschaft gilt eine fünfjährige *Nachhaftung*, unabhängig davon, ob diese Gesellschafter Geschäftsführer der übernehmenden GmbH werden (§ 45 UmwG). Die 5-Jahres-Frist beginnt mit der Bekanntmachung der Eintragung der Verschmelzung in das Handelsregister der übernehmenden

---

[182] Einzelheiten zu derartigen Mehrheitsklauseln bei *H. Schmidt* in FS Brandner (1996), 133.

GmbH (s. a. Rz. 509). Die Haftung erstreckt sich auf Verbindlichkeiten, die innerhalb dieser Frist fällig und grds. gerichtlich geltend gemacht werden.

d) Steuerliche Rechtsfolgen

Die Verschmelzung einer Personenhandelsgesellschaft auf eine Kapitalgesellschaft und die Verschmelzung einer Kapitalgesellschaft auf eine Kapitalgesellschaft (s. dazu Rz. 525–580) werden nicht gleichbehandelt.

133 aa) **Einbringung:** Es gelten die §§ 20–22 UmwStG über die Einbringung von „Mitunternehmeranteilen" in eine Kapitalgesellschaft, soweit diese gegen Gewährung von neuen Anteilen an der übernehmenden GmbH eingebracht werden (s. Rz. 138). Dies folgt auch aus § 20 Abs. 8 Satz 1 UmwStG (s. a. Rz. 195). Daher kann weitgehend auf die Erläuterungen zur Einbringung eines Einzelunternehmens in eine Kapitalgesellschaft verwiesen werden (s. Rz. 195 ff.). Dadurch, daß bei der Verschmelzung einer Personenhandelsgesellschaft auf eine Kapitalgesellschaft aber nicht ein „Betrieb", sondern mehrere „Mitunternehmeranteile" iSd. § 20 Abs. 1 Satz 1 UmwStG eingebracht werden,[183] gelten folgende Besonderheiten:

134 (1) Das *Bewertungswahlrecht* (s. Rz. 197 ff., 205) kann von jedem Gesellschafter, dh. auch unterschiedlich ausgeübt werden. Ist ein Gesellschafter beschränkt steuerpflichtig oder ist für einen Gesellschafter das Besteuerungsrecht hinsichtlich der einbringungsgeborenen Anteile durch ein DBA ausgeschlossen, so sind nur die auf ihn entfallenden stillen Reserven durch Teilwertansatz aufzudecken (s. Rz. 200),[184] den übrigen Gesellschaftern steht das Bewertungswahlrecht zu.

135 (2) Zu einer *Schlußbesteuerung* beim einzelnen *Mitunternehmer* (Rz. 205 ff.) kommt es zwingend, wenn die GmbH die Buchwerte der übergehenden Wirtschaftsgüter aus folgenden Gründen nicht fortführen darf:
– Einem Gesellschafter werden neben den Gesellschaftsanteilen noch andere Wirtschaftsgüter gewährt, deren gemeiner Wert den Gesamtbuchwert der ihm zuzurechnenden Wirtschaftsgüter übersteigt (s. Rz. 185, 207).[185]
– Ein Gesellschafter hat ein negatives Kapitalkonto (s. Rz. 185).[186]
– Ein Gesellschafter bringt wesentliche Betriebsgrundlagen der Mitunternehmerschaft, die dem Gesellschafter gehören und in einer Sonderbilanz angesetzt waren, nicht als weitere Sacheinlage in die GmbH ein (s. Rz. 131). Nach Auffassung der FinVerw.[187] sind nur für diesen Gesellschafter die Voraussetzungen des § 20 UmwStG nicht erfüllt und daher nur die ihm zuzurechnenden Wirtschaftsgüter mit ihrem Teilwert anzusetzen.[188] Im übrigen

---

[183] BFH v. 16. 2. 1996, BStBl. II 1996, 342.
[184] UmwStErl. 1998 Tz. 20.14.
[185] Zur Parallelbehandlung übergehender Pensionsverpflichtungen s. UmwStErl. 1998 Tz. 20.41 ff. (20.46); zur Kritik hieran s. *Widmann/Mayer* § 20 UmwStG Anm. 778 und *Widmann* in FS für Döllerer, S. 721 (736); zu möglichen Alternativen aufgrund der Rspr.-Entwicklung s. *Thiel ua.* GmbHR 1998, 397 (436 f.).
[186] Siehe auch BFH v. 10. 8. 1994, BFH/NV 1995, 334; FG Düsseldorf v. 26. 8. 1994, EFG 1996, 971 (nrkr.).
[187] UmwStErl. 1998 Tz. 20.14.
[188] UmwStErl. 1998 Tz. 20.09 f.

B. Der Weg in die GmbH   136–138 § 14

gilt dies nach Auffassung der FinVerw. aber wohl nur für sog. Sonderbetriebsvermögen (SBV) I[189] (Wirtschaftsgüter, die im Zusammenhang mit dem Betrieb oder der Gesellschaft stehen), nicht dagegen auch für Sonderbetriebsvermögen (SBV) II[190] (Wirtschaftsgüter, die der Beteiligung des Gesellschafters an der Gesellschaft förderlich sind).[191]

(3) Für die *Besteuerung der GmbH* (s. Rz. 210 ff.) kann nur dann von einem Ansatz des übergehenden Vermögens zu Teilwerten ausgegangen werden (Rechtsfolgen s. Rz. 211), wenn sämtliche Gesellschafter (Mitunternehmer) die ihnen zuzurechnenden Wirtschaftsgüter mit dem Teilwert ansetzen.[192] Unterwerfen nur einzelne Gesellschafter die stillen Reserven einer Schlußbesteuerung, so hat die GmbH das Vermögen insgesamt mit einem Zwischenwert anzusetzen (Rechtsfolgen s. Rz. 212).[193] **136**

(4) Für die *Besteuerung der GmbH-Anteile* (s. Rz. 217 ff.) wird ebenfalls auf die Verhältnisse bei jedem einzelnen Gesellschafter abgestellt (s. a. Rz. 134), insbesondere kann jeder Gesellschafter hinsichtlich des Antrags auf Besteuerung stiller Reserven nach § 21 Abs. 2 Nr. 1 UmwStG (Rz. 221) selbständig entscheiden. **137**

bb) Mitunternehmererlaß: Keine Einbringung von Mitunternehmeranteilen gegen Gewährung neuer Anteile an der übernehmenden Gesellschaft iSd. § 20 UmwStG liegt vor, soweit die übernehmende GmbH an der übertragenden Personengesellschaft selbst beteiligt ist und deswegen zur Durchführung der Verschmelzung ihr Stammkapital nicht erhöhen darf (§ 54 Abs. 1 Satz 1 Nr. 1 UmwG).[194] Ein steuerneutraler Vermögenübergang von der Personenhandelsgesellschaft auf die GmbH konnte bisher insoweit unter Heranziehen des Mitunternehmererlasses[195] erreicht werden (Wahlrecht),[196] und zwar in der Fallgruppe der Übertragung von Wirtschaftsgütern aus dem Betriebsvermögen der Personenhandelsgesellschaft in ein anderes Betriebsvermögen eines Mitunternehmers gegen Minderung der Gesellschaftsrechte.[197] Nach § 6 Abs. 5 Satz 3 Altern. 1 EStG idF des StEntlG 1999/2000/2002 (s. **138**

---

[189] BFH v. 16. 2. 1996, BStBl. II 1996, 342: SBV II = keine wesentliche Betriebsgrundlage (obiter dictum).

[190] BFH v. 2. 10. 1997, BStBl. II 1998, 104: SBV II = wesentliche Betriebsgrundlage iSd. § 16 EStG, Begriff ist aber im Rahmen anderer Vorschriften (ua. § 20 UmwStG) enger (= funktional) auszulegen (obiter dictum).

[191] UmwStErl. 1998 Tz. 20.08 erwähnt nur das SBV I, zitiert BFH v. 16. 2. 1996 aaO und verweist auf die zu § 16 EStG ergangene Rspr.; gegen Einbeziehung von SBV II *Thiel ua.* GmbHR 1998, 397 (432); für Einbeziehung von SBV II *Dötsch ua.* DB 1998 Beilage 7, 41 (s. dazu aber auch UmwStErl. 1998 Tz. 20.11); *Patt* DStR 1998, 190; *Wacker* BB 1998 Beilage 8, 19; s. dazu auch *Gschrei/Büchele* BB 1997, 1072.

[192] *Widmann/Mayer* § 23 UmwStG 1997 Rz. 136; *Dehmer* § 22 UmwStG Rz. 72.

[193] Zur Bildung von Pensionsrückstellungen s. BFH v. 9. 4. 1997, BStBl. II 1997, 799.

[194] Zur bislang geführten Paralleldiskussion für das Anwachsungsmodell zwecks Umwandlung einer GmbH & Co.KG auf die Komplementär-GmbH s. *Widmann/Mayer* § 20 UmwStG Rz. 421, 446 und Anh. 8 Rz. 34; *Dehmer* § 20 UmwStG Anm. 33 und 39.

[195] BMF-Schreiben v. 20. 12. 1977, BStBl. I 1978, 1.

[196] Für zwingende Buchwertfortführung offenbar *Widmann/Mayer* § 20 UmwStG Rz. 421; für Zwang zur Aufdeckung stiller Reserven *Glade/Steinfeld* Rz. 955.

[197] BMF-Schr. v. 20. 12. 1977, Tz. 77 iVm. Tz. 57–65.

5. Verschmelzung OHG oder KG auf GmbH durch Neugründung

140 Die Verschmelzung einer Personenhandelsgesellschaft und mindestens eines weiteren Rechtsträgers derselben oder unterschiedlicher Rechtsform auf eine GmbH ist als Verschmelzung durch Neugründung zulässig (§ 3 Abs. 1 Nr. 1 und 2 UmwG). Neben den Allgemeinen Vorschriften der §§ 36 bis 38 UmwG, die grds. auch auf die §§ 2 bis 35 UmwG verweisen, gelten von den Besonderen Vorschriften jeweils die nach Rechtsform der an der Verschmelzung beteiligten Gesellschaften einschlägigen Vorschriften, dh. für die neu gegründete GmbH die §§ 56 bis 59 UmwG, die grds. auch auf die Besonderen Vorschriften für die Verschmelzung durch Aufnahme verweisen. Insoweit kann auf die Erläuterungen zur Verschmelzung mehrer GmbH in Rz. 581, 582 verwiesen werden. Für die übertragende Personenhandelsgesellschaft gelten die in Rz. 130–132 erläuterten Besonderen Vorschriften der §§ 39 bis 45 UmwG, die nicht nach Verschmelzung durch Aufnahme und Verschmelzung durch Neubildung differenzieren.[199]

141 Die steuerlichen Rechtsfolgen entsprechen denen der Verschmelzung durch Aufnahme (s. Rz. 132–137). Diese Art der Verschmelzung führt auch in vollem Umfag zu einer Einbringung gegen Gewährung neuer Anteile an der GmbH, so daß sich die in Rz. 138 erörterte Frage nicht stellt.

142–149 *(frei)*

IV. Spaltung[200] auf eine GmbH

1. Überblick

150 **Handelsrecht**: Rechtsträger anderer Rechtsform können Vermögensteile als Gesamtheit durch Spaltung auf eine GmbH übertragen, und zwar grds. sowohl zur Aufnahme in eine bereits bestehende GmbH (= Teilverschmelzung) oder zur Neugründung in eine neue durch die Spaltung gegründete GmbH. Durch welche der drei Spaltungsarten (Aufspaltung, Abspaltung oder Ausgliederung) der Vermögensübergang bewirkt wird, hat für die übernehmende oder neu gegründete GmbH sowie für den übertragenden Rechtsträger und ggf. seine Anteilsinhaber unterschiedliche Rechtsfolgen (s. dazu Rz. 600–604).

---

[198] Zur Ausweichlösung des Erwerbs der übrigen Mitunternehmeranteile durch die GmbH mit der Folge einer Anwachsung s. Rz. 240 ff. und *Orth* DStR 1999, Hefte 25/26.

[199] Grund dafür ist die ohnehin geringe Zahl von Vorschriften; s. Begr. UmwBerGE, BT-Drs. 12/6699, 97.

[200] Einführende Hinweise: Zum Begriff der Spaltung s. Rz. 8 und 31; zum Wesen der Spaltung s. Rz. 31; zu den Möglichkeiten der Spaltung s. Rz. 15; zur steuerlichen Behandlung der Spaltung s. Rz. 6 und 40.

B. Der Weg in die GmbH

Anzuwendende Vorschriften: Es gelten die Allgemeinen Vorschriften zur Spaltung (§§ 123 bis 137 UmwG) mit ihren Regeln für die Spaltung zur Aufnahme (§§ 126 bis 134 UmwG) und für die Spaltung zur Neugründung (§§ 135 bis 137 UmwG) sowie die Besonderen Vorschriften (§§ 138 bis 173 UmwG), die jeweils auf einen an der Spaltung beteiligten Rechtsträger einer bestimmten Rechtsform anzuwenden sind. Außerdem verweist § 125 UmwG – von wenigen Ausnahmen abgesehen (s. Rz. 611, 681 und 691) – auf die gesamten Verschmelzungsvorschriften (§§ 2 bis 122 UmwG), dh. sowohl auf die Allgemeinen Vorschriften als auch auf die Besonderen Vorschriften.

Spaltungsfähige Rechtsträger: Welche Rechtsträger im einzelnen durch eine Spaltung Vermögensteile als Gesamtheit auf eine GmbH übertragen können, ergibt sich aus dem Zusammenwirken der Definition der spaltungsfähigen Rechtsträger in § 124 UmwG und den Besonderen Vorschriften für die einzelnen Rechtsformen. Grundsätzlich kann die Spaltung sowohl unter Beteiligung von Rechtsträgern derselben Rechtsform als auch von Rechtsträgern unterschiedlicher Rechtsform (Mischspaltung) erfolgen (§ 3 Abs. 4 UmwG). Bei der Aufspaltung müssen mindestens zwei übernehmende oder neugegründete Rechtsträger beteiligt sein, bei Abspaltung und Ausgliederung mindestens ein übernehmender oder neu gegründeter Rechtsträger. Aus der Vielzahl der demnach möglichen Kombinationen von Rechtsträgern für die Beteiligung an einer Spaltung (s. Rz. 15) werden im folgenden nur die derzeit wirtschaftlich bedeutsamsten Möglichkeiten von Mischspaltungen behandelt.

Steuerrechtlich gelten für die Spaltung auf eine Kapitalgesellschaft als übernehmender oder neu gegründeter Rechtsträger unterschiedliche Regelungen je nach Rechtsform des gespaltenen, dh. übertragenden Rechtsträgers und nach Art der Spaltung: Ist der übertragende Rechtsträger bei Aufspaltung und Abspaltung eine Körperschaft, so gelten die §§ 1, 2 sowie 15 iVm. 11 bis 13, 17 und 19 UmwStG (§ 1 Abs. 4 UmwStG). Ist der übertragende Rechtsträger bei Aufspaltung oder Abspaltung eine Personenhandelsgesellschaft, so gelten die §§ 20 bis 22 UmwStG. Unabhängig von der Rechtsform des übertragenden Rechtsträgers gelten für die Ausgliederung nur die §§ 20 bis 22 UmwStG (§ 1 Abs. 1 Satz 2 UmwStG).

2. Spaltung AG auf GmbH

a) Überblick

Die Übertragung von Vermögensteilen einer AG als Gesamtheit auf eine GmbH durch Spaltung ist sowohl zur Aufnahme als auch zur Neugründung zulässig (§ 124 Abs. 1 iVm. § 3 Abs. 1 Nr. 2 UmwG). Zu den anzuwendenden Allgemeinen Vorschriften s. Rz. 151. Von den Besonderen Vorschriften gelten für die übertragende AG §§ 141 bis 146 sowie § 125 iVm. §§ 60 bis 77 UmwG und für die übernehmende oder neu gegründete GmbH §§ 138 bis 140 sowie § 125 iVm. §§ 46 bis 59 UmwG. Es kann daher weitgehend auf die Erläuterungen zur Spaltung unter Beteiligung von GmbHs verwiesen werden (s. Rz. 610 ff.). Ergänzend erläuterungsbedürftig sind nur diejenigen Voraussetzungen und Rechtsfolgen, die sich aus den für die übertragende AG geltenden Besonderen Vorschriften ergeben:

155 **b) Voraussetzungen und Durchführung**

aa) Eine AG, die noch nicht zwei Jahre im Register eingetragen ist, kann nicht gespalten werden (§ 141 UmwG). Dieses Spaltungsverbot in der Nachgründungsphase (§ 52 AktG) dient der Sicherung von Aktionären und Gläubigern. Es gilt nicht nur für Aufspaltung und Abspaltung, sondern auch für die Ausgliederung.[201]

bb) Spaltungs- und Übernahmevertrag oder Spaltungsplan s. Rz. 611–615, 693

cc) Zuleitung von bb) an Betriebsrat s. Rz. 616

dd) Rechnungslegung s. Rz. 617–628, 682, 693. Zusätzlich ist eine *Zwischenbilanz* der übertragenden AG aufzustellen, falls zwischen Stichtag der letzten Jahresbilanz (s. Rz. 619) und dem Abschluß des Spaltungs- und Übernahmevertrags oder der Aufstellung seines Entwurfs mehr als 6 Monate liegen (§ 125 iVm. § 63 Abs. 1 Nr. 3 UmwG). Weitere Einzelheiten s. Rz. 123.

ee) Spaltungsbericht s. Rz. 629, 693

ff) Spaltungsprüfung s. Rz. 630, 693. Sie ist bei der AG ohne Rücksicht darauf durchzuführen, ob ein Aktionär sie verlangt. Sie ist nicht erforderlich, wenn alle Aktionäre auf sie verzichten, nicht dagegen allein deswegen, weil der übernehmende Rechtsträger alle Anteile des übertragenden Rechtsträgers hält (§ 125 iVm. §§ 8 Abs. 3, 9 Abs. 3, 60 UmwG).

gg) *Bekanntmachung des Spaltungs- und Übernahmevertrags* oder seines Entwurfs durch das für die übertragende AG zuständige Registergericht (§ 125 iVm. § 61 UmwG; s. Rz. 123).

156 **hh)** Gewährung von Geschäftsanteilen der übernehmenden Gesellschaft s. Rz. 631.

ii) Kapitalherabsetzung bei der übertragenden Gesellschaft s. Rz. 682; auch bei der übertragenden AG als vereinfachte Kapitalherabsetzung zugelassen (§ 145 UmwG).

157 **jj)** Spaltungsbeschlüsse der Hauptversammlung und Gesellschafterversammlung s. Rz. 632. Für die Hauptversammlung der AG gelten die zusätzlichen Anforderungen wie bei einer Verschmelzung (s. Rz. 123). Außerdem hat der Vorstand die Aktionäre vor der Beschlußfassung über jede wesentliche Veränderung des Vermögens der AG zu unterrichten, die zwischen Abschluß des Vertrags oder Aufstellung seines Entwurfs und dem Zeitpunkt der Beschlußfassung eingetreten ist. Ferner hat er hierüber auch die Geschäftsführung der übernehmenden GmbH zu unterrichten, die ihrerseits die Gesellschafter der GmbH vor deren Beschlußfassung zu unterrichten hat (§ 143 UmwG).

kk) Beschlußfassung über Kapitalerhöhung der übernehmenden Gesellschaft s. Rz. 633.

ll) Eintragung der Kapitalerhöhung und der Spaltung in das Handelsregister s. Rz. 634–637, 683. Erklärung des Vorstandes der übertragenden AG wegen der Gründungsvoraussetzungen (§ 146 Abs. 1 UmwG). Zu den der Anmeldung beizufügenden Anlagen s. § 146 Abs. 2 UmwG.

---

[201] Weitere Einzelheiten s. Begr. UmwBerGE, BT-Drs. 12/6699, 126.

B. Der Weg in die GmbH 158–161 § 14

c) Handelsrechtliche Wirkungen 158

s. Rz. 640–646, 683 und 694–695.

d) Steuerliche Rechtsfolgen 159

s. Rz. 650–679, 684–689 und 696–697.

3. Spaltung OHG oder KG auf eine GmbH

a) Überblick

Die Übertragung von Vermögensteilen einer Personenhandelsgesellschaft 160
als Gesamtheit auf eine GmbH durch Spaltung ist sowohl zur Aufnahme als
auch zur Neugründung zulässig (§ 124 iVm. § 3 Abs. 1 Nr. 1 und 2
UmwG). Zu den spaltungsfähigen Personenhandelsgesellschaften gehören
die OHG und die KG (§ 124 iVm. § 3 Abs. 1 Nr. 1 UmwG), letztere auch
als Kapitalgesellschaft & Co.KG (insbesondere also die GmbH & Co.KG);
dazu kommen noch die Partnerschaftsgesellschaften (s. a. Rz. 130). Zu den
anzuwendenden Allgemeinen Vorschriften s. Rz. 151. Besondere Vorschriften zur Spaltung existieren für die übertragende Personenhandelsgesellschaft nicht; es gelten vielmehr nur die Verschmelzungsvorschriften der §§ 39 bis
45 UmwG über die Verweisung des § 125 UmwG.[202] Für die übernehmende oder neu gegründete GmbH gelten als Besondere Vorschriften die
§§ 138 bis 140 sowie § 125 iVm. §§ 46 bis 59 UmwG. Es kann daher
weitgehend auf die Erläuterungen zur Spaltung unter Beteiligung von
GmbH (s. Rz. 610 ff.) verwiesen werden, aber auch auf diejenigen zur
Verschmelzung einer Personenhandelsgesellschaft auf eine GmbH (s.
Rz. 130 ff.).

b) Voraussetzungen und Durchführung 161

aa) Spaltungs- und Übernahmevertrag oder Spaltungsplan s. Rz. 611–615,
693

bb) Zuleitung von aa) an Betriebsrat s. Rz. 616

cc) Rechnungslegung s. Rz. 617–628, 682 und 693 sowie 131

dd) Spaltungsbericht s. Rz. 629, 693: Nicht erforderlich für die übertragende Personenhandelsgesellschaft, sofern alle ihre Gesellschafter zur Geschäftsführung berechtigt sind (§ 125 iVm. § 41 UmwG). Weitere Einzelheiten s. Rz. 131.

ee) Spaltungsprüfung s. Rz. 630, 693. Für die übertragende Personenhandelsgesellschaft nur bei Zulässigkeit der Spaltung durch Mehrheitsbeschluß
(§ 125 iVm. § 44 UmwG) (s. Rz. 131); für die übernehmende oder neu
gegründete GmbH ist sie grundsätzlich nur auf Verlangen eines Gesellschafters
erforderlich. Weitere Einzelheiten s. Rz. 630.

ff) Gewährung von Geschäftsanteilen der übernehmenden Gesellschaft
oder neu gegründeten GmbH s. Rz. 631.

---

[202] Begr. UmwBerGE, BT-Drs. 12/6699, 123.

gg) Herabsetzung der Kapitalanteile bei der übertragenden Personenhandelsgesellschaft in Fällen der Abspaltung (s. a. Rz. 682).

hh) Spaltungsbeschlüsse der Gesellschafterversammlungen s. Rz. 632. Für die Gesellschafterversammlung der übertragenden Personenhandelsgesellschaft gilt im übrigen:

(1) Zusammen mit der Einberufung der Gesellschafterversammlung sind den Gesellschaftern, die von der Geschäftsführung ausgeschlossen sind (s. Rz. 131, 157), der Spaltungs- und Übernahmevertrag oder der Spaltungsplan bzw. die Entwürfe (s. o. aa) sowie der Spaltungsbericht (s. o. dd) zu übersenden (§ 125 iVm. § 42 UmwG).

(2) Für die Beschlußfassung der Gesellschafterversammlung gilt grundsätzlich das Erfordernis der Einstimmigkeit; durch Gesellschaftsvertrag kann eine Mehrheitsentscheidung zugelassen werden, für die jedoch mindestens eine Mehrheit von $3/4$ der Stimmen der Gesellschafter erforderlich ist (§ 125 iVm. § 43 Abs. 2 Satz 1 und 2 UmwG). Weitere Einzelheiten s. Rz. 131.

ii) Beschlußfassung über Kapitalerhöhung der übernehmenden GmbH (s. Rz. 633) oder Zustimmung zum Gesellschaftsvertrag der neuen Gesellschaft (Rz. 631) und Herabsetzung der Kapitalanteile der übertragenden Gesellschaft (s. o. gg)).

jj) Eintragung der Kapitalerhöhung und der Spaltung in das Handelsregister s. Rz. 634–637, 683.

c) Handelsrechtliche Wirkungen

Siehe Rz. 640–646, 683 und 694 f.

Zur fünfjährigen Nachhaftung der persönlich haftenden Gesellschafter der übertragenden Personenhandelsgesellschaft s. Rz. 132.

d) Steuerliche Rechtsfolgen

Die Spaltung einer Personenhandelsgesellschaft auf eine Kapitalgesellschaft und die Spaltung einer Kapitalgesellschaft auf eine Kapitalgesellschaft werden nicht gleichbehandelt.

aa) Einbringung: Es gelten die §§ 20 bis 22 UmwStG über die Einbringung von „Mitunternehmeranteilen" in eine Kapitalgesellschaft, soweit diese gegen Gewährung von Anteilen an der übernehmenden GmbH eingebracht werden (s. Rz. 195 ff.) Dies folgt auch aus § 20 Abs. 8 Satz 2 UmwStG (s. a. Rz. 195). Einbringende sind die Mitunternehmer, dh. die Gesellschafter der Personenhandelsgesellschaft (s. Rz. 133 ff.), die in Fällen der Aufspaltung und Abspaltung auch die Anteile an der GmbH erhalten (s. Rz. 640, 683).[203] Gegenstand der Einbringung sind grundsätzlich Teile von Mitunternehmeranteilen, für die § 20 UmwStG auch anwendbar ist;[204] der gesamte Mitunternehmeranteil kann es bei einer nichtverhältniswahrenden Spaltung zur Trennung von Gesellschafterstämmen sein (s. Rz. 604). Einzelheiten zu den sich daraus ergebenden Rechtsfolgen

---

[203] Begr. UmwStRÄndGE, BT-Drs. 12/6885, 25 im Zusammenhang mit der Abspaltung: „. . . als Einbringende iSd. §§ 20 ff. UmwStG sind nach ganz hM die Gesellschafter der Personengesellschaft anzusehen, deren Betriebsvermögen eingebracht wird".

[204] UmwStErl. 1998 Tz. 20.13.

B. Der Weg in die GmbH 164–171 § 14

s. Rz. 133–137. In Fällen der Ausgliederung erhält die Personenhandelsgesellschaft die Anteile an der GmbH (s. Rz. 694). Gleichwohl wird die Fin. Verw. auch bei der Einbringung eines Teilbetriebs durch eine Personengesellschaft als Einbringende die Mitunternehmer behandeln.[205] In Teilen des Schrifttums[206] wird hingegen die Personengesellschaft als Einbringender angesehen.

bb) Mitunternehmererlaß: Keine Einbringung von Mitunternehmeranteilen gegen Gewährung neuer Anteile an der übernehmenden Gesellschaft iSd. § 20 UmwStG liegt vor, soweit die übernehmende Gesellschaft an der übertragenden Personengesellschaft selbst beteiligt ist und deswegen zur Durchführung der Spaltung in Fällen der Aufspaltung und Abspaltung ihr Stammkapital nicht erhöhen darf (§ 125 iVm. § 54 Abs. 1 Satz 1 Nr. 1 UmwG). Ein steuerneutraler Vermögensübergang war bisher insoweit unter Heranziehung des Mitunternehmererlasses möglich. Einzelheiten dazu s. Rz. 138.   **164**

(frei) **165–169**

4. Ausgliederung Einzelunternehmen zur Aufnahme in GmbH

a) Überblick

Einzelkaufleute können als übertragende Rechtsträger an einer Spaltung durch **Ausgliederung** ua. auf eine GmbH beteiligt sein (§ 124, § 152 iVm. § 3 Abs. 1 Nr. 2 UmwG). Gegenstand der Ausgliederung können vom Einzelkaufmann betriebene **Unternehmen** sein, deren Firma im Handelsregister eingetragen ist;[207] ausgegliedert werden kann das Unternehmen **im Ganzen oder Teile** desselben (§ 152 UmwG). Als Ausgliederung iSd. § 123 Abs. 3 UmwG ist dies zulässig, wenn der Einzelkaufmann nicht überschuldet ist (§ 152 Satz 2 UmwG) und nach der Ausgliederung aus dem Gesamtvermögen noch ein Teil des Vermögens (zB als Privatvermögen) bei dem Einzelkaufmann verbleibt (s. a. Rz. 601).[208] Die Ausgliederung ist sowohl zur Aufnahme als auch zur Neugründung in eine GmbH zulässig (§ 152 Satz 1 UmwG). Die Ausgliederung zur Aufnahme ist als sachenrechtliche Erleichterung der im Umwandlungssteuerrecht bereits zugelassenen Einbringung durch eine Sacheinlage eingeführt worden.[209]   **170**

Anzuwendende Vorschriften: Zu den anzuwendenden Allgemeinen Vorschriften s. Rz. 151. Von den Besonderen Vorschriften gelten für den übertragen-   **171**

---

[205] UmwStErl. 1998 Tz. 20.05.
[206] *Widmann/Mayer* § 20 UmwStG Anm. 427 mwN; *Schulze zur Wiesche* DStR 1998, 824.
[207] Im Gesetzgebungsverfahren waren Anregungen nicht aufgegriffen worden, auch dem nicht in das Handelsregister eingetragenen Minderkaufmann die Möglichkeit der Ausgliederung zu eröffnen, weil darin die Möglichkeit zur weitgehenden Umgehung der allgemeinen zivilrechtlichen Vorschriften über die Übertragung von Gegenständen und die Überleitung von Verbindlichkeiten gesehen wurde; s. Begr. UmwBerGE, BT-Drs. 12/6699, 128 ff. Nach § 2 HGB nF kann aber ein bisheriger Minderkaufmann für die Handelsregistereintragung optieren (s. *Schäfer* DB 1998, 1269 (1270 f.) zum Handelsrechtsreformgesetz).
[208] Begr. UmwBerGE, BT-Drs. 12/6699, 116.
[209] Begr. UmwBerGE, BT-Drs. 12/6699, 128.

den Einzelkaufmann § 152 UmwG sowie die §§ 153 bis 157 UmwG. Für die übernehmende oder neu gegründete GmbH sind dies die §§ 138 bis 140 sowie § 125 iVm. §§ 46 bis 59 UmwG. Es kann daher weitgehend auf die Erläuterungen zur Spaltung unter Beteiligung von GmbH verwiesen werden (s. Rz. 610 ff., insbes. 690 ff.). Ergänzend erläuterungsbedürftig sind diejenigen Voraussetzungen und Rechtsfolgen, die sich für den Einzelkaufmann als übertragenden Rechtsträger ergeben.

172 **Steuerlich** kann die Ausgliederung als eine ertragsteuerneutrale Einbringung iSd. §§ 20 bis 22 UmwStG behandelt werden (§ 1 Abs. 1 Satz 2, § 20 Abs. 8 Satz 2 UmwStG), sofern Gegenstand der Ausgliederung ein Betrieb oder zumindest ein Teilbetrieb ist.

173 b) **Voraussetzungen und Durchführung**

aa) *Ausgliederungs- und Übernahmevertrag* (§ 125 iVm. §§ 4, 126 UmwG) s. Rz. 612–615, 693

(1) *Mindestinhalt* des Vertrags (§ 126, § 125 iVm. § 46 UmwG), s. Rz. 612:
– Firma und Sitz der an der Ausgliederung beteiligten Rechtsträger (Einzelkaufmann, GmbH)
– Vereinbarung über die Übertragung des von dem Einzelkaufmann betriebenen Unternehmens oder von Teilen desselben auf die GmbH gegen Gewährung von Anteilen an der übernehmenden GmbH
– Keine Angaben zu einem Umtauschverhältnis und zu den Einzelheiten für die Übertragung der Anteile s. Rz. 693
– Zeitpunkt des Beginns der Gewinnberechtigung aus den gewährten Geschäftsanteilen (ohne abweichende Vereinbarung: Stichtag der letzten Jahresbilanz) sowie etwaige Besonderheiten dieses Anspruchs
– Zeitpunkt, von dem an (im Innenverhältnis) die Handlungen des Einzelkaufmanns als für Rechnung der übernehmenden GmbH vorgenommen gelten (Spaltungsstichtag); s. a. Rz. 471 und 612
– Rechte, die die übernehmende GmbH einzelnen Gesellschaftern oder Inhabern von Sonderrechten gewährt, oder die für diese Personen vorgesehenen Maßnahmen
– Vorteile für Geschäftsführer, Aufsichtsratsmitglieder und Abschlußprüfer
– Genaue Bezeichnung der Gegenstände des Aktiv- und Passivvermögens, die auf die GmbH übertragen werden, sowie der auf sie übergehenden Betriebe oder Betriebsteile. Einzelheiten dazu s. Rz. 612. Es soll im Belieben des Kaufmanns stehen, Vermögensgegenstände des kaufmännischen Unternehmens und des Privatvermögens in den Ausgliederungsvorgang einzubeziehen. Erforderlich ist lediglich, daß im Rechtsverkehr ausreichende Klarheit über die Zuordnung der einzelnen Vermögensgegenstände und Verbindlichkeiten besteht[210]
– Keine Angaben zur Aufteilung der als Gegenleistung gewährten Anteile s. Rz. 693
– Folgen der Ausgliederung für die Arbeitnehmer und ihre Vertretungen sowie die insoweit vorgesehenen Maßnahmen
Zu weiteren schuldrechtlichen Abreden s. Rz. 612

---

[210] Begr. UmwBerGE, BT-Drs. 12/6699, 129.

B. Der Weg in die GmbH 173 § 14

(2) *Abschluß* des Vertrags oder Aufstellung eines Entwurfs durch den Einzelkaufmann und die Geschäftsführer der übernehmenden GmbH. Zur Wirksamkeit s. Rz. 613
(3) *Notarielle Beurkundung* des Vertrags (§ 125 iVm. § 7 UmwG)
bb) Zuleitung von aa) an zuständigen **Betriebsrat** s. Rz. 616
cc) Rechnungslegung der an der Ausgliederung beteiligten Rechtsträger:
(1) Buchführung s. Rz. 618 und 693
(2) Letzter Jahresabschluß des Einzelkaufmanns s. Rz. 619
(3) Schlußbilanz des Einzelkaufmanns s. Rz. 620
(4) Ausgliederungsbilanz s. Rz. 621–623
(5) Vermögensverzeichnis = Aufstellung des Einzelkaufmanns, in der sein Vermögen seinen Verbindlichkeiten gegenübergestellt ist: Nur für die Ausgliederung zur Neugründung vorgeschrieben (§ 159 Abs. 2 UmwG). Einzelheiten dazu s. Rz. 183. Für die Ausgliederung zur Aufnahme wegen der Überschuldungsprüfung durch das Registergericht (§ 154 UmwG) zweckmäßig, wenn nennenswertes Vermögen, insbesondere Verbindlichkeiten, beim Einzelkaufmann zurückbleibt und dieses in den genannten Bilanzen nicht erfaßt ist
(6) Steuerliche Schlußbilanz des Einzelkaufmann s. Rz. 624
(7) Jahresabschluß der übernehmenden GmbH vor der Ausgliederung s. Rz. 625
(8) Jahresabschluß der übernehmenden GmbH nach der Sacheinlage durch die Ausgliederung s. Rz. 627
(9) Steuerbilanz der übernehmenden GmbH s. Rz. 628
dd) Ausgliederungsbericht (§ 127 UmwG) ist für den Einzelkaufmann nicht erforderlich (§ 153 UmwG), weil er nicht über seine eigenen Gründe für die Ausgliederung unterrichtet werden muß.[211] Ein für die Gesellschafter der übernehmenden GmbH erforderlicher Ausgliederungsbericht (s. dazu Rz. 629) kann sich auf Erläuterungen der Gründe für die Ausgliederung beschränken (s. Rz. 693).
ee) Keine Prüfung der Ausgliederung (§ 125 Satz 2 UmwG), s. a. Rz. 691.
ff) Gewährung von Geschäftsanteilen der übernehmenden GmbH s. Rz. 631
gg) Ausgliederungsbeschluß der Gesellschafterversammlung der übernehmenden GmbH s. Rz. 632
hh) Beschluß über Kapitalerhöhung (s. (ff)) der übernehmenden GmbH s. Rz. 631 und 633.
ii) Eintragung der Ausgliederung **in das Handelsregister** s. Rz. 634–637.[212] Das für den Einzelkaufmann zuständige Registergericht prüft für die Eintragung der Ausgliederung auch, ob die Verbindlichkeiten des Einzelkaufmanns sein Vermögen offensichtlich übersteigen (§ 154 UmwG). Zu diesem Zweck kann es im Einzelfall die Vorlage eines Vermögensverzeichnis verlangen (s. dazu oben cc (5) und Rz. 183. Die Unvollständigkeit des Vermögens-

---
[211] Begr. UmwBerGE, BT-Drs. 12/6699, 129.
[212] Siehe auch OLG Düsseldorf v. 14. 12. 98, GmbHR 1999, 236, zur konstitutiven Bedeutung der Eintragung beim übertragenden Rechtsträger und zur deklaratorischen Bedeutung der Eintragung beim übernehmenden Rechtsträger.

verzeichnisses soll – abweichend vom bisherigen Recht – kein Eintragungshindernis sein, weil die Zuweisung der Vermögensgegenstände in das Ermessen des Einzelkaufmanns gestellt ist (s. Rz. 170).[213]

174 **c) Handelsrechtliche Wirkungen**

Rechtsfolgen der Ausgliederung sind:
aa) Konstitutive Wirkungen der Handelsregistereintragung der Ausgliederung s. Rz. 640
(1) Übergang des Unternehmens oder von Teilen des Unternehmens auf eine GmbH s. Rz. 640, 683
(2) Erlöschen der von dem Einzelkaufmann geführten Firma, sofern die Ausgliederung sein gesamtes Unternehmen erfaßt (§ 155 iVm. § 131 UmwG)
(3) Der bisherige Einzelkaufmann wird entsprechend dem Ausgliederungs- und Übernahmevertrag Gesellschafter der übernehmenden GmbH
(4) Heilung von Mängeln der notariellen Beurkundung s. Rz. 640
(5) Mängel der Ausgliederung führen nicht zu deren Nichtigkeit s. Rz. 640
bb) Minderheitenrechte können nur für die Gesellschafter der übernehmenden GmbH entstehen, s. dazu Rz. 641 und 695
cc) Schadensersatzpflicht von Organmitgliedern s. Rz. 642
dd) Schutz der Inhaber von Sonderrechten s. Rz. 643
ee) Schutz der Gläubiger s. Rz. 644. Der Einzelkaufmann haftet weiter für übergegangene Verbindlichkeiten (§ 156 UmwG), jedoch zeitlich begrenzt iS. einer fünfjährigen Nachhaftung (§ 157 UmwG). Weitere Einzelheiten s. Rz. 132.
ff) Schutz der Arbeitnehmer s. Rz. 645

175 **d) Steuerliche Rechtsfolgen**

s. Rz. 195 ff.

176–179 *(frei)*

5. Ausgliederung Einzelunternehmen zur Neugründung einer GmbH

a) Überblick

180 Die Ausgliederung eines Einzelunternehmens in eine GmbH ist auch durch Neugründung der GmbH (Ausgründung) zulässig (§§ 124, 152 iVm. § 3 Abs. 1 Nr. 2 UmwG). Weitere Einzelheiten dazu s. Rz. 170. Die Ausgründung war bereits nach dem UmwG 1969 als übertragende Umwandlung zugelassen.
Anzuwendende Vorschriften: Zu den anzuwendenden Vorschriften s. Rz. 131 und 171. Für den übertragenden Einzelkaufmann gelten die §§ 152, 158 bis 160 UmwG, die ihrerseits wieder auf die Besonderen Vorschriften der Ausgliederung zur Aufnahme verweisen. Sachlich ist die Ausgliederung zur Neugründung der Ausgliederung zur Aufnahme nachgebildet. Bei der neuen GmbH tritt lediglich an die Stelle der Kapitalerhöhung zur Durchführung der Ausgliederung die Sachgründung einer GmbH. Es kann daher auf die Erläuterungen in Rz. 170–175 verwiesen werden.

---

[213] Begr. UmwBerGE, BT-Drs. 12/6699, 129.

B. Der Weg in die GmbH

b) Voraussetzungen und Durchführung

aa) Ausgliederungsplan, der an die Stelle des Ausgliederungs- und Übernahmevertrags tritt, von dem Einzelkaufmann aufzustellen und notariell zu beurkunden ist (§ 136 iVm. § 126, § 125 iVm. § 7 UmwG). In dem Ausgliederungsplan muß außer den Angaben nach § 126 UmwG (Einzelheiten dazu s. Rz. 173) auch der **Gesellschaftsvertrag** der neuen GmbH enthalten sein oder festgestellt werden (§ 125 iVm. § 37 UmwG), dh.:

(1) Errichtung der GmbH mit dem Einzelkaufmann als alleinigem Gesellschafter

(2) Bestellung der Geschäftsführer (§ 6 Abs. 3 Satz 2 GmbHG)

(3) Übernahme von Gründungs- bzw. Ausgliederungsaufwand und Zahlung von Gründerlohn durch GmbH[214]

(4) Festsetzung der Bindung des übergehenden Vermögens
– Stammkapital, mindestens 50 000 DM (§ 5 GmbHG)
– Kapitalrücklage (§ 272 Abs. 2 Nr. 1 HGB)
– (Gesellschafter)-Darlehen[215]

bb) Zuleitung des Ausgliederungsplans an den Betriebsrat s. Rz. 616

cc) Rechnungslegung der an der Ausgliederung beteiligten Rechtsträger[216]

(1) Buchhaltung s. Rz. 618 und 693

(2) Letzter Jahresabschluß des Einzelkaufmanns s. Rz. 619

(3) Schlußbilanz des Einzelkaufmanns s. Rz. 620

(4) Ausgliederungsbilanz s. Rz. 621

(5) **Vermögensverzeichnis** des Einzelkaufmanns (§ 159 Abs. 2 UmwG): Gegliederte Aufstellung, in der das Vermögen des Einzelkaufmanns seinen Verbindlichkeiten gegenüberzustellen ist. Sie dient der Überschuldungsprüfung, die für eine GmbH nicht im Rahmen einer Gründungsprüfung vorgeschrieben ist (arg. § 159 Abs. 2 UmwG). Die Vorlage des Vermögensverzeichnisses kann aber im Einzelfall vom Registergericht für die Überprüfung der Überschuldung (§ 158 iVm. § 154 UmwG) verlangt werden. Es handelt sich nicht um eine Bilanz, sondern um einen Überschuldungsstatus, in den sämtliche und nicht nur die bilanzierungsfähigen Vermögensgegenstände und Verbindlichkeiten mit ihren Zeitwerten aufzunehmen sind. § 159 Abs. 3 UmwStG stimmt mit § 53 Abs. 3 UmwG 1969 überein, der in dem Sinne verstanden wurde, daß das gesamte Vermögen des Einzelkaufmanns (Betriebs- und Privatvermögen) in dieses Vermögensverzeichnis aufzunehmen ist. Die Gesetzesmaterialien zum UmwG 1995 betonen dagegen an mehreren

---

[214] Zum Steuerrisiko einer verdeckten Gewinnausschüttung bei fehlender Festsetzung der Gründungskosten s. BFH v. 11. 10. 1989, BStBl. II 1990, 89; BFH v. 11. 2. 1997, BFH/NV 1997, 711; *Widmann* in FS Döllerer S. 721 (730). Noch nicht abschließend geklärt ist, ob es einer Festlegung der einzelnen Kostenpositionen bedarf (so BMF-Schr. v. 25. 6. 91, BStBl. I 1991, 661), oder ob ein zusammengefaßter Ausweis als Gesamtbetrag in der Satzung ausreichend ist (so OFD Karlsruhe v. 7. 1. 99, DB 1999, 1773.

[215] Einzelheiten s. *Widmann* in FS Döllerer S. 721 (729).

[216] Zum Werthaltigkeitsnachweis der Sacheinlage bei einer errichtenden Umwandlung in eine „kleine" GmbH iSd. § 264 HGB nach § 56 a UmwG 1969 s. OLG Düsseldorf v. 29. 3. 1995, WM 1995, 1840.

Stellen[217] die Freiheit des Einzelkaufmanns in der Zuweisung von Vermögensgegenständen des Betriebs- und des Privatvermögens zu dem auszugliedernden Vermögen und die daraus resultierende Unerheblichkeit der Vollständigkeit des Vermögensverzeichnisses, so daß der Eindruck entsteht, die mit § 159 Abs. 3 Satz 3 UmwG angeordnete Vollständigkeitsprüfung solle nur das auszugliedernde Vermögen erfassen.Stichtag: Vor Anmeldung der Ausgliederung zur Eintragung in das Handelsregister

(6) Steuerliche Schlußbilanz des Einzelkaufmanns s. Rz. 624

184 (7) **Handelsrechtliche Eröffnungsbilanz** der GmbH (§§ 242, 264 HGB, § 42 GmbHG) s. Rz. 627. Keine Bindung an die handelsrechtliche Schlußbilanz des Einzelunternehmens oder die Ausgliederungsbilanz (s. Rz. 182), Bewertungswahlrecht für das übergehende Vermögen (§ 125 iVm. § 24 UmwG). Nach den Grundsätzen für die Bewertung der Sacheinlagen (s. Rz. 483 ff.) besteht das Wahlrecht zwischen dem Zeitwert (Obergrenze) oder jedem darunter liegenden Wert (Untergrenze durch Nennbetrag der Stammeinlagen und etwaiges festgesetztes Aufgeld, hM).[218] Durch die grundsätzliche Maßgeblichkeit der Handelsbilanz für die Steuerbilanz (arg. § 20 Abs. 2 Satz 2 UmwStG)[219] wird das steuerliche Wahlrecht (s. Rz. 197 ff.) durch die Bewertung in der handelsrechtlichen Eröffnungsbilanz ausgeübt,[220] dh. bei angestrebter steuerlicher Buchwertfortführung ist die Sacheinlage auch in der Handelsbilanz mit den Buchwerten des Einzelunternehmens anzusetzen; bei angestrebter Aufdeckung sämtlicher stiller Reserven ist auch ein originärer Geschäfts- oder Firmenwert anzusetzen, weil das Verbot der Aktivierung selbstgeschaffener immaterieller Vermögensgegenstände (§ 248 Abs. 2 HGB, § 5 Abs. 2 EStG) zumindest für Sacheinlagen gegen Gewährung von Gesellschaftsrechten nicht gilt,[221] bzw. weil diese Vermögensgegenstände nach § 24 UmwG als angeschafft zu behandeln sind. Stichtag: Zeitpunkt der Sacheinlage; Spaltungsstichtag kann dafür gewählt werden.

185 (8) **Steuerliche Eröffnungsbilanz** der GmbH (§ 5 EStG, § 20 Abs. 2, 3 und 8 UmwStG): Wahlrecht für Bewertung des übergehenden Vermögens: Buchwert, Teilwert oder Zwischenwert (§ 20 Abs. 2 Satz 1 UmwStG; Einzelheiten s. Rz. 197 ff.). Die Bedeutung der Bewertung in der steuerlichen Eröffnungsbilanz liegt nicht nur in der Bestimmung der Anschaffungskosten der GmbH für das übergehende Vermögen, sondern auch in der Bindungswirkung dergestalt, daß dessen Wert lt. steuerlicher Eröffnungsbilanz als Veräußerungspreis des Einzelunternehmers und als Anschaffungskosten seiner GmbH-Anteile gilt (§ 20 Abs. 4 UmwStG). Grundsätzlich ist das Bewertungswahlrecht in Übereinstimmung mit der Handelsbilanz auszuüben (s. Rz. 184). Es gelten aber folgende Modifikationen des Maßgeblichkeitsprinzips:

---

[217] Begr. UmwBerGE, BT-Drs. 12/6699, 116, 129, 130.
[218] *ADS* § 255 Anm. 96 f.; *Budde/Förschle* Sonderbilanzen, Kap. E. Anm. 181 ff.; *Widmann/Mayer* § 24 UmwG Rz. 286 ff.
[219] UmwStErl. 1998 Tz. 20.26; kritisch dazu *Patt/Rasche* DStR 1994, 841; *Meutel* DStR 1998, Beilage zu Heft 17, 11 ff. (s. a. Rz. 185).
[220] UmwStErl. 1998 Tz. 20.31.
[221] Zum Geschäftswert s. UmwStErl. 1998 Tz. 22.11.

B. Der Weg in die GmbH

- Untergrenze in der steuerlichen Eröffnungsbilanz:
  - Buchwerte aus der steuerlichen Schlußbilanz des Einzelunternehmens (§ 20 Abs. 2 Satz 3 UmwStG)
  - Gemeiner Wert anderer, neben den Gesellschaftsanteilen gewährter Wirtschaftsgüter (§ 20 Abs. 2 Satz 5 UmwStG)
  - Erforderlicher Wertansatz zum Ausgleich eines negativen Kapitalkontos in der steuerlichen Schlußbilanz des Einzelunternehmens (§ 20 Abs. 2 Satz 4 UmwStG)[222]
- Übrige Abweichungen:
  - Buchwertfortführung ist in der steuerlichen Eröffnungsbilanz auch dann zulässig, wenn in der handelsrechtlichen Eröffnungsbilanz (s. Rz. 184) das übergegangene Betriebsvermögen nach handelsrechtlichen Vorschriften mit einem höheren Wert anzusetzen ist[223] (§ 20 Abs. 2 Satz 2 UmwStG). In Höhe des Unterschiedsbetrags ist in der Steuerbilanz der GmbH ein aktiver Ausgleichsposten zu bilden.[224]

Der Anwendungsbereich dieser von der hM als Durchbrechung der Maßgeblichkeit (s. Rz. 184) verstandenen Regelung des § 20 Abs. 2 Satz 2 UmwStG[225] ist von der FinVerw.[226] enger definiert worden. Ein handelsrechtlicher Zwang zur Höherbewertung wird (nur noch) für folgende Fallgruppen angenommen:
- Ausgleich einer Differenz zwischen den Buchwerten des Reinvermögens und dem gesetzlichen Mindeststammkapital von 50 000 DM (§ 5 Abs. 1 GmbH);
- Zutreffende Darstellung der Beteiligungsverhältnisse bei Sacheinlagen in eine GmbH deren Anteile von einem Dritten gehalten werden[227] („im allgemeinen").[228] Nicht mehr ausdrücklich erwähnt wird, daß eine Kapitalgesellschaft bei Zweifeln über die handelsrechtlich gebotene Bewertung von einem Zwang zur Höherbewertung ausgehen kann (bisher: „im allgemeinen nicht zu beanstanden").[229] Die Aufzählung ist aber nicht abschließend („insbesondere auch").[230]

---

[222] Zur Abhilfe durch Nichteinbringung von Verbindlichkeiten s. BFH v. 11. 9. 1991, DStR 1992, 574; zum Risiko eines negativen Betriebsvermögens durch Entnahmen im Rückwirkungszeitraum (§ 20 Abs. 7 Satz 2 UmwStG) s. UmwStErl. 1998 Tz. 20.25; *Patt/Rasche* DStR 1995, 1529; *Rödder* DStR 1996, 860 (862 f.).
[223] ZB wegen der unter Rz. 184 erwähnten Untergrenze für die Bewertung von Sacheinlagen; s. a. das Beispiel in UmwStErl. 1998 Tz. 20.27.
[224] Einzelheiten s. UmwStErl. 1998 Tz. 20.27.
[225] Einzelheiten bei *Mentel* DStR 1988 Beilage zu Heft 17, 11 ff.
[226] UmwStErl. 1998 Tz. 20.27 f.
[227] Begründung für handelsrechtl. Zwang zur Höherbewertung wird allgemein als nicht überzeugend empfunden, s. *Thiel ua.* GmbHR 1998, 397 (435); *Dötsch ua.* DB 1998, Beilage 7, 42; *Mentel* aaO.
[228] Dh., die FinVerw. kann in besonderen Fällen abweichen (s. *Dötsch ua.* aaO); mithin empfiehlt sich Einholung einer verbindlichen Auskunft (s. Rz. 48).
[229] BMF-Schr. v. 16. 6. 1978, BStBl. I 1978, 235 Tz. 23; unter dem Aspekt der Gesetzmäßigkeit der Verwaltung kritisch dazu *Patt/Rasche* DStR 1994, 841 (846); *Widmann* FS Beisse (1997), 571 (577); *Mentel* aaO.
[230] Nach *Dötsch ua.* aaO lebt deswegen diese Nichtbeanstandungsklausel in abgeschwächter Form fort.

§ 14 186–189   Umwandlung

Im übrigen sind auch im Rahmen des § 20 Abs. 2 Satz 2 UmwStG die Streitfragen von Bedeutung, ob für Sacheinlagen handelsrechtlich ein Bewertungswahlrecht besteht (s. dazu Rz. 184 und 484 ff.)[231] und ob eine formelle Maßgeblichkeit nur insoweit gilt, als für Handelsbilanz und Steuerbilanz korrespondierende Wahlrechte bestehen (s. Rz. 476 ff.).[232]

- Eine Bindung an die handelsrechtliche Eröffnungsbilanz (s. Rz. 184) besteht auch insoweit nicht, als in der steuerlichen Eröffnungsbilanz zulässige Abweichungen zwischen Handels- und Steuerbilanz des Einzelunternehmens fortgeführt werden[233]
- Obergrenze der Bewertung sind – auch für gesetzlich vorgeschriebene Aufstockungen[234] (s. o.) – die Teilwerte der einzelnen Wirtschaftsgüter (§ 20 Abs. 2 Satz 6 UmwStG)

Stichtag: Zeitpunkt der Sacheinlage, Spaltungsstichtag kann gewählt werden, § 20 Abs. 7 und 8 UmwStG.

186 dd) **Ausgliederungsbericht** (§ 127) ist für den Einzelkaufmann nicht erforderlich (§ 158 iVm. § 153 UmwG; s. a. Rz. 173)

ee) **Keine Prüfung der Ausgliederung** (§ 125 Satz 2 UmwG; s. a. Rz. 691)

187 ff) **Sachgründungsbericht** (§ 5 Abs. 4 Satz 2 GmbHG, § 159 Abs. 1 iVm. § 58 UmwG) des Einzelkaufmanns über
- wesentliche Umstände für Angemessenheit, dh. Werthaltigkeit der Leistungen für Sacheinlagen
- Jahresergebnis des Einzelunternehmens der beiden letzten Geschäftsjahre
- Geschäftsverlauf des Unternehmens
- Lage des Unternehmens

188 gg) **Keine Pflicht-Sachgründungsprüfung** durch einen externen Prüfer, wie sie bei Ausgliederung in eine AG durch § 159 Abs. 2 und 3 UmwG vorgeschrieben ist. Allerdings kann der Registerrichter im Einzelfall die Vorlage einer geprüften Bilanz (s. Rz. 182), eines Vermögensverzeichnisses (s. Rz. 183) und eines geprüften Sachgründungsberichts verlangen oder die Prüfung selbst anordnen, sofern er nicht allein aus eigener Erkenntnis die Prüfung nach § 9 c GmbH, § 160 Abs. 2 UmwG (s. Rz. 190) durchführen kann.

hh) **Eintragung der Ausgliederung in das Handelsregister** (§ 160 UmwG)

189 (1) *Anmeldung* zur Eintragung
 (a) Anmeldung durch Einzelkaufmann und Geschäftsführer
 (b) Beizufügende Unterlagen:
   – Ausgliederungsplan mitsamt Gesellschaftsvertrag der GmbH (s. Rz. 181)
   – Urkunde über Bestellung der Geschäftsführer (§ 8 Abs. 2 Nr. 2 GmbHG)
   – Sachgründungsbericht (s. Rz. 187) (§ 8 Abs. 2 Nr. 4 GmbHG)

---

[231] *Patt/Rasche* DStR 1995, 844 f. (§ 20 Abs. 2 Satz 2 UmwStG ist deswegen „obsolet"); *Widmann* in FS Beisse, S. 577 f.; *Herkenroth/Winkemann* FR 1998, 509.

[232] *Patt/Rasche* DStR 1995, 846 f.; *Widmann* in FS Beisse S. 578; *Widmann/Mayer* § 24 UmwG Rz. 505.

[233] Einzelheiten s. UmwStErl. 1998 Tz. 20.29.

[234] Einzelheiten zu deren Durchführung s. UmwStErl. 1998 Tz. 22.08.

B. Der Weg in die GmbH 190–195 § 14

– Staatliche Genehmigungsurkunde, sofern nach dem Gegenstand des Unternehmens erforderlich (§ 8 Abs. 2 Nr. 6 GmbHG)
– Vermögensverzeichnis (s. Rz. 183)
– Schlußbilanz (und Ausgliederungsbilanz; s. Rz. 182), deren Stichtag nicht länger als 8 Monate vor der Anmeldung liegt[235]
– Versicherung der Geschäftsführer nach § 8 Abs. 2 und 3 GmbHG
– Zeichnung der Unterschriften der Geschäftsführer (§ 8 Abs. 5 GmbHG)

(2) *Eintragung* im Handelsregister erfolgt nur nach vorheriger Prüfung des Registergerichts von (§ 9 c GmbHG, § 160 Abs. 2 UmwG): **190**
– Ordnungsmäßigkeit der GmbH-Errichtung
– Werthaltigkeit der Sacheinlagen

(3) *Bekanntmachung* der Eintragung (§ 125 iVm. § 19 Abs. 3 UmwG) **191**

c) **Handelsrechtliche Wirkungen**

Rechtsfolgen der Ausgliederung sind: **192**
aa) Konstitutive *Wirkungen der Handelsregistereintragung* s. Rz. 640
(1) Entstehung der GmbH (§ 11 Abs. 1 GmbHG)
(2) Übergang des Unternehmens oder von Teilen des Unternehmens auf eine GmbH, s. Rz. 640, 683
(3) Erlöschen der von dem Einzelkaufmann geführten Firma, sofern die Ausgliederung sein gesamtes Unternehmen erfaßt (§ 155 iVm. § 131 UmwG)
(4) Der bisherige Einzelkaufmann wird entsprechend dem Ausgliederungsplans Gesellschafter der übernehmenden GmbH
(5) Heilung von Mängeln der notariellen Beurkundung s. Rz. 640
(6) Mängel der Ausgliederung führen nicht zu deren Nichtigkeit s. Rz. 640[236]
bb) *Schutz der Gläubiger* s. Rz. 644 **193**
Der Einzelkaufmann haftet weiter für übergegangene Verbindlichkeiten (§ 156 UmwG), jedoch zeitlich begrenzt iS. einer fünfjährigen **Nachhaftung** (§ 157 UmwG). Weitere Einzelheiten s. Rz. 132.
cc) *Schutz der Arbeitnehmer* s. Rz. 645 **194**

d) **Steuerliche Rechtsfolgen**

aa) Anwendbare Vorschriften und Terminologie. *Anwendungsbereich:* **195**
Die auf die Ausgliederung aus dem Vermögen eines Einzelkaufmanns in eine Kapitalgesellschaft anzuwendenden Vorschriften ergeben sich nicht unmittelbar aus der Allgemeinen Vorschrift des § 1 UmwStG, weil diese Vorschrift nur die Fälle regelt, in denen Vermögen von einer Körperschaft auf einen anderen Rechtsträger übergeht. § 1 Abs. 1 Satz 2 UmwStG grenzt lediglich

---

[235] Wahrung der Achtmonatsfrist für die Vorlage der Schlußbilanz gilt nur für den Einzelkaufmann, nicht dagegen für die neu zu gründende GmbH; s. BayObLG v. 10. 12. 1998, GmbHR 1999, 295.
[236] Siehe aber zu steuerrechtlichen Folgewirkungen (Gestaltungsmißbrauch; § 42 AO) FG Saarl. v. 11. 5. 1995 EFG 1996, 63 (66) (rkr.).

negativ die Ausgliederung aus dem Anwendungsbereich des 2. bis 7. Teils (§§ 3 bis 19 UmwStG) aus, und zwar auch für die Fälle, in denen der übertragende Rechtsträger eine Körperschaft ist (weitere Einzelheiten s. Rz. 696). Eine dem § 1 UmwStG entsprechende Allgemeine Vorschrift für den Anwendungsbereich des 8. und 10. Teils (§§ 20 bis 25 UmwStG) existiert nicht. Ihr Anwendungsbereich ergibt sich außer aus den Tatbestandsvoraussetzungen der einzelnen Vorschriften selbst mittelbar auch aus der Legaldefinition des steuerlichen Übertragungsstichtags für Einbringungen in eine Kapitalgesellschaft durch § 20 Abs. 8 UmwStG. Danach sind die §§ 20 bis 22 UmwStG für folgende Fallgruppen anwendbar:[237]

– Sacheinlagen in eine Kapitalgesellschaft im Wege der Gesamtrechtsnachfolge oder Sonderrechtsnachfolge durch
  • Verschmelzung iSd. § 2 UmwG (Satz 1)
  • Aufspaltung, Abspaltung oder Ausgliederung nach § 123 UmwG (Satz 2)
– Andere Fälle der Sacheinlagen in eine Kapitalgesellschaft (Satz 3), dh. durch Einzelrechtsnachfolge

196 Die *Terminologie* der §§ 20–22 UmwStG weicht von der der §§ 152 bis 160 UmwG ab: Die Ausgliederung ist ein „Einbringungs"-Tatbestand iSd. § 20 Abs. 1 UmwStG, der durch eine „Sacheinlage" verwirklicht wird (§ 20 Abs. 8 Satz 2 UmwStG). Der „Einzelkaufmann" ist demzufolge der „Einbringende", sein „von ihm betriebenes Unternehmen" der „Betrieb", das „übertragende Geschäftsvermögen" ist „eingebrachtes Betriebsvermögen" und die Anteile an der neu errichteten GmbH werden als „einbringungsgeborene Anteile" bezeichnet. Um die Querverbindungen zum Handelsrecht deutlich zu machen, werden im folgenden aber – soweit möglich – die handelsrechtlichen Begriffe weiterverwendet.

197 **bb) Bewertungswahlrecht.** Die übernehmende GmbH hat grundsätzlich das **Wahlrecht**, das übergehende Vermögen mit seinen **Buchwerten, Teilwerten** oder **Zwischenwerten** anzusetzen (§ 20 Abs. 2 Satz 1 und 6 UmwStG). Da der Wert, mit dem die GmbH das übergehende Vermögen ansetzt, als Veräußerungspreis des Einzelunternehmers und als Anschaffungskosten seiner einbringungsgeborenen Anteile gilt (§ 20 Abs. 4 UmwStG), ist er nicht nur für die künftigen Veräußerungsgewinne und Abschreibungen der GmbH (s. Rz. 210 ff.), sondern auch für die Entstehung eines Veräußerungsgewinns im Rahmen der Schlußbesteuerung des Einzelunternehmens (s. Rz. 205 ff.) sowie für die Steuerpflicht von Gewinnen aus der Veräußerung der einbringungsgeborenen Anteile (s. Rz. 217 ff.) maßgebend.

198 **Sinn und Zweck** der Regelungen in den §§ 20, 21 UmwStG ist es, im Interesse der Umstrukturierung von Unternehmen ein Wahlrecht hinsichtlich des Zeitpunkts der Aufdeckung stiller Reserven zuzulassen, deren Besteuerung (in voller Höhe) in einem geschlossenen System aber durch ihre Übertragung auf die Anteile an der aufnehmenden Kapitalgesellschaft zu sichern, die der Einbringende bei der Sacheinlage erhält (s. Rspr. in Rz. 222).

---

[237] Siehe auch UmwStErl. 1998 Tz. 20.02.

B. Der Weg in die GmbH § 14

Anwendungsbereich des Wahlrechts nach § 20 UmwStG (Voraussetzungen): 199
(1) *Einbringender* können natürliche oder juristische Personen[238] sein, und zwar
– unbeschränkt Einkommensteuerpflichtige mit Wohnsitz (§ 8 AO) oder gewöhnlichem Aufenthalt (§ 9 AO) im Inland (§ 1 Abs. 1 EStG) oder Körperschaftsteuerpflichtige mit Geschäftsleitung (§ 10 AO) oder Sitz (§ 11 AO) im Inland (§ 1 Abs. 1 KStG) oder
– beschränkt Einkommensteuer- oder Körperschaftsteuerpflichtige, sofern das Besteuerungsrecht Deutschlands hinsichtlich des Gewinns aus einer Veräußerung der dem Einbringenden gewährten Gesellschaftsanteile im Zeitpunkt der Sacheinlage nicht ausgeschlossen ist (§ 20 Abs. 3 UmwStG). Stand Deutschland vor der Einbringung das Besteuerungsrecht hinsichtlich eines Gewinns aus der Veräußerung der eingebrachten Wirtschaftsgüter zu und ist nach der Einbringung das Besteuerungsrecht hinsichtlich der stillen Reserven in den einbringungsgeborenen Anteilen ausgeschlossen durch ein DBA, fehlende Zugehörigkeit der Anteile zu einem inländischen Betriebsvermögen oder Nichterreichen einer wesentlichen Beteiligung iSd. § 17 EStG,[239] so ist das eingebrachte Betriebsvermögen zwingend mit dem Teilwert anzusetzen. Zum geschlossenen System der §§ 20, 21 UmwStG s. Rz. 198 und 222
(2) *Aufnehmende Kapitalgesellschaft* kann nur eine unbeschränkt körperschaftsteuerpflichtige inländische Kapitalgesellschaft iSd. § 1 Abs. 1 Nr. 1 KStG sein.[240]
(3) *Gegenstand der Sacheinlage* (Einbringung) kann sein:
   (a) Betrieb mitsamt allen Wirtschaftsgütern, die seine wesentlichen Betriebsgrundlagen bilden;[241] noch nicht abschließend ist, ob im Rahmen des § 20 UmwStG insoweit allein eine funktionale Betrachtungsweise[242] oder auch eine quantitative Betrachtungsweise, dh. unter Berücksichtigung ggf. vorhandener stiller Reserven gelten soll.[243]
   (b) Teilbetrieb (s. Rz. 655)
   (c) Mitunternehmeranteil (s. dazu Rz. 163)
   (d) Anteile an einer Kapitalgesellschaft, wenn dadurch eine Mehrheitsbeteiligung entsteht oder aufgestockt wird (s. dazu Rz. 256)

---

[238] Zu Personengesellschaften als Einbringende s. Rz. 163.
[239] Begr. StandOGE, BT-Drs. 12/4487, 46.
[240] Ausländische Kapitalgesellschaften mit Geschäftsleitung im Inland gehören nach BFH v. 23. 6. 1992, BStBl. II 1992, 972, zu den Körperschaftsteuerpflichtigen iSd. § 1 Abs. 1 Nr. 5 KStG (s. aber auch Rz. 22).
[241] UmwStErl. 1998 Tz. 20.08.
[242] Dazu allgemein BFH v. 2. 10. 1997, BStBl. II 1998, 104, mit zust. Anm. *Hörger/Schulz* DStR 1998, 233; s. aber auch BFH v. 15. 1. 1998, BStBl. II 1998, 478 zu einem unbebauten Grundstück; v. 2. 4. 1997, BStBl. II 1997, 565, m. Anm. *Kempermann* DStR 1997, 1441, zu Bürogebäuden; s. a. zu ideellen Anteilen an Grundstücken *Götz* DStZ 1997, 551.
[243] So die Rspr. zu § 16 EStG zB BFH v. 13. 2. 1996, BStBl. II 1996, 409; ebenso für § 20 UmwStG *Patt* DStR 1998, 190; dazu krit. *Büchele* DStR 1998, 741.

Es gelten für die Anwendung des § 20 UmwStG keine Verbleibensvoraussetzungen für den Gegenstand der Sacheinlage.²⁴⁴
(4) *Neue Anteile* an der aufnehmenden Kapitalgesellschaft müssen für die Sacheinlage gewährt werden. Daher ist § 20 UmwStG weder anwendbar auf eine sog. verschleierte Sacheinlage oder verschleierte Sachgründung²⁴⁵ noch auf eine verdeckte Einlage.²⁴⁶

200 **Wahlrechtsausschuß**: Sofern diese Tatbestandsvoraussetzungen des § 20 Abs. 1 und 3 UmwStG nicht erfüllt werden, muß die GmbH das übergehende Vermögen mit seinen Teilwerten ansetzen, weil es sich bei dem Sachverhalt um einen Tausch (Unternehmensvermögen gegen GmbH-Anteile) handelt, der steuerlich grundsätzlich zur Aufdeckung stiller Reserven bzw. zur Gewinnrealisierung zwingt.²⁴⁷

201 Für die **Ausübung des Wahlrechts** sind in erster Linie steuerliche Gesichtspunkte ausschlaggebend. Das Wahlrecht ist einheitlich für die Ertragsbesteuerung der GmbH (Körperschaft- und Gewerbesteuer) auszuüben und kann nicht mehr geändert werden.²⁴⁸ Ausgeübt wird das Wahlrecht durch Abgabe der GmbH-Steuererklärungen für das Wirtschaftsjahr, in das der Spaltungsstichtag fällt; maßgeblich sind grundsätzlich die Wertansätze in der handelsrechtlichen Eröffnungsbilanz (s. Rz. 184), die der Steuererklärung beizufügen ist (§ 60 EStDV).²⁴⁹ Beim Ansatz von Zwischenwerten soll die Aufstockung der Buchwerte des Anlage- und des Umlaufvermögens gleichmäßig erfolgen; mit nachrangigem Ansatz eines originären Geschäftswerte.²⁵⁰ Buchwertfortführung bedeutet einen Besteuerungsaufschub (zur Verdoppelung der stillen Reserven s. Rz. 41). Teilwertansatz löst eine aktuelle, aber tarifbegünstigte Besteuerung beim Einzelunternehmer (s. Rz. 205 ff.) und künftige Steuerentlastungen bei der GmbH (s. Rz. 210 ff.) sowie evtl. bei ihrem Anteilseigner (s. Rz. 217 ff.) aus.²⁵¹ *Steueroptimierung* bei der Wahlrechtsausübung bedeutet daher, eine Entscheidung aufgrund des Vergleichs dieser aktuellen Steuerbelastungen mit dem Barwert der künftigen Steuerersparnisse zu treffen. Außerdem stellt sich die Frage nach ausreichenden liquiden Mitteln für die aktuellen Steuerzahlungen.

202 **cc) Steuerliche Rückwirkung.** Das Einkommen und das Vermögen des Einzelunternehmers (Einbringenden) und der übernehmenden Kapitalgesellschaft sind auf Antrag (= Wahlrecht) so zu ermitteln, als ob das eingebrachte Betriebsvermögen mit Ablauf des *steuerlichen Übertragungsstichtags* auf die über-

---

²⁴⁴ BFH v. 19. 5. 1993, BStBl. II 1993, 889.
²⁴⁵ BFH v. 1. 7. 1992, BStBl. II 1993, 131; s. a. *Hollatz* DStR 1994, 604.
²⁴⁶ BFH v. 14. 1. 1993, BFH/NV 1993, 525.
²⁴⁷ *Schmidt/Weber-Grellet* § 5 Anm. 632 ff. mwN (s. a. unten Rz. 250 ff.); s. a. *Dieterlen/Schaden* IStR 1999, 1: Bewertung mit dem gemeinen Wert bei Einbringung inländischer Betriebsstätte einer Nicht-EU-Kapitalgesellschaft.
²⁴⁸ Zu Berichtigungen aufgrund zB einer Betriebsprüfung s. UmwStErl. 1998 Tz. 20.34 ff.
²⁴⁹ *Widmann/Mayer* § 20 UmwStG Anm. 679; *HHR/Hübl* § 20 UmwStG Anm. 109.
²⁵⁰ UmwStErl. 1998 Tz. 22.08.
²⁵¹ Einzelheiten zu den Vor- und Nachteilen s. *Widmann/Mayer* § 20 UmwStG Anm. 661 ff.

B. Der Weg in die GmbH 203–206 § 14

nehmende Kapitalgesellschaft (Übernehmerin) übergegangen wäre (§ 20 Abs. 7 Satz 1 UmwStG). Gleiches gilt für die Bemessungsgrundlagen der Gewerbesteuer.[252] Als steuerlicher Übertragungsstichtag darf in Fällen der Sacheinlage durch Ausgliederung nach § 123 UmwG der Stichtag angesehen werden, für den die *Schlußbilanz* iSd. § 125 iVm. § 17 Abs. 2 UmwG aufgestellt ist (s. Rz. 182); dieser Stichtag darf höchstens 8 Monate vor der Anmeldung der Ausgliederung zur Eintragung in das Handelsregister liegen (§ 20 Abs. 8 Satz 2 iVm. Satz 1 UmwStG).

Der *Antrag* kann von dem Inhaber des ausgegliederten Einzelunternehmens 203 und der übernehmenden GmbH als Rechtsnachfolgerin formlos durch dementsprechende Steuererklärungen gestellt werden.[253] Die Regelung der Rückbeziehung dient der Ergebnis- und Vermögensabgrenzung zwischen Einzelunternehmen und GmbH und soll die Ausgliederung erleichtern, weil die Erstellung der Schlußbilanz auf den Zeitpunkt der Eintragung der Ausgliederung in das Handelsregister (= tatsächlicher Zeitpunkt der Sacheinlage) nicht möglich ist. Sonderregelungen gelten für folgende Sachverhalte zwischen Spaltungsstichtag und Eintragung der Ausgliederung im Handelsregister: Entnahmen und Einlagen,[254] Verträge zwischen GmbH und Gesellschafter,[255] vorzeitige oder doppelte Erfassung von Vermögenswerten.[256]

Wird der Antrag auf Rückbeziehung (§ 20 Abs. 7 Satz 1 UmwStG) nicht 204 gestellt, so ist für die Abgrenzung (s. Rz. 203) auf die Eintragung der Ausgliederung in das Handelsregister als tatsächlicher Zeitpunkt der Sacheinlage abzustellen.

dd) Schlußbesteuerung des Einzelunternehmens. Die Ausgliederung 205 führt wegen der in § 20 Abs. 4 UmwStG vorgesehenen Bindungswirkung bei dem Einzelunternehmen zu einem **Veräußerungsgewinn**, wenn die GmbH nicht die Buchwerte aus der steuerlichen Schlußbilanz des Einzelunternehmens (s. Rz. 183) fortführt, sondern entweder in Ausübung ihres Bewertungwahlrechts (s. Rz. 197 ff. und 210 ff.) in der handelsrechtlichen Eröffnungsbilanz (s. Rz. 182) höhere Werte ansetzt oder aufgrund steuerlicher Mindestansatzvorschriften gezwungen ist, in der steuerlichen Eröffnungsbilanz höhere Werte anzusetzen (s. Rz. 185). Zum Stichtag der Gewinnermittlung s. Rz. 197.

Der Veräußerungsgewinn ist **einkommensteuerpflichtig** (§ 16 EStG), un- 206 terliegt jedoch *bisher* mit dem Betrag, der 15 Mio. DM nicht übersteigt, nur dem **halben Steuersatz** iSd. § 34 Abs. 1 EStG (§ 20 Abs. 5 Satz 1 UmwStG),[257] und zwar auch dann, wenn die GmbH das übergehende Vermögen nicht mit Teilwerten, sondern mit Zwischenwerten ansetzt. Der Freibetrag nach § 16 Abs. 4 EStG oder nach § 17 Abs. 3 EStG wird jedoch nur gewährt,

---

[252] Auch in der Neufassung des § 20 Abs. 7 UmwStG nur in Satz 2 erwähnt; FG Nürnberg v. 12. 2. 1998, EFG 1998, 922, rkr.
[253] *Widmann/Mayer* § 20 UmwStG Anm. 603 und 609.
[254] § 20 Abs. 7 Satz 2 und 3 UmwStG; s. a. BFH v. 29. 4. 1987, BStBl. II 1987, 797.
[255] UmwStErl. 1998 Tz. 20.21.
[256] UmwStErl. 1998 Tz. 20.22.
[257] Der halbe Steuersatz ist mit dem StEntlG 1999/2000/2002 (s. Fn. 18) ab 1999 abgeschafft und durch eine rechnerische Verteilung des Veräußerungsgewinns auf 5 Jahre ersetzt worden.

wenn die GmbH die Teilwerte ansetzt (§ 20 Abs. 5 Satz 2 UmwStG). Wird eine im Betriebsvermögen gehaltene Beteiligung eingebracht, so kommt der halbe Steuersatz nur zur Anwendung, wenn es sich um eine 100%ige Beteiligung handelt (§ 20 Abs. 5 Satz 3 UmwStG).[258] Ist die GmbH gezwungen, die Teilwerte anzusetzen (s. Rz. 200), so kann die Einkommensteuer auf den Veräußerungsgewinn in höchstens 5jährlichen Teilbeträgen entrichtet werden; Stundungszinsen werden nicht erhoben (§ 20 Abs. 6 iVm. § 21 Abs. 2 Satz 3 bis 6 UmwStG).[259] Der Veräußerungsgewinn, den der Einzelkaufmann in seinen Unternehmen erzielt, ist **nicht gewerbesteuerpflichtig**.[260]

207 Erhält der Einzelunternehmer als Gegenleistung anläßlich der Umwandlung nicht nur die GmbH-Anteile, sondern auch **andere Wirtschaftsgüter** (zB eine Dahrlehensforderung; s. Rz. 180 aE), so wird eine Besteuerung dadurch aufgeschoben, daß deren gemeiner Wert von den Anschaffungskosten der GmbH-Anteile abzuziehen ist (§ 20 Abs. 4 Satz 2 UmwStG).[261] Zu einer Gewinnrealisierung kommt es insoweit also erst dann, wenn Gewinne aus der Veräußerung einbringungsgeborener Anteile zu versteuern sind (s. Rz. 217 ff.). **Entnahmen** einzelner Wirtschaftsgüter, die nicht zu den wesentlichen Betriebsgrundlagen gehören,[262] bewirken eine Gewinnrealisierung,[263] für die jedoch der halbe Steuersatz (s. Rz. 206) selbst dann gilt, wenn die GmbH das übergehende Vermögen mit den Buchwerten ansetzt.[264] Entnahmen zwischen Umwandlungsstichtag und Eintragung im Handelsregister werden wiederum nach § 20 Abs. 4 Satz 2 UmwStG (s. o.) behandelt (§ 20 Abs. 7 Satz 2 und 3 UmwStG).

208 Zur **umsatzsteuerlichen** Behandlung s. Rz. 46 a.

209 Der Übergang von Grundstücken auf die GmbH ist **grunderwerbsteuerpflichtig** (§ 1 Abs. 1 Nr. 3 GrEStG; s. Rz. 46).

210 ee) Besteuerung der GmbH. Die GmbH hat das **Bewertungswahlrecht** (s. Rz. 197 ff.), wenn alle wesentlichen Betriebsgrundlagen des Einzelunternehmens auf sie übergehen. Dies ist bei Ausgliederungen nach §§ 152 bis 160 UmwG nach Aufgabe des Vollständigkeitsgebots (s. Rz. 173, 183) nicht mehr durchweg gewährleistet. Im übrigen kann es im Einzelfall auch zB erforderlich sein, ein der Ehefrau gehörendes Grundstück, auf dem ein Betriebsgebäude errichtet ist,[265] in das auszugliedernde Vermögen mit einzubeziehen.

211 Ein Ansatz des übergehenden Vermögens mit den *Teilwerten* bewirkt *Steuerersparnisse* in der laufenden Ertragsbesteuerung durch entsprechend geringere Gewinne bei anschließender Veräußerung von Wirtschaftsgütern sowie durch

---

[258] Siehe dazu auch BMF-Schr. v. 4. 5. 1993, DB 1993, 1164.

[259] Zur Rechtslage nach dem UmwStG 1997 s. BFH v. 12. 6. 1997, BStBl. II 1998, 38, m. Anm. *-sch* DStR 1997, 1851.

[260] BFH v. 29. 4. 1982, BStBl. II, 738; Abschn. 39 Abs. 3 Satz 1 und Abschn. 40 Abs. 1 Nr. 1 GewStR.

[261] Zu dieser Durchbrechung des Realisationsgrundsatzes s. BFH v. 8. 12. 1994, BStBl. II 1995, 599; zur Ermittlung der Anschaffungskosten der einbringungsgeborenen Anteile s. BFH v. 17. 5. 1995, BFH/NV 1995, 1106.

[262] Zum Ermessen der Zuweisung zum auszugliedernden Vermögen s. Rz. 173.

[263] UmwStErl. 1998 Tz. 20.10.

[264] BFH v. 25. 9. 1991, BStBl. II 1992, 406; zu Ereignissen mit stl. Rückwirkung auf den Veräußerungsgewinn s. *Berg* DStR 1997, 1390.

[265] Zur Betriebsvermögenseigenschaft s. *Schmidt/Heinicke* § 4 Anm. 131 ff.

B. Der Weg in die GmbH 212–217 § 14

eine höhere Bemessungsgrundlage für die Abschreibungen. Die Folgewirkung der höheren Steuerbilanzwerte war allerdings bisher (s. Rz. 44) eine höhere Substanzsteuerbelastung (§ 109 Abs. 1 und 4 BewG). Im übrigen tritt die GmbH hinsichtlich des übergegangenen Vermögens in Fällen der Gesamtrechtsnachfolge grundsätzlich in die Rechtsstellung des Einzelunternehmers ein; in Fällen der Einzelrechtsnachfolge gilt demgegenüber eine Anschaffungsfiktion[266] (§ 22 Abs. 3 UmwStG).[267] Einzelheiten hierzu s. Rz. 575.

Ein Ansatz des übergehenden Vermögens mit den *Buchwerten* hat hinsichtlich Ertrags- und Substanzbesteuerung die gegenläufige Auswirkungen zum Teilwertansatz (s. Rz. 211). Im übrigen tritt die GmbH grundsätzlich in die Rechtsstellung des Einzelunternehmens ein (§ 4 Abs. 2 Satz 3, § 12 Abs. 3, § 22 Abs. 1 UmwStG).[268] Für den Ansatz von *Zwischenwerten* gelten die Sonderregelungen des § 22 Abs. 2 UmwStG.[269] 212

Verlustvorträge aus dem Einzelunternehmen bei der Einkommensteuer (§ 10 d EStG) oder Gewerbesteuer (§ 10 a GewStG) *gehen nicht* auf die GmbH *über,* unabhängig davon, wie sie das Bewertungswahlrecht ausgeübt hat, weil es an der insoweit erforderlichen Personenidentität fehlt.[270] Der einkommensteuerliche Verlustvortrag bleibt beim bisherigen Einzelunternehmer zB mit seinen künftigen Dividenden aus der GmbH verrechenbar. Der gewerbesteuerliche Verlustvortrag kann auch nicht durch einen Teilwertansatz ausgeglichen werden, weil ein Veräußerungsgewinn des Einzelunternehmens nicht gewerbesteuerpflichtig ist (s. Rz. 206). In der GmbH entstehende körperschaftsteuerliche Verluste können nicht in die Zeit vor dem Umwandlungsstichtag zurückgetragen werden. 213

In der **Gliederung des verwendbaren Eigenkapitals** der GmbH ist das in der Steuerbilanz (Eröffnungsbilanz) (s. Rz. 185) auszuweisende Eigenkapital, soweit es das Stammkapital übersteigt, dem EK 04 zuzuordnen (§ 30 Abs. 2 Nr. 4 und Abs. 3 KStG), dh. Einstellungen in die Kapitalrücklage (s. Rz. 180 aE) und ein steuerlicher aktiver Ausgleichsposten (s. Rz. 185) sind als positive bzw. negative Beträge im EK 04 zu erfassen. 214

Renten und dauernde Lasten im Einzelunternehmen werden durch die Umwandlung bei der GmbH **nicht** zu **gewerbesteuerlichen Hinzurechnungen** nach § 8 Nr. 2 und § 12 Abs. 2 Nr. 1 GewStG (§ 18 Abs. 3, § 22 Abs. 4 UmwStG). 215

Zur Umsatzsteuer s. Rz. 46 a. 216

ff) Besteuerung der GmbH-Anteile. Der bisherige Einzelunternehmer und – nach der Ausgliederung – Alleingesellschafter der GmbH erzielt mit den von ihr ausgeschütteten Gewinnen (Dividenden) Einkünfte aus Kapitalvermögen (§ 20 Abs. 1 Nr. 1 und 3 EStG) oder Einkünfte aus Gewerbebe- 217

---

[266] Zur Sonder-AfA nach FördG s. FG Brandenburg v. 14. 5. 1997, EFG 1998, 49, rkr. (zum UmwStG 1977).
[267] UmwStErl. 1998 Tz. 22.11 ff.
[268] UmwStErl. 1998 Tz. 22.05 ff.
[269] UmwStErl. 1998 Tz. 22.08 ff.
[270] Arg. § 22 Abs. 1 (keine Verweisung auch auf § 12 Abs. 3 Satz 2 UmwStG) und § 22 Abs. 4 UmwStG; UmwStErl. 1998 Tz. 22.02; Abschn. 115 Abs. 1 Satz 7 f. EStR aF; Abschn. 37 Abs. 5 KStR; Abschn. 68 Abs. 6 GewStR; BMF-Schreiben v. 28. 2. 1995, DB 1995, 653.

trieb (bei Anteilen im Betriebsvermögen), die zur Anrechnung der von der GmbH entrichteten Körperschaftsteuer-Ausschüttungsbelastung (30%) berechtigen (§ 36 Abs. 2 Nr. 3 EStG). *Sonderregelungen* gelten nach dem *UmwStG* für Gewinne/Verluste aus der Veräußerung der Anteile (s. Rz. 218 ff.), die anläßlich der GmbH-Errichtung ausgegeben wurden (sog. **einbringungsgeborene Anteile;** s. Rz. 196), sofern die Sacheinlage von der GmbH unter dem Teilwert angesetzt wurde (s. Rz. 197)[271] sowie für eine Vermögensteuer auf diesen Anteilsbesitz (s. Rz. 225).

218 § 21 UmwStG ist eine **Spezialregelung** der **Steuerpflicht** von **Gewinnen aus** der **Veräußerung** einbringungsgeborener Anteile für diejenigen Fälle, in denen die GmbH das übergehende Vermögen mit den Buchwerten oder Zwischenwerten angesetzt hat (s. Rz. 197 ff.). Sie geht den allgemeinen Vorschriften vor, unabhängig davon, ob die Anteile Betriebs- oder Privatvermögen werden, ob es sich um eine wesentliche Beteiligung handelt oder nicht und ob die Veräußerung innerhalb oder außerhalb der Spekulationsfrist stattfindet.[272] Die **allgemeinen Vorschriften** (s. Rz. 225) kommen zur Anwendung, wenn die GmbH das übergehende Vermögen mit den Teilwerten ansetzt oder ansetzen muß (s. Rz. 200 f.) (§ 21 Abs. 1 Satz 1).[273] Für beide Fallgruppen gilt die Regelung des § 20 Abs. 4 UmwStG, wonach als Anschaffungskosten der Anteile der Wert gilt, mit dem die GmbH das übergehende Vermögen ansetzt (s. Rz. 197). § 21 Abs. 4 UmwStG regelt ergänzend, wie Wertveränderungen der Anteile in der Zeit zwischen der Ausgliederung und einer Einlage der Anteile im Betriebsvermögen steuerlich zu behandeln sind.

219 § 21 UmwStG erfaßt als **Besteuerungstatbestände** im **Abs. 1** die **allgemeinen Gewinnrealisierungstatbestände** (s. Rz. 220) und in **Abs. 2** einzelne **Entstrickungs-** bzw. **Ersatz-Gewinnrealisierungstatbestände** (s. Rz. 221 f.).[274]

220 Anwendungsbereich des § 21 Abs. 1 UmwStG:[275]
- Entgeltliche Übertragung von Anteilen ist steuerpflichtig[276]
- Unentgeltliche Übertragung ist idR (s. § 7 EStDV) nicht steuerpflichtig, Anteile bleiben beim Rechtsnachfolger steuerverstrickt (§ 21 Abs. 1 Satz 1 UmwStG).
- Tausch von Anteilen ist bei Nämlichkeit der hingegebenen und der erworbenen Anteile bisher nicht steuerpflichtig; die erworbenen Anteile bleiben steuerverstrickt (§ 21 Abs. 1 Satz 4 UmwStG).[277]

---

[271] UmwStErl. 1998 Tz. 21.01; zur Amtsermittlungspflicht bzgl. einbringungsgeborener Anteile s. FG Düsseldorf v. 12. 6. 1997, EFG 1998, 166, rkr.
[272] UmwStErl. 1998 Tz. 21.02 und 21.11; BFH v. 10. 11. 1992, DStR 1994, 1077 (Verhältnis zu § 17 EStG).
[273] Zum Erfordernis des Ansatzes eines originären Geschäftswerts s. UmwStErl. 1998 Tz. 22.11.
[274] Zu Umstrukturierungsmaßnahmen mit Auswirkungen auf einbringungsgeborene Anteile s. *Killinger* BB 1998, 981.
[275] Weitere Einzelheiten bei *HHR/Hübl* § 21 UmwStG Anm. 23 ff.
[276] Zur schrittweisen Veräußerung s. FG München v. 30. 9. 1997, EFG 1998, 216, rkr.: Kein Mißbrauch iSd. § 42 AO.
[277] Vorschrift ist durch StEntlG 1999/2000/2002 (s. Rz. 6) gestrichen worden (s. a. Rz. 250 ff.).

– Entnahme von Anteilen aus einem Betriebsvermögen, soll – nach geänderter Auffassung der FinVerw.[278] steuerpflichtig sein, gleichwohl sollen die Anteile nach § 21 UmwStG steuerverstrickt bleiben.[279]

Anwendungsbereich des § 21 Abs. 2 UmwStG:[280] Eine Versteuerung findet auch ohne Veräußerung statt, wenn folgende Tatbestände verwirklicht werden **221**
– Antrag des Anteilseigners (§ 21 Abs. 2 Nr. 1 UmwStG). Diese Regelung eröffnet interessante Gestaltungsmöglichkeiten:
- Antragstellung in einem Zeitpunkt, in dem der gemeine Wert der Anteile (s. Rz. 223) möglichst niedrig ist; auch ein daraus entstehender Verlust wird steuerlich berücksichtigt.[281]
- Antragstellung in einem Zeitpunkt, in dem ein Veräußerungsgewinn mit steuerlichen Verlusten aus anderen Einkunftsquellen ausgeglichen werden kann, so daß kein Liquiditätsabfluß durch die Steuerzahlung entsteht.
- Antragstellung vor einem absehbaren Wertzuwachs der Anteile, so daß eine Versteuerung von – durch § 21 UmwStG auch erfaßten – stillen Reserven vermieden werden kann, die nach der Einbringung entstehen.

Eine spätere Veräußerung der Anteile ist allerdings trotz Antragsbesteuerung steuerpflichtig, falls die Anteile weiterhin steuerverstrickt bleiben (zB § 17 EStG).[282]

– Wegfall des Besteuerungsrechts der Bundesrepublik Deutschland (§ 21 Abs. 2 Nr. 2 UmwStG)
– Auflösung und Liquidation der Kapitalgesellschaft (§ 21 Abs. 2 Nr. 3 UmwStG)
– Verdeckte Einlage der Anteile in eine Kapitalgesellschaft durch den Anteilseigner (§ 21 Abs. 2 Nr. 4 UmwStG).

Die *Regelungen* des § 21 Abs. 2 UmwStG sind *abschließend* und nicht nur **222**
Beispiele eines allgemeinen Entstrickungstatbestandes. Dies hat die Rechtsprechung im Zusammenhang mit der bisher streitigen Behandlung des Übergangs von stillen Reserven in einbringungsgeborenen Anteilen anläßlich von *Gesellschaftsgründungen* und *Kapitalerhöhungen* entschieden.[283] Dadurch tritt keine Gewinnrealisierung ein; stattdessen haftet die Steuerverstrickung nach § 21 UmwStG auch nicht einbringungsgeborenen Anteilen an, soweit die stillen Reserven auf sie übergehen[284] (zu dem geschlossenen System der

---

[278] UmwStErl. 1998 Tz. 21.12; anders bisher BMF-Schr. v. 16. 6. 1978, BStBl. II 1978, 235 Tz. 57; Grund für die geänderte Auffassung sollen Zweifel an einer ausreichenden Rechtsgrundlage für die Nachversteuerung von Teilwertabschreibungen bei zwischenzeitlicher Wertaufholung sein, s. *Wacker* BB 1998, Beilage 8, 9; zur fehlenden Übergangslösung s. *Dötsch* u. a. DB 1998 Beil. 7, 43.

[279] Ablehnend gegenüber Entnahmesteuerung *IDW* WPg. 1997, 439 Tz. 21.12; *Rödder* in FS Flick (1997), 543 (544 f.); *Patt* DStZ 1998, 156 (158 f.).

[280] Weitere Einzelheiten bei HHR/*Hübl* § 21 UmwStG Anm. 85 ff.; *Widmann/ Mayer* § 21 UmwStG Anm. 188 ff.

[281] UmwStErl. 1998 Tz. 21.07.

[282] UmwStErl. 1998 Tz. 21.08.

[283] Die FinVerw. hat ihre früher gegenteilige Auffassung aufgegeben, s. UmwStErl. 1998 Tz. 21.14 und vorher bereits BMF-Schr. v. 22. 1. 1993, BStBl. I, 185.

[284] Weitere Einzelheiten dazu bei *Probst* BB 1992, 1395; *Patt* DStR 1993, 600; *ders.* DStR 1996, 361; *Dehmer* § 21 UmwStG Anm. 15 f.; *Inst.FuSt.* Grüner Brief 315 (1993), *Crezelius* in FS Haas (1996), 79; *Herzig/Rieck* DStR 1998, 47.

§ 14 223, 224   Umwandlung

§§ 20, 21 UmwStG sowie seinem Sinn und Zweck s. Rz. 198).[285] Entschieden wurde dies für den Übergang auf:
– junge durch eine Bareinlage erworbene Anteile desselben Gesellschafters[286]
– junge durch eine Bareinlage erworbene Anteile eines Dritten[287]
– junge durch Umwandlung von Rücklagen entstandene Anteile desselben Gesellschafters[288]
– Altanteile einer nahestehenden Person[289]

223 Die **Ermittlung des Veräußerungsgewinns/-verlusts** erfolgt in Fällen der Veräußerung (s. Rz. 220) durch Gegenüberstellung des Veräußerungspreises (abzüglich der Veräußerungskosten) und der Anschaffungskosten iSd. § 20 Abs. 4 UmwStG (§ 21 Abs. 1 Satz 1 UmwStG).[290] In den Fällen der Versteuerung ohne Veräußerung (s. Rz. 221) tritt an die Stelle des Veräußerungspreises der gemeine Wert der Anteile (§ 21 Abs. 2 Satz 2 UmwStG); nach Auffassung der FinVerw.[291] soll dafür aber nicht das sog. Stuttgarter Verfahren (§ 11 BewG), sondern § 9 Abs. 2 Anwendung finden.

224 Ein **Veräußerungsgewinn** ist bei dem bisherigen Einzelunternehmer **einkommensteuerpflichtig**[292] (§ 16 EStG, § 21 Abs. 1 Satz 1 UmwStG), unterliegt mit dem Betrag, der 15 Mio. DM nicht übersteigt, *bisher* nur dem **halben Steuersatz** iSd. § 34 Abs. 1 EStG (§ 21 Abs. 1 Satz 2 UmwStG; s. aber Rz. 206). Der Freibetrag nach § 16 Abs. 4 EStG (s. a. Rz. 206) ist (uU quotal) zu gewähren iSd. § 21 Abs. 1 Satz 3 UmwStG). Die auf einen Veräußerungsgewinn iSd. § 21 Abs. 2 Nr. 1, 2 und 4 UmwStG (Entstrickungsgewinn) entfallende Einkommensteuer kann in höchstens 5jährlichen Teilbeträgen entrichtet werden; Stundungszinsen werden nicht erhoben;[293] die Stundung endet sobald innerhalb des Stundungszeitraums eine Gewinnrealisierung (insbes. durch Veräußerung) folgt (§ 21 Abs. 2 Satz 3 bis 6 UmwStG). Der Veräußerungsgewinn ist **grundsätzlich nicht gewerbesteuerpflichtig** (Ausnahme: Anteile im Betriebsvermögen und ein Gewinn anläßlich der zugrundeliegenden Einbringung wäre gewerbesteuerbar gewesen,[294] es sei denn – Rückausnahme –, daß Gegenstand der Einbringung Mitunternehmeranteile sind.)[295] Ein **Veräußerungsverlust**, kann im Jahr seiner Entstehung

---

[285] Siehe auch *Sarrazin* DStR 1993, 1393, gegen *Patt* DStR 1993, 1389.
[286] BFH v. 8. 4. 1992 – I R 162/90, BStBl. II, 764; v. 8. 4. 1992 – I R 30/91, BFH/NV 1992, 706.
[287] BFH v. 8. 4. 1992 – I R 128/88, BStBl. II, 761; v. 8. 4. 1992 – I R 29/91, BFH/NV 1993, 137.
[288] BFH v. 21. 8. 1996, BFH/NV 1997, 314; FG Münster v. 27. 4. 1995, EFG 1995, 1033 (rkr.); FG Münster v. 27. 4. 1995, EFG 1996, 184 (rkr.).
[289] BFH v. 8. 4. 1992 – I R 160/90, BStBl. II, 763; BFH v. 8. 4. 1992 – I R 164/90, BFH/NV 1993, 778.
[290] Zu nachträglichen Änderung s. *Groh* DB 1995, 2235.
[291] UmwStErl. 1998 Tz. 21.06; krit. dazu *Küsterer* DStR 1998, 319.
[292] Zur zusätzlichen Kirchensteuerpflicht s. BFH v. 4. 11. 1996, BFH/NV 1997, 264.
[293] BFH v. 12. 7. 1997, BStBl. II 1998, 38 m. Anm. *-sch* DStR 1997, 1851 (planwidrige Unvollständigkeit/Lücke) ist noch zum UmwStG 1977 ergangen.
[294] BFH v. 1. 7. 1992, BStBl. II 1993, 131.
[295] BFH v. 27. 3. 1996, BStBl. II 1997, 224; UmwStErl. 1998 Tz. 21.13; *Rödder* in FS Flick (1997), 543 (550 ff.); *Patt* DStZ 1998, 156; *Günkel* DStR 1998, Beilage zu Heft 17, 46.

B. Der Weg in die GmbH § 14

mit anderen Einkünften ausgeglichen oder nach § 10 d EStG zurück- und vorgetragen werden.[296]

Die **Besteuerung nach den allgemeinen Vorschriften** bei einem Ansatz **225** des übergehenden Vermögens zu Teilwerten (s. Rz. 205 ff.) hat folgende Auswirkungen:

– Anteile gehören zu einem *Betriebsvermögen:* Der Veräußerungsgewinn ist als laufender Gewinn einkommen- und gewerbesteuerpflichtig (§§ 4, 5 EStG, § 7 GewStG), es sei denn – mit auf die Einkommensteuer beschränkter Befreiungswirkung – es werden sämtliche Anteile an der GmbH veräußert (§ 16 Abs. 1 Nr. 1, § 34 Abs. 1 EStG Abschn. 40 Abs. 1 Nr. 1 Satz 14 GewStR).[297] Betriebsvermögen können die anläßlich einer Ausgliederung eines Einzelunternehmens in eine GmbH gewährten Anteile dann werden, wenn nicht das gesamte Unternehmen ausgegliedert worden ist (s. Rz. 210), ansonsten nur durch eine Einlage, weil die neuen Anteile aufgrund der Ausgliederung des gesamten Unternehmens ins Privatvermögen übergehen.

– Anteile gehören zum *Privatvermögen.* In dieser Fallgruppe kommen mehrere Alternativen in Betracht:
  • Besteuerung des Veräußerungsgewinns als *Spekulationsgeschäft* (§ 22 Nr. 2, § 23 EStG), wenn die Anteile innerhalb von 6 Monaten nach Anschaffung (= Zeitpunkt der Sacheinlage)[298] veräußert werden.[299]
  • Besteuerung des Veräußerungsgewinns bei *wesentlicher Beteiligung iSd.* § 17 *EStG:* Da der Einzelunternehmer durch die Ausgliederung Alleingesellschafter der GmbH wird, hält er eine wesentliche Beteiligung (mehr als 25%; ab 1999: mindestens 10%).[300] Eine Besteuerung nach § 17 EStG kann er dann nur vermeiden, wenn er die Anteile unentgeltlich zB auf nicht mehr wesentlich beteiligte Familienangehörige überträgt, die die Anteile nicht innerhalb der Fünf-Jahresfrist des § 17 Abs. 1 Satz 4 EStG veräußern.
  • Keine Besteuerung des Veräußerungsgewinns in allen *übrigen Fällen.*

Diese Auswirkungen gelten auch für Anteile, nach einer Versteuerung auf Antrag gem. § 21 Abs. 2 Nr. 1 UmwStG (s. Rz. 221).

Mit seinen **Anteilen an der GmbH wäre der Anteilseigner** vermögen- **226** steuerpflichtig (s. a. Rz. 44). Das **Schachtelprivileg** des § 102 BewG könnte er **nicht** in Anspruch nehmen, weil es nur auf Kapitalgesellschaften als Anteilseigner anwendbar ist. Daher hätte für ihn auch die Sonderregelung in § 21 Abs. 5 UmwStG keine Bedeutung, derzufolge die 12-Monate-Besitzdauer nach einer Einbringung nicht Voraussetzung für die Anwendung des Schachtelprivilegs ist. Die Anteile sind bei der *Erbschaftsteuer* begünstigt (Freibetrag 500 000 DM; Ansatz des verbleibenden Wert mit 60%, sofern die Beteiligung mehr als 25% beträgt (§ 13 a Abs. 4 Nr. 3 ErbStG).[301]

---

[296] *Widmann/Mayer* § 21 UmwStG Anm. 339.
[297] Zu generellen Zweifeln an der GewSt-Pflicht von Gewinnen aus der Veräußerung von Betrieben oder Teilbetrieben s. BFH v. 27. 3. 1996, BStBl. II 1997, 224 (unter II. 1. d.).
[298] *Widmann/Mayer* § 21 UmwStG Anm. 562 f.
[299] Zum Vorrang des § 23 vor § 17 EStG ab 1994 s. § 23 Abs. 3 Satz 2 EStG.
[300] Geändert durch StEntlG 1999/2000/2002 (s. Rz. 6).
[301] R 53 Abs. 1 Satz 2 ErbStR; s. a. *Crezelius* in FS Haas (1996), 79 (91 f.) zu § 13 a Abs. 2 a ErbStG aF.

227–239 *(frei)*

V. Alternativ- und Ersatzlösungen

1. GmbH & Co. in GmbH durch Anwachsung

240 Die Umwandlung einer Personengesellschaft (OHG, KG, BGB-Gesellschaft), an der eine GmbH beteiligt ist (GmbH & Co.), auf diese GmbH ist nach dem UmwG als Verschmelzung zulässig (s. Rz. 130 ff.). Wirtschaftlich das gleiche Ergebnis des Übergangs des Vermögens auf die GmbH ohne Einzelrechtsnachfolge gegen Gewährung von GmbH-Anteilen an die Gesellschafter der Personengesellschaft läßt sich auch durch die Ersatzlösung der **Kombination** einer **Anwachsung** mit einer **Kapitalerhöhung** gegen Sacheinlage erreichen.

241 **Anwachsung**[302] tritt ein, wenn aus einer Personengesellschaft alle Gesellschafter bis auf einen ausscheiden. Der GmbH als verbleibendem Gesellschafter wächst das Vermögen der Gesellschaft im Wege der Gesamtrechtsnachfolge an (§ 738 BGB, §§ 142, 161, 738 HGB). Voraussetzung ist, daß der Gesellschaftsvertrag nicht die Auflösung der Gesellschaft durch Ausscheiden eines Gesellschafters vorsieht. Der Austritt ist durch sämtliche Gesellschafter (einschließlich der ausscheidenden) zum Handelsregister anzumelden (§ 143 Abs. 1 und 2, § 161 Abs. 2, § 162 Abs. 3 HGB).

242 Gewährt die verbleibende GmbH den ausscheidenden Gesellschaftern als Abfindung aus einer **Kapitalerhöhung** (gegen Sacheinlage)[303] (s. dazu § 7) beschaffte Anteile, so wird der Vorgang steuerlich als Einbringung von Mitunternehmeranteilen in eine Kapitalgesellschaft gegen Gewährung neuer Anteile behandelt, auf die §§ 20 bis 22 UmwStG anzuwenden sind (sog. erweitertes Anwachsungsmodell). Die steuerlichen Rechtsfolgen entsprechen daher denen der Verschmelzung einer Personenhandelsgesellschaft auf eine GmbH (s. Rz. 133 ff.) mit folgenden Besonderheiten:

243 – Sind die ausscheidenden Gesellschafter – wie bei der typischen GmbH & Co. KG – auch an der verbleibenden GmbH beteiligt, so wird es von der FinVerw. nicht beanstandet, wenn diese GmbH-Anteile nicht miteingebracht werden,[304] obwohl diese Anteile bislang Sonderbetriebsvermögen waren[305] (s. Rz. 135). Sie werden künftig als einbringungsgeborene Anteile iSd. § 21 UmwStG behandelt (Rechtsfolgen s. Rz. 217 ff.).

244 – Erhalten zB bei beteiligungsidentischen Gesellschaftern in Personengesellschaft und GmbH die ausscheidenden Gesellschafter nicht die dem Wert ihrer Gesellschaftsanteile entsprechende Abfindungen (GmbH-Anteile), so wird dieses sog. einfache Anwachsungsmodell von der FinVerw. als verdeckte Einlage behandelt, die zur Realisierung der stillen Reserven einschließlich des Firmenwerts führt.[306]

---

[302] Dazu BFH v. 10. 3. 1998, BFH/NV 1998, 1412; *Orth* DStR 1999, Hefte 25/26 sowie *Hörger/Mentel/Schulz* DStR 1999, 565.
[303] UmwStErl. 1998 Tz. 20.04.
[304] UmwStErl. 1998 Tz. 20.11.
[305] Einzelheiten bei *Schmidt* § 15 Anm. 114.
[306] OFD Düsseldorf v. 22. 6. 1988, DB 1988, 1524, im Anschluß an BFH v. 24. 3. 1987, BStBl. II, 705; kritisch dazu zB *Knobbe/Keuk* § 22 III c (S. 752).

B. Der Weg in die GmbH

– Das **Rückbeziehungswahlrecht** der Einbringung (s. Rz. 202 f.) ergibt sich aus § 20 Abs. 7 iVm. Abs. 8 Satz 3 UmwStG, weil es sich bei dem Vorgang nicht um eine Umwandlung nach dem UmwG handelt. Es kommen daher insoweit die für Einbringungen durch andere Fälle der Sacheinlage geltenden Grundsätze (s. Rz. 246 f.) zur Anwendung.[307]

Gewährt die verbleibende GmbH den ausscheidenden Gesellschaftern eine **Barabfindung** oder eine **andere Sachabfindung** als GmbH-Anteile, so wird dies steuerlich als gewinnrealisierende Veräußerung oder als Tausch behandelt.[308]

2. Einzelrechtsnachfolge und Kapitalerhöhung der GmbH gegen Sacheinlage

Als Alternative zur Umwandlung von Personenunternehmen (Einzelunternehmen, Personengesellschaften) auf eine bestehende GmbH (nach dem UmwG nicht zulässig, zB für GbR auf GmbH oder überschuldeten Einzelkaufmann auf GmbH), kann das Vermögen von Personenunternehmen im Wege der **Einzelrechtsnachfolge** auf eine schon bestehende GmbH übertragen werden (Rechtsfolgen s. Rz. 32).

Handelt es sich bei dem übergehenden Vermögen um die wesentlichen Betriebsgrundlagen eines Betriebs oder von Mitunternehmeranteilen iSd. § 20 UmwStG (s. a. Rz. 199) und werden sie gegen Gewährung von neuen Anteilen aus einer **Kapitalerhöhung gegen Sacheinlage**[309] (s. dazu § 7) eingebracht, so kann die Sacheinlage im Rahmen der §§ 20 bis 22 UmwStG steuerneutral durchgeführt werden (Einzelheiten s. Rz. 197 ff.). Anders als bei der Neugründung einer GmbH (s. Rz. 247) ist bei einer Kapitalerhöhung keine Eröffnungsbilanz aufzustellen. Die Sacheinlage stellt vielmehr einen laufenden Geschäftsvorfall dar.

Gleichwohl wird in der Praxis oftmals entweder eine Überleitungsbilanz erstellt, in der zwecks Erleichterung der Einbuchung die Sacheinlage ausgewiesen wird, oder die GmbH stellt eine Zwischenbilanz (Aufnahmebilanz) auf, in der sie ihr bisheriges Vermögen und die Sacheinlage ausweist.[310]

Das Rückbeziehungswahlrecht (s. Rz. 202 f.) folgt aus § 20 Abs. 7 iVm. Abs. 8 Satz 3 UmwStG.[311]

3. Einzelrechtsnachfolge und Sachgründung der GmbH

Als Alternative zur Umwandlung eines Personenunternehmens auf eine neugegründete GmbH (s. a. Rz. 246) kann das Vermögen von Personenunter-

---

[307] UmwStErl. 1998 Tz. 22.14.
[308] Einzelheiten s. *Widmann* HdU Q Rz. 531 ff.; *Orth* DStR 1999, Hefte 25/26.
[309] Zur str. Bewertung von Sacheinlagen (außerhalb des UmwG) s. *Widmann/Mayer* § 24 UmwG Rz. 286 ff.: Buchwert des Einlegenden, Zeitwert, Zwischenwert, Nennbetrag oder Ausgabebetrag der gewährten Anteile.
[310] Einzelheiten s. *Widmann/Mayer* § 20 UmwStG 77 Rz. 1193, 1211; zur Prüfung der Werthaltigkeit der Sacheinlage durch das Registergericht s. OLG Düsseldorf v. 10. 1. 1996, GmbHR 1996, 214; OLG Thüringen v. 2. 11. 1993, GmbHR 1994, 710.
[311] FG Nürnberg v. 12. 2. 1998, EFG 1998, 922 (rkr.).

§ 14 248

nehmen im Wege der Einzelrechtsnachfolge auf eine neu gegründete GmbH übertragen werden (Sachgründung)[312] (Rechtsfolgen s. Rz. 32).

Handelt es sich bei dem übergehenden Vermögen um die wesentlichen Betriebsgrundlagen eines Betriebs oder von Mitunternehmeranteilen iSd. § 20 UmwStG (s. a. Rz. 199) und werden sie gegen Gewährung von neuen Anteilen im Rahmen einer **Sachgründung**[313] (s. dazu § 2) eingebracht, so kann die Sacheinlage im Rahmen der §§ 20 bis 22 UmwStG **steuerneutral** durchgeführt werden (Einzelheiten s. Rz. 197 ff.).

4. Betriebsaufspaltung

248 Eine Betriebsaufspaltung[314]
– Aufspaltung eines Einzelunternehmens oder einer Personengesellschaft in ein Besitzunternehmen und eine Betriebs-GmbH – sowie die Einbringung des Betriebs des bisherigen Einzelunternehmens oder der Personengesellschaft in die Betriebs-GmbH, wobei idR das Anlagevermögen bei dem Besitzunternehmen verbleibt und an die Betriebs-GmbH vermietet wird, sind
– *handelsrechtlich* durch Sonderrechtsnachfolge im Wege der **Ausgliederung** erreichbar[315] (s. Rz. 174, 690)
– *steuerrechtlich* keine Betriebseinbringung iSd. § 20 UmwStG.[316] Vorausgesetzt, es besteht die von der Rechtsprechung geforderte enge sachliche und personelle Verflechtung zwischen Besitzunternehmen und Betriebs-GmbH,[317] so konnten bisher die auf die Betriebs-GmbH übergehenden Wirtschaftsgüter **gleichwohl ohne Gewinnrealisierung** übertragen werden.[318] Dies galt nicht nur im Zug des Aufteilungsvorgangs, sondern auch während des Bestehens der Betriebsaufspaltung,[319] nicht dagegen, soweit die Übertragung der Wirtschaftsgüter unter Übernahme von Verbindlichkeiten erfolgte[320] oder soweit Wirtschaftsgüter aus der Betriebs-GmbH zurück in

---

312 Zur Gründungsbilanz s. *Joswig* DStR 1996, 1907.
313 Zum Nachweis der Werthaltigkeit von Sacheinlagen (§ 9 c Satz 2 GmbHG), der nur die Vorlage einer durch einen unabhängigen Prüfer geprüften und testierten Bilanz erfordert, wenn nach Einzelfallüberprüfung der geforderten Anmeldungsunterlagen substantiierte Zweifel an der Werthaltigkeit verbleiben; s. OLG Düsseldorf v. 29. 3. 1995, WM 1995, 1840.
314 Zu den einzelnen Erscheinungsformen s. *Schmidt/Schmidt* § 15 Anm. 802 f.
315 *Patt* DStR 1994, 1383.
316 UmwStErl. 1998 Tz. 20.09.
317 Einzelheiten dazu sowie Nachw. der Rspr. in R 137 Abs. 5 EStR.
318 BMF-Schreiben v. 22. 1. 1985, BStBl. I, 97; kritisch dazu *Patt/Rasche* DStZ 1997, 473; zu den übrigen Rechtsfolgen der Betriebsaufspaltung s. *Schmidt* § 15 Anm. 869 ff.
319 So zur sog. kapitalistischen Betriebsaufspaltung OFD Hamburg v. 16. 1. 1996, DStR 1996, 427; OFD Frankfurt v. 23. 7. 1996, DB 1996, 1753; dazu *Rödder* DStR 1996, 414; *Flore* GmbHR 1997, 250; *Kuhsel* DB 1998, 3194; s. ferner BMF-Schr. v. 27. 3. 1998, DB 1998, 1060.
320 BMF-Schreiben v. 27. 3. 1998 aaO; kritisch dazu IDW v. 4. 9. 1998, WPg. 1998, 890.

das Besitzunternehmen übertragen wurden[321] (zur Beendigung der Betriebsaufspaltung s. a. Rz. 578).

Die sog. kapitalistische Betriebsaufspaltung (Besitzunternehmen in der Rechtsform Kapitalgesellschaft ist selbst an der Betriebs-GmbH beteiligt) ermöglichte eine steuerneutrale Ausgliederung aus einer GmbH (s. Rz. 690 ff.) unter Zurückbehaltung wesentlicher Betriebsgrundlagen (zB wg. GrESt, s. Rz. 46).[322]

Durch § 6 Abs. 4 bis 6 EStG idF des StEntlG 1999/2000/2002 (s. Rz. 6) können einzelne Wirtschaftsgüter ab 1999 grds. nicht mehr erfolgsneutral zwischen den Betriebsvermögen verschiedener Steuerpflichtiger übertragen werden. Damit dürfte aber die Möglichkeit entfallen sein, bei Begründung oder während des Bestehens einer Betriebsaufspaltung einzelne Wirtschaftsgüter vom Besitzunternehmen auf die Betriebskapitalgesellschaft zu übertragen.

(frei)

5. Wirtschaftliche Fusion

a) Überblick

Die Verschmelzung von Kapitalgesellschaften als echte Fusion ist grenzüberschreitend handelsrechtlich noch nicht zulässig (s. Rz. 20 f.) und steuerrechtlich ebensowenig steuerneutral möglich (s. Rz. 22). Als Ersatzlösungen kommen daher der **Anteilstausch** als **wirtschaftliche bzw. unechte Fusion** oder der **Tausch Unternehmensteil gegen Anteile** in Betracht. Für den Anteilstausch existiert(e) das sog. Tauschgutachten und eine Verwaltungsanweisung der FinVerw. (s. Rz. 252 f.) sowie eine gesetzliche Regelung für den Tausch von Anteilen an in der EU ansässigen Kapitalgesellschaften (s. Rz. 256 ff.). Für den Tausch Unternehmensteil einer Kapitalgesellschaft gegen Anteile besteht eine parallele gesetzliche Regelung für den EU-Bereich (s. Rz. 265 ff.). Beide sind mit dem Steueränderungsgesetz 1992 eingeführt worden und setzen die EG-Fusionsrichtlinie um (s. Rz. 24).[323] Diese Instrumente können nicht nur für Tauschvorgänge zwischen bislang nicht verbundenen Unternehmen, sondern auch zur Umstrukturierung innerhalb einer Unternehmensgruppe („Umhängen" von Beteiligungen und Ausgründen von Betrieben in rechtlich selbständige Kapitalgesellschaften) genutzt werden. Anteilstausch und der Tausch Unternehmensteil gegen Anteile kommen ferner als Alternativ- oder Ersatzlösungen auch für Inlandssachverhalte in Betracht.

Für den Tausch von Anteilen an einer ausländischen Kapitalgesellschaft durch eine inländische Kapitalgesellschaft kann allerdings die Aufdeckung der stillen Reserven in den ausländischen Anteilen die vorteilhaftere Alternative sein, nachdem daraus entstehende Veräußerungsgewinne unter den Voraus-

---

[321] *Schmidt* § 15 Anm. 877.
[322] *Flore* GmbHR 1997, 250; *Orth* in Scherrer (Hrsg.), Sportkapitalgesellschaften (1998), S. 67 (70, 73) generell zur Nutzung der Betriebsaufspaltungsgrundsätze für Umstrukturierungsvorhaben *Thiel/Rödder* FR 1998, 401.
[323] Einzelheiten bei *Herzig/Förster* DB 1992, 911 ff. und 959 ff.

setzungen des § 8 b Abs. 2 und 3 KStG körperschaftsteuerfrei bleiben, während die Buchwertfortführung grds. nur einen Besteuerungsaufschub gewährt.[324]

b) Anteilstausch nach Tauschgutachten

252 Die Steuerneutralität von Tauschvorgängen, die nicht durch das UmwStG erfaßt werden, war bisher nach den Grundsätzen des **Tauschgutachtens des Bundesfinanzhofs**[325] zu beurteilen, zu dessen Anwendung die FinVerw.[326] Grundsätze verlautbart hatte. Dessen Anwendungsbereich war im Gesetzgebungsverfahren zum Steueränderungsgesetz 1992 dahingehend zusammengefaßt worden, daß „der Tausch von Anteilen dann zu keiner Gewinnrealisierung führt, wenn die hingegebenen und erhaltenen Anteile art-, wert- und funktionsgleich sind (Nämlichkeit).[327] Das Tauschgutachten ist eine von der Rechtsprechung entwickelte Möglichkeit, beim Austausch von Anteilen die Gewinnrealisierung zu vermeiden. Für die Anwendung des Gutachtens ist es unbeachtlich, ob die Tauschpartner im Inland, im EU-Ausland oder in einem Drittstaat ansässig sind. Daneben ist es unbeachtlich, welcher Art die Anteile sind, die als Gegenleistung gewährt werden.[328] Die gesetzlich geregelten Fälle eines steuerneutralen Anteilstauschs (§ 20 Abs. 1 Satz 2 und § 23 Abs. 4 UmwStG; s. Rz. 254 ff.) waren bisher keine abschließende Regelung. Soweit deren Tatbestandsvoraussetzungen nicht vorlagen, blieb das Tauschgutachten unter den genannten Voraussetzungen weiterhin anwendbar. Soweit jedoch die Voraussetzungen der § 20 Abs. 1 Satz 2 oder § 23 Abs. 4 UmwStG erfüllt waren, gingen diese Regelungen nach Auffassung der FinVerw. den Tauschgutachten vor, dh. es sollte insoweit nicht mehr wahlweise anwendbar sein.[329] Nach § 6 Abs. 6 Satz 1 EStG idF des StEntlG 1999/2000/2002 (s. Rz. 6) ist ab 1999 jeder Tausch – mit Ausnahme der genannten gesetzlich geregelten Fälle – als gewinnrealisierender Veräußerungsvorgang zu behandeln;[330] damit wäre das Tauschgutachten überholt.

253 Für die Anwendung des Tauschgutachtens in **Einbringungsfällen**, dh. Einbringung von Anteilen an einer Kapitalgesellschaft in eine Kapitalgesell-

---

[324] Einzelheiten bei *Förster* DB 1994, 385; *Rödder* IStR 1994, 257 und 384; *J. Thiel* StbJb. 1994/95, 185; *Orth* JbFStR 1995/96, 337.

[325] BFH v. 16. 12. 1958, BStBl. III 1959, 30; kritisch dazu *Wassermeyer* DStJG 7 (1984), 169 (190); *Ebling* in FS F. Klein 1994, 801 (803).

[326] BMF-Schr. v. 9. 2. 1998, BStBl. I 1998, 163; dazu *Rödder* DStR 1998, 474; *Blumers/M. Schmidt* DB 1998, 392; *Honert/Neumayer* GmbHR 1998, 1101.

[327] Ein Erfordernis der Buchwertfortführung bei der übernehmenden Kapitalgesellschaft gilt nur in den sog. Einbringungsfällen (BMF v. 9. 2. 1998 aaO Tz. 23), s. dazu auch *J. Thiel* StbJb. 1994/95 S. 196 ff.

[328] BT-Drs. 12/1506 S. 182 (Bericht des BT-FinAussch. zum StÄndGE 1992).

[329] BMF aaO Tz. 18 ff.; zur subsidiären Fortgeltung des Tauschgutachtens s. a. *J. Thiel* StbJb. 1994/95 S. 191 f.; bislang war hM, daß das Tauschgutachten alternativ zu den Regelungen im UmwStG zur Anwendung kommen könne, s. *Widmann/Mayer* § 20 UmwStG Rz. 156; *HHR/Hübl* § 20 UmwStG Anm. 220.

[330] Zu den Motiven s. BT-Drs. 14/23, S. 174.

schaft (ua. **Holdinggesellschaft**)[331] gegen Gewährung von Anteilen hatte die FinVerw.[332] folgende Voraussetzungen für die Ertragsteuerneutralität aufgestellt:
– *Nämlichkeit* der Anteile: Art-, Wert- und Funktionsgleichheit der hingegebenen Anteile bei wirtschaftlicher Betrachtung (ohne Berücksichtigung von Wechselwirkungen zB auf Konzerngesellschaften)
– *Buchwertverknüpfung* bzgl. der hingegebenen Anteile bei der übernehmenden Kapitalgesellschaft, sofern sie Sitz oder Geschäftsleitung im *Inland* hat.
– *Haltefrist* von *7 Jahren* bzgl. der hingegebenen Anteile bei der übernehmenden Kapitalgesellschaft, sofern sie Sitz und Geschäftsleitung im *Ausland* hat (die Art- und Funktionsgleichheit wird bei grenzüberschreitenden Einbringungen verneint, falls dadurch die Voraussetzungen für eine steuerfreie Veräußerung nach § 8 b Abs. 2 KStG geschaffen werden, zB bei Einbringung von Anteilen an inländischen Kapitalgesellschaften).

c) Anteilstausch nach UmwStG

aa) Überblick. Der bislang in § 20 Abs. 6 UmwStG 1977 geregelte **steuerneutrale Anteilstausch** als Einbringungstatbestand ist mit dem UmwStG 1995 auf zwei Vorschriften aufgeteilt: Die sog. Inlandsfälle sind durch § 20 Abs. 1 Satz 2 UmwStG und die sog. grenzüberschreitenden Fälle innerhalb der Europäischen Union (EU) sind durch § 23 Abs. 4 UmwStG geregelt. Dadurch kann der Rechtsanwender reine Inlandsfälle ohne Berührung mit den für die grenzüberschreitenden Fälle bestehenden Normen lösen.[333]

Die Voraussetzungen der **Inlandsfälle** und der **grenzüberschreitenden Fälle** innerhalb der EU unterscheiden sich darin, auf wessen steuerlichen Status entscheidend abzustellen ist. In den Inlandsfällen kommt es darauf an, daß die Tauschpartner beide unbeschränkt steuerpflichtig sind oder der Einbringende mit seinen Anteilen zumindest der deutschen Besteuerung unterliegt (unmaßgeblich ist die Ansässigkeit der Kapitalgesellschaft, deren Anteile vom Einbringenden hingegeben werden). In den grenzüberschreitenden Fällen ist die Ansässigkeit der Kapitalgesellschaften entscheidend, deren Anteile getauscht werden (unmaßgeblich ist die Ansässigkeit des Einbringenden, nicht dagegen seine inländische Steuerpflicht). In Konkurrenzfällen, die auftreten können, wenn der Einbringende unbeschränkt steuerpflichtig ist, kann die Regelung Vorrang angewandt werden, die für den Steuerpflichtigen am günstigsten ist (Wahlrecht).[334]

bb) Inlandsfälle (§ 20 Abs. 1 Satz 2 UmwStG)
(1) **Voraussetzungen** der Steuerneutralität sind:
– Einbringung von Anteilen an einer Kapitalgesellschaft in eine andere Kapitalgesellschaft, wenn die übernehmende Gesellschaft aufgrund ihrer

---

[331] Dazu bisher OFD Frankfurt/Main v. 21. 3. 1996, DB 1996, 393; s. a. *Zeitler* NWB Fach 3 S. 7351; *Wassermeyer* DB 1990, 855; *J. Thiel* JbFStR 1994/95, 185 (198); *Jesse* FS Flick (1996), 831; *Orth* JbFStR 1995/96, 377 (380 f.).
[332] BMF-Schreiben v. 9. 2. 1998, BStBl. I 1998, 163 Tz. 22 ff.; kritisch dazu *Rödder* DStR 1998, 474; *Blumers/M. Schmidt* DB 1998, 392.
[333] Ber. BT-FinAussch. zum UmwStRÄndGE, BT-Drs. 12/7945, 65.
[334] UmwStErl. 1998 Tz. 23.11 ff.

Beteiligung einschließlich der übernommenen Anteile nachweislich unmittelbar die **Mehrheit der Stimmrechte** an der Gesellschaft hat, deren Anteile eingebracht werden, § 20 Abs. 1 Satz 2 UmwStG (steuerliche Ansässigkeit der Kapitalgesellschaft, deren Anteile eingebracht werden, im Inland nicht erforderlich; s. Rz. 255).
– Unbeschränkt steuerpflichtige Kapitalgesellschaft als übernehmende Kapitalgesellschaft (s. Rz. 199)
– Unbeschränkt steuerpflichtiger Einbringender mit Ausnahme derjenigen, die die Anteile im Privatvermögen halten und deren Anteile weder nach § 17 EStG oder § 23 EStG noch nach § 21 UmwStG steuerverstrickt sind,[335] oder beschränkt Steuerpflichtiger, sofern Deutschland im Zeitpunkt der Sacheinlage das Besteuerungsrecht hinsichtlich des Gewinns aus einer Veräußerung der dem Einbringenden gewährten Anteile hat (s. Rz. 199).
– Gewährung neuer Anteile an der übernehmenden Gesellschaft als Gegenleistung, dh. ein Anteilstausch unter Verwendung alter Anteile als Gegenleistung, kann nur unter den Voraussetzungen des Tauschgutachtens (s. Rz. 252 f.) steuerneutral abgewickelt werden.

257 (2) **Rechtsfolgen** (Geltung von § 20 Abs. 1 bis 8 UmwStG):[336]
– Bewertungswahlrecht der übernehmenden Kapitalgesellschaft (s. Rz. 197 ff., 210 ff.).
– Rückbeziehungswahlrecht (s. Rz. 202 f.).
– Bindungswirkung des Wertansatzes durch die übernehmende Kapitalgesellschaft für die Bewertung der Anteile des Einbringenden (§ 20 Abs. 4 Satz 1 UmwStG) mit Auswirkungen für:
  • Besteuerung eines Veräußerungsgewinns des Einbringenden, sofern die Anteile steuerverstrickt waren (s. dazu Rz. 224); halber Steuersatz nach § 34 EStG und Freibetrag nach § 16 Abs. 4 und § 17 Abs. 3 EStG (s. Rz. 206) werden jedoch nur gewährt, wenn eine 100%ige Beteiligung eingebracht wurde (§ 20 Abs. 5 Satz 3 UmwStG);[337]
  • Besteuerung der stillen Reserven in den einbringungsgeborenen Anteilen nach § 21 UmwStG (s. Rz. 217 ff.); (bisher) halber Steuersatz nach § 34 EStG (s. o. Rz. 206) und Freibetrag nach § 16 Abs. 4 EStG (s. Rz. 223) werden jedoch nur gewährt, wenn die einbringungsgeborenen Anteile Gegenleistung für die Einbringung einer 100%igen Beteiligung waren (§ 21 Abs. 1 Satz 3 UmwStG).

cc) **Grenzüberschreitende Fälle innerhalb der EU** (§ 23 Abs. 4 UmwStG)

258 (1) **Voraussetzungen** der Steuerneutralität sind:
– Einbringung von Anteilen an einer EU-Kapitalgesellschaft in eine andere EU-Kapitalgesellschaft, wenn die übernehmende Gesellschaft aufgrund ih-

---

[335] UmwStErl. 1998 Tz. 21.04.
[336] Zur subsidiären oder alternativen Anwendbarkeit des Tauschguthabens s. Rz. 252; zu den unterschiedlichen Rechtsfolgen s. *Widmann/Mayer* § 20 UmwStG Anm. 156; HHR/*Hübl* § 20 UmwStG Anm. 220.
[337] Kritisch dazu, soweit wesentliche Beteiligungen und einbringungsgeborene Anteile miterfaßt werden, *Herzig/Förster* DB 1992, 961.

B. Der Weg in die GmbH § 14

rer Beteiligung einschließlich der übernommenen Anteile nachweislich unmittelbar die Mehrheit der Stimmrechte an der Gesellschaft hat, deren Anteile eingebracht werden.
– Die Kapitalgesellschaft, deren Anteile eingebracht werden, und die übernehmende Kapitalgesellschaft sind Kapitalgesellschaften iSd. Art. 3 der EG-Fusionsrichtlinie[338] (EU-Kapitalgesellschaft). § 23 Abs. 4 UmwStG fordert jedoch abweichend von der EG-Fusionsrichtlinie *nicht,* daß es sich um Kapitalgesellschaften aus *verschiedenen* EG-Mitgliedstaaten handelt.[339] Dies deswegen, weil nur auf Art. 3 der EG-Fusionsrichtlinie Bezug genommen wird, nicht aber auf deren Art. 1, der diese weitergehende Voraussetzung aufstellt.[340] Voraussetzungen nach Art. 3 der EG-Fusionsrichtlinie, die in eine Anlage zum UmwStG übernommen worden sind, sind:
  • *Rechtsform:* Kapitalgesellschaft (in Deutschland: AG, KGaA, GmbH und bergrechtliche Gewerkschaft),
  • *Sitz:* Nach dem Steuerrecht des Mitgliedstaates oder der EU als in diesem Staat ansässig und nicht aufgrund eines DBA mit einem dritten Staat als außerhalb der EU ansässig anzusehen und
  • (Körperschaft-) *Steuerpflicht* (in Deutschland) ohne Wahlmöglichkeit und Steuerbefreiung. Dieses Tatbestandsmerkmal soll nicht nur übernehmende Kapitalgesellschaften im Inland, sondern entsprechend auch in den übrigen EU-Mitgliedstaaten erfassen.[341]
– An den (steuerlichen) Status des Einbringenden stellt die EG-Fusionsrichtlinie[342] keine Anforderungen. Dem entsprach auch § 20 Abs. 6 Satz 2 UmwStG idF. des StÄndG 1992, so daß der Einbringende unbeschränkt oder beschränkt steuerpflichtig und im Inland, EU-Ausland oder in Drittstaaten ansässig sein konnte.[343] Dies ist durch das Standortsicherungsgesetz vom 13. 9. 1993[344] dahingehend eingeschränkt worden, daß für Einbringungen nach dem 31. 12. 1991 der Teilwert der eingebrachten Anteile als Veräußerungspreis gilt, wenn das Besteuerungsrecht Deutschlands hinsichtlich des Gewinns aus einer Veräußerung der dem Einbringenden gewährten Anteile im Zeitpunkt der Sacheinlage ausgeschlossen ist (§ 23 Abs. 4 Satz 2 UmwStG), aber vor der Einbringung Deutschland ein Besteuerungsrecht hinsichtlich eines Gewinns aus der Veräußerung der eingebrachten Anteile zustand. Damit soll klargestellt werden, daß die Rechtsfolgen des § 20 Abs. 3 UmwStG (s. Rz. 199) auch in Fällen des grenzüberschreitenden Anteilstauschs eintreten.[345] Hierin wird aber ein Verstoß gegen die EG-Fusionsrichtlinie und gegen das verfassungsrechtliche Verbot rückwirkender belastender Steuergesetze gesehen.[346]

---

[338] Siehe oben Rz. 24.
[339] UmwStErl. 1998 Tz. 23.12.
[340] BMF-Schreiben v. 25. 8. 1992, DB 1992, 1858.
[341] BT-Drs. 12/1108, S. 80 (Begründung zum RegE StÄndG 1992).
[342] *Saß* DB 1990, 2340 (2343).
[343] Zu den daraus resultierenden Gestaltungsmöglichkeiten („steuerfreier Export stiller Reserven") s. *Wassermeyer* DStR 1992, 57 (61 f.), *Knobbe-Keuk* DStR 1992, 675 (677), *Grotherr* BB 1992, 2259 (2266).
[344] BGBl. I 1993, 1569.
[345] Begr. StandOGE, BT-Drs. 12/4487, 46.
[346] *Grotherr* DB 1993, 807; *Knobbe-Keuk* § 24 III 2 d aa (S. 933).

261 – Gewährung neuer Anteile an der übernehmenden Kapitalgesellschaft als Gegenleistung. Eine zusätzliche Gegenleistung darf 10% des Werts der gewährten Anteile nicht übersteigen (§ 23 Abs. 4 Satz 3 UmwStG).

262 – Die übernehmende Kapitalgesellschaft darf die erhaltenen Anteile innerhalb eines Zeitraums von 7 Jahren[347] nach der Einbringung nicht veräußern – Ausnahme: Weitere steuerbegünstigte Sacheinlagen der erhaltenen Anteile zu Buchwerten innerhalb der EU (§ 26 Abs. 2 Satz 1 UmwStG).[348]

263 (2) **Rechtsfolgen:**
– Bewertungswahlrecht der übernehmenden Kapitalgesellschaft (§ 23 Abs. 4 Satz 1 iVm. § 20 Abs. 2 Satz 1 bis 4 und 6 UmwStG; s. Rz. 197 ff., 211 ff.). Für eine zusätzliche Gegenleistung gilt die Wertuntergrenze nach § 20 Abs. 2 Satz 5 UmwStG (s. Rz. 185) entsprechend (§ 23 Abs. 4 Satz 4 UmwStG).
– Rückbeziehungswahlrecht (s. Rz. 202 ff.): anders als für die Fälle des § 23 Abs. 1 bis 3 UmwStG (s. Rz. 265 ff.) für dessen Abs. 4 nicht ausdrücklich gesetzlich geregelt; bisher per Billigkeitsregelung[349] gewährt, nunmehr aber von der FinVerw.[350] abgelehnt, u. E. nicht gerechtfertigt, da materiell keine Rechtsänderung gegenüber der Vorgängervorschrift des § 20 Abs. 6 UmwStG 1977 beabsichtigt war.[351]

264 – Bindungswirkung des Wertansatzes durch die übernehmende Kapitalgesellschaft für die Bewertung der Anteile des Einbringenden (§ 23 Abs. 4 Satz 1 iVm. § 20 Abs. 4 Satz 1 UmwStG) unter Abzug des Werts zusätzlicher Gegenleistungen entsprechend § 20 Abs. 4 Satz 2 UmwStG (§ 23 Abs. 4 Satz 4 UmwStG) mit Auswirkungen (soweit das deutsche Besteuerungsrecht reicht) für:[352]

• Besteuerung eines Veräußerungsgewinns des Einbringenden, sofern die Anteile steuerverstrickt waren. Dazu bei unbeschränkter Steuerpflicht des Einbringenden s. Rz. 224; eine beschränkte Steuerpflicht des Einbringenden kann idR nach § 49 EStG nur entstehen, wenn die eingebrachten Anteile Betriebsvermögen einer inländischen Betriebsstätte (Abs. 1 Nr. 2 a) oder wesentliche Beteiligung iSd. § 17 EStG waren (Abs. 1 Nr. 2 e).[353] Veräußerungsgewinne aus einbringungsgeborenen Anteilen (§ 21 UmwStG) und aus Spekulationsgeschäften mit Anteilen unterliegen nicht der beschränkten Steuerpflicht;
• Besteuerung der stillen Reserven in den einbringungsgeborenen Anteilen nach § 21 UmwStG (s. Rz. 217 ff.).

---

[347] Entsprechend EuGH v. 17. 7. 1997, IStR 1997, 539 („Leur-Bloem"), zum niederländischen UmwStR (dazu *Stevens* IStR 1998, 201) nur noch bei Mißbrauch im Einzelfall mit EG-Recht vereinbar (weitere Einzelheiten dazu bei *Thömmes* JbFStR 1998/99 (in Vorbereitung) mwN.
[348] UmwStErl. 1998 Tz. 23.14.
[349] BMF-Schreiben vom 26. 1. 1994, DB 1994, 452.
[350] UmwStErl. 1998 Tz. 23.11.
[351] BT-Drs. 12/7945 S. 65 (BT-FinAussch. Ber. z. UmwStRÄndGE).
[352] UmwStErl. 1998 Tz. 23.10 und 23. 12; zur Kritik an der damit bewirkten Verdopplung stiller Reserven bei grenzüberschreitenden Einbringungen s. *Förster/Dautzenberg* DB 1993, 645.
[353] Allerdings weisen die DBA das Besteuerungsrecht idR dem Wohnsitzstaat zu (Art. 13 Abs. 4 OECD-MA).

- Veräußerungsgewinn des Einbringenden durch zwingenden Teilwertansatz der Sacheinlage, falls das deutsche Besteuerungsrecht durch die Einbringung verlorengeht (§ 23 Abs. 4 Satz 2 UmwStG; s. Rz. 260).
- Auf einen bei der Sacheinlage entstehenden Veräußerungsgewinn ist (bisher) der halbe Steuersatz nach § 34 EStG und der Freibetrag nach § 16 Abs. 4 EStG unter den Voraussetzungen des § 20 Abs. 5 UmwStG (s. Rz. 206) anwendbar (§ 23 Abs. 4 Satz 5 UmwStG).

d) Tausch Unternehmen gegen Anteile

aa) Überblick. Die grenzüberschreitende Einbringung von Unternehmensanteilen gegen Gewährung von Anteilen war bis zum StÄndG 1992 nicht steuerneutral möglich, weil die aufnehmende Kapitalgesellschaft und der Einbringende unbeschränkt steuerpflichtig sein mußten (§ 20 Abs. 1 und 3 UmwStG). Der Vorgang führte als Tausch zur Gewinnrealisierung (s. a. Rz. 200).

Nach § 23 Abs. 1 bis 3 UmwStG (§ 20 Abs. 8 UmwStG aF) sind derartige Tauschvorgänge seitdem unter folgenden **Grundvoraussetzungen** als **steuerneutrale Einbringungsfälle** durchführbar:
- Die beiden Tauschpartner, sind *Kapitalgesellschaften aus EU-Mitgliedstaaten* iSd. Art. 3 der EG-Fusionsrichtlinie.[354] Einzelheiten s. Rz. 259.
- Hingegeben wird als Unternehmensteil ein *Betrieb oder Teilbetrieb* bzw. eine *Betriebsstätte* im Rahmen der Einbringung eines Betriebs oder Teilbetriebs (s. dazu Rz. 199 ff., 655 ff.). Der Begriff des Teilbetriebs in § 23 UmwStG entspricht nach Auffassung der FinVerw.[355] dem Teilbetriebsbegriff in § 20 UmwStG und § 16 EStG. Die Auslegung des Begriffs *Betriebsstätte* richtet sich dabei nach den für grenzüberschreitende Beziehungen maßgeblichen Grundsätzen der DBA mit anderen EG-Mitgliedern.[356] Die Einbringung eines Mitunternehmeranteils soll nicht als Einbringung eines Teilbetriebs begünstigt sein.[357]
- Als *Gegenleistung* erhält die einbringende Kapitalgesellschaft *neue Anteile* der übernehmenden Kapitalgesellschaft aus einer Kapitalerhöhung gegen Sacheinlage oder aus einer Sachgründung.

bb) Tauschmöglichkeiten inländischer Kapitalgesellschaften. Einer **unbeschränkt steuerpflichtigen** Kapitalgesellschaft (Voraussetzungen s. Rz. 199) werden unter diesen Voraussetzungen 2 steuerneutrale grenzüberschreitende **Tauschmöglichkeiten** eröffnet:

Fallgruppe (1):
Einbringung eines **inländischen Betriebs** oder Teilbetriebs in eine inländische Betriebsstätte einer **beschränkt steuerpflichtigen EU-Kapitalgesellschaft** gegen Gewährung neuer Anteile der übernehmenden Kapitalgesellschaft (§ 23 Abs. 1 UmwStG). Die inländische Betriebsstätte kann auch

---
[354] Siehe oben Rz. 24.
[355] UmwStErl. 1998 Tz. 23.01; kritisch zur bisherigen Teilbetriebsdefinition *Herzig/Förster* DB 1992, 912 f.; *Herzig* IStR 1994, 1.
[356] BT-Drs. 12/1108, 81 (Begründung zum RegE StÄndG 1992); UmwStErl. 1998 Tz. 23.01.
[357] UmwStErl. 1998 Tz. 23.02; kritisch dazu *H. Schmid/Wiese* IStR 1998, 321.

erst durch die Einbringung entstehen (§ 23 Abs. 1 Satz 2 UmwStG). Im wirtschaftlichen Ergebnis ist dies das „Umhängen" oder „Ausgründen" eines inländischen Betriebs oder Teilbetriebs von einer inländischen Kapitalgesellschaft an bzw. in eine ausländische Kapitalgesellschaft.

Rechtsfolgen dieses Tauschvorgangs sind nach § 23 Abs. 1 Satz 1 UmwStG:
– Bewertungswahlrecht der übernehmenden EU-Kapitalgesellschaft für das in die inländische Betriebsstätte übergehende Betriebsvermögen (entsprechend § 20 Abs. 2 Satz 1 bis 4 und 6 UmwStG – s. dazu Rz. 197 ff., 210 ff.), mit dem sie beschränkt steuerpflichtig bleibt (§ 49 Abs. 2 Nr. 1 a EStG, Art. 7 OECD-MA).
– Rückbeziehungswahlrecht (entsprechend § 20 Abs. 7 und 8 UmwStG – s. dazu Rz. 202 ff.).
– Bindungswirkung des Wertansatzes der übernehmenden Kapitalgesellschaft für Bewertung der neuen Anteile bei der einbringenden Kapitalgesellschaft (entsprechend § 20 Abs. 4 Satz 1 UmwSt; s. dazu Rz. 185, 205) mit Auswirkungen für die Versteuerung eines Veräußerungsgewinns der einbringenden Kapitalgesellschaft, der dafür der Freibetrag nach § 16 Abs. 4 EStG zusteht (entsprechend § 20 Abs. 5 Satz 2 UmwStG; s. dazu Rz. 206). Die einbringungsgeborenen Anteile sind nicht nach § 21 UmwStG, wohl aber wegen ihrer Zugehörigkeit zum Betriebsvermögen der einbringenden Kapitalgesellschaft steuerverstrickt.

267 *Fallgruppe (2):*
Einbringung einer **ausländischen**, in einem EU-Mitgliedstaat belegenen **Betriebsstätte** im Rahmen der Einbringung eines Betriebs oder Teilbetriebs (§ 23 Abs. 3 UmwStG). Die übernehmende Kapitalgesellschaft kann in dem EU-Mitgliedstaat der Betriebsstätte oder einem anderen EU-Mitgliedstaat, ausgenommen Deutschland, ansässig sein. Im wirtschaftlichen Ergebnis ist dies das „Umhängen" oder „Ausgründen" eines ausländischen Betriebs oder Teilbetriebs von einer inländischen Kapitalgesellschaft an bzw. in eine ausländische EU-Kapitalgesellschaft.

Rechtsfolgen dieses Tauschvorgangs sind nach § 23 Abs. 3 UmwStG:[358]
– Mit der ausländischen Betriebsstätte war die einbringende Kapitalgesellschaft bislang nicht in Deutschland, sondern in dem anderen EU-Mitgliedstaat (beschränkt) steuerpflichtig (Art. 7 OECD-MA).
– Die neuen Anteile an der übernehmenden Kapitalgesellschaft werden bei der einbringenden Kapitalgesellschaft inländisches Betriebsvermögen und damit steuerverstrickt. Für ihre Bewertung besteht eine Bindungswirkung aufgrund des Wertansatzes bei der übernehmenden ausländischen Kapitalgesellschaft[359] (entsprechend § 20 Abs. 4 Satz 1 UmwStG; s. dazu Rz. 185, 205); außerdem kommt das Rückbeziehungswahlrecht zur Anwendung (entsprechend § 20 Abs. 7 und 8 UmwStG; s. dazu Rz. 202 f.).

268 **cc) Tauschmöglichkeiten einer EU-ausländischen Kapitalgesellschaft.** Einer **beschränkt steuerpflichtigen** EU-Kapitalgesellschaft werden

---

[358] Einzelheiten dazu bei *Hahn* IStR 1998, 326 (zu deutsch-französischen Fällen).
[359] UmwStErl. 1998 Tz. 23.08 f.

B. Der Weg in die GmbH 269–279 § 14

unter den genannten Voraussetzungen folgende steuerneutrale, grenzüberschreitende Tauschmöglichkeiten eröffnet (§ 23 Abs. 2 UmwStG):
Einbringung einer **inländischen Betriebsstätte** im Rahmen der Einbringung eines Betriebs oder Teilbetriebs in eine
- *unbeschränkt* steuerpflichtige EU-Kapitalgesellschaft oder
- *beschränkt* steuerpflichtige EU-Kapitalgesellschaft (im Sitzstaat der einbringenden Kapitalgesellschaft oder in einem anderen EU-Mitgliedstaat)[360]

gegen Gewährung neuer Anteile an der übernehmenden Kapitalgesellschaft, die von der einbringenden Kapitalgesellschaft innerhalb eines Zeitraums von 7 Jahren nach der Einbringung nicht veräußert werden dürfen – Ausnahme: weitere steuerbegünstigte Sacheinlage der erhaltenen Anteile zu Buchwerten innerhalb der EG (§ 26 Abs. 2 Satz 2 UmwStG; s. Rz. 262). Im wirtschaftlichen Ergebnis ist dies das „Umhängen" oder „Ausgründen" einer inländischen Betriebsstätte von einer ausländischen EU-Kapitalgesellschaft an bzw. in eine inländische Kapitalgesellschaft oder ausländische Kapitalgesellschaft in einem anderen EU-Mitgliedstaat.

Rechtsfolgen dieses Tauschvermögens sind nach § 23 Abs. 2 **269** UmwStG:
- Bewertungswahlrecht der übernehmenden Kapitalgesellschaft für das übergehende Betriebsvermögen im Rahmen ihrer unbeschränkten Steuerpflicht oder im Rahmen ihrer beschränkten Steuerpflicht mit der inländischen Betriebsstätte (entsprechend § 20 Abs. 2 Satz 1 bis 4 und 6 UmwStG; s. dazu Rz. 197 ff., 210 ff.).
- Rückbeziehungswahlrecht (entsprechend § 20 Abs. 7 und 8 UmwStG; s. dazu Rz. 202 ff.)
- Bindungswirkung des Wertansatzes der übernehmenden Kapitalgesellschaft für die Bewertung des eingebrachten Betriebsvermögens bei der einbringenden Kapitalgesellschaft (entsprechend § 20 Abs. 4 Satz 1 UmwStG; s. dazu oben Rz. 185, 205) mit Auswirkungen für die Versteuerung eines Veräußerungsgewinns im Rahmen der Schlußbesteuerung der einbringenden ausländischen Kapitalgesellschaft mit ihrer inländischen Betriebsstätte (§ 49 Abs. 2 Nr. 1 a EStG, Art. 7 OECD-MA, für die auch der Freibetrag nach § 16 Abs. 4 EStG gilt (entsprechend § 20 Abs. 5 Satz 2 UmwStG); zur Schlußbesteuerung s. a. Rz. 205 ff. Die einbringungsgeborenen Anteile sind nicht nach § 21 UmwStG steuerverstrickt; die darin ruhenden stillen Reserven sind künftig ausländisches Betriebsvermögen der einbringenden Kapitalgesellschaft. Deswegen ist die Bindungswirkung insoweit problematisch, als das Steuerrecht des anderen EU-Mitgliedstaates keine Steuerbilanz kennt, von der die Bindungswirkung ausgehen soll, oder der Teilwertansatz vorgeschrieben ist.[361]

(frei) **270–279**

---

[360] UmwStErl. 1998 Tz. 23.06.
[361] *Saß* DB 1993, 1892.

C. Der Weg aus der GmbH

I. Überblick

280 In diesem Abschnitt C werden **Wege** skizziert, die wieder **aus** der **Rechtsform GmbH** herausführen, falls eine Analyse der Verhältnisse zu dem Ergebnis führt, daß eine **andere Rechtsform** geeigneter erscheint. Die Darstellung erfolgt möglichst spiegelbildlich zu derjenigen im Abschnitt B („Weg in die GmbH") und hat die praktisch bedeutsamsten Möglichkeiten des Wechsels in eine andere Rechtsform im Wege der Gesamtrechtsnachfolge durch Umwandlung zum Gegenstand.
Zum **Aufbau** der Erläuterungen gilt oben Rz. 56 entsprechend.

II. Formwechsel[362] einer GmbH

1. Überblick

281 **Handelsrecht**: Eine GmbH (formwechselnder Rechtsträger) kann durch Formwechsel eine andere Rechtsform erhalten, dh. zu einem Rechtsträger neuer Rechtsform werden (§ 191 Abs. 1 Nr. 2 iVm. § 3 Abs. 1 Nr. 2 UmwG).[363] Einzelheiten zum Formwechsel unter Einbeziehung einer GmbH s. Rz. 57, zu den anzuwendenden Vorschriften s. Rz. 58, zu den einbezogenen Rechtsträgern s. Rz. 59.

282 **Steuerrechtlich** ist der Formwechsel einer GmbH gesetzlich nur für den Formwechsel im weiteren Sinne, nämlich für den Formwechsel einer Kapitalgesellschaft in eine Personengesellschaft, geregelt (§ 14 UmwStG).

2. Formwechsel GmbH in AG

a) Überblick

283 Eine GmbH kann formwechselnd in eine AG umgewandelt werden (§§ 190–213, 226, 238–250). Dieser Fall kommt in der Praxis zB anläßlich des Gangs eines Unternehmens an die Börse („Going Public")[364] vor. Im Vergleich zur formwechselnden Umwandlung einer AG in eine GmbH (s. Rz. 61 ff.) ist dieser Typ der formwechselnden Umwandlung komplizierter, weil er die Beachtung der aktienrechtlichen Sachgründungsvorschriften voraussetzt.

---

[362] Einführende Hinweise: Zum Begriff des Formwechsels s. Rz. 8 und 31; zum Wesen des Formwechsels s. Rz. 31; zu den Möglichkeiten des Formwechsels s. Rz. 18; zur steuerlichen Behandlung des Formwechsels s. Rz. 9 f. und 42.

[363] Siehe auch zum Formwechsel einer GmbH in eine KGaA s. *Kallmeyer* GmbHR 1995, 888, oder eine GmbH & Co. KGaA s. *Niedner/Küsterer* GmbHR 1998, 584.

[364] Dazu *Harrer/Heidemann* DStR 1999, 254; zum rechtlichen Rahmen dafür bei mittelständischen Unternehmen s. *Ziegenhain/Helms* WM 1998, 1417.

b) Voraussetzungen und Durchführung

aa) Entwurf des **Umwandlungsbeschlusses** mit folgendem Inhalt   284
(§§ 194, 243 iVm. 218 UmwG)
(1) Satzung der AG (§ 243 iVm. § 218 Abs. 1 UmwG), die folgende Bestimmungen enthalten sollte, die Mindestinhalt des Umwandlungsbeschlusses sind:
– Rechtsform AG
– Firma der AG (§ 200 UmwG)
– Höhe des Grundkapitals
– Betrag des anteilig auf die Aktien entfallenden Grundkapitals und die Zahl der Aktien sowie, wenn mehrere Gattungen bestehen, die Gattung der Aktien und die Zahl der Aktien jeder Gattung, welche die Gesellschafter durch den Formwechsel erhalten sollen (mindestens 5 DM als Nennbetrag oder anteiliger Betrag des Grundkapitals; § 8 Abs. 2 und 3 AktG)
– Festsetzungen über etwaige Sondervorteile, Gründungsaufwand, Sacheinlagen oder Sachübernahmen
– Sonderrechte einzelner Gesellschafter (s. a. (2))
(2) Sonderrechte, die einzelnen Personen gewährt werden sollen, oder die Maßnahmen, die für sie vorgesehen sind
(3) Abfindungsangebot an widersprechende Gesellschafter, sofern nicht Einstimmigkeit erforderlich ist (s. a. Rz. 289) oder eine 100%ige Beteiligung besteht
(4) Folgen des Formwechsels für die Arbeitnehmer und ihre Vertretungen sowie die insoweit vorgesehenen Maßnahmen

bb) Zuleitung des Entwurfs des Umwandlungsbeschlusses an den **Betriebsrat** der GmbH spätestens einen Monat vor der Gesellschafterversammlung, die den Formwechsel beschließen soll (§ 194 Abs. 2 UmwG)   285

cc) Rechnungslegung:[365] Eine **Vermögensaufstellung**, in der die Gegenstände und Verbindlichkeiten der AG mit dem wirklichen Wert anzusetzen wären (§ 192 Abs. 2 UmwG), ist **nicht zu fertigen** (§ 238 Satz 2 UmwG). Beim Formwechsel zwischen Kapitalgesellschaften erscheint es vertretbar, zu seiner Erleichterung auf die mit der Vermögensaufstellung bezweckte Unterrichtung der Anteilsinhaber[366] (s. a. Rz. 96) zu verzichten, weil sich ihre Rechtsstellung nicht grundlegend ändert.[367]   286

dd) Umwandlungsbericht (§ 192 UmwG): *Nicht erforderlich* (§§ 192 Abs. 3, 238 Satz 3 UmwG), *wenn*   287
– an der GmbH nur ein Gesellschafter beteiligt ist oder
– alle Gesellschafter durch notariell beurkundete Erklärung auf seine Erstattung verzichten.
Ansonsten haben die Geschäftsführer der GmbH einen *ausführlichen schriftlichen Bericht* (Umwandlungsbericht) mit folgenden Angaben zu erstatten (§ 192 Abs. 1 iVm. § 8 Abs. 1 Satz 2 bis 4 und Abs. 2 UmwG):

---

[365] Einzelheiten s. HFA 1/1996 (s. Rz. 6), insbes. Anm. 22.2.
[366] Begr. UmwBerGE, BT-Drs. 12/6699, 138.
[367] Ber. RAussch. zum UmwBerGE, BT-Drs. 12/7850, 144; s. aber auch *Schultze-Osterloh* ZGR 1993, 420 (442).

- Rechtliche und wirtschaftliche Erläuterungen sowie Begründung des Formwechsels und insbesondere der künftigen Beteiligung der (bisherigen) Gesellschafter der GmbH an der AG
- Alle für den Formwechsel wesentlichen Angelegenheiten der mit der GmbH verbundenen Unternehmen iSd. § 15 AktG.

Für die GmbH nachteilige Tatsachen brauchen im Umwandlungsbericht nicht angegeben zu werden (§ 192 Abs. 1 Satz 2 iVm. § 8 Abs. 2 UmwG).

Dem Umwandlungsbericht sind beizufügen (§ 192 Abs. 1 Satz 3 und Abs. 2, § 238 Satz 2 UmwG):
- Entwurf des Umwandlungsbeschlusses (s. Rz. 284)
- Keine Vermögensaufstellung (s. Rz. 286).

Der Umwandlungsbericht ist dem Verschmelzungsbericht (s. Rz. 491 f.) nachgebildet und soll der Information der Anteilsinhaber vor allem über die qualitativen Veränderungen ihrer Anteile dienen.[368]

288 **ee) Keine Prüfung** des Entwurfs des Umwandlungsbeschlusses durch einen Sachverständigen (externen Prüfer)

289 **ff) Umwandlungsbeschluß** durch die **Gesellschafterversammlung** (§§ 193, 238–240, 242, 244 UmwG):
(1) *Einberufung* der Gesellschafterversammlung durch die Geschäftsführer (§§ 49 ff. GmbHG) und
- Schriftliche Ankündigung des Formwechsels als Gegenstand der Beschlußfassung (§ 230 Abs. 1 UmwG)
- Übersendung des Umwandlungsberichts (s. Rz. 287) an die Gesellschafter (§ 238 Satz 1 iVm. § 230 Abs. 1 UmwG)
- Mitteilung des Abfindungsangebots (§ 238 Satz 1 iVm. § 231 UmwG)

(2) *Durchführung* der Gesellschafterversammlung (§ 239 UmwG) und
- Auslage des Umwandlungsberichts
- Mündlicher Erläuterung des Entwurfs des Umwandlungsbeschlusses durch die Geschäftsführer

(3) *Beschlußfassung* mit mindestens 3/4 der bei der Gesellschafterversammlung abgegebenen Stimmen (§ 240 Abs. 1 UmwG):
- Gesellschaftsvertrag kann eine größere Mehrheit und weitere Erfordernisse bestimmen.
- Zustimmungserfordernis bei von dem der Geschäftsanteile abweichenden Nennbetrag bzw. Mindestbetrag (§ 8 Abs. 2 und 3 AktG) für jeden Gesellschafter, der sich nicht dem Gesamtbetrag seiner Geschäftsanteile entsprechend beteiligen kann (§ 241 Abs. 1 UmwG)
- Zustimmungserfordernis einzelner Gesellschafter, deren besondere Rechte nach dem Gesellschaftsvertrag im Zusammenhang mit der Geschäftsführung durch den Formwechsel beeinträchtigt werden (§ 241 Abs. 2 iVm. § 50 Abs. 2 UmwG)
- Zustimmungserfordernis einzelner Gesellschafter, denen nach dem Gesellschaftsvertrag Verpflichtungen auferlegt sind, die wegen § 55 AktG nicht aufrechterhalten werden können (§ 241 Abs. 3 UmwG)

(4) *Notarielle Beurkundung* des Umwandlungsbeschlusses und der Zustimmungserklärung einzelner Gesellschafter, die nach dem UmwG erforder-

---

[368] Begr. UmwBerGE, BT-Drs. 12/6699, 138.

lich sind (§ 193 Abs. 3 UmwG). In der Niederschrift des Umwandlungsbeschlusses aufzuführen sind die Personen, die für den Formwechsel gestimmt haben und deswegen den Gründern gleichstehen (§ 244 Abs. 1 UmwG).

gg) Anwendung von **Gründungsvorschriften** (§§ 197,[369] 245 Abs. 1[370] UmwG):
(1) Gründer sind die Gesellschafter, die für den Formwechsel gestimmt haben.
(2) Keine Anwendung der Vorschriften über die Bildung und Zusammensetzung des ersten Aufsichtsrats (§§ 30, 31 AktG), sondern lediglich Neuwahl des Aufsichtsrats.[371] Bestand bei der GmbH ein Aufsichtsrat in gleicher Weise wie er bei der AG zu bilden ist, so bleiben die Aufsichtsratmitglieder für den Rest ihrer Wahlzeit als Mitglieder des Aufsichtsrats der AG im Amt, sofern die Anteilsinhaber für die ihnen zuzurechnenden Aufsichtsratmitglieder nicht die Beendigung des Amtes bestimmen (§ 203 UmwG).
(3) Bestellung des Vorstands durch den Aufsichtsrat (§ 30 Abs. 4 AktG)
(4) Schriftlicher Bericht der Gründer (s. (1)) über den Hergang der Gründung (Gründungsbericht) (§ 32 AktG)
(5) Prüfung des Hergangs der Gründung und schriftlicher Bericht durch Vorstand und Aufsichtsrat (§§ 33 Abs 1, 34 AktG)
(6) Prüfung der Umwandlung und schriftlicher Bericht durch externe Prüfer (Gründungsprüfer) (§§ 33 Abs. 2–5, 34, 35 AktG)

hh) Eintragung des Formwechsels in das Handelsregister:
(1) *Anmeldung* des Formwechsels zur Eintragung (§§ 198, 246 UmwG):
  (a) Anmeldung durch die Geschäftsführer der GmbH
  (b) Anmeldung bei dem Register, in dem die GmbH eingetragen ist
  (c) Gegenstand der Anmeldung:
    – Neue Rechtsform des Rechtsträgers (AG)
    – Vorstandsmitglieder der AG
  (d) Negativerklärung der Geschäftsführer über Klagen gegen Umwandlungsbeschluß (§ 198 Abs. 3 iVm. § 16 Abs. 2 UmwG) oder
  (e) Beschluß des Prozeßgerichts, daß eine Klage gegen die Wirksamkeit des Umwandlungsbeschlusses ggf. der Eintragung nicht entgegensteht (§ 198 Abs. 3 iVm. § 16 Abs. 3 UmwG)
  (f) Keine Negativerklärung über eine Unterbilanz (§ 246 Abs. 3 UmwG)
  (g) Anlagen der Anmeldung (§ 199 UmwG)
    – Niederschrift des Umwandlungsbeschlusses
    – Zustimmungserklärungen einzelner Gesellschafter, die nach dem UmwG erforderlich sind
    – Umwandlungsbericht oder die Erklärung über den Verzicht auf seine Erstellung
    – Nachweis über die Zuleitung des Entwurfs des Umwandlungsbeschlusses an den Betriebsrat
    – Genehmigungsurkunde, falls Formwechsel der staatlichen Genehmigung bedarf.

---

[369] Zur Verbindung des Formwechsels mit einer Kapitalerhöhung oder die Einführung von 5-DM-Aktien s. *Mertens* AG 1995, 561.
[370] Zur Deckung des Grundkapitals s. *Busch* AG 1995, 555.
[371] Begr. UmwBerGE, BT-Drs. 12/6699, 141.

§ 14 292–296 Umwandlung

(2) *Eintragung* des Formwechsels in das Handelsregister
(3) *Bekanntmachung* der Eintragung (§ 201 UmwG).

292–294 *(frei)*

c) Handelsrechtliche Wirkungen

Rechtsfolgen der formwechselnden Umwandlung sind:

295 **aa)** Die **Eintragung** der neuen Rechtsform AG in das Handelsregister hat folgende **konstitutive Wirkungen** (§§ 202, 247 UmwG):
(1) Die GmbH besteht in der Rechtsform AG weiter (Identität des Rechtsträgers).
(2) Das Stammkapital wird zum Grundkapital. Veränderungen des Nennkapitals können im Zusammenhang mit dem Firmenwechsel nach den allgemeinen Kapitalveränderungsvorschriften vorgenommen werden (§ 243 Abs. 2 UmwG).
(3) Die bisherigen Gesellschafter sind als Aktionäre an der AG beteiligt (Kontinuität der Mitgliedschaft in dem Rechtsträger). Zum Umtausch der Anteile s. a. § 248 Abs. 1 UmwG.
(4) Rechte Dritter an den Geschäftsanteilen bestehen an den Aktien weiter.
(5) Ein Mangel der notariellen Beurkundung
– des Umwandlungsbeschlusses oder
– ggf. erforderlicher Zustimmungs- oder Verzichtserklärungen einzelner Gesellschafter
wird geheilt.
(6) Mängel des Formwechsels lassen die Wirkungen der Eintragung der AG in das Handelsregister (s. (1), bis (5)) unberührt. Durch diese Einschränkung der Nichtigkeit des Formwechsels soll seine Rückabwicklung vermieden werden, die mit besonderen Schwierigkeiten verbunden sein kann (insbes. bei Rückführung neu erlangter Strukturelemente).[372]

296 **bb) Minderheitenrechte** der Gesellschafter:
(1) Klage gegen die Wirksamkeit des Umwandlungsbeschlusses binnen eines Monats nach der Beschlußfassung (§§ 195, 210 UmwG)
(2) Anspruch auf Verbesserung des Beteiligungsverhältnisses durch bare Zuzahlung (§ 196 UmwG), der im Spruchverfahren geltend zu machen ist (§§ 305–312 UmwG)
(3) Annahme der Barabfindung gegen Übertragung der umgewandelten Anteile auf die GmbH innerhalb von zwei Monaten nach Bekanntmachung der Eintragung des Formwechsels in das Handelsregister (§ 209 UmwG). Voraussetzung ist, daß der Antragsteller Widerspruch gegen den Umwandlungsbeschluß zur Niederschrift erklärt hat.
(4) Antrag auf gerichtliche Bestimmung einer angemessenen Barabfindung innerhalb von zwei Monaten nach Bekanntmachung der Eintragung des Formwechsels in das Handelsregister. Voraussetzung ist, daß der Antragsteller Widerspruch gegen den Umwandlungsbeschluß zur Niederschrift erklärt hat. Der Antrag ist im Spruchverfahren geltend zu machen (§§ 305–312 UmwG). Die vom Gericht bestimmte Barabfindung kann innerhalb von 2 Monaten nach Bekanntgabe der Entscheidung angenommen werden (§ 209 Satz 2 UmwG).

---

[372] Begr. UmwBerGE, BT-Drs. 12/6699, 144.

C. Der Weg aus der GmbH 297–311 § 14

(5) Anderweitige Veräußerung der Anteile innerhalb der Frist gemäß (3), der etwaige Verfügungsbeschränkungen im Gesellschaftsvertrag nicht entgegenstehen (§ 211 UmwG)

cc) **Amtsdauer von Aufsichtsratsmitgliedern** (§ 203 UmwG) s. Rz. 75 — 297

dd) Zum **Schadensersatz** sind **Geschäftsführer** und ggf. **Aufsichtsrat** der GmbH ihren Gesellschaftern sowie ihren Gläubigern verpflichtet, sofern sie bei Vorbereitung und Durchführung des Formwechsels pflichtwidrig gehandelt haben (§§ 205, 206 UmwG). — 298

ee) Zum **Schutz der Gläubiger** wird Altgläubigern das Recht eingeräumt, grundsätzlich innerhalb von 6 Monaten nach Bekanntmachung des Formwechsels *Sicherheitsleistung* zu verlangen (§ 204 iVm. § 22 UmwG). Weitere Einzelheiten s. Rz. 77. — 299

ff) Zum **Schutz der Inhaber von Sonderrechten** (Verwässerungsschutz) sind ihnen gleichwertige Rechte in der GmbH zu gewähren (§ 204 iVm. § 23 UmwG). Zum Begriff der Sonderrechte s. Rz. 78. — 300

d) **Steuerliche Rechtsfolgen**

Die formwechselnde Umwandlung einer GmbH in eine AG ist **steuerneutral**. Einzelheiten dazu s. Rz. 81–83. — 301

(frei) 302–309

3. Formwechsel GmbH in GbR, OHG oder KG

a) **Überblick**

Rechtsträger neuer Rechtsform können nicht sämtliche Personenunternehmen sein, sondern nur **bestimmte Personengesellschaften** (§§ 191 Abs. 2, 226 UmwG). Dazu gehören OHG und KG (§ 3 Abs. 1 Nr. 1 UmwG); zu letzteren rechnen auch die Kapitalgesellschaft & Co. (insbes. also die GmbH & Co.)[373] und die Stiftung & Co. (s. a. Rz. 90). Ferner kann die Partnerschaftsgesellschaft Rechtsträger neuer Rechtsform sein. Anders als beim Formwechsel von Personenunternehmen in Kapitalgesellschaften (s. Rz. 90) ist beim umgekehrten Formwechsel über die Personenhandelsgesellschaften hinaus von den Personengesellschaften auch die GbR als Rechtsträger neuer Rechtsform einbezogen (nicht einbezogen ist hingegen zB die Stille Gesellschaft). Nicht einbezogen sind ferner Einzelunternehmen, auf die im Wege der Gesamtrechtsnachfolge nur eine Verschmelzung erfolgen kann (s. Rz. 415 ff.). — 310

b) **Voraussetzungen und Durchführung**

aa) **Entwurf des Umwandlungsbeschlusses** mit folgendem Inhalt (§§ 194, 234 UmwG): Der Gesellschaftsvertrag der Personengesellschaft ist nicht als Inhalt des Umwandlungsbeschlusses vorgeschrieben (arg. § 234 UmwG), weil er nicht formbedürftig ist. Der Beschluß braucht deswegen als Mindestinhalt nur — 311

---

[373] Begr. UmwBerGE, BT-Drs. 12/6699, 158.

einige besonders wichtige Angaben zu enthalten, die den neuen Gesellschaftsvertrag entscheidend prägen:[374]
- Rechtsform der Personengesellschaft: Der Wechsel in die Rechtsform Personenhandelsgesellschaft ist nur möglich, wenn sie ihrem Zweck nach als OHG gegründet werden kann (§ 228 Abs. 1 UmwG). Der Betrieb eines Handelsgewerbes ist dafür nicht mehr zwingende Voraussetzung; ausreichend ist auch die Verwaltung eigenen Vermögens (§ 105 Abs. 2 HGB). Hat die GmbH bislang nur die Verwaltung fremden Vermögens betrieben, so kommt als neue Rechtsform wohl nur die GbR in Betracht;[375] diese Rechtsform kann durch den Umwandlungsbeschluß auch hilfsweise für den Fall vorgesehen werden, daß wegen des Unternehmensgegenstandes die beabsichtigte Umwandlung in eine Personenhandelsgesellschaft fehlschlägt (§ 228 Abs. 2 UmwG).[376]
- Sitz der Personengesellschaft (§ 234 Nr. 1 UmwG)
- Firma der Personenhandelsgesellschaft (§ 200 Abs. 1–4 UmwG); für eine GbR kommt weder die Beibehaltung noch die Bildung einer neuen Firma in Betracht (§ 200 Abs. 5 UmwG)
- Beteiligung der Gesellschafter an der Personengesellschaft; noch offen ist, ob der Formwechsel zB in eine GmbH & Co. KG den Beitritt der Komplementär-GmbH als GmbH-Gesellschafterin vor dem Formwechsel erfordert (hM) oder ob dieser Mitgliederwechsel auch im Umwandlungszeitpunkt zulässig ist.[377]
- Zahl, Art und Umfang der Gesellschaftsanteile
- Sonderrechte, die einzelnen Gesellschaftern oder anderen Personen gewährt werden sollen, oder die Maßnahmen, die für sie vorgesehen sind
- Abfindungsangebot an widersprechende Gesellschafter, sofern nicht Einstimmigkeit erforderlich ist
- Folgen des Formwechsels für die Arbeitnehmer und ihre Vertretungen sowie die insoweit vorgesehenen Maßnahmen

312 bb) **Zuleitung** des Entwurfs des Umwandlungsbeschlusses an den **Betriebsrat** der GmbH spätestens einen Monat vor der Gesellschafterversammlung, die den Formwechsel beschließen soll (§ 194 Abs. 2 UmwG).

313 cc) **Rechnungslegung** (s. a. Rz. 56): Anläßlich der Umwandlung sind verschiedene Bilanzen und eine Vermögensaufstellung zu erstellen, die teilweise unterschiedliche Zwecke haben. Zwischen einzelnen bestehen Wechsel- bzw. Bindungswirkungen, die dazu führen, daß steuerliche Wahlrechte und Rechtsfolgen durch Bilanzierungsentscheidungen in der Handelsbilanz ausgeübt bzw. ausgelöst werden. Der durch die Rechnungslegung entstehende Aufwand wird in der Praxis dadurch begrenzt, daß möglichst ein einheitlicher Bilanzstichtag verwandt und eine Wertverknüpfung praktiziert wird, soweit dies sachgerecht und handelsrechtlich sowie steuerrechtlich zulässig ist.

---

[374] Begr. UmwBerGE, BT-Drs. 12/6699, 154.
[375] *E. Schaefer* DB 1998, 1269 (1273 f.), zur Neufassung des § 105 Abs. 2 HGB durch das Handelsrechtsreformgesetz.
[376] Begr. UmwBerGE, BT-Drs. 12/6699, 152 f.
[377] Letzteres befürworten *Priester* DB 1997 560; *Kallmeyer* GmbHR 1996, 80; *K. Schmidt* GmbHR 1995, 693.

C. Der Weg aus der GmbH 314–317 § 14

(1) **Jahresabschluß** der GmbH (§§ 242, 264 HGB, § 42 GmbHG) zum Schluß des letzten Geschäftsjahres, das vor Wirksamwerden des Formwechsels endet. Ein von diesem Bilanzstichtag zu unterscheidender Umwandlungsstichtag existiert handelsrechtlich nicht, weil der Formwechsel von der GmbH in die Personengesellschaft seit dem UmwG 1995 keinen Vermögensübergang mehr zur Folge hat (s. Rz. 31), so daß deswegen auch kein Abgrenzungsbedarf mehr besteht. Es ist **keine handelsrechtliche Schlußbilanz** der GmbH aufzustellen,[378] weil auch die §§ 190 ff. UmwG weder auf § 17 Abs. 2 UmwG verweisen noch eine entsprechende eigene Regelung (s. Rz. 58) enthalten (zur Vermögensaufstellung s. Rz. 315). 314

(2) **Vermögensaufstellung**, in der die Gegenstände und Verbindlichkeiten des formwechselnden Rechtsträgers (GmbH) mit dem wirklichen Wert anzusetzen sind, der ihnen am Tag der Erstellung des Umwandlungsberichts beizulegen ist (§ 192 Abs. 2 Satz 1 UmwG). Diese Vermögensaufstellung ist Bestandteil des Umwandlungsberichts (§ 192 Abs. 2 Satz 2 UmwG) und deswegen ebenso wie dieser nicht erforderlich, wenn auf die Erstattung des Umwandlungsberichts verzichtet wird (§ 192 Abs. 3 UmwG). Weitere Einzelheiten zu Funktion und Inhalt der Vermögensaufstellung s. Rz. 95–97. 315

(3) **Steuerliche Übertragungsbilanz** der GmbH. Die übertragende GmbH hat für steuerliche Zwecke eine Übertragungsbilanz aufzustellen (§ 14 Satz 2 UmwStG). Zweck dieser Bilanz ist die Gewinnabgrenzung zwischen GmbH und Personengesellschaft und die Ermittlung der Wertansätze iSd. § 3 UmwStG, auf die das Steuerrecht wegen der unterschiedlichen Regelungen über die Besteuerung von Kapitalgesellschaften und Personengesellschaften nicht verzichten kann[379] (handelsrechtlich wird wegen des identitätswahrenden Charakters des Formwechsels auf eine Umwandlungsbilanz verzichtet; erforderlich ist allerdings eine Vermögensaufstellung, s. Rz. 314 f.). Weitere Einzelheiten dazu s. Rz. 99. 316

Die Übertragungsbilanz ist grds. auf den Zeitpunkt aufzustellen, in dem der Formwechsel wirksam wird (§ 14 Satz 2 UmwStG), dh. auf den Zeitpunkt der Eintragung der neuen Rechtsform in das Handelsregister (§ 202 UmwG; s. a. Rz. 323). Sie kann auch für einen Stichtag aufgestellt werden, der höchstens 8 Monate vor der Anmeldung des Formwechsels zur Eintragung in das Handelsregister liegt (§ 14 Satz 3 UmwStG). Dieser Zeitpunkt wird als (steuerlicher) Umwandlungsstichtag bezeichnet (§ 14 Satz 3 UmwStG).[380] Die steuerliche Übertragungsbilanz kann damit ggf. auf den Stichtag des letzten handelsrechtlichen Jahresabschlusses der GmbH (s. Rz. 314) zurückbezogen werden, auf den auch eine Steuerbilanz aufzustellen ist. Nach Auffassung der FinVerw. läuft das Wahlrecht für die Bewertung in der steuerlichen Schlußbilanz zwischen Buchwert, Teilwert oder Zwischenwert nach § 14 Satz 1 iVm. § 3 UmwStG deswegen weitgehend leer, weil eine Maßgeblichkeit der Handelsbilanz für die Steuerbilanz (§ 5 Abs. 1 EStG) gelten soll; eine Höherbewertung ist danach nur im Rahmen einer 317

---

[378] HFA 1/96 (s. Rz. 6), Anm. 1; *Lempenau* in FS Haas (1996); 225 (229 ff.); aA *Biener* StbJb. 1995/96, 29 (51 f.).
[379] Begr. UmwStRÄndGE, BT-Drs. 12/6885, 22.
[380] Handelsrechtlich ist auf den noch in § 193 Nr. 6 UmwBerGRefE (Beilage Nr. 112a zum BAnz. v. 20. 6. 1992) vorgesehenen „Umwandlungsstichtag" verzichtet worden.

Wertaufholung (§ 280 HGB) möglich.[381] Stimmt der steuerliche Umwandlungsstichtag nicht mit dem Schluß des Geschäftsjahres überein und liegt deswegen auf den Umwandlungsstichtag keine „formelle Handelsbilanz" vor, so sollen gleichwohl „infolge der Maßgeblichkeit der Handelsbilanz für die Steuerbilanz" steuerlich zwingend die Buchwerte fortzuführen sein.[382] Die hM im Schrifttum[383] geht demgegenüber u. E. zutreffend von der Geltung des uneingeschränkten Bewertungswahlrechts nach § 3 UmwStG aus (s. a. Rz. 352 und 476 ff.). Selbst bei gleichem Stichtag besteht auch keine Maßgeblichkeit der Vermögensaufstellung (s. Rz. 95–97, 315) für die Übertragungsbilanz, weil für erstere die Grundsätze ordnungsmäßiger Buchführung (§ 5 EStG) nicht gelten.

318 **(4) Keine handelsrechtliche Eröffnungsbilanz** der Personengesellschaft, weil handelsrechtlich der Formwechsel eine Kontinuität des Rechtsträgers ua. beim Vermögen bedeutet (s. Rz. 31).[384] Wohl aber kann sich eine **Aufnahmebilanz** empfehlen, falls der Formwechsel mit weiteren Sacheinlagen verbunden wird (s. Rz. 91).[385]

319 **(5) Steuerliche Eröffnungsbilanz** der Personengesellschaft (§ 14 Satz 2 UmwStG), in der die übergegangenen Wirtschaftsgüter mit dem in der steuerlichen Übertragungsbilanz (s. Rz. 316 f.) der übertragenden GmbH enthaltenen Wert anzusetzen sind (§ 14 Satz 2 iVm. § 4 Abs. 1 UmwStG). Weitere Einzelheiten s. Rz. 352 und 370 ff. Die steuerliche Eröffnungsbilanz ist auf den gleichen Stichtag wie die Übertragungsbilanz aufzustellen (s. Rz. 361). Zu den Maßgeblichkeitsfragen s. Rz. 317.

320 **dd) Umwandlungsbericht** (§ 192 UmwG): *Nicht erforderlich*, wenn alle Gesellschafter durch notariell beurkundete Erklärung auf seine Erstattung verzichten (§ 192 Abs. 3 UmwG).

Ansonsten haben die Geschäftsführer der GmbH einen *ausführlichen schriftlichen Bericht* (Umwandlungsbericht) mit folgenden Angaben zu erstatten (§ 192 Abs. 1 iVm. § 8 Abs. 1 Satz 2 bis 4 und Abs. 2 UmwG):

– Rechtliche und wirtschaftliche Erläuterung sowie Begründung des Formwechsels und insbesondere der künftigen Beteiligung der Gesellschafter an der Personengesellschaft
– Alle für den Formwechsel wesentlichen Angelegenheiten der mit der GmbH verbundenen Unternehmen iSd. § 15 AktG.

Für die GmbH nachteilige Tatsachen brauchen im Umwandlungsbericht nicht angegeben zu werden (§ 192 Abs. 1 Satz 2 iVm. § 8 Abs. 2 UmwG). Dem Umwandlungsbericht sind beizufügen (§ 192 Abs. 1 Satz 3 und Abs. 2 UmwG):

– Entwurf des Umwandlungsbeschlusses (s. Rz. 311)
– Vermögensaufstellung (s. Rz. 315).

---

[381] UmwStErl. 1998 Tz. 14.02.
[382] UmwStErl. 1998 Tz. 14.03.
[383] *Thiel* ua. GmbHR 1998, 397 (401); *Dehmer* UmwStErl. Tz. 14.02 f.; *Mentel* DStR 1998 Beilage zu Heft 17, 11; *Rödder* DB 1998, 998; alle mwN, sowie IdW WPg. 1997, (Abschn. A); aA *Dötsch* ua. DB 1998 Beilage Nr. 7, 5.
[384] Anders aber *Priester* DB 1995, 911 (915 f.).
[385] Zur Buchwertfortführung und zu den Überleitungsfragen im Jahresabschluß der Personengesellschaft zum nächsten Bilanzstichtag s. HFA 1/1996 Tz. 1. und 3.2.

Der Umwandlungsbericht ist dem Verschmelzungsbericht (s. Rz. 491 f.) nachgebildet und soll der Information der Gesellschafter vor allem über die qualitativen Veränderungen ihrer Anteile dienen.[386]

ee) Keine Prüfung des Entwurfs des Umwandlungsbeschlusses durch einen Sachverständigen (externen Prüfer) 321

ff) Umwandlungsbeschluß durch die **Gesellschafterversammlung** 322
(§§ 193, 230–233 UmwG):
(1) *Einberufung* der Gesellschafterversammlung durch die Geschäftsführer (§§ 49 ff. GmbHG und § 230 UmwG)
– Schriftliche Ankündigung des Formwechsels als Gegenstand der Beschlußfassung
– Übersendung des Umwandlungsberichts (s. Rz. 320)
– Übersendung des Abfindungsangebots oder Bekanntmachung (§ 231 UmwG)
(2) *Durchführung* der Gesellschafterversammlung (§ 232 UmwG) mit Auslage des Umwandlungsberichts
(3) *Beschlußfassung* der Gesellschafterversammlung (§ 233 UmwG) mit
– Zustimmung aller Gesellschafter (anwesende und nicht erschienene) beim Formwechsel in eine GbR oder OHG (§ 233 Abs. 1 UmwG) oder
– Zustimmung einer Mehrheit von mindestens ³/₄ der in der Gesellschafterversammlung der GmbH abgegebenen Stimmen beim Formwechsel in eine KG, sofern der Gesellschaftsvertrag keine größere Mehrheit oder weitere Erfordernisse vorsieht, und Zustimmung aller künftigen Komplementäre (§ 233 Abs. 2 UmwG)
(4) *Notarielle Beurkundung* des Umwandlungsbeschlusses und der Zustimmungserklärungen, die nach dem UmwG erforderlich sind, sowie derjenigen nicht erschienener Gesellschafter (§ 193 Abs. 3 UmwG)

gg) Eintragung des Formwechsels in das Handelsregister: 323
(1) *Anmeldung* des Formwechsels zur Eintragung (§§ 198, 235 UmwG):
  (a) Anmeldung durch die Geschäftsführer der GmbH
  (b) Anmeldung bei dem Register, in dem die GmbH eingetragen ist
  (c) Gegenstand der Anmeldung: Neue Rechtsform der OHG oder KG; beim Formwechsel in eine GbR ist statt dessen die Umwandlung der Gesellschaft zur Eintragung in das Register der GmbH anzumelden (§ 235 Abs. 1 UmwG), weil eine GbR nicht in das Handelsregister eingetragen werden kann.
  (d) Negativerklärung der Geschäftsführer über Klagen gegen die Wirksamkeit des Umwandlungsbeschlusses (§ 198 Abs. 3 iVm. § 16 Abs. 2 UmwG) oder
  (e) Beschluß des Prozeßgerichts, daß eine Klage gegen die Wirksamkeit des Umwandlungsbeschlusses ggf. der Eintragung nicht entgegensteht (§ 198 Abs. 3 iVm. § 16 Abs. 3 UmwG)
  (f) Anlagen der Anmeldung (§ 199 UmwG):
    – Niederschrift des Umwandlungsbeschlusses
    – Zustimmungserklärung einzelner Gesellschafter, die nach dem UmwG erforderlich sind

---

[386] Begr. UmwBerGE, BT-Drs. 12/6699, 138.

– Umwandlungsbericht oder die Erklärung über den Verzicht auf seine Erstellung
– Nachweis über die Zuleitung des Entwurfs des Umwandlungsbeschlusses an den Betriebsrat
– Genehmigungsurkunde, falls Formwechsel der staatlichen Genehmigung bedarf

(2) *Eintragung* des Formwechsels in das Handelsregister
(3) *Bekanntmachung* der Eintragung (§ 201 UmwG)

c) Handelsrechtliche Wirkungen

Rechtsfolgen der formwechselnden Umwandlung sind:

324 **aa)** Die **Eintragung** der neuen Rechtsform OHG oder KG oder der Umwandlung in eine GbR in das Handelsregister hat folgende **konstitutive Wirkungen** (§ 202 UmwG):
(1) Die GmbH besteht in der Rechtsform der Personengesellschaft weiter (Identität des Rechtsträgers)[387]
(2) Die Gesellschafter der GmbH sind als Gesellschafter an der Personengesellschaft beteiligt (Kontinuität der Mitgliedschaft in dem Rechtsträger) (s. a. Rz. 311 zum Mitgliederwechsel im Umwandlungszeitpunkt)
(3) Rechte Dritter an den Geschäftsanteilen bestehen an den Gesellschaftsanteilen weiter
(4) Ein Mangel der notariellen Beurkundung
– des Umwandlungsbeschlusses oder
– ggf. erforderlicher Zustimmungs- oder Verzichtserklärung einzelner Gesellschafter
wird geheilt
(5) Mängel des Formwechsels lassen die Wirkungen der Eintragung der OHG oder KG der Umwandlung in eine GbR in das Handelsregister (s. (1) bis (4)) unberührt. Durch diese Einschränkung der Nichtigkeit des Formwechsels soll seine Rückabwicklung vermieden werden, die mit besonderen Schwierigkeiten verbunden sein kann (insbes. bei Rückführung neu erlangter Strukturelemente).[388]

325 **bb) Minderheitenrechte** der Gesellschafter
(1) Klage gegen die Wirksamkeit des Umwandlungsbeschlusses binnen eines Monats nach der Beschlußfassung (§§ 195, 210 UmwG)
(2) Anspruch auf Verbesserung des Beteiligungsverhältnisses durch bare Zuzahlung (§ 196 UmwG), der im Spruchverfahren geltend zu machen ist (§§ 305–312 UmwG).[389]

---

[387] Siehe auch OLG Köln v. 6. 5. 1996, GmbHR 1996, 773 (keine Neuanmeldung der Prokura bei Formwechsel GmbH in GmbH & Co. KG); OLG Düsseldorf v. 5. 3. 1997, DB 1997, 973 (zur Grundbuchfähigkeit einer GbR als Rechtsträger neuer Rechtsform); LG Dresden v. 16. 7. 1998, DB 1998, 1807 (keine Erfordernis der Vorlage einer steuerlichen Unbedenklichkeitsbescheinigung; s. a. Rz. 254); zu den Auswirkungen des Formwechsels auf öffentlich-rechtliche Erlaubnisse s. *Eckert* ZIP 1998, 1950.
[388] Begr. UmwBerGE, BT-Drs. 12/6699, 144.
[389] Siehe auch OLG Düsseldorf v. 11. 3. 1998, DB 1998, 1022, mit Anm. *Schmittmann* AG 1998, 514: Keine Kostenvorschußpflicht für Minderheitsgesellschafter, sondern für die Gesellschaft (Umwandlung AG in KG).

(3) Annahme der Barabfindung gegen Ausscheiden aus der Personengesellschaft (§ 207 Abs. 1 Satz 2 UmwG) innerhalb von 2 Monaten nach Bekanntmachung der Eintragung des Formwechsels in das Handelsregister (§ 209 UmwG). Voraussetzung ist, daß der Antragsteller Widerspruch gegen den Umwandlungsbeschluß zur Niederschrift erklärt hat (s. o.).

(4) Antrag auf gerichtliche Bestimmung einer angemessenen Barabfindung (§ 212 UmwG) innerhalb von zwei Monaten nach Bekanntmachung der Eintragung des Formwechsels in das Handelsregister. Voraussetzung ist, daß der Antragsteller Widerspruch gegen den Umwandlungsbeschluß zur Niederschrift erklärt hat (wg. Zustimmungserfordernissen kann dies nur bei einer KG der Fall sein; s. Rz. 322). Der Antrag ist im Spruchverfahren geltend zu machen (§§ 305–312 UmwG). Die vom Gericht bestimmte Barabfindung kann innerhalb von 2 Monaten nach Bekanntgabe der Entscheidung angenommen werden (§ 209 Satz 2 UmwG).

(5) Anderweitige Veräußerung der Gesellschaftsanteile innerhalb der Frist gemäß (3), der etwaige Verfügungsbeschränkungen im Gesellschaftsvertrag nicht entgegenstehen (§ 211 UmwG).

cc) Zum **Schadensersatz** sind die Geschäftsführer der GmbH den Gesellschaftern sowie den Gläubigern verpflichtet, sofern sie bei Vorbereitung und Durchführung des Formwechsels pflichtwidrig gehandelt haben (§§ 205, 206 UmwG).

dd) Zum **Schutz der Gläubiger** wird Altgläubigern trotz formeller Erhaltung der Haftungsmasse das Recht eingeräumt, grundsätzlich innerhalb von 6 Monaten nach Bekanntmachung des Formwechsels *Sicherheitsleistung* zu verlangen (§ 204 iVm. § 22 UmwG).[390] Weitere Einzelheiten s. Rz. 77.

ee) Zum **Schutz der Inhaber von Sonderrechten** (Verwässerungsschutz) sind ihnen gleichwertige Rechte zu gewähren (§ 204 iVm. § 23 UmwG). Zum Begriff der Sonderrechte s. Rz. 78.

d) Steuerliche Rechtsfolgen

aa) Anwendbare Vorschriften und Terminologie. Für den Formwechsel einer GmbH in eine Personengesellschaft gelten die §§ 14, 17 und 18 UmwStG (§ 1 Abs. 3 UmwStG). Nach § 14 Satz 1 UmwStG sind außerdem die für die Verschmelzung einer Kapitalgesellschaft auf eine Personengesellschaft geltenden §§ 3 bis 8 und 10 UmwStG entsprechend anzuwenden. Auf die Erläuterungen dazu in Rz. 355 ff. kann daher verwiesen werden.

Die Terminologie unterscheidet sich grundsätzlich, weil der Formwechsel nach Handelsrecht nicht mit einem Vermögensübergang verbunden ist (s. Rz. 314), steuerlich aber wie ein solcher behandelt wird (s. Rz. 316 f., 319). Während das Handelsrecht vom Fortbestand des „formwechselnden Rechtsträgers" ausgeht, gibt es steuerlich eine „übertragende Kapitalgesellschaft", eine „übernehmende Personengesellschaft" und „übergehende Wirtschaftsgüter".

bb) Bewertungswahlrecht der GmbH s. Rz. 356–360
Anwendungsbereich des Wahlrechts (Voraussetzungen, s. a. Rz. 358):
– Formwechsel einer Kapitalgesellschaft in eine Personengesellschaft iSd. § 190 Abs. 1 UmwG

---

[390] Zur Haftung der Gesellschafter für Verbindlichkeiten der GmbH nach einem Formwechsel in eine GbR s. *Heidinger* GmbHR 1996, 890.

- Körperschaft iSd. § 1 Abs. 1 Satz 1 UmStG als formwechselnder Rechtsträger (übertragende Kapitalgesellschaft)
- Unbeschränkte Körperschaftsteuerpflicht des formwechselnden Rechtsträgers (übertragende Kapitalgesellschaft) (§ 1 Abs. 5 UmwStG)
- Vermögen des formwechselnden Rechtsträgers bleibt auch in der Personengesellschaft Betriebsvermögen (§ 14 Satz 1 iVm. § 3 UmwStG). Daß hierzu auch einem landwirtschaftlichen Betrieb oder selbständiger Arbeit zuzurechnendes Vermögen gehört (s. Rz. 358), hat für den Formwechsel eine größere Bedeutung[391] als für die Verschmelzung, weil der Formwechsel nicht nur in eine Personenhandelsgesellschaft, sondern auch in eine Gesellschaft bürgerlichen Rechts zulässig ist (s. Rz. 310).

332 **cc) Steuerliche Rückwirkung.** Die steuerliche Rückwirkung des Formwechsels ist *unzureichend geregelt:* Die allgemeine Regelung des § 2 Abs. 1 UmwStG, derzufolge das Einkommen, das Vermögen und die Besteuerungsgrundlagen bei der Gewerbesteuer so zu ermitteln sind, als ob das Vermögen der GmbH mit Ablauf des Stichtags der Bilanz, die dem Vermögensübergang zugrundeliegt (steuerlicher Übertragungsstichtag), auf die Personengesellschaft übergegangen wäre, ist zwar grundsätzlich anwendbar, hat aber keine sachliche Anknüpfungsmöglichkeit, weil der Formwechsel handelsrechtlich kein Vermögensübergang ist und ihm deswegen auch keine Bilanz zugrunde liegen kann (s. dazu Rz. 314). Stattdessen bestimmt § 14 Satz 3 UmwStG, daß die steuerliche Übertragungsbilanz auf einen bis zu 8 Monate zurückliegenden „Umwandlungsstichtag" aufgestellt werden kann (s. Rz. 317).[392] Daraus kann auf eine gesetzgeberische Regelungsabsicht dahingehend geschlossen werden, daß auch beim Formwechsel die Ermittlung der genannten Besteuerungsgrundlagen zurückbezogen werden kann. Die Regelungslücke in § 2 Abs. 1 UmwStG für Fälle des Formwechsels ist daher durch eine Analogie aus § 14 Satz 3 UmwStG in der Weise zu schließen, daß an die Stelle des für den steuerlichen Übertragungsstichtag grundsätzlich maßgebenden Stichtags der handelsrechtlichen Schlußbilanz, der Stichtag der steuerlichen Übertragungsbilanz (Umwandlungsstichtag) tritt.[393] Diese steuerliche Rückwirkung gilt unabhängig davon, ob am steuerlichen Übertragungsstichtag bereits die gesellschaftsrechtlichen Voraussetzungen für einen Formwechsel (zB zweiter Gesellschafter bei Umwandlung einer GmbH im Alleinbesitz) vorliegen.[394]

dd) Schlußbesteuerung der (übertragenden) GmbH. Das für Verschmelzungsfälle geltende Besteuerungswahlrecht der (übertragenden) GmbH und seine Rechtsfolgen gelten grundsätzlich auch für die formwechselnde GmbH (§ 14 Satz 1 iVm. § 3 UmwStG). Deswegen kann auf Rz. 362–365 verwiesen werden. Besonderheiten gelten für den Formwechsel in zweierlei Hinsicht:

---

[391] Beispiele bei *Wochinger/Dötsch* DB 1994, Beilage Nr. 14, 6, 10 und 31.
[392] Für den Formwechsel einer Personengesellschaft in eine Kapitalgesellschaft verlangt § 25 Satz 2 UmwStG stattdessen eine „Steuerbilanz auf den steuerlichen Übertragungsstichtag".
[393] UmwStErl. 1998 Tz. 14.05.
[394] UmwStErl. 1998 Tz. 14.06.

C. Der Weg aus der GmbH   333–335   § 14

(1) **Gewerbesteuer:** Werden die übergehenden Wirtschaftsgüter bei der   333
Personengesellschaft zwar Betriebsvermögen, aber kein gewerbliches, sondern
land- und forstwirtschaftliches oder selbständiger Arbeit dienendes Betriebsvermögen (s. Rz. 331 und 358), so gilt das Bewertungswahlrecht nach § 3
UmwStG auch für die Ermittlung des Gewerbeertrags (§ 18 Abs. 1 Satz 1
UmwStG), und zwar nicht entsprechend, sondern unmittelbar kraft dieser
Verweisung. Hiergegen könnte sprechen, daß die stillen Reserven ab dem
Formwechsel nicht mehr gewerbesteuerlich „steuerverstrickt" sind.[395] Die
Sicherstellung einer Besteuerung der stillen Reserven war zwar gesetzgeberisches Motiv,[396] sie kommt aber im Gesetzeswortlaut nur unzureichend zum
Ausdruck.[397] Inzwischen ist „klargestellt" worden,[398] daß ein Auflösungs-
oder Veräußerungsgewinn auch gewerbesteuerpflichtig wird, wenn innerhalb
von 5 Jahren nach dem Formwechsel der Betrieb der Personengesellschaft
aufgegeben oder veräußert wird (§ 18 Abs. 4 UmwStG).

(2) **Grunderwerbsteuer:** Gehören Grundstücke zum Vermögen der form-   334
wechselnden Gesellschaft, so unterliegt der Formwechsel mangels Rechtsträgerwechsel nicht der Grunderwerbsteuer. Dies ist zwischenzeitlich durch
Beschluß des BFH vom 4. 12. 1996[399] und durch die Finanzgerichte[400]
entschieden.[401] Die Finanzverwaltung folgt dieser Rechtsprechung.[402] Dies ist
sachgerecht (zur bisherigen Diskussion s. Vorauflage), weil der Formwechsel
handelsrechtlich keinen Vermögensübergang bewirkt (s. Rz. 31). Wegen der
grundsätzlichen Maßgeblichkeit des Zivilrechts für die Verkehrsteuern fehlt
mithin das Tatbestandsmerkmal des Eigentumsübergangs, auch wenn der
Formwechsel nach grunderwerbsteuerlichen Grundsätzen zu einer geänderten
Zuordnung des Grundbesitzes führen mag. Die steuerliche Behandlung des
Formwechsels als Vermögensübergang durch das UmwStG beschränkt sich
auf die Steuern vom Einkommen und Vermögen sowie auf die Gewerbesteuer.[403]

ee) **Besteuerung der (übernehmenden) Personengesellschaft und ih-**   335
rer Gesellschafter. Die für die Verschmelzung einer Kapitalgesellschaft auf
eine Personengesellschaft geltenden Besteuerungsgrundsätze gelten für den

---

[395] *Wochinger/Dötsch* DB 1994, Beilage Nr. 14, 31.
[396] Begr. UmwStrÄndGE, BT-Drs. 12/6885, 16.
[397] Im Ergebnis ebenso UmwStErl. 1998 Tz. 18.01.
[398] So das StEntlG 1999/2000/2002 (s. Fn. 18).
[399] BStBl. II 1997, 661.
[400] FG Münster v. 23. 7. 1997, EFG 1998, 227 (rkr.) mit Anm. *Courage* BB 1997, 2150; Nds. FG v. 30. 5. 1997, EFG 1997, 1004, rkr.; FG Köln v. 27. 9. 1996, EFG 1997, 252; rkr.; **aA** FG Münster v. 13. 6. 1996, DB 1996, 2212.
[401] Zur Folgefrage der steuerlichen Unbedenklichkeitsbescheinigung bei Grundbuchberichtigung s. LG Dresden v. 16. 7. 1998, DB 1998, 1807: Kein Erfordernis der Vorlage.
[402] FinMin. Bad.-Württemberg v. 18. 9. 1997, DB 1997, 2002, und koordinierte Ländererlasse, zB FinMin. Ba.-Württ. v. 19. 12. 1997, DB 1998, 166; FinMin. Bayern v. 12. 12. 1997, WPg 1998, 390.
[403] Allerdings spricht Begr. UmwBerGE, BT-Drs. 12/6885, 22 und 25, generell (aber wohl nur ungenau) davon, daß das „Steuerrecht" dem Handelsrecht in der Behandlung des Formwechsels nicht folgen könne, bzw. daß „steuerlich" von einem Rechtsträgerwechsel auszugehen sei.

Formwechsel von Kapitalgesellschaft entsprechend (§ 14 Satz 1 iVm. §§ 4–8, 10, 17 und 18 UmwStG). Auf die Erläuterungen in Rz. 367–407 kann daher verwiesen werden. Beim Formwechsel entfällt allerdings der Grundfall, daß Anteile der GmbH Betriebsvermögen der Personengesellschaft sind (s. Rz. 370–391); die steuerlichen Rechtsfolgen ergeben sich ausschließlich aus den Regelungen für sog. Sonderfälle in den §§ 5, 7 und 8 UmwStG (s. Rz. 392–407).

III. Verschmelzung[404] einer GmbH auf Rechtsträger anderer Rechtsformen

1. Überblick

336 **Handelsrecht:** Eine GmbH kann als übertragende Gesellschaft außer auf eine andere GmbH (eingehend dazu Rz. 465 ff.). auf die in Rz. 13 aufgeführten Rechtsträger anderer Rechtsform verschmolzen werden. Auch für diese Verschmelzungen gelten die Allgemeinen Vorschriften der §§ 2 bis 38 UmwG mit Regelungen für die Verschmelzung durch Aufnahme (§§ 4 bis 35 UmwG) und die Verschmelzung durch Neugründung (§§ 36 bis 38 UmwG) sowie ergänzend die Besonderen Vorschriften (§§ 39 bis 122 UmwG), die jeweils auf an der Verschmelzung beteiligte Rechtsträger einer bestimmten Rechtsform anzuwenden sind. Welche Rechtsträger im einzelnen miteinander verschmolzen werden können, ergibt sich aus dem Zusammenwirken der Definition der verschmelzungsfähigen Rechtsträger in § 3 UmwG und den Besonderen Vorschriften für die einzelnen Rechtsformen. Grundsätzlich kann die Verschmelzung sowohl unter Beteiligung von Rechtsträgern derselben Rechtsform als auch von Rechtsträgern unterschiedlicher Rechtsform (Mischverschmelzung) erfolgen (§ 3 Abs. 4 UmwG). Bei der Verschmelzung im Wege der Aufnahme können übertragender Rechtsträger ein oder mehrere Rechtsträger sein, bei der Verschmelzung im Wege der Neugründung müssen mindestens zwei übertragende Rechtsträger vorhanden sein. Aus der Vielzahl der demnach möglichen Kombinationen von Rechtsträgern für die Beteiligung an einer Verschmelzung werden im folgenden nur die derzeit wirtschaftlich bedeutsamsten Möglichkeiten von Mischverschmelzungen behandelt.

337 **Steuerrechtlich** gelten für Verschmelzungen, soweit Körperschaften (ua. GmbH) an ihnen als übertragenden Rechtsträger beteiligt sind, die §§ 1 bis 13 sowie 17 und 18 UmwStG (§ 1 Abs. 2 UmwStG). Hat der übernehmende Rechtsträger die Rechtsform eines Personenunternehmens (Personengesellschaft oder natürliche Person), so gelten speziell die §§ 3 bis 10, 17 und 18 UmwStG. Hat er die Rechtsform einer Körperschaft (s. § 1 Abs. 1 UmwStG), so gelten speziell die §§ 11 bis 13, 17 und 19 UmwStG.

---

[404] Einführende Hinweise: Zum Begriff der Verschmelzung s. Rz. 8 und 31; zum Wesen der Verschmelzung s. Rz. 31; zu den Möglichkeiten der Verschmelzung s. Rz. 13; zur steuerlichen Behandlung der Verschmelzung s. Rz. 6 und 42.

2. Verschmelzung GmbH auf AG durch Aufnahme

a) Überblick

Die Verschmelzung einer GmbH auf eine AG ist sowohl als Verschmelzung im Wege der Aufnahme als auch als Verschmelzung im Wege der Neugründung zulässig (§ 3 Abs. 1 Nr. 2 UmwG). Neben den Allgemeinen Vorschriften der §§ 2 bis 35 UmwG gelten von den Besonderen Vorschriften jeweils die nach Rechtsform der an der Verschmelzung beteiligten Gesellschaften einschlägigen Vorschriften, dh. die §§ 46 bis 55 UmwG für die übertragende GmbH und die §§ 60 bis 72 UmwG für die übernehmende oder neugegründete AG. Es kann daher weitgehend auf die Erläuterungen zur Verschmelzung mehrerer GmbH (s. Rz. 465 ff.) und zur Verschmelzung einer AG auf eine GmbH (s. Rz. 122 ff.) verwiesen werden. Ergänzend erläuterungsbedürftig sind nur diejenigen Voraussetzungen und Rechtsfolgen, die sich aus den für die übernehmende AG geltenden Besonderen Vorschriften ergeben: 338

b) Voraussetzungen und Durchführung 339

aa) Verschmelzungsvertrag s. Rz. 466–468

bb) Zuleitung von aa) an den Betriebsrat s. Rz. 469

cc) Rechnungslegung s. Rz. 470–490. Zur erforderlichen Zwischenbilanz der übernehmenden AG gilt Rz. 123 entsprechend.

dd) Verschmelzungsbericht s. Rz. 491 f.

ee) Bekanntmachung des Verschmelzungsvertrags s. Rz. 123; darin ist ggf. auf jj) (s. u.) hinzuweisen.

ff) Anwendung von Vorschriften über die Nachgründung (§ 67 UmwG iVm. § 52 Abs. 3, 4, 7 bis AktG), dh. insbesondere Nachgründungsbericht, Nachgründungsprüfung bei der übernehmenden AG, falls
– Abschluß des Verschmelzungsvertrags innerhalb der ersten zwei Jahre seit Eintragung der AG im Handelsregister abgeschlossen wird und
– Gesamtbetrag der zu gewährenden Aktien 10% des Grundkapitals übersteigt

gg) Gewährung von Aktien der übernehmenden AG s. §§ 68, 69 UmwG und Rz. 495–498. Soweit die AG ihr Kapital zur Durchführung der Verschmelzung erhöht, gelten für diese **Kapitalerhöhung gegen Sacheinlagen** gewisse **Erleichterungen**: Kapitalerhöhung trotz ausstehender Einlagen (Abweichung von § 182 Abs. 4, § 184 Abs. 2 AktG); Zeichnung der neuen Aktien entfällt (Abweichung von § 185 AktG); Bezugsrechtsausschluß für Aktionäre der übernehmenden Gesellschaft nicht erforderlich (Abweichung von §§ 186, 187 AktG); Erleichterung bei Anmeldung der Kapitalerhöhung im Handelsregister (Abweichung von § 188 Abs. 2 und Abs. 3 Nr. 1 AktG).

hh) Eine **Sachgründungsprüfung** ist nicht zwingend, sondern findet nur in folgenden Fallgruppen statt (§ 69 Abs. 1 Satz 1 Halbs. 2 UmwG):
– Übertragender Rechtsträger hat Rechtsform einer Personenhandelsgesellschaft oder eines rechtsfähigen Vereins.
– Aufstockung der Buchwerte in der Schlußbilanz des übertragenden Rechtsträgers verglichen mit seiner letzten Jahresbilanz

§ 14 340–342 Umwandlung

– Keine Buchwertfortführung der übernehmenden Gesellschaft nach § 24 UmwG (s. Rz. 483–485)
– Zweifel des Registergerichts an der Werthaltigkeit der Sacheinlage
  ii) Bestellung eines Treuhänders für die zu gewährenden Aktien oder baren Zuzahlungen durch die übertragende Gesellschaft (§ 71 UmwG)
  jj) Verschmelzungsbeschlüsse durch Gesellschafterversammlung und Hauptversammlung s. Rz. 498–501. Für die Hauptversammlung der übernehmenden AG gilt Rz. 123 entsprechend. Ergänzend dazu gilt für Konzernverschmelzungen folgende Erleichterung: Ein Verschmelzungsbeschluß der übernehmenden AG ist nicht erforderlich bei einer Beteiligung von mindestens 90% an der übertragenden GmbH, es sei denn, mindestens 5% der Aktionäre der übernehmenden Gesllschaft verlangen die Beschlußfassung.
  kk) Beschlußfassung über Kapitalerhöhung der übernehmenden AG s. Rz. 502
  ll) Eintragung der Kapitalerhöhung und Verschmelzung in das Handelsregister s. Rz. 503–509. Zur Kapitalerhöhung s. §§ 66 und 68 Abs. 2 UmwG
  mm) Ausgabe der zu gewährenden Aktien und baren Zuzahlungen durch den Treuhänder (s. Rz. 339).

340 **c) Handelsrechtliche Wirkungen** s. Rz. 510–518

341 **d) Steuerliche Rechtsfolgen** s. Rz. 525–580

3. Verschmelzung GmbH auf AG durch Neugründung

342 Die Verschmelzung einer GmbH und mindestens eines weiteren Rechtsträgers derselben oder unterschiedlicher Rechtsform auf eine AG ist auch durch deren Neugründung zulässig (§ 3 Abs. 1 Nr. 2 UmwG). Weitere Einzelheiten s. a. Rz. 338. Neben den Allgemeinen Vorschriften der §§ 36 bis 38 UmwG, die grds. auch auf die §§ 2 bis 35 UmwG verweisen, gelten von den Besonderen Vorschriften jeweils die nach Rechtsform der an der Verschmelzung beteiligten Gesellschaften, dh. die §§ 56 bis 59 UmwG für die übertragende GmbH und die §§ 73 bis 77 UmwG für die übernehmende AG, die jeweils auch auf die Besonderen Vorschriften über die Verschmelzung durch Aufnahme verweisen.

Es kann weitgehend auf die Erläuterungen zur Verschmelzung mehrerer GmbH durch Neugründung in Rz. 581, 582 verwiesen werden. Für die neu gegründete AG gelten die in Rz. 339 erläuterten §§ 60 bis 72 UmwG bis auf die Vorschriften zur Kapitalerhöhung entsprechend (§ 73 UmwG). Ergänzend gilt für die neugegründete AG nach §§ 74 bis 77 UmwG:
(1) Ein Gründungsbericht und eine Gründungsprüfung sind nicht erforderlich, soweit eine Kapitalgesellschaft übertragender Rechtsträger ist (§ 75 UmwG).
(2) Bestellung des ersten Aufsichtrats (§ 76 Abs. 2 UmwG)
(3) Bekanntmachung der Eintragung der AG erstreckt sich auch auf die Ausgestaltung der gewährten Aktien (§ 77 UmwG).

Die steuerlichen Rechtsfolgen ergeben sich aus Rz. 525–580.

C. Der Weg aus der GmbH

(frei) 343–349

4. Verschmelzung GmbH auf OHG oder KG durch Aufnahme

a) Überblick

Die Verschmelzung einer GmbH auf eine Personengesellschaft ist sowohl als Verschmelzung im Wege der Aufnahme als auch als Verschmelzung im Wege der Neugründung zulässig (§ 3 Abs. 1 Nr. 1 und 2 UmwG). Zu den verschmelzungsfähigen Personenhandelsgesellschaften gehören die OHG und die KG (§ 3 Abs. 1 Nr. 1 UmwG), letztere auch als Kapitalgesellschaft & Co.KG (insbesondere also die GmbH & Co. KG), nicht dagegen die Gesellschaft bürgerlichen Rechts.[405] Das früher geltende Verbot verschmelzender Umwandlungen von Kapitalgesellschaften in Personengesellschaften, an der eine Kapitalgesellschaft beteiligt ist, dh. insbesondere GmbH in GmbH & Co.KG (§ 1 Abs. 2 Satz 1 UmwG 1969), ist aufgehoben worden, ua. weil es in der Praxis leicht umgangen werden konnte und sich deshalb als wirkungslos erwiesen hat.[406] Neben den Allgemeinen Vorschriften der §§ 2 bis 35 UmwG gelten von den Besonderen Vorschriften jeweils die nach Rechsform der an der Verschmelzung beteiligten Gesellschaften einschlägigen Vorschriften, dh. die §§ 46 bis 55 UmwG für die übertragende GmbH und die §§ 39 bis 45 UmwG für die übernehmende Personenhandelsgesellschaft. Es kann daher handelsrechtlich weitgehend auf die Erläuterungen zur Verschmelzung mehrerer GmbH (s. Rz. 465 ff.) und zur Verschmelzung einer Personenhandelsgesellschaft auf eine GmbH (s. Rz. 130 ff.) verwiesen werden. Ergänzend erläuterungsbedürftig sind insoweit nur diejenigen Voraussetzungen und Rechtsfolgen, die sich aus den für die übernehmende oder neu gegründete Personenhandelsgesellschaft geltenden Besonderen Vorschriften ergeben. Die steuerlichen Rechtsfolgen ergeben sich aus den §§ 3 bis 10, 17 und 18 UmwStG.

b) Voraussetzungen und Durchführung

aa) Verschmelzungsvertrag s. Rz. 466–468. Ergänzend sind in dem Verschmelzungsvertrag folgende Bestimmungen erforderlich (§ 40 UmwG):
– Künftige Stellung der bisher nicht persönlich haftenden GmbH-Gesellschafter als persönlich haftende Gesellschafter (mit deren Zustimmung vertraglich vereinbar) oder als Kommanditisten
– Festsetzung des Betrags der Einlage jedes Gesellschafters
  bb) Zuleitung von aa) an Betriebsrat (s. Rz. 469)
  cc) Rechnungslegung: s. Rz. 470–490.
Auch für die Verschmelzung einer Kapitalgesellschaft auf eine Personengesellschaft ist str., ob die handelsrechtliche Schlußbilanz (§ 17 Abs. 2 UmwG) für die Bewertung in der steuerrechtlichen Schlußbilanz der übertragenden Gesellschaft maßgeblich ist (§ 5 Abs. 1 EStG)[407] und damit das in § 3

---

[405] Begr. UmwBerGE, BT-Drs. 12/6699, 97.
[406] Begr. UmwBerGE, BT-Drs. 12/6699, 98.
[407] UmwStErl. 1998 Tz. 03.01 (Einzelheiten zur entsprechenden Tz. 11.01 s. Rz. 476).

UmwStG eingeräumte steuerliche Bewertungswahlrecht (Buchwert, Teilwert oder Zwischenwert) weitgehend leer läuft oder ob es unabhängig von der Bewertung in der handelsrechtlichen Schlußbilanz ausgeübt werden kann.[408] Die Regelung in § 3 Satz 2 UmwStG ist inhaltlich derart mißlungen, daß sie zur Klärung dieser Streitfrage nichts beitragen kann.[409]

Zur Rechnungslegung der *übernehmenden Personenhandelsgesellschaft* gilt Rz. 131 entsprechend. Ihre Steuerbilanz, die den Vermögensübergang ausweist (s. Rz. 486–490), ist eine Gesamtbilanz, die sich zusammensetzt aus (s. a. Rz. 99):
– Steuerbilanz der Gesellschaft
– Ergänzungsbilanz einzelner Mitunternehmer
– Sonderbilanzen einzelner Mitunternehmer.

Bei der übernehmenden Personenhandelsgesellschaft ist – anders als bei einer übernehmenden Kapitalgesellschaft – eine erfolgsneutrale Wertaufstockung der übergegangenen Wirtschaftsgüter in der Steuerbilanz der Personenhandelsgesellschaft einschließlich der Ergänzungsbilanzen für ihre Gesellschafter vorzunehmen, sofern die Voraussetzung des § 4 insbes. Abs. 6 UmwStG dafür vorliegen (s. Rz. 376–379). Nach Auffassung der FinVerw.[410] galt diese Wertaufstockung aber bisher schon nur für die Einkommen-/Körperschaftsteuer und nicht für die Gewerbesteuer, für die eine eigene Gewinnermittlung vorgenommen werden sollte; dies ist mit dem StEntlG 1999/2000/2002 (s. Rz. 6) durch eine entsprechende Neufassung des § 18 Abs. 2 UmwStG „klargestellt" worden. Die außerdem von der FinVerw.[411] verlangte erfolgswirksame Wertaufstockung bei einer Bewertung in der Handelsbilanz nach dem Anschaffungskostenprinzip (§ 24 UmwG), die die Wertansätze in der steuerlichen Schlußbilanz übersteigt, ist nachrangig und hat deswegen bei übernehmenden Personengesellschaften für die Einkommensteuer/Körperschaftsteuer nur insoweit Bedeutung, als es nicht zu einer vorrangigen Wertaufstockung nach § 4 Abs. 6 UmwStG kommt. Für die Gewerbesteuer besteht eine Einschränkung nach Auffassung der FinVerw. nicht; deswegen entsteht die Frage, ob der gewerbesteuerpflichtige Aufstockungsbetrag gleichwohl auf den Betrag beschränkt ist, der einkommensteuer- oder körperschaftsteuerpflichtig wird.[412]

dd) Verschmelzungsbericht s. Rz. 491 f. und 131

ee) Verschmelzungsprüfung s. Rz. 493 f. und 131

ff) Einräumung von Gesellschaftsanteilen und Kapitalanteilen an der Personenhandelsgesellschaft für die Gesellschafter der übertragenden GmbH. Ist die übernehmende Personenhandelsgesellschaft an der übertragenden GmbH beteiligt, so können insoweit keine Gesellschaftsanteile entstehen, weil das Recht der Personengesellschaften keine eigenen Anteile kennt.[413]

---

[408] So die hM im Schrifttum (Nachweise s. Rz. 476).
[409] Einzelheiten dazu bei *Widmann* in FS Beisse (1997), 571 (574 f.).
[410] UmwStErl. 1998 Tz. 18.02.
[411] UmwStErl. 1998 Tz. 03.02 (entsprechend Tz. 11.02; dazu s. Rz. 487 f.).
[412] So offenbar *Dötsch* ua. DB 1998 Beilage 7, 7; zu weiteren Zweifelsfragen s. *Rödder* DB 1998, 998 (999).
[413] *Baumbach/Hopt* HGB § 105 Anm. 30.

gg) Verschmelzungsbeschlüsse durch die Gesellschafterversammlungen s. Rz. 498–501. Für die Gesellschafterversammlung der übernehmende Personengesellschaft gilt im übrigen Rz. 131 entsprechend. Zustimmung der Gesellschafter ist erforderlich, die die Stellung eines persönlich haftenden Gesellschafters übernehmen sollen (§ 40 Abs. 2 Satz 2 UmwG).

hh) Eintragung der Verschmelzung in das Handelsregister s. Rz. 503–509.

c) Handelsrechtliche Wirkungen 354

s. Rz. 510–518. Einem Gesellschafter der übernehmenden Personengesellschaft, der bislang für deren Verbindlichkeiten persönlich unbeschränkt haftet, ist die Stellung eines Kommanditisten zu gewähren, sofern er bei einer Mehrheitsentscheidung (s. Rz. 131gg) der Verschmelzung widerspricht.

d) Steuerliche Rechtsfolgen

aa) Anwendbare Vorschriften und Terminologie. Für die Verschmelzung einer GmbH auf eine Personenhandelsgesellschaft gelten aus dem grds. anwendbaren 2., 3. sowie 6. und 7. Teil des UmwStG (§ 1 Abs. 2 UmwStG) §§ 3 bis 10, 17 und 18 UmwStG (soweit Parallelen zur Verschmelzung von Kapitalgesellschaften bestehen, kann auf die Erläuterungen in Rz. 465 ff. verwiesen werden). 355

Deren Terminologie weicht weniger stark von der handelsrechtlichen Terminologie der §§ 2 ff. UmwG ab, als dies zB beim Formwechsel oder der Einbringung der Fall ist (s. dazu Rz. 196, 330): Die „übertragende" und „übernehmende Gesellschaft" werden als „übertragende Körperschaft" und als „übernehmende Personengesellschaft" (nicht Personenhandelsgesellschaft; s. Rz. 350) bezeichnet, die Verschmelzung selbst als „Vermögensübergang von einer Körperschaft auf eine Personengesellschaft". Die übertragende Gesellschaft hat eine „steuerliche Schlußbilanz" aufzustellen. Als „Übernahmegewinn" oder „Übernahmeverlust" wird der sich aus der Steuerbilanz der übernehmenden Personengesellschaft ergebende Gewinn oder Verlust aufgrund der Verschmelzung bezeichnet.

bb) Bewertungswahlrecht der übertragenden Gesellschaft – Voraussetzungen und Bedeutung. Die übertragende Kapitalgesellschaft hat das (nach Auffassung der FinVerw. eingeschränkte) **Wahlrecht**, die Wirtschaftsgüter des übergehenden Vermögens in ihrer steuerlichen Schlußbilanz (s. Rz. 352, 476 ff.) mit ihren **Buchwerten** oder **Teilwerten** oder **Zwischenwerten** anzusetzen (§ 3 UmwStG). Da der Wert, mit dem die übertragende Kapitalgesellschaft das übergehende Vermögen ansetzt, auch der Wert ist, mit dem die übernehmende Personengesellschaft dieses Vermögen zu übernehmen hat (§ 4 Abs. 1 UmwStG), ist er nicht nur für die Entstehung eines steuerpflichtigen Übertragungsgewinns der übertragenden Kapitalgesellschaft (s. Rz. 362 ff.), sondern auch für einen Übernahmegewinn/-verlust der übernehmenden Personengesellschaft (s. Rz. 367 ff.), der von ihren Mitunternehmern bzw. Gesellschaftern zu versteuern ist, sowie für künftige Veräußerungsgewinne und Abschreibungen (s. Rz. 388 ff.) maßgebend. 356

Neues Besteuerungskonzept: Dieses Bewertungswahlrecht ist mit dem UmwStG 1995 eingeführt worden. Aufgegeben wurde der nach dem UmwStG 1977 geltende Zwang zur Aufdeckung der stillen Reserven in dem 357 übergehenden Vermögen („steuerliche Einbahnstraße in die Kapitalgesellschaft"). Steuerpflichtig bleiben stille Reserven in der *untergehenden Beteiligung* an der Kapitalgesellschaft bis zu dem Wert, mit dem das übergehende Vermögen von der Personengesellschaft angesetzt wird. Die Gesetzesmaterialien sprechen deswegen davon, die Steuerpflicht erfasse „im Regelfall nur die im übertragenen Vermögen enthaltenen offenen Reserven",[414] soweit sie nicht bereits anläßlich des Anteilserwerbs „bezahlt" worden sind.[415] In Höhe der darüber hinausgehenden stillen Reserven in dem übergehenden Vermögen und den Anteilen gewährt die Neuregelung einen *Besteuerungsaufschub* bis zur späteren Verwirklichung eines Gewinnrealisierungstatbestandes. Da die von der Kapitalgesellschaft entrichtete Körperschaftsteuer-Tarifbelastung grds. auf den steuerpflichtigen Übernahmegewinn anzurechnen ist, wird dieses Besteuerungskonzept auch als eine Kombination aus Elementen der steuerneutralen Verschmelzung von Kapitalgesellschaften und der Liquidationsbesteuerung bezeichnet, in dem außerdem noch ein Übernahmeverlust steuerwirksam wird.[416]

358 **Anwendungsbereich** des Wahlrechts (Voraussetzungen; s. a. Rz. 527–531):
— Verschmelzung iSd. § 2 UmwG (§ 1 Abs. 2 UmwStG)
— Körperschaft iSd. § 1 Abs. 1 Satz 1 UmwStG als übertragende Gesellschaft
— Unbeschränkte Körperschaftsteuerpflicht der übertragenden Körperschaft (§ 1 Abs. 5 UmwStG)
— Vermögen der übertragenden Körperschaft wird Betriebsvermögen der übernehmenden Personengesellschaft (§ 3 UmwStG), die ihren Sitz im Inland haben muß (§ 1 Abs. 2 UmwStG iVm. § 1 Abs. 1 UmwG). Durch die Zugehörigkeit zum Betriebsvermögen soll die spätere Besteuerung der stillen Reserven bei den Gesellschaftern sichergestellt sein,[417] ohne daß dies – abweichend von § 11 Abs. 1 UmwStG – ausdrücklich Tatbestandsvoraussetzung des § 3 UmwStG ist (s. a. Rz. 530).[418] Steuerlich gehört zum Betriebsvermögen neben dem Vermögen eines Gewerbebetriebes auch das eines land- und forstwirtschaftlichen Betriebs oder das der selbständigen Arbeit dienende Vermögen. Einschränkungen der daraus resultierenden Gestaltungsmöglichkeiten ergeben sich aber aus dem handelsrechtlichen Erfordernis einer Personenhandelsgesellschaft (s. Rz. 350), deren Zweck auf den Betrieb eines Handelsgewerbes gerichtet sein muß (§§ 105, 161 HGB). Die Ansässigkeit der Gesellschafter der übernehmenden Personengesellschaft im Inland oder Ausland ist für das Bewertungswahlrecht der übertragenden Kapitalgesellschaft unerheblich. Sie hat nur Bedeutung für die Besteuerung der Gesellschafter selbst (s. Rdnr 367 ff.).
— Beibehaltung des Buchwertes durch die übertragende Kapitalgesellschaft soll auch dann zulässig sein, wenn das eingebrachte Betriebsvermögen nach handelsrechtlichen Vorschriften mit einem höheren Wert angesetzt werden

---

[414] Begr. UmwStRÄndGE, BT-Drs. 12/6885, 17; s. a. *Krebs* in IDW (Hrsg.), Reform des UmwR, 241 (246), sowie BB 1994, 2115 (2117).
[415] Kritisch zu dieser Interpretation des Besteuerungsgegenstands („„verwendbares Eigenkapital" statt „stille Reserven in den Anteilen") *Hügel* DStJG 17 (1994), 69 (96).
[416] *Hügel* DStJG 17 (1994), 69 (94 ff., 128 ff.).
[417] Begr. UmwStRÄndGE, BT-Drs. 12/6885, 16.
[418] Siehe aber auch UmwStErl. 1998 Tz. 03.04.

C. Der Weg aus der GmbH 359–361 § 14

muß (§ 3 Satz 2 UmwStG).[419] Sinn und Zweck dieser Regelung ist völlig unklar.[420]

Wahlrechtsausschluß: Sofern das übergehende Vermögen nicht Betriebsvermögen der übernehmenden Personengesellschaft wird (zB Verschmelzung einer vermögensverwaltenden GmbH auf eine Personengesellschaft, die ebenfalls keinen Gewerbebetrieb unterhält), so sind die Wirtschaftsgüter in der steuerlichen Schlußbilanz der übertragenden Kapitalgesellschaft mit dem gemeinen Wert anzusetzen (§ 16 Abs. 3 Satz 3 EStG).[421] 359

Zu den für die **Ausübung des Wahlrechts** maßgeblichen Gesichtspunkten s. Rz. 533 f. Im Regelfall ist ein Antrag auf Buchwertfortführung zweckmäßig, weil ein Übertragungsgewinn körperschaft- und gewerbesteuerpflichtig ist. Im Einzelfall kann der Ansatz der übergehenden Wirtschaftsgüter mit einem über dem Buchwert liegenden Wert (Teilwert oder Zwischenwert) vorteilhafter sein, sofern die übertragende Kapitalgesellschaft noch körperschaftsteuerliche und gewerbesteuerliche Verlustvorträge hat, da ein verbleibender Verlustabzug iSd. § 10 d Abs. 3 Satz 2 EStG und vortragsfähige Fehlbeträge iSd. § 10 a GewStG durch die Verschmelzung nicht auf die übernehmende Personengesellschaft übergehen (§ 4 Abs. 2 Satz 2, § 18 Abs. 1 Satz 2 UmwStG).[422] Angesichts oftmals betragsmäßiger divergierender körperschaftsteuerlicher und gewerbesteuerlicher Verlustvorträge ist alternativ zu prüfen, ob nicht vergleichbare Auswirkungen durch eine Aufstockung nach § 4 Abs. 6 UmwStG erreicht werden können[423] (s. Rz. 376). 360

cc) Steuerliche Rückwirkung. Das Einkommen, das Vermögen sowie die Besteuerungsgrundlagen bei der Gewerbesteuer sind für die übertragende GmbH sowie für die Übernehmerin bzw. ihre Gesellschafter so zu ermitteln, als ob das Vermögen der GmbH mit Ablauf des Stichtags der Bilanz, die dem Vermögensübergang zugrundeliegt (steuerlicher Übertragungsstichtag) auf die Übernehmerin bzw. ihre Gesellschafter übergegangen und die GmbH gleichzeitig aufgelöst worden wäre (§ 2 Abs. 1 UmwStG). Bilanz iS dieser Regelung ist die Schlußbilanz der GmbH (s. Rz. 352, 474). Die Differenzierung zwischen Übernehmerin und Gesellschaftern nach § 2 Abs. 2 UmwStG ist bei Personengesellschaften deswegen erforderlich, weil Personengesellschaften nur Gegenstand der Gewerbesteuer sind, während Einkommen- und Vermögensteuer auf der Ebene ihrer Gesellschafter entstehen. Wegen weiterer Einzelheiten s. Rz. 535 f. 361

Die Rückwirkungsfiktion des § 2 Abs. 1 UmwStG gilt nach Auffassung der FinVerw.[424] aber nicht für im Rückwirkungszeitraum ganz oder teilweise ausscheidende oder abgefundene Gesellschafter der Kapitalgesellschaft (s. Rz. 354 iVm. 513 ff.); diese Billigkeitsregelung sollte auch für Barabfindungen gelten, die erst im Spruchverfahren vom Gericht festgesetzt werden;[425]

---

[419] Stellungn. BRat und Gegenäuß. BReg. zum UmwBerGE, BT-Drs. 12/7263, 4 f. und 11.
[420] *Widmann* in FS Beisse(1997), 571 (574 f.).
[421] Begr. UmwStRÄndGE, BT-Drs. 12/6885, 16; UmwStErl. 1998 Tz. 03.04 und 03.08.
[422] Begr. UmwStRÄndGE, BT-Drs. 12/6885, 16.
[423] Weitere Einzelheiten dazu bei *Blumers/Marquardt* DStR 1994, 1869 (1871 f.).
[424] UmwStErl. 1998 Tz. 05.02 f. iVm. Tz. 02.09 f.
[425] *Thiel ua.* GmbHR 1998, 397 (414).

362 **dd) Schlußbesteuerung der übertragenden GmbH.** Die übertragende Kapitalgesellschaft hat grds. das **Wahlrecht**, auf die *Aufdeckung* der in dem übergehenden Vermögen enthaltenen *stillen Reserven* in ihrer steuerlichen Schlußbilanz (s. Rz. 352, 476 ff.) zu *verzichten*, sofern das Vermögen Betriebsvermögen der übernehmenden Personengesellschaft wird (§ 3 UmwStG), s. dazu Rz. 358. Zu den für die Ausübung des Bewertungswahlrechts maßgebenden Gesichtspunkten s. Rz. 360.

363 (1) **Aufdeckung der stillen Reserven**: Wird von dem Bewertungswahlrecht nicht zugunsten der Buchwertfortführung Gebrauch gemacht, so ist die übertragende Kapitalgesellschaft mit dem *Übertragungsgewinn körperschaftsteuer-* und *gewerbesteuerpflichtig*. Letzteres insoweit nicht, als der Übertragungsgewinn auf die Beteiligung an einer Personengesellschaft entfällt.[426] Weitere Einzelheiten dazu s. Rz. 538 f.

364 Körperschaftsteuerliche und gewerbesteuerliche Verlustvorträge der übertragenden Kapitalgesellschaft sind von einem steuerpflichtigen Übertragungsgewinn abzuziehen (§ 10 d Abs. 2 EStG; § 10 a GewStG); s. a. Rz. 360. Bis zum steuerlichen Übertragungsstichtag (s. Rz. 361) nicht verrechnete Verluste gehen – anders als bei der Verschmelzung von Kapitalgesellschaften (s. Rz. 545, 572 ff.) – nicht auf die übernehmende Personengesellschaft oder ihre Gesellschafter über (s. Rz. 387).

365 Der Wortlaut des § 3 UmwStG läßt die Auslegung zu, daß auch *selbstgeschaffene immaterielle Wirtschaftsgüter* einschließlich eines *Firmenwerts* in der steuerlichen Schlußbilanz der übertragenden Kapitalgesellschaft mit ihrem Teilwert angesetzt werden dürfen.[427] Dies deswegen, weil die Vorschrift nur regelt, mit welchen Werten die Wirtschaftsgüter anzusetzen sind, dh. als Bewertungsvorschrift ausgestaltet ist, und auch im Zusammenhang mit dem Buchwertansatz lediglich hinsichtlich des Wertes auf die „steuerlichen Vorschriften über die Gewinnermittlung" Bezug nimmt. Demgegenüber war die Vorgängervorschrift des § 3 UmwStG 1977 deutlicher als Ansatzvorschrift ausgestaltet[428] („... nach den steuerlichen Vorschriften über die Gewinnermittlung auszuweisende Wirtschaftsgüter") und berechtigte deswegen zur Anwendung der Bilanzierungsverbote (§ 248 HGB; § 5 Abs. 2 EStG).[429]

(2) **Zwischenwertansatz** s. Rz. 550

(3) **Buchwertfortführung** s. Rz. 551

366 (4) **Eigenkapitalgliederung**: Zum steuerlichen Übertragungsstichtag (s. Rz. 361) ist das verwendbare Eigenkapital der GmbH letztmals gesondert festzustellen (§ 47 KStG). Diese gesonderte Feststellung hat Bindungswirkung für die bei der Einkommensermittlung (§ 4 Abs. 5 UmwStG) und Steueranrechnung (§ 10 UmwStG) zu berücksichtigende Körperschaft-

---

[426] BFH v. 28. 2. 1990, BStBl. II 1990, 699.
[427] Anders aber UmwStErl. 1998 Tz. 03.03 und 03.07.
[428] Zur unterschiedlichen Bedeutung von Ansatz- und Bewertungsvorschriften s. ADS § 246 HGB Anm. 6.
[429] BMF-Schreiben v. 15. 4. 1986, BStBl. I 1986, 164, Tz. 8.

steuer, die auf den belasteten Teilbeträgen des verwendbaren Eigenkapitals ruht.[430]

(5) **Umsatzsteuerbefreiung** (§ 1 Abs. 1 a UStG) s. Rz. 553 iVm. Rz. 46 a

(6) **Grunderwerbsteuerpflicht** (§ 1 Abs. 1 Nr. 3 GrEStG) s. Rz. 554 iVm. Rz. 46

ee) Besteuerung der übernehmenden Personengesellschaft und ihrer Gesellschafter. Überblick: Durch die Verschmelzung werden sämtliche Gesellschafter der GmbH Gesellschafter der übernehmenden Personengesellschaft; von ihren Minderheitenrechten (s. Rz. 354 iVm. Rz. 513 ff.) Gebrauch machende und deswegen ausscheidende oder abgefundene Gesellschafter werden steuerlich aber so behandelt, als ob diese auch steuerlich noch während ihrer Zugehörigkeit zu der Kapitalgesellschaft geschehen sei (s. Rz. 361). Für die Besteuerung der übernehmenden Personengesellschaft und ihrer Gesellschafter sind nach den §§ 4 bis 10, 18 UmwStG **6 Fallgruppen** zu unterscheiden:

– Anteile an der GmbH waren Betriebsvermögen der übernehmenden Personengesellschaft, und das Vermögen der GmbH geht über in Betriebsvermögen der übernehmenden Personengesellschaft (Grundfall – Fallgruppe 1; s. Rz. 370 ff.).
– Vermögen der übernehmenden Personengesellschaft wird kein Betriebsvermögen (Fallgruppe 2; s. Rz. 392 ff.).
– Anteile an der GmbH waren inländisches Betriebsvermögen eines Gesellschafters der übernehmenden Personengesellschaft (Fallgruppe 3; s. Rz. 395 ff.).
– Anteile an der GmbH waren eine wesentliche Beteiligung iSd. § 17 EStG und gehörten nicht zu einem Betriebsvermögen eines unbeschränkt steuerpflichtigen Gesellschafters der übernehmenden Personengesellschaft (Fallgruppe 4; s. Rz. 398 ff.).
– Anteile an der GmbH waren einbringungsgeborene Anteile iSd. § 21 UmwStG (Fallgruppe 5; s. Rz. 403).
– Anteile an der GmbH gehörten zum Privatvermögen eines Gesellschafters der übernehmenden Personengesellschaft, ohne zugleich Anteile iSd. § 17 EStG oder einbringungsgeborene Anteile iSd. § 21 UmwStG zu sein (Fallgruppe 6; s. Rz. 404 ff.).

Maßgebender Stichtag für die Fallgruppenzugehörigkeit ist grds. der steuerliche Übertragungsstichtag (s. Rz. 361) (§ 5 Abs. 2 bis 4 UmwStG). In die Fallgruppe (1) werden auch Anteile einbezogen, die nach diesem Stichtag angeschafft worden sind oder für die eine Barabfindung gezahlt worden ist (§ 5 Abs. 1 UmwStG).[431] Für die Fallgruppe (6) ist der Zeitpunkt des Vermögensübergangs (s. Rz. 510) maßgebend (§ 7 UmwStG).

Die *Besteuerung* findet nur für die Gewerbesteuer auf der Ebene der Personengesellschaft statt (s. Rz. 361). Für die Steuern vom Einkommen findet die *Gewinnermittlung* in den Fallgruppen (1) und (3) bis (5) auf der Ebene der Personengesellschaft[432] und die Besteuerung auf der Ebene der Gesellschafter der Personengesellschaft statt.

---

[430] UmwStErl. 1998 Tz. 10.05.
[431] UmwStErl. 1998 Tz. 05.01 ff.
[432] Zur einheitlichen und gesonderten Feststellung s. UmwStErl. 1998 Tz. 04.15.

(1) Vermögensumschichtung im Betriebsvermögen der Personengesellschaft

370 Als **Grundfall** regelt das UmwStG den Sachverhalt, daß sich die Anteile an der übertragenden GmbH im Betriebsvermögen der übernehmenden Personengesellschaft (§ 4 UmwStG) befinden und das übergehende Vermögen der GmbH Betriebsvermögen dieser Personengesellschaft wird (Fallgruppe 1; s. Rz. 367). Die Rechtsfolgen des Grundfalls gelten deswegen auch für die **Sonderfälle** der Fallgruppen (3) bis (5) (s. Rz. 367), weil diese Anteile als an dem steuerlichen Übertragungsstichtag in das Betriebsvermögen der übernehmenden Personengesellschaft eingelegt gelten (§ 5 Abs. 2 bis 4 UmwStG).

371 (a) **Übernahmegewinn/Übernahmeverlust**: Durch die Vermögensumschichtung ergibt sich bei der übernehmenden Personengesellschaft idR ein Übernahmegewinn oder -verlust als Unterschiedsbetrag zwischen dem *Buchwert der Anteile* an der übertragenden GmbH und dem Wert, mit dem die *übergegangenen Wirtschaftsgüter* zu übernehmen sind (§ 4 Abs. 4 Satz 1 UmwStG).[433] Dieses Übernahmeergebnis soll grds. personenbezogen, dh. jeweils für den einzelnen Gesellschafter ermittelt werden.[434] Der Buchwert ist der Wert, mit dem die Anteile nach den steuerrechtlichen Vorschriften über die Gewinnermittlung in einer für den steuerlichen Übertragungsstichtag aufzustellenden Steuerbilanz (s. Rz. 476 ff.) anzusetzen sind oder anzusetzen wären (§ 4 Abs. 4 Satz 2 UmwStG). Zum Sonderfall der Buchwertaufstockung bei Abfindung ausscheidender Gesellschafter s. § 5 Abs. 1 UmwStG.[435] Diesem Buchwert der Anteile sind die Wirtschaftsgüter mit den Werten gegenüberzustellen, die die übernehmende Personengesellschaft aus der steuerlichen Schlußbilanz der übertragenden GmbH zu übernehmen hat (§ 4 Abs. 1 UmwStG).[436] Je nach Ausübung des Bewertungswahlrechts durch die übertragende GmbH sind dies Buchwerte, Zwischenwerte oder Teilwerte des übergehenden Vermögens (s. Rz. 356–360, 362–366). Für Zwecke der Ermittlung des Übernahmeergebnisses ist das übergehende Vermögen mindestens mit dem Wert Null zu bewerten; ein negativer Wert bleibt unberücksichtigt (§ 4 Abs. 5 Satz 1 UmwStG nF).[437]

372 Diese *Bindungswirkung* der steuerlichen Schlußbilanz der übertragenden GmbH für die Steuerbilanz der übernehmenden Personengesellschaft (§ 4 Abs. 1 UmwStG) durchbricht die Maßgeblichkeit der Handelsbilanz der übernehmenden Personengesellschaft für deren Steuerbilanz, so daß die Bewertung in der Steuerbilanz der übernehmenden Personengesellschaft von der Ausübung des Bewertungswahlrechts in der Handelsbilanz (§ 24 UmwG) unabhängig ist (s. Rz. 486); s. aber zur Folgebilanz Rz. 352.

---

[433] Zur Behandlung der Kosten des Vermögensübergangs s. UmwStErl. 1998 Tz. 03.13; *Orth* GmbHR 1998, 511.
[434] UmwStErl. 1998 Tz. 04.14.
[435] Zu deren Behandlung in der Handelsbilanz der Personengesellschaft s. HFA-Stellungnahme 2/1993 „Zur Bilanzierung bei Personenhandelsgesellschaften", WPg. 1994, 22 (Teil C).
[436] Einzelheiten dazu s. UmwStErl. 1998 Tz. 03.03 ff.
[437] Zum vorherigen Ausgleich durch eine Einlage s. *Dötsch ua.* DB 1998 Beilage 7, 13 f.; *Thiel ua.* GmbHR 1998, 397 (410).

C. Der Weg aus der GmbH

Bei der Ermittlung des Übernahmegewinns oder des Übernahmeverlustes 373
bleibt der Wert der übergegangenen Wirtschaftsgüter außer Ansatz, soweit er
auf *Anteile* an der übertragenden GmbH entfällt, die am steuerlichen Übertragungsstichtag *nicht zum Betriebsvermögen* der übernehmenden Personengesellschaft gehören (§ 4 Abs. 4 Satz 3 UmwStG). Diese Korrektur ist für Anteile im
Privatvermögen der Gesellschafter der Personengesellschaft von Bedeutung,
die keine Anteile iSd. § 17 EStG und keine einbringungsgeborenen Anteile
iSd. § 21 UmwStG sind (Fallgruppe 6; s. Rz. 367). Die Anteile in den Fallgruppen (3) bis (5) (s. Rz. 367) gelten als in das Betriebsvermögen der Personengesellschaft eingelegt (§ 5 Abs. 2 bis 4 UmwStG), soweit keine Ausnahme
von dieser Fiktion gilt (§ 5 Abs. 2 Satz 2 UmwStG). Für Anteile der Fallgruppe
(2) (s. Rz. 367) kann eine anteilige Korrektur nicht in Betracht kommen.

(b) **Hinzurechnungen**: Für die Besteuerung der Übernehmerin sind dem
Übernahmegewinn oder -verlust außerbilanziell ggf. zwei weitere Besteuerungsgrundlagen hinzuzurechnen, soweit die Anteile an der übertragenden
GmbH am steuerlichen Übertragungsstichtag zum Betriebsvermögen gehören
(s. dazu Rz. 373; § 4 Abs. 5 UmwStG).[438]

(aa) **Körperschaftsteuer-Anrechnungsguthaben**: Die auf die Steuern 374
von Einkommen der Gesellschafter der übernehmenden Personengesellschaft
anzurechnende Körperschaftsteuer (§ 10 UmwStG; s. Rz. 383) ist bei der
Ermittlung der Bemessungsgrundlage hinzuzurechnen (Parallele zu § 20
Abs. 1 Nr. 3 EStG). Dies erfolgt (allerdings) ohne vorheriges Herstellen der
Ausschüttungsbelastung bei der übertragenden GmbH; angerechnet wird die
sog. Tarifbelastung (Thesaurierungsbelastung). Die anzurechnende Körperschaftsteuer wird unmittelbar aus den mit Körperschaftsteuer belasteten Teilbeträgen des verwendbaren Eigenkapitals (s. Rz. 366) abgeleitet, indem zB
auf das EK 45 der Faktor $^{45}/_{55}$ und auf das EK 30 der Faktor $^{30}/_{70}$ angewandt
wird.[439] Unterbleibt bei den Anteilseignern die Körperschaftsteuer-Anrechnung (§ 10 Abs. 2 UmwStG; s. Rz. 383), so unterbleibt auch die vorherige
Gewinnerhöhung nach § 4 Abs. 5 UmwStG.

(bb) **Sperrbetrag iSd. § 50 c EStG**:[440] Der Unterschiedsbetrag zwischen 375
den Anschaffungskosten der GmbH-Anteile (abzüglich miterworbener EK
04-Bestand[441]) und deren Nennbetrag in folgenden zwei Fallgruppen ist dem
Gewinn in der Höhe hinzuzurechnen, wie er als Gewinnminderung bei einer
Einkommensermittlung zum steuerlichen Übertragungsstichtag nach § 50 c
EStG nicht zu berücksichtigen wäre:
- Erwerb von einem nichtanrechnungsberechtigten Anteilseigner (§ 50 c Abs.
 1–10 EStG)[442]
- Erwerb von einem anrechnungsberechtigten Anteilseigner, sofern die Veräußerung für den Rechtsvorgänger nicht steuerpflichtig war oder sofern

---

[438] UmwStErl. 1998 Tz. 04.13.
[439] Zur Einbeziehung eines negativen Teilbetrags in die Berechnung der anzurechnenden KSt s. BFH v. 22. 11. 1995, BStBl. II 1996, 390; UmwStErl. 1998 Tz. 10.01 ff.
[440] Einzelheiten dazu s. UmwStErl. 1998 Tz. 04.21.
[441] BMF-Schr. v. 6. 6. 1991, DB 1991, 1354.
[442] *Füger/Rieger* DStR 1997, 1427; *Widmann* FS Haas (1996), 421; *Widmann/Mayer* Kurzkomm. UmwStG 1995, Rz. S. 388; *A. Schulz* DStR 1998 Beilage Heft 17, 15.

eine Veräußerung anstelle der unentgeltlichen Übertragung oder Einlage nicht steuerpflichtig gewesen wäre (§ 50 c Abs. 11 EStG nF).[443]

376 (c) **Ausgleich eines verbleibenden Übernahmeverlustes durch Aufstockungen („step-up")**: Verbleibt nach den Hinzurechnungen gemäß § 4 Abs. 5 UmwStG (s. Rz. 373–375) noch ein Übernahmeverlust, so sind die aus der steuerlichen Schlußbilanz der übertragenden GmbH übernommenen Wertansätze der übergegangenen Wirtschaftsgüter (§ 4 Abs. 1 UmwStG s. Rz. 371 f.) in der Bilanz der Personengesellschaft einschließlich der Ergänzungsbilanzen[444] für ihre Gesellschafter in folgenden drei Schritten (Stufentheorie)[445] bis zu den Teilwerten aufzustocken (§ 4 Abs. 6 UmwStG):[446]
– Aufstockung der (bilanzierten) Wirtschaftsgüter (Satz 1)
– Aktivierung der übernommenen (bei der übertragenden GmbH nicht bilanzierungsfähigen selbstgeschaffenen) immateriellen Wirtschaftsgüter einschließlich eines Geschäfts- oder Firmenwerts (Satz 2)
– Aktivierung eines danach noch verbleibenden Betrags (Bilanzposten, der kein Wirtschaftsgut darstellt), der über 15 Jahre abzuschreiben ist (Satz 2 nF).
Die Zuaktivierungen setzen keine entsprechende Bewertung in der Handelsbilanz der übernehmenden Personengesellschaft voraus[447] (s. a. Rz. 372)

377 (d) Die dritte Stufe der Zuaktivierungen und die daraus resultierenden Abschreibungen treten an die Stelle des bisher sofort abziehbaren Übernahmeverlustes der nach den Zuaktivierungen der ersten beiden Stufen noch verblieb (s. § 27 Abs. 3 UmwStG zum zeitlichen Anwendungsbereich).[448]

378 Beim Übernahmeverlust handelt es sich um einen Verlust auf der Ebene der Anteilseigner, der auf im Buchwert der Anteile enthaltene gekaufte stille Reserven zurückzuführen ist.[449]

379 Von dem Übernahmeverlust auf der Ebene der Anteilseigner zu unterscheiden sind verbliebene körperschaftsteuerliche und gewerbesteuerliche Verlustvorträge der übertragenden GmbH, die das Einkommen der Gesellschafter und den Gewerbeertrag der übernehmenden Personengesellschaft nicht mindern dürfen (§ 4 Abs. 2 Satz 2, § 18 Abs. 1 Satz 2 UmwStG). Als teilweiser Ausgleich für die Versagung der Rechtsnachfolge hinsichtlich dieser Besteuerungsgrundlagen stehen den Gesellschaftern der übernehmenden Personengesellschaft Abschreibungen auf die Zuaktivierungen zu (s. Rz. 376). Ein voller Ausgleich ist dies deswegen nicht, weil in den Fallgruppen (2) und (6) (s. Rz. 367) keine Aufstockungsbeträge entstehen können (s. Rz. 373) und weil

---

[443] Einzelheiten dazu s. BMF-Schreiben v. 13. 7. 1998, BStBl. I 1998, 912, sowie *Widmann* DStZ 1998, 368; *Herzig/Förster* DB 1998, 438; *Blumers/Witt* DStR 1998, 393; *Wochinger/Rödder* FR 1998, 129; *Prinz/van Lishaut* FR 1998, 1105.
[444] Zur Aufstockung in der Gesellschaftsbilanz, falls die Anteile zum Gesamthandsvermögen gehören, s. *Thiel ua.* GmbHR 1998, 397 (408 f.); *Dötsch ua.* DB 1998, Beilage Nr. 7, 17.
[445] Einzelheiten zu diesen Zuaktivierungen s. UmwStErl. 1998 Tz. 04.32 ff.
[446] Zu den daraus resultierenden Gestaltungsmöglichkeiten im Zusammenhang mit einem Unternehmenskauf s. Rz. 50–53.
[447] *Hügel* DStJG 17 (1994), 69 (97 f.); *Müller-Gatermann* WPg. 1996, 868 (870).
[448] Einzelheiten dazu s. *Dieterlen/Schaden*, GmbHR 1998, 774.
[449] Begr. UmwStRÄndGE, BT-Drs. 12/6885, 18.

für nicht abnutzbare Wirtschaftsgüter (insbes. Grundstücke als Träger stiller Reserven) keine Absetzungen für Abnutzung zulässig sind.[450]

(e) **Übernahmefolgegewinn**:[451] Durch die Vereinigung von unterschiedlich bewerteten Forderungen und Verbindlichkeiten zwischen der übertragenden GmbH und der übernehmenden Personengesellschaft[452] kann ein Übernahmefolgegewinn oder Übernahmegewinn zweiter Stufe entstehen. Nach § 6 UmwStG darf die übernehmende Personengesellschaft in dessen Höhe eine den **steuerlichen Gewinn mindernde Rücklage** bilden, die in den folgenden 3 Jahren mindestens zu je 1/3 gewinnerhöhend aufzulösen ist. Diese Vergünstigung fällt rückwirkend weg, wenn die Übernehmerin den übergegangenen Betrieb innerhalb von 5 Jahren nach dem steuerlichen Übertragungsstichtag in eine Kapitalgesellschaft einbringt oder ohne triftigen Grund veräußert oder aufgibt (§ 26 Abs. 1 UmwStG).

(f) **Steuern vom Einkommen**: Der *Übernahmegewinn* (s. Rz. 371–373), die *Hinzurechnungen* (s. Rz. 373–375) und der *Übernahmefolgegewinn* (s. Rz. 380), die allesamt mit Ablauf des steuerlichen Übertragungsstichtags entstehen (§ 2 Abs. 1 UmwStG),[453] unterliegen den Steuern vom Einkommen. Statt der *Einkommensteuer* kann auch *Körperschaftsteuer* entstehen,[454] wenn an der übernehmenden Personengesellschaft eine Kapitalgesellschaft beteiligt ist. Das Potential für Übernahmegewinne hängt ua. vom Umfang des Bewertungswahlrechts (s. Rz. 352, 356 f.) ab. Die Zuaktivierungen können deswegen keine Steuerbelastung auslösen, weil sie nur dem Verlustausgleich dienen (steuerfreier „step-up").

Der Übernahmegewinn gehört nicht zu den gewerblichen Einkünften, für die die *Einkommensteuer-Tarifbegrenzung auf 47%* (§ 32 c EStG) ausdrücklich ausgeschlossen wäre (arg. § 32 c Abs. 2 Satz 2 EStG). Einzelne Finanzgerichte,[455] die FinVerw.[456] und Teile des Schrifttums[457] sind der Auffassung, die Tarifbegrenzung komme deswegen nicht zur Anwendung, weil der Übernahmegewinn nicht der Gewerbesteuer unterliege (s. Rz. 386; § 32 c Abs. 2 Satz 1 EStG).[458] Der BFH sieht dies jedoch als ernstlich zweifelhaft an und hat deswegen Aussetzung der Vollziehung gewährt.[459] Auch der (bisher geltende) halbe Steuersatz nach § 34 EStG (s. a. Rz. 206) kommt nicht zur Anwendung; Ausweichstrategie hiergegen kann die Vorwegveräußerung der Anteile sein.[460]

---

[450] *Hügel* DStJG 17 (1994), 69 (101); *Dehmer* DStR 1994, 1713 (1718).
[451] Einzelheiten dazu s. UmwStErl. 1998 Tz. 06.01.
[452] Zu Pensionsrückstellungen zugunsten eines Gesellschafters der übertragenden GmbH s. UmwStErl. 1998 Tz. 06.03.
[453] UmwStErl. 1998 Tz. 04.09 und 06.01.
[454] Davon geht ersichtlich § 10 UmwStG aus, der die Anrechnung von Körperschaftsteuer auf Einkommensteuer oder Körperschaftsteuer vorsieht.
[455] FG Münster v. 1. 12. 1997, EFG 1998, 1083 (nrkr.); FG Köln v. 2. 9. 1998, GmbHR 1999, 310.
[456] UmwStErl. 1998 Tz. 04.42.
[457] *Wochinger/Dötsch* DB 1994, Beilage Nr. 14, 7; *Thiel* ua. GmbHR 1998, 397 (413); aA *Kahrs* BB 1998, 349; *Walter* GmbHR 1998, 576; *A. Schulz* DStR 1998 Beilage Heft 17, 16; *Walter* GmbHR 1998, 576.
[458] Allgemein dazu s. BFH v. 3. 3. 1998, BStBl. II 1998, 608.
[459] BFH v. 5. 11. 1998, GmbHR 1999, 308.
[460] *Hügel* DStJG 17 (1994), 69 (91).

383 Die **Körperschaftsteuer**, die auf den Teilbeträgen des verwendbaren Eigenkapitals der übertragenden GmbH lastet (s. Rz. 374) ist auf die Einkommensteuer oder Körperschaftsteuer der Gesellschafter der übernehmenden Personengesellschaft anzurechnen (§ 10 UmwStG). Je nach Umfang jeweils der offenen und „gekauften" Reserven der übertragenden GmbH (s. Rz. 357) kann die Anrechnung auch zu einer Steuererstattung führen.

384 Die Anrechnung unterbleibt ebenso wie die Einkünfteaufstockung um die anzurechnende Körperschaftsteuer (s. Rz. 374) bei Anteilseignern, bei denen der anteilige Übernahmegewinn (oder die Einkünfte iSd. §§ 7, 8 oder 9 Abs. 2 UmwStG) nicht der Einkommensteuer oder der Körperschaftsteuer unterliegen (§ 10 Abs. 2 UmwStG).

385 Dies sind unbeschränkt steuerpflichtige, aber steuerbefreite Anteilseigner oder beschränkt steuerpflichtige Anteilseigner, deren Beteiligung weder einem inländischen Betriebsvermögen zuzurechnen, noch wesentlich iSd. § 17 EStG ist oder die DBA-Schutz genießen. Für diese Gruppe von Gesellschaftern wird die Körperschaftsteuer-Tarifbelastung auf dem verwendbaren Eigenkapital der übertragenden GmbH (s. a. Rz. 374) zu einer Definitivbelastung der offenen Reserven. Ausweichstrategie hiergegen kann eine Vorweg-Ausschüttung der Rücklagen vor der Verschmelzung sein, soweit es dadurch zu einer Körperschaftsteuer-Minderung kommt (§ 27 Abs. 3 KStG, die dann nur zT durch den Kapitalertragsteuerabzug wieder kompensiert wird.[461]

386 (g) **Gewerbesteuer**: Der Übernahmegewinn (s. Rz. 371–373) unterliegt nicht der Gewerbesteuer (§ 18 Abs. 2 UmwStG). Diese Steuerbefreiung umfaßt auch die Hinzurechnungen (s. Rz. 373–375), weil sie einen „Übernahmegewinn erhöhen" (§ 4 Abs. 5 UmwStG). Die FinVerw.[462] war bisher schon der Auffassung, daß eine Aufstockung der Buchwerte nach § 4 Abs. 6 UmwStG (s. Rz. 376) für die Gewerbesteuer nicht stattfinde, weil ein Übernahmeverlust iSd. § 4 Abs. 5 UmwStG bei der Gewerbesteuer ebenso wie ein Übernahmegewinn nicht zu berücksichtigen sei (§ 18 Abs. 2 UmwStG). Dies ist mit dem StEntlG 1999/2000/2002 (s. Rz. 6) durch eine entsprechende Neufassung der Vorschrift „klargestellt" worden.[463] Deswegen wird für Zwecke der Gewerbesteuer eine eigene Gewinnermittlung verlangt. Ein späterer Auflösungs- oder Veräußerungsgewinn, der dementsprechend höher ausfällt, unterliegt nach der Mißbrauchsregelung des § 18 Abs. 4 UmwStG (systemwidrig) der Gewerbesteuer, sofern der Betrieb der Personengesellschaft innerhalb von 5 Jahren nach dem Vermögensübergang aufgegeben oder veräußert wird.[464]

387 (h) **Verlustabzug**: Die übernehmende Personengesellschaft und ihre Gesellschafter treten hinsichtlich eines verbleibenden Verlustabzugs iSd. § 10 d Abs. 3 Satz 2 EStG oder vortragsfähiger Fehlbeträge iSd. § 10 a GewStG nicht in die Rechtsstellung der übertragenden GmbH ein (§ 4 Abs. 2 Satz 2, § 18 Abs. 1 Satz 2 UmwStG). Weitere Einzelheiten dazu s. Rz. 379.

---

[461] *Hügel* DStJG 17 (1994), 69 (92 und 101).
[462] UmwStErl. 1998 Tz. 18.02; s. a. *Thiel ua.* GmbHR 1998, 397 (429); krit. *Rödder/Momen* DStR 1997, 1799.
[463] BT-Drs. 14/23, S. 196.
[464] Einzelheiten dazu UmwStErl. 1998 Tz. 18.03 ff.; *IDW*-Stellungn. zum UmwStG, WPg. 1995, 57 (58); *Hörger/Endress* DB 1998, 2235.

C. Der Weg aus der GmbH 388–393 § 14

(i) **Gewinnermittlung**: Für die Gewinnermittlung im Rahmen der lau- 388
fenden Besteuerung tritt die übernehmende Personengesellschaft bezüglich
folgender Besteuerungsgrundlagen in die Rechtsstellung der übertragenden
GmbH ein (§ 4 Abs. 2 UmwStG):[465]
– Absetzungen für Abnutzung
– Erhöhte Absetzungen
– Sonderabschreibungen
– Inanspruchnahme einer Bewertungsfreiheit oder eines Bewertungsabschlags
– Steuerlich gewinnmindernde Rücklagen
– Wertaufholungswahlrecht nach Teilwertabschreibungen.

Dieser Eintritt in die Rechtsstellung der übertragenden GmbH gilt auch 389
dann, wenn die übergegangenen Wirtschaftsgüter in der steuerlichen Schlußbilanz der übertragenden GmbH mit einem über dem Buchwert liegenden
Wert (zB Teilwert) angesetzt sind (§ 4 Abs. 3 UmwStG). Die AfA bemißt sich
in diesen Fällen wie folgt:[466]
– Gebäude: Bisherige Bemessungsgrundlage, vermehrt um den Unterschiedsbetrag zwischen Buchwert und Schlußbilanzansatz und multipliziert mit dem
 geltenden v. H.-Satz. Wird in Fällen des § 7 Abs. 4 Satz 1 EStG die volle AfA
 innerhalb der tatsächlichen Nutzungsdauer nicht erreicht, so kann die AfA
 nach der Restnutzungsdauer bemessen werden (vgl. R 44 Abs. 11 EStR).
– Sonstige Wirtschaftsgüter: Buchwert, vermehrt um den Unterschiedsbetrag
 zum Schlußbilanzansatz und verteilt über die Restnutzungsdauer.

Dem Grundsatz der Gesamtrechtsnachfolge widerspricht im übrigen eine 390
Fiktion der Anschaffung der übergegangenen Wirtschaftsgüter. Das bedeutet,
daß in diesen Fällen zB keine Investitionszulage gewährt werden kann.[467]

(j) **Gewerbesteuerliche Hinzurechnungen**: Renten und dauernde La- 391
sten der übertragenden GmbH werden durch die Verschmelzung bei der
Übernehmerin nicht zu gewerbesteuerlichen Hinzurechnungen nach § 8
Nr. 2 und § 12 Abs. 2 Nr. 1 GewStG (§ 18 Abs. 3 UmwStG).

(2) **Vermögensübergang auf Personengesellschaft ohne Betriebsvermögen**

Wird eine vermögensverwaltende GmbH auf eine Personengesellschaft ver- 392
schmolzen, die ebenfalls keinen Gewerbebetrieb unterhält (s. Rz. 311 und
358)[468] (Fallgruppe 2; s. Rz. 367), so hat die übertragende GmbH die übergegangenen Wirtschaftsgüter mit ihrem gemeinen Wert anzusetzen (s.
Rz. 359), und die Gesellschafter der übernehmenden Personengesellschaft
haben sie mit diesem Wert in ihrer Einkünfteermittlung zu berücksichtigen
(§ 8 Abs. 1 UmwStG).

Bei den Gesellschaftern können sich folgende Einkünfte ergeben:[469] 393
– Betriebliche Einkünfte, wenn die Anteile an der übertragenden GmbH zu
 einem Betriebsvermögen des Gesellschafters gehören
– Einkünfte iSd. § 17 EStG

---

[465] Einzelheiten dazu s. UmwStErl. 1998 Tz. 04.01 ff., insbes. Tz. 04.01 und 04.07.
[466] Begr. UmwStRÄndGE, BT-Drs. 12/6885, 17; UmwStErl. 1998 Tz. 04.02 ff.;
s. a. *Thiel ua*. GmbHR 1998, 397 (430).
[467] UmwStErl. 1998 Tz. 04.07.
[468] Begr. UmwStRÄndGE, BT-Drs. 12/6885, 19 f.
[469] Begr. UmwStRÄndGE, BT-Drs. 12/6885, 19 f.

– Einkünfte iSd. § 7 UmwStG
– Abgeltung der Einkommensteuer/Körperschaftsteuer durch die Körperschaftsteuer-Tarifbelastung, wenn die Voraussetzungen des § 10 Abs. 2 UmwStG erfüllt sind.

394 Der Freibetrag nach § 17 Abs. 3 EStG und der (bisher geltende) halbe Steuersatz nach § 34 EStG (s. Rz. 206) stehen den Gesellschaftern nicht zu. Einkünfte aus Spekulationsgeschäften (§ 22 Nr. 2 EStG) kommen nicht in Betracht (§ 8 Abs. 2 UmwStG).

(3) GmbH-Anteile in anderem inländischen Betriebsvermögen

395 Anteile an der GmbH, die an dem steuerlichen Übertragungsstichtag (s. Rz. 361) zu einem (anderen) inländischen Betriebsvermögen eines Gesellschafters der übernehmenden Personengesellschaft gehören (Fallgruppe 3, s. Rz. 367), gelten für die Gewinnermittlung als an diesem Stichtag in das Betriebsvermögen der übernehmenden Personengesellschaft überführt (§ 5 Abs. 3 UmwStG).[470] Die Regelung gilt für unbeschränkt und für beschränkt einkommensteuer- oder körperschaftsteuerpflichtige Gesellschafter. Die Rechtsfolgen dieses Sonderfalls entsprechen grds. denen des Grundfalls (s. Rz. 370–391).

396 Eine Sonderregelung gilt für den Wert dieser Einlage:
– Grundsatz: Buchwert
– Ausnahme: Ggf. niedrigere Anschaffungskosten, falls Einlage innerhalb der letzten 5 Jahre vor dem steuerlichen Übertragungsstichtag erfolgt ist in
 • anderes inländisches Betriebsvermögen
 • Betriebsvermögen der übernehmenden Personengesellschaft.

397 Diese Ausnahmeregelung soll Umgehungen verhindern, die durch vorherige Einlage in die genannten Betriebsvermögen zum Teilwert (§ 6 EStG) erreicht werden könnten (Mißbrauchstatbestand).[471]

(4) **Wesentliche Beteiligung an der GmbH iSd. § 17 EStG**

398 Anteile an der übertragenden GmbH iSd. § 17 EStG, die an dem steuerlichen Übertragungsstichtag nicht zu einem Betriebsvermögen eines unbeschränkt steuerpflichtigen Gesellschafters der übertragenden Personengesellschaft gehören (Fallgruppe 4; s. Rz. 367), gelten für die Gewinnermittlung als an diesem Stichtag in das Betriebsvermögen der übernehmenden Personengesellschaft mit den Anschaffungskosten eingelegt (§ 5 Abs. 2 UmwStG). Die Rechtsfolgen dieses Sonderfalls entsprechen grds. denen des Grundfalles (s. Rz. 370–391). Die Besonderheit besteht in der Ermittlung des Übernahmegewinns als Unterschiedsbetrag zwischen dem Wert, mit dem die übergegangenen Wirtschaftsgüter zu übernehmen sind, und den Anschaffungskosten der Anteile.

399 Der Anwendungsbereich dieser Fallgruppe (4) erstreckt sich bisher auf Beteiligungen von mehr als 25% und ab 1999 auf Beteiligungen von mindestens 10%,[472] die gehalten werden im
– Privatvermögen eines unbeschränkt steuerpflichtigen Gesellschafters (Unterfallgruppe a)

---

[470] UmwStErl. 1998 Tz. 05.09.
[471] Begr. UmwStRÄndGE, BT-Drs. 12/6885, 19; UmwStErl. 1998 Tz. 05.14.; *Thiel* ua. GmbHR 1998, 397 (416).
[472] Entsprechende Neufassung des § 17 EStG durch das StEntlG 1999/2000/2002 (BT-Drs. 14/23, S. 179 f.).

C. Der Weg aus der GmbH   400–403 § 14

– Privatvermögen eines beschränkt steuerpflichtigen Gesellschafters (Unterfallgruppe b)
– ausländischen Betriebsvermögen eines beschränkt steuerpflichtigen Gesellschafters (Unterfallgruppe c).

Fälle eines zeitnahen share deals vor der Verschmelzung werden durch eine zwischenzeitlich mit § 5 Abs. 2 Satz 2 UmwStG nF eingeführte grundsätzliche 5-Jahre-Haltefrist vom Anwendungsbereich der Einlagefiktion ausgenommen. Im einzelnen:[473] **400**

– Ein Verlust aus der Veräußerung einer wesentlichen Beteiligung iSd. § 17 EStG kann nach dessen Abs. 2 Satz 4 nicht berücksichtigt werden, wenn seit deren entgeltlichem Erwerb nicht mehr als 5 Jahre verstrichen sind, es sei denn die Beteiligung ist im Rahmen der Gründung der Kapitalgesellschaft erworben worden.
– Eine derartige Beteiligung gilt im Rahmen des § 5 Abs. 2 UmwG nicht als Beteiligung iSd. § 17 EStG.

Diese Fiktion, die zur Nichtanwendbarkeit der Einlagefiktion führt, wird von der FinVerw.[474] angewandt, sobald die Tatbestandsvoraussetzungen des § 17 Abs. 2 Satz 4 EStG erfüllt sind, unabhängig davon, ob zugleich ein Veräußerungsverlust eingetreten ist, aber nur dann, wenn ein Übernahmeverlust entsteht (dann Rechtsfolgen gem. § 7 UmstG), nicht dagegen, wenn ein Übernahmegewinn entsteht (dann Rechtsfolgen gem. § 5 Abs. 2 UmwStG). **401**

Der Anwendungsbereich der Fallgruppe (4) wird weiter dadurch eingeschränkt, daß nach Auffassung der FinVerw.[475] für deren Unterfallgruppen (b) und (c) gilt: Wird ein Gewinn aus der Veräußerung aus einer wesentlichen Beteiligung iSd. § 17 EStG (§ 49 Abs. 1 Nr. 2 Buchst. e EStG) durch ein DBA steuerfrei gestellt, so nehmen weder die Anteile noch der Wert der darauf entfallenden Wirtschaftsgüter an der Ermittlung des Übernahmeergebnisses teil (§ 4 Abs. 4 Satz 3 UmwStG). Die Anrechnung der auf den Gesellschafter entfallenden anteiligen Körperschaftsteuer ist nach § 10 Abs. 2 UmwStG ausgeschlossen. Die in den übergegangenen Wirtschaftsgütern enthaltenen stillen Reserven, die auf die Anteile des beschränkt steuerpflichtigen Gesellschafters entfallen, werden von der Personengesellschaft fortgeführt und müssen im Zeitpunkt der Auflösung als Betriebsstättengewinne versteuert werden. **402**

(5) **Einbringungsgeborene Anteile an der GmbH**[476] **403**

Einbringungsgeborene Anteile an einer (übertragenden) Kapitalgesellschaft iSd. § 21 UmwStG, die zum Privatvermögen gehören (Fallgruppe 5, s. Rz. 367), gelten als an dem steuerlichen Übertragungsstichtag in das Betriebsvermögen der übernehmenden Personengesellschaft mit den Anschaffungskosten eingelegt (§ 5 Abs. 4 UmwStG). Die Rechtsfolgen dieses Sonderfalls entsprechen grds. denen des Grundfalls (s. Rz. 370–391). Die Besonderheit

---

[473] *Förster* DB 1997, 1786; *Wochinger/Rödder* FR 1998, 129 (139); *Haritz* DStR 1998, 589.
[474] UmwStErl. 1998 Tz. 05.05 f.
[475] UmwStErl. 1998 Tz. 05.12; *J. Thiel* GmHR 1995, 708 (712); krit. *Widmann/Mayer* Kurzkomm. UmwStG, 1995, S. 278 ff. u. 335 ff.; *Widmann* DStZ 1996, 449; *Widmann* in FS Haas (1996), 421.
[476] UmwStErl. 1998 Tz. 05.13.

besteht in der Ermittlung des Übernahmegewinns/-verlusts als Unterschiedsbetrag zwischen dem Wert, mit dem die übergegangenen Wirtschaftsgüter zu übernehmen sind, und den Anschaffungskosten der Anteile.

Durch diese Einlagefiktion ergibt sich beim Anteilseigner keine Besteuerung nach § 21 UmwStG, sondern bei der Personengesellschaft ein entsprechend höherer Übernahmegewinn.[477]

(6) **Nicht wesentlich beteiligte Anteilseigner und nicht einbringungsgeborene Anteile**[478]

404 Anteile an der übertragenden Kapitalgesellschaft, die nicht zu einem Betriebsvermögen gehören, nicht die Voraussetzungen des § 17 EStG erfüllen und auch keine einbringungsgeborenen Anteile iSd. § 21 UmwStG sind (Fallgruppe 6; s. Rz. 367), gelten – abweichend von § 6 Abs. 3 UmwStG 1977 – **nicht als in das Betriebsvermögen** der übernehmenden Personengesellschaft **eingelegt**. Die Besteuerung dieser Anteilseigner richtet sich für die offenen Reserven (s. Rz. 357) nach den §§ 7 und 10 UmwStG, während die stillen Reserven in den übergegangenen Wirtschaftsgütern von den Anteilseignern (Mitunternehmern) erst dann zu versteuern sind, wenn sie bei der übernehmenden Personengesellschaft oder durch Veräußerung des Mitunternehmeranteils aufgelöst werden.

405 Als **Einkünfte aus Kapitalvermögen** sind diesen Gesellschaftern zuzurechnen (§ 7 UmwStG):
– Anteiliges verwendbares Eigenkapital der übertragenden GmbH mit Ausnahme des EK 04 (im Verhältnis des Nennbetrags der Anteile zur Summe der Nennbeträge aller Anteile)
– Anzurechnende Körperschaftsteuer iSd. § 10 Abs. 1 UmwStG. Anzurechnen ist (vergleichbar der Liquidation) die Körperschaftsteuer-Tarifbelastung und nicht die Ausschüttungsbelastung (s. a. Rz. 374), weil aus Vereinfachungsgründen auf das Herstellen der Ausschüttungsbelastung und den Kapitalertragsteuerabzug verzichtet wird. Steuerpflichtig mit diesen Einkünften aus Kapitalvermögen sind daher nur unbeschränkt steuerpflichtige natürliche Personen und Körperschaften mit Ausnahme der steuerbefreiten Körperschaften[479] (arg. § 49 Abs. 1 Nr. 5a, § 50 Abs. 5 EStG, § 5 Abs. 1 und Abs. 2 Nr. 1 KStG).

406 Auf die Einkommensteuer oder Körperschaftsteuer der Gesellschafter der übernehmenden Personengesellschaft wird die *Körperschaftsteuer angerechnet,* die auf den Teilbeträgen des verwendbaren Eigenkapitals lastet (§ 10 Abs. 1 UmwStG). Weitere Einzelheiten s. Rz. 383. Voraussetzung der Körperschaftsteueranrechnung ist, daß die Einkünfte aus Kapitalvermögen iSd. § 7 UmwStG (s. Rz. 405) der Einkommensteuer oder Körperschaftsteuer unterliegen (§ 10 Abs. 2 UmwStG).

407 Dadurch wird im Ergebnis erreicht, daß die Steuer der übertragenden GmbH durch die Einkommensteuer oder Körperschaftsteuer der nicht wesentlich beteiligten Anteilseigner ersetzt wird,[480] soweit sie zur Körperschafts-

---

[477] Begr. UmwStRÄndGE, BT-Drs. 12/6885, 19; zu einer mißbräuchlichen vorherigen Antragsbesteuerung s. UmwStErl. 1998 Tz. 05.22.
[478] UmwStErl. 1998 Tz. 05.10 f.
[479] Begr. UmwStRÄndGE, BT-Drs. 12/6885, 19.
[480] Zur Belastungswirkung s. *Rödder* DStR 1993, 1353.

C. Der Weg aus der GmbH

teueranrechnung berechtigt sind (§ 51 KStG, § 10 Abs. 2 UmwStG). Soweit die Anteilseigner nicht anrechnungsberechtigt sind, kommt es zu einer Körperschaftsteuer-Definitivbelastung auf der Ebene der übertragenden GmbH.

Ausweichstrategien (gegenüber dieser Steuerpflicht mit offenen Reserven **408** und der Steuerverstrickung der stillen Reserven durch Fortführung der Buchwerte der Kapitalgesellschaft ohne Berücksichtigung der Anschaffungskosten für die Anteile),[481] die auf einen Wechsel in eine der übrigen Fallgruppen zielen, die an der Übernahmeergebnisermittlung einschließlich Aufstockung teilnehmen, und im zeitlichen Zusammenhang mit der Verschmelzung realisiert werden, hat die FinVerw.[482] für verschiedene Fallgruppen als Mißbrauchsfälle iSd. § 42 AO eingestuft.

5. Verschmelzung GmbH auf OHG oder KG durch Neugründung

Die Verschmelzung einer GmbH und mindestens eines weiteren Rechts- **409** trägers derselben oder unterschiedlicher Rechtsform auf eine Personenhandelsgesellschaft ist auch durch deren Neugründung zulässig (§ 3 Abs. 1 Nr. 1 und 2 UmwG). Weitere Einzelheiten s. Rz. 350. Neben den Allgemeinen Vorschriften der §§ 36 bis 38 UmwG, die grds. auch auf die §§ 2 bis 35 UmwG verweisen, gelten von den Besonderen Vorschriften jeweils die nach Rechtsform der an der Verschmelzung beteiligten Gesellschaften einschlägigen Vorschriften, dh. für die übertragende GmbH die §§ 56 bis 59 UmwG, die grds. auch auf die Besonderen Vorschriften für die Verschmelzung durch Aufnahme verweisen. Insoweit kann auf die Erläuterungen zur Verschmelzung mehrerer GmbH in Rz. 581, 582 verwiesen werden. Für die neu gegründete Personenhandelsgesellschaft gelten die in Rz. 350 f. erläuterten §§ 39 bis 45 UmwG entsprechend, die nicht nach Verschmelzung durch Aufnahme oder Verschmelzung durch Neubildung differenzieren. Besteht zwischen den übertragenden Rechtsträgern ein Beteiligungsverhältnis (zB Mutter- und Tochtergesellschaft), so werden für das übergehende Vermögen der Beteiligungsgesellschaft keine Gesellschafts- und Kapitalanteile an der Personengesellschaft einzuräumen sein, weil ansonsten dem Recht der Personengesellschaft fremde „eigene Anteile" entstünden (s. Rz. 353).

Die steuerlichen Rechtsfolgen entsprechen denen der Verschmelzung durch **410** Aufnahme (s. Rz. 355 ff.).

(frei) **411–414**

6. Verschmelzung einer GmbH auf eine natürliche Person (= Alleingesellschafter)

Die Verschmelzung einer GmbH mit dem Vermögen eines Alleingesell- **415** schafters ist als **Verschmelzung durch Aufnahme** unter folgenden Voraus-

---

[481] *F. Schultz* DStR 1996, 854; *ders.* DB 1997, 1791; *Förster* DB 1997, 1788; *Rödder/ Momen* DStR 1997, 1799; *Parczyk* DStR 1997, 1185.
[482] UmwStErl. 1998 Tz. 05.16 ff.; weitere Einzelheiten dazu bei *Dötsch ua.* DB 1998, Beilage Nr. 7, 14 ff.; *Thiel ua.* GmbHR 1998, 397 (415 f.), s. aber auch BFH v. 23. 10. 1996, BStBl. II 1998, 90 (91); BMF-Schreiben vom 3. 2. 1998, BStBl. I 1998, 207.

setzungen und mit folgenden Rechtsfolgen zulässig (§ 3 Abs. 2 Nr. 2, §§ 120 bis 122 UmwG):[483]

– *100%ige Beteiligung an der GmbH:* Es müssen sich alle Geschäftsanteile der Gesellschaft in der Hand eines Gesellschafters befinden (unmittelbare Beteiligung). Eigene Anteile der Gesellschaft werden insoweit dem Gesellschafter zugerechnet (§ 120 UmwG). Abweichend von der nach dem UmwG 1969 zulässigen verschmelzenden Umwandlung darf eine derartige Verschmelzung nicht mehr bei außenstehenden Gesellschaftern von bis zu 10% durchgeführt werden.

416 – *Alleingesellschafter muß eine natürliche Person* sein (§ 3 Abs. 2 Nr. 2 UmwG). Die Verschmelzung mit Alleingesellschaftern anderer Rechtsform ist nur unter den Voraussetzungen der übrigen Besonderen Vorschriften (§§ 39 bis 119 UmwG) zulässig.

417 – Die *Verschmelzung erfolgt mit dem Vermögen des Alleingesellschafters* (§ 120 UmwG). Nicht erforderlich ist, daß er bereits ein Handelsgewerbe betreibt. Hat auch die übertragende GmbH kein Handelsgewerbe ausgeübt (zB Freiberufler-GmbH),[484] so treten die handelsrechtlichen Wirkungen gemäß § 20 UmwG (s. Rz. 510) nicht durch die Eintragung in das Handelsregister ein, in dessen Bezirk sich die Niederlassung des Alleingesellschafters befindet (§ 122 Abs. 1 UmwG iVm. § 29 HGB), sondern durch die Eintragung der Verschmelzung in das Register des Sitzes der übertragenden GmbH (§ 122 Abs. 2 UmwG nF).[485] Die Verschmelzung auf den Alleingesellschafter kann als Spiegelbild der Ausgliederung eines einzelkaufmännischen Unternehmens in eine neugegründete Kapitalgesellschaft verstanden werden.[486]

418 – Auf die *übertragende Kapitalgesellschaft* sind die für ihre Rechtsform geltenden Allgemeinen Vorschriften und Besonderen Vorschriften anzuwenden (§ 121 UmwG), dh. für die übertragende GmbH die §§ 2 bis 38 und 46 bis 55 UmwG. Dazu kann auf die Erläuterungen zur Verschmelzung mehrerer GmbH durch Aufnahme in den Rz. 465–517 verwiesen werden.[487]

419 – Für den *Alleingesellschafter* ergibt sich aus den Allgemeinen Vorschriften, daß er Vertragspartner des Verschmelzungsvertrags wird (s. Rz. 465), Verschmelzungsbericht und Verschmelzungsprüfung sind für ihn nicht erforderlich (§ 8 Abs. 3, § 9 Abs. 2 und 3 UmwG), ein Zustimmungsbeschluß entfällt mangels Anteilsinhaber (arg. § 13 iVm. § 2 UmwG),[488] und für die

---

[483] Einzelheiten dazu bei *Bärwaldt/Schabacker* NJW 1997, 93.

[484] Nach § 122 UmwG aF war str., ob dann eine sog. Umwandlungssperre galt; dies bejahten: OLG Zweibrücken v. 27. 12. 1995, ZiP 1996, 460; LG Koblenz v. 7. 11. 1995, BB 1996, 344; *Dehmer/Stratz* DB 1996, 1071; aA BGH v. 4. 5. 1998, AG 1998, 426; OLG Celle v. 20. 11. 1997, AG Dresden v. 26. 7. 1996, GmbHR 197, 175; LG Tübingen v. 17. 7. 1997, GmbHR 1997, 849; LG Berlin v. 7. 3. 1997, 552; LG Ffm. v. 19. 12. 1997, DB 1998, 410; *Priester* DB 1996, 413; *Heckschen* ZIP 1996, 450; *Wrenger* BB 1997, 1905; *Bärwaldt/Schabacker* NJW 1997, 93; *Felix* DStR 1996, 658.

[485] Zur Neufassung durch das HandelsrechtsreformG s. *E. Schaefer* DB 1998, 1268 (1275).

[486] Begr. UmwBerGE, BT-Drs. 12/6699, 114.

[487] Zum Sonderfall der Verschmelzung einer GmbH i. L. s. BayObLG v. 4. 2. 1998, DB 1998, 715.

[488] LG Dresden v. 14. 11. 1996, GmbHR 1997, 175 (anders Vorinstanz: AG Dresden v. 24. 6. 1996, GmbHR 1997, 33).

C. Der Weg aus der GmbH

Eintragung in das Handelsregister gilt als Besondere Vorschrift § 122 UmwG (s. Rz. 417). Weitere Besondere Vorschriften zu seinem Schutz erscheinen deswegen entbehrlich, weil ein Alleingesellschafter über hinreichend geschäftliche Erfahrung verfügt, um bei einer durch ihn allein entschiedenen Fusion seine Interessen wahrzunehmen.[489]

Die **steuerlichen Rechtsfolgen** der Verschmelzung einer Kapitalgesellschaft auf ihren Alleingesellschafter ergeben sich aus den Vorschriften über den Vermögensübergang von einer Körperschaft auf eine Personengesellschaft oder auf eine natürliche Person (§§ 3 bis 10 und 18 UmwStG). Im einzelnen gelten für 420
– übertragende Kapitalgesellschaft: §§ 3 und 18 UmwStG. Erläuterungen s. Rz. 356–367
– übernehmender Alleingesellschafter: § 9 iVm. §§ 4 bis 8 (entsprechende Anwendung der Vorschriften über die Verschmelzung einer Kapitalgesellschaft auf eine Personengesellschaft, differenziert danach, ob das übergehende Vermögen Betriebsvermögen oder Privatvermögen wird) sowie §§ 10 und 18 UmwStG. Auch insoweit kann auf die Erläuterungen in Rz. 367–410 verwiesen werden.

(frei) 421–429

IV. Spaltung einer GmbH auf Rechtsträger anderer Rechtsform

1. Überblick

Handelsrecht: Eine GmbH kann Vermögensteile als Gesamtheit durch Spaltung auf Rechtsträger anderer Rechtsform übertragen, und zwar grds. als Spaltung zur Aufnahme oder als Spaltung zur Neugründung. Durch welche der drei Spaltungsarten (Aufspaltung, Abspaltung oder Ausgliederung) der Vermögensübergang bewirkt wird, hat sowohl für den Fortbestand der GmbH (bei Abspaltung und Ausgliederung) als auch für deren Gesellschafter Bedeutung (Anteile an dem übernehmenden oder neugegründeten Rechtsträger bei Aufspaltung und Abspaltung). 430

Anzuwendende Vorschriften: Es gelten die Allgemeinen Vorschriften zur Spaltung (§§ 123 bis 137 UmwG) mit ihren Regeln für die Spaltung zur Aufnahme (§§ 126 bis 134 UmwG) und für die Spaltung zur Neugründung (§§ 135 bis 137 UmwG) sowie die Besonderen Vorschriften (§§ 138 bis 173 UmwG), die jeweils auf an der Spaltung beteiligte Rechtsträger einer bestimmten Rechtsform anzuwenden sind. Außerdem verweist § 125 UmwG – von wenigen Ausnahmen abgesehen (s. Rz. 611, 681 und 691) – auf die gesamten Verschmelzungsvorschriften (§§ 2 bis 122 UmwG), dh. sowohl auf die Allgemeinen Vorschriften als auch auf die Besonderen Vorschriften. 431

Beteiligte Rechtsträger: Die GmbH ist ein spaltungsfähiger Rechtsträger (§ 124 iVm. § 3 Abs. 1 Nr. 2 UmwG). Welche Rechtsträger im übrigen als übernehmender oder neugegründeter Rechtsträger an der Spaltung beteiligt sein können, ergibt sich aus dem Zusammenwirken der Definition der spaltungsfähigen Rechtsträger in § 124 UmwG und den Besonderen Vorschriften 432

---

[489] Begr. UmwBerGE, BT-Drs. 12/6699, 115.

für die einzelnen Rechtsformen. Grundsätzlich kann die Spaltung sowohl unter Beteiligung von Rechtsträgern derselben Rechtsform als auch von Rechtsträgern unterschiedlicher Rechtsform (Mischspaltung) erfolgen (§ 3 Abs. 4 UmwG). Bei der Aufspaltung müssen mindestens zwei übernehmende oder neugegründete Rechtsträger beteiligt sein, bei Abspaltung und Ausgliederung mindestens ein übernehmender oder neu gegründeter Rechtsträger. Aus der Vielzahl der demnach möglichen Kombinationen von Rechtsträgern für die Beteiligung an einer Spaltung (s. Rz. 15) werden im folgenden nur die derzeit wirtschaftlich bedeutsamsten Möglichkeiten von Mischspaltungen behandelt.

433 **Steuerrechtlich** gelten für die Spaltung einer Kapitalgesellschaft als übertragender Rechtsträger unterschiedliche Regelungen je nach Rechtsform des übernehmenden oder neugegründeten Rechtsträgers und nach der Art der Spaltung (§ 1 Abs. 4 UmwStG): Ist der übernehmende oder neugegründete Rechtsträger bei Aufspaltung und Abspaltung eine andere Körperschaft, so gelten die §§ 1, 2 sowie 15 iVm. 11 bis 13, 17 und 19 UmwStG. Ist der übernehmende oder neugegründete Rechtsträger eine Personengesellschaft, so gelten die §§ 1, 2 sowie 16 iVm. 3 bis 8, 10 und 15, 17 und 18 UmwStG. Für Ausgliederungen in Kapitalgesellschaften gelten die §§ 20 bis 22 UmwStG (§ 1 Abs. 1 Satz 2 UmwStG), für Ausgliederungen in Personengesellschaften gilt § 24 UmwStG.

2. Spaltung GmbH auf AG

a) Überblick

434 Die Übertragung von Vermögensteilen einer GmbH als Gesamtheit auf eine AG durch Spaltung ist sowohl zur Aufnahme als auch zur Neugründung zulässig (§ 124 iVm. § 3 Abs. 1 Nr. 2 UmwG). Zu den anzuwendenden Allgemeinen Vorschriften s. Rz. 431. Von den Besonderen Vorschriften gelten für die übertragende GmbH §§ 138 bis 140 sowie § 125 iVm. §§ 46 bis 59 UmwG und für die übernehmende oder neugegründete AG §§ 141 bis 146 sowie § 125 iVm. §§ 60 bis 77 UmwG. Es kann daher weitgehend auf die Erläuterungen zur Spaltung unter Beteiligung von GmbH (s. Rz. 610 ff.) und zur Spaltung einer AG auf eine GmbH (s. Rz. 154 ff.) verwiesen werden. Ergänzend erläuterungsbedürftig sind nur diejenigen Voraussetzungen und Rechtsfolgen, die sich aus den für die übernehmende oder neugegründete AG geltenden Besonderen Vorschriften ergeben:

435 **b) Voraussetzungen und Durchführung**

aa) Spaltungs- und Übernahmevertrag oder Spaltungsplan s. Rz. 611–615, 693

bb) Zuleitung von (aa) an Betriebsrat s. Rz. 616

cc) Rechnungslegung s. Rz. 617–628, 682, 693. Zur Zwischenbilanz der übernehmenden AG gilt Rz. 155 entsprechend.

dd) Kapitalschutz
(1) Prüfung der Sacheinlage (§ 183 Abs. 3 AktG) bei Spaltung zur Aufnahme mit Kapitalerhöhung (§ 142 Abs. 1 UmwG)

C. Der Weg aus der GmbH 436–440 § 14

(2) Gründungsbericht (§ 32 AktG) und Gründungsprüfung (§ 33 Abs. 2 AktG) bei Spaltung zur Neugründung (§ 144 UmwG)

ee) Spaltungsbericht s. Rz. 629 f. und 693 Hinweis ggf. auf Bericht über Prüfung von Sacheinlagen und auf Register, wo Einsichtnahme möglich ist (§ 142 Abs. 2 UmwG)

ff) Spaltungsprüfung s. Rz. 630, 693 und 155

gg) Bekanntmachung des Spaltungs- und Übernahmevertrags durch Registergericht s. Rz. 155

hh) Gewährung von Aktien der übernehmenden AG s. Rz. 631

ii) Bestellung eines Treuhänders für die bei Aufspaltung und Abspaltung zu gewährenden Aktien oder baren Zuzahlungen durch die übertragende Gesellschaft (§ 125 iVm. § 71 UmwG)

jj) Kapitalherabsetzung bei der übertragenden GmbH s. Rz. 682

kk) Spaltungsbeschlüsse der Gesellschafterversammlung und Hauptversammlung s. Rz. 632 und 155

ll) Beschluß über Kapitalerhöhung der übernehmenden AG s. Rz. 633

mm) Eintragung der Kapitalerhöhung und der Spaltung in das Handelsregister s. Rz. 634–637, 682.

c) Handelsrechtliche Wirkungen s. Rz. 640–646, 683 und 694–695   436

d) Steuerliche Rechtsfolgen s. Rz. 650–679, 684–689 und 696 f.   437

(frei)   438, 439

3. Spaltung GmbH auf OHG oder KG

a) Überblick

Die Übertragung von Vermögensteilen einer GmbH als Gesamtheit auf   440
eine Personenhandelsgesellschaft durch Spaltung ist sowohl zur Aufnahme als auch zur Neugründung zulässig (§ 124 iVm. § 3 Abs. 1 Nr. 1 und 2 UmwG). Übernehmende Personenhandelsgesellschaft kann eine OHG oder KG[490] sein (§ 124 iVm. § 3 Abs. 1 Nr. 1 UmwG), letztere auch als Kapitalgesellschaft & Co. KG (insbes. also die GmbH & Co. KG) (s. a. Rz. 350); dazu gehören ferner Partnerschaftsgesellschaften. Zu den anzuwendenden Vorschriften s. Rz. 431. Von den Besonderen Vorschriften gelten für die übertragende GmbH §§ 138 bis 140 sowie § 125 iVm. §§ 46 bis 59 UmwG. Für die übernehmende oder neugegründete Personenhandelsgesellschaft existieren keine Besonderen Vorschriften zur Spaltung; es gelten daher nur die Verschmelzungsvorschriften der §§ 39 bis 45 UmwG über die Verweisung des § 125 UmwG.[491] Daher kann weitgehend auf die Erläuterungen zur Spaltung unter Beteiligung von GmbH (s. Rz. 610 ff.) verwiesen werden, aber auch auf

---

[490] LG Münster v. 15. 5. 1997, DB 1997, 1709 (Abspaltung des Kommanditanteils aus einer GmbH & Co. KG in eine neugegründete KG im Aufbau).
[491] Begr. UmwBerGE, BT-Drs. 12/6699, 123.

diejenigen zur Verschmelzung einer GmbH auf eine Personenhandelsgesellschaft (s. Rz. 350 ff.).

441 **b) Voraussetzungen und Durchführung**

aa) Spaltungs- und Übernahmevertrag oder Spaltungsplan s. Rz. 612–615, 693

bb) Zuleitung von aa) an Betriebsrat s. Rz. 616

cc) Rechnungslegung s. Rz. 617–628, 682 und 693 sowie 352

dd) Spaltungsbericht s. Rz. 629, 693: nicht erforderlich für die übernehmende Personenhandelsgesellschaft, sofern alle ihre Gesellschafter zur Geschäftsführung berechtigt sind (§ 125 iVm. § 41 UmwG). Weitere Einzelheiten s. Rz. 131

442 **ee)** Spaltungsprüfung s. Rz. 630, 693: für die übernehmende Personenhandelsgesellschaft nur bei Zulässigkeit der Spaltung durch Mehrheitsbeschluß erforderlich (§ 125 iVm. § 44 UmwG); s. Rz. 131)

ff) Einräumung von Gesellschaftsanteilen und Kapitalanteilen an der übernehmenden Personenhandelsgesellschaft. Einzelheiten s. Rz. 351

gg) Herabsetzung des Stammkapitals bei der übertragenden GmbH in Fällen der Abspaltung (s. Rz. 682)

hh) Spaltungsbeschlüsse der Gesellschafterversammlungen s. Rz. 632 sowie 131 und 351

ii) Beschlußfassung über ff, und gg, sowie Zustimmung zum Gesellschaftsvertrag einer neu gegründeten Personenhandelsgesellschaft s. Rz. 631, 633, 682

jj) Eintragung der Spaltung sowie von ii in das Handelsregister s. Rz. 634–637, 682.

443 **c) Handelsrechtliche Wirkungen** s. Rz. 640–646, 683 und 694 f. sowie 354

444 **d) Steuerliche Rechtsfolgen:**

Zu den anwendbaren Vorschriften s. Rz. 433. Im übrigen gilt:

445 **aa) Aufspaltung und Abspaltung:** Nach § 16 UmwStG gelten die Vorschriften für die Verschmelzung einer Kapitalgesellschaft auf eine Personengesellschaft (§§ 3 bis 8 und 10 UmwStG) entsprechend (Einzelheiten dazu s. Rz. 355 ff.). Außerdem gelten die zusätzlichen Voraussetzungen des § 15 UmwStG für eine steuerneutrale Spaltung entsprechend (Einzelheiten dazu s. Rz. 651 ff.). Als spezielle Rechtsfolgen gelten für diese Spaltungsarten, soweit Vermögensteile auf eine Personenhandelsgesellschaft übergehen:

446 (1) Den Gesellschaftern der GmbH wird die Körperschaftsteueranrechnung nach § 10 Abs. 1 UmwStG (s. Rz. 374, 383 ff.) nur anteilig gewährt, soweit sich auch das verwendbare Eigenkapital der GmbH infolge der Aufteilung nach § 38a Abs. 1 Satz 3 mindert (s. Rz. 688) (§ 16 Satz 2 UmwStG).

447 (2) Ein verbleibender Verlustabzug oder vortragsfähige Fehlbeträge der übertragenden GmbH mindern sich in dem Verhältnis, in dem das Vermögen

D. Reorganisation unter Beibehaltung der Rechtsform GmbH 448–464 § 14

auf eine Personengesellschaft übergeht (§ 16 Satz 3 UmwStG). Abweichend von § 15 Abs. 4 UmwStG wird insoweit für die Aufteilung nicht primär auf das Umtauschverhältnis abgestellt. Deswegen ist sie nach dem Verhältnis der gemeinen Werte vorzunehmen (s. dazu Rz. 669 f.).[492]

bb) Ausgliederung: Es gelten nicht die Verschmelzungsvorschriften wie für Aufspaltung und Abspaltung (§ 1 Abs. 1 Satz 2 und arg. § 16 UmwStG), sondern die Vorschriften über die Einbringung eines Teilbetriebs in eine Personengesellschaft (§ 24 UmwStG). Danach besteht für die übernehmende Personengesellschaft ein Bewertungswahlrecht für das eingebrachte Betriebsvermögen: Buchwerte, Zwischenwerte oder Teilwerte einschließlich selbstgeschaffener immaterieller Wirtschaftsgüter[493] (§ 24 Abs. 2 UmwStG). Die von ihr angesetzten Werte gelten für die einbringende GmbH als Veräußerungspreis (§ 24 Abs. 3 UmwStG). 448

Es gilt eine steuerliche Rückwirkung auf den Stichtag der handelsrechtlichen Schlußbilanz (s. Rz. 620), weil die Ausgliederung im Wege der Gesamtrechtsnachfolge geschieht (§ 22 Abs. 4 iVm. § 20 Abs. 7 und 8 UmwStG).[494] 449

Der Umsatzsteuer unterliegt die Einbringung eines Teilbetriebs nicht, weil sie eine Geschäftsveräußerung iSd. § 1 Abs. 1 a UStG ist (s. Rz. 46 a). 450

Grunderwerbsteuer (s. Rz. 46) entsteht nicht, falls Grundstücke zu dem eingebrachten Teilbetrieb gehören, soweit die übertragende GmbH an der übernehmenden oder neugegründeten Personengesellschaft beteiligt ist (§ 5 Abs. 2 GrEStG). 451

(frei) 452–459

D. Reorganisation unter Beibehaltung der Rechtsform GmbH

I. Überblick

In diesem Abschnitt D werden einzelne Möglichkeiten der Reorganisation unter **Beibehaltung** der **Rechtsform GmbH** erläutert. Dabei geht es um die **Konzentration** durch **Verschmelzung** mehrerer GmbH (zu Verschmelzung mit Rechtsträgern anderer Rechtsform s. Rz. 120 ff. und 336 ff.) oder um die **Dekonzentration** durch **Spaltung** einer GmbH (zur Spaltung mit Rechtsträgern anderer Rechtsform s. Rz. 150 ff. und 430 ff.). Dadurch, daß auch die Spaltung zur Aufnahme zugelassen ist, kann mit der Spaltung auch eine Teilverschmelzung bewirkt werden. Verschmelzung und Spaltung können grds. steuerneutral[495] und im Wege der **Gesamtrechtsnachfolge** durchgeführt werden. Die Spaltung durch Ausgliederung kann auch steuerneutral durch Einzelrechtsnachfolge bewirkt werden. 460

Zum Aufbau der Erläuterungen gilt Rz. 56 entsprechend.

(frei) 461–464

---

[492] *Hörger* FR 1994, 765 (769).
[493] UmwStErl. 1998 Tz. 24.04 iVm. Tz. 22.05–22.15.
[494] UmwStErl. 1998 Tz. 24.07.
[495] Ausnahme: GrESt (s. Rz. 46).

II. Verschmelzung[496] GmbH

1. Verschmelzung GmbH durch Aufnahme in eine GmbH

a) Überblick

465 Die **Möglichkeit**, das Vermögen einer übertragenden GmbH unter Auflösung ohne Abwicklung im Wege der Gesamtrechtsnachfolge als Ganzes auf eine andere übernehmende GmbH zu übertragen gegen Gewährung von Anteilen an der übernehmenden GmbH ist als **Verschmelzung im Wege der Aufnahme** zugelassen (§ 3 Abs. 1 Nr. 1 UmwG). Derart verschmolzen werden können eine oder mehrere GmbH auf eine andere GmbH. Es gelten dafür die allgemeinen Vorschriften der §§ 2 bis 38 UmwG und die besonderen Vorschriften für Verschmelzungen unter Beteiligung von GmbH (§§ 46 bis 55 UmwG) sowie ergänzend die Vorschriften des GmbHG. Eine aufgelöste GmbH kann als übertragender Rechtsträger an der Verschmelzung beteiligt sein, sofern sie nicht überschuldet ist und ein Fortführungsbeschluß deswegen unzulässig wäre (§ 3 Abs. 3 UmwG);[497] die soll nicht gelten, falls sie übernehmender Rechtsträger ist.[498] Gehören die an der Verschmelzung beteiligten GmbHs zu einem Konzern, so sind für Voraussetzungen und Durchführung der Verschmelzung eine Reihe von Erleichterungen vorgesehen (s. Rz. 466, 491 ff., 495 f.).

b) Voraussetzungen und Durchführung

aa) Verschmelzungsvertrag (§ 4 UmwG)

466 (1) *Inhalt* des Verschmelzungsvertrags (Entwurfs) – Mindestangaben nach §§ 5, 46 UmwG:[499]
– Firma und Sitz[500] der an der Verschmelzung beteiligten Gesellschaften
– Vereinbarung über die Übertragung des Vermögens der übertragenden GmbH als Ganzes gegen Gewährung von Anteilen an der übernehmenden GmbH

---

[496] Einführende Hinweise: Zum Begriff der Verschmelzung s. Rz. 8 und 13; zum Wesen der Verschmelzung s. Rz. 31; zu den Möglichkeiten der Verschmelzung s. Rz. 13; zur steuerlichen Behandlung der Verschmelzung s. Rz. 6 und 40.

[497] BayObLG v. 4. 2. 1998, ZIP 1998, 739; s. a. OLG Ffm. v. 10. 3. 1998, GmbHR 1998, 542 (Saldierungsverbot, falls einzelne von mehreren übertragenden GmbHs notleidend sind).

[498] KG v. 22. 9. 1998, DB 1998, 2409; OLG Naumburg v. 17. 2. 1997, GmbHR 1997, 1152; AG Erfurt v. 25. 10. 1995, Rpfleger 1996, 193 (Fortsetzungsbeschluß erforderlich); weitergehend *Bayer* ZIP 1997, 1613 (1614) (Zulässigkeit eines Fortsetzungsbeschlusses ausreichend); ebenso *Heckschen* DB 1998, 1385 (1386 f.) (auch zur Verschmelzung unter Beteiligung überschuldeter Rechtsträger).

[499] Bei mehreren übertragenden Rechtsträgern (s. Rz. 465) sollen diese Angaben für jeden einzelnen Rechtsträger zu machen sein, s. OLG Ffm. v. 10. 3. 1998, GmbHR 1998, 542, m. krit. Anm. *Mayer* DB 1998, 913; *Neye* EWiR § 46 UmwG 1/98, 517; *Heckschen* DB 1998, 1385 (1388).

[500] Zur Begründung eines Doppelsitzes anläßlich einer Verschmelzung s. *Katschinski* ZIP 1997, 620.

D. Reorganisation unter Beibehaltung der Rechtsform GmbH   466   § 14

– Umtauschverhältnis und Nennbeträge der Anteile jedes Gesellschafters der übertragenden GmbH sowie ggf. die Höhe der baren Zuzahlung: Durch das Umtauschverhältnis wird angegeben, wieviel Geschäftsanteile der übernehmenden GmbH die Gesellschafter der übertragenden GmbH für ihre bisherigen Geschäftsanteile erhalten (zB bedeutet 3:5, daß die Gesellschafter für 5 Geschäftsanteile der übertragenden GmbH 3 Geschäftsanteile der übernehmenden GmbH erhalten).[501] Zur Festlegung des Umtauschverhältnisses sind idR Unternehmungsbewertungen der an der Verschmelzung beteiligten Gesellschaften erforderlich, für die nach den Grundsätzen ordnungsmäßiger Unternehmungsbewertungen[502] der Ertragswert der Unternehmen im Vordergrund steht und ihr Substanzwert nur noch eine nachgeordnete Bedeutung hat;[503] alternativ zum Ertragswert vor Jahren kommt das Discounted Cash Flow-Verfahren in Betracht.[504] Trotz nicht zwingender Verschmelzungsprüfung (s. Rz. 493 f.) ist grds. die Einholung eines (gemeinsamen) Bewertungsgutachtens zu empfehlen (Bewertungsstichtag: Tag der Gesellschafterversammlung der übertragenden GmbH).[505] Die baren Zuzahlungen dürfen 10% der umgetauschten Anteile nicht übersteigen (§ 54 Abs. 4 UmwG).
– Einzelheiten für den Umtausch der Geschäftsanteile (s. a. § 46 Abs. 2 und 3 UmwG)
– Zeitpunkt des Beginns der Gewinnberechtigung aus den umgetauschten Geschäftsanteilen (ohne abweichende Vereinbarung: Stichtag der letzten Jahresbilanz; s. Rz. 472)[506] sowie etwaige Besonderheiten dieses Anspruchs
– Zeitpunkt, von dem an (im Innenverhältnis) die Handlungen der übertragenden GmbH als für Rechnung der übernehmenden GmbH vorgenommen gelten (Verschmelzungsstichtag; s. a. Rz. 471 und 472)[507]

---

[501] *ADS*, § 348 AktG Anm. 13.
[502] IDW-HFA-Stellungnahme 2/1983, WPg. 1983, 468.
[503] Rspr. zum Umtauschverhältnis: OLG Düsseldorf v. 17. 2. 1984, DB 1984, 817; LG Frankfurt/Main v. 1. 10. 1986, WM 1987, 559 (561); LG Mannheim v. 3. 3. 1988, DB 1988, 1056; OLG Karlsruhe v. 4. 2. 1998, AG 1998, 288, rkr.; s. a. Rz. 253; s. ferner *Nonnenmacher* AG 1982, 153 und *WP-HdB*. 1992 I O Anm. 755 zur Zuordnung von Synergie-Effekten durch die Verschmelzung; *Mertens* AG 1992, 321; zur Bedeutung von Ausgleichs- und Abfindungsansprüchen aus Unternehmensverträgen s. *Naraschewski* DB 1997, 1653 und DB 1998, 762, sowie *Schubert* DB 1998, 761; zur Unternehmensbewertung s. *Heurung* DB 1997, 843 und 888; *Seetzen* WM 1999, 565; speziell bei Verlustvorträgen *König/Zeidler* DStR 1996, 1098; *Peemöller/Popp* BB 1997, 303; *Drükarczyk* DStR 1997, 464.
[504] Dazu IDW-Arbeitskreis Unternehmensbewertung FN-IDW 1997, 33; *Ballwieser* WPg 1998, 81.
[505] *Hoffmann-Becking* in FS Fleck, 105 (114).
[506] *Hoffmann-Becking* in FS Fleck, 105 (110).
[507] Zu den verschiedenen Stichtagen, die unter unterschiedlichen Aspekten für die Rechtswirkungen der Verschmelzung von Bedeutung sind, s. *Hoffmann-Becking* FS Fleck, 104 (106 f.); zu einer variablen Stichtagsregelung s. HFA 2/1997 Tz. 13 und *W. Müller* WPg 1996, 857 (859); *Kiem* ZIP 1999, 173; zur Entwicklungsgeschichte des „Verschmelzungsstichtags", der nach dem RefE des UmwBerG v. 14. 4. 1992 (Beilage Nr. 112a zum BAnz v. 20. 6. 1992) noch ein vom Stichtag für den Wechsel der Rechnungslegung abweichender Stichtag sein konnte, s. *Hoffmann-Becking* ebd., sowie in IDW (Hrsg.), Reform des UmwR, 59; DAV HRAussch. Stellungn. zum UmwBerGRefE, WM 1993 Sonderbeilage Nr. 2 Anm. 24. Die in § 5 Abs. 1 Nr. 6

- Rechte, die die übernehmende GmbH einzelnen Gesellschaften oder Inhabern von Sonderrechten gewährt, oder die für diese Personen vorgesehenen Maßnahmen
- Vorteile für Geschäftsführer, Aufsichtsratsmitglieder, Abschlußprüfer oder Verschmelzungsprüfer
- Folgen der Verschmelzung für die Arbeitnehmer und ihre Vertretungen sowie die insoweit vorgesehenen Maßnahmen[508]
- Ggf. erforderliches Abfindungsangebot (§ 29 UmwG); eine Mischverschmelzung iSd. Satz 1 kann bei Verschschmelzung GmbH auf GmbH nicht vorliegen, wohl aber Verfügungsbeschränkung iSd. Satzes 2 der Vorschrift.

Die Angaben über den Umtausch der Anteile (§ 5 Abs. 1 Nr. 2 bis 5 UmwG) entfallen, wenn eine 100%ige Tochter-GmbH ohne Kapitalerhöhung auf die Muttergesellschaft verschmolzen wird (§§ 5 Abs. 2, 54 Abs. 1 Nr. 1 UmwG).[509]

Außer diesen Mindestangaben sollte der Verschmelzungsvertrag alle mit der Verschmelzung zusammenhängenden schuldrechtlichen Abreden enthalten.[510] Regelmäßig wird in den Vertrag auch eine Klausel aufgenommen, nach der die Wirksamkeit der Verschmelzung davon abhängt, daß die Eintragung bis zu einem bestimmten Zeitpunkt erfolgt ist[511] (zulässig nach § 4 Abs. 1 Satz 2 UmwG); alternativ kann auch ein Rücktritts- oder Kündigungsrecht vereinbart werden.[512] Im übrigen gilt, daß dann, wenn das Wirksamwerden des Verschmelzungsvertrags von einer Bedingung abhängig gemacht wird, nach 5 Jahren oder einer vereinbarten kürzeren Zeit ein gesetzliches Kündigungsrecht entsteht (§ 7 UmwG).

UmwG übernommene Regelung entspricht IDW-Stellungn. zum UmwBerGRefE, WPg. 1992, 613 (615).

[508] Nach OLG Düsseldorf v. 15. 5. 1998, WM 1998, 1822 (rkr.); muß der Verschmelzungsvertrag diese Angaben enthalten, ohne daß es darauf ankommt, ob die Folgen für den einzelnen Arbeitnehmer vorteilhaftig oder nachteilig sind. Die weitere Streitfrage, ob § 5 Abs. 1 Nr. 9 UmwG detaillierte Angaben auch in bezug auf lediglich mittelbare personelle und organisatorische Folgewirkungen erfordere oder ob pauschale Angaben zu den unmittelbaren Folgen, etwa in Form einer katalogartigen Aufzählung, ausreichten, brauchte das OLG Düsseldorf nicht zu entscheiden (jedoch mwN und Hinweisen zum Sinn und Zweck der Vorschrift); nach einer im Schrifttum im Vordringen befindlichen Auffassung soll dies zu verneinen sein; s. *Bayer* ZIP 1997, 1613 (1618 mwN). Nach LG Stuttgart v. 29. 3. 1996, DNotZ 1996, 701, sollen diese Angaben entbehrlich sein, wenn keiner der an der Verschmelzung beteiligten Rechtsträger einen Betriebsrat hat (zweifelhaft); aA zB *Trölitzsch* WiB 1997, 32; s. dazu auch OLG Düsseldorf aaO.

[509] Bei der sog. Schwester-Fusion gelten keine vergleichbaren Erleichterungen, s. OLG Ffm. v. 10. 3. 1998, GmbHR 1998, 542.

[510] BGH v. 16. 11. 1981, BGHZ 81, 188, DB 1982, 421; s. a. OLG Stuttgart v. 23. 11. 1994, AG 1996, 35 rkr. (Kostentragung allein durch den übernehmenden Rechtsträger, keine Treuepflichtverletzung beim down-stream-merger eines Minderheitsaktionärs).

[511] *Balser/Bokelmann/Piorreck/Dostmann/Kaufmann* Anm. 255.

[512] Zur Frage, ob die Ausübung dieser Gestaltungserklärungen der Vertretungsorgane – ebenso wie das Wirksamwerden des Verschmelzungsvertrages (s. Rz. 492) – der Zustimmung der Gesellschafterversammlung bedarf, s. *Heckschen* in FS Weichler, 27.

D. Reorganisation unter Beibehaltung der Rechtsform GmbH   467–471   § 14

(2) *Abschluß* des Vertrags oder *Aufstellung* eines Entwurfs durch die Geschäftsführer der an der Verschmelzung beteiligten Gesellschaften (§ 4 UmwG); wirksam wird der Vertrag aber nur, wenn ihm die Gesellschafterversammlungen zustimmen (s. Rz. 499). In der Praxis wird regelmäßig den Gesellschafterversammlungen der notariell beurkundete Verschmelzungsvertrag (s. Rz. 468) und nicht nur ein Entwurf vorgelegt.[513]

(3) Form: Notarielle Beurkundung (§ 7 UmwG); zu Auslandsbeurkundungen s. Rz. 49.

bb) Zuleitung des Verschmelzungsvertrags oder seines Entwurfs (s. Rz. 467) an den jeweils zuständigen **Betriebsrat** der an der Verschmelzung beteiligten Gesellschaften spätestens einen Monat[514] vor den Gesellschafterversammlungen, die die Verschmelzung beschließen sollen (§ 5 Abs. 3 UmwG).[515] Die Zuständigkeit des Betriebsrats ergibt sich aus dem Betriebsverfassungsgesetz.[516] Der Nachweis der Zuleitung sollte durch ein Empfangsbekenntnis des Betriebsratsvorsitzenden geführt werden.[517] Besteht kein Betriebsrat,[518] so besteht keine Verpflichtung, die Arbeitnehmer in alternativer Form zu informieren.[519]

cc) Rechnungslegung.[520] Anläßlich der Verschmelzung sind mehrere Bilanzen aufzustellen, die teilweise unterschiedliche Zwecke haben. Zwischen einzelnen bestehen Wechsel- bzw. Bindungswirkungen, die dazu führen, daß Wahlrechte und Rechtsfolgen durch Bilanzierungsentscheidungen in den jeweils vorgreiflichen Bilanzen ausgeübt bzw. ausgelöst werden. Der durch die Rechnungslegung entstehende Aufwand wird in der Praxis dadurch begrenzt, daß zulässigerweise ein einheitlicher Stichtag verwandt wird, was dann möglich ist, wenn die Anmeldung der Verschmelzung zur Eintragung in das Handelsregister innerhalb von 8 Monaten nach dem Bilanzstichtag erfolgt.

(1) **Buchführung**: Im Verschmelzungsvertrag ist als Verschmelzungsstichtag „der Zeitpunkt" zu vereinbaren, „von dem an die Handlungen der übertragenden Gesellschaft als für Rechnung der übernehmenden Gesellschaft vorgenommen gelten" (§ 5 Abs. 1 Nr. 6 UmwG; s. Rz. 466). Diese Stichtagsregelung dient der *Erfolgszuordnung*;[521] sie bezweckt nicht zugleich eine *Abgrenzung der Rechnungslegung* etwa dergestalt, daß die übertragende Gesellschaft mit dem Stichtag der Schlußbilanz (s. Rz. 474) ihre Bücher schließt und daß alle danach vorgenommenen Geschäfte unmittelbar in die Rechnungslegung der übernehmenden Gesellschaft eingehen.[522] Vielmehr hat die

---

[513] *Balser/Bokelmann/Piorreck/Dostmann/Kaufmann* Anm. 258.
[514] Zur Fristberechnung s. *K. J. Müller* DB 1997, 713; *Müller-Eising/Bert* DB 1996, 1398; *Berg* WiB 1996, 922.
[515] Zum Verzicht auf eine erneute Zuleitung bei nur unwesentlichen Änderungen des Vertrags s. OLG Naumburg v. 6. 2. 1997, DB 1998, 251 (zum Formwechsel AG in GmbH, s. Rz. 63).
[516] Ber.RAussch. zum UmwBerGE, BT-Drs. 12/7850, 142.
[517] Einzelheiten dazu bei *Melchior* GmbHR 1996, 833 (837).
[518] AG Duisburg v. 4. 1. 1996, GmbHR 1996, 372, verlangt Glaubhaftmachung; kritisch dazu *Melchior* GmbHR 1996, 833 (834).
[519] *Bayer* ZIP 1997, 1613 (1618) mwN.
[520] Einzelheiten zur handelsrechtlichen Rechnungslegung s. HFA 2/1997 (s. Rz. 6).
[521] Einzelheiten s. HFA 2/1997 Tz. 22.
[522] Zur bisherigen Praxis s. *Budde/Förschle* Sonderbilanzen Kap. H. Anm. 50 ff.

übertragende Gesellschaft auch danach bis zum Zeitpunkt des Vermögensübergangs (= Eintragung der Durchführung der Verschmelzung im Handelsregister – s. Rz. 503 ff.) Bücher zu führen. Bis zu diesem Zeitpunkt bleibt die handelsrechtliche Rechnungslegungspflicht der übertragenden Gesellschaft als öffentlich-rechtliche Verpflichtung bestehen.[523] Diese Verfahrensweise stellt auch die Erfüllung der umsatzsteuerlichen Aufzeichnungspflichten (§ 22 UStG) sicher, für die eine Rückbeziehung der Verschmelzung (s. Rz. 535 f.) nicht gilt,[524] sondern entscheidend ist, ab wann die Gesellschaft alle Rechtsbeziehungen beendet hat.[525]

472 (2) **Letzter Jahresabschluß** der übertragenden Gesellschaft (§§ 242, 264 HGB, § 42 GmbHG): Handelsrechtliche Erfolgsschlußbilanz zwecks Ergebnisabgrenzung, die zusammen mit den Jahresabschlüssen der beiden vorangegangenen Geschäftsjahre der Gesellschafterversammlung vorzulegen ist (s. Rz. 499).

Stichtag: Ende des letzten Geschäftsjahres (s. Rz. 471), kann übereinstimmend mit dem Stichtag der Schlußbilanz und dem Verschmelzungsstichtag (s. Rz. 466 und 474) unmittelbar vorangehen. Für den Zeitraum zwischen dem Ende des Geschäftsjahres und dem Zeitpunkt der Eintragung in das Handelsregister (s. Rz. 471) ist auf den Tag der Eintragung kein gesonderter Jahresabschluß aufzustellen.[526]

473 (3) **Zwischenbilanz** der übertragenden Gesellschaft ist abweichend von § 63 Abs. 1 Nr. 3 UmwG nicht vorgesehen, falls zwischen Stichtag der Jahresbilanz (s. Rz. 472) und dem Abschluß des Verschmelzungsvertrags mehr als 6 Monate liegen; sie kann aber freiwillig aufgestellt werden, um eine zeitnahe Unterrichtung der Gesellschafter zu erreichen.

474 (4) **Schlußbilanz** der übertragenden Gesellschaft (§ 17 Abs. 2 UmwG: „Bilanz" iS dieser Vorschrift ist nur die Bilanz iSd. §§ 242 Abs. 3, 264 Abs. 1 Satz 1 HGB, nicht der gesamte Jahresabschluß iSd. § 264 Abs. 1 HGB;[527] sie dient dem Registerrichter als zeitnahe Unterlage über das vorhandene Vermögen (s. Rz. 507). Entsprechende Geltung der Vorschriften über die Jahresbilanz für die Schlußbilanz bedeutet, daß es sich um eine Erfolgs- und nicht um eine Vermögensbilanz handelt.[528] Es ist so zu bilanzieren, als ob es sich um eine aus Anlaß eines Jahresabschlusses aufzustellende Bilanz handelt. Zuschreibungen sind nur zulässig, wenn Gründe, die zu außerplanmäßigen Abschreibungen geführt haben, weggefallen sind (Wertaufholung; § 280 HGB; s. a. Rz. 477), jedoch der Höhe nach begrenzt durch die planmäßig fortgeführten Anschaffungs- oder Herstellungskosten.[529] Die Wertansätze in der Schlußbi-

---

[523] HFA 2/1997 Tz. 12. und *W. Müller* WPg. 1996, 857 (861).
[524] *Rau/Dürrwächter/Flick/Geist* § 3 UStG Anm. 210; s. a. Rz. 47.
[525] UmwStErl. 1998 Tz. 01.01; OFD Erfurt v. 21. 7. 1997, DStR 1997, 1810.
[526] HFA 2/1997 Tz. 12; nach *W. Müller* WPg 1996, 857 (861), soll auch ein bis zur Eintragung der Verschmelzung noch nicht aufgestellter Jahresabschluß der übertragenden Gesellschaft (zum Ende des vorangegangenen Geschäftsjahres) von den Organen der übernehmenden Gesellschaft nicht mehr aufgestellt werden müssen.
[527] LG Dresden v. 18. 11. 1997, GmbHR 1998, 1086.
[528] *Budde/Förschle* Sonderbilanzen Kap. H. Anm. 103; s. a. HFA 2/1997 Tz. 111.
[529] HFA 2/1997 Tz. 112; ebenso UmwStErl. 1998 Tz. 11.01 (in der endgült. Fassung); aA *Biener* StbJb 1995/96, 29 (48 ff.): Bewertungswahlrecht korrespondierend

D. Reorganisation unter Beibehaltung der Rechtsform GmbH   474   § 14

lanz haben – abweichend vom früheren Recht[530] – keine Bindungswirkung für die Anschaffungskosten (§ 253 HGB) in der Jahresbilanz der übernehmenden GmbH; sie können lediglich wahlweise fortgeführt werden (§ 24 UmwG). Um insbes. eine Anpassung an deren Bewertungsmethoden zu ermöglichen, wird bereits in der Schlußbilanz der übertragenden Gesellschaft eine Durchbrechung der Bewertungsstetigkeit (§ 252 Abs. 2 HGB) für zulässig erachtet, um eine Buchwertverknüpfung zu ermöglichen.[531]

Die Schlußbilanz ist durch einen Abschlußprüfer zu prüfen, es sei denn, es handelt sich um eine kleine Kapitalgesellschaft iSd. § 267 Abs. 1 HGB (§ 316 Abs. 1 HGB).[532] Die Schlußbilanz braucht aber nicht bekanntgemacht zu werden.[533]

Stichtag: Höchstens 8 Monate[534] vor der Anmeldung der Verschmelzung zur Eintragung in das Handelsregister des Sitzes des übertragenden Rechtsträgers[535] (§ 17 Abs. 2 Satz 4 UmwG; s. a. Rz. 472). Obwohl es sich dabei um eine Mußvorschrift handelt, kann eine nicht fristgerechte Einreichung der Schlußbilanz heilbar sein, wenn sie zumindest 8 Monate nach dem Bilanzstichtag aufgestellt war und zeitnah zu einer fristgerechten Anmeldung nachgereicht wird. der sie ursprünglich nicht beigefügt war,[536] oder deswegen verspätet eingereicht wird, weil die Zeitdauer des vorgreiflichen Eintragungsverfahrens der Kapitalerhöhung beim übernehmenden Rechtsträger (s. Rz. 502) eine frühere Anmeldung der Verschmelzung durch den übertragenden Rechtsträger nicht zugelassen hat.[537] Im übrigen sollen unvollständige Anmeldungen nicht geeignet sein, die Achtmonatsfrist zu wahren.[538]

Stichtag kann mit dem der letzten Jahresbilanz (s. Rz. 472) übereinstimmen, so daß die Jahresbilanz auch als Schlußbilanz verwendet werden kann.[539] Er hat Bindungswirkung für die steuerliche Rückbeziehung (s. Rz. 476). Nach zwischenzeitlicher Auffassung,[540] der auch die FinVerw.[541] folgt, liegt idR der Stichtag der Schlußbilanz unmittelbar vor dem Verschmelzungsstichtag (s. Rz. 466 und 471): Wird als Verschmelzungsstichtag zB der 1. 1. 1999 vereinbart, so bedeutet dies, daß die Geschäfte ab Beginn des Tages

---

zu dem des übernehmenden Rechtsträgers nach § 24 UmwG (s. dazu Rz. 480); *Müller-Gatermann* WPg 1996, 868 (869, im Anschluß an Biener).

[530] § 27 Abs. 1 KapErhG, § 348 Abs. 1 AktG; anders dagegen bereits für die Verschmelzung einer GmbH auf eine AG (arg. § 355 AktG).
[531] HFA 2/1997 Tz. 112.
[532] LG Dresden v. 18. 11. 1997, GmbHR 1998, 1086.
[533] Nach HFA 2/1997 Tz. 113 bedarf die Schlußbilanz keiner Feststellung; sie brauche auch nicht den Gesellschaftern vorgelegt zu werden (s. aber Rz. 493).
[534] Einzelheiten zur Fristberechnung s. OLG Köln v. 22. 6. 1998, GmbHR 1998, 1085.
[535] Die Frist gilt nicht zugleich auch für den übernehmenden Rechtsträger; s. LG Ffm v. 24. 11. 1995, GmbHR 1995, 542 m. zust. Anm. *Neye* EWiR § 17 UmwG 1/96, 419.
[536] LG Ffm. v. 19. 12. 1997, DB 1997, 410.
[537] LG Ffm. v. 30. 1. 1998, GmbHR 1998, 379.
[538] KG v. 22. 9. 1998, DB 1998, 2511.
[539] HFA 2/1997, Tz. 11.
[540] HFA 2/1997 Tz. 111.
[541] UmwStErl. 1998 Tz. 02.01 ff.

(0.00 Uhr) für Rechnung des übernehmenden Rechtsträgers geführt werden und daß die Schlußbilanz auf den 31. 12. 1998 (24.00 Uhr) aufzustellen ist.[542] Ein steuerlicher Übertragungsstichtag 1. 1. 1999 wäre danach nur möglich bei einem Verschmelzungsstichtag 2. 1. 1999 und einem Stichtag der Schlußbilanz 1. 1. 1999.[543]

475 (5) **Verschmelzungsbilanz** der übertragenden Gesellschaft: Gesetzlich nicht vorgeschriebene, in der Praxis aber übliche Bilanz, die die wahren Werte (Zeitwerte) des Vermögens der übertragenden Gesellschaft ausweist[544] und der Festlegung des Umtauschverhältnisses dienen soll. Die Verschmelzungsbilanz hat jedoch nur noch eine eingeschränkte Bedeutung, nachdem für die Bewertung von Unternehmen das Ertragswertverfahren Vorrang vor dem Substanzwertverfahren bekommen hat (s. Rz. 466).

476 (6) **Steuerliche Schlußbilanz** der übertragenden Gesellschaft (§§ 3, 11 Abs. 1 UmwStG): Zweck ist die Gewinnabgrenzung für die Schlußbesteuerung der übertragenden Gesellschaft. Die Wertansätze in der steuerlichen Schlußbilanz der übertragenden Gesellschafter haben zugleich Bindungswirkung für die Bewertung in der Steuerbilanz der übernehmenden Gesellschaft (§ 4 Abs. 1 Satz 1, § 12 Abs. 1 UwStG).

477 Nach dem Wortlaut des § 11 Abs. 1 UmwStG gilt für die steuerliche Schlußbilanz der übertragenden Gesellschaft ein *Bewertungswahlrecht*, sofern die Voraussetzungen von dessen Satz 1 erfüllt sind (dazu s. Rz. 527–531). Danach können die übergegangenen Wirtschaftsgüter mit dem Buchwert (Satz 1: „Wert, der sich nach den steuerrechtlichen Vorschriften über die Gewinnermittlung ergibt"), dem Teilwert (Satz 3) oder einem Zwischenwert (Satz 2) angesetzt werden. Nach Auffassung der FinVerw.[545] ist ein über dem Buchwert liegender Wertansatz aber nur in dem eingeschränkten Umfang einer etwaigen Wertaufholung (s. Rz. 474) möglich, weil die Handelsbilanz (Schlußbilanz) für die Steuerbilanz maßgeblich sei (§ 5 Abs. 1 EStG).[546]

478 Diese Auffassung, die im Ergebnis dazu führt, daß das Bewertungswahlrecht weitgehend leerläuft, wird im Schrifttum[547] nahezu einhellig abgelehnt, und zwar aus folgenden Gründen:
– Generell keine Maßgeblichkeit der handelsrechtlichen Schlußbilanz für die steuerliche Schlußbilanz;[548]

---

[542] Anders die bisher hM; s. *Hoffmann/Becking* FS Fleck (1988), 105 (111 f.); *Priester* BB 1992, 1594 (1995), beide mwN: Stichtag der Schlußbilanz und Verschmelzungsstichtag fallen zusammen.

[543] Kritisch dazu *Bien* DStR 1998 Beil. zu Heft 17, 5 (Billigkeitsregelung oder 24-Stunden-RumpfWj. 1. 1., 0.00 Uhr bis 1. 1., 24.00 Uhr?); s. a. BFH v. 10. 3. 1998, BFH/NV 1998, 1412.

[544] Einzelheiten bei *Widmann/Mayer* § 24 UmwG Rz. 192 ff. („Umwandlungsbilanz"); *Budde/Förschle* Sonderbilanzen, Kap. H. Anm. 78.

[545] UmwStErl. 1998 Tz. 11.01.

[546] Zustimmend *Dötsch ua*. DB 1998 Beilage 7, 4 ff. (6). Nach § 6 Abs. 1 Nr. 1 Satz 4 und Nr. 2 Satz 3 EStG idF des StEntlG 1999/2000/2002 (s. Rz. 6) ist allerdings ab 1999 zwingend eine Wertaufholung vorgesehen. Der aus der erstmaligen Anwendung resultierende Gewinn kann auf 5 Jahre verteilt werden (§ 52 Abs. 16 EStG nF).

[547] Den Meinungsstand fassen zusammen zB *IDW* WPg. 1997, 439 (Abschn. 17), *Widmann* in FS Beisse (1997), 571, *Rödder* DB 1998, 998.

[548] *Weber-Grellet* BB 1997, 653.

D. Reorganisation unter Beibehaltung der Rechtsform GmbH   479, 480   § 14

– Durchbrechung der Maßgeblichkeit (§ 5 Abs. 1 Satz 1 EStG) durch § 11 Abs. 1 UmwStG als vorrangig zu beachtende Bewertungsvorschrift (§ 5 Abs. 6 EStG);[549]
– Keine formelle Maßgeblichkeit (§ 5 Abs. 1 Satz 1 EStG), soweit den steuerlichen Bewertungswahlrechten keine korrespondierende handelsrechtliche Bewertungswahlrechte entsprechen;[550]
– Keine der völlig mißlungenen Regelungen des § 3 Satz 2 UmwStG;[551] entsprechende, ggf. einschränkende Parallelregelung in § 11 Abs. 1 UmwStG.

Überholt sind Überlegungen, daß die Bewertung in der Handelsbilanz der **479** übernehmenden Gesellschaft *zwingend* zu einer *Gewinnrealisierung* in der steuerlichen Schlußbilanz der übertragenden Gesellschaft führt:
– Keine *umgekehrte Wertverknüpfung* für die Wahlrechtsausübung nach § 24 UmwG und daraus entstehende Maßgeblichkeit bei der übertragenden Gesellschaft[552] (Fehlen der handelsrechtlichen Voraussetzungen)[553]
– Kein *Ansatz* der bilanzierten Wirtschaftsgüter *mit Teilwerten* in der steuerlichen Schlußbilanz der übertragenden Gesellschaft bei fehlender Übereinstimmung zwischen Bewertung in den Handelsbilanzen der übernehmenden Gesellschaft (§ 24 UmwG) und übertragender Gesellschaft (§ 17 Abs. 2 UmwG) wg. *Wertungswiderspruchs*[554] (Fehlen einer Rechtsgrundlage)
– Keine sog. *diagonale Maßgeblichkeit* zwischen Handelsbilanz der übernehmenden Gesellschaft und steuerlicher Schlußbilanz der übertragenden Gesellschaft[555] (Geltung des § 5 Abs. 1 Satz 2 EStG jeweils nur für ein Steuersubjekt)
– Keine *wertaufholungsbedingte Zuschreibung* in der steuerlichen Schlußbilanz der übertragenden Gesellschaft (s. a. Rz. 477 aE) bei Bewertung nach dem Anschaffungskostenprinzip in der Handelsbilanz der übernehmenden Gesellschaft[556] (s. Rz. 486).

Liegen die Voraussetzungen des Wahlrechts nach § 11 Abs. 1 UmwStG **480** nicht vor, so sind die übergegangenen Wirtschaftsgüter mit dem Wert der für die Übertragung gewährten Gegenleistung (Gesellschaftsrechte oder bare Zuzahlungen) oder mit dem Teilwert anzusetzen, sofern keine Gegenleistung gewährt wird (§ 11 Abs. 2 UmwStG). Selbstgeschaffene immaterielle Wirtschaftsgüter (einschl. des selbstgeschaffenen Firmenwertes) sind in Fällen des § 11 Abs. 2 UmwStG grds. anzusetzen.[557] Der durch diese Bewertung bei der übertragenden Gesellschaft entstehende Gewinn infolge des Vermögensübergangs (Übertragungsgewinn) braucht nicht von dem laufenden Gewinn für das letzte Geschäftsjahr abgegrenzt zu werden, da für beide Gewinnbestandteile die gleichen Besteuerungsfolgen eintreten.[558]

---

[549] *Hügel* DStJG 17 (1994), 69 (94).
[550] *Thiel* GmbHR 1997, 145; *L. Schmidt* EStG[17] § 5 Rz. 58 f.
[551] *Widmann* in FS Beisse (1997), 571 (574 f.).
[552] *Müller-Gatermann* WPg 1996, 868 (870).
[553] *Widmann* in FS Beisse (1997), 571 (573).
[554] *Dötsch ua.* DB 1998 Beilage 7, 6 f.
[555] *M. Fischer* DB 1995, 485 (488).
[556] *Müller-Gatermann* WPg. 1996, 868 (870).
[557] UmwStErl. 1998 Tz. 11.20 f.
[558] UmwStErl. 1998 Tz. 02.03.

Stichtag der steuerlichen Schlußbilanz: Stichtag der Bilanz, die dem Vermögensübergang zugrundeliegt (= Schlußbilanz; s. Rz. 474), = steuerlicher Übertragungsstichtag (§ 2 Abs. 1 UmwStG).

481 (7) **Jahresabschluß** der **übernehmenden Gesellschaft** (§§ 242, 264 HGB, § 42 GmbHG) **vor** der **Verschmelzung:** Handelsrechtliche Erfolgsbilanz zwecks Ergebnisabgrenzung, die zusammen mit den Jahresabschlüssen der beiden vorangegangenen Geschäftsjahre der Gesellschafterversammlung vorzulegen ist (s. Rz. 499).

Das durch Verschmelzung übergehende Vermögen ist zu diesem Stichtag im Regelfall noch nicht bei der übernehmenden Gesellschaft zu bilanzieren. Für die *Vermögenszuordnung*[559] ist zwar nicht der Übergang des zivilrechtlichen Eigentums (= Eintragung im Handelsregister, s. Rz. 510), sondern der des wirtschaftlichen Eigentums ausschlaggebend. Letzteres geht jedoch auch erst über, wenn kumulativ folgende 4 Voraussetzungen erfüllt sind:
– Abschluß des formwirksamen Verschmelzungsvertrags (s. Rz. 466) und Verschmelzungsbeschlüsse der Gesellschafterversammlungen (s. Rz. 499 f.);
– Verschmelzungsstichtag (s. Rz. 466, 474) folgt dem betreffenden Abschlußstichtag nicht nach;
– Eintragung der Verschmelzung (s. Rz. 503 ff.) bis zur Aufstellung des betreffenden Jahresabschlusses (bzw. mit an Sicherheit grenzende Wahrscheinlichkeit der Eintragung)
– Sicherstellung vor außerordentlichen Vermögensverfügungen der übertragenden Gesellschaft.

Stichtag: Ende des Geschäftsjahres; kann übereinstimmen mit dem Stichtag der Schlußbilanz (s. Rz. 474). Bei übereinstimmenden Geschäftsjahren ist dies im Regelfall zugleich der Stichtag des letzten Jahresabschlusses der übertragenden Gesellschaft (s. Rz. 472) und ihrer Schlußbilanz (s. Rz. 499).

482 (8) Zwischenbilanz der übernehmenden Gesellschaft: Einzelheiten wie Rz. 473

483 (9) **Jahresabschluß** der **übernehmenden Gesellschaft** (§§ 242, 264 HGB, § 42 GmbHG) **nach Verschmelzung:** In Fällen der Verschmelzung durch Aufnahme ist für die übernehmende Gesellschaft eine – den Vermögensübergang ausweisende – Bilanz auf den Stichtag der Schlußbilanz der übertragenden Gesellschaft (s. Rz. 474) gesetzlich nicht vorgeschrieben. Der Vermögensübergang ist für die übernehmende Gesellschaft in der Buchführung ein laufender Geschäftsvorfall. Gleichwohl wird in der Praxis oftmals eine Überleitungs- oder Zwischenbilanz (Aufnahmebilanz) auf diesen Stichtag erstellt.[560]

484 Die übernehmende Gesellschaft hat – abweichend vom früheren Recht (s. Rz. 474) – ein **Wahlrecht**[561] (§ 24 UmwG) zwischen

---

[559] HFA 2/1997 Anm. 21; *W. Müller* WPg. 1996, 857 (861 f.).

[560] *Widmann/Mayer* § 24 UmwG Rz. 280 („Übernahmebilanz"); s. a. Rz. 246 zur Kapitalerhöhung gegen Sacheinlage; s. a. *ADS*[6] § 252 Anm. 17 zur Durchbrechung der Bilanzkontinuität in der Eröffnungsbilanz bei Verschmelzungen, die in der juristischen Sekunde zwischen zwei Geschäftsjahren wirksam werden. Zum Konzernabschluß s. *Küting/Zündorf* BB 1994, 1383; *Griesar* WPg. 1997, 768.

[561] Begr. UmwBerGE, BT-Drs. 12/6699, 93.

D. Reorganisation unter Beibehaltung der Rechtsform GmbH   485   § 14

– *Buchwertverknüpfung:* Ansatz der in der Schlußbilanz der übertragenden Gesellschaft angesetzten Werte (s. Rz. 474) als Anschaffungskosten iSd. § 253 Abs. 1 HGB in der Jahresbilanz der übernehmenden Gesellschaft oder
– *Anschaffungskostenprinzip:* Ansatz mit den Anschaffungskosten iSd. § 255 Abs. 1 HGB[562] nach den für Sacheinlagen oder für den Tausch geltenden Grundsätzen.[563] Teilweise wird grds. der Ansatz des übergehenden Vermögens mit Zeitwerten befürwortet,[564] ggf. mit der Einschränkung, daß steuerliche Vorschriften einen niedrigeren Ansatz voraussetzen.[565] Das IDW[566] unterscheidet zwischen Verschmelzungen und mit Kapitalerhöhung (Anschaffungskosten = ggf. Einlagewerte, ansonsten Zeitwerte oder Zwischenwerte) und Verschmelzungen ohne Kapitalerhöhung (Anschaffungskosten = Buchwert, Zeitwert oder erfolgsneutraler Zwischenwert der untergehenden bzw. hingegebenen eigenen Anteile).

Das Wahlrecht kann nur einheitlich ausgeübt werden; der Wertansatz bildet den Zugangswert der Vermögensgegenstände.[567] Bei der Ausübung des Wahlrechts ist zu beachten, daß die nach früherem Recht in bestimmten Fällen zugelassene Aktivierung eines Verschmelzungsmehrwertes[568] ab 1995 nicht mehr in Betracht kommt. Für den Ausweis danach noch verbleibender Unterschiedsbeträge zwischen den Werten des übergehenden Vermögens abzüglich Schulden und der Gegenleistung gilt: **485**

– Ein *Verschmelzungsverlust* mindert den Jahresüberschuß bzw. erhöht den Jahresfehlbetrag der übernehmenden Gesellschaft.
– Ein *Verschmelzungsgewinn* erhöht den Jahresüberschuß[569] bzw. mindert den Jahresfehlbetrag der übernehmenden Gesellschaft, soweit er nicht unmittelbar in die Kapitalrücklage einzustellen ist (§ 270 Abs. 1 Satz 1 HGB); nach hM ist eine Einstellung in die Kapitalrücklage (§ 272 Abs. 2 Nr. 1 HGB) nur zulässig ist, wenn eine Kapitalerhöhung zur Durchführung der Verschmelzung erfolgt (s. a. Rz. 495 ff.).[570] Bei Konzernverschmelzungen ist dies für die Wahl der Verschmelzungsrichtung („up-stream" oder „down stream") von Bedeutung, weil sich je nach Unterschiedsbetrag zwischen dem jeweiligen Nennkapital der an der Verschmelzung beteiligten Gesellschaften und dem Buchwert der Beteiligung an der Tochtergesellschaft unterschiedliches Ausschüttungspotential (= Verschmelzungsgewinn) ergibt.[571]

---

[562] *ADS*[6] § 255 HGB Anm. 98–100.
[563] Eingehend dazu *Hense* in IDW (Hrsg.), Reform des UmwR, 171 (184 ff.); *Budde/Förschle* Sonderbilanzen, Kap. H. Anm. 103 ff.; *W. Müller* in FS Clemm (1996), 243; *ders.* WPg 1996, 857 (863 f.); *Widmann/Mayer* § 24 UmwG Rz. 363 ff.
[564] *Schultze-Osterloh* ZGR 1993, 420.
[565] *Widmann/Mayer* § 24 UmwG Rz. 364 ff.
[566] HFA 2/1997 Tz. 322.
[567] HFA 2/1997 Tz. 31, 3222. und 33.
[568] § 348 Abs. 2 AktG; § 27 Abs. 2 KapErhG.
[569] Für die erfolgsneutrale Passierung eines etwaigen „bad will" *Weilep* DB 1998, 2130.
[570] HFA 2/1997 Tz. 322 und 33; *ADS*[5] § 348 AktG Anm. 21 f.; *Hense* in IdW (Hrsg.), Reform des UmwR, 171 (175 ff.).
[571] *Dreissig* StbJb. 1994/95, 209 (210 f.); *Hügel* Verschmelzung und Einbringung, 646.

Bei der Ausübung des Wahlrechts ist ferner zu beachten, daß eine Bewertung nach dem Anschaffungskostenprinzip nach Auffassung der FinVerw. zu Steuerbelastungen führen kann (s. Rz. 482).

486 (10) **Steuerbilanz** der **übernehmenden Gesellschaft**: Bindung an die steuerliche Schlußbilanz der übertragenden Gesellschaft (§ 4 Abs. 1 Satz 1, § 12 Abs. 1 UmwStG; s. Rz. 476 ff.) und damit Durchbrechung der Maßgeblichkeit der Handelsbilanz der übernehmenden Gesellschaft für deren Steuerbilanz (§ 5 Abs. 1 EStG). Dies gilt auch nach Einführung des Bewertungswahlrechts in § 24 UmwG und der Aufgabe der handelsrechtlichen strikten Buchwertverknüpfung (s. Rz. 483–485).

487 Allerdings sollen an dem der Verschmelzung folgenden Stichtag (dh. im Regelfall zu dem auf den steuerlichen Übertragungsstichtag folgenden Bilanzstichtag) die übergegangenen *Wirtschaftsgüter* in der Steuerbilanz der übernehmenden Gesellschaft nach Auffassung der FinVerw.[572] *erfolgswirksam aufgestockt* werden, falls die übernehmende Gesellschaft in ihrer handelsrechtlichen Jahresbilanz nach § 24 UmwG Werte ansetzt, die über den Wertansätzen in der steuerlichen Schlußbilanz der übertragenden Gesellschaft liegen. Die insoweit vorgesehene Wertaufstockung wird der Höhe nach begrenzt durch die steuerlichen Anschaffungs- oder Herstellungskosten der übertragenden Gesellschaft „(ggf. gemindert um Absetzungen für Abnutzung)". Rechtsfolge wäre, daß bei der übernehmenden Gesellschaft in dem Veranlagungszeitraum, in den der genannte Bilanzstichtag fällt, ein laufender Gewinn entsteht, der körperschaftsteuer- und gewerbesteuerpflichtig wird.[573]

488 Diese Rechtsauffassung, für die von der FinVerw. keine Rechtsgrundlage angeführt wird, ist abzulehnen:[574]
– Die Wertaufstockung wurde im Regelfall in der Steuerbilanz zwar zum gleichen Stichtag vorgenommen wie der Wertansatz in der Handelsbilanz nach § 24 UmwG (s. Rz. 481) zur phasenverschobenen Vermögenszuordnung in der Handelsbilanz.[575] Durch die Bewertung nach § 24 UmwG wird aber kein Wertaufholungswahlrecht iSd. § 6 Abs. 1 Nr. 1 Satz 4 und Nr. 2 Satz 3 EStG ausgeübt, weil keine außerplanmäßigen Abschreibungen iSd. § 280 HGB vorangegangen sind. Vielmehr sind die Werte nach § 24 UmwG bei der übernehmenden Gesellschaft als Zugangswerte auszuweisen.[576] Lediglich dann, wenn man wegen deren Eintritt in die Rechtsstellung der übertragenden Gesellschaft (§ 12 Abs. 3 und 4 UmwStG) zugleich auf deren Anschaffungs- oder Herstellungskosten abstellen wollte,[577] käme eine Wertaufholung etwaiger Teilwertabschreibungen oder Sonderabschreibungen der übertragenden Gesellschaft in Betracht.[578]

---

[572] UmwStErl. 1998 Tz. 11.02.
[573] So offenbar *Dötsch* ua. DB 1998 Beilage 7, 7.
[574] IdW WPg. 1997, 439 (Abschn. A.); *Rödder* DB 1998, 998 (999); *Funke* GmbHR 1996, 628; *Haritz/Paetzold* FR 1998, 352; *Mentel* DStR 1998, Beilage zu Heft 17, 9 ff.
[575] Mißverständlich deswegen *Rödder* DB 1998, 998 (999): „Phasenverschobene Wertaufholung".
[576] HFA 2/1997 Tz. 3222 (s. a. Rz. 485).
[577] Siehe *Widmann/Mayer* § 24 UmwG Rz. 503 f.
[578] Zur Konzeption eier zwingenden Wertaufholung bereits beim übertragenden Rechtsträger s. Rz. 477 aE.

D. Reorganisation unter Beibehaltung der Rechtsform GmbH   489–492   § 14

– Die unterschiedliche Bewertung der übernehmenden Gesellschaft in Handelsbilanz und Steuerbilanz ist nach den Grundsätzen der Bilanzidentität bzw. des Bilanzenzusammenhangs fortzuführen (§ 252 Abs. 1 Nr. 1 HGB; § 4 Abs. 1 EStG).[579]

In Fällen der Verschmelzung durch Aufnahme besteht keine Pflicht der übernehmenden Gesellschaft zur Aufstellung einer Steuerbilanz auf den Stichtag des Vermögensübergangs. Wird auf diesen Stichtag aber eine Handelsbilanz aufgestellt (s. Rz. 483–485), so empfiehlt es sich, daraus auch eine Steuerbilanz abzuleiten, um den Vergleich zwischen verwendbarem Eigenkapital laut Gliederung und laut Steuerbilanz nach § 38 KStG anstellen zu können (s. Rz. 565 ff.). Es wird von der FinVerw. aber auch als ausreichend angesehen, wenn das zusammengefaßte verwendbare Eigenkapital mittels einer fiktiven Steuerbilanz (Nebenrechnung) ermittelt wird.[580] Desweiteren ist der Bilanzansatz der Beteiligung an der übertragenden Gesellschaft auf diesen Stichtag für die Ermittlung des Übernahmegewinns bzw. -verlusts maßgebend (s. Rz. 557).

Ein *Unterschiedsbetrag* zwischen dem Nennbetrag der durch die Kapitalerhöhung beschafften Anteile und dem steuerlichen Buchwert des übergehenden Vermögens wird bei der übernehmenden Gesellschaft behandelt als:[581]   **489**
– steuerfreier Agiogewinn, wenn der Nennbetrag unter dem Übernahmewert liegt;
– aktiver Ausgleichsposten i. S. eines steuerlichen Minuskapitals, wenn der Nennbetrag über dem Übernahmewert des Vermögens liegt.

Unterbleibt eine *Kapitalerhöhung* zur Durchführung der Verschmelzung, so   **490**
kann sich ein Unterschiedsbetrag zwischen Buchwert des übergehenden Vermögens und dem untergehenden Beteiligungsbuchwert ergeben, der sich in der Steuerbilanz der übernehmenden Gesellschaft wie folgt auswirkt (zu den Rechtsfolgen für die Einkommensermittlung und Eigenkapitalsgliederung s. Rz. 557):
– Verschmelzungsgewinn (= Übernahmegewinn) erhöht das Steuerbilanzergebnis der übernehmenden Gesellschaft.
– Verschmelzungsverlust (= Übernahmeverlust) mindert das Steuerbilanzergebnis der übernehmenden Gesellschaft.

dd) Verschmelzungsbericht (§ 8 UmwG)

Ein Verschmelzungsbericht ist *nicht erforderlich* (§ 8 Abs. 3 UmwG), wenn   **491**
– sich alle Anteile an der übertragenden GmbH in der Hand der übernehmenden GmbH befinden oder
– alle Gesellschafter aller beteiligten GmbH durch notariell beurkundete Erklärung auf seine Erstattung verzichten.

Ansonsten haben die Geschäftsführer jeder der an der Verschmelzung beteil-   **492**
ligten *GmbH* einen *ausführlichen schriftlichen Bericht* (Verschmelzungsbericht) zu erstatten, der ausschließlich der Unterrichtung und dem Schutz der Gesell-

---

[579] Siehe auch *Thiel ua.* GmbHR 1998, 397 (435) zur Parallelsituation in Einbringungsfällen (§ 20 UmwStG) und dem Widerspruch zu Tz. 03.02 des UmwStErl. 1998.
[580] UmwStErl. 1998 Tz. Gl. 11.
[581] *Widmann/Mayer* § 15 UmwG 1977 Anm. 6045 ff.

§ 14 493 Umwandlung

schafter dient.[582] Dieser Berichtspflicht kann auch durch einen gemeinsamen Bericht genügt werden. Der Verschmelzungsbericht hat folgende Angaben zu enthalten (§ 8 Abs. 1 UmwG):
- Rechtliche und wirtschaftliche Erläuterung sowie Begründung von
  • Verschmelzung
  • Verschmelzungsvertrag/Entwurf
  • Umtauschverhältnis der Anteile; Hinweis auf besondere Schwierigkeiten bei der Bewertung der Gesellschaften sowie auf die Folgen für die Beteiligung der Gesellschafter
  • Erläuterung und Begründung des Umtauschverhältnisses sind das Kernstück des Verschmelzungsberichts. Dafür sind Zahlen anzugeben und tatsächliche Angaben zu machen.[583] Gegenstand einer Reihe von Anfechtungsklagen in jüngerer Zeit war die höchstrichterlich noch nicht abschließend geklärte Frage, wie konkret die Angaben sein müssen, um nachvollziehbar zu sein.[584]
  • Höhe einer anzubietenden Barabfindung (§ 29 UmwG)
- Alle für die Verschmelzung wesentlichen Angelegenheiten der mit den an der Verschmelzung beteiligten Gesellschaften verbundenen Unternehmen iSd. § 15 AktG.

Für die an der Verschmelzung beteiligten Gesellschaften oder mit ihnen verbundene Unternehmen nachteilige Tatsachen brauchen im Verschmelzungsbericht nicht angegeben zu werden (§ 8 Abs. 2 UmwG).

493 ee) **Verschmelzungsprüfung** (§§ 9–12, 48 UmwG)
Eine Verschmelzungsprüfung ist *nicht erforderlich* (§§ 9, 48 UmwG),[585] wenn
- sich alle Anteile einer übertragenden GmbH in der Hand der übernehmenden GmbH befinden und damit eine Kapitalerhöhung sowie ein Umtausch von Anteilen unterbleibt;[586]
- kein Gesellschafter der an der Verschmelzung beteiligten Gesellschaften die Prüfung (auf Kosten der Gesellschaft) verlangt (§ 48 UmwG);
- alle ggf. zu einer Barabfindung berechtigten Gesellschafter durch notariell beurkundete Erklärung auf die Prüfung verzichten (§ 30 Abs. 2 iVm. §§ 8 Abs. 3 und 12 Abs. 3 UmwG).

Eine Verschmelzungsprüfung durch einen sachverständigen Prüfer (Verschmelzungsprüfer) findet grundsätzlich für jede der an der Verschmelzung beteiligten Gesellschaften statt (§ 9 Abs. 1 UmwG). Die Verschmelzungsprüfer können aber für mehrere oder alle Gesellschaften gemeinsam bestellt werden, und zwar entweder durch die Geschäftsführer der Gesellschaften oder

---

[582] Begr. UmwBerGE, BT-Drs. 12/6699, 84.
[583] Einzelheiten bei *Balser/Bokelmann/Piorreck/Dostmann/Kauffmann* H 274; *Widmann/Mayer* § 8 UmwG Rz. 13 ff.; *Mertens* AG 1990, 20.
[584] BFH v. 22. 5. 1989, DB 1989, 1664; v. 18. 12. 1989, DB 1990, 317; v. 2. 7. 1990, DB 1990, 1762; v. 22. 5. 1989, ZIP 1990, 980; v. 29. 10. 1990, 102; BGH v. 29. 3. 1993, DStR 1994, 884 m. Anm. *Goette* OLG Karlsruhe v. 30. 6. 1989, DB 1989, 1616; OLG Köln v. 21. 9. 1988, ZIP 1988, 1391; OLG Hamm v. 20. 6. 1988, WM 1988, 1164 (1168); OLG Frankfurt/Main v. 24. 1. 1989, DB 1989, 469.
[585] Einzelheiten dazu bei *K. Zimmermann* in FS Brandner (1996), 167.
[586] Nichtanwendbar bei der sog. zweistufigen Zusammenführung: Erwerb aller Anteile und anschließende Verschmelzung, OLG Karlsruhe v. 9. 8. 1991, DB 1991, 2278 (Vorinstanz: LG Mannheim v. 26. 3. 1990, ZIP 1990, 992); aA: *Henze* AG 1993, 341.

D. Reorganisation unter Beibehaltung der Rechtsform GmbH   494–496   § 14

auf deren Antrag durch das zuständige Landgericht (ggf. durch Vorsitzenden einer Kammer für Handelssachen), in dessen Bezirk ein übertragender Rechtsträger seinen Sitz hat[587] (§ 10 UmwG).

Gegenstand der Verschmelzungsprüfung ist der Verschmelzungsvertrag oder sein Entwurf (§ 9 Abs. 1 UmwG). Im einzelnen erfaßt die Prüfung die Vollständigkeit des Verschmelzungsvertrags, die Richtigkeit der in ihm enthaltenen Angaben und – als Hauptaufgabe – die Prüfung der Angemessenheit des Umtauschverhältnisses.[588] Die Verschmelzungsberichte (s. Rz. 491 f.) selbst sind nicht Gegenstand der Prüfung; sie sind lediglich eine Unterlage für die genannten Prüfungsgegenstände. Die Verschmelzungsprüfer erstatten einen Prüfungsbericht, der mit einer Erklärung darüber abzuschließen ist, ob das vorgeschlagene Umtauschverhältnis und ggf. die Höhe barer Zuzahlungen angemessen ist (§ 12 UmwG).[589] Ähnlich wie für den Verschmelzungsbericht (s. Rz. 491 f.) war auch die Frage, wie konkret die Berichterstattung des Verschmelzungsprüfers zu sein hat, Gegenstand einer Reihe von Gerichtsverfahren in jüngster Zeit.[590]   494

Gegenstand der Verschmelzungsprüfung ist stets eine ggf. anzubietende Barabfindung (§ 30 Abs. 2 UmwG). Auf die Erstellung des Prüfungsberichts kann verzichtet werden (§ 12 Abs. 3 iVm. § 8 Abs. 3 UmwG), wenn zB eine mündliche Erörterung den Gesellschaftern ausreicht.

ff) Gewährung von Geschäftsanteilen der übernehmenden Gesellschaft. (§§ 53–55 UmwG) ist Bestandteil der Verschmelzung.[591] **Bare Zuzahlungen** dürfen des Gesamtnennbetrags der gewährten Geschäftsanteile der übernehmenden Gesellschaft nicht übersteigen (§ 54 Abs. 4 UmwG). Die Gewährung der Geschäftsanteile durch die übernehmende Gesellschaft kann erfolgen durch: 495
(a) Verwendung bereits vorhandener Geschäftsanteile (ohne Kapitalerhöhung)
(b) Schaffung neuer Geschäftsanteile durch eine Kapitalerhöhung.

Eine **Kapitalerhöhung** ist in 3 Fallgruppen **unzulässig** (§ 54 Abs. 1 Satz 1 UmwG), soweit nämlich: 496
– die übernehmende Gesellschaft Anteile der übertragenden Gesellschaft besitzt; bei Verschmelzung im Konzern ist daher eine Kapitalerhöhung nicht zulässig, wenn die 100%ige Tochtergesellschaft auf die Muttergesellschaft verschmolzen wird (sog. up-stream-merger),[592] aber geboten, wenn zwei Schwestergesellschaften miteinander verschmolzen werden.[593] Letzteres

---

[587] Zur Zuständigkeit bei mehr als einem übertragenden Rechtsträger s. *Bungert* BB 1995, 1399.
[588] *Hofmann-Becking* in FS Fleck S. 105 (122).
[589] Einzelheiten zur Verschmelzungsprüfung s. IDW-HFA 6/1988 WPg. 1989, 42; *Engelmeyer* WPg. 1996, 732; zum Prüfungsbericht s. a. *Mertens* AG 1990, 20.
[590] BGH v. 22. 5. 1989, DB 1989, 1664; OLG Hamm v. 20. 6. 1988, DB 1988, 1842; OLG Karlsruhe v. 30. 6. 1989, DB 1989, 1616; LG Frankfurt/Main v. 15. 1. 1990, WM 1990, 592; LG Mannheim v. 3. 3. 1988, DB 1988, 1056.
[591] Einzelheiten dazu bei *Ihrig* GmbHR 1995, 622 (639 ff.); *ders.* ZHR 1996, 317; *Limmer* in FS Schippel (1996), 415.
[592] BayObLG v. 17. 10. 1983, DB 1983, 2675; v. 5. 12. 1983, DB 1984, 285.
[593] KG v. 22. 9. 1998, DB 1998, 2511; OLG Frankfurt/Main v. 10. 3. 1998, GmbHR 1998, 542 m. krit. Anm. *Mayer* DB 1998, 913; *Neye* EWiR § 46 UmwG 1/ 98, 517 (zu den Sonderfragen bei Verschmelzung mehrerer übertragender Rechtsträ-

wurde im Gesetzgebungsverfahren mit Kapitalschutzüberlegungen begründet[594]; aA war bisher bereits die Lit.[595] unter Hinweis auf §§ 22, 25–26 UmwG; deswegen sei auch kein Mindesterhöhungsbetrag [596] zB in Höhe des Nennkapitals des übertragenden Rechtsträgers erforderlich;[597]
– die übertragende Gesellschaft eigene Anteile innehat;
– die übertragende Gesellschaft Anteile der übernehmenden Gesellschaft besitzt, auf die die Einlage nicht voll geleistet ist.

497 Von einer **Kapitalerhöhung** kann in 2 Fallgruppen **abgesehen** werden (§ 54 Abs. 1 Satz 2 UmwG), soweit nämlich:
– die übernehmende Gesellschaft eigene Geschäftsanteile besitzt;[598]
– die übertragende Gesellschaft Geschäftsanteile der übernehmenden Gesellschaft besitzt, auf die die Einlagen bereits bewirkt sind (Fälle des sog. downstream-merger).[599]

498 Soweit demnach zur Durchführung der Verschmelzung eine Kapitalerhöhung erfolgt, handelt es sich um eine **Kapitalerhöhung gegen Sacheinlagen** (§§ 53–57 b GmbHG), für die aber nach § 55 UmwG gewisse Erleichterungen gelten:
Keine Übernahmeerklärung erforderlich (Abweichung von § 55 Abs. 1 GmbHG), die Vorschriften über die Leistung von Einlagen und Sicherheiten (§ 56 a iVm. § 7 GmbHG) sind nicht anwendbar; entsprechende Versicherungen und Erklärungen anläßlich der Anmeldung zum Handelsregister (§ 57 Abs. 2 und Abs. 3 Nr. 1 GmbHG) entfallen; Erleichterungen für die Stükkelung von Geschäftsanteilen (Abweichung von § 5 Abs. 1 und 3 GmbHG); kein Ausschluß des Bezugsrechts der Gesellschafter der übernehmenden Gesellschaft erforderlich.
Die Kapitalerhöhung wird idR in der Gesellschafterversammlung beschlossen, in der die übernehmende Gesellschaft über ihre Zustimmung zum Verschmelzungsvertrag beschließt (s. Rz. 502).

499 gg) **Verschmelzungsbeschlüsse** der Gesellschafterversammlungen (§§ 13, 47, 49–51 UmwG).

---

ger; BayObLG v. 24. 5. 1989, BB 1989, 1779; OLG Hamm v. 20. 4. 1988, WM 1988, 1125; aA LG München v. 22. 1. 1998, GmbHR 1999, 35 (rkr.).
[594] Begr. UmwBerGE, BT-Drs. 12/6699, 101; aA jetzt LG München I v. 22. 1. 1998, BB 1998, 2331 m. Anm. *Baumann* BB 1998, 2321.
[595] *Widmann/Mayer* § 5 UmwG Rz. 41 ff.; *Lutter*, § 54 UmwG Rz. 15 ff.; *Limmer* in FS Schippel (1996), 415; *Kowalski* GmbHR 1996, 158, einschränkend für Fälle der Umgehung von KapHerabsetzungs- und Liquidationsvorschriften; dazu auch *Rodewald* GmbHR 1997, 19; *Naraschewski* GmbHR 1998, 356 (Kapitalrücklage mit 1 Jahr Sperrfrist für untergehendes Stammkapital).
[596] Zum Ausschluß überschuldeter GmbHs von der Verschmelzung s. Rz. 465; zum Umtauschverhältnis s. Rz. 466.
[597] FinVerw.: „Notwendige KapErh muß nicht den gesamten Vermögenswert umfassen" (UmwStErl. 1998 Tz. 11.14).
[598] Zur Möglichkeit einer durch deren Gewährung bewirkten steuerpflichtigen Gewinnrealisierung s. *Widmann/Mayer* § 15 UmwStG 1977 Rz. 6048.
[599] Zur Steuerneutralität dieser Fallgruppe s. *Widmann/Mayer* Rz. 6048.1 ff.; *Dreissig* StbJb. 1994/95, 209 (211 ff.); *Rödder/Wochinger* FR 1999, 1. Siehe auch Rz. 485, 541–543 und 560.

D. Reorganisation unter Beibehaltung der Rechtsform GmbH **500** § 14

Voraussetzung für die Wirksamkeit des Verschmelzungsvertrags (s. Rz. 466) ist die Zustimmung der Gesellschafter jeder an der Verschmelzung beteiligten Gesellschaft durch Beschluß (Verschmelzungsbeschluß) (§ 13 Abs. 1 UmwG):
(1) *Einberufung* der Gesellschafterversammlungen durch die Geschäftsführer (§§ 47, 49 UmwG) mit einer Frist von mindestens einer Woche (§§ 49 bis 51 GmbHG): Die Einberufung der Versammlungen erfolgt in der Praxis in der Folge, daß die übertragende Gesellschaft vor der übernehmenden Gesellschaft beschließt. Die übernehmende Gesellschaft entscheidet dann in Kenntnis des Beschlusses der übertragenden Gesellschaft über ihre Zustimmung und eine etwaige zur Durchführung der Verschmelzung erforderlichen Kapitalerhöhung.[600]
– Schriftliche Ankündigung der Verschmelzung als Gegenstand der Beschlußfassung (§ 49 Abs. 1 UmwG)
– Übersendung folgender Unterlagen (§ 47 UmwG):
  • Verschmelzungsvertrag/Entwurf (s. Rz. 466)
  • Verschmelzungsbericht (s. Rz. 491 f.)
  • Prüfungsbericht über etwaige Verschmelzungsprüfung (s. Rz. 493 f.) (fakultativ)
– Mitteilung eines etwaigen Barabfindungsangebots (§ 29 Abs. 1 Satz 4 UmwG)
– Auslage der Jahresabschlüsse und Lageberichte der an der Verschmelzung beteiligten Gesellschaften für die letzten drei Geschäftsjahre zur Einsicht durch die Gesellschafter in den Geschäftsräumen der Gesellschaft ab der Einberufung (§ 49 Abs. 2 UmwG)
– Auskunftspflicht der Geschäftsführer (§ 49 Abs. 3 UmwG).

(2) *Beschlußfassung* der Gesellschafterversammlungen der an der Verschmelzung beteiligten Rechtsträger[601] mit einer Mehrheit von mindestens ³/₄ der abgegebenen Stimmen (§§ 13, 50, 51 UmwG): **500**
– Gesellschaftsvertrag kann eine größere Mehrheit und weitere Erfordernisse bestimmen
– Zustimmungserfordernis einzelner Gesellschafter der übertragenden Gesellschaft, von deren Zustimmung die Abtretung von Anteilen an diese Gesellschaft abhängig ist (§ 13 Abs. 2 UmwG)
– Zustimmungserfordernis einzelner Gesellschafter mit Geschäftsführungssonderrechten sowie Bestellungs- und Vorschlagsrechten für die Geschäftsführung oder Minderheitsrechten iSv. Individualrechten[602]
– Zustimmung sämtlicher (anwesenden und nicht erschienenen) Gesellschafter der anderen an der Verschmelzung beteiligten Gesellschaften, falls auf die Geschäftsanteile einer Gesellschaft die Einlageverpflichtung noch nicht voll erfüllt ist (§ 51 Abs. 1 UmwG).
Nach hM[603] steht § 47 Abs. 4 Satz 2 GmbHG der Mitwirkung bei der Beschlußfassung auch insoweit nicht entgegen, als eine der zu verschmelzen-

---

[600] *Balser* Anm. 347.
[601] Siehe auch *Heckschen* DB 1998, 1385 (1390), zu einer etwaigen Zustimmungsbedürftigkeit bei einer Obergesellschaft nach den Grundsätzen des Holzmüller-Urteils des BGH (dazu Rz. 698).
[602] Begr. UmwBerGE, BT-Drs. 12/6699, 100.
[603] LG Arnsberg v. 28. 1. 1994, AG 1995, 334, rkr.; *Widmann/Mayer* § 50 UmwG Anm. 38.

den Gesellschaften an der anderen beteiligt ist. Eine dem § 62 UmwG vergleichbare Regelung, daß bei sog. Konzernverschmelzungen unter bestimmten Voraussetzungen bei der übernehmenden Gesellschaft kein Verschmelzungsbeschluß erforderlich ist, gilt für die GmbH nicht.

501 (3) *Notarielle Beurkundung* der Verschmelzungsbeschlüsse und der Zustimmungserklärungen einzelner Gesellschafter, die nach dem UmwG erforderlich sind (§ 13 Abs. 3 UmwG). Dem Verschmelzungsbeschluß ist der Verschmelzungsvertrag oder sein Entwurf als Anlage beizufügen.

502 **hh)** Zusammen mit dem Verschmelzungsbeschluß entscheidet die Gesellschafterversammlung der übernehmenden Gesellschaft über die zur Beschaffung der Umtausch-Anteile erforderliche **Kapitalerhöhung** (s. Rz. 495 ff.). Die für die Beschlußfassung erforderliche Mehrheit und Form (§§ 53–57 a GmbHG) entsprechen weitgehend denjenigen für den Verschmelzungsbeschluß (s. Rz. 500).

ii) Eintragung der Verschmelzung in das Handelsregister (§§ 16–20, 52, 54, 55 UmwG)

(1) *Anmeldung* zur Eintragung

503 Mit Rücksicht auf die Regelung des § 53 UmwG, derzufolge die Verschmelzung nicht eingetragen werden darf, bevor die Erhöhung des Stammkapitals im Handelsregister eingetragen worden ist, empfiehlt es sich, Kapitalerhöhung und Verschmelzung in dieser Reihenfolge anzumelden:

504 (aa) *Anmeldung* der *Kapitalerhöhung* (§ 55 Abs. 2 UmwG): Die Kapitalerhöhung ist nach §§ 54, 57 GmbHG zur Eintragung in das Handelsregister anzumelden; § 22 Abs. 2 UmwG regelt, welche Abweichungen von diesen allgemeinen Vorschriften gelten. Danach sind der Anmeldung durch sämtliche Geschäftsführer der übernehmenden Gesellschaft (§ 78 GmbHG) folgende Unterlagen beizufügen:
– Liste der Übernehmer (§ 57 Abs. 3 Nr. 2 GmbH)
– Festsetzungsverträge; hier: Schlußbilanz der übertragenden Gesellschaft[604] (§ 57 Abs. 3 Nr. 3 GmbHG);
– Niederschrift der Verschmelzungsbeschlüsse (§ 5 Abs. 2 UmwG) – s. Rz. 499
– Verschmelzungsvertrag (§ 55 Abs. 2 UmwG) – s. Rz. 466[605]
– Kapitalerhöhungsbeschluß (§ 54 Abs. 2 GmbHG) – s. Rz. 502
– Neufassung der Satzung (§ 54 Abs. 1 Satz 1 GmbHG).

505 (bb) *Anmeldung* der *Verschmelzung* (§§ 16, 17, 52 UmwG): Die Geschäftsführer jeder Gesellschaft haben die Verschmelzung zur Eintragung in das Handelsregister ihres Sitzes anzumelden; die Geschäftsführer der übernehmenden Gesellschaft sind auch berechtigt, die Anmeldung für die übertragende Gesellschaft vorzunehmen (§ 16 Abs. 1 UmwG). Bei der Anmeldung haben die Geschäftsführer folgende *Erklärungen* abzugeben:

---

[604] *Widmann/Mayer* § 55 UmwG Anm. 92; ähnlich *Balser* Anm. 402: „Verschmelzungsbilanz".
[605] Nach OLG Karlsruhe v. 2. 3. 1998, DB 1998, 714, ist eine separate Vorlage des Verschmelzungsvertrags entbehrlich, falls dem Verschmelzungsbeschluß (s. Rz. 495) nicht nur der Entwurf, sondern bereits der notariell beurkundete Verschmelzungsvertrag beigefügt ist.

D. Reorganisation unter Beibehaltung der Rechtsform GmbH   506   § 14

- Sog. Negativerklärung (§ 16 Abs. 2 UmwG), daß keine Klagen gegen die Wirksamkeit des Verschmelzungsbeschlusses anhängig sind oder
- Rechtskräftiger Beschluß des Prozeßgerichts nach Klageerhebung, daß die Klage gegen die Wirksamkeit des Verschmelzungsbeschlusses deswegen der Eintragung nicht entgegensteht (§ 16 Abs. 3 UmwG),[606] weil ggf.
  - die Klage unzulässig ist,
  - die Klage offensichtlich unbegründet ist (Fallgruppen: Anfechtungsgründe[607] oder Rechtsmißbrauch)[608] oder
  - das alsbaldige Wirksamwerden der Verschmelzung zur Abwendung wesentlicher Nachteile für die Gesellschaften und ihre Gesellschafter vorrangig erscheint gegenüber der Schwere der mit der Klage geltend gemachten Rechtsverletzungen (Interessenabwägung zwischen Vollzugsinteresse und Aufschubinteresse)[609]
- Erklärung über die Zustimmung sämtlicher Gesellschafter der anderen Gesellschaften zum Verschmelzungsbeschluß, falls auf Geschäftsanteile einer Gesellschaft die Einlageverpflichtung noch nicht voll erfüllt ist (s. Rz. 500) (§ 52 Abs. 1 UmwG).

Den Anmeldungen sind folgende Anlagen beizufügen (§§ 17, 52 Abs. 2   506
UmwG):
- Verschmelzungsvertrag (§ 13 Abs. 3 Satz 2 UmwG) (s. Rz. 466)
- Verschmelzungsbericht (s. Rz. 491 f.)
- Prüfungsbericht (s. Rz. 493 f.)
- Verzichtserklärungen (s. Rz. 491 f., 493 f.)
- Nachweis über Zuleitung des Verschmelzungsvertrags oder seines Entwurfs an den Betriebsrat (s. Rz. 469)[610]
- Verschmelzungsbeschlüsse (s. Rz. 499 ff.)
- Zustimmungserklärungen einzelner Gesellschafter (s. Rz. 500)
- Genehmigungsurkunde, falls die Verschmelzung der staatlichen Genehmigung bedarf.

Der Anmeldung der übertragenden Gesellschaft ist ferner deren Schlußbilanz (s. Rz. 474) beizufügen. Der Mangel einer Nichtbeifügung kann durch Nachreichen der Schlußbilanz geheilt werden, wenn dies kurzfristig nach der Anmeldung geschieht und wenn die Schlußbilanz zum Zeitpunkt der Anmeldung bereits erstellt war und hätte vorgelegt werden können.[611] Der Anmel-

---

[606] Einzelheiten zu den Voraussetzungen dieses neuen Rechtsbehelfs s. Begr. UmwBerGE, BT-Drs. 12/6699, 89 f.; s. a. zum Anwendungsbereich *Bayer* ZGR 1995, 613; *Ch. Schmid* ZGR 1997, 493; *Riegger/Schockenhoff* ZIP 1997, 2105; *Decher* AG 1997, 388.

[607] Noch nicht abschließend geklärt ist, ob „offensichtlich" unbegründet, allein iSv. „zweifelsfrei" (so OLG Ffm. v. 17. 2. 1998, DB 1998, 122) oder (auch) iSv. „ohne eingehende Prüfung der Sach- und Rechtslage" (so LG Hanau v. 5. 10. 1995, WM 1996, 66) bzw. „ohne weiteres erkennbar" (so OLG Ffm. v. 9. 6. 1997, ZIP 1997, 1291) zu verstehen ist.

[608] OLG Ffm. v. 22. 12. 1995, WM 1996, 534.

[609] LG Hanau v. 5. 10. 1995 aaO; OLG Stuttgart v. 17. 12. 1996, ZIP 1997, 75; OLG Ffm. v. 9. 6. 1997, aaO.

[610] Nach AG Duisburg v. 4. 1. 1996, GmbHR 1996, 372, kann Nachweis nach Ablauf der 8-Monats-Frist des § 17 Abs. 2 Satz 4 UmwG nicht mehr nachgeholt werden, aA *Melchior* GmbHR 1996, 833 (837).

[611] LG Ffm. v. 19. 12. 1997, DB 1998, 410.

dung der übernehmenden Gesellschaft ist eine von den Geschäftsführern unterschriebene berichtigte Gesellschafterliste beizufügen.

507 (2) Die *Prüfung* durch den *Registerrichter* hat die Gesetzmäßigkeit der Verschmelzung[612] und Kapitalerhöhung zum Gegenstand, also insbes. Zustimmung, Gesetzmäßigkeit der Teilakte, Ordnungsmäßigkeit der Anmeldungen sowie Vollständigkeit der Anlagen.[613]

Wird die Negativerklärung abgegeben (s. Rz. 505), so braucht der Registerrichter den Verschmelzungsbeschluß nur noch unter dem Gesichtspunkt der Nichtigkeit zu prüfen. Ist hingegen eine Anfechtungsklage erhoben, über die noch nicht rechtskräftig entschieden ist, so wirkt sie grundsätzlich als Eintragungshindernis[614], es sei denn, das Prozeßgericht stellt fest, daß die Klageerhebung der Eintragung nicht entgegensteht (§ 16 Abs. 3 UmwG; s. Rz. 505, 510).

Die Prüfung der *Werthaltigkeit* der *Sacheinlage* hat der Registerrichter der übernehmenden Gesellschaft anzustellen. Dabei muß er sich auf die Jahresbilanz (s. Rz. 472) und die Schlußbilanz (s. Rz. 474) der übertragenden Gesellschaft stützen. Sofern dies mittelgroße oder große GmbH sind (s. § 267 HGB), müssen die Jahresabschlüsse und die Schlußbilanz von einem Abschlußprüfer geprüft sein (§ 316 HGB, § 17 Abs. 2 UmwG); bei kleinen GmbH genügt eine sog. Werthaltigkeitsbescheinigung eines WP oder StB. Die Vorlage einer durch einen unabhängigen Prüfer geprüften und testierten Bilanz kann hier im Regelfall nicht verlangt werden; erst wenn dann noch Zweifel an der Werthaltigkeit verbleiben, können weitere Nachweise verlangt werden.[615] Zu dem Bewertungswahlrecht nach § 24 UmwG, durch das idR der Ausweis eines Verschmelzungsverlustes und damit auch die evtl. Anforderung eines Bewertungsgutachtens durch den Registerrichter vermieden werden kann, s. Rz. 483–485.

508 (3) Für die *Eintragung* ist nach § 19 Abs. 1, 53 UmwG folgende Reihenfolge vorgesehen:
1. Eintragung der Kapitalerhöhung im Handelsregister der übernehmenden Gesellschaft (§ 53 UmwG)
2. Eintragung der Verschmelzung im Handelsregister der übertragenden Gesellschaft(en) (§ 19 Abs. 1 Satz 1 UmwG)
3. Eintragung der Verschmelzung im Handelsregister der übernehmenden Gesellschaft (§ 19 Abs. 1 Satz 1 UmwG).

509 (4) Die *Bekanntmachung* der Eintragungen erfolgt für die Kapitalerhöhung durch das Registergericht der übernehmenden Gesellschaft (§ 57 b GmbHG) und für die Verschmelzung durch jedes der Registergerichte der an der Verschmelzung beteiligten Gesellschaften (§ 19 Abs. 3 UmwG) unter zusätzlichem Hinweis auf das Recht der Gläubiger, Sicherheiten verlangen zu

---

[612] OLG Hamm v. 26. 9. 1996, DB 1997, 268 (Ablehnung der Eintragung wg. Unwirksamkeit des Verschmelzungsvertrags aufgrund Verstoßes gegen ein gesetzliches Verbot – hier: Verschmelzung Handelsgewerbe mit StB-GmbH).

[613] OLG Düsseldorf v. 15. 5. 1998, WM 1998, 1822 (Prüfungsrecht hinsichtlich ausreichender Angaben zu den arbeitsrechtlichen Folgen).

[614] Zur „schwebenden Umwandlung" s. *Kiem* ZIP 1999, 173.

[615] OLG Düsseldorf v. 29. 3. 1995, WM 1995, 1840 (zur Umwandlung eines Einzelunternehmens in eine kleine GmbH nach § 56a UmwG 1969); *Widmann/Mayer* § 55 UmwG Anm. 79.

D. Reorganisation unter Beibehaltung der Rechtsform GmbH   510   § 14

können (§ 22 Abs. 1 Satz 3 UmwG). Die Schlußbilanz der übertragenden Gesellschaft braucht nicht bekanntgemacht zu werden (entsprechend § 17 Abs. 2 Satz 3 UmwG).

c) Handelsrechtliche Wirkungen

Rechtsfolgen der Verschmelzung sind:
aa) Die **Eintragung** der Verschmelzung in das Handelsregister der übernehmenden Gesellschaft hat folgende **konstitutive Wirkungen** (§ 20 UmwG):[616]   510
(1) Übergang des Vermögens der übertragenden Gesellschaft einschließlich der Verbindlichkeiten auf die übernehmende Gesellschaft; der im Verschmelzungsvertrag vereinbarte Verschmelzungsstichtag (s. Rz. 466) gilt lediglich im Innenverhältnis der an der Verschmelzung beteiligten Gesellschaften.
(2) Erlöschen der übertragenden Gesellschaft, ohne daß es einer besonderen Löschung im Handelsregister bedarf[617].
(3) Die Gesellschafter der übertragenden Gesellschaft werden Gesellschafter der übernehmenden Gesellschaft, soweit nicht
– die übernehmende Gesellschaft (oder ein Dritter für deren Rechnung) Gesellschafter der übertragenden Gesellschaft ist oder
– die übertragende Gesellschaft eigene Anteile (oder ein Dritter Anteile an ihr für ihre Rechnung) innehat.
(4) Rechte Dritter an den Geschäftsanteilen der übertragenden Gesellschaft(en) bestehen an den an ihre Stelle tretenden Geschäftsanteilen an der übernehmenden Gesellschaft weiter.
(5) Ein Mangel der notariellen Beurkundung
– des Verschmelzungsvertrags[618] oder
– ggf. erforderlicher Zustimmungs- oder Verzichtserklärung einzelner Gesellschafter wird geheilt.
(6) Mängel der Verschmelzung lassen die Wirkungen der Eintragung der Verschmelzung in das Handelsregister (s. (1) bis (5)) unberührt. Durch diese Einschränkung der Nichtigkeit soll die Rückabwicklung der Verschmelzung durch Rückübertragung jedes einzelnen Vermögensgegenstandes („Entschmelzung") vermieden werden. Als Möglichkeit zur wirtschaftlichen Rück-

---

[616] Ohne diese Eintragung ergeben sich die nachstehenden Rechtsfolgen auch nicht aus den Grundsätzen über die Behandlung fehlerhafter gesellschaftsrechtlicher Akte bzw. aus den Grundsätzen der fehlerhaften Verschmelzung; die Spezialregelung des § 20 UmwG schließt zugleich eine Haftung durch Rückgriff auf § 419 BGB aus, s. BGH v. 18. 12. 1995, ZIP 1996, 225 (zur Verschmelzung zweier GmbH, bei der die Eintragung nach § 25 Abs. 2 KapErhG unterblieben war); *K. Schmidt* DB 1996, 1859 (Haftungsrisiken bei „steckengebliebenen" Verschmelzungen?).
[617] BVerfG v. 27. 1. 1999, DB 1999, 575: Erfordernis der Fortsetzung eines laufenden Spruchstellenverfahrens wg. Abfindungsansprüchen aufgrund eines Beherrschungs- und Gewinnabführungsvertrags nach Verschmelzung der abhängigen Gesellschaft; LG München v. 10. 12. 1998, DB 1999, 629: Fortsetzung eines Auskunftserzwingungsverfahrens; LG München v. 12. 11. 1998, DB 1999, 628: Fortsetzung einer Anfechtungsklage.
[618] Zur nicht heilbaren Nichtigkeit wg. fehlender Mindestangaben (s. Rz. 466) s. OLG Ffm. v. 10. 3. 1998, GmbHR 1998, 542.

abwicklung einer Fusion, die sich nachträglich als unzweckmäßig erweist, steht die Spaltung zur Verfügung (s. Rz. 600 ff.).[619]

Von der Wirksamkeit der Verschmelzung als solcher ist die Wirksamkeit der einzelnen Rechtshandlungen (Verschmelzungsvertrag, Zustimmungsbeschlüsse usw.) zu unterscheiden. Deren Mängel können zum Gegenstand von Schadensersatzansprüchen werden (s. Rz. 516). Eine Klage auf Feststellung der Nichtigkeit des Verschmelzungsbeschlusses der übertragenden Gesellschaft ist nach der Eintragung der Verschmelzung im Handelsregister der übernehmenden Gesellschaft gegen die übernehmende Gesellschaft zu richten (§ 28 UmwG). Die Rechtsfolgen des § 20 Abs. 2 UmwG erstrecken sich nicht auf die Kapitalerhöhung zur Durchführung der Verschmelzung (s. Rz. 495–498, 502). Mängel der Verschmelzung und der Kapitalerhöhung können grds. zum Gegenstand von Anfechtungsklagen (§ 245 AktG analog) gemacht werden.[620] Derartige Anfechtungsklagen sind grundsätzlich ein Eintragungshindernis (s. Rz. 507), es sei denn, das Prozeßgericht stellt durch Beschluß fest, daß die Klageerhebung der Eintragung nicht entgegensteht, weil sie unzulässig oder offensichtlich unbegründet ist oder die Rechtsverletzung im Verhältnis zu den Nachteilen einer Nichteintragung geringfügig ist (§ 16 Abs. 3 UmwG; s. Rz. 507).

bb) Minderheitenrechte der Gesellschafter:

511 (1) **Klage gegen** die **Wirksamkeit des Verschmelzungsbeschlusses** binnen eines Monats nach der Beschlußfassung (§§ 14, 28 UmwG).[621] Ausgeschlossen sind Klagen von Gesellschaftern der übertragenden Gesellschaft, die gestützt werden auf
– Unangemessenheit des Umtauschverhältnisses (§ 14 Abs. 2 UmwG)
– Unangemessenheit der Barabfindung (§ 32 UmwG).

Wird durch Beschluß des Prozeßgerichts nach § 16 Abs. 3 UmwG die Eintragung der Verschmelzung zugelassen, und erweist sich die Klage später als begründet, so ist die antragstellende Gesellschaft zum Schadensersatz verpflichtet, der aber nicht zu einer Rückgängigmachung der Verschmelzung führen kann.

512 (2) Anspruch auf **Verbesserung des Umtauschverhältnisses** durch **bare Zuzahlungen** (§ 15 UmwG), der im **Spruchverfahren** (§§ 305 bis 321 UmwG)[622] geltend zu machen ist. Antragsberechtigt ist jeder Gesellschafter der übertragenden Gesellschaft,[623] der – ohne den Ausschluß des Anfechtungsrechts nach § 14 Abs. 2 UmwG – zur Anfechtung befugt wäre[624] und

---

[619] Begr. UmwBerGE, BT-Drs. 12/6699, 91 f.; zurückhaltender gegenüber der Verneinung einer Entschmelzung nur mit Wirkung für die Zukunft BGH v. 18. 12. 1995, ZIP 1996, 225; zu den Haftungsrisiken bei faktischer Vorwegnahme der Fusion und bei Sphärenvermischung vor Eintragung in das Handelsregister s. *K. Schmidt* DB 1996, 1859 (1861 f.); *ders.* ZIP 1998, 181 generell zu den Eintragungswirkungen.
[620] *Priester* NJW 1983, 1459 (1465); BGH v. 29. 3. 1993, WM 1993, 952, zu OLG Karlsr. v. 7. 2. 1992, WM 1992, 654.
[621] Zur Bedeutung dieser Klagefrist s. *Schöne* DB 1995, 1317; *K. Schmidt* DB 1995, 1849.
[622] Einzelheiten dazu bei *Seetzen* WM 1999, 565.
[623] Nach OLG Köln v. 1. 7. 1998, AG 1998, 538, ist eine fortdauernde Aktionärseigenschaft während des gesamten Verfahrens nicht erforderlich.
[624] Zu den Voraussetzungen der Anfechtung von Gesellschafterbeschlüssen einer GmbH s. *Lutter/Hommelhoff* Anh. § 47 Anm. 41 ff. (61 ff.).

der den Antrag innerhalb von 2 Monaten nach Bekanntmachung der Eintragung der Verschmelzung im Handelsregister der übernehmenden Gesellschaft stellt (§§ 15, 305 UmwG). Zuständig ist das Landgericht, in dessen Bezirk die übertragende Gesellschaft ihren Sitz hat (§ 306 AktG). Ob das Umtauschverhältnis zu niedrig bemessen ist, beurteilt das Gericht idR anhand eines von ihm eingeholten Bewertungsgutachtens.[625] Ggf. ordnet das Gericht einen Ausgleich durch bare Zuzahlungen an, die $^{1}/_{10}$ des Gesamtbetrags der gewährten Anteile (s. Rz. 495) übersteigen können und mit 2% über Diskontsatz seit Bekanntmachung der Eintragung der Verschmelzung im Handelsregister (s. Rz. 503) zu verzinsen sind (§ 15 UmwG).[626] Die Entscheidung im Spruchverfahren wirkt für und gegen alle (§ 311 UmwG).[627]

Ziel dieser verfassungsgemäßen[628] Regelung ist, daß die Durchführung der Verschmelzung nicht wegen eines Streits über das Umtauschverhältnis verzögert werden soll. Eine Anfechtungsklage bleibt hingegen zulässig, wenn die Anfechtung des Verschmelzungsbeschlusses der übertragenden Gesellschaft auf andere Anfechtungsgründe gestützt wird (zB nicht hinreichende rechtliche und wirtschaftliche Erläuterung des Umtauschverhältnisses),[629] allerdings nunmehr mit der Einschränkung des § 16 Abs. 3 UmwG (s. Rz. 505, 507). § 14 Abs. 2 UmwG schließt im übrigen die auf ein ungünstiges Umtauschverhältnis gestützte Anfechtungsklage nur für Gesellschafter der übertragenden Gesellschaft aus. Gesellschaftern der übernehmenden Gesellschaft, die rügen, das Umtauschverhältnis begünstige zu ihren Lasten die Gesellschafter der übertragenden Gesellschaft, bleibt dagegen die Möglichkeit der Anfechtungsklage erhalten;[630] sie ist allerdings nicht gegen den Verschmelzungsbeschluß der übernehmenden Gesellschaft (s. Rz. 499 f.), sondern gegen den Kapitalerhöhungsbeschluß (s. Rz. 502) zu richten[631] und damit zu begründen, daß der

---

[625] Kritisch zu dieser Praxis *Philipp* AG 1998, 264 (269, 272); zur uneingeschränkten Bekanntgabe dieses Sachverständigengutachtens an die Antragsteller s. LG Düsseldorf v. 25. 8. 1997, DB 1997, 2069.

[626] Zur Bestimmung des Verschmelzungsverhältnisses im bisher sog. Spruchstellenverfahren s. *Seetzen* WM 1994, 45.

[627] Kritisch zu den Risiken bzw. Belastungen der an Verschmelzungen beteiligten Rechtsträger aufgrund dieser sog. inter-omnes-Wirkung *Philipp* AG 1998, 264.

[628] BVerfG v. 21. 11. 1989, DB 1990, 414, hat eine gegen BGH v. 25. 9. 1989, DB 1989, 2320, eingelegte Verfassungsbeschwerde nicht zur Entscheidung angenommen.

[629] BGH v. 18. 12. 1989, DB 1990, 317; OLG Karlsruhe v. 30. 6. 1989, DB 1989, 1626; LG Köln v. 14. 12. 1987, DB 1988, 542; LG Frankental v. 5. 10. 1989, DB 1990, 103; zur Ablehnung einer darüber hinausgehenden sog. materiellen Beschlußkontrolle durch die hM s. *Binnewies* GmbHR 1997, 729 (aA bei Abhängigkeitsbegründung: Konzerneingangskontrolle); LG Arnsberg v. 28. 1. 1994, AG 1995, 334 rkr.: „Verschmelzungsbeschluß bedarf keiner sachlichen Rechtfertigung" (zur Verschmelzung einer GmbH auf eine AG nach § 355 AktG aF).

[630] Anregungen, dies zu ändern, sind im Gesetzgebungsverfahren nicht aufgegriffen worden; s. Begr. UmwBerGE, BT-Drs. 12/6699, 87.

[631] BGH v. 2. 7. 1990, DB 1990, 1762; OLG Hamm v. 20. 6. 1988, DB 1988, 1842; LG Frankfurt/Main v. 15. 1. 1990, WM 1990, 592; dazu *Lutter/Hommelhoff*[13] Anh. Verschm. § 31 a Anm. 1: „unzutreffend und unverständlich"; anders auch *Hoffmann-Becking* in FS Fleck S. 105 (123 f.): Anfechtungsklage gegen den Verschmelzungs-

Wert der Sacheinlage (= Vermögen der übertragenden Gesellschaft) dem Wert der neuen Anteile nicht entspricht.

513 (3) Annahme der **Barabfindung nach § 29 UmwG** (s. Rz. 466)[632] für Gesellschafter der übertragenden Gesellschaft (§ 31 UmwG) innerhalb von zwei Monaten nach Bekanntmachung der Eintragung der Verschmelzung in das Handelsregister der übernehmenden Gesellschaft. Voraussetzung ist, daß der Antragsteller Widerspruch gegen den Umwandlungsbeschluß zur Niederschrift erklärt hat.

514 (4) Antrag auf **gerichtliche Bestimmung einer angemessenen Barabfindung**[633] für Gesellschafter der übertragenden Gesellschaft (§ 34 UmwG) innerhalb von zwei Monaten nach Bekanntmachung der Eintragung der Verschmelzung in das Handelsregister der übernehmenden Gesellschaft. Voraussetzung ist, daß die übernehmende Gesellschaft zu einem Barabfindungsangebot verpflichtet ist (§ 29 UmwG) und daß der Antragsteller Widerspruch gegen den Verschmelzungsbeschluß zur Niederschrift erklärt hat. Der Antrag ist im Spruchverfahren (§§ 305–312 UmwG) geltend zu machen (s. a. Rz. 512). Die vom Gericht bestimmte Barabfindung kann innerhalb von 2 Monaten nach Bekanntgabe der Entscheidung angenommen werden (§ 31 Satz 2 UmwG).

515 (5) **Anderweitige Veräußerung der Anteile** innerhalb der Frist gemäß (3), der etwaige Verfügungsbeschränkungen im Gesellschaftsvertrag nicht entgegenstehen (§ 33 UmwG).

516 cc) Zum **Schadensersatz** sind **Organmitglieder** (Geschäftsführer und ggf. Aufsichtsräte) der übertragenden Gesellschaft und der übernehmenden Gesellschaft ihren Gesellschaften, den Gesellschaftern und den Gläubigern verpflichtet, sofern sie bei Vorbereitung und Durchführung der Verschmelzung pflichtwidrig gehandelt haben (§§ 25–27 UmwG).

517 dd) Zum **Schutz der Gläubiger** wird Altgläubigern der an der Verschmelzung beteiligten Gesellschaften das Recht eingeräumt, grundsätzlich innerhalb von 6 Monaten nach Bekanntmachung der Verschmelzung Sicherheitsleistung verlangen zu können (§ 22 UmwG).[634] Weitere Einzelheiten s. Rz. 77.[635]

---

beschluß der übernehmenden Gesellschaft; ebenso LG Mühlhausen v. 15. 8. 1996, DB 1996, 1967 (down-stream-merger, zu dessen Durchführung auf eine KapErh verzichtet wird; s. a. Rz. 497).

[632] Einzelheiten zu Austrittsrechten als Folge von Mischverschmelzungen und Verfügungsbeschränkungen bei *Grunewald* in FS Boujong (1996), 175.

[633] Zu deren Ermittlung BayObLG v. 19. 10. 1995, WM 1996, 526 (Ertragswertmethode ohne Berücksichtigung von Synergieeffekten zu § 305 AktG).

[634] Siehe *Naraschewski* GmbHR 1998, 356; speziell zur Sicherheitsleistung für Ansprüche aus Dauerschuldverhältnissen s. BGH v. 18. 3. 1996, AG 1996, 321 (zu § 26 KapErhG) m. Anm. *Jaeger* DB 1996, 1069 und *Trölitzsch* WiB 1996, 572: Sicherheitsleistung nicht in Höhe der Ansprüche während Restlaufzeit, sondern nach Maßgabe des konkreten Sicherungsinteresses des Gläubigers (im Urteilsfall wurden dreifacher Jahresbetrag; nach o. a. Anm. maximal fünffacher Jahresbetrag); s. ferner *Schröer* DB 1999, 317.

[635] Generell zu den Folgen für Schuldverhältnisse mit Dritten s. *Rieble* ZIP 1997, 301; zum Übergang von Unternehmensverträgen bei der beherrschenden Gesellschaft s. LG Bonn v. 30. 1. 1996, GmbHR 1996, 774 (bedarf nicht der Zustimmung der Gesellschafterversammlung der beherrschaften Gesellschaft, aber außerordentliches Kündigungsrecht und Anspruch außenstehender Gesellschafter auf erneutes Abfindungsangebot); s. ferner *Krieger/Jannott* DStR 1995, 1473 (1479).

D. Reorganisation unter Beibehaltung der Rechtsform GmbH   518–528   § 14

ee) Zum Schutz der Inhaber von Sonderrechten (Verwässerungsschutz)   518
der übertragenden Gesellschaft sind ihnen gleichwertige Rechte der übernehmenden Gesellschaft zu gewähren (§ 23 UmwG). Zum Begriff der Sonderrechte s. Rz. 78.

(frei)   519–524

d) Steuerliche Rechtsfolgen

aa) Anwendbare Vorschriften und Terminologie. Für eine Verschmel-   525
zung iSd. § 2 UmwG, an der die GmbH als übertragender und übernehmender oder neuer Rechtsträger beteiligt sind, gelten als steuerliche Vorschriften die §§ 11–13 und 17–19 UmwStG („Verschmelzung") aus dessen 2.–7. Teil (§ 1 Abs. 1 und 2 UmwStG).
Deren Terminologie weicht weniger stark von der handelsrechtlichen Terminologie der §§ 2 ff. UmwG ab, als dies zB bei dem Formwechsel bzw. der Einbringung der Fall ist (s. dazu Rz. 112, 196): Die übertragende und die übernehmende oder neue Gesellschaft wird als „übertragende" und „übernehmende Körperschaft" bezeichnet, die Verschmelzung selbst als „Vermögensübergang von einer Körperschaft auf eine andere Körperschaft" (allerdings mit Erwähnung der Verschmelzung in der Überschrift des Dritten Teils). Einen Gewinn der übertragenden Gesellschaft nach deren steuerlicher Schlußbilanz (s. Rz. 476 ff.) nennt das Steuerrecht „Übertragungsgewinn", einen Gewinn oder (Buch-)Verlust der übernehmenden Gesellschaft in deren Steuerbilanz nach der Verschmelzung (s. Rz. 486–490) „Übernahmegewinn" bzw. „Übernahmeverlust".

bb) Bewertungswahlrecht der übertragenden Gesellschaft und seine   526
Bedeutung. Die übertragende Gesellschaft hat das (nach Auffassung der FinVerw. eingeschränkte) *Wahlrecht,* das übergehende Vermögen mit seinen *Buchwerten* oder *Teilwerten* oder *Zwischenwerten* anzusetzen, sofern die Voraussetzungen des § 11 Abs. 1 Satz 1 UmwStG vorliegen (§ 11 Abs. 1 UmwStG) (s. Rz. 476 ff.). Da der Wert, mit dem die übertragende Gesellschaft das übergehende Vermögen ansetzt, auch der Wert ist, mit dem die übernehmende Gesellschaft dieses Vermögen zu übernehmen hat (§ 4 Abs. 1, § 12 Abs. 1 UmwStG), ist er nicht nur für die Entstehung eines steuerpflichtigen Übertragungsgewinns der übertragenden Gesellschaft (s. Rz. 537 ff.), sondern auch für einen Übernahmegewinn/-verlust der übernehmenden Gesellschaft (s. Rz. 555 ff.) sowie für deren künftige Veräußerungsgewinne und Abschreibungen (s. Rz. 575) maßgebend.
Anwendungsbereich des Wahlrechts – Voraussetzungen: 527
– *Verschmelzung iSd. § 2 UmwG* als sachliche Voraussetzung (§ 1 Abs. 2 UmwStG). Bei der Frage, ob eine solche Vermögensübertragung vorliegt, soll das Finanzamt regelmäßig von der registerrechtlichen Entscheidung ausgehen.[636]
– *Körperschaft iSd. § 1 Abs. 1 Satz 1 UmwStG* (KapGes., eG, eV, wirtsch.   528
Verein, Gen. Prüf.verband, VVaA, Körpersch. u. Anstalten des öffentl. R.)

---

[636] UmwStErl. 1998 Tz. 01.07; zur handelsrechtlichen Bedeutung der Registereintragung s. Rz. 510, 512; zur steuerlichen Behandlung anfechtbarer oder nichtiger Beschlüsse s. *Widmann/Mayer* § 1 UmwStG 1977 Anm. 4409 ff.

als persönliche Voraussetzung. Dies kann nur für die übertragende Gesellschaft gelten (arg. §§ 3 ff. UmwStG).

529 – *Unbeschränkte Körperschaftsteuerpflicht* der *übertragenden Körperschaft* (§ 1 Abs. 5 UmwStG) mit (statutarischem) Sitz (§ 11 AO) im Inland (§ 1 KStG) als weitere persönliche Voraussetzung; für die übernehmende Körperschaft ergibt sich dies mittelbar aus § 1 Abs. 1 UmwG. Ausländische Gesellschaften mit Geschäftsleitung im Inland und Sitz im Ausland (sog. dual-resident-companies)[637] sollen weder als übertragende noch als übernehmende Rechtsträger in Betracht kommen.[638]

530 – *Sicherstellung der inländischen Besteuerung* der in dem übergegangenen Vermögen enthaltenen stillen Reserven *bei der übernehmenden Gesellschaft* (§ 11 Abs. 1 Satz 1 Nr. 1 UmwStG).[639] Dies kann in folgenden Fallgruppen nicht der Fall sein:[640]
- Ausländisches Betriebsvermögen der übertragenden Gesellschaft, dessen Steuerverstrickung im Inland nach der Verschmelzung nicht mehr fortbesteht;[641]
- Beschränkte Steuerpflicht der übernehmenden Gesellschaft, dh. Geschäftsleitung (§ 10 AO) und Sitz (§ 11 AO) im Ausland (§ 2 Nr. 1 KStG) und Beendigung der Steuerverstrickung im Inland durch die Verschmelzung;
- Steuerbefreiung der übernehmenden Gesellschaft (zB wegen Gemeinnützigkeit).[642]

531 – *Keine Gegenleistung* oder eine *in Gesellschaftsrechten bestehende Gegenleistung* (§ 11 Abs. 1 Satz 1 Nr. 2 UmwStG). In sog. Mischfällen, in denen zB neben den gewährten Anteilen ein sog. Spitzenausgleich in bar gezahlt wird (s. a. Rz. 495), sind die stillen Reserven bis zur Höhe der Gegenleistung durch gleichmäßige Buchwertaufstockung aufzudecken.[643]

Zu grenzüberschreitenden Sachverhalten s. Rz. 20 ff. und 199 (2).

532 **Wahlrechtsausschluß:** Sofern die Voraussetzungen des § 11 Abs. 1 Satz 1 UmwStG nicht erfüllt sind, ist das übergehende Vermögen mit folgenden Werten anzusetzen (§ 11 Abs. 2 UmwStG):
– Gemeiner Wert der Gegenleistung oder
– Teilwert, sofern eine Gegenleistung nicht gewährt wird.

---

[637] BFH v. 23. 6. 1992, BStBl. II 1992, 972.
[638] UmwStErl. 1998 Tz. 01.03.
[639] Maßgebender Beurteilungszeitpunkt soll offenbar der steuerliche Übertragungsstichtag sein; s. UmwStErl. 1998 Tz. 11.04: „Umwandlungsstichtag" (s. a. Rz. 474); streitig ist, ob für Zwecke der Gewerbesteuer die stillen Reserven aufzudecken sind, wenn lediglich insoweit die Besteuerung nicht sichergestellt ist. Befürwortend *Widmann/Mayer* § 19 UmwStG 1977 Rz. 6485 ff.; ablehnend *Herrmann/Heuer/Raupach* § 19 UmwStG Anm. 2 f.; *Dehmer* 2. Aufl. § 19 UmwStG R. 6.
[640] Nach *Herzig/Förster* DB 1995, 338 (341), hat dies nur zur Folge, daß die betreffenden Wirtschaftsgüter mit dem Teilwert anzusetzen sind; im übrigen gilt das Bewertungswahlrecht fort.
[641] UmwStErl. 1998 Tz. 11.04.
[642] UmwStErl. 1998 Tz. 11.03.
[643] UmwStErl. 1998 Tz. 11.20; s. a. *Dötsch ua.* DB 1998, Beilage 7, 24 f.

D. Reorganisation unter Beibehaltung der Rechtsform GmbH 533–535 § 14

Für die **Ausübung des Wahlrechts** sind in erster Linie steuerliche Ge- 533
sichtspunkte maßgebend. Das Wahlrecht ist einheitlich für die Ertragsbesteuerung der übertragenden Gesellschaft (Körperschaft- und Gewerbesteuer) und einheitlich für das gesamte übergehende Vermögen auszuüben; eine Beschränkung auf einzelne Wirtschaftsgüter ist nicht zulässig.[644] Ausgeübt wird das Wahlrecht durch Abgabe einer entsprechenden steuerlichen Schlußbilanz der übertragenden Gesellschaft (s. Rz. 476 ff.); abweichend vom bisherigen Recht[645] ist ein Antrag nicht mehr erforderlich. Für eine – bisher zulässige – geänderte Wahlrechtsausübung waren daher die Grundsätze der Bilanzänderung zu beachten (§ 4 Abs. 2 Satz 2 EStG).[646]

Im Regelfall ist die Buchwertfortführung zweckmäßig, weil der Übertra- 534
gungsgewinn in Fällen der Verschmelzung – anders als der Veräußerungsgewinn in Fällen der Einbringung (s. Rz. 206 f.) – nicht tarifbegünstigt ist. In Ausnahmefällen kann ein Verzicht auf den Antrag zB dann in Betracht kommen, wenn die übertragende Gesellschaft eine sog. Mantelgesellschaft mit hohen steuerlichen Verlustvorträgen (§ 10 d EStG; § 10 a GewStG) ist, die ohne Verrechnung mit den aufgedeckten stillen Reserven ausnahmsweise steuerlich nicht mehr nutzbar wären, weil Verlustvorträge dann nicht übergehen, wenn der Betrieb oder Betriebsteil, der den Verlust verursacht hat, über den Verschmelzungsstichtag hinaus nicht in einem nach dem Gesamtbild der wirtschaftlichen Verhältnisse vergleichbaren Umfang in den folgenden 5 Jahren fortgeführt wird (§ 12 Abs. 3 Satz 2, § 19 Abs. 2 Satz 2 UmwStG; s. Rz. 545–547). Die höheren Wertansätze haben bei der übernehmenden Gesellschaft niedrigere künftige Veräußerungsgewinne und höhere Abschreibungen zur Folge. Alternativ zur Aufdeckung der stillen Reserven bei der übertragenden Gesellschaft kommt in derartigen Verlustsituationen eine Umkehrung der Verschmelzungsrichtung in Betracht: Verschmelzung auf die Gesellschaft mit den steuerlichen Verlustvorträgen (s. Rz. 547; s. a. Rz. 485).

cc) Steuerliche Rückwirkung. Das Einkommen, das Vermögen sowie 535
die Besteuerungsgrundlagen bei der Gewerbesteuer sind für eine übertragende und übernehmende Gesellschaft so zu ermitteln, als ob das Vermögen der Gesellschaft mit Ablauf des Stichtags der Bilanz, die dem Vermögensübergang zugrundeliegt (*steuerlicher Übertragungsstichtag*), auf die übernehmende Gesellschaft übergegangen und die übertragende Gesellschaft gleichzeitig aufgelöst worden wäre (§ 2 Abs. 1 UmwStG). Bilanz im Sinne dieser Regelung ist die handelsrechtliche Schlußbilanz der übertragenden Gesellschaft (s. Rz. 474). Auf deren Stichtag ist zwingend die Ergebnis- und Vermögensabgrenzung zwischen den an der Verschmelzung beteiligten Gesellschaften zurückzubeziehen. Ein Wahlrecht wie in anderen Fällen der Umwandlung bzw. Einbringung (s. Rz. 202 f.) ist in Fällen der Verschmelzung nicht gegeben.

---

[644] Begr. UmStRÄndGE, BT-Drs. 12/6885, 20; *Mentel* DStR 1998 Beilage in Heft 17, 24.
[645] § 14 Abs. 2 UmwStG 1977.
[646] Weitergehend zum bisherigen Recht *Widmann/Mayer* § 14 UmwStG 1977 Rz. 5863 ff. (5873 ff.); durch Neufassung des § 4 Abs. 2 Satz 2 EStG mit dem StEntlG 1999/2000/2002 (s. Rz. 6) ist die Möglichkeit einer Bilanzänderung weggefallen (§ 52 Abs. 9 EStG nF: Anwendbar in allen noch offenen Veranlagungen).

Durch diese steuerliche Rückbeziehung konnte im Ergebnis auch die erstmalige Anwendung des UmwStG 1995 (s. Rz. 6) in das Jahr 1994 zurückbezogen werden, mit Auswirkungen zB für die Verlustrechnung[647] oder die Eigenkapitalausstattung iSd. § 8 a KStG.[648]

536 Differenziert wird zwischen Gesellschaftern, die ausscheiden oder abgefunden werden, und den verbleibenden Gesellschaftern.[649] Sonderregelungen gelten hinsichtlich der Rückbeziehung bei diesen drei Steuerarten für Aufsichtsratsvergütungen,[650] Gewinnausschüttungen[651] und die Vermögensteuer (§ 2 Abs. 3 UmwStG).[652] Für die übrigen Steuerarten gilt die Rückbeziehung nicht (s. a. Rz. 47).

537 **dd) Schlußbesteuerung der übertragenden Gesellschaft.** Die übertragende Gesellschaft hat grds. das (nach Auffassung der FinVerw. eingeschränkte) *Wahlrecht*, auf die *Aufdeckung* der in dem übergehenden Vermögen enthaltenen *stillen Reserven* in ihrer steuerlichen Schlußbilanz (s. Rz. 476 ff.) zu *verzichten*, soweit die in § 11 Abs. 1 Satz 1 UmwStG genannten Voraussetzungen vorliegen (s. dazu Rz. 527–531).[653] Zu den für die Ausübung dieses Bewertungswahlrechts maßgebenden Gesichtspunkten s. Rz. 533 f.

(1) **Aufdeckung der stillen Reserven**:

538 Liegen die Voraussetzungen des § 11 Abs. 1 Satz 1 UmwStG nicht vor, oder wird aus anderen Gründen nicht von dem Bewertungswahlrecht zugunsten der Buchwertfortführung Gebrauch gemacht, so ist die übertragende Gesellschaft mit dem **Übertragungsgewinn** sowohl **körperschaftsteuerpflichtig** (§ 11 UmwStG) als auch **gewerbesteuerpflichtig** (§ 19 UmwStG). Nicht anwendbar ist der Freibetrag nach § 16 Abs. 4 EStG.[654] Da die übertragende Gesellschaft nicht einkommen-, sondern körperschaftsteuerpflichtig ist, kann auch – abweichend von den Fällen der Einbringung (s. Rz. 206) – die (bisherige) Tarifvergünstigung des § 34 EStG (s. Rz. 206) nicht zur Anwendung kommen. Der Übertragungsgewinn unterliegt mithin der körperschaftsteuerlichen Tarifbelastung (Regelsteuersatz: zZt. 40%; § 23 KStG idF des StEntlG 1999/2000/2002).[655] Die Vermögensübertragung anläßlich der Verschmelzung wird grundsätzlich nicht als Ausschüttung behandelt: Ausnahmsweise ist die Ausschüttungsbelastung (zZt. 30%; § 27 KStG) herzustellen, wenn das Vermögen auf eine steuerbefreite Gesellschaft übergeht (§ 42 KStG; zu Rückausnahme s. Abs. 2 der Vorschrift).

---

[647] *Orth* DB 1995, 169 (170); zu den Grenzen s. BFH v. 19. 5. 1998, BStBl. II 1998, 642.
[648] *Pach-Hanssenheim* DStR 1995, 86; *HHR/Prinz* § 8 a KStG Anm. 29.
[649] UmwStErl. 1998 Tz. 02.09 f., 02.38 ff.
[650] UmwStErl. 1998 Tz. 02.42 f.
[651] UmwStErl. 1998 Tz. 02.15 ff.
[652] Speziell zum Schachtelprivileg der übernehmenden Gesellschaft für die Beteiligung an der übertragenden Gesellschaft s. BFH v. 21. 12. 1978, BStBl. II 1979, 294; v. 2. 3. 1988, BStBl. II, 573; v. 27. 1. 1993, BStBl. II 1993, 322.
[653] UmwStErl. 1998 Tz. 11.01, 11.18.
[654] Abschn. 26 Abs. 3 Satz 4 KStR.
[655] Zu den nicht verschmelzungsabhängigen Ermäßigungen s. *Widmann/Mayer* § 14 UmwStG 1977 Anm. 5851 ff.

D. Reorganisation unter Beibehaltung der Rechtsform GmbH   539–542   § 14

Der *Übertragungsgewinn* entsteht zum steuerlichen Übertragungsstichtag (s. **539** Rz. 535 f.) = Stichtag der Schlußbilanz (s. Rz. 474).[656] Übertragungsgewinn ist der Unterschiedsbetrag zwischen dem Wert des nach § 11 UmwStG in der steuerlichen Schlußbilanz (s. Rz. 476 ff.) ausgewiesenen Vermögens der übertragenden Gesellschaft (Endvermögen) und dem Betriebsvermögen in der Steuerbilanz zum Schluß des vorangegangenen (vorletzten) Wirtschaftsjahres.[657]

Soweit für die Vermögensübertragung eine Gegenleistung gewährt wird **540** (insbes. neue Anteile aus der Kapitalerhöhung zur Durchführung der Verschmelzung, aber auch alte eigene Anteile der übernehmenden Gesellschaft oder bare Zuzahlungen, sind die übergegangenen Wirtschaftsgüter mit dem gemeinen Wert der Anteile oder dem Geldbetrag anzusetzen (§ 11 Abs. 2 Satz 1 UmwStG); in dieser Alternative kann ein selbst geschaffener Firmenwert in der steuerlichen Schlußbilanz auszuweisen sein.[658]

Soweit – zB in Fällen der sog. down-stream-merger (s. Rz. 485, 497) – **541** Anteile an der übernehmenden (Tochter-)Gesellschaft, die bis zum Wirksamwerden der Verschmelzung von der übertragenden (Mutter-)Gesellschaft gehalten werden, zur Abfindung der Gesellschafter der übertragenden (Mutter-)Gesellschaft verwendet werden, führt dies bei der übertragenden Gesellschaft u. E. nicht zu einer Gewinnrealisierung; nach Auffassung der FinVerw.[659] jedoch nur „aus Billigkeitsgründen", wenn Mutter- und Tochtergesellschaft übereinstimmend beantragen, die §§ 11–13 UmwStG insgesamt entsprechend anzuwenden; ansonsten sollen bei der Muttergesellschaft und beim Anteilseigner stille Reserven aufzulösen sein.[660] (zur Behandlung bei der übernehmenden Gesellschaft s. Rz. 560):

– Handelsrechtlich war bisher noch nicht abschließend geklärt, ob die Anteile **542** an der übernehmenden Gesellschaft Gegenstand des Vermögensübergangs anläßlich der Verschmelzung sind, so daß es bei der übernehmenden Gesellschaft zu einem *Durchgangserwerb eigener Anteile* käme: Bejaht wurde dies im aktienrechtlichen Schrifttum,[661] während die hM im Schrifttum zu §§ 23 ff. KapErhG[662] von einem *Direkterwerb* durch die (bisherigen) Gesellschafter der übertragenden Gesellschaft ausging. Nunmehr wird aus § 20 Abs. 1 Nr. 3 UmwG geschlossen, daß kein Direkterwerb stattfinde.[663]

---

[656] UmwStErl. 1998 Tz. 02.04 f., 11.22.
[657] *HHR/Hübl* § 14 UmwStG Anm. 10; nach *Widmann/Mayer* § 14 UmwStG 1977 Anm. 5851.1 soll der laufende Gewinn bis zum steuerlichen Übertragungsstichtag noch „nach den allgemeinen Grundsätzen ermittelt" werden; ebenso *Dehmer* § 11 UmwStG Anm. 113 ff.
[658] UmwStErl. 1998 Tz. 11.20 f.
[659] UmwStErl. 1998 Tz. 11.24
[660] UmwStErl. 1998 Tz. 11.29.
[661] *Lutter* in Kölner Komm. § 71 Anm. 64; *Geßler/Hefermehl/Grünewald* § 344 Anm. 9 und 11, § 346 Anm. 43.
[662] *Hachenburg/Schilling/Zutt* § 77 Anh. II Anm. 52; *Scholz/Priester* Anh. Umw. zu § 25 KapErhG Anm. 27; *Lutter/Hommelhoff* Anh. Verschmelzung zu § 25 KapErhG Rz. 6; aA: *Rowedder/Zimmermann* Anh. § 77 Anm. 402.
[663] *Lutter/Grunewald* § 20 UmwG Rz. 53; *Widmann/Mayer* § 5 UmwG Anm. 98 und § 24 UmwG Rz. 349; HFA 2/1997 Anm. 32212.; *W. Müller* WPg. 1996, 857 (865).

543 – Steuerrechtlich sollte eine Berechtigung der übertragenden Gesellschaft zum Buchwertansatz dieser Anteile in der steuerlichen Schlußbilanz (§ 11 Abs. 1 UmwStG) gelten.[664] Da § 11 Abs. 1 Satz 1 Nr. 1 UmwStG hierfür fordert, daß „stille Reserven in dem übergegangenen Vermögen" *bei der übernehmenden Gesellschaft* der Besteuerung unterliegen, läßt sich dieses Ergebnis wohl nur durch eine teleologische Reduktion des Tatbestandsmerkmals „übergegangenes Vermögen" dahingehend erreichen, daß diese Anteile nicht mehr zu dem Vermögen gerechnet werden, das übergeht: Ein down-stream-merger bewirkt nämlich insoweit wirtschaftlich keinen Vermögensübergang, sondern führt lediglich zum Wegfall einer Stufe in einem (mehrstufigen) Beteiligungsverhältnis. Die Besteuerung der stillen Reserven in den Anteilen wird ausreichend durch § 13 UmwStG sichergestellt (s. Rz. 577 ff.).

544 Soweit *keine Gegenleistung* gewährt wird und die Voraussetzungen des § 11 Abs. 1 Satz 1 UmwStG nicht erfüllt werden, sind die übergegangenen Wirtschaftsgüter mit dem Teilwert anzusetzen (§ 11 Abs. 2 Satz 2 UmwStG). Eine dem § 14 Abs. 1 Satz 2 UmwStG 1977 entsprechende Verweisung auf § 3 UmwStG 1977 gilt nicht mehr, derzufolge nur „die nach den steuerrechtlichen Vorschriften über die Gewinnermittlung auszuweisenden Wirtschaftsgüter" anzusetzen waren (Ansatzvorschrift). Zwar soll die Neufassung durch § 11 UmwStG „in ihren Grundaussagen mit § 14 UmwStG übereinstimmen".[665] Gleichwohl verweist § 11 Abs. 2 UmwStG nicht auf dessen Abs. 1, der im übrigen nur vorsieht, daß die „übergegangenen Wirtschaftsgüter insgesamt mit dem Wert angesetzt werden, der sich nach den steuerrechtlichen Vorschriften über die Gewinnermittlung ergibt" (Bewertungsvorschrift). Deshalb müssen von der übertragenden Gesellschaft selbst geschaffene immaterielle Wirtschaftsgüter (zB ein originärer Firmenwert) nicht außer Ansatz bleiben.[666] Damit wäre auch die bisherige Auffassung überholt, daß in *Mischfällen* (zB Kapitalerhöhung zur Durchführung der Verschmelzung soweit Minderheitsgesellschafter an der übertragenden Gesellschaft beteiligt sind) die übergegangenen Wirtschaftsgüter mit Mischwerten anzusetzen sind, die sich zT aus den Gegenleistungen und zT aus den Teilwerten ergeben. Selbstgeschaffene immaterielle Wirtschaftgüter sollten auch zum Teilwert angesetzt werden können, wenn nach § 11 Abs. 1 UmwStG nicht von dem Bewertungswahlrecht zugunsten eines niedrigeren Wertansatzes Gebrauch gemacht wird.[667]

545 Körperschaftsteuer- und gewerbesteuerliche Verlustvorträge der übertragenden Gesellschaft aus den Jahren vor der Verschmelzung sind von einem Übertragungsgewinn abzuziehen (§ 10 d Abs. 2 EStG, § 10 a GewStG). Bis zum steuerlichen Übertragungsstichtag (s. Rz. 535) nicht verrechnete Verlustvorträge gehen abweichend vom bisher geltenden Recht grds. im Wege der Rechtsnachfolge auf die übernehmende Gesellschaft über (s. Rz. 572 ff.). Die übernehmende Gesellschaft tritt allerdings dann hinsichtlich des Verlustabzugs

---

[664] Im Ergebnis ebenso *Dreissig* StbJb. 1994/95 209 (212 ff.); *dies.* DB 1997, 1301; *Köstner* JbFStR 1996/97, 376, beide mwN; *Rödder/Wochinger* FR 1999, 1.
[665] Begr. UmwStRÄndGE, BT-Drs. 12/6885, 20.
[666] UmwStErl. 1998 Tz. 11.20 f.
[667] Siehe aber UmwStErl. 1998 Tz. 11.19.

D. Reorganisation unter Beibehaltung der Rechtsform GmbH 546–549 § 14

nicht in die Rechtstellung der übertragenden Gesellschaft ein, wenn der Betrieb oder Betriebsteil, der den Verlust verursacht hat, über den Verschmelzungsstichtag hinaus nicht in einem nach dem Gesamtbild der wirtschaftlichen Verhältnisse vergleichbaren Umfang in den folgenden fünf Jahren fortgeführt wird (§ 12 Abs. 3 Satz 2, § 19 Abs. 2 Satz 2 UmwStG).[668] Für diese Ausnahmefälle gelten zweierlei *Gestaltungsüberlegungen* in der Praxis fort.[669]

– Haben die steuerlichen Verlustvorträge und ein Übertragungsgewinn betragsmäßig vergleichbare Größenordnungen, so könnte durch den *Verzicht auf die Buchwertfortführung* die Verwertung der ansonsten verfallenden Verlustvorträge erreicht werden (zum Bewertungswahlrecht s. Rz. 526 ff.). Schwierigkeiten bereitet in der Praxis allerdings oftmals der Umstand, daß der gewerbesteuerliche Verlustvortrag (wegen vorangegangener Hinzurechnungen) niedriger ist als der körperschaftsteuerliche Verlustvortrag und deswegen eine Gewerbesteuerbelastung durch den Übertragungsgewinn entsteht. 546

– Sind die Voraussetzungen für eine Verlustverrechnung bis zum steuerlichen Übertragungsstichtag nicht gegeben, so kann durch die *Umkehr der Verschmelzungsrichtung* künftig Verlustverrechnungspotential geschaffen werden. Dies erreicht man dadurch, daß die Gesellschaft mit den steuerlichen Verlustvorträgen zur übernehmenden Gesellschaft bestimmt wird, auf die die ertragstärkere Gesellschaft verschmolzen wird. Nach Auffassung der FinVerw.[670] gilt auch bei der Verschmelzung auf eine Verlustgesellschaft das Verlustabzugsverbot wegen *Mantelkaufs* (§ 8 Abs. 4 KStG, „wenn nach der Verschmelzung die an der Verlustgesellschaft bisher nicht beteiligten Gesellschafter zu mehr als 50 vH beteiligt sind." Diese im Schrifttum[671] umstrittene Auffassung soll nunmehr auch bei der Verschmelzung einer Mutter- auf eine Tochtergesellschaft (s. Rz. 497) gelten können, weil „aus einer mittelbaren Beteiligung an der Tochtergesellschaft eine unmittelbare Beteiligung" wird.[672] 547

Ergibt sich ein *Übertragungsverlust* so ist er für Zwecke der Körperschaftsteuer in den Grenzen des § 10 d EStG rücktragsfähig,[673] gewerbesteuerlich ist der Verlustrücktrag dagegen nicht zugelassen (§ 10 a GewStG).[674] Als Verlustvortrag bleibt ein Übertragungsverlust nach der Verschmelzung bei der übernehmenden Gesellschaft grds. abziehbar (s. Rz. 545 und 572). 548

Verluste der übernehmenden Gesellschaft können nicht vom Einkommen oder Gewerbeertrag der übertragenden Gesellschaft abgezogen werden.[675] 549

---

[668] Einzelheiten dazu in einem BMF-Schr. (in Vorber.).
[669] *Hügel* DStJG 17 (1994), 69 (80 ff.).
[670] BMF-Schreiben v. 11. 6. 1990, BStBl. I 252 Tz. 2 (dort noch 75%).
[671] Vgl. zB *Hörger/Endres* DB 1998, 335 mwN.
[672] UmwStErl. 1998 Tz. 11.30; anders bisher *Müller-Gatermann* DStR 1991, 597 (602); s. a. *Rödder/Wochinger* FR 1999, 1.
[673] *Widmann/Mayer* § 14 UmwStG 1977 Anm. 5841.1 erörtern auch den Fall, daß ein laufender Verlust einen entstehenden Übertragungsgewinn im Wege des Verlustausgleichs mindert.
[674] De lege ferenda hiergegen *Orth* Interperiodische Verlust-Kompensation im Gewerbesteuerrecht, Frankfurt 1980, S. 49 ff. und 239 ff.
[675] BFH v. 17. 7. 91, BStBl. II 1991, 899.

(2) Zwischenwertansatz

550 Liegen die Voraussetzungen des § 11 Abs. 1 Satz 1 UmwStG vor (s. Rz. 527–531), so stellt § 11 Abs. 1 Satz 2 UmwStG klar, daß außer dem Teilwert und dem Buchwertansatz, auch Zwischenwerte gewählt werden können.[676] Für diese teilweise Aufdeckung der stillen Reserven gelten die Grundsätze entsprechend, die für deren volle Aufdeckung in Rz. 538–549 erläutert sind.

(3) Buchwertfortführung

551 Liegen die Voraussetzungen des § 11 Abs. 1 Satz 1 UmwStG vor (s. Rz. 527–531) und wird durch Ausübung des Bewertungswahlrechts auf die Aufdeckung der stillen Reserven verzichtet, so setzt die übertragende Gesellschaft das übergehende Vermögen in ihrer steuerlichen Schlußbilanz (s. Rz. 476 ff.) mit seinen fortgeführten Buchwerten an, so daß die Verschmelzung für die übertragende Gesellschaft ertragsteuerneutral bleibt.

(4) Eigenkapitalgliederung

552 Auf den steuerlichen Übertragungsstichtag (s. Rz. 535) ist für die übertragende Gesellschaft eine letzte gesonderte Feststellung der Teilbeträge des verwendbaren Eigenkapitals (§ 47 KStG) durchzuführen;[677] dabei soll das verwendbare Eigenkapital nach Vermögensübergang (dh. ggf. Nullbestände) festgestellt werden, obwohl das übergehende Vermögen in der steuerlichen Schlußbilanz der übertragenden Gesellschaft (s. Rz. 476) noch ausgewiesen wird.

(5) Umsatzsteuer

553 Die Verschmelzung unterliegt als Geschäftsveräußerung im Ganzen nicht mehr der Umsatzsteuer (§ 1 Abs. 1a UStG);[678] Einzelheiten s. Rz. 46 a.

(6) Grunderwerbsteuer

554 Der Übergang von Grundstücken der übertragenden Gesellschaft auf die übernehmende Gesellschaft ist *grunderwerbsteuerpflichtig* (§ 1 Abs. 1 Nr. 3 GrEStG); Einzelheiten s. Rz. 46.

555 ### ee) Besteuerung der übernehmenden Gesellschaft

(1) **Bindungswirkung** der **Schlußbilanz der übertragenden Gesellschaft**: Die übernehmende Gesellschaft hat die auf sie übergegangenen Wirtschaftsgüter grds. mit den in der steuerlichen Schlußbilanz der übertragenden Gesellschaft enthaltenen Werten zu übernehmen (§ 12 Abs. 1 iVm. § 4 Abs. 1 UmwStG). Zu den für die Ausübung des Bewertungswahlrechts maßgebenden Gesichtspunkten s. Rz. 533, 534. Zur Durchbrechung der Maßgeblichkeit der Handelsbilanz der übernehmenden Gesellschaft für deren Steuerbilanz durch die Bindungswirkung der steuerlichen Schlußbilanz der übertragenden Gesellschaft sowie zum Erfordernis von Wertaufstockungen nach Auffassung der FinVerw. bei einer Bewertung gem. § 24 UmwG nach dem Anschaffungskostenprinzip s. Rz. 486 ff. Zur Ausnahmeregelung für die

---

[676] Begr. UmwStRÄndGE, BT-Drs. 12/6885, 20.

[677] UmwStErl. 1998 Tz. Gl. 03; zur Umgliederung nach § 54 Abs. 11a Satz 2 KStG s. OFD Koblenz v. 26. 11. 1998, DStR 1999, 118.

[678] *Rau/Dürrwächter/Flick/Geist* § 1 UStG Anm. 191–193.

D. Reorganisation unter Beibehaltung der Rechtsform GmbH 556–559 § 14

Verschmelzung einer steuerbefreiten auf eine steuerpflichtige Körperschaft s. § 12 Abs. 1 Satz 2 UmwStG.

(2) Grundsatz der **Steuerneutralität** der Verschmelzung **bei der übernehmenden Gesellschaft:** Unabhängig davon, ob sich die übertragende Gesellschaft bei der Ausübung ihres Bewertungswahlrechts für die Buchwertfortführung oder die volle oder teilweise Aufdeckung der stillen Reserven in den übergegangenen Wirtschaftgütern entschieden hat (s. Rz. 537 ff.), ist die Verschmelzung auf der Ebene der übernehmenden Gesellschaft grundsätzlich steuerneutral: Es wird auf die Besteuerung der in einer untergehenden Beteiligung ruhenden stillen Reserven verzichtet.[679] Soweit ausnahmsweise ein **steuerpflichtiger** Übernahmegewinn entsteht (s. Rz. 561–564), unterliegt er sowohl der Körperschaftsteuer als auch der Gewerbesteuer. 556

(a) Soweit die übernehmende Gesellschaft an der übertragenden Gesellschaft beteiligt ist, ergibt sich dies aus § 12 Abs. 2 Satz 1 UmwStG, wonach der *Übernahmegewinn* oder *Übernahmeverlust,* dh. der sich infolge des Vermögensübergangs ergebende Unterschiedsbetrag zwischen dem Buchwert der Anteile an der übertragenden Gesellschaft (§ 4 Abs. 4 Satz 2 UmwStG) und dem Wert, mit dem die übergegangenen Wirtschaftsgüter zu übernehmen sind, *außer Ansatz* bleibt.[680] Der Buchwert ist der Wert, mit dem die Anteile nach den steuerrechtlichen Vorschriften über die Gewinnermittlung in einer für den steuerlichen Übertragungsstichtag aufzustellenden Steuerbilanz anzusetzen sind oder anzusetzen wären (§ 4 Abs. 4 Satz 2 UmwStG). Die Nichtberücksichtigung eines Übernahmeverlustes iSd. § 12 Abs. 2 Satz 1 UmwStG verletzt nicht den seit der Körperschaftsteuer-Reform geltenden Grundsatz der Einmalbesteuerung, weil der Gesetzgeber die steuerlichen Auswirkungen (buchmäßige Vermögensänderungen infolge des Vermögensübergangs) auf der Ebene der Anteilseigner neutralisiert und die Besteuerung auf die im Vermögen der untergehenden Kapitalgesellschaft enthaltenen stillen Reserven beschränkt hat.[681] 557

(b) Soweit die übernehmende Gesellschaft zur Durchführung der Verschmelzung ihr Kapital erhöht (s. Rz. 495 ff.), ist das übergehende Vermögen als ertragsteuerneutrale gesellschaftsrechtliche Einlage zu behandeln. 558

(c) Soweit die übernehmende Gesellschaft nicht durch eine Kapitalerhöhung beschaffte eigene Anteile den Gesellschaftern der übertragenden Gesellschaft gewährt (s. Rz. 497), wird hierin zT im Schrifttum[682] ein bei der übernehmenden Gesellschaft zur Gewinnrealisierung führender Tausch[683] gesehen, wenn der (anteilige) Wert der Gegenleistung nach § 11 Abs. 2 UmwStG den Buchwert der eigenen Anteile übersteigt. Zur Vermeidung dieser Steuerfolgen wird in der Praxis von dem Wahlrecht, in derartigen Fällen 559

---

[679] Begr. UmwStRÄndGE, BT-Drs. 12/6885, 21; s. a. *Hügel* DStJG 17 (1994), 69 (93).

[680] Zu Ereignissen mit steuerlicher Rückwirkung auf den Übernahmegewinn oder -verlust s. *Berg* DStR 1997, 1390.

[681] BFH v. 18. 10. 1989, BStBl. II 1990, 92.

[682] *Widmann/Mayer* § 15 UmwStG 1977 Anm. 6048; *Widmann* HdU 1990 Q Rz. 282; aA *Glade/Steinfeld* Tz. 821.

[683] BFH v. 31. 10. 1990, BStBl. I 1991, 255.

auf eine Kapitalerhöhung zu verzichten (s. Rz. 497), nicht Gebrauch gemacht.[684]

560 (d) Soweit den Gesellschaftern einer übertragenden (Mutter-)Gesellschaft Anteile an der übernehmenden (Tochter-)Gesellschaft gewährt werden („down-stream-merger"), die bis zum Wirksamwerden der Verschmelzung zum Vermögen der übertragenden Gesellschaft gehört haben, ist handelsrechtlich nunmehr vorherrschende Auffassung, daß dies nicht zu einem *Durchgangserwerb eigener Anteile* bei der übernehmenden (Tochter-)Gesellschaft führt (s. Rz. 541–543). Selbst wenn man dies bejahen würde, wird bei der übernehmenden Gesellschaft eine zur Gewinnrealisierung führende Gegenleistung in einem Tauschgeschäft zu verneinen sein.[685] Hierfür spricht auch die folgende, zur Einziehung von der FinVerw.[686] vertretene Auffassung: „Hält die übertragende Gesellschaft Anteile der übernehmenden Gesellschaft, die nach dem Vermögensübergang eigene Anteile der übernehmenden Gesellschaft werden, so brauchen die in diesen Anteilen enthaltenen stillen Reserven bei Vorliegen der Voraussetzungen des § 14 Abs. 2 UmwStG 1977 (§ 11 Abs. 1 Satz 1 UmwStG 1995) selbst dann nicht aufgedeckt zu werden, wenn die übernehmende Gesellschaft diese Anteile einzieht. Die Einziehung ist ein körperschaftsteuerlich neutraler gesellschaftsrechtlicher Vorgang".[687]

Als Abhilfemöglichkeit wird neben der Einziehung die Einbringung der Anteile an der Muttergesellschaft in die Tochtergesellschaft und die anschließende Verschmelzung der ersteren auf die letztere diskutiert.[688]

561 **(3) Rückgängigmachung früherer Teilwertabschreibungen**
Der Übernahmegewinn ist insoweit steuerpflichtig, als die tatsächlichen (historischen) Anschaffungskosten (einschließlich Zuwendungen an Unterstützungskassen) höher sind als der Buchwert der Anteile an der übertragenden Gesellschaft zum steuerlichen Übertragungsstichtag (§ 12 Abs. 2 Satz 2 UmwStG). Dies ist aufgrund einer Teilwertabschreibung der Beteiligung oder einer Übertragung eines Veräußerungsgewinns nach § 6b EStG aF möglich; gleichermaßen soll eine Minderung der Anschaffungskosten aufgrund einer empfangenen Ausschüttung aus EK 04 zu behandeln sein.[689] Mit der Hinzurechnung dieses Unterschiedsbetrags zum Gewinn sollen die bereits eingetretenen ertragsteuerlichen Auswirkungen durch eine vorangegangene Teilwertabschreibung rückgängig gemacht werden.[690] Eine Hinzurechnung unterbleibt dementsprechend, soweit die Teilwertabschreibung nach § 50c EStG nicht anzuerkennen war, weil die Anteile von einem nichtanrechnungsberechtigten Vor-Anteilseigner erworben wurden (§ 12 Abs. 2 Satz 3 UmwStG). Die Hinzurechnung ist – nach der zwischenzeitlichen Streichung des § 12 Abs. 2 Satz 4 UmwStG aF – der Höhe nach nicht mehr begrenzt durch den aktuellen Wert des übergehenden Vermögens (zu dieser Deckelmethode s.

---

[684] *Widmann/Mayer* § 15 UmwStG 1977 Anm. 6048.
[685] *Widmann/Mayer* § 15 UmwStG 1977 Anm. 6048.1 ff.; *Dreissig* StbJb. 1994/95, 209 (216 f.); *dies.* DB 1997, 1301 (1303).
[686] UmwStErl. 1 Tz. 33.
[687] BFH v. 28. 1. 1966, BStBl. II, 245; UmwStErl. 1998 Tz. 11.27.
[688] *Widmann/Mayer* § 15 UmwStG 1977 Anm. 6048.3.
[689] UmwStErl. 1998 Tz. 12.04.
[690] BFH v. 18. 12. 1989, BStBl. II 1990, 92.

D. Reorganisation unter Beibehaltung der Rechtsform GmbH 562–566 § 14

Voraufl.). In Zukunft wird es seltener zur Anwendung des § 12 Abs. 2 Satz 2 UmwStG, weil bereits nach § 6 Abs. 1 Nr. 1 Satz 4 und Nr. 2 Satz 3 EStG idF des StEntlG 1999/2000/2002 (s. Rz. 6) ab 1999 ein allgemeines Wertaufholungs- bzw. Zuschreibungsgebot gilt.

Die Abhilfemöglichkeit gegen eine Steuerpflicht des Übernahmegewinns wegen vorangegangener Teilwertabschreibung durch Umkehr der Verschmelzungsrichtung dargestellt, daß die Muttergesellschaft auf die Tochtergesellschaft verschmolzen wird,[691] erkennt die FinVerw.[692] nicht an; sie will – ebenso wie ggf. auch nach einer Verschmelzung von Schwestergesellschaften – bei der Muttergesellschaft die Hinzurechnung vornehmen. Daß dadurch eigene Anteile bei der Tochtergesellschaft entstehen, hat keine Ertragsteuerbelastung zur Folge (s. Rz. 541–543, 560). **562**

Ein steuerpflichtiger Übernahmegewinn nach § 12 Abs. 2 Satz 2 UmwStG darf nicht mit einem – zB bei Buchwertfortführung – insgesamt entstehenden Übernahmeverlust nach § 12 Abs. 2 Satz 1 UmwStG verrechnet werden, weil letzterer bei der Einkommensermittlung außer Ansatz bleibt.[693] **563**

(4) **Übernahmefolgegewinn**:
Durch die Vereinigung von unterschiedlich bewerteten Forderungen und Verbindlichkeiten zwischen den an der Verschmelzung beteiligten Gesellschaften kann ein Übernahmefolgegewinn oder Übernahmegewinn zweiter Stufe entstehen, der körperschaftsteuer- und gewerbesteuerpflichtig ist. Nach § 6 iVm. §§ 12 Abs. 4, 19 UmwStG kann die übernehmende Gesellschaft eine den **steuerlichen Gewinn mindernde Rücklage** bilden, die in den folgenden 3 Jahren mindestens zu je gewinnerhöhend aufzulösen ist. Diese Vergünstigung entfällt rückwirkend bei einem Mißbrauch iSd. § 26 Abs. 1 UmwStG. **564**

(5) **Eigenkapitalgliederung:**[694]
Die sich aus der Gliederungsrechnung ergebenden Teilbeträge des verwendbaren Eigenkapitals (vEK) der übertragenden Gesellschaft (einschließlich evtl. Sonderausweise von in Nennkapital umgewandelter Rücklagen) sind denjenigen der übernehmenden Gesellschaft (nur) hinzuzurechnen (§ 38 Abs. 1 Satz 1 KStG), weil bei der übertragenden Gesellschaft auf das Herstellen der Ausschüttungsbelastung verzichtet wird (s. Rz. 538). Bei der Verschmelzung einer steuerbefreiten auf eine steuerpflichtige Gesellschaft ist das vEK der übertragenden dem EK 02 der übernehmenden Gesellschaft hinzuzurechnen (§ 38 Abs. 2 KStG). **565**

Die bei der übernehmenden Gesellschaft sich aus dieser Addition der Teilbeträge des vEK ergebende Summe des vEK ist – entsprechend dem Grundgedanken des § 29 Abs. 1 KStG – dem vEK lt. Steuerbilanz der übernehmenden Gesellschaft anzupassen. Diese Anpassung hat nach den Sonderregelungen des § 38 Abs. 1 Satz 2 bis 4 KStG sowohl für das vEK insgesamt wie auch für den Sonderausweis iSd. § 47 Abs. 1 Satz 1 Nr. 2 KStG zu erfolgen, und zwar in folgenden drei – getrennt vorzunehmenden – Schritten:[695] **566**

---

[691] *Widmann* HdU 1990 Q Anm. 288.
[692] UmwStErl. 1998 Tz. 12.07.
[693] UmwStErl. 1998 Tz. 12.06.
[694] Einzelheiten s. UmwStErl. 1998 Tz. Gl. 01 ff.; zur Umgliederung nach § 54 Abs. 11 a Satz 2 KStG s. OFD Koblenz v. 26. 11. 1998, DStR 1999, 118.
[695] UmwStErl. 1998 Tz. Gl. 05 ff.; Begr. UmwStRÄndGE, BT-Drs. 12/6885, 26 ff.; und Ber. FinAussch. zum UmwStRÄndGE, BT-Drs. 12/7945, 66.

567 *Erster Schritt:* Addition der Teilbeträge des vEK und evtl. Sonderausweise von übertragender und übernehmender Gesellschaft

568 *Zweiter Schritt:* Angleichung des Sonderausweises der in Nennkapital umgewandelten Gewinnrücklagen (ab 1977) (Nennkapitalsphäre) durch folgenden Vergleich (§ 38 Abs. 1 Satz 2 und 3 KStG):

Nennkapital nach Verschmelzung
abzgl. bare Zuzahlung oder Sacheinlagen[696]
./. Summe Nennkapitalien vor Verschmelzung

Differenzbetrag:
(1) positiv: Zugang beim Sonderausweis (Kapitalerhöhung)
(2) negativ: Abgang beim Sonderausweis (Kapitalherabsetzung) bis zu dessen Reduzierung auf Null DM)[697]

569 *Dritter Schritt:* Angleichung des vEK im EK 04 (Rücklagensphäre) durch folgenden Vergleich (§ 38 Abs. 1 Satz 4 KStG):

Summe des vEK (= Rücklagen) lt. Steuerbilanz der übernehmenden Gesellschaft nach Verschmelzung
zuzgl. Sonderausweis nach § 29 Abs. 3 KStG
./. Summe der Teilbeträge des vEK lt. Gliederung der übernehmenden Gesellschaft nach Verschmelzung

Differenzbetrag:
= Zugang oder Abgang im EK 04, das dadurch auch negativ werden darf.[698]

570 Maßgeblich für diese Angleichung sind das vEK, das sich aus einer Steuerbilanz der übernehmenden Gesellschaft auf den unmittelbar dem Vermögensübergang folgenden Zeitpunkt ergeben würde, und die Teilbeträge des vEK der übernehmenden Gesellschaft zum Schluß des dem Vermögensübergang vorangegangenen Wirtschaftsjahres sowie der übertragenden Gesellschaft zum steuerlichen Übertragungsstichtag (Abschn. 93 Abs. 4 KStR). Diese Steuerbilanz entspricht bei der Verschmelzung durch Neugründung der Eröffnungsbilanz. Bei Verschmelzung durch Aufnahme sind aus dem laufenden Geschäftsjahr nur die Veränderungen zu berücksichtigen, die sich aus dem Vermögensübergang durch Verschmelzung ergeben (s. a. Rz. 482).

---

[696] Nach UmwStErl. 1998 Tz. Gl. 07 sollten auch noch in Nennkapital umgewandelte Rücklagen, für die EK 03 oder EK 04 als verwendet gilt, abgesetzt werden (gemeint sind damit offenbar derartige Umwandlungen im Rahmen der Verschmelzung). Zu damit zusammenhängenden Gestaltungsmöglichkeiten s. *Dehmer* DStR 1994, 1713 (1721 f.), und *Widmann* in FS L. Schmidt (1993), 555 (560 f.).

[697] Soweit ein negativer Differenzbetrag den Betrag des Sonderausweises unterschreitet, führt er im Dritten Schritt (Rz. 569) zu einem Zugang zum EK 04 (Begr. UmwStÄndGE, BT-Dr. 12/6885, 27); *Wochinger/Dötsch*, DB 1994, Beilage Nr. 14, 20 Beispiel 2.

[698] *Wochinger/Dötsch* DB 1994, Beil. Nr. 14.

D. Reorganisation unter Beibehaltung der Rechtsform GmbH   571–573   § 14

Im EK 04 erfolgt diese Angleichung wegen der gesellschaftsrechtlichen Veranlassung der buchmäßigen Vermögensmehrung oder -minderung infolge der Verschmelzung.

Gründe für Abweichungen zwischen Eigenkapital laut Gliederungsrechnung und laut Steuerbilanz können sein:[699] **571**
- Wegfall der bisherigen Beteiligung der übernehmenden Gesellschaft an der übertragenden Gesellschaft (ausdrücklich genannt in § 38 Abs. 1 Satz 4 KStG)
- Umtauschverhältnis abweichend von 1:1 (s. a. Rz. 466)
- Abfindung von Minderheitsgesellschaftern der übertragenden Gesellschaft (s. a. Rz. 512)
- Beteiligung der übertragenden Gesellschaft an der übernehmenden Gesellschaft und Gewährung dieser Anteile an Gesellschafter der übertragenden Gesellschaft (s. Rz. 497, 541–543 und 560)
- Steuerfreier Übernahmegewinn (s. Rz. 557)
- Nichtabziehbarer Übernahmeverlust (s. Rz. 557)
- Steuerpflichtiger Übernahmegewinn (s. Rz. 561 ff.).

Die genannten Gründen können einzeln oder in Kombination vorliegen. Dementsprechend kann die Angleichung der Gliederung an die Steuerbilanz der Saldo aus Mehr- und Minder-Eigenkapital laut Steuerbilanz sein.

(6) **Verlustabzug:**
Die übernehmende Gesellschaft tritt – abweichend vom bis 1994 geltenden Recht – bezüglich eines bei der übertragenden Gesellschaft verbleibenden körperschaftsteuerlichen Verlustabzugs (§ 10 d Abs. 3 Satz 2 EStG) und in Höhe vortragsfähiger gewerbesteuerlicher Fehlbeträge (§ 10 a GewStG) grds. in die Rechtsstellung der übertragenden Gesellschaft ein (§ 12 Abs. 3 Satz 2, § 19 Abs. 2 UmwStG). Voraussetzung ist allerdings, daß der Betrieb oder Betriebsteil,[700] der den Verlust verursacht hat, über den Verschmelzungsstichtag hinaus in einem nach dem Gesamtbild der wirtschaftlichen Verhältnisse vergleichbaren Umfang in den folgenden fünf Jahren fortgeführt wird[701] (s. Rz. 545). **572**

Nach hM kann der verbleibende Verlustabzug auch körperschaftsteuerlich bei der übernehmenden Gesellschaft nicht für einen Verlustrücktrag (§ 10 d **573**

---

[699] *Dötsch/Eversberg/Jost/Witt* § 38 KStG Anm. 24 ff.; *Widmann/Mayer* § 15 UmwStG Anm. 6058 ff.

[700] Zu diesem steuerrechtlichen Begriff und seiner Abgrenzung von dem des Teilbetriebs s. a. BFH v. 10. 3. 1998, BFH/NV 1998, 1209; zum entsprechenden handelsrechtlichen Begriff s. § 126 Abs. 1 Nr. 9 UmwG und Rz. 613 aE.

[701] Einzelheiten dazu in einem BFM-Schr. (in Vorber.); zu den zahlreichen Zweifelsfragen hinsichtlich des Anwendungsbereich dieser Vorschrift s. zB *Hörger/Endres* DB 1998, 335 und 388; *Dötsch* DB 1997, 2144; *Füger/Rieger* DStR 1997, 1427; *Prinz* FR 1997, 881; *Orth* DB 1997, 2242; *Cloppenburg/Strunk* BB 1998, 2446; *Hörger/Endres* FR 1998, 1017; *Kröner* DStR 1998, 1495; *Eilers/Wienands* FR 1998, 828; *Breuninger/Frey* GmbHR 1998, 866; *Bock* GmbHR 1999, 279; *IDW* v. 4. 9. 1998, WPg 1998, 886; generell zum Verlustabzug bei Kapitalgesellschaften s. a. *Orth* Tax treatment of corporate losses (Nationalbericht Deutschland), Cahiers de droit fiscal international Vol. LXXXIII a (1998), 475 (= IWF Fach 1 S. 1453); speziell zur Anwendbarkeit des § 12 Abs. 3 Satz 2 UmwStG in Organschaftsfällen s. zB *Orth* JbFStR 1995/196, 452.

Abs. 1 EStG) verwendet werden.[702] Der verbleibende Verlustabzug und vortragsfähige Fehlbeträge gehen mit Wirkung vom steuerlichen Übertragungsstichtag an auf die übernehmende Gesellschaft über (§ 2 Abs. 1 UmwStG); nach Auffassung der FinVerw.[703] und der hM im Schrifttum[704] ist ein Verlustabzug bei der übernehmenden Gesellschaft bereits in dem Veranlagungszeitraum möglich, in dem der steuerliche Übertragungsstichtag liegt.

574 Ein bei der *übernehmenden Gesellschaft* entstandener Verlust kann nicht im Wege des Verlustrücktrags bei der übertragenden Gesellschaft abgezogen werden.[705] Ein *Übernahmeverlust* der übernehmenden Gesellschaft kann weder im Jahr seiner Entstehung mit anderen steuerpflichtigen Einkünften ausgeglichen noch in den folgenden Jahren im Wege des Verlustvortrags abgezogen werden (§ 12 Abs. 2 Satz 1 UmwStG).

(7) **Gewinnermittlung:**

575 Für die laufende Besteuerung nach der Verschmelzung tritt die übernehmende Gesellschaft hinsichtlich folgender Besteuerungsmerkmale in die Rechtsstellung der übertragenden Gesellschaft ein (§ 12 Abs. 3 und Abs. 4 Satz 1 UmwStG):
– Absetzungen für Abnutzung
– Erhöhte Absetzungen
– Sonderabschreibungen
– Inanspruchnahme einer Bewertungsfreiheit oder eines Bewertungsabschlags
– Steuerlich gewinnmindernde Rücklagen
– Teilwertabschreibung und -zuschreibung iSd.§ 6 Abs. 1 Nr. 2 Satz 2 und 3 EStG
– 5-Jahres-Frist für Pauschbesteuerung wegen Kapitalherabsetzung nach § 5 Abs. 2 KapErhStG
– Besitzzeitanrechnung zB für § 6 b EStG, Schachtelprivilegien und Organschaft
– AfA-Bemessungsgrundlage (s. Rz. 389, 390).
Zum Verlustabzug s. Rz. 572 ff.

576 (8) **Gewerbesteuer:**
Renten und dauernde Lasten der übertragenden Gesellschaft werden durch die Verschmelzung bei der GmbH nicht zu gewerbesteuerlichen Hinzurechnungen nach § 8 Nr. 2 und § 12 Abs. 2 Nr. 1 GewStG (§ 12 Abs. 1 Satz 2 iVm. § 18 Abs. 3 UmwStG).

ff) Besteuerung der Gesellschafter der übertragenden Gesellschaft
(1) Anteile an der übernehmenden Gesellschaft

577 Soweit den Gesellschaftern der übertragenden Gesellschaft in Durchführung der Verschmelzung neue oder alte Anteile der übernehmenden Gesellschaft gewährt werden (s. Rz. 495 ff.), handelt es sich um einen Tausch

---

[702] UmwStErl. 1998 Tz. 12.18.; aA: zB Kröner GmHR 1996, 256; *Streck/Posdziech* GmbHR 1995, 271, 357 (359 f.).

[703] UmwStErl. 1998 Tz. 12.16.

[704] *Widmann/Mayer* KurzKomm. UmwStG 1995 Rz. S 384; *Haritz/Benkert* § 12 UmwStG Anm. 52; *Blumers* DStR 1996, 691; kritisch zu einer ggf. phasengleichen Verlustverrechnung bei übertragender und übernehmender Gesellschaft *Orth* StuW 1996, 306.

[705] BFH v. 17. 7. 1991, BStBl. II 1991, 899.

D. Reorganisation unter Beibehaltung der Rechtsform GmbH   578, 579   § 14

gegen die untergehenden Anteile an der übertragenden Gesellschaft, der – unabhängig vom Vorliegen der Voraussetzungen des sog. Tauschgutachtens (s. Rz. 252)[706] – nach § 13 UmwStG steuerneutral bleibt, weil die Anteile an der übertragenden Gesellschaft als zum Buchwert bzw. zu den Anschaffungskosten veräußert gelten und die an ihre Stelle tretenden Anteile als mit diesem Wert angeschafft gelten. Der Gesellschafter hat insoweit kein Wahlrecht; die Regelung des § 13 UmwStG[707] ist zwingend und unabhängig von der Ausübung des Bewertungswahlrechts durch die übertragende Gesellschaft.[708]

Es kommen 4 *Fallgruppen* in Betracht, in denen ein Gewinn aus der Veräußerung der Anteile steuerpflichtig werden kann (s. a. Rz. 225):[709]   **578**
– Anteile gehören zu einem Betriebsvermögen: Steuerneutralität nach § 13 Abs. 1 UmwStG
– Anteile gehören zum Privatvermögen.[710] In dieser Fallgruppe gibt es 3 Alternativen:
  • Wesentliche Beteiligung iSd. § 17 EStG: Steuerneutralität nach § 13 Abs. 2 UmwStG. Die im Zuge der Verschmelzung gewährten Anteile gelten als Anteile iSd. § 17 EStG (§ 13 Abs. 2 UmwStG), unabhängig davon, ob der bisher wesentlich an der übertragenden Gesellschaft Beteiligte nach der Verschmelzung noch eine Beteiligung von mehr als 25% an der übernehmenden Gesellschaft hält oder ob erst durch den Anteilstausch eine wesentliche Beteiligung entsteht. In der letzten Fallgruppe wird die „Nichtverstrickung" der vorher entstandenen stillen Reserven durch Behandlung des gemeinen Werts am steuerlichen Übertragungsstichtag als Anschaffungskosten erreicht.
  • Spekulationsgeschäft (§ 23 EStG): Steuerneutralität nach § 13 Abs. 2 UmwStG.[711]
  • Einbringungsgeborene Anteile (§ 21 UmwStG): Steuerneutralität wie für Anteile im Betriebsvermögen (§ 13 Abs. 3 UmwStG). Die erworbenen Anteile treten an die Stelle der hingebenden Anteile.

Die **Angemessenheit** des **Umtauschverhältnisses** (s. a. Rz. 511 f.) ist   **579**
ertragsteuerlich irrelevant, weil nach der Rechtsprechung generell Kapitalmaßnahmen, die auf der Ebene der Kapitalgesellschaft keine Vermögensmin-

---

[706] BFH v. 17. 10. 1974, BStBl. II 1975, 58; mißverständlich BFH v. 28. 3. 1979, BStBl. II, 774; zutreffend *Loos* UmwStG 1969 Anm. 746; *Böttcher/Zartmann/Kandler* Wechsel der Unternehmensform, 4. Aufl. S. 197; mißverständlich *Widmann/Mayer* § 15 UmwStG 1977 Anm. 6313 und *Glade/Steinfeld* Anm. 859: „Kodifizierung der Rechtsprechungsgrundsätze".
[707] Zur Neufassung des § 13 Abs. 4 UmwStG durch das StEntlG 1999/2000/2002 (s. Rz. 6) kritisch *Hörger/Mentel/Schulz* DStR 1999, 565 (568 ff.).
[708] UmwStErl. 1998 Tz. 13.01.
[709] UmwStErl. 1998 Tz. 13.05 ff.
[710] Zum Sonderfall der vorangegangenen Überführung der Anteile aus einem Betriebsvermögen in das Privatvermögen (Entnahme) s. FG Düsseldorf v. 10. 2. 1998, EFG 1998, 1018 (nrkr.): Beendigung einer Betriebsaufspaltung durch Verschmelzung der Betriebs-GmbH (§§ 11 ff. UmwStG) und Einbringung des Besitzunternehmens in eine Kapitalgesellschaft gegen Gewährung von Gesellschaftsrechten (§§ 20 ff. UmwStG).
[711] Zu den Voraussetzungen eines Spekulationsgeschäftes s. a. OFD Münster v. 9. 9. 1964, DB 1964, 1499.

derung entstehen lassen, aber auf der Ebene der Gesellschafter zu Vermögensverschiebungen zwischen den Anteilswerten führen können, steuerneutral zu behandeln sind.[712] Die Rechtsprechung hat dementsprechend die Steuerneutralität der Verschmelzung bestätigt und eine Parallelbehandlung mit der sog. Doppelmaßnahme anläßlich der Gewährung von Freianteilen bei einer Kapitalerhöhung aus Gesellschaftsmitteln[713] abgelehnt.[714]

(2) **Barabfindung**

580 Bare Zuzahlungen von maximal 10% (s. Rz. 495) oder höhere bare Zuzahlungen im sog. Spruchverfahren (s. Rz. 512) sind – ebenso wie Barabfindungen anläßlich des Austritts eines Gesellschafters bei der Verschmelzung von GmbHs (s. Rz. 513 f.) – ein *steuerpflichtiger Veräußerungsgewinn*, sofern ein Gewinn aus der Veräußerung der Anteile selbst steuerpflichtig wäre: Das ist der Fall bei Anteilen im Betriebsvermögen, wesentlichen Beteiligungen iSd. § 17 EStG, einbringungsgeborenen Anteilen iSd. § 21 UmwStG und Spekulationsgeschäften iSd. 23 EStG (s. a. Rz. 225). Ein Besteuerungsaufschub ähnlich der Regelung des § 20 Abs. 4 Satz 2 UmwStG für Fälle der Einbringung von Personenunternehmen (s. Rz. 197 ff.) ist bei der Verschmelzung von Kapitalgesellschaften nicht vorgesehen. Umstritten ist, ob § 17 UmwStG auf einen derartigen Veräußerungsgewinn außer bei Barabfindungen ausscheidender Gesellschafter auch bei baren Zuzahlungen an verbleibende Gesellschafter anwendbar ist mit der Möglichkeit, den Gewinn nach § 6 b EStG zu neutralisieren.[715]

2. Verschmelzung GmbH durch Neugründung einer GmbH

581 Die **Möglichkeit**, das Vermögen zweier oder mehrerer (übertragender) GmbH unter Auflösung ohne Abwicklung im Wege der Gesamtrechtsnachfolge als Ganzes auf eine andere neue, von ihnen dadurch gegründete GmbH zu übertragen, ist als **Verschmelzung im Wege der Neugründung** zugelassen (§ 3 Abs. 1 Nr. 2 UmwG). Die Verschmelzung durch Neugründung ist der Verschmelzung durch Aufnahme nachgebildet. Bei der neuen GmbH tritt lediglich an die Stelle der Kapitalerhöhung zur Durchführung der Verschmelzung die Sachgründung einer GmbH.[716] Es gelten dafür die Allgemeinen Vorschriften der §§ 36 bis 38 UmwG, die auf die Allgemeinen Vorschriften in §§ 2 bis 38 UmwG verweisen (mit Ausnahme der §§ 16 Abs. 1 und 27 UmwG); hinsichtlich der Besonderen Vorschriften für Verschmelzungen unter Beteiligung von GmbH verweist § 56 UmwG auf die §§ 46 bis 55 UmwG, die mit Ausnahme der Vorschriften über nicht voll geleistete Einlagen (§§ 51 und 52 Abs. 1 UmwG) sowie über Kapitalerhöhungen (§§ 53, 54 Abs. 1–3, 55 UmwG) entsprechend anzuwenden sind (auf die Erläuterungen zu diesen Vorschriften in den Rz. 466 bis 518 wird verwiesen), ergänzt um Sonderregelungen für den Inhalt des Gesellschaftsvertrags, einen Sachgründungsbericht

---

[712] RFH v. 14. 12. 1990, RFHE 4, 222; BFH v. 1. 4. 1952, BStBl. III 1952, 148; v. 24. 9. 1974, BStBl. II 1975, 230.
[713] BFH v. 17. 9. 1957, BStBl. III 1957, 401; v. 1. 8. 1958, BStBl. III 1958, 390.
[714] RFH v. 3. 2. 1932, RStBl. 1932, 464; BFH v. 23. 1. 1959, BStBl. III 1959, 97.
[715] Befürwortend: *Widmann/Mayer* § 15 UmwStG 1977 Anm. 6318 u. 6346; ablehnend: *HHR/Hübl* § 17 UmwStG Anm. 5.
[716] Einzelheiten zur Kapitalaufbringung bei *Ihrig* GmbHR 1995, 622 (626 ff.).

D. Reorganisation unter Beibehaltung der Rechtsform GmbH 582–599 § 14

und die Verschmelzungsbeschlüsse (§§ 57 bis 59 UmwG). Daneben gelten insbes. die Gründungsvorschriften des GmbHG (§ 36 Abs. 2 UmwG).
Danach gilt zusammengefaßt für Voraussetzungen und Durchführung, handelsrechtliche Wirkungen und steuerliche Rechtsfolgen: **582**
- Abschluß oder Entwurf des **Verschmelzungsvertrags** (s. Rz. 466), in dem auch der **Gesellschaftsvertrag** der neuen GmbH enthalten sein oder festgestellt werden muß (§ 37 UmwG).[717] Zu Form und Inhalt des Gesellschaftsvertrags s. § 2. In dem Gesellschaftsvertrag sind auch Festsetzungen über Sondervorteile, Gründungsaufwand, Sacheinlagen und Sachübernahmen aus den Gesellschaftsverträgen der übertragenden Gesellschaften zu übernehmen (§ 57 UmwG). Zuständig dafür sind die Geschäftsführer der übertragenden Gesellschaft. Beide Verträge bedürfen der notariellen Beurkundung (s. a. Rz. 468).
- Zuleitung des Verschmelzungsvertrags oder seines Entwurfs an den zuständigen Betriebsrat (s. Rz. 469)
- Erforderlichenfalls Bestellung eines ersten Aufsichtsrats der neuen GmbH (§ 36 Abs. 2 UmwG)
- Rechnungslegung (s. Rz. 470 ff.; die neue GmbH hat eine Eröffnungsbilanz aufzustellen,[718] für die Rz. 483–485 und 470 entsprechend gelten)
- Verschmelzungsbericht (s. Rz. 491 f.)
- Verschmelzungsprüfung (s. Rz. 493 f.)
- Sachgründungsbericht ist bei Verschmelzung von GmbH nicht erforderlich (§ 58 UmwG)
- Verschmelzungsbeschlüsse der Gesellschafterversammlungen (s. Rz. 499 ff.). Durch sie wird der Gesellschaftsvertrag der neuen Gesellschaft (s. o.) und ggf. eine Bestellung des ersten Aufsichtsrats (s. o.) erst wirksam (§ 59 UmwG)
- Eintragung der Verschmelzung und der neuen Gesellschaft in das Handelsregister (§ 38 UmwG). Zur Eintragung der Verschmelzung, die von den Geschäftsführern für jede übertragende GmbH anzumelden ist, s. Rz. 503 ff. Zur Eintragung der neuen Gesellschaft, die von allen Geschäftsführern der übertragenden Gesellschaften gemeinsam anzumelden ist (s. § 2 Rz. 131 ff.). Für die Eintragung in das Handelsregister gilt nach § 36 iVm. § 19 UmwG folgende Reihenfolge:
1. Eintragung der Verschmelzung in die Handelsregister der sich vereinigenden (übertragenden) Gesellschaften
2. Eintragung der neuen Gesellschaft in das Handelsregister ihres Sitzes.
Durch die Eintragung der neuen Gesellschaft in das Handelsregister treten die konstitutiven Wirkungen ein, die bei der Verschmelzung durch Aufnahme durch die Eintragung der Verschmelzung in das Handelsregister der übernehmenden Gesellschaft ausgelöst werden (§ 36 Abs. 1 Satz 2 UmwG). Zu den handelsrechtlichen Wirkungen s. Rz. 510 ff. Zu den steuerlichen Rechtsfolgen s. Rz. 525 ff.

(frei) **583–599**

---

[717] Siehe auch OLG Stuttgart v. 17. 12. 1996, ZiP 1996, 75 (zur entspr. Anwendung des § 37 UmwG bei Ausgliederung; s. a. Rz. 693).
[718] Einzelheiten dazu s. HFA 2/1997 Tz. 3212.

III. Spaltung[719] einer GmbH

1. Überblick

600 Die Spaltung, insbes. im Steuerrecht zum Teil auch als Realteilung bezeichnet, ist eine Art Gegenstück zur Verschmelzung[720] (s. a. Rz. 460). Handelsrechtlich bestand bis zur Vereinigung der beiden deutschen Staaten keine Regelung, die einen Vermögensübergang durch Spaltung im Wege der Sonderrechtsnachfolge („teilweise Gesamtrechtsnachfolge", „partielle Universalsukzession", „Spezialsukzession") zuließ. Vorläufer dieses **mit dem UmwBerG eingeführten Rechtsinstituts** waren dann die „Teilung" landwirtschaftlicher Produktionsgenossenschaften[721] sowie die Aufspaltung nach dem Gesetz über die Spaltung der von der Treuhandanstalt verwalteten Unternehmen vom 5. 4. 1991 (SpTrUG).[722] Steuerlich galt bereits während der Diskussion um die Reform des Umwandlungsrechts nach dem BMF-Schreiben vom 9. 1. 1992[723] eine Billigkeitsregelung, derzufolge auf Antrag auch eine ertragsteuerneutrale Spaltung (Aufspaltung, Abspaltung) im Wege der Einzelrechtsnachfolge möglich war.[724] Die Spaltung im Wege der Sonderrechtsnachfolge ist nach den §§ 123 bis 173 UmwG in **drei Arten** möglich: Aufspaltung, Abspaltung, Ausgliederung, und zwar jeweils als Spaltung zur Aufnahme durch bereits bestehende Rechtsträger, die auch als Teilverschmelzung bezeichnet wird, und als Spaltung zur Neugründung eines oder mehrerer neuer Rechtsträger oder als Mischform beider Unterarten.[725]

601 Bei der **Aufspaltung** wird die übertragende Gesellschaft ohne Abwicklung aufgelöst. Ihr Vermögen geht auf mindestens zwei andere schon bestehende oder neu gegründete Rechtsträger über gegen Gewährung von Anteilen an diesen übernehmenden oder neuen Rechtsträgern. Als wirtschaftlich bedeutsamer, weil häufiger vorkommend, wird die **Abspaltung** angesehen, bei der die übertragende Gesellschaft bestehen bleibt und nur einen Teil ihres Vermögens, idR einen Betrieb oder mehrere Betriebe auf einen oder mehrere

---

[719] Einführende Hinweise: Zum Begriff der Spaltung s. Rz. 8 und 15; zum Wesen der Spaltung s. Rz. 31 und 460; zu den Möglichkeiten der Spaltung s. Rz. 18; zur steuerlichen Behandlung der Spaltung s. Rz. 6 und 40; Gesamtdarstellungen: *Schöne* Die Spaltung unter Beteiligung von GmbH, 1997; s. a. *Engelmeyer* Die Spaltung von Aktiengesellschaften, 1995; G. *Schultze*, Der spin-off als Konzernspaltungsform, 1998.

[720] Begr. UmwBerGE, BT-Drs. 12/6699, 71 f.

[721] §§ 4 bis 12 Landwirtschaftsanpassungsgesetz idF v. 3. 7. 1991, BGBl. I 1991, 14, 18.

[722] BGBl. I 1991, 854; zur steuerlichen Behandlung dieses Typs der Spaltung s. BMF-Schr. v. 8. 5. 1991, BStBl. I 1991, 743; für die Grunderwerbsteuer gilt eine auf diesen Typ beschränkte Steuerbefreiung (§ 4 Nr. 4 GrEStG).

[723] BStBl. I 1992, 47.

[724] Befristet „bis zu der in Aussicht genommenen Bereinigung des Umwandlungsrechts und des Umwandlungssteuerrechts" (BMF aaO); für Weitergeltung *IDW*-Stellungn. zum UmwStG, WPg. 1995, 57 (C.1.), die nach *Thiel* DStR 1995, 237 (238), in Ausnahmefällen in Betracht kommen kann (zB zum Jahreswechsel 1994/95).

[725] *Kallmeyer* DB 1995, 81, hält auch eine Kombination verschiedener Spaltungsarten für zulässig; einschränkend dazu *Widmann/Mayer* § 123 UmwG Rz. 6 ff.

andere, bereits bestehende oder neue Rechtsträger überträgt gegen Gewährung von Anteilen an diesen übernehmenden oder neuen Rechtsträgern. Ebenfalls erhebliche praktische Bedeutung hat die **Ausgliederung**, insbes. als Ausgliederung zur Neugründung eines Tochterunternehmens (Ausgründung). Bei der Ausgliederung wird ebenso wie bei der Abspaltung nur ein Teil oder Teile des Vermögens einer Gesellschaft auf andere Rechtsträger übertragen, jedoch gelangen die als Gegenleistung gewährten Anteile an den übernehmenden oder neuen Rechtsträgern in das Vermögen der übertragenden Gesellschaft selbst; die Beteiligungen an dieser übertragenden Gesellschaft werden also nicht unmittelbar berührt. Das Erfordernis eines bei der übertragenden Gesellschaft zurückbleibenden Vermögensteils wird bei der Schaffung einer reinen Holding (sog. Totalausgliederung) durch die als Gegenleistung gewährten Anteile an der oder den übernehmenden Gesellschaft(en) erfüllt.[726]

Das Handelsrecht stellt für sämtliche Spaltungsarten **keine qualitativen Anforderungen** an die übergehenden Vermögensteile oder an das – in Fällen der Abspaltung und Ausgliederung – beim übertragenden Rechtsträger verbleibende Vermögen (zur Teilbetriebsvoraussetzung im Steuerrecht s. Rz. 654, 685). Frühere Überlegungen, die Spaltung auszuschließen, wenn „im wesentlichen nur ein einzelner Gegenstand übertragen oder eine einzige Verbindlichkeit übergeleitet werden" soll, sind im Gesetzgebungsverfahren fallen gelassen worden,[727] weil das Risiko des Mißbrauchs der Spaltung zur Umgehung der Bestimmungen für die Einzelrechtsnachfolge wegen der ohnehin gegebenen „großen Nähe der Spaltungsvorschriften zum Recht der Einzelübertragung (vgl. § 126 Abs. 2, § 132 UmwG)" eine derartige Mißbrauchsklausel nicht unverzichtbar mache.[728] Das Handelsrecht folgt auch aus praktischen Gründen nicht dem Steuerrecht hinsichtlich des Teilbetriebserfordernisses, weil dessen Prüfung durch das Registergericht schwierig und zeitaufwendig wäre, so daß der Eintritt der Wirksamkeit der Spaltung stark verzögert, wenn nicht verhindert würde.[729]

Die Spaltung durch Aufspaltung und Abspaltung kann wahlweise durchgeführt werden als:
- **Verhältniswahrende Spaltung**: Den Gesellschaftern der übertragenden Gesellschaft werden die Anteile an den beteiligten Gesellschaften entsprechend ihrer Beteiligungsquote an der übertragenden Gesellschaft zugeteilt.
- **Nicht verhältniswahrende Spaltung**: Die Beteiligungsquote der Gesellschafter an den beteiligten Gesellschaften wird im Spaltungsvertrag oder Spaltungsplan – mit Zustimmung aller Gesellschafter – abweichend von der Beteiligungsquote an der übertragenden Gesellschaft festgesetzt (§ 128

---

[726] Einzelheiten dazu bei *Orth* und *K. Schmidt* JbFStR 1995/96, 353 und 364; *Widmann/Mayer* § 123 UmwG Rz. 7.3; zu eng deswegen *Kallmeyer* ZIP 1994, 1746 (1749): „Die Ausgliederung kann nicht dazu dienen, aus der ausgliedernden Gesellschaft eine reine Holding zu machen", sowie *Kallmeyer* DB 1995, 81.
[727] Siehe aber zu den Einwänden gegen die Übertragbarkeit einer einzelnen Verbindlichkeit *DAV* – HRAussch. Stellungn. zum UmwBerRefE, WM 1993, Sonderbeilage Nr. 2 Rz. 76; einschränkend jetzt auch noch *Pickardt* DB 1999, 729.
[728] Begr. UmwBerGE, BT-Drs. 12/6699, 116.
[729] Begr. UmwBerGE, BT-Drs. 12/6699, 118.

UmwG). Dadurch soll die *Auseinandersetzung* und *Trennung* von *Gesellschaftergruppen* und *Familienstämmen* ermöglicht werden[730] (zur fünfjährigen steuerlichen Behaltensfrist s. Rz. 658 ff.). Zum Schutz der Gesellschafter der übertragenden Gesellschaft s. Rz. 632 iVm. Rz. 499

605 **Motive** für die Spaltung einer Gesellschaft können im übrigen sein:
– Trennung verfeindeter Gesellschaftergruppen (s. Rz. 603 f.)
– Fungibilität für einen Verkauf von Unternehmensteilen
– Beendigung einer Kooperation (joint venture)
– Dezentralisierung von Einheitsunternehmen
– Umstrukturierung im Konzern
– Unterschreiten quantitativer Gesetzesgrenzen
– Kartellrechtliche Entflechtung.

Motiv für die Wahl der einzelnen Spaltungsart können auch steuerliche Gründe sein; zB kann eine Grunderwerbsteuerbelastung durch eine Abspaltung (Zurückbehalt des Grundbesitzes), nicht hingegen durch eine Aufspaltung vermieden werden.

606–609 *(frei)*

2. Aufspaltung[731] einer GmbH in mehrere GmbHs

a) Überblick

610 Die **Möglichkeit**, durch gleichzeitige Übertragung der Vermögensteile jeweils als Gesamtheit auf zwei oder mehrere andere GmbH gegen Gewährung von Geschäftsanteilen dieser GmbH an die Gesellschafter der übertragenden GmbH ist als **Anteilstausch** in zwei Arten zugelassen (§ 123 Abs. 1 UmwG):
– Ausspaltung zur **Aufnahme**: Vermögensübergang auf schon bestehende GmbH (übernehmende Gesellschaften)
– Aufspaltung zur **Neugründung**: Vermögensübergang auf dadurch gegründete neue Gesellschaften.

Die Aufspaltung kann auch in **Mischform** durch gleichzeitige Übertragung auf bestehende und neue Gesellschaften erfolgen (§ 123 Abs. 4 UmwG).

611 Da die Spaltung eine Art Spiegelbild der Verschmelzung ist, sind auf die Aufspaltung die Verschmelzungsvorschriften (§§ 2 bis 122 UmwG) grds. entsprechend („spiegelbildlich") anzuwenden,[732] mit Ausnahme des § 9 Abs. 2

---

[730] Begr. UmwBerGE, BT-Drs. 12/6699, 118 ff.; durch „klarstellende" Änderung der §§ 126 Abs. 1 Nr. 10 und 131 Abs. 1 Nr. 3 Satz 1 UmwG („beteiligte" statt bisher „übernehmende" Rechtsträger) mit UmwGÄndG v. 22. 7. 1998 (BGBl. I 1998, 1878) hat sich die Zweifelsfrage erledigt, ob als Bestandteil einer nicht verhältniswahrenden *Abspaltung* mit Zustimmung aller Anteilsinhaber auch (die übrigen) Anteile an dem *übertragenden* Rechtsträger einer Gesellschaftergruppe zugewiesen werden können (Begr. UmwG ÄndGE, BT-Drs. 13/8808, 14); zum bisherigen Recht s. Wolpert WiB 1996, 44; Wirth AG 197, 455 (s. ferner Rz. 682); zu den steuerlichen Auswirkungen s. Rz. 687.

[731] Zur Einführung und Abgrenzung gegenüber den anderen Spaltungsarten s. Rz. 600 f.

[732] Begr. UmwBerGE, BT-Drs. 12/6699, 117 und 124.

D. Reorganisation unter Beibehaltung der Rechtsform GmbH   612   § 14

UmwG (§ 125 Satz 1 UmwG): Auf Prüfung der Spaltung (s. Rz. 630) kann bei der Aufspaltung anders als bei der Verschmelzung (s. Rz. 493 f.) allein wegen des Konzernverhältnisses nicht verzichtet werden.[733] Auf die jeweiligen Erläuterungen wird verwiesen.

Außerdem gelten die Allgemeinen Vorschriften über die Spaltung zur Aufnahme (§§ 126 bis 134 UmwG) und über die Spaltung zur Neugründung (§§ 135 bis 137 UmwG) sowie die besonderen Vorschriften für Spaltungen unter Beteiligung von GmbH (§§ 138 bis 140 UmwG). Für die Spaltung zur Aufnahme gelten außerdem grds. die Vorschriften des GmbHG über Kapitalerhöhungen durch Sacheinlagen (§ 125 iVm. § 55 UmwG; Einzelheiten dazu s. Rz. 498), für die Spaltung zur Neugründung grds. die Sachgründungsvorschriften des GmbHG (§ 135 Abs. 2 UmwG).

b) Voraussetzungen und Durchführung

aa) Spaltungs- und Übernahmevertrag für eine Aufspaltung zur Aufnahme (§ 125 iVm. § 4, § 126 UmwG) oder **Spaltungsplan** für eine Aufspaltung zur Neugründung (§ 136 UmwG)[734]

(1) **Inhalt** des Spaltungs- und Übernahmevertrags(entwurfs) – Mindestangaben nach § 126, § 125 iVm. § 46 UmwG:
- Firma und Sitz der an der Spaltung beteiligten Gesellschaften
- Vereinbarung über die Übertragung der Teile des Vermögens der übertragenden GmbH jeweils als Gesamtheit gegen Gewährung von Anteilen an den übernehmenden GmbH
- Umtauschverhältnis und Nennbeträge der Anteile jedes Gesellschafters der übertragenden GmbH sowie ggfs. die Höhe der baren Zuzahlung. Einzelheiten dazu s. Rz. 466[735]
- Einzelheiten für den Umtausch der Geschäftsanteile (s. a. § 125 iVm. § 46 Abs. 2 und 3 UmwG)
- Zeitpunkt des Beginns der Gewinnberechtigung aus den umgetauschten Geschäftsanteilen (ohne abweichende Vereinbarung: Stichtag der letzten Jahresbilanz; s. Rz. 619) sowie etwaige Besonderheiten dieses Anspruchs
- Zeitpunkt, von dem an (im Innenverhältnis) die Handlungen der zu übertragenden GmbH als für Rechnung jeder der übernehmenden GmbH vorgenommen gelten (Spaltungsstichtag; s. a. Rz. 471)
- Rechte, die die übernehmende GmbH einzelnen Gesellschaftern oder Inhabern von Sonderrechten gewährt, oder die für diese Personen vorgesehenen Maßnahmen
- Vorteile für Geschäftsführer, Aufsichtsratsmitglieder, Abschlußprüfer oder Spaltungsprüfer
- **Genaue Bezeichnung und Aufteilung** (§ 126 Abs. 1 Nr. 9 UmwG)[736] der
  - *Gegenstände des Aktiv- und Passivvermögens,* die an jede der übernehmenden Gesellschaften übertragen werden:

---

[733] Begr. UmwBerGE, BT-Drs. 12/6699, 117.
[734] Siehe auch *Heidenhain* NJW 1995, 2873.
[735] Zur Unternehmenbewertung (s. a. Rz. 466) s. *Heurung* WPg. 1998, 201; *ders.* DStR 1997, 1302 und 1341.
[736] Zu den folgenden Einzelheiten s. Begr. UmwBerGE, BT-Drs. 12/6699, 118 f.

„Gegenstände" sind Sachen iSd. § 90 BGB und Rechte; nicht maßgeblich ist deren Bilanzierungsfähigkeit nach GoB. Zu erfassen sind auch schwebende Rechtsverhältnisse, insbesondere Dauerschuldverhältnisse; für Arbeitsverhältnisse steht deren Zuordnung allerdings unter dem Vorbehalt des § 613 a BGB (§ 324 UmwG). Eine Aufteilung einzelner Verbindlichkeiten ist nicht zugelassen.[737]

Nach allgemeinen Vorschriften *nicht übertragbare Gegenstände* (des Aktivvermögens)[738] können auch nicht durch eine Spaltung übertragen werden; ist deren Übertragbarkeit an bestimmte *Voraussetzungen* geknüpft oder bedarf sie einer *staatlichen Genehmigung*, so sind diese zu erfüllen bzw. einzuholen; Abtretungsverbote iSd. § 399 BGB greifen in Fällen der *Aufspaltung* nicht (§ 132 UmwG); Verbindlichkeiten, Vertragsverhältnisse oder sonstige Gegenstände, deren Übertragbarkeit lediglich von der Zustimmung eines Dritten abhängig ist, gehen dagegen über. Da eine wortlautgetreue Anwendung des § 132 UmwG als *„Spaltungsbremse"*[739] verstanden wird, versucht das Schrifttum, dessen Anwendungsbereich teleologisch zu reduzieren (Verhinderung einer Umgehung der Voraussetzungen für eine Einzelrechtsnachfolge beim Übergang nur einzelner Vermögensteile).[740] Da sich der Gesetzgeber bisher nicht zur Konkretisierung des Regelungsziels veranlaßt gesehen hat, bleibt eine Rechtsunsicherheit, die durch Nachholung erforderlicher staatlicher Genehmigungen[741] und vorsorgliche Regelungen im Spaltungsvertrag oder -plan für den Fall des Scheiterns eines Übergangs einzelner Vermögensgegenstände[742] (s. Rz. 640) begrenzt werden kann.

Die *Bezeichnung* der Gegenstände muß deren Bestimmbarkeit nach den für die Einzelrechtsnachfolge geltenden Regelungen (s. a. Rz. 32) ermöglichen (§ 126 Abs. 2 UmwG). Für Grundstücke ist § 28 GBO zu beachten; im übrigen kann auch auf Urkunden wie Bilanzen und Inventare Bezug genommen werden, deren Inhalt eine Zuweisung des Gegenstandes ermöglicht (s. Rz. 621 ff.).[743]

- *Betriebe und Betriebsteile,* die übergehen, unter Zuordnung zu den übernehmenden Gesellschaften: Für deren Bestimmbarkeit kann auch die betriebswirtschaftliche Zurechnung der Gegenstände oder Verbindlichkeiten zum Geschäftsbetrieb eines bestimmten Unternehmensteils oder bei Warenbeständen auf die für Sicherungsübereignungen entwickelten Grundsätze zurückgegriffen werden. Für Arbeitsverhältnisse hat die Zuordnung nach § 613 a BGB Vorrang vor der vertraglichen Vereinbarung (§ 324 UmwG).

---

[737] Begr. UmwBerGE, BT-Drs. 12/6699, 118.
[738] Speziell zu unbeschränkten persönlichen Dienstbarkeiten s. *Bungert* BB 1997, 897; zur stillen Gesellschaft s. *P. Jung* ZIP 1996, 1734.
[739] So *Mayer* GmbHR 1996, 403.
[740] *Neuhaus* in FS Weichler (1998), 83 (85 ff.) (Parallelbehandlung Sonderrechts- und Gesamtrechtsnachfolge); *Rieble* ZIP 1997, 301 (Interessenabwägung); *Mayer* GmbHR 1996, 403 (keine Anwendung auf Aufspaltung und „Totalausgliederung"); *Hennrichs* ZIP 1995, 794 (Typisierung von Fällen).
[741] *Heidenhain* ZIP 1995, 801 (805).
[742] *Neuhaus* in FS Weichler (1998), 83 (92).
[743] Einzelheiten dazu bei *Orth* JbFStR 1995/96, 345 (356 f.).

D. Reorganisation unter Beibehaltung der Rechtsform GmbH 613–618 § 14

– **Aufteilung der Anteile** jeder der beteiligten Gesellschaften **auf** die **Gesellschafter der übertragenden Gesellschaft** (§ 126 Abs. 1 Nr. 10 UmwG). Zu den vertraglichen Gestaltungsmöglichkeiten für diese Aufteilung s. Rz. 603 f.
– Folgen der Spaltung für die Arbeitnehmer und ihre Vertretungen sowie die insoweit vorgesehenen Maßnahmen (§ 126 Abs. 1 Nr. 11 UmwG)
– Ggfls. erforderliches Abfindungsangebot (§ 125 iVm. § 29 UmwG).

Außer diesen Mindestangaben sollte der Spaltungs- und Übernahmevertrag alle mit der Spaltung zusammenhängenden schuldrechtlichen Abreden enthalten. Daher sollte in den Vertrag auch eine Klausel aufgenommen werden, nach der die Wirksamkeit der Spaltung davon abhängt, daß die Eintragung bis zu einem bestimmten Zeitpunkt erfolgt ist (zulässig nach § 4 Abs. 1 Satz 2 UmwG). Im übrigen gilt, daß dann, wenn das Wirksamwerden des Spaltungsvertrags von einer Bedingung abhängig gemacht wird, nach 5 Jahren oder einer vereinbarten kürzeren Zeit ein gesetzliches Kündigungsrecht entsteht (§ 125 iVm. § 7 UmwG).

(2) **Abschluß des Vertrags** oder **Aufstellung eines Entwurf** durch die 613
Geschäftsführer der an der Spaltung beteiligten Gesellschaften (§ 125 iVm. § 4 UmwG); wirksam wird der Vertrag aber nur, wenn ihm die Gesellschafterversammlungen zustimmen (s. Rz. 467, 632).

(3) **Form**: Notarielle Beurkundung (§ 7 UmwG) 614

Bei einer Aufspaltung zur Neugründung tritt an die Stelle des Spaltungs- 615
und Übernahmevertrags der **Spaltungsplan** (§ 136 UmwG). Der Spaltungsplan muß den Gesellschaftsvertrag der neuen GmbH enthalten (§ 125 iVm. § 37 UmwG; s. a. Rz. 582). Zum Inhalt im übrigen s. Rz. 612. Die Aufstellung des Spaltungsplans ist Aufgabe der Geschäftsführer der übertragenden Gesellschaft (§ 136 Satz 1 UmwG). Der Spaltungsplan ist notariell zu beurkunden (§ 136 Satz 2 iVm. §§ 125 und 6 UmwG).

bb) **Zuleitung** des Spaltungs- und Übernahmevertrags oder seines Ent- 616
wurfs (s. Rz. 612) oder des Spaltungsplans (s. Rz. 615) an den jeweils zuständigen **Betriebsrat** der an der Spaltung beteiligten Gesellschaften spätestens einen Monat vor den Gesellschafterversammlungen, die die Spaltung beschließen sollen (§§ 126 Abs. 3, 136 Satz 2 UmwG). Die Zuständigkeit des Betriebsrats ergibt sich aus dem Betriebsverfassungsgesetz.

cc) **Rechnungslegung**.[744] Für die Spaltung als Spiegelbild der Verschmel- 617
zung kann weitgehend auf die Erläuterungen zur Rechnungslegung bei Verschmelzung verwiesen werden (s. Rz. 470 ff.), weil die handelsrechtliche Regelung keine ausdrücklichen zusätzlichen Anforderungen stellt (zu Ausnahmen beim Einzelkaufmann s. Rz. 182 ff.) und die steuerliche Regelung ebenfalls grds. auf die Verschmelzung verweist (§ 15 Abs. 1 UmwStG); lediglich für die übertragende Gesellschaft ist gesondert eine Steuerbilanz auf den steuerlichen Übertragungsstichtag vorgeschrieben (§ 15 Abs. 2 UmwStG).

(1) **Buchführung**:[745] Im Spaltungs- und Übernahmevertrag oder im Spal- 618
tungsplan ist „der Zeitpunkt" zu vereinbaren, „von dem an die Handlungen

---

[744] Einzelheiten zur handelsrechtlichen Rechnungslegung s. HFA 1/1998 (s. Rz. 6); *Fenske* BB 1997, 1247; *Küting/Hayn/Hütten* BB 1997, 565 (Einzel- und Konzernabschluß).
[745] Siehe auch *Budde/Förschle* Sonderbilanzen, Kap. I. Anm. 161.

der übertragenden Gesellschaft als für Rechnung jeder der übernehmenden Gesellschaften vorgenommen gelten (Spaltungsstichtag)" (§ 126 Abs. 1 Nr. 6 UmwG): Zur Bedeutung dieser Vereinbarung für die Buchführung s. Rz. 471.

619 (2) **Letzter Jahresabschluß** der übertragenden Gesellschaft (§§ 242, 264 HGB; § 42 GmbHG). Einzelheiten s. Rz. 472. Stichtag: Ende des letzten Geschäftsjahres (s. Rz. 618, 471), kann übereinstimmen mit dem Stichtag der Schlußbilanz (s. Rz. 620) und dem Spaltungsstichtag (s. Rz. 612 und 618) unmittelbar vorangehen. Abgesehen von der Schlußbilanz nach § 17 Abs. 2 UmwG (s. Rz. 620) hat die übertragende Gesellschaft keine (weitere) gesonderte Schlußrechnung zu erstellen[746] (s. a. Rz. 472).

(3) **Zwischenbilanz** der übertragenden Gesellschaft s. Rz. 473.

620 (4) **Schlußbilanz** der übertragenden Gesellschaft auf einen höchstens 8 Monate vor der Anmeldung der Spaltung zur Eintragung in das Handelsregister der übertragenden Gesellschaft liegenden Stichtag (§ 125 iVm § 17 Abs. 2 UmwG): Einzelheiten dazu s. Rz. 474. Die Bedeutung dieser Schlußbilanz[747] ist in Fällen der Spaltung geringer als in Fällen der Verschmelzung, weil bei der Spaltung keine vollständige Gesamtrechtsnachfolge, sondern nur eine teilweise Gesamtrechtsnachfolge stattfindet und deswegen aus der Schlußbilanz nicht ersichtlich ist, welche Vermögensteile auf welche übernehmenden oder neuen Gesellschaften übergehen (zu deren Zuordnung im Spaltungs- und Übernahmevertrag oder Spaltungsplan s. Rz. 612).[748] Stichtag: Kann mit der letzten Jahresbilanz (s. Rz. 619) übereinstimmen und hat Bindungswirkung für die steuerliche Rückbeziehung (s. Rz. 664).

621 (5) **Spaltungs-Teilbilanzen** der übertragenden Gesellschaft, in der die Betriebe, Betriebsteile oder Gegenstände des Aktiv- oder Passivvermögens (s. Rz. 612) ausgewiesen werden, die auf die übernehmenden oder neuen Gesellschaften übergehen.[749] Diese Teilbilanzen haben den Charakter einer Übertragungsbilanz für diejenigen Vermögensteile, die jeweils als Gesamtheit übergehen sollen. Derartige gesetzlich nicht vorgeschriebene Spaltungs-Teilbilanzen[750] können vier Funktionen erfüllen:

– Ausweis der übergehenden Vermögensteile mit ihren Zeitwerten (Vermögensbilanz) zwecks Festlegung des Umtauschverhältnisses (s. Rz. 612, 631 f.; s. a. zur Verschmelzungsbilanz Rz. 475);

622 – Anlagen zu dem Spaltungs- und Übernahmevertrag oder Spaltungsplan zwecks Bezeichnung, Aufteilung und Zuordnung der Vermögensteile nach § 126 Abs. 1 Nr. 9 UmwG (s. Rz. 612), soweit es sich um bilanzierungsfähige Gegenstände handelt. Zur Erfüllung dieser Angabepflicht nach § 126 Abs. 1 Nr. 9 UmwG sind diese Teilbilanzen zu ergänzen um:

---

[746] HFA 1/1998 Anm. 121.
[747] Auch erwähnt in § 131 Abs. 3 UmwG sowie in Begr. UmwStRÄndGE BT-Drs. 12/6885, 24.
[748] HFA 1/1998 Anm. 11.
[749] Ähnlich *Budde/Förschle* Sonderbilanzen, Kap. I. Anm. 300 ff.; *Wassermeyer* DStR 1993, 589 bezeichnet als „Spaltungsbilanzen" offenbar Teil-Schlußbilanzen im steuerlichen Sinn.
[750] Nach HFA 1/1998 Tz. 11. können Teilbilanzen zusätzlich zu einer Schlußbilanz für das gesamte Unternehmen des übertragenden Rechtsträgers (s. Rz. 620) aufgestellt werden.

D. Reorganisation unter Beibehaltung der Rechtsform GmbH 623–627 § 14

- Inventarlisten, Saldenlisten und andere Geschäftsbücher
- Auflistung der nicht bilanzierungsfähigen Gegenstände, insbes.
- Auflistung der schwebenden Rechtsverhältnisse einschl. Dauerschuldverhältnisse (zB Kauf-, Miet-, Pacht-, Werk- und Lizenzverträge)
- Auflistung der übergehenden Arbeitsverhältnisse (s. dazu Rz. 612)
- Auflistung der selbstgeschaffenen immateriellen Vermögensgegenstände (zB Lizenzen, Patente, gewerbliche Schutzrechte) und sonstige Rechte (zB Konzessionen)
- Beschreibung der Grundstücke, Grundstücksteile und grundstücksgleichen Rechte gemäß den Anforderungen des § 28 GBO
- Sonstige Angaben, die zur Bestimmbarkeit übergehender Gegenstände erforderlich sind (s. Rz. 612).

– Nachweis der gemeinen Werte der übergehenden Vermögensteile für Auf- **623** teilung des verwendbaren Eigenkapitals (s. Rz. 668 ff.) und des Verlustabzugs (s. Rz. 673 ff.).
– Nachweis von Teilbetrieben für steuerliche Zwecke (s. Rz. 654 ff.).

(6) **Steuerliche Schlußbilanz** („Steuerbilanz") der übertragenden Gesell- **624** schaft auf den steuerlichen Übertragungsstichtag (§ 15 Abs. 2 UmwStG, für die aufgrund der Verweisung in § 15 Abs. 1 UmwStG die Grundsätze für die steuerliche Schlußbilanz in Verschmelzungsfällen (s. Rz. 476 ff.) entsprechend gelten. Diese Steuerbilanz soll insbes. für Zwecke der Gliederung des verwendbaren Eigenkapitals dienen; ihre Anordnung hat nur eine eigenständige Bedeutung für Fälle, in denen der steuerliche Übertragungsstichtag (s. Rz. 664) nicht mit dem Stichtag übereinstimmt, auf den die übertragende Gesellschaft regelmäßig Abschlüsse macht.[751] Im übrigen gilt für den Stichtag der steuerlichen Schlußbilanz: Stichtag der Bilanz, die dem Vermögensübergang zugrundeliegt (= Schlußbilanz – s. Rz. 620; = sog. steuerlicher Übertragungsstichtag; § 2 Abs. 1 UmwStG).

(7) **Jahresabschluß** der **übernehmenden Gesellschaft** (§§ 242, 264 **625** HGB, § 42 GmbHG) **vor** der **Spaltung:** Einzelheiten s. Rz. 481.

Stichtag: Ende des Geschäftsjahres; kann übereinstimmen mit dem Stichtag der Schlußbilanz (s. Rz. 620).

(8) Zwischenbilanz der übernehmenden Gesellschaften: Einzelheiten wie **626** Rz. 619 iVm 473, 482.

(9) **Jahresabschluß** der **übernehmenden Gesellschaften** (§§ 242, 264 **627** HGB, § 42 GmbHG) **nach** der **Spaltung:** In Fällen der Spaltung durch Aufnahme sind für die übernehmenden Gesellschaften Bilanzen auf den Stichtag der Schlußbilanz der übertragenden Gesellschaft (s. Rz. 620) gesetzlich nicht vorgeschrieben. Der Vermögensübergang ist für die übernehmenden Gesellschaften in der Buchführung ein laufender Geschäftsvorfall. Gleichwohl wird in der Praxis oftmals eine Überleitungs- oder Zwischenbilanz (Aufnahmebilanz) auf diesen Stichtag erstellt.[752]

In Fällen der Spaltung durch Neugründung ist eine Eröffnungsbilanz aufzustellen, die inhaltlich diesen Aufnahmebilanzen entspricht und ggfls. rückwirkend auf den Spaltungsstichtag (s. Rz. 612) aufgestellt wird.[753]

---

[751] Begr. UmStRÄndGE, BT-Drs. 12/6885, 24.
[752] So offenbar auch Budde/Förschle Sonderbilanzen, Kap. K. Anm. 10 ff.
[753] Budde/Förschle Sonderbilanzen, Kap. E. Anm. 9.

Für diese Bilanzen gilt das Bewertungswahlrecht zwischen Buchwertverknüpfung oder Anschaffungskostenprinzip (§ 125 iVm. § 24 UmwG).[754] Einzelheiten dazu s. Rz. 484). Zu einem Spaltungsgewinn oder Spaltungsverlust bei Spaltungen zur Aufnahme (Teilverschmelzung) gelten die Erläuterungen zum Verschmelzungsgewinn/-verlust entsprechend (s. Rz. 485).

628 (10) **Steuerbilanz** der **übernehmenden Gesellschaften**: Bindung an die steuerliche Schlußbilanz der übertragenden Gesellschaft (§ 15 Abs. 1 iVm. § 4 Abs. 1 Satz 1, § 12 Abs. 1 UmwStG; s. Rz. 624) und damit Durchbrechung der Maßgeblichkeit der Handelsbilanzen der übernehmenden Gesellschaften für deren Steuerbilanzen (§ 5 Abs. 1 EStG). Dies gilt uE auch nach Einführung des Bewertungswahlrechts in § 24 UmwG und Aufgabe der handelsrechtlichen strikten Buchwertverknüpfung (str.; s. Rz. 486 ff.).

In Fällen der Spaltung durch Aufnahme besteht keine Pflicht der übernehmenden Gesellschaft zur Aufstellung einer Steuerbilanz auf den Stichtag des Vermögensübergangs. Wird auf diesen Stichtag aber eine Handelsbilanz aufgestellt (s. Rz. 627), so empfiehlt es sich, daraus auch eine Steuerbilanz abzuleiten, um den Vergleich zwischen verwendbarem Eigenkapital laut Gliederung und laut Steuerbilanz nach § 38a KStG anstellen zu können (s. a. Rz. 671 f.). Es wird von der FinVerw. aber auch als ausreichend angesehen, wenn das zusammengefaßte verwendbare Eigenkapital mittels einer fiktiven Steuerbilanz (Nebenrechnung) ermittelt wird (s. a. Rz. 492).[755]

Zur Behandlung eines Unterschiedsbetrags zwischen dem Nennbetrag der durch die Kapitalerhöhung bei den übernehmenden Gesellschaften beschafften Anteile und dem steuerlichen Buchwert des übergehenden Vermögens bei der übernehmenden Gesellschaft s. Rz. 489 f.

629 **dd) Spaltungsbericht** (§ 127 UmwG)

Ein Spaltungsbericht ist *nicht erforderlich* (§ 127 Satz 2 iVm. § 8 Abs. 3 UmwG), wenn alle Gesellschafter aller beteiligten GmbH durch notariell beurkundete Erklärung auf seine Erstattung verzichten.

Ansonsten haben die Geschäftsführer *jeder* der an der Spaltung beteiligten GmbH einen *ausführlichen schriftlichen Bericht* (Spaltungsbericht) zu erstatten, der ausschließlich der Unterrichtung und dem Schutz der Gesellschafter dient. Dieser Berichtspflicht kann auch durch einen *gemeinsamen Bericht* genügt werden. Der Spaltungsbericht hat folgende Angaben zu enthalten (§ 127 Satz 1 UmwG):

– Rechtliche und wirtschaftliche Erläuterungen sowie Begründung von
  • Spaltung
  • Spaltungsvertrag/Entwurf/Spaltungsplan
  • Umtauschverhältnis der Anteile (s. a. Rz. 492)
  • Maßstab für die Aufteilung der Anteile
  • Höhe einer anzubietenden Barabfindung (§ 29 UmwG)
– Alle für die Spaltung wesentlichen Angelegenheiten der mit den an der Spaltung beteiligten Gesellschaften verbundenen Unternehmen iSd. § 15 AktG (§ 127 Satz 2 iVm. § 8 Abs. 1 Satz 3 UmwG).

---

[754] HFA 1/1998 Tz. 3.
[755] *Wochinger/Dötsch* DB 1994 Beilage Nr. 14, 27.

D. Reorganisation unter Beibehaltung der Rechtsform GmbH 630–633 § 14

Für die an der Spaltung beteiligten Gesellschaften oder mit ihnen verbundene Unternehmen nachteilige Tatsachen brauchen im Spaltungsbericht nicht angegeben zu werden (§ 127 Satz 2 iVm. § 8 Abs. 2 UmwG).

ee) Spaltungsprüfung (§§ 9–12, § 125 iVm 48 UmwG)   630
Eine Spaltungsprüfung ist *nicht erforderlich* (§§ 9, 125 iVm § 48 UmwG),
– wenn kein Gesellschafter der an der Spaltung beteiligten Gesellschaften die Prüfung (auf Kosten der Gesellschaft) verlangt (§ 48 UmwG)
– alle ggf. zu einer Barabfindung berechtigten Gesellschafter durch notariell beurkundete Erklärung auf die Prüfung verzichten (§ 30 Abs. 2 iVm §§ 125, 8 Abs. 3 und 12 Abs. 3 UmwG).
Wegen der Einzelheiten der Spaltungsprüfung kann auf die Verschmelzungsprüfung verwiesen werden (s. Rz. 493 f.). Sachlich wird die Spaltungsprüfung als noch notwendiger angesehen wegen der Gefahr für die Gesellschafter, daß Vermögensgegenstände durch die Spaltung willkürlich verteilt werden.[756]

ff) Gewährung von Geschäftsanteilen der beteiligten Gesellschaften, die 631
entweder durch eine Kapitalerhöhung (Spaltung durch Aufnahme) oder durch eine Sachgründung (Spaltung durch Neugründung) beschafft werden (s. dazu Rz. 495 ff., 581).[757] Ein Sachgründungsbericht (§ 5 Abs. 4 GmbHG) ist für Spaltungen zur Neugründung[758] stets erforderlich (§ 138 UmwG). Zur Aufteilung der Anteile auf die Gesellschafter der übertragenden Gesellschaft s. Rz. 603 f. und 612.

gg) Spaltungsbeschlüsse der **Gesellschafterversammlungen** (§§ 125 632
und 135 iVm. 13, 47, 49–51 UmwG)
Voraussetzung für die Wirksamkeit des Spaltungsvertrags (s. Rz. 612 ff.) oder des Spaltungsplans (s. Rz. 615) ist die Zustimmung der Gesellschafter jeder an der Spaltung beteiligten Gesellschaft durch Beschluß (Spaltungsbeschluß; § 13 Abs. 1 UmwG):
(1) *Einberufung* der Gesellschafterversammlungen durch die Geschäftsführer (§ 125 iVm. §§ 47, 49 UmwG) entsprechend Rz. 499.
(2) *Beschlußfassung* der Gesellschafterversammlungen mit einer Mehrheit von mindestens der abgegebenen Stimmen (§ 125 iVm. §§ 13, 50, 51 UmwG) entsprechend Rz. 500, jedoch mit der Ergänzung, daß zu einer nicht verhältniswahrenden Spaltung (s. Rz. 603 f.) die Zustimmung aller Gesellschafter der übertragenden Gesellschaft erforderlich ist (§ 128 UmwG).
(3) *Notarielle Beurkundung* der Spaltungsbeschlüsse und der Zustimmungserklärungen einzelner Gesellschafter, die nach dem UmwG erforderlich sind (§ 125 iVm. § 13 Abs. 3 UmwG). Dem Spaltungsbeschluß ist der Spaltungs- und Übernahmevertrag oder sein Entwurf oder der Spaltungsplan als Anlage beizufügen.

hh) Zusammen mit dem Spaltungsbeschluß entscheidet die Gesellschafterver- 633
sammlung der übernehmenden Gesellschaft über die zur Beschaffung der Umtausch-Anteile erforderliche **Kapitalerhöhung** (s. Rz. 631). Die für die Beschlußfassung erforderliche Mehrheit und Form (§§ 53–57 a GmbHG) entsprechen weitgehend denjenigen für den Spaltungsbeschluß (s. Rz. 632 iVm. 500).

---

[756] Begr. UmwBerGE, BT-Drs. 12/6699, 124.
[757] Einzelheiten zur Kapitalaufbringung bei *Ihrig* GmbHR 1995, 622 (636 ff., 643); ders. ZHR 1996, 317; *Limmer* in FS Schippel (1996), 415.
[758] *Widmann/Mayer* § 138 UmwG Rz. 1.

634 **ii) Eintragung der Spaltung in das Handelsregister** (§ 125 iVm. §§ 16–19, 52, 54, 55, 130, 131, 137 UmwG).[759]

(1) *Anmeldung* zur Eintragung

Mit Rücksicht auf die Regelung des entsprechend anwendbaren § 53 UmwG, derzufolge die Spaltung nicht eingetragen werden darf, bevor die Erhöhung des Stammkapitals im Handelsregister eingetragen worden ist, und die in § 137 Abs. 3 UmwG geregelte Reihenfolge der Eintragung bei der Spaltung zur Neugründung, empfiehlt es sich, Kapitalerhöhung oder Neugründung und Spaltung in dieser Reihenfolge anzumelden:
- Anmeldung der *Kapitalerhöhung* entsprechend Rz. 504
- Anmeldung der *Neugründung* durch die Geschäftsführer der übertragenden Gesellschaft (§ 137 Abs. 1 UmwG)
- Anmeldung der *Spaltung* (§ 125, 135 iVm. §§ 16, 17, 52 und §§ 129, 137 UmwG).

Die Geschäftsführer jeder Gesellschaft haben die Spaltung zur Aufnahme zur Eintragung in das Handelsregister ihres Sitzes anzumelden; die Geschäftsführer der übernehmenden Gesellschaft sind auch berechtigt, die Anmeldung für die übertragende Gesellschaft vorzunehmen (§ 129 UmwG).

Bei der Anmeldung haben die Geschäftsführer die Erklärungen entsprechend Rz. 505 abzugeben.

Den Anmeldungen sind folgende Anlagen beizufügen (§§ 17, 52 Abs. 2 UmwG; s. a. Rz. 506):
- Spaltungs- und Übertragungsvertrag oder Spaltungsplan
- Spaltungsbericht
- Prüfungsbericht
- Verzichtserklärungen
- Nachweis über Zuleitung des Spaltungs- und Übertragungsvertrags oder seines Entwurfs oder des Spaltungsplans an den Betriebsrat
- Spaltungsbeschlüsse
- Zustimmungserklärungen einzelner Gesellschafter
- Genehmigungsurkunde, falls die Spaltung der staatlichen Genehmigung bedarf.

Der Anmeldung der übertragenden Gesellschaft(en) ist ferner deren Schlußbilanz (s. Rz. 620) beizufügen. Der Anmeldung der übernehmenden Gesellschaft ist eine von den Geschäftsführern unterschriebene berichtigte Gesellschafterliste beizufügen.

635 (2) Prüfung durch den *Registerrichter* hat die Gesetzmäßigkeit der Kapitalerhöhung, Neugründung und Spaltung zum Gegenstand, also insbes. Zustimmung, Gesetzmäßigkeit der Teilakte, Ordnungsmäßigkeit der Anmeldungen sowie Vollständigkeit der Anlagen. Weite Einzelheiten entsprechend Rz. 507.

636 (3) Für die *Eintragung* ist als Reihenfolge vorgeschrieben (§§ 19 Abs. 1, 53, 130 und 137 Abs. 3 UmwG):
- Eintragung der Kapitalerhöhung im Handelsregister der übernehmenden Gesellschaft
- Eintragung der Spaltung im Handelsregister der übernehmenden Gesellschaft(en) oder

---

[759] Siehe auch *Bayer/Wirth* ZIP 1996, 817.

D. Reorganisation unter Beibehaltung der Rechtsform GmbH   637–640   § 14

– Eintragung der Neugründung im Handelsregister der neuen Gesellschaften
– Eintragung der Spaltung im Handelsregister der übertragenden Gesellschaft.

(4) Die *Bekanntmachung* der Eintragung erfolgt für die Kapitalerhöhung **637** durch das Registergericht der übernehmenden Gesellschaft (§ 57 b GmbHG) und für die Spaltung durch jedes der Registergerichte der an der Spaltung beteiligten Gesellschaften (§ 125 iVm. § 19 Abs. 3 UmwG) unter zusätzlichem Hinweis auf das Recht der Gläubiger, Sicherheiten verlangen zu können (§ 22 Abs. 1 Satz 3 UmwG). Die Schlußbilanz der übertragenden Gesellschaft braucht nicht bekanntgemacht zu werden (entsprechend § 17 Abs. 2 Satz 3 UmwG).

(frei) **638, 639**

c) Handelsrechtliche Wirkungen

Rechtsfolgen der Spaltung sind:

aa) Die **Eintragung** der Spaltung in das Handelsregister der übertragenden **640** Gesellschaft hat folgende **konstitutive Wirkungen** (§ 131 UmwG):[760]

(1) Übergang des Vermögens der übertragenden Gesellschaft einschließlich der Verbindlichkeiten entsprechend der im Spaltungs- und Übernahmevertrag oder Spaltungsplan vorgesehenen Aufteilung jeweils als Gesamtheit auf die übernehmende oder neue Gesellschaft; der im Vertrag oder Plan vereinbarte Spaltungsstichtag (s. Rz. 612) gilt lediglich im Innenverhältnis der an der Spaltung beteiligten Gesellschaften. Zur Zuteilung „vergessener" Gegenstände s. § 131 Abs. 3 UmwG.[761] Gegenstände, deren Übertragbarkeit nach den allgemeinen Vorschriften nicht möglich ist (§ 132 UmwG, s. Rz. 612), bleiben vom Vermögensübergang ausgenommen.[762]

(2) Erlöschen der übertragenden Gesellschaft, ohne daß es einer besonderen Löschung im Handelsregister bedarf.

(3) Die Gesellschafter der übertragenden Gesellschaft werden entsprechend der im Spaltungs- und Übernahmevertrag oder Spaltungsplan vorgesehenen Aufteilung Gesellschafter der beteiligten Gesellschaften, soweit nicht
– die übernehmende Gesellschaft (oder ein Dritter für deren Rechnung) Gesellschafter der übertragenden Gesellschaft(en) ist oder
– die übertragenden Gesellschaft(en) eigene Anteile (oder ein Dritter Anteile an ihr für ihre Rechnung) innehat.

(4) Rechte Dritter an den Geschäftsanteilen der übertragenden Gesellschaft bestehen an den an ihre Stelle tretenden Geschäftsanteilen an den übernehmenden oder neuen Gesellschaften weiter.

(5) Ein Mangel der notariellen Beurkundung
– des Spaltungs- und Übernahmvertrags oder Spaltungsplans oder
– ggf. erforderlicher Zustimmungs- oder Verzichtserklärungen einzelner Gesellschafter wird geheilt.

---

[760] Siehe auch OLG Düsseldorf v. 14. 12. 98, GmbHR 1999, 236.
[761] Siehe auch BGH v. 19. 12. 1994, DB 1995, 618, zur Zuteilung „vergessener" Vermögensgegenstände nach § 10 Abs. 3 SpTrUG und bei Spaltungen vor dessen Inkrafttreten.
[762] *Mayer* GmbHR 1996, 403 (411 ff.).

(6) Mängel der Spaltung (einschließlich einer Nichtübertragbarkeit einzelner Vermögensgegenstände nach § 132 UmwG; dazu s. Rz. 612 und oben bei (1)) lassen die Wirkungen der Eintragung der Spaltung in das Handelsregister (s. (1) bis (5)) unberührt. Weitere Einzelheiten dazu entsprechend Rz. 510.

641 **bb) Minderheitenrechte** der Gesellschafter

(1) Klage gegen die Wirksamkeit der Spaltungsbeschlüsse (§§ 125, 135 iVm. §§ 14, 28 UmwG): Einzelheiten dazu entsprechend Rz. 511.

(2) Anspruch auf Verbesserung des Umtauschverhältnisses durch bare Zuzahlungen (§§ 125, 135 iVm. § 15 UmwG), der im Spruchverfahren (§§ 305–321 UmwG) geltend zu machen ist. Einzelheiten dazu entsprechend Rz. 512.

(3) Barabfindung (§§ 125, 135 iVm. §§ 29, 34 UmwG). Einzelheiten dazu entsprechend Rz. 513 f.

(4) Anderweitige Veräußerung der Anteile ohne Verfügungsbeschränkung (§§ 125, 135 iVm. § 33 UmwG).

642 **cc)** Zur Schadensersatzpflicht von Organmitgliedern der an der Spaltung beteiligten Gesellschaften (§§ 125, 135 iVm. §§ 25–27 UmwG) gilt Rz. 516 entsprechend.

643 **dd)** Zum Schutz der Inhaber von Sonderrechten in der übertragenden Gesellschaft sind ihnen gleichwertige Rechte in den übernehmenden Gesellschaften zu gewähren (§§ 125, 135 iVm. § 23 UmwG): Für die Erfüllung dieser Verbindlichkeit gilt eine fünfjährige gesamtschuldnerische Haftung der an der Spaltung beteiligten Gesellschaften (§ 133 Abs. 2 und 6 UmwG). Zum Begriff der Sonderrechte s. Rz. 78.

644 **ee)** Zum **Schutz der Gläubiger** gilt:[763]

(1) Altgläubigern der an der Spaltung beteiligten Gesellschaften, deren Forderung bereits vor Wirksamwerden der Spaltung (s. Rz. 640) entstanden war, wird das Recht eingeräumt, grds. innerhalb von 6 Monaten nach Bekanntmachung der Spaltung Sicherheitsleistung verlangen zu können (§§ 125, 135 iVm. § 22 UmwG). Weitere Einzelheiten s. Rz. 77. Zur Sicherheitsleistung verpflichtet ist diejenige Gesellschaft, gegen die sich der Anspruch richtet (§ 133 Abs. 1 Satz 2 UmwG). Sie hat die mit Spaltungs- und Übernahmevertrag übernommene Verbindlichkeit zu passivieren.[764]

(2) Für Verbindlichkeiten der übertragenden Gesellschaft, die vor Wirksamwerden der Spaltung (s. Rz. 640) begründet worden sind, haften die an der Spaltung beteiligten Gesellschaften als *Gesamtschuldner* (§ 133 Abs. 1 Satz 1 UmwG), diejenigen, denen derartige Verbindlichkeiten im Spaltungsplan nicht zugewiesen worden sind, aber nur, wenn sie vor Ablauf von 5 Jahren nach Bekanntmachung der Spaltung fällig und daraus Ansprüche gegen sie grds. gerichtlich geltend gemacht worden sind (§ 133 Abs. 3 bis 5 UmwG). Mit dieser Haftungsbegrenzung soll eine „Endloshaftung" für Dauerverbindlichkeiten vermieden werden (Enthaftung).[765] Die im Innenverhältnis freigestellte Gesellschaft hat das bestehende Haftungsverhältnis gem. § 251 HGB zu vermerken.[766]

---

[763] Generell zu den Folgen für Schuldverhältnisse mit Dritten s. *Rieble* ZIP 1997, 301; speziell zu Unternehmensverträgen s. *Krieger/Jannott* DStR 1995, 1473 (1479).

[764] HFA 1/1998 Tz. 5.

[765] Begr. UmwBerGE, BT-Drs. 12/6699, 122.

[766] HFA 1/1998 Anm. 5 (zur Passivierungspflicht des zur Sicherheitsleistung verpflichteten Schuldners s. o. (1).

D. Reorganisation unter Beibehaltung der Rechtsform GmbH 645–651 § 14

ff) Zum Schutz der Arbeitnehmer gilt: 645
(1) Für Ansprüche von Arbeitnehmern nach §§ 111 bis 113 BetrVG (insbes. aus Sozialplänen), die innerhalb von 5 Jahren nach einer Spaltung begründet werden, und für Versorgungsansprüche nach dem Gesetz zur Verbesserung der betrieblichen Altersversorgung, die vor Wirksamwerden einer Spaltung begründet werden, gilt in Fällen der sog. Betriebsaufspaltung (Spaltung in eine Betriebsgesellschaft und in eine Anlagegesellschaft, die der ersteren die wesentlichen Betriebsgrundlagen zur Nutzung überläßt) eine gesamtschuldnerische Mithaftung der Anlagegesellschaft neben der Betriebsgesellschaft (§ 134 Abs. 1 und 2 UmwG). Die Enthaftung tritt 10 Jahre nach Bekanntgabe der Spaltung ein (§ 134 Abs. 3 UmwG).
(2) Die Rechte der Arbeitnehmer nach § 613a Abs. 1 und 4 BGB bleiben durch die Wirkungen der Spaltung unberührt (§ 324 UmwG).[767] Das Widerspruchsrecht ist bei einer Aufspaltung wegen Erlöschens der übertragenden Gesellschaft (s. Rz. 640) allerdings insoweit gegenstandslos, als seine Ausübung nicht zur Fortführung des bisherigen Arbeitsverhältnisses bei der aufgespaltenen Gesellschaft führen kann.[768]
(3) Kündigungsrechtlicher Bestandsschutz für Arbeitnehmer einer übertragenden Gesellschaft für die Dauer von 2 Jahren ab Wirksamwerden der Spaltung (§ 323 UmwG).
(4) Übergangsmandat für den Betriebsrat bei Betriebsspaltung bis zur Wahl eines neuen Betriebsrats im abgespaltenen Betriebsteil längstens für 6 Monate ab Wirksamwerden der Spaltung (§ 321 UmwG).[769]
(5) Vermutung eines gemeinsam geführten Betriebs für die Anwendung des BetrVG in Fällen der Beibehaltung der Betriebsorganisation trotz Spaltung und Behandlung eines gemeinsam geführten Betriebs als Betrieb iSd. Kündigungsschutzrechts (§ 322 UmwG).

gg) Mitbestimmungsbeibehaltung bei Spaltung (§ 325 UmwG): Die 646
Fortgeltung der durch Aufspaltung entfallenden Rechte oder Beteiligungsrechte des Betriebsrates kann durch Betriebsvereinbarung oder Tarifvertrag vereinbart werden (§ 325 Abs. 2 UmwG).

(frei) 647–649

d) Steuerliche Rechtsfolgen

aa) Anwendbare Vorschriften und Terminologie. Für eine **Aufspaltung** 650
isd. § 123 Abs. 1 UmwG, an der eine GmbH als übertragender Rechtsträger beteiligt ist, gelten als steuerliche Vorschriften die §§ 15 bis 19 UmwStG („Aufspaltung") aus dessen 2.–7. Teil (§ 1 Abs. 1 und 4 UmwStG). Deren Terminologie weicht nicht wesentlich von der handelsrechtlichen Terminologie der §§ 123 ff. UmwG ab (Parallele zur Verschmelzung, s. Rz. 525).
bb) Grundsätzliche Verweisung auf die Verschmelzungsvorschrif- 651
ten. Die steuerlichen Rechtsfolgen der Aufspaltung ergeben sich aus einer

---

[767] BAG v. 24. 6. 98, GmbHR 1998, 1234, zur Anwendbarkeit auf Verbands- oder Flächentarifverträge im Unterschied zu Firmentarifverträgen, die Verbindlichkeiten iSd. § 20 Abs. 1 Nr. 1 UmwG sind.
[768] Begr. UmwBerGE, BT-Drs. 12/6699, 121.
[769] Einzelheiten dazu bei *Willemsen/Hohenstatt* DB 1997, 2609.

grundsätzlichen **Verweisung auf** die **§§ 11 bis 13 UmwStG** über die Verschmelzung (§ 15 Abs. 1 UmwStG), sofern außer den handelsrechtlichen Voraussetzungen der Aufspaltung (s. Rz. 610 ff.) und den steuerlichen Voraussetzungen des § 11 Abs. 1 UmwStG (s. Rz. 527–531) die folgenden **zusätzlichen Tatbestandsvoraussetzungen** erfüllt werden:
(1) Teilbetriebseigenschaft der übergehenden Vermögensteile (§ 15 Abs. 1 Satz 1 UmwG). Einzelheiten s. Rz. 653 ff.
(2) Teilbetriebseigenschaft des bei Abspaltung verbleibenden Vermögens (§ 15 Abs. 1 Satz 2 UmwStG). Einzelheiten s. Rz. 685 ff.
(3) Keine Mißbräuche (§ 15 Abs. 3 UmwStG) durch:
   (a) Zeitnah vor der Spaltung geschaffene Teilbetriebe (Einzelheiten s. Rz. 657);
   (b) Zeitnah nach der Spaltung vollzogene Anteilverkäufe (Einzelheiten s. Rz. 660).
(4) 5 Jahre Anteilsbesitz vor Trennung von Gesellschafterstämmen (§ 15 Abs. 3 Satz 5 UmwStG), s. Rz. 659.
(5) Steuerliche Schlußbilanz der übertragenden Gesellschaft (§ 15 Abs. 2 UmwStG), Einzelheiten s. Rz. 624.

Werden die Voraussetzungen der §§ 11 bis 13 UmwGStG (analog) sowie die Voraussetzungen (1) und (2) nicht erfüllt, so kommen die §§ 11 bis 13 UmwStG insgesamt nicht zur Anwendung.[770] Werden lediglich die Voraussetzungen (3) oder (4) nicht erfüllt, so ist nur das Bewertungswahlrecht nach § 11 Abs. 1 UmwStG (Rz. 653 ff.) nicht anwendbar.[771, 772]

652 **cc) Spaltungsspezifische Rechtsfolgenanpassungen.** Für die Spaltung gelten im übrigen folgende Sonderregelungen:
(1) Aufteilung eines verbleibenden Verlustabzugs oder vortragsfähiger Fehlbeträge (§ 15 Abs. 4 UmwStG), Einzelheiten s. Rz. 673 ff.
(2) Aufteilung des verwendbaren Eigenkapitals (§ 38 a KStG), Einzelheiten s. Rz. 668 ff.
(3) Aufteilung der Anschaffungskosten der Gesellschafter für die Anteile (Regelungslücke), Einzelheiten s. Rz. 679.

dd) Bewertungswahlrecht der übertragenden Gesellschaft; Voraussetzungen und Bedeutung s. Rz. 526 ff.

653 Die übertragende Gesellschaft hat grds. das Wahlrecht, das übergehende Vermögen mit seinen *Buchwerten, Teilwerten* oder *Zwischenwerten* anzusetzen (§ 15 Abs. 1 Satz 1 iVm. § 11 UmwStG; s. Rz. 476 ff.). Zu dessen Bedeutung s. Rz. 526.

Voraussetzungen für dieses Wahlrecht sind die auch für die Verschmelzung geltenden Voraussetzungen (s. Rz. 527–531) und die speziellen Voraussetzungen der Spaltung (s. Rz. 651, 653–662):
(1) *Aufspaltung* iSd. § 123 Abs. 1 UmwG (§ 1 Abs. 4 UmwStG; s. a. Rz. 527);
(2) *Körperschaft* iSd. § 1 Abs. 1 Satz 1 UmwStG (s. Rz. 528);

---

[770] UmwStErl. 1998 Tz. 15.01 und 15.11 (Anwendbarkeit der übrigen Vorschriften des UmwStG; zB § 2 Abs. 1 UmwStG).
[771] UmwStErl. 1998 Tz. 15.21 und 15.32.
[772] UmwStErl. 1998 Tz. 15.12 („wirtschaftsgutbezogen"; dazu *Dehmer* UmwStErl. zu Tz. 15.12).

D. Reorganisation unter Beibehaltung der Rechtsform GmbH   654–657   § 14

(3) *Unbeschränkte Körperschaftsteuerpflicht* der übertragenden Körperschaft (§ 1 Abs. 5 UmwStG; s. Rz. 529);
(4) *Teilbetriebseigenschaft des übergehenden Vermögens* (§ 15 Abs. 1 Satz 1 und 3   **654** UmwStG)
Daß durch die Spaltung „ein *Teilbetrieb übertragen* wird" (§ 15 Abs. 1 Satz 1 UmwStG), verlangt das Steuerrecht – abweichend vom Handelsrecht (s. Rz. 602) – deswegen, um den Grundsatz der Gewinnrealisierung durch Übertragung von Einzelwirtschaftsgütern mit dem Rechtsinstitut der Spaltung nicht zu verwässern.[773] Zum neutralen Vermögen s. Rz. 685.

Ein **Teilbetrieb** ist nach st. Rspr. des BFH,[774] der R 139 Abs. 3 EStR folgt,   **655** ein mit einer gewissen Selbständigkeit ausgestatteter, organisch geschlossener Teil des Gesamtbetriebs, der für sich betrachtet alle Merkmale eines Betriebs aufweist und für sich lebensfähig ist. Umstritten ist, ob ein einheitlicher ertragsteuerlicher Teilbetriebsbegriff gilt[775] und ob er unter dem Einfluß des EG-Rechts weiter auszulegen ist.[776]

Nur die **wesentlichen Betriebsgrundlagen** müssen mit dem jeweiligen   **656** Teilbetrieb mitübertragen werden, das übrige Betriebsvermögen kann abweichend zugeordnet werden.[777] Wesentliche Betriebsgrundlagen, die in mehreren Teilbetrieben genutzt werden, können deswegen nach Auffassung der FinVerw.[778] zu einem sog. Spaltungshindernis werden; um dies zu vermeiden, sollen sie entweder zivilrechtlich real oder zumindest ideel entsprechend den Nutzungsanteilen geteilt werden (Bruchteilseigentums).

Als Teilbetrieb *gilt* auch (§ 15 Abs. 1 Satz 3 UmwStG):
– Mitunternehmeranteil
– 100%ige Beteiligung an Kapitalgesellschaft.[779] Eine dem § 20 Abs. 1 Satz 2 UmwStG korrespondierende Vorschrift fehlt für die Spaltung, so daß nicht geregelt ist, wie z. B. eine joint venture Gesellschaft steuerneutral aufgelöst werden könnte.

Mißbrauchsklausel:[780] Dieses Teilbetriebserfordernis soll nicht mit *Einzel-*   **657** *wirtschaftsgütern* durch deren *Ausgliederung* (Einbringung) in eine Mitunternehmerschaft oder Kapitalgesellschaft umgangen werden können, wenn dadurch der als Teilbetrieb geltende Mitunternehmeranteil oder die 100%ige Beteiligung in den letzten *3 Jahren* vor dem steuerlichen Übertragungsstichtag (s. Rz. 664) erworben oder aufgestockt worden sind (§ 15 Abs. 3 Satz 1

---

[773] Begr. UmwStÄndGE, BT-Drs. 12/6885, 22; Ber. BT-Fin.Aussch. zum UmwStRÄndGE, BT-Drs. 12/7945, 63.
[774] ZB BFH v. 12. 4. 1989, BStBl. II 1989, 653 (654); v. 14. 3. 1989, BFH/NV 1991, 291; BFH v. 7. 7. 1997, BFH/NV 1997, 27; v. 2. 4. 1997, BFH/NV 1997, 481; v. 10. 3. 1998, BFH/NV 1998, 1209.
[775] So die FinVerw.: UmwStErl. 1998 Tz. 15.02.
[776] Vgl. ua. *Herzig* IStR 1994, 1; *Blumers/Kramer* DB 1993, 852; *Schmidt* § 16 Anm. 14; *Dehmer* DStR 1994, 1753 (1755); *Blumers* DB 1995, 496; *ders.* BB 1995, 1821 zum Teilbetrieb im Aufbau; *Hörger* DStR 1998 Beilage zu Heft 17, 29.
[777] UmwStErl. 1998 Tz. 15.07 f.; speziell zur Zuordnung von Verbindlichkeiten s. OFD Magdeburg v. 11. 1. 1999, DB 1999, 179.
[778] UmwStErl. 1998 Tz. 15.07.
[779] Nach UmwStErl. 1998 Tz. 15.08 nur, falls nicht wesentliche Betriebsgrundlage eines Teilbetriebs.
[780] UmwStErl. 1998 Tz. 15.14 ff.

UmwStG). Im Gesetzgebungsverfahren ging man davon aus, daß diese Mißbrauchsklausel sowohl für übergehende als auch – bei Abspaltung – für einen verbleibenden Teilbetrieb gilt,[781] obwohl sich die Frage der Steuerneutralität nur für übergehende Vermögensteile stellt. Alternative Gestaltungsüberlegung zu einem derartigen „Einkleiden" von Einzelwirtschaftsgütern ist, stattdessen einen kleinen Teilbetrieb zuzukaufen.[782]

(5) **Besitzdauer von Anteilen**

658 Steuerneutralität soll einer Spaltung offenbar nicht zu dem Zweck gewährt werden, Fungibilität von Vermögensteilen zu schaffen:[783]

659 (a) **Untergehende Anteile**
Die Aufspaltung der Berechtigung an Vermögen bei einer *Trennung von Gesellschafterstämmen* durch eine nicht verhältniswahrende Aufspaltung (s. Rz. 603 f.) setzt deswegen eine gewisse vorherige Bindung an dieses Vermögen voraus, weil sie eine Besitzdauer an den Anteilen der übertragenden Gesellschaft von mindestens 5 Jahren vor dem steuerlichen Übertragungsstichtag (s. Rz. 664) erfordert (§ 15 Abs. 3 Satz 5 UmwStG).

660 (b) **Eingetauschte Anteile**
Für Anteile, die an übernehmende oder neue Rechtsträger gewährt werden, gilt grds. eine *Haltefrist* von mindestens 5 Jahren ab dem steuerlichen Übertragungsstichtag (s. Rz. 664), da ihre Veräußerung durch die Spaltung oder die Vorbereitung für eine Veräußerung durch die Spaltung mit späterem Verkauf innerhalb dieses Zeitraums[784] steuerschädlich sind, wenn sie mehr als 20% der vor Wirksamwerden der Spaltung an der Gesellschaft bestehenden Anteile ausmachen (§ 15 Abs. 3 Satz 2 bis 4 UmwStG).[785] Verkäufe eines Gesellschafters, die diese „Unschädlichkeitsgrenze" übersteigen, wirken zu Lasten der übertragenden Gesellschaft (§ 15 iVm. § 11 Abs. 1),[786] aber nicht zu Lasten der übrigen Gesellschafter (§ 15 iVm. § 13 UmwStG);[787] trotzdem wird davon gesprochen, daß auch in Fällen der nicht verhältniswahrenden Spaltung (Trennung von Gesellschafterstämmen) insoweit eine 5jährige „Schicksalsgemeinschaft"[788] bestehe. Für die Berechnung dieser „Unschädlichkeitsgrenze" ist – entsprechend dem Maßstab für die Aufteilung von Verlustvorträgen (s. Rz. 673) und des verwendbaren Eigenkapitals (s. Rz. 669 f.) – der gemeine Wert der Anteile maßgebend.[789]

---

[781] Begr. UmwStRÄndGE, BT-Drs. 12/6885, 23.

[782] *Hügel* DStJG 17 (1994), 69 (108); *Wassermeyer* DStR 1993, 589 (592); s. oben auch Rz. 485 zu neutralem Vermögen.

[783] Dazu s. *Krebs* BB 1997, 1817.

[784] Beispiele dazu in Begr. UmwStRÄndG, BT-Drs. 12/6885, 23.

[785] Zu den Zweifelsfragen aufgrund dieser Veräußerungsklausel s. *Hörger* FR 1994, 765 (768 f.); *Herzig/Momen* DB 1994, 2157 (2160); *Wochinger/Dötsch* DB 1994, Beilage Nr. 14, 23; *Fey/Neyer* GmbHR 1999, 274.

[786] Vom Gesetzgeber nicht aufgegriffen worden ist der Vorschlag, statt eines nachträglichen Wegfalls der Steuerneutralität einen Nachversteuerungstatbestand einzuführen (vgl. dazu *Raupach* in IDW (Hrsg.), Reform des UmwR, 259 (271)).

[787] UmwStErl. 1998 Tz. 15.32 (s. a. Rz. 651).

[788] *Wochinger/Dötsch* DB 1994 Beilage Nr. 14, 23; *Hügel* DStJG 17 (1994), 69 (112).

[789] UmwStErl. 1998 Tz. 15.28.

D. Reorganisation unter Beibehaltung der Rechtsform GmbH   661–666   § 14

(6) **Sicherstellung der inländischen Besteuerung** der in dem übergehen- 661
den Vermögen enthaltenen stillen Reserven bei der übernehmenden oder
neuen Gesellschaft (§ 15 Abs. 1 Satz 1 iVm. § 11 Abs. 1 Satz 1 Nr. 1
UmwStG). Einzelheiten s. Rz. 530.

(7) **Keine Gegenleistung oder** eine **in Gesellschaftsrechten** bestehende 662
Gegenleistung (§ 15 Abs. 1 Satz 1 iVm. § 11 Abs. 1 Satz 1 Nr. 2 UmwStG).
Mischfälle, in denen zB neben den gewährten Anteilen ein sog. Spitzenausgleich in bar gezahlt wird, sind für die Steuerneutralität der Spaltung insgesamt nicht schädlich, haben aber eine anteilige Aufdeckung der stillen Reserven im Vermögen der Gesellschaft und in den Anteilen zur Folge.[790]
Wahlrechtsausschluß: Soweit die allgemeinen Voraussetzungen des
§ 11 Abs. 1 Satz 1 UmwStG oder die speziellen Voraussetzungen des § 15
Abs. 1 bis 3 UmwStG nicht erfüllt sind, ist das *übergehende* Vermögen mit
folgenden Werten anzusetzen (§ 15 Abs. 1 Satz 1 iVm. § 11 Abs. 2
UmwStG):
(1) Gemeiner Wert der Gegenleistung oder
(2) Teilwert, sofern eine Gegenleistung nicht gewährt.

Zu den für die **Wahlrechtsausübung** maßgebenden Gesichtspunkten s. 663
Rz. 533 f. Das Wahlrecht kann nur einheitlich für das übergehende Vermögen ausgeübt werden. Da das Vermögen der übertragenden Gesellschaft bei einer Aufspaltung auf verschiedene Rechtsträger übergeht, wird zur Spaltung die Auffassung vertreten, daß sich das Gebot der einheitlichen Wahlrechtsausübung auf den jeweils übergehenden Teilbetrieb („Spaltungseinheit") beschränkt, daß das Wahlrecht im übrigen aber für die einzelnen übergehenden Teilbetriebe unterschiedlich ausgeübt werden kann.[791]

ee) **Steuerliche Rückwirkung** der Aufspaltung auf den steuerlichen 664
Übertragungsstichtag (§ 2 UmwStG), dh. auf den Stichtag der handelsrechtlichen Schlußbilanz der übertragenden Gesellschaft (s. Rz. 620). Weitere Einzelheiten dazu s. Rz. 535 f.

ff) **Schlußbesteuerung der übertragenden Gesellschaft**. Die übertra- 665
gende Gesellschaft hat grds. das **Wahlrecht**, auf die **Aufdeckung** der in dem
übergehenden Vermögen enthaltenen **stillen Reserven** in der von ihr aufzustellenden Schlußbilanz (s. Rz. 624) (§ 15 Abs. 2 UmwStG) zu **verzichten**
(§ 15 Abs. 1 Satz 1 iVm. § 11 Abs. 1 UmwStG), soweit die in § 11 Abs. 1
Satz 1 und § 15 Abs. 1 bis 3 UmwStG genannten Voraussetzungen vorliegen
(s. dazu Rz. 651–662). Zu den für die Wahlrechtsausübung maßgebenden
Gesichtspunkten s. Rz. 533 f. und 663.

Im einzelnen kann für die folgenden Gesichtspunkte auf die entsprechend 666
geltenden Erläuterungen zur Verschmelzung hingewiesen werden:
(1) Aufdeckung der stillen Reserven s. Rz. 538–549
(2) Zwischenwertansatz s. Rz. 550

---

[790] *Widmann* in IDW (Hrsg.), Reform des UmwR, 293; *Hügel* DStJG 17 (1994), 69 (106); *Wochinger/Dötsch* DB 1994, Beilage Nr. 14, 23.
[791] UmwStErl. 1998 Tz. 15.12: „Wirtschaftsgutbezogen"; s. ferner *Hörger* FR 1994, 765 (766); *Herzig/Momen* DB 1994, 2157 (2158); *Thiel* DStR 1995, 237 (239): Wahlrecht ist grds. einheitlich auszuüben, jedoch auch getrennte Ausübung denkbar (einschränkende Auslegung des § 11 Abs. 1 UmwStG).

(3) Buchwertfortführung s. Rz. 551
(4) Eigenkapitalgliederung s. Rz. 552.

In der letzten gesonderten Feststellung der Teilbeträge des verwendbaren Eigenkapitals der übertragenden Gesellschaft (§ 47 KStG) zum steuerlichen Übertragungsstichtag sind die Abgänge durch die Aufspaltung bereits zu berücksichtigen (Nullstellung der Teilbeträge), weil auch das Eigenkapital so zu ermitteln ist, als ob das Vermögen der übertragenden Gesellschaft bereits mit Ablauf des steuerlichen Übertragungsstichtags auf die übernehmenden Gesellschaften übergegangen wäre (§ 2 Abs. 1 UmwStG) (s. Rz. 552).

(5) Umsatzsteuer s. Rz. 553 und 46 a.
(6) Grunderwerbsteuer s. Rz. 554 und 46.

Grunderwerbsteuerfrei soll nach einer im Schrifttum vertretenen Auffassung[792] die Übertragung sämtlicher Anteile an einer Grundstücksgesellschaft (s. a. Rz. 45, 46) durch Spaltung sein, sofern auch an der übertragenden Gesellschaft eine 100% Beteiligung bestand.

667 **gg) Besteuerung der übernehmenden Gesellschaften.** Die übernehmenden Gesellschaften treten hinsichtlich des übergehenden Vermögens grds. in die Rechtsstellung der übertragenden Gesellschaft ein. Auf die entsprechend geltenden Erläuterungen zur Verschmelzung kann daher verwiesen werden (s. Rz. 555 ff.). Sonderregelungen sind erforderlich, soweit einzelne Besteuerungsgrundlagen unter den übernehmenden Gesellschaften aufzuteilen sind: Eigenkapitalgliederung (s. Rz. 668 ff.) und Verlustvorträge (s. Rz. 671 ff.); die Aufteilung des übergehenden Vermögens selbst ergibt sich aus den dem Vermögensübergang zugrunde liegenden Bilanzen (dazu s. Rz. 617–628).

Soweit eine übernehmende Gesellschaft in Fällen der Aufspaltung zur Aufnahme iSd. § 123 Abs. 1 Nr. 1 UmwG (Teilverschmelzung) an der übertragenden Gesellschaft beteiligt ist, gelten für die steuerliche Behandlung eines dadurch entstehenden Übernahmegewinns oder -verlusts die Erläuterungen zur Verschmelzung entsprechend.

(1) Bindungswirkung der steuerlichen Schlußbilanz der übertragenden Gesellschaft (§ 15 Abs. 1 Satz 1 iVm. §§ 4 Abs. 1, 12 Abs. 1 UmwStG) s. Rz. 555.

(2) Grundsatz der Steuerneutralität einer Aufspaltung zur Aufnahme bei der übernehmenden Gesellschaft s. Rz. 556.

   (a) Steuerfreiheit eines Übernahmegewinns, Nichtabziehbarkeit eines Übernahmeverlusts (§ 15 Abs. 1 Satz 1 iVm. § 12 Abs. 2 Satz 1 UmwStG) s. Rz. 557. Zu den Steuerfolgen der Ausgabe von Anteilen s. Rz. 558–560.

   (b) Rückgängigmachung früherer Teilwertabschreibungen (§ 15 Abs. 1 Satz 1 iVm. § 12 Abs. 2 Satz 2 bis 5 UmwStG) s. Rz. 561–563.

(3) Übernahmefolgegewinn (§ 15 Abs. 1 Satz 1 iVm. §§ 6, 12 Abs. 4, 19 UmwStG) s. Rz. 564.

---

[792] *Reiß* in *Herzig*, Besteuerung der Spaltung von Kapitalgesellschaften, 65 (66); *Grotherr* BB 1994, 1970 (1979) („Schlußfolgerungen" aus BFH v. 20. 10. 1993, BStBl. II 1994, 121; v. 14. 1. 1994, BStBl. II 1994, 408).

D. Reorganisation unter Beibehaltung der Rechtsform GmbH 668–671 § 14

(4) Eigenkapitalgliederung (§ 38 a KStG)[793]
Die **Teilbeträge des verwendbaren Eigenkapitals** (vEK) der übertra- 668
genden Gesellschaft (s. a. Rz. 666 zu (4)) sind entsprechend dem Übergang
der Vermögensteile durch die Aufspaltung **aufzuteilen** und den übernehmenden Gesellschaften **zuzuordnen**, soweit diese selbst zur Gliederung des
verwendbaren Eigenkapitals verpflichtet sind (§ 38 a Abs. 1 KStG). Diese
Aufteilung ist das Spiegelbild der Addition bei Verschmelzung (s. Rz. 565 ff.).
Die *Aufteilung* erfolgt im Verhältnis der auf die übernehmenden Gesell- 669
schaften übergehenden Vermögensteile. Dabei soll soweit wie möglich auf die
Vorgaben des Handelsrechts zurückgegriffen werden.[794] § 38 a Abs. 1 Satz 1
KStG definiert den der einzelnen übernehmenden Gesellschaft zuzuordnen-
den Anteil als Verhältnis des übergehenden Vermögensteils zu dem bei der
übertragenden Gesellschaft vor dem Übergang bestehenden Vermögen. Maß-
gebend ist idR das in den Angaben zum Umtauschverhältnis der Anteile im
Spaltungs- und Übernahmevertrag oder im Spaltungsplan (§ 126 Abs. 1
Nr. 3, § 136 UmwG; s. Rz. 612 iVm. 466) zum Ausdruck kommende
Verhältnis (§ 38 a Abs. 1 Satz 1 KStG). Entspricht das Umtauschverhältnis der
Anteile nicht dem Verhältnis iSd § 38 a Abs. 1 Satz 1 KStG, so ist das Verhält-
nis der gemeinen Werte der übergehenden Vermögensteile zu dem vor der
Spaltung vorhandenen Vermögen maßgebend (§ 38 a Abs. 1 Satz 2 KStG).[795]
Im Gesetzgebungsverfahren wurde davon ausgegangen, daß dies nur in zwei
Fallgruppen in Betracht komme:[796]
– Nicht verhältniswahrende Spaltung (s. Rz. 603 f.)
– Spaltungen unter Beteiligung von rechtsfähigen Vereinen, genossenschaft-
 lichen Prüfungsverbänden und VVaG.
Da die *gemeinen Werte* grds. nur den Substanzwert widerspiegeln, das Um- 670
tauschverhältnis dagegen idR auf Unternehmensbewertungen nach dem
Ertragswert[797] basiert (s. Rz. 466), ließe sich eine Angleichung entweder
durch Berücksichtigung auch der Vermögensgegenstände erreichen, für die
ein Bilanzierungsverbot besteht (selbstgeschaffene immaterielle Vermögensgegenstände, Firmenwert), oder durch Berücksichtigung des gemeinen Werts
nach dem sog. Stuttgarter Verfahren.[798]
Die Zuordnung erfolgt in der Gliederungsrechnung zum Ende des Wirtschaftsjahres, in dem die Spaltung wirksam wird (s. Rz. 640 ff.).
Anpassung vEK an Steuerbilanz: Die bei den übernehmenden Gesell- 671
schaften sich aus der Aufteilung und Zuordnung der Teilbeträge des vEK
ergebende Summe des vEK ist – entsprechend dem Grundgedanken des § 29
Abs. 1 KStG – dem vEK lt. Steuerbilanz der übernehmenden Gesellschaften
anzupassen. Diese Anpassung hat nach den Sonderregelungen des § 38 a Abs. 2
iVm. § 38 Abs. 1 Satz 2 bis 4 und Abs. 2 KStG sowohl für das vEK insgesamt

---

[793] Einzelheiten s. UmwStErl. 1998 Tz. Gl. 13 ff.
[794] Ber. BT-FinAussch. zum UmwStRÄndGE, BT-Drs. 12/7945, 64.
[795] UmwStErl. 1998 Tz. Gl. 14.
[796] Ber. BT-FinAussch. zum UmwStRÄndGE, BT-Drs. 12/7945, 64.
[797] Für dessen Berücksichtigung *Hörger* FR 1994, 765 (769), durch Abstellen auf gemeinen Wert der Teilbetriebe (und nicht auf deren Wirtschaftsgüter).
[798] IDW-Stellungn. zum UmwStG 1995 WPg. 1995, 57 (59).

wie auch für den Sonderausweis iSd. § 47 Abs. 1 Satz 1 Nr. 2 KStG zu erfolgen und zwar in folgenden drei – getrennt vorzunehmenden – Schritten:[799]

Erster Schritt: Aufteilung der Teilbeträge des vEK und eines evtl. Sonderausweises der übertragenden Gesellschaft und Zuordnung zu den übernehmenden Gesellschaften (zum Aufteilungsschlüssel s. Rz. 669 f.).

Zweiter Schritt: Angleichung des Sonderausweises der in Nennkapital umgewandelten Gewinnrücklagen (ab 1977) (Nennkapitalsphäre) durch folgenden Vergleich (§ 38 a Abs. 2 Satz 1 iVm. § 38 Abs. 1 Satz 2 und 3 KStG):

Nennkapital der übernehmenden Gesellschaft
abzgl. bare Zuzahlung oder Sacheinlagen[800]
./. Anteil an Nennkapital der übertragenden Gesellschaft gem. Aufteilung
(§ 38 a Abs. 2 Satz 2 und 3 KStG

Differenzbetrag:
(1) positiv: Zugang zum Sonderausweis (Kapitalerhöhung)
(2) negativ: Abgang beim Sonderausweis (Kapitalherabsetzung)
(bis zu dessen Reduzierung auf Null DM)[801]

Dritter Schritt: Angleichung des vEK im EK 04 (Rücklagensphäre) durch folgenden Vergleich (§ 38 a Abs. 2 Satz 1 iVm. § 38 Abs. 1 Satz 4 KStG):

Summe des vEK (= Rücklagen) lt. Steuerbilanz der übernehmenden Gesellschaft
zuzgl. Sonderausweis nach § 29 Abs. 3 KStG
./. Summe der Teilbeträge des vEK lt. Gliederung der übernehmenden Gesellschaft nach Spaltung

Differenzbetrag:
= Zugang oder Abgang im EK 04, das dadurch auch negativ werden darf.

672 Maßgeblich für diese Angleichung sind das vEK, das sich aus einer Steuerbilanz der übernehmenden Gesellschaft auf den unmittelbar dem Vermögensübergang folgenden Zeitpunkt ergibt, und die Teilbeträge des vEK der übernehmenden Gesellschaft zum Schluß des dem Vermögensübergang vorangegangenen Wirtschaftsjahres sowie die anteiligen Teilbeträge der übertragenden Gesellschaft zum steuerlichen Übertragungsstichtag (entspr. Abschn. 93 Abs. 4 KStR). Diese Steuerbilanz entspricht bei der Spaltung zu Neugrün-

---

[799] Begr. UmwStRÄndGE, BT-Drs. 12/6885, 27; Ber. BT-FinAussch. zum UmwStRÄndGE, BT-Drs. 12/7945, 66; weitere Einzelheiten dazu bei *Wochinger/Dötsch* DB 1994 Beilage Nr. 14, 25 ff.

[800] Nach *Wochinger/Dötsch* aaO, 26, sollten auch noch in Nennkapital umgewandelte Rücklagen, für die Ek 03 oder EK 04 als verwendet gilt, abgesetzt werden (gemeint sind damit offenbar derartige Umwandlungen im Rahmen der Spaltung).

[801] Soweit ein negativer Differenzbetrag den Betrag des Sonderausweises unterschreitet, führt er im Dritten Schritt zu einem Zugang zum EK 04 (Begr. UmwStRÄndGE, BT-Drs. 12/6885, 27).

D. Reorganisation unter Beibehaltung der Rechtsform GmbH   673–676   § 14

dung der Eröffnungsbilanz. Bei Spaltung zur Aufnahme sind aus dem laufenden Geschäftsjahr nur die Veränderungen zu berücksichtigen, die sich aus dem Vermögensübergang durch Spaltung ergeben (s. a. Rz. 628).

Im *EK 04* erfolgtr diese Angleichung wegen der gesellschaftsrechtlichen Veranlassung der buchmäßigen Vermögensmehrung oder -minderung infolge der Spaltung. Zu *Gründen für Abweichungen* zwischen Eigenkapital laut Gliederungsrechnung und laut Steuerbilanz s. Rz. 571.

(5) **Verlustabzug**: 673
Die übernehmenden Gesellschaften treten bezüglich eines bei der **übertragenden** Gesellschaft verbleibenden körperschaftsteuerlichen Verlustabzugs (§ 10 d Abs. 3 Satz 2 EStG) und in Höhe vortragsfähiger gewerbesteuerlicher Fehlbeträge (§ 10 a GewStG) grds. in die Rechtsstellung der übertragenden Gesellschaft ein (§ 15 Abs. 1 Satz 1, § 12 Abs. 3 Satz 2, § 19 Abs. 2 UmStG).[802] Dies jedoch nur dann, wenn die Teilbetriebsvoraussetzungen des § 15 Abs. 1 UmwStG erfüllt werden,[803] dagegen soll die Verwirklichung von Mißbrauchstatbeständen iSd. § 15 Abs. 3 UmStG für den Übergang des Verlustabzugs unschädlich sein.[804]

Durch *Aufteilung* zu ermitteln ist der auf jede einzelne übernehmende 674
Gesellschaft entfallende verbleibende Verlustabzug oder vortragsfähige Fehlbetrag (§ 15 Abs. 4 UmStG). Dafür gilt der gleiche Aufteilungsschlüssel wie für die Aufteilung des verwendbaren Eigenkapitals (dazu Rz. 669 f.); ein abweichender Aufteilungsschlüssel ist ausgeschlossen.[805] Damit ist die Zuordnung unabhängig davon, ob der übergehende Vermögensteil auch die Verlustquelle gewesen ist[806] bzw. ob der Verlust(anteil) diesem Vermögensteil sachlich zuzuordnen war.[807]

Sachlich ist für den Übergang der Verlustabzugsberechtigung Voraussetzung, daß der Betrieb oder Betriebsteil, den den Verlust verursacht hat, über 675
den Spaltungsstichtag hinaus in einem noch dem Gesamtbild der wirtschaftlichen Verhältnisse vergleichbaren Umfang, in den folgenden fünf Jahren fortgeführt wird (§ 15 Abs. 1, § 12 Abs. 3 Satz 2, § 19 Abs. 2 UmStG).[808] Diese Voraussetzung kann aber idR nicht von sämtlichen übernehmenden Gesellschaften erfüllt werden, auf die der Verlustabzug aufgrund des Aufteilungsgebots (§ 15 Abs. 4 UmStG) übergehen soll. Deswegen sollte es zugleich für alle übernehmenden Gesellschaften wirken, wenn eine Gesellschaft die Fortführungsvoraussetzung vollständig erfüllt.[809]

Ein bei der *übernehmenden Gesellschaft* entstandener Verlust kann nicht im 676
Wege des Verlustrücktrags bei der übertragenden Gesellschaft abgezogen werden. Ein *Übernahmeverlust* der übernehmenden Gesellschaft kann weder im Jahr seiner Entstehung mit anderen steuerpflichtigen Einkünften ausgeglichen

---

[802] Einzelheiten s. UmwStErl. 1998 Tz. 15.42 ff.
[803] UmwStErl. 1998 Tz. 15.48.
[804] UmwStErl. 1998 Tz. 15.49.
[805] UmwStErl. 1998 Tz. 15.46 f.
[806] Zur abweichenden österreichischen Regelung s. *Hügel* DStJG 17 (1994), 69 (81).
[807] So für vortragsfähige Fehlbeträge bei Realteilung einer Personengesellschaft BFH v. 5. 9. 1990, BStBl. II 1991, 25.
[808] Einzelheiten dazu in einem BMF-Schreiben (in Vorber.).
[809] Schrifttumsnachweise s. Rz. 572.

noch in den folgenden Jahren im Wege des Verlustvortrags abgezogen werden (§ 12 Abs. 2 Satz 1 UmwStG).

677 (6) **Gewinnermittlung** (§ 15 Abs. 1 Satz 1 iVm. § 12 Abs. 3 und Abs. 4 Satz 1 UmwStG): Einzelheiten s. Rz. 575.

678 (7) **Gewerbesteuer** (§ 15 Abs. 1 Satz 1 iVm. § 12 Abs. 1 Satz 2, § 18 Abs. 3 UmwStG): Einzelheiten s. Rz. 576.

679 hh) **Besteuerung der Gesellschafter der übertragenden Gesellschaft.** Soweit den Gesellschaftern der übertragenden Gesellschaft in Durchführung der Spaltung neue oder alte Anteile der übernehmenden Gesellschaft gewährt werden (s. Rz. 631 iVm. 495 ff.) handelt es sich um einen **Tausch** gegen die untergehenden Anteile an der übertragenden Gesellschaft, der nach § 15 Abs. 1 Satz 1 iVm. § 13 UmwStG **steuerneutral** bleibt, weil die Anteile an der übertragenden Gesellschaft als zum Buchwert bzw. zu den Anschaffungskosten veräußert gelten und die an ihre Stelle tretenden Anteile als mit diesem Wert angeschafft gelten. Weitere Einzelheiten s. Rz. 577 ff. Eine Regelungslücke besteht insoweit als die Aufteilung des Buchwerts oder der Anschaffungskosten auf die Anteile an den übernehmenden Gesellschaften gesetzlich nicht geregelt ist. In Analogie zu § 15 Abs. 4 und § 19 Abs. 2 UmwStG (Verlustvorträge; s. Rz. 674) und zu § 38 a Abs. 1 KStG (verwendbares Eigenkapital; s. Rz. 668 ff.) sollte auch die Aufteilung der Buchwerte/Anschaffungskosten nach Maßgabe des Umtauschverhältnisses oder des Verhältnisses der gemeinen Werte der übergehenden Vermögensteile zu dem vor der Spaltung vorhandenen Vermögen maßgebend sein.[810]

3. Abspaltung von einer GmbH in andere GmbH

a) Überblick

680 Die Möglichkeit, einen oder mehrere Teile des Vermögens einer GmbH jeweils als Gesamtheit auf eine oder mehrere andere GmbH gegen Gewährleistung von Geschäftsanteilen dieser GmbH an die Gesellschaft der übertragenden GmbH ist als **Abspaltung** in **zwei Arten** zugelassen (§ 123 Abs. 2 UmwG):
– Abspaltung **zur Aufnahme**: Vermögensübergang auf schon bestehende GmbH (übernehmende Gesellschaften).
– Abspaltung **zur Neugründung**: Vermögensübergang auf dadurch gegründete neue Gesellschaften.
Die Abspaltung kann auch in **Mischform** durch gleichzeitige Übertragung auf bestehende und neue Gesellschaften erfolgen (§ 123 Abs. 4 UmwG).

681 Die Verschmelzungsvorschriften (§§ 2 bis 122 UmwG) sind grds. auch auf die Abspaltung entsprechend anzuwenden (Einzelheiten dazu s. Rz. 611) mit folgenden Ausnahmen (§ 125 Satz 1 UmwG):
– Die Prüfung der Spaltung (s. Rz. 682) ist abweichend von § 9 Abs. 2 UmwG wegen eines Konzernverhältnisses bei der Abspaltung nicht entbehrlich.

---

[810] Im Ergebnis ebenso UmwStErl. 1998 Tz. 15.51; s. a. Thiel DStR 1995, 276 (279)

D. Reorganisation unter Beibehaltung der Rechtsform GmbH   682   § 14

– Die Sonderregelungen des § 18 UmwG über die Firma des übernehmenden Rechtsträgers kommen deswegen nicht zur Anwendung, weil der firmenführende Rechtsträger fortbesteht. Zu den anzuwendenden Spaltungsvorschriften (§§ 126–140 UmwG) und GmbHG-Vorschriften (s. Rz. 611). Zur Durchführung der Abspaltung kann bei der übertragenden GmbH eine Herabsetzung des Stammkapitals erforderlich werden, auf die die §§ 58 bis 58 f GmbHG anzuwenden sind (§ 139 UmwG).

Im übrigen gelten die Erläuterungen zur Aufspaltung entsprechend, soweit sich nicht aus dem bei der Abspaltung abweichenden Fortbestand der übertragenden Gesellschaft Besonderheiten ergeben.

b) Voraussetzungen und Durchführung

aa) Spaltungs- und Übernahmevertrag/Spaltungsplan s. Rz. 612–615   682
bb) Zuleitung von (aa) an den zuständigen Betriebsrat s. Rz. 616
cc) Rechnungslegung s. Rz. 617–628.

Die übertragende Gesellschaft führt nach der Abspaltung weiterhin Bücher; für sie wirkt sich die Abspaltung lediglich als Abgang von Vermögensgegenständen und Schulden aus (zur Kapitalherabsetzung s. u. gg). Dementsprechend handelt es sich bei der Spaltungs-Teilbilanz (s. Rz. 621 ff.) nur um eine Abschichtungsbilanz. Die übertragende Gesellschaft kann anstelle einer Gesamt-Schlußbilanz (s. Rz. 620) im Falle der Abspaltung auch Teilbilanzen für das zu übertragende Vermögen und für das verbleibende Vermögen aufstellen. Ist das zu übertragende Vermögen unwesentlich im Verhältnis zum Gesamtvermögen, so soll auch eine Teilbilanz allein für das zu übertragende Vermögen ausreichend sein.[811]

dd) Spaltungsbericht s. Rz. 629.
ee) Spaltungsprüfung s. Rz. 630.
ff) Gewährung von Geschäftsanteilen der beteiligten Gesellschaft s. Rz. 631; ggf. muß aber keine Kapitalerhöhung erfolgen, zB bei der Abspaltung auf eine 100%ige Tochtergesellschaft (§ 125 iVm. § 54 UmwG).[812]

Bei einer nicht verhältniswahrenden Abspaltung, die zu einer Trennung von Gesellschaftergruppen führen soll (s. Rz. 604), können der Gesellschaftergruppe, die nicht an der übernehmenden oder neuen Gesellschaft beteiligt werden soll (sog. Abspaltung zu Null) stattdessen (die übrigen) Anteile an der übertragenden Gesellschaft (nach einer etwaigen Kapitalherabsetzung s. gg)) als Gegenleistung zugewiesen werden (s. Rz. 604).[813]

gg) Kapitalherabsetzung bei der übertragenden Gesellschaft (§ 139 UmwG):[814] Erforderlich und nach den Vorschriften über die vereinfachte Kapitalherabsetzung (§§ 58 a–58 f GmbHG) durchführbar, soweit die Kapital-

---
[811] HFA 1/1998 Anm. 11; restriktiver noch *W. Müller* WPg. 1996, 857 (865).
[812] *Hügel* DStJG 17 (1994), 69 (105).
[813] Bis dies durch Änderung der §§ 126 Abs. 1 Nr. 10 und 131 Abs. 1 Nr. 3 UmwG zweifelsfrei zulässig wurde, war str., ob die nicht verhältniswahrende „Abspaltung zu Null" auch ohne eine derartige Gegenleistung zulässig war; befürwortend LG Koblenz v. 13. 2. 1998, DB 1998, 1177, im Anschluß an *Priester* DB 1997, 560 (566) und gegen *Widmann/Mayer*, § 126 UmwG Rz. 274 ff.
[814] Begr. UmwBerGE, BT-Drs. 12/6699, 125.

erhaltung (§ 30 GmbH) nach dem Vermögensübergang aufgrund der Abspaltung nicht mehr gewährleistet wäre, dh. soweit das abgespaltene Reinvermögen buchmäßig die Summe aus Jahresergebnis, Gewinnvortrag, Gewinnrücklagen und Kapitalrücklage (sog. offene Eigenkapitalpositionen) übersteigt. Eine vereinfachte Kapitalherabsetzung sollte darüber hinaus auch noch insoweit zugelassen werden als im Geschäftsjahr, in dem die Kapitalherabsetzung beschlossen wird, und in den beiden folgenden Geschäftsjahren Verluste zu erwarten sind (§ 58 a Abs. 1 und § 58 c GmbHG).[815]

Eine (weitere) Begrenzung der vereinfachten Kapitalherabsetzung bei der übertragenden Gesellschaft korrespondierend einer Kapitalerhöhung (Aufnahme) oder Kapitalbildung (Neugründung) bei der übernehmenden oder neuen Gesellschaft wird im Schrifttum zunehmend befürwortet;[816] uE kann ein derartiger Rechtsträger-übergreifender Kapitalschutz aus den gesetzlichen Regelungen in §§ 139 und 140 UmwG aber nicht hergeleitet werden und ist auch für andere Umwandlungsarten gesetzlich nicht vorgesehen.[817]

hh) Spaltungsbeschlüsse der Gesellschafterversammlungen s. Rz. 632.

ii) Beschlüsse über Kapitalerhöhung der übernehmenden Gesellschaft (s. Rz. 633), Gründung der neuen Gesellschaft (s. Rz. 631) und Kapitalherabsetzung der übertragenden Gesellschaft (s. o. gg).

jj) Eintragung der Abspaltung in das Handelsregister s. Rz. 634–637. Vorrangige Eintragung der Kapitalherabsetzung bei der übertragenden Gesellschaft erforderlich (§ 139 Satz 2 UmwG) sowie Erklärung ihrer Geschäftsführer, daß die Kapitalausstattung der Gesellschaft nicht unter das gesetzliche Mindeststammkapital von DM 50.000 absinkt und daß das im Gesellschaftsvertrag vorgesehene Stammkapital durch die Aktiva (nach Abzug der Schulden)[818] weiter gedeckt ist.

c) Handelsrechtliche Wirkungen

683 Rechtsfolgen der Abspaltung sind:

---

[815] Zur Berücksichtigung der Ergebnisentwicklung im Jahr der Abspaltung s. HFA 1/1998 Tz 2.

[816] HFA 1/1998 Tz. 2.; *Neuhaus* in FS Weichler (1998), 83 (94 ff.); *Dehmer* 2. Aufl. § 139 UmwG Rz. 13.; *Schöne*, Die Spaltung unter Beteiligung von GmbH; S. 69 (kein „Summengrundsatz"); *W. Müller* WPg. 1996, 857 (866); zu Entwicklungstendenzen s. aber auch *Heckschen* DB 1998, 1385 (1389).

[817] *Priester* in FS Schippel (1996), 487 (497 f.); *ders.* in Lutter (Hrsg.) § 139 UmwG Rz. 6; *Widmann/Mayer* § 139 UmwG Rz. 20; *Kallmeyer* § 139 UmwG Rz. 3; *Naraschewski* GmbHR 1995, 697 (700 f.). (gebundene Rücklage in Höhe einer Differenz).

[818] Diese Klarstellung, daß nur das Reinvermögen gemeint sein kann, fehlt in Begr. UmwBerGE, BT-Drs. 12/6699, 125; s. a. die parallele Strafvorschrift des § 313 Abs. 2 UmwG: „Deckung des Stammkapitals"; zweifelnd, ob Kapitalaufbringung oder Kapitalerhaltung gewährleistet werden soll (*Widmann/Mayer* § 140 UmwG Rz. 3 und 5 ff.

D. Reorganisation unter Beibehaltung der Rechtsform GmbH   684   § 14

aa) Konstitutive Wirkungen der **Handelsregistereintragung** s. Rz. 640–646.
(1) Übergang nur der abgespaltenen Vermögensteile entsprechend Rz. 640. Nichtübertragungsfähige Gegenstände (s. § 132 UmwG) verbleiben der übertragenden Gesellschaft (§ 131 Abs. 1 Nr. 1 UmwG). „Vergessene" Gegenstände verbleiben bei der übertragenden Gesellschaft.
(2) Kein Erlöschen der übertragenden Gesellschaft.
(3)–(6) s. Rz. 640 (sowie Rz. 604 und 682 zur nicht verhältniswahrenden Abspaltung).

bb) Minderheitenrechte der Gesellschafter s. Rz. 641.

cc) Schadensersatzpflicht von Organmitgliedern s. Rz. 642.

dd) Zum Schutz der Inhaber von Sonderrechten s. Rz. 643 f. Die gleichwertigen Rechte sollen auch in der übertragenden Gesellschaft gewährt werden können (§ 133 Abs. 2 Satz 2 UmwG).[819]

ee) Zum Schutz der Gläubiger s. Rz. 644.

ff) Zum Schutz der Arbeitnehmer s. Rz. 645.

gg) Mitbestimmungsbeibehaltung für 5 Jahre nach Wirksamwerden der Spaltung, sofern durch Abspaltung die Voraussetzungen für eine Mitbestimmung bei der übertragenden Gesellschaft entfallen, es sei denn, die Zahl der Arbeitnehmer der übertragenden Gesellschaft sinkt unter der gesetzlichen Mindestzahl (§ 325 Abs. 1 UmwG). Zur Vereinbarung von Betriebsrechten s. Rz. 646.

d) Steuerliche Rechtsfolgen

aa) Für eine Abspaltung iSd. § 123 Abs. 2 UmwG, an der eine GmbH als übertragender Rechtsträger beteiligt ist, gelten als steuerliche Vorschriften – ebenso wie für die Aufspaltung – die §§ 15–19 UmwStG („Abspaltung") aus dessen 2.–7. Teil (§ 1 Abs. 1 und 4 UmwStG). Zur Abspaltung kann daher weitgehend auf die Erläuterungen zur Aufspaltung verwiesen werden.   684

bb) Grundsätzliche Verweisung auf die Verschmelzungsvorschriften s. Rz. 651.

cc) Spaltungsspezifische Rechtsfolgenanpassung s. Rz. 652.

dd) Bewertungswahlrecht der übertragenden Gesellschaft; Voraussetzungen und Bedeutung s. Rz. 653–662. Für die Abspaltung gelten folgende Besonderheiten:

---

[819] Kritisch dazu *DAV* HR-Aussch. Stellungn. zum UmwBerGE, WM Sonderbeilage Nr. 2/1993 Rz. 112 f.

685 (1) Das der übertragenden Gesellschaft *verbleibende Vermögen* muß ebenfalls zu einem *Teilbetrieb* gehören (§ 15 Abs. 1 Satz 2 UmwStG).[820] Als Teilbetriebe gelten auch in diesem Zusammenhang ein Mitunternehmeranteil oder eine 100%ige Beteiligung an einer Kapitalgesellschaft (§ 15 Abs. 1 Satz 3 UmwStG). Weitere Einzelheiten zum Teilbetriebsbegriff s. Rz. 654 ff. Zur vom Gesetzeszweck her nicht geforderten Ausdehnung der Mißbrauchsklausel des § 15 Abs. 3 Satz 1 UmwStG auch auf verbleibendes Vermögen s. Rz. 657.

Neutrales Vermögen[821] (zB Mietwohngrundstücke) darf nicht das allein verbleibende Vermögen oder das allein übertragene Vermögen sein; es kann aber zusammen mit einem Teilbetrieb oder Mitunternehmeranteil, wohl aber nicht mit einer 100%igen Beteiligung übertragen werden[822] oder in gleicher Kombination mit einer der drei Teilbetriebstypen zurückbehalten werden.[823]

686 (2) *Zwingende Buchwertfortführung für verbleibendes Vermögen:* Das Bewertungswahlrecht gilt nur für das übergehende Vermögen, nicht für das bei der übertragenden Gesellschaft verbleibende Vermögen.[824] Für letzteres wird durch eine Abspaltung kein Gewinnrealisierungstatbestand verwirklicht, unabhängig davon, ob für die Spaltung die Voraussetzungen der Steuerneutralität erfüllt werden.

687 (3) Bei *nicht verhältniswahrender* Abspaltung sollten nunmehr auch das Bewertungswahlrecht für das übergehende Vermögen und die übrigen Rechtsfolgen des § 15 UmwStG gelten, nachdem handelsrechtlich die Voraussetzungen, dafür geschaffen worden sind, daß nur an der übertragenden Gesellschaft beteiligt bleibende Gesellschafter weitere Anteile dieser Gesellschaft als Gegenleistung zur Durchführung der Abspaltung erhalten (s. Rz. 604 und 682). Daß dies nur in § 126 Abs. 1 Nr. 10 sowie § 131 Abs. 1 Nr. 3 UmwG und nicht zugleich auch in § 123 Abs. 2 und § 128 UmwG ausdrücklich geregelt ist, sollte der Behandlung dieser Anteile als Gegenleistung in Form von Gesellschaftsrechten iSd. § 11 Abs. 1 Nr. 2 iVm. § 15 Abs. 1 UmwStG nicht entgegenstehen.[825]

ee) Schlußbesteuerung der übertragenden Gesellschaft s. Rz. 665 f.

688 Entsprechend der Behandlung der Abspaltung in der Rechnungslegung als Abgang von Vermögensgegenständen und Schulden (s. Rz. 682) und bei einer etwaigen Kapitalherabsetzung (s. Rz. 682) führt die Abspaltung auch in der *Gliederung des verwendbaren Eigenkapitals* zum steuerlichen Übertragungsstichtag nicht zu einer Nullstellung der Teilbeträge, sondern nur zu einem anteiligen Abgang entsprechend der Aufteilung nach § 38 a Abs. 1 KStG. Für die

---

[820] Zur unterschiedlichen Formulierung der Teilbetriebserfordernisse für den übertragenen Teilbetrieb in Satz 1 und für den verbleibenden Teilbetrieb in Satz 2 des § 15 Abs. 1 UmwStG s. *Hörger* FR 1994, 765 (767 f.); s. dazu auch *Thiel* DStR 1995, 237 (241).

[821] Irreführend UmwStErl. 1998 Tz. 15.10: „Wirtschaftsgüter, die mehreren Teilbetrieben dienen".

[822] UmwStErl. 1998 Tz. 15.09.

[823] UmwStErl. 1998 Tz. 15.08.

[824] UmwStErl. 1998 Tz. 15.12 iVm. Tz. 15.11.

[825] Dazu und zur bisherigen Rechtslage s. *Wolpert* DStR 1998, 361; *Haritz/Wagner* DStR 1997, 181; *Herzig/Förster* DB 1995, 338 (349).

D. Reorganisation unter Beibehaltung der Rechtsform GmbH   689–691   § 14

übertragende Gesellschaft ist ebenso wie für die übernehmenden Gesellschaften eine Anpassung des Sonderausweises nach § 38a iVm. § 38 Abs. 1 Satz 2 bis 4 KStG durchzuführen.

ff) Besteuerung der übernehmenden Gesellschaft s. Rz. 667 ff.   689
Unterbleibt bei der übernehmenden Gesellschaft eine Kapitalerhöhung zur Durchführung der Spaltung (zB Abspaltung von 100%ige Tochtergesellschaft auf Muttergesellschaft), so mindert sich der Beteiligungsansatz bei der Muttergesellschaft. Es liegt nahe, diesen Abgang in Höhe der Buchwerte des hereinkommenden Teilbetriebs zu berücksichtigen; die Alternative wäre ein Abgang im Verhältnis des übertragenden und des zurückbehaltenen Vermögensteils.[826]

gg) Besteuerung der Gesellschafter der übertragenden Gesellschaft s. Rz. 679.

4. Ausgliederung aus einer GmbH in andere GmbH

a) Überblick

Handelsrecht: Die **Möglichkeit**, einen oder mehrere Teile des Vermögens   690
einer GmbH jeweils als Gesamtheit auf eine oder mehrere GmbH gegen Gewährung von Geschäftsanteilen dieser GmbH an die übertragende GmbH ist als **Ausgliederung** in zwei Arten zugelassen (§ 123 Abs. 3 UmwG):
– Ausgliederung **zur Aufnahme**: Vermögensübergang auf schon bestehende GmbH (übernehmende Gesellschaften);
– Ausgliederung **zur Neugründung:** Vermögensübergang auf dadurch gegründete neue Gesellschaften.

Die Ausgliederung kann auch in **Mischform** durch gleichzeitige Übertragung auf bestehende und neue Gesellschaften erfolgen (§ 123 Abs. 4 UmwG).

Anzuwendende Vorschriften: Die Verschmelzungsvorschriften (§§ 2 bis 122   691
UmwG) sind grds. auch auf die Ausgliederung entsprechend anzuwenden (Einzelheiten dazu s. Rz. 611) mit folgenden Ausnahmen (§ 125 UmwG):[827]
– Eine Prüfung der Spaltung nach §§ 9 bis 12 UmwG findet bei der Ausgliederung nicht statt (§ 125 Satz 2 UmwG), da es bei der Ausgliederung nicht zu einem Anteilsaustausch kommt.
– Eine Verbesserung des Umtauschverhältnisses im Spruchverfahren (§§ 14 Abs. 2, 15 UmwG) scheidet bei der Ausgliederung aus, weil kein Anteilstausch stattfindet.
– Die Sonderregelungen des § 18 UmwG über die Firma des übernehmenden Rechtsträgers kommen deswegen nicht zur Anwendung, weil der firmenführende Rechtsträger fortbesteht.
– Die Abfindungsregelung der §§ 29 bis 34 UmwG gelten für die Ausgliederung nicht, weil es für die Gesellschafter keinen Wechsel in einen anderen Rechtsträger gibt.

---

[826] *Hügel* DStJG 17 (1994), 69 (110).
[827] Begr. UmwBerGE, BT-Drs. 12/6699, 117.

– Die Vorschriften, die eine Erhöhung des Nennkapitals der übernehmenden Gesellschaft verbieten (§§ 54, 68 UmwG) sind deswegen nicht anwendbar, weil durch die Ausgliederung keine eigenen Anteile entstehen können. Im übrigen gelten die Erläuterungen zur Aufspaltung und Abspaltung entsprechend, soweit sich nicht aufgrund der folgenden Abweichung Besonderheiten ergeben:
– Aufspaltung hinsichtlich des Fortbestands der übertragenden Gesellschaft;
– Abspaltung hinsichtlich der nicht an die Gesellschaft der übertragenden Gesellschaft, sondern an die übertragende Gesellschaft selbst zu gewährenden Anteile an den übernehmenden oder neuen Gesellschaften.

692 **Steuerrechtlich** wird die Ausgliederung in eine Kapitalgesellschaft als Einbringung iSd. §§ 20 bis 22 UmwStG behandelt.

b) Voraussetzungen und Durchführung

693 aa) Ausgliederungs- und Übernahmevertrag/Ausgliederungsplan[828] (s. Rz. 612–615):[829] Da kein Anteilsausgleich stattfindet, sind keine Angaben zum Umtauschverhältnis und zu den Einzelheiten für die Übertragung der Anteile erforderlich (§ 126 Abs. 1 Nr. 3 und 4 UmwG). Da die Anteile an den übernehmenden oder neuen Gesellschaften ausschließlich der übertragenden Gesellschaft gewährt werden, erübrigen sich Angaben zur Aufteilung dieser Anteile (§ 126 Abs. 1 Nr. 10 UmwG).

bb) Zuleitung von aa) an zuständigen Betriebsrat s. Rz. 616.

cc) Rechnungslegung der beteiligten Gesellschaften (s. Rz. 617–628):[830] Die übertragende Gesellschaft führt nach der Ausgliederung weiterhin Bücher; für sie wirkt sich die Ausgliederung lediglich als Vermögensumschichtung (Tausch) aus (Diverse Vermögensgegenstände und Schulden gegen Beteiligung). Dementsprechend erfordert die Ausgliederung – abweichend von der Abspaltung (s. Rz. 682) – idR auch keine Kapitalherabsetzung (anders aber § 139 UmwG). Im übrigen handelt es sich bei der Spaltung-Teilbilanz (s. Rz. 621 ff.) auch nur um eine Abschichtungsbilanz. Statt einer Gesamt-Schlußbilanz der übertragenden Gesellschaft (s. Rz. 620), kann auch allein eine Teilbilanz für das zu übertragende Vermögen aufgestellt werden.[831]

dd) Ausgliederungsbericht (s. Rz. 629): Es genügen Erklärungen der Gründe für die Ausgliederung; Angaben zum Tausch von Anteilen sind entbehrlich (s. Rz. 691).

ee) Ausgliederungsprüfung (s. Rz. 630): Entfällt bei Ausgliederung (§ 125 Satz 2 UmwG).

---

[828] Diese Bezeichnung des Vertrags anstelle von „Spaltungs und Übernahmevertrag" ergibt sich für Fälle der Ausgliederung aus § 131 Abs. 1 Nr. 3 Satz 3 UmwG; zur Frage eines einheitlichen Vertrags bei Ausgliederung mehrerer Vermögensteile s. *Borges* BB 1997, 589.

[829] Zum Gesellschaftsvertrag des übernehmenden Rechtsträgers als notwendigen Inhalt des Ausgliederungsplans in Fällen der Ausgliederung zur Neugründung s. OLG Stuttgart v. 17. 12. 1996, ZIP 1997, 75; s. ferner Rz. 582 u. 615.

[830] Einzelheiten zur handelsrechtlichen Rechnungslegung s. HFA 1/1998; *Fenske* WPg. 1997, 256.

[831] HFA 1/1998 Tz. 11.

D. Reorganisation unter Beibehaltung der Rechtsform GmbH 694–696 § 14

ff) Gewährung von Geschäftsanteilen der übernehmenden oder neuen Gesellschaft s. Rz. 631.
gg) IdR keine Kapitalherabsetzung bei der übertragenden Gesellschaft (s. Rz. 682), weil die Ausgliederung bei ihr keine Vermögensminderung, sondern lediglich eine Vermögensumschichtung bewirkt.[832]
hh) Ausgliederungsbeschlüsse der Gesellschafterversammlungen s. Rz. 632).[833]
ii) Beschlüsse über Kapitalerhöhung der übernehmenden Gesellschaft (s. Rz. 633) oder Gründung der neuen Gesellschaft (s. Rz. 631 f.).
jj) Eintragung der Ausgliederung in das Handelsregister s. Rz. 634–637.[834]

c) Handelsrechtliche Wirkungen

Rechtsfolgen der Ausgliederung sind:
aa) Die **Handelsregistereintragung** hat folgende konstitutive Wirkungen 694
(s. Rz. 640):
(1) Übergang nur der ausgegliederten Vermögensteile entsprechend Rz. 640. Zu nicht übertragungsfähigen Gegenständen und „vergessenen" Gegenständen s. Rz. 683.
(2) Kein Erlöschen der übertragenden Gesellschaft.
(3) Die übertragende Gesellschaft wird entsprechend dem Ausgliederungs- und Übernahmevertrag Gesellschafter in der übernehmenden oder neuen Gesellschaft (§ 131 Abs. 1 Nr. 3 Satz 3 UmwG).
(4) Zu Mängeln der notariellen Beurkundung und der Spaltung s. Rz. 640.
bb) Minderheitenrechte der Gesellschafter (s. Rz. 641): Da kein Anteils- 695
tausch stattfindet, keine Ansprüche auf Verbesserung des Umtauschverhältnisses durch bare Zuzahlung und keine Ansprüche auf Barabfindung und kein Anspruch auf Weiterveräußerung der Anteile ohne Verfügungsbeschränkung.
cc) Schadensersatzpflicht von Organmitgliedern s. Rz. 642.
dd) Zum Schutz der Inhaber von Sonderrechten s. Rz. 643.
ee) Zum Schutz der Gläubiger s. Rz. 644.
ff) Zum Schutz der Arbeitnehmer s. Rz. 645.[835]
gg) Mitbestimmungsbeibehaltung s. Rz. 683 und 646.

d) Steuerliche Rechtsfolgen

Die **Ausgliederung** in eine Kapitalgesellschaft iSd. § 123 Abs. 3 UmwG 696
wird im Umwandlungssteuerrecht nicht spiegelbildlich zur Verschmelzung, sondern als **Einbringung** in eine Kapitalgesellschaft gegen Gewährung von

---

[832] *Naraschewski* GmbHR 1995, 697 (703); *Orth* JbFStR 1995/96, 345 (358 f.); *Priester* in FS Schippel (1996), 487 (490 f.); *Neuhaus* in FS Weichler (1998), 83 (95) zum Sonderfall der Ausgliederung zur Aufnahme in eine notleidende Gesellschaft.
[833] Siehe auch LG Hamburg v. 5. 3. 1996, AG 1996, 281 (Ausgliederung aus AG auf GmbH's).
[834] Zur Registersperre wg. Anfechtungsklage gegen Ausgliederungsbeschluß s. OLG Stuttgart v. 17. 12. 1996, ZIP 1997, 75; s. ferner Rz. 499.
[835] Einzelheiten zu den arbeitsrechtlichen Aspekten bei *Buchner* GmbHR 1997, 377 und 434.

§ 14   697, 698   Umwandlung

Gesellschaftsrechten nach **20 UmwStG** behandelt, sofern die Voraussetzungen dieser Vorschriften im übrigen vorliegen, dh. insbesondere ein Teilbetrieb ausgegliedert wird (Einzelheiten dazu s. Rz. 654 f.). Die Ausgliederung ist zwar eine Umwandlung iSd. § 1 UmwG, für die nach § 1 Abs. 1 Satz 1 UmwStG die §§ 2–19 UmwStG gelten. Die Anwendbarkeit dieser Vorschriften wird jedoch für die Ausgliederung durch § 1 Abs 1 Satz 2 UmwStG ausgeschlosssen. In den Gesetzesmaterialien heißt es dazu ergänzend: „Die Ausgliederung ist steuerlich als Einbringung gegen Gewährung von Gesellschaftsrechten zu behandeln, für die die §§ 20 bis 24 gelten".[836] Grund dafür sei, daß „die für das übertragende Vermögen gewährten Anteile nicht den Anteilseignern, sondern dem übertragenden Unternehmen selbst gewährt werden".[837] Mithin kann die Ausgliederung grds. **ertragsteuerneutral** durchgeführt werden, sofern Gegenstand der Ausgliederung nicht nur einzelne Vermögensgegenstände (s. Rz. 602), sondern der Betrieb der übertragenden GmbH oder zumindest ein Teilbetrieb, ein Mitunternehmeranteil oder eine Mehrheitsbeteiligung an einer Kapitalgesellschaft ist (§ 20 Abs. 1 UmwStG). Einzelheiten zu den Voraussetzungen und Rechtsfolgen s. Rz. 195 ff.[838]

Die Ausgliederung unterliegt als Einbringung **nicht der Umsatzsteuer** (§ 1 Abs. 1 a UStG) (s. Rz. 46 a).

697   Werden Grundstücke (mit) ausgegliedert, so ist die Ausgliederung insoweit **grunderwerbsteuerpflichtig** (§ 1 Abs. 1 Nr. 3 GEStG). Bemessungsgrundlage ist der sog. Grundbesitzwert iSd. § 138 Abs. 2 oder 3 BewG (§ 8 Abs. 2 Nr. 2 GrEStG). Der Steuersatz beträgt 3,5% (§ 11 Abs. 1 GrEStG); (s. im übrigen Rz. 46).

5. Alternative: Ausgliederung aus einer GmbH durch Einzelrechtsnachfolge

698   Die Ausgliederung von Vermögensteilen als Gesamtheit nach § 123 Abs. 3 UmwG (s. Rz. 690 ff.) ist keine abschließende Regelung dergestalt, daß sie die bislang gebräuchliche und anerkannte Ausgliederung im Wege der Einzelrechtsnachfolge ausschließen würde. Im Gesetzgebungsverfahren ist das künftige Nebeneinander beider Formen der Ausgliederung ausdrücklich bestätigt worden.[839] Allerdings wird zwischenzeitlich kontrovers diskutiert, ob[840] und ggf. inwieweit[841] die Vorschriften des UmwG auf Ausgliederungen durch

---

[836] Ber. BT-Fin.Aussch. zum UmwStRÄndGE, BT-Drs. 12/7945, 62.
[837] Begr. UmwStRÄndGE, BT-Drs. 12/6885, 16.
[838] Siehe auch *Orth* JbFStR 1995/96, 345 (368 ff.).
[839] Begr. UmwBerGE, BT-Drs. 12/6699, 124.
[840] Ablehnend LG Hamburg v. 21. 1. 1997, AG 1997, 238.
[841] Befürwortend LG Karlsruhe v. 6. 11. 1997, ZIP 1998, 385, für Schutzvorschriften zugunsten der Aktionäre (Ausgliederung aus AG in drei neu gegründete Tochtergesellschaften in der Rechtsform KG und AG) m. krit. Anm. *Bungert* NZG 1998, 367; *Bork* EWiR § 125 UmwG 1/97, 1147; *Heckschen* DB 1998, 1385 (1386); s. a. zum Übergangsmandat des Betriebsrats LAG Berlin v. 8. 1. 1996, BB 1996, 1937; LG Ffm v. 29. 7. 1997, BB 1998, 179 (181 unter IV) zu Berichtspflichten (bei Veräußerung einer Tochtergesellschaft).

D. Reorganisation unter Beibehaltung der Rechtsform GmbH   § 14

Einzelrechtsnachfolge entsprechend anzuwenden sind.[842] Die wesentlichen Unterschiede zwischen den beiden Formen der Ausgliederung bestehen sowohl hinsichtlich ihrer Voraussetzungen als auch ihrer Rechtsfolgen:[843]
– Einzelübertragung nach den jeweiligen Vorschriften des Sachenrechts oder Gesamt-Übertragung aufgrund eines Ausgliederungsvertrags oder -plans (s. Rz. 693 f.);
– Allgemeine Informationspflichten gegenüber den Gesellschaftern oder weitergehende Berichtspflichten in einem Ausgliederungsbericht (s. Rz. 629, 693);
– Zuständigkeit der Geschäftsführung, sofern nicht im Einzelfall aufgrund entsprechender Anwendung der sog. Holzmüller-Entscheidung[844] ein Beschluß der Gesellschafterversammlung erforderlich ist oder generelle Zuständigkeit der Gesellschafterversammlung, und daraus resultierende Möglichkeiten der Anfechtung und Registersperre (s. Rz. 641, 695);[845]
– Haftungsübernahme nur unter den Voraussetzungen der §§ 419, 613 a BGB oder gesamtschuldnerische Haftung und Verpflichtung zur Sicherheitsleistung (§§ 133, 134 UmwG);
– Schutz von Arbeitnehmerinteressen nach § 613 a BGB oder nach den weitergehenden §§ 321 ff. UmwG.[846]

Steuerlich bestehen keine Unterschiede zur Ausgliederung durch Sonderrechtsnachfolge (dazu s. Rz. 696), weil auch die Ausgliederung durch Einzelrechtsnachfolge grds. als Einbringung in eine Kapitalgesellschaft gegen Gewährung von Gesellschaftsrechten iSd. § 20 UmwStG behandelt wird. Dies folgt auch aus § 20 Abs. 8 UmwStG, dessen Sätze 1 und 2 die Fälle der Gesamt- oder Sonderrechtsnachfolge erfaßt, während der Satz 3 mit „anderen Fällen der Sacheinlage" auch solche Einbringungstatbestände in den Anwendungsbereich des § 20 UmwStG einbezieht, „die nicht auf handelsrechtlichen Vorschriften beruhen",[847] mithin also auch die Ausgliederung durch Einzelrechtsnachfolge.[848]

---

[842] Tendenziell ablehnend *Aha* AG 1997, 345 (356); befürwortend *Veil* ZIP 1998, 361 (366 ff.).
[843] Einzelheiten dazu bei *Neuhaus* in FS Weichler (1998), 83; *Aha* AG 1997, 345; *Nagel* DB 1996, 1221; *Orth* JbFStR 1995/96, 345 (364 ff.); *Feddersen/Kiem* ZIP 1994, 1078.
[844] BGH v. 25. 2. 1982, BGHZ 83, 122 (Ausgliederung aus AG); zur Geltung auch für GmbH s. Hanseat. OLG v. 28. 6. 1991, GmbHR 1992, 43 (46), und *Orth* JbFStR 1995/96, 345 (366 m. w. Nachw.); zu den Berichtspflichten bei zustimmungspflichtigen Strukturmaßnahmen u. Analogie zum UmwG s. LG Ffm. v. 29. 7. 1997, BB 1998, 179 (181 unter IV).
[845] Siehe auch OLG Stuttgart v. 17. 12. 1996, ZIP 1997, 75 (zur Anfechtungsklage gegen Ausgliederung aus AG in GmbHs).
[846] Einzelheiten dazu bei *Buchner* GmbHR 1997, 377 und 434.
[847] Begr. UmwStRÄndGE; BT-Drs. 12/6885, 25.
[848] UmwSt-Erl. 1998 Tz. 20.02 Buchst. c); *Orth* JbFStR 1995/96, 345 (368); dem steht der von *Feddersen/Kiem* ZIP 1994, 1078 (1086) herangezogene § 1 Abs. 1 UmwStG nicht entgegen, weil diese Vorschrift nur den sachlichen Anwendungsbereich des 2. bis 7. Teils, dh. der §§ 2 bis 19 UmwStG 1995 regelt, und damit für die Anwendbarkeit des § 20 UmwStG 1995 keine Bedeutung hat.

§ 15 Die GmbH in der Krise

Bearbeiter: Dr. Michael Axhausen

Übersicht

	Rz.
A. Zeichen der Unternehmenskrise	1–6
B. Zahlungsunfähigkeit und Überschuldung	
I. Zahlungsunfähigkeit und drohende Zahlungsunfähigkeit	7–11
II. Überschuldung	12–18
C. Sanierungsfähigkeit und Sanierungswürdigkeit	
I. Sanierungsfähigkeit	20–57
1. Sanierungskonzept	25–43
a) Beschreibung des Unternehmens	26
b) Analyse des Unternehmens	27
c) Das Leitbild des sanierten Unternehmens	28
d) Sanierungsmaßnahmen	29–37
e) Planverprobungsrechnungen	38–43
2. Finanzielle Sanierung	44–57
II. Sanierungswürdigkeit	58
D. Pflichten der Geschäftsführer in der Unternehmenskrise	
I. Einberufung der Gesellschafterversammlung	71–77
II. Keine Zahlungen an die Gesellschafter vor Konkursreife	78, 79
III. Antrag auf Eröffnung des Insolvenzverfahrens und Haftungsfragen	80–85
IV. Jahresabschluß	86–101
1. Aufstellungsfrist	86
2. Ansatz und Bewertung	87–98
3. Angaben im Anhang	99, 100
4. Berichterstattung im Lagebericht	101
E. Pflichten des Aufsichtsrats und der Gesellschafter	
I. Aufsichtsrat	110–112
II. Gesellschafter	113, 114

A. Zeichen der Unternehmenskrise

Unternehmenskrisen im betriebswirtschaftlichen Sinn sind Prozesse, in **1** denen das Unternehmen in seiner Existenz bedroht ist.[1] Unternehmenskrisen

---

[1] Zur betriebswirtschaftlichen Definition des Krisenbegriffs vgl. *Gottwald/Maus* § 2 Anm. 1 ff.; *Maus* in *K. Schmidt/Uhlenbruck* Die GmbH in Krise, Sanierung und Insolvenz, 2. Aufl. 1999, Anm. 1 ff.

beginnen, wenn das Unternehmen von dem geplanten Entwicklungsweg negativ abzuweichen beginnt. Werden sie, im Stadium der „Verleugnung" nicht als solche erkannt, gelangt das Unternehmen über den Punkt der „Suche nach Schuldigen" zu dem Scheidepunkt, an dem entweder ein Neubeginn erfolgt oder die Krise zum Scheitern des Unternehmens führt.

2   Unternehmenskrisen werden nach verschiedenen Merkmalen klassifiziert.[2] Die Einteilung nach den bedrohten Unternehmenszielen hilft bei der Analyse von Krisenursachen und Bestimmung der erforderlichen Sanierungsmaßnahmen:
– **Strategische Krise.** In der strategischen Krise sind Erfolgspotentiale bedroht oder verbraucht. Neue Erfolgspotentiale werden in nicht ausreichendem Maße geschaffen. ZB: Nachfrageänderungen führen zu Einschränkungen des Gesamtmarktvolumens, neue Technologien werden nicht rechtzeitig in neue Produkte umgesetzt. Veränderungen der Erwartungen der Marktteilnehmer führen zu Marktanteilsverlusten.
– **Erfolgskrise.** In der Erfolgskrise entstehen Verluste, die zum Verbrauch des Eigenkapitals und damit nach einiger Zeit zur Überschuldung führen. Dem kann eine strategische Krise vorangehen. Eine Erfolgskrise kann auch aus der Vernachlässigung der Kostenkontrolle herrühren.
– **Liquiditätskrise.** In der Liquiditätskrise droht schließlich die Zahlungsunfähigkeit. In der Regel werden strategische Krise und Erfolgskrise der Liquiditätskrise vorausgehen. In der Praxis werden strategische Probleme und Ergebnisprobleme häufig erst im Zusammenhang mit der drohenden Zahlungsunfähigkeit offenbar.[3]

3   Nach den Krisenursachen lassen sich im Unternehmen (endogene) oder außerhalb des Unternehmens liegende (exogene) Gründe,[4] nach der Art der erforderlichen finanzwirtschaftlichen Maßnahmen Überschuldungs- und Liquiditätskrisen,[5] nach der Art der Wahrnehmbarkeit und Beherrschbarkeit: potentielle, latente, akut beherrschbare und akut nicht beherrschbare Krisen[6] ausmachen.

4   Gesetzlichen Niederschlag hat der **betriebswirtschaftliche** Krisenbegriff nicht gefunden. Das Insolvenzrecht wird von den Begriffen der Überschuldung und Zahlungsunfähigkeit bestimmt. Das Vorliegen dieser Tatbestände verpflichtet den Geschäftsführer dazu, Insolvenzantrag zu stellen (§ 64 GmbHG). Im insolvenzrechtlichen Sinne wird von Krise deshalb erst mit dem Eintreten dieser Tatbestände gesprochen werden. Die neue Insolvenzordnung verlegt den Beginn der „Krise" mit Einführung des Begriffes der „drohenden Zahlungsunfähigkeit" in § 18 InsO nach vorn. Die drohende Zahlungsunfähigkeit löst auch nach dem neuen Insolvenzrecht keine Insolvenzantragspflicht aus; der Schuldner ist hierzu lediglich antragsberechtigt.

5   Im Vorfeld dieser Tatbestände führt das Eintreten der **Kreditunwürdigkeit** dazu, daß der Gesellschaft gegebene oder belassene Darlehen nicht

---

[2] *Gottwald/Maus* § 2 Anm. 13; *Hess/Fechner* Sanierungshandbuch, S. 16 ff.
[3] *Müller* Krisenmanagement in der Unternehmung, S. 53 ff.; *Gross* DStR 1991, 1572.
[4] *Fleege-Althoff* Die notleidende Unternehmung, Bd. I, S. 84.
[5] *Lutter/Hommelhoff/Timm* BB 1980, 737, 749.
[6] *Krystek* Unternehmungskrisen, 1987, S. 29 ff.

mehr geltend gemacht werden können. Sollte es doch zur Auszahlung an den Gesellschafter gekommen sein, müssen die ausgezahlten Beträge in die Masse zurückgezahlt werden, wenn der Insolvenzfall binnen eines Jahres nach Rückzahlung eintritt (**kapitalersetzende Darlehen**; §§ 32 a, 32 b GmbHG, §§ 39 Abs. 1 Nr. 5, 135 InsO).[7]

Stellt der Geschäftsführer fest, daß die **Hälfte des Stammkapitals** verloren ist, ist die Gesellschafterversammlung einzuberufen (§ 49 Abs. 3 GmbHG). Damit soll den Gesellschaftern vor dem Eintreten der Überschuldung oder Zahlungsunfähigkeit die Gelegenheit verschafft werden, die Sanierung der Gesellschaft herbeizuführen. Sobald es zur **Unterbilanz** kommt, wenn also das bilanzielle Reinvermögen die Schulden nicht mehr deckt, sind dem Geschäftsführer jegliche Zuwendungen an die Gesellschafter untersagt (§ 30 GmbHG).[8] Im Sinne des GmbH-Gesellschaftsrechts wird von einer Krise zu sprechen sein, sobald die Kreditunwürdigkeit einsetzt, jedenfalls aber dann, wenn eine Unterbilanz iSd. § 30 GmbHG festgestellt wird. 6

B. Zahlungsunfähigkeit und Überschuldung

I. Zahlungsunfähigkeit und drohende Zahlungsunfähigkeit

Die Feststellung eines der Insolvenzgründe verpflichtet die Geschäftsführung zur Stellung des Insolvenzantrags (§ 64 GmbHG iVm. § 17 InsO). 7

Nach neuem Recht enthält § 17 Abs. 2 InsO eine Legaldefinition der Zahlungsunfähigkeit. Danach ist ein Schuldner zahlungsunfähig, wenn er nicht in der Lage ist, seine fälligen Zahlungspflichten zu erfüllen. Zahlungsunfähigkeit ist in der Regel anzunehmen, wenn der Schuldner seine Zahlungen eingestellt hat. Die Zahlungsunfähigkeit wird in der Regel dadurch festgestellt, daß den fälligen, ernsthaft eingeforderten und durchsetzbaren Geldschulden die vorhandene Liquidität gegenübergestellt wird. Die Fälligkeit kann durch Stundungsabreden beseitigt werden, der Durchsetzbarkeit von Geldschulden können rechtliche Hindernisse, zB § 30 GmbHG gegenüber Gesellschafterforderungen, entgegenstehen. In der Begründung des Regierungsentwurfes[9] wird hierzu ausgeführt, daß die Zahlungsunfähigkeit in § 17 Abs. 2 Satz 1 InsO im Interesse der Rechtsklarheit gesetzlich umschrieben wurde und auf der Definition beruht, die sich in Rechtsprechung[10] und Literatur durchgesetzt habe. Auf die Merkmale Dauer und Wesentlichkeit könne hierbei verzichtet werden. 8

Nach altem Recht war Zahlungsunfähigkeit das auf dem Mangel an Zahlungsmitteln beruhende voraussichtlich dauernde Unvermögen eines Schuld-

---

[7] Vgl. § 8 Rz. 194 ff.
[8] Vgl. oben § 8 Rz. 5 ff.
[9] BT-Drs. 12/2344, S. 114.
[10] Zuletzt: BGH v. 15. 11. 1990, WM 1991, 150; BGH v. 1. 3. 1984, WM 1984, 1309 f; BGH v. 11. 10. 1961, NJW 1962, 102; *Hess* § 102 KO Anm. 5; wesentlich: BayOLG v. 14. 4. 1987, BB 1988, 1840 (25%); *Scholz/Tiedemann* § 84 Anm. 44 (mehr als 50%).

ners oder eines Schuldnerunternehmens, seine sofort zu erfüllenden Geldschulden im wesentlichen zu berichtigen. In der Rechtsprechung war daher teilweise umstritten, ob Zahlungsunfähigkeit Zeitpunkt- oder Zeitraumilliquidität war und wie im einzelnen die Merkmale Dauer und Wesentlichkeit zu bestimmen waren.[11]

9   Die gegenüber den beteiligten Verkehrskreisen nach außen in Erscheinung tretende Zahlungsunfähigkeit ist **Zahlungseinstellung**,[12] insb. die Erklärung gegenüber einem Großgläubiger, der die wirtschaftlichen Verhältnisse kennt, dessen ernsthaft eingeforderte, einen wesentlichen Teil der Verpflichtungen bildenden Forderung auch nicht mehr teilweise erfüllen zu können, obgleich noch kleinere Zahlungen geleistet werden.[13] Keine Zahlungseinstellung, aber Indiz für Zahlungsunfähigkeit: Hingabe ungedeckter Schecks; gehäufte Wechselproteste; Nichtzahlung von Löhnen und Gehältern; Einstellung des Geschäftsbetriebes; Pfändungen.[14]

10 Zu unterscheiden von der Zahlungsunfähigkeit ist die **Zahlungsstockung**, die eintritt, wenn die Gesellschaft zwar vorübergehend nicht in der Lage ist, Verbindlichkeiten zu erfüllen, sich die entsprechenden Mittel aber kurzfristig beschaffen kann.[15] Die Zahlungsstockung kann beispielsweise wegen des kurzfristigen Ausbleibens von Kundenzahlungen oder der noch nicht erfolgten Auszahlungen bereits zugesagter Kreditmittel eintreten. Sie führt nicht zur Zahlungsunfähigkeit.

11 Die neue Insolvenzordnung erweitert die Antragsgründe für die Eröffnung des Insolvenzverfahrens auf die **drohende Zahlungsunfähigkeit**.[16] Diese liegt vor, wenn die Gesellschaft voraussichtlich nicht in der Lage sein wird, die bestehenden Zahlungsverpflichtungen im Zeitpunkt der Fälligkeit zu erfüllen (§ 18 Abs. 2 InsO). Der Antrag kann nur von der Gesellschaft bzw. den zur Vertretung der Gesellschaft berufenen Organen gestellt werden (§ 18 Abs. 3 InsO).

II. Überschuldung

12 Neben der Zahlungsunfähigkeit ist bei Kapitalgesellschaften die Überschuldung Insolvenzgrund (§ 64 Abs. 1 Satz 2 GmbHG iVm. § 19 InsO). Die Überschuldung tritt ein, wenn ein die Verbindlichkeiten deckendes Vermögen der Gesellschaft nicht vorhanden ist. Bei der Bewertung des Vermögens des Schuldners ist jedoch die Fortführung des Unternehmens zugrunde zu legen, wenn diese nach den Umständen überwiegend wahrscheinlich ist (§ 19 Abs. 2 InsO). Die bilanzielle Überschuldung ist jedoch nach überwiegender Auffas-

---

[11] Vgl. *K. Schmidt/Uhlenbruck* Die GmbH in der Krise, Sanierung und Insolvenz, 1. Auflage 1997, S. 252.
[12] BGH v. 15. 11. 1990, WM 1991, 150 f; BGH v. 1. 3. 1984, WM 1984; 1309 f.
[13] BGH v. 10. 1. 1985, NJW 1985, 1785.
[14] *Scholz/K. Schmidt* § 63 Anm. 8 mit weiteren Einzelheiten.
[15] *Hess* § 102 KO Anm. 6; kurzfristig: *Obermüller* DB 1973; 269 (10 Tage); *Lutter/Hommelhoff* § 63 Anm. 2 (30 Tage); *Papke* DB 1969, 736 (6 Wochen); BayOLG v. 14. 4. 1987, BB 1988, 1840 (3 Monate).
[16] Zu den Definitionsschwierigkeiten einer drohenden Zahlungsunfähigkeit vgl. *K. Schmidt* in *K. Schmidt/Uhlenbruck* Die GmbH in der Krise, Sanierung und Insolvenz, 2. Aufl. 1999, Rz. 576.

B. Zahlungsunfähigkeit und Überschuldung   13–17   § 15

sung nicht ausreichend für die Feststellung der Überschuldung iSd. Insolvenzrechts. Umstritten ist, auch nach der gesetzlichen Neuregelung, wie die Aktiva und Passiva bei der Prüfung der Überschuldung bewertet werden müssen und inwieweit die weitere Unternehmensentwicklung in die Überlegung einzubeziehen ist (Fortbestehensprognose).

Nach der hM hängt die Bewertung in der Überschuldungsbilanz von der Fortbestehensprognose ab. Bei positiver Prognose sind Fortführungswerte anzusetzen, bei negativer Prognose müssen Zerschlagungswerte angesetzt werden **(Kombinationsmethode)**.[17] Diese Interpretation legt auch der Wortlaut in § 19 Abs. 2 InsO nahe, der die Bewertung zu Fortführungswerten verlangt, wenn die Fortführung des Unternehmens überwiegend wahrscheinlich ist. Ein Problem dieser Auffassung besteht darin, daß auch Unternehmen mit positiver Prognose liquidiert werden müßten, wenn das Vermögen bei Ansatz von Fortführungswerten die Schulden nicht deckt. 13

Nach anderer, überzeugender Auffassung ist die Fortführungsprognose eigenständiges Tatbestandsmerkmal der Überschuldung. Danach sind bei der Überschuldungsprüfung immer Zerschlagungswerte anzusetzen. Eine rechtliche Überschuldung liegt jedoch nur bei negativer Fortbestehensprognose vor **(modifiziert zweistufige Überschuldungsprüfung)**.[18] Die Beweislast für die positive Fortbestehensprognose trägt im Streitfall der wegen Konkursverschleppung in Anspruch genommene Geschäftsführer. Die Geschäftsführer müssen deshalb nach Eintritt der rechnerischen Überschuldung jederzeit nachvollziehbar begründen können, wieso sie von einer positiven Fortbestehensprognose ausgegangen sind.[19] 14

Grundlage der Fortbestehensprognose ist nach beiden Auffassungen das Sanierungskonzept, dessen Umfang den Erfordernissen des jeweiligen Einzelfalls anzupassen ist. Die Prognose wird positiv ausfallen, wenn die Gesellschaft voraussichtlich in der Lage ist, unter Berücksichtigung ihres Kreditspielraums und ihrer Finanzierungsmöglichkeiten, ihren Verpflichtungen nachzukommen.[20] Sofern Sanierungsmaßnahmen erforderlich sind, um dieses Ziel zu erreichen, kann die Prognose nur positiv ausfallen, wenn die überwiegende Wahrscheinlichkeit für einen Sanierungserfolg spricht.[21] 15

Sofern die Finanzplanung des Sanierungskonzepts bei kontraktgerechter Bedienung des Fremdkapitals keinen zusätzlichen Finanzbedarf ausweist, ist die Prognose ohne weiteres positiv.[22] Eine zusätzliche Verzinsung des Eigenkapitals ist wünschenswert aber nicht wesentlich für die Überlebensfähigkeit des Unternehmens.[23] 16

Weist der Finanzplan Fehlbeträge aus, die durch zusätzliche Kreditaufnahme oder zusätzliche Eigenmittel gedeckt werden müssen, und fehlen Zusagen zur 17

---

[17] *Gottwald/Uhlenbruck* § 9 Anm. 14; amtl. Begründung zu § 21 InsO; IDW-FAR Empfehlungen zur Überschuldungsprüfung (ENTWURF) WPG 1995, 596.
[18] BGH v. 13. 7. 1992, DB 1992, 2022; DB 1994, 1608; *K. Schmidt* AG 1978, 337 ff.
[19] *Scholz/K. Schmidt* § 63 Anm. 12; *Lutter* in HURB S. 189.
[20] BGH v. 13. 7. 1992, DB 1992, 2022 (2025); *Scholz/K. Schmidt* § 63 Anm. 10.
[21] *K. Schmidt* ZIP 1980, 331; *Hachenburg/Ulmer* § 63 Anm. 37.
[22] *Groß* Sanierung durch Fortführungsgesellschaften, 2. Aufl. 1988, S. 24.
[23] *Gottwald/Maus* § 3 Anm. 6.

Schließung der Finanzierungslücke, so muß die Geschäftsführung die Bereitschaft der Kapitalgeber zur Bereitstellung der erforderlichen Mittel einschätzen.[24] Die Bereitschaft wird dann am ehesten bestehen, wenn das Sanierungskonzept die objektive Sanierungsfähigkeit feststellt, wenn also der Barwert der künftigen Rückflüsse an die zur Sanierung beitragenden Gläubiger der Gesellschaft größer ist als **der Barwert** der aufzubringenden Mittel.[25] Wird der Geschäftsführung jedoch erkennbar, daß trotz objektiver Vorteilhaftigkeit die erforderlichen Sanierungsbeiträge nicht geleistet werden, wird die Fortbestehensprognose negativ; beginnt die Frist des § 64 Abs. 1 GmbHG zu laufen.

18 Fehlt es an der objektiven Sanierungsfähigkeit, kann die negative Fortbestehensprognose nur dadurch vermieden werden, daß die Kapitalgeber aufgrund subjektiver Motive die notwendigen Mittel innerhalb der Drei-Wochen-Frist bereitstellen. Dazu kann es insbesondere im Konzernverbund kommen. Aufgrund von Unternehmensverträgen oder aufgrund faktischer Konzernverhältnisse kann sogar die Pflicht zur Alimentierung bestehen.

19 *(frei)*

C. Sanierungsfähigkeit und Sanierungswürdigkeit

I. Sanierungsfähigkeit

20 Die Frage nach der Fortführbarkeit des Unternehmens (going concern) stellt sich für die Gesellschafter und Geschäftsführer unter betriebswirtschaftlichen, insolvenzrechtlichen sowie haftungsrechtlichen Gesichtspunkten.

21 Spätestens das Erkennen einer Unterbilanz ruft die Gesellschafter und Geschäftsführer dazu auf, die Frage zu klären, ob eine Fortsetzung der Unternehmenstätigkeit möglich ist und ob sie sich lohnt oder nicht. Scheidet eine Unternehmensfortführung aus, so ist zu fragen, ob eine geregelte Liquidation möglich ist, die noch zu einer Rückzahlung von Stammkapital führt, oder ob bereits nur mehr ein außergerichtlicher Vergleich eine drohende Insolvenz abwenden kann.

22 Die betriebswirtschaftliche Frage, ob die Fortführung des Unternehmens günstiger ist als die Liquidation, bedarf der Prüfung in zwei Stufen:
– Stufe 1: Prüfung der Sanierungsfähigkeit (objektive Fortführbarkeit)
– Stufe 2: Prüfung der Sanierungswürdigkeit (subjektive Fortführbarkeit)

23 Die Beurteilung der **Sanierungsfähigkeit** durch die Geschäftsführung im Sinne einer Klärung der objektiven Fortführbarkeit, ist erforderlich, um den unterschiedlichen Individualinteressen der an der Sanierung Beteiligten eine Entscheidungsgrundlage zu liefern. Die objektive Sanierungsfähigkeit ist daneben entscheidungserheblich, wenn es die Frage der Zulässigkeit der Unternehmensfortführung zu beurteilen gilt. Die Frage der Zulässigkeit der Fort-

---

[24] BGH v. 9. 7. 1979, NJW 1979, 1829 für die Einschätzung der Bereitschaft von Gläubigern, zu Sanierung beizutragen.

[25] *Kupsch* WPG 1982, 273 ff.; *Groß* Sanierung durch Fortführungsgesellschaften, 2. Aufl. 1988, S. 10 f.

C. Sanierungsfähigkeit und Sanierungswürdigkeit

führung ist immer in Abgrenzung zu den Insolvenzgründen der Zahlungsunfähigkeit (§ 17 InsO), der drohenden Zahlungsunfähigkeit (§ 18 InsO) sowie der Überschuldung (§ 19 InsO) zu beantworten. **Die Feststellung der objektiven Sanierungsfähigkeit** dient mithin auch dazu, eine positive Fortbestehensprognose im Rahmen der Überschuldungsprüfung zu begründen.

Ein Unternehmen gilt als sanierungsfähig, wenn es nach Durchführung geeigneter (operativer und finanzwirtschaftlicher) Maßnahmen mit hinreichender Wahrscheinlichkeit aus eigener Kraft am Markt nachhaltige Einnahmeüberschüsse erzielen kann.[26]

Die Feststellung der Sanierungsfähigkeit wird regelmäßig auf einem von der Geschäftsführung entwickelten **Sanierungskonzept** beruhen. Die Fähigkeit der Geschäftsführung, ein solches Konzept zu erstellen, ist häufig ein wesentliches Kriterium zur Beurteilung, ob die vorhandene Geschäftsführung in der Lage sein wird, die Sanierung durchzuführen. Das Sanierungskonzept besteht aus einer Analyse der Krisenursachen, einer entwickelten Zielvorstellung, dh. dem Katalog der Maßnahmen, die zu einem sanierten Unternehmen führen sowie der Umsetzung der Vorstellungen in Planrechnungen.

1. Sanierungskonzept

Eine mögliche Darstellung des Sanierungskonzepts sieht folgende Bestandteile vor:[27]
– Beschreibung des Unternehmens
– Analyse des Unternehmens
– Leitbild des sanierten Unternehmens
– Maßnahmen zur Sanierung
– Plan-Verprobungsrechnung

a) Beschreibung des Unternehmens

Die **Beschreibung des Unternehmens** ist als Sammlung aller für das Unternehmen wesentlicher Grunddaten zugleich Stoffsammlung und Grundlage des Sanierungskonzepts. Dazu gehören Angaben über die bisherige Unternehmensentwicklung, die rechtlichen Rahmenbedingungen, die finanz- und leistungswirtschaftlichen Verhältnisse sowie die organisatorischen Grundlagen des Unternehmens.

b) Analyse des Unternehmens

In der **Analyse des Unternehmens** sollen die Sachverhalte und Zusammenhänge dargestellt werden, die zu der Krise des Unternehmens geführt haben. Dabei sind die Krisenursachen in den verschiedenen Funktionsbereichen des Unternehmens aufzudecken und in ihrer unterschiedlichen Bedeu-

---

[26] *Maus* DB 1991, 1133; *Gross* DStR 1991, 1572.
[27] IdW-FAR FN 1991, 319 ff.; *Gross* DStR 1991, 1572; *Maus* DB 1991, 1133; vgl. auch zu möglichen Strukturen den „Leitfaden für die Ausgestaltung von Sanierungskonzepten" den die Treuhandanstalt im Rahmen der Versuche zur Sanierung der Unternehmen der ehem. DDR entwickelt hatte. WPL-Mitt. Sonderheft Sept. 1990 179 ff.

tung zu gewichten.[28] Daraus ist eine systematische Beurteilung der Stärken und Schwächen des Unternehmens abzuleiten.[29]

c) Das Leitbild des sanierten Unternehmens

28 Aus der Unternehmensanalyse und Überlegungen zur künftigen Unternehmensstrategie wird das **Leitbild des sanierten Unternehmens** entwickelt. Hierher gehören Ansatzpunkte einer neuen Corporate Identity, Bestimmung der Marktstrategien, die Darstellung der produkt-, markt- und funktionsbezogenen Erfolgspotentiale sowie die Strategien zu ihrer Ausschöpfung. Hier sind eventuell erforderliche gesellschaftsrechtliche Strukturänderungen zu erfassen und zu würdigen. Daraus ergeben sich weitere Überlegungen zu den zukünftigen Beziehungen gegenüber Kapitalgebern.

d) Sanierungsmaßnahmen

29 Zentraler Teil des **Sanierungskonzepts** ist die Entwicklung und Würdigung der erforderlichen leistungswirtschaftlichen (operativen) und der finanzwirtschaftlichen (dazu unten Rz. 44 ff.) **Sanierungsmaßnahmen**. Maßnahmen können alle Funktionsbereiche des Unternehmens betreffen. Regelmäßig werden unter leistungswirtschaftlichen Aspekten die Bereiche
– Marketing und Vertrieb
– Produktion und Materialwirtschaft
– Entwicklung
– Personal
– Geschäftsführung
betroffen sein.

30 Im Bereich **Marketing und Vertrieb** werden sich Sanierungsüberlegungen auf die bearbeiteten Märkte, auf die Gestaltung der Vertriebswege und auf die Preispolitik beziehen. Es sollten aber Ansätze zur Verbesserung der Lieferant-Kundenbeziehung nicht unterschätzt werden.

31 Im Bereich **Produktion** sind alle Überlegungen anzustellen, die im Rahmen eines Business Reengeneering Projektes anzusprechen wären. Dies betrifft Überlegungen zur Straffung des Fertigungsprozesses durch Aufgabe von Produkten und Produktionsstätten ebenso wie Fragen der optimalen Fertigungstiefe.

32 Die Abteilung **Entwicklung** wird hinsichtlich ihrer Organisation und der Erfolgskontrolle auf dem Prüfstein stehen. Insbesondere die Entwicklungsdauer als Dauer der Umsetzung von der Idee zum marktreifen Produkt gilt als wesentliches Kriterium der Effizienz einer Entwicklungsabteilung.

33 Die Bedeutung der **Materialwirtschaft** für die Finanzierung des Unternehmens ist nicht zu unterschätzen. Verkürzung der Bestellzeiten und die optimale Lagerumschlagzeiten können wesentliche Beiträge zur Minimierung der Kapitalbindung leisten. Dieser mehr finanzwirtschaftliche Aspekt soll die vordringliche Aufgabe der Materialwirtschaft, die Produktion bzw. die Ver-

---

[28] *Gross* Sanierung durch Fortführungsgesellschaften, 2. Aufl. 1988, S. 27 ff.; *Krystek* Unternehmungskrisen, 1987, S. 69 ff.
[29] Zum Analyseinstrumentarium vgl. WPG II F 101 ff.

C. Sanierungsfähigkeit und Sanierungswürdigkeit 34–39 § 15

kaufsabteilungen rechtzeitig mit Rohstoffen und Handelswaren zu versorgen, nicht in den Hintergrund drängen.

Ein typisch betroffener Bereich der Sanierung ist der **Personalbereich**. 34 Maßnahmen wie Entlassungen, Kurzarbeit oder Einstellungsstop tragen regelmäßig kurzfristig zu einer Verbesserung der Kostensituation des Unternehmens bei. Sie sind vor allem dann notwendig, wenn die Krise des Unternehmens zugleich eine Absatzkrise ist, weil dann Personalkapazitäten zur Verfügung stehen, die regelmäßig noch der Struktur des Unternehmens vor Krisenbeginn entsprechen. Obgleich Maßnahmen hier kurzfristigen Erfolg versprechen, sollten sie abgestimmt sein zu den strategischen Überlegungen des Unternehmensleitbildes. Andernfalls kann die Situation eintreten, daß dem Unternehmen die für die Entwicklung seiner Strategie erforderlichen Personalkapazitäten nicht zur Verfügung stehen und teuer am Markt beschafft werden müssen.

Im Bereich der **Geschäftsführung** stehen die handelnden Personen auf 35 dem Prüfstand hinsichtlich ihrer Befähigung ein Unternehmen in der Krise zu leiten. Dabei wird ihre Fähigkeit das Sanierungskonzept zu erstellen maßgebliches Kriterium ihrer Eignung sein können. Die zivil- und strafrechtlichen Risiken, denen die Geschäftsführung einer notleidenden Gesellschaft ausgesetzt sind, lassen es angeraten scheinen, das Sanierungskonzept von externen Sachverständigen, insb. Wirtschaftsprüfern überprüfen zu lassen. Auch die Banken fordern dies regelmäßig im Rahmen der Verhandlungen über die künftige Finanzierung. Sofern sich die gegenwärtige Geschäftsführung ungeeignet zeigt ein Sanierungskonzept zu erarbeiten und durchzusetzen, sollten externe Sachverständige die Erstellung unterstützen und die Geschäftsführung ausgetauscht werden.

Unabhängig davon sind die **Entscheidungsprozesse** und **Informations-** 36 **systeme** daraufhin zu prüfen, ob sie den Erfordernissen genügen.

Wesentlich zur Einschätzung der **Wirkung der operativen Sanierungs-** 37 **maßnahmen** ist, daß nicht nur die qualitative Analyse der Erfordernisse erfolgt, sondern, daß allen zu ergreifenden Maßnahmen Aufwendungen, künftige Erlöschancen und Kosteneinsparungen zugeordnet werden. Während sich die Aufwendungen zu dem Betrag der Sanierungskosten addieren, läßt sich aus der Summe der Erlöschancen und Kosteneinsparungen ermitteln, ob die Maßnahmen genügen, um das Ziel der Sanierung zu erreichen: die künftige nachhaltige Erzielung von Einnahmeüberschüssen.

e) Planverprobungsrechnungen

Es wird erwartet, daß die **Planrechnungen** für einen Zeitraum von wenig- 38 stens drei Jahren aus der Analyse der Krisenursachen und den darauf basierenden **Sanierungsmaßnahmen** abgeleitet werden:[30]
- Plan Gewinn- und Verlustrechnungen
- Planbilanzen
- Finanzbedarfsplan (Plan Cash-Flow Rechnung)

Die Grundlage solcher Rechnungen ist die Quantifizierung der Sanierungs- 39 maßnahmen im Hinblick auf die durch sie bewirkten Ausgaben und künftigen

---

[30] IDW-FAR FN 1991, 321.

§ 15   40–43   Die GmbH in der Krise

Einnahmen. Die Veränderungen der Planergebnisrechnung gegenüber den Ergebnisrechnungen der Vergangenheit kann nur mit Hilfe dieser finanziellen Auswirkungen begründet und geplant werden.

40 Die abgeleitete Planergebnisrechnung läßt die Ermittlung von bestimmten von Jahresergebnis abhängigen Auszahlungsverpflichtungen zu. Dies gilt etwa für Ertragsteuerzahlungen und etwaige Verpflichtungen aus Besserungsscheinen. Diese Verpflichtungen fließen zurück in die Finanzplanung. Die Planbilanzen werden benötigt, um die Kapitalbindung (Sachanlagen, Vorräte, Forderungen) und den Kapitalbedarf im Leistungsbereich (Lieferantenverbindlichkeiten, Rückstellungen) ermitteln zu können. Unter Berücksichtigung von Annahmen zur zukünftigen Eigen- und Fremdkapitalausstattung erlauben die Planbilanzen die Errechnung der zukünftigen Zinsbelastung.

41 Ein Modell der Finanzflußrechnung, die prospektive Kapital- oder Finanzflußrechnung zielt auf die Darstellung der Veränderung der flüssigen Mittel ab.[31] Die Veränderung der liquiden Mittel wird dabei nach den Komponenten
– Cash Flow aus dem operativen Bereich
– Cash Flow aus dem Investitionsbereich
– Cash Flow aus dem Finanzierungsbereich
dargestellt.

42 Als Bestandteil des Sanierungskonzeptes sollte der Finanzplan wie folgt aufgebaut werden:

Jahresüberschuß/Jahresfehlbetrag
+/– nicht zahlungswirksame Aufwendungen und Erträge   *Abschreibungen, Veränderung langfristiger Rückstellungen*
+/– Veränderungen im Netto-Umlaufvermögen   *Veränderung der Kundenforderungen, der Vorräte, saldiert mit Lieferantenverbindlichkeiten*
+/– Ergebnis aus Anlageabgängen   *Buchwerte der Anlageabgänge*
= **Cash Flow aus dem operativen Bereich**
+/– Liquiditätssaldo des Anlagebereichs   *Auszahlungen für Investitionen abzüglich Erlöse aus Anlageabgängen*

– Tilgungen auf Altkredite
= **Cash Flow aus Investitions- und Altfinanzierungsbereich**
+/– Neukreditaufnahme, -tilgung, -verzinsung
+/– Einlagen der / Ausschüttungen an Gesellschafter
= **Veränderung der liquiden Mittel**

43 Der Jahresüberschuß als Ausgangsgröße der Finanzflußrechnung ergibt sich aus der Plan Gewinn- und Verlustrechnung. Die Veränderungen im Netto-

---

[31] *Busse von Kolbe* Handbuch des Finanzmanagements, S. 26 ff.

C. Sanierungsfähigkeit und Sanierungswürdigkeit 44–46 § 15

Umlaufvermögen werden aus der Planbilanz abgeleitet. Der Vorteil der Ableitung eines Finanzplans aus Planabschlüssen liegt darin, daß die Planfortschrittskontrolle aus der Finanzbuchhaltung erfolgen kann.

Zur Beurteilung der Sanierungsfähigkeit sollten die notwendigen Planrechnungen für einen Zeitraum von wenigstens drei Jahres detailliert entwickelt werden. Ein weiterer Planungshorizont ist wegen der planinhärenten Unsicherheiten nur durch pauschale Annahmen faßbar. Diese könnten etwa darin bestehen, daß ab Ende des detailliert geplanten Zeitraums Jahresüberschuß und Cash-Flow als konstant angenommen werden.

2. Finanzielle Sanierung

Die finanzielle Sanierung dient in erster Linie der Beseitigung oder Abwendung von Zahlungsunfähigkeit und Überschuldung. Finanzwirtschaftliche Maßnahmen lassen sich unterteilen in solche, die ausschließlich von vorhandenen oder neu hinzutretenden Gesellschaftern getragen werden und solche, die die Gläubiger mit einbeziehen. Die Sanierung unter Einbeziehung der Gläubiger kann mit oder ohne Insolvenzverfahren erfolgen. Im Insolvenzverfahren bietet der Insolvenzplan in seinem gestaltenden Teil die Möglichkeit Forderungen zu kürzen, zu stunden, zu sichern oder sonstigen Regelungen zu unterwerfen (§ 224 InsO). Der Insolvenzgrund der drohenden Zahlungsunfähigkeit, der der Geschäftsführung vorbehalten ist, kann genutzt werden, um die finanzielle Sanierung frühzeitig einzuleiten. Soweit die finanzielle Sanierung die Zinslast reduziert, trägt sie zur Verbesserung der Ertragslage bei. Finanzwirtschaftliche Sanierungsmaßnahmen reichen aber regelmäßig nicht aus. Die finanzwirtschaftliche Krise ist Folge der leistungswirtschaftlichen Krise. Die Behebung ersterer kann nur dann Sinn machen, wenn letztere behoben werden kann.[32] 44

Die effektive **Kapitalerhöhung**, dh. die Zuführung neuer Mittel (dazu § 7 Rz. 10 ff.) ist das wirksamste Mittel zur finanzwirtschaftlichen Sanierung. Sie reduziert eine (rechnerische) Überschuldung und verbessert die Liquidität. Die effektive Kapitalerhöhung ist das einzige Instrument, wenn Eigenkapital nicht von allen Altgesellschaftern im Verhältnis ihrer Anteilsquoten oder von Neugesellschaftern zugeführt werden soll.[33] Dazu werden neue Geschäftsanteile geschaffen oder alte aufgestockt. Das bedarf eines satzungsändernden Beschlusses und eines Übernahmevertrags zwischen der Gesellschaft und jedem Übernehmer. Für Ausfälle bei der Einzahlung auf geschaffene oder erhöhte Stammeinlagen haften nach § 24 GmbHG alle Altgesellschafter. 45

Um eine unmittelbar bevorstehende oder eingetretene Illiquidität zu beseitigen, müssen Zahlungen auf die künftigen Stammeinlagen noch vor dem Kapitalerhöhungsbeschluß eingezahlt werden. Eine solche **Voreinzahlung** befreit den Einzahler nur dann von seiner Einlageverpflichtung, wenn die Kapitalerhöhung im Zeitpunkt der Zahlung konkret in die Wege geleitet ist. Wenigstens muß die Einberufung der Gesellschafterversammlung auf der die Kapitalerhöhung beschlossen werden soll bereits erfolgt sein und der Leistende 46

---

[32] *Groß* Sanierung durch Fortführungsgesellschaften, 2. Aufl. 1988, S. 96.
[33] *Priester* in FS Fleck, ZGR Sonderheft 7, 1988, S. 233.

muß seine Zahlung zweifelsfrei als Leistung auf die künftige Einlageschuld bezeichnen.[34]

47 Zur Beseitigung einer Ausschüttungen verbietenden Unterbilanz und zur Herstellung von Stammeinlagen, die den tatsächlichen Werten der alten und der neuen Beteiligungen entsprechen, kann die effektive Kapitalerhöhung mit einer nominellen **Kapitalherabsetzung** verbunden werden.[35] Bei der GmbH erlauben §§ 58 a–f GmbHG eine **vereinfachte Kapitalherabsetzung** zur Beseitigung von Verlustvorträgen bei gleichzeitiger Kapitalerhöhung.

48 Durch Hingabe von **Gesellschafterdarlehen** kann eine Zahlungsunfähigkeit behoben oder vermieden werden. Gesellschafterdarlehen können un- oder niedrigverzinslich gewährt werden, um zukünftige Jahresergebnisse möglichst zu entlasten. Der Zinsverzicht ist weder eine Zuzahlung (§ 272 Abs. 2 Nr. 4 HGB noch eine (steuerliche) verdeckte Einlage. Dagegen ist der Verzicht auf eine einmal entstandene Zinsforderung handels- und steuerrechtlich wie der Verzicht auf eine Kapitalforderung zu behandeln.[36]

49 **Sanierungszuschüsse** bieten sich als einfacher Weg an, wenn Eigenkapital von allen Gesellschaftern im Verhältnis ihrer Anteilsquoten zugeführt werden soll. Die handelsrechtliche Behandlung als außerordentlicher Ertrag stellt die Beseitigung oder Reduktion eines aufgelaufenen Verlustvortrags sicher. Direkt in die Kapitalrücklage, dh. ohne Berührung der Gewinn- und Verlustrechnung ist zu buchen, wenn eine Leistung „in das Eigenkapital" (§ 272 Abs. 2 Nr. 4 HGB) gewollt ist.[37] Ertragsteuerlich liegt, wenn die Zahlung auf dem Gesellschaftsverhältnis beruht, immer eine Einlage vor. Steuerliche Verlustvorträge werden deshalb von diesen Zahlungen nicht berührt.

50 **Sanierungszuschüsse** von Nichtgesellschaftern sind zu versteuern. Eventuelle Verlustvorträge werden gemindert.

51 **Forderungsverzichte** als Mittel der Beseitigung einer Überschuldung oder Zahlungsunfähigkeit kommen in Betracht, wenn die Verbindlichkeit fällig, eingefordert und durchsetzbar ist. **Forderungsverzichte von Gesellschaftern** sind bilanziell zu behandeln wie Gesellschafterzuschüsse. Nach der neuesten Rechtsprechung sind sie nur in Höhe des Teilwerts der Forderung als Einlage zu behandeln.[38]

52 **Forderungsverzichte Dritter** bewirken nach der Streichung von § 3 Nr. 66 EStG ab 1. 1. 1999 nunmehr keine steuerfreie Vermögensmehrung mehr (Abschaffung des sog. steuerfreien Sanierungsgewinns).

53 Mit einem Verzicht verliert der Gläubiger seine Forderung endgültig, selbst wenn die Gesellschaft nach Sanierung wieder in der Lage wäre, die Forderung zu bedienen. Als Ausgleich kann der Gläubiger einen **Besserungsschein**

---

[34] BGH v. 7. 11. 1994, DStR 1995, 498 m. Anm. *Goette;* OLG Hamm v. 7. 7. 1986, DB 1986, 2320; OLG Stuttgart v. 31. 5. 1994, GmbHR 1995, 115; *Hachenburg/Ulmer* § 56 a Anm. 23; *Priester* in FS Fleck ZGR Sonderheft 7, 1988, S. 233.
[35] *K. Schmidt* GesR, S. 750 f.
[36] *Geck* GmbHR 1991, 472.
[37] Beck Bil-Komm./*Sarx* § 272 Anm. 67.
[38] FG Münster v. 16. 12. 1992, DB 1993, 1799 im Anschluß an *Wassermeyer* DB 1990, 2288, BFH v. 9. 6. 1997, DB 1997, 1693; aA *Knobbe-Keuk* StuW 1991, 308.

C. Sanierungsfähigkeit und Sanierungswürdigkeit

erhalten. Die Besserungsklausel hat zu Inhalt, daß der Schuldner auf die erlassene Forderung Nachzahlungen leistet, wenn seine Vermögens- und Ertragslage dies zulassen, also insbesondere aus künftigen Gewinnen oder einem Liquidationserlös.[39] Der (so auflösend bedingte) Schulderlaß führt (wie der unbedingte Schulderlaß) zu einem außerordentlichen Ertrag. Eine Einstellung in die Kapitalrücklage, wenn eine solche Vereinbarung mit einem Gesellschafter getroffen würde, verbietet dagegen der vorübergehende Charakter der Vermögensmehrung. Bei Eintritt des **Besserungsfalls** ist die aus dem Gewinn zu tilgende Verbindlichkeit zu Lasten des Jahresüberschusses ganz oder teilweise zu passivieren.

Der **Rangrücktritt** ist das verbreitetste Mittel, um die Passivierung einer Forderung im Überschuldungsstatus (nicht in der Handels- und Steuerbilanz) zu vermeiden. Die Rangrücktrittvereinbarung hat zum Inhalt, daß die ihr unterworfene Forderung nur aus künftigen Jahresüberschüssen, aus dem Liquidationserlös oder anderem freien Vermögen der Gesellschaft zu tilgen ist. Wäre auch der Rangrücktritt als (bedingter oder sonst modifizierter) Erlaß anzusehen, würden Sicherungsrechte mit der Vereinbarung des Rangrücktritts verloren gehen. Sofern der Rangrücktritt als „pactum de non petendo" oder als selbständiger Schuldänderungsvertrag gesehen wird, bleiben Sicherungsrechte erhalten.[40] Regelmäßig will der Gläubiger, der einen Rangrücktritt vereinbart seine Forderung nicht, auch nicht vorübergehend, verlieren. Der Rangrücktritt soll nur die Überschuldung der Gesellschaft verhindern. Der Parteiwille und der Zweck der Vereinbarung sprechen deshalb dafür den Rangrücktritt als „pactum de non petendo" anzusehen.

Als Mittel der finanziellen Gesundung können bei voraussichtlich vorübergehenden Liquidationsengpässen auch **Stillhalteabkommen** dienen. Gemeint ist damit, daß die Kreditgeber, insbesondere Banken, bewegt werden sollen, auf ordentliche oder außerordentliche Kündigungsrechte für Kredite oder Forderungen **zu** verzichten, bzw. fällige oder gekündigte Forderungen und Kredite nicht beizutreiben. Das Stillhalten kann soweit gehen, daß dem Schuldner die Ausnutzung einer bisher nicht genutzten Kreditlinie gestattet wird.[41]

Zusätzliche Kredite beseitigen nur die Zahlungsunfähigkeit. Sie werden in der Regel erst gewährt, wenn eine langfristige Sanierungsstrategie unter Einschluß der Verbesserung der Eigenkapitalsituation erkennbar ist. Kreditinstitute laufen zusätzlich Gefahr, bei einem Fehlschlag der Sanierung ihre Sicherheiten zu verlieren, wenn diese erst in der Krise gewährt wurden (§ 138 BGB) und von Drittgläubigern wegen Konkursverschleppung aus § 826 BGB in Anspruch genommen zu werden.[42] Werden in der Unternehmenskrise zusätzliche Kredite zu deren Beseitigung bereitgestellt, so empfiehlt es sich, den Zweck des Kredites im jeweiligen Kreditvertrag ausdrücklich zu nennen und die Neukredite gesondert von den Altkrediten zu verwalten und zu besichern.

---

[39] BGH v. 9. 2. 1982, DB 1984, 2454.
[40] *Knobbe-Keuk* StuW 1991, 308; *Peters* WM 1988, 661 ff.
[41] *Gottwald/Obermüller* § 89 Anm. 25.
[42] BGH v. 11. 11. 1985, DB 1986, 160; *Batereau* WM 1992, 1517; *Gottwald/Obermüller* § 89 Anm. 6.

Grundsätzlich wird zwischen **Überbrückungskrediten** (Gewährung eines Kredites in der Phase zwischen dem Erkennen einer insolvenzrechtlichen Unternehmenskrise und dem Abschluß der Erstellung eines Sanierungsgutachtens) und **Sanierungskrediten** (Gewährung eines Kredites im Anschluß an die Erstellung eines Sanierungskonzeptes zu dessen Umsetzung) unterschieden.

57 Die **Umwandlung von Forderungen in Kapital** ist grundsätzlich zur Beseitigung von Überschuldung und Zahlungsunfähigkeit geeignet, birgt aber für den Gläubiger erhebliche Risiken. Die Umwandlung einer Forderung ist eine Sacheinlage. Die Einlagepflicht kann durch Aufrechnung deshalb nur bei entsprechender Festsetzung erfüllt werden. Wird dies nicht beachtet, verliert der Gläubiger im Konkurs nicht nur seine Forderung, sondern sieht sich auch der zusätzlichen Einlageverpflichtung ausgesetzt. Soweit bei einer formell wirksamen Aufrechnung die Forderung nicht werthaltig war, etwa weil die Gesellschaft sie nicht mehr hätte erfüllen können, ist der Fehlbetrag nach § 9 Abs. 1 GmbHG nachzuzahlen (dazu § 2 Rz. 105 ff.).

II. Sanierungswürdigkeit

58 Der zweite Schritt, die Beurteilung der finanzwirtschaftlichen Vorteilhaftigkeit der Fortführung und ggf. der Zuführung weiterer Mittel im Sinne einer finanziellen Sanierung ist von jedem Investor individuell zu beantworten.[43] Der Investor wird die Frage positiv beantworten können, wenn nach Durchführung aller leistungswirtschaftlichen und finanzwirtschaftlichen Maßnahmen des Sanierungskonzeptes der Barwert der zukünftigen Cash Flows größer ist, als der durch Mittelzuführung durch den Investor zu deckende Mittelbedarf des Unternehmens. Sofern ein Beteiligter zur Sanierung zusätzliche Mittel aufbringen muß, ist dieses Kapital von Barwert der zukünftigen Auszahlungen zu kürzen. Dabei wird der Fristigkeit der Rückzahlung, dh. der Renditeerwartung des Kapitalgebers eine wichtige Rolle zukommen. Verbleibt ein Überschuß der Zahlungen aus dem Unternehmen, so ist das mit der Sanierung verbundene Investment ökonomisch vorteilhaft. Nicht jeder Kapitalgeber folgt in der Praxis dieser rein ökonomischen Betrachtung. Vielmehr zeigt die Erfahrung, daß häufig nichtökonomische Motive eine wesentliche Rolle bei Sanierungsentscheidungen spielen.

59–69 *(frei)*

D. Pflichten der Geschäftsführer in der Unternehmenskrise

70 Die Unternehmenskrise aus betriebswirtschaftlicher Sicht beginnt zu einem anderen Zeitpunkt als die Krise aus gesellschaftsrechtlicher Sicht. Selbstverständlich gehört die Überwindung von Krisen zu den vornehmsten Pflichten der Geschäftsführer einer GmbH. Die Vernachlässigung der Unternehmensleitungspflicht, die sich in der Krise zur Sanierungspflicht konkretisieren kann, kann Schadenersatzansprüche nach § 43 Abs. 2 GmbHG nach sich

---

[43] *Gottwald/Maus* § 3 Anm. 3; *Groß* Sanierung durch Fortführungsgesellschaften, 2. Aufl. 1988, S. 25 ff.

D. Pflichten in der Unternehmenskrise 71–74 § 15

ziehen.[44] Gesellschaftsrechtlich sind es die speziellen Tatbestände der § 49 Abs. 3; § 32 a/b, § 30 und § 64 GmbHG, die Zeitpunkte definieren, an denen den Beteiligten besondere Pflichten auferlegt werden, weil der Gesetzgeber von der Gefährdung des Bestandes der Gesellschaft ausgeht.

I. Einberufung der Gesellschafterversammlung

Ergibt sich aus der Jahresbilanz oder einer im Laufe des Geschäftsjahres 71 aufgestellten Zwischenbilanz, daß die Hälfte des Stammkapitals verloren ist, müssen die Geschäftsführer unverzüglich die Gesellschafterversammlung einberufen (§ 49 Abs. 3 GmbHG). Zweck der Vorschrift ist, die Gesellschafter vom Eintritt einer Unternehmenskrise anhand eines objektiven Merkmals zu unterrichten. Den Gesellschaftern wird die Möglichkeit gegeben, Maßnahmen zur Sicherung des Unternehmens, zB durch Kapitalerhöhung zu ergreifen.[45] Eine Gesellschafterversammlung ist nicht erforderlich, wenn alle Gesellschafter als Geschäftsführer bestellt sind.

Besteht die Möglichkeit, daß die Hälfte des Stammkapitals verloren ist, zu 72 einem Zeitpunkt während des Geschäftsjahres, so sind die Geschäftsführer verpflichtet durch Erstellung eines Zwischenabschlusses zu **klären,** ob die Einberufungspflicht eingetreten ist.[46] Erforderlichenfalls ist **der Zwischenabschluß** in geeigneten Intervallen fortzuschreiben.[47] Auf **seine** Aufstellung kann verzichtet werden, wenn der Verlust der Hälfte des Stammkapitals aus anderen Gründen feststeht, etwa wegen des Ausfalls einer Forderung in entsprechender Höhe.[48]

Zur Feststellung des Verlustes der Hälfte des Stammkapitals ist das aus- 73 gewiesene Eigenkapital mit dem Stammkapital zu vergleichen.

Das maßgebliche Eigenkapital ist nach folgender Rechnung zu ermitteln: 74

Stammkapital
+ Kapitalrücklagen
+ Gewinnrücklagen
+ Rücklage für eigene Anteile[49]
+ Sonderrücklagen nach DMBilG[50]
+ Rücklage für eigene Anteile
+ Anteilige Sonderposten mit Rücklagenanteil[51]
− Bilanzverlust
= **Eigenkapital**

---

[44] BGH v. 9. 7. 1979, NJW 1979, 1823 ff.
[45] W. Müller ZGR 1985, 195; Scholz/K. Schmidt § 49 Anm. 21.
[46] BGH v. 20. 2. 1995, ZIP 1995, 560.
[47] W. Müller ZGR 1985, 211; Scholz/K. Schmidt § 49 Anm. 23.
[48] Lutter/Hommelhoff § 49 Anm. 14.
[49] Eine Rücklage für eigene Anteile darf nach § 272 Abs. 4 HGB nur aufgelöst werden, soweit die eigenen Anteile ausgegeben, veräußert oder eingezogen werden oder nach § 253 Abs. 3 HGB mit einem niedrigeren Wert angesetzt werden: W. Müller ZGR 1985, 207; aA Baumbach/Hueck/Schulze-Osterloh § 84 Anm. 11.
[50] §§ 7 Abs. 6, 17 Abs. 4, 24 Abs. 5, 27 Abs. 2 DMBilG.
[51] Gegen die hM Baumbach/Hueck/Schulze-Osterloh § 84 Anm. 11 a wegen der mit der Ermittlung des Eigenkapitalanteils verbundenen steuerlichen Wahlrechte.

75 Für die Erstellung des Abschlusses gelten die Ansatz- und Bewertungsregeln des Handelsbilanzrechts. Im Zeitpunkt der Feststellung ist regelmäßig vom Going Concern, d. h. von Fortführungswerten auszugehen, weil andernfalls bereits die Überschuldung zu prüfen wäre. Ergibt sich jedoch eine negative Fortführungsprognose, so ist unter Liquidationsgesichtspunkten zu bewerten. Aus dem Zweck der Vorschrift ergibt sich, daß stille Reserven nur in dem Maße aufgelöst werden dürfen, wie dies im Jahresabschluß möglich ist. Verbindlichkeiten sind bereits im Hinblick auf die Liquidation anzusetzen.[52] Dies bedeutet, daß insbesondere Rückstellungen für Sozialpläne bereits einzustellen sind. Verbindlichkeiten mit Rangrücktritt und kapitalersetzende Darlehen sind in jedem Fall zu passivieren.[53]

76 Wer es als Geschäftsführer unterläßt, den Verlust der Hälfte des Stammkapitals den Gesellschaftern anzuzeigen, macht sich nach § 84 Abs. 1 Nr. 1 GmbHG strafbar. Der Geschäftsführer kann mit Freiheitsstrafe bis zu drei Jahren und Geldstrafe bestraft werden. Strafbar ist das Unterlassen der Anzeige, nicht das Unterlassen der Einberufung.

77 Daneben können sich Schadenersatzansprüche der Gesellschaft nach § 43 Abs. 2 GmbHG ergeben.[54]

II. Keine Zahlungen an die Gesellschafter vor Konkursreife

78 Bereits vor Verlust des hälftigen Stammkapitals darf der Geschäftsführer Zahlungen an Gesellschafter nicht mehr leisten. Zahlungen an Gesellschafter, die zu einer **Rückzahlung von Stammkapital** führen, sind untersagt (§ 30 Abs. 1 GmbHG). Kommt es zu solchen Zahlungen ist der Gesellschafter nach § 31 GmbHG zur Rückerstattung verpflichtet. Ausnahmen regeln §§ 30 Abs. 2 und 31 Abs. 2 GmbHG. Soweit die Erstattung von einem Gesellschafter nicht zu erlangen ist, haften die übrigen Gesellschafter. Soweit der Geschäftsführung ein Verschulden zu Last fällt, haftet sie den Gesellschaftern in Höhe der zu leistenden Zahlungen (siehe auch: § 8 Rz. 1–107).

79 Die **Rückzahlung von Darlehen,** die wegen der §§ 32a, 32b GmbHG als funktionales Eigenkapital zu behandeln sind, könnte den Regeln über die Rückzahlung von Eigenkapital unterworfen werden. Sie wären dann dem Stammkapital zuzurechnen. Ihre Rückzahlung würde immer zugleich gegen § 30 GmbHG verstoßen.[55] Anders die wohl überwiegende Auffassung, die sofern § 30 GmbHG nicht berührt ist, nur im Vergleichs- und Konkursfall den Gläubigern und dem Konkursverwalter Anfechtungsrechte gegenüber den Gesellschaftern wegen der Rückzahlung von Darlehen gewährt (insb.

---

[52] Unter Auflösung der stillen Reserven: BGH v. 9. 10. 1958, BB 1958, 1181 für die AG. Die Entscheidung dürfte aber unter Berücksichtigung der bisherigen Diskussionsergebnisse zur Überschuldungsprüfung obsolet sein.
[53] *W. Müller* ZGR 1985, 207.
[54] *Scholz/K. Schmidt* § 49 Anm. 3.
[55] In diese Richtung zu verstehen: *W. Goette* Die GmbH nach der BGH-Rechtsprechung, § 4 Anm. 44.

§ 32 Abs. 1 Satz 2 GmbHG iVm. § 41 Abs. 1 Satz 1 KO) (siehe auch § 8 Rz. 230 ff., 238).

III. Antrag auf Eröffnung des Insolvenzverfahrens und Haftungsfragen

Den **Antrag auf Eröffnung des Insolvenzverfahrens** haben die Geschäftsführer ohne schuldhaftes Zögern, spätestens drei Wochen nach Eintritt der Zahlungsunfähigkeit oder Überschuldung zu stellen (§ 64 GmbHG). Bei mehreren Geschäftsführern ist jeder einzelne unabhängig von der internen Regelung der Geschäftsführung und Vertretungsbefugnisse zur Anmeldung berechtigt und verpflichtet.[56] 80

Die **Drei-Wochen-Frist** ist keine Überlegungsfrist sondern dient ausschließlich dazu, der Gesellschaft Zeit zu verschaffen, um eine Sanierung zu versuchen. Führen Sanierungsbemühungen nicht zum Erfolg oder steht ihre Erfolglosigkeit von vornherein fest, so ist der Antrag unverzüglich zu stellen.[57] 81

Die **Verletzung der Insolvenzantragspflicht** kann zur Haftung der Geschäftsführer führen. Als Haftungstatbestände gegenüber der Gesellschaft kommen § 823 Abs. 2 BGB iVm. § 64 GmbHG, § 43 Abs. 2 GmbHG; gegenüber geschädigten Gläubigern § 823 Abs. 2 BGB iVm. § 64 GmbHG oder §§ 263, 265 b StGB, aus § 826 oder aus culpa in contrahendo (c.i.c.) in Betracht.[58] 82

Gläubigern haftet der Geschäftsführer bei Zahlungen aus dem Vermögen der Gesellschaft nach einer schuldhaften **Verletzung der Insolvenzantragspflicht** auf den sog. „**Quotenschaden**".[59] Das ist der Betrag, um den die Konkursquote durch die verspätete Antragstellung gemindert worden ist (§ 823 Abs. 2 BGB iVm. § 64 Abs. 2 GmbHG). Dieser Schaden wird regelmäßig durch den Insolvenzverwalter zur Auffüllung der Masse geltend gemacht werden, weil die individuelle Geltendmachung hohe prozeßrechtliche Schwierigkeiten bereitet.[60] Bei Verpflichtungen, die der Geschäftsführer für die Gesellschaft eingeht, nachdem die Insolvenzantragspflicht entstanden ist, haftet er dem Gläubiger auf den vollen Schaden, der dem Gläubiger dadurch entstanden ist, daß er in Geschäftsbeziehungen zu einer bereits konkursreifen Gesellschaft getreten ist.[61] Für das Handeln eines Mitgeschäftsführers haftet er jedoch nur bei eigenem Verschulden.[62] Das objektive Vorliegen der Insolvenzantragsgründe hat der Gläubiger zu beweisen. Die Gründe für die Fortführung 83

---

[56] BGH v. 1. 3. 1993, GmbHR 1994, 460.
[57] BGH v. 9. 7. 1979, NJW 1979, 1829 f.
[58] *Scholz/K. Schmidt* § 64 Anm. 30 ff.; *Baumbach/Hueck/Schulze-Osterloh* § 64 Anm. 27 ff.; zur c.i.c.: BGH v. 6. 6. 1994, DB 1994, 1608.
[59] Beruhend auf BGHZ 29, 100; zusammenfassend *Uhlenbruck* DStR 1991, 357.
[60] *K. Schmidt/Uhlenbruck,* Die GmbH in Krise, Sanierung und Insolvenz, 1. Aufl. 1997, Anm. 885; zur Kritik an der Lehre vom Quotenschaden: *Schanze* AG 1993, 380; *Bauder* BB 1993, 2473; *Gerd Müller* GmbHR 1994, 212.
[61] BGH v. 6. 6. 1994, NJW 1994, 2220; BGH v. 7. 11. 1994, GmbHR 1995, 130 (zur GmbH & Co.).
[62] OLG Düsseldorf v. 6. 2. 1992, GmbHR 1992, 675.

hat der Geschäftsführer darzulegen, ob er sie auch zu beweisen hat, was naheliegt,[63] hat der Bundesgerichtshof noch offen gelassen.[64]

84 Die damit begründete Unterscheidung zwischen Gesamtgläubigerschaden („Quotenschaden") und dem Individualschaden des Neugläubigers findet sich in **§ 92 InsO** wieder. Der Ersatz eines Schadens, den die Gläubiger gemeinschaftlich durch Minderung der Masse erlitten haben, kann nur durch den Insolvenzverwalter zugunsten der Masse geltend gemacht werden.

85 Der Geschäftsführer kann nach § 826 BGB haften, wenn er die ihm bekannte, eingetretene Überschuldung dem Geschäftspartner nicht offenbart und davon ausgeht oder in Kauf nimmt, daß die Gläubiger mit ihren Forderungen ausfallen werden.[65] Aus c.i.c. können Ansprüche entstehen, wenn der Geschäftsführer den Geschäftspartner nicht über eine bestehende Gefährdung des Unternehmens aufklärt und er ein wirtschaftliches Eigeninteresse am zustandekommen des Geschäfts hat oder wenn er besonderes persönliches Vertrauen beim Vertragsschluß in Anspruch nimmt.[66]

IV. Jahresabschluß

1. Aufstellungsfrist

86 Der Jahresabschluß ist innerhalb der gesetzlichen Fristen aufzustellen (§ 264 HGB; dazu § 9 Rz. 54 ff.). Das Unterlassen ist strafbar, wenn die Gesellschaft nach Ablauf der Aufstellungsfrist die Zahlungen einstellt, über ihr Vermögen der Konkurs eröffnet wurde oder der Konkursantrag mangels einer das Verfahren deckenden Masse abgelehnt wurde (§ 283 Abs. 1 Nr. 7 b, Abs. 6 StBG). Ist die Aufstellungsfrist noch nicht abgelaufen, kommt eine Strafbarkeit in Betracht, wenn der Täter bis zur Zahlungseinstellung keine Vorbereitungen zur Bilanzaufstellung getroffen hat.[67]

2. Ansatz und Bewertung

87 Die Bewertung im Jahresabschluß erfolgt grundsätzlich unter der **Annahme der Unternehmensfortführung** (going concern), soweit dem nicht tatsächliche oder rechtliche Gegebenheiten entgegenstehen (§ 252 Abs. 1 Nr. 2 HGB; siehe § 9).

88 **Tatsächliche Gegebenheiten** stehen der Unternehmensfortführung entgegen, wenn wirtschaftliche Schwierigkeiten zur Aufgabe der werbenden Tätigkeiten zwingen, insbesondere zur Insolvenz des Unternehmens führen. Die Geschäftsführung muß deshalb im Rahmen der Bilanzierung prognostizieren, ob Zahlungsunfähigkeit oder Überschuldung bevorstehen. Grundsätzlich gelten dafür die Regeln, die oben in Rz. 12 ff. dargestellt werden. Wegen der Wiederholung der Prognose vor jedem Jahresabschluß, kann sie für die

---

[63] *Scholz/K. Schmidt* § 64 Anm. 38; *Hachenburg/Ulmer* § 64 Anm. 19.
[64] BGH v. 7. 11. 1994, NJW 1994, 2220; 2224.
[65] BGH v. 16. 3. 1992, WM 1992, 735.
[66] Str.: *Medicus*, GmbHR 1993, 535; *G. Müller* ZIP 1993, 1531; *Lutter/Hommelhoff* § 43 Anm. 27 ff.; *Baumbach/Hueck/Schulze-Osterloh* § 64 Anm. 32 ff.
[67] *Schönke/Schröder* StGB § 283 Anm. 47; aA *Dreher/Tröndle* StGB § 283 Anm. 30.

D. Pflichten in der Unternehmenskrise 89–94 § 15

Vorbereitung des Jahresabschlusses auf den Zeitraum von 12 Monaten begrenzt sein.[68]

Rechtliche Gegebenheiten stehen der Fortführung entgegen, wenn bis zum Bilanzstichtag Überschuldung oder Zahlungsunfähigkeit bereits eingetreten sind. Auch ein vorliegender Liquidationsbeschluß hindert, wenn die Auflösung der Gesellschaft alsbald erfolgen soll, den Ansatz von Fortführungswerten.[69] 89

Es sind die **Veräußerungspreise** anzusetzen, wenn nicht mehr unter going concern Gesichtspunkten bewertet werden kann. Der Ansatz von Einzelveräußerungspreisen oder Preisen, die in einer Gesamtveräußerung erzielbar wären, hängt von den Umständen des Einzelfalles ab. Die Höchstgrenze der Bewertung bleiben die **Anschaffungskosten**.[70] 90

Zuschreibungen und rückwirkende **Korrekturen der Abschreibungen** sind nur in engen Grenzen zulässig. Stille Reserven, insbesondere in Grundstücken, dürfen im Abschluß nicht durch Zuschreibungen über die Anschaffungskosten hinaus aufgelöst werden. Planmäßige Abschreibungen können nicht rückgängig gemacht werden. Bisher zu hohe Abschreibungen können nur für die Zukunft durch Änderung des Abschreibungsplans korrigiert werden.[71] Werden Anlagen stillgelegt, werden sie ins Umlaufvermögen umgegliedert. Bei entsprechenden Verkehrswerten können durch Zuschreibungen planmäßige Abschreibungen rückgängig gemacht werden. Abschreibungen, die außerplanmäßig bzw. auf Gegenstände des Umlaufvermögens erfolgt sind, können rückgängig gemacht werden, wenn der Grund der Abschreibungen weggefallen ist (§ 253 Abs. 5 HGB). Steuerliche Abschreibungen dürfen jederzeit rückgängig gemacht werden (§ 254 Satz 2 HGB). 91

Selbsterstellte immaterielle Wirtschaftsgüter (Patente, know-how) und Bestandteile eines **originären Firmenwerts** (Firmenname und Markenwerte) dürfen nicht angesetzt werden. **Bilanzierungshilfen** und **derivative Geschäfts- und Firmenwerte** sind auszubuchen. 92

Stille Reserven können jedoch durch Sachverhaltsgestaltung aufgedeckt werden.[72] 93
– Veräußerung von wertvollen Grundstücken an eine Grundstücksgesellschaft unter Ansatz von Marktpreisen;
– Übertragung selbsterstellter immaterieller Wirtschaftsgüter auf Tochtergesellschaften;
– Sale und lease back von Anlagen.

Die Vermögensgegenstände sind **gegebenenfalls** auf unter den Fortführungswerten liegende Einzelveräußerungspreise abzuschreiben. Dies gilt auch 94

---

[68] *Janssen* WPg 1984, 346; *Sarx* in *Albach/Forster* Beiträge zum Bilanzrichtlinien-Gesetz, 1987, S. 29; *ADS* § 252 Rz. 24.

[69] IDW-HFA Fachgutachten 3/1988 (C I Rz. 6) WPg 1989, 29 ff.; *ADS* § 252 Rz. 29 ff.

[70] *ADS* § 252 Rz. 33; *Moxter* Bilanzlehre, Bd. II, S. 34 f.

[71] *ADS* § 253 Rz. 605; aA Beck Bil-Komm./*Pankow/Lienau/Feyel* § 253 Rz. 273, wonach eine rückwirkende Änderung der Abschreibungsmethode zulässig sein soll, die zu einer Rückgängigmachung planmäßiger Abschreibungen führt.

[72] *Wenzel* Bilanzierung von Sachverhaltsgestaltungen mit Reserveauflösung im Anlagevermögen, S. 73 ff.

für **Beteiligungen und Forderungen an verbundene Unternehmen,** deren Werthaltigkeit von dem Wegfall der Fortführungsprämisse beim Mutterunternehmen beeinträchtigt werden kann.[73] **Sonderposten mit Rücklagenanteil** nach § 247 Abs. 3, 273 HGB sind aufzulösen. **Altzusagen** (Art. 28 Abs. 1 EGHGB) sind mit den Pensionszusagen zu passivieren soweit es sich um laufende Renten und unverfallbare Zusagen handelt.[74] **Pensionsrückstellungen** für unverfallbare Anwartschaften sind zum vollen Anwartschaftsbarwert anzusetzen, da die Aufbringung künftiger Nettoprämien (Differenz zum Teilwert) nicht mehr unterstellt werden kann.[75]

95 **Kapitalersetzende Darlehen** stellen weiterhin Fremdkapital dar. Darlehen, die unter §§ 32a, 32b GmbHG fallen können jederzeit abgezogen werden. Es kann lediglich der Insolvenzverwalter über § 135 InsO die Rückführung in die Konkursmasse verlangen. Folgt der kapitalersetzende Charakter aus der Rechtsprechung des BGH zu §§ 30, 31 GmbHG, so ist eine Rückzahlung an den Gesellschafter nur unzulässig, wenn eine Unterbilanz entsteht. Der Rückzahlungsanspruch ist also nur zeitweise gesperrt.[76]

96 Im Rahmen der Sanierung **erlassene Verbindlichkeiten** sind auszubuchen, wenn die von den Gläubigern gemachten Voraussetzungen eingetreten sind, unabhängig davon, ob das Fortführungsprinzip gilt. Ein mit dem Erlaß der Verbindlichkeit verbundener Besserungsschein, ändert nichts am Erlaß der Verbindlichkeit bis zum Eintritt des Besserungsfalles (auflösend bedingter Verzicht; §§ 368, 369 BGB). Aus künftigen Gewinnen zu bedienende **Sanierungszuschüsse der öffentlichen Hand** sind wie Verpflichtungen aus Besserungsscheinen zu behandeln.

97 **Verpflichtungen aus der Krise** sind zu passivieren. Häufig wird die Krise zu einer Betriebsänderung führen, die einen **Sozialplan** erfordert (§ 112 BetrVG). Betriebsänderungen sind Einschränkung und Stillegung des Betriebs oder wesentlicher Betriebsteile, Zusammenschluß mit anderen Betrieben und grundsätzliche Änderungen der Betriebsorganisation (§ 111 BetrVG). Der Sozialplan soll die wirtschaftlichen Nachteile, die den Arbeitnehmern infolge der geplanten Betriebsänderung entstehen ausgleichen oder mildern. Ein im Sozialplan vorzusehender Nachteilsausgleich besteht regelmäßig in pauschalen Abfindungen, die formelmäßig in Abhängigkeit vom Lebensalter, der Dauer der Betriebszugehörigkeit und dem bisherigen Bruttomonatseinkommen der betroffenen Arbeitnehmer ermittelt werden.[77] Die aus dem Sozialplan entspringenden Verpflichtungen sind zu bilanzieren, wenn der Beschluß der Geschäftsführung vor dem Bilanzstichtag gefaßt war oder wirtschaftlich unabwendbar wurde. Die steuerliche Anerkennung der Rückstellung setzt voraus, daß der Betriebsrat jedenfalls bis zur Aufstellung der Bilanz unterrichtet worden ist.[78]

---

[73] *W. Müller* ZGR 1985, 210.
[74] *W. Müller* ZGR 1985, 209.
[75] Beck Bil-Komm./*Clemm/Nonnenmacher* § 249 Anm. 200.
[76] BGH v. 6. 12. 1993, DB 1994, 570, BFH v. 5. 2. 1992, DB 1992, 763; *Priester* DB 1991, 1919 f.
[77] *Vogt* Sozialpläne in der betrieblichen Praxis, S. 114 f.; *Fitting-Auffarth/Kaiser/Heither* BetrVG §§ 112, 112a Anm. 22.
[78] R 31c Abs. 3 S. 10 ff. EStR; Beck Bil-Komm./*Clemm/Nonnenmacher* § 249 Rz. 100 „Sozialplan" mwN.

D. Pflichten in der Unternehmenskrise 98–101 § 15

Entlassungsentschädigungen außerhalb des Sozialplans sind zu passivieren, 98
wenn die Kündigungen bis zum Stichtag der Bilanzierung ausgesprochen sind.

3. Angaben im Anhang

Nach § 264 Abs. 2 Satz 2 HGB sind im Anhang zusätzliche Angaben zu 99
machen, wenn besondere Umstände dazu führen, daß der Jahresabschluß ein
unter Beachtung der Grundsatz ordnungsmäßiger Buchführung den tatsächlichen Verhältnissen entsprechendes Bild der Vermögens-, Finanz- und Ertragslage der Gesellschaft nicht vermittelt. Bei Unternehmen in der Krise
kommt vor allem eine **Korrektur eines zu günstigen Bildes** in Betracht.
Wurden zB Sale and leaseback-Geschäfte vorgenommen, um stille Reserven
aufzudecken, sind wesentliche Auswirkungen auf den Abschluß nach § 277
HGB „außerordentliche Erträge" oder jedenfalls nach § 264 **HGB** im Anhang zu erläutern.[79] Gleiches gilt für alle Arten von Sanierungsgewinnen aus
Verzichten oder Zuschüssen, die regelmäßig außerordentliches Ergebnis darstellen. Ein Hinweis auf die kritische Lage des Unternehmens, die die Fortführungsprämisse in Frage stellt aber noch nicht zu ihrer Aufgabe zwingt, ist
außerhalb des Lageberichts nicht erforderlich.[80]

Die **Korrektur eine zu ungünstigen Bildes** durch Angabe stiller Reser- 100
ven kann bei Verlust der Hälfte des Stammkapitals und bei Überschuldung
zulässig sein. Die Angaben müssen dann auf einer vorsichtigen, nachvollziehbaren Schätzung der Verkehrswerte beruhen.[81]

4. Berichterstattung im Lagebericht

Im Lagebericht muß eine wirtschaftliche Gesamtbeurteilung des Unterneh- 101
mens abgegeben werden (vgl. § 9 Rz. 70 ff.). Dazugehören neben der Darstellung des Geschäftsverlaufs und der Lage der Gesellschaft auch Angaben
über die voraussichtliche Entwicklung der Gesellschaft (§ 289 HGB). Diese
Berichterstattung ist in einer Krise des Unternehmens für die Adressaten von
besonderem Interesse. Gesellschafter, Banken, Lieferanten und andere Geschäftspartner der Gesellschaft benötigen gerade bei einer erhöhten Unsicherheit über den Fortbestand des Unternehmens eine vor allem den Grundsätzen
der Wahrheit, Klarheit und Vollständigkeit entsprechende Darstellung der
Lage. Zugleich kann eine solche Darstellung für das Unternehmen nachteilig
sein, wenn sie einen Vertrauensverlust bei wichtigen Geschäftspartnern bewirkt. Diese Gefahr berechtigt jedoch nicht zu einer unvollständigen oder
einseitigen (unwahren) Darstellung.[82] Es sind alle positiven und negativen
Elemente der voraussichtlichen Entwicklung dargestellt und hinsichtlich ihrer
Eintrittswahrscheinlichkeiten gewichtet werden. Die Schilderung der von der
Geschäftsführung ergriffenen Maßnahmen zur Sanierung ist dabei der einzige

---

[79] *ADS* § 264 Anm. 117.
[80] *Baumbach/Hueck/Schulze-Osterloh* § 42 Rz. 33; *ADS* § 264 Anm. 118; aA Beck Bil-Komm/*Budde/Karig* § 264 Anm. 50.
[81] *ADS* § 264 Anm. 95.
[82] *ADS* § 289 Anm. 48; Beck Bil-Komm/*Clemm/Ellrott* § 289 Anm. 36; *Clemm/Reittinger* BFuP 1980, 493 ff.

§ 15 102–113 Die GmbH in der Krise

Weg, der zur Sicherung des Vertrauens der Geschäftspartner ergriffen werden kann.

102–109 *(frei)*

E. Pflichten des Aufsichtsrats und der Gesellschafter

I. Aufsichtsrat

110 Der Aufsichtsrat ist verpflichtet die Geschäftsführung zu überwachen. In der Krise ist dabei eine **erhöhte Sorgfalt** anzuwenden. Der Aufsichtsrat hat sich gründlich zu informieren, um zu einer eigenen Einschätzung der Lage der Gesellschaft zu kommen und wird sich von den Geschäftsführer über die weitere Entwicklung und die ergriffenen Maßnahmen regelmäßig berichten lassen.

111 Als Maßnahme „**begleitender Überwachung**" wird sich der Aufsichtsrat über die Sanierungsmaßnahmen informieren. Um zu einer Einschätzung zu gelangen, ist das zugrunde liegende Sanierungskonzept vom Aufsichtsrat zu prüfen. Es ist dabei nicht Aufgabe des Aufsichtsrats eigene Sanierungsvorschläge ergänzend oder ersetzend zu entwickeln.[83] Ergeben sich bei der Beurteilung erhebliche Zweifel an der Zweckmäßigkeit des Sanierungskonzeptes, die von der Geschäftsführung nicht ausgeräumt werden können, so hat der Aufsichtsrat die Gesellschafterversammlung einzuberufen (§§ 52 GmbHG, 77 BetrVG, 25 MitBestG 1976 je iVm. § 111 Abs. 3 AktG). Bei einem fakultativen Aufsichtsrat ist zu prüfen, ob die Vorschriften Anwendung finden. Die Pflicht die Gesellschafter, auch außerhalb der Gesellschafterversammlung zu informieren, kann nicht durch Satzung ausgeschlossen werden.[84] Die Beurteilung des Sanierungskonzepts kann nicht vom Urteil über die unternehmerische Befähigung der Geschäftsführung zur Überwindung der Krise getrennt werden. Bestehen hieran Zweifel, so hat der Aufsichtsrat den Geschäftsführer „aus wichtigem Grund" abzuberufen, sofern er dazu befugt ist. Sonst hat er das zuständige Organ zu informieren bzw. zu diesem Zweck eine Gesellschafterversammlung einzuberufen.

112 Der Aufsichtsrat ist nicht befugt, Insolvenzantrag zu stellen. Aus der Überwachungspflicht in der Krise folgt aber, daß der Aufsichtsrat darauf zu achten hat, daß die Geschäftsführung ihren gesetzlichen Pflichten insb. der nach § 64 GmbHG nachkommt. Dabei wird es darauf ankommen, daß der Aufsichtsrat zu einer eigenen Einschätzung der Fortbestehensprognose kommt. Als Grundlage hierfür dient ihm das Sanierungskonzept.

II. Gesellschafter

113 Die Gesellschafter sind zur finanziellen Sanierung nicht verpflichtet. Ist das Unternehmen nicht sanierungsfähig, so besteht aus Sicht der Gesellschafter kein Anlaß zu Sanierungsmaßnahmen (keine Sanierung um jeden Preis). Bei gegebener Sanierungsfähigkeit ist der Gesellschafter frei, die Sanierungswür-

---

[83] LG Düsseldorf v. 7. 7. 1989, AG 1991, 70.
[84] *Scholz/Schneider* § 52 Anm. 76; *Baumbach/Hueck/Zöllner* § 52 Anm. 61.

E. Pflichten des Aufsichtsrats und der Gesellschafter

digkeit für sich zu verneinen und die Zurverfügungstellung zusätzlicher Finanzmittel abzulehnen. In Grenzfällen, etwa im faktischen Konzern, kann eine Pflicht zum Verlustausgleich, dh. zur Zuführung von Mitteln aus der gesellschaftsrechtlichen Treubindung entstehen.

Entscheiden sich die Gesellschafter hinsichtlich der Sanierungswürdigkeit unterschiedlich, dh. ist nur ein Teil zu einer sanierenden Kapitalerhöhung bereit, können sich die überstimmten Gesellschafter der Kapitalerhöhung nicht widersetzen.[85] Eine Pflicht zur Teilnahme an der Kapitalerhöhung besteht jedoch nicht.[86] Die Weigerung an einer sanierenden Kapitalerhöhung teilzunehmen, führt zu einer Veränderung der Beteiligungsquoten.

114

---

[85] *K. Schmidt* GesR, S. 118 f.
[86] *Scholz/Priester* § 55 Anm. 69.

§ 16 Auflösung und Liquidation

Bearbeiter: Dr. Bernd Erle

Übersicht

	Rz.
A. Vorbemerkungen	1–3
B. Die Auflösung der GmbH	
I. Auflösungsgründe	4–23
1. Auflösungsgründe, die zur Liquidation führen	5–21
a) Zeitablauf	6
b) Auflösungsbeschluß der Gesellschafter	7–9
c) Auflösung durch gerichtliches Urteil	10–13
d) Auflösung mit Rechtskraft einer Verfügung des Registergerichts	14
e) Auflösung durch Nichtigkeitserklärung der Gesellschaft	15
f) Auflösung durch Konkursablehnung oder Konkurseinstellung mangels Masse	16
g) Kündigungsrecht	17, 18
h) Erwerb aller eigenen Anteile	19
i) Sitzverlegung ins Ausland	20
j) Weitere statutarische Auflösungsgründe	21
2. Auflösungsgründe, die nicht zur Liquidation führen	22, 23
a) Löschung der Gesellschaft wegen Vermögenslosigkeit	22
b) Verschmelzung und Spaltung	23
II. Rechtsfolgen der Auflösung	24–26
1. Auswirkungen auf die Gesellschaft	24
2. Firma und anwendbares GmbH-Recht	25
3. Stellung der Gesellschafterversammlung	26
III. Fortsetzung der aufgelösten Gesellschaft	27–29
1. Fortsetzungsvoraussetzungen	27
2. Der Fortsetzungsbeschluß	28, 29
C. Das Liquidationsverfahren	
I. Träger der Liquidation	30
II. Aufgaben des Liquidators	31–42
1. Anmeldung der Auflösung	31
2. Bekanntgabe der Auflösung und Aufforderung an die Gläubiger	32
3. Gerichtliche und außergerichtliche Vertretung der Gesellschaft	33, 34
4. Beendigung der laufenden Geschäfte und Eingehung neuer Geschäfte	35
5. Erfüllung der Verpflichtungen der Gesellschaft	36
6. Einziehen der Forderungen der Gesellschaft	37, 38

§ 16   Auflösung und Liquidation

	Rz.
7. Versilbern des Vermögens der Gesellschaft	39, 40
8. Steuerliche Pflichten	41
9. Haftung und Entlastung des Liquidators	42
III. Sperrjahr	43–45
IV. Gewinnausschüttung	46
V. Vermögensverteilung	47–54
1. Der Anspruch auf Verteilung des Liquidationsüberschusses	47–49
2. Der Verteilungsmaßstab	50–54
D. Beendigung	
I. Zeitpunkt der Löschung im Handelsregister	55
II. Aufbewahrung der Bücher und Schriften	56
E. Rechnungslegung	
I. Allgemeines	57
II. Schlußbilanz der werbenden GmbH	58, 59
III. Liquidationseröffnungsbilanz und Erläuterungsbericht	60–63
1. Aufstellungszeitpunkt	60
2. Bilanzierungsgrundsätze	61
3. Erläuterungspflicht	62
4. Prüfung und Offenlegung	63
IV. Jahresabschlüsse und Lageberichte im Liquidationsverfahren	64–66
V. Weitere Rechnungswerke	67–69
1. Einnahmen-/Ausgabenrechnung	67
2. Liquidationsschlußbilanz	68
3. Liquidationsschlußrechnung	69
F. Besteuerung in der Liquidation	
I. Ertragsteuern der Gesellschaft	70–81
1. Besteuerungszeitraum	71–73
2. Abwicklungsgewinn	74–79
a) Allgemeines	74–76
b) Abwicklungsanfangsvermögen	77
c) Abwicklungsendvermögen	78
d) Schema	79
3. Anrechnungsverfahren in der Liquidation	80
4. Besonderheiten der Gewerbeertragsteuer	81
II. Gewerbekapital- und Vermögensteuer	82
III. Umsatzsteuer	83
IV. Besteuerung des Gesellschafters bei der Abwicklung	84–87
1. Anteile im Privatvermögen	84
2. Anteile im Betriebsvermögen	85
3. Anrechnungsverfahren	86
4. Erbschaftsteuer	87
G. Besonderheiten in den neuen Bundesländern	88–92

A. Vorbemerkungen

Durch Beteiligung bei der Gründung oder durch Erwerb von Anteilen wird **1** Vermögen eines Gesellschafters in der GmbH gebunden. Diese Bindung gehört zu den zentralen Fragen des GmbH-Rechts. Die Kapitalaufbringungs- (§§ 19 ff.) und Kapitalerhaltungsregeln (§§ 30 f. GmbHG) sind zwingend. Gleichwohl ist das eingesetzte Kapital bei einer Gesellschaft, die dieses **Kapital** nicht durch Verlust aufzehrt, für den Gesellschafter nicht endgültig gebunden. Es kann nicht nur durch eine Dividende verzinst, sondern auch wieder freigesetzt werden. Die Instrumente hierzu sind: der Verkauf der Anteile oder die Auflösung der Gesellschaft. Verkauft ein Gesellschafter seine Anteile, so besteht die Gesellschaft fort; der Gesellschafter erhält sein eingesetztes Kapital über den Kaufpreis vom Erwerber. Wird die Gesellschaft aufgelöst, so endet sie nicht automatisch, vielmehr schließt sich regelmäßig (zur Ausnahme vgl. Rz. 2) ein Abwicklungsverfahren (Liquidation) an; nach dessen Abschluß kann die Gesellschaft (voll-)beendet werden; der Gesellschafter erhält sein Kapital in Form des Liquidationsüberschusses von der Gesellschaft zurück. Nach Auflösung und Liquidation wird § 30 GmbHG mit seiner Sperrwirkung entriegelt. Die Auflösung kann auf Gesellschafterbeschluß oder Gesetz beruhen. Sie kann auch bloß wirtschaftlich durchgeführt werden, indem die Aktivitäten eingestellt werden, das Vermögen bis auf das Stammkapital ausgekehrt wird und ein Firmenmantel zurückbleibt. Wird dieser Weg bewußt beschritten, so kann man von einer *stillen Liquidation* (vgl. Rz. 46) sprechen. Eine sich uU anschließende förmliche Liquidation dient nur noch der Auskehr des bereits verflüssigten Restvermögens, das unter diesen Umständen höchstens dem bis zur stillen Liquidation eingezahlten Stammkapital entspricht.

Ohne Liquidation erlischt die Gesellschaft, in Fällen der Gesamtrechtsnach- **2** folge und der Vermögenslosigkeit (vgl. Rz. 21 f.). Die Konkurseröffnung (§ 60 Abs. 1 Nr. 4 GmbHG) löst nicht das allgemeine gesellschaftsrechtliche Liquidationsverfahren aus, sondern ein Insolvenzverfahren.[1]

Die Beseitigung der GmbH erfolgt idR in *drei aufeinander aufbauenden* **3** *Phasen:* (1) Auflösung der GmbH, (2) Abwicklung (Liquidation), (3) Vollbeendigung der GmbH und damit Erlöschen als juristische Person. Nach wohl richtiger Meinung führt das Erfüllen eines Doppeltatbestandes aus Abschluß der Liquidation und Eintragung der Löschung im HR zur *Vollbeendigung*.[2] Die Beendigung der Liquidation liegt vor, wenn (a) das Sperrjahr (§ 73 GmbHG) abgelaufen ist, (b) kein verteilbares Vermögen mehr vorhanden ist, weil dieses ausgekehrt wurde oder bereits aufgezehrt war, und (c) keine sonstigen Liquidationsmaßnahmen mehr zu erledigen sind.[3]

---

[1] *K. Schmidt* GesR § 38 IV 2, S. 995.
[2] *Baumbach/Hueck/Schulze-Osterloh* § 60 Anm. 3; *Scholz/K. Schmidt* § 74 Anm. 14.
[3] *Lutter/Hommelhoff* § 74 Anm. 2.

B. Die Auflösung der GmbH

I. Auflösungsgründe

4   Es gibt Auflösungsgründe, die zur Liquidation führen und Auflösungsgründe, die nicht zur Liquidation führen (vgl. Rz. 21 f.), sondern zu einer abwicklungslosen Löschung oder zur Gesamtvollstreckung. Die Auflösungsgründe sind von unterschiedlicher praktischer Bedeutung:

1. Auflösungsgründe, die zur Liquidation führen

5   Auflösungsgründe, die zur Liquidation führen, sind insb:
– Zeitablauf,
– Auflösungsbeschluß der Gesellschafter,
– Auflösungsurteil oder auflösender Verwaltungsakt,
– Feststellung von Satzungsmängeln durch rechtskräftige Verfügungen nach §§ 144 a/b FGG,
– Nichtigkeitserklärung der Gesellschaft nach § 75 GmbHG, § 144 FGG,
– Konkursablehnung oder Konkurseinstellung mangels Masse (§ 1 LöschG),
– ausdrücklich geregelte statutarische Auflösungsgründe.

a) Zeitablauf

6   Ist im **Gesellschaftsvertrag** festgelegt, daß eine Gesellschaft nur für eine bestimmte Zeit bestehen soll, gilt diese bei Erreichen des entspr. Zeitpunktes automatisch als aufgelöst. Der Endtermin muß nicht notwendig kalendermäßig bestimmt sein, es reicht Bestimmbarkeit.[4] Ein Auflösungsbeschluß der Gesellschafter ist nicht mehr erforderlich. In der Praxis ist eine Zeitbegrenzung allerdings selten anzutreffen. Eine entsprechende Festlegung kann im ursprünglichen Gesellschaftsvertrag enthalten sein oder durch eine nachträgliche Satzungsänderung eingeführt werden. Sie ist nach § 10 Abs. 2 GmbHG im HR einzutragen. Eine Zeitbegrenzung, die im ursprünglichen Vertrag enthalten ist, wird auch wirksam, wenn sie nicht im HR eingetragen wurde.[5]

b) Auflösungsbeschluß der Gesellschafter

7   Die Gesellschafter können durch **Beschluß** die Auflösung der Gesellschaft herbeiführen. Der Auflösungsbeschluß stellt keine Satzungsänderung dar und muß somit auch nicht notariell beurkundet werden, sofern nicht im ursprünglichen Gesellschaftsvertrag eine Zeitbeschränkung für das Bestehen der Gesellschaft enthalten ist.[6] Er tritt mit dem Tag der Beschlußfassung, oder wenn ein späterer Auflösungstermin festgelegt wurde, zum entspr. Zeitpunkt in Kraft. Die Eintragung in das HR hat nur deklaratorischen Charakter. Ein rück-

---

[4] MünchHdb. GesR Bd. 3/*Weitbrecht* § 63 Anm. 2.
[5] Vgl. RG v. 21. 6. 1912, RGZ 79, 418, 422; *Scholz/K. Schmidt* § 60 Anm. 9.
[6] *Baumbach/Hueck/Schulze-Osterloh* § 60 Anm. 16; *Hofmann* GmbHR 1975, 217, 218; *Scholz/K. Schmidt* § 60 Anm. 14.

B. Die Auflösung der GmbH   8–11   § 16

wirkender Auflösungsbeschluß ist nicht zulässig, da die Gesellschaft bis zum Tag der Beschlußfassung als „werbende" Gesellschaft bestanden hat. Der Beschluß über eine Auflösung kann grds. nur von den **Gesellschaftern** gefaßt werden. Auch im Gesellschaftsvertrag kann die Kompetenz nicht auf andere Gesellschaftsorgane übertragen werden. Ebensowenig darf der Beschluß von der Zustimmung anderer Organe oder Personen abhängig gemacht werden. Der Gesellschaftsvertrag kann lediglich vorsehen, daß ein anderes Organ, zB der AR, bei Vorliegen bestimmter Umstände eine Gesellschafterversammlung einzuberufen hat, in der über eine Auflösung beschlossen werden soll.

Nach § 60 Abs. 1 Nr. 2 GmbHG ist eine **Dreiviertelmehrheit** der abgegebenen Stimmen zur Beschlußfassung notwendig, sofern nicht der Gesellschaftsvertrag eine andere Mehrheit vorsieht. Bedarf es lt. Satzung nur einer Minderheit, um die Gesellschaft aufzulösen, so ist darin die Einräumung eines Kündigungsrechts (Rz. 17) zu sehen.[7] Enthält der Gesellschaftsvertrag eine Bestimmung, daß die Gesellschaft „unauflöslich" sei, so besagt diese nur, daß für die Auflösung Einstimmigkeit der Gesellschafter erforderlich ist.[8] Der Gesellschaftsvertrag kann im übrigen die Auflösung durch Gesellschafterbeschluß nicht ausschließen, wohl aber die Mehrheitserfordernisse verschärfen.   8

Ein mit der erforderlichen Mehrheit gefaßter Auflösungsbeschluß bedarf keiner sachlichen **Rechtfertigung**; er trägt seine Rechtfertigung in sich.[9] Allerdings ist er bei Mißbrauch oder Verstoß gegen die Treuepflicht anfechtbar.[10] Treuwidrig handelt ein Mehrheitsgesellschafter, wenn er sich auf diese Weise Sondervorteile zum Schaden der Minderheit verschafft, zB weil er bereits vorher Maßnahmen ergreift, um den Betrieb im Rahmen der Liquidation auf sich überzuleiten.   9

c) Auflösung durch gerichtliches Urteil

§ 61 GmbHG stellt ein **wichtiges Minderheitsrecht** dar. Es ermöglicht, unter bestimmten Bedingungen die Auflösung der Gesellschaft durch ein gerichtliches Gestaltungsurteil herbeizuführen. Das Klagerecht der Minderheitsgesellschafter ist nicht durch Satzung oder Gesellschafterbeschluß einschränkbar oder entziehbar. Die Stellung der Gesellschafter kann aber durch Herabsetzung der erforderlichen Beteiligungsquote, Einräumung der Klagebefugnis für jeden einzelnen oder durch Einräumung eines Kündigungsrechtes (vgl. Rz. 17) verbessert werden.[11] Mit Rechtskraft des Auflösungsurteils ist die Gesellschaft aufgelöst, die Eintragung hat nur deklaratorische Wirkung.   10

Die Auflösungsklage ist nur als **äußerstes Mittel** zur Wahrung der Interessen des Minderheitsgesellschafters begründet. Voraussetzung der Auflö-   11

---

[7] *Baumbach/Hueck/Schulze-Osteroh* § 60 Anm. 15; *Scholz/K. Schmidt* § 60 Anm. 19; MünchHdb.GesR. Bd. 3/*Weitbrecht* § 63 Anm. 4.

[8] *Baumbach/Hueck/Schulze-Osteroh* § 60 Anm. 15; *Scholz/K. Schmidt* § 60 Anm. 19.

[9] BGH v. 28. 1. 1980, BGHZ 76, 352, 353.

[10] BGH v. 28. 1. 1980, BGHZ 76, 352, 353; *Baumbach/Hueck/Schulze-Osteroh* § 60 Anm. 18; vgl. dazu *Scholz/K. Schmidt* § 60 Anm. 16; vgl. zum Aktienrecht BGH v. 1. 2. 1988, BGHZ 103, 184, 189 f.

[11] Vgl. *Scholz/K. Schmidt* § 61 Anm. 2; *Baumbach/Hueck/Schulze-Osteroh* § 61 Anm. 4.

sungsklage ist das Vorliegen eines wichtigen Grundes. Die Auflösungsklage ist zudem subsidiär. So ist zB vor Erhebung der Klage zu prüfen, ob es nicht zur Behebung der Klagegründe ausreicht, Änderungen im Gesellschaftsvertrag vorzunehmen, ob es dem Minderheitsgesellschafter zugemutet werden kann, von einem außerordentlichen Austrittsrecht Gebrauch zu machen, oder ob dem Gesellschafter, der wichtige Auflösungsgründe vorträgt, ein Ausschließungsrecht gegen Mitgesellschafter zusteht, das er in der Gesellschafterversammlung durchsetzen kann.[12] Wird die Auflösungsklage mit einem unheilbaren Zerwürfnis unter den Gesellschaftern begründet, kann sie nur abgewiesen werden, wenn der Kläger die Hauptschuld daran trägt.[13]

12 Die Auflösungsklage kann nur von Gesellschaftern erhoben werden, die zusammen **mindestens 10% der Anteile am Stammkapital** der Gesellschaft halten. Sie richtet sich als Gestaltungsklage gegen die Gesellschaft (§ 61 Abs. 2 GmbHG). Der oder die Kläger müssen dabei nachweisen, daß die Erreichung des Gesellschaftszwecks unmöglich geworden ist oder daß andere wichtige Gründe vorliegen, die in den Verhältnissen der Gesellschaft oder der Gesellschafter untereinander, nicht der einzelnen Gesellschafter begründet sind. Die Satzung kann eine niedrigere, aber keine höhere Beteiligung für das Recht zur Erhebung der Auflösungsklage vorsehen.

13 Der Zweck einer GmbH ist idR die Gewinnerzielung durch gewerbliche Tätigkeit.[14] Der Zweck ist vom Gegenstand des Unternehmens zu unterscheiden, der das Tätigkeitsfeld absteckt. Eine **Unmöglichkeit der Zweckerreichung** liegt nicht vor, wenn vorübergehende, insb. situations- oder konjunkturbedingte Rentabilitätsprobleme auftreten.[15] Dagegen kann dauerhafte Unrentabilität die Unmöglichkeit der Zweckerreichung begründen.[16] Verbote nach dem GWB, Untersagung eines Gewerbes oder des Betreibens einer für die Erreichung des Gesellschaftszweckes wesentlichen Anlage, das Erlöschen oder die Nichtigkeit eines Patents oder auch Nichtabsetzbarkeit einer Ware am Markt können als Gründe für die Unmöglichkeit des Erreichens des Unternehmenszwecks ausreichen.[17] Andere **wichtige Gründe**, die für eine Auflösungsklage in Betracht kommen könnten, müssen unbehebbar sein, so daß für die Gesellschafter die Weiterführung der Gesellschaft unzumutbar ist.[18] Dies könnten zB sein: ein Interessenkonflikt zweier gleich starker Gesellschaftergruppen, der die Willensbildung im Unternehmen behindert; der Versuch eines unternehmerisch tätigen Mehrheitsgesellschafters, die Gesellschaft seinen anderen unternehmerischen Zielen zum Nachteil der Gesellschaft dienstbar zu machen (Versuch der qualifizierten faktischen Konzernierung).

---

[12] Vgl. *Scholz/K. Schmidt* § 60 Anm. 3.
[13] Vgl. BGH v. 23. 2. 1981, BGHZ 80, 346.
[14] *Baumbach/Hueck/Schulze-Osterloh* § 61 Anm. 7; *Scholz/K. Schmidt* § 61 Anm. 18.
[15] *Scholz/K. Schmidt* § 61 Anm. 20.
[16] Vgl. *Baumbach/Hueck/Schulze-Osterloh* § 61 Anm. 8; *Scholz/K. Schmidt* § 61 Anm. 20 jeweils mit Hinweisen auf aA.
[17] Vgl. *Baumbach/Hueck/Schulze-Osterloh* § 61 Anm. 8; *Scholz/K. Schmidt* § 61 Anm. 19.
[18] *Baumbach/Hueck/Schulze-Osterloh* § 61 Anm. 9; *Scholz/K. Schmidt* § 61 Anm. 22.

d) Auflösung mit Rechtskraft einer Verfügung des Registergerichts

Nach § 60 Abs. 1 Nr. 5 GmbHG (ab 1. 1. 1999: Nr. 6) führt die Rechtskraft einer Verfügung des Registergerichts, in welcher **gravierende Mängel im Gesellschaftsvertrag** oder die Nichteinhaltung der Verpflichtungen nach § 19 Abs. 4 Satz 1 GmbHG (**Kapitaleinzahlung bei Einmanngesellschaften** – vgl. hierzu § 144 b FGG) festgestellt wurden, zur Auflösung der Gesellschaft. Das Vorliegen solcher Mängel kann auf einem Fehler des den Gesellschaftsvertrag oder dessen Änderung beurkundenden Notars beruhen und führt dann regelmäßig zur Notarhaftung. Aufgrund ihrer gesellschaftlichen Treuepflicht müssen die Gesellschafter an der Berichtigung des Mangels mitwirken. Die Feststellung von Satzungsmängeln erfolgt nach § 144 a FGG, der in Abs. 4 auf folgende Mängel verweist: 14
- Firma und/oder Sitz der Gesellschaft fehlen oder sind nichtig (§ 3 Abs. 1 Nr. 1 GmbHG)
- der Betrag der von jedem Gesellschafter auf das Stammkapital zu leistenden Einlage fehlt oder die entsprechende Bestimmung ist nichtig (§ 3 Abs. 1 Nr. 4 GmbHG)
- die Bestimmung über die Festlegung des Stammkapitals ist nichtig (§ 3 Abs. 1 Nr. 3 GmbHG).

Die Gesellschaft ist mit Rechtskraft der Feststellungsverfügung aufgelöst.[19]

e) Auflösung durch Nichtigkeitserklärung der Gesellschaft

Ein weiterer Auflösungsgrund ist die Nichtigkeitserklärung der Gesellschaft nach §§ 75 GmbHG, 144 FGG. Die **Nichtigkeitsgründe** sind in § 75 GmbHG erschöpfend aufgeführt:[20] 15
- der Gesellschaftsvertrag enthält keine Bestimmungen über die Höhe des Stammkapitals (§ 3 Abs. 1 Nr. 3 GmbHG) oder über den Gegenstand des Unternehmens (§ 3 Abs. 1 Nr. 2 GmbHG),
- die Bestimmungen im Gesellschaftsvertrag über den Gegenstand des Unternehmens sind nichtig.

Trifft einer der oben genannten Gründe zu, kann jeder Gesellschafter, jeder Geschäftsführer und jedes Aufsichtsratsmitglied eine Nichtigkeitsklage gegen die Gesellschaft erheben oder die Gesellschaft kann nach § 144 Abs. 1 Satz 2 FGG als nichtig gelöscht werden.

f) Auflösung durch Konkursablehnung oder Konkurseinstellung mangels Masse

§ 1 LöschG sieht die Auflösung einer Gesellschaft vor, wenn ein Antrag auf Eröffnung des Konkursverfahrens oder auf Gesamtvollstreckung mangels einer die Kosten des Verfahrens deckenden **Konkursmasse** abgelehnt wurde (§ 107 KO; § 4 Abs. 2 GesO). Diese Vorschrift ergänzt § 60 Abs. 1 Nr. 4 GmbHG. Dort geht es um den Fall, daß das Konkursverfahren eröffnet wurde und erst zu einem späteren Zeitpunkt mangels Masse eingestellt wird (§ 204 16

---

[19] MünchHdb. GesR Bd. 3/*Weitbrecht* § 63 Anm. 14.
[20] *Hofmann* GmbHR 1975, 217, 224; *Scholz/K. Schmidt* § 60 Anm. 30.

§ 16 17, 18   Auflösung und Liquidation

KO; § 19 Abs. 1 Nr. 3 GesO).[21] Wird ein Konkursverfahren abgelehnt, weil die Kosten des Verfahrens die Konkursmasse übersteigen, wird die Gesellschaft aufgelöst, unabhängig davon, ob das Konkursverfahren schon eröffnet war oder nicht. Die Auflösung tritt mit der Rechtskraft des abweisenden Beschlusses über den Konkursantrag in Kraft. Die Eintragung hat nur noch deklaratorischen Charakter. Verfügt die aufgelöste Gesellschaft noch über Vermögen, schließt sich ein gesellschaftsrechtliches Liquidationsverfahren an, und die Gesellschaft bleibt rechts- und parteifähig.[22] Liegt bei der Gesellschaft neben der Masselosigkeit zusätzlich Vermögenslosigkeit vor, entfällt die Liquidation und die Gesellschaft wird nach § 2 LöschG gelöscht.[23] Mit Inkrafttreten der neuen InsO ab 1. 1. 1999 ist das LöschG aufgehoben. Die Auflösung der Gesellschaft wegen Ablehnung des Insolvenzverfahrens mangels Masse ist dann in § 60 Abs. 1 Nr. 5 GmbHG geregelt.

g) Kündigungsrecht

17 Neben weiteren, außergesetzlichen Auflösungsgründen kann der Gesellschaftsvertrag dem **einzelnen Gesellschafter** oder einer Gruppe von Gesellschaftern ein Kündigungsrecht einräumen (vgl. auch Rz. 10 ff.). Dabei sollte der Gesellschaftsvertrag deutlich unterscheiden, ob die Kündigung zum Ausscheiden des kündigenden Gesellschafters führt oder zur Auflösung der Gesellschaft. Beides ist möglich. Sofern eindeutig festgelegt ist, daß der Kündigende aus der Gesellschaft ausscheidet, die Geschäftsanteile entgeltlich oder unentgeltlich eingezogen, von der Gesellschaft erworben werden oder den anderen Gesellschaftern zum Erwerb zur Verfügung gestellt werden, wird die Gesellschaft durch Kündigung nicht aufgelöst. Sind die Regelungen dagegen nicht eindeutig getroffen, bestehen über die Wirkung einer Kündigung gegensätzliche Auffassungen. Zum einen ist die Rspr.[24] in solchen Fällen davon ausgegangen, daß eine Kündigung zur Auflösung der Gesellschaft führt, auf der anderen Seite wird in der Literatur vertreten, daß die Mitgesellschafter ein Interesse an der Weiterführung der Gesellschaft hätten und daher der Kündigende aus der Gesellschaft ausscheiden solle,[25] damit die Gesellschaft fortbestehen kann. Um Probleme zu vermeiden, empfiehlt es sich insb. im Hinblick auf die Möglichkeiten der Firmenfortführung, eine eindeutige Regelung zu treffen. Dabei ist ein Ausscheiden des Kündigenden vorzuziehen.

18 Der Gesellschaftsvertrag kann eine **ordentliche und/oder eine außerordentliche** Kündigung vorsehen. Ein ordentliches Kündigungsrecht ist gegeben, wenn jedem Gesellschafter ab einem bestimmten Zeitpunkt eine Kündigung zusteht. Die ordentliche Kündigung bedarf keines Kündigungsgrundes.

---

[21] Vgl. *Scholz/K. Schmidt* Anh. § 60 Anm. 2; eingehend *W. Schulz* Die masselose Liquidation der GmbH, 1986.
[22] *Scholz/K. Schmidt* Anh. § 60 Anm. 4.
[23] *Scholz/K. Schmidt* Anh. § 60 Anm. 4.
[24] Vgl. etwa RG v. 21. 6. 1912, RGZ 79, 418, 421 f.; OLG Karlsruhe GmbHR 1960, 24; vgl. *Baumbach/Hueck/Schulze-Osterloh* § 60 Anm. 46 mwN; MünchHdb. GesR Bd. 3/*Weitbrecht* § 63 Anm. 18 f.
[25] Vgl. u. a. *Hofmann* GmbHR 1975, 217, 223; ausführlich *Meyer-Landrut* FS Stimpel S. 431 ff.

B. Die Auflösung der GmbH 19–22 § 16

Eine außerordentliche Kündigung setzt demgegenüber einen Kündigungsgrund voraus.[26] An die Eindeutigkeit und Bestimmtheit der im Gesellschaftsvertrag genannten Kündigungsgründe werden nicht so hohe Anforderungen gestellt wie an Gründe, die zur automatischen Auflösung der Gesellschaft führen (vgl. Rz. 20). Dagegen muß die Kündigungserklärung eindeutig sein. Sie kann gerichtlich auf ihre Rechtmäßigkeit überprüft werden. Die Kündigung ist an die Gesellschaft zu richten. Sie wird durch die Geschäftsführung vertreten. Fehlt eine Geschäftsführung sind Adressaten die sämtlichen übrigen Gesellschafter.

h) Erwerb aller eigenen Anteile

Soweit die Gesellschaft ausreichende Rücklagen hat, kann sie eigene Anteile erwerben (§ 33 Abs. 2 GmbHG). Der Erwerb sämtlicher Anteile ist nach dem Wortlaut des Gesetzes nicht untersagt, im Schrifttum aber umstr. (vgl. § 13 Rz. 47). Der Erwerb des letzten außenstehenden Geschäftsanteils führt zur Auflösung der Gesellschaft. Wird dieser Zustand in angemessener Zeit durch Veräußerung eines Anteils beseitigt, so kommt es zur Fortsetzung der Gesellschaft. Zur Einziehung aller Anteile vgl. § 13 Rz. 47. **19**

i) Sitzverlegung ins Ausland

Die Sitzverlegung ins Ausland beseitigt nach hM die Rechtsfähigkeit.[27] Sie entspricht damit einem Auflösungsbeschluß und führt zur Liquidation.[28] **20**

j) Weitere statutarische Auflösungsgründe

Der Gesellschaftsvertrag kann nach § 60 Abs. 2 GmbHG weitere Auflösungsgründe festlegen, die zu einer automatischen Auflösung ohne weitere Beschlußfassung führen. Beispiele: Tod oder Konkurs eines Gesellschafters, Verlust einer behördlichen Erlaubnis. Die Auflösungsgründe müssen eindeutig bestimmt sein. An der **Bestimmtheit** fehlt es, wenn zB lediglich Unrentabilität, das Vorliegen eines wichtigen Grundes oder die Unmöglichkeit der Zweckerreichung als Auflösungsgründe angegeben werden (str.).[29] **21**

2. Auflösungsgründe, die nicht zur Liquidation führen

a) Löschung der Gesellschaft wegen Vermögenslosigkeit

Die Löschung vermögensloser Gesellschaften nach § 2 LöschG dient dem **Schutz des Rechtsverkehrs**. Grds. ist bei einer vermögenslosen Gesellschaft ein Liquidationsverfahren nicht denkbar. Ist die Löschung erfolgt, ist sie mit Rechtsmitteln nicht mehr anfechtbar. Eine Vollbeendigung der Gesellschaft tritt aber erst ein, wenn der Doppeltatbestand der Vermögenslosigkeit und **22**

---

[26] Scholz/K. Schmidt § 60 Anm. 42.
[27] Baumbach/Hueck/Hueck § 3 Anm. 8 mwN.
[28] Zu den steuerlichen Folgen vgl. Debatin GmbHR 1991, 164; Dötsch DB 1989, 2296.
[29] Scholz/K. Schmidt § 60 Anm. 40.

Löschung vorliegt. Besaß die Gesellschaft zum Zeitpunkt der Löschung noch Vermögen, ist sie als aufgelöst zu betrachten, eine Liquidation schließt sich an.[30] Mit Inkrafttreten der InsO (1. 1. 1999) ist das LöschG aufgehoben. Im neuen § 60 Abs. 1 Nr. 7 GmbHG findet sich eine dem § 2 LöschG entsprechende Regelung.

b) Verschmelzung und Spaltung

23 Um sich das Liquidationsverfahren zu ersparen, besteht auch die Möglichkeit, die zu liquidierende Gesellschaft mit einem anderen Unternehmen zu verschmelzen; sie erlischt dann ohne Liquidation (vgl. § 14 Rz. 465 ff.). Insb. wegen der anderen Publizitätswirkung kann dies vorteilhaft sein. Bei der Aufspaltung kommt es ebenfalls zum Erlöschen der übertragenden Gesellschaft (vgl. § 14 Rz. 600 ff.). Beim Formwechsel besteht die Gesellschaft dagegen in anderer Rechtsform weiter (Identität des Rechtsträgers).

II. Rechtsfolgen der Auflösung

1. Auswirkungen auf die Gesellschaft

24 Die Auflösung bedeutet **nicht das sofortige Erlöschen** der Gesellschaft. Die aufgelöste Gesellschaft besteht als Rechtspersönlichkeit fort. Sie bleibt Handelsgesellschaft nach § 6 HGB und unterliegt somit bei ihren Rechtsgeschäften den Sonderregeln für Kaufleute nach §§ 343 ff. HGB. Die in Liquidation befindliche GmbH behält ihre Rechts-, Partei- und Grundbuchfähigkeit.[31] Die zwischen der Gesellschaft und Dritten geschlossenen Verträge bleiben wirksam. Mit der Auflösung der Gesellschaft können sich jedoch die Grundlagen der Vertragsdurchführung derartig geändert haben, daß den Vertragspartnern Kündigungs- und Rücktrittsrechte oder auch das Leistungsverweigerungsrecht nach § 321 BGB entstehen können.[32] Bereits vorher erteilte Prokura oder Handlungsvollmacht erlischt nicht automatisch mit der Auflösung, sondern sie besteht entgegen der früher hM fort. War die GmbH vor ihrer Auflösung Gesellschafterin einer anderen Gesellschaft, ändert sich daran nichts; die Gesellschaft, an der die Beteiligung besteht, wird dadurch nicht aufgelöst. **Unternehmensverträge** (zB GAV) enden grundsätzlich automatisch.[33] Dies gilt auch für die Organschaft (vgl. Rz. 75).

2. Firma und anwendbares GmbH-Recht

25 Die bisherige Firma ist mit dem **Zusatz „in Liquidation"** oder „i. L." zu versehen (§§ 68, 2 GmbHG) und kann im übrigen weitergeführt werden. Wird das in der Gesellschaft betriebene Unternehmen zusammen mit der Firma verkauft, ist die Firma der in Liquidation befindlichen Gesellschaft zu

---

[30] *Scholz/K. Schmidt* Anh. § 60 Anm. 18; aM wohl *Hofmann* GmbHR 1976, 258, 267.
[31] *Scholz/K. Schmidt* § 69 Anm. 2; vgl. auch *Heidner* DStR 1992, 201.
[32] *Hofmann* GmbHR 1975, 217, 226; *Scholz/K. Schmidt* § 69 Anm. 5.
[33] *Emmerich/Sonnenschein* Konzernrecht, S. 213.

B. Die Auflösung der GmbH 26–28 § 16

ändern. § 69 Abs. 1 GmbHG bestimmt, daß nach Auflösung der Gesellschaft die Vorschriften des zweiten und dritten Abschn. des GmbHG weiter anwendbar sind. Nach hM[34] ist diese Formulierung zu eng gefaßt. Es wird im allgemeinen davon ausgegangen, daß alle Vorschriften des GmbHG abwendbar sein können, sofern nicht die Regelungen des Abschn. fünf bzw. der Liquidationszweck etwas anderes erfordern.

3. Stellung der Gesellschafterversammlung

Soweit sich nicht aus den zwingenden Vorschriften über die Liquidation 26 etwas anderes ergibt, hat die Gesellschafterversammlung unverändert die gleiche Stellung wie bei einer werbenden Gesellschaft. Eingeschränkt ist wegen der Regelung über das Sperrjahr (§ 73 GmbHG) insb. die Gewinnverwendungskompetenz der Gesellschafter (vgl. Rz. 46).

III. Fortsetzung der aufgelösten Gesellschaft

1. Fortsetzungsvoraussetzungen

Solange die GmbH im HR noch nicht gelöscht ist, kann sie auf Beschluß 27 der Gesellschafter fortgesetzt werden (vgl. § 274 AktG analog),[35] dh. in eine werbende Gesellschaft zurückgeführt werden.

Allerdings müssen für eine Fortsetzung der aufgelösten Gesellschaft bestimmte, allgemeine Bedingungen erfüllt sein. Dies sind nach allgemeiner Ansicht:[36]
(1) die Gesellschaft darf noch nicht vollbeendet sein,
(2) mit der Verteilung des Vermögens darf noch nicht begonnen worden sein,
(3) die Forsetzung darf nicht dem öffentlichen Interesse entgegenstehen und
(4) der Auflösungsgrund muß behoben werden und das Gesellschaftsvermögen mindestens die Schulden decken.

Eine Fortsetzung ist nach der hM selbst mit einstimmigem Beschluß aller Gesellschafter (vgl. Rz. 28) nicht möglich, wenn zwar mit der Verteilung bereits begonnen wurde, im Zeitpunkt des Fortsetzungsbeschlusses aber noch für die Deckung des Stammkapitals ausreichendes Vermögen vorhanden ist. § 274 Abs. 1 Satz 1 AktG sei auf diesen Fall nicht analog anzuwenden.[37]

2. Der Fortsetzungsbeschluß

Die Fortsetzung der GmbH nach Auflösung setzt einen **Gesellschafterbe-** 28 **schluß** voraus. Für den Fortsetzungsbeschluß ist grds. Dreiviertelmehrheit erforderlich (vgl. § 274 Abs. 1 Satz 2 AktG).[38] Dagegen steht vereinzelt die Auffassung, daß die einfache Mehrheit zur Beschlußfassung ausreichend ist,

---

[34] Hachenburg/Hohner § 69 Anm. 4; Baumbach/Hueck/Schulze-Osterloh § 69 Anm. 1.
[35] Heute hM Scholz/K. Schmidt § 60 Anm. 43 m. w. mwN.
[36] Vgl. etwa Baumbach/Hueck/Schulze-Osterloh § 60 Anm. 47.
[37] Scholz/K. Schmidt § 60 Anm. 46.
[38] Scholz/K. Schmidt § 60 Anm. 50; Baumbach/Hueck/Schulze-Osterloh § 60 Anm. 47.

sofern nicht im Gesellschaftsvertrag anderes geregelt wurde.[39] Einstimmigkeit wird dagegen allgemein nicht für erforderlich gehalten. Besondere Formvorschriften gelten für den Fortsetzungsbeschluß nicht, es muß jedoch eindeutig der Wille der Gesellschafter zur Fortsetzung der GmbH erkennbar sein. Der Fortsetzungsbeschluß an sich stellt keine Satzungsänderung dar. Allerdings kann die Behebung des Auflösungsgrundes, die gleichzeitig mit der Fortsetzung beschlossen wird, eine solche erfordern.

29 Gesellschaftern, die sich gegen die Fortsetzung ausgesprochen haben und deren Zustimmung nicht erforderlich ist, ist ein **Austrittsrecht** zu gewähren. Nehmen sie dieses wahr, so haben sie Anspruch auf die ihnen bei Auseinandersetzung der Gesellschaft zustehende Liquidationsquote.[40] Dabei sind aber die Kapitalerhaltungsregeln zu beachten. Die **Zustimmung** einzelner Gesellschafter ist notwendig, wenn dadurch deren Sonderrechte bei der Liquidation berührt werden oder eine Vermehrung der Leistungspflichten festgelegt werden soll. Außerdem ist das Einverständnis der Gesellschafter einzuholen, die mit ihrer Kündigung die Auflösung der Gesellschaft herbeiführen oder die erfolgreich die Auflösungsklage erhoben haben.[41] Die Fortsetzung der GmbH ist in das HR einzutragen.[42] Die Anmeldung zur Eintragung hat durch die Vertretungsorgane der GmbH zu erfolgen.

C. Das Liquidationsverfahren

I. Träger der Liquidation

30 Geborene Liquidatoren sind die **Geschäftsführer**, die das Amt im Zeitpunkt der Auflösung innehatten (§ 66 Abs. 1 und Abs. 4 iVm. § 6 Abs. 2 Sätze 3 und 4 GmbHG). Durch Gesellschaftsvertrag oder durch Beschluß der Gesellschafter kann das Amt einer **anderen** Person übertragen werden. Dazu reicht die einfache Mehrheit (str.). Liquidatoren können **geschäftsfähige** natürliche Personen, aber auch juristische Personen und Personenhandelsgesellschaften (§ 66 Abs. 4 GmbHG verweist nicht auf § 6 Abs. 2 Satz 1 GmbHG) sein.[43] Der Gesellschaftsvertrag kann ebenso wie die Gesellschafterversammlung festlegen, wer Liquidator sein soll (§ 66 Abs. 1, 2. Halbs. GmbHG). Die Bestimmung des Liquidators durch Beschluß geht der Bestimmung durch Satzung vor. Die Liquidatoren und ihre Vertretungsmacht sind zur Eintragung in das HR anzumelden (§ 67 Abs. 1 GmbHG). Die Anmeldung hat lediglich deklaratorische Wirkung; sie erfolgt durch die Liquidatoren selbst.[44] Auf Antrag von Gesellschaftern, deren Geschäftsanteile

---

[39] Vgl. *Scholz* GmbHR 1982, 232.
[40] *Scholz/K. Schmidt* § 60 Anm. 51; *Scholz* GmbHR 1982, 232; *Hofmann* GmbHR 1975, 227.
[41] *Scholz/K. Schmidt* § 60 Anm. 51; *Baumbach/Hueck/Schulze-Osterloh* § 60 Anm. 47.
[42] Vgl. hierzu BayOLG v. 25. 7. 1978; DB 1978, 2164.
[43] HM, vgl. nur *Hachenburg/Hohner* § 66 Anm. 6; *Scholz/K. Schmidt* § 66 Anm. 3; *Baumbach/Hueck/Schulze-Osterloh* § 66 Anm. 6; *Lutter/Hommelhoff* § 66 Anm. 1.
[44] MünchHdb. GesR Bd. 3/*Weitbrecht* § 64 Anm. 8.

C. Das Liquidationsverfahren   31, 32   § 16

zusammen mindestens 10% des Stammkapitals entsprechen, kann aus wichtigen Gründen die **Bestellung** von Liquidatoren durch das Gericht erfolgen (§ 66 Abs. 2 GmbHG). Zuständig ist das Registergericht (§ 7 Abs. 1 GmbHG). Wichtige Gründe sind: Unfähigkeit, Unredlichkeit, aber auch unproduktive interne Auseinandersetzungen der bislang bestellten Liquidatoren. Soweit bereits ein Liquidator bestellt ist, sind der Abberufungsantrag und der Antrag auf Bestellung des neuen Liquidators miteinander zu verbinden. In dringenden Fällen kann das Registergericht einen Notliquidator bestellen (§§ 29, 48 Abs. 1 BGB analog).[45] Voraussetzung ist, daß Liquidatoren in erforderlicher Zahl fehlen und die Handlungsunfähigkeit der Gesellschaft i. L. schnell behoben werden muß. Antragsberechtigt ist jeder Beteiligte (§ 29 BGB analog). Dies sind neben den Gesellschaftern (unabhängig von der Beteiligungsquote), die übrigen Liquidatoren und jeder Gesellschaftsgläubiger. Die **Abberufung** von Liquidatoren kann durch das Gericht unter denselben Voraussetzungen wie die Bestellung erfolgen (§ 66 Abs. 3 Satz 1 GmbHG). Soweit die Gesellschafterversammlung einen Liquidator bestellt hat, kann sie diesen jederzeit abberufen. Es reicht ein einfacher Beschluß, wenn der Gesellschaftsvertrag keine anderen Voraussetzungen nennt (§ 66 Abs. 3 Satz 2 GmbHG). Der Liquidator kann das Amt ohne Angabe von Gründen niederlegen. Die **Niederlegung** ist sofort wirksam.[46] Der Liquidatorwechsel ist zur Eintragung in das HR anzumelden (§ 67 Abs. 1 GmbHG).

II. Aufgaben des Liquidators

1. Anmeldung der Auflösung

Die Auflösung der GmbH ist von den Liquidatoren beim Registergericht zur **Eintragung ins HR** anzumelden (§ 65 Abs. 1 Satz 1 GmbHG). Dies ist nicht erforderlich, wenn als Auflösungsgrund die Einleitung eines Konkursverfahrens, die gerichtliche Feststellung eines Mangels im Gesellschaftsvertrag oder die Nichteinhaltung der Verpflichtungen nach § 19 Abs. 4 Satz 1 GmbHG vorliegt (§ 65 Abs. 1 Satz 2 GmbHG). Die Eintragung erfolgt dann durch das Gericht von Amts wegen (§ 65 Abs. 1 Satz 3 GmbHG). Sie hat nur deklaratorische Wirkung.   31

2. Bekanntgabe der Auflösung und Aufforderung an die Gläubiger

Die Liquidatoren haben die Pflicht, die Auflösung der Gesellschaft zu drei verschiedenen Zeitpunkten in den in § 30 Abs. 2 GmbHG bezeichneten **öffentlichen Blättern** bekanntzumachen (§ 65 Abs. 2 Satz 1 GmbHG). Gleichzeitig sind die Gesellschaftsgläubiger aufzufordern, ihre Ansprüche gegenüber der GmbH geltend zu machen (§ 65 Abs. 2 Satz 2 GmbHG). Die Bekanntmachung kann an drei aufeinanderfolgenden Tagen erfolgen. Sie kann etwa lauten: „Die X-GmbH mit Sitz in Leipzig (HRB ...) ist aufgelöst. Die Gläubiger der Gesellschaft werden aufgefordert, sich bei ihr zu melden."   32

---

[45] Vgl. BayOLG v. 2. 6. 1976, BB 1976, 998; v. 13. 1. 1994 GmbHR 1994, 259; *Hachenburg/Hohner* § 66 Anm. 38 f.; *Scholz/K. Schmidt* § 66 Anm. 33.
[46] BayOLG v. 13. 1. 1994, GmbHR 1994, 259.

Mit der letzten Veröffentlichung beginnt das Sperrjahr zu laufen (näher vgl. Rz. 43). Die öffentlichen Blätter sind die im Gesellschaftsvertrag genannten, regelmäßig der Bundesanzeiger. Fehlt eine Regelung im Gesellschaftsvertrag, so hat die Veröffentlichung im Bundesanzeiger und in den vom örtlichen Registergericht jeweils bestimmten Blättern (§§ 10, 11 HGB, § 30 Abs. 2 Satz 2 GmbHG) zu erfolgen.[47]

3. Gerichtliche und außergerichtliche Vertretung der Gesellschaft

33 Mit der Auflösung der Gesellschaft treten die **Liquidatoren** an die Stelle der Geschäftsführer **als Organ** der Gesellschaft[48] und übernehmen die gerichtliche und außergerichtliche Vertretung der Gesellschaft.[49] Sie sind Gesamtvertretungsberechtigt (§ 68 Abs. 1 Satz 2 GmbHG); Abweichungen in der Vertretungsmacht sind zum HR anzumelden (§ 67 Abs. 1 GmbHG). Eine in der Satzung festgelegte Einzelvertretung gilt nach hM weiter, eine aufgrund Satzungsermächtigung erteilte indessen nicht.[50] Eine gesellschaftsrechtliche Befreiung von § 181 BGB des Geschäftsführers gilt nicht automatisch für den geborenen Liquidator.[51] Der Liquidator tritt zB bei Rechtsgeschäften jeder Art, auch gegenüber den Gesellschaftern, als Vertreter der GmbH auf, sowie in Prozessen, und zwar auch bei einer von einem Gesellschafter erhobenen Anfechtungs- und Nichtigkeitsklage gegen den Liquidationsbeschluß. Die Liquidatoren werden dann als Partei und nicht als Zeugen vernommen. Das Vertretungsrecht der Liquidatoren ist grds. unbeschränkt und unbeschränkbar.[52] Die Liquidatoren besitzen somit gegenüber Dritten, zu denen grds. auch die Gesellschafter gehören, die gleiche gesetzliche Vertretungsmacht wie die Geschäftsführer. Die Vertretungsmacht ist auch nicht durch den Liquidationszweck beschränkt. Im Innenverhältnis sind die Liquidatoren aber an den Gesellschaftsvertrag, den Liquidationszweck und nach § 37 Abs. 1 GmbHG an die **Weisungen der Gesellschafterversammlung** gebunden.

34 § 70 GmbHG umreißt die **Aufgaben der Liquidatoren** knapp:
– Beendigung der laufenden Geschäfte,
– Erfüllung der Verpflichtungen der aufgelösten Gesellschaft,
– Einziehen der Forderungen der Gesellschaft,
– Umsetzung des Vermögens der Gesellschaft in Geld,
– gerichtliche und außergerichtliche Vertretung.

Die Aufzählung ist indessen nicht vollständig. Der Liquidator ist organschaftlicher Vertreter der GmbH und hat insoweit alle Rechte und Pflichten des Organs. § 74 Abs. 4 GmbHG betont lediglich besondere Pflichten. Der Liquidator ist zu jeder Maßnahme verpflichtet, die der angestrebten Liquidation dient. Insb. hat er darauf zu achten, daß die Abwicklung zügig von statten geht und ein möglichst hohes Abwicklungsvermögen erwirtschaftet wird.

---

[47] MünchHdb. GesR Bd. 3/*Weitbrecht* § 64 Anm. 26.
[48] *Hofmann* GmbHR 1976, 229, 233.
[49] Vgl. *Scholz/K. Schmidt* § 70 Anm. 2.
[50] Vgl. BayOLG v. 24. 10. 1996, DB 1997, 34.
[51] HM, vgl. nur BayOLG DB 1995, 2516.
[52] Vgl. *Scholz/K. Schmidt* § 70 Anm. 3; *Baumbach/Hueck/Schulze-Osterloh* § 70 Anm. 2.

4. Beendigung der laufenden Geschäfte und Eingehung neuer Geschäfte

Unter der Beendigung laufender Geschäfte sind nicht Einzelgeschäfte, sondern die **Geschäftstätigkeit der Gesellschaft allgemein** zu verstehen.[53] Da sich das über einen längeren Zeitraum, z. T. über Jahre hinziehen kann, kann es für die Gesellschaft notwendig werden, neue Geschäfte einzugehen, was § 70 Satz 2 GmbHG zur Beendigung der laufenden Geschäfte auch vorsieht. Allerdings wird die Fassung des Gesetzes allgemein als zu eng angesehen. Nach hM[54] dürfen alle Geschäfte, die objektiv geeignet sind, dem Liquidationszweck zu dienen und aus diesem Grund durchgeführt werden, getätigt werden. Beendigung der laufenden Geschäfte bedeutet also nicht, alle Geschäfte sofort abzubrechen, die Vermögensgegenstände zu verkaufen und alle Verträge zu kündigen. Es ist vielmehr anzustreben, daß die Abwicklung wirtschaftlich sinnvolle Ergebnisse bringt. So sind ausstehende Leistungen aus noch nicht erfüllten Verträgen zu erbringen, begonnene Maßnahmen (zB werterhaltende oder -erhöhende (Bau-)Maßnahmen, Reparaturen) weiterzuführen, schwebende Prozesse fort- und durchzuführen. Insgesamt kann auch eine zeitlich begrenzte Betriebsfortführung zulässig sein, wenn dadurch Abwicklungsverluste verringert werden können.[55] Dazu bedarf der Liquidator auch nicht der Zustimmung der Gesellschafter. Er kann nach hM auch das gesamte Unternehmen ohne Zustimmung der Gesellschafterversammlung veräußern.[56] In Zweifelsfällen empfiehlt es sich im übrigen für die Liquidatoren die Einwilligung der Gesellschafter einzuholen. Sie entscheiden mit einfacher Stimmenmehrheit. Liquidationsgeschäfte, die dem Zweck der bestmöglichen Veräußerung nicht dienen, können zB die Inanspruchnahme erheblicher Bankkredite oder die Beteiligung der aufgelösten GmbH an einer neuen GmbH sein. Überschreitet der Liquidator den Liquidationszweck, handelt er im Innenverhältnis pflichtwidrig. Im Außenverhältnis ist das Geschäft regelmäßig wirksam. Die Fortführung der nicht der Liquidation dienenden Geschäfte bedarf der Zustimmung aller Gesellschafter.[57] Der Liquidator haftet gegenüber der Gesellschaft nach § 43 Abs. 1, 2, 4 GmbHG.[58]

5. Erfüllung der Verpflichtungen der Gesellschaft

Es ist zwischen Verbindlichkeiten gegenüber Dritten und Verbindlichkeiten gegenüber den Gesellschaftern zu unterscheiden. Aus § 73 Abs. 1 GmbHG ergibt sich, daß Forderungen, die sich aus dem Gesellschaftsverhältnis ergeben, erst nach Befriedigung aller anderen Forderungen zu erfüllen sind.[59] Zur Gruppe der **Drittgläubiger** können auch Gesellschafter gehören, wenn sie Forderungen haben, die nicht auf dem gesellschaftsrechtlichen Verhältnis be-

---

[53] *Scholz/K. Schmidt* § 70 Anm. 7; *Baumbach/Hueck/Schulze-Osterloh* § 70 Anm. 4.
[54] Vgl. *Scholz/K. Schmidt* § 70 Anm. 16.
[55] *Baumbach/Hueck/Schulze-Osterloh* § 70 Anm. 4; *Scholz/K. Schmidt* § 70 Anm. 7.
[56] AA. *T. Meyer* Liquidationskompetenz, S. 39 ff.
[57] *Scholz/K. Schmidt* § 70 Anm. 16.
[58] Vgl. *Scholz/K. Schmidt* § 71 Anm. 44.
[59] Vgl. *Scholz/K. Schmidt* § 70 Anm. 9.

ruhen oder ihre Forderungen zu reinen Gläubigerrechten geworden sind (vgl. zum Gewinnverteilungsanspruch Rz. 46). Gesellschafterdarlehen dürfen nur als Drittforderungen behandelt werden, wenn sie keine eigenkapitalersetzende Funktion haben und wenn keine Gläubigerbenachteiligung zu erwarten ist.[60] Ein Drittgeschäft, zB eine Lieferung oder Leistung, kann immer dann gesellschaftsrechtlich veranlaßt sein, wenn die Bedingungen des Geschäftes unangemessen sind und den Gesellschafter gegenüber einem fremden Dritten begünstigen (in der Regel liegt dann eine vGA vor). Ein Drittgeschäft, das die Gesellschaft begünstigt (häufig eine verdeckte Einlage) ist indessen gegen eine Erfüllung durch die Gesellschaft nicht gesperrt. Forderungen eines **Liquidators** gegen die Gesellschaft sind Drittverbindlichkeiten. Der Liquidator kann sich aus der Liquidationsmasse befriedigen (zB auch durch Annahme von Forderungsabtretungen), soweit er sich dadurch nicht Vorteile gegenüber den anderen Gläubigern verschafft.[61] Ein Recht auf gleichmäßige Befriedigung und eine Rangfolge unter den Gläubigern kann nicht geltend gemacht werden. Die Befriedigung der Gläubiger erfolgt nach den allgemeinen Grundsätzen. Bekannte, noch nicht fällige, streitige oder betagte Verbindlichkeiten haben die Liquidatoren ggf. durch Hinterlegung zu sichern.[62]

6. Einziehen der Forderungen der Gesellschaft

37   Die Einziehung von Forderungen der Gesellschaft ist **nicht auf Geldforderungen beschränkt.** Ansprüche auf Auflassung von Grundstücken sowie Dienstleistungs- und Werkansprüche und gewerbliche Schutzrechte müssen ebenfalls geltend gemacht werden.[63] Bei Geldforderungen besteht die Möglichkeit, sie durch Verkauf oder Abtretung zu verwerten.[64] Zu den einzuziehenden Forderungen gehören solche gegenüber den Gesellschaftern, und zwar sowohl in Form von Individualansprüchen als auch Forderungen, die sich aus den gesellschaftsrechtlichen Verhältnissen ergeben. Hierzu gehören ausstehende Einlagen auf das Stammkapital (vgl. aber Rz. 38), auf beschlossene Nachschüsse, auf zu Unrecht zurückgezahltes Stammkapital, auf Sonderleistungen nach § 3 Abs. 2 GmbHG und auch auf versprochene kapitalersetzende Darlehen.[65]

38   Eine **Forderung gegen einen Gesellschafter** darf nur soweit eingezogen werden, wie es der Liquidationszweck erfordert, dh. soweit es zur Befriedigung der Gläubiger und zum Ausgleich unter den Gesellschaftern erforderlich ist.[66] Die Beweislast dafür, daß die Einziehung der Forderung zur Befriedigung der Gläubiger oder zum Ausgleich unter den Gesellschaftern nicht erforderlich ist, liegt bei dem betroffenen Gesellschafter. Eine Verrechnung mit der Liquidationsquote des in Anspruch genommenen Gesellschaf-

---

[60] Vgl. *Scholz/K. Schmidt* § 70 Anm. 8; aM *Baumbach/Hueck/Schulze-Osterloh* § 70 Anm. 6.
[61] Vgl. *Scholz/K. Schmidt* § 70 Anm. 8.
[62] *Baumbach/Hueck/Schulze-Osterloh* § 70 Anm. 5; *Scholz/K. Schmidt* § 70 Anm. 11.
[63] Vgl. *Scholz/K. Schmidt* § 70 Anm. 12.
[64] *Baumbach/Hueck/Schulze-Osterloh* § 70 Anm. 7.
[65] Vgl. *Scholz/K. Schmidt* § 70 Anm. 12.
[66] *Hofmann* GmbHR 1976, 258, 264.

ters ist nicht zulässig, denn diese steht vor Ablauf des Sperrjahres nicht fest und ist auch noch nicht fällig. Eine Verrechnung gegen eine noch ausstehende Stammeinlage ist schon wegen § 19 Abs. 2 GmbHG nicht erlaubt.[67]

7. Versilbern des Vermögens der Gesellschaft

Eine weitere Aufgabe des Liquidators ist die Umsetzung des Vermögens der Gesellschaft in **Geld**, um damit die Gläubiger zu befriedigen und das verbleibende Vermögen an die Gesellschafter verteilen zu können. Das Gesellschaftsvermögen ist so zu veräußern, daß ein möglichst hoher Gegenwert für die Aktiva erzielt wird. Die Entscheidung darüber liegt im Ermessen des Liquidators. Er kann freihändig, über eine freiwillige Versteigerung oder bei börsengängigen Waren über die Börse, veräußern. Grds. können die Gesellschafter dem Liquidator Weisungen zur Verwertung geben.[68] So können mit Zustimmung aller Gesellschafter auch Sachwerte nach Erfüllung der übrigen Voraussetzungen (vgl. Rz. 46 ff.) ausgekehrt werden.[69] 39

Häufig kann der größte Ertrag erzielt werden, wenn das **Unternehmen als Ganzes** verkauft wird, da das gesamte Gesellschaftsvermögen oft mehr wert ist als die Summe der Einzelteile (Firmen- oder Geschäftswert). Wird das Unternehmen als Ganzes mit der Firma veräußert, so muß der Kaufvertrag nach § 311 BGB notariell beurkundet werden. Für die Schuldenhaftung gilt dabei folgendes: Soweit nichts anderes im Kaufvertrag vereinbart wurde, haftet die veräußernde GmbH, gleichzeitig, aber nur in Höhe des übernommenen Vermögens, ggf. der Käufer (§ 25 HGB). Ist im Kaufvertrag bestimmt, daß der Käufer mit dem gesamten Vermögen auch die Schulden übernimmt, darf der Kaufpreis trotzdem nicht vor Ablauf des Sperrjahres (vgl. Rz. 43) oder vor erfolgter Schuldentilgung unter die Gesellschafter verteilt werden, denn in diesem Fall haftet die GmbH neben dem Käufer.[70] Bei Veräußerung des Unternehmens mit der Firma muß die Gesellschaft wegen § 3 Abs. 1 Nr. 1 GmbHG durch Satzungsänderung eine neue Firma annehmen. Das ist nur mit einer qualifizierten Mehrheit möglich.[71] Das Unternehmen darf vom Liquidator an einen Gesellschafter verkauft werden, allerdings besteht hier die Gefahr der Benachteiligung der anderen Gesellschafter. Deshalb hat der Liquidator durch entspr. Unterlagen den Kaufpreis besonders genau nachzuweisen und das Unternehmen ggf. auch Dritten oder anderen Gesellschaftern zum Kauf anzubieten. Mit dem Liquidationszweck deckt sich im allgemeinen nicht die Einbringung des gesamten Unternehmens in eine neue Gesellschaft gegen Gewährung von Geschäftsanteilen. Dies ist nur möglich, wenn alle Gesellschafter zustimmen.[72] Der Liquidator kann das Unternehmen mit Zustimmung der Gesellschafter auf sich selbst übertragen. 40

---

[67] Scholz/K. Schmidt § 70 Anm. 12.
[68] Vgl. Scholz/K. Schmidt § 70 Anm. 1, 5.
[69] Vgl. Scholz/K. Schmidt § 70 Anm. 5.
[70] Vgl. Scholz/K. Schmidt § 70 Anm. 14.
[71] Hofmann GmbHR 1976, 264; vgl. Scholz/K. Schmidt § 69 Anm. 13.
[72] Scholz/K. Schmidt § 70 Anm. 14.

8. Steuerliche Pflichten

41 Die steuerrechtlichen Pflichten eines Liquidators ergeben sich aus § 34 Abs. 1 AO. Danach haben die gesetzlichen Vertreter natürlicher oder juristischer Personen deren steuerliche Pflichten zu erfüllen und insb. dafür zu sorgen, daß die Steuern aus den von ihnen zu verwaltenden Mitteln gezahlt werden. Dabei genießt der Fiskus keine Vorrechte gegenüber allen anderen Gläubigern. Bei Zahlungsschwierigkeiten ist er in gleichem Umfang wie sonstige Gläubiger zu befriedigen.[73] Der Liquidator haftet nach § 69 AO nur bei vorsätzlicher oder grob fahrlässiger Pflichtverletzung, zB bei Nichteinhaltung des Sperrjahres. Sind dagegen keine ausreichenden liquiden Mittel zur Befriedigung der Gläubiger vorhanden, liegt keine Pflichtverletzung des Liquidators wegen nicht gezahlter Steuern vor,[74] sofern nur der Fiskus mit den anderen Gläubigern gleich behandelt wird. Die Liquidatoren haften daher, wenn sie, um den Liquiditätskonkurs zu vermeiden, zunächst die Lieferanten bezahlen und schließlich keine Mittel mehr vorhanden sind, um die fälligen Steuern zu zahlen.

9. Haftung und Entlastung des Liquidators

42 Für den Liquidator gilt der gleiche Haftungsmaßstab wie für die Gesellschafter (§ 43 GmbH). Trotz fehlenden Verweises in § 71 Abs. 4 GmbHG auf § 43 Abs. 3 GmbHG greifen die Kapitalschutzvorschriften auch in der Liquidation uneingeschränkt (§ 73 Abs. 3 GmbHG).[75] Die Gesellschafter beschließen über die **Entlastung** des Liquidators.

III. Sperrjahr

43 Das Sperrjahr **beginnt** nach § 73 Abs. 1 GmbHG an dem Tag, an dem zum dritten Mal der Gläubigeraufruf (vgl. Rz. 32) in den entspr. Blättern veröffentlicht wurde. Es handelt sich um eine Frist iSv. § 187 Abs. 1 BGB. Erfolgt die letzte Veröffentlichung des Gläubigeraufrufes zB am 5. 1. 01, so endigt die Frist mit Ablauf des 5. 1. 02 (§ 188 Abs. 2 Halbs. 1 iVm. § 187 Abs. 1 BGB). Mit der Vermögensverteilung kann also frühestens am 6. 1. 02 begonnen werden. Ist der nach §§ 187, 188 BGB bestimmte letzte Tag der Jahresfrist allerdings ein Sonntag, ein am Ort des Registergerichts (§ 7 Abs. 1 GmbHG) staatlich anerkannter allgemeiner Feiertag oder ein Sonnabend, endigt die Jahresfrist erst mit Ablauf des nächsten Werktages. Ist mithin im Beispiel der 5. 1. 02 etwa ein Sonntag, endigt die Frist erst mit Ablauf des 6. 1. 02, vorausgesetzt, dieser ist kein Feiertag. Mit der Vermögensverteilung kann demnach frühestens am 7. 1. 02 begonnen werden. Innerhalb des Sperrjahres darf kein Vermögen durch den Liquidator an die Gesellschafter verteilt werden. Auch ein Erwerb eigener Anteile dürfte unzulässig sein, selbst wenn ausreichendes über das Stammkapital hinausgehendes Eigenkapital vorhanden ist. Dadurch soll die **Sicherung** bekannter oder unbekannter **Gläubiger**

---

[73] Vgl. *Scholz/K. Schmidt* § 70 Anm. 17; BFH v. 26. 3. 1985, BStBl. II 1985, 539.
[74] Vgl. BFH v. 8. 7. 1982; BStBl. II 1983, 249.
[75] *Scholz/K. Schmidt* § 69 Anm. 33.

gewährleistet werden. Bestand und Fälligkeit der Verbindlichkeiten werden durch das Sperrjahr nicht berührt. Vor Ablauf des Sperrjahres fällige Verpflichtungen sind zu begleichen; der Ablauf des Sperrjahres bewirkt nicht automatisch die Fälligkeit der Forderungen[76] und stellt auch keine Ausschlußfrist dar, dh. Ansprüche gegen die Gesellschaft können auch zu späteren Zeitpunkten geltend gemacht werden, solange noch Gesellschaftsvermögen vorhanden ist. Ist die Vermögensverteilung noch nicht beendet, ist diese zu unterbrechen und der Gläubiger so zu behandeln, wie alle anderen.[77] Meldet sich ein Gläubiger erst nach **Ablauf des Sperrjahres** und Verteilung des Vermögens, geht er leer aus. Diese Regelung wird im allgemeinen auf unbekannte Forderungen zutreffen. Bekannte Gläubiger sind, wie sich aus § 73 Abs. 2 GmbHG ergibt, auf jeden Fall zu berücksichtigen, ungeachtet der Tatsache, daß sich der Gläubiger bei der Gesellschaft gemeldet hat oder nicht. Als bekannt gilt ein Gläubiger nur dann, wenn der Grund und die Höhe seiner Forderung dem Liquidator im wesentlichen bekannt sind.[78] Meldet sich ein bekannter Gläubiger nicht, kann ihm der entspr. Betrag hinterlegt werden, wenn die Berechtigung zur Hinterlegung vorhanden ist; also insb. wenn sich der Gläubiger im Annahmeverzug nach §§ 293 ff. BGB befindet oder nach § 372 Satz 2 BGB bei Ungewißheit über die Person des Gläubigers, so daß die Verbindlichkeit nicht oder nicht mit Sicherheit erfüllbar ist. Der Gläubiger hat keinen Anspruch auf Sicherheitsleistung oder Hinterlegung, allerdings darf der Liquidator das Vermögen nach § 73 Abs. 2 Satz 2 GmbHG erst dann verteilen, wenn die Erfüllung der bekannten Verbindlichkeiten gesichert ist.[79] Bei Pensionsverpflichtungen, die noch über einen längeren Zeitraum laufen können, besteht die Möglichkeit, die Absicherung über eine Versicherungsgesellschaft gegen Zahlung einer Einmalprämie vorzunehmen.[80]

Die Vorschriften über das Sperrjahr sind für die Gesellschaft **zwingend** und können weder durch Gesellschaftsvertrag, Gesellschafterbeschluß oder Zustimmung der Gläubiger geändert werden (vgl. auch Rz. 40). 44

Eine **Auskehrung** liegt vor, wenn **an den Gesellschafter** unter Anrechnung auf die Liquidationsquote eine Leistung bewirkt wird. Zweifelhaft ist, ob ein Verstoß gegen das Sperrjahr vorliegt, wenn die flüssigen Mittel darlehensweise gegen angemessene und sonst übliche Bedingungen den Gesellschaftern überlassen werden. Dies wird von der hM. angenommen.[81] Eine **vorzeitige Vermögensverteilung** dürfte in diesem Fall stets gegeben sein, wenn der Gesellschafter nicht oder voraussichtlich nicht in der Lage ist, das Darlehen zurückzuzahlen. Ähnlich dem eigenkapitalersetzenden Gesellschafterdarlehen ist – allerdings mit umgekehrter Leistungsbeziehung – zumindest darauf zu achten, daß der Gesellschafter in der gleichen Situation ein Darlehen von einem fremden Dritten bekommen hätte. Man kann in diesem Zusammenhang von einer vermögensauskehrenden Darlehensgewährung sprechen. Wurde im übrigen vor Ablauf des Sperrjahres ausgekehrt, so hat die Gesell- 45

---

[76] Scholz/K. Schmidt § 73 Anm. 3.
[77] Hofmann GmbHR 1976, 258, 265; Scholz/K. Schmidt § 73 Anm. 3.
[78] Vgl. Scholz/K. Schmidt § 73 Anm. 6.
[79] Scholz/K. Schmidt § 73 Anm. 11.
[80] Scholz/K. Schmidt § 73 Anm. 11; Baumbach/Hueck/Schulze-Osterloh § 73 Anm. 7.
[81] K. Schmidt DB 1994, 2013, 2014.

schaft einen **Rückzahlungsanspruch**, der Liquidator haftet dafür nach § 73 Abs. 3 GmbHG. Soweit keine Gläubiger geschädigt werden, sind die Risiken allerdings gering. Steuerlich kann eine Auskehr vor Ablauf des Sperrjahres sinnvoll sein. Zur Wirkung vgl. auch Rz. 54.

IV. Gewinnausschüttung

46 Während der Abwicklung ist auch eine Gewinnausschüttung **unzulässig**.[82] § 29 GmbHG ist außer Kraft gesetzt. Dabei geht die Sperrwirkung weit über § 30 GmbHG hinaus: Dies gilt nicht nur für den Liquidationsgewinn, sondern auch für Kapital- oder Gewinnrücklagen aus der Zeit vor der Auflösung. Auch eine Gesellschaft mit hoher Gewinn- oder Kapitalrücklage oder mit hohem Liquidationsgewinn darf daher während der Abwicklung bis zum Ablauf des Sperrjahres keine Ausschüttung vornehmen. Gleiches gilt für den Gewinn eines Rumpfgeschäftsjahres vor dem Liquidationsbeschluß, wenn der Ausschüttungsbeschluß erst nach dem Auflösungsbeschluß gefaßt wird. Um dies zu vermeiden, wird häufig der Weg der sog. **stillen Liquidation** beschritten: Die Gesellschaft stellt die Verfolgung des Unternehmensgegenstandes ein, ohne förmlich die Auflösung zu beschließen, das Vermögen wird versilbert, Veräußerungsgewinne werden als Jahresüberschuß ausgeschüttet. Bereits die stille Einstellung der werbenden Tätigkeit bedarf eines Beschlusses der Gesellschafterversammlung mit der für die Auflösung erforderlichen Mehrheit. Die Liquidation wird erst beschlossen, wenn nur noch Vermögen in Höhe des Stammkapitals vorhanden ist. Wenn auf diese Weise keine Gläubiger benachteiligt werden, dürfte dieser Weg zulässig sein. Bedenken bestehen allerdings, weil im Zweifel ein konkludenter Liquidationsbeschluß vorliegt und die Geschäftsführer daher gegen die bindenden Sonderregelungen des gesetzlichen Liquidationsverfahrens verstoßen. Es ist daher strikt darauf zu achten, daß es zu keiner Gläubigerbenachteiligung kommt, um Haftungsrisiken zu vermeiden. Um alte Rücklagen und Gewinne des Rumpfwirtschaftsjahres vor der Auflösung ausschütten zu können, ist die Ausschüttung vor der Auflösung zu beschließen. Damit entsteht ein Gläubigerrecht auf Auszahlung. Erst danach ist die Liquidation zu beschließen. Auf diese Weise wird die Sperrwirkung quantitativ gemindert.[83]

V. Vermögensverteilung

1. Der Anspruch auf Verteilung des Liquidationsüberschusses

47 Der **Anspruch der Gesellschafter** auf Verteilung entsteht erst nach Befriedigung oder Sicherung aller Gläubiger und nach Ablauf des Sperrjahres. Er besteht gegenüber der Gesellschaft. Bis dahin besteht ein allgemeines Recht der Gesellschafter auf die Liquidationsquote. Es ist zwar generell die Möglichkeit gegeben, dieses allgemeine Recht durch Vorausverfügung abzutreten, jedoch wird diese Übertragung erst mit Entstehung des Anspruchs wirksam.

---

[82] *Scholz/K. Schmidt* § 73 Anm. 2 mwN.
[83] *Scholz/K. Schmidt* § 72 Anm. 21.

C. Das Liquidationsverfahren

Treten die Voraussetzungen, an die die Abtretung der Auseinandersetzungsforderung gebunden ist, nicht ein, können die Empfänger der Vorausabtretung keinen Anspruch auf die Liquidationsquote geltend machen.[84] Das nach Befriedigung aller Gläubiger und Sicherstellung weiterer bekannter Verpflichtungen bei Ablauf des Sperrjahres noch vorhandene Restvermögen wird nach dem Verteilungsschlüssel nach § 72 GmbHG unter die Gesellschafter verteilt. Vor Auszahlung ist zusätzlich zu berücksichtigen, daß noch genügend Mittel zur Deckung zukünftiger Ausgaben, wie zB Kosten für die Löschung im HR, Vergütung der Liquidatoren, evtl. Steuerschulden und die Aufbewahrung der Bücher und Schriften nach § 74 Abs. 2 GmbHG vorhanden sind. Der Anspruch eines Gesellschafters auf die Liquidationsquote ist **unentziehbar**.[85] Eine andere Verteilung kann noch während der Liquidation mit Zustimmung aller Gesellschafter vereinbart werden.[86]

Anspruchsgläubiger sind grds. die Gesellschafter, die nach § 16 Abs. 1 GmbHG im Zeitpunkt der Verteilung als solche bei der Gesellschaft angemeldet sind. Frühere Gesellschafter, die durch Übertragung ihrer Anteile ihre Mitgliedschaftsrechte verloren haben, sind nicht anspruchsberechtigt, es sei denn mit der Anteilsübertragung ist zwischen den Beteiligten eine abweichende Regelung getroffen worden, die gegen die Gesellschaft wirkt, wenn sie ihr mitgeteilt wurde. Bei einer Unterbeteiligung ist der Außengesellschafter anspruchsberechtigt. Im Gesellschaftsvertrag oder durch einstimmigen Gesellschafterbeschluß können anstelle oder neben den Gesellschaftern noch **andere Berechtigte** benannt werden. Dies kommt im allgemeinen bei gemeinnützigen oder Gesellschaften mit ideellen oder kulturellen Zwecken vor, wenn eine entspr. Bestimmung Steuerfreiheit nach den auf die Gesellschaft anzuwendenden Steuervorschriften (vgl. §§ 51 ff. AO) begründet.[87] Auch Genußrechtsinhaber können am Liquidationserlös beteiligt sein.[88] Die begünstigten Dritten haben bis zur Verteilung des Vermögens keinen Anspruch auf Teile des Liquidationsüberschusses. Die Gesellschafter können also idR, soweit die Gesellschaft nicht vertraglich gebunden ist, durch Satzungsänderung oder einstimmigen Gesellschafterbeschluß, den begünstigten Dritten das Recht zugunsten ihrer eigenen Person oder anderer wieder entziehen.[89]

Es besteht grds. ein Recht auf **Erfüllung des Anspruches in Geld**. Das Gesetz geht davon aus, indem es in § 70 Satz 1 GmbHG die Versilberung des Vermögens vorschreibt. Es schließt aber auch die Auskehrung von Vermögensgegenständen in natura nicht aus. Dazu ist die Zustimmung aller Gesellschafter oder eine entspr. Festlegung im Gesellschaftsvertrag notwendig. Die Verteilung **in natura** kommt zB in Betracht, wenn Vermögensgegenstände nicht schnell genug mit entspr. Ertrag versilbert werden können oder eine Anzahl gleichartiger Wertpapiere als Restvermögen verbleibt, die im Verhältnis der Liquidationsquoten verteilt werden können. Bei letztgenanntem Fall

---

[84] BGH v. 19. 9. 1983, JZ 1984, 99 f.
[85] *Scholz/K. Schmidt* § 72 Anm. 3;.
[86] *Scholz/K. Schmidt* § 72 Anm. 2; *Hofmann* GmbHR 1976, 258, 266 f.
[87] *Scholz/K. Schmidt* § 72 Anm. 5.
[88] *Hachenburg/Goerdeler/Müller* 8. Aufl., Anh. § 29 Anm. 8.
[89] *Scholz/K. Schmidt* § 72 Anm. 5.

kann der Gesellschafter nach hM die Zustimmung nicht verweigern.[90] Dies gilt allgemein auch bei der Zuweisung einzelner Vermögensgegenstände an einen Gesellschafter. Die anderen Gesellschafter dürfen ihre Zustimmung dazu nicht verweigern, sofern sie nicht selbst an dem Gegenstand interessiert sind oder die Gefahr einer Ungleichbehandlung der Gesellschafter besteht. Die Anrechnung von Vermögensgegenständen hat im allgemeinen zum Verkehrswert zu erfolgen.[91] Auch die Gesellschafter, die satzungsmäßig Sacheinlagen erbracht haben, müssen diese nicht zurücknehmen, sondern können ebenfalls auf Auszahlung in Geld bestehen. Das trifft nicht zu für Gegenstände, die der Gesellschaft von Gesellschaftern zur Nutzung überlassen wurden. Hier handelt es sich nicht um die Verteilung des Gesellschaftsvermögens, sondern um einen Rückgabevorgang von zeitweise überlassenen Nutzungsgütern; dieser hat in natura zu erfolgen.

2. Der Verteilungsmaßstab

50 Nach § 72 Satz 1 GmbHG ist das Vermögen der Gesellschaft **entsprechend dem Verhältnis der Geschäftsanteile** unter die Gesellschafter zu verteilen. Dabei ist vom Nennbetrag auszugehen. Es ist unbedeutend, wieviel an Stammeinlage eingezahlt ist, welche besonderen Pflichten oder Vorrechte damit verbunden sind und insb., ob Sach- oder Bareinlagen geleistet wurden. Bei **unterschiedlicher Höhe der geleisteten Einzahlungen** auf die Stammeinlagen erfolgt ein Ausgleich. Ein Berechnungsmodell ergibt sich dazu aus § 271 Abs. 3 AktG: Zuerst werden die von den Gesellschaftern geleisteten Einlagen erstattet. Ein weiterer Überschuß wird nach dem Verhältnis der Geschäftsanteile verteilt.[92] Auch derjenige Gesellschafter, der seine Einlage nicht erbracht hat, erhält nach Rückzahlung der von den anderen Gesellschaftern erbrachten Einlagen einen Anteil am Liquidationsendvermögen.

51 **Ausstehende Einlagen** sind zu erbringen, wenn sie für die gleichmäßige Verteilung nach der Beteiligungsquote erforderlich sind. Dazu ist ein Auseinandersetzungsplan vorzulegen.[93] Ansonsten werden ausstehende Einlagen mit dem Betrag, der dem Gesellschafter zustehen würde, verrechnet.[94] Die **eigenen Geschäftsanteile der Gesellschaft** werden bei der Ermittlung der Quoten nicht berücksichtigt, dh. das Verhältnis der einzelnen Ansprüche zueinander bleibt gleich, nur die prozentualen Anteile am Gesellschaftsvermögen erhöhen sich.[95] Ist ein Gesellschafter ausgetreten oder aus der Gesellschaft ausgeschlossen worden, sind aber die Geschäftsanteile noch nicht eingezogen oder abgetreten, ist er an der Verteilung zu beteiligen, allerdings unter Abfindungsbedingungen.[96]

---

[90] *Scholz/K. Schmidt* § 72 Anm. 9; *Baumbach/Hueck/Schulze-Osterloh* § 72 Anm. 11; aM *Meyer Landrut* § 72 Anm. 9.
[91] *Scholz/K. Schmidt* § 72 Anm. 10.
[92] *Scholz/K. Schmidt* § 72 Anm. 13; vgl. dazu auch *Hofmann* GmbHR 1976, 258, 266; *Baumbach/Hueck/Schulze-Osterloh* § 72 Anm. 4.
[93] Vgl. *Scholz/K. Schmidt* § 69 Anm. 21.
[94] *Scholz/K. Schmidt* § 72 Anm. 13.
[95] *Baumbach/Hueck/Schulze-Osterloh* § 72 Anm. 5; *Scholz/K. Schmidt* § 72 Anm. 13.
[96] *Baumbach/Hueck/Schulze-Osterloh* § 72 Anm. 5; *Scholz/K. Schmidt* § 72 Anm. 13.

Abweichungen vom Verteilungsmaßstab nach § 72 Satz 1 GmbHG **52**
können nach Satz 2 durch den Gesellschaftsvertrag festgelegt werden. Außer
durch Satzungsänderung kann der Verteilungsschlüssel außerdem, abweichend
vom § 72 Satz 2 GmbHG, durch formlosen Beschluß der Gesellschafter
modifiziert werden, sofern alle benachteiligten Gesellschafter zustimmen.[97]

Bei **unrichtiger Verteilung** kann der benachteiligte Gesellschafter Aus- **53**
gleichsansprüche gegenüber den anderen Gesellschaftern geltend machen. Es
entsteht eine Ausgleichsverpflichtung aus Gesellschaftsvertrag unter den Gesellschaftern, die ohne Nachtragsliquidation zu erfüllen ist.[98] Es besteht auch
die Möglichkeit, daß der benachteiligte Gesellschafter gegen die Gesellschaft
klagt und den Bereicherungsanspruch der Gesellschaft gegen den bevorzugten
Gesellschafter bei der Gesellschaft pfändet.[99] Zusätzlich kommt ein Schadensersatzanspruch gegen den Liquidator in Frage, allerdings nur nach den Grundsätzen des Deliktrechts und nicht nach §§ 71 Abs. 4, § 43 Abs. 2 GmbHG.[100]

Der Anspruch auf Verteilung des Restvermögens unterliegt der **Verjäh-** **54**
rungsfrist von 30 Jahren (§ 195 BGB). Eine Verkürzung der Frist sowie die
Einführung einer **Ausschlußfrist** für die Geltendmachung des Anspruchs der
Gesellschafter kann im ursprünglichen Gesellschaftsvertrag, durch eine Satzungsänderung oder durch einen einstimmigen Beschluß aller Gesellschafter
festgelegt werden.[101]

D. Beendigung

I. Zeitpunkt der Löschung im Handelsregister

Die Gesellschaft ist vollbeendet mit **Abschluß der Liquidation** und **Ein-** **55**
tragung der Löschung. Die Liquidatoren müssen mit Beendigung der
Liquidation und nachdem die Schlußrechnung gelegt ist, den Abschluß der
Liquidation zur Eintragung in das HR anmelden (§ 74 Abs. 1 Satz 1
GmbHG). Die Löschung der Gesellschaft im HR darf nicht vor **Ablauf des**
Sperrjahres erfolgen, um allen Gläubigern die Möglichkeit zu geben, ihre
Ansprüche anzumelden. Die vollbeendete Gesellschaft hört auf zu existieren.
Sind jedoch noch Aktiva vorhanden bzw. Abwicklungsmaßnahmen erforderlich, so ist die Abwicklung nur scheinbar beendet. Für die noch bestehende
Gesellschaft ist in diesem Fall eine Nachtragsliquidation erforderlich.[102] Aufgrund der falschen Löschungseintragung muß die Gesellschaft wieder als
GmbH in Liquidation eingetragen werden.[103] Der Nachtragsliquidator ist
durch den Richter zu bestellen (§ 273 Abs. 4 AktG analog).[104]

---

[97] Vgl. *Scholz/K. Schmidt* § 72 Anm. 15.
[98] *Scholz/K. Schmidt* § 72 Anm. 17; *Baumbach/Hueck/Schulze-Osterloh* § 72 Anm. 21.
[99] HM; vgl. *Scholz/K. Schmidt* § 72 Anm. 17.
[100] *Baumbach/Hueck/Schulze-Osterloh* § 72 Anm. 20.
[101] *Baumbach/Hueck/Schulze-Osterloh* § 72 Anm. 14–16; *Scholz/K. Schmidt* § 72 Anm. 18.
[102] *Scholz/K. Schmidt* § 60 Anm. 7.
[103] LG Düsseldorf v. 28. 1. 1959, GmbHR 1960, 143; *Keidel/Kuntze/Winkler* Anh. § 144b FGG Anm. 11; *Piorreck* Der Rechtspfleger 1978, 160.
[104] OLG Frankfurt v. 25. 2. 1993, DStR 1993, 809.

II. Aufbewahrung der Bücher und Schriften

56 Die Aufbewahrung der Bücher und Schriften der Gesellschaft nach Beendigung der Liquidation ist in § 74 Abs. 2 GmbHG geregelt. Danach sind **alle tatsächlich geführten Geschäftsbücher** – nicht nur die nach §§ 238, 239 HGB vorgeschriebenen[105] –, Unterlagen und Schriften aufzubewahren, soweit ihre Aufbewahrungsfristen nach § 257 Abs. 4 und 5 HGB nicht bereits abgelaufen sind. Die Aufbewahrungsfrist beträgt **10 Jahre** ab der Übergabe an die Verwahrperson. Sollten die allgemeinen handels- (§ 257 Abs. 4 und 5 HGB) und steuerrechtlichen (§ 147 AO) Aufbewahrungsfristen im Ausnahmefall länger sein, weil sie erst mit dem Schluß des Kj. beginnen, in dem die Bilanz festgestellt, das Inventar aufgestellt oder die letzte Buchung vorgenommen wurde usw., sind diese anzuwenden. Die **Verwahrperson**, die ein Gesellschafter oder ein Dritter (Treuhandgesellschaft, Bank, Liquidator usw.) sein kann, muß in der Satzung oder durch Gesellschafterbeschluß bestimmt werden. Fehlt die Bestimmung einer Verwahrperson, wird sie vom zuständigen Registergericht mit Einverständnis des Bestellten festgelegt. Antragsberechtigt sind jeder Liquidator, jeder Gesellschafter, jeder Gläubiger und der Konkurs- oder Gesamtvollstreckungsverwalter der GmbH.[106] Die Verwahrungsstelle muß aus der Registerakte ersichtlich sein. Zur **Einsicht in die Bücher und Schriften** der GmbH sind nur (ehemalige) Gesellschafter und deren Erben berechtigt. Das Registergericht kann jedoch auch Gläubigern der Gesellschaft bei berechtigtem Interesse die Einsicht gewähren (§ 74 Abs. 3 GmbHG). Die Einsicht, die am Ort der Verwahrung stattfindet, umfaßt auch die Anfertigung von Aufzeichnungen und Abschriften sowie die Einbeziehung eines Sachverständigen und kann auch in Vertretung durch Bevollmächtigte vorgenommen werden.

E. Rechnungslegung

I. Allgemeines

57 Abgewickelt werden Gesellschaften regelmäßig, weil ihre wirtschaftlichen Chancen nicht mehr positiv eingeschätzt werden. Viele in Liquidation befindliche Unternehmen sind latent konkursgefährdet. Die Liquidatoren müssen daher die Vermögens- und Finanzsituation im Abwicklungsverfahren besonders strikt überwachen. An das Rechnungswesen sind dabei entgegen der Praxis in der Abwicklung besondere Anforderungen zu stellen. Der Liquidator ist **verpflichtet**, zu Beginn der Liquidation und jeweils zum Ende des Abwicklungsjahres **Rechnung zu legen.**[107] Zu Beginn der Liquidation hat er

---

[105] BayOLG v. 14. 6. 1967, NJW 1968, 56.
[106] OLG Stuttgart v. 3. 1. 1984, BB 1984, 2169.
[107] Zur Rechnungslegung in der Liquidation vgl. im übrigen insb. *Budde/Förschle* Sonderbilanzen, 1994, Abschn. K; WP-Handbuch 1992, Bd. II, Abschn. H

E. Rechnungslegung 58–60 § 16

eine Eröffnungsbilanz mit erläuterndem Bericht aufzustellen (§ 71 Abs. 1 GmbHG). Hierzu ist eine Inventur von besonderer Bedeutung; in der Praxis wird dies häufig versäumt und erschwert dem Liquidator den Nachweis über eine ordnungsmäßige Abwicklung. Für den Schluß eines jeden Abwicklungsjahres hat er einen Jahresabschluß und einen Lagebericht zu erstellen (§ 71 Abs. 1 GmbHG). Daneben ist der Liquidator zur Aufstellung weiterer Rechenwerke verpflichtet.

II. Schlußbilanz der werbenden GmbH

Zunächst hat der Liquidator nach hM die **Schlußbilanz der werbenden** 58 **Gesellschaft** aufzustellen. Die Bezeichnung Schlußbilanz ist indessen irreführend, da ein vollständiger Jahresabschluß nebst Lagebericht zu erstellen ist und nicht nur eine Bilanz. Wenn die Auflösung nicht mit dem Beginn eines Geschäftsjahres zusammenfällt, ist dabei ein Abschluß für das Rumpfgeschäftsjahr zwischen dem letzten Geschäftsjahresbeginn und dem Tag vor der Auflösung zu erstellen.[108] Im Hinblick darauf, daß die Rechnungslegung der Gesellschaft *i. L.* sich nach den Änderungen des § 71 GmbHG im Zuge der Umsetzung der 4. EG-Richtlinie nicht mehr grds. von der der werbenden Gesellschaft unterscheidet, ist diese Ansicht indes fraglich. Die Aufstellung der Schlußbilanz ist bereits Aufgabe des Liquidators. Die Schlußbilanz ist auf den Tag vor der Auflösung aufzustellen.[109]

Str. ist, ob der Liquidator auch einen **Vermögensstatus** erstellen muß.[110] 59 Dies dürfte nur dann erforderlich sein, wenn nicht auszuschließen ist, daß die Gesellschaft überschuldet ist. Bei Auflösung der Gesellschaft ist die Gefahr der Überschuldung häufig gegeben, so daß ein Status in vielen Fällen unvermeidlich ist. Es gelten die allgemeinen Regeln zum Jahresabschluß einschließlich Abschlußprüfung und Offenlegung.

III. Liquidationseröffnungsbilanz und Erläuterungsbericht

1. Aufstellungszeitpunkt

Zunächst hat der Liquidator die Liquidationseröffnungsbilanz nebst Erläute- 60 rungsbericht, der dem Anhang entspricht, aufzustellen. Eine GuV ist nicht erforderlich. Nach hM gilt dafür die Dreimonatsfrist des § 264 Abs. 1 Satz 2 HGB. Die Verlängerung der Aufstellungsfrist auf sechs Monate bei kleinen Kapitalgesellschaften gem. § 264 Abs. 1 Satz 3 HGB ist auf die Liquidations-

---

Anm. 285 ff.; *Scherrer/Heni* Liquidations-Rechnungslegung, 2. Aufl. 1996; *Scherrer/ Heni* DStR 1992, 797 ff.; *W. Förster* Liquidationsbilanz, 3. Aufl. 1992; vgl. auch *K. Schmidt* Liquidationsbilanzen und Konkursbilanzen, 1989; vgl. für Treuhandunternehmen auch FN 1994, 202.
[108] BayOLG v. 14. 1. 1994, DB 1994, 523, 524; m. abl. Anm. *Förschle/Kropp/ Deubert* DB 1994, 998; *Scherrer/Heni* DStR 1992, 797, 798 mwN; aA *Förschle/Kropp/ Deubert* DStR 1992, 1523.
[109] *ADS* § 71 GmbHG Anm. 11.
[110] *Scholz/K. Schmidt* § 71 Anm. 31.

eröffnungsbilanz ebenfalls anwendbar.[111] Eine Liquidationseröffnungsbilanz ist erforderlich, auch wenn der Stichtag des letzten Jahresabschlusses kurz vorher liegt. **Stichtag** der Liquidationseröffnungsbilanz ist zwingend der **Auflösungstag**. Unerheblich ist, wann der Auflösungsgrund festgestellt wird. Die Gesellschafter können im Auflösungsbeschluß einen bestimmten künftigen Zeitpunkt zur Auflösung festlegen, eine Rückbeziehung ist nicht zulässig. Bei einer Auflösung durch Beschluß ist es sinnvoll, als Auflösungstag den Schluß des Geschäftsjahres zu wählen, da damit der Zeitpunkt für den Jahresabschluß und die Liquidationseröffnungsbilanz zusammenfallen.

2. Bilanzierungsgrundsätze

61 Auf die Liquidationseröffnungsbilanz sind die Vorschriften über den Jahresabschluß entspr. anzuwenden (§ 71 Abs. 2 Satz 2 GmbHG). Das gilt auch für die Regeln der Inventur. Daraus folgt nach allgemeiner Ansicht, daß sie in der Gliederung und auch in der Bewertung eine **Erfolgsbilanz** ist und keine Vermögensverteilungsbilanz. Es gilt im Verhältnis zum Jahresabschluß damit im Grundsatz das Stetigkeitsgebot; Ausnahmen sind in größerem Umfang möglich, soweit sie durch die geänderte Zielsetzung des Unternehmens begründet sind. Vorjahreszahlen sind nicht anzugeben. Soll das Unternehmen als Ganzes veräußert werden, so bleibt es für das betriebsnotwendige Vermögen bei der Bewertung nach **going-concern**. Wird im einzelnen versilbert, so sind Zerschlagungswerte anzusetzen. Nicht realisierte Gewinne dürfen aber nicht ausgewiesen werden. Es bleibt beim **Anschaffungswert** als Obergrenze. Selbstgeschaffene immaterielle Vermögensgegenstände des Anlagevermögens dürfen nicht aktiviert werden.[112] Die Aktivierung von Aufwendungen für die Ingangsetzung des Gesellschaftsbetriebs und dessen Erweiterung (§ 269 HGB) oder eines derivativen Geschäfts- oder Firmenwertes ist regelmäßig ausgeschlossen.[113] Ob das **EK** entspr. § 266 Abs. 3 Posten A HGB aufzugliedern ist oder lediglich ein Sammelposten „Abwicklungskapital" erforderlich ist, ist streitig. In jedem Fall dürfte die gesonderte Angabe des gezeichneten Kapitals und der gesonderte Ausweis der ausstehenden Einlage sinnvoll sein.[114] Eigene Anteile können gegen die Rücklage für eigene Anteile ausgebucht werden. Pensionsverpflichtungen sind zwingend zu erfassen; Art. 28 Abs. 1 EGHGB ist auf die Liquidationseröffnungsbilanz nicht anwendbar.[115] **Sozialplankosten** und künftige **Abwicklungskosten** sind anzusetzen, soweit bereits durch den Auflösungsgrund verursacht; dies gilt regelmäßig nicht für den Vergütungsanspruch des Liquidators. Es gelten die allgemeinen Grundsätze für die Rückstellungsbildung. Dabei sind insb. durch den Auflösungsgrund verursachte Kosten der Liquidation und durch die Be-

---

[111] Str. wie hier *Scholz/K. Schmidt* § 71 Anm. 13; aA insbes. *Baumbach/Hueck/Schulze-Osterloh* § 71 Anm. 11.
[112] Str., wie hier auch *ADS* § 71 GmbHG Anm. 18; *Scherrer/Heni* Liquidationsrechnungslegung, S. 56; aA etwa *Baumbach/Hueck/Schulze-Osterloh* § 71 Anm. 16.
[113] Einzelheiten *ADS* § 71 GmbHG Anm. 21.
[114] Einzelheiten *ADS* § 71 GmbHG Anm. 34 ff.; sowie *Scherrer/Heni* Liquidationsrechnungslegung §§ 87 ff.
[115] *ADS* § 71 GmbHG Anm. 25.

triebsstillegung verursachte Umweltkosten zu berücksichtigen. Vermögensgegenstände des bisherigen Anlagevermögens sind in zwei Fällen wie **Umlaufvermögen** zu bewerten, und zwar (1) soweit sie innerhalb eines überschaubaren Zeitraumes veräußert werden oder (2) nicht mehr dem Geschäftsbetrieb dienen (§ 71 Abs. 2 Satz 3 GmbHG). Damit ändert sich deren Bewertung, denn nur das Anlagevermögen ist planmäßig abzuschreiben. Eine planmäßige Abschreibung ist aber weiter möglich, wenn die bisherige Nutzung beibehalten wird.[116] Eine Veräußerung innerhalb eines überschaubaren Zeitraums liegt vor, wenn mit einer Veräußerung innerhalb der nächsten drei Jahre (str., deutlich enger die wohl hM)[117] gerechnet wird. Es handelt sich dabei um eine reine Bewertungsregel, eine Umgliederung ist nicht vorzunehmen.[118] Da die **Maßgeblichkeit für die Steuerbilanz** nicht mehr gilt, sind auch Wertaufholungen nach § 280 HGB durchzuführen.[119]

3. Erläuterungspflicht

Für den Erläuterungsbericht (§ 71 Abs. 1 GmbHG) gelten die allgemeinen **62** **Regelungen für den Anhang** (§§ 284, 285 HGB) entsprechend, soweit sie sich auf die Bilanz beziehen. Nähere Erläuterungen sind insb. zur Bewertung zu geben. Größenabhängige Erleichterungen (§§ 287, 288 HGB) greifen nicht. Ob Bewertungsreserven im Erläuterungsbericht offenzulegen sind, ist str.,[120] im Ergebnis aber abzulehnen.

4. Prüfung und Offenlegung

Die Liquidationseröffnungsbilanz und der erläuternde Bericht sind bei **63** großen und mittelgroßen Gesellschaften nach §§ 316 ff. HGB zu prüfen (str., aber wohl hM). Der Prüfer ist wie der **Abschlußprüfer** von den Gesellschaftern zu wählen und vom Liquidator zu bestellen. Für die Prüfungspflicht gelten die Größenklassen des § 267 HGB. Das Gericht kann von der Prüfungspflicht befreien (§ 71 Abs. 2 Satz 2 iVm. Abs. 3 GmbHG) – vgl. Rz. 61. Eröffnungsbilanz und Erläuterungsbericht sind nach den allgemeinen Vorschriften (§§ 325 ff. HGB) offenzulegen.[121]

IV. Jahresabschlüsse und Lageberichte im Liquidationsverfahren

Nach Aufstellung der Liquidationseröffnungsbilanz besteht für die in Liqui- **64** dation befindlichen Gesellschaften nach § 71 Abs. 1 GmbHG die Pflicht zur jährlichen Liquidationsrechnungslegung, die sich aus Bilanz, GuV und Anhang, also dem Jahresabschluß und dem Lagebericht zusammensetzt. Für die

---

[116] *ADS* § 71 GmbHG Anm. 30.
[117] IdR ein Jahr nach MünchHdb. GesR Bd. 3/*Weitbrecht* § 64 Anm. 32; *Baumbach/Hueck/Schulze-Osterloh* § 71 Anm. 19.
[118] *ADS* § 71 GmbHG Anm. 33; *Scherrer/Heni* Liquidationsrechnungslegung, S. 83 ff.
[119] *ADS* § 71 GmbHG Anm. 31.
[120] Vgl. zum Meinungsstand *Scherrer/Heni* Liquidationsrechnungslegung, S. 131 ff.
[121] *ADS* § 71 GmbHG Anm. 55.

Aufstellung, Prüfung und Offenlegung gelten die allgemeinen Regeln mit den für die Eröffnungsbilanz genannten Modifikationen. **Stichtag** für die Aufstellung des Jahresabschlusses ist nach hM der Ablauf des Kj., das vom Auflösungstag (Abwicklungsjahr) an gerechnet wird;[122] wenn die Gesellschaft zB auf den 29. 7. aufgelöst wurde, ist dies der künftige Abschlußstichtag. Allerdings kann, wenn dies im Gesellschaftsvertrag oder auf Beschluß der Gesellschafter so festgelegt ist, weiterhin das Geschäftsjahr der Gesellschaft zugrunde gelegt werden.[123] Dadurch darf allerdings wegen § 240 Abs. 2 Satz 2 HGB kein Abrechnungszeitraum entstehen, der länger als 12 Monate ist. Eine aufgelöste Obergesellschaft ist weiterhin zur **Konzernrechnungslegung** verpflichtet.[124] Aufgelöste Tochtergesellschaften sind in den Konsolidierungskreis regelmäßig weiter einzubeziehen.[125]

65   Grds. sind die Jahresabschlüsse im Liquidationszeitraum durch einen Abschlußprüfer zu prüfen. Das Registergericht am Sitz der Gesellschaft kann von der **Prüfungspflicht** für den Einzelabschluß aber nicht für den Konzernabschluß[126] befreien (§ 71 Abs. 3 GmbHG). Voraussetzung ist, daß die Verhältnisse der Gesellschaft so überschaubar sind, daß eine Prüfung im Interesse der Gesellschafter und Gläubiger nicht geboten ist. Es handelt sich um eine Ermessensentscheidung des Gerichts, gegen die die sofortige Beschwerde (§§ 27 ff. FGG) zulässig ist. Das Gericht wird auf Antrag tätig.[127] Der Liquidator kann hierzu, um die Kosten zu senken, sogar verpflichtet sein.[128]

66   Nach § 71 Abs. 2 Satz 1 obliegt den Gesellschaftern die **Feststellung** der Liquidationseröffnungsbilanz und der Jahresabschlüsse; § 42 a GmbHG gilt entspr. für das Liquidationsverfahren. Die Feststellungsfristen ergeben sich aus § 42 GmbHG und betragen für mittlere und große Gesellschaften 8, für kleine 11 Monate.

V. Weitere Rechnungswerke

1. Einnahmen-/Ausgabenrechnung

67   Neben der dem Verursachungsprinzips folgenden Bilanzierung ist eine dem Zufluß-/Abflußprinzip folgende Einnahmen-/Ausgabenrechnung im Abwicklungsverfahren zwar nicht zwingend vorgeschrieben aber empfehlenswert, um die Liquidität zu überwachen. Ergänzt werden sollte die Einnahmen-/Ausgabenrechnung durch eine detaillierte Liquiditätsplanung. Denn auch in der Liquidation gelten für die GmbH die allgemeinen Konkursgründe (§ 64 Abs. 1 GmbHG): Überschuldung und Zahlungsunfähigkeit (ab 1. 1. 1999: kommt als weiter Insolvenzgrund die drohende Zahlungsunfähigkeit hinzu).

---

[122] Ganz hM, vgl. nur OLG Frankfurt v. 6. 10. 1976, BB 1977, 312, 313; *Baumbach/Hueck/Schulze-Osterloh* § 71 Anm. 22.
[123] *ADS* § 71 GmbHG Anm. 13.
[124] Vgl. *Scholz/K. Schmidt* § 71 Anm. 27; WPH 1992, Bd. I, M 27; *ADS* § 71 GmbHG Anm. 44; wohl aA *Küting/Weber* § 71 Anm. 33 ff.
[125] *ADS* § 71 GmbHG Anm. 46.
[126] *ADS* § 71 GmbHG Anm. 44.
[127] *Scholz/K. Schmidt* § 71 Anm. 25.
[128] *Scholz/K. Schmidt* § 71 Anm. 25.

F. Besteuerung in der Liquidation		68–70 § 16

2. Liquidationsschlußbilanz

Eine Liquidationsschlußbilanz ist gesetzlich **nicht zwingend** vorgeschrieben, wird aber allgemein empfohlen.[129] Sie bildet den logischen Abschluß der dynamischen Rechnungslegung und zeigt den Stand des Vermögens vor der Schlußverteilung an die Gesellschafter auf. Gleichzeitig mit der Erstellung der Schlußbilanz können die Liquidatoren Vorschläge für Ausschüttung des Restvermögens, Rückgabe von Sacheinlagen an die Einleger, Handhabung der Verteilung evtl. nicht versilberter Vermögensgegenstände usw. machen. Die Schlußbilanz sollte ebenfalls den Bewertungsregeln der Liquidationsbilanzen unterliegen.[130] Verpflichtungen, die in ihrer Höhe noch nicht feststehen (Kosten für den Liquidator, Löschungskosten, Steuerschulden uä.) sind als Rückstellungen zu passivieren.[131] IdR ist aber eine Liquidationsschlußbilanz erst möglich, wenn alle Verbindlichkeiten feststehen. Ein erläuternder Bericht zur Bilanz ist nicht vorgeschrieben, kann aber für die Liquidatoren zur Erlangung ihrer Entlastung ggü. den Gesellschaftern sinnvoll sein. 68

3. Liquidationsschlußrechnung

Nach § 74 Abs. 1 GmbH ist eine Liquidationsschlußrechnung erforderlich.[132] Die Einzelheiten der Schlußrechnung sind umstritten. Richtig und sinnvoll dürfte es sein, eine Schlußbilanz und eine Schlußrechnung aufzustellen: Die Schlußbilanz zeigt das abzurechnende Vermögen, die Schlußrechnung dokumentiert die Abrechnung. Durch Bestätigung der Schlußbilanz und der Schlußrechnung durch die Gesellschafter hat der Liquidator einen lückenlosen Nachweis über seine Tätigkeit bis zum vollständigen Abschluß. Nach überwiegender Auffassung handelt es sich um eine Rechnungslegung iSd. § 259 BGB. Für diese ist eine Einnahmen-/Ausgabenrechnung sinnvoll.[133] Darin werden nach sachlichen Kriterien geordnet, sämtliche Bewegungen auf Zahlungsmittelkonten der aufgelösten Gesellschaft für die gesamte Liquidationsdauer zusammengestellt. Die Gesellschafterversammlung kann und sollte den Liquidator anweisen, eine solche Schlußrechnung zu erstellen. 69

F. Besteuerung in der Liquidation

I. Ertragsteuern der Gesellschaft

In der Abwicklung bleibt die **subjektive Steuerpflicht** bestehen. Es findet eine Schlußbesteuerung statt. Wesentliche Besonderheit der Liquida- 70

---

[129] Vgl. *Scherrer/Heni* Liquidationsrechnungslegung S. 38 ff.; *Scholz/K. Schmidt* § 71 Anm. 30.
[130] *Hofmann* GmbHR 1976, 258, 261.
[131] *Scholz/K. Schmidt* § 71 Anm. 30.
[132] Bisher str.; vgl. *Scherrer/Heni* Liquidationsrechnungslegung, S. 42 ff.
[133] Vgl. auch *ADS* § 71 GmbHG Anm. 15.

tionsbesteuerung ist der Besteuerungszeitraum (§ 11 KStG). Die Handelsbilanz ist nicht mehr maßgeblich, § 5 Abs. 1 Satz 2 EStG ist nicht anwendbar. Das körperschaftsteuerliche Anrechnungsverfahren ist anwendbar.

1. Besteuerungszeitraum

71 Grundsätzlich wird das Einkommen jeweils für das Kj. ermittelt (§ 7 Abs. 3 KStG iVm. § 25 EStG). Für die Abwicklung wird davon abgewichen: Besteuerungszeitraum und damit VZ ist der **Abwicklungszeitraum** (§ 11 Abs. 1 Satz 1 KStG). Dies gilt, obwohl handelsrechtlich unverändert jährlich ein Jahresabschluß aufzustellen ist (näher Rz. 60 ff.). Voraussetzung ist, daß auch tatsächlich eine Abwicklung stattfindet und nicht nur eine **Scheinliquidation** vorliegt. Eine Scheinliquidation ist gegeben, wenn sich die Gesellschaft nach dem Auflösungsbeschluß oder nach Beginn der Abwicklung wieder oder weiterhin unverändert am Wirtschaftsleben beteiligt, ohne daß ein Ende abzusehen ist.[134] Entscheidend sind hierfür die tatsächlichen Umstände und nicht, ob die Weiterführung förmlich beschlossen wurde. Bei einer Scheinliquidation sind weiterhin reguläre jährliche, mit dem Kj. übereinstimmende Veranlagungen durchzuführen. Dadurch wird verhindert, daß die Gesellschaft eine ungerechtfertigte Steuerpause erlangt.[135] Eine jährliche Veranlagung findet auch bei langwierigen Liquidationen von Großunternehmen statt.

72 Der Abwicklungszeitraum **beginnt** mit der Auflösung und **endet** mit dem Ende der Schlußverteilung des Gesellschaftsvermögens. Die Fin. Verw. läßt es auch zu, daß der Abwicklungszeitraum mit dem Wj. beginnt, in das die Auflösung fällt. Fällt der Auflösungszeitpunkt in ein lfdes Wj., so sind damit zwei Möglichkeiten (Wahlrecht) gegeben (Abschn. 46 Abs. 1 Sätze 4 und 5 KStR): (1) Für die Zeit bis zur Auflösung wird ein Rumpfwirtschaftsjahr gebildet und auch für diese Zeit veranlagt. Das Rumpfwirtschaftsjahr wird dann nicht in die Abwicklungsbesteuerung einbezogen. (2) Die Gesellschaft verzichtet auf die Bildung eines Rumpfwirtschaftsjahres. Das Ergebnis der Abwicklung erhöht sich damit um die Zeit zwischen dem letzten Veranlagungszeitpunkt und der Auflösung. Die Rspr. lehnt die Möglichkeit zur Bildung eines Rumpfwirtschaftsjahres ab.[136]

73 Der Abwicklungszeitraum bestimmt sich nach den tatsächlichen Verhältnissen. Der Besteuerungszeitraum soll **drei Jahre** nicht übersteigen (§ 11 Abs. 1 Satz 2 KStG). Die Anwendung dieser Soll-Vorschrift steht im pflichtgemäßen Ermessen der Fin. Verw. (§ 3 AO; § 102 FGO). Bei kürzerer Abwicklungszeit wird eine Veranlagung auf das Ende der Abwicklung durchgeführt; das ist der Zeitpunkt des Abschlusses der Vermögensverteilung. Eine vor Ablauf des Sperrjahres durchgeführte Löschung im HR ist für die ertragsteuerliche Beurteilung unbeachtlich (Abschn. 46 Abs. 2 KStR). Wird der Dreijahreszeitraum nur unbedeutend überschritten, so ist eine Veranlagung für den längeren

---

[134] *Graffe* in *Dötsch/Eversberg/Jost/Witt* § 11 KStG Anm. 5.
[135] *Graffe* in *Dötsch/Eversberg/Jost/Witt* § 11 KStG Anm. 5.
[136] BFH v. 17. 7. 1974 BStBl. II 1974, 692.

F. Besteuerung in der Liquidation 74 § 16

Zeitraum durchzuführen.[137] Bei einem längeren Abwicklungszeitraum als drei Jahre darf der erste Abwicklungsbesteuerungszeitraum nicht auf weniger als drei Jahre verkürzt werden.[138] Str. ist, wie zu veranlagen ist, wenn der Dreijahreszeitraum deutlich überschritten wird:[139] Es dürfte nicht zu beanstanden sein, wenn das FA nach Ablauf der drei Jahre wieder eine jährliche KSt-Veranlagung durchführt.[140] Im übrigen spricht der Wortlaut des Gesetzes dafür, daß diese Veranlagungen während der Abwicklung nur Zwischenveranlagungen sind.[141] Danach ist eine Änderung des Steuerbescheides nach § 175 Abs. 2 AO möglich. Am Ende der Abwicklung wird für die gesamte Zeit eine endgültige Veranlagung durchgeführt. Folge des langen Besteuerungszeitraumes ist eine Steuerpause. Das FA ist aber nicht gehindert, für den Abwicklungszeitraum Vorauszahlungen zu verlangen. Um Anpassungen vornehmen zu können, kann sich die Finanzbehörde an der jährlichen handelsrechtlichen Rechnungslegung orientieren. Auf Verlangen ist diese dem FA einzureichen. Sie hat darüber hinaus keine steuerliche Bedeutung.

2. Abwicklungsgewinn

a) Allgemeines

Der Abwicklungsgewinn oder Verlust im Abwicklungszeitraum ist der Unterschied zwischen dem Abwicklungsanfangsvermögen und dem Abwicklungsendvermögen (§ 11 Abs. 2 KStG). **Ziel** ist die **vollständige Erfassung der stillen Reserven**. Die Maßgeblichkeit der Handelsbilanz gilt nicht.[142] Die Einfügung des § 5 Abs. 1 Satz 2 EStG hat daran nichts geändert. Im übrigen gelten auch bei der Liquidation die allgemeinen Vorschriften (§ 11 Abs. 6 KStG): also insb. die Vorschriften über die abziehbaren und nichtabziehbaren Aufwendungen (§§ 9, 10 KStG).[143] Ein **Verlustabzug** (§ 10 d EStG) ist möglich (Abschn. 46 Abs. 3 KStG iVm. Abschn. 37 KStR). Dabei ist der verlängerte VZ zu berücksichtigen. Ein nicht ausgenutzter Verlustvortrag, der auch nicht mit dem Liquidationsgewinn verrechnet werden kann, geht endgültig verloren. In Konzernen ist daher zu prüfen, ob nicht vor der Liquidation etwa durch Einlage einer gewinnbringenden Einnahmequelle der Verlustvortrag ausgenutzt wird. Hierbei sind aber die Grundsätze über den Mantelkauf (§ 8 Abs. 4 KStG)[144] als Anhaltspunkte für einen eventuellen Gestaltungsmißbrauch (§ 42 AO) zu beachten.

---

[137] *Graffe* in *Dötsch/Eversberg/Jost/Witt* § 11 KStG Anm. 17; *Frotscher/Maas* § 11 Anm. 24.
[138] RFH v. 1. 6. 1937, RStBl. 1937, 967; *Graffe* in *Dötsch/Eversberg/Jost/Witt* § 11 KStG Anm. 17.
[139] Vgl. zur Diskussion *Graffe* in *Dötsch/Eversberg/Jost/Witt* § 11 KStG Anm. 18 ff.
[140] *Graffe* in *Dötsch/Eversberg/Jost/Witt* § 11 KStG Anm. 18; *Hübl* in *Herrmann/Heuer/Raupach* KStG § 11 Anm. 25.
[141] *Graffe* in *Dötsch/Eversberg/Jost/Witt* § 11 KStG Anm. 19.
[142] BFH v. 14. 12. 1965, BStBl. III 1966, 152; BFH v. 8. 12. 1971, BStBl. II 1972, 229.
[143] Vgl. BFH v. 21. 10. 1981, BStBl. II 1982, 177.
[144] *Achenbach* in *Dötsch/Eversberg/Jost/Witt* § 8 KStG Anm. 107 ff.

75 Bereits die Auflösung einer Organgesellschaft führt zur Beendigung der **Organschaft** (vgl. Abschn. 56 Abs. 1 KStR), denn die Organgesellschaft übt eine auf Erwerb gerichtete Tätigkeit nicht mehr aus. Eine wirtschaftliche Eingliederung (vgl. Abschn. 50 KStR) kann nicht mehr vorliegen. Soweit die Organgesellschaft unterjährig aufgelöst wird und kein Rumpfgeschäftsjahr bildet, ist auch das Einkommen des letzten Wj. bis zum Auflösungszeitpunkt nicht mehr dem Organträger zuzurechnen.[145] Bei Auflösung des Organträgers endet die Organschaft zwangsläufig.

76 Ein **Freibetrag** wie für Auflösungen bis zum 31. 12. 1995 gibt es für Kapitalgesellschaften nicht mehr (§ 16 Abs. 4 EStG).[146]

b) Abwicklungsanfangsvermögen

77 Abwicklungsanfangsvermögen ist das Betriebsvermögen, das am Schluß des der Auflösung **vorangegangenen Wj.** der Veranlagung zugrunde gelegt wurde (§ 11 Abs. 4 Satz 1 KStG). Es besteht ein strenger Bilanzzusammenhang zwischen der letzten Veranlagung und dem Abwicklungsanfangsvermögen, denn stille Reserven sollen nicht unversteuert bleiben. Gewinnausschüttungen für VZ vor der Auflösung sind vom Abwicklungsanfangsvermögen abzuziehen (§ 11 Abs. 4 Satz 3 KStG). War am Schluß des vorangegangenen VZ kein Betriebsvermögen vorhanden, so gilt als Abwicklungsanfangsvermögen die Summe der später geleisteten offenen oder verdeckten Einlagen (§ 11 Abs. 5 KStG).

c) Abwicklungsendvermögen

78 Abwicklungsendvermögen (§ 11 Abs. 3 KStG) ist das an die Gesellschafter zur Verteilung kommende Vermögen. Es ist also das Vermögen, das nach Versilberung der Aktiva und der Befriedigung der Gläubiger verbleibt.[147] Vorschüsse in Form von Liquidationsraten und verdeckte Zuwendungen an die Gesellschafter oder nahestehende Personen sind hinzuzurechnen.[148] **Sachauskehrungen** (zB Gesellschafter erhält den auf null abgeschriebenen Fuhrpark) sind mit dem gemeinen Wert (§ 9 BewG) anzusetzen.[149] Der Teilwert (vgl. § 6 Abs. 1 Nr. 4 EStG, § 10 BewG) ist nicht maßgeblich, da eine Unternehmensfortführung, wie sie der Teilwertbegriff unterstellt (§ 10 Satz 3 BewG), gerade nicht vorliegt. Dabei werden wertaufhellende Umstände, die bis zur Veranlagung bekannt werden, berücksichtigt.[150] **Steuerfreie Sanierungsgewinne** (§ 3 Nr. 66 EStG) können während der Abwicklung nicht anfallen.[151] Es fehlt an der Sanierungseignung (vgl. Abschn. 6 Nr. 27 Abs. 2

---

[145] BMF-Schreiben v. 30. 12. 1971, Tz. 26 f., BStBl. I 1972, 2.
[146] Vgl. *Schmidt/Schmidt* § 16 Anm. 579; *Kanzler* FR 1995, 851; zum alten § 16 Abs. 4 EStG vgl. Abschn. 27 Abs. 3 KStR.
[147] *Graffe* in *Dötsch/Eversberg/Jost/Witt* § 11 KStG Anm. 25.
[148] Vgl. *Heidemann* INF 1992, 457, 458.
[149] BFH v. 14. 12. 1965, BStBl. III 1966, 152; *Graffe* in *Dötsch/Eversberg/Jost/Witt* § 11 KStG Anm. 25; *Frotscher/Maas* § 11 KStG Anm. 35, seit 1. 1. 1993 zumindest fraglich, da § 10 BewG geändert.
[150] BFH v. 14. 12. 1965, BStBl. III 1966, 152.
[151] BFH v. 7. 2. 1985, BStBl. II 1985, 504; siehe auch *Knief* DB 1986, 441, 449.

F. Besteuerung in der Liquidation   79, 80   § 16

EStR). Ein **derivater Firmenwert** ist nach Ansicht der Rspr. anzusetzen.[152] Dies dürfte nur richtig sein, wenn der Firmenwert im Rahmen der Abwicklung realisiert werden kann. Andernfalls ist sein gemeiner Wert Null. **Eigene Anteile** sind auszubuchen, da sie ähnlich wie der nicht realisierte Firmenwert untergehen.[153] Erwirbt die Gesellschaft im Rahmen der Abwicklung eigene Anteile, so ist der Gewinn um die Anschaffungskosten der eigenen Anteile zu erhöhen. In der Sache liegt insoweit nur eine vorgezogene Liquidationsrate vor.[154] Das Abwicklungsendvermögen ist um im Abwicklungszeitraum zugeflossene **steuerfreie Vermögensmehrungen** zu kürzen (§ 11 Abs. 3 KStG). Hierzu gehören insb. die nach § 3 EStG steuerfreien Einkünfte, steuerfreie Investitionszulagen, zB nach dem InvZulG nach DBA, steuerfreie ausländische Einkünfte. Abzuziehen sind auch **Einlagen** während der Abwicklung.[155] Zu denken ist in diesem Zusammenhang insb. an Zuwendungen der Gesellschafter, um einen Konkurs während der Abwicklung zu verhindern.

d) Schema

Die **Ermittlung des Abwicklungsgewinns** erfolgt nach folgendem   79
Grobraster:[156]

Abwicklungsendvermögen (bewertet zum gemeinen Wert)
./. steuerfreie Vermögensmehrungen (zB nach § 3 EStG)
./. Einlagen
./. abzugsfähige Aufwendungen (außer Spenden; § 9 KStG)
+   verdeckte Vermögensverteilung
+   nichtabziehbare Aufwendungen (§ 10 KStG; § 4 Abs. 5 EStG)
=   steuerliches Abwicklungsendvermögen (§ 11 Abs. 3 KStG)
./. Abwicklungsanfangsvermögen (§ 11 Abs. 2 KStG)
     (bewertet nach §§ 6 ff. EStG, dh. zu fortgeführten Buchwerten)
./. Gewinnausschüttungen für Wj. vor der Auflösung (§ 11 Abs. 4 Satz 3 KStG)
=   vorläufiger steuerlicher Abwicklungsgewinn oder -verlust
+   bei der Ermittlung des Abwicklungsendvermögens abgezogene Spenden
./. höchstens abziehbare Spenden
=   endgültiger Abwicklungsgewinn

3. Anrechnungsverfahren in der Liquidation

Das Anrechnungsverfahren ist auch auf die Verteilung des Abwicklungsver-   80
mögens anwendbar (§§ 27–40 KStG). Die Liquidationsraten sind **sonstige Leistungen** iSd. **§ 41 Abs. 1 KStG**. Die Ausschüttungsbelastung von 30% ist nach den allg. Regeln herzustellen (vgl. im einzelnen § 11 Rz. 88 ff.). Die

---

[152] BFH v. 14. 2. 1978, BStBl. II 1979, 99; vgl. auch *Graffe* in *Dötsch/Eversberg/Jost/Witt* § 11 KStG Anm. 26.
[153] RFH v. 10. 10. 1930, RStBl. 1930, 760; *Graffe* in *Dötsch/Eversberg/Jost/Witt* § 11 KStG Anm. 26.
[154] Weitergehend *Dötsch/Gottstein/Stegmüller/Zenthöfer* KStG, 10. Aufl., Anm. 624, die bei eigenen Anteilen stets eine Hinzurechnung fordern.
[155] RFH v. 4. 10. 1938, RStBl. 1938, 1142; *Graffe* in *Dötsch/Eversberg/Jost/Witt* § 11 KStG Anm. 28.
[156] Vgl. *Graffe* in *Dötsch/Eversberg/Jost/Witt* § 11 KStG Anm. 37.

Schlußverteilung ist als Vollausschüttung zu behandeln. Die Gesellschaft muß Steuerbescheinigungen ausstellen (§ 44 Abs. 1 Satz 1 KStG), sonst erhält der Gesellschafter keine Anrechnung. Die Gesellschaft kann wählen, ob die geleistete Zahlung vorrangig mit dem verwendbaren oder mit dem übrigen Eigenkapital zu verrechnen ist (Abschn. 95 a Abs. 2 KStR).

4. Besonderheiten der Gewerbeertragsteuer

81 Als Gewerbebetrieb kraft Rechtsform (§ 2 Abs. 2 Satz 1 GewStG) ist auch der **Abwicklungsgewinn der GmbH gewerbesteuerpflichtig**, obwohl sie ihre werbende Tätigkeit eingestellt hat. Der Gewerbeertragsteuer ist der nach § 11 KStG ermittelte Gewinn zugrunde zu legen.[157] Eine gewerbesteuerliche Organschaft endet mit der Auflösung der Organgesellschaft (vgl. Abschn. 17 Abs. 4 GewStR). Im übrigen gelten die allgemeinen Regelungen zur Ermittlung des Gewerbeertrags auch für den Abwicklungszeitraum. Bei einem mehrjährigen Liquidationszeitraum ist der Gewerbeertrag auf die Jahre zeitanteilig zu verteilen (§ 16 GewStDV; vgl. dazu Abschn. 46 GewStR), da unter Umständen unterschiedliche Hebesätze berücksichtigt werden müssen.

II. Gewerbekapital- und Vermögensteuer

82 Seit dem 1. 1. 1997 ist die VSt weggefallen und ab 1. 1. 1998 ist das Gewerbekapital als Besteuerungsgrundlage der GewSt ersatzlos entfallen.

III. Umsatzsteuer

83 Die aufgelöste GmbH bleibt **Unternehmer** im umsatzsteuerlichen Sinne (§ 2 Abs. 1 UStG). Sie tätigt also umsatzsteuerpflichtige Umsätze und hat den Vorsteuerabzug. Die Umsatzsteuervoranmeldungen sind wie vor der Auflösung abzugeben. Auch für die USt-Jahreserklärung gelten die allgemeinen Regeln, es gibt keinen besonderen Besteuerungszeitraum wie bei den Ertragsteuern.

IV. Besteuerung des Gesellschafters bei der Abwicklung

1. Anteile im Privatvermögen

84 Beim Gesellschafter der abgewickelten GmbH ist für die Besteuerung des Liquidationserlöses zu unterscheiden zwischen (1) Anteilen, die im Betriebsvermögen und solchen, die im Privatvermögen gehalten wurden und (2) zwischen der Kapitalrückzahlung und steuerpflichtigen Kapitalerträgen. Bei einer **Beteiligung im Privatvermögen** gehören die Auskehrungen aus dem verwendbaren EK iSv. § 29 KStG zu den Einnahmen aus Kapitalvermögen (§ 20 Abs. 1 Nr. 2 EStG). Dies umfaßt grds. den gesamten das Nennkapital übersteigenden Teil des Liquidationserlöses. Nicht zu den Einnahmen aus

---

[157] *Glanegger/Güroff* GewStG § 7 Anm. 36.

F. Besteuerung in der Liquidation   85, 86 § 16

Kapitalvermögen gehören Liquidationserlöse, die aus dem EK 04 gespeist werden. Bei Anteilseignern mit **wesentlicher Beteiligung** (mindestens 10%) sind Teile des Liquidationserlöses, die nicht zu den Einkünften aus Kapitalvermögen gehören, Veräußerungspreis iSv. § 17 EStG. Hierzu gehört idR nur das zurückgezahlte Stammkapital und Rückzahlungen die aus dem EK 04 gespeist werden.[158] In der Differenz zwischen den Anschaffungskosten und dem Veräußerungspreis iSv. § 17 EStG entsteht ein Veräußerungsgewinn oder -verlust mit Freibetrag (§ 17 Abs. 3 EStG) und der Möglichkeit einer Progressionsmilderung nach § 34 Abs. 1 Sätze 2 bis 4 EStG idF des **StEntlG 1999/2000/2002**. Bei einer Veräußerung statt einer Liquidation erhält der Veräußerer dieses Privileg für den gesamten Veräußerungsgewinn. Die Veräußerung kann daher steuerlich günstiger sein. Str. ist, ob eine Veräußerung nur zum Zwecke der Liquidation (**sogenannte Anteilsrotation**; vgl. auch Rz. 85), mit der Absicht beim Erwerber eine wesentliche Beteiligung aufzubauen, ein Gestaltungsmißbrauch ist.[159] Bei einer **unwesentlichen Beteiligung** ist ein Gewinn aus der Liquidation steuerfrei, ein Verlust steuerlich unbeachtlich. Die Spekulationsfrist gilt auch für die Liquidation.

2. Anteile im Betriebsvermögen

Bei einer **Beteiligung im Betriebsvermögen** entsteht im Unterschied zwischen der Gesamtauskehrung und dem Buchwert ein laufender Gewinn oder Verlust beim Anteilseigner. Die Auflösung und Liquidation einer 100 %igen Beteiligung ist der Veräußerung oder Aufgabe iSd. § 16 Abs. 1 Nr. 1 EStG grundsätzlich gleichgestellt. Bei einer 100%igen Beteiligung (die unter Umständen durch Anteilsrotation – vgl. oben Rz. 84 – aufgebaut wurde) im Betriebsvermögen einer Mitunternehmerschaft erhält der Mitunternehmer als mittelbarer Anteilseigner die Möglichkeit einer Progressionsmilderung (§ 16 EStG iVm. § 34 EStG).[160] Allerdings gilt dies nicht (str.), soweit das ausgekehrte Vermögen der Gesellschaft nach § 20 Abs. 1 Nr. 1 oder 2 EStG zu den Einnahmen des Gesellschafters aus Kapitalvermögen gehören würde (§ 17 Abs. 4 S. 2 EStG), wenn die Anteile nicht dem Betriebsvermögen zuzurechnen wären.   85

3. Anrechnungsverfahren

Das **körperschaftsteuerliche Anrechnungsverfahren** gilt in der Liquidation uneingeschränkt ohne Sonderregelungen. Negative EK 0-Beträge sind auszugleichen (§ 30 Abs. 1 Nr. 3 KStG). Der Ausgleich geschieht in folgender Reihenfolge: (1) innerhalb der EK 0-Teilbeträge, (2) mit dem Nennkapital, (3) mit den körperschaftsteuerbelasteten EK-Teilbeträgen in der Rei-   86

---

[158] Str.; vgl. *Schmidt/Weber-Grellet* § 17 Anm. 227, 229 mwN; eingehend *Dötsch* in *Dötsch/Eversberg/Jost/Witt* § 17 EStG Anm. 113 ff.
[159] Vgl. zum Meinungsstand *Schmidt/Weber-Grellet* § 17 Anm. 228; BFH v. 3. 2. 1993, FR 1993, 366; vgl. auch BFH v. 23. 10. 1996, DB 1997, 507; zu weiteren Gestaltungsmöglichkeiten vgl. *Heidemann* INF 1992, 486 ff.
[160] BFH v. 1. 2. 1989, BStBl. II 1989, 458, 460, hierzu BMF-Schreiben v. 17. 7. 1991, DB 1991, 1651.

henfolge, in der ihre Belastung zunimmt (§ 41 Abs. 4 KStG). Dies kann zu einer Definitivbelastung führen. Um dies zu vermeiden, ist es zu empfehlen, das EK 04 durch eine Einlage auszufüllen („Leg-ein-Hol-zurück-Verfahren").[161] Fraglich ist, ob darin ein Gestaltungsmißbrauch zu sehen ist (§ 42 AO).[162] Zur Minderung der Substanzsteuern kann eine Auskehrung des Liquidationsüberschusses vor Ablauf des Sperrjahres verbunden mit einer ausschüttungsbedingten Teilwertabschreibung sinnvoll sein. Es besteht aber die Gefahr des Vorwurfs eines Gestaltungsmißbrauchs (§ 42 AO).

4. Erbschaftsteuer

87 Gem. § 13a Abs. 5 Nr. 1 ErbStG führt die Liquidation, wenn sie innerhalb von fünf Jahren nach der Vererbung oder Schenkung erfolgt, zum rückwirkenden Wegfall des erbschaftsteuerlichen Freibetrages von DM 500 000 (§ 13a Abs. 1 Satz 1 ErbStG) und des Bewertungsabschlages von 40% (§ 13a Abs. 2 ErbStG).

G. Besonderheiten in den neuen Bundesländern

88 Besondere Auflösungsgründe gibt es in den neuen Bundesländern sowohl für Treuhand-GmbHs (vgl. § 22 THG; § 57 DMBilG) als auch für treuhandunabhängige Gesellschaften (vgl. Art. 12 Abs. 1 Satz 3 GmbHG; § 57 DMBilG). Für Altgesellschaften ist die **Anpassung des Stammkapitals** auf mindestens DM 50 000,– und eine auf DM 50 000,– ausgerichtete Mindesteinlage zu beachten. Für am 30. 6. 1990 bereits bestehende Gesellschaften oder bis zum 30. 6. 1990 zur Eintragung in das HR angemeldete, aber noch nicht eingetragene Gesellschaften, ist eine erforderliche Kapitalerhöhung oder eine erhöhte Mindesteinlage bis zum 1. 7. 1995 zur Eintragung anzumelden bzw. die Einlage zu leisten. Das gilt entspr. für Gesellschaften, die zwischen dem 1. 7. 1990 und dem 3. 10. 1990 zur Eintragung in das HR angemeldet worden sind. Termin für die Kapitalerhöhung oder weitere Einlagen war hier der 1. 7. 1992.

89 Nach § 11 THG **umgewandelte Gesellschaften**[163] werden zunächst als „im Aufbau" oder „i. A." eingetragen. Die Geschäftsführer haben nach § 19 THG unverzüglich nach Eintragung, die zur Gründung erforderlichen Maßnahmen einzuleiten und anzumelden (§ 21 THG).[164] Wurde dies bis zum 30. 6. 1991 versäumt, so ist die Gesellschaft mit diesem Tag aufgelöst (§ 22 THG). Sie wird zur Gesellschaft „i. A., i. L.". Die Gesellschafter können aber grds. die Fortsetzung beschließen, wenn die Anmeldung nachgeholt wird und die übrigen Voraussetzungen für einen Fortsetzungsbeschluß vorliegen (vgl. Rz. 27).[165] Ein konkludenter Fortsetzungsbeschluß liegt vor,

---

[161] Vgl. *Herzig* BB 1979, 173, 176; *Heimfarth* DB 1983, 1734.
[162] Vgl. *Dötsch* in *Dötsch/Eversberg/Jost/Witt* § 41 KStG Anm. 70 ff. mwN.
[163] Vgl. insb. *Hess* Rechtsfragen der Liquidation von Treuhandunternehmen, 1993.
[164] Vgl. hierzu *Priester* DB 1991, 2373, 2374.
[165] *Priester* DB 1991, 2373, 2374.

G. Besonderheiten in den neuen Bundesländern   90–92 § 16

wenn die Treuhandanstalt die Auflösung zu einem späteren Zeitpunkt beschließt (str.).

Zur Auflösung einer Gesellschaft kommt es auch, wenn sie nicht fristgerecht die **Neufestsetzung der Kapitalverhältnisse**, die Durchführung einer zur Neufestsetzung erforderlichen Kapitalerhöhung oder den **Ausgleich nicht getilgter Kapitalentwertungskonten** bewirkt (§ 57 DMBilG).[166] Frist für die Kapitalneufestsetzung war der 31. 12. 1993. Eine Kapitalerhöhung war bis zum 31. 12. 1993 zur Eintragung in das HR anzumelden. Beim Nachholen aller Maßnahmen ist eine Fortsetzung der Gesellschaft möglich, zu den allgemeinen Voraussetzungen für die Fortsetzung vgl. Rz. 25. Frist für den Ausgleich des Kapitalentwertungskontos ist der 31. 12. 1997. Wegen Vermögenslosigkeit aufzulösen sind Gesellschaften, deren gesamtes Unternehmen im Wege der Einzelrechtsübertragung nach dem VermG im Rahmen **Reprivatisierung** übertragen wurde. 90

Änderungen der DM-Eröffnungsbilanz nach **§ 36 DMBilG** sind auch in der Liquidationseröffnungsbilanz zu berücksichtigen, soweit diese Auswirkung auf die Besteuerung hat (vgl. Rz. 74,77). 91

Bei **Investitionszulagen** nach dem FördergebietsG ist idR eine dreijährige Verbleibensfrist zu berücksichtigen. Führt die Liquidation zur Nichteinhaltung der Frist, weil der Vermögensgegenstand an eine Betriebsstätte außerhalb des Fördergebietes veräußert wird, so ist die Investitionszulage zurückzuzahlen und daher eine entspr. Rückstellung zu bilden. Ähnliche Probleme ergeben sich bei Investitionszuschüssen und bei anderen Fördermitteln. 92

---

[166] Einzelheiten vgl. *KPMG Deutsche Treuhand-Gruppe*, D-Markbilanzgesetz, 1990; *Budde/Forster* D-Markbilanzgesetz, 1990, mit Ergänzungsband 1991.

§ 17 Die GmbH im Konzern

Bearbeiter: Dr. Georg Rosenbach

Übersicht

	Rz.
A. Überblick	
I. Rechtstatsachen/Rechtsquellen	1
II. Grundlagen	2–12
1. §§ 15 ff. AktG	2
2. Mehrheitsbeteiligung (§ 16 AktG)	3
3. Abhängige Unternehmen (§ 17 AktG)	4
4. Konzern (§ 18 AktG)	5–8
5. Wechselseitige Beteiligungen (§ 19 AktG)	9
6. Unternehmensverträge (§§ 291, 292 AktG)	10–12
B. Der Vertragskonzern	
I. Begründung eines Vertragskonzerns	13–26
1. Beherrschte GmbH	14–18
a) Zuständigkeit/Vertretungsmacht	14, 15
b) Mehrheitserfordernisse	16
c) Form, Eintragung	17, 18
2. Herrschende GmbH	19
3. Unternehmensvertragsbericht/Unternehmensvertragsprüfung	20
4. Isolierte Beherrschungs- und Gewinnabführungsverträge	21
5. Satzungsklauseln	22
6. Unwirksame Unternehmensverträge	23–26
II. Rechtsstellung und Haftung der GmbH im Vertragskonzern	27–43
1. Die GmbH als Obergesellschaft	27–39
a) Weisungsrecht	27–32
b) Zuständigkeitsverteilung	33, 34
c) Ausgleichs-, Abfindungs- und Umtauschverpflichtungen	35, 36
d) Verlustübernahme	37–39
2. Die GmbH als Untergesellschaft	40–43
a) Gewinnabführung	40
b) Wechselseitige Beteiligung	41, 42
c) Stimmverbot	43
III. Die körperschaftsteuerliche Organschaft	44–92
1. Voraussetzungen der körperschaftsteuerlichen Organschaft	47–82
a) Anerkennung einer Gesellschaft als Organträger	48–51
b) Anerkennung einer Gesellschaft als Organgesellschaft	52–54
c) Eingliederung der Organgesellschaft in den Organträger	55–73
aa) Finanzielle Eingliederung	56–58

	Rz.
bb) Wirtschaftliche Eingliederung	59–62
cc) Organisatorische Eingliederung	63–65
dd) Maßgeblichkeit des Gesamtbildes der Verhältnisse	66
ee) Zeitliche Voraussetzungen	67
ff) Besonderheiten bei Personengesellschaften als Organträger	68
gg) Geschäftsleitende Holding als Organträger	69
hh) Betriebsaufspaltung	70
ii) Mehrmütter-Organschaft	71–73
d) Abschluß und Durchführung des Gewinnabführungsvertrages zwischen Organträger und Organgesellschaft	74–82
aa) Wirksamwerden des Gewinnabführungsvertrages	75–77
bb) Dauer des Gewinnabführungsvertrages	78
cc) Durchführung des Gewinnabführungsvertrages	79
dd) Tatsächlicher Vollzug des Gewinnabführungsvertrages	80, 81
ee) Beendigung des Gewinnabführungsvertrages	82
2. Rechtsfolgen der körperschaftsteuerlichen Organschaft	83–91
a) Ermittlung des Einkommens der Organgesellschaft	84
b) Gliederung des verwendbaren Eigenkapitals der Organgesellschaft	85
c) Ermittlung des Einkommens des Organträgers	86–90
d) Gliederung des verwendbaren Eigenkapitals des Organträgers	91
3. Verunglückte Organschaft	92
IV. Die gewerbesteuerliche Organschaft	93–106
1. Voraussetzungen der gewerbesteuerlichen Organschaft	94–97
a) Anerkennung einer Gesellschaft als Organträger	95
b) Anerkennung einer Gesellschaft als Organgesellschaft	96
c) Eingliederung der Organgesellschaft in den Organträger	97
2. Rechtsfolgen der gewerbesteuerlichen Organschaft	98–106
a) Ermittlung des Gewerbeertrags im Fall der Organschaft	100–104
b) Ermittlung des Gewerbekapitals im Fall der Organschaft	105
c) Zerlegung des Steuermeßbetrags	106
V. Die umsatzsteuerliche Organschaft	107–116
1. Voraussetzungen der umsatzsteuerlichen Organschaft	108–114
a) Anerkennung einer Gesellschaft als Organträger	108
b) Anerkennung einer Gesellschaft als Organgesellschaft	109
c) Eingliederungsvoraussetzungen	110–114

	Rz.
aa) Finanzielle Eingliederung	111
bb) Wirtschaftliche Eingliederung	112, 113
cc) Organisatorische Eingliederung	114
2. Rechtsfolgen der umsatzsteuerlichen Organschaft	115, 116
VI. Änderung und Beendigung von Unternehmensverträgen	117–129
1. Änderung	117
2. Beendigungsgründe	118–123
a) Aufhebung	118
b) Ordentliche Kündigung	119
c) Kündigung aus wichtigem Grund	120–122
d) Sonstige Beendigungsgründe	123
3. Zustimmungserfordernisse, Form	124–126
a) Abhängige Gesellschaft	124, 125
b) Herrschende Gesellschaft	126
4. Sicherung von Gläubigern und außenstehenden Gesellschaftern	127–129

C. Faktischer und qualifizierter faktischer Konzern

I. Abgrenzung	140–147
II. Begründung des faktischen Konzernverhältnisses	148–159
1. Vorbemerkung	148
2. Begründung der Abhängigkeit und des einfachen faktischen Konzerns	149–159
a) Abhängige GmbH	149–156
aa) Abhängigkeitspräventive Satzungsklauseln	151, 152
bb) Fehlen einer vertraglichen Regelung	153–155
cc) Konzernierung der abhängigen GmbH	156
b) Schutz der Gesellschafter der herrschenden GmbH	157–159
III. Die Rechtsstellung und Haftung der GmbH im faktischen Konzern	160–178
1. Die GmbH als Obergesellschaft	160–162
a) Zuständigkeitsverteilung	160
b) Anteilserwerb durch das abhängige Unternehmen	161
c) Pflicht zur Konzernbildung	162
2. Die GmbH als Untergesellschaft	163–178
a) Einfacher faktischer Konzern	163–169
aa) Schädigungsverbot	163–167
bb) Stimmverbot nach § 47 Abs. 4 GmbHG	168
cc) Austritt	169
b) Qualifizierter faktischer Konzern	170–178
aa) Anwendbarkeit der Regeln für den einfachen Konzern	170
bb) Abfindung und Ausgleich	171, 172
cc) Verlustübernahme, Ausfallhaftung, Sicherheitsleistung (§§ 302, 303 AktG analog)	173–178
IV. Steuerliche Behandlung des faktischen und qualifizierten faktischen Konzerns	179–198
1. Der faktische und qualifizierte faktische Konzern im Körperschaftsteuerrecht	180–188

	Rz.
a) Das steuerliche Anrechnungsverfahren	180
b) Die Grundsätze der phasengleichen Vereinnahmung	181–186
c) Verluste einer Beteiligungsgesellschaft	187
d) Verrechnungspreise verbundener Unternehmen	188
2. Der faktische und qualifizierte faktische Konzern im Gewerbesteuerrecht	189–196
a) Die gewerbesteuerliche Organschaft	190
b) Die Gewerbesteuerumlage	191, 192
c) Die gewerbesteuerlichen Schachtelprivilegien	193–196
3. Der faktische und qualifizierte faktische Konzern im Umsatzsteuerrecht	197, 198
D. Besonderheiten bei grenzüberschreitenden Konzernverhältnissen	
I. Handelsrechtlich	200
II. Steuerlich	201

A. Überblick

I. Rechtstatsachen/Rechtsquellen

1 Die Bedeutung des GmbH-Konzernrechts für die Wirtschaftspraxis wird nicht nur durch spektakuläre Entscheidungen wie zum qualifizierten faktischen Konzern reflektiert. Auch wenn die rechtstatsächliche Lage – Ausmaß und Art der Konzernbeziehungen – noch als weitgehend unübersichtlich und statistisch wenig erfaßt gelten muß,[1] so ist der Hinweis auf den zunehmenden und fortgeschrittenen **Konzernierungsgrad** bei GmbH's sicher ebenfalls zutreffend.[2]

Das GmbH-Konzernrecht befaßt sich mit den Fragen, die sich aus der Integration einer vormals selbständigen oder von vornherein unselbständig gegründeten GmbH in einen Konzernverbund ergeben. Das gesetzliche Leitbild orientiert sich an einer GmbH als einem Zusammenschluß von Gesellschaftern zur Gewinnerzielung in **Selbständigkeit**.[3] Ist diese Selbständigkeit aufgrund der Einbindung der GmbH in einen Konzern nicht mehr gegeben, so droht die ehemals selbständige GmbH zum Instrument der Interessenverfolgung der Konzernobergesellschaft zu werden. **Hauptanliegen** des Konzernrechts ist daher der angemessene Schutz der Minderheitsgesellschafter und Gläubiger der abhängigen GmbH.

Im Gegensatz zum Aktiengesetz enthält das GmbH-Gesetz kein kodifiziertes Konzerngesellschaftsrecht der GmbH. Versuche einer gesetzlichen Regelung (Regierungsentwurf 1971) sind über das Entwurfsstadium nicht hinausgekommen. Fraglich ist, wann eine gesetzliche Regelung aufgrund der geplanten EU-Konzernrichtlinie erfolgen wird. Gegenwärtig ist daher das geltende GmbH-Konzernrecht im wesentlichen von der **Rechtsprechung** und der **Lehre** ent-

---

[1] Vgl. *Baumbach/Hueck/Zöllner* Schlußanhang I Anm. 1.
[2] *Binder* AG 84, 391.
[3] MünchHdb. GesR/Bd. 3/*Decher* § 69 Anm. 1.

A. Überblick   2, 3   § 17

wickelt worden. Dabei werden Analogien zum kodifizierten Konzernrecht der AG im Hinblick auf die strukturellen Unterschiede zwischen AG und GmbH sowie aufgrund der inzwischen bekannten teilweisen Ineffizienz der aktienrechtlichen Regelungen (faktischer Konzern) nur zurückhaltend praktiziert. Die **Rechtsprechung** hat insb. zum qualifizierten faktischen GmbH-Konzern in den letzten Jahren eine rasante Entwicklung genommen. Hier, wie auch zu zahlreichen Fragen des Unternehmensvertragsrechts, ist zweifellos eine Konsolidierung der Rechtsprechung und damit eine Erhöhung der Rechts- und Planungssicherheit zu verzeichnen. Gleichwohl werden nach wie vor zahlreiche Fragen des GmbH-Konzernrechts mangels positivrechtlicher Regelung und entsprechender Judikatur äußerst **kontrovers** behandelt.

II. Grundlagen

1. §§ 15 ff. AktG

Auch im GmbH-Recht anwendbar sind die allgemeinen Begriffsbestimmungen der §§ 15 ff. AktG, die jedoch nur definitorischen Charakter haben und selbst keine Rechtsfolgen anordnen.[4] § 15 AktG nennt zunächst die fünf Gruppen von **Unternehmensverbindungen,** nämlich Mehrheitsbeteiligung (§ 16), Abhängigkeit (§ 17), Konzern (§ 18), wechselseitige Beteiligung (§ 19) sowie durch Unternehmensvertrag (§§ 291, 292) verbundene Unternehmen. Der Begriff des **Unternehmens,** insb. des herrschenden Unternehmens, ist gesetzlich nicht definiert. Spätestens seit dem Veba/Gelsenberg-Urteil des BGH[5] besteht Einverständnis, daß es auf die **Rechtsform** des herrschenden Unternehmens nicht ankommt. Ebenso besteht Einigkeit, daß der Besitz einer Beteiligung allein nicht die Unternehmenseigenschaft vermitteln könne. Erforderlich sei vielmehr eine wirtschaftliche Interessenverbindung außerhalb der Gesellschaft, die stark genug sei, um die ernste Besorgnis zu begründen, der Aktionär könne um ihretwillen seinen Einfluß zum Nachteil der Gesellschaft geltend machen.[6] Ein Unternehmen iSd. §§ 15 ff. ist daher dann gegeben, wenn ein Gesellschafter unternehmerische Interessen auch außerhalb seiner Beteiligung verfolgt.[7] Dies kann in der Rechtsform des **Einzelunternehmens** oder durch das Halten weiterer Beteiligungen geschehen, wobei im letzten Fall die Anforderungen an die Beteiligungsquote noch unklar sind. Ferner wird in diesem Zusammenhang eine **freiberufliche** Tätigkeit einer gewerblichen Tätigkeit gleichgestellt.[8]

2. Mehrheitsbeteiligung (§ 16 AktG)

Nach § 16 Abs. 1 AktG kann eine Mehrheitsbeteiligung auf der Mehrheit der **Anteile** oder der Mehrheit der **Stimmen** beruhen. Bestehen je nach

2

3

---

[4] *Baumbach/Hueck/Zöllner* Schlußanhang I Anm. 5.
[5] BGH v. 13. 10. 1977, DB 1977, 2367 ff.
[6] BGH v. 13. 10. 1977, DB 1977, 2367; BGH v. 23. 9. 1991, DB 1991, 2176 – „Video"; BGH v. 12. 2. 1996, DStR 1996, 839.
[7] *Rowedder/Koppensteiner* Anh. § 52 Anm. 8; *Hachenburg/Ulmer* Anh. § 77 Anm. 20.
[8] BGH v. 19. 9. 1994, DStR 1994, 1816.

Beschlußgegenstand variierende Mehrstimmrechte, so ist eine Mehrheitsbeteiligung für konzernrechtliche Zwecke nur dann anzunehmen, wenn die Stimmenmehrheit für genügend gewichtige Beschlußgegenstände, vor allem die Bestellung der Geschäftsführer und die Erteilung von Weisungen an diese, besteht.[9]

3. Abhängige Unternehmen (§ 17 AktG)

4 Abhängige Unternehmen sind rechtlich selbständige Unternehmen, auf die ein anderes Unternehmen (herrschendes Unternehmen) unmittelbar oder mittelbar einen beherrschenden Einfluß ausüben kann. Nach § 17 Abs. 2 AktG wird von einem in Mehrheitsbesitz stehenden Unternehmen **vermutet**, daß es von dem an ihm mit Mehrheit beteiligten Unternehmen abhängig ist. Die Abhängigkeit kann jedoch nicht nur auf einer Mehrheitsbeteiligung beruhen, sondern auch auf Stimmbindungsverträge oder gesellschaftsvertragliche Festsetzungen, wie das Recht, Aufsichtsrat oder Geschäftsführung zu bestellen bzw. dem Geschäftsführer Weisungen zu erteilen, zurückzuführen sein.[10] Die Abhängigkeit muß dabei gesellschaftsrechtlich, nicht nur wirtschaftlich begründet sein. Ferner begründen **Beherrschungs- und Gewinnabführungsverträge** Abhängigkeitsverhältnisse. Die Abhängigkeitsvermutung nach § 17 Abs. 2 AktG ist aufgrund von entsprechenden Satzungsbestimmungen oder auch Verträgen („Entherrschungsverträge") widerlegbar.

4. Konzern (§ 18 AktG)

5 Ein herrschendes und ein oder mehrere abhängige Unternehmen bilden einen Konzern, wenn sie unter der **einheitlichen Leitung** des herrschenden Unternehmens zusammengefaßt sind. Unternehmen, zwischen denen ein Beherrschungsvertrag besteht oder von denen das eine in das andere eingegliedert ist, sind als unter einheitlicher Leitung zusammengefaßt anzusehen (§ 18 Abs. 1 Satz 2 AktG). Ferner wird von einem abhängigen Unternehmen **vermutet**, daß es mit dem herrschenden Unternehmen einen Konzern bildet (§ 18 Abs. 1 Satz 3 AktG).

6 In § 18 Abs. 2 AktG unterscheidet das Gesetz zwischen **Unterordnungs-** und **Gleichordnungskonzernen**. Beim Gleichordnungskonzern ist kein Unternehmen von dem anderen abhängig; beim Unterordnungskonzern besteht ein Abhängigkeitsverhältnis.

7 Gesetzlich nicht definiert ist der Begriff der einheitlichen Leitung. Für die einheitliche Leitung genügt schon eine einheitliche wirtschaftliche Planung für die zusammengefaßten Unternehmen in den grundsätzlichen Fragen der Unternehmenspolitik.[11] Der engere Konzernbegriff erfordert dagegen insbesondere die Zentralisierung des Finanzmanagements.[12]

8 Unterschieden wird ferner zwischen dem **Vertragskonzern** und dem **faktischen Konzern**. Ein Vertragskonzern liegt vor, wenn die einheitliche

---

[9] *Scholz/Emmerich* Anh. Konzernrecht Anm. 36.
[10] *Rowedder/Koppensteiner* Anh. § 52 Anm. 10.
[11] Vgl. *Emmerich/Sonnenschein* § 2 II.
[12] *Hachenburg/Ulmer* Anh. § 77 Anm. 37.

A. Überblick 9–12 § 17

Leitung auf Vertrag beruht; beim faktischen Konzern ergibt sich die Einheitlichkeit der Leitung aus anderen, faktischen Umständen. Hinsichtlich der Intensität der Leitungsmacht bedeutet der qualifizierte faktische Konzern eine Steigerung gegenüber dem einfachen faktischen Konzern. Die begrifflichen Voraussetzungen des qualifizierten faktischen Konzerns sind von der Rechtsprechung nicht als solche definiert; die Rechtsprechung befaßt sich vielmehr mit den Rechtsfolgen – der Haftung – des qualifizierten faktischen Konzerns. Jedenfalls setzt der qualifizierte faktische Konzern die Ausübung der Konzernleitungsmacht in einer Weise voraus, die keine angemessene Rücksicht auf die eigenen Belange der abhängigen Gesellschaft nimmt.[13]

5. Wechselseitige Beteiligungen (§ 19 AktG)

Nach § 19 AktG sind wechselseitig beteiligte Unternehmen inländische Unternehmen in der Rechtsform einer Kapitalgesellschaft oder bergrechtlichen Gewerkschaft, die dadurch verbunden sind, daß jedem Unternehmen mehr als der vierte Teil der Anteile des anderen Unternehmens gehört. Wechselseitige Beteiligungen bedeuten eine Gefährdung der Kapitalaufbringung der beteiligten Gesellschaften sowie die Gefahr der Herrschaft der Verwaltung in den Gesellschafterversammlungen.[14] 9

6. Unternehmensverträge (§§ 291, 292 AktG)

§§ 291, 292 AktG beschreiben die Arten von Unternehmensverträgen unter Beteiligung einer AG. Dabei wird zwischen **Beherrschungs-** und **Gewinnabführungsvertrag** einerseits (§ 291 AktG) und **anderen Unternehmensverträgen** (§ 292 AktG) andererseits unterschieden. 10

Ein Beherrschungsvertrag ist danach ein Vertrag, durch den eine AG oder KGaA die Leitung ihrer Gesellschaft einem anderen Unternehmen unterstellt (§ 291 Abs. 1 Satz 1 1. Halbsatz AktG). Aufgrund eines Gewinnabführungsvertrages (§ 291 Abs. 1 Satz 1 2. Halbsatz AktG) verpflichtet sich eine AG oder KGaA, ihren ganzen Gewinn an ein anderes Unternehmen abzuführen. Während bei der AG aus steuerlichen Gründen beide Verträge normalerweise zusammengefaßt werden **(Organschaftsvertrag),** ist bei der GmbH auf Grund ihrer anders gelagerten Struktur (einfache Beherrschung durch die Gesellschafterversammlung) der Abschluß eines Gewinnabführungsvertrages für die Herbeiführung der körperschaftsteuerlichen und gewerbesteuerlichen Organschaft grundsätzlich ausreichend und der Abschluß eines Beherrschungsvertrages eher entbehrlich. Gleichwohl werden auch in der GmbH-Praxis beide Verträge häufig kombiniert. 11

Als andere Unternehmensverträge sind in § 292 AktG der Gewinngemeinschaftsvertrag, der Teilgewinnabführungsvertrag, der Betriebspachtvertrag und der Betriebsüberlassungsvertrag genannt. Nicht ausdrücklich in den §§ 291 ff. AktG ist der Betriebsführungsvertrag genannt. 12

---

[13] BGH v. 13. 12. 1993, DB 1994, 370 (371).
[14] *Rowedder/Koppensteiner* Anh. § 52 Anm. 18.

Rosenbach 1173

B. Der Vertragskonzern

I. Begründung eines Vertragskonzerns

13 Vertragskonzerne entstehen durch den Abschluß von **Unternehmensverträgen,** insb. durch Beherrschungsvertrag sowie durch Gewinnabführungsvertrag. Zuständigkeits- und Formfragen des Abschlusses von Unternehmensverträgen waren lange höchstrichterlich ungeklärt. Wesentliche Fragen sind nunmehr entschieden. Die Darstellung hat zwischen der beherrschten und der herrschenden Gesellschaft zu unterscheiden.[15]

1. Beherrschte GmbH

a) Zuständigkeit/Vertretungsmacht

14 Bereits in der Entscheidung vom 14. 12. 1987[16] hat der BGH klargestellt, daß ein Unternehmensvertrag kein schuldrechtlicher Vertrag, sondern ein gesellschaftsrechtlicher **Organisationsvertrag** ist, der **satzungsgleich** den rechtlichen Status der beherrschten Gesellschaft ändert. Die gravierendsten Änderungen bestehen darin, daß die Weisungskompetenz der Gesellschafterversammlung auf die herrschende Gesellschaft übertragen, der Gesellschaftszweck am Konzerninteresse ausgerichtet und in das Gewinnbezugsrecht der Gesellschafter eingegriffen wird.

15 Aus diesen Wirkungen des Unternehmensvertrages hat der BGH in dem „Supermarkt"-Beschluß v. 24. 10. 1988[17] den Schluß gezogen, daß sein Abschluß von der Vertretungsmacht der Geschäftsführer der GmbH, die sich der Beherrschung und Ergebnisabführung unterwirft, nicht gedeckt sei. Er bedarf zu seiner Wirksamkeit daher der **Zustimmung** durch Beschluß der **Gesellschafterversammlung.** Beherrschungs- und Gewinnabführungsverträge werden also seitens der beherrschten Gesellschaft von den Geschäftsführern geschlossen. Wirksam werden die Verträge aber erst, wenn die Gesellschafter der beherrschten Gesellschaft durch Beschluß zustimmen. Dabei hat der Zustimmungsbeschluß der Gesellschafter nicht nur legitimierende Innenwirkung gegenüber den Geschäftsführern, sondern Außenwirkung iSe. Wirksamkeitsvoraussetzung für den Organschaftsvertrag.[18] Ein nur von den Geschäftsführern ohne Zustimmung der Gesellschafterversammlung geschlossener Unternehmensvertrag ist also im Innen – wie im Außenverhältnis unwirksam.

Der „Supermarkt"-Beschluß ließ offen, ob **§ 47 Abs. 4 Satz 2 GmbHG,** wonach ein Gesellschafter bei Abschluß eines Rechtsgeschäfts mit ihm selbst vom **Stimmrecht ausgeschlossen** ist, hinsichtlich des Zustimmungsbe-

---

[15] MünchHdb. GesR/Bd. 3/*Decher* § 69 Anm. 9.
[16] BGH v. 14. 12. 1987, DB 1988, 596 – „Familienheim", bestätigt durch BGH v. 24. 10. 1988, DB 1988, 2623 – „Supermarkt"; BGH v. 11. 11. 1991, DB 1992, 29 – „Stromlieferung" sowie durch BGH v. 30. 1. 1992, NJW 1992, 1452 – „Siemens".
[17] BGH v. 24. 10. 1988, DB 1988, 2623; ferner BGH v. 30. 1. 1992, NJW 1992, 1452.
[18] *Priester* in *Hommelhoff/Semler/Doralt/Roth* Entwicklungen im GmbH-Konzernrecht, ZGR Sonderheft 6, 151 (158).

schlusses zum Unternehmensvertrag eingreift. Im Entscheidungsfall konnte die Frage auf sich beruhen, da eine Ein-Mann-GmbH gegeben war und der Schutzbereich des § 47 Abs. 4 Satz 2 GmbHG Geschäfte des Alleingesellschafters mit sich selbst nicht erfaßt.[19] Aber auch bei Vorhandensein von Minderheitsgesellschaftern bei der beherrschten Gesellschaft ist nach hM das Stimmrecht des herrschenden Unternehmens auf Grund des sozialrechtlichen Charakters des Organschaftsvertrages nicht nach § 47 Abs. 4 Satz 2 GmbHG ausgeschlossen.[20] Der Gesellschafter kann also bei Abschluß eines Beherrschungsvertrages zwischen ihm und „seiner" GmbH mitstimmen (vgl. § 4 Rz. 105). Die Frage des Stimmrechtsausschlusses nach § 47 Abs. 4 Satz 2 GmbHG ist eng verknüpft mit dem Mehrheitserfordernis für den Zustimmungsbeschluß: Soweit zutreffend die Zustimmung aller Gesellschafter zu dem Unternehmensvertrag verlangt wird, geht der Gedanke des Minderheitenschutzes des § 47 Abs. 4 Satz 2 GmbHG ins Leere; die Vorschrift hat dann keine Bedeutung. Die Minderheit kann dann über die Verweigerung der Zustimmung ihre Interessen zur Geltung bringen. Der Stimmrechtsausschluß kann daher nur dann relevant werden, wenn eine qualifizierte Mehrheit als ausreichend angesehen wird.

b) Mehrheitserfordernisse

Die umstrittene Frage, ob ein Zustimmungsbeschluß zu einem Unternehmensvertrag der Zustimmung aller Gesellschafter bedarf oder ob dafür eine bestimmte qualifizierte Mehrheit ausreicht, konnte der BGH im „Supermarkt"-Beschluß auf Grund der Ein-Mann-Konstellation dahingestellt bleiben lassen.[21] Die herrschende Auffassung[22] verlangt für den Zustimmungsbeschluß zu Recht **Einstimmigkeit**. Demgegenüber läßt die Gegenansicht für den Zustimmungsbeschluß Dreiviertel-Mehrheit genügen.[23] Zum Schutz der Minderheit werden dabei aber z. T. zusätzliche Anforderungen aufgestellt: So soll den Minderheitsgesellschaftern ein Umtauschrecht eingeräumt werden[24] oder der Abschluß des Unternehmensvertrages auf Erforderlichkeit und sachliche Angemessenheit iSe. materiellen Beschlußkontrolle überprüft werden.[25]

Angesichts der höchstrichterlich noch nicht entschiedenen Frage der Mehrheitserfordernisse kann für die **Praxis** nur die Einholung der **Zustimmung aller Gesellschafter** empfohlen werden, um einer möglichen Unwirksamkeit des Vertrages vorzubeugen.

---

[19] BGH v. 24. 10. 1988, DB 1988, 2623.
[20] *Priester* in *Hommelhoff/Semler/Doralt/Roth* Entwicklungen im GmbH-Konzernrecht, ZGR Sonderheft 6, 151 (160 Fn. 41).
[21] BGH v. 24. 10. 1988, DB 1988, 2623; ebenso BGH v. 30. 1. 1992, NJW 1992, 1452.
[22] *Baumbach/Hueck/Zöllner* Schlußanhang I Anm. 39; *Scholz/Emmerich* Anh. Konzernrecht Anm. 252 mwN; *Emmerich/Sonnenschein* Anh. § 25 II 3 a mwN in Fn. 21; MünchHdb. GesR/Bd. 3/*Decher* § 72 Rz. 6.
[23] *Lutter/Hommelhoff* Anh. § 13 Anm. 44; *Rowedder/Koppensteiner* Anh. § 52 Anm. 47; *Timm* GmbHR 1987, 8 (11); *Koerfer/Selzner* GmbHR 1997, 285.
[24] *Timm* GmbHR 1987, 8 (11).
[25] *Lutter/Hommelhoff* Anh. § 13 Anm. 44.

c) Form, Eintragung

17 Der „Supermarkt"-Beschluß des BGH hat auch die lang umstrittenen Fragen der Form des Zustimmungsbeschlusses sowie der Eintragungsfähigkeit und -bedürftigkeit des Unternehmensvertrages einer Klärung zugeführt. Danach bedarf der Unternehmensvertrag nur der (einfachen) **Schriftform**, während der Zustimmungsbeschluß **notariell** zu beurkunden ist. Der BGH begründet die entsprechende Anwendung der bei einer Satzungsänderung einzuhaltenden Formvorschriften (§§ 53, 54 GmbHG) wiederum mit dem Inhalt und den Wirkungen des Unternehmensvertrages: Der durch einen Unternehmensvertrag bewirkte Eingriff in den Gesellschaftszweck, die Zuständigkeitskompetenz der Gesellschafter und ihr Gewinnbezugsrecht ändere satzungsgleich die rechtliche Grundstruktur der sich der Beherrschung unterstellenden GmbH.[26] Die dementsprechende Anwendung der §§ 53 und 54 GmbHG muß dabei der Eigenart des Unternehmensvertrages Rechnung tragen. Auf seiten der beherrschten GmbH setzt der materiell wirksame Unternehmensvertrag den durch den Geschäftsführer mit dem anderen Vertragsteil geschlossenen Vertrag und den Zustimmungsbeschluß der Gesellschafterversammlung voraus. Dabei kommt dem Zustimmungsbeschluß der Gesellschafter die eigentliche Bedeutung zu. Für den Unternehmensvertrag verlangt der BGH daher lediglich die Schriftform, dagegen für den Zustimmungsbeschluß die notarielle Beurkundung entspr. § 53 Abs. 2 Satz 1 GmbHG. Dies entspricht der ganz hM in der Literatur.[27]

18 Entspr. § 54 Abs. 1 Satz 1 GmbHG sind Zustimmungsbeschluß und Unternehmensvertrag zur **Eintragung in das HR** anzumelden. Die alleinige Anmeldung des Zustimmungsbeschlusses zur Eintragung ist – weil inhaltsleer und nichtssagend – nicht ausreichend. Nach § 54 Abs. 1 Satz 2 GmbHG sind der Anmeldung der Zustimmungsbeschluß der Gesellschafterversammlung der Antragstellerin und der **Unternehmensvertrag beizufügen**. Entspr. § 294 Abs. 1 Satz 2 AktG ist dem Registergericht auch der Zustimmungsbeschluß der Gesellschafterversammlung der herrschenden Gesellschaft vorzulegen. Diese Formvorschriften sind auch bei Einmann-Gesellschaften einzuhalten.[28] Hinsichtlich der Eintragung ist als grundlegende Information der Öffentlichkeit diejenige über Bestehen und Art des Unternehmensvertrages (Beherrschungs- und Gewinnabführungsvertrages) sowie den anderen Vertragsteil von Bedeutung. Ferner ist der Zustimmungsbeschluß in der Eintragung zu vermerken. Ebenso sind das Abschlußdatum des Unternehmensvertrages und das Datum des Zustimmungsbeschlusses einzutragen. Wegen des weitergehenden Vertrags- und Beschlußinhaltes kann auf den Unternehmensvertrag und die Zustimmungsbeschlüsse, die zu den Handelsregisterakten eingereicht werden, Bezug genommen werden.

---

[26] BGH v. 24. 10. 1988, DB 1988, 2623; BGH v. 30. 1. 1992, NJW 1992, 1452.
[27] Vgl. die Nachweise in BGH v. 24. 10. 1988, DB 1988, 2623 (2626 f.).
[28] BGH v. 30. 1. 1992, NJW 1992, 1452.

2. Herrschende GmbH

Der Unternehmensvertrag bedarf auch der **Zustimmung** der Gesellschafterversammlung der **herrschenden** Gesellschaft.[29] Dabei macht es keinen Unterschied, ob die herrschende Gesellschaft GmbH oder AG ist. Dies entspricht auch der nahezu einhellig in der Literatur vertretenen Ansicht.[30] Die umstrittene Frage, ob der Zustimmungsbeschluß Erfordernis der Wirksamkeit des Unternehmensvertrages ist oder ob er nur Innenwirkung hat, beantwortet der BGH in den genannten Entscheidungen dahin, daß auch auf seiten der herrschenden GmbH die Zustimmung der Gesellschafterversammlung **Wirksamkeitsvoraussetzung** des Unternehmensvertrages ist. Auch wenn auf der Ebene der herrschenden GmbH die Zustimmung zu einem Unternehmensvertrag nicht die gleichen gravierenden Auswirkungen auf das Gesellschaftsinnenrecht wie auf der Ebene der beherrschten GmbH hat, so ist doch im Hinblick auf die mit einem Unternehmensvertrag verbundenen Risiken – insb. Verlustübernahmeverpflichtung – die **Zustimmung nicht von der Geschäftsführerkompetenz** gedeckt. Die Zustimmung der Gesellschafterversammlung muß entspr. § 293 Abs. 2 Satz 2, Abs. 1 Satz 2 AktG mit einer **qualifizierten Mehrheit** beschlossen werden, die mindestens Dreiviertel der bei der Beschlußfassung abgegebenen Stimmen umfassen muß.[31] Der Unternehmensvertrag wird nicht in das HR der herrschenden Gesellschaft eingetragen.[32]

19

3. Unternehmensvertragsbericht/Unternehmensvertragsprüfung

Mit dem Umwandlungsbereinigungsgesetz 1995 sind die §§ 293a ff. AktG neu in das Aktiengesetz eingefügt worden. Darin werden zusätzliche Formerfordernisse für den Abschluß von Unternehmensverträgen geregelt. Danach sind erstmals die **Berichterstattung** über Unternehmensverträge (§ 293a AktG) sowie die **Prüfung** von Unternehmensverträgen (§§ 293b–293c AktG) vorgesehen.
Unmittelbar gelten diese Vorschriften nur für an Unternehmensverträgen beteiligte Aktiengesellschaften und Kommanditgesellschaften auf Aktien. Der Grund für ihre Einführung ist die Nähe des Abschlusses von Unternehmensverträgen zur Verschmelzung, für die ähnliche Berichts- und Prüfungspflichten gelten. Obwohl ihre **analoge Anwendung** im GmbH-Konzernrecht noch nicht abschließend erörtert ist,[33] empfiehlt sich ihre Beachtung auch beim Abschluß von Unternehmensverträgen unter Beteiligung von GmbH's. Da eine **Befreiungsmöglichkeit** besteht, sollte in die Zustimmungsbe-

20

---

[29] BGH v. 30. 1. 1992, NJW 1992, 1452.
[30] Vgl. die Nachweise in BGH v. 24. 10. 1988, DB 1988, 2623 (2624).
[31] *Emmerich/Sonnenschein* § 25 IV 5a mwN.; BGH v. 30. 1. 1992, NJW 1992, 1452 – „Siemens".
[32] *Emmerich/Sonnenschein* § 13 VII 1a; aA LG Bonn v. 27. 4. 1993, AG 1993, 521 ff.; kritisch *Vetter* AG 1994, 110 ff.
[33] Ablehnend *Bungert* DB 1995, 1384 ff.; *Baumbach/Hueck/Zöllner* Schlußanhang I Anm. 43; bejahend *Humbeck* BB 1995, 1893; differenzierend *Hommelhoff/Freytag* DStR 1996, 1409 (1413).

schlüsse zum Unternehmensvertrag der Verzicht auf Berichterstattung und Prüfung des Vertrages aufgenommen werden.

4. Isolierte Beherrschungs- und Gewinnabführungsverträge

21 Dem „Supermarkt"-Beschluß lag ein kombinierter Beherrschungs- und Gewinnabführungsvertrag zu Grunde. Seine Regeln gelten aber auch für jeweils isolierte Beherrschungs- und Gewinnabführungsverträge.[34]

5. Satzungsklauseln

22 Angesichts der seit dem „Supermarkt"-Beschluß verschärften formellen und materiellen Anforderungen an die Wirksamkeit von Unternehmensverträgen stellt sich die Frage, ob und inwieweit durch entsprechende Satzungsklauseln der Abschluß von Unternehmensverträgen präventiv vorgesehen und erleichtert werden kann. Soweit ersichtlich, liegt zu dieser Frage noch keine Rechtsprechung vor. In der Literatur werden die Möglichkeiten, durch Satzungsklauseln **Vorsorge** für später zu schließende Unternehmensverträge zu treffen, zurückhaltend beurteilt.[35] Allgemeine Klauseln in GmbH-Satzungen wie: „Die Gesellschaft kann Unternehmensverträge abschließen" können nicht das Erfordernis des notariell zu beurkundenden Zustimmungsbeschlusses vermeiden, da im HR Abschluß, Abschlußdatum und Art des Unternehmensvertrages einzutragen sind. Die **Zustimmung** muß sich immer auf einen **konkreten** Unternehmensvertrag beziehen. Aber auch das Vorhaben, einen konkreten Unternehmensvertrag in den satzungsmäßigen Unternehmensgegenstand aufzunehmen, stößt auf Bedenken. Zum einen wendet der BGH im „Supermarkt"-Beschluß die Regeln über die Satzungsänderung auf den Unternehmensvertrag nicht unmittelbar, sondern entspr. an. Dh., daß Zustimmungsbeschluß und Unternehmensvertrag zur Eintragung in das HR anzumelden sind, nicht lediglich eine Gesellschaftsvertragsänderung.[36] Ferner würde die vorweggenommene Zustimmung eine **Ermächtigung** an die Geschäftsführer zur Vornahme von **Satzungsänderungen** bedeuten. Satzungsänderungen sind mangels entsprechender Ermächtigungsvorschriften bei der GmbH aber allein Sache der Gesellschafter.[37] Satzungsklauseln, die sich nicht auf einen konkret vorliegenden Unternehmensvertrag beziehen, sind in jedem Fall unzulässig. Gleiches gilt für Satzungsklauseln, die das Mehrheitserfordernis für die Zustimmung präventiv absenken sollen.

Anders als bei der beherrschten GmbH hat bei der **herrschenden** GmbH die Zustimmung zum Unternehmensvertrag keine materiell satzungsändernde Wirkung. Aber auch hier verbietet es der Schutz der Gesellschafter der herrschenden GmbH vor den mit einem Unternehmensvertrag verbundenen **Risiken,** die Zustimmung der Gesellschafter durch eine allgemeine Satzungsklausel zum Ausdruck zu bringen, wonach die Gesellschaft schlechthin zum Abschluß von Unternehmensverträgen ermächtigt ist. Satzungsklauseln hin-

---

[34] *Schneider* in Beherrschungs- und Gewinnabführungsverträge in der Praxis der GmbH, 1989, S. 22.
[35] *Timm* GmbHR 1989, 11 (18).
[36] *Timm* GmbHR 1989, 11 (18).
[37] *Priester* DB 1989, 1013 (1014).

gegen, die hinreichend konkretisierte Unternehmensverträge antizipieren, sind zulässig.[38]

6. Unwirksame Unternehmensverträge

Der „Supermarkt"-Beschluß des BGH[39] hat die Anforderungen an die Wirksamkeit von Unternehmensverträgen im Vergleich zur früheren Praxis deutlich erhöht. Ungeachtet steuerlicher Billigkeitsregelungen stellt sich aus gesellschaftsrechtlicher Sicht für eine Übergangszeit die Frage nach der Behandlung unwirksamer Altverträge. Gleiches gilt für **fehlerhaft abgeschlossene** Neuverträge.

Zu unterscheiden sind formelle und materielle Unwirksamkeitsgründe: Während die Formfehler insb. die mangelnde Beurkundung des Zustimmungsbeschlusses und das Fehlen der Eintragung betreffen, stellen fehlende Gesellschafterbeschlüsse materielle Unwirksamkeitsgründe dar.

In der „Familienheim"-Entscheidung[40] unterstellt der BGH unwirksame Unternehmensverträge den Regeln über die **fehlerhafte Gesellschaft** mit der Folge, daß unwirksame, aber durchgeführte Verträge für die Vergangenheit nicht rückabzuwickeln sind, für die Zukunft aber ein Recht zur außerordentlichen Kündigung besteht. Diese Aussage bestätigt der BGH in der Folgeentscheidung „Hamburger Stahlwerke"[41] sowie in der Entscheidung vom 11. 11. 1991.[42] Voraussetzung für die Anwendung dieser Grundsätze ist aber, daß der unwirksame Vertrag durchgeführt, also **faktisch vollzogen** wurde. Das ist zB dann der Fall, wenn vertraglich vorgesehene Einlagen geleistet, Verluste übernommen, in die Geschäftsführung der Untergesellschaft eingegriffen bzw. sonstige, vertraglich vorgesehene Leistungen erbracht worden sind.[43]

Die Anwendung der Grundsätze über die fehlerhafte Gesellschaft ist sicher zu bejahen, soweit die Unwirksamkeit auf Formfehlern beruht.[44] Nichtigkeit mit ex-nunc-Wirkung ist dagegen anzunehmen, wenn die Unwirksamkeitsursache die fehlende Gesellschafterzustimmung ist, dh. der Vertrag ohne Kenntnis oder gegen den Widerspruch von Minderheitsgesellschaftern der abhängigen Gesellschaft geschlossen wurde.[45] Nicht betroffen von der Nichtigkeitsfolge sind Fälle der stillschweigenden Zustimmung zu dem Vertragsabschluß sowie der irrigen Annahme, einer Zustimmung bedürfe es nicht.[46]

Wird die **Fortsetzung** des nach den Regeln über die fehlerhafte Gesellschaft wirksamen Unternehmensvertrages angestrebt, so sind die Wirksam-

---

[38] *Schneider* in Beherrschungs- und Gewinnabführungsverträge in der Praxis der GmbH, 1989, S. 20; *Priester* DB 1989, 1013 (1017).
[39] BGH v. 24. 10. 1988, DB 1988, 2623.
[40] BGH v. 14. 12. 1987, DB 1988, 596.
[41] BGH v. 19. 9. 1988, DB 1988, 2141.
[42] BGH v. 11. 11. 1991, DB 1992, 29.
[43] BGH v. 11. 11. 1991, DB 1992, 29 (30).
[44] *Lutter/Hommelhoff* Anh. § 13 Anm. 53; *Priester* in Beherrschungs- und Gewinnabführungsverträge in der Praxis der GmbH, 1989, S. 46.
[45] *Lutter/Hommelhoff* Anh. § 13 Anm. 55.
[46] *Priester* in Beherrschungs- und Gewinnabführungsverträge in der Praxis der GmbH, 1989, S. 47.

keitsanforderungen des „Supermarkt"-Beschlusses für die Zukunft zu erfüllen. Andernfalls besteht jederzeitige Kündigungsmöglichkeit.[47] Es hat eine Gesellschafterversammlung stattzufinden, die formgerecht und mit Zustimmung aller Gesellschafter die Bestätigung zu beschließen hat.[48] Anmeldung und Eintragung haben ex-nunc-Wirkung. Erfolgt keine Bestätigung, muß der Vertrag mit sofortiger Wirkung gekündigt werden. Hierzu genügt die einfache Mehrheit der Gesellschafterversammlung.[49]

Aufgrund des Zeitablaufs handelt es sich um eine auslaufende Materie – Formfehler in Kenntnis der neuen Rechtslage dürften die Ausnahme darstellen.

II. Rechtsstellung und Haftung der GmbH im Vertragskonzern

1. Die GmbH als Obergesellschaft

a) Weisungsrecht

27 Mit dem Beherrschungsvertrag unterstellt sich die beherrschte Gesellschaft der Leitung eines anderen Unternehmens, so daß das herrschende Unternehmen den **Geschäftsführern** der Gesellschaft **Weisungen** hinsichtlich der Leitung der Gesellschaft erteilen darf (§§ 293 Abs. 1, 308 AktG). Das Weisungsrecht richtet sich also ausdrücklich an die Geschäftsführung, nicht an die Gesellschafterversammlung. Hinsichtlich des **Inhalts** und der **Schranken** des Weisungsrechts des herrschenden Unternehmens gelten im GmbH-Konzernrecht die aktienrechtlichen Grundsätze im wesentlichen entsprechend[50] In der Vertragspraxis wird das Weisungsrecht i. d. R. nicht näher spezifiziert. Gebräuchlich ist die allgemeine Klausel, daß die Obergesellschaft zur Erteilung von Weisungen an die Geschäftsführung der Untergesellschaft berechtigt ist.

28 Nach § 308 AktG ist das herrschende Unternehmen befugt, dem Vorstand der abhängigen Gesellschaft hinsichtlich der Leitung der Gesellschaft Weisungen zu erteilen. Wenn nichts anderes bestimmt ist, sind hierbei **auch nachteilige Weisungen** zulässig, sofern sie nur im Konzerninteresse liegen. Für den Vorstand der abhängigen Gesellschaft sind die Weisungen bindend, außer wenn sie offensichtlich nicht im Konzerninteresse liegen (§ 308 Abs. 2 AktG). Nach § 309 Abs. 1 AktG müssen die gesetzlichen Vertreter des herrschenden Unternehmens mit der Sorgfalt eines ordentlichen und gewissenhaften Geschäftsleiters vorgehen. Verletzen sie diese Verpflichtung, so haften sie persönlich (§ 309 Abs. 2 AktG). Daneben besteht die Haftung des herrschenden Unternehmens selbst (§§ 31, 278, 276 BGB). Ferner trifft den Vorstand der abhängigen Gesellschaft eine **Kontrollpflicht** gegenüber den Weisungen des herrschenden Unternehmens nach § 308 Abs. 2 AktG, deren Verletzung ihn nach § 310 AktG ersatzpflichtig macht.

---

[47] *Priester* aaO (Fn. 46).
[48] *Lutter/Hommelhoff* Anh. § 13 Anm. 55.
[49] *Scholz/Emmerich* Anm. 304.
[50] *Emmerich/Sonnenschein* § 25 II 1.

B. Der Vertragskonzern 29–31 § 17

Der Beherrschungsvertrag gewährt entspr. § 308 Abs. 1 Satz 1 AktG ein 29 Weisungsrecht des herrschenden Unternehmens gegenüber den **Geschäftsführern** der beherrschten Gesellschaft. Dagegen kann ein Weisungsrecht gegenüber der Gesellschafterversammlung sowie gegenüber einem etwaigen Aufsichtsrat der beherrschten Gesellschaft durch den Beherrschungsvertrag nicht begründet werden. Damit kann – anders als bei der AG – bei der GmbH das Weisungsrecht des herrschenden Unternehmens auf Grund § 308 AktG analog mit dem der Gesellschafter (§ 37 GmbHG) kollidieren. Zur Lösung der **Kollision** zwischen dem Weisungsrecht des herrschenden Unternehmens und der Gesellschafterversammlung der beherrschten GmbH ist dem Weisungsrecht des herrschenden Unternehmens auf Grund des **Beherrschungsvertrages Vorrang** einzuräumen. Dies ergibt sich aus der Zustimmung der Gesellschafter der beherrschten Gesellschaft zu dem Beherrschungsvertrag.[51] Davon ausgenommen bleiben lediglich die **Kernkompetenzen** der Gesellschafterversammlung, wie Satzungsänderungen, Kapitalveränderungen etc.[52] Der Beherrschungsvertrag verdrängt ferner das Weisungsrecht eines fakultativen **Aufsichtsrats**.[53] Ein auf Grund des Mitbestimmungsgesetzes zwingend zu bildender Aufsichtsrat kann hingegen in den ihm kraft Gesetzes übertragenen Aufgabenbereichen, insb. also hinsichtlich der Bestellung der Geschäftsführer, nicht einem Weisungsrecht des herrschenden Unternehmens auf Grund des Beherrschungsvertrages unterworfen werden. Hier ist auch die entsprechende Anwendung des § 308 Abs. 3 AktG, wonach das herrschende Unternehmen ein Zustimmungsrecht des Aufsichtsrates durch Wiederholung der Weisung verdrängen kann, ausgeschlossen.[54]

Auch in **mehrstufigen Unternehmensverbindungen** ist Inhaber des 30 Weisungsrechts immer nur der andere Vertragsteil.[55] Hat eine Muttergesellschaft mit ihrer Tochtergesellschaft und hat diese wiederum mit ihrer Tochtergesellschaft Beherrschungsverträge abgeschlossen, so besteht kein direktes Weisungsrecht der Mutter- gegenüber der Enkelgesellschaft. Ein direktes Weisungsrecht würde die Überprüfungskompetenz und -pflicht der Geschäftsführung der Tochtergesellschaft leerlaufen lassen.[56]

Streitig ist, ob und in welchem Umfang die Geschäftsführung der be- 31 herrschten Gesellschaft die **Zuständigkeit** zur Entgegennahme und Ausführung von Weisungen des herrschenden Unternehmens an nachgeordnete Mitarbeiter **delegieren** kann. Auch hier ist auf Kontrollpflicht[57] und Verantwortung der Geschäftsführung der beherrschten GmbH hinzuweisen, so daß die Delegation von Zuständigkeiten von entsprechenden Informationspflichten gegenüber der Geschäftsführung der beherrschten GmbH begleitet sein muß.

---

[51] *Emmerich/Sonnenschein* § 25 II 2a; *Scholz/Emmerich* Anh. Konzernrecht Anm. 271.
[52] *Hachenburg/Ulmer* Anh. § 77, Anm. (15).
[53] *Scholz/Emmerich* Anh. Konzernrecht Anm. 272.
[54] *Scholz/Emmerich* Anh. Konzernrecht Anm. 271.
[55] *Emmerich/Sonnenschein* § 18 II 1c.
[56] Zum Beitritt eines weiteren Unternehmens zu einem Beherrschungsvertrag vgl. OLG Karlsruhe v. 7. 12. 1990, DB 1991, 86.
[57] *Emmerich/Sonnenschein* § 18 II 1c.

§ 17 32

32   Der **Umfang des Weisungsrechts** des herrschenden Unternehmens ergibt sich vor allem aus dem Beherrschungsvertrag. Dabei kann das Weisungsrecht auf einzelne betriebliche Funktionen oder Teilbetriebe begrenzt werden. Bei einer derartigen Eingrenzung des Weisungsrechts in Teilbeherrschungsverträgen ist jedoch darauf zu achten, daß die Erfüllung der steuerlichen Organschaftsvoraussetzungen, insb. der der organisatorischen Eingliederung, gewährleistet ist. Soweit eine derartige Einengung des Weisungsrechts im Beherrschungsvertrag nicht vorgenommen ist, sind für den Umfang und die Grenzen des Weisungsrechts die zu § 308 AktG entwickelten Grundsätze im wesentlichen maßgebend.

Nach § 308 Abs. 1 Satz 2 AktG können – soweit der Beherrschungsvertrag nichts anderes bestimmt – auch Weisungen erteilt werden, die für die beherrschte Gesellschaft nachteilig sind, wenn sie den Belangen des herrschenden Unternehmens oder der mit ihm und der Gesellschaft konzernverbundenen Unternehmen dienen. Dahinter steht der Gedanke der **wirtschaftlichen Einheit** des Konzerns,[58] in der sich die Vor- und Nachteile derartiger Weisungen ausgleichen. Die Beschränkung auf nachteilige Weisungen im Konzerninteresse bedeutet, daß Weisungen im Interesse außenstehender Dritter einschließlich der Gesellschafter des herrschenden Unternehmens unzulässig sind.[59] Ferner ist bei der Erteilung nachteiliger Weisungen der **Verhältnismäßigkeitsgrundsatz** zu beachten, dh. die Nachteile für die beherrschte Gesellschaft dürfen nicht in einem unangemessenen Verhältnis zu den Konzernvorteilen stehen.[60]

Schranken des Weisungsrechts können sich ferner aus dem Beherrschungsvertrag, der Satzung der beherrschten Gesellschaft und dem Gesetz ergeben.

Nach § 308 Abs. 1 Satz 2 AktG kann der Beherrschungsvertrag das Weisungsrecht einschränken. Dem Beherrschungsvertrag widersprechende Weisungen sind unwirksam.[61]

Die Geschäftsführung der beherrschten Gesellschaft muß sich stets an dem **satzungsmäßigen Gegenstand** der Gesellschaft orientieren. Weisungen des herrschenden Unternehmens, die dem satzungsmäßigen Gegenstand der beherrschten Gesellschaft zuwider laufen, sind daher unzulässig. Das herrschende Unternehmen darf daher die beherrschte Gesellschaft nicht anweisen, neue Tätigkeitsbereiche außerhalb des bisherigen Unternehmensgegenstandes aufzunehmen oder auch wesentliche, zum Gegenstand der Gesellschaft gehörende Tätigkeitsbereiche einzustellen.[62] Derartige Maßnahmen wären faktische Satzungsänderungen,[63] zu denen die Geschäftsführer nicht befugt sind.

Ferner sind Weisungen, die gegen zwingende gesetzliche Vorschriften, zB des Gesellschaftsrechts, des Steuerrechts oder des Wettbewerbsrechts, verstoßen, unzulässig.[64] Hierzu sind insb. die Kapitalerhaltungsvorschriften der §§ 30 bis

---

[58] *Scholz/Emmerich* Anh. Konzernrecht Anm. 275.
[59] *Emmerich/Sonnenschein* § 18 IV 2.
[60] *Emmerich* in *Hommelhoff/Semler/Doralt/Roth* Entwicklungen im GmbH-Konzernrecht, ZGR Sonderheft 6, 64 (69 f.).
[61] *Emmerich/Sonnenschein* § 18 IV 4 a.
[62] *Scholz/Emmerich* Anh. Konzernrecht Anm. 279.
[63] *Emmerich/Sonnenschein* § 18 IV 4 a.
[64] *Scholz/Emmerich* Anh. Konzernrecht Anm. 277.

B. Der Vertragskonzern

32 b GmbHG zu zählen. § 291 Abs. 3 AktG, der die aktienrechtlichen Kapitalerhaltungsvorschriften suspendiert, ist im GmbH-Konzernrecht nicht entspr. anwendbar.[65] Entspr. § 299 AktG sind ferner Weisungen, den Unternehmensvertrag selbst zu ändern, aufrechtzuerhalten oder zu beenden, unzulässig.

Neben dem Verbot unverhältnismäßiger Schädigung der beherrschten GmbH ergibt sich aus der Pflicht des herrschenden Unternehmens, nach § 309 AktG die Sorgfalt eines ordentlichen und gewissenhaften Geschäftsleiters anzuwenden, das Verbot, die beherrschte Gesellschaft durch nachteilige Weisungen in ihrer **Überlebensfähigkeit** zu beeinträchtigen oder sogar in den **Konkurs** zu treiben.[66]

b) Zuständigkeitsverteilung

Hinsichtlich der Zuständigkeitsverteilung zwischen Geschäftsführung/Vorstand und Gesellschaftern des **herrschenden** Unternehmens sind rechtsformbedingte Unterschiede zu beachten. Die nachfolgende Darstellung beschränkt sich auf die GmbH als herrschendes Unternehmen, so daß Personengesellschaft und AG außer Betracht bleiben.[67]

Unter dem Aspekt der **Konzernleitungskontrolle** wird erörtert, in welchem Umfang die Gesellschafter der herrschenden GmbH an Maßnahmen der Konzernleitung und Beteiligungsverwaltung zu beteiligen sind. Dabei stellt sich die Frage nach den Mehrheitserfordernissen. Schließlich ist zu klären, ob ein derartiger Gesellschafterbeschluß Wirksamkeitsvoraussetzung der entsprechenden Geschäftsführungsmaßnahme ist oder lediglich Wirkung im Innenverhältnis hat.

Auszugehen ist von den allgemeinen Grundsätzen der Verteilung der Zuständigkeit zwischen Geschäftsführung und Gesellschafterversammlung. Geschäftsführungsentscheidungen der herrschenden GmbH hinsichtlich einer beherrschten Gesellschaft erfordern nur dann die Zustimmung der Gesellschafterversammlung der herrschenden GmbH, wenn sie sich aus deren Sicht wegen ihres Inhalts oder ihrer möglichen Rückwirkungen als **ungewöhnliche Maßnahmen** darstellen.[68] Daneben ist von Bedeutung, daß der BGH in der „**Holzmüller**"-Entscheidung[69] auch für die AG mit ihrer stark ausgeprägten Vorstandsautonomie ein Mitwirkungsrecht der Hauptversammlung der herrschenden Gesellschaft hinsichtlich **strukturverändernder** Maßnahmen bei der Beteiligungsgesellschaft festgeschrieben hat.[70] Dabei werden Konzernbildungs- und Konzernleitungskontrolle kumuliert,[71] dh. die Befugnis der Gesellschafter der herrschenden Gesellschaft, über den Zustimmungsbeschluß zum Beherrschungsvertrag bei der **Konzernbildung** mitzuwirken, verdrängt nicht ihre Befugnis, durch Gesellschafterbeschlüsse zu Grundlagenentscheidungen **den weiteren Ausbau** des Konzerns mitzugestalten und zu

---

[65] *Scholz/Emmerich* Anh. Konzernrecht Anm. 277.
[66] *Emmerich/Sonnenschein* § 18 IV 2.
[67] Vgl. dazu *Scholz/Emmerich* Anh. Konzernrecht Anm. 126.
[68] *Rowedder/Koppensteiner* Anh. § 52 Anm. 62.
[69] BGH v. 25. 2. 1982, DB 1982, 795.
[70] Kritisch *Rowedder/Koppensteiner* Anh. § 52 Anm. 63.
[71] *Scholz/Emmerich* Anh. Konzernrecht Anm. 131.

kontrollieren. Trotz Zustimmung zum Beherrschungsvertrag bleiben also die Gesellschafter der Obergesellschaft bei gravierenden, insbesondere strukturverändernden Maßnahmen bei der Untergesellschaft mitwirkungsbefugt.

34 Die Zustimmungspflichtigkeit konzernleitender Geschäftsführungsmaßnahmen sowie das Mehrheitserfordernis sind im einzelnen noch ungeklärt. Die Gesellschafterzuständigkeit wird bejaht für die Grundsätze der Konzernpolitik, der Investitionspolitik sowie für alle außergewöhnlichen Maßnahmen, die nachhaltig in die Rechte der Gesellschafter der Mutter eingreifen können.[72] Hier reicht nach allgemeinen Grundsätzen die Entscheidung der Gesellschafterversammlung mit **einfacher Mehrheit** aus.[73] Für **Strukturänderungen** bei der beherrschten Gesellschaft, die sich bei der herrschenden Gesellschaft wie eine Satzungsänderung auswirken, ist aus der „Holzmüller"-Entscheidung des BGH[74] der Schluß zu ziehen, daß diese einer Zustimmung der Gesellschafterversammlung der herrschenden GmbH mit **satzungsändernder Mehrheit** bedürfen.

Die Zustimmungserfordernisse haben aber grundsätzlich nur interne Wirkung.[75] Die Vertretungsmacht der Geschäftsführer wird dadurch nicht beschränkt, d. h. die entsprechenden Maßnahmen sind trotz Verstoßes gegen das Zustimmungserfordernis im Außenverhältnis wirksam.

35 **c) Ausgleichs-, Abfindungs- und Umtauschverpflichtungen**

Im Aktienkonzernrecht wird dem Schutzbedürfnis der Minderheitsgesellschafter durch zwingende Ausgleichs- und Abfindungsverpflichtungen der Obergesellschaft (§§ 304 ff. AktG) Rechnung getragen.

36 Im GmbH-Konzernrecht hängt die Entscheidung der Frage, ob entspr. §§ 304, 305 AktG die Obergesellschaft zwingend zur Leistung von Ausgleich bzw. Abfindung verpflichtet ist, maßgeblich von den Anforderungen an den **Zustimmungsbeschluß** der Gesellschafter der Untergesellschaft zum Unternehmensvertrag ab. Hierzu liegt noch keine Rechtsprechung vor.

Eine entsprechende Anwendung der §§ 304, 305 AktG im GmbH-Konzernrecht ist nicht erforderlich, wenn – wie von der überwiegenden Meinung – zur Wirksamkeit des Unternehmensvertrages die Zustimmung aller Gesellschafter gefordert wird.[76] In diesem Fall bedarf es **keines weiteren Schutzes** der Minderheit. Die Minderheitsgesellschafter können vielmehr ihre Zustimmung zum Beschluß davon abhängig machen, daß ihren Ansprüchen in angemessener Weise, insb. durch Abfindungs-, Ausgleichs- oder Umtauschangebote, Rechnung getragen wird.

Eine analoge Anwendung der §§ 304, 305 AktG wird ferner erwogen, soweit die **Satzung** der Untergesellschaft eine qualifizierte Mehrheit für die Zustimmung zum Abschluß des Unternehmensvertrages ausreichen läßt.[77] Ob

---

[72] Emmerich/Sonnenschein § 4 a IV 2.
[73] Rowedder/Koppensteiner Anh. § 52 Anm. 62.
[74] BGH v. 25. 2. 1982, DB 1982, 795.
[75] Rowedder/Koppensteiner Anh. § 52 Anm. 63.
[76] Emmerich/Sonnenschein § 25 II 3; Hachenburg/Ulmer Anh. § 77 Anm. 211; Baumbach/Hueck/Zöllner Schlußanhang I Anm. 47; Scholz/Emmerich Anh. Konzernrecht Anm. 293.
[77] Emmerich/Sonnenschein § 25 II 3.

eine derartige Absenkung der Mehrheitserfordernisse überhaupt zulässig ist, ist umstritten und m. E. abzulehnen. Eine Ausgleichs- und Abfindungsverpflichtung der Obergesellschaft analog §§ 304, 305 AktG wird schließlich von denjenigen bejaht, die allgemein lediglich die Zustimmung einer qualifizierten Mehrheit der Gesellschafter zum Abschluß des Vertrages fordern.[78] Einschränkend wird lediglich die Aufnahme einer Abfindungsregelung in den Unternehmensvertrag für nicht geboten gehalten, weil ein Austrittsrecht gegen Barabfindung ohnehin bestehe.[79] Für den Fall eines zu niedrigen Ausgleichs- oder Abfindungsangebots wird der außenstehende Gesellschafter auf die Anfechtung des Zustimmungsbeschlusses zum Unternehmensvertrag verwiesen.[80]

Für die **Praxis,** in der die Einholung der Zustimmung **aller** Gesellschafter empfohlen wird, bedeutet dieses Vorgehen den Verzicht auf Abfindungs- und Ausgleichsregelungen.

d) Verlustübernahme

Nach § 302 Abs. 1 AktG ist bei Bestehen eines Beherrschungs- oder Gewinnabführungsvertrages das herrschende Unternehmen zum Ausgleich jedes während der Vertragsdauer entstehenden Jahresfehlbetrages verpflichtet. § 302 AktG ist auf GmbH-Vertragskonzerne entspr. anwendbar.[81] Die Verlustübernahmepflicht besteht auf Grund Gesetzes und bedarf daher **gesellschaftsrechtlich nicht** der ausdrücklichen vertraglichen Vereinbarung.[82] § 17 Satz 2 Nr. 2 KStG fordert dagegen für die **steuerliche** Anerkennung die Aufnahme in den Gewinnabführungsvertrag, so daß in der Praxis die Verlustübernahmepflicht idR ausdrücklicher Vertragsbestandteil ist. 37

Das herrschende Unternehmen hat – anders als im qualifizierten faktischen Konzern – nicht die Möglichkeit, den Nachweis zu führen, daß die eingetretenen Verluste nicht auf die Ausübung der Leitungsmacht zurückzuführen sind. Es besteht die unwiderlegliche Vermutung, daß es von seiner Leitungsmacht Gebrauch gemacht hat.[83]

Die Höhe der Verlustübernahme richtet sich nach der ordnungsgemäß festgestellten Bilanz, unabhängig von ihrer sachlichen Richtigkeit.[84] Der Verlustausgleichsanspruch wird zum Ende des Verlustentstehungsjahres, spätestens mit Bilanzfeststellung, fällig.[85] 38

---

[78] *Lutter* in *Hommelhoff/Semler/Doralt/Roth* Entwicklungen im GmbH-Konzernrecht, ZGR Sonderheft 6, 192 (197 ff.); *Lutter/Hommelhoff* Anh. § 13 Anm. 46; *Hachenburg/Goerdeler/Müller* 7. Aufl. § 29 Anm. 64 ff.; *Timm* GmbHR, 8 (11); *Timm* ZGR 1987, 403 (431).
[79] *Rowedder/Koppensteiner* Anh. § 52 Anm. 44.
[80] *Lutter/Hommelhoff* Anh. § 13 Anm. 46; *Kleindiek* ZIP 1988, 613 (618); *Priester* in *Hommelhoff/Semler/Doralt/Roth* Entwicklungen im GmbH-Konzernrecht, ZGR Sonderheft 6, 151 (177).
[81] BGH v. 11. 11. 1991, DB 1992, 29; BGH v. 14. 12. 1987, DB 1988, 596; *Scholz/Emmerich* Anh. Konzernrecht Anm. 311.
[82] *Scholz/Emmerich* Anh. Konzernrecht Anm. 312.
[83] BGH v. 11. 11. 1991, DB 1992, 29 (30).
[84] LG Hamburg v. 30. 5. 1985, ZIP 1985, 805.
[85] BFH v. 16. 2. 1979, BStBl. II 1979, 278.

Abwicklungsverluste nach Konkurs oder Auflösung der abhängigen GmbH braucht das herrschende Unternehmen nicht zu übernehmen; hier gilt § 303 AktG entspr. (Sicherheitsleistung durch die Obergesellschaft).[86]

39 **Gläubiger** des Anspruchs auf Verlustausgleich ist die abhängige GmbH, **Schuldner** das herrschende Unternehmen. Der Anspruch (Zahlung an die Gesellschaft) kann auch durch Minderheitsgesellschafter durchgesetzt werden.[87] Die Gläubiger der abhängigen GmbH können den Anspruch auf Verlustausgleich pfänden und sich überweisen lassen.

2. Die GmbH als Untergesellschaft

a) Gewinnabführung

40 Der Gewinnabführungsvertrag muß zum Inhalt haben, daß die Untergesellschaft ihren **ganzen Gewinn** an die Obergesellschaft abzuführen hat. Nach § 301 AktG kann eine Gesellschaft als ihren Gewinn höchstens den ohne die Gewinnabführung entstehenden Jahresüberschuß, vermindert um einen Verlustvortrag aus dem Vorjahr und um den Betrag, der nach § 300 AktG in die gesetzliche Rücklage einzustellen ist, abführen. Während der Dauer des Vertrages in andere Gewinnrücklagen eingestellte Beträge können den Rücklagen entnommen und als Gewinn abgeführt werden. Im Recht der GmbH fehlt eine entsprechende Vorschrift. Hier herrscht grds. Vertragsfreiheit. Andererseits enthalten die **steuerlichen Vorschriften** der §§ 14 Nr. 5 und 17 KStG Limitierungen dahin, daß die Organgesellschaft Beträge aus dem Jahresüberschuß nur insoweit in die Gewinnrücklagen einstellen darf, als dies bei vernünftiger kaufmännischer Beurteilung wirtschaftlich begründet ist, bzw. die Abführung von Erträgen aus der Auflösung von freien vorvertraglichen Rücklagen ausgeschlossen ist. Bei Verstoß gegen diese Vorschriften werden die Durchführung des Ergebnisabführungsvertrages in Zweifel gezogen und damit die steuerlichen Konsequenzen der Organschaft versagt. Da die Beachtung der steuerlichen Organschaftsanforderungen die **Vertragspraxis** prägt, sind die von Steuergesetzgebung und Finanzverwaltung eingebrachten Aspekte in die gesellschaftsrechtliche Darstellung einzubeziehen.[88]

b) Wechselseitige Beteiligung

41 Eine wechselseitige Beteiligung von Ober- und Untergesellschaft kann zur **Gefährdung des Stammkapitals** beider Gesellschaften führen.[89] Es stellt sich daher die Frage, ob die Untergesellschaft Anteile an der Obergesellschaft erwerben darf.

Das GmbH-Gesetz enthält hierzu keine Regelung. Nach § 33 Abs. 1 GmbHG kann eine Gesellschaft **eigene Anteile,** auf die die Einlagen noch nicht vollständig geleistet sind, nicht erwerben. Nach Abs. 2 der Vorschrift ist ein Erwerb vollständig eingezahlter Geschäftsanteile nur zulässig, sofern der Erwerb aus dem das Stammkapital übersteigenden Vermögen geschehen und

---

[86] *Scholz/Emmerich* Anh. Konzernrecht Anm. 270.
[87] *Baumbach/Hueck/Zöllner* Schlußanhang I Anm. 78.
[88] Siehe unten Rz. 79.
[89] *Hachenburg/Goerdeler/Müller* § 30 Anm. 67 ff.

die Gesellschaft die nach § 272 Abs. 4 HGB vorgeschriebene Rücklage für eigene Anteile bilden kann. Eine Gefährdung des Stammkapitals kann hier nicht eintreten.

Die Rechtsprechung hat die Übertragbarkeit der Grundsätze des § 33 GmbHG auf den Erwerb von Anteilen an der Obergesellschaft durch die Untergesellschaft noch nicht entschieden. Im Schrifttum besteht aber weitgehend Einigkeit, daß aus Kapitalschutzgründen zu wechselseitigen Beteiligungen führende Anteilserwerbe Einschränkungen zu unterwerfen sind.[90]

Die Einzelheiten von Voraussetzungen und Rechtsfolgen einer entsprechenden Anwendung des § 33 GmbHG sind umstritten. Einigkeit besteht darüber, daß eine **kapitalmäßige** Beteiligung der Ober- und der Untergesellschaft zu fordern ist.[91] Eine Beherrschung ohne kapitalmäßige Beteiligung ist nicht ausreichend, da dann der Kapitalschutz nicht gefährdet ist. Die Rechtsfolge eines Verstoßes gegen § 33 Abs. 1 GmbHG – Erwerb nicht voll eingezahlter eigener Anteile – ist die Nichtigkeit des obligatorischen wie des dinglichen Geschäfts.[92] Bei der entsprechenden Anwendung auf den Erwerb nicht voll eingezahlter Anteile an der Obergesellschaft soll die Unwirksamkeit des schuldrechtlichen Geschäfts genügen.[93] Die Abwicklung soll über §§ 812 ff. BGB erfolgen. Gleiches gilt für die entsprechende Anwendung des § 33 Abs. 2 GmbHG beim Erwerb voll eingezahlter Anteile, wenn bei der herrschenden und bei der abhängigen GmbH dem Erwerb entsprechende Reserven nicht gegenüberstehen.

Das Stimmrecht der abhängigen Gesellschaft in der Gesellschafterversammlung der herrschenden GmbH ist ausgeschlossen.[94]

c) Stimmverbot

Nach § 47 Abs. 4 GmbHG sind die Gesellschafter einer GmbH in einer Reihe von Fällen wegen **Interessenkollision** vom Stimmrecht ausgeschlossen. Diese Stimmverbote gelten grds. auch im Konzern.[95] Auf Grund ihrer Abdingbarkeit in der Satzung[96] und des satzungsändernden Charakters eines Unternehmensvertrages werden sie aber bei Bestehen eines Unternehmensvertrages durch diesen verdrängt.[97]

III. Die körperschaftsteuerliche Organschaft

Die grds. an der **Rechtsform** des Unternehmens anknüpfende Besteuerung trägt unter bestimmten Voraussetzungen bei Unternehmenszusammenschlüssen, die zu Unterordnungsverhältnissen führen, der **wirtschaftlichen Einheit** vorrangig vor der fortbestehenden rechtlichen Selbständigkeit der in

---

[90] Vgl. die Hinweise *Baumbach/Hueck/Hueck* § 33 Anm. 16.
[91] *Verhoeven* GmbHR 1977, 97 (100); *Scholz/Westermann* § 33 Anm. 13.
[92] *Scholz/Westermann* § 33 Anm. 15.
[93] *Verhoeven* GmbHR 1977, 97 (100).
[94] *Rowedder/Koppensteiner* Anh. § 52 Anm. 60 mwN.
[95] *Baumbach/Hueck/Zöllner* § 47 Anm. 70 a.
[96] *Hachenburg/Hüffer* § 47 Anm. 187 ff.
[97] *Rowedder/Koppensteiner* Anh. § 52 Anm. 81.

dem Konzern zusammengeschlossenen Unternehmen Rechnung.[98] Die wirtschaftliche Unselbständigkeit der einzelnen Kapitalgesellschaft in ihrem konzernrechtlichen Verbund wird dabei durch besondere Besteuerungsgrundsätze berücksichtigt, die unter dem Begriff Organschaft zusammengefaßt werden. Dieses ursprünglich von der Steuerrechtsprechung für bestimmte Steuerarten entwickelte Rechtsinstitut ist sowohl im **Umsatzsteuerrecht** in § 2 Abs. 2 Nr. 2 UStG, im **Gewerbesteuerrecht** in § 2 Abs. 2 Satz 2 GewStG als auch insb. im **Körperschaftsteuerrecht** in den §§ 14 bis 19 KStG ausdrücklich kodifiziert, wobei es im Bereich der Körperschaftsteuer die umfassendste gesetzliche Regelung gefunden hat.

45 Nur das dem Anrechnungsverfahren vorrangige Rechtsinstitut[99] der Organschaft ermöglicht es weiterhin, **Verluste** einer Organgesellschaft steuerlich mit Gewinnen des Organträgers zu verrechnen, und zwar unabhängig davon, ob diese Gewinne von dem Organträger selbst aus seinem operativen Geschäft erwirtschaftet wurden, durch Gewinnausschüttungen einer Beteiligungsgesellschaft oder Ergebnisabführungen anderer Organgesellschaften entstanden sind.

Darüber hinaus eröffnet ausschließlich die Organschaft die Möglichkeit, **steuerfreie** oder nur einem ermäßigten Steuersatz unterliegende Einkommensteile einer Organgesellschaft unter Beibehaltung dieser steuerlichen Vorteile an den Organträger **weiterzuleiten**. § 8b KStG ist in seiner vergleichbaren Wirkung für steuerfreie ausländische Einkünfte im Rahmen ihrer Berücksichtigung bei einer Gewinnausschüttung wesentlich restriktiver. **Neu** gem. StEntlG 1999/2000/2002: Eine weitere Restriktion ist hinsichtlich § 8b Abs. 2 Satz 2 KStG vorgesehen. Der Abzug von bei Veräußerungen von Anteilen an einer ausländischen Gesellschaft oder bei deren Auflösung oder der Herabsetzung von deren Nennkapital entstehenden Verlusten ist nicht mehr zulässig.

46 Aufgrund der wesentlichen finanzwirtschaftlichen Auswirkungen werden von der Finanzverwaltung **strenge Anforderungen** an das tatsächliche Vorliegen der Voraussetzungen der körperschaftsteuerlichen Organschaft gestellt.

1. Voraussetzungen der körperschaftsteuerlichen Organschaft

47 Die Voraussetzungen der körperschaftsteuerlichen Organschaft sind insb. in den §§ 14 und 17 KStG niedergelegt. Sie knüpfen an die rechtliche Struktur sowohl des Organträgers als auch der Organgesellschaft an, legen darüber hinaus aber auch besondere Anforderungen an die **wirtschaftliche Unselbständigkeit** der Organgesellschaft fest.

a) Anerkennung einer Gesellschaft als Organträger

48 Gem. § 14 Nr. 3 KStG kann **Organträger** grundsätzlich eine unbeschränkt steuerpflichtige natürliche Person, eine nicht steuerbefreite Körperschaft, Personenvereinigung oder Vermögensmasse iSd. § 1 KStG mit Geschäftsleitung **und** Sitz im Inland oder eine Personengesellschaft iSd. § 15 Abs. 1 Nr. 2 EStG mit Geschäftsleitung **und** Sitz im Inland sein.

---

[98] *Wöhe* Betriebswirtschaftliche Steuerlehre, 3. Aufl. 1982, Bd. 2, 2. Halbband, S. 59.
[99] BT-Drs. 7/1470, S. 347.

B. Der Vertragskonzern   49   § 17

Zu beachten ist insoweit ergänzend, daß nach § 14 Satz 1 KStG der Organträger in jedem Fall ein **inländisches** gewerbliches Unternehmen sein muß. Dieses Merkmal ist zwar dem aktienrechtlichen Unternehmensbegriff ähnlich, knüpft aber an die Formulierung in § 15 Abs. 1 Nr. 1 EStG an und ist idS auch für Zwecke der Organschaft einheitlich auszulegen.[100] Andere gewerbliche Unternehmen iSd. § 14 Satz 1 KStG können daher sowohl Gewerbebetriebe kraft gewerblicher Tätigkeit (§ 2 Abs. 1 GewStG iVm. § 15 Abs. 2 Satz 1 EStG) als auch Gewerbebetriebe kraft Rechtsform (§ 2 Abs. 2 GewStG) oder Gewerbebetriebe kraft wirtschaftlichen Geschäftsbetriebes (§ 2 Abs. 3 GewStG) sein.[101]

Natürliche Personen kommen daher nur dann als Organträger in Betracht, wenn sie selbst ein gewerbliches Unternehmen iSe. gewerblichen Tätigkeit im Inland ausüben. Land- und Forstwirte oder Freiberufler können grundsätzlich nicht Organträger sein.[102] Weiterhin ist vorausgesetzt, daß die natürliche Person iSd. § 1 EStG **unbeschränkt steuerpflichtig** ist, dh. ihren Wohnsitz oder ihren gewöhnlichen Aufenthalt im Inland hat.

Als juristische Personen kommen aufgrund des Verweises auf § 1 KStG neben AG, KGaA, GmbH und bergrechtlicher Gewerkschaft bei Vorliegen einer gewerblichen Tätigkeit auch sonstige juristische Personen des privaten Rechts, wie zB die rechtsfähige Stiftung, aber auch nicht rechtsfähige Vereine, Anstalten, Stiftungen und andere Zweckvermögen des privaten Rechts sowie Geschäftsbetriebe gewerblicher Art von juristischen Personen des öffentlichen Rechts als Organträger in Betracht. Auch eine **Vorgesellschaft** iSd. Kapitalgesellschaft im Gründungsstadium,[103] die als errichtete mit der später entstehenden Kapitalgesellschaft einen einheitlichen Gewerbebetrieb bildet und als wesensgleich anerkannt wird,[104] kann grds. bereits Organträger sein.

Nach § 14 Nr. 3 KStG setzt die Anerkennung als Organträger voraus, daß   **49** sich Geschäftsleitung **und** Sitz im Inland befinden. § 18 KStG erweitert den Kreis der Organträger um – **im Inland beschränkt steuerpflichtige – ausländische gewerbliche Unternehmen,** die im Inland eine im HR eingetragene Zweigniederlassung unterhalten. Die steuerliche Anerkennung eines Organschaftsverhältnisses setzt in diesem Fall allerdings voraus, daß praktisch die Voraussetzungen der Organschaft im Verhältnis zu der Zweigniederlassung erfüllt sind. Unter Hinweis auf § 18 KStG wird in der Literatur zT die Auffassung vertreten, daß auch unbeschränkt Steuerpflichtige, die Geschäftsleitung **oder** Sitz im Inland haben, Organträger sein könnten, da insoweit eine Gesetzeslücke vorliege.[105] Der klare und eindeutige Wortlaut des § 14 Nr. 3 KStG spricht allerdings gegen diese Auffassung.[106] Durch Beschluß vom 13. 11. 1991 hat der BFH nunmehr ausdrücklich klargestellt, daß eine **ausländische Kapitalge-**

---

[100] BFH v. 24. 6. 1989, BStBl. II 1989, 668 (669); BFH v. 23. 9. 1989 BStBl. II 1990, 24 (25).
[101] BFH v. 24. 6. 1989, BStBl. II 1989, 668 (669); BFH v. 23. 9. 1989, BStBl. II 1990, 24 (25).
[102] BFH v. 21. 6. 1972, BStBl. II 1972, 722 f.
[103] BFH v. 8. 1. 1989, BStBl. II 1990, 91 (92).
[104] FG Hamburg, v. 28. 11. 1985, rkr., EFG 1986, 414 f.
[105] *Frotscher* in *Frotscher/Maas* § 14 Anm. 15; ebenso zum KStG aF *Jurkat* Organschaft, 1975, Anm. 173.
[106] *Lademann/Gassner* § 14 Anm. 22; *Dötsch/Eversberg/Jost/Witt* § 14 Anm. 23.

Rosenbach   1189

sellschaft, deren Geschäftsleitung sich im Inland befindet, weder gem. § 14 KStG noch gem. § 18 KStG Organträger sein kann.[107]

50   Für den Organträger darf weiterhin **keine** persönliche Steuerbefreiung von der Körperschaftsteuer eingreifen. Sachliche **Steuerbefreiungen** für einzelne Einkünfte sind hingegen unschädlich.

51   Als Organträger kommen weiterhin **Personengesellschaften** iSd. § 15 Abs. 1 Nr. 2 EStG in Betracht, wenn sie Geschäftsleitung **und** Sitz im Inland haben. Neben OHG und KG können daher auch andere Gesellschaften Organträger sein, soweit die Gesellschafter als Mitunternehmer anzusehen sind. Dies kann zB bei Gesellschaften bürgerlichen Rechts iSd. § 705 BGB, einer Partenreederei iSd. § 489 HGB oder auch anderen zivilrechtlichen Gesellschaften mit „wirtschaftlich vergleichbaren Gemeinschaftsverhältnissen"[108] zutreffen. Das FG Hamburg hat daher auch eine **atypisch stille** Gesellschaft als Organträger anerkannt.[109] Auch gewerblich geprägte Personengesellschaften iSv. § 15 Abs. 3 Nr. 2 EStG können unabhängig von ihrer Betätigung Organträger sein, da ihre mit Einkunftserzielungsabsicht unternommene Tätigkeit in vollem Umfang als Gewerbebetrieb gilt,[110] doch kann es an der wirtschaftlichen Eingliederung der Organgesellschaften fehlen.

An der **Personengesellschaft** dürfen allerdings nur **Gesellschafter** beteiligt sein, die mit dem auf sie entfallenden Teil des zuzurechnenden Einkommens im Geltungsbereich des Körperschaftsteuergesetzes der Einkommen- oder Körperschaftsteuer unterliegen. Andernfalls gelten Sonderregelungen gemäß § 14 Nr. 3 Sätze 3 ff. KStG.

b) Anerkennung einer Gesellschaft als Organgesellschaft

52   Nach § 14 Satz 1 KStG muß die **Organgesellschaft** die Rechtsform einer **AG** oder **KGaA** sowie Geschäftsleitung **und** Sitz im Inland haben. § 17 Satz 1 KStG erweitert den Kreis der Organgesellschaften um andere Kapitalgesellschaften mit Geschäftsleitung **und** Sitz im Inland. Auch **GmbH** und bergrechtliche Gewerkschaft können daher Organgesellschaft sein. Andere Körperschaften als Kapitalgesellschaften sowie sämtliche Formen der **Personengesellschaft** kommen aber **nicht** als Organgesellschaft in Betracht. Auch die GmbH & Co. KG kann daher nicht Organgesellschaft sein.[111]

53   Die Organgesellschaft muß Geschäftsleitung **und** Sitz im Inland haben. Mangels einer § 18 KStG entsprechenden, erweiternden Regelung für die Organgesellschaft kommen beschränkt steuerpflichtige ausländische Körperschaften oder inländische Zweigniederlassungen eines ausländischen Unternehmens nicht als Organgesellschaften in Betracht.[112]

---

[107] BFH v. 13. 11. 1991, NWB/F 3 a Gruppe 1 S. 287.
[108] BFH GrS v. 25. 6. 1984, BStBl. II 1984, 751 (768).
[109] FG Hamburg v. 12. 3. 1984, rkr., EFG 1984, 569 f.; bejahend *Dötsch/Eversberg/Jost/Witt* § 14 Anm. 72 mit Hinweis auf BFH v. 25. 7. 1995, BStBl. II 1995, 794; aA *Döllerer* DStR 1985, 295 (301) und *Zacharias/Sudmeyer/Rinnewitz* DStR 1988, 128 ff., nach deren Auffassung nur der Inhaber des Handelsgeschäfts Organträger sein kann.
[110] *Dötsch/Eversberg/Jost/Witt* § 14 Anm. 28.
[111] BFH GrS v. 25. 6. 1984, BStBl. II 1984, 751, Ls. 1; BFH v. 17. 4. 1986, BFH/NV 1988, 116 (117) zur GewSt.
[112] *Dötsch/Eversberg/Jost/Witt* § 14 Anm. 31.

Im Gegensatz zum Organträger ist nicht erforderlich, daß die Organgesell- 54
schaft selbst gewerblich tätig ist.[113] Auch eine **Vorgesellschaft** als errichtete,
aber noch nicht im HR eingetragene Kapitalgesellschaft[114] kann bereits Organgesellschaft sein, da sie mit der mit Eintragung in das HR entstehenden
Kapitalgesellschaft wesensgleich ist und die errichtete und entstandene Kapitalgesellschaft einen einheitlichen Gewerbebetrieb bilden.[115] Eine **Vorgründungsgesellschaft**, deren Zweck in der gemeinsamen Errichtung einer Kapitalgesellschaft besteht und idR als Gesellschaft bürgerlichen Rechts zu
qualifizieren ist, ist hingegen weder mit der Vorgesellschaft noch mit der
später entstehenden Kapitalgesellschaft identisch[116] und kann daher als solche
nicht bereits Organgesellschaft sein. Soweit sie gleichwohl schon aus einem
Ergebnisabführungsvertrag verpflichtet ist, bedarf auch die Überleitung dieser
Verpflichtung auf die Vorgesellschaft und damit nach deren Eintragung auf die
Kapitalgesellschaft einer besonderen Vereinbarung.[117]

c) Eingliederung der Organgesellschaft in den Organträger

Gem. § 14 Nr. 1 und 2 KStG muß die Organgesellschaft **wirtschaftlich** 55
unselbständig sowie rechtlich und tatsächlich dem Organträger **unterge-
ordnet** sein.[118] Diese Unterordnung muß in finanzieller Hinsicht sowie nach
dem Gesamtbild der tatsächlichen Verhältnisse auch in **wirtschaftlicher** und
organisatorischer Hinsicht bestehen.

aa) Finanzielle Eingliederung. Nach § 14 Nr. 1 Satz 1 KStG muß der 56
Organträger an der Organgesellschaft **vom Beginn** ihres Wirtschaftsjahres an
ununterbrochen und unmittelbar in einem solchen Maße beteiligt sein, daß
ihm die **Mehrheit der Stimmrechte** aus den Anteilen an der Organgesellschaft zusteht. Maßgebend ist dabei nicht das zivilrechtliche Innehaben der
die Stimmrechte vermittelnden Gesellschaftsrechte, sondern deren steuerlich
gemäß § 39 AO maßgebende wirtschaftliche Zurechnung. So kann zB ein
Treuhänder, der zwar bürgerlichrechtlicher Eigentümer der Gesellschaftsrechte ist, nicht Organträger sein, da ihm die Beteiligung nach § 39 Abs. 2
Nr. 2 Satz 2 AO steuerlich nicht zuzurechnen ist. Während eine Mehrheitsbeteiligung iSv. § 16 Abs. 1 AktG sowohl durch Kapital- als auch Stimmenmehrheit entstehen kann, wird nach § 14 Nr. 1 KStG die finanzielle Eingliederung der Organgesellschaft **ausschließlich** an der **Stimmenmehrheit**
gemessen. Diese Mehrheit der Stimmrechte ist grundsätzlich anzuerkennen,
wenn der Organträger in der Haupt- oder Gesellschafterversammlung seinen
Willen bei allgemeinen Beschlüssen durchzusetzen vermag, weil ihm mehr als
50% der Stimmrechte zustehen. Soweit **stimmrechtslose** Anteile oder aber
Anteile mit Mehrfachstimmrechten bestehen, ist ausschließlich auf das Verhältnis der Stimmrechte abzustellen. **Eigene** Anteile der Gesellschaft sind bei
der Ermittlung der Gesamtzahl der Stimmen nicht mitzuzählen. Durch

---

[113] BFH v. 21. 1. 1970, BStBl. II 1970, 348 (349).
[114] BFH v. 8. 11. 1989, BStBl. II 1990, 91 (92).
[115] FG Hamburg v. 28. 11. 1985, rkr., EFG 1986, 414 f.
[116] BFH v. 8. 11. 1989, BStBl. II 1990, 91 (92).
[117] BFH v. 8. 11. 1989, BStBl. II 1990, 91 (92).
[118] BFH v. 26. 4. 1989, BStBl. II 1989, 668 (669); BFH v. 13. 9. 1989, BStBl. II 1990, 24 (25).

Stimmrechtsvollmacht kann die finanzielle Eingliederung nicht begründet werden.[119] Soweit nach der Satzung oder dem Gesellschaftsvertrag der Organgesellschaft generell oder ganz überwiegend für Beschlüsse eine qualifizierte Mehrheit erforderlich ist, muß der Organträger zur Anerkennung einer finanziellen Beherrschung über diese qualifizierte Mehrheit der Stimmrechte verfügen.[120] Grds. ist daher auf die satzungsmäßig erforderliche Mehrheit abzustellen.[121]

57 Bei **Treuhandverhältnissen** ist in der Literatur umstritten, ob § 39 Abs. 2 Nr. 2 Satz 2 AO als Zurechnungsvorschrift sinngemäß auch auf die Stimmrechte anzuwenden ist, so daß der Treugeber Organträger sein könnte.[122] Ähnliche Probleme ergeben sich bei der Sicherungsübereignung, der Verpfändung, der Einräumung eines Nießbrauchs oder auch Pensionsgeschäften über Gesellschaftsrechte.[123]

58 Im Grundfall des § 14 Nr. 1 KStG ist eine unmittelbare Beteiligung des Organträgers an der Organgesellschaft erforderlich, so daß der Organträger selbst Gesellschaftsrechte der Organgesellschaft halten muß. § 14 Nr. 1 Satz 2 KStG erkennt eine **finanzielle Eingliederung** jedoch auch dann an, wenn die Beteiligung **mittelbar,** dh. unter Zwischenschaltung einer oder selbst mehrerer Beteiligungsgesellschaften besteht. Nach dem Wortlaut des Gesetzes wird auch nicht ausdrücklich darauf abgestellt, daß zu den zwischengeschalteten Beteiligungsgesellschaften selbst wiederum zwingend Organschaftsverhältnisse bestehen müssen oder zumindest herbeigeführt werden können. Allerdings muß jede der Beteiligungen, auf denen die mittelbare Beteiligung beruht, die Mehrheit der Stimmrechte gewähren.

Die mittelbare Beteiligung kann nach Abschn. 49 Satz 3 KStR auch über eine Gesellschaft bestehen, die selbst nicht Organgesellschaft sein kann. Die Richtlinien verweisen insoweit auf eine Entscheidung, in der die mittelbare finanzielle Eingliederung zu einer zum Betriebsvermögen einer **Personengesellschaft** gehörenden Beteiligung an einer Tochterkapitalgesellschaft anerkannt wurde.[124] Obwohl der BFH ausdrücklich darauf hinweist, daß das Gesetz nicht einengend in der Weise auszulegen sei, daß eine mittelbare Beteiligung nur dann eine finanzielle Eingliederung begründe, wenn die die Beteiligung vermittelnde Gesellschaft auch Zwischenglied einer Organschaftskette sein könne,[125] lehnt die Finanzverwaltung in einem Erlaß vom 26. 6. 1978 die Anerkennung eines Organschaftsverhältnisses aufgrund einer durch eine **ausländische Tochtergesellschaft vermittelten** Beteiligung an einer inländischen Enkelgesellschaft ab.[126] Sie beruft sich ausdrücklich darauf, daß eine mittelbare Beteiligung den Anforderungen an eine finanzielle Eingliede-

---

[119] *Dötsch/Eversberg/Jost/Witt* § 14 Anm. 34.
[120] *Dötsch/Eversberg/Jost/Witt* § 14 Anm. 34.
[121] *Lademann/Gassner* § 14 Anm. 31.
[122] Bejahend *Schmidt/Müller/Stöcker* Organschaft, 1993, Anm. 82; *Lademann/Gassner* § 14 Anm. 27; wohl auch Abschn. 49 Satz 1 KStR; aA *Dötsch/Eversberg/Jost/Witt* § 14 Anm. 33.
[123] *Dötsch/Eversberg/Jost/Witt* § 14 Anm. 15; *Lademann/Gassner* § 14 Anm. 33 ff.
[124] BFH v. 2. 11. 1977, BStBl. II 1978, 74 (75).
[125] BFH v. 2. 11. 1977, BStBl. II 1978, 74 (75).
[126] Erlaß des FinMinNW v. 26. 6. 1978, DB 1978, 1312.

rung nur in den Fällen genüge, in denen aufgrund der jeweiligen Mehrheitsbeteiligung eine **durchlaufende Organschaftskette** begründbar wäre. Unter Berufung auf die vorgenannte Entscheidung des BFH lehnt Winter diese Auffassung der Finanzverwaltung ab.[127]

Nach Abschn. 49 Satz 5 KStR muß die finanzielle Eingliederung entweder auf einer unmittelbaren oder auf einer mittelbaren Beteiligung an der Organgesellschaft beruhen. Durch **Zusammenrechnung** einer unmittelbaren und einer mittelbaren Beteiligung oder mehrerer mittelbarer Beteiligungen soll die finanzielle Eingliederung nicht begründet werden können. Diese Auffassung der Finanzverwaltung ist in der Literatur nicht unumstritten,[128] höchstrichterlich bisher aber nicht entschieden.

Wird die Beteiligung an der Organgesellschaft zunächst mittelbar und anschließend unmittelbar gehalten, schließt dies nach Abschn. 49 Satz 8 KStR die Anerkennung einer finanziellen Eingliederung nicht aus.

Stimmrechtsverbote für einzelne Geschäfte zwischen Organträger und Organgesellschaft stehen der finanziellen Eingliederung nicht entgegen.[129]

bb) Wirtschaftliche Eingliederung. Nach § 14 Nr. 2 KStG muß die Organgesellschaft vom Beginn ihres Wirtschaftsjahres an ununterbrochen nach dem **Gesamtbild** der tatsächlichen Verhältnisse wirtschaftlich in das Unternehmen des Organträgers eingegliedert sein. Abschn. 50 Abs. 1 KStR trägt zwei grundlegenden Entscheidungen des BFH zur wirtschaftlichen Eingliederung Rechnung.[130] Der BFH stellt in diesen Entscheidungen ausdrücklich klar, daß das Merkmal der wirtschaftlichen Eingliederung entgegen einer im Schrifttum weit verbreiteten Auffassung **nicht als Leerformel** zu verstehen sei; es habe eine eigenständige Bedeutung und sei als eine **wirtschaftliche Zweckabhängigkeit** des beherrschten von dem herrschenden Unternehmen zu verstehen; entspr. müsse das herrschende Unternehmen solche eigenen gewerblichen Zwecke verfolgen, denen sich das beherrschte Unternehmen iSe. Zweckabhängigkeit unterordnen könne; das beherrschte Unternehmen müsse daher den gewerblichen Zwecken des herrschenden Unternehmens **dienen**, dh. es müsse iSe. eigenen wirtschaftlichen Unselbständigkeit nach der Art einer **unselbständigen Geschäftsabteilung** des herrschenden Unternehmens auftreten.[131]

Die mit einer Beteiligung verbundenen Gesellschaftsrechte vermögensrechtlicher und herrschaftsrechtlicher Art sind nur zur Beurteilung der finanziellen Eingliederung heranzuziehen. Aus dem gleichen Grunde kann auch eine personelle Verflechtung zwischen den Geschäftsführungen des herrschenden und des beherrschten Unternehmens wohl eine organisatorische, jedoch noch keine wirtschaftliche Eingliederung begründen.[132] An der erforderlichen **Zweckabhängigkeit** fehlt es daher auch, wenn das herrschende

---

[127] *Winter* GmbHR 1978, 257 ff.
[128] *Klose* BB 1985, 1847 mwN.
[129] BFH v. 26. 1. 1989, BStBl. II 1989, 455 (456).
[130] BFH v. 26. 4. 1989, BStBl. II 1989, 668 (669); BFH v. 13. 9. 1989, BStBl. II 1990, 24 (26).
[131] BFH v. 26. 4. 1989, BStBl. II 1989, 668 (669); BFH v. 13. 9. 1989, BStBl. II 1990, 24 (26).
[132] BFH v. 13. 9. 1989, BStBl. II 1990, 24 (26).

Unternehmen nur Gewerbebetrieb kraft Rechtsform ist oder wenn es nur eine Tätigkeit gewerblicher Art ausübt, die ausschließlich den Zwecken des beherrschten Unternehmens dient. Dies ist insb. der Fall, wenn **Vermietung und Verpachtung** von Geschäftslokalen und Betriebsausstattung im Rahmen einer Betriebsaufspaltung erfolgen oder die Gewährung von Warendarlehen jeweils nur gegenüber dem beherrschten Unternehmen erfolgen, da die insoweit vorliegende Ergänzung und Förderung des beherrschten Unternehmens dessen Eingliederung in das herrschende ausschließt.[133]

61 Beherrscht der Organträger daher **nur eine Organgesellschaft,** muß zur Anerkennung einer wirtschaftlichen Eingliederung zur leitenden Tätigkeit in Bezug auf die Organgesellschaft eine andere gewerbliche Tätigkeit des Organträgers selbst hinzutreten, ohne daß in dieser der Schwerpunkt der wirtschaftlichen Tätigkeit des Konzerns zu liegen braucht; andererseits darf sie jedoch nicht nur von untergeordneter Bedeutung sein.[134] Es ist andererseits nicht erforderlich, daß beide Unternehmen dem gleichen Geschäftszweig angehören.[135] Die gewerbliche Tätigkeit des Organträgers muß jedoch mit der Tätigkeit der Organgesellschaft in einem **wirtschaftlichen Zusammenhang** dergestalt stehen, daß sich beide Unternehmen als Teile einer wirtschaftlichen Einheit darstellen.[136] Zu einer derartigen Einheit verschmelzen mehrere Unternehmen durch die einheitliche Leitung iSd. einheitlichen Gesamtkonzeption, die sich auf die eigene gewerbliche Tätigkeit und die gewerbliche Tätigkeit des abhängigen Unternehmens erstreckt.[137] Diese muß sich nicht unbedingt auf technische und marktstrategische Faktoren beziehen. Die Zusammenfassung der Unternehmen zum Zwecke der Gesamtgewinnmaximierung oder zur Gewährleistung eines Risikoausgleichs kann genügen.[138] Auch eine Vermögen verwaltende und Beteiligungen haltende Kapitalgesellschaft kann daher als Organ dem Organträger wirtschaftlich dienen.[139]

62 Stellt der Organträger seine **werbende Tätigkeit** ein und wird seine Auflösung betrieben, ohne daß förmlich die Auflösung beschlossen worden ist, bedeutet dies nicht notwendigerweise, daß die wirtschaftliche Eingliederung einer Organgesellschaft aus diesem Grunde beendet worden ist.[140]

63 cc) **Organisatorische Eingliederung.** Nach § 14 Nr. 2 KStG muß die Organgesellschaft weiterhin vom Beginn ihres Wirtschaftsjahres an ununterbrochen nach dem Gesamtbild der tatsächlichen Verhältnisse organisatorisch in das Unternehmen des Organträgers eingegliedert sein. § 14 Nr. 2 Satz 2 KStG stellt ausdrücklich klar, daß die organisatorische Eingliederung stets gegeben ist, wenn eine AG oder KGaA als Organgesellschaft durch einen **Beherrschungsvertrag** iSd. § 291 Abs. 1 AktG die Leitung ihres Unternehmens dem Unternehmen des Organträgers unterstellt oder eine nach den

---

[133] BFH v. 26. 4. 1989, BStBl. II 1989, 668 (669 f.).
[134] BFH v. 21. 1. 1976, BStBl. II 1976, 389 (390).
[135] BFH v. 21. 1. 1976, BStBl. II 1976, 389 (390).
[136] BFH v. 18. 4. 1973, BStBl. II 1973, 740 (741); BFH v. 21. 1. 1976, BStBl. II 1976, 389 (390).
[137] BFH v. 21. 1. 1976, BStBl. II 1976, 389 (390).
[138] BFH v. 21. 1. 1976, BStBl. II 1976, 389 (390).
[139] BFH v. 21. 1. 1970, BStBl. II 1970, 348 f.
[140] BFH v. 27. 6. 1990, BStBl. II 1990, 992 f.

B. Der Vertragskonzern § 17

Vorschriften der §§ 319 bis 327 AktG **eingegliederte** Gesellschaft ist. Der Beherrschungsvertrag muß **zu Beginn des Wirtschaftsjahres** der Organgesellschaft, für das die organisatorische Eingliederung aufgrund des Vertrages erstmals bestehen soll, abgeschlossen sein und durchgeführt werden und bis zum Ende des folgenden Wirtschaftsjahres wirksam werden.

Über § 17 Satz 1 KStG ist die organisatorische Eingliederung durch Abschluß eines Beherrschungsvertrages iSd. § 291 Abs. 1 AktG auch gewährleistet, wenn sich die Organgesellschaft in der Rechtsform einer GmbH dem Unternehmen des Organträgers unterordnet.[141] Für das zivilrechtlich wirksame Zustandekommen des Beherrschungsvertrages sind bei einer AG als abhängiger Gesellschaft die Vorschriften der §§ 291 ff. AktG und bei einer GmbH als abhängiger Gesellschaft die in dem Beschluß des **BGH vom 24. 10. 1988**[142] festgelegten Grundsätze des GmbH-Konzernrechts zu beachten (vgl. Rz. 13 ff.).

Ohne einen Beherrschungsvertrag muß in anderer Weise gewährleistet sein, daß in der Geschäftsführung der Organgesellschaft der Wille des Organträgers tatsächlich durchgeführt wird. In der Entscheidung vom 13. 9. 1989 erkennt der BFH ausdrücklich an, daß eine **personelle Verflechtung** zwischen den Geschäftsführungen des herrschenden und des beherrschten Unternehmens eine organisatorische Eingliederung begründen kann.[143] Ohne eine derartige Personalunion in den leitenden Positionen muß zumindest gewährleistet sein, daß die verantwortlichen Personen des Organs vom Organträger **bestellt und abberufen** werden. Daneben kommen für eine organisatorische Eingliederung folgende **weitere Merkmale** in Betracht:
– leitende Personen der Organgesellschaft können nur mit Genehmigung des Oberunternehmens bestellt bzw. abberufen werden,
– zwischen den leitenden und anderen Angestellten von Obergesellschaft und Untergesellschaft findet regelmäßig ein Austausch statt,
– Buchführung und Bilanzaufstellung der Organgesellschaft erfolgen durch die Obergesellschaft,
– die Obergesellschaft bearbeitet die Steuer- und Rechtsangelegenheit des Organs,
– die Obergesellschaft hat für das Organunternehmen verbindliche Planungen für dessen geschäftliche Betätigung wie beispielsweise Produktionsplanung, Finanzierungsplanung, Kalkulation, Statistik, Buchführung und Bilanzierung etc. erstellt und durch organisatorische Überwachungsmaßnahmen wie laufende Berichterstattung etc. für die Einhaltung der in diesen Planungen und Richtlinien enthaltenen Anweisungen Sorge getragen.[144]

Bei einer **mittelbaren Beteiligung** muß zur Gewährleistung der organisatorischen Eingliederung zumindest mittelbar gewährleistet sein, daß in der Geschäftsführung der Enkelgesellschaft als Organgesellschaft der Wille des Organträgers tatsächlich durchgeführt wird.[145]

---

[141] BMF-Schreiben vom 2. 1. 1990, DB 1990, 200.
[142] BGH v. 24. 10. 1988, DB 1988, 2623 ff.
[143] BFH v. 13. 9. 1989, BStBl. II 1990, 24 (26).
[144] *Jurkat* Organschaft, 1975, Anm. 331.
[145] Abschn. 51 Satz 2 KStR.

66 dd) Maßgeblichkeit des Gesamtbilds der Verhältnisse. Nach § 14 Nr. 2 Satz 1 KStG ist für die Beurteilung der wirtschaftlichen und organisatorischen Eingliederung auf das Gesamtbild der tatsächlichen Verhältnisse abzustellen. Wenn eines der beiden Merkmale nur schwach ausgeprägt ist, kann dies uU dadurch **aufgewogen** werden, daß das andere Merkmal stärker hervortritt.[146] Wenn allerdings ein **Merkmal ganz fehlt**, liegt **keine** Eingliederung vor.

Die Ausübung der Leitungsmacht durch den Organträger ist zu dokumentieren. Deren stillschweigende Ausübung, die sich aus einer weitgehenden personellen Verflechtung der Geschäftsführungen der Konzernunternehmen ergibt, reicht nicht aus; die erforderliche, durch äußere Merkmale erkennbare Eingliederung ist anzuerkennen, wenn das herrschende Unternehmen **Richtlinien über die Geschäftspolitik** der abhängigen Unternehmen aufstellt und den abhängigen Unternehmen zuleitet oder wenn es den abhängigen Unternehmen **schriftliche Weisungen** erteilt; auch Empfehlungen, gemeinsame Besprechungen und Beratungen sollen genügen, wenn sie schriftlich festgehalten werden.[147]

67 ee) Zeitliche Voraussetzungen. Gem. § 14 Nr. 1 und 2 KStG muß die finanzielle, wirtschaftliche und organisatorische Eingliederung der **Organgesellschaft vom Beginn ihres Wirtschaftsjahres** an bis zu dessen Ende **ununterbrochen** bestehen. Jede auch nur kurzfristige Unterbrechung bei einem der Eingliederungsmerkmale ist daher schädlich. Es ist jedoch unbedenklich, wenn die Beteiligung an einer Organgesellschaft zunächst mittelbar und ohne zeitliche Unterbrechung im direkten Anschluß unmittelbar gehalten wird.[148]

Im Zusammenhang mit der Begründung oder Beendigung eines Organschaftsverhältnisses können **Rumpfwirtschaftsjahre** gebildet werden. Bei der Begründung des Organschaftsverhältnisses gilt dies selbst dann, wenn das Wj. der Organgesellschaft im selben Veranlagungszeitraum ein **zweites Mal** umgestellt wird, um den Abschlußstichtag dieser Organgesellschaft dem im Organkreis üblichen Abschlußstichtag anzupassen. Zwar bedarf gem. § 7 Abs. 4 Satz 3 KStG grds. jede Umstellung des Wirtschaftsjahrs auf einen vom Kj. abweichenden Zeitraum der Zustimmung der Finanzverwaltung, doch ist diese nach Abschn. 53 Abs. 3 KStR 1995 ausdrücklich verpflichtet, bei einer Umstellung im Zusammenhang mit der Begründung oder Beendigung eines Organschaftsverhältnisses ihre Zustimmung zu erteilen.

Zu beachten ist allerdings, daß die Einlegung eines Rumpfwirtschaftsjahres eine **Änderung der Satzung** bzw. des Gesellschaftsvertrages der Organgesellschaft voraussetzt, die erst (mit der vor Ablauf des Rumpfwirtschaftsjahres erfolgten) Eintragung in das HR **wirksam** wird. Einer derartigen Änderung bedarf es nicht in den Fällen der **Umwandlung** oder **Verschmelzung** der Organgesellschaft, bei der der Zeitraum vom Beginn ihres letzten Wirtschaftsjahres an bis zum Umwandlungs- oder Verschmelzungsstichtag ein Wj. bzw. ein Rumpfwirtschaftsjahr bildet.[149]

---

[146] Dötsch/Eversberg/Jost/Witt § 14 Anm. 62.
[147] BFH v. 17. 12. 1969, BStBl. II 1970, 257 (261).
[148] Abschn. 49 Satz 7 KStR.
[149] Abschn. 53 Abs. 1 Satz 4 KStR.

B. Der Vertragskonzern   68, 69   § 17

ff) Besonderheiten bei Personengesellschaften als Organträger. Ist   68
eine Personengesellschaft iSd. § 15 Abs. 1 Nr. 2 EStG mit Geschäftsleitung
und Sitz im Inland Organträger, ist hinsichtlich der Eingliederungsvoraussetzungen
danach zu differenzieren, ob einer oder mehrere Gesellschafter der
Personengesellschaft beschränkt einkommensteuerpflichtig sind oder
an der Personengesellschaft eine oder mehrere Körperschaften, Personenvereinigungen
und Vermögensmassen beteiligt sind, die ihren Sitz oder ihre
Geschäftsleitung nicht im Inland haben. Wegen der weiteren Einzelheiten ist
auf § 14 Nr. 3 Sätze 3 und 4 KStG und die hierzu ergangene Richtlinie in
Abschn. 52 KStR zu verweisen.

gg) Die geschäftsleitende Holding als Organträger. Basierend auf der   69
Entscheidung des BFH vom 17. 12. 1969[150] erkennt die Finanzverwaltung in
Abschn. 50 Abs. 2 Nr. 2 Satz 1 KStR auch die geschäftsleitende Holding als
Organträger an. Da die Holding-Gesellschaft **keine eigene produktive Tätigkeit**
entwickelt, werden in Abgrenzung zur **vermögensverwaltenden**
Holding, die nicht Organträger sein kann, **besondere Anforderungen** an
das Vorliegen des Merkmals der wirtschaftlichen Eingliederung der Organgesellschaften
gestellt. Es genügt insoweit nicht, daß das herrschende Unternehmen
nur kraft Rechtsform als Gewerbebetrieb gilt und sich auf die
Verwaltung der Beteiligungen iSe. Geltendmachung der aus der Beteiligung
fließenden Rechte vermögensrechtlicher Natur (Anspruch auf den Gewinn
und das Abwicklungsvermögen) und herrschaftsrechtlicher Natur (Stimmrecht)
beschränkt.[151]

Das sich in starkem Maße an dem aktienrechtlichen Begriff der einheitlichen
Leitung im Konzern ausrichtende Urteil setzt für die Anerkennung einer
geschäftsleitenden Holding voraus, daß die **Konzernleitung** in einer durch
äußere Merkmale erkennbaren Form ausgeübt wird, indem zB das herrschende
Unternehmen **Richtlinien** über die Geschäftspolitik der abhängigen
Unternehmen aufstellt und den abhängigen Unternehmen zuleitet oder den
abhängigen Unternehmen **schriftliche Weisungen** erteilt; auch Empfehlungen
des herrschenden Unternehmens, gemeinsame Besprechungen und Beratungen
können insoweit genügen, wenn sie schriftlich festgehalten werden.[152]
Hinzutreten muß, daß sich das herrschende Unternehmen im Konzern **mit
eigener Gewinnabsicht** durch die abhängigen Konzernunternehmen am allgemeinen
wirtschaftlichen Verkehr beteiligt.[153] Schließlich muß die **Holding
nach außen** in Erscheinung treten, wobei die Eintragung in das HR ausreichend
und es also nicht erforderlich ist, daß das herrschende Unternehmen
im Konzern selbst außerhalb des Konzerns in Erscheinung tritt.[154] Es bedarf
daher nicht zwingend geschäftsleitender Verrichtungen, wie zB der gemeinsamen
Beschaffung von Wirtschaftsgütern, der gemeinsamen Bearbeitung von
Rechts-, Steuer- und Devisenangelegenheiten oder anderer Tätigkeiten, deren
Wirksamkeit sich nicht auf ein Konzernunternehmen beschränkt.[155]

---

[150] BFH v. 17. 12. 1969, BStBl. II 1970, 257 ff.
[151] BFH v. 17. 12. 1969, BStBl. II 1970, 257 (260).
[152] BFH v. 17. 12. 1969, BStBl. II 1970, 257 (261).
[153] BFH v. 17. 12. 1969, BStBl. II 1970, 257 (260).
[154] BFH v. 17. 12. 1969, BStBl. II 1970, 257 (261).
[155] BFH v. 17. 12. 1969, BStBl. II 1970, 257 (261).

Die Anerkennung als geschäftsleitende Holding setzt aber voraus, daß das herrschende Unternehmen im Konzern die **einheitliche Leitung** über mehrere, dh. **zumindest zwei** abhängige Unternehmen ausübt.[156] Nach Abschn. 50 Abs. 2 Nr. 2 Satz 3 KStR können abhängige Kapitalgesellschaften aber auch inländische Gesellschaften, mit denen ein Gewinnabführungsvertrag nicht abgeschlossen ist, oder **ausländische** Kapitalgesellschaften sein.

In der Literatur wird es zT als zweifelhaft angesehen, ob die Annahme einer gewerblichen Tätigkeit im Falle einer geschäftsleitenden Holding mit den im BFH-Beschluß vom 25. 6. 1984[157] aufgestellten Rechtsgrundsätzen vereinbar ist.[158] Die Finanzverwaltung erkennt gleichwohl in Abschn. 50 Abs. 2 Nr. 2 Satz 1 KStR die geschäftsleitende Holding weiterhin an.

70 **hh) Betriebsaufspaltung.** Da es an einer wirtschaftlichen Eingliederung des beherrschten Unternehmens fehlt, wenn das herrschende lediglich das beherrschte leitet oder in anderer Weise ausschließlich gegenüber dem beherrschten Unternehmen tätig wird, liegt bei einer Betriebsaufspaltung durch Vermietung und Verpachtung von Betriebsgrundlagen an die Betriebs-Beteiligungsgesellschaft **keine wirtschaftliche Eingliederung** der Betriebsgesellschaft vor.[159] Zur Anerkennung einer wirtschaftlichen Eingliederung des Betriebsunternehmens muß daher zu der gewerblichen Verpachtungstätigkeit der Besitzgesellschaft eine **andere** eigene gewerbliche **Tätigkeit** hinzutreten.[160] Das Besitzunternehmen kann darüber hinaus Organträger sein, wenn es den Anforderungen einer geschäftsleitenden Holding genügt.[161]

71 **ii) Mehrmütter-Organschaft.** Unter einer Mehrmütter-Organschaft versteht man **den Zusammenschluß mehrerer gewerblicher Unternehmen,** deren Träger unbeschränkt einkommensteuerpflichtige natürliche Personen oder Körperschaften, Personenvereinigungen und Vermögensmassen mit Geschäftsleitung und Sitz im Inland sind, zu einer **Gesellschaft bürgerlichen Rechts.** Durch diese nicht gewerblich tätige Gesellschaft bürgerlichen Rechts soll dann eine **einheitliche Willensbildung** gegenüber einer Kapitalgesellschaft als Organgesellschaft ausgeübt werden und durch Abschluß eines Gewinnabführungsvertrags zu der Gesellschaft bürgerlichen Rechts unter den Voraussetzungen des Abschn. 52 Abs. 6 KStR ein Organschaftsverhältnis anerkannt werden können.

72 Die grds. **Anerkennung** der Mehrmütter-Organschaft war umstritten. Während der BFH in einer Entscheidung vom 8. 10. 1986 nach summarischer Prüfung davon ausging, daß die Mehrmütter-Organschaft eine ausrei-

---

[156] BFH aaO (Fn. 155); BFH v. 15. 4. 1970, BStBl. II 1970, 554 (556); BFH v. 13. 9. 1989, BStBl. II 1990, 24 (26).
[157] BFH GrS v. 25. 6. 1984, BStBl. II 1984, 751 ff. betreffend die Aufgabe der Gepägerechtsprechung zur GmbH & Co. KG.
[158] *Dötsch/Eversberg/Jost/Witt,* § 14 Anm. 64.
[159] BFH v. 26. 4. 1989, BStBl. II 1989, 668 (670); BFH v. 13. 9. 1989, BStBl. II 1990, 24 (26).
[160] BFH v. 18. 4. 1973, BStBl. II 1973, 740; BFH v. 26. 4. 1989, BStBl. II 1989, 668 (670); BFH v. 13. 9. 1989, BStBl. II 1990, 24 (27).
[161] Abschn. 50 Abs. 3 Satz 5 KStR; BFH v. 14. 10. 1987, BFH/NV 1989, 192 (193).

B. Der Vertragskonzern 73–75 § 17

chende gesetzliche Grundlage habe,[162] hat dies das hessische FG in einem Urteil vom 6. 5. 1987 nicht anerkannt.[163] Das FG hat seine Begründung darauf gestützt, daß es sich bei der Gesellschaft bürgerlichen Rechts nicht um ein gewerbliches Unternehmen handele.[164]
In einer Entscheidung vom 14. 4. 1993 hat der BFH nunmehr die Mehrmütter-Organschaft „mit Rücksicht auf die im Jahre 1969 vom Gesetzgeber getroffene Grundsatzentscheidung" ausdrücklich anerkannt und sieht ihre Rechtsgrundlage in einer „nach Sinn und Zweck der Mehrmütter-Organschaft teleologisch reduzierten Auslegung des § 14 Nr. 1 und 2 KStG".[165]
Das in Abschn. 52 Abs. 6 KStR anerkannte Institut **der Mehrmütter-Organschaft** ist insoweit **gesichert.**

Die **Besonderheit** der Mehrmütter-Organschaft besteht darin, daß aufgrund des Zusammenschlusses zu einer Gesellschaft bürgerlichen Rechts die unmittelbaren und mittelbaren Beteiligungen der Gesellschafter zur Ermittlung der Voraussetzung der finanziellen Eingliederung der Organschaft **zusammengerechnet** werden können.[166] Damit ist die Finanzverwaltung einer gleichlautenden Entscheidung des BFH[167] gefolgt. 73

d) Abschluß und Durchführung des Gewinnabführungsvertrages zwischen Organträger und Organgesellschaft

Der zwischen AG oder KGaA als Organgesellschaft mit dem Organträger geschlossene Gewinnabführungsvertrag iSd. § 291 Abs. 1 AktG muß gem. § 14 Nr. 4 KStG auf **mindestens 5 Jahre** und **spätestens am Ende** des Wirtschaftsjahres der Organgesellschaft abgeschlossen werden, für das erstmals die Einkommenszurechnung erfolgen soll. Bis zum Ende des folgenden Wirtschaftsjahres der Organgesellschaft muß er wirksam werden. Während seiner gesamten Geltungsdauer muß der Gewinnabführungsvertrag **durchgeführt** werden. 74

aa) Wirksamwerden des Gewinnabführungsvertrages. Gem. § 294 Abs. 2 AktG wird bei einer nicht eingegliederten AG oder KGaA der Gewinnabführungsvertrag zivilrechtlich erst **wirksam**, wenn sein Bestehen in das HR des Sitzes der Organgesellschaft **eingetragen** ist. Bei einer eingegliederten AG oder KGaA tritt die zivilrechtliche Wirksamkeit des Gewinnabführungsvertrages ein, sobald er in Schriftform abgeschlossen ist (§ 324 Abs. 2 AktG). 75

Steuerlich wird es für die Anerkennung der Organschaft aber bereits als hinreichend anerkannt, wenn der Gewinnabführungsvertrag abgeschlossen worden ist, soweit spätestens **im Folgejahr** seine **Eintragung** erfolgt.

Bei anderen Kapitalgesellschaften als Organgesellschaften, bei denen die Vorschriften der §§ 291 ff. AktG nicht unmittelbar gelten, erklärt § 17 KStG die §§ 14–16 KStG für entspr. anwendbar, wenn die Kapitalgesellschaft sich verpflichtet, ihren ganzen Gewinn an einen Organträger abzuführen. Weitere

---

[162] BFH v. 8. 10. 1986, DB 1987, 2338 f.
[163] Hessisches FG v. 6. 5. 1987, rkr., EFG 1987, 580 (581).
[164] Hessisches FG v. 6. 5. 1987, rkr., EFG 1987, 580 (581).
[165] BFH v. 14. 4. 1993, BFHE 171, 223.
[166] Abschn. 52 Abs. 6 Nr. 1 Satz 2 KStR.
[167] BFH v. 14. 4. 1993, BStBl. II 1994, 124.

Voraussetzung ist, daß eine Gewinnabführung den in **§ 301 AktG** genannten Betrag nicht überschreitet und eine Verlustübernahme entspr. **§ 302 AktG** vereinbart wird.
Auch bei einer anderen Kapitalgesellschaft als Organgesellschaft ist es zur Begründung des Organschaftsverhältnisses daher zunächst ausreichend, den Gewinnabführungsvertrag während des Jahres, für das erstmalig die Organschaft geltend gemacht werden soll, abzuschließen, soweit er bis zum Ende des folgenden Wirtschaftsjahres wirksam wird.

76 Mangels gesetzlicher Regelungen für das zivilrechtliche Wirksamwerden eines Gewinnabführungsvertrages mit einer GmbH als Organgesellschaft, stellt die Finanzverwaltung in Abschn. 64 KStR auf den Beschluß des BGH vom 21. 10. 1988 ab (vgl. Rz. 14 ff.). Nach diesem Beschluß wird ein derartiger Vertrag zivilrechtlich nur wirksam, wenn die **Gesellschafterversammlungen** der beherrschten und der herrschenden Gesellschaft dem Vertrag **zustimmen** und seine Eintragung in das HR der beherrschten Gesellschaft erfolgt; zumindest der Zustimmungsbeschluß der Gesellschafterversammlung der beherrschten Gesellschaft bedarf dabei der notariellen Beurkundung.[168] Für die **steuerrechtliche Anerkennung** reicht es **nicht** aus, wenn der Vertrag **fehlerhaft** oder nichtig ist, auch wenn er zivilrechtlich nach den Regeln über die fehlerhafte Gesellschaft als wirksam behandelt wird.[169]

77 Für eine am 31. 12. 1992 endende **Übergangsfrist** wurden bestehende oder neu abgeschlossene Gewinnabführungsverträge steuerrechtlich nicht beanstandet, wenn sie zwar nicht den durch den Beschluß des BGH festgestellten zivilrechtlichen Wirksamkeitsvoraussetzungen genügten, im übrigen aber § 17 KStG in seiner früheren Fassung entspr. abgeschlossen und durchgeführt worden waren.[170]

78 **bb) Dauer des Gewinnabführungsvertrages.** Gem. § 14 Nr. 4 Satz 1 KStG muß der Gewinnabführungsvertrag auf einen Zeitraum von **mindestens 5 Jahren** abgeschlossen sein. Der Zeitraum der mit Anfang des Wirtschaftsjahres, für das der Gewinnabführungsvertrag erstmals wirksam wird, beginnt, ist nach **Zeitjahren** und nicht nach Geschäftsjahren der Organgesellschaft zu berechnen.[171]

79 **cc) Durchführung des Gewinnabführungsvertrages.** Die Organgesellschaft muß grundsätzlich den gesamten sich ohne Gewinnabführung ergebenden **Jahresüberschuß**, ggf. vermindert um einen Verlustvortrag aus dem Vorjahr und um den Betrag, der nach § 300 AktG in die gesetzliche Rücklage einzustellen ist, abführen. Die Abführung des ganzen Gewinns setzt dabei voraus, daß der Jahresabschluß keinen Bilanzgewinn mehr ausweist.
Die während der Dauer des Gewinnabführungsvertrages in andere **Gewinnrücklagen** eingestellten Beträge dürfen diesen Rücklagen entnommen und abgeführt werden. Nach dem Wortlaut des § 301 Satz 2 AktG können im Umkehrschluß Gewinne aus der Auflösung während der Organschaft gebildeter **Kapital**rücklagen nicht abgeführt werden.

---

[168] BGH v. 24. 10. 1988, DB 1988, 2623 ff.
[169] BMF-Schreiben vom 31. 10. 1989, BStBl. I 1989, 430.
[170] BMF-Schreiben vom 31. 10. 1989, BStBl. I 1989, 430; vgl. dazu auch BFH v. 30. 7. 1997, BStBl II 1998, 33.
[171] *Dötsch/Eversberg/Jost/Witt* § 14 Anm. 89.

B. Der Vertragskonzern § 17

Abschn. 55 Abs. 3 Satz 4 Nr. 2 Satz 2 KStR erkennt hingegen steuerlich ausdrücklich an, daß auch Zahlungen, die während der Geltungsdauer des Vertrages in die Kapitalrücklage eingestellt worden sind, steuerunschädlich aufgelöst und anschließend abgeführt werden können.[172]

Der Gewinnabführungsvertrag ist steuerlich als **nicht** durchgeführt anzusehen, wenn **vor**vertragliche Gewinn- oder Kapitalrücklagen aufgelöst und abgeführt oder ein vor dem Inkrafttreten des Gewinnabführungsvertrages vorhandener Gewinnvortrag abgeführt bzw. zum Verlustausgleich verwendet wird.[173] Dies gilt auch dann, wenn die Organgesellschaft Aufwand – zB auch Körperschaftsteuer, Vermögensteuer – über eine vorvertragliche Rücklage verrechnet.[174] Eine während der Dauer der Organschaft erfolgende **Ausschüttung** des sich durch Auflösung **vororganschaftlicher** Rücklagen ergebenden Bilanzgewinns ist hingegen zulässig.[175] Insoweit ist aber § 14 KStG nicht anzuwenden, es gelten vielmehr für die Gewinnausschüttungen die allgemeinen Regeln, insb. die §§ 27 ff. KStG. Abschn. 55 Abs. 5 KStR stellt nunmehr auch ausdrücklich klar, daß mit einer Gewinnausschüttung aus vorvertraglichen Rücklagen verbundene Minderungen oder Erhöhungen der Körperschaftsteuer sich nur auf die Höhe der Gewinnausschüttung auswirken dürfen. Obwohl sich die Auswirkung im Jahresüberschuß oder Jahresfehlbetrag der Organgesellschaft in der vertraglichen Zeit auswirkt, kann sie nicht Gegenstand der Ergebnisabführung sein, sie ist vielmehr der Dividende zuzurechnen.

Der Durchführung des Gewinnabführungsvertrages steht die nach § 14 Nr. 5 KStG zulässige Bildung von freien **Rücklagen**, die bei vernünftiger kaufmännischer Beurteilung wirtschaftlich begründet sind, nicht entgegen. Rücklagen idS können nur Gewinnrücklagen nach § 272 Abs. 3 HGB und die Rücklage für eigene Anteile nach § 272 Abs. 4 HGB sein, weil nur diese aus dem Jahresüberschuß gebildet werden. Für die Gewinnrücklage muß ein auch aus objektiver unternehmerischer Sicht die Bildung der Rücklage rechtfertigender **konkreter Anlaß** gegeben sein, wie zB eine geplante Betriebsverlegung, Werkserneuerung oder Kapazitätsausweitung.[176] Maßgebend sind jeweils die Umstände des Einzelfalls.[177] Die Beschränkung findet keine Anwendung auf die Zuführung zum Sonderposten mit Rücklageanteil iSd. §§ 247 Abs. 3 und 273 HGB, zB Rücklagen für Ersatzbeschaffung, Rücklagen iSd. § 6 b EStG, und auf die Bildung stiller Reserven.[178] Gewinne der Organgesellschaft, die aus der Auflösung vorvertraglicher unversteuerter stiller Reserven herrühren, sind Teil des Ergebnisses des Wirtschaftsjahres der Organgesellschaft, in dem die Auflösung der Reserven erfolgt. Diese Gewinne sind handelsrechtlich abzuführen und steuerlich dem Organträger zuzurechnen. Entsprechendes gilt für Gewinne aus der Auflösung eines Sonderpostens mit Rücklageanteil.

---

[172] BMF-Schreiben vom 11. 10. 1990, DB 1990, 2142.
[173] Abschn. 55 Abs. 4 Sätze 5–7 KStR.
[174] Abschn. 55 Abs. 4 Satz 3.
[175] Abschn. 55 Abs. 4 Satz 3 KStR.
[176] Abschn. 55 Abs. 6 Satz 3 KStR.
[177] BFH v. 29. 10. 1980, BStBl. II 1981, 336 (338).
[178] Abschn. 55 Abs. 6 Satz 6 KStR.

80 **dd) Tatsächlicher Vollzug des Gewinnabführungsvertrages.** Zur steuerlichen Anerkennung der Organschaft wird der tatsächliche Vollzug des Gewinnabführungsvertrages iSe. **tatsächlichen Abführung** des Gewinns an den Organträger bzw. der tatsächlichen Übernahme eines Verlusts durch den Organträger vorausgesetzt. Bei der Aufstellung der Jahresabschlüsse sind daher entsprechende **Forderungen und Verbindlichkeiten** in die Bilanzen einzustellen und die Verbindlichkeiten in angemessener Zeit auszugleichen. Wird die Verbindlichkeit in ein **Darlehen** umgewandelt, ist aufgrund der insoweit vorliegenden Novation die Verbindlichkeit als erfüllt anzusehen.[179] Bei einer Erfassung auf einem laufenden **Verrechnungskonto** liegt ein Vollzug bei Ausgleich des Saldos vor.

81 Wird der Gewinnabführungsvertrag in einem Geschäftsjahr **nicht durchgeführt**, ist hinsichtlich der sich daraus ergebenden Rechtsfolgen danach zu differenzieren, ob er bereits fünf aufeinanderfolgende Jahre durchgeführt worden ist. In diesem Fall ist er nach Abschn. 55 Abs. 9 KStR ab diesem Jahr steuerrechtlich als unwirksam anzusehen, so daß die Organschaft für diesen Veranlagungszeitraum nicht anerkannt wird und die „Organgesellschaft" nach allgemeinen Grundsätzen ihren Gewinn selbst versteuern muß. Soll die Organschaft ab einem späteren Jahr wieder anerkannt werden, bedarf es einer erneuten mindestens fünfjährigen Laufzeit und ununterbrochener Durchführung des Vertrages. Wenn der Gewinnabführungsvertrag allerdings **noch nicht fünf** aufeinanderfolgende Jahre durchgeführt worden ist, ist er steuerrechtlich als **von Anfang an** unwirksam anzusehen. In diesem Fall ist die „Organgesellschaft" von Beginn an nach den allgemeinen steuerrechtlichen Vorschriften mit ihrem Einkommen zur Körperschaftsteuer zu veranlagen.[180]

82 **ee) Beendigung des Gewinnabführungsvertrages.** Wird der Gewinnabführungsvertrag, der noch nicht fünf aufeinanderfolgende Jahre durchgeführt worden ist, durch **Kündigung** oder im gegenseitigen **Einvernehmen** beendet, so bleibt der Vertrag für die Jahre, für die er durchgeführt worden ist, steuerrechtlich nur wirksam, wenn die Beendigung auf einem wichtigen Grund beruht.[181] Einen **wichtigen Grund** für die Beendigung des Gewinnabführungsvertrages stellt insb. die **Veräußerung** oder **Einbringung** der Organbeteiligung durch den Organträger, die Spaltung, Verschmelzung oder Liquidation des Organträgers oder der Organgesellschaft dar.[182] Außer in den Fällen der **Spaltung, Verschmelzung** oder der **Liquidation** der Organgesellschaft ist ein wichtiger Grund für die Beendigung aber nicht anzuerkennen, wenn bereits im Zeitpunkt des Vertragsabschlusses feststeht, daß der Gewinnabführungsvertrag vor Ablauf der ersten fünf Jahre beendet werden wird.[183] Liegt ein wichtiger Grund nicht vor, ist der Gewinnabführungsvertrag **als von Anfang an** steuerrechtlich unwirksam anzusehen, es sei denn, daß er bereits mindestens fünf aufeinanderfolgende Jahre durchgeführt worden ist.[184] Es gilt dann die Regelung über die **verunglückte Organschaft.**

---

[179] *Dötsch/Eversberg/Jost/Witt* § 14 Anm. 98.
[180] Abschn. 55 Abs. 9 KStR.
[181] Abschn. 55 Abs. 7 Satz 1 KStR.
[182] Abschn. 55 Abs. 7 Satz 2 KStR. Vgl. dazu auch *Knott/Rodewald* BB 1996, 472.
[183] Abschn. 55 Abs. 7 Sätze 3 und 4 KStR.
[184] Abschn. 55 Abs. 7 Satz 5, Abs. 8 KStR.

2. Rechtsfolgen der körperschaftsteuerlichen Organschaft

Gem. § 14 KStG besteht die Rechtsfolge der Organschaft darin, daß das **83** **Einkommen** der Organgesellschaft vorbehaltlich der Regelung des § 16 KStG dem Organträger **zuzurechnen** ist. Soweit keine Ausgleichzahlungen zu leisten sind, ist daher das eigene zu versteuernde Einkommen einer Organgesellschaft Null.

a) Ermittlung des Einkommens der Organgesellschaft

Als zuzurechnendes Einkommen der Organgesellschaft ist deren Einkom- **84** men vor Berücksichtigung des an den Organträger abgeführten Gewinns oder des vom Organträger zum Ausgleich eines sonst entstehenden Jahresfehlbetrags geleisteten Betrags zu verstehen.

Das Einkommen der Organgesellschaft ist daher von dieser nach den **allgemeinen Vorschriften** der §§ 8 ff. KStG ausgehend von dem handelsrechtlichen Jahresüberschuß unter Hinzurechnung des an den Organträger aufgrund des Gewinnabführungsvertrages abgeführten Gewinns bzw. unter Abzug des vom Organträger zum Ausgleich eines sonst entstehenden Jahresfehlbetrags geleisteten Betrags zu ermitteln.

Diese gesonderte Ermittlung des Einkommens führt nach Auffassung von Witt dazu, daß die Organgesellschaft grundsätzlich ihr zustehende handelsrechtliche und steuerliche **Wahlrechte** selbst und unabhängig von der Ausübung derartiger Wahlrechte durch den Organträger ausüben kann.[185]

Auch im Organkreis sind **verdeckte Gewinnausschüttungen,** dh. Vermögensminderungen bzw. verhinderte Vermögensmehrungen, die durch das Gesellschaftsverhältnis veranlaßt sind, sich auf die Höhe des Einkommens auswirken und nicht auf einem den gesellschaftsrechtlichen Vorschriften entsprechenden Gewinnverteilungsbeschluß beruhen, möglich. Es gelten die **allgemeinen Grundsätze.**[186] Verdeckte Gewinnausschüttungen stellen jedoch im allgemeinen **vorweggenommene Gewinnabführungen** dar, die die Anerkennung der tatsächlichen Durchführung des Gewinnabführungsvertrages und damit der Organschaft nicht gefährden.[187] Bei Verstößen gegen das Verbot der Einlagenrückgewähr (§ 30 GmbHG) und gegen das Verbot der Abführung vorvertraglicher Rücklagen (§ 301 AktG) stellen sie allerdings die Durchführung des Gewinnabführungsvertrages in Frage.[188]

Zur Vermeidung einer Doppelerfassung verdeckter Gewinnausschüttungen soll nach Auffassung des BFH das dem Organträger zuzurechnende Einkommen **gekürzt** werden,[189] nach Abschn. 58 Abs. 3 Satz 2 KStR sind sie jedoch beim Organträger aus dem eigenen Einkommen auszuscheiden, wenn sie dessen Bilanzgewinn erhöht oder dessen Bilanzverlust gemindert haben.

Ein **eigenes,** von der Organgesellschaft zu versteuerndes Einkommen kann sich, vorbehaltlich der Durchführung von Gewinnausschüttungen während

---

[185] *Dötsch/Eversberg/Jost/Witt* § 14 Anm. 107.
[186] BFH v. 1. 8. 1984, BStBl. II 1985, 18 (19).
[187] Abschn. 57 Abs. 6 Satz 1 KStR; *Dötsch/Eversberg/Jost/Witt* § 14 Anm. 114.
[188] *Schmidt/Müller/Stöcker* Organschaft, 1993, Anm. 530.
[189] BFH v. 20. 8. 1986, BStBl. II 1987, 455 (459).

der Dauer der Organschaft, nur ergeben, wenn die Organgesellschaft **Ausgleichszahlungen** an außenstehende Anteilseigner leistet (§ 16 KStG). Die Organgesellschaft hat ihr Einkommen in Höhe der geleisteten Ausgleichszahlung und der darauf entfallenen Ausschüttungsbelastung iSd. § 27 KStG **selbst zu versteuern.** Dies gilt auch dann, wenn die Verpflichtung zur Leistung der Ausgleichszahlungen vom Organträger erfüllt worden ist.

Das Einkommen der Organgesellschaft ist dem Organträger für den Veranlagungszeitraum zuzurechnen, in dem die Organgesellschaft dieses Einkommen erzielt hat und ohne die Zurechnungsvorschrift des § 14 KStG selbst zu versteuern haben würde.[190]

Die Organgesellschaft kann selbst keine Einwendungen gegen die Höhe des nach § 14 KStG dem Organträger zuzurechnenden Einkommens geltend machen, da dieses Einkommen **unselbständige Besteuerungsgrundlage** in der Steuerfestsetzung des Organträgers ist.

b) Gliederung des verwendbaren Eigenkapitals der Organgesellschaft

85   Auch die Organgesellschaft muß zum Schluß ihres Wirtschaftsjahres ihr **verwendbares Eigenkapital** gliedern. Korrespondierend zur Zurechnung des Einkommens beim Organträger bleiben gem. § 37 Abs. 1 KStG bei der Organgesellschaft auch bei der Gliederung ihres verwendbaren Eigenkapitals die Vermögensmehrungen außer Ansatz, die gemäß § 36 KStG dem Organträger wie eigene Vermögensmehrungen zuzurechenen sind. **Veränderungen** des verwendbaren Eigenkapitals der Organgesellschaft können sich daher vorbehaltlich § 37 Abs. 2 KStG im Umkehrschluß aus § 36 Satz 2 KStG grds. nur ergeben, wenn die Vermögensmehrungen bei dem Organträger von der Zurechnung ausgeschlossen sind. So ergeben sich bei der Organgesellschaft Zu- und Abgänge bei **Ausgleichszahlungen** an außenstehende Anteilseigner. Zugänge ergeben sich ferner, wenn die Anteilseigner der Organgesellschaft **Einlagen** leisten oder Vermögen im Wege der **Gesamtrechtsnachfolge** auf die Organgesellschaft übergeht. Daneben ergeben sich nach den allgemeinen Regeln Veränderungen des verwendbaren Eigenkapitals, wenn die Organgesellschaft **Gewinnausschüttungen** vornimmt.

Gem. § 37 Abs. 2 Satz 1 KStG können sich aber auch dem Organträger zuzurechnende Vermögensmehrungen in der Gliederung des verwendbaren Eigenkapitals der Organgesellschaft auswirken. Dies ist der Fall, wenn die **Gewinnabführung** und das dem **Organträger** zuzurechnende Einkommen voneinander **abweichen.** Dieser Fall tritt ein, wenn die Organgesellschaft einen Teil ihres Einkommens für die Bildung von **Gewinnrücklagen** verwendet oder handelsrechtlich eine steuerlich nicht zulässige **Rückstellung** bildet. Unbeschadet der hierdurch bewirkten Minderung der handelsrechtlichen Ergebnisabführung wird dem Organträger das nicht verminderte Einkommen der Organgesellschaft zugerechnet, obwohl der Organgesellschaft in Höhe der **Minderabführung** ein steuerliches Eigenkapital verbleibt. Die sachlich gerechtfertigte Doppelerfassung des verwendbaren Eigenkapitals erfolgt gem. § 37 Abs. 2 Satz 1 KStG in der Weise, daß das aus der Bildung der

---

[190] BFH v. 29. 10. 1974, BStBl. II 1975, 126 (129); Abschn. 57 Abs. 3 KStR.

Rücklage entstandene verwendbare Eigenkapital in das sog. **EK 04** eingestellt wird. Diese Behandlung der Minderabführung durch die Organgesellschaft entspricht der **Fiktion** einer Abführung an den Organträger mit sich anschließender Einlage in die Organgesellschaft. Dies wird für die Minderabführung durch den Ausgleich vororganschaftlicher Verluste der Organgesellschaft ausdrücklich in Abschn. 55 Abs. 6 Nr. 1 KStG anerkannt.

Wird in späteren Jahren die **Rücklage aufgelöst** und an den Organträger abgeführt, steht dies einer Rückzahlung der Einlage gleich. Dem Charakter der Einlagenrückgewähr trägt § 37 Abs. 2 Satz 2 KStG insoweit Rechnung, als vorrangig das EK 04 der Organgesellschaft zu verwenden ist. Nur soweit als Ausnahmefall nicht ausreichendes EK 04 vorhanden ist, ist nachrangig das übrige verwendbare Eigenkapital, in der Reihenfolge des § 28 Abs. 2 KStG, als verwendet anzusehen.

c) Ermittlung des Einkommens des Organträgers

Das Einkommen des körperschaftsteuerpflichtigen Organträgers ist nach § 8 KStG bzw. bei natürlichen Personen und Personengesellschaften als Organträger nach den §§ 4 und 5 EStG zu ermitteln. Es gelten insoweit die **allgemeinen Grundsätze**.

Da dem Organträger das Einkommen der Organgesellschaft zugerechnet wird, müssen zur **Vermeidung einer Doppel- bzw. Nichterfassung** der Ertrag aus der Gewinnabführung bzw. der Aufwand aus der Verlustübernahme aus dem Ergebnis des Organträgers ausgeschieden werden.

Außerdem muß der Aufwand bzw. Ertrag aus der Bildung bzw. Auflösung von **steuerlichen Ausgleichsposten** neutralisiert werden. Steuerliche Korrekturen in Form derartiger Ausgleichsposten ergeben sich bei **Abweichungen** zwischen der nach handelsrechtlichen Grundsätzen bestimmten Gewinnabführung und der nach steuerlichen Grundsätzen ermittelten Einkommenszurechnung. Diese können insb. auf Unterschieden zwischen Handelsbilanz und Steuerbilanz der Organgesellschaft oder abweichenden Gewinnermittlungsvorschriften beruhen. Handelsbilanz und Steuerbilanz der Organgesellschaft können sich zB bei der Inanspruchnahme von Bilanzierungshilfen gem. §§ 269, 282 HGB in der Handelsbilanz oder aber unterschiedlichen Wertansätzen von Aktiv- oder Passivposten in Handels- oder Steuerbilanz ergeben. Abweichungen bei übereinstimmender Handels- und Steuerbilanz können sich bei **steuerfreien Einnahmen**, der **Bildung** von **Rücklagen** oder der **Auflösung** von Rücklagen durch die Organgesellschaft oder aufgrund der **nichtabzugsfähigen Betriebsausgaben** der Organgesellschaft einstellen.

Das KStG enthält selbst keine ausdrückliche Regelung über die steuerliche Behandlung derartiger Abweichungen. Solche Regelungen finden sich ausschließlich in Abschn. 59 KStR. Diese zielen grundsätzlich darauf ab, daß bei solchen Abweichungen, die zu einer Doppel- bzw. Nichterfassung des Organgesellschafts-Einkommens führen können, in der Steuerbilanz des Organträgers ein besonderer **Ausgleichsposten** gebildet wird.[191]

Ist das steuerliche Einkommen der Organgesellschaft höher als die Gewinnabführung an den Organträger, wird das Einkommen gleichwohl dem Organ-

---

[191] Dötsch/Eversberg/Jost/Witt § 14 Anm. 148.

träger zugerechnet und ist von diesem zu versteuern. Eine derartige Situation tritt insb. ein, wenn die Organgesellschaft wirtschaftlich begründete Rücklagen iSd. § 14 Nr. 5 KStG bildet. In diesem Fall ist in der Steuerbilanz des Organträgers gem. Abschn. 59 Abs. 1 Satz 3 KStR steuerneutral ein **aktiver** Ausgleichsposten zu bilden, der sich nach der Höhe der Rücklage und dem Verhältnis der Beteiligung des Organträgers am Nennkapital der Organgesellschaft bemißt. In gleicher Weise ist zu verfahren, wenn **stille Rücklagen** gebildet werden, indem ein handelsrechtlich zulässiger Wertansatz eines Aktivpostens steuerlich höher oder der eines Passivpostens steuerlich niedriger wird[192] oder aber die Minderabführung auf einer Verpflichtung zum Ausgleich vorvertraglicher Verluste der Organschaft beruht.

89 Wird die während der Vertragsdauer in Form eines steuerlichen Mehrgewinns gebildete Rücklage während der Vertragsdauer aufgelöst, ist im **Auflösungsjahr** die tatsächliche Gewinnabführung an den Organträger höher als das zuzurechnende steuerliche Einkommen. Der besondere aktive Ausgleichsposten ist in diesem Fall entspr. einkommensneutral aufzulösen. Veräußert hingegen der Organträger die Beteiligung an der Organgesellschaft, bevor diese die während der Organschaft gebildeten Rücklagen aufgelöst hat, ist der besondere aktive **Ausgleichsposten** erfolgswirksam **aufzulösen**.[193]
Die **Rechtsnatur** und die Pflicht zur Bildung eines derartigen Ausgleichspostens sind in der Literatur umstritten.[194] Die Auffassungen reichen von einer Bilanzierungshilfe, die nicht als Zusatzposten zur Beteiligung an der Organgesellschaft angesehen werden kann,[195] einer Wertung als rein steuerlicher Rechnungsgröße[196] bis hin zu einer Wertung als Zusatzposten zu dem Buchwert der Beteiligung an der Organgesellschaft.[197] Dagegen hat der BFH[198] die Ausgleichsposten nicht als Zusatzposten zur Beteiligung angesehen. Die Würdigung ist von wesentlicher Bedeutung zB in Fällen, in denen der Organträger die Beteiligung an der Organgesellschaft gegen Gewährung von Gesellschaftsrechten in eine andere Kapitalgesellschaft einbringt oder eine Verschmelzung der Organgesellschaft erfolgt. Da die Tragweite des BFH-Urteils derzeit umstritten ist,[199] bleibt abzuwarten, wie die Finanzverwaltung darauf reagiert.

90 **Übersteigt** der an den Organträger abgeführte Gewinn der Organgesellschaft das zuzurechnende Einkommen aus anderen Gründen als der Auflösung einer Rücklage im zuvor dargestellten Sinne, ist ein **passiver Ausgleichsposten** zu bilden. Dies war zB früher bei einer nur in der Steuerbilanz gebildeten Preissteigerungsrücklage der Fall. Die Bildung und Auflösung des Ausgleichspostens bei Auflösung der Rücklage sind **einkommensneutral** durchzuführen.

---

[192] *Dötsch/Eversberg/Jost/Witt* § 14 Anm. 149.
[193] Abschn. 59 Abs. 5 KStR.
[194] *Dötsch/Eversberg/Jost/Witt* § 14 Anm. 149.
[195] *HHR* § 14 KStG Anm. 75; Abschn. 59 Abs. 1 Satz 2 KStR.
[196] *Schröder* StBp. 1975, 149.
[197] *Dötsch/Eversberg/Jost/Witt* § 14 Anm. 149; *Frotscher* in Frotscher/Maas § 14 Anm. 181 a.
[198] BFH v. 24. 7. 1996, BStBl. II 1996, 614.
[199] *Doetsch/Eversberg/Jost/Witt* § 14 Anm. 149.

B. Der Vertragskonzern

Für nicht abzugsfähige Betriebsausgaben oder steuerfreie Einnahmen der Organgesellschaft, die aufgrund der Einkommenszurechnung bei dem Organträger erfaßt werden, kommt die Bildung eines Ausgleichspostens nicht in Betracht.[200]

Aufgrund der **Verpflichtung zur Übernahme eines Verlustes** einer Organgesellschaft kann der Organträger **keine Rückstellung** bilden, da aufgrund der Berücksichtigung der Verluste im Wege der Einkommenszurechnung ansonsten eine Doppelerfassung der Verluste der Organgesellschaft eintreten würde.[201]

Auch auf Organbeteiligungen können **Teilwertabschreibungen** vorgenommen werden.[202] Sie sind insb. dann steuerlich anzuerkennen, wenn in dem mit den Anschaffungskosten aktivierten Beteiligungsansatz der Gegenwert für stille Reserven enthalten ist und diese während der Geltungsdauer des Gewinnabführungsvertrages bei der Organgesellschaft realisiert und als Gewinn abgeführt worden sind.[203] Eine Teilwertabschreibung ist jedoch nicht bereits deshalb gerechtfertigt, weil die Organgesellschaft ständig mit Verlusten abschließt.[204]

d) Gliederung des verwendbaren Eigenkapitals des Organträgers

Dem Organträger sind gem. § 36 KStG die Vermögensmehrungen der Organgesellschaft zur Ermittlung der Teilbeträge seines verwendbaren Eigenkapitals **wie eigene Vermögensmehrungen** zuzurechnen. Soweit daher die Organgesellschaft zB steuerfreie Vermögensmehrungen in Form von Investitionszulagen erhalten hat, sind diese als Zugang des sog. EK 02 bei dem Organträger zu erfassen. **Nicht abzugsfähige Betriebsausgaben** der Organgesellschaft sind nach den allgemeinen Grundsätzen in der Gliederung des verwendbaren Eigenkapitals des Organträgers zu berücksichtigen. Soweit Ausgleichsposten wegen bestehender Minderheitsbeteiligungen nur quotal gebildet werden können, ist der Unterschiedsbetrag zB zwischen der bei der Organgesellschaft gebildeten Rücklage und dem Ausgleichsposten in der Gliederung des verwendbaren Eigenkapitals des Organträgers von dem Teilbetrag des sog. EK 02 abzuziehen.

Nach § 36 Satz 2 KStG sind von der Zurechnung
– Beträge, die die Organgesellschaft nach § 16 KStG selbst zu versteuern hat,
– Einlagen, die die Anteilseigner der Organgesellschaft geleistet haben,
– Vermögen, das durch Gesamtrechtsnachfolge auf die Organgesellschaft übergegangen ist,
auszunehmen.

3. Verunglückte Organschaft

Wenn der **Gewinnabführungsvertrag** steuerlich als **nicht durchgeführt** gilt und die Organschaft aus diesem Grunde nicht anerkannt wird, ist die

---

[200] Dötsch/Eversberg/Jost/Witt § 14 Anm. 149.
[201] BFH v. 26. 1. 1977, BStBl. 1977 II, 441 (442); Abschn. 58 Abs. 2 Satz 1 KStR.
[202] Abschn. 60 Abs. 1 Satz 1 KStR.
[203] Dötsch/Eversberg/Jost/Witt § 14 Anm. 151.
[204] BFH v. 17. 9. 1969, BStBl. II 1970, 48 (49); BFH v. 12. 10. 1972, BStBl. II 1973, 76 (78); Abschn. 60 Abs. 1 Satz 2 KStR.

Organgesellschaft selbst nach den **allgemeinen steuerlichen Grundsätzen** mit ihrem Einkommen zur Körperschaftsteuer zu veranlagen. Die Gewinnabführung ist dann eine Form der Gewinnverteilung iSd. § 8 Abs. 3 KStG, die den Gewinn und das Einkommen der Organgesellschaft nicht mindern darf; die Gewinnabführung aufgrund einer „verunglückten Organschaft" ist daher steuerlich als eine **verdeckte Gewinnausschüttung** zu behandeln, weil sie eine Vermögensminderung der Organgesellschaft auslöst, die sich in der Form der Nichtanwendung der §§ 14 Satz 1, 17 KStG auf die Höhe des Einkommens auswirkt und in keinem Zusammenhang mit einer offenen Ausschüttung steht.[205] Der Gewinnabführungsvertrag steht nicht einem den gesellschaftsrechtlichen Vorschriften entsprechenden Gewinnverteilungsbeschluß gleich.[206]

Eine nach den Regeln der verdeckten Gewinnausschüttung zu behandelnde verunglückte Organschaft liegt ebenfalls vor, wenn die für die Organschaft **erforderlichen Eingliederungsvoraussetzungen nicht erfüllt** sind.[207]

Die verdeckte Gewinnausschüttung bemißt sich in diesen Fällen nach der Höhe der vorgenommenen Gewinnabführung. Durch die erforderliche Herstellung der **Ausschüttungsbelastung** tritt – wie bei jeder verdeckten Gewinnausschüttung – durch die von der Gesellschaft zu zahlenden Körperschaftsteuer ein weiterer Mittelabfluß bei der „Organgesellschaft" ein.

Ob der Organgesellschaft wegen der – aufgrund der von ihr selbst zu zahlenden Körperschaftsteuer – überhöhten Abführung ein Rückforderungsanspruch zusteht, ist unerheblich; die Rückforderung einer verdeckten Gewinnausschüttung ist steuerrechtlich als eine Einlage zu behandeln.[208] Selbst wenn der Gesellschafter zur Rückzahlung verpflichtet ist, kann diese aber in zeitlicher Hinsicht nicht in entsprechender Anwendung des §§ 27 und 28 KStG berücksichtigt werden.[209] Während für den Abfluß der verdeckten Gewinnausschüttung auf den Zeitpunkt des tatsächlichen Abflusses abgestellt wird,[210] ist der Zeitpunkt der Bilanzierung der Einlageforderung unter Berücksichtigung des Erkenntnisstandes eines sorgfältigen Kaufmannes zu bestimmen, wobei die Umstände des Einzelfalles und das Vorsichtsprinzip zu beachten sind.[211]

Hat der Organträger für ein Jahr, für das die Organschaft nicht anerkannt wird, einen **Verlust übernommen,** ist dies als eine **Einlage** zu werten, die, den Buchwert der Beteiligung bei dem Organträger erhöhend, zu aktivieren ist.[212] Das FG Düsseldorf lehnt dies allerdings ab, weil sich der Wert der Beteiligung hierdurch nicht erhöht.[213] Zutreffend dürfte jedoch zunächst die **Aktivierung** vorzunehmen und ggf. eine **Teilwertabschreibung** durchzuführen sein, wenn der Teilwert nachweislich den Buchwert der Beteiligung unterschreitet.

---

[205] BFH v. 13. 9. 1989, BStBl. II 1990, 24 (27).
[206] BFH v. 30. 1. 1974, BStBl. II 1974, 323 (324).
[207] BFH aaO (Fn. 205).
[208] BFH aaO (Fn. 205).
[209] BFH aaO (Fn. 205).
[210] BFH v. 9. 12. 1987, BStBl. II 1988, 460 ff.
[211] BFH aaO (Fn. 205).
[212] *Dötsch/Eversberg/Jost/Witt* § 14 Anm. 221.
[213] FG Düsseldorf v. 12. 4. 1989, EFG 1989, 478 (479).

IV. Die gewerbesteuerliche Organschaft

Im Vergleich zur körperschaftsteuerlichen Organschaft nur knapp ist die gesetzliche Regelung über die gewerbesteuerliche Organschaft. **Nach § 2 Abs. 2 Satz 2 GewStG** gilt eine Kapitalgesellschaft als **Betriebsstätte** des anderen Unternehmens, wenn diese in ein anderes inländisches gewerbliches Unternehmen in der Weise eingegliedert ist, daß die Voraussetzungen des § 14 Nr. 1 und 2 KStG erfüllt sind.

1. Voraussetzungen der gewerbesteuerlichen Organschaft

Trotz des Verweises auf § 14 Nr. 1 und 2 KStG stimmen die Voraussetzungen der Organschaft im Gewerbesteuerrecht **nicht in jeder Hinsicht** mit denen im Körperschaftsteuerrecht überein. So setzt die gewerbesteuerliche Organschaft insb. nicht das Bestehen eines **Ergebnisabführungsvertrages** voraus. Unterschiede ergeben sich ebenfalls hinsichtlich der als Organgesellschaft in Betracht kommenden Gesellschaften.

a) Anerkennung einer Gesellschaft als Organträger

Gem. § 2 Abs. 2 Satz 2 GewStG muß der Organträger ein **inländisches gewerbliches Unternehmen** sein. Dabei kann es sich aufgrund der in § 2 Abs. 1 Satz 2 GewStG enthaltenen Definition des gewerblichen Unternehmens sowohl um **eine natürliche Person, Personenvereinigung, Körperschaft oder Vermögensmasse** handeln, soweit sie gewerbliche Einkünfte iSd. § 15 EStG erzielt. Durch die Änderung durch das StEntlG 1999/2000/2002 sind bei Personengesellschaften als Organträger die Voraussetzungen des § 14 Nr. 3 KStG zu beachten.

Nach seinem Wortlaut verlangt § 2 Abs. 2 Satz 2 GewStG zwar nicht, daß der Organträger Sitz **und** Geschäftsleitung im Inland haben muß, gleichwohl ist dies nach hM erforderlich.[214] Zum Teil wird in der Literatur aber auch die Auffassung vertreten, daß es bei Sitz und Geschäftsleitung im Ausland für die Anerkennung der Organträgerschaft ausreiche, wenn im Inland eine Betriebsstätte unterhalten werde.[215] Die Änderung durch das StEntlG 1999/2000/2002 sieht durch die Erweiterung der Verweisung auf § 14 Nr. 3 KStG vor, daß auch für die gewerbesteuerliche Organschaft der Organträger Geschäftsleitung und Sitz im Inland haben muß.

Korrespondierend zu § 18 KStG kann gem. § 2 Abs. 2 Satz 3 GewStG auch eine inländische im HR eingetragene **Zweigniederlassung** eines **ausländischen** gewerblichen Unternehmens Organträger sein.

Besonderheiten sind nach Abschn. 17 Abs. 6 GewStR bei der sog. **Mehrmütterorganschaft** zu beachten. Wenn sich mehrere gewerbliche Unternehmen zum Zwecke der einheitlichen Willensbildung gegenüber einer Organgesellschaft zu einer Gesellschaft bürgerlichen Rechts zusammenschließen,

---

[214] BFH v. 20. 2. 1974, BStBl. II 1974, 616 ff.; *Sarrazin* in *Lenski/Steinberg* § 2 Anm. 127. Vgl. aber FG Rheinland-Pfalz v. 9. 6. 1997, NWB F. 5 S. 1389.
[215] *Glanegger/Güroff* § 2 Anm. 193 unter Hinweis auf § 2 Abs. 1 Satz 3 GewStG.

kann diese zwar als gewerbliches Unternehmen angesehen werden, wenn alle Gesellschafter Gewerbebetriebe unterhalten. Der gewerbesteuerliche Organkreis besteht in diesen Fällen rechtssystematisch nur aus der Gesellschaft bürgerlichen Rechts und der Kapitalgesellschaft. Die **Gesellschafter** der Gesellschaft bürgerlichen Rechts stehen für Zwecke der Gewerbesteuer **außerhalb** des Organkreises.[216]

b) Anerkennung einer Gesellschaft als Organgesellschaft

96 Abweichend vom Körperschaftsteuerrecht ist der Kreis der Organgesellschaften nicht auf Kapitalgesellschaften beschränkt, die Sitz und Geschäftsleitung im Inland haben. Auch eine **ausländische Kapitalgesellschaft** kann Organgesellschaft sein, soweit sie im Inland einen Gewerbebetrieb unterhält.[217] **Personengesellschaften,** damit auch die GmbH & Co. KG, kommen jedoch ebenso wie bei der **Körperschaftsteuer nicht als Organgesellschaft** in Betracht.

c) Eingliederung der Organgesellschaft in den Organträger

97 Gem. § 2 Abs. 2 Satz 2 GewStG muß die Organgesellschaft in der Weise eingegliedert sein, daß die Voraussetzungen des § 14 Nrn. 1 und 2 KStG erfüllt sind. Insoweit stimmen die Anforderungen an die **finanzielle, wirtschaftliche und organisatorische** Eingliederung mit denen der körperschaftsteuerlichen Organschaft überein.[218] Die vorstehenden Ausführungen zur körperschaftsteuerlichen Organschaft gelten daher entspr. Dies gilt auch hinsichtlich der **zeitlichen Anforderungen** an das Vorliegen der Eingliederungsmerkmale.

Unter dem Gesichtspunkt der wirtschaftlichen Eingliederung ist zu beachten, daß auch für Zwecke der Gewerbesteuer bei einer **Betriebsaufspaltung** in der Regel kein Organschaftsverhältnis vorliegt.[219]

Stellt der Organträger seine werbende Tätigkeit ein und betreibt er seine eigene Auflösung, führt dies noch nicht notwendigerweise zur Beendigung der wirtschaftlichen Eingliederung der Organgesellschaft; ein Organschaftsverhältnis ist vielmehr mangels wirtschaftlicher Eingliederung der Organgesellschaften erst dann gewerbesteuerlich nicht mehr anzuerkennen, wenn der Organträger keiner Tätigkeit mehr nachgeht, die die Organgesellschaften fördern oder ergänzen.[220]

Wird andererseits bei einer Organgesellschaft die **Liquidation beschlossen,** wird damit die wirtschaftliche Eingliederung in das Unternehmen des Organträgers **beendet.** Für das Wj., in dem der Liquidationsbeschluß erfolgt, liegt bereits kein Organschaftsverhältnis mehr vor, es sei denn, die Organgesellschaft bildet für die Zeit bis zum Beginn der Abwicklung ein Rumpfwirtschaftsjahr.[221]

---

[216] Zur Frage des Verlustabzugs bei fehlender Zwischenschaltung einer GbR vgl. BFH v. 24. 3. 1998, DStRE 1998, 517.
[217] BFH v. 28. 3. 1979, BStBl. II 1979, 447 (448) Abschn. 17 Abs. 1 Satz 5.
[218] Abschn. 17 Abs. 1 Satz 2 GewStR.
[219] Abschn. 17 Abs. 7 GewStR.
[220] BFH v. 27. 6. 1990, BStBl. II 1990, 992 f.
[221] Abschn. 17 Abs. 4 Satz 1 GewStR.

2. Rechtsfolgen der gewerbesteuerlichen Organschaft

Nach dem Wortlaut des § 2 Abs. 2 Satz 2 GewStG gilt bei Vorliegen der Voraussetzungen der gewerbesteuerlichen Organschaft die Organgesellschaft als **Betriebsstätte** des Organträgers. Dies bedeutet aber nicht, daß Organträger und Organgesellschaft als einheitliches Unternehmen anzusehen und Gewerbeertrag und Gewerbekapital von vornherein einheitlich zu ermitteln sind. Nach ständiger Rspr. behalten vielmehr beide Unternehmen ihre **steuerliche Selbständigkeit**.²²² Das Organschaftsverhältnis bewirkt daher auch nicht die Beendigung der sachlichen Steuerpflicht der Organgesellschaft.²²³

Gewerbeertrag und **Gewerbekapital** der einzelnen Organgesellschaft werden vielmehr **gesondert ermittelt** und dann dem Organträger zur Berechnung der Steuermeßbeträge nach dem Gewerbeertrag und dem Gewerbekapital zugerechnet.²²⁴ **Adressat** des auf der Grundlage der zusammengerechneten Meßbeträge ermittelten Gewerbesteuermeßbescheides und Steuerschuldner der Gewerbesteuer für die im Organkreis zusammengerechneten und bereinigten Besteuerungsgrundlagen ist aber ausschließlich der **Organträger**. Auch für die Gewerbesteuer ermöglicht daher die Organschaft eine einheitliche steuerliche Erfassung der Steuertatbestände aller Gesellschaften des Organkreises.

a) Ermittlung des Gewerbeertrags im Fall der Organschaft

Die Organgesellschaft ist bei der Ermittlung des Gewerbeertrags so zu behandeln, als ob sie selbst Steuergegenstand wäre. Ohne Rücksicht auf das Bestehen einer Gewinnabführungsvereinbarung ist daher einschließlich des für Zwecke der Körperschaftsteuer vorhandenen eigenen Einkommens in Höhe geleisteter Ausgleichszahlungen der **volle Gewerbeertrag** der Organgesellschaft zu ermitteln.

Die fortbestehende sachliche Steuerpflicht der Organgesellschaft hat dabei zur Folge, daß sie auch für den **Verlustabzug** nach § 10 a GewStG **gesondert** zu beurteilen ist. Vororganschaftliche Gewerbeverluste der Organgesellschaft werden nicht in das Ergebnis des Organträgers eingerechnet, sondern von der Organgesellschaft gesondert fortgeführt. Lediglich der um den Verlustabzug geminderte Gewerbeertrag ist bei der Zusammenrechnung der Gewerbeerträge bei dem Organträger zu berücksichtigen.

Der Gewerbeertrag bzw. Gewerbeverlust der Organgesellschaft ist mit dem Gewerbeertrag des Organträgers des Wj. **zusammenzurechnen**, das in demselben Erhebungszeitraum endet.

Da mit der Zusammenrechnung der Gewerbeerträge **keine** gewerbesteuerlichen **Doppelerfassungen**, aber auch keine Steuerausfälle verbunden sein dürfen, sind Korrekturen erforderlich, die im Einzelfall schon bei jedem einzelnen zu ermittelnden Gewerbeertrag oder bei der Zusammenfassung für den Organträger vorgenommen werden können.²²⁵ Abschn. 42 GewStR enthält hierzu detaillierte Verwaltungsanweisungen.

---

²²² BFH v. 6. 11. 1985, BStBl. II 1986, 73 (75).
²²³ BFH v. 6. 10. 1953, BStBl. III 1953, 329 (330); Abschn. 17 Abs. 2 Satz 1 GewStR.
²²⁴ BFH v. 6. 11. 1985, BStBl. II 1986, 73 (75).
²²⁵ BFH v. 6. 11. 1985, BStBl. II 1986, 73 (75).

Zur Vermeidung einer doppelten steuerlichen Belastung **unterbleiben Hinzurechnungen nach § 8 GewStG**, soweit die für eine Hinzurechnung in Betracht kommenden Beträge bereits in einem der zusammenzurechnenden Gewerbeerträge enthalten sind.

So sind bei **Dauerschulden** zwischen im Organkreis verbundenen Unternehmen, und zwar sowohl im Verhältnis zwischen Organträger und Organgesellschaft als auch im Verhältnis mehrerer Organgesellschaften desselben Organträgers zueinander, die damit im Zusammenhang stehenden Zinsen nicht hinzuzurechnen.

Ebenfalls zur Vermeidung einer Doppelbelastung sind bei einer Veräußerung einer Organbeteiligung die von der Organgesellschaft während der Dauer des Organschaftsverhältnisses in die Gewinnrücklagen eingestellten Gewinne bei der Ermittlung des Gewerbeertrags des Organträgers abzuziehen.

103 Soweit andererseits die Organgesellschaft **Gewerbeverluste** erlitten hat und der Organträger in dem Jahr, in welchem die Organgesellschaft den Verlust erlitten hat, oder in einem späteren als dem Verlustjahr der Organgesellschaft eine **Teilwertabschreibung** vornimmt, darf diese Teilwertabschreibung bis zur Höhe des im zusammengerechneten Gewerbeertrag des Organträgers enthaltenen Gewerbeverlustes der Organgesellschaft nicht berücksichtigt werden, auch wenn sie bilanzsteuerlich gerechtfertigt sein sollte.[226] Ist die Teilwertabschreibung aber ohne Rücksicht auf während des Organschaftsverhältnisses entstandene Verluste vorgenommen worden, ist sie gewerbesteuerlich anzuerkennen. Es kommt nicht darauf an, daß sich eine Identität der Verluste der Organgesellschaft mit den Verlusten des Organträgers aus der Teilwertabschreibung feststellen läßt.[227]

Nach § 8 Nr. 10 a GewStG ist der Ansatz eines niedrigeren Teilwerts für Anteile einer Organgesellschaft für Zwecke der Gewerbesteuer auch dann nicht anzuerkennen, wenn die **Teilwertabschreibung** auf einer **Gewinnausschüttung** der Organgesellschaft beruht. Dies gilt in gleicher Weise, wenn der Wert der Organgesellschaft aufgrund einer **Ergebnisabführung** gemindert worden ist.[228] Obwohl die Hinzurechnung insb. bei sog. abführungsbedingten Teilwertabschreibungen hinsichtlich ihrer rechtlichen Grundlage in der Literatur umstritten ist,[229] ist die Rechtsprechung dieser von der Finanzverwaltung vertretenen Auffassung gefolgt.[230] Danach mindert eine solche Teilwertabschreibung den Gewerbeertrag des Organkreises nicht. Im StEntlG 1999/2000/2002 ist vorgesehen, daß ausdrücklich auch Teilwertabschreibungen aufgrund organschaftlicher Gewinnabführungen einbezogen werden. Damit würde die Rechtsprechung und Verwaltungsauffassung umgesetzt.

---

[226] BFH v. 6. 11. 1985, BStBl. II 1986, 73 (75).
[227] BFH v. 6. 11. 1985, BStBl. II 1986, 73 (75); BFH v. 22. 4. 1998, DB 1998, 2348 ff.; Abschn. 42 Abs. 1 Sätze 8 ff. GewStR.
[228] Abschn. 42 Abs. 1 Satz 11 GewStR. Bestätigt durch BFH v. 2. 2. 1994, BStBl. II 1994, 768.
[229] *Goutier* BB 1990, S. 1039 f.; vgl. auch die Nachweise in BFH v. 2. 2. 1994, BStBl. II 1994, 768 (769).
[230] FG Rheinland-Pfalz v. 13. 11. 1992, EFG 1993, 333; bestätigt durch BFH v. 2. 2. 1994, BStBl. II 1994, 768.

B. Der Vertragskonzern

Wird eine Teilwertabschreibung nicht vorgenommen, wird die Organbeteiligung später aber zu einem entspr. geringeren Verkaufspreis **veräußert,** ist bei der Ermittlung des Gewerbeertrages des Organträgers ein Betrag in Höhe des bei der Zusammenrechnung der Gewerbeerträge berücksichtigten Verlustes der Organgesellschaft **hinzuzurechnen.**[231]

Wenn die gewerbesteuerliche Organschaft beendet wird, kann ein während der Dauer der Organschaft bei einer Organgesellschaft entstandener Verlust auch dann nicht der Organgesellschaft zugeordnet und von dieser später genutzt werden, wenn er bei dem Organträger, in dessen Gewerbeertrag er eingeflossen ist, nicht genutzt werden konnte; der nicht ausgeglichene Fehlbetrag des Organträgers kann nicht bei Beendigung der Organschaft zwischen den Unternehmen des Organkreises aufgeteilt werden; er verbleibt vielmehr als **Verlustvortrag** bei dem Organträger und kann nur von dessen künftigen Gewerbeerträgen abgesetzt werden.[232]

b) Ermittlung des Gewerbekapitals im Fall der Organschaft

Die **Gewerbekapitalien** von Organträger und Organgesellschaft sind ebenfalls zunächst **getrennt** zu ermitteln. Detaillierte Verwaltungsanweisungen enthält hierzu Abschn. 83 GewStR.

Bei der jeweiligen Ermittlung des Gewerbekapitals sind entspr. der Behandlung beim Gewerbeertrag Hinzurechnungen nach § 12 Abs. 2 GewStG nicht vorzunehmen, wenn die in Betracht kommenden Beträge bereits zu einem der zusammenzurechnenden Gewerbekapitalien gehören. Dies gilt sowohl für **Schulden** zwischen Organträger und Organgesellschaft als auch für Schulden zwischen zwei Organgesellschaften desselben Organträgers.[233]

Bei der Hinzurechnung von **Dauerschulden** ist § 12 Abs. 2 Nr. 1 Satz 2 GewStG sowohl beim Organträger als auch bei jeder Organgesellschaft zu beachten, so daß die den Dauerschuldzinsen iSd. § 8 Nr. 1 GewStG entsprechenden Verbindlichkeiten, jeweils nur mit der Hälfte des DM 50 000,– übersteigenden Betrages hinzugerechnet werden.

c) Zerlegung des Steuermeßbetrags

Da bei Organschaftsverhältnissen die Gewerbeerträge und Gewerbekapitalien aller Unternehmen des Organkreises beim Organträger zusammengerechnet werden, sind **alle Gemeinden,** in denen sich Betriebsstätten des Organkreises befinden, bzgl. der Gewerbesteuer **hebeberechtigt.** Zu diesem Zweck wird der einheitliche Steuermeßbetrag mit Hilfe der Zerlegungsschlüssel des § 29 GewStG aufgeteilt.

Zerlegungsmaßstab ist nach § 29 GewStG außer bei Wareneinzelhandelsunternehmen das Verhältnis, in dem die Summe der Arbeitslöhne, die an die bei allen Betriebsstätten beschäftigten Arbeitnehmer gezahlt worden sind, zu den Arbeitslöhnen stehen, die an die bei den Betriebsstätten der einzelnen

---

[231] Abschn. 42 Abs. 1 Satz 12 GewStR.
[232] BFH v. 27. 6. 1990, BFH/NV 1991, 116 ff.; BFH v. 27. 6. 1990, BStBl. II 1990, 916 ff.
[233] BFH v. 23. 10. 1974, BStBl. II 1975, 46 f.

Rosenbach

Gemeinden beschäftigten Arbeitnehmer gezahlt worden sind. Auf den sich danach ergebenden **anteiligen Steuermeßbetrag** wird der jeweilige Hebesatz der Gemeinde angewandt.

Bei sich stark unterscheidenden Hebesätzen der einzelnen Gemeinden kann sich durch die bei Bestehen eines Organschaftsverhältnisses vorgeschriebene Zerlegung des Steuermeßbetrages eine im Vergleich zu einer Besteuerung der einzelnen Konzerngesellschaften **höhere** oder auch **geringere Gewerbesteuerbelastung** ergeben.

V. Die umsatzsteuerliche Organschaft

107 Die umsatzsteuerlichen Regelungen zur Organschaft beschränken sich auf **§ 2 Abs. 2 Nr. 2 UStG.** Danach übt eine juristische Person die gewerbliche und berufliche Tätigkeit nicht selbständig aus und ist daher nicht als Unternehmer anzuerkennen, wenn sie nach dem Gesamtbild der tatsächlichen Verhältnisse finanziell, wirtschaftlich und organisatorisch in das Unternehmen des Organträgers **eingegliedert** ist. Unbeschadet der terminologischen Nähe zur körperschaftsteuerlichen und insb. gewerbesteuerlichen Organschaft **unterscheiden** sich die Voraussetzungen gleichwohl nicht unerheblich. Da **nicht** das Bestehen eines **Unternehmensvertrages** vorausgesetzt wird, beschränkt sich die umsatzsteuerliche Organschaft insb. nicht auf den Vertragskonzern.

1. Voraussetzungen der umsatzsteuerlichen Organschaft

a) Anerkennung einer Gesellschaft als Organträger

108 Organträger kann neben einer **Kapitalgesellschaft** auch eine **Einzelperson** oder eine **OHG, KG** oder eine **sonstige** nicht rechtsfähige **Personengesellschaft** und damit **jeder Unternehmer** sein.[234] Eine **Mehrmütter-Organschaft** ist umsatzsteuerlich hingegen **nicht** anzuerkennen.[235]

b) Anerkennung einer Gesellschaft als Organgesellschaft

109 Als **Organgesellschaften** kommen aber nur **juristische Personen** in Betracht. Andere Personenzusammenschlüsse, wie OHG, KG oder auch die Gesellschaft bürgerlichen Rechts, scheiden auch dann als Organgesellschaft aus, wenn eine juristische Person Mitgesellschafter ist oder die Gesellschaft gewerblich geprägt ist.

Eine sich mit Abschluß des Gesellschaftervertrages im Gründungsstadium befindliche und später in das HR eingetragene GmbH kann jedoch bereits vor der Eintragung Organgesellschaft sein.

c) Eingliederungsvoraussetzungen

110 Die für die umsatzsteuerliche Organschaft erforderliche finanzielle, wirtschaftliche und organisatorische Eingliederung der Organgesellschaft muß hinsichtlich der einzelnen Merkmale nicht gleichmäßig ausgeprägt sein. Nach

---

[234] BFH v. 13. 4. 1961, BStBl. III 1961, 343 f.
[235] FG Baden-Württemberg v. 18. 12. 1991 – nv –.

dem maßgebenden **Gesamtbild** der tatsächlichen Verhältnisse können die Voraussetzungen der Organschaft auch dann vorliegen, wenn die Eingliederung auf einem der drei Gebiete nicht vollkommen, dabei aber auf anderen Gebieten um so eindeutiger ist.[236]

aa) Finanzielle Eingliederung. Die finanzielle Eingliederung setzt den Besitz der entscheidenden **Anteilsmehrheit** bei der beherrschten juristischen Person voraus, die es ermöglicht, Beschlüsse in der Organgesellschaft durchzusetzen. Die Ausführungen zur körperschaftsteuerlichen Organschaft gelten insoweit grundsätzlich entspr. Es steht der Anerkennung einer finanziellen Eingliederung aber auch nicht entgegen, wenn sich die Anteile der Organgesellschaft nicht im Besitz der Muttergesellschaft selbst befinden, sondern den Gesellschaftern der Muttergesellschaft zustehen.[237]

bb) Wirtschaftliche Eingliederung. Die wirtschaftliche Eingliederung bedeutet, daß das Organ gemäß dem Willen des Unternehmers im Rahmen des Gesamtunternehmens, und zwar in engem wirtschaftlichen Zusammenhang mit diesem, es fördernd und ergänzend, wirtschaftlich tätig sein muß.[238]

Soweit eine **wirtschaftliche Verflechtung** gegeben ist, liegen im allgemeinen die Voraussetzungen der wirtschaftlichen Eingliederung vor. Es ist daher ausreichend, daß zwischen den Gesellschaften Beziehungen bestehen, die auf ein **Über- und Unterordnungsverhältnis,** auf die tatsächliche Beherrschung der Gesellschaft durch einen anderen schließen lassen. Ein solches Verhältnis der Über- und Unterordnung wird idR deutlich, wenn ein betriebswirtschaftlich vernünftiger Zusammenhang zwischen den Gesellschaften besteht und ihre Tätigkeiten so aufeinander abgestimmt sind, daß sie sich wirtschaftlich ergänzen.

Im Gegensatz zur Körperschaftsteuer und Gewerbesteuer kann auch bei einer **Betriebsaufspaltung** in eine Besitz-Personengesellschaft und eine Betriebs-Kapitalgesellschaft ein **Organschaftsverhältnis** bestehen. Entscheidend ist insoweit, ob bei der Betriebsaufspaltung Besitz- und Betriebsunternehmen eine **wirtschaftliche Einheit** bilden. In der Entscheidung vom 14. 1. 1988 hat der BFH ausdrücklich darauf hingewiesen, daß der Begriff der Organschaft in den Rechtsgebieten der Körperschaftsteuer und Umsatzsteuer nicht deckungsgleich sei.[239] Er bestätigt insoweit die ständige Rspr., daß einzelne Merkmale – zB die Aufteilung von Produktion und Vertrieb derselben Ware auf zwei Gesellschaften, das Bestehen eines Pachtverhältnisses über die Betriebsgrundstücke und die Produktionsanlagen oder das Überwiegen des Vertriebs der Erzeugnisse der Produktionsgesellschaft durch die Vertriebsgesellschaft – für den Schluß auf eine wirtschaftliche Eingliederung zwar regelmäßig nicht ausreichten, daß aber aus der Häufung solcher Merkmale, insb. wenn sie sich gegenseitig ergänzten oder bedingten, auf die wirtschaftliche Eingliederung geschlossen werden könne.[240]

In Abschn. 21 Abs. 5 Satz 7 UStR wird daher auch von der Finanzverwaltung anerkannt, daß bei einer Betriebsaufspaltung in eine Besitzgesellschaft

---

[236] BFH v. 22. 6. 1967, BStBl. III 1967, 715 (716); BFH v. 17. 4. 1969, BStBl. II 1969, 413 (414).
[237] Abschn. 21 Abs. 4 Satz 3 UStR.
[238] BFH v. 22. 6. 1967, BStBl. III 1967, 715 (716).
[239] BFH v. 14. 1. 1988, BFH/NV 1988, 471 (472).
[240] BFH v. 14. 1. 1988, BFH/NV 1988, 471 (472).

§ 17   114, 115   Die GmbH im Konzern

(Personengesellschaft) und eine Betriebsgesellschaft (Kapitalgesellschaft) und einer Verpachtung des Betriebsvermögens von der Besitz- an die Betriebsgesellschaft im allgemeinen eine Abhängigkeit der Betriebsgesellschaft von der Besitzgesellschaft besteht.[241]

114   cc) **Organisatorische Eingliederung.** Die organisatorische Eingliederung soll sicherstellen, daß in der Organgesellschaft der **Wille des Unternehmers** auch tatsächlich **ausgeführt** wird. Der Organträger muß als beherrschender Unternehmer die Geschäftsführung bei der Organgesellschaft ausüben oder leiten und überwachen. Die Ausführungen zur organisatorischen Eingliederung bei der körperschaftsteuerlichen Organschaft gelten insoweit entspr.

2. Rechtsfolgen der umsatzsteuerlichen Organschaft

115   Bei Vorliegen der Voraussetzungen des § 2 Abs. 2 Nr. 2 Satz 1 UStG sind die **Organgesellschaften als Betriebe des herrschenden Unternehmers** zu behandeln. Organträger und Organgesellschaften bilden für Zwecke der Umsatzsteuer daher ein **einheitliches Unternehmen**. Umsatzsteuerbare Lieferungen und sonstige Leistungen zwischen Organträger und Organgesellschaft sind folglich nicht möglich, da es bei dem innerbetrieblichen Vorgang an einem Abnehmer iSd. UStG fehlt. Dies gilt in gleicher Weise bei Lieferungen und sonstigen Leistungen zwischen verschiedenen Organgesellschaften des Organkreises.

Auch wenn aus abrechnungstechnischen Gründen die Gesellschaften des Organkreises bei zwischen ihnen abgewickelten Lieferungen oder sonstigen Leistungen „**Rechnungen**" ohne Ausweis von Umsatzsteuer ausstellen, liegen keine steuerbaren Umsätze vor. Selbst wenn in diesen „Rechnungen" gesondert Umsatzsteuer ausgewiesen wird, berechtigen sie den Leistungsempfänger nicht zum Vorsteuerabzug. Andererseits wird aber auch ein fälschlich gesondert ausgewiesener Steuerbetrag nicht nach § 14 Abs. 2 UStG geschuldet. Bei einer derartigen **innerbetrieblichen Abrechnung** fehlt es bereits an dem fremden Dritten als Leistungsempfänger, so daß schon keine Rechnung iSd. § 14 Abs. 1 UStG vorliegt.[242]

Die formalen umsatzsteuerlichen Pflichten sind bei einer Organschaft statt von den einzelnen Organgesellschaften vom Organträger zu erfüllen. Dies gilt für die Aufzeichnungspflichten gemäß § 22 UStG, die Verpflichtung zur Abgabe der Steueranmeldungen sowie für die Verpflichtung zur Leistung der Abschlußzahlungen und Vorauszahlungen gemäß § 18 UStG. Die Umsätze des gesamten Organkreises sind daher auch in einer Anmeldung zusammenzufassen, da **sämtliche Umsätze** eines Organs solche des **herrschenden Unternehmens** sind und diesem zugerechnet werden. Dies gilt auch, soweit eine Organgesellschaft im eigenen Namen nach außen auftritt und Außenumsätze tätigt.

Die Tragweite der Organschaft verdeutlicht sich im Fall eines Konkurses einer Organgesellschaft. Mit Eintritt des Konkurses endet das Organschaftsverhältnis. Auch bei der von dem Bestehen eines Gewinnabführungsvertrages unabhängigen Organschaft richten sich Vorsteuerrückforderungsansprüche

---

[241] BFH v. 9. 9. 1993, BStBl. II 1994, 129 ff.
[242] Abschn. 183 Abs. 3 UStR.

unabhängig von ihrem Begründungs- und Entstehungszeitpunkt gegen den Organträger.[243]

Da § 2 Abs. 2 Nr. 2 UStG nicht voraussetzt, daß es sich bei der eingegliederten Gesellschaft um eine inländische juristische Person handelt, kann der Organkreis auch juristische Personen mit Sitz und/oder Geschäftsleitung im **Ausland** umfassen. Nach § 2 Abs. 2 Nr. 2 Satz 1 UStG sind die **Wirkungen** der Organschaft aber auf Innenleistungen zwischen im Inland belegenen Unternehmensteilen beschränkt.

Ist der Organträger daher im Erhebungsgebiet ansässig, umfaßt der für die umsatzsteuerliche Organschaft maßgebende Teil des Unternehmens neben dem Organträger selbst die im Erhebungsgebiet ansässigen Organgesellschaften sowie die im Erhebungsgebiet belegenen Betriebsstätten seiner außerhalb des Erhebungsgebietes ansässigen Organgesellschaften.[244]

Soweit nach den Eingliederungsvoraussetzungen eine ausländische Kapitalgesellschaft Organträger ist, wird die Wirkungsweise der Organschaft auch **nur** auf die **im Erhebungsgebiet** belegenen Unternehmensteile beschränkt. Die Organschaft umfaßt dann die im Erhebungsgebiet ansässigen Organgesellschaften, die im Erhebungsgebiet belegenen Betriebsstätten des ausländischen Organträgers sowie die inländischen Betriebsstätten seiner außerhalb des Erhebungsgebietes ansässigen Organgesellschaften.[245] Der Organträger mit seinen außerhalb des Erhebungsgebiets belegenen Betriebsstätten und seine außerhalb des Erhebungsgebietes ansässigen Organgesellschaften bilden jeweils gesonderte Unternehmen. Sie können somit an die im Erhebungsgebiet ansässigen Organgesellschaften Umsätze ausführen oder auch Leistungsempfänger sein.

Soweit sich die Geschäftsleitung des Organträgers im Ausland befindet, gilt der wirtschaftlich bedeutendste Unternehmensteil im Inland als der Unternehmer und hat für den Organkreis die umsatzsteuerlichen Rechte und Pflichten wahrzunehmen. Wirtschaftlich bedeutendster Unternehmensteil idS. kann dabei grundsätzlich nur eine im Erhebungsgebiet ansässige juristische Person sein; bei Vorliegen der Voraussetzungen des § 18 KStG ist es jedoch diese Zweigniederlassung; hat der **Organträger mehrere Organgesellschaften** im Erhebungsgebiet, so kann der **wirtschaftlich bedeutendste Unternehmensteil** nach der Höhe des Umsatzes bestimmt werden.[246]

VI. Änderung und Beendigung von Unternehmensverträgen

1. Änderung

Für die Änderung von Unternehmensverträgen gelten die **gleichen** Zustimmungs- und Formerfordernisse wie für den **Abschluß**,[247] dh. es sollten bei der Untergesellschaft **alle** Gesellschafter zustimmen. Der Zustimmungsbeschluß muß notariell beurkundet und die Änderung in das Handelsregister

---

[243] FG Düsseldorf v. 23. 4. 1993, EFG 1993, 747.
[244] BMF-Schreiben v. 13. 8. 1987, BStBl. I 1987, 624 ff.
[245] BMF-Schreiben v. 13. 8. 1987, BStBl. I 1987, 624 ff.
[246] BMF-Schreiben v. 13. 8. 1987, BStBl. I 1987, 624 (625).
[247] *Baumbach/Hueck/Zöllner* Schlußanhang I Anm. 46; *Krieger/Jannott* DStR 1995, 1473 ff.

eingetragen werden. Bei der Obergesellschaft reicht die Zustimmung einer qualifizierten Mehrheit aus.

2. Beendigungsgründe

a) Aufhebung

118 Nach § 296 AktG kann ein Unternehmensvertrag zwar einvernehmlich aufgehoben werden; eine rückwirkende Aufhebung ist aber unzulässig, und die Aufhebung kann nur **zum Ende des Geschäftsjahres** erfolgen. Beide Einschränkungen gelten auch im GmbH-Vertragskonzern.[248]

b) Ordentliche Kündigung

119 Unternehmensverträge enthalten regelmäßig ordentliche Kündigungsmöglichkeiten. Ob eine ordentliche Kündigung auch dann möglich ist, wenn der Vertrag keine Kündigungsklausel enthält, ist streitig.[249]

Eine ordentliche Kündigung ist auch im GmbH-Konzernrecht nur zum **Ende des Geschäftsjahres** zulässig.[250]

c) Kündigung aus wichtigem Grund

120 Nach § 297 Abs. 1 AktG kann ein aktienrechtlicher Unternehmensvertrag aus wichtigem Grund ohne Einhaltung einer Kündigungsfrist gekündigt werden. Dies gilt auch im Recht der GmbH.

Ein **wichtiger Grund** zur Kündigung ist gegeben, wenn unter Abwägung aller Umstände dem kündigungswilligen Vertragsteil eine Fortsetzung des Vertragsverhältnisses **nicht mehr zugemutet** werden kann. § 297 Abs. 1 Satz 2 AktG nennt als Beispiel den Fall, daß der andere Vertragsteil voraussichtlich nicht in der Lage sein wird, seine auf Grund des Vertrags bestehenden Verpflichtungen zu erfüllen. Fraglich ist, ob entgegen dem Wortlaut des § 297 Abs. 1 AktG auch die Obergesellschaft zur Kündigung berechtigt ist, wenn sie zum Verlustausgleich nicht mehr bereit oder in der Lage ist.[251]

Umstritten ist ferner, ob eine **Verschlechterung der Ertragslage** des abhängigen Unternehmens einen Grund für eine außerordentliche Kündigung durch das herrschende Unternehmen darstellt.[252]

121 In Rspr. und Schrifttum noch ungeklärt ist weiterhin die sehr praxisrelevante Frage, ob dem herrschenden Unternehmen bei **Veräußerung** seiner

---

[248] *Priester* in *Hommelhoff/Semler/Doralt/Roth* Entwicklungen im GmbH-Konzernrecht, ZGR Sonderheft 6, 151 (182); *Rowedder/Koppensteiner* Anh. § 52 Anm. 87; *Scholz/Emmerich* Anh. Konzernrecht Anm. 316; *Emmerich/Sonnenschein* § 25 II 7; *Wirth* DB 1990, 2105 (2107); zweifelnd hinsichtlich der Aufhebung nur zum Ende des Geschäftsjahres: *Krieger* in Beherrschungs- und Gewinnabführungsverträge in der Praxis der GmbH, 1989, S. 99 (105).

[249] *Priester* in *Hommelhoff/Semler/Doralt/Roth* Entwicklungen im GmbH-Konzernrecht, ZGR Sonderheft 6, 151 (183 Fußn. 181); *Timm* DB 1993, 569 (570 ff.).

[250] *Rowedder/Koppensteiner* Anh. § 52 Anm. 87; *Scholz/Emmerich* Anh. Konzernrecht Anm. 316 ff.

[251] Bejahend *Krieger* in Beherrschungs- und Gewinnabführungsverträge in der Praxis der GmbH, 1989, S. 99 (107).

[252] Bejahend *Krieger* aaO (Fn. 250).

B. Der Vertragskonzern

Beteiligung an der abhängigen Gesellschaft ein außerordentliches Kündigungsrecht zusteht. Das **LG Bochum**[253] hat diese Frage in einer Entscheidung vom 1. 7. 1986 bejaht, das **LG Frankenthal**[254] und das **OLG Düsseldorf**[255] haben sie in ihren Entscheidungen vom 4. 8. 1988 bzw. vom 19. 8. 1994 verneint. Das LG Bochum begründet die außerordentliche Kündigungsmöglichkeit mit der gravierenden Veränderung der wirtschaftlichen Verhältnisse auf Grund des Wechsels des Anteilsbesitzes. Ferner sieht es die Gefahr einer **doppelten Weisungszuständigkeit** für die beherrschte GmbH: Bei Weiterbestehen des Beherrschungsvertrages würde der Veräußerer sein Weisungsrecht aus dem Beherrschungsvertrag beziehen, während der Erwerber sein Weisungsrecht als Gesellschafter über die Gesellschafterversammlung ausüben könne. Das LG Frankenthal und das OLG Düsseldorf stellen dagegen auf die Verursachung der außerordentlichen Kündigung durch das herrschende Unternehmen ab und verlangen die Möglichkeit, damit zugleich einen wichtigen Grund für die Kündigung des Unternehmensvertrages zu schaffen. Sie verweisen den Veräußerer insb. dann auf die ordentliche Kündigung unter Einhaltung der Kündigungsfrist, wenn er die Anteilsveräußerung gezielt und freiwillig herbeigeführt hat.

Auch in der **Literatur** wird die Frage der fristlosen Kündigung im Fall der Veräußerung der Geschäftsanteile der abhängigen Gesellschaft **kontrovers** beurteilt. Nach Timm[256] soll das herrschende Unternehmen die Verlustausgleichspflicht nicht beliebig abschütteln können. Eine Interessenabwägung führe dazu, daß die Kündigung aus wichtigem Grunde nur dann zuzulassen sei, wenn der Erwerber mindestens bis zu dem Zeitpunkt, zu dem der Unternehmensvertrag ohne die Kündigung aus wichtigem Grunde bestehen würde, in rechtswirksamer Form die etwaige Verlustausgleichsverpflichtung gegenüber der abhängigen Gesellschaft übernehme. Wirth[257] sieht nicht die Gefahr einer doppelten Weisungszuständigkeit, da das Weisungsrecht aus einem Beherrschungsvertrag dem Weisungsrecht der Gesellschafterversammlung vorgehe. Er sieht nur dann eine fristlose Kündigungsmöglichkeit als gerechtfertigt an, wenn die fristlose Kündigung des Unternehmensvertrages zur Veräußerung der Anteile erforderlich und ohne Veräußerung der Anteile die Existenz des herrschenden Unternehmens bedroht wäre.[258] Die fristlose Kündigung wird bejaht von Krieger.[259] Eine Einschränkung soll nur bei mißbräuchlichen Anteilsveräußerungen gelten. Die **Praxis** kann sich in dieser umstrittenen Frage dadurch behelfen, daß der Fall der Veräußerung der Anteile an der beherrschten Gesellschaft **im Vertrag als Grund für eine außerordentliche Kündigung** vereinbart wird.[260]

---

[253] LG Bochum v. 1. 7. 1986, GmbHR 1987, 24 (25).
[254] LG Frankenthal v. 4. 8. 1988, ZIP 1988, 1460 (1461).
[255] OLG Düsseldorf v. 19. 8. 1994, DB 1994, 2125.
[256] *Timm* GmbHR 1987, 8 (14 ff.).
[257] *Wirth* DB 1990, 2105 (2106).
[258] *Wirth* DB 1990, 2105 (2106).
[259] *Krieger* in Beherrschungs- und Gewinnabführungsverträge in der Praxis der GmbH, 1989, S. 99 (108).
[260] *Kallmeyer* GmbHR 1995, S. 578 (580).

Nach Abschn. 55 Abs. 5 Satz 2 KStR 1990 stellt die Veräußerung der abhängigen Gesellschaft steuerlich einen wichtigen Grund für die Vertragsbeendigung dar.

122 Die außerordentliche Kündigung wirkt sofort; eine Rückwirkung ist nicht gestattet.

Im Aktienrecht bedarf die Kündigung der Schriftform (§ 297 Abs. 3 AktG). Gleiches dürfte für das Recht der GmbH gelten.

d) Sonstige Beendigungsgründe

123 Mit **Ablauf** der festgelegten **Zeitdauer** endet der Unternehmensvertrag, soweit nicht – wie idR – Mindestlaufzeiten in Verbindung mit automatischer Verlängerung und Kündigungsmöglichkeiten vereinbart sind.

An die Stelle gesetzlicher und vertraglicher Rücktrittsrechte tritt das Recht zur Kündigung aus wichtigem Grund bzw. zur ordentlichen Kündigung.[261]

Anfechtbarkeit oder **Nichtigkeit** des Unternehmensvertrages führen lediglich zu einer Beendigungsmöglichkeit für die **Zukunft**. Für die Vergangenheit gelten die Rechtsgrundsätze für eine fehlerhafte Gesellschaft.[262]

3. Zustimmungserfordernisse, Form

a) Abhängige Gesellschaft

124 Im „Supermarkt"-Beschluß hat sich der BGH lediglich zum Abschluß, nicht aber zur Beendigung eines Unternehmensvertrages geäußert. Die Frage der Zustimmungserfordernisse wird in der Literatur **kontrovers** erörtert. Nach Timm[263] folgt aus der lediglich entsprechenden Anwendung der Formvorschriften über Satzungsänderungen auf den Abschluß von Unternehmensverträgen nicht, daß diese auch unbesehen auf die Beendigung eines Unternehmensvertrages anzuwenden sind. Vielmehr könne bei der Beendigung eines Unternehmensvertrages auf die Einhaltung der Vorschriften über die Satzungsänderung verzichtet werden, wenn lediglich zum gesetzlichen Normalstatut zurückgekehrt wird. Demgegenüber fordert die **hM** grundsätzlich einen **Zustimmungsbeschluß** der Gesellschafter der abhängigen Gesellschaft.[264] Die Aufhebung bzw. ordentliche Kündigung eines Unternehmensvertrages durch die abhängige GmbH komme an Wirkung und Bedeutung einer Satzungsänderung gleich, so daß sie eines Zustimmungsbeschlusses der Gesellschafter der abhängigen GmbH in notarieller Form bedürften.[265] ZT wird Einstimmigkeit,[266] zT qualifizierte Mehrheit[267] gefordert. Ein Zustimmungsbeschluß aller außenstehenden Gesellschafter sei erforderlich, sofern

---

[261] *Krieger* in Beherrschungs- und Gewinnabführungsverträge in der Praxis der GmbH, 1989, S. 99 (110).
[262] *Krieger* aaO (Fn. 260).
[263] *Timm* GmbHR 1989, 11 (14).
[264] *Rowedder/Koppensteiner* Anh. § 52 Anm. 87; *Scholz/Emmerich* Anh. Konzernrecht Anm. 318; LG Konstanz v. 26. 11. 1992, ZIP 1992, 1736.
[265] *Wirth* DB 1990, 2105 (2107).
[266] *Scholz/Emmerich* Anh. Konzernrecht Anm. 318.
[267] *Rowedder/Koppensteiner* Anh. § 52 Anm. 87.

B. Der Vertragskonzern 125, 126 § 17

der Vertrag außenstehenden Gesellschaftern Ansprüche auf Ausgleichs- oder Abfindungsleistungen einräume.[268] Demgegenüber haben sich das **OLG Karlsruhe** in seinem Beschluß vom 3. 6. 1994[269] und das **OLG Frankfurt** (AG 94, 95) der Mindermeinung angeschlossen. Der Abschluß eines Unternehmensvertrages habe rechtlich und wirtschaftlich erheblich höheres Gewicht als dessen Aufhebung, so daß es gerechtfertigt sei, verschiedene Anforderungen für die Wirksamkeit dieser Rechtsgeschäfte zu statuieren. In analoger Anwendung des § 296 Abs. 1 AktG bedürfe es daher für die Aufhebung eines Beherrschungs- und Gewinnabführungsvertrages nicht der Zustimmung der Gesellschafterversammlung der beherrschten GmbH.[270]

Angesichts der auch hier gegebenen Unsicherheit bezüglich der Zustim- 125 mungserfordernisse empfiehlt es sich für die **Praxis**, die Zustimmung möglichst **aller** Gesellschafter einzuholen. Im Hinblick auf eine ansonsten entstehende Unrichtigkeit des HR ist die Beendigung des Unternehmensvertrages ins HR einzutragen. Die Eintragung hat nur deklaratorische Wirkung.[271]

Einzutragen ist die Tatsache der Vertragsbeendigung, nicht jedoch ein etwaiger Zustimmungsbeschluß der Gesellschafterversammlung. Nach § 298 AktG sind ferner der Grund und der Zeitpunkt der Beendigung zur **Eintragung** anzumelden. Dies wird auch im Recht der GmbH zu gelten haben. Der Anmeldung sind die Urkunden beizufügen, die den Beendigungsgrund enthalten, sowie ggf. ein Nachweis über die Zustimmung der außenstehenden Aktionäre.[272]

b) Herrschende Gesellschaft

In dem „Supermarkt"-Beschluß[273] hat der BGH das Zustimmungserforder- 126 nis bei der Obergesellschaft mit der Übernahme der mit einem Unternehmensvertrag verbundenen Risiken begründet. Aus dieser Begründung läßt sich für die Vertragsbeendigung eine Zustimmungspflicht nicht herleiten. Liegt in der Vertragsbeendigung ein **außergewöhnliches Geschäft,** so ist nach allgemeinen Grundsätzen ein Gesellschafterbeschluß mit einfacher Mehrheit erforderlich.[274] Dies ist eine Frage des **Einzelfalles** (zB Bedeutung des Vertrages für das herrschende Unternehmen, Umfang möglicher Sicherungsansprüche nach § 303 AktG, Grund der Beendigung).[275] Ein derartiger Beschluß hat keine Außenwirkung.

---

[268] *Krieger* in Beherrschungs- und Gewinnabführungsverträge in der Praxis der GmbH, 1989, S. 99 (155 mwN).
[269] OLG Karlsruhe v. 3. 6. 1994, Lexinform-Dok. 121413. Gl. A. OLG Frankfurt v. 11. 11. 1993, WM 1994, 67; aA *Hachenburg/Ulmer* Anh. § 77 Anm. 201.
[270] Zustimmend *Kallmeyer* GmbHR 1995, 578; *Timm/Genting* GmbHR 1996, 229 ff.
[271] BGH v. 11. 11. 1991, DB 1992, 29 (31).
[272] *Krieger* in Beherrschungs- und Gewinnabführungsverträge in der Praxis der GmbH, 1989, S. 99 (116); LG Konstanz v. 26. 11. 1992, ZIP 1992, 1736.
[273] BGH vom 24. 10. 1988, DB 1988, 2623.
[274] *Priester* in *Hommelhoff/Semler/Doralt/Roth* Entwicklungen in GmbH-Konzernrecht, ZGR Sonderheft 6, 151 (184 f.).
[275] *Krieger* in Beherrschungs- und Gewinnabführungsverträge in der Praxis der GmbH, 1989, S. 99 (111).

Bei der herrschenden AG ist eine Zustimmung der Gesellschafter zur Beendigung eines Unternehmensvertrages grds. nicht erforderlich. Eine Zustimmungspflicht kommt allenfalls nach den Grundsätzen des „Holzmüller"-Urteils dann in Betracht, wenn die Beendigung des Unternehmensvertrages eine **grundlegende Entscheidung** mit wesentlichen Auswirkungen auf die rechtlichen und wirtschaftlichen Verhältnisse der Obergesellschaft und ihrer Aktionäre (Strukturentscheidung) wäre.[276] In analoger Anwendung des § 296 Abs. 1 AktG hält das OLG Karlsruhe auch beim herrschenden Unternehmen in der Rechtsform der GmbH die Zustimmung der Gesellschafter für nicht erforderlich.[277]

4. Sicherung von Gläubigern und außenstehenden Gesellschaftern

127 Nach § 303 AktG hat bei Beendigung eines Beherrschungs- oder Gewinnabführungsvertrages das herrschende Unternehmen den Gläubigern der abhängigen Gesellschaft auf Verlangen **Sicherheit** zu leisten. Der Anspruch setzt voraus, daß die Forderungen vor Bekanntmachung der Vertragsbeendigung begründet worden sind. Er verfällt, wenn sich die betreffenden Gläubiger nicht binnen **sechs Monaten** nach der Bekanntmachung der Vertragsbeendigung mit dem Verlangen auf Sicherheitsleistung bei dem herrschenden Unternehmen melden.

Die Vorschrift hat den Zweck, die Gläubiger der abhängigen Gesellschaft bei Beendigung des Beherrschungsverhältnisses hinsichtlich ihrer bis zu diesem Zeitpunkt begründeten Ansprüche in vollem Umfang abzusichern.[278] Dies ist dann von Bedeutung, wenn die abhängige Gesellschaft den abschließend geschuldeten Verlustausgleich vereinnahmt, aber verwirtschaftet hat. Daraus folgt, daß die Gläubiger der abhängigen Gesellschaft von der herrschenden Gesellschaft nur Sicherheitsleistung, nicht aber Zahlung verlangen können, solange die abhängige Gesellschaft noch Verlustausgleich verlangen kann.[279] Ist aber die abhängige Gesellschaft insolvent, vermögenslos und vielleicht schon im HR gelöscht, so können die Gläubiger der abhängigen Gesellschaft nach Treu und Glauben ihren Ausfall mit einem **direkten Zahlungsanspruch** gegen das herrschende Unternehmen entspr. § 303 AktG geltend machen.[280]

128 Die Anwendbarkeit des § 303 AktG auf den GmbH-Konzern war früher umstritten. In der **„Autokran"**-Entscheidung[281] hat der BGH § 303 AktG auf den qualifizierten faktischen GmbH-Konzern angewandt. In der Entscheidung vom 11. 11. 1991 (**„Stromlieferung"**)[282] hat der BGH die entspre-

---

[276] *Krieger* aaO (Fn. 274).
[277] OLG Karlsruhe v. 3. 6. 1994, Lexinform-Dok. 121413. Ebenso *Hachenburg/Ulmer* Anh. § 77 Anm. 201; aA LG Konstanz v. 26. 11. 1992, ZIP 1992, 1736.
[278] *Stimpel* in *Hommelhoff/Semler/Doralt/Roth* Entwicklungen im GmbH-Konzernrecht, ZGR Sonderheft 6, 39 (49).
[279] *Stimpel* in *Hommelhoff/Semler/Doralt/Roth* Entwicklungen im GmbH-Konzernrecht, ZGR Sonderheft 6, 39 (50).
[280] BGH v. 16. 9. 1985, DB 1985, 2341 (2344 f.).
[281] BGH v. 16. 9. 1985, DB 1985, 2341 (2344 f.).
[282] BGH v. 11. 11. 1991, DB 1992, 29.

chende Anwendung des § 303 AktG auch im GmbH-Vertrags-Konzern bejaht. In der gleichen Entscheidung knüpft der BGH für sog. **Altfälle** – dh. vor Ergehen des „Supermarkt"-Beschlusses[283] geschlossene und gekündigte Unternehmensverträge – hinsichtlich der Publizität die Vertragsbeendigung an allgemeine Vertrauensschutzgesichtspunkte an: Nach § 303 Abs. 1 AktG bezieht sich die Haftung des herrschenden Unternehmens auf solche Forderungen, die begründet worden sind, bevor die Eintragung der Vertragsbeendigung in das HR nach § 10 HGB als bekannt gemacht gilt.[284] In Altfällen sind weder der Abschluß des Vertrages noch seine Beendigung eingetragen worden. Eine Haftung des herrschenden Unternehmens für nach Beendigung des Vertrages begründete Forderungen setzt nach dem BGH auf Seiten der Gläubiger des abhängigen Unternehmens ein besonders **schutzwürdiges Vertrauen** voraus; zumindest ist Kenntnis der Gläubiger vom Bestehen des Unternehmensvertrages zu fordern.[285]

Fraglich ist dagegen, ob und auf welche Weise die außenstehenden Gesellschafter gegen die **Fortwirkung** von nachteiligen **Maßnahmen** aus der Vertragszeit zu schützen sind. In Erwägung gezogen werden hier eine Wiederaufbauverpflichtung des herrschenden Unternehmens oder aber eine Verpflichtung zur Übernahme der Anteile der außenstehenden Gesellschafter. Beide Schutzmechanismen haben aber weder im Aktien- noch im GmbH-Konzernrecht eine Grundlage. Die Entscheidung über die Inkaufnahme möglicher Nachteile bei der Beendigung des Unternehmensvertrages haben die Gesellschafter vielmehr bei der Zustimmung zum Vertrag zu treffen.[286]

(frei)

C. Faktischer und qualifizierter faktischer Konzern

I. Abgrenzung

Der faktische Konzern unterscheidet sich vom Vertragskonzern dadurch, daß die einheitliche Leitung nicht durch einen Beherrschungsvertrag,[287] sondern auf Grund anderer, **faktischer Herrschaftsinstrumente** verwirklicht wird.[288] Dabei kommt – anders als bei der AG – die Verfassung der GmbH der Bildung von faktischen Konzernen entgegen: Während bei der AG der Abschluß eines Beherrschungsvertrages erforderlich ist, um den Einfluß des Gesellschafters in rechtlich einwandfreier Form zu ermöglichen, kann nach § 37 Abs. 1 GmbHG die **Gesellschafterversammlung** einer GmbH deren Geschäftsführung allgemeine oder spezielle Weisungen zu allen Maßnahmen der Geschäftsführung erteilen (vgl. § 5 Rz. 3 ff.). Die GmbH ist also rechtsformbedingt einer Konzernierung wesentlich offener als die AG.

---

[283] BGH v. 24. 10. 1988, DB 1988, 2623.
[284] BGH v. 11. 11. 1991, DB 1992, 29 (31).
[285] BGH v. 11. 11. 1991, DB 1992, 29 (32).
[286] *Krieger* in Beherrschungs- und Gewinnabführungsverträge in der Praxis der GmbH, 1989, S. 99 (118 mwN).
[287] § 18 Abs. 1 Satz 2 AktG.
[288] *Deilmann* Die Entstehung des qualifizierten Konzerns, 1990, S. 58.

141 Die Abgrenzung zwischen einfachem und qualifiziertem faktischen Konzern ist auf der Rechtsfolgenseite insb. unter **haftungsrechtlichen** Aspekten von erheblicher Bedeutung. Für die Unternehmenspraxis steht hier natürlich im qualifizierten faktischen Konzern im Vordergrund die ggfs. unbeschränkte Haftung der Konzernspitze für Verluste der abhängigen Gesellschaft. Auf der Tatbestandsseite zeichnet sich nach den **maßgebenden Entscheidungen des BGH** – „Autokran",[289] „Tiefbau",[290] „Video",[291] „TBB"[292] und den Folgeentscheidungen vom 13. 12. 1993[293] und vom 19. 9. 1994[294] – folgende **Abgrenzung** des qualifizierten vom einfachen faktischen Konzern ab.

142 In der „**Autokran**"-Entscheidung[295] weicht der BGH zwar einer formelmäßigen Festlegung des Begriffs des qualifizierten faktischen Konzerns aus, stellt aber für die Anwendung der Gläubigerschutzvorschriften des aktienrechtlichen Vertragskonzerns auf die **Intensität der Leitungsmacht** des herrschenden Unternehmens ab. Für die Annahme eines qualifizierten faktischen Konzerns idS ist daher die umfassende und dauernde Ausübung der Leitungsmacht erforderlich, so daß auf die eigenen Belange der abhängigen GmbH keine Rücksicht genommen wird, vielmehr das Konzerninteresse ihre Geschäftstätigkeit bestimmt und sie lediglich als Betriebsabteilung des herrschenden Unternehmens geführt wird. Entscheidend ist die Erreichung einer so hohen Konzernierungsstufe, wie sie im Vertragskonzern überhaupt nur erzielt werden kann.[296] Dabei ist jedoch zu beachten, daß auch der BGH in der „Autokran"-Entscheidung aus der hohen Intensität der Leitungsmacht lediglich eine **Vermutung** der verstärkten Konzernierung der abhängigen Gesellschaft ableitet, der mit dem Nachweis zu begegnen sein soll, daß der pflichtgemäß handelnde Geschäftsführer einer selbständigen GmbH deren Geschäfte unter den gegebenen Umständen nicht anders geführt haben würde.[297] Hieraus ist der Schluß gezogen worden, daß der BGH die Haftung im qualifizierten faktischen Konzern nicht an den Zustand einer verstärkten Konzernierung, sondern an ein **(schädigendes) Verhalten** anknüpfe (Verhaltenshaftung).[298]

143 Mit der „**Tiefbau**"-Entscheidung[299] stellt der BGH auf den qualifizierten faktischen Konzern als haftungsbegründenden **Zustand** ab. Danach kann die Haftung des herrschenden Unternehmens – entgegen der „Autokran"-Entscheidung – nicht davon abhängen, ob das herrschende Untenehmen die Geschäfte der abhängigen GmbH pflichtgemäß wie der Geschäftsführer einer selbständigen GmbH geführt hat.[300] Trotz des qualifizierten Konzernzustands

---

[289] BGH v. 16. 9. 1985, DB 1985, 2341.
[290] BGH v. 20. 2. 1989, DB 1989, 816.
[291] BGH v. 23. 9. 1991, DB 1991, 2176.
[292] BGH v. 29. 3. 1993, DB 1993, 825.
[293] BGH v. 13. 12. 1993, WM 1994, 203.
[294] BGH v. 19. 9. 1994, Lexinform-Dok. 121506. Vgl. auch BAG v. 8. 3. 1994, DB 1994, 1780.
[295] BGH v. 16. 9. 1985, DB 1985, 2341 (2344).
[296] BGH v. 16. 9. 1985, DB 1985, 2341 (2344).
[297] BGH v. 16. 9. 1985, DB 1985, 2341 (2344).
[298] *K. Schmidt* ZIP 1989, 545; dagegen: *Vonnemann* BB 1990, 217.
[299] BGH v. 20. 2. 1989, DB 1989, 816.
[300] BGH v. 20. 2. 1989, DB 1989, 816 (819).

C. Faktischer und qualifizierter faktischer Konzern 144–146 § 17

besteht aber die Haftung des herrschenden Unternehmens nicht, soweit die eingetretenen Verluste auf Umständen beruhen, die mit der Ausübung der Leitungsmacht nichts zu tun haben.[301]

Im „**Video**"-Urteil[302] – der extremsten und **umstrittensten Entschei- 144 dung** – hat der BGH Widersprüche zwischen der „Autokran"-Entscheidung (Handlungshaftung) und der „Tiefbau"-Entscheidung (Zustandshaftung) verneint und die Pflicht zur Übernahme des Risikos, das sich aus der Einbindung der abhängigen Gesellschaft in die übergeordneten Konzerninteressen ergibt, in den Vordergrund gestellt.[303] Gleichwohl sind mit dieser Definition der Rspr. für die Praxis keine klaren Abgrenzungskriterien gewonnen worden.[304] Das „Video"-Urteil bestätigt die bisherige Definition des qualifizierten faktischen Konzerns, der dann vorliegt, wenn das herrschende Unternehmen die Geschäfte der abhängigen GmbH dauernd und umfassend geführt hat. Grundlage der Verlustübernahmepflicht im GmbH-Konzern ist lediglich die Vermutung, bei umfassender Führung der Geschäfte der abhängigen GmbH sei auf deren Belange zugunsten des Konzerninteresses nicht ausreichend Rücksicht genommen worden und darin liege der Grund für die eingetretenen Verluste. Eine solche Vermutung ist nicht mehr berechtigt, wenn feststeht, daß die tatsächlich entstandenen Verluste auf Umständen beruhen, die mit der Ausübung der Leitungsmacht nichts zu tun haben.[305]

Eine **Korrektur** dieser – weithin als überzogen empfundenen – Rspr. und **145** einen vorläufigen Schlußpunkt in der Rechtsprechungsentwicklung stellen das „**TBB**"-Urteil[306] und die es in der Folgezeit bestätigenden Entscheidungen[307] dar, die wiederum die **Verhaltenshaftung** in den Vordergrund rücken. Danach begründet der BGH die Notwendigkeit einer besonderen Haftung im GmbH-Konzern mit der konzerntypischen Gefahrenlage für Gläubiger und Minderheitsgesellschafter, die sich darin manifestiere, daß sich wegen der infolge der Dichte der Einflußnahme des herrschenden Unternehmens unübersichtlich gewordenen Verhältnisse einzelne schädigende Eingriffe nicht mehr isolieren lassen.[308]

Im einzelnen ergeben sich nach nunmehr gefestigter Rechtsprechung als **146 Tatbestandsvoraussetzungen (1)** die **Leitung** der abhängigen GmbH durch das herrschende Unternehmen, **(2)** die **Beeinträchtigung des Eigeninteresses** der abhängigen GmbH, **(3)** die fehlende Möglichkeit, den der abhängigen GmbH insgesamt zugefügten **Nachteil mangels Isolierbarkeit** des Nachteils durch Einzelausgleichsmaßnahmen zu kompensieren, und **(4)** ein Verschulden des herrschenden Unternehmens im Sinne eines **objektiven**

---

[301] BGH v. 20. 2. 1989, DB 1989, 816 (819).
[302] BGH v. 23. 9. 1991, DB 1991, 2176 (2178).
[303] Vgl. hierzu: *K. Schmidt* ZIP 1991, 1325 (1327); *Flume* DB 1992, 25; die gegen das Urteil eingelegte Verfassungsbeschwerde wurde nicht zur Entscheidung angenommen, vgl. BVerfG v. 20. 8. 1993, NJW 1993, 2600.
[304] *Deilmann* Die Entstehung des qualifizierten Konzerns, 1990, S. 62.
[305] BGH v. 23. 9. 1991, DB 1991, 2176 (2178).
[306] BGH v. 29. 3. 1993, DB 1993, 825.
[307] BGH v. 13. 12. 1993, WM 1994, 203, BGH v. 19. 9. 1994, DStR 1994, 1816, BGH v. 27. 3. 1995, WM 1995, 896 und BGH v. 12. 2. 1996, DStR 1996, 839.
[308] BGH v. 29. 3. 1993, DB 1993, 825 (826).

Mißbrauchs der beherrschenden Gesellschafterstellung (fehlerhafte Konzerngeschäftsführung).[309] Auf das vormals in den Vordergrund gerückte Merkmal der dauernden und umfassenden Leitung der abhängigen GmbH kommt es nicht mehr an, so daß sich die Nachteilszufügung auch in einer einzelnen Maßnahme erschöpfen kann, deren Einzelausgleich nicht gelingt.[310] **Entscheidend für die Haftung ist nunmehr die Verletzung des Eigeninteresses der abhängigen GmbH.** Aufgrund der Einengung der Tatbestandsvoraussetzungen spielen nunmehr externe Verlustursachen, die das herrschende Unternehmen entlasten könnten, keine Rolle mehr.

147 Über die entschiedenen Sachverhalte „Autokran", „Tiefbau", „Video" und „TBB" hinaus ist der Rspr. noch **keine Konkretisierung** dieser Tatbestandsvoraussetzung des qualifizierten faktischen GmbH-Konzerns zu entnehmen. Nachdem sich die Rspr. zu Voraussetzungen und Folgen des qualifizierten faktischen Konzerns zu etablieren scheint,[311] kann es jetzt nur darum gehen, möglichst präzise einzelne Fallgruppen darzustellen, um Rechtssicherheit für die Praxis zu gewinnen. Nach „TBB" liegt eine Verletzung des Eigeninteresses der abhängigen GmbH vor allem dann vor, wenn der abhängigen Gesellschaft durch ein **rigoroses cash-management** nahezu sämtliche Liquidität entzogen wird.[312] Weiterhin werden genannt: **Abzug von notwendigem Personal, Schließung von Produktionsstätten** zwecks Überleitung der Produktion auf andere Konzerngesellschaften, **Aufgabe wesentlicher Unternehmensfunktionen.**[313] Dabei ist jedoch hervorzuheben, daß die wirtschaftliche **Dispositionsfreiheit der Gesellschafter** kaum durch Konzernhaftungsregeln eingeengt wird. So besteht keine Verpflichtung der Gesellschafter einer GmbH, deren Geschäftsbetrieb im Interesse von Gesellschaftsgläubigern im bisherigen Umfang fortzuführen.[314] So können sie die Beendigung des Geschäftsbetriebs und die Auflösung der Gesellschaft beschließen, Warenbestände veräußern, die Geschäftstätigkeit einschränken und auf vielfache andere Weise Maßnahmen treffen, durch die sich die Vollstreckungsaussichten von Gesellschaftsgläubigern vermindern[315] Die **Grenze** stellen **existenzvernichtende Eingriffe** dar, bei denen ein vollständiger Einzelausgleich unmöglich ist.[316] Angesichts der Schnellebigkeit von Unternehmensstrukturen, -organisationen und Funktionszuweisungen in Unternehmensgruppen wird der Nachweis der Interessenverletzung nur in eviden-

---

[309] *Lutter/Hommelhoff* Anh. § 13 Anm. 17 ff.; *Versteegen* DB 1993, 1225 f.; *Goette* DStR 1993, 568 (570 f.).
[310] *Lutter/Hommelhoff* Anh. § 13 Anm. 18; *Drygala* GmbHR 1993, 317 (321); *Hachenburg/Ulmer* Anh. § 77 Anm. 128.
[311] Grds. gegen die Notwendigkeit eines besonderen Konzernhaftungsrechts aber zB *Altmeppen* DB 1994, 1912; *Versteegen* DB 1993, 1225.
[312] *Lutter/Hommelhoff* Anh. § 13 Anm. 19; *Goette* DStR 1993, 563 (571); *Limmer* DStR 1993, 765 (767).
[313] *Lutter/Hommelhoff* Anh. § 13 Anm. 19; vgl. auch *Kowalski* GmbHR 1993, 253 (256 f.); *Drygala* GmbHR 1993, 317 (324 ff.).
[314] BGH v. 12. 2. 1996, DStR 1996, 839.
[315] BGH aaO (Fn. 313).
[316] *Goette* DStR 1996, 840.

ten Extremfällen leicht fallen. So dürften bei dem heutigen Meinungsstand die dauernde und umfassende Leitung, die Personalverflechtung sowie auch die Funktionsaufteilung im Konzern (zB Aufspaltung in Produktions- und Vertriebsgesellschaften) haftungsrechtlich unproblematisch sein. Zur **Isolierbarkeit** von Einzelmaßnahmen tragen eine saubere **Dokumentation** und buchhalterische **Abgrenzung** von Geschäftsvorfällen wesentlich bei!

II. Begründung des faktischen Konzernverhältnisses

1. Vorbemerkung

Auch das Aktienkonzernrecht enthält keine ausdrücklichen Vorschriften über die Zulässigkeit und Begründung faktischer Konzernverhältnisse. Sowohl das AktG als auch die konzernrechtliche Rspr. beschäftigen sich mehr mit bestehenden Unternehmensverbindungen und weniger mit den einzelnen Phasen der Konzernbildung. Demgegenüber besteht Einigkeit darüber, daß insb. ein wirksamer **Minderheitenschutz** bereits bei der Begründung der Abhängigkeit anzusetzen hat, da zu diesem Zeitpunkt die wesentlichen Weichenstellungen erfolgen. Im Gegensatz zur **Konzernleitungskontrolle,** die die Mitwirkung an und Überprüfung von laufenden Maßnahmen in einer bereits etablierten Konzernstruktur bedeutet, wird hier von **Konzernbildungskontrolle** bzw. konzernrechtlichem Präventivschutz[317] gesprochen. Dabei ist jeweils zwischen den Regelungsbereichen der herrschenden und der abhängigen Gesellschaft zu unterscheiden.

2. Begründung der Abhängigkeit und des einfachen faktischen Konzerns

a) Abhängige GmbH

Aus Sicht der abhängigen GmbH erfolgt die **Begründung** der Abhängigkeit im wesentlichen durch die folgenden **Vorgänge:**[318] Ein bisher nicht unternehmerischer Mehrheitsgesellschafter nimmt eine weitere wirtschaftliche – konkurrierende oder nicht konkurrierende – Tätigkeit auf und wird damit zum herrschenden Unternehmen; ein nicht unternehmerischer Minderheitsgesellschafter erlangt die Mehrheit; die Gesellschaft nimmt einen neuen Gesellschafter auf, der mit Mehrheit beteiligt und unternehmerisch tätig ist.

Bei der weiteren Betrachtung der konzernrechtlichen Zulässigkeit dieser Vorgänge ist wiederum zu unterscheiden zwischen Gesellschaften, deren Satzungen **abhängigkeitsabwehrende Klauseln** enthalten und solchen, bei denen dies nicht der Fall ist. Abhängigkeitsabwehrende Klauseln sind Satzungsbestimmungen, die die Entstehung der Abhängigkeit verhindern oder zumindest der Mitwirkung und Kontrolle von Minderheitsgesellschaftern unterwerfen sollen.

---

[317] *Lutter/Timm* NJW 1982, 409.
[318] *Lutter/Hommelhoff* Anh. § 13 Anm. 10.

151 aa) **Abhängigkeitspräventive Satzungsklauseln.** Als solche kommen insb. **Anteilsvinkulierungen** und **Wettbewerbsverbote** (vgl. § 3 Rz. 129 ff.) zu Lasten der Gesellschafter in Betracht.[319] Ferner kann die Mehrheitsherrschaft durch die Einführung von **Stimmverboten, Höchststimmrechten, Mehrfachstimmrechten, Ankaufs- oder Vorkaufsrechten** (vgl. § 12 Rz. 11) limitiert werden.[320] Die Beachtung dieser Präventivklauseln – einzeln oder kumuliert – sichert grds. eine wirksame Konzerneingangskontrolle.

152 IdR enthalten derartige Klauseln jedoch **Befreiungsmöglichkeiten** aufgrund eines Beschlusses der Gesellschafterversammlung. Dabei ist davon auszugehen, daß der betroffene Gesellschafter bei der Abstimmung mitstimmen kann – es sei denn, es geht um die Befreiung von einem Wettbewerbsverbot.[321] Soll sein Stimmrecht ausgeschlossen sein, muß sich dies aus der Satzung ergeben. Ist dies nicht der Fall, kommt nur eine weit weniger wirksame Sicherung zum Tragen: Für den Fall der Befreiung von einem Wettbewerbsverbot hat der BGH in der „Süssen-Entscheidung" zwar entschieden, daß in formeller Hinsicht für einen derartigen Gesellschafterbeschluß die einfache Mehrheit ausreichen kann, den Beschluß aber gleichzeitig einer **Inhaltskontrolle** unterworfen.[322] In dieser Entscheidung hält der BGH die Stimmrechtsausübung eines bisher schon unternehmerisch tätigen Gesellschafters einer GmbH, der ein Konkurrenzunternehmen erwarb und damit zum herrschenden Gesellschafter wurde, für rechtsmißbräuchlich, da die Zustimmung zu einer in die Abhängigkeit führenden Befreiung vom Wettbewerbsverbot nicht im freiem Ermessen der Mehrheit liege. Die Zustimmung sei vielmehr grundsätzlich rechtswidrig, falls sie nicht durch **sachliche Gründe im Interesse der Gesellschaft gerechtfertigt** sei.[323]

Der BGH begründet diese Entscheidung mit der Gefahr nicht eindeutig isolierbarer und damit ausgleichsfähiger Nachteile als Konsequenz der Abhängigkeit.[324] Diese Gefahr ist natürlich bei der Aufnahme einer konkurrierenden Tätigkeit durch den Mehrheitsgesellschafter einer GmbH besonders groß. Derartige Nachteile können aber auch als Folge einer nicht konkurrierenden Tätigkeit des Mehrheitsgesellschafters eintreten. Es ist daher davon auszugehen, daß auch in diesen Fällen die inhaltlichen Anforderungen des BGH an den Befreiungsbeschluß wie in der „Süssen"-Entscheidung gelten.[325] Für die Praxis bedeutet dies, daß die Konzernierung einer GmbH aufgrund von Mehrheitsbeschlüssen gegen die Stimmen der Minderheitsgesellschafter einer richterlichen Kontrolle unterzogen werden kann. Dabei ist es eine Frage des Einzelfalls, wann sachliche Gründe – zB die Existenzgefährdung der abhängigen Gesellschaft – eine „Zwangskonzernierung" gegen das Votum der Minderheitsgesellschafter rechtfertigen. Greifen dürfte diese Sicherung daher nur bei in ihrer Selbständigkeit „gesunden" Gesellschaften. Sucht eine Gesellschaft in der Krise Anlehnung an einen Konzern, dürfte der Mißbrauch schwer zu belegen sein.

---

[319] *Rowedder/Koppensteiner* Anh. § 52 Anm. 26.
[320] *Rowedder/Koppensteiner* Anh. § 52 Anm. 26.
[321] *Baumbach/Hueck/Zöllner* Schlußanhang I Anm. 70.
[322] BGH v. 16. 2. 1981, DB 1981, 931 – „Süssen".
[323] BGH v. 16. 2. 1981, DB 1981, 931 (932).
[324] BGH v. 16. 2. 1981, DB 1981, 931 (932).
[325] *Lutter/Timm* NJW 1982, 409 (418); *Rowedder/Koppensteiner* Anh. § 52 Anm. 27.

C. Faktischer und qualifizierter faktischer Konzern   153–156   § 17

Es ist weiterhin davon auszugehen, daß die genannten Anforderungen des BGH an einen Befreiungsbeschluß nicht nur für den Fall der Befreiung von einem Wettbewerbsverbot, sondern auch für alle anderen abhängigkeitsbegründenden oder die Abhängigkeit ermöglichenden Beschlüsse der Gesellschafterversammlung – Zustimmung zur Anteilsübertragung auf einen Unternehmensgesellschafter, zur Aufhebung eines Höchststimmrechts etc. – gelten.[326]

bb) Fehlen einer vertraglichen Regelung. Bei Fehlen abhängigkeitspräventiver Satzungsklauseln ist zwischen der personalistisch und der kapitalistisch strukturierten Gesellschaft zu unterscheiden.[327]   **153**

Bei der **personalistisch** strukturierten Gesellschaft ist wegen der in der Regel bestehenden Vinkulierung der Anteile, für die die obigen Grundsätze gelten, die **Aufnahme** einer **anderweitigen unternehmerischen Tätigkeit** durch den Mehrheitsgesellschafter als abhängigkeitsbegründender Vorgang von besonderer Bedeutung. Nimmt der Mehrheitsgesellschafter eine derartige – konkurrierende – Tätigkeit auf, so greift nach herrschender Auffassung[328] ein **Wettbewerbsverbot** analog § 112 HGB zu Lasten des Gesellschafters ein, von dem durch Gesellschafterbeschluß **Dispens** zu erteilen ist. Hier greift wiederum die inhaltliche Beschlußkontrolle der „Süssen"-Entscheidung. Nimmt der Mehrheitsgesellschafter eine nicht konkurrierende anderweitige Tätigkeit auf, so greift ein Wettbewerbsverbot nicht ein. In diesen Fällen ist der betreffende Gesellschafter jedoch verpflichtet, die aus der anderweitigen unternehmerischen Tätigkeit sich ergebende Abhängigkeitslage der Gesellschaft den anderen Gesellschaftern unaufgefordert bekannt zu geben.[329] In Ausnahmesituationen gilt ein Austrittsrecht der anderen Gesellschafter aus wichtigem Grund.[330]   **154**

In einer **kapitalistisch** strukturierten Gesellschaft, deren Satzung keine abhängigkeitspräventiven Klauseln enthält, besteht kein konzernrechtlicher Eingangsschutz.[331] Der spezifisch konzernrechtliche Schutz greift hier erst auf nachgelagerten Stufen ein.[332]   **155**

cc) Konzernierung der abhängigen GmbH. Die Begründung der Abhängigkeit stellt lediglich die **Vorstufe** zur Konzernierung dar. Fraglich ist daher, ob die Eingliederung der abhängigen GmbH in den Konzern der Obergesellschaft durch Aufnahme der einheitlichen Leitung (§ 18 AktG) wiederum Zustimmungsbeschlüsse der Gesellschafter erfordert bzw. einer Inhaltskontrolle unterliegt.   **156**

Die Frage ist noch nicht abschließend geklärt.[333] Vor dem Hintergrund, daß nach herrschender Auffassung bereits die Begründung der Abhängigkeit einer wirksamen Kontrolle unterliegt, erscheinen weitere Schutzmechanismen ge-

---

[326] *Lutter/Timm* NJW 1982, 409 (418).
[327] *Lutter/Timm* NJW 1982, 409 (419).
[328] *Rowedder/Koppensteiner* Anh. § 52 Anm. 29; *Hachenburg/Ulmer* Anh. § 77 Anm. 64.
[329] *Rowedder/Koppensteiner* Anh. § 52 Anm. 31 mwN.
[330] *Lutter/Timm* NJW 1982, 409 (419).
[331] *Lutter/Timm* NJW 1982, 409 (419); aA *Hachenburg/Ulmer* Anh. § 77 Anm. 64.
[332] *Lutter/Timm* NJW 1982, 409 (419).
[333] Für Gesellschafterbeschluß: *Scholz/Emmerich* Anh. Konzernrecht Anm. 108; nach *Schneider* in *Hommelhoff/Semler/Doralt/Roth* Entwicklungen im GmbH-Konzernrecht, ZGR Sonderheft 6, 121 (131) faktische Satzungsänderung.

gen die Unterstellung unter die einheitliche Leitung der Muttergesellschaft nicht sinnvoll.[334] Abhängigkeit ist die Unterwerfung unter die **Einflußmöglichkeit** der herrschenden Gesellschaft, Konzernierung die **Nutzung** dieser Möglichkeit. Die Übergänge sind fließend. Der entscheidende Zeitpunkt ist daher der Eintritt in die Abhängigkeit. Auch wenn danach die Konzernierung einer bereits abhängigen GmbH keine weiteren Schutzmechanismen erfordert, so dürfen dabei die Grenzen zum qualifizierten faktischen Konzern nicht überschritten werden.[335]

b) Schutz der Gesellschafter der herrschenden GmbH

157 Das Schutzbedürfnis der Gesellschafter der herrschenden GmbH bei der Begründung von Abhängigkeits- und Konzernlagen ergibt sich aus einer möglichen **Verkürzung ihrer Rechte** sowie der erhöhten **Haftung**. So werden ggf. ihre Zuständigkeiten auf die Verwaltung verlagert und ihr Gewinnbezugsrecht im Wege der **Gewinnthesaurierung** bei den Tochtergesellschaften geschmälert.[336] Ferner ist die entsprechende Anwendung der §§ 302, 303 AktG mit der Folge der Pflicht zur **Übernahme von Verlusten** der abhängigen Gesellschaft im qualifizierten faktischen Konzern zu beachten.

Das Mitwirkungsrecht der Gesellschafter der herrschenden GmbH ergibt sich aus den Beschränkungen, denen die Geschäftsführung der GmbH allgemein unterworfen ist. Die Geschäftsführung ist zum einen an den in der Satzung festgelegten **Gegenstand der Gesellschaft** gebunden und hat darüber hinaus auch alle sonstigen, **außergewöhnlichen Maßnahmen** den Gesellschaftern zur Entscheidung in der Gesellschafterversammlung vorzulegen.[337] Diese Beschränkungen betreffen das **Innenverhältnis**; die Vertretungsmacht der Geschäftsführer und die Wirksamkeit nach außen werden hierdurch nicht beschränkt.[338]

158 Der **Erwerb einer Beteiligung** stellt dann eine faktische Satzungsänderung dar, der die Gesellschafterversammlung mit qualifizierter Mehrheit zustimmen muß, wenn die Satzung der herrschenden Gesellschaft einen derartigen Beteiligungserwerb nicht vorsieht.[339] Gestattet die Satzung zwar einen Beteiligungserwerb, ist die zu erwerbende Gesellschaft aber auf einem anderen Gebiet tätig als die erwerbende Gesellschaft, so kann damit der Gegenstand der Gesellschaft tangiert sein und ebenfalls eine vorherige Zustimmung einer qualifizierten Gesellschaftermehrheit erforderlich sein.[340] Auch bei Erfüllung dieser Voraussetzungen kann ein Beteiligungserwerb eine **außergewöhnliche Maßnahme** darstellen, die der Zustimmung mit grundsätzlich einfacher Mehrheit bedarf.[341]

---

[334] *Rowedder/Koppensteiner* Anh. § 52 Anm. 32; *Lutter* in *Hommelhoff/Semler/Doralt/Roth* Entwicklungen im GmbH-Konzernrecht, ZGR-Sonderheft 6, 192 (204).
[335] *Scholz/Emmerich* Anh. Konzernrecht Anm. 112; *Rowedder/Koppensteiner* Anh. § 52 Anm. 32; MünchHdb. GesR/Bd. 3/*Decher* § 71 Rz. 44.
[336] *Scholz/Emmerich* Anh. Konzernrecht Anm. 114.
[337] *Scholz/Emmerich* Anh. Konzernrecht Anm. 118.
[338] *Rowedder/Koppensteiner* Anh. § 52 Anm. 33; *Hachenburg/Ulmer* Anh. § 77 Anm. 70.
[339] *Scholz/Emmerich* Anh. Konzernrecht Anm. 119.
[340] *Scholz/Emmerich* Anh. Konzernrecht Anm. 120.
[341] *Rowedder/Koppensteiner* Anh. § 52 Anm. 34.

C. Faktischer und qualifizierter faktischer Konzern   159, 160   § 17

Einem Beteiligungserwerb gleichzustellen ist die **Ausgründung** eines Unternehmensteils in eine selbständige Tochtergesellschaft. Bei Fällen von einiger Erheblichkeit ist zumindest bei Fehlen einer satzungsmäßigen Ermächtigung eine – zustimmungspflichtige – Gegenstandsänderung anzunehmen. Für die AG hat der BGH[342] darüber hinausgehend entschieden, daß auch bei Vorliegen einer satzungsmäßigen Ermächtigung bei entsprechender Bedeutung des Vorgangs die Hauptversammlung einzuschalten ist.[343] Entscheidend sind Bedeutung und Gewicht der Maßnahmen im Einzelfall.

Fraglich ist, ob auch bei Beachtung der oben genannten Voraussetzungen 159 die Unterstellung der Tochter-GmbH unter die **einheitliche Leitung** zusätzlicher Zustimmungsbeschlüsse der Gesellschafter der Obergesellschaft bedarf. Maßgebliche Stimmen in der Literatur fordern sowohl für den einfachen wie für den qualifizierten faktischen Konzern die erneute Billigung durch die Gesellschafter.[344] Zutreffend wird hier **unterschieden** zwischen dem **einfachen** und dem **qualifizierten faktischen Konzern**.[345] Danach ist die Unterstellung unter einen einfachen faktischen Konzern nicht an die Zuständigkeit der Gesellschafterversammlung der Obergesellschaft gebunden, da die maßgeblichen Entscheidungen bereits auf den Vorstufen der Konzernierung gefallen sind und der Beurteilung durch die Gesellschafter unterlegen haben.[346] Bei der Bildung eines qualifizierten faktischen Konzerns ist aber die **Zuständigkeit der Gesellschafterversammlung** im Hinblick auf die entsprechende Anwendung der §§ 302, 303 AktG (Verlustübernahmepflicht) zu bejahen. Dabei wird das Mehrheitserfordernis unterschiedlich beurteilt.[347] Angesichts der z. T. kontroversen Diskussion und fehlender höchstrichterlicher Rechtsprechung empfiehlt es sich für die **Praxis**, bei Maßnahmen von einigem Gewicht im Hinblick auf die Tochtergesellschaft die (qualifizierte) Zustimmung der Gesellschafterversammlung der Obergesellschaft einzuholen.

III. Die Rechtsstellung und Haftung der GmbH im faktischen Konzern

1. Die GmbH als Obergesellschaft

a) Zuständigkeitsverteilung

Für die Abgrenzung der Zuständigkeiten von Gesellschafterversammlung 160 und Geschäftsführung der herrschenden GmbH bei der **Konzernleitung**

---

[342] BGH v. 25. 2. 1982, DB 1982, 795 (797).
[343] *Rowedder/Koppensteiner* Anh. § 52 Anm. 36.
[344] *Scholz/Emmerich* Anh. Konzernrecht Anm. 122; *Schneider* in *Hommelhoff/Semler/Doralt/Roth* Entwicklungen im GmbH-Konzernrecht, ZGR Sonderheft 6, 121 (126 ff.).
[345] *Rowedder/Koppensteiner* Anh. § 52 Anm. 37.
[346] Vgl. die Behandlung bei der Untergesellschaft.
[347] Einfache Mehrheit: *Rowedder/Koppensteiner* Anh. § 52 Anm. 41; Zustimmung sämtlicher Gesellschafter: *Scholz/Emmerich* Anh. Konzernrecht Anm. 122; qualifizierte Mehrheit: *Schneider* in *Hommelhoff/Semler/Doralt/Roth* Entwicklungen im GmbH-Konzernrecht, ZGR Sonderheft 6, 121 (129).

finden die **allgemeinen Grundsätze** Anwendung.[348] Danach sind bei der GmbH die Gesellschafter für sämtliche grundsätzlichen Fragen der Unternehmenspolitik sowie für alle **außergewöhnlichen Maßnahmen** zuständig.[349] Für die Beurteilung einer Maßnahme als außergewöhnlich ist dabei die Sicht des herrschenden und nicht die des abhängigen Unternehmens maßgebend.[350] Nach dem vorstehenden gehört die Festlegung der Konzerngeschäftspolitik als Teil der Unternehmenspolitik beim gesetzlichen Regelstatut in den Zuständigkeitsbereich der Gesellschafter der Obergesellschaft. Sind einzelne Maßnahmen zwar aus Sicht der beherrschten, nicht aber der herrschenden Gesellschaft ungewöhnlich, so gehören sie als Teil der laufenden Geschäfte zur Geschäftsführung der Obergesellschaft.[351] Entsprechendes gilt für die Überwachungsaufgabe eines etwaigen Aufsichtsrates bei der Muttergesellschaft, sofern auf ihn § 111 AktG anwendbar ist.[352]

b) Anteilserwerb durch das abhängige Unternehmen

161 Hier gelten die Regeln des Vertragskonzerns entsprechend.

c) Pflicht zur Konzernbildung

162 Darunter wird die Verpflichtung des herrschenden Unternehmens verstanden, zur optimalen Nutzung der Ressourcen der Gruppe die ihm nachgeordneten abhängigen Unternehmen in einen von ihm geleiteten Konzern einzufügen. Eine derartige Verpflichtung ist jedoch **abzulehnen**.[353]

2. Die GmbH als Untergesellschaft

a) Einfacher faktischer Konzern

163 **aa) Schädigungsverbot.** Die **aktienrechtliche** Lösung des Nachteilsausgleichs nach §§ 311 ff. AktG wird heute auch im Aktienkonzernrecht als wenig effizient und praktikabel empfunden.[354] Die Bedenken richten sich vor allem gegen die mangelnde Isolierbarkeit und Nachweisbarkeit einzelner Weisungen und ihrer nachteiligen Auswirkungen. Es besteht daher Einigkeit, daß dieses Konzept für eine Übernahme in das GmbH-Konzernrecht nicht geeignet ist und andere Schranken der Mehrheitsherrschaft in der GmbH zu entwickeln sind.[355]

164 Im „ITT"-Urteil[356] hat der BGH anerkannt, daß nicht nur die Beziehungen zwischen Gesellschaftern und GmbH, sondern auch die der Gesellschafter

---

[348] *Rowedder/Koppensteiner* Anh. § 52 Anm. 62.
[349] *Scholz/Emmerich* Anh. Konzernrecht Anm. 127.
[350] *Scholz/Emmerich* Anh. Konzernrecht Anm. 129; *Rowedder/Koppensteiner* Anh. § 52 Anm. 62; *Schneider* BB 1981, 249 (251).
[351] *Schneider* BB 1981, 249 (251).
[352] *Scholz/Emmerich* Anh. Konzernrecht Anm. 130.
[353] *Rowedder/Koppensteiner* Anh. § 52 Anm. 61; *Scholz/Emmerich* Anh. Konzernrecht Anm. 195 ff.
[354] *Scholz/Emmerich* Anh. Konzernrecht Anm. 141.
[355] *Lutter/Hommelhoff* Anh. § 13 Anm. 12 mwN; dagegen: *Rowedder* in *Hommelhoff/Semler/Doralt/Roth* Entwicklungen im GmbH-Konzernrecht, ZGR Sonderheft 6, 21 (29).
[356] BGH v. 5. 5. 1975, DB 1975, 2172.

C. Faktischer und qualifizierter faktischer Konzern   165, 166   § 17

untereinander von der gesellschaftsrechtlichen **Treuepflicht** bestimmt sein können. Eine Verletzung dieser Pflicht durch nachteilige Weisungen der Mehrheit an die Geschäftsführung der abhängigen GmbH löst die **Haftung** der Mehrheit gegenüber der Minderheit aus. Auch in der „Heumann/ Ogilvi"-Entscheidung[357] hat der BGH auf die erhöhte Treuepflicht des beherrschenden Gesellschafters hingewiesen. In der „Autokran"-Entscheidung[358] hat der BGH zunächst die Anwendbarkeit der aktienrechtlichen Grundregeln des faktischen Konzerns (§§ 311 ff. AktG) aufgrund der strukturellen Unterschiede zwischen AG und GmbH abgelehnt und statt dessen bei nachteiligen Einzeleingriffen Schadensersatzansprüche der abhängigen GmbH und ihrer außenstehenden Gesellschafter ebenfalls aus der Verletzung der gesellschafterlichen Treuepflicht hergeleitet.

Es ist daher heute ganz überwiegende Meinung, daß im einfachen faktischen GmbH-Konzern der **Minderheiten- und Gläubigerschutz** der abhängigen Gesellschaft aus der gesteigerten **Treuepflicht** des herrschenden Unternehmens abzuleiten ist, die dem herrschenden Unternehmen die Rücksichtnahme auf den gemeinsamen Zweck sowie auf die legitimen Interessen der Mitgesellschafter gebietet.[359] Sowohl die Einflußnahme über Beschlüsse der Gesellschafterversammlung als auch direkte Weisungen gegenüber den Geschäftsführern können einen Verstoß gegen die Treuepflicht darstellen.

Als **Beispiele** für Verstöße gegen das Schädigungsverbot werden genannt: 165
Gewinnverlagerungen durch verdeckte Gewinnausschüttungen, die Verlagerung von chancenreichen Geschäften von der abhängigen Gesellschaft auf das herrschende Unternehmen, die Sanierung einer anderen Konzerngesellschaft zu Lasten der abhängigen Gesellschaft, die Vereinbarung überhöhter Verrechnungspreise sowie von Konzernumlagen ohne angemessene Gegenleistung, die Veranlassung der abhängigen Gesellschaft zu übermäßig riskanten oder spekulativen Geschäften, zur Abgabe wertvoller Vermögensgegenstände oder zur Kreditgewährung an das herrschende Unternehmen ohne angemessene Gegenleistung oder ohne Sicherheiten.[360]

Das aus der Treuepflicht abgeleitete Schädigungsverbot gilt nicht, wenn alle Mitgesellschafter zustimmen und der Schutzbereich des § 30 GmbHG nicht tangiert ist.[361]

Rechtswidrigkeit und **Verschulden** richten sich bei direkter Einfluß- 166
nahme auf die Geschäftsführung der abhängigen Gesellschaft nach dem entspr. anwendbaren § 43 GmbHG.[362] Das herrschende Unternehmen hat daher bei seiner Einflußnahme die Sorgfalt eines ordentlichen Geschäftsführers anzuwenden. Gleiches gilt, wenn die Einflußnahme über die Gesellschafterversammlung der abhängigen Gesellschaft erfolgt.[363]

---

[357] BGH v. 5. 12. 1983, DB 1984, 495.
[358] BGH v. 16. 9. 1985, DB 1985, 2341.
[359] *Scholz/Emmerich* Anh. Konzernrecht Anm. 155; *Hachenburg/Ulmer* Anh. § 77 Anm. 71 ff., insb. 81; *Hommelhoff/Freytag* DStR 1996, 1409 (1414).
[360] *Emmerich/Sonnenschein* § 24 III 3.
[361] *Lutter/Hommelhoff* Anh. § 13 Anm. 13; *Hachenburg/Ulmer* Anh. § 77 Anm. 77.
[362] *Rowedder/Koppensteiner* Anh. § 52 Anm. 55.
[363] *Rowedder/Koppensteiner* Anh. § 52 Anm. 55; *Scholz/Emmerich* Anh. Konzernrecht Anm. 181.

§ 17   167, 168   Die GmbH im Konzern

In Anlehnung an die „Holzmüller"-Entscheidung[364] wird den Minderheitsgesellschaftern ein Anspruch auf **Unterlassung** treuwidriger Konzernleitungsmaßnahmen gegen die Geschäftsführung sowohl des abhängigen wie des herrschenden Unternehmens zugesprochen.[365] Ferner besteht ein Schadensersatzanspruch der abhängigen GmbH selbst gegen das herrschende Unternehmen, für dessen Umfang die §§ 249 ff. BGB gelten. Dieser Anspruch kann an dem Geschäftsführer der GmbH vorbei durch Bestellung eines besonderen Prozeßvertreters (§ 46 Nr. 8 GmbHG) oder durch die Minderheitsgesellschafter in einer Art actio pro socio durchgesetzt werden.[366] Für den Fall einer zweigliedrigen GmbH hat der BGH in der „ITT"-Entscheidung[367] einen Direktanspruch des Minderheits- gegen den Mehrheitsgesellschafter bejaht. Schadensersatzansprüche der abhängigen GmbH gegen das herrschende Unternehmen können Gläubiger der abhängigen Gesellschaft pfänden und sich zur Einziehung überweisen lassen.

167 Umstritten ist der Gläubigerschutz im einfachen faktischen Konzern im Fall von **Ein-Mann**-Konstellationen, da hier der Gesichtspunkt der Treubindung gegenüber Minderheitsgesellschaftern entfällt und Gläubiger einer GmbH grds. nicht mehr als die Stammkapitalerhaltung erwarten können.[368] Das Problem ist eng verknüpft mit der Frage, ob im Recht der GmbH ein von der Gesamtheit der Gesellschafter unabhängiges Gesellschaftsinteresse besteht.[369] Dies ist zu verneinen. Der Schutz der Ein-Mann-GmbH beschränkt sich daher grundsätzlich auf die Erhaltung des Stammkapitals sowie die Abwehr von existenzgefährdenden Maßnahmen.

168 bb) **Stimmverbot nach § 47 Abs. 4 GmbHG.** Nach § 47 Abs. 4 GmbHG ist ein Gesellschafter, der durch eine Beschlußfassung in der Gesellschafterversammlung entlastet oder von einer Verbindlichkeit befreit werden soll, vom Stimmrecht ausgeschlossen. Er ist ferner bei einer Beschlußfassung ausgeschlossen, die die Vornahme eines Rechtsgeschäfts mit ihm oder die Einleitung oder Erledigung eines Rechtsstreits ihm gegenüber betrifft. Das Vorliegen einer Konzernlage führt grds. nicht zu einer Aufweichung der Stimmrechtsverbote nach § 47 Abs. 4 GmbHG.[370] Das herrschende Unternehmen kann daher in der abhängigen GmbH über die in § 47 Abs. 4 GmbHG aufgezählten Beschlußgegenstände nicht mitstimmen.[371]
Die Möglichkeiten der Minderheitsgesellschafter, konzernbildende und -leitende Maßnahmen der Gesellschaftermehrheit auf Grund der Stimmrechtsverbote des § 47 Abs. 4 GmbHG wirksam zu verhindern, dürfen in der Praxis aber **nicht überschätzt** werden. Zum einen wird den Minderheitsgesellschaftern auf Grund ihrer Ferne zur Geschäftsführung häufig die nötige

---

[364] BGH v. 25. 2. 1982, DB 1982, 795 (796).
[365] *Baumbach/Hueck/Zöllner* Schlußanhang I Anm. 61; *Hachenburg/Ulmer* Anh. § 77 Anm. 89.
[366] *Baumbach/Hueck/Zöllner* Schlußanhang I Anm. 63.
[367] BGH v. 5. 6. 1975, DB 1975, 2172 (2174).
[368] *Lutter* in *Hommelhoff/Semler/Doralt/Roth* Entwicklungen im GmbH-Konzernrecht, ZGR Sonderheft 6, 192 (211).
[369] *Baumbach/Hueck/Zöllner* Schlußanhang I Anm. 100.
[370] *Baumbach/Hueck/Zöllner* § 47 Anm. 70 a.
[371] *Rowedder/Koppensteiner* Anh. § 52 Anm. 52.

C. Faktischer und qualifizierter faktischer Konzern   169–172   § 17

rechtliche Entscheidungskompetenz fehlen.³⁷² Ferner erfassen die in § 47 Abs. 4 GmbHG aufgezählten Beschlußgegenstände – Rechtsgeschäfte, Rechtsstreite, Entlastung und Befreiung von einer Verbindlichkeit – nicht sämtliche Maßnahmen, mit denen das herrschende Unternehmen seinen Einfluß bei dem abhängigen Unternehmen geltend machen kann.³⁷³ Schließlich ist darauf hinzuweisen, daß zumindest das **Stimmrechtsverbot** bei Vornahme von **Rechtsgeschäften dispositiv** ist und in der Satzung eingeschränkt werden kann.³⁷⁴

cc) Austritt. Ein Austrittsrecht besteht bei Vorliegen eines **wichtigen** 169
Grundes, der für den Gesellschafter die Fortdauer der Mitgliedschaft unzumutbar macht.³⁷⁵ Der Austritt ist das äußerste Mittel. Zur Beurteilung maßgebend sind jeweils die Umstände des Einzelfalles, so auch, ob es sich um eine personalistisch oder kapitalistisch strukturierte GmbH handelt.³⁷⁶

Ein **generelles Austrittsrecht** des Minderheitsgesellschafters bei Bestehen eines einfachen faktischen Konzerns ist daher **nicht anzuerkennen**.³⁷⁷ Ein generelles Austrittsrecht im einfachen faktischen Konzern würde im Widerspruch stehen zu den für das Austrittsrecht allgemein geltenden Grundsätzen und Anforderungen. Ferner würde es unberücksichtigt lassen, daß auch die Bildung des einfachen faktischen Konzerns präventiven Schutzregeln unterliegt und die Minderheit in einem derartigen Konzern nicht schutzlos ist. Ein Austrittsrecht kann daher nur jeweils aus den besonderen Umständen des Einzelfalls hergeleitet werden.

b) Qualifizierter faktischer Konzern

aa) Anwendbarkeit der Regeln für den einfachen Konzern. Im quali- 170
fizierten faktischen Konzern finden zunächst die für den einfachen Konzern entwickelten Regeln in bezug auf den Schutz der abhängigen Gesellschaft und der Minderheitsgesellschafter Anwendung.³⁷⁸

bb) Abfindung und Ausgleich. Es besteht Übereinstimmung, daß den 171
Minderheitsgesellschaftern im qualifizierten faktischen Konzern das Recht zusteht, aus der Gesellschaft gegen **volle Abfindung auszuscheiden**.³⁷⁹ Die Einbindung einer GmbH in einen qualifizierten faktischen Konzern gilt als wichtiger Grund iSd. Austrittsrechts.

Fraglich ist dagegen, ob den Minderheitsgesellschaftern im qualifizierten 172
faktischen Konzern auch ein **Ausgleichsanspruch** entspr. § 304 AktG zusteht. Angesichts der Minderheitenrechte bei der Begründung von Abhängigkeit und Konzern (vgl. Rz. 35 f.) stellt sich diese Frage vor allem dann, wenn

---

³⁷² *Baumbach/Hueck/Zöllner* Schlußanhang I Anm. 59.
³⁷³ *Rowedder/Koppensteiner* Anh. § 52 Anm. 52.
³⁷⁴ *Baumbach/Hueck/Zöllner* § 47 Anm. 73.
³⁷⁵ *Baumbach/Hueck/Hueck* Anh. § 34 Anm. 16.
³⁷⁶ *Baumbach/Hueck/Zöllner* Anh. § 34 Anm. 16.
³⁷⁷ *Rowedder/Koppensteiner* Anh. § 52 Anm. 58; anders: *Scholz/Emmerich* Anh. Konzernrecht Anm. 180 mwN.
³⁷⁸ *Scholz/Emmerich* Anh. Konzernrecht Anm. 213; *Rowedder/Koppensteiner* Anh. § 52 Anm. 64.
³⁷⁹ *Rowedder/Koppensteiner* Anh. § 52 Anm. 65; *Scholz/Emmerich* Anh. Konzernrecht Anm. 213; *Hachenburg/Ulmer* Anh. § 77 Anm. 167.

ein qualifizierter faktischer Konzern ohne Zustimmung der außenstehenden Gesellschafter gebildet worden ist.[380] Die entsprechende Anwendung des § 304 AktG wurde früher[381] auf die Annahme eines konkludent abgeschlossenen Beherrschungsvertrages gestützt. Diese Begründung ist seit der „Autokran"-Entscheidung,[382] die darin eine unzulässige Fiktion eines Vertrages sieht, nicht mehr haltbar. Auch aus dem Verbot des qualifizierten faktischen Konzerns[383] läßt sich ein Ausgleichsanspruch nicht herleiten, da der Ausgleich nicht Schadensersatz darstellt.[384] Auch die Argumentation, das Recht zum Ausscheiden gegen Abfindung stelle nur ein Recht, aber keine Pflicht des Minderheitsgesellschafters dar, der Minderheitsgesellschafter könne also nicht gegen seinen Willen zum Verlassen der Gesellschaft gezwungen werden,[385] stellt keine befriedigende Begründung eines allgemein geltenden Ausgleichsanspruchs dar.[386] Ein Ausgleichsanspruch läßt sich daher allenfalls dann begründen, wenn die Minderheitsrechte bei der Begründung des Konzerns einschließlich ihrer Ansprüche auf Schadensersatz, Unterlassung und Rückgängigmachung der Konzerneingliederung versagen.[387] **In der Regel** steht jedoch dem Minderheitsgesellschafter lediglich das Recht zum **Austritt** gegen Abfindung zu.[388]

173 cc) **Verlustübernahme, Ausfallhaftung, Sicherheitsleistung (§§ 302, 303 AktG analog).** Über die Verpflichtung des herrschenden Unternehmens im qualifizierten faktischen Konzern, Verluste der abhängigen GmbH zu übernehmen, besteht heute im Grundsatz Einigkeit.[389] Diese im Schrifttum seit langem überwiegende Meinung wird seit der „Autokran"-Entscheidung[390] in allen einschlägigen Folgeentscheidungen vom BGH bestätigt.

In den genannten Entscheidungen knüpft der BGH an das Vorliegen eines qualifizierten faktischen Konzerns grds. die **Haftungsfolgen** der Verlustübernahmeverpflichtung des herrschenden Unternehmens (§ 302 AktG analog) sowie – bei Vermögenslosigkeit der abhängigen GmbH – der Ausfallhaftung des herrschenden Unternehmens (§ 303 AktG analog) gegenüber dem Gläubiger der abhängigen Gesellschaft.

174 Die Frage der **Beweislast** hat für die Durchsetzung konzernrechtlicher Haftungsansprüche in der Praxis große Bedeutung. So kann es für einen außenstehenden Gläubiger oder Minderheitsgesellschafter außerordentlich schwierig, wenn nicht unmöglich sein, den Mißbrauch der Leitungsmacht und die Beeinträchtigung des Eigeninteresses der abhängigen GmbH als

---

[380] *Emmerich/Sonnenschein* § 24 a II 2.
[381] *Scholz/Emmerich* Anh. Konzernrecht Anm. 143.
[382] BGH v. 16. 9. 1985, DB 1985, 2341 (2343).
[383] *K. Schmidt* GmbHR 1979, 121.
[384] *Rowedder/Koppensteiner* Anh. § 52 Anm. 66; *Hachenburg/Ulmer* Anh. 77 Anm. 168.
[385] *Scholz/Emmerich* Anh. Konzernrecht Anm. 214.
[386] *Rowedder/Koppensteiner* Anh. § 52 Anm. 66.
[387] In diesem Sinne *Scholz/Emmerich* Anh. Konzernrecht Anm. 212; *Emmerich/Sonnenschein* § 24 a II 2.
[388] *Rowedder/Koppensteiner* Anh. § 52 Anm. 66.
[389] Vgl. nur *Hachenburg/Ulmer* Anh. § 77 Anm. 158. Abweichend *Rowedder/Koppensteiner* Anh. § 52 Anm. 67.
[390] BGH v. 16. 9. 1985, DB 1985, 2341.

C. Faktischer und qualifizierter faktischer Konzern   § 17

anspruchsbegründende Tatsache nachzuweisen. Auch hier hat die Rspr. eine zT widersprüchliche Entwicklung durchlaufen.

Sollte das herrschende Unternehmen nach dem **„Autokran"**-Urteil dartun müssen, „daß der pflichtgemäß handelnde Geschäftsführer einer selbständigen GmbH deren Geschäfte unter den gegebenen Umständen nicht anders geführt haben würde",[391] so soll nach der **„Tiefbau"**-Entscheidung[392] das herrschende Unternehmen den Beweis führen können, daß „die eingetretenen Verluste auf Umständen beruhen, die mit der Ausübung der Leitungsmacht nichts zu tun haben. Die Beweislast dafür trägt jedoch das herrschende Unternehmen."

Nach dem **„Video"**-Urteil hat das herrschende Unternehmen den Nachweis zu führen, daß trotz umfassender Führung der Geschäfte der abhängigen Gesellschaft auf deren Eigeninteressen angemessene Rücksicht genommen worden sei, so daß von einer Schädigung keine Rede sein könne.

Demgegenüber betont der BGH in seinen jüngsten Entscheidungen TBB etc., daß **Haftungstatbestand** nicht die dauernde umfassende Leitung, sondern die **Interessenbeeinträchtigung** der abhängigen Gesellschaft sei, die auch von Klägern darzulegen und zu beweisen sei. Den **Beweislastschwierigkeiten** außenstehender Gläubiger soll durch **Erleichterungen** hinsichtlich ihrer Substantiierungslast Rechnung getragen werden.[393] Es müssen zumindest Umstände dargelegt und bewiesen werden, die die Annahme nahelegen, daß bei der Unternehmensführung im Hinblick auf das Konzerninteresse die eigenen Belange der GmbH über bestimmte, konkret ausgleichsfähige Einzeleingriffe hinaus beeinträchtigt worden sind.[394] Den Klägern sind Erleichterungen ihrer Substantiierungslast dahin zu gewähren, daß der Beklagte nähere Angaben zu machen hat, wenn er im Gegensatz zum Kläger die maßgebenden Tatsachen kennt und ihm die Darlegung des Sachverhalts zumutbar ist. Kommt er dem nicht nach, geht dies zu seinen Lasten.[395] Gleichwohl bleiben die bereits genannten Schwierigkeiten, in anderen als evidenten Extremfällen eine mißbräuchliche Interessenbeeinträchtigung darzulegen.

Auf der anderen Seite ist dem herrschenden Unternehmen zur Haftungsvermeidung zu empfehlen, die **Vermögenssphäre** des abhängigen Unternehmens buchhalterisch, finanzierungstechnisch und auch in den laufenden Geschäftsbeziehungen **möglichst getrennt** zu halten. Sind sachlich und wirtschaftlich gebotene Überschneidungen vorhanden, sollten diese eindeutig dokumentiert werden.[396]

---

[391] BGH v. 16. 9. 1985, DB 1985, 2341 (2344).
[392] BGH v. 20. 2. 1989, DB 1989, 816 (819).
[393] BGH v. 29. 3. 1993, DB 1993, 825 (828); BGH v. 13. 12. 1993, WM 1994, 203 (204). Vgl. dazu auch zB OLG Hamm v. 15. 1. 1997, EWiR § 302 AktG 1/97, 437; Kiethe/Groeschke BB 1994, 2149; *Kowalski* GmbHR 1993, 253 (258 f.); *Drygala* GmbHR 1993, 317 (326 ff.); *Lutter/Hommelhoff* Anh. § 13 Anm. 27; Hachenburg/*Ulmer* Anh. § 77 Anm. 143 ff.; *Michalski/Zeidler* NJW 1996, 224.
[394] BGH v. 29. 3. 1993, DB 1993, 825 (828); BGH v. 3. 11. 1997, DStR 1997, 1937; BGH v. 25. 11. 1996, DStR 1997, 339.
[395] BGH aaO (Fn. 393).
[396] MünchHdb. GesR/Bd. 3/*Decher* § 71 Rz. 48.

176 Die **Verlustausgleichspflicht** nach § 302 AktG analog besteht sowohl in der mehrgliedrigen[397] wie in der Ein-Mann-GmbH.[398] Diese wird begründet mit der Außerkraftsetzung der gläubigerschützenden Kapitalschutzregeln im qualifizierten faktischen Konzern.
Auch nach den jüngsten Entscheidungen des BGH ist weiterhin die Frage offen, ob die **Verlustausgleichspflicht** entspr. § 302 AktG **uneingeschränkt** gilt oder sich auf die Deckung des Stammkapitals der abhängigen Gesellschaft beschränkt.[399] In der „Video"-Entscheidung läßt der BGH ferner ausdrücklich offen, ob diesbezüglich ggf. zwischen der mehrgliedrigen GmbH (voller Verlustausgleich zum Schutz auch der Minderheitsgesellschafter) und der Ein-Mann-GmbH (Deckung lediglich des Stammkapitals) zu unterscheiden sein könnte. Zumindest bei mehrgliedrigen Gesellschaften mit Minderheitsgesellschaftern ist jedenfalls die Übernahme des **vollen** Jahresfehlbetrags unabhängig von Kapitalschutzaspekten geboten.

177 Während die Verlustausgleichspflicht entspr. § 302 AktG gegenüber der abhängigen Gesellschaft zu erfüllen ist, kann sich aus **§ 303** Abs. 1 AktG ein unmittelbar auf **Zahlung** gerichteter Anspruch eines Gläubigers der abhängigen GmbH gegen das herrschende Unternehmen ergeben, wenn feststeht, daß der Gläubiger mit seiner Forderung gegen die abhängige Gesellschaft ausfällt.[400] Der Anspruch ist der Höhe nach unabhängig vom Anspruch auf Verlustausgleich nach § 302 AktG, dh. er unterliegt der Höhe nach keinen Beschränkungen. § 303 AktG soll die Gesellschaftsgläubiger vor dem Risiko bewahren, mit ihren Forderungen deswegen auszufallen, weil die abhängige Gesellschaft nach Beendigung eines Unternehmensvertrages und entspr. im GmbH-Konzern nach dem Ende des qualifizierten Beherrschungszustandes nicht mehr lebensfähig ist. Die entspr. Anwendung des § 303 AktG bedeutet, daß nicht – wie im Aktienrecht – an die Beendigung eines Beherrschungsvertrages und deren Eintragung im HR angeknüpft werden kann, sondern sich die Gläubiger an das herrschende Unternehmen halten können, wenn das Beherrschungsverhältnis **tatsächlich** – zB durch Auflösung, Konkurseröffnung, Ablehnung des Konkursantrages mangels Masse – beendet ist. Die in § 303 Abs. 1 AktG vorgesehene Sechsmonatsfrist kommt mangels Eintragung der Beendigung im faktischen GmbH-Konzern nicht zum Tragen und wird durch die allgemeinen Verwirkungsvorschriften ersetzt.[401]

178 § 303 AktG gewährt den Gläubigern zunächst das Recht, vom herrschenden Unternehmen **Sicherheit** zu verlangen. Einen Zahlungsanspruch sieht der Wortlaut nicht vor. Ein derartiger Zahlungsanspruch besteht aber nach

---

[397] BGH v. 20. 2. 1989, DB 1989, 816 (819).
[398] BGH v. 23. 9. 1991, DB 1991, 2176 (2179); *Hachenburg/Ulmer* Anh. § 77 Anm. 158.
[399] BGH v. 23. 9. 1991, DB 1991, 2176 (2179); *Lutter/Hommelhoff* Anh. § 13 Anm. 25; *Hachenburg/Ulmer* Anh. § 77 Anm. 163 f.; *K. Schmidt* in *Hommelhoff/Stimpel/Ulmer* Der qualifizierte faktische GmbH-Konzern, 1992, S. 109 (117 f.); *Hommelhoff/Freytag* DStR 1996, 1409 (1415 f.).
[400] BGH v. 16. 9. 1985, DB 1985, 2341; BGH v. 23. 9. 1991, DB 1991, 2176; *Hachenburg/Ulmer* Anh. § 77 Anm. 173; *Joost* in *Hommelhoff/Stimpel/Ulmer* Der qualifizierte faktische GmbH-Konzern, 1992, S. 133 (147 ff.).
[401] BGH v. 16. 9. 1985, DB 1985, 2341 (2345).

C. Faktischer und qualifizierter faktischer Konzern

der Rspr. des BGH[402] dann, wenn die abhängige GmbH **vermögenslos** ist und deshalb die Forderung nicht mehr erfüllen kann. Dann hat eine vorherige Sicherheitsleistung keinen Sinn mehr.[403] Der Anspruch besteht nur gegenüber dem herrschenden Unternehmen. Ein „horizontaler Durchgriff" auf Schwestergesellschaften ist nicht möglich.[404]

IV. Steuerliche Behandlung des faktischen und qualifizierten faktischen Konzerns

Auch bei einem faktischen oder qualifizierten faktischen Konzern wird steuerlich zT **der wirtschaftlichen Verbundenheit** der Unternehmen Rechnung getragen. Soweit sich mangels Vorliegens eines steuerlichen Organschaftsverhältnisses Doppel- oder Mehrfachbelastungen ergeben würden, werden diese zT schon bei geringen Beteiligungsquoten, zB durch das sog. **Schachtelprivileg** im Bereich der Gewerbesteuer, vermieden. Insb. für Zwecke der **Körperschaftsteuer** tritt darüber hinaus bei Gewinnausschüttungen aufgrund der Gestaltung des Steuersystems im Grundsatz bereits keine Mehrfachbelastung auf.

1. Der faktische und qualifizierte faktische Konzern im Körperschaftsteuerrecht

a) Das steuerliche Anrechnungsverfahren

Das mit dem KStG 1977 eingeführte **Anrechnungsverfahren** gewährleistet, daß, unabhängig von der jeweils bestehenden Beteiligungsquote und der Anzahl der Konzernstufen, bei Gewinnausschüttungen keine Kumulation der Körperschaftsteuer auftritt. Jede Ausschüttung vermittelt gem. § 36 Abs. 2 Nr. 3 EStG dem Dividendenempfänger ein **Körperschaftsteuerguthaben**, das der bei der ausschüttenden Gesellschaft hergestellten Ausschüttungsbelastung mit Körperschaftsteuer entspricht. Das Steuerguthaben kann der Dividendenempfänger auf die sich für ihn ergebende eigene Körperschaftsteuerschuld anrechnen. Im Vergleich zur körperschaftsteuerlichen Organschaft ergeben sich daher bei Gewinnausschüttungen der Beteiligungsgesellschaften **keine** grundsätzlichen steuerlichen **Nachteile**. Dies gilt auch hinsichtlich des Solidaritätszuschlags, soweit der Empfänger der Gewinnausschüttung durch anrechenbare Körperschaftsteuer die für ihn maßgebende Bemessungsgrundlage der festgestellten Körperschaftsteuer vermindert.

In zeitlicher Hinsicht ist jedoch zu beachten, daß Erträge aus der Beteiligung an einer faktisch beherrschten Gesellschaft handelsrechtlich und steuerlich erst bei dem Gesellschafter erfaßt werden können, nachdem die Gesellschafterversammlung der Beteiligungsgesellschaft einen entsprechenden Ge-

---

[402] BGH v. 16. 9. 1985, DB 1985, 2341 (2345).
[403] BGH v. 16. 9. 1985, DB 1985, 2341 (2345); BGH v. 23. 9. 1991, DB 1991, 2176 (2180).
[404] Unzutreffend ArbG Eisenach, AG 1995, S. 519.

Rosenbach

winnverteilungsbeschluß gefaßt hat und hierdurch ein Rechtsanspruch auf eine Gewinnauszahlung in bestimmter Höhe begründet worden ist.[405] Dies führt dazu, daß auch bei übereinstimmenden Geschäftsjahren von Ober- und Beteiligungsgesellschaft die Beteiligungserträge grundsätzlich erst **zeitversetzt** vereinnahmt werden können.

b) Die Grundsätze der phasengleichen Vereinnahmung

181 Auch unter dem Gesichtspunkt der zeitlichen Erfassung der Beteiligungserträge kann bei Gewinnausschüttungen einer Beteiligungsgesellschaft eine der Organschaft vergleichbare Lage herbeigeführt werden, wenn die Voraussetzungen für eine sog. **phasengleiche** oder **periodengerechte Vereinnahmung** vorliegen. Bei Vorliegen der einschränkenden Voraussetzungen der Grundsätze der phasengleichen Vereinnahmung besteht für die Obergesellschaft **handelsrechtlich** ein **Wahlrecht**, den Beteiligungsertrag bereits im Jahr der wirtschaftlichen Entstehung des Gewinns bei der Untergesellschaft zu vereinnahmen, selbst wenn die Wirtschaftsjahre von Obergesellschaft und Beteiligungsgesellschaft auf den gleichen Stichtag enden. Soweit ein derartiges handelsrechtliches Wahlrecht besteht, hat dies jedoch – unabhängig von der Art seiner Ausübung – **steuerlich** zur Folge, daß die Obergesellschaft **verpflichtet** ist, die Beteiligungserträge für steuerliche Zwecke phasengleich zu vereinnahmen.[406]

182 Das nach einhelliger Auffassung in Literatur[407] sowie in ständiger Rspr. des BGH[408] und BFH[409] anerkannte handelsrechtliche Wahlrecht besteht unter folgenden **Voraussetzungen:**
– die Muttergesellschaft muß an der Tochtergesellschaft mit Mehrheit beteiligt sein und aufgrund ihrer Stimmrechte in der Hauptversammlung eine Gewinnausschüttung durchsetzen können,
– das Geschäftsjahr der Tochtergesellschaft darf nicht nach dem Abschlußstichtag der Muttergesellschaft enden,
– der Jahresabschluß der Beteiligungsgesellschaft muß vor Beendigung der Prüfung der Muttergesellschaft festgestellt sein und
– es muß ein Gewinnverwendungsvorschlag des Beteiligungsunternehmens vorliegen, der der zu aktivierenden Forderung für den Fall der Gewinnausschüttung entspricht.[410]

183 Die Möglichkeit der phasengleichen Vereinnahmung ist zwischenzeitlich auch **durch den EuGH**[411] **bestätigt** worden, wobei er jedoch in zwei Punkten hinsichtlich der Voraussetzungen von der bisherigen Rechtsprechung

---

[405] BGH v. 3. 11. 1975, DB 1976, 38 (39).
[406] BFH v. 3. 12. 1980, BStBl. II 1981, 184 (186).
[407] *ADS* § 252 Anm. 81.
[408] BGH v. 3. 11. 1975, DB 1976, 38; BGH v. 17. 2. 1997, GmbHR 1997. 655 – „Tomberger II"; BGH v. 12. 1. 1998, BB 1998, 635. Vgl. auch EuGH v. 27. 6. 1996, DB 1996, S. 1400; *Kropff* ZGR 1997, 115.
[409] BFH v. 2. 4. 1980, BStBl. II 1980, 702 ff.; BFH v. 3. 12. 1980, BStBl. II 1981, 184 ff.; BFH v. 21. 5. 1986, BStBl. II 1986, 815 (820); BFH v. 8. 3. 1989, BStBl. II 1989, 714 ff.; BFH v. 19. 2. 1991, BStBl. II 1991, 569 f.
[410] BGH v. 3. 11. 1975, DB 1976, 38 (39); *ADS* § 252 Anm. 81.
[411] EuGH v. 27. 6. 1996, EGHE 1996, 3133.

C. Faktischer und qualifizierter faktischer Konzern 184, 185 § 17

des BGH abweicht. Nach bisheriger Auffassung der deutschen Rechtsprechung war es ausreichend, wenn die Muttergesellschaft **nicht Alleingesellschafterin** der Tochtergesellschaft war, sondern an dieser **mehrheitlich** beteiligt war. In der Literatur, die sich mit dem EuGH-Urteil befaßt, ist jedoch einhellige Meinung, daß das Urteil des EuGH nicht so interpretiert werden kann, daß eine 100%ige Beteiligung zwingend notwendig sei. Vielmehr ist die Frage, ob eine Mehrheitsbeteiligung ausreicht, vom EuGH offengelassen worden. In der Literatur wird daher die Auffassung vertreten, daß auch weiterhin die bisherige deutsche Rechtsprechung Anwendung finden könne, wonach eine bloße Mehrheitsbeteiligung ausreichend ist.[412] Solange also keine gegenteilige Entscheidung des EuGH vorliegt, kann davon ausgegangen werden, daß **auch weiterhin eine Mehrheitsbeteiligung** ausreicht, um Dividenden der Tochtergesellschaft phasengleich vereinnahmen zu können.

Soweit der EuGH verlangt hat, daß der Gewinn der Tochtergesellschaft im Jahresabschluß der Untergesellschaft **zugewiesen** wird, ist in der Literatur umstritten, was darunter zu verstehen ist. Zum einen wird die Auffassung vertreten, daß ein **Gewinnverwendungsvorschlag** ausreichend sei,[413] zum anderen wird der EuGH aber auch einschränkend dahingehend interpretiert, daß die Bilanz der Tochtergesellschaft bereits unter Berücksichtigung der Gewinnverwendung gem. § 268 Abs. 1 HGB erstellt werden müsse.[414] Es müßte daher ein Gewinnverwendungsvorschlag vorliegen und die Bilanz gem. § 268 Abs. 1 HGB unter Berücksichtigung dieser Gewinnverwendung aufgestellt werden.

Nur unter diesen zusätzlich eingeschränkten Voraussetzungen erscheint die Forderung handelsrechtlich als hinreichend gesichert, so daß es unter dem Gesichtspunkt der einheitlichen Leitung über die konzernverbundene Beteiligungsgesellschaft handelsrechtlich gerechtfertigt sein kann, den Gewinn der Tochtergesellschaft ohne zeitliche Verschiebung im Jahresabschluß der Muttergesellschaft zu erfassen.[415] Nicht unumstritten ist, ob diese Grundsätze auch dann anwendbar sind, wenn die Mehrheitsbeteiligung an der Beteiligungsgesellschaft nicht während des gesamten Geschäftsjahres, für das ausgeschüttet wurde, bestanden hat; der I. Senat des BFH hat in diesem Fall eine Anwendbarkeit der Grundsätze der phasengleichen Vereinnahmung abgelehnt,[416] während der X. Senat dies in der Entscheidung vom 8. 3. 1989 ausdrücklich offen gelassen hat.[417]

Die ursprünglich zum Aktienrecht entwickelten Grundsätze sind nach gefestigter Rspr. des BFH **auf jegliche Mehrheitsbeteiligungen** an einer **Kapitalgesellschaft** anwendbar, gleichviel, ob Mehrheitsgesellschafter eine Kapitalgesellschaft, eine Personengesellschaft oder ein Einzelunternehmer ist oder aber die beherrschenden Gesellschafter einer GmbH alleinige Gesellschafter einer an dieser als (typisch) stille Gesellschaft beteiligten Gesellschaft bürgerlichen Rechts sind.[418]

---

[412] *Herzig* DB 1996, 1401; *Theile* IStR 1996, 395.
[413] *Schüppen* DB 1996, 1481.
[414] *Herzig* DB 1996, 1401; *Theile* aaO (s. Fn. 411).
[415] BGH v. 3. 11. 1975, DB 1976, 38 (39 f.).
[416] BFH v. 21. 5. 1986, BStBl. II 1986, 815 (820).
[417] BFH v. 8. 3. 1989, BStBl. II 1989, 714 (718).
[418] BFH v. 8. 3. 1989, BStBl. II 1989, 714 (717); BFH v. 19. 2. 1991, BStBl. II 1991, 570.

186 Es sei jedoch nochmals darauf hingewiesen, daß das bei Vorliegen der vorgenannten Voraussetzungen bestehende **handelsrechtliche Wahlrecht** zur phasengleichen Vereinnahmung **steuerlich zwingend** zur Folge hat, daß die Beteiligungserträge bereits im Jahr der Entstehung der Gewinne bei der Beteiligungsgesellschaft von der Obergesellschaft vereinnahmt werden **müssen.** Soll dies vermieden werden, muß unter Beachtung der allgemeinen Bilanzierungsgrundsätze des § 252 HGB darauf abgestellt werden, daß zumindest eine der Voraussetzungen der phasengleichen Vereinnahmung bewußt nicht erfüllt wird, so daß das handelsrechtliche Wahlrecht nicht entsteht.

c) Verluste einer Beteiligungsgesellschaft

187 Ein wesentlicher **Unterschied** des faktischen Konzerns im Vergleich zum eine körperschaftsteuerliche Organschaft begründenden Vertragskonzern ergibt sich dadurch, daß nur bei einer körperschaftsteuerlichen Organschaft auch die **Verluste** einer abhängigen Gesellschaft durch die Obergesellschaft genutzt und mit positiven Einkünften aus anderen Quellen verrechnet werden können. Dies ist bei einem faktischen oder qualifizierten faktischen Konzern steuerlich nicht möglich. In diesen Fällen kann die abhängige Gesellschaft die **Verluste steuerlich nur selbst** gem. § 10d EStG im Wege eines Verlustrücktrags bzw. eines Verlustvortrags nutzen. Die Änderungen durch das StEntlG 1999/2000/2002 sehen allerdings vor, daß der Verlustrücktrag auf ein Jahr sowie auf 2 Mio. DM und ab dem Jahr 2001 auf 1 Mio. DM begrenzt wird. Die Möglichkeit des Verlustvortrages bleibt unverändert bestehen. Bei der Obergesellschaft können sich nur mittelbar Auswirkungen dieser Verluste ergeben, wenn nämlich die – nachhaltige – Verlustsituation der Beteiligungsgesellschaft den Ansatz eines den Buchwert unterschreitenden **niedrigeren Teilwerts** für die Beteiligung rechtfertigt.

Neben den sich aus dem handelsrechtlichen Wahlrecht der phasengleichen Vereinnahmung ergebenden steuerlichen Auswirkungen gelten für den faktischen und qualifizierten faktischen Konzern für Zwecke der Körperschaftsteuer keine Besonderheiten.

d) Verrechnungspreise verbundener Unternehmen

188 Geschäftsbeziehungen zwischen nahestehenden Unternehmen sind steuerlich danach zu beurteilen, ob sich die Beteiligten wie voneinander unabhängige Dritte verhalten haben (**Fremdvergleich** oder Prinzip des „**dealing at arm's length**"). Dabei sind Maßstab die Verhältnisse des freien Wettbewerbs. Zugrunde zu legen ist die verkehrsübliche Sorgfalt ordentlicher und gewissenhafter Geschäftsleiter unter den Verhältnissen freier Märkte.[419] Im Rahmen der Geschäftsbeziehungen eines Steuerpflichtigen zu Nahestehenden müssen seine **Einkünfte voll erfaßt** und **insbesondere** gegenüber dem **Ausland** nach dem Grundsatz des Fremdvergleichs zutreffend abgegrenzt sein. Für die Abgrenzung ist bei der Gestaltung von Verrechnungspreisen maßgebend, wie Fremde die Entgelte für gleichartige Lieferungen oder Leistungen angesetzt hätten

---

[419] BFH v. 16. 3. 1967, BStBl. III 1967, 626; BFH v. 10. 5. 1967, BStBl. III 1967, 498.

C. Faktischer und qualifizierter faktischer Konzern

(Fremdvergleichspreis).[420] Regelungen für den Fremdvergleich der Verrechnungspreise haben sowohl die **Bundesrepublik Deutschland** als auch die **OECD** und **andere Staaten**, insbesondere die **USA** geschaffen. Alle diese Regelungen bilden die Materialien zur Beurteilung angemessener Verrechnungspreise. Als Anhaltspunkte kommen danach vor allem in Betracht:
- **Preisvergleichsmethode:**
  Der zwischen den nahestehenden Unternehmen vereinbarte Preis wird mit Preisen verglichen, die bei vergleichbaren Geschäften zwischen Fremden im Markt vereinbart worden sind;
- **Wiederverkaufspreismethode:**
  Diese Methode geht von dem Preis aus, zu dem eine bei einem Nahestehenden gekaufte Ware an einen unabhängigen Abnehmer weiterveräußert wird;
- **Kostenaufschlagsmethode:**
  Diese Methode geht bei Lieferungen und Leistungen von den Kosten des Herstellers oder Leistenden aus. Diese Kosten werden nach den Kalkulationsmethoden ermittelt, die der Liefernde oder Leistende auch bei seiner Preispolitik gegenüber Fremden zugrunde legt und den betriebswirtschaftlichen Grundsätzen entsprechen. Anschließend werden betriebs- oder branchenübliche Gewinnzuschläge gemacht.

Bei einer **unangemessenen Gestaltung** von Verrechnungspreisen besteht steuerlich das Risiko **verdeckter Gewinnausschüttungen** oder **verdeckter Einlagen** bzw. einer Berichtigung von Einkünften bei Geschäftsbeziehungen zum Ausland gem. § 1 AStG.[421]

2. Der faktische und qualifizierte faktische Konzern im Gewerbesteuerrecht

Die gewerbesteuerliche Behandlung des faktischen und qualifizierten faktischen Konzerns wird grundlegend dadurch beeinflußt, ob die nachgeordneten Gesellschaften finanziell, wirtschaftlich und organisatorisch eingegliedert sind.

a) Die gewerbesteuerliche Organschaft

Soweit die im Rahmen der gewerbesteuerlichen Organschaft dargestellten Voraussetzungen bei einem faktischen Konzern gewahrt sind, kommen auch für diesen die Grundsätze der gewerbesteuerlichen Organschaft zur Anwendung. Die Anerkennung einer gewerbesteuerlichen Organschaft setzt **nicht** das Bestehen eines **Ergebnisabführungsvertrages** voraus.

b) Die Gewerbesteuerumlage

Das Vorliegen einer gewerbesteuerlichen Organschaft bei einem faktischen Konzern hat zur Folge, daß **nur** der **Organträger Schuldner** der Gewerbesteuer für den gesamten Konzern ist, die einzelnen Organgesellschaften daher nicht mit Gewerbesteuer belastet werden. Dies führt zu sowohl betriebswirtschaftlich unzutreffenden Ergebnissen der einzelnen Organgesellschaften als auch zu einer unzutreffenden – zu hohen – Körperschaftsteuerbelastung der abhängigen Gesellschaften. Die Finanzverwaltung erkennt daher in Überein-

---

[420] Erlaß BMF v. 23. 2. 1983, BStBl. I 1983, 218 Tz. 2.1.4.
[421] Erlaß BMF vom 23. 2. 1983, BStBl. I 1983, 218, Tz. 1.1.1.

stimmung mit der Rspr. des BFH die Zulässigkeit einer **Gewerbesteuerumlage** durch den Organträger an.[422]

192 Angesichts der vielfachen rechtlichen und betriebswirtschaftlichen Umstände, die für eine zutreffende Umlage der Gewerbesteuer eine Rolle spielen, hat sich die Finanzverwaltung zur Anerkennung **jeder Umlagemethode** bereit erklärt, die zu **betriebswirtschaftlich vertretbaren Ergebnissen** führt; dabei wird allerdings vorausgesetzt, daß das Unternehmen an der einmal gewählten Methode festhält und die Umlagen so bemessen werden, daß – mindestens im Durchschnitt mehrerer Jahre – **nur die tatsächlich gezahlten Steuerbeträge** umgelegt werden.[423]

c) Die gewerbesteuerlichen Schachtelprivilegien

193 Soweit die Voraussetzungen der gewerbesteuerlichen Organschaft nicht vorliegen, ist die Obergesellschaft und jede einzelne Beteiligungsgesellschaft mit dem sich für sie ergebenden Gewerbeertrag und Gewerbekapital steuerpflichtig.

Eine **Mehrfachbelastung** der Gewinne mit Gewerbesteuer wird für Zwecke des Gewerbeertrags durch § 9 Nr. 2a und 7 GewStG vermieden.

194 Nach § 9 Ziff. 2a GewStG wird der Gewerbeertrag der Obergesellschaft um die **Gewinne aus Anteilen** an einer nicht steuerbefreiten inländischen Kapitalgesellschaft **gekürzt**, wenn die Beteiligung zu Beginn des Erhebungszeitraums mindestens 1/10 des Grund- oder Stammkapitals beträgt und die Gewinnanteile bei der Ermittlung des Gewinns angesetzt worden sind. Zu diesen zu kürzenden Gewinnen gehört auch die nach § 36 Abs. 2 Nr. 3 EStG anrechenbare Körperschaftsteuer.

Das Schachtelprivileg greift jedoch nicht ein, wenn die Ausschüttung an einen Gesellschafter erfolgt, der zu Beginn des Erhebungszeitraums noch nicht zu mindestens 10% an der ausschüttenden Gesellschaft beteiligt war. Insoweit kann eine Mehrfachbelastung mit Gewerbesteuer eintreten. **Nicht begünstigt** ist ferner der bei der **Veräußerung** der Beteiligung realisierte Gewinn.

§ 9 Nr. 7 GewStG gewährt eine Kürzung um die Gewinne aus Anteilen an einer aktiv tätigen **ausländischen Kapitalgesellschaft** bei Bestehen einer mindestens 10%igen Beteiligung. Diese Regelung ist auch dann anzuwenden, wenn die Tochtergesellschaft in einem Staat ansässig ist, mit dem ein Doppelbesteuerungsabkommen besteht. Soweit dieses Doppelbesteuerungsabkommen weitergehende gewerbesteuerliche Schachtelvergünstigungen gewährt, ist die für den Steuerpflichtigen günstigere Regelung maßgebend.

195 Auch für Zwecke der Ermittlung des **Gewerbekapitals** wird ein **Schachtelprivileg** gewährt, indem gem. § 12 Abs. 3 Nr. 2a GewStG die Summe des Einheitswerts des gewerblichen Betriebs und der Hinzurechnungen um den Wert (Teilwert) einer zum Gewerbekapital gehörenden Beteiligung an einer nicht steuerbefreiten inländischen Kapitalgesellschaft gekürzt

---

[422] Erlaß FinMin NW v. 19. 2. 1964, DB 1964, 314; Erlaß FinMin NW v. 14. 12. 1965, DB 1965, 13; BFH v. 30. 4. 1980, BStBl. II 1980, 521 (522).

[423] Erlaß FinMin NW v. 14. 12. 1964, DB 1964, 314.

D. Besonderheiten bei grenzüberschr. Konzernverhältnissen 196–200 § 17

wird, wenn die Beteiligung mindestens 1/10 des Grund- oder Stammkapitals beträgt. Korrespondierend ist nach § 12 Abs. 3 Nr. 4 GewStG die Summe des Einheitswerts des gewerblichen Betriebs und der Hinzurechnungen um den Wert (Teilwert) einer mindestens 1/10 des Nennkapitals betragenden Beteiligung an einer aktiv tätigen ausländischen **Kapitalgesellschaft** zu kürzen, soweit diese Kürzung nicht bereits bei der Feststellung des maßgebenden Einheitswerts des Betriebsvermögens erfolgt ist.

Im Vergleich zur gewerbesteuerlichen Organschaft ist jedoch festzustellen, **196** daß die zwischen den verbundenen Unternehmen bestehenden **Dauerschuldverhältnisse keine Vergünstigungen** erfahren, dh. bei einem faktischen Konzern eine Hinzurechnung der Dauerschuldzinsen und Dauerschulden nicht unterbleibt. Ferner besteht keine Möglichkeit der **Verlustverrechnung.**

3. Der faktische und qualifizierte faktische Konzern im Umsatzsteuerrecht

Da die Anerkennung einer umsatzsteuerlichen Organschaft nicht das Be- **197** stehen eines Unternehmensvertrages zwischen Organgesellschaft und Organträger voraussetzt, kann auch zwischen den in einem **faktischen Konzern** verbundenen Unternehmen eine **umsatzsteuerliche Organschaft** vorliegen, so daß bei Leistungsbeziehungen nicht umsatzsteuerbare Leistungsbeziehungen vorliegen. Maßgebend ist nach § 2 Abs. 2 Nr. 2 UStG, ob die juristische Person als Organgesellschaft nach dem Gesamtbild der tatsächlichen Verhältnisse finanziell, wirtschaftlich und organisatorisch in das Unternehmen des Organträgers eingegliedert ist. Soweit diese Voraussetzungen vorliegen, gelten daher auch für den faktischen und qualifizierten faktischen Konzern die dargestellten Auswirkungen der umsatzsteuerlichen Organschaft, **ohne** daß dem Organträger ein **Wahlrecht** hinsichtlich der Anwendung der Organschaftsgrundsätze eingeräumt wäre.

Soweit die Voraussetzungen der umsatzsteuerlichen Organschaft nicht vor- **198** liegen, gelten für die Obergesellschaft und die mit ihr verbundenen Konzernunternehmen die **allgemeinen Grundsätze** des Umsatzsteuerrechts. Lieferungen und sonstige Leistungen sind daher nach den allgemeinen Regeln umsatzsteuerlich als mit fremden Dritten abgewickelt anzusehen. Es gelten keine besonderen Vergünstigungen für die einzelnen Gesellschaften des faktischen oder qualifizierten faktischen Konzerns.

(frei) **199**

D. Besonderheiten bei grenzüberschreitenden Konzernverhältnissen

I. Handelsrechtlich

Ist die **deutsche** GmbH das **abhängige** Unternehmen, so gelten die **200** Regeln des Vertragskonzerns auch für das ausländische herrschende Unternehmen. Dies ist kollisionsrechtlich allgemein anerkannt.[424] Keine Anwen-

---

[424] *Lutter/Hommelhoff* Anh. § 13 Anm. 63 mwN; MünchHdb. GesR/Bd. 3/*Decher* § 69 Rz. 34.

Rosenbach 1245

dung finden jedoch die Vorschriften des deutschen Konzernrechts, die sich auf die Verhältnisse des ausländischen herrschenden Unternehmens beziehen und dessen Schutz bzw. den Schutz seiner Gesellschafter bezwecken, wie zB die Zustimmungspflichtigkeit von Unternehmensverträgen.[425]

In der umgekehrten Konstellation – inländische herrschende GmbH, ausländisches abhängiges Unternehmen – gilt mit umgekehrten Vorzeichen dasselbe.[426] Danach gilt **deutsches Konzernrecht** auch für die Regelungsbereiche der **deutschen** Obergesellschaft.

II. Steuerlich

201 Steuerlich wird ein Gewinnabführungsvertrag einer deutschen abhängigen GmbH mit einem ausländischen Mutterunternehmen nicht anerkannt.

---

[425] *Scholz/Emmerich* Anh. Konzernrecht Anm. 242.
[426] *Rowedder/Koppensteiner* Anh. § 52 Anm. 22.

Stichwortverzeichnis

Die fettgedruckten Zahlen bezeichnen die Kapitel, die mageren Zahlen beziehen sich auf die Randziffern

Abandon 7 88 f.
s. a. Nachschüsse
Gesellschaftsvertragliche Gesellschafterpflichten **3** 153
Abberufung, Aufsichtsrat nach dem BetrVG **6** 82
Abberufung des Geschäftsführers 5 94 ff.
anfechtbarer Beschluß **5** 97
Anstellungsvertrag **5** 96
bei Gefahr im Verzug **5** 95
Handelsregistereintrag **5** 23 f.
mitbestimmte GmbH **5** 98 f.
nichtiger Beschluß **5** 97
wichtiger Grund **5** 100 f.
Zuständigkeit Gesellschafterversammlung **5** 94
Abdingbarkeit
Einberufung Gesellschafterversammlung **4** 23, 35
Gründungshaftung **2** 32, 36
Kapitalerhaltung **8** 3
Stimmrechtsausschluß **4** 113
Abfindung
Einziehung **13** 66 f.
Erbschafts- und Schenkungsteuer **12** 241; **13** 140 ff.
Geschäftsführer **5** 112 ff.
Kapitalherabsetzung **8** 116
Minderheitsgesellschafter qualifizierter Konzern **17** 171
Stille Gesellschaft **7** 203
bei Unterbeteiligung **12** 163
Abfindung bei Ausscheiden
Abfindungsausschluß **13** 123
Abfindungsbeschränkung Gesellschaftsvertrag **13** 121 ff.
Anspruch nach Gesetz **13** 120
Buchwertklauseln **13** 122
Nichtigkeitsfolgen von Abfindungsklauseln **13** 125
Ratenzahlung **13** 124
Abfindungsverpflichtung, Vertragskonzern **17** 35
Abfluß, Gewinnausschüttung **11** 159 ff.

Abhängigkeit 17 4
s. a. Unternehmen, abhängiges
Begründung beim faktischen Konzern **17** 149 ff.
kapitalistisch strukturierte Gesellschaft **17** 155
Konzernierung **17** 156
personalistisch strukturierte Gesellschaft **17** 154
Satzungsklauseln **17** 151 ff.
Abschichtungsbilanz 14 682
Abschlußprüfer
Beauftragung **9** 158
Bestellung **9** 156
Haftung **9** 181 f.
Verantwortlichkeit **9** 180 f.
Abschlußprüfung
Ablösung Abschlußprüfer durch Mehrheitsgesellschafter **3** 30
Abschlußprüfer
– Beauftragung **9** 158
– Bestellung **9** 156
Bestätigungsvermerk **9** 174 f.
Einsichts- und Auskunftsrechte **9** 160 ff.
Gegenstand und Umfang **9** 153 f.
Konzernabschluß **9** 155
Liquidation **16** 63
Nachtragsprüfung **9** 178 f.
Prüfungsbericht **9** 165 ff.; *s. a.* dort
Prüfungspflichten **9** 150 f.
Vollständigkeitserklärung **9** 163
Abschreibung
Methodenwahlrecht **10** 39 ff.
Methodenwechsel **10** 41
Abspaltung
Aufnahme **14** 15
Neugründung **14** 15
Abspaltung (von einer GmbH in andere GmbH) 14 680 ff.
zur Aufnahme **14** 680
Beschlüsse über Kapitalerhöhung, Gründung, Kapitalherabsetzung **14** 682
Besteuerung der übernehmenden Gesellschaft **14** 689

1247

Abtretung

Gewährung von Geschäftsanteilen
14 682
Gläubigerschutz **14** 683
Handelsregistereintragung
14 682 f.
Kapitalherabsetzung **14** 682
Minderheitenrechte **14** 683
Mitbestimmung **14** 683
zur Neugründung **14** 680
Rechnungslegung **14** 682
Spaltungs- und Übernahmevertrag
14 682
Spaltungsbericht **14** 682
Spaltungsbeschluß Gesellschafterversammlung **14** 682
Spaltungsprüfung **14** 682
steuerliche Folgen **14** 684
– Bewertungswahlrechte **14** 685
Abtretung
Folgen unwirksamer **12** 42, 57
– Rückabwicklung **12** 59
Geschäftsanteil **12** 33 f.
– Aufhebung **12** 36 f.
– Ausscheiden aus GmbH **13** 16
– Grunderwerbsteuer bei Anteilsvereinigung **13** 150 f.
– Regelfall des Ausscheidens **13** 16
– Vergleich zu anderen Ausscheidensformen **13** 17
Gewinnausschüttung **12** 55
Wirkung **12** 55
Abtretungsanzeige, Geschäftsanteile
12 57; *s. a. dort*
Abtretungsverbot *s.* Vinkulierung
Abtretungsverpflichtung, formfreie
12 14 f.
Abwicklungsanfangsvermögen, Liquidation **16** 77
Abwicklungsendvermögen, Liquidation **16** 78
Abwicklungsgewinn
Ermittlung (Übersicht) **16** 79
Liquidation **16** 74 ff.
Actio pro societate *s.* Gesellschafterklage
Actio pro socio *s.* Gesellschafterklage
Agio
Kapitalerhöhung durch Zuführung neuer Mittel **7** 25
Offene Einlagen **7** 131
Stammeinlagen **2** 90
Aktiengesellschaft
Auszahlungsverbot **8** 88

Fette Zahlen = Kapitel

Formwechsel in GmbH **14** 61 ff.
Kompetenzverteilung **3** 3
Aktivierung, Gewinnanspruch bei Anteilsverkauf **10** 162; *s. a.* Geschäftsanteil
Alleingesellschafter
Selbstkontrahieren **5** 167 f.
Verschmelzung GmbH durch Aufnahme **14** 415 f.
Wettbewerbsverbot **3** 130
Altanteile, eigenkapitalersetzende Gesellschafterdarlehen **8** 214
Altersversorgung, Geschäftsführer
5 61 ff.
Altgesellschaften, Ergebnisverwendung
s. dort
Altrücklagen, Kapitalerhöhung aus Gesellschaftsmitteln **7** 62
Amtsermittlungsgrundsatz, Registerverfahren **2** 144
Amtshilfe, Grenzüberschreitende Besteuerung **11** 425 f.
Amtsniederlegung, Aufsichtsrat
6 35
Amtszeit, Aufsichtsrat nach dem BetrVG **6** 81
Änderung des Gesellschaftsvertrages
4 135 ff.
s. a. Gesellschaftsvertrag
Begriff **4** 141 ff.
Gewinnverwendung **4** 149
Grenzen **4** 145
Grundlagenbeschlüsse **4** 144
Handelsregistereintragung **4** 155 ff.
Kooperative (materielle) Satzungsbestandteile **4** 137 f.
Leistungsvermehrung **4** 150
Mehrheitserfordernisse **4** 147
Nichtkooperative (formelle) Satzungsbestandteile **4** 137 f.
Notarielle Beurkundung **4** 153
Rechtswirksamkeit **4** 157
Satzungsdurchbrechung **4** 142
Verkürzung der Gesellschafterrechte
4 151
Zustimmung Dritter **4** 148
Zweckänderung **4** 152
Anfechtung
Gesellschafterbeschluß, fehlerhafter
s. dort
Jahresabschluß **9** 208 f.
Anfechtungsklage
Jahresabschluß **9** 211 f.

Magere Zahlen = Randziffern

Verschmelzung (Aufnahme GmbH in GmbH) **14** 510
Anhang
Allgemeines **9** 83
Angabe Verdeckte Gewinnausschüttung **10** 218
Angaben in der Unternehmenskrise **15** 99
Angaben über Beteiligungsgesellschaften **9** 85
Aufgliederung der Umsatzerlöse **9** 85
Gliederung **9** 84
Organbezüge **9** 85
Unterlassen von Angaben **9** 85
Verstöße **9** 86
Anmeldung zum Registergericht
Abschluß Gründungsvorgang **2** 131
Angabe Vertretungsbefugnis **2** 138
Anmeldepflichtige **2** 131
Auflösung **16** 31
Bankenhaftung **2** 142
Eintragungshindernis **2** 140
endgültige freie Verfügung **2** 133
erlaubnispflichtiger Unternehmensgegenstand **2** 135
Falschangaben **2** 131, 141
freiwillige Mehrleistungen **2** 133
Gründungshaftung **2** 141
Gründungsschwindel **2** 143
Handwerks-GmbH **2** 135
Inhalt **2** 134 ff.
Kapitalherabsetzung **8** 140
Mindestleistungen **2** 132
persönliche Ausschlußgründe **2** 137
Sanktionen **2** 140 ff.
Strafandrohung **2** 143
Unterlagen **2** 134
vereinfachte Kapitalherabsetzung **8** 160
Verfahrensmängel **2** 140
Versicherung der Geschäftsführer **2** 136 f.
Vertretung bei Anmeldung **2** 131
Voraussetzungen **2** 132 f.
Zeichnung Unterschriften **2** 139
Anrechnungsmethode *s.* Doppelbesteuerungsabkommen
Anrechnungsverfahren
Anrechnung bei Kapitalgesellschaften **11** 484 ff.
Anrechnung bei Personengesellschaften **11** 479 ff.

Anteilstausch

Anrechnungsberechtigung **11** 459 f.
Ausweichstrategien bei nichtanrechnungsberechtigten Gesellschaftern **11** 488
Gewerbeertragsteuer **11** 497 f.
Liquidation **16** 80, 86; *s. a.* Körperschaftsteuer, Kapitalertragsteuer
Organschaft **11** 489
Qualifizierter faktischer Konzern **17** 180
Solidaritätszuschlag **11** 221
Verfahren **11** 465
Vergütungsberechtigung **11** 463
Anrechnungsverfügung, Körperschaftsteuervorauszahlungen **11** 133
Ansässigkeit, Doppelbesteuerungsabkommen **11** 370 f.
Anschaffungskosten
durch Forderungsverzicht **12** 100
Geschäftsanteile **12** 98
nachträgliche **12** 99
– Betriebsvermögen **8** 266
– Eigenkapitalersatz **8** 258 f.
– bei Haftung wegen Auszahlung des Stammkapitals **8** 75
Verdeckte Einlage **12** 99
Anschaffungsnebenkosten, Veräußerungsgewinn **12** 98
Anteilsbewertung
Anteile ohne Einfluß auf die Geschäftsführung **11** 515
Gemeiner Wert nichtnotierter Anteile **11** 502
Holding **11** 511
Neugründung **11** 519 f.
Schachtelprivileg **11** 514
Steuerbefreite Gesellschaften **11** 522
Stuttgarter Verfahren **11** 505 f.
Verfahrensrecht **11** 501
Vermögensteuer **11** 500 f.
Anteilseigner, Verdeckte Gewinnausschüttung **10** 247
Anteilseignerschaft, Beendigung
– bei Beendigung GmbH **13** 1
– bei Fortbestand GmbH **13** 1
Anteilserwerb, Steuerliche Behandlung **1** 60
Anteilskauf, Sachmängelhaftung **12** 29 ff.; *s. a.* Geschäftsanteil
Anteilstausch
Tauschgutachten, Anwendbarkeit **14** 252 f.

1249

Anteilsübertragung

Fette Zahlen = Kapitel

Umwandlungssteuergesetz **14** 254 ff.
– Grenzüberschreitende Fälle
  14 258 f., 265 f.
– Inlandsfälle **14** 256 f.
Anteilsübertragung *s.* Geschäftsanteil, Übertragung
Anteilsveräußerung
Besteuerung **1** 58 f.
Freistellungsmethode DBA **11** 383
Anteilsvereinigung, Grunderwerbsteuer **13** 15, 150 f.
Anteilsverkauf, Gewinnanspruch **10** 154 ff.
Anteilsverwertung, Gesellschafterausschluß **13** 112
Anwachsung (GmbH & Co. in GmbH) 14 240 ff.
Barabfindung **14** 245
als Einbringung **14** 242 f.
– Einbringungsgeborene Anteile **14** 243
– Rückbeziehung **14** 245
Sachabfindung **14** 245
Verdeckte Einlage **14** 244
Anzahlung, eigenkapitalersetzende Gesellschafterleistungen **8** 301
Arbeitnehmerschutz, Aufspaltung (einer GmbH in mehrere GmbH) **14** 645; *s. a.* Mitbestimmung
Arbeitsdirektor 5 148 f.
Arbeitsverhältnis, Übergang bei Umstrukturierung **14** 38
Arm's length 11 392
Assoziierte Unternehmen
s. a. Konzernabschluß
Buchwertmethode **9** 139 f.
Kapitalanteilsmethode **9** 139 f.
Konzernabschluß **9** 137 f.
Atypische Stille Gesellschaft
Ansatz Gewinnanteil in Vermögensaufstellung **7** 197
Anteil Stille Reserven **7** 175
Aufteilung Betriebsvermögen **7** 197
Beteiligung am Geschäftswert **7** 175
Betriebsvermögen Mitunternehmerschaft **7** 188
bilanzielle Behandlung bei der GmbH **7** 180
bilanzielle Behandlung bei der Stillen Gesellschaft **7** 180
bilanzielle Behandlung des Gewinnanteils

– bei der GmbH **7** 181
– beim Stillen Gesellschafter **7** 181
Eigenkapitalersatz Einkommensteuer **7** 175
Ermittlung Gewerbeertrag **7** 191
Feststellung und Aufteilung Einheitswert **7** 198
Gewerbekapitalsteuer **7** 198
Gewinnanteil als Einkünfte aus Gewerbebetrieb **7** 187
Gewinnanteil als Vorabgewinn **7** 187
Gewinnermittlung **7** 189
Mitunternehmerschaft
– Einkommensteuer **7** 176
– unternehmerischer Einfluß **7** 177
Mitwirkungsrechte Stiller **7** 175 ff.
Negatives Kapitalkonto **7** 190
Rechtsstellung
– Außenverhältnis **7** 175
– Innenverhältnis **7** 175
Sonderbetriebsvermögen **7** 188
Steuern vom Einkommen und Ertrag **7** 188 ff.
Steuern vom Vermögen **7** 197 f.
Stille Beteiligung und GmbH-Beteiligung **7** 178
Veräußerung **7** 204
Vermögensaufstellung **7** 197
und weitere Rechtsbeziehungen zur GmbH **7** 179
Aufbewahrungsfristen, Liquidation **16** 56
Aufbewahrungspflicht, Handelsbücher **9** 17 f.; *s. a. dort*
Aufgeld *s.* Agio
Auflösung
Bekanntgabe **16** 32
Firma **16** 25
Fortsetzungsbeschluß **16** 27
Gesellschafterversammlung **16** 26
Grundbuchfähigkeit **16** 24
Handelsregistereintragung **16** 31
Handlungsvollmacht **16** 24
Liquidation **16** 3
ohne Liquidationsverfahren **16** 22
Parteifähigkeit **16** 24
Prokura **16** 24
Rechtsfähigkeit **16** 24
Rechtsfolgen **16** 24 ff.
Unternehmensverträge **16** 24
Verträge **16** 24
Auflösungsgründe 16 4 ff.
Auflösungsklage **16** 10 ff.; *s. a. dort*

Magere Zahlen = Randziffern   **Aufsichtsrat nach dem BetrVG**

Auflösungsverfügung Registergericht
  16 14
Erwerb eigener Anteile 16 19
Gesellschafterbeschluß 16 7 ff.
Gesellschaftsvertrag Mängel 16 14
Konkursablehnung 16 16
Konkurseinstellung mangels Masse
  16 16
Kündigung 16 17 f.
mit Liquidationsverfahren 16 5
ohne Liquidationsverfahren 16 22
Nichtigerklärung der Gesellschaft 16 15
Sitzverlegung ins Ausland 16 20
Spaltung 16 23
statutarische 16 21
Vermögenslosigkeit 16 22
Verschmelzung 16 23
Zeitablauf 16 6
Auflösungsklage
Minderheitsgesellschafter 16 10 f.
Zweckerreichung 16 13
Aufnahmebilanz
Formwechsel (GmbH in GbR/OHG/
  KG) 14 318
Formwechsel (OHG/KG in GmbH)
  14 100
Aufrechnung, Insolvenzverfahren 8 284
Aufsichtsrat
s. a. Fakultativer Aufsichtsrat
s. a. Obligatorischer Aufsichtsrat
Abberufung 6 34
Amtsniederlegung 6 35
Amtszeit 6 33
Amtszeit bei Formwechsel (GmbH in
  AG) 14 297
Amtszeit nach Formwechsel (AG in
  GmbH) 14 75
Angaben auf den Geschäftsbriefen
  5 184
Angabepflicht auf Geschäftsbriefen 6 9
Aufgaben 6 2 f., 8 f.
Bedeutung 6 1 ff.
Beschlußfähigkeit 6 38
Beschlußfassung 6 38
Besetzung 6 6
Bestellung 6 31 ff.
Einberufung Gesellschafterversamm-
  lung 6 48
Einrichtung 6 7 f.
Errichtung bei Umstrukturierung
  14 37
fakultativer 6 2, 7 ff.; *s. a.* Fakultativer
  Aufsichtsrat

Geschäftsführerbestellung 5 8
Gestaltungsfreiheit 6 27 f.
GmbH & Co. KG 6 12 f.
als Kompetenzträger 3 9
Konzernunternehmensüberwachung
  6 46
obligatorischer 6 2, 11 ff.; *s. a.* Obliga-
  torischer Aufsichtsrat
Pflichten in der Unternehmenskrise
  15 110 ff.
Pflichten (Übersicht) 6 64
Prüfung des Jahresabschlusses 6 47
Prüfungsauftragserteilung 9 158
Rechtsgrundlagen 6 1 f., 27
Schadensersatzanspruchprüfung ge-
  genüber Geschäftsführern 6 64
Statusverfahren 6 15 ff.
Stimmrecht 6 39
Stimmverbote 6 39
Teilnahme Geschäftsführer an Sitzun-
  gen 6 37
Teilnahmerecht an Gesellschafterver-
  sammlung 4 48
Tendenzbetrieb 6 12 f.
Überwachung Geschäftsführung 6 46
Überwachungsfunktion 6 28
Überwachungsorgan 6 7
Verantwortlichkeit 6 64 ff.
Vertretungsmacht 6 48
Weisungsrecht 6 50
Zulässigkeit weiterer Gremien 6 18
Zusammensetzung 6 29 f.
Aufsichtsrat nach dem BetrVG
s. a. Aufsichtsrat
s. a. Fakultativer Aufsichtsrat
Abberufung 6 82
Abberufungsverfahren 6 72
Amtszeit 6 81
Arbeitnehmerquote 6 76 f.
Aufsichtsratsmitglieder Anteilseigner-
  seite 6 78
Aufsichtsratsmitglieder Arbeitnehmer-
  seite 6 79
Ausschüsse 6 84
Beschlußfassung 6 83 f.
Bestellung 6 78
Entsendung 6 78
Ersatzmitglieder 6 80
Gründung 6 75 f.
innere Ordnung 6 83 f.
während Liquidation 6 90
maßgebliche Arbeitnehmerzahl 6 73
Mitgliederzahl 6 76 f.

1251

Aufsichtsrat nach dem MitbestG   Fette Zahlen = Kapitel

Rechtsgrundlagen **6** 70 f.
Tendenzbetrieb **6** 70
Übertragung von Geschäftsführungsaufgaben **6** 88
Wahl Arbeitnehmer **6** 79
Wählbarkeit **6** 77
Wahlordnung **6** 72
Wahlverfahren **6** 72
Zusammensetzung **6** 71
**Aufsichtsrat nach dem MitbestG
6** 91 ff.
s. a. Aufsichtsrat
s. a. Aufsichtsrat nach dem BetrVG
s. a. Fakultativer Aufsichtsrat
Anstellungsverträge Geschäftsführer
  6 98
Arbeitnehmerquote **6** 95
Aufsichtsratsbezüge **6** 104
Ausübung von Beteiligungsrechten
  6 100
Beschlußfähigkeit **6** 101
Beschlußfassung **6** 101
Diskriminierungsverbot Arbeitnehmervertreter **6** 103
Geschäftsführerbestellung und -abberufung **6** 97
innere Ordnung **6** 101
Kompetenzen **6** 96
Maßgebliche Arbeitnehmerzahl **6** 92
Mitgliederzahl **6** 95
Prüfung des Jahresabschlusses **6** 87
Rechtsgrundlagen **6** 91
Rechtsstellung **6** 102
steuerliche Behandlung **6** 105
Tendenzbetrieb **6** 94
Überwachung der Geschäftsführung
  6 86
Vertretung der Gesellschaft **6** 99
Zusammensetzung **6** 95
Aufsichtsratsbeschluß
Anfechtung **6** 42 ff.
Fehlerhaftigkeit **6** 41 f.
Inhaltsmängel **6** 42
– Gesetzesverstoß **6** 42
– Satzungsverstoß **6** 42
– Verstoß gegen bindende Gesellschafterweisung **6** 42
– Verstoß gegen die guten Sitten **6** 42
Nichtigkeit **6** 41 f.
Aufsichtsratsbezüge
Abzugsverbot **6** 59
Aufsichtsrat nach dem MitbestG **6** 104
Aufsichtsratssteuer **6** 63

Aufwendungsersatz **6** 59, 62
bei beschränkt Steuerpflichtigen **6** 63
Besteuerung **6** 62 f.
Betriebsausgabenabzug **6** 59
Quellensteuer **11** 454
Reisekostenerstattung **6** 62
Sachleistungen **6** 62
Sitzungsgelder **6** 62
steuerliche Behandlung **6** 59 f.
– bei den Aufsichtsräten **6** 62 f.
– bei der GmbH **6** 59 f.
Umsatzsteuer **6** 60
Verdeckte Gewinnausschüttung **6** 61
Aufsichtsratsmitglieder, Ausschluß als Geschäftsführer **5** 13
Aufsichtsratssteuer s. Aufsichtsratsbezüge
Aufspaltung
Aufnahme **14** 15
Neugründung **14** 15
Aufspaltung (einer GmbH in mehrere GmbH)
Arbeitnehmerschutz **14** 645
zur Aufnahme **14** 610
Besteuerung der übernehmenden Gesellschaften **14** 667 f.
– Gewerbesteuer **14** 676
– Gewinnermittlung **14** 677
– Teilwertabschreibung **14** 667
– Übernahmefolgegewinn **14** 667
– Übernahmegewinn/-verlust **14** 667
– Verlustabzug **14** 673
– Verwendbares Eigenkapital **14** 668 f.
Besteuerung Gesellschafter übertragende Gesellschaft **14** 679
Bewertungswahlrechte
– Ausschluß **14** 662
– Besitzdauer von Anteilen **14** 658
– eingetauschte Anteile **14** 660
– Gegenleistung **14** 662
– Sicherstellung Besteuerung **14** 661
– Teilbetriebsvoraussetzung **14** 654
– untergehende Anteile **14** 659
Gewährung von Geschäftsanteilen
  14 631
Gläubigerschutz **14** 644
Handelsregistereintragung **14** 634 ff.
Kapitalerhöhung **14** 633
Minderheitenrechte **14** 641
Mitbestimmung **14** 646
zur Neugründung **14** 610
Rechnungslegung **14** 617 ff.
– Buchführung **14** 618

Magere Zahlen = Randziffern

- Jahresabschluß **14** 619
- Jahresabschluß übernehmende Gesellschaften **14** 627
- Schlußbilanz **14** 620, 624
- Spaltungs-Teilbilanzen **14** 621
- Steuerbilanz übernehmende Gesellschaften **14** 628
- Zwischenbilanz **14** 619
Rückwirkung **14** 664
Schlußbesteuerung der übertragenden Gesellschaft **14** 665 f.
Spaltungs- und Übernahmevertrag
- Inhalt **14** 612 f.
- Zuleitung **14** 616
Spaltungsbericht **14** 629
Spaltungsbeschluß Gesellschafterversammlung **14** 632
Spaltungsprüfung **14** 630
Steuerliche Folgen **14** 650 ff.
- Aufteilung Anschaffungskosten Gesellschafteranteile **14** 652
- Aufteilung Verlustabzug **14** 652
- Aufteilung verwendbares Eigenkapital **14** 652
- Bewertungswahlrechte **14** 653 ff.
Teilbetriebsvoraussetzung **14** 654
Verwässerungsschutz **14** 643
Aufstellung, Jahresabschluß, Fristen **9** 55 ff.
Aufwandsrückstellung
aktive Steuerbegrenzung **10** 22
Ansatzwechsel **10** 26
Auflösungsverbot **10** 25
Auswirkungen auf Jahresüberschuß **10** 23
Gegenstand **10** 27
Nachholverbot **10** 24
Aufwendungen für die Ingangsetzung und Erweiterung des Geschäftsbetriebes 10 10 ff.
s. a. Ergebnisermittlung
Aufwendungsersatz, Aufsichtsrat **6** 58
Ausfallhaftung, Qualifizierter faktischer Konzern **17** 174 ff.
Ausgleichsanspruch
Gesellschafter bei Verdeckter Gewinnausschüttung **10** 209 ff.
Minderheitsgesellschafter qualifizierter faktischer Konzern **17** 172
Ausgleichsposten
Ausgliederung (Einzelunternehmen) **14** 214

Ausgliederung

- Buchwertfortführung **14** 185
Organträger **17** 87 ff.
Ausgleichsverpflichtung, Vertragskonzern **17** 35
Ausgliederung
Aufnahme **14** 15
Neugründung **14** 15
Sacheinlagen durch Verschmelzung **14** 195
Ausgliederung (aus einer GmbH in andere GmbH) 14 690 f.
zur Aufnahme **14** 690
Ausgliederungsbericht **14** 693
Ausgliederungsprüfung **14** 693
Ausgliederungs-/Übernahmevertrag **14** 693
Beschluß Gesellschafterversammlung **14** 693
Einzelrechtsnachfolge **14** 698 f.
Gewährung von Geschäftsanteilen **14** 693
Handelsregistereintragung **14** 693
Kapitalerhöhung **14** 693
Kapitalherabsetzung **14** 693
zur Neugründung **14** 690
Rechnungslegung **14** 693
steuerliche Folgen **14** 696
- Einbringung gegen Gewährung von Gesellschaftsrechten **14** 696
- Grunderwerbsteuer **14** 697
- Umsatzsteuer **14** 696
Ausgliederung (Einzelunternehmen)
Aufnahme in GmbH
- Ausgliederungsbericht **14** 173
- Ausgliederungsvertrag **14** 173
- Betriebsrat **14** 173
- Gewährung Geschäftsanteile **14** 173
- Gläubigerschutz **14** 179
- Handelsrechtliche Wirkungen **14** 174
- Handelsregistereintragung **14** 173
- Minderheitenrechte **14** 179
- Rechnungslegung **14** 173
- Überblick **14** 170 f.
- Vermögensverzeichnis **14** 173
Besteuerung GmbH **14** 210 ff.
- Ausgleichsposten **14** 214
- bei Buchwertansatz **14** 212
- gewerbesteuerliche Hinzurechnungen **14** 215
- bei Teilwertansatz **14** 211
- Umsatzsteuer **14** 216
- Verlustvorträge **14** 213

1253

Ausgliederungsbericht

Fette Zahlen = Kapitel

– verwendbares Eigenkapital **14** 214
– bei Zwischenwertansatz **14** 212
Besteuerung GmbH-Anteile **14** 217
– Einbringungsgeborene Anteile **14** 218 f.
Bewertungswahlrechte **14** 197 f.
– Buchwertansatz **14** 197
– Teilwertansatz **14** 197
– Zwischenwertansatz **14** 197
Einbringender **14** 199
Einbringungsgegenstand **14** 199
Grunderwerbsteuer **14** 209
Nachhaftung **14** 193
Neugründung GmbH **14** 180 ff.
– Ausgliederungsplan **14** 181
– Bewertungswahlrechte Eröffnungsbilanz **14** 185
– Handelsrechtliche Eröffnungsbilanz GmbH **14** 184
– Handelsregistereintragung **14** 189 f.
– Prüfung **14** 188
– Rechnungslegung **14** 182
– Sachgründungsbericht **14** 187
– Steuerliche Folgen **14** 195 ff.
– Steuerrechtliche Eröffnungsbilanz **14** 185
– Überblick **14** 180
– Vermögensverzeichnis **14** 183
Rückwirkung **14** 202 f.
Sacheinlagen
– Aufspaltung, Abspaltung, Ausgliederung **14** 195
– Einzelrechtsnachfolge **14** 195
Schachtelprivileg **14** 226
Umsatzsteuer **14** 208
Umwandlungssteuergesetz Fallgruppen **14** 195 ff.
Veräußerungsgewinn **14** 205 f.; *s. a. dort*
Ausgliederungsbericht, Ausgliederung (aus einer GmbH in andere GmbH) **14** 693
Ausgliederungsprüfung, Ausgliederung (aus einer GmbH in andere GmbH) **14** 693
Ausland, Grenzüberschreitende Verdeckte Gewinnausschüttung **10** 247
Ausländer als Gründer **2** 43; *s. a.* Gründer
Ausländische Einkünfte
Körperschaftsteuer **11** 50, 117
Verwendbares Eigenkapital **11** 76
Ausländische Kapitalgesellschaft, steuerliche Ansässigkeit **11** 19 ff.

Ausländische Steuern, Anrechnung Vermögensteuer **11** 318; *s. a. dort*
Ausländische Unternehmen als Organträger **17** 49
Umwandlung **14** 20 f.
– Ersatzformen **14** 23
– Handelsrecht **14** 21, 23 f.
– Steuerrecht **14** 22 f.
Ausländischer Notar, Notarielle Beurkundung **12** 3
Auslandsbeurkundung, Gesellschaftsvertrag *s. dort*
Ausnutzen von Geschäftschancen, Verdeckte Gewinnausschüttung **10** 247
Ausscheiden aus GmbH 13 1 ff.
Abfindung bei Ausscheiden **13** 120 ff.; *s. a. dort*
Abfindungsklauseln
– Erbschaftsteuer **13** 140 ff.
– Schenkungsteuer **13** 140 ff.
Abtretung Geschäftsanteil **13** 16
– an Dritte **13** 2, 6
– Gesellschafter **13** 2, 6
Anlaß
– automatischer **13** 3
– einvernehmlicher **13** 3, 5 f.
– streitiger **13** 3
Ausschluß *s.* Gesellschafterausschluß
Austritt **13** 115 ff.
Austritt wegen Nachschußpflicht **13** 119
Automatikklauseln **13** 130 f.
Beteiligungsquote **13** 8
Durchführung **13** 6 ff.
– Auswahlkriterien **13** 7 ff.
– Formen (Überblick) **13** 6
Einlageäumnis **13** 113
Einziehung **13** 2, 6
– freiwillige **13** 60 ff.
Erwerb eigener Anteile **13** 18 ff.; *s. a.* Eigene Anteile
Finanzierung **13** 10
Gesetzessystematik **13** 2
Grunderwerbsteuer bei Anteilsvereinigung **13** 150 f.
Kaduzierung **13** 2
Kapitalherabsetzung **13** 2, 6, 81 ff.
– Erbschaftsteuer **13** 84
– Ertragsteuern **13** 83
– Grunderwerbsteuer **13** 84
– Kapitalschutz **13** 82
– Schenkungsteuer **13** 84
Kündigung **13** 115 ff.

1254

Magere Zahlen = Randziffern

Lästiger Gesellschafter 13 85 ff.; s. a. dort
Nachschußsäumnis 13 114
Publizität 13 12
Steuerfolgen 13 4
steuerliche Interessenlage 13 14
streitiges 13 100 ff.
– Abgrenzung 13 100
– Begriff 13 100
– Initiative der anderen Gesellschafter 13 101 ff.
– Initiative der GmbH 13 101 ff.
– Initiative des Gesellschafters 13 115 ff.
– Steuerfolgen 13 126
von Todes wegen 13 2
Verfahrenskosten 13 13
Zeitdauer 13 11
Zurverfügungstellung 13 2
Ausschüttung
s. Gewinnausschüttung, Ausschüttungsbelastung
Ausschüttungsplanung 1 55 f.
Beschränkungen bei vereinfachter Kapitalherabsetzung 8 164 f.
Nachversteuerung 1 52
Ausschüttungsbedingte Teilwertabschreibung s. Teilwertabschreibung
Ausschüttungsbelastung
s. a. Gewinnausschüttung
Faktischer Konzern 17 180 f.
Herabschleusung 11 93
Heraufschleusung 11 105 f.
Herstellung bei Kapitalherabsetzung 8 179
Körperschaftsteuer 11 50
Verwendungsfiktion 10 3 f.
Ausschüttungsbeschluß s. Ergebnisverwendung
Ausschüttungssperre 10 146
Ausstehende Einlagen
Ansatz bei Unterbilanz 8 13
Bilanzausweis 2 104
Einmanngründung 2 150
Stammeinlagen 2 98 f.
Verdeckte Gewinnausschüttung 10 247
Vermögensteuer 11 325 f.
Austauschgeschäft, Auszahlungsverbot § 30 8 20
Austritt aus GmbH
Gesellschaftsvertrag 13 118
Verfahren 13 116 f.
Voraussetzung 13 115
wichtiger Grund 13 115 ff.

Bankenhaftung

Auszahlungsverbot
äquivalentes Austauschgeschäft 8 21
Erstattungsanspruch wegen Auszahlung des Stammkapitals 8 46 ff.
Leistungsverweigerungsrecht 8 40 f.
Liquiditätsverschlechterung 8 26
offene Gewinnausschüttung 8 32
Zwischenbilanz 8 19
Auszahlungsverbot § 30
bei der AG 8 9
andere Ausschüttungen 8 31
Ausgeglichenheit von Leistung und Gegenleistung 8 24
Bereicherung, ungerechtfertigte 8 88
Darlehen 8 26
Dritte als Leistungsempfänger
– Ehegatte 8 37
– Generalhandlungsbevollmächtigter 8 35
– Geschäftsführer 8 35
– Hintermann 8 37
– Leistung im Konzern 8 38
– Liquidator 8 35
– minderjährige Kinder 8 37
– nahe Angehörige 8 37
– Nießbraucher 8 37
– Prokurist 8 35
– Treugeber 8 37
– wechselseitige Beteiligungen 8 39
eigene Anteile 8 29
Gewinnaufschlag 8 24
Gewinnrücklage 8 7
Gleichwertigkeit der Forderung 8 25
Haftung 8 70 f.
– Geschäftsführer 8 82 ff.
– subsidiäre 8 81
Haftung der Mitgesellschafter
– verschuldensabhängige 8 81
Jahresfehlbetrag 8 7
Kapitalrücklage 8 7
Konzernumlage 8 38
Schadensersatzpflicht aus unerlaubter Handlung 8 88
Stundung Kaufpreisforderung 8 25
Verdeckte Gewinnausschüttung 8 31
Verlustvortrag 8 7
Verpflichtungsgeschäft 8 34
Zeitpunkt 8 18

Bankenhaftung
Anmeldung zum Registergericht 2 142
verschleierte Sacheinlagen 2 112

1255

Bankkredit

Bankkredit
 Eigenkapitalersatz **8** 208
 Gesellschaftersicherheit **8** 273
Barabfindung, Anwachsung (GmbH & Co. in GmbH) **14** 245; *s. a.* Abfindung
Bareinlagen *s.* Stammeinlagen
Basisgesellschaft, Körperschaftsteuer **11** 398 f.
Beendigung, Anteilseignerschaft
 – bei Beendigung GmbH **13** 1
 – bei Fortbestand GmbH **13** 1
Beendigung der Gesellschaft
 Handelsregistereintrag **16** 55
 Liquidation **16** 55; *s. a. dort*
Beendigung von Unternehmensverträgen (Konzern) 17 118 ff.
 Aufhebung **17** 118
 Beendigungsgründe **17** 118 ff.
 Formerfordernisse **17** 124 ff.
 Gläubigerschutz **17** 127 ff.
 Handelsregistereintragung **17** 125
 Kündigung **17** 119 ff.
 Minderheitenschutz **17** 127 ff.
 Rücktrittsrecht **17** 123
 Zeitablauf **17** 123
 Zustimmungserfordernisse **17** 124 ff.
Beherrschungsvertrag 17 11
 s. a. Unternehmensverträge (Konzern)
 s. a. Vertragskonzern
 isolierter **17** 21
 Verlustübernahme **17** 37
 Weisungsrecht **17** 27
Beirat
 Angaben auf den Geschäftsbriefen **5** 184
 Aufgaben **6** 19 ff.
 Besetzung **6** 6
 Geschäftsführerbestellung **5** 8
 Gesellschaftsfremde Dritte **6** 22
 als Gesellschaftsorgan **6** 1
 Grundlagenentscheidungen **6** 22
 Kompetenzen **6** 18, 19, 22
 als Kompetenzträger **3** 9
 und mitbestimmter Aufsichtsrat **6** 18
 Mitglieder **6** 22
 Rechtsformüberlegungen **1** 35
 nach Satzung **6** 20
 schuldrechtliche Verankerung **6** 20, 21
 Teilnahmerecht an Gesellschafterversammlung **4** 48
Berater
 Dienstbesorgungsvertrag **6** 26
 Geschäftsbesorgungsvertrag **6** 26

Fette Zahlen = Kapitel

 Inanspruchnahme durch Organe der GmbH **6** 26
 Teilnahmerecht an Gesellschafterversammlung **4** 49
Berlinförderung, Körperschaftsteuer **11** 184
Beschlußfassung der Gesellschafter
 s. Gesellschafterbeschluß
Beschränkte Steuerpflicht
 Aufsichtsratsbezüge **6** 63
 Gesellschafterbesteuerung **11** 450 ff.
 Gewinnausschüttungen **7** 290 ff.
 Pauschalsteuersatz **6** 63
 Steuerveranlagung **11** 457
 Veräußerungsgewinne **12** 80
Besitzunternehmen, Verdeckte Gewinnausschüttung **10** 247
Besserungsschein
 bei Forderungsverzicht **15** 54
 Sanierung, finanzielle **15** 53
Bestätigungsvermerk *s.* Abschlußprüfung
Bestellung, Geschäftsführer **5** 1 ff.
Bestellung des Geschäftsführers
 s. Geschäftsführerbestellung
Besteuerung der Gesellschafter *s.* Gesellschafterbesteuerung
Besteuerung der GmbH 1 46 ff.
 Aufsichtsratsvergütungen **1** 50
 Ausschüttungsplanung **1** 55 f.
 einbehaltene Gewinne **1** 47
 Erwerb von Anteilen **1** 60
 Gewinnthesaurierung **1** 56
 grenzüberschreitende *s.* Grenzüberschreitende Besteuerung
 laufende Besteuerung **1** 47 ff.
 Leistungsvergütungen **1** 48
 Liquidationsgewinn **1** 62
 Nachversteuerung bei Ausschüttungen **1** 52
 Pensionsrückstellungen **1** 49
 Schachtelprivileg **1** 53; *s. a. dort*
 Veräußerung von Anteilen **1** 58 f.
 Vererbung oder Schenkung von Anteilen **1** 61
 Vermögensteuer **1** 50
 Vorgesellschaft **2** 19 ff.
Besteuerung des Gesellschafters,
 Anteile im Betriebsvermögen **16** 85
Beteiligung *s.* Wesentliche Beteiligung
Beteiligung, wechselseitige *s.* Wechselseitige Beteiligung

1256

Magere Zahlen = Randziffern

Beteiligungserträge, Faktischer Konzern **17** 181
Beteiligungsfinanzierung *s.* Finanzierung
Beteiligungsquote, Ausscheiden aus GmbH **13** 8
Beteiligungsveräußerung
s. a. Geschäftsanteil, Veräußerung
eigenkapitalersetzende Gesellschafterdarlehen **8** 260
nachträgliche Anschaffungskosten **8** 264
Beteiligungsverluste, Teilwertabschreibung Beteiligungsgesellschaft **17** 187
Betriebsaufspaltung 14 248
Eigenkapitalersatz **8** 326, 331
eigenkapitalersetzende Gesellschafterleistungen **8** 312
Organschaft (KSt) **17** 60, 70, 113
Organschaft (USt) **17** 113
Verdeckte Einlage Besitzunternehmen **7** 137
Betriebsausgabenabzug, Aufsichtsratsvergütung **6** 59 f.
Betriebsführungsvertrag 17 12
s. a. Unternehmensverträge (Konzern)
s. a. Vertragskonzern
Betriebspachtvertrag 17 12
s. a. Unternehmensverträge (Konzern)
s. a. Vertragskonzern
Betriebsprüfung, Pflichten des Geschäftsführers **5** 197 f.
Betriebsrat
s. a. Mitbestimmung
Übergangsmandat bei Betriebsspaltung **14** 38
Übergangsmandat Spaltung GmbH **14** 645
Umwandlungsbeschlußentwurf
– Zuleitung **14** 63, 92
Verschmelzung (Aufnahme GmbH in GmbH)
– Zuleitung Verschmelzungsvertragsentwurf **14** 469
Verschmelzung (GmbH auf OHG/KG)
– durch Aufnahme **14** 351
Zuleitung Spaltungs- und Übernahmevertrag **14** 616
Betriebsstätte
Anrechnungsmethode **11** 353 ff.
Buchführung **11** 424

Bewertungswahlrecht

Einbringung
– Grenzüberschreitender Tausch **14** 267
EU-Kapitalgesellschaft
– Einbringung **14** 268 f.
Gewerbeertragsteuer **11** 246, 266 f., 266 ff.
Investitionen in ausländische
– direkte Aufteilungsmethode **11** 390
– Einkommensermittlungsprobleme **11** 389 ff.
– indirekte Aufteilungsmethode **11** 390
– Verlustkompensationsprobleme **11** 393 ff.
– Verrechnungspreise **11** 392
Körperschaftsteuer **1** 52
Meldevorschriften **11** 420
Organschaft (GwSt) **17** 93
Betriebsüberlassungsvertrag 17 12
s. a. Unternehmerverträge (Konzern)
s. a. Vertragskonzern
Beurkundung, notarielle *s.* Notarielle Beurkundung
Bevollmächtigte, Stimmrecht **4** 85 f.
Beweislast
Aufsichtsrat Sorgfaltspflicht **6** 65
eigenkapitalersetzende Gesellschafterdarlehen **8** 251
eigenkapitalersetzende Gesellschaftersicherheiten **8** 297
Erstattungsanspruch wegen Auszahlung des Stammkapitals **8** 76
Gewinnrückzahlung **8** 97
Haftung im qualifizierten faktischen Konzern **17** 174; *s. a.* Haftung
Verdeckte Gewinnausschüttung **10** 247
Bewertungsstichtag, Vermögensteuer **11** 334 ff.
Bewertungswahlrecht
Abspaltung (von einer GmbH in andere GmbH) **14** 685 f.
Aufspaltung (einer GmbH in mehrere GmbH) **14** 653 ff.
Ausgliederung Einzelunternehmen
– Buchwert **14** 197
– Teilwert **14** 197
– Zwischenwert **14** 197
Bewertungsstetigkeit **10** 32 f.
Eröffnungsbilanz bei Formwechsel OHG/KG in GmbH **14** 101

1257

Bezugsrecht

Spaltung (GmbH auf OHG/KG) **14** 448
Verschmelzung (Aufnahme GmbH in GmbH) **14** 477 f., 484 f., 526 f.
Verschmelzung (GmbH auf OHG/KG)
– durch Aufnahme **14** 356 f.
Bezugsrecht
Finanzierungs-Genußrechte **7** 222
Kapitalerhöhung durch Zuführung neuer Mittel **7** 27 ff.
Veräußerung **12** 91
Veräußerungsgewinn **12** 82
Bilanzänderung
abweichende Gewinnausschüttung **10** 150 f.
bei zeitgleicher Aktivierung Gewinnanspruch **10** 152 f.; s. a. Gewinnanspruch
Bilanzausweis
ausstehende Einlagen **2** 104
Eigene Anteile **13** 39 f.
Einziehung **13** 70
gezeichnetes Kapital **2** 103
Bilanzgewinn, Berechnung **9** 80 f.
Bilanzierung
Ansatzwahlrechte **10** 5 ff.
Besonderheiten nach GmbHG **9** 70 ff.
Bewertungsstetigkeit **10** 46 ff.
Bewertungswahlrechte **10** 30 ff.
Geschäftsführerhaftung **5** 245 f.
Methodenwahlrechte **10** 38 ff.
Verdeckte Gewinnausschüttung **10** 247
Bilanzierungshilfe, Währungsumstellung EURO **10** 12
Bilanzpolitik, Jahresabschluß **9** 68
Bösgläubigkeit, gutgläubiger Dividendenbezug **8** 99 f.
Briefkastenfirma, Zugriffsbesteuerung **11** 412
Bruchteilseigentum, Umwandlung **12** 18
Bruchteilsgemeinschaft, Teilnahmerecht an Gesellschafterversammlung **4** 41
Bruttobardividende, Körperschaftsteuer **11** 49; s. a. Gewinnausschüttung
Buchführung
Änderungen **9** 8
Aufspaltung (einer GmbH in mehrere GmbH) **14** 618

Fette Zahlen = Kapitel

Berichtigungen **9** 8
Briefkopien **9** 15
computergestützte Buchführungssysteme **9** 11
Delegation, Vergabe **9** 2
Formen **9** 10
Grundsätze **9** 7
– Nachvollziehbarkeit **9** 7
– Ordnung **9** 7
– Richtigkeit **9** 7
– Vollständigkeit **9** 7
– Zeitgerechtigkeit **9** 7
Handelsbücher **9** 12 ff.
Mitwirkung bei grenzüberschreitenden Sachverhalten **11** 424
Ort **9** 14
sonst erforderliche Aufzeichnungen **9** 13
Sprache **9** 6
steuerliche Aufzeichnungen **9** 13
Systeme **9** 9
Zweck **9** 5
Buchführungspflicht 9 1 ff.
Beginn **9** 3
Ende **9** 4
Konkurs **9** 2
Pflichten des Geschäftsführers **5** 191 f.
Verstöße **9** 19 f.
Buchwertfortführung
Ausgliederung (Einzelunternehmen) **14** 185, 197
Verschmelzung (Aufnahme GmbH in GmbH) **14** 484, 551
Verschmelzung (GmbH auf OHG/KG)
– durch Aufnahme **14** 356, 365
Buchwertklausel s. Abfindung bei Ausscheiden
Buchwertmethode s. Konsolidierung
Bürgschaft
als Anschaffungskosten **12** 100
eigenkapitalersetzende Gesellschaftersicherheiten **8** 277
als Sicherheit zugunsten eines Gesellschafters **8** 28
Verdeckte Gewinnausschüttung **10** 247

Call-Option, Geschäftsanteil **12** 85
Control-Konzept, Konzernabschluß **9** 117 f.
Culpa in contrahendo, Geschäftsanteilsveräußerung **12** 30

Magere Zahlen = Randziffern

Darlehen
s. a. Eigenkapitalersetzende Darlehen
Auszahlungsverbot § 30 **8** 26
Gesellschafterdarlehen **1** 30; s. a. dort
Krisenfinanzierungsdarlehen **8** 262 f.
Unterbilanz **8** 15
Darlehensvertrag, Verdeckte Gewinnausschüttung **10** 247
Dauerschulden 17 196
s. a. Gewerbekapitalsteuer
Organschaft **17** 102, 105
DDR-Investitionsgesetz, Steuerfreie Rücklage **11** 182 f.
Delegation, Gesellschafterkompetenzen **3** 6 ff.; s. a. Gesellschafterrechte
Deliktshaftung, Geschäftsführerhaftung **5** 228
Differenzhaftung
Gründungshaftung **2** 37; s. a. Haftung
Sacheinlagen **2** 108
Direktversicherung, Verdeckte Gewinnausschüttung **10** 247
Diskriminierungsverbot
Arbeitnehmervertreter im Aufsichtsrat **6** 103
Gesellschafter **3** 39 f.
Dividende
s. a. Ausschüttungsbelastung, Gewinnausschüttung, Ausschüttungspolitik
Auszahlungsverbot § 30 **8** 21
gutgläubiger Bezug **8** 89 ff.
Versteuerung bei Anteilserwerb **12** 57
Zahlung an Nichtberechtigte **12** 57
Domizilgesellschaft, Körperschaftsteuer **11** 398 f.
Doppelbesteuerung
Anrechnungsmethode **11** 353
ohne Doppelbesteuerungsabkommen **11** 353 f.
– Anrechnungsmethode **11** 353
– direkte Anrechnung **11** 354 ff.
– fiktive Anrechnung **11** 365
– indirekte Anrechnung **11** 361 ff.
– Pauschalierung **11** 366
Körperschaftsteuer **11** 350 ff.
Doppelbesteuerungsabkommen
Anrechnungsmethode **11** 376 f.
Ansässigkeitsfeststellung **11** 370 f.
Einkünftezuordnung **11** 372 ff.
Erweiterte beschränkte Steuerpflicht **11** 476
fiktive Anrechnung **11** 378 f.
Freistellungsmethode **11** 86, 380 f.

Eigene Anteile

Gesellschafterbesteuerung **11** 450 ff.
Konsultationsverfahren **11** 431 f.
Rechtsnatur **11** 367 f.
Rückfallklausel **11** 368
Veräußerungsgewinn **12** 81
Verfahrensvorschriften **11** 420 ff.
Vermögensteuer **11** 318 ff.
Verständigungsverfahren **11** 430 f.
Down-Stream-Merger s. Verschmelzung (Aufnahme GmbH in GmbH)
Drittaufwand, eigenkapitalersetzende Gesellschaftersicherheiten **8** 296
Drittdarlehen, Gesellschaftersicherheit **8** 271 f.
Drittgeschäft, Auszahlungsverbot § 30 **8** 20
Drittrechte s. Gesellschafterrechte
Drohverlustrückstellung 10 19
Dual resident companies, Umwandlung **14** 22
Durchgangserwerb, Steuerverstrickung **12** 87

Eigene Anteile 13 18 ff.
Ansatz bei Unterbilanz **8** 13
Auflösungsgründe **16** 19
Einziehung **13** 56
Erbschaftsteuer **13** 140 ff.
Grunderwerbsteuer bei Anteilsvereinigung **13** 150 f.
Kapitalaufbringung **13** 20 ff.
Kapitalerhaltung **13** 23 ff.
– Vermögensbewertung **13** 25
– Zeitpunkt **13** 26 ff.
Kapitalherabsetzung **8** 30, 117
Kapitalschutz **13** 19 ff.
Kaufpreis **13** 41
Kein-Mann-GmbH **13** 47
Rechte Dritter **13** 46
Rechtsfolgen **13** 29 ff.
– Bilanzausweis **13** 39 f.
– Mitgliedschaftsrechte **13** 37 f.
– Rechte Dritter **13** 46
– Rücklage **13** 40
Rückabwicklung **13** 30
Rücklage **12** 216; **13** 24
– Bildungszeitpunkt **13** 28
Satzungsbestimmungen **13** 35
Schenkungsteuer **13** 140 ff.
Steuerfolgen **13** 48 ff.
– Erbschaftsteuer **13** 57
– Ertragsteuern **13** 48 ff.
– Grunderwerbsteuer **13** 58

1259

Eigenkapital

Fette Zahlen = Kapitel

- Schenkungsteuer **13** 57
Stimmrechtsausschluß **4** 116 f.
Teilwertabschreibung **13** 53 f.
Umgehungsverbote **13** 33 f.
- Inpfandnahme **13** 33
- Verbundene Unternehmen **13** 34
Veräußerung **13** 54
Verfahrensfragen **13** 42 ff.
- Kosten **13** 43
- Publizität **13** 45
- Zeitdauer **13** 44
Vergleich zu anderen Ausscheidensformen **13** 18
Verkaufserlös als Steuerfreie Einlage **13** 55
Vermögensteuer **11** 327 f.
Vertragsgestaltung **13** 32
Wertberichtigung **14** 53 f.
Eigenkapital
s. a. Verwendbares Eigenkapital
Genußrechtskapital **7** 232 f.
Eigenkapitalausstattung, Angemessenheit **8** 2 ff.
Eigenkapitalersatz, Rechtsprechungsgrundsätze **8** 229
Eigenkapitalersetzende Darlehen
Gewinnanspruch **10** 181
Nebenforderungen **8** 236
Prolongation **8** 230
Stehenlassen von Forderungen **8** 232 f.
steuerliche Behandlung
– bei der Gesellschaft **8** 294
– beim Gesellschafter **8** 295 f.
Steuern vom Vermögen **8** 269
Zinsen **8** 236
Eigenkapitalersetzende Gesellschafterdarlehen
Aufhebung des Insolvenzverfahrens **8** 244 f.
Bankkredit **8** 208
bei Beteiligungsveräußerung **8** 260
Beweislast **8** 251
Darlehensbegriff **8** 205
Ergebnisabführungsvertrag **8** 220
Gesellschafterstellung des Darlehensgebers **8** 209
– Altanteile **8** 214
– Ausscheiden nach Darlehenshingabe **8** 212
– Beteiligungshöhe **8** 210
– Darlehenshingabe vor Gesellschafterstellung **8** 211

- Neuanteile aus Kapitalerhöhung **8** 214
- Sanierungsprivileg **8** 213
- zeitliche Beschränkung **8** 215
Insolvenz **8** 260
Insolvenzverfahren **8** 203
Kapitalersatzfunktion **8** 216 ff.
Kenntnis der Beteiligten **8** 226
Konsortialkredit **8** 208
Kreditunwürdigkeit **8** 217 f.
bei Liquidation **8** 260
nachträgliche Anschaffungskosten **8** 258 f.
Rangrücktritt **8** 252
Rechtsfolgen
- Anfechtung **8** 239
- Insolvenzfall **8** 237
- Rechtsprechungsgrundsätze **8** 237, 248 f.
Sanierungskredit **8** 207
stehengelassene in der Krise **8** 229 ff.
steuerliche Behandlung **8** 252 f.
Überbrückungskredit **8** 206
bei Überschuldung **8** 218
Unterbilanz **8** 220
bei Zahlungsunfähigkeit **8** 218
Zeitpunkt der Beurteilung **8** 227 ff.
Zwischenfinanzierung **8** 206
Eigenkapitalersetzende Gesellschafterleistungen
Allgemeines **8** 197 f.
Anzahlung **8** 301
Besicherung von Drittdarlehen **8** 347 ff.
Betriebsaufspaltung **8** 312, 326, 331
Dienstleistungspflichten **8** 342 f.
Drittkredite **8** 309 f.
Eigentumsvorbehalt **8** 301, 318
Factoring **8** 303
Finanzierungsfreiheit **8** 200
Finanzierungsleasing **8** 320 f.
Forderungserwerb **8** 302
Hintermann **8** 314
Kredite naher Angehöriger **8** 310
Kredite verbundener Unternehmen **8** 311
Kreditunwürdigkeit **8** 330
Nießbraucher **8** 314
Nutzungsüberlassung **8** 325 f.
Operating Leasing **8** 324
Pensionsgeschäft **8** 305
Rechtsfolgen der eigenkapitalersetzenden Nutzungsüberlassung **8** 334 ff.

Magere Zahlen = Randziffern

Einbringungsgeborene Anteile

Rechtsprechungsgrundsätze **8** 201
Sale-and-lease-back **8** 319
Sicherungsübereignung **8** 318
Spezial-Leasing **8** 324
Stiller Gesellschafter **8** 315 ff.
Strohmann **8** 314
Stundung **8** 301
Treugeber **8** 314
Treuhänder **8** 314
Überschuldung **8** 329
Übertragung des Nutzungsrechts **8** 340
Unterbeteiligter **8** 314
Vorauszahlung **8** 301
Eigenkapitalersetzende Gesellschaftersicherheiten
Anfechtungsgründe **8** 282
Aufwendungsersatzanspruch **8** 289
Bankkredit **8** 273
Bürgschaften **8** 277
Doppelsicherung **8** 275, 286
Drittaufwand **8** 296
Drittdarlehen **8** 271 f.
Forderungsübergang, gesetzlicher **8** 288
Freistellungsanspruch **8** 287
Garantievertrag **8** 272
Grundschuld **8** 272
Hypothek **8** 272
Insolvenz **8** 278 f.
Insolvenzplan **8** 289
Kaution **8** 272
Kreditauftrag **8** 272
Kreditbesicherung **8** 270 ff.
Krisenfinanzierung **8** 276
Leistungsverweigerungsrecht **8** 293
Patronatserklärung **8** 272
Rechtsprechungsgrundsätze **8** 277, 292 f.
Rentenschuld **8** 272
Sachdarlehen **8** 299
Schuldbeitritt **8** 272
Sicherungsabtretung **8** 272
steuerliche Behandlung **8** 294 f.
Vereinbarungsdarlehen **8** 300
Verpfändung **8** 272
Wechselakzept **8** 272
Eigenkapitalfinanzierung s. Finanzierung
Eigentumsvorbehalt
Eigenkapitalersatz **8** 318
eigenkapitalersetzende Gesellschafterleistungen **8** 301

Einberufung der Gesellschafterversammlung
Abdingbarkeit **4** 23
durch Aufsichtsrat **4** 7; **6** 48
Einberufungskompetenz **4** 2 f.
Einberufungsrecht Gesellschafter **4** 2 ff., 5
Einladung **4** 24 ff.
– Adressaten **4** 27
– Anschrift **4** 29
– Frist **4** 24, 31
– Gründe **4** 24
– Inhalt **4** 24 f.
– Ladung Dritter **4** 28
– Ort und Termin **4** 33
– Tagesordnung **4** 32
faktischer Geschäftsführer **4** 3
fehlerhafte **4** 36
Form und Inhalt **4** 24 f.
Konkursverwalter **4** 4
Liquidator **4** 4
mehrere Geschäftsführer **4** 10
Pflichtfälle **4** 11 ff.
– Abdingbarkeit durch Satzung **4** 23, 35
– in ausdrücklich bestimmten Fällen **4** 11
– im Interesse der Gesellschaft **4** 12
– Minderheitsgesellschafter **4** 14 f.
– Selbsthilferecht **4** 14 f.
– bei Verlust der Hälfte des Stammkapitals **4** 13; **15** 71 f.
Zuständigkeit
– abweichende Bestimmungen **4** 7
– Delegation **4** 8
– Rücknahme **4** 9
Einbringung, Geschäftsanteil s. dort
Einbringungsgeborene Anteile
Anschaffungskosten
– Ausgliederung Einzelunternehmen **14** 197
Anwachsung (GmbH & Co. in GmbH) **14** 243
Erweitere beschränkte Steuerpflicht **11** 478
Kapitalherabsetzung **8** 185
bei Übergang Stille Reserven Kapitalerhöhung **7** 45
übernehmende Personengesellschaft bei Verschmelzung (GmbH auf OHG/KG) **14** 403
Umstrukturierung **14** 41
Veräußerungsgewinn **12** 122; **14** 218 f.

Eingetragene GmbH
- Entwicklungstatbestände **14** 221 f.
- Ermittlung **14** 223
- Ersatz-Gewinnrealisierungstatbestände **14** 221 f.
- Gewerbesteuer **12** 127
- Gewinnrealisierungstatbestände **14** 220 f.
- Tarifermäßigung **12** 122, 124
Veräußerungsverlust **14** 224
verschleierte Sacheinlagen **2** 115
Eingetragene GmbH s. GmbH eingetragene
Einheitliche Leitung, Konzern **17** 7
Einheitsgründung s. Gesellschaftsvertrag
Einheitstheorie, Konzernabschluß **9** 111, 129
Einheitswert s. Vermögensteuer
Einkommensermittlung
Organgesellschaft **17** 84
Organschaft **17** 83
beim Organträger **17** 86 f.
steuerlicher Ausgleichsposten Organträger **17** 87
Einkünfte aus Kapitalvermögen, andere Ausschüttungen **8** 33
Einlage
s. a. Stammeinlagen, Sacheinlagen, Ausstehende Einlagen
s. a. Verdeckte Einlage
gutgläubiger Dividendenbezug **8** 103
Steuerfolgen **2** 101 ff.
Stille Gesellschaft **7** 164, 174;
s. a. dort
Verkaufserlös eigene Anteile **13** 55
Wert bei Eigenkapitalersatz **8** 259
Ein-Mann GmbH
s. a. Einmanngründung
Gesellschafterbeschluß **4** 75 ff.
s. a. Selbstkontrahieren
Einmanngründung 2 147 ff.
Anmeldung **2** 151
Anteilsvereinigung **2** 151
ausstehende Einlagen **2** 150
Einzahlungsversicherung **2** 151
Errichtungserklärung **2** 148
Gesellschaftsvertrag **2** 148
Kapitalaufbringung **2** 150 ff.
Rechtsnatur **2** 149
Sicherungsbestellung **2** 150
Sondervermögen des Gründers **2** 149
Strohmanngründung **2** 147

Fette Zahlen = Kapitel

Vorgesellschaft **2** 149
Vorgründungsgesellschaft **2** 149
Einnahme, negative, gutgläubiger Dividendenbezug **8** 103
Einnahmen-/Ausgabenrechnung, Liquidation **16** 67
Einsichtsrecht, Gesellschafter **3** 80; s. a. Gesellschafterrechte
Eintragung ins Handelsregister
s. Handelsregistereintragung
Einzelrechtsnachfolge
Ausgliederung (aus einer GmbH in andere GmbH) **14** 698 f.
Gesamtrechtsnachfolge, Vergleich **14** 32
Kapitalerhöhung gegen Sacheinlage **14** 246
Sachgründung GmbH **14** 247
Einziehung
Abfindung **13** 66 f.
Bilanzausweis **13** 70
Eigene Anteile **13** 56
Erbschaftsteuer **13** 140 ff.
freiwillige s. Freiwillige Einziehung
aller Geschäftsanteile **13** 76
Grunderwerbsteuer bei Anteilsvereinigung **13** 150 f.
Kapitalherabsetzung **8** 112
Kapitalschutz **13** 61 ff.
- Kapitalaufbringung **13** 62
- Kapitalerhaltung **13** 63 ff.
Kein-Mann-GmbH **13** 76
Rechtsfolgen **13** 69
Schenkungsteuer **13** 140 ff.
Steuerfolgen **13** 77 ff.
- Erbschaftsteuer **13** 79
- Ertragsteuern **13** 77 f.
- Grunderwerbsteuer **13** 80
- Schenkungsteuer **13** 79
Verfahrensfragen **13** 71 ff.
- Kosten **13** 72
- Publizität **13** 74
- Rechte Dritter **13** 75
- Zeitdauer **13** 73
Vertragsvorschläge **13** 68
Einziehung von Anteilen s. Einziehung
Entlassungsentschädigungen, Rückstellung **15** 98
Entlastung, Liquidator **16** 42
Entschmelzung, Verschmelzung (Aufnahme GmbH in GmbH) **14** 510

Magere Zahlen = Randziffern

Equity-Konsolidierung
assoziierte Unternehmen **9** 137 f.
s. a. Konsolidierung, s. a. Konzernabschluß
Erbauseinandersetzung
Abfindungszahlungen **12** 235
Geschäftsanteilsvererbung **12** 234 f.
Realteilung **12** 234
Vermächtnis **12** 237
Zivilrecht **12** 212 f.
Erbengemeinschaft
Auseinandersetzung **12** 212
GmbH-Anteil **12** 211
Umwandlung in Personengesellschaft **12** 19
Verwaltungsmaßnahmen **12** 211
Erbschaftsteuer
Abfindungsklauseln **13** 140 ff.
Anteilsveräußerung **12** 224 ff.
Behandlung von Abfindungszahlungen **12** 241
Bewertung von Geschäftsanteilen **12** 225
Eigene Anteile **13** 57
eigene Anteile **13** 140 ff.
Einziehung **13** 79
Kapitalherabsetzung **13** 84
Liquidation **16** 87
Nießbrauch **12** 147 f.
Steuerklassen/Freibeträge **12** 226 f.
Teilungsanordnung **12** 231
Verdeckte Einlagen **7** 149 f.
Vorausvermächtnis **12** 233
Erfindervergütung, Verdeckte Gewinnausschüttung **10** 247
Erfüllungsübernahme als Leistung der Gesellschaft **8** 27
Ergebnisabführungsvertrag s. Gewinnabführungsvertrag
Ergebnisermittlung
s. a. Gewinnermittlung
Ansatzwahlrechte
– aktive Steuerabgrenzung **10** 13
– Allgemeine Aufwandsrückstellungen **10** 21 ff.
– Aufwendungen für die Ingangsetzung und Erweiterung des Geschäftsbetriebes **10** 10 ff.
– Geschäftswert **10** 6 ff.
– passive Steuerabgrenzung **10** 14 ff.
– Pensionsrückstellungen **10** 18
– Rückstellungen für unterlassene Instandhaltung **10** 20

Ergebnisverwendung

– Sonderposten mit Rücklageanteil **10** 28
– Zölle und Verbrauchsteuern **10** 29
Ausgliederung
– auf eine Kapitalgesellschaft **10** 60
– auf eine Personengesellschaft **10** 59
– Zulässigkeit **10** 57
Bewertungsstetigkeit **10** 46 ff.
– Abweichungen **10** 48
– Durchbrechung aus steuerlichen Gründen **10** 49
– bei Gegenständen einer Gattung **10** 50
– Grundsätze ordnungsmäßiger Buchführung **10** 47
Bewertungswahlrechte **10** 30 ff.
– Bewertungshilfe und § 255 HGB **10** 31
– Bewertungsstetigkeit **10** 32 f.
– Einschränkungen für Kapitalgesellschaften **10** 34
– Handelsrechtliches Abschreibungswahlrecht **10** 35 ff.
– Herstellungskosten **10** 30
– Zinsaktivierung **10** 31
Grundsätze ordnungsmäßiger Buchführung **10** 2
Kompetenzen **10** 4
Methodenwahlrechte **10** 38 ff.
– Abschreibung **10** 39 f.
– Bewertung geringwertiger Wirtschaftsgüter **10** 42
– Bewertungsmethode Umlaufvermögen **10** 43 f.
Verdeckte Einlagen s. dort
Verdeckte Gewinnausschüttung s. dort
Zuschreibungen **10** 51 ff.
– Angabe im Anhang **10** 56
– Beibehaltungsrecht **10** 52 f.
– als Mittel der Ergebnissteuerung **10** 54
– Rücklageneinstellung **10** 55
Ergebnisverwendung 10 71 ff.
Aufhebung von Gewinnverwendungsbeschlüssen **10** 92 ff.
– Aufhebungsbeschluß **10** 93
– steuerliche Auswirkung bei Nichtigkeit **10** 95 ff.
– steuerliche Auswirkung der Aufhebung **10** 94
Ausweis Eigenkapitalanteil von Wertaufholungen **9** 78

1263

Erhaltung des Stammkapitals

Fette Zahlen = Kapitel

Darstellung im Jahresabschluß **9** 74 ff.
Gesellschaftsvertragsänderung **4** 149
mißbräuchliche Thesaurierung
 10 71 ff.
Schütt-aus-hol-zurück-Verfahren
 10 78 ff.; s. a. dort
Kollision mit Rechten Dritter **10** 84
– Stärkung der Eigenfinanzierung
 10 80
– Steuerliche Motive **10** 79
– Versicherung des Rückgewähranspruchs, Satzungsklausel **10** 83
Sonderfälle **10** 73 ff.
– Dividendengarantie **10** 75
– Festverzinsung **10** 75 f.
– Vorzugsrechte **10** 74 ff.
Übergangsregelung Altgesellschaften
 10 112 ff.
– Anpassungsbeschluß und Minderheitenrechte **10** 116
– Beibehaltung des Vollausschüttungsanspruchs **10** 115
– Fortgeltung des Vollausschüttungsgebots **10** 114
– Registersperre **10** 113
Verfahrensablauf **10** 97 ff.
– abweichende Regelungen **10** 103 ff.
– Änderung der Satzung zugunsten des Geschäftsführers **10** 111
– Beschlußfassung durch die Gesellschafterversammlung **10** 100 f.
– Delegation auf andere Gremien
 10 104
– Delegation auf Aufsichtsrat **10** 105
– fehlerhafter Jahresabschluß **10** 102
– Grenzen des Weisungsrechts der Gesellschafterversammlung **10** 107 ff.
– Jahresabschlußaufstellung durch den Geschäftsführer **10** 97
– Kompetenzverteilung **10** 106 ff.
– Meinungsverschiedenheiten zwischen Gesellschafter und Geschäftsführern **10** 110
– Vorlegungspflicht Jahresabschluß
 10 99
Vollausschüttung **10** 70 f.
Vorabausschüttungen **9** 79; **10** 85 ff.
– steuerliche Behandlung **10** 90 ff.
– Voraussetzung **10** 87
– Vorbehalt der Rückzahlung **10** 88
– Zwischenbilanz **10** 89 ff.
Erhaltung des Stammkapitals
Auszahlungs- und Leistungsverbote

– Aufrechnungen **8** 6
– Dienstleistungen **8** 6
– Nutzungsüberlassungen **8** 6
– Rechtsverzichte **8** 6
– Sachleistungen **8** 6
– Schuldübernahmen **8** 6
– Sicherheitsleistungen **8** 6
– Zahlungen **8** 6
Gewinnanspruch **10** 180
Eröffnungsbilanz
Ansatz, Bewertung, Gliederung **9** 41
Aufstellungsfrist **9** 42
Ausgliederung (Einzelunternehmen)
 14 184 f.
Formwechsel (GmbH in GbR/OHG/
 KG) **14** 319
Formwechsel (OHG/KG in GmbH)
 14 101
Gründungskosten **9** 41
Prüfungspflicht **9** 43
Sacheinlagen **9** 41
Stichtag **9** 40
Ersatzansprüche der Gesellschaft
Einzelfälle **3** 106 f.
Geltendmachung gem. § 46 Ziff. 8
 Alt. 1 GmbHG **3** 103 ff.
Erstattungsanspruch wegen Auszahlung des Stammkapitals
Anspruchsgegner **8** 47 f.
– Ehegatte **8** 52
– bei Geschäftsanteilsabtretung
 8 50
– Gesellschafter **8** 47
– Strohmannverhältnis **8** 52
– Treuhandverhältnis **8** 52
– Verbundenes Unternehmen
 8 52
– wirtschaftliche Einheit **8** 52
Beweislast **8** 76
Erforderlichkeit der Erstattung **8** 67
Erlaß **8** 78
Erstattungsberechtigter **8** 46
Fahrlässigkeit, grobe **8** 64
Fälligkeit **8** 58
Inhalt **8** 55 ff.
Pfändbarkeit **8** 61
Rechtsnatur **8** 55
Unmöglichkeit **8** 59
Vorsatz **8** 64
Zahlungen **8** 54
Erstattungsansprüche der Gesellschafter, gutgläubiger Dividendenbezug **8** 92

Magere Zahlen = Randziffern

Ertragshundertsatz s. Anteilsbewertung, Stuttgarter Verfahren
Ertragsteuern
Einziehung **13** 77 ff.
Kapitalherabsetzung **13** 83
Erweiterte beschränkte Steuerpflicht
Gesellschafterbesteuerung **11** 475 f.
Progressionsvorbehalt **11** 476
Erwerb eigener Anteile s. Eigene Anteile
EU-Kapitalgesellschaft
Anteilstausch nach UmwStG **14** 258 f.
Einbehaltung der Kapitalertragsteuer **10** 175 ff.
steuerfreie Übertragung Geschäftsanteil **12** 119
Tausch Unternehmen gegen Anteile **14** 265 f.
Tauschmöglichkeiten **14** 268 f.
EURO
Bilanzierungshilfe **10** 12
Jahresabschlußaufstellung **9** 6
Kapitalerhöhung **7** 18
Kapitalherabsetzung **8** 112, 128 ff.
Nennbetragsaufstockung **7** 26
Registersperre **4** 158
Stammeinlagen **2** 96 f.
Stammkapital **4** 158
Überleitungsregelungen **4** 158
Umrechnungsumlage **10** 28
Umstellung als Satzungsänderung **4** 158
Euroumrechnungsumlage 10 28

Factoring, eigenkapitalersetzende Gesellschafterleistungen **8** 303
Fahrlässigkeit, grobe
Erstattungsanspruch wegen Auszahlung des Stammkapitals **8** 64
Gewinnrückzahlung **8** 95
Faktischer Geschäftsführer s. Geschäftsführer
Faktischer Konzern 17 8, 140 ff.
s. a. Konzern
Abgrenzung **17** 140 ff.
Abhängigkeitsverhältnis **17** 149 ff.
Austrittsrecht **17** 169
Beteiligungserträge **17** 181
Gesellschafterschutz **17** 157 ff.
Gewerbesteuer **17** 189
Gewerbesteuerumlage **17** 191
Gläubigerschutz **17** 167
Köperschaftsteuer **17** 180 f.

Fakultativer Aufsichtsrat

Minderheitenschutz **17** 163 ff.
Rechtsformwahl **1** 66
Rechtsstellung der Obergesellschaft **17** 160 ff
Rechtsstellung der Untergesellschaft **17** 163 ff.
Satzungsänderung **17** 158 ff.
Satzungsklauseln **17** 151 ff.
Schachtelprivileg **17** 179
Schädigungsverbot **17** 163 ff.
Stimmverbote **17** 168
Umsatzsteuer **17** 197
Zustimmungserfordernis **17** 157 ff.
Fakultativer Aufsichtsrat 6 7 ff., 27 ff.
s. a. Aufsichtsrat
s. a. Obligatorischer Aufsichtsrat
Abberufung **6** 34
Amtsniederlegung **6** 35
Amtszeit **6** 33
Angabepflicht auf Geschäftsbriefen **6** 9
Aufgaben **6** 8 f.
Aufgaben (Überblick) **6** 45 ff.
Aufwendungsersatz **6** 58
Beendigungsgründe **6** 35
Befugnisse **6** 10
Bekanntmachung **6** 9
Bekanntmachungspflichten **6** 36
Beschlußfähigkeit **6** 38
Beschlußkontrolle **6** 40 ff.
Bestellung **6** 31 ff.
Beweislast für Sorgfaltspflicht **6** 65
Einberufung Gesellschafterversammlung **6** 48
Einfluß auf die Geschäftsführung **6** 48 f.
Einrichtung durch Gesellschaftsvertrag **6** 7 f.
Entlastung durch Gesellschafterversammlung **6** 68
Gestaltungsfreiheit **6** 27 f.
Haftungsmaßstab **6** 67
Informationsrechte **6** 52 f.
innere Ordnung **6** 37
Mitgliederzahl **6** 29
Nebenbezüge **6** 57
Prüfung des Jahresabschlusses **6** 47
Rechtliche Grundlagen **6** 27
Rechtsstellung **6** 55
Schadensersatzpflicht **6** 66
Sorgfaltspflicht **6** 64
Statusverfahren **6** 15 f.
Stellvertretung **6** 38
Stimmverbote **6** 39

1265

Familienbeirat

Fette Zahlen = Kapitel

Teilnahme Geschäftsführer an Sitzungen **6** 37
Teilnahmerecht Gesellschafterversammlung **6** 54
Übertragung von Befugnissen der Gesellschafterversammlung (Übersicht) **6** 51
Überwachung Geschäftsführung **6** 46
Überwachungsfunktion **6** 28
Verantwortlichkeit **6** 64 ff.
Vergütung **6** 56 f.
Vertretungsmacht **6** 48
Weisungsbefugnis **6** 50
Zusammensetzung **6** 29 f.
Zustimmungspflichtige Geschäfte **6** 49
Familienbeirat als Gesellschaftsorgan **6** 1
Fehlerhafte Bestellung s. Geschäftsführerbestellung
Feststellung des Einheitswertes s. Einheitswert
Feststellung des Jahresabschlusses s. Jahresabschluß
Festwertverfahren, Inventar **9** 33
Finanzflußrechnung 15 41 f.
Finanzierung 7 1 ff.
Ausscheiden aus GmbH **13** 10
Beteiligungsfinanzierung **1** 22 f.
eigenkapitalersetzende Darlehen **8** 231
Eigenkapitalfinanzierung
– Formen **7** 2 ff.
– Nachschüsse **7** 4
– Nebenleistungen **7** 4
– Sonstige Zuzahlungen **7** 5
– Stammkapitalerhöhung **7** 3
– Verdeckte Einlagen **7** 5
Fremdkapitalfinanzierung **1** 30
– Formen **7** 2 f.
– Gesellschafterdarlehn **7** 6
– Kapitalersetzende Darlehn **7** 6
Gesellschafterdarlehen **1** 30
Selbstfinanzierung **1** 26 ff.
– Bildung stiller Reserven **1** 26, 29
– Einbehaltung von Gewinnen **1** 26 ff.
Sonderformen
– Atypische Stille Beteiligung **7** 7
– Genußrechte **7** 7
– Stille Beteiligung **7** 7
Finanzierungs-Genußrechte
Beendigung
– Einlagenrückgewähr **7** 262
– Kündigung **7** 261

– Veräußerungsgewinn **7** 262
– Zeitablauf **7** 261
Beteiligung am Liquidationserlös **7** 245
beteiligungsähnliche **7** 226
Bezugsrecht **7** 222
bilanzielle Behandlung
– beim Genußrechtsinhaber **7** 242 ff.
– bei der Gesellschaft **7** 232 ff.
Eigenkapital **7** 246
Entstehung durch Vertrag **7** 222
bei Erhöhung des Stammkapitals **7** 230
als Forderungsrechte **7** 228
Genußschein **7** 223
Gewerbeertragsteuer **7** 248
Gewerbekapitalsteuer **7** 256
Gewinnbeteiligung **7** 245
bei Kapitalherabsetzung **7** 230
Körperschaftsteuer **7** 244
bei Liquidation **7** 230
mitgliedschaftsähnliche Verwaltungsrechte **7** 227
obligationsähnliche **7** 225
steuerliche Behandlung bei der Gesellschaft
– Steuern vom Einkommen und Ertrag **7** 244 ff.
– Steuern vom Vermögen **7** 256 f.
steuerliche Behandlung beim Genußrechtsinhaber
– Steuern vom Einkommen und Ertrag **7** 250 ff.
– Steuern vom Vermögen **7** 257 f.
Übertragbarkeit **7** 231
bei Umwandlung und Verschmelzung **7** 230
Vererbung **7** 231
Verhältnis zum Gesellschaftsrecht **7** 230
Vermögensaufstellung **7** 256 f.
als Vermögensrecht **7** 224
Finanzierungsleasing, Eigenkapitalersatz **8** 320 f.
Finanzplan, Sanierungskonzept **15** 42 f.
Finanzplankredit
Anschaffungskosten der Beteiligung bei Ausfall **8** 261
Eigenkapitalersatz **8** 224, 228, 332 f.
Firma
Auflösung **16** 25
Liquidation **16** 25

Magere Zahlen = Randziffern

Firma der Gesellschaft
Gesellschaftsvertrag **2** 52 ff.
Handelsrechtliche Grundsätze
– Firmenausschließlichkeit **2** 55
– Firmenbeständigkeit **2** 54
– Firmeneinheit **2** 52
– Firmenwahrheit **2** 53
Sonderregelungen **2** 56 ff.
Sonderregelungen GmbHG
– Firmenkern **2** 56
– gemischte Firma **2** 56
– Personenfirma **2** 56
– Rechtsformzusatz **2** 58
– Sachfirma **2** 56
Firma der Vorgesellschaft 2 17
Firmenrat als Gesellschaftsorgan **6** 1
Firmenwert, Ansatz bei Unterbilanz **8** 10
Fördergebietsgesetz, Sonderabschreibungen **11** 177 f.
Forderungserwerb, eigenkapitalersetzende Gesellschafterleistungen **8** 302
Forderungsverzicht
als Anschaffungskosten **8** 259; **12** 100
mit Besserungsschein **15** 54
Drittgläubiger **15** 52 f.
Sanierung, finanzielle **15** 51 f.
Sanierungsmaßnahme **15** 51
Steuerfreie Einnahmen **11** 155
als Verdeckte Einlage **7** 136
als verdeckte Einlage **8** 259
Verdeckte Einlagen **7** 143
Verdeckte Gewinnausschüttung **10** 247
Formwechsel
Körperschaftsteuerpflicht **11** 16
Möglichkeiten (Übersicht) **14** 19
Statusverfahren **6** 17
Steuerrechtliche Folgen
– Grunderwerbsteuer **14** 334
Formwechsel (AG in GmbH) 14 61 f.
Amtszeit Aufsichtsrat **14** 75
Gläubigerschutz **14** 77
Grunderwerbsteuer **14** 83
Handelsregistereintragung **14** 69
– Wirkungen **14** 73 f.
Minderheitenrechte **14** 74
Sachgründungsbericht **14** 68
Sonderrechtsinhaberschutz **14** 78
Steuerliche Folgen
– Anteilseigner **14** 82
– Gesellschaft **14** 81

Formwechsel

Umsatzsteuer **14** 83
Umwandlungsbeschluß
– Gesellschaftsvertrag **14** 67
– Hauptversammlung **14** 67
– Notarielle Beurkundung **14** 67
Umwandlungsbeschlußentwurf
– Inhalt **14** 62
– Prüfung **14** 66
– Rechnungslegung **14** 64
– Umwandlungsbericht **14** 65
– Zuleitung **14** 63
Verwässerungsschutz **14** 78
Formwechsel (GmbH) 14 281 ff.
Überblick **14** 281 f.
Formwechsel (GmbH in AG)
Amtszeit Aufsichtsrat **14** 297
Geschäftsführerhaftung **14** 298
Gläubigerschutz **14** 299
Gründungsvorschriften **14** 290
Handelsrechtliche Wirkung **14** 295 f.
Handelsregistereintragung **14** 291
Minderheitenrechte **14** 296
Überblick **14** 283
Umwandlungsbericht **14** 287
Umwandlungsbeschluß
– Gesellschafterversammlung **14** 289
– Notarielle Beurkundung **14** 289
Umwandlungsbeschlußentwurf **14** 284 ff.
– Inhalt **14** 284
– Prüfung **14** 288
– Rechnungslegung **14** 286
– Vermögensaufstellung **14** 286
– Zuleitung **14** 285
Verwässerungsschutz **14** 300
Formwechsel (GmbH in GbR/ OHG/KG) 14 310 ff.
Geschäftsführerhaftung **14** 325
Gläubigerschutz **14** 325
Handelsrechtliche Wirkungen **14** 324
Handelsregistereintragung **14** 323
Minderheitenrechte **14** 325
Rechnungslegung
– Aufnahmebilanz **14** 318
– Eröffnungsbilanz **14** 319
– Jahresabschluß **14** 314
– Übertragungsbilanz **14** 316 f.
– Vermögensaufstellung **14** 315
Steuerrechtliche Folgen **14** 330 f.
– Besteuerung Gesellschafter **14** 335
– Besteuerung GmbH **14** 332 ff.
– Bewertungswahlrechte **14** 331

1267

Formwechsel

Fette Zahlen = Kapitel

- Gewerbesteuer **14** 333
- Rückwirkung **14** 332
Übersicht **14** 310
Umwandlungsbericht **14** 320
Umwandlungsbeschluß
- Gesellschafterversammlung **14** 322
Umwandlungsbeschlußentwurf
14 311 f.
- Inhalt **14** 311
- Prüfung **14** 321
- Rechnungslegung **14** 313
Verwässerungsschutz **14** 328
Zuleitung **14** 312
Formwechsel (GmbH in Genossenschaft), Vermögensübergang **14** 10
Formwechsel (GmbH in Personengesellschaft), Vermögensübergang **14** 10
Formwechsel (in GmbH), Überblick **14** 57 f.
Formwechsel (OHG/KG in GmbH) 14 90 ff.
Gläubigerschutz **14** 110
Handelsregistereintragung **14** 106
- Wirkungen **14** 107 f.
Minderheitenrechte **14** 108
Rechnungslegung **14** 93 ff.
- Aufnahmebilanz **14** 100
- Bilanz **14** 98
- Eröffnungsbilanz GmbH **14** 101
- Jahresabschluß **14** 94
- Maßgeblichkeit Handelsbilanz **14** 99
- Schlußbilanz Mitunternehmerschaft **14** 99
- Vermögensaufstellung **14** 95 f.
Sachgründungsbericht **14** 105
Steuerliche Folgen **14** 112
Umwandlungsbericht **14** 102
Umwandlungsbeschluß
- Gesellschafterversammlung **14** 104
- Notarielle Beurkundung **14** 104
Umwandlungsbeschlußentwurf
- Inhalt **14** 91
- Prüfung **14** 103
- Rechnungslegung **14** 93 f.
- Zuleitung **14** 92
Verwässerungsschutz **14** 111
Formwechsel (Personenhandelsgesellschaft in GmbH), Vermögensübergang **14** 10
Fortbestehensprognose 15 12 ff.
s. a. Überschuldung

Fortführungswert 15 11
Ansatzvorschriften **15** 87 ff.
Fortschreibung, Vermögensteuer **11** 315
Fortsetzungsbeschluß
Auflösung **16** 27
Liquidation **16** 27
Freibetrag, Gewerbekapitalsteuer **11** 341
Freistellungsmethode *s.* Doppelbesteuerungsabkommen
Freiwillige Einziehung 13 60 ff.
Abfindung **13** 66 ff.
Anforderung an Gesellschaftsvertrag
13 60
Bilanzausweis **13** 70
aller Geschäftsanteile **13** 76
Rechtsfolgen **13** 69
Steuerfolgen **13** 77 ff.
- Erbschaftsteuer **13** 79
- Ertragsteuer **13** 77 f.
- Grunderwerbsteuer **13** 80
- Schenkungsteuer **13** 79
Verfahrensfragen **13** 71 ff.
- Kosten **13** 72
- Publizität **13** 74
- Rechte Dritter **13** 75
- Zeitdauer **13** 73
Vergleich zu anderen Ausscheidensformen **13** 59
Fremdkapital
s. a. Gesellschafterfremdfinanzierung
§ 8 a KStG
- Fremdkapitalbegriff **7** 296
- Regelungsinhalte **7** 292 ff
- Wesentliche Beteiligung **7** 294
Eigenkapitalersatz **8** 252
Genußrechte **7** 238 f.
Umqualifizierung in Verdeckte Gewinnausschüttung bei nichtanrechnungsberechtigten Anteilseignern
7 295
Fremdkapitalfinanzierung, Rechtsformwahlfragen **1** 30 f.
Fremdorganschaft 1 31
Fremdvergleich, Verrechnungspreise
11 402 f.
Fristen
Aufbewahrungsfristen Buchführungsunterlagen **9** 17 f.
Beteiligungsverkauf, wesentlicher
12 87
Einladung zur Einberufung der Gesellschafterversammlung **4** 24, 31
Jahresabschlußaufstellung **9** 55 ff.

Magere Zahlen = Randziffern

Klagefristen Gesellschafterbeschluß
- fehlerhafter **4** 206
Lagebericht 9 91
Verlegung der Gesellschafterversammlung **4** 31

Garantie als Sicherheit zugunsten eines Gesellschafters **8** 28
Garantievertrag, Gesellschaftersicherheit **8** 272
Geburtstagsfeier, Verdeckte Gewinnausschüttung **10** 247
Gehaltsverzicht, Verdeckte Gewinnausschüttung **10** 247
Geheimhaltungspflicht, Gesellschafterpflichten **3** 136 ff.
Geldbußen, Nichtabziehbare Aufwendungen **11** 35
Geldstrafen, Nichtabziehbare Aufwendungen **11** 34
Gemeiner Wert
s. Anteilsbewertung, Stuttgarter Verfahren
Verdeckte Gewinnausschüttung **10** 247
Gemeinnützigkeit, Körperschaftsteuer **11** 201 f.
Gemeinschaftsunternehmen
Konzernabschluß **9** 119
Konzernlagebericht **9** 119
Quotenkonsolidierung **9** 135 f.
Genußrechte
s. a. Finanzierungs-Genußrechte
andere Ausschüttung **7** 247
Behandlung im Jahresabschluß **7** 233 f.
Eigenkapitalcharakter **7** 232 f.
Entgeltcharakter **7** 221
Fremdkapital **7** 238 f.
Genußrechtsinhaber **7** 220
Inhalt **7** 220
Safe haven **7** 301
verbriefte Bewertung **7** 259
Genußschein s. Finanzierungs-Genußrechte
Geringwertige Wirtschaftsgüter, Methodenwahlrecht **10** 42
Gesamthandsgemeinschaft
GmbH-Gründung **2** 45
Teilnahmerecht an Gesellschafterversammlung **4** 41
Gesamtrechtsnachfolge
Einzelrechtsnachfolge, Vergleich **14** 32

Geschäftsanteil

Formfreiheit Anteilsübertragung **12** 39 ff.
Gesamtvermögen s. Vermögensteuer
Gesamtvertretung
Einverständnis **5** 163; s. a. Vertretungsmacht des Geschäftsführers
Mehrheit von Geschäftsführern **5** 159, 162
unechte Gesamtvertretung **5** 160
Gesamtvollstreckungsordnung 15 83
Geschäftsanteil
Abtretung **12** 33
- Aufhebung **12** 36 f.
- aufschiebende Bedingung **12** 35
- bedingte **12** 35
- Form **12** 36 ff.
- Genehmigung **12** 61
- künftiger Anteile **12** 34
- Vollmacht **12** 60
Anmeldung des Erwerbs **12** 62, 67 f.
Anwartschaftsrechtsübertragung **12** 35
Aufspaltung (einer GmbH in mehrere GmbH) **14** 631
Einbringung **12** 17
Einlage ins Betriebsvermögen **12** 115
Einziehung **12** 271
Einziehung bei Erbfall **12** 217
Erbauseinandersetzung **12** 234
Gesamthandsvermögen
- Rechtsformwechsel **12** 19
- Übertragung **12** 19
- Umwandlung **12** 19
Konkurs des Gesellschafters **12** 273
Nachweis des Erwerbs **12** 65
Nießbrauch **12** 135 ff.
Pfändung **12** 270
Selbständigkeit **12** 34, 54
Sicherungsabtretung **12** 187
steuerfreie Übertragung **12** 119
Teilung
- Genehmigung **12** 70
- Sonderrechte **12** 74
- bei Veräußerung **12** 71
- Vorratsteilung **12** 69
- Wettbewerbsverbot **12** 75
Überführung aus Privatvermögen **12** 116 f.
Übertragung **12** 2 f.
- im Erbfall **12** 218
- Formbedürftigkeit **12** 5 f.
- Formmangel **12** 4
- Gesamtrechtsnachfolge **12** 39 ff.
- Grunderwerbsteuer **12** 130 f.

1269

Geschäftsanteilsübertragung

Fette Zahlen = Kapitel

- Gütergemeinschaft **12** 257
- Gütertrennung **12** 257
- auf Minderjährige **12** 250 f.
- Verträge zwischen nahen Angehörigen **12** 258 ff.
- Zugewinngemeinschaft **12** 256
- zukünftiger Anteil **12** 9
Übertragung auf EU-Gesellschaft **12** 119
Übertragung, Beibehaltung gesellschaftsvertraglicher Gesellschafterpflichten **3** 150
Übertragung, Personengesellschaft, Form **12** 17
Unterbeteiligung **12** 160 ff.
Veräußerung **12** 1 ff.
- Abgrenzung zur Einlage **12** 91
- Bezugsrechtsübertragung **12** 91
- Gewährleistung **12** 28 ff.
- Haftung **12** 29
- Schadensersatz **12** 32
- steuerliche Folgen **12** 77 ff.
- Teilentgeltlichkeit **12** 92
- Umsatzsteuer **12** 129
- Verpflichtungsgeschäft **12** 2 ff.
- Zeitpunkt des Übergangs **12** 85
Veräußerung als Unternehmenskauf **12** 29
Veräußerung von Teilen **12** 69
Veräußerungsgewinn bei Betriebsvermögen **12** 113 f.
Vererbung **12** 210
Vermächtnis **12** 219
Verpfändung **12** 200 ff.
Vor- und Nacherbschaft **12** 221
wirtschaftliche Zurechnung **12** 85
Zusammenlegung **12** 76
Zusammenlegung bei vereinfachter Kapitalherabsetzung **8** 153 ff.
Zwangseinziehung **13** 109 f.
Geschäftsanteilsübertragung *s.* Geschäftsanteil
Geschäftsbriefe, Angabenpflichten **5** 182 ff.
Geschäftsführer
s. a. Abberufung des Geschäftsführers
s. a. Geschäftsführerbestellung
s. a. Geschäftsführung
s. a. Gesellschafter-Geschäftsführer
s. a. Kündigung des Geschäftsführers
s. a. Pflichten des Geschäftsführers
s. a. Selbstkontrahieren

s. a. Vertretungsmacht des Geschäftsführers
s. a. Weisungsgebundenheit
Abberufung **5** 94 ff.
Abberufung durch Aufsichtsrat **6** 97
Abfindung
- steuerliche Behandlung **5** 112 ff.
Altersversorgung **5** 61 ff.
Amtsniederlegung **5** 21 f.
Anstellungsvertrag
- Abberufung **5** 96
- Abschluß und inhaltlicher Rahmen **5** 27 ff.
- Anwendung Arbeitsvertragsrecht **5** 26
- Beendigung **5** 103 ff.
- Kündigung **5** 104 ff.
- mangelhafter **5** 32 f.
- Vertragsform **5** 30 f.
- Vertragspartner **5** 27 ff.
- Widerruf der Bestellung **5** 111
Antrag auf Eröffnung des Insolvenzverfahrens **15** 80 ff.
Bestellung **5** 1 ff., 8 ff.
Bestellung durch Aufsichtsrat **6** 97
Beweislast Fortbestehensprognose **15** 14 f.
Buchführungspflicht **9** 2
Direktversicherung
- als Altersvorsorge **5** 63 f.
Einberufungskompetenz Gesellschafterversammlung **4** 2 f.
faktischer **5** 14
faktischer Einberufungsrecht Gesellschafterversammlung **4** 3
Formwechsel (GmbH in AG)
- Haftung **14** 298
Formwechsel (GmbH in GbR/OHG/KG)
- Haftung **14** 326
Gründungsgeschäftsführer *s. dort, s. a.* Geschäftsführerbestellung
Gründungsvoraussetzung **5** 5
Haftung bei Auszahlungsverbot **8** 82 ff.
- steuerliche Behandlung **8** 87
Haftung bei Konkursverschleppung **15** 82 f.
Informationspflicht Gesellschafter **3** 75
Informationsverweigerungsrecht **3** 81 ff.
Kapitalherabsetzung

1270

Magere Zahlen = Randziffern

- Versicherung bei Handelsregisteranmeldung **8** 142
Konkursantrag *s. a. dort*
Konkursstraftaten **5** 252 f.
Kündigung **5** 104 ff.
Kündigungsschutz **5** 110
als Liquidator **16** 30
Notbestellung **5** 50
Pensionsrückstellung **5** 73, 78
Pensionszusagen *s. a. dort*
Persönliche Voraussetzungen **5** 12
Pflichten in der Krise **15** 70 ff.
Qualifikation **5** 12
Rückgriff bei Auszahlungsverbot **8** 86
Sozialversicherungspflicht **5** 92 f.
strafrechtliche Verantwortung **5** 245 f.
- Bilanzrechtsverstöße **5** 245 f.
- unterlassener Konkursantrag **5** 250 f.
- Unterschlagung **5** 256
- Untreue **5** 256
- verspätete oder unterlassene Anmeldung der Insolvenz **5** 250 f.
- verspäteter Konkursantrag **5** 250 f.
Teilnahmerecht an Gesellschafterversammlung **4** 47
Vergütung *s.* Geschäftsführervergütung
Versicherung bei Anmeldung zum Registergericht **2** 136 f.
Vertretung im Außenverhältnis **3** 4 f.
Vertretungsmacht **5** 151 f.; *s. a.* Vertretungsmacht des Geschäftsführers
Wettbewerbsverbot **5** 172 f.
Geschäftsführer, Pflichten *s.* Pflichten des Geschäftsführers
Geschäftsführerbestellung 2 75 ff.
durch Beiräte, Aufsichtsräte oder Ausschüsse **5** 8 f.
durch Beschluß **2** 79
Bestellungsakt **2** 77 ff.
Dauer **5** 10
Erlöschen der Bestellung
- Gesetzliches Ende **5** 16
- Liquidation **5** 18 f.
- Rechtsgeschäftliches Ende **5** 17
fehlerhafte **5** 14
Funktion im Gründungsstadium
- Außenverhältnis **2** 75
- Innenverhältnis **2** 76
Gesellschafterversammlung **5** 8
im Gesellschaftsvertrag
- ohne Satzungskraft **2** 78
- mit Satzungskraft **2** 78
- unentziehbares Sonderrecht **2** 78

Geschäftsführervergütung

Gründungssatzung **5** 11
Handelsregistereintrag **5** 23 f.
Notgeschäftsführer **5** 20
Organe **5** 8 f.
satzungsmäßiges Sonderrecht **5** 11
Sonderrechte **5** 11
Zuständigkeit **5** 8 f.
Geschäftsführerhaftung 5 210 ff.
Beschränkung der Haftung **5** 215
Deliktshaftung **5** 228
Einlagenrückgewähr **5** 212
Entlastung durch die Gesellschaft **5** 216
Gesellschafter-Geschäftsführer *s. a. dort*
gegenüber Gesellschaftern **5** 224 f.
Haftung aus unerlaubter Handlung **5** 217, 223
Handelndenhaftung **5** 237
Insolvenzverschleppung **5** 219 f., 229
Lohnsteuer **5** 231 f.
Organverantwortung **5** 243
Rechtsscheingrundsätze **5** 240
Sorgfaltspflicht **5** 211
Sozialversicherung **5** 235 f.
Steuern **5** 230
Verjährung **5** 217
Verzicht und Vergleich durch die Gesellschaft **5** 216
Weisung der Gesellschafter **5** 214
Geschäftsführerprozeß, Vertretung der Gesellschaft **3** 111 ff.
Geschäftsführervergütung 5 34 ff.
Altersversorgung **5** 61 ff.
Berechnung von Gewinntantiemen **5** 53 f.
Berechnung von Umsatztantiemen **5** 53 f.
Beteiligungsmodelle **5** 84 ff.
Direktversicherung **5** 63 ff.
Festgehaltsvereinbarung **5** 50
Formen und Systeme **5** 49 ff.
Gewinnverschiebungsgefahr **5** 35 f.
Gratifikationen **5** 81 ff.
Nebenleistungen **5** 88 ff.
Organbezüge **9** 85
Pensionszusagen **5** 66 ff.
Tantiemen **5** 52 ff.
Überstunden und Feiertagszuschläge **5** 87
Verdeckte Gewinnausschüttung **10** 247
Zeithonorar **5** 51

1271

Geschäftsführung

Fette Zahlen = Kapitel

Geschäftsführung
Anforderung von Nachschüssen **7** 82
Aufgaben **5** 130 ff.
Ausschluß des Geschäftsführers
– bei bestimmten Geschäften **5** 138
Ausschluß des Geschäftsführers durch die Gesellschafter **5** 3
Bedeutung **5** 1 ff.
Beschränkungen **5** 134 ff.
Grenzen **5** 3, 134
Nebenleistungseinforderung **7** 115
Stille Gesellschaft **7** 168
Überwachung durch Aufsichtsrat **6** 86
Überwachung durch fakultativen Aufsichtsrat **6** 28
Verwirklichung des Satzungszweckes **5** 132, 135
Weisungsgebundenheit **5** 142, 142 f.
Willensbildung **5** 139
Zustimmungserfordernisse **5** 137
zustimmungspflichtige Geschäfte **6** 88
Geschäftshandel, Übertragung
– aufschiebende Bedingung **12** 8
Geschäftswert
Abschreibung **10** 6 f., 7
Steuerabgrenzung **10** 8 f.
Teilwertabschreibung **10** 9
Gesellschafter
Austrittsrecht bei Festsetzungsbeschluß **16** 29
besondere Gesellschaftereigenschaften **3** 15 ff.
Diskriminierungsverbot **3** 39
Einberufungsrecht Gesellschafterversammlung **4** 5
Einflußnahme Geschäftsführung **3** 4
Gestaltungsfreiheit **3** 1
Gleichbehandlungsgrundsatz **3** 37 ff.
– Diskriminierungsverbot **3** 39
– Drittgeschäfte **3** 41
– Prüfung Ungleichbehandlung **3** 40
– Rechtsgleichheit **3** 37
– Willkürverbot **3** 39
Kompetenzverteilung **3** 3
oberstes Gesellschaftsorgan **3** 2 f.
Pflichten in der Krise **15** 113 ff.
Rechte s.
Rechte bei Formwechsel (OHG/KG in GmbH) **14** 108
Sonderrechte
– Gesellschafterzustimmung **3** 55
Stimmkraft *s. dort*
Stimmrecht *s. dort*

Treuepflicht **3** 22 ff.
– Einzelfälle Rechtsprechung **3** 27 ff.
– Erforderlichkeit **3** 23
– Mehrheitsgesellschafter **3** 30
– Minderheitenschutz **3** 25
– Schadensersatzanspruch **3** 36
– Verhältnismäßigkeit **3** 23
Ungleichbehandlung
– Rechtsfolgen **3** 44
– Verdeckte Gewinnausschüttung **3** 44
Verhaltensgrundsätze **3** 21 ff.
– Gebot der guten Sitten **3** 21
– Treu und Glauben **3** 21
Weisungsrecht Geschäftsführer **3** 4
Gesellschafter, lästiger *s.* Lästiger Gesellschafter
Gesellschafterausschluß 13 101 ff.
allgemeines **13** 101
Ausschlußklage **13** 104
Einziehung **13** 105 ff.
Gesellschafterbeschluß **13** 103
Gesellschaftsvertrag **13** 105 ff.
– Anfechtungsklage **13** 111
– Anteilsverwertung **13** 112
– Gründe **13** 106 f.
– bei Kündigung **13** 108
– Verfahren **13** 109 ff.
– Zulässigkeit **13** 105
wichtiger Grund **13** 102
Gesellschafterausschuß 6 23 ff.
als Gesellschaftsorgan **6** 1
Grenzen durch Arbeitnehmermitbestimmung **6** 26
Kompetenzen **6** 24 f.
Rechtsformüberlegungen **1** 35
Gesellschafterbeschluß
Abstimmung **4** 61 f.
Antrag **4** 58 f.
Aufhebung **4** 159 ff.
– durch einfache Mehrheit **4** 161
– durch neuen Beschluß **4** 159
– bei Vor-GmbH **4** 162
Auflösung **16** 7 ff.
Auslegung **4** 163
außerhalb von Gesellschafterversammlung **4** 71 f.
– Satzungsregelungen **4** 74
– schriftliches Verfahren **4** 71 f.
Beschlußfeststellung **4** 64 f.
in der Ein-Mann-GmbH **4** 75 ff.
Gesellschafterversammlung **4** 1 ff.
Informationsverweigerung **3** 83

Magere Zahlen = Randziffern **Gesellschafterfremdfinanzierung**

Mehrheitserfordernisse 4 130 ff.
Stimmauszählung
– Additionsmethode 4 63
– Subtraktionsmethode 4 63
Umdeutung nichtiger Beschlüsse 4 163
weitere Erfordernisse 4 67 f.
Zustandekommen 4 58 ff.
Gesellschafterbeschluß, fehlerhafter
4 164 ff.
Anfechtbarkeit 4 188 ff.
Anfechtungsgründe 4 190 ff.
– Inhaltsmängel 4 192
– Sittenwidrigkeit 4 190
– Treu und Glauben 4 190
– Treuepflichtverletzung 4 192
– Verfahrensfehler 4 191
Ausschluß der Anfechtbarkeit 4 193 f.
Nichtigkeit 4 170 ff.
– Beurkundungsmängel 4 173 f.
– Einberufungsmängel 4 171 f.
– Erklärung 4 179 f.
– Heilung 4 187
– Inhaltsverstöße 4 176
– Rechtsfolgen 4 184 f.
– Sittenverstoß 4 178
– Sonstige Gründe 4 181 f.
– Teilnichtigkeit 4 183
– Unvereinbarkeit mit dem Wesen der GmbH 4 175 f.
Rechtsbehelfe 4 197 ff.
– Anfechtungsklage 4 198
– Ausschluß Schiedsgericht 4 209
– Einstweiliger Rechtsschutz 4 214 f.
– Feststellungsklage 4 201
– Klagefristen 4 206
– Nichtigkeitsklage 4 198
– positive Beschlußfeststellungsklage 4 200
– Prozeßbeteiligte 4 203 ff.
– Urteilswirkung 4 212
– Verfahrensfragen 4 208 ff.
Scheinbeschluß 4 165 f.
Unwirksamkeit 4 167 f.
Gesellschafterbesteuerung
Erweiterte beschränkte Steuerpflicht 11 475 f.
Körperschaftsteueranrechnungsverfahren
– Anrechnung bei Personengesellschaften 11 479 ff.
– Anrechnungsberechtigung 11 459 f.
– Ausschüttungsbedingte Teilwertabschreibung 11 472 f.

– Ausschüttungsüberlegungen 11 470 f.
– Ausweisstrategien nichtanrechnungsberechtigte Gesellschafter 11 488
– Kapitalgesellschaften 11 484 ff.
– Organschaft 11 489
– Vergütungsberechtigung 11 463
Solidaritätszuschlag 11 490 f.
unbeschränkte und beschränkte Steuerpflicht 11 450 ff.
Gesellschafterdarlehen
Ansatz bei Unterbilanz 8 15
als Anschaffungskosten 12 100
Begründung 7 270
bilanzielle Behandlung 7 273 f.
Forderungsverzicht als Gesellschaftereinlage 11 155
Fremdfinanzierung 1 30
Fremdkapitalfinanzierung 7 6
Gewerbeertragsteuer 7 278
Gewerbekapitalsteuer 7 281
Rangrücktritt 7 273
Rechtsnatur 7 271 f.
Sanierung, finanzielle 15 48
Sanierungsmaßnahme 15 48
Schenkungsteuer 7 282
Steuern vom Einkommen und Ertrag 7 275 ff.
Steuern vom Vermögen 7 280 f.
Gesellschaftereigenschaften
Qualifikationsmerkmale 3 15 ff.
– Anfechtung wegen Täuschung 3 17
– Beispiele 3 15
– Eintritt von Gesellschaftern 3 19
– Erwerb von Anteilen 3 19
– fehlende bei Gründung 3 17
– Gesellschaftsvertragliche Regelung 3 16
– Vererbung von Anteilen 3 20
– Verlust bei Gesellschafter 3 18
Gesellschafterfinanzierung 7 1 ff.
s. a. Finanzierung
Gesellschafterfremdfinanzierung
§ 8 a KStG 7 290 ff.
nichtanrechnungsberechtigte Anteilseigner 7 290 ff.
– anteiliges Eigenkapital des Anteilseigners 7 295 f.
– Fremdkapitalvergütung 7 292
– Regelungsinhalt 7 292 ff.
Verdeckte Gewinnausschüttung 11 158

1273

Gesellschafter-Geschäftsführer

Fette Zahlen = Kapitel

Gesellschafter-Geschäftsführer
Abfindung **5** 113
Angemessenheit Pensionszusage **5** 68
Anstellungsvertrag **5** 31
Direktversicherung **5** 65
Gewinnverschiebungsgefahr **5** 35 f.
Kreditgewährung
– als Verdeckte Gewinnausschüttung
5 91
Nachzahlungsverbot **5** 36 f., 114
– bei Gratifikationen **5** 83
– Pensionszusage **5** 68
Pensionsalter **5** 69
Pensionszusage
– als Verdeckte Gewinnausschüttung
5 72
Selbstkontrahieren **5** 68, 167 f.
Verdeckte Gewinnausschüttung **5** 113
– bei Umsatztantiemen **5** 59 f.
Vergütungsnachzahlungen als Verdeckte Gewinnausschüttungen
5 36 f.
Vergütungsvereinbarung
– Angemessenheit **5** 41 ff.
– Anpassung bei Unangemessenheit
5 45
– Drittvergleich **5** 43, 46 f.
– Erfordernis der vorherigen Vereinbarung **5** 36 f.
– rechnerische Herleitung **5** 40
Wettbewerbsverbot **5** 173
Gesellschafterhaftung, Stimmrechtsausübung **4** 124 f.
Gesellschafterklage
actio pro societate **3** 119 ff.
actio pro socio **3** 119 ff.; **4** 125
eigenes Risiko **3** 122
Minderheitenschutz **3** 123
Notzuständigkeit **3** 121
Unabdingbarkeit **3** 123
Urteilswirkung **3** 122
Voraussetzungen **3** 120
Vorrang der zuständigen Organe **3** 121
Gesellschafterkompetenzen
Delegation **3** 6 ff.
– im Einzelfall **3** 14
– Grenzen **3** 13
– konkurrierende Zuständigkeit **3** 10
– verdrängende Zuständigkeit **3** 10
Übertragung auf Dritte **3** 9
Gesellschafterpflichten
allgemeine (Übersicht) **3** 126
Geheimhaltungspflicht **3** 136 ff.

Gesellschaftsvertragliche **3** 139 ff.
– Abandonrecht **3** 153
– Befreiung **3** 152
– Begründung **3** 151
– Geschäftsanteilsübertragung **3** 150
– Gestaltungsfreiheit **3** 147
– inhaltliche Bestimmtheit **3** 146
– Konkretisierung durch schuldrechtliche Aufführungsverträge **3** 146
– Kündigung **3** 153
– als mitgliedschaftliche Pflichten
3 149
– Nebenleistungs-GmbH **3** 139
– Sachleistungspflichten **3** 143
– Sonstige Leistungspflichten
3 144
– steuerliche Auswirkungen **3** 148
– Treu und Glauben **3** 147
– unechte Satzungsbestandteile **3** 155
– Unterlassungspflichten **3** 145
– Zahlungspflichten **3** 141
Schutzbereiche **3** 124
Verschwiegenheitspflicht **3** 136 ff.
– Ausnahmen **3** 137
– Schadensersatzanspruch Gesellschaft
3 138
Wettbewerbsverbot **3** 129 ff.
– Alleingesellschafter **3** 130
– nach Ausscheiden **3** 133
– mittelbares **3** 132
– Treuepflicht **3** 130
– Verdeckte Gewinnausschüttung
3 135
– Verstoß, Folgen **3** 134
Gesellschafterrechte 3 45 ff.
allgemeine
– Änderung **3** 52
– Aufhebung **3** 52
– Begründung **3** 51
allgemeine Prüfungs- und Überwachungsrechte
– gegenüber der Geschäftsführung
3 97 ff.
Drittrechte **3** 49 f.
– unechte Satzungsbestandteile **3** 50
Einsichtsrechte **3** 80
Geltendmachung von Ersatzansprüchen **3** 103 ff.
– Außenwirkung **3** 105
– Gesellschafterbeschluß **3** 108 f.
gegenüber der Geschäftsführung
– Anhörung von Sachverständigen
3 98

1274

Magere Zahlen = Randziffern

- Haftung bei mangelnder Aufsicht **3** 101
- Maßnahmen **3** 98
- nicht weisungsgebundene Geschäftsführer **3** 100
- Sonderprüfung **3** 98
- Übertragung **3** 99

Gesellschafterklage **3** 119 ff.
Individualrechte **3** 45
Individualrechte (Übersicht) **3** 61
Informationsanspruch
- zwischen Gesellschaftern **3** 95

Informationsrecht **3** 63 ff.
- Auskunftsrecht gem. § 51 a GmbHG **3** 63 ff.
- zu Beschlußgegenständen **3** 90 ff.
- Drittvertretung **3** 68
- als eigennütziges Recht **3** 69
- Einsichtsrechte **3** 63 ff.
- Gläubiger **3** 67
- Grenzen **3** 81 ff.
- Grundsatz der Verhältnismäßigkeit **3** 70
- Konkursverwalter **3** 67
- gegenüber Mitgesellschaftern **3** 95 f.
- Pflicht zur vertraulichen Behandlung **3** 71
- Rechtsmißbrauch **3** 70
- Stimmrechtslose Geschäftsanteile **3** 67
- Testamentsvollstrecker **3** 67
- Verbundene Unternehmen **3** 73
- Verfahrensregelungen **3** 66
- Verschwiegenheitspflicht **3** 71
- Verweigerung **3** 81 ff.

Informationsverweigerung
- Gründe **3** 81 ff.
- Informationserzwingungsverfahren **3** 86 f.
- Schadensersatz **3** 87 f.

Klagebefugnis zugunsten der Gesellschaft **3** 119 ff.
Kollektivrechte **3** 45
Kollektivrechte (Übersicht) **3** 61
Minderheitsrechte **3** 45
Minderheitsrechte (Übersicht) **3** 61
Sonderrechte
- Abgrenzung schuldrechtliche Gesellschafterrechte **3** 59
- Begrenzung **3** 54
- Einschränkung **3** 56
- Einzelfälle **3** 54 ff.
- Entzug **3** 56

Gesellschafterversammlung

- Verdeckte Gewinnausschüttung **3** 58
- Vorzugsgeschäftsanteile **3** 55

Vermögensrechte **3** 46 f.
Vertretung der Gesellschaft
- in Prozessen mit Geschäftsführern gem. § 46 Ziff. 8 Alt. 2 GmbHG **3** 111 f.

Verwaltungsrechte **3** 46 f.
Gesellschafterschutz, Begründung eines faktischen Konzerns **17** 157 ff.
Gesellschaftersonderrechte s. Gesellschafterrechte
Gesellschafterstellung 3 2 ff.
Gesellschafterversammlung
s. a. Einberufung der Gesellschafterversammlung
s. a. Gesellschafterbeschluß
Abspaltung (von einer GmbH in andere GmbH) **14** 682
bei Auflösung **16** 7, 26
Beschlußfassung **4** 58 ff.
Durchführung **4** 51 ff.
Einberufung s. Einberufung der Gesellschafterversammlung
Entlastung Aufsichtsrat **6** 68
Formwechsel (GmbH in GbR/OHG/KG) **14** 322
Gesellschafterbeschluß s. dort
Protokollierung **4** 55 ff.
Spaltungsbeschluß **14** 632
Stimmrecht **4** 79 ff.
Teilnahmerecht Aufsichtsrat **6** 54
Teilnahmerechte **4** 37 ff.
- aktives Mitwirkungsrecht **4** 37
- Aufsichtsrat **4** 48
- Ausschluß **4** 42 f.
- Beirat **4** 48
- Berater **4** 49
- Bruchteilsgemeinschaft **4** 41
- doppeltes Teilnahmerecht **4** 45
- Gesamthandsgemeinschaft **4** 41
- Geschäftsführer **4** 47
- gesetzliche Vertreter **4** 43
- Inhaber **4** 38 f.
- passives Mitwirkungsrecht **4** 37
- rechtsgeschäftliche Vertretung **4** 44
- Verletzung **4** 50

Teilnahmerechte Dritter **4** 46 f.
Übertragung von Befugnissen auf Aufsichtsrat **6** 51
Umwandlungsbeschluß bei Formwechsel **14** 104

1275

Gesellschaftsvertrag

Fette Zahlen = Kapitel

Verlegung **4** 34
Versammlungsleiter **4** 52 f.
Verschmelzung (Aufnahme GmbH in GmbH) **14** 499 f.
Verschmelzungsbeschluß **14** 353
Vollversammlung **4** 69 f.
Gesellschaftsvertrag
s. a. Änderung des Gesellschaftsvertrages
Abfindungsbeschränkungen **13** 121 ff.
Abschluß **2** 40 ff.
Anpassung an Gesellschafterkreise **2** 66
Auflösungsgründe **16** 21
Ausgestaltung **2** 65 ff.
Auslandsbeurkundung **2** 72
– Beurkundung durch Konsularbeamte **2** 72
– Gleichwertigkeit der Beurkundung **2** 72
– Ortsform **2** 72
– Wirkungsstatut **2** 72
Auslegung **2** 47 f., 63
Bestandsschutz **2** 46, 50
Beurkundungsumfang **2** 71
Doppelnatur **2** 47 ff.
einheitliches Vertragswerk **2** 51
Einheitsgründung **2** 73
Einmanngründung **2** 148
Einpassung in andere Gesellschaftsformen **2** 67
fakultativer Inhalt **2** 62 f.
– formbedürftiger **2** 62
– sonstiger **2** 63
fehlerhafte Gesellschaft **2** 46, 50
Feststellung **2** 46
Firma der Gesellschaft
– Handelsrechtliche Grundsätze **2** 52 ff.
– Name **2** 52
– Sonderregelungen **2** 56 ff.
formelle Satzungsstrenge **2** 65
Formvorschriften **2** 69 ff.
Gegenstand des Unternehmens **2** 60 f.
Geschäftsführerbestellung **2** 78
Geschäftszweck **2** 60
Gestaltungshinweise **2** 68
im Rahmen der Gründung **2** 46
Gründungsprotokoll **2** 70
Gründungsvollmacht **2** 74
– Beglaubigung **2** 74
– Beurkundung **2** 74
– Selbstkontrahierungsverbot **2** 74
Inhalt **2** 51 ff.

interne Organisationsbestimmungen **2** 63
Kündigungsrecht **16** 17
Mängelfolgen **2** 51
Mantelgründung **2** 61
– offene **2** 61
– versteckte **2** 61
notarielle Beurkundung **2** 70 ff.
notwendiger Inhalt **2** 51 ff.
Rechtsnatur **2** 47 f.
– Organisationsvertrag **2** 48
– Schuldvertrag **2** 47
– Vertrag eigener Art **2** 47
Regelungsbereiche **2** 68
Satzung **2** 46
Satzungsautonomie **2** 65
Satzungsbestandteile **2** 49 f.
– echte/materielle **2** 50
– unechte/formelle **2** 50
schuldrechtliche Abreden **2** 63
Sitz der Gesellschaft **2** 59
Stammeinlagen **2** 83
Stammkapital **2** 83
Stille Gesellschaft **7** 162 f.
Stufengründung **2** 73
Typenvielfalt **2** 66
unechte Satzungsbestandteile **3** 50, 59
Unternehmensgegenstand **2** 60 f.
– Geschäftszweig **2** 60
– Individualisierung **2** 60
Unterzeichnung durch Gründer **2** 73
Vertragsschließende **2** 40
Vertretung **2** 74
Vorratsgründung **2** 61
Gesellschaftsvertrag, Änderungen
s. Änderung des Gesellschaftsvertrages
Gesellschaftsvertragliche Gesellschafterpflichten s. Gesellschafterpflichten
Gesetzliche Vertreter
Stimmrecht **4** 82
Teilnahmerecht an Gesellschafterversammlung **4** 43
Gewerbeertrag
Ermittlung bei Atypischer Stiller Gesellschaft **7** 191
Ermittlung bei Stiller Gesellschaft **7** 184
Organschaft **17** 100 f.
Gewerbeertragsteuer 11 240 ff.
Anrechnungsverfahren **11** 497 f.
Bemessungsgrundlage **11** 244 ff.

Magere Zahlen = Randziffern

Betriebsstätten **11** 266 ff.
Ermittlung (Übersicht) **11** 249 f.
Ertragshoheit **11** 240
Festsetzung **11** 259 ff.
Finanzierungs-Genußrechte **7** 248, 253
Gesellschafterdarlehen **7** 278
Gewerbesteuermeßbetrag **11** 251 f.
Hinzurechnungen (Übersicht) **11** 249
Liquidation **16** 81
Organschaft **11** 268
Rückstellungsberechnung **11** 255 f.
Steuerpflicht **11** 245 ff.
Vorauszahlungen **11** 265
Zerlegung **11** 263, 266 f.
Gewerbekapital, Organschaft **17** 105
Gewerbekapitalsteuer
Atypische Stille Gesellschaft **7** 198
Ermittlung (Übersicht) **11** 341 ff.
Finanzierungs-Genußrechte **7** 256
Gesellschafterdarlehen **7** 281
Liquidation **16** 82
Neue Bundesländer **11** 346
Gewerbesteuer
Aufspaltung (einer GmbH in mehrere GmbH) **14** 678
Faktischer Konzern **17** 189
Formwechsel (GmbH in GbR/OHG/KG) **14** 333
Hinzurechnungsbesteuerung **11** 419
Kürzungen (Übersicht) **11** 249
Organgesellschaft **17** 96
Organschaft **17** 94 ff., 190
Organträger **17** 95
Qualifizierter faktischer Konzern **17** 189
übernehmende Personengesellschaft
– Verschmelzung (GmbH auf OHG/KG) **14** 386, 391
Unterbeteiligung **12** 170 f.
Veräußerung einbringungsgeborene Anteile **12** 127
Veräußerungsgewinn **12** 125 f.
– Ausgliederung Einzelunternehmen **14** 206
Verdeckte Gewinnausschüttung **10** 225
Verschmelzung (Aufnahme GmbH in GmbH) **14** 576
Gewinnabführung
Rücklagen **17** 41
Vertragskonzern **17** 40 ff.
– Höhe **17** 40 ff.

Gewinnanspruch

– vorvertraglicher Gewinnvortrag **17** 40
Gewinnabführungsvertrag 17 11
s. a. Unternehmensverträge (Konzern)
s. a. Vertragskonzern
Beendigung **17** 82
Dauer **17** 78
Durchführung **17** 79
Eigenkapitalersatz **8** 220
isolierter **17** 21
Notarielle Beurkundung **17** 76
Organschaft (KSt) **17** 74
Verlustübernahme **17** 37
bei verunglückter Organschaft **17** 92
Vollzug, tatsächlicher **17** 80 f.
Wirksamwerden **17** 75 f.
Gewinnanspruch
Allgemeines **10** 140
bei Anteilsübertragung **12** 65
bei Anteilsverkauf **10** 154 ff.
– Aktivierung **10** 162
– Dividendenstripping **10** 159
– Verkauf mit Ausschüttungsanspruch **10** 158 ff.
– vertragliche Absprachen **10** 157
Ausschüttung EK 01 **10** 168 ff.
Ausschüttung EK 04
– bei Anteilsverkauf **10** 164 ff.
eigenkapitalersetzende Darlehen **10** 181
Einbehaltung der Kapitalertragsteuer **10** 171 ff.
– bei Ausschüttung an EU-Körperschaften **10** 175 ff.
– Kapitalertragsteueranrechnung **10** 174
– Stehenlassen von Dividenden **10** 173
– Stundung des Auszahlungsanspruchs **10** 173
Erhaltung des Stammkapitals **10** 180
Gegenstand
– Ausschüttungssperren **10** 146
– Einstellung in die Gewinnrücklage **10** 144
– Ermittlung **10** 141 ff.
– Gewinnvortrag **10** 143
– bei teilweiser Ergebnisverwendung **10** 145
– Zusatzaufwand bei abweichender Bilanzänderung **10** 147 f.
Körperschaftsteuergutschrift **10** 177 ff.

Gewinnanteil

Fette Zahlen = Kapitel

Übertragung **12** 16
zeitgleiche Aktivierung **10** 152 f.
Gewinnanteil
Atypische Stille Gesellschaft
— Einkünfte aus Gewerbebetrieb
  7 187
— als Vorabgewinn **7** 187
gutgläubig bezogener Gewinnanteil
(§ 32) **8** 89
Stille Gesellschaft
— Bilanzausweis **7** 185
— Zufluß **7** 185
Gewinnausschüttung
bei Abtretung **12** 55
Ausschüttungsbelastung **11** 60 ff.,
  66 ff., 88 ff.
Beschränkungen nach vereinfachter
Kapitalherabsetzung **8** 166 ff.
Liquidation **16** 46
Nießbrauch **12** 138 f.
offene
— Auszahlungsverbot **8** 32
Gewinnbeteiligung
Finanzierungs-Genußrechte **7** 245
Kapitalerhöhung aus Gesellschaftsmitteln **7** 58
Stille Gesellschaft **7** 170
Verdeckte Gewinnausschüttung **10** 247
Gewinnbezugsrecht
Doppelbelastung **12** 102
Veräußerung **12** 102
Gewinnermittlung
s. a. Ergebnisermittlung
Atypische Stille Gesellschaft **7** 189
Aufspaltung (einer GmbH in mehrere GmbH) **14** 677
übernehmende Personengesellschaft
— Verschmelzung (GmbH auf OHG/KG) **14** 388 f.
Verschmelzung (Aufnahme GmbH in GmbH) **14** 575
Gewinngemeinschaftsvertrag 17 12
s. a. Unternehmensverträge (Konzern)
s. a. Vertragskonzern
Gewinnlosigkeit, Verdeckte Gewinnausschüttung **10** 247
Gewinnrücklage
Auszahlungsverbot **8** 7
Gewinnabführungsvertrag **17** 79
Gewinnanspruch **10** 144
Gewinnrückzahlung
bei berechtigter Gewinnausschüttung
  8 91

Beweislast **8** 97
Bösgläubigkeit **8** 99 f.
von Dritten **8** 105 f.
Fahrlässigkeit, grobe **8** 95
bei fehlerhafter Jahresabschlußfeststellung **8** 93
bei Gutgläubigkeit des Gesellschafters
  8 95
Nachschüsse **8** 91
nichtiger Gewinnverwendungsbeschluß
— Gutgläubigkeit **8** 98
— ungerechtfertigte Bereicherung **8** 98
Offene Gewinnausschüttung **8** 91
Offene Rücklagen **8** 91
steuerliche Behandlung **8** 102 ff.
— andere Ausschüttung **8** 102
— Einlage **8** 103
— Gesellschaft **8** 104
— negative Einnahme **8** 103
Tantieme **8** 91
Verdeckte Gewinnausschüttung **8** 91
Vorabgewinn **8** 91
Vorzugsdividende **8** 91
Zahlungen an Nichtgesellschafter
  8 91
Zinszahlungen **8** 91
Gewinnthesaurierung s. Thesaurierung
Gewinnvergleichsmethode 11 408
Gewinnverlagerung
Basisgesellschaften **11** 398 f.
Verrechnungspreise **11** 388, 401 ff.
Gewinnverteilung, Angemessenheit bei Stiller Gesellschaft **7** 183
Gewinnverwendung s. Ergebnisverwendung
Gewinnverwendungsvorschlag
Offenlegungspflicht **9** 215
Vorlagepflicht **9** 196; s. a. Ergebnisverwendung
Gewinnvortrag, Gewinnanspruch
  10 143
Gewinnzerlegungsmethode 11 408
Gläubiger, Widerspruchsrecht bei Kapitalherabsetzung **8** 139
Gläubigeraufruf, Kapitalherabsetzung
  8 136
Gläubigerschutz
Abspaltung (von einer GmbH in andere GmbH) **14** 683
Aufspaltung (einer GmbH in mehrere GmbH) **14** 644

Magere Zahlen = Randziffern

Ausgliederung (Einzelunternehmen)
  14 179
Faktischer Konzern **17** 167
Formwechsel (AG in GmbH) **14** 77
Formwechsel (GmbH in AG) **14** 300
Formwechsel (GmbH in GbR/OHG/
  KG) **14** 327
Formwechsel (OHG/KG in GmbH)
  14 110
Qualifizierter faktischer Konzern
  17 174 ff., 178
Verschmelzung (Aufnahme GmbH in
  GmbH) **14** 517
Gleichbehandlungsgrundsatz
Auszahlungsverbot
– Verdeckte Gewinnausschüttung **8** 23
Erstattungsanspruch wegen Auszahlung des Stammkapitals **8** 69
Gesellschafter **3** 37 ff.
Verdeckte Gewinnausschüttung *s. dort*
Vinkulierung **12** 52
Gleichordnungskonzern *s.* Konzern
Gliederungsrechnung *s.* Verwendbares
  Eigenkapital
GmbH
Auflösung *s. dort, s. a.* Auflösungsgründe
Besteuerung *s.* Besteuerung der GmbH
eingetragene **2** 27 ff.
– rechtliche Wirkung der Eintragung
  2 28
– Rechtspersönlichkeit **2** 28
– steuerliche Wirkung der Eintragung
  2 29
Gründung *s. dort*
in Gründung *s. a.* Vorgründungsgesellschaft
– unternehmerische Betätigung **2** 10
– Vorgesellschaft **2** 17
GmbH & Co. KG
Gesellschafterhaftung **1** 19 f.
Konzernabschluß **9** 116
Obligatorischer Aufsichtsrat **6** 12,13
Rechtsformvergleich **1** 16 ff.
GmbH & Co. Richtlinie 1 44
GmbH & Still
s. a. Stille Gesellschaft, Atypische Stille
  Gesellschaft
eigenkapitalersetzende Gesellschafterleistungen **8** 307
eigenkapitalersetzende Gesellschaftersicherheiten **8** 315 ff.
Gesellschafterfinanzierung **7** 160 ff.

Grunderwerbsteuer

GmbH-Anteile
Veräußerung **1** 58 f.
Vererbung oder Schenkung **1** 61
Gratifikationen *s.* Geschäftsführervergütung
Grenzüberschreitende Besteuerung
Doppelbesteuerung **11** 350 ff.
Investitionen ausländische Betriebsstätten **11** 389 ff.
Investitionen in ausländische Kapitalgesellschaften **11** 396 ff.
Steuerminderung durch Gewinnverlagerung **11** 387 f.
Verfahrensvorschriften **11** 420 ff.
– Amts- und Rechtshilfe **11** 425 f.
– Konsultationsverfahren **11** 431 f.
– Konzernverrechnungspreisangemessenheit **11** 422
– Meldevorschrift **11** 420
– Mitwirkungspflichten **11** 423 f.
– Verständigungsverfahren **11** 430 f.
Grundbuch *s.* Handelsbücher
Grundbuchfähigkeit, Auflösung **16** 24
Gründer
Gesamthandsgemeinschaften **2** 45
juristische Personen **2** 44
– vor eigener Eintragung **2** 44
– Europäische Aktiengesellschaft **2** 44
– im Liquidationsstadium **2** 44
natürliche Personen **2** 42 f.
– Ausländer **2** 43
– Geschäftsfähigkeit **2** 42
taugliche **2** 41 ff.
Gründerhaftung
s. a. Gründungshaftung
Außenhaftung **2** 34
Innenhaftung **2** 34
Vorgesellschaft **2** 34
Grunderwerbsteuer
Anteilsübertragung **12** 130 f.
Anteilsvereinigung **13** 15, 150 f.
– mittelbare **12** 132
– im Organkreis **12** 133
Aufhebung durch Rückerwerb **12** 134
Ausgliederung (aus einer GmbH in andere GmbH) **14** 697
Ausgliederung Einzelunternehmen
  14 209
Eigene Anteile **13** 58
Einziehung **13** 80
Formwechsel (AG in GmbH) **14** 83
Formwechsel (GmbH in GbR/OHG/
  KG) **14** 334

1279

Grundschuld

Fette Zahlen = Kapitel

Kapitalherabsetzung **8** 192; **13** 84
Spaltung (GmbH auf OHG/KG) **14** 451
Treuhandschaft **12** 190 f.
Umstrukturierung **14** 46
Umwandlung **14** 46
Verschmelzung (Aufnahme GmbH in GmbH) **14** 554
Verschmelzung (GmbH auf OHG/KG)
– durch Aufnahme **14** 365
Vorgesellschaft **2** 23
Grundschuld
eigenkapitalersetzende Gesellschafterleistungen **8** 306
Gesellschaftersicherheit **8** 272
Gründung
Ablauf **2** 3
Anteilsbewertung **11** 519 f.
Einheitsgründung **2** 73
Entstehung der Gesellschaft
– Stufen **2** 3
– Ziele **2** 4
Entstehung der Gesellschaft (Übersicht) **2** 2
Errichtung der Gesellschaft **2** 2
Grundlagen **2** 1 ff.
Haftung *s.* Gründungshaftung
Mantelverwertung **2** 1
Neugründung **2** 1
Normativbestimmungen **2** 3
Rechtsformwahlüberlegungen **1** 3 f.
Stadien **2** 5 ff.
Stufengründung **2** 73
Umwandlung **2** 1
Vorgesellschaft **2** 5, 14 ff.; *s. a. dort*
Vorgründungsgesellschaft **2** 5, 7 ff.; *s. a. dort*
Gründungsaufwand
Gründerlohn **2** 130
Höchstbetrag **2** 130
Notargebühren **2** 130
Registergebühr **2** 130
Gründungsgeschäftsführer
Aufgaben **2** 80
Bestellung **2** 77 ff.
Gründungshaftung 2 30 ff.
Abdingbarkeit **2** 32, 36
Differenzhaftung **2** 37 f.
Differenzhaftung für Sacheinlagen **2** 37
ab Eintragung ins Handelsregister **2** 37 ff.
fehlende Vertretungsmacht **2** 36

Geschäftsaufnahme vor Eintragung **2** 38
gesetzliche Regelung **2** 31 f.
Gründerhaftung **2** 34
Handelndenhaftung **2** 32, 35 f.
reale Kapitalaufbringung **2** 37
Registergerichtsanmeldung **2** 141
Rückgriffsrecht **2** 36
Unversehrtheitsgrundsatz **2** 37
Verlustdeckungshaftung **2** 34
verschleierte Sacheinlagen **2** 112
Vorbelastungs- oder Unterbilanzhaftung **2** 38, 39
Vorbelastungsverbot **2** 35
Vorgesellschaft **2** 33 ff.; *s. a. dort*
Vorgründungsgesellschaft
– vollmachtloses Handeln **2** 32
– wirksam vertretene **2** 31
während Vorgründungsgesellschaft **2** 31 f.
Gründungskosten, Übernahme als Verdeckte Gewinnausschüttung **10** 247
Gründungsprotokoll *s.* Gesellschaftsvertrag
Gründungsstadium 2 14 ff.
s. a. Vorgesellschaft
s. a. Vorgründungsgesellschaft
Geschäftsführerbestellung **2** 75 f.
gesellschaftsrechtliche Einordnung **2** 15 ff.
steuerliche Einordnung **2** 19 ff.
Vorgründungsstadium **2** 5, 6 ff.
zeitlicher Ablauf **2** 5
Gründungsvollmacht
s. a. Gesellschaftsvertrag
Beglaubigung **2** 74
Beurkundung **2** 74
Selbstkontrahierungsverbot **2** 74
Gründungsvorgang
Ablauf **2** 3
Abschluß **2** 131
Kapitalaufbringung **2** 80 ff.
Ziele **2** 3
Gruppenbewertung, Inventar **9** 34
Gütergemeinschaft, Anteilsübertragung **12** 257
Gutgläubiger Erwerb, Geschäftsanteile **12** 58

Haftung
Abschlußprüfer **9** 181 f.
Ausfallhaftung im qualifizierten faktischen Konzern
– Beweislast **17** 174 ff.

Magere Zahlen = Randziffern **Informationserzwingungsverfahren**

Beschränkung **1** 21
Durchgriff auf Gesellschafter **1** 18 ff.
Erwerber bei Geschäftsanteilskauf
  12 66
Geschäftsführer *s.* Geschäftsführerhaftung
Liquidator **16** 35, 42
Qualifizierter faktischer Konzern **1** 18;
  17 174 ff.
Haftung bei Gründung *s.* Gründungshaftung
Haftung wegen Auszahlung des Stammkapitals
Bösgläubigkeit der Mitgesellschafter
  8 70
doppelte Subsidiarität **8** 70
eigener Geschäftsanteil **8** 71
Gutgläubigkeit der Mitgesellschafter
  8 70
Haftung der Mitgesellschafter **8** 70 f.
Solidarhaftung **8** 71
Umfang **8** 72 f.
Handelndenhaftung
s. a. Gründungshaftung
Geschäftsführerhaftung **5** 237
Handelsbilanz II 9 131, 133
s. Konzernabschluß
Handelsbücher 9 12 ff.
Aufbewahrungspflicht **9** 17 ff.
Grundbuch **9** 12
Hauptbuch **9** 12
Nebenbücher **9** 12
Handelsregister
s. Anmeldung zum Registergericht
s. Handelsregistereintragung
s. a. Registergericht
s. a. Registerverfahren
Handelsregisteranmeldung *s.* Anmeldung zum Registergericht
Handelsregistereintrag
Geschäftsführerabberufung **5** 23 f.
Geschäftsführerbestellung **5** 23 f.
Handelsregistereintragung
Abspaltung (von einer GmbH in andere GmbH) **14** 682 f.
Änderung des Gesellschaftsvertrages
  4 155 ff.
Aufspaltung (einer GmbH in mehrere GmbH) **14** 634 ff.
Ausgliederung (aus einer GmbH in andere GmbH) **14** 693
Ausgliederung (Einzelunternehmen)
  14 173, 189 f.

Formwechsel (AG in GmbH) **14** 69
Formwechsel (GmbH in AG) **14** 291
Formwechsel (GmbH in GbR/OHG/
  KG) **14** 323
Formwechsel (OHG/KG in GmbH)
  14 106
Kapitalherabsetzung **8** 125
rechtliche Wirkungen **2** 27
steuerliche Wirkungen **2** 29
Verfahren **2** 145
Verschmelzung (Aufnahme GmbH in
  GmbH) **14** 503 ff.
Handelsvollmacht bei Auflösung **16** 24
Handwerks-GmbH, Anmeldung zum
  Registergericht **2** 135
Hauptbuch *s.* Handelsbücher
Hauptfeststellung, Vermögensteuer
  11 313 ff.
Hauptveranlagung, Vermögensteuer
  11 320 ff.
Hauptversammlung, Umwandlungsbeschluß bei Formwechsel **14** 67
Herabschleusung *s.* Ausschüttungsbelastung
Heraufschleusung *s.* Ausschüttungsbelastung
Herstellungskosten
Ansatz bei Unterbilanz **8** 12
Bewertungswahlrechte **10** 30
Hintermann, eigenkapitalersetzende
  Gesellschafterleistungen **8** 314
Hinzurechnungsbesteuerung, Zwischeneinkünfte **11** 411 f.
Holding
Anteilsbewertung **11** 511
Auslandsholding **11** 396
Funktionsholding **11** 412
Landesholding **11** 412
Organträger **17** 69
Safe haven **7** 300
Tauschgutachten, Anwendbarkeit
  14 253
Holzmüller Entscheidung 14 698
Hypothek
Gesellschaftersicherheit **8** 272
als Sicherheit zugunsten eines Gesellschafters **8** 28

IAS, Konzernabschluß **9** 124
Immaterielle Vermögensgegenstände, Ansatz bei Unterbilanz **8** 11
Informationserzwingungsverfahren
s. Gesellschafterrechte

1281

Informationsrechte der Gesellschafter   Fette Zahlen = Kapitel

Informationsrechte der Gesellschafter *s.* Gesellschafterrechte
Informationsüberlassung, Verdeckte Gewinnausschüttung **10** 247
Informationsverweigerung gem. § 51 a GmbHG 3 81 ff.
s. Gesellschafterbeschluß
Innengesellschaft, Stille Gesellschaft **7** 166
Insolvenz
eigenkapitalersetzende Gesellschafterdarlehen **8** 203, 218
eigenkapitalersetzende Gesellschaftersicherheiten **8** 278 f.
Geschäftsführerhaftung **5** 219 f., 250 f.
Kapitalherabsetzung **8** 113
Rücktritt bei Drittdarlehen **8** 274
Überschuldung **15** 12 f.
Zahlungsunfähigkeit **15** 7 f.
Insolvenzantrag
Antragsfrist **15** 80 f.
Antragspflicht **15** 80 ff.
Verstoß gegen Antragspflicht **15** 82
Insolvenzplan, eigenkapitalersetzende Gesellschaftersicherheiten **8** 289
Interessenkollision, Stimmverbot Aufsichtsrat **6** 39
Inventar
Allgemeines **9** 25
Bewertungsverfahren **9** 29, 33 f.
Einzelbewertung **9** 33
Eröffnungsinventar **9** 25
Jahresinventar **9** 26 f.
Inventur
Allgemeines **9** 28
Inventurverfahren **9** 30
permanente Inventur **9** 30
Stichprobeninventur **9** 31
Stichtagsinventur **9** 30
Investitionszulage
Körperschaftsteuer **11** 116
Neue Bundesländer **11** 170 f.
steuerfreie Einnahmen **11** 41
Verwendbares Eigenkapital **11** 77

Jahresabschluß
Änderung nach Gewinnverwendungsbeschluß **8** 94
Änderungen **9** 203 f.
– fehlerfreie **9** 204
– fehlerhafte **9** 205 f.
Anfechtbarkeit **9** 208 f.
Anfechtungsklage **9** 211 f.

Anhang **9** 83 ff.; *s. im einzelnen dort*
Anhangangaben in der Krise **15** 99
Aufstellung
– Frist **9** 55 ff.
– Geschäftsführungsmaßnahme **9** 51
– GmbH als Tochterunternehmen **9** 50
– Verantwortlichkeit **9** 51
– Weisungsrecht **9** 52
Aufstellungsfrist in der Krise **15** 86
Aufstellungspflicht **9** 45 ff.
besondere Bilanzierungsvorschriften nach GmbHG **9** 70 ff.
Bilanzpolitik **9** 68
Darstellung der Ergebnisverwendung **9** 74 ff.
EURO **9** 6
Feststellung **9** 53, 198 f.
– Beschluß **9** 198 f.
– Frist **9** 198
– Umfang **9** 200
– Verbindlicherklärung **9** 199
– Zuständigkeit **9** 200
Feststellung bei Liquidation **16** 66
Feststellung durch Aufsichtsrat **6** 87
Formwechsel (GmbH in GbR/OHG/KG) **14** 314
Fortführungsprämisse bei Überschuldung **15** 88
Gliederung
– Anpassung **9** 64
– Bilanzpolitik **9** 68
– Gestaltungsmöglichkeiten **9** 67
– Grundsätze **9** 58 ff.
– Leerposten **9** 66
– Mitzugehörigkeitsvermerk **9** 62
– Stetigkeit **9** 60
– Untergliederungen **9** 63 f.
– Verstöße **9** 69
– Vorjahresbeträge **9** 61
– Zusammenfassung von Posten **9** 65
Größenklassen **9** 47 f.
Lagebericht bei Liquidation **16** 64 ff.
Liquidation **16** 64 ff.
Liquidationsschlußbilanz **16** 68
Liquidationsschlußrechnung **16** 69
Nichtigkeitsgründe **9** 208 ff.
Offenlegungspflichten (Übersicht) **9** 214 ff.
Prüfung durch Aufsichtsrat **6** 47, 87
Unterbilanz **8** 10
Unterzeichnung **9** 54
Vorjahresbeträge **9** 61

1282

Magere Zahlen = Randziffern

Vorlagepflicht **9** 190 ff.
Zuschreibungen in der Krise **15** 91
Juristische Personen, Stimmrecht **4** 83

Kaduzierung 2 124; **13** 113
Kaduzierungsverfahren, Rechtsfolgen bei Säumnis
– beschränkte Nachschußpflicht **7** 87
– eigener Anteil **7** 91
Kapitalaufbringung
s. a. Reale Kapitalaufbringung
Bestandteil des Gründungsvorgangs **2** 80 ff.
Eigene Geschäftsanteile **13** 20 ff.
Einmanngründung **2** 150 ff.
Freiheit der Finanzierungsentscheidung **2** 82
Kapitalerhöhung durch Zuführung neuer Mittel **7** 33 ff.
Mindestbeträge **2** 82
Schaffung der Kapitalbasis **2** 81
Stammkapital **2** 83 ff.
unzureichende Eigenkapitalausstattung **2** 82
Kapitalaufbringungsschutz
Aufrechnung gegen Einlageverpflichtung **2** 119
Befreiung von Einlageverpflichtung **2** 118
Rechtsfolgen **2** 122 ff.
Sacheinlagevorschriften **2** 121
Zurückbehaltungsrecht an Sachanlagen **2** 120
Kapitalbindung, Liquidation **16** 1
Kapitalerbringung, reale *s.* Reale Kapitalaufbringung
Kapitalerhaltung
Abdingbarkeit **8** 3
Eigene Anteile
– Vermögensbewertung **13** 25
– Zeitpunkt **13** 26 ff.
Eigene Geschäftsanteile **13** 23 ff.
Einziehung
– Eigenkapitalanforderung **13** 64
– Zeitpunkt **13** 65
Kapitalaufbringungsgebot **8** 1
Kapitalerhaltungsgebot **8** 1 ff.
Kapitalherabsetzung **8** 1 ff.
Rücklage für Eigene Anteile **13** 24
Zeitpunkt
– Eigene Anteile **13** 26 ff.
Kapitalerhöhung 7 10 ff.
Arten **7** 12 ff.

Kapitalerhöhung

Aufspaltung (einer GmbH in mehrere GmbH) **14** 633
Ausgliederung (aus einer GmbH in andere GmbH) **14** 693
Begriff **7** 10
EURO-Anpassung **7** 18
Finanzierungs-Genußrechte **7** 230
Kombination Kapitalerhöhungsarten **7** 15
Motive **7** 16 ff.
– Anpassung Mindeststammkapital **7** 18
– Betriebsmittelzuführung **7** 16
– Kapitalschnitt **7** 16
– Verlustausgleich **7** 16
Sanierung, finanzielle **15** 45 f.
Verschmelzung (Aufnahme GmbH in GmbH) **14** 496 f., 502
Verwendbares Eigenkapital **11** 78
Voreinzahlungen **15** 46
Kapitalerhöhung aus Gesellschaftsmitteln 7 14
Anmeldung **7** 59
Auswirkungen beim Gesellschafter **7** 63 f.
– Anschaffungskosten **7** 63
– Steuerneutralität **7** 64
Beschluß **7** 49 ff.
– Acht-Monats-Frist **7** 52
– Bestätigungsvermerk **7** 54
– Erhöhungsbilanz **7** 51
– festgestellter Jahresabschluß **7** 50
– Form **7** 49
– umwandlungsfähige Posten **7** 53
– Voraussetzungen **7** 50 ff.
– zugrundeliegende Bilanz **7** 51
Beschlußinhalt **7** 55 ff.
bilanzielle Auswirkungen **7** 60
Gewinnbeteiligung **7** 58
Mindestbeträge **7** 57
nominelle **7** 14
Registerverfahren **7** 59
aus Rücklagen **7** 14
Schütt-aus-hol-zurück-Verfahren **7** 48
steuerliche Auswirkungen **7** 61 f.
– Altrücklagen **7** 62
– Änderungen verwendbares Eigenkapital **7** 61
– Pauschalsteuer **7** 62
Stückelung **7** 57
Vergleich mit Kapitalerhöhung durch Zuführung neuer Mittel **7** 46 f.

1283

Kapitalerhöhung

Fette Zahlen = Kapitel

Kapitalerhöhung durch Zuführung neuer Mittel 7 12 f., 20 ff.
Agio **7** 25
Aktienrechtliche Sonderformen **7** 13
Anmeldung **7** 37
Ausfallhaftung **7** 21
Beschlußinhalt **7** 22 ff.
Bezugsrecht **7** 27 ff.
Bezugsrechtsausschluß **7** 27 ff.
– Finanzbedarf **7** 29
– Kooperationspartner **7** 29
– Sacheinlagen **7** 29
bilanzieller Ausweis **7** 38
Bildung neuer Geschäftsanteile **7** 26
Durchführung (Maßnahmen) **7** 31 ff.
effektive **7** 12
Einbringungsgeborene Anteile **7** 45
gegen Einlagen **7** 12
Erhöhungsbeschluß **7** 20 ff.
Folgen **7** 38 ff.
gesonderter Rechtsakt **7** 22
Kapitalaufbringung **7** 33 ff.
– debitorisches Konto **7** 34
– Thesaurierungspflicht **7** 34
– Unversehrtheit geleisteter Einlagebeträge **7** 34
– Vorbehalt wertgleicher Deckung **7** 34
– Voreinzahlungen **7** 35
Mindestbeträge **7** 26
Nennbetragsaufstockung **7** 26
gegen neue Stammeinlagen **7** 12
Nichtteilnahme Gesellschafter an Kapitalerhöhung **7** 44
ordentliche **7** 12
Registerverfahren **7** 37
Sacheinlage **7** 23
Schachtelprivileg **7** 40
Schenkung **7** 43
Schütt-aus-hol-zurück-Verfahren **7** 24
Schwellenwerte (Übersicht) **7** 39
Übergang Stiller Reserven **7** 41 f.
Übernahmevertrag **7** 32
Verdeckte Einlage **7** 43
Verdeckte Gewinnausschüttung **7** 43
Vergleich mit Kapitalerhöhung
– aus Gesellschaftsmitteln **7** 46 f.
Zulassungsbeschluß **7** 27 ff.
Zusatzgründung **7** 12
Kapitalersetzende Darlehen
 s. a. Eigenkapitalersetzende Darlehen
Ansatz bei Überschuldung **15** 95
Verdeckte Gewinnausschüttung **10** 247

Kapitalertragsteuer
Anrechnung **11** 494 f.
Einbehaltung **10** 171 ff.
– Anrechnung **10** 174
– EU-Körperschaften **10** 175 ff.
– bei Stehenlassen von Dividenden **10** 173
– bei Stundung des Auszahlungsanspruchs **10** 173
Erstattung **11** 495 f.
Kapitalherabsetzung **8** 178
Verdeckte Gewinnausschüttung **10** 224
Zufluß **11** 494
Kapitalgesellschaft
Körperschaftsteueranrechnungsverfahren **11** 484 ff.
Tauschmöglichkeiten
– Grenzüberschreitende (Fallgruppen) **14** 266 f.
Kapitalherabsetzung 8 110 ff.
Abfindung **8** 116
Abspaltung (von einer GmbH in andere GmbH) **14** 682
Ausgliederung (aus einer GmbH in andere GmbH) **14** 693
Ausscheiden aus GmbH **13** 81; *s. a. dort*
bei Ausscheiden Gesellschafter **8** 116
Ausschüttungsbelastung **8** 178
Auswirkungen **8** 130
Bekanntmachung **8** 136
Besteuerung beim Gesellschafter **8** 183 f.
Durchführung **8** 136
effektive **8** 110, 115
Einbringungsgeborene Anteile **8** 185
Einzelmitteilungen **8** 137
Einziehung von Anteilen **8** 112
Erwerb eigener Anteile **8** 30, 117
Gläubigeraufruf **8** 136
Grunderwerbsteuer **8** 192
Handelsregisteranmeldung **8** 140 f.
– Sperrfrist **8** 140
– Versicherung Geschäftsführer **8** 142
Höhe **8** 128 f.
Insolvenz **8** 113
Kapitalerhöhung aus Gesellschaftsmitteln **8** 131
nach Kapitalerhöhung aus Gesellschaftsmitteln **8** 187
Kapitalertragsteuer **8** 178
Kapitalrücklage **8** 118

Magere Zahlen = Randziffern **Konkurseinstellung mangels Masse**

Liquidation **8** 113
Mindestbetrag der Stammeinlage
   8 131
   nominelle **8** 110
   – steuerliche Behandlung **8** 180 f.
Pauschsteuer KapErhStG **8** 177, 179
Rechnungslegung **8** 145
Sanierung **8** 120
   – Beitritt Dritter **8** 122 f.
   – Zuzahlungen Gesellschafter **8** 121
Sanierung, finanzielle **15** 47
Sanierungsmaßnahme **15** 47
steuerliche Behandlung **8** 176 ff.
Steuern vom Vermögen **8** 191 f.
Umsatzsteuer **8** 192
unentgeltliche Einziehung von Anteilen **8** 181
Unterbilanz **8** 119
Verdeckte Gewinnausschüttung **8** 190; **10** 247
vorzeitige Zahlung **8** 147
Widerspruchsrecht der Gläubiger **8** 139
Kapitalherabsetzung, vereinfachte
   8 132 f., 150 ff.
Anpassung der Nennbeträge **8** 153
Ausschüttungsbeschränkungen **8** 164
Beschränkung der zukünftigen Gewinnausschüttung **8** 166 ff.
Einstellung in die Kapitalrücklage **8** 133, 162
mit gleichzeitiger Kapitalerhöhung **8** 171 ff.
Handelsregisteranmeldung **8** 160
Höhe **8** 133
Nachschußpflicht **8** 156
Rückbeziehung **8** 169
Sanierung **8** 150
Vereinigung der Geschäftsanteile (Zusammenlegung) **8** 135
Verlustausgleich **8** 161
Vermögensmehrung, Berücksichtigung **8** 162
Vermögensverschlechterung, Berücksichtigung **8** 162
Zulässigkeitsprüfung (Checkliste) **8** 151 f.
Zusammenlegung von Geschäftsanteilen **8** 153 ff.
Kapitalherabsetzungsbeschluß
   8 124 ff.
Handelsregistereintragung **8** 125

Inhalt **8** 126 f.
Satzungsänderung **8** 124
Kapitalkonsolidierung 9 133 ff.
   s. im einzelnen unter Konsolidierung
Kapitalrücklage
Auszahlungsverbot **8** 7
vereinfachte Kapitalherabsetzung **8** 162
Verwendbares Eigenkapital **11** 79
Kapitalrückzahlung, vorweggenommene
   – bei Kapitalherabsetzung **8** 148
Kapitalschutz
Eigene Geschäftsanteile **13** 19 ff.
bei wechselseitiger Beteiligung **17** 41
Kapitalverlust, hälftiger
Einberufung Gesellschafterversammlung **15** 71 ff.
Feststellung **15** 73 f.
Kartellrecht, Umstrukturierung **14** 36
Kaufvertrag
Rückgängigmachung **12** 16
Verdeckte Gewinnausschüttung **10** 247
Kaution, Gesellschaftersicherheit **8** 272
Kein-Mann-GmbH
Eigene Anteile **13** 47
Einziehung **13** 76
Kapitalherabsetzung **8** 172
Klagebefugnis
   s. a. Gesellschafterrechte
Gesellschafter **3** 119 ff.
Klagefrist, Gesellschafterbeschluß, fehlerhafter *s. dort*
Kombinationsmodell *s.* Unternehmenskauf
Kommanditgesellschaft, Formwechsel in GmbH **14** 90 ff.
Kompetenzträger
Aufsichtsrat **3** 9
Beirat **3** 9
Schiedsgericht **3** 9
Kompetenzverteilung, Gesellschafter-Geschäftsführer **3** 3 f.
Konkurs
Buchführungspflicht **9** 2
eigenkapitalersetzende Gesellschafterdarlehen **8** 260
Organgesellschaft (USt) **17** 115
Stille Gesellschaft **7** 173, 205; *s. a. dort*
Konkursablehnung, Auflösungsgrund **16** 16
Konkurseinstellung mangels Masse, Auflösungsgrund **16** 16

1285

Konkursstraftaten

Fette Zahlen = Kapitel

Konkursstraftaten, strafrechtliche Verantwortung Geschäftsführer **5** 252 f.
Konkursverwalter
Einberufungsrecht Gesellschafterversammlung **4** 4
Stimmrecht **4** 84
Konsolidierung
Aufwands- und Ertragskonsolidierung **9** 133
Forderungskonsolidierung **9** 133
Schuldenkonsolidierung **9** 133
Vollkonsolidierung **9** 128 ff.
– Kapitalkonsolidierung **9** 133
Zwischenergebniseliminierung **9** 133
Konsortialkredit, Eigenkapitalersatz **8** 208
Konsultationsverfahren, Grenzüberschreitende Besteuerung **11** 431 f.
KonTraG, Prüfungsbericht **9** 166 f.
Konzern
Aufsichtsratsüberwachung **6** 46
Begriff **17** 5
Einheitliche Leitung **17** 7
faktischer *s.* Faktischer Konzern
Gleichordnungskonzern **17** 6
Grenzüberschreitender Konzern **17** 200 f.
Haftungsdurchgriff **1** 18
Mißbrauch der Leitungsmacht **17** 174
Obligatorischer Aufsichtsrat **6** 12, 13
qualifizierter faktischer *s.* Qualifizierter faktischer Konzern
Rechtsformüberlegungen **1** 63 ff.
Rechtsgrundlage **17** 1
steuerliche Behandlung Verdeckte Einlagen **7** 143 f.
Umwandlung **14** 33
Unterordnungskonzern **17** 6
Vertragskonzern *s. dort*
Wechselseitige Beteiligung **17** 9
Konzernabschluß
Abschlußstichtag **9** 132 f.
assoziierte Unternehmen **9** 137 ff.
Aufstellungspflicht **9** 114 ff.
befreiender **9** 120
Control-Konzept **9** 117 f.
Einbeziehungsverbote **9** 126
Einbeziehungswahlrechte **9** 127
einheitliche Leitung **9** 115
einzubeziehende Unternehmen
– Allgemeines **9** 125
– Einbeziehungsverbote **9** 126

– Einbeziehungswahlrechte **9** 127
– Weltabschluß **9** 125
Equity-Methode **9** 137 ff.
Gemeinschaftsunternehmen **9** 119, 135 f.
GmbH & Co. KG **9** 116
größenabhängige Befreiung **9** 121
Handelsbilanz II **9** 131
Informationsfunktion **9** 112
Inhalt und Aufgaben **9** 110 ff.
Konsolidierung **9** 111; *s. im einzelnen dort*
Konzernanhang **9** 141 f.
Konzernlagebericht **9** 143
maßgebende Rechnungslegungsvorschriften **9** 124
Offenlegungspflicht **9** 218
Prüfung **9** 155
Rechnungslegungsvorschriften Tochterunternehmen **9** 50
Sanktionen **9** 144
Unterlassen der Aufstellung **9** 123
Unterzeichnung **9** 122
Vollkonsolidierung **9** 128 ff.
– Ansatzfragen **9** 129
– Ausgleichsposten für Anteile anderer Gesellschafter **9** 128
– Bewertungsfragen **9** 129
– einheitliche Bewertung **9** 129
– Einheitstheorie **9** 129
– Ergänzungsrechnungen **9** 131
– Steuerabgrenzung **9** 134
– Stichtag **9** 132
– Währungsumrechnung **9** 130
Vorlagepflicht **9** 194
Konzernanhang 9 141 f.
Konzernlagebericht 9 143
Konzernprüfungsbericht 9 176
Konzernumlage, Auszahlungsverbot § 30 **8** 38
Körperschaftsteuer 11 1 ff.
Anrechnungsmethode **11** 353
Anrechnungsverfahren **11** 59 ff., 458 ff.
Ausländische Einkünfte **11** 50 f.
– Betriebsstättenbesteuerung **11** 86 ff.
– Doppelbesteuerungsabkommen **11** 86 ff.
Ausschüttungsbelastung **11** 50
– ohne ausreichendes verwendbares Eigenkapital **11** 166 ff.
Basisgesellschaft **11** 398 f.
Belastungsverfahren **11** 123 ff.

Magere Zahlen = Randziffern

Bemessungsgrundlage
– Einkünfte aus Liebhaberei 11 27
– Ermittlung des zu versteuernden Einkommens (Überblick) 11 24 ff.
– Nichtabziehbare Aufwendungen 11 28 ff.
Berlinförderung 11 184
Bescheinigungsverfahren 11 141 ff.
Betriebsstätten *s. a. dort*
Bruttobardividende 11 49
DDR-Investitionsgesetz 11 182 f.
direkte Anrechnung 11 354 ff.
Doppelbesteuerung 11 350 ff.
Ermäßigungen (Übersicht) 11 156
Faktischer Konzern 17 180 f.; *s. a. dort*
fiktive Anrechnung 11 365
Fördergebietsgesetz 11 177 f.
GA Wirtschaftsstruktur 11 185
Gemeinnützige Körperschaften 11 201 f.
geschichtliche Entwicklung 11 1 ff.
Gesellschafterfremdfinanzierung 11 158
Gewinnausschüttungszeitpunkt 11 159 ff.
indirekte Anrechnung 11 361 ff.
Internationaler Steuersatzvergleich (Übersicht) 11 57 ff.
Investitionszuschüsse 11 185 ff.
Neue Bundesländer 11 170 f.
Nichtabziehbare Aufwendungen
– Geldbußen 11 35
– Geldstrafen 11 34
– Nebenleistungen 11 31 ff.
Organschaft 17 44 ff.; *s. a. dort*
Pauschalierung 11 366
Regelbesteuerung 11 48
steuerfreie Einnahmen 11 38 ff.
– nach Doppelbesteuerungsabkommen 11 42
– Gewinnabführung Organschaft 11 44 f.
– Investitionszulagen 11 41
– Sanierungsgewinne 11 42
Steuerfreie Einnahmen/Erträge (Übersicht) 11 152 ff.
Steuerhoheit 11 4
steuerliche Ansässigkeit 11 19 ff.
– ausländische Kapitalgesellschaft 11 19 ff.
– Doppelbesteuerungsabkommen 11 23
Steuerpflicht, beschränkte 11 18

Lästiger Gesellschafter

Steuerpflicht, unbeschränkte 11 8 ff.
– Ende 11 15 f.
– Ort der Geschäftsleitung 11 11 f.
– Sitz des Unternehmens 11 10 ff.
– Vor-GmbH 11 14
– Vorgründungsgesellschaft 11 14 ff.
Steuersatz 11 2 ff., 48
übernehmende Personengesellschaft
– Verschmelzung (GmbH auf OHG/KG) 14 374, 383
Unterstützungskasse 11 209 ff.
Veranlagungsverfahren 11 131 ff.
– Festsetzung 11 133 f.
– Gesonderte Feststellung 11 136 f.
– Rumpfwirtschaftsjahr 11 131
– Vorauszahlungen 11 131
Veranlagungszeitraum 11 192 ff.
Verlustvortrag/-rücktrag 11 144 ff.
Vermögensverwaltung 11 201 ff.
Zonenrandförderung 11 184
Zweckbetriebe 11 202
Zwischengesellschaft 11 411 ff.
Kostenaufschlagsmethode 11 407; 17 188
Kreditunwürdigkeit
Eigenkapitalersatz 8 217 f., 330
Indizien 8 221
Kündigung
Unternehmensverträge
– außerordentliche 17 121 ff.
Unternehmensverträge (Konzern) 17 119 ff.
– ordentliche 17 119
– Rückwirkung 17 122
– Veräußerung 17 121
Kündigung des Geschäftsführers
AngKschG 5 110
KSchG 5 110
wichtiger Grund 5 107 f.
Zuständigkeit 5 104
Kündigungsrecht
außerordentliches 16 18
ordentliches 16 18
Kündigungsschutz, Geschäftsführer 5 110
Kuratorium als Gesellschaftsorgan 6 1

Lagebericht
Allgemeines 9 90
Berichterstattung in der Krise 15 101
Inhalt (Übersicht) 9 92 ff.
Lästiger Gesellschafter
Abfindung durch Gesellschafter 13 93

1287

Leg-ein-hol-zurück-Verfahren   Fette Zahlen = Kapitel

Abfindung durch GmbH **13** 85 ff.
Besteuerung **13** 94
Nachweispflicht
– Abfindungshöhe **13** 89 f.
– betriebliche Veranlassung **13** 91
– Lästigkeit **13** 86 ff.
Verdeckte Gewinnausschüttung **13** 92
Leg-ein-hol-zurück-Verfahren, Körperschaftsteuer **11** 119
Leistungsverweigerungsrecht
Auszahlungsverbot § 30 **8** 40, 44
– nahestehende Person **8** 44
– teilbare Leistung **8** 41
– unteilbare Leistung **8** 41
– Verbundene Unternehmen **8** 44
eigenkapitalersetzende Gesellschaftersicherheiten **8** 293
Liebhaberei, Körperschaftsteuer **11** 27
Liquidation
Abschlußprüfung **16** 63
Abwicklungsanfangsvermögen **16** 77
Abwicklungsendvermögen **16** 78
Abwicklungsgewinn **16** 74 ff.
Aufbewahrungsfristen **16** 56
Auflösung **16** 3
Auflösungsgründe **16** 4 ff.
Beendigung der Gesellschaft **16** 55
Beendigung laufender Geschäfte **16** 35
Bekanntgabe **16** 32
Besteuerung **16** 70 ff.; *s.* Liquidationsbesteuerung
Besteuerung des Gesellschafters
– Anrechnungsverfahren **16** 86
– Anteile im Privatvermögen **16** 84 ff.
– Erbschaftsteuer **16** 87
eigenkapitalersetzende Gesellschafterdarlehen **8** 260
Eingehen neuer Geschäfte **17** 33
Einnahmen-/Ausgabenrechnung **16** 67
Einziehung der Forderungen **16** 37
Erfüllung der Gesellschaftsverpflichtungen **16** 35 f.
Finanzierungs-Genußrechte **7** 230; *s. a. dort*
Forderungen gegen Gesellschafter **16** 38
Fortführung des Unternehmens **16** 35
Fortsetzungsbeschluß **16** 28
Gewinnausschüttung **16** 46
Gewinnbesteuerung **1** 62
Haftung **16** 35
Handelsregistereintrag **16** 31

Jahresabschluß **16** 64 ff.
Kapitalbindung **16** 1
Kapitalherabsetzung **8** 113
Liquidator **16** 30; *s. a. dort*
Löschung **16** 2
Neue Bundesländer **16** 88 f.
Rechnungslegung **16** 57 ff.
Schlußbilanz der werbenden Gesellschaft **16** 58
Sperrjahr **16** 43 ff.
Steuerliche Pflichten **16** 41
Stille **16** 1, 46
Stille Gesellschaft **7** 186
Treuhandunternehmen **16** 89
Unternehmensverkauf **16** 40
Verfahren **16** 30 ff.
Vermögensauskehrung **16** 45
Vermögensstatus **16** 59
Versilberung des Vermögens **16** 39 ff.
Vertretung der Gesellschaft **16** 33
Vollbeendigung **16** 3
Zeitablauf **16** 6
Liquidationsbesteuerung
Abwicklungsanfangsvermögen **16** 77
Abwicklungsendvermögen **16** 78
Abwicklungsgewinn **16** 74 ff.
Anrechnungsverfahren **16** 80
Ertragsteuern **16** 70 ff.
Gewerbeertragsteuer **16** 81
Gewerbekapitalsteuer **16** 82
Progressionsmilderung **1** 62
Umsatzsteuer **16** 83
Vermögensteuer **16** 82
Zeitraum **16** 71
Liquidationseröffnungsbilanz
Aufstellungszeitpunkt **16** 60
Bilanzierungsgrundsätze **16** 61
Erläuterungspflicht **16** 62
Prüfung **16** 63
Liquidationsschlußbilanz 16 68
Liquidationsschlußrechnung 16 69
Liquidator
Abberufung **16** 30
Aufgabe (Übersicht) **16** 34 ff.
Beendigung laufender Geschäfte **16** 35
Bestellung **16** 30
Einberufungsrecht Gesellschafterversammlung **4** 4
Eingehen neuer Geschäfte **16** 35
Einziehung der Forderungen **16** 37
Erfüllung der Gesellschaftsverpflichtungen **16** 35 f.

Magere Zahlen = Randziffern

Forderungen gegen Gesellschafter
16 38
Haftung **16** 35
Haftung und Entlastung **16** 42
Steuerliche Pflichten **16** 41
Unternehmensfortführung **16** 35
Unternehmensverkauf **16** 40
Vermögensauskehrung **16** 45
Versilberung des Vermögens **16** 39 ff.
Vertretung der Gesellschaft **16** 33
Lizenzen, Quellensteuer **11** 375
Lohnsteuer, Geschäftsführerhaftung
5 231 f.
Löschung
bei Liquidation **16** 55
ohne Liquidation **16** 2
Vermögenslosigkeit **16** 22

Mantelgründung 2 61
Mantelkauf 11 149
Verschmelzung (Aufnahme GmbH in
GmbH) **14** 547
Mehrheitsbeteiligung *s.* Unternehmensverbindungen
Mehrheitserfordernisse
Änderung des Gesellschaftsvertrages
4 147
Beschlußfähigkeit **4** 130 f.
Einstimmigkeit **4** 133
– Abschluß Beherrschungsvertrag
4 133
– Abschluß Gewinnabführungsvertrag
4 133
– Änderung Gesellschaftszweck
4 133
Gesellschaftsvertragliche **4** 134
gesetzliche **4** 132 f.
Qualifizierte Mehrheit **4** 133
– Auflösung **4** 133
– Gesellschafterausschluß **4** 133
– Satzungsänderung **4** 133
– Stammkapitalerhöhung **4** 133
– Umwandlung **4** 133
– Verschmelzung **4** 133
Mehrheitsgesellschafter, Treuepflicht
3 30
Mehrmütterorganschaft *s.* Organschaft
Mietvertrag, Verdeckte Gewinnausschüttung **10** 247
Minderheitenrechte
Abspaltung (von einer GmbH in andere GmbH) **14** 682

Mitunternehmererlaß

Aufspaltung (einer GmbH in mehrere
GmbH) **14** 641
Ausgliederung (Einzelunternehmen)
14 179
Formwechsel (AG in GmbH) **14** 74
Formwechsel (GmbH in AG)
14 296
Formwechsel (GmbH in GbR/OHG/
KG) **14** 325
Formwechsel (OHG/KG in GmbH)
14 108
Gesellschafter **3** 45
Verschmelzung (Aufnahme GmbH in
GmbH) **14** 511 f.
Minderheitenschutz
Beendigung von Unternehmensverträgen (Konzern) **17** 127 ff.
Faktischer Konzern **17** 163 ff.; *s. a. dort*
Gesellschafterklage **3** 123
Qualifizierter faktischer Konzern
17 171 f.; *s. a. dort*
Minderheitsgesellschafter
Auflösungsklage **16** 10 f.
Einberufung der Gesellschafterversammlung **4** 14 f.
Rechte im Vertragskonzern **17** 35 f.
Verdeckte Gewinnausschüttung
10 247
Minderjährige, Erwerb eines Geschäftsanteils **12** 250 f.
Mindestgrundkapital, AG **1** 16
Mindeststammkapital, GmbH **1** 16
Mischeinlagen *s.* Stammeinlagen
Mitbestimmung
Abspaltung (von einer GmbH in andere GmbH) **14** 683
Arbeitsdirektor **5** 148
Aufspaltung (einer GmbH in mehrere
GmbH) **14** 646
Beibehaltungsregelung bei Umstrukturierung **14** 38
Einfluß auf die Geschäftsführung
5 146 ff.
MitbestG '76 **5** 147
Montanmitbestimmung **1** 37
Rechtsformwahlfragen **1** 36 ff.
Widerruf der Bestellung Geschäftsführer **5** 99 f.
Mitunternehmererlaß
Spaltung (OHG/KG auf GmbH)
14 164
Verschmelzung (OHG/KG auf
GmbH) **14** 138

1289

Mitunternehmerschaft

Fette Zahlen = Kapitel

Mitunternehmerschaft
Atypische Stille Gesellschaft **7** 176 f.;
s. a. dort
Finanzierungs-Genußrechte s. a. dort
Vermögensrechtliche Stellung **7** 176
Vorgründungsgesellschaft **2** 12
Mutter-Tochter-Richtlinie
Schachteldividende **11** 382 f.
Solidaritätszuschlag **11** 233

Nachfeststellung s. Vermögensteuer
Nachfolgeregelungen, Personenbezogene GmbH **12** 214
Nachgründungsphase, Spaltungsverbot AG **14** 155
Nachhaftung, Ausgliederung (Einzelunternehmen) **14** 194
Nachholverbot, Aufwandsrückstellung **10** 24
Nachlaßverwalter, Stimmrecht **4** 84
Nachschüsse
Bedeutung und Abgrenzung zu anderen Finanzierungsformen **7** 80 ff.
bilanzielle Behandlung
– Gesellschaft **7** 83
– Gesellschafter **7** 84
Einforderung
– Gesellschafterbeschluß **7** 82
– Zuständigkeit **7** 82
gutgläubiger Dividendenbezug **8** 91
Rechtsfolgen bei Säumnis
– Abandon **7** 88 f.
– bei beschränkter Nachschußpflicht **7** 87 ff.
– fingierter Abandon **7** 88
– gemischte Nachschußpflicht **7** 92
– Kaduzierungsverfahren **7** 87
– bei unbeschränkter Nachschußpflicht **7** 88
steuerliche Behandlung
– Körperschaftsteuer **7** 86
– Vermögensteuer **7** 86
Zahlung **7** 82
Nachschußpflicht
Abgrenzung zu freiwilligen Nachschüssen **7** 81
Austrittsrecht **13** 119
Begründung **7** 81
beschränkte **7** 81
Säumnisfolgen **13** 114
unbeschränkte **7** 81
vereinfachte Kapitalherabsetzung **8** 156

Nachschußrückzahlung
Bekanntmachung **7** 93
Beschluß **7** 93 ff.
Erstattungspflicht **7** 95
Sperrfrist **7** 93
steuerliche Behandlung **7** 97
Unzulässigkeit **7** 94
Nachteilsausgleich, Faktischer Konzern **17** 163 ff.; s. a. dort
Nachtragsprüfung 9 178 f.
s. Abschlußprüfung
Jahresabschlußänderung **9** 207
Nachzahlungsverbot
Gesellschafter-Geschäftsführer **5** 36 f., 68, 83, 114
Pensionszusagen **5** 68
Nahestehende Person, Verdeckte Gewinnausschüttung **10** 247
Nebenbücher s. Handelsbücher
Nebenforderungen, Eigenkapitalersatz **8** 236
Nebenleistungen
Abgrenzung **7** 110, 111
Ausführungsvertrag **7** 116
Begriff **7** 110, 111
bilanzielle Behandlung **7** 117 ff.
Einforderung Zuständigkeit **7** 115
Entgeltlichkeit **7** 112
gesellschaftsvertragliche Regelungen **7** 112
höchstpersönliche **7** 114
im Konkurs **7** 116
Leistungsinhalt **7** 112
Leistungsstörungen **7** 121 f.
mitgliedschaftliche Bindung **7** 114
Nebenleistungs-GmbH **7** 110
Rückzahlung **7** 123, 124
steuerliche Behandlung **7** 117 ff.
– Gewerbesteuer **7** 117
– Körperschaftsteuer **7** 117
– Umsatzsteuer **7** 117
Übergang auf Anteilserwerber **7** 114
Unentgeltlichkeit **7** 112
Wettbewerbsbeschränkung **7** 113
Nebenleistungs-GmbH 7 120
s. a. Nebenleistungen
Gesellschaftsvertragliche Gesellschafterpflichten **3** 139
Nennbeträge, Anpassung, vereinfachte Kapitalherabsetzung **8** 153
Nennkapital, verdecktes, Eigenkapitalersatz **8** 252

Magere Zahlen = Randziffern

Nennkapitalrückzahlung, Verdeckte Gewinnausschüttung **10** 247
Neue Bundesländer
Anpassung Mindeststammkapital **7** 18
Gesamtvollstreckungsordnung **15** 83
Gewerbekapitalsteuer **11** 346
Liquidation **16** 88 f.
Vermögensteuer **11** 324
Neugründung s. Gründung
Nichtabziehbare Aufwendungen
Körperschaftsteuer **11** 28 ff.
Verwendbares Eigenkapital **11** 69 f.
Nichtigkeit
Aufsichtsratsbeschluß **6** 41 f.
Auszahlungsverbot § 30 **8** 43
Gesellschafterbeschluß, fehlerhafter **4** 170 ff.; s. a. dort
Jahresabschluß **9** 208 f.
Kapitalherabsetzungsbeschlüsse **8** 174
Nichtigkeitsklage, Gesellschafterbeschluß, fehlerhafter s. dort
Niedrigbesteuerung s. Zugriffsbesteuerung
Nießbrauch
Abgrenzung Zuwendungs-Vorbehaltsnießbrauch **12** 136
Ablösung gegen Rente **12** 146
Bestellung **12** 135
Bestellung aufgrund testamentarischer Anordnung **12** 240
Einkommenszurechnung **12** 141
– entgeltliche Bestellung **12** 144
– Zuwendungsnießbrauch **12** 143
Geschäftsanteil **12** 135 ff.
Gewinnanspruch **12** 138 f.
bei Kapitalerhöhung **12** 140
Steueranrechnung **12** 143 f.
Steuerliche Folgen **12** 141 ff.
Stimmrechte **12** 137
Verdeckte Gewinnausschüttung **10** 247
Nießbraucher
eigenkapitalersetzende Gesellschafterleistungen **8** 314
gutgläubiger Dividendenbezug **8** 105
Notar, Anzeigepflichten gegenüber FA **14** 48
Notarielle Beurkundung
Abtretung des schuldrechtlichen Anspruchs **12** 7
Änderung des Gesellschaftsvertrages **4** 153
ausländischer Notar **12** 3

Offene Gewinnausschüttung

Geschäftsanteilsveräußerung **12** 2 ff.
Gesellschaftsvertrag **2** 70 ff.; **12** 6
Gewinnabführungsvertrag **17** 76
Heilung eines Mangels **12** 23
Nebenabreden **12** 21
Umwandlungsbeschluß AG **14** 67
Umwandlungsbeschluß Formwechsel (GmbH in AG) **14** 289
Umwandlungsbeschluß (OHG/KG in GmbH) **14** 104
Unterbeteiligung **12** 160
Vertragsänderung **12** 22
Vorvertrag **12** 7
Zustimmungsbeschluß (Konzern) **17** 17
Notarkosten
Ausscheiden aus GmbH **13** 13
Gründung **2** 130
Umstrukturierung **14** 49
Notgeschäftsführer
Bestellung **5** 20
Einberufungskompetenz Gesellschafterversammlung **4** 2
Nur-Pension, Verdeckte Gewinnausschüttung **10** 247
Nutzungsüberlassung
als Eigenkapitalersatz **8** 325 ff.
steuerliche Behandlung **8** 344 f.
Verdeckte Einlage **8** 345
Nutzwertanalyse, Rechtsformwahl **1** 10

Obligatorischer Aufsichtsrat 6 69 ff.
s. a. Aufsichtsrat
s. a. Aufsichtsrat nach dem BetrVG
s. a. Fakultativer Aufsichtsrat
nach dem BetrVG **6** 12; s. a. Aufsichtsrat nach dem BetrVG
GmbH & Co. KG **6** 12, 13
Konzern **6** 12, 13
nach dem MitbestErgG **6** 14
nach dem MitbestG **6** 13
nach dem MontanMitbestG **6** 14
Statusverfahren **6** 15 ff.
Tendenzbetrieb **6** 12, 13
Zulässigkeit weiterer Gremien **6** 18
Offene Einlagen
s. a. Einlage
Aufgeld **7** 131
Verwendbares Eigenkapital **11** 79
Zuzahlungen **7** 131
Offene Gewinnausschüttung s. Gewinnausschüttung

1291

Offene Handelsgesellschaft

Fette Zahlen = Kapitel

Offene Handelsgesellschaft, Formwechsel in GmbH **14** 90 ff.
Offenlegungspflichten
  Ausscheiden aus GmbH **13** 12
  Gewinnverwendung **9** 215
  Jahresabschluß **9** 214 f.
  Konzernabschluß **9** 218
  Rechtsformwahlüberlegungen **1** 43
  Sanktionen **9** 219
Operating-Leasing als Eigenkapitalersatz **8** 324
Organgesellschaft
  AG, KGaA **17** 52
  ausländische Körperschaft **17** 53
  Einkommensermittlung **17** 84
  Gewerbesteuer **17** 96
  gewerbliche Tätigkeit **17** 54
  Innenumsatz **17** 115
  Kapitalgesellschaft **17** 52
  Teilwertabschreibung **17** 90
  Umsatzsteuer **17** 109
  Verwendbares Eigenkapital **17** 85
  Vorgesellschaft **17** 54
Organschaft
  Anrechnungsverfahren **11** 489
  Eingliederung (KSt) **17** 55 f.
  Gewerbeertragsteuer **11** 247, 268
  Gewinnabführung als steuerfreie Einnahme **11** 44
  Grunderwerbsteuer bei Anteilsvereinigung **12** 133
  Körperschaftsteuer **11** 25; s. a. Organschaft (KSt)
  körperschaftsteuerliche **17** 44 ff.
  Mehrmütterorganschaft **17** 71 f.
  Organgesellschaft **17** 52
  Organträger **17** 48 ff.
  Zerlegung **17** 106
Organschaft (GwSt) 17 94 ff.
  Eingliederung der Organschaft **17** 97
  Gewerbeertrag **17** 100 f.
  Gewerbekapital **17** 105
  Rechtsfolgen **17** 98
  Teilwertabschreibung **17** 103
Organschaft (KSt)
  Einkommensermittlung **17** 84
  Finanzielle Eingliederung
  – mittelbare Beteiligung **17** 58
  Finanzielle Eingliederung der Organgesellschaft **17** 56 f.
  – Treuhandverhältnis **17** 56, 57
  – unmittelbare Beteiligung **17** 58
  Gewinnabführungsvertrag **17** 74

Organisatorische Eingliederung **17** 63 ff.
  – Beherrschungsvertrag **17** 63 f.
  – Maßgeblichkeit Gesamtbild **17** 66
  – personelle Verflechtung **17** 64
  steuerliche Folgen **17** 83 ff.
  steuerlicher Ausgleichsposten **17** 87 f.
  Verunglückte **17** 92
  Verwendbares Eigenkapital **17** 85, 91
  Wirtschaftliche Eingliederung **17** 59 ff.
  – Betriebsaufspaltung **17** 60
  – gewerbliche Tätigkeit **17** 61
Organschaft (USt) 17 107 ff.
  Eingliederungsvoraussetzungen **17** 110
  Finanzielle Eingliederung **17** 111
  Organisatorische Eingliederung **17** 114
  Rechnungen zwischen Organgesellschaften **17** 115
  Rechtsfolgen **17** 115
  Wirtschaftliche Eingliederung **17** 112
  – Betriebsaufspaltung **17** 113
Organschaftsvertrag 17 11
  s. a. Unternehmensverträge (Konzern)
  s. a. Vertragskonzern
Organträger
  ausländisches gewerbliches Unternehmen **17** 49
  Einkommensermittlung **17** 86 f.
  Gewerbesteuer **17** 95
  Holding **17** 69
  inländisches gewerbliches Unternehmen **17** 48
  Körperschaft **17** 48
  natürliche Personen **17** 48
  Personengesellschaft **17** 48, 51, 68
  Umsatzsteuer **17** 108
  – ausländische Kapitalgesellschaft **17** 116
  Vorgesellschaft **17** 48

Pachterneuerungsrückstellung, Eigenkapitalersatz **8** 346
pactum de non petendo, eigenkapitalersetzende Gesellschafterleistungen **8** 301
Parteifähigkeit bei Auflösung **16** 24
Partiarisches Darlehen, Abgrenzung Stille Gesellschaft **7** 172
Patronatserklärung als Gesellschaftersicherheit **8** 272

Magere Zahlen = Randziffern   **Qualifizierter faktischer Konzern**

Pauschsteuer, Kapitalherabsetzung
8 177, 179
Pensionsgeschäft als eigenkapitalersetzende Gesellschafterleistungen
8 305
Pensionsrückstellung
Ansatzwahlrechte **10** 18
Geschäftsführer **5** 73, 78
Gesellschafter-Geschäftsführer **1** 49
Vermögensteuer **11** 331 ff.
Pensionszusagen
Ansatz bei Unterbilanz **8** 11
Geschäftsführer **5** 66 ff.
– Angemessenheit **5** 71
– Insolvenzschutz **5** 76 f.
– Kürzung **5** 75
– Nachzahlungsverbot **5** 71
– Pensionsalter **5** 69 f.
– Rückstellung **5** 73, 78 f.
– Steuerliche Behandlung **5** 78 f.
– Unverfallbarkeit **5** 74
– Verdeckte Gewinnausschüttung
5 72, 80
– Verzicht **5** 74 f.
– Widerruf **5** 75
Verdeckte Gewinnausschüttung
10 247
Personengesellschaft
Anteilsübertragung
– Form **12** 17
Körperschaftsteueranrechnungsverfahren **11** 479 ff.
als Organträger **17** 48, 51, 68; *s. a. dort*
Pfandgläubiger, gutgläubiger Dividendenbezug **8** 105
Pfändung
Erstattungsanspruch wegen Auszahlung des Stammkapitals **8** 61
Geschäftsanteil **12** 270
Pflichtaufsichtsrat *s.* Obligatorischer Aufsichtsrat
Pflichten des Geschäftsführers
Angaben auf den Geschäftsbriefen
5 182 ff.
– Aufsichtsrat **5** 184
– Beirat **5** 184
Anmeldungen und Anzeigen **5** 180 ff.
Anzeigepflichten **5** 190 f.
Auskunftspflicht gegenüber Gesellschaftern **5** 178
Betriebsprüfung **5** 197 f.
Einberufung der Gesellschafterversammlungen **5** 186

Rechnungslegung **5** 177, 191 f.
steuerliche Pflichten **5** 188 ff., 230
– Abgabe der Steuererklärungen
5 194 f.
– Anzeigepflichten **5** 190 f.
– Aufzeichnungspflicht **5** 192 f.
– Buchführungspflicht **5** 191 f.
Treuepflicht **5** 170 ff.
Überschuldung **5** 252 f.
Verlust Hälfte des Stammkapitals **5** 200
Zahlungsunfähigkeit **5** 202 f., 252 f.
Planrechnung, Sanierungskonzeptbestandteil **15** 38 f.
Preisvergleichsmethode 11 407;
17 188
Progressionsvorbehalt, Erweiterte beschränkte Steuerpflicht **11** 476
Prokura bei Auflösung **16** 24
Prolongationsabrede als eigenkapitalersetzende Darlehen **8** 230
Protokoll, Gesellschafterversammlung
4 55 ff.
Prüfungsbericht 9 165 ff.
KonTraG **9** 166 f.
Management Letter **9** 169
Redepflicht **9** 168
Prüfungspflicht
Eröffnungsbilanz **9** 43
Konzernabschluß und Konzernlagebericht **9** 150 f.
Vorgesellschaft **2** 25
Publizitätspflichten *s.* Offenlegungspflichten

Qualifikation, Geschäftsführer **5** 12
Qualifikation Gesellschafter *s.* Gesellschaftereigenschaften
Qualifizierter faktischer Konzern
17 8, 140 ff.
s. a. Konzern
Abfindungsanspruch **17** 171
Abgrenzung **17** 141 ff.
Anrechnungsverfahren **17** 180
Ausfallhaftung **17** 173 ff.
Ausgleichsanspruch **17** 172
Austrittsrecht **17** 171
Begründung des Konzernverhältnisses
17 148 ff.
Fallgruppen **17** 147
Gewerbesteuer **17** 189
Gläubigerschutz **17** 173 ff., 178
Haftung
– Beweislast **17** 174 ff.

1293

Quellensteuer

Fette Zahlen = Kapitel

Haftungsdurchgriff **1** 18; *s. a.* Konzern
Handlungshaftung **17** 142, 144 f.
Leitungsmacht **17** 142
Schädigungsverbot **17** 173 ff.
Umsatzsteuer **17** 197
Verhaltenshaftung **17** 142, 144 f.
Verlustübernahme **17** 173, 176 ff.
Zustandshaftung **17** 144
Quellensteuer
Aufsichtsratsbezüge **11** 454
Lizenzen **11** 375
Quotenkonsolidierung, Gemeinschaftsunternehmen **9** 135 f.
Quotenschaden 15 83

Rangrücktritt
Ansatz bei Unterbilanz **8** 15
Eigenkapitalersatz **8** 218, 223, 252
Gesellschafterdarlehen **7** 273
Sanierung, finanzielle **15** 54
Reale Kapitalaufbringung 2 116 ff.
Gründungsaufwand **2** 128 f.
– Gründerlohn **2** 130
– Höchstbetrag **2** 130
Kapitalaufbringungsschutz **2** 117 ff.
Rechtsfolgen
– Ausfallhaftung **2** 127
– Ausschluß Gesellschafter **2** 124
– Haftung Rechtsvorgänger **2** 125
– Verwertung Geschäftsanteil **2** 126
– Verzugszinsen **2** 123
Sicherstellung **2** 116
Sondervorteile **2** 128 f.
– Angabepflicht **2** 130
– Herrschaftsrechte **2** 129
– Kontrollrechte **2** 129
Verdeckte Gewinnausschüttung **2** 128
Vermögensrechte **2** 129
Vorbelastungsoffenbarung **2** 128
Zahlungsverzug **2** 122 ff.
Realteilung
Erbauseinandersetzung **12** 234
Gesamthandsvermögen **12** 41
Rechnungsabgrenzungsposten, Ansatz bei Unterbilanz **8** 16
Rechnungslegung
Aufspaltung (einer GmbH in mehrere GmbH) **14** 617 ff.
Ausgliederung (aus einer GmbH in andere GmbH) **14** 693
Ausgliederung (Einzelunternehmen) **14** 173, 182
Formwechsel (GmbH in AG) **14** 286
Formwechsel (GmbH in GbR/OHG/KG) **14** 314 f.
Formwechsel (OHG/KG in GmbH) **14** 93 ff.
Kapitalherabsetzung **8** 145
Liquidation **16** 57
Pflichten des Geschäftsführers **5** 177, 191 f.
– Auswahl, Anweisung und Überwachung **5** 177
– Ordnungsmäßigkeit der Buchführung **5** 177
– spezialgesetzliche Aufzeichnungspflichten **5** 177
Rechtsformwahlüberlegungen **1** 40 ff.
Verschmelzung (Aufnahme GmbH in GmbH) **14** 476 f.
Verschmelzung (GmbH auf OHG/KG) durch Aufnahme **14** 352
Vorgesellschaft **2** 24 ff.
Vorgründungsgesellschaft **2** 13
Rechnungslegungsvorschriften, GmbH als Tochterunternehmen **9** 50
Rechte Dritter, Einziehung **13** 75
Rechtsfähigkeit, Vorgesellschaft **2** 17
Rechtsfolgen, Kapitalaufbringung *s.* Reale Kapitalaufbringung
Rechtsformwahl
Allgemeines **1** 1 ff.
Alternativen zur GmbH **1** 11 f.
Auswahlkriterien **1** 13 ff.
Bedeutung **1** 3 ff.
Bedeutung der Rechtsformwahl **1** 3 ff.
– nach Gründung **1** 3 f.
– bei Gründung **1** 3 f.
Bedingungen
– externe **1** 4
– interne **1** 4
Beirat u. ä. **1** 35
Besteuerung der GmbH **1** 47 ff.; *s. im einzelnen dort*
Beteiligung ausländischer Gesellschafter **1** 57
Beteiligungsfinanzierung **1** 22 f.
Entscheidungskriterien und -modelle **1** 9 f.
Fremdfinanzierung **1** 30
– Gesellschafterdarlehen **1** 30
Fungibilität der Anteile **1** 25
Gesellschafternachfolge **1** 15
GmbH im Vergleich mit GmbH & Co. KG **1** 16 ff.

Magere Zahlen = Randziffern

Gründungs- und Organisationsaufwand **1** 45
Haftung **1** 18 ff.
Haftungsbeschränkung **1** 21
Herrschaftsverhältnisse **1** 14
Informationsrechte der Gesellschafter **1** 33 f.
Konzernbildung **1** 63 ff.
Leitung durch Fremdorganschaft **1** 31
Mitbestimmung **1** 36 ff.; *s. im einzelnen dort*
Offenlegungspflichten **1** 43
Organisationsflexibilität **1** 1
Prüfungspflicht **1** 42
Rechnungslegung **1** 40 ff.
– GmbH & Co. Richtlinie **1** 44
– Jahresabschlußaufstellung **1** 40
– Konzernabschlußaufstellung **1** 41
Rentabilitätsbeeinflussung **1** 6
Selbstfinanzierung **1** 26 ff.
Vergleich zur AG **1** 16 f.
Vergleichskriterien **1** 15
Vorgehensweise **1** 7 ff.
Weisungsrecht der Gesellschafterversammlung **1** 32
wirtschaftliche Bedeutung der GmbH **1** 1 ff.
Rechtsformwechsel als Umstrukturierungsmaßnahme **14** 3
Rechtsgeschäftliche Vertretung, Teilnahmerecht an Gesellschafterversammlung **4** 44
Rechtsschutz, fehlerhafter Gesellschafterbeschluß **4** 214 f.
Redezeit, Gesellschafterversammlung **4** 37
Registergericht
Auflösungsverfügung **16** 14
Gründungskosten **2** 130
Registersperre, EURO **4** 158
Registerverfahren 2 144 ff.
Amtsermittlungsgrundsatz **2** 144
Bekanntmachung **2** 146
Einsicht **2** 146
Entstehung der GmbH **2** 145
Handelsregistereintragung **2** 145
Kapitalerhöhung **7** 37
Kapitalerhöhung aus Gesellschaftsmitteln **7** 59
öffentlicher Glaube **2** 146
Prüfungspflicht des Registerrichters **2** 144
Vorbelastungen **2** 144

Sacheinlagen

Reinvermögen *s.* Unterbilanz
Reisekostenerstattung, Aufsichtsrat **6** 62
Rentenschuld als Gesellschaftersicherheit **8** 272
Reorganisation
s. Umstrukturierung
s. a. Umwandlung
Rückabwicklung, Abtretung **12** 59
Rückbeziehung
Anwachsung (GmbH & Co. in GmbH) **14** 245
Umwandlung **14** 47
Rückgewähr, Verdeckte Gewinnausschüttung **10** 247
Rückkaufsverpflichtung, notarielle Form **12** 13
Rücklage für eigene Anteile 13 24
Ausschüttungssperre **13** 40
Einstellungen **9** 77
Statuarische Rücklage **13** 24
Rückständige Einzahlungen, Haftung des Erwerbers **12** 66
Rückstellung
Ansatz bei Unterbilanz **8** 14
Aufwandsrückstellung **10** 21 ff.
Drohende Verluste aus schwebenden Geschäften **10** 19
Gewerbeertragsteuer **11** 255 f.
Sozialplan **15** 97
Rückstellung für unterlassene Instandhaltung, Ansatzwahlrechte **10** 20
Rückwirkung
Ausgliederung (Einzelunternehmen) **14** 202 f.
Geschäftsanteil **12** 85
Sacheinlagen **2** 108
Spaltung (GmbH auf OHG/KG) **14** 449
Verschmelzung (Aufnahme GmbH in GmbH) **14** 535 f.
Rumpfwirtschaftsjahr
Körperschaftsteuerveranlagung **11** 131, 198 f.
Organschaft (KSt) **17** 67

Sachabfindung, Anwachsung (GmbH & Co. in GmbH) **14** 245
Sacheinlagen
Besonderheiten **2** 105 f.
Bewertung **2** 108 f.
Bewertung Eröffnungsbilanz **9** 41

1295

Sachgründung GmbH　　　　　　　　　Fette Zahlen = Kapitel

Bilanzfähigkeit **2** 107
funktionale Äquivalenz **2** 107
Gegenstände **2** 107
Kapitalerhöhung durch Zuführung
　neuer Mittel **7** 23
Sachgründungsbericht **2** 109
Stammeinlagen **2** 92
Übertragbarkeit **2** 107
Unternehmen **2** 108
– Differenzhaftung **2** 108
– Einbringungsbilanz **2** 108
– Rückwirkung **2** 108
verdeckte s. verschleierte
als Verdeckte Einlagen **7** 133
Verpflichtung zur Sacheinlage **2** 106
verschleierte **2** 110 ff.
– Bankenhaftung **2** 112
– Beweislastumkehr **2** 112
– einbringungsgeborene Anteile **2** 115
– Erscheinungsformen **2** 110
– Gründungshaftung **2** 112
– Gründungsschwindel **2** 112
– Heilungsmöglichkeiten **2** 113
– Rechtsfolgen **2** 112 f.
– sachlicher Zusammenhang **2** 111
– Umsatzgeschäft **2** 112
– Verjährung **2** 114
– Voraussetzungen **2** 111
– zeitlicher Zusammenhang **2** 111
Vollzugsgeschäft **2** 106
Wert **2** 108 f.
Sachgründung GmbH, Einzelrechtsnachfolge **14** 247
Sachgründungsbericht
　Ausgliederung (Einzelunternehmen)
　14 187
　Formwechsel (AG in GmbH) **14** 68
　Formwechsel (OHG/KG in GmbH)
　14 105
Sachgründungsprüfung, Verschmelzung (GmbH auf AG)
– durch Aufnahme **14** 339
Sachleistungen, Aufsichtsratsbezüge
6 62
Sachmängelhaftung, Anteilskauf
12 29 ff.
Safe haven 7 292, 297 f.
　Drittvergleich **7** 299
　Genußscheinkapitalvergütung **7** 301
　Holdinggesellschaft **7** 300
　stille Beteiligung **7** 301
Sale-and-lease-back als Eigenkapitalersatz **8** 319

Sanierung
fianzielle
– Sanierungskredit **15** 56
finanzielle
– Forderungsumwandlung **15** 57
– Forderungsverzicht Dritter **15** 52 f.
– Forderungsverzicht Gesellschafter
　15 51
– Gesellschafterdarlehen **15** 48
– Kapitalerhöhung **15** 45 f.
– Kapitalherabsetzung **15** 47
– Stillhalteabkommen **15** 55
– Überbrückungskredit **15** 56
– Voreinzahlung vor Kapitalerhöhungsbeschluß **15** 46
– Zuschüsse **15** 49 f.
Kapitalerhöhung durch Beitritt Dritter
　8 122
Kapitalherabsetzung **8** 120
Pflichten der Geschäftsführer **15** 70 f.
Plan-Verprobungsrechnung **15** 38 f.
Sanierungsfähigkeit s. dort
Sanierungskonzept **15** 24 ff.
– Bestandteile **15** 24 ff.
Sanierungsmaßnahmen s. a. dort
Sanierungswürdigkeit **15** 6
vereinfachte Kapitalherabsetzung
8 150
Zuzahlungen der Gesellschafter **8** 121
Sanierungsfähigkeit 15 20 f.
Prüfung **15** 22 ff., 81
Sanierungsgewinn, steuerfreie Einnahmen **11** 42
Sanierungskonzept 15 25 ff.
s. a. Sanierung
Bestandteile **15** 25 ff.
Planverprobungsrechnungen **15** 38 f.
Sanierungskredit
Eigenkapitalersatz **8** 207, 223
Sanierung **15** 56
Sanierungsmaßnahmen 15 29 ff.
Effektive Kapitalerhöhung **15** 45 f.
Forderungsverzicht **15** 51
Forderungsverzicht mit Besserungsschein **15** 54
Gesellschafterdarlehen **15** 48
Kapitalherabsetzung **15** 47
Rangrücktritt **15** 55
Sanierungszuschüsse **15** 49 f.
Stillhalten der Bank **15** 56 f.
Sanierungsprivileg, eigenkapitalersetzende Gesellschafterdarlehen **8** 213
Sanierungswürdigkeit 15 22, 58

1296

Magere Zahlen = Randziffern

Sanierungszuschüsse 15 49 f.
Satzung
  s. Gesellschaftsvertrag
Satzungsänderung
  Begründung eines faktischen Konzerns
    17 158; *s. a.* Gesellschaftsvertrag
  EURO-Umstellung **4** 158
Satzungsbestandteile, Gesellschaftsvertrag **2** 64; *s. a. dort*
Satzungsdurchbrechung 4 142
Satzungsklauseln
  Befreiungsmöglichkeit Faktischer Konzern **17** 152
  Faktischer Konzern **17** 151 ff.
  Unternehmensverträge (Konzern) **17** 22
Scaring-Modelle, Rechtsformwahl **1** 10
Schachtelbeteiligung
  Freistellungsmethode **11** 382
  Refinanzierungszinsen, Abzugsfähigkeit **11** 154
Schachteldividende, Quellensteuer **11** 382 f.
Schachtelgesellschaft, steuerfreie Einnahmen **11** 42
Schachtelprivileg
  Ausgliederung (Einzelunternehmen) **14** 226
  Besteuerung der GmbH **1** 53
  Faktischer Konzern **17** 179, 193
  Fortbestand bei Kapitalerhöhung
  – durch Zuführung neuer Mittel **7** 40
  Gewerbesteuer auf Veräußerungsgewinn **12** 125
  gewerbesteuerlich **17** 193
  Vermögensteuer **11** 327 ff.
Schadensersatz
  Aufsichtsratsmitglied **6** 66
  Geschäftsanteilsveräußerung **12** 31
  Haftung wegen Stimmrechtsausübung **4** 126 f.
  Informationsverweigerung Gesellschafter **3** 87 f.
Schenkung
  s. a. Vererbung
  Geschäftsanteil
  – Form **12** 10
  bei Übergang Stille Reserven Kapitalerhöhung **7** 43
  Unterbeteiligung **12** 160
Schenkungsteuer
  s. a. Erbschaftsteuer

Sicherheitsleistung

Abfindungsklauseln **13** 140 ff.
Eigene Anteile **13** 57, 140 ff.
Einziehung **13** 79
Kapitalherabsetzung **13** 84
Schiedsgericht
  Ausschluß bei fehlerhaftem Gesellschafterbeschluß **4** 209
  als Kompetenzträger **3** 9
Schlußbilanz
  Liquidation **16** 58
  Verschmelzung (Aufnahme GmbH in GmbH) **14** 474, 476
Schriftform
  Anstellungsvertrag Gesellschafter-Geschäftsführer **5** 31
  Stille Gesellschaft **7** 162
  Stimmrechtsvollmacht **4** 87
  Unternehmensverträge (Konzern) **17** 17
  Verdeckte Gewinnausschüttung **10** 247
Schuldbeitritt als Gesellschaftersicherheit **8** 272
Schuldenkonsolidierung 9 133
  s. Konsolidierung
Schuldübernahme
  als Leistung der Gesellschaft **8** 27
  Verdeckte Gewinnausschüttung **10** 247
Schütt-aus-hol-zurück-Verfahren
  10 78 ff.; **11** 114
  s. a. Ergebnisverwendung
  Kapitalerhöhung aus Gesellschaftsmitteln **7** 24, 48
  Rückfluß als Darlehen **10** 81
  Rückfluß als Kapitalerhöhung **10** 82
Schwebende Geschäfte, Ansatz bei Unterbilanz **8** 16
Schwellenwerte bei Kapitalerhöhung
  – durch Zuführung neuer Mittel **7** 39
Selbstfinanzierung *s.* Finanzierung
Selbstkontrahieren
  Alleingesellschafter **4** 9; **5** 167
  Befreiung **5** 165
  Genehmigung **5** 168
  Geschäftsführer **5** 164 ff.
  schwebende Unwirksamkeit **5** 168
  Stimmrechtsausschluß **4** 115
  Verdeckte Gewinnausschüttung **10** 247
Sicherheitsleistung, Beendigung von Unternehmensverträgen **17** 127 f.

1297

Sicherungsabtretung

Fette Zahlen = Kapitel

Sicherungsabtretung
  Geschäftsanteil **12** 187
  Gesellschaftersicherheit **8** 272
Sicherungsübereignung
  Eigenkapitalersatz **8** 318
  Gesellschaftersicherheit **8** 272
Sitztheorie, Umwandlung **14** 20
Sitzungsgelder, Aufsichtsratsbezüge **6** 62
Sitzverlegung, Auflösungsgründe **16** 20
Solidaritätszuschlag 11 220 ff.
  Anrechnungsverfahren **11** 221
  Ausschüttungspolitik **11** 234 ff.
  Bemessungsgrundlage **11** 222 f.
  Berechnung (Beispiele) **11** 229 f.
  Gesellschafter **11** 490 f.
Sonderabschreibungen
  Ansatz bei Unterbilanz **8** 12
  Fördergebietsgesetz **11** 177 f.
Sonderbetriebsvermögen, Atypische Stille Gesellschaft **7** 188
Sonderposten mit Rücklageanteil
  Ansatz bei Unterbilanz **8** 14
  Ansatzwahlrechte **10** 28
  Euroumrechnungsumlage **10** 28
Sonderprüfung s. Gesellschafterrechte
Sonderrechte s. Gesellschafterrechte
Sonderrücklage, Eigene Anteile **13** 40
Sozialakte
  s. a. Stimmrechtsausschluß
  Vertretungsmacht
  – des Geschäftsführers **5** 156
Sozialplan, Rückstellung **15** 97
Sozialversicherungspflicht
  Geschäftsführer **5** 92 f.
  Geschäftsführerhaftung **5** 235 f.
Spaltung 14 600 ff.
  Arten **14** 15
  – Abspaltung **14** 15, 601, 680 ff.
  – Aufspaltung **14** 15, 601, 610 ff.
  – Ausgliederung **14** 15, 601, 690 ff.
  Auflösungsgründe **16** 23
  unter Beteiligung einer GmbH
  – Möglichkeiten (Übersicht) **14** 16
  Körperschaftsteuerpflicht **11** 16
  Nicht-Verhältniswahrende **14** 604
  Statusverfahren **6** 17
  Teilbetriebsvoraussetzung **14** 602
  Teilverschmelzung **14** 3
  Verhältniswahrende **14** 603
Spaltung (AG auf GmbH) 14 154 f.
  Verbot in Nachgründungsphase **14** 155
  Zwischenbilanz **14** 155

Spaltung (auf GmbH) 14 150 ff.
  Überblick **14** 150 ff.
Spaltung (GmbH auf AG) 14 434 f.
Spaltung (GmbH auf OHG/KG)
  Spaltungsprüfung **14** 442
  Spaltungsvertrag **14** 441
  steuerliche Folgen
  – Aufspaltung und Abspaltung **14** 445 f.
  – Ausgliederung **14** 448 f.
  – Bewertungswahlrechte **14** 448
  – Grunderwerbsteuer **14** 451
  – Rückwirkung **14** 449
  – Umsatzsteuer **14** 450
  Überblick **14** 440
Spaltung (GmbH auf Rechtsträger anderer Rechtsform) 14 430 f.
Spaltung (OHG/KG auf GmbH) 14 160 ff.
  Beschlußfassung
  – Einstimmigkeit **14** 161
  – Kapitalerhöhung **14** 161
  Gesellschafterhaftung **14** 161
  Spaltungsbericht **14** 161
  steuerliche Folgen **14** 163 f.
  – Einbringung **14** 163
  – Mitunternehmererlaß **14** 164
  Überblick **14** 160 f.
Spaltungsbericht
  Abspaltung (von einer GmbH in andere GmbH) **14** 682
  Aufspaltung (einer GmbH in mehrere GmbH) **14** 629
Spaltungsprüfung
  Abspaltung (von einer GmbH in andere GmbH) **14** 682
  Aufspaltung (einer GmbH in mehrere GmbH) **14** 630
Spaltungs-Teilbilanzen, Aufspaltung (einer GmbH in mehrere GmbH) **14** 621
Spaltungsvertrag, Spaltung (GmbH auf OHG/KG) **14** 441
Spekulationsfrist, Berechnung **12** 109
Spekulationsgeschäft, Anteilsveräußerung **12** 107 f.
Spekulationsgewinn 12 78
  nach Anteilsschenkung **12** 110
  Berechnung **12** 111
  Zeitpunkt der Erfassung **12** 112
Sperrbetrag (§ 50 e EStG), übernehmende Personengesellschaft

Magere Zahlen = Randziffern

– Verschmelzung (GmbH auf OHG/ KG) **14** 375
Sperrfrist
Kapitalherabsetzung **8** 140
Nachschußrückzahlung **7** 93
Sperrjahr
Fristen **16** 43
Liquidation **16** 43 ff.
Vermögensverteilung **16** 45
Sponsoring, Verdeckte Gewinnausschüttung **10** 247
Spruchverfahren, Verschmelzung (Aufnahme GmbH in GmbH) **14** 512
Stammeinlagen 2 80 ff.
Agio **2** 87, 90
ausstehende Einlagen **2** 98 f., 100
Bareinlagen **2** 91
Bilanzausweis **2** 103 ff.
– ausstehende Einlagen **2** 104
– Eröffnungsbilanz **2** 103
– gezeichnetes Kapital **2** 103
Einheitlichkeit der Beteiligung **2** 88
Einlageformen (Übersicht) **2** 90
Einlageverpflichtung **2** 89
EURO **2** 96 f.
gemischte Sacheinlagen **2** 94
Geschäftsanteilverknüpfung **2** 89
Gesellschaftsvertrag **2** 83, 106
Leistung **2** 90 ff.
Mindestbetrag **2** 96 ff.
Mischeinlagen **2** 93
Sacheinlagen **2** 92, 106 ff.
Steuerfolgen
– Bareinlagen **2** 102
– beim Gesellschafter **2** 102
– bei der GmbH **2** 101
– Sacheinlagen **2** 102
– tauschähnlicher Vorgang **2** 102
– Übersicht **2** 102
Stückelung **2** 97
Stufengründung **2** 87
Stammkapital
s. a. Erhaltung des Stammkapitals, Erstattungsanspruch wegen Auszahlung des Stammkapitals
Auszahlung, Einnahmen aus Kapitalvermögen **8** 33
EURO-Ausweis **4** 158
Funktion **2** 86
Garantiefonds **2** 86
Gesellschaftsvermögen **2** 85
Gesellschaftsvertrag **2** 83
Haftungsfonds **2** 86

Stille Gesellschaft

Übereinstimmung mit Stammeinlagen **2** 87
Stammkapitalauszahlung *s.* Erstattungsanspruch wegen Auszahlung des Stammkapitals
Stammkapitalerhaltung *s.* Erhaltung des Stammkapitals
Stammkapitalerhöhung *s.* Kapitalerhöhung
Statusverfahren
Fakultativer Aufsichtsrat **6** 15 f.
Formwechsel **6** 17
Obligatorischer Aufsichtsrat **6** 15 ff.
Spaltung **6** 17
Verschmelzung **6** 17
Stehenlassen von Forderungen, Eigenkapitalersatz
– Kündigungsmöglichkeit **8** 232
– Liquidation der Gesellschaft **8** 233
Step-up, Verschmelzung (GmbH auf OHG/KG) **14** 376
Steueranrechnung
Nießbraucher **12** 143 f.
Treuhandschaft **12** 188 f.
Unterbeteiligung **12** 168
Steuerbescheinigung, Körperschaftsteuer **11** 141 f.
Steuerfreie Einnahmen
Forderungsverzicht Gesellschafter **11** 155
Körperschaftsteuer **11** 152 ff.
Steuerfreie Rücklagen, DDR-Investitionsgesetz **11** 182 f.
Steuerhinterziehung, Verdeckte Gewinnausschüttung **10** 247
Steuerliche Pflichten, Geschäftsführung **5** 188 f., 230
Steuersatz
Körperschaftsteuer **11** 2 ff., 48 f., 116
Vermögensteuer **11** 317, 319
Steuerverstrickung, Durchgangserwerb **12** 87
Stille Gesellschaft
Abfindung **7** 203
Abgrenzung partiarischer Darlehen **7** 172
Ansatz Gewinnanteil in Vermögensaufstellung **7** 196
Auflösung **7** 202
Beendigung **7** 203
Begründung **7** 162 ff.
Behandlung in Vermögensaufstellung
– der GmbH **7** 195

1299

Stille Gesellschafter

Eigenkapitalersatz **7** 173
Eigenkapitalfunktion **7** 173 f.
Einkünfte aus Kapitalvermögen **7** 185
Einlage
– kapitalersetzende **7** 174
– Verdecktes Nennkapital **7** 174
Ermittlung Gewerbeertrag **7** 184
Geschäftsführung **7** 168
Gesellschaftsvertrag
– Form **7** 162 ff.
– Zuständigkeit **7** 163
– Zustimmungsbeschluß **7** 163
Gewinnanteil
– Bilanzausweis **7** 185
– Zufluß **7** 185
Gewinnbeteiligung Stiller **7** 170
Gewinnverteilung, Angemessenheit **7** 183
gutgläubiger Dividendenbezug **8** 91
Innengesellschaft **7** 165, 166
Insolvenz **7** 186
Konkurs **7** 173
Konkurs der GmbH **7** 205
Liquidation **7** 186
Mitwirkungsrechte Stiller **7** 169 ff.
Safe haven **7** 301
Steuern vom Einkommen und Ertrag **7** 182 ff.
Übertragung der stillen Beteiligung **7** 201
Unternehmer
– Umsatzsteuer **7** 165
Verdeckte Gewinnausschüttung **7** 182
Verlustanteil
– Bilanzausweis **7** 186
– Verrechnung mit Gewinnanteil **7** 186
Verlustbeteiligung **7** 170
– vertragliche Regelung **7** 171
Vermögensaufstellung **7** 196
Vermögenseinlage
– Gegenstand **7** 164
Vermögensrechte **7** 167
Stille Gesellschafter, Steuern vom Vermögen **7** 195 f.
Stille Liquidation 16 1
s. Liquidation
Stille Reserven
Anteil Atypische Stille Gesellschaft **7** 175
Aufdeckung in der Unternehmenskrise **15** 91, 93

Fette Zahlen = Kapitel

Übergang bei Kapitalerhöhung
– durch Zuführung neuer Mittel **7** 41 f.
Verschmelzung (Aufnahme GmbH in GmbH) **14** 538 f.
Verschmelzung (GmbH auf OHG/KG) **14** 357, 362 f.
Stimmabgabe, Mängel **4** 129
Stimmbindungsvereinbarung 4 118 ff.
Abstimmungsverpflichtung **4** 118
Durchsetzung **4** 123 f.
schuldrechtliche Bindung **4** 120
Stimmrechtskonsortium **4** 118
Stimmrechtspool **4** 118
Vollstreckbarkeit **4** 123 f.
Wirksamkeit **4** 119
Zulässigkeit **4** 119
Zulässigkeitsgrenzen **4** 121 ff.
– Stimmenkauf **4** 121
– Umgehung von Stimmverboten **4** 122
– Wettbewerbsausschluß **4** 121
Stimmenbindungsverträge 17 4
Stimmenkauf 4 121
Stimmkraft 4 80 f.
Bestimmung **4** 80
Höchststimmrecht **4** 81
Mehrfachstimmrecht **4** 80
Veto-Recht **4** 81
Stimmrecht
Abspaltungsverbot **4** 89 f.
Aufsichtsrat **6** 39
Ausschluß **4** 81; s. a. dort
Ausübung durch Dritte **4** 84 f.
– Bevollmächtigte **4** 85 f.
– Konkursverwalter **4** 84
– Nachlaßverwalter **4** 84
– Testamentsvollstrecker **4** 84
Einheitliche Stimmabgabe **4** 89 f.
Faktischer Konzern, Beschränkungen **17** 151
Gesellschafter **4** 79 ff.
Gesetzliche Vertreter **4** 82
Haftung für Stimmrechtsausübung **4** 124 f.
Höchststimmrecht **4** 81
Inhaber der Rechte **4** 82 f.
juristische Personen **4** 83
Mehrfachstimmrecht **4** 80
Nießbrauch **12** 137
Personenmehrheiten **4** 83
Stimmkraft Gesellschafter **4** 80 f.

Magere Zahlen = Randziffern

Veto-Recht **4** 81
Wirksamkeit der Stimmabgabe **4** 128 f.
Stimmrechtsabspaltung *s.* Stimmrecht
Stimmrechtsausschluß 4 92 ff.
 Abdingbarkeit **4** 113
 Anwendungsgrenzen **4** 104 f.
 – Auflösungsbeschluß **4** 105
 – Beherrschungsvertrag **4** 105
 – Bestellung und Abberufung von Gesellschaftsorganen **4** 105
 – Einforderung Stammeinlage **4** 105
 – Einziehung des Geschäftsanteils **4** 105
 – Genehmigung der Übertragung vinkulierter Anteile **4** 105
 – Gewinnabführungsvertrag **4** 105
 – Kündigung der Mitgliedschaft **4** 105
 – Satzungsänderung **4** 105
 – Teilung von Geschäftsanteilen **4** 105
 – Verschmelzungsvertrag **4** 105
 Ausnahmen (Übersicht) **4** 104 f.
 Befreiung von einer Verbindlichkeit **4** 99 f.
 Bruchteilsgemeinschaft **4** 109
 eigene Anteile der GmbH **4** 116 f.
 Einzelfälle **4** 108 f.
 Entlastungsbeschlüsse **4** 97 f.
 Gesamthandsgemeinschaft **4** 109
 Innergesellschaftliche Rechtsgeschäfte **4** 104 f.
 Interessenkollision **4** 93 f.
 Rechtsgeschäft zwischen Gesellschafter und Gesellschaft **4** 100 f.
 Rechtsstreit mit Gesellschafter **4** 102
 Selbstkontrahierungsverbot **4** 115
 Sozialakte **4** 104 f.
 Stimmrechtsvollmacht **4** 96
 Verwandtschaftliche Beziehungen **4** 111
 Wichtiger Grund **4** 106 f.
Stimmrechtsausübung, Gesellschafterhaftung **4** 124 f.
Stimmrechtsbeschränkung, Faktischer Konzern **17** 168
Stimmrechtskonsortium *s.* Stimmbindungsvereinbarung
Stimmrechtspool *s.* Stimmbindungsvereinbarung
Stimmrechtsvollmacht, Stimmrechtsausschluß **4** 96
Stimmverbot
 s. a. Stimmrechtsausschluß

Teilnahmerecht

Aufsichtsrat **6** 39
Faktischer Konzern **17** 168
Vertragskonzern **17** 43
Strafrecht, Geschäftsführerverantwortlichkeit **5** 245 f.
Strohmann
 s. a. Treuhandschaft
 eigenkapitalersetzende Gesellschafterleistungen **8** 314
Strohmanngründung 2 147
Studienkosten, Verdeckte Gewinnausschüttung **10** 247
Stufengründung 2 87
 s. a. Gesellschaftsvertrag
 s. a. Stammeinlagen
Stundung, eigenkapitalersetzende Gesellschafterleistungen **8** 301
Stuttgarter Verfahren 7 86; **11** 505 f.
 Atypische Stille Gesellschaft **7** 197, 199
Substanzerhaltungsrückstellung, Eigenkapitalersatz **8** 346
Subunternehmer, Verdeckte Gewinnausschüttung **10** 247
Subventionen *s.* Fördergebietsgesetz, Investitionszulagen, -zuschüsse

Tagesordnung, Gesellschafterversammlung **4** 32
Tantiemen
 Geschäftsführervergütung **5** 52 ff.
 gutgläubiger Dividendenbezug **8** 91
 Verdeckte Gewinnausschüttung **10** 247
Tarifermäßigung
 Veräußerungsgewinn **12** 79, 106, 121
Tätigkeitsvergütung, Verdeckte Gewinnausschüttung **10** 247
Tauschgutachten
 Anteilstausch bei wirtschaftlicher Fusion **14** 252 f.
 Anwendbarkeit bei Anteilstausch **14** 252 f.
 Einbringung in Holding **14** 253
 Formwechsel (AG in GmbH) **14** 82
Teilbetrieb, Aufspaltung (einer GmbH in mehrere GmbH) **14** 654 f.
Teilgewinnabführungsvertrag 17 12
 s. a. Unternehmerverträge (Konzern)
 s. a. Vertragskonzern
Teilnahmerecht an der Gesellschafterversammlung *s.* Gesellschafterversammlung

1301

Teilungsanordnung

Fette Zahlen = Kapitel

Teilungsanordnung, Geschäftsanteil **12** 220
Teilwert
  Ausgliederung (Einzelunternehmen) **14** 197
  Verschmelzung (GmbH auf OHG/KG)
  – durch Aufnahme **14** 356, 365
Teilwertabschreibung
  Aufspaltung (einer GmbH in mehrere GmbH) **14** 667
  ausschüttungsbedingte **11** 472 f., 486
  Eigene Anteile **13** 53 f.
  eigenkapitalersetzende Darlehen **8** 266
  Forderung gegen Gesellschafter
  – Verdeckte Gewinnausschüttung **10** 247
  Geschäftswert **10** 9
  auf Organbeteiligungen **17** 90
  Organschaft (GewSt) **17** 103
  Verluste Beteiligungsgesellschaft **17** 187
Tendenzbetrieb
  Aufsichtsrat nach dem BetrVG **6** 70
  Aufsichtsrat nach dem MitbestG **6** 94
  Obligatorischer Aufsichtsrat **6** 12, 13
Testamentsvollstrecker, Stimmrecht **4** 84
Testamentsvollstreckung, Geschäftsanteil **12** 222
Thesaurierung
  Minderheitenschutz **10** 70 f.
  Mißbrauch **10** 71 f.
  Vorteilhaftigkeit **1** 56
Tochterkapitalgesellschaft 11 396
Trauerfeier, Verdeckte Gewinnausschüttung **10** 247
Trennungsprinzip 1 2 f.
Treu und Glauben
  Erstattungsanspruch wegen Auszahlung des Stammkapitals **8** 62
  Gesellschafterverhalten **3** 21
  Gesellschaftsvertragliche Gesellschafterpflichten **3** 147
Treuepflicht
  Faktischer Konzern **17** 164
  Gesellschafter *s.* dort
  Gesellschafter-Geschäftsführer **5** 225
  Pflichten des Geschäftsführers **5** 170 ff.
  Wettbewerbsverbot Geschäftsführer **5** 172 ff.
Treugeber, eigenkapitalersetzende Gesellschafterleistungen **8** 314

Treuhänder, eigenkapitalersetzende Gesellschafterleistungen **8** 314
Treuhandschaft
  bei Abtretungsbeschränkungen **12** 183
  Anzeigepflicht gegenüber Finanzamt **12** 182
  Form der Begründung **12** 182
  Geschäftsanteile **12** 180 ff.
  Grunderwerbsteuer **12** 190 ff.
  Steuerliche Zurechnung der Anteile **12** 188
  Zwangsvollstreckung, Konkurs **12** 181, 185 ff.
Treuhandunternehmen, Liquidation **16** 89
Typische Stille Gesellschaft *s.* Stille Gesellschaft

Überbrückungskredit
  als Eigenkapitalersatz **8** 206
  Sanierung **15** 56
Übernahmefolgegewinn
  Aufspaltung (einer GmbH in mehrere GmbH) **14** 667
  übernehmende Personengesellschaft
  – Verschmelzung (GmbH auf OHG/KG) **14** 380
Übernahmegewinn
  Aufspaltung (einer GmbH in mehrere GmbH) **14** 667
  übernehmende Personengesellschaft
  – Verschmelzung (GmbH auf OHG/KG) **14** 371 f.
  Verschmelzung (Aufnahme GmbH in GmbH) **14** 556 f.
Übernahmeverlust
  s. Übernahmegewinn
  übernehmende Personengesellschaft
  – Verschmelzung (GmbH auf OHG/KG) **14** 377
  Umwandlung **14** 43
Überschuldung
  Allgemeines **15** 12
  Auszahlungsverbot **8** 6
  Eigenkapitalersatz **8** 218, 329
  Kapitalerhaltung **8** 10
  Pflichten des Geschäftsführers **5** 202
  Prüfung **15** 13 ff.
  – Beweislast **15** 14
  – Kombinationsmethode **15** 13
  – modifizierte zweistufige **15** 14 f.
  – Überschuldungsstatus **15** 12

Magere Zahlen = Randziffern

Überschuldungsbilanz **8** 10
Überschuldungsstatus *s. dort*
Überschuldungsbilanz 8 10
Überschuldungsstatus 15 12
  bei Drittdarlehen **8** 274
  Eigenkapitalersatz **8** 218
Übertragungsbilanz, Formwechsel
  (GmbH in GbR/OHG/KG)
  14 316 f.
Übertragungsgewinn
  Verschmelzung (Aufnahme GmbH in GmbH) **14** 538 f.
  Verschmelzung (GmbH auf OHG/KG) **14** 363
Übertragungsverlust, Verschmelzung
  (Aufnahme GmbH in GmbH)
  14 548
Umlaufvermögen, Bewertungsmethoden **10** 43 f.
Umrechnungsfaktoren, Altbestände
  Verwendbares Eigenkapital **11** 80, 83
Umsatzrückvergütung, Verdeckte Gewinnausschüttung **10** 247
Umsatzsteuer
  Anteilsveräußerung **12** 129
  Aufsichtsratsbezüge **6** 60
  Ausgliederung (aus einer GmbH in andere GmbH) **14** 696
  Ausgliederung Einzelunternehmen **14** 208
  Ausgliederung (Einzelunternehmen) **14** 216
  Faktischer Konzern **17** 197
  Formwechsel (AG in GmbH) **14** 83
  Kapitalherabsetzung **8** 192
  Liquidation **16** 83
  Organschaft **17** 107 ff., 197 f.
  Qualifizierter faktischer Konzern **17** 197
  Spaltung (GmbH auf OHG/KG) **14** 450
  Umwandlung **14** 46
  Verdeckte Gewinnausschüttung **10** 239
  Verschmelzung (Aufnahme GmbH in GmbH) **14** 553
  Verschmelzung (GmbH auf OHG/KG)
  – durch Aufnahme **14** 365
  Vorgesellschaft **2** 23
  Vorgründungsgesellschaft **2** 13

Umwandlung

Umsatztantiemen
  Verdeckte Gewinnausschüttung
  10 247
  Verdeckte Gewinnausschüttung bei beherrschenden Gesellschaftern
  5 59
Umstrukturierung
  s. a. Umwandlung
  Anlässe (Übersicht) **14** 2 f.
  unter Beibehaltung der Rechtsform der GmbH **14** 460 ff.
  Gestaltungsmöglichkeiten **14** 4
  Rechtsformwechsel **14** 3
  Vermögensübertragung **14** 3
  Vorteilhaftigkeit
  – Einzelrechtsnachfolge **14** 32 f.
  – Gesamtrechtsnachfolge **14** 31 f.
  – Sonderrechtsnachfolge **14** 31 f.
Umtauschverhältnis, Verschmelzung
  (Aufnahme GmbH in GmbH)
  14 512
Umtauschverpflichtung, Vertragskonzern **17** 35
Umwandlung
  Alternativen **14** 240 ff.
  Arten **14** 8
  – Formwechsel **14** 8, 18 f.
  – Spaltung **14** 8, 15 f.
  – Vermögensübertragung **14** 8, 17 f.
  – Verschmelzung **14** 8, 13 f.
  Aufsichtsratseinrichtung **14** 37
  Begriff **14** 11
  Bruchteilseigentum
  – Form **12** 18
  Einbringungsgeborene Anteile **14** 41
  Ertragssteuern **14** 40 ff.
  Grenzüberschreitende
  – Einbringung in Personengesellschaft **14** 25
  – Einbringungsfälle (Übersicht) **14** 24 f.
  – Handelsrecht **14** 21, 23 f.
  – Steuerrecht **14** 22 f.
  Grunderwerbsteuer **14** 46
  Grunderwerbsteuervermeidung **14** 46
  Grundgliederung der Darstellung **14** 56
  Kartellrecht **14** 36
  im Konzern **14** 33
  Körperschaftsteuerpflicht **11** 16
  Leitüberlegungen **14** 30 ff.
  Mitbestimmung Betriebsrat **14** 38
  Mitbestimmungsbeibehaltung **14** 38

1303

Umwandlungsmodell

Fette Zahlen = Kapitel

Notarkosten **14** 49
in Personengesellschaft
– Ertragsteuern **14** 42
Rechtsgrundlagen **14** 5 ff.
– Übergangsregelungen **14** 6
Rückbeziehung, steuerliche **14** 47
sonstige Kosten **14** 49
Steuerrechtliche Regelungen (Übersicht) **14** 9 f.
Substanzsteuern **14** 44
Typenzwang **14** 31
Übergang Finanzierungs-Genußrechte **7** 230
Übergang von Arbeitsverhältnissen **14** 38
Übernahmeverlust **14** 43
Umsatzsteuer **14** 46
Umwegkonstruktionen **14** 23
verbindliche Auskunft (FA) **14** 48
Verkehrsteuern **14** 45
Verlustvortrag **14** 43
Vinkulierung **12** 43
Zustimmungserfordernisse **14** 35
Umwandlungsmodell s. Unternehmenskauf
Unabdingbarkeit, Gesellschafterklage **3** 123
Unechte Satzungsbestandteile s. Gesellschaftsvertrag
Unterbeteiligung
Abfindung des Unterbeteiligten **12** 163
atypische **12** 168 f.
Beendigung **12** 162
eigenkapitalersetzende Gesellschafterleistungen **8** 314
entgeltliche Einräumung **12** 169
Form
– Auseinandersetzung **12** 20
– Begründung **12** 20
Geschäftsanteil **12** 160 ff.
Gewerbesteuer **12** 170 f.
Schenkung **12** 160
Steueranrechnung **12** 168
Steuerliche Behandlung **12** 164 ff.
typische **12** 165 ff.
Unterbilanz
Abweichungen vom Jahresabschluß
– Selbstkostenpreis **8** 17
– Verkehrswerte **8** 17
Auszahlungsverbot **8** 6 f.
Bilanzierungs- und Bewertungsgrundsätze **8** 10 f.
– ausstehende Einlagen **8** 13

– Bewertungsstetigkeit **8** 12
– Buchwertansatz **8** 12
– eigene Anteile **8** 13
– Firmenwert **8** 11
– Gesellschafterdarlehen **8** 15
– Herstellungskosten **8** 12
– immaterielle Vermögensgegenstände **8** 11
– Pensionszusagen **8** 11
– Rangrücktritt **8** 15
– Rechnungsabgrenzungsposten **8** 16
– Rückstellungen **8** 14
– schwebende Geschäfte **8** 16
– Sonderabschreibungen **8** 12
– Sonderposten mit Rücklageanteil **8** 14
– Verbindlichkeiten aus Steuern **8** 14
– Wertaufholungsgebot **8** 12
– Zuschreibungen **8** 12
Eigenkapitalersatz **8** 220
Jahresabschluß **8** 10
Kapitalherabsetzung **8** 119
Reinvermögen **8** 7
Unternehmenskrise **15** 6
Unterbilanzhaftung s. Gründungshaftung
Unterbrechung der Verjährung, Erstattungsanspruch wegen Auszahlung des Stammkapitals **8** 79
Unternehmen
abhängiges
– Abhängigkeitsvermutung **17** 4
– Stimmenbindungsverträge **17** 4
Begriff **17** 2
herrschendes **17** 2
Sacheinlagen **2** 108 f.
Unternehmensfortführung
Fortführungswürdigkeit **15** 22 ff.
Zulässigkeit **15** 12 ff.
Unternehmensgegenstand s. Gesellschaftsvertrag
Unternehmenskauf
Steueroptimierung durch Umandlung
– Mitunternehmermodell **14** 54
Steueroptimierung durch Umwandlung **14** 50 ff.
– Kombinationsmodell **14** 51
– Umwandlungsmodell **14** 53
– Verschmelzungsmodell **14** 52
Unternehmenskrise 15 1 ff.
Aufdeckung stiller Reserven **15** 91, 93
Erfolgskrise **15** 2
Fortführungsprämisse **15** 88

Magere Zahlen = Randziffern

Gesellschaftspflichten **15** 113 ff.
Going Concern-Frage **15** 20 ff.
Liquiditätskrise **15** 2
Pflichten der Geschäftsführer **15** 70 ff.
Pflichten des Aufsichtsrats **15** 110 ff.
Stillhalten der Bank **15** 56
strategische Krise **15** 2
Überschuldung **15** 3; s. a. dort
Unterbilanz **15** 6; s. a. dort
Zahlungsunfähigkeit **15** 4, 7 ff.
Unternehmensumfeld, Umstrukturierungsanlässe **14** 2 f.
Unternehmensverbindungen
Abhängiges Unternehmen **17** 4
Begriff (AktG) **17** 2; s. a. Konzern
Konzern **17** 5 ff.; s. a. dort
Mehrheitsbeteiligung **17** 3
Unternehmensverträge 17 10
Auflösung der Gesellschaft **16** 24
Unternehmensverträge (Konzern)
Abschluß **17** 15
Aufhebung **17** 118
Beendigungsgründe **17** 118; s. a. Beendigung von Unternehmensverträgen (Konzern)
Form **17** 17
Gläubigerschutz bei Beendigung **17** 127 ff.
Handelsregistereintragung **17** 18
Kündigung **17** 119 ff.
Mehrheitserfordernis beherrschte Gesellschaft **17** 16
Minderheitenschutz bei Beendigung **17** 127 ff.
Rechtsnatur **17** 14
Satzungsklauseln **17** 22
Unternehmensvertragsbericht **17** 20
Unternehmensvertragsprüfung **17** 20
unwirksame **17** 23 ff.
– Abwicklung **17** 25
– Heilung **17** 26
Verlustübernahme **17** 37
Zustimmung
– beherrschte Gesellschaft **17** 15 f.
– herrschende Gesellschaft **17** 19
Zustimmungsbeschluß **17** 16
Unternehmensvertragsbericht 17 20
Unternehmensvertragsprüfung 17 20
Unternehmerverträge, Beendigung
s. Beendigung von Unternehmensverträgen
Unterordnungskonzern s. Konzern

Veräußerungsgewinn

Unterschlagung
Geschäftsführerverantwortlichkeit **5** 256
Verdeckte Gewinnausschüttung **10** 247
Unterstützungskasse, Körperschaftsteuer **11** 209 ff.
Untreue, Geschäftsführerverantwortlichkeit **5** 256
Up-Stream-Merger s. Verschmelzung (Aufnahme GmbH in GmbH)
US-GAAP, Konzernabschluß **9** 124

Veräußerungsgewinn
Abgrenzung Gewinnbezugsrecht **12** 102
Anteile im Privatvermögen **12** 79 ff.
Ausgliederung (Einzelunternehmen) **14** 205 f.
– Entnahme nicht betriebsnotwendiger Wirtschaftsgüter **14** 207
– Gewerbesteuer **14** 206
– Halber Steuersatz **14** 206 f.
Berechnung **12** 96
– Anschaffungsnebenkosten **12** 98
– Drittaufwand **12** 99
– nachträgliche Anschaffungskosten **12** 99
– Veräußerungskosten **12** 105
Bezugsrechte **12** 82
Doppelbesteuerungsabkommen **12** 81
Eigene Anteile **13** 54
Einbringungsgeborene Anteile **14** 218 f.; s. a. dort
Entwicklungstatbestände **14** 221 f.
– Ermittlung **14** 223
– Ersatz-Gewinnrealisierungstatbestände **14** 221 f.
– Gewinnrealisierungstatbestände **14** 220 f.
– halber Steuersatz **14** 224
– Veräußerungsverlust **14** 224
Entstehungszeitpunkt **12** 93
Gewerbesteuer **12** 125 f.
nach Kapitalerhöhung
– aus Gesellschaftsmitteln **12** 96
Renten, wiederkehrende Leistungen **12** 104
rückwirkende Änderung **12** 103
Tarifermäßigung **12** 79, 106, 121
– einbringungsgeborene Anteile **12** 122, 124
unentgeltlich erworbene Anteile **12** 95

1305

Verbindliche Auskunft (FA)

durch Verdeckte Einlagen **12** 99, 117
bei Wohnsitzverlegung ins Ausland
12 94, 123
bei Zuzug ins Inland **12** 97
Verbindliche Auskunft (FA), Umwandlung **14** 48
Verbundene Unternehmen
Aufsichtsratsüberwachung **6** 46
Informationsrechte Gesellschafter
3 73; s. a. Unternehmensverbindungen
Stimmrechtsausschluß eigene Anteile
4 117
Verdeckte Gewinnausschüttung
10 242 f.
Verrechnungspreise **17** 188
Verdeckte Einlagen
Abgrenzung zur offenen Einlage
7 131 f.
Anwachsung (GmbH & Co. in GmbH) **14** 244
Begriff, handelsrechtlich **7** 131 f.
– Gegenstand **7** 133
– Nutzungsrechte **7** 133
– Sachnutzungen **7** 133
Begriff, steuerrechtlich
– Betriebsaufspaltung **7** 137
– bilanzierungsfähiges Wirtschaftsgut **7** 136
– Forderungsverzicht **7** 136
– Nutzungseinlage **7** 136 f.
Eigenkapitalfinanzierung **7** 5
Einlagefähigkeit (Beispiele) **7** 146 f.
Forderungsverzicht Gesellschafter
– steuerliche Behandlung **7** 143
gutgläubiger Dividendenbezug **8** 103
Nutzungsüberlassung **8** 345
Sacheinlagen
– Bewertung **7** 135
steuerliche Behandlung
– bei Auslandsbeziehungen **7** 144
– Einnahme bei Anteil im Privatvermögen **7** 142
– bei der Gesellschaft **7** 138 ff.
– beim Gesellschafter **7** 139
– im Konzern (Beispiel) **7** 143 f.
– nachträgliche Anschaffungskosten **7** 141
– Realisierung eines Ertrages **7** 141
– bei Rückgewähr **7** 145
– im Schenkungsteuerrecht **7** 149 f.
bei Übergang Stille Reserven Kapitalerhöhung **7** 43

Fette Zahlen = Kapitel

Verrechnungspreise **11** 402 f.; **17** 188
Verwendbares Eigenkapital **11** 79
bei Verzicht auf Gesellschafterdarlehen
8 259, 259 f.
Verdeckte Gewinnausschüttung
§ 8 a UStG Vermeidung **7** 303
ABC **10** 247
Abfindung Geschäftsführer **5** 113
Aufsichtsratsbezüge **6** 61
Auszahlungsverbot **8** 23, 31
– Gleichbehandlungsgrundsatz **8** 23
Auszahlungsverbot § 30
– Treuepflicht **8** 23
Eigenkapitalersatz **8** 253
Erstattungsanspruch wegen Auszahlung des Stammkapitals **8** 62
Fremdkapitalvergütung bei nichtanrechnungsberechtigten Anteilseignern **7** 295 f.
Gesellschafterfremdfinanzierung
11 158
Gesellschafter-Geschäftsführer
– Krankheitskostenübernahme durch die Gesellschaft **5** 38
– Tantiemennachzahlung **5** 38
gutgläubiger Dividendenbezug **8** 91
Kapitalherabsetzung **8** 190
Körperschaftsteuer bei Umqualifizierung Fremdkapitalvergütung **7** 302
Kreditgewährung Gesellschafter-Geschäftsführer **5** 91
Lästiger Gesellschafter **13** 92
Organschaft **17** 84, 92
Safe haven **7** 292
Sonderrechte Gesellschafter **3** 58
Stille Gesellschaft **7** 182
bei Übergang Stille Reserven Kapitalerhöhung **7** 43
Umsatztantiemen **5** 59 f.
Ungleichbehandlung Gesellschafter
3 44
Verrechnungspreise **11** 402 f.; **17** 188
Wettbewerbsverbot
– Verzicht auf Ansprüche **3** 135
Verdeckte Gewinnausschüttung (Handelsrecht) 10 190 ff.
Allgemeines **10** 193 f.
Rechtsfolgen **10** 208 ff.
– Aktivierung des Rückforderungsanspruchs **10** 217
– Angabe im Anhang **10** 218
– Ausgleichsansprüche der Gesellschafter **10** 213 ff.

Magere Zahlen = Randziffern

- Rückforderungsansprüche der Gesellschaft **10** 209 ff.
- Schadensersatzansprüche **10** 216
  Zulässigkeit **10** 195 ff.
- Absolute Grenzen der §§ 30, 31
  GmbHG **10** 196
- Anfechtbarkeit des Gesellschafterbeschlusses **10** 207
- Generelle Unzulässigkeit **10** 197 ff.
- Gleichbehandlungsgrundsatz
  10 200 f.
- bei Mehrheitsbeschluß **10** 199
- Nichtigkeit des Gesellschafterbeschlusses **10** 206
- Verletzung der Treuepflicht **10** 203 f.

**Verdeckte Gewinnausschüttung
(Steuerrecht) 10** 219 ff.
rein steuerliche **10** 222
Steuerliche Auswirkungen
- Beispiele **10** 226 ff.
- Gewerbesteuer **10** 225
- Kapitalertragsteuer **10** 224
- Leistungen zwischen verbundenen
  Unternehmen **10** 243 ff.
- Rückgängigmachung **10** 240 ff.
- in der Steuerbilanz **10** 223
- Umsatzsteuer **10** 239

Verdecktes Stammkapital, Berechnung des Anteilsbesitzes **12** 83

Vereinbarungsdarlehen, eigenkapitalersetzende Gesellschafterleistungen
8 300

Vereinnahmung, phasengleiche, Faktischer Konzern **17** 181

Vererbung
Finanzierungs-Genußrechte **7** 231
Geschäftsanteile **12** 210 ff.
Vererbung von Anteilen 1 61
Qualifikation Erbe **3** 20

Vergütung, Aufsichtsrat **6** 56 f.

Verjährung
Erstattungsanspruch wegen Auszahlung des Stammkapitals **8** 79 f.
Geschäftsführerhaftung **5** 217
verschleierte Sacheinlagen **2** 114

Verkaufsgeschäft s. Anteilsbewertung

Verkehrswert s. Unterbilanz

Verlustabzug
Aufspaltung (einer GmbH in mehrere
  GmbH) **14** 673
übernehmende Personengesellschaft
- Verschmelzung (GmbH auf OHG/
  KG) **14** 387

Vermögensteuer

Verschmelzung (Aufnahme GmbH in
  GmbH) **14** 572 f.
Verlustanteil, Stille Gesellschaft
- Verrechnung mit Gewinnanteil
  7 186

Verlustausgleich
Betriebsstättenverlust **11** 393 ff.
als Kapitalerhöhungsmotiv **7** 16
steuerbarer **1** 54
vereinfachte Kapitalherabsetzung
8 161

Verlustrücktrag
Grenzen **1** 54 f.
Verdeckte Gewinnausschüttung
10 237

Verlustübernahme
Qualifizierter faktischer Konzern
17 173, 176 ff.
Vertragskonzern **17** 37 ff.
- Gläubiger **17** 39
- Höhe **17** 38

Verlustübernahmeverpflichtung,
Auszahlungsverbot § 30
8 38

Verlustvortrag
Ausgliederung (Einzelunternehmen)
- Übergang auf GmbH **14** 213
Körperschaftsteuer **11** 144 ff.
Umwandlung **14** 43
Verschmelzung (GmbH auf OHG/
  KG)
- durch Aufnahme **14** 364

Vermächtnis
Geschäftsanteil **12** 219
Geschäftsanteil Erbschaft- und Schenkungsteuer **12** 152

Vermögensaufstellung
Abweichungen zur Steuerbilanz
  (Übersicht) **11** 312 f.
Formwechel (GmbH in AG) **14** 286
Formwechsel (GmbH in GbR/OHG/
  KG) **14** 315

Vermögensauskehrung s. Liquidation

Vermögenslosigkeit, Auflösungsgründe **16** 22

Vermögensstatus, Liquidation **16** 59

Vermögensteuer 11 300 ff.
Abweichungen Steuerbilanz-Vermögensaufstellung (Übersicht)
11 312 ff.
Anrechnung ausländische Steuer
11 318
Anrechnungsmethode **11** 360

1307

Vermögensübergang

Fette Zahlen = Kapitel

Anteilsbewertung **11** 500 f.
Ausstehende Einlagen **11** 325 f.
Bemessungsgrundlage **11** 306 ff.
Bewertungsstichtag **11** 334 ff.
Doppelbesteuerungsabkommen **11** 318 ff.
eigene Anteile **11** 327 ff.
Einheitswert **11** 307, 310 f., 340 f.
Erbschaft- und Schenkungsteuer **12** 147
— Vorbehaltsnießbrauch **12** 151
Festsetzung **11** 320 ff.
Fortschreibung **11** 315
Freibetrag **11** 303
Gesamtvermögen **11** 317 ff.
Gesellschafterdarlehen **7** 280 f.
Hauptfeststellungszeitpunkt **11** 313 ff., 324
Internationaler Steuersatzvergleich **11** 319
Kapitalherabsetzung **8** 191 f.
Liquidation **16** 82
Nachfeststellung **11** 316
Neue Bundesländer **11** 324
Nichtabziehbare Aufwendungen **11** 300 f.
Pensionsrückstellungen **11** 331 ff.
Schachtelprivileg **11** 327 ff.
Steuerermäßigung **11** 318
Steuerhoheit **11** 304
Steuersatz **11** 317, 319
Stuttgarter Verfahren **11** 505 f.; s. a. dort
Veranlagungszeitpunkt **11** 320 ff.
Vermögensaufstellung **11** 303 ff.
Vorauszahlungen **11** 323
Vermögensübergang
Formwechsel GmbH in Genossenschaft **14** 10
Formwechsel GmbH in Personengesellschaft **14** 10
Formwechsel Personenhandelsgesellschaft in GmbH **14** 10
Gesamtrechtsnachfolge **14** 10
Sonderrechtsnachfolge **14** 10
Vermögensübertragung
Körperschaftsteuerpflicht **11** 16
Teilübertragung **14** 17
als Umstrukturierungsmaßnahme **14** 3
Vollübertragung **14** 17
Vermögensverschlechterung, vereinfachte Kapitalherabsetzung **8** 162

Vermögensverteilung
Liquidation **16** 47 ff.
— Verjährung **16** 54
— Verteilungsmaßstab **16** 50 ff.
Vermögensverwaltung, Körperschaftsteuer **11** 201 f.
Vermögensverzeichnis, Ausgliederung (Einzelunternehmen) **14** 173, 183
Vermögenswert s. Anteilsbewertung, Stuttgarter Verfahren
Verpfändung
Geschäftsanteile **12** 200 ff.
— Gewinnanspruch **12** 201
— Mitgliedschaftsrechte **12** 201
— Verwertung **12** 203
Gesellschaftersicherheit **8** 272
Zurechnung der Dividenden **12** 204
Verrechnungspreise
Angemessenheit **11** 388
— Dokumentationspflichten **11** 422
arm's length **11** 392
Fremdvergleich **11** 402 f.
Gewinnvergleichsmethode **11** 408
Gewinnzerlegungsmethode **11** 408
Korrekturen **11** 401 ff.
Kostenaufschlagsmethode **17** 188
Preisvergleichsmethode **17** 188
Standartmethoden
— Kostenaufschlagsmethode **11** 407
— Preisvergleichsmethode **11** 407
— Wiederverkaufspreismethode **11** 407
Verbundene Unternehmen **17** 188
Verdeckte Einlage **11** 402 f.; **17** 188
Verdeckte Gewinnausschüttung **10** 247; **11** 402 f.; **17** 188
Verständigungsverfahren **11** 404
Wiederverkaufspreismethode **17** 188
Versammlungsleiter Gesellschafterversammlung, Aufgaben **4** 52 f.; s. a. Gesellschafterversammlung
Verschmelzung
Auflösungsgründe **16** 23
unter Beteiligung einer GmbH
— Möglichkeiten (Übersicht) **14** 14
Körperschaftsteuerpflicht **11** 16
durch Neugründung **14** 581 f.
Statusverfahren **6** 17
Übergang Finanzierungs-Genußrechte **7** 230
im Wege der Aufnahme **14** 13
im Wege der Neugründung **14** 13

1308

Magere Zahlen = Randziffern

Verschmelzung (AG auf GmbH)
durch Aufnahme 14 122 f.
– Prüfung 14 123
– Rechnungslegung 14 123
– Zwischenbilanz 14 123
durch Neugründung 14 126
Verschmelzung (auf GmbH), Überblick 14 120 f.
Verschmelzung (Aufnahme GmbH in GmbH)
Besteuerung Gesellschafter übertragende Gesellschaft 14 577 ff.
– Barabfindung 14 580
– Fallgruppen 14 578
– Umtauschverhältnis 14 579
Besteuerung übernehmende Gesellschaft 14 555 ff.
– Bindungswirkung Schlußbilanz übertragende Gesellschaft 14 555
– Gewerbesteuer 14 576
– Gewinnermittlung 14 575
– Rückgängigmachung Teilwertabschreibungen 14 561 f.
– Übernahmefolgegewinn 14 564
– Übernahmegewinn/-verlust 14 556 f.
– Verlustabzug 14 572 f.
– Verwendbares Eigenkapital 14 565 f.
Besteuerung übertragende Gesellschaft 14 537 ff.
– Aufdeckung Stille Reserven 14 538 f.
– Buchwertfortführung 14 551
– Grunderwerbsteuer 14 554
– Übertragungsgewinn 14 539
– Übertragungsverlust 14 548
– Umsatzsteuer 14 553
– Verwendbares Eigenkapital 14 552
– Zwischenwertansatz 14 550
Bewertungswahlrechte 14 477 f., 484 f.
– Anschaffungswertprinzip 14 484
– Anwendung 14 527 f.
– Ausschluß 14 532 f.
– Buchwertfortführung 14 484
Down-Stream-Merger 14 485, 497, 541
Entschmelzung 14 510
Gewährung von Geschäftsanteilen 14 495 ff.
– Barzuzahlungen 14 495
– Kapitalerhöhung 14 496 f.
Gläubigerschutz 14 517

Verschmelzung

Handelsregistereintragung 14 503 ff.
Jahresabschluß übernehmende Gesellschaft
– vor Verschmelzung 14 481 f.
– nach Verschmelzung 14 483 ff.
Kapitalerhöhung 14 502
Mantelkauf 14 547
Minderheitenrechte 14 511 f.
– Anteilsveräußerung 14 515
– Barabfindung 14 513
– Klage 14 511
– Spruchverfahren 14 512
Rechnungslegung 14 470 f.
– Buchführung 14 471
– Jahresabschluß 14 472
– Schlußbilanz 14 474, 476
– Verschmelzungsbilanz 14 475
– Zwischenbilanz 14 473
Schadensersatzpflicht 14 516
steuerliche Folgen 14 525 f.
steuerliche Rückwirkung 14 535 f.
Überblick 14 465
Up-Stream-Merger 14 485, 496, 543
Verschmelzungsbericht 14 491 f.
Verschmelzungsbeschluß
– Gesellschafterversammlung 14 499 f.
Verschmelzungsgewinn 14 485
Verschmelzungsmehrwert 14 485
Verschmelzungsprüfung 14 493 f.
Verschmelzungsverlust 14 485
Verschmelzungsvertragsentwurf
– Betriebsrat 14 469
– Inhalt 14 466
– Umtauschverhältnis Anteile 14 466
– Zuleitung 14 469
Verwässerungsschutz 14 518
Verschmelzung (GmbH) 14 336 ff.
Verschmelzung (GmbH auf AG)
durch Aufnahme 14 338 ff.
– Kapitalerhöhung gegen Sacheinlagen 14 339
– Sachgründungsprüfung 14 339
– Überblick 14 338
durch Neugründung 14 342
Verschmelzung (GmbH auf Alleingesellschafter) 14 415 f.
steuerliche Folgen 14 420
Voraussetzungen 14 415 f.
Verschmelzung (GmbH auf OHG/KG)
durch Aufnahme 14 350 ff.
– Besteuerung übernehmende Personengesellschaft 14 367 ff.

Verschmelzung (OHG/KG auf GmbH)   Fette Zahlen = Kapitel

- Betriebsrat **14** 351
- Bewertungswahlrechte **14** 356 f.
- Buchwertansatz **14** 356, 365
- Grunderwerbsteuer **14** 365
- Handelsregistereintragung **14** 353
- Kapitalanteile an der Personengesellschaft **14** 352
- Rechnungslegung **14** 352
- Rechte persönlich haftender Gesellschafter **14** 354
- Schlußbesteuerung übertragende GmbH **14** 362 f.
- steuerliche Folgen **14** 355 ff.
- Steuerliche Rückwirkung **14** 361
- Teilwertansatz **14** 356, 365
- Überblick **14** 350
- Übertragungsgewinn **14** 363
- Umsatzsteuer **14** 365
- Verlustvorträge **14** 368
- Verschmelzungsbericht **14** 352
- Verschmelzungsbeschluß Gesellschafterversammlung **14** 353
- Verschmelzungsvertrag **14** 351
- Verwendbares Eigenkapital **14** 366
- Zwischenwertansatz **14** 356, 365
Besteuerung GmbH
- Aufdeckung der Stillen Reserven **14** 363
Besteuerung übernehmende Personengesellschaft **14** 367 ff.
- Anrechnungsguthaben Körperschaftsteuer **14** 374
- Aufstockungen (step-up) **14** 376
- Einbringungsgeborene Anteile an der GmbH **14** 403
- Einkünfte aus Kapitalvermögen **14** 405
- Ertragsteuern **14** 381 f.
- Fallgruppen **14** 367 f.
- Gewerbesteuer **14** 386, 391
- Gewinnermittlung **14** 388 f.
- GmbH-Anteile in anderem inländischen Betriebsvermögen **14** 395 f.
- Körperschaftsteuer **14** 383
- Nicht-wesentliche Beteiligung an der GmbH **14** 404
- Sperrbetrag § 50 e EStG **14** 375
- Übernahmefolgegewinn **14** 380
- Übernahmegewinn/-verlust **14** 371 f., 377
- Verlustabzug **14** 387
- Vermögensübergang ohne Betriebsvermögen **14** 392 f.
- Wesentliche Beteiligung an der GmbH **14** 397 f.
Besteuerungswahlrecht
- Anwendungsbereich **14** 358
- Aufgabe der steuerlichen Einbahnstraße **14** 357
- Aufschub der Besteuerung **14** 357
- Ausschluß **14** 359
- Stille Reserven **14** 357, 362 f.
durch Neugründung **14** 409 f.; s. a. Verschmelzung (GmbH auf OHG/KG) durch Aufnahme
Verschmelzung (OHG/KG auf GmbH)
durch Aufnahme **14** 130 ff.
- Einbringung Mitunternehmeranteil **14** 133
- Gesellschafterversammlung **14** 131
- Nachhaftung **14** 132
- Prüfung **14** 131
- Rechnungslegung **14** 131
- Schlußbilanz **14** 131
- steuerliche Folgen **14** 133 ff.
- Überblick **14** 130
durch Neugründung **14** 140
Verschmelzungsbericht
Aufnahme GmbH in GmbH **14** 491 f.
Verschmelzung (GmbH auf OHG/KG)
- durch Aufnahme **14** 352
Verschmelzungsbilanz, Verschmelzung (Aufnahme GmbH in GmbH) **14** 475
Verschmelzungsgewinn, Verschmelzung (Aufnahme GmbH in GmbH) **14** 485
Verschmelzungsmehrwert, Verschmelzung (Aufnahme GmbH in GmbH) **14** 485
Verschmelzungsmodell s. Unternehmenskauf
Verschmelzungsprüfung, Aufnahme GmbH in GmbH **14** 493 f.
Verschmelzungsverlust, Verschmelzung (Aufnahme GmbH in GmbH) **14** 485
Verschmelzungsvertrag, Verschmelzung (GmbH auf OHG/KG)
- durch Aufnahme **14** 351
Verschwiegenheitspflicht s. Gesellschafterpflichten

Magere Zahlen = Randziffern

Verständigungsverfahren
Grenzüberschreitende Besteuerung
11 430 f.
Verrechnungspreise 11 404
Vertragskonzern 17 8, 13 ff.
s. a. Konzern
s. a. Unternehmensverträge (Konzern)
Abgrenzung **17** 140
Aufhebung **17** 118
Ausgleichs-, Abfindungs- und Umtauschverpflichtungen **17** 35 ff.
Beendigung **17** 118 ff.
– Zustimmungserfordernis **17** 124
Begründung **17** 13 ff.
Beherrschte GmbH
– Eintragung **17** 17 f.
– Mehrheitserfordernis **17** 16
– Vertretungsmacht **17** 14 f.
– Zuständigkeit **17** 14 f.
Gewinnabführung **17** 40 f., 40 ff.
Herrschende GmbH **17** 19
– Satzungsklauseln **17** 22
– Unwirksamkeit Unternehmensverträge **17** 23 ff.
Kündigung **17** 119 ff.
Rechtsformwahl **1** 66
Stimmverbot **17** 43
Verlustübernahme **17** 37 f.
Wechselseitige Beteiligung **17** 41 f.
Weisungsrecht **17** 27 ff.
Zuständigkeitsverteilung **17** 33
zustimmungspflichtige Geschäfte
17 34
Vertretung der Gesellschaft in Prozessen mit Geschäftsführern gem. § 46 Ziff. 8 Alt. 2 GmbGH **3** 111 ff.
Vertretungsmacht
fehlende
– Gründungshaftung **2** 36
– des Geschäftsführers **5** 151 f.; s. a. dort
Vertretungsmacht des Geschäftsführers
Alleinvertretung **5** 158
Beschränkung **5** 152
gemeinschaftliche Vertretung **5** 159
gerichtliche Zustellungen **5** 154, 158
Gesamtvertretung **5** 159, 161, 163, 166
Mißbrauch der Vertretungsmacht
5 153
Passivvertretung **5** 158
Sozialakte **5** 156
Umfang der Vertretungsbefugnis
5 150 ff.

Vinkulierung

Verwaltungsrat
als Gesellschaftsorgan **6** 1
Rechtsformüberlegungen **1** 35
Verwaltungsrechte s. Gesellschafterrechte
Verwendbares Eigenkapital
Arten **11** 62 ff.
Aufspaltung (einer GmbH in mehrere GmbH) **14** 668 f.
Aufteilung unterschiedlich belasteter Einkommensteile **11** 81 ff.
Ausgliederung (Einzelunternehmen)
14 214
Ausländische Einkünfte **11** 76
Ausschüttungsbelastung **11** 60 ff.
Ausschüttungspolitik **11** 110 ff.
Gliederung **11** 59 ff.
Herstellung der Ausschüttungsbelastung **11** 88 ff.
– Körperschaftsteuererhöhung
11 105 ff.
Inländische Vermögensmehrungen
11 77
Investitionszulagen **11** 77
Kapitalerhöhung **11** 78
Kapitalrücklage **11** 79
Leg-ein-hol-zurück-Verfahren **11** 119
Negativbeträge **11** 77
Nichtabziehbare Aufwendungen
11 69 f.
Offene Einlagen **11** 79
der Organgesellschaft **17** 85
Organschaft **17** 85, 91
des Organträgers **17** 91
Schütt-aus-hol-zurück-Verfahren
11 114
Übersicht **11** 67 ff.
Umgliederung
– Übersicht **11** 80 f.
– Umrechnungsfaktoren **11** 80, 83
– Zeitpunkt **11** 80 ff.
Veräußerungsgewinne **11** 76
Verdeckte Einlagen **11** 79
Verprobungsrechnung **11** 108 f.
Verschmelzung (Aufnahme GmbH in GmbH) **14** 552, 565 f.
Verschmelzung (GmbH auf OHG/KG)
– durch Aufnahme **14** 365
Zugangsermittlung **11** 68 ff.
Verzicht auf Gesellschafterdarlehen,
Verdeckte Einlage **8** 259 f.
Vinkulierung 12 43 ff.
Faktischer Konzern **17** 151, 154

1311

Vollbeendigung GmbH Fette Zahlen = Kapitel

Genehmigung **12** 47 f.
– bedingungsfeindlich **12** 49
– Erteilung, Zuständigkeit **12** 48 f.
– Gleichbehandlungsgrundsatz **12** 52
– Treuepflicht **12** 52
Umwandlung **12** 43
Vollbeendigung GmbH *s.* GmbH
Vollkonsolidierung *s.* Konsolidierung
Vollmacht für Gründung *s.* Gründungsvollmacht
Vollständigkeitserklärung, Abschlußprüfung **9** 163
Vollverzinsung, Körperschaftsteuer **11** 32
Vor- und Nacherbschaft *s.* Geschäftsanteil
Vorabausschüttungen 10 85 ff.
s. a. Ergebnisverwendung
Vorabgewinn
gutgläubiger Dividendenbezug **8** 91
Gutgläubiger Dividendenbezug *s. a.* Ergebnisverwendung
Vorbehaltsnießbrauch *s.* Nießbrauch
Vorbelastungsbilanz 9 44
Vorbelastungsbilanzhaftung *s.* Gründungshaftung
Voreinzahlungen, Kapitalerhöhung **15** 46
Vorgesellschaft
Einheitstheorie **2** 19
Einmanngründung **2** 149
Ergebnisermittlung **2** 26
Ertragsbesteuerung **2** 20 f.
Firma **2** 17
gesamthänderisches Sondervermögen **2** 15
GmbH in Gründung **2** 17
Grunderwerbsteuer **2** 23
Identität mit GmbH **2** 16
als Organgesellschaft **17** 54
als Organträger **17** 48
Personenvereinigung eigener Art **2** 15
Prüfungspflicht **2** 25
Rechnungslegung **2** 24 ff.
Rechtsfähigkeit **2** 17
Substanzbesteuerung **2** 22
Umsatzsteuerpflicht **2** 23
unechte **2** 18, 19
Vor-GmbH
Aufhebung Gesellschafterbeschluß **4** 162; *s. a.* Vorgesellschaft
Körperschaftsteuerpflicht **11** 14

Vorgründungsgesellschaft
Arten **2** 7 f.
Einmanngründung **2** 149
im engeren Sinn **2** 8
gesellschaftsrechtliche Einordnung **2** 9 f.
Körperschaftsteuerpflicht **11** 14 ff.
Mitunternehmerschaft **2** 12
als Organgesellschaft **17** 54
Rechnungslegung **2** 13
steuerliche Einordnung **2** 11 f.
Umsatzsteuer **2** 13
unternehmerische Betätigung **2** 10
im weiteren Sinn **2** 7
Vorkaufsrecht, notarielle Form **12** 11
Vorratsgründung 2 61
Vorsatz, Erstattungsanspruch wegen Auszahlung des Stammkapitals **8** 64
Vorvertrag, notarielle Beurkundung **12** 7
Vorzugsdividende, gutgläubiger Dividendenbezug **8** 91

Währungsumrechnung
Konzernabschluß **9** 130
Währungsumstellung, Bilanzierungshilfe **10** 12
Wechselakzept, Gesellschaftersicherheit **8** 272
Wechseldiskontgeschäft, eigenkapitalersetzende Gesellschafterleistungen **8** 304
Wechselseitige Beteiligung 17 9
Vertragskonzern **17** 41
Wegzugsbesteuerung 12 94
Weisungsgebundenheit
Geschäftsführer *s. a.* Weisungsrecht
– Beschränkungen der Geschäftsführungsbefugnisse **5** 142
– Einzelweisung **5** 136
– Folgepflicht **5** 145 f.
– Geschäftsordnung **5** 142
– Gesellschafterbeschluß **5** 142
– gesetz- und satzungswidrige Weisungen **5** 143 f.
– sachliches Prüfungsrecht **5** 145
Weisungsrecht
Aufsichtsrat **6** 50
Gesellschafterversammlung **1** 32
Weisungsrecht (Konzern)
Adressaten **17** 29
Beherrschungsvertrag **17** 27 ff.

Magere Zahlen = Randziffern

Bindungswirkung **17** 28
Delegationen **17** 31
in mehrstufigen Konzernen **17** 30
Umfang **17** 32
Weltabschluß, einzubeziehende Unternehmen **9** 125 f.
Welteinkommen, Anrechnungsmethode **11** 353 ff.
Werbungskosten bei Haftung der Geschäftsführer wegen Auszahlungsverbot **8** 87
Wertaufholungen, Ausweis Eigenkapitalanteil **9** 78
Wertberichtigung, Eigene Anteile **13** 53 f.
Wesentliche Beteiligung
§ 8 a UStG **7** 294
Berechnung des Anteilsbesitzes **12** 83
Berechnung Fünfjahreszeitraum **12** 87 f.
Eigenkapitalersatz **8** 257
Mehrfachstimmrecht **12** 84
Privatvermögen **12** 79 ff.
Verdecktes Stammkapital **12** 84
Zurechnung mittelbaren Besitzes **12** 85 f.
Zusammenrechnung bei Eheleuten **12** 85
Wettbewerbsbeschränkung, Nebenleistungen **7** 113
Wettbewerbsverbot
Abgrenzung zum Anteilskaufpreis **12** 102
Faktischer Konzern **17** 152
Geschäftsführer **5** 172 ff.
Gesellschafterpflichten **3** 129 ff.
bei Teilung von Geschäftsanteilen **12** 75
Verdeckte Gewinnausschüttung **10** 247
Wiederverkaufspreismethode 11 407; **17** 188
Wiesbadener-Modell, Eigenkapitalersatz **8** 341
Willkürverbot, Gesellschafter **3** 39 f.
Wirtschaftliche Fusion
Anteilstausch nach Tauschgutachten **14** 252 f.
Überblick **14** 250 f.
Wirtschaftsausschuß, Jahresabschlußvorlage **9** 197
Wirtschaftsjahr, Umstellung **11** 198 f.

Zwischenbilanz

Zahlung, vorzeitige, Kapitalherabsetzung **8** 147
Zahlungen an Nichtgesellschafter,
gutgläubiger Dividendenbezug **8** 91
Zahlungsstockung 15 10
s. a. Zahlungsunfähigkeit
Zahlungsunfähigkeit 15 7 ff.
drohende **15** 11
Eigenkapitalersatz **8** 218
Pflichten des Geschäftsführers **5** 202 f.
Zahlungseinstellung **15** 9
Zahlungstockung **15** 10
Zerlegung
Gewerbesteuer **11** 263, 266 f.
bei Organschaft **17** 106
Rechtsmittel **11** 264
Zinsen
Eigenkapitalersatz **8** 236
gutgläubiger Dividendenbezug **8** 91
Zufluß, Spekulationsgewinn **12** 112;
s. a. Gewinnausschüttung
Zugewinngemeinschaft, Anteilsübertragung **12** 256
Zusatzgründung s. Kapitalerhöhung durch Zuführung neuer Mittel
Zuschreibungen 10 51 ff.
s. a. Ergebnisermittlung
Ansatz bei Unterbilanz **8** 12
Unternehmenskrise **15** 91
Zuschüsse s. Investitionszuschüsse
Zustimmung, Begründung eines faktischen Konzerns **17** 157 ff.
Zustimmungsbeschluß (Konzern)
Notarielle Beurkundung **17** 17
Unternehmensverträge **17** 16
Zustimmungserfordernis, Umstrukturierungsmaßnahmen **14** 35
Zuwendungsnießbrauch s. Nießbrauch
Zwangseinziehung, Geschäftsanteile **13** 109 f.
Zweckbetriebe, Körperschaftsteuer **11** 202
Zweigniederlassung, Angabe im Lagebericht **9** 98
Zwischenbilanz
Aufspaltung (einer GmbH in mehrere GmbH) **14** 619
Auszahlungsverbot § 30 **8** 19
Spaltung (AG auf GmbH) **14** 155
Verschmelzung (AG auf GmbH) **14** 123
Verschmelzung (Aufnahme GmbH in GmbH) **14** 473

Zwischenergebniseliminierung   Fette Zahlen = Kapitel

Zwischenergebniseliminierung 9 133
  s. a. Assoziierte Unternehmen
  s. a. Konsolidierung
Zwischenfinanzierung, Eigenkapitalersatz **8** 206
Zwischengesellschaft
  Hinzurechnungsbesteuerung **11** 411 f.
  Körperschaftsteuer **11** 411 ff.

Zwischenwert
  Ausgliederung (Einzelunternehmen) **14** 197
  Verschmelzung (Aufnahme GmbH in GmbH) **14** 550
  Verschmelzung (GmbH auf OHG/KG)
  – durch Aufnahme **14** 356, 365

Buchanzeigen

Neu: *Die umfassende Sammlung versicherungsrechtlicher Texte*

Wiechmann/Block
Versicherungsrechtliche Texte
Loseblatt-Textsammlung

1999. Rund 1500 Seiten.
Im Ordner ca. DM 148,–
ISBN 3-406-44898-4

Jetzt können Sie auf eine Textsammlung zurückgreifen, die das ganze Spektrum versicherungsrechtlicher Vorschriften vollständig abdeckt.

Gesetze, Verordnungen und Verwaltungsvorschriften aus den Bereichen:
- Aufsichtsrecht
- Zivil- und Wirtschaftsrecht einschließlich Rechnungslegung
- Finanzen, Steuer- und Wirtschaftsprüfung
- Öffentliches Recht

Eine Fülle von Rundschreiben, Erlassen und Veröffentlichungen
- des Bundesaufsichtsamts für das Versicherungswesen,
- von Finanzbehörden
- von Versicherungsverbänden

Zusammengestellt von **Dr. Jost Wiechmann**, Wirtschaftsprüfer, Rechtsanwalt und Steuerberater, und **Dr. Just Block**, Regierungsdirektor a. D. beim Bundesaufsichtsamt für das Versicherungswesen.

Die Sammlung mit System
Die klare, **arbeitsfreundliche Gliederung** – zum einen nach Gesetzen, Verordnungen und sonstigen Rechtsquellen, zum anderen nach Sachgebieten – macht dieses neue Werk zu einem besonders praxistauglichen Arbeitsmittel. Das ausführliche und **sachgerechte Stichwortverzeichnis** sowie die Verweisungen in den einzelnen Texten bieten zusätzliche Gewähr für zügiges Arbeiten.

Die wichtige und zuverlässige Basis
für alle Praktiker im Privaten Versicherungsrecht: Versicherungsaufsicht, Leitung von Unternehmen, in den Bereichen Versicherungswirtschaft, Rechnungslegung, Finanzen, Vermögensanlagen, Steuern, Wirtschaftsprüfung und Vertrieb.

Verlag C. H. Beck · 80791 München
Fax: (0 89) 3 81 89-4 02, Internet: www.beck.de E-Mail: bestellung@beck.de

Beck'scher Bilanz-Kommentar

Handels- und Steuerrecht – § 238 bis 339 HGB

Von Dr. Wolfgang Dieter **Budde,** Wirtschaftsprüfer, Rechtsanwalt und Steuerberater, Dr. Hermann **Clemm,** Wirtschaftsprüfer, Rechtsanwalt und Steuerberater, Dr. Helmut **Ellrott,** Wirtschaftsprüfer, Prof. Dr. Gerhart **Förschle,** Wirtschaftsprüfer und Steuerberater, Dr. Martin **Hoyos,** Wirtschaftsprüfer, Mitbegr. von Dr. Max **Pankow** und Prof. Dr. Manfred **Sarx.**

4., völlig neubearbeitete Auflage. 1999. XXXII, 2359 Seiten.
In Leinen DM 338,–
Subskriptionspreis bis 31. August 1999 DM 298,–
ISBN 3-406-44591-8
Erscheinungstermin: Mai 1999

Besonderes Merkmal

diese erfolgreichen Kommentars ist die **verknüpfende Darstellung von Handelsbilanz- und Steuerbilanzrecht.** Die kombinierte Erläuterung von handelsrechtlichen Abschlußvorschriften mit den einschlägigen steuerrechtlichen Bestimmungen finden Sie in der 4. Auflage noch weiter ausgebaut.

Wichtige Neuerungen und Ergänzungen sind:

- BGH-Rechtsprechung zur phasengleichen Gewinnvereinnahmung
- BFH-Rechtsprechung zu Drohverlustrückstellungen (Apotheker-Urteil)
- Pensions- und Jubiläumsrückstellungen (Folgen der neuen Sterbetafeln)
- Aufstellung des Jahresabschlusses von Kapitalgesellschaften nach den Vorschriften für alle Kaufleute (§ 264)
- Neuer Abschnitt zu den Auswirkungen des UmwG (§ 272)
- Kapitalflußrechnung und Segmentberichterstattung im Konzernabschluß börsennotierter Kapitalgesellschaften
- Konzernabschlüsse nach international anerkannten Rechnungslegungsgrundsätzen für börsennotierte Kapitalgesellschaften (§ 292 a)
- Die neuen KonTraG-Vorschriften „§ 342 Privates Rechnungsgremium" und „§ 342 a Rechnungslegungsbeirat"
- Übergangsvorschriften Art. 42–44 EGHGB zur Euro-Umstellung
- Neue Prüfungsstandards des IDW (Prüfungsbericht Bestätigungsvermerk, Risikomanagementsystem)
- Abweichungen zu den IAS bei allen einschlägigen Vorschriften

Die Benutzer

Den „Beck'schen Bilanz-Kommentar" benötigen Wirtschaftsprüfer, Steuerberater, Rechtsanwälte, Steuer- und Rechnungslegungsexperten in Unternehmen, Finazverwaltung und Gerichte.

Verlag C. H. Beck · 80791 München

Fax: (0 89) 3 81 89-4 02, Internet: www.beck.de E-Mail: bestellung@beck.de